# ESTA BIBLIA Z PERTENECE A

_____

_____

El Señor me dijo: Yo había determinado tu futuro desde que te estabas formando en el vientre de tu madre; antes que nacieras te escogí y te consagré como vocero mío ante el mundo.

«¡Oh Señor Dios», dije yo, «no puedo hacer eso! ¡No soy más que un muchacho! ¡Ni siquiera puedo hablar con soltura!».

No digas eso, respondió el Señor, pues tú irás a dondequiera que yo te envíe y anunciarás lo que yo te diga.

**Jeremías 1:4-7**

# LOS DOZE DE JESÚS

# BIBLIA Z

## e625.com

**Biblia Z**
Publicada por especialidades625® © 2022
Dallas, Texas Estados Unidos de América.

ISBN 978-1-954149-18-2 (tapa amarilla)
ISBN 978-1-954149-19-9 (tapa azul)

✝ Acerca de Jesús
✲ Promesas

© 2006, 2008 por la Sociedad Bíblica Internacional
Usado con permiso. Reservados todos los derechos.

Pueden citarse o reimprimirse del texto de la Nueva Biblia Viva (NBV) hasta quinientos (500) versículos en cualquier medio (escrito, visual, electrónico o audio) sin permiso por escrito de los editores siempre que los versículos citados no sean un libro completo de la Biblia ni tampoco el veinticinco por ciento de la obra en la que se citan.

La mención de la propiedad literaria debe aparecer en la página del título, o en la página que identifica los derechos de autor del libro, de la manera que sigue:

Texto bíblico tomado de la Santa Biblia, Nueva Biblia Viva, © 2006, 2008 por la Sociedad Bíblica Internacional

**Biblica** LA SOCIEDAD BÍBLICA INTERNACIONAL

Cuando se emplean citas de la NBV en medios informativos no lucrativos, tales como boletines de iglesias, programas de reuniones, carteles, transparencias y otros por el estilo, pueden usarse las iniciales (NBV) al final de cada cita.

El permiso para citar o reimprimir textos que excedan de quinientos (500) versículos, o cualquier otro permiso, debe ser solicitado por escrito a la Sociedad Bíblica Internacional para su aprobación. Sociedad Bíblica Internacional, 10422 N. W. 31 TER., Miami, Florida, 33172 EE. UU.

**Editor General:** Itiel Arroyo
**Edición de notas:** Virginia Bonino de Altare
**Ilustraciones:** Joe Traghetti
**Diseño de portada e interior:** Bárbara Soriano

RESERVADOS TODOS LOS DERECHOS.
IMPRESO EN COREA DEL SUR

# CONTENIDO

Prefacio ix

## Antiguo Testamento

| | | | |
|---|---|---|---|
| Génesis | 1 | Eclesiastés | 413 |
| Éxodo | 38 | Cantar de los cantares | 420 |
| Levítico | 67 | Isaías | 425 |
| Números | 88 | Jeremías | 458 |
| Deuteronomio | 115 | Lamentaciones | 495 |
| Josué | 139 | Ezequiel | 501 |
| Jueces | 156 | Daniel | 534 |
| Rut | 173 | Oseas | 546 |
| 1 Samuel | 178 | Joel | 554 |
| 2 Samuel | 200 | Amós | 558 |
| 1 Reyes | 220 | Abdías | 565 |
| 2 Reyes | 242 | Jonás | 568 |
| 1 Crónicas | 263 | Miqueas | 572 |
| 2 Crónicas | 285 | Nahúm | 578 |
| Esdras | 309 | Habacuc | 582 |
| Nehemías | 318 | Sofonías | 586 |
| Ester | 330 | Hageo | 590 |
| Job | 337 | Zacarías | 594 |
| Salmos | 354 | Malaquías | 603 |
| Proverbios | 396 | | |

## Nuevo Testamento

| | | | |
|---|---|---|---|
| Mateo | 611 | 1 Timoteo | 791 |
| Marcos | 636 | 2 Timoteo | 796 |
| Lucas | 653 | Tito | 800 |
| Juan | 680 | Filemón | 804 |
| Hechos | 702 | Hebreos | 807 |
| Romanos | 727 | Santiago | 816 |
| 1 Corintios | 740 | 1 Pedro | 821 |
| 2 Corintios | 752 | 2 Pedro | 826 |
| Gálatas | 761 | 1 Juan | 830 |
| Efesios | 767 | 2 Juan | 835 |
| Filipenses | 773 | 3 Juan | 838 |
| Colosenses | 778 | Judas | 841 |
| 1 Tesalonicenses | 783 | Apocalipsis | 844 |
| 2 Tesalonicenses | 787 | | |

# ¿TE ATREVES A LEER ESTE LIBRO?

Este libro que tienes en tus manos no es un libro como cualquier otro, este libro es diferente, es peligroso.

Hablo en serio.

Se sabe que este libro ha transformado radicalmente la vida de personas de distintos contextos y de diversas épocas. Ha convertido a cobardes egoístas en héroes capaces de hacer los más grandes sacrificios por los demás; ha provocado algunas de las más grandes revoluciones de la historia y ha inspirado a personas ordinarias a hacer cosas extraordinarias, como explorar los límites del mundo conocido, desarrollar ideas innovadoras, confrontar la maldad y lograr sociedades más justas.

Este libro ha tenido efectos tan transformadores en la vida de sus lectores que en algunos episodios de la historia se prohibió su lectura porque los tiranos perdían el control sobre aquellos que lo leían. Como si al leer estas palabras sus mentes se liberasen de las cadenas invisibles de la mentira y sus corazones se incendiasen con pasión consumiendo el miedo que los paralizaba. Un libro demasiado revolucionario. Aún hoy, en algunas regiones del planeta, poseer este libro es delito y te puede costar el encarcelamiento, la tortura o la ejecución.

Te lo estoy advirtiendo, lo que tienes en tus manos es un libro peligroso y si lo lees debes asumir el riesgo de ser radicalmente transformado por su poder.

Desde hace generaciones se conoce a este libro como "La Biblia".

¿Pero por qué la Biblia podría hacer esto en ti si te atreves a leerla?

Porque en este libro no hay solo algo escrito, sino que hay alguien esperando encontrarse contigo. Lo normal es que tú seas quien lee un libro, pero la Biblia parece que te lee a ti, como si no fuese solo tinta seca sobre un papel muerto, como si hubiese algo vivo en ella, o, mejor dicho, alguien vivo en ella. ¡Y así es! Hay vida en este libro. Según el testimonio de millones de personas alrededor del mundo que han leído estas páginas, Dios está en ellas. Repito: Dios está esperándote en estas páginas para tener un encuentro transformador contigo, para revelarte quién es él y quién eres tú, para susurrarte su plan e invitarte a formar parte de él, para hacerte repensarlo todo, para que te arrepientas y tomes decisiones poderosas, para llenar tu alma de un alto sentido de propósito. De vez en cuando la Biblia te hará llorar, otras veces te incomodará y otras te dará esperanza. He visto personas riéndose con la Biblia, peleándose con la Biblia y amando la Biblia. Lo cierto es que me encantaría verte por un agujerito relacionándote con Dios a través de este libro tan especial, por eso es que deseo provocarte para que la leas y experimentes sus efectos. Si te atreves, claro.

**Itiel Arroyo**
Editor General

# ¿QUÉ TIENE DE ESPECIAL ESTA BIBLIA?

**DALE PLAY**

→ →

Estamos convencidos de que la Biblia fue inspirada por Dios y es útil para hacernos mejores personas (2 Timoteo 3:16-17). Las siguientes secciones te ayudarán a no caer en la tentación de detenerte en los pasajes que te resultan más conocidos, más cómodos o más fáciles de entender. Queremos mostrarte el cuadro completo del mensaje de cada uno de los 66 libros.
Recorre esta información y continúa enamorándote del Dios de la Biblia.

→ →
## ¿QUIÉN LO ESCRIBIÓ?

Conocerás al autor de cada libro, qué estaba pensando al escribir y cuál era su motivación.

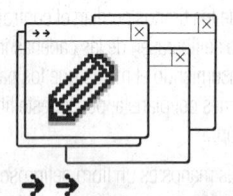

→ →
## ¿A QUIÉN LO ESCRIBIÓ?

Te presentaremos a los destinatarios de los libros y las condiciones que los rodeaban en el momento de recibirlos.

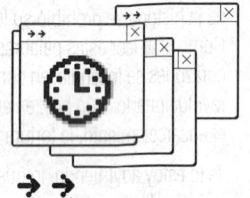

→ →
## ¿CUÁNDO Y DÓNDE LO ESCRIBIÓ?

Ubicarás cada libro en la situación histórica de su escritura. Podrás ordenarlo cronológicamente con los demás libros bíblicos y relacionarlo con los sucesos importantes del momento, personajes y circunstancias.

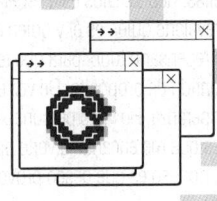

→ →
## PANORAMA DEL LIBRO

El tema principal de cada libro y el propósito con el que fue escrito es fundamental para entender correctamente las historias y los versículos sueltos.

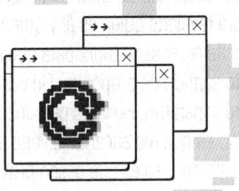

→ →
## ¿CÓMO SE RELACIONA CONMIGO?

Descubrirás algunos de los temas a destacar en el estudio de cada libro para que puedas desafiarte a conocer más a Dios y a confiar en Él diariamente. Enfócate en los desafíos prácticos que surgen de las Escrituras.

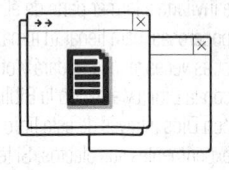

→ →
## EL GUION

Te sugerimos una secuencia para hacer un recorrido completo de cada libro de la Biblia. Esto te ayudará a recordar que los libros son una unidad y no una colección de versos famosos y te estimulará a leerlos con más detenimiento.

# LOS ZETA

Mi nombre es Itiel Arroyo y quiero felicitarte porque tienes la BIBLIA Z en tus manos, la misma Biblia que ha provocado en millones de personas estos efectos sorprendentes que ya mencionamos, pero especialmente diseñada para ti, que formas parte del grupo de personas que se ha denominado como la "Generación Z", los que nacieron a partir del año 2000.

A mí me gusta llamarlos los "ZETA".

Me encanta este nombre porque la zeta es la última letra del abecedario y eso me hace pensar en algo: ¿qué tal si tú formas parte de la generación que representa el final de algo viejo y el comienzo de algo nuevo? ¿Qué tal si tú formas parte de la generación que verá el final de este capítulo e iniciará el siguiente? ¿Qué tal si tú eres la última generación de este mundo tal y como lo conocemos y eres el catalizador del mundo venidero? Eso está aún por verse, pero me emociona pensarlo.

Eres un ZETA, pero la pregunta importante es si serás uno de los "DOZE".

# LOS DOZE DE JESÚS

En la Biblia se describe el momento cuando Dios se hizo hombre y comenzó su revolución divina en el mundo. Ese hombre se llama Jesús y su revolución es el Evangelio. Lo interesante es esto: Jesús sabía que para llevar a cabo su revolución necesitaría a personas que estuviesen con él y que se convirtiesen en los comunicadores de su mensaje. A este equipo de impacto que formó lo conocemos como "los doce" y aquellos doce trastornaron su mundo en el nombre de Jesús.

> Marcos 3:13-14: *"Jesús subió a una montaña y llamó a los que él quiso; y ellos vinieron a él. De entre todos seleccionó a doce para que estuvieran siempre con él y salieran a predicar"*.

Creo sinceramente que hoy en día Jesús sigue formando equipos de impacto para continuar con su revolución; hombres y mujeres que conocen a Jesús íntimamente y que se comprometen a ser los comunicadores de su mensaje en esta era. A estas personas que trastornan su mundo en la Generación Z yo les llamo los "DOZE" de Jesús: cuando un ZETA se convierte en parte del equipo de impacto de Jesús se convierte en uno de los DOZE.

¿Quieres ser uno de los DOZE?

La invitación está abierta si te atreves a leer este libro y a ser el eco de su voz, porque al leer la Biblia estarás conociendo a Jesús de cerca y estarás preparándote para ser el comunicador de su mensaje.

Para desafiarte a ser de los DOZE de Jesús, he reunido a doce comunicadores actuales del Evangelio y les he pedido que te hablen al corazón. El propósito de incluirlos en esta Biblia es inspirarte a seguir su ejemplo. ¡Es cierto! No son perfectos y lo saben, pero están conociendo profundamente a Jesús y se han comprometido a comunicar al mundo su mensaje a través de sus videos, poemas, podcast, diseños, escritos y canciones, de manera presencial y virtual, usando sus canales de difusión para influenciar a miles de personas. Si los buscas en internet y haces un cálculo rápido comprobarás que, sumando el alcance que todos ellos tienen en las redes, son millones los que los escuchan. Y en esta Biblia te han escrito y han grabado para ti unos videos exclusivos para desafiarte a vivir la vida que Jesús diseñó para ti, para que seas uno de los DOZE en esta generación.

Ten conectado a internet tu Smartphone mientras lees tu Biblia Z porque el contenido que hemos diseñado para ti se expande desde el papel hasta el ciberespacio.

# ¿CÓMO UTILIZAR ESTA BIBLIA?

→ →
## LOS DOCE DESAFÍOS Z

En esta Biblia encontrarás doce secciones con insertos a color, cada una de ellas con una enseñanza impartida por uno de los DOZE.

Este contenido está diseñado para que lo explores en doce semanas, es decir, un desafío por semana. Puedes hacerlo individualmente, pero es más emocionante hacerlo en grupo y que puedan reunirse una vez por semana para compartir lo aprendido y lo vivido. La Biblia Z es una experiencia que se disfruta más en compañía de otros ZETAS.

En cada sección a color encontrarás la identidad de uno de los DOZE, un escrito y cuatro videos sobre un tema relevante para ti, a los que accederás a través de un código QR. Además, cada uno de los DOZE te desafiará a realizar una acción para poner en práctica lo que has aprendido. Esta acción se llama "Desafío Z" y es importante que la realices para que vivas la experiencia completa.

→ →
## ¿QUÉ TE PARECE SI COMIENZO A DESAFIARTE JUSTO AHORA A QUE SEAS UNO DE LOS DOZE?

Los que forman parte de los DOZE no se avergüenzan de Jesús ni de su mensaje, por esa razón te desafío a sacarte una foto con tu Biblia Z y a compartirla en tus redes con #BIBLIAZ para que todos sepan que tú también eres uno de los DOZE de Jesús.

Ahora escanea este código QR porque quiero que me veas la cara y quiero decirte algo.

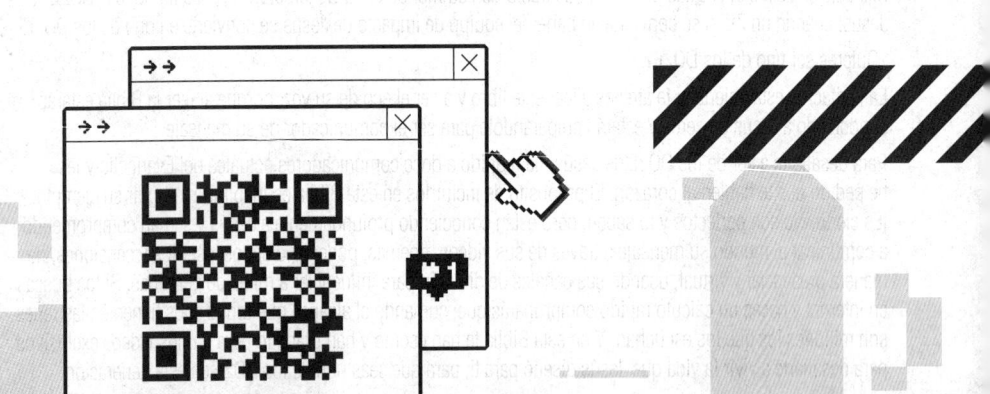

# DOCE DESAFÍOS PARA DOCE SEMANAS

→ **DESAFÍO 1**
**CONOCE A TU ABBA**
Itiel Arroyo

→ **DESAFÍO 2**
**DEJA DE ESCONDERTE**
Josué Enfedaque

→ **DESAFÍO 3**
**DESCUBRE QUIÉN ERES**
Edyah Ramos

→ **DESAFÍO 4**
**VIVE CON PROPÓSITO**
David Di Marco (Davi)

→ **DESAFÍO 5**
**TOMA DECISIONES TRANSFORMADORAS**
Daniel Dimiro

→ **DESAFÍO 6**
**DESACTIVA LA ANSIEDAD**
Christy Corson

→ **DESAFÍO 7**
**VIVE CON ALEGRÍA**
Madi Meléndez

→ **DESAFÍO 8**
**SÉ EMOCIONALMENTE SALUDABLE**
Mateo Cely (Teo)

→ **DESAFÍO 9**
**ESCRIBE UN BUEN ROMANCE**
Ginna Parra

→ **DESAFÍO 10**
**EXPERIMENTA EL MEJOR SEXO**
Mafe Romay

→ **DESAFÍO 11**
**SÉ LIBRE DE ADICCIONES**
Esther Barranco

→ **DESAFÍO 12**
**HAZ JUSTICIA EN EL MUNDO**
Félix Aquino

→ → **LUCAS LEYS**
**Edición de intros a libros bíblicos**
Es doctor en teología graduado con honores del Fuller Theological Seminary en Pasadena, California. Es autor o coautor de más de treinta libros. Ha editado Biblias de estudio y enseñado Teología Bíblica en diversas instituciones académicas, y es el visionario detrás de e625.com.

→ → **ITIEL ARROYO**
**Edición de insertos**
Es uno de los predicadores emergentes de mayor alcance entre las nuevas generaciones. A través de sus enseñanzas ayuda a cristianos insatisfechos a tomar decisiones transformadoras. Es autor del libro "Amar es para Valientes" y es creador de contenido en internet a través de múltiples canales de difusión.

# Prefacio

En esta maravillosa época de tantas nuevas traducciones y revisiones de la Biblia, la aparición de esta edición revisada de la tradicional *Biblia al Día* debe producirnos complacencia y alegría. La *Nueva Biblia Viva* en su forma revisada de acuerdo con los textos originales hebreo y griego, acercará a los lectores mucho más al texto bíblico y les permitirá entenderlo mejor. Sabemos que cada nueva traducción o revisión alcanza a cierto grupo de personas, grande o pequeño, con su mensaje de aliento y bendición.

Aunque esta obra acaba de aparecer, ya ha consumido años de labor. Varias veces su contenido ha sido revisado por expertos en hebreo y griego y por correctores de estilo. Hay ciertamente muchas formas de traducir la Biblia: desde la más amplia y dinámica que enfatiza más el sentido o contenido del texto, hasta la más literal y formal que cuida la forma gramatical y sintáctica del texto original.

La *Nueva Biblia Viva* ha tratado de mantener el equilibro entre ser fiel al texto original, aunque buscando a la vez una traducción y un lenguaje fácil y asequible al lector ordinario y sencillo. Huye de la terminología técnica y académica y cuando es necesario, explica estos términos utilizando voces o frases equivalentes que los hacen más claros y entendibles. Al fin y al cabo, el propósito divino al revelarle su pensamiento y corazón al ser humano, fue que esta revelación fuera claramente entendida y aceptada; y así cumpliera su objetivo de transformar vidas y corazones y hacer efectiva la salvación y la vida eterna para todos.

Por el Comité de Traducción Bíblica
de la Sociedad Bíblica Internacional

Luciano Jaramillo
Director de Traducciones
Vicepresidente de SBI-STL para
América Latina

# ANTIGUO TESTAMENTO

# GÉNESIS

DALE PLAY

## ¿QUIÉN LO ESCRIBIÓ?

Aunque no hay una referencia directa en el libro que identifique al autor, la tradición apunta a Moisés como autor del Pentateuco. Existen diversas referencias en la Biblia a los escritos de Moisés (por ejemplo en el Antiguo Testamento, Éxodo 17:14; Números 33:2; Josué 8:31, 1 Reyes 2:3; Esdras 6:18; Nehemías 13:1; Malaquías 4:4 y en Nuevo Testamento, Marcos 12:26; Lucas 24:27; Juan 5:46; 2 Corintios 3:15). Bajo la conducción del Espíritu Santo, escribe tomando en cuenta la transmisión oral y documentos antiguos, ya que muchos de los sucesos relatados ocurren antes de su nacimiento.

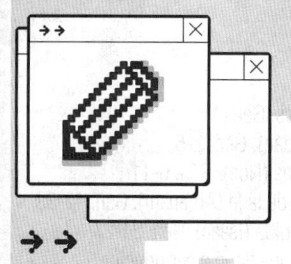

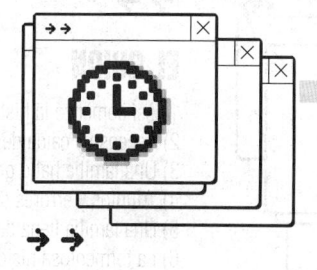

## ¿A QUIÉN LO ESCRIBIÓ?

Génesis fue escrito para ser presentado al pueblo de Israel mientras estaba en el desierto. Esto les recordaría su herencia familiar y espiritual. El libro daría esperanza a un pueblo que debía confiar en las promesas de Dios y su fidelidad.

## ¿CUÁNDO Y DÓNDE LO ESCRIBIÓ?

Fue escrito alrededor del 1440 AC, después del Éxodo (alrededor del 1445 AC) y antes de la muerte de Moisés (1405 AC). Cubre muchos de años de historia, desde el Jardín de Edén hasta la muerte de José. Los capítulos 1-11 cubren 2000 años (aquí caben miles de años desde la creación hasta el Jardín de Edén), y los capítulos 12-50 cubren un período de unos 400 años.

## PANORAMA DEL LIBRO

Génesis fue escrito para plantear los inicios de la historia de redención del ser humano por parte de un Dios poderoso y lleno de gracia. En ese sentido, los temas centrales de la Biblia están expuestos de manera germinal en este libro: la creación, la relación de Dios con el ser humano, su caída, el propósito redentor de Dios y la elección de un pueblo para llevar a cabo ese plan.

→ →
## ¿CÓMO SE RELACIONA CONMIGO?

Este libro es el trampolín del que saltan todos los temas principales de la Biblia y prácticamente todas las grandes doctrinas bíblicas encuentran un punto de partida en estas páginas. Este libro te ayudará a ver la perspectiva de Dios acerca de la creación, del ser humano, de la libertad de elección, la desobediencia y por qué desde el principio necesitamos un plan de salvación. En las historias del Génesis podrás reconocer que Dios se da a conocer a los seres humanos a pesar de nosotros y que la humanidad trae ciertas luchas internas que tienen miles de años. En las historias de los grandes héroes de la fe, notarás la imperfección, la infidelidad y sus consecuencias. Podrás identificarse con ellos y descubrirás que la gracia de Dios fue necesaria desde el principio. En el Génesis, todos podemos ver a Dios cumpliendo sus promesas y anticipando que Jesús fue siempre parte del plan. Génesis te ayudará a "recordar" tus orígenes y observar tu historia personal a la luz del plan completo de Dios.

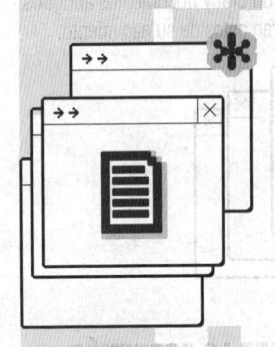

→ →
## EL GUION

1) Así comenzó la historia de todas las cosas. Gén. 1
2) Ascenso y caída de la familia original (Adán). Gén. 2-5
3) Una familia halló gracia en medio del caos (Noé). Gén. 6-11
4) Triunfos y errores de la familia del padre de la fe (Abraham). Gén. 12-23
5) Una familia llena de bendición, pero dividida (Isaac). Gén. 24-27
6) La tormentosa historia de un engañador que llegó a ser príncipe (Jacob).Gén. 28-36
7) Dios cumple de manera misteriosa los sueños de un hombre fiel (José). Gén. 37-50

# GÉNESIS

# Génesis

## La creación

**1** ☀ En el principio creó Dios los cielos y la tierra. ²La tierra estaba desordenada y no tenía forma. La oscuridad cubría el profundo abismo, mientras que el Espíritu de Dios se movía sobre las aguas. ³Entonces Dios dijo: «¡Que aparezca la luz!» Y apareció la luz. ⁴Dios vio que la luz era hermosa, y la separó de la oscuridad. ⁵A la luz Dios la llamó «día», y a la oscuridad la llamó «noche». Pasó la tarde y pasó la mañana, y se completó, así, el primer día.

⁶Después Dios dijo: «Que aparezca el firmamento en medio de las aguas, para que las separe».

⁷Así que Dios hizo el firmamento, para separar las aguas. De modo que una parte de las aguas quedó arriba del firmamento y otra, debajo de él. ⁸Al firmamento Dios lo llamó «cielo». Pasó la tarde y pasó la mañana, y se completó, así, el segundo día.

⁹Después Dios dijo: «Que las aguas que están debajo del cielo se junten en un solo lugar, de modo que la otra parte quede seca». Y así ocurrió. ¹⁰A la parte seca Dios le dio el nombre de «tierra», y a las aguas las llamó «mares». Dios vio que todo esto era hermoso.

¹¹,¹²Así que dijo: «Que de la tierra brote toda clase de vegetación, es decir, plantas que se reproduzcan por medio de semillas, y árboles frutales en cuyos frutos estén sus semillas». Y, tal como Dios lo dijo, de la tierra brotaron las plantas y árboles frutales con sus respectivas semillas para su reproducción. Y Dios vio que todo esto era hermoso. ¹³Pasó la tarde y pasó la mañana, y se completó, así, el tercer día.

¹⁴,¹⁵Después Dios dijo: «Que haya luces en el cielo, para que alumbren la tierra y separen el día de la noche, y para que marquen también las estaciones, los días y los años». Y así ocurrió. ¹⁶Entonces Dios hizo dos grandes luces: la más grande para que alumbre durante el día, y la más pequeña, para que brille en la noche. También Dios hizo las estrellas. ¹⁷,¹⁸Dios puso estas luces en el cielo para que alumbraran la tierra de día y de noche, y para que separaran la luz de la oscuridad. Y Dios vio que esto era hermoso. ¹⁹Pasó la tarde y pasó la mañana, y se completó, así, el cuarto día.

²⁰Después Dios dijo: «Que las aguas se llenen de peces y de otros animales acuáticos, y que también haya aves que vuelen sobre la tierra, en el inmenso firmamento».

²¹Fue así como Dios creó los grandes animales que hay en el mar, y todos los demás seres vivos que hay en el agua. También Dios creó todas las clases de aves que existen. Y Dios vio que todo esto era hermoso. ²²Luego Dios los bendijo y les dijo: «Tengan muchas, pero muchas crías, para que llenen los mares». Además, dijo: «¡Que las aves se reproduzcan en grandes cantidades!» ²³Pasó la tarde y pasó la mañana, y se completó, así, el quinto día.

²⁴Después Dios dijo: «Que en la tierra haya toda especie de animales: domésticos, salvajes y reptiles». Y así ocurrió. ²⁵Así que Dios hizo todos los animales domésticos, los salvajes y los reptiles, todos según su propia especie. Y vio Dios que todo esto era hermoso.

²⁶Entonces Dios dijo: «Hagamos a los seres humanos a nuestra imagen, a nuestra semejanza, para que ejerzan poder sobre los peces, las aves, los animales domésticos y salvajes, y sobre los reptiles».

☀ ²⁷De modo que Dios creó a los seres humanos a su imagen. Sí, a su imagen Dios los creó. Y Dios los creó hombre y mujer.

²⁸Luego Dios los bendijo y les dijo: «Tengan muchos hijos, para que llenen toda la tierra, y la administren. Ustedes dominarán a los peces del mar, a las aves del cielo, y a todos los animales que hay en la tierra». ²⁹También les dijo: «Ustedes se alimentarán de toda planta que se reproduzca por medio de semillas, y de todos los árboles frutales. ³⁰Las bestias del campo, las aves del cielo, y todos los seres vivos que se arrastran sobre la tierra se alimentarán de vegetales».

³¹Entonces Dios contempló todo lo que había hecho, y vio que era muy, pero muy hermoso. Pasó la tarde y pasó la mañana, y se completó, así, el sexto día.

**2** De este modo fueron creados los cielos y la tierra, y todo lo que hay en ellos. ²Después de haber terminado todo lo que se había propuesto hacer, Dios descansó el séptimo día. ³Y bendijo el séptimo día y lo instituyó como día santo, porque en ese día descansó después de haber creado todo.

⁴Aquí termina la historia de la creación del cielo y de la tierra.

## Adán y Eva

Cuando Dios el Señor hizo la tierra y el cielo, ⁵todavía no había ninguna clase de vegetación en la tierra, porque Dios el Señor aún no había hecho llover. Además, no había quien trabajara la tierra, porque todavía Dios no había hecho al hombre. ⁶Sin embargo, de la tierra brotaba agua que regaba el suelo.

⁷Entonces Dios el Señor formó el cuerpo del hombre del polvo de la tierra y sopló en su nariz el aliento de vida. Fue así como el hombre se convirtió en un ser vivo.

⁸Luego Dios el Señor plantó un jardín en Edén, hacia el oriente, y puso en él al hombre que había creado. ⁹Dios el Señor hizo que en el jardín se diera toda clase de árboles hermosos y de frutos deliciosos. En el centro del jardín plantó el árbol de la vida y también el árbol del conocimiento del bien y del mal. ¹⁰De la tierra de Edén salía un río que corría a través del huerto para regarlo. Después el río se dividía en cuatro brazos. ¹¹,¹²El primero se llamaba Pisón, el cual recorría toda la región de Javilá, donde había oro de muy buena calidad. También allí había plantas con las que se hacen perfumes muy finos, y piedras de ónice. ¹³El segundo se llamaba Guijón, y atravesaba toda la región de Cus. ¹⁴El tercero era el río Tigris, que es el que pasa al oriente de Asiria. Y el cuarto era el río Éufrates.

☀ 1.1-3 ☀ 1.27-28

**GÉNESIS 2.18**

¹⁵Dios el Señor puso al hombre en el jardín de Edén para que lo labrara y lo cuidara, ¹⁶y a la vez le dio esta orden: «Puedes comer del fruto de todos los árboles que hay en el jardín, ¹⁷pero del árbol del conocimiento del bien y del mal no podrás comer, porque el día que comas del fruto de ese árbol, morirás».

¹⁸Dios el Señor dijo: «No es bueno que el hombre esté solo. Le voy a hacer una compañera que sea de ayuda para él en todas sus necesidades». ¹⁹,²⁰Dios el Señor formó, del polvo de la tierra, todos los animales del campo y todas las aves del cielo. Luego se los llevó al hombre para que éste les pusiera nombre. Así que el hombre les puso a todos los animales el nombre con que se conocen en la actualidad. Pero entre todos esos animales no se encontró ninguno que le sirviera al hombre de pareja adecuada.

²¹Entonces Dios el Señor hizo que cayera sobre el hombre un sueño profundo, le sacó una costilla y cerró la carne en el lugar de donde la había sacado. ²²Con la costilla hizo a la mujer y se la llevó al hombre. ²³Al verla, el hombre exclamó: «¡Ésta sí es hueso de mis huesos y carne de mi carne! Se llamará "mujer"[a] porque fue sacada del hombre».

²⁴Es por eso que el hombre deja a su padre y a su madre y se casa con su mujer, y los dos llegan a ser como una sola persona.

²⁵Aunque en ese tiempo el hombre y la mujer estaban desnudos, no se sentían avergonzados.

## La caída del ser humano

**3** La serpiente, que era el más astuto de todos los animales del campo creados por Dios el Señor, se le acercó a la mujer y le preguntó:

—¿Es verdad que Dios no les permite comer de ningún árbol que hay en el jardín?

²La mujer le contestó:

—Sí podemos comer los frutos de cualquier árbol, ³menos del que está en el centro del jardín. Dios nos dijo que si comemos o tocamos el fruto de ese árbol, moriremos.

⁴—¡Mentira! —silbó la serpiente—. ¡No morirán! ⁵Lo que pasa es que Dios sabe que, cuando ustedes coman del fruto de ese árbol, obtendrán todo el conocimiento, pues podrán conocer el bien y el mal. ¡Ese día ustedes serán como Dios!

⁶La mujer contempló el árbol y se convenció de que su fruto era bueno para comer. Además, lo vio muy hermoso, y pensó que era su oportunidad para conseguir la sabiduría. Así que agarró el fruto y comió. Luego le dio de comer a su marido, el cual estaba con ella. ⁷Tan pronto lo comieron, se dieron cuenta de que estaban desnudos y sintieron vergüenza. Entonces cosieron hojas de higuera para cubrir su desnudez.

⁸Aquella tarde, a la hora en que sopla la brisa, el hombre y la mujer oyeron que Dios andaba por el jardín. Entonces corrieron a esconderse entre los árboles, para que Dios el Señor no los viera. ⁹Pero Dios el Señor llamó al hombre y le preguntó:

—¿Dónde estás?

¹⁰El hombre le contestó:

—Oí que andabas por el jardín y me dio miedo, pues estoy desnudo. Así que me escondí.

¹¹—¿Quién te dijo que estás desnudo? —le preguntó Dios el Señor—. ¿Acaso comiste del fruto del árbol que te ordené que no comieras?

¹²El hombre contestó:

—La mujer que me diste para que me acompañara me dio del fruto de ese árbol, y yo lo comí.

¹³Entonces Dios el Señor le preguntó a la mujer:

—¿Qué es lo que has hecho?

Ella respondió:

—La serpiente me engañó, y por eso comí de ese fruto.

¹⁴Entonces Dios el Señor le dijo a la serpiente:

—Por haber hecho esto, te maldeciré. Serás la más desdichada de todos los animales, incluyendo los domésticos y los salvajes. A partir de este momento andarás arrastrándote sobre tu vientre y comerás polvo durante toda tu vida. ¹⁵Habrá siempre enemistad entre ti y la mujer, y entre tu descendencia y la de ella. El descendiente de la mujer te aplastará la cabeza, mientras tú solamente le morderás el talón.

¹⁶Luego Dios le dijo a la mujer:

—Haré que sufras bastante durante tus embarazos y que al tener tus hijos sientas mucho dolor. Y a pesar de eso, seguirás deseando a tu marido, y él tendrá dominio sobre ti.

¹⁷Después Dios le dijo al hombre:

—La tierra estará bajo maldición por tu culpa, pues le hiciste caso a tu mujer y comiste del fruto que te prohibí. Por eso, de aquí en adelante tendrás que trabajar muy duro para conseguir tu alimento. ¹⁸La tierra te producirá espinas y cardos, y tendrás que comer plantas silvestres. ¹⁹Para obtener tu alimento tendrás que trabajar mucho, hasta el día de tu muerte; ese día volverás a la tierra de la cual fuiste hecho, pues eres polvo y al polvo tendrás que volver.

²⁰Luego el hombre le puso a su mujer el nombre de Eva, pues ella sería la madre de todos los seres humanos.

²¹Dios el Señor hizo túnicas de pieles de animales, y con ellas vistió al hombre y a su mujer. ²²Y dijo: «Ahora el ser humano es como uno de nosotros, pues sabe lo que es bueno y lo que es malo, no conviene que tome del fruto del árbol de la vida y viva para siempre». ²³Entonces Dios el Señor expulsó al hombre y a la mujer del jardín de Edén, y puso al hombre a que trabajara la tierra de la cual fue hecho. ²⁴Después de haber expulsado al hombre y a la mujer, Dios puso al oriente del jardín de Edén a los querubines, y una espada encendida que giraba en todas las direcciones, para evitar que nadie pudiera llegar hasta el árbol de la vida.

## Caín y Abel

**4** Adán tuvo relaciones con su esposa Eva, y ella quedó embarazada, y dio a luz a su hijo Caín, y dijo: «Gracias al Señor, he tenido un hijo varón». ²Después volvió a tener otro hijo al cual le puso por nombre Abel. Abel fue pastor de ovejas, en cambio Caín fue un agricultor.

³Después de algún tiempo, Caín le dio al Señor una ofrenda de lo que había cosechado. ⁴También Abel le dio una ofrenda al Señor. Le ofreció las primeras y mejores crías de sus ovejas. Al Señor le agradó Abel y su

---

*a.* En el original la palabra «mujer» y «hombre» vienen de la misma raíz.

2.18   2.20-25 — † 3.15—Ga 4.4   3.20   4.1-12

ofrenda, ⁵pero no se agradó de Caín ni de su ofrenda. Por eso Caín se enojó muchísimo y andaba amargado. ⁶Entonces el Señor le preguntó: «¿Por qué estás tan enojado y andas amargado? ⁷Si hicieras lo correcto podrías andar con tu frente en alto. Pero si actúas mal, el pecado, como una fiera, está listo a lanzarse sobre ti y destruirte. Sin embargo, tú puedes dominarlo».

⁸Un día Caín invitó a su hermano a dar un paseo. Cuando estaban en el campo, Caín atacó a su hermano y lo mató.

⁹Poco tiempo después el Señor le preguntó a Caín:
—¿Dónde está Abel, tu hermano?
Caín le contestó:
—No lo sé. ¿Acaso tengo la obligación de cuidar a mi hermano?

¹⁰Pero el Señor le dijo:
—¿Qué hiciste? Desde la tierra, la sangre de tu hermano me pide justicia. ¹¹Por eso, quedarás bajo la maldición de la tierra, la cual se ha tragado la sangre de tu hermano, al que tú mataste. ¹²Cuando trabajes la tierra, no te dará cosechas. Vivirás en el mundo como un fugitivo, sin poder encontrar descanso.

¹³Caín le dijo al Señor:
—Ese castigo es más de lo que puedo soportar. ¹⁴Hoy me echas de esta tierra, y tendré que vivir lejos de tu presencia. Tendré que vivir huyendo como un fugitivo, expuesto a que cualquiera que me encuentre me mate.

¹⁵El Señor le contestó:
—Eso no sucederá. Si alguien te mata, será castigado siete veces.

Luego el Señor le puso una marca a Caín, para que nadie lo matara. ¹⁶Entonces Caín se alejó de la presencia del Señor y fue a vivir en la región de Nod —tierra de los errantes—, al oriente del Edén.

¹⁷Caín tuvo relaciones con su esposa, la cual quedó embarazada y dio a luz a Enoc. Caín fundó una ciudad y le puso el nombre de Enoc, en honor a su hijo.
¹⁸Enoc fue el padre de Irad,
Irad fue padre de Mejuyael,
Mejuyael fue padre de Metusael,
y éste fue el padre de Lamec.
¹⁹Lamec tuvo dos esposas: Ada y Zila. ²⁰Ada dio a luz a Jabal, que es el antepasado de los que viven en carpas y se dedican a la cría de ganado. ²¹Jabal tuvo un hermano llamado Jubal, que es el antepasado de los que tocan el arpa y la flauta. ²²También Zila, la otra esposa de Lamec, dio a luz a Tubal Caín, que hacía toda clase de objetos de bronce y de hierro. Tubal Caín tuvo una hermana que se llamaba Noama.

²³Un día, Lamec les dijo a sus esposas:
«¡Escúchenme, mujeres de Lamec!
¡Oigan bien lo que les digo!
A un hombre que me hirió, lo maté,
y lo mismo hice con un muchacho que me golpeó.
²⁴»Si el que mate a Caín
será vengado siete veces,
entonces, el que mate a Lamec
será vengado setenta y siete veces».

²⁵Adán volvió a tener relaciones con su esposa, la cual dio a luz un hijo al que le puso por nombre Set, pues dijo: «Dios me ha dado otro hijo en lugar de Abel, al que Caín mató». ²⁶También Set tuvo un hijo, al que llamó Enós. Desde ese tiempo la gente comenzó a invocar el nombre del Señor.

## Descendientes de Adán

**5** Esta es la lista de los descendientes de Adán. El día en que los seres humanos fueron creados, Dios los creó a su propia imagen. ²Los creó hombre y mujer, y los bendijo. Ese mismo día los llamó «seres humanos».

³⁻⁵Adán tenía ciento treinta años cuando le nació un hijo, a su imagen y semejanza, y le puso el nombre de Set. Adán vivió ochocientos años más, tuvo hijos e hijas, y murió a los novecientos treinta años de edad.

⁶⁻⁸Set tenía ciento cinco años cuando nació Enós. Después de esto, vivió otros ochocientos siete años, tuvo hijos e hijas, y murió a la edad de novecientos doce años.

⁹⁻¹¹Enós tenía noventa años cuando nació su hijo Cainán. Después de esto, vivió ochocientos quince años, tuvo hijos e hijas, y murió a la edad de novecientos cinco años.

¹²⁻¹⁴Cainán tenía setenta años cuando nació su hijo Malalel. Después de esto, vivió ochocientos cuarenta años, tuvo hijos e hijas, y murió a la edad de novecientos diez años.

¹⁵⁻¹⁷Malalel tenía sesenta y cinco años cuando nació su hijo Jared. Después de esto, vivió ochocientos treinta años, tuvo hijos e hijas, y murió a la edad de ochocientos noventa y cinco años.

¹⁸⁻²⁰Jared tenía ciento sesenta y dos años cuando nació su hijo Enoc. Después de esto, vivió ochocientos años, tuvo hijos e hijas, y murió a la edad de novecientos sesenta y dos años.

²¹⁻²⁴Enoc tenía sesenta y cinco años cuando nació su hijo Matusalén. Después de Matusalén, tuvo otros hijos e hijas, y vivió trescientos años más. Durante toda su vida, Enoc vivió de acuerdo con la voluntad de Dios, y cuando tenía trescientos sesenta y cinco años desapareció, porque Dios se lo llevó sin que muriera.

²⁵⁻²⁷Matusalén tenía ciento ochenta y siete años cuando nació su hijo Lamec. Después de esto, vivió setecientos ochenta y dos años, tuvo hijos e hijas, y murió a los novecientos sesenta y nueve años de edad.

²⁸⁻³¹Lamec tenía ciento ochenta y dos años cuando nació su hijo Noé. Lamec lo llamó Noé, porque dijo: «Él nos aliviará del duro trabajo que significa labrar la tierra que Dios maldijo». Después de esto, Lamec vivió quinientos noventa y cinco años, tuvo hijos e hijas, y murió a la edad de setecientos setenta y siete años.

³²Noé tenía quinientos años cuando tuvo tres hijos: Sem, Cam y Jafet.

## La maldad humana

**6** La población comenzó a multiplicarse sobre la tierra. ²Entonces los hijos de Dios*b* se fijaron en la belleza de las mujeres y tomaron como mujeres a todas las que quisieron. ³Por eso el Señor dijo: «No dejaré que el ser humano viva muchísimos años, por-

---

*b.* Algunos comentaristas creen que la expresión «hijos de Dios» se refiere a seres del mundo espiritual; y otros, al «linaje piadoso de Set».

4.25    5.29

## GÉNESIS 6.7

que su maldad ha aumentado. De modo que sólo lo dejaré vivir ciento veinte años».

⁴En aquellos días y aun después, cuando los hijos de Dios tuvieron relaciones con mujeres, nacieron gigantes que fueron famosos por su valentía. ⁵,⁶Cuando el SEÑOR Dios vio el alcance de la maldad humana, y que la gente sólo pensaba en hacer lo malo, le dolió haberla creado y se llenó de mucho pesar.

⁷Entonces Dios dijo: «Voy a borrar de la tierra todo lo que he creado, hombres, animales, reptiles y aves. ¡Lamento haberlos creado!»

⁸Pero Noé contaba con la aprobación del SEÑOR.

### El diluvio

⁹Esta es la historia de Noé y de sus descendientes. Noé era un hombre justo y bueno, y todo el tiempo vivía conforme a la voluntad de Dios. ¹⁰Noé tuvo tres hijos: Sem, Cam y Jafet.

¹¹⁻¹³Dios vio que la humanidad se había degenerado, y practicaba la violencia. La depravación llegó a tal extremo que un día Dios le dijo a Noé: «He decidido destruir a la humanidad, porque por su culpa hay mucha violencia y corrupción en la tierra. Sí, voy a destruir a toda la gente junto con lo que hay en el mundo. ¹⁴Hazte un barco de madera de pino, cubre todas sus hendijas con alquitrán, y hazle cubiertas y camarotes a todo lo largo. ¹⁵Hazlo de ciento treinta y cinco metros de largo, veintidós metros y medio de ancho y trece metros y medio de alto. ¹⁶Permite que entre la cubierta y la pared alrededor de todo el barco haya un espacio libre de unos cuarenta y cinco centímetros para que tanto la luz como el aire puedan circular. Hazle tres cubiertas: una cubierta inferior, una intermedia y una superior, y hazle una puerta al costado. ¹⁷Porque voy a inundar la tierra con un diluvio para destruir a todos los seres vivos. Todos morirán. ¹⁸Pero contigo haré un pacto, de modo que entrarás en el barco junto con tus hijos, tu esposa, y tus nueras, para que no mueran.

¹⁹,²⁰ De cada animal trae un macho y una hembra, y hazlos entrar en el barco contigo, para que sobrevivan al diluvio. Haz entrar una pareja de cada especie de animal, ave y reptil. ²¹También guarda en el barco todo el alimento que tú y ellos necesitarán».

²²Y Noé hizo todo lo que Dios le mandó.

### Noé entra en el barco

**7** Después el SEÑOR le dijo a Noé: «Entra en el barco con toda tu familia, porque tú eres el único hombre bueno que vive en este tiempo. ²Mete en el barco siete machos y siete hembras de todos los animales que se consideran puros; pero de los que se consideran impuros sólo lleva un macho y una hembra. ³Lleva también siete machos y siete hembras de todas las aves que existen, para conservar su especie en la tierra. ⁴Porque dentro de siete días haré que comience una lluvia que durará cuarenta días con sus noches, y todo lo que vive en la tierra morirá».

⁵Y Noé hizo todo lo que Dios le mandó.

⁶,⁷Cuando comenzó el diluvio, Noé tenía seiscientos años de edad. Entonces entró en el barco con sus hijos, su esposa, y sus nueras, para librarse del diluvio. ⁸,⁹También entraron con Noé los animales puros e impuros, las aves y los reptiles, macho y hembra, tal como Dios se lo había ordenado.

¹⁰Luego de siete días, las aguas del diluvio comenzaron a inundar la tierra. ¹¹Eso ocurrió el día diecisiete del mes segundo, es decir, cuando Noé cumplió sus seiscientos años de vida. Ese día se reventaron todas las fuentes del mar que está debajo de la tierra, y se abrieron las compuertas del cielo dejando caer una lluvia torrencial. ¹²Llovió, sin parar, durante cuarenta días y cuarenta noches. ¹³Fue en aquel día que Noé entró en el barco con su esposa, sus hijos Sem, Cam y Jafet, y sus nueras. ¹⁴,¹⁵Con ellos había en el barco parejas de toda clase de animales, domésticos y silvestres, reptiles y aves. ¹⁶Habían entrado de dos en dos, macho y hembra, tal como Dios lo había ordenado. Después el SEÑOR cerró la puerta del barco.

¹⁷Estuvo lloviendo sobre la tierra durante cuarenta días. Como el nivel de las aguas subió, el barco comenzó a flotar sobre las aguas. ¹⁸A medida que el agua subía, el barco flotaba sin peligro sobre ellas. ¹⁹Las aguas subieron tanto, que cubrieron hasta las montañas más altas de la tierra. ²⁰Las aguas subieron unos siete metros por encima de las montañas. ²¹,²²Por eso, murieron todos los seres vivos que había en la tierra: las aves, los animales salvajes y los domésticos, todos los reptiles, y todos los seres humanos. ²³Tan sólo Noé y los que estaban con él en el barco quedaron vivos. Todos los demás seres humanos murieron, junto con los animales domésticos, las aves y los reptiles. ²⁴Las aguas inundaron la tierra durante unos ciento cincuenta días.

### Dios se acuerda de Noé

**8** Entonces Dios se acordó de Noé y de todos los animales que estaban con él en el barco. Dios hizo soplar un fuerte viento sobre la tierra, de modo que las aguas comenzaron a bajar. ²Se cerraron tanto las fuentes del mar profundo como las compuertas de los cielos, y dejó de llover. ³Las aguas fueron bajando poco a poco. Después de ciento cincuenta días las aguas habían bajado bastante. ⁴Fue por eso que el día diecisiete del mes séptimo el barco se posó sobre las montañas de Ararat. ⁵El agua siguió bajando, de modo que el día primero del mes décimo pudieron verse las partes más altas de las montañas.

⁶Después de cuarenta días, Noé abrió la ventana que le había hecho al barco ⁷y soltó un cuervo, el cual estuvo volando de un lado a otro esperando que la tierra se secara, pero no regresó. ⁸Luego Noé soltó una paloma, para ver si ya la tierra estaba seca. ⁹Pero la paloma regresó al barco, porque no encontró un lugar seco en el cual pudiera posarse. Entonces Noé extendió su mano, agarró a la paloma y la metió al barco. ¹⁰Esperó otros siete días más y volvió a soltar la paloma. ¹¹Ya estaba oscureciendo cuando la paloma regresó, trayendo en su pico una ramita verde de olivo. Por eso, Noé se dio cuenta de que las aguas habían bajado mucho, de modo que ya se podía ver la tierra seca. ¹²Siete días después volvió a soltar la paloma, pero esta vez la paloma no regresó.

¹³Cuando Noé tenía seiscientos un años de vida, las aguas desaparecieron. El primer día del mes primero de ese año, Noé retiró el techo del barco y vio que la tierra estaba casi seca. ¹⁴El día veintisiete del segundo

6.7–8  6.9-10  7.1-7  7.23-24  8.1  8.15–16

mes, la tierra ya estaba completamente seca. ¹⁵,¹⁶Entonces Dios le dijo a Noé: «Ya pueden salir todos. Deja salir a todos los animales, aves y reptiles para que se reproduzcan abundantemente y llenen la tierra».

¹⁸Así que Noé, sus hijos, su esposa y sus nueras salieron del barco. ¹⁹También salieron todos los animales, según su propia especie: los animales salvajes y los domésticos, las aves y los reptiles.

²⁰Después Noé construyó un altar para adorar al Señor. En ese altar Noé le ofreció a Dios animales y aves adecuados para el sacrificio, es decir, que eran puros. ²¹Al Señor le agradó mucho el olor de los sacrificios, y se dijo a sí mismo: «Nunca más volveré a maldecir la tierra por culpa de la humanidad, pues todos los seres humanos están inclinados hacia el mal desde que son niños. ¡Jamás volveré a destruir a los seres vivos, como lo hice en esta ocasión! ²²Mientras exista la tierra, habrá siembra y cosecha; siempre habrá frío y calor, verano e invierno, los días y las noches».

## El pacto de Dios con Noé

**9** Dios dio esta bendición a Noé y a sus hijos: «Tengan muchos hijos y vuelvan a llenar la tierra. ²Todos los animales de la tierra temblarán de miedo delante de ustedes. Todas las bestias de la tierra, todas las aves, todos los reptiles y todos los peces se tendrán que someter a ustedes. ³Les doy todos los animales, lo mismo que las plantas y verduras para que los usen para su alimentación. ⁴Pero no deberán comer animales sin haberles sacado la sangre, porque la vida está en la sangre. ⁵Si un animal mata a un ser humano, yo lo castigaré. También castigaré a cualquier persona que mate a otro ser humano. Sí, yo pediré cuentas a cualquier animal o persona que mate a un ser humano. ⁶El que mate a una persona, otra persona lo matará a él; porque los seres humanos fueron creados a la imagen de Dios.

⁷»Ustedes recuerden: "Tengan muchos hijos y vuelvan a poblar la tierra; ¡sí, multiplíquense y llenen la tierra!"

⁸⁻¹¹Entonces Dios les dijo a Noé y a sus hijos: «Hoy mismo hago un pacto con ustedes, con todo hombre y mujer que nazca después de ustedes, y con todos los animales que están con ustedes y que salieron del barco, es decir, con los animales domésticos y salvajes, con las aves y con todos los demás animales que hay en la tierra. Por medio de este pacto les prometo que nunca más enviaré otro diluvio para destruir la tierra. ¡Nunca más mataré a ningún ser viviente por medio de un diluvio!»

¹²,¹³Además, Dios dijo: «El arco iris servirá de señal para recordar este pacto que acabo de hacer con ustedes y con todos los animales. Sí, cada vez que aparezca el arco iris sobre las nubes les recordará la promesa que he hecho a toda la tierra. ¹⁴⁻¹⁶Cuando yo cubra de nubes la tierra, también haré que aparezca el arco iris. De ese modo me acordaré de la promesa que les he hecho a ustedes y a todos los demás seres vivos de la tierra. Así que nunca más los destruiré por medio de un diluvio. ¹⁷No lo olviden: Esta es la señal del pacto que acabo de hacer con ustedes y con todo ser viviente en la tierra».

## Los hijos de Noé

¹⁸Los tres hijos de Noé fueron: Sem, Cam y Jafet. (Cam es el padre de Canaán.) ¹⁹De estos tres hijos de Noé proceden todas las naciones de la tierra.

²⁰,²¹Noé, que era agricultor, plantó una viña e hizo vino. Un día bebió tanto vino que se emborrachó y se quedó desnudo, tendido en el piso de su carpa. ²²En esas, Cam, el padre de Canaán, entró a la carpa y vio a Noé desnudo. Al salir de la carpa le contó a sus hermanos que había visto a su padre desnudo. ²³Entonces Sem y Jafet tomaron una túnica, se la echaron sobre los hombros y, para evitar ver la desnudez de su padre, entraron caminando hacia atrás y lo cubrieron. ²⁴,²⁵Cuando Noé despertó de su borrachera y supo lo que le había hecho su hijo menor, dijo:

«¡Maldito sea Canaán y sus descendientes!
¡Serán esclavos de los descendientes de Sem y Jafet!
¡Serán los esclavos de más bajo rango!»

²⁶Luego Noé dijo:

«¡Bendito sea el Señor, Dios de Sem!
¡Que Canaán sea esclavo de Sem!
²⁷¡Que Dios prospere mucho a Jafet,
y que viva en los campamentos de Sem!
¡Que Canaán sea esclavo de Jafet!»

²⁸Noé vivió otros trescientos cincuenta años después del diluvio, ²⁹y tenía novecientos cincuenta años cuando murió.

## Las naciones de la tierra

**10** Después del diluvio, Sem, Cam y Jafet, los hijos de Noé, tuvieron sus propios hijos. Estos son sus descendientes:

²Los hijos de Jafet fueron:
Gómer, Magog, Maday, Javán, Tubal, Mésec, Tirás.
³Los hijos de Gómer fueron:
Asquenaz, Rifat y Togarma.
⁴Los hijos de Javán fueron:
Elisá, Tarsis, Quitín y Rodanín.
⁵Éstos se fueron a vivir en las islas y costas, y fundaron naciones en diversos lugares, con sus propios idiomas.
⁶Los hijos de Cam fueron:
Cus, Misrayin, Fut y Canaán.
⁷Los hijos de Cus fueron:
Seba, Javilá, Sabtá, Ragama y Sabteca.
Los hijos de Ragama fueron:
Sabá y Dedán.
⁸Cus fue el padre de Nimrod, que llegó a ser el primer guerrero muy famoso. ⁹Con la ayuda del Señor llegó a ser un cazador muy valiente. Por eso, se hizo popular decir: «Tan valiente como Nimrod, quien llegó a ser un excelente cazador porque el Señor lo ayudó». ¹⁰Las ciudades más importantes de su reino fueron Babel, Érec, Acad y Calné. Todas estas ciudades estaban en la región de Sinar. ¹¹,¹²De allí salió para Asur, donde edificó las ciudades de Nínive, Rejobot Ir, Cala y la importante ciudad de Resén, que estaba situada entre Nínive y Cala.

¹³,¹⁴Misrayin fue el antepasado de los ludeos, los anameos, los leabitas, los naftuitas, los patruseos, los caslujitas y los caftoritas, que son los antepasados de los filisteos.

*9.1  *9.8-9  *9.16-17  *9.27-Lc 3.36

¹⁵Canaán fue el padre de Sidón, su hijo mayor, y de Het.

¹⁶⁻¹⁸Además, de Canaán descienden los jebuseos, los amorreos, los gergeseos, los heveos, los araceos, los sineos, los arvadeos, los zemareos y los jamatitas.

Después de algún tiempo todas estas familias de los cananeos se separaron y se dispersaron por la tierra. ¹⁹Su territorio abarcaba desde Sidón hasta Guerar y Gaza, y pasaba por Sodoma, Gomorra, Admá y Zeboyín, y llegaba hasta Lasa. ²⁰Éstos fueron, pues, los descendientes de Cam. Se hallaban dispersos en muchas tierras y naciones y hablaban muchas lenguas.

²¹Sem, el hermano mayor de Jafet, también tuvo hijos, y fue el antepasado de todos los descendientes de Éber. ²²Los hijos de Sem fueron:

Elam, Asur, Arfaxad, Lud y Aram.

²³Los hijos de Aram fueron:

Uz, Hul, Guéter y Mas.

²⁴Arfaxad fue el padre de Selaj, y Selaj fue el padre de Éber.

²⁵Éber tuvo dos hijos:

El primero se llamó Péleg, porque fue durante su vida que la gente del mundo se dividió.

El otro hijo de Éber fue Joctán.

²⁶⁻³⁰Joctán fue el padre de Almodad, Sélef, Jazar Mávet, Yeraj, Hadorán, Uzal, Diclá, Obal, Abimael, Sabá, Ofir, Javilá y Jobab.

Todos estos fueron los descendientes de Joctán, quienes ocuparon la región que va desde Mesá hasta Sefar, es decir, la región montañosa que queda al oriente.

³¹Así que estos fueron los descendientes de Sem, según sus familias, sus regiones, sus países y sus idiomas.

³²En resumen, todos éstas son las familias que descienden de Noé, según sus pueblos y naciones. Después del diluvio, todas estas familias se esparcieron por todas partes y formaron las naciones que hay en el mundo.

## La torre de Babel

**11** En ese tiempo, toda la gente hablaba un mismo idioma. ²Al salir hacia el oriente, encontraron una llanura en la región de Sinar, y se quedaron a vivir allí. ³Un día decidieron hacer ladrillos y cocerlos en el fuego. De este modo usaron los ladrillos en lugar de piedras. Además, emplearon el alquitrán en lugar de mezcla. ⁴Después dijeron: «Construyamos una ciudad con una torre altísima, que toque el cielo. Así nos haremos muy famosos y no tendremos que vivir por siempre errantes».

⁵Entonces el SEÑOR bajó para ver la ciudad y la torre que estaban edificando, ⁶y pensó: «Esto lo pueden hacer porque forman un solo pueblo y hablan el mismo idioma. Esa torre es sólo la primera de muchas otras obras que harán. ¡Todo lo que se proponan hacer lo harán y nadie podrá detenerlos! ⁷Vamos, descendamos y hagamos que hablen diversos idiomas, para que no puedan entenderse».

⁸Así, pues, Dios los esparció por toda la tierra, lo que impidió que terminaran la construcción de la ciudad. ⁹Por esta razón se llamó Babel, porque fue allí donde Dios los confundió haciendo que hablaran diversos idiomas, y los esparció por toda la tierra.

## Descendientes de Sem

¹⁰La siguiente es la lista de los descendientes de Sem: Dos años después del diluvio, cuando Sem cumplió los cien años, tuvo un hijo al que llamó Arfaxad. ¹¹Después de que Arfaxad nació, Sem vivió quinientos años más, y tuvo más hijos e hijas.

¹²Arfaxad tenía treinta y cinco años cuando le nació su hijo Selaj. ¹³Después de que Selaj nació, Arfaxad vivió cuatrocientos tres años más, y tuvo más hijos e hijas.

¹⁴Selaj tenía treinta años cuando le nació su hijo Éber. ¹⁵Después de que Éber nació, Selaj vivió cuatrocientos tres años más, y tuvo más hijos e hijas.

¹⁶Éber tenía treinta y cuatro años cuando le nació su hijo Péleg. ¹⁷Después de que Péleg nació, Éber vivió cuatrocientos treinta años más, y tuvo más hijos e hijas.

¹⁸Péleg tenía treinta años cuando le nació su hijo Reú. ¹⁹Después de que Reú nació, Péleg vivió doscientos nueve años más, y tuvo más hijos e hijas.

²⁰Reú tenía treinta y dos años cuando le nació su hijo Serug. ²¹Después de que Serug nació, Reú vivió doscientos siete años más, y tuvo más hijos e hijas.

²²Serug tenía treinta años cuando le nació su hijo Najor. ²³Después de que Najor nació, Serug vivió doscientos años más, y tuvo más hijos e hijas.

²⁴Najor tenía veintinueve años cuando le nació su hijo Téraj. ²⁵Después de que Téraj nació, Najor vivió ciento diecinueve años más, y tuvo más hijos e hijas.

²⁶A sus setenta años, a Téraj ya le habían nacido sus hijos Abram, Najor y Jarán.

## Descendientes de Téraj

²⁷La siguiente es la lista de los descendientes de Téraj, el padre de Abram, Najor y Jarán.

Jarán, que fue el padre de Lot, ²⁸murió en el mismo lugar en el que había nacido, es decir, en Ur de los caldeos. Jarán murió antes que su padre Téraj.

²⁹Abram se casó con Saray, y Najor se casó con Milca. Ésta era hija de Jarán y hermana de Iscá. ³⁰Saray no podía tener hijos, pues era estéril.

³¹Un día Téraj decidió salir de Ur de los caldeos para irse a vivir al país de Canaán. Se llevó consigo a su hijo Abram, a su nieto Lot y a su nuera Saray. Pero cuando llegaron a la ciudad de Jarán, se quedaron viviendo ahí. ³²Fue allí en Jarán donde murió Téraj, cuando tenía doscientos cinco años de edad.ᶜ

## Llamamiento de Abram

**12** ☆ El SEÑOR le dijo a Abram: «Deja tu tierra, tus familiares y la casa de tu padre, y vete a la región que te voy a mostrar. ²Te voy a convertir en una nación muy grande; te voy a bendecir, te haré un hombre muy famoso. ¡Serás de bendición para muchas ✝ personas! ³A los que te bendigan, yo los bendeciré; pero a quienes te maldigan, yo los maldeciré. ¡Por medio de ti, yo bendeciré a todos los pueblos del mundo!»

⁴Tal como el SEÑOR se lo había ordenado, Abram salió de Jarán, y con él también se fue Lot. En aquel

---

c. El Pentateuco Samaritano dice que Téraj murió cuando tenía ciento cuarenta y cinco años, esto es, el año de la salida de Abram de Jarán.

☆ 12.1–2   ✝ 12.3–Ga 3.8

tiempo Abram tenía setenta y cinco años. ⁵Cuando Abram salió hacia la región de Canaán se llevó a su esposa Saray, a su sobrino Lot y a toda la gente que había comprado en Jarán. También se llevó todas las cosas y animales que había conseguido. ⁶Abram atravesó toda la región de Canaán hasta que llegó a Siquén, donde está la encina sagrada de Moré. En ese tiempo, los cananeos eran los que vivían en aquella región. ⁷El Señor se le apareció allí a Abram y le dijo: «Esta tierra se la voy a dar a tus descendientes». Entonces Abram construyó un altar para adorar al Señor, porque se le había aparecido allí. ⁸Después, Abram salió de aquel lugar y viajó hacia el sur, a la región montañosa que queda entre Betel por el oeste y Hai por el este. Allí estableció su campamento e hizo un altar al Señor, e invocó su nombre. ⁹Luego, Abram continuó su viaje hacia el sur, deteniéndose en varios lugares, hasta que llegó a la región del Néguev.

### Abram en Egipto

¹⁰En ese tiempo hubo mucha hambre en aquella región; así que Abram se fue a vivir a Egipto. ¹¹Cuando ya estaban cerca de Egipto, Abram le dijo a su esposa Saray: «¿Eres una mujer muy hermosa, y ¹²tan pronto te vean los egipcios y sepan que eres mi esposa, me matarán para quedarse contigo! ¹³Pero si dices que eres mi hermana, los egipcios me tratarán bien debido a su interés por ti, y me dejarán con vida».
¹⁴Y así fue. Cuando llegaron a Egipto, todos hablaban de la belleza de Saray. ¹⁵Los funcionarios del faraón también la vieron. Entonces fueron y le contaron al faraón que aquella mujer era muy hermosa. Luego, la llevaron a vivir al palacio. ¹⁶Para congraciarse con Saray, el faraón trató muy bien a Abram y le regaló ovejas, vacas, esclavos y esclavas, burros y burras, y camellos.
¹⁷Pero, debido a que el faraón llevó a Saray a su palacio, el Señor lo castigó a él y a su familia con terribles enfermedades. ¹⁸Entonces el faraón mandó a llamar a Abram, y le dijo: «¿Por qué me has hecho esto? ¿Por qué no me dijiste que Saray es tu esposa? ¹⁹Casi la tomo como esposa, confiado en que dijiste que era tu hermana. ¡Aquí está! ¡Tómala y vete!» ²⁰Luego, el faraón ordenó a sus servidores que sacaran de Egipto a Abram y a su esposa, junto con todas sus posesiones.

### Abram y Lot se separan

**13** Cuando Abram salió de Egipto con su esposa, con Lot y con todas sus posesiones, se dirigió hacia la región del Néguev. ²Abram era muy rico, pues tenía oro, plata y mucho ganado. ³Desde el Néguev, Abram avanzó lentamente hasta llegar a Betel. Una vez allí, se dirigió al lugar donde había acampado antes, es decir, entre Betel y Hai. ⁴En ese mismo lugar Abram había construido un altar para invocar el nombre del Señor.
⁵También Lot, que iba con Abram, tenía muchas ovejas, vacas y carpas. ⁶De modo que ya no podían vivir juntos, pues el campo no era suficiente para alimentar a tantos animales. ⁷Por eso, había muchas peleas entre los pastores que cuidaban los rebaños de Abram y los que cuidaban los rebaños de Lot. En ese tiempo, los cananeos y los ferezeos todavía vivían en aquella región.

⁸Así que un día Abram le dijo a Lot: «Recuerda que tú y yo somos parientes, de modo que no es bueno que haya peleas entre nosotros, ni entre tus pastores y los míos. ⁹Mira, ahí tienes una gran extensión de tierra. Escoge dónde quieres irte a vivir. Si te vas a la región que está a la izquierda, entonces yo me iré a la que está a la derecha; pero si te vas a la derecha, entonces yo me iré a la izquierda».
¹⁰Lot contempló toda la extensa llanura del Jordán, y vio que toda esa región, hasta Zoar, era muy buena para la agricultura, pues tenía mucha agua. Era como el jardín del Señor o como la tierra de Egipto. Así era esa región antes de que el Señor destruyera a Sodoma y a Gomorra. ¹¹De modo que Lot escogió la región que estaba al oriente, es decir, la llanura del Jordán, y se fue a vivir allá. Fue así como Abram y Lot se separaron. ¹²Abram se quedó viviendo en Canaán, mientras que Lot habitó entre las ciudades de la llanura, cerca de la ciudad de Sodoma. ¹³Los habitantes de Sodoma eran muy perversos y ofendían mucho al Señor con sus horribles pecados.
¹⁴,¹⁵Después de que Lot se fue, el Señor le dijo a Abram: «Mira toda la tierra que tienes a tu alrededor por el norte, el sur, el oriente y el occidente. Toda esa tierra será para ti y para todos tus descendientes. ¹⁶Además, tu descendencia será tan numerosa como el polvo de la tierra. De modo que sólo quien sea capaz de contar el polvo de la tierra, podrá contar a tus descendientes. ¹⁷Ahora, pues, levántate y recorre toda esa región, a lo largo y a lo ancho, porque te la voy a regalar».
¹⁸Así que Abram se fue a vivir junto al bosque de encinas de Mamré, que queda cerca de Hebrón. Allí construyó un altar para el Señor.

### Abram rescata a Lot

**14** En esa época, Amrafel era el rey de Sinar, Arioc era el rey de Elasar, Quedorlaómer era el rey de Elam, y Tidal era el rey de Goyim. ²Estos reyes se unieron para ir a pelear contra los reyes Bera de Sodoma, Birsá de Gomorra, Sinab de Admá, Semeber de Zeboyín, y contra el rey de Bela, que es el mismo pueblo conocido como Zoar. ³Estos cinco últimos reyes reunieron sus ejércitos en el valle de Sidín, que es donde está el Mar Muerto. ⁴Durante doce años habían estado sometidos al rey Quedorlaómer, pero en el año decimotercero decidieron rebelarse contra él.
⁵Por eso, al año siguiente, el rey Quedorlaómer y los otros reyes que lo apoyaban fueron a la región de Astarot Carnayin y derrotaron a los refaítas. Luego fueron a Jam y derrotaron a los zuzitas; después fueron a la región de Save Quiriatayin y derrotaron a los emitas. ⁶Por último, pasaron a las montañas de Seír y derrotaron a los horeos, a quienes persiguieron hasta El Parán, que está cerca del desierto. ⁷Ya de regreso, Quedorlaómer y sus compañeros fueron a Enmispat, que también se conoce como Cades. Derrotaron a los amalecitas y conquistaron su territorio; también derrotaron a los amorreos que vivían en Jazezón Tamar.
⁸,⁹Entonces los reyes de Sodoma, Gomorra, Admá Zeboyín y Bela, que es Zoar, fueron al valle de Sidín para pelear contra Quedorlaómer, rey de Elam, y sus aliados, es decir: Tidal, rey de Goyim, Amrafel, rey de Sinar, y Arioc, rey de Elasar. De modo que eran cinco reyes contra cuatro. ¹⁰Los reyes de Sodoma y

Gomorra, al verse derrotados, intentaron huir junto con sus ejércitos, pero cayeron en los pozos de alquitrán que había en el valle de Sidín. Los que lograron salir de allí, se escondieron en la montaña. ¹¹Los que ganaron la batalla fueron a las ciudades de Sodoma y Gomorra se llevaron todos los alimentos y artículos de valor que había en ellas. Después emprendieron el regreso a sus países. ¹²Como Lot, el sobrino de Abram, vivía en Sodoma, también se lo llevaron, junto con todo lo que tenía.

¹³Uno de los hombres que logró escapar fue hasta donde estaba Abram, el hebreo, y le contó todo lo que había sucedido. Abram estaba viviendo junto al bosque de encinas que pertenecía a Mamré, el amorreo. Mamré era hermano de Escol y de Aner, que eran amigos de Abram. ¹⁴Cuando Abram oyó que a Lot se lo habían llevado preso, reunió a todos los trescientos dieciocho criados que habían nacido en su casa. Luego, con ellos, salió a perseguir a los que se habían llevado a Lot, y los alcanzó en la ciudad de Dan. ¹⁵Esperó hasta la noche y los atacó por sorpresa, los derrotó y los persiguió hasta Hobá, que queda al norte de Damasco. ¹⁶De modo que Abram pudo recuperar todas las cosas que esos hombres se habían robado. También logró liberar a su sobrino Lot y sus posesiones, a las mujeres y a todas las demás personas que habían sido capturadas.

¹⁷Cuando Abram regresaba de derrotar a Quedorlaómer y a sus aliados, el rey de Sodoma salió a recibirlo al valle de Save, conocido también como el valle del Rey.

¹⁸También Melquisedec, que era rey de Salén y sacerdote del Dios altísimo, le llevó pan y vino. ¹⁹Luego, Melquisedec bendijo a Abram con estas palabras:

«Abram, que el Dios altísimo, creador del cielo y de la tierra, te bendiga.

²⁰¡Alabado sea el Dios altísimo que te permitió derrotar a tus enemigos!»

Entonces Abram le entregó a Melquisedec la décima parte de todos los bienes que había recuperado.

²¹El rey de Sodoma le dijo a Abram:

—Entrégame las personas que liberaste y quédate con todas las cosas que has recuperado.

²²,²³Pero Abram le contestó:

—Le prometí al Señor, el Dios altísimo, creador del cielo y de la tierra, que no me quedaría con nada de lo que es tuyo, ni siquiera con un cordón o una correa de una sandalia. Así no podrás decir jamás: «Abram se hizo rico, porque se quedó con mis bienes». ²⁴No quiero nada para mí. Lo único que acepto de ti son los alimentos que ya comieron mis criados. Pero mis amigos Aner, Escol y Mamré sí tomarán lo que les corresponde.

## Dios hace un pacto con Abram

**15** Poco tiempo después, el Señor le dijo a Abram:

—Abram, no tengas miedo, porque yo te protejo, y te voy a dar una recompensa muy grande.

²,³Pero Abram contestó:

—Mi Señor y Dios, ¿para qué me servirá todo lo que me vas a dar, si no tengo hijos? En ese caso, como no me has dado un hijo, todo lo que me regales le quedará a Eliezer de Damasco, que es uno de mis criados.

⁴Entonces el Señor le dijo:

—Vas a tener un hijo, y será él quien se quede con todo lo que tienes. ¡De modo que ningún extraño se quedará con tus bienes!

⁵Luego el Señor hizo que Abram saliera de su carpa, y le dijo:

—Intenta contar todas las estrellas que hay en el cielo, y verás que no puedes. ¡Pues, así de numerosos serán tus descendientes!

⁶Y Abram le creyó al Señor, y esto le agradó al Señor y, por eso, lo consideró un hombre justo.

⁷Y le dijo:

—Yo soy el Señor que te saqué de la ciudad de Ur de los caldeos, para regalarte esta tierra.

⁸Pero Abram le respondió:

—Mi Señor y Dios, ¿cómo podré estar seguro de que me la vas a regalar?

⁹Entonces el Señor le dijo:

—Trae una ternera, una cabra y un carnero, de tres años cada uno. También consigue una tórtola y un pichón de paloma.

¹⁰Abram consiguió estos animales, los partió por la mitad, y puso una mitad frente a la otra. Pero las aves no las partió. ¹¹Entonces las aves de rapiña se lanzaron sobre los cuerpos de los animales muertos, pero Abram las espantaba.

¹²Al anochecer, Abram se quedó profundamente dormido, y se sintió rodeado de una oscuridad aterradora.

¹³Entonces el Señor le dijo:

—Abram, ten la seguridad de que tus descendientes van a vivir como esclavos en una tierra extraña, y los tratarán mal durante unos cuatrocientos años. ¹⁴Pero yo castigaré a la nación que los esclavice, y haré que tus descendientes salgan libres y con mucha riqueza. ¹⁵En cuanto a ti, debes saber que morirás en paz y a una edad muy avanzada. ¹⁶Después de cuatro generaciones, tus descendientes regresarán a esta tierra. En ese momento será tanta la maldad de los amorreos que viven aquí, que tendré que castigarlos.

¹⁷Cuando el sol se ocultó, y anocheció por completo, Abram vio que por entre los animales muertos se paseaba un horno que echaba humo y una antorcha encendida. ¹⁸Ese día el Señor hizo un pacto con Abram, y le dijo:

—A tus descendientes les voy a dar toda la tierra que va desde el río de Egipto hasta el gran río, es decir, el río Éufrates. ¹⁹⁻²¹Esta tierra es la que habitan actualmente los quenitas, los quenizitas, los cadmoneos, los hititas, los ferezeos, los refaítas, los amorreos, los cananeos, los gergeseos y los jebuseos.

## Agar e Ismael

**16** Saray, la esposa de Abram, no había podido tener hijos. Pero como tenía una esclava egipcia llamada Agar, ²,³Saray la tomó y se la llevó a Abram para que durmiera con ella. Saray le dijo a Abram:

—Como el Señor no me ha permitido tener hijos, te ruego que te acuestes con mi esclava, para que yo pueda tener hijos por medio de ella.

Abram estuvo de acuerdo con lo que le propuso Saray. Esto ocurrió cuando ya llevaban diez años viviendo en Canaán.

✵15.1–6

⁴Así que Abram se acostó con Agar, y ella quedó embarazada. Cuando Agar supo que estaba embarazada, comenzó a portarse mal con Saray, su dueña. ⁵Por eso, Saray le dijo a Abram:

—¡Tú tienes la culpa de que esta esclava me trate con desprecio! Yo te permití que durmieras con ella, y ahora que sabe que está embarazada se porta mal conmigo. ¡Que sea el Señor el que determine quién de nosotros tiene la culpa!

⁶Entonces Abram le dijo a Saray:

—La muchacha es tu esclava, así que haz con ella lo que quieras.

Saray comenzó a maltratar tanto a Agar, que ésta decidió huir. ⁷El ángel del Señor la encontró en el desierto, junto a un pozo que se halla en el camino que va hacia la región de Sur, ⁸y le preguntó:

—Agar, esclava de Saray, ¿de dónde vienes, y a dónde vas?

—Estoy huyendo de Saray, mi dueña —respondió Agar.

⁹Entonces el ángel del Señor le dijo:

—Regresa adonde tu dueña, y obedécela. ¹⁰Además, el ángel del Señor le dijo:

—Tus descendientes serán tan numerosos que no será posible contarlos. ¹¹Estás embarazada y tendrás un hijo, y lo llamarás Ismael (Dios oye), porque el Señor ha escuchado tu dolor. ¹²Ismael será un hombre rebelde, como un potro salvaje. Peleará contra todos, y todos pelearán contra él; pero vivirá cerca de sus hermanos.

¹³Agar llamó al Señor, que hablaba con ella, «el Dios que me ve», pues se decía para sus adentros: «He visto al Dios que me ve». ¹⁴Por eso, a este pozo, que está entre Cades y Béred, se le conoce como el «Pozo del Viviente que me ve».

¹⁵Así que Agar le dio un hijo a Abram, el cual lo llamó Ismael. ¹⁶Abram tenía ochenta y seis años cuando nació Ismael.

## El pacto y la circuncisión

**17** Cuando Abram tenía noventa y nueve años, el Señor se le apareció y le dijo:

—Yo soy el Dios Todopoderoso. Vive siempre de acuerdo con mi voluntad y haz lo correcto, ²y yo te prometo que te daré una descendencia numerosísima.

³Entonces Abram se inclinó hasta tocar el suelo con su frente. Dios, por su parte, continuó diciéndole:

⁴—El pacto que voy a hacer contigo es éste: Serás el padre de muchas naciones. ⁵Además, a partir de hoy ya no te llamarás Abram (Padre Excelso), sino Abraham (Padre de Naciones), porque haré que seas el padre de muchas naciones. ⁶Te daré muchísimos descendientes, de modo que de ti saldrán reyes y naciones. ⁷Contigo y con tus descendientes haré un pacto que durará para siempre. Debido a este pacto, yo seré tu Dios y el Dios de tus descendientes. ⁸A ti y a tus descendientes les regalaré para siempre toda la tierra de Canaán, es decir, la tierra en que estás viviendo ahora. Y seré su Dios.

⁹,¹⁰Además Dios dijo a Abraham:

—A través de todos los tiempos, tú y tus descendientes deberán obedecer este pacto: todos los varones que haya en tu pueblo deberán ser circuncidados. ¹¹A cada varón le cortarán la carne de su prepucio. Esta será la señal de que tú y ellos aceptan mi pacto. ¹²Todo varón será circuncidado al octavo día de su nacimiento. Esto se aplica tanto a los niños que nazcan en tu casa, como a aquellos que hayan sido comprados por dinero a algún extranjero. Este es un pacto que deberán obedecer siempre tus descendientes. ¹³Todos, sin excepción, deben ser circuncidados. De esa manera todos los varones llevarán en su cuerpo la señal de mi pacto, que es un pacto que nunca se acabará. ¹⁴Cualquiera que no cumpla con las condiciones del pacto, es decir, que no sea circuncidado, será eliminado de mi pueblo, por haber desobedecido mi pacto.

¹⁵Dios también le dijo a Abraham:

—Tu esposa ya no se llamará Saray, sino Sara (Princesa). ¹⁶Yo la bendeciré y te daré un hijo de ella. La bendeciré tanto, que será madre de naciones y de reyes.

¹⁷Abraham se inclinó hasta tocar el suelo con su frente, y se rió de pensar que un hombre de cien años pudiera ser padre, y que Sara pudiera tener un hijo a los noventa años. ¹⁸Por eso le dijo a Dios:

—¡Sería suficiente con que Ismael contara con tu bendición!

¹⁹Dios le respondió:

—Lo que acabo de decirte es que tu esposa Sara te dará un hijo, al cual le llamarás Isaac (Risa). Con él y con sus descendientes confirmaré mi pacto para siempre. ²⁰En cuanto a Ismael, también te he oído y haré lo que me has pedido. Le daré una descendencia muy numerosa, y haré que de él salga una gran nación. Él será el padre de doce príncipes. ²¹Pero mi pacto es con Isaac, el hijo que te dará Sara dentro de un año, por esta misma época.

²²Terminada la conversación, Dios se fue. ²³Aquel mismo día Abraham tomó a su hijo Ismael y lo circuncidó. También tomó a los esclavos, tanto a los que habían nacido en su casa como a los que había comprado, y a todos los demás varones que había en su casa, y los circuncidó, tal como Dios le había dicho. ²⁴,²⁵Abraham tenía noventa y nueve años cuando fue circuncidado, y su hijo Ismael tenía trece. ²⁶Tanto Abraham como Ismael fueron circuncidados el mismo día. ²⁷También, ese mismo día, fueron circuncidados todos los varones que había en su casa, tanto los que habían nacido en ella como los que le había comprado a extranjeros.

## La visita del Señor

**18** El Señor se le apareció a Abraham junto al bosque de encinas de Mamré. Ese día Abraham estaba sentado a la entrada de su carpa, a la hora más caliente del día. ²Abraham levantó la mirada y vio que tres hombres se dirigían hacia él. Se levantó de un salto y corrió al encuentro de ellos. Se inclinó hasta tocar el suelo con su frente, ³y dijo:

—Mi señor, le ruego por favor que no pase de largo, sino que se quede aquí un momento. ⁴Voy a pedir que les traigan agua para que se laven los pies, y podrán quedarse a descansar bajo la sombra de este árbol. ⁵Y ya que han pasado por la carpa de este servidor de ustedes, les voy a traer algo de comer, para que repongan sus fuerzas y puedan continuar su viaje.

17.15–17   17.19–Ma 1.2

**GÉNESIS 18.9**

—Muy bien —dijeron ellos—, aceptamos tu invitación.

⁶Entonces Abraham entró corriendo a la carpa y le dijo a Sara:

—Toma pronto unos veinte kilos de la mejor harina, amásalos y haz unos panes.

⁷Luego corrió al lugar donde estaba el ganado, tomó el mejor ternero, y le dijo a uno de sus sirvientes que lo preparara inmediatamente. ⁸Junto con el becerro ya preparado, Abraham les ofreció leche y mantequilla. Mientras los hombres comían, Abraham se quedó de pie junto a ellos, debajo del árbol.

⁹—¿Dónde está tu esposa Sara? —le preguntaron.

—En la carpa —contestó Abraham.

¹⁰Entonces uno de ellos dijo:

—El próximo año, por este tiempo, volveré a visitarte. En esa fecha Sara tendrá un hijo.

Sara escuchaba detrás de ellos, a la entrada de la carpa.

¹¹Ahora bien, Abraham y Sara eran muy viejos, y hacía tiempo que Sara no tenía la menstruación. ¹²Por eso, Sara no pudo evitar reírse, mientras pensaba: «¿Será posible que vaya a tener semejante placer, siendo que tanto mi marido como yo somos muy viejos?»

¹³Entonces el Señor le dijo a Abraham:

—¿Por qué se rió Sara? ¿A caso no cree que pueda tener un hijo a pesar de su edad? ¹⁴¿Hay algo que sea difícil para el Señor? Como te dije, el próximo año, por este tiempo, volveré a visitarte, y para entonces Sara tendrá un hijo.

¹⁵Cuando Sara escuchó esto, tuvo miedo y quiso defenderse. Por eso dijo:

—No me reí.

Pero el Señor le contestó:

—Sí te reíste.

### Abraham intercede a favor de Sodoma

¹⁶Cuando terminaron de comer, los visitantes se levantaron para seguir su viaje hacia Sodoma. Abraham los acompañó hasta cierto lugar, y los despidió. ¹⁷Pero el Señor pensó: «¿Le ocultaré a Abraham lo que estoy pensando hacer? ¹⁸¿Acaso no lo convertiré en una nación grande y poderosa, y haré que sea una fuente de bendición para todas las naciones de la tierra? ¹⁹Estoy seguro de que enseñará a sus descendientes a obedecerme, de modo que cuando él muera ellos continúen practicando la justicia y la honestidad. Yo, por mi parte, le cumpliré a Abraham todo lo que le he prometido».

²⁰Así que el Señor le dijo a Abraham:

—Ya no puedo aguantar más la queja que hay contra Sodoma y Gomorra, pues su pecado es muy grande. ²¹Bajaré a Sodoma para ver si de verdad sus habitantes son tan malos. Voy a comprobar personalmente si lo que se dice de ellos es verdad o mentira.

²²,²³Dos de los varones siguieron su camino hacia Sodoma, pero el Señor se quedó con Abraham por un momento. Entonces Abraham se le acercó y le dijo:

—¿Vas a exterminar juntamente al justo con el malvado? ²⁴Si encontraras cincuenta justos en la ciudad, ¿acabarías con todos, y no perdonarías a la gente de ese lugar por amor a los cincuenta justos? ²⁵¡Jamás se te vaya a ocurrir matar al justo junto con el malvado! ¡Jamás vayas a tratar de la misma manera al justo y al malvado! ¿Acaso el Juez de toda la tierra no hará lo que es correcto?

²⁶Y el Señor le contestó:

—Si encontrara cincuenta justos, perdonaría a todos los demás, por amor a los justos.

²⁷Y Abraham volvió a decir:

—Puesto que ya comencé a hablar a mi Señor, te ruego que me escuches, aunque tan solo soy un ser humano. ²⁸Supongamos que haya solamente cuarenta y cinco justos, ¿destruirías la ciudad por los cinco que faltan?

Y el Señor le dijo:

—Si encontrara en la ciudad cuarenta y cinco justos, no la destruiría.

²⁹Insistió Abraham con sus ruegos:

—Supongamos que hubiera solamente cuarenta.

Y el Señor le contestó:

—No la destruiría si encontrara cuarenta justos.

³⁰—No te enojes conmigo, mi Señor —le rogó Abraham—, si digo algo más. ¿Y si hubiera sólo treinta?

Y el Señor le contestó:

—No destruiría la ciudad si encontrara en ella treinta justos.

³¹Entonces Abraham dijo:

—Es atrevimiento mío hablarte así mi Señor, pero permíteme continuar: Supongamos que haya solamente veinte.

Y el Señor le contestó:

—No destruiría la ciudad, por amor a los veinte.

³²Finalmente, Abraham dijo:

—No te molestes mi Señor; hablaré sólo una vez más. Supongamos que sólo encontraras diez justos.

Y el Señor le contestó:

—Entonces, por amor a los diez, no destruiría la ciudad.

³³Cuando el Señor terminó de conversar con Abraham, continuó el viaje hacia Sodoma; y Abraham regresó a su carpa.

### Destrucción de Sodoma y Gomorra

**19** Ya estaba oscureciendo cuando los dos ángeles llegaron a Sodoma. Lot estaba sentado a la entrada de la ciudad. Cuando los vio, se levantó a saludarlos, inclinándose delante de ellos en señal de respeto, ²y les dijo:

—Señores, vengan a mi casa para que se laven los pies y duerman. Mañana temprano podrán continuar el viaje.

—No, gracias —dijeron ellos—. Pasaremos la noche en la plaza. ³Pero Lot insistió tanto, que ellos le aceptaron la invitación y se fueron con él a la casa. Allí él les sirvió una buena cena con pan sin levadura, recién horneado. ⁴Todavía no se habían acostado, cuando todos los hombres de Sodoma, desde el más joven hasta el más viejo, rodearon la casa. ⁵Entonces llamaron a Lot y le dijeron:

—¿Dónde están los hombres que han venido a quedarse en tu casa? ¡Sácalos, pues queremos tener relaciones sexuales con ellos!

⁶Lot salió a hablar con ellos y, después de cerrar la puerta, ⁷les dijo:

—Por favor, amigos míos, no vayan a cometer semejante maldad. ⁸Miren, tengo dos hijas vírgenes.

18.9–14   18.18–Hch 3.25

Se las daré para que hagan con ellas lo que bien les parezca, pero no les hagan nada a estos hombres, pues yo los invité a quedarse esta noche en mi casa. ⁹—¡Quítate de en medio! —le respondieron—. ¿Con qué derecho nos vas a ordenar lo que debemos hacer? ¡No olvides que eres un extranjero! ¡Ahora te trataremos peor que a ellos!

Así que comenzaron a maltratar a Lot, y se acercaron a la puerta para echarla abajo. ¹⁰Pero los dos varones agarraron a Lot, lo metieron a la casa, y cerraron la puerta. ¹¹Después dejaron ciegos a los hombres que estaban allí —desde el más joven hasta el más viejo—, de modo que no pudieron encontrar la puerta. ¹²Luego le preguntaron a Lot:

—Si tienes en la ciudad hijos, hijas, yernos o cualquier otro familiar ¡sácalos de inmediato! ¹³El SEÑOR nos ha enviado a destruir esta ciudad, porque ha recibido muchísimas quejas contra los habitantes de este lugar. Así que el SEÑOR no puede perdonarlos más, y ha decidido destruir este lugar.

¹⁴Inmediatamente Lot fue y les dijo a los novios de sus hijas:

—¡Apresúrense! ¡Salgan de la ciudad, porque el SEÑOR va a destruirla!

Pero los jóvenes creyeron que Lot estaba bromeando.

✱ ¹⁵Al amanecer, los ángeles le insistieron a Lot:

—¡Date prisa! ¡Toma a tu esposa y a tus dos hijas y sal con ellas de la ciudad, si no quieren morir junto con todos los demás!

¹⁶Como Lot se tardaba mucho en salir, los ángeles lo tomaron de la mano, junto con su esposa y sus hijas, y los sacaron de la ciudad. Hicieron esto, porque el SEÑOR tuvo compasión de Lot y de su familia.

¹⁷Apenas salieron de la ciudad, uno de los ángeles les dijo:

—¡Corran para que se salven de morir! ¡No miren hacia atrás, ni se detengan en ninguna parte de esta llanura! ¡Vayan a las montañas, para que no perezcan!

¹⁸,¹⁹Pero Lot les dijo:

—Por favor, señores míos, ya que han sido tan buenos y misericordiosos conmigo al salvarme la vida, yo les ruego que no me envíen a las montañas, ya que me da miedo que la destrucción me alcance en el camino, y muera. ²⁰Más bien déjenme ir a aquella pequeña ciudad que está más cerca de aquí, para salvar mi vida. En realidad es una ciudad muy pequeña.

²¹,²²—Muy bien —dijo uno de los ángeles—. Acepto tu súplica y no destruiré esa pequeña ciudad. Pero ¡date prisa! porque nada podemos hacer hasta que te hayas refugiado en ella.

Desde aquel tiempo esa ciudad fue llamada Zoar (ciudad pequeña).

²³Salía el sol cuando Lot llegó a Zoar. ²⁴Entonces el SEÑOR hizo que desde el cielo lloviera fuego y azufre sobre Sodoma y Gomorra. ²⁵De este modo destruyó completamente esas ciudades, junto con todos sus habitantes. También acabó con toda la vegetación que había en esa llanura. ²⁶Pero la esposa de Lot miró hacia atrás, y quedó convertida en una estatua de sal.

²⁷Aquella mañana, Abraham se levantó temprano y regresó al lugar donde había estado conversando con el SEÑOR. ²⁸Miró hacia Sodoma y Gomorra, y hacia toda la llanura, y vio que del suelo salía humo, como el humo que sale de un horno. ²⁹Fue así como Dios destruyó esas ciudades de la llanura donde Lot había vivido. Pero Dios se acordó de Abraham y, por eso, libró a Lot de perecer en aquella catástrofe.

## Lot y sus hijas

³⁰Después Lot, por miedo a la gente de Zoar, dejó la ciudad, junto con sus dos hijas, y se fue a vivir a una cueva que había en la montaña. ³¹Un día, la hija mayor le dijo a su hermana:

—Ya nuestro padre está muy viejo y, además, no ha quedado hombre alguno en estos lugares con los que podamos casarnos, como es la costumbre. ³²Así que vamos a emborracharlo, y nos acostamos con él. De este modo lograremos que nuestro padre tenga descendientes.

³³Aquella noche emborracharon a su padre. Entonces la hija mayor tuvo relaciones con él. Pero Lot no se dio cuenta de lo que pasó.

³⁴A la mañana siguiente la mayor le dijo a la menor:

—Anoche me acosté con mi padre. Vamos a emborracharlo también esta noche, para que tú te acuestes con él; y de esta manera nuestro padre tendrá descendencia.

³⁵Aquella noche volvieron a darle a beber vino hasta emborracharlo. Enseguida, la menor entró, se acostó con él, y salió. Pero Lot no se dio cuenta de lo que pasó. ³⁶Así fue que las dos hijas quedaron embarazadas de su padre. ³⁷El hijo de la mayor se llamó Moab, y fue el padre de los actuales moabitas. ³⁸El hijo de la menor fue llamado Ben Amí, y fue el padre de los actuales amonitas.

## Abraham y Abimélec

**20** De allí Abraham se trasladó al sur, al territorio de Néguev, y se estableció en Guerar, que queda entre Cades y Sur. ²Allí decía que Sara era su hermana. Por eso, Abimélec, que era el rey de Guerar, hizo que llevaran a Sara a su palacio, para hacerla su esposa. ³Pero esa noche Dios se le apareció a Abimélec en sueños, y le dijo:

—Eres hombre muerto, porque la mujer que tomaste tiene marido.

⁴Pero como Abimélec todavía no había dormido con ella, le dijo:

—SEÑOR, ¿matarías a un inocente? ⁵Yo he hecho todo de buena fe, pues Abraham me dijo que ella era su hermana. Además, ella también me dijo que él es su hermano. Así que yo no tengo la culpa.

⁶—Sí, lo sé —le respondió el Señor en un sueño—. Es por eso que te impedí que pecaras contra mí, y no te dejé tocarla. ⁷Ahora devuélvela a su marido y él orará por ti, porque es profeta, y vivirás. Pero si no la devuelves, entonces, morirás tú junto con todos los tuyos.

⁸En la mañana del día siguiente, el rey Abimélec se levantó y reunió a todos sus servidores y les contó lo ocurrido. Al oír esto, todos se llenaron de miedo. ⁹,¹⁰Luego el rey llamó a Abraham, y le reclamó:

—¿Qué es lo que nos has hecho? ¿Qué te he hecho para que hayas hecho caer sobre mí y sobre mi gente este pecado tan grande? ¡Esto que has hecho no se le

✱19.15

hace a nadie! ¿Qué pensabas que ibas a lograr con esa mentira?

¹¹Abraham respondió:

—Pensé que en este lugar no tendrían ningún respeto por Dios, y que alguien, por quedarse con mi esposa, me mataría. ¹²Pero en verdad, ella sí es mi hermana, pues es hija de mi padre aunque no de mi madre. Por eso me casé con ella. ¹³Cuando Dios me ordenó que saliera de la casa de mi padre, le dije a mi esposa: «Donde quiera que vayamos, me vas a hacer el favor de decir que yo soy tu hermano».

¹⁴Entonces el rey Abimélec le dio a Abraham ovejas, bueyes y esclavos de ambos sexos, y le devolvió a Sara. ¹⁵—Mi reino está a tu vista —le dijo el rey—. Elige el lugar que más te agrade para vivir.

¹⁶Y, volviéndose a Sara, le dijo:

—Mira, yo le voy a dar a tu hermano mil monedas de plata para compensar cualquier daño que pudiera haberte hecho, y para dar por terminado este asunto tan molesto. De esta manera se restaurará tu buen nombre, y nadie podrá hablar mal de ti.

☼ ¹⁷Entonces Abraham oró por Abimélec. Y Dios sanó a Abimélec, a su esposa y a sus siervas, y les permitió tener hijos, ¹⁸porque el SEÑOR había dejado estériles a las mujeres que estaban en la casa de Abimélec, debido a lo ocurrido con Sara, la esposa de Abraham.

## Nacimiento de Isaac

**21** ☼ El SEÑOR se acordó de Sara y le cumplió lo que le había prometido. ²Por eso, Sara quedó embarazada y le dio un hijo a Abraham en su vejez, en el tiempo que Dios le había dicho. ³Al hijo que Sara le dio Abraham le dio el nombre de Isaac. ⁴Cuando el niño cumplió ocho días, Abraham lo circuncidó, tal como Dios le había ordenado. ⁵Cuando Isaac nació, Abraham ya tenía cien años. ⁶Y Sara dijo:

«Dios me ha hecho reír, y cualquiera que oiga que he tenido un hijo, se reirá conmigo. ⁷Porque, ¿quién se hubiera atrevido a decirle a Abraham que yo le iba a dar de mamar a un hijo? Sin embargo, ¡le he dado un hijo a Abraham en su vejez!

## Expulsión de Agar e Ismael

⁸El niño creció y llegó a la edad en que fue destetado. Y Abraham celebró la ocasión con una gran fiesta. ⁹Pero Sara vio que Ismael, el hijo que la egipcia Agar le había dado a Abraham, se burlaba de Isaac. ¹⁰Entonces fue y le dijo a Abraham:

—Echa a la esclava y a su hijo. ¡Jamás permitiré que el hijo de esa esclava participe de los bienes que le corresponden a mi hijo Isaac!

¹¹Esto le causó mucho dolor a Abraham, porque, † después de todo, Ismael también era hijo suyo. ¹²Pero Dios le dijo a Abraham:

—No te preocupes por el niño ni por la esclava. Haz lo que Sara te ha dicho, porque Isaac es el hijo a través del cual te daré descendencia. ¹³También de los descendientes del hijo de la esclava haré una nación, porque es tu hijo.

¹⁴Al día siguiente, Abraham se levantó temprano, preparó alimentos para el viaje, ató una vasija de cuero con agua a las espaldas de Agar y la despidió junto con su hijo. Ella se fue y anduvo de un lado para otro por el desierto de Berseba. ¹⁵Cuando se le terminó el agua de la vasija, puso al muchacho bajo un arbusto. ☼ ¹⁶Luego ella fue a sentarse a cierta distancia de allí, pues se decía a sí misma: «No quiero verlo morir».

Cuando ella se sentó, el niño se puso a llorar a gritos.

¹⁷Entonces Dios oyó el clamor del niño, y el ángel de Dios llamó a Agar desde el cielo y le dijo:

—Agar, ¿qué te pasa? No tengas miedo. Dios ha oído el clamor del niño. ¹⁸Anda, levanta al niño y tómalo de la mano, porque haré de él una nación grande.

¹⁹Entonces Dios le abrió los ojos y ella vio un pozo. Así que llenó la vasija de cuero y le dio de beber al niño. ²⁰,²¹Dios bendijo a Ismael, el cual vivió en el desierto de Parán y se convirtió en un excelente arquero. Su madre lo casó con una egipcia.

## Pacto entre Abraham y Abimélec

²²Por este tiempo, el rey Abimélec, acompañado de Ficol, el comandante de sus tropas, fue a donde estaba Abraham y le dijo:

—Es evidente que Dios te bendice y te ayuda en todo lo que emprendes. ²³Júrame, por Dios, ahora mismo, que no nos harás daño ni a mí ni a mis hijos ni a mis descendientes. Júrame que, tanto a mí como a los habitantes de este país donde vives como extranjero, nos tratarás con la misma bondad con que yo te he tratado.

²⁴Abraham contestó:

—¡Te lo juro!

²⁵Luego, Abraham le hizo el reclamo a Abimélec acerca de un pozo que los siervos de éste le habían quitado.

²⁶—Sólo hasta ahora me entero de esto —exclamó el rey—, y no sé quién tenga la culpa. ¿Por qué no me lo dijiste antes?

²⁷Entonces Abraham le dio ovejas y vacas a Abimélec; y los dos hicieron un pacto.

²⁸Abraham puso aparte siete corderas del rebaño. ²⁹Entonces Abimélec le preguntó:

—¿Para qué son esas siete corderas que has separado?

³⁰Abraham contestó:

—Es un regalo que te hago como confirmación pública de que este pozo es mío.

³¹Desde ese momento el pozo fue llamado Berseba (pozo del juramento), porque allí los dos hicieron un juramento.

³²Después de haber hecho este pacto en Berseba, el rey Abimélec y Ficol, el comandante de su ejército, volvieron al país de los filisteos. ³³Y Abraham plantó un árbol tamarisco allí en Berseba, e invocó el nombre del SEÑOR, el Dios eterno. ³⁴Y vivió Abraham en Filistea durante mucho tiempo.

## Dios prueba a Abraham

**22** Después de algunos años, Dios sometió a Abraham a una prueba.

—¡Abraham! —llamó Dios.

—Aquí estoy —respondió Abraham.

²Entonces Dios le dijo:

☼20.17   ☼21.1-8   † 21.12-Ro 9.7   ☼21.16-21

—Toma a Isaac, tú único hijo a quien tanto amas, y llévalo a la tierra de Moria. Cuando llegues a allá, me lo ofrecerás en holocausto sobre uno de los cerros que yo te señalaré.

³Al día siguiente, Abraham madrugó y ensilló su burro. Luego cortó la leña para el holocausto, y junto con dos de sus criados y su hijo Isaac salió rumbo al lugar que Dios le había indicado. ⁴Al tercer día, alzó Abraham los ojos y vio el lugar a lo lejos. ⁵Entonces Abraham les dijo a sus criados:

—Quédense aquí con el burro, mientras el muchacho y yo vamos allí para adorar. Luego volveremos.

⁶Abraham puso la leña del holocausto sobre los hombros de Isaac, y tomó el cuchillo y el fuego. Entonces los dos continuaron juntos el camino.

⁷—¡Padre mío! —dijo Isaac—.

Y Abraham le contestó:

—Aquí estoy, ¿qué quieres, hijo mío?

—Tenemos la leña y el fuego —siguió diciendo Isaac—, pero ¿dónde está el cordero para el sacrificio?

⁸Abraham le respondió:

—Dios lo proveerá, hijo mío.

Y siguieron caminando. ⁹Cuando llegaron al lugar que Dios le había indicado, Abraham edificó un altar y colocó la leña. Luego ató a su hijo Isaac y lo puso en el altar, sobre la leña. ¹⁰Enseguida Abraham tomó el cuchillo, para matar a su hijo. ¹¹En ese momento, el ángel del SEÑOR le gritó desde el cielo:

—¡Abraham! ¡Abraham!

—Aquí estoy —contestó Abraham.

¹²—¡Suelta el cuchillo! No le hagas ningún daño al muchacho —le dijo el ángel—. Ahora sé que de verdad tienes temor de Dios, porque no te negaste a darme a tu único hijo.

¹³Entonces Abraham miró hacia atrás y vio que un carnero estaba enredado por los cuernos en un arbusto. Fue, tomó el carnero y lo ofreció en holocausto, en lugar de su hijo. ¹⁴Por eso, Abraham le puso a ese lugar el nombre de «el SEÑOR proveerá». Hasta hoy se dice: «En un monte el SEÑOR proveerá».

¹⁵Poco después, el ángel del SEÑOR llamó nuevamente a Abraham desde el cielo, ¹⁶y le dijo:

—Ya que me obedeciste y no me negaste a tu único hijo, juro por mí mismo —lo digo yo, el SEÑOR—, que ¹⁷te bendeciré muchísimo. Tu descendencia será tan numerosa como las estrellas del cielo y como la arena del mar. Además, tus descendientes poseerán las ciudades de sus enemigos. ¹⁸Por haberme obedecido, todas las naciones del mundo serán bendecidas por medio de tus descendientes.

¹⁹Entonces Abraham regresó al lugar donde había dejado a sus criados. Luego todos volvieron a Berseba, y Abraham se quedó a vivir allí.

## Los hijos de Najor

²⁰⁻²³Después de algún tiempo, Abraham recibió un mensaje en que se le contaba que Milca, la esposa de Najor, el hermano de Abraham, había tenido ocho hijos.

El primero de ellos fue Uz.

Luego nacieron:

Buz y Quemuel, que fue el padre de Aram.

A éstos les siguieron:

Quésed, Jazó, Pildás, Yidlaf y Betuel.

Este último fue el padre de Rebeca.

Así que estos fueron los ocho hijos que Milca le dio a Najor, el hermano de Abraham. ²⁴Además, con su concubina Reumá, Najor tuvo cuatro hijos, que fueron:

Tébaj, Gaján, Tajás y Macá.

## Muerte de Sara

**23** Sara vivió ciento veintisiete años, ²y murió en Quiriat Arbá —la que hoy es la ciudad de Hebrón—, en la tierra de Canaán. Abraham lloró por la muerte de Sara y le guardó luto. ³Luego, salió del lugar donde estaba el cadáver de su esposa, y fue a hablar con los hititas. Les dijo:

⁴—Aunque soy un extranjero entre ustedes, les suplico que me vendan un sepulcro en el cual pueda sepultar a mi esposa.

⁵Los hititas le contestaron:

⁶¡Señor, por favor, escúchenos! Para nosotros usted es un príncipe poderoso. Escoja el mejor de nuestros sepulcros para que sepulte a su esposa. Ninguno de nosotros le negará su sepulcro para que lo haga.

⁷Entonces Abraham se inclinó delante de ellos, ⁸y les dijo:

—Puesto que tienen la buena voluntad de concedérmelo, díganle a Efrón hijo de Zojar, ⁹que, por favor, me venda la cueva de Macpela, que queda al final de su campo. Por supuesto, le pagaré lo que vale, y la usaré como sepultura para mi familia.

¹⁰Efrón el hitita, que estaba sentado entre sus familiares, le contestó a Abraham públicamente delante de ellos y de todos los que entraban a la ciudad:

¹¹—Señor mío, por favor, escúcheme. Le daré el campo, junto con la cueva que está en él. Todos los que están aquí serán testigos de que se los regalo. Vaya y entierre a su esposa.

¹²Abraham se inclinó nuevamente delante de los habitantes de ese lugar ¹³y, en presencia de todos, le respondió a Efrón:

—No, por favor, escúcheme usted. Yo insisto en pagarle el valor de la propiedad. Recíbalo, para que yo pueda enterrar allí a mi esposa.

¹⁴Entonces Efrón le respondió:

¹⁵—Bueno, señor mío, la tierra cuesta cuatrocientas monedas de plata. Creo que eso es tan poco que no vamos a discutir por ello. Vaya y entierre a su esposa.

¹⁶Abraham estuvo de acuerdo con Efrón y, delante de los hititas, le entregó las cuatrocientas monedas de plata de las que usaban corrientemente los comerciantes.

¹⁷Fue así como Abraham adquirió el campo de Efrón, que estaba en Macpela, cerca de Mamré, junto con la cueva y todos los árboles que había en él. ¹⁸El negocio se hizo en presencia de los hititas y de todos los que entraban a la ciudad.

¹⁹Después de esto, Abraham fue y sepultó a su esposa Sara en la cueva del campo de Macpela, al oriente de Mamré, que se conocía también como Hebrón, en Canaán. ²⁰De ese modo, el campo, junto con la cueva, dejó de pertenecer a los hititas y pasó a ser propiedad de Abraham para sepultura, pues Abraham lo compró.

## Isaac y Rebeca

**24** Abraham estaba muy viejo, y Dios lo había bendecido en todo. ²Un día Abraham le dijo a su mayordomo, que era el más viejo de sus siervos:

—Coloca tu mano en mi entrepierna, ³y júrame por el nombre del Señor, el Dios del cielo y de la tierra, que no dejarás que mi hijo se case con una muchacha de esta tierra de Canaán, donde yo vivo. ⁴Para que esto no ocurra, irás a mi tierra, a casa de mi familia, y buscarás allí una esposa para mi hijo Isaac.

⁵El criado le dijo a Abraham:

—Supongamos que yo no pueda hallar una muchacha que quiera venir conmigo a este lugar. Entonces, ¿debo hacer que Isaac se vaya a vivir al país del cual usted salió?

⁶—¡No! —advirtió Abraham—. Cuídate de no hacerlo bajo ninguna circunstancia. ⁷Porque el Señor, Dios del cielo, que me ordenó dejar mi tierra y mi familia, y prometió darme esta tierra como propiedad para mí y mis descendientes, enviará a su ángel delante de ti y hará que encuentres allí una doncella para que sea la esposa de mi hijo. ⁸Pero si no lo logras, quedas libre de tu juramento. Pero bajo ninguna circunstancia llevarás a mi hijo para allá.

⁹Entonces el criado colocó su mano en la entrepierna de su amo Abraham, y le juró seguir sus instrucciones. ¹⁰Tomó diez camellos de su amo, y los cargó con muchos regalos, de las mejores cosas que Abraham tenía, y se fue hacia el pueblo de Najor en Aram Najarayin. ¹¹Una vez allí, hizo que los camellos se arrodillaran junto a un pozo de agua que estaba a las afueras de la ciudad. Era la hora de la puesta del sol, cuando las mujeres salían a buscar agua. ¹²Luego comenzó a orar: «Señor, Dios de mi amo Abraham, sé misericordioso con mi amo y ayúdame para cumplir el propósito de mi viaje. ¹³Mira, aquí estoy junto al pozo de agua, a la hora en que las muchachas del pueblo vienen a sacar agua. ¹⁴Permíteme saber cuál es la joven que tú has escogido para que sea la esposa de tu siervo Isaac. Te suplico que esa joven sea a quien yo le diga: "Por favor, baje su cántaro para que yo pueda tomar un poco de agua", y que me conteste: "Tome usted, y también le voy a dar de beber a los camellos". De esta manera podré estar bien seguro de que en verdad amas a mi amo Abraham».

¹⁵Todavía estaba orando, cuando vio que se acercaba una muchacha con su cántaro al hombro. Era Rebeca, la hija de Betuel. Este Betuel era el hijo de Milca y de Najor, el hermano de Abraham. ¹⁶La joven era muy hermosa y virgen, pues aún no había tenido relaciones sexuales con ningún hombre. Rebeca bajó al pozo, llenó su cántaro de agua y se dispuso a regresar. ¹⁷Entonces el criado corrió hacia ella y le dijo:

—Le ruego que me permita beber un poco de agua de su cántaro.

¹⁸—Con mucho gusto, señor —dijo ella.

Y con prontitud inclinó el cántaro para que él pudiera beber.

¹⁹Cuando el criado terminó de beber, la muchacha dijo:

—También sacaré agua para sus camellos, para que beban hasta que queden satisfechos.

²⁰Acto seguido vació el cántaro en el bebedero y fue corriendo varias veces al pozo a sacar agua, hasta que hubo la suficiente para todos los camellos. ²¹Mientras tanto, el criado la observaba en silencio, preguntándose si el Señor le había contestado la oración.

²²Cuando los camellos terminaron de beber, el criado sacó un pendiente de oro, que pesaba unos seis gramos, y se lo puso a Rebeca en la nariz. También le colocó en los brazos dos brazaletes que pesaban ciento veinte gramos cada uno.

²³Luego el criado le preguntó:

—¿Por favor, dígame quién es su papá? ¿Habrá lugar en casa de su padre para pasar la noche?

²⁴—Mi padre es Betuel, hijo de Milca, que es esposa de Najor —contestó ella—. ²⁵Y en nuestra casa tenemos abundante comida para los camellos, y una pieza para huéspedes.

²⁶El criado, entonces, se arrodilló y adoró al Señor ²⁷con la siguiente oración:

«¡Alabado sea el Señor, Dios de mi amo Abraham, pues siempre ha sido tan bueno y leal con él! ¡Gracias por haberme guiado directamente a los familiares de mi amo!»

²⁸La muchacha corrió hasta la casa para contarle estas cosas a su familia. ²⁹,³⁰Rebeca tenía un hermano llamado Labán. Cuando éste escuchó todo lo que la muchacha les contó, y además vio el pendiente y los brazaletes que llevaba puestos, salió corriendo hacia el pozo, donde todavía estaba el hombre de pie junto a los camellos. ³¹Al verlo, le dijo:

—¡Venga, usted, bendito del Señor, y quédese con nosotros! No tiene por qué quedarse aquí afuera. ¡Ya le he preparado un lugar para usted. También hay sitio para los camellos!

³²El criado siguió a Labán a la casa. Luego, Labán les llevó agua, para que el criado y sus acompañantes se lavaran los pies. También les quitó a los camellos las cargas que llevaban y les dio suficiente comida. ³³Cuando les sirvieron la comida, el criado de Abraham dijo:

—No quiero comer nada hasta haberles dicho por qué estoy aquí.

—Muy bien —dijo Labán—, danos tu mensaje.

³⁴—Soy siervo de Abraham —explicó—. ³⁵El Señor ha colmado de bendiciones a mi amo, de modo que él es considerado un gran hombre entre la gente de la tierra donde vive. Dios le ha dado grandes rebaños de ovejas y de vacas, además le ha dado una gran fortuna en plata y oro, y muchos esclavos y esclavas, camellos y burros. ³⁶Como si esto fuera poco, Sara, la esposa de mi amo, siendo ya muy anciana, le dio un hijo a mi amo. A ese hijo mi amo le ha dado todo lo que posee. ³⁷,³⁸Y mi amo hizo que yo le prometiera que no dejaría que Isaac se casara con una de las mujeres de Canaán, que es la tierra donde él vive. Por eso, me pidió que viniera a esta lejana tierra, para buscar entre sus familiares una esposa para su hijo. ³⁹Yo le pregunté: «¿Y si no puedo encontrar una muchacha que quiera venir?» Él me respondió: ⁴⁰«Vendrá, porque mi Señor, en cuya presencia he andado, enviará su ángel contigo y hará que tu misión tenga éxito. Por tanto, busca una muchacha entre la familia de mi padre. ⁴¹En caso de que mis familiares no quieran dejar venir a la muchacha, tú quedarás libre de la promesa que me has hecho».

⁴²»Pues bien, esta tarde, cuando llegué al manantial, hice la siguiente oración: "Señor, Dios de mi amo Abraham, si tú me estás guiando para que mi misión tenga éxito, guíame en la forma siguiente: ⁴³Aquí estoy junto a este pozo, te ruego que me ayudes. Voy a decirle a una muchacha que venga a sacar agua de este pozo: 'Por favor, déme un poco de agua para beber',

⁴⁴Si ella me responde: 'Con mucho gusto, y también le daré agua a los camellos', entonces sabré que es la muchacha que has escogido para que sea la esposa del hijo de mi amo".

⁴⁵»Mientras yo decía estas cosas, apareció Rebeca con el cántaro al hombro, se dirigió al pozo, sacó agua y llenó el cántaro. Yo le dije: "Por favor, déme de beber". ⁴⁶Ella con prontitud inclinó hacia mi el cántaro para que pudiera beber y me dijo: "Con mucho gusto, señor, y también sacaré agua para sus camellos". ¡Y así lo hizo! ⁴⁷Entonces le pregunté: "¿De qué familia es usted?" Y ella me dijo: "Soy de la familia de Najor. Mi padre es Betuel, hijo de Najor y de Milca". Entonces le puse el pendiente en la nariz, y los brazaletes en los brazos. ⁴⁸Luego me arrodillé y adoré al SEÑOR. Sí, alabé al SEÑOR, el Dios de mi amo Abraham, porque me había llevado por el camino correcto, hasta encontrar en la casa del hermano de mi amo la esposa para su hijo Isaac. ⁴⁹Ahora, díganme si van a ser bondadosos y leales con mi amo Abraham; si no piensan serlo, también díganmelo. Así yo sabré qué camino tomar.

⁵⁰Entonces Labán y Betuel contestaron:

—Es evidente que esto es obra del SEÑOR, de modo que en ese caso nosotros no podemos hacer nada. ⁵¹Mire, aquí está Rebeca. Tómela y llévesela, para que sea la esposa del hijo de su amo, tal como el SEÑOR lo ha dispuesto.

⁵²Al oír la respuesta, el mayordomo de Abraham cayó de rodillas delante del SEÑOR. ⁵³Enseguida sacó joyas de plata y de oro y hermosos vestidos para Rebeca, y también les hizo valiosos regalos a la madre y al hermano de ella. ⁵⁴Luego el criado y sus acompañantes cenaron y pasaron allí la noche.

Al día siguiente, cuando se levantaron, el criado dijo:

—Debo regresar a casa de mi amo.

⁵⁵Pero el hermano y la mamá de Rebeca le dijeron:

—Queremos que Rebeca se quede con nosotros unos diez días más. Después de ese tiempo se podrá ir.

⁵⁶Pero él les rogó:

—No retarden mi regreso. El SEÑOR ha hecho que mi misión tenga éxito, así que déjenme regresar a donde mi amo.

⁵⁷—Bien —respondieron—. Llamemos a la muchacha y preguntémosle si quiere irse o no.

⁵⁸Llamaron a Rebeca y le preguntaron:

—¿Quieres irte con este señor?

Y ella respondió:

—Sí, me voy con él.

⁵⁹Entonces dejaron ir a Rebeca con el mayordomo y sus acompañantes. Además, permitieron que la mujer que había cuidado a Rebeca desde que era niña fuera también con ella. ⁶⁰y la despidieron con esta bendición:

«Hermana nuestra:
¡que seas madre de millones de hijos!
¡Que tu descendencia conquiste las ciudades de sus enemigos!»

⁶¹Entonces Rebeca y sus esclavas subieron a los camellos y se fueron con el criado de Abraham.

⁶²Mientras tanto, Isaac, cuyo hogar estaba en el Néguev, había regresado del pozo de Lajay Roí. ⁶³Una tarde, salió a caminar por el campo para meditar. De repente, levantó la vista y vio que se acercaban unos camellos. ⁶⁴También Rebeca levantó la vista, y al ver a Isaac, se bajó del camello, ⁶⁵y le preguntó al criado:

—¿Quién es ese hombre que viene por el campo hacia nosotros?

—Es el hijo de mi amo —le contestó.

Entonces ella se cubrió el rostro con el velo. ⁶⁶Cuando Isaac llegó hasta ellos, el mayordomo le contó todo lo ocurrido.

⁶⁷Isaac llevó a Rebeca a la tienda de su madre y la tomó por esposa. Él la amó mucho, y ella le sirvió de especial consuelo por la muerte de su madre.

## Muerte de Abraham

**25** Abraham volvió a casarse. Su nueva esposa se llamaba Cetura. ²Con ella Abraham tuvo los siguientes hijos:

Zimrán, Jocsán, Medán, Madián, Isbac y Súaj. ³Los dos hijos de Jocsán fueron Sabá y Dedán. Los hijos de Dedán fueron los asureos, los letuseos y los leumeos. ⁴Los hijos de Madián fueron Efá, Éfer, Janoc, Abidá y Eldá. Todos éstos fueron descendientes de Cetura.

⁵Todo cuanto Abraham poseía se lo dio a Isaac. ⁶A los hijos de sus otras mujeres les dio regalos, y los envió hacia el oriente, para alejarlos de Isaac.

⁷,⁸Abraham murió a la avanzada edad de ciento setenta y cinco años ⁹,¹⁰y fue sepultado por sus hijos Isaac e Ismael en la cueva de Macpela, cerca de Mamré, en el campo que Abraham le había comprado a Efrón, el hijo de Zojar el hitita. Fue sepultado junto a su esposa Sara.

¹¹Después de la muerte de Abraham, Dios derramó abundantes bendiciones sobre Isaac. Isaac se quedó a vivir cerca del pozo de Lajay Roí.

## Descendientes de Ismael

¹²⁻¹⁵Esta es una lista, por orden de nacimiento, de los hijos de Ismael, hijo de Abraham y de Agar, la esclava egipcia de Sara:

Nebayot, Cedar, Abdel, Mibsán, Mismá, Dumá, Masá, Hadar, Temá, Jetur, Nafis y Cedema.

¹⁶Estos doce hijos de Ismael fundaron las doce tribus que llevan sus nombres.

¹⁷Ismael murió a la edad de ciento treinta y siete años, y fue a reunirse con sus antepasados. ¹⁸Los descendientes de Ismael habitaron en la región que va desde Javilá hasta Sur, que está frente a Egipto, en la vía que va a Asiria. Así que Ismael se quedó a vivir en frente de todos sus parientes.

## Nacimiento de Jacob y de Esaú

¹⁹Esta es la historia de Isaac, el hijo de Abraham. ²⁰Isaac tenía cuarenta años cuando se casó con Rebeca, la hija de Betuel y hermana de Labán. Betuel y Labán eran arameos y vivían en Padán Aram. ²¹Como Rebeca no podía tener hijos, Isaac oró al SEÑOR a favor de ella. El SEÑOR escuchó su oración, de modo que Rebeca quedó embarazada. ²²Pronto se dio cuenta que iba a tener mellizos porque los niños luchaban dentro de su vientre. Preocupada, Rebeca se dijo así misma: «Si las cosas van a seguir así, ¿para qué quiero

⁂24.58-60   ⁂24.67

seguir viviendo?». Entonces fue a consultar al Señor, ²³Y Dios le dijo:
«En tu vientre hay dos naciones;
dos pueblos divididos desde antes de nacer.
Uno será más fuerte que el otro,
y el mayor servirá al menor».
²⁴Llegado el momento, Rebeca dio a luz. ²⁵El primero que nació era pelirrojo y tan velludo, que parecía tener un abrigo de piel. Por eso lo llamaron Esaú. ²⁶Luego nació el segundo, que salió aferrado al tobillo de Esaú, por lo que lo llamaron Jacob (Suplantador). Isaac tenía sesenta años cuando nacieron los mellizos.
²⁷Los niños crecieron. Esaú se hizo hábil cazador y le gustaba el campo, mientras que Jacob era muy tranquilo y prefería quedarse en la casa. ²⁸Esaú era el favorito de Isaac, porque le daba de comer de lo que cazaba; pero Jacob era el favorito de Rebeca.
²⁹Un día Jacob estaba haciendo un guiso cuando Esaú llegó del campo muy cansado ³⁰y le dijo:
—Hombre, ¡estoy muerto de hambre! ¡Por favor, dame un poco de ese guiso rojo! (Por eso, a Esaú también se le conoció con el nombre de Edom, que significa rojo)
³¹—Muy bien, pero dame en cambio tu derecho de primogenitura —respondió Jacob.
³²—¿De qué me sirve la primogenitura si me muero de hambre? —replicó Esaú.
³³—Entonces prométeme bajo juramento que me cedes tu derecho de primogenitura —insistió Jacob.
Esaú hizo el juramento y vendió así sus derechos de hijo mayor al hermano menor. ³⁴Entonces Jacob le dio pan y el guiso de lentejas.
Después de comer y de beber, Esaú se levantó y se fue. Así demostró que no le importaba para nada su derecho de hijo mayor.

## Isaac y Abimélec

**26** En aquella época hubo mucha hambre en esa región, tal como había ocurrido antes en el tiempo de Abraham. Isaac entonces se trasladó a la ciudad de Guerar, donde vivía Abimélec el rey de los filisteos. ²Allí se le apareció el Señor y le dijo: «No vayas a Egipto. Quédate en el lugar que yo te indique. ³Vive en este país, y yo estaré contigo y te bendeciré, porque toda esta tierra te la daré a ti y a todos tus descendientes, tal como le prometí a Abraham, tu padre. ⁴Haré que tus descendientes sean tan numerosos como las estrellas, y les daré todas estas tierras. Por causa de tus descendientes serán bendecidas todas las naciones de la tierra. ⁵Haré esto por cuanto Abraham obedeció mis mandamientos y mis leyes».

⁶Isaac, pues, se quedó en Guerar. ⁷Cuando los hombres del lugar le preguntaban quién era la mujer que lo acompañaba, Isaac decía que era su hermana. Es que Rebeca era tan bonita, que Isaac tenía miedo de que los hombres de aquel lugar lo mataran si se enteraban que ella era su esposa.

⁸Pero algún tiempo después, Abimélec, el rey de los filisteos, miró por la ventana y vio a Isaac acariciando a Rebeca. ⁹Abimélec entonces llamó a Isaac y le dijo:
—¡Ah, con que esa mujer es tu esposa! ¿Por qué dijiste que era tu hermana?
—Porque tuve miedo de ser asesinado —replicó Isaac—. Pensé que alguien podría matarme para apoderarse de ella.

¹⁰—¿Cómo pudiste hacernos esto? —exclamó Abimélec—. Alguno, sin saberlo, pudo haberse acostado con ella, y todos habríamos cargado con las consecuencias de ese pecado.

¹¹Entonces Abimélec proclamó públicamente: «Cualquiera que le haga algún daño a este hombre o a su esposa, morirá».

¹²Ese año las cosechas de Isaac fueron enormes: cosechó cien veces lo sembrado, porque el Señor lo bendijo. ¹³Día a día Isaac fue adquiriendo bienes, hasta que llegó a ser muy rico. ¹⁴Tenía grandes rebaños de ovejas y de vacas, y muchos esclavos. Por esta razón los filisteos le tenían envidia. ¹⁵Así que llenaron de tierra los pozos que habían cavado los siervos de su padre Abraham. ¹⁶Entonces el rey Abimélec le dijo a Isaac:
—Vete a otro lugar, porque te has enriquecido y eres más poderoso que nosotros.

¹⁷De modo que Isaac salió de allí y se fue a vivir al valle de Guerar. ¹⁸Allí Isaac volvió a abrir los pozos de Abraham, los mismos que los filisteos habían tapado después de la muerte de Abraham. Isaac les puso los mismos nombres que les había dado su padre.

¹⁹Un día, los pastores de Isaac abrieron un hoyo en el valle y encontraron un manantial. ²⁰Pero cuando los pastores del lugar lo vieron lo reclamaron como suyo.

—Esta es nuestra tierra, por lo tanto el pozo es nuestro —dijeron, y disputaron con los pastores de Isaac.

Por eso, Isaac llamó a ese pozo Pelea, porque habían peleado por él. ²¹Los hombres de Isaac cavaron otro pozo y nuevamente pelearon por él. A este pozo Isaac le puso el nombre de Enemistad.

²²Isaac se fue de allí y cavó otro pozo, pero esta vez no pelearon por él. Entonces Isaac le puso el nombre de Lugar de Libertad, pues dijo: «Ahora el Señor nos ha dado un lugar en el que podremos prosperar».

²³De allí, Isaac fue a Berseba. ²⁴Esa noche, el Señor se le apareció y le dijo: «Yo soy el Dios de Abraham, tu padre. No temas, porque estoy contigo. Por amor a Abraham, mi siervo, te bendeciré y haré que tu descendencia sea muy numerosa».

²⁵Entonces Isaac construyó un altar y adoró al Señor. Allí se estableció, y sus siervos abrieron un pozo.

²⁶Un día, Abimélec vino desde Guerar para visitar a Isaac. Con él vinieron Ajuzat, su consejero, y Ficol, comandante de su ejército.

²⁷—¿A qué han venido, si me odian y me echaron de su tierra? —les preguntó Isaac.

²⁸—Bueno —dijeron ellos—, podemos ver claramente que el Señor te está bendiciendo. Así que hemos decidido venir a pedirte que hagamos un pacto entre nosotros. El pacto que haremos contigo, bajo juramento, es este: ²⁹Prométenos que no nos harás daño, tal como nosotros no te lo hemos causado a ti. Realmente, te hemos hecho solamente bien y te despedimos en forma pacífica. ¡Ahora tú cuentas con la bendición del Señor!

³⁰Entonces Isaac les hizo una gran fiesta, y comieron y bebieron. ³¹Al día siguiente, se levantaron muy temprano y sellaron el pacto con un juramento. Luego Isaac los despidió en paz.

³²Ese mismo día los siervos de Isaac vinieron y le dijeron:

—¡Encontramos agua en el pozo que estábamos abriendo!

³³Por eso, Isaac le puso a ese pozo el nombre de Seba (Juramento). Por esta razón, aquella ciudad, hasta el día de hoy, lleva el nombre de Berseba.

## Isaac bendice a Jacob

³⁴A los cuarenta años de edad, Esaú se casó con una muchacha llamada Judit, hija de un hitita llamado Beerí. Además se casó con Basemat, hija de otro hitita llamado Elón. ³⁵Estas dos mujeres fueron un dolor de cabeza para Isaac y Rebeca.

**27** Isaac estaba muy viejo y se había quedado ciego. Un día llamó a Esaú, su hijo mayor, y le dijo:

—¡Hijo mío!

—¿Qué quieres, padre? —contestó Esaú.

²—Ya estoy viejo —dijo Isaac—, y en cualquier momento me puedo morir. ³Toma el arco y las flechas y anda al campo a ver qué puedes cazar para mí. ⁴Luego prepárame un guiso sabroso, como a mí me gusta, y me lo traes para comérmelo. Después de eso te daré mi bendición antes de morir.

⁵Rebeca oyó la conversación que Isaac tuvo con su hijo Esaú. Así que tan pronto éste salió al campo a cazar un animal para su padre, ⁶llamó a su hijo Jacob y le dijo:

—Acabo de escuchar que tu padre estaba hablando con tu hermano, y le decía ⁷que fuera a cazar algún animal para que le preparara un guiso, y que después de eso le daría su bendición. ⁸Ahora, hijo mío, préstame atención y haz exactamente lo que yo te voy a decir: ⁹Ve al rebaño y tráeme dos de los mejores cabritos. Con ellos le prepararé un guiso sabroso a tu padre, tal como a él le gusta. ¹⁰Luego tú se lo servirás, y cuando él se lo haya comido, te dará la bendición antes de su muerte.

¹¹—Pero, madre —dijo Jacob—, mi hermano es muy velludo, mientras que yo soy lampiño. ¹²Si a mi padre le da por tocarme pensará que me estoy burlando de él. Entonces, en vez de bendecirme me maldecirá.

¹³—Que sus maldiciones caigan sobre mí, hijo mío —dijo ella—. Haz lo que te he dicho. Ve a buscar los cabritos.

¹⁴Jacob siguió las instrucciones de su madre y le trajo los dos cabritos. Su madre preparó un guiso tal como le gustaba a Isaac. ¹⁵Enseguida tomó la mejor ropa de su hijo Esaú, que éste había dejado en la casa, y le pidió a Jacob que se la pusiera. ¹⁶Luego, con la piel de los cabritos, Rebeca le cubrió a Jacob los brazos y la parte del cuello donde no tenía vellos. ¹⁷Después, le entregó a Jacob el guiso y el pan que había preparado.

¹⁸Jacob llevó la bandeja con la comida a la pieza donde estaba su padre.

—¡Padre! —dijo Jacob.

—Aquí estoy, hijo mío. ¿Quién eres tú? —preguntó Isaac.

¹⁹—Soy Esaú, tu hijo mayor —dijo Jacob—. Hice lo que me dijiste que hiciera. Este es el guiso que preparé con lo que he cazado. Siéntate y cómelo, para que me bendigas.

²⁰Entonces Isaac le preguntó:

—Hijo mío, ¿cómo pudiste hacerlo con tanta rapidez?

—Porque el SEÑOR, tu Dios, me permitió encontrar el animal muy pronto —respondió Jacob.

²¹—Acércate —le ordenó Isaac—. Quiero palparte para estar seguro de que eres mi hijo Esaú.

²²Jacob se acercó a su padre, y él lo palpó. «Es la voz de Jacob —dijo Isaac para sí—, pero las manos son las de Esaú».

²³Así que Isaac no reconoció a Jacob, porque sus manos eran tan velludas como las de su hermano Esaú. Antes de bendecir a Jacob, ²⁴Isaac volvió a preguntarle:

—¿Eres realmente Esaú?

—Sí, por supuesto —respondió Jacob.

²⁵—Entonces pásame el guiso de lo que cazaste. Me lo comeré y luego te bendeciré.

Jacob se lo pasó, e Isaac comió; también bebió el vino que Jacob le había llevado.

²⁶—Acércate y bésame, hijo mío —dijo Isaac.

²⁷Jacob se acercó y besó a su padre. Al oler la ropa que Jacob llevaba puesta, Isaac lo bendijo con estas palabras:

«El olor de mi hijo es como el buen aroma de un campo bendecido por el SEÑOR.

²⁸Que Dios te dé siempre abundante agua del cielo; que te dé cosechas abundantes, y mucho trigo y vino.

²⁹Que muchas naciones te sirvan; que muchos pueblos se inclinen delante de ti.

Que seas el amo de todos tus parientes, y que todos ellos se inclinen delante de ti.

Malditos sean los que te maldigan, y benditos los que te bendigan».

³⁰En cuanto Isaac hubo bendecido a Jacob, y casi en el momento en que éste salía de la carpa de su padre, llegó Esaú del campo con su caza. ³¹También la preparó en la forma que a su padre le gustaba y se la llevó.

—Padre —dijo Esaú—, aquí está lo que te he preparado con lo que he cazado. Siéntate y come, para que me des tu mejor de tus bendiciones.

³²—Pero, ¿quién eres tú? —preguntó Isaac.

—Pues, yo soy Esaú, tu hijo primogénito —le contestó.

³³Isaac se estremeció fuertemente y dijo a Esaú:

—Entonces, ¿quién fue el que estuvo aquí y me trajo un guiso? Acabo de comerme el guiso que me trajo, y le di mi bendición, y nadie se la podrá quitar.

³⁴Cuando Esaú escuchó esto, comenzó a llorar con profunda amargura, y le dijo:

—Padre mío, ¡bendíceme también a mí!

³⁵Isaac le contestó:

—Tu hermano estuvo aquí, me engañó y se llevó tu bendición.

³⁶—¡Con razón lo llamaron Jacob! —dijo Esaú con amargura—. Primero se apoderó de mi primogenitura, y ahora me ha robado tu bendición. Padre, ¿no has guardado una bendición para mí?

³⁷—Lo he puesto por señor tuyo y le he dado por siervos a todos sus parientes —le respondió Isaac—. Le he garantizado que tendrá abundancia de grano y de vino. ¿Qué puedo darte a ti, hijo mío?

³⁸Esaú insistió:

—¿No tienes ninguna bendición para mí? ¡Padre mío, bendíceme también a mí!

Y se puso a llorar a gritos. ³⁹Entonces Isaac le dijo: «Vivirás lejos de las tierras fértiles y de la lluvia que cae del cielo.

⁴⁰Para poder vivir tendrás que usar tu espada, y servirás a tu hermano por un tiempo.

Pero cuando seas más fuerte te liberarás del dominio de tu hermano».

### Jacob huye de Esaú

⁴¹Entonces Esaú se llenó de odio contra Jacob por lo que éste le había hecho, y se dijo: «Pronto morirá mi padre, y en cuanto esto haya ocurrido, mataré a Jacob».

⁴²A Rebeca le contaron lo que estaba planeando Esaú. Entonces mandó a llamar a Jacob, y le dijo:

—Me he enterado de que tu hermano Esaú anda con intenciones de matarte. ⁴³Por eso, hijo mío, haz lo que te voy a decir: Levántate y vete a la casa de mi hermano Labán, que vive en Jarán. ⁴⁴,⁴⁵Quédate allá hasta que el tiempo haya aplacado la furia de tu hermano y se haya olvidado de lo que hiciste. Entonces yo te mandaré a buscar. ¿Por qué he de perder a los dos el mismo día?

⁴⁶Después Rebeca le dijo a Isaac:

—Me tienen enferma y cansada estas mujeres hititas. Preferiría morirme antes de ver a Jacob casado con alguna de esas hititas que viven aquí.

**28** Entonces Isaac llamó a Jacob, lo bendijo y le ordenó:

—No te cases con ninguna mujer de aquí de Canaán. ²Debes ir inmediatamente a Padán Aram, a la casa de tu abuelo Betuel, el padre de tu madre, para que te cases con alguna de las hijas de tu tío Labán. ³Que el Dios Todopoderoso te bendiga y te dé muchos hijos; que llegues a ser una nación compuesta de muchas tribus. ⁴Que Dios te dé a ti, y también a tu descendencia, las grandes bendiciones prometidas a Abraham. Que te dé la posesión de esta tierra en que ahora somos extranjeros, porque Dios se la prometió a Abraham.

⁵De esta manera despidió Isaac a Jacob y lo envió a Padán Aram, donde vivía Labán, el hijo de Betuel, el arameo, y hermano de Rebeca, la madre de Jacob y Esaú.

⁶Esaú supo que su padre había bendecido a Jacob y que lo había enviado a Padán Aram, para que se casara allá. También se enteró de que Isaac, al bendecir a Jacob, le prohibió que se casara con una mujer cananea. ⁷Y que Jacob, efectivamente, obedeció a su padre y a su madre, y se fue para Padán Aram. ⁸Por eso, Esaú comprendió que las mujeres de Canaán no eran del agrado de Isaac, su padre. ⁹Entonces Esaú fue a la región donde vivía Ismael, el hijo de Abraham. Allí Esaú, aunque ya tenía otras esposas, se casó con Majalat, que era hija de Ismael y hermana de Nebayot.

### El sueño de Jacob en Betel

¹⁰Jacob salió de Berseba y viajó hacia Jarán. ¹¹Llegó hasta cierto lugar y se quedó allí para pasar la noche, pues ya el sol se había ocultado. Tomó una piedra y la puso como almohada, y se acostó a dormir. ¹²Mientras dormía soñó que había una escalera desde la tierra hasta el cielo, y vio ángeles de Dios que subían y bajaban por ella. ¹³En el sueño también vio que el SEÑOR estaba parado junto a él y le decía: «Yo soy el SEÑOR, el Dios de tu abuelo Abraham y de tu padre Isaac. A ti y a tus descendientes les voy a dar esta tierra en la que estás acostado. ¹⁴Tus descendientes serán tantos como el polvo de la tierra. Llenarán la tierra de este a oeste y de norte a sur. Todas las naciones de la tierra serán bendecidas por medio de ti y de tu descendencia. ¹⁵Además, estaré contigo y te protegeré dondequiera que vayas, y te traeré de nuevo sano y salvo a esta tierra. ¡Jamás te abandonaré sin haberte cumplido mis promesas!»

¹⁶,¹⁷Cuando Jacob despertó de su sueño tuvo mucho miedo, y pensó: «¡Sin duda alguna el SEÑOR está en este lugar, y yo no lo sabía! ¡Este lugar es asombroso! ¡Es nada menos que la casa de Dios y la puerta del cielo!»

¹⁸Al día siguiente se levantó muy de mañana, tomó la piedra que había usado como almohada, la paró como si fuera una columna, para que sirviera de señal de lo ocurrido. Luego derramó aceite de oliva sobre ella. ¹⁹En ese lugar había una ciudad que se llamaba Luz, pero Jacob le cambió el nombre y la llamó Betel (Casa de Dios).

²⁰⁻²²Jacob, entonces, hizo este voto: «Si Dios me ayuda y me protege en este viaje, me da ropa y comida, y me permite regresar sano y salvo a la casa de mi padre, el SEÑOR será mi Dios. Y esta piedra que he levantado para señal, será lugar de adoración. Además, de todo lo que me dé, le entregaré el diezmo».

### Jacob llega a Padán Aram

**29** Jacob continuó el viaje hasta que llegó finalmente a la tierra ubicada al este del río Jordán. ²Allí en el campo vio un pozo. Junto al pozo se encontraban tres rebaños de ovejas, pues era de allí que bebían agua. El pozo estaba tapado con una piedra muy grande. ³Sólo cuando se reunían todos los pastores con sus rebaños era que quitaban la piedra. Una vez que las ovejas bebían, los pastores volvían a colocar la piedra sobre la boca del pozo. ⁴Jacob se acercó a los pastores y les preguntó:

—Amigos, ¿dónde viven ustedes?

—Vivimos en Jarán —dijeron.

⁵—¿Conocen a un tal Labán hijo de Najor? —les volvió a preguntar.

—¡Claro que sí lo conocemos! —le contestaron.

⁶Jacob continuó preguntando:

—¿Cómo está?

—Está bien y ha prosperado. Mira, allí viene su hija Raquel con las ovejas —le dijeron los pastores.

⁷—Falta mucho para que se oculte el sol, y todavía es muy temprano para que encierren sus rebaños. ¿Por qué no le dan de beber al ganado para que sigan pastando antes de llevarlos a dormir? —preguntó Jacob.

⁸—Porque tenemos un acuerdo de que sólo quitaremos la piedra cuando ya estén juntos todos los rebaños. Sólo hasta ese momento podremos darles de beber a las ovejas —contestaron.

⁹Mientras conversaban, llegó Raquel con las ovejas de su padre, porque ella era la pastora. ¹⁰Cuando Jacob vio a Raquel, la hija de su tío Labán, se apresuró a quitar la piedra que estaba sobre el pozo, para que bebieran las ovejas que ella pastoreaba. ¹¹Luego Jacob besó a Raquel y se echó a llorar. ¹²Jacob le contó a

† 28.14—Ma 1.2  ☼ 28.15

Raquel que él era sobrino de Labán, ya que era hijo de Rebeca. Entonces Raquel salió corriendo a darle la noticia a su padre.

¹³Cuando Labán supo que su sobrino Jacob estaba allí, salió corriendo a recibirlo. Al verlo, lo abrazó, lo besó y lo llevó a su casa. Entonces Jacob le contó su historia. ¹⁴Por eso, Labán le dijo: «¡No hay duda de que eres de mi familia!»

### Jacob se casa con Lea y Raquel

Cuando Jacob ya llevaba un mes viviendo en la casa de Labán, ¹⁵éste le dijo:

—No hay razón para que trabajes para mí sin recibir pago por el hecho de ser parientes. ¿Cuánto quieres que te pague?

¹⁶Ahora bien, Labán tenía dos hijas: Lea, la mayor, y Raquel, la menor. ¹⁷Lea tenía hermosos ojos, pero Raquel era hermosa en todo sentido. ¹⁸Jacob estaba enamorado de Raquel. Por lo tanto, le dijo a Labán:

—Trabajaré para ti siete años si me das a Raquel para que sea mi esposa.

¹⁹—¡De acuerdo! —replicó Labán—. Prefiero dártela a ti antes que a alguien que no sea de la familia.

²⁰Así fue que Jacob trabajó los siete años siguientes para quedarse con Raquel. Sin embargo, le parecieron pocos días, porque estaba muy enamorado de ella. ²¹Finalmente, llegó el día en que Jacob podía casarse con Raquel.

—Cumplí mi parte del contrato —le dijo Jacob a Labán—. Ahora dame a Raquel para que sea mi esposa.

²²Entonces, Labán invitó a toda la gente de ese lugar e hizo una gran fiesta. ²³Ya entrada la noche, Labán tomó a su hija Lea y se la llevó a Jacob. Y Jacob durmió con Lea, sin saber que era ella. ²⁴Como regalo de bodas, Labán le dio a Lea una esclava llamada Zilpá, para que la atendiera.

²⁵Al levantarse en la mañana, Jacob descubrió que era Lea con quien había dormido. Por eso, fue donde Labán y le reclamó:

—¿Qué clase de engaño es éste? ¿Acaso no trabajé siete años para que me dieras a Raquel? ¿Qué es lo que pretendes al engañarme de este modo?

²⁶Labán respondió en tono conciliador:

—No es costumbre entre nosotros que la hija menor se case antes que la mayor. ²⁷Espera a que termine la semana de la fiesta de boda de Lea y te daré también a Raquel, siempre y cuando me prometas que trabajarás para mí otros siete años.

²⁸Jacob aceptó el trato. Entonces, cuando se cumplió la semana que le correspondía a Lea, Labán le dio a Jacob a Raquel por esposa. ²⁹Labán le dio también a Raquel una esclava llamada Bilhá, para que la ayudara. ³⁰Jacob durmió con Raquel y la amó más que a Lea; y se quedó trabajando los siete años adicionales.

### Los hijos de Jacob

³¹Jacob no amaba a Lea, y cuando vio esto el SEÑOR permitió que Lea tuviera hijos; pero a Raquel no se lo permitió. ³²De modo que Lea quedó embarazada y tuvo un hijo al que llamó Rubén, porque dijo: «El SEÑOR ha visto mi sufrimiento; ahora sí me amará mi marido». ³³Poco tiempo después volvió a quedar embarazada y tuvo otro hijo. A éste le puso Simeón (el SEÑOR oyó), porque dijo: «El SEÑOR ha oído que no soy amada, y por eso me dio este otro hijo».

³⁴Nuevamente quedó embarazada y dio a luz un tercer hijo, al que llamó Leví (unido), porque dijo: «Seguramente ahora sí me amará mi marido, puesto que le he dado tres hijos».

³⁵Por cuarta vez quedó embarazada y tuvo un hijo al que llamó Judá (alabanza), porque dijo: «Ahora alabaré al SEÑOR». Entonces dejó de tener hijos.

**30** Cuando Raquel se dio cuenta de que no podía tener hijos, sintió envidia de su hermana, y le dijo a Jacob:

—¡Dame un hijo, o me muero!

²Jacob se enojó y le respondió:

—¿Acaso soy yo Dios? Él es el que no te ha permitido tener hijos.

³Entonces Raquel le dijo:

—Acuéstate con mi sierva Bilhá. Así cuando ella vaya a dar a luz, sus hijos nacerán sobre mis rodillas. De ese modo será como si yo misma los hubiera tenido, y serán mis hijos.

⁴Entonces Raquel le entregó a Jacob a su sierva Bilhá para que tuviera hijos con ella. Y Jacob tuvo relaciones sexuales con ella, y ⁵Bilhá quedó embarazada y le dio un hijo a Jacob. ⁶Raquel lo llamó Dan (justicia), porque dijo: «Dios me hizo justicia y oyó la voz de mis ruegos, y me dio un hijo».

⁷Después Bilhá, la sierva de Raquel, quedó nuevamente embarazada y le dio a Jacob un segundo hijo. ⁸Raquel lo llamó Neftalí (lucha), porque dijo: «He tenido una dura lucha con mi hermana y he vencido».

⁹Cuando Lea vio que no podía tener más hijos, tomó a su sierva Zilpá y se la entregó a Jacob para que tuviera hijos con ella. ¹⁰Zilpá, entonces, le dio un hijo a Jacob. ¹¹Lea la llamó Gad (ha vuelto mi suerte), porque dijo: «Me ha regresado la buena suerte!»

¹²Después Zilpá le dio un segundo hijo a Jacob. ¹³Lea lo llamó Aser (feliz), porque dijo: «¡Qué gozo tengo! Ahora las demás mujeres me van a felicitar».

¹⁴Un día, durante la época de la cosecha del trigo, Rubén encontró algunas mandrágoras que crecían en el campo y se las llevó a Lea, su madre. Raquel le dijo a Lea:

—Por favor, regálame algunas de las mandrágoras que te trajo tu hijo.

¹⁵Pero Lea, disgustada, le respondió:

—¿No crees que es suficiente con que me hayas robado a mi marido, para que ahora quieras quedarte con las mandrágoras que me ha traído mi hijo?

Raquel entonces le dijo con tristeza:

—Si me das las mandrágoras, te prometo que Jacob dormirá contigo esta noche.

¹⁶Aquella tarde cuando Jacob regresaba al hogar desde el campo, Lea le salió al encuentro y le dijo:

—Tienes que dormir conmigo esta noche, pues te alquilé por unas mandrágoras que encontró mi hijo.

Y Jacob durmió con ella esa noche.

¹⁷Dios contestó las oraciones de Lea, pues ésta quedó embarazada y le dio a Jacob un quinto hijo. ¹⁸Lea lo llamó Isacar (recompensa), porque dijo: «Dios me

✡29.18  ✡29.20  ✡29.31–30.2  ✡30.6  ✡30.13  ✡30.19–24

ha recompensado por haberle dado a mi sierva mi marido».

¹⁹Lea quedó otra vez embarazada, y le dio a Jacob un sexto hijo. ²⁰Lo llamó Zabulón (obsequios), porque dijo: «Dios me ha dado un buen regalo. Ahora mi marido se quedará conmigo, porque le he dado seis hijos». ²¹Después dio a luz una hija, y la llamó Dina.

²²Entonces Dios tuvo compasión de Raquel, y le respondió sus oraciones, pues le permitió tener hijos. ²³,²⁴Así que ella quedó embarazada, y dio a luz un hijo. A este hijo, Raquel le puso por nombre José (que añada otro), porque dijo: «Dios ha quitado la humillación que había sobre mí». Luego añadió: «¡Qué bueno sería que el Señor me diera otro hijo».

## Jacob se enriquece

²⁵Poco después de que José nació, Jacob le dijo a Labán:

²⁶—Quiero volver a mi tierra. Permíteme llevarme a mis esposas y a mis hijos, porque yo los gané con mi trabajo. Tú sabes que te los he pagado con mis servicios.

²⁷—No me dejes, por favor —respondió Labán—. Por adivinación me he enterado de que el Señor me ha bendecido a través de ti. ²⁸Dime qué salario quieres recibir, y yo te lo pagaré.

²⁹Jacob contestó:

—Tú sabes con cuánta fidelidad te he servido durante todos estos años, y cómo, debido a mis cuidados, han aumentado tus rebaños. ³⁰De lo poco que tenías has pasado a tener un rebaño inmenso. El Señor te ha bendecido desde que yo llegué. Pero ya es tiempo de que yo trabaje para mi propia familia.

³¹,³²—¿Qué salario quieres que te pague? —volvió a preguntarle Labán.

Jacob respondió:

—Si aceptas lo que te voy a decir, volveré a trabajar para ti. Déjame revisar tu ganado y apartar todos los corderos manchados, rayados y negros, lo mismo que todas las cabras manchadas y rayadas. Dame eso como salario. ³³Entonces, si alguna vez encuentras alguna cabra u oveja blanca entre mi rebaño, sabrás que te la he robado.

³⁴—De acuerdo —respondió Labán—. Se hará como has dicho.

³⁵,³⁶Ese mismo día Labán salió al campo y puso aparte todos los chivos que tenían pintas o manchas y las cabras que tenían algo de color o que tenían manchas o listas blancas, y todos los corderos negros. Labán entregó este ganado a sus hijos para que lo cuidaran. Después Labán se llevó el rebaño a unos sesenta kilómetros de distancia para alejarlos de Jacob, mientras este seguía cuidando el resto de los rebaños de Labán.

³⁷Por su parte, Jacob tomó varas verdes de álamo, de avellano y de castaño y las descortezó para dejar al descubierto las franjas blancas. ³⁸Enseguida colocó las varas en los bebederos, para que el ganado las viera cuando venían a beber, porque era allí donde se apareaban. ³⁹,⁴⁰De modo que se apareaban delante de las varas y así las hembras parían ejemplares manchados, negros o rayados. Jacob apartaba estas crías y las colocaba frente a los animales rayados y negros del ganado de Labán. ⁴¹Además, cada vez que los animales más fuertes estaban en celo, Jacob colocaba las varas en los bebederos, de modo que los animales, al unirse, lo hacían mirando las ramas. ⁴²Sin embargo, cuando los animales más débiles se unían, Jacob no colocaba las ramas. De este modo los corderos más débiles eran de Labán, mientras que los fuertes eran para Jacob. ⁴³Como resultado, Jacob se enriqueció mucho, pues llegó a tener muchas ovejas, muchos esclavos, esclavas, camellos y burros.

## Jacob huye de Labán

**31** Al tiempo, Jacob se enteró de que los hijos de Labán estaban diciendo: «Jacob se ha ido quedando con todo lo que era de nuestro padre, y por eso se ha hecho rico». ²Pronto Jacob percibió un considerable cambio en la actitud de Labán hacia él. ³Entonces el Señor le habló a Jacob y le dijo: «Regresa a la tierra de tus padres y de tus parientes, y yo estaré contigo».

⁴Un día Jacob mandó a buscar a Raquel y a Lea para que fueran a verlo al campo donde estaba con sus rebaños, pues quería hablar de esto con ellas. Jacob les dijo:

⁵—Su padre ya no me trata como antes, ¡pero el Dios de mi padre siempre ha estado conmigo! ⁶Ustedes saben cuánto he trabajado para Labán, ⁷pero él ha buscado la manera de engañarme, y ha violado una y otra vez el contrato de salario que tiene conmigo. Pero Dios no ha permitido que me haga daño. ⁸Si él decía que las ovejas manchadas serían mías, entonces todo el ganado comenzaba a salir pinto. Pero después él cambiaba y decía que serían míos los animales que nacieran rayados, y entonces todos los corderos nacían rayados. ⁹De esta manera Dios me ha enriquecido a expensas del padre de ustedes.

¹⁰»En el tiempo en que los animales estaban en celo tuve un sueño. En ese sueño veía que los chivos que se unían a las cabras eran manchados, rayados o moteados. ¹¹Entonces, en el sueño, el ángel de Dios me llamó por mi nombre, y yo le contesté: "Aquí estoy". ¹²,¹³Entonces él me dijo: "Levanta la vista y observa que los machos que se unen a las hembras son manchados, rayados o moteados, porque estoy al tanto de lo que Labán te ha hecho. Yo soy el Dios que conociste en Betel, el lugar donde ungiste la piedra e hiciste voto de servirme. Deja ahora este país y vete a la tierra de tu nacimiento".

¹⁴Raquel y Lea contestaron:

—¡Estamos de acuerdo! Aquí no tenemos nada, pues no vamos a recibir ninguna herencia de parte de nuestro padre. ¹⁵Él nos ha tratado como extranjeras. Nos vendió, y lo que recibió por nosotras ya lo gastó. ¹⁶Así que las riquezas que Dios te dio a expensas de nuestro padre, son legalmente nuestras y de nuestros hijos. Sigue adelante, y haz lo que Dios te dijo.

¹⁷⁻²⁰Así fue que un día, mientras Labán se encontraba ausente trasquilando las ovejas, Jacob hizo que sus esposas e hijos montaran en los camellos. Además, tomó todos los ganados, junto con todas las riquezas que había conseguido en Padán Aram, y emprendió el viaje hacia Canaán, donde vivía su padre Isaac. Esto lo hizo sin que Labán se diera cuenta. Por su parte, Raquel le robó a Labán los ídolos de la familia. Esto lo hizo mientras Labán se encontraba en otro lugar esquilando las ovejas. ²¹De modo que huyó con

todas sus posesiones, cruzó el Éufrates y se dirigió a la tierra de Galaad.

## Labán persigue a Jacob

²²Tan solo tres días después Laban se enteró de que Jacob se había ido. ²³Entonces, tomando a varios de sus familiares con él, salió en afanosa persecución, hasta que los alcanzó siete días después en el monte Galaad. ²⁴Aquella noche Dios se le apareció a Labán, el arameo, en sueños, y le dijo: «¡No te atrevas a tratar mal a Jacob!»

²⁵Labán, finalmente, encontró a Jacob cuando éste estaba acampado en los montes de Galaad. Labán también acampó allí, junto con los familiares que lo acompañaban, ²⁶y le dijo a Jacob:

—¿Por qué me hiciste esto? ¿Por qué me engañaste y te trajiste a mis hijas como si fueran prisioneras de guerra? ²⁷¿Por qué no me diste la oportunidad de hacer una despedida con canciones, orquestas y arpa? ²⁸¿Por qué no dejaste que besara a mis nietos para despedirme de ellos? Tu manera de actuar ha sido muy extraña. ²⁹Yo podría causarte bastante daño, pero anoche se me apareció el Dios de tu padre y me dijo: «¡No te atrevas a tratar mal a Jacob!» ³⁰Pero, mira, si pensabas que debías partir, y tanto extrañabas el hogar de tu niñez, ¿por qué has robado mis ídolos?

³¹Jacob le respondió:

—Yo huí porque tenía miedo. Pensé: «Él me quitará a sus hijas por la fuerza». ³²Pero en cuanto a los ídolos no tengo ni idea. Si alguno de nosotros te los robó, entonces que sea castigado con la muerte. Si encuentras una sola cosa que hayamos robado, te juro delante de todos estos hombres, que te lo podrás llevar sin ningún problema.

Jacob dijo esto porque no sabía que Raquel se los había robado. ³³Labán entró primero a la tienda de Jacob a buscar los ídolos, luego a la de Lea y de allí a las de las dos concubinas, pero no encontró nada en ellas. Finalmente entró a la tienda de Raquel. ³⁴Como recordarán, Raquel era la que se había robado los ídolos. Ella los había escondido en la silla de su camello y estaba sentada sobre ellos. Aunque Labán buscó en toda la tienda, nada encontró.

³⁵Raquel le dijo a Labán:

—Padre, perdóname que no me levante, pero estoy con la menstruación.

Labán siguió buscando sus ídolos, pero no los encontró.

³⁶Entonces Jacob se enojó, y en tono fuerte le dijo a Labán:

—¿Qué mal te he hecho, para que me hayas perseguido como si yo fuera un criminal? ³⁷¡Has registrado todas mis cosas! Dime, ¿encontraste algo que sea tuyo? Si es así, entonces, colócalo aquí para que todos los que están aquí lo vean y digan quién tiene la razón. ³⁸Veinte años te serví y todo ese tiempo cuidé tus ovejas y tus cabras para que tuvieran crías sanas, y jamás saqué un cordero de los tuyos para comérmelo. ³⁹Si alguno era atacado por los animales salvajes y moría, yo me hacía cargo de la pérdida. Me hacías pagar cada animal que se robaban, fuera mía la culpa o no. ⁴⁰En el día me quemaba el sol y en la noche tiritaba de frío. ¡A veces ni siquiera podía dormir! ⁴¹Sí, veinte años: catorce para pagar tus dos hijas, y seis para formar mis rebaños. ¡Y muchas veces me cambiaste el salario!

⁴²En realidad, de no ser por la gracia del Dios de mi abuelo Abraham, el glorioso Dios de mi padre Isaac, tú me habrías despedido sin abonar un centavo a mi cuenta. Pero Dios vio tu crueldad y mi duro trabajo, y por eso es que se te apareció anoche y te reprendió.

⁴³Labán contestó:

—Estas mujeres son mis hijas, y estos niños son mis nietos. También las ovejas y todo lo que ves me pertenece. ¿Cómo crees que yo quiera ahora hacerles daño a mis hijas y a mis nietos? ⁴⁴Ven ahora y firmemos un pacto de paz, tú y yo. ¡Ese pacto será testigo de nuestro acuerdo!

⁴⁵Entonces Jacob tomó una piedra y la colocó como un pilar, para que les sirviera de prueba. ⁴⁶Luego les dijo a sus familiares que reunieran piedras y las amontonaran. Una vez hecho esto, comieron sobre ese montón de piedras. ⁴⁷A ese montón de piedras Labán le puso el nombre de Yegar Saduta, y Jacob lo llamó Galaad. ⁴⁸Luego Labán dijo:

—Este montón de piedras servirá para recordarnos el trato que tú y yo hemos hecho hoy.

Aquel lugar se llamó Galaad ⁴⁹y Mizpa, porque Labán dijo:

—Que el Señor cuide que nosotros respetemos este trato cuando nos hayamos separado. ⁵⁰Y si tú tratas con rudeza a mis hijas, o si tomas otras esposas, yo no lo sabré, pero recuerda que Dios sí lo verá y será testigo de lo que hagas.

⁵¹,⁵²Labán continuó diciéndole a Jacob:

—Mira bien, este montón de piedras y este pilar que he levantado entre tú y yo quedan como testigos de nuestros votos. Yo no cruzaré esta línea para atacarte, ni tú la cruzarás para atacarme. ⁵³¡Que el Dios de Abraham y el Dios de Najor sea quien juzgue si cumplimos o no este trato!

Entonces Jacob juró por el poderoso Dios de Isaac, su padre. ⁵⁴Enseguida ofreció un sacrificio a Dios allí sobre la cumbre del monte, e invitó a sus parientes a participar de la comida. Después de comer, todos se quedaron esa noche en la montaña.

⁵⁵Labán se levantó temprano la mañana siguiente, besó a sus hijas y a sus nietos, los bendijo, y regresó a su tierra.

## Jacob envía mensajeros a Esaú

**32** Jacob y su familia reanudaron la marcha. Los ángeles de Dios le salieron al encuentro. ²Cuando él los vio, exclamó:

«¡Aquí está el campamento de Dios!»

Por esta razón llamó aquel lugar Majanayin (dos campamentos).

³Jacob envió mensajeros a su hermano Esaú en Edom, que está en la tierra de Seír. ⁴Les pidió que le dijeran a Esaú: «Te saluda tu siervo Jacob. Hasta hace poco estuve viviendo con nuestro tío Labán. ⁵Ahora poseo bueyes, burros, ovejas y muchos esclavos y esclavas. He enviado estos mensajeros para que te den la noticia de que regreso, con la esperanza de que tengamos un encuentro amistoso».

⁶Los mensajeros volvieron con la noticia de que Esaú estaba en camino para encontrarse con Jacob, ¡con cuatrocientos hombres! ⁷El temor y la angustia se apoderaron de Jacob. Dividió la familia, los rebaños, las reses y los camellos en dos grupos; ⁸porque se dijo: «Si Esaú ataca un grupo, el otro podrá escapar».

⁹Entonces Jacob oró: «Señor, Dios de mi abuelo Abraham y de mi padre Isaac, tú me dijiste que regresara a la tierra de mis padres y que estarías conmigo para que me fuera bien. ¹⁰Mira, no soy digno de recibir la más pequeña de las misericordias que me has mostrado una y otra vez, conforme a tu promesa. Cuando salí de mi hogar y crucé el río Jordán, la única posesión que tenía era mi bastón; pero ahora necesito dos campamentos para guardar todo lo que tengo. ¹¹¡Te suplico que me libres del furor de mi hermano Esaú! Tengo miedo, un miedo terrible de que él venga a matarme, y mate también a estas mujeres y a sus hijos. ¹²Recuerda que tú prometiste que me harías bien y que multiplicarías mis descendientes hasta que llegaran a ser como la arena del mar, de modo que no podrían ser contados».

¹³⁻¹⁵Jacob pasó allí la noche y preparó un obsequio para su hermano Esaú:
200 cabras,
20 chivos,
200 ovejas,
20 carneros,
30 camellas paridas con sus crías,
40 vacas,
10 toros,
20 burras,
10 burros.

¹⁶Instruyó a sus siervos para que los condujeran en grupos, y les pidió que guardaran una distancia prudente entre grupo y grupo.

¹⁷Le dijo al que llevaba el primer grupo que cuando encontrara a Esaú, y éste preguntara: «¿Hacia dónde van? ¿A quién sirven? ¿De quién son estos animales?», ¹⁸le respondiera: «Mi señor Esaú, este es un regalo que le envía mi amo Jacob. A propósito, él viene detrás de nosotros».

¹⁹Jacob pidió a cada uno de los que envió al frente de los grupos que le dieran el mismo mensaje a Esaú. ²⁰La estrategia de Jacob consistía en apaciguar a su hermano por medio de los presentes enviados antes de su encuentro.

Jacob pensaba que quizá de esa manera Esaú dejaría de odiarlo, y cuando se encontraran lo recibiría muy bien. ²¹Así que Jacob le envió a Esaú los regalos por adelantado, y él pasó la noche en el campamento.

### Jacob lucha con un ángel

²²⁻²⁴Pero durante la noche, Jacob se levantó y despertó a sus dos esposas, a las concubinas y a los once hijos y los hizo cruzar el Jordán por el vado de Jaboc. Enseguida regresó al campamento y se quedó solo allí. Y un varón luchó con él hasta el alba. ²⁵Cuando el varón vio que no podía ganar la lucha, hirió a Jacob en la articulación de la cadera y se la dislocó.

²⁶Entonces el varón le dijo:
—Déjame ir, porque ya amanece.
Pero Jacob le contestó:
—No te soltaré si no me bendices.
²⁷—¿Cómo te llamas? —le preguntó el varón.
—Jacob —fue la respuesta.
²⁸—Ese ya no será tu nombre —le dijo el varón—. A partir de hoy te llamarás Israel, porque has luchado con Dios y con los hombres, y has ganado.
²⁹Jacob le preguntó:

—¿Cómo te llamas?
—¿Por qué me lo preguntas? —le dijo aquel varón.
Luego bendijo a Jacob.
³⁰A aquel lugar Jacob le puso Peniel (rostro de Dios), porque dijo: «Vi a Dios cara a cara y me dejó con vida».

³¹Salía el sol cuando Jacob emprendió el camino, y renqueaba a causa de su cadera. ³²(Esta es la razón por la que el pueblo de Israel, hasta este día, no come del tendón que está en la articulación de la cadera, porque en esa parte Jacob fue herido.)

### Encuentro de Jacob con Esaú

**33** A la distancia, Jacob vio a Esaú que llegaba con cuatrocientos hombres. Entonces repartió a sus hijos entre Lea, Raquel y las dos siervas. ²Al frente de todos puso a las dos siervas junto con sus hijos, luego a Lea y sus hijos, y finalmente a Raquel y su hijo José. ³Luego Jacob pasó al frente. Cuando estuvo cerca de su hermano, se inclinó siete veces delante de él. ⁴Esaú, al verlo, corrió a su encuentro, lo abrazó afectuosamente y lo besó; y ambos se pusieron a llorar. ⁵Entonces Esaú vio a las mujeres y a los niños, y preguntó:

—¿Quiénes son estas personas que están contigo?
—Son los hijos que Dios, por su amor, me ha dado —respondió Jacob.

⁶Las concubinas se adelantaron con sus hijos y se inclinaron ante Esaú. ⁷Luego Lea y sus hijos se acercaron y también se inclinaron ante Esaú. Finalmente, llegaron Raquel y José y también se inclinaron.

⁸—¿Y para qué era todo ese ganado que he encontrado en el camino mientras venía hacia acá? —preguntó Esaú.

Jacob contestó:
—Son obsequios que te envié para ganarme tu favor.
⁹—Hermano mío, yo tengo bastante —dijo Esaú—. Déjalos para ti.
¹⁰—No, te ruego que los aceptes —dijo Jacob—, porque al verte me parece estar viendo a Dios mismo, pues me has recibido con mucha bondad. ¹¹Por favor, acepta mis obsequios. Dios ha sido muy misericordioso conmigo y me ha dado muchas riquezas.

Tanto insistió Jacob, que al fin Esaú aceptó los regalos.

¹²—Bueno, ahora pongámonos en marcha —dijo Esaú—. Mis hombres y yo nos quedaremos con ustedes y les señalaremos el camino.

¹³Pero Jacob respondió:
—Como puedes ver, algunos de mis hijos son pequeños, y además el ganado tiene crías, de modo que si avanzamos muy rápido, morirán. ¹⁴Vé tú adelante. Nosotros iremos detrás de ustedes, al paso de los niños y del ganado. Nos encontraremos en Seír.

¹⁵—Bueno —dijo Esaú—, al menos permíteme que te deje algunos hombres para que te ayuden y sirvan de guía.

—No —insistió Jacob—, no es necesario. Por favor, acepta mi sugerencia.

¹⁶Entonces, aquel mismo día, Esaú emprendió el regreso a Seír. ¹⁷Por su parte Jacob y su familia se fueron hasta Sucot. Allí levantó un campamento con

☆ 32.24-30

cabañas para su ganado. Por eso es que el lugar se llama Sucot (cabañas).

¹⁸Luego llegaron a salvo a Siquén, en Canaán, y acamparon fuera de la ciudad. ¹⁹Jacob le compró a la familia de Jamor, padre de Siquén, por cien monedas de plata, un pedazo de tierra. ²⁰Allí edificó un altar y lo llamó El Elohé Israel (Dios es el Dios de Israel).

## Rapto y violación de Dina

**34** Dina, la hija de Lea, salió un día a visitar a algunas de las muchachas del lugar. ²Y la vio Siquén hijo de Jamor, el jefe de los heveos. Entonces la agarró a la fuerza y la violó. ³Pero Siquén quedó profundamente enamorado de ella y trató de ganarse su cariño.

⁴Por eso le dijo a su padre:

—Vé y pídeme a esa joven por esposa, pues quiero casarme con ella.

⁵Cuando Jacob se enteró de que Siquén había violado a su hija Dina, sus hijos estaban en el campo pastoreando el ganado, de modo que no hizo nada hasta el regreso de ellos. ⁶,⁷Mientras tanto, Jamor, padre de Siquén, fue a hablar con Jacob. Llegó en el mismo momento en que los hijos de Jacob regresaban del campo. Al enterarse de lo sucedido se llenaron de ira, pues lo que Siquén hizo fue una ofensa muy grande para Israel. ¡Eso nunca debió haberlo hecho! ⁸Pero Jamor les dijo:

—Mi hijo Siquén está muy enamorado de la hermana de ustedes. Por favor, permítanle casarse con ella. ⁹,¹⁰Aun más, los invitamos a que vivan entre nosotros y que las hijas de ustedes se casen con nuestros hijos, y nosotros daremos nuestras hijas a los jóvenes de ustedes. Podrán vivir en donde quieran en nuestra tierra, negociar en ella y enriquecerse.

¹¹Siquén también les dijo a Jacob y a los hermanos de Dina:

—Sean bondadosos conmigo y dénmela por esposa. Yo les daré cualquier cosa que pidan. ¹²No importa que la dote que pidan sea muy alta, yo la pagaré. Pero, ¡denme a la muchacha por esposa!

¹³Los hermanos de Dina entonces les mintieron a Siquén y a Jamor, pues les respondieron con engaños. Hicieron esto en venganza por lo que Siquén le había hecho a Dina. ¹⁴Así que les dijeron:

—A nosotros no nos está permitido entregarle nuestra hermana a un hombre que no está circuncidado. ¡Eso sería una deshonra para nosotros! ¹⁵,¹⁶Ahora bien, si ustedes aceptan que todo varón entre ustedes se circuncide, entonces podremos darles nuestras hijas para que se casen con ellas. Además, nuestros hijos podrían casarse con las hijas de ustedes. Esa es la condición que les ponemos. Entonces nos quedaremos a vivir con ustedes y formaremos un solo pueblo. ¹⁷Si no es así nos iremos de aquí y nos llevaremos a nuestra hermana.

¹⁸,¹⁹Jamor y Siquén aceptaron gustosamente la propuesta. Y como Siquén estaba tan enamorado de Dina, no vaciló en circuncidarse inmediatamente. Siquén estaba seguro de que podría convencer a todos los hombres de la ciudad, pues gozaba del respeto de todos ellos. ²⁰Así que Jamor y Siquén regresaron a la ciudad y se presentaron ante el concejo de la ciudad para hacer su petición.

²¹—Estos hombres son amigos nuestros —dijeron—. Invitémosles a vivir entre nosotros y a que tengan sus negocios aquí, pues la tierra que tenemos es suficientemente extensa. Nosotros podremos casarnos con sus hijas, y ellos con las nuestras. ²²,²³Sin embargo, no aceptarán si no cumplimos una condición: que todo hombre entre nosotros sea circuncidado, al igual que ellos. Si hacemos esto, todo lo que ellos tienen será también nuestro, y la tierra se habrá enriquecido. Vamos, aprueben esto para que ellos se queden a vivir entre nosotros.

²⁴Todos los hombres estuvieron de acuerdo, de modo que se circuncidaron. ²⁵,²⁶Pero a los tres días de haberse circuncidado, es decir, cuando más dolor sentían, fueron sorprendidos por Simeón y Leví, hijos de Jacob y hermanos de Dina. En efecto, aprovechando esa circunstancia, Simeón y Leví agarraron sus espadas, entraron en la ciudad y mataron a todos los hombres, incluyendo a Siquén y a Jamor. Luego sacaron a Dina de la casa de Siquén, y regresaron al campamento. ²⁷Después todos los hijos de Jacob fueron y saquearon la ciudad con el pretexto de que su hermana había sido violada allí. ²⁸Se apoderaron de todo el ganado, ovejas, vacas y burros, y de todo lo que había en la ciudad y en el campo. ²⁹También se llevaron a las mujeres, a los niños, y todo tipo de riquezas. ³⁰Entonces Jacob les dijo a Leví y a Simeón:

—Ustedes me han hecho un mal muy grande. A partir de hoy, los cananeos y los ferezeos que viven en esta región me van a odiar. Si ellos se unen y nos atacan, nos matarán a todos, pues cuento con muy pocos hombres para defenderme.

³¹Pero ellos respondieron:

—¿Acaso tenía él derecho de tratar a nuestra hermana como si fuera una prostituta?

## Jacob vuelve a Betel

**35** ☼Dios le dijo a Jacob: «Regresa a Betel y quédate allí. Al llegar construirás un altar para adorar al Dios que se te apareció cuando huías de tu hermano Esaú».

²Jacob entonces ordenó a su familia y a toda la gente que estaba con él que destruyeran los ídolos que habían traído consigo, que se purificaran ceremonialmente y se pusieran ropa limpia. ³Además les dijo: «Nos vamos a Betel. Allí voy a construir un altar al Dios que respondió a mis oraciones en el día en que estaba angustiado, y me acompañó en todo el viaje».

⁴Entonces todos le entregaron sus ídolos y los aretes que llevaban en las orejas. Jacob agarró todo esto y lo enterró bajo la encina que estaba cerca de Siquén. ⁵Luego emprendieron la marcha. Pasaron por varias ciudades, pero nadie se atrevió a hacerles daño, pues tenían miedo de Dios. ⁶Finalmente llegaron a Luz (que también se llama Betel), en Canaán. ⁷Jacob erigió allí un altar y llamó a ese lugar El Betel (Dios de Betel), porque fue en Betel donde Dios se le apareció mientras huía de Esaú.

⁸Poco después de esto murió Débora, la anciana que había criado a Rebeca. La sepultaron bajo una encina en el valle que quedaba junto a Betel. Por esto,

☼35.1-3  ☼35.10-11

a ese lugar Jacob le puso el nombre de Elón Bacut (encina del llanto).
⁹Cuando Jacob llegó a Betel desde Padán Aram, Dios se le apareció y lo bendijo nuevamente. ¹⁰Le dijo Dios: «Hasta hoy te llamaste Jacob (usurpador). Pero a partir de este momento ya no te llamarás Jacob, sino Israel (el que prevalece con Dios)». Así que Dios le cambió el nombre.
¹¹Después de esto Dios le dijo: «Yo soy el Dios Todopoderoso. Vas a tener muchos hijos, y tus descendientes serán muy numerosos. Haré de ti una gran nación, y muchos pueblos saldrán de ti. Además, entre descendientes habrá muchos reyes. ¹²A ti te entregaré la tierra que les di a Abraham y a Isaac. Y después de ti se la daré a tu descendencia». ¹³Luego, Dios se fue de este lugar donde había hablado con Jacob.
¹⁴Entonces Jacob levantó una piedra por monumento en el lugar en que Dios le había hablado. Sobre ella derramó vino y aceite para consagrarla. ¹⁵Jacob llamó a aquel lugar Betel, porque Dios le había hablado allí.

### Muerte de Raquel y de Isaac

¹⁶Después, Jacob y todos los que estaban con él salieron de Betel y viajaron hacia Efrata. Cuando todavía estaban bastante lejos de Efrata, Raquel dio a luz, pero con mucha dificultad. ¹⁷Después de un parto muy difícil, la partera finalmente exclamó:

—¡No tengas miedo, pues has tenido otro hijo varón!

¹⁸Pero Raquel murió luego de dar a luz a su hijo. Sin embargo, cuando estaba agonizando alcanzó a decir que su hijo se llamaría Benoní, es decir, «hijo de mi tristeza». Pero Jacob lo llamó Benjamín, que quiere decir «Hijo de mi mano derecha».

¹⁹Muerta Raquel, fue sepultada junto al camino a Efrata (que también se llama Belén). ²⁰Jacob levantó una piedra en la tumba como señal, y allí está hasta hoy.

²¹Entonces Israel viajó y acampó más allá de Migdal Edar (torre de Edar). ²²Fue allí donde Rubén tuvo relaciones sexuales con Bilhá, la concubina de Jacob, quien se enteró de lo sucedido.

Estos son los nombres de los doce hijos de Jacob:

²³Los hijos de Lea:
Rubén, que es el hijo mayor de Jacob, Simeón, Leví, Judá, Isacar y Zabulón.
²⁴Los hijos de Raquel:
José y Benjamín.
²⁵Los hijos de Bilhá, la esclava de Raquel:
Dan y Neftalí.
²⁶Los hijos de Zilpá, la esclava de Lea:
Gad y Aser.
Todos éstos nacieron en Padán Aram.

²⁷Finalmente Jacob fue hasta Mamré, cerca de Quiriat Arbá, a visitar a su padre Isaac. Quiriat Arbá es la misma Hebrón. Allí habían vivido Abraham e Isaac. ²⁸,²⁹Isaac murió poco después a la avanzada edad de ciento ochenta años, y sus hijos Esaú y Jacob lo sepultaron.

### Descendientes de Esaú

**36** Esta es la lista de los descendientes de Esaú (que también se llama Edom):

²,³Esaú se casó con Ada (hija de Elón el hitita), con Aholibama (hija de Aná y nieta de Zibeón el heveo), y con Basemat (hija de Ismael y hermana de Nebayot).

Estas tres mujeres eran de Canaán.

⁴Esaú y Ada tuvieron un hijo que se llamó Elifaz. Esaú y Basemat tuvieron un hijo llamado Reuel. ⁵Los hijos de Esaú y Aholibama fueron: Jeús, Jalán y Coré. Todos ellos nacieron en la tierra de Canaán.

⁶⁻⁸La tierra no daba abasto para alimentar el ganado de Esaú y de Jacob. Por eso, Esaú tomó a sus esposas, sus niños, sus esclavos, todo su ganado y toda la riqueza que había obtenido en la tierra de Canaán, y se fue a vivir en la región montañosa de Seír, lejos de su hermano.

⁹Éstos son los nombres de los edomitas, es decir, los descendientes de Esaú, que vivieron en la región montañosa de Seír:

¹⁰⁻¹²Descendientes a través de Elifaz, hijo de su esposa Ada:
Temán, Omar, Zefo, Gatán y Quenaz.
Además, Elifaz tuvo otro hijo con su concubina Timná, al que llamó Amalec.
Así que estos son los nietos de Esaú y Ada.
¹³Esaú también tuvo descendientes a través de Reuel, hijo de Basemat:
Najat, Zera, Sama y Mizá.
Así que éstos fueron los nietos de Esaú y Basemat.
¹⁴Hay que recordar que Esaú tuvo otra esposa, la cual se llamaba Aholibama, que era hija de Aná y nieta de Zibeón.
Con ella también tuvo tres hijos, que fueron: Jeús, Jalán y Coré.

¹⁵,¹⁶Los nietos de Esaú fueron jefes de los siguientes clanes:
El clan de Temán,
el clan de Omar,
el clan de Zefo,
el clan de Quenaz,
el clan de Coré,
el clan de Gatán,
el clan de Amalec.
Estos clanes estaban formados por los descendientes de Elifaz, el hijo mayor de Esaú y Ada, y vivían en la tierra de Edom.
¹⁷Los siguientes clanes estaban formados por los descendientes de Reuel, hijo de Esaú y de Basemat:
El clan de Najat,
el clan de Zera,
el clan de Sama
y el clan de Mizá.
¹⁸Los siguientes clanes recibieron el nombre de los hijos de Esaú y de Aholibama (hija de Aná):
El clan de Jeús,
el clan de Jalán
y el clan de Coré.
¹⁹De modo que todos éstos fueron los descendientes de Esaú, conocido también como Edom. Todos ellos fueron jefes de sus clanes.

²⁰,²¹Las siguientes son las tribus que descendieron de Seír el horeo, una de las familias nativas de la tierra de Seír:
La tribu de Lotán,
la tribu de Sobal,
la tribu de Zibeón,
la tribu de Aná,

☼ la tribu de Disón,
☼ la tribu de Ezer
y la tribu de Disán.
Todos estos fueron jefes de los horeos, los cuales vivían en Edom.

²²Los hijos de Lotán (el hijo de Seír) fueron Horí y Homán (Lotán tuvo una hermana que se llamaba Timná).
²³Los hijos de Sobal fueron:
Alván, Manajat, Ebal, Sefó y Onam.
²⁴Los hijos de Zibeón fueron:
Ayá y Aná. (Este fue el que descubrió manantiales en el desierto mientras apacentaba los burros de su padre.)
²⁵Los hijos de Aná fueron:
Disón y Ahoibama, hija de Aná.
²⁶Los hijos de Disón fueron:
Hemdán, Esbán, Itrán y Querán.
²⁷Los hijos de Ezer fueron:
Bilán, Zaván y Acán,
²⁸Los hijos de Disán fueron:
Uz y Arán.
²⁹,³⁰Los jefes de las tribus de los horeos fueron Lotán, Sobal, Zibeón, Aná, Disón, Ezer y Disán.

### Los reyes de Edom

³¹⁻³⁹Éstos son los nombres de los reyes de Edom (antes que Israel tuviera su primer rey):
El rey Bela (hijo de Beor), reinó en la ciudad de Dinaba, en Edom.
Fue sucedido por el rey Jobab (hijo de Zera), del pueblo de Bosra. Este sucedido por el rey Jusán, de la tierra de Temán. A su muerte fue sucedido por el rey Hadad (el hijo de Bedad), caudillo de las fuerzas que derrotaron al ejército de Madián, en el campo de Moab. Su capital fue Avit.
Éste fue sucedido por el rey Samla, del pueblo de Masreca.
Su sucesor fue el rey Saúl de Rejobot, junto al Éufrates. Fue sucedido por Baal Janán hijo de Acbor.
Su sucesor fue el rey Hadad, de la ciudad de Pau.
La esposa del rey Hadad fue Mehitabel hija de Matred y nieta de Mezab.

⁴⁰⁻⁴³Éstos son los nombres de los clanes de Esaú, que vivieron en las localidades que llevan su nombre:
El clan de Timná, el clan de Alvá,
el clan de Jetet, el clan de Aholibama,
el clan de Elá, el clan de Pinón,
el clan de Quenaz, el clan de Temán,
el clan de Mibzar, el clan de Magdiel
y el clan de Iram.
Estos son, pues, los nombres de los jefes de Edom, cada uno de los cuales dio su nombre a la región en que vivían (todos eran edomitas, descendientes de Edom, que es el mismo Esaú).

### Los sueños de José

**37** Jacob se fue a vivir a la tierra de Canaán, donde su padre había vivido como extranjero. ²Esta es la historia de la familia de Jacob:
José, el hijo de Jacob, tenía diecisiete años. Su trabajo consistía en apacentar los rebaños de su padre, en compañía de los hijos de Bilhá y de Zilpá, que eran concubinas de Jacob. Pero José le informaba a su padre de la mala conducta de aquellos. ³Israel amaba más a José que a sus otros hijos, porque José le había nacido en su vejez. Un día Jacob le regaló una túnica de mangas largas. ⁴Los hermanos notaban que su padre prefería a José. Por eso, llegaron a odiarlo y no le podían hablar en buenos términos. ⁵Una noche José tuvo un sueño y se lo contó de inmediato a sus hermanos, lo que hizo que éstos lo odiaran aún más.
⁶—Oigan, les voy a contar el sueño que tuve —les dijo—. ⁷Soñé que todos nosotros estábamos en el campo atando manojos de trigo. Mi manojo se mantuvo derecho, mientras que los de ustedes se reunieron alrededor del mío y le hicieron reverencias.
⁸—¿Quiere decir que vas a ser nuestro rey? —se burlaron—, y lo odiaron aún más por el sueño y porque creían que él se jactaba de ser superior a ellos.
⁹Luego tuvo otro sueño, y también se lo contó a sus hermanos:
—Oigan mi segundo sueño —les dijo—. Soñé que el sol, la luna y once estrellas me hacían reverencias.
¹⁰Esta vez José le contó el sueño también a su padre, después de habérselo contado a sus hermanos. Su padre lo reprendió:
—¿Qué es esto que has soñado? ¿Acaso yo, tu madre y tus hermanos vamos a inclinarnos delante de ti?
¹¹Los hermanos se sintieron molestos y se llenaron de envidia, pero Jacob se quedó pensando qué significaría todo aquello.

### José es vendido por sus hermanos

¹²Un día los hermanos de José llevaron los rebaños de su padre a Siquén, para apacentarlos allí. ¹³,¹⁴Pocos días después Israel llamó a José y le dijo:
—Tus hermanos están en Siquén apacentando el ganado. Anda a ver cómo están ellos y el ganado, y vuelve a avisarme.
—Muy bien —respondió José.
Entonces José salió del valle de Hebrón y se dirigió a Siquén. ¹⁵Un hombre que lo vio caminando por los campos le preguntó:
—¿A quién buscas?
¹⁶—Busco a mis hermanos y sus rebaños. ¿Los ha visto?
¹⁷—Sí —respondió el hombre—, ya no están aquí. Les oí decir que iban a Dotán.
José entonces se fue hasta Dotán y allí encontró a sus hermanos. ¹⁸Pero cuando ellos lo vieron, lo reconocieron a la distancia y decidieron matarlo.
¹⁹,²⁰—¡Ahí viene el soñador! —exclamaron—. Vamos, matémoslo y echémoslo en una cisterna. Luego le diremos a nuestro padre que algún animal salvaje se lo comió. ¡Veremos en qué paran sus sueños!
²¹,²²Cuando Rubén escuchó esto, intentó salvarle la vida a José.
—No lo matemos —dijo—; no debemos derramar sangre. Echémoslo vivo dentro de la cisterna. Así morirá sin que lo toquemos.
El plan de Rubén era sacarlo más tarde y enviarlo a casa de su padre. ²³Cuando José llegó donde ellos estaban, le quitaron su túnica de mangas largas, ²⁴y lo arrojaron a una cisterna vacía. ²⁵Luego se sentaron a comer. De repente vieron a la distancia una caravana de Ismaelitas que venían de Galaad. Sus camellos iban cargados de perfumes, especias y bálsamos que llevaban a vender a Egipto.

²⁶,²⁷ —¡Miren! —dijo Judá a los demás—. Allá vienen unos ismaelitas. ¡Vendámosles a José! ¿Para qué hemos de matarlo y cargar con esta culpa en la conciencia? No seamos responsables de su muerte porque, después de todo, es nuestro hermano.

Todos los hermanos estuvieron de acuerdo. ²⁸Cuando llegaron los comerciantes, sacaron a José de la cisterna y se lo vendieron por veinte monedas de plata. Los comerciantes siguieron el viaje llevando consigo a José hasta Egipto. ²⁹Un poco más tarde llegó Rubén (que había estado fuera cuando pasaron los ismaelitas) y fue hasta la cisterna para sacar a José. Cuando vio que José no estaba allí, rasgó sus ropas lleno de angustia y de frustración.

³⁰ —El muchacho no está; y yo, ¿dónde me meto ahora?

³¹Ellos entonces tomaron un cabrito, lo degollaron y con la sangre mancharon la túnica de José. ³²Luego le llevaron la túnica a Jacob para que la identificara.

—Encontramos esto en el campo —le dijeron—. ¿Será la túnica de José?

³³El padre la reconoció de inmediato.

—Sí, es la túnica de mi hijo. Algún animal salvaje destrozó a mi hijo y se lo comió.

³⁴Entonces Israel rasgó su ropa y se vistió de ropas ásperas e hizo duelo por su hijo, y lo lloró durante varias semanas. ³⁵Toda su familia trató en vano de consolarlo. Pero él decía: «No dejaré de llorar hasta que muera y me reúna con mi hijo». Y seguía llorando.

³⁶Mientras tanto en Egipto, José fue vendido a Potifar por los mercaderes. Potifar era un funcionario del faraón, rey de Egipto. Era nada menos que el capitán de la guardia.

## Judá y Tamar

**38** Más o menos por ese tiempo, Judá salió de la casa de su padre y se fue a vivir a Adulán, a casa de un hombre llamado Hirá. ²Allí se casó con una mujer cananea, hija de Súa. ³La mujer quedó embarazada y tuvo un hijo, al que llamó Er. ⁴Después volvió a quedar embarazada y tuvo otro hijo, al que llamó Onán. ⁵Tiempo después tuvo otro hijo, al que llamó Selá. Este nació en Quezib.

⁶Cuando creció Er, su hijo mayor, Judá lo casó con Tamar. ⁷Pero Er era malo y Dios lo mató, ⁸Entonces Judá le dijo a Onán, hermano de Er:

—Tienes que casarte con Tamar, conforme a lo que nuestra ley exige del hermano del muerto. Así los hijos que ella tenga serán los herederos de tu hermano.

⁹Pero Onán no quería tener hijos que no se consideraran suyos, sino de su hermano. Por eso, aunque se casó con Tamar, cada vez que tenía relaciones sexuales con ella derramaba el semen fuera. De esa manera evitaba darle hijos a su hermano. ¹⁰Esto le pareció muy malo a Dios, y lo mató también a él.

¹¹Entonces Judá le dijo a Tamar, su nuera, que no se casara por el momento y que se quedara en la casa de sus padres, hasta que Selá tuviera edad suficiente para casarse con ella. Realmente era una excusa, porque temía que su hijo menor también muriera al casarse con ella. Tamar, pues, volvió a vivir con sus padres.

¹²Pasó el tiempo, y la esposa de Judá, que era hija de Súa, murió. Cuando terminó el tiempo del duelo, Judá y su amigo Hirá, el adulanita, fueron a Timnat a esquilar las ovejas. ¹³Alguien le dijo a Tamar que su suegro iba a Timnat a esquilar las ovejas. ¹⁴Entonces ella, comprendiendo que él no iba a dejarla casar con Selá, a pesar de que él ya tenía edad suficiente, se quitó la ropa de viuda, se cubrió con un velo para no ser reconocida, y se sentó junto al camino, a la entrada de Enayin, que está en el camino a Timnat. ¹⁵Judá la vio al pasar y creyó que era una prostituta, ya que tenía el rostro cubierto con un velo. ¹⁶Él se detuvo y le propuso que le dejara acostarse con ella, sin darse cuenta de que era su nuera.

—¿Cuánto me pagarás? —preguntó ella.

¹⁷ —Te enviaré un cabrito de mi rebaño —prometió él.

—¿Qué prendas me darás para que tenga la seguridad de que me lo vas a mandar? —preguntó ella.

¹⁸ —Bien, ¿qué es lo que quieres? —preguntó Judá.

—Dame el sello que usas para identificarte, tu cordón y tu bastón —respondió ella. Él le entregó las prendas, y tuvieron relaciones sexuales. Ella quedó embarazada ¹⁹y volvió a ponerse su ropa de viuda.

²⁰Judá le pidió a su amigo Hirá, el adulanita, que le llevara el cabrito a la mujer y le pidiera que le devolviera las prendas que le había dado. Pero Hirá no pudo encontrarla; ²¹así que les preguntó a los hombres de la ciudad:

—¿Dónde vive la prostituta que estaba junto al camino, a la entrada del pueblo?

—Aquí nunca ha habido una prostituta —le contestaron.

²²Entonces Hirá volvió a donde estaba Judá y le dijo que no la había podido encontrar. También le contó lo que le habían dicho los hombres del pueblo.

²³ —¡Que se quede con las prendas! —exclamó Judá—. Hemos hecho lo que teníamos que hacer. Yo cumplí con enviarle el cabrito, pero tú no la encontraste. Seríamos el hazmerreír del pueblo si volvemos a ir.

²⁴Tres meses más tarde, le contaron a Judá que Tamar, su nuera, se había acostado con otro hombre, y que estaba embarazada.

—¡Sáquenla y quémenla! —ordenó Judá.

²⁵Pero, cuando la sacaban para quemarla, ella le envió el siguiente mensaje a su suegro: «El dueño de este sello de identificación, de este cordón y de este bastón es el padre de mi hijo. ¿Los reconoces?»

²⁶Judá reconoció que eran suyos y dijo:

—Ella es más justa que yo, porque yo no quise cumplir mi promesa de darle a mi hijo Selá por esposo.

Por su parte, Judá nunca más volvió a tener relaciones sexuales con ella. ²⁷Llegado el tiempo del parto, Tamar tuvo mellizos. ²⁸En el momento de nacer, la partera le ató un hilo rojo en la muñeca del que apareció primero. ²⁹Pero éste metió la mano, y nació primero el otro. Entonces la partera exclamó: «¡Qué brecha te abriste!» Por eso le pusieron Fares, (el que salió). ³⁰Poco después nació el bebé que tenía el hilo rojo en la muñeca, y lo llamaron Zera.

✶37.32-35

## José y la esposa de Potifar

**39** Cuando José llegó a Egipto, fue vendido por los ismaelitas a Potifar, que era un egipcio muy importante, ya que era el capitán de la guardia personal del faraón. [2]El SEÑOR bendijo mucho a José en la casa de su amo, de modo que tenía éxito en todo lo que emprendía. [3]Potifar comprendió que el SEÑOR estaba con José de una manera muy especial. [4]Por supuesto, José llegó a ser su persona de confianza. Pronto estuvo a cargo de la administración de la hacienda y todos los negocios de Potifar. [5]Inmediatamente, Dios comenzó a bendecir a Potifar, por amor a José. Todos los asuntos de su hacienda comenzaron a prosperar, sus cosechas aumentaron y se multiplicó su ganado. [6]Por esa razón, Potifar le entregó a José la responsabilidad de administrar todas sus posesiones. Potifar no tenía nada de qué preocuparse, sino de comer.

Además de las cualidades mencionadas, José era un joven bien parecido. [7]Un día la mujer de Potifar comenzó a fijarse en José, se enamoró de él y lo invitó a tener relaciones sexuales con ella. [8]Pero José se rehusó a hacerlo, y le dijo:

—Señora, mi amo confía en mí en todo lo relacionado con su hacienda; [9]él me ha dado toda su autoridad. No me ha prohibido ninguna cosa. Solamente sobre usted yo no tengo ningún derecho, pues usted es su esposa. ¿Cómo podría yo hacerle una maldad tan grande como ésta? Sería un pecado muy grande contra Dios.

[10]Pero ella continuó con sus insinuaciones día tras día, a pesar de que él se negaba y evitaba en todo lo posible encontrarse con ella a solas. [11]Un día, mientras José estaba haciendo sus quehaceres en la casa, ella aprovechó que no había nadie más en la casa, [12]lo agarró de la túnica y le ordenó:

—¡Acuéstate conmigo!

Él salió corriendo, pero ella logró echarle mano del manto y se lo quitó. [13]Cuando ella vio el manto de José en sus manos, y que él había huido, [14,15]comenzó a gritar. Cuando los otros hombres que estaban cerca llegaron corriendo para ver lo que ocurría, ella comenzó a gritar histéricamente.

—¡Mi marido tenía que traer a ese esclavo hebreo para que nos insultara! —dijo llorando—. Trató de violarme, pero cuando grité, huyó y olvidó llevarse el manto.

[16]Ella guardó el manto, y cuando Potifar regresó a casa esa noche, [17]le dijo:

—¡El esclavo hebreo que tienes aquí quiso violarme, [18]y solamente mis gritos me salvaron! ¡Al salir corriendo se le quedó su manto!

[19]Cuando Potifar oyó esto, se enfureció. [20]Tomó preso a José y lo echó en la cárcel donde tenían encadenados a los prisioneros del rey. [21]Pero el SEÑOR estuvo con José también allí y le mostró su amor, permitiendo que se ganara la confianza del carcelero. [22]El hecho es que el carcelero pronto le entregó el cuidado de los prisioneros y lo dejó a cargo de todo lo demás que se hacía en la cárcel. [23]Por eso, el carcelero ya no se preocupaba de nada, porque José tenía cuidado de cada cosa y el SEÑOR hacía que todas las cosas le salieran bien.

## El copero y el panadero

**40** Mucho tiempo después, el jefe de los panaderos y el jefe de los coperos que servían al rey de Egipto, hicieron algo que lo ofendió. [2,3]Por eso, el faraón se enojó con ellos y los mandó a la misma cárcel en donde estaba José, es decir, en la casa del capitán de la guardia. [4]Estuvieron presos un buen tiempo, y el capitán de la guardia designó a José para que los atendiera. [5]Cierta noche cada uno de ellos tuvo un sueño. [6]A la mañana siguiente José los notó tristes y deprimidos.

[7]—¿Qué les pasa? ¿Por qué están tan tristes? —les preguntó.

[8]Ellos le contestaron:

—Cada uno de nosotros tuvo un sueño anoche, y no hay quién nos interprete los sueños.

[9,10]El primero en contar su sueño fue el jefe de los coperos:

—En mi sueño vi una vid con tres ramas que brotaron, florecieron y luego dieron racimos de uva madura. [11]Yo tenía la copa del faraón, Entonces tomé las uvas y las exprimí en la copa del faraón y se la serví.

[12]José entonces le dijo:

—Esta es la interpretación del sueño: Las tres ramas son tres días. [13]Dentro de tres días el faraón te va a sacar de la cárcel y te pondrá nuevamente en tu cargo de copero. [14]Por favor, apiádate de mí cuando hayas vuelto a gozar del favor del faraón, y pídele que me saque de aquí. [15]Yo soy un hebreo que fue raptado de su tierra, y ahora estoy en la cárcel sin haber hecho nada para merecer este castigo.

[16]Cuando el jefe de los panaderos vio que el primer sueño tenía un significado tan bueno, también le contó su sueño a José.

—En mi sueño llevaba tres canastos de pan sobre la cabeza. [17]El canasto de encima estaba lleno de deliciosos productos de pastelería, hechos especialmente para el faraón. Pero vinieron las aves y se los comieron.

[18]—Los tres canastos son tres días —le dijo José—. [19]De aquí a tres días, el faraón te quitará la cabeza, colgará tu cuerpo de un madero, y las aves comerán tus carnes.

[20]Tres días más tarde, el faraón hizo una fiesta para celebrar su cumpleaños. Invitó a todos sus funcionarios y a todo el personal de su palacio. Mandó a buscar al jefe de los coperos y al jefe de los panaderos. Así que los sacaron de la cárcel y los llevaron delante del faraón. [21]Entonces el faraón colocó de nuevo al jefe de los coperos en su cargo, [22]pero mandó a ahorcar al jefe de los panaderos, tal como lo había dicho José. [23]Sin embargo, el jefe de los coperos se olvidó por completo de José.

## Los sueños del faraón

**41** Una noche, dos años más tarde, el faraón soñó que estaba a la orilla del Nilo. [2]Repentinamente vio siete vacas hermosas y gordas que salían del río y se ponían a pastar. [3]Luego salieron siete vacas flacas; eran tan flacas que se les veían todas las costillas. [4]Salieron del río, se pusieron junto a las vacas gordas y se las comieron. En ese preciso momento, el faraón despertó.

[5]Cuando volvió a dormirse tuvo un segundo sueño. Esta vez vio siete espigas de trigo que crecían de

**GÉNESIS 41.10**

una misma caña. Eran gruesas y estaban llenas de grano, ⁶De repente, de la caña salieron otras siete espigas, pero éstas eran delgadas y estaban vacías y las marchitaba el viento que venía del desierto. ⁷Y estas siete espigas delgadas devoraron a las siete espigas gruesas y llenas.

Cuando el faraón despertó nuevamente se dio cuenta de que todo había sido un sueño. ⁸Al día siguiente, al acordarse de los sueños se sintió bastante preocupado por lo que pudieran significar. Así que llamó a todos los magos y sabios de Egipto, y les contó los sueños. Pero ninguno pudo ni siquiera dar una idea de lo que significaban. ⁹Entonces el jefe de los coperos le dijo al faraón:

—Hoy recuerdo mi falta. ¹⁰Hace algún tiempo usted se enojó con el jefe de los panaderos y conmigo, y nos mandó a la cárcel que dirigía el capitán de la guardia. ¹¹Allí el jefe de los panaderos y yo tuvimos un sueño una noche, y cada sueño tenía su propio significado. ¹²Le contamos los sueños a un joven hebreo, que era esclavo del capitán de la guardia, y él nos los interpretó. ¹³Todo ocurrió tal como él lo dijo: yo fui restaurado en mi puesto de jefe de los coperos del rey, y el jefe de los panaderos fue ahorcado.

¹⁴El faraón mandó inmediatamente a buscar a José. Lo hicieron salir corriendo del calabozo, lo afeitaron rápidamente, le cambiaron la ropa y lo hicieron entrar a la presencia del faraón.

¹⁵—Anoche tuve un sueño —le dijo el faraón—, y ninguno de estos hombres puede interpretármelo. He oído decir que puedes interpretar sueños, y por esa razón te he hecho venir.

¹⁶—Yo no lo puedo hacer por mi propia cuenta —replicó José—, pero Dios te dirá lo que significa.

¹⁷Entonces el faraón le contó el sueño:

—Yo estaba parado a orillas del Nilo —dijo—, ¹⁸cuando repentinamente salieron del río siete vacas gordas y hermosas y se pusieron a pastar a lo largo de la ribera. ¹⁹Pero entonces salieron del río otras siete vacas muy flacas y huesudas. Jamás había visto vacas tan flacas en todo Egipto. ²⁰Y las vacas flacas se comieron a las siete gordas que habían venido primero, ²¹y después quedaron más flacas que antes. Entonces desperté. ²²Poco después tuve otro sueño. Esta vez vi que salían siete espigas de trigo de una caña. Las siete espigas eran gruesas y estaban llenas de grano. ²³Entonces, del mismo tallo, salieron siete espigas delgadas y marchitas. ²⁴Y las espigas delgadas devoraron a las gruesas. Les conté todo esto a mis magos, pero ninguno de ellos pudo darme su interpretación.

²⁵Entonces José le dijo al faraón:

—Ambos son un solo sueño. Dios le ha dicho lo que hará en la tierra de Egipto. ²⁶Las siete vacas gordas y también las siete espigas gruesas y llenas significan que vendrán siete años de prosperidad. ²⁷Las siete vacas flacas y también las siete espigas marchitas indican que habrá siete años de hambre a continuación de los siete años de prosperidad.

²⁸»Así que yo le digo que Dios le ha mostrado a usted lo que hará: ²⁹En los próximos siete años habrá mucha prosperidad en toda la tierra de Egipto. ³⁰Sin embargo, a continuación habrá siete años de hambre, tan grande, que se olvidará la gran prosperidad, y habrá sólo hambre en la tierra. ³¹El hambre será tan terrible que se borrará el recuerdo de los años de abundancia. ³²El haber tenido dos veces el sueño indica que con toda seguridad esto ocurrirá, porque Dios lo ha determinado, y así va a ocurrir pronto.

³³Tengo, pues, una sugerencia que hacerle: Busque al hombre más sabio de Egipto y póngalo a cargo de la administración de la agricultura y de la economía de la nación. ³⁴,³⁵Su Majestad, divida a Egipto en cinco distritos administrativos, y haga que los oficiales de estos distritos reúnan en los graneros reales todo el excedente de los próximos siete años, ³⁶para que haya suficiente alimento durante los siete años de escasez, y así se evitará el desastre.

³⁷Las sugerencias de José fueron bien recibidas por el faraón y sus ministros. ³⁸Mientras discutían quién sería designado para la delicada tarea, el faraón dijo:

—¿Quién podría hacerlo mejor que José? Obviamente él es un hombre lleno del espíritu de Dios.

³⁹Luego, volviéndose hacia José, el faraón le dijo:

—Puesto que Dios te ha revelado el significado del sueño, eres el hombre más sabio de Egipto. ⁴⁰Por lo tanto, te nombro encargado de todo este proyecto. Lo que tú digas será ley en toda la tierra de Egipto. Solamente yo seré superior a ti, por cuanto soy el rey del país.

### José, gobernador de Egipto

⁴¹,⁴²Entonces el faraón colocó en el dedo de José el anillo con el sello real, como señal de su autoridad, lo vistió con ropas muy finas y le puso la cadena real de oro en el cuello, y proclamó:

—¡Mira que hoy te pongo a cargo de toda la tierra de Egipto!

⁴³Además el faraón le dio a José la segunda carroza real, y por dondequiera que iba pregonaban delante de él:

—¡Doblen las rodillas!

⁴⁴El faraón entonces le dijo a José:

—Yo, el faraón de Egipto, declaro que tendrás completa autoridad sobre toda la tierra de Egipto, de modo que nadie podrá hacer algo sin tu permiso. ⁴⁵El faraón le cambió el nombre a José por el de Zafenat Panea. Además, le dio por esposa a Asenat, hija de Potifera, sacerdote de Heliópolis. Fue así como José quedó a cargo de Egipto. ⁴⁶Tenía treinta años cuando entró al servicio del faraón.

José salió de la presencia del faraón, y comenzó a recorrer todo Egipto. ⁴⁷Tal como lo había predicho José, llegaron los siete años de abundancia. Durante esos años la tierra produjo cosechas abundantes. ⁴⁸Durante aquellos años José compró para el gobierno una porción de todas las cosechas obtenidas a través de Egipto y la almacenó en las ciudades cercanas. ⁴⁹De este modo José logró amontonar tanto trigo, que nadie podía calcular la cantidad que había, pues era como la arena del mar.

⁵⁰En este tiempo, antes que llegara el tiempo de escasez, su esposa Asenat, hija de Potifera, sacerdote de Heliópolis, le dio dos hijos. ⁵¹A su hijo mayor José lo llamó Manasés (me hizo olvidar), porque dijo: «Dios hizo que me olvidara de mi angustia y a la familia de mi padre». ⁵²El segundo hijo se llamó

☼41.50–42.2

Efraín (fructífero), porque dijo: «Dios me hizo fructificar en la tierra de mi esclavitud».

⁵³Finalmente, los siete años de abundancia pasaron ⁵⁴y, como José había predicho, comenzaron los siete años de escasez. El hambre afectó a todos los países, menos a Egipto, pues allí había abundancia de comida. ⁵⁵La gente de Egipto comenzó a sentir el hambre, pues la tierra dejó de producir. Entonces iban donde el faraón a rogarle que les diera alimentos. El faraón los enviaba a José:

—Hagan todo lo que él diga —les decía.

⁵⁶Cuando la escasez fue grande, y el hambre se extendió por la tierra, José abrió los graneros para venderles alimento a los egipcios. ⁵⁷Además, como el hambre se extendió por toda la tierra, de otros países venía gente a Egipto, para comprar alimentos a José.

## Los hermanos de José van a Egipto

**42** Cuando Jacob oyó que en Egipto había trigo, dijo a sus hijos:

—¿Por qué se quedan ahí parados mirándose? ²He sabido que en Egipto hay trigo. Vayan y compren alimento antes que nos muramos de hambre.

³Entonces los diez hermanos mayores de José fueron a Egipto para comprar trigo. ⁴Pero Jacob no dejó que fuera Benjamín, el hermano menor de José, porque temía que algo malo le pudiera ocurrir, como había sucedido con José antes. ⁵De modo que los hijos de Israel fueron a Egipto, junto con mucha gente de otros pueblos, porque el hambre en Canaán era muy grande.

⁶Y como José era el gobernador de todo Egipto y estaba a cargo de la venta del trigo, sus hermanos llegaron y, en señal de respeto, se inclinaron delante de él, hasta tocar el suelo con la frente. ⁷José los reconoció instantáneamente, pero hizo como que no los conocía.

—¿De dónde son ustedes? —les preguntó ásperamente.

—Somos de Canaán —respondieron—. Hemos venido a comprar trigo.

⁸,⁹José recordó los sueños que había tenido cuando todavía vivía con ellos, y les dijo:

—¡Ustedes son espías! ¡Han venido a ver si nuestra tierra se ha debilitado con la escasez!

¹⁰—¡No, no! —exclamaron—. Sólo hemos venido a comprar alimentos. ¹¹Somos hijos del mismo padre, somos personas honradas, señor. ¡No somos espías!

¹²—¡Sí, lo son! —insistió—. Han venido a ver si estamos débiles e indefensos.

¹³—Señor —dijeron—, somos doce hermanos y nuestro padre se quedó en Canaán. Nuestro hermano menor se quedó con nuestro padre, y el otro murió.

¹⁴—¿Sí? —preguntó José—, ¿y eso, prueba algo? Ya lo he dicho: Son espías. ¹⁵De esta manera sabré si la historia que me cuentan es verídica: Juro por la vida del faraón que no saldrán de Egipto hasta que su hermano menor haya venido a mi presencia. ¹⁶Uno de ustedes tiene que ir y traer a su hermano menor. Los demás se quedarán aquí encarcelados. De esta manera sabré si dicen la verdad. Si ocurre que no tienen un hermano menor, sabré con certeza que son espías.

¹⁷Entonces los echó a la cárcel por tres días. ¹⁸Al tercer día les dijo:

—Yo soy hombre temeroso de Dios. Por eso les voy a dar una oportunidad de probar lo que afirman. ¹⁹Si ustedes en verdad son honrados, entonces uno de ustedes se quedará encadenado en la cárcel y los demás podrán volver con el trigo para su familia. ²⁰Pero tendrán que regresar trayendo a su hermano menor. De esta manera sabré si me están diciendo la verdad. Si han dicho la verdad, los dejaré libres.

Y ellos estuvieron de acuerdo con esta proposición. ²¹Luego se pusieron a conversar entre ellos y decían:

—Esto nos ha ocurrido como consecuencia de lo que le hicimos a José en nuestra juventud. Vimos el terror y la angustia suya y oímos sus ruegos, pero no le hicimos caso.

²²—Yo les dije que no lo hicieran —dijo Rubén—, pero no me quisieron hacer caso. Ahora tendremos que pagar por lo que hicimos.

²³Desde luego, ellos no sabían que José les entendía, ya que les había hablado por medio de un intérprete. ²⁴José entonces salió de la sala y buscó un lugar para llorar. Cuando volvió, escogió a Simeón y lo hizo atar delante de ellos. ²⁵José, entonces, ordenó a sus esclavos que llenaran los costales de los hombres. Pero también ordenó que dentro de los costales colocaran el dinero que sus hermanos habían pagado por el trigo. Además les dio comida para el camino. ²⁶Ellos cargaron el trigo en los burros y emprendieron el viaje de regreso.

²⁷Cuando se detuvieron para pasar la noche, uno de ellos abrió su costal para sacar grano, para dar de comer a sus animales y, ¡encontró el dinero dentro del costal!

²⁸—¡Miren! —le dijo a sus hermanos—, ¡el dinero que yo pagué está en mi costal!

Quedaron todos llenos de terror. Temblando se decían unos a otros:

—¿Qué es lo que Dios nos ha hecho?

²⁹En ese estado llegaron a Canaán y le contaron a su padre Jacob todo lo que les había ocurrido.

³⁰—El hombre que gobierna ese país nos habló en forma muy severa —le dijeron—, y nos tomó por espías. ³¹—"No, no" —le dijimos—, "somos hombres honrados; no somos espías. ³²Somos doce hermanos, hijos de un mismo padre; uno murió, y el menor quedó con nuestro padre en la tierra de Canaán". ³³Entonces nos dijo:

—De esta manera sabré que son lo que dicen ser. Dejen uno de sus hermanos aquí conmigo y lleven el trigo para su familia y regresen a su tierra. ³⁴Pero tienen que traer a su hermano menor cuando vuelvan. Entonces sabré si son espías u hombres de bien; si demuestran ser lo que han dicho que son, yo les devolveré a su hermano y podrán volver cuantas veces quieran a comprar trigo.

³⁵A medida que vaciaban los costales, iban descubriendo que dentro de cada uno estaba el dinero que habían pagado por el trigo. El terror se apoderó de todos ellos y también de su padre.

³⁶Entonces Jacob exclamó:

—¡Ustedes me han privado de mis hijos! Perdí a José, luego a Simeón, y ahora quieren llevarse a Benjamín. Todo se ha confabulado en mi contra.

³⁷Entonces Rubén le dijo a su padre:

—Mata a mis dos hijos si no te devuelvo a Benjamín. Yo respondo por su regreso.

³⁸Pero Jacob replicó:

## GÉNESIS 43.6

—Mi hijo no irá con ustedes, porque José su hermano murió y sólo él me ha quedado de los hijos de su madre. Si algo llegara a sucederle, yo me moriría.

### Los hermanos de José vuelven a Egipto

**43** Pero el hambre se hacía insoportable sobre la tierra. ²Cuando estaba por acabárseles el trigo que habían comprado en Egipto, Jacob les dijo a sus hijos:

—Vayan nuevamente y compren más alimento.

³⁻⁵Pero Judá le dijo:

—Aquel hombre no estaba bromeando cuando dijo: «No regresen, a menos que su hermano venga con ustedes». Así que no podemos ir, a menos que dejes que Benjamín vaya con nosotros.

⁶—¿Por qué tuvieron que decirle que tenían otro hermano? —se quejó Israel—. ¿Por qué tenían que hacerme esto?

⁷—Porque aquel hombre nos preguntó específicamente por nuestra familia —respondieron—. Quería saber si nuestro padre todavía vivía y nos preguntó si teníamos otro hermano. Por eso se lo dijimos. ¿Cómo íbamos a saber nosotros que nos iba a decir: "Traigan a su hermano"?

⁸Judá le dijo a su padre:

—Envía al muchacho bajo mi cuidado, y podremos ponernos en camino. De otro modo nos moriremos todos de hambre, y no sólo nosotros, sino todos nuestros hijos. ⁹Yo garantizo su seguridad. Si no le traigo al regresar, yo llevaré para siempre la culpa delante de ti. ¹⁰Si lo hubieras dejado ir, ya habríamos ido y vuelto en todo este tiempo.

¹¹Entonces Israel, su padre, finalmente les dijo:

—Si no se puede evitar, entonces por lo menos hagan esto: Carguen sus burros con los mejores productos de la tierra: bálsamo, miel, especias, mirra, nueces y almendras, y llévenle todo eso a aquel hombre. ¹²Lleven también doble cantidad de dinero para que puedan devolverle el que encontraron dentro de los costales, ya que alguien, por error lo puso allí. ¹³Tomen a Benjamín y vayan, ¹⁴¡Quiera el Dios Todopoderoso que aquel hombre les tenga misericordia, para que le dé la libertad a Simeón y deje volver a Benjamín! Y si debo sufrir el dolor de la muerte de ellos, que así sea.

¹⁵Entonces tomaron los regalos y doble cantidad de dinero, y salieron rumbo a Egipto y se presentaron delante de José. ¹⁶Cuando José vio que Benjamín llegaba con ellos, le dijo al mayordomo de su casa:

—Estos hombres comerán conmigo al mediodía. Llévalos a mi casa y prepara una gran fiesta.

¹⁷El hombre hizo lo que se le mandó y llevó a los hijos de Israel al palacio de José. ¹⁸Ellos se asustaron mucho cuando vieron hacia dónde los llevaban.

—Es por causa del dinero que encontramos en nuestros costales —se decían—. Aquel hombre quiere acusarnos de que le hemos robado, para apoderarse de nosotros y de nuestros animales, y nos hará sus esclavos.

¹⁹Cuando llegaron a la entrada del palacio, le hablaron al mayordomo de la casa de José y le dijeron:

²⁰—Señor, después de nuestro primer viaje a Egipto para comprar alimentos, ²¹,²²al volver a nuestra tierra, nos detuvimos en un lugar a pasar la noche, abrimos nuestros costales y encontramos el dinero que habíamos pagado por el trigo. Aquí está; lo trajimos para devolverlo, además del dinero necesario para comprar más alimento. ¡No tenemos idea de cómo llegó el dinero a nuestros costales!

²³—No se preocupen por ello —les dijo el mayordomo—; su Dios, el Dios de su padre, debe de haberlo puesto allí, porque nosotros recibimos el dinero completo.

Entonces soltó a Simeón y lo llevó a donde ellos estaban, ²⁴Enseguida fueron conducidos al interior del palacio y les dieron agua para que se lavaran los pies. También les dieron comida a sus burros. ²⁵Luego sacaron y organizaron los regalos, para tenerlos listos para cuando llegara José al mediodía, porque se les había dicho que comerían allí. ²⁶Cuando José llegó le entregaron los regalos, y se inclinaron delante de él, en señal de respeto. ²⁷Él les preguntó cómo estaban, y dijo:

—¿Cómo está su padre, el anciano de que me hablaron? ¿Vive aún?

²⁸—Sí —respondieron ellos—. Vive y goza de buena salud.

Entonces volvieron a inclinarse delante de José. ²⁹José miró a Benjamín, su hermano menor, y preguntó:

—¿Es éste su hermano menor del cual me hablaron? ¿Cómo estás, hijo mío? ¡Dios te bendiga!

³⁰Entonces José tuvo que salir apresuradamente, porque el amor hacia su hermano lo llenó de emoción, y sintió necesidad de llorar. Se fue a su aposento y allí lloró. ³¹Después de tranquilizarse, se lavó la cara, salió y ordenó.

—Sirvan la comida.

³²José comió solo, mientras que sus hermanos comían en otra mesa, y los egipcios en otra, porque los egipcios despreciaban a los hebreos y jamás comían con ellos. ³³José le indicó a cada uno su asiento, y los sentó de mayor a menor para sorpresa de ellos. ³⁴La comida de los hermanos de José la servían desde la mesa de éste. Le dio a Benjamín una porción cinco veces mayor que la de los demás. Bebieron con José, y pasaron unos momentos de mucha alegría.

### La copa de José

**44** Cuando sus hermanos estuvieron listos para emprender el regreso, José ordenó a su mayordomo que llenara cada una de sus costales con todo el trigo que pudieran contener, y pusiera en cada uno de ellos el dinero que habían pagado por el trigo. ²También le dijo que en el costal de Benjamín no sólo colocara el dinero sino también su copa de plata. Así lo hizo el mayordomo. ³Los hermanos se levantaron de madrugada y emprendieron el viaje, con sus animales cargados.

⁴Apenas habían salido de la ciudad, cuando José le dijo a su mayordomo:

—Alcánzalos, detenlos y pregúntales por qué me hacen esto a mí, que he sido tan bondadoso con ellos. ⁵Pregúntales: «¿Qué pretendían al robar la copa de mi señor, la que usa para adivinar? ¡Qué gran maldad han hecho!»

⁶Entonces el mayordomo los siguió, los detuvo y les habló conforme a las instrucciones que José le había dado.

²¹Entonces José les dio carros, conforme a la orden del faraón. Además les dio provisiones para el viaje y mudas de ropa. ²²Pero a Benjamín le dio cinco mudas de ropa y trescientas monedas de plata. ²³A su padre le envió diez burros cargados con las mejores cosas de Egipto, diez burras cargadas de trigo, y toda clase de alimentos para que comieran durante el viaje. ²⁴Entonces despidió a sus hermanos.

—No peleen en el camino —les aconsejó al despedirlos.

²⁵Ellos emprendieron el viaje y regresaron a la tierra de Canaán, donde estaba su padre Jacob.

²⁶¡José está vivo! —exclamaron al contárselo—. Es el gobernador de toda la tierra de Egipto.

Jacob se quedó pasmado, y no les creía. ²⁷Pero cuando le dieron los mensajes de José, y cuando vio los carros cargados de alimentos que José le había enviado, se llenó de alegría.

²⁸—¡Les creo! —dijo—. ¡José mi hijo está vivo! ¡Iré y lo veré antes de morir!

## Jacob viaja a Egipto

**46** Israel emprendió el viaje con todas sus posesiones, y fue hasta Berseba, donde ofreció sacrificios al Dios de su padre Isaac. ²Aquella noche Dios le habló en visión:

—¡Jacob, Jacob!

—¿Qué quieres, Señor? —respondió.

³—Yo soy Dios —dijo la voz—, el Dios de tu padre. No tengas miedo de ir a Egipto, porque allí te haré una nación grande. ⁴Yo iré contigo a Egipto y haré que tus descendientes vuelvan de allí. Tú morirás en Egipto, y José estará a tu lado.

⁵Entonces Jacob salió de Berseba, y sus hijos lo llevaron a Egipto, juntamente con sus descendientes y sus esposas, en los carros que el faraón les había proporcionado. ⁶También llevaron todo el ganado y todas las pertenencias que habían acumulado en la tierra de Canaán. De ese modo Jacob y sus familiares llegaron a Egipto. ⁷Es decir que a Jacob lo acompañaron todos sus seres queridos: hijos, hijas, nietos y nietas.

⁸⁻¹⁴Estos son los nombres de los hijos y nietos de Jacob que fueron con él a Egipto:

Rubén, su primogénito.

Los hijos de Rubén: Janoc, Falú, Jezrón y Carmí.

Simeón y sus hijos: Jemuel, Jamín, Oad, Jaquín, Zojar y Saúl (cuya madre era una cananea).

Leví y sus hijos: Guersón, Coat y Merari.

Judá y sus hijos: Er, Onán, Selá, Fares y Zera (pero Er y Onán murieron cuando todavía estaban en Canaán, antes de que Israel fuera a Egipto).

Los hijos de Fares fueron Jezrón y Jamul.

Isacar y sus hijos: Tola, Fuvá, Job y Simrón.

Zabulón y sus hijos: Séred, Elón y Yalel.

¹⁵Éstos son los descendientes de Jacob y Lea, sin contar a Dina, que nacieron en Padán Aram. En total eran treinta y tres personas.

¹⁶,¹⁷También fueron con él:

Gad y sus hijos: Zefón, Jaguí, Esbón, Suni, Erí, Arodí y Arelí.

Aser y sus hijos: Imná, Isvá, Isví, Beriá, y Sera, hermana de ellos.

Los hijos de Beriá fueron Héber y Malquiel.

¹⁸Estas dieciséis personas fueron los hijos de Jacob y Zilpá, la esclava que Lea recibió de su padre Labán.

¹⁹⁻²²Los siguientes son los descendientes de Jacob y Raquel: José y Benjamín.

Los hijos de José, que nacieron en Egipto, fueron Manasés y Efraín (la madre de ellos fue Asenat, hija de Potifera, sacerdote de Heliópolis).

Los hijos de Benjamín: Bela, Béquer, Asbel, Guerá, Naamán, Ehí, Ros, Mupín, Jupín y Ard.

En total, los descendientes de Jacob y Raquel fueron catorce personas.

²³⁻²⁵Además, en el grupo estaban estos siete descendientes de Jacob y Bilhá, la esclava que Raquel recibió de su padre Labán:

Dan y su hijo Jusín; Neftalí y sus hijos: Yazel, Guní, Jéser y Silén.

²⁶De modo que el total de los que fueron a Egipto, de los descendientes directos, sin contar a las esposas de los hijos de Jacob, eran sesenta y seis. ²⁷Considerando la familia de José con sus dos hijos, que estaban en Egipto, sumaban setenta.

²⁸Jacob envió a Judá adelante para que le dijera a José que ya estaban en camino y que pronto llegarían a Gosén. Cuando llegaron a ese lugar, ²⁹José pidió que le prepararan su carro, y fue hasta allá, para ver a su padre. Cuando se encontraron se abrazaron y lloraron largo rato.

³⁰Entonces Israel le dijo a José:

—¡Ya me puedo morir, porque te he vuelto a ver y sé que estás vivo!

³¹José entonces le dijo a sus hermanos y a sus familias:

—Voy a decirle al faraón que ustedes están aquí, que han venido de la tierra de Canaán a quedarse conmigo. ³²Además le diré: "Estos hombres son pastores. Trajeron consigo sus ovejas y vacas, y todo lo que tenían". ³³Entonces, cuando el faraón los llame y les pregunte por su ocupación, ³⁴díganle: "Hemos sido pastores de ovejas desde nuestra niñez, y nuestros padres lo han sido durante generaciones". Cuando le digan esto, los dejará vivir en la tierra de Gosén, porque para los egipcios es cosa detestable vivir junto a pastores de ovejas.

## José le informa al faraón

**47** Luego, José fue a ver al faraón, y le dijo:

—Han llegado mi padre y mis hermanos desde Canaán con todas sus posesiones, ovejas y vacas. En este momento se encuentran en la región de Gosén.

²José había llevado consigo a cinco de sus hermanos y se los presentó al faraón. ³Este entonces les preguntó:

—¿A qué se dedican?

Y ellos contestaron:

—Somos pastores, como nuestros antepasados. ⁴Hemos venido a vivir en Egipto porque no hay pasto para nuestro ganado en Canaán. El hambre es mucha allá. Queremos pedirle permiso para vivir en la tierra de Gosén.

⁵,⁶El faraón le dijo a José:

—Escoge el lugar que tú quieras para que vivan ellos. Dales la mejor tierra de Egipto. La tierra de Gosén es buena. Y si alguno de ellos quiere, ponlo a cargo de mis rebaños también.

✱45.27-28  ✱47.12

⁷—¿Qué dice? —le preguntaron—. ¿Qué clase de personas piensa que somos, que nos acusa de un delito tan grande? ⁸Nosotros devolvimos el dinero que encontramos en nuestros costales. ¿Por qué habríamos de robar plata u oro de la casa de su amo? ⁹Si encuentra su copa en poder de alguno de nosotros, que muera. Todos los demás seremos esclavos de su amo para siempre.

¹⁰—De acuerdo —contestó el hombre—, sólo el que robó la copa quedará de esclavo, y los demás quedarán libres.

¹¹Ellos bajaron rápidamente los costales que estaban sobre los animales, y los abrieron. ¹²El mayordomo comenzó a buscar en el costal del mayor y siguió revisando hasta llegar al del menor. ¡La copa estaba en el costal de Benjamín! ¹³Ellos, llenos de desesperación, rasgaron su ropa, cargaron sus burros nuevamente, y volvieron a la ciudad. ¹⁴José todavía estaba en su casa cuando Judá y sus hermanos regresaron. Al llegar, se inclinaron delante de José.

¹⁵—¿Qué pretendían hacer? —les preguntó José—. ¿No sabían que un hombre como yo puede adivinar?

¹⁶Entonces Judá dijo:

—¿Qué podemos decirle a mi señor? ¿Qué podemos decir a nuestro favor? ¿Cómo podríamos alegar inocencia? Dios nos está castigando por nuestros pecados. Señor, todos nosotros hemos regresado para ser sus esclavos, todos, incluso aquél en cuyo costal se encontró la copa.

¹⁷—No —dijo José—. Solamente el hombre que robó la copa será mi esclavo. Todos los demás pueden regresar en paz a su tierra y a su padre.

¹⁸Entonces Judá se adelantó y dijo:

—Déjeme decirle algo. Tenga paciencia conmigo por un momento, porque sé que usted puede condenarme en un instante, como si fuera el mismo faraón. ¹⁹Señor, usted nos preguntó si teníamos un padre y si teníamos hermanos. ²⁰Y nosotros le respondimos: «Sí, tenemos un padre, anciano, y un hijo de su vejez, el cual todavía es muy joven. El hermano de éste murió y sólo él ha quedado de los hijos de su madre, y su padre lo ama mucho». ²¹Entonces usted nos dijo: «Tráiganlo para que yo lo vea». ²²Pero nosotros le dijimos: «Señor, el muchacho no puede salir del lado de su padre, porque éste moriría». ²³Sin embargo, usted nos dijo: «No regresen sin su hermano menor». ²⁴Entonces volvimos a nuestro padre y le contamos lo que usted nos había dicho. ²⁵Cuando él nos dijo: «Regresen y compren más alimento», ²⁶le respondimos: «No podemos, a menos que dejes que nuestro hermano menor vaya con nosotros. Sólo en ese caso podemos ir». ²⁷Entonces mi padre nos dijo: «Ustedes saben que mi esposa sólo tuvo dos hijos, ²⁸y que uno de ellos salió y no volvió jamás, sin duda destrozado por algún animal salvaje. Nunca más lo volví a ver. ²⁹Si ustedes se llevan a su hermano, y sufre algún daño, yo me moriré de dolor».

³⁰,³¹»Ahora, señor, si regresamos a nuestro padre sin nuestro hermano menor, de seguro se morirá de tristeza, pues está muy apegado a este muchacho. En ese caso, nosotros seremos los culpables de la muerte de nuestro padre. ³²Señor, yo le prometí a mi padre que cuidaría al muchacho. Le dije: "Si no te lo traigo de regreso, yo cargaré con la culpa para siempre". ³³Por eso, señor, permita que yo me quede como su esclavo en lugar del muchacho, y deje que él regrese con sus hermanos. ³⁴Porque, ¿cómo regresaré a mi padre si el muchacho no va conmigo? ¡Yo no podría soportar ver sufrir tanto a mi padre!

## José se da a conocer

**45** José no pudo aguantar más.

—¡Salgan todos de mi presencia! —exclamó—, dirigiéndose a sus siervos.

Quedó solo con sus hermanos y, no pudiendo contenerse más, ²lloró en alta voz. Su llanto se oyó en todo el palacio, y la noticia llegó pronto al palacio del faraón.

³—Yo soy José —les dijo a sus hermanos—. ¿Mi padre vive aún?

Pero los hermanos, debido a la gran sorpresa, se quedaron mudos.

⁴—¡Acérquense! —les dijo José.

Ellos se acercaron, y José añadió:

—Yo soy su hermano José, el que ustedes vendieron como esclavo para Egipto. ⁵Pero no se aflijan ni se condenen por ello, porque era plan de Dios. Dios me envió aquí antes que a ustedes para preservarnos la vida y la de nuestras familias. ⁶Estos años de escasez son los primeros dos de siete años de hambre. En ese tiempo no habrá siembra ni cosecha. ⁷Dios me envió aquí para mantenerlos con vida a ustedes y a sus familias, para que puedan ser una nación grande. ⁸Sí, Dios, y no ustedes, fue el que me envió a Egipto. Dios me puso por consejero del faraón y por administrador de toda la nación, gobernador de toda la tierra de Egipto. ⁹Dense prisa en volver a mi padre y díganle: "Tu hijo José dice: 'Dios me ha puesto por jefe de toda la tierra de Egipto. Ven hasta donde yo estoy inmediatamente. ¹⁰Vivirás en la tierra de Gosén y estarás cerca de mí con todos tus hijos y nietos, con tus ovejas y vacas, y todo lo que tengas. ¹¹⁻¹³Yo te cuidaré'". Ustedes son testigos de mi promesa, y mi hermano Benjamín me ha oído decirlo. Díganle a mi padre que todavía quedan cinco años de escasez. Si no hacen lo que les digo, quedarán en la completa pobreza ustedes y sus familias. Cuéntenle a mi padre todo el poder que tengo en Egipto y cómo todos me obedecen. Hagan que él venga pronto a verme.

¹⁴Entonces, llorando de gozo, abrazó a Benjamín, y éste comenzó a llorar también. ¹⁵Hizo lo mismo con cada uno de sus hermanos. Después de esto, sus hermanos hablaron con él.

¹⁶Y la noticia de que los hermanos de José estaban en Egipto llegó a oídos del faraón. Al saberlo, el faraón y sus funcionarios se alegraron mucho. ¹⁷Entonces el faraón le dijo a José:

—Diles a tus hermanos que carguen sus bestias y vuelvan cuanto antes a sus hogares, en Canaán. ¹⁸Además, diles que traigan a tu padre y a todas sus familias, para que se queden a vivir aquí en Egipto. Yo les daré la mejor tierra, de modo que podrán disfrutar de lo mejor de Egipto. ¹⁹Diles también que lleven consigo carros de Egipto, para que traigan a sus esposas, a sus hijos pequeños y a su padre. ²⁰Y que no se preocupen por lo que tengan que dejar en su tierra, porque lo mejor de Egipto será de ellos.

✵45.1–10

**17**Pero José, al ver que su padre había puesto su mano derecha sobre la cabeza de Efraín, se molestó. Entonces agarró la mano de su padre y se la quitó de encima de la cabeza de Efraín y se la puso sobre la cabeza de Manasés, y le dijo: **18**—¡No hagas esto, padre mío! Por favor, pon tu mano derecha sobre mi hijo Manasés, pues él es el mayor.

**19**Pero su padre se rehusó a hacerlo.

—Yo sé lo que estoy haciendo, hijo mío —le dijo—. Manasés también será una nación grande, pero su hermano menor será más importante, y de él saldrán muchos pueblos. **20**Así, pues, aquel día Jacob les dio a los muchachos la siguiente bendición:

—Que el pueblo de Israel use el siguiente dicho como bendición: "Dios te haga próspero como Efraín y Manasés".

Y puso a Efraín antes que a Manasés. **21**Entonces Israel le dijo a José:

—Estoy para morir; pero Dios estará con ustedes y los hará volver a Canaán, la tierra de sus antepasados. **22**A ti te doy la tierra escogida de Siquén, pues estás por encima de tus hermanos. Esa tierra se la quité a los amorreos, luchando fieramente contra ellos.

## Jacob bendice a sus hijos

**49** Jacob llamó a todos sus hijos, y les dijo:

—Reúnanse a mi alrededor, pues voy a decirles que les va a suceder en los días venideros. **2**Óiganme, hijos de Jacob, escuchen a Israel su padre.

**3**»Rubén, tú eres mi hijo mayor, el hijo de mi vigorosa juventud. Eres el primero en rango y en dignidad, **4**pero a partir de hoy, ya no serás el primero, porque me deshonraste al dormir con una de mis mujeres. Eres impetuoso como las fieras ondas del mar.

**5**»Simeón y Leví son hermanos; usan sus armas para matar con violencia. **6**No quiero participar de sus planes malvados, ni estar en sus reuniones. En su ira asesinaron hombres y por diversión desjarretaron toros. **7**¡Maldita sea su ira! ¡Maldita también su violencia y crueldad! Haré que sus descendientes sean esparcidos por todo el país de Israel.

**8**»Judá, tus hermanos te alabarán. Vencerás a tus enemigos. Los hijos de tu padre se inclinarán delante de ti. **9**Judá es como un cachorro de león que se levanta después de comer a su presa. Se pone al acecho como un león o como una leona, ¿quién se ✝ atreverá a molestarlo? **10**El cetro estará en las manos de Judá, y el bastón de gobernante estará en sus pies, hasta que llegue el rey por excelencia, a quien todos los pueblos obedecerán. **11**Atará su burrito en la vid más selecta y lavará su ropa en vino. **12**Sus ojos son más oscuros que el vino y sus dientes más blancos que la leche.

**13**»Zabulón habitará en las costas del mar, servirá de puerto para los navíos, y sus fronteras se extenderán hasta Sidón.

**14**»Isacar es fuerte bestia de carga que descansa entre las alforjas. **15**Cuando vea la hermosura del paisaje, lo agradable de la tierra, con gusto agachará su hombro para la tarea y se convertirá en un esclavo.

**16**»Dan gobernará su pueblo como cualquier tribu de Israel. **17**Será serpiente en el sendero, que muerde los talones del caballo para que caiga el jinete.

**18**»¡SEÑOR, esperaré tu ayuda!

**19**»Un ejército atacará a Gad, pero él lo atacará por atrás.

**20**»Aser producirá manjares deliciosos que serán dignos del rey.

**21**»Neftalí es una gacela libre, que tendrá preciosas crías.

**22**»José es un árbol fructífero, es como un árbol junto a una fuente, y sus ramas pasan sobre el muro. **23**Gente mala le causa amargura, lo atacan sin piedad y le lanzan flechas. **24**Pero su arma se mantuvo firme, sus brazos fueron fortalecidos por el Dios poderoso de Jacob, por el que es el Pastor y la Roca de Israel. **25**¡Que el Dios de tus padres, el Todopoderoso, te bendiga con bendiciones celestiales y con bendiciones del profundo mar, con bendiciones de los pechos y bendiciones de la matriz. **26**Las bendiciones de tu padre son más grandes que las bendiciones de mis padres. Estas bendiciones reposarán sobre la cabeza de José hasta el fin de las montañas eternas, por cuanto él es el más importante de sus hermanos.

**27**»Benjamín es como un lobo feroz, que por la mañana devora a su presa, y al atardecer reparte lo que sobra».

**28**Estas fueron las bendiciones que Israel pronunció sobre sus doce hijos.

## Muerte de Jacob

**29,30**Además les dijo:

—Ya voy a morir. Deben sepultarme con mis padres en la tierra de Canaán, en la cueva del campo de Macpela, frente a Mamré, el campo que Abraham le compró a Efrón el hitita, como propiedad para sepulturas. **31**Allí fueron sepultados Abraham y su esposa Sara. También fueron sepultados allí Isaac y su esposa Rebeca; y allí también sepulté a Lea. **32**Es la cueva que mi abuelo Abraham les compró a los hijos de Het.

**33**Cuando Jacob terminó de dar estas instrucciones a sus hijos, se acostó nuevamente, exhaló su último suspiro, y murió.

**50** ✳ José, entonces, se puso a llorar, abrazó a su padre y lo besó. **2**Luego les dijo a los médicos que estaban a su servicio que embalsamaran el cuerpo de su padre. Y los médicos egipcios obedecieron. **3**Esperaron los cuarenta días establecidos para los embalsamados, los egipcios hicieron duelo nacional durante setenta días.

---

✝ 49.10–Hch 13.23   ✳ 50.1

⁷Entonces José llevó a su padre Jacob ante el faraón. Y Jacob bendijo al faraón.

⁸—¿Qué edad tienes? —le preguntó el faraón.

⁹Jacob le respondió:

—He vivido ciento treinta años que han sido largos y difíciles, pero no se pueden comparar con la edad de mis antepasados.

¹⁰Entonces Jacob bendijo nuevamente al faraón y salió.

¹¹José, pues, les dio la tierra de Ramsés, de acuerdo con lo que el faraón le había ordenado. ¹²José les proporcionó alimentos, según el número de los miembros de la familia.

## La administración de José

¹³La escasez de alimentos fue cada vez mayor, de modo que toda la gente de Egipto y de Canaán estaba experimentando mucha hambre. ¹⁴José reunió todo el dinero de Canaán y de Egipto a cambio del trigo que les vendía, e ingresó ese dinero en la tesorería del faraón. ¹⁵Cuando a la gente se le terminó el dinero, fueron a José a suplicar que se les diera alimentos.

—Se nos ha terminado el dinero —dijeron—. Por favor, dénos alimentos, porque si no moriremos de hambre.

¹⁶—Bueno —replicó José—, denme sus ganados y yo les daré alimentos en cambio.

¹⁷Así que trajeron el ganado a José para cambiarlo por alimentos. Pronto todos los caballos, ovejas, vacas y burros que había en Egipto pasaron a ser del faraón. ¹⁸Al año siguiente vino nuevamente el pueblo y le dijo:

—Señor, usted sabe que ya no tenemos dinero. Además, todo nuestro ganado ahora es suyo. Tan solo podemos pagarle con nuestros cuerpos y nuestras tierras. ¹⁹¿Por qué hemos de morir? Cómpreneos a nosotros y a nuestras tierras, y seremos esclavos del faraón. Cómprenos a nosotros por alimentos para que vivamos y para que la tierra no quede deshabitada.

²⁰Entonces José compró toda la tierra de Egipto para el faraón. La verdad es que, debido al hambre, los egipcios vendieron sus tierras. De ese modo, todo el país pasó a poder del faraón. ²¹Y todos los egipcios pasaron a ser esclavos del faraón. ²²La única tierra que no compró fue la de los sacerdotes, porque tenían ración de parte del faraón y no necesitaban venderla.

²³Entonces José dijo a la gente:

—Los he comprado a ustedes y a sus tierras para el faraón. Aquí está el trigo. Vayan y siembren la tierra. ²⁴Cuando llegue la cosecha, la quinta parte será para el faraón. Reserven cuatro partes para que se alimenten y tengan semilla para el año siguiente. Así tendrán alimento para ustedes y sus familias.

²⁵—¡Usted nos ha salvado la vida! —le dijeron—. ¡Con todo gusto seremos esclavos del faraón!

²⁶Entonces José estableció esta ley en Egipto: la quinta parte de todas las cosechas es del faraón. Esta ley todavía se sigue aplicando. Las únicas tierras que no pasaron a ser propiedad del faraón fueron las de los sacerdotes.

²⁷Los israelitas, pues, vivieron en la tierra de Gosén, en Egipto, consiguieron terrenos, prosperaron y tuvieron muchos hijos. ²⁸Jacob vivió diecisiete años en Egipto, y en total, vivió ciento cuarenta y siete años. ²⁹Cuando se le acercaba el momento de la muerte, llamó a su hijo José y le dijo:

—Júrame solemnemente que harás lo que te voy a pedir. ¡Si de veras me amas, por favor, no me entierres en Egipto! ³⁰Cuando yo haya muerto, sácame de Egipto y sepúltame junto a mis antepasados.

Y José se lo prometió.

³¹—¡Júrame que lo harás! —insistió Jacob.

Y José se lo juró. Luego, Israel se recostó sobre la cabecera de la cama.

## Bendición de Efraín y Manasés

**48** Poco tiempo después de esto, José recibió la noticia de que su padre estaba enfermo. Entonces, tomó a sus dos hijos, Manasés y Efraín, y fue a visitarlo. ²Cuando Jacob oyó que José había llegado, reunió todas sus fuerzas y se sentó en la cama y le dijo:

³—El Dios Todopoderoso se me apareció en Luz, en la tierra de Canaán. ⁴Allí me dijo: "Haré de ti una nación grande, y esta tierra de Canaán será para ti y para los hijos de tus hijos, como posesión permanente".

⁵»A tus dos hijos, Efraín y Manasés, que te nacieron antes de que yo llegara a esta tierra, los adopto como hijos míos. Ellos recibirán parte de mi herencia tal como lo harán Rubén y Simeón. ⁶Pero cualesquiera otros hijos que te nazcan serán tuyos, y heredarán de ti la porción de Efraín y Manasés. ⁷Raquel, tu madre, murió cerca de Efrata, en la tierra de Canaán, cuando yo regresaba de Padán Aram. Entonces la sepulté allí junto al camino de Efrata, que es la misma ciudad de Belén.

⁸En eso, Jacob vio a los hijos de José, y le preguntó:

—¿Y quiénes son éstos?

⁹José le respondió:

—Son mis hijos, los cuales Dios me ha dado aquí en Egipto.

—Acércamelos, para que los bendiga —dijo Israel. ¹⁰Debido a su avanzada edad, Israel no podía ver bien. Por eso, José le acercó sus hijos. Entonces Israel los besó y abrazó.

¹¹Israel entonces le dijo a José:

—Jamás pensé que te volvería a ver. Sin embargo Dios me ha permitido ver a tus hijos también.

¹²,¹³José tomó a sus hijos de la mano, se inclinó delante de su padre, e hizo que los muchachos se postraran delante de su abuelo: Efraín a la izquierda de Israel y Manasés a su derecha. ¹⁴Sin embargo, Israel cruzó los brazos y los extendió para ponerlos en la cabeza de los muchachos, de modo que su mano derecha estaba sobre la cabeza de Efraín y su izquierda sobre la cabeza de Manasés, el mayor. Hizo esto intencionalmente.

¹⁵Entonces bendijo a José, diciéndole:

—Quiera Dios, el Dios de mis padres Abraham e Isaac, el Dios que me pastoreó toda la vida, bendecir a estos muchachos. ¹⁶Él es el Ángel que me ha librado de todo mal. Que estos muchachos hagan perpetua la memoria de mi nombre y la de mis padres Abraham e Isaac, y que lleguen a ser una nación grande.

48.8-10

# ITIEL ARROYO

Me dicen "El Predicador"

---

Si tuviera que definirme en tres palabras diría que **soy apasionado, provocador e impredecible.**

Vivo en España

Mi versículo favorito es **Lucas 24:32.**

¡Para mí la Biblia es asombrosa! Si al leerla no te lleva al asombro o te intimida, entonces no estás entendiendo lo que lees. Si te produce el mismo efecto que leer el manual de instrucciones de un electrodoméstico, aún no la has entendido, porque la Biblia es una historia que engancha, es el relato desgarrador, emocionante, violento, tierno, polémico y cautivante de un Dios que ama a la humanidad hasta las últimas consecuencias.

Mi gran sueño es ser parte de la revolución divina.

Una frase que me motiva: **"Mi amor por Él es un átomo, mientras que su amor por mí es un universo entero".**

Además de Jesús, me apasiona leer un buen libro que me acelere el corazón y me desafíe la mente; ver una película tapado con una manta, abrazando a mi esposa y comentando los detalles; imaginar historias y jugar con mi hija a ser los protagonistas.

Un consejo:
**Cómete este libro. Tal y como es, no lo diluyas. Saborea su dulzura en tu paladar y deja que te amargue las tripas. Recuerda que siempre te conviertes en lo que comes.**

**Sigo a Jesús porque Él me encontró roto y me dijo:** *"Ven y sígueme, te restauraré mientras restauramos a otros".*

- itielarroyo
- @itielarroyo
- itielarroyo

# CONOCE A TU ABBA

→ →

Soy Itiel Arroyo y quiero hablarte sobre lo importante que es que conozcas a Dios como Padre, un papá divino que te ama intensamente. Quiero hacerlo porque sé que no podrás alcanzar los propósitos que Dios tiene planeados para ti si, siendo su hijo, sigues viviendo como un huérfano.

Jesús nos hizo una promesa impresionante que quedó registrada en el Evangelio de Juan 14:18; puedes leer tú mismo la promesa en esta Biblia si quieres asegurarte de que es cierto lo que voy a contarte. Jesús nos prometió que no nos dejaría huérfanos, que nos volvería a conectar con Dios Padre y eso lo cambiaría todo en nuestras vidas. Todo.

Escúchame con atención: ya no eres un huérfano.

Quizá me contestes extrañado: *"Itiel, pero yo nunca he sido huérfano, siempre he tenido padres biológicos"*; sin embargo, la orfandad de la que te estoy hablando es otra, no tiene que ver con tu árbol genealógico. Me estoy refiriendo a la orfandad de tu alma.

**Puedes tener padres biológicos y aun así sentirte huérfano en el alma**. Me refiero a esa sensación de abandono que te hace actuar como si tu supervivencia dependiese de tu desempeño, es decir, la sensación de que todo en tu vida depende ti. Me refiero a esa sensación de estar perdido sobre el planeta tierra, sin saber quién eres ni cuál es el sentido de tu vida. Me refiero a esa sensación de miedo que te paraliza, miedo a no ser amado, miedo a que te falte lo que necesitas y miedo a la muerte. Me refiero a esa sensación de hambre por aprobación que parece que no se sacia con ningún aplauso, ningún halago y ningún like. Hablo de la sensación de vacío, como si te hubiesen extirpado algo del alma que ha dejado un hueco que clama por ser llenado. ¿Has experimentado alguna de estas sensaciones en tu alma? Si alguna vez te has sentido así, es la evidencia de la gran pérdida que experimentamos como raza humana en el huerto del Edén a causa del pecado. Lee los primeros tres capítulos de la Biblia y entenderás mejor a lo que me refiero.

Ahora contéstame a esta pregunta: ¿cuál crees que fue la mayor pérdida que experimentamos como raza humana en el Edén a causa de nuestro pecado?

Podrías contestar que nuestra mayor pérdida fue perder la inmortalidad o perder el paraíso, y sin duda sería una respuesta lógica porque estas son pérdidas significativas, pero estoy convencido de que nuestra mayor pérdida fue esta: perder al Padre. Esa fue la gran pérdida de la humanidad cuando decidimos rebelarnos a Dios, perderlo como Padre. Quedarnos huérfanos. Esta pérdida nos dejó un vacío en el alma, tan insaciable como un agujero negro que desde entonces intenta absorber cualquier cosa capaz de sustituir la pérdida. Pero es una pérdida demasiado grande como para ser satisfecha con cualquier cosa.

Cuando perdimos al Padre no perdimos algo, lo perdimos todo. Todo lo que realmente importa: nuestro sentido de pertenencia, la seguridad de sentirnos amados y la claridad para entender de qué se trata nuestra vida. Dios Padre era nuestra fuente de identidad, valor y propósito, y al perderlo a Él comenzamos a buscar esas tres cosas en los lugares más extraños. Nuestro deseo insaciable por recuperar lo perdido nos ha llevado a buscar un sustituto en los lugares más locos. Todos los seres humanos nos precipitamos a una búsqueda desesperada de identidad, valor y propósito poseyendo objetos, logrando estatus social, experimentando romances, consumiendo drogas o de cualquier otra manera, buscando llenar el vacío que nos dejó la pérdida del Padre. Pero entiende esto: ni las cosas, ni el placer, ni la admiración, ni el poder, ni ninguna otra opción podrá satisfacer el anhelo más profundo de tu alma, que es recuperar a tu Padre divino. Me gusta resumirlo así: el vacío que nos dejó en el corazón nuestra gran pérdida tiene la forma de Dios y solo Dios puede llenar ese vacío. Solo Dios es suficiente.

Es sorprendente cómo Marvel, Disney y Hollywood se han dado cuenta de nuestra gran pérdida y la retratan en sus historias constantemente. ¡Piénsalo! ¿Qué tienen en común la mayoría de héroes de nuestra cultura?

¿Superman? Era huérfano.         ¿Harry Potter? Era huérfano.
¿Spiderman? Era huérfano.        ¿La Cenicienta? Era huérfana.
¿Goku? Era huérfano.             ¿El Chavo del Ocho? Era huérfano.

¡Vamos! Piensa en un héroe y probablemente perdió a sus padres o nunca los tuvo. Si le das un par de vueltas en tu cabeza llegarás a la conclusión de que, inconscientemente, los que escriben historias de salvadores intuyen que todos necesitamos un héroe que se identifique con nuestra orfandad y nos venga a rescatar. Y sin saberlo, ellos están haciendo eco de la gran historia que se relata en esta Biblia que tienes en tus manos, la historia del Evangelio, el relato de cómo Jesús se identificó con el dolor más profundo de nuestra alma y nos vino a enseñar el camino de vuelta al Padre. La historia del Evangelio es Jesús salvándonos de nuestra orfandad y de nuestras locuras por lograr sentido, el relato de cómo nos reconectó con la fuente de nuestra identidad, valor y propósito. La Buena Noticia que se anuncia en este libro es que has sido adoptado por Dios y ya no eres un huérfano, eres un hijo o una hija de Dios. Jesús nos enseñó a referirnos a Dios como *"Padre Nuestro"* en el Evangelio de Mateo 6:9.

Jesús se refirió a Dios en muchas ocasiones y en ninguna de ellas lo llamó "Yhawhe" aunque ese es su nombre original revelado a su pueblo Israel. Jesús fue el primero que se dirigió a Dios como *"Abba"* para enseñarnos el tipo de relación que Dios desea tener con nosotros. Lo sorprendente es que *"Abba"*, en el lenguaje arameo que hablaba Jesús, era una expresión cariñosa que los hijos usaban para referirse a sus padres, que denota una íntima cercanía y que puede traducirse al español como: "Papá".

**¡¿No te parece emocionante poder llamar "papá" al creador del universo?!**

La Biblia que tienes en tus manos dice que Jesús, para asegurarse de que nunca te olvides de que has sido adoptado por Dios Padre, ha puesto su Espíritu dentro de ti para recordártelo de día y de noche. (Romanos 15-17).

Tienes que permitir que tu corazón lo crea: "Dios es tu papá". Es cierto que tú eres del Padre, pero piensa en esto también: el Padre es tuyo.

Puedes leer esto en voz alta hasta que te lo creas: *"el Padre es mío"*. Por encima de todo, el Padre es tu principal pertenencia y si tienes al Padre lo tienes todo.

Todo.

**VERSÍCULOS DE REFUERZO**  Juan 1:12-13  Lucas 12:29-31
Gálatas 4:5-7  Lucas 11:2
1 Juan 3:1

# DESAFÍO Z

→ →

Ahora es el momento de ponerte en acción, por lo que te desafío a compartir *"La carta de Dios"* con alguien que aún no conoce cuán grande es el amor de ABBA por él o por ella. Hacer esto puede transformar su vida para siempre.

→ →

## ¿CÓMO HACERLO?

Primero, bájate *"La carta de Dios"*, léela y después imprímela.

**Versión Hombre**

**Versión Mujer**

Segundo, pregúntale a Dios quién es esa persona a la que debes darle la carta. Las únicas dos condiciones son: que no sea cristiana y que tengan relación. Puede ser cualquier persona de tu círculo social o familiar.

Tercero, prepara un paquete de regalo que contenga la carta, una Biblia y algún detalle que creas que pueda gustarle. Sé original y piensa qué puede ser especial para esa persona.

Cuarto, cuando le entregues el paquete de regalo, pídele permiso para orar por él o por ella y haz una oración sencilla como esta: "Padre, oro para que a través de esta Biblia pueda conocer tu gran amor".

No olvides sacarle una foto al paquete de regalo y compartirlo en tus redes con #BIBLIAZ.
¿Te atreves?

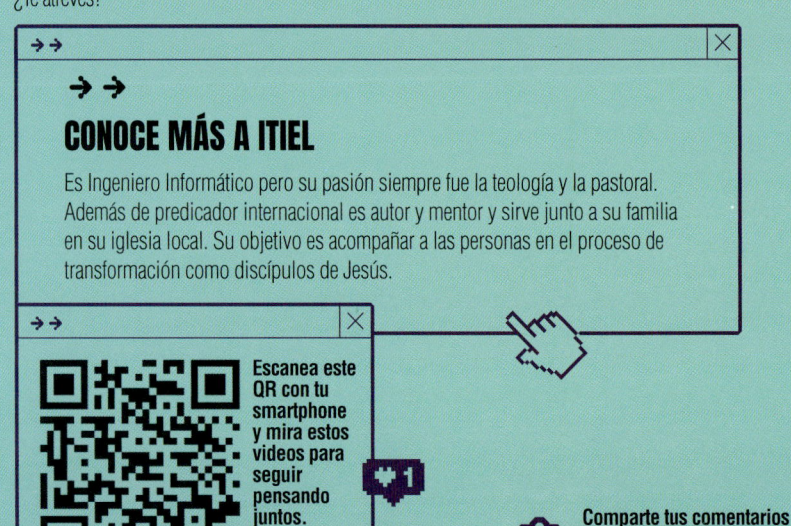

→ →

## CONOCE MÁS A ITIEL

Es Ingeniero Informático pero su pasión siempre fue la teología y la pastoral. Además de predicador internacional es autor y mentor y sirve junto a su familia en su iglesia local. Su objetivo es acompañar a las personas en el proceso de transformación como discípulos de Jesús.

→ →

**Escanea este QR con tu smartphone y mira estos videos para seguir pensando juntos.**

**Comparte tus comentarios en tus redes utilizando #BIBLIAZ**

⁴Cuando terminó el duelo, José se acercó a los funcionarios de la casa del faraón y les dijo:
—Díganle a su majestad ⁵que mi padre me hizo jurar que llevaría su cuerpo de regreso a la tierra de Canaán, para sepultarlo allá. Díganle a su majestad que me permita ir a sepultar a mi padre. Asegúrenle que volveré pronto.
⁶El faraón estuvo de acuerdo:
—Vé y sepulta a tu padre, tal como se lo prometiste.
⁷,⁸Entonces José fue a enterrar a su padre. Con él fueron su familia, sus hermanos y el resto de la familia de Jacob. En Gosén sólo dejaron a los niños, las ovejas y las vacas. Además, los acompañaron un gran número de funcionarios y consejeros del faraón, y los hombres importantes de Egipto. ⁹De modo que muchos carros y caballos, y gente de a pie acompañaron a José.
¹⁰Cuando llegaron a la era de Hatad, que está al otro lado del Jordán, tuvieron un servicio fúnebre grande y solemne. Allí José guardó siete días de luto por su padre.
¹¹Los cananeos que vivían en esa región vieron que los egipcios lloraban amargamente en la era de Hatad, le pusieron a ese lugar el nombre de Abel Misrayin, pues dijeron: «Los egipcios están haciendo duelo por alguien importante».
¹²,¹³De modo que, de acuerdo con las órdenes de Israel, sus hijos llevaron su cuerpo a la tierra de Canaán y lo sepultaron en la cueva de Macpela, la cueva que Abraham había comprado en el campo de Efrón el hitita, cerca de Mamré.
¹⁴José regresó luego a Egipto, junto con todos los que lo habían acompañado al funeral de su padre.

## La promesa de José a sus hermanos

¹⁵Una vez muerto su padre, los hermanos de José sintieron miedo, pues pensaban que José les guardaba rencor, y aprovecharía la ocasión para vengarse de ellos por lo que le hicieron.
¹⁶Así que le enviaron a unos mensajeros, para que le dijeran a José que su padre, antes de morir, había dicho: ¹⁷«Díganle a José que, por favor, les perdone a sus hermanos el mal que le hicieron». Así que los emisarios fueron y le dieron el mensaje a José. Además, añadieron: «Te rogamos que perdones el pecado de estos siervos del Dios de tu padre».
Cuando José oyó el mensaje, se conmovió profundamente y lloró. ¹⁸Luego llegaron sus hermanos, y cayendo de rodillas delante de él le dijeron:
—Aquí estamos para ser tus esclavos.
¹⁹Pero José les respondió:
—No me tengan miedo. ¿Creen que puedo tomar yo el lugar de Dios para juzgarlos y castigarlos? ²⁰En lo que a mí respecta, Dios convirtió en bien el mal que ustedes quisieron hacerme, y me puso en el alto cargo que ahora desempeño a fin de que salvara la vida de mucha gente. ²¹No, no tengan miedo. Yo mismo cuidaré de sus familias.
Y de esta manera les habló con mucho cariño y los tranquilizó.

## Muerte de José

²²José y sus hermanos siguieron viviendo en la tierra de Egipto. José murió a la edad de ciento diez años, y ²³vio nacer los hijos de Efraín hasta la tercera generación. También alcanzó a cargar en sus rodillas a los hijos de Maquir, el hijo de Manasés.
²⁴Y dijo José a sus hermanos: «Muy pronto moriré. Pero Dios ciertamente vendrá y los sacará de la tierra de Egipto, para hacerlos regresar a la tierra que él prometió a la descendencia de Abraham, Isaac, y Jacob». ²⁵Entonces José hizo que sus hermanos le prometieran con juramento que se iban a llevar consigo su cuerpo, cuando regresaran a Canaán.
²⁶José, pues, murió a la edad de ciento diez años. Fue embalsamado, y su cuerpo fue puesto en un ataúd en Egipto.

✼50.19-21

# ÉXODO

**DALE PLAY**

### ¿QUIÉN LO ESCRIBIÓ?

Las principales investigaciones respaldan a Moisés como autor de la mayoría del contenido de este libro. Existen diversas referencias en la Biblia a los escritos de Moisés (por ejemplo en el Antiguo Testamento, Éxodo 17:14; Números 33:2; Josué 8:31, 1 Reyes 2:3; Esdras 6:18; Nehemías 13:1; Malaquías 4:4 y en Nuevo Testamento, Marcos 12:26; Lucas 24:27; Juan 5:46; 2 Corintios 3:15). Él fue testigo de los hechos presentados aquí.

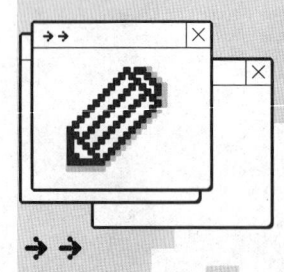

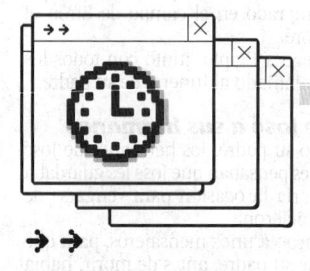

### ¿A QUIÉN LO ESCRIBIÓ?

Este libro fue leído por el pueblo que tomó parte de la salida de Egipto. Este era un recordatorio de la intervención poderosa de Dios a favor de los israelitas. Estas hazañas eran parte importante de la identidad nacional del pueblo y apuntaban a su relación con Dios y al pacto entre ambos.

### ¿CUÁNDO Y DÓNDE LO ESCRIBIÓ?

Fue escrito entre el 1440 y 1430 a.C., mientras los hebreos permanecían en la Península del Sinaí, recibiendo la Ley por mano de Moisés. El libro inicia con el nacimiento de Moisés y concluye con la construcción del Tabernáculo (Éxodo 40:1,2). Abarca un período de unos 215 años.

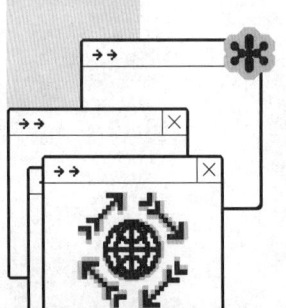

### PANORAMA DEL LIBRO

Este libro fue escrito con el propósito de mostrar la fidelidad de Dios en el cumplimiento de las promesas a su pueblo. Por medio de los mandamientos y las leyes que se presentan aquí, aprendemos acerca del carácter de Dios (su amor, justicia, santidad), de la adoración que Él exige, del pacto con su pueblo.

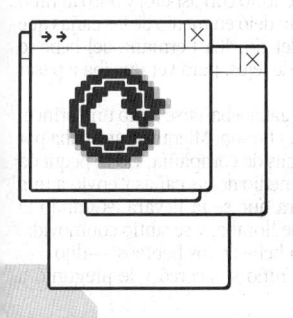

## ¿CÓMO SE RELACIONA CONMIGO?

Este es el libro de la liberación y de cómo nos cuesta dejar atrás la comodidad del pecado. Las experiencias de Israel son ejemplos que sirven para elegir nuestros pasos. Muchas veces hemos sido muy severos al juzgar al pueblo de rebelde, necio y malagradecido. Pero, ¿no serán estas actitudes similares a las que nosotros tenemos hoy? ¿En qué áreas está Dios obrando y cómo vamos a responder a su llamado? Son preguntas que se responden con este libro y al investigar este relato podrás contrastarlo con tu vida ya que su foco es demostrar es que Dios rescata a su pueblo y ese es un mensaje siempre vigente respecto de diversas formas de esclavitud con las que hoy podemos dejarnos seducir. En síntesis, Éxodo se trata de ser liberados del pasado para avanzar a un mejor futuro confiando en la guía y provisión de Dios.

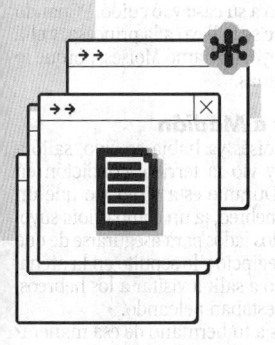

## EL GUION

1) La accidentada preparación de un líder. Éx. 1-6
2) Dios pelea y triunfa por su pueblo. Éx. 7-15
3) Dios muestra su gracia aun cuando su pueblo es rebelde. Éx. 16-18
4) La fidelidad de Dios se muestra a través de su justicia. Éx. 19-24
5) La santidad de Dios merece nuestra reverencia. Éx. 25-40

# ÉXODO

# Éxodo

## Los egipcios oprimen a los israelitas

**1** Ésta es la lista de los hijos de Jacob que lo acompañaron a Egipto con sus familias: ²⁻⁴Rubén, Simeón, Leví, Judá, Isacar, Zabulón, Benjamín, Dan, Neftalí, Gad y Aser. ⁵El número total de las personas que lo acompañaron fue de setenta (porque José ya estaba allá). ⁶Con el correr del tiempo, José y sus hermanos murieron, y se acabó toda aquella generación. ⁷Pero sus descendientes fueron muy fructíferos y se multiplicaron rápidamente, de modo que llegaron a ser un pueblo muy numeroso y fuerte. ¡Todo el país se fue llenando de israelitas!

⁸Pasado el tiempo, subió al trono de Egipto un nuevo rey que no se sintió comprometido con los descendientes de José. ⁹«Estos israelitas se han convertido en un peligro para nosotros, porque son demasiados —dijo a su pueblo—. ¹⁰Tenemos que buscar la manera de ponerle fin a esto. De otro modo, en caso de guerra, podrían aliarse con nuestros enemigos, pelear en contra de nosotros y escapar del país».

¹¹Entonces los egipcios esclavizaron a los hebreos, y les pusieron capataces muy crueles. Estos les asignaron la dura tarea de edificar las ciudades de Pitón y Ramsés, que eran las ciudades donde el rey almacenaba todas las provisiones. ¹²Pero cuanto más los oprimían los egipcios, más se multiplicaban los israelitas. Los egipcios estaban alarmados ¹³,¹⁴e hicieron aún más amarga la esclavitud de los hebreos. Los obligaron a trabajar duramente largas jornadas en los campos y a acarrear pesadas cargas de ladrillo y mezcla.

¹⁵,¹⁶El faraón, rey de Egipto, ordenó a las parteras que atendían a las mujeres hebreas (dos de las cuales se llamaban Sifrá y Fuvá) que se fijaran en el sexo del bebé a la hora de nacer, y que mataran a todos los niños hebreos en cuanto nacieran, y que dejaran con vida sólo a las niñas. ¹⁷Pero las parteras tenían temor de Dios y desobedecieron al faraón, pues permitían que los niños vivieran.

¹⁸El faraón las citó para que se presentaran delante de él, y les preguntó:

—¿Por qué me han desobedecido y han dejado vivir a los niños?

¹⁹—Señor —dijeron ellas—, las mujeres hebreas no son como las egipcias, son tan vigorosas que dan a luz antes de que nosotras lleguemos.

²⁰Dios bendijo a las parteras por haber favorecido a su pueblo. Así que los israelitas siguieron multiplicándose, hasta llegar a ser una nación poderosa. ²¹Y como las parteras tuvieron temor de Dios, él les permitió tener muchos hijos. ²²Entonces el faraón ordenó a su pueblo que echaran al río Nilo a todo niño hebreo que naciera, pero que a las niñas las dejaran con vida.

## Nacimiento de Moisés

**2** Por esa época, un hombre de la tribu de Leví se casó con una mujer de su misma tribu. ²Después de un tiempo, la mujer quedó embarazada y tuvo un hijo. El niño era tan hermoso, que la madre lo mantuvo escondido durante tres meses. ³Pero cuando ya no pudo esconderlo más, le hizo una pequeña cesta de papiro, la recubrió con asfalto, y puso al niño adentro; luego fue y lo dejó en medio de las cañas que crecían a la orilla del río. ⁴La hermana del bebé lo estuvo vigilando desde lejos, para ver qué iba a pasar con él.

⁵En eso vio que llegaba a bañarse al río una princesa, una de las hijas del faraón. Mientras caminaba por la orilla con sus damas de compañía, vio la pequeña cesta que estaba en medio de las cañas y envió a una de sus doncellas para que se la llevara. ⁶Cuando la abrió, vio al bebé que lloraba, y se sintió conmovida.

—Debe de ser un bebé de los hebreos —dijo.

⁷La hermana del niño se acercó y le preguntó a la princesa:

—¿Quiere que vaya y busque a una mujer hebrea para que le cuide al niño?

⁸—Sí, anda —respondió la princesa.

La muchacha corrió hasta su casa, y regresó con su madre.

⁹—Lleva a este niño a tu casa y cuídamelo —le ordenó la princesa a la madre del niño—. Te pagaré bien. Ella, pues, lo llevó a su casa y lo cuidó. ¹⁰Cuando el niño creció, la madre se lo llevó a la princesa, y ella lo adoptó como hijo suyo. Lo llamó Moisés, porque lo había sacado de las aguas.

## Huida de Moisés a Madián

¹¹Un día, cuando Moisés ya había crecido, salió a visitar a los hebreos y vio la terrible condición en que se encontraban. Durante esta visita vio que un egipcio golpeaba a un hebreo, ¡a un compatriota suyo! ¹²Moisés miró hacia todos lados para asegurarse de que nadie lo veía, mató al egipcio y lo sepultó en la arena. ¹³Al día siguiente volvió a salir a visitar a los hebreos, y vio que dos de ellos estaban peleando.

—¿Por qué golpeas a tu hermano de esa manera? —le dijo al que estaba golpeando al otro.

¹⁴—¿Quién te crees tú? —le contestó el hombre—. Supongo que te crees príncipe y juez. ¿Quieres matarme también como lo hiciste con el egipcio ayer?

Cuando Moisés se dio cuenta de que se sabía lo que había hecho, se asustó. ¹⁵Y en efecto, cuando el faraón se enteró, ordenó que Moisés fuera arrestado y ejecutado. Pero Moisés huyó hacia la tierra de Madián. Al llegar a allá, se sentó junto a un pozo.

¹⁶Estaba allí sentado, cuando llegaron siete muchachas a sacar agua del pozo, para llenar los abrevaderos y darles de beber a las ovejas de su padre. Las siete eran hijas del sacerdote de Madián. ¹⁷Pero los pastores que estaban allí querían impedir que ellas sacaran agua. Moisés acudió en su ayuda y las libró de los pastores, y dio de beber a las ovejas. ¹⁸Cuando las muchachas volvieron a casa, su padre Reuel, también llamado Jetro, les preguntó:

—¿Cómo es que pudieron regresar hoy tan temprano?

¹⁹—Un egipcio nos defendió de los pastores —respondieron ellas—, y sacó agua y dio de beber a los rebaños.

²⁰—Bueno, pero ¿dónde está? —les preguntó el padre—. ¿Lo dejaron allá? Invítenlo a comer.

☼ 1.15-22  ☼ 2.1-10  ☼ 2.21-22

☼ ²¹Moisés aceptó la invitación y acabó quedándose a vivir con ellos. Después de un tiempo, Reuel le dio por esposa a Séfora, una de sus hijas. ²²Tuvieron un hijo, y Moisés le puso por nombre Guersón, porque dijo: «Soy forastero en tierra extraña».
²³Pasaron muchos años, y murió el faraón. Los israelitas, sin embargo, gemían bajo su pesada carga, profundamente atribulados por la esclavitud, y lloraban amargamente delante de Dios. Dios oyó su lamento desde los cielos y ²⁴se acordó de su pacto, de la promesa hecha a Abraham, a Isaac y a Jacob de hacer regresar a sus descendientes a la tierra de Canaán. ²⁵Los miró desde lo alto y decidió ayudarlos.

## Moisés y la zarza ardiente

**3** Un día, mientras Moisés pastoreaba los rebaños de su suegro Jetro, sacerdote de Madián, al otro lado del desierto, cerca de Horeb, monte de Dios, ²repentinamente se le apareció el ángel del Señor, como llamas de fuego en una zarza. Cuando Moisés vio que la zarza ardía sin quemarse, ³,⁴se acercó para ver bien lo que pasaba. Pero el Señor lo llamó:
—¡Moisés, Moisés!
—¿Quién me llama? —preguntó Moisés.
⁵—No te acerques —le dijo Dios—. ¡Quítate las sandalias, porque estás pisando tierra santa! ⁶Yo soy el Dios de tus padres, el Dios de Abraham, de Isaac y de Jacob.
Moisés se cubrió el rostro con ambas manos, porque tenía miedo de mirar a Dios.
⁷—He visto los profundos sufrimientos de mi pueblo en Egipto —le dijo el Señor—, y he oído sus oraciones en que piden liberación de sus duros capataces. ⁸He venido a liberarlos de sus opresores egipcios y a llevarlos a una tierra buena y grande, tierra de la que fluye leche y miel, tierra en que viven los cananeos, los hititas, los amorreos, los ferezeos, los heveos y los jebuseos. ⁹Sí, el clamor del pueblo de Israel ha ascendido hasta mi presencia, y he visto las pesadas tareas con que los egipcios los han oprimido. ¹⁰Ahora te voy a enviar al faraón, para que saques a mi pueblo de Egipto.
¹¹—Pero, yo no soy la persona adecuada para esta tarea —le dijo Moisés a Dios.
¹²—Ciertamente estaré contigo —le dijo Dios—, y ésta es la demostración de que yo soy el que te envío: cuando hayas sacado al pueblo de Egipto, tú y el pueblo me adorarán sobre esta montaña.
☼ ¹³Pero Moisés dijo:
—Si yo voy al pueblo de Israel y les digo que me envió el Dios de sus padres, ellos me preguntarán: "¿De qué Dios nos estás hablando?" ¿Qué les diré?
¹⁴Entonces Dios le respondió a Moisés:
—Diles que te envía el Dios eterno, pues YO SOY EL QUE SOY. ¡Mi nombre es YO SOY! Simplemente diles: "YO SOY es el que me ha enviado".
¹⁵Además, Dios agregó:
—Diles a los israelitas: "El Señor, el Dios de sus antepasados Abraham, Isaac y Jacob me ha enviado a ustedes. Este es mi nombre eterno y por este nombre seré conocido a través de las generaciones".
¹⁶»Convoca a todos los ancianos de Israel y diles que el Señor se te apareció en esta zarza ardiente y que te dijo: "He visitado a mi pueblo y he visto lo que les ocurre en Egipto. ¹⁷Prometo rescatarlos de la esclavitud y humillación que están soportando, y llevarlos a la tierra que ahora ocupan los cananeos, los hititas, los amorreos, los ferezeos, los heveos y los jebuseos, tierra que fluye leche y miel". ¹⁸Los ancianos del pueblo aceptarán tu mensaje, e irán contigo ante el faraón a decirle: "El Señor, el Dios de los hebreos, ha venido a visitarnos y nos ha dado órdenes de ir tres días de camino por el desierto, para ofrecerle sacrificio. Así que te pedimos que nos dejes ir". ¹⁹Pero yo sé que el faraón no les dará permiso, a menos que se haga sobre él mucha presión. ²⁰Yo me encargaré de presionarlo hasta que los deje salir. ²¹Además, haré que los egipcios los carguen de obsequios en el momento de salir, para que no salgan con las manos vacías. ☼ ²²Cada mujer pedirá joyas, plata, oro y los vestidos más finos de sus vecinas y de las amigas de éstas. Así ustedes vestirán a sus hijos e hijas con lo mejor de Egipto. De esa manera ustedes se quedarán con los objetos más valiosos de los egipcios».

## Señales para Moisés

**4** Pero Moisés le respondió a Dios:
—No me creerán ni harán lo que les diga. Al contrario, me dirán: "¡El Señor no se te ha aparecido!"
²—¿Qué tienes en la mano? —le preguntó el Señor.
—Una vara de pastor —le respondió Moisés.
³—Tírala al suelo —le ordenó el Señor.
Cuando la arrojó, la vara se convirtió en una serpiente, y Moisés retrocedió al verla.
⁴—Tómala de la cola —le dijo el Señor.
Él lo hizo, y la serpiente volvió a convertirse en vara.
⁵—Haz eso y te creerán —le dijo el Señor—, pues comprenderán que me has visto a mí, que soy el Señor Dios de sus antepasados Abraham, Isaac y Jacob. ⁶Ahora, mete tu mano dentro de tu ropa y tócate el pecho.
Moisés metió la mano y la volvió a sacar. ¡Estaba blanca de lepra!
⁷—Hazlo otra vez —le dijo Dios.
Cuando Moisés metió la mano y la volvió a sacar, estaba normal, completamente sana.
⁸—Si no creen al primer milagro, creerán al segundo —le dijo el Señor—. ⁹Si no aceptan el segundo, toma agua del Nilo y derrámala en tierra seca. Tan pronto el agua caiga al suelo, se convertirá en sangre.
¹⁰Pero Moisés insistió:
—Señor, tú sabes que nunca me he distinguido por ser un buen orador. Es un problema que tengo desde mucho antes de que tú me hablaras. ¡Me cuesta mucho trabajo expresarme bien!
¹¹—¿Quién hizo la boca? —le preguntó el Señor—. ¿No la hice yo, el Señor? ¿Quién hace que el hombre pueda o no pueda hablar, que vea o no vea, que oiga o no oiga? ¹²Ahora vé y haz lo que te dije, porque yo te ayudaré a expresarte bien, y te diré lo que tienes que decir.
¹³Moisés le dijo:
—Señor, por favor, envía a otra persona.
¹⁴El Señor se enojó con Moisés y le dijo:
—¡Muy bien! Tu hermano Aarón habla bien. Él vendrá a buscarte y se alegrará mucho cuando te encuentre. ¹⁵Yo te diré lo que tienes que decirle; yo

☼ 3.13-14  ☼ 3.22

los ayudaré a ambos para que hablen bien, y les diré lo que deben hacer. ¹⁶Yo te diré lo que debes comunicarle a Aarón, y él hablará por ti al pueblo, y será como si tú mismo estuvieras hablándole a la gente. ¹⁷Llévate la vara para que puedas realizar los milagros que te he mostrado.

## Moisés regresa a Egipto

¹⁸Moisés volvió a casa y habló de esto con Jetro, su suegro.

—Con tu permiso —le dijo Moisés—, iré a Egipto para ver cómo están mis hermanos. Ni siquiera sé si viven aún.

—Vé con mi bendición —contestó Jetro.

¹⁹Antes de que Moisés saliera de Madián, el Señor le dijo:

—No tengas miedo de regresar a Egipto, porque los que querían matarte han muerto.

²⁰Moisés tomó a su esposa y a sus hijos, los puso sobre un burro, y regresó a la tierra de Egipto, llevando en la mano la vara de Dios.

²¹Y el Señor le dijo:

—Cuando hayas regresado a Egipto tienes que hacer delante del faraón los milagros que te mostré. Sin embargo, yo haré que el faraón se niegue a dejar salir al pueblo. ²²Así que tú le dirás: «El Señor dice: "Israel es mi hijo primogénito, ²³y yo te he ordenado que lo dejes salir, para que vaya a adorarme, pero te has negado. Por lo tanto, mataré a tu primogénito"».

²⁴Durante el viaje, Moisés y su familia se detuvieron para pasar la noche. Allí el Señor se le apareció y amenazó con matarlo. ²⁵,²⁶Pero Séfora, la esposa de Moisés, tomó un cuchillo de pedernal y cortó el prepucio del pene de su hijo. Luego, con el prepucio tocó los genitales de Moisés, y le dijo:

—Me has resultado un marido de sangre.

Entonces Dios lo dejó ir.

²⁷Mientras tanto, el Señor le había dicho a Aarón:

—Vé al desierto a encontrarte con Moisés.

Aarón viajó hasta Horeb, el monte de Dios, y allí se encontró con Moisés, y ambos se saludaron con mucho cariño. ²⁸Moisés le contó a Aarón lo que Dios le había dicho que debían hacer y lo que tenían que decir, y le habló de los milagros que debían hacer en presencia del faraón.

²⁹Moisés y Aarón regresaron a Egipto y convocaron a los ancianos a una reunión. ³⁰Aarón les contó lo que el Señor le había dicho a Moisés; y Moisés realizó delante de ellos los milagros que debía hacer en presencia del faraón. ³¹Los ancianos creyeron que el Señor los había enviado. Y cuando supieron que el Señor los había visitado, que había visto sus sufrimientos y había decidido rescatarlos, se regocijaron, se arrodillaron y lo adoraron.

## Primer encuentro con el faraón

**5** Después de haber hablado con los ancianos, Moisés y Aarón fueron a ver al faraón, y le dijeron:

—Le traemos un mensaje de parte del Señor, Dios de Israel. Así dice el Señor: "Deja salir a mi pueblo, porque quiero que vayan al desierto a hacerme fiesta y a adorarme".

²—¿Conque esas tenemos? —replicó el faraón—. ¿Quién es el Señor para que yo tenga que obedecerlo y dejarlos ir? Yo no conozco al tal Señor, así que no dejaré salir a Israel.

³Pero Aarón y Moisés insistieron:

—El Dios de los hebreos ha salido a nuestro encuentro, y nos ordenó ir a un lugar en el desierto, que queda a tres días de camino, para ofrecerle sacrificios. Si no obedecemos al Señor nuestro Dios, nos podrá castigar por medio de las pestes o la espada.

⁴,⁵—¿Quiénes se creen ustedes? —gritó el faraón—. ¿Por qué distraen al pueblo de su trabajo? ¡Vuelvan a sus tareas!

⁶Ese mismo día, el faraón les envió la siguiente orden a sus cuadrilleros y a los capataces que tenían que vigilar el trabajo del pueblo de Israel: ⁷,⁸«No se entregará más paja a los hebreos para la elaboración de los ladrillos. Sin embargo, no se les disminuirá en un solo ladrillo su cuota de producción, porque parecen no tener suficiente trabajo. De otro modo no hablarían de ir al desierto a ofrecerle sacrificio a su Dios. ⁹¡Cárguenlos de trabajo y háganlos sudar! ¡Eso les enseñará a no prestar oídos a las mentiras de Moisés y de Aarón!»

¹⁰,¹¹Los cuadrilleros y los capataces le informaron al pueblo:

—El faraón ha dado órdenes de que no les proporcionemos la paja para los ladrillos. Deben ir ustedes mismos a buscarla a donde puedan. Y deberán producir tantos ladrillos como antes.

¹²Y el pueblo se dispersó en busca de paja. ¹³Los cuadrilleros fueron muy crueles: «Completen la misma cuota de producción de antes» les decían. ¹⁴Y azotaban a los capataces israelitas que habían nombrado, y les decían: «Ni ayer ni anteayer cumplieron con la cuota diaria de producción de ladrillos, ¿por qué?»

¹⁵Los capataces fueron a quejarse al faraón, y le rogaron:

—¡No nos traten así! ¹⁶No se nos proporciona la paja que necesitamos y se nos exige que hagamos la misma cantidad de ladrillos que antes. Se nos está azotando por algo que no es culpa nuestra. Es culpa de los cuadrilleros que nos hacen demandas tan irrazonables.

¹⁷Pero el faraón replicó:

—Ustedes no tienen suficiente trabajo; de lo contrario no estarían diciendo: "Vamos a ofrecerle sacrificios al Señor". ¹⁸¡Vuelvan al trabajo! No se les dará paja, y tendrán que cumplir con la misma cuota de ladrillos.

¹⁹Los capataces vieron que estaban en una situación realmente difícil. ²⁰Al salir de la entrevista con el faraón, encontraron a Moisés y a Aarón, que los esperaban afuera del palacio, ²¹y les dijeron: «Que Dios los juzgue por habernos hecho odiosos al faraón y a su pueblo. Ustedes le han dado una excusa para que nos mate».

## Dios promete liberación

²²Entonces Moisés oró al Señor, y le dijo:

—Señor, ¿cómo puedes maltratar a tu pueblo de esta manera? ¿Por qué me enviaste, si ibas a hacerles esto? ²³Desde que le di tu mensaje al faraón, los ha tratado en forma aún más brutal, y tú no has librado a tu pueblo.

**6** —Ahora verás lo que le voy a hacer al faraón —le dijo el Señor—. Sólo por la fuerza dejará él salir a mi pueblo. Ah, pero no sólo los dejará salir, sino que los echará de la tierra de Egipto. ²,³Yo soy el Señor, el Dios Todopoderoso que les apareció a Abraham, a Isaac y a Jacob, aunque a ellos no me revelé con mi nombre, que es «YO SOY». ⁴Con ellos establecí un pacto solemne en el que les prometí que les daría a ellos y a sus descendientes la tierra de Canaán, que era el lugar donde vivían como extranjeros. ⁵He oído ahora el clamor del pueblo de Israel, que sufre como esclavo de los egipcios, y me acuerdo de mi promesa. ⁶Por lo tanto, diles a los descendientes de Israel que usaré todo mi poder y realizaré grandes milagros, para sacarlos de la esclavitud y hacerlos libres. ⁷Yo los aceptaré como pueblo mío, y seré el Dios de ellos. Y ellos sabrán que yo soy el Señor su Dios, que los he rescatado de los egipcios. ⁸,⁹Yo los introduciré en la tierra que prometí darles a Abraham, a Isaac y a Jacob. Sí, yo les daré a ustedes esa tierra.

Moisés le contó al pueblo lo que Dios había dicho; pero ellos estaban muy contrariados por las trágicas consecuencias de lo que les había dicho anteriormente, y no quisieron oírlo.

¹⁰Nuevamente le habló el Señor a Moisés y le dijo:
¹¹—Vuelve al faraón y dile que tiene que dejar salir al pueblo de Israel.
¹²—Pero, si ni siquiera mi propio pueblo quiso oírme, ¿cómo puedo esperar que el faraón me oiga? Yo no tengo el poder de convicción —objetó Moisés.
¹³Entonces el Señor le ordenó a Moisés y a Aarón que regresaran al pueblo de Israel, y se presentaran delante del faraón para exigirle que permitiera la salida del pueblo.

## Antepasados de Moisés y de Aarón

¹⁴Éstos son los nombres de los jefes de los clanes de las diversas tribus de Israel:
  Los hijos de Rubén, hijo mayor de Israel:
  Janoc, Falú, Jezrón y Carmí.
¹⁵Los jefes de los clanes de la tribu de Simeón:
  Jemuel, Jamín, Oad, Jaquín, Zojar y Saúl, cuya madre era una cananea.
¹⁶Éstos son los nombres de los jefes de los clanes de la tribu de Leví, por orden de edad:
  Guersón, Coat y Merari.
Leví vivió ciento treinta y siete años.
¹⁷Los hijos de Guersón fueron:
  Libní y Simí, con sus respectivos clanes.
¹⁸Los hijos de Coat:
  Amirán, Izar, Hebrón y Uziel.
Coat vivió ciento treinta y tres años.
¹⁹Los hijos de Merari:
  Majlí y Musí.
Éstas, pues, son las familias de los levitas, según el orden de sus edades. ²⁰Amirán se casó con su tía Jocabed. De esta unión nacieron Aarón y Moisés. Amirán vivió hasta los ciento treinta y siete años.
²¹Los hijos de Izar fueron:
  Coré, Néfeg y Zicrí.
²²Los hijos de Uziel:
  Misael, Elzafán y Sitri.

²³Aarón se casó con Elisabet, la hija de Aminadab y hermana de Naasón. Tuvieron los siguientes hijos:
  Nadab, Abiú, Eleazar e Itamar.
²⁴Los hijos de Coré fueron:
  Asir, Elcaná y Abiasaf.
Éstas fueron las familias del clan de Coré.
²⁵Eleazar hijo de Aarón se casó con una de las hijas de Futiel, y uno de sus hijos fue Finés. Éstos son los nombres de todos los jefes de clanes de los levitas, y de las familias que había dentro de los clanes.
²⁶Aarón y Moisés, incluidos en esta lista, son los mismos a quienes el Señor les dijo: «Saquen al pueblo de Israel de la tierra de Egipto», ²⁷y fueron a ver al faraón para pedirle que dejara salir al pueblo.

## Aarón, vocero de Moisés

²⁸,²⁹Este Moisés es el mismo a quien el Señor le había dicho: «Yo soy el Señor, anda y dale al faraón el mensaje que te he dado». ³⁰Este es aquel Moisés que le respondió al Señor: «Yo no puedo hacerlo. Yo no tengo el poder de convicción. ¡El faraón no me oirá!»

**7** Por eso, el Señor le dijo a Moisés: «Mira, cuando te presentes ante el faraón será como si yo mismo estuviera allí, y tu hermano Aarón será como tu profeta, el que habla en lugar tuyo. ²Dile a Aarón todo lo que yo te diga, para que él se lo repita al faraón. Así que Aarón le que le pedirá al faraón que deje salir de Egipto a mi pueblo Israel. ³Pero yo haré que el faraón se niegue a hacerlo. Yo entonces multiplicaré mis milagros en la tierra de Egipto. ⁴Aun así el faraón no los oirá; por lo que traeré sobre Egipto un desastre final de grandes proporciones, y luego sacaré a mi pueblo de esta tierra. ⁵Cuando les muestre mi poder y los obligue a dejar salir a mi pueblo, los egipcios comprenderán que yo soy el Señor».

## La vara de Moisés

⁶Moisés y Aarón hicieron lo que el Señor les había ordenado. ⁷Cuando se presentaron ante el faraón, Moisés tenía ochenta años y Aarón, ochenta y tres. ⁸El Señor les dijo a Moisés y a Aarón: ⁹«El faraón les exigirá un milagro que demuestre que yo los he enviado. Cuando lo haga, Aarón arrojará al suelo la vara, y ésta se convertirá en serpiente».
¹⁰Entonces Moisés y Aarón fueron a ver al faraón, y realizaron el milagro de la manera que el Señor les había dicho: Aarón arrojó al suelo la vara ante el faraón, y ésta se convirtió en serpiente. ¹¹Pero el faraón llamó a sus encantadores, los magos de Egipto, y ellos hicieron lo mismo mediante sus artes mágicas. ¹²Pero la serpiente de Aarón se tragó a todas las serpientes de ellos. ¹³El corazón del faraón permaneció duro y obstinado y no quiso oír, tal como el Señor lo había advertido.

## La plaga de sangre

¹⁴El Señor le dijo a Moisés que el faraón era terco y se empeñaría en no dejar salir de Egipto al pueblo de Israel. ¹⁵Pero que, a pesar de eso, debería regresar por la mañana, cuando el faraón salía a bañarse, y esperarlo a las orillas del Nilo. Y le recordó que debía llevar la

✢6.20

vara que se había convertido en serpiente. ⁱ⁶Además, le dijo que cuando estuviera frente al faraón, le dijera: «El Señor, el Dios de los hebreos, me ha dicho que vuelva a pedirte que dejes que mi pueblo salga a adorarlo en el desierto. Como no quisiste oír antes, ¹⁷ahora el Señor te dice lo siguiente: "Vas a saber que yo soy el Señor, porque le he dado orden a Moisés de tocar el agua del Nilo con su vara, y el río se transformará en sangre. ¹⁸Morirán los peces, y el río apestará, de tal modo que los egipcios no querrán beber su agua"».

¹⁹El Señor ordenó a Moisés: «Dile a Aarón que dirija su vara hacia las aguas de Egipto, para que todos sus ríos, arroyos, estanques y los depósitos de agua, y aun el agua de las casas, se les convierta en sangre».

²⁰Mientras el faraón y todos sus funcionarios miraban, Aarón tocó con su vara la superficie del Nilo, y el agua se convirtió en sangre. ²¹Los peces murieron, y el agua se contaminó, de tal modo que los egipcios tuvieron asco de beberla, y hubo sangre en todo Egipto.

²²Pero los magos usaron sus artes secretas y también pudieron convertir el agua en sangre. Por lo tanto, el faraón persistió en su terquedad y no quiso escuchar a Moisés y a Aarón, tal como el Señor lo había advertido. ²³El faraón regresó a su palacio, como si nada importante hubiera acontecido. ²⁴Entonces los egipcios cavaron pozos a lo largo del río para conseguir agua, porque no podían beber el agua del río.

## La plaga de ranas

²⁵Después de que el Señor golpeó las aguas del Nilo, pasaron siete días.

**8** El Señor le dijo a Moisés: «Preséntate nuevamente ante el faraón y dile que yo, el Señor, le ordeno que deje que mi pueblo vaya y me adore. ²Que si se niega, enviaré una plaga de ranas a toda la tierra, de un rincón a otro del país. ³,⁴El río Nilo se llenará de ranas que entrarán aun a sus cuartos y estarán sobre sus camas. Cada casa de Egipto se llenará de ranas, de modo que hasta se meterán en los hornos y en donde amasan la harina para el pan. ¡Tantas serán las ranas que hasta se treparán sobre sus hombros, y sobre sus funcionarios y sobre toda la gente!»

⁵El Señor le dijo a Moisés: «Dile a Aarón que dirija la vara hacia los ríos, arroyos y fuentes de Egipto, para que haya ranas por todas partes».

⁶Aarón lo hizo, y las ranas cubrieron la nación. ⁷Pero los magos, usando sus artes secretas, también hicieron salir ranas por todo Egipto. ⁸El faraón llamó a Moisés y a Aarón y les dijo:

—Ruéguenle al Señor que quite las ranas, y yo dejaré que su pueblo salga a ofrecerle sacrificio.

⁹—Muy bien —le dijo Moisés—. Solamente dime cuándo quieres que ore al Señor por ti, por tus funcionarios y por todo el pueblo. Al hacerlo, las ranas se irán de sus casas, y sólo estarán en el río.

¹⁰—Mañana mismo —respondió el faraón.

—De acuerdo —dijo Moisés—. Será como has dicho. Así sabrás que no hay nadie como el Señor nuestro Dios. ¹¹Te aseguro que las ranas ya no serán una molestia, pues saldrán de tu casa, de las casas de tus oficiales y de todo el pueblo, y sólo quedarán las que están en el río.

¹²Moisés y Aarón salieron de la presencia del faraón, y Moisés rogó al Señor que quitara las ranas que había enviado. ¹³Y el Señor hizo lo que Moisés le pidió. Entonces murieron todas las ranas que estaban en las casas, en las granjas y en el campo. ¹⁴La gente recogía todas las ranas muertas y las amontonaba. ¡En todo el país se sentía la peste de las ranas muertas! ¹⁵Pero cuando el faraón vio que se habían acabado las ranas, endureció su corazón y, tal como el Señor lo había advertido, no hizo caso a la petición que le habían hecho Moisés y Aarón.

## La plaga de mosquitos

¹⁶El Señor le dijo a Moisés: «Dile a Aarón que golpee el polvo con su vara, para que todo el país se llene de mosquitos». ¹⁷Moisés y Aarón hicieron lo que Dios les mandó. Tan pronto Aarón tocó el suelo con su vara, los mosquitos salieron de la tierra y picaban a hombres y animales. ¡Todo el polvo que había en Egipto se convirtió en mosquitos!

¹⁸Los magos trataron de hacer lo mismo con sus artes secretas, pero esta vez fracasaron. Los mosquitos seguían picando a hombres y animales. ¹⁹«¡No hay la menor duda de que esto es obra de Dios!», exclamaron ante el faraón. Pero el faraón persistió en su terquedad, y no quiso oírlos, tal como el Señor lo había advertido.

## La plaga de tábanos

²⁰Luego el Señor le dijo a Moisés: «Levántate temprano, y sal al encuentro del faraón, cuando vaya a bañarse al río, y dile que yo, el Señor, le ordeno que deje que mi pueblo vaya y me adore. ²¹Que si se niega, enviaré plagas de tábanos por todo Egipto, de modo que todas las casas se llenarán de ellos. ¡Hasta el piso se cubrirá de tábanos! ²²Pero que en la tierra de Gosén, donde viven los israelitas, no habrá tábanos. Que de este modo sabrá que yo soy el Señor, Dios de toda la tierra. ²³Que haré distinción entre mi pueblo y su pueblo. Dile que todo esto ocurrirá mañana».

²⁴Y el Señor hizo lo que había dicho, de modo que hubo una terrible plaga de tábanos en el palacio del faraón y en la casa de cada egipcio. ²⁵El faraón inmediatamente llamó a Moisés y a Aarón y les dijo:

—Está bien, vayan y ofrézcanle sacrificios a su Dios, pero háganlo aquí en Egipto. No vayan al desierto.

²⁶Pero Moisés replicó:

—¡Imposible! Los sacrificios al Señor nuestro Dios no son aprobados por los egipcios, y si lo hacemos aquí, delante de sus ojos, nos apedrearán. ²⁷Tenemos que ir al desierto, a tres días de camino, a ofrecer allí nuestros sacrificios al Señor nuestro Dios, tal como Él nos lo ha ordenado.

²⁸—Está bien, vayan —respondió el faraón—, pero no se vayan demasiado lejos. Ahora, dense prisa y oren por mí.

²⁹—Sí —dijo Moisés—, le pediré al Señor que haga desaparecer los tábanos, pero te advierto que no debes engañarnos más prometiendo que el pueblo saldrá y cambiando luego de parecer.

³⁰Moisés salió de la presencia del faraón y le pidió a Dios que librara al país de los tábanos. ³¹,³²El Señor hizo lo que Moisés le pidió, de modo que los tábanos desaparecieron por completo de la casa del faraón, y de las casas de sus funcionarios y del pueblo en gene-

ral. Pero el faraón endureció su corazón nuevamente y no permitió que el pueblo fuera a adorar al Señor.

## La plaga en el ganado

**9** El Señor le dijo a Moisés que fuera a ver al faraón y le dijera: «El Señor, Dios de los hebreos, te exige que dejes salir al pueblo para que hagan su sacrificio. ²Si te niegas a dejarlos ir, ³el Señor hará que se desate una plaga mortal que destruirá los caballos, los burros, los camellos, los rebaños de ovejas, y las manadas de vacas. ⁴Pero la plaga afectará solamente a los animales de los egipcios. Ninguno de los rebaños de los israelitas será tocado».

⁵El Señor anunció que la plaga comenzaría a la mañana siguiente, ⁶y así fue. A la mañana siguiente, todos los animales de los egipcios comenzaron a morirse, pero ni uno solo de los animales de los israelitas se enfermó. ⁷El faraón envió a ver si era cierto que los animales de los israelitas no morían, pero aunque comprobó que así era, permaneció firme, y no dejó salir al pueblo.

## La plaga de las úlceras

⁸El Señor les dijo a Moisés y a Aarón: «Tomen puñados de ceniza, y que Moisés la arroje hacia el cielo delante del faraón. ⁹Apenas lo haga, la ceniza se convertirá en un polvillo fino. Ese polvillo se esparcirá por todo Egipto, y cuando caiga sobre la gente y los animales les producirá úlceras y tumores».

¹⁰Entonces, Moisés y Aarón tomaron ceniza y salieron al encuentro del faraón. Mientras éste miraba, Moisés lanzó la ceniza hacia el cielo, y la ceniza, al caer sobre la gente y los animales, les produjo úlceras llenas de pus. En todo el país de Egipto ocurrió lo mismo. ¹¹Los magos no pudieron presentarse delante de Moisés, pues también ellos, como toda la gente, tenían úlceras llenas de pus. ¹²Pero el Señor endureció el corazón del faraón, quien persistió en su soberbia y se negó a oír, tal como ya el Señor lo había advertido.

## La plaga de granizo

¹³El Señor le dijo a Moisés que se levantara temprano para que fuera a ver al faraón y le dijera: «El Señor, Dios de los hebreos te ordena que dejes salir a su pueblo para que vaya a adorarlo. ¹⁴Si no obedeces, entonces él enviará una plaga que realmente vendrá sobre ti, tus siervos y toda la gente de Egipto. Dile que le voy a demostrar que no hay otro Dios en toda la tierra. ¹⁵Que si yo quisiera, hubiera podido usar todo mi poder para mandar una peste que acabara con todos los egipcios de una vez, ¹⁶pero no lo hice, porque quiero que todos sepan cuán poderoso soy, y para que mi nombre se mencione en todo el país. ¹⁷Dile que si es que se cree muy grande como para atreverse a desafiar mi poder y a negarle a mi pueblo el permiso para salir. ¹⁸También dile que mañana, a esta hora, enviaré una tormenta de granizo que azotará a toda la nación como jamás ha sido azotada. ¹⁹Por eso, deben apresurarse a meterse en sus casas y a recoger los animales que están en el campo, ya que el granizo caerá sobre toda persona y animal que esté al aire libre, y los matará».

²⁰Algunos egipcios, aterrorizados por esta amenaza, recogieron sus ganados y sus esclavos de los campos; ²¹pero otros no dieron importancia a la palabra del Señor, y los dejaron en el campo, a merced de la tormenta.

²²Entonces el Señor le dijo a Moisés: «Levanta tu mano hacia el cielo, y haz que descienda granizo sobre todo Egipto, sobre personas, animales y vegetación».

²³Moisés extendió la mano, y el Señor envió truenos, rayos y granizo. ²⁴La escena fue tan horrible que no se puede describir. Jamás en la historia de Egipto había habido una tormenta similar. ²⁵Todo Egipto quedó en ruinas. Todo cuanto había en los campos, hombres y animales por igual, murieron, y los árboles quedaron destrozados y las cosechas arruinadas. ²⁶El único lugar de Egipto en que no hubo granizo aquel día fue en Gosén, donde vivía el pueblo de Israel.

²⁷El faraón mandó a llamar a Moisés y a Aarón, y les dijo:

—Ahora reconozco mi falta. Yo y mi pueblo hemos actuado mal. ²⁸Rueguen al Señor que termine este terrible azote, pues ya hemos tenido suficientes truenos y granizo, y yo dejaré salir a su pueblo al instante.

²⁹—Muy bien —respondió Moisés—. Tan pronto como yo haya salido de la ciudad, levantaré las manos hacia el Señor, y los truenos y el granizo se detendrán. Esto te probará que el Señor reina en la tierra. ³⁰Pero yo sé que ni tú ni tus funcionarios están todavía dispuestos a obedecer a Dios, el Señor.

³¹Todo el lino y la cebada se perdieron, porque la cebada estaba madura y el lino estaba en flor; ³²pero el trigo y el centeno no fueron destruidos, porque aún no habían brotado de la tierra.

³³Moisés salió de la presencia del faraón, y ya fuera de la ciudad levantó las manos hacia el Señor. Al instante, los truenos y el granizo se detuvieron, y cesó la lluvia. ³⁴Cuando el faraón y sus funcionarios vieron esto, pecaron aún más, pues no cumplieron lo que habían prometido. ³⁵El faraón negó el permiso para que el pueblo saliera, tal como el Señor le había advertido a Moisés.

## La plaga de langostas

**10** El Señor le dijo a Moisés: «Vuelve a hablar con el faraón. Pero yo lo he endurecido a él y a sus funcionarios, a fin de hacer nuevos milagros y demostrar mi poder. ²Un día podrán ustedes contarles a sus hijos y a sus nietos las cosas increíbles que estoy haciendo en Egipto. Les contarán cómo destruí a los egipcios, y cómo demostré que yo soy el Señor».

³Moisés y Aarón pidieron otra audiencia al faraón y le dijeron:

—El Señor, Dios de los hebreos, pregunta: «¿Hasta cuándo te negarás a someterte a mí? Deja que mi pueblo vaya y me adore. ⁴,⁵Si te niegas, mañana cubriré la nación con una plaga de langostas, tan grande, que no podrás ver el suelo, y ellas acabarán de destruir todo lo que escapó del granizo. ⁶Estarán en tu palacio, en las casas de tus funcionarios y en todas las casas de Egipto. Jamás en la historia de Egipto ha habido una plaga como ésta».

Tan pronto acabó de hablar, Moisés dio media vuelta y se retiró.

⁷Los funcionarios se presentaron delante del faraón, y le preguntaron:

—¿Vas a permitir que seamos destruidos completamente? ¿No sabes que todo Egipto está en ruinas? Deja que ese pueblo vaya y adore al Señor su Dios.

**ÉXODO 10.10**

⁸Entonces, el faraón mandó a llamar a Moisés y a Aarón, y les dijo:

—Bien, salgan y adoren al Señor su Dios. Pero necesito que me informen cuántos irán.

⁹—Iremos con nuestros niños y nuestros ancianos, nuestras ovejas y nuestras vacas —respondió Moisés—. Llevaremos todo lo nuestro, porque iremos en santa peregrinación.

¹⁰—¡Que el Señor los ayude! —respondió el faraón—. ¿Acaso creen que les dejaré llevar a los pequeños? ¡Ya veo lo que están planeando! ¹¹¡Jamás accederé a esto! Si quieren ir a adorar al Señor, entonces vayan solamente ustedes los hombres.

Luego echaron de la presencia del faraón a Moisés y a Aarón. ¹²Entonces el Señor le dijo a Moisés: «Levanta tu mano sobre la tierra de Egipto, para hacer que vengan langostas a cubrir la tierra y a comer todo lo que quedó después del granizo».

¹³Moisés levantó la vara y el Señor hizo que un viento oriental soplara todo aquel día y toda la noche. A la mañana siguiente, el viento oriental había traído las langostas. ¹⁴Y las langostas cubrieron a Egipto completamente. Era la peor plaga de langostas en la historia de Egipto. ¡Nunca habrá otra igual! ¹⁵Las langostas cubrían la tierra y no permitían que se viera el sol, de modo que la tierra estaba en tinieblas. Las langostas se comieron toda la vegetación que había escapado del granizo. No quedó nada verde, ni árbol ni planta, en todo Egipto.

¹⁶El faraón mandó a llamar urgentemente a Moisés y a Aarón, y les dijo: «Confieso que he pecado contra el Señor su Dios, y contra ustedes. ¹⁷Perdonen mi pecado por última vez, y rueguen al Señor su Dios que aleje de mí esta plaga mortal. Prometo que no les negaré el permiso de salir a adorarlo».

¹⁸Entonces Moisés salió de la presencia del faraón y oró al Señor. ¹⁹El Señor envió un viento fuerte de occidente que hizo que las langostas fueran a dar al Mar Rojo, de modo que no quedó una sola langosta en Egipto. ²⁰Pero el Señor endureció el corazón del faraón, y éste no dejó salir al pueblo.

## La plaga de tinieblas

²¹El Señor le dijo a Moisés: «Levanta tus manos al cielo, para que todo Egipto quede cubierto de tinieblas. ¡Será tal la oscuridad que los egipcios andarán a tientas!» ²²Así lo hizo Moisés, y espesas tinieblas cubrieron la tierra. Durante tres días, ²³los egipcios no pudieron verse unos a otros, ni salir de sus casas. En la región habitada por el pueblo de Israel, en cambio, había luz como de costumbre.

²⁴El faraón llamó a Moisés y le dijo:

—Vayan y adoren al Señor, pero dejen sus ovejas y sus vacas aquí. Pueden llevarse a sus hijos con ustedes.

²⁵—No —respondió Moisés—, debemos llevar nuestras ovejas y vacas para presentar ofrendas y holocaustos a nuestro Dios. ²⁶Ni una pezuña se quedará aquí, porque debemos llevar sacrificios al Señor nuestro Dios, y sólo cuando lleguemos allá, él nos dirá cuáles animales tendremos que ofrecerle.

²⁷Pero el Señor endureció el corazón del faraón, y éste no los dejó salir.

²⁸—¡Sal de aquí y no vuelvas a venir a mi presencia! ¡El día que lo hagas, morirás! —le gritó el faraón a Moisés.

²⁹—Muy bien —respondió Moisés—. ¡Nunca más volveré por aquí!

## La plaga contra los primogénitos

**11** El Señor le dijo a Moisés: «Enviaré una plaga más sobre el faraón y su tierra, y después de ella los dejará ir. Es más, él estará ansioso de deshacerse de ustedes y, prácticamente, los arrojará del país. ²Diles a todos los hombres y mujeres de Israel que pidan a sus vecinos egipcios joyas de oro y plata».

³Dios hizo que los egipcios se mostraran favorables hacia el pueblo de Israel. Además, Moisés era un hombre muy importante en Egipto, y era temido por los funcionarios del faraón y por el pueblo de Egipto.

⁴Moisés, pues, le dijo al faraón: «El Señor dice: "A medianoche pasaré por Egipto, ⁵y morirán todos los hijos mayores de todas las familias de Egipto, desde el primogénito del faraón hasta el primogénito de la esclava que trabaja en el molino; y también morirá toda primera cría de animal. ⁶El llanto por la muerte de los primogénitos resonará por todo Egipto. Jamás antes ha habido una angustia similar, y jamás se volverá a ver nada semejante. ⁷Pero ni siquiera un perro gemirá por la muerte de uno de los nuestros, pues ni personas ni animales morirán entre el pueblo de Israel. Así sabrán ustedes que el Señor hace distinción entre egipcios e israelitas. ⁸Todos tus funcionarios vendrán corriendo a mí, e inclinándose me suplicarán que me vaya con todo el pueblo. Entonces saldré y me llevaré a todo el pueblo de Israel"».

Luego, Moisés salió muy enojado de la presencia del faraón. ⁹El Señor le había dicho a Moisés: «El faraón no oirá, y esto me dará la oportunidad de hacer portentosos milagros para demostrar mi poder».

¹⁰Por eso, aunque Moisés y Aarón hicieron estos milagros delante del faraón, el Señor le endureció el corazón para que no dejara salir al pueblo.

## La Pascua

**12** El Señor les dijo a Moisés y a Aarón: ²«De ahora en adelante, este mes será el primero y el más importante del año judío. ³,⁴Díganles a los israelitas que cada año, en el décimo día de este mes, cada familia tomará un cordero. Si la familia es pequeña, compartirá el cordero con otra familia pequeña del vecindario; el hacer o no esto dependerá del tamaño de la familia. ⁵Este animal, ya sea cordero o cabrito, será un macho de un año y sin ningún defecto.

⁶»El animal deberá ser cuidado hasta el día catorce del mes. Ese día, al atardecer, cada familia de Israel sacrificará su cordero o cabrito. ⁷Luego tomarán un poco de sangre del animal y la colocarán en los dos postes y en el travesaño de la puerta de la casa en que se han de comer al animal. ⁸Asarán la carne al fuego y la comerán esa noche con panes sin levadura y hierbas amargas. ⁹Nada crudo ni cocido comerán del animal, sino asado, incluso la cabeza, las piernas, el corazón y el hígado. ¹⁰No comerán nada de esa carne el día siguiente, y si algo sobra esa noche, deberá ser quemado.

✧12.13

¹¹»Comerán con la ropa y el calzado puestos, como si estuvieran listos para emprender un largo viaje, y con el bordón en la mano. Comerán apresuradamente. Esta fiesta es la Pascua en honor al Señor.

¹²»Esa noche yo pasaré por la tierra de Egipto, y daré muerte a todos los primogénitos de los hombres y de los animales de Egipto, y así ejecutaré mi juicio sobre todos los dioses de Egipto; porque yo soy el Señor. ¹³La sangre que ustedes colocarán en los postes y en las puertas será prueba de que me han obedecido; y cuando vea la sangre, pasaré de largo y no destruiré a los primogénitos de ustedes, cuando castigue a Egipto.

¹⁴»Este día lo celebrarán cada año (como una ley permanente), para recordar esta noche. ¹⁵La celebración durará siete días. En todo ese tiempo sólo podrán comer pan sin levadura. Cualquiera que desobedezca esta norma durante los siete días que dura la celebración, será expulsado de la comunidad de Israel. ¹⁶El primer día de la celebración, y el séptimo día, habrá reunión sagrada para toda la congregación, y no harán trabajos de ningún tipo en esos días, salvo la preparación de alimentos.

¹⁷»Esta celebración anual de panes sin levadura hará que siempre recuerden este día como el día en que yo los saqué de la tierra de Egipto. Será obligatorio observar esta festividad anualmente de ahora en adelante, de generación en generación. ¹⁸Desde la tarde del día catorce del mes hasta la tarde del día veintiuno sólo podrán comer panes sin levadura. ¹⁹En esos siete días no debe haber rastro de levadura en sus hogares. Durante ese tiempo, cualquiera que coma algo con levadura será expulsado de la comunidad de Israel. Esta misma regla se aplica a los extranjeros que vivan entre ustedes y a todos los que hayan nacido en el país. ²⁰Repito, durante esos días no deben comer ninguna cosa que contenga levadura; sólo comerán panes sin levadura».

²¹Moisés convocó a todos los ancianos de Israel y les dijo: «Vayan y tomen corderos del rebaño, uno por cada familia, según el número de personas que la componen; y maten el cordero, para que celebren la Pascua. ²²Recojan la sangre del cordero en una vasija, tomen una rama de hisopo, mójenla en la sangre del cordero y unten la sangre en los postes de la puerta y el travesaño. ¡Que nadie salga de su casa en toda la noche! ²³El Señor pasará por Egipto y dará muerte a los egipcios; pero cuando vea la sangre sobre el travesaño de la puerta y sobre los dos postes, pasará de largo y no permitirá que el destructor entre a matar a sus hijos. ²⁴Recuerden: esta es una ley permanente para ustedes y para sus descendientes. ²⁵Cuando entren en la tierra que el Señor les dará, como ha prometido, y estén celebrando la Pascua, ²⁶y sus hijos les pregunten: "¿Qué significa esto? ¿Qué ceremonia es ésta?", ²⁷ustedes les responderán: "Es la celebración del paso del Señor, porque pasó de largo por los hogares del pueblo de Israel cuando mató a los egipcios. Pasó de largo por nuestras casas y no entró a destruirnos"».

Y todos los israelitas inclinaron la cabeza y adoraron, ²⁸e hicieron lo que el Señor les había ordenado por medio de Moisés y de Aarón.

## Muerte de los primogénitos egipcios

²⁹A medianoche, el Señor dio muerte a los primogénitos de Egipto, desde el hijo mayor del faraón hasta el hijo mayor del cautivo que estaba en el calabozo. Además, dio muerte a toda primera cría de animal. ³⁰El faraón, sus funcionarios y todo el pueblo de Egipto se levantaron en la noche. Y hubo amargo llanto en todo Egipto, porque no había casa donde no hubiera un muerto.

³¹El faraón llamó a Moisés y a Aarón durante la noche y les dijo: «Salgan, por favor, de en medio de mi pueblo; vayan y sirvan a su Dios como quieran. ³²Tomen sus vacas y sus ovejas, y váyanse. Pues para mí será un alivio que se vayan».

³³Y los egipcios pedían a los israelitas que se fueran lo antes posible. Les decían: «Si no se van pronto, todos moriremos».

³⁴Los israelitas tomaron la masa para el pan sin levadura, la envolvieron en sábanas y la pusieron sobre sus hombros. ³⁵El pueblo de Israel hizo lo que Dios les había ordenado, y pidieron a los egipcios plata, oro y telas. ³⁶Y el Señor hizo que los egipcios miraran favorablemente a los israelitas y les dieran todo lo que ellos les pedían. Y los egipcios fueron prácticamente despojados de todo lo que poseían.

## El éxodo

³⁷Aquella noche, el pueblo de Israel salió de Ramsés y emprendió la marcha hacia Sucot. Eran como seiscientos mil hombres de a pie, sin contar las mujeres ni los niños. ³⁸También salieron con ellos personas de diferentes nacionalidades, con gran cantidad de vacas y ovejas. ³⁹Cuando se detuvieron a comer, cocieron panes sin levadura. Como no tuvieron tiempo para preparar comida antes de salir de Egipto, tuvieron que usar la masa sin levadura que lograron sacar.

⁴⁰,⁴¹Los hijos de Jacob y sus descendientes habían vivido en Egipto cuatrocientos treinta años, y el último día del año cuatrocientos treinta todo el pueblo del Señor salió de Egipto. ⁴²Toda esa noche, el Señor estuvo despierto sacando a su pueblo de la tierra de Egipto. Por eso, a los israelitas se les mandó que esa noche de la Pascua la pasaran despiertos, como una manera de honrar al Señor, recordando lo que él hizo por ellos.

## Instrucciones para la Pascua

⁴³El Señor les dijo a Moisés y a Aarón: «Estas son las instrucciones acerca de la observancia de la Pascua. Ningún extranjero comerá del animal, ⁴⁴pero cualquier esclavo que haya sido comprado podrá comerlo, siempre y cuando haya sido circuncidado. ⁴⁵Un empleado, † o un visitante extranjero, no podrá participar de la Pascua. ⁴⁶Todos los que coman del animal, deberán comerlo juntos en una casa, y no podrá sacarse ni siquiera un pedazo de carne. Al animal sacrificado tampoco se le podrá quebrar ni un solo hueso. ⁴⁷Todo el pueblo de Israel deberá celebrar esta fiesta.

⁴⁸»En cuanto a los extranjeros, si viven con ustedes y desean celebrar la Pascua, deberán circuncidarse y circuncidar a todos los varones que pertenezcan a su familia. De esa manera serán considerados como parte del pueblo, y por lo tanto, podrán participar

† 12.46—Jo 19.36

de la Pascua. Ninguna persona incircuncisa podrá comer del cordero.

⁴⁹»Esta ley se aplicará tanto a los israelitas como a los extranjeros nacidos en Israel».

⁵⁰Y el pueblo de Israel siguió todas las instrucciones que el Señor les había dado a Moisés y a Aarón. ⁵¹Este mismo día el Señor sacó a Israel de Egipto, tribu por tribu, como si fueran un ejército.

## Consagración de los primogénitos israelitas

**13** El Señor le ordenó a Moisés: ²«El primer hijo de cada familia israelita será consagrado a mí, pues me pertenece. De igual manera las primeras crías de los animales serán para mí».

³Entonces Moisés dijo al pueblo: «Este es un día que deben recordar siempre. Es el día que salieron de la esclavitud de Egipto. Es el día en que el Señor los sacó con milagros portentosos. Recuerden que durante la celebración anual de este suceso no podrán comer pan con levadura. ⁴,⁵Ustedes deberán celebrar esta fiesta en el mes de aviv, pues es en este mes que salieron de Egipto. Cuando el Señor los haya llevado a la tierra del cananeo, del hitita, del amorreo, del heveo y del jebuseo, que es la tierra que prometió dar a nuestros padres, tierra de la que fluye leche y miel, deberán seguir celebrando esta fiesta. ⁶,⁷Durante siete días comerán solamente pan sin levadura. Y el séptimo día se celebrará una gran fiesta en honor al Señor. Durante esos días, no se podrá tener levadura o pan con levadura en ninguna casa israelita.

⁸»Durante estos días de celebración cada uno de ustedes deberá explicar a sus hijos el porqué de la fiesta. Les dirán que es una celebración de lo que el Señor hizo por ustedes cuando salieron de Egipto. ⁹Esta semana de conmemoración anual nos identificará como el pueblo de Dios; será como si él hubiera puesto su sello de propiedad en nuestras manos y en nuestra frente. ¹⁰Por lo tanto, celebren el acontecimiento anualmente en el mes de aviv.

¹¹»Y cuando el Señor los haya hecho entrar en la tierra que prometió a sus antepasados hace tanto tiempo, es decir, la tierra donde viven ahora los cananeos, ¹²recuerden que todos los primogénitos varones y todo primer macho de animales pertenecen al Señor, así que deben entregárselos. ¹³Cuando la primera cría de una burra sea macho, entonces podrá ser rescatado dando a cambio un cordero o un cabrito. Pero si deciden no rescatar al burro, deben quebrarle el cuello. Sin embargo, deben rescatar a sus hijos primogénitos.

¹⁴»En adelante, cuando sus hijos les pregunten: "¿Qué es esto?", ustedes responderán: "Con grandes milagros el Señor nos sacó de Egipto, para librarnos de nuestra esclavitud. ¹⁵El faraón no quería dejarnos salir, pero el Señor hizo morir a todos los primogénitos varones de Egipto, y también a las primeras crías de los animales. Por eso es que ahora dedicamos todos los varones primogénitos al Señor, pero siempre los rescatamos". ¹⁶Nuevamente les digo que esta celebración los identificará como pueblo de Dios; será como si él hubiera puesto su marca de propiedad sobre la frente de ustedes. Es un recordatorio de que el Señor los sacó de Egipto con gran poder».

## El paso del Mar Rojo

¹⁷,¹⁸Cuando por fin el faraón dejó salir a los israelitas, Dios no los condujo a través de la tierra de los filisteos, aunque era la ruta más directa desde Egipto a la Tierra prometida. Dios no quería que el pueblo se desalentara al tener que pelear durante todo el camino, y deseara volverse a Egipto. Por eso los condujo por la ruta que está junto al Mar Rojo.

¹⁹Moisés tomó también consigo los huesos de José, porque José había hecho que los hijos de Israel le prometieran que llevarían consigo sus huesos cuando salieran de Egipto, pues estaba seguro de que Dios los sacaría.

²⁰Salieron de Sucot y acamparon en Etam, a la entrada del desierto. ²¹El Señor los guiaba por medio de una columna de nube durante el día, y por una columna de fuego durante la noche. De esta manera podían viajar de día o de noche. ²²La columna de nube nunca se apartó de ellos durante el día, ni la de fuego durante la noche.

## La orden del Señor a Moisés

**14** El Señor le ordenó a Moisés: «Diles a los israelitas que den la vuelta hacia Pi Ajirot, entre Migdol y el mar, frente a Baal Zefón, y que acampen allí junto al mar. ³El faraón pensará: "Los israelitas están allí atrapados entre el mar y el desierto". ⁴Y una vez más endureceré el corazón del faraón, y él los perseguirá. Lo hago así para mostrarle mi poder al faraón y a todo su ejército. Entonces todos los egipcios sabrán que yo soy el Señor».

Los israelitas acamparon donde el Señor les había dicho. ⁵Cuando el faraón y sus hombres se dieron cuenta de que los israelitas se habían escapado, cambiaron de parecer, y dijeron: «¿Cómo hemos dejado que estos esclavos se nos vayan? ¿Quién va a hacer el trabajo que ellos hacían? ¿Por qué hemos sido tan torpes?»

⁶Sin pérdida de tiempo, el faraón salió en su carro de guerra para perseguir al pueblo de Israel, ⁷seguido por todos los carros de guerra de Egipto, seiscientos en total, y otros más conducidos por los oficiales egipcios. ⁸Lo hizo porque el Señor le había endurecido el corazón. Así que salió en persecución de Israel, el cual marchaba firme y confiado en la victoria. ⁹Todo el ejército del faraón, compuesto por caballos, carros de guerra, jinetes y las tropas de a pie, salió en persecución de los israelitas. Y los alcanzaron cerca de Pi Ajirot, frente a Baal Zefón, junto al mar, donde estaban acampando.

¹⁰Cuando los israelitas vieron que a lo lejos venía el ejército egipcio en su persecución, tuvieron mucho miedo, y clamaron al Señor en busca de ayuda. ¹¹Luego se volvieron contra Moisés, diciéndole: «¿Nos has traído para que muramos en el desierto? ¿Acaso no había suficientes tumbas en Egipto para enterrarnos? ¿Por qué nos hiciste salir de Egipto? ¹²Cuando éramos esclavos, ¿no te dijimos que mejor nos dejaras tranquilos, que era mucho mejor ser esclavos de los egipcios que morir en el desierto?»

¹³Pero Moisés le dijo al pueblo: «No teman, quédense donde están y observen la forma maravillosa en que el Señor los salvará en este día. Los egipcios que hoy ven, no los volverán a ver nunca más. ¹⁴El Señor

peleará por ustedes, de modo que ustedes no tendrán que levantar ni un solo dedo».

**15** El Señor le dijo a Moisés: «¿Por qué clamas a mí? ¡Dile al pueblo que siga adelante! **16** Extiende tu vara sobre las aguas, y el mar abrirá un sendero delante de ti, y todo el pueblo de Israel podrá cruzarlo como en tierra seca. **17** Yo he endurecido el corazón de los egipcios, y ellos los seguirán, y verán cómo honro mi nombre derrotando al faraón, con todos sus ejércitos, sus carros y sus caballos. **18** ¡Todo Egipto sabrá que yo soy el Señor!»

**19** El ángel del Señor, que estaba guiando al pueblo de Israel, se puso detrás de todos. También la columna de nube se colocó detrás del pueblo, **20** y se interpuso entre el pueblo de Israel y los egipcios. Y aquella noche, al convertirse en columna de fuego, dio oscuridad a los egipcios e iluminó al pueblo de Israel. ¡Los egipcios no pudieron alcanzar a los israelitas! **21** Mientras tanto, Moisés extendió su vara sobre el mar, y el Señor abrió un sendero a través del mar, con muros de agua a cada lado. Un gran viento del oriente sopló toda la noche y secó el fondo del mar. **22** ¡El pueblo de Israel caminó a través del mar por tierra seca! **23** Los egipcios los siguieron por entre los dos muros de agua a lo largo del fondo del mar, con todos los caballos, carros y jinetes del faraón. **24** Pero en la mañana, el Señor miró desde la nube de fuego a los egipcios, y trastornó su campamento. **25** Las ruedas de sus carros de guerra se atascaron, de modo que avanzaban muy lentamente. Entonces los egipcios gritaron: «¡Salgamos de aquí, porque el Señor está peleando por ellos contra nosotros!»

**26** Cuando todos los israelitas pasaron, el Señor le dijo a Moisés: «Extiende tu vara sobre el mar, para que las aguas regresen y caigan sobre los egipcios, sobre sus carros y sus jinetes». **27** Moisés lo hizo así y, al amanecer, el mar regresó a su posición normal. Los egipcios trataron de huir, pero el Señor los hizo ahogar en el mar. **28** El agua cubrió el sendero, y a los caballos y sus jinetes. Y todo el ejército del faraón, que perseguía a Israel a través del mar, pereció. **29** En cambio, el pueblo de Israel cruzó el mar por tierra seca, pues las aguas habían formado muros a ambos lados de ellos.

**30** Así salvó el Señor a los israelitas aquel día. El pueblo de Israel vio a los egipcios muertos a la orilla del mar. **31** Cuando los israelitas vieron el gran milagro que el Señor había hecho por ellos contra los egipcios, temieron al Señor, y creyeron en él y en su siervo Moisés.

## El cántico de Moisés

**15** Llenos de júbilo, Moisés y el pueblo de Israel cantaron este himno al Señor:

Cantaré al Señor, porque obtuvo un triunfo extraordinario, pues arrojó caballos y jinetes al mar.
**2** El Señor es mi fortaleza, mi cántico y mi salvación.
Lo alabaré, porque él es mi Dios.
Lo exaltaré, porque él es el Dios de mis padres.
**3** El Señor es un guerrero. Sí, su nombre es el Señor.
**4** Echó en el mar los carros y la caballería del faraón.
Los más valientes guerreros egipcios yacen muertos en el Mar Rojo.
**5** Las aguas los cubren.
Como piedras se hundieron en el fondo.
**6** Tu brazo derecho, Señor, es poderosísimo.
Tu brazo derecho, Señor, aplasta al enemigo.
**7** En la grandeza de tu majestad destruiste a todos tus adversarios.
Desataste tu ira y los consumiste, como el fuego consume la paja.
**8** Al soplo de tu aliento las aguas se abrieron.
Como diques poderosos se contuvieron las aguas del mar, y se separaron.
**9** Los enemigos dijeron: «Los seguiremos, les daremos alcance y los destruiremos. ¡Los destrozaremos con nuestras espadas y repartiremos el botín!»
**10** Pero el Señor sopló, y las aguas los cubrieron.
Se hundieron como plomo en medio de las aguas.
**11** ¿Quién es como tú, Señor, entre los dioses?
¿Quién es glorioso y santo como tú?
¿Quién es tan poderoso como tú?
¿Quién hace tantas maravillas y prodigios?
**12** Extendiste tu brazo derecho, y la tierra los tragó.
**13** Has conducido al pueblo que redimiste.
En tu gracia misericordiosa lo guiaste hasta tu santa tierra.
**14** Las naciones oyeron lo ocurrido y temblaron.
El temor se ha apoderado del pueblo filisteo.
**15** Los caudillos de Edom están turbados.
Los poderosos de Moab están angustiados; todos los habitantes de Canaán se derriten de miedo.
**16** El terror y la angustia los han vencido.
Señor, por miedo a tu gran poder se quedan mudos como una piedra.
El pueblo que tú rescataste pasará por en medio de ellos con seguridad.
**17** Los conducirás hasta tu monte y los plantarás en tu tierra, en el santuario que hiciste para que ellos vivan.
**18** ¡El Señor reinará para siempre!

## El cántico de Miriam

**19** La caballería del faraón, sus jinetes y sus carros trataron de seguir a Israel a través del mar, pero el Señor hizo que las aguas del mar cayeran sobre ellos, mientras que el pueblo de Israel pasó en seco. **20** Entonces Miriam, la profetisa, hermana de Aarón, tomó una pandereta y dirigió a las mujeres en las danzas, y **21** entonó este cántico:

Cantemos al Señor, porque obtuvo un triunfo extraordinario, pues arrojó caballos y jinetes al mar.

## Las aguas de Mara y Elim

**22** Moisés condujo al pueblo de Israel desde el Mar Rojo hasta el desierto de Sur; y viajaron tres días sin hallar agua. **23** Luego llegaron a Mara, pero no pudieron beber el agua, porque era amarga. Por esta razón el lugar fue llamado Mara, que significa amarga. **24** El pueblo se quejó contra Moisés, y le reclamó: «¿Y qué vamos a beber?» **25** Por eso, Moisés oró al Señor para que los ayudara. Entonces el Señor le mostró un árbol que debía arrojar al agua. Así lo hizo y el agua se endulzó. Allí en Mara fue donde el Señor puso a prueba a los israelitas y les dio una ley que les serviría como norma de conducta. **26** Les dijo: «Yo soy el Señor su Dios. Si ustedes prestan atención a mi voz, y me obedecen

※15.26

**ÉXODO 16.2**

y hacen lo que es bueno, no los dejaré sufrir las enfermedades que envié sobre los egipcios, porque yo soy el SEÑOR que les da la salud».

²⁷Después los israelitas llegaron a Elim, donde había doce manantiales y setenta palmeras; y acamparon allí, junto a los manantiales.

## El maná y las codornices

**16** Los israelitas salieron de Elim y viajaron al desierto de Sin, que está entre Elim y el monte de Sinaí. Hacía un mes y quince días que habían salido de Egipto. ²Allí también el pueblo se quejó contra Moisés y Aarón. ³Les dijeron:

—¡Ojalá el SEÑOR nos hubiera quitado la vida en Egipto! Allí nos sentábamos junto a las ollas llenas de carne y comíamos hasta quedar satisfechos. Pero ustedes nos han traído hasta este desierto para matarnos de hambre.

⁴El SEÑOR le dijo a Moisés:

«Yo voy a hacer que les caigan alimentos del cielo. Cada uno podrá salir y recoger cuanto pueda comer ese día. Los probaré en esto, para ver si siguen mis órdenes. ⁵Diles que el sexto día de la semana recojan el doble de lo que recogen los demás días».

⁶Así que Moisés y Aarón convocaron al pueblo a una reunión y le dijeron:

—Esta tarde sabrán que fue el SEÑOR el que los sacó de la tierra de Egipto. ⁷⁻⁸En la mañana verán la gloria del SEÑOR, quien ha oído sus quejas contra él. Sí, contra él es que ustedes se están quejando, pues nosotros sólo somos sus representantes. El SEÑOR les dará a comer carne en la tarde y pan abundante por la mañana. Él ya escuchó sus quejas, pues no es contra nosotros que ustedes se han quejado, sino contra él. ¡Nosotros no somos nadie!

⁹Luego Moisés le dijo a Aarón:

—Diles a todos los israelitas que se reúnan delante del SEÑOR, pues él ha escuchado todas sus quejas.

¹⁰Mientras Aarón les hablaba, apareció repentinamente del desierto, de dentro de la nube que los guiaba, la majestuosa gloria del SEÑOR. ¹¹,¹²Y el SEÑOR le dijo a Moisés: «He oído sus quejas. Diles que en la tarde tendrán carne y en la mañana podrán saciarse con pan. Y sabrán que yo soy el SEÑOR su Dios».

¹³Aquella tarde llegó una gran cantidad de codornices y cubrió el campo. Al día siguiente, todo el desierto, alrededor del campamento, amaneció mojado de rocío, ¹⁴y cuando desapareció el rocío, quedó sobre el suelo una cosa menuda parecida a la escarcha. ¹⁵Cuando los israelitas vieron aquello, se preguntaban unos a otros:

—¿Qué es esto?

Y Moisés les dijo:

—Es el pan que el SEÑOR les da. ¹⁶El SEÑOR ha dicho que cada uno debe recoger cuanto sea necesario para su familia, más o menos dos litros por persona.

¹⁷El pueblo de Israel empezó a recogerlo. ¹⁸Había suficiente para todos, unos dos litros por persona. A los que juntaron mucho nada les sobró, y a los que juntaron poco, nada les faltó. Cada familia tuvo lo necesario.

¹⁹Y Moisés les dijo:

—No dejen nada para mañana.

²⁰Pero hubo algunos que no prestaron atención, y guardaron para el día siguiente; y cuando miraron lo que habían guardado, estaba lleno de gusanos. ¡Se les había podrido! Moisés se enojó mucho con ellos. ²¹De modo que recogían alimento cada mañana, según sus necesidades. Cuando el sol calentaba la tierra, el alimento se derretía y desaparecía. ²²El sexto día recogieron el doble de lo acostumbrado, unos cuatro litros. Los dirigentes del pueblo, al ver esto, fueron y le informaron a Moisés.

²³Entonces Moisés les dijo:

—El SEÑOR ha señalado el sábado como día de reposo, de solemne reposo, en el que deben apartarse de sus tareas diarias. Por eso es que deben preparar hoy todo lo que necesiten, y guardar lo que sobre para mañana. Todo lo que deban cocinar o hervir deben hacerlo hoy, y lo que sobre deben guardarlo para mañana.

²⁴Los israelitas obedecieron a Moisés, y guardaron para el siguiente día toda la comida que les sobró. A la mañana siguiente el alimento estaba en buen estado, sin gusanos y sin mal olor. ²⁵Y Moisés les dijo:

—Este es su alimento para hoy, porque es día de reposo, consagrado al SEÑOR. Hoy no habrá alimento en el campo. ²⁶Recojan alimento durante seis días, pero el séptimo día es día de reposo, y no hallarán nada.

²⁷Pero algunos salieron a recoger alimento, aun cuando era día de reposo, pero nada encontraron. ²⁸,²⁹Y el SEÑOR le dijo a Moisés:

—¿Hasta cuándo se niega este pueblo a obedecerme? ¿No comprenden que les doy el doble en el sexto día para que tengan suficiente para dos días? Les he dado el séptimo día como día de reposo; deben permanecer en sus casas, y no salir a buscar alimento en ese día.

³⁰El pueblo reposó en el séptimo día. ³¹Y el alimento recibió el nombre de maná, que significa: «¿Qué es esto?» Era como semilla de cilantro, pero blanco, con sabor como a pan de miel.

³²Moisés les comunicó a los israelitas estas otras órdenes del SEÑOR: Debían recoger unos dos litros de maná y guardarlo de muestra para siempre, para que las generaciones posteriores pudieran conocer el pan con que el SEÑOR los había alimentado en el desierto, después de sacarlos de Egipto. ³³Moisés le dijo a Aarón:

—Consigue una vasija y mete en ella los dos litros de maná. Luego guarda la vasija en la presencia del SEÑOR, frente al cofre del pacto. Allí deberá permanecer de generación en generación.

³⁴Aarón hizo lo que el SEÑOR le había ordenado por medio de Moisés. Así que guardó la vasija con el maná frente al cofre del pacto.

³⁵Los israelitas comieron del maná durante cuarenta años, hasta que entraron en la tierra de Canaán, donde pudieron comer de lo que la tierra producía. ³⁶La medida que usaban para medir el maná se llamaba gómer, y era aproximadamente de dos litros, y equivalía a la décima parte de otra medida llamada efa.

## El agua de la roca

**17** Ahora bien, por mandato del SEÑOR, el pueblo de Israel dejó el desierto de Sin y se dirigió hasta Refidín. Pero se encontraron con que en Refidín no había agua. ²Así que una vez más los israelitas se enojaron con Moisés y le dijeron:

—¡Danos agua, pues nos estamos muriendo de sed!

Moisés les dijo:

—¿Por qué se enojan conmigo? ¿Están tratando de nuevo de poner a prueba la paciencia del Señor? ³Pero, atormentados por la sed, le respondieron:

—¿Por qué nos sacaste de Egipto? ¿Por qué nos trajiste a morir de sed aquí, junto con nuestros hijos y nuestro ganado?

⁴Moisés, entonces, oró al Señor, y le dijo:

—¿Qué haré con esta gente? ¡Están a punto de apedrearme!

⁵,⁶El Señor le contestó:

—Toma contigo a algunos de los ancianos de Israel, y lleva al pueblo hasta el monte Horeb. Allí te esperaré junto a la roca. No se te olvide llevar la vara con que golpeaste el río Nilo. Cuando llegues al monte Horeb, golpea la roca, y verás cómo de ella brotará agua suficiente para todos.

En presencia de los ancianos de Israel, Moisés hizo lo que Dios le había dicho, y el agua brotó de la roca. ⁷A ese lugar, Moisés lo llamó Masá, que significa tentación, porque allí los israelitas tentaron al Señor, diciendo: «¿Está el Señor entre nosotros, o no?». También lo llamó Meribá, que significa queja, pues allí el pueblo de Israel se quejó contra Dios.

### Derrota de los amalecitas

⁸Los amalecitas salieron a pelear contra el pueblo de Israel en Refidín. ⁹Entonces Moisés le ordenó a Josué: «Escoge a algunos hombres, y sal con ellos a pelear contra el ejército de Amalec. Mañana yo me pararé en la cumbre de la colina con la vara de Dios en mis manos».

¹⁰Josué y sus soldados salieron a presentar batalla al ejército de Amalec. Moisés, Aarón y Jur subieron a la cumbre de la montaña. ¹¹Mientras Moisés mantenía los brazos en alto, Israel ganaba, pero cuando los bajaba, entonces los amalecitas comenzaban a ganar terreno. ¹²Finalmente, Moisés sintió tanto cansancio que no podía tener los brazos más tiempo en alto. Entonces Aarón y Jur le pusieron una piedra para que él se sentara, y ellos se pusieron a sus lados, sosteniendo sus brazos en alto hasta la puesta del sol. ¹³Como resultado, Josué y sus soldados derrotaron al ejército de Amalec a filo de espada.

¹⁴Luego, el Señor le ordenó a Moisés: «Escribe esto en un libro para que se recuerde siempre, y anuncia a Josué que borraré todo rastro de Amalec».

¹⁵,¹⁶Moisés edificó allí un altar, y lo llamó «El Señor-Nisí», que significa «El Señor es mi bandera», y exclamó: «¡Tomen la bandera del Señor en la mano! ¡El Señor estará en guerra con Amalec de generación en generación!»

### Jetro visita a Moisés

**18** Jetro, suegro de Moisés y sacerdote de Madián, supo las maravillosas cosas que el Señor había hecho por su pueblo Israel y por Moisés, y cómo el Señor los había sacado de Egipto.

²Tiempo antes, cuando Moisés tuvo que enviar a Séfora, su esposa, a la región de Madián, Jetro la recibió en su casa, ³junto con sus dos hijos, Guersón, que significa extranjero, porque Moisés había dicho cuando nació: «He estado peregrinando en tierra extranjera», ⁴y Eliezer, que significa ayuda, porque Moisés había dicho cuando nació: «El Dios de mi padre fue quien me ayudó, y me libró de la espada del faraón».

⁵,⁶Jetro tomó, pues, a Séfora y a sus dos nietos, y se fue al desierto a visitar a Moisés. Cuando supo que los israelitas estaban acampando junto a la montaña de Dios, le envió este mensaje a Moisés: «Yo, Jetro, tu suegro, voy a visitarte. Conmigo vienen tu esposa y tus dos hijos».

⁷Moisés salió a recibir a su suegro con mucho cariño. Se preguntaron sobre la salud de uno y otro, y luego entraron en la tienda de Moisés, para seguir conversando. ⁸Moisés le contó a su suegro todo lo que había estado ocurriendo, y lo que el Señor les había hecho al faraón y a los egipcios, para librar a Israel. También le contó todos los problemas que habían tenido en el camino, y la forma en que el Señor había librado a su pueblo de todos ellos.

⁹Jetro se sintió muy feliz con todo lo que el Señor estaba haciendo por Israel, y de que los hubiera sacado de Egipto. ¹⁰Y exclamó: «¡Bendito sea el Señor, porque te ha salvado de los egipcios y del faraón, y ha rescatado a Israel! ¹¹Yo sé que el Señor es mayor que cualquier otro dios, porque libró a su pueblo de la soberbia y de la crueldad de los egipcios». ¹²Luego, Jetro ofreció sacrificios a Dios. Aarón y los líderes de Israel fueron a ver a Jetro, y todos juntos comieron del sacrificio delante de Dios.

¹³Al día siguiente, como de costumbre, Moisés se sentó desde la mañana hasta la tarde a escuchar los problemas que la gente venía a contarle. Mientras Moisés atendía a unos, los demás permanecían de pie. ¹⁴Cuando Jetro vio la manera como Moisés atendía al pueblo, le dijo:

—¿Por qué estás tratando de hacer todo esto tú solo, y la gente tiene que estar parada todo el día esperando a que la atiendas?

¹⁵,¹⁶—Porque el pueblo viene a mí con sus problemas para consultar a Dios —respondió Moisés—. Yo soy el juez y debo decidir quién tiene la razón y quién está equivocado. Además, debo enseñarles los mandamientos y enseñanzas de Dios.

¹⁷—No está bien —le dijo su suegro—. ¹⁸Te vas a agotar, y entonces ¿qué le ocurrirá a tu pueblo? Esto es demasiado trabajo para tratar de llevarlo tú solo. ¹⁹,²⁰Escúchame y permíteme darte un consejo, para que Dios te bendiga. Sé el abogado de este pueblo, su representante delante de Dios, para que Dios resuelva sus problemas. Tú les comunicarás las decisiones de Dios, les enseñarás sus leyes, y les darás a conocer los principios que deben seguir para tener una conducta correcta.

²¹»Busca a algunos hombres capaces, piadosos y honestos, que odien el soborno, y desígnalos como jueces. Nombra un juez para cada mil personas. Y él, a su vez, tendrá a su cargo diez jueces; y cada uno de éstos estará a cargo de cien personas. Bajo cada uno de los jueces de cien habrá dos jueces, cada uno a cargo de cincuenta personas. Y cada uno de estos tendrá cinco jueces a su cargo, uno para cada diez personas. ²²Deja que estos hombres se encarguen de administrar justicia. Cualquier cosa que sea muy importante o complicada, pueden traértela a ti. Pero

18.2-3

en los asuntos menores, ellos pueden decidir por sí mismos. De este modo será todo más fácil para ti, porque tú compartirás la carga con ellos. 23Si sigues mi consejo, y si al Señor le parece bien, podrás soportar todas las presiones, y habrá paz y armonía en el campamento».

24Moisés escuchó atentamente el consejo de su suegro y siguió sus sugerencias. 25Escogió hombres capaces y los designó jueces del pueblo, jueces de mil, de cien, de cincuenta y de diez. 26Estaban constantemente disponibles para administrar justicia. Los casos más difíciles los referían a Moisés, pero ellos juzgaban todos los casos menores.

27Poco después, Moisés despidió a su suegro, quien regresó a su tierra.

## Los israelitas en el Sinaí

**19** Los israelitas llegaron al desierto de Sinaí, tres meses después de su salida de Egipto. 2,3Levantaron el campamento en Refidín, y continuaron su viaje. Cuando llegaron al pie del monte Sinaí, establecieron allí su campamento. Moisés subió al monte para encontrarse con Dios, y desde la cima el Señor lo llamó y le dijo: «Esto es lo que dirás a los israelitas, los descendientes de Jacob: 4"Ustedes han visto lo que hice con los egipcios, y cómo los traje a ustedes con tanto cuidado, como cuando las águilas llevan sobre sus alas a sus polluelos. 5Ahora, pues, si oyen mi voz y guardan mi pacto, serán mi principal tesoro entre todas las naciones de la tierra, porque toda la tierra es mía. 6Y serán un reino de sacerdotes y gente santa"».

7Moisés descendió del monte, llamó a todos los dirigentes del pueblo y les dijo lo que el Señor le había dicho. 8Le respondieron unánimes: «Haremos siempre todo lo que él nos pida».

Y Moisés le refirió al Señor la respuesta del pueblo. 9El Señor le dijo, a Moisés:

—Yo voy a presentarme delante de ti en forma de una nube oscura, de modo que el pueblo mismo pueda oírme cuando hable contigo, y así siempre te creerán. 10Desciende ahora y haz que el pueblo se prepare para mi visita. Santifícalos hoy y mañana; y haz que laven su ropa. 11Luego, pasado mañana, descenderé sobre el monte Sinaí, mientras el pueblo observa. 12Establece límites para que la gente no pase, y diles: «No suban al monte ni toquen sus límites. 13Si algún hombre o animal lo hace, nadie tocará al ofensor, sino que morirá a pedradas o a flechazos. Permanezcan alejados del monte. Sólo cuando oigan el toque largo de trompeta, podrán llegar al pie de la montaña».

14Moisés descendió al pueblo y lo santificó, y ellos lavaron su ropa. 15Luego Moisés les dijo: «Prepárense para encontrarse con Dios pasado mañana, y no tengan relaciones sexuales».

16En la mañana del tercer día hubo una terrible tormenta de relámpagos y truenos. Una densa nube descendió sobre el monte, y hubo un largo toque de trompeta, y todo el pueblo tembló. 17Moisés los hizo salir del campamento para ir al encuentro de Dios, y los dejó al pie del monte. 18Todo el monte Sinaí estaba cubierto de humo, porque el Señor había descendido en forma de fuego. El humo subía al cielo como si saliera de un horno, y todo el monte temblaba como sacudido por un violento terremoto; 19y el toque de trompeta era cada vez más fuerte. Moisés hablaba con Dios, y él le respondía con voz de trueno.

20El Señor bajó a la cumbre del monte Sinaí, y llamó a Moisés para que subiera. Entonces Moisés subió, 21y el Señor le dijo:

—Desciende, y advierte al pueblo que no debe cruzar los límites. Nadie debe subir hasta aquí para tratar de verme, porque morirá. 22Aun los sacerdotes que estén de turno deben santificarse para que no los destruya.

23—Pero el pueblo no subirá al monte —contestó Moisés—. Tú les dijiste que no lo hicieran. Me dijiste que establecieras límites alrededor del monte, y que les avisara que el terreno que estaba a este lado de los límites estaba reservado para ti.

24El Señor le dijo:

—Desciende y trae a Aarón contigo. Pero nadie más debe subir al monte, ni siquiera los sacerdotes, pues quien lo haga se expone a mi castigo.

25Moisés bajó del monte, y les dijo a los israelitas lo que el Señor le había comunicado.

## Los diez mandamientos

**20** Dios le dijo al pueblo de Israel:
2«Yo soy el Señor tu Dios que te sacó de Egipto, donde eras esclavo.

3»No tendrás otros dioses además de mí.

4»No te harás ídolos ni imágenes de nada que esté en el cielo, en la tierra o en lo profundo del mar. 5No te inclinarás delante de ninguna imagen ni la adorarás, porque yo, el Señor tu Dios, soy muy celoso, y no compartiré con otros dioses la honra que me pertenece. Cuando castigo a alguien por sus pecados, el castigo alcanza a sus hijos, a sus nietos y a sus bisnietos. 6Pero derramo mi amor sobre millares de generaciones de los que me aman y obedecen mis mandamientos.

7»No usarás el nombre del Señor tu Dios en vano ni en forma irreverente. No dejaré sin castigo a quien se atreva a usar mi nombre sin el debido respeto.

8»Acuérdate de observar el día de reposo, es decir, el sábado, como día santo. 9Seis días de la semana son para los quehaceres cotidianos y el trabajo regular. 10Pero el séptimo día es día de reposo delante del Señor tu Dios. Ese día no harán trabajo de ninguna clase tú, ni tu hijo, ni tu hija, ni tus esclavos, ni tus huéspedes, ni tus animales, 11porque en seis días hizo el Señor los cielos, la tierra, el mar y todo lo que en ellos hay, y reposó el séptimo día. Por eso bendijo el día de reposo y lo santificó.

12»Honra a tu padre y a tu madre, para que tengas una vida larga y buena en la tierra que el Señor tu Dios te da.

13»No matarás.

14»No cometerás adulterio.

15»No robarás.

16»No darás un testimonio falso en contra de tu prójimo.

17»No codiciarás la casa de tu prójimo: no codiciarás la mujer de tu prójimo, ni su esclavo, ni su buey, ni su burro, ni ninguna otra cosa que le pertenezca».

19.5  20.12  20.14  20.16-17

## Reacción temerosa de los israelitas

¹⁸Todos los israelitas vieron los relámpagos y el humo que subía del monte, y oyeron los truenos y el toque de la trompeta, y se quedaron lejos, temblando de miedo. ¹⁹Y le dijeron a Moisés:

—Dinos lo que Dios diga, y nosotros obedeceremos. Pero que no nos hable Dios en forma directa, pues moriremos.

²⁰—No teman —les dijo Moisés—, porque Dios se ha presentado de esta manera para probarlos, de modo que de aquí en adelante tengan temor de pecar en su contra.

²¹Mientras el pueblo permanecía a una distancia prudente, Moisés volvió a entrar en la nube donde estaba Dios.

## El altar de piedra

²²Y el Señor le dijo a Moisés que les comunicara a los israelitas lo siguiente: «Ustedes son testigos de que les he dado a conocer mi voluntad desde el cielo. ²³Recuerden que no deben adorar ídolos, ya sean de plata, de oro o de algún otro material. ²⁴Los altares que hagan para mí deben ser sencillos altares de tierra. Sobre ellos me ofrecerán sus sacrificios, sus holocaustos y sus ofrendas pacíficas de ovejas y bueyes. Yo iré al lugar donde les pida que invoquen mi nombre, y los bendeciré allí. ²⁵También pueden edificar altares de piedra, pero solamente con piedras sin tallar. No golpearán las piedras con ningún tipo de herramienta para labrarlas, porque eso las profanaría y no servirían para mi altar. ²⁶Y no harán gradas para subir a mi altar; para que no se les vea la desnudez.

## Esclavos hebreos

**21** »Estas son otras leyes que deben obedecer: ²»Si alguien adquiere un esclavo hebreo, sólo lo obligará a trabajar para él por seis años. Al séptimo año le dará la libertad, sin que pague nada.

³»Si el esclavo era soltero, y luego se casa, solamente él será libre. Pero si estaba casado, su esposa recibirá la libertad al mismo tiempo que él. ⁴Si su amo le dio esposa mientras era esclavo, y tuvieron hijos o hijas, la esposa y los hijos pertenecerán todavía al amo. Por eso, el esclavo tendrá que irse solo.

⁵»Pero si el esclavo declara: "Amo a mi dueño, a mi esposa y a mis hijos, y no quiero ser puesto en libertad", ⁶el amo lo llevará delante de los jueces, y en presencia de ellos le perforará la oreja con un punzón, y será su esclavo para siempre.

⁷»Si un hombre vende a su hija como esclava, ella no será libre al final de los seis años, como en el caso del hombre.

⁸»Si el hombre que la compró no desea casarse con ella, porque no le agrada, permitirá que sea rescatada. Pero no podrá venderla a extranjeros, puesto que la despreció al no querer tenerla como esposa. ⁹Pero si la ha desposado con su hijo, ya no deberá tratarla como esclava, sino como hija.

¹⁰»Si el que la compró se casa con ella, y luego toma otra esposa, no podrá disminuirle el alimento ni el vestido; ni dejar de dormir con ella. ¹¹Si falla en alguno de estos compromisos, ella quedará libre, sin necesidad de pago alguno.

## Ofensas personales

¹²»Cualquiera que mate a otro hombre, deberá morir. ¹³Pero si fue accidental, porque así yo lo había determinado, entonces el asesino podrá huir y refugiarse en un lugar que yo te indicaré.

¹⁴»Sin embargo, si lo mata deliberadamente, aun si se refugia en mi altar, de allí lo sacarás y le darás muerte.

¹⁵»Cualquiera que golpee a su padre o a su madre morirá.

¹⁶»El que secuestre a una persona y la venda, o lo sorprendan con ella en su poder, deberá morir.

¹⁷»El que insulte o maldiga a su madre o a su padre, ciertamente debe morir.

¹⁸»Si dos hombres están peleando y uno golpea al otro con una piedra o con su puño, y le causa un daño tal que debe guardar cama, pero no muere, ¹⁹el ofensor será declarado inocente, siempre y cuando el herido pueda levantarse y caminar apoyado sobre un bastón. Sin embargo, el que lo golpeó deberá pagarle por el tiempo que esté sin trabajar, como también los gastos de su curación, hasta que esté completamente sano.

²⁰»Si un hombre golpea a su esclavo y le da muerte, debe ser castigado. ²¹Sin embargo, si el esclavo no muere en un par de días, el ofensor no será castigado, porque el esclavo es propiedad suya.

☼ ²²»Si varios hombres pelean, y en medio de la pelea uno de ellos golpea a una mujer que está embarazada, y como consecuencia ella tiene un aborto, pero queda viva, el hombre que la haya herido deberá pagar la multa que exija el marido de la mujer, y que los jueces aprueben. ²³Pero si la mujer muere, entonces el ofensor pagará vida por vida, ²⁴ojo por ojo, diente por diente; mano por mano, pie por pie; ²⁵quemadura por quemadura, herida por herida, golpe por golpe.

²⁶»Si un hombre golpea a su esclavo o a su esclava en un ojo, y por dicho golpe el esclavo o la esclava pierde su ojo, entonces el ofensor le dará la libertad, como una compensación por el ojo que le dañó. ²⁷Si le arranca un diente, también deberá darle la libertad.

²⁸»Si un buey cornea a un hombre o a una mujer y le da muerte, el dueño del animal no será considerado culpable. Pero se matará al buey a pedradas, y no se podrá comer su carne. ²⁹Pero si el buey es bravo, y el dueño lo sabe y lo deja suelto, el buey será apedreado y el dueño deberá morir, ³⁰a menos que los parientes del muerto acepten la indemnización que los jueces determinen.

³¹»La misma ley se aplica si el buey cornea a un niño o a una niña.

³²»Pero si el buey cornea a un esclavo, hombre o mujer, el dueño pagará treinta monedas de plata al dueño del esclavo o de la esclava, y el buey se matará a pedradas.

³³»Si un hombre cava un pozo y, por no cubrirlo, cae en él un buey o un burro, ³⁴pagará los daños al propietario del animal, y el animal muerto quedará para él.

³⁵»Si un buey mata al buey de otra persona, los dos propietarios venderán el buey vivo, se repartirán el dinero, y cada uno se quedará con la mitad del buey

☼ 21.22

muerto. ³⁶Pero si se sabía que el buey era bravo, su dueño deberá reponer el buey muerto con uno vivo, y se quedará con el buey muerto.

## Protección de la propiedad

**22** »Si alguien roba un buey y lo mata o lo vende, pagará cinco por uno: cinco bueyes serán devueltos por un buey robado. Si se trata de una oveja, serán cuatro por una: cuatro ovejas serán devueltas por una robada.

²»Si el ladrón es sorprendido en el acto de entrar en una casa y lo matan, el que lo mató no es culpable. ³Pero si ocurre a la luz del día, se presume que es homicidio, y el que lo mató es culpable. Si se captura a un ladrón, debe hacer completa restitución de lo robado. Si no puede, debe ser vendido como esclavo para cancelar su deuda. ⁴Si es sorprendido robando un buey, un burro, una oveja o cualquier otra cosa, pagará el doble de su valor como multa.

⁵»Si alguien deliberadamente deja suelto un animal, y éste se introduce en la viña de un vecino o entra a pastar en su campo, con lo mejor de su propia cosecha esa persona deberá pagar todos los daños.

⁶»Si se prende fuego para quemar la maleza, y el fuego pasa a la propiedad de un vecino y destruye su cosecha, sea que esté amontonado o que aún no haya sido cortada, el autor del fuego deberá pagar todos los daños.

⁷»Si alguien entrega dinero o cosas de valor a otra persona para que se las guarde, y éstos le son robados, el ladrón pagará el doble, en caso de que lo atrapen. ⁸Pero si no se descubre al ladrón, entonces el hombre que recibió las cosas en depósito será llevado a los jueces, para que determinen si dispuso de los bienes o si participó en el robo.

⁹»En todo caso en que un buey, un burro, una oveja, ropa o cualquier otra cosa se haya perdido, y el propietario piense que lo ha encontrado en poder de otro que lo niega, los dos se presentarán ante los jueces; y el que sea declarado culpable pagará el doble al otro.

¹⁰»Si un hombre le pide a su vecino que le guarde un burro, una oveja o cualquier otro animal, y éste muere, se hace daño, o se pierde, y no hay testigos que puedan dar cuenta de lo que ocurrió, ¹¹el vecino deberá jurar ante el Señor que no lo ha robado; y el propietario deberá aceptar su palabra, y no se hará restitución por ello. ¹²Pero si el animal o la posesión del otro han sido robados, el que lo tenía en custodia deberá hacer restitución al propietario. ¹³Si fue atacado por algún animal salvaje, traerá los despojos para confirmar el hecho, y no tendrá que hacer restitución.

¹⁴»Si un hombre pide prestado un animal o cualquier otra cosa a un vecino, y lo prestado sufre daño o muere cuando el propietario no se encontraba presente, el hombre que lo tomó prestado deberá pagarlo. ¹⁵Pero si el propietario estaba presente, no necesita pagar, y si era alquilado, solo tendrá que pagar el alquiler.

## Responsabilidades sociales

¹⁶»Si un hombre seduce a una mujer que aún no está comprometida, deberá pagar la dote usual y aceptarla por esposa. ¹⁷Pero si el padre se niega a que se case con ella, pagará de todos modos la dote.

¹⁸»Las hechiceras deberán ser condenadas a muerte.

¹⁹»Cualquiera que tenga relaciones sexuales con animales deberá ser condenado a muerte.

²⁰»Cualquiera que ofrezca sacrificios a otros dioses, en vez de ofrecérselos sólo al Señor, será condenado a muerte.

²¹»No maltraten ni opriman al extranjero. Recuerden que ustedes fueron extranjeros en Egipto.

²²»No hagan daño alguno a la viuda o al huérfano. ²³Si lo hacen, y ellos claman a mí pidiendo ayuda, ciertamente los ayudaré. ²⁴Entonces desataré mi ira contra ustedes y haré que mueran a filo de espada. ¡De este modo las que se quedarán viudas serán sus esposas, y los que se quedarán huérfanos serán sus hijos!

²⁵»Si prestan dinero a un israelita necesitado, no le cobrarán interés en la forma acostumbrada. ²⁶Si toman su túnica como prenda, deberán devolvérsela en la noche. ²⁷Es probable que sea su único abrigo, de modo que no tendrá con qué cobijarse en la noche. Si no le devuelven su túnica, y él clama a mí, entonces yo lo atenderé, porque soy muy compasivo.

²⁸»No ofenderán ni maldecirán a las autoridades, ni a los jueces ni a los gobernantes.

²⁹»Deberán dar el diezmo de sus cosechas y de sus vinos, y el pago de rescate de sus hijos primogénitos. ³⁰»En cuanto al primero de sus ganados y de sus rebaños, deberán entregármelos en el octavo día, después de dejarlo estar con su madre siete días.

³¹»Y por cuanto ustedes son mi pueblo especial, no comerán la carne de ningún animal que haya sido atacado y muerto por una bestia salvaje. Esa carne se la echarán a los perros.

## Leyes de justicia y de misericordia

**23** »No acepten falsos rumores. »No cooperen con el malvado apoyando su testimonio, cuando sepan que es falso.

²,³»No sigan a las mayorías que intenten hacer mal. Cuando estén en el estrado de los testigos, no inclinen sus testimonios a favor de la mayoría presente ni hacia el pobre, por el simple hecho de ser pobre.

⁴»Si encuentran el buey o el burro extraviado de su enemigo, llévenselo a su dueño. ⁵Si ven que su enemigo trata de levantar su burro que ha caído bajo una pesada carga, deberán detenerse a ayudarle.

⁶»La pobreza del hombre no es razón para torcer la justicia en su contra.

⁷»Aléjense de todo intento de acusar a alguien falsamente. No permitan que un inocente sea condenado a muerte. Esto yo no lo toleraré.

⁸»No acepten soborno, porque los inclina hacia la parcialidad y daña la causa del inocente.

⁹»No oprimirán al extranjero, porque ustedes saben lo que es ser extranjero. Recuerden su experiencia en Egipto.

## Leyes sabáticas

¹⁰»Sembrarán y cosecharán durante seis años, ¹¹pero la tierra descansará durante el séptimo año, y los pobres del pueblo podrán espigar lo que salga espontáneamente; el resto lo dejarán para que coman los animales. Esta misma regla se aplica a sus viñedos y olivares.

¹²»Trabajarán seis días solamente y descansarán el séptimo. Esto es para dar descanso a su buey y su asno, a sus esclavos y al extranjero que viva con ustedes.
¹³»Obedezcan todas estas cosas, y recuerden que no deben ni siquiera mencionar el nombre de otro dios.

### Las tres fiestas anuales

¹⁴»Deberán celebrar tres fiestas religiosas en el año. ¹⁵La primera es la de los Panes sin levadura. Durante siete días no comerán pan con levadura, conforme a lo que les he ordenado. Esta celebración será anual. La celebrarán en el mes de aviv, que fue el mes en que salieron de Egipto. Cada uno deberá ofrecerme algún sacrificio en esa fecha.
¹⁶»También celebrarán la fiesta de las Primicias, en la que me ofrecerán las primicias de la cosecha. Y finalmente, la fiesta de la Cosecha, cuando termine el trabajo de recolección de la cosecha.
¹⁷»Cada año, en estas tres fiestas, todo varón de Israel se presentará delante del Señor.
¹⁸»Ningún sacrificio de sangre será ofrecido con panes con levadura; no se dejará la grasa del animal sacrificado para ofrecerla al día siguiente.
¹⁹»Llevarán a la casa del Señor los primeros y mejores frutos de sus campos.
»No cocerán al cabrito en la leche de su madre.

### El ángel del Señor

²⁰»Miren, estoy enviando un ángel delante de ustedes, para que lleguen con seguridad a la tierra que les he preparado. ²¹Muéstrenle reverencia y obedezcan todas sus órdenes. No se rebelen contra él, porque él actúa en mi nombre, y no les perdonará sus faltas. ²²Si le obedecen cuidadosamente y siguen todas sus instrucciones, yo seré enemigo de sus enemigos. ²³Y mi ángel irá delante de ustedes y los conducirá a la tierra de los amorreos, de los ferezeos, de los hititas, de los cananeos, de los heveos y de los jebuseos, para que vivan en ella. Yo destruiré estos pueblos delante de ustedes.
²⁴»No adorarán dioses de otras naciones ni les ofrecerán sacrificios; no deben imitar el ejemplo de esos pueblos paganos. Deben vencerlos completamente y destrozar todos sus ídolos vergonzosos.
²⁵»Servirán al Señor su Dios solamente, y yo los bendeciré con alimentos y agua, y apartaré toda enfermedad de entre ustedes. ²⁶No habrá abortos ni esterilidad en su tierra, y vivirán a plenitud todos los días de su vida.
²⁷»El pánico del Señor caerá sobre las naciones que ustedes invadan, de modo que sus habitantes huirán delante de ustedes.
²⁸»Enviaré delante de ustedes avispas que expulsen a los heveos, cananeos e hititas. ²⁹No lo haré todo en un solo año, porque la tierra se convertiría en un desierto y los animales salvajes se multiplicarían, de manera que no se podrían dominar. ³⁰Los expulsaré poco a poco, hasta que la población de ustedes haya crecido lo suficiente como para llenar la tierra. ³¹Los límites que les pondré serán desde el Mar Rojo hasta la costa de los filisteos, y desde el desierto hasta el río Éufrates. Haré que ustedes venzan a los pueblos que hoy viven en esa tierra, y los expulsen de la región.
³²»No deberán hacer pacto con ellos, ni tendrán parte alguna con sus dioses. ³³No dejen que vivan entre ustedes, porque yo sé que ellos los contaminarán con su pecado de adorar a dioses falsos, y eso sería la ruina de ustedes».

### Ratificación del pacto

**24** El Señor le dijo a Moisés: «Sube con Aarón, Nadab, Abiú y setenta de los ancianos de Israel. Pero ellos no podrán acercarse, sino que se arrodillarán a cierta distancia. ²Sólo tú podrás llegar junto a mí. Recuerda que nadie del pueblo podrá subir al monte».

³Moisés anunció al pueblo todas las leyes y reglamentos que el Señor le había dado, y el pueblo respondió al unísono: «Obedeceremos todo lo que el Señor ha dicho». ⁴Moisés escribió todo lo que el Señor le dijo.

Al día siguiente, Moisés se levantó muy temprano y construyó un altar al pie del monte, con doce columnas alrededor, pues doce eran las tribus de Israel. ⁵Entonces envió a algunos de los jóvenes a hacer holocaustos y a sacrificar ofrendas de paz al Señor. ⁶Moisés tomó la mitad de la sangre de estos animales y la echó en grandes vasijas. La otra mitad la roció sobre el altar. ⁷Después leyó al pueblo el libro que había escrito, el Libro del Pacto, que contenía todas las órdenes y leyes de Dios. Y el pueblo dijo nuevamente:

—Solemnemente prometemos obedecer todas las leyes del Señor.

⁸Moisés tomó la sangre que estaba en las vasijas, roció con ella al pueblo, y dijo:

—Esta sangre confirma y sella el pacto que el Señor ha hecho con ustedes, al darles estas leyes.

⁹Moisés, Aarón, Nadab, Abiú y los setenta ancianos de Israel subieron al monte ¹⁰y vieron al Dios de Israel parado sobre una especie de pavimento hecho con piedras de zafiro, tan puro como el cielo. ¹¹Y aunque los ancianos pudieron contemplar a Dios, y comer y beber con él, no murieron, pues él no usó su poder para destruirlos.

¹²El Señor le dijo a Moisés: «Sube al monte, donde estoy, y quédate hasta que yo te dé las leyes y los mandamientos que he grabado en tablas de piedra, para que puedas enseñárselos al pueblo».

¹³Moisés y Josué, su ayudante, subieron al monte de Dios. ¹⁴Antes de subir, Moisés les dijo a los ancianos: «Quédense aquí y espérennos hasta que regresemos. Si hay problemas mientras estamos ausentes, consulten con Aarón y Jur».

¹⁵Cuando Moisés subió, una nube cubrió el monte. ¹⁶La gloria del Señor reposó sobre el monte Sinaí. La nube cubrió el monte por seis días, y al séptimo día Dios llamó a Moisés desde la nube. ¹⁷Los que estaban al pie del monte tuvieron una visión sobrecogedora. La gloria del Señor sobre la cumbre del monte parecía un fuego abrasador. ¹⁸Y Moisés desapareció en la nube que cubría el monte, y estuvo allí cuarenta días y cuarenta noches.

### Las ofrendas para el santuario

**25** El Señor le dijo a Moisés: ²«Dile al pueblo de Israel que el que quiera hacerme una ofrenda, puede traerme ³cualquiera de las siguientes cosas: oro, plata, bronce, ⁴tela azul, morada o escarlata, lino fino,

☼23.22  ☼23.25

pelo de cabra, ⁵pieles de carnero teñidas de rojo, pieles de cabra, madera de acacia, ⁶aceite de oliva para las lámparas, especias para el aceite de la unción y para el incienso perfumado, ⁷piedras de ónice y piedras finas para colocarlas en el efod y el pectoral. ⁸Quiero que el pueblo de Israel me haga un santuario donde pueda habitar en medio de ellos. ⁹Mi santuario será una tienda, un tabernáculo. Yo te daré el diseño de la construcción y los detalles de todos los utensilios.

### El cofre

¹⁰«Harás un cofre de madera de acacia, de un metro y diez centímetros de largo, por setenta centímetros de ancho y setenta de alto. ¹¹Lo recubrirás por dentro y por fuera con oro puro, y le pondrás una moldura de oro. ¹²Harás cuatro argollas de oro y se las pondrás en las cuatro esquinas inferiores, dos por cada costado. ¹³,¹⁴También harás unas varas de madera de acacia cubiertas de oro, y las pasarás por las argollas de los costados, para transportarlo. ¹⁵Estas varas nunca serán sacadas de las argollas. ¹⁶Cuando el cofre esté terminado, colocarás dentro de él las tablas que yo te daré con los Diez Mandamientos grabados en ellas.

¹⁷»También le harás al cofre una cubierta de oro puro de un metro y diez centímetros de largo, por setenta centímetros de ancho. ¹⁸Harás también dos querubines de oro, trabajados a martillo, y los colocarás a los dos extremos de la cubierta del cofre. ¹⁹Tanto la tapa del cofre como los dos querubines serán hechos de una sola pieza. ²⁰Los querubines estarán uno frente al otro, mirando hacia el centro de la tapa del cofre, y tendrán sus alas extendidas sobre la cubierta de oro. ²¹Pondrás la cubierta sobre el cofre y dentro pondrás las tablas de piedra que yo te daré. ²²Y me encontraré contigo allí, y conversaré contigo exactamente entre los dos querubines; y el cofre contendrá las leyes de mi pacto. Allí te diré los mandamientos que he promulgado para el pueblo de Israel.

### La mesa

²³»Luego harás una mesa de madera de acacia, de noventa centímetros de largo, cuarenta y cinco de ancho y setenta de alto. ²⁴La cubrirás con oro puro y le harás una moldura de oro alrededor. ²⁵Le harás un borde de siete centímetros y medio de ancho. Alrededor del borde le pondrás una moldura de oro. ²⁶,²⁷Harás cuatro argollas de oro y las pondrás en los costados, junto a las cuatro patas, cerca de la parte superior. Por ellas pasarán las varas que servirán para transportar la mesa. ²⁸Las varas las harás de madera de acacia, recubiertas de oro. ²⁹También harás tazones de oro, platos, cucharas, jarros y tazas para las ofrendas de líquidos. ³⁰Sobre la mesa pondrás el pan de la Presencia, el cual deberá permanecer continuamente delante de mí.

### El candelabro

³¹»Harás un candelabro de oro puro, fundido y martillado. Todo el candelabro y sus decorados estarán hechos de una sola pieza: la base, el tallo, los cálices, las copas y las flores. ³²De cada lado del candelabro central saldrán tres brazos, ³³cada uno de los cuales estará decorado con cálices en forma de flor de almendro. ³⁴,³⁵El candelabro central también estará decorado con cuatro cálices en forma de flor de almendro, con sus capullos y flores. Cada uno será colocado debajo de cada juego de brazos. ³⁶Estos adornos, los brazos y el candelabro central, serán de una pieza de oro martillado.

³⁷»Harás siete lámparas para el candelabro, y las pondrás de modo que alumbren hacia adelante. ³⁸Sus despabiladeras y sus platillos serán también de oro puro. ³⁹Necesitarás unos treinta y tres kilos de oro fino para el candelabro y todos sus accesorios.

⁴⁰»Ten cuidado de hacer todo siguiendo el modelo que te he mostrado aquí en el monte.

### El santuario

**26** »Harás el santuario con diez cortinas de lino fino retorcido, teñidas de azul, morado y escarlata; en ellas bordarás figuras de querubines. ²Las medidas serán de doce metros y medio de largo y un metro con ochenta de ancho. Todas las cortinas tendrán las mismas medidas. ³Las unirás por sus extremos, de cinco en cinco, para formar dos cortinas largas, una para cada lado. ⁴,⁵Estarán unidas por medio de ojales de color morado, cincuenta a cada lado. ⁶Harás cincuenta corchetes de oro para unir los ojales de los dos conjuntos de cortinas, de modo que el santuario, que es la morada de Dios, sea un todo.

⁷,⁸»El techo del santuario estará hecho de lonas de pelo de cabra. Harás once de estas lonas, cada una de trece metros y medio de largo y un metro ochenta de ancho. ⁹Unirás cinco lonas para una parte y seis para la otra. La sexta lona colgará al frente de la tienda. ¹⁰,¹¹Usarás cincuenta ojales en los bordes de cada una de estas piezas, para unirlas con cincuenta corchetes de bronce. De esta manera las dos piezas formarán una sola. ¹²Sobrará medio metro de estas lonas, el cual colgará en la parte posterior del santuario, ¹³y medio metro por la parte frontal. ¹⁴Sobre estas lonas colocarás una cubierta de cueros de carnero, teñida de rojo, y sobre esta cubierta colocarás otra de pieles de cabras. Esto completará el techo.

¹⁵,¹⁶»El armazón del santuario estará hecho de madera de acacia. Cada pieza será de cuatro metros y medio de largo por setenta centímetros de ancho. Irán en posición vertical ¹⁷y se unirán con espigas por los costados. ¹⁸,¹⁹Con veinte de estas tablas formarás el costado sur del santuario, sobre cuarenta bases de plata, dos bases para cada tabla. ²⁰En el costado norte también habrá veinte de estas tablas ²¹con sus cuarenta bases de plata, dos bases por cada tabla, una debajo de cada esquina. ²²En el costado occidental habrá seis tablas, ²³y dos más en cada esquina. ²⁴Estas tablas estarán unidas de las esquinas mediante ganchos, abajo y arriba. ²⁵De modo que serán ocho tablas en ese extremo, con dieciséis bases de plata para las tablas, dos bases por cada tabla.

²⁶,²⁷»Harás cinco travesaños de madera de acacia para cada costado del santuario, y cinco para las tablas de la parte occidental. ²⁸Uno de los travesaños centrales pasará por el centro de las tablas a todo lo largo del santuario. ²⁹Cubrirás las tablas de oro, y harás argollas de oro por donde pasen los travesaños. También cubrirás los travesaños con oro. ³⁰Construirás el santuario como yo te he mostrado en el monte.

³¹»Dentro del santuario harás una cortina de tela azul, morada y escarlata, de lino fino torcido, con querubines bordados en ella. ³²La colgarás de cuatro

postes de acacia cubiertos de oro, cada una con un gancho de oro. Los postes estarán asentados en cuatro bases de plata. ³³Colgarás la cortina de los ganchos. Detrás de esta cortina pondrás el cofre que contiene las tablas de piedra donde están grabadas las leyes de Dios. La cortina separará el Lugar Santo del Lugar Santísimo. ³⁴Sobre el cofre, que estará en el Lugar Santísimo, pondrás el propiciatorio, es decir, la cubierta de oro del cofre. ³⁵La mesa y el candelabro los pondrás frente a frente en la parte exterior de la cortina. El candelabro estará en la parte sur del Lugar Santo, y la mesa en el costado norte.

³⁶»Para la entrada del santuario harás otra cortina de lino fino torcido de color azul, morado y escarlata, bordada artísticamente. ³⁷Colgarás esta cortina de cinco postes de madera de acacia cubiertos de oro, con un gancho de oro y base de bronce para cada columna.

## El altar de los holocaustos

**27** »Con madera de acacia harás un altar cuadrado, de dos metros y medio por lado, y de un metro y medio de alto. ²En cada esquina del altar pondrás un cuerno firmemente unido; y todo estará cubierto de bronce. ³Los recipientes para las cenizas, las palas, las vasijas y los braseros serán de bronce. ⁴Harás un enrejado de bronce, con una argolla de metal en cada esquina, ⁵y lo colocarás debajo de la cubierta del altar, de modo que llegue a la mitad de la altura. ⁶Para mover el altar harás varas de madera de acacia, cubiertas de bronce. ⁷Para transportar el altar pondrás las varas en las argollas que tiene a cada costado. ⁸El altar será hueco, hecho de tablas, como te fue mostrado en el monte.

## El atrio

⁹,¹⁰»Luego harás un atrio para el santuario, el cual estará encerrado con cortinas hechas de lino fino torcido. En el costado sur, las cortinas se extenderán a lo largo de cuarenta y cinco metros y estarán suspendidas de veinte postes, asentados sobre veinte bases de bronce. Las cortinas estarán sujetas por medio de ganchos y varillas de plata, unidos a los postes. ¹¹El costado norte será igual: cortinas a lo largo de cuarenta y cinco metros, colgadas de veinte postes asentados sobre bases de bronce y sujetas con ganchos y varillas de plata. ¹²El costado occidental del atrio será de veintidós metros y medio, con diez postes y diez bases. ¹³El lado oriental también será de veintidós metros y medio. ¹⁴,¹⁵A cada costado de la entrada habrá siete metros de cortinas, con tres postes y tres bases en cada lado.

¹⁶»La entrada del atrio tendrá una cortina de nueve metros de largo, hecha de lino fino torcido, teñido de azul, morado y escarlata, y bordada en forma artística. Estará colgada de cuatro postes asentados sobre cuatro bases. ¹⁷Todos los postes alrededor del atrio estarán unidos por medio de barras de plata, montadas en ganchos de plata. Estas barras estarán asentadas sobre bases de bronce. ¹⁸Todo el atrio será de cuarenta y cinco metros de largo y veintidós y medio de ancho, y las cortinas serán de dos metros y medio de alto, hechas de lino fino torcido.

¹⁹»Todos los utensilios que se necesiten en el santuario, incluyendo todas las estacas y los clavos, serán de bronce.

## El aceite para el candelabro

²⁰»Pide al pueblo de Israel que te traiga aceite puro de oliva, para usarlo en las lámparas del santuario, de modo que se mantengan siempre encendidas. ²¹Aarón y sus hijos colocarán las lámparas en el Lugar Santo, y las mantendrán encendidas delante del Señor día y noche. Esta será una norma permanente para el pueblo de Israel.

## Las vestiduras sacerdotales

**28** »Consagra a tu hermano Aarón y a sus hijos Nadab, Abiú, Eleazar e Itamar, para que me sirvan como sacerdotes y ministros. ²Hazle vestiduras especiales a Aarón, para indicar que está separado para el servicio de Dios, vestiduras hermosas que señalen la dignidad de su oficio. ³Ordena a quienes he dotado de capacidad para ello, que le hagan vestiduras que lo distingan de los demás, para que pueda desempeñar el oficio de sacerdote. ⁴Estas son las vestiduras que harán: un pectoral, un efod, un manto, una túnica bordada, una mitra y un cinturón. También harán vestiduras especiales para los hijos de Aarón.

## El efod

⁵,⁶»El efod será una gran obra de arte, en la que usarán hilos de oro e hilos de lino fino de color azul, morado y escarlata. ⁷Consistirá de dos piezas que se unirán sobre los hombros. ⁸El cinto estará hecho del mismo material, hilos de oro e hilos de lino fino torcido de color azul, morado y escarlata. ⁹Tomarán dos piedras de ónice y grabarán en ellas los nombres de las tribus de Israel. ¹⁰Habrá seis nombres en cada piedra, dispuestos según el orden de su nacimiento. ¹¹Cuando graben estos nombres, deberán usar la misma técnica que se usa para hacer un sello, y montarán las piedras en oro. ¹²Deberán montar las dos piedras sobre las hombreras del efod, como piedras de recuerdo para Israel: Aarón llevará sus piedras delante del Señor, como un recuerdo constante. ¹³,¹⁴Harán dos cadenas de oro puro, trenzadas en forma de cordón, la cuales se unirán con enlaces de oro, sobre las hombreras del efod.

## El pectoral

¹⁵»Luego, con gran esmero harán el pectoral, para que sea usado para impartir justicia. Usa hilos de oro y de lino fino torcido de color azul, morado y escarlata, como en el efod. ¹⁶Será cuadrado, y estará hecho de dos pedazos de tela que formarán una bolsa de veinte centímetros de lado. ¹⁷Pondrás cuatro hileras de piedras. En la primera hilera habrá un rubí, un topacio y una esmeralda. ¹⁸En la segunda hilera, una turquesa, un zafiro y un diamante. ¹⁹En la tercera, un jacinto, un ágata y una amatista. ²⁰En la cuarta, un berilo, un ónice y un jaspe. Todas estarán engastadas en oro. ²¹Cada piedra representará una tribu de Israel, y el nombre de cada tribu será grabado en cada piedra como un sello.

²²⁻²⁴»Unirás la parte superior del pectoral al efod por medio de dos cordones trenzados de oro puro. Un cabo de cada cordón estará atado a un anillo de oro colocado en la parte superior del pectoral. ²⁵Los otros extremos de los dos cordones serán atados a la parte delantera de los engastes de las piedras de ónice, que estarán sobre las hombreras del efod. ²⁶Harás dos

anillos de oro y los colocarás en las partes interiores e inferiores del pectoral. ²⁷Además, harás dos anillos de oro para fijarlos en la parte delantera de las dos hombreras del efod, a la altura del cinto. ²⁸Fijarás la parte inferior del pectoral a los anillos del efod por medio de cintas azules. Esto evitará que el pectoral se separe del efod. ²⁹De esta manera, Aarón llevará los nombres de las tribus de Israel en el pectoral, sobre su corazón, cuando entre al Lugar Santo. Así el SEÑOR los recordará continuamente. ³⁰Dentro del pectoral pondrás el urim y el tumim,ᵃ para que Aarón los lleve junto a su corazón cuando entre en la presencia del SEÑOR. De esta manera llevará siempre, junto a su corazón, el urim y el tumim que le servirán para impartir justicia.

### Otras vestiduras sacerdotales

³¹»El manto del efod será hecho con tela de color morado, ³²con una abertura para la cabeza. Tendrá un borde tejido alrededor de la abertura, como refuerzo. Será como el que se hace en el cuello de un chaleco, para que no se rompa fácilmente. ³³,³⁴El borde inferior del efod estará bordado con granadas de color azul, morado y escarlata, que se alternarán con campanillas de oro. ³⁵Aarón usará el efod siempre que entre a servir delante del SEÑOR. Las campanillas sonarán cada vez que él entre y salga de la presencia del SEÑOR en el Lugar Santo, para que no muera.

³⁶»Además, harás una lámina de oro puro y grabarás en ella: Dedicado al SEÑOR, como se hace con un sello. ³⁷,³⁸Esta lámina estará atada con una cinta morada a la parte delantera de la mitra. Aarón la llevará siempre sobre la frente, para que el SEÑOR acepte las ofrendas de los israelitas, pues él cargará con los pecados que el pueblo cometa al presentar sus ofrendas. Así el SEÑOR les perdonará y aceptará sus ofrendas.

³⁹»Tejerás la túnica de Aarón de lino fino, y también del mismo lino harás la mitra y un cinto bordado. ⁴⁰»Para los hijos de Aarón harás túnicas, cintos y mitras que les den un aspecto honorable y respetable. ⁴¹Les pondrás a Aarón y a sus hijos estas vestiduras y luego los dedicarás al ministerio, ungiéndolos en la cabeza con aceite de oliva y santificándolos como sacerdotes y ministros míos. ⁴²También les harás calzoncillos de lino, que usarán debajo de la túnica, pegados a su cuerpo, que les lleguen desde la cadera hasta las rodillas. ⁴³Aarón y sus hijos los usarán cada vez que entren en el santuario, al altar del Lugar Santo, para que no incurran en falta y, por esto, mueran. Esta es una ordenanza permanente para Aarón y sus hijos.

### Consagración de los sacerdotes

**29** »Esta es la ceremonia para la dedicación de Aarón y sus hijos como sacerdotes: Tomarás un becerro y dos carneros sin defectos, ²pan y tortas sin levadura, pasados por aceite, y hojaldres sin levadura, sobre los que se haya rociado aceite. Los diversos tipos de pan estarán hechos de harina fina. ³,⁴Colocarás el pan en un canasto y lo llevarás a la entrada del santuario, junto con el becerro y los dos carneros.

»Bañarás a Aarón y a sus hijos allí a la entrada. ⁵Luego vestirás a Aarón con su túnica, el efod, el pectoral y el cinto, ⁶y le pondrás en la cabeza la mitra con la lámina de oro. ⁷Tomarás el aceite de la unción y lo derramarás sobre su cabeza. ⁸Después vestirás a sus hijos con sus túnicas ⁹y sus cintos tejidos, y les pondrás las mitras. Serán sacerdotes para siempre. De esa manera consagrarás a Aarón y a sus hijos.

¹⁰»Traerás el becerro al santuario, y Aarón y sus hijos pondrán sus manos sobre la cabeza del animal. ¹¹Lo matarás delante del SEÑOR, a la entrada del santuario. ¹²Pondrás su sangre sobre los cuernos del altar, mojándolos con el dedo, y derramarás el resto en la base del altar. ¹³Tomarás toda la grasa que cubre los intestinos y el hígado, así como los dos riñones y la grasa que hay sobre ellos, y los quemarás sobre el altar. ¹⁴Después tomarás el cuerpo, incluyendo la piel y el excremento, los llevarás fuera del campamento y los quemarás como una ofrenda por el pecado.

¹⁵,¹⁶»Luego Aarón y sus hijos pondrán sus manos sobre la cabeza de uno de los carneros que va a ser sacrificado. Su sangre será recogida para ser rociada sobre el altar. ¹⁷Cortarás el carnero en pedazos, y lavarás los intestinos y las piernas; lo pondrás con la cabeza y las demás partes del cuerpo ¹⁸y lo quemarás sobre el altar. Este es un holocausto de muy grato olor para el SEÑOR.

¹⁹,²⁰»Luego tomarás el otro carnero, y Aarón y sus hijos le pondrán las manos sobre la cabeza mientras lo sacrifican. Tomarás un poco de la sangre y la untarás en el lóbulo de la oreja derecha y en los pulgares de la mano derecha y del pie derecho de Aarón y de sus hijos; con el resto rociarás el altar. ²¹También tomarás sangre del altar, la mezclarás con aceite de la unción, y rociarás esto sobre Aarón, sus hijos y sus vestiduras. En esta forma ellos serán consagrados al SEÑOR, junto con sus vestiduras.

²²»Luego, toma del carnero la grasa, la cola, la grasa que cubre los intestinos y el hígado, los dos riñones y la grasa que los rodea, y la espaldilla derecha, porque éste es el carnero para la ordenación de Aarón y sus hijos. ²³Toma también un pan, una torta de pan de aceite y un hojaldre del canastillo de panes sin levadura, que fue puesto delante del SEÑOR, ²⁴y ponlos en las manos de Aarón y de sus hijos, quienes los ofrecerán meciéndolos ante el SEÑOR. ²⁵Luego ellos te entregarán todos estos productos, para que tú los quemes sobre el altar, como holocausto de olor delante del SEÑOR. ²⁶Después tomarás el pecho del carnero de la ordenación de Aarón y lo ofrecerás, meciéndolo delante del SEÑOR. Esta parte del animal será para ti.

²⁷»Les darás el pecho y la espaldilla del carnero de la consagración ²⁸a Aarón y a sus hijos. El pueblo de Israel siempre debe dar esta porción de sus sacrificios de paz a Aarón y a sus hijos, como contribución.

²⁹»Las vestiduras sagradas de Aarón serán preservadas para los hijos que le sucedan de generación en generación, en la ceremonia en que sean consagrados como sacerdotes. ³⁰Cualquiera que sea el sumo sacerdote que suceda a Aarón, deberá usar estas vestiduras durante siete días, al entrar al santuario para ministrar en el Lugar Santo.

³¹»Tomarás el carnero de la consagración, el carnero usado en la ceremonia ordinaria, y cocerás su carne en un lugar santificado. ³²Aarón y sus hijos comerán la carne y el pan del canasto en la puerta del santuario. ³³Sólo ellos comerán estas cosas usadas en su expiación, es decir, en la ceremonia de su consagración. El hombre común no comerá de ello,

porque estas cosas son sagradas. ³⁴Deberás quemar el pan o la carne que sobre. Lo que sobre no podrá ser comido al día siguiente, porque es sagrado.

³⁵»Este, pues, es el modo de ordenar a Aarón y a sus hijos para el desempeño de sus funciones. Esta ordenación durará siete días. ³⁶Cada día sacrificarás un becerro como ofrenda expiatoria por el pecado. Después purificarás el altar, haciendo expiación por él y derramando aceite de oliva sobre él para consagrarlo. ³⁷Harás expiación por el altar y lo consagrarás a Dios cada uno de los siete días. Después de esto, el altar será muy santo, y cualquiera que lo toque será apartado para el Señor.

³⁸»Cada día ofrecerás dos corderos de un año sobre el altar, ³⁹uno en la mañana y otro en la tarde. ⁴⁰Con uno de ellos ofrecerás dos kilos de harina fina, mezclada con un litro de aceite de oliva y un litro de vino, para la libación. ⁴¹Ofrecerás el otro cordero en la tarde, junto con la harina y el vino para la libación, como se hizo en la mañana, como ofrenda de olor fragante al Señor.

⁴²»Esta será una ofrenda diaria que me ofrecerán todos los israelitas, a través de todas sus generaciones. Me la ofrecerán a la entrada del santuario, que es el lugar donde me encontraré contigo y te hablaré. ⁴³Allí me reuniré con el pueblo de Israel, y el santuario será santificado por mi gloria. ⁴⁴Yo santificaré el santuario y el altar, y a Aarón y a sus hijos, que son mis ministros, mis sacerdotes. ⁴⁵Viviré en medio del pueblo de Israel y seré su Dios, ⁴⁶y ellos sabrán que yo soy el Señor su Dios. Yo los saqué de Egipto para vivir entre ellos. Yo soy el Señor su Dios.

## El altar del incienso

**30** »Harás luego un pequeño altar para quemar incienso. Lo harás de madera de acacia. ²Tendrá cuarenta y cinco centímetros de ancho, cuarenta y cinco centímetros de largo y noventa centímetros de alto. Tallarás sus cuernos de la misma pieza, para que sean parte del altar. ³Cubrirás la parte superior, los costados y los cuernos del altar con oro puro, y en todo su contorno pondrás una moldura de oro. ⁴Bajo la moldura, a ambos costados, harás dos argollas de oro para poner las varas que servirán para transportarlo. ⁵Las varas serán de madera de acacia, cubiertas de oro. ⁶Pondrás el altar junto a la cortina, por el lado exterior, cerca de la tapa que cubre el cofre que contiene los Diez Mandamientos. Allí es donde me encontraré contigo.

⁷»Cada mañana, cuando Aarón prepare las lámparas, quemará incienso aromático sobre el altar, ⁸y cada tarde cuando encienda las lámparas, quemará el incienso delante del Señor. Esto se hará de generación en generación. ⁹No ofrecerás incienso, holocaustos, ofrendas ni libaciones que no hayan sido autorizados por el Señor.

¹⁰»Una vez al año, Aarón deberá consagrar el altar, poniendo sobre los cuernos la sangre de la ofrenda de expiación por el pecado. Ésta será una ceremonia que se hará sin falta cada año, de generación en generación, porque éste es el altar que ha sido consagrado por completo al Señor».

## Dinero para la expiación

¹¹,¹²El Señor le dijo a Moisés: «Siempre que hagas un censo del pueblo de Israel, cada hombre que sea contado dará un rescate al Señor por su persona, para que no haya plaga en el pueblo cuando tú lo cuentes. ¹³Este pago equivaldrá a medio siclo del santuario, es decir, seis gramos de plata. ¹⁴Todos los que hayan cumplido veinte años darán esta ofrenda. ¹⁵El rico no dará más, ni el pobre dará menos, porque es una ofrenda para el Señor, para hacer expiación por ustedes mismos. ¹⁶Usarás este dinero para el cuidado del Santuario. Esto servirá para que el Señor recuerde que los israelitas pagaron el dinero del rescate, y para hacer expiación por ellos».

## El lavamanos

¹⁷,¹⁸El Señor le dijo a Moisés: «Harás un lavamanos de bronce, con una base de bronce. Lo pondrás entre el Santuario y el altar, y lo llenarás de agua. ¹⁹Aarón y sus hijos se lavarán las manos y los pies allí ²⁰cuando entren al Santuario a presentarse delante del Señor, o cuando se acerquen al altar para presentar holocausto delante del Señor. Siempre deberán lavarse antes de hacer esto, o morirán. ²¹Estas son instrucciones para Aarón y sus hijos, de generación en generación».

## El aceite de la unción

²²,²³Entonces el Señor le dijo a Moisés: «Toma las siguientes especias: seis kilos de mirra pura, tres kilos de canela, tres kilos de cálamo aromático, ²⁴seis kilos de casia y cuatro litros de aceite de oliva. Para esto, deberás usar la medida que se usa en el santuario. ²⁵Con estos ingredientes prepararás el aceite, tal como lo hacen los expertos en preparar perfumes. Éste será el aceite santo de la unción.

²⁶,²⁷»Usarás este aceite para ungir el santuario, la mesa y todos sus instrumentos, el candelabro y todos sus utensilios, el altar del incienso, ²⁸el altar del holocausto con todos sus instrumentos, y el lavamanos con su base. ²⁹Conságralos para que sean sagrados. Cualquier cosa que los toque será sagrada. ³⁰También lo usarás para ungir a Aarón y a sus hijos, consagrándolos para que puedan servir delante de mí como sacerdotes. ³¹Y dile al pueblo de Israel: "Éste será siempre mi aceite de unción. ³²No debe ser derramado sobre personas comunes, y no harás jamás este aceite por tu cuenta, porque es sagrado y será tratado por ti como algo sagrado. ³³Cualquiera que prepare un aceite semejante a éste o lo ponga sobre alguien que no sea un sacerdote, será expulsado de la comunidad"».

## El incienso

³⁴Éstas fueron las instrucciones que el Señor le dio a Moisés acerca del incienso: «Tomarás cantidades iguales de aromas: resina, uña aromática, gálbano e incienso puro, ³⁵y, según las técnicas del perfumista, harás un perfume sazonado con sal. Será un incienso puro y santo. ³⁶Molerás una parte y la pondrás frente al cofre, donde yo me reúno contigo en el santuario. Este incienso es muy sagrado. ³⁷No lo hagan jamás para ustedes mismos, porque está reservado para el Señor, y deben tratarlo como cosa sagrada. ³⁸Cualquiera que lo haga será expulsado de la comunidad».

## Bezalel y Aholiab

**31** También el Señor le dijo a Moisés: «Yo he designado a Bezalel hijo de Uri y nieto de Jur, de la tribu de Judá. ³Lo he llenado con mi Espíritu y le he dado sabiduría, capacidad y habilidad para la construcción del santuario y todo lo que contiene. ⁴Está altamente capacitado como diseñador artístico de objetos de oro, de plata y de bronce. ⁵También ha sido dotado como joyero y tallador de madera.

⁶»Igualmente, he designado a Aholiab hijo de Ajisamac, de la tribu de Dan, para que sea su ayudante. Además, he dado habilidad especial a todos los que son conocidos como expertos, para que puedan hacer todas las cosas que he ordenado, esto es, ⁷el santuario, y el cofre con el propiciatorio sobre ella, todos los utensilios del templo, ⁸la mesa y sus utensilios, el candelabro de oro y sus utensilios, el altar del incienso, ⁹el altar del holocausto con sus utensilios, el lavamanos y su base, ¹⁰las hermosas y sagradas vestiduras sacerdotales de Aarón y de sus hijos, ¹¹el aceite de la unción y el incienso perfumado para el Lugar Santo. Ellos seguirán exactamente las instrucciones que yo te he dado».

## El sábado

¹²,¹³El Señor le dio estas instrucciones a Moisés: «Dile al pueblo de Israel que observe mi día de descanso, porque el descanso es un recordatorio del pacto que hice con ustedes para siempre. Es para que recuerden que yo soy el Señor que los santifico. ¹⁴,¹⁵Descansarán en ese día, porque es santo. Cualquiera que no obedezca este mandamiento, morirá. Cualquiera que haga alguna clase de trabajo en ese día, será ejecutado. ¹⁶Solamente trabajarán seis días, porque el día séptimo es el día de descanso solemne, santo para el Señor. Esta ley es un pacto perpetuo y una obligación para el pueblo de Israel. ¹⁷Es un símbolo eterno del pacto que he hecho con el pueblo de Israel, porque en seis días yo, el Señor, hice el cielo y la tierra, y el séptimo día descansé».

¹⁸Cuando terminó de hablar con Moisés sobre el monte Sinaí, Dios le entregó dos tablas de piedra con los Diez Mandamientos, escritos con su propio dedo.

## El becerro de oro

**32** Como Moisés se demoraba en descender del monte, el pueblo se presentó ante Aarón:

—Mira —le dijeron—, haznos dioses que nos dirijan, porque este Moisés que nos sacó de Egipto no aparece; algo debe de haberle ocurrido.

²,³—Tráiganme los aretes de oro que tengan sus esposas, hijos e hijas —respondió Aarón.

Así que todos los que tenían aretes se los quitaron y se los entregaron a Aarón. ⁴Entonces él fundió el oro, y con un cincel hizo un becerro. Al ver el becerro, el pueblo exclamó: «¡Israel, éste es tu dios que te sacó de Egipto!»

⁵Cuando Aarón vio lo feliz que estaba el pueblo con el becerro, edificó un altar delante del becerro, y anunció:

—Mañana habrá fiesta en honor del Señor.

⁶A la mañana siguiente madrugaron y comenzaron a presentar holocaustos y ofrendas de paz. Luego de comer y beber, se entregaron a la diversión. ⁷Por eso, el Señor le dijo a Moisés:

—Date prisa, desciende, porque el pueblo que sacaste de Egipto se ha contaminado, ⁸y pronto han abandonado mis leyes. Han hecho un becerro y lo han adorado; le han ofrecido sacrificios y han dicho: «¡Israel, éste es tu dios que te sacó de Egipto!»

⁹El Señor añadió:

—He visto que este pueblo es rebelde y testarudo. ¹⁰Deja que desate contra ellos mi ira y los destruya; y de ti, Moisés, haré otra nación grande.

¹¹Pero Moisés le rogó al Señor que no lo hiciera.

—Señor —suplicó—, ¿por qué se ha encendido tanto tu ira contra este tu pueblo, al que sacaste de Egipto con tu gran poder y tan grandes milagros? ¹²¿Quieres que los egipcios digan: «Dios los engañó y los hizo ir a las montañas para matarlos y borrarlos de la tierra»? Aparta tu ira y no le hagas eso a tu pueblo. ¹³Recuerda lo que le prometiste a tus siervos Abraham, Isaac e Israel cuando juraste por ti mismo: «Yo multiplicaré tu descendencia como las estrellas del cielo, y les daré toda la tierra que he prometido a tus descendientes, y la heredarán para siempre».

¹⁴Entonces el Señor tuvo compasión de ellos y no los destruyó. ¹⁵Luego Moisés descendió del monte, llevando en sus manos las dos tablas de piedra, en las que estaban escritos los mandamientos por ambos lados. ¹⁶Dios mismo preparó las tablas y escribió en ellas.

¹⁷Cuando Josué oyó el bullicio del pueblo que gritaba, le dijo a Moisés:

—Suena como si estuvieran preparándose para la guerra.

¹⁸Pero Moisés le respondió:

—No es grito de victoria ni de derrota lo que yo oigo; lo que escucho son canciones.

¹⁹Cuando llegaron cerca del campamento, Moisés vio el becerro y las danzas, y con terrible ira arrojó las tablas al suelo, al pie del monte, y se rompieron. ²⁰Luego tomó el becerro, lo fundió en fuego, y cuando se enfrió el metal, lo molió hasta hacerlo polvo. Mezcló ese polvo con agua, para que el pueblo bebiera. ²¹Después se dirigió a Aarón, y le preguntó:

—¿Qué te ha hecho este pueblo, para que le hagas cometer este terrible pecado?

²²—No te enojes tanto —dijo Aarón—. Tú bien sabes que este pueblo es inclinado a la maldad. ²³Ellos me dijeron: «Haznos un dios que nos dirija, porque algo le habrá ocurrido a Moisés, el que nos sacó de Egipto». ²⁴Entonces les dije: «Tráiganme sus aretes». Ellos me los trajeron, los eché al fuego... y ¡salió este becerro!

²⁵Cuando Moisés vio que Aarón no había podido guiar bien a los israelitas, y que por eso se habían vuelto locos, de tal modo que la gente de otros pueblos se estaban burlando de ellos, ²⁶se paró a la entrada del campamento y gritó: «¡Todos los que estén de parte del Señor, vengan aquí y únanse a mí!» Entonces todos los levitas se acercaron.

²⁷Moisés les dijo: «El Señor, Dios de Israel, les ordena que tomen sus espadas y recorran el campamento, de uno a otro extremo, y maten a sus hermanos, parientes y vecinos». ²⁸Los levitas lo hicieron, y aquel día mataron a unos tres mil hombres.

²⁹Moisés, entonces, les dijo: «Hoy se han santificado para el servicio del Señor, porque han obedecido, aun cuando tuvieron que dar muerte a sus hijos y hermanos. Ahora el Señor les dará una gran bendición».

³⁰Al día siguiente, Moisés le dijo al pueblo: «Ustedes han cometido un gran pecado, pero yo regresaré

a la montaña, y me presentaré delante del Señor, para interceder por ustedes. Quizá él quiera otorgarles el perdón».

³¹Moisés regresó a la presencia del Señor, y le dijo:

—Desgraciadamente este pueblo ha pecado en gran manera y ha hecho ídolos de oro. ³²Sólo te ruego que perdones su pecado. Si no lo haces, te pido que borres mi nombre del libro que has escrito.

³³—Cualquiera que haya pecado contra mí —dijo el Señor— será borrado. ³⁴Ahora vé y conduce al pueblo al lugar que yo te indiqué, y diles que mi ángel irá delante de ellos. Sin embargo, cuando yo visite a este pueblo, lo castigaré por sus pecados.

³⁵Luego el Señor envió una gran plaga al pueblo, porque habían adorado al becerro que Aarón les hizo.

### Hacia la Tierra prometida

**33** El Señor le dijo a Moisés: «Lleva a este pueblo que sacaste de Egipto a la tierra que prometí a Abraham, a Isaac y a Jacob, porque yo les prometí que les daría esta tierra a sus descendientes. ²Enviaré un ángel delante de ti para que expulse a los cananeos, a los amorreos, a los hititas, a los ferezeos, a los heveos y a los jebuseos. ³Es una tierra de la que fluye leche y miel. Pero yo no iré con ustedes, porque son un pueblo rebelde y soberbio, y no resistiré el deseo de destruirlos en el camino».

⁴Cuando los israelitas oyeron estas duras palabras, se pusieron a llorar, y se despojaron de sus joyas y ornamentos, ⁵porque el Señor le había ordenado a Moisés que les dijera: «Ustedes son un pueblo rebelde y soberbio. Si estuviera con ustedes un momento, los exterminaría. Quítense las joyas y ornamentos hasta que decida lo que haré con ustedes». ⁶Después de esto, ellos dejaron de usar joyas.

### La Tienda de reunión

⁷Moisés siempre levantaba, a cierta distancia del campamento, el santuario o Tienda de reunión con Dios. Todo el que quería consultar al Señor, iba allí. ⁸Siempre que Moisés salía hacia la Tienda de reunión, el pueblo se levantaba y se paraba a la entrada de sus tiendas, y se quedaban mirando hasta que él entraba en la Tienda. ⁹Cuando él entraba, la columna de nube descendía y cubría la entrada, mientras el Señor le hablaba. ¹⁰Entonces todo el pueblo adoraba delante de sus tiendas, y se inclinaba ante la columna de nube. ¹¹En la Tienda de reunión, el Señor le hablaba a Moisés cara a cara, como un hombre habla con su amigo. Después Moisés regresaba al campamento, pero el joven que le ayudaba, Josué hijo de Nun, nunca se alejaba de la Tienda de reunión.

### La gloria del Señor

¹²Moisés un día habló allí con el Señor, y le dijo:

—Me has pedido que lleve a este pueblo a la Tierra prometida, pero no me has dicho a quién enviarás conmigo. Dices que eres mi amigo y que he hallado gracia delante de ti. ¹³Si es así, te ruego que me indiques qué quieres que haga, para que pueda comprenderte claramente y saber que cuento con tu ayuda. No olvides que esta nación es tu pueblo.

¹⁴Y el Señor respondió:

—Yo iré contigo y te daré descanso.

¹⁵Moisés le dijo:

—Si no vas a ir con nosotros, no dejes que nos movamos ni un paso de este lugar. ¹⁶Si no vas con nosotros, ¿quién sabrá que mi pueblo y yo contamos con tu ayuda, y que somos diferentes a los demás pueblos que habitan la tierra?

¹⁷Entonces el Señor le respondió:

—Haré lo que tú has pedido, porque ciertamente cuentas con mi ayuda, y eres mi amigo.

¹⁸Moisés, entonces, le dijo:

—¡Permíteme contemplar tu gloria!

¹⁹Y el Señor le respondió:

—Haré que pase delante de ti mi gloria, y pronunciaré mi nombre, pues soy bondadoso y compasivo con quien quiero. ²⁰Pero no podrás ver mi rostro, porque ningún hombre podrá verme y seguir viviendo. ²¹Sin embargo, quédate en esta roca que está junto a mí, ²²y cuando pase mi gloria, yo te pondré en una hendidura de la roca y te cubriré con mi mano hasta que haya pasado. ²³Luego quitaré mi mano, y podrás verme la espalda, pero no el rostro.

### Las nuevas tablas de piedra

**34** El Señor le dijo a Moisés:

—Prepara dos tablas de piedra como las primeras, y yo escribiré en ellas los mismos mandamientos que estaban en las tablas que quebraste. ²Prepárate para subir a la cumbre del monte Sinaí, para presentarte ante mí. ³Nadie vendrá contigo y nadie deberá estar en ningún lugar del monte. Ni dejes que los animales pasten junto al monte.

⁴Moisés tomó dos tablas de piedra similares a las primeras, se levantó de madrugada y subió al monte Sinaí, tal como el Señor le había dicho, llevando las dos tablas de piedra en las manos.

⁵,⁶El Señor descendió en la forma de una columna de nube y estuvo allí con él, y pasó delante de él y anunció el significado de su nombre:

—Yo soy el Señor, Dios de misericordia y de gracia —dijo—. Soy lento para la ira y grande en misericordia y verdad. ⁷Yo, el Señor, muestro este amor firme a millares que reciben el perdón de sus pecados; pero no doy por inocente al culpable, y exijo que el pecado del padre sea castigado en los hijos, en los nietos y aun en generaciones posteriores.

⁸Moisés se postró delante del Señor, lo adoró ⁹y le dijo:

—Señor, si es cierto que cuento con tu favor, te ruego que vayas con nosotros a la Tierra prometida. Sí, el pueblo es rebelde y soberbio, pero perdona nuestros pecados y acéptanos como pueblo tuyo.

¹⁰El Señor le respondió:

—Bien, éste es el pacto que voy a hacer contigo. Haré milagros como nunca han sido hechos en toda la tierra, y todo el pueblo de Israel verá mi poder, el terrible poder que mostraré por medio de ti. ¹¹Tu parte en este pacto es obedecer todos mis mandamientos. Entonces yo expulsaré de delante de ti a los amorreos, a los cananeos, a los hititas, a los ferezeos, a los heveos, y a los jebuseos.

¹²»Cuídate de hacer alianza con el pueblo que habita la tierra a donde vas, porque si lo haces, pronto andarás en sus malos caminos. ¹³En cambio,

☼ 33.14  ☼ 33.17-19  ☼ 34.10

destruirás sus altares paganos, derribarás las piedras que adoran y destrozarás las imágenes de la diosa Aserá. ¹⁴No deben adorar otros dioses sino solamente a mí, porque yo, el Señor, soy un Dios celoso, que exige lealtad absoluta y devoción exclusiva.

¹⁵»No harás tratados de paz con los pueblos que viven en esa tierra, porque son idólatras que me han rechazado para ofrecer sacrificios a sus dioses. Si haces amistad con ellos, entonces, cuando presenten los sacrificios a sus dioses, te invitarán a participar, y te sentirás obligado a ir. ¹⁶Y aceptarás para tus hijos a sus hijas, que adoran a otros dioses, y tus hijos me abandonarán, y adorarán a los dioses de sus esposas. ¹⁷No tendrás nada que ver con los ídolos.

¹⁸»Celebrarás la fiesta de los Panes sin levadura durante siete días, en la forma que te ordené, en la fecha señalada del mes de aviv. Este fue el mes en que saliste de Egipto.

¹⁹»Todo primer macho es mío: vacuno, lanar y cabrío. ²⁰El primer burro podrá ser redimido, dando un cordero en su lugar. Pero si decides no redimirlo, deberás quebrarle el cuello. Todos tus hijos serán redimidos; ninguno se presentará delante de mí sin una ofrenda.

²¹»Aun durante el tiempo de la siembra y el de la cosecha, solamente trabajarás durante seis días y descansarás el séptimo.

²²»Te acordarás de celebrar la fiesta de las Semanas, al comenzar la cosecha del trigo, y la fiesta de la Cosecha, al fin del año.

²³»Todos los varones de Israel deberán presentarse ante mí tres veces al año. Yo soy el Señor, Dios de Israel. ²⁴Nadie atacará ni conquistará tu tierra mientras estés delante del Señor tu Dios, porque expulsaré a las naciones delante de ti y agrandaré tus fronteras.

²⁵»No usarás panes con levadura en tus sacrificios, y no dejarás hasta el día siguiente la carne del cordero pascual.

²⁶»Cada año deberás ofrecerme los mejores frutos de las primeras cosechas, y lo traerás a la casa del Señor tu Dios.

»No cocinarás el cabrito en la leche de su madre».

²⁷También el Señor le dijo a Moisés:

—Escribe estas leyes que te doy, porque son las condiciones del pacto que hice contigo y con Israel.

²⁸Moisés estuvo con el Señor en el monte durante cuarenta días y cuarenta noches; y en todo ese tiempo no comió ni bebió. Durante ese tiempo, Dios grabó el pacto, los Diez Mandamientos, sobre tablas de piedra.

## El rostro radiante de Moisés

²⁹Cuando Moisés descendió del monte con las tablas en la mano, no se dio cuenta de que su rostro resplandecía por haber estado en la presencia de Dios. ³⁰Debido al resplandor de su rostro, Aarón y el pueblo de Israel tuvieron miedo de acercarse. ³¹Pero Moisés los llamó, y Aarón y todos los dirigentes de la congregación fueron y hablaron con él. ³²Después todo el pueblo se acercó, y él les dio los mandamientos que el Señor le había entregado en el monte. ³³Cuando Moisés acabó de hablar con ellos, se puso un velo en el rostro. ³⁴Pero cuando entraba en el santuario a hablar con el Señor, se quitaba el velo hasta que volvía a salir. Entonces comunicaba al pueblo toda instrucción que el Señor le hubiera dado, ³⁵y el pueblo veía su rostro resplandeciente. Entonces Moisés se ponía de nuevo el velo, hasta que volvía al santuario a hablar con Dios.

## Normas para el sábado

**35** Un día Moisés convocó a todos los israelitas, y les dijo: «Estas son las leyes que el Señor les ha dado para que las obedezcan: ²Trabajarán solamente seis días, pues el séptimo es día de descanso solemne, santo, y debe ser dedicado a la adoración al Señor. Cualquiera que trabaje en ese día, morirá. ³No deben ni siquiera encender fuego en sus hogares ese día».

## Materiales para el santuario

⁴Luego Moisés le dijo a todo el pueblo: «Esto es lo que el Señor ha ordenado: ⁵⁻⁹Todo el que tenga corazón generoso, puede traer las siguientes ofrendas al Señor:

Oro, plata, y bronce; tela azul, morada y escarlata, hecha de lino fino torcido o de pelo de cabra; pieles de carnero, y pieles de cabra especialmente tratadas; madera de acacia; aceite de oliva para las lámparas; especias para el aceite de la unción y para el incienso; piedras de ónice y piedras para usar en el efod y en el pectoral.

¹⁰⁻¹⁹»Vengan todos los que son artesanos con talentos especiales y construyan lo que el Señor les ha ordenado:

La Tienda del santuario con sus cubiertas, ganchos, tablas, barras, columnas y bases; el cofre y sus varas; el propiciatorio; la cortina que está delante del Lugar Santo; la mesa con sus varas y todos sus utensilios; el pan de la ofrenda; el candelabro con sus lámparas y aceite; el altar del incienso y sus varas para transportarlo; el aceite de la unción y el incienso aromático; la cortina para la puerta del santuario; el altar para los holocaustos; el enrejado de bronce del altar, sus varas para transportarlo, y sus demás utensilios; el lavamanos con su base; las cortinas que servirán de cerco para el atrio; las columnas y sus bases; la cortina para la entrada del atrio; las estacas del atrio del santuario, y sus cuerdas; las vestiduras sagradas que los sacerdotes deben usar cuando sirvan en el Lugar Santo; las vestiduras sagradas del sacerdote Aarón y de sus hijos.

²⁰Entonces todo el pueblo fue a sus tiendas a preparar las donaciones. ²¹Aquellos cuyo corazón fue tocado por el Espíritu de Dios volvieron con sus ofrendas de materiales para el santuario y su equipo, y para las vestiduras sagradas. ²²Vinieron hombres y mujeres, todos los que tuvieron un corazón dispuesto a dar. Le trajeron al Señor ofrendas de oro, joyas, pendientes, anillos, collares y objetos de oro de toda especie. ²³Otros trajeron tela azul, morada y escarlata, hecha de lino fino torcido de pelo de cabra, pieles de carnero teñidas de rojo y pieles de cabra especialmente tratadas. ²⁴Otros trajeron plata y bronce como ofrenda al Señor; y algunos trajeron la madera de acacia que se necesitaba para la construcción.

²⁵Las mujeres que tenían habilidades para la costura y para hilar prepararon hilos y telas de color azul, morado y escarlata, y lino fino torcido, y lo trajeron como ofrenda. ²⁶Otras mujeres, con mucha alegría, usaron sus dones especiales para hacer telas de pelo de cabras. ²⁷Los dirigentes trajeron piedras de ónice para el efod y para el pectoral, ²⁸y especias y aceite

para las lámparas y para la preparación del aceite de la unción y el incienso aromático. ²⁹De esta manera el pueblo de Israel, todo hombre y mujer que quiso ayudar en la obra encomendada a ellos por el SEÑOR, trajo su ofrenda voluntaria.

## Bezalel y Aholiab

³⁰,³¹Y Moisés les dijo: «El SEÑOR ha señalado específicamente a Bezalel, hijo de Uri y nieto de Jur, de la tribu de Judá, como supervisor general de la construcción. ³²Él puede hacer hermosas creaciones de artesanía en oro, plata y bronce; ³³puede cortar y engastar piedras preciosas, y puede hacer hermosas obras de tallado. En suma él tiene todas las habilidades necesarias. ³⁴Dios ha hecho que él y Aholiab sean maestros dotados y que puedan enseñar sus habilidades a los demás. Aholiab es hijo de Ajisamac, de la tribu de Dan. ³⁵Dios los ha dotado de habilidades muy especiales, de modo que pueden hacer toda obra de joyería y carpintería. También tienen la capacidad para hacer bordados en tela azul, morada y escarlata, y para elaborar cualquier tipo de tejido. Ellos, en fin, se destacan en todas las artes necesarias para la obra.

**36** »Los demás artesanos, a quienes el SEÑOR haya dado habilidades, deberán ayudar a Bezalel y Aholiab en la construcción y preparación de los utensilios del santuario, de acuerdo con lo que el SEÑOR ha ordenado».

²Luego Moisés dijo a Bezalel, a Aholiab y a todos los que sintieron el deseo de colaborar en los trabajos que comenzaran a trabajar, ³y les entregó los materiales donados por el pueblo para la construcción del santuario.

Pero como la gente continuaba llevando ofrendas todos los días, ⁴⁻⁷los obreros dejaron sus trabajos y fueron a reunirse con Moisés, y le dijeron: «La gente ha ofrendado mucho más de lo que necesitamos para realizar la obra que el SEÑOR nos ha encomendado».

Entonces Moisés envió mensajeros que fueran por el campamento avisando que ya no se necesitaban más donaciones. Por fin la gente dejó de llevar ofrendas.

## El santuario

⁸Los tejedores hicieron primero diez cortinas de lino fino torcido, de color azul, morado y escarlata, y las adornaron con querubines hermosamente bordados sobre ellas. ⁹Cada cortina medía unos doce metros y medio de largo por un metro con ochenta centímetros de ancho. ¹⁰Cinco fueron unidas entre sí, y luego otras cinco unidas de la misma manera, y así formaron dos grandes cortinas. ¹¹,¹²Con cincuenta cintas azules se hicieron lazos en el borde de las dos cortinas, cada lazo frente a su compañero de la otra cortina. ¹³Luego se hicieron cincuenta ganchos de oro para unir los lazos, y de esta manera unir las dos grandes cortinas, de modo que el santuario era uno solo, pues se veía como si fuera de una sola pieza.

¹⁴,¹⁵Sobre el cielo raso fue colocada una segunda capa formada por once cortinas hechas de pelo de cabra. Tenían todas trece metros y medio de largo por un metro con ochenta centímetros de ancho. ¹⁶Bezalel unió cinco de estas cortinas para hacer una pieza larga, y otras seis para hacer otra. ¹⁷Luego hizo cincuenta lazos en el extremo de cada una, ¹⁸y cincuenta pequeños ganchos de bronce para unir los lazos, a fin de que las cortinas quedaran firmemente unidas una a otra.

¹⁹La cubierta superior del techo fue hecha de pieles de carnero teñidas de rojo y de pieles de cabras.

²⁰Para los costados del santuario se usaron tablas de madera de acacia, puestas en forma vertical. ²¹El alto de cada tabla era de cuatro metros y medio y el ancho de setenta centímetros. ²²Cada tabla se unía a la otra por medio de dos ganchos. ²³Había veinte tablas en el costado sur, ²⁴asentadas en cuarenta bases de plata. Cada tabla estaba unida a su base por medio de dos ganchos. ²⁵,²⁶Había veinte tablas en el costado norte del santuario, con cuarenta bases de plata, dos para cada tabla. ²⁷El costado occidental del santuario, que era la parte posterior, estaba hecho con seis tablas, ²⁸más otra a cada extremo. ²⁹Estas tablas, incluyendo las de las esquinas, fueron unidas unas a otras, arriba y abajo, por medio de argollas. ³⁰De modo que por el costado occidental había un total de ocho tablas con dieciséis bases de plata, dos por cada tabla.

³¹,³²Luego hicieron cinco series de travesaños de madera de acacia, para unir las tablas por los lados, cinco por cada costado del santuario. ³³Uno de estos travesaños pasaba por el centro de las tablas, e iba de un extremo al otro del santuario. ³⁴Las tablas y los travesaños estaban recubiertos de oro, y las argollas eran de oro puro.

³⁵La cortina interior azul, morada y escarlata fue hecha de lino fino torcido, con querubines primorosamente bordados. ³⁶La cortina colgaba de cuatro ganchos de oro, montados en cuatro postes de madera de acacia, cubiertos de oro y asentados sobre cuatro bases de plata.

³⁷Luego hicieron una cortina para la entrada del santuario, tejida de lino fino bordado con azul, morado y escarlata. ³⁸Esta cortina iba unida por medio de cinco ganchos a cinco postes. Los postes, sus capiteles y varas estaban cubiertos con oro, y las cinco bases eran de bronce.

## El cofre

**37** A continuación, Bezalel construyó el cofre. Fue hecho de madera de acacia, y tenía un metro con diez centímetros de largo, setenta centímetros de ancho y setenta centímetros de alto. ²Estaba cubierto de oro puro por dentro y por fuera, y tenía una moldura de oro por todo el contorno. ³Hizo cuatro argollas de oro y colocó una en cada una de las esquinas, en la parte inferior. ⁴Luego hizo varas de madera de acacia y las cubrió de oro, ⁵y las puso en las argollas de los costados del cofre, para transportarlo.

⁶Luego hizo una cubierta de oro puro, que llamó propiciatorio. Tenía un metro con diez centímetros de largo, y setenta centímetros de ancho. ⁷Hizo dos querubines de oro martillado y los colocó a los dos extremos del propiciatorio. ⁸Los querubines formaban una sola pieza con la cubierta de oro, ⁹y estaban uno frente al otro, con las alas extendidas, de tal modo que cubrían el propiciatorio, y miraban hacia él.

## La mesa

¹⁰Con madera de acacia hizo una mesa de noventa centímetros de largo, cuarenta y cinco de ancho y setenta de alto. ¹¹La cubrió de oro puro y le puso una

moldura de oro por todo su contorno. [12]Le hizo también un borde de siete centímetros y medio de alto por todo el contorno de la mesa, con una moldura de oro en el borde. [13]Luego fundió cuatro argollas de oro y las puso en las cuatro patas de la mesa, [14]junto a la moldura, para colocar las varas que se usarían para su transporte. [15,16]A continuación, usando oro puro, hizo los platos, las cucharas, los cubiertos y los tazones de la mesa.

## El candelabro

[17]Hizo un candelabro de oro puro, martillado. La base, el tallo, las lámparas y sus decoraciones de flores de almendra eran de una sola pieza. [18]El candelabro tenía seis brazos, tres a cada costado del tallo principal. [19]Cada uno de los brazos estaba decorado con idénticas flores talladas. [20,21]El tallo principal del candelabro estaba decorado también con flores de almendras, una flor en el punto donde arrancaba cada par de brazos, y una flor también bajo el par inferior y sobre el par superior, cuatro en total. [22]Los decorados y los brazos del candelabro eran todos de una sola pieza de oro puro martillado. [23,24]Luego hizo siete lámparas y las puso en el extremo superior de cada brazo, con sus despabiladeras y sus platillos, todo de oro puro. El peso total del candelabro era de treinta y tres kilos.

## El altar del incienso

[25]El altar del incienso estaba hecho de madera de acacia. Tenía cuarenta y cinco centímetros de largo por cuarenta y cinco centímetros de ancho, y su altura era de noventa centímetros. En sus esquinas tenía cuernos que formaban una sola pieza con el altar. [26]Lo cubrió de oro puro, y le puso una moldura de oro en todo su contorno. [27]En cada lado fueron colocadas dos argollas de oro, debajo de la moldura, para sostener las varas que servirían para transportarlo. [28]Las varas eran de madera de acacia, cubiertas de oro.

[29]Luego, con especias aromáticas hizo el aceite sagrado de la unción para los sacerdotes, y el incienso puro, de acuerdo con las técnicas de los mejores perfumistas.

## El altar de los holocaustos

**38** El altar de los holocaustos también fue construido de madera de acacia. Tenía dos metros y medio por lado en la parte superior, y un metro y medio de alto. [2]Tenía un cuerno en cada esquina, formando una sola pieza con el resto del altar. El altar estaba cubierto de bronce. [3]Hizo los utensilios de bronce para el uso del altar: calderos, tenazas, tazones, ganchos y palas. [4]A continuación hizo una rejilla de bronce, que puso en el interior de la caja que estaba a media altura del altar. [5]También hizo cuatro argollas para los costados de la parrilla, para sostener las varas para transportarlo. [6]Estas varas eran también de madera de acacia y estaban cubiertas de bronce. [7]Las varas que servían para transportar el altar las ponían en las argollas que estaban en los costados. El altar era hueco, forrado de tablas. [8]Con el bronce de los espejos donados por las mujeres que se reunían a la entrada del santuario, hizo el lavamanos y su base.

## El atrio

[9]Luego edificó el atrio. La pared sur, de cuarenta y cinco metros de largo, estaba formada por cortinas tejidas de lino fino torcido. [10]Las cortinas colgaban de veinte postes cuyas bases eran de bronce, con ganchos y varas de plata. [11]La pared norte también era de cuarenta y cinco metros de largo y tenía veinte postes con bases de bronce, y ganchos y varas de plata. [12]El lado occidental medía veintidós metros y medio de ancho, y tenía cortinas y diez postes con sus bases. También tenía ganchos y varas de plata. [13]El costado oriental también tenía veintidós metros y medio. [14,15]Las cortinas de cada lado de la entrada tenían siete metros de ancho, cada una con tres postes y tres bases. [16]Todas las cortinas que formaban las paredes del atrio estaban tejidas de lino fino torcido. [17]Cada poste tenía una base de bronce, y todos los ganchos y varas eran de plata; la parte superior de los postes estaba recubierta con plata, y las varas que servían para sostener las cortinas eran de plata maciza.

[18]La cortina que cubría la entrada del atrio era de lino fino torcido, bellamente bordada con hilo azul, morado y escarlata. Tenía nueve metros de largo y dos metros y medio de ancho, igual que las cortinas que componían las paredes del atrio. [19]Estaba colgada de cuatro postes, cada uno con su base de bronce, y con sus ganchos y varas de plata. La parte superior de los postes también era de plata.

[20]Todas las estacas que se usaron en la construcción del santuario y del atrio eran de bronce.

## Los materiales usados

[21]Ésto resume los diversos pasos dados en la edificación del santuario que serviría de morada para el cofre, de modo que los levitas pudieran desarrollar en él su ministerio. Todo fue hecho en el orden señalado por Moisés, y fue supervisado por Itamar, hijo del sacerdote Aarón. [22] Bezalel, hijo de Uri y nieto de Jur, de la tribu de Judá, era el artesano mayor, y [23]le ayudaba Aholiab hijo de Ajisamac, de la tribu de Dan, quien también era un artesano muy capaz, experto en tallados, tejidos y bordados en azul, morado y escarlata sobre lino fino.

[24]El total de oro que el pueblo llevó como ofrenda, y que fue usado en la obra del santuario, fue de una tonelada, de acuerdo con la medida usada en el santuario.

[25,26]La cantidad de plata usada fue de tres toneladas y media, y fue tomada del impuesto que se le cobraba a todos los que, según el censo, tenían más de veinte años; un total de seiscientos tres mil quinientos cincuenta hombres. [27]Las bases para las tablas de los costados del santuario y de los postes que sostenían las cortinas se llevaron tres mil trescientos kilos de plata, cerca de treinta y tres kilos por cada base. [28]La plata sobrante fue usada para cubrir la parte superior de los postes, y para las varas y ganchos.

[29-31]El pueblo ofrendó dos mil trescientos cuarenta kilos de bronce, que fue usado para fundir las bases de los postes de la entrada del santuario, el altar de bronce, la parrilla de bronce, los utensilios del altar, las bases de los postes que sostenían las cortinas del atrio, y para todos los clavos usados en la construcción del santuario y del atrio.

## Las vestiduras sacerdotales

**39** Las hermosas vestiduras para los sacerdotes fueron hechas de tela azul, morada y escarlata. Estas vestiduras las usarían los sacerdotes mientras sirvieran en el Lugar Santo. Esta misma tela fue usada para las vestiduras sagradas de Aarón, conforme a las órdenes que el Señor le había dado a Moisés.

### El efod

²El efod también fue hecho de esta tela, tejido de lino fino torcido. ³Bezalel hizo láminas de oro martillado, y de estas láminas sacaron hilos para tejerlos en el lino azul, morado y escarlata. Fue una preciosa obra de artesanía. ⁴,⁵El efod lo sostenían unas hombreras, las cuales se unían por los extremos con un cinto hecho de una sola pieza de hilo de lino torcido azul, morado y escarlata, y bordado con oro, de la manera ordenada por Dios a Moisés. ⁶,⁷Las dos piedras de ónice, unidas a las dos hombreras del efod, fueron engastadas en oro, y las piedras fueron grabadas con los nombres de las tribus de Israel, de la manera que se graban las iniciales en un anillo. Estas piedras servían para recordar a los israelitas. Todo esto fue hecho de acuerdo con las instrucciones que el Señor le había dado a Moisés.

### El pectoral

⁸El pectoral era una obra primorosa, al igual que el efod, hecho del mejor oro, y de lino fino de color azul, morado y escarlata. ⁹Era una pieza cuadrada de veinte centímetros por lado, doblada para formar una bolsa. ¹⁰En esta bolsa había cuatro hileras de piedras. En la primera había un rubí, un topacio y una esmeralda. ¹¹En la segunda hilera había una turquesa, un zafiro y un diamante. ¹²En la tercera hilera había un jacinto, un ágata y una amatista. ¹³En la cuarta hilera, un berilo, un ónice y un jaspe, todo montado en engastes de oro. ¹⁴Las piedras fueron grabadas con el nombre de las doce tribus de Israel.

¹⁵⁻¹⁸Para unir el pectoral al efod se colocó un anillo de oro en la parte superior de cada hombrera del efod, y de estos anillos de oro salían dos cordones de oro trenzado, unidos a dos anillos que había en las esquinas superiores del pectoral. ¹⁹También se pusieron dos anillos de oro en la parte inferior del pectoral, a cada lado, junto al efod. ²⁰Otros dos anillos de oro fueron puestos en la parte inferior de las hombreras del efod, junto al punto en que el efod se unía al cinto tejido. ²¹El pectoral se fijaba al cinto del efod, atando los anillos del pectoral a los anillos del efod con una cinta azul. Todo esto se hizo exactamente como el Señor se lo había ordenado a Moisés.

### Otras vestiduras sacerdotales

²²El manto del efod estaba tejido de azul, ²³y tenía una abertura en el centro, tal como el que se hace en el cuello de un chaleco, para pasar la cabeza por ella, reforzada por los bordes, para que no se rompiera fácilmente. ²⁴En el borde inferior de la túnica había granadas de tela de lino, bordadas en azul, morado y escarlata. ²⁵,²⁶En todo el contorno del borde inferior del manto pusieron campanillas de oro puro, alternadas con las granadas. Este manto lo usaría Aarón cuando sirviera al Señor, tal como él le había ordenado a Moisés.

²⁷Luego hicieron túnicas de lino fino para Aarón y sus hijos. ²⁸,²⁹El pectoral, la hermosa mitra, los adornos del turbante, y la ropa interior fueron hechos con lino; y el cinto de lino estaba primorosamente bordado con hilos de color azul, morado y escarlata, tal como el Señor había ordenado a Moisés.

³⁰Finalmente, hicieron la lámina santa, de oro puro, para ponerla en la parte frontal de la mitra, en la que se grabaron las palabras: «Dedicado al Señor». ³¹Fue unida a la mitra con un cordón azul, tal como el Señor lo había ordenado.

### Moisés inspecciona el santuario

³²La construcción del santuario, es decir, de la Tienda de reunión, se hizo de acuerdo con todas las instrucciones que el Señor le dio a Moisés.

³³⁻⁴⁰ Entonces trajeron el santuario completo a Moisés:

Utensilios, ganchos, tablas, barras, postes, bases, cubiertas para el techo y los costados, pieles de carnero teñidas de rojo, pieles de cabra especialmente tratadas, y la cortina de la entrada; el cofre con los Diez Mandamientos en su interior, junto con las varas para transportarlo, el propiciatorio, la mesa y todos sus utensilios, el pan de la Presencia; el candelabro de oro puro, con sus lámparas, utensilios y aceite; el altar de oro; el aceite de la unción, el incienso aromático, las cortinas de la entrada del santuario, el altar de bronce, la parrilla de bronce, las varas y los utensilios, el lavamanos y su base, las cortinas para las paredes del atrio, junto con los postes que las sostenían; las bases y las cortinas de la puerta del atrio; las cuerdas y los clavos, y todos los demás utensilios usados en el santuario, es decir en la Tienda de reunión.

⁴¹También trajeron para su inspección las vestiduras primorosas confeccionadas, que los sacerdotes deberían usar mientras sirvieran en el Lugar Santo, y las vestiduras sagradas para el sacerdote Aarón y sus hijos, que deberían usar mientras realizaran sus labores.

⁴²De esta manera el pueblo de Israel siguió todas las instrucciones que el Señor le había dado a Moisés. ⁴³Moisés inspeccionó toda aquella obra, y bendijo a quienes la habían hecho, porque todo era exactamente como el Señor lo había ordenado.

### Se levanta el santuario

**40** El Señor le dijo entonces a Moisés: ²«Arma el santuario el primer día del mes. ³Coloca en él el cofre que contiene los Diez Mandamientos. Instala luego la cortina para cerrar el acceso al cofre dentro del Lugar Santísimo. ⁴Después mete la mesa y coloca en ella los utensilios, y pon el candelabro y enciende las lámparas.

⁵»Coloca el altar de oro para el incienso frente al cofre. Instala las cortinas a la entrada del santuario, ⁶y coloca el altar para el holocausto frente a la entrada. ⁷Pon el lavamanos entre el santuario y el altar, y llénalo de agua. ⁸Luego levanta el atrio alrededor de la tienda, y cuelga las cortinas de la entrada del atrio.

⁹»Toma el aceite de la unción y rocíalo en el santuario y en todo lo que está en él, sobre todos sus utensilios y muebles, para santificarlo. Una vez hecho esto, será santo. ¹⁰Ungirás el altar del holocausto y los utensilios, para santificarlos; así el altar será san-

tísimo. ¹¹Luego ungirás el lavamanos y su base, para santificarlo.

¹²»Enseguida llevarás a Aarón y a sus hijos a la entrada del santuario y los lavarás con agua. ¹³Le pondrás a Aarón las vestiduras sagradas y lo ungirás con aceite, y de esa manera quedará consagrado como sacerdote, para que me sirva. ¹⁴Después llevarás a sus hijos, los vestirás, ¹⁵y los ungirás de la manera que lo hiciste con su padre, para que puedan servir delante de mí, como sacerdotes. La unción de ellos será permanente, es decir, de generación en generación: sus hijos y los hijos de sus hijos, todos ellos serán para siempre mis sacerdotes».

¹⁶Moisés comenzó a hacer todo lo que el Señor le había ordenado. ¹⁷En el primer día del primer mes del segundo año armaron el santuario. ¹⁸Moisés lo levantó, colocó las tablas en sus bases y unió los travesaños. ¹⁹Luego extendió las cortinas sobre esta estructura, y puso las cubiertas del techo, en la forma que el Señor le había ordenado.

²⁰Dentro del cofre colocó las piedras que contenían los Diez Mandamientos, colocó las varas para transportar el cofre, y le puso la cubierta, llamada propiciatorio. ²¹Luego llevó el cofre al interior del santuario, y puso la cortina para cubrir la entrada, tal como el Señor le había ordenado.

²²Enseguida, puso la mesa en el costado norte de la sala, al exterior de la cortina, ²³y puso el pan de la Presencia sobre la mesa delante del Señor, de acuerdo con lo que él le había ordenado.

²⁴Junto a la mesa puso el candelabro, en el costado sur del santuario. ²⁵Luego encendió las lámparas delante del Señor, siguiendo todas sus instrucciones. ²⁶También puso el altar de oro en el santuario, junto a la cortina, ²⁷y sobre él quemó incienso hecho con especias aromáticas, según las instrucciones del Señor. ²⁸Puso la cortina a la entrada del santuario, ²⁹y colocó afuera el altar para los holocaustos, junto a la entrada, y ofreció en él un holocausto y una ofrenda de grano, tal como el Señor le había ordenado.

³⁰A continuación, colocó el lavamanos de bronce entre la tienda y el altar, y lo llenó de agua, para que los sacerdotes pudieran usarla para los lavamientos. ³¹Moisés, Aarón y los hijos de Aarón se lavaron los pies y las manos allí. ³²Cuando pasaban del altar para entrar en el santuario, se detenían y se lavaban, obedeciendo, así, lo que el Señor había ordenado a Moisés.

³³Luego, levantaron un cerco o atrio alrededor de la tienda y el altar, y pusieron la cortina a la entrada del atrio. Así acabó Moisés la obra.

## La gloria del Señor

³⁴Entonces la nube cubrió el santuario, y la gloria del Señor lo llenó. ³⁵Moisés no pudo entrar a causa de la nube que estaba allí, y de la gloria del Señor que llenaba el santuario. ³⁶Cuando la nube se levantaba y empezaba a moverse, el pueblo de Israel emprendía la marcha y la seguía. ³⁷Si la nube se detenía, ellos permanecían allí hasta que la nube se volvía a mover. ³⁸La nube se posaba sobre el santuario durante el día, y en la noche la nube se encendía con fuego, para que el pueblo de Israel pudiera ver. Y esto sucedió durante toda su marcha por el desierto.

# LEVÍTICO

DALE PLAY

## ¿QUIÉN LO ESCRIBIÓ?

Dios entregó a Moisés el contenido de este libro (Números 27:34). Se hace énfasis sobre esta realidad en varios pasajes (1:1; 4:1; 6:1), así como en el Nuevo Testamento (Romanos 10:5).

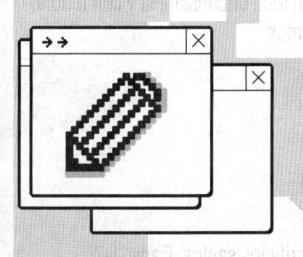

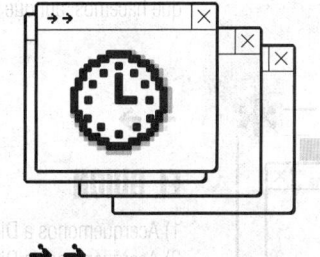

## ¿A QUIÉN LO ESCRIBIÓ?

Este fue un libro estudiado por el pueblo para conocer los requerimientos de Dios acerca de la adoración y el cumplimiento de los sacrificios. Principalmente, los levitas (sacerdotes, pertenecientes a la tribu de Leví) administraban las leyes contenidas en el libro.

## ¿CUÁNDO Y DÓNDE LO ESCRIBIÓ?

El libro fue escrito antes de la salida hacia al desierto, un mes después de haber levantado el campamento en el Sinaí (Ex. 40:17) y de la salida del Sinaí (Num. 1:1; 10:11). El libro se sitúa entre el 1440 y el 1400 a.C.

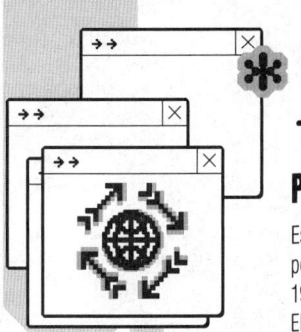

## PANORAMA DEL LIBRO

Este libro busca explicar cómo el hombre puede acercarse a Dios por medio de su divina provisión del sacrificio perfecto (Lev. 11:45; 19:2; 20:26; Jn. 1:29). Como tal, es un libro legislativo y no tanto narrativo. El recordatorio principal es el llamado a la santidad.

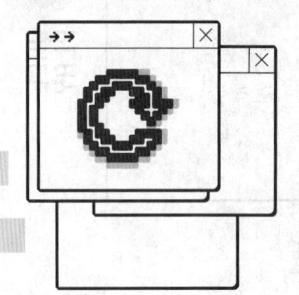

## ¿CÓMO SE RELACIONA CONMIGO?

Este libro destaca la santidad de Dios y la consagración total de su pueblo como respuesta a una relación con Él. Esta es una buena noticia y no una amenaza como la religión les ha dicho a muchos a los gritos. Es una buena noticia porque si Dios lo desea es porque es posible con el poder de Jesús y por eso este libro comienza a sentar las bases de por qué lo necesitamos. La santidad que nosotros podemos aspirar no es igual a perfección porque eso solo es posible para Dios, pero sí es posible en un sentido de consagración, confianza y dirección. Hacer todo lo posible por hacer su voluntad es un privilegio porque representa una relación directa con Dios, y su obra purificadora en nuestra vida. Así como el pueblo de Israel, muchos pueden pensar que la santidad es una cuestión exterior, de actos a cumplir y religión. Pero Levítico destaca que la santidad comienza en el corazón y siempre demanda volver una y otra vez a confiar en Dios. Las buenas conductas son solo la consecuencia de entender que la voluntad de Dios es mejor que la nuestra y del deseo de honrarlo siempre en toda circunstancia y con todo lo que hacemos, aunque no siempre lo logremos.

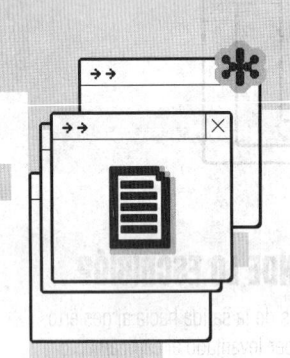

## EL GUION

1) Acerquémonos a Dios por medio de sacrificios santos. Caps. 1-7
2) Acerquémonos a Dios por medio de líderes santos. Caps. 8-10
3) Acerquémonos a Dios por medio de una purificación evidente. Caps. 11-17
4) Mantengamos la comunión con Dios alejándonos del pecado. Caps. 18-22
5) Celebremos la comunión con Dios por medio de las fiestas. Caps. 23-25
6) La vida bendecida de un pueblo santo y en comunión con Dios. Caps. 26-27

# LEVÍT/CO

# Levítico

## El holocausto

**1** El Señor le habló a Moisés desde el santuario, ²y le ordenó que le diera las siguientes instrucciones al pueblo de Israel: «Cuando presenten una ofrenda animal al Señor, deberán traer un animal de ganado vacuno o lanar.

³»Si el animal que se ofrece en holocausto es de ganado vacuno, entonces deberá ser un macho sin defecto. Llevarán el animal hasta la entrada del santuario, donde los sacerdotes aceptarán su ofrenda para el Señor. ⁴La persona que lo lleve deberá poner las manos sobre la cabeza del animal, con lo que éste se convertirá en su sustituto. La muerte del animal será aceptada por el Señor, en lugar de quien lo ofrece como castigo por sus pecados. ⁵El hombre dará muerte al animal allí, delante del Señor, y los hijos de Aarón, los sacerdotes, presentarán la sangre delante del Señor y la rociarán alrededor del altar, a la entrada del santuario. ⁶,⁷Entonces los sacerdotes desollarán el animal, lo descuartizarán, prenderán leña sobre el altar, ⁸y pondrán las diferentes partes del animal, la cabeza y la grasa sobre la leña. ⁹Lavarán los órganos internos y las patas, y luego los sacerdotes lo quemarán todo sobre el altar. Será un holocausto, una ofrenda de olor grato al Señor.

¹⁰»Si el animal ofrecido para el holocausto es un cordero o un cabrito, también debe ser un macho sin defectos. ¹¹El hombre que lo presente lo matará delante del Señor, en el lado norte del altar, y los hijos de Aarón, los sacerdotes, rociarán la sangre alrededor del altar. ¹²Entonces el ofrendante lo descuartizará, y el sacerdote colocará los pedazos, con la cabeza y la grasa encima de la leña, sobre el altar. ¹³Pero antes lavará los órganos internos y las patas con agua. Luego, el sacerdote quemará el sacrificio sobre el altar como un holocausto, como ofrenda encendida de olor grato al Señor.

¹⁴»Si alguno desea ofrecer un holocausto de aves, puede elegir tórtolas o palominos. ¹⁵⁻¹⁷El sacerdote llevará el ave al altar, le cortará la cabeza y derramará la sangre sobre la pared del altar. Enseguida el sacerdote tomará el buche y las plumas y los arrojará al costado oriental del altar, sobre las cenizas. Luego, tomándola por las alas, partirá el ave en dos, pero sin separar completamente las dos partes. Por último, el sacerdote la quemará sobre el altar como un holocausto, una ofrenda de olor grato al Señor.

## La ofrenda de cereal

**2** »Cuando alguna persona quiera presentar una ofrenda de cereales al Señor, deberá llevar harina de la mejor calidad, sobre la cual derramará aceite puro de oliva e incienso. ²Entonces tomará un puñado, que simbolizará el total de la ofrenda, y lo entregará a uno de los sacerdotes para que queme el puñado de harina. Será una ofrenda quemada de grato olor al Señor. ³El resto será entregado a Aarón y a sus hijos como alimento; pero la ofrenda entera será considerada una ofrenda santa, agradable al Señor.

⁴»Si se trae como ofrenda al Señor una torta cocida en el horno, debe haber sido hecha de harina de la mejor calidad, cocida con aceite, pero sin levadura. También se puede ofrecer hojaldres sin levadura, hechas con harina de la mejor calidad y amasadas con aceite de oliva.

⁵»Si la ofrenda es algo preparado en sartén, deberá ser de harina de la mejor calidad, sin levadura y mezclada con aceite de oliva. ⁶Hay que partirla en pedazos y echarle aceite encima. Es una ofrenda de cereal. ⁷Si la ofrenda ha sido preparada en cazuela, será de harina de la mejor calidad, mezclada con aceite de oliva.

⁸»Cualquiera que sea la forma como se haya preparado la ofrenda (al horno, al sartén o a la cazuela), será presentada al sacerdote, el cual la llevará al altar, para ofrecérsela al Señor. ⁹»El sacerdote quemará solo una parte representativa de la ofrenda, pero toda ella será aceptada por el Señor. ¹⁰El resto de la ofrenda será para el uso personal de los sacerdotes, pero toda ella será considerada una ofrenda santa quemada delante del Señor.

¹¹»No usarán levadura en sus ofrendas de harina. No se permite levadura ni miel en las ofrendas hechas al Señor. ¹²Pueden ofrecer pan con levadura y miel como ofrenda de acción de gracias en la época de la cosecha, pero no como ofrenda quemada.

¹³»Toda ofrenda deberá ser sazonada con sal, porque la sal es un recordatorio del pacto de Dios.

¹⁴»Si tu ofrenda es de los primeros frutos de los cereales, toma una espiga tierna, tuéstala, desmenuza el grano y preséntasela al Señor. ¹⁵Sobre la ofrenda derrama aceite de olivas e incienso, porque es una ofrenda de cereales. ¹⁶Entonces los sacerdotes quemarán una parte del cereal desmenuzado mezclado con aceite y todo el incienso, como símbolo de la consagración de toda la ofrenda al Señor.

## El sacrificio de comunión

**3** »Cualquiera que quiera presentar una ofrenda de acción de gracias delante del Señor, podrá traer un becerro o una ternera, pero el animal debe ser sin defectos. ²El hombre que presenta la ofrenda pondrá la mano sobre la cabeza del animal y lo matará a la entrada del santuario. Entonces los hijos de Aarón rociarán la sangre a los lados del altar, ³⁻⁵y quemarán, delante del Señor, la grasa que cubre los intestinos, los dos riñones y la grasa que los recubre, la grasa que está sobre los lomos y un pedazo del hígado. Será una ofrenda quemada de grato olor al Señor.

⁶»Si se presenta como ofrenda de acción de gracias un animal del ganado ovino, podrá ser macho o hembra, pero sin defectos. ⁷,⁸Si es un cordero, el hombre que lo ofrezca deberá poner la mano sobre la cabeza del animal y lo matará a la entrada del santuario. Los sacerdotes rociarán la sangre a los lados del altar ⁹⁻¹¹y ofrecerán sobre el altar la grasa, la cola entera (cortada a raíz del espinazo), la grasa que cubre los intestinos, los dos riñones con la grasa de ellos, la grasa que cubre los lomos, y un pedazo del hígado. Lo harán arder todo en el altar. Será una comida, una ofrenda presentada por fuego al Señor.

¹²»Si alguno trae una cabra como ofrenda al Señor, ¹³deberá poner la mano sobre la cabeza del animal y matarlo a la entrada del santuario. Los sacerdotes rociarán la sangre sobre todos los lados del altar, ¹⁴y pondrán sobre el altar la grasa que cubre las entrañas, ¹⁵,¹⁶los dos riñones y la grasa de ellos, la grasa que

recubre los lomos, y un pedazo del hígado, como una ofrenda quemada ante el Señor. Es una comida, una ofrenda de olor grato presentada por fuego al Señor. ¹⁷»Ésta es una ordenanza permanente en toda tu tierra: No coman grasa ni sangre».

## El sacrificio expiatorio

4 Entonces el Señor le dio estas otras instrucciones a Moisés: ²«Dile al pueblo de Israel que éstas son las leyes para cualquiera que sin querer quebrante alguno de mis mandamientos:

## El sacrificio expiatorio por el pecado del sacerdote

³»Si un sacerdote peca, sin haber tenido la intención de hacerlo, y en consecuencia hace caer alguna culpa sobre el pueblo, debe ofrecer al Señor un becerro sin defecto, como expiación por el pecado del pueblo. ⁴Llevará el becerro hasta la puerta del santuario, pondrá la mano sobre la cabeza del animal y lo matará delante del Señor. ⁵Entonces entrará con la sangre del animal al santuario, ⁶mojará el dedo en la sangre y la rociará siete veces delante del Señor, ante la cortina que cierra la entrada al Lugar Santísimo. ⁷Después pondrá sangre sobre los cuernos del altar del incienso, delante del Señor, en el santuario; el resto de la sangre la derramará sobre la base del altar del holocausto, a la entrada del santuario. ⁸Enseguida tomará toda la grasa de los intestinos, ⁹los dos riñones con la grasa que los cubre, la grasa que cubre los lomos, y un pedazo del hígado, ¹⁰igual como se hace con el animal que se sacrifica para ofrenda de reconciliación. Luego el sacerdote quemará todo en el altar del holocausto. ¹¹,¹²Pero el resto del becerro, la piel, la carne, la cabeza, las patas, los órganos internos y los intestinos, serán llevados a un lugar ceremonialmente limpio, fuera del campamento, al lugar donde se llevan las cenizas del altar, y lo quemarán sobre la leña encendida.

## El sacrificio expiatorio por el pecado de la comunidad

¹³»Si toda la nación de Israel peca, sin darse cuenta de ello, y hace algo que el Señor le haya prohibido, todo el pueblo será culpable. ¹⁴Cuando se den cuenta de su pecado, ofrecerán un becerro como expiación por el pecado, y lo traerán al santuario, ¹⁵donde los jefes del pueblo pondrán las manos sobre la cabeza del animal y lo matarán delante del Señor. ¹⁶Entonces el sacerdote entrará con la sangre al santuario, ¹⁷mojará el dedo en la sangre y rociará siete veces delante del Señor, frente a la cortina. ¹⁸Luego pondrá sangre sobre los cuernos del altar allí en el santuario, en la presencia del Señor, y derramará todo el resto de la sangre en la base del altar del holocausto, a la entrada del santuario. ¹⁹Le quitará toda la grasa y la quemará sobre el altar. ²⁰Seguirá el mismo procedimiento usado en la ofrenda por el pecado. De esta manera el sacerdote hará la expiación por la nación, y todos serán perdonados. ²¹Enseguida, el sacerdote sacará el becerro del campamento y lo quemará, de la misma manera que lo haría si se tratara de una ofrenda por el pecado de algún individuo, sólo que esta vez se trata de una ofrenda por el pecado de toda la nación.

## El sacrificio expiatorio por el pecado de un gobernante

²²»Si uno de los jefes de la nación peca sin darse cuenta, y desobedece la ley de Dios, ²³en cuanto se dé cuenta de su pecado deberá presentar un sacrificio consistente en un macho cabrío que no tenga defectos. ²⁴Pondrá la mano sobre la cabeza del animal y lo sacrificará en el lugar donde se matan los animales de los holocaustos, y lo presentará al Señor. Es su ofrenda por el pecado. ²⁵Enseguida el sacerdote tomará sangre, y con el dedo la untará sobre los cuernos del altar del holocausto, y derramará el resto de la sangre al pie del altar. ²⁶Toda la grasa será quemada sobre el altar como se hace con el sacrificio de acción de gracias; de esta manera el sacerdote hará expiación por el jefe que haya pecado, y éste será perdonado.

## El sacrificio expiatorio por el pecado de un miembro del pueblo

²⁷»Si alguien del pueblo peca y no se da cuenta de ello, es culpable. ²⁸En cuanto comprenda que ha pecado deberá presentar en sacrificio una cabra sin defectos, como expiación por su pecado. ²⁹La llevará al lugar donde se matan los animales para el holocausto, colocará la mano sobre la cabeza del animal y lo matará. ³⁰El sacerdote mojará el dedo en sangre y la untará sobre los cuernos del altar del holocausto. Enseguida derramará el resto de la sangre al pie del altar. ³¹Se le quitará al animal toda la grasa, siguiendo el mismo procedimiento de la ofrenda de acción de gracias, y el sacerdote la quemará sobre el altar, como una ofrenda de grato olor al Señor. De esta manera el sacerdote hará expiación por aquel hombre, y éste recibirá el perdón.

³²»Pero si prefiere presentar un cordero como ofrenda por el pecado, deberá ser una hembra sin defecto. ³³La llevará al lugar donde se hacen los holocaustos, pondrá la mano sobre la cabeza del animal y lo sacrificará allí como una ofrenda por su pecado. ³⁴El sacerdote mojará el dedo en la sangre y la untará sobre los cuernos del altar del holocausto, y todo el resto de la sangre la derramará al pie del altar. ³⁵La grasa la usará siguiendo el mismo procedimiento del sacrificio del cordero en la ofrenda de acción de gracias: el sacerdote quemará la grasa en el altar, como en los demás sacrificios ofrecidos al Señor en el fuego; y hará expiación por el hombre, y éste recibirá el perdón de sus pecados.

## El sacrificio expiatorio por diversos pecados

5 »Cualquiera que se niegue a testificar acerca de un delito del cual es testigo, ya sea porque vio o escuchó, es culpable de complicidad, y deberá pagar por ello.

²»Cualquier persona que toque algo que es ritualmente impuro, como el cuerpo muerto de un animal prohibido como alimento, salvaje o doméstico, o el cuerpo de un insecto prohibido, es culpable, aun cuando no se haya dado cuenta de que lo tocó. ³O si toca una impureza humana, de cualquier tipo, quedará impuro en cuanto se dé cuenta de ello.

⁴»Si alguien jura precipitadamente, sea el voto bueno o malo, en cuanto comprenda su error, será culpable.

⁵»En cualquiera de estos casos, confesará el pecado cometido ⁶y presentará una ofrenda por su culpa: una hembra de ganado menor, oveja o cabra. El sacerdote hará la expiación por esa persona, y ésta quedará perdonada.

### El caso del pobre
⁷»Si el culpable es una persona muy pobre, de modo que no tiene forma de ofrecer una oveja, entonces ofrecerá dos tórtolas o dos pichones de paloma: uno como ofrenda por el pecado y el otro como holocausto. ⁸El sacerdote ofrecerá en primer lugar el sacrificio por el pecado, para lo cual le cortará el cuello al ave, pero sin separarle la cabeza del cuerpo. ⁹Enseguida rociará una parte de la sangre sobre el costado del altar y el resto lo derramará al pie del altar; es la ofrenda por el pecado. ¹⁰La segunda ave será ofrecida como holocausto siguiendo los procedimientos ya mencionados. De esta manera el sacerdote hará expiación por la persona que pecó, y ésta será perdonada.
¹¹»Si el culpable es aún más pobre, de modo que ni siquiera puede ofrecer tórtolas o pichones de paloma, ofrecerá como ofrenda por su pecado dos kilos de harina de la mejor calidad. No debe mezclarla con aceite de olivas ni ponerle incienso, porque es una ofrenda por el pecado. ¹²Se la llevará al sacerdote, el cual tomará un puñado que representará la ofrenda completa, y la quemará sobre el altar, como cualquier otro sacrificio ofrecido al Señor por fuego; esta será su ofrenda por el perdón de sus pecados. ¹³De esta manera el sacerdote hará expiación por el que haya cometido cualquier pecado de esta clase, y será perdonado. El resto de la harina pertenecerá al sacerdote, como en el caso de una ofrenda de cereales».

### El sacrificio por la culpa
¹⁴Además, el Señor le dijo a Moisés: ¹⁵«Si alguno peca inadvertidamente, al no darle al Señor todo lo que le corresponde, ofrecerá por su pecado un carnero sin defecto. El valor del animal se calculará de acuerdo con la moneda oficial del santuario. Es un sacrificio por la culpa. ¹⁶Además, el culpable hará restitución por el diezmo que retuvo, más un veinte por ciento como multa, lo cual entregará al sacerdote. Entonces el sacerdote, por medio del carnero sacrificado, hará expiación por el culpable, y éste será perdonado.
¹⁷,¹⁸»Cualquiera que desobedezca alguna ley de Dios, aun sin darse cuenta, de todos modos es culpable. Entonces deberá llevar al sacerdote un carnero sin defecto, o su equivalente en dinero. El precio será fijado de la misma manera que se hace con el sacrificio por la culpa. El sacerdote, entonces, presentará el sacrificio a favor del que pecó sin darse cuenta, y éste será perdonado. ¹⁹Se trata de una ofrenda por la culpa, porque ciertamente esa persona es culpable delante del Señor».

**6** El Señor le dijo a Moisés: ²«Si alguien peca contra mí negándose a devolver un depósito por algo que rentó o si se niega a devolver algo que se le confió, o si le quita a la fuerza algo a su prójimo, ³o si se encuentra algo que se le perdió a su prójimo, y se queda con lo encontrado negando, bajo juramento, tenerlo, ⁴,⁵es culpable de pecado. Tendrá que devolver todo lo que haya robado, más un veinte por ciento como multa. Además, el mismo día llevará una ofrenda por su pecado al santuario. ⁶La ofrenda por su culpa será un carnero sin defecto, deberá ser del valor que tú determines. Lo llevará al sacerdote y ⁷el sacerdote hará la expiación a su favor delante del Señor, y será perdonado».

### El holocausto
⁸Además, el Señor le dijo a Moisés: ⁹«Dale a Aarón y a sus hijos estas reglas acerca de los holocaustos: El holocausto se dejará toda la noche sobre el fuego del altar. ¹⁰Al día siguiente, el sacerdote, vestido de lino y con ropa interior de lino, sacará las cenizas del holocausto y las pondrá junto al altar. ¹¹En seguida se cambiará la ropa, sacará las cenizas del campamento, y las llevará a un lugar ritualmente limpio. ¹²Mientras tanto, el fuego del altar continuará encendido. No debe dejarse apagar. El sacerdote deberá ponerle leña cada mañana, y pondrá sobre él el holocausto diario y la grasa del sacrificio de paz que se ofrece todos los días. ¹³El fuego debe mantenerse encendido continuamente sobre el altar. No debe dejarse apagar.

### La ofrenda de cereal
¹⁴»Estas son las reglas acerca de las ofrendas de cereales: Los hijos de Aarón se pondrán de pie ante el altar, delante del Señor para presentar la ofrenda de cereales. ¹⁵Los sacerdotes entonces sacarán un puñado de harina fina mezclada con aceite de oliva e incienso, y la quemarán sobre el altar como porción recordatoria delante del Señor, como una ofrenda recordatoria de olor grato al Señor. ¹⁶Lo que quede de la harina, después de que el sacerdote haya sacado el puñado, será para la alimentación de Aarón y sus hijos. La comerán sin levadura en el atrio del santuario. ¹⁷Reafírmales esta instrucción: La ofrenda será cocida sin levadura. He asignado a los sacerdotes esta parte de los holocaustos que se me ofrecen. Sin embargo, toda la ofrenda es santísima, al igual que el sacrificio por el pecado y el sacrificio por la culpa. ¹⁸Podrá comerla cualquier varón descendiente de Aarón, generación tras generación. Pero sólo ellos podrán comer de estas ofrendas presentadas en el fuego al Señor. Cualquier cosa que toque los sacrificios quedará consagrada».

### La ofrenda de los sacerdotes
¹⁹,²⁰El Señor le dijo a Moisés: «El día que Aarón y sus hijos sean ungidos, presentarán al Señor una ofrenda de dos kilos de harina: ofrecerán la mitad en la mañana, y la otra mitad en la tarde. ²¹Será preparada con aceite de oliva en una sartén, y se freirá bien, y luego será llevada delante del Señor como ofrenda muy agradable para él. ²²,²³Cuando los hijos de los sacerdotes tengan que tomar el lugar de sus padres, serán incorporados al oficio por medio de la presentación de este mismo sacrificio en el día de su unción. Esta es una ley perpetua. Estas ofrendas serán completamente quemadas delante del Señor. Nadie comerá parte alguna de ellas».

### El sacrificio expiatorio
²⁴Luego el Señor le dijo a Moisés: ²⁵«Diles a Aarón y a sus hijos que éstos son mis mandamientos acerca de la ofrenda por el pecado: Este es un sacrificio santísimo. Será inmolado en el lugar en que se da

muerte a los animales de los holocaustos. ²⁶El sacerdote que oficia lo comerá en el atrio del santuario. ²⁷Solamente los que están santificados, los sacerdotes, podrán tocar esta carne. Si una gota de sangre salpica su vestido, deberá lavarlo en un lugar santo. ²⁸Luego quebrará la vasija de barro en que haya lavado su vestido. Si usó una vasija de bronce, deberá limpiarla cuidadosamente. ²⁹Cualquier hijo de los sacerdotes puede comer de esta ofrenda; pero sólo ellos, porque es santísima. ³⁰Pero los sacerdotes no podrán comer de la ofrenda por el pecado, si la sangre ha sido llevada al interior del santuario, para suplicar el perdón de Dios. La víctima será completamente quemada con fuego delante del Señor.

## El sacrificio por la culpa

**7** »Éstas son mis órdenes sobre la ofrenda santísima por la culpa: ²La víctima será sacrificada en el lugar donde se inmola el holocausto, y la sangre será rociada varias veces a lo largo del altar. ³El sacerdote ofrecerá sobre el altar toda la grasa, la cola, la grasa que cubre los intestinos, ⁴los dos riñones y la grasa que los recubre, la grasa que recubre los lomos, y un pedazo del hígado. ⁵El sacerdote lo quemará todo sobre el altar como ofrenda al Señor por la culpa. ⁶Todo varón de entre los sacerdotes podrá comer la víctima, y deberá hacerlo en un lugar limpio, porque es un sacrificio santísimo.

## Derechos de los sacerdotes

⁷»La misma orden se aplica a la ofrenda por el pecado y a la ofrenda por la culpa: El animal sacrificado pertenece al sacerdote que está a cargo de presentar el sacrificio, y comerá de él. ⁸El sacerdote que ofrece un holocausto se quedará con la piel del animal. ⁹Lo que quede de las ofrendas de harina, después de la ceremonia, será para el sacerdote que haya oficiado, cualquiera que sea la forma de la ofrenda: al horno, al sartén o cocida en cazuela. ¹⁰Todas las demás ofrendas de harina, mezcladas con aceite de oliva o secas, son propiedad de todos los hijos de Aarón.

## Diversos sacrificios de comunión

¹¹»Éstas son mis órdenes acerca de los sacrificios presentados como ofrendas de paz al Señor: ¹²Si es una ofrenda de acción de gracias, se deberá presentar, junto con el sacrificio, panes sin levadura amasados con aceite, hojaldres sin levadura untadas con aceite de oliva, y panes amasados con aceite de oliva. ¹³Esta ofrenda de acción de gracias estará acompañada de panes con levadura. ¹⁴Parte de este sacrificio será presentado al Señor como contribución, y será para el sacerdote que oficia, el que rocía la sangre del animal presentado para el sacrificio. ¹⁵Después de que el animal haya sido sacrificado al Señor, como ofrenda de paz de olor grato y de acción de gracias al Señor, deberá comerse la carne el mismo día. No deberá dejarse nada para el día siguiente.

¹⁶»Sin embargo, si alguno trae un sacrificio que no es de acción de gracias sino como cumplimiento de un voto o una ofrenda voluntaria al Señor, cualquier porción de la víctima que no se coma el mismo día en que se sacrifique, podrá comerse al día siguiente. ¹⁷,¹⁸Si queda algo para el tercer día, será quemado, porque lo que se coma el tercer día no tendrá valor de sacrificio. No se le tomará en cuenta al que lo ofreció. El sacerdote que coma será culpable, porque esa carne será considerada impura delante del Señor. El que la coma tendrá que pagar por su pecado.

¹⁹»Toda carne que tenga contacto con algo ritualmente impuro será quemada, pues no se podrá comer. En cuanto a la carne no contaminada, sólo podrá comerla una persona que esté ritualmente limpia.

²⁰»Si un sacerdote está ritualmente impuro y come una porción de la ofrenda de acción de gracias, será separado de su pueblo, porque ha profanado lo que es santo.

²¹»Cualquiera que toque algo que esté ritualmente impuro, sea de hombre o de bestia, y luego coma del sacrificio de paz, será separado de su pueblo por haber contaminado lo que es sagrado».

## Prohibiciones acerca de la grasa y de la sangre

²²Entonces el Señor le dijo a Moisés ²³que le dijera a los israelitas: «No coman grasa jamás, sea de bueyes, ovejas o cabras. ²⁴La grasa de un animal que muere enfermo, o que es atacado y muerto por animales salvajes, se puede usar para otros propósitos pero no se comerá. ²⁵Cualquiera que coma grasa de una ofrenda quemada al Señor será expulsado de su pueblo. ²⁶,²⁷Sin importar dónde ustedes vivan, no podrán comer sangre ni grasa de aves ni de ningún animal. Cualquiera que lo haga será expulsado de su pueblo».

## La porción de los sacerdotes

²⁸Y el Señor le dijo a Moisés ²⁹que les dijera a los israelitas: «Cualquiera que traiga una ofrenda de acción de gracias al Señor, deberá traerla personalmente. ³⁰Traerá como ofrenda la grasa y el pecho, lo cual será mecido delante del altar. ³¹Luego el sacerdote quemará la grasa sobre el altar. El pecho pertenecerá a Aarón y a sus hijos. ³²,³³El muslo derecho se dará como contribución para el sacerdote que oficia, ³⁴porque he destinado el pecho y el muslo como donación del pueblo de Israel para los hijos de Aarón. A Aarón y a sus hijos debe dárseles siempre esta porción del sacrificio».

³⁵De las ofrendas que se queman en honor al Señor, esta es la porción que les corresponde a Aarón y a sus hijos. Así ha sido desde el día que Moisés consagró como sacerdotes del Señor a Aarón y a sus hijos. ³⁶El día que Dios los ungió, ordenó al pueblo de Israel les diera estas porciones. Es lo que les corresponde para siempre, a través de todas las generaciones.

³⁷Estas fueron las órdenes acerca de los holocaustos, las ofrendas de harina, las ofrendas por el pecado, la ofrenda por la culpa, las ofrendas de consagración y de paz. ³⁸Estas órdenes se las dio el Señor a Moisés en el monte Sinaí, para que se las diera a conocer al pueblo de Israel, a fin de que ellos supieran cómo debían ofrecerse los sacrificios a Dios en el desierto de Sinaí.

## La ordenación de Aarón y sus hijos

**8** El Señor le dijo a Moisés: ²«Lleva ahora a la entrada del santuario a Aarón y a sus hijos, sus vestiduras, el aceite de la unción, el becerro para el sacrificio por el pecado, los dos carneros y la cesta de panes sin levadura, ³y convoca al pueblo de Israel para que se reúna allí».

⁴Entonces Moisés hizo todo lo que el Señor le ordenó. Cuando los israelitas se reunieron a la entrada del santuario, ⁵Moisés les dijo: «Lo que ahora voy a hacer ha sido ordenado por el Señor». ⁶Enseguida tomó a Aarón y a sus hijos, los purificó con agua ⁷y le puso a Aarón la túnica, el cinto, el manto y el efod con su cinto. ⁸Luego le puso el pectoral, y depositó el urim y tumim*ᵃ* dentro del pectoral. ⁹Luego colocó la mitra en la cabeza de Aarón, y sobre la mitra puso la lámina de oro, la diadema santa, tal como Dios se lo había ordenado.

¹⁰Luego, Moisés tomó el aceite de la unción y lo roció sobre el santuario y sobre cada uno de sus elementos para santificarlos. ¹¹Cuando llegó al altar, lo roció siete veces y roció también los utensilios del altar, el lavamanos y su base, y los santificó. ¹²Después derramó el aceite de la unción sobre la cabeza de Aarón consagrándolo así para el servicio.

¹³Enseguida Moisés vistió a los hijos de Aarón con las túnicas, los cinturones y las mitras, de acuerdo con lo ordenado por el Señor. ¹⁴Después tomó el becerro para la ofrenda por el pecado. Aarón y sus hijos pusieron las manos sobre la cabeza del animal ¹⁵,¹⁶mientras Moisés lo degollaba. Con el dedo tomó sangre y la untó sobre los cuernos del altar y sobre el altar mismo para santificarlo, y derramó el resto de la sangre al pie del altar. De esta manera santificó el altar, haciendo el rito del perdón por los pecados. Tomó toda la grasa que cubría los intestinos, la grasa que cubría el hígado, los dos riñones y la grasa que los cubría, y los quemó sobre el altar. ¹⁷El becerro, la piel y el excremento fueron quemados fuera del campamento, de acuerdo con lo que el Señor le había ordenado a Moisés.

¹⁸Después de esto presentó al Señor el carnero para el holocausto. Aarón y sus hijos pusieron las manos sobre la cabeza del animal ¹⁹y Moisés lo mató y roció la sangre alrededor del altar. ²⁰Enseguida descuartizó el carnero, quemó las partes, la cabeza y la grasa. ²¹A continuación lavó los intestinos y las extremidades en agua y los quemó sobre el altar, de modo que todo el carnero se consumió delante del Señor. Fue una ofrenda quemada de muy grato olor al Señor, por cuanto Moisés había seguido en forma estricta las órdenes que él le había dado.

²²A continuación Moisés ofreció el otro carnero, el carnero de la consagración. Aarón y sus hijos pusieron sus manos sobre la cabeza del animal, ²³y luego Moisés lo mató, tomó sangre y puso un poco en la oreja derecha, en el pulgar derecho de la mano y del pie derecho de Aarón. ²⁴Luego puso sangre en el lóbulo de la oreja derecha y en el pulgar de la mano derecha y el dedo gordo del pie derecho de los hijos de Aarón. El resto de la sangre lo roció a todo lo largo y ancho del altar.

²⁵Luego tomó la grasa, la cola, la grasa que cubre los intestinos y el hígado, los dos riñones con su grasa y el muslo derecho, ²⁶y tomó del canastillo un pan sin levadura, una torta amasada con aceite y una hojaldre, y puso todo esto sobre la grasa y el muslo derecho. ²⁷Todo fue puesto en las manos de Aarón y de sus hijos para que lo ofrecieran al Señor, meciéndolo delante del altar. ²⁸Moisés entonces lo recibió de las manos de ellos y lo quemó sobre el altar, junto con el holocausto ofrecido al Señor, que se sintió complacido con esta ofrenda. Fue un sacrificio por la ordenación, una ofrenda de grato olor al Señor. ²⁹A continuación, Moisés tomó el pecho, lo meció y se lo presentó al Señor, delante del altar. Ésta era la porción del carnero de la consagración que correspondía a Moisés, de acuerdo con las instrucciones que el Señor le había dado.

³⁰Acto seguido, tomó el aceite de la unción y un poco de sangre de la que había rociado sobre el altar, y los roció sobre Aarón y sus vestiduras, y sobre los hijos de Aarón y sus vestiduras, consagrando así para el servicio del Señor a Aarón, sus hijos y las vestiduras sacerdotales.

³¹Entonces Moisés les dijo a Aarón y a sus hijos: «Cuezan la carne a la entrada del santuario y cómansela con el pan que está en la cesta de la consagración, tal como lo he mandado. ³²Lo que quede de la carne y el pan, será quemado». ³³Después les dijo que no salieran de la entrada del santuario durante siete días, porque necesitaban siete días para completar la consagración. ³⁴Y Moisés les dijo nuevamente que todo lo que había hecho ese día había sido ordenado por el Señor, para que sus pecados les fueran perdonados. ³⁵Luego reiteró a Aarón y a sus hijos que debían permanecer a la entrada del santuario día y noche durante siete días. Les repitió: «Si dejan su lugar, morirán, pues es lo que el Señor ha dicho». ³⁶De esta manera cumplieron Aarón y sus hijos todo lo que el Señor le había ordenado a Moisés.

## Los sacerdotes inician su ministerio

**9** Al octavo día de las ceremonias de la consagración, Moisés convocó a Aarón, a sus hijos y a los jefes de Israel, ²y le dijo a Aarón que tomara un becerro para ofrenda por su pecado y un carnero sin defectos para el holocausto, y que los ofreciera al Señor. ³Además, Moisés le dijo a Aarón: «Diles a los israelitas que traigan un macho cabrío para ofrenda por el pecado, un becerro y un cordero de un año cada uno, todos sin defectos, para ofrecerlos como holocausto. ⁴Además el pueblo deberá presentarle al Señor, como ofrenda de paz, un toro y un carnero, y una ofrenda de harina de la mejor calidad mezclada con aceite de oliva. Porque hoy se les aparecerá el Señor».

⁵Entonces ellos llevaron todas estas cosas a la entrada del santuario, como Moisés lo había ordenado, y el pueblo vino y estuvo de pie delante del Señor. ⁶Moisés les dijo: «Si ustedes cumplen con todo lo que el Señor les ha pedido, entonces él les mostrará su gloria».

⁷Moisés, entonces, le dijo a Aarón que caminara hacia el altar y presentara la ofrenda por el pecado y el holocausto, para que pidiera por el perdón de sus propios pecados, y después pidiera perdón por los pecados del pueblo, de acuerdo con lo ordenado por el Señor.

⁸Aarón se acercó al altar y mató el becerro como sacrificio por sus propios pecados. ⁹Sus hijos le llevaron la sangre, y él mojó el dedo en ella y la untó sobre los cuernos del altar, y derramó el resto de la sangre al pie del altar. ¹⁰A continuación quemó sobre el altar la grasa, los riñones y el hígado de la ofrenda por sus pecados, de acuerdo con las órdenes dadas por el Señor a Moisés, ¹¹y quemó la carne y la piel fuera del campamento.

---
*a.* Aparentemente una forma de suerte sagrada para conocer la voluntad de Dios mediante respuestas simples de «sí» o «no».

**LEVÍTICO 9.12**

¹²Le correspondió enseguida dar muerte al animal para el holocausto. Sus hijos le llevaron la sangre, y él la roció a lo largo y ancho del altar; ¹³le llevaron el animal descuartizado, incluida la cabeza, y lo quemó sobre el altar. ¹⁴Enseguida, lavó los intestinos y las patas, y los ofreció sobre el altar como ofrenda quemada.

¹⁵Acto seguido, presentó la ofrenda del pueblo. Mató el macho cabrío y lo ofreció de la misma manera que lo había hecho con la ofrenda por sus pecados. ¹⁶De esta manera ofreció el holocausto al Señor, de acuerdo con las instrucciones recibidas. ¹⁷A continuación presentó la ofrenda de harina de la mejor calidad. Tomó un puñado y lo quemó sobre el altar, junto al sacrificio de la mañana.

¹⁸Después degolló el becerro y el carnero que eran los sacrificios de paz que ofrecía el pueblo. Los hijos de Aarón le llevaron la sangre, y él la roció a lo largo y ancho del altar. ¹⁹Luego tomó la grasa del becerro y del carnero, la grasa de las colas, y la que cubría a los intestinos y la que cubría los riñones y el hígado. ²⁰Colocó todo esto sobre el pecho de estos animales, y Aarón los quemó sobre el altar. ²¹Y meció los pechos y el muslo derecho, como un acto de consagración al Señor, tal como Moisés lo había ordenado.

²²Entonces, con las manos extendidas hacia la gente, Aarón los bendijo, y descendió del altar. ²³Moisés y Aarón entraron al santuario. Cuando salieron, bendijeron nuevamente al pueblo, y la gloria del Señor se apareció delante de toda la congregación. ²⁴Entonces descendió fuego de la presencia del Señor, que consumió la ofrenda y la grasa que había sobre el altar. Cuando el pueblo vio esto, dio gritos de júbilo y adoró al Señor.

### Muerte de Nadab y Abiú

**10** Nadab y Abiú, hijos de Aarón, pusieron fuego sin consagrar en sus incensarios, y ofrecieron incienso delante del Señor. De modo que actuaron en contra de lo que el Señor les acababa de ordenar. ²Entonces salió fuego de la presencia del Señor que los quemó y mató.

³Moisés le dijo a Aarón: «Esto es lo que el Señor quiso decir cuando declaró: "Me santificaré entre los que se acercan a mí y seré glorificado delante de todo el pueblo"».

Aarón, permaneció en silencio.

⁴Moisés llamó a Misael y a Elzafán, primos de Aarón, hijos de Uziel, y les dijo: «¡Vayan y saquen a sus hermanos que quedaron delante del santuario y llévenlos fuera del campamento!» ⁵Se acercaron, pues, los agarraron por sus túnicas y los sacaron fuera del campamento, como Moisés les había ordenado.

### Ley sobre el duelo sacerdotal

⁶Entonces Moisés les dijo a Aarón y a sus hijos Eleazar e Itamar: «No lloren ni anden despeinados, ni se rasguen sus vestidos, en señal de duelo. Si lo hacen, el Señor se enojará contra ustedes y les dará muerte también, y hará caer su ira sobre todo el pueblo de Israel. El resto del pueblo sí puede lamentar la muerte de Nadab y Abiú y puede hacer duelo por el terrible fuego que el Señor ha enviado. ⁷Pero ustedes no deben salir del santuario, pues si lo hacen serán castigados con la muerte, porque el Señor los ha ungido». Ellos hicieron, pues, lo que Moisés ordenó.

### Ley sobre el culto y el licor

⁸,⁹El Señor le habló a Aarón y le dijo: «No bebas vino ni otras bebidas alcohólicas cuando tengas que entrar al santuario, o morirás. Esta norma se aplicará a tus hijos y a todos tus descendientes, de generación en generación. ¹⁰Así que deben aprender a distinguir entre lo que es sagrado y lo que no lo es, entre lo puro y lo impuro, ¹¹de modo que también podrán enseñarles a los israelitas las leyes que yo, el Señor, les he dado por medio de Moisés».

### La porción de los sacerdotes

¹²Entonces Moisés le dijo a Aarón y a los hijos que le quedaban, es decir, Eleazar e Itamar: «Tomen lo que ha quedado de la ofrenda de harina de la mejor calidad, y cómanla sin levadura, junto al altar. Es una ofrenda santísima. ¹³Por lo tanto, la comerán en un lugar santo. Esa parte de las ofrendas presentadas por fuego al Señor te pertenece a ti y a tus hijos. Así se me ha mandado.

¹⁴»También podrán comer, en un lugar puro, el pecho que fue mecido y presentado al Señor, y el muslo que fue entregado como contribución. Es la porción que te pertenece a ti y a tus hijos e hijas, para que se alimenten. Es la porción que les pertenece de los sacrificios de paz presentados por el pueblo de Israel.

¹⁵»El pueblo debe traer el muslo que fue apartado y el pecho que se ofreció cuando se quemó la grasa, y ambos serán presentados y mecidos delante del Señor. Después de eso serán para ti y para tu familia, porque el Señor lo ha ordenado así».

### Un caso especial

¹⁶Moisés buscó diligentemente el macho cabrío de la ofrenda por el pecado, y cuando descubrió que lo habían quemado, se disgustó mucho con Eleazar e Itamar, los dos hijos de Aarón.

¹⁷—¿Por qué no se comieron la ofrenda por el pecado en el santuario? —les dijo—. Es una ofrenda santísima, y Dios se la ha dado a ustedes para que quiten el pecado de la congregación, para hacer expiación por ellos delante del Señor. ¹⁸Puesto que su sangre no fue llevada al interior del santuario, debían haberla comido aquí, como les ordené.

¹⁹Pero Aarón intercedió delante de Moisés.

—Ellos han presentado hoy la ofrenda por el pecado y el holocausto delante del Señor. ¡Y precisamente hoy me ha sucedido la desgracia de perder a mis hijos! Si yo hubiera comido la ofrenda por el pecado en un día como éste, ¿habría agradado al Señor?

²⁰Cuando Moisés oyó la respuesta de Aarón, quedó satisfecho.

### Leyes sobre animales puros e impuros

**11** Entonces el Señor les dijo a Moisés y a Aarón: ²,³«Díganle al pueblo de Israel que los animales que pueden comer son los que tienen pezuña hendida y que rumian. ⁴⁻⁷Así que no se pueden comer los siguientes animales:

El camello, porque aunque rumia no tiene la pezuña partida; el conejo, porque aunque rumia no tiene la pezuña partida; la liebre, porque aunque rumia no

## LEVÍTICO 13.1

### Leyes sobre enfermedades cutáneas

**13** El Señor les dijo a Moisés y a Aarón: ²«Si alguien nota que en la piel le ha salido una hinchazón, un sarpullido o mancha blanca, sospechará que tiene lepra. Deberá ser conducido ante el sacerdote Aarón, o ante alguno de sus hijos, ³para que examine el lugar afectado. Si el vello de aquel lugar se le pone blanco y la llaga parece estar más hundida que la piel, se trata de lepra, y el sacerdote lo declarará oficialmente leproso.

⁴»Pero, si la parte blanca de la piel no parece más hundida que el resto, y el vello de aquel lugar no se ha puesto blanco, el sacerdote aislará al enfermo durante siete días. ⁵Al cabo de los siete días, el sacerdote lo volverá a examinar. Si no ha habido variación en la mancha, ni se ha extendido por la piel, lo aislará otros siete días. ⁶Al séptimo día nuevamente lo examinará, y si la mancha de la piel ha disminuido y no se han extendido, el sacerdote lo declarará sano. Era una erupción. Entonces la persona afectada sólo lavará su ropa y volverá a su vida normal.

⁷»Pero si la mancha se ha extendido por la piel, después de que la persona fue declarada sana, entonces tendrá que volver a presentarse ante el sacerdote. ⁸Si al examinar a la persona, el sacerdote descubre que la mancha se ha extendido sobre la piel, entonces la declarará impura. Se trata de un caso de lepra.

### Leyes sobre enfermedades infecciosas

⁹,¹⁰»Cuando una persona presente una llaga en la piel, tendrá que ser llevada ante el sacerdote. Si al examinar a la persona, el sacerdote nota que la llaga y el vello se han puesto blancos, y se ve la carne viva, ¹¹entonces se trata de un caso de lepra. El sacerdote debe declarar impura a esa persona, pero no tendrá que aislarla para tenerla en observación, porque se ha comprobado definitivamente que se trata de lepra.

¹²»Pero si el sacerdote ve que la mancha ha brotado y se ha esparcido por todo su cuerpo, de pies a cabeza, ¹³declarará a esa persona sin lepra, porque la mancha se ha vuelto completamente blanca, y no es lepra. ¹⁴,¹⁵Pero si aparece carne viva en algún lugar, la persona será declarada leprosa. Lo comprueba la carne viva. ¹⁶,¹⁷Pero si la carne viva se vuelve blanca, la persona enferma acudirá al sacerdote para ser examinada nuevamente. Si el lugar en realidad se ha vuelto completamente blanco, el sacerdote la declarará sin lepra.

### Leyes sobre los abscesos

¹⁸»En el caso de que una persona haya tenido un absceso en la piel, ¹⁹y que éste al sanar haya dejado una hinchazón o una mancha blanca o rojiza, deberá acudir al sacerdote para ser examinada. ²⁰Si el sacerdote ve que la parte afectada está un poco más hundida que el resto de la piel y que el vello del lugar se ha vuelto blanco, la declarará impura, porque ha brotado lepra. ²¹Pero si el sacerdote no encuentra vellos blancos en el punto afectado, y éste no parece estar más hundido que el resto de la piel, y si el color es gris, aislará a la persona durante siete días. ²²Si durante ese lapso la mancha se extiende, el sacerdote la declarará leprosa. ²³Pero si no parece mayor, y no se ha extendido, se trata solamente de la cicatriz del absceso, y el sacerdote la declarará limpia.

### Leyes sobre las quemaduras

²⁴»Si alguien se quema en cualquier forma, y la parte quemada se pone de un color blanco rojizo, ²⁵el sacerdote deberá examinar la parte afectada. Si el vello de aquel lugar se pone blanco, y la parte quemada se ve más hundida que el resto de la piel, es lepra que ha brotado en la quemadura, y el sacerdote deberá declararlo leproso. ²⁶Pero si el sacerdote ve que no hay vellos blancos y que la mancha no está más hundida que el resto de la piel, y que está disminuyendo, lo aislará por siete días. ²⁷Al cabo de los siete días lo volverá a examinar. Si la mancha se ha extendido por la piel, el sacerdote lo declarará leproso. ²⁸Pero si el lugar afectado no se ha extendido, y se ve que ha disminuido, se trata sólo de la cicatriz de la quemadura, y el sacerdote lo declarará limpio.

### Leyes sobre enfermedades del cuero cabelludo y de la barba

²⁹,³⁰»Si una persona, hombre o mujer, tiene una llaga en la cabeza o en el mentón, acudirá al sacerdote para que examine la llaga. Si la llaga parece estar más hundida que el resto de la piel y se encuentra vello amarillento en ella, el sacerdote declarará leprosa a esa persona. ³¹Pero si el examen del sacerdote revela que la llaga es superficial y que está cubierta con vello negro, aislará al enfermo durante siete días ³²para examinarlo al final de ese plazo. Si la llaga no se ha extendido ni se ha puesto amarillo el vello, y si no parece estar más hundida que el resto de la piel, ³³le afeitará todo el vello que la rodea, sin tocar los de la parte infectada, y lo aislará por otros siete días. ³⁴Será examinado nuevamente el séptimo día, y si la llaga no se ha extendido y no pareciera estar más hundida que el resto de la piel, el sacerdote lo declarará sano. El enfermo lavará su ropa, y quedará libre.

³⁵»Pero, si más adelante, comienza a extenderse la llaga, ³⁶el sacerdote deberá examinarlo nuevamente y, sin esperar a que aparezcan vellos amarillos, lo declarará leproso. ³⁷Pero si se ve claramente que la herida ha dejado de extenderse y que los vellos del lugar son negros, es porque dicha persona está sana, así que el sacerdote la declarará sin lepra.

### Afecciones cutáneas benignas

³⁸»Si una persona, hombre o mujer, presenta manchas blancuzcas en la piel, ³⁹pero éstas se están oscureciendo, no es lepra. Se trata sólo de una infección común de la piel. Por eso, dicha persona es pura.

### Leyes sobre la calvicie

⁴⁰»Si un hombre pierde el cabello, aunque quede calvo, no es leproso. ⁴¹El que pierde el cabello de la frente es calvo, pero no es leproso. ⁴²Pero si en la calva le sale una mancha de color rojizo, puede tratarse de un caso de lepra. ⁴³El sacerdote lo examinará, y si ve que la mancha es de color rojizo, como de lepra, ⁴⁴se trata efectivamente de lepra, y el sacerdote así lo declarará.

### Leyes sobre las infecciones

⁴⁵»La persona en la que se encuentre una infección deberá rasgar su ropa, andar despeinada, cubrirse el rostro hasta el labio superior y anunciar mientras camina: "¡Soy impuro! ¡Soy impuro!" ⁴⁶Mientras dure

tiene la pezuña partida; el cerdo, porque aunque tiene la pezuña partida, no es rumiante.

⁸No comerán la carne de ellos ni tocarán sus cuerpos muertos. Tales animales están prohibidos para ustedes.

⁹»En cuanto a los animales que viven en el mar o en los ríos, comerán los que tienen aletas y escamas. ¹⁰Los demás animales que hay en el agua no los comerán. ¹¹Les prohíbo estrictamente que los coman, o que toquen sus cuerpos muertos. ¹²Repito: les prohíbo que coman cualquier animal acuático que no tenga aletas ni escamas.

¹³⁻¹⁹»Entre las aves, éstas son las que no pueden comer:

El águila, el quebrantahuesos, el azor, el gallinazo, el milano de todas las especies, el cuervo de todas las especies, el avestruz, la lechuza, la gaviota, el gavilán de todas las especies, el búho, el somormujo, el ibis, el calamón, el pelícano, el buitre, la cigüeña, la garza de todas las especies, la abubilla y el murciélago.

²⁰»Les prohíbo que coman los insectos voladores de cuatro patas, ²¹,²²excepto los que saltan. Podrán comer langostas de todas las especies, saltamontes de todas las especies y grillos. ²³Los demás insectos alados que tienen cuatro patas están prohibidos.

### Leyes sobre la impureza por tocar un animal impuro

²⁴»Cualquiera que toque sus cuerpos muertos quedará impuro hasta la noche, ²⁵y deberá lavarse la ropa de inmediato. Además, se aislará hasta la noche por estar ritualmente impuro.

²⁶»También quedarán impuros cuando toquen cualquier animal que no tenga la pezuña partida ni sea rumiante.

²⁷»Les prohíbo que coman animales que caminan sobre garras. La persona que toque un animal muerto de este tipo quedará impura hasta la noche. ²⁸La persona que saque el animal muerto deberá lavarse la ropa y permanecerá impura hasta la noche. Es algo que está prohibido.

²⁹,³⁰»Estos son los animales impuros que se arrastran por el suelo:

El topo, el ratón, el lagarto, la lagartija, el erizo, el cocodrilo, la rana y el camaleón.

³¹»La persona que toque alguno de estos animales muertos quedará impura hasta la noche.

### Otras leyes sobre el contacto con animales impuros

³²»Cualquier objeto, sin importar de qué material esté hecho, sobre el que caiga el animal muerto, quedará impuro, y deberán dejarlo en agua hasta el anochecer.

³³»Si el animal muerto cae en una vasija de alfarería, todo lo que esté dentro de ella quedará impuro, y tendrán que romper la vasija. ³⁴Si el agua usada para purificar el artículo impuro toca algún alimento, éste quedará impuro. También quedará impura la bebida que toque.

³⁵»Si uno de estos animales muertos toca un horno de barro, éste quedará impuro y habrá que derribarlo. ³⁶Si el animal cae sobre una cisterna donde hay agua, el agua no se contaminará, pero la persona que saque el animal quedará impura.

³⁷»Si el animal muerto toca la semilla que se iba a sembrar en el campo, esa semilla no se contamina, ³⁸a menos que la semilla estuviera húmeda cuando el animal cayó sobre ella. En este caso la semilla sí se contamina.

³⁹»Si algún animal de los que se pueden comer muere de enfermedad, y alguien lo toca, esa persona quedará impura hasta el anochecer. ⁴⁰Además, cualquier persona que coma esa carne o saque el animal tendrá que lavarse la ropa y quedará impura hasta el anochecer.

### Resumen sobre los reptiles y la santidad

⁴¹,⁴²»No comerán animales que se arrastran sobre la tierra. Esto incluye a reptiles que se deslizan sobre el vientre y los que tienen patas. Ningún animal que se arrastra y tiene muchas patas se podrá comer, porque es impuro. ⁴³No se contaminen tocándolos.

⁴⁴»Yo soy el Señor su Dios. Consérvense puros en estas cosas y sean santos, porque yo soy santo. Por lo tanto, no se contaminen tocando estos animales que se arrastran sobre la tierra. ⁴⁵Yo soy el Señor, el que los sacó de Egipto para ser su Dios. Por lo tanto, deben ser santos como yo soy santo.

### Conclusión

⁴⁶»Estas son las leyes acerca de animales, aves, animales acuáticos y reptiles. ⁴⁷Éstas son las distinciones entre los animales que son ritualmente puros y se pueden comer, y los que son ritualmente impuros y no se pueden comer».

### Purificación después del alumbramiento

**12** El Señor le dijo a Moisés que le diera las siguientes instrucciones al pueblo de Israel: ²«Cuando nazca un niño, la madre quedará ritualmente impura por siete días, y quedará sujeta a las mismas restricciones a que se somete durante su menstruación. ³Al octavo día circuncidará a su hijo. ⁴Luego, durante los treinta y tres días siguientes, mientras se recupera de su impureza ritual, no debe tocar ninguna cosa sagrada, ni debe entrar en el santuario.

⁵»Cuando nazca una niña, la impureza ceremonial de la madre durará dos semanas, lapso en que quedará sujeta a las mismas restricciones del período menstrual. Su recuperación durará sesenta y seis días.

⁶»Cuando hayan pasado los días de su purificación, y esto se aplica tanto si su bebé es niño o niña, deberá presentar un cordero de un año como holocausto, y un pichón de paloma o una tórtola como ofrenda por su pecado. Debe llevarlos a la puerta del santuario y entregarlos al sacerdote. ⁷El sacerdote, entonces, los ofrecerá delante del Señor, y pedirá perdón por los pecados de ella. Después de esto, la mujer será declarada ritualmente pura de su flujo de sangre. Éste es el procedimiento que debe seguir después del parto.

⁸»Pero si ella es muy pobre y no puede ofrecer un cordero, deberá llevar dos pichones de paloma o dos tórtolas. Uno será para el holocausto y el otro para la ofrenda por su pecado. El sacerdote, entonces, pedirá perdón por los pecados de ella, y la mujer quedará purificada».

## LEVÍTICO 23.18

### Fiesta de las Semanas

15,16 »La fiesta de las Semanas: Cincuenta días después traerán al Señor una ofrenda de grano nuevo de su última cosecha. 17Traerán de sus casas dos panes para ser presentados como ofrenda mecida delante del Señor. Este pan lo prepararán con cuatro kilos de harina de la mejor calidad, y lo cocerán con levadura. Es una ofrenda para el Señor, ofrecida con las primicias de su última cosecha. 18Además del pan y del vino, ofrecerán siete corderos de un año, sin defectos, un becerro y dos carneros. Estos animales serán ofrecidos en holocausto al Señor, es una ofrenda que se quema totalmente como ofrenda de olor grato al Señor. 19Después sacrificarán un macho cabrío como ofrenda por los pecados, y dos corderos de un año como ofrenda de reconciliación.

20»El sacerdote traerá estas ofrendas a la presencia del Señor, juntamente con los panes que representan las primicias de la última cosecha, y las presentará como ofrendas mecidas delante del Señor. Estarán consagradas al Señor, y serán entregadas a los sacerdotes para que las coman. 21Este día será convocada una asamblea sagrada de todo el pueblo. No harán ningún trabajo en ese día. Esta es una norma que será observada de generación en generación.

22»Cuando cosechen el producto de la tierra, no lo harán hasta el último rincón del campo, ni recogerán el grano caído, sino que lo dejarán para los pobres y para los extranjeros que vivan en medio de ustedes y que no tienen tierra de su propiedad. Yo soy el Señor su Dios.

### Fiesta de las Trompetas

23,24 »La fiesta de las Trompetas: Esta fiesta se celebrará el primer día del séptimo mes. Es una fiesta en honor al Señor, y todo el pueblo se reunirá para adorar solemnemente al Señor. Es una fecha memorable, y debe ser anunciada por medio del sonido de trompetas. 25Ese día no harán ningún trabajo, y ofrecerán un sacrificio al Señor.

### El día del Perdón

26,27 »El día del Perdón: Se celebrará nueve días después, es decir, el día diez del mes séptimo. Todo el pueblo debe presentarse delante del Señor, para ayunar y presentar sacrificios por fuego en honor al Señor. 28No harán en aquel día ningún trabajo, porque es el día del Perdón, en el cual se pide al Señor perdón por los pecados del pueblo. 29Cualquiera que no dedique el día al ayuno será eliminado de su pueblo. 30,31Al que realice algún trabajo en ese día yo lo destruiré. Ésta es una ley que regirá en Israel de generación en generación. 32Porque este es un día de descanso solemne, y en él ustedes se humillarán y expresarán completo arrepentimiento; esto lo comenzarán en la tarde del día noveno y continuará todo el día hasta la tarde del día siguiente.

### Fiesta de las Enramadas

33,34 »La fiesta de las Enramadas: Cinco días después, esto es, el día quince del mes séptimo, se celebrará la fiesta de las Enramadas durante siete días, delante del Señor. 35En el primer día habrá una asamblea sagrada de todo el pueblo; no harán en él ningún trabajo. 36En cada uno de los siete días de la fiesta presentarán un sacrificio u ofrenda quemada delante del Señor. El octavo día habrá una nueva asamblea sagrada de todo el pueblo, ocasión en la que se presentará otra ofrenda quemada al Señor. Es una celebración en la que deben estar alegres, y no realizarán en ella ningún trabajo.

37»Éstas son, pues, las fiestas regulares del año, asambleas sagradas para todo el pueblo, en que deberán presentar ofrendas quemadas delante del Señor. 38Estas fiestas anuales se celebrarán además de los días sagrados de descanso de cada semana. Los sacrificios que se hagan durante las fiestas se presentarán además de las ofrendas regulares y el normal cumplimiento de sus votos.

39»A partir del día quince del mes séptimo, que es el final de la cosecha, celebrarán una fiesta de siete días delante del Señor. Recuerden que el primero y el último día de la fiesta son días de descanso solemne. 40En el primer día tomarán ramas de árboles frutales cargadas con frutos, ramas de palmera y de árboles frondosos, como los sauces que crecen junto a los arroyos, y construirán enramadas con ellos; y se regocijarán y alegrarán delante del Señor su Dios durante siete días. 41La celebración de esta fiesta de siete días será una obligación que regirá para siempre. 42Durante esos siete días todos los israelitas vivirán en las enramadas. 43El propósito de esta fiesta es recordar al pueblo de Israel, año tras año, que yo los rescaté de Egipto, y que hice que vivieran en enramadas. Yo soy el Señor su Dios».

44Moisés, entonces, instruyó a los israelitas en cuanto a las fiestas que habían sido establecidas por el Señor.

### Iluminación del santuario

24 El Señor le dijo a Moisés: 2«Ordena al pueblo de Israel que traiga aceite puro de oliva, para mantener encendidas las lámparas, de modo que el santuario esté siempre iluminado. 3,4Aarón preparará las lámparas que están en el santuario, fuera de la cortina del testimonio. Cada mañana y cada tarde Aarón pondrá aceite nuevo en las lámparas que habrá limpiado. La llama arderá continuamente delante del Señor.

### Los panes ofrecidos al Señor

5-8»Cada día de descanso, el sumo sacerdote colocará doce panes, en dos hileras, sobre la mesa de oro que está delante del Señor. Cada uno de estos panes será preparado con harina de la mejor calidad, y deberá pesar unos cuatro kilos. Sobre cada hilera pondrá incienso puro. Esto será una ofrenda recordatoria, ofrecida por fuego al Señor. Con ella se recordará el pacto eterno que el Señor hizo con el pueblo de Israel. 9El pan será comido por Aarón y sus hijos, en un lugar señalado para esto, pues las ofrendas que se ofrecen al Señor por fuego son muy sagradas. Esta es una ley que debe cumplirse siempre».

### Lapidación de un blasfemo

10Un joven, de madre israelita y padre egipcio, riñó con uno de los hombres de Israel en el campo. 11Durante la pelea, el hijo del egipcio maldijo el nombre de Dios. Entonces fue llevado ante Moisés para ser juzgado. El nombre de la madre era Selomit, hija de Dibrí, de la tribu de Dan. 12Mientras se recibía instrucciones

el anochecer, y no comerá del santo sacrificio hasta después que se haya bañado. ⁷Después de la puesta del sol quedará limpio nuevamente y podrá comer de las cosas sagradas, porque son la fuente de su vida. ⁸No puede comer animales que sean encontrados muertos o que hayan sido destrozados por animales salvajes, porque esto lo contaminaría. Yo soy el Señor. ⁹»Todos los sacerdotes deben obedecer estas instrucciones, para que no sean culpables, y mueran por violarlas. Yo soy el Señor quien los santifica.

¹⁰»Nadie que no pertenezca a la familia de un sacerdote podrá comer de las ofrendas sagradas. Por eso, ni los huéspedes o jornaleros de un sacerdote podrán comer de las ofrendas sagradas. ¹¹Sin embargo, hay una excepción: Si el sacerdote compra un esclavo con su dinero, ese esclavo puede comer de lo sacrificado, y si el esclavo tiene hijos en la casa del sacerdote, ellos pueden comer. ¹²Si la hija de un sacerdote se casa fuera de la tribu, no puede participar de la ofrenda sagrada. ¹³Pero si queda viuda, o se divorcia y no tiene hijos que la sostengan, y regresa a casa de su padre, puede comer nuevamente de los alimentos de su padre. Fuera de esto, nadie que no pertenezca a la familia sacerdotal puede comer de las ofrendas sagradas. ¹⁴»Si alguien come de los sacrificios sagrados sin darse cuenta, devolverá al sacerdote la cantidad que haya usado, más un veinte por ciento; ¹⁵porque el sacrificio santo traído por el pueblo de Israel no debe ser contaminado por personas que lo coman sin estar autorizadas para ello, porque estos sacrificios han sido consagrados al Señor. ¹⁶Cualquiera que viole esta ley es culpable y está en peligro, porque ha comido de las ofrendas sagradas. Yo soy el Señor, quien santifica las ofrendas».

## Sacrificios inaceptables

¹⁷,¹⁸El Señor le ordenó a Moisés que les dijera a Aarón y a sus hijos, y a todos los israelitas en general: «Si un israelita o un extranjero que viva en medio de ustedes ofrece un holocausto al Señor, sea para cumplir una promesa o sea una ofrenda voluntaria espontánea, ¹⁹sólo será aceptable delante del Señor si es un animal macho sin defecto; deberá ser un becerro, un carnero o un macho cabrío. ²⁰Ningún animal que tenga defecto será presentado, porque no será aceptado por el Señor.

²¹»Si alguien ofrece un sacrificio de reconciliación al Señor, ya sea ganado vacuno u ovino, sea para cumplir un voto o como ofrenda voluntaria, el animal que se vaya a sacrificar debe ser sin defecto, o no será aceptado por el Señor. ²²No se debe ofrecer al Señor un animal que sea ciego o que esté perniquebrado o mutilado, o que tenga llagas, sarna o cualquier otra enfermedad de la piel. No es adecuado para ofrecerlo sobre el altar del Señor. ²³Si el becerro o el cordero que se va a presentar al Señor tiene alguna deformidad, puede ofrecerse como ofrenda voluntaria, pero no en pago de un voto.

²⁴»No se podrá ofrecer al Señor, bajo ninguna circunstancia, un animal que tenga los testículos lastimados, dañados, cortados o arrancados. ²⁵Esta restricción se aplica también a los sacrificios hechos por los extranjeros que habiten en medio de ustedes. Así que no aceptarán ningún animal que tenga algún defecto de los ya mencionados».

²⁶,²⁷Y el Señor le dijo a Moisés: «Cuando nazca un becerro, un cordero o un cabrito, será dejado con su madre siete días, pero al octavo día es aceptable como holocausto al Señor.

²⁸»No degollarán el mismo día una vaca o una oveja con su cría.

²⁹,³⁰»Cuando ofrezcan al Señor un sacrificio de acción de gracias, deberán hacerlo en la forma correcta, comiéndose el animal sacrificado el mismo día que fue degollado. No dejarán parte de él para el día siguiente. Yo soy el Señor.

³¹»Deberán obedecer todos mis mandamientos, porque yo soy el Señor.

³²,³³»No me tratarán como si fuera algo común y ordinario. Al contrario, reconozcan que yo soy el Dios santo que habito entre ustedes. Yo soy el Señor que los santifico a ustedes. Fui yo quien los rescaté de Egipto para que fueran mi pueblo especial. Yo soy el Señor».

## Calendario de fiestas solemnes

**23** El Señor le ordenó a Moisés ²que les dijera a los israelitas: «Las siguientes son las fiestas solemnes que yo he establecido, las cuales deberán celebrar en mi honor de una manera muy especial. En tales ocasiones todos deberán reunirse para adorarme. Yo, el Señor, las establecí.

## Celebración del sábado

³»Seis días trabajarán, pero descansarán el día séptimo. Ese día es un día muy especial. Por eso, no harán ningún tipo de trabajo, sino que lo dedicarán para adorarme. Donde quiera que ustedes vivan, ese día será dedicado a mí, pues yo soy el Señor.

## Fiesta de la Pascua

⁴»Las siguientes son las festividades santas que deberán observar cada año:

⁵»La Pascua del Señor: Esta fiesta comenzará el día catorce del mes primero, al anochecer.

⁶»La fiesta de los Panes sin levadura: Se celebrará durante siete días, a partir del día siguiente de la Pascua. ⁷El primer día de esta festividad el pueblo se reunirá para adorar, y cesará todo trabajo ordinario. ⁸Lo mismo hará el séptimo día de la festividad. Y durante los siete días ofrecerán holocaustos al Señor.

## Fiesta de las Primicias

⁹⁻¹¹»La fiesta de las Primicias: Cuando lleguen a la tierra que yo les daré, y hagan su primera cosecha, lleven las primeras gavillas de la cosecha al sacerdote, al día siguiente del día de descanso. Él la mecerá para ofrecérsela al Señor, quien la aceptará como ofrenda de ustedes. ¹²El mismo día sacrificarán, en holocausto al Señor, un cordero de un año, sin defecto. ¹³Junto con el cordero, ofrecerán cuatro kilos de harina de la mejor calidad mezclada con aceite de oliva, para ser ofrecida como ofrenda quemada al Señor. Será una ofrenda de olor grato al Señor. Además, presentarán una ofrenda de un litro de vino. ¹⁴Mientras no hayan presentado estas ofrendas, no comerán pan, ni grano tostado, ni espiga fresca de esta cosecha. Ésta será una ley permanente para la nación, donde quiera que vivan.

**LEVÍTICO 20.17**

Los tres serán quemados vivos para erradicar la maldad de entre ustedes.

15 »Si un hombre tiene relaciones sexuales con un animal, será condenado a muerte, y también se matará al animal. 16 Si una mujer tiene relaciones sexuales con un animal, será condenada a muerte, y también se matará al animal.

17 »Si un hombre tiene relaciones sexuales con su hermana, sea la hija de su padre o de su madre, comete un pecado, y ambos serán ejecutados en público. Por haberlo hecho, se hacen culpables de su pecado.

18 »Si un hombre tiene relaciones sexuales con una mujer durante su período menstrual, ambos serán expulsados de su pueblo.

19 »Están prohibidas las relaciones sexuales entre un hombre y su tía soltera, ya sea hermana de su padre o de su madre, porque son parientes cercanos; los dos serán responsables de su pecado. 20 Si un hombre tiene relaciones sexuales con la esposa de su tío, ha avergonzado a su tío. Tanto el hombre como la mujer serán considerados culpables, y morirán sin tener hijos.

21 »Si un hombre tiene relaciones sexuales con la esposa de su hermano, comete un acto detestable, y deshonra a su hermano. Tanto el hombre como la mujer serán considerados culpables, y morirán sin tener hijos.

22 »Guarden, pues, todas mis leyes y ordenanzas, para que no los arroje de la nueva tierra. 23 Apártense de las costumbres de las naciones que he echado delante de ustedes, porque ellas hacen todas estas cosas que les he prohibido a ustedes, y esa es la razón por la que las aborrecí. 24 Yo he prometido darles a ustedes la tierra de ellos. Se la daré para que la posean. Es una tierra de la que fluye leche y miel.

»Yo soy el Señor, que hago distinción entre ustedes y las otras naciones. 25 Por tanto, harán distinción entre las aves y animales impuros que no pueden comer y los que sí pueden comer. No se contaminen ustedes mismos ni se hagan odiosos delante de mí, comiendo animales o aves que yo les haya prohibido, aunque la tierra esté llena de ellos. 26 Sean santos delante de mí, porque yo el Señor soy santo, y los he apartado de las otras naciones para que sean míos.

27 »Cualquier adivino o hechicero, hombre o mujer, será apedreado hasta morir, y será responsable de su castigo».

## La santidad de los sacerdotes

**21** El Señor ordenó a Moisés que les diera a los sacerdotes, descendientes de Aarón, estas instrucciones: «No deben tocar ningún muerto, pues eso los hará impuros. 2,3 Tan solo se les permite hacerlo en caso de que el muerto sea un pariente cercano, como su madre, su padre, su hijo, su hija, su hermano, o su hermana soltera por la que tenga especial responsabilidad, por cuanto ella no tiene marido. 4 El sacerdote es jefe de su pueblo, así que es diferente de cualquier otro hombre del pueblo. Por eso, no debe contaminarse con lo que es impuro.

5 »Los sacerdotes no se recortarán el pelo ni la punta de la barba; ni se harán cortes en la carne. 6 Serán santos delante de su Dios, y no deshonrarán ni profanarán su nombre, de otro modo serán indignos de presentar las ofrendas quemadas delante del Señor su Dios.

7 »El sacerdote no se casará con una prostituta, ni con una mujer de otra tribu, ni con una mujer divorciada, porque es un hombre consagrado a Dios. 8 El sacerdote ha sido apartado para ofrecer los sacrificios a su Dios; es santo, porque yo, el Señor que lo santifico, soy santo.

9 »La hija de un sacerdote que se haga prostituta y deshonre así tanto la santidad de su padre como la suya propia, será quemada viva.

## Santidad del sumo sacerdote

10 »El sumo sacerdote ha recibido la unción especial y usa las vestiduras especiales, y por eso no debe descubrirse, ni rasgar sus vestiduras, 11 ni acercarse a un cadáver, aun cuando sea su padre o su madre. 12 »No dejará el santuario cuando esté oficiando, ni tratará mi santuario como una casa ordinaria, porque está consagrado con la unción de Dios. Yo soy el Señor.

13 »Debe casarse con una virgen. 14,15 No puede casarse con una viuda, ni con una divorciada, ni con una prostituta. Debe casarse con una virgen de su propia tribu, porque él no puede ser padre de hijos de sangre mixta, mitad sacerdotal y mitad de persona común. Yo soy el Señor que lo santifica».

## Impedimentos para ejercer el sacerdocio

16,17 El Señor le ordenó a Moisés que le dijera a Aarón: «A través de todas las generaciones, cualquier descendiente tuyo que tenga algún defecto físico no podrá ofrecer sacrificio delante de Dios. 18 Por ejemplo, si un hombre es ciego o cojo, o tiene fracturada la nariz, o tiene algún dedo de más en las manos o en los pies, 19 o tiene fracturado un pie o una mano, 20 o es jorobado, o enano, o tiene un defecto en el ojo, o tiene sarna o tiña, o tiene los testículos dañados, 21 aun cuando sea descendiente de Aarón, no podrá ofrecer holocaustos al Señor, pues tiene un defecto físico. 22 Sin embargo, comerá de la comida de los sacerdotes, de los sacrificios ofrecidos a Dios, de las ofrendas santas y de las más santas. 23 Pero no pasará tras la cortina ni se acercará al altar, debido a su defecto físico. Si lo hace, contamina mi santuario. Yo soy el Señor que los he consagrado».

24 Moisés dio, pues, estas instrucciones a Aarón y a sus hijos y a todo el pueblo de Israel.

## Las ofrendas del Señor

**22** El Señor le ordenó a Moisés 2 que les dijera a Aarón y a sus hijos: «Sean muy cuidadosos en el trato que le dan a las ofrendas que el pueblo me consagra, para que no deshonren mi santo nombre; porque yo soy el Señor.

3 »De ahora en adelante, y para siempre, si el sacerdote que esté ceremonialmente impuro sacrifica los animales traídos por el pueblo, o toca las ofrendas dedicadas a mí, será destituido del sacerdocio. Yo soy el Señor.

4 »Ningún sacerdote que esté leproso, o tenga una llaga que supura podrá comer las santas ofrendas hasta que se haya curado. Cualquier sacerdote que toque un cadáver, o esté contaminado por una emisión seminal, 5 o toque algún reptil o alguna otra cosa prohibida, o toque a cualquiera que esté ritualmente impuro, por cualquier razón, 6 quedará impuro hasta

o, a más tardar, al día siguiente. Lo que quede para el tercer día debe ser quemado. ⁷Cualquier porción que sea comida al tercer día no será tenida en cuenta como sacrificio, y no la aceptaré. ⁸El que la coma al tercer día, será culpable, por cuanto ha profanado la santidad del Señor, y será expulsado de su pueblo.

## Relaciones sociales

⁹»Cuando cosechen sus campos, no arranquen las espigas que están a la orilla del campo, ni recojan las espigas que hayan caído al suelo. ¹⁰Lo mismo harán con sus viñedos. No recogerán las uvas que queden en la mata después de la cosecha, ni las que hayan caído al suelo. Déjenlas para los pobres y para los extranjeros, porque yo soy el Señor su Dios.

¹¹»No robarán, ni mentirán ni engañarán. ¹²No deben jurar en falso, difamando el nombre de Dios, porque yo soy el Señor.

¹³»No robarán ni oprimirán a nadie. Pagarán con prontitud el salario a sus obreros. Si les deben algo a ellos, no esperen a la mañana siguiente para pagarles.

¹⁴»No maldecirán al sordo ni pondrán tropiezo en el camino al hombre ciego. Teman a Dios; yo soy el Señor.

¹⁵»Los jueces siempre deben dictar sentencia con justicia, sin tener en cuenta si la persona es pobre o rica; deben ser siempre justos.

¹⁶»No acusen falsamente de algún delito a su prójimo, porque yo soy el Señor.

¹⁷»No guarden rencor contra su hermano.

»Corrijan a su prójimo, cuando tengan que hacerlo, y no participen de su pecado.

¹⁸»No busquen la venganza. No conserven rencor en el corazón, sino amen a su prójimo como a ustedes mismos, porque yo soy el Señor.

## Otras exigencias de la santidad

¹⁹»Obedezcan mis leyes: No crucen su ganado con animales de otra especie; no siembren en su campo dos clases de semillas; no usen ropa mezclada de lana y lino.

²⁰»Si un hombre seduce a una esclava que está comprometida para casarse, ambos serán juzgados, pero no se condenarán a muerte, porque ella no es libre. ²¹El hombre que lo haya hecho presentará un cordero al Señor, como ofrenda por su culpa. El cordero deberá llevarlo a la entrada del santuario. ²²El sacerdote usará el cordero para hacer expiación por el pecado del hombre, y éste será perdonado.

²³»Cuando hayan entrado en la tierra y hayan plantado todo tipo de árboles frutales, no coman lo que produzcan los tres primeros años, porque están ritualmente impuros. ²⁴La cosecha del cuarto año será dedicada por completo al Señor, como una ofrenda de alabanza. ²⁵Pero la cosecha del quinto año sí será para ustedes. Haré que la cosecha sea abundante. Yo soy Señor su Dios.

²⁶»No coman carne con sangre.

»No practiquen la adivinación ni la hechicería.

²⁷»No deben recortarse el pelo ni la punta de la barba, pues eso lo hacen los paganos.

²⁸»No se harán cortes ni tatuajes en el cuerpo, para venerar a los muertos. Yo soy el Señor.

²⁹»No violarán la pureza de su hija haciéndola prostituta, para que la tierra no se llene de maldad.

## Otros deberes

³⁰»Obedezcan mis leyes acerca del descanso, y tengan reverencia por mi santuario, porque yo soy el Señor.

³¹»No se contaminen consultando adivinos o hechiceros, porque yo soy el Señor su Dios.

³²»Demostrarán verdadero respeto y honrarán a los ancianos por temor a Dios. Yo soy el Señor.

³³»No opriman a los extranjeros que vivan en la tierra de ustedes; no les hagan mal alguno. ³⁴Deben tratarlos como a uno de ustedes. Ámenlos como a ustedes mismos, porque recuerden que ustedes también fueron extranjeros en Egipto. Yo soy el Señor su Dios.

³⁵,³⁶»Sean imparciales en los juicios. Usen medidas exactas de longitud, de peso y de volumen, y den la medida completa, porque yo soy el Señor su Dios, que los saqué de Egipto.

³⁷»Obedezcan por completo todos mis mandamientos y ordenanzas, porque yo soy el Señor».

## Castigos por el pecado

**20** El Señor le dio a Moisés estas otras instrucciones ²para el pueblo de Israel: «Cualquiera que viva en medio de ustedes, sea israelita o extranjero, que presente a su hijo en sacrificio al dios Moloc será condenado a muerte. Todo el pueblo lo matará a pedradas. ³Yo mismo me volveré contra aquel hombre y lo eliminaré del pueblo, por haber dado su hijo a Moloc, pues con ello habrá hecho que mi santuario sea indigno de mi presencia, y habrá insultado mi santo nombre. ⁴Y si el pueblo no se da por enterado de lo que el hombre ha hecho, y se niegan a darle muerte, ⁵yo mismo me pondré en contra de aquel hombre y de su familia, y los eliminaré de mi pueblo, junto con todos los demás que se vuelvan a dioses ajenos.

⁶»Me pondré en contra de cualquier persona que consulte a adivinos y a hechiceros, en vez de consultarme a mí, y los eliminaré de mi pueblo.

⁷»Santifíquense y sean santos, porque yo soy el Señor su Dios.

⁸»Obedezcan todos mis mandamientos, porque yo soy el Señor que los santifica.

⁹»El que maldiga a su padre o a su madre deberá morir, pues ha maldecido a su propia sangre.

¹⁰»Si un hombre comete adulterio con la esposa de otro hombre, el hombre y la mujer deben morir.

¹¹»Si un hombre duerme con la esposa de su padre, ha deshonrado a su padre. Y el hombre y la mujer deberán morir, pues son culpables.

¹²»Y si un hombre tiene relaciones sexuales con su nuera, ambos serán condenados a muerte. Lo merecen por haberse contaminado mutuamente.

¹³»El hombre que tenga relaciones sexuales con otro hombre comete un horrible pecado. Los dos hombres serán condenados a muerte, y sólo ellos serán culpables de su muerte.

¹⁴»Si un hombre tiene relaciones sexuales con una mujer y con la madre de ésta, comete un grave delito.

19.9–10   19.13   20.7   20.13

dará impuro y tendrá que lavar su ropa y bañarse, y su impureza durará hasta la noche.

²⁸»Después de que cese su flujo, contará siete días para poder considerarse pura. ²⁹Al octavo día tomará dos tórtolas o dos pichones de paloma y los llevará al sacerdote, a la entrada del santuario. ³⁰Entonces el sacerdote presentará un ave como ofrenda por el pecado y la otra como holocausto. Así hará expiación por ella delante del Señor a causa de su impureza menstrual.

³¹»De esta manera purificarán al pueblo de Israel, para que no mueran al contaminar mi santuario que está en medio de ellos.

³²»Ésta es, pues, la ley para el hombre que está ritualmente impuro por una enfermedad genital o por una emisión seminal, ³³y para la mujer que está impura por su período menstrual, y para cualquiera que tenga relaciones con una mujer mientras dura su período de impureza».

## Leyes para la expiación de pecados

**16** Después de la muerte de los dos hijos de Aarón, que murieron por haber actuado en forma incorrecta al acercarse al Señor, ²le dijo el Señor a Moisés: «Adviértele a tu hermano Aarón que no puede entrar en cualquier momento al Lugar Santísimo, que está detrás de la cortina, donde se encuentra el cofre del pacto cubierto con el propiciatorio. El castigo por hacerlo es la muerte. Porque yo mismo estoy presente en la nube que está sobre el propiciatorio.

³ »Sólo cumpliendo estas condiciones podrá entrar: Deberá ofrecer un novillo como ofrenda por su pecado, y un carnero para el holocausto. ⁴Se bañará y se pondrá las vestiduras sagradas, la túnica de lino, los calzones de lino, el cinturón de lino y el turbante de lino.

⁵»Entonces el pueblo de Israel le llevará dos machos cabríos para la ofrenda por el pecado y un carnero para el holocausto. ⁶En primer lugar, ofrecerá al Señor el novillo como sacrificio expiatorio por su propio pecado y el pecado de su familia. ⁷A continuación llevará los dos machos cabríos ante la presencia del Señor, a la entrada del santuario ⁸y echará suertes para determinar cuál será el del Señor y cuál será dejado libre. ⁹El macho cabrío asignado al Señor será sacrificado por Aarón, como ofrenda por el pecado. ¹⁰El otro será conservado vivo y será colocado delante del Señor. Sobre él se realizará la ceremonia de la expiación, y enseguida será enviado al desierto, para Azazel.

¹¹»Después de que Aarón haya sacrificado el novillo como ofrenda expiatoria por sí mismo y por su familia, ¹²tomará un incensario lleno de brasas del altar, y dos puñados de incienso aromático, finamente molido, y entrará al recinto que está detrás de la cortina. ¹³Allí, delante del Señor, pondrá incienso sobre las brasas, para que la nube de incienso cubra el propiciatorio que está sobre el cofre del pacto. De esta manera no morirá. ¹⁴Llevará sangre del novillo y rociará siete veces con su dedo la parte oriental del propiciatorio, y siete veces delante del propiciatorio.

¹⁵»Luego saldrá y sacrificará el macho cabrío elegido para la expiación de los pecados; entrará con la sangre al interior de la cortina y rociará con ella encima y delante del propiciatorio, de la misma manera que lo hizo con la sangre del novillo. ¹⁶Así purificará el santuario de los pecados de los hijos de Israel. Y lo mismo hará por el santuario que está en medio de ellos, rodeado de sus impurezas. ¹⁷Ninguna otra persona entrará al santuario cuando Aarón entre allí a hacer la purificación. Nadie podrá entrar al santuario mientras Aarón esté haciendo expiación por sí mismo, por su familia, y por todo el pueblo de Israel.

¹⁸»Luego Aarón saldrá y hará expiación sobre el altar. Pondrá sangre del novillo y del macho cabrío sobre los cuernos del altar, ¹⁹y rociará sangre sobre el altar, siete veces con su dedo, y de esta manera lo purificará de los pecados de Israel, y lo santificará.

²⁰»Cuando haya terminado de purificar el santuario, la Tienda de reunión y el altar, tomará el macho cabrío vivo, ²¹pondrá las manos sobre la cabeza del animal y confesará sobre él los pecados del pueblo de Israel. Depositará todos los pecados sobre la cabeza del animal y lo enviará al desierto por medio de un hombre designado para eso. ²²El hombre lo soltará en el desierto, y de este modo el macho cabrío llevará todos los pecados del pueblo a una tierra deshabitada.

²³»Aarón entrará en el santuario nuevamente; se quitará las vestiduras de lino con que entró al Lugar Santísimo, y las dejará en el santuario. ²⁴Se bañará en un lugar santo, se pondrá sus vestiduras y saldrá para ofrecer el holocausto por sí mismo y el holocausto por el pueblo, haciendo, así, expiación por él y por el pueblo. ²⁵También quemará sobre el altar la grasa de la ofrenda por el pecado.

²⁶»En cuanto al hombre que lleve el macho cabrío al desierto, lavará su ropa, se bañará y luego regresará al campamento.

²⁷»El novillo y el macho cabrío que son ofrecidos en sacrificio, cuya sangre será llevada por Aarón al Lugar Santo para hacer expiación, serán llevados fuera del campamento, donde se quemarán junto con la piel y los órganos internos. ²⁸Después la persona encargada de quemarlos lavará su ropa y se bañará antes de regresar al campamento.

²⁹,³⁰»Ésta es una ley permanente: No trabajarán el décimo día del séptimo mes. Pasarán el día examinándose y humillándose. Esto se aplica a los nacidos en la tierra de Israel y a los extranjeros que vivan entre el pueblo. Es el día en que se celebrará la expiación para que sean limpios de todos sus pecados delante del Señor. ³¹Será un día solemne de completo descanso y ayuno. Ésta es una ley perpetua.

³²»En las generaciones venideras, esta ceremonia será oficiada por el sacerdote que haya sido elegido y consagrado en lugar de su padre. Se pondrá las vestiduras sagradas de lino, ³³y hará expiación por el Lugar Santísimo, por el santuario, es decir, la Tienda de reunión, por el altar, por los sacerdotes y por el pueblo.

³⁴»Ésta será una ley permanente para ustedes, para que hagan expiación por los pecados del pueblo de Israel una vez al año».

Y todo se hizo conforme a las instrucciones que el Señor le había dado a Moisés.

## Prohibición de comer sangre

**17** El Señor también le dio a Moisés estas instrucciones ²para Aarón, para los sacerdotes y para todo el pueblo de Israel: ³,⁴«Cualquier israelita que degüelle un buey, un cordero o un chivo en otro lugar que no sea el santuario será culpable de derramamiento de sangre, y será expulsado de su nación. **5**El propósito de esta ley es que la gente deje de matar animales fuera del santuario, para presentárselos al Señor como una ofrenda. De ahora en adelante, no podrán ellos sacrificar los animales en el campo, sino que se los llevarán al sacerdote, a la entrada del santuario, para que sea él quien los ofrezca al Señor como una ofrenda de reconciliación. **6**Porque de esta manera el sacerdote podrá rociar la sangre sobre el altar del Señor, a la entrada del santuario, y podrá quemar la grasa como ofrenda de olor grato al Señor. **7**Así se impedirá que el pueblo ofrezca sacrificios a los espíritus malos en el campo. Esta es una norma permanente para ustedes, y deberá observarse en todas las generaciones venideras. **8,9**Repito: Cualquiera, israelita o extranjero que viva entre ustedes, que ofrezca un sacrificio o un holocausto en un lugar distinto de la entrada del santuario, que es el único lugar donde debe ser ofrecido al Señor, será expulsado del pueblo.

**10**»Castigaré a cualquiera, israelita o extranjero, que coma sangre en cualquier forma; el que lo haga será expulsado de mi pueblo. **11**Porque la vida de todo ser vivo está en la sangre, y la he dado para que sea rociada sobre el altar, en expiación por sus almas. Es la sangre la que hace la expiación, porque en ella está la vida. **12**Esta es la razón por la que he ordenado al pueblo de Israel que ni ellos, ni los extranjeros que viven entre ellos, coman sangre.

**13**»Cualquier persona, israelita o extranjero que viva entre ustedes, que vaya a cazar y mate un animal o ave de los que se pueden comer, debe derramar la sangre de lo que cazó y cubrirla con tierra, **14**porque la sangre es la vida. Por esto le he dicho al pueblo de Israel que no la coma, porque la vida de todo animal está en la sangre. Por lo tanto, cualquiera que coma sangre deberá ser expulsado del pueblo.

**15**»Y cualquier persona, nativa o extranjera, que coma carne de un animal que muere naturalmente o atacado por animales salvajes, deberá lavar su ropa y bañarse, y permanecerá impura hasta el anochecer, después de lo cual será declarada limpia. **16**Pero si no lava su ropa ni se baña, sufrirá las consecuencias de su pecado».

### Relaciones sexuales ilícitas

**18** El Señor ordenó a Moisés **2**que les dijera a los israelitas: «Yo soy el Señor su Dios. **3**Por lo tanto, no se comporten como los paganos, como el pueblo de Egipto donde vivieron tanto tiempo, ni como los cananeos a cuya tierra los conduzco. **4,5**Solamente obedecerán mis leyes y las cumplirán al pie de la letra, porque yo soy el Señor su Dios. Si las obedecen tendrán vida. Yo soy el Señor.

### Relaciones no permitidas

**6**»Ninguno de ustedes podrá casarse con una pariente cercana, porque lo digo yo, el Señor. **7**Una muchacha no puede casarse con su padre, ni un hijo con su madre **8**ni con las viudas de su padre, **9**ni con su hermana o medio hermana, por parte de padre o de madre, hayan nacido en la misma casa o fuera de ella.

**10**»No podrán casarse con su nieta, sea hija de alguno de sus hijos o de sus hijas, porque es pariente cercana. **11**No podrán casarse con su medio hermana, hija de la esposa de su padre; **12**ni con su tía, por parte de su padre, porque está directamente relacionada con su padre. **13**Tampoco podrán hacerlo con su tía, la hermana de su madre, porque es pariente cercana de su madre, **14**ni con su tía política.

**15**»No se casarán con su nuera, **16**ni con su cuñada, porque es la esposa de su hermano. **17**No podrán casarse con una mujer y, al mismo tiempo, con su hija o nieta, porque son parientes cercanas, y eso es algo detestable. **18**Un hombre no se podrá casar con la hermana de su esposa ni tener relaciones sexuales con ella, mientras su esposa viva, pues hará que las dos se traten como enemigas.

### Otras relaciones ilícitas

**19**»No tendrán relaciones con una mujer durante su menstruación, **20**ni con la esposa de otro, porque quedarán impuros.

**21**»No ofrecerán sus hijos a Moloc, quemándolos sobre su altar. Si lo hacen, profanarán el nombre de su Dios, porque yo soy el Señor.

**22**»Ningún varón tendrá relaciones sexuales con otro varón, porque es un acto repugnante.

**23**»El hombre no debe tener relaciones sexuales con animales. Si lo hace se considerará impuro.

»Una mujer no debe tener relaciones sexuales con un animal, pues es una horrible perversión.

**24**»No se contaminen con ninguna de estas cosas, porque estas son cosas que los paganos hacen, y debido a que las hacen los voy a expulsar de la tierra a la que ustedes entrarán. **25**Toda esa tierra está contaminada con este tipo de cosas. Por eso voy a castigar a los pueblos que allí viven, y los expulsaré. **26**Deben obedecer completamente todas mis leyes y ordenanzas, y no deben hacer ninguna de las depravaciones que ellos practican. Estas leyes tienen vigor para los que han nacido en Israel y para los extranjeros que vivan entre ustedes.

**27**»Todas estas depravaciones han sido practicadas habitualmente por los habitantes de la tierra a donde los llevaré, por eso la tierra está contaminada. **28**No deben hacer estas cosas, o los expulsaré de la tierra, del mismo modo que arrojaré a las naciones que allí viven ahora.

**29,30**»Cualquiera que practique alguna de estas inmundicias será expulsado del pueblo. Obedezcan, pues, mis leyes y no practiquen las costumbres detestables de la gente de esos pueblos. No se contaminen con las prácticas inmundas de los que viven en la tierra a la que entrarán ustedes. Yo soy el Señor su Dios».

### Llamado a la santidad

**19** Además, el Señor le encargó a Moisés **2**que le dijera al pueblo de Israel: «Sean santos, porque yo, el Señor su Dios, soy santo.

»Respeten a su padre y a su madre, y obedezcan mis leyes sobre el descanso, porque yo soy el Señor su Dios. **3,4**»No hagan ídolos ni los adoren, porque yo soy el Señor su Dios.

**5**»Cuando presenten una ofrenda de reconciliación al Señor, ofrézcanla en forma correcta para que sea aceptada. **6**Cómansela el mismo día en que la ofrezcan

☼18.22-24 ☼19.3

para el holocausto, junto con la ofrenda de harina; y el sacerdote hará expiación por aquella persona delante del Señor.

32»Éstas, pues, son las leyes acerca de las personas pobres que se purifican de alguna infección cutánea, y que no pueden presentar los sacrificios normalmente requeridos para su purificación».

### Purificación de casas infectadas

33,34Entonces el Señor les dijo a Moisés y Aarón: «Cuando lleguen a la tierra de Canaán, que yo les he dado, si ven que aparecen hongos o moho en las paredes de una casa, 35el propietario acudirá al sacerdote para informarle, diciéndole: "En mi casa han aparecido unas manchas". 36El sacerdote ordenará que se desocupe la casa antes de examinarla, para que no se declaren impuras las cosas, en caso de que llegue a la conclusión de que la casa está contaminada. 37Si encuentra manchas verdosas o rojizas en las paredes de la casa, y que al parecer no son superficiales, 38cerrará la casa por siete días. 39 Regresará el día séptimo para examinarla nuevamente. Si las manchas se han esparcido por las paredes, 40el sacerdote ordenará que se quiten las piedras que están manchadas. El material sacado será arrojado en un lugar impuro, fuera de la ciudad. 41Luego ordenará que raspen las paredes de la casa en forma completa y que arrojen el polvo que salga en un lugar impuro, fuera de la ciudad. 42En el lugar donde estaban las manchas, colocarán piedras nuevas, usando nueva mezcla para pegarlas, y toda la casa será resanada con material nuevo.

43»Pero si la mancha aparece nuevamente, 44el sacerdote irá a examinarla, y si ve que se ha extendido, declarará que la casa es impura por tener un hongo maligno. 45Acto seguido ordenará la destrucción de la casa, y todos los materiales: piedras, madera y todo el polvo, serán llevados fuera de la ciudad, a un lugar impuro.

46»Cualquier persona que entre en la casa mientras está cerrada, quedará impura hasta el anochecer. 47Cualquiera que se acueste o coma en la casa deberá lavar su ropa.

48»Pero si al volver el sacerdote a examinar la casa, observa que las manchas no han reaparecido después de haber sido resanada de nuevo, declarará que la casa está limpia y que el hongo ha desaparecido.

49»Además, celebrará la ceremonia de la purificación usando dos aves, madera de cedro, cinta roja y ramas de hisopo. 50Degollará una de las avecillas sobre una vasija de barro llena de agua pura, 51,52Mojará la madera de cedro, el hisopo, la cinta roja y la otra avecilla en la sangre del ave que fue sacrificada, y rociará la casa siete veces. De esta manera se realizará la ceremonia de purificación de la casa. 53Enseguida soltará el ave viva para que vuele hacia el campo, fuera de la ciudad. De esta manera se hará la expiación y la purificación de la casa.

54,55»Estas, pues, son las leyes acerca de la infección de la piel, de los hongos o manchas en la ropa o en la casa, 56como también de las inflamaciones, erupciones o manchas de la piel. 57De esta manera se puede saber cuándo algo es puro o impuro. Por esta razón se dan estas leyes».

### Impurezas sexuales en el hombre

15 El Señor habló a Moisés y a Aarón para darles más instrucciones para el pueblo. 2Les dijo: «El hombre que tenga una infección en el pene, es ritualmente impuro, 3ya sea que la infección de su pene supure o no.

4»La cama en que duerma o cualquier lugar en que se siente quedará contaminado, 5y cualquiera que toque su cama quedará ritualmente impuro hasta el anochecer, y tendrá que lavar su ropa y bañarse. 6La persona que se siente donde el hombre con flujo se haya sentado quedará ceremonialmente impura hasta la tarde, tendrá que lavar su ropa y bañarse. 7Lo mismo se aplica para quien toque al afectado. 8Si este hombre escupe sobre alguna persona, ésta queda impura hasta la noche y tendrá que lavar su ropa y bañarse. 9Toda silla en que cabalgue el que padece de flujo queda impura, 10y cualquiera que toque o lleve alguna cosa que haya estado debajo del afectado quedará impuro hasta la tarde, y tendrá que lavar su ropa y bañarse. 11Si el impuro toca la mano de alguien, sin haberse lavado las manos antes, la persona que toque tendrá que lavar su ropa y bañarse, y quedará impura hasta la noche. 12Si el hombre toca alguna vasija de barro ésta deberá romperse, y si toca utensilios de madera, deberán lavarse con agua.

13»Cuando haya cesado la supuración, el hombre iniciará una ceremonia de purificación que durará siete días. Primero lavará su ropa y se bañará con agua de manantial. 14Al octavo día tomará dos tórtolas o dos pichones de paloma y se presentará delante del Señor, a la entrada del santuario, y se los entregará al sacerdote. 15El sacerdote los ofrecerá allí, uno como ofrenda por el pecado y el otro en holocausto. De esta manera el sacerdote hará expiación delante del Señor por el hombre que haya padecido de flujo.

16»Cuando el hombre tenga una emisión de semen se bañará completamente y quedará impuro hasta la noche. 17La ropa de vestir o de cama que haya sido manchada por el semen deberá lavarse y quedará impura hasta la noche. 18Después de la relación conyugal, la mujer y el hombre deberán bañarse y quedarán ritualmente impuros hasta la noche siguiente.

### Impurezas sexuales en la mujer

19»Cuando una mujer tenga su flujo menstrual quedará ritualmente impura los siete días siguientes al término de su menstruación. Todo el que la toque durante ese tiempo quedará impuro hasta la noche. 20El lugar en que la mujer se acueste o se siente durante el tiempo de su impureza, quedará impuro. 21-23Cualquiera que toque su cama o su asiento deberá lavarse la ropa, y bañarse, y quedará impuro hasta la noche. 24El hombre que tenga relaciones con ella durante este tiempo, quedará ritualmente impuro durante siete días, y la cama en que se acueste quedará impura.

25»Si el flujo menstrual se prolonga más allá de lo normal u ocurre en alguna fecha imprevista del mes, se aplicará la misma regla anterior, 26de modo que la cama en que ella se acueste quedará impura, como habría ocurrido durante su período menstrual ordinario, y el asiento que ocupe quedará también impuro. 27Si alguien toca su cama o su asiento que-

la enfermedad será considerado impuro, y tendrá que vivir fuera del campamento.

## Leyes sobre el moho

⁴⁷,⁴⁸»Cuando aparezca una mancha en un vestido de lana o de lino, o en un objeto de piel o en un utensilio de cuero, ⁴⁹y sea de color verdusco o rojizo, será llevado al sacerdote para que examine la mancha. ⁵⁰El sacerdote aislará el objeto por siete días ⁵¹y examinará la mancha nuevamente el séptimo día. Si se ha extendido, se trata de un hongo maligno. ⁵²Entonces el artículo, sin importar del material que sea, deberá ser quemado, porque es un hongo maligno que debe ser destruido por fuego.

⁵³»Pero, si al examinarlo nuevamente al séptimo día, el sacerdote observa que la mancha no se ha extendido, ⁵⁴ordenará que se lave el artículo y que se aísle por otros siete días. ⁵⁵Si después de ese plazo la mancha no ha cambiado de color, aun cuando no se haya extendido, se quemará la prenda, pues es impura.

⁵⁶»Pero si el sacerdote ve que la mancha ha disminuido después de lavar la prenda, solo cortará la parte en la cual está la mancha. ⁵⁷Si la mancha vuelve a aparecer en la prenda, ésta será quemada. ⁵⁸Si después de lavarla no reaparece la mancha, se podrá usar nuevamente, lavándola por segunda vez, y la prenda será declarada pura».

⁵⁹Éstas son las normas acerca de las manchas que se descubren en la ropa o en otras cosas hechas de piel o de cuero, para determinar si esas prendas deben considerarse puras o impuras.

## Purificación de las enfermedades cutáneas

**14** El Señor le dio a Moisés las siguientes instrucciones ²acerca de la persona que se cura de alguna infección cutánea, de modo que es declarada pura: «La persona que estuvo infectada será llevada ante el sacerdote, ³para ser examinada. El sacerdote saldrá al campo para examinarla. Si ve que la infección ha desaparecido, ⁴pedirá que le traigan dos avecillas vivas y puras, madera de cedro, una cinta roja y una rama de hisopo. ⁵Luego, el sacerdote ordenará que una de las aves sea degollada sobre una vasija de barro llena de agua pura. ⁶Después tomará la otra avecilla, es decir, la que está viva, la mojará en la sangre junto con la madera de cedro, la cinta roja y el hisopo. ⁷A continuación, el sacerdote rociará siete veces la sangre sobre la persona que fue curada, la declarará limpia, y dejará libre el ave para que vuele hacia el campo.

⁸»Enseguida la persona curada lavará su ropa, se rapará el pelo, se bañará y volverá a vivir en el campamento. Sin embargo, deberá permanecer fuera de su carpa durante siete días. ⁹Al séptimo día volverá a afeitarse la cabeza, la barba y las cejas, lavará su ropa y se bañará, y después esa persona será declarada completamente curada, y será declarada definitivamente limpia.

¹⁰»Al día siguiente, es decir, al octavo día, tomará *dos corderos sin defectos* y una cordera de un año sin defectos, seis kilos de harina de la mejor calidad mezclada con aceite de oliva, y un tercio de litro de aceite de oliva. ¹¹Entonces el sacerdote que realiza la purificación presentará a la persona y su ofrenda delante del Señor, a la entrada del santuario. ¹²El sacerdote tomará uno de los corderos y el tercio del litro de aceite de oliva y lo ofrecerá al Señor como ofrenda por la culpa, meciéndolos delante del altar. ¹³Enseguida, matará el cordero en el lugar en que se degüellan los animales que se ofrecen por el pecado y los animales de los holocaustos. Esta ofrenda por la culpa será entregada al sacerdote para su alimento, tal como se hace con una ofrenda por el pecado. Es una ofrenda santísima. ¹⁴El sacerdote tomará sangre del animal sacrificado por la culpa y la untará en el lóbulo de la oreja derecha, sobre el pulgar de la mano derecha y en el dedo gordo del pie derecho de la persona que se está purificando. ¹⁵A continuación, el sacerdote tomará aceite de oliva y lo derramará en la palma de su mano izquierda, ¹⁶se mojará el índice derecho y rociará siete veces delante del Señor. ¹⁷Del aceite que le quede en la mano, el sacerdote untará un poco en el lóbulo de la oreja derecha, en el pulgar de la mano derecha y en el dedo gordo del pie derecho de la persona que se está purificando, de la misma manera que lo hizo con la sangre de la ofrenda por la culpa. ¹⁸El resto del aceite lo usará para ungir a la persona en la cabeza. De esta manera el sacerdote pedirá al Señor el perdón para aquella persona. ¹⁹El sacerdote deberá presentar la ofrenda por el pecado y realizar el rito de la expiación por la persona que se está purificando de la infección; acto seguido degollará el cordero para el holocausto, ²⁰y lo presentará con la ofrenda de harina sobre el altar, y hará expiación por esa persona, y la declarará completamente purificada.

²¹»En caso de que quien se purifica fuera tan pobre que no pudiera comprar dos corderos, presentará solamente uno, el cordero para la ofrenda por la culpa, el cual será ofrecido al Señor, meciéndolo delante del altar, y además presentará sólo dos kilos de harina de la mejor calidad amasada con aceite de oliva, y un cuarto de litro de aceite de oliva. ²²Además, llevará, según sus posibilidades, dos tórtolas o dos pichones de paloma, y usará una de ellas como ofrenda por su pecado y la otra como holocausto. ²³Llevará los animales al sacerdote a la entrada del santuario, al octavo día, para realizar su ceremonia de purificación delante del Señor. ²⁴El sacerdote tomará el cordero para la ofrenda por la culpa, y el cuarto del litro de aceite y los mecerá delante del altar y los ofrecerá al Señor. ²⁵Enseguida degollará el cordero y pondrá sangre en el lóbulo de la oreja derecha, en el pulgar de la mano derecha y en el dedo gordo del pie derecho de quien se está purificando. ²⁶Luego, el sacerdote derramará aceite de oliva en la palma de su mano izquierda, ²⁷y con el índice de la mano derecha rociará siete veces delante del Señor. ²⁸A continuación, de su mano tomará aceite de oliva y lo untará en el lóbulo de la oreja derecha, en el pulgar de la mano derecha y en el dedo gordo del pie derecho de quien se está purificando, de la misma manera que lo hizo con la sangre de la ofrenda por la culpa. ²⁹El resto del aceite que tiene en la mano lo pondrá sobre la cabeza de la persona que se está purificando, para hacer expiación por ella delante del Señor. ³⁰Después de esto, deberá ofrecer las dos tórtolas o los dos pichones de paloma, según lo que la persona haya podido conseguir. ³¹Una de las aves será para la ofrenda por el pecado y la otra

# e625.com
# TE AYUDA
# TODO EL AÑO

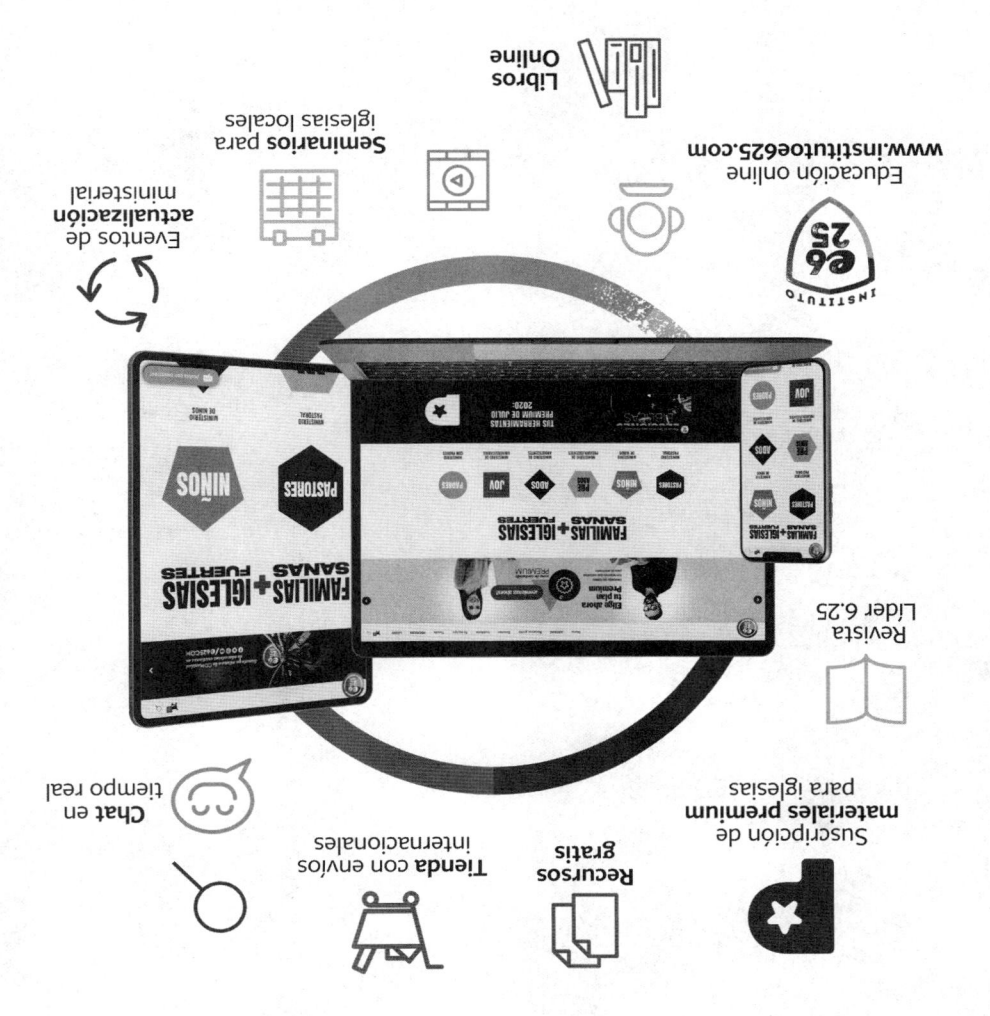

- Eventos de **actualización ministerial**
- **Seminarios** para iglesias locales
- **Libros** Online
- Educación online **www.institutoe625.com**
- INSTITUTO e625
- Revista **Líder 6.25**
- Suscripción de **materiales premium** para iglesias
- **Recursos gratis**
- **Tienda** con envíos internacionales
- **Chat** en tiempo real

## APOCALIPSIS 21.20

856

zafiro, la tercera con ágata, la cuarta con esmeralda, ²⁰la quinta con ónice, la sexta con cornalina, la séptima con crisólito, la octava con berilo, la novena con topacio, la décima con crisoprasa, la undécima con jacinto y la duodécima con amatista. ²¹Cada una de las doce puertas era una perla, y la calle principal de la ciudad era de oro puro, transparente como un cristal.

²²No vi en la ciudad templo alguno, porque el Señor Dios Todopoderoso y el Cordero son su templo. ²³La ciudad no necesita que el sol ni la luna la alumbren, porque la gloria de Dios la ilumina y el Cordero es su lumbrera. ²⁴Su luz iluminará a las naciones de la tierra y los gobernantes del mundo le llevarán sus gloriosas riquezas.

²⁵Sus puertas jamás estarán cerradas, pues allí no existe la noche. ²⁶La gloria y las riquezas de las naciones irán a ella. ²⁷No entrará en ella nada impuro, ni los idólatras ni los mentirosos; solamente los que están inscritos en el libro de la vida del Cordero.

### El río de vida

**22** Luego el ángel me mostró un río de agua de vida, transparente como el cristal, que brotaba del trono de Dios y del Cordero ²y corría en medio de la calle principal de la ciudad. En ambas riberas crecía el árbol de la vida, que produce frutos todos los meses, doce veces al año, y con sus hojas se curan las naciones.

³No habrá allí nada maldito. Y el trono de Dios y del Cordero estarán allí. Sus siervos lo servirán ⁴y verán su rostro y llevarán su nombre escrito en la frente. ⁵No existirá la noche y por lo tanto no se necesitarán lámparas ni sol, porque Dios, el Señor, los iluminará, y reinarán durante toda la eternidad.

⁶Entonces el ángel me dijo:

«Estas palabras son ciertas y dignas de confianza. Dios, el que inspira a los profetas, ha enviado a su ángel a mostrar a sus siervos lo que está por suceder.

### Cristo viene pronto

⁷«Vengo pronto. ¡Bendito el que cree las palabras proféticas que están escritas en este libro!»

⁸Yo, Juan, vi y oí estas cosas y me postré para adorar al ángel que me las mostró. ⁹Y me dijo nuevamente:

«No, no lo hagas; yo soy un siervo como tú, como tus hermanos los profetas y como todos los que obedecen las palabras de este libro. Adora solo a Dios».

¹⁰Y luego añadió: «No escondas las palabras del mensaje profético de este libro, porque la hora de su cumplimiento se acerca. ¹¹Mientras tanto, deja que el malo siga haciendo el mal, y que el impuro siga en su impureza; pero que el bueno siga haciendo el bien, y que el santo siga santificándose».

¹²«¡Miren, vengo pronto! Traigo conmigo la recompensa que he de dar a cada uno según sus obras. ¹³Yo soy la A y la Z, el principio y el fin, el primero y el último.

¹⁴»Benditos los que lavan su ropa para tener derecho a entrar por la puerta de la ciudad y comer el fruto del árbol de la vida. ¹⁵Pero afuera de la ciudad se quedarán los perros, los hechiceros, los que cometen inmoralidades sexuales, los asesinos, los idólatras y todos los que aman y practican la mentira.

¹⁶»Yo, Jesús, he enviado a mi ángel a anunciar estas cosas en las iglesias. Yo soy la raíz y la ※ 22.16-17 ※ 22.18-19

descendencia de David. Yo soy la estrella resplandeciente de la mañana».

¹⁷El Espíritu y la Esposa dicen: «Ven». Y el que oye también diga: «Ven». Y el que tenga sed, venga; y el que quiera, beba gratuitamente del agua de la vida.

¹⁸Solemnemente le advierto a cualquiera que escuche las palabras del mensaje profético de este libro: Si alguno añade algo a lo que está escrito, Dios le añadirá a él las plagas que se describen en este libro. ¹⁹Y si alguno quita palabras de este libro de profecía, Dios le quitará su parte del árbol de la vida y de la santa ciudad, que aquí se describen.

²⁰El que da testimonio de estas cosas declara: «Sí, vengo pronto».

¡Amén! ¡Ven, Señor Jesús!

²¹Que la gracia del Señor Jesús permanezca en ustedes. Amén.

APOCALIPSIS 21.19

exprimirá uvas en el lagar del furor y la ira del Dios Todopoderoso. ¹⁶En su vestidura y en un muslo tiene escrito este título:

REY DE REYES Y SEÑOR DE SEÑORES.

¹⁷Entonces vi que un ángel, de pie en el sol, gritaba a todas las aves que vuelan en el cielo: «¡Vengan! ¡Júntense a comer la gran cena de Dios! ¹⁸Vengan y coman carne de reyes, capitanes, generales famosos, caballos y jinetes, y las carnes de toda clase de personas, grandes y pequeñas, esclavas y libres.»

¹⁹Entonces vi a la bestia y a los gobernantes de la tierra y a sus ejércitos reunidos para pelear contra el que montaba el caballo blanco y contra su ejército. ²⁰La bestia cayó presa, y con ella el falso profeta que podía realizar milagros en presencia de la bestia. Con esos milagros había engañado a los que aceptaron la marca de la bestia y adoraron su imagen. Los dos fueron arrojados vivos en el lago de fuego que arde con azufre. ²¹Y los demás cayeron víctimas de la espada aguda que salía de la boca del jinete del caballo blanco, y todas las aves se hartaron de sus carnes.

## Los mil años

**20** Entonces vi que un ángel descendió del cielo con la llave del abismo y una gran cadena en la mano. ²Y prendió al dragón, la serpiente antigua, conocida también con el nombre de diablo o Satanás, y lo encadenó durante mil años. ³Lo arrojó al abismo donde lo encerró bajo llave para que no engañara a las naciones hasta que transcurrieran mil años. Después de ese período, volverá a estar libre un tiempo breve.

⁴Entonces vi que los que habían recibido la facultad de juzgar se sentaron en tronos. Y vi a las almas de los que habían muerto decapitados por dar testimonio de Jesús y por proclamar la palabra de Dios. Ellos no habían adorado a la bestia ni habían aceptado que les marcaran la frente o en la mano. Vi que resucitaban y reinaban con Cristo mil años. ⁵Esta es la primera resurrección. Los demás muertos no resucitarán hasta que los mil años hayan transcurrido. ⁶Dichosos y santos los que tienen parte en la primera resurrección; la segunda muerte no podrá hacerles daño, serán sacerdotes de Dios y de Cristo y reinarán con él mil años.

## Juicio final de Satanás

⁷Al cabo de los mil años, Satanás saldrá de la prisión ⁸y correrá a engañar a las naciones del mundo, a Gog y a Magog, y a juntarlas para la batalla. Su número será incontable como la arena del mar. ⁹Marcharán por todo lo ancho de la tierra y rodearán al pueblo de Dios y su amada ciudad. Pero Dios mandará fuego del cielo y los consumirá por completo. ¹⁰Entonces el diablo, el que los había vuelto a engañar, será arrojado al lago de fuego y azufre, en el que ya estaban la bestia y el falso profeta. Allí serán atormentados día y noche por los siglos de los siglos.

## Juicio de los muertos

¹¹Y vi un gran trono blanco sobre el que alguien estaba sentado. Al verlo, la tierra y el cielo salieron huyendo, sin dejar rastro alguno. ¹²Y vi a los muertos, grandes y

✱ 21.1-8

pequeños, de pie delante del trono. Se abrieron entonces los libros, y se abrió también el libro de la vida. Los muertos fueron juzgados de acuerdo con lo que estaba escrito en los libros, según sus obras. ¹³El mar entregó los muertos que había en él, y lo mismo hicieron la muerte y el infierno. Y cada uno fue juzgado según sus obras. ¹⁴Ya la muerte y el infierno fueron lanzados al lago de fuego. Este lago de fuego es la segunda muerte. ¹⁵Y el que no estaba inscrito en el libro de la vida fue arrojado al lago de fuego.

## La nueva Jerusalén

**21** ✱ Entonces vi un nuevo cielo y una nueva tierra, porque la tierra, el mar y el cielo que conocemos desaparecieron. ²Y vi la ciudad santa, la nueva Jerusalén, descender del cielo, de donde estaba Dios. Tenía la apariencia gloriosa y bella de una novia. ³Oí entonces que una potente voz gritaba desde el trono: «La casa de Dios está ahora entre los seres humanos, y él vivirá con ellos. Ellos serán su pueblo y Dios mismo estará con ellos, y será su Dios. ⁴Él les enjugará las lágrimas y no habrá muerte ni llanto ni clamor ni dolor, porque éstos pertenecen a un pasado que no existe más.»

⁵Y el que estaba sentado en el trono dijo: «Yo hago nuevas todas las cosas». Luego me dijo: «Escribe, porque lo que te digo es digno de crédito y verdadero. ⁶¡Hecho está! ¡Yo soy la A y la Z, el principio y el fin! ¡Al sediento le daré a beber gratuitamente del manantial del agua de la vida! ⁷El que salga vencedor heredará estas bendiciones y yo seré su Dios y él será mi hijo. ⁸Pero los cobardes, los incrédulos, los corruptos, los asesinos, los que cometen inmoralidades sexuales, los que practican la brujería, los que adoran ídolos y los mentirosos, serán arrojados al lago que arde con fuego y azufre, que es la segunda muerte.»

⁹Entonces uno de los siete ángeles que habían derramado las copas que contenían las siete últimas plagas, vino y me dijo: «Ven y te presentaré a la novia, la esposa del Cordero». ¹⁰Me llevó en el Espíritu a la cumbre de un monte alto, y desde allí contemple una ciudad que bajaba del cielo, de delante de Dios. Era la santa Jerusalén.

¹¹Brillaba con la gloria de Dios, resplandecía como piedra preciosísima, como piedra de jaspe, diáfana como el cristal. ¹²Sus murallas eran amplias y altas, y doce ángeles custodiaban sus doce puertas. Los nombres de las doce tribus de Israel estaban escritos en las puertas. ¹³Había tres puertas en el lado norte, tres en el sur, tres en el este y tres en el oeste. ¹⁴Doce piedras constituían los cimientos de la muralla, y en cada una de ellas estaba escrito el nombre de uno de los doce apóstoles del Cordero.

¹⁵El ángel traía en la mano una vara de oro para medir la ciudad, sus puertas y sus murallas. ¹⁶La ciudad era completamente cuadrada. Su largo era igual a su ancho; su alto era exactamente igual al largo y al ancho: dos mil doscientos kilómetros. ¹⁷La muralla tenía un espesor de sesenta y cinco metros. El ángel utilizaba medidas humanas.

¹⁸La ciudad misma era de oro puro, transparente como el vidrio. La muralla era de jaspe. ¹⁹Las doce piedras de sus cimientos estaban adornadas con piedras preciosas: la primera con jaspe, la segunda con

odiosa. ³Porque las naciones se han embriagado con el vino excitante de su adulterio, los gobernantes de la tierra se han entregado con ella a los placeres, y los comerciantes de la tierra se han enriquecido con la abundancia de lujos que ella despilfarraba».

⁴Entonces oí otra voz del cielo que decía:

«Sal de esa ciudad, pueblo mío; no participes en su pecado para que no se te castigue con ella, ⁵porque sus pecados se han ido amontonando hasta el cielo y Dios va a juzgarla por su perversidad.

⁶Hazle a ella lo que ella le hizo a ti, e impone doble castigo a sus maldades. En la copa en que preparó bebida para otros, prepárate una bebida dos veces más fuerte.

⁷Ella ha vivido en derroches y en placeres sin límites; dale ahora dolores y penas sin límites. Ella se jacta diciendo: "En este trono soy reina. No soy ninguna viuda; nunca sufriré".

⁸Por tanto, ¡en un solo día caerán sobre ella la peste, llanto y hambre, y al final la consumirá el fuego! ¡Poderoso es el Señor Dios que la juzga!».

⁹Los gobernantes del mundo que tomaron parte en sus inmoralidades y se deleitaron con sus lujos, llorarán y lamentarán ante sus restos humeantes. ¹⁰Desde la distancia, la contemplarán temblorosos de miedo al ver semejante castigo, y gritarán:

«¡Pobre, pobre Babilonia, la gran ciudad poderosa! ¡En un instante te llegó el juicio!».

¹¹Los mercaderes de la tierra sollozarán y se lamentarán, porque ya no habrá nadie que les compre. ¹²Ella era una gran cliente que compraba oro, plata, piedras preciosas y perlas; lino fino, púrpura y seda escarlata. Adquiría maderas olorosas, objetos de marfil, piezas labradas, cobre, hierro y mármol. ¹³Canela, especias aromáticas, incienso, mirra, y perfumes; vino, aceite, harina fina y trigo; vacas, ovejas, caballos y carrozas; y hasta seres humanos vendidos como esclavos.

¹⁴«Ya no tienes los lujos que tanto te gustaban —le gritarán—. Ya no tienes el lujo y el esplendor en que te deleitabas. Jamás los volverás a tener».

¹⁵Los mercaderes que se habían enriquecido comerciando con aquella ciudad se pararán de lejos, aterrorizados de ver semejante castigo. Llorarán y dirán entre sollozos:

¹⁶«¡Pobre, pobre de la gran ciudad, vestida de linos finos, púrpura y escarlata, adornada con oro, piedras preciosas y perlas! ¹⁷¡Cuánta riqueza se perdió en un instante!» Los navíos y los capitanes de las flotas mercantes, sus tripulaciones y sus pasajeros y todos los que viven del mar, se pararán lejos, ¹⁸y al contemplar el humo del incendio, dirán: «¿Dónde vamos a encontrar otra ciudad como esta?».

¹⁹Y echándose tierra en la cabeza en señal de duelo, dirán ahogados por el llanto:

«¡Ay, pobre de la gran ciudad que nos enriqueció con su gran riqueza! ¡En solo una hora desapareció!

²⁰Pero tú, cielo, regocíjate por lo que ha sucedido. Y regocíjense también los santos, los profetas y los apóstoles, porque al castigar a la gran ciudad, Dios les está haciendo justicia a ustedes».

²¹Entonces un ángel poderoso tomó una peña con forma de piedra de molino y la arrojó en el mar diciendo:

«Babilonia, la gran ciudad, será arrojada como yo arrojé esta piedra, y desaparecerá para siempre.

²²Nunca se volverá a escuchar en ella la música de los cantantes, el vibrar del arpa, la flauta y la trompeta. Jamás volverá a verse en ella industria de ningún tipo, y cesará la molienda de granos. ²³Negras serán sus noches, sin luz de lámparas en las ventanas. Jamás volverán a proclamarse alegrías nupciales, porque tus mercaderes eran los más prósperos de la tierra y engañaste a las naciones con tus hechicerías. ²⁴Porque por ti se derramó sangre de profetas y santos y de todos los que han sido asesinados en toda la tierra».

## ¡Aleluya!

**19** Después de esto escuché que una multitud inmensa gritaba a viva voz en el cielo:

«¡Aleluya! ¡La gloria, el poder y la salvación proceden de nuestro Dios!, ²porque juzga con justicia y verdad. Ha castigado a la gran prostituta que corrompía la tierra con sus pecados, y ha vengado la sangre de sus siervos que ella derramó».

³Y añadieron:

«¡Aleluya! ¡Las ruinas de ella humearán eternamente!».

⁴Entonces los veinticuatro ancianos y los cuatro seres vivientes se postraron y adoraron a Dios, que estaba sentado sobre el trono, y decían:

«¡Amén! ¡Aleluya!».

⁵Y del trono brotó una voz que decía: «Alaben al Dios nuestro los siervos del Señor que le temen, pequeños y grandes».

⁶Entonces escuché algo así como las voces de una gran multitud o el estruendo de una catarata, o como el retumbar de grandes truenos. Y aquella voz gritaba:

«¡Alabado sea Dios! ¡El Señor, nuestro Dios Todopoderoso, reina! ⁷Alegrémonos, regocijémonos y démosle gloria, porque ha llegado la hora de la boda del Cordero; y a su novia, que ya está preparada, ⁸se le ha permitido vestirse del lino más fino, limpio y resplandeciente». El lino fino simboliza las buenas obras del pueblo santo.

⁹Y el ángel me pidió que escribiera lo siguiente: «Dichosos los que están invitados a la fiesta de bodas del Cordero». Y me dijo: «Este es un mensaje verdadero de Dios».

¹⁰Entonces me postré a sus pies para adorarlo, pero me dijo:

«¡No! ¡No lo hagas! Soy un siervo al igual que tú y tus hermanos que proclaman fielmente su fe en Jesús. Adora solo a Dios. El propósito de las profecías es dar testimonio de Jesús».

## El jinete del caballo blanco

¹¹Y entonces vi que el cielo estaba abierto y contemplé un caballo blanco cuyo jinete se llamaba Fiel y Verdadero, porque con justicia juzga y pelea. ¹²Los ojos de aquel jinete parecían llamas de fuego y en la cabeza traía muchas coronas. En la frente llevaba escrito un nombre cuyo significado solo él conocía. ¹³Vestía una ropa bañada de sangre y su nombre era: la Palabra de Dios.[b] ¹⁴Los ejércitos celestiales, vestidos de lino finísimo, blanco y limpio, lo seguían en caballos blancos. ¹⁵De la boca salía una espada aguda con la que herirá a las naciones, a las que gobernará con puño de hierro. Él

---

*b.* Vea Juan 1.1.

# APOCALIPSIS 18.2

²El primer ángel derramó su copa sobre la tierra, y una llaga maligna y asquerosa brotó en las personas que tenían la marca de la bestia y adoraban su estatua. ³El segundo ángel derramó su frasco sobre el mar, y éste adquirió aspecto de sangre de muerto; y no quedó ni un solo ser con vida en el mar.

⁴El tercer ángel derramó su frasco sobre los ríos y las fuentes, y se convirtieron en sangre. ⁵Y escuché que aquel ángel de las aguas decía: «Justo eres al enviar estos juicios, santo Señor, que eres y que eras, ⁶porque tus santos y tus profetas han sido martirizados y su sangre se derramó sobre la tierra. Ahora tú les has dado a beber sangre, pues se lo merecen».

⁷Y oí que el ángel del altar decía: «Sí, Señor, Dios Todopoderoso, tus castigos son justos y verdaderos».

⁸El cuarto ángel derramó su copa sobre el sol, y los rayos solares quemaron a la gente. ⁹Y todos sufrieron de las terribles quemaduras, pero ni así se arrepintieron. La humanidad blasfemó contra el nombre de Dios, porque les había enviado las plagas, y no quisieron darle la gloria.

¹⁰Entonces el quinto ángel derramó su copa sobre el trono de la bestia, y su reino quedó envuelto en tinieblas mientras sus súbditos se mordían la lengua por el dolor, ¹¹y blasfemaban contra el Dios del cielo por el dolor y las llagas. Pero no se arrepintieron de sus perversidades.

¹²El sexto ángel derramó su copa sobre el gran río Éufrates, y se secó de tal manera que los reyes del oriente podían pasar por él. ¹³Vi que el dragón, la bestia y el falso profeta dejaban escapar de la boca tres espíritus del mal con forma de ranas. ¹⁴Aquéllos son espíritus de demonios que hacen señales milagrosas y que salen a reunir a los gobernantes del mundo para agruparlos en la batalla del gran día del Dios Todopoderoso.

¹⁵«Fíjate bien: Yo vengo como un ladrón. Dichoso el que me espera despierto, el que tiene su ropa lista para no tener que andar desnudo y avergonzado».

¹⁶Los espíritus del mal reunieron a los reyes en un lugar que en hebreo se llama Armagedón.

¹⁷Entonces el séptimo ángel derramó su copa en el aire y un grito brotó del trono del templo que está en el cielo: «¡Ya está terminado!»

¹⁸Hubo entonces estruendos, truenos y relámpagos, mientras la tierra se sacudía con un terremoto de una magnitud sin precedente en la historia. ¹⁹La gran ciudad de Babilonia quedó dividida en tres partes, y las ciudades de todo el mundo se desplomaron.

En la memoria de Dios y la ciudad tuvo que sorber como castigo el vino del ardor de su ira! ²⁰Las islas desaparecieron y las montañas se desmoronaron, ²¹y se desató del cielo una granizada tan grande que cada uno de los granizos que caía sobre la humanidad pesaba alrededor de cuarenta kilos. Y la humanidad maldijo a Dios por esa terrible plaga.

## La mujer montada en la bestia

**17** Uno de los siete ángeles que habían vertido las plagas vino a donde yo estaba y me dijo: «Ven para que veas lo que le pasará a la gran prostituta que se sienta sobre las muchas aguas. ²Los reyes tuvieron con ella relaciones sexuales ilícitas, y los

## La caída de Babilonia

**18** Después de esto vi que desde el cielo descendía otro ángel que, cubierto de gran autoridad, iluminó la tierra con su resplandor, ²y con voz potente gritó:

«¡Ya cayó, ya cayó la gran Babilonia! Babilonia se ha convertido en guarida de demonios, en antro de espíritus inmundos y en nido de toda ave impura y

---

a. Vea Apocalipsis 12.3, 9 y 13.1.

---

habitantes del mundo se embriagaron con el vino de su inmoralidad».

³En el Espíritu, el ángel me condujo al desierto. Allí estaba una mujer sentada sobre una bestia escarlata que tenía siete cabezas y diez cuernos,ᵃ y el cuerpo recubierto de blasfemias contra Dios.

⁴La mujer, vestida de púrpura y escarlata, estaba adornada de hermosísimas joyas de oro, piedras preciosas y perlas, y sostenía en la mano una copa de oro repleta de obscenidades y de las impurezas de su prostitución. ⁵En la frente llevaba escrito su misterioso nombre:

BABILONIA LA GRANDE, MADRE DE LAS PROSTITUTAS Y MADRE DE LAS MÁS ODIOSAS IDOLATRÍAS DEL MUNDO.

⁶No tardé en comprender que estaba ebria con la sangre de los santos mártires de Jesús. La miré horrorizado.

⁷«¿Por qué te horrorizas? —me preguntó el ángel—. Te voy a decir quién es ella y quién es esa bestia sobre la que está sentada. ⁸Esa bestia antes vivía, pero ahora no. Sin embargo, pronto surgirá del abismo y marchará hacia su destrucción. Los moradores de la tierra que no tienen su nombre escrito en el libro de la vida desde la creación del mundo, se pasmarán de asombro al verla aparecer después de muerta.

⁹»Y ahora oye —y entiende bien lo que te voy a decir—. Sus siete cabezas representan las siete colinas sobre las que está asentada la ciudad en que reside esta mujer. ¹⁰Representan también siete reyes. Cinco de ellos ya cayeron, el sexto está gobernando ahora y el séptimo no ha surgido, pero reinará poco tiempo. ¹¹La bestia que era y murió es el octavo rey, aunque es uno de los siete que habían reinado antes e irá también a la destrucción.

¹²»Los diez cuernos son diez reyes que todavía no han subido al poder. Durante una hora se les permitirá reinar junto a la bestia. ¹³Luego, su propósito es entregar al monstruo el poder y la autoridad que poseen. ¹⁴Y se unirán para pelear contra el Cordero, pero el Cordero los vencerá porque es Señor de señores y Rey de reyes, y los que lo siguen son sus llamados, sus elegidos y sus fieles».

¹⁵Además, me dijo el ángel: «Las aguas sobre las que la prostituta está sentada representan pueblos, muchedumbres, naciones y lenguas. ¹⁶La bestia y sus diez cuernos atacarán a la mujer impulsados por el odio que sienten hacia ella, y la dejarán desnuda y desolada, y la devorarán por fuego. ¹⁷Entonces Dios les hará concebir un plan con el que se cumplirán los propósitos divinos: por acuerdo mutuo entregarán a la bestia la autoridad que poseen para gobernar, hasta que se cumplan las palabras de Dios. ¹⁸Y la mujer que has visto representa a la gran ciudad que gobierna a los reyes de la tierra».

## La cosecha de la tierra

14 Entonces vi una nube blanca y, sentado en ella, a alguien muy parecido al Hijo del hombre, con una corona de oro en la frente y una hoz bien afilada en la mano.

15«¡Mete la hoz y recoge la cosecha! —le gritó. El templo salió otro ángel y le gritó al que estaba sentado en la nube—: ¡Los sembrados del mundo están listos para ser cosechados!» 16Entonces el que estaba sentado en la nube pasó la hoz sobre la tierra y recogió la cosecha.

17Luego salió otro ángel del templo que está en el cielo, portaba también una hoz bien afilada.

18Inmediatamente del altar salió otro ángel que tenía poder para destruir el mundo con fuego, y le gritó al ángel que tenía la hoz: «¡Corta los racimos de los viñedos del mundo, porque ya las uvas están completamente maduras!»

19El ángel arrojó la hoz sobre la tierra y echó las uvas en el gran lagar de la ira de Dios. 20Y exprimieron las uvas en un lugar que está fuera de la ciudad, y de ese lugar brotó un río de sangre de trescientos kilómetros de extensión, en el que un caballo podía sumergirse hasta las bridas.

## Siete ángeles con siete plagas

15 Y vi aparecer en el cielo una señal grande y maravillosa: siete ángeles a los que se les encomendó la tarea de llevar a la tierra las siete plagas finales, con las cuales la ira de Dios quedaría satisfecha. 2Vi también algo semejante a un océano de fuego y vidrio, sobre el que estaban de pie los que habían salido victoriosos de su lucha con la bestia, su estatua y el número que representa su nombre. En las manos traían las arpas de Dios, 3y cantaban el cántico de Moisés, el siervo de Dios, y el cántico del Cordero:

«Formidables y maravillosas son tus obras, Señor, Dios Todopoderoso.
Justos y verdaderos son tus caminos, Rey de las naciones.
4¿Quién no te temerá, oh Señor? ¿Quién no glorificará tu nombre?
Porque sólo Tú eres santo.
Las naciones vendrán y te adorarán, porque tus obras de justicia ya se han manifestado.»

5Entonces miré y vi que el templo, el tabernáculo del testimonio, que está en el cielo, quedó abierto de par en par. 6Los siete ángeles que tenían la tarea de esparcir las siete plagas salieron del templo vestidos de lino blanco resplandeciente y con el pecho ceñido con cintos de oro. 7Uno de los cuatro seres vivientes entregó a cada uno de los siete ángeles una copa de oro llena del furor del Dios que vive por los siglos de los siglos. 8Entonces, el templo se llenó del humo de la gloria y del poder de Dios; y nadie podía entrar allí mientras los siete ángeles no hubieran terminado de derramar las siete plagas.

## Las siete copas de la ira de Dios

16 Escuché entonces una potente voz que desde el templo gritaba a los siete ángeles: «Váyanse a derramar sobre la tierra las siete copas del furor de Dios».

※ 14.9-11

---

## El Cordero y los 144.000

14 Vi entonces un Cordero de pie sobre el monte Sión, acompañado de ciento cuarenta y cuatro mil personas que tenían el nombre de él y el de su Padre escrito en la frente. 2Y oí en el cielo algo semejante al estrépito de una catarata inmensa o el retumbar de un gran trueno; era como el canto de un coro acompañado con arpas. 3Y cantaban un cántico nuevo frente al trono de Dios y delante de los cuatro seres vivientes y los veinticuatro ancianos. Los únicos que podían cantar aquel canto eran aquellos ciento cuarenta y cuatro mil redimidos de entre los de la tierra. 4Lo podían cantar porque se mantuvieron puros como vírgenes y porque seguían al Cordero adondequiera que iba. Aquellos fueron comprados de entre la humanidad como los primeros frutos para Dios y para el Cordero. 5En ellos no existe la mentira, porque son intachables.

## Los tres ángeles

6Y vi que otro ángel cruzaba los cielos con las eternas buenas nuevas, e iba proclamándolas a cada nación, raza, lengua y pueblo. 7«¡Teman a Dios —decía a gran voz—, y alaben su grandeza, porque el tiempo ha llegado en que se sentará a juzgar! ¡Adórenlo, porque él creó el cielo y la tierra, el mar y las fuentes que lo nutren!»

8Y otro ángel que lo seguía gritaba:

«¡Cayó Babilonia! ¡Cayó la gran ciudad que sedujo a las naciones a participar del vino de su adulterio!»

9Inmediatamente, un tercer ángel lo siguió gritando: «¡Cualquiera que adore a la bestia y a su estatua, y se deje marcar en la frente o en la mano, 10tendrá que beber del vino del furor de Dios que se ha echado puro en la copa de la ira divina!; y se le atormentará con fuego y azufre ardiendo en presencia de los santos ángeles y el Cordero. 11El humo de su tormento se elevará eternamente, y el que adore a la bestia y a su estatua o se deje marcar con su nombre no tendrá alivio ni de día ni de noche».

12Aquí se verá la paciencia del pueblo santo que obedece los mandamientos de Dios y es fiel a Jesús.

13Oí entonces una voz que me decía desde el cielo: «Escribe esto: ¡Dichosos los que de ahora en adelante mueren unidos al Señor! —dice el Espíritu—, porque cesarán para ellos las tareas y las penas, y Dios los premiará por sus acciones».

*f* Algunos manuscritos dicen ochocientos dieciséis.

## La séptima trompeta

¹⁵El séptimo ángel tocó la trompeta, y varias voces potentísimas gritaron desde el cielo:

«El reino de este mundo pertenece ahora a nuestro Señor y a su Cristo; y él reinará para siempre».

¹⁶Y los veinticuatro ancianos que estaban sentados en sus tronos delante de Dios se inclinaron sobre sus rostros para adorarlo, ⁷diciendo:

«Te damos las gracias, Señor, Dios Todopoderoso, que eres y que eras, porque has tomado tu gran poder y has comenzado a reinar.

¹⁸Las naciones se enojaron contra ti, pero ha llegado el momento de castigarlas.

Ha llegado la hora de juzgar a los muertos y de premiar a tus siervos los profetas, a tu pueblo santo y a cualquier persona, grande o pequeña, que respete tu nombre.

Y ha llegado el momento de destruir a los que han traído destrucción a la tierra».

¹⁹Entonces el templo de Dios se abrió en el cielo y el arca de su pacto quedó al descubierto. Y hubo relámpagos, estruendos, truenos, un terremoto y una fuerte granizada.

## La mujer y el dragón

**12** Entonces apareció en el cielo una señal maravillosa: una mujer revestida del sol, con la luna bajo sus pies y una corona de doce estrellas en la cabeza. ²Estaba embarazada y gritaba con dolores de parto. ³De pronto apareció en el cielo otra señal: un enorme dragón rojo con siete cabezas, diez cuernos y una corona en cada cabeza. ⁴Con la cola arrastró tras sí la tercera parte de las estrellas y las arrojó sobre la tierra. Luego se detuvo frente a la mujer en el momento mismo en que iba a dar a luz, a fin de comerse al niño tan pronto como naciera. ⁵La mujer dio a luz un hijo varón que gobernará las naciones con mano fuerte. Inmediatamente le arrebataron a su hijo y lo llevaron ante Dios y su trono. ⁶La mujer huyó al desierto, donde Dios le tenía preparado un lugar en el que la sustentarían durante mil doscientos sesenta días.

⁷Se libró entonces una gran batalla en el cielo. Miguel y los ángeles que están bajo su mando pelearon contra el dragón y sus huestes de ángeles. ⁸Estos últimos, una vez vencidos, fueron expulsados del cielo. ⁹Aquel gran dragón, que no es otro sino la serpiente antigua que se llama diablo o Satanás, engaña a todo el mundo, fue arrojado a la tierra junto con la totalidad de su ejército! ¹⁰Escuché entonces que una potente voz proclamaba en el cielo:

«¡Al fin llegó la salvación, el poder y el reino de nuestro Dios, y la autoridad de su Cristo!, porque el acusador de nuestros hermanos, el que los acusaba día y noche ante Dios, ha sido expulsado del cielo. ¹¹Ellos lo vencieron con la sangre del Cordero y por el mensaje del que dieron testimonio, pues teniendo en poco sus vidas, no evitaron la muerte. ¹²¡Regocíjense, oh cielos! ¡Pero pobres de ustedes, habitantes de la tierra y del mar, porque el diablo ha bajado rabiando de furia por el poco tiempo que le queda!».

¹³Cuando el dragón vio que lo habían arrojado a la tierra, corrió en persecución de la mujer que dio a luz al niño. ¹⁴Pero la mujer recibió dos alas de una gran águila y pudo volar al lugar que se le había preparado en el desierto, donde durante tres años y medio la habrían de sustentar, lejos de la serpiente. ¹⁵La serpiente, que iba tras la mujer, arrojó por su hocico un caudal de agua que corrió como torrente hacia la mujer, ¹⁶pero la tierra, para ayudarla, abrió la boca y se tragó el torrente.

¹⁷Furioso al darse cuenta de esto, el dragón se propuso atacar a los demás hijos de la mujer, que son los que guardan los mandamientos de Dios y dan testimonio de Jesús.

**13** Y el dragón se paró a la orilla del mar.

## La bestia que surge del mar

¹Vi entonces que una bestia surgía de las aguas del mar. Tenía siete cabezas, diez cuernos y diez coronas sobre sus cuernos. Y en cada una de las cabezas tenía escritos nombres que insultaban a Dios. ²Parecía un leopardo, pero tenía pies de oso y boca de león. El dragón le entregó a la bestia el poder, el trono y la gran autoridad que poseía.

³Una de las cabezas de l a bestia parecía herida de muerte, pero sanó. El mundo, maravillado de semejante milagro, siguió a la bestia. ⁴Adoraron al dragón, que le había dado el poder a la bestia, y asimismo adoraron a la bestia. «¿Quién como la bestia? —exclamaron—. ¿Quién podrá pelear contra ella?»

⁵A la bestia se le permitió que dijera blasfemias contra el Señor; y también se le dio autoridad para actuar por cuarenta y dos meses, ⁶durante los cuales blasfemó contra el nombre de Dios, de su morada y de los que habitan en el cielo.

⁷La bestia también recibió poder para pelear contra el pueblo de Dios y vencerlo, y se le dio autoridad para gobernar a todas las naciones de este mundo. ⁸Y la adorarán todos los seres humanos cuyos nombres no estaban inscritos, desde la creación del mundo, en el libro del Cordero que fue sacrificado.ᵉ

⁹¡El que tenga oídos, escuche bien:
¹⁰El que deba ir preso, caerá preso; el que deba morir a espada, morirá a filo de espada.

Aquí se verá la paciencia y la fidelidad del pueblo santo.

## La bestia que sube de la tierra

¹¹A continuación vi que otra bestia surgía de la tierra con dos cuernos semejantes a los de un cordero, pero con una voz como la del dragón. ¹²Poseía la misma autoridad de la primera bestia en presencia de esta, y exigió que el mundo entero adorara a la primera bestia, que había sido sanada. ¹³Los milagros que realizaba eran increíbles; podía, por ejemplo, hacer que cayeran del cielo llamaradas de fuego ante los ojos asombrados de la humanidad. ¹⁴Y con los milagros que podía realizar en presencia de la primera bestia,

---

e. O: «aquellos cuyos nombres no están escritos en el libro de la vida del Cordero inmolado desde antes de la fundación del mundo». O sea, que la muerte del Cordero estaba dentro del plan eterno de Dios.

## APOCALIPSIS 9.5

en la frente. ⁵No les estaba permitido matarlas, sino someterlas durante cinco meses a una agonía semejante al dolor del aguijonazo del alacrán. ⁶En aquellos días, las personas tratarán de matarse, pero no se les concederá la muerte. Ansiarán morir, pero la muerte huirá de ellos.

⁷Aquellas langostas parecían caballos preparados para la guerra. En la cabeza llevaban algo así como una corona de oro y tenían el rostro muy semejante al rostro humano. ⁸Sus cabellos eran largos como de mujer, y sus dientes parecían dientes de leones. ⁹Traían puestas corazas que parecían de hierro, y sus alas producían un estruendo semejante al de muchos carros que corren a la batalla tirados por caballos. ¹⁰Como los alacranes, llevaban el aguijón en la cola, donde precisamente residía el poder que se les había dado para dañar a la gente durante cinco meses. ¹¹Su rey eran súbditos del ángel del abismo, cuyo nombre en hebreo es Abadón y en griego, Apolión.

¹²Ya pasó uno de los horrores, pero todavía faltan dos.

¹³El sexto ángel tocó la trompeta y escuché una voz que brotaba de entre los cuernos del altar de oro que estaba delante del trono de Dios.

¹⁴«Desata a los cuatro ángeles que están atados a la orilla del gran río Éufrates» —dijo la voz al sexto ángel.

¹⁵Y aquellos ángeles, que estaban preparados precisamente para aquel año, mes, día y hora, quedaron en libertad de matar a la tercera parte de la humanidad. ¹⁶Marcharían al frente de un ejército de doscientos millones de guerreros, según pude escuchar.

¹⁷En mi visión, vi delante de mí aquella caballería. Los jinetes llevaban corazas de un color rojo fuego, si bien es cierto que algunas eran azul cielo y otras amarillas. Las cabezas de los caballos parecían cabezas de leones, y por el hocico echaban humo, fuego y azufre. ¹⁸Plagas que fueron matando la tercera parte de la humanidad. ¹⁹Pero el poder mortal de aquellos caballos no radicaba solamente en el hocico. Sus colas parecían serpientes que con sus cabezas ocasionaban heridas mortales.

²⁰A pesar de todo eso, las personas que sobrevivieron a aquellas plagas no se arrepintieron de sus malas acciones y siguieron adorando el sol y sus demonios y a los ídolos de oro, plata, bronce, piedra y madera que no pueden ver ni oír ni caminar. ²¹¡Tampoco se arrepintieron de sus crímenes, hechicerías, inmoralidades sexuales y hurtos!

## El ángel y el rollo pequeño

**10** Vi a otro ángel poderoso descender del cielo envuelto en una nube, con un arco iris sobre la cabeza; el rostro le resplandecía como el sol y sus piernas llameaban como antorchas gigantescas. ²En la mano, abierto, sostenía un librito.

Puso el pie derecho en el mar y el izquierdo en la tierra, ³y dio un grito semejante al rugido de un león. Poco después, los siete truenos rugieron también. ⁴Yo ya iba a escribir lo que dijeron los truenos, pero una voz del cielo gritó: «¡No, no lo hagas! Estas palabras no pueden ser reveladas».

⁵Entonces, el ángel que estaba de pie sobre mar y tierra elevó al cielo la mano derecha, ⁶y juró por el que vive para siempre, Creador del cielo y de lo que

850

en él existe, de la tierra y de lo que en ella existe, y del mar y de los seres que lo habitan, que ya no habría más demoras; ⁷cuando el séptimo ángel tocara la trompeta, el plan de Dios, que había permanecido en secreto, se llevaría a cabo tal y como lo anunció a sus siervos los profetas.

⁸En ese momento, la voz del cielo me habló de nuevo: «Ve y toma el librito que está abierto en la mano del ángel que está de pie sobre tierra y mar».

⁹Yo me le acerqué y se lo pedí: «Sí, me respondió: «¡tómalo y cómetelo. Al principio te sabrá a miel, pero cuando te lo tragues te amargará el estómago».

¹⁰Lo tomé entonces y me lo comí. Y, efectivamente, me fue dulce en la boca, pero al tragármelo me amargó el estómago. ¹¹Entonces el ángel me ordenó: "Todavía tienes que profetizar de nuevo sobre muchos pueblos, naciones, lenguas y reyes».

## Los dos testigos

**11** Se me entregó una vara de medir y se me pidió que fuera a medir el templo de Dios y el altar. Se me pidió también que contara cuántos adoradores habían. 2«Pero no midas las partes externas del templo —me dijeron—, porque han sido entregadas a las naciones y éstas se pasarán tres años y medio humillando a la ciudad santa. ³Y enviaré a mis dos testigos para que \_\_\_\_ profeticen durante mil doscientos sesenta días vestidos de luto».

⁴Los dos profetas en cuestión eran los dos olivos y los dos candeleros que están delante del Señor de la tierra. ⁵Cualquiera que trate de hacerles daño, morirá víctima de las llamaradas de fuego que brotan de la boca de aquellos dos personajes. ⁶Éstos tienen poder para cerrar los cielos de manera que no llueva por tras estén profetizando. También tienen poder para convertir en sangre las aguas y enviar plagas sobre la tierra cada vez que lo deseen.

⁷Cuando hayan terminado de dar su testimonio, la bestia que surge del abismo les declarará la guerra, los vencerá y los matará. ⁸Durante tres días y medio se exhibirá sus cadáveres en las calles de la ciudad llamada «Sodoma» o «Egipto» en sentido figurado, donde crucificaron a su Señor. No se le permitirá a nadie enterrarlos, ⁹y gente de todo pueblo, tribu, lengua y nación desfilará junto a ellos para verlos. ¹⁰Aquel será un día de júbilo mundial; en todas partes, las gentes felices intercambiarán regalos y organizarán fiestas en celebración de la muerte de los dos profetas que tanto las habían atormentado.

¹¹Pero al cabo de los tres días y medio, un aliento de vida enviado por Dios entrará en los dos profetas, y se levantarán. Un gran terror se apoderará del mundo entero. ¹²Entonces, una potente voz del cielo llamará a los dos profetas, y ellos ascenderán al cielo en una nube, ante los ojos de sus enemigos.

¹³En aquel preciso instante, un terrible terremoto sacudirá la tierra y una décima parte de la ciudad se derrumbará dejando un saldo de siete mil muertos. Los sobrevivientes, llenos de espanto, glorificarán al Dios del cielo.

¹⁴Así termina el segundo horror, pero el tercero no se hace esperar.

Cuando el Cordero abrió el sexto sello, se produjo un gran terremoto; el sol se puso negro como si se hubiera puesto ropa de luto, y la luna adquirió un color rojo como la sangre. ¹³Las estrellas del cielo cayeron sobre la tierra como caen los higos verdes en medio de un vendaval. ¹⁴El cielo estrellado se fue enrollando como un pergamino hasta desaparecer, mientras las montañas y las islas fueron removidas de su lugar.

¹⁵Los reyes de la tierra, los dirigentes del mundo, los ricos, los poderosos, y la humanidad entera, esclavos o libres, buscaban refugio entre las cuevas y entre las peñas de las montañas, ¹⁶y gritaban a las montañas: «¡Caigan sobre nosotros, escondiéndonos de la mirada del que está sentado en el trono y de la ira del Cordero! ¹⁷¡El gran día de su ira ha llegado! ¿Quién podrá sobrevivir?»

## Los 144.000 sellados

**7** Entonces vi a cuatro ángeles, parados en las cuatro esquinas de la tierra, detenían los cuatro vientos para que éstos no se desataran sobre la tierra, el mar y los árboles.

²Luego vi a otro ángel que venía del este con el sello del Dios viviente. Y gritó a los cuatro ángeles que habían recibido autorización para dañar la tierra y el mar:

³«¡No vayan a dañar la tierra, ni el mar, ni los árboles, porque todavía no hemos marcado en la frente a los siervos de nuestro Dios».

⁴Escuché el número de los que fueron sellados: ciento cuarenta y cuatro mil de todas las tribus de Israel:

de Judá 12.000
de Rubén 12.000
de Gad 12.000
de Aser 12.000
de Neftalí 12.000
de Manasés 12.000
de Simeón 12.000
de Leví 12.000
de Isacar 12.000
de Zabulón 12.000
de José 12.000
de Benjamín 12.000

## La gran multitud con túnicas blancas

⁹Luego vi frente al trono y delante del Cordero a una gran multitud de todas las naciones, tribus, pueblos y lenguas, todos vestidos de blanco y con ramas de palma en las manos. Era tan inmensa la multitud que nadie podía contarla.

¹⁰«Al Dios nuestro que está en el trono y al Cordero debemos la salvación», gritaban.

¹¹Y los ángeles que, de pie, rodeaban el trono y los ancianos y los cuatro seres vivientes se postraron delante del trono y adoraron a Dios, diciendo:

¹²«¡Amén! ¡Que la bendición, la gloria, la sabiduría, la acción de gracias, la honra, el poder y la fuerza sean de nuestro Dios para siempre! ¡Amén!»

¹³Entonces uno de los veinticuatro ancianos me preguntó:

—¿Sabes quiénes son éstos que están vestidos de blanco y de dónde han venido?

¹⁴—No, Señor —respondí—. Dímelo.

—Estos son los que pasaron por la gran tribulación —me dijo—. Su ropa está blanca porque la lavaron y blanquearon con la sangre del Cordero. ¹⁵Por eso están delante del trono de Dios y le sirven día y noche en su templo. El que está sentado en el trono los protege. ¹⁶Jamás volverán a tener hambre ni sed, ni estarán a salvo del abrasador sol del mediodía. ¹⁷El Cordero que está en el trono los alimentará y, como pastor, los conducirá a las fuentes del agua de la vida. Y Dios les enjugará las lágrimas.

## El séptimo sello y el incensario de oro

**8** Cuando el Cordero rompió el séptimo sello, se produjo en el cielo como una media hora de silencio.

²Entre tanto, los siete ángeles que estaban delante de Dios recibieron siete trompetas. ³Otro ángel, con un incensario de oro, vino y se paró ante el altar, allí se le entregó una gran cantidad de incienso para que lo mezclara con las oraciones de todo el pueblo de Dios y lo ofreciera sobre el altar de oro que estaba delante del trono. ⁴Y el humo del incienso y las oraciones que el ángel derramó en el altar ascendieron a la presencia de Dios. ⁵Luego el ángel llenó el incensario del fuego del altar y lo lanzó contra la tierra. Inmediatamente se produjeron truenos, estruendos, relámpagos y un terremoto.

## Las trompetas

⁶Los siete ángeles de las siete trompetas se dispusieron a tocarlas. ⁷Cuando el primero tocó la trompeta, cayó sobre la tierra una lluvia de granizo y fuego mezclados con sangre; una tercera parte de la tierra ardió y una tercera parte de los árboles quedó carbonizada; no hubo hierba verde en la tierra que no ardiera.

⁸El segundo ángel tocó la trompeta e inmediatamente algo semejante a una inmensa montaña encendida se precipitó en el mar y destruyó una tercera parte de los barcos, una tercera parte del mar adquirió el color rojo de la sangre y murió una tercera parte de las criaturas que viven en el mar.

¹⁰El tercer ángel tocó la trompeta y una gran estrella envuelta en llamas cayó sobre una tercera parte de los ríos y manantiales. ¹¹La estrella recibió el nombre de Amargura, porque una tercera parte de las aguas se volvieron amargas y murió mucha gente.

¹²Cuando el cuarto ángel tocó la trompeta, una tercera parte del sol, la luna y las estrellas dejó de alumbrar. La luz del día disminuyó su intensidad en una tercera parte, y también una tercera parte de la noche quedó sin luz.

¹³Y mientras miraba, un águila cruzó los cielos gritando:

«¡Ay, ay, ay, de los habitantes de la tierra, por lo que acontecerá cuando los otros tres ángeles toquen sus trompetas!»

**9** El quinto ángel tocó la trompeta y cayó una estrella del cielo a la tierra y recibió la llave del pozo del abismo. ²Al abrirlo, un humo negro como de un horno gigantesco se elevó y oscureció el sol y el aire. ³Del humo brotaron langostas que descendieron sobre la tierra con poder para aguijonear como alacranes. ⁴Se les había ordenado que no dañaran la hierba ni ninguna planta ni ningún árbol, en cambio, debían atacar a las personas que no tuvieran el sello de Dios

vez en sacrificio para quitar los pecados de muchos. Y aparecerá por segunda vez, pero no para cargar con el pecado, sino para salvar a quienes lo esperan.

## El sacrificio de Cristo, ofrecido una vez y para siempre

**10** La ley es sólo una sombra de los bienes que están por venir y no la realidad misma de esos bienes. Por eso, la ley nunca puede hacer perfectos a los que adoran por medio de los mismos sacrificios, año tras año sin cesar. ²Si hubiera podido, ya habrían dejado de ofrecerse sacrificios, pues los que adoran, purificados de una vez por todas, ya no se sentirían culpables de pecado. ³Pero esos sacrificios son un recordatorio, cada año, de sus pecados, ⁴porque es imposible que la sangre de los toros y de los chivos quite los pecados.

⁵Por eso Cristo, al entrar en el mundo, dijo: «Tú no quieres sacrificios ni ofrendas; por eso, me has dado un cuerpo. ⁶No te agradan los holocaustos ni los sacrificios por los pecados. ⁷Por eso dije: "Aquí me tienes", como está escrito de mí en el libro: "He venido para hacer tu voluntad, oh Dios"».

⁸Al principio dijo: «No quieres ni te agradan los sacrificios por los pecados ni las ofrendas y holocaustos» (a pesar de que la ley exigía que se ofrecieran). ⁹Y luego añadió: «Aquí estoy. He venido a hacer tu voluntad». Es decir, que quitó lo primero para establecer lo segundo. ¹⁰Y como Jesucristo hizo la voluntad de Dios al sacrificar su propio cuerpo, una sola vez y para siempre, por eso nosotros somos santificados. ¹¹Todo sacerdote celebra el culto día tras día ofreciendo muchas veces los mismos sacrificios, que nunca pueden quitar los pecados. ¹²Pero este sacerdote le ofreció a Dios por los pecados un solo sacrificio para siempre. Después se sentó a la derecha de Dios, ¹³y allí esperará que sus enemigos sean puestos bajo sus pies. ¹⁴Porque con un solo sacrificio hizo perfectos para siempre a los que está santificando. ¹⁵También el Espíritu Santo lo confirma cuando dice:

¹⁶«Éste es el pacto que haré con ellos después de aquellos días, —dice el Señor: Pondré mis leyes en su corazón y las escribiré en su mente».

¹⁷Luego añade:

«Y nunca más me acordaré de sus pecados y maldades».

¹⁸Y cuando los pecados han sido perdonados, ya no es necesario ofrecer ningún otro sacrificio por ellos.

## Llamada a la perseverancia

¹⁹Por eso, amados hermanos, gracias a la sangre de Jesucristo podemos entrar libremente en el Lugar Santísimo. ²⁰Jesús nos ha abierto un camino nuevo y vivo a través de la cortina, es decir, a través de su cuerpo. ²¹Además, en él tenemos un gran sacerdote que está al frente de la familia de Dios. ²²Y puesto que es así, acerquémonos a Dios con corazón sincero y con la plena seguridad que da la fe, ya que en nuestro interior hemos sido purificados de una mala conciencia y exteriormente hemos sido lavados con agua pura. ²³Sigamos firmes en la esperanza que profesamos, porque él cumplirá la promesa que nos hizo. ²⁴Tratemos de ayudarnos unos a otros para animarnos al amor y a hacer el bien. ²⁵No dejemos de reunirnos, como algunos acostumbran hacer, sino animémonos unos a otros, y con mayor razón cuando vemos que aquel día se acerca.

²⁶Si después de haber conocido la verdad seguimos pecando, ya no queda ningún sacrificio por los pecados. ²⁷Lo único que nos queda es esperar con terror el juicio, el fuego ardiente con el que Dios destruirá a sus enemigos. ²⁸Por eso, cualquiera que desobedecía la ley de Moisés, y si así lo declaraban dos o tres testigos, moría sin remedio. ²⁹¿No piensan ustedes que merece un mayor castigo el que haya pisoteado al Hijo de Dios?, ¿el que haya despreciado la sangre del pacto por la cual había sido santificado y que haya insultado así al Espíritu de gracia? ³⁰Sabemos que el Señor dijo: «Yo soy el que se vengará; yo pagaré». Y también dijo: «El Señor juzgará a su pueblo». ³¹¡Terrible cosa es caer en las manos del Dios viviente!

³²Recuerden los días pasados cuando ustedes, después de recibir la luz, tuvieron que soportar una dura lucha y muchos sufrimientos. ³³Hubo ocasiones en que los persiguieron e insultaron delante de la gente; y en otras se unieron a los que eran tratados de igual manera.

³⁴También tuvieron compasión de los que estaban en la cárcel, y cuando a ustedes les quitaron sus posesiones, lo aceptaron con alegría porque sabían que tenían un patrimonio mejor y más duradero. ³⁵Por eso, no pierdan la confianza, porque ésta les traerá una gran recompensa. ³⁶Ustedes necesitan seguir confiando para que, después de haber cumplido la voluntad de Dios, reciban lo que él ha prometido. ³⁷Pues en poco tiempo, «el que tiene que venir vendrá, y no tardará. ³⁸Mi justo vivirá por la fe; pero si se vuelve atrás, no estaré contento con él».

³⁹Mas nosotros no somos de los que se vuelven atrás y terminan perdiéndose, sino de los que tienen fe y alcanzan la salvación.

## Por la fe

**11** La fe es la seguridad de recibir lo que se espera, es estar convencido de lo que no se ve.

²Gracias a su fe, nuestros antepasados recibieron la aprobación de Dios. ³Por la fe sabemos que Dios formó el universo por medio de su palabra; así que lo que ahora vemos fue hecho de lo que no podía verse.

⁴Por la fe, Abel ofreció a Dios un sacrificio mejor que el de Caín, y por eso Dios lo declaró justo y aceptó su ofrenda. Y aunque Abel ya está muerto, su fe nos habla todavía.

⁵Por la fe, Enoc fue llevado de este mundo sin que experimentara la muerte; y no lo encontraron porque Dios se lo llevó. Pero antes de llevárselo, Dios declaró que él le había agradado. ⁶Sin fe es imposible agradar a Dios. El que quiera acercarse a Dios debe creer que existe y que premia a los que sinceramente lo buscan.

⁷Por la fe, Noé, cuando se le avisó lo que ocurriría, pero que todavía no podía verse, obedeció y construyó un arca para salvar a su familia. Por esa fe condenó al mundo y fue heredero de la justicia que viene por la fe.

⁸Por la fe, Abraham, cuando fue llamado para ir al lugar que iba a recibir como herencia, obedeció y salió sin saber a dónde iba. ⁹Por la fe vivió como

10.22-25  10.30  10.32-33  10.35-39  11.1-3
11.4-7  11.8-12

extranjero en la Tierra prometida. Vivió en tiendas de campaña, lo mismo que Isaac y Jacob, que también eran herederos de la misma promesa, ¹⁰porque Abraham esperaba la ciudad que tiene cimientos firmes, la que Dios ha planeado y construido.

¹¹Por la fe, Abraham, a pesar de ser demasiado viejo y de que Sara no podía tener hijos, recibió fuerzas para tener hijos, porque confió en que Dios cumpliría la promesa que le había hecho. ¹²Y así de este hombre que era demasiado viejo, nacieron tantos descendientes como las estrellas del cielo y tan incontables como la arena a la orilla del mar.

¹³Todos ellos murieron sin haber recibido las cosas prometidas. Pero las vieron a lo lejos y reconocieron que ellos mismos eran extranjeros y sólo estaban de paso en la tierra.

¹⁴Los que hablan así dan a entender que andan en busca de una patria; ¹⁵pero ellos no estaban pensando en la patria de la que salieron, pues habrían podido regresar a ella. ¹⁶Deseaban, más bien, una patria mejor, es decir, la celestial. Por eso, Dios no se avergonzó de llamarse el Dios de ellos, y les preparó una ciudad.

¹⁷Por la fe, Abraham, que había recibido las promesas, cuando fue puesto a prueba ofreció a Isaac, su único hijo, ¹⁸a pesar de que Dios le había dicho: «Por medio de Isaac tendrás muchos descendientes». ¹⁹Abraham creía que Dios tiene poder hasta para resucitar a los muertos; por eso, fue como si recobrara a Isaac de entre los muertos.

²⁰Por la fe, Isaac bendijo a Jacob y a Esaú, pensando en lo que les esperaba en el futuro.

²¹Por la fe, Jacob, cuando ya estaba a punto de morir, bendijo a cada uno de los hijos de José y, apoyándose en la punta de su bastón, adoró.

²²Por la fe, José, poco antes de morir, dijo que los israelitas saldrían de Egipto y dio instrucciones acerca de lo que debían hacer con su cadáver.

²³Por la fe, cuando nació Moisés, sus padres lo escondieron durante tres meses, porque vieron que era un niño hermoso y no tuvieron miedo a la orden que el rey había dado.

²⁴Por la fe, Moisés, ya siendo adulto, no quiso que lo llamaran hijo de la hija del faraón. ²⁵Prefirió que lo maltrataran junto con el pueblo antes que disfrutar de los placeres temporales del pecado. ²⁶Consideró que era mejor sufrir la vergüenza por causa del Mesías que disfrutar de los tesoros de Egipto, porque tenía la mirada puesta en la recompensa. ²⁷Por la fe salió de Egipto sin tenerle miedo al enojo del faraón. Y se mantuvo firme como si estuviera viendo al Invisible.

²⁸Por la fe celebró la Pascua y mandó rociar las puertas con sangre. De esta manera, el que mataba a los primogénitos no tocaría a los israelitas.

²⁹Por la fe, los israelitas cruzaron el Mar Rojo como por tierra seca. Y cuando los egipcios quisieron cruzarlo, se ahogaron.

³⁰Por la fe cayeron las murallas de Jericó, después que los israelitas marcharon alrededor de ellas por siete días.

³¹Por la fe, la prostituta Rajab no murió junto con los desobedientes, porque había recibido bien a los espías.

³²¿Qué más tengo que decir? Me faltaría tiempo para hablar de la fe de Gedeón, Barac, Sansón, Jefté, David, Samuel, y de todos los profetas. ³³Ellos, por la fe, conquistaron reinos, hicieron justicia y recibieron lo que se les prometió, cerraron bocas de leones, ³⁴apagaron grandes fuegos y escaparon del filo de la espada, sacaron fuerzas de la debilidad y llegaron a ser tan poderosos en la guerra que hicieron huir a los ejércitos extranjeros. ³⁵Hubo mujeres que recobraron a sus muertos resucitados. A unos los mataron a golpes, pues para alcanzar una mejor resurrección no aceptaron que los dejaran libres. ³⁶Otros sufrieron burlas y azotes, y hasta los encadenaron y encarcelaron. ³⁷Algunos fueron apedreados, cortados por la cintura por la mitad, asesinados con espada. Otros anduvieron fugitivos de un lugar a otro, vestidos con pieles de oveja y de cabra, pasando necesidades, afligidos y maltratados. ³⁸A estos, que anduvieron sin rumbo por desiertos y montañas, por cuevas y cavernas, el mundo no los merecía. ³⁹Y aunque todos fueron aprobados por su fe, ninguno de ellos vio el cumplimiento de la promesa. ⁴⁰Es que Dios tenía preparado algo mejor: los perfeccionará a ellos cuando nosotros también lo seamos.

## Dios disciplina a sus hijos

**12** Por eso, también nosotros, que estamos rodeados de tantos testigos, dejemos a un lado lo que nos estorba, en especial el pecado que nos molesta, y corramos con paciencia la carrera que tenemos por delante. ²Mantengamos fija la mirada en Jesús, pues de él viene nuestra fe y él es quien la perfecciona. Él, por el gozo que le esperaba, soportó la cruz y no le dio importancia a la vergüenza que eso significaba, y ahora está sentado a la derecha del trono de Dios. ³Por eso, piensen en el ejemplo que él nos dejó, pues siguió adelante a pesar de tanta oposición por parte de los pecadores. Por tanto, no se cansen ni pierdan el ánimo, ⁴ya que en la lucha que ustedes tienen contra el pecado, todavía no han tenido que resistir hasta derramar su sangre. ⁵Acaso han olvidado ya las palabras de aliento que como a hijos se les dirige:

«Hijo mío, no tomes como algo sin importancia la disciplina del Señor ni te desalientes cuando te reprenda, ⁶porque el Señor disciplina a los que ama, y azota a todo aquel a quien recibe como hijo».

⁷Lo que ustedes están sufriendo es para disciplinarlos, pues Dios los está tratando como a hijos. ⁸Si a ustedes no los disciplinan como se disciplina a todo hijo, entonces ustedes no son verdaderamente hijos. ⁹Por otra parte, nuestros padres humanos nos disciplinaban y los respetábamos. ¡Con cuánta mayor razón debemos someternos al Padre de los espíritus, para que tengamos vida! ¹⁰Nuestros padres nos disciplinaban por breve tiempo, de acuerdo con lo que a ellos les parecía mejor; pero Dios lo hace para nuestro bien, para que seamos santos como él. ¹¹Por supuesto que ninguna disciplina parece agradable al momento de recibirla; más bien duele. Sin embargo, si aprendemos la lección, los que hemos sido disciplinados tendremos justicia y paz.

¹²En fin, renueven las fuerzas de sus manos cansadas y de sus rodillas debilitadas. ¹³«Hagan cami-

11.13–16    11.17–22    11.23–29    11.30–40    12.1–2
12.3–11    12.12–15

nos rectos para sus pies», para que la pierna coja no se tuerza, sino que sane.

## Advertencia a los que rechazan a Dios

¹⁴Busquen la paz con todos y lleven una vida santa, pues sin santidad nadie verá al Señor. ¹⁵Asegúrense de que a nadie le falte el amor de Dios; de que ninguna raíz amarga brote y cause problemas y envenene a muchos. ¹⁶Que nadie ande en pecados sexuales ni desprecie a Dios como lo hizo Esaú. Pues él, por un solo plato de comida, vendió sus derechos de hijo mayor. ¹⁷Y después, como ustedes ya saben, quiso heredar esa bendición, ¡pero fue rechazado!; y, aunque con lágrimas buscó la bendición, no se le dio oportunidad de arrepentirse.

¹⁸Ustedes no se acercaron a una montaña que se podía tocar y que ardía en fuego, donde había oscuridad, tinieblas y tormenta; ¹⁹ni oyeron el sonido de trompeta ni la voz que, cuando hablaba, los que la oyeron rogaron que no les hablara más, ²⁰porque no podían soportar la orden que decía: «Deben apedrear o matar con lanzas a todo aquel que toque la montaña, aunque sea un animal». ²¹Tan terrible era lo que vieron, que Moisés dijo: «Estoy temblando de miedo». ²²Ustedes, por el contrario, se han acercado al monte Sión, a la Jerusalén celestial, la ciudad del Dios viviente. Se han acercado a la reunión de millares de ángeles, ²³a la iglesia de los primogénitos inscritos en el cielo. Se han acercado a Dios, el Juez de todos; a los espíritus de los justos que han llegado a la perfección. ²⁴Se han acercado a Jesús, el mediador del nuevo pacto, y a la sangre rociada, que habla con más fuerza que la sangre de Abel.

²⁵Tengan cuidado de no rechazar al que habla, pues si no escaparon aquellos que rechazaron al que los llamaba la atención en la tierra, mucho menos escaparemos nosotros si le damos la espalda al que nos llama la atención desde el cielo. ²⁶En aquella ocasión, su voz hizo temblar la tierra. Pero ahora ha prometido: «Una vez más haré que tiemble no sólo la tierra sino también el cielo». ²⁷Cuando dice: «una vez más» se entiende que quitará las cosas creadas, las que se pueden mover, para que permanezca lo que no se puede alterar. ²⁸Así que nosotros, que estamos recibiendo un reino que no se puede alterar, seamos agradecidos. Y porque estamos agradecidos, adoremos a Dios como a él le gusta, con honra y reverencia. ²⁹Porque nuestro Dios es fuego consumidor.

## Exhortaciones finales

**13** ¹No dejen de amarse unos a otros con amor de hermanos. ²No se olviden de practicar la hospitalidad, porque de esa manera, algunos, sin darse cuenta, hospedaron ángeles. ³Acuérdense de los presos, como si ustedes estuvieran presos con ellos. Acuérdense también de los que son maltratados como si ustedes mismos fueran los que sufren.

⁴Todos deben respetar el matrimonio y ser fieles en sus relaciones matrimoniales, porque Dios juzgará a los adúlteros y a todos los que cometen inmoralidades sexuales.

⁵No amen el dinero. Estén contentos con lo que tienen, porque Dios ha dicho:

«Nunca te dejaré; jamás te abandonaré».

⁶Así que podemos decir con toda confianza:

«El Señor es el que me ayuda; no tengo miedo. ¿Qué puede hacerme otro igual a mí?»

⁷Acuérdense de quienes los han guiado y les han anunciado el mensaje de Dios. Piensen en cuál fue el resultado de vivir como vivieron, e imiten su fe. ⁸Jesucristo es el mismo ayer, hoy y por los siglos. ⁹No le hagan caso a ninguna clase de enseñanzas extrañas. Es mejor que el corazón se fortalezca con el amor y no con alimentos rituales que en nada les ayudan a quienes los comen. ¹⁰Los que oficinan en el santuario no tienen derecho a comer del altar que nosotros tenemos.

¹¹El sumo sacerdote lleva la sangre de los animales al Lugar Santísimo como sacrificio por el pecado, pero los cuerpos de esos animales se queman fuera del campamento. ¹²Así también Jesús sufrió fuera de la puerta de la ciudad, para que por medio de su sangre el pueblo fuera santo. ¹³Por eso, salgamos a encontrarnos con él fuera del campamento, compartamos la deshonra que él sufrió, ¹⁴pues en este mundo no tenemos una ciudad que dure para siempre, sino que buscamos la ciudad que está por venir.

¹⁵Ya que es así, ofrezcamos continuamente a Dios un sacrificio de alabanza por medio de Jesucristo; es decir, confesemos su nombre con nuestros labios. ¹⁶No se olviden de hacer el bien y de compartir con otros lo que tienen, porque esos son los sacrificios que agradan a Dios.

¹⁷Obedezcan a sus líderes y sométanse a ellos, porque los cuidan a ustedes como quienes tienen que rendir cuentas. Obedézcanlos para que ellos cumplan su trabajo con alegría y sin quejarse, pues el quejarse no les trae ningún provecho.

¹⁸Oren por nosotros, pues estamos seguros de tener la conciencia tranquila y queremos portarnos bien en todo. ¹⁹Oren, se los ruego, para que cuanto antes pueda volver a estar con ustedes.

²⁰El Dios que da la paz levantó de entre los muertos a nuestro Señor Jesús, el gran Pastor de las ovejas, por medio de la sangre del pacto eterno. ²¹Que él los capacite en todo lo bueno para que hagan su voluntad; y que, por medio de Jesucristo, Dios haga en nosotros lo que le agrada. Que Jesucristo reciba la gloria por siempre. Amén.

²²Hermanos, les ruego que reciban bien estas breves palabras que les he escrito, ya que son para animarlos.

²³Quiero que sepan que nuestro hermano Timoteo ya ha sido puesto en libertad. Si llega pronto, iré con él a visitarlos.

²⁴Saluden a todos sus líderes y a todos los del pueblo santo. Los de Italia les mandan saludos.

²⁵Que el amor esté con todos ustedes.

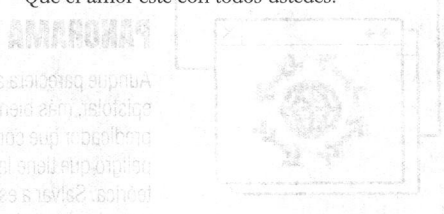

13.1   13.4-6   13.7-8   13.14-17

# SANTIAGO

## ¿QUIÉN LO ESCRIBIÓ?

Tradicionalmente la iglesia ha aceptado al Santiago (Jacobo), hermano de Jesús como autor de este escrito. Él fue reconocido como líder de la iglesia en Jerusalén (Hechos 12:17; 15:13; 21:18). Se diferencia de Santiago hermano de Juan y de Santiago hijo de Alfeo.

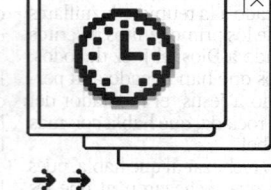

## ¿A QUIÉN LO ESCRIBIÓ?

El autor usa el término "a las doce Tribus de Israel". Algunos piensan que los destinatarios son un grupo de judeocristianos ubicados en algún lugar del Imperio en el primer siglo. Estudios recientes prefieren que la carta fue escrita para una comunidad especial que no podemos conocer, pero que su tono "universal" indicaría que está dedicada para todos los cristianos. Santiago se refiere a sus lectores como "hermanos" quince veces.

## ¿CUÁNDO Y DÓNDE LO ESCRIBIÓ?

La mayoría de los estudiosos concuerdan que se escribió en Jerusalén, antes del 62 d.C. Aunque también algunos apoyan la hipótesis que la carta puede ser de un discípulo de Santiago (ya que la carta está redactada en un muy bue griego) que escribe a los judíos que están en el mundo helenizado en el Asia Menor.

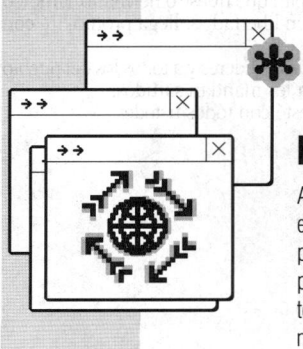

## PANORAMA DEL LIBRO

Aunque pareciera al comienzo que fuera una carta, en realidad no tiene modelo epistolar, más bien parece una colección de varios mensajes escritos por un predicador que conoce muy bien a su congregación. El mensaje principal es el peligro que tiene la comunidad de volver su fe una cosa meramente abstracta y teórica. Salvar a esta comunidad de la práctica fría de la fe, de la indiferencia a las necesidades de los más pobres, de la discriminación y los pleitos internos era la intención fundamental del autor. Contiene una fuerte carga social, muy parecida a las denuncias hechas por algunos profetas del Antiguo testamento. En síntesis, es la exhortación de un pastor que ha visto a la iglesia en medio de una brecha abismante entre lo que predica y lo que hace.

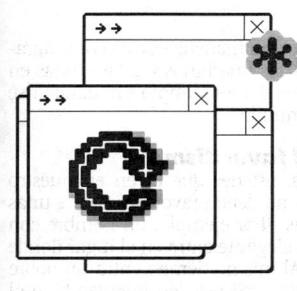

## ¿CÓMO SE RELACIONA CONMIGO?

Para Santiago, una fe que no produce un cambio en la vida real es una fe que no vale nada (Santiago 2:17). La carta proporciona un equilibrio importante a la tentación de transformar la fe en algo de apariencias y nombres que descansa únicamente en las declaraciones de templo. Lamentablemente hoy, en nuestro contexto occidental, el nominalismo cristiano es una realidad. La fe se ha transformado en una experiencia de reuniones. Todos debemos recordar que la gracia siempre será el fundamento de nuestra salvación y esta produce consecuencias evidentes todos los días de la semana. Santiago nos desafía a salir al mundo y hacer que la fe no se quede sólo en canciones, declaraciones sueltas y muecas de espiritualidad.

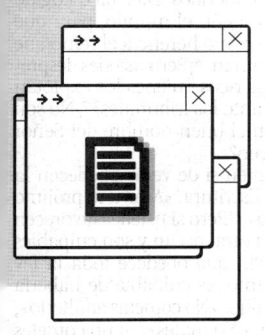

## EL GUION

1) Sabiduría ante las pruebas y tentaciones (1:1-18)
2) La obediencia a la Palabra de Dios (1:19-27)
3) Imparcialidad (2:1-13)
4) Las buenas obras (2:14-26)
5) La lengua (3:1-12)
6) Dos clases de sabiduría (3:13-18)
7) Advertencias contra los placeres del mundo (4:1-17)
8) La injusticia hacia el prójimo (5:1-6)
9) Esperanza (5:7-12)
10) La oración (5:13-18)

# SANTIAGO

# Santiago

**1** Santiago, siervo de Dios y del Señor Jesucristo, saluda a las doce tribus que se hallan dispersas por todo el mundo.

## Pruebas y tentaciones

²Hermanos míos, que les dé gran alegría cuando pasen por diferentes pruebas, ³pues ya saben que cuando su fe sea puesta a prueba, producirá en ustedes firmeza. ⁴Y cuando se desarrolle completamente la firmeza, serán perfectos y maduros, sin que les falte nada.

⁵Si a alguno de ustedes le falta sabiduría, pídasela a Dios. Él se la dará, porque Dios da a todos en abundancia sin hacer ningún reproche. ⁶Pero debe pedirla con fe, sin dudar, ya que el que duda es como las olas del mar que el viento agita y lleva de un lado a otro. ⁷El que es así, no piense que va a recibir alguna cosa del Señor, ⁸porque no es capaz de tomar decisiones ni es constante en lo que hace.

⁹El hermano de condición humilde debe sentirse orgulloso de lo mucho que vale; ¹⁰y el rico, de su humilde condición. El rico se marchitará como la flor del campo. ¹¹Cuando el sol sale, seca la planta con su calor intenso. A la planta se le marchita la flor y pierde su belleza. Así se marchitará también el rico en todos sus negocios.

¹²Dichoso el que permanece firme durante la prueba, porque cuando la supera, recibe la corona de la vida que Dios ha prometido a los que lo aman. ¹³Nadie debe decir, cuando es tentado, que es Dios el que lo tienta. Porque Dios no puede ser tentado por el mal, ni él tampoco tienta a nadie.

¹⁴Al contrario, cada uno es tentado por sus propios malos deseos que lo arrastran y seducen. ¹⁵Los malos deseos dan a luz el pecado. Después, cuando el pecado se desarrolla completamente, da a luz la muerte.

¹⁶Mis queridos hermanos, no se engañen. ¹⁷De lo alto no viene todo lo bueno y perfecto. Allí es donde está el Padre que creó todos los astros del cielo, y que no cambia como las sombras. ¹⁸Él quiso darnos vida por medio de la palabra de verdad, para que fuéramos los primeros frutos de su creación.

## Hay que poner en práctica la palabra

¹⁹Mis queridos hermanos, pongan atención: Todos ustedes deben estar listos para escuchar, pero deben ser lentos para hablar y para enojarse. ²⁰Porque el enojo no deja a la gente vivir con justicia como Dios quiere. ²¹Por eso, despójense de toda suciedad y de la maldad que tanto abunda. De esa manera podrán recibir con humildad la palabra sembrada en ustedes. Esta palabra tiene poder para salvarles la vida. ²²Pongan en práctica la palabra y no se limiten a sólo escucharla pues de otra manera se engañan ustedes mismos. ²³El que escucha la palabra pero no la pone en práctica es como el que mira su cara en un espejo ²⁴y, en cuanto se va, se olvida de cómo era. ²⁵Pero el que pone su atención en la ley perfecta que da libertad, y sigue en ella sin olvidar lo que ha oído y hace lo que ella dice, será dichoso en lo que hace.

²⁶Si alguien se cree religioso pero no controla su lengua, se engaña a sí mismo, y su religión no sirve para nada.

²⁷La religión pura y sin mancha que a Dios le agrada es ésta: ayudar a los huérfanos y a las viudas en sus problemas, y estar siempre limpio sin mancharse con la maldad del mundo.

## Prohibición del favoritismo

**2** Hermanos míos, ustedes que creen en nuestro Señor Jesucristo no deben favorecer más a unas personas que a otras. ²Por ejemplo: un hombre con anillo de oro y ropa elegante entra en el lugar donde ustedes se reúnen. Al mismo tiempo entra un pobre con ropa muy gastada. ³Si ustedes atienden bien al que lleva ropa elegante y le dicen: «Siéntese aquí, en el mejor lugar», pero al pobre le dicen: «Quédate allí de pie» o «Siéntate en el suelo, a mis pies», ⁴¿acaso no están ustedes favoreciendo más a uno que a otro y mostrando así las malas intenciones con las que juzgan?

⁵Escuchen, hermanos queridos: Dios ha escogido a los que son pobres según el mundo, para que sean ricos en fe y reciban como herencia el reino que él prometió a quienes lo aman. ⁶¡Pero ustedes desprecian al pobre! ¿No son los ricos quienes los explotan a ustedes y los arrastran ante los tribunales? ⁷¿No son los ricos los que insultan el buen nombre del Señor a quien ustedes pertenecen?

⁸Ustedes hacen muy bien si de veras obedecen la ley más importante de la Escritura: «Ama a tu prójimo como te amas a ti mismo». ⁹Pero si ustedes favorecen a una persona más que a otra, pecan y son culpables de no obedecer la ley. ¹⁰El que obedece toda la ley pero falla en un solo punto, es culpable de haberla desobedecido toda. ¹¹Dios dijo: «No cometas adulterio», y también él mismo dijo: «No mates». Si no cometes adulterio, pero matas, ya has violado la ley. ¹²Ustedes hablen y compórtense sin olvidar que van a ser juzgados por la ley que nos da libertad, ¹³pues al que no ha tenido compasión se le juzgará sin compasión. Y el que ha mostrado compasión triunfará a la hora del juicio.

## La fe y las obras

¹⁴Hermanos míos, ¿de qué le sirve a uno decir que tiene fe si no lo demuestra con sus acciones? ¿Acaso podrá salvarlo esa fe? ¹⁵Por ejemplo: un hermano o una hermana no tiene ropa para vestirse y tampoco tiene el alimento necesario para cada día. ¹⁶Si uno de ustedes le dice: «Que te vaya bien, abrígate y come todo lo que quieras», pero no le da lo que necesita su cuerpo, ¿de qué le sirve? ¹⁷Así pasa también con la fe: por sí sola, sin acciones, está muerta. ¹⁸Pero alguien puede decir: «Tú tienes fe, y yo tengo acciones. Pues bien, muéstrame tu fe sin las acciones, y yo te mostraré mi fe por medio de mis acciones».

¹⁹Tú crees que hay un solo Dios. ¡Qué bien! Pero también los demonios lo creen, y tiemblan. ²⁰¡No seas tonto! Debes darte cuenta de que la fe sin las acciones es inútil. ²¹Nuestro antepasado Abraham fue declarado justo por lo que hizo. Él ofreció como sacrificio a su hijo Isaac sobre el altar. ²²Date cuenta de que su fe iba acompañada de sus acciones, y por medio de sus acciones su fe llegó a ser perfecta. ²³Así se cumplió la Escritura que dice: «Abraham creyó a

---

1.2–8   1.9–11   1.12–18   1.19–20   1.21–24
1.26–27   2.5   2.14–18   2.22

Dios y eso se le tomó en cuenta como justicia». Y a Abraham lo llamaron amigo de Dios. ²⁴Como pueden ver, a una persona se la declara justa por sus acciones, y no sólo por su fe. ²⁵Lo mismo le pasó a Rahab, la prostituta, cuando recibió a los espías y los ayudó a huir por otro camino. Ella fue declarada justa. ²⁶Así como el cuerpo sin espíritu está muerto, la fe sin acciones está muerta.

## Hay que domar la lengua

**3** Hermanos míos, no procuren muchos de ustedes ser maestros, pues como ustedes saben, seremos juzgados con más severidad. ²Todos fallamos mucho; y si alguien no falla en lo que dice, es una persona perfecta que puede dominar todo su cuerpo. ³Cuando les ponemos freno en la boca a los caballos, podemos hacer que nos obedezcan y así los dominamos. ⁴Fíjense también en los barcos. A pesar de que son muy grandes y de que los empujan los fuertes vientos, el piloto lo dirige por donde quiere con un pequeño timón. ⁵Lo mismo pasa con la lengua. Es un miembro muy pequeño del cuerpo, pero hace alarde de grandes cosas. ¡Piensen que con una pequeña chispa se puede incendiar un gran bosque! ⁶La lengua es como un fuego, un mundo de maldad. Es uno de nuestros órganos y contamina todo el cuerpo; y encendida por el infierno, prende fuego a todo el curso de la vida.

⁷El ser humano puede domar toda clase de fieras y las ha domado: aves, reptiles y bestias del mar; ⁸pero nadie puede domar la lengua. Es un mal que no se puede frenar y que está lleno de veneno mortal. ⁹Con la lengua bendecimos a nuestro Señor y Padre, y también con ella maldecimos a las personas que han sido creadas a imagen de Dios. ¹⁰De una misma boca salen bendiciones y maldiciones.

Hermanos míos, esto no debe ser así. ¹¹De una misma fuente no brota agua dulce y agua salada. ¹²Hermanos míos, no puede dar aceitunas una higuera ni higos una vid. Tampoco puede una fuente dar agua salada y agua dulce.

## Dos clases de sabiduría

¹³El que es sabio y entendido entre ustedes es el que lo demuestra con su buena conducta, y con acciones hechas con humildad y sabiduría.

¹⁴Pero si ustedes tienen envidias y rivalidades que les amargan el corazón, no tienen de qué presumir; no falten a la verdad. ¹⁵Esa sabiduría no es la que viene del cielo, sino viene del mundo, del ser humano y del diablo. ¹⁶porque donde hay envidias y rivalidades, también hay confusión y todo tipo de maldad. ¹⁷En cambio, la sabiduría que viene del cielo produce en primer lugar una vida pura. También produce paz, bondad, mansedumbre, imparcialidad, sinceridad y está llena de compasión y buenas acciones. ¹⁸Los que hacen la paz y siembran en paz, cosecharán el fruto de la justicia.

## Sométanse a Dios

**4** ¿Qué provoca las guerras y los pleitos entre ustedes? Pues son las pasiones que luchan dentro de ustedes. ²Ustedes desean algo y no lo consiguen. Entonces matan y sienten envidia, porque no pueden obtener lo que quieren. Pelean y se hacen la guerra. No tienen porque no piden. ³Y cuando piden, no reciben porque piden con malas intenciones, para satisfacer sus propios placeres.

⁴¡Oh gente adúltera! ¿No saben que al ser amigos del mundo son enemigos de Dios? Si alguien quiere ser amigo del mundo, se vuelve enemigo de Dios. ⁵¿No creen lo que la Escritura dice, que Dios ama grandemente al espíritu que puso para que habite en nosotros?

⁶Pero él nos ayuda más con su favor. Por eso la Escritura dice:

«Dios está en contra de los orgullosos, pero a favor de los humildes».

⁷Por eso, obedezcan a Dios. Pónganle resistencia al diablo y él huirá de ustedes. ⁸Acérquense a Dios y él se acercará a ustedes. ¡Pecadores, límpiense las manos! ¡Ustedes, inconstantes, purifiquen su corazón! ⁹Llénense de angustia, lloren y laméntense. Que su risa se convierta en llanto, y su alegría en tristeza. ¹⁰Humíllense delante del Señor, y él los pondrá en alto.

¹¹Hermanos, no hablen mal unos de otros. El que habla mal de su hermano o lo juzga, habla mal de la ley y la juzga. Y si juzgas la ley, ya no la obedeces sino que te conviertes en su juez. ¹²Hay sólo un legislador y juez, que puede salvar y condenar. Pero tú, ¿quién eres para juzgar a tu prójimo?

## Alarde sobre el mañana

¹³Escuchen bien esto, ustedes los que dicen: «Hoy o mañana iremos a tal o cual ciudad, nos quedaremos allí un año, haremos negocios y ganaremos dinero». ¹⁴¡Pero si ni siquiera saben lo que sucederá mañana! La vida de ustedes es como la niebla que aparece por un momento y luego desaparece. ¹⁵Más bien, deberían decir: «Si el Señor quiere, viviremos y haremos esto o aquello». ¹⁶Pero a ustedes les gusta hablar con orgullo, y ese orgullo es malo. ¹⁷Todo aquel que sabe hacer el bien y no lo hace, comete pecado.

## Advertencia a los ricos opresores

**5** Ahora escuchen, ustedes los ricos: ¡Lloren y griten por todas las desgracias que van a sufrir! ²Sus riquezas están podridas y sus ropas están comidas por la polilla. ³Su oro y su plata están oxidados. Y ese óxido será un testigo contra ustedes y les consumirá el cuerpo como un fuego. Han estado juntando riquezas a pesar de que estos son los últimos tiempos. ⁴Ustedes no pagaron el salario a los obreros que les trabajaron sus campos, y ese hecho grita contra ustedes. El grito de protesta de esos trabajadores lo ha escuchado el Señor Todopoderoso. ⁵Ustedes han vivido en este mundo con gran lujo y placer desenfrenado. Lo que han hecho es engordar para el día de la matanza. ⁶Han acusado y matado al inocente sin que él pudiera defenderse.

## Paciencia en los sufrimientos

⁷Por eso, hermanos, tengan paciencia hasta que el Señor venga. Sean como el agricultor que espera a que la tierra dé su precioso fruto y aguarda con paciencia las temporadas de lluvia. ⁸Así también ustedes, manténganse firmes y esperen con paciencia la venida del Señor, que ya está cerca.

✯3.2–11 ✯3.14–18 ✯4.2–4 ✯4.6 ✯4.7–10 ✯4.13–15

**SANTIAGO 5.9**

⁹Hermanos, no se quejen unos de otros, para que no sean juzgados, pues el juez ya está a la puerta. ¹⁰Hermanos, tomen como ejemplo a los profetas que hablaron en nombre del Señor. Ellos sufrieron y fueron pacientes. ¹¹En verdad, consideramos dichosos a los que se mantuvieron firmes. Ustedes han oído hablar de cómo Job se mantuvo firme y han visto lo que al final le dio el Señor. Es que el Señor es muy compasivo y misericordioso.

¹²Sobre todo, hermanos míos, no juren ni por el cielo ni por la tierra ni por ninguna otra cosa. Cuando digan «sí», que sea sí; y cuando digan «no», que sea no. De esta manera no serán condenados.

### La oración de fe

¹³Si alguno de ustedes está angustiado, que ore. Si alguno está alegre, que cante alabanzas. ¹⁴Si alguno está enfermo, que llame a los ancianos de la iglesia para que oren por él y lo unjan con aceite en el nombre del Señor. ¹⁵La oración que hagan con fe sanará al enfermo y el Señor lo levantará. Y si ha pecado, él lo perdonará.

¹⁶Por eso, confiésense unos a otros sus pecados, y oren unos por otros para que sean sanados. La oración del justo es poderosa y eficaz. ¹⁷Elías era un hombre con debilidades como nosotros, pero oró con fervor para que no lloviera, y no llovió sobre la tierra durante tres años y medio. ¹⁸Después, volvió a orar, y el cielo dio su lluvia y la tierra dio sus cosechas.

¹⁹Hermanos, si alguno de ustedes se aleja de la verdad, y otro lo hace volver a ella, ²⁰recuerden que quien hace volver a un pecador a la verdad, lo salvará de la muerte y hace que se le perdonen muchísimos pecados.

☼5.13–17  ☼5.19–20

# 1 PEDRO

## ¿QUIÉN LO ESCRIBIÓ?

La tradición ha asumido la autoría de Pedro. El autor se identifica como apóstol (1:1). Sin embargo, ya a finales del siglo XVIII se han hecho algunos alcances, que van desde desmentir absolutamente la autoría petrina, hasta considerar que la carta fue desarrollada por uno de sus discípulos, que usó como base su predicación y doctrina. El motivo de la duda, es que la carta fue escrita en un griego muy refinado, extraño para un pescador Galileo. Por esta razón, algunos suponen la intervención de "un escriba que domina el griego". Lo nombres que son barajados, son posiblemente Marcos o Silvano (Silas).

## ¿A QUIÉN LO ESCRIBIÓ?

Hay alusiones que hacen pensar que esta comunidad no son judíos sino gentiles que vienen el paganismo (1:14-2:10-4:3,4). Por las ciudades mencionadas en el principio (1:1) se puede conjeturar que eran comuni- dades asentadas en estas provincias romanas, de estilo de vida rural (y también en pequeños núcleos urbanos) que estaban sufriendo mucha hostilidad y desprecio de parte de sus pobladores. Su situación era de sufrimiento y prueba (4:12), pero no por persecución del imperio, sino por las luchas que surgen al vivir fielmente en un ambiente pagano y hostil.

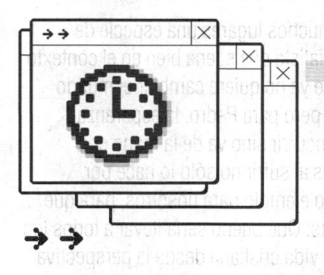

## ¿CUÁNDO Y DÓNDE LO ESCRIBIÓ?

Los que defienden su autoría suponen que la carta debió escribirse antes del 64 d.C. y enviada desde Roma. Los que apoyan la otra hipótesis, la del discípulo de Pedro, quién tomó material del apóstol para escribir la carta, ponen fecha entre el 80 al 90 d C., en tiempos de Domiciano, quién persiguió a los cristianos no sólo de la capital (Roma) sino en todo el imperio.

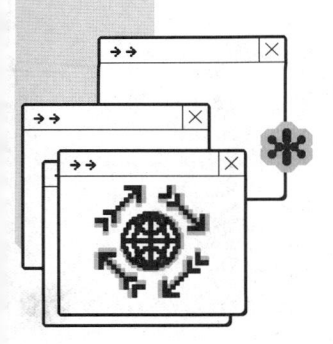

## PANORAMA DEL LIBRO

Al final de esta obra (5:12) encontramos el propósito del escrito, exhortar a los destinatarios a permanecer en la Gracia de Dios y que vivan de acuerdo a las exigencias de este regalo. El autor comienza hablando de la alegría que significa ser cristiano, una alegría basada en la esperanza, basada también en el amor a Jesús, a pesar de no haberle conocido físicamente (1:3-12). La vida cristiana debe ser una vida digna del Dios Santo (1:13-17), digna del Cordero (1:18-21), digna de la Palabra de Dios (1:22-25). A estos "expatriados" a quienes se dirige la carta, ahora se les promete "una casa", un lugar seguro al lado de Cristo, quien por su comunión les otorga a los suyos una identidad sacerdotal (2:1-10). Luego la carta se dirige a exhortar a los cristianos a que vivan su fe de manera práctica, tanto dentro del hogar como fuera (2:11-3:12). Pero el autor reconoce que la situación ha sido muy difícil para estos creyentes, por tanto los anima a no claudicar, aunque experimenten sufrimientos por el hecho de ser cristianos (3:13-17) tomando el ejemplo del mismo Cristo (3:18-22). Por eso es necesario renunciar al pecado, soportar porque el fin está cerca y practicar el amor mutuo (4:1-11). Soportar estos padecimientos significa que participemos con Cristo no solo del sufrimiento sino también de lo que será la revolución de su gloria (4:12-19). Ya casi al terminar la carta, el autor insta a los que están en cargos eclesiásticos a asumir con una actitud correcta su labor como líderes (5:1-5). Pero las responsabilidades no son solo para los que tienen cargos sino también para todos los cristianos (5:5-11).

## ¿CÓMO SE RELACIONA CONMIGO?

Hoy se enseña en muchos lugares una especie de "cristianismo" triunfalista que suena bien en el contexto de una sociedad que ya no quiere cambiar el mundo sino disfrutar de él, pero para Pedro, la esperanza de gloria no puede ocurrir sino va de la mano con el sufrimiento. Jesús al sufrir no sólo lo hace por nosotros, sino como ejemplo para nosotros, para que sigamos sus pisadas. Qué bueno sería llevar a todos los creyentes a mirar la vida cristiana desde la perspectiva de Jesús y ayudarlos a no tirar la toalla frente al primer conflicto personal que tengan.

Esta carta nos da la posibilidad de agregar valor a nuestras vidas para que se salven de uno de los males de este siglo que es la intolerancia al conflicto, la desilusión y el fracaso, los cuales son parte normal de la vida.

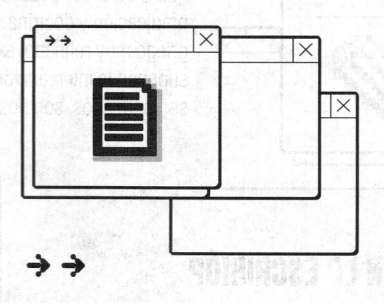

## EL GUION

1) Alabanza por la gracia (1:1-12)
2) Implicaciones diarias de la salvación (1:13-2:3)
3) Nuestra identidad y conducta en Cristo (2:4-25)
4) Responsabilidades matrimoniales (3:1-7)
5) Cristo, nuestro ejemplo de una vida de pureza (3:8-4:19)
6) La conducta del liderazgo (5:1-4)
7) Claves para la victoria espiritual (5:5-14)

# 1 PEDRO

# 1 Pedro

**1** Pedro, apóstol de Jesucristo, a los que han sido elegidos y que viven como extranjeros esparcidos por el Ponto, Galacia, Capadocia, Asia y Bitinia: ²que tengan gracia y paz en abundancia. Dios el Padre los eligió de acuerdo con su propósito y por medio del Espíritu los ha santificado, para que obedezcan a Jesucristo y sean salvados por su sangre.

## Alabanza a Dios por una esperanza viva

³¡Alabemos a Dios, Padre de nuestro Señor Jesucristo!, porque su misericordia es grande y nos ha hecho nacer de nuevo por medio de la resurrección de Jesucristo. Esto fue así para que tengamos una esperanza viva ⁴y recibamos una herencia que no se puede destruir ni marchitar ni manchar. Esa es la herencia que está reservada en el cielo para ustedes, ⁵a quienes Dios protege con su poder por la fe, hasta que llegue la salvación que se dará a conocer en lo últimos tiempos. ⁶Esto es lo que a ustedes los llena de alegría, a pesar de tener que sufrir diversas pruebas por algún tiempo. ⁷La fe de ustedes es como el oro que tiene que probarse por medio del fuego. Así también su fe, que vale mucho más que el oro, tiene que probarse por medio de los problemas y, si es aprobada, recibirá gloria y honor cuando Jesucristo aparezca. ⁸Ustedes aman a Jesucristo a pesar de que no lo han visto; y aunque ahora no lo ven, creen en él y se llenan de una gran alegría, ⁹porque están obteniendo su salvación que es la meta de su fe.

¹⁰Los profetas estudiaron cuidadosamente acerca de esta salvación; ellos anunciaron la gracia reservada para ustedes. ¹¹Querían descubrir a qué tiempo y a qué circunstancias se refería el Espíritu de Cristo que estaba en ellos, cuando de antemano les hizo saber lo que Cristo sufriría y la gloria que vendría después de esos sufrimientos. ¹²A ellos se les hizo saber que no se estaban sirviendo a ellos mismos, sino a ustedes. Los profetas hablaban de las cosas que ahora les han anunciado a ustedes los que les predicaron el evangelio con el poder del Espíritu Santo que fue enviado desde el cielo. Los mismos ángeles quisieran contemplar estas cosas.

## Sean santos

¹³Por eso, estén listos para actuar con inteligencia y tengan dominio propio. Pongan su esperanza completamente en lo que se les dará cuando Jesucristo regrese. ¹⁴Sean hijos obedientes, no hagan todas las cosas malas que hacían antes, cuando vivían sin conocer a Dios. ¹⁵Más bien, vivan ustedes de manera totalmente santa, así como también es santo el que los llamó; ¹⁶pues en la Escritura dice: «Sean santos, porque yo soy santo». ¹⁷Ya que ustedes dicen que es su Padre el que juzga las obras de cada uno sin tener favoritos, entonces vivan dándole la honra mientras estén de paso por este mundo.

¹⁸Como bien saben, a ustedes los rescataron de la vida inútil que heredaron de sus antepasados. Su rescate no se pagó con cosas que se acaban, como el oro y la plata, ¹⁹sino con la preciosa sangre de Cristo, que fue como un cordero sin mancha y sin defecto.

²⁰A Cristo, Dios lo había escogido desde antes de la creación del mundo, y él apareció en estos últimos tiempos para bien de ustedes. ²¹Por medio de Cristo, ustedes creen en Dios, que lo resucitó y lo llenó de gloria, para que ustedes pongan su fe y esperanza en Dios. ²²Ahora que ustedes se han purificado porque obedecen a la verdad y tienen un amor sincero por sus hermanos, ámense con todo su corazón unos a otros, ²³pues ustedes han nacido de nuevo, no de padres mortales, sino de la palabra de Dios que vive y permanece. ²⁴«Todo humano es como la hierba, y toda su gloria como la flor del campo; la hierba se seca y la flor se cae, ²⁵pero la palabra del Señor permanece para siempre». Y ésta es la palabra del evangelio que se les ha anunciado a ustedes.

**2** Por lo tanto, dejen de hacer toda clase de mal, todo engaño, hipocresía, envidias y chismes. ²Como niños recién nacidos busquen con ansias la leche pura de la palabra. Así, por medio de ella crecerán en su salvación, ³ahora que han probado lo bueno que es el Señor.

## La piedra viva y su pueblo escogido

⁴Acérquense a Cristo, que es la Piedra viva que los seres humanos despreciaron pero que Dios escogió y es preciosa para él. De este modo, ⁵también ustedes son piedras vivas con las que se está edificando una casa espiritual. Así llegan a ser un sacerdocio santo, para que le ofrezcan a Dios sacrificios espirituales por medio de Jesucristo. Estos sacrificios a él le agradan. ⁶Como dice la Escritura: «Yo pongo en Sión una piedra que es la principal, escogida y preciosa, y el que confíe en ella jamás será defraudado».

⁷Para ustedes los creyentes, esta piedra es preciosa. Pero para los que no creen:

«La piedra que los constructores despreciaron ha llegado a ser la piedra más importante».

⁸Y también:

«Es una piedra con la cual tropezarán y una roca que hará que caigan». Tropiezan porque no obedecen la palabra, ya que para ello estaban destinados.

⁹Pero ustedes son una familia escogida, son sacerdotes reales y son una nación santa. Son un pueblo que Dios compró para que anuncien sus obras extraordinarias; él fue quien los llamó de las tinieblas a su luz maravillosa. ¹⁰Ustedes antes ni siquiera eran pueblo, pero ahora son el pueblo de Dios; antes no habían tenido compasión de ustedes, pero ahora ya les tienen compasión.

¹¹Queridos hermanos, les pido, como si ustedes fueran extranjeros y estuvieran de paso por este mundo, que se mantengan lejos de los malos deseos que luchan contra la vida. ¹²Vivan entre los que no son creyentes de una manera ejemplar, para que aunque hablen mal de ustedes acusándolos de ser malvados, ellos vean las cosas buenas que ustedes hacen y alaben a Dios en el día en que les pida cuentas a todos.

☼1.3–6  ☼1.8–9  ☼1.14–21  ☼1.22–25  ☼2.1–3  ☼2.5–10
☼2.11–12

# 1 PEDRO 2.13

## Sumisión a los gobernantes y a los superiores

☼ ¹³Por causa del Señor, obedezcan a toda autoridad humana, ya sea al rey porque es el que tiene más autoridad, ¹⁴o a los gobernadores que él ha puesto para castigar a los que hacen lo malo y para honrar a los que hacen lo bueno. ¹⁵Lo que Dios quiere es que ustedes hagan el bien, para que los ignorantes y tontos no tengan nada que decir en contra de ustedes.

¹⁶Pórtense como personas libres que no usan su libertad como pretexto para hacer lo malo, sino que viven como siervos de Dios.

¹⁷Traten a todos con respeto. Amen a los hermanos, honren a Dios y respeten al rey.

☼ ¹⁸Criados, obedezcan y respeten a sus amos, no sólo a los que son buenos y comprensivos sino también a los que son difíciles de soportar, ¹⁹pues es digno de elogio que alguien, por ser responsable ante Dios, soporte penas y sufrimientos injustamente. ²⁰Pero ustedes no tendrán ningún mérito si los maltratan por hacer lo malo. En cambio, si sufren por hacer lo bueno, eso es algo que a Dios le agrada. ²¹Para esto los llamó, para que así como Cristo sufrió por ustedes y les dio el ejemplo, ustedes sigan sus pasos. ²²«Cristo no cometió ningún pecado ni engañó jamás a nadie».

²³Cuando lo insultaban, él no respondía con insultos. Cuando lo hacían sufrir, no los amenazaba, sino que se entregaba a Dios y dejaba que él juzgara con justicia. ²⁴Cristo mismo llevó en su cuerpo nuestros pecados a la cruz, para que muramos al pecado y llevemos una vida justa. Cristo fue herido para que ustedes fueran sanados. ²⁵Antes ustedes eran como ovejas descarriadas, pero ahora han regresado al Pastor que cuida de sus vidas.

## Deberes conyugales

**3** ☼ Así mismo, esposas, obedezcan a sus esposos, para que al obedecerlos, si alguno de ellos no cree en la palabra pueda convencerlo el comportamiento de ustedes más que sus palabras, ²al ver ellos su conducta honesta y respetuosa.

³No busquen ustedes la belleza externa que producen adornos tales como peinados exagerados, joyas de oro y vestidos lujosos. ⁴Procuren más bien la belleza pura, la que viene de lo íntimo del corazón y que consiste en un espíritu afectuoso y tranquilo. Ésta es la que tiene valor delante de Dios. ⁵Ese era el adorno de las mujeres santas en el pasado, las que confiaban en Dios y obedecían a sus esposos.

⁶Sara, por ejemplo, obedecía a Abraham y lo llamaba su señor. Si ustedes hacen el bien y no tienen miedo de nada, es que son hijas de ella.

☼ ⁷En cuanto a ustedes, esposos, sean comprensivos con sus esposas. Trate cada uno a su esposa con respeto, ya que como mujer es más delicada y comparte, junto con ustedes, la herencia de la vida eterna. Al hacer esto nada estorbará sus oraciones.

## Sufrir por hacer el bien

☼ ⁸En fin, vivan ustedes en armonía unos con otros. Compartan sus penas y alegrías, ámense como hermanos, tengan compasión y sean humildes. ⁹No le hagan mal al que les hizo mal ni insulten al que los insultó. Al contrario, bendíganlo, porque Dios los eligió a ustedes para que reciban bendición.

¹⁰«El que quiere amar la vida y pasar días felices, cuide su lengua de hablar el mal y sus labios de engañar. ¹¹Apártese del mal y haga el bien; busque la paz y sígala, ¹²porque el Señor cuida a los justos y sus oídos están atentos a sus oraciones, pero está en contra de los que hacen el mal».

☼ ¹³¿Quién les va a hacer mal si ustedes se esfuerzan siempre en hacer el bien? ¹⁴Pero si sufren por hacer lo que es justo, ¡dichosos sean! No le tengan miedo a nadie ni se asusten. ¹⁵Más bien, honren en su corazón a Cristo como Señor. Estén siempre listos para responder a todo el que les pida explicaciones sobre la esperanza que ustedes tienen.

¹⁶Pero háganlo con amabilidad y respeto, de tal forma que a ustedes les quede la conciencia limpia. Así, los que hablan mal de la buena conducta de ustedes como creyentes en Cristo, se avergonzarán de sus palabras. ¹⁷Si Dios así lo quiere, es mejor sufrir por hacer el bien que por hacer el mal.

☼ ¹⁸Porque Cristo murió por los pecados una vez y para siempre, el justo por los injustos, para llevarlos a ustedes a Dios. Él sufrió la muerte en su cuerpo, pero el Espíritu hizo que volviera a la vida. ¹⁹Por medio del Espíritu fue y predicó a los espíritus que estaban presos, ²⁰a los que desobedecieron a Dios en los días de Noé, cuando Dios esperaba con paciencia mientras se construía el arca. Sólo ocho personas en total, que son muy pocas, se salvaron por medio del agua. ²¹Y esa agua representa el bautismo que ahora a ustedes también los salva. El bautismo no es para limpiar nuestro cuerpo, sino para comprometernos con Dios a tener una buena conciencia. Esta salvación es posible por la resurrección de Jesucristo, ²²que subió al cielo y tomó su lugar a la derecha de Dios. A él, Jesucristo, están sometidos los ángeles y todos los seres espirituales que tienen autoridad y poder.

## Vivir el ejemplo de Cristo

**4** ☼ Puesto que Cristo sufrió en su cuerpo, ustedes también deben estar dispuestos a sufrir, porque el que ha sufrido en el cuerpo ha roto con el pecado, ²para que el resto de su vida no la viva siguiendo sus pasiones humanas sino cumpliendo la voluntad de Dios. ³Ya basta que en el pasado ustedes hayan desperdiciado el tiempo haciendo lo que les gusta hacer a los que no creen. Vivían para sus vicios, malos deseos, borracheras y fiestas desenfrenadas, y para adorar a sus ídolos detestables.

⁴A ellos les parece extraño que ustedes ya no se junten con ellos para andar en las mismas inmoralidades y por eso los insultan. ⁵Pero ellos tendrán que darle cuentas a Aquel que está preparado para juzgar a los vivos y a los muertos. ⁶Por eso también se les predicó el evangelio aun a los muertos,[a] para que, a pesar de

---

a. El sentido de esta frase desconcierta a todos los comentaristas. El plan de Dios para los impíos es el siguiente: «La paga del pecado es la muerte y después el juicio». La Biblia no enseña que después de la muerte haya otra oportunidad de oír y aceptar el evangelio. Por esta razón algunos opinan que sería más exacto interpretar el versículo seis de la siguiente manera: «Y por eso es que las Buenas Nuevas de salvación un día (en vida de ellos) fueron predicadas a los que ahora están muertos. Porque si las aceptaban,

☼ 2.13–17   ☼ 2.18–24   ☼ 3.1–6   ☼ 3.7   ☼ 3.8–12   ☼ 3.13–17
☼ 3.18   ☼ 4.1–2

haber sido juzgados en este mundo por lo que hicieron en vida, vivan conforme a Dios en el espíritu.

⁷Ya se acerca el fin de todas las cosas. Por tanto, sean serios y responsables en la oración. ⁸Sobre todo, ámense en gran manera unos a otros, porque el amor cubre muchos pecados. ⁹Recíbanse unos a otros en sus casas, sin hablar mal de nadie.

¹⁰Cada uno de ustedes ha recibido algún don de Dios; úsenlo para servir a los demás. Sean fieles administradores de los diferentes dones de Dios. ¹¹El que habla, que lo haga como el que habla las palabras mismas de Dios. El que presta algún servicio, que lo haga como el que tiene la fuerza de Dios para hacerlo. Así, en todo lo que ustedes hagan, Dios será alabado por medio de Jesucristo, a quien le pertenece la gloria y el poder para siempre. Amén.

### Sufrir por seguir a Cristo

¹²Queridos hermanos, no se sorprendan del fuego de la prueba por el que están pasando, como si fuera algo extraño. ¹³Al contrario, alégrense de tener parte en los sufrimientos de Cristo, para que también se alegren muchísimo cuando se muestre la gloria de Cristo. ¹⁴Dichosos ustedes si los insultan por causa de Cristo, porque el glorioso Espíritu de Dios está siempre con ustedes.

¹⁵Si alguno de ustedes sufre, que no sea por ser asesino, ladrón o malhechor, ni siquiera por meterse en los asuntos ajenos. ¹⁶Pero si alguno sufre por ser cristiano, que no se avergüence, sino que alabe a Dios por llevar el nombre de Cristo. ¹⁷Ya es tiempo de que el juicio comience por la propia familia de Dios. Y si comienza por nosotros, ¡imagínense el fin que les espera a los que no obedecen el evangelio de Dios! ¹⁸«Si el justo con dificultad se salva, ¿qué le pasará al malvado y al pecador?»

¹⁹Así pues, los que sufren porque Dios así lo quiere, sigan haciendo el bien y entréguense a su Creador, porque él es fiel.

### Exhortación a los ancianos y a los jóvenes

**5** Les ruego a los ancianos, yo, que también soy anciano como ellos y testigo de los sufrimientos de Cristo, y que tendré junto con ellos parte en la gloria de Cristo, ²que, como pastores, cuiden ustedes a las ovejas de Dios que están a su cargo. No lo hagan porque es su obligación ni por ambición de dinero, sino porque tienen el deseo de servir, como Dios quiere. ³No traten a los que están bajo su cuidado como si ustedes fueran dueños de ellos, sino sírvanles de ejemplo. ⁴Así, cuando aparezca el Pastor principal, ustedes recibirán la corona de Dios que durará para siempre.

⁵También a los jóvenes les digo: obedezcan a los ancianos. Trátense unos a otros con humildad, porque «Dios está en contra de los orgullosos, pero a favor de los humildes».

⁶Humíllense bajo el poder de Dios, para que él los enaltezca cuando llegue el momento oportuno.

⁷Dejen en las manos de Dios todas sus preocupaciones, porque él cuida de ustedes.

⁸Tengan cuidado y estén siempre alertas, pues su enemigo, el diablo, anda como león rugiente buscando a quién devorar. ⁹Resistan sus ataques manteniéndose firmes en la fe. Recuerden que los hermanos de ustedes en todo el mundo están soportando la misma clase de sufrimientos. ¹⁰Y después que ustedes hayan sufrido por un poco de tiempo, Dios mismo los restaurará, los hará fuertes, firmes, y les dará seguridad. ¹¹A él sea el poder para siempre. Amén.

### Saludos finales

¹²Silvano, a quien considero un hermano fiel, me ha ayudado a escribir esta breve carta. Les escribo para aconsejarlos y para que estén seguros de que este es el verdadero amor de Dios. Manténganse firmes en ese amor.

¹³La que está en Babilonia,*ᵇ* les manda saludos. Igualmente los saluda mi hijo Marcos. ¹⁴Abrácense unos a otros en amor cristiano. Que la paz esté con ustedes, los que están en Cristo.

---

*b.* Babilonia era el apodo que los cristianos habían puesto a Roma, y «la que está» muchos piensan que era la esposa de Pedro a la que se hace referencia en Mateo 8.14; 1 Corintios 9.5, etc. Otros piensan que debe traducirse: «La iglesia que está en Babilonia».

4.8–17   4.19   5.5–11

---

aun cuando murieran físicamente como todos los hombres, sus espíritus vivirían tal como Dios vive».

# 2 PEDRO

## ¿QUIÉN LO ESCRIBIÓ?

El autor se autodenomina como Simón Pedro (1:1). Nos recuerda su experiencia en el monte de la transfiguración (1:17,18). Declara que morirá en poco tiempo (1:14), haciendo alusión a palabras de Jesús que aparecen en el evangelio de Juan. Señala además que es su segunda carta haciendo alusión a la anterior (3:1) y además habla del ministerio de Pablo (3:15,16). A pesar de estos datos ha sido muy discutida la paternidad petrina de la carta. La discusión tiene siglos, pero independiente, ha sido incluida en el canon y la iglesia ha aceptado su contenido apostólico.

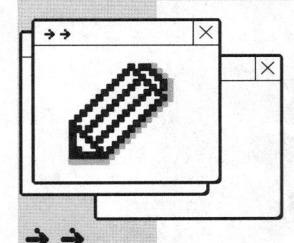

## ¿A QUIÉN LO ESCRIBIÓ?

La carta ha sido dirigida a comunidades que no habían sido fundadas por Pedro (3:2). Si se reconoce que la carta es la continuación de la primera, los que recibieron son iglesias ubicadas en las zonas del Asia menor identificadas en la primera carta.

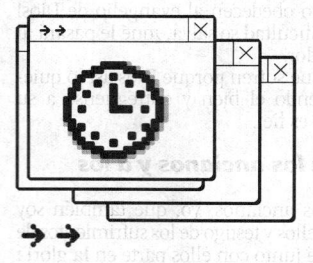

## ¿CUÁNDO Y DÓNDE LO ESCRIBIÓ?

Si aceptamos que la carta proviene de Pedro, esta sería un testamento escrito antes del año 64. Si concluimos que la carta no es de Pedro, la trasladaríamos al comienzo del segundo siglo (ya que los enemigos que menciona parecen ser gnósticos, o una suerte de movimiento sincretista que mezclaba ideas de los estoicos que invalidaban la manifestación de algún juicio divino).

DALE PLAY

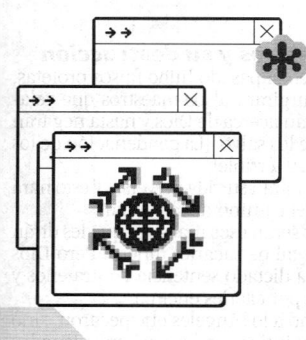

## PANORAMA DEL LIBRO

La carta tiene fuerte influencia de otro escrito del Nuevo testamento, la carta de Judas. En un tono de urgencia (1:5), el autor intenta desenmascarar a un grupo herético que participa activamente en la iglesia (2:13). Este grupo ponía en duda la realidad de un juicio divino, producto de la aparente tardanza del Señor (3:4). Estas ideas conducían a una vida de inmoralidad (2:18,19). Toda la carta tiene este tenor de advertencia para no caer en el error doctrinal (1:8-10-12-3:17). El autor pone como garantía la enseñanza tanto de los apóstoles como de los profetas (AT) de que el juicio de Dios es una certeza (3:1,2). En un lenguaje que evoca al profeta Isaías, el mundo será objeto de la redención para dar paso a un nuevo cielo y nueva tierra (3:13).

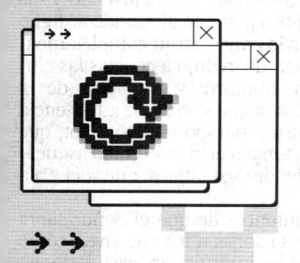

## ¿CÓMO SE RELACIONA CONMIGO?

El tema de Pedro en su segunda carta es simple: buscar la madurez espiritual a través de la Palabra de Dios como un remedio para las enseñanzas falsas y una respuesta correcta a la luz de la segunda venida de Cristo (2 Pedro 1: 3, 16). Cuando los falsos maestros comienzan a susurrar sus dulces palabras a los oídos de los cristianos inmaduros, el cuerpo de Cristo comienza a desintegrarse, a perder lo que lo distingue en primer lugar: la fe en Jesús y en nadie más. Pedro señala repetidamente a la Palabra de Dios como el medio principal de crecimiento del cristiano (1: 4, 19-21; 3: 1-2, 14-16).

Al igual que los destinatarios originales de esta carta, todos pasamos por momentos difíciles. Esas pruebas parecen afectarnos aún más cuando la fuente de las luchas proviene de alguien cercano. Pedro entonces anima a sus lectores a dedicarse a adquirir el verdadero conocimiento de Dios y vivir la vida de fe con "toda diligencia" para que Jesús nos encuentre en paz (1: 5; 3:14).

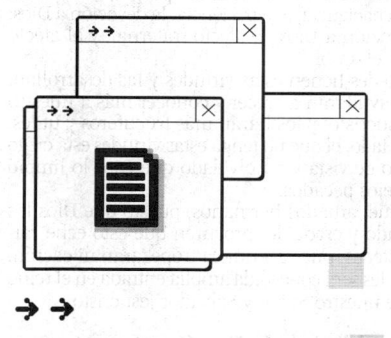

## EL GUION

1) El conocimiento de la salvación (1:1-21)
2) El conocimiento de los falsos maestros y el error (2:1-22)
3) El conocimiento de la venida del Señor (3:1-18)

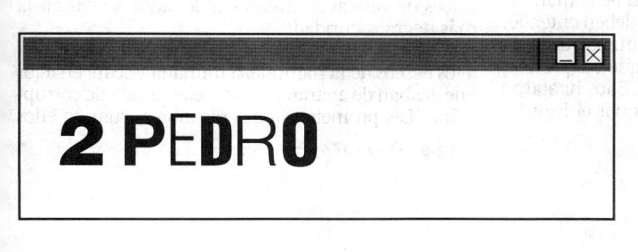

# 2 PEDRO

# 2 Pedro

**1** Simón Pedro, siervo y apóstol de Jesucristo, a los que por la justicia de nuestro Dios y Salvador Jesucristo han alcanzado una fe tan preciosa como la nuestra: ²que la gracia y la paz de Dios les sean multiplicadas por medio del conocimiento que tienen de Dios y de Jesucristo, nuestro Señor.

## Firmeza en el llamamiento y en la elección

³Dios en su gran poder nos ha concedido lo que necesitamos para llevar una vida piadosa. ¡Lo hizo cuando conocimos a Aquel que nos llamó por su propia gloria y excelencia! ⁴Dios nos ha dado preciosas y grandísimas promesas para que ustedes, luego de escapar de la corrupción de este mundo debido a los malos deseos, puedan ser partícipes de la naturaleza divina.

⁵Por eso, deben esforzarse para añadir a su fe una buena conducta; a la buena conducta, el entendimiento; ⁶al entendimiento, el dominio propio; al dominio propio, la paciencia; a la paciencia, la devoción a Dios; ⁷a la devoción a Dios, el afecto fraternal; y al afecto fraternal, el amor.

⁸Si ustedes tienen estas virtudes y las desarrollan, éstas los ayudarán a crecer y conocer más a nuestro Señor Jesucristo, y los harán más fructíferos y útiles. ⁹Por otro lado, el que no tenga estas virtudes está ciego o es corto de vista y ha olvidado que Dios lo limpió de sus viejos pecados.

¹⁰Así que, amados hermanos, puesto que Dios los ha llamado y escogido, procuren que esto eche raíces en ustedes, pues así nunca tropezarán ni caerán. ¹¹Además, les será concedida amplia entrada en el reino eterno de nuestro Señor y Salvador Jesucristo.

## La veracidad de la Escritura

¹²Jamás dejaré de recordarles estas cosas, aun cuando las sepan y permanezcan firmes en la verdad. ¹³,¹⁴El Señor Jesucristo me ha revelado que mis días en este mundo están contados y que pronto he de partir; por ello, mientras viva, es mi obligación hacerles recordatorios como éstos, ¹⁵con la esperanza de que queden tan grabados en su mente que los recuerden aun mucho después de mi partida.

¹⁶No crean ustedes que les hemos estado relatando cuentos de hadas, cuando les hemos hablado del poder de nuestro Señor Jesucristo y de su segundo advenimiento. No. Con nuestros propios ojos vimos su majestad. ¹⁷,¹⁸Estábamos con él en el monte santo cuando resplandeció con la gloria y honor de Dios el Padre. Una voz desde la imponente gloria le dijo: «Éste es mi Hijo amado; estoy muy complacido con él».

¹⁹Así comprobamos el cumplimiento de las profecías, y ustedes hacen bien en examinarlas cuidadosamente. Ellas son como antorchas que disipan la oscuridad, hasta que el día esclarezca y la estrella de la mañana brille en sus corazones. ²⁰Ustedes deben entender esto: Ninguna profecía de las Escrituras puede ser interpretada como uno quiera, ²¹porque los profetas no hablaron por su propia iniciativa. Ellos hablaron de parte de Dios, y fueron inspirados por el Espíritu Santo.

## Los falsos maestros y su destrucción

**2** Pero así como en el pasado hubo falsos profetas, entre ustedes surgirán falsos maestros que veladamente les mentirán acerca de Dios y hasta negarán al mismo Señor que los salvó. ¡La condenación de los tales será repentina y terrible!

²Pero muchos imitarán su vida perversa, y esto hará que se hable mal del camino de la verdad.

³Tan ambiciosos serán esos maestros que les dirán cualquier cosa con tal de sacarles dinero. Pero Dios hace tiempo que ha dictado sentencia contra ellos y su destrucción está por caerles encima.

⁴Dios no perdonó a los ángeles que pecaron, sino que los arrojó al infierno y los dejó encadenados en prisiones de oscuridad hasta el día del juicio. ⁵Con la excepción de Noé (predicador de la justicia) y sus siete familiares, tampoco perdonó al mundo antiguo sino que envió el diluvio para destruir completamente a los impíos. ⁶Más tarde, redujo a cenizas las ciudades de Sodoma y Gomorra y las borró de la superficie de la tierra para que sirviera de advertencia a los impíos. ⁷,⁸Al mismo tiempo rescató a Lot, que era un hombre justo, amaba el bien y estaba asqueado de las perversidades de esos impíos, que veía y oía diariamente.

⁹No cabe duda entonces de que el Señor sabrá rescatar de las tentaciones a los que viven como él quiere y reservará a los injustos para castigarlos en el día del juicio.

¹⁰Esto es lo que les espera a los que siguen siempre sus pensamientos corrompidos, que desprecian la autoridad del Señor y son tan orgullosos y testarudos que no tienen miedo de insultar a los poderes del mundo invisible.

¹¹Ni siquiera los ángeles, que son mayores en fuerza y potencia, se atreven a hablar de ellos irrespetuosamente delante del Señor.

¹²Pero estos falsos maestros, como animales irracionales que nacen para ser apresados y matados, se guían únicamente por sus instintos. En su insensatez, se burlan de asuntos de los que saben muy poco. Pero un día, como esos animales, también perecerán en su corrupción ¹³y recibirán lo que se merecen por vivir injustamente. Ellos viven entregados sin freno alguno a las pasiones en pleno día. Ciertamente, son una vergüenza y un escándalo cuando participan con ustedes en sus fiestas, gozándose en sus placeres.

¹⁴No hay mujer que se escape de sus lujuriosas miradas y no se cansan de cometer adulterio. Seducen a las personas débiles; son maestros en la avaricia y gente maldita.

¹⁵Andan tan descarriados que son como seguidores de Balán, el hijo de Bosor, quien ¹⁶por ganar dinero hacía cualquier cosa injusta y ¹⁶tuvo que ser reprendido por su iniquidad: su burra le habló con voz humana y refrenó su locura. ¹⁷Estos individuos son como manantiales secos; son inestables como nubes de vendaval. ¡Están condenados a vivir en la más negra oscuridad!

¹⁸Pronuncian discursos arrogantes y huecos; apelan a los deseos de la naturaleza humana y seducen a los que acaban de apartarse de semejante vida de corrupción. ¹⁹Les prometen que serán libres, cuando ellos

☼1.2–8　☼1.20–21　☼2.4　☼2.9–12

mismos son esclavos de la corrupción, ya que uno es esclavo de cualquier cosa que lo domine.

²⁰Y si una persona que había escapado de la contaminación del mundo, por haber conocido a nuestro Señor y Salvador Jesucristo, vuelve a caer en ella, queda peor que antes. ²¹Mejor le hubiera sido no haber conocido el camino recto que, después de haberlo conocido, hacer a un lado el santo mandamiento que le fue dado. ²²Hay un viejo proverbio que dice: «El perro vuelve a su vómito», y otro que dice: «la puerca lavada vuelve a revolcarse en el lodo». Así les pasa a esas personas.

## El día del Señor

**3** Amados, ésta es la segunda carta que les escribo, ²y en ambas he tratado de recordarles lo que aprendieron por medio de los santos profetas y de nosotros los apóstoles que les trajimos el mensaje de nuestro Señor y Salvador.

³Antes que nada, deseo recordarles que en los últimos días vendrán burladores que vivirán de acuerdo con sus malos deseos y se mofarán, diciendo: ⁴«¡Conque Jesús prometió regresar! ¿Por qué no lo ha hecho ya? ¡Hasta donde podemos recordar, todo ha permanecido exactamente igual desde el primer día de la creación!»

⁵,⁶Ellos olvidan voluntariamente que Dios destruyó el mundo con un gran diluvio mucho después de crear los cielos y la tierra con una orden suya. También con su palabra había separado la tierra de los mares. ⁷Pero Dios ha ordenado ahora que el cielo y la tierra sean reservados para el fuego, para el día del juicio en que todos los impíos serán destruidos.

⁸No olviden ustedes, amados hermanos, que para el Señor un día es como mil años, y mil años como un día. ⁹El Señor no demora el cumplimiento de su promesa, como algunos suponen. Más bien lo que quiere es que nadie se pierda, por lo que está alargando el plazo para que todos se arrepientan. ¹⁰Pero el día del Señor llegará como un ladrón. En aquel día, los cielos desaparecerán en medio de un estruendo espantoso, los cuerpos celestes serán destruidos por fuego, y la tierra y lo que en ella hay desaparecerán envueltos en llamas.

¹¹Puesto que todo esto va a suceder, ¿no deberían ustedes vivir como Dios manda y tener una conducta que nadie pueda reprochar? ¹²Sí, deberíamos vivir esperando la venida del día en que Dios prenderá fuego a los cielos, y los elementos se fundirán envueltos en llamas. ¹³Pero nosotros esperamos, según Dios ha prometido, nuevos cielos y una tierra nueva en la que morará la justicia. ¹⁴Por eso, amados hermanos, mientras esperan ustedes el cumplimiento de estas cosas, traten de vivir sin pecado y procuren vivir en paz con Dios.

¹⁵,¹⁶Recuerden que si no ha venido todavía es porque nos está concediendo tiempo para nuestra salvación. Nuestro sabio y amado hermano Pablo ya les ha hablado de esto en muchas de sus cartas. Algunos de sus comentarios no son fáciles de entender. Por eso, los ignorantes y los inconstantes tuercen su significado (así como también el de otros pasajes de las Escrituras) con lo que se labran su propia destrucción.

¹⁷Así que ustedes, amados hermanos, puesto que ya están apercibidos, manténganse alerta, no sea que se dejen confundir y desviar por esos perversos individuos, y pierdan su firmeza y caigan.

¹⁸Más bien, crezcan en el amor y en el conocimiento de nuestro Señor y Salvador Jesucristo.

¡A él sea dada la gloria ahora y hasta la eternidad! Amén.

2.20–21   3.3–4   3.8–9   3.11–13   3.18

# 1 JUAN

## → → ¿QUIÉN LO ESCRIBIÓ?

La tradición de la iglesia ha asumido que el autor de esta carta es el mismo Juan, hijo de Zebedeo, uno de los doce apóstoles y autor de Apocalipsis. Las discusiones sobre su autoría vienen ya desde muy antiguo. Lo que sí es indudable para la crítica moderna es que, aunque algunos duden que el autor de esta carta sea el apóstol Juan, el escrito está muy estrechamente ligado con el cuarto evangelio. Estamos hablando de un texto que tomó como referencia el evangelio, haya o no sido escrito por el mismo autor.

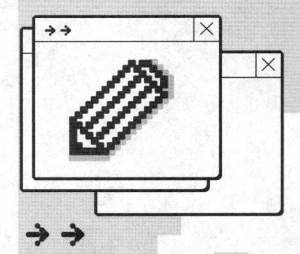

## → → ¿A QUIÉN LO ESCRIBIÓ?

Aunque la 2 y 3 carta de Juan se dirige a una iglesia determinada, esta primera carta pareciera que se dirige a varias iglesias de la región. Claramente está escrita a creyentes (2:12-14, 19; 3:1; 5:13). La situación es dura. Hay comunidades cristianas que han sufrido la división y partida de un grupo de personas que pertenecían a la iglesia, pero se marcharon pues siguieron enseñanzas heréticas (2:19-4.15). En varias ocasiones en la carta aparecen las frases "Si alguno dice...", "Si decimos...", esto pareciera reflejar cuáles eran las opiniones que tenía el grupo desertor. Es tal la dureza del autor a este grupo de herejes, que manda no orar por su pecado, que a vista del autor es un pecado de muerte (5:16,17). *En síntesis, la carta fue escrita a iglesias que al parecer tienen aún cierta cercanía con este grupo de cismáticos, por lo tanto el autor sabe que no sólo la iglesia la leerá sino también este grupo.*

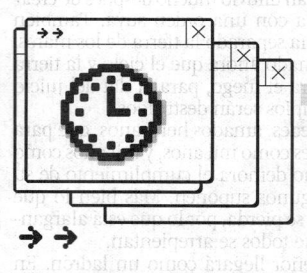

## → → ¿CUÁNDO Y DÓNDE LO ESCRIBIÓ?

La respuesta resulta difícil, pero la mayoría de los estudios se inclinan que el escenario es el mismo del cuarto Evangelio, Éfeso, casi al finalizar el primer siglo, entre los años 85 y 95 d.C

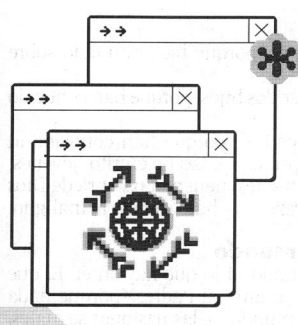

## PANORAMA DEL LIBRO

Es una carta vehemente, a comunidades que están sufriendo el impacto de grupos heréticos venidos de la misma iglesia, que están provocando su desmoronamiento interno. El autor intenta volver a las bases doctrinales que se presentan en el cuarto evangelio, cuya referencia explícita aparece en algunos textos (2:7; 3:11). Se ataca el docetismo (4:1-2), una herejía que niega la humildad de Jesús. A estos herejes el autor les llama "anticristos" (2:18-22) pues al parecer se veían así mismos así mismos como quienes habían alcanzado una relación de intimidad de Dios, a quien decían conocer y amar (2:4, 4:20). Esta falsa piedad les hacía ver la obra de Jesús innecesaria.Uno de los problemas más fuertes no era sólo en lo doctrinal, sino en cuanto a la ética. Este grupo decía amar a Dios y al hermano (3:17,18), estar en la luz (2:9) pero no practicaban el amor. En resumidas cuentas, el amor para este grupo religioso era algo teórico que se basaba solo en una relación con Dios, sin una preocupación concreta para con los demás, sobre todo los que viven necesidades (3:17). Para el autor, esto es pecado (3:8-10), es estar en tinieblas (2:9), es permanecer en muerte (2:15), es ser como un homicida (3-15). En síntesis, la carta nos enseña que nadie puede amar a Dios "directamente". A Dios se le ama a través del amor al hermano.

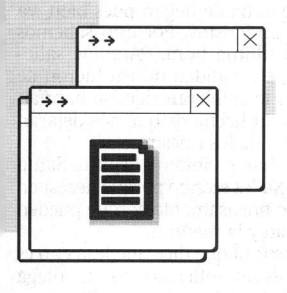

## EL GUION

1) Andar en la luz (1:1-2:17)
2) Pruebas de la comunión con Cristo (2:18-29)
3) Vivir como hijos de Dios (3:1-24)
4) Discernimiento espiritual (4:1-6)
5) Amor y ética (4:7-21)
6) Certeza (5:1-21)

## ¿CÓMO SE RELACIONA CONMIGO?

El amor es la fuerza vital que nos mantiene vivos pero en el contexto de hoy hablar de amor es hablar de mucho y de nada a la vez, por lo que es importante definirlo y saber de dónde o de quién viene. El autor utiliza el verbo "agapan" veintiocho veces y casi todas están vinculadas al amor concreto hacia el otro y no el teórico o sentimental.

Juan quería que sus lectores experimentaran una verdadera comunión con Dios y con el pueblo de Dios sabiendo que eso no sucedería hasta que los cristianos dejaran de lado sus propios deseos egoístas en favor del amor verdadero. Es por eso que se puede decir que el mensaje fundamental de esta carta es que amar a Dios es el gran medio para amar los demás.

# 1 JUAN

# 1 Juan

## El Verbo de vida

**1** Les anunciamos a ustedes la Palabra de vida que desde el principio ya existía. ¡Nosotros mismos la oímos, la vimos con nuestros propios ojos y la palpamos con nuestras manos! ²Esa vida, que estaba con el Padre, se ha dado a conocer; y nosotros, que la experimentamos, hemos testificado de ella. ³La predicamos a ustedes para que junto con nosotros participen también de la comunión que disfrutamos con el Padre y con Jesucristo, su Hijo. ⁴Les escribimos esto para que nuestra alegría sea completa.

## Caminemos en la luz

⁵Este es el mensaje que Dios nos ha dado para ustedes: Dios es luz y en él no hay tinieblas. ⁶Por lo tanto, si afirmamos que somos amigos suyos y seguimos viviendo en las tinieblas, mentimos y no estamos poniendo en práctica la verdad. ⁷Pero si, al igual que Cristo, vivimos en la luz, entre nosotros habrá compañerismo, y la sangre de Jesucristo el Hijo de Dios nos limpiará de todo pecado.

⁸Si decimos que no tenemos pecado, estamos engañándonos a nosotros mismos y no tenemos la verdad. ⁹Si nos confesamos a Dios nuestros pecados, él, que es fiel y justo, nos perdonará y nos limpiará de toda maldad. ¹⁰Si afirmamos que no hemos pecado, estamos diciendo que Dios es mentiroso, y eso muestra que su palabra no habita en nosotros.

**2** Hijitos míos, les digo esto para que no pequen; pero si alguno peca, tenemos un abogado ante el Padre: a Jesucristo el justo. ²Él es el sacrificio que fue ofrecido por nuestros pecados, y no sólo por los nuestros, sino también por los de todo el mundo.

³¿Cómo podemos saber que conocemos a Dios? Si obedecemos sus mandamientos. ⁴Si alguno dice: «Yo conozco a Dios», pero no obedece sus mandamientos, miente y no dice la verdad. ⁵En cambio, el amor a Dios se demuestra cuando obedecemos lo que él manda. Así estamos seguros de que estamos unidos a Dios. ⁶El que afirma que está unido a Dios, debe vivir como Jesucristo vivió.

⁷Queridos hermanos, no me estoy refiriendo a ningún mandamiento nuevo, sino al mandamiento antiguo que desde un principio han tenido ustedes. ⁸Sin embargo, siempre es nuevo, porque es una realidad que se muestra en Cristo y en ustedes. Esto es así porque la luz verdadera brilla y hace que la oscuridad vaya disipándose.

⁹El que dice que anda en la luz pero aborrece a su hermano, todavía está en tinieblas. ¹⁰El que ama a su hermano anda en la luz y no tropieza. ¹¹En cambio, el que odia a su hermano vaga en la oscuridad y en ella vive, y no sabe a dónde va, porque la oscuridad lo ha dejado ciego.

¹²Les escribo estas cosas, queridos hijos, porque sus pecados han sido perdonados en el nombre de Cristo.

¹³Les escribo estas cosas, padres, porque conocen al que existía desde el principio.

Les escribo, jóvenes, porque han triunfado sobre el maligno.

Les he escrito, queridos hijos, porque han conocido al Padre.

¹⁴Les he escrito, padres, porque han conocido al que existe desde el principio. Les he escrito, jóvenes, porque ustedes son fuertes, tienen la palabra de Dios arraigada en sus corazones y han vencido al maligno.

## No amemos al mundo

¹⁵No amen al mundo ni lo que hay en él. El que ama al mundo no ama al Padre, ¹⁶porque nada de lo que hay en el mundo —las pasiones sexuales, el deseo de poseer todo lo que agrada y el orgullo de poseer riquezas— proviene del Padre sino del mundo. ¹⁷Y el mundo se está acabando y con él todos sus malos deseos. Pero el que hace la voluntad de Dios permanece para siempre.

## Cuidémonos de los anticristos

¹⁸Hijitos, ha llegado la hora final. Ustedes han oído hablar del anticristo que ha de llegar; pues bien, ya han surgido muchos anticristos. Por esto sabemos que ya estamos en la última hora. ¹⁹Aunque salieron de entre nosotros, en realidad nunca fueron de los nuestros, porque si lo hubieran sido, se habrían quedado con nosotros. El hecho de que nos dejaran comprueba que no eran de los nuestros.

²⁰Pero todos ustedes han recibido el Espíritu Santo y conocen la verdad. ²¹No les escribo porque necesiten conocer la verdad, sino precisamente porque pueden discernir entre la verdad y la mentira.

²²¿Quién es el mentiroso? El que dice que Jesús no es el Cristo. Tal persona es un anticristo, porque niega al Padre y al Hijo. ²³Todo el que niega al Hijo, tampoco tiene al Padre. Pero el que reconoce al Hijo tiene también al Padre. ²⁴Así que conserven ustedes lo que les fue enseñado desde el principio, porque así estarán siempre en comunión con el Padre y con el Hijo. ²⁵Y él mismo nos ha prometido la vida eterna.

²⁶Les escribo esto por causa de los que quieren engañarlos; ²⁷pero ustedes han recibido el Espíritu Santo y él vive en ustedes. Por lo tanto, no necesitan que nadie les señale lo que es correcto. El Espíritu Santo les enseña todas las cosas, y él, que es la Verdad, no miente. Así que, tal como él les ha enseñado, vivan en Cristo.

## Permanezcamos en Dios

²⁸Y ahora, queridos hijos, permanezcan en comunión con el Señor, para que, cuando vuelva, puedan presentarse delante de él seguros y sin tener de qué avergonzarse. ²⁹Si saben que Jesús es justo, deben también saber que todo el que practica la justicia es hijo de Dios.

**3** Miren cuánto nos ama el Padre que somos llamados hijos de Dios. ¡Y de veras lo somos! Como la mayoría de la gente no conoce a Dios, tampoco reconoce lo que somos.

²Sí, amados míos, ahora somos hijos de Dios, y no podemos ni siquiera imaginarnos lo que vamos a ser después. Pero de algo estamos ciertos: que cuando él

1.4   1.5–2.2   2.3–11   2.12–14   2.15–17   2.24–25
2.28   3.1

venga seremos semejantes a él, porque lo veremos tal como es. ³El que espera esto se purifica, como Cristo es puro.

⁴El que comete pecados rompe la ley de Dios, porque el pecado es quebrantar la ley divina. ⁵Además, ustedes saben que Jesús se hizo hombre para quitar nuestros pecados y que él jamás cometió pecado. ⁶El que permanece cerca de él no practica el pecado; pero el que vive entregado al pecado nunca lo ha visto ni conocido.

⁷Hijitos, no se dejen engañar: el que practica la justicia es justo, como Jesús es justo. ⁸El que practica el pecado pertenece al diablo, porque el diablo comenzó a pecar desde el principio. Pero el Hijo de Dios vino a destruir las obras del diablo.

⁹El que ha nacido de Dios no practica el pecado, porque la vida de Dios está en él; no puede vivir entregado al pecado porque ha nacido de Dios.

¹⁰Uno puede saber quién es hijo de Dios y quién es hijo del diablo. El que no practica la justicia ni ama a su hermano demuestra que no es hijo de Dios,

### Amémonos los unos a los otros

¹¹Desde el principio se nos ha enseñado que debemos amarnos unos a otros. ¹²No seamos como Caín, que era del maligno y mató a su hermano. ¿Por qué lo mató? Pues porque Caín hacía lo que es malo y su hermano lo que es justo. ¹³Así que, hermanos, no les extrañe que el mundo los aborrezca. ¹⁴Si amamos a los demás hermanos, hemos pasado de la muerte a la vida. El que no ama a los demás está muerto. ¹⁵El que aborrece a su hermano es un asesino; y ustedes saben que ningún asesino tiene vida eterna.

¹⁶Al morir por nosotros, Cristo nos demostró lo que es el amor. Nosotros también debemos dar la vida por nuestros hermanos. ¹⁷Pero si alguien está bien económicamente y no ayuda a su hermano que está en necesidad, ¿cómo puede haber amor de Dios en él? ¹⁸Hijitos míos, que nuestro amor no sea sólo de palabra ni de labios para afuera, sino que amemos de veras y demostrémoslo con hechos.

¹⁹Así sabremos a ciencia cierta que somos de la verdad y nos sentiremos seguros ante la presencia de Dios. ²⁰Y aunque la conciencia nos acuse, Dios es más grande que nuestro corazón y él sabe todas las cosas. ²¹Pero, amados míos, si nuestro corazón no nos acusa, podemos estar confiados ante Dios, ²²y cualquier cosa que le pidamos la recibiremos, porque obedecemos sus mandamientos y hacemos lo que le agrada. ²³Su mandamiento es que creamos en Jesucristo su Hijo y que nos amemos unos a otros, como lo mandó. ²⁴El que obedece a Dios vive con Dios y Dios vive en él. Y sabemos que Dios vive en nosotros por el Espíritu Santo que él nos dio.

### Vivamos en el Espíritu

**4** Amados míos, no crean nada por el simple hecho de que les digan que es mensaje de Dios. Pónganlo a prueba primero, porque en este mundo hay muchos falsos maestros. ²Para saber si el mensaje que se nos comunica procede del Espíritu Santo, debemos preguntarnos: ¿Reconoce el hecho de que Jesucristo, el Hijo de Dios, se hizo hombre de verdad? ³Si no lo reconoce, el mensaje no es de Dios sino de alguien que se opone a Cristo, como el anticristo del que oyeron ustedes que vendría, cuyas actitudes hostiles contra Cristo ya se manifiestan en el mundo.

⁴Hijitos, ustedes son de Dios y han ganado ya la primera batalla contra los enemigos de Cristo, porque hay alguien en el corazón de ustedes que es más fuerte que cualquier falso maestro de este perverso mundo. ⁵Ellos pertenecen a este mundo y, naturalmente, hablan de los asuntos del mundo y el mundo les presta atención. ⁶Pero nosotros somos hijos de Dios; el que es de Dios nos presta atención, pero el que no, no. Y aquí tienen otra manera de saber si determinado mensaje procede de Dios: si procede de Dios, el mundo no lo escuchará.

### Permanezcamos en el amor

⁷Amados, pongamos en práctica el amor mutuo, porque el amor es de Dios. Todo el que ama y es bondadoso da prueba de ser hijo de Dios y de conocerlo bien. ⁸El que no ama no conoce a Dios, porque Dios es amor. ⁹Dios nos demostró su amor enviando a su único Hijo a este perverso mundo para darnos vida eterna por medio de su muerte. ¹⁰Eso sí es amor verdadero. No se trata de que nosotros hayamos amado a Dios, sino de que él nos amó tanto que estuvo dispuesto a enviar a su único Hijo como sacrificio expiatorio por nuestros pecados.

¹¹Amados, ya que Dios nos ha amado tanto, debemos amarnos unos a otros. ¹²Porque aunque nunca hemos visto a Dios, si nos amamos unos a otros Dios habita en nosotros, y su amor en nosotros crece cada día más.

¹³Él ha puesto su Santo Espíritu en nuestros corazones como testimonio de que vivimos en él y él en nosotros. ¹⁴Además, con nuestros propios ojos vimos, y ahora lo proclamamos a los cuatro vientos, que Dios envió a su Hijo para ser el Salvador del mundo. ¹⁵Si alguien cree y confiesa que Jesús es el Hijo de Dios, Dios vive en él y él en Dios.

¹⁶Sabemos cuánto nos ama Dios porque hemos sentido ese amor y porque le creemos cuando nos dice que nos ama profundamente. Dios es amor, y el que vive en amor vive en Dios y Dios en él. ¹⁷Y al vivir en Cristo, nuestro amor se perfecciona cada vez más, de tal manera que en el día del juicio no nos sentiremos avergonzados ni apenados, sino que podremos mirarlo con confianza y gozo, sabiendo que él nos ama y que nosotros lo amamos también. ¹⁸No hay por qué temer a quien tan perfectamente nos ama. Su perfecto amor elimina cualquier temor. Si alguien siente miedo es miedo al castigo lo que siente, y con ello demuestra que no está absolutamente convencido de su amor hacia nosotros.

¹⁹Como ven ustedes, si amamos a Dios es porque él nos amó primero. ²⁰Si alguno dice: «Amo a Dios», pero aborrece a su hermano, es un mentiroso. Si no ama al hermano que tiene delante, ¿cómo puede amar a Dios, a quien jamás ha visto? ²¹Dios mismo ha dicho que no sólo debemos amarlo a él, sino también a nuestros hermanos.

3.3  3.4–8  3.14  3.16–23  3.24–4.6  4.7–11
4.12–16  4.17–19  4.20–5.5

**1 JUAN 5.10**

## Vivamos en la fe

**5** Si creen ustedes que Jesús es el Cristo, el Hijo de Dios y el Salvador, ustedes son hijos de Dios. Y el que ama al padre ama también a los hijos. ²Así que podemos medir el amor que sentimos hacia los hijos de Dios, hermanos nuestros en la fe, por el amor que sentimos hacia Dios y la obediencia que le rendimos. ³Amar a Dios es obedecer sus mandamientos; y esto no es difícil, ⁴porque el que es hijo de Dios puede vencer el pecado y las inclinaciones al mal, confiando en la ayuda que Cristo puede ofrecerle. ⁵¡Nadie podrá jamás vencer en esta lucha sin creer que Jesús es el Hijo de Dios!

⁶,⁷Nosotros sabemos que Jesús es el Hijo de Dios porque Dios lo proclamó con gran voz desde el cielo en el momento en que lo bautizaban y también cuando moría. ¡No sólo en su bautismo sino también a la hora de su muerte! Y el Espíritu Santo, siempre veraz, lo afirma también.

⁸Así que tenemos tres testimonios: la voz del Espíritu Santo en nuestros corazones, la voz que habló desde el cielo cuando bautizaban a Jesús, y la voz que habló poco antes de su muerte. Y todos afirman lo mismo: que Jesucristo es el Hijo de Dios. ⁹Y si aceptamos el testimonio de los hombres que comparecen ante los tribunales, cuánto más no hemos de creer la gran afirmación de Dios: ¡que Jesús es su Hijo! ¹⁰Creer esto es aceptar este testimonio en lo más íntimo del corazón; no creerlo equivale a llamar mentiroso a Dios, pues es no creer lo que él ha dicho acerca de su Hijo. ¹¹¿Y qué es lo que ha dicho? Que nos ha dado vida eterna, y que esta vida está en su Hijo. ¹²Así que el que tiene al Hijo de Dios tiene la vida; el que no tiene al Hijo, no tiene la vida.

## Observaciones finales

¹³A ustedes, que creen en el Hijo de Dios, les he escrito sobre estas cosas para que sepan que tienen la vida eterna. ¹⁴Y estamos seguros de que él nos escuchará cuando le pidamos algo que esté de acuerdo con su voluntad. ¹⁵Y si sabemos que él nos oye cuando le hablamos y cuando le presentamos nuestras peticiones, podemos estar seguros de que nos contestará.

¹⁶Si ven que un hermano comete un pecado que no es mortal, pidan a Dios que lo perdone, y Dios le dará vida, si es cierto que su pecado no es mortal. Pero hay un pecado que sí es mortal, por el cual no digo que se pida. ¹⁷Cualquier maldad es pecado, pero no me refiero a los pecados ordinarios. Me refiero al pecado mortal. ¹⁸Nadie que forme parte de la familia de Dios peca de manera habitual, porque Cristo, el Hijo de Dios, lo tiene bien agarrado y el diablo no puede echarle mano.

¹⁹Sabemos que somos hijos de Dios. El mundo que nos rodea está bajo el dominio de Satanás, ²⁰pero sabemos que Cristo, el Hijo de Dios, vino a ayudarnos a hallar y entender al Dios verdadero. Ahora estamos en Dios, porque estamos en su Hijo Jesucristo, que es también Dios verdadero y la vida eterna.

²¹Hijitos, apártense de cualquier cosa que pueda desplazar a Dios de sus corazones. Amén.

Sinceramente, Juan.

5.7　5.10–13　5.14–15　5.20

# 2JUAN

## ¿QUIÉN LO ESCRIBIÓ?

El autor, se hace llamar "el anciano". La tradición cristiana, en su mayoría le ha adjudicado la autoría a Juan hijo de Zebedeo, uno de los doce apóstoles y autor de Apocalipsis. Existen evidencias claras entre la primera carta y el evangelio de Juan.

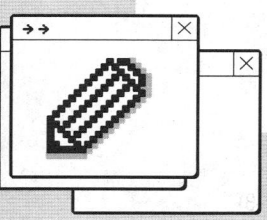

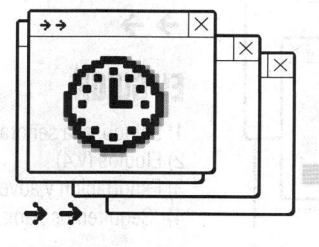

## ¿A QUIÉN LO ESCRIBIÓ?

La carta está destinada a una iglesia concreta, a la que el anciano Juan le llama "la señora elegida", y a sus "Hijos", es decir, los miembros de aquella iglesia. Debió ser una comunidad que estaba bajo su liderazgo en la ciudad de Éfeso o en la zona del Asia menor.

## ¿CUÁNDO Y DÓNDE LO ESCRIBIÓ?

La mayoría ubica la carta alrededor del mismo tiempo en que fue escrita la primera carta, a finales del primer siglo, entre el 85 y 95 d.C.

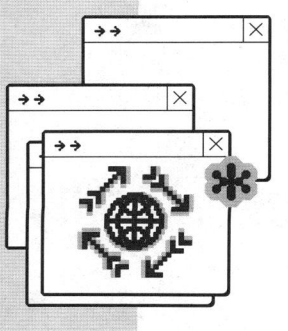

## PANORAMA DEL LIBRO

Así como la primera carta, esta segunda sigue informando sobre el peligro que existe con un grupo misionero que se creían cristianos, pero manifestaban grandes errores doctrinales, como la negación de la humanidad de Cristo (docetismo) (1:7). Juan llama a este grupo "engañadores" y "anticristo". Al parecer no eran pocos. El presbítero es tan radical que invita a la iglesia a que no apoye este grupo, ni siquiera dándoles hospedaje (1:10,11). De ahí se alude que este grupo no pertenecía a esta congregación, sino que posiblemente estaba formado por predicadores itinerantes que llevaban estas falsas doctrinas. Como en la primera carta, Juan hace un llamado a recordar el mandamiento del amor (1:5). Frente al peligro doctrinal que sufre la iglesia, el presbítero no solo los invita a enfrentar las herejías por el camino de la verdad, sino también por el camino del amor (1:4,6).

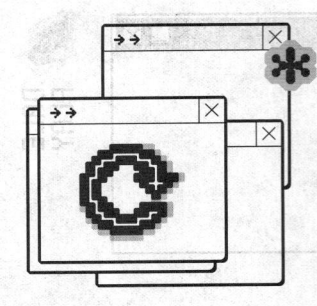

## ¿CÓMO SE RELACIONA CONMIGO?

En esta segunda carta Juan insiste en animar a los lectores a amarse unos a otros. Sin embargo, Juan no dejó el amor sin definir, sino que lo describió como caminar "según sus mandamientos" (2 Juan 1: 6). Esto hace eco de la enseñanza de Jesús en el evangelio de Juan, donde el Señor les dijo a sus seguidores: "Si ustedes me aman, obedecerán mis mandamientos" (Juan 14:15).

Nuestro amor va de la mano con nuestra obediencia. Independientemente de nuestros sentimientos. Segunda de Juan nos recuerda no solo los peligros de apartarnos de la verdad, sino también la importancia de hacer de la obediencia una prioridad en nuestra vida, para nosotros y para los más importantes para nosotros.

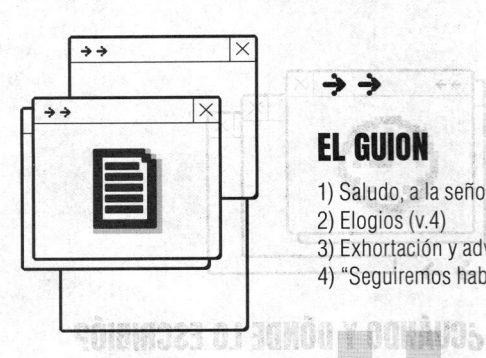

## EL GUION

1) Saludo, a la señora elegida y sus hijos (v.1-3)
2) Elogios (v.4)
3) Exhortación y advertencia (v.5-11)
4) "Seguiremos hablando cara a cara" (v.12-13)

**2JUAN**

# 2 Juan

☀ ¹El anciano, a la comunidad que Dios ha elegido y a sus miembros: Los amo de veras, no sólo yo sino todos los que conocen la verdad. ²Esto es así a causa de la verdad que está y permanecerá en nosotros para siempre. ³¡Que la gracia, misericordia y paz de Dios el Padre y de Jesucristo su Hijo estén con ustedes en verdad y en amor!

☀ ⁴Me siento feliz de haber encontrado que algunos de ustedes viven de acuerdo con la verdad tal como el Padre nos mandó.

⁵Y ahora, amados hermanos, les ruego que nos amemos unos a otros. Este mandamiento no es nuevo, es el mandamiento que Dios nos dio desde un principio. ⁶Si amamos a Dios, debemos obedecerlo en todo. Desde el principio nos ordenó que siempre nos amáramos.

☀ ⁷Por el mundo andan muchos engañadores que no creen que Jesucristo vino a la tierra como un verdadero hombre. El que dice esto es el engañador y el anticristo. ⁸Cuiden que no se pierda el fruto de nuestro trabajo, a fin de que ustedes reciban íntegramente el galardón.

☀ ⁹Todo el que se aparta de las enseñanzas de Cristo, también se aparta de Dios. El que permanece fiel a las enseñanzas, tiene al Padre y al Hijo. ¹⁰Si alguien los viene a visitar y no cree en las enseñanzas de Cristo, no lo inviten a su casa ni le den la bienvenida. ¹¹Si lo hacen, ustedes estarán participando de sus malas obras.

¹²Quisiera decirles muchas cosas más, pero no quiero hacerlo por carta; espero ir pronto a verlos y hablar con ustedes cara a cara, para que nuestra alegría sea completa.

¹³Los hijos de tu hermana, otra hija elegida de Dios, te envían saludos.

Sinceramente, Juan.

# 3 JUAN

### ¿QUIÉN LO ESCRIBIÓ?

La tradición de la iglesia asigna la carta a Juan hijo de Zebedeo, uno de los doce apóstoles y autor de Apocalipsis. El autor, como en 2 Juan, se identifica como "el anciano".

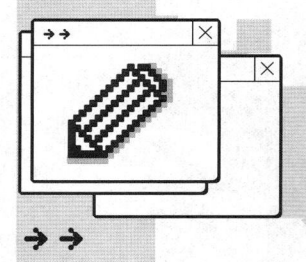

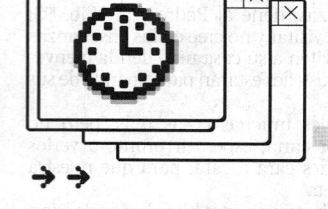

### ¿A QUIÉN LO ESCRIBIÓ?

A un cristiano de una de las iglesias del Asia Menor o Éfeso, llamado Gayo.

### ¿CUÁNDO Y DÓNDE LO ESCRIBIÓ?

Se escribe al finalizar el primer siglo, entre el 85 y 95 d.C., muy probablemente alrededor del mismo tiempo que fueron escritas 1 y 2 Juan, posiblemente desde Éfeso.

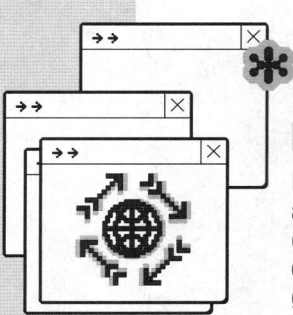

### PANORAMA DEL LIBRO

La carta nos da luz de ciertos problemas que tenían en el primer siglo algunas comunidades cristianas del Asia menor. El autor escribe a Gayo, a quién ama en la verdad (es como decir, con quién tengo la misma sintonía espiritual). El autor valora su buen comportamiento, pues recibe de buen gusto a los predicadores enviados por el presbítero (1:5). Aparece el conflicto entre el presbítero y un tal Diótrefes, que niega la autoridad del anciano y usa su liderazgo para motivar a la iglesia a cerrarles las puertas a predicadores enviados por él (1:9). Pero también aparece otro personaje, Demetrio, a quién el autor reconoce su buena conducta (1:12).

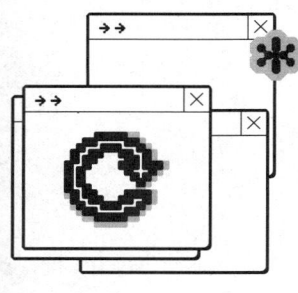

## ¿CÓMO SE RELACIONA CONMIGO?

Existe un porcentaje importante del liderazgo que llegan a ser líderes sólo motivados por el deseo de figurar y recibir aplausos y en esta tercera carta Juan habla de Diótrefes dando a entender que tenía cualidades naturales de líder pero que estaba obsesionado con tener el primer lugar. En otras palabras, estaba obsesionado por el amor al poder y no tanto por practicar el poder del amor, y esto debe ser corregido.

Otro tema de la carta es la hospitalidad y cómo debemos abrir nuestro corazón a las personas y salir de nuestras zonas de confort para entrar en un territorio donde debemos depositar nuestra confianza en Dios. Este tema, al igual que el primero, abre la puerta a buenas conversaciones interiores con tu corazón.

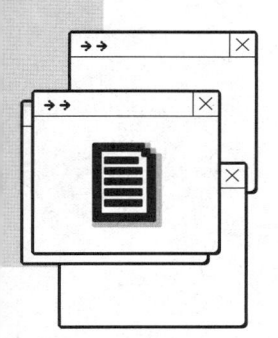

## EL GUION

1) Saludos a Gayo, quien anda en la verdad (v.1-3)
2) El buen comportamiento de Gayo (v.5-8)
3) El mal comportamiento de Diótrefes (v.9,10)
4) ¡Sigue lo bueno! El buen comportamiento de Demetrio (v.11,12)

# 3 JUAN

# 3 Juan

¹El anciano, al amado Gayo, a quien ama de veras.

²Querido hermano, ruego a Dios que en todo te vaya bien y que tu cuerpo esté tan saludable como lo está tu alma. ³He tenido la alegría de enterarme, por medio de algunos hermanos que vinieron, de que vives fiel a la verdad. ⁴Para mí no hay mayor alegría que la de oír que mis hijos viven de acuerdo con la verdad.

⁵Amado hermano, haces muy bien al ayudar a los hermanos y en especial a los que llegan de otras tierras. ⁶Ellos han hablado delante de la iglesia de tu amor. Me agradaría que los ayudes a seguir su viaje, como Dios manda. ⁷Ellos viajan al servicio del Señor y no han aceptado ningún tipo de ayuda de los que no conocen a Dios. ⁸Por eso, nosotros debemos ayudarlos, porque al hacerlo colaboramos con ellos en la verdad.

⁹Hace un tiempo escribí a la iglesia sobre este asunto, pero Diótrefes, a quien le encanta ser el primero en todo, no reconoce la autoridad que tengo. ¹⁰Por eso, cuando yo vaya, le voy a llamar la atención por su mala conducta y por los chismes y las cosas malas que anda diciendo de nosotros. No sólo se niega a recibir a los hermanos que por allí pasan, sino que prohíbe que los demás lo hagan, amenazándolos con expulsarlos de la iglesia.

¹¹Amado, no imites los malos ejemplos. Imita sólo lo bueno. El que hace lo bueno es de Dios; el que hace el mal no ha visto a Dios.

¹²Todos, y aun la verdad misma, hablan bien de Demetrio. Yo opino de él igual que los demás, y ya sabes que digo la verdad.

¹³Tengo muchas cosas más que decirte, pero no quiero hacerlo por carta.

¹⁴Espero verte pronto y entonces hablaremos en persona.

¹⁵Todos los amigos que tienes en este lugar te envían muchos saludos. Dale por favor mis saludos a todos los hermanos de por allá.

Con cariño fraternal, Juan.

# JUDAS

DALE PLAY

## ¿QUIÉN LO ESCRIBIÓ?

La tradición ha considerado que la carta fue escrita por Judas, hermano del Señor (Mateo13:55).Se hizo creyente solamente después de la resurrección (Juan 7:5; Hechos 1:14) menciona a Jacobo, su hermano, aparentemente muy conocido por sus lectores, por lo que coincide con el hermano de Jesús, líder de la iglesia primitiva y autor de la epístola con su nombre (Santiago). Aunque existen otros estudios que tienden a considerar otras dos hipótesis. Puede ser que este "Judas" sea uno de los apóstoles mencionado en Lucas 6:16. O puede ser, que por el buen griego en que fue escrita y algunas pruebas internas que dan a pensar que el escrito pertenece a la segunda generación de cristianos,que la carta pertenece más bien a un discípulo de Judas, que redactó las enseñanzas de su maestro.

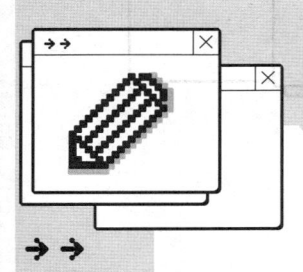

## ¿A QUIÉN LO ESCRIBIÓ?

Es casi imposible asegurar de manera absoluta quienes recibieron la carta. La mayoría se inclina por alguna comunidad judeocristiana, ya que si el Santiago nombrado al inicio es el hermano del Señor, este dedicó su vida a liderar a la iglesia judía, por lo tanto la alusión a el tiene más sentido en una comunidad que responda a su liderazgo. Además, la mención de varias historias del AT y a libros folklóricos religiosos judíos, parecieran señalar que la comunidad conoce las referencias. Pero también algunos opinan que la mención al peligro de conductas sexuales liberales, responderían mejor a gente de entorno pagano. Quizás la comunidad es una mezcla judeo-gentil.

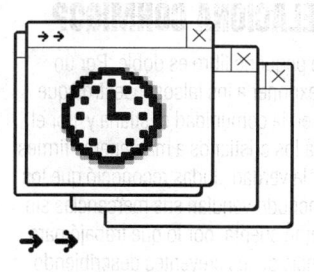

## ¿CUÁNDO Y DÓNDE LO ESCRIBIÓ?

La carta alude el tiempo apostólico como pasado (1:17) y además menciona la tradición apostólica ya como un contenido de enseñanzas fijas, a las que le llama "la fe dada una vez" (1:3). Se considera asimismo la insinuación de un gnosticismo embrionario que estaría afectando a la comunidad. Estas pruebas nos llevan a fechar la carta posterior al tiempo apostólico, quizás al final de la segunda generación de cristianos. Es muy difícil datar con exactitud dónde y cuándo, pero las pruebas nos llevarían a pensar que la carta es posterior al año 70, quizás cerca del 90. Y el entorno, influido por las pruebas internas de su trasfondo judeo cristiano, nos llevaría a pensar que se escribió en Palestina o Siria.

## PANORAMA DEL LIBRO

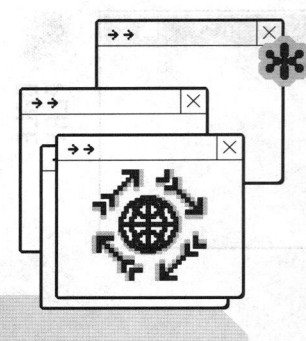

La carta se centra en exhibir a cierto grupo que se infiltró en la iglesia. Se convierte así en una suerte de tratado antiherético. Es una carta enérgica, dirigida a una comunidad que está siendo influenciada por un grupo de personas que traen enseñanzas falsas, además de prácticas inmorales. Estos inmorales se introdujeron en la iglesia a tal punto que comparten la cena del Señor (1:12) con la comunidad. Acerca de las falsas enseñanzas introducidas en la iglesia, no tenemos muchos detalles, pero se podría decir que es una suerte de gnosticismo antinomista (que rechaza las normas establecidas). El autor los señala como impíos y además de rechazar la soberanía del Señor (1:4, 8,9), blasfeman de las potestades superiores. En este sentido, al parecer se creían superiores a los ángeles. Cabe señalar que si bien estos intrusos (1:4) están causando divisiones en la comunidad (1:19), Judas ordena apartarse de ellos, pero aún así, también exhorta a intentar salvarlos de su mal camino (1:22,23).

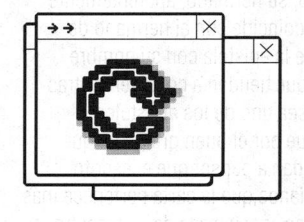

## ¿CÓMO SE RELACIONA CONMIGO?

El propósito de este pequeño libro es doble. Por un lado, Judas quiere exponer a los falsos maestros que se habían infiltrado en la comunidad cristiana y, por el otro, quiere alentar a los cristianos a mantenerse firmes en la fe y luchar por la verdad. Judas reconoció que los falsos maestros a menudo vendían sus mercancías sin que los fieles se dieran cuenta, por lo que trabajó para aumentar la conciencia de los creyentes describiendo con mucho detalle cuán terribles eran estos infiltrados. Pero más que simplemente crear conciencia, Judas pensó que era importante que los creyentes se opusieran a los que trabajan contra Jesucristo. Los creyentes debían hacer esto recordando las enseñanzas de los apóstoles, edificándose unos a otros en la fe, orando en el Espíritu Santo y manteniéndose en el amor de Dios (Judas 1:17, 20–21).

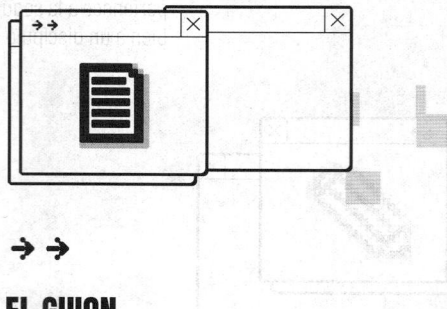

## EL GUION

1) Saludos (v.1,2)
2) Propósito de la carta (v.3,4)
3) Desenmascarando a los intrusos e inmorales (v.5-16)
4) Palabras pastorales a la iglesia (v.17-23)
5) Despedida y alabanza (doxología) (v.24,25)

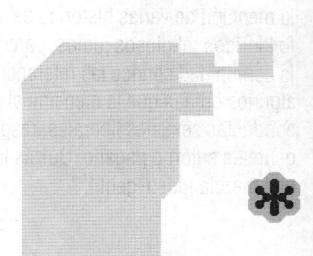

# JUDAS

# Judas

¹Judas, siervo de Jesucristo y hermano de Jacobo, ²a los que Dios el Padre ama y ha llamado, y a quienes Jesucristo cuida: que Dios les dé en abundancia su misericordia, paz y amor.

## Pecado y condenación de los impíos

³Amados, me había propuesto escribirles acerca de la salvación que Dios nos ha dado; pero ahora es preciso escribirles para que luchen y defiendan con firmeza la verdad que Dios, una vez y para siempre, dio a su santo pueblo.

⁴Algunas personas perversas se han infiltrado entre ustedes y afirman que, como Dios es bueno, uno puede hacer lo que se le antoje, y de esa manera niegan a nuestro amo y Señor, Jesucristo. La condenación de ellos hace mucho tiempo está señalada.

⁵Aunque ustedes lo saben muy bien, quiero recordarles que el Señor rescató de Egipto a su pueblo y luego destruyó a los que no creían en él. ⁶Y a los ángeles que abandonaron el lugar de autoridad que Dios les había dado, ahora Dios los mantiene encadenados en prisiones de oscuridad en espera del gran día del juicio.

⁷Lo mismo les pasó a Sodoma, a Gomorra y a las ciudades vecinas. Por haberse entregado a toda clase de relaciones sexuales que Dios no aprueba, entre ellas las que van contra la naturaleza humana, fueron destruidas con el fuego eterno. Ahora son una advertencia para todos.

⁸No obstante, estas personas de quienes les hablo, por seguir sus ideas locas degradan su cuerpo, y no sólo se burlan de los que tienen autoridad sino también de los seres celestiales. ⁹Ni siquiera Miguel, el jefe de los ángeles, hizo algo así. Cuando peleaba con el diablo para quedarse con el cuerpo de Moisés, no se atrevió a maldecir ni a insultar al diablo, sino que le dijo: «El Señor te reprenda».

¹⁰Pero estos individuos hablan mal de lo que no conocen y, como las bestias, siguen sus instintos; y eso es lo que los destruye.

¹¹¡Ay de ellos!, porque siguen el ejemplo de Caín, se entregan al error de Balaam por ganar dinero y morirán como Coré por desobedecer a Dios.

¹²Cuando estas personas asisten a las comidas fraternales de ustedes, comen y beben hasta más no poder, sin pensar en los demás. Son como nubes sin agua arrastradas por el viento. Son como árboles sin frutos en tiempo de cosecha; han sido arrancados de raíz y están totalmente muertos.

¹³Son como las olas del mar turbulento que arrojan a la playa la espuma de sus suciedades vergonzosas. Son como estrellas errantes a las que sólo les espera la más densa y eterna oscuridad.

¹⁴Enoc, que fue el séptimo desde Adán, profetizó de ellos lo siguiente: «Miren, el Señor viene con millares y millares de ángeles ¹⁵a juzgar a todos y a reprender a los pecadores malvados, por las terribles cosas que han hecho, y las cosas que han dicho contra él».

¹⁶Estas personas son murmuradoras, nunca están satisfechas con nada; siguen siempre sus deseos egoístas y son tan arrogantes que cuando hablan bien de alguien es para sacarle algún beneficio.

## Exhortación a la perseverancia

¹⁷Pero ustedes, amados, recuerden lo que los apóstoles de nuestro Señor Jesucristo ya les habían advertido: ¹⁸«En los últimos tiempos vendrán burladores cuyo único propósito será deleitarse en cuanta perversidad pueda ocurrírseles».

¹⁹Tales personas causan divisiones, se dejan llevar por sus instintos y no tienen el Espíritu Santo.

²⁰Pero ustedes, amados míos, manténganse firmes en su santísima fe; aprendan a orar guiados por el Espíritu Santo; ²¹entréguense al amor de Dios y esperen el día cuando nuestro Señor Jesucristo, en su misericordia, nos dará la vida eterna.

²²Tengan compasión de los que dudan; ²³salven a otros, arrebatándolos del fuego. Y en cuanto a los demás, sean bondadosos con ellos, pero tengan cuidado y no se dejen arrastrar por sus pecados.

## Doxología

²⁴,²⁵Y ahora, que la gloria, la majestad, el imperio y la potencia sean eternamente del único Dios, Salvador nuestro por medio de Jesucristo, quien tiene poder para conservarlos sin caída y, con gran alegría, presentarlos sin tacha ante su gloriosa presencia. Amén.

# APOCALIPSIS

## → → ¿QUIÉN LO ESCRIBIÓ?

El autor es bien conocido por sus lectores, su nombre es Juan (1:1). Desde antiguo la iglesia ha considerado que este Juan es el discípulo amado, el hijo de Zebedeo, y autor de las epístolas que llevan su nombre. Otros no consideran que haya sido uno de los doce, pues al referirse a ellos pareciera no incluirse (18:20-21:14). Lo que sí todos están de acuerdo, que este Juan "de Patmos", es el pastor (o apóstol) de estas siete iglesias a quien escribe.

## → → ¿A QUIÉN LO ESCRIBIÓ?

A las siete iglesias mencionadas en el libro pertenecen todas a la región de Asia Menor.

## → → ¿CUÁNDO Y DÓNDE LO ESCRIBIÓ?

La mayoría acepta que se escribió cerca del año 95, cuando Domiciano era emperador de Roma. El lugar donde Juan recibió las visiones fue en la Isa de Patmos, que para hoy sería una cárcel de máxima seguridad reservada para presos muy peligrosos (1:8).

## → → PANORAMA DEL LIBRO

¡Qué satisfactorio es ir a ver una película que tiene un gran final! La cámara se aleja de la escena dándonos una amplia perspectiva de la resolución de los conflictos. Vemos a los protagonistas con una nueva perspectiva por delante, habiendo dejado atrás los problemas enfrentados y la música triunfal es el complemento perfecto para una grata conclusión. Ese es el sentimiento que uno siente al terminar de leer el Apocalipsis. Este el final adecuado para una colección de libros como la Biblia. No solamente porque cierra la historia de una manera triunfal y esperanzadora, sino porque varios de los temas mencionados a lo largo de toda la revelación son presentados en una forma unificada y majestuosa. Sin embargo, este es uno de los libros más temidos y mal interpretados de la Escritura. Es que aquí, más que en otros escritos, la interpretación depende de ciertas decisiones que el intérprete hace y además de la tradición teológica a la que éste pertenece. Sin embargo, al menos podemos afirmar los siguientes hechos básicos: Primero, este no es un libro escrito para esconder el conocimiento acerca de los planes de Dios; al contrario, la palabra "apocalipsis" significa "revelación" o "aquello que era difuso y que ahora se esclarece". En segundo lugar, el libro no tiene como propósito solamente revelar detalles que se cumplirían muchos años después de su publicación. De hecho, parece que uno de los objetivos de Juan era el de consolar y animar a los hermanos que estaban siendo perseguidos, afirmando que el Señor sigue estando en control de la historia y que él triunfará sobre los enemigos de los creyentes. En tercer lugar, y a la par de lo anterior, también hay que afirmar que es obvio que el libro es mucho más que una colección de símbolos de la vida cristiana de cualquier época. Más bien parece que Juan sí está presentando en forma de visiones el triunfo final del Señor en la historia humana. Cuánto revela y cómo se identifican los símbolos, personajes y eventos dependerá de la manera en la que cada denominación y sistema teológico interpreta el libro. El libro tiene como centro la soberanía de Dios sobre la historia humana. Así, por ejemplo, en las cartas dirigidas a las siete iglesias, Jesús se presenta como el Señor de las iglesias locales, el cual evalúa, felicita, reprende, anima y se pasea por los candeleros de las congregaciones. Los juicios descritos, por otro lado, tienen como fondo, no tanto las catástrofes y horrores, sino el señorío de Dios sobre toda criatura y sobre toda la creación. Ahora bien, la manera de presentar ese dominio total divino es la utilización de símbolos con un fuerte trasfondo antiguotestamentario, la presentación de bestias y seres fantásticos, el uso de números simbólicos como el siete y otros más y la develación de escenas celestiales que reafirman la absoluta majestad de Dios en el universo. Estas características concuerdan con la llamada "literatura apocalíptica" que era parte de las expresiones literarias judías. En este sentido, una de las claves para comprender el libro es seguir la estructura de series de sietes a lo largo de la obra: siete iglesias (cáps. 2-3), siete estrellas (1:16), siete espíritus de Dios (4:5), siete sellos (5:1), siete trompetas (8:2), siete truenos (10:3), siete cabezas de la bestia (12:3), siete plagas (15:1), siete copas (15:7). En total, las referencias a siete cosas se cuentan en más de cincuenta en el libro. El mensaje es que Dios es quien dirige y controla los eventos de la historia humana. En realidad, cualquiera que sea la interpretación que nuestra iglesia o grupo teológico le dé a las visiones de Apocalipsis, esta idea del reinado, el dominio y el majestuoso control del Señor sobre todo el universo y los eventos de la historia debe ser proclamada en todo momento.

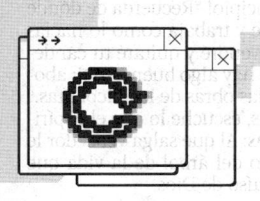

## ¿CÓMO SE RELACIONA CONMIGO?

Casi todas las personas tienen en claro que este libro tiene que ver con el futuro y el final de los tiempos, sin embargo, su trama tiene otro tema principal de fondo y es que Jesús es el Señor de toda la creación, el Señor de la historia y, tarde o temprano, el Señor de cada vida. Las amplias descripciones del trono divino y la corte celestial, su dominio sobre la creación y su clara victoria sobre los enemigos reafirman que Dios está reinando sobre el mundo.

Imaginar el triunfo final de Dios y el regreso de Jesucristo como una realidad que será experimentada por todos es siempre importante para cada cristiano y un tema que puede traer emoción, fe e incluso consuelo. Quizá seremos testigos de esa victoria de maneras diferentes a las que muchas de nuestras iglesias la conciben. Sin embargo, no puede quedar dudas de que el Señor triunfará sobre los grandes enemigos de su pueblo: Satanás, el pecado, la muerte y la maldad. Apocalipsis deja en claro que debemos estar preparados para la venida gloriosa del Hijo de Dios. El capítulo final de Apocalipsis nos recuerda que debemos cumplir las palabras del libro (22:7), podemos vivir para el Señor porque Él traerá su recompensa (22:12) y debemos compartir con otros la invitación del Espíritu a formar parte de los redimidos del Señor (22:17).

## EL GUION

1) El Señor de la iglesia, Jesucristo, el Rey. Cap. 1
2) Las iglesias locales, evaluadas por Jesucristo, el Pastor. Caps. 2-3
3) Adoración celestial a Jesucristo, el Cordero vencedor. Caps. 4-5
4) Juicios para llamar al arrepentimiento, por Jesucristo, el juez. Caps. 6-9
5) Control frente a los enemigos, por parte de Jesucristo, el Señor. Caps. 10-12
6) La derrota del enemigo mortal por parte de Jesucristo, el Todopoderoso. Caps. 13-18.
7) La iglesia comparte el triunfo absoluto de Jesucristo, el esposo fiel. Caps. 19-22

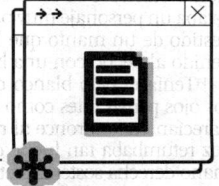

# APOCALIPSIS

# Apocalipsis

## Prólogo

**1** Ésta es la revelación que Dios le dio a Jesucristo para que él le muestre a sus servidores los acontecimientos que ocurrirán pronto. Jesucristo se los reveló por medio de un ángel a su siervo Juan. ²Juan puso por escrito la palabra de Dios y el testimonio de Jesucristo, y narró con veracidad todo lo que vio y oyó.

³Bendito el que lee esta profecía y benditos los que la oyen y le hacen caso, porque la hora de su cumplimiento se aproxima.

## Saludos y doxología

⁴Yo Juan, les escribo a las siete iglesias que están en la provincia de Asia:[a]

Gracia y paz a ustedes de Aquel que es, que era y que ha de venir, y de los siete espíritus[b] que están delante de su trono, ⁵y de parte de Jesucristo, el testigo fiel, que fue el primero en levantarse de entre los muertos y que tiene autoridad sobre todos los reyes de la tierra.

Al que nos ama y derramó su sangre para libertarnos de nuestros pecados,

⁶y ha hecho de nosotros un reino de sacerdotes al servicio de Dios su Padre, ¡sean eternamente la gloria y el poder! ¡Amén!

⁷¡Miren! ¡Viene en las nubes, ante los ojos de la humanidad entera, y hasta los que lo traspasaron lo verán! Y las naciones de la tierra llorarán de pesar por él.

¡Amén! ¡Que así sea!

⁸«Yo soy la A y la Z, —dice el Señor Dios—, el que es, que era y que ha de venir, el Todopoderoso».

## Alguien semejante al Hijo del hombre

⁹,¹⁰Yo, Juan, hermano de ustedes y compañero en el sufrimiento, en el reino y en la fortaleza que nos da Jesucristo, un día del Señor estaba en la isla de Patmos, a donde me habían desterrado por predicar la palabra de Dios y contar lo que sé de Jesucristo. Entonces quedé bajo el poder del Espíritu y escuché detrás de mí una voz que, estridente como toque de trompeta, ¹¹me dijo:

«Escribe en un libro todo lo que veas, y envíalo a las siete iglesias que están en Asia:[c] Éfeso, Esmirna, Pérgamo, Tiatira, Sardis, Filadelfia y Laodicea».

¹²Cuando me volví para mirar al que me hablaba, vi siete candeleros de oro. ¹³En medio de los candeleros estaba un personaje muy parecido al Hijo del hombre, vestido de un manto que le llegaba hasta los pies, y ceñido al pecho con una banda de oro.

¹⁴Tenía el pelo blanco como la lana o la nieve, y los ojos penetrantes como llamas de fuego. ¹⁵Sus pies parecían como bronce al rojo vivo en un horno, y su voz retumbaba tan fuerte como una catarata. ¹⁶En la mano derecha sostenía siete estrellas; de su boca salía una espada aguda de dos filos. El rostro le brillaba con el resplandor del sol cuando brilla con toda su fuerza.

☼¹⁷Al verlo, caí a sus pies como muerto; pero puso la mano derecha sobre mí y me dijo: «¡No temas! Soy el primero y el último, ¹⁸el que vive aunque estuvo muerto; pero ahora vivo para siempre y tengo las llaves del infierno y de la muerte.

¹⁹»Escribe lo que viste, lo que está sucediendo y lo que sucederá después. ²⁰El significado de las siete estrellas que tengo en la mano derecha, y de los siete candeleros de oro, es el siguiente: las siete estrellas son los ángeles de las siete iglesias, y los siete candeleros son las siete iglesias.

## A la iglesia de Éfeso

**2** »Escríbele al ángel de la iglesia en Éfeso:

El que anda en medio de los siete candeleros y el que tiene las siete estrellas en su mano derecha te manda este mensaje:

²Estoy al tanto de la obra que realizas. Me he fijado en tu duro trabajo, en la paciencia que tienes. Sé que no toleras a los malvados y que has examinado cuidadosamente a los que se llaman apóstoles y no lo son, y te has dado cuenta de sus mentiras. ³Y sé también que has sufrido por mi causa pacientemente y sin claudicar.

☼⁴Sin embargo, hay algo malo en ti: ¡Ya no me amas como al principio! ⁵Recuerda de dónde has caído, arrepiéntete y trabaja como lo hacías antes. Si no lo haces, vendré y quitaré tu candelero de su lugar. ⁶Pero hay algo bueno en ti: aborreces tanto como yo las obras de los nicolaítas.[d]

☼⁷El que tenga oídos, escuche lo que el Espíritu dice a las iglesias: Al que salga vencedor le daré a comer del fruto del árbol de la vida que está en medio del paraíso de Dios.

## A la iglesia de Esmirna

⁸»Escríbele esto al ángel de la iglesia en Esmirna:

El primero y el último, el que estuvo muerto y resucitó, te manda este mensaje:

⁹Estoy al tanto de que has sufrido mucho por el Señor y conozco tu pobreza. ¡Aunque eres rico! Conozco las difamaciones de los que se te oponen, que dicen ser judíos y no lo son, porque son una sinagoga de Satanás.

¹⁰No temas lo que has de sufrir. Para probarlos, el diablo arrojará a algunos de ustedes en la cárcel y los estará persiguiendo durante diez días. Sé fiel hasta la muerte y yo te daré la corona de la vida.

¹¹El que tenga oídos, escuche lo que el Espíritu dice a las iglesias: El que salga vencedor no sufrirá daño alguno de la segunda muerte.

## A la iglesia de Pérgamo

¹²»Escríbele al ángel de la iglesia en Pérgamo:

El que tiene en la boca la espada aguda de dos filos te envía este mensaje:

¹³Sé bien que vives en la ciudad donde Satanás tiene su trono; sin embargo, te has mantenido fiel a mí y no me negaste ni siquiera cuando en esa ciudad de Satanás llevaban al martirio a Antipas, mi fiel testigo.

---

*d.* Algunos opinan que la palabra nicolaíta, traducida del griego al hebreo quiere decir «seguidor de Balaam», el hombre que indujo a los israelitas a caer en la lascivia. Vea Números 31.16 y Números 25.1-9.

☼1.17–18   ☼2.4–5   ☼2.7

---

*a.* Hoy Turquía.
*b.* Vea Isaías 11.2.
*c.* Vea Éxodo 19.6 y 1 Pedro 2.9.

¹⁴Pero tengo unas pocas cosas contra ti: Toleras a los que persisten en la doctrina de Balaam, el que le enseñó a Balac cómo hacer caer en pecado al pueblo de Israel, alentándolo a entregarse a fiestas idólatras e incitándolo a la inmoralidad sexual. ¹⁵También toleras a los que persisten en la doctrina de los nicolaítas.
¹⁶Si no te arrepientes, iré pronto a ti y pelearé contra ellos con la espada de mi boca.
¹⁷El que tenga oídos, escuche lo que el Espíritu dice a las iglesias: El que salga vencedor comerá del maná escondido, y le daré una piedra blanca en la que habré grabado un nuevo nombre que sólo conoce el que lo recibe.

## A la iglesia de Tiatira

¹⁸»Escríbele al ángel de la iglesia en Tiatira:
Éste es un mensaje del Hijo de Dios, cuyos ojos fulguran como llamas de fuego y cuyos pies son como bronce al rojo vivo.
¹⁹Estoy al tanto de las obras que realizas, de tus bondades, de tu fe, de tu servicio y de tu perseverancia. Sé que ahora estás haciendo mucho más que cuando comenzaste.
²⁰Sin embargo, tengo esto contra ti: Tú permites que Jezabel, la que dice ser profetisa, enseñe a mis siervos a practicar inmoralidades sexuales y a comer carne sacrificada a los ídolos. ²¹Le he dado tiempo para que se arrepienta de su inmoralidad, pero se niega a hacerlo.
²²Por eso, la voy a arrojar en un lecho de intensa aflicción; y junto a ella arrojaré a sus amantes y los haré sufrir terriblemente si no se vuelven a mí, arrepentidos de los pecados que han cometido con ella. ²³Y a los hijos de esa mujer los heriré de muerte. Así sabrán todas las iglesias que yo escudriño la mente y el corazón y que a cada uno le doy su merecido.
²⁴En cuanto a los demás de Tiatira que no han seguido estas falsas enseñanzas (que algunos llaman profundos secretos de Satanás), no les pediré nada más. ²⁵Eso sí, retengan firmemente lo que tienen hasta que yo vaya.
²⁶Al que salga vencedor y se mantenga hasta el final haciendo lo que me agrada, le daré autoridad sobre las naciones, ²⁷de la misma manera que el Padre me la dio a mí; y las regirá con vara de hierro y las hará saltar en pedazos como vasos de barro. ²⁸¡Y también le daré la estrella de la mañana!
²⁹El que tenga oídos, escuche lo que el Espíritu dice a las iglesias.

## A la iglesia de Sardis

**3** »Escríbele al ángel de la iglesia en Sardis:
Este mensaje te lo envía el que tiene los siete espíritus de Dios y las siete estrellas.
Estoy al tanto de la obra que realizas. Tienes fama de estar vivo, pero sé que estás muerto. ²¡Despiértate! Cuida lo poco que te queda, porque aun eso está al borde de la muerte. Me he dado cuenta de que tus actos no son perfectos delante de mi Dios.
³Vuélvete a lo que oíste y creíste al principio; guárdalo firmemente y arrepiéntete. Si no lo haces, iré a ti como ladrón, cuando menos lo esperes.
⁴No obstante, hay en Sardis algunas personas que no han manchado sus ropas. Por eso, porque son dignas, caminarán a mi lado vestidas de blanco.
⁵El que salga vencedor recibirá ropa blanca; no borraré su nombre del libro de la vida sino que reconoceré su nombre ante mi Padre y ante sus ángeles.
⁶El que tenga oídos, escuche lo que el Espíritu dice a las iglesias.

## A la iglesia de Filadelfia

⁷»Escríbele al ángel de la iglesia en Filadelfia:
Este mensaje te lo envía el Santo y Verdadero, el que tiene la llave de David, el que abre y nadie puede cerrar, y cierra y nadie puede abrir.
⁸Estoy al tanto de la obra que realizas. No eres muy fuerte, pero me has obedecido y no has negado mi nombre. Por eso te he abierto una puerta que nadie te podrá cerrar. ⁹Obligaré a los de la sinagoga de Satanás, que dicen mintiendo que son míos, a postrarse a tus pies y reconocer que te amo. ¹⁰Por cuanto me has obedecido y has sido constante, te protegeré de la gran tribulación y tentación que vendrán sobre el mundo para poner a prueba a la humanidad.
¹¹Vengo pronto. Retén firmemente lo que tienes, para que nadie te quite tu corona. ¹²Al que salga vencedor, lo convertiré en columna del templo de mi Dios y ya no saldrá jamás de allí. Escribiré en él mi nombre de mi Dios y el nombre de la ciudad de mi Dios —la nueva Jerusalén que el Señor hará descender del cielo—, y llevará escrito en él mi nuevo nombre.
¹³El que tenga oídos, escuche lo que el Espíritu dice a las iglesias.

## A la iglesia de Laodicea

¹⁴»Escríbele al ángel de la iglesia en Laodicea:
Este mensaje te lo envía el Amén, el testigo fiel y verdadero, el origen de toda la creación de Dios.
¹⁵Estoy al tanto de la obra que realizas. No eres frío ni caliente. ¡Ojalá fueras frío o caliente! ¹⁶¡Pero como eres tibio, te vomitaré de mi boca! ¹⁷Tú dices: "Soy rico, tengo lo que deseo, ¡no necesito nada!" ¡Y no te das cuenta de que eres un infeliz, un miserable, pobre, ciego y desnudo! ¹⁸Te aconsejo que compres de mí oro puro, refinado en fuego. Sólo así serás verdaderamente rico. Y también compra de mí ropa blanca, limpia, pura, para que no sufras la vergüenza de andar desnudo. Y ponte colirio en los ojos para que te los cure y recobres la vista.
¹⁹Como yo disciplino y castigo a los que amo, tendré que castigarte si no abandonas esa indiferencia y te arrepientes. ²⁰Yo estoy siempre a la puerta y llamo; si alguno escucha mi voz y abre la puerta, entraré y cenaré con él y él conmigo.
²¹Al que salga vencedor, le daré el derecho de que se siente junto a mí en el trono, de la misma

2.25-28   3.2   3.15-16   3.19-21

manera que al vencer yo me senté con mi Padre en su trono.

²²El que tenga oídos, escuche lo que el Espíritu dice a las iglesias».

## El trono en el cielo

**4** Al levantar la vista, contemplé en el cielo una puerta abierta; y la voz que había escuchado antes, estridente como toque de trompeta, me dijo: «Sube acá y te mostraré lo que va a ocurrir después de esto». ²Al instante vino sobre mí el Espíritu y vi un trono colocado en el cielo y a alguien sentado en él. ³El que estaba sentado fulguraba como lustroso diamante o reluciente rubí. Alrededor del trono había un arco iris brillante como la esmeralda, ⁴y veinticuatro tronos ocupados por veinticuatro ancianos vestidos de blanco y con coronas de oro. ⁵Del trono salían relámpagos, truenos y estruendos. Delante del trono ardían siete lámparas de fuego que representaban a los siete espíritus de Dios, ⁶y había un mar como de cristal reluciente.

En medio y alrededor del trono había cuatro seres vivientes, llenos de ojos por detrás y por delante.

⁷El primero de aquellos seres vivientes tenía forma de león; el segundo, de toro; el tercero tenía un rostro humano, y el cuarto parecía un águila en pleno vuelo. ⁸Cada uno de ellos tenía seis alas y estaba cubierto de ojos por dentro y por fuera. Y día y noche decían:

«Santo, santo, santo es el Señor Dios Todopoderoso, el que era, que es y que ha de venir».

⁹Y cada vez que los seres vivientes daban gloria, honra y acción de gracias al que estaba sentado en el trono, al que vive para siempre, ¹⁰los veinticuatro ancianos se postraban en adoración delante del que vive eternamente y tiraban sus coronas delante del trono, al tiempo que cantaban:

¤ ¹¹«Señor, eres digno de recibir la gloria, la honra y el poder, porque tú creaste el universo. Lo que existe, existe porque tú quisiste crearlo».

## El rollo escrito y el Cordero

**5** En eso noté que el que estaba sentado en el trono tenía en la mano derecha un pergamino enrollado, escrito por detrás y por delante y sellado con siete sellos. ²En aquel mismo instante, un ángel poderoso preguntó con voz fuerte: «¿Quién es digno de abrir el pergamino y romper sus sellos?» ³Pero nadie, ni en el cielo ni en la tierra ni debajo de la tierra, podía abrirlo para leerlo.

⁴No pude contener el dolor que me embargó ante la desgracia de que no hubiera nadie digno de revelarnos el contenido del pergamino, y rompí a llorar.

⁵Pero uno de los ancianos me dijo: «No llores. Allí está el León de la tribu de Judá, la Raíz de David, que con su victoria ha demostrado ser digno de romper los siete sellos del pergamino y desenrollarlo».

⁶Entonces miré. En medio del trono, de los cuatro seres vivientes y de los ancianos, estaba un Cordero de pie en el que eran visibles las heridas que le causaron la muerte. Tenía siete cuernos y siete ojos, que representaban los siete espíritus de Dios enviados a todas partes del mundo.

⁷El Cordero se acercó y recibió el rollo de la mano derecha del que estaba sentado en el trono. ⁸Al hacerlo, los cuatro seres vivientes y los veinticuatro ancianos se postraron ante él con arpas y copas de oro llenas de incienso —que son las oraciones del pueblo santo—, ⁹y dedicaron al Cordero este nuevo canto:

«Eres digno de recibir el pergamino y de romper sus sellos, porque fuiste sacrificado y con tu sangre compraste para Dios un pueblo de entre todos los linajes, pueblos, lenguas y naciones. ¹⁰Así formaste un reino de sacerdotes que sirven a nuestro Dios y reinarán sobre la tierra».

¹¹Escuché entonces el canto de millones y millones de ángeles que rodeaban el trono, de los seres vivientes y de los ancianos. ¹²Cantaban esto a gran voz:

«El Cordero que fue sacrificado es digno de recibir el poder, las riquezas, la sabiduría, la fortaleza, la honra, la gloria y la alabanza».

¹³Y todas las criaturas del cielo, de la tierra, de debajo de la tierra y del mar, exclamaron:

«¡Que la alabanza, la honra, la gloria y el poder sean por siempre para el que está sentado en el trono y para el Cordero!»

¹⁴Mientras tanto, los cuatro seres vivientes decían: «¡Amén!»

Y los veinticuatro ancianos se postraron y adoraron.

## Los sellos

**6** Y vi cuando el Cordero rompió el primer sello. Entonces uno de los cuatro seres vivientes, con voz de trueno, dijo: «¡Ven y ve!»

²Obedecí. Y apareció un caballo blanco. El jinete, que tenía un arco, recibió una corona y salió triunfante a obtener más victorias.

³Cuando el Cordero rompió el segundo sello, el segundo ser viviente gritó: «¡Ven!»

⁴Esta vez apareció un caballo rojo. El jinete recibió una gran espada y autorización para acabar con la paz en la tierra y hacer que por todas partes hubiera guerras y muertes.

⁵Cuando el Cordero rompió el tercer sello, escuché al tercer ser viviente que dijo: «¡Ven!»

En la escena apareció un caballo negro cuyo jinete tenía una balanza en la mano. ⁶Y una voz que brotó de entre los cuatro seres vivientes, dijo: «Vendo por el salario de un día un kilo de trigo o tres kilos de cebada, pero no le hagan daño al aceite ni al vino».

⁷Y cuando rompió el cuarto sello, escuché al cuarto ser viviente que dijo: «¡Ven!»

⁸En esta ocasión apareció un caballo amarillo. El jinete que lo montaba se llamaba Muerte, y lo seguía otro jinete llamado Infierno. Se les concedió dominio sobre una cuarta parte de la tierra y autoridad para matar por medio de guerras, hambre, epidemias y fieras salvajes.

⁹El Cordero abrió el quinto sello. Vi entonces debajo del altar a las personas que habían muerto por predicar la palabra de Dios y por ser fieles testigos.

¹⁰Aquellas personas clamaban a gran voz: «Soberano Señor, santo y verdadero, ¿cuándo vas a juzgar a los habitantes de la tierra y cuándo vas a vengar nuestra muerte?» ¹¹Les dieron entonces ropa blanca, y les dijeron que esperaran un poco más, hasta que se completara el número de los demás siervos de Jesús que iban a sufrir el martirio y se les unieran.

¤4.11

# DESAFÍO Z

→ →

Ahora es el momento de ponerte en acción, por lo que te desafío a ser parte de la solución.

→ →

## ¿CÓMO HACERLO?

Primero: Haz una lista de todas las cosas que te hacen quejar o que piensas que son injustas a tu alrededor. Pueden ser cosas de tu familia, de tu escuela, de tu equipo del deporte que practicas, de tu grupo de jóvenes, de tu iglesia, de tu grupo de amigos fuera de la iglesia, de tus vecinos, etc.

Segundo: Ora y reflexiona sobre esos problemas pidiendo a Dios las ideas y recursos que podrían solucionarlos.

Tercero: Toma nota de todas las posibles soluciones que te lleguen a la mente por más absurdas o pequeñas que parezcan.

Cuarto: Si es necesario consulta sobre esas posibles soluciones con tus líderes o adultos en los que confías, para que te orienten y ayuden.

Quinto: ¡Ponte un límite de tiempo para resolver ese problema! ¡Evita procrastinar, dejarlo para más adelante!

Sexto: ¡Hazlo!

→ →

## CONOCE MÁS A FELIX

Es un influencer dominicano, maestro de la Biblia, actor y conferencista. Dirige la Academia de Vida Espiritual "La Fuente". Se destaca por sus ocurrentes videos de humor y contenido para jóvenes solteros en Instagram y YouTube enseñando principios bíblicos a través del humor. En 2020 fue nominado a premios Platino como mejor actor de reparto masculino, por su actuación en la película *"Atravesando el Jordán".*

→ →

Escanea este QR con tu smartphone y mira estos videos para seguir pensando juntos.

Comparte tus comentarios en tus redes utilizando #BIBLIAZ

entender el peso de la pregunta. Vives en una sociedad llena de movimientos ideológicos que presumen buscar justicia e igualdad, pero la verdad es que solo persiguen intereses políticos o la reconstrucción de la sociedad sin la idea fundamental de la familia, la patria y Dios. Estos grupos ideológicos ya se dieron cuenta de que es muy difícil convencer a los adultos de sus falsas ideologías y se están esforzando por convencerte a ti. Si el mundo necesita justicia, esa justicia no puede ser definida por activistas de movimientos ideológicos, sino por el Dios de la justicia, quien es el Dios de la Biblia.

En la Biblia la injusticia social más alarmante que se describe era la que padecían las viudas y los huérfanos desamparados. En una sociedad donde las mujeres no podían trabajar y recibir un salario, necesitaban de un hombre en el hogar para sobrevivir; mucho peor era la situación de un niño sin padres.

Al Apóstol Pablo se le pidió que atendiera a los que socialmente vivían una vida más injusta en sus viajes misioneros (Gálatas 2:10); Santiago, quien era el principal líder de la iglesia, dijo que la verdadera religión o nuestro verdadero culto es hacerles justicia a esas personas (Santiago 1:27).

En el mundo de hoy es normal que el estado de cada país asuma este tipo de problemas, bueno, se supone que debe hacerlo, lo que nos da espacio para identificar otro tipo de situaciones sobre las cuales podemos afectar. Pregúntate: ¿qué es eso de lo que me quejo tanto en la sociedad? ¿Cuál es ese problema real que nos afecta a un grupo y la mayoría no le presta atención?

Nunca creas que la injusticia que observas es demasiado grande como para resolverla. Seguramente no vas a poder cambiar al mundo, pero sí podrás cambiar tu entorno y la realidad de muchas personas que te rodean. Recuerda que Dios te ha ungido para hacer su justicia, cuentas con su respaldo para hacer justicia y que cuando Dios te muestra una necesidad, es porque tienes la capacidad de suplirla.

No te enojes conmigo por lo que te diré ahora, pero debes saber que Dios te juzgará a ti por no hacer justicia, y se te complicará más si te atreves a usar esa unción para tu beneficio propio. En el Salmo 82 el salmista Asaf muestra de forma simbólica cómo Dios enérgicamente se queja con los jueces que él escogió para hacer justicia social, y usaron esa autoridad que Dios le dio para su propio beneficio.

¡Hey! ¡Calma, calma! No te quiero asustar, pero es mi deber advertirte que nuestro mundo tiene hambre y sed de justicia y Jesús, el salvador que vive en ti, prometió satisfacer esa hambre y sed. Sal al mundo y muéstrales a todos lo real que es Jesús haciendo de nuestro mundo un lugar menos injusto donde Dios es glorificado.

**VERSÍCULOS DE REFUERZO** | Salmos 82:1-4 | Gálatas 2:10
Santiago 1:27 | Proverbios 21:3

# HAZ JUSTICIA EN EL MUNDO

→ →

Soy Felix Aquino y quiero hablarte sobre la importancia de hacer justicia en el mundo. Sé que no es algo de lo cual se hable mucho en nuestras congregaciones, pero es uno de los temas principales de la Biblia que posiblemente hemos ignorado durante mucho tiempo.

Quizás eres como yo cuando era adolescente, que acostumbraba a quejarme mucho de los problemas de mi hogar, del lugar donde nací y crecí, de por qué los padres de otros jóvenes podían darles mejores cosas que las que mis padres podían darme a mí, siendo ellos trabajadores y cristianos; de por qué por su apariencia física o por su apellido otros chicos tenían mejores oportunidades que yo… Todo esto no me parecía justo, hasta que aprendí que cuando Dios te muestra una necesidad es porque tienes el potencial de suplirla.

→ →

## MIRA A TU ALREDEDOR

Ahora bien, si miras a tu alrededor te darás cuenta de que no solo tú tienes razones para quejarte ya que todo el mundo está lleno de injusticia. Creo que por eso la frase "la vida no es justa" es tan universal; no importa tu posición económica o clase social o color de piel, tarde o temprano vivirás situaciones injustas.

Eso puede hacer que te preguntes: ¿entonces será que Dios es el injusto? ¡Todo lo contrario! Dios quiere que cada vez te le parezcas más, por eso envió a Jesús para mostrarte el camino hacia Él. Y estás en un mundo lleno de injusticia para que puedas aprender a hacer justicia, ¿ahora lo entiendes? Recuerda: cuando Dios te muestra una necesidad es porque tienes el potencial para suplirla.

No es casualidad que estés leyendo esto en este momento. La razón por la que estás ahora leyendo esto es que eres una persona ungida por Dios. Un ungido es alguien que ha sido separado por Dios para cumplir su voluntad. La voluntad de Dios es que sigamos los pasos de Jesús, el Mesías.

Una vez Jesús entró al lugar de reunión (la sinagoga), en su pueblo, Nazaret; allí leyó la Palabra de Dios donde dice: "*El Espíritu del Señor está sobre mí, porque me ha ungido para dar buenas noticias a los pobres. Me ha enviado para anunciar libertad a los presos y dar vista a los ciegos, para poner en libertad a los oprimidos, para anunciar el año en que el Señor nos dará su favor*". (Lucas 4:18)

Jesús fue ungido para saciar el hambre de justicia que tiene nuestro mundo (Mateo 5:6). Esa unción te alcanza a ti como su seguidor. Así que no te quejes más por las injusticias de nuestro mundo, tienes el respaldo de Dios para hacer justicia.

Como sé que eres inteligente debes estar preguntándote: "Pero, ¿cómo hago para hacer que el mundo sea más justo?". Más que una buena pregunta para ti es muy importante

# FÉLIX AQUINO

→→ Si tuviera que definirme en tres palabras diría que soy **ocurrente, divertido, "moreno"**, eso lo dice todo, jaja

→→ Además de Jesús, me apasiona el softball, el cine y aprender.

→→ Vivo en **República Dominicana**

→→ Para mí la Biblia es el libro que contiene la voluntad revelada de Dios para los hombres. Aunque el libro es sagrado para nosotros, creo que el poder de este libro no está en el papel y la tinta o en la app que usemos en nuestros smartphones, su poder está en el mensaje.

→→ Un consejo: **Disfruta y aprende lo más que puedas de la etapa que estás viviendo. No te dejes llevar por tus pasiones, busca personas que ya sean lo que tú quieres ser y busca su consejo. No te frustres con los tropezones en el camino, todo es parte del aprendizaje y sobre todo recuerda siempre que el trono de tu vida le pertenece a Dios. No vivirás pleno fuera de Él.**

→→ Mi versículo favorito es **Santiago 1:17.**

→→ Una frase que me motiva: **"Las personas extraordinarias son extraordinarias porque logran sus objetivos por encima de las injusticias de la vida".**

→→ **Sigo a Jesús porque sus enseñanzas me transforman continuamente en una mejor persona y porque Él es el único camino a Dios.**

→→ Mi gran sueño es convertirme en un maestro de referencia de la vida y enseñanzas de Jesús.

→→ @felixjaquino
@felixjaquino

a la derecha del trono de Dios en el cielo ²y oficia en el santuario. Es decir, en el verdadero lugar de adoración que fue hecho por el Señor y no por ningún ser humano. ³A cada sumo sacerdote se le nombra para presentar ofrendas y sacrificios, y por eso es necesario que también él tenga algo que ofrecer. ⁴Si Jesús estuviera en la tierra, no sería sacerdote, pues aquí ya hay sacerdotes que presentan las ofrendas como lo ordena la ley. ⁵Estos sacerdotes sirven en un santuario que es copia y sombra del que está en el cielo. Porque así fue como se le advirtió a Moisés cuando iba a construir el santuario: «Pon atención y hazlo todo de acuerdo con el modelo que se te ha mostrado en la montaña». ⁶Pero el trabajo sacerdotal que Jesús ha recibido es mucho mejor que el de ellos; y así, por medio de él, tenemos un pacto mucho mejor, ya que está basado en mejores promesas.

⁷Si el primer pacto hubiera sido perfecto, no habría sido necesario un segundo pacto. ⁸Pero Dios les reprochó sus defectos y dijo:

«Llegará el día, —dice el Señor—, en que haré un nuevo pacto con el pueblo de Israel y con el pueblo de Judá. ⁹No será como el pacto que hice con sus antepasados el día en que de la mano los saqué de Egipto, pues porque ellos no cumplieron con mi pacto, yo los abandoné, —dice el Señor—. ¹⁰Por eso, éste es el pacto que haré con el pueblo de Israel después de aquellos días, —dice el Señor—: Escribiré mis leyes en su mente y en su corazón. Yo seré su Dios, y ellos serán mi pueblo. ¹¹Ya no será necesario que nadie enseñe a su prójimo ni a su hermano y le diga: "¡Conoce al Señor!", porque todos me conocerán, desde el más pequeño hasta el más grande. ※¹²Yo les perdonaré sus maldades y nunca más me acordaré de sus pecados».

¹³Decir que este pacto es nuevo significa que consideramos viejo al anterior, y lo que se vuelve viejo e inútil está por desaparecer.

### El culto en el santuario terrenal

**9** Ahora bien, el primer pacto tenía reglas para el culto y un santuario aquí en la tierra. ²El santuario se construyó de tal forma que en su primera parte, llamada Lugar Santo, estaban el candelabro, la mesa y los panes sagrados. ³Detrás de la segunda cortina estaba la parte llamada Lugar Santísimo, ⁴donde estaba el altar de oro para el incienso y el cofre del pacto que estaba toda recubierta de oro. Dentro del cofre había una jarra de oro que contenía el maná, la vara de Aarón que había retoñado, y las tablas del pacto. ⁵Encima del cofre estaban los querubines de la gloria, que cubrían con su sombra la tapa del cofre. Pero ahora no es necesario hablar de eso con detalles.

⁶Con todo esto dispuesto así, los sacerdotes entran continuamente en la primera parte del santuario para celebrar el culto. ⁷Pero en la segunda parte entra únicamente el sumo sacerdote, y sólo una vez al año. Siempre que entra lleva la sangre que ofrece por los pecados que cometen, sin darse cuenta, él y el pueblo. ⁸Con esto el Espíritu Santo da a entender que, mientras exista el primer santuario, todavía no se había dado a conocer el camino que conduce al Lugar Santísimo.

⁹Esto nos muestra hoy en día que las ofrendas y los sacrificios que allí se ofrecen no tienen ningún poder para hacer perfecta la conciencia de los que celebran ese culto. ¹⁰Éstas son únicamente reglas que tienen que ver con alimentos, bebidas y diversas ceremonias de purificación, que sólo tienen vigencia hasta que llegue el tiempo de reformarlo todo.

### La sangre de Cristo

¹¹Pero Cristo ya vino, y él es el sumo sacerdote de los bienes definitivos. Es sumo sacerdote en un santuario que es el mejor y es perfecto, que no está hecho por manos humanas, es decir, que no es de este mundo. ¹²Él entró una sola vez y para siempre al Lugar Santísimo. No entró con sangre de chivos y becerros, sino con su propia sangre, logrando así un rescate eterno. ¹³La sangre de chivos y toros, y las cenizas de una becerra rociadas sobre personas que están impuras, las hacen puras de modo que quedan limpias por fuera. ※¹⁴Y si esto es así, ¡la sangre de Cristo es todavía mejor! Pues por medio del Espíritu eterno, Cristo se ofreció a sí mismo a Dios como sacrificio sin mancha para purificar nuestra conciencia de las obras que conducen a la muerte, para que sirvamos al Dios viviente. ¹⁵Por eso, Cristo es mediador de un nuevo pacto. Por medio de su muerte, los llamados recibirán la herencia eterna que se les ha prometido, y serán liberados de los pecados que han cometido.

¹⁶Ahora bien, en el caso de un testamento, es necesario comprobar la muerte del que lo hizo, ¹⁷pues un testamento sólo tiene valor cuando la persona que lo hizo haya muerto. Mientras esa persona esté viva no tendrá ningún valor. ¹⁸Por eso, ni siquiera el primer pacto se estableció sin sangre. ¹⁹Moisés, después de anunciar a todo el pueblo los mandamientos de la ley, tomó lana roja y ramas de hisopo, las mojó con la sangre de los becerros y los chivos mezclada con agua, y con eso roció el libro de la ley y a todo el pueblo. ²⁰Y mientras los rociaba, decía: «Ésta es la sangre del pacto que Dios les ha ordenado a ustedes cumplir». ²¹De la misma manera, roció con la sangre el santuario y todos los objetos que se usaban en el culto. ²²La ley exige que casi todo sea purificado con sangre, pues si no hay derramamiento de sangre no hay perdón. ²³Por tanto, era necesario purificar, con esos sacrificios, las copias de lo que hay en el cielo; pero las cosas celestiales mismas necesitan sacrificios mejores que esos. ²⁴Por eso, Cristo no entró en un santuario hecho por seres humanos, que era una simple copia del verdadero santuario. Entró más bien, en el cielo mismo, para presentarse ante Dios a favor nuestro. ²⁵Tampoco entró en el cielo para ofrecerse muchas veces, como entra el sumo sacerdote en el Lugar Santísimo cada año con sangre que no es la suya. ²⁶Si así hubiera sido, Cristo habría tenido que sufrir muchas veces desde que el mundo fue creado. Pero ahora, al final de los tiempos, se ha ofrecido una sola vez y para siempre para acabar con el pecado por medio de su propio sacrificio. ²⁷Y como está establecido que los seres humanos mueran una sola vez y después que venga el juicio, ²⁸así Cristo fue ofrecido una sola

※8.12  ※9.14

como crucificar de nuevo al Hijo de Dios y exponerlo a la burla pública.

⁷Si sobre un terreno llueve mucho y proporciona una buena cosecha a sus propietarios, aquel terreno recibe bendición de Dios. ⁸Pero si lo único que produce es espinos y abrojos, resulta ser un mal terreno y se le condena al fuego.

⁹En cuanto a ustedes, amados hermanos, aunque les hemos hablado en estos términos, estamos seguros de cosas mejores con respecto a su salvación. ¹⁰Dios no es injusto. ¿Cómo podría él olvidar el ardor con que ustedes han trabajado o el amor que le han demostrado y le siguen demostrando al ayudar a los del pueblo santo? ¹¹Pero anhelamos que cada uno siga con el mismo entusiasmo hasta el fin, para que puedan obtener lo que esperan. ¹²No se vuelvan perezosos, sino sigan el ejemplo de los que por fe y con paciencia heredan las promesas de Dios.

## La certeza de la promesa de Dios

¹³En la promesa que Dios hizo a Abraham, Dios juró por sí mismo, ya que no había nombre mayor por el cual jurar. Y dijo:

¹⁴«En verdad te bendeciré abundantemente y te multiplicaré en gran manera».

¹⁵Abraham esperó con paciencia hasta que un día Dios cumplió su promesa.

¹⁶Cuando una persona jura, lo hace apelando a alguien superior a ella misma. Un juramento pone fin a cualquier controversia. ¹⁷Dios se ató a un juramento para que los herederos de la promesa estuvieran absolutamente seguros de su cumplimiento, y que supieran que nada cambiaría el juramento.

¹⁸De estas dos cosas que no pueden cambiarse y en las que es imposible que Dios mienta, recibimos un gran consuelo los que ahora acudimos a él en busca de su protección y confiados en la esperanza que nos ha dado.

¹⁹Esta esperanza es como un ancla firme y segura para nuestra alma y penetra hasta la presencia misma de Dios. ²⁰Allí Cristo entró por nosotros como precursor, convertido ya en sumo sacerdote eterno, de la misma clase de Melquisedec.

## El sacerdocio de Melquisedec

**7** Melquisedec era rey de la ciudad de Salén y sacerdote del Dios Altísimo. Cuando Abraham regresaba de derrotar a varios reyes, Melquisedec le salió al encuentro y lo bendijo. ²Entonces Abraham tomó una décima parte del botín de guerra y se lo entregó.

El nombre Melquisedec quiere decir «rey de justicia». Es, además, «rey de paz» porque era rey de Salén, y Salén quiere decir «paz». ³Nada se sabe acerca de Melquisedec: quienes hayan sido su padre o su madre[a] o sus otros antepasados. No se sabe dónde nació ni dónde murió. Así, es semejante al Hijo de Dios y es sacerdote para siempre.

⁴Vean ustedes lo grande que era Melquisedec: Aun Abraham, el patriarca, le entregó una décima parte de todo el botín. ⁵De acuerdo con la ley, los sacerdotes levitas reciben el diezmo de sus hermanos que también son descendientes de Abraham. ⁶Pero Melquisedec, que no lo era, recibió la ofrenda de Abraham. Y Melquisedec bendijo al que había recibido las promesas, es decir, a Abraham. ⁷Y como es sabido, el que bendice es siempre mayor que la persona que recibe la bendición.

⁸Los sacerdotes, aunque reciben diezmos, son mortales; sin embargo, se nos dice que Melquisedec aún vive. ⁹Y así podría decirse que Leví mismo dio diezmos a Melquisedec por medio de Abraham, ¹⁰porque Leví estaba en Abraham cuando éste le dio el diezmo a Melquisedec.

## Jesús, semejante a Melquisedec

¹¹El pueblo de Israel recibió la ley bajo el sacerdocio levítico. Si esos sacerdotes pudieran hacernos perfectos, ¿por qué entonces envió Dios a Cristo como sacerdote de la clase de Melquisedec, en vez de enviar a otro de la clase de Aarón?

¹²Ya que se cambió el tipo de sacerdote, Dios tenía que transformar la ley. ¹³,¹⁴Cristo no pertenecía a la tribu sacerdotal de Leví, sino a la de Judá, tribu que no había sido escogida para el sacerdocio; Moisés nunca le asignó tal responsabilidad. ¹⁵Y todo esto queda más claro si reconocemos que el nuevo sacerdote es de la clase de Melquisedec.

¹⁶Y llegó a ser sacerdote no según el requisito de la ley de pertenecer a determinada tribu, sino de acuerdo con el poder de una vida indestructible. ¹⁷Pues esto es lo que se asegura de él:

«Tú eres sacerdote para siempre, de la misma categoría que Melquisedec».

¹⁸Así que la ley anterior queda anulada por ser inútil e ineficiente, ¹⁹pues no perfeccionó nada. En cambio, ahora tenemos una esperanza mejor, por la cual nos acercamos a Dios.

²⁰Y esto no lo hizo sin un juramento. Los otros sacerdotes fueron nombrados sin un juramento, ²¹pero éste fue nombrado con el juramento del que dijo:

«El Señor juró, y no cambiará de opinión: "Tú eres sacerdote para siempre"».

²²Por eso, Jesús es el que ahora nos garantiza un pacto mejor. ²³A los otros sacerdotes la muerte no les permitía continuar con su oficio y por eso llegaron a ser tantos; ²⁴pero como Jesús nunca morirá, su sacerdocio es eterno. ²⁵Por eso puede salvar para siempre a los que por medio de él se acercan a Dios, ya que vive para siempre y está pidiendo por ellos. ²⁶Era provechoso para nosotros tener un sumo sacerdote así como él: santo, sin maldad, intachable, apartado de los pecadores y elevado más alto que el cielo. ²⁷Él no es como los otros sumos sacerdotes, que tienen que ofrecer sacrificios cada día por sus propios pecados y luego por los del pueblo. Él se ofreció a sí mismo como sacrificio una sola vez y para siempre. ²⁸Porque la ley pone como sumos sacerdotes a hombres débiles; pero después de la ley vino el juramento que nos daría al Hijo como sumo sacerdote, hecho perfecto para siempre.

## El sumo sacerdote de un nuevo pacto

**8** Lo más importante de lo que estamos diciendo es que tenemos un sumo sacerdote que se sentó

---

a. No se sabe si esto significa que Melquisedec era Cristo que le apareció a Abraham con forma humana, o si simplemente que no se sabe quiénes fueron sus padres ni cuándo nació y murió.

6.7–8   6.10–12   6.15   6.17–19

días mientras les quede tiempo, para que ninguno se endurezca contra Dios, cegado por el engaño del pecado, ¹⁴pues hemos llegado a tener parte con Cristo, si somos fieles hasta el fin, tal como confiamos en Cristo al principio.

¹⁵Como acabamos de decir:

«Si oyen hoy su voz, no endurezcan su corazón como sucedió en la rebelión».

¹⁶¿Quiénes fueron los que a pesar de haber escuchado la voz de Dios se rebelaron contra él? Los que escaparon de Egipto comandados por Moisés. ¹⁷¿Contra quiénes estuvo enojado Dios durante aquellos cuarenta años? Contra los que, por haber pecado, murieron en el desierto. ¹⁸Y ¿a quiénes se refería Dios cuando juró que no entrarían a la tierra que había prometido a su pueblo? Se refería a los que lo habían desobedecido. ¹⁹Como podemos ver, no pudieron entrar porque no confiaban en él.

## Reposo del pueblo de Dios

**4** Aunque la promesa de Dios de entrar en su reposo se mantiene en pie, debemos tener mucho cuidado, no sea que algunos no puedan entrar en ese reposo, ²pues la buena noticia nos ha sido anunciada de la misma manera que les fue anunciada a ellos. Pero no les fue de ningún provecho, porque no la ☼creyeron. ³Sólo los que tenemos fe podemos entrar en el reposo de Dios. Él ha dicho: «airado contra ellos, juré que no entrarían al reposo que les tenía preparado».

Aunque su trabajo quedó listo con la creación del mundo, ⁴en cierto lugar se ha dicho así del día de reposo: «Dios descansó el séptimo día tras haber terminado sus obras». ⁵Sin embargo, en el otro pasaje dice: «No entrarán en mi reposo».

⁶Eso significa que todavía falta que algunos entren al reposo de Dios. Los que primero tuvieron la oportunidad de entrar no la aprovecharon por desobedientes. ⁷Por eso, el Señor volvió a señalar un día, que es «hoy», y lo anunció por medio de David en las palabras que ya citamos:

«Si hoy oyen la voz de Dios, no endurezcan sus corazones».

⁸Si Josué les hubiera dado el lugar de reposo, Dios no habría hablado mucho tiempo después de otro ☼día. ⁹Por lo tanto, todavía queda un reposo para el pueblo de Dios, ¹⁰porque quien entra en ese reposo de Dios descansa de sus obras de la misma manera que Dios reposó de las suyas.

☼¹¹Pongamos, pues, empeño en entrar también en aquel reposo; cuidémonos de no desobedecer a Dios como lo desobedecieron los israelitas. ¹²La palabra de Dios es viva y poderosa. Es más cortante que una espada de dos filos que penetra hasta lo más profundo de nuestro ser, y examina nuestros más íntimos pensamientos y los deseos de nuestro corazón. ¹³Nada de lo que él ha creado puede esconderse de aquel a quien tendremos que rendir cuentas de nuestros hechos.

## Jesús, el gran sumo sacerdote

¹⁴En Jesús, el Hijo de Dios, tenemos un gran sumo sacerdote que subió al mismo cielo. Por eso, debemos seguir confiando en él. ¹⁵Nuestro sumo sacerdote entiende nuestras debilidades, porque él mismo experimentó nuestras tentaciones, si bien es cierto que nunca cometió pecado. ¹⁶Acerquémonos, pues, confiadamente al trono del Dios de amor, para encontrar allí misericordia y gracia en el momento en que las necesitemos.

**5** El sumo sacerdote es escogido de entre los hombres para representarlos ante Dios y para ofrecer ofrendas y sacrificios por los pecados. ²·³Y lo hace tanto por los pecados del pueblo como por los suyos propios, ya que como ser humano tiene muchas debilidades. Y por eso mismo, puede ser comprensivo con quienes son ignorantes y andan extraviados.

⁴Nadie puede hacerse sumo sacerdote por su propia cuenta. Al sumo sacerdote lo llama Dios, como en el caso de Aarón. ⁵Ni siquiera Cristo eligió él mismo ser sumo sacerdote, sino que Dios lo eligió y le dio ese honor cuando dijo:

«Tú eres Hijo mío, yo te he engendrado hoy».

⁶Y en otra ocasión le dijo:

«Tú eres sacerdote eterno, de la misma clase de Melquisedec».

⁷Cuando Cristo estaba en la tierra, con voz fuerte y muchas lágrimas ofreció ruegos y súplicas a Dios, quien podía librarlo de la muerte. Y Dios escuchó sus oraciones en virtud de su ferviente deseo de obedecer ☼a Dios. ⁸¡Aun Jesús, siendo Hijo de Dios, tuvo que aprender por medio del sufrimiento lo que es la obediencia! ⁹Y habiendo sido perfeccionado de esa manera, llegó a ser el autor de la salvación eterna de todos los que lo obedecen. ¹⁰Y Dios lo nombró sumo sacerdote de la misma clase de Melquisedec.

## Advertencia contra la apostasía

¹¹Quisiera decirles mucho más sobre este asunto, pero sé que, como no quieren entender, me va a ser difícil explicarlo. ¹²Después de tanto tiempo, ya debían poder enseñar a otros; sin embargo, hay necesidad de enseñarles de nuevo hasta los más sencillos principios de la Palabra de Dios. Se han debilitado tanto que, como niños, tienen que tomar sólo leche en vez de alimentos sólidos. ¹³Esto demuestra que todavía no saben diferenciar entre el bien y el mal. ¡Todavía son ustedes como recién nacidos! ¹⁴En cambio, los alimentos sólidos son para quienes ya son maduros, para quienes ya están acostumbrados a juzgar y a distinguir entre lo que es bueno y lo que es malo.

**6** ☼Así que, sigamos adelante a otras cosas y, como adultos, dejemos a un lado las primeras enseñanzas acerca de Cristo. No repitamos otra vez las primeras lecciones sobre cómo volvernos a Dios, sobre las acciones que llevan a la muerte, sobre la fe en Dios. ²Dejemos ya lo que se refiere al bautismo, la imposición de manos, la resurrección de los muertos y el juicio eterno. ³Si Dios lo permite, esto es lo que haremos.

⁴A los que en alguna ocasión han entendido el evangelio, han gustado las cosas del cielo, han participado del Espíritu Santo, ⁵han saboreado la Palabra de Dios y los poderes del mundo venidero, ⁶y caen de nuevo, es imposible que se les haga volver a Dios. Sería

☼4.3  ☼4.9  ☼4.11–16  ☼5.8–12  ☼6.1

# Hebreos

## El Hijo, superior a los ángeles

**1** En tiempos remotos, Dios habló muchas veces y de varias maneras a nuestros antepasados por medio de los profetas; ²pero en estos últimos tiempos nos ha hablado por medio de su Hijo. A él Dios lo hizo heredero de todas las cosas y por medio de él creó todo el universo. ³Él es el resplandor de la gloria de Dios, la fiel imagen de su ser y el que sostiene el universo con su palabra poderosa. Y después de haber realizado la purificación de los pecados, se sentó a la diestra de Dios en el cielo. ⁴Así llegó a ser superior a los ángeles, en la misma medida en que el nombre que recibió es superior al de ellos.

⁵En efecto, Dios jamás le dijo a ningún ángel: «Tú eres mi Hijo y hoy mismo te he formado». Y en otro pasaje dice: «Yo seré su Padre y él será mi Hijo».

⁶Cuando Dios trajo a su Primogénito al mundo, dijo: «Adórenlo todos los ángeles de Dios».

⁷Y en cuanto a los ángeles, dijo: «Él hace que sus ángeles sean mensajeros y que sus servidores sean como llamas de fuego».

⁸Pero de su Hijo, dice: «Tu trono, oh Dios, es eterno, y gobiernas tu reino con justicia. ⁹Amas lo justo y odias lo malo; y por eso Dios, el Dios tuyo, te ha dado más alegría que a los demás». ¹⁰También dijo: «Tú, oh Señor, en el principio hiciste los cielos y la tierra. ¹¹Ellos desaparecerán, pero tú permaneces para siempre. Se desgastarán como la ropa. ¹²Los doblarás como se dobla un vestido y los cambiarás por otros; pero tú eres siempre el mismo y tu vida nunca se acabará».

¹³¿Acaso Dios le dijo jamás a un ángel: «Siéntate a mi derecha, hasta que coloque a tus enemigos bajo tus pies»? ¹⁴¿Acaso no se dedican todos los ángeles a servir a Dios?, ¿acaso no los envía Dios para que ayuden a los que recibirán la salvación?

## Advertencia a prestar atención

**2** Por lo tanto, es necesario que prestemos más atención al mensaje que hemos oído, no sea que nos extraviemos. ²Si el mensaje que los ángeles anunciaron fue verdadero y toda desobediencia recibió su merecido castigo, ³¿cómo escaparemos nosotros si descuidamos esta gran salvación? El Señor anunció primero esta salvación y luego nos fue confirmada por los que la oyeron. ⁴Además, Dios confirmó su mensaje acerca de esta verdad por medio de señales, prodigios, diversos milagros y dones que el Espíritu Santo distribuye según su voluntad.

## Jesús, hecho igual a sus hermanos

⁵El mundo futuro del que hablamos no estará gobernado por ángeles. ⁶Como alguien ya ha dicho en otro lugar:

«¿Qué es el hombre para que pienses en él? ¿Qué es el hijo del hombre para que lo tomes en cuenta? ⁷Lo hiciste un poco inferior a los ángeles y lo coronaste de gloria y de honra, ⁸y has puesto todas las cosas bajo su dominio».

Sí, Dios puso todas las cosas bajo el dominio del Hijo del hombre y no hay nada que no se sujete a él. Pero todavía no vemos que esto último se haya cumplido.

⁹Sin embargo, vemos a Jesús, que fue hecho un poco inferior a los ángeles, y lo vemos coronado de gloria y honra por haber padecido la muerte por nosotros. De esta forma, por la gracia de Dios, la muerte de Jesús fue de beneficio para todos.

¹⁰Así que, convenía que Dios, quien todo lo creó para gloria suya, permitiera los sufrimientos de Jesús para que de esa manera pudiera llevar a la gloria a muchos hijos. ¹¹Tanto Jesús, que nos santifica, como nosotros, que somos los santificados, tenemos un mismo origen. Por ello, Jesús no se avergüenza de llamarnos hermanos, ¹²cuando dice:

«Hablaré de ti a mis hermanos y juntos te cantaremos alabanzas».

¹³Y en otra parte dice:

«Confiaré en Dios».

Y añade:

«Aquí estoy, con los hijos que Dios me ha dado».

¹⁴Por consiguiente, ya que los hijos de Dios son de carne y hueso, Jesús también compartió esa misma naturaleza de carne y hueso, para así anular, por medio de su muerte, al que tiene el dominio de la muerte, al diablo, ¹⁵y poder librar a los que vivían siempre en esclavitud por temor a la muerte. ¹⁶Sabemos que él no vino para rescatar a los ángeles sino a los descendientes de Abraham. ¹⁷Por eso era necesario que en todo fuera semejante a sus hermanos, pues sólo así podía ser un sumo sacerdote fiel y misericordioso al servicio de Dios, con el propósito de pagar por los pecados del pueblo. ¹⁸Y ya que él mismo sufrió la tentación, puede ahora ayudar a los que son tentados.

## Jesús, superior a Moisés

**3** Por lo tanto, hermanos míos, a quienes Dios ha apartado para sí y que participan en el mismo llamado de la salvación, piensen ahora en Jesús, apóstol y sumo sacerdote de nuestra fe. ²Jesús fue fiel a Dios, que lo nombró sumo sacerdote, así como también Moisés fue fiel en el servicio a toda la casa de Dios.

³Pero Jesús tiene mayor honor que Moisés, porque el que construye una casa tiene más honor que la casa misma. ⁴Toda casa es hecha por un constructor, pero Dios es el que construye todo lo que existe. ⁵Pues bien, Moisés fue fiel en su trabajo como siervo en la casa de Dios; lo hacía para dar testimonio de lo que Dios diría en el futuro. ⁶En cambio, Cristo es fiel como Hijo sobre la casa de Dios. Y nosotros somos la casa de Dios si mantenemos hasta el fin nuestra entereza y la esperanza que nos hace sentir orgullosos.

## Advertencia contra la incredulidad

⁷Como dice el Espíritu Santo:

«Si ustedes escuchan hoy su voz, ⁸no endurezcan el corazón como sucedió en la rebelión, en aquel día de prueba en el desierto. ⁹Allí sus antepasados me tentaron y me pusieron a prueba, a pesar de haber visto mis obras por cuarenta años. ¹⁰Por eso me enojé con ellos y dije: "Su corazón siempre se extravía y no han reconocido mis caminos". ¹¹Entonces, airado contra ellos, juré diciendo: "Jamás entrarán en mi reposo"».

¹²Por lo tanto, cuídense, hermanos, y no sean incrédulos ni tengan un corazón perverso que los esté apartando del Dios vivo. ¹³Exhórtense todos los

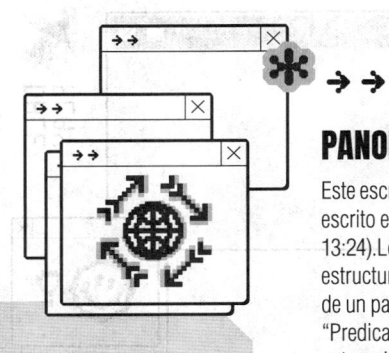

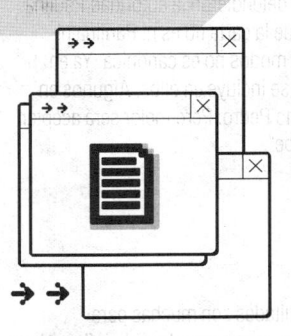

## PANORAMA DEL LIBRO

Este escrito no es una carta. Carece absolutamente de la estructura común de un escrito epistolar. Como bien lo dice el autor, es una palabra de exhortación (Heb. 13:24).Lo que tenemos en nuestras manos es nada más ni nada menos que la estructura íntegra de un sermón del primer siglo. ¡Es una predicación auténtica de un pastor cristiano del primer siglo!Podríamos titular este sermón como "Predicación sobre el sacerdocio de Cristo" pues ese es el tema principal que el autor mismo propone (Heb. 8:1). Presenta una cristología única en el NT: A Jesús como Sacerdote y Sumo sacerdote nuestro. A través de diferentes enfoques, el autor nos habla de Cristo y su obra salvífica como la acción definitiva de Dios para salvar a la humanidad. La imagen de Cristo aparece como superior a los Ángeles, Moisés, la Ley y todo el aparataje religioso Judío (Heb. 8:13).Con respecto a la congregación, esta se mantuvo firme en su pasado (Heb. 6:10-10:32) pero atraviesan en el momento por un periodo de desfallecimiento que la está empujando a abandonar su fe (5:11-14, 10:25,35, 12:3, 12, 13:17).

## EL GUION

1) Quién es Jesús (1:1-2:18)
2) Jesús, un sumo sacerdote superior a Moisés (3:1-4:14)
3) Jesús, un sumo sacerdote misericordioso (4:15- 5:10)
4) Un compromiso total con Jesús (5:11-6:20)
5) Jesús, un sumo sacerdote superior a todo sacerdote y sacrificio (7:1-10:39)
6) El poder de la fe en Jesús (11:1-40)
7) Perseverar en la fe en Jesús y la santidad (12:1-29)
8) Un estilo de vida superior (13:1-25)

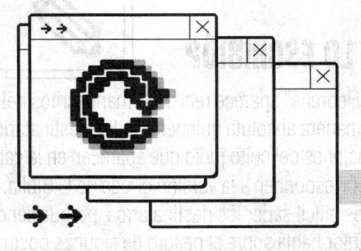

## ¿CÓMO SE RELACIONA CONMIGO?

La carta a los Hebreos deja en claro que solo una persona merece ocupar el lugar principal en nuestras vidas. Mientras estamos ocupados idolatrando nuestro ascenso en la escala de popularidad, acumulando tecnología o poniendo todas nuestras esperanzas en otras personas, Jesús nos ofrece una mejor posición, un mejor sacerdote, un mejor pacto, una mejor esperanza y un mejor sacrificio.

Solo cuando le demos a Jesús el lugar que le corresponde en nuestras vidas, todo lo demás en la vida ocupará el lugar que le corresponde. Hebreos deja en claro que Jesús es en verdad superior a todos los demás y te invita a preguntarte quién es la persona más importante en tu vida.

# HEBREOS

# HEBREOS

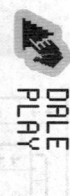

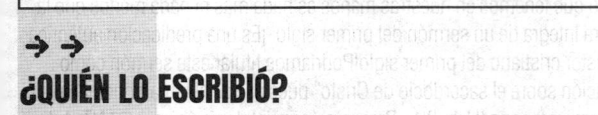

## → → ¿QUIÉN LO ESCRIBIÓ?

Aunque en un principio se adjudicó la carta a Pablo, ya sea por el estilo, la estructura y elementos doctrinales, es muy difícil que esta obra venga de la pluma del apóstol. En la antigüedad algunos defendieron la autoría Paulina, uno de los partidarios es Clemente de Alejandría. Luego Ireneo (Siglo III) acusa que la carta no es ni Paulina ni canónica. En el mismo siglo Tertuliano dice que la carta es de Bernabé y de todos modos no es canónica. Ya en el siglo IV, en el sínodo de Cartago se presentan "13 escritos de Pablo" y Hebreos se incluye en ellos. Algunos en siglos posteriores, como Lutero, se han inclinado por Apolos, incluso por el mismo Pedro. Pero mejor será aceptar la incertidumbre y decir como Orígenes (Siglo III) "quién fuera este, solo Dios sabe".

## → → ¿A QUIÉN LO ESCRIBIÓ?

El título "A los Hebreos" aparece recién en manuscritos del siglo III. Pero las dificultades son muchas para determinar de manera absoluta quienes son los destinatarios. Primero, el título que conocemos ha sido influenciado por las descripciones del culto judío que aparecen en la carta, más el lenguaje es helénico por excelencia y las citas bíblicas corresponden a la versión griega de la Biblia. Es más, este es el escrito con el mejor griego de todo el NT. Segundo, es difícil saber los destinatarios, porque sencillamente el autor no los menciona. Si bien en algunos momentos el autor habla sobre el peligro de algunas posturas judaizantes, ese no es el tema principal. Además el autor no maneja a la perfección los detalles de algunas cosas técnicas del culto judío (Heb 7:27- 9:4). Algunos creen que son cristianos de Jerusalén, pero el problema de esta hipótesis es que esta iglesia era pobre y recibió en algunas ocasiones ayuda de las iglesias helénicas. Más esta comunidad de destinatarios había ayudado a otras (Heb 6:10). Varios expertos mencionan que la aparición de elementos del culto judío y de la Ley de Moisés no debe dar por sentado que los destinatarios eran judíos, pues la carta de Pablo a los Gálatas que también contiene material del AT va dirigida a cristianos provenientes del paganismo. En conclusión, es mejor que nos quedemos con que la carta está dirigida a "unos cristianos a punto de desfallecer en su fe".

## → → ¿CUÁNDO Y DÓNDE LO ESCRIBIÓ?

No es menos compleja determinar esta cuestión, pues la carta da luces de algunas pistas, más no son totalmente convincentes. La carta usa un término único en todo el NT para hablar de los pastores, el término griego "egoúmenoi" (Heb 13:1). Este término aparece luego en escritos del segundo siglo, de Clemente y el pastor de Hermas, ambos escritos a la comunidad de Roma. Por eso algunos aseguran que el escrito podría ser a cristianos Romanos. La alusión de la persecución y el rechazo por parte de su gente también puede coincidir con Roma (Heb.10:32-34), más la ausencia del martirio la hace difícil de considerar para los tiempos de Nerón (Heb.12:4). Algunos aluden que esta cita podría ser del tiempo de Domiciano (81-96 d. C). Otros la fechan anterior a la destrucción del Templo en Jerusalén (70 d. C) pues el autor pareciera considerar el templo aún vigente (Heb. 1.1-11). Por aparte, sabemos que Timoteo sigue vivo (Heb. 13:23), aunque varios autores dicen que la parte epistolar del escrito fue adherido posterior- mente de alguna carta de Pablo (Heb. 13: 23-25). Lo que si debemos considerar es que seguramente este escrito fue para cristianos de segunda generación. Y aunque Roma sea una de las opciones preferidas, solo es una hipótesis.

# Filemón

¹Pablo, prisionero por amor de Jesucristo, y el hermano Timoteo, a ti, Filemón, amado colaborador, ²y a la iglesia que se reúne en tu casa, a la hermana Apia y a Arquipo, compañero de lucha:
³Que Dios nuestro Padre y el Señor Jesucristo derramen en ustedes amor y paz.

## Acción de gracias y petición

⁴Siempre doy gracias a mi Dios cuando te recuerdo en mis oraciones, ⁵porque me han hablado del amor y de la fidelidad que profesas al Señor Jesús y a todos los que son del pueblo santo de Dios. ⁶Ruego a Dios que la fe que tenemos en común te lleve a darte cuenta de cuántas cosas buenas podemos hacer por amor a Cristo. ⁷Yo mismo he hallado gran gozo y consuelo en tu amor, hermano mío, porque los corazones de los que pertenecen al pueblo santo de Dios han hallado refrigerio en tu bondad.

## Intercesión de Pablo por Onésimo

⁸Por eso, aunque podría ordenarte lo que debes hacer en el nombre de Cristo, ⁹prefiero rogártelo en nombre del amor. Yo, Pablo, anciano ya y preso por la causa de Cristo, ¹⁰te suplico por mi hijo Onésimo, el cual llegó a ser hijo mío en mis prisiones. ¹¹Él no te ha sido útil en el pasado, pero ahora nos es útil a ti y a mí. ¹²Te lo mando de regreso y con él te envío mi propio corazón. ¹³Hubiera querido retenerlo conmigo en esta prisión en la que estoy por predicar el evangelio, pues así me habría ayudado en lugar tuyo. ¹⁴Pero preferí no hacerlo sin tu consentimiento, pues no me gustan los favores forzados.

¹⁵Quizás Onésimo huyó de ti precisamente para que lo recuperaras para siempre, ¹⁶y ya no como esclavo sino como algo mucho mejor: como hermano amado. Para mí, él es muy especial. Ahora tienes razón para apreciarlo mucho más, no sólo como persona sino también como tu hermano en el Señor.

¹⁷Si de veras me consideras tu amigo, recíbelo con el mismo afecto con que me recibirías a mí. ¹⁸Si te hizo algún mal o si te robó algo, cárgalo a mi cuenta. ¹⁹Yo, Pablo, lo pagaré; y para constancia escribo esto con mi puño y letra. ¡No creo que sea necesario recordarte que tú a mí me debes lo que eres!

²⁰Sí, hermano, alegra mi corazón en Cristo con este gesto de amor que te pido en el Señor. ²¹Te he escrito esta carta porque estoy seguro de que harás lo que te pido y mucho más. ²²Ten una habitación lista para mí, pues espero que Dios contestará las oraciones de ustedes y permitirá que pronto vaya a verlos.

²³Epafras, mi compañero de prisión por amor a Cristo Jesús te saluda. ²⁴Marcos, Aristarco, Demas y Lucas, mis colaboradores, te envían saludos también.

²⁵Que el amor del Señor Jesucristo se derrame sobre ustedes.

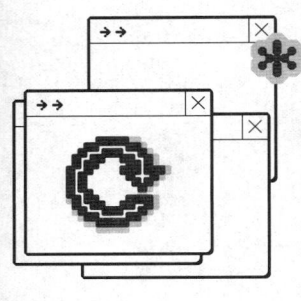

## ¿CÓMO SE RELACIONA CONMIGO?

El poder transformador de Dios está siempre vigente. El evangelio cambia realidades y este libro trata acerca de un esclavo fugitivo (que en tiempos de Pablo valía a veces menos que un animal), el cual recibe el evangelio y, al entrar en el campo de fuerza del Reino de Dios, se produce un giro dramático en su historia. La carta apunta sin embargo a quien fue su amo, que ahora debe extender misericordia al que fue su esclavo y ahora es su hermano en la fe, y tratarlo con una dignidad fuera de toda lógica para su contexto esclavista. Esta es una preciosa alegoría del perdón y el llamado del creyente a dar la gracia que primero recibió sin importar condición social, raza o cualquier otra diferencia humana.

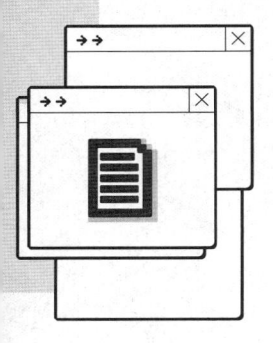

## EL GUION

1) La ida de Onésimo: El esclavo huye y se convierte en un fugitivo. (v.11,15)
2) El encuentro: El esclavo escucha el mensaje de Pablo y se convierte en cristiano. (v.10)
3) La vuelta: El exfugitivo retorna ya no como esclavo sino como un "hermano amado". (v.16,17)
4) ¿Quién paga? Pablo está dispuesto a pagar lo que Onésimo adeuda con Filemón, así como Cristo estuvo dispuesto a pagar el precio de nuestras faltas. (v.18,19)

# FILEMÓN

# FILEMÓN

## ¿QUIÉN LO ESCRIBIÓ?

Se acepta en general la autenticidad de la carta y la autoría de Pablo (Flm 1, 9, 19).

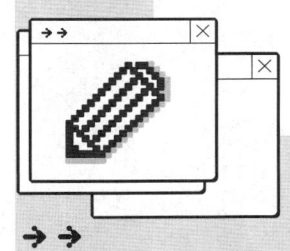

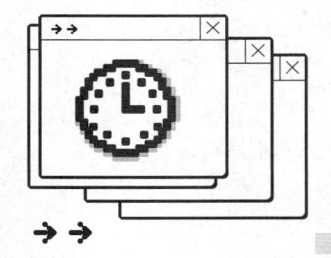

## ¿A QUIÉN LO ESCRIBIÓ?

El destinatario es Filemón (Flm 1:1) aunque también se menciona de manera cordial a otros (Apia, Arquipo), quizás su propia familia.

## ¿CUÁNDO Y DÓNDE LO ESCRIBIÓ?

L a tradición se inclina a pensar que las prisiones que menciona Pablo en la carta (Fil 1:13) son desde su arresto domiciliario en Roma (61 a 63 d. C).

## PANORAMA DEL LIBRO

Pablo estaba preso, cuando Onésimo, un esclavo que huye de su amo, llega a la gran Roma, escucha a Pablo y se convierte al evangelio (Flm 1:10). Posiblemente la huída fue causada por algún robo o alguna pérdida económica importante (Fil 1:11,18). Aunque Pablo aprecia la compañía de Onésimo a su lado, toma la decisión de devolverlo a su verdadero amo (Fil 1:14,16). Lo interesante de la carta, es que Pablo no apela a Filemón en su calidad de apóstol, más bien escribe como "prisionero" (v.1), "anciano" (v. 9) y "compañero" (v.17).Sin romper con la estructura social de la esclavitud, Pa bloinvitaaFilemón,en"nombredelamor"(v.9),aque realice una imposibilidad social: recibir a su esclavo fugitivo como su "hermano amado" (v.16). Esta es posiblemente una de las grandes razones de por qué esta carta tan personal fue incluida dentro del canon.

## Instrucciones personales y saludos finales

¹²Estoy pensando enviarte a Artemas o a Tíquico. Tan pronto como uno de ellos llegue, procura encontrarte conmigo en Nicópolis, donde he decidido pasar el invierno. ¹³Trata de ayudar a Zenas el abogado y a Apolos en el viaje que tienen que realizar. Ocúpate de que nada les falte, ¹⁴porque los nuestros deben aprender a ayudar a los que están en necesidad, pues así tendrán una vida útil.

¹⁵Todos los que están conmigo te mandan saludos. Salúdame a los que nos aman en la fe. Que el amor de Dios sea con todos ustedes.

# Tito

**1** ¹Escribo yo, Pablo, esclavo de Dios y mensajero a quien Jesucristo llamó y envió a llevar la fe a los escogidos de Dios y a instruirlos en la verdad que enseña nuestra religión. ²Esperamos la vida eterna que Dios, que no puede mentir, prometió desde antes de la creación del mundo; ³y ahora, a su debido tiempo, ha cumplido esta promesa por medio de las buenas noticias que, por mandato de Dios, nuestro Salvador, me han sido encomendadas proclamar.

⁴A Tito, verdadero hijo mío en la fe que compartimos: que Dios el Padre y Cristo Jesús nuestro Salvador te den su amor y paz.

## Tarea de Tito en Creta

⁵Te dejé en la isla de Creta para que pusieras en orden lo que quedó pendiente y te pedí que nombraras líderes en las iglesias de cada pueblo, de acuerdo con las instrucciones que te di. ⁶El líder que escojas debe ser irreprochable y debe tener sólo una esposa; sus hijos deben ser creyentes y no deben tener fama de disolutos o desobedientes.

⁷El líder es uno que supervisa la obra de Dios, y por eso debe ser irreprensible; no debe ser arrogante ni colérico, no debe ser dado a la bebida ni a las riñas, ni debe ganar dinero de manera deshonesta; ⁸debe ser hospitalario, amigo del bien, sensato, justo, santo y disciplinado. ⁹Su fe en las verdades que hemos enseñado debe ser firme, para que pueda enseñarlas y convencer a los que la contradicen, ¹⁰porque hay muchos que son rebeldes, especialmente entre los que dicen que uno debe circuncidarse. Estos son también habladores y engañadores. ¹¹Es preciso taparles la boca, pues en su afán por ganar dinero enseñando lo que no deben, ya han apartado de la verdad a varias familias.

¹²Uno de sus propios profetas dijo lo siguiente:

«Los cretenses son siempre mentirosos, malas bestias, glotones y perezosos».

¹³Y dijo la verdad. Por eso, repréndelos con severidad, para que se robustezcan en la fe ¹⁴y no hagan caso a las fábulas judaicas ni a mandamientos de individuos que se han alejado de la verdad. ¹⁵El que es puro de verdad, todo lo ve puro; pero los que tienen el corazón podrido y lleno de incredulidad lo ven todo malo, porque su mente y su conciencia corrompidas desfiguran lo que ven. ¹⁶Dicen que conocen a Dios, pero en la práctica demuestran no conocerlo. Son odiosos, desobedientes e incapaces de hacer lo bueno.

## Lo que se debe enseñar

**2** ¹Pero tú predica lo que concuerda con la sana enseñanza. ²Inculca en los ancianos el ser sobrios, serios, prudentes e íntegros en la fe, en el amor y en la paciencia.

³Las ancianas deben portarse como quien ama a Dios, no dadas a las habladurías ni a la bebida. Al contrario, deben ser maestras del bien. ⁴Han de enseñar a las jóvenes a amar a sus esposos e hijos, ⁵a ser prudentes y puras, a cuidar del hogar y a ser buenas y obedientes con sus esposos, para que nadie hable mal de la palabra de Dios.

⁶De igual manera, exhorta a los jóvenes a ser prudentes. ⁷Tú tienes que darles el ejemplo en todo con tus buenas acciones. Cuando les enseñes, hazlo con integridad y seriedad. ⁸Que tu mensaje sea sano y sin faltas. Así cualquiera que discuta con ustedes se avergonzará al no encontrar nada que criticarles.

⁹Enseña a los esclavos a obedecer a sus amos en todo y a tratar de complacerlos; aconséjales que no sean respondones, ¹⁰ni rateros, demostrando así que son dignos de toda confianza. De esta manera honrarán las enseñanzas de Dios nuestro Salvador.

¹¹Sí, Dios ha mostrado su amor gratuito que trae salvación a todo el mundo. ¹²Dios quiere que nos apartemos de la impiedad y de los placeres pecaminosos y que vivamos en este mundo una vida sobria, justa y piadosa, ¹³con la mirada puesta en el día en que se cumpla la bendita promesa de su venida y se manifieste la gloria de nuestro gran Dios y Salvador Jesucristo. ¹⁴Él se entregó a la muerte por nosotros para poder rescatarnos de todas nuestras iniquidades y convertirnos en un pueblo que fuera suyo, dedicado a hacer el bien.

¹⁵Esto es lo que tienes que enseñar. Exhorta y reprende con plena autoridad. ¡No permitas que nadie reste importancia a tus palabras!

## La conducta del creyente

**3** ¹Recuérdales que han de someterse al gobierno y a las autoridades, que han de ser obedientes y que deben estar siempre dispuestos a realizar cualquier trabajo honrado. ²Diles que nunca hablen mal de nadie; que busquen la paz y que sean amables y atentos con todo el mundo.

³En otro tiempo, también nosotros éramos insensatos y desobedientes; con facilidad nos descarriábamos y vivíamos esclavos de los placeres y de los deseos pecaminosos. Estábamos llenos de rencor y envidia. Odiábamos a los demás y ellos nos odiaban a nosotros. ⁴Pero cuando la bondad y el amor de Dios, nuestro Salvador, se manifestaron, ⁵él nos salvó. Y lo hizo no porque fuéramos tan buenos que lo mereciéramos, sino porque en su misericordia Dios nos lavó los pecados, Y no sólo eso, sino que, además, nos dio una nueva vida por medio del Espíritu Santo ⁶que vertió abundantemente en nosotros, gracias a la obra de Jesucristo, nuestro Salvador. ⁷Lo hizo a fin de poder declararnos justos ante Dios por su gracia y para que fuéramos herederos de la vida eterna, la cual con ansias esperamos alcanzar.

⁸Cuanto te he dicho es cierto. Insiste en estas cosas, para que los que han creído en Dios se ocupen de hacer siempre el bien. Esto es excelente y provechoso para todos.

⁹Nunca discutas cuestiones necias ni te pongas a hablar acerca de cuentos de nuestros antepasados. Evita las polémicas sobre si se deben obedecer o no las leyes judaicas, porque no vale la pena y es más bien perjudicial.

¹⁰Al que cause divisiones en la iglesia se le debe amonestar una o dos veces. Después, déjalo a un lado, ¹¹porque la gente así se condena a sí misma por pecar a sabiendas.

☼1.16  ☼2.2-5  ☼2.7  ☼2.11-12  ☼3.4-6  ☼3.9

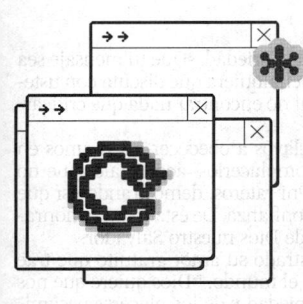

## ¿CÓMO SE RELACIONA CONMIGO?

A diferencia de Timoteo, Tito era griego y al parecer, por la ausencia de exhortaciones a cobrar ánimo y a soportar padecimientos que abundan en la carta a Timoteo, podemos sospechar que Tito era más extrovertido y osado.

Dos jóvenes completamente diferentes que, con sus temperamentos, trasfondo familiar y cultural, son útiles para el servicio en dos contextos diferentes. Eso significa que ningún modelo de liderazgo es absoluto y aplicable para todas las necesidades. Podemos tener diferentes perfiles como, por ejemplo, el organizador, el motivador, el analítico, el social, el creativo y el rompe paradigmas. Todos y cada uno son útiles en esta comunidad tan variada llamada iglesia y tú debes encontrar tu perfil y darle al mundo ese aporte que solo tú le puedes dar, siempre con la guía de la verdad enseñada en la Palabra de Dios.

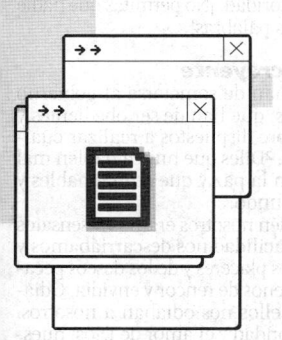

## EL GUION

1) Las cualidades de los líderes de la iglesia (1:1-9)
2) Las características de los opositores de la iglesia (1:10-16)
3) La conducta de los miembros de la iglesia (2:1-3:15)

# TITO

# TITO

## ¿QUIÉN LO ESCRIBIÓ?

El autor de esta carta es Pablo (Ti 1:1). Forma parte, junto con I y II Timoteo de las epístolas pastorales.

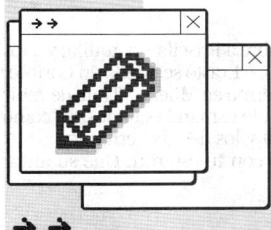

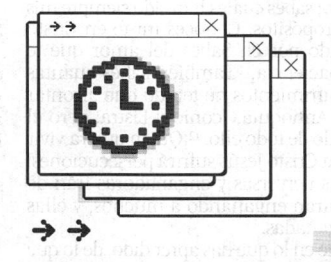

## ¿A QUIÉN LO ESCRIBIÓ? Esta carta

se nombra según su receptor, Tito, uno de los convertidos de Pablo (Ti 1:4). Él es delegado de Pablo ante las iglesias de Creta (1:5). Su misión es corregir errores doctrinales dentro de la comunidad cristiana y nombrar un liderazgo maduro.

## ¿CUÁNDO Y DÓNDE LO ESCRIBIÓ?

Esta carta se escribió en un tiempo intermedio entre las cartas a Timoteo, es decir entre el 62 y 64 d.C., posiblemente desde Macedonia, puesto que aún no había llegado a Nicópolis (3:12).

## PANORAMA DEL LIBRO

La carta es personal como las otras, pero mucho más doctrinal. Abundan las profundas afirmaciones teológicas (Tit 1:1-4 – 2:11-15 – 3:4-7). En síntesis, la carta está compuesta por instrucciones a Tito para la organización de la iglesia en Creta.

- El deber de sus líderes (Tit 1:7-9)
- La lucha contra los falsos maestros (Tit 1:10-16)
- Exhortaciones a los deberes de cada uno de los grupos que integran la iglesia: Ancianos, ancianas, mujeres, jóvenes, esclavos (Ti 2:1-10)
- Hace un llamado a la comunidad a comportarse como seres cívicos maduros (Tit 3: 1-3)
- Y por último hay una sentencia grave para aquellos falsos maestros que con sus enseñanzas producen divisiones "...cause divisiones" (del griego "Hairetikon" o "Hereje") al interior de la iglesia.

tanciosa, blasfema, desobediente a sus padres, ingrata e impía. ³Serán tan duras de corazón que jamás cederán ante los demás; serán mentirosas, inmorales, crueles y opuestas a todo lo que es bueno. ⁴Traicionarán a sus amigos; serán iracundas, vanidosas y preferirán los placeres antes que a Dios. ⁵Aparentarán ser religiosas, pero su conducta desmentirá sus apariencias. ¡No tengas nada que ver con esa gente!

⁶Esas personas son los que se introducen en casas ajenas y engañan a mujeres tontas y cargadas de pecado, a las que les gusta correr en pos de sus pasiones; ⁷siempre están aprendiendo, pero nunca logran conocer la verdad. ⁸Así como Janes y Jambres combatieron a Moisés, aquellas personas combaten la verdad; tienen la mente depravada y han fracasado en la fe. ⁹Pero no siempre se saldrán con la suya. Un día, su estupidez quedará al descubierto ante todo el mundo, de la misma manera que les pasó a Janes y Jambres.

### Encargo de Pablo a Timoteo

¹⁰Pero tú conoces muy bien mis enseñanzas y sabes cómo me comporto; sabes cuáles han sido siempre mis creencias y mis propósitos. Conoces mi fe en Cristo y cuánto he sufrido por él. Sabes del amor que te profeso y de mi paciencia. ¹¹También sabes cuántas persecuciones y sufrimientos he tenido que afrontar especialmente en Antioquía, Iconio y Listra; pero el Señor me ha librado de todo ello. ¹²¡Quien quiera vivir piadosamente para Cristo Jesús sufrirá persecuciones! ¹³Pero las personas perversas y engañadoras irán de mal en peor, seguirán engañando a muchos, y ellas mismas serán engañadas.

¹⁴Pero tú sigue firme en lo que has aprendido, de lo que estás convencido. Ya sabes de quiénes lo aprendiste. ☀¹⁵Desde tu niñez conoces las Sagradas Escrituras, y éstas te pueden dar la sabiduría que se necesita para la salvación mediante la fe en Cristo Jesús. ¹⁶La Escritura entera es inspirada por Dios y es útil para enseñarnos, para reprendernos, para corregirnos y para indicarnos cómo llevar una vida justa. ¹⁷De esa manera, los servidores de Dios estarán plenamente capacitados para hacer el bien.

**4** Por lo tanto, te doy este encargo solemne ante Dios y ante Jesucristo, que juzgará a los vivos y a los muertos cuando venga en su reino: ☀²Con urgencia predica la palabra de Dios; hazlo sea o no sea oportuno; corrige, reprende y anima con mucha paciencia, sin dejar de enseñar. ³Llegará el momento en que la gente no querrá escuchar la sana enseñanza, sino que, guiada por sus propios deseos, se rodeará de maestros que le digan lo que desea oír. ⁴Estas personas, en vez de escuchar la verdad, se volverán a los mitos. ⁵Por eso, tú mantente vigilante en todas las circunstancias, no temas sufrir, dedícate a la evangelización, cumple con los deberes de tu ministerio.

☀⁶Yo, por mi parte, dentro de muy poco seré ofrecido en sacrificio y partiré a estar con el Señor. ⁷He peleado la buena batalla, he llegado al final de la carrera y me he mantenido fiel. ⁸Por lo demás, me espera la corona de justicia que el Señor, juez justo, me dará en aquel gran día. Y no sólo a mí, sino a todos los que con amor esperan su venida.

### Instrucciones personales

⁹Haz todo lo que te sea posible para venir pronto a verme, ¹⁰porque Demas me abandonó por amor a las cosas de este mundo y se fue a Tesalónica. Crescente se fue a Galacia, y Tito a Dalmacia. ¹¹Sólo Lucas está conmigo. Trae a Marcos cuando vengas, porque me ayudará en mi ministerio. ¹²A Tíquico lo mandé a Éfeso. ¹³Cuando vengas, acuérdate de traerme la capa que dejé en Troas en casa de Carpo, y también los libros, especialmente los pergaminos.

¹⁴Alejandro el herrero me ha hecho mucho daño. Que el Señor lo castigue. ¹⁵Cuídate de él, pues se ha opuesto tenazmente a nuestra predicación.

¹⁶La primera vez que comparecí ante el juez nadie me respaldó. Todos me desampararon. Que esto no se les tome en cuenta. ¹⁷Pero el Señor estuvo a mi lado y me dio fuerzas para predicar el mensaje que todos oyeron. ☀Dios me libró de la boca del león. ¹⁸El Señor me librará de todo mal y me preservará para su reino celestial. A él sea la gloria por los siglos de los siglos. Amén.

### Saludos finales

¹⁹Saluda en mi nombre a Priscila y a Aquila, y a los de la casa de Onesíforo. ²⁰Erasto se quedó en Corinto, y a Trófimo lo dejé enfermo en Mileto. ²¹Trata de venir antes del invierno. Eubulo te manda saludos, así como Pudente, Lino, Claudia y los demás hermanos.

²²Que el Señor esté con tu espíritu. Que su amor sea con ustedes.

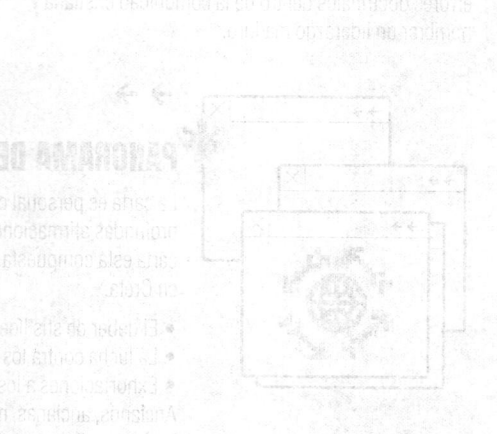

☀3.15–17  ☀4.2–5  ☀4.6–7  ☀4.18

# 2 Timoteo

**1** Pablo, apóstol de Cristo Jesús porque Dios así lo quiso, de acuerdo con la promesa de vida que tenemos en Cristo Jesús, ²a Timoteo, mi amado hijo:
Que Dios el Padre y Jesucristo nuestro Señor derramen en ti su gracia, su misericordia y su paz.

## Exhortación a la fidelidad

³¡Siempre doy gracias a Dios por ti, Timoteo! De día y de noche elevo oraciones por ti al Dios de mis antepasados. A él le sirvo con la conciencia limpia. ⁴Cuando recuerdo tus lágrimas, anhelo tener la alegría de volver a verte. ⁵¿Cómo he de olvidar la sinceridad de tu fe, que es como la que animó a tu madre Eunice y a tu abuela Loida? Estoy seguro de que es así.
⁶Por eso te aconsejo que avives la llama del don que Dios te dio cuando puse las manos sobre ti. ⁷El Espíritu que es don de Dios, no quiere que temamos a la gente, sino que tengamos fortaleza, amor y dominio propio.
⁸Así que no te avergüences de hablar de nuestro Señor, ni de mí, que estoy preso por la causa de Cristo. Al contrario, debes ser capaz de sufrir por el evangelio, pues Dios te dará fuerzas. ⁹Dios nos salvó y nos llamó a una vida santa, no porque lo mereciéramos sino por su amor y porque así lo planeó. Antes que el mundo comenzara, su plan era mostrarnos su bondad a través de Cristo Jesús.
¹⁰Esto se hizo patente con la venida de nuestro Salvador Jesucristo, quien quebrantó el poder de la muerte y nos mostró la vida incorruptible por medio del evangelio. ¹¹Dios me nombró apóstol suyo, con la tarea de predicar y enseñar este mensaje. ¹²Por ese motivo padezco estos sufrimientos. Mas no me avergüenzo, porque sé en quién he creído, y estoy seguro de que puede guardar lo que le he encomendado hasta el día de su retorno.
¹³Ten por norma las sanas verdades que te enseñé, especialmente las concernientes al amor y a la fe en Cristo. ¹⁴Guarda bien la preciosa enseñanza que Dios te dio, mediante el Espíritu Santo que mora en nosotros.
¹⁵Como sabrás, los de la provincia de Asia me han abandonado, aun Figelo y Hermógenes. ¹⁶Que el Señor sea misericordioso con Onesíforo y toda su familia, porque muchas veces me confortó y nunca se avergonzó de que yo estuviera preso. ¹⁷Al contrario, cuando estuvo en Roma me buscó por todas partes y por fin me halló. ¹⁸Que el Señor le conceda hallar misericordia delante de Dios en aquel día. Tú sabes mejor que yo lo mucho que me ayudó en Éfeso.

**2** Por eso, tú, Timoteo, hijo mío, aprópiate de la fuerza que Jesucristo da por su amor. ²Lo que me has oído decir en presencia de muchos, enséñalo a creyentes de confianza que, a su vez, lo puedan enseñar a otros. ³Soporta los sufrimientos junto con nosotros como buen soldado de Jesucristo. ⁴No te enredes en los asuntos de esta vida, porque ello no agradaría al que te tomó por soldado.
⁵De la misma manera, el atleta obedece las reglas del deporte si no quiere ser descalificado y perder el premio. ⁶También el agricultor: trabaja duro para recibir primero parte de la cosecha. ⁷Medita en esto que te digo, y que el Señor te ayude a comprenderlo.
⁸Nunca te olvides de Jesucristo, descendiente de David, que resucitó de entre los muertos. Este es mi evangelio; ⁹por predicarlo sufro penalidades y me tienen en la cárcel como a un criminal. Pero la Palabra de Dios no está presa. ¹⁰Por eso, estoy dispuesto a sufrir si con ello alcanzan la salvación y la gloria eterna aquellos a los que Dios ha escogido. Esa es la salvación que tenemos en Cristo Jesús.
¹¹Este mensaje es la verdad:
Si morimos con Cristo, también viviremos con él. ¹²Si soportamos nuestros sufrimientos, reinaremos con él. Si negamos a Cristo, él también dirá que no nos conoce; ¹³si no somos fieles, él se mantiene fiel a nosotros, porque no puede faltar a su promesa.

## Un obrero aprobado por Dios

¹⁴Recuérdales esto y encárgales delante de Dios que no discutan asuntos que no tienen importancia. Tales discusiones lo único que logran es hacer daño a los oyentes.
¹⁵Haz todo lo que sea posible para presentarte ante Dios aprobado, como un obrero que no tiene de qué avergonzarse porque interpreta correctamente la palabra de Dios. ¹⁶Apártate de las discusiones mundanas, pues suelen hacer caer a la gente en la maldad. ¹⁷Esas enseñanzas se extienden como el cáncer. Es lo que le pasó a Himeneo y Fileto, ¹⁸que se desviaron de la verdad; ahora dicen que la resurrección de los muertos ya se efectuó, y con ello han debilitado la fe de algunos. ¹⁹Pero la verdad de Dios es un cimiento que se mantiene firme y sólido, y tiene esta inscripción: «El Señor conoce a los que son suyos, y el que adora al Señor debe apartarse del mal».
²⁰En una casa grande no sólo hay utensilios de oro y plata sino también de madera y barro. Unos son para ocasiones especiales, y otros para el uso diario. ²¹Si te mantienes limpio, serás como una vasija para ocasiones especiales, apartada y útil para el Señor, separada para usarse en toda obra buena.
²²Huye de las cosas que provocan malos pensamientos en las mentes juveniles, y dedícate a seguir la justicia, la fe, el amor y la paz, y hazlo junto con los que aman al Señor con toda sinceridad. ²³Repito: No te metas en discusiones tontas y sin sentido, pues sabes bien que terminan en pleitos. ²⁴A un siervo del Señor no le conviene reñir, sino ser amable y paciente con todos, buen maestro y no dado al enojo. ²⁵Debe corregir con mansedumbre a los que se le oponen, con la esperanza de que Dios les conceda que se arrepientan y conozcan la verdad. ²⁶De esta manera, volviendo en sí, escaparán de los lazos del diablo que los mantiene esclavizados y sujetos a su voluntad.

## La impiedad en los últimos días

**3** También debes saber, Timoteo, que los últimos tiempos serán difíciles. ²La gente amará sólo el dinero y se amará a sí misma; será orgullosa, jac-

---

1.5   1.7   1.8–10   1.12   1.13   2.1–5   2.7
2.10–13   2.15   2.19   2.22–24   3.1–7

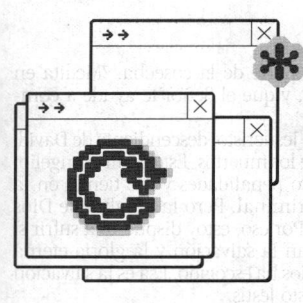

## ¿CÓMO SE RELACIONA CONMIGO?

Estas son preguntas que todos debemos responder ¿Para qué estamos? ¿Quiénes somos? Y esta carta tiene que ver con sus respuestas. Muchos ministerios hoy en día cuando hablan de identidad y misión, apuntan sus esfuerzos hacia tener un impacto. Sin desmerecer o desmentir aquella visión, la carta pareciera proponer otra ecuación: gracia, sufrimiento y fidelidad al Evangelio independientemente del resultado.

En cuanto a la gracia, Pablo reitera lo que en otras cartas también enseña: la salvación es producto de un acto gratuito de Dios donde poco tienen que ver los méritos humanos (2 Timoteo 1:9); por otra parte, indica que el sufrimiento es inevitable para los cristianos, ya que cuando una comunidad vive y predica el evangelio de Jesús, produce incomodidad en los valores que promueven la injusticia y la decadencia humana (2 Timoteo 1:8-2:3-3:12).

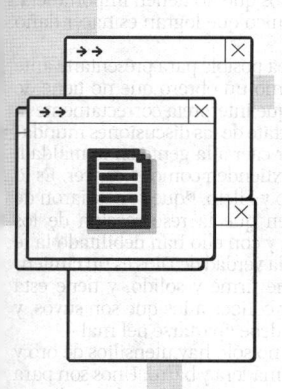

## EL GUION

1) Retén la sana doctrina (1:1-18)
2) Esfuérzate en la gracia (2:1-26)
3) Vive la piedad (3:1-17)
4) Cumple tu ministerio (4:1-22)

# 2 TIMOTEO

# 2 TIMOTEO

**DALE PLAY**

→ →
### ¿QUIÉN LO ESCRIBIÓ?
La carta alude directamente a Pablo como autor (2 Tim 1:1).

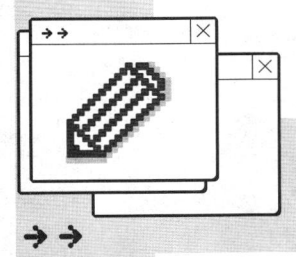

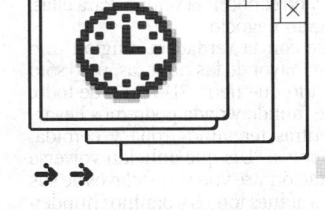

→ →
### ¿A QUIÉN LO ESCRIBIÓ?
Esta carta pastoral tiene como destinatario a Timoteo (2 Tim 1:2).

→ →
### ¿CUÁNDO Y DÓNDE LO ESCRIBIÓ?
Posiblemente se escribió alrededor del año 64-67 desde una cárcel en Roma. Es la última de las tres cartas pastorales, redactada por el apóstol poco antes de su muerte.

→ →
### PANORAMA DEL LIBRO
El apóstol le llama a su cuerpo de enseñanzas "el depósito", y tiene a Timoteo como heredero, a quien le confía su Evangelio (2 Tim 1.14). La carta es más personal que la primera. Pablo siente que dentro de muy poco tiempo morirá (2Tim 4:6-8). Timoteo es instado a asumir su responsabilidad como ministro del evangelio y seguir adelante, viendo las tribulaciones como señales del verdadero legado (1tim.1:6-14) Pablo entrega formalmente su ministerio en manos del joven (2Tim2:1-7) y también le advierte sobre la lucha constante que deberá tener contra aquellos falsos maestros que aparecen como una señal de los últimos tiempos (2Tim 2:14- 3:1-9). Lo que mantendrá firme al joven pastor es el apego incondicional a las enseñanzas de Pablo, la lectura de las Escrituras y la predicación del Evangelio (2Tim3:14- 4:1-5).

²⁴Los pecados de algunos se echan de ver aun antes de ser investigados, pero hay pecados ocultos que sólo después saldrán a la luz. ²⁵De la misma manera, las buenas obras de algunos se ven claramente, pero hay cosas bien hechas que no se sabrán sino hasta mucho después.

**6** Todos los que aún son esclavos deben reconocer que sus amos son dignos de respeto. Así evitarán que se hable mal del nombre de Dios y de nuestra doctrina.

²Los que tienen un amo que es creyente, no por eso deben faltarle al respeto. Al contrario, deben servirle mejor, pues con su trabajo están ayudando a un hermano en la fe. Enseña estas verdades y exhorta a que las pongan en práctica.

### El amor al dinero

³Si alguien enseña falsas doctrinas y se aparta de la sana enseñanza de nuestro Señor Jesucristo y de lo que enseña la verdadera religión, ⁴es un orgulloso y un ignorante; es una persona que tiene el vicio de provocar discusiones que dan lugar a envidias, pleitos, ofensas, desconfianzas ⁵y peleas entre quienes tienen la mente depravada y no conocen la verdad. Para ellas, el evangelio es un gran negocio.

⁶Sí, es cierto que con la verdadera religión uno puede obtener la mayor de las riquezas, pero sólo si uno está feliz con lo que tiene. ⁷Después de todo, nada trajimos a este mundo y nada podremos llevarnos. ⁸Así que, mientras tengamos ropa y comida, debemos estar contentos. ⁹Los que anhelan volverse ricos caen en la tentación y se vuelven esclavos de sus muchos deseos. Esos afanes tontos y dañinos hunden a la gente en la ruina y la destrucción, ¹⁰porque ¡el amor al dinero es la raíz de todos los males! Hay quienes han dejado la fe por correr tras las riquezas y al fin se han causado a sí mismos muchísimos sufrimientos.

### Encargo de Pablo a Timoteo

¹¹Tú, en cambio, eres un hombre de Dios. Huye de estas cosas y dedícate de lleno a lo que es justo y bueno, a la fe y al amor, a la constancia y a la humildad. ¹²Lucha la buena batalla de la fe; echa mano de la vida eterna que Dios te ha dado y que has confesado ante tantos testigos.

¹³Te ordeno en el nombre de Dios, que da vida a todas las cosas, y en el nombre de Cristo Jesús, que admirablemente dio testimonio delante de Poncio Pilato, ¹⁴que hagas lo que te he mandado hacer, para que vivas irreprochablemente hasta el día en que nuestro Señor Jesucristo regrese. ¹⁵A su debido tiempo Dios hará que se cumpla.

Al único y bendito Soberano, Rey de reyes y Señor de señores, ¹⁶al único inmortal, el que habita en luz tan deslumbrante que ningún humano puede acercársele, y a quien nadie ha visto ni verá jamás. A él sea la honra y el poder para siempre. Amén.

¹⁷Di a los ricos de este mundo que no sean orgullosos y que no depositen sus esperanzas en las efímeras riquezas sino en Dios, que siempre nos proporciona todas las cosas en abundancia para que las disfrutemos. ¹⁸Diles que empleen el dinero en hacer el bien, que se enriquezcan en buenas obras y que sean generosos, dispuestos a compartir lo que tengan. ¹⁹De esta forma estarán acumulando un verdadero tesoro para el futuro y obtendrán la vida verdadera.

²⁰Oh Timoteo, no dejes de cumplir con lo que Dios te ha encomendado. Evita las discusiones necias y mundanas y los argumentos de la falsa ciencia. ²¹Algunos, por abrazarla, se han apartado de la fe.

Que el Señor derrame su amor sobre ustedes.

6.6–10  6.12  6.17–19  6.20–21

**1 TIMOTEO 3.11**

[12] Cada diácono ha de tener una sola esposa y debe saber gobernar a sus hijos y a su familia, [13] porque los que ejercen bien el diaconado no sólo se ganan el respeto de los demás sino que desarrollan mayor confianza para hablar de su fe en Cristo Jesús.

[14] Espero ir pronto a verte, pero te escribo estas cosas [15] para que, si me tardo, sepas cómo hay que comportarse en la familia de Dios, que es la iglesia del Dios vivo, columna y sostén de la verdad.

[16] No hay duda alguna de que lo que Dios ha revelado acerca de nuestra fe es muy grande:
Cristo vino a la tierra como hombre, fue declarado inocente por el Espíritu, fue visto por los ángeles, fue predicado entre las naciones, creído en el mundo y recibido en la gloria.

## Instrucciones a Timoteo

**4** Pero el Espíritu dice claramente que en los últimos tiempos algunos se apartarán de la fe y se convertirán en seguidores de ideas engañosas y doctrinas diabólicas. [2] Los propagadores de tales enseñanzas mienten con tanta hipocresía que la conciencia ni siquiera les molesta. [3] Afirmarán que es malo casarse y prohibirán comer ciertos alimentos que Dios ha creado para que los creyentes, los que han conocido la verdad, los coman con acción de gracias. [4] Todo lo que Dios hizo es bueno y nada debe desecharse si lo tomamos con agradecimiento a Dios, [5] pues la palabra de Dios y la oración lo santifican.

[6] Explica esto a los hermanos y estarás cumpliendo con tu deber como buen servidor de Cristo Jesús. Así estarás demostrando que te nutres de la fe y de las buenas enseñanzas que fielmente has seguido.

[7] No pierdas el tiempo discutiendo mitos y leyendas mundanas. Emplea el tiempo y las energías en ejercitarte para vivir como Dios manda. [8] Está bien que te ejercites físicamente, pero es mucho mejor que te ejercites para vivir piadosamente, ya que esto es útil para todo, te ayudará en esta vida y también en la venidera. [9] ¡Este mensaje es cierto y debe ser aceptado por todo el mundo! [10] En efecto, si trabajamos arduamente y sufrimos mucho es porque hemos puesto nuestra esperanza en el Dios viviente, que es el salvador de todos, particularmente de los que creen.

[11] Enseña y encarga estas cosas.

[12] Que nadie te menosprecie por ser joven. Pero sé ejemplo de los fieles en la forma en que hablas y vives, en el amor, en la fe y en la pureza.

[13] Mientras llego, ocúpate en leer públicamente las Escrituras, en enseñar y en animar a los hermanos. [14] No dejes de ejercitar el don que recibiste por medio de una profecía, cuando los ancianos de la iglesia impusieron las manos sobre ti. [15] Sé diligente en estos asuntos; entrégate de lleno al cumplimiento de tu deber para que todos vean tus progresos. [16] Cuida estrechamente tus acciones y tus enseñanzas. Mantente fiel en todo ello, porque así te salvarás a ti mismo y a los que te escuchen.

## Cómo tratar a viudas, ancianos y esclavos

**5** No reprendas al anciano con dureza, sino exhórtalo con respeto, como a un padre; a los más jóvenes trátalos como a hermanos; [2] a las ancianas, como a madres; y a las jóvenes, como a hermanas, con absoluta pureza.

[3] Debes ayudar a las viudas, si éstas no tienen quien las ayude. [4] Pero si tienen hijos o nietos, éstos deben hacerse cargo de ellas, porque su responsabilidad empieza con los de su propia familia. Así corresponderán al amor de sus padres y abuelos, porque eso le agrada a Dios.

[5] La viuda que ha quedado enteramente sola, acude a Dios en busca de ayuda y pasa día y noche en oración y súplica. [6] Pero la viuda que se entrega al placer, ya está muerta en vida. [7] Encárgales a todos estas reglas para que no tengan de qué acusarlos. [8] El que no se ocupa de los suyos, especialmente de los de su propia familia, ha negado la fe y es peor que un infiel.

[9] Para que una viuda pueda estar inscrita en la lista, debe tener por lo menos sesenta años de edad y no haber tenido más de un esposo. [10] Tiene que haberse labrado una sana reputación por sus buenas obras, como por ejemplo, haber educado bien a sus hijos, haber sido hospitalaria, haber lavado los pies de los que son del pueblo santo, haber brindado ayuda a los que sufren y haber sido bondadosa en todo.

[11] Las viudas más jóvenes no deben figurar en la lista porque lo más probable es que más adelante se dejen llevar por sus deseos, se alejen de Cristo y se quieran casar. [12] Así serán culpables de haber faltado a su compromiso anterior. [13] Además, se acostumbran a estar ociosas y andar de casa en casa y se vuelven perezosas, chismosas y entrometidas, hablando de lo que no deben.

[14] Por eso, exhorto a las viudas jóvenes a que se casen de nuevo, que tengan hijos y que lleven bien su hogar. Así el enemigo no podrá hablar mal de ellas. [15] Temo que algunas ya se hayan descarriado para seguir a Satanás.

[16] Si alguna mujer creyente tiene una viuda en la familia, está obligada a mantenerla, y no debe dejarle esta carga a la iglesia. Así la iglesia puede dedicar sus recursos al cuidado de las viudas que no tienen a nadie en este mundo.

[17] Los ancianos que cumplen bien con su deber en la iglesia, especialmente los que se dedican a predicar y enseñar, deben ser doblemente apreciados y recompensados. [18] Recordemos que la Escritura dice: «No le pondrás bozal al buey que trilla el grano; ¡déjale comer mientras trabaja!» Y en otro lugar dice: «El obrero es digno de su salario».

[19] No hagas caso a ninguna acusación contra un anciano si no está respaldada por dos o tres testigos. [20] Si de veras ha pecado, repréndelo ante la iglesia en pleno, para que nadie siga su ejemplo. [21] Delante de Dios, de Cristo Jesús y de los santos ángeles, te encarezco que sigas estas instrucciones sin dejarte llevar de prejuicios o favoritismos.

[22] No impongas con ligereza las manos a nadie, porque corres el peligro de hacerte cómplice de pecados ajenos. Consérvate limpio de pecado.

[23] No sigas bebiendo sólo agua; toma también un poco de vino por el bien de tu estómago y de tus frecuentes enfermedades.

4.2–5   4.7   4.13   4.15   5.4–6   5.8   5.14   5.18

# 1 Timoteo

**1** Pablo, apóstol de Cristo Jesús por mandato de Dios nuestro Salvador y de Cristo Jesús nuestra esperanza, ²a Timoteo, mi verdadero hijo en la fe: que Dios nuestro Padre y Cristo Jesús nuestro Señor te concedan su amor, misericordia y paz.

## Advertencia contra los falsos maestros de la ley

³Cuando salí para Macedonia, te encargué que te quedaras en Éfeso y les mandaras a algunos individuos que no enseñaran falsas doctrinas ⁴ni prestaran atención a leyendas y a listas larguísimas de antepasados. Tales ideas provocan discusiones en vez de llevar adelante la obra de Dios que está fundada en la fe.

⁵Sigue haciéndolo, para que el amor proceda de un corazón limpio, de una conciencia buena y de una fe sincera. ⁶Algunos se han olvidado de esta conducta y pasan el tiempo discutiendo asuntos inútiles. ⁷Pretenden ser maestros de la ley, pero no tienen ni la más ligera idea de lo que hablan, ni entienden lo que afirman con tanta seguridad.

⁸Sí, la ley es buena, pero si se aplica conforme al propósito con que Dios la dio. ⁹La ley no fue instituida para los justos sino para los rebeldes y desobedientes, para los malvados y pecadores, para los irreverentes y profanos, para los que maltratan a sus propios padres, para los asesinos, ¹⁰para los adúlteros y los homosexuales, para los que trafican con vidas humanas, para los mentirosos y los que juran en falso. En fin, la ley es para todo lo que está en contra de la sana enseñanza ¹¹del glorioso evangelio que el bendito Dios me ha confiado.

## La gracia que el Señor dio a Pablo

¹²Mil gracias doy a Cristo Jesús, nuestro Señor, por escogerme como uno de sus mensajeros y darme la fortaleza necesaria para serle fiel. ¹³Antes, yo me burlaba de su nombre, perseguía a sus seguidores y era un insolente. Pero Dios tuvo misericordia de mí, porque, como era incrédulo, no sabía lo que hacía.

¹⁴¡Qué bondadoso fue conmigo el Señor al enseñarme a confiar en él y a estar lleno del amor de Cristo Jesús! ¹⁵Este mensaje es verdadero y todo el mundo debe creerlo: Cristo Jesús vino al mundo a salvar a los pecadores, de los cuales yo soy el primero. ¹⁶Pero precisamente por eso, Dios tuvo misericordia de mí, para que Cristo pudiera usarme como ejemplo de lo paciente que es aun con el más vil de los pecadores, y para que los demás se den cuenta y, creyendo en él, también reciban la vida eterna. ¹⁷Por eso, al Rey eterno, inmortal, invisible, al único Dios, sea la gloria y el honor por los siglos de los siglos. Amén.

¹⁸Ahora, Timoteo, hijo mío, fíjate en este mandamiento que te doy: Pelea la buena batalla, tal como dicen las profecías que se hicieron en cuanto a ti. ¹⁹Aférrate a la fe en Cristo y conserva limpia tu conciencia. Hay quienes desobedecen la voz de su conciencia y han naufragado en la fe. ²⁰¡Sírvannos de ejemplo Himeneo y Alejandro, a quienes entregué a Satanás para que aprendan a no deshonrar el nombre de Dios!

## Instrucciones sobre la adoración

**2** Lo que recomiendo es que, en primer lugar, hagan oraciones por todos; rueguen y supliquen que Dios tenga misericordia de ellos, y denle gracias. ²Oren en especial por los gobernantes y por todos los que tienen autoridad, para que en paz y sosiego podamos llevar una vida piadosa y digna, ³Esto es bueno y agrada a Dios, nuestro Salvador, ⁴porque él anhela que todos se salven y conozcan la verdad. ⁵Hay un solo Dios y un solo mediador entre Dios y los seres humanos, Jesucristo hombre. ⁶Él dio su vida en rescate por todos. Este es el mensaje que Dios, a su debido tiempo, dio a conocer al mundo. ⁷Y digo la verdad, sin mentir: he sido puesto como predicador y apóstol para enseñar esta verdad a los gentiles.

⁸Por lo tanto, quiero que en todas partes los hombres oren, alzando ante Dios manos santas, libres de ira y resentimiento; ⁹que las mujeres, igualmente, se vistan y se comporten decente, modesta y recatadamente. La mujer ha de resaltar no por la manera ostentosa en que se arregle el cabello, ni por el lujo de sus joyas o vestidos; ¹⁰más bien debe adornarse con buenas acciones, tal como debe ser con las mujeres que dicen servir a Dios. ¹¹La mujer debe aprender en silencio y humildad. ¹²No permito que la mujer enseñe a los hombres ni que ejerza sobre ellos dominio. Más bien, debe guardar silencio, ¹³porque Dios hizo primero a Adán y luego a Eva, ¹⁴y no fue Adán el que se dejó engañar, sino Eva; y ella, una vez engañada, cayó en pecado. ¹⁵Pero la mujer se salvará siendo madre y viviendo con buen juicio en la fe, el amor y la santidad.

## Obispos y diáconos

**3** Se ha dicho que si alguien desea ser obispo tiene una aspiración noble. Es cierto. ²Sin embargo, es necesario que tal persona viva irreprochablemente: ha de tener una sola esposa y debe ser moderado, juicioso y respetable; ha de estar siempre dispuesto a hospedar gente en su casa; debe saber enseñar; ³no debe ser borracho ni pendenciero, sino amable, bondadoso y sin inclinación al dinero; ⁴debe gobernar bien su familia y hacer que sus hijos le obedezcan con el debido respeto, ⁵porque no puede cuidar la iglesia quien no puede gobernar su propia familia.

⁶El obispo no puede ser un recién convertido, ya que corre el riesgo de enorgullecerse y caer en la misma condenación en que cayó el diablo; ⁷debe tener buena reputación entre los que no son de la iglesia, para que no pase vergüenzas ante ellos ni caiga en una trampa del diablo.

⁸Los diáconos, de igual manera, deben ser personas respetables y veraces; no han de ser dados a la bebida ni a los negocios sucios; ⁹deben guardar, con conciencia limpia, las grandes verdades de la fe.

¹⁰Primero deben ser puestos a prueba, y después, si no hay nada malo de qué acusarlos, que sirvan como diáconos.

¹¹De la misma manera, las mujeres han de ser honorables y no dadas al chisme; deben saber controlarse en todo y ser dignas de confianza.

1.5   1.9–11   2.1   2.3–4   2.8   2.10   2.15
3.1   3.4–5

## ¿CÓMO SE RELACIONA CONMIGO?

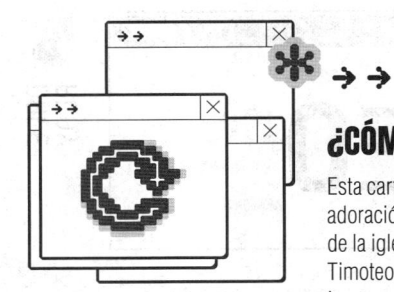

Esta carta incluye secciones sobre la conducta apropiada en las reuniones de adoración, las calificaciones de los líderes y el orden apropiado de la disciplina de la iglesia así que siempre es de interés para nosotros. Pablo aconsejó a Timoteo sobre estos asuntos prácticos de una manera que habría ayudado al joven pastor a enfatizar lo que debería caracterizar a los líderes cristianos y sus costumbres al congregarse y adorar al Señor juntos.

Para Pablo era importante que Timoteo diera un ejemplo de fe constante y buena conciencia, permaneciendo irreprochable y ejerciendo los dones espirituales que Dios le había dado (1 Timoteo 4: 12–16), y esto sigue siendo importante para ti.

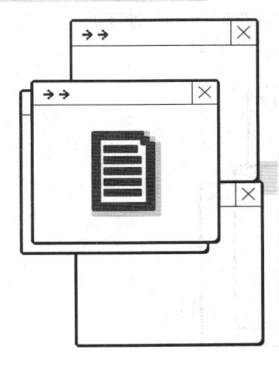

## EL GUION

1) La sana doctrina debe estar acompañada de amor (1:1-11)
2) Se milita la buena milicia (1:12-20)
3) El comportamiento debe ser santo (2:1-15)

Reglas para el orden en la vida de la iglesia
4) Los líderes deben cumplir requisitos (3:1-16)
5) La iglesia se guarda en doctrina y en piedad (4:1-16)
6) Se evita el pecado (5:1-6:2)
7) Gran ganancia es la piedad (6:3-21)

# 1 TIMOTEO

# 1 TIMOTEO

## ¿QUIÉN LO ESCRIBIÓ?

Junto con II Timoteo y Tito, es una carta llamada "pastoral" por la estructura y el contenido. Aunque existen algunas discrepancias, tradicionalmente se asigna a Pablo la paternidad literaria de la carta (1Tim.1:1).

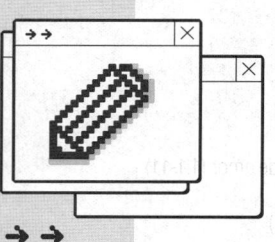

## ¿A QUIÉN LO ESCRIBIÓ?

El destinatario es Timoteo (1Tim.1:2), hijo amado en la fe. Originario de Listra, hijo de padre griego y de madre judía devota. Acompañó a Pablo en su segundo viaje misionero (Hechos 16:1-3), y fue encomendado a liderar la iglesia de Éfeso (1:3). Aunque Pablo deseaba visitarle (3:14; 4:13), esta carta le brindaría instrucciones personales y ministeriales de suma importancia.

## ¿CUÁNDO Y DÓNDE LO ESCRIBIÓ?

Escrita desde Macedonia alrededor del 63 al 65 d.C., al menos ocho años después de haber estado Pablo en Éfeso (Hechos 19:8, 10; 20:31).

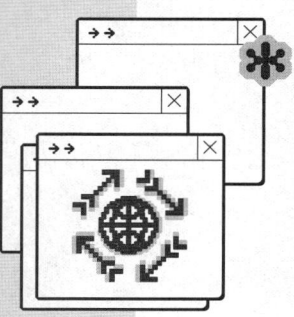

## PANORAMA DEL LIBRO

El gran tema de esta carta es la teología pastoral. ¿Cómo debe conducirse un líder? ¿Cómo debe ejercer su ministerio? Pablo escribe para animar a este líder. Esta es una carta práctica, ya que Timoteo conocía muy bien las enseñanzas doctrinales de su maestro, que refleja las luchas que vivía la iglesia en su desarrollo. Luego de los saludos iniciales Pablo invita a que Timoteo se oponga tajantemente a los falsos maestros (1Tim.1:3-7). Posiblemente la amenaza doctrinal de la iglesia de Éfeso eran unos judíos gnósticos (1Tim.1:7) que prohibían casarse y comer ciertos alimentos (1Tim. 4:3) entre otras cosas. También ese grupo de falsos maestros usaban estas enseñanzas para lucrar (1 Tim. 6:5) por lo cual Pablo invita a rechazar la avaricia y vivir sin ambiciones mayores para evitar caer en lazo de tentación (1 Tim. 6:6-7). Pablo anima y exhorta a Timoteo a pararse firme, como un soldado presto a entrar en combate en contra de estas herejías (1 Tim. 1: 18-20).

como a un enemigo, sino repréndanlo como a un hermano.

### Saludos finales

**16**Que el Señor de paz les dé paz en todo tiempo y en cualquier circunstancia. El Señor esté con ustedes.
**17**Y aquí va el saludo que en todas mis cartas acostumbro escribir yo mismo para que se sepa que es una carta mía. Yo, Pablo. Esto es de mi puño y letra: **18**Que nuestro Señor Jesucristo derrame su amor sobre todos ustedes.

3.16

# 2 Tesalonicenses

**1** Pablo, Silvano y Timoteo, a la iglesia de Tesalónica, unida a Dios nuestro Padre y al Señor Jesucristo: ²Que Dios el Padre y el Señor Jesucristo les den a ustedes su favor y su paz.

## Acción de gracias y oración

³Amados hermanos, debemos dar gracias a Dios por ustedes, como es justo, porque ha crecido mucho su fe y el amor mutuo sigue abundando. ⁴Nos sentimos orgullosos al hablar a las demás iglesias de la paciencia y la fe que ustedes manifiestan, a pesar de los muchos problemas y dificultades por los que han estado atravesando. ⁵Este es sólo un ejemplo de la justa manera en que Dios hace las cosas; él los considera dignos de su reino, por causa del cual padecen. ⁶Dios, que es justo, hará sufrir a los que los están afligiendo. ⁷A ustedes, los que ahora sufren, Dios les dará descanso, lo mismo que a nosotros. Esto será cuando el Señor Jesús venga del cielo entre llamas de fuego con sus poderosos ángeles ⁸y castigue a los que no conocen a Dios ni obedecen el evangelio de nuestro Señor Jesús. ⁹Esos sufrirán la pena de la destrucción eterna, alejados de la presencia del Señor y de la gloria de su poder. ¹⁰Así será cuando venga en aquel día a recibir honra y admiración de su pueblo, de sus santos. Ustedes estarán entonces con él, porque creyeron el mensaje que les llevamos.

¹¹Por eso, oramos en todo tiempo que nuestro Dios los tenga por dignos de su llamamiento y les ayude con su poder a hacer el bien y a cumplir todo lo que realicen movidos por la fe. ¹²De esta manera, el nombre de nuestro Señor Jesús será honrado por causa de ustedes, y él los honrará conforme al gran amor de nuestro Dios y Señor Jesucristo.

## Manifestación y juicio del malvado

**2** Ahora bien, hermanos, en cuanto al retorno de nuestro Señor Jesucristo y a nuestro encuentro con él, les decimos esto: ²No se alteren ni se turben si llegan a sus oídos mensajes de individuos que dicen haber tenido mensajes del Espíritu o mensajes de Dios, orales o escritos, diciendo que el día del Señor ya llegó; ni siquiera si afirman que hemos enviado una carta en la que sostenemos eso mismo.

³No se dejen engañar de ninguna manera, porque ese día no llegará hasta que ocurra la rebelión contra Dios y se manifieste el hombre de pecado, el que sólo sabe destruir. ⁴Él se opone y se levanta contra todo lo que lleva el nombre de Dios o es objeto de culto. Este hombre hasta se atreverá a ir y sentarse en el Templo de Dios y hacerse pasar por Dios.

⁵¿No se acuerdan ustedes de que les hablé de esto cuando estuve con ustedes? ⁶Como recordarán, también les dije que hay un poder que detiene a este hombre, y que no le permitirá aparecer hasta su debido tiempo. ⁷El plan secreto de la maldad ya se está desarrollando; sólo falta que lo que lo detiene sea quitado de en medio. ⁸Entonces aparecerá aquel inicuo; pero el Señor lo consumirá con el soplo de su boca y lo destruirá con el resplandor de su venida.

⁹Ese malvado será instrumento de Satanás, y vendrá haciendo toda clase de milagros, señales y falsas maravillas. ¹⁰Engañará con toda perversidad a los que van a la perdición por haber dicho «no» a la verdad, y por haberse negado a amarla, lo cual los habría salvado. ¹¹Dios permite que el poder engañoso les haga creer aquellas mentiras. ¹²Y luego los condenará por no haber creído la verdad y por haberse deleitado en la maldad.

## Exhortación a la perseverancia

¹³En cambio, nosotros tenemos que dar siempre gracias a Dios por ustedes, hermanos amados del Señor, porque Dios determinó desde el principio escogerlos para ser salvos. Esto mediante la acción del Espíritu Santo que los hace santos y la fe que han depositado en la verdad. ¹⁴Con tal objetivo, por nuestro medio les comunicó las buenas nuevas, para que participen de la gloria de nuestro Señor Jesucristo. ¹⁵Con esto en mente, hermanos, permanezcan aferrados firmemente a la verdad que les hemos enseñado en nuestras cartas y durante el tiempo que pasamos con ustedes. ¹⁶Que el Señor Jesucristo mismo y Dios nuestro Padre, quien nos amó y nos dio un consuelo eterno y una esperanza que no merecemos, ¹⁷los consuele y ayude a hacer y decir siempre lo que es bueno.

## Oración por la difusión del evangelio

**3** Finalmente, hermanos, les suplico que oren por nosotros. Pidan que el mensaje del Señor se propague rápidamente y que sea recibido y apreciado, como sucedió entre ustedes. ²Y oren para que seamos librados de personas perversas y malvadas, pues no todos tienen fe.

³El Señor, que es fiel, les dará fortaleza y los guardará del maligno. ⁴Confiamos en el Señor que ustedes estén poniendo en práctica nuestras enseñanzas, y que siempre lo harán. ⁵Que el Señor los lleve a amar como Dios lo hace y a ser pacientes como Cristo.

## Exhortación al trabajo

⁶Hermanos, un mandamiento les doy en nombre del Señor Jesucristo: Apártense de cualquier hermano que ande con holgazanerías y que no siga las enseñanzas que ustedes recibieron de nosotros. ⁷Ustedes saben bien que deben seguir nuestro ejemplo, y a nosotros jamás nos vieron sin hacer nada. ⁸Cuando queríamos comida la comprábamos; con fatiga y cansancio trabajábamos día y noche, para no ser una carga a ninguno de ustedes. ⁹Y no se trataba de que no tuviéramos el derecho de solicitar el sustento, sino de que queríamos enseñarles con el ejemplo. ¹⁰Estando aún entre ustedes, pusimos una regla: «El que no trabaja, que tampoco coma». ¹¹Sin embargo, nos hemos enterado de que algunos de ustedes no trabajan y se pasan la vida sin hacer nada. ¹²En el nombre del Señor Jesucristo, les ordenamos a dichas personas que se pongan a trabajar tranquilamente para ganarse la vida.

¹³Hermanos, nunca se cansen de hacer el bien. ¹⁴Si alguien se niega a obedecer lo que decimos en esta carta, señálenlo delante de todos y no se junten con él, para que se avergüence. ¹⁵Pero no lo tengan

✫2.15–17 ✫3.3

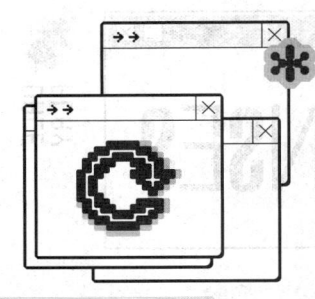

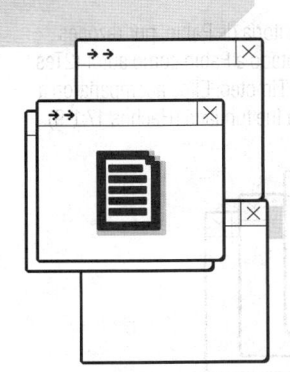

## ¿CÓMO SE RELACIONA CONMIGO?

Los falsos maestros habían estado presentando cartas falsas como si fueran de Pablo y les habían dicho a los creyentes tesalonicenses que el día del Señor ya había llegado. Esto habría sido especialmente preocupante para ellos porque Pablo los había animado en su carta anterior a confiar que Jesús iba a regresar y entonces les explica que este tiempo futuro de tribulación aún no había llegado (2 Tesalonicenses 2: 3). Lo que Pablo deja en claro es que Jesús regresará y mientras tanto nuestra misión es no desconectar nuestras mentes de nuestra misión y responsabilidades por estar especulando con este tema, como tantas veces y en tantos rincones de la iglesia ha ocurrido.

## EL GUION

1) Si sufrimos hoy, mañana no "El juicio de Dios y los que sufren persecución" (2Tes.1:1-12)
2) El último round "Signos antes de la venida de Cristo y su Victoria Final" (2Tes, 2:1-3:5)
3) El que no trabaja que no coma "Amonestación a los que se excusan en la pronta venida de Jesús para vivir como haraganes" (2Tes.3:6-18)

# 2TESALONICENSES

# 2 TESALONICENSES

## ¿QUIÉN LO ESCRIBIÓ?

Aunque algunos eruditos han cuestionado la autoría de Pablo, por razones de estructura y pensamiento, la iglesia ha aceptado a Pablo como autor (2Tes 1:1; 3:17), que escribe en nombre de Silvano y Timoteo. Ellos acompañaron a Pablo en su segundo viaje, cuando esta iglesia fue fundada (Hechos 17:1-9).

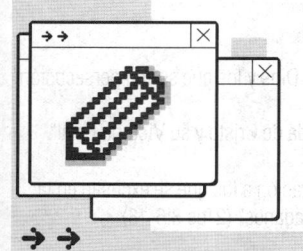

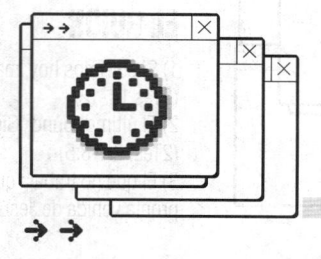

## ¿A QUIÉN LO ESCRIBIÓ?

Ciudad en la costa noroeste del mar Egeo, con el monte Olimpo a la vista, luego llamada Salónica, estaba estratégicamente situada y en 168 a.C. llegó a ser la capital de Macedonia.

## ¿CUÁNDO Y DÓNDE LO ESCRIBIÓ?

A pesar de las dudas por parte de algunos eruditos modernos, la carta está fechada poco después de la primera, quizás unos meses después, aún en un tiempo cuando Timoteo y Silvano (Silas) permanecían con el apóstol. Escrita entonces desde Corinto en el año 51 d.C.

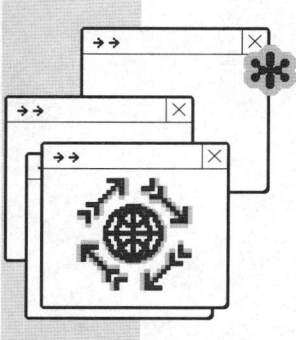

## PANORAMA DEL LIBRO

Esta carta es menos emotiva que la primera. Al parecer los cristianos de tesalónica estaban recibiendo algún tipo de influencia doctrinal que aseguraba que ya estaban viviendo una escatología realizada (creían que ya vivían los tiempos finales). Pablo aplica un "paño de agua fría" a los entusiastas cristianos, que influidos por algunas supuestas revelaciones o pseudo cartas escritas aparentemente por el apóstol, estaban adoptando una vida completamente desordenada, al punto de dejar de trabajar. ¡Pero el Señor aún no ha venido! Aparece en escena un personaje que se le ha relacionado con el anticristo, el "hombre de iniquidad" (2Tes.2:3) quién luego de realizar un sacrilegio sobre el templo (al estilo Antioco Epífanes) promueve la adoración hacia su persona. Toda esta sección tiene el objetivo de confirmar la fe de los hermanos. Luego amonesta a todos los que usando esta enseñanza escatológica dejaron de cumplir sus deberes básicos (2Tes.5: 1-22).

se amen más unos a otros y a todos, así como nosotros los amamos a ustedes. ¹³Le rogamos a Dios que fortalezca sus corazones, y que, cuando nuestro Señor Jesús venga con todos sus santos, ustedes vivan en santidad y nadie pueda acusarlos de nada delante de nuestro Dios y Padre.

## La vida que agrada a Dios

**4** ✯Ahora, hermanos, les suplicamos en el nombre del Señor Jesús que cada vez vivan más como le agrada a Dios, así como lo aprendieron de nosotros. En realidad, ya lo están haciendo. ²Ustedes saben cuáles son las instrucciones que les dimos de parte del Señor Jesús. ³Dios quiere que sean santos; que no cometan inmoralidades sexuales; ⁴que cada uno aprenda a controlar su propio cuerpo de una manera santa y respetuosa; ⁵que no se dejen llevar por los malos deseos, como hacen los paganos que no conocen a Dios, ⁶y que nadie le haga daño a su hermano ni se aproveche de él en este asunto. El Señor castiga todas estas cosas, como ya se lo habíamos dicho y advertido. ⁷Dios no nos ha llamado a vivir de manera impura, sino santa. ⁸Por eso, el que rechaza estas instrucciones no rechaza a un hombre sino a Dios, que les ha dado a ustedes su Espíritu Santo.

✯⁹Con respecto al amor entre los hermanos, no hace falta que les escriba, porque Dios mismo les ha enseñado a amarse unos a otros. ¹⁰Ustedes aman a todos los hermanos que viven en Macedonia, eso es cierto. Sin embargo, les animamos a que se amen todavía más; ¹¹a que traten de vivir en paz con todos; a que se ocupen de sus propios asuntos y trabajen con sus propias manos, como se lo hemos ordenado desde antes. ¹²Si viven de ese modo, se ganarán el respeto de los que no son creyentes y no tendrán que depender de nadie.

## La venida del Señor

¹³Hermanos, no queremos que ignoren lo que pasa con los que mueren, para que no se pongan tristes como esos otros que no tienen esperanza.

¹⁴Si creemos que Jesús murió y después resucitó, entonces también debemos creer que Dios resucitará con Jesús a los que murieron creyendo en él. ¹⁵De acuerdo con lo que el Señor nos enseñó, nosotros les aseguramos que los que estemos vivos cuando el Señor regrese, no nos adelantaremos a los que ya estén muertos. ¹⁶El Señor mismo bajará del cielo con voz de mando, con voz de arcángel y con trompeta de Dios, y los que murieron creyendo en él, serán los que resuciten primero. ¹⁷Luego, los que estemos vivos en ese momento seremos llevados junto con ellos en las nubes, para reunirnos con el Señor en el aire. Y así estaremos con el Señor para siempre. ¹⁸Por eso, anímense unos a otros con estas palabras.

**5** Hermanos, ustedes no necesitan que yo les escriba cuándo ocurrirá esto. ²Ustedes saben muy bien que el día en que el Señor regrese llegará como un ladrón en la noche. ³Cuando la gente esté diciendo: «Hay paz y seguridad», entonces, de repente vendrá sobre ellos la destrucción. Llegará como le llegan a la mujer embarazada los dolores de parto. No habrá forma de que escapen. ⁴Pero ustedes, hermanos, no están en la oscuridad para que ese día los sorprenda como un ladrón. ⁵Todos ustedes son hijos de la luz y del día. No somos de la noche ni de la oscuridad. ⁶Por eso, no debemos dormirnos como los demás, sino mantenernos alerta y en nuestro sano juicio. ⁷Los que duermen, de noche duermen, y los que se emborrachan, ✯de noche se emborrachan. ⁸Nosotros, por el contrario, somos del día. Por eso estamos siempre en nuestro sano juicio, protegidos por la coraza de la fe y del amor, y por el casco de la esperanza de salvación. ⁹Porque Dios no nos llamó para sufrir el castigo sino para recibir la salvación por medio de nuestro Señor Jesucristo. ¹⁰Él murió por nosotros para que, ya sea en la vida o en la muerte, vivamos junto con él. ¹¹Así que anímense y ayúdense unos a otros a crecer, como ya lo están haciendo.

## Instrucciones finales

✯¹²Hermanos, les pedimos que respeten a los que trabajan entre ustedes, los guían y reprenden en el Señor. ¹³Estímenlos mucho y ámenlos por el trabajo que hacen. Vivan en paz unos con otros.

¹⁴Hermanos, también les rogamos que reprendan a los perezosos, animen a los desanimados, ayuden a los débiles y tengan paciencia con todos. ¹⁵Asegúrense de que ninguno pague mal por mal. Al contrario, procuren siempre hacer el bien, no sólo entre ustedes sino también a todos los demás. ¹⁶Estén siempre contentos. ¹⁷Oren en todo momento. ¹⁸Den gracias a Dios en cualquier situación, porque esto es lo que Dios quiere de ustedes como creyentes en Cristo Jesús. ¹⁹No apaguen el Espíritu. ²⁰No desprecien las profecías.

✯²¹Pónganlo todo a prueba, pero retengan sólo lo bueno. ²²Eviten toda clase de mal.

✯²³Que Dios mismo, el Dios de paz, los santifique por completo. Que mantenga sin culpa todo su ser —espíritu, alma y cuerpo—, para cuando el Señor Jesucristo regrese. ²⁴El que los llama es fiel, y por eso hará todo lo que ha dicho.

²⁵Hermanos, oren también por nosotros. ²⁶Saluden a todos los hermanos con un beso santo. ²⁷Les encargo en el Señor que lean esta carta a todos los hermanos. ²⁸Que nuestro Señor Jesucristo les conceda su favor.

✯4.1–6  ✯4.9–12  ✯5.8–11  ✯5.12–18  ✯5.21–22  5.23–24

# 1 Tesalonicenses

**1** Pablo, Silvano y Timoteo a la iglesia de los tesalonicenses, que está en Dios el Padre y en el Señor Jesucristo: que el favor y la paz de Dios estén con ustedes.

## Acción de gracias por los tesalonicenses

²Siempre damos gracias a Dios por todos ustedes al mencionarlos en nuestras oraciones. ³Cuando oramos a nuestro Dios y Padre, los recordamos constantemente a causa de la fe que tienen y demuestran con hechos, del amor que los empuja al trabajo, y de la esperanza en nuestro Señor Jesucristo que los mantiene firmes.

⁴Hermanos amados de Dios, sabemos que él los ha escogido. ⁵Esto lo sabemos porque cuando les anunciamos el evangelio, les llegó no sólo con palabras sino también con el poder del Espíritu Santo y con una gran seguridad. Ustedes saben que cuando estuvimos entre ustedes buscamos sólo su bien. ⁶Ustedes siguieron nuestro ejemplo y el del Señor, cuando, a pesar de todo el sufrimiento, recibieron el mensaje con la alegría que da el Espíritu Santo. ⁷Por eso se convirtieron en ejemplo para todos los creyentes de Macedonia y Acaya. ⁸El mensaje del Señor salió de ustedes y ya se ha anunciado no sólo en Macedonia y Acaya sino por todos lados. La fe de ustedes en Dios es tan conocida que ya no es necesario que nosotros digamos nada, ⁹pues todos cuentan el bien que ustedes nos recibieron y cómo dejaron los ídolos para servir al Dios vivo y verdadero. ¹⁰También cuentan cómo ustedes esperan que Jesús regrese del cielo: él, que es el Hijo amado de Dios, a quien Dios resucitó y quien nos libra del castigo que viene.

## Ministerio de Pablo en Tesalónica

**2** Hermanos, ustedes saben bien que la visita que nosotros les hicimos no fue en vano. ²También saben que antes nos habían insultado y maltratado en Filipos. A pesar de eso, nuestro Dios nos dio valor y nos atrevimos a anunciarles el evangelio en medio de una gran lucha. ³Cuando lo anunciamos, no fue por error ni teníamos malas intenciones ni queríamos engañar a nadie. ⁴Al contrario, hablamos porque Dios nos aprobó y confió en nosotros para anunciar el evangelio. Nosotros no tratamos de agradar a la gente sino a Dios, que es el que conoce nuestro corazón. ⁵Como ustedes saben, nunca hemos usado halagos ni pretextos para obtener dinero. Dios es testigo de eso. ⁶Nunca hemos buscado que nos rindan honores, ni ustedes ni nadie. ⁷Como somos apóstoles de Cristo, hubiéramos podido ser exigentes con ustedes; sin embargo, los tratamos con ternura, como una madre que alimenta y cuida a sus hijos. ⁸Es tan grande el cariño que les tenemos, que no sólo les habríamos anunciado el evangelio, sino también les habríamos dado nuestras propias vidas. ⁹Recuerden, hermanos, cómo trabajamos y nos fatigamos por anunciarles el evangelio de Dios. De día y de noche trabajamos para no serle una carga a nadie. ¹⁰Dios y ustedes saben que esto es cierto. Nos portamos con ustedes los creyentes, de manera santa y justa, y por eso nadie puede reprocharnos nada. ¹¹Ustedes saben también que a cada uno de ustedes lo hemos tratado como un padre trata a sus hijos. ¹²Los hemos animado y consolado y hemos insistido en que vivan como lo hacen los que son de Dios, que es el que los llama a compartir su reino y su gloria.

¹³Por eso, no dejamos de dar gracias a Dios, pues cuando les predicamos la palabra de Dios, ustedes la oyeron y la aceptaron, no como si fuera palabra de hombres, sino como lo que realmente es: palabra de Dios. Y esta palabra los transforma a ustedes los creyentes. ¹⁴Ustedes, hermanos, sufrieron a manos de sus compatriotas, igual que las iglesias de Dios en Cristo Jesús que están en Judea sufrieron a manos de los judíos. Ustedes siguieron su ejemplo. ¹⁵Estos judíos mataron al Señor Jesús y a los profetas, y a nosotros nos echaron fuera. No hacen lo que a Dios le agrada y están en contra de todos, ¹⁶pues tratan de que nosotros no anunciemos el mensaje de salvación a los que no son judíos. Así llegan siempre al colmo de su pecado. Pero Dios los castigará duramente.

## Pablo anhela ver a los tesalonicenses

¹⁷Hermanos, aunque nos separamos físicamente de ustedes por algún tiempo, siempre los llevábamos en nuestro corazón, e hicimos todo lo posible por ir a verlos. ¹⁸Quisimos visitarlos; yo mismo, Pablo, lo intenté más de una vez, pero Satanás nos lo impidió. ¹⁹Después de todo, cuando el Señor Jesús regrese, ¿de qué estaremos orgullosos o alegres? ¿Cuál será nuestra esperanza? Si no son ustedes, ¿quién será? ²⁰Sí, ustedes son nuestro orgullo y alegría.

**3** Por lo tanto, cuando ya no pudimos soportarlo más, decidimos quedarnos solos en Atenas. ²Por eso enviamos a Timoteo, hermano nuestro y colaborador de Dios en el anuncio del evangelio de Cristo, para que los anime y haga más firmes en su fe, ³y así nadie dude a causa de estos sufrimientos. Ustedes saben bien que para esto se nos destinó. ⁴Cuando todavía estábamos con ustedes, les advertimos que íbamos a sufrir mucho. Y como ustedes saben, así sucedió. ⁵Por eso, cuando ya no pude soportar más, envié a Timoteo para que se informara de cómo estaban ustedes en cuanto a su fe. Temía que el tentador los hubiera hecho caer y que nuestro trabajo hubiera sido en vano.

## El informe alentador de Timoteo

⁶Timoteo acaba de regresar de Tesalónica con las buenas noticias de la fe y del amor de ustedes. También nos dice que nos recuerdan con cariño y que tienen tantas ganas de vernos, como nosotros a ustedes. ⁷Por eso, hermanos, a pesar de todas nuestras angustias y sufrimientos, ustedes nos han animado por medio de su fe. ⁸Nos reanima el saber que ustedes están firmes en el Señor. ⁹¿Cómo podremos agradecer suficientemente a Dios por ustedes y por la alegría que nos han dado delante de él? ¹⁰Día y noche le suplicamos que nos permita volver a verlos para completar lo que les falta a su fe. ¹¹Le rogamos a Dios nuestro Padre, y a nuestro Señor Jesús, que preparen nuestro camino para poder ir a verlos. ¹²Le rogamos al Señor que los haga crecer y que ustedes

☀1-2-3  ☀1.5-6  ☀2.4  ☀2.7-8  ☀2.10-12  ☀2.19  ☀3.7-8  ☀3.11-12

de quienes lo predicaron, sino en el Poder de Dios (1Tes.1:5) el cual, provocó la verdadera conversión de muchos paganos (1Tes.1:10). Luego, como verdaderos Padres que aman a sus pequeños hijos, el apóstol manifiesta su gran amor por ellos (1 Tes. 2:7,11) y su deseo de que ellos sigan firmes en medio de las persecuciones (1 Tes. 2:14). Timoteo trajo noticias a Pablo sobre el gran cariño que la iglesia sostenía hacia él y eso hizo recobrar aliento al corazón del apóstol (1Tes. 3:6-10). Las recomendaciones morales también son parte de esta carta. Pablo invita a vivir en santidad (1Tes. 4:1-8) y en amor verdadero (1Tes. 4:9-12). Uno de los grandes aportes teológicos de esta carta es su enseñanza sobre la venida de Jesucristo. Los cristianos estaban preocupados por los que morían, pues al parecer pensaban que luego de la resurrección de Cristo ya nadie moriría, pero no fue así. Pablo les señala que los que estén vivos cuando el Señor regrese no tendrán ninguna ventaja sobre los que ya "duermen" (1Tes. 4:16-17). Por último, en el capítulo 5, vuelven las exhortaciones a mantener firme la esperanza y a vivir de manera madura y correcta (1Tes. 5:12-28).

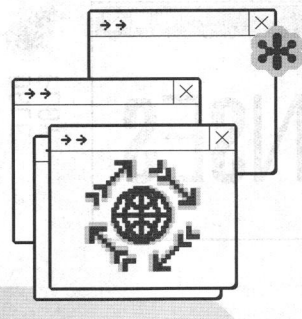

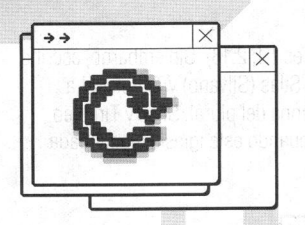

## ¿CÓMO SE RELACIONA CONMIGO?

El impacto que provocó en los primeros cristianos la esperanza de la segunda venida de Cristo llegó a tal grado que en Roma lo que se llamaba "Necrópolis" (que significa ciudad de los muertos, donde sepultaban a los difuntos), fue rebautizado por los cristianos como "Cementerio" que significa "Dormitorio". Pablo te anima a creer firmemente en la esperanza de la resurrección por lo que uno de los grandes aportes que hace la carta son sus referencias al futuro. Pablo sabía también que los Tesalonicenses habían estado expuestos a enseñanzas erradas por parte de quienes no entendían la gracia de Dios y, con eso en mente, les enseñó que cualquier crecimiento espiritual estaría motivado en última instancia por su esperanza en el regreso definitivo de Jesucristo.

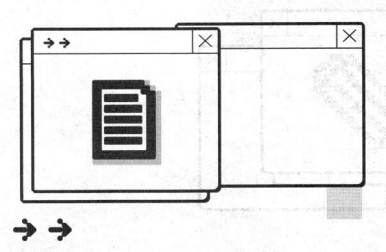

## EL GUION

1) Gratitud por los tesalonicenses (1:1-10)
2) La pureza del ministerio de Pablo (2:1-12)
3) El interés de Pablo por los tesalonicenses (2:13-3:13)
4) Aprendiendo a madurar (4:1-12)
5) ¿Dónde está tu esperanza? (4:13-5:11)
6) La vida espiritual se vive juntos (5:12-28)

# 1TESALONICENSES

# 1 TESALONICENSES

DALE PLAY

## ¿QUIÉN LO ESCRIBIÓ?

Pablo se identifica dos veces en la carta (1 Tes.1:1; 2:18). Sin embargo, escribe la carta a nombre de los tres amigos, Pablo, Silas (Silvano) y Timoteo. La mayoría de pronombres son en primera persona del plural. Silas y Timoteo acompañaron a Pablo en su segundo viaje, cuando esta iglesia fue fundada (Hechos 17:1-9).

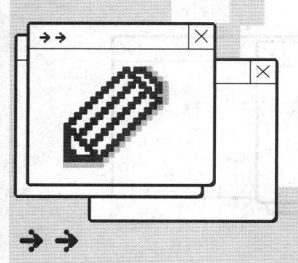

## ¿A QUIÉN LO ESCRIBIÓ?

A la nueva comunidad de cristianos que vivían en la ciudad de Tesalónica (1Tes.1:1).

## ¿CUÁNDO Y DÓNDE LO ESCRIBIÓ?

Pablo escribió la carta desde Corinto, en el año 51 d.C. luego del informe que Timoteo trajo (1Tes.3:1:6; Hechos 18:5). Se han encontrado evidencias sobre esta fecha en una inscripción descubierta en Delfos, Grecia, que data del proconsulado de Galión, y ubica entonces a Pablo en Corinto en esa época (Hechos 18:12-17). Esta sería la segunda carta de Pablo del Nuevo Testamento.

## PANORAMA DEL LIBRO

Por ser un escrito muy temprano del N.T, esta carta entrega una valiosa visión de una comunidad formada 20 años después de la ascensión de Jesús. Como se ve, la iglesia es una comunidad muy joven que fue separada de su fundador por la insistente persecución de algunos judíos (Hch.17:5-10. 1Tes.2:17,18). La carta tiene connotaciones especiales a otras. Aparece 21 veces la palabra "hermanos" término usado en la iglesia primitiva para expresarse el gran amor que tenían los unos a los otros. En el capítulo uno, Pablo alienta a la iglesia por la Fe, el Amor y la Esperanza que experimentaban en su seno (1Tes.1:3). Les recuerda que la predicación del evangelio no descansó en las habilidades

¹⁰Aristarco, mi compañero de cárcel, les envía saludos, y lo mismo hace Marcos, el primo de Bernabé. Como ya les dije, si va a visitarlos recíbanlo con cariño. ¹¹Jesús, al que le dicen el Justo también los saluda. Estos son los únicos judíos cristianos que trabajan conmigo por el reino de Dios y ¡de cuánto consuelo me han sido!

¹²Epafras, que es paisano de ustedes y siervo de Jesucristo, los saluda. Siempre ora fervientemente por ustedes para que Dios los ayude a mantenerse firmes, ser maduros y continuar dedicados a cumplir la voluntad de Dios.

¹³Les aseguro que de veras ha orado intensamente por ustedes, así como por los cristianos de Hierápolis y Laodicea.

¹⁴Lucas, el médico amado, los saluda también, y lo mismo hace Demas.

¹⁵Saluden a los hermanos de Laodicea, a Ninfas y a los que se reúnen en su casa.

¹⁶Después que lean esta carta, tengan la bondad de hacerla llegar a la iglesia de Laodicea. Y lean también ustedes la carta que les estoy mandando a ellos.

¹⁷Díganle a Arquipo que no deje de hacer lo que el Señor le encargó.

¹⁸Y aquí va un saludo de mi puño y letra: Recuerden que estoy preso. Que Dios los llene de su amor.

que hace Cristo. ¹²Con él ustedes fueron sepultados en el bautismo, y en su resurrección resucitaron ustedes con él, mediante la fe en el poder de Dios que lo resucitó.

¹³De hecho, ustedes estaban muertos a causa de sus pecados y no se habían despojado de su naturaleza pecaminosa; pero Dios nos vivificó con Cristo y nos perdonó los pecados. ¹⁴Él eliminó la prueba acusatoria que había contra ustedes, es decir, los mandamientos de la ley. Esa quedó anulada cuando la clavó en la cruz. ¹⁵Y así despojó a los seres espirituales que tienen poder y autoridad, y, por medio de Cristo, los humilló públicamente y los exhibió en su desfile triunfal.

¹⁶Que nadie, pues, los critique a ustedes por cuestiones de comidas o bebidas, ni porque no celebren sus festividades ni sus ceremonias de luna nueva ni sus sábados. ¹⁷Éstas eran sólo como sombras del que había de venir, es decir, Cristo. ¹⁸No dejen ustedes que les quiten su premio quienes fingen ser humildes y adoran a los ángeles. Estos individuos dicen haber visto visiones y se llenan de orgullo por sus pensamientos humanos. ¹⁹Sin embargo, no están conectados a Cristo, la cabeza, a la cual nosotros, que formamos su cuerpo, sí estamos unidos. Y lo estamos por medio de fuertes junturas y ligamentos, con lo cual crecemos a medida que Dios nos nutre.

²⁰Si ustedes murieron con Cristo y ya no están esclavizados a los poderes que dominan el mundo, ¿por qué se someten, como si fueran todavía del mundo, a reglas ²¹tales como: «no toques eso, no comas aquello, no lo tomes en tus manos»? ²²Esas reglas son puramente humanas, que con el tiempo van perdiendo valor. ²³Podrán parecer muy sabias tales reglas, ya que para obedecerlas hay que ser devotos de veras, y porque son humillantes y duras para el cuerpo, pero de nada sirven en lo que a dominar los malos pensamientos y deseos se refiere.

## Normas para una vida santa

**3** Puesto que ustedes resucitaron con Cristo, fijen la mirada en las cosas de arriba, donde está Cristo sentado junto a Dios en el sitio de honor. ²Llenen sus pensamientos de las cosas de arriba y no en las cosas de este mundo. ³Después de todo, ustedes están muertos y su vida está escondida con Cristo en Dios. ⁴Cuando aparezca Cristo, que es la vida de ustedes, también ustedes resplandecerán con él y participarán de su gloria.

⁵¡Hagan morir todo lo que viene de la naturaleza pecaminosa! Apártense de los pecados sexuales, las impurezas, las pasiones bajas y vergonzosas y del deseo de acumular más y más cosas, pues eso es idolatría. ⁶La terrible ira de Dios caerá sobre los que hacen tales cosas, ⁷que son lo que ustedes antes hacían.

⁸Pero ha llegado el momento de arrojar de ustedes la ira, el enojo, la malicia, los insultos y las malas palabras. ⁹No se mientan unos a otros, ahora que ya murieron a aquella antigua vida llena de vicios.

¹⁰Ya se pusieron una ropa nueva, que es la nueva vida que se renueva todo el tiempo hasta que llegue a parecerse a su Creador. ¹¹La nacionalidad y la raza, la religión, la educación y la posición social carecen de importancia en esta vida. Lo que importa es que Cristo es todo y está en todos.

¹²Por cuanto Dios los escogió y son santos y amados, practiquen con sinceridad la compasión y la bondad. Sean humildes, amables y buenos. ¹³Supórtense unos a otros y perdonen a quienes se quejen de ustedes. Si el Señor perdonó, ustedes están obligados a perdonar. ¹⁴Y sobre todo, vístanse de amor, que es lo que permite vivir en perfecta armonía. ¹⁵Que la paz de Dios reine en sus corazones, porque ese es su deber como miembros del cuerpo de Cristo. Y sean agradecidos.

¹⁶Mantengan vívidas en su memoria las enseñanzas de Cristo en toda su abundancia, y enséñense y aconséjense unos a otros con toda sabiduría. Transmítanlas a otros, con salmos, himnos y cánticos espirituales elevados al Señor con corazones agradecidos. ¹⁷Y todo lo que hagan o digan, háganlo en el nombre del Señor Jesús, y por medio de él acérquense a la presencia de Dios con acción de gracias.

## Normas para la familia cristiana

¹⁸Esposas, sométanse a sus esposos, porque así lo ha dispuesto el Señor. ¹⁹Esposos, amen a sus esposas y nunca las maltraten.

²⁰Hijos, obedezcan a sus padres en todo, porque esto agrada al Señor. ²¹Padres, no hagan enojar a sus hijos, para que no se desanimen.

²²Esclavos, obedezcan en todo a sus amos terrenales; no traten de agradarlos sólo cuando ellos los estén vigilando, sino siempre; obedézcanlos de buena gana y por respeto a Dios. ²³Hagan lo que hagan, háganlo bien, como si en vez de estar trabajando para amos terrenales estuvieran trabajando para el Señor. ²⁴Recuerden que el Señor Jesucristo les dará la parte que les corresponde, pues él es al Señor a quien en realidad sirven ustedes. ²⁵Pero el que hace lo malo, recibirá como pago el mal que hizo, porque Dios no tiene preferidos.

**4** Por otro lado, ustedes, amos, sean justos y equitativos, recordando que también tienen un Amo en el cielo.

## Instrucciones adicionales

²Nunca se cansen de orar. Oren siempre con gratitud. ³Oren también para que Dios nos conceda muchas oportunidades de proclamar el mensaje, pues por él estoy preso. ⁴Oren para poder expresarme claramente, que es como debo hacerlo siempre.

⁵Pórtense sabiamente delante de los que no creen en Cristo, y aprovechen bien las oportunidades. ⁶Hablen siempre con buen gusto y de forma amena. Así podrán contestar siempre las preguntas que les hagan.

## Saludos finales

⁷Tíquico, nuestro muy amado hermano, les contará cómo me va. Él es muy trabajador y sirve al Señor conmigo. ⁸Lo estoy enviando a este viaje para que me informe cómo están ustedes y para que los anime. ⁹También les estoy enviando a Onésimo, fiel y muy amado hermano que a la vez es uno de ustedes. Él y Tíquico les dirán todo lo que pasa aquí.

2.12–13  2.15  3.1–3  3.5–6  3.8–10  3.12–17
3.20–4.1  4.5–6

# Colosenses

**1** Pablo, apóstol de Jesucristo porque Dios así lo quiso, y el hermano Timoteo. ²A los santos y fieles hermanos en Cristo que están en la ciudad de Colosas: que Dios nuestro Padre les conceda su amor y su paz.

## Acción de gracias e intercesión

☼ ³Cada vez que oramos por ustedes damos gracias a Dios, el Padre de nuestro Señor Jesucristo, ⁴porque nos han hablado de lo mucho que confían en el Señor y de cuánto amor le tienen al pueblo de Dios. ⁵Ustedes se comportan así motivados por la esperanza de lo que está guardado para ustedes en el cielo. De ello se enteraron por medio del mensaje verdadero del evangelio. ⁶Esas buenas nuevas que escucharon ustedes están dando fruto y creciendo en todo el mundo, como también sucedió entre ustedes mismos desde el día en que escucharon y entendieron la gracia de Dios. ⁷Epafras, nuestro muy amado colaborador, el que les enseñó el evangelio y en quien tienen ustedes a un fiel servidor de Cristo, ⁸fue quien nos contó del gran amor hacia los demás que el Espíritu ha puesto en ustedes.

☼ ⁹Por eso, desde el primer momento que lo supimos, hemos estado orando y pidiendo a Dios que les ayude a entender plenamente la voluntad divina, y que les dé la sabiduría e inteligencia que vienen del Espíritu. ¹⁰Así podrán agradar y honrar al Señor en todo; harán toda clase de buenas obras y conocerán cada día más y mejor a Dios. ¹¹Además, estarán llenos del grande y glorioso poder divino para perseverar a pesar de las circunstancias adversas; ¹²y con gozo darán gracias al Padre, que nos ha capacitado para participar de la herencia que pertenece a los que viven en el reino de la luz. ¹³Él nos rescató del reino de las tinieblas y nos trasladó al reino de su Hijo amado, ¹⁴quien compró nuestra libertad y perdonó nuestros pecados.

## La supremacía de Cristo

¹⁵Cristo es la imagen misma del Dios invisible, y existe desde antes que Dios comenzara la creación. ¹⁶Cristo mismo es el creador de cuanto existe en los cielos y en la tierra, de lo visible y de lo invisible, y de todos los seres que tienen poder, autoridad y dominio; todo fue creado por medio de él y para él. ¹⁷Cristo ya existía antes de todas las cosas y, por su poder, todas subsisten.

☼ ¹⁸Él es la cabeza de ese cuerpo suyo que es la iglesia.
Él, que es el principio, fue el primero en resucitar, para ser en todo siempre el primero. ¹⁹Porque Dios quiso que en el Hijo habitara toda su plenitud. ²⁰Por medio del Hijo, Dios reconcilió con él todas las cosas, tanto las que están en los cielos como las que están en la tierra. Esa paz la logró Dios por medio de la sangre que Jesús derramó en la cruz.

²¹En otro tiempo, ustedes estaban alejados de Dios y eran sus enemigos, debido a sus malos pensamientos y acciones. ²²Pero ahora él los ha reconciliado por medio de la muerte que Cristo sufrió en su cuerpo, para presentarlos santos, sin mancha ni culpa, ante la misma presencia de Dios. ²³Pero para esto tienen que creer firmemente y no abandonar la esperanza que tienen gracias a las buenas noticias. Éstas son las buenas noticias que un día escucharon y que ahora mismo están siendo proclamadas en el mundo entero. Y yo, Pablo, trabajo anunciándolas.

## Trabajo de Pablo por la iglesia

²⁴Es cierto que estoy sufriendo por ustedes, pero me alegro. Así ayudo a completar lo que falta de los sufrimientos de Cristo por ese cuerpo suyo que es la iglesia. ²⁵Después de todo, sirvo a la iglesia por comisión divina, que me fue dada para bien de ustedes y con el propósito de revelar el plan divino en todas partes. ²⁶A través de los siglos y a lo largo de muchas generaciones, ese plan se había mantenido en secreto, pero por fin el Señor ha querido revelarlo a los suyos. ²⁷A ellos, Dios les dio a conocer la riqueza y la gloria de su plan que, por cierto, beneficia a los gentiles. Y éste es el misterio: Cristo está entre ustedes y es su esperanza de gloria.

²⁸Por eso, adondequiera que vamos hablamos de Cristo, y amonestamos y enseñamos a todos con toda sabiduría. Queremos que cada ser humano sea perfecto como Cristo. ²⁹Esa es mi tarea y lucho para realizarla con toda la fuerza y el poder que Cristo me da.

**2** Quiero que sepan cuánto he batallado por ustedes, por la iglesia de Laodicea y por aquellos a quienes nunca he tenido el gusto de conocer personalmente. ☼ ²Mi lucha es para que se animen, que estén unidos estrechamente por las fuertes ataduras del amor, y que alcancen la rica experiencia de una genuina certidumbre y clara comprensión, porque el plan secreto de Dios, que ya por fin ha sido revelado, es Cristo mismo. ³En él están escondidos todos los tesoros de la sabiduría y del conocimiento. ⁴Digo esto porque temo que alguien pueda engañarlos con palabras bonitas, ⁵y porque, a pesar de que me encuentro lejos de ustedes, mi corazón está a su lado, feliz de ver que todo marcha bien entre ustedes y que poseen una fe robusta en Cristo.

## Libertad en Cristo

⁶Ahora bien, de la misma manera que recibieron a Cristo Jesús como Señor, deben comportarse como le agrada a él; ⁷es decir, enraizados en él y que sea él quien les haga crecer. Manténganse convencidos de la verdad que les enseñaron y llenos de acción de gracias al Señor.

☼ ⁸No dejen que nadie los engañe con filosofías erradas y huecas, basadas en tradiciones humanas y en los poderes que dominan este mundo, y no en la enseñanza de Cristo. ⁹En Cristo habita toda la plenitud de Dios encarnada en un cuerpo humano, ¹⁰y ustedes, al estar unidos a él, están llenos de esa plenitud. Además, él es la cabeza y tiene autoridad sobre cualquier principado o potestad.

¹¹Por estar unidos a Cristo, él los liberó de su naturaleza pecaminosa, no por medio de la circuncisión que se hace en el cuerpo, sino por medio de la circuncisión

☼1.3–6 ☼1.9–13 ☼1.18 ☼2.2 ☼2.8–10

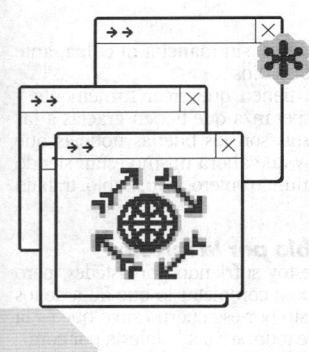

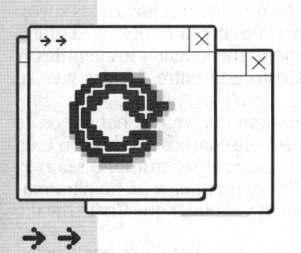

pero en la práctica este culto le prestaba más atención a estas entidades espirituales como verdaderos intermediarios de Dios entre los hombres. Pablo de manera enfática pone a Cristo por sobre todos estos poderes (Col. 1:15-20). Algunos aluden que este texto es un antiguo himno de la iglesia primitiva que Pablo usa para enfatizar que Cristo está por sobre todo tipo de autoridad terrenal o celeste (Col.1:16). Estos poderes tienen cierta oposición a Cristo, pero Él los venció en la cruz (Col.2:15).

3) También, derivado de estas "filosofías" se celebraban cultos en honor a "los ángeles", ya que los consideraban intermediarios de Dios ante los hombres, privándole importancia a Cristo. Al parecer estos cultos iban de la mano con experiencias místicas de éxtasis (Col.2:18).

4) Los propulsores de estas filosofías, aparentemente eran judaizantes sincretistas, que mezclaban enseñanzas judías con cuestiones mistéricas de cultos paganos. Pablo menciona como parte de estas enseñanzas, prácticas culinarias, celebrar días especiales, el guardar el día de reposo, lunas nuevas, circuncisión (Col. 2:11,16, 20, 21).

Para Pablo, vivir de esta manera, en abstenciones constantes (Col.2:23) no era una verdadera espiritualidad (Col.3:1,2). Pablo termina apelando a que esa Autoridad y Poder de Cristo debe verse reflejado en la vida social de los Cristianos (Col.3:8-17) y en la vida cotidiana (Col. 3:18- 4:1).

## ¿CÓMO SE RELACIONA CONMIGO?

En esta carta la total autoridad y triunfo de Cristo por sobre todo poder es puesto en contraste junto a doctrinas que exageran la realidad del diablo y sus demonios, o que dan a entender que la salvación se logra mediante la fe en Jesús "y algo más" que debemos hacer o dejar de hacer. De hecho, Pablo deja en claro que creer que Jesús no es suficiente y que hay algo más que hacer o no hacer, es vivir "terrenalmente" (Colosenses 3:1) y por eso nos invita a poner la mirada (teniendo un estilo de vida) en las cosas de arriba. La religiosidad prohibitiva (Colosenses 3:20-22) es la otra cara de una vida "terrenal" y limitada y nos invita a vivir una relación de confianza en la suficiencia de Cristo que evita el pecado por agradecimiento, honra y confianza y no por temor, apariencias o ignorancia. Al fin al cabo, es lo que creamos acerca de Jesús que definirá nuestra vida en la tierra y por la eternidad y no hay nada más importante.

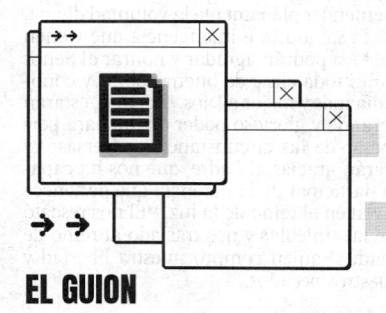

## EL GUION

1) Una Palabra que lleva fruto (Col.1:1-14)
2) Cristo es exaltado (Col. 1:15-29)
3) Peligros de falsas doctrinas (Col. 2:1-23)
4) Las características de nuestro llamado (Col. 3:1-17)
5) Las características de nuestras relaciones (Col. 3:18-4:18)

# COLOSENSES

# COLOSENSES

## ¿QUIÉN LO ESCRIBIÓ?

La iglesia ha aceptado tradicionalmente que Pablo es el autor de la carta. (Co.1:1). Testimonios de Ireneo, Clemente de Alejandría, Tertuliano, Orígenes, Eusebio concuerdan con esta afirmación.

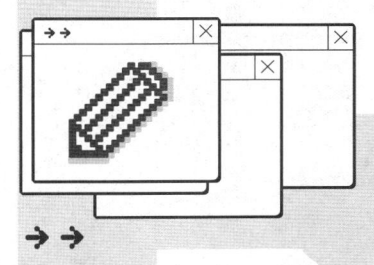

## ¿A QUIÉN LO ESCRIBIÓ?

A la comunidad cristiana que estaba en la ciudad de Colosas (Co.1:2) ubicada en el Asia Menor. Cabe mencionar que esta comunidad no conocía a Pablo, ya que él no fue su fundador (Col.2:1).

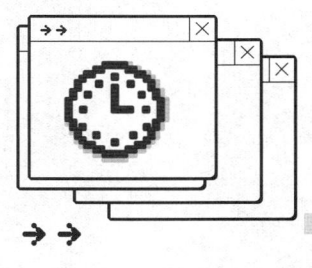

## ¿CUÁNDO Y DÓNDE LO ESCRIBIÓ?

Pablo escribe la carta en prisión (Col. 4:3,18). Los comentaristas se dividen a la hora de ubicar la ciudad donde Pablo estuvo preso. La mayoría cree más plausible datarla cerca del 61 d. C en Roma.

## PANORAMA DEL LIBRO

La carta contiene una mirada particular en cuanto a la Cristología. Pablo destaca en la carta la supremacía de Cristo. El desarrollo de esta teología está en relación con el peligro que ve Pablo de que la iglesia de Colosas pierda su fe y se enfrasque en el sincretismo religioso que estaba emergiendo en Asia menor (movimiento que posiblemente decantó en el Gnosticismo).

Los peligros que amenazaban a la iglesia eran:
1) Pablo advierte de estas "filosofías" o "preceptos" (Col.2:8,20). Al parecer en esta región se dio un culto a lo que en griego se llamaba "stoichea", que según estas enseñanzas, eran los espíritus que sustentaban el mundo. Pablo afirma que Jesús es la cabeza, está por sobre estas potestades (Col.1:10) ya que en Él habita la Deidad (Col.1:9).
2) Estas creencias llegaban a afirmar que Dios había hecho el mundo por medio de estos "elementos" o "potestades". Afirmaban que Cristo de alguna manera estaba en medio de la creación y en la salvación como agente activo,

en mis ingresos y gastos, excepto ustedes. ¹⁶En efecto, ustedes me enviaron ayuda hasta Tesalónica, una y otra vez, para cubrir mis necesidades. ¹⁷No digo esto para que me den más ayuda económica, sino que trato de aumentar el crédito en su cuenta.
¹⁸He recibido todo lo que necesito y hasta más. Epafrodito me dio lo que me enviaron y ahora tengo de sobra. Su ayuda es una ofrenda de olor grato, un sacrificio que Dios acepta con agrado. ¹⁹Por eso, mi Dios les dará todo lo que necesiten, conforme a las gloriosas riquezas que tiene en Cristo Jesús. ²⁰Denle a nuestro Dios y Padre la gloria para siempre. Amén.

### Saludos finales
²¹Saluden a todo el pueblo santo de Dios en Cristo Jesús. Los hermanos que están conmigo les mandan saludos. ²²Todos los que son del pueblo santo de Dios les mandan saludos, especialmente los de la casa del emperador. ²³Que el amor del Señor Jesucristo esté con ustedes. Amén.

4.19

preocupe como Timoteo por el bienestar de ustedes, ²¹pues todos los demás buscan sus propios intereses y no los de Jesucristo. ²²Pero ustedes ya conocen la buena conducta de Timoteo. Él, como un hijo junto a su padre, ha trabajado conmigo en anunciar el evangelio. ²³Espero poder enviarlo tan pronto como sepa qué va a pasar conmigo. ²⁴Confío en que el Señor permitirá que yo mismo vaya pronto a verlos.

²⁵Mientras tanto, creo que es necesario que regrese con ustedes Epafrodito, mi hermano, ayudante y compañero de lucha. Ustedes lo enviaron para que me atendiera en mis necesidades. ²⁶Él los extraña mucho a ustedes. Está preocupado porque ustedes se enteraron de que estaba enfermo. ²⁷Es verdad que estuvo enfermo y casi se muere. Pero Dios se compadeció de él, y no sólo de él, sino también de mí, para que no tuviera más tristeza de la que ya tengo. ²⁸Así que lo envío rápidamente para que, al verlo otra vez, ustedes se alegren y yo esté menos preocupado.

²⁹Recíbanlo con alegría en el Señor y muestren su aprecio a los que son como él, ³⁰porque estuvo a punto de morir por trabajar para Cristo: arriesgó su vida para hacer por mí lo que ustedes personalmente no podían hacer.

### *Plena confianza en Cristo*

**3** Por lo demás, hermanos míos, alégrense en el Señor. A mí no me molesta volver a escribirles lo mismo, y a ustedes les da seguridad.

²Cuídense de esos perros, cuídense de esos malos obreros, cuídense de esos que mutilan el cuerpo. ³Porque los verdaderos circuncidados somos nosotros, los que por medio del Espíritu adoramos a Dios y nos llenamos de orgullo de pertenecer a Cristo Jesús. Nosotros no ponemos nuestra confianza en esfuerzos humanos.

⁴Yo mismo tengo motivos para confiar en mis propios esfuerzos. Si alguien cree que tiene motivos para confiar en esfuerzos humanos, yo tengo más: ⁵me circuncidaron al octavo día, pertenezco al pueblo de Israel y a la tribu de Benjamín, soy hebreo entre los hebreos; en cuanto al cumplimiento de la ley, fui fariseo; ⁶en cuanto al celo por cumplir la ley, fui perseguidor de la iglesia; en cuanto a la justicia que la ley exige, fui intachable.

⁷Pero todo aquello que para mí era valioso, ahora lo considero sin valor por causa de Cristo. ⁸Es más, todo lo considero una pérdida comparado con el supremo valor de conocer a Cristo Jesús, mi Señor. Por él lo he perdido todo y lo considero basura, con tal de ganar a Cristo ⁹y encontrarme unido a él. No quiero la justicia propia que viene de obedecer la ley, sino la que se obtiene por la fe en Cristo. Esa es la justicia que viene de Dios y está basada en la fe. ¹⁰Lo he perdido todo con tal de conocer a Cristo, de experimentar el poder de su resurrección, de tener parte en sus sufrimientos y de llegar a ser semejante a él en su muerte. ¹¹Así espero llegar a resucitar de entre los muertos.

### *Ciudadanos del cielo*

¹²No quiere decir que yo ya lo haya conseguido todo, ni que ya sea perfecto; pero sigo adelante trabajando para poder alcanzar aquello para lo que Cristo Jesús me salvó a mí. ¹³Hermanos, no pienso que yo ya lo haya alcanzado. Más bien, sigo adelante trabajando, me olvido de lo que quedó atrás y me esfuerzo por alcanzar lo que está adelante. ¹⁴De esta manera sigo adelante hacia la meta, para ganar el premio que Dios ofrece por medio de su llamado celestial en Cristo Jesús. ¹⁵Así que, ¡atentos todos los que hemos alcanzado madurez! Todos debemos pensar de esta manera. Y si algunos piensan de forma diferente en algo, Dios les hará ver esto también. ¹⁶Debemos vivir de acuerdo con lo que ya hemos alcanzado.

¹⁷Hermanos, sigan todos mi ejemplo y fíjense en los que siguen el ejemplo que les hemos dado. ¹⁸Ya se los he dicho muchas veces, y ahora se los vuelvo a decir con lágrimas, que muchos se comportan como enemigos de la cruz de Cristo. ¹⁹El futuro de ellos es la destrucción, porque su dios es su propio apetito y están orgullosos de lo que debería darles vergüenza. Sólo piensan en las cosas de este mundo. ²⁰En cambio, nosotros somos ciudadanos del cielo y de allí esperamos al Salvador, el Señor Jesucristo. ²¹Él transformará nuestro cuerpo miserable para que sea como su cuerpo glorioso. Esto lo hará por medio del poder con el que domina todas las cosas.

**4** Por eso, queridos hermanos míos, a los que amo y extraño mucho, a ustedes que son mi alegría y mi corona les digo que se mantengan firmes en el Señor.

### *Exhortaciones*

²Les ruego a Evodia y también a Síntique que se pongan de acuerdo en el Señor. ³Y a ti, mi fiel compañero, te pido que ayudes a estas mujeres. Porque han luchado a mi lado junto con Clemente y mis demás ayudantes en la obra del evangelio. Sus nombres ya están en el libro de la vida.

⁴Alégrense siempre en el Señor. Se lo repito: ¡Alégrense! ⁵Que todos se den cuenta de que ustedes son amables. El Señor viene pronto. ⁶No se angustien por nada; más bien, oren; pídanle a Dios en toda ocasión y denle gracias. ⁷Y la paz de Dios, esa paz que nadie puede comprender, cuidará sus corazones y pensamientos en Cristo.

⁸Por último, hermanos, piensen en todo lo que es verdadero, todo lo que es respetable, todo lo justo, todo lo puro, todo lo amable, todo lo que es digno de admiración; piensen en todo lo que se reconoce como virtud o que merezca elogio. ⁹Practiquen lo que han aprendido, recibido y oído de mí, y lo que han visto en mí. Y obrando así, el Dios de paz estará con ustedes.

### *Gratitud por la ayuda recibida*

¹⁰Me alegro mucho en el Señor de que al fin se han vuelto a interesar en mí. Por supuesto que tenían interés, sólo que no habían tenido la oportunidad de demostrarlo. ¹¹No lo digo porque esté necesitado, pues he aprendido a estar satisfecho en cualquier situación en que me encuentre. ¹²Sé lo que es vivir en la pobreza y lo que es vivir en la abundancia. He aprendido a vivir en cualquier circunstancia: tanto a quedar satisfecho como a pasar hambre, a tener de sobra como a sufrir por no tener nada. ¹³Todo lo puedo en Cristo que me da fortaleza.

¹⁴Sin embargo, han hecho bien al compartir conmigo mis dificultades. ¹⁵Como ustedes, filipenses, bien saben, al principio, cuando salí de Macedonia y comencé a anunciar el evangelio, ninguna iglesia me ayudó

3.8–9    3.13–14    3.18–21    4.4–14

# Filipenses

**1** Pablo y Timoteo, siervos de Jesucristo, a todos los que están en Filipos y que, por estar unidos a Cristo Jesús, forman parte del pueblo santo de Dios; también a sus líderes y diáconos: ²Que Dios nuestro Padre y el Señor Jesucristo los llenen de amor y de paz.

## Acción de gracias e intercesión

³Cada vez que me acuerdo de ustedes doy gracias a mi Dios; ⁴siempre que oro por ustedes lo hago con alegría, ⁵porque ustedes se han solidarizado con el evangelio desde el primer día hasta ahora. ⁶El que comenzó tan buena obra en ustedes la irá perfeccionando hasta el día en que Jesucristo regrese. De esto estoy seguro.

⁷Está bien que yo piense así de todos ustedes, porque los llevo en el corazón. Ya sea que yo esté preso o defendiendo y confirmando el evangelio, todos ustedes participan conmigo del amor que Dios me ha dado. ⁸Dios sabe lo mucho que los quiero a todos con el tierno amor que nos da Cristo Jesús. ⁹Lo que pido en mis oraciones es que el amor de ustedes sea cada vez más grande y que su conocimiento y buen juicio crezcan, ¹⁰para que sepan elegir lo que es mejor y para que vivan de una manera limpia y sin reproche hasta el día cuando Cristo regrese; ¹¹también para que estén llenos del fruto de justicia que se produce por medio de Jesucristo, para que le den la gloria y la alabanza a Dios.

## El vivir es Cristo

¹²Hermanos, quiero que sepan que lo que me ha pasado ha ayudado a anunciar el evangelio. ¹³Toda la guardia del palacio y todos los demás saben que estoy encadenado por causa de Cristo. ¹⁴Y al ver que estoy preso, la mayoría de los hermanos se ha atrevido, ahora más que nunca, a anunciar sin temor la palabra de Dios, confiando en el Señor.

¹⁵Es cierto que algunos anuncian a Cristo por envidia y rivalidad, pero otros lo hacen con buenas intenciones. ¹⁶Estos últimos lo hacen por amor, porque saben que Dios me ha puesto para defender el evangelio. ¹⁷Los primeros anuncian a Cristo por interés personal y no por motivos puros, pues creen que así me harán sufrir más, ahora que estoy en la cárcel. ¹⁸Pero, ¿qué importa? De cualquier manera, sea con motivos falsos o sinceros, se anuncia a Cristo. Por eso me alegro y me seguiré alegrando, ¹⁹porque sé que, gracias a las oraciones de ustedes y a la ayuda del Espíritu de Jesucristo, saldré libre. ²⁰Mi gran deseo y esperanza es que no haga nada que me avergüence, sino que, con toda libertad, ya sea que viva o muera, le den la gloria a Cristo por medio de mí ahora como siempre. ²¹Porque para mí el vivir es Cristo y el morir es ganancia. ²²Pero si el seguir viviendo en este mundo significa para mí que haré un buen trabajo, entonces no sé qué elegir. ²³Realmente me es difícil elegir cualquiera de las dos posibilidades. Deseo morir y estar con Cristo, que es muchísimo mejor; ²⁴pero por el bien de ustedes es aún conveniente que me quede en este mundo. ²⁵Por eso, estoy convencido de que lo mejor es que me quede y continúe con todos ustedes para ayudarlos en el alegre crecimiento de su fe. ²⁶Así, cuando yo vuelva, tendrán más razón para estar orgullosos de mí en Cristo Jesús.

²⁷Pase lo que pase, vivan de manera digna, de acuerdo con el evangelio de Cristo, porque ya sea que vaya a verlos o que, estando ausente, sólo reciba noticias de ustedes, sabré que siguen firmes y unidos, luchando juntos por la fe del evangelio. ²⁸No les tengan miedo alguno a sus enemigos, porque para ellos es señal de destrucción; en cambio, para ustedes, es señal de salvación, y esto proviene de Dios. ²⁹A ustedes se les ha dado no sólo el privilegio de creer en Cristo, sino también de sufrir por él. ³⁰Ustedes están en la misma lucha que antes yo estaba. Y yo aún continúo luchando.

## Humillación y exaltación de Cristo

**2** Así que, si se sienten animados al estar unidos a Cristo, si sienten algún consuelo en su amor, si todos tienen el mismo Espíritu, si tienen algún afecto verdadero, ²llénenme de alegría poniéndose de acuerdo unos con otros, amándose entre ustedes y estando unidos en alma y pensamiento. ³No hagan nada por egoísmo o vanidad. Más bien, hagan todo con humildad, considerando a los demás como mejores que ustedes mismos. ⁴Cada uno debe buscar no sólo su propio bien, sino también el bien de los demás. ⁵La actitud de ustedes debe ser como la de Cristo Jesús: ⁶aunque él era igual a Dios, no consideró esa igualdad como algo a qué aferrarse. ⁷Al contrario, por su propia voluntad se rebajó, tomó la naturaleza de esclavo y de esa manera se hizo semejante a los seres humanos. ⁸Al hacerse hombre, se humilló a sí mismo y se hizo obediente hasta la muerte, ¡y muerte en la cruz!

⁹Por eso, Dios lo engrandeció al máximo y le dio un nombre que está por encima de todos los nombres, ¹⁰para que ante el nombre de Jesús todos se arrodillen, tanto en el cielo como en la tierra y debajo de la tierra, ¹¹y para que toda lengua confiese que Jesucristo es Señor, para que le den la gloria a Dios Padre.

## Testimonio de luz

¹²Queridos hermanos, ustedes siempre me han obedecido, no sólo cuando estuve con ustedes sino también ahora que ya no estoy; lleven a cabo su salvación con temor y temblor, ¹³porque es Dios el que les da a ustedes el deseo de cumplir su voluntad y de que la lleven a cabo.

¹⁴Háganlo todo sin quejarse ni pelearse, ¹⁵para que nadie pueda reprocharles nada y sean hijos de Dios sin culpa en medio de gente mala y perversa. Entre esa gente ustedes brillan como estrellas en el firmamento. ¹⁶No se aparten nunca de la palabra de vida. De esa manera, cuando Cristo vuelva me sentiré satisfecho de no haber corrido ni trabajado en vano. ¹⁷Y aunque mi vida sea sacrificada como una ofrenda y servicio que proceden de su fe, me alegro y comparto con todos ustedes mi alegría. ¹⁸Ustedes también alégrense y compartan conmigo su alegría.

## Dos colaboradores ejemplares

¹⁹Espero que el Señor Jesús me conceda enviarles pronto a Timoteo, así yo también me animaré al recibir noticias de ustedes. ²⁰No tengo a nadie que se

☼ 1.3–4   ☼ 1.9–10   ☼ 1.21   ☼ 1.27   ☼ 2.1–4   ☼ 2.5–11
☼ 2.14–16

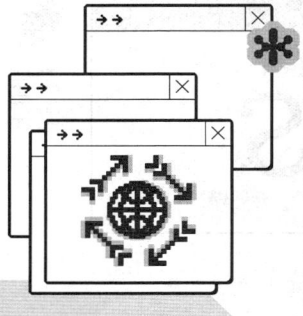

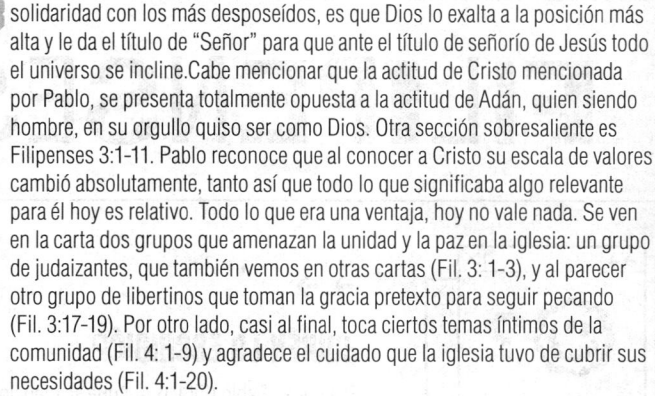

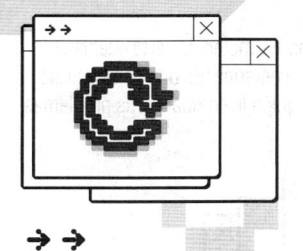

solidaridad con los más desposeídos, es que Dios lo exalta a la posición más alta y le da el título de "Señor" para que ante el título de señorío de Jesús todo el universo se incline. Cabe mencionar que la actitud de Cristo mencionada por Pablo, se presenta totalmente opuesta a la actitud de Adán, quien siendo hombre, en su orgullo quiso ser como Dios. Otra sección sobresaliente es Filipenses 3:1-11. Pablo reconoce que al conocer a Cristo su escala de valores cambió absolutamente, tanto así que todo lo que significaba algo relevante para él hoy es relativo. Todo lo que era una ventaja, hoy no vale nada. Se ven en la carta dos grupos que amenazan la unidad y la paz en la iglesia: un grupo de judaizantes, que también vemos en otras cartas (Fil. 3: 1-3), y al parecer otro grupo de libertinos que toman la gracia pretexto para seguir pecando (Fil. 3:17-19). Por otro lado, casi al final, toca ciertos temas íntimos de la comunidad (Fil. 4: 1-9) y agradece el cuidado que la iglesia tuvo de cubrir sus necesidades (Fil. 4:1-20).

## ¿CÓMO SE RELACIONA CONMIGO?

Pablo escribió esta carta para expresar su afecto por los creyentes de Filipos ya que ellos ofrecieron apoyo práctico para su ministerio (2 Corintios 8:11; Filipenses 4: 15-18). Filipenses tiene una gran cantidad de versículos populares en el cristianismo contemporáneo: " El que comenzó tan buena obra en ustedes la irá perfeccionando hasta el día en que Jesucristo regrese" (Filipenses 1: 6), "Vivir es Cristo y morir es ganancia" (1:21) y "Todo lo puedo en Cristo que me da fortaleza" (4:13) son solo algunos pero el retrato de Jesús como un siervo humilde sirve como el núcleo de la enseñanza de Pablo en esta carta (2: 5-11) y es una gran guía para hablar de liderazgo espiritual y la actitud que es sabio desarrollar.

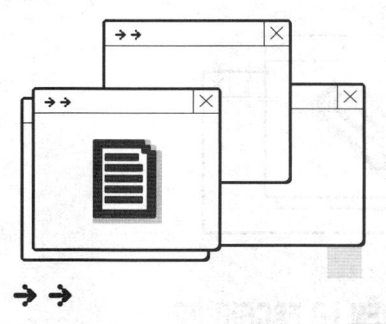

## EL GUION

1) Hacer lo correcto aunque duela (Fil.1:1-30)
2) Hacer lo que amo aunque muera (Fil. 2:1-18)
3) Ejemplos heroicos de Timoteo y Epafrodito (Fil. 2:19-30)
4) Advertencias contra el legalismo y el libertinaje (Fil. 3:1-21)
5) La paz de la vida cristiana (Fil. 4:1-8)
6) Venciendo las circunstancias (Fil. 4:10-23)

# FILIPENSES

# FILIPENSES

## ¿QUIÉN LO ESCRIBIÓ?

El autor es Pablo (Fil.1:1) Aunque se menciona a Timoteo, la carta cuenta con más de un centenar de pronombres en primera persona. Es una de las cartas más personales de Pablo a una iglesia leal, a quien le comparte sus problemas y deseos personales.

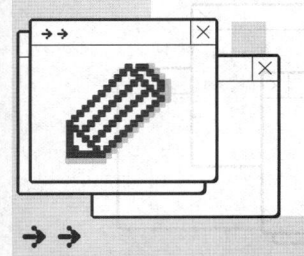

## ¿A QUIÉN LO ESCRIBIÓ?

A la iglesia que estaba en Filipos (Fil 1:1), que fue fundada por Pablo en su segundo viaje misionero (Hch.16:11-40). Había pasado ya una década desde aquella visita.

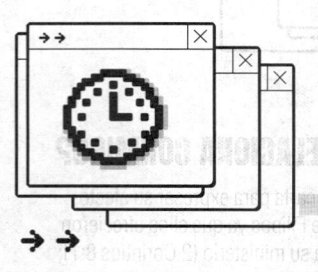

## ¿CUÁNDO Y DÓNDE LO ESCRIBIÓ?

Pablo escribe desde una prisión (Fil.1:7,13, 14,17). Pero no hay un acuerdo definitivo sobre la ciudad. Algunos afirman que se escribió desde Roma, cerca del 61-63 d.C. Otra hipótesis menciona que la ciudad donde Pablo está prisionero es Éfeso hacia el 56 o 57 d.C.

## PANORAMA DEL LIBRO

Es una carta de mucho afecto en cuanto al corazón del apóstol y con temas variados (cuestión que ha hecho pensar a algunos eruditos que esta carta es en verdad una colección de varias cartas). Pablo da noticias de su condición en la cárcel, esperanzado de que saldrá con vida a pesar de los peligros de muerte (Fil. 1:12,20-25). Uno de los textos más hermosos de la carta es Fil.2:1-11 que usa justamente Pablo para hacer un llamado a la unidad de la iglesia y a la humildad como parte de la imitación del carácter de Cristo. Algunos aluden que el "cántico del siervo" (Fil.2:6-11) era un himno de los primeros días de la iglesia y que Pablo usa para enseñar el camino de Jesús, de su humillación hasta la muerte en la cruz (En Roma, la muerte de cruz era sólo para los extranjeros o esclavos). En respuesta a esa actitud de humildad y

mundo en tinieblas; o sea, que luchamos contra los espíritus malignos que actúan en el cielo.

¹³Por ello, vístanse de toda la armadura de Dios para que puedan resistir en el día malo y así, al terminar la batalla, estén todavía en pie.

¹⁴¡Manténganse firmes! Que su ropa de batalla sea la verdad y su protección la justicia. ¹⁵Estén siempre listos para anunciar las buenas nuevas de la paz. ¹⁶Sobre todo, tomen el escudo de la fe para apagar los dardos de fuego que arroja el maligno. ¹⁷Pónganse el casco de la salvación y tomen la espada que les da el Espíritu, que es la Palabra de Dios.

¹⁸Sobre todo, oren a Dios en todo tiempo. Y cuando lo hagan, sean dirigidos por el Espíritu. Manténganse bien despiertos y vigilantes, y no dejen de orar por todo el pueblo santo de Dios.

¹⁹Oren también por mí. Pidan a Dios que ponga en mi boca las palabras que debo decir, para que con valor anuncie las buenas nuevas que Dios había mantenido en secreto. ²⁰Dios me ha enviado como su representante para predicar este mensaje, y precisamente por eso ahora estoy preso. Oren para que lo anuncie sin temor alguno, pues ese es mi deber.

## Saludos finales

²¹Tíquico, nuestro querido hermano y fiel servidor en la obra del Señor, les contará cómo me va y qué hago. ²²Para eso precisamente lo envío. Quiero que ustedes sepan de nosotros y así se animen.

²³Que Dios el Padre y el Señor Jesucristo les den paz, amor y fe a los hermanos.

²⁴Que la gracia de Dios esté sobre todos los que aman a nuestro Señor Jesucristo con amor inagotable.

creó, para que sean como él, verdaderamente justos e íntegros.

²⁵Dejen, por lo tanto, la mentira; díganse la verdad unos a otros siempre, porque somos miembros de un mismo cuerpo. ²⁶Si se enojan, no cometan el pecado de dejar que el enojo les dure todo el día. ²⁷Así no le darán lugar al diablo.

²⁸El que era ladrón, deje de robar; al contrario, trabaje honradamente con sus manos para que tenga con qué ayudar a los que estén en necesidad.

²⁹Nunca empleen un lenguaje sucio; más bien digan palabras que les hagan bien a los que las oyen y los ayuden a madurar. ³⁰No entristezcan al Espíritu Santo de Dios, con el cual Dios los selló para el día de la salvación. ³¹Arrojen de ustedes la amargura, el enojo, la ira, los gritos, las calumnias y todo tipo de maldad. ³²Al contrario, sean bondadosos entre ustedes, sean compasivos y perdónense las faltas los unos a los otros, de la misma manera que Dios los perdonó a ustedes por medio de Cristo.

5 Por tanto, imiten a Dios como hijos amados. ²Y vivan amando a los demás, siguiendo el ejemplo de Cristo, que nos amó y se entregó por nosotros en sacrificio, como ofrenda de perfume agradable a Dios.

³Que entre ustedes ni siquiera se mencionen pecados sexuales, o cualquier forma de impureza o de avaricia. Eso no es propio del pueblo santo de Dios. ⁴No digan malas palabras, ni tengan conversaciones tontas, ni hagan chistes groseros. Todo eso está fuera de lugar. En vez de actuar así, sean agradecidos. ⁵Sepan esto: Jamás tendrá parte en el reino de Cristo y de Dios el que sea inmoral, impuro o avaro (pues ser avaro es lo mismo que ser idólatra).

⁶No se dejen engañar por los que tratan de excusar estos pecados, porque por esos pecados el castigo de Dios viene sobre los que son desobedientes. ⁷No se hagan cómplices de esa clase de personas.

⁸Aunque ustedes antes vivían en tinieblas, ahora viven en la luz. Esa luz debe notarse en su conducta como hijos de Dios. ⁹Cuando esa luz brilla, produce bondad, justicia y verdad. ¹⁰Traten siempre de saber qué es lo que le agrada al Señor.

¹¹No participen de las acciones malas de los que viven en oscuridad, las cuales no traen ningún provecho. Más bien, háganles ver sus pecados. ¹²Es vergonzoso aun hablar de muchas de las cosas que ellos hacen a escondidas. ¹³,¹⁴Pero cuando la luz brilla, pone todas las cosas al descubierto. Por eso se dice:

«Despiértate, tú que duermes; levántate de entre los muertos y Cristo te alumbrará».

¹⁵Así que tengan mucho cuidado de cómo viven. Vivan como sabios, no como necios; ¹⁶aprovechen bien cada oportunidad, porque los días son malos; ¹⁷no sean tontos, sino traten de entender cuál es la voluntad de Dios.

¹⁸No se embriaguen, pues no se podrán controlar; más bien dejen que el Espíritu Santo los llene y controle. ¹⁹Así hablarán entre ustedes con salmos e himnos y cantos espirituales, y elevarán al Señor alabanzas y cantos de todo corazón. ²⁰También le darán gracias siempre y por todo a Dios, nuestro Padre, en el nombre de nuestro Señor Jesucristo.

## Deberes conyugales

²¹Sométanse unos a otros por respeto a Cristo. ²²Las mujeres deben someterse a sus esposos al igual que se someten al Señor. ²³Porque el esposo es cabeza de la esposa, de la misma manera que Cristo es cabeza y salvador de ese cuerpo suyo que es la iglesia. ²⁴Así que las esposas deben estar sujetas en todo a sus esposos, así como la iglesia lo está a Cristo.

²⁵Los esposos, por su parte, deben mostrar a sus esposas el mismo amor que Cristo mostró a su iglesia. Cristo se entregó a sí mismo por ella ²⁶para hacerla santa y la purificó lavándola con agua por medio de la Palabra. ²⁷Lo hizo así a fin de presentársela a sí mismo como una iglesia gloriosa, sin manchas ni arrugas ni nada semejante, sino santa e intachable. ²⁸Así deben amar los esposos a sus esposas: como aman a su propio cuerpo. ¡El hombre que ama a su esposa se ama a sí mismo! ²⁹,³⁰Nadie aborrece su propio cuerpo; antes bien, lo alimenta y lo cuida con esmero. Cristo hace lo mismo con ese cuerpo suyo del que formamos parte: la iglesia.

³¹«Por eso, el hombre dejará a su padre y a su madre y se unirá a su mujer, y los dos serán como una sola persona».

³²Sé que esto es como un misterio difícil de entender; pero ilustra la manera en que Cristo se relaciona con la iglesia. ³³Así que, repito, el esposo debe amar a su esposa como a sí mismo; y la esposa debe respetar a su esposo.

## Deberes filiales

6 Hijos, obedezcan a sus padres, pues esto es lo que deben hacer los que pertenecen al Señor. ²«Honra a tu padre y a tu madre» es el primer mandamiento que contiene una promesa: ³«para que te vaya bien y disfrutes una vida larga».

⁴Y en cuanto a ustedes, padres, no hagan enojar a sus hijos. Más bien edúquenlos como quiere el Señor, con disciplina y consejos.

## Deberes de los esclavos y de sus amos

⁵Esclavos, obedezcan a sus amos humanos; sírvanles de buena gana, con respeto y sinceridad de corazón, como a Cristo. ⁶No sean de los que trabajan bien sólo cuando el amo los está observando, para quedar bien con él. Trabajen como si lo hicieran para Cristo, cumpliendo de todo corazón la voluntad de Dios. ⁷Hagan su trabajo de buena gana, como quien sirve al Señor y no a seres humanos. ⁸Recuerden que el Señor nos dará a cada uno según el bien que hayamos hecho, seamos esclavos o libres.

⁹Y ustedes, amos, actúen de la misma manera con sus esclavos y dejen a un lado las amenazas. Recuerden que ustedes, al igual que ellos, tienen al mismo Señor en el cielo, y que él no tiene favoritos.

## La armadura de Dios

¹⁰Por último, recuerden que su fortaleza debe venir del gran poder del Señor. ¹¹Vístanse de toda la armadura que Dios les ha dado, para que puedan hacer frente a los engaños astutos del diablo, ¹²porque nuestra lucha no es contra seres humanos, sino contra los poderes, las autoridades y los gobernantes de este

---

※4.29–32　※5.1–7　※5.8–12　※5.15　※5.17–21　※5.22–33
※6.1–4　※6.10–20

**EFESIOS 2.20**

de la familia de Dios. ²⁰¡Y sobre qué firme cimiento están edificados! ¡Nada menos que el de los apóstoles y profetas, y con Cristo mismo como piedra angular! ²¹Unidos a Cristo formamos parte del bien armado edificio, que va construyéndose hasta que sea el templo santo del Señor. ²²Ustedes, pues, unidos a él, forman también parte de ese lugar en el que Dios mora por medio de su Espíritu.

### Pablo y el misterio de Cristo

3 Por esta razón yo, Pablo, que estoy en la cárcel por la causa de Cristo Jesús, es decir, por buscar el bien de ustedes los que no son judíos, me arrodillo en oración.
²Sin duda ya se enteraron del plan que, en su amor, Dios me encargó para ustedes. ³Ya antes les mencioné brevemente que Dios mismo me reveló ese misterio. ⁴Cuando lo lean se darán cuenta de que conozco bien el misterio de Cristo. ⁵Es el misterio que en la antigüedad Dios no había dado a conocer, como sí lo ha hecho ahora por medio del Espíritu a sus santos ☼apóstoles y profetas. ⁶Este es el misterio: que los no judíos compartirán plenamente la herencia con Israel. Ambos son miembros del mismo cuerpo y participan de la misma promesa que Dios nos hizo en Cristo Jesús por medio de las buenas nuevas.
⁷Por su amor inmerecido, Dios me dio el privilegio de servirle anunciando estas buenas nuevas, con la ayuda eficaz de su poder. ⁸Aunque soy el más pequeño de todos los que son parte del pueblo santo, Dios me concedió, por su amor, la misión de anunciar a las naciones el tesoro incalculable de Cristo. ⁹Debo hacerles entender a todos que el plan de Dios ya se está cumpliendo. Ese es el plan que desde la eternidad Dios, el Creador de todas las cosas, guardaba oculto. ¹⁰Esto es así para que todos los poderes y autoridades en los cielos conozcan ahora la sabiduría de Dios, que se deja ver de tantas formas, al observar la iglesia. ☼¹¹Es lo que Dios, desde la eternidad, había planeado hacer por medio de Cristo Jesús, nuestro Señor. ¹²Ahora podemos acercarnos con libertad y confianza a Dios, cuando lo hacemos por medio de Cristo y confiando en él. ¹³Por eso les suplico que no se desanimen a causa de mis sufrimientos. Por ustedes sufro, y eso debe hacerlos sentirse honrados.

### Oración por los efesios

☼¹⁴Por ello me arrodillo ante el Padre, ¹⁵de quien recibe su nombre toda familia —tanto las que están en el cielo como las que están en la tierra—, ¹⁶y le pido que de sus gloriosas riquezas los fortalezca interiormente por medio de su Espíritu.
¹⁷Pido también que, por medio de la fe, Cristo habite en sus corazones, y que ustedes echen raíces y se cimienten en el amor, ¹⁸,¹⁹para que puedan entender, en compañía de todo el pueblo santo, lo ancho, largo, alto y profundo que es el amor de Cristo. Pido que ustedes experimenten ese amor, que nunca podremos entender del todo. Así estarán completamente llenos de Dios.
²⁰A Dios sea la gloria, pues por su poder eficaz que actúa en nosotros, él puede hacer muchísimo más de lo que nos podemos imaginar o pedir. ²¹A él sea la gloria en la iglesia y en Cristo Jesús, por todos los siglos venideros. Amén.

### Unidad en el cuerpo de Cristo

4 ☼Yo, pues, que estoy prisionero por servir al Señor, les ruego con todo cariño que se comporten como es digno de los que han sido llamados por Dios. ²Sean totalmente humildes y amables. Sean pacientes entre ustedes y, por amor, sean tolerantes unos con otros. ³Esfuércense por mantener la unidad creada por el Espíritu, por medio de la paz que nos une.
⁴Somos un solo cuerpo y tenemos un mismo Espíritu; además, hemos sido llamados a una misma esperanza. ⁵Sólo hay un Señor, una fe y un bautismo; ⁶y tenemos el mismo Dios y Padre, que está sobre todos nosotros. Él actúa por medio de todos nosotros y está en todos nosotros.
⁷Sin embargo, debido a su amor, Cristo nos ha dado a cada uno de nosotros dones diferentes. ⁸Por eso un salmo dice:

«Cuando el Señor subió a lo alto, llevó consigo a los cautivos, y dio dones a los hombres».

⁹¿Qué quiere decir eso de que «subió»? Eso implica que primero descendió hasta lo más bajo de la tierra. ¹⁰Pues bien, el que descendió, luego regresó a lo más alto de los cielos para poder llenarlo todo.
☼¹¹Y a algunos les dio el don de ser apóstoles; a otros, el don de ser profetas; a otros, el de anunciar las buenas nuevas; y a otros, el don de pastorear y educar al pueblo de Dios. ¹²Su propósito es que su pueblo esté perfectamente capacitado para servir a los demás, y para ayudar al cuerpo de Cristo a crecer. ¹³De esta manera, todos llegaremos a estar unidos en la fe y en el conocimiento del Hijo de Dios, hasta que lleguemos a ser una humanidad en plena madurez, tal como es Cristo.
¹⁴Así dejaremos de ser como niños que cambian de creencias cada vez que alguien les dice algo diferente o logra astutamente que sus mentiras parezcan verdades. ¹⁵Más bien, al vivir la verdad con amor, creceremos y cada vez seremos más semejantes en todo a Cristo, que es nuestra Cabeza. ¹⁶Por lo que él hace, cada una de las partes del cuerpo, según el don recibido, ayuda a las demás para que el cuerpo entero y unido crezca y se nutra de amor.

### Vivan como hijos de luz

☼¹⁷Por eso les digo e insisto de parte del Señor que no vivan ya como los paganos: ciegos y confundidos. ¹⁸Ellos tienen nublada la mente y desconocen la vida que viene de Dios. Esto se debe a que son ignorantes y han endurecido su corazón. ¹⁹Así, después de haber perdido la vergüenza, se han entregado sin freno alguno a cometer toda clase de inmoralidades. A pesar de que hacen cuanta maldad les viene en gana, nunca están satisfechos. ²⁰¡Pero eso no es lo que ustedes aprendieron acerca de Cristo!
☼²¹Si de veras han escuchado acerca del Señor y han aprendido a vivir como él, saben que la verdad está en Jesús. ²²Por ello, quítense, como si se tratara de ropa vieja, su naturaleza tan corrompida por los malos deseos. ²³Renueven sus actitudes y pensamientos; ²⁴sí, revístanse de la nueva naturaleza que Dios

☼3.6　☼3.11–12　☼3.14–21　☼4.1–3　☼4.11–16　☼4.17–18
☼4.21–27

# Efesios

**1** ¹Yo, Pablo, apóstol de Jesucristo porque Dios así lo quiso, escribo al pueblo santo que está en Éfeso y que es fiel en Cristo Jesús. ²Que el amor y la paz de Dios nuestro Padre y del Señor Jesucristo reposen en ustedes.

## Bendiciones espirituales en Cristo

☀ ³Alabado sea Dios, Padre de nuestro Señor Jesucristo, que nos bendijo con toda clase de bendiciones espirituales en los cielos porque pertenecemos a Cristo.

⁴Desde antes que formara el mundo, Dios nos escogió para que fuéramos suyos a través de Cristo, y resolvió hacernos santos y sin falta ante su presencia. ⁵Y nos destinó de antemano, por su amor, para adoptarnos como hijos suyos, por medio de Jesucristo, debido a su buena voluntad.

⁶Esto fue para que le demos la gloria a Dios por la extraordinaria gracia que nos mostró por medio de su amado Hijo. ⁷Gracias a que él derramó su sangre, tenemos el perdón de nuestros pecados. Así de abundante es su gracia.

⁸Además, derramó en nosotros la inmensidad de su gracia al impartirnos sabiduría y entendimiento. ⁹Dios nos ha revelado el secreto que tenía guardado, el plan que hace muchísimo tiempo se había trazado en Cristo. ¹⁰Cuando llegue el tiempo preciso, Dios reunirá todas las cosas —las que están en el cielo y en la tierra— bajo una cabeza, Cristo.

☀ ¹¹En virtud de lo que Cristo hizo, ahora somos herederos, porque en su plan soberano nos escogió desde el principio para ser suyos; y esto es el cumplimiento de ese plan que Dios quería llevar a cabo. ¹²Lo hizo porque desea que nosotros, que fuimos los primeros en esperar al Mesías, celebremos su gloria.

¹³Gracias también a lo que Cristo hizo, cuando ustedes escucharon el mensaje verdadero de las buenas noticias de salvación y creyeron en él, fueron marcados con el sello que es el Espíritu Santo que él había prometido. ¹⁴La presencia del Espíritu Santo en nosotros es como el sello de garantía de que Dios nos dará nuestra herencia. Además, significa que Dios ya nos ha comprado y que nos salvará hasta el final. Todo esto lo hizo para que le alabemos y le demos a él la gloria.

## Acción de gracias e intercesión

¹⁵Por eso, desde que me enteré de la fe que ustedes han depositado en el Señor Jesús y del amor que demuestran hacia todo el pueblo santo, ¹⁶,¹⁷no he cesado de recordarlos y dar gracias a Dios por ustedes. Pido constantemente a Dios, el glorioso Padre de nuestro Señor Jesucristo, que les dé sabiduría y revelación, por medio de su Espíritu, para que lo conozcan mejor.

¹⁸Pido también que ilumine sus corazones para que sepan cuál es la esperanza a la que los llamó y qué enorme es la riqueza de la herencia que él ha dado a los que son suyos.

¹⁹Oro también para que comprendan el increíblemente inmenso poder con que Dios ayuda a los que creen en él. Ese poder es la fuerza grandiosa y eficaz ²⁰con que Dios levantó a Cristo de entre los muertos y lo sentó a su derecha en la gloria. ²¹Dios puso a Cristo muy por encima de cualquier gobernante, autoridad, poder y dominio, y de cualquier otro nombre que se invoque, no sólo en este mundo sino también en el venidero. ²²Dios ha puesto todas las cosas a sus pies y lo hizo suprema cabeza de la iglesia. ²³Y la iglesia, que es su cuerpo, está llena de él, que llena también todo lo que existe.

## La vida en Cristo

**2** ☀ ¹Antes de ser cristianos, ustedes estaban muertos para Dios a causa de sus delitos y pecados. ²Vivían siguiendo la corriente de este mundo, obedecían los dictados del príncipe del imperio del aire, quien ahora mismo está operando en el corazón de los que se rebelan contra el Señor.

³Nosotros mismos éramos así: obedecíamos los malos deseos de nuestra naturaleza y nos entregábamos a las perversidades de nuestras pasiones y malos pensamientos. Merecíamos ser castigados por la ira de Dios, como todos los demás. ☀ ⁴Pero Dios es tan rico en misericordia y nos amó tanto ⁵que, aunque estábamos muertos a causa de nuestros pecados, nos dio vida con Cristo, pues solo por su gracia somos salvos. ⁶Además, nos levantó con Cristo de la tumba y nos hizo sentar con él en los cielos. ⁷Esto lo hizo para demostrar a las generaciones venideras la incomparable riqueza de su amor, que en su bondad derramó sobre nosotros por medio de Cristo Jesús.

⁸Por su misericordia y por medio de la fe, ustedes son salvos. No es por nada que ustedes hayan hecho. La salvación es un regalo de Dios ⁹y no se obtiene haciendo el bien. Esto es así para que nadie se sienta orgulloso. ¹⁰Somos creación de Dios, creados en Cristo Jesús para hacer las buenas obras que Dios de antemano ya había planeado.

## Unidad en Cristo

¹¹Nunca se olviden de que ustedes, que no son judíos, eran despreciados por los judíos por no circuncidarse físicamente como ellos. ☀ ¹²Recuerden que en aquellos días ustedes vivían alejados del Mesías, excluidos de la ciudadanía de Israel y ajenos a los pactos de la promesa. Vivían en el mundo sin Dios y sin esperanza.

¹³Pero ahora, por estar unidos a Cristo Jesús, a ustedes, que antes andaban lejos, Dios los ha acercado gracias a la muerte de Cristo.

¹⁴Porque Cristo es nuestra paz; él logró hacer de nosotros los judíos y de ustedes los que no son judíos un solo pueblo, derribando la pared de enemistad que nos separaba. ¹⁵Puso fin a los mandatos y reglas de la ley, y a los dos pueblos los hizo parte de sí mismo, creando una sola y nueva humanidad. Así creó la paz. ¹⁶Y a todos nosotros, partes del mismo cuerpo, nos reconcilió con Dios mediante la cruz. ¡Allí en la cruz murió la enemistad!

¹⁷Cristo vino a proclamar las buenas nuevas de paz a ustedes que estaban lejos y a nosotros que estábamos cerca. ☀ ¹⁸Porque, gracias a él, judíos y no judíos podemos acercarnos al Padre con la ayuda de un mismo Espíritu.

¹⁹Por eso, ustedes ya no son extraños ni extranjeros, sino ciudadanos junto con los santos y miembros

☀1.3–9  ☀1.11–23  ☀2.1  ☀2.4–9  ☀2.12–14  ☀2.18–22

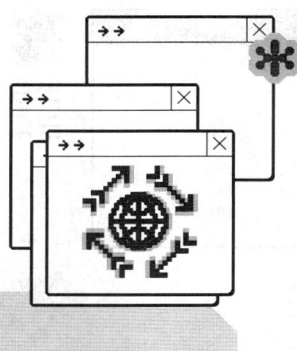

al vivir doméstico de los que son llenos del Espíritu (Ef.5:21-6:9) y de la encarnizada lucha contra los poderes de tinieblas (Ef.6:10-20). Finaliza con las recomendaciones de recibir a Tíquico (Ef.6: 21-24) Pero la preocupación de Pablo va más allá. Comentando un episodio que vivió en Antioquía (Gal.2:11-13) recuerda la discriminación que hubo de los judaizantes a los cristianos gentiles, donde incluso Pedro dejó de "comer" con los gentiles. No es cualquier comida, está hablando de los banquetes que tenía la iglesia al celebrar la Cena del Señor. Las "mesas separadas" que relata Pablo en Antioquía, son dos grupos que comparten la Cena del Señor separados unos de otros. Por eso el apóstol desea evitar que suceda algo parecido en Galacia. Enfatiza la unidad del Cuerpo que barre con todo tipo de división (Gal.3:27-29) La iglesia de Galacia se está desviando del verdadero Evangelio (Gal.5:4) y eso está causando una división en la comunión del cuerpo de Cristo (Gal.5:13-15. 5:25,26) Pablo no rechaza la Ley de Moisés, al contrario, reconoce que toda la Ley se resume en el amor fraternal y es digna de observarse (Gal.5:14). Lo que Pablo rechaza es la observancia ciega a la Ley, que hace de esta un sustituto de la verdadera vida guiada por el Espíritu Santo (Gal.5:16-24). Pablo termina aclarando cual es la verdadera meta de la carta, apuntar a "la nueva creación" (Gal.5:15). "Nueva creación" en el pensamiento de Pablo no es como muchos lo interpretan individualistamente. Nueva creación, es un nuevo modelo de vida en comunidad.

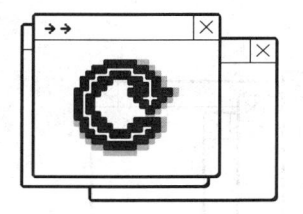

## ¿CÓMO SE RELACIONA CONMIGO?

La teología de Pablo es sumamente práctica y, de hecho, toda buena práctica espiritual es el resultado de un buen entendimiento teológico que facilita la acción del Espíritu Santo.

El apóstol comienza la carta hablando de la elección de Dios y su propósito de hacernos para buenas obras (Efesios 2:10). Luego habla de la unidad del Cuerpo de Cristo (Efesios 4:3-6) y tampoco se queda en cuestiones abstractas, más bien ubica el tema dentro del ámbito de las relaciones cotidianas (Efesios 4:25-32). Y al hablar de la nueva vida en Cristo no deja fuera el tema de la familia, donde las obligaciones no son sólo de un sector sino de todos. La carta a los Efesios es uno de los escritos más profundos y a la vez más pastorales y prácticos sobre la iglesia, la nueva vida y la familia y cualquiera que lee esta carta en serio se queda enamorado de sus verdades.

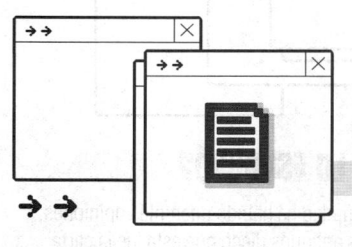

## EL GUION

1) "Las bendiciones en Cristo" (Ef.1-23)
2) "Elección sin acción es solo pretensión" (Ef.2:1-10)
3) "Todos para uno y uno para todos" (Ef.2:11-3:21)
4) "La Nueva vida se vive en unidad" (Ef.4:1-16)
5) "la Nueva vida se vive en santidad" (Ef. 4:17-5:20)
6) "La Nueva vida se vive dentro de la casa" (Ef.5:21-6:9)
7) "La Nueva vida se vive en una lucha constante" (Ef.6:10-24)

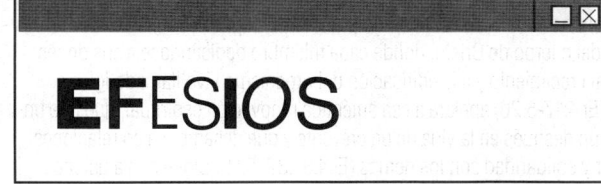

# EFESIOS

# EFESIOS

## ¿QUIÉN LO ESCRIBIÓ?

Tradicionalmente la iglesia ha aceptado la autoría del apóstol Pablo (Ef.1.1; 3:1)

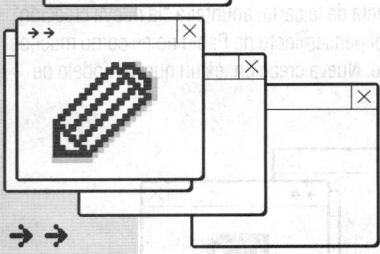

## ¿A QUIÉN LO ESCRIBIÓ?

Desde la antigüedad ha habido diferentes opiniones. Algunos textos antiguos dicen que esta fue la carta perdida de Pablo, mencionada en Colosenses 4.16 a la iglesia de "Laodicea". Otros sostienen que la carta tenía un propósito de ser una epístola circular, que fuera leída por todas las iglesias del Asia Menor, de esa manera se podría explicar el por qué en los textos más antiguos no aparece la frase "que están en Éfeso" (Ef.1:1). Posiblemente se leyó en todas las iglesias del Asia Menor.

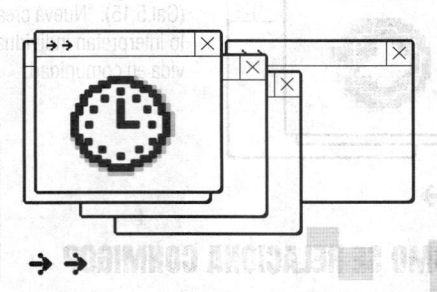

## ¿CUÁNDO Y DÓNDE LO ESCRIBIÓ?

La opinión tradicional se inclina por fecharla cerca del año 62 d.C. Efesios, Filipenses, Colosenses y Filemón son conocidas como las cartas de la prisión. Fueron escritas durante el encarcelamiento de Pablo en Roma.

## PANORAMA DEL LIBRO

Los capítulos del 1 al 3 se desarrollan bajo el prisma de la voluntad de Dios al elegir soberanamente a sus hijos (Ef.1:3-14) para llevar a cabo su Plan (al que Pablo le llama "Misterio" Ef.3:3-9) de unir en Cristo a judíos y gentiles, borrando todas las barreras que los separaban (Ef.2:14-19). Los capítulos 4 al 6 tienen un tenor de exhortación práctica. El capítulo 4:1-16 destaca la unidad del cuerpo de Cristo, donde cada miembro dedicándose a sus dones, aporta al crecimiento y a la edificación del organismo vivo llamado iglesia. Luego (Ef.4:17-5:20) apelará a esa auténtica renovación espiritual, que trae un antes y un después en la vida de un creyente y que desemboca en relaciones de amor y solidaridad con los demás (Ef.4:31,32. 5:19) Sigue con alusiones

uno debe cuidarse, porque también puede ser puesto a prueba. ²Ayúdense unos a otros a llevar sus cargas y así estarán obedeciendo la ley de Cristo. ³El que se crea demasiado grande cuando en realidad no es nada, se engaña a sí mismo. ⁴Cada uno debe examinar su conducta; y si tiene algo de qué sentirse orgulloso, que no se compare con nadie. ⁵Cada cual tiene que cargar con su propia responsabilidad.

☼ ⁶Los que estudian la Palabra de Dios deben ayudar económicamente a sus maestros.

⁷No se engañen a sí mismos; nadie puede engañar a Dios; uno siempre recogerá lo que haya sembrado. ⁸El que siembra para satisfacer los apetitos de su naturaleza pecaminosa, de ella cosechará destrucción; pero quien planta lo que le agrada al Espíritu, cosechará vida eterna del Espíritu.

⁹Así que no nos cansemos de hacer el bien, porque si lo hacemos sin desmayar, a su debido tiempo recogeremos la cosecha. ¹⁰Por lo tanto, hagamos el bien a todos cada vez que se presente la oportunidad, y especialmente a los que, por la fe, son de la familia.

## No la circuncisión, sino una nueva creación

¹¹Les escribo de mi puño y letra, ¡y miren con qué letras tan grandes!

¹²Esos que están tratando de que ustedes se circunciden, lo hacen para quedar bien con la gente y así evitar la persecución por anunciar la cruz de Cristo. ¹³Lo curioso es que ni siquiera los que están circuncidados guardan la ley, pero quieren que ustedes se circunciden para luego jactarse de que ustedes hicieron lo que ellos querían.

☼ ¹⁴En cuanto a mí, ¡Dios me libre de jactarme de otra cosa que no sea la cruz de nuestro Señor Jesucristo! Por él, el mundo fue crucificado para mí, y yo para el mundo. ¹⁵Ya no importa si uno está circuncidado o no; lo que importa es ser parte de la nueva creación.

¹⁶Que la misericordia y la paz de Dios reposen sobre los que viven de acuerdo con esta norma y sobre el Israel de Dios.

¹⁷De ahora en adelante ya no quiero que nadie me cause más problemas, porque llevo en el cuerpo las marcas de haber sufrido por Jesús.

¹⁸Hermanos, que la gracia de nuestro Señor Jesucristo esté con cada uno de ustedes. Así sea.

☼6.6–10  ☼6.14

ocurre seguir guardando los días, meses, estaciones y años?

¹¹Temo por ustedes. ¡Temo que mi trabajo entre ustedes haya sido inútil!

¹²Hermanos, sean como yo, porque yo me he identificado con ustedes. Ustedes no me han ofendido en nada. ¹³Ustedes bien saben cómo me acogieron la primera vez que les prediqué el evangelio, aun cuando entonces estaba enfermo. ¹⁴Y aunque mi enfermedad fue una prueba para ustedes, no me rechazaron ni me echaron de entre ustedes. Al contrario, me cuidaron como si hubiera sido un ángel de Dios o Jesucristo mismo. ¹⁵¿Dónde está aquella alegría que experimentaban? Me consta que con gusto se habrían sacado los ojos para dármelos, si esto hubiera sido posible.[b]¹⁶¿Me considerarán ahora un enemigo porque les digo la verdad?

¹⁷Esos que tan ansiosos están de ganarse el favor de ustedes no tienen muy buenas intenciones. Lo que intentan es apartarlos de nosotros para que ustedes les presten más atención a ellos. ¹⁸No hay nada malo en que muestren interés por los demás, siempre que lo hagan con buenas intenciones. Y tampoco en que sea siempre y no sólo cuando estoy con ustedes.

¹⁹Hijitos míos, ¡de nuevo sufro dolores de parto hasta que Cristo se forme en ustedes! ²⁰Daría cualquier cosa por estar allá con ustedes y no tener que hablarles de esta manera, porque francamente me tienen muy confundido.

## Agar y Sara

²¹Los que quieren obedecer la ley, díganme: ¿Por qué no se fijan bien en lo que dice la ley? ²²Porque está escrito que Abraham tuvo dos hijos: uno con una esclava y otro con una mujer libre. ²³En el nacimiento del hijo de la esclava no hubo nada sobrenatural; pero el hijo de la libre nació porque Dios le prometió a Abraham que nacería. ²⁴Esto es como un ejemplo: Las dos mujeres representan dos pactos: una, que es Agar, representa el pacto del monte Sinaí. Ella fue la madre del esclavo. ²⁵Agar representa al monte Sinaí que está en Arabia, el cual simboliza a la actual ciudad de Jerusalén, que vive en la esclavitud con sus hijos. ²⁶Pero nuestra madre es la Jerusalén celestial; y ésta es libre. ²⁷De ella está escrito:

«Regocíjate, oh mujer estéril; tú, que nunca has tenido hijos, prorrumpe en gritos de júbilo; tú que no has tenido dolores de parto, porque la abandonada tendrá más hijos que la mujer que tiene esposo».

²⁸Ustedes, hermanos, al igual que Isaac, son los hijos que Dios prometió. ²⁹Y al igual que Ismael, el hijo que nació por decisión humana, persiguió a Isaac, el hijo que nació por obra del Espíritu, así también sucede ahora.

³⁰Pero, ¿qué dicen las Escrituras?: «Echa fuera a la esclava y a su hijo, para que el hijo de la esclava no comparta la herencia del hijo de la libre».

³¹Así que, hermanos, ¡no somos hijos de la esclava, sino de la libre!

## Libertad en Cristo

**5** ¡Cristo nos liberó para que vivamos en libertad! ¡Cuiden esa libertad y no se dejen someter de nuevo al yugo de la esclavitud!

²Y óiganme bien: Yo, Pablo, les digo que si practican la circuncisión, Cristo no les sirve de nada. ³Repito: El que se circuncide tendrá que obedecer toda la ley. ⁴Se han apartado de Cristo si esperan justificarse guardando la ley. ¡Han caído de la gracia de Dios! ⁵Pero nosotros, con la ayuda del Espíritu Santo, esperamos que por medio de la fe seremos justificados ante Dios. ⁶Estando unidos a Cristo Jesús no cuenta nada si estamos circuncidados o no. Nos basta la fe que actúa a través del amor.

⁷Ustedes iban bien. ¿Quién les ha impedido seguir la verdad? ⁸Ciertamente, no ha sido Dios, porque él es el que los llamó. ⁹Como se dice: «Un poco de levadura hace que fermente toda la masa».

¹⁰Confío en el Señor que ustedes no cambiarán su forma de pensar. Dios castigará a la persona, quienquiera que sea, que los ha estado perturbando.

¹¹Algunos hasta se han atrevido a decir que yo predico la circuncisión. ¡Si fuera verdad, habrían dejado de perseguirme, porque tal mensaje no los ofendería! Pero entonces, ¿por qué me persiguen todavía?

¹²¡Ojalá que esos que los andan confundiendo a ustedes se castraran de una vez!

¹³Les hablo así, hermanos, porque ustedes fueron llamados a ser libres. Pero no usen esa libertad para dar rienda suelta a sus pasiones. Más bien sírvanse unos a otros con amor. ¹⁴Toda la ley se resume en este mandamiento: «Amarás a tu prójimo como a ti mismo». ¹⁵Pero si en vez de hacerlo se muerden y se comen unos a otros, ¡cuidado no sea que acaben por consumirse unos a otros!

## La vida por el Espíritu

¹⁶Así que les aconsejo que vivan por el poder del Espíritu. De esa manera no obedecerán los deseos de la naturaleza pecaminosa, ¹⁷porque ésta va en contra de lo que el Espíritu quiere, y el Espíritu desea lo que va en contra de la naturaleza pecaminosa. Estos dos se oponen entre sí, y por eso ustedes no pueden hacer lo que quieren. ¹⁸Pero si a ustedes los guía el Espíritu, ya no están bajo la ley.

¹⁹Estas son las obras de la naturaleza pecaminosa: inmoralidad sexual, impureza y libertinaje; ²⁰idolatría y brujería; odios, pleitos, celos, iras, rivalidades, disensiones, sectarismos y ²¹envidia; borracheras, orgías y otras cosas como esas. Como ya les dije antes, se los repito ahora: los que llevan esa clase de vida no heredarán el reino de Dios.

²²En cambio, este es el fruto que el Espíritu produce en nosotros: amor, gozo, paz, paciencia, benignidad, bondad, fidelidad, ²³humildad y dominio propio. No hay ley que condene estas cosas.

²⁴Los que pertenecen a Cristo han clavado en la cruz su naturaleza pecaminosa. ²⁵Puesto que vivimos por el poder del Espíritu, sigamos la dirección del Espíritu. ²⁶No dejemos que la vanidad nos lleve a tener celos y enemistades entre nosotros.

## La ayuda mutua

**6** Hermanos, si descubren que alguno ha pecado, ustedes, que son espirituales, deben ayudarlo a volver al buen camino con actitud humilde. Pero cada

---

4.22-24   5.1   5.5   5.13-14   5.16-26   6.1-5

---

*b.* Según la tradición, Pablo sufría una enfermedad de los ojos.

# DESAFÍO Z

→ →

Ahora es el momento de ponerte en acción, por lo que te desafío a crear un nuevo hábito o un nuevo pasatiempo. A veces vemos los pasatiempos como una pérdida de tiempo, pero en verdad son beneficiosos. Pueden ayudarte a interrumpir tu mente y a relajarla. También pueden ayudarte a cambiar un poco tu rutina y darle un alivio a tu mente.

→ →

### ¿CÓMO HACERLO?

Enlista en una hoja las actividades que más te gusten hacer. (Ej.: Me gusta andar en bicicleta, leer, practicar deportes, etc.). O puedes escribir una actividad que te gustaría aprender. (Ej.: Me gustaría aprender a cocinar, a tocar un instrumento, etc.).

Después ponlas de mayor a menor en relación a la importancia que les das. Cuál de todas esas actividades te gustaría hacer primero, o cuál de estas te causan mucha emoción.

Una vez que la tengas, establece un tiempo adecuado para practicarla. (Ej.: "Leeré a las 9 am todos los días".) Esto ayudará a tu mente a crear un hábito.

El reto está en hacer esto por 21 días corridos, sin faltarle ni a uno solo, y a la misma hora siempre.

Date ese tiempo para ti. Es bueno pensar en los demás, pero a veces no debemos olvidarnos de nosotros mismo. La Palabra dice "ama a tu prójimo como a ti mismo"; si no te amas a ti mismo y no encuentras tiempo para ti, se te hará difícil poder hacerlo con los demás. ¡Dale! Yo creo en ti, sé que lo lograras.

→ →

### CONOCE MÁS A ESTHER

Tiene un título asociado en Biología con un grado menor en ciencias y matemáticas. También es conductora, actriz, influencer, humorista y evangelista. Es pastora juvenil en la ciudad de West New York en el estado de Nueva Jersey, desde donde viaja internacionalmente llevando el evangelio. A través de sus videos en las redes sociales ha llegado a los corazones de muchos jóvenes alrededor del mundo.

Escanea este QR con tu smartphone y mira estos videos para seguir pensando juntos.

Comparte tus comentarios en tus redes utilizando #BIBLIAZ

## → → UNA FÁBRICA PERFECTA

Estudié Biología en la Universidad, con una especialización en matemáticas (detesto las matemáticas), pero en mis clases de Biología aprendí a entender cómo funcionan las adicciones, y hoy quiero enseñártelo.

Tu cerebro produce todos los químicos necesarios que tu cuerpo necesita para sobrevivir, a estos se les llaman hormonas. Haz de cuenta que es una fábrica. Esta fábrica produce con exactitud todo lo que necesitas sin desperdicios.

Para poner la fábrica a trabajar se necesita un estímulo, esto provoca que empiece a hacer hormonas. Un ejemplo de esto pueden ser los abrazos. Cuando te abrazan (estímulo), tu cerebro libera un químico (hormona) en tu cuerpo que te hace sentir relajado y bien. Ahora, entendiendo este principio, te diré un secreto: cuando adoras a Dios o escuchas una adoración que te encanta, tu cerebro produce estos mismos químicos. Cuando una persona es adicta a algo, su cerebro deja de producir las hormonas requeridas y "obliga" a que busques el estímulo continuamente.

## → → UNA VERDAD

En la Universidad vimos que, para poder parar con las adicciones, es necesario abstener al cuerpo de lo que quiere. Esa sensación de sentirse bien, tarde o temprano se puede conseguir sin la necesidad de un estímulo físico; si creas un hábito, dentro de 21 días serás libre de la adicción.

Así que la ciencia comprueba una vez más lo que dice la Biblia en 1 Corintios 10:13: *"Ustedes no han pasado por ninguna tentación que no sea común al género humano. Pero pueden estar confiados en la fidelidad de Dios, que no dejara que la tentación sea más fuerte de lo que puedan resistir. Dios les mostrara la manera de resistir la tentación y escapar de ella".*

Aquí claramente la Biblia nos dice que lo que estás pasando no es nada nuevo. ¡Felicidades no eres un unicornio! Hay muchas personas que están lidiando con lo mismo que tú. Pero este versículo nos da la confianza al hacernos entender que Dios es fiel y que Él sabe que podrás vencer tus adicciones. Dios mismo te ayudará a resistir y a escapar de ellas.

Admite tu adicción ante Dios. Crea un nuevo hábito saludable y abstente de volver a los malos hábitos. Al principio será difícil, pero confío en ti; eres más fuerte de lo que te imaginas porque Dios está contigo. Recuerda estas palabras que dijo Jesús en Juan 8:36: *"Así que, si el Hijo los libera, serán libres de verdad"*. ¡Ánimo!

# SÉ LIBRE DE ADICCIONES

→ →

Soy Esther Barranco y quiero hablarte sobre cómo ser libre de las adicciones. Este tema es de vital importancia para ti porque una persona que está atado a una adicción no puede vivir una vida libre.

→ →

## UNA TRAMPA

Hace un tiempo conocí a un buen amigo. Era una persona a la cual admiraba muchísimo. Un gran hombre de Dios. Mi amigo era una persona a quien invitaban a predicar en varias iglesias, era algo "famoso". Un día me llamó con urgencia, necesitaba un consejo. Me pidió que me sentara en su oficina y con lágrimas en los ojos explotó diciendo: "Esther, soy adicto a la pornografía y ya no sé qué hacer".

Mi mundo colapsó. No podía creerlo. A veces creemos que las personas que están en el altar ministrando son superhéroes, pero debo decirte que nadie está exento a caer en pecado. Rápidamente me compuse. Puse todos mis sentimientos de lado y le pedí que me explicara. Quería saber cómo había llegado a ese lugar y cómo podía ayudarlo.

Me comentó que hacía un tiempo que no lo invitaban a predicar, entonces en su tiempo de ocio encontró un anuncio publicitario porno en sus redes sociales, y la tentación fue más fuerte que él. Le dio clic y entró esa vez, pero prometió que jamás volvería a hacerlo. Sin embargo, la adrenalina, la emoción y todos los sentimientos que recorrieron su cuerpo cuando estaba en esa página fueron tan fuertes que volvió a entrar una y otra vez. Era algo que no podía controlar. Era algo que lo hacía sentir sucio, pero ya no tenía el control ni el dominio propio para poder detenerlo.

Lo ocultó por un largo tiempo. Ya no sentía remordimiento. Pero un día su computadora se congeló en la página pornográfica. Desesperado, llamó a un técnico para que lo ayudara a solucionar el problema. El técnico arregló la computadora y la limpió de todos los virus, pero antes de irse le dijo con lágrimas en los ojos: "Lamento tanto que hayas caído tan bajo… eras mi predicador favorito".

En ese momento mi amigo se dio cuenta del daño tan grande que se había hecho a sí mismo y a otros, y en ese instante también decidió buscar ayuda.

Tal vez estás pasando por esto o por una adicción diferente que no puedes controlar, pero no vengo a juzgarte sino a decirte lo que dice Gálatas 5:1: *"¡Cristo nos libertó para que vivamos en libertad! ¡Cuiden esa libertad y no se dejen someter de nuevo al yugo de la esclavitud!".*

# ESTHER BARRANCO

Mi familia me dice "la rubia"

---

Si tuviera que definirme en tres palabras diría que soy **divertida, dinámica y optimista.**

---

Mi gran sueño es el que me da por las mañanas… Digo, después de ese, quiero cumplir los sueños de Dios.

---

Además de Jesús, me apasiona cocinar, ver películas y estudiar Biología.

---

**Sigo a Jesús porque… ¿por qué no? Hasta ahora es lo único que da excelentes resultados.**

---

Para mí la Biblia es un libro codificado inspirado por el Espíritu Santo. Lo pongo así porque me encantan las investigaciones. Cuando te sumerges en él y comienzas a investigarlo, te prometo que te enamoras.

---

**Vivo en Estados Unidos**

---

Una frase que me motiva:
**"La Biblia no es la luz del mundo, es la luz de la iglesia. Pero el mundo no lee la Biblia, el mundo lee cristianos".** (Charles Spurgeon).
Esta frase me reta a mostrar el carácter de Jesús de tal forma que haga que mis amigos que no son cristianos, quieran conocer de Él.

---

Mi versículo favorito es **Ester 4:14** porque habla de cómo nacemos en el tiempo y la época perfecta según los planes de Dios.

---

Un consejo:
**Seguir a Jesús no será un camino fácil, pero sí el único camino que te hará entender por qué viniste a este mundo. ¡Síguelo!**

---

- @estherbarranco_rd
- @estherbarrancord
- @Esther Barranco

**GÁLATAS 3.20**

la ley, pero ahora vivo para Dios. ²⁰Estoy crucificado con Cristo, y ya no vivo yo, es Cristo quien vive en mí. Y esta vida que ahora tengo la vivo por mi fe en el Hijo de Dios, quien me amó y se entregó por mí. ²¹No rechazo el amor de Dios. Si se obtuviera la justicia por guardar la ley, habría sido vana la muerte de Cristo».

### La fe o la observancia de la ley

4 ¡Oh gálatas, qué estúpidos son ustedes! ¿Quién los embrujó? ¡A ustedes les hemos presentado claramente el mensaje de la muerte de Jesucristo! ²Sólo quiero que me contesten esto: ¿Recibieron ustedes al Espíritu Santo por guardar la ley? Claro que no; lo recibieron cuando creyeron en el mensaje. ³Entonces, ¿se han vuelto locos?, porque si comenzaron con el poder del Espíritu, ¿cómo se les ocurre ahora querer terminar por sus propios esfuerzos? ⁴Después de haber sufrido tanto, ¿todo va a ser en vano? ¡Espero que no haya sido en vano!

⁵Díganme, ¿les otorga Dios el poder del Espíritu Santo y realiza maravillas entre ustedes porque tratan de obedecer la ley? ¿O lo hace porque creen en el mensaje?

⁶Dios aceptó a Abraham porque éste creyó en Dios. ⁷Esto significa que los verdaderos hijos de Abraham son los que tienen plena fe en Dios. ⁸Además, las Escrituras preveían el tiempo en que Dios salvaría también a los gentiles por medio de la fe. Dios le declaró esto a Abraham cuando le dijo: «Por medio de ti bendeciré a todas las naciones». ⁹Los que confían en Dios, pues, reciben las mismas bendiciones que Abraham recibió como hombre creyente.

¹⁰Los que se aferran a la ley para salvarse están bajo la maldición de Dios. Las Escrituras dicen claramente: «Malditos los que quebrantan cualquiera de las leyes que están escritas en el libro de la ley de Dios».

¹¹Salta a la vista, pues, que nadie podrá jamás ganar el favor de Dios por obedecer la ley, porque está escrito: «El que halla la vida, la halla sólo porque confía en Dios».

¹²La ley, en cambio, no se basa en la fe, ya que dice que para «tener vida hay que obedecer las leyes de Dios». ¹³Cristo nos redimió de la maldición de la ley, tomando sobre sí mismo la maldición por amor a nosotros. Porque dicen las Escrituras que es «maldito el que es colgado en un madero».

¹⁴Y así sucedió para que ahora Dios pueda dar también a los gentiles la misma bendición que prometió a Abraham; y para que nosotros podamos recibir la promesa del Espíritu Santo a través de esta fe.

### La ley y la promesa

¹⁵Hermanos, les pondré un ejemplo. Cualquier contrato humano si es por escrito y está firmado, tiene que ser cumplido. Nadie puede anularlo ni añadirle nada una vez que se ha firmado. ¹⁶De la misma manera, Dios les hizo promesas a Abraham y a su descendencia. Noten ustedes que no dice que las promesas eran para los descendientes de Abraham, como si fueran muchos; sino que dice «para su descendencia»; pues bien, esa descendencia es Cristo.

¹⁷Lo que quiero decir es lo siguiente: Dios hizo un pacto con Abraham, y ese pacto no fue cancelado ni la promesa quedó anulada por la ley que vino cuatrocientos treinta años más tarde. ¹⁸Si al obedecer esa ley recibiéramos la herencia, entonces ya no sería creyendo en la promesa de Dios. Sin embargo, Dios se la concedió a Abraham gratuitamente cuando Abraham confió en las promesas de Dios.

¹⁹Pero entonces, ¿para qué se nos dio la ley? Después que Dios le dio la promesa a Abraham, Dios añadió la ley a causa de nuestros pecados, pero sólo hasta que viniera la descendencia de Abraham, a la que se la había hecho la promesa. Además, Dios encomendó a los ángeles entregar la ley a Moisés, que fue el intermediario. ²⁰Pero no se necesita un mediador cuando se trata de una sola persona. Y Dios es uno solo.

²¹,²²Luego entonces, ¿es la ley de Dios contraria a las promesas de Dios? ¡Por supuesto que no! Si pudiéramos salvarnos por la ley, Dios no nos habría proporcionado otro medio para escapar de la esclavitud del pecado, como dicen las Escrituras. La única manera de recibir la promesa de Dios es por fe en Jesucristo.

²³Antes de la venida de esta fe, estábamos resguardados por la ley, mantenidos en custodia hasta que la fe se diera a conocer. ²⁴Así que la ley fue nuestra maestra que nos condujo a Cristo, para que fuésemos justificados por medio de la fe. ²⁵Pero ya que ha llegado la fe, ya no necesitamos que la ley nos guíe.

### Hijos de Dios

²⁶Ahora todos ustedes son hijos de Dios por medio de la fe en Cristo Jesús. ²⁷Porque todos los que han sido bautizados en Cristo, se han revestido de él. ²⁸Ya no importa si eres judío o griego, esclavo o libre, hombre o mujer. Todos ustedes son uno solo en Cristo Jesús. ²⁹Y si ustedes son de Cristo, son la verdadera descendencia de Abraham y herederos de las promesas que Dios le hizo.

4 Esto es lo que quiero decir: Mientras que un heredero es menor de edad, en la práctica es igual que un esclavo, aunque sea propietario de las riquezas de su padre. ²Tiene que obedecer a sus tutores y administradores hasta que llegue la fecha que el padre señaló. ³Así nos pasaba a nosotros. Cuando éramos menores de edad, éramos esclavos de los poderes que controlan el mundo. ⁴Pero cuando se cumplió el plazo, Dios envió a su Hijo, nacido de mujer y nacido bajo la ley, ⁵a fin de comprar nuestra libertad, ya que éramos esclavos de la ley, y así adoptarnos como hijos suyos.

⁶Y como ustedes son sus hijos, Dios envió al Espíritu de su Hijo a nuestros corazones, y por eso lo llamamos "Papá, papá".

⁷Así que ya no eres esclavo, sino hijo de Dios. Y como eres su hijo, Dios te ha hecho su heredero.

### Preocupación de Pablo por los gálatas

⁸Antes que ustedes conocieran a Dios, eran esclavos de los que en realidad no son dioses. ⁹Pero ahora que conocen a Dios, o mejor dicho, que Dios los conoce a ustedes, ¿cómo se les ocurre retroceder y volver a ser esclavos de esos poderes que no valen nada y no pueden hacer nada bueno por ustedes? ¹⁰¿Cómo se les

2.20   3.6-7   3.9-11   3.23-4.2   4.6-7

# Gálatas

**1** Pablo, apóstol (no enviado de los hombres ni por los hombres, sino por Jesucristo mismo y Dios el Padre que lo resucitó de los muertos) ²y los demás hermanos que están conmigo, a las iglesias de Galacia.*ᵃ*

³Que en ustedes reposen la paz y el amor de Dios nuestro Padre y del Señor Jesucristo. ⁴Él murió por nuestros pecados conforme a los planes de nuestro Dios y Padre, para rescatarnos de este mundo perverso. ⁵A él sea la gloria por los siglos eternos. Amén.

## No hay otro evangelio

⁶Me ha sorprendido que tan pronto se estén apartando ustedes de Dios, quien les llamó y mostró su amor por medio de Cristo. Ahora han adoptado otro evangelio. ⁷Esto no significa que haya otro evangelio. Más bien me refiero a que hay quienes están tratando de confundirlos y quieren torcer el evangelio de Cristo. ⁸Que la maldición de Dios caiga sobre cualquiera, sea uno de nosotros o un ángel del cielo, que les predique otro medio de salvación que el que les hemos predicado. ⁹Repito: Si alguien les predica un evangelio diferente del que ya recibieron, que la maldición de Dios caiga sobre esa persona.

¹⁰Como han visto, no estoy tratando de ganármelos ni de quedar bien con ustedes. Al único que trato de agradar es a Dios. Si todavía buscara agradar a los hombres, no sería siervo de Cristo.

## Pablo, llamado por Dios

¹¹Hermanos, quiero que sepan que el evangelio que yo predico no es una invención humana. ¹²No lo recibí ni aprendí de ninguna persona, sino que fue Jesucristo mismo quien me lo enseñó.

¹³Ya estarán enterados de mi conducta cuando era de la religión judía. Saben que implacablemente perseguí a la iglesia de Dios y que me esforcé por erradicarla de la tierra. ¹⁴Yo era el más ferviente de mis contemporáneos de mi misma edad, y trataba por todos los medios de cumplir con las reglas tradicionales de mis antepasados.

¹⁵Sin embargo, Dios me había escogido desde antes que yo naciera, y me llamó por su gracia. Y cuando él quiso ¹⁶revelarme a su Hijo, para que fuera a predicarlo entre los gentiles, no fui inmediatamente a consultar con nadie, ¹⁷ni corrí a Jerusalén a consultar a los que eran apóstoles antes que yo. Al contrario, fui de inmediato a la región de Arabia y después regresé a la ciudad de Damasco.

¹⁸Tres años más tarde fui a Jerusalén a hablar con Pedro y estuve con él quince días. ¹⁹Aparte de él, al único apóstol que vi fue a Jacobo, el hermano de nuestro Señor.

²⁰Delante de Dios les aseguro que esto fue lo que sucedió; no miento. ²¹Después fui a las regiones de Siria y Cilicia. ²²Pero las iglesias de Judea todavía no me conocían personalmente. ²³Sólo sabían lo que se andaba diciendo: que el antiguo enemigo de los cristianos estaba pregonando la fe que había tratado de destruir. ²⁴Y glorificaban a Dios a causa de mí.

## Los apóstoles aceptan a Pablo

**2** Catorce años más tarde fui de nuevo a Jerusalén, esta vez con Bernabé. Tito nos acompañaba. ²Dios me había revelado que debía hablar en privado con los dirigentes de Jerusalén acerca del evangelio que predicaba entre los gentiles. Lo hice para que todo mi trabajo no fuera en vano. ³Y ni siquiera le exigieron a Tito, mi compañero, que se circuncidara, a pesar de que era griego.

⁴El hecho es que algunos mal llamados hermanos fueron a observar disimuladamente la libertad que teníamos en Cristo Jesús, y ¡querían encadenarnos a sus leyes como si fuéramos esclavos! ⁵Pero no les hicimos caso ni un momento, pues queríamos que la verdad del evangelio permaneciera entre ustedes.

⁶Los grandes dirigentes de la iglesia no añadieron ni una tilde a mi mensaje. (No es que me importe que hayan sido grandes, porque Dios no juzga por las apariencias.)

⁷⁻⁹Más aún, Pedro, Jacobo y Juan, indiscutibles columnas de la iglesia, reconocieron que Dios me había usado para ser apóstol entre los gentiles, de la misma manera que había usado a Pedro para predicarles a los judíos (después de todo, fue el mismo Dios el que nos capacitó). Y así, nos dieron la mano, a Bernabé y a mí, en señal de compañerismo, y nos exhortaron a continuar nuestras labores entre los gentiles mientras ellos continuaban la suya entre los judíos. ¹⁰Eso sí, nos pidieron que recordáramos a los pobres, cosa que por mi parte he procurado hacer con todo cuidado.

## Pablo se opone a Pedro

¹¹Pero cuando después me encontré con Pedro en Antioquía, me opuse a él en público, y le critiqué fuertemente algo que estaba haciendo. ¹²Cuando llegó, comió con los cristianos gentiles. Pero cuando llegaron ciertos judíos amigos de Jacobo, no quiso volver a comer con los gentiles por temor a lo que pudieran decir aquellos que afirman que es necesario circuncidarse. ¹³Y a la hipocresía de Pedro se unieron los demás cristianos judíos, incluso Bernabé. ¹⁴Ante ello, y comprendiendo que no estaban actuando rectamente, conforme a la integridad del evangelio, le dije a Pedro delante de los demás: «Tú, que eres judío, has estado portándote como si no lo fueras. ¿A qué viene ahora que, de pronto, te pongas a decirles a estos gentiles que deben vivir como si fueran judíos?

¹⁵»Tú y yo somos judíos de nacimiento, y no simples pecadores gentiles. ¹⁶Sin embargo, sabemos muy bien que nadie puede justificarse ante Dios obedeciendo la ley. Sabemos que eso sólo es posible por la fe en Jesucristo. Por eso, nosotros también hemos confiado en Jesucristo, y somos justificados por esa fe y no porque hayamos observado la ley. Nadie se salva por tratar de cumplirla.

¹⁷»Ahora bien, ¿qué pasa si confiamos en Cristo para salvarnos y luego nos damos cuenta de que nosotros mismos somos pecadores? ¿Tendremos que decir que la fe en Cristo fue nuestra perdición? ¡De ninguna manera! ¹⁸Si uno vuelve a edificar lo que había destruido, se hace transgresor. ¹⁹Yo estoy muerto por causa de

---

*a.* Galacia era una ciudad en lo que ahora es Turquía.

✟1.15  ✟2.16

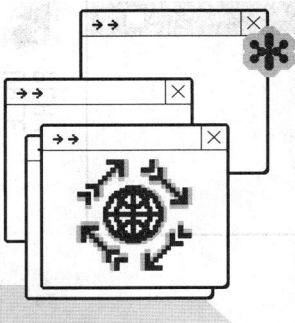

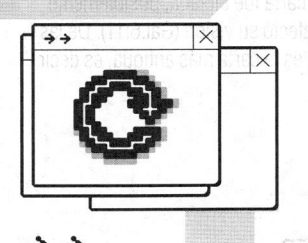

no lo recibió de ningún hombre sino de Dios (Gal.1:1). Pero la preocupación de Pablo va más allá que sólo teología. Comentando un episodio que vivió en Antioquía (Gal.2:11-13) recuerda la discriminación que hubo de los judaizantes a los cristianos gentiles, donde incluso Pedro dejó de "comer" con los gentiles. No es cualquier comida, está hablando de los banquetes que tenía la iglesia al celebrar la Cena del Señor. Las "mesas separadas" que relata Pablo en Antioquía, son dos grupos que comparten la Cena del Señor separados unos de otros. Por eso el apóstol desea evitar que suceda algo parecido en Galacia. Enfatiza la unidad del Cuerpo que barre con todo tipo de división (Gal.3:27-29) La iglesia de Galacia se está desviando del verdadero Evangelio (Gal.5:4) y eso está causando una división en la comunión del cuerpo de Cristo (Gal.5:13-15. 5:25,26) Pablo no rechaza la Ley de Moisés, al contrario, reconoce que toda la Ley se resume en el amor fraternal y es digna de observarse (Gal.5:14). Lo que Pablo rechaza es la observancia ciega a la Ley, que hace de esta un sustituto de la verdadera vida guiada por el Espíritu Santo (Gal.5:16-24). Pablo termina aclarando cual es la verdadera meta de la carta, apuntar a "la nueva creación" (Gal.5:15). "Nueva creación" en el pensamiento de Pablo no es como muchos lo interpretan individualistamente. Nueva creación, es un nuevo modelo de vida en comunidad.

## ¿CÓMO SE RELACIONA CONMIGO?

El principal enemigo de Pablo en esta epístola es claramente el legalismo que se disfraza de evangelio y hoy en la iglesia podemos ver un abanico bien grande de enseñanzas que son las mismas que Pablo condena en esta carta: "No hagas esto", "No te vistas así", "Prohibido escuchar eso", "La mujer debe vestir así", "Que el pastor no te vea que vas a ese lugar", "La Biblia dice que no debes beber esto" y por eso debes leer esta carta. Muchos terminan creyendo que no hacer esas cosas es lo que puede salvarnos o que por allí pasa la verdadera santidad. La vida en la libertad que Cristo nos dio para vivirla en amor ha degenerado así en una experiencia de opresión religiosa y, claro, la verdadera libertad cristiana no es un "pase libre" para vivir una vida individualista y desenfrenada, sino para salir de la cárcel que significa vivir para uno mismo y comenzar a vivir para el "otro" en una relación fraterna y de ayuda mutua (Gálatas 5:13-14).

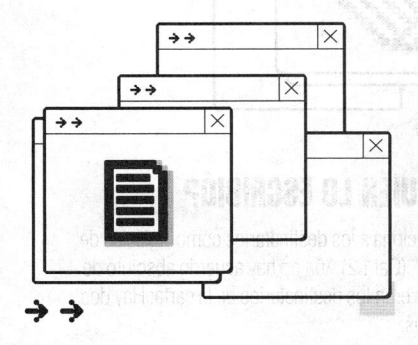

## EL GUION

1) La piratería del evangelio (1:1-10)
2) Los grandes también caen (1:11-2:21)
3) ¿Cómo se recibe la vida espiritual? (3:1-18)
4) Entonces, ¿para qué la ley? (3:19-29)
5) ¡Adoptados! (4:1-31)
6) ¿Qué significa ser libres? (5:1-6:18)

# GÁLATAS

# GÁLATAS

### ¿QUIÉN LO ESCRIBIÓ?

Pablo (Ga.1:1; 5:2). Algunos sugieren que la carta fue dictada, posiblemente porque Pablo tenía alguna enfermedad que afectó su visión (Gal.6:11). De las que contamos en el Nuevo Testamento, esta es la carta más antigua, es decir la primera escrita por Pablo.

### ¿A QUIÉN LO ESCRIBIÓ?

Se menciona a los destinatarios como "iglesias de Galacia" (Gal.1:2) Aún no hay acuerdo absoluto de quienes eran los destinatarios de la carta. Hay dos hipótesis.

1.- Podrían haber sido los "Gálatas naturales" que vivían al norte de Galacia. Casi fuera de la provincia, mencionados en el segundo viaje de Pablo (Hch.16:6-8).

2.- Podrían haber sido los habitantes que vivían en las ciudades pertenecientes a la provincia Romana de Galacia, mencionados en su primer viaje (Hch.13-14) Los estudios en su mayoría se inclinan más por la segunda opción.

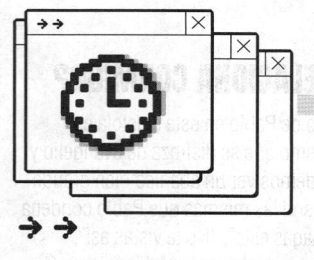

### ¿CUÁNDO Y DÓNDE LO ESCRIBIÓ?

Hay diferentes hipótesis. Pero la más plausible, es que fue escrita en Éfeso o en Macedonia, luego del tercer viaje misionero de Pablo (55-56 d.C).

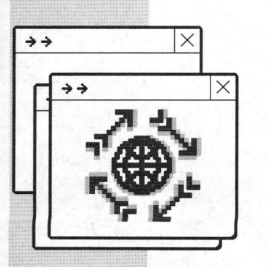

### PANORAMA DEL LIBRO

La carta es una intervención desesperada, para evitar que el cristianismo naciente no se convierta en un judaísmo legalista. La crisis de la iglesia estaba originada por un grupo religioso sincretista (en Asia menor existían muchos grupos que mezclaban creencias paganas con enseñanzas judías) que acusaron a Pablo de no predicar el verdadero evangelio, porque aparentemente descuidaba la Ley de Moisés. Este grupo enfatizaba algunas observancias de la Ley (Gal.5:2,3. 6:13). Pablo llama al grupo que lo acusa "perturbadores" (Gal.1:7. 5:10,12) y afirma que su apostolado es verdadero, que

**2 CORINTIOS 13.4**

tener de que Cristo habla a través de mí. Cristo no anda con debilidades al tratarlos a ustedes; al contrario, los trata con vigor. ⁴Su débil cuerpo humano murió en la cruz, pero ahora vive por el poder de Dios. Nosotros también, al igual que él lo era, somos débiles; pero ahora, unidos a él, vivimos y tenemos el poder de Dios para tratar con ustedes.

⁵Examínense para ver si siguen teniendo fe en el Señor. ¡Pónganse a prueba a ver si la pasan! ¿Se echa de ver que Cristo está en ustedes? ⁶Espero que sepan que nosotros ya hemos pasado el examen. ⁷Oramos que lleven vidas puras, no para que quede demostrado que tuve éxito, sino para que vivan como se debe vivir, aunque parezca que nosotros hemos fracasado; ⁸pues sólo podemos hacer lo que está a favor de la verdad y no lo que está en contra de ella. ⁹Por eso nos alegramos cuando nosotros somos débiles, con tal de que ustedes sean fuertes. Nuestra oración es que Dios los restaure en todo.

¹⁰Les he escrito esta carta con la esperanza de que cuando los visite no tenga que ser duro y usar mi autoridad. Quiero emplear la autoridad que me confirió el Señor para ayudarlos a madurar y no para destruirlos.

## Saludos finales

¹¹Concluyo con estas palabras: Estén contentos, busquen su restauración, consuélense, vivan en paz y armonía, y el Dios de amor y paz estará con ustedes.

¹²Salúdense unos a otros con un beso santo. ¹³Todos los hermanos les mandan saludos.

¹⁴Que la gracia del Señor Jesucristo, el amor de Dios y la comunión del Espíritu Santo estén con todos ustedes.

☼13.11

## Los sufrimientos de Pablo

¹⁶De nuevo les suplico que no crean que he perdido el juicio al hablar así; pero aun si lo creen, dejen que este loco presuma un poco. ¹⁷El Señor no me ha mandado a jactarme de nada; si lo hago es porque estoy portándome como un desquiciado. ¹⁸De todos modos, como mucha gente anda siempre hablándoles de sus cualidades, yo también lo haré. ¹⁹Ustedes son inteligentes y, sin embargo, se deleitan escuchando a esos tontos; ²⁰no les importa que los estén esclavizando y explotando ni que se estén aprovechando de ustedes; no les preocupa a ustedes que se enaltezcan y luego los abofeteen. ²¹¡Me da vergüenza confesar que no soy tan fuerte ni tan atrevido como ellos!

Pero de cualquier cosa de la que ellos se puedan jactar —de nuevo hablo como un loco—, mucho más puedo jactarme yo. ²²¿Se jactan de ser hebreos? Yo lo soy también. ¿Dicen que son israelitas? Yo también lo soy. ¿Son descendientes de Abraham? Yo también. ²³¿Sirven a Cristo? ¡Mucho más lo he servido yo! (y sigo con mi locura). He trabajado más duramente, me han encarcelado más veces, me han azotado severamente, y me he visto en peligro de muerte muchas veces. ²⁴En cinco ocasiones los judíos me han propinado treinta y nueve azotes. ²⁵Tres veces me han azotado con varas. Una vez me apedrearon. Tres veces he naufragado. Una vez me pasé una noche y un día en alta mar. ²⁶He recorrido muchos caminos. Muchas veces he estado en peligro de sucumbir en ríos, a mano de ladrones o de judíos iracundos, y también de los gentiles. He pasado por peligros en la ciudad, en el campo, en el mar y entre falsos hermanos. ²⁷He sufrido muchos trabajos y fatigas, he pasado noches sin dormir; he tenido hambre y sed; he pasado sin comer; he padecido frío y no he tenido con qué cubrirme. ²⁸Y a todo esto se ha sumado siempre mi preocupación por el estado de las iglesias; ²⁹si alguien se siente débil, yo comparto su debilidad; si alguien tropieza por culpa de otro, me indigno contra el que lo hizo tropezar.

³⁰Si tengo de qué jactarme, prefiero jactarme de mis debilidades. ³¹Dios, el Padre de nuestro Señor Jesucristo, que por siempre debe ser alabado, sabe que digo la verdad. ³²Por ejemplo, en Damasco, el gobernador (súbdito del rey Aretas) puso guardias a las puertas de la ciudad para prenderme. ³³Pero me bajaron en una cesta por una ventana de la muralla, y así escapé de las manos del gobernador.

## Visión y debilidad de Pablo

**12** Ya sé que no gano nada con presumir de mí mismo, pero ahora les voy a hablar de las visiones y de las revelaciones del Señor.

²,³Conozco a un seguidor de Cristo que hace catorce años fue llevado al tercer cielo. No me pregunten si fue corporalmente o en el espíritu, porque no lo sé; sólo Dios lo sabe. Y sé que este hombre ⁴fue llevado al paraíso y escuchó cosas que los humanos no podemos expresar con palabras. ⁵Podría muy bien presumir ante ustedes de esa experiencia, pero no lo haré. Prefiero sentirme orgulloso de mis debilidades.

⁶Sin embargo, si quisiera gloriarme, no sería insensato en hacerlo, porque estaría diciendo la verdad. Pero no lo hago porque no deseo que piensen que soy más importante de lo que soy, sólo por lo que digo o hago.

⁷Es tal la grandeza de las revelaciones que he recibido que, para que no me enorgullezca demasiado, el Señor clavó en mi carne un aguijón, un mensajero de Satanás que me atormenta. ⁸Tres veces he pedido a Dios que me lo quite, ⁹y las tres veces me ha respondido: «Debe bastarte mi amor. Mi poder se manifiesta más cuando la gente es débil». Por eso, de muy buena gana me siento orgulloso de mis debilidades; gracias a ellas, se muestra en mí el poder de Cristo. ¹⁰Desde que sé que lo que sufro lo sufro por Cristo, me siento feliz por mis debilidades, los insultos, las privaciones, las persecuciones y las dificultades. En efecto, cuando soy débil, entonces soy fuerte.

## Preocupación de Pablo por los corintios

¹¹He sido un necio al andar con jactancias como éstas; pero ustedes me han obligado, ya que ustedes son los que debían haber hablado bien de mí. En nada soy inferior a los superapóstoles, aunque a fin de cuentas yo no soy nada. ¹²Estando entre ustedes demostré ser apóstol de veras, pues hice constantemente las señales propias de un apóstol: milagros, maravillas y obras poderosas. ¹³Lo único que hice en las demás iglesias y no lo hice entre ustedes fue convertirme en una carga económica. ¡Perdónenme esta falta!

¹⁴Voy a visitarlos por tercera vez, pero tampoco les costaré nada. No quiero su dinero; ¡los quiero a ustedes! Después de todo, los hijos no son los que sustentan a los padres, sino éstos a sus hijos. ¹⁵Para mí es un placer gastarme por entero y dar todo lo que tengo por el bien de ustedes; no importa que mientras más los ame, menos me amen ustedes.

¹⁶Es cierto que no he sido hasta ahora una carga para ustedes. ¿Será sólo una trampa para poder astutamente sacarles dinero? ¹⁷¿Se ha aprovechado de ustedes alguno de los que les he enviado? ¹⁸Cuando le pedí a Tito que los visitara y envié con él al otro hermano, ¿sacaron de ustedes alguna ganancia? Claro que no. Él y yo andamos en los mismos pasos y actuamos de la misma manera.

¹⁹A lo mejor piensan que les digo todo esto para justificarnos ante ustedes. Dios es testigo de que lo que he dicho ha sido con la intención de ayudarles a crecer, amados hermanos, y lo hemos dicho como quienes están unidos a Cristo. ²⁰Temo que cuando vaya no me guste lo que encuentre, y a ustedes no les guste la manera como yo reacciono. Temo que haya entre ustedes pleitos, envidias, iras, divisiones, chismes, murmuraciones, soberbias y alborotos. ²¹Sí, temo que cuando vaya, Dios me haga sentir avergonzado de ustedes y tenga que llorar porque muchos de los que han pecado no se han arrepentido de la impureza, de la inmoralidad sexual y de los vicios que practican.

## Advertencias finales

**13** Ésta será la tercera vez que los visite. Las Escrituras dicen que «en todo asunto debe haber dos o tres testigos». ²La última vez que estuve allá les advertí a los que andaban en pecado, y ahora les advierto a ellos y a los demás, que en esta ocasión voy dispuesto a castigarlos. ³Les presentaré las pruebas que desean

12.8–10

**2 CORINTIOS 9.9**

las circunstancias, no sólo tengan para satisfacer las necesidades propias sino también para dar en abundancia a los demás. ⁹Como está escrito:

«El que da generosamente a los pobres hace que su justicia permanezca para siempre».

¹⁰Porque así como Dios le da semillas al agricultor y también le da el pan que lo alimenta, así él mismo les proporcionará abundantes cosechas, para que ustedes puedan ayudar a otros.

¹¹Sí, Dios les dará a ustedes en abundancia para que puedan dar en abundancia; y cuando entreguemos las dádivas de ustedes a los que las necesitan, prorrumpirán en acción de gracias a Dios. ¹²En otras palabras, el donativo que ustedes envíen es un servicio sagrado que surtirá dos efectos: ayudará a los que están en necesidad e impulsará a éstos a estar muy agradecidos con Dios. ¹³Cuando reciban esta demostración de servicio, ellos alabarán a Dios porque ustedes obedecen el mensaje de Cristo, son generosos y se solidarizan con ellos y con todos. ¹⁴Además, ellos orarán por ustedes con mucho amor, gracias a la bondad de Dios que se manifestó a través de ustedes.

¹⁵¡Gracias a Dios por el regalo tan maravilloso que nos ha dado, y que no podemos expresar con palabras!

## Pablo defiende su ministerio

**10** Cuando yo, Pablo, les ruego algo, lo hago con la misma ternura y bondad de Cristo. Sin embargo, se ha dicho que cuando les escribo soy fuerte, pero que cuando lo hago personalmente soy suave. ²¡Espero que cuando vaya a verlos no tenga que ser duro con los que piensan que actúo como un hombre cualquiera! ³Sí, es cierto, vivimos en este mundo, pero nunca actuamos como el mundo para ganar nuestras batallas. ⁴Para destruir las fortalezas del mal, no empleamos armas humanas, sino las armas del poder de Dios. ⁵Así podemos destruir la altivez de cualquier argumento y cualquier muralla que pretenda interponerse para que el hombre conozca a Dios. De esa manera, hacemos que todo tipo de pensamiento se someta para que obedezca a Cristo. ⁶Y estamos listos a castigar a cualquiera que persista en su rebeldía, después que ustedes mismos se hayan rendido totalmente a Cristo.

⁷Fíjense en lo que tienen a la vista. Si alguien puede afirmar que le pertenece a Cristo, lo mismo podemos decir nosotros. ⁸No me avergonzaré de insistir demasiado en la autoridad que tengo sobre ustedes, autoridad que el Señor me dio para la edificación de ustedes, no para su destrucción. ⁹Les digo esto para que no crean que sólo trato de asustarlos con mis cartas. ¹⁰«En sus cartas se expresa muy bruscamente y con palabras duras», dicen algunos. «¡Pero cuando llegue verán que en persona no impresiona a nadie y que no existe peor predicador!» ¹¹Estas personas deben saber que esta vez voy a ser tan duro en persona como lo soy por carta.

¹²Pero no me voy a igualar ni a comparar con los que por ahí andan hablando de lo excelentes que son. El problema de éstos es que se comparan entre sí y se miden de acuerdo con sus propios conceptos. ¡Qué tontería! ¹³¡Jamás nos jactamos más de lo debido! Y si lo hacemos, utilizamos como regla el trabajo que Dios nos mandó hacer, lo cual incluye que trabajemos entre ustedes.

¹⁴Si no hubiéramos estado antes entre ustedes, alguien podría decir que nos estamos extralimitando. Lo cierto es que fuimos los primeros en proclamarles las buenas noticias de Cristo. ¹⁵Así que no queremos que se nos atribuya el trabajo que otros han realizado entre ustedes. Al contrario, esperamos que ustedes se desarrollen en la fe y que, dentro de los límites que se nos han concedido, nuestra obra entre ustedes se amplíe bastante. ¹⁶Entonces podremos predicar el evangelio en ciudades más allá de Corinto, para que nadie diga que nos aprovechamos de lo que ya otros han hecho.

¹⁷Como dicen las Escrituras:

«El que se quiera sentir orgulloso, que se enorgullezca en lo que el Señor hace».

¹⁸Porque la persona que de veras es digna de aprobación no es la que se alaba a sí misma, sino aquella a la que el Señor alaba.

## Pablo y los falsos apóstoles

**11** Espero que me toleren si digo algunas tonterías. ¡Por favor, aguántenmelas! ²Siento celo por ustedes, celo que Dios ha puesto en mí; anhelo que amen sólo a Cristo, como doncella pura que reserva su cariño para el hombre que la tomará por esposa. ³Pero temo que de alguna manera, engañados, se aparten de la pura y sincera devoción a Cristo, como se apartó Eva cuando la serpiente la engañó.

⁴Ustedes son fáciles de engañar. Me parece que reciben a cualquiera que va y les predica de un Jesús distinto del que les he enseñado. También reciben fácilmente un espíritu diferente del Espíritu Santo que recibieron, y aceptan un evangelio diferente del que les predicamos.

⁵Sin embargo, no creo que esos superapóstoles sean mejores que yo. ⁶Quizás yo sea un mal orador, pero por lo menos sé lo que estoy diciendo, como ya se los he demostrado muchas veces.

⁷¿Será que hice mal en predicarles gratuitamente, con lo cual creí humillarme para enaltecerlos a ustedes? ⁸Para estar entre ustedes, «despojé» a otras iglesias, que sufragaron mis gastos con el dinero que me enviaban; y todo por predicarles gratuitamente. ⁹Cuando estuve entre ustedes y tuve necesidad, no pedí nada a nadie, porque los hermanos que llegaron de Macedonia suplieron para mis necesidades. No, jamás les he pedido nada, y jamás lo haré. ¹⁰Estoy tan seguro de ello, como de que conozco la verdad de Cristo. Nadie me va a impedir que esté orgulloso de esto en toda la región de Acaya. ¹¹¿Por qué? ¿Será porque no los amo? Dios sabe que sí los amo. ¹²Lo hago para desmentir a los que se jactan de trabajar para Dios de la misma manera que nosotros.

¹³Dios nunca envió a esos hombres; no son más que estafadores que les han hecho creer que son apóstoles de Cristo.

¹⁴Esto no me sorprende. Satanás puede disfrazarse de ángel de luz. ¹⁵¡No es extraño que sus siervos se disfracen como gente que hace el bien! ¡Un día recibirán el castigo que por sus perversas obras merecen!

9.15  10.3–5  10.17–18

**2 CORINTIOS 9.8**

¹¹¿Se dan cuenta de lo provechosa que fue para ustedes la tristeza que les envió el Señor? Ya no se encogen de hombros, como hacían antes, sino que actuaron rápido, me defendieron y se indignaron. Temerosos por lo que había sucedido, ansiaron que fuera a ayudarlos. Pero, sin perder tiempo, afrontaron el problema y lo resolvieron castigando al que pecó. Así demostraron que no fue culpa de ustedes.

¹²Si les escribí como lo hice, no fue pensado en quién ofendió o en quién recibió la ofensa. Fue para que ustedes se dieran cuenta delante de Dios de lo mucho que ustedes se interesan en nosotros. ¹³Todo esto nos da nuevos ánimos.

Pero mucho más nos alentó y alegró el gozo de Tito por el cálido recibimiento que le dieron y por la tranquilidad que recobró entre ustedes. ¹⁴Me alegró mucho que no me hicieran quedar mal. Al contrario, así como todo lo que les dijimos a ustedes fue verdad, también lo que le dije a Tito de ustedes resultó cierto. ¹⁵Él los ama más que nunca, sobre todo cuando recuerda la obediencia que le prestaron y la humildad con que lo recibieron. ¹⁶¡Cuánto me alegra esto! ¡Sé que puedo tener plena confianza en ustedes!

## Estímulo a la generosidad

**8** Quiero hablarles ahora sobre la gracia que Dios ha dado a las iglesias de Macedonia. ²Aunque los hermanos han estado pasando por grandes tribulaciones, han mezclado la extrema pobreza que padecen con el gozo extraordinario que experimentan, y como resultado, han abundado en rica generosidad. ³No han dado sólo lo que pueden dar, sino mucho más; y soy testigo de que lo han hecho voluntariamente, ⁴pues nos suplicaron con insistencia que les concediéramos el privilegio de ofrendar para los cristianos de Jerusalén. ⁵Y, mejor todavía, sobrepasaron nuestras más altas expectativas: lo primero que hicieron fue dedicarse por entero al Señor y luego se pusieron a nuestra disposición, de acuerdo con la voluntad de Dios.

⁶Por ello le supliqué a Tito que fuera a verlos y los instara a completar la generosa colecta, que él ya había iniciado entre ustedes. ⁷Ustedes son paladines en muchas cosas: en su fe en Dios, en buena predicación, en conocimiento, en dedicación al servicio y en amor hacia nosotros. Ahora deseo que se pongan a la cabeza en la gracia de dar.

⁸No les estoy dando una orden; esta sería una manera de demostrar que su amor es sincero, en comparación con lo que los demás están haciendo.

⁹Ustedes ya conocen la gracia de nuestro Señor Jesucristo; aunque era rico, se hizo pobre por amor a ustedes, para que mediante su pobreza se enriquecieran ustedes.

¹⁰Deseo sugerirles que terminen lo que empezaron hace un año, porque fueron no tan sólo los primeros en lanzar la idea, sino los primeros en ponerla en práctica. ¹¹Ya que empezaron con tanto entusiasmo, llévenlo a feliz término con el mismo ánimo. ¹²Si están de veras ansiosos de dar, la cantidad que den será bien recibida. Dios quiere que den de lo que tienen; no de lo que no tienen.

¹³Por supuesto, mi intención no es que se sacrifiquen para que los demás vivan bien. Se trata de que haya igualdad. ¹⁴En esta ocasión ustedes tienen bastante y pueden ayudarlos en su necesidad; quizás en otra ocasión ustedes sean los necesitados y ellos los ayudarán. De esta manera habrá igualdad. ¹⁵Pues así está escrito:

«Al que recogió mucho no le sobró nada, y el que recogió poco no tuvo menos».

## Tito enviado a Corinto

¹⁶Doy gracias a Dios porque ha dado a Tito el mismo interés sincero en ustedes que tengo yo. ¹⁷Le agradó mucho mi petición de que los visitara de nuevo, y lo hizo por su propia voluntad. ¹⁸Con él les estoy enviando a un hermano bien conocido en todas las iglesias, que se ha destacado por su trabajo a favor del evangelio. ¹⁹Además, las iglesias lo eligieron para que nos acompañara en el viaje en que hemos de entregar esta ofrenda. Todo esto lo hacemos para honrar al Señor y mostrar nuestro ardiente deseo de servir.

²⁰Así queremos evitar cualquier sospecha sobre la manera en que manejamos este gran donativo. ²¹Dios sabe que somos honrados, pero deseo que todo el mundo lo compruebe. Por eso hemos tomado esta precaución.

²²Les estoy enviando, además, a otro hermano, que nos ha demostrado muchas veces y de distintas maneras su disposición para ayudar. Y ahora está más dispuesto, por la enorme confianza que tiene en ustedes.

²³Si alguien les pregunta quién es Tito, díganle que es mi compañero y colaborador en la tarea de ayudarlos. Pueden decir también que los otros dos hermanos representan a las iglesias de aquí y que llevan una vida que honra a Cristo. ²⁴Muestren a estos hombres el amor que ustedes tienen y demuéstrenles que cuanto he dicho de ustedes con orgullo es cierto. Esto será un testimonio para las iglesias.

**9** Sé que está de más que les hable de ayudar a los cristianos. ²Ustedes siempre están dispuestos a ayudar; y he tenido el orgullo de decir a los hermanos de Macedonia que, hace un año, ustedes, los de Acaya, ya estaban listos para enviar una ofrenda. Y es más: el entusiasmo de ustedes fue la chispa que prendió en la mayoría de ellos el deseo de ayudar.

³Sin embargo, les envío a estos hermanos para asegurarme de que ya están listos para mandar el donativo, como he dicho que lo estarían. No quiero que a última hora me hagan quedar mal. ⁴Me daría pena —y a ustedes también— que algunos macedonios fueran conmigo y encontraran que todavía ni siquiera han recogido la ofrenda. ⁵Así que pedí a estos hermanos que fueran primero y se cercioraran de que el generoso donativo que ustedes prometieron ya esté listo. Así será una muestra de generosidad y no de tacañería.

## Sembrar con generosidad

⁶Ahora bien, el agricultor que siembra pocas semillas, obtendrá poca cosecha; pero el que siembra mucho, mucho cosechará. ⁷Cada uno tiene que determinar cuánto va a dar. Que no sea con tristeza ni porque lo obliguen, porque Dios ama al que da con alegría.

⁸Poderoso es Dios para darles en abundancia sus bendiciones, de tal manera que, siempre y en todas

☆7.16   ☆9.6–12

## El ministerio de la reconciliación

¹¹Impulsados por este temor reverencial al Señor, tratamos arduamente de persuadir a otros. Dios sabe que nuestros corazones son sinceros en cuanto a esto, y espero que ustedes lo sepan también. ¹²¿Estamos otra vez tratando de recomendarnos ante ustedes? No; estamos tratando de ofrecerles argumentos contra quienes se fijan en las apariencias y no se interesan en lo que hay en el corazón. Por lo menos ustedes pueden sentirse orgullosos de nosotros. ¹³Si estamos locos, es para Dios; y si estamos cuerdos, lo estamos para beneficio de ustedes. ¹⁴El amor de Cristo nos domina, porque estamos convencidos de que Cristo murió por todos, y por eso todos han muerto. ¹⁵Él murió por todos para que los que viven ya no vivan más para sí mismos, sino para agradar al que murió y resucitó por ellos.

¹⁶Así que dejémonos de medir a los demás por lo que el mundo piense de ellos. Y aunque a Cristo lo hayamos conocido de esa manera, ya no lo haremos más.

¹⁷Por lo tanto, si alguien está unido a Cristo, es una nueva creación. ¡Lo viejo ha quedado atrás y lo nuevo ha llegado! ¹⁸Y todo esto proviene de Dios, quien nos reconcilió consigo por lo que Jesucristo hizo. Y Dios nos ha otorgado la tarea de la reconciliación.

¹⁹Dicho en otras palabras: en Cristo, Dios estaba reconciliando al mundo con él, no tomándole en cuenta sus pecados, y encargándonos a nosotros este mensaje de la reconciliación. ²⁰Somos embajadores de Cristo. Dios les habla a ustedes por medio de nosotros: «En el nombre de Cristo les rogamos, ¡reconcíliense con Dios!»

²¹Dios tomó a Cristo, que no tenía pecado, y puso sobre él nuestros pecados, para declararnos justos por medio de Cristo.

6 Como colaboradores de Dios les suplicamos que no desechen su amor. ²Porque Dios dice: «Escuché tu clamor en tiempo favorable, y en día de salvación te socorrí». Ahora mismo es el tiempo favorable de Dios; hoy es el día de la salvación.

## Privaciones de Pablo

³Nosotros nos comportamos siempre de tal manera que nadie se escandalice, ni critique nuestro servicio. ⁴Más bien, en cada uno de nuestros actos tratamos de portarnos como servidores de Dios. Con paciencia soportamos los sufrimientos, las necesidades, las angustias. ⁵Nos han azotado, encarcelado y nos hemos enfrentado a airadas multitudes; hemos trabajado hasta el agotamiento, hemos pasado noches en vela y sin comer. ⁶Con la integridad de nuestras vidas, con nuestro entendimiento del evangelio y con nuestra paciencia y bondad hemos hecho nuestro servicio. El Espíritu Santo vive en nosotros y amamos con sinceridad. ⁷Hemos sido veraces gracias al poder de Dios. Nuestra arma para atacar y defendernos ha sido la justicia. ⁸Unas veces nos honran y otras nos desprecian; unas veces nos critican y otras veces nos ensalzan; unas veces nos tienen por mentirosos, aunque decimos la verdad. ⁹Aunque todo el mundo nos conoce, nos tratan como a desconocidos; arriesgamos la vida, pero estamos vivos; nos han golpeado, pero sobrevivimos. ¹⁰Tenemos el corazón adolorido, pero a la vez no nos falta el gozo. Parecemos pobres, pero enriquecemos a muchos; no tenemos nada, y, sin embargo, somos dueños de todo.

¹¹Queridos hermanos corintios, les hemos hablado con entera franqueza; les hemos abierto nuestro corazón. ¹²Nosotros les amamos mucho, pero ustedes nos niegan su amor. ¹³Les estoy hablando ahora como si fueran mis propios hijos. ¡Correspondan al amor que les ofrezco!

## No formen yunta con los incrédulos

¹⁴No se unan en matrimonio con los que no creen en el Señor, porque ¿qué pueden tener en común la justicia con la maldad? ¿Cómo puede la luz llevarse bien con la oscuridad? ¹⁵Y ¿qué armonía puede haber entre Cristo y el diablo? ¿Cómo puede un creyente estar de acuerdo con un incrédulo? ¹⁶Y ¿qué unión puede existir entre el templo de Dios y los ídolos? Porque nosotros somos el templo del Dios viviente. Como el Señor dijo:

«Viviré con ellos y caminaré entre ellos, y seré su Dios y ellos serán mi pueblo».

¹⁷Por eso el Señor añade:

«Salgan de en medio de ellos, apártense; no toquen sus inmundicias, y yo los recibiré ¹⁸y seré un Padre para ustedes, y ustedes serán mis hijos y mis hijas, dice el Señor Todopoderoso».

7 Puesto que tenemos tan grandes promesas, amados hermanos, apartémonos del mal, ya sea mal corporal o espiritual. Así en el temor de Dios procuraremos ser completamente santos.

## La alegría de Pablo

²Por favor, vuelvan a darnos cabida en su corazón, porque a ninguno de ustedes lo hemos defraudado, a nadie hemos corrompido ni de nadie nos hemos aprovechado. ³No digo esto para echarles en cara nada. Como ya les dije, tienen un lugar muy especial en mi corazón y vivo y moriré con ustedes. ⁴Tengo en ustedes la más absoluta confianza, y el orgullo que me dan es inmenso. Al pensar en ustedes me consuelo en medio de mis sufrimientos.

⁵Desde que llegamos a Macedonia no habíamos tenido reposo: desde fuera, las dificultades se agolpaban a nuestro alrededor; por dentro, sentíamos mucho temor. ⁶Pero Dios, que alienta a los desalentados, nos alentó con la llegada de Tito ⁷y con la noticia que él me trajo de que ustedes lo habían consolado. Cuando me habló del ansia con que esperan mi llegada, de lo tristes que se pusieron y de la gran preocupación que tienen por mí, el corazón me saltó de gozo.

⁸Ya no me pesa haberles mandado aquella carta, aunque durante algún tiempo me dolió pensar en lo doloroso que debió haber sido para ustedes. ⁹Ahora me alegro de haberla enviado, no porque les dolió sino porque aquel dolor los condujo al arrepentimiento. El dolor que sintieron es el que Dios desea que su pueblo sienta, y por lo tanto no les hice daño. ¹⁰Dios a veces permite que nos vengan tristezas para impulsarnos a apartarnos del pecado y tener la salvación. Jamás debemos quejarnos de estas tristezas. Pero las tristezas del mundo sólo producen muerte.

※5.17–21  ※6.9–10  ※6.14–7.1  ※7.9

¿Será que las necesitamos nosotros? ²Nuestra mejor carta son ustedes mismos. Esa carta está escrita en nuestro corazón y todo el mundo la conoce. ³Ustedes son una carta de Cristo escrita por nosotros, no con tinta sino con el Espíritu del Dios viviente; no fue labrada en piedra, sino en las tablas del corazón humano.

⁴Ésta es la confianza que tenemos delante de Dios, por medio de Cristo. ⁵No porque creamos que por nosotros mismos podemos hacer las cosas. Dios es la fuente de nuestro poder. ⁶Él nos ha capacitado para que seamos siervos del nuevo pacto, no basado en la ley sino en la obra del Espíritu, porque la ley condena a muerte, pero el Espíritu da vida.

## La gloria del nuevo pacto

⁷El ministerio que conducía a la muerte fue grabado en piedras; era tan glorioso que el pueblo no podía fijar la vista en el rostro de Moisés. Esto se debía a que el rostro le resplandecía con la gloria de Dios, si bien aquella brillantez ya se estaba desvaneciendo.

⁸¿No debemos esperar una gloria mucho mayor en estos días del ministerio del Espíritu Santo? ⁹Si el ministerio que conducía a la condenación fue tan glorioso, cuánto más glorioso será el ministerio que justifica al hombre ante Dios.

¹⁰En realidad, lo que fue glorioso es insignificante si se lo compara con esta supereminente gloria. ¹¹Y si lo que era perecedero tuvo gloria, mucho más la tendrá lo que permanece.

¹²Y como tenemos esta esperanza, podemos predicar con plena libertad. ¹³No como Moisés, que se cubría el rostro con un velo para que los israelitas no vieran que la gloria se le desvanecía. ¹⁴Sin embargo, aun hoy día, cuando leen el Antiguo Testamento, parecen tener el corazón y la mente cubiertos por ese mismo velo. Sólo Cristo puede quitarles el velo para que entiendan. ¹⁵Sí, todavía hasta el día de hoy, siempre que leen los escritos de Moisés, un velo les cubre el entendimiento. ¹⁶Pero cuando una persona se vuelve al Señor, el velo se le quita, ¹⁷porque el Señor es el Espíritu, y donde está el Espíritu del Señor allí hay libertad. ¹⁸Así que todos nosotros, con el rostro descubierto, reflejamos la gloria del Señor como si fuéramos espejos. Y el Espíritu del Señor nos va transformando de gloria en gloria, y cada vez nos parecemos más a él.

## Tesoros en vasijas de barro

4 Dios, en su misericordia, es el que nos permite servirle, y por eso no nos damos nunca por vencidos. ²No engañamos a nadie, ni cambiamos la palabra de Dios. No tenemos de qué avergonzarnos, ni hacemos maldades a escondidas. Al contrario, delante de Dios hablamos y proclamamos la verdad ante todas las personas.

³Si algunos no entienden nuestro evangelio, son aquellos que están perdidos, ⁴pues el dios de este mundo los ha cegado y no pueden contemplar la gloriosa luz de la buena noticia acerca de Cristo que brilla ante ellos. Cristo es la imagen de Dios.

⁵Nosotros no predicamos acerca de nosotros mismos; anunciamos que Jesucristo es el Señor. Lo único que decimos de nosotros es que somos siervos de ustedes por amor a Jesús. ⁶Porque Dios, que dijo: «Resplandezca la luz en las tinieblas», hizo brillar su luz en nuestros corazones y nos ha hecho comprender que es el resplandor de su gloria lo que brilla en el rostro de Cristo.

⁷Pero este precioso tesoro lo guardamos en una vasija de barro. Es así para que sea obvio que este glorioso poder viene de Dios y no de nosotros.

⁸Estamos acosados por problemas, pero no estamos vencidos. Enfrentamos grandes dificultades, pero no nos desesperamos. ⁹Nos persiguen, pero Dios no nos abandona nunca. Nos derriban, pero no nos pueden destruir. ¹⁰Por dondequiera que vamos, este cuerpo nuestro se enfrenta a la muerte al igual que Jesús, para que también la vida de Jesús se manifieste en nosotros. ¹¹A diario corremos peligro de muerte por servir a Jesús, para que también en nosotros se vea la vida que Jesús da. ¹²En conclusión: La muerte actúa en nosotros y en ustedes se hace presente la vida.

¹³Con esa actitud de quienes creen en Dios, nosotros declaramos lo que creemos. Como está escrito: «Creí y por eso hablé». ¹⁴Sabemos que el mismo Dios que resucitó al Señor Jesús nos resucitará también a nosotros con Jesús, y junto con ustedes nos llevará a su presencia. ¹⁵Lo que padecemos es por el bien de ustedes. Y mientras más sean los que reciban el amor de Dios, más gracias habrá que dar a Dios por su gran bondad, y mayor gloria recibirá el Señor.

¹⁶Por eso, nunca nos damos por vencidos. Aunque este cuerpo nuestro se va desgastando, por dentro nos renovamos cada vez más. ¹⁷Pues nuestros pequeños y pasajeros sufrimientos producen una gloria eterna más grande y abundante. ¹⁸Por lo tanto, no nos importa lo que ahora se ve, sino que fijamos la mirada en lo que todavía no vemos. Porque lo que se ve es pasajero, mientras que lo que no se ve no cesará jamás.

## Nuestra morada celestial

5 Sabemos que cuando esta tienda de campaña en que vivimos se desmantele, recibiremos de Dios un edificio, una casa eterna en el cielo, no construida por manos humanas. ²Mientras eso sucede, suspiramos pues anhelamos el día en que nos hemos de revestir de aquel cuerpo celestial, ³pues, en efecto, seremos revestidos y no nos quedaremos desnudos.

⁴El cuerpo terrenal que ahora tenemos nos hace gemir y suspirar, ya que no queremos desvestirnos de este cuerpo. Preferimos revestirnos del nuevo cuerpo, de manera que nuestro cuerpo mortal sea absorbido por la vida. ⁵Dios nos ha preparado para esto y nos ha dado su Santo Espíritu como garantía de sus promesas.

⁶Por eso vivimos confiados y sabemos que cada momento que pasamos en este cuerpo terrenal lo pasamos lejos del Señor. ⁷Esto lo sabemos por la fe, no por la vista. ⁸Así que tenemos confianza. ¡Preferimos morir e irnos a morar junto con el Señor! ⁹Por lo tanto, procuramos siempre agradarle, ya sea que estemos en este cuerpo o que ya no estemos en él. ¹⁰Un día tendremos que comparecer ante el tribunal de Cristo, y seremos juzgados. Cada uno recibirá lo que merezca por las buenas o las malas cosas que haya hecho mientras estaba en el cuerpo.

3.4–6    3.17–18    4.1–6    4.7–11    4.13–15
4.16–18    5.1    5.6–12

# 2 Corintios

**1** Pablo, apóstol de Jesucristo porque Dios así lo quiso, y nuestro hermano Timoteo, a la iglesia de Dios que está en Corinto y a todos los santos que están en toda la región de Acaya. ²Que Dios nuestro Padre y el Señor Jesucristo les concedan su amor y su paz.

## El Dios de toda consolación

³¡Bendito sea el Dios y Padre de nuestro Señor Jesucristo, Padre misericordioso y Dios de toda consolación! ⁴Él nos consuela en todas nuestras tribulaciones, para que podamos consolar a todos los que sufren, con el mismo consuelo que él nos prodigó. ⁵Pues así como sufrimos abundantemente por Cristo, así de grande es el consuelo que él nos da. ⁶Si sufrimos es para que ustedes tengan consuelo y obtengan la salvación. Y si Dios nos ha consolado es para bien de ustedes, para que reciban el consuelo que les ayude a soportar con paciencia los mismos sufrimientos que padecemos nosotros. ⁷Tenemos una esperanza segura en ustedes, porque sabemos que participan tanto de nuestros sufrimientos como de nuestro consuelo.

⁸Creo que deben conocer, hermanos, las tribulaciones que pasamos en Asia. Nos vimos tan aplastados bajo tanta presión, que temimos no salir de allí con vida. ⁹Nos pareció que estábamos ya sentenciados a muerte. Pero eso sucedió para que no confiáramos en nosotros mismos sino en Dios, que puede hasta resucitar a los muertos. ¹⁰Él nos libró de la muerte y de la misma manera nos volverá a librar cuando sea necesario. En él hemos puesto nuestra esperanza. ¹¹Pero ustedes nos ayudaron también con sus oraciones, y juntos podremos elevar alabanzas a Dios al contestar él los ruegos por nuestra seguridad.

## Pablo cambia de planes

¹²Con gran satisfacción y sinceridad podemos afirmar que siempre hemos dependido de la gracia del Señor y no de nuestra sabiduría y que siempre hemos sido puros y sinceros en el mundo, especialmente en cuanto a la forma en que nos hemos comportado con ustedes. ¹³Les escribimos de forma directa y fácil de comprender. Espero que me entiendan, ¹⁴como ya han entendido, que pueden estar orgullosos de nosotros, de la misma manera que nosotros estaremos orgullosos de ustedes el día en que nuestro Señor Jesús regrese.

¹⁵Estaba tan confiado en esto, que primero quise visitarlos a ustedes para serles de doble bendición, ¹⁶es decir, hacer un alto en mi viaje a Macedonia y luego hacer lo mismo en el viaje de regreso. Así me podrían ayudar a seguir el viaje a Judea. ¹⁷¿Por qué cambié de planes? ¿Estaría de veras decidido? ¿O soy de los que dicen «sí» aunque por dentro están diciendo «no»? ¹⁸Pues tan cierto como que Dios es fiel, él sabe que yo cumplo mi palabra. ¹⁹Timoteo, Silvano y yo les hemos hablado de Jesucristo, el Hijo de Dios. Pues bien, Jesucristo no es de los que dicen «sí» y luego dicen «no». ²⁰Él hace lo que dice y cumple las promesas de Dios. Y nosotros, por medio de Cristo, respondemos «amén», para gloria de su nombre. ²¹Ese Dios es precisamente el que nos mantiene firmes en Cristo, a ustedes y a nosotros. Él nos eligió ²²y ha puesto su marca en nosotros —marca que declara que le pertenecemos— y también ha puesto su Santo Espíritu en nuestros corazones como garantía de sus promesas. ²³Pongo a Dios por testigo de que todavía no he ido a visitarlos porque no quiero ser duro con ustedes. ²⁴No es que les estemos imponiendo la fe, sino que intentamos contribuir al gozo de ustedes. Pues ustedes se mantienen firmes por la fe.

**2** En realidad, decidí no hacerles una visita que los dejara tristes, ²porque si los entristezco, ¿quién me alegrará después? Solamente ustedes, a los que habré entristecido. ³Precisamente por eso les escribí, para que al llegar no me entristecieran los que debían alegrarme. Estaba seguro de que la felicidad de ustedes estaba íntimamente ligada con la mía. ⁴Y cuando les escribí, se me partía el corazón al hacerlo. Lo digo con sinceridad: lloré muchísimo. Mi intención no era hacerlos sufrir, pero tenía que demostrarles cuán grande es el amor que les tengo.

## Perdón para el pecador

⁵Aquel hombre, el causante de tanta tristeza, no me la causó sólo a mí sino también a ustedes, aunque yo exagere. ⁶Para él ya es bastante el castigo que la mayoría le impuso. ⁷Ya es hora de perdonarlo y consolarlo, no vaya a ser que se consuma de tanta tristeza. ⁸Les ruego que le muestren que todavía lo aman. ⁹Les escribí de aquella manera precisamente para ver hasta dónde me obedecían. ¹⁰Yo perdonaré a cualquiera que perdonen. Y lo que yo haya perdonado, si algo tenía que perdonar, lo he hecho por ustedes delante de Cristo, ¹¹para que Satanás no se aproveche de nosotros, pues ya conocemos sus malas intenciones.

## Ministros del nuevo pacto

¹²Bien, cuando llegué a la ciudad de Troas, el Señor me proporcionó formidables oportunidades para predicar el evangelio de Cristo. ¹³Pero Tito, mi amado hermano, no estaba allí cuando llegué. Tan intranquilo me puso esto que me despedí y fui a buscarlo a Macedonia.

¹⁴Pero, ¡gracias a Dios que siempre nos lleva en el desfile victorioso de Cristo! y dondequiera que vamos nos usa para hablar a otros y para esparcir el evangelio como perfume fragante.

¹⁵Para Dios somos como la fragancia de Cristo; olor que llega a los que se salvan y a los que se pierden. ¹⁶Para éstos, somos un olor de muerte que lleva la muerte; pero para los otros, somos un olor de vida que lleva a la vida. Y ¿quién está perfectamente capacitado para una tarea como ésta? ¹⁷Nosotros fuimos enviados por Dios para anunciar el evangelio con sinceridad delante de Dios, porque estamos unidos a Cristo. No somos como esos que predican la palabra de Dios por lucro.

**3** ¿Ya comenzamos a hablar bien de nosotros mismos? ¿Estamos como algunos que llevan consigo cartas de recomendación para ustedes o de ustedes?

☼1.3–5  ☼1.9–14  ☼1.20–22  ☼2.1–2  ☼2.3  ☼2.10–11  ☼2.14–17

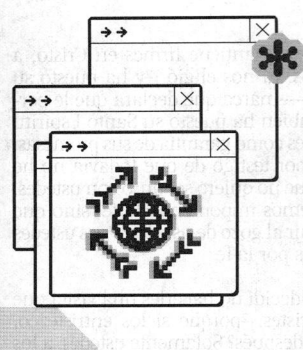

## PANORAMA DEL LIBRO

Pablo esperaba noticias de Corinto por medio de Tito, pero él no llegó a Efeso. Pablo fue a Troas pero todavía no se encontró con Tito. Siguió a Macedonia y lo encontró (2 Cor. 2:12-13). Tito dio su informe (7:6-16): Pablo fue criticado por cambiar su plan de visitar [por tercera vez] a Corinto. Algunos atacaron su apostolado y todavía existía la tendencia a las disensiones (2 Cor. 10:13). Mientras 1a Cor. fue escrita para efectuar reconciliación entre los hermanos de la Iglesia, 2a Cor. fue escrita para efectuar una reconciliación entre Pablo y sus convertidos. Pablo escribió para restaurar su relación y su entendimiento y verdad como un apóstol de Dios. Desea restablecer un contacto positivo y saludables relaciones con los hermanos de Corinto. Busca también ganar favor por enfatizar que él está agradecido porque un obstáculo grande a la reconciliación ha sido removido.

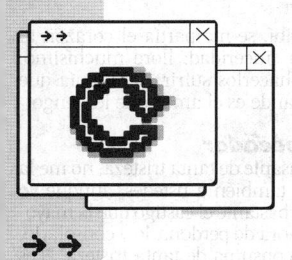

## ¿CÓMO SE RELACIONA CONMIGO?

Lo que Pablo promueve en esta carta da ejemplo de un liderazgo generoso que prioriza la reconciliación como una agenda del cuerpo de Cristo. Esta esta una carta más personal en la que Pablo se centra primero en el ejemplo generoso que las iglesias macedonias, en su mayoría no judíos, dieron a sus hermanos judíos cristianos en Jerusalén y exhorta a los creyentes de Corinto a hacer sus propias donaciones para la obra. Varias realidades acerca de la ofrenda cristiana quedan claras en ella: los cristianos dan generosamente y en ocasiones más allá de sus capacidades financieras, y lo hacen sin nacionalismos, racismos y clasismo y por eso otro de los temas importantes de la carta es la reconciliación.

En un contexto social polarizado la actitud pacificadora es imprescindible. Pablo nunca vendió sus convicciones sino que luchó por ellas e hizo prevalecer la verdad con generosidad.

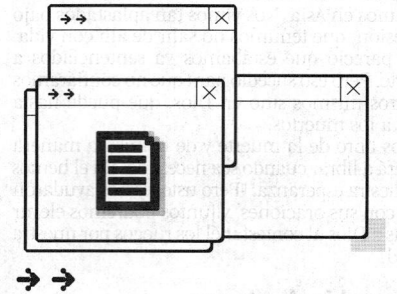

## EL GUION

1) El ministerio de Pablo (1:1-7:16)
2) El plan de colecta de la ofrenda (8:1-9:15)
3) Defensa del ministerio de Pablo (10:1-13:14)

## 2 CORINTIOS

# 2 CORINTIOS

## ¿QUIÉN LO ESCRIBIÓ?

Prácticamente no hay dudas de que el autor fue el Apóstol Pablo.

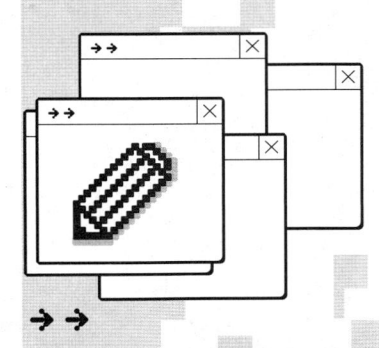

## ¿A QUIÉN LO ESCRIBIÓ?

Escrita desde Macedonia, probablemente en Filipos (entregada por Tito y otros dos hermanos) para que se prepararan para su visita (8:16-24). La envió aproximadamente en el 56 d. C. unos 8 a 12 meses después de la "primera" carta.

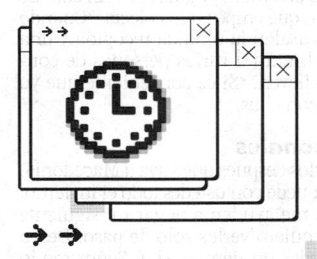

## ¿CUÁNDO Y DÓNDE LO ESCRIBIÓ?

Las cosas no marcharon bien en la Iglesia en Corinto y esto hizo necesario que se escribiera una "Carta Temprana". La situación no mejoró y se hizo imprescindible una segunda. Los problemas hicieron que se escribiera la "Carta Dolorosa" (2 Cor. 2:4; 7:8). Estos problemas crearon cierta antipatía hacia Pablo. Aunado a ello, falsos maestros aprovecharon la situación para soliviantar los ánimos contra el apóstol. Esto se lee entre líneas en nuestra Primera Corintios, después de la cual Pablo prometió enviar a Timoteo. Éste regreso sin noticias alentadoras. Pablo decidió ir en persona a resolver los asuntos. Su experiencia fue también amarga y desalentadora (2 Cor. 2:1). Evidentemente partió dejando nuevas instrucciones ante las que mantuvo las expectativas. Su partida la ha de haber hecho sin mucha esperanza, dado que le fue difícil cumplir su ministerio después (2 Cor. 2:12). Impaciente por noticias se encuentra en Macedonia con Tito quien le da buenas nuevas de la Iglesia (2 Cor. 2:5s; 7:5-13).Con este trasfondo se escribe nuestra "Segunda Corintios". En ella se reflejan las dificultades que había tenido con la Iglesia y la alegría de la reconciliación.

mortal sea inmortal. ⁵⁴Cuando así suceda, se cumplirá la siguiente profecía: «Ha sido devorada la muerte por la victoria.

⁵⁵«¿Dónde está, oh muerte, tu aguijón?
¿Dónde está, oh sepulcro, tu victoria?»

⁵⁶En efecto, el pecado, que es el aguijón de la muerte, ya no existirá; y la ley, que le da poder al pecado, ✫ dejará de juzgarnos. ⁵⁷¡Gracias a Dios que nos da la victoria por medio de Jesucristo, nuestro Señor!

⁵⁸Por eso, amados hermanos míos, estén firmes y constantes; trabajen siempre para la obra del Señor, conscientes de que nada de lo que hagamos para el Señor será en vano.

## La colecta para el pueblo de Dios

**16** ✫Estas son las instrucciones en cuanto al dinero que están recogiendo para ayudar a los cristianos, instrucciones que di también a las iglesias de Galacia. ²Los domingos cada uno de ustedes aparte algo de lo que ganó durante la semana, y guárdelo. Así cuando yo llegue no tendrán que empezar la colecta. ³Cuando llegue enviaré a Jerusalén la ofrenda recogida y una carta; ustedes nombrarán a varias personas de confianza para que la lleven. ⁴Si es conveniente que yo las acompañe, iré con ellas.

## Encargos personales

⁵Llegaré a visitarlos después que vaya a Macedonia. ⁶Puede ser que me quede con ustedes todo el invierno; espero que ustedes me ayuden a pagar mi siguiente viaje. ⁷Esta vez no quiero verlos sólo de paso. Deseo quedarme con ustedes un tiempo, si el Señor me lo permite. ⁸Permaneceré en Éfeso hasta el día de Pentecostés. ⁹Aquí se me han abierto bastante las puertas para predicar, a pesar de que muchos también están en contra de mí.

¹⁰Si Timoteo llega por allá, procuren que se sienta contento, porque él trabaja para el Señor al igual que yo. ¹¹No permitan que nadie lo desprecie. Ayúdenlo para que siga su viaje en paz, para que pueda reunirse de nuevo conmigo, pues lo estoy esperando, así como a los hermanos que vengan con él.

¹²Supliqué a Apolos que fuera con los demás hermanos a visitarlos, pero pensó que no era prudente que fuera ahora. Irá tan pronto como se le presente la oportunidad.

¹³Estén alertas; sean fieles al Señor. Pórtense con valor ✫ y sean fuertes. ¹⁴Cualquier cosa que hagan, háganla con amor.

¹⁵¿Se acuerdan de Estéfanas y su familia? Fueron los primeros en convertirse al cristianismo en Grecia, y han dedicado sus vidas a servir a los cristianos. Les recomiendo, hermanos, ¹⁶que obedezcan a Estéfanas, así como a cualquiera que, como ellos, haga ese duro trabajo. ¹⁷Me dio mucha alegría cuando vinieron Estéfanas, Fortunato y Acaico. Ellos me han dado la ayuda que ustedes no me podían dar por no estar aquí. ¹⁸Me tranquilizaron muchísimo, lo mismo que a ustedes. Espero que ustedes reconozcan la obra que estos hermanos realizan.

## Saludos finales

¹⁹Las iglesias de Asia les envían saludos. Aquila y Priscila les saludan con mucho afecto, y lo mismo hacen los hermanos que se reúnen en casa de ellos. ²⁰Los hermanos me han pedido que les envíe saludos.

Salúdense unos a otros con un beso santo.

²¹Yo, Pablo, les escribo este saludo con mi propia letra.

²²Si alguien no ama al Señor, que Dios lo maldiga. ¡Ven, Señor nuestro!

²³Que el amor del Señor Jesús esté con ustedes.

²⁴Los amo a todos ustedes con el amor de Cristo Jesús. Amén.

✫15.57-58   ✫16.1-2   ✫16.14

# 1 CORINTIOS 15.1

## La resurrección de Cristo

**15** Permítanme recordarles, hermanos, el evangelio que les prediqué antes. Ustedes lo aceptaron entonces, y perseveran en él. ²Es por medio de este mensaje como ustedes alcanzan la salvación; es decir, si todavía lo creen firmemente. Si no, todo fue en vano.

³Lo primero que hice fue transmitirles lo que me enseñaron: que Cristo murió por nuestros pecados, de acuerdo con las Escrituras; ⁴que fue sepultado y que al tercer día se levantó de la tumba, según las Escrituras; ⁵que se le apareció a Cefas y, más tarde, a los doce. ⁶Después se apareció a más de quinientos cristianos a la vez, la mayoría de los cuales vive todavía, aunque algunos han muerto ya. ⁷Luego se le apareció a Jacobo, y después a todos los apóstoles. ⁸Y por último, como a uno que había nacido fuera de tiempo, se me apareció a mí.

⁹Yo soy el más insignificante de los apóstoles, título que ni siquiera debería ostentar, porque perseguí a la iglesia de Dios. ¹⁰Pero lo que soy, lo soy por la gracia de Dios. Y su gracia no ha sido en vano, porque he trabajado más que todos ellos, si bien es cierto que no he sido yo, sino la gracia de Dios que ha obrado por medio de mí.

¹¹Pero no importa quién trabajó más, yo o ellos; lo importante es que les predicamos el evangelio y que ustedes lo creyeron.

## La resurrección de los muertos

¹²Ahora bien, si se predica que Cristo resucitó, ¿por qué algunos andan diciendo que no existe la resurrección de los muertos? ¹³Si no hay resurrección, Cristo no resucitó tampoco; ¹⁴y si no resucitó, vana es nuestra predicación y vana es la fe de ustedes. ¹⁵En ese caso, los apóstoles seríamos unos mentirosos, porque afirmamos que Dios levantó a Cristo de la tumba, y esto es imposible si los muertos no resucitan. ¹⁶Y si no resucitan, Cristo está muerto todavía, ¹⁷y la fe de ustedes es una ilusión, todavía están en sus pecados. ¹⁸Además, los cristianos que ya han muerto están perdidos. ¹⁹Si el ser cristiano no fuera de valor sólo en esta vida, seríamos los seres más desgraciados del mundo.

²⁰¡Pero Cristo sí resucitó! Y al resucitar se convirtió en el primero de los que resucitarán un día. ²¹La muerte entró en este mundo por lo que un hombre hizo; pero gracias a lo que otro hombre hizo, habrá resurrección de los muertos. ²²Morimos porque tenemos parentesco con Adán, pero viviremos por estar unidos a Cristo.

²³Todo, sin embargo, en su debido orden: Cristo resucitó primero; luego, cuando venga Cristo, resucitará su pueblo. ²⁴Después llegará el fin, cuando Cristo entregará el reino a Dios el Padre, tras haber acabado por completo con todo poder, dominio y autoridad. ²⁵porque Cristo tiene que reinar hasta derrotar a sus enemigos y ponerlos bajo sus pies. ²⁶El último de ellos es la muerte.

²⁷El Padre ha dado a Cristo imperio y autoridad sobre todas las cosas; por supuesto, Cristo no gobierna al Padre mismo, porque fue el Padre el que le dio autoridad para gobernar. ²⁸Cuando por fin Cristo haya sometido todo, el Hijo mismo se pondrá a las órdenes del Padre, para que Dios tenga la supremacía absoluta.

²⁹Si los muertos no fueran a resucitar, ¿para qué se bautizan algunos por los muertos? ¿Para qué lo hacen si no creen que los muertos resucitarán? ³⁰¿Y para qué vamos a estar nosotros jugándonos constantemente la vida? ³¹Les aseguro que a diario arriesgo la vida; tan cierto es esto como el orgullo que siento por ustedes, en Cristo Jesús, nuestro Señor. ³²¿Qué he ganado yo enfrentándome en Éfeso a hombres que eran como fieras? Si no vamos a resucitar, «¡comamos y bebamos que mañana moriremos!»

³³No se dejen llevar por los que dicen tales cosas. «Las malas amistades, echan a perder las buenas costumbres». ³⁴Despierten y no pequen más, porque algunos de ustedes no conocen a Dios. Para avergonzarlos les digo eso.

## El cuerpo resucitado

³⁵Quizás algunos se pregunten: «¿Cómo resucitarán los muertos? ¿Qué clase de cuerpo tendrán?» ³⁶¡Necio! Cuando uno siembra una semilla, no germina si no muere primero. ³⁷Y cuando el brote sale a flor de tierra es muy distinto de la semilla que se plantó. Lo que uno siembra es un simple grano de trigo o de cualquier otra planta, ³⁸pero Dios le da el cuerpo, del tipo que quiso que tuviera. La planta será de acuerdo con la semilla. ³⁹Hay diferentes tipos de cuerpos. Los hombres, las bestias, los peces y las aves son diferentes entre sí. ⁴⁰Los ángeles del cielo tienen cuerpo diferente del nuestro, y la belleza y la gloria de ellos es diferente de la belleza y de la gloria de los nuestros. ⁴¹Por ejemplo, el Sol tiene un tipo de gloria, mientras que la luna y las estrellas tienen otro. Y las estrellas se diferencian entre sí por su brillantez.

⁴²De igual manera sucederá con la resurrección de los muertos. Lo que se entierra, se echa a perder; lo que resucita, no se corromperá jamás. ⁴³El cuerpo que sembremos, es despreciable; pero cuando resucite será glorioso. Ahora es débil, pero cuando resucite será fuerte. ⁴⁴Al morir sembramos un cuerpo material, pero cuando resucite será espiritual. Así como hay cuerpos físicos, hay cuerpos espirituales.

⁴⁵Dicen las Escrituras que el primer Adán se convirtió en un ser viviente; pero el postrer Adán, Cristo, es un Espíritu que da vida.

⁴⁶Entonces, primero tenemos cuerpo humano y después Dios nos da un cuerpo espiritual. ⁴⁷Adán fue hecho del polvo de la tierra, pero Cristo descendió del cielo. ⁴⁸Cada ser humano tiene un cuerpo como el de Adán; y los que viven en el cielo, tienen un cuerpo como el de Cristo. ⁴⁹Al igual que ahora hemos llevado la imagen de Adán, un día nos pareceremos a Cristo. ⁵⁰Les digo, hermanos míos, que ningún cuerpo de carne y hueso podrá entrar en el reino de Dios. Este cuerpo corruptible no puede heredar lo que es incorruptible. ⁵¹Les voy a revelar ahora un secreto: No todos moriremos, pero todos seremos transformados. ⁵²Ocurrirá en un abrir y cerrar de ojos, cuando suene la trompeta final. Cuando esa trompeta suene, los que hayan muerto resucitarán con cuerpos nuevos que jamás morirán; y los que estemos vivos seremos transformados.

⁵³Porque es imprescindible que este cuerpo corruptible se convierta en un cuerpo incorruptible, y que lo

15.1–2   15.10   15.16–19   15.40   15.42–44

limitados, como si estuviéramos viendo una figura en un espejo defectuoso; pero un día veremos las cosas como son, cara a cara. Mis conocimientos son ahora imperfectos, pero en aquel día podré conocer tal y como él me conoce a mí.

¹³Tres virtudes hay que ahora permanecen: la fe, la esperanza y el amor. Pero la más excelente de ellas es el amor.

## El don de lenguas y el de profecía

**14** ¡Que el amor sea siempre para ustedes la más alta meta! Desde luego, busquen también los otros dones que da el Espíritu Santo, especialmente el don de profecía.

²El que habla en lenguas, le habla a Dios y no a los demás, y ellos no le entienden, pues habla misterios mediante el poder del Espíritu. ³En cambio, el que profetiza proclama mensajes de Dios que edifican, exhortan y consuelan a los oyentes.

⁴Por eso, la persona que habla en lenguas se ayuda a sí misma, pero el que profetiza contribuye a que la iglesia crezca. ⁵Ojalá todos pudieran hablar en lenguas, pero preferiría que profetizaran, porque éste es un don superior al hablar en lenguas, a menos que después de hablar interpreten lo que estaban diciendo para que la iglesia sea edificada.

⁶Díganme ustedes, hermanos, si voy ahora y les hablo en lenguas, ¿de qué les sirve? Pero si les digo con claridad lo que Dios me ha revelado, si les comunico lo que sé, si les profetizo o les enseño, entonces sí les será útil.

⁷Aun respecto de los instrumentos musicales —la flauta o el arpa, digamos—, ¿cómo se distinguirá lo que tocan si no dan un sonido distinto? ⁸Y si el trompeta del ejército no toca las notas que debe, ¿cómo sabrán los soldados que se les está ordenando prepararse para la batalla?

⁹De la misma manera, si uno le habla a una persona en un idioma que no entiende, ¿cómo sabrá lo que se le está diciendo? Sería como hablarle al aire. ¹⁰En el mundo existen cientos de idiomas diferentes y cada uno tiene su propio significado. ¹¹Sin embargo, si alguien me habla en uno de esos idiomas y no lo entiendo, yo seré extranjero para él y él lo será para mí.

¹²Si tanto anhelan tener alguno de los dones del Espíritu Santo, pídanle que les dé los mejores, los que de veras puedan ser útiles a la iglesia en general. ¹³Si alguien recibe el don de hablar en lenguas, ore para que el Señor le dé también el don de interpretar, ¹⁴porque si uno ora en lenguas, el espíritu ora, pero uno no sabe lo que está diciendo. ¹⁵En un caso así, ¿qué debo hacer? Debo orar con el espíritu, pero también con el entendimiento. Debo cantar con el espíritu siempre que se entienda la alabanza que estoy ofreciendo, ¹⁶porque si alabas y das gracias a Dios en otro idioma, ¿cómo podrán alabar a Dios contigo los que no entienden tus palabras? ¿Cómo podrán decir «amén», si no saben lo que estás diciendo? ¹⁷Tu oración de acción de gracias podrá ser hermosa, pero no edificará a los presentes.

¹⁸Gracias a Dios, puedo hablar en lenguas más que cualquiera de ustedes. ¹⁹Sin embargo, cuando adoro en público prefiero hablar cinco palabras que la gente pueda entender, y que puedan instruirle, que diez mil palabras en lengua desconocida.

²⁰Amados hermanos, no sean niños en cuanto a la comprensión de estas cosas. Sean niños en lo que a malicia se refiere, pero maduros en asuntos como éstos.

²¹Dicen las Escrituras que Dios enviaría hombres de otras tierras a hablar en un idioma extraño a su pueblo, pero que ni aun así oirían.

²²Como ven, hablar en lenguas no beneficia a los creyentes, aunque sirva para captar el interés de los incrédulos. En cambio, los cristianos necesitan la profecía, aunque para los incrédulos no signifique mucho.

²³Aun así, si un incrédulo, o alguien que no conoce estos dones, llega a la iglesia y les oye hablar a todos en lenguas, lo más probable es que piense que están locos.

²⁴Pero si todos profetizan y un incrédulo o uno que no entiende de estas cosas entra, se sentirá reprendido y juzgado por todos; ²⁵sus más íntimos pensamientos saldrán a la luz, se postrará de rodillas a adorar a Dios y reconocerá que Dios de veras está entre ustedes.

## Orden en los cultos

²⁶Bien, hermanos míos, resumamos. Cuando se reúnan, unos canten, otros enseñen o comuniquen lo que Dios les haya revelado o hablen en lenguas extrañas o interpreten lo que los otros dijeron en lenguas; pero que todo sirva para la edificación de la iglesia.

²⁷Dos personas, o cuando más tres son las que deben hablar en lenguas. Deben hacerlo por turno, y alguien debe estar listo para interpretar lo que se esté diciendo. ²⁸Si no hay intérprete, no deben hablar en lenguas en público; hablen para sí mismos y para Dios.

²⁹Dos o tres pueden profetizar, y que los demás examinen con cuidado lo dicho. ³⁰Si mientras uno está profetizando otro recibe un mensaje del Señor, el que está hablando debe dejar hablar al otro. ³¹De esta manera los que tienen el don de profetizar podrán hablar uno tras otro, mientras los demás aprenden y se animan.

³²El don de la profecía está bajo el control de los profetas. ³³A Dios no le agradan los desórdenes; le gusta la armonía, como la que reina en las demás iglesias.

³⁴Las mujeres deben guardar silencio en las iglesias, pues no les está permitido hablar. Deben estar sumisas, como lo declaran las Escrituras. ³⁵Si desean preguntar algo, pregúntenselo al esposo cuando lleguen a la casa, porque no es correcto que las mujeres hablen en la iglesia.

³⁶Recuerden que la palabra de Dios no salió de ustedes ni sólo a ustedes ha llegado.

³⁷Si alguno de ustedes tiene el don de profecía o cualquier otro don del Espíritu Santo, sabrá mejor que nadie que lo que estoy diciendo es mandamiento de Dios. ³⁸Si alguno no está de acuerdo, ustedes no lo reconozcan a él.

³⁹Así que, hermanos míos, procuren profetizar y no le prohíban a nadie hablar en lenguas. ⁴⁰Pero háganlo todo de manera correcta y ordenada.

☼13.12–13  ☼14.33

examinarse antes de comer el pan y beber la copa, ²⁹porque si come de este pan y bebe de esta copa sin pensar en el cuerpo de Cristo, come y bebe para su propio juicio. ³⁰Esa es la razón por la que tantos de ustedes están débiles y enfermos, y varios han muerto. ³¹Si nos examinamos cuidadosamente antes de comer, no tenemos por qué ser juzgados. ³²Pero el Señor nos juzga y disciplina para que no seamos condenados con el resto del mundo.

³³En fin, hermanos míos, cuando se reúnan para comer, espérense unos a otros. ³⁴El que tenga hambre, coma en su casa, para que Dios no los castigue por lo que hacen en sus reuniones.

Las demás cuestiones las hablaremos cuando vaya a verlos.

## Los dones espirituales

12 Y ahora, hermanos, deseo hablarles de los dones espirituales porque quiero que los entiendan bien. ²Como recordarán, antes de convertirse, ustedes solían andar tras los ídolos, ídolos que eran mudos. ³Por eso les advierto que nadie que dice mensajes del Espíritu puede maldecir a Jesús; y nadie puede decir que «Jesús es el Señor» si el Espíritu Santo no lo está ayudando.

⁴Ahora bien, Dios nos da muchas clases de dones, pero el Espíritu Santo es la única fuente de esos dones. ⁵Hay diferentes maneras de servir a Dios, pero siempre es a un mismo Señor. ⁶Hay muchas maneras en que Dios actúa, pero siempre es un mismo Dios el que realiza todas las cosas en nosotros.

⁷El Espíritu Santo se la da una manifestación especial a cada uno de nosotros para ayudar a los demás. ⁸A unos, Dios les da por medio del Espíritu la capacidad de impartir consejos sabios; otros tienen el don de hablar con mucho conocimiento; y es el mismo Espíritu el que se lo ha dado. ⁹A unos les da una fe extraordinaria; a otros, poder para sanar enfermos. ¹⁰A otros les concede el poder de realizar milagros; y a otros el don de profetizar. A unos les da el poder de discernir entre un espíritu malo y el Espíritu de Dios; a otros les concede que puedan hablar en diversas lenguas y aun a otros les da el don de interpretar esas lenguas. ¹¹Todo esto lo hace un mismo y único Espíritu, y él da tales dones y determina cuál ha de recibir cada uno.

## Un cuerpo con muchos miembros

¹²El cuerpo humano, aunque es uno, está compuesto de muchos miembros; y esos miembros, aunque son muchos, forman un solo cuerpo. Lo mismo sucede con el cuerpo de Cristo. ¹³Hemos sido bautizados en el cuerpo de Cristo por un solo Espíritu, y todos hemos recibido el mismo Espíritu. Algunos somos judíos, otros son gentiles; algunos son esclavos y otros son libres. Pero todos formamos un solo cuerpo.

¹⁴El cuerpo tiene muchos miembros, no uno solo. ¹⁵Si el pie dice: «No soy miembro del cuerpo porque no soy mano», ¿dejará por eso de ser miembro del cuerpo? ¹⁶Y si la oreja dice: «No soy miembro del cuerpo porque no soy ojo», ¿dejará por eso de pertenecer al cuerpo? ¹⁷Supongamos que el cuerpo entero fuera ojo, ¿cómo oiría? Y si el cuerpo entero fuera una oreja, ¿cómo podría oler? ¹⁸Pero Dios colocó los miembros en el cuerpo como mejor le pareció. ¹⁹¡Qué extraño sería que el cuerpo tuviera un solo miembro! ²⁰Pero Dios lo hizo con miembros diversos que, en conjunto, forman un cuerpo.

²¹El ojo jamás podrá decirle a la mano: «No te necesito». Ni la cabeza puede decirle a los pies: «No los necesito». ²²Al contrario, los miembros del cuerpo que parecen más débiles son los más necesarios. ²³Y a los menos importantes, los tratamos con más cuidado; y con esmero tratamos a los que no deben exhibirse. ²⁴Pero no hacemos lo mismo con los miembros que son más decorosos. Así que Dios armó el cuerpo de tal manera que los miembros que pudieran parecer menos importantes recibieran más honor. ²⁵Esto hace que no haya divisiones en el cuerpo, sino que cada uno se ocupe de los demás. ²⁶Si un miembro sufre, los demás miembros sufren con él; y si un miembro recibe algún honor, los demás se regocijan con él.

²⁷Todos ustedes forman el cuerpo de Cristo, y cada uno es un miembro necesario de ese cuerpo. ²⁸Dios ha puesto en su iglesia: apóstoles, que son los primeros, profetas, en segundo lugar, maestros, en tercer lugar, y luego, los que realizan milagros, los que tienen el don de sanar, los que pueden ayudar a los demás, los que pueden administrar, los que hablan en diversas lenguas. ²⁹¿Son todos apóstoles? ¿Son todos profetas? ¿Son todos maestros? ¿Hacen todos milagros? ³⁰¿Ha dado Dios a todos el don de sanar enfermos o de hablar en lenguas extrañas? ¿Puede cualquiera entender e interpretar otras lenguas? Obviamente, no. ³¹Ustedes, por su parte, traten de obtener los mejores dones. Pero déjenme mostrarles un camino más excelente:

## El amor

13 Si yo tengo el don de hablar en lenguas humanas o angélicas y no tengo amor, soy como un metal que resuena o un platillo que hace ruido.

²Si tengo el don de profecía y sé absolutamente de todo, y no tengo amor, no soy nada. Y si tengo una fe tan grande que puedo hacer que los montes cambien de lugar, de nada me servirá sin amor.

³Si entrego a los pobres hasta el último bien terrenal que poseo, y si dejo que me quemen vivo, pero no tengo amor, de nada me servirá.

⁴El amor es paciente, es benigno; el amor no es envidioso; el amor no es presumido ni orgulloso; ⁵no se comporta con rudeza ni es egoísta ni se enoja fácilmente ni guarda rencor; ⁶el amor no le gustan las injusticias y se regocija cuando triunfa la verdad.

⁷El amor disculpa todos los errores, siempre confía en la persona amada, espera de ella lo mejor y todo lo soporta.

⁸·⁹Un día se dejará de profetizar y de hablar en lenguas, y el saber ya no será necesario, pues sabemos muy poco y profetizamos imperfectamente; pero siempre existirá el amor. ¹⁰Y cuando Dios nos haga perfectos, lo que es imperfecto desaparecerá.

¹¹Cuando yo era niño, hablaba, pensaba y razonaba como niño; pero cuando alcancé madurez en la vida, dejé a un lado las cosas de niño. ¹²De la misma manera, nuestros conocimientos son ahora muy

12.12–28  13.1–8

## Las fiestas idólatras y la Cena del Señor

[14]Por lo tanto, hermanos amados, huyan de la idolatría. [15]Ustedes son inteligentes. Piénsenlo y díganme si no es verdad lo que les digo.

[16]Cuando damos gracias por la copa de bendición, ¿no quiere decir que participamos de las bendiciones de la sangre de Cristo? Y cuando partimos el pan para comerlo juntos, ¿no entramos en comunión con el cuerpo de Cristo? [17]Por muchos que seamos, todos comemos del mismo pan, indicando que formamos parte de un solo cuerpo: el de Cristo.

[18]Y el pueblo judío, que come de los sacrificios, ¿no entra en comunión con el altar? [19]¿Qué estoy tratando de decir? ¿Digo que los ídolos que reciben sacrificios tienen vida y que tales sacrificios tienen valor? [20]No; de ninguna manera. Lo que digo es que los que ofrecen sacrificios a los ídolos, en realidad se los ofrecen a los demonios, y nunca a Dios. Y no quiero que ninguno de ustedes tenga comunión con los demonios. [21]No se puede beber de la copa del Señor y también de la copa de los demonios. No se puede participar de la mesa del Señor y también de la mesa de los demonios. [22]¿Qué, pues? ¿Nos arriesgaremos a poner celoso al Señor? ¿Somos más fuertes que él?

## La libertad del creyente

[23]Es verdad que «todo está permitido», pero no todo es provechoso ni edifica a los demás. [24]Uno no puede pensar sólo en uno mismo. Hay que pensar en lo que conviene para el bien de los demás.

[25]Coman de cualquier carne que se venda en la carnicería. No pregunten nada, por motivos de conciencia. [26]Porque la tierra y cuanto en ella hay pertenecen al Señor.

[27]Si alguien que no es cristiano los invita a comer, acepten la invitación y coman cuanto les pongan delante sin preguntar nada por motivos de conciencia. [28]Pero si alguien les advierte de que aquella carne fue sacrificada a los ídolos, no la coman por el bien del que lo dijo, y por motivos de conciencia. [29]En este caso, no me refiero a la conciencia de uno mismo, sino a la del otro. ¿Por qué tiene uno que guiarse por lo que otro piense y limitarse a sus opiniones? [30]Si le doy gracias a Dios por lo que como, ¿por qué me van a condenar por comerlo?

[31]En conclusión: uno debe de glorificar a Dios en todo lo que hace; hasta en lo que come y bebe. [32]No seamos piedra de tropiezo para nadie: ni para los judíos ni para los gentiles ni para la iglesia de Dios. [33]Esto trato de hacer yo. Procuro agradar a todo el mundo. No hago sólo lo que me gusta o conviene, sino lo que es mejor para los demás, para que así se puedan salvar.

**11** Sigan mi ejemplo, así como yo sigo el de Cristo.

## Decoro en el culto

[2]Me alegra muchísimo, hermanos, que hayan recordado y puesto en práctica lo que les enseñé.

[3]Pero hay algo que deseo recordarles: Cristo es la cabeza de todo hombre, mientras que el hombre es cabeza de la mujer y Dios es la cabeza de Cristo.

[4]Por eso, si un hombre no se descubre la cabeza mientras ora o predica, deshonra a Cristo. [5]Y si una mujer ora o profetiza en público sin cubrirse la cabeza, deshonra al esposo. Es como si estuviera rasurada por completo. [6]Por eso, si la mujer se niega a cubrirse la cabeza, debe cortarse el pelo. Y si no quiere cortárselo porque le es vergonzoso, cúbrase la cabeza.

[7]Pero el hombre no debe ponerse nada en la cabeza, porque es imagen y gloria de Dios. La gloria del hombre es la mujer, [8]porque el primer hombre no salió de una mujer, sino que la primera mujer salió de un hombre. [9]Y el primer hombre, Adán, no fue hecho para Eva, sino ella para beneficio de Adán. [10]Por esa razón es que la mujer debe cubrirse la cabeza como señal de la autoridad del hombre, y por respeto a los ángeles.

[11]Pero recuerden que unidos al Señor, el hombre y la mujer se necesitan mutuamente, [12]porque aunque la primera mujer salió de un hombre, desde entonces todos los hombres nacen de mujer, y todos proceden de Dios.

[13]¿Qué opinan realmente de esto? ¿Está bien que la mujer ore en público sin cubrirse la cabeza? [14]¿El mismo orden natural de las cosas no nos enseña que es vergonzoso que el hombre se deje crecer el pelo? [15]Para la mujer, por el contrario, es una gloria llevar los cabellos largos, pues le sirven de velo.

[16]El que quiera discutir este asunto, que lo discuta. Pero debe tener en cuenta que nosotros no tenemos otra costumbre, ni tampoco las demás iglesias de Dios.

## La Cena del Señor

[17]En esto que ahora les voy a escribir no puedo felicitarlos: me han dicho que cuando se congregan, resulta más para mal que para bien. [18]Me han informado que se arman grandes discusiones en dichas reuniones, y en parte lo creo. [19]Sin duda, debe haber grupos sectarios entre ustedes, para que se vea quiénes cuentan con la aprobación de Dios.

[20]Cuando ustedes se juntan a comer, no comen la Cena del Señor [21]sino la de ustedes. Me dicen que, al comer, cada uno come su propia comida y, como resultado, algunos se quedan con hambre, mientras que otros se emborrachan. [22]¿Es que no pueden comer y beber en casa, para así no dañar a la iglesia ni avergonzar a los que, por ser pobres, no pueden llevar alimentos? ¿Qué debo decirles en cuanto a esto? ¿Debo alabarlos? ¡Pues no señor!

[23]Esto es lo que el Señor me enseñó, y que ya les transmití antes:

La noche en que Judas lo traicionó, el Señor Jesús tomó pan [24]y, después de dar gracias a Dios, lo partió y dijo: «Esto es mi cuerpo que por ustedes es entregado. Hagan esto en memoria de mí». [25]De la misma manera, tomó la copa después de haber cenado y dijo: «Esta copa es el nuevo pacto confirmado con mi sangre. Cada vez que la beban, háganlo en memoria de mí». [26]Cada vez que comen este pan y beben de esta copa, están anunciando que Cristo murió por ustedes. Háganlo hasta que él venga.

[27]Así que si alguien come de este pan y bebe de esta copa del Señor indignamente, está pecando contra el cuerpo y la sangre del Señor. [28]Por eso cada uno debe

※10.21-23 ※10.26 ※11.11-12

pecar así contra los hermanos, hiriendo su débil conciencia, pecan ustedes contra Cristo. [13]Por lo tanto, si mi comida va a hacer caer a mi hermano, mejor no la como nunca, para no hacerlo caer en pecado.

## Los derechos de un apóstol

9 Yo soy libre, soy apóstol, he visto al Señor con mis propios ojos y ustedes son el fruto de mi trabajo en el Señor.

[2]Sin embargo, hay quienes dicen que no soy apóstol. Pues si para otros no lo soy, para ustedes sí, porque ustedes son la señal que legitima mi tarea como apóstol en el Señor.

[3]Para los que ponen en duda mis legítimos derechos, diré lo siguiente:

[4]¿Tendré o no tendré derecho de recibir comida? [5]¿No tengo derecho a tener una esposa y llevarla en mis viajes, como hacen los demás apóstoles, los hermanos del Señor y Pedro? [6]¿O es que los únicos que en la obra de Dios tienen que trabajar por su cuenta para ganarse el sustento somos Bernabé y yo? [7]¿Qué soldado tiene que sostenerse a sí mismo mientras sirve en el ejército? ¿A qué agricultor se priva del derecho de comer de lo que ha cosechado? ¿A qué pastor de ovejas no se le permite tomar de la leche del rebaño?

⋆ [8]Y no crean que sólo desde un punto de vista humano digo esto. La ley de Dios lo afirma también. [9]En efecto, la ley que Dios dio a Moisés dice: «No se debe poner bozal al buey para evitar que coma del trigo que está trillando».

¿Creen que Dios tenía en mente sólo a los bueyes cuando dijo esto? [10]¿No estaría pensando también en nosotros? ¡Claro que sí! A los que aran y trillan debe permitírseles alentar la esperanza de recibir parte de la cosecha. [11]Nosotros hemos plantado la semilla espiritual en ustedes. ¿Será demasiado pedir que, a cambio, recibamos de ustedes el sustento material?

[12]Si otros disfrutan de este privilegio de recibir de ustedes el sustento, ¿cuánto más deberíamos disfrutarlo nosotros?

Sin embargo, jamás hemos ejercido este derecho; al contrario, soportamos todo con tal de no poner obstáculos al evangelio de Cristo.

[13]Dios dijo a los que servían en el templo que podían tomar de los alimentos que se ofrecían en el templo; y a los que trabajaban en el altar, que participaran de lo que se presentaba en el altar.

[14]De igual manera, el Señor ha ordenado que los que predican el evangelio vivan de ese trabajo.

[15]Sin embargo, jamás les he pedido ni un centavo y no les estoy escribiendo para que de ahora en adelante me den dinero. En realidad, prefiero morirme antes que perder la satisfacción de predicarles gratuitamente. [16]No me enorgullezco de predicar las buenas noticias, porque tengo esa encomienda como una obligación ⋆ y ¡ay de mí si no anuncio el evangelio! [17]Si lo hiciera por voluntad propia, recompensa tendría del Señor; pero ese no es el caso, porque Dios me escogió y me dio esta sagrada encomienda.

[18]Entonces, en estas circunstancias, ¿cuál es mi recompensa? Mi recompensa es la satisfacción de predicar el evangelio sin serle una carga económica a nadie, sin demandar mis derechos.

[19]Aunque soy libre de todos, de todos me he hecho esclavo, para ganar a cuantos sea posible. [20]Cuando ando con los judíos, soy como uno de ellos para ganarlos; lo mismo hago cuando estoy con los que se someten a la ley de Moisés. [21]Cuando estoy con los que no viven bajo la ley, vivo como ellos (aunque yo siempre estoy bajo la ley de Cristo), con miras a que crean.

[22]Cuando estoy con gente débil de conciencia, me hago como ellos también con el propósito de que crean. En otras palabras, trato de acomodarme a todas las personas a fin de salvar algunas de la manera que sea posible. [23]Hago todo esto por amor al evangelio, para participar de sus frutos.

⋆ [24]En una carrera son muchos los que corren, pero sólo uno obtiene el premio. Corran de tal modo que ganen la carrera. [25]Los deportistas se someten a una estricta disciplina. Ellos lo hacen para ganar un premio que se echa a perder, mientras que nosotros nos esforzamos por obtener un premio que jamás se desvanecerá. [26]Por lo tanto, yo corro teniendo una meta bien clara; yo peleo para ganar, no como quien da golpes al viento. [27]Más bien, como atleta, someto mi cuerpo y lo trato con rigor, no sea que, después de haber predicado a otros, yo mismo no esté en buenas condiciones y me eliminen.

## Advertencias basadas en la historia de Israel

10 No quiero, hermanos que ignoren lo que le sucedió a nuestro pueblo siglos atrás, en el desierto. Todos estuvieron bajo la nube y todos atravesaron el mar. [2]A esto podríamos llamarlo «bautismo» —bautismo en el mar y en la nube— para unirse a Moisés.

[3]Luego, comieron el mismo alimento espiritual [4]y bebieron la misma bebida espiritual. Cristo estaba allí con ellos, como poderosa Roca de refrigerio espiritual. [5]Sin embargo, a pesar de todo, la mayoría de los israelitas no obedecieron a Dios, y murieron allí mismo en el desierto.

[6]De aquí aprendemos una gran lección: que no debemos desear lo malo como ellos lo desearon. [7]No debemos adorar ídolos, como ellos. (Las Escrituras nos dicen que «el pueblo se sentó a comer y a beber, y luego se produjo el desenfreno».)

[8]No debemos cometer inmoralidades sexuales, como varios de ellos hicieron, por lo que veintitrés mil cayeron muertos en un día. [9]No pongamos a prueba al Señor, porque muchos de ellos lo hicieron y murieron mordidos por serpientes. [10]Y no murmuremos contra Dios, como hicieron algunos israelitas y el Señor envió a su ángel a destruirlos.

[11]Estos incidentes ocurrieron para servirnos de ejemplo; son una advertencia y fueron escritos para nosotros que vivimos cuando el mundo se aproxima a su fin.

⋆ [12]Por lo tanto, el que piense que está firme, tenga cuidado de no caer. [13]Ustedes no han pasado por ninguna tentación que no sea común al género humano. Pero pueden estar confiados en la fidelidad de Dios, que no dejará que la tentación sea más fuerte de lo que puedan resistir. Dios les mostrará la manera de resistir la tentación y escapar de ella.

⋆9.8  ⋆9.17–19  ⋆9.24–27  ⋆10.12–13

narse, cásense. Mejor es casarse que quemarse de pasión.

☼ ¹⁰Para los casados tengo una orden, y la orden no es mía, sino del Señor: La esposa no debe separarse del esposo, ¹¹y si se separa, quédese sin casar o reconcíliese con su esposo. El esposo, por su parte, no debe divorciarse de su esposa.

¹²A los demás les digo yo, ya que esto no lo ha ordenado el Señor: Si un cristiano tiene una esposa que no es creyente, y ella desea continuar con él, él no debe divorciarse de ella. ¹³Y si una cristiana tiene un esposo que no es creyente, y él desea vivir con ella, que ella no se divorcie de él. ¹⁴El esposo incrédulo queda santificado por la unión con su esposa creyente. Y la esposa no creyente queda santificada por la unión con su esposo creyente. Si así no fuera, sus hijos serían impuros, pero en realidad son parte del pueblo santo.

¹⁵Pero si el cónyuge incrédulo desea irse, dejen que se vaya. El cónyuge cristiano queda sin obligación, porque Dios nos ha llamado a vivir en paz. ¹⁶A fin de cuentas, no sabes, mujer, si tu esposo va a convertirse si se queda; y lo mismo digo al esposo en cuanto a la esposa.

¹⁷Pero al tomar cualquier decisión, traten de vivir de acuerdo con la condición que el Señor les asignó y a la cual Dios los ha llamado. Esto ordeno en todas las iglesias. ¹⁸El que pasó por la ceremonia de la circuncisión antes de hacerse cristiano, no debe hacer nada al respecto; y si no estaba circuncidado, no se circuncide. ¹⁹Que el cristiano se haya circuncidado o no, no tiene importancia. Lo verdaderamente importante es guardar los mandamientos divinos.

²⁰En general, las personas deben continuar siendo lo que eran cuando Dios las llamó. ²¹¿Que eres esclavo?, no te preocupes; aunque si tienes la oportunidad de obtener la libertad, procúrala. ²²Si eras esclavo y el Señor te llamó, recuerda que Cristo te libertó; si eras libre cuando te llamó, recuerda que eres ahora esclavo de Cristo. ²³Ustedes han sido comprados por un gran precio; no se vuelvan esclavos de nadie. ²⁴Cada uno de ustedes, hermanos, permanezca en el estado en que se encontraba cuando Dios lo llamó.

²⁵En cuanto a las personas solteras, no tengo ningún mandamiento del Señor, pero les daré mi opinión, que es la opinión de uno en quien por la misericordia de Dios pueden confiar.

²⁶Los cristianos estamos en el presente afrontando grandes crisis, y en tiempos como éstos creo que es ☼ mejor que la gente se quede soltera. ²⁷Desde luego, al que esté casado no se le ocurra divorciarse. Pero si no lo está, mejor es que no se apure a casarse. ²⁸Y si de todas maneras resuelve casarse, está bien, no peca; y si una muchacha decide casarse, no es pecado. Sin embargo, el matrimonio les traerá problemas adicionales, que yo quiero evitarles.

²⁹Lo más importante de todo, hermanos, es que recuerden que el tiempo que nos queda es corto. Por tal motivo, los que tengan esposa deben vivir como si no la tuvieran. ³⁰Los que lloran, como si no lloraran; los que están alegres, como si no lo estuvieran; los que compran algo, como si no fuera suyo; ³¹los que suelen disfrutar las cosas buenas de este mundo, como si no las disfrutaran, porque el mundo, tal como lo conocemos, pronto pasará.

☼ ³²Lo que deseo es que estén libres de preocupaciones. El soltero está libre para trabajar para el Señor y meditar en cómo agradarle. ³³El casado, en cambio, tiene que ocuparse de sus responsabilidades terrenas y de cómo agradar a su esposa. ³⁴Sus intereses están divididos. Y lo mismo le pasa a la que se casa. La soltera está siempre ansiosa de agradar al Señor y se consagra a él en cuerpo y espíritu; pero la casada tiene que ocuparse de sus responsabilidades terrenas y de cómo agradar a su esposo.

☼ ³⁵Digo esto para ayudarles, no para ponerles ataduras. Deseo que hagan lo que sea más decente y que vivan consagrados al Señor.

³⁶El que piensa que no está tratando a su prometida como es debido, y considera que debe casarse porque ella ha llegado a su madurez, está bien, no peca, que se case. ³⁷Pero el que se mantiene firme en su propósito, domina sus deseos y voluntad, y ha decidido que no debe casarse, hace bien.

³⁸Es decir, el que se casa con su prometida, hace bien; y el que no se casa hace mejor.

☼ ³⁹La esposa está ligada al esposo mientras éste vive; si el esposo muere, puede volver a casarse, con tal que se case con un cristiano. ⁴⁰Pero en mi opinión será más feliz si no se vuelve a casar; y creo que cuando digo esto les estoy dando el consejo del Espíritu de Dios.

## Lo sacrificado a los ídolos

**8** ☼ Y ahora, pasemos a la pregunta en cuanto a si se debe comer o no lo que ha sido sacrificado a los ídolos. Es cierto que todos tenemos conocimiento. Sin embargo, el saberlo todo hace que nos sintamos orgullosos. Lo que se necesita es el amor que edifica. ²El que cree que sabe algo, todavía no sabe nada como debería saber. ³Pero Dios sabe quién lo ama de veras.

⁴Entonces, ¿debemos comer carnes sacrificadas a los ídolos? Bueno, sabemos bien que el ídolo no es nada; y que sólo hay un Dios. ⁵Pues aunque hay muchos a los que llaman dioses, en el cielo y en la tierra, y los hay, ⁶para nosotros sólo hay un Dios: el Padre, de quien vienen todas las cosas y quien nos hizo para él; y sólo hay un Señor: Jesucristo, quien lo creó todo y nos da vida.

⁷Sin embargo, algunos cristianos no se dan cuenta de esto. Siguen tan acostumbrados a sus viejas creencias, que todavía comen esos alimentos creyendo que fueron ofrecidos a los ídolos, y por eso cuando los comen su conciencia les molesta. ⁸Recuerden que a Dios no le importa si los comemos o no. No somos peores si los comemos ni mejores si no los comemos.

⁹Ahora bien, tengan cuidado; no vayan a lastimar al hermano de conciencia débil al hacer uso de la libertad que tienen de comer cualquier cosa, ¹⁰porque puede suceder que tú, que crees que no hay nada malo en ello, vas a comer al templo de un ídolo, y un hermano débil te ve haciéndolo. Pudiera ser que aquel hermano se decida entonces a comer, aunque en su interior crea que está haciendo mal. ¹¹Si es así, ese hermano de conciencia débil, por quien Cristo murió, se perderá por culpa de tu conocimiento. ¹²Al

☼ 7.8–9  ☼ 7.10–17  ☼ 7.27–28  ☼ 7.32–33  ☼ 7.35–37
☼ 7.39–40  ☼ 8.1–3

¹⁸Sé que algunos de ustedes, envanecidos, piensan que no iré a verlos. ¹⁹Pero he de ir y pronto, si el Señor me lo permite, y veremos cómo hablan y si esos presumidos tienen el poder de Dios. ²⁰Pues el reino de Dios no es cuestión de palabras sino de poder. ²¹¿Qué prefieren? ¿Que vaya a castigarlos y a regañarlos, o que vaya con ternura y mansedumbre?

## ¡Expulsen al hermano inmoral!

5 Por ahí se dice que entre ustedes hay un caso de inmoralidad sexual que ni aun los paganos lo cometen. Se dice que uno de ustedes tiene relaciones sexuales con la esposa de su padre. ²¡Y aún así son orgullosos! ¡Deberían, más bien, sentirse avergonzados y echarlo de la congregación!

³Aunque no estoy ahí en persona, sí estoy con ustedes en espíritu, y ya he juzgado al que cometió ese pecado. ⁴Convoquen a una reunión en el nombre de Jesucristo nuestro Señor, y con su poder yo estaré en espíritu, ⁵y a ese hombre entréguenlo a Satanás, para que su naturaleza pecaminosa sea destruida, con la esperanza de que su espíritu se salve en el día del Señor.

⁶Es terrible que se jacten. ¿No se dan cuenta de que un poco de levadura fermenta toda la masa? ⁷Extirpen la vieja levadura, para que sean una masa nueva, como panes sin levadura, que es lo que ustedes son. Cristo, nuestro Cordero, ya fue sacrificado por nosotros. ⁸Así que regocijémonos en nuestra pascua, no con la vieja levadura con sus malicias y perversidades, sino con pan sin levadura, que es la sinceridad y la verdad.

⁹En mi carta anterior les supliqué que no se juntaran con gente inmoral. ¹⁰Pero no me refería a la gente inmoral de este mundo que vive en avaricias, robos o idolatrías. Si así fuera, tendríamos que salir de este mundo.

¹¹Lo que quise decir fue que no se codearan con los que, llamándose hermanos, cometen pecados sexuales y viven en avaricias, idolatrías, borracheras y robos. Con esas personas, ni a comer se junten.

¹²¿Acaso me corresponde a mí juzgar a los de afuera? Pero ciertamente tenemos la responsabilidad de juzgar a los de adentro. ¹³Dios juzgará a los de afuera. «Ustedes expulsen a ese malvado».

## Pleitos entre creyentes

6 ¿Cómo es que ustedes, cuando tienen algo contra otro creyente, acuden a las autoridades paganas para que juzguen el asunto, en vez de acudir a los cristianos? ²¿Ignoran acaso que un día los cristianos van a juzgar al mundo? Y si esto es así, ¿por qué entonces no resuelven entre ustedes los pequeños litigios? ³¿No saben que vamos a juzgar a los ángeles? Con mayor razón podrán muy bien resolver las cuestiones de esta vida.

⁴¿Por qué acudir entonces a jueces que no pertenecen a la iglesia para resolver sus asuntos? ⁵Lo digo para que se avergüencen. ¿Es que no hay nadie en la iglesia que sea lo suficientemente sabio para resolver las disputas entre cristianos? ⁶En vez de esto, un hermano demanda a otro ¡ante los incrédulos!

⁷De por sí, el hecho de que haya litigios entre ustedes es ya una gran vergüenza. ¿Por qué no soportar la injusticia? ¿No sería mejor dejar que los defrauden?

⁸Más doloroso es que ustedes mismos cometan agravios y defrauden a otros hermanos.

⁹¿No saben que los que hacen eso no tendrán parte en el reino de Dios? Sépanlo bien: Los fornicarios, los idólatras, los adúlteros, los homosexuales y los pervertidos sexuales, ¹⁰los ladrones, los avaros, los borrachos, los calumniadores y los estafadores no tendrán parte en el reino de Dios.

¹¹Varios de ustedes merecían antes estos calificativos, pero ya el Señor les lavó sus pecados, los santificó y los justificó en el nombre del Señor Jesucristo y por el Espíritu de nuestro Dios.

## La inmoralidad sexual

¹²«Todo me está permitido», pero no todo es para mi bien. «Todo me está permitido», pero no haré nada que luego pueda dominarme. ¹³«Los alimentos son para el estómago y el estómago para los alimentos», y así es, aunque Dios los destruirá a ambos. Ahora bien, el cuerpo no está hecho para la inmoralidad sexual, sino para el Señor; y el Señor para el cuerpo. ¹⁴Un día, con su poder, Dios va a resucitar nuestro cuerpo al igual que resucitó al Señor.

¹⁵¿No comprenden que sus cuerpos son miembros de Cristo? ¿Tomaremos un miembro de Cristo y lo uniremos a una prostituta? ¡Jamás! ¹⁶¿No saben que cuando un hombre se une a una prostituta se hace parte de ella y ella de él? Dios nos dice en las Escrituras que «los dos se vuelven una sola persona». ¹⁷Pero cuando alguien se une al Señor, él y esa persona se vuelven uno en el Espíritu.

¹⁸Por eso, precisamente, les digo que huyan de los pecados sexuales. Ningún otro tipo de pecado afecta al cuerpo como éste. Cuando uno comete esos pecados, peca contra su propio cuerpo. ¹⁹¿No saben que el cuerpo es templo del Espíritu Santo, que Dios les dio, y que el Espíritu habita en ustedes? Ustedes no son sus propios dueños, ²⁰porque Dios nos compró a gran precio. Por tanto, honren con su cuerpo a Dios.

## Consejos matrimoniales

7 En cuanto a lo que me preguntaron por carta, les contesto: es mejor que no se casen. ²Pero por lo general es mejor que cada hombre tenga su propia mujer y que cada mujer tenga su propio marido, para evitar caer en pecado.

³El hombre debe satisfacer los derechos conyugales de su esposa; y lo mismo la esposa respecto de su esposo. ⁴La mujer no tiene derecho sobre su cuerpo, porque éste le pertenece a su esposo. Tampoco el hombre tiene derecho sobre su cuerpo; pues le pertenece a su esposa. ⁵Por lo tanto, no se nieguen el uno al otro, a menos que se pongan de acuerdo, y sólo por un tiempo, para dedicarse a la oración. Pero luego, únanse de nuevo, para evitar que Satanás los tiente, por no tener dominio propio.

⁶Esto que les digo es un consejo, no una orden. ⁷Me gustaría que se quedaran solteros, como yo; pero a cada uno Dios le ha concedido su propio don: éste posee uno, y aquel, otro.

⁸Pero a los solteros y a las viudas les digo que deberían quedarse como yo. ⁹Y si no pueden domi-

6.9–13   6.15–20   7.2–6

el Espíritu, no las palabras que enseña la sabiduría humana. Así, expresamos verdades del Espíritu con palabras del Espíritu.

¹⁴El que no tiene el Espíritu no puede aceptar lo que viene del Espíritu de Dios, pues le parece una locura. No lo puede entender, porque hay que discernirlo con la ayuda del Espíritu.

¹⁵Por el contrario, el que tiene el Espíritu lo juzga todo, aunque él mismo no está sujeto al juicio de nadie, pues ¹⁶«¿Quién ha conocido la mente del Señor? ¿Quién podrá enseñarle?»

En cambio, nosotros tenemos la mente de Cristo.

## Sobre las divisiones en la iglesia

3 ☼Hermanos, les he estado hablando como si fueran niños en la vida cristiana, como si fueran inmaduros, y no he podido hablarles como a cristianos espirituales. ²Les he dado leche y no alimentos sólidos, porque no habrían podido digerirlos. Aun ahora es menester que los alimente con leche, ³porque son apenas niños en la fe. ¿Acaso no lo demuestra el hecho de que se dejen dominar por los celos y anden en disensiones? ¿No están actuando como meros humanos?

⁴Cuando uno afirma: «Yo soy de Pablo» y otro: «Yo soy de Apolos», ¿no demuestra esto que actúan como las demás personas?

⁵¿Quién es Pablo? y ¿quién es Apolos? No somos más que siervos de Dios por medio de los cuales ustedes creyeron, y eso según lo que el Señor le asignó a cada uno. ⁶Mi tarea fue sembrar la semilla, y la de Apolos fue regarla; pero Dios fue el que permitió que ☼germinara. ⁷Aquí el que vale no es el que plantó ni el que regó, sino Dios que hizo germinar la semilla. ⁸El que siembra y el que riega tienen la misma categoría, si bien es cierto que cada uno recibirá recompensa según la labor realizada. ⁹No somos más que colaboradores de Dios. Ustedes son el huerto de Dios, son el edificio de Dios.

¹⁰Dios, en su bondad, me enseñó cómo edificar con pericia. Yo puse los cimientos y otro edificó encima. El que edifica encima debe tener cuidado de cómo ☼edifica, ¹¹porque nadie puede poner otro cimiento que el que ya está puesto: Jesucristo.

¹²Hay varias clases de materiales que pueden emplearse al construir sobre el cimiento: oro, plata y piedras preciosas; o bien, madera, heno y hasta hojarasca. ¹³El día del juicio se sabrá qué material han empleado los constructores. Cada obra será pasada por fuego, para que se sepa la calidad del trabajo de cada uno. ¹⁴Si lo que alguien ha edificado es perdurable, recibirá su recompensa. ¹⁵Pero si a su obra el fuego la consume, el constructor sufrirá una gran pérdida. Se salvará, sí, pero como quien escapa del fuego.

¹⁶¿No se dan cuenta de que son el templo de Dios, y que el Espíritu de Dios mora en ustedes? ¹⁷Dios destruirá al que destruya su templo, porque el templo de Dios, es decir, ustedes, es sagrado.

☼¹⁸Basta ya de estarse engañando. Si alguno cree que tiene más inteligencia que cualquier otro, según las normas de este mundo, vuélvase ignorante, para que así llegue a ser sabio, ¹⁹porque la sabiduría de este mundo es insensatez a los ojos de Dios. Como está escrito: «Dios enreda a los sabios en la misma sabiduría de que hacen gala». ²⁰Además, también dice: «El Señor conoce los razonamientos humanos, y sabe cuán inútiles son».

²¹Por lo tanto, nadie debe sentirse orgulloso de seguir a ningún hombre, pues todo es de ustedes. ²²De ustedes son Pablo, Apolos, Cefas, el mundo, la vida, la muerte, lo presente, lo por venir. ²³Y ustedes son de Cristo y Cristo es de Dios.

## Apóstoles de Cristo

4 ☼Así que deben tenernos por siervos de Cristo encargados de impartir los secretos del Señor. ²Ahora bien, lo más importante en un siervo es que demuestre que es digno de confianza. ³¿Qué de mí? En realidad no me interesa lo que opinen ustedes de mí, ni lo que opine nadie. No confío ni siquiera en mi propia opinión al respecto. ⁴Tengo limpia la conciencia, pero eso no quiere decir que sea justo. El Señor es el que tiene que juzgarme. ⁵Por eso, no se precipiten a sacar conclusiones sobre si alguien es buen siervo o no. Esperen a que venga el Señor. Él sacará a la luz lo que está oculto en la oscuridad, y pondrá al descubierto las intenciones del corazón. Cuando ese momento llegue, cada uno recibirá de Dios la alabanza que merezca.

⁶He estado hablando de Apolos y de mí mismo para beneficio de ustedes, para que aprendan de nosotros lo que significa «no ir más allá de lo que está escrito». Así no andarán presumiendo de que un servidor es ☼mejor que otro. ⁷¿Qué los hace más importantes que los demás? ¿Qué tienes que Dios no te haya dado? Y si cuanto tienes te lo ha dado Dios, ¿por qué te las das de grande, como si hubieras logrado algo por esfuerzo propio?

⁸¡Al parecer ya tienen todo lo que necesitan! ¡Ya se han hecho ricos! ¡Se sienten reyes y nos echan a un lado! ¡Ojalá reinaran ya, para que nosotros reináramos con ustedes!

⁹Me parece que Dios nos ha colocado a nosotros los apóstoles al final de la línea, como reos sentenciados a muerte. Somos un espectáculo para el mundo, los ángeles y la humanidad. ¹⁰Por obedecer a Cristo, somos unos tontos, mientras que ustedes, claro, son los sabios. Nosotros somos débiles, ustedes fuertes. Ustedes honorables, nosotros despreciables. ¹¹Hasta este momento hemos pasado hambre y sed, no tenemos ropa, nos maltratan, no tenemos hogar. ¹²Hemos trabajado hasta el cansancio con nuestras manos para ganar el sustento. Nos maldicen y bendecimos, y hemos soportado con paciencia a los que nos persiguen. ¹³Hemos respondido con suavidad cuando han hablado mal de nosotros. Hasta el momento nos consideran la escoria del mundo, el desecho de todos.

☼¹⁴No les escribo estas cosas para avergonzarlos, sino como advertencia y consejo a mis hijos amados, ¹⁵porque aunque haya diez mil personas más que les enseñen de Cristo, el padre espiritual de ustedes soy yo. Yo los engendré en Cristo por medio del evangelio.

¹⁶Por lo tanto, imítenme. ¹⁷Para eso les envío a Timoteo, que es mi amado hijo en el Señor. Él les dirá cómo me comporto en Cristo Jesús y les recordará lo que enseño por todas partes y en todas las iglesias que visito.

☼3.1–4   ☼3.7–9   ☼3.11–17   ☼3.18–23   ☼4.1–2   ☼4.7
☼4.14–21

# 1 Corintios

**1** Pablo, llamado a ser apóstol de Cristo Jesús porque Dios así lo quiso, y nuestro hermano Sóstenes, ²a la iglesia de Dios que está en Corinto, a los que han sido santificados en Cristo Jesús y llamados a ser un pueblo santo, junto con todos los que en cualquier lugar invocan el nombre de nuestro Señor Jesucristo, Señor de ellos y nuestro.

³Que Dios nuestro Padre y el Señor Jesucristo derramen en ustedes su amor y su paz.

## Acción de gracias

⁴No ceso de dar gracias a Dios que les concedió su amor por medio de Cristo. ⁵Unidos a Cristo, ustedes se han llenado de toda riqueza, tanto en el hablar como en el conocimiento. ⁶Todo lo que les dije de Cristo se ha confirmado en ustedes, ⁷porque no les falta ya ningún don espiritual, mientras esperan con ansias el regreso de nuestro Señor Jesucristo.

⁸Él los mantendrá firmes hasta el fin, para que nadie los pueda culpar de nada en el día de nuestro Señor Jesucristo. ⁹Dios siempre cumple su palabra, y él los llamó a vivir unidos a su Hijo, Jesucristo, nuestro Señor.

## Divisiones en la iglesia

¹⁰Pero, amados hermanos, les suplico en el nombre de nuestro Señor Jesucristo que no discutan más, que reine entre ustedes la armonía y cesen las divisiones. Les ruego encarecidamente que mantengan la unidad en sus pensamientos y propósitos.

¹¹Resulta, hermanos míos, que los de la familia de Cloé me han hablado de las riñas que se traen entre ustedes. ¹²Me cuentan que algunos dicen: «Yo soy de Pablo»; y que otros afirman: «Yo soy de Apolos»; otros más dicen: «Yo soy de Cefas», y aun sostienen: «Yo soy de Cristo».

¹³¿Cómo? ¿Está dividido Cristo? A ver, díganme, ¿morí yo por los pecados de ustedes? ¿Fue alguno bautizado en mi nombre? ¹⁴¡Gracias a Dios que a ninguno de ustedes bauticé excepto a Crispo y a Gayo! ¹⁵Así a nadie podría ocurrírsele que fue bautizado en mi nombre. ¹⁶Ah, y también bauticé a la familia de Estéfanas. Creo que no bauticé a nadie más, ¹⁷porque Cristo no me envió a bautizar sino a predicar el evangelio. Es más, mi predicación fue sin usar discursos propios de la sabiduría humana, para que el mensaje de la cruz de Cristo no perdiera su eficacia.

## Cristo, sabiduría y poder de Dios

¹⁸Sé bien que, para los perdidos, el mensaje de la cruz es una locura, pero para los salvos, esto es, para nosotros, es poder de Dios, ¹⁹porque Dios mismo dice:

«Destruiré los planes humanos por sabios que parezcan, y haré caso omiso de las ideas humanas por más brillantes que sean».

²⁰¿Qué ha sido de los sabios, de los eruditos, de los filósofos de este mundo? Dios los ha hecho lucir tontos al mostrar lo necio de su sabiduría. ²¹En su sabiduría, Dios dispuso que el mundo jamás lo encontraría por medio de la inteligencia humana, y determinó salvar precisamente a los que creen por medio de la «locura» de la predicación.

²²Los judíos piden señales milagrosas y los gentiles buscan sabiduría. ²³Por eso, cuando les predicamos a Cristo crucificado, los judíos se escandalizan y los griegos dicen que es una locura. ²⁴Pero para los llamados, ya sean judíos o gentiles, Cristo es el poder de Dios y la sabiduría de Dios. ²⁵Pues la locura de Dios es mucho más sabia que el más sabio plan humano, y lo débil de Dios es más fuerte que todos los hombres juntos.

²⁶Fíjense, hermanos, en los que Dios ha llamado entre ustedes: pocos son sabios, poderosos o nobles, según los criterios humanos. ²⁷Deliberadamente Dios ha escogido a los que el mundo considera tontos y débiles, para avergonzar a los que el mundo considera sabios y fuertes. ²⁸Ha escogido a los que en el mundo no tienen importancia alguna, para destronar a los que el mundo considera grandes. ²⁹De modo que nadie pueda jactarse en la presencia del Señor. ³⁰Por Dios es por quien ustedes están unidos a Cristo Jesús, a quien Dios ha hecho nuestra sabiduría, nuestra justificación, nuestra santificación y nuestra redención. ³¹A fin de cuentas, como dicen las Escrituras:

«El que quiera sentirse orgulloso, que se enorgullezca de lo que el Señor ha hecho».

**2** Hermanos, cuando me presenté ante ustedes para comunicarles el mensaje de Dios no empleé palabras elegantes ni conceptos profundos, ²porque me había propuesto hablar sólo de Jesucristo y de su muerte en la cruz. ³Me presenté ante ustedes con tanta debilidad que temblaba de miedo. ⁴Mi predicación no tuvo oratoria y sabiduría humanas, sino que el Espíritu la respaldaba con poder. ⁵Prediqué así porque deseaba que la fe que naciera en ustedes dependiera del poder de Dios, no de la sabiduría de los seres humanos.

## Sabiduría procedente del Espíritu

⁶Sin embargo, cuando estoy entre cristianos maduros, imparto sabiduría; pero no la sabiduría de este mundo ni la de quienes lo gobiernan, que están destinados a desaparecer.

⁷Más bien exponemos la sabiduría de Dios que estaba oculta, pero que Dios había destinado para nuestra gloria desde antes de la creación del mundo. ⁸Ninguno de los gobernantes del mundo la han comprendido, pues si la hubieran comprendido, no habrían crucificado al Señor de la gloria. ⁹Esto es lo que las Escrituras dicen:

«Ningún mortal ha visto, ni oído, ni imaginado las maravillas que Dios tiene preparadas para los que aman al Señor».

¹⁰Nosotros las conocemos porque Dios envió a su Espíritu a revelárnoslas, ya que su Espíritu lo escudriña todo, hasta los secretos más profundos de Dios.

¹¹Nadie sabe con exactitud lo que otro está pensando, excepto el espíritu de esa persona. Así, nadie conoce lo que piensa Dios, excepto el Espíritu de Dios. ¹²Y Dios nos ha dado su Espíritu, no el espíritu del mundo, para que entendamos lo que, por su gracia, Dios nos ha concedido. ¹³Y esto es precisamente de lo que hablamos, usando las palabras que enseña

1.3-6   1.9   1.20-22   1.26-30   2.1-5   2.6-16

ritos necesarios para hacerse prosélito (18:7). Entre los miembros de la iglesia había tanto judíos como gentiles (12:13), pero los problemas tratados en 1 Corintios (idolatría, fornicación, negación de la resurrección, ascetismo, pleitos legales ante los magistrados civiles) indican que la mayoría eran gentiles convertidos del paganismo (cp. también 12:2). Algunos miembros gozaban de prosperidad económica (11:21-22), pero la mayoría era pobre (1:26; 11:22) y algunos eran esclavos (7:21).

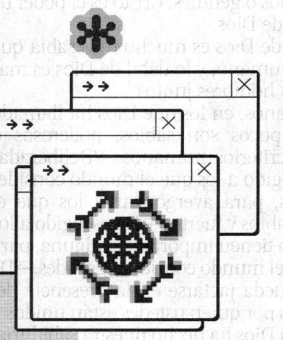

## PANORAMA DEL LIBRO

Pablo había oído informes de problemas en la iglesia de Corinto (1:11; 5:1; 11:18), de los de Cloé (1:11), tal vez también de Apolos (16:12), y tal vez de Estéfanas, Fortunato y Acaico (16:17). Había recibido por lo menos una carta de la iglesia de Corinto acerca de varios problemas en la iglesia (7:1, 25; 8:1; 12:1; 16:1, 12). La situación en Efeso no permitía que él fuera a Corinto antes de Pentecostés (mayo-junio) (16:7-9). Por lo tanto, escribió la epístola para tratar los problemas hasta que él llegara allí. Casi todos los problemas tratados en la carta tenían que ver con la conducta, pero detrás de la conducta incorrecta había una teología errada, especialmente con respecto a lo que significa ser espiritual y sabio. Pablo corrige no solamente la conducta, sino también los conceptos teológicos que justificaban esa conducta.

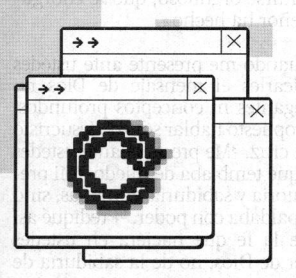

## ¿CÓMO SE RELACIONA CONMIGO?

En esta carta a la iglesia en Corinto Pablo cubrió una serie de temas que siempre serán importantes para nuestras vidas. Esos grandes temas incluyen la sexualidad, conflictos entre creyentes, matrimonio y soltería, libertad en Cristo, orden en la adoración, el significado de la Cena del Señor, el uso correcto de los dones espirituales y hasta incluye una profunda enseñanza sobre la resurrección. Al leer esta carta se hace obvio que a Pablo le inquietaba que la iglesia de Corinto estuviera confundida en una variedad de frentes, por lo que quiso proporcionales una guía clara de cómo la iglesia debe manejar los problemas y desafíos del pecado y la naturaleza humana. En lugar de hacer la vista gorda Pablo abordó los problemas de frente y en su atrevido llamado a la pureza dejó en claro que estaba dispuesto a arriesgar los aplausos de algunos con tal de ayudar a limpiar el pecado que estaba contaminando a la iglesia allí.

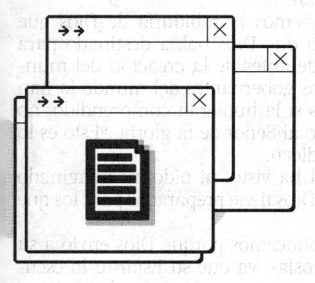

## EL GUION

1) División en la iglesia (1:1-4:21)
2) Inmoralidad en la iglesia (5:1-6:20)
3) Respuestas acerca del matrimonio (7:1-40)
4) Respuestas acerca de lo sacrificado a los ídolos (8:1-11:1)
5) Adoración en la iglesia (11:2-14:40)
6) La resurrección, esperanza de la iglesia (15:1-16:24)

# 1 CORINTIOS

# 1 CORINTIOS

## ¿QUIÉN LO ESCRIBIÓ?

La paternidad paulina es muy poco discutida. La evidencia interna nos informa que la epístola reclama ser escrita por Pablo (1:1; 16:21). Los datos históricos coinciden con lo relatado en Hechos. La evidencia externa apunta a la Primera Epístola de Clemente a los Corintios 47:1-3 (96 d.C.) donde se apela a la "epístola del bendito Pablo, el Apóstol". Hay muchas alusiones a 1 Corintios en los escritos de los padres de la Iglesia, especialmente en Ignacio, Policarpo, Ireneo, Clemente de Alejandría y Tertuliano. 1 Corintios fue incluida en el Canon de Marción y ocupa el primer lugar entre las Epístolas Paulinas en el Canon de Muratori.

## ¿CUÁNDO Y DÓNDE LO ESCRIBIÓ?

Desde Éfeso, muy probablemente durante su tercer viaje. Probablemente en 54 ó 55 d.C., en los últimos meses del ministerio en Éfeso (tal vez marzo o abril, ver 16:8).

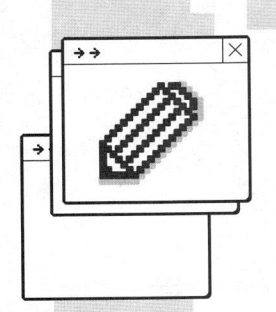

## ¿A QUIÉN LO ESCRIBIÓ?

La iglesia en la ciudad de Corinto fue destruida por los romanos en 146 a.C. y fundada nuevamente por Julio Cesar en 44 a.C. Con una población de más de 500,000 habitantes, en los tiempos de Pablo, probablemente fue la 3a ciudad del Imperio Romano. Había crecido rápidamente, debido a su ubicación en el istmo de Grecia. Corinto tenía un puerto en cada costa. Era el puente entre el oeste (Italia) y el este (Asia Menor), y también entre el norte (Macedonia) y el sur (Acaya). Su economía (puertos), política (capital para el gobierno del procónsul) y su religión (con uno de los principales templos a Afrodita = Eros) la hicieron famosa. Esta fama dio lugar a ciertos proverbios que describían la vida de la ciudad: "no a todos los hombres les es dado visitar Corinto" o, "Korinthiazomai" = "hacer el corintio" = "fornicar". Decir "muchacha corintia" era sinónimo de "prostituta". Su templo de Afrodita/Diana, en un tiempo llegó a tener 1,000 sacerdotisas. En cuanto a la historia de la iglesia en Corinto se puede decir que llegando a Corinto en su segundo viaje misionero en el año 50 ó 51 d.C., Pablo fue el primer cristiano que evangelizara su población (3:6, 10; 4:15). Probablemente escogió la ciudad porque de allí se difundiría fácilmente el evangelio a otras partes. Pablo trabajó en Corinto 18 meses (Hch. 18:11), primero solo, y luego con la ayuda de Silas y Timoteo (Hch 18:5; 2 Co. 1:19). Predicó primero a los judíos (Hch. 18:4), pero cuando éstos se opusieron, siguió predicando en la casa de Justo, un "temeroso de Dios", es decir, un gentil que aceptaba las creencias del judaísmo, sin haberse sometido a la circuncisión y otros

¹⁴Y denles saludos a Asíncrito, a Flegonte, a Hermes, a Patrobas, a Hermas y a los hermanos que están con ellos.

¹⁵Saludos a Filólogo, a Julia, a Nereo y a su hermana, a Olimpas y a todos los hermanos que estén con ellos.

¹⁶Y salúdense unos a otros con un beso santo. Todas las iglesias de Cristo les envían saludos.

¹⁷Les ruego, hermanos, que se aparten de los que causan divisiones y problemas, y que están en contra de lo que a ustedes se les ha enseñado.

¹⁸Esos maestros no están trabajando para Cristo nuestro Señor, sino para su propio beneficio. Le hablan a la gente con palabras bonitas y engañan fácilmente a los ingenuos. ¹⁹Todo el mundo sabe que ustedes son leales y obedientes, y eso me alegra mucho. Pero quiero que sean sabios para hacer lo correcto y que sean ingenuos para el mal.

²⁰Pronto el Dios de paz aplastará a Satanás bajo sus pies. Que la gracia de nuestro Señor Jesús esté con ustedes.

²¹Timoteo, mi colaborador, y Lucio, Jasón y Sosípater, mis parientes, les envían saludos.

²²Yo, Tercio, a quien Pablo ha dictado esta carta, les envío saludos en Cristo.

²³Gayo me pide que los salude en su nombre. Yo estoy alojado en su casa y aquí también se reúne la iglesia.

Erasto, el tesorero de la ciudad, les envía saludos, al igual que el hermano Cuarto.

²⁴Que la gracia de nuestro Señor Jesucristo sea con todos ustedes. Amén.

²⁵,²⁶El Dios eterno mantuvo en secreto su plan por muchos siglos, pero ahora lo ha dado a conocer por medio de las Escrituras proféticas. Esto, de acuerdo con su propio mandato, para que todas las naciones obedezcan a la fe.

¡Al que puede fortalecerlos a ustedes conforme a mi evangelio y a la predicación acerca de Jesucristo, ²⁷a Dios, el único verdaderamente sabio, sea la gloria para siempre por medio de Jesucristo! Amén.

16.20

⁵¡Que Dios, que da aliento y perseverancia, les ayude a vivir juntos en armonía, tal como Cristo nos dio el ejemplo! ⁶¡Y que podamos así, juntos y a una voz, glorificar a Dios, el Padre de nuestro Señor Jesucristo!

⁷Así que, para gloria de Dios, trátense en la iglesia con el mismo afecto con que Cristo los ha recibido.

⁸Recuerden que Jesucristo vino a demostrar que Dios es fiel a las promesas dadas a los patriarcas, y por eso les sirvió a los judíos. ⁹Recuerden que él vino también para que los gentiles glorifiquen a Dios por sus mercedes hacia ellos.

Así está escrito:

«Te alabaré entre las naciones, cantaré himnos a tu nombre».

¹⁰Y en otro lugar exclama:

«Naciones, alégrense juntamente con el pueblo de Dios».

¹¹Y además:

«Alaben al Señor, todas las naciones; todos los pueblos canten alabanzas».

¹²Y el profeta Isaías añade:

«Habrá un heredero en la familia de Isaí y reinará sobre las naciones; en él depositarán los pueblos su esperanza».

¹³Hermanos míos, mi deseo es que el Dios que les concedió esperanza los inunde siempre de felicidad y paz al creer en él. Y le pido a Dios que los haga rebosar de esperanza por el poder del Espíritu Santo.

## Pablo, ministro de los gentiles

¹⁴Sé que ustedes son sabios y bondadosos, hermanos míos, y que están capacitados para enseñarse unos a otros. ¹⁵Sin embargo, he sido bien franco sobre algunos asuntos, a manera de recordatorio. Me he atrevido a hacerlo, porque Dios me concedió su bondad ¹⁶para ser servidor de Cristo para bien de los gentiles. Mi deber sacerdotal es llevarles el evangelio de Dios, a fin de presentar a los gentiles ante Dios como una ofrenda que a él le agrada, porque el Espíritu Santo la ha purificado.

¹⁷Por eso me siento orgulloso, en Cristo Jesús, de mi servicio a Dios. ¹⁸No me atrevería a hablar de otra cosa sino de lo que Cristo ha hecho por medio de mí para que los gentiles obedezcan a Dios. Lo he hecho con mis palabras y con el ejemplo de mi vida. ¹⁹También por medio de los milagros y señales poderosas que he realizado mediante el poder del Espíritu de Dios.

He estado predicando el evangelio de Cristo por todas partes, desde Jerusalén hasta Iliria. ²⁰Siempre ha sido mi propósito predicar, no donde ya otros lo hayan hecho, sino donde no conozcan a Cristo. No me gusta edificar sobre un fundamento que otros hayan puesto. ²¹Más bien, he hecho lo que está escrito:

«Quienes nunca antes habían escuchado de él lo verán;

y entenderán los que no habían oído hablar de él».

²²En realidad, por eso me he demorado tanto en ir a visitarlos.

## Pablo piensa visitar Roma

²³Pero al fin, tras años de espera, ya he terminado mi trabajo por estos lugares y puedo ir a verlos. ²⁴Estoy pensando ir a España; cuando lo haga, pasaré por Roma y tendré el gusto de estar con ustedes algún tiempo, tras lo cual espero que me ayuden a continuar mi viaje.

²⁵Pero antes tengo que ir a Jerusalén a llevar la ofrenda que se ha recogido para los hermanos. ²⁶Los cristianos de Macedonia y Acaya hicieron una colecta de dinero para los hermanos pobres de Jerusalén. ²⁷Ellos lo han hecho de buena voluntad, aunque en realidad estaban obligados a hacerlo, porque si los gentiles han disfrutado de las bendiciones espirituales que recibieron de los judíos, lo menos que pueden hacer en reciprocidad es ofrecerles ayuda material.

²⁸Tan pronto como les entregue el dinero, llegaré a verlos a ustedes de paso a España. ²⁹Estoy seguro de que cuando vaya, el Señor les enviará conmigo grandes bendiciones.

³⁰En nombre de nuestro Señor Jesucristo, y por el amor que el Espíritu Santo ha puesto en ustedes, les ruego que se unan a mí en esta lucha y que oren a Dios por mi trabajo. ³¹Pidan que el Señor me proteja, en Jerusalén, de los que no son cristianos. Oren para que los cristianos de allí acepten el dinero que les llevo. ³²Entonces, Dios mediante, podré visitarlos a ustedes con el corazón alegre y descansar entre ustedes por un tiempo. ³³¡Que el Dios de paz esté con todos ustedes! Así sea.

## Saludos personales

**16** Les recomiendo a nuestra hermana Febe, diaconisa de la iglesia de Cencreas. ²Recíbanla muy bien en el Señor, como debemos hacerlo con los hermanos en la fe. Ayúdenla en todo lo que puedan, porque ella ha ayudado mucho a otras personas y a mí mismo.

³Saluden en mi nombre a Priscila y a Aquila. Ellos han colaborado mucho conmigo en la obra de Cristo Jesús. ⁴¡Hasta han arriesgado la vida por salvarme! Y no soy el único que les está agradecido; todas las iglesias gentiles lo están también.

⁵Salúdenme también a las personas que se congregan a adorar al Señor en la casa de Priscila y Aquila. También a Epeneto, mi gran amigo, él fue el primero en convertirse al cristianismo en Asia.

⁶Recuerdos a María, que se ha esforzado tanto por ayudarlos a ustedes.

⁷Lo mismo a Andrónico y a Junías, parientes míos y compañeros de prisión, los cuales son muy apreciados entre los apóstoles; ellos se hicieron cristianos antes que yo.

⁸Saludos a Amplias, a quien amo como hermano en el Señor.

⁹Salúdenme a Urbano, nuestro compañero de trabajo en Cristo, y a mi amado hermano Estaquis.

¹⁰Luego salúdenme a Apeles, que tantas veces ha demostrado su fidelidad a Cristo. Y recuerdos a los de la familia de Aristóbulo.

¹¹Saludos también a mi pariente Herodión, y a los de la familia de Narciso, que son fieles al Señor.

¹²Saludos a Trifena y a Trifosa, obreras esforzadas del Señor. Saluden también a mi querida hermana Pérsida, que ha trabajado tanto por el Señor.

¹³Saludos a Rufo, que es un distinguido creyente, así como a su querida madre, que ha sido como una madre para mí.

15.1   15.3–7   15.13   15.26–27   16.3–5

²¹No te dejes, pues, vencer por el mal, sino vence el mal haciendo el bien.

## El respeto a las autoridades

**13** Todos deben obedecer a las autoridades del gobierno, porque Dios es quien les ha otorgado el poder. No hay ningún gobierno que Dios no haya establecido. ²Así que los que se niegan a obedecer a las autoridades se rebelan contra lo que Dios ha ordenado, y recibirán castigo. ³Las autoridades no están para darle miedo a la gente que hace el bien, sino a los maleantes. Así que si no deseas temerlas, pórtate bien y las autoridades hablarán bien de ti. ⁴Dios ha puesto al servicio de él a las autoridades para tu beneficio. Pero si estás haciendo algo malo, claro que tienes que temerlas, porque para eso tienen armas para castigarte. Para eso las ha puesto Dios, para actuar con justicia y castigar a los malhechores. ⁵Así que hay que obedecer a las autoridades para que no te castiguen y porque es un deber de conciencia.

⁶Por eso mismo ustedes pagan impuestos. Las autoridades están sirviéndoles en el trabajo que Dios les ha encomendado. ⁷Páguenle a cada quien lo que le corresponda: sean impuestos, contribuciones, respeto u honor.

## La responsabilidad hacia los demás

⁸No tengan deudas con nadie, excepto las deudas de amor hacia otros. De hecho, quien ama al prójimo ha cumplido la ley, ⁹porque los mandamientos dicen: «No cometas adulterio», «no mates», «no robes», «no codicies»; esos, y todos los demás mandamientos, se resumen en este otro: «Ama a tu prójimo como a ti mismo». ¹⁰El que ama no le hace mal a nadie y, por eso mismo, el que ama cumple perfectamente la ley.

¹¹Tenemos que vivir así, sabiendo que el tiempo vuela. ¡Despertemos! Nuestra salvación está más cerca ahora que cuando creímos por primera vez. ¹²La noche ya está terminando y el nuevo día despuntará pronto. Por eso, dejemos de actuar en las tinieblas y vistámonos la armadura de la luz. ¹³Seamos siempre decentes, como si anduviéramos a la luz del día. No gastemos el tiempo en orgías y borracheras, ni en inmoralidades sexuales y libertinajes, ni en pleitos y envidias. ¹⁴Más bien, revístanse ustedes del Señor Jesucristo, y no busquen satisfacer los deseos de su naturaleza pecadora.

## Los débiles y los fuertes

**14** Reciban a cualquier hermano aun cuando su fe sea débil, y no entren en discusiones con él. ²Hay hermanos a quienes su fe les permite comer de todo; pero hay otros que son débiles y sólo comen vegetales. ³El que cree que es correcto comer de todo no debe menospreciar al que no come ciertas cosas. Y el que no come de todo no debe condenar al que sí lo hace, porque Dios lo ha aceptado. ⁴¿Quién eres tú para juzgar al siervo de otro? Si cae o se levanta es asunto de su propio señor. Y se mantendrá en pie, pues es Dios quien lo sostiene.

⁵Hay quienes creen que un día es más importante que los demás. Pero hay quien considera que todos los días son iguales. En cuestiones como éstas, cada uno debe estar seguro de lo que piensa. ⁶El que guarda un día lo hace para honrar al Señor. El que come de todo, come para el Señor y lo muestra dándole gracias. Pero la persona que no come de todo, de esa manera trata también de agradar al Señor, y también le da las gracias.

⁷Nosotros no somos tan independientes como para poder vivir o morir para nosotros mismos. ⁸Al vivir o morir lo hacemos para el Señor. Sea que estemos vivos o que estemos muertos, somos del Señor. ⁹Pues Cristo murió y resucitó precisamente para ser nuestro Señor mientras vivamos y cuando muramos.

¹⁰Tú no tienes derecho a criticar a tu hermano ni a menospreciarlo. Recuerda que cada uno de nosotros tendrá que comparecer personalmente ante el tribunal de Cristo. ¹¹Porque está escrito:

«Yo juro», dice el Señor, «que ante mí se doblará toda rodilla, y toda lengua reconocerá abiertamente a Dios».

¹²Sí, cada uno tendrá que dar cuentas a Dios de sus actos. ¹³Así que dejen de estarse criticando. Traten de vivir de tal manera que ningún hermano tropiece o caiga por culpa de ustedes. ¹⁴En cuanto a mí, tengo la seguridad absoluta de que podemos comer de todo. Pero si alguien piensa que es malo comer algo, no debe comerlo, porque es malo para él.

¹⁵Y si tu hermano se entristece por lo que comes, sería una falta de amor persistir en hacerlo: No permitas que por tu comida se pierda aquel por quien Cristo murió.

¹⁶No hagas nada por lo cual se te pueda criticar, ni aun cuando sepas que es bueno. ¹⁷Después de todo, en el reino de Dios lo más importante no es comer ni beber, sino practicar la justicia y la paz y tener el gozo del Espíritu Santo. ¹⁸El que de esta manera sirve a Cristo, le causa alegría a Dios y es respetado por la gente.

¹⁹Por tanto, hagamos todo lo que sea posible para contribuir a la armonía en la iglesia y a la edificación mutua. ²⁰No destruyas la obra de Dios por la comida. Recuerda, todo alimento es bueno; lo malo es comerlo y con ello hacer tropezar a alguien. ²¹Lo mejor que uno puede hacer es dejar de comer carne, beber vino o hacer cualquier cosa que pueda inducir al hermano a pecar. ²²Así que aquello de lo que estés convencido, guárdalo como algo entre Dios y tú. Dichosa la persona a quien su conciencia no la acusa por lo que hace.

²³Pero si piensa que pudiera ser malo comer algo, al comerlo se condena, ya que lo hace sin estar convencido. Cualquier cosa que se haga fuera de lo que uno cree que es correcto, es pecado.

**15** Los que estamos plenamente convencidos de lo que hacemos, en vez de hacer sólo lo que queremos, debemos ayudar a quienes son débiles. ²Cada uno debe agradar a su prójimo, y hacer cuanto contribuya al bien y a la edificación de su fe.

³Ni siquiera Cristo trató de complacerse. Como está escrito: «Los insultos de quienes te ofendían cayeron sobre mí».

⁴De hecho, todo lo que fue escrito hace tiempo se escribió para enseñarnos, a fin de que, con el consuelo y la constancia que las Escrituras nos dan, mantengamos la esperanza.

13.1–5   13.8–14   14.7–19

los israelitas significó la reconciliación entre Dios y el mundo. Por eso, su restauración será como si un muerto volviera a la vida.

☀︎ ¹⁶Cuando se consagra la parte de la masa que se le va a dar a Dios como primeros frutos, se consagra toda la masa. Si la raíz de un árbol es santa, las ramas lo son también.

¹⁷Es cierto que algunas de las ramas del árbol fueron cortadas. Y también que ustedes los gentiles, que eran como ramas de olivo silvestre, han sido injertados entre las demás ramas. Como resultado, ahora se nutren también de la rica savia de la raíz del olivo. ¹⁸Sin embargo, cuídense de no sentirse mejor que las ramas cortadas. Y si se sienten así, recuerden que no son ustedes quienes nutren a la raíz, sino la raíz a ustedes. ¹⁹Bueno, quizás te estés diciendo: "Si cortaron aquellas ramas, fue para injertarme a mí". ²⁰Tienes razón. Recuerda que esas ramas fueron cortadas por no creer en Dios, y que tú estás allí porque crees. Por eso, no te pongas orgulloso; sé humilde, ²¹pues si Dios no vaciló en cortar las ramas que había puesto allí primero, tampoco vacilará en cortarte a ti. ²²Fíjate que Dios es a la vez bondadoso y severo. Aunque es severo contra los que lo desobedecen, es bondadoso contigo. Pero si no vives de acuerdo con su bondad, también te cortará.

²³Por otro lado, si los israelitas abandonan su incredulidad, Dios tiene el poder para volverlos a injertar al árbol. ²⁴Si Dios te cortó de un olivo silvestre, del cual eras parte, y te injertó en su propio buen olivo, contra tu condición natural, ¿no crees que le será mucho más fácil reinjertar las ramas que estaban allí primero?

### Todo Israel será salvo

²⁵Quiero que conozcan bien, amados hermanos, este misterio, para que no sean arrogantes. Sí, es cierto que algunos israelitas han sido muy tercos, y esto será así hasta que los gentiles hayan creído. ²⁶Y después de esto, todo Israel tendrá la salvación. Así está escrito:

«De Sión vendrá un Libertador que apartará del pueblo de Jacob la impiedad.

²⁷Y éste será mi pacto con ellos cuando perdone sus pecados».

²⁸Hoy día muchos israelitas son enemigos de Dios, pero esto los ha beneficiado a ustedes. Sin embargo, Dios aún ama a los israelitas porque eligió a los patriarcas. ²⁹Dios jamás retira sus dádivas ni se olvida de aquellos a quienes ha elegido. ³⁰Antes ustedes eran rebeldes contra Dios, pero cuando los israelitas desobedecieron a Dios, él dirigió hacia ustedes su compasión. ³¹De la misma manera, los que han desobedecido alcanzarán misericordia, como resultado de la misericordia de Dios hacia ustedes. ³²En conclusión, Dios encerró a israelitas y a gentiles en la desobediencia, para tener misericordia de todos.

### Doxología

☀︎ ³³¡Qué inmensas son las riquezas de la sabiduría y del conocimiento de Dios! ¡Qué difícil es entender sus decisiones y explicar lo que hace!

³⁴¿Quién podrá escudriñar los pensamientos del Señor?

¿Quién es su consejero?

³⁵¿Y quién puede haberle dado algo al Señor para sentirse con derecho a cobrarle?

³⁶Porque, todo fue creado por Dios, existe por él y para él.

¡A él sea la gloria siempre! Así sea.

### Sacrificios vivos

12 ☀︎ Por esto, hermanos, tomando en cuenta el amor que Dios nos tiene, les ruego que cada uno de ustedes se entregue como sacrificio vivo y santo; éste es el único sacrificio que a él le agrada. ²No se amolden a la conducta de este mundo; al contrario, sean personas diferentes en cuanto a su conducta y forma de pensar. Así aprenderán lo que Dios quiere, lo que es bueno, agradable y perfecto.

³Como mensajero por la bondad de Dios les advierto que no se consideren mejores de lo que son; valórense según el grado de fe que Dios les ha dado.

⁴Así como nuestro cuerpo tiene muchas partes, y cada una desempeña una tarea diferente, ⁵así sucede en la iglesia. Somos muchos miembros, pero formamos un solo cuerpo, y entre nosotros hay una dependencia mutua.

⁶A cada persona, Dios le ha concedido, en su bondad, el don de realizar cierta tarea. Así que si Dios te ha dado el don de profetizar, ejercítalo de acuerdo con la proporción de la fe que posees.

⁷Si tienes el don de servir a los demás, sirve bien; si eres maestro, sé un buen maestro; ⁸si tienes el don de animar a otros, anímalos; si Dios te ha puesto para ayudar a los necesitados, hazlo generosamente; si Dios te ha concedido ser líder, dirige con mucha dedicación; y si tienes el don de mostrar compasión, hazlo con alegría.

### El amor

⁹No finjan amar; amen de veras. Aborrezcan lo malo; pónganse de parte del bien. ¹⁰Ámense con cariño de hermanos y deléitense en el respeto mutuo.

¹¹No sean perezosos; sirvan al Señor con el entusiasmo que da el Espíritu. ¹²Regocíjense en la esperanza, tengan paciencia si sufren y nunca dejen de orar.

¹³Cuando vean a algún hermano en necesidad, corran a ayudarlo. Y fórmense el hábito de ofrecer alojamiento a los que lo necesiten.

¹⁴Si alguien los persigue, no lo maldigan; al contrario, bendíganlo.

☀︎ ¹⁵Si alguien se alegra, alégrense con él; si alguien está triste, acompáñenlo en su tristeza. ¹⁶Vivan en armonía unos con otros. No sean arrogantes, sino traten como iguales a la gente humilde ¡y no se hagan como que lo saben todo!

¹⁷Nunca le paguen a nadie mal con mal. Al contrario, busquen hacerles el bien a todos.

☀︎ ¹⁸Procuren, en lo que les sea posible, estar en paz con todo el mundo. ¹⁹Queridos hermanos, nunca tomen venganza sino déjensela a Dios, porque así está escrito:

«A mí me corresponde vengarme. Yo le daré su pago a cada quien, dice el Señor».

²⁰Y también está escrito: «Dale de comer a tu enemigo si está hambriento; y si tiene sed, dale de beber. Así se avergonzará de lo que te ha hecho».

☀︎11.16  ☀︎11.33-36  ☀︎12.1-13  ☀︎12.15-16  ☀︎12.18-21

³¹Pero Israel, que con tanto ardor trató de guardar la ley para quedar bien con Dios, nunca lo logró. ³²¿Y por qué no? Porque los israelitas trataron de salvarse haciendo buenas obras, como si eso fuera posible, y no confiando en Dios. Por eso, dieron contra la gran «piedra de tropiezo».

³³Así está escrito:

«He puesto en Sión una piedra y muchos tropezarán con ella.

Mas los que crean en ella jamás se arrepentirán de haberlo hecho».

**10** Amados hermanos, el anhelo de mi corazón y mi oración a Dios es que el pueblo de Israel se salve. ²Yo conozco el celo que sienten por la causa de Dios, pero se trata de un celo equivocado. ³Como no conocen la manera en que Dios nos declara justos, tratan de hacerse justos a su propia manera, y así terminan rechazando la manera en que Dios quiere aceptarlos.

⁴A todo el que cree, Dios lo declara justo, pues en Cristo la ley llegó a su cumplimiento. ⁵Moisés describió a la persona que obedece la ley para que Dios la acepte de la siguiente manera: «Si una persona obedece la ley, vivirá por hacerlo».

⁶Sin embargo, acerca de los que confían en Dios para que los declare justos, dice: «No tienes que preguntarte, "¿quién subirá al cielo?" (para pedirle a Cristo que descienda), ⁷ni tienes que decir: "¿quién bajará al abismo?" (para retornar a Cristo a la vida)».

⁸Más bien, nosotros predicamos el mensaje de fe que la Escritura enseña:

«El mensaje está a tu alcance, en tu boca y en tu corazón».

⁹Si declaras con tu boca que Jesús es el Señor y crees de corazón que Dios lo levantó de entre los muertos, Dios te salvará. ¹⁰Porque a quien cree de corazón, Dios lo da por justo; y a quien reconoce a Jesús, Dios lo salva.

¹¹Pues las Escrituras afirman que «los que creen en Cristo jamás serán defraudados».

¹²Pues el mismo Señor que es Señor de todos no hace diferencia entre el judío y el que no lo es. Él bendice generosamente a quienes se lo piden.

¹³Por eso la Escritura dice: «Todo aquel que busque la ayuda del Señor será salvo».

¹⁴Pero, ¿cómo van a buscar la ayuda de alguien en quien no creen? ¿Y cómo van a creer en alguien de quien no han oído hablar? ¿Y cómo van a oír de él si no se les habla? ¹⁵¿Y quién puede ir a hablarles si no lo envía nadie?

De esto hablan las Escrituras cuando se expresan así: «¡Qué hermosos son los pies de los que proclaman las buenas noticias!»

¹⁶Sin embargo, no todos los israelitas aceptaron las buenas noticias. Por eso el profeta Isaías exclamó: «Señor, ¿quién ha creído nuestro mensaje?»

¹⁷Así que la fe nace cuando se presta atención a las buenas noticias acerca de Cristo.

¹⁸¿Y será que en verdad no han oído el mensaje de Dios? Claro que sí.

«El mensaje de los que lo anuncian se ha difundido a todas partes; sus palabras han llegado hasta los confines del mundo».

¹⁹Insisto, ¿entendería Israel el mensaje? Para empezar, Moisés escribió esto:

«Yo mismo pondré celosos a los israelitas con un pueblo sin importancia. Haré que se enojen con una nación de poco entendimiento».

²⁰Luego, Dios dice claramente, por medio de Isaías, lo siguiente:

«Naciones que ni siquiera me andaban buscando, me hallarán; me di a conocer a los que no se interesaban por mí».

²¹En cambio, Dios dijo esto acerca de Israel:

«Todo el día le ofrecí ayuda a un pueblo desobediente y muy terco».

### El remanente de Israel

**11** Pregunto entonces: ¿Ha rechazado Dios a su pueblo? ¡De ninguna manera! Yo mismo soy israelita, descendiente de Abraham y miembro de la familia de Benjamín. ²Dios no ha rechazado al pueblo que él mismo escogió desde el principio. ¿Recuerdan lo que dicen las Escrituras en cuanto a Elías?

³Él se quejaba ante Dios así:

«Dios Todopoderoso; me duele ver cómo el pueblo de Israel ha quebrantado el pacto contigo, ha derribado tus altares, ha dado muerte a tus profetas. ¡Sólo yo he quedado, y ahora están tratando de matarme a mí también!»

⁴¿Recuerdan lo que le respondió Dios?

«¡Tienes que saber que aún quedan siete mil hombres en Israel que jamás se han inclinado ante Baal ni lo han adorado!»

⁵En la actualidad sucede lo mismo. Queda un grupo que Dios ha escogido por su amor gratuito. ⁶Y si es por ese amor gratuito de Dios, entonces ya no depende de lo que ellos hagan. Si así no fuera, la salvación dejaría de ser gratuita.

⁷El caso, pues, es el siguiente: La mayoría de los israelitas no han alcanzado lo que andaban buscando. Pero algunos lo han alcanzado porque Dios los ha escogido. Los demás fueron endurecidos. ⁸A esto se refieren las Escrituras cuando dicen:

«Dios los ha adormecido, les ha cerrado los ojos y oídos para que no entiendan».

⁹Y David, también exclamó:

«¡Que sus fiestas se conviertan en trampas y redes, que sean ocasión de tropiezo y de castigo!

¹⁰¡Que se les oscurezca la vista y no puedan ver!

¡Que anden para siempre con la espalda agobiada bajo un gran peso!»

### Ramas injertadas

¹¹Hago ahora esta pregunta: ¿Tropezaron los israelitas para no volver a levantarse? ¡Por supuesto que no! Gracias a su desobediencia, la salvación vino a los gentiles, para que los israelitas sientan celos.

¹²Ahora bien, si el mundo entero se ha enriquecido gracias a la desobediencia de ellos, ¿cuánto más valiosa no será su plena restauración?

¹³Como ustedes saben, Dios me envió a ustedes los gentiles y yo honro este servicio. Por ello les predico a ustedes, gentiles, ¹⁴para ver si así pongo celosos a algunos de mi propio pueblo y logro que algunos de ellos se salven. ¹⁵El que Dios diera la espalda a

**ROMANOS 8.25**

²⁵Pero mantenernos esperando de Dios lo que todavía no se ha manifestado nos enseña a tener paciencia.

### Más que vencedores

²⁶De igual manera, el Espíritu nos ayuda en nuestras debilidades. Es cierto que no sabemos qué debemos pedir, pero el Espíritu ora por nosotros con gemidos tales que no se pueden expresar con palabras. ²⁷Y Dios, que conoce los corazones, entiende lo que el Espíritu dice, porque pide por nosotros de acuerdo con la voluntad de Dios.

²⁸Además, sabemos que si amamos a Dios, él hace que todo lo que nos suceda sea para nuestro bien. Él nos ha llamado de acuerdo con su propósito. ²⁹A quienes Dios conoció de antemano, los destinó desde un principio para que sean como su Hijo, para que él sea el mayor entre muchos hermanos. ³⁰Y a los que predestinó, también los llamó; y a los que llamó, también los hizo justos; y a los que hizo justos, los glorificó.

³¹¿Qué más se puede decir? Si Dios está de parte nuestra, ¿quién podrá estar contra nosotros? ³²Si Dios no dudó al entregar a su Hijo por nosotros, ¿no nos dará también, junto con él, todas las cosas? ³³Si somos los escogidos de Dios ¿quién se atreverá a acusarnos? Dios mismo es quien nos ha declarado justos. ³⁴¿Quién nos condenará? Cristo fue el que murió y volvió a la vida, el que está en el lugar de honor junto a Dios, intercediendo por nosotros.

³⁵¿Quién podrá apartarnos del amor de Cristo? ¿El sufrimiento, la angustia, la persecución, el hambre, la pobreza, el peligro, las amenazas de muerte? ³⁶Las Escrituras dicen:

«Por tu causa nos amenazan de muerte todo el tiempo, nos tratan como a ovejas de matadero».

³⁷A pesar de todo, nuestra victoria es absoluta, gracias a Cristo que nos amó.

³⁸Estoy convencido de que nada podrá apartarnos de su amor; ni la muerte, ni la vida, ni los ángeles, ni los demonios, ni lo presente, ni lo que está por venir, ni los poderes, ³⁹ni lo alto, ni lo profundo, ni cosa alguna de toda la creación. ¡Nada podrá separarnos del amor que Dios nos ha demostrado en Cristo Jesús, nuestro Señor!

### La elección soberana de Dios

**9** Les digo la verdad en Cristo; no miento. Mi conciencia, guiada por el Espíritu Santo, me confirma que esto es verdad. ²Me duele el corazón y siento día y noche un gran dolor. ³Estaría dispuesto a condenarme eternamente lejos de Cristo, si con ello mis hermanos, los de mi propia raza, se salvaran.

⁴El pueblo de Israel fue adoptado como hijo de Dios. El Señor le mostró su gloria divina; le dio los pactos, la ley, el culto y las promesas. ⁵Los israelitas son descendientes de los patriarcas, y de ellos, según la naturaleza humana, nació Cristo, que es Dios sobre todas las cosas. ¡Bendito sea para siempre! Amén.

⁶Entonces, ¿perdieron valor las promesas de Dios? No. Lo que pasa es que no todos los que descienden de Israel son el verdadero pueblo de Israel. ⁷El simple hecho de descender de Abraham no los hace verdaderos hijos de Abraham. Por eso las Escrituras dicen que las promesas se aplican sólo a un hijo de Abraham: Isaac.

⁸Esto quiere decir que no todos los hijos de Abraham son hijos de Dios. Solo se les considera verdaderos hijos, a los que lo son en cumplimiento de la promesa de Dios. ⁹Porque lo que el Señor prometió fue esto: «El año que viene volveré y Sara tendrá un hijo».

¹⁰Lo mismo sucedió con los hijos de Rebeca, que tuvieron un mismo padre, Isaac nuestro antepasado. ¹¹⁻¹³Cuando ella estaba a punto de dar a luz mellizos, y antes de que éstos hicieran algo bueno o malo, Dios le dijo: «Esaú, el mayor, servirá a Jacob, el menor». Como dicen las Escrituras: «Amé a Jacob y aborrecí a Esaú». Así confirmó Dios su propósito de elegir a quien él quiere llamar, sin tomar en cuenta lo que la persona haya hecho.

¹⁴Ante todo esto, ¿qué podemos decir? ¿Es Dios injusto? ¡Claro que no! ¹⁵Es un hecho que Dios le dijo a Moisés:

«Tendré misericordia de quien yo quiera, y de quien yo quiera me apiadaré».

¹⁶Por eso, las bendiciones de Dios no las obtienen quienes las quieran, ni quienes se esfuercen por obtenerlas. Dependen de que Dios tenga misericordia de ellos, ¹⁷porque la Escritura le dice esto al faraón: «Te hice rey precisamente para mostrar en ti mi poder, y para que mi nombre sea proclamado en el mundo entero».

¹⁸Como ven, Dios se apiada de quien él quiere, y endurece a quien él quiere endurecer.

¹⁹Entonces, me dirás: «¿Por qué nos condena Dios si nadie puede oponerse a lo que él quiere hacer?» ²⁰Y yo respondo: «¿Quién eres tú para pedirle cuentas a Dios? ¿Podrá un objeto decirle a quien lo hizo: "¿Por qué me has hecho así?"» ²¹El que hace vasos de barro, ¿no tiene acaso el derecho de hacer con el mismo barro una vasija para usos especiales y otra que sirva para uso común?

²²¿Acaso no tiene Dios el mismo derecho de desatar su ira y su poder contra los que merecían su castigo y estaban preparados para destrucción, con los cuales ya había sido muy paciente? ²³,²⁴Él también tiene derecho de llamar a personas como nosotros, judíos o gentiles, y demostrar así su gran amor y poder para salvarnos. Desde un principio tuvo compasión de nosotros y nos preparó para su gloria.

²⁵¿Recuerdan lo que dice la profecía de Oseas?

«Llamaré pueblo mío al que no era mi pueblo, y a un pueblo que yo no amaba le mostraré mi amor».

²⁶Y añade que los paganos, a los cuales había dicho: «No eres mi pueblo», serían llamados «hijos del Dios viviente».

²⁷El profeta Isaías dijo esto tocante a los israelitas:

«Aunque sean tan numerosos como la arena del mar, sólo un pequeño grupo se salvará, ²⁸porque el Señor ejecutará su sentencia sobre la tierra plenamente y sin tardar».

²⁹Y añade en otro lugar:

«Si no fuera porque el Señor Todopoderoso nos dejó descendientes, ahora mismo seríamos como las ciudades de Sodoma y Gomorra».

### Incredulidad de Israel

³⁰En conclusión, ¿qué más podemos decir? Pues que a los gentiles que no buscaban que Dios los aceptara, Dios los hizo justos porque creyeron en él.

8.35–39

bajo el antiguo mandamiento, sino que ahora lo hacemos bajo el poder del Espíritu.

## Conflicto con el pecado

⁷¿Es que acaso estoy dando a entender que la ley de Dios es pecado?

¡Claro que no!

La ley no es pecado, pero fue la ley la que me enseñó que en mí había pecado. Jamás me habría dado cuenta de lo que es codiciar si la ley no me hubiera dicho: «No codiciarás». ⁸Pero el pecado usó aquella ley que condena la codicia para despertar en mí toda clase de malos deseos. Si no hubiera ninguna ley que transgredir, nadie pecaría.

⁹Por eso, antes de entender lo que la ley demanda, me sentía bien. Pero cuando llegó el mandamiento, cobró vida el pecado y morí. ¹⁰Es decir, el mandamiento que debía haberme dado vida, me condenó a muerte. ¹¹Porque el pecado me engañó, pues tomó el mandamiento de Dios y lo usó para matarme.

¹²Así que, como ven, la ley en sí es santa, justa y buena.

¹³¿Y acaso lo que era bueno causó mi muerte? ¡De ninguna manera! No; el pecado usó lo que era bueno para causarme la muerte. Así que, utilizando el mandamiento bueno, el pecado se mostró con toda su maldad.

¹⁴Sabemos que la ley es espiritual. El problema es que yo estoy vendido en esclavitud al pecado, a causa de mi naturaleza pecadora.

¹⁵Yo no me entiendo a mí mismo, porque no hago lo que quiero, sino lo que aborrezco.

¹⁶Sé bien que si hago lo que no quiero hacer, entonces la ley es buena. ¹⁷De manera que no soy yo el que lo hace. Es el pecado que está dentro de mí.

¹⁸Yo sé que en mi vieja naturaleza no hay nada bueno. Pues aunque quiero hacer lo bueno, no puedo. ¹⁹Cuando quiero hacer el bien, no lo hago; y cuando trato de no hacer lo malo, lo hago de todos modos. ²⁰Entonces, si hago lo que no quiero hacer, está claro cuál es el problema: es el pecado que vive en mí.

²¹Así que, queriendo hacer el bien, me enfrento a esta ley: el mal vive en mí. ²²En mi interior, quisiera obedecer la voluntad de Dios, ²³pero me doy cuenta de que en los miembros de mi cuerpo hay otra ley, que es la ley del pecado. Esta ley está en guerra contra mi mente, y me tiene cautivo.

¡Qué triste es el estado en que me encuentro!

²⁴¿Quién me libertará de la esclavitud de esta mortal naturaleza pecadora?

²⁵¡Gracias a Dios que Cristo lo ha logrado!

En conclusión: con mi mente sirvo a la ley de Dios pero con mi naturaleza pecaminosa a la ley del pecado.

## Vida mediante el Espíritu

**8** ☼ Así que a los que están unidos a Jesucristo ya no les espera ninguna condenación, ²porque el poder vivificador del Espíritu, poder que reciben a través de Jesucristo, los libera del poder del pecado y de la muerte.

³La ley no pudo liberarnos porque nuestra naturaleza pecaminosa anuló su poder. Pero Dios envió a su propio Hijo con un cuerpo humano igual en todo al nuestro para entregarlo en sacrificio por nuestros pecados, y así destruyó el dominio del pecado sobre nosotros.

⁴Por eso, si vivimos según el Espíritu Santo y negamos obediencia a nuestra vieja naturaleza pecaminosa, podemos obedecer las justas demandas de la ley de Dios.

⁵Los que se dejan dominar por su naturaleza pecaminosa viven sólo para complacer sus deseos; pero los que viven de acuerdo con el Espíritu, se preocupan de las cosas del Espíritu.

⁶Los que ocupan su mente en las cosas del Espíritu tienen vida y paz; pero el ocuparse de las cosas de la naturaleza pecaminosa produce muerte, ⁷porque la naturaleza pecaminosa siempre se rebela contra Dios, nunca ha obedecido la ley de Dios y nunca podrá obedecerla.

⁸Por eso, los que viven de acuerdo con su naturaleza pecaminosa jamás podrán agradar a Dios.

⁹Pero ustedes no son así. Ustedes viven según el Espíritu, si es que el Espíritu de Dios mora en ustedes. No es cristiano quien no tenga el Espíritu de Cristo. ¹⁰Y como Cristo vive en ustedes, sus cuerpos están muertos a consecuencia del pecado, pero sus espíritus viven porque Cristo los ha hecho justos.

¹¹Y si el Espíritu de Dios que levantó a Jesús de entre los muertos vive en ustedes, él mismo les dará vida a sus cuerpos mortales.

¹²Así que, amados hermanos, ustedes no están obligados a hacer lo que la vieja naturaleza les dice. ¹³Si lo siguen haciendo perecerán; pero si mediante el poder del Espíritu hacen morir a la naturaleza pecaminosa ☼ y sus obras, vivirán. ¹⁴Los hijos de Dios son los que se dejan conducir por el Espíritu de Dios.

¹⁵Ustedes no recibieron un espíritu que los haga esclavos del miedo; recibieron el Espíritu que los adopta como hijos de Dios y les permite clamar: «Padre, Padre», ¹⁶porque el Espíritu les asegura a nuestro espíritu que somos hijos de Dios.

¹⁷Y como somos sus hijos, somos herederos: herederos de Dios y coherederos junto con Cristo. Pero si compartimos su gloria, también hemos de participar de sus sufrimientos.

## La gloria futura

¹⁸Sin embargo, lo que ahora sufrimos no tiene comparación con la gloria que se nos dará después, ¹⁹pues la creación aguarda con ansiedad el día en que se manifieste que somos hijos de Dios, ²⁰ya que la creación misma fue sometida a frustración. Eso no sucedió por su propia voluntad, sino que sucedió por la voluntad de Dios que así lo dispuso. Pero lo hizo con la confianza ²¹de que la creación será liberada de la corrupción a la que está sujeta. Así compartirá la gloriosa libertad de los hijos de Dios.

²²Sabemos que toda la creación gime como si fuera a dar a luz. ²³Y no sólo gime ella, sino que también nosotros, que tenemos los primeros frutos del Espíritu, gemimos en nuestro interior mientras esperamos ansiosamente el día de nuestra adopción, es decir, el día cuando nuestros cuerpos sean liberados.

☼ ²⁴Esa es la esperanza para la cual fuimos salvos. Esperar lo que se puede ver no es esperanza. Si uno ya tiene lo que espera, no tiene que esperarlo más.

☼ 8.1–11    ☼ 8.14–18    ☼ 8.24–32

ley, no se le podía declarar culpable de haberla transgredido. ¹⁴Lo cierto es que, desde los días de Adán hasta Moisés, la gente experimentó la muerte. Claro, su pecado no fue como el de Adán, que transgredió un mandato de Dios. Este Adán fue figura de aquel que habría de venir.

¹⁵Sin embargo, no hay comparación entre el pecado de Adán y el regalo que Dios nos da: El primer hombre provocó la muerte de muchos con su pecado; pero por el amor de otro hombre, Jesucristo, abundó para muchos el amor y el regalo gratuito de Dios. ¹⁶Aquel pecado de un solo hombre no puede compararse con el regalo de Dios. Por un pecado vino la condenación a muchos, mientras que por causa de muchos pecados vino el regalo de Dios que nos hace justos. ¹⁷El pecado de aquel solo hombre trajo por consecuencia el imperio de la muerte; pero por causa de otro hombre, Jesucristo, reinarán en vida los que reciben la abundancia del amor y del don gratuito de Dios por el cual nos hace justos.

¹⁸Así como por el pecado de uno vino la condenación a todos los seres humanos, de la misma manera, la justicia de uno nos hace justos y nos da vida.

¹⁹En otras palabras, al desobedecer a Dios, Adán hizo que nos volviéramos pecadores; pero Cristo, que obedeció, nos hizo aceptables ante Dios.

²⁰La ley vino después para que aumentara el pecado; pero si el pecado aumentó muchísimo, mucho mayor ha sido el amor gratuito de Dios.

²¹De la misma manera como el pecado se enseñoreó de la humanidad y la condujo a la muerte, así también la gracia de Dios reina, nos hace justos y nos da vida eterna a través de Jesucristo nuestro Señor.

## Muertos al pecado, vivos en Cristo

**6** ¿Qué podemos decir? ¿Seguiremos pecando para que el amor gratuito de Dios abunde aún más?

²¡Por supuesto que no! Los que ya hemos muerto para el pecado, ¿cómo vamos a seguir viviendo en pecado?

³¿No saben ustedes que cuando nos unimos a Cristo en el bautismo fue como si hubiéramos muerto con él? ⁴En realidad, nuestra vieja naturaleza quedó sepultada con Jesús en el bautismo. Y así como Dios el Padre, con su poder glorioso, lo volvió a la vida, también así a nosotros nos levantó para que viviéramos una nueva vida.

⁵Pues si fuimos injertados en Cristo cuando él murió, de la misma manera participamos con él en su resurrección. ⁶Sabemos que nuestra vieja naturaleza pecaminosa fue clavada en la cruz junto con Cristo; de esta manera, ya no está bajo el dominio del pecado, ni tiene que someterse a la esclavitud del pecado, ⁷porque al morir quedamos libres de su dominio.

⁸Y por cuanto nuestra naturaleza pecadora murió con Cristo, creemos que también compartiremos su nueva vida.

⁹Sabemos que Cristo resucitó y jamás volverá a morir. La muerte no ejercerá sobre él poder alguno. ¹⁰Cuando Cristo murió, murió de una vez por todas al poder del pecado; pero ahora vive para Dios. ¹¹Así también ustedes, considérense muertos a la vieja naturaleza pecadora, y vivan para Dios unidos a Cristo Jesús nuestro Señor.

¹²No dejen que el pecado domine su cuerpo mortal; no lo obedezcan siguiendo sus malos deseos. ¹³No entreguen ninguna parte de su cuerpo al pecado para que se convierta en instrumento del mal. Más bien, entréguense por completo a Dios, como quienes ya han muerto y han vuelto a vivir. Y preséntenle sus miembros como instrumentos para la justicia.

¹⁴¡Que el pecado no vuelva a dominarlos! Ya no estamos atados a la ley; ahora vivimos bajo la gracia de Dios.

## Esclavos de la justicia

¹⁵Entonces, como ya no vivimos bajo la ley sino bajo la gracia de Dios, ¿podemos pecar? ¡Claro que no!

¹⁶¿No comprenden que si ustedes se entregan a alguien como esclavos, los esclavizará para que le sirvan? Pueden escoger hacer: el pecado y morir, u obedecer y ser justos.

¹⁷Pero gracias a Dios que, si bien antes eran esclavos del pecado, ya están obedeciendo de todo corazón las enseñanzas que Dios les ha dado. ¹⁸Ya están libres del pecado y han pasado a servir a la justicia.

¹⁹Les hablo usando este ejemplo para que me entiendan mejor. Así como presentaron sus cuerpos para servir a la maldad y a la impureza, ahora deben entregar sus cuerpos para servir a la justicia y ser más santos.

²⁰En aquellos días en que eran esclavos del pecado, no estaban al servicio de la justicia.

²¹¿Con qué resultado?

No muy bueno, por cierto; y por eso se avergüenzan ahora al pensar en lo que antes hacían, que les llevaba a la muerte.

²²Mas ahora están libres del pecado y son esclavos de Dios. Esto les trae como beneficio la santidad y como fin la vida eterna.

²³Porque si bien la paga del pecado es muerte, el regalo que nos da Dios es vida eterna a través de Jesucristo nuestro Señor.

## Analogía tomada del matrimonio

**7** ¿Es que no comprenden todavía, mis hermanos conocedores de la ley, que cuando una persona muere, la ley pierde todo su poder sobre ella?

²Por ejemplo, cuando una mujer se casa, la ley la ata al esposo mientras éste viva. Pero si el esposo muere, ella deja de estar atada a la ley que la unía a su esposo. ³Si desea casarse de nuevo, puede hacerlo, pues está libre de la ley y no es adúltera. No sería incorrecto si el esposo viviera; entonces sí sería una adúltera.

⁴Así sucede también con ustedes, hermanos míos: por estar unidos a Cristo, están muertos para la ley. Y esto, a fin de que ahora estén unidos a aquel que resucitó de entre los muertos, para producir buenos frutos para Dios.

⁵Cuando vivíamos de acuerdo con nuestra naturaleza pecaminosa, los deseos pecaminosos actuaban en nosotros, estimulados por la ley. Lo que producían en nosotros era muerte. ⁶Pero ahora estamos muertos con respecto a la ley que nos dominaba y podemos servir a Dios. Y esto no como antes, que lo hacíamos

☼5.17  ☼6.6–9  ☼6.11–16  ☼6.22–23  ☼7.4  ☼7.6

²⁸En conclusión, podemos decir que Dios hace a la persona justa por la fe en Cristo y no en virtud de la obediencia a la ley.

²⁹Ahora bien, ¿Dios es sólo Dios de los judíos? No, Dios es Dios de todas las naciones. ³⁰Sólo hay un Dios, y él nos hace justos a todos por igual, ya seamos judíos o gentiles, cuando tenemos fe.

³¹¿Quiere decir esto que si tenemos fe la ley no tiene valor alguno? ¡Por supuesto que no! Más bien, reafirmamos la ley.

## Abraham, justificado por la fe

4 ¿Entonces, qué podemos decir con respecto a Abraham, nuestro antepasado como pueblo judío? ²Si Dios lo hubiera hecho justo por las buenas obras que realizó, tendría motivos para sentirse orgulloso, aunque no ante de Dios.

³En efecto, las Escrituras dicen que Abraham creyó a Dios, y por eso Dios lo declaró justo.

⁴Quien trabaja recibe su paga no como un regalo sino ☼ como algo que se ganó. ⁵En cambio, quien no hace obras para que Dios lo considere bueno, pero cree que Dios lo hace justo por creer, esa fe se le cuenta para declararlo justo.

⁶David se refirió a esto al describir la alegría de la persona a quien Dios declara inocente sin haber hecho nada para merecerlo.

⁷«Dichosos», dijo, «aquellos cuyos pecados han sido perdonados y olvidados.

⁸Sí, dichosa la persona a quien el Señor no le toma en cuenta los pecados».

⁹¿Es esta dicha sólo para los judíos o también para todos? Ya hemos afirmado que a Abraham Dios lo hizo justo por la fe.

¹⁰¿Cuándo sucedió eso? Fue antes de hacerse judío, es decir, antes que lo circuncidaran.

¹¹Primero creyó y luego fue circuncidado. Y esa circuncisión fue como un sello, como una señal de que Dios lo había hecho justo por creer en él. Sucedió así para que Abraham fuera el padre de todos los creyentes que nunca han sido circuncidados, para mostrarles que ellos pueden ser declarados justos al creer en Dios.

¹²Abraham, por supuesto, es también padre de quienes, además de estar circuncidados, siguen el ejemplo de la fe que tuvo cuando aún no se había circuncidado.

¹³Está claro que Dios prometió otorgar toda la tierra a Abraham y a su descendencia, no en virtud de su obediencia a la ley, sino en virtud de la justicia que viene por la fe.

¹⁴Porque si los que reciben la herencia son los que obedecen la ley, entonces la promesa de Dios carece de valor y es una tontería tener fe.

¹⁵Lo cierto es que, cuando tratamos de guardar la ley, nos buscamos la ira de Dios. ¡La única forma de no quebrantar la ley sería no teniendo ninguna ley que quebrantar!

¹⁶Por eso, la promesa de Dios se obtiene por fe y es un regalo que no merecemos. Y también por eso por lo que estamos seguros de recibirla todos los hijos de Abraham, tanto los que se basan en la ley como los que tenemos una fe como la que él tuvo, pues Abraham es padre de todos nosotros. ¹⁷Con razón dicen las Escrituras: «Te he hecho padre de muchas naciones».

¡Y es una promesa del mismo Dios en quien Abraham creyó! ¡Es el Dios que hace que los muertos resuciten y es capaz de hacer que las cosas que aún no existen lleguen a existir!

¹⁸Por eso, cuando Dios le dijo a Abraham que le iba a dar una descendencia numerosa, Abraham lo creyó y tuvo esperanza, aun cuando aquello parecía imposible. Y así llegó a ser padre de muchas naciones.

☼ ¹⁹Y su fe no se debilitó ni él se preocupó de que, a la edad de cien años, fuera demasiado viejo para ser padre. Tampoco le dio importancia al hecho de que su esposa Sara fuera estéril.

²⁰Abraham no fue incrédulo a la promesa de Dios ni dudó jamás. Al contrario, fortaleció su fe y así le dio gloria a Dios y le dio las gracias por aquella bendición antes que se produjera. ²¹¡Estaba completamente seguro de que Dios cumple sus promesas!

²²En vista de esa fe, Dios lo declaró justo.

²³Pero esto de ser aceptado por la fe se escribió no sólo para hablar de Abraham. ²⁴También se escribió acerca de nosotros, que creemos en el Dios que levantó a Jesús, nuestro Señor, de entre los muertos. También nosotros seremos declarados justos por la fe en el Señor.

²⁵Él murió por nuestros pecados y resucitó para poder presentarnos justos ante Dios.

## Paz y alegría

5 ☼ Así que, ahora que Dios nos ha declarado justos por haber creído, disfrutamos de la paz con Dios gracias a lo que Jesucristo nuestro Señor hizo por nosotros. ²Por medio de él, y confiando en su promesa, participamos de ese amor que no merecemos, y en el cual nos mantenemos firmes. Incluso nos sentimos orgullosos de la esperanza de gozar de la gloria de Dios.

³Y también nos gozamos de las aflicciones, porque nos enseñan a tener paciencia; ⁴y la paciencia nos ayuda a superar las pruebas, y así nuestra esperanza se fortalece. ⁵Y esa esperanza nunca nos defrauda, pues Dios llenó nuestros corazones de su amor por medio del Espíritu Santo que él mismo nos dio.

⁶Cuando éramos incapaces de salvarnos, Cristo llegó en el momento oportuno y murió por los pecadores. ⁷Es muy difícil que alguien dé su vida por una persona justa y buena, aunque, en efecto, pudiera darse un ☼ caso así. ⁸Dios, no obstante, nos demostró su amor al enviar a Cristo a morir por nosotros, aun cuando éramos pecadores.

⁹Con mucha más razón, ahora Dios nos salvará de la ira final al habernos hecho justos por medio de la muerte de Cristo. ¹⁰Pues si cuando éramos enemigos nos reconcilió con él mismo por la muerte de su Hijo, ¡cómo no ha de salvarnos ahora por su vida! ¹¹Y además de todo esto, también nos sentimos orgullosos en Dios, gracias a nuestro Señor Jesucristo, por quien ahora hemos sido reconciliados con Dios.

## De Adán, la muerte; de Cristo, la vida

☼ ¹²Por el pecado de un hombre, el pecado entró en el mundo, y por el pecado llegó la muerte. Y como todos pecaron, la muerte ha pasado a todos. ¹³Antes de la ley, la humanidad pecaba; pero como no había

☼4.5–8   ☼4.19–21   ☼5.1–5   ☼5.8–9   ☼5.12

⁷Dará la vida eterna a quienes con paciencia hacen el bien y buscan gloria, honra y vida eterna; ⁸pero castigará con su ira a quienes luchan contra la verdad y cometen injusticias.

⁹Habrá sufrimiento y angustia para toda persona que haga lo malo, tanto para los judíos como para los gentiles. ¹⁰Mas habrá gloria, honra y paz para los que hacen lo bueno, lo mismo para los judíos que para los gentiles, ¹¹pues para Dios no hay favoritismos.

¹²Todos los que han pecado sin tener la ley serán juzgados sin la ley; pero los que pecaron bajo la ley, por la ley serán juzgados, ¹³ya que no son los que oyen la ley los que son justificados, sino quienes la obedecen.

¹⁴Cuando los paganos que no conocen la ley actúan conforme a la ley, aunque nunca hayan tenido escrita la ley de Dios, son la ley para sí mismos. ¹⁵Ellos muestran que la ley de Dios está escrita dentro de ellos mismos; su conciencia los acusa a veces, y a veces los excusa. ¹⁶Y así, Dios juzgará en aquel día, por medio de Jesucristo, hasta los secretos de todas las personas.

### Los judíos y la ley

¹⁷Tú, como judío, te apoyas en la ley y te sientes orgulloso de tu relación con Dios. ¹⁸Dices que conoces la voluntad de Dios y que sabes discernir lo que es mejor, porque te lo ha enseñado la ley. ¹⁹Estás seguro de que puedes guiar a los ciegos y de que eres luz para los que viven en tinieblas. ²⁰Te consideras maestro de los ignorantes y guía de los niños, porque tienes en la ley la fuente del conocimiento y la verdad.

²¹Tú, pues, que instruyes a otros, ¿por qué no te instruyes a ti mismo?

Dices que no se ha de robar, pero ¿no robas tú? ²²Dices que es malo cometer adulterio, pero ¿no lo cometes tú?

Odias a los ídolos, pero saqueas sus templos. ²³Te sientes orgulloso de la ley de Dios, pero lo deshonras al violarla. ²⁴No en vano está escrito: «El mundo ofende a Dios por culpa de ustedes».

²⁵El haber sido circuncidado tiene valor cuando se obedece la ley de Dios; pero si no la obedeces no estás en mejor posición que los paganos. ²⁶Y si los paganos obedecen la ley de Dios, ¿no es justo que Dios los considere como si se hubieran circuncidado? ²⁷El que no se ha circuncidado pero obedece la ley te condenará a ti, que estás circuncidado y tienes la ley, pero no la obedeces.

²⁸Nadie es judío por serlo externamente y estar circuncidado. ²⁹No, judío es aquel que lo es en su interior y, en su interior ha sido circuncidado de acuerdo con el Espíritu y no con un mandamiento escrito. Quien así lo ha experimentado recibe la alabanza de Dios, no de la gente.

### Fidelidad de Dios

**3** Entonces, ¿de qué vale ser judío? ¿De qué sirve la circuncisión? ²Hay muchas ventajas. En primer lugar, Dios les encomendó a los judíos su palabra. ³Es cierto que muchos de ellos han sido incrédulos, pero, ¿acaso puede Dios faltar a sus promesas por esa razón? ⁴¡Por supuesto que no! Aunque el mundo entero sea mentiroso, Dios no lo es. ¿Recuerdan lo que está escrito?:

«Serás considerado justo por lo que dices y saldrás victorioso cuando te sometan a juicio».

⁵Pero si nuestra injusticia hace que se vea con más claridad la justicia de Dios, ¿qué podemos responder a quien dice esto? ¿Diremos que Dios es injusto cuando nos castiga? ⁶¡Dios nos libre! Si así fuera, ¿cómo podría Dios juzgar al mundo? ⁷Pero ¿cómo podría juzgarme Dios por ser pecador, si con mi mentira resalta su verdad, para su gloria?"

⁸Si así fuera, podríamos llegar a esta conclusión: «Hagamos el mal para que nos vaya bien». Los que dicen tales cosas tienen bien merecida la condenación. ¡Y hay quién se atreve a decir que esto es lo que yo enseño!

### No hay un solo justo

⁹Bueno, ¿somos los judíos mejores que los demás? En ninguna manera. Ya hemos demostrado que todos los hombres son pecadores, ya sean judíos o gentiles.

¹⁰Como dicen las Escrituras: «Nadie es bueno, nadie en absoluto. ¹¹Nadie entiende, ninguno busca a Dios. ¹²Todos han perdido el camino, nadie vive como Dios manda».

¹³«Sus conversaciones están llenas de suciedad, como el hedor de una tumba abierta; sus lenguas están cargadas de engaños».

¹⁴«Cuanto dicen está impregnado de veneno de serpientes; sus bocas están llenas de maldición y amargura».

¹⁵«Matan con rapidez y ligereza; ¹⁶dondequiera que van, dejan tras sí destrucción y miseria».

¹⁷«Nunca han sabido lo que es la paz. ¹⁸No les importa Dios ni lo temen».

¹⁹Sabemos que esto que dice la ley, lo dice a quienes están sujetos a ella. Por eso, el mundo entero tiene que callar y todos tendrán que reconocer que el juicio de Dios es justo.

²⁰Y esto es así porque nadie puede alcanzar el favor de Dios por obedecer la ley, pues mientras mejor conocemos la ley de Dios más nos damos cuenta de que somos pecadores.

### La justicia mediante la fe

²¹Sin embargo, Dios nos ha mostrado ahora la forma para que él nos acepte. De ella ya había enseñado el Antiguo Testamento. No se trata de guardar la ley. ²²Dios hace justos a quienes creen en Jesucristo, sin favoritismo alguno. ²³Es así porque todos hemos pecado y no tenemos derecho a gozar de la gloria de Dios. ²⁴Pero Dios, por su gran amor, gratuitamente nos declara inocentes, porque Jesucristo pagó todas nuestras deudas.

²⁵,²⁶Dios ofreció a Jesucristo como sacrificio por nuestros pecados. Cuando creemos esto, Dios nos perdona todos nuestros pecados pasados, pues nos tiene paciencia. De esa manera da a conocer su justicia y muestra que él es justo y que nos hace justos por tener fe en Cristo Jesús.

²⁷¿De qué podemos jactarnos entonces? Absolutamente de nada.

¿Por qué? Porque nuestra salvación no depende de la obediencia a la ley, sino de la fe.

✫3.11-12   ✫3.21-26

# Romanos

**1** Les escribe Pablo, sirviente de Jesucristo, llamado y enviado para predicar las buenas noticias de Dios. ²Dios había prometido estas buenas noticias a través de los profetas del Antiguo Testamento. ³Son buenas noticias acerca de su Hijo, Jesucristo nuestro Señor. En su calidad de hombre era descendiente de la familia de David, ⁴pero al resucitar de entre los muertos por el poder del Espíritu Santo, probó ser el Hijo de Dios.

⁵Por medio de Cristo, Dios derramó su gracia sobre nosotros y luego nos envió a todas las naciones, para que éstas sean obedientes a la fe por amor a Cristo.

⁶Ustedes, romanos, están incluidos entre esas naciones, y Dios los ha llamado a pertenecer a Jesucristo. ⁷¡Que la gracia y la paz de Dios nuestro Padre y de nuestro Señor Jesucristo se derramen sobre ustedes!

## Pablo anhela visitar Roma

⁸Antes que nada les diré que casi todo el mundo sabe de su fe. Y ustedes no saben cuántas gracias le doy a Dios a través de Jesucristo por ello. ⁹Dios sí sabe cuántas veces, de día y de noche, los llevo en oración ante aquel a quien sirvo con todas mis fuerzas dando a conocer a otros las buenas noticias del Hijo de Dios. ¹⁰Una de mis repetidas oraciones es que Dios me permita ir a visitarlos a ustedes, si esa es su voluntad. ¹¹Tengo muchos deseos de verlos para compartir con ustedes algún don espiritual que los ayude a crecer fuertes en el Señor. ¹²Con esto quiero decirles que no sólo deseo comunicarles mi fe, sino también alentarme yo mismo con la de ustedes. Así nos seremos de mutua bendición.

¹³Quiero que sepan, hermanos, que muchas veces he tratado de ir a visitarlos para trabajar entre ustedes y ver buenos resultados, como en las otras iglesias gentiles en que he estado; pero he encontrado obstáculos. ¹⁴Me siento en deuda con todos, con los griegos y con lo que no lo son, con el hombre culto y también con el inculto. ¹⁵Así que, en lo que a mí respecta, estoy listo a ir a Roma para predicar también allí las buenas noticias de Dios.

¹⁶Porque nunca me avergüenzo de las buenas noticias; ellas constituyen el poder de Dios para la salvación de todos los que creen. A los judíos se les dio el privilegio de ser los primeros en escuchar la predicación de este mensaje, pero ya el mundo entero está escuchándolo.

⁂¹⁷Las buenas noticias nos muestran la manera en que Dios nos acepta: por la fe, de principio a fin. Como está escrito en el Antiguo Testamento: «El que es justo, lo es por creer en Dios».

## La ira de Dios contra la humanidad

⁂¹⁸Pero Dios muestra desde el cielo su ira contra la injusticia y la maldad de la gente que, por su injusticia, impide que la verdad se manifieste. ¹⁹Lo que se puede conocer de Dios, ellos lo conocen, pues Dios mismo se los ha revelado. ²⁰Desde que el mundo fue creado, la humanidad ha contemplado toda la creación que le muestra el eterno poder de Dios y el hecho de que él es verdaderamente Dios. Así, lo invisible de Dios se deja ver por medio de la creación visible, por lo que nadie podrá excusarse diciendo que no sabía si Dios existía o no.

²¹Sin embargo, aunque lo sabían muy bien, no quisieron ni adorar a Dios ni darle gracias. Al contrario, se pusieron a concebir ideas estúpidas y, en consecuencia, sus necios entendimientos se oscurecieron. ²²Al creerse sabios, se volvieron aún más necios.

²³Luego, representaron la gloria del Dios inmortal con imágenes de pájaros, de animales que andan en cuatro patas, de reptiles y de simples humanos mortales.

²⁴Por eso Dios los dejó caer en toda clase de suciedades y los dejó hacer lo que les viniera en gana. Así, deshonraron sus propios cuerpos unos con otros.

²⁵Esto fue por cambiar la verdad de Dios y deliberadamente creer en la mentira; por adorar a las criaturas y no a Dios que las creó, el cual es bendito por todos los siglos.

⁂²⁶Por eso Dios dejó que se desbordaran en sus pasiones vergonzosas. Llegaron hasta el punto de que sus mujeres actuaban en contra de la naturaleza y se entregaron al sexo unas con otras. ²⁷También los hombres, en vez de tener relaciones sexuales con mujeres, se encendieron en sus deseos entre ellos mismos y cometieron actos vergonzosos hombres con hombres. Y como consecuencia, recibieron en sus propios cuerpos el pago que bien se merecían.

²⁸A tal grado llegaron que, al no querer ni siquiera tener en cuenta a Dios, él los abandonó para que hicieran lo que sus mentes corruptas pudieran concebir.

²⁹Se entregaron a toda clase de injusticias e inmoralidades sexuales, de perversidad, avaricia y maldad. Están llenos de envidias, homicidios, contiendas, engaños y perversidades. ³⁰Hablan mal de los demás con mentiras; son enemigos de Dios, insolentes, engreídos, vanidosos; inventan nuevas formas de pecar y continuamente desobedecen a sus padres. ³¹Fingen que no entienden y quebrantan sus promesas. No tienen afecto por nadie ni sienten compasión por los demás.

³²Saben muy bien que el castigo que impone Dios por esos delitos es la muerte; y sin embargo, continúan cometiéndolos y se deleitan cuando otras personas los practican.

## El justo juicio de Dios

**2** Por eso no tienes excusa alguna cuando juzgas a otros, pues cuando lo haces, te condenas a ti mismo, ya que cometes los mismos actos que ellos. ²Y sabemos que Dios, en su verdad, castigará a cualquiera que actúe de esa forma.

³¿Acaso crees que Dios juzgará y condenará a los demás y te perdonará a ti que haces las mismas cosas? ⁴¿No te das cuenta de que por las riquezas de su generosidad, bondad y paciencia ha estado aguardando sin castigarte para darte tiempo a que te apartes de tus pecados?

⁵Pero no le haces caso y, en consecuencia, estás almacenando contra ti mismo ira, por la terca dureza de tu corazón no arrepentido. Esa ira se manifestará el día en que Dios ⁶le dará a cada uno el pago que se merece.

⁂1.17  ⁂1.18–21  ⁂1.26–28

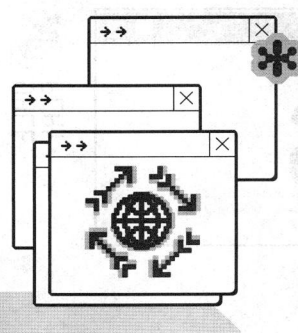

## PANORAMA DEL LIBRO

Algunos sugieren que, debido a que la iglesia en Roma no había recibido instrucción de los apóstoles, Pablo escribió esta carta con abundante contenido doctrinal. Otros argumentan que la carta más bien tiene un propósito pastoral, con el objetivo de sanar las divisiones entre judíos y gentiles en la iglesia. Para ello expone con detalle el plan redentor de Dios para ambos grupos. Así que, a diferencia de otras de las cartas de Pablo que corrigen problemas en la iglesia, esta carta es de carácter didáctico. El tema central es la revelación de la justicia de Dios al hombre. La justificación es por la fe y no por las obras, tanto para judíos como para gentiles. Pablo comienza a examinar el estado espiritual y moral de toda la humanidad. Recalca que todos, tanto judíos como gentiles, son pecadores. Sin embargo, Dios ha puesto a su alcance el regalo de la salvación por medio de Cristo y su obra redentora en la cruz.

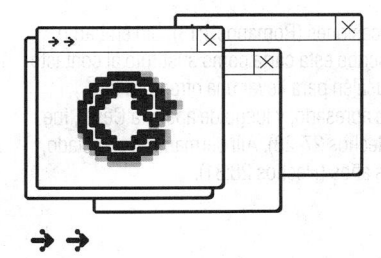

## ¿CÓMO SE RELACIONA CONMIGO?

Este libro tiene una síntesis clara de muchos temas teológicos como la gracia, la elección, la justificación, la santificación y la glorificación, y no te puedes dar el lujo de no leerlo. Estos temas son esenciales para una relación con Dios y lo que en serio debe predicar la iglesia, ya que en muchas congregaciones estos temas han sido muy descuidados y reemplazados con fórmulas de éxito o con un énfasis en los milagros temporales.

Pablo deja en claro en este texto que no hay mensaje más importante que la palabra de la cruz y explica lo que Dios hizo con Cristo, que va más allá de lo que el pueblo judío entendía acerca de la ley. Esto es vital porque sin entender los temas de la carta de Pablo a los Romanos corremos el riesgo de convertir al cristianismo en un código moral de buenas costumbres y tradiciones pero sin la transformación completa que produce entender el favor de la gracia.

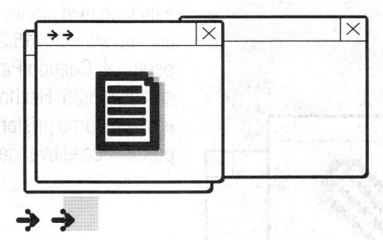

## EL GUION

1) ¡Desgracia! Todos estamos en serios problemas (Condenación, 1:1-3:20)
2) ¡Buenas noticias! En Cristo tenemos la solución a nuestro pecado (Justificación, 3:21-5:21)
3) ¡Libres! Ya no tienes que obedecer al pecado (Santificación, 6:1-8:17)
4) ¡Aún hay más! Nuestra salvación total está garantizada (Glorificación, 8:18-39)
5) ¿Israel? Dios no ha olvidado a su pueblo (Vindicación, 9:1-11:36)
6) ¿Y ahora qué? Cómo vive alguien que entiende el evangelio? (Aplicación, 12:1-16:27).

# ROMANOS

# ROMANOS

### ¿QUIÉN LO ESCRIBIÓ?

El autor de esta carta es el apóstol Pablo (1:1). En Hechos 19:21 conocemos acerca de su deseo de ir a Roma,

e incluso hizo planes en múltiples ocasiones (Romanos 1:13). Sin embargo, esto no sucedió (15:22). Por ello, escribe esta carta como sustituto al contacto personal. Cuando Pablo viajó a Jerusalén para llevar una ofrenda a los santos (15:25; Hechos 17:15-17) fue apresado, y luego de apelar a César, fue enviado como prisionero a Roma (Hechos 27, 28). Allí permaneció arrestado, predicando el evangelio durante dos años (Hechos 28:31).

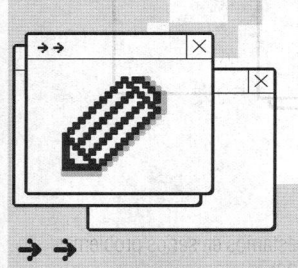

### ¿A QUIÉN LO ESCRIBIÓ?

La carta está dirigida a la comunidad de creyentes de Roma (1:7), la capital y ciudad más importante del Imperio Romano. Aunque no sabemos quién comenzó aquella obra, probablemente fueron los convertidos en el día de Pentecostés (Hechos 2:10) quienes llevaron el evangelio y fundaron la iglesia (cerca del año 30 DC). La iglesia en Roma estaba constituida tanto por judíos (4:1) como por una gran parte de personas no judías, llamados gentiles (1:13).

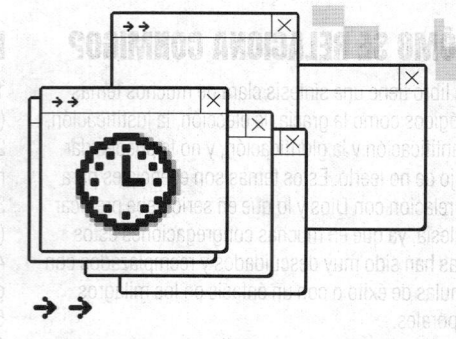

### ¿CUÁNDO Y DÓNDE LO ESCRIBIÓ?

Pablo envió esta carta a finales de su tercer viaje misionero, alrededor del año 56 o 57 DC. Fue escrita después de Primera y Segunda de Corintios, y antes de Efesios. El lugar más probable de redacción es la ciudad de Corinto, por las referencias a Febe de Cencrea (16:1), quien posiblemente llevo la carta, a Gayo su anfitrión (16:23; I Corintios 1:14), y a Erasto (16:23).

**HECHOS 27.38**

³⁸Después de comer hasta quedar satisfechos, echaron el trigo al mar para hacer el barco más ligero.
³⁹Cuando amaneció, aunque no podían reconocer la tierra, vieron una bahía que tenía playa y hacia allá decidieron arrimar el barco a como diera lugar.
⁴⁰Cortaron las cuerdas de las anclas y las dejaron caer en el mar. Soltaron los remos que guiaban el barco. Luego alzaron la vela delantera y se dirigieron a la playa.
⁴¹Pero el barco fue a dar a un banco de arena y se atascó. La parte delantera se encajó en el fondo y no se podía mover. La parte de atrás se hacía pedazos por la fuerza con que las olas la golpeaban.
⁴²Los soldados querían matar a los presos para que ninguno se escapara nadando. ⁴³Pero el capitán de los soldados, para salvarle la vida a Pablo, no se lo permitió. Les ordenó que todos los que supieran nadar, saltaran primero al agua para llegar a tierra, ⁴⁴y que los demás salieran agarrados de tablas o de los pedazos del barco. Así fue como todos llegamos a tierra sanos y salvos.

### En la isla de Malta

**28** Cuando ya estábamos a salvo, nos enteramos de que la isla se llamaba Malta. ²Los habitantes de la isla nos atendieron muy bien. Encendieron una fogata y nos invitaron a acercarnos, porque estaba lloviendo y hacía mucho frío.
³Mientras Pablo recogía un montón de leña para echarla al fuego, una víbora que huía del calor se le prendió en la mano. ⁴Los habitantes de la isla, al ver la víbora colgada de la mano de Pablo, se pusieron a decir entre ellos: «No cabe duda de que es un asesino. Pues aunque se salvó del mar, la justicia divina no lo deja vivir».
⁵Pero Pablo sacudió la mano y la víbora cayó al fuego y a él no le pasó nada. ⁶La gente esperaba que se hinchara o que cayera muerto en cualquier momento. Pero después de esperar mucho y de ver que no le pasaba nada, cambiaron de opinión y pensaron que era un dios.
⁷Cerca del lugar donde estábamos había unos terrenos que le pertenecían a Publio, el funcionario principal de la isla. Éste nos hospedó durante tres días en su casa y fue muy amable con nosotros.
⁸El padre de Publio estaba en cama, enfermo con fiebre y disentería. Pablo fue a verlo, oró por él y después puso las manos sobre él y lo sanó. ⁹Al enterarse de esto, los demás enfermos de la isla fueron a ver a Pablo para que los sanara, y él los sanó. ¹⁰Nos atendieron muy bien y cuando llegó el momento de partir, nos dieron todo lo que necesitábamos para el viaje.

### Llegada a Roma

¹¹Después de pasar tres meses en la isla, salimos en un barco que había pasado el invierno allí. Era un barco de Alejandría que tenía en la parte delantera la figura de los dioses Dióscuros.
¹²Llegamos a Siracusa, donde pasamos tres días.
¹³De allí, salimos bordeando la costa hasta llegar a Regio. Al día siguiente sopló el viento del sur y un día más tarde ya estábamos en Poteoli. ¹⁴Allí encontramos a unos creyentes que nos invitaron a pasar una semana con ellos. Y finalmente, llegamos a Roma.

¹⁵Los hermanos de Roma ya se habían enterado de nuestra llegada y salieron a recibirnos hasta el Foro de Apio y Tres Tabernas. Al verlos, Pablo le dio gracias a Dios y se animó.
¹⁶Ya en Roma, a Pablo le permitieron que viviera aparte, aunque un soldado lo vigilaba.

### Pablo predica bajo custodia en Roma

¹⁷Tres días después, Pablo reunió a los dirigentes judíos y les dijo:
—Hermanos, yo no he hecho nada contra mi pueblo ni contra las costumbres de nuestros antepasados. Sin embargo, me arrestaron en Jerusalén y me entregaron a los romanos. ¹⁸Éstos me hicieron muchas preguntas y luego quisieron soltarme, pues no me encontraron culpable de nada que mereciera la muerte.
¹⁹»Pero cuando los judíos se opusieron, tuve que pedir que el emperador me juzgara. No es que tenga algo de qué acusar a mi nación. ²⁰Yo les he pedido que vengan para verlos y hablar con ustedes. Estoy preso porque tengo la misma esperanza que tiene el pueblo de Israel.
²¹Ellos le respondieron:
—Nosotros no hemos recibido ninguna carta de Judea que hable de ti. Tampoco ha llegado ninguno de los hermanos de allá dando malos informes o hablando mal de ti. ²²Pero queremos que nos digas lo que piensas, porque lo único que sabemos es que en todas partes se habla en contra de esa secta.
²³Entonces pusieron una fecha para reunirse con Pablo, y llegaron muchos a la casa donde él vivía. Desde la mañana hasta la tarde él les estuvo hablando acerca del reino de Dios. Usó desde la ley de Moisés hasta los profetas para convencerlos acerca de Jesús.
²⁴Unos aceptaron lo que él decía, pero otros no.
²⁵Como no pudieron ponerse de acuerdo entre ellos, comenzaron a irse. Entonces Pablo finalmente les dijo: «El Espíritu Santo tenía razón cuando les habló a sus antepasados por medio del profeta Isaías y les dijo:
²⁶»"Ve a este pueblo y dile:
'Por más que ustedes oigan, no entenderán; por más que ustedes miren, no verán'.
²⁷»"Porque el corazón de este pueblo se ha endurecido; se le han tapado los oídos, y se le han cerrado los ojos. Si así no fuera, podrían ver con los ojos y oír con los oídos, entender con el corazón y volverse a mí para que yo los sane".
²⁸,²⁹»Quiero que sepan que esta salvación de Dios se ha enviado a los que no son judíos, y ellos sí escucharán».
³⁰Pablo se quedó dos años completos en la casa que había alquilado, y allí recibía a todos los que iban a verlo. ³¹Sin temor alguno y sin que nadie se lo impidiera, anunciaba el reino de Dios y enseñaba acerca del Señor Jesucristo.

chado todo esto y por eso hablo delante de él con tanta confianza. Estoy seguro de que conoce todo esto porque no sucedió en un lugar secreto. ²⁷Rey Agripa, ¿cree usted en los profetas? Yo estoy seguro de que sí.

²⁸Agripa le dijo:

—Casi me convences a hacerme cristiano.

²⁹Pablo le respondió:

—Le pido a Dios que, sea en poco o en mucho tiempo, usted y todos los que hoy me están escuchando sean como yo; pero por supuesto, sin estas cadenas.

³⁰Entonces el rey, el gobernador, Berenice y los demás que estaban sentados con ellos, se levantaron. ³¹Mientras salían para hablar entre ellos, decían:

—Este hombre no ha hecho nada que merezca la muerte, ni siquiera estar preso.

³²Agripa le dijo a Festo: —Lo podríamos poner en libertad si no hubiera pedido que el emperador lo juzgue.

## Pablo viaja a Roma

27 Cuando decidieron por fin mandarnos a Italia, entregaron a Pablo y a otros presos a un capitán llamado Julio. Éste pertenecía al batallón del emperador. ²Subimos a bordo de un barco del puerto de Adramitio, que estaba a punto de partir. Se dirigía a los puertos de la provincia de Asia. Con nosotros iba Aristarco, que era de Tesalónica, en la provincia de Macedonia. ³Al día siguiente, llegamos a Sidón. Julio fue muy amable y permitió que Pablo visitara a sus amigos y que ellos lo atendieran.

⁴Salimos de Sidón con los vientos en contra, por lo que navegamos por la isla de Chipre para protegernos. ⁵Después de atravesar el mar frente a las costas de Cilicia y Panfilia, llegamos a Mira, en la provincia de Licia. ⁶Allí, el capitán de los soldados encontró un barco de Alejandría que iba para Italia, y nos embarcó en él.

⁷Navegamos despacio durante muchos días y a duras penas llegamos frente a Gnido. Como los vientos soplaban en contra nuestra, navegamos a la isla de Creta, frente a Salmona, para protegernos. ⁸Seguimos con dificultad a lo largo de la costa. Entonces llegamos a un lugar llamado Buenos Puertos, cerca de la ciudad de Lasea. ⁹Se había perdido mucho tiempo y era peligroso seguir viajando, porque ya había pasado la fiesta del ayuno. Entonces Pablo les advirtió: ¹⁰«Señores, creo que es muy peligroso que viajemos ahora. Pues no sólo podemos perder la carga sino también nuestra propia vida».

¹¹Pero el capitán de los soldados, en vez de hacerle caso a Pablo, le hizo caso al dueño del barco y al capitán. ¹²Como el puerto no era bueno para pasar el invierno, la mayoría decidimos seguir adelante. Teníamos la esperanza de llegar a Fenice, que es un puerto de la isla de Creta que da tanto al suroeste como al noreste, para pasar allí el invierno.

## La tempestad

¹³Comenzó a soplar un viento suave que venía del sur. Entonces pensaron que podían viajar, así que levaron anclas y navegaron junto a la costa de Creta. ¹⁴Pero poco después, un viento huracanado que viene del noreste se nos vino encima. ¹⁵El barco quedó en medio de la tempestad y no podía navegar contra el viento. Así que nos dejamos llevar por él.

¹⁶Mientras pasábamos por la costa de un islote llamado Cauda para protegernos, con muchos trabajos pudimos sujetar el bote salvavidas. ¹⁷Después de subirlo a bordo, amarraron con cuerdas todo el casco del barco para sujetarlo. Como temían que el barco quedara atrapado en los bancos de arena llamados Sirte, echaron el ancla flotante y dejaron el barco a la deriva.

¹⁸Al día siguiente, al ver que la tempestad seguía azotándonos con mucha fuerza, comenzaron a arrojar la carga al mar. ¹⁹Al tercer día, con sus propias manos también arrojaron al mar los aparejos del barco. ²⁰Pasaron muchos días sin que aparecieran ni el sol ni las estrellas. La tempestad era cada vez más fuerte así que perdimos toda esperanza de salvarnos. ²¹Como hacía mucho tiempo que no comíamos, Pablo se puso en medio de todos y dijo: «Señores, mejor me hubieran hecho caso y no hubiéramos salido de la isla de Creta. Así nos habríamos evitado este daño y esta pérdida. ²²Pero ahora les pido que se animen. Porque ninguno de ustedes perderá la vida, sólo se perderá el barco. ²³Anoche se me apareció un ángel de Dios, el Dios al que sirvo y al que pertenezco. ²⁴El ángel me dijo: "No tengas miedo, Pablo. Porque tienes que presentarte ante el emperador. Y por ti, Dios les conservará la vida a todos los que están contigo en el barco". ²⁵Por eso, ¡anímense señores! Yo confío en Dios y sé que todo sucederá así como me lo dijeron. ²⁶Sin embargo, el barco quedará atascado en una isla».

## El naufragio

²⁷A eso de la medianoche, los marineros se dieron cuenta de que nos acercábamos a tierra. Ya habían pasado catorce días en los que el viento nos llevaba de un lado a otro por el mar Adriático. ²⁸Midieron y encontraron que el agua tenía unos treinta y siete metros de profundidad. Más adelante volvieron a medir y encontraron que tenía veintisiete metros de profundidad. ²⁹Como les dio miedo que fuéramos a estrellarnos contra las rocas, echaron cuatro anclas por la parte de atrás del barco y se pusieron a rogar que ya amaneciera.

³⁰Los marineros querían escapar del barco. Por eso comenzaron a bajar el bote salvavidas al mar. Hacían como que iban a echar algunas anclas por la parte delantera del barco. ³¹Pero Pablo les dijo al capitán y a sus soldados: «Si ésos no se quedan en el barco, ustedes no podrán salvarse».

³²Le hicieron caso a Pablo y los soldados cortaron las cuerdas que sostenían al bote salvavidas y lo dejaron caer al agua. ³³Cuando estaba a punto de amanecer, Pablo los animó a que comieran y les dijo:

—Desde hace catorce días ustedes están tan llenos de miedo que no comen. ³⁴Les ruego que coman algo, pues lo necesitan para recuperar las fuerzas. Ninguno de ustedes perderá ni un solo cabello de su cabeza.

³⁵Después de que dijo esto, tomó pan y dio gracias a Dios delante de todos. Luego partió el pan y comenzó a comer.

³⁶Entonces todos se animaron y también comieron. ³⁷En el barco íbamos doscientas setenta y seis personas en total.

—Aquí, en el tribunal del emperador, es donde se me debe juzgar. No les he hecho nada malo a los judíos, usted lo sabe muy bien. ¹¹Si he hecho algo que merezca la muerte, no me niego a morir. Pero si no son ciertas las acusaciones que han presentado contra mí estos judíos, nadie tiene el derecho de entregarme a ellos. ¡Que me juzgue el emperador!

¹²Festo habló con sus consejeros y después dijo:

—Has pedido que te juzgue el emperador. ¡El emperador te juzgará!

### Festo consulta al rey Agripa

¹³Habían pasado algunos días, y el rey Agripa, acompañado de Berenice, fue a Cesarea a visitar a Festo. ¹⁴Como estuvieron allí varios días, Festo le contó al rey el caso de Pablo. Le dijo:

—Hay aquí un hombre que Félix dejó preso. ¹⁵Cuando fui a Jerusalén, los jefes de los sacerdotes y los ancianos de los judíos lo acusaron de varias cosas. Ellos exigieron que se le condenara. ¹⁶Yo les dije que no es costumbre de los romanos entregar a nadie sin que antes vea a sus acusadores y se le dé la oportunidad de defenderse. ¹⁷Cuando ellos vinieron a mí, sin perder tiempo me preparé para juzgarlo al día siguiente. Luego mandé traer a este hombre. ¹⁸Pero sus acusadores no presentaron contra él ninguno de los delitos que yo pensaba. ¹⁹Lo acusaron de cosas que tenían que ver con su religión, y de que Pablo asegura que un tal Jesús, que murió, está vivo. ²⁰Sin saber cómo resolver este caso, le pregunté si estaría dispuesto a que yo lo juzgara en Jerusalén. ²¹Pero como Pablo pidió que el emperador fuera el que lo juzgara, ordené que lo dejaran preso hasta que lo pueda enviar a Roma.

²²Agripa le dijo a Festo: —Me gustaría escuchar a ese hombre.

Festo le contestó: —¡Pues mañana mismo lo escucharás!

### Pablo ante Agripa

²³Al día siguiente, Agripa y Berenice llegaron a la sala de audiencia en medio de gran pompa. Los acompañaban oficiales del ejército y hombres importantes de la ciudad. Festo ordenó que le trajeran a Pablo, ²⁴y dijo:

—Rey Agripa y todos los que están aquí presentes. Aquí tienen a este hombre. Todo el pueblo judío me ha traído acusaciones contra él. Me piden a gritos su muerte, tanto en Jerusalén como aquí en Cesarea. ²⁵En mi opinión, no ha hecho nada que merezca la muerte. Pero como pidió que lo juzgara el emperador, he decidido enviarlo a Roma. ²⁶No obstante, no sé que escribir de él al emperador. Por eso lo he traído para ustedes y especialmente ante ti, rey Agripa. De esta manera, después que tú lo interrogues, tendré algunos datos para escribir. ²⁷Me parece absurdo enviar un preso sin decir claramente de qué se le acusa.

**26** Entonces Agripa le dijo a Pablo:

—Te damos permiso de que hables para defenderte.

Pablo levantó su mano y comenzó así su defensa: ²,³—Rey Agripa, me alegra el estar hoy ante usted, para defenderme de las acusaciones que han hecho contra mí los judíos. Por eso le ruego que me escuche con paciencia.

⁴»Todos los judíos saben cómo he vivido desde que era un niño, en mi país y también en Jerusalén. ⁵Ellos me conocen. Si ellos quisieran, podrían asegurar que viví como fariseo, que es la secta más estricta de nuestra religión. ⁶Y ahora me están juzgando por la esperanza que tengo en la promesa que Dios hizo a nuestros antepasados. ⁷Ésta es la promesa que nuestras doce tribus de Israel esperan que se cumpla. Por eso adoran y sirven a Dios día y noche. Y es por esta esperanza, oh rey, que me acusan los judíos. ⁸¿Por qué ustedes no creen que Dios resucite a los muertos?

⁹»Yo mismo estaba convencido de que debía hacer todo lo posible por destruir el nombre de Jesús de Nazaret. ¹⁰Y eso fue lo que hice en Jerusalén. Con el permiso de los jefes de los sacerdotes, metí en la cárcel a muchos de los santos de Jerusalén. Cuando a éstos los mataban, yo estaba de acuerdo. ¹¹Muchas veces, en todas las sinagogas, los castigué para obligarlos a renegar. Mi enojo contra ellos era tan grande que hasta en las ciudades del extranjero los perseguía. ¹²»A eso iba yo a Damasco con el permiso y la comisión de los jefes de los sacerdotes. ¹³Era el mediodía, oh rey Agripa, cuando por el camino vi una luz del cielo, más brillante que el sol y su resplandor nos envolvió a mí y a los que iban conmigo. ¹⁴Todos caímos al suelo, y yo oí una voz que me decía en arameo: "Pablo, Pablo, ¿por qué me persigues? Al hacerlo tú mismo te haces daño". ¹⁵Entonces respondí: "¿Quién eres, Señor?" El Señor me contestó: "Yo soy Jesús, al que tú estás persiguiendo. ¹⁶Levántate y escúchame. Me he aparecido a ti porque quiero que seas mi siervo. También serás mi testigo de lo que has visto y de lo que yo te voy a revelar. ¹⁷Te voy a proteger de los judíos y de los que no son judíos. Te envío a los que no son judíos ¹⁸para que les abras los ojos y dejen las tinieblas para venir a la luz, para que dejen el poder de Satanás por el de Dios. Y así, por la fe en mí, reciban el perdón de los pecados y la herencia junto con el santo pueblo de Dios".

¹⁹»Por lo tanto, oh rey Agripa, no desobedecí esa visión del cielo. ²⁰Primero prediqué a los que estaban en Damasco, después a los de Jerusalén y de toda Judea, y luego a los que no eran judíos. A todos les prediqué que se arrepintieran y obedecieran a Dios, que demostraran su arrepentimiento haciendo buenas obras.

²¹»Por esto los judíos me tomaron preso en el templo y trataron de matarme. ²²Pero Dios hasta hoy me sigue ayudando, y así me mantengo firme, hablando de Dios a grandes y pequeños. Sólo les digo lo que los profetas y Moisés dijeron que sucedería: ²³que el Cristo sufriría y que sería el primero en resucitar. De esta manera, anunciaría la luz a los judíos y a los que no lo son».

²⁴Cuando Pablo decía esto en su defensa, Festo gritó:

—¡Pablo, estás loco! ¡Has estudiado tanto que te has vuelto loco!

²⁵Pablo contestó:

—No estoy loco, excelentísimo Festo. Lo que digo es cierto y no es ninguna locura. ²⁶El rey ya ha escu-

26.16–18

es ciudadano romano llegué con mis soldados y lo rescaté. ²⁸Luego lo llevé al Consejo judío pues quería saber de qué lo acusaban. ²⁹Me di cuenta de que lo acusaban de cosas que tienen que ver con su ley. Pero ninguno de los cargos contra él merecía que lo mataran o lo tuvieran en la cárcel. ³⁰Cuando me avisaron de los planes que tenían en contra de este hombre, decidí enviarlo a usted de inmediato. Les ordené a los que lo acusan que presenten ante usted los cargos que tienen contra él.

³¹Los soldados cumplieron las órdenes que se les había dado y de noche llevaron a Pablo hasta Antípatris. ³²Al día siguiente, los soldados de caballería siguieron con él, mientras los otros volvían al cuartel. ³³Cuando los soldados de caballería llegaron a Cesarea, le entregaron al gobernador la carta y también a Pablo.

³⁴Félix leyó la carta y le preguntó a Pablo de qué provincia era.

Cuando se enteró que era de Cilicia, ³⁵le dijo: «Escucharé tu caso cuando lleguen los que te acusan». Luego ordenó que lo dejaran en el palacio de Herodes bajo vigilancia.

## El proceso ante Félix

**24** Cinco días después, llegó el jefe de los sacerdotes, Ananías, acompañado de algunos de los ancianos y de un abogado llamado Tértulo. Ellos fueron ante el gobernador para acusar a Pablo.

²Cuando trajeron a Pablo, Tértulo comenzó su acusación ante Félix diciendo:

—Señor gobernador, gracias a su mandato hemos tenido paz por mucho tiempo. También gracias a usted muchas cosas han mejorado en esta nación. ³Esto lo reconocemos con gratitud, en todas partes y en todo momento, excelentísimo Félix. ⁴Pero para no causarle más molestias y abusar de su bondad, quisiera que nos escuche por un momento. ⁵Hemos comprobado que este hombre es como una plaga pues anda por todas partes causando divisiones entre los judíos. Él es el cabecilla de una secta llamada los nazarenos. ⁶,⁷También trató de profanar el templo, y por eso lo arrestamos. ⁸Usted mismo puede interrogarlo y darse cuenta de que todas las acusaciones que le hacemos son verdad.

⁹Los judíos afirmaron que la acusación era cierta.

¹⁰El gobernador, por medio de una seña, le concedió la palabra a Pablo y éste dijo:

—Sé que desde hace muchos años usted ha sido juez de esta nación. Por eso con gusto presento mi defensa. ¹¹Usted puede comprobar que apenas hace doce días que llegué a Jerusalén para adorar en el templo. ¹²Los que me acusan no me encontraron discutiendo con nadie en el templo, ni alborotando a la gente en las sinagogas ni en ninguna otra parte de la ciudad. ¹³Ellos no pueden probar las cosas de las que me acusan.

¹⁴»Pero esto sí confieso: que adoro al Dios de nuestros antepasados y que sigo este Camino que los que me acusan llaman secta. Yo estoy de acuerdo con todo lo que enseña la ley y creo lo que está escrito en los profetas. ¹⁵Al igual que estos hombres, tengo la esperanza en Dios de que él resucitará tanto a los justos como a los injustos. ¹⁶Por eso trato de que mi conciencia esté siempre limpia delante de Dios y de los hombres.

¹⁷»Después de haber estado fuera de Jerusalén por varios años, regresé para traer donativos a mi pueblo y presentar ofrendas. ¹⁸Eso es lo que estaba haciendo en el templo. Ya me había purificado cuando ellos me encontraron. No había conmigo ni mucha gente ni estaba yo haciendo ningún alboroto. ¹⁹Los que estaban allí eran algunos judíos de la provincia de Asia. Ellos son los que deberían estar aquí, frente a usted, para acusarme. Si es que tienen algo en mi contra. ²⁰Pero si no es así, que los que están aquí digan si encontraron en mí algún delito, cuando me llevaron ante el Consejo. ²¹Tal vez fue lo que dije en voz alta delante de ellos: "Ustedes me están juzgando hoy porque creo en la resurrección de los muertos"».

²²Félix, que estaba bien informado acerca del Camino, cuando escuchó esto, terminó con la sesión y les dijo:

—Cuando venga el comandante Lisias sabré más de esto y decidiré qué hacer.

²³Luego le ordenó al capitán que mantuviera preso a Pablo, pero que le diera un poco de libertad y les permitiera a sus amigos atenderlo.

²⁴Algunos días después, Félix llegó acompañado de Drusila su esposa, que era judía. Él mandó llamar a Pablo y lo escuchó hablar de la fe en Cristo Jesús. ²⁵Cuando Pablo se puso a hablar sobre la justicia, el dominio propio y el juicio venidero, Félix tuvo miedo. Entonces le dijo: «¡Basta, es suficiente por ahora! Puedes retirarte. Cuando tenga tiempo te volveré a llamar». ²⁶Félix mandaba llamar a Pablo con frecuencia y conversaba con él, pues quería que Pablo le ofreciera dinero.

²⁷Después de dos años, a Félix lo sustituyó Porcio Festo. Como Félix quería quedar bien con los judíos, dejó preso a Pablo.

## El proceso ante Festo

**25** Festo llegó a la provincia y después de tres días subió de Cesarea a Jerusalén.

²Estando allí, los jefes de los sacerdotes y los judíos más importantes presentaron sus acusaciones contra Pablo. ³Le pidieron a Festo con insistencia que les hiciera el favor de que Pablo fuera llevado a Jerusalén. Ellos planeaban matarlo cuando viniera en camino. ⁴Pero Festo les respondió: «Pablo está preso en Cesarea, y dentro de poco yo mismo iré para allá. ⁵Que vengan conmigo los dirigentes de ustedes y que allí lo acusen, si es que él ha hecho algo malo».

⁶Festo estuvo entre los judíos unos ocho o diez días, después bajó a Cesarea. Al día siguiente ocupó su silla en el tribunal y mandó que le trajeran a Pablo. ⁷Cuando éste entró, los judíos que venían de Jerusalén lo rodearon y acusaron de cosas muy malas. Pero no pudieron probar que eran ciertas.

⁸Pablo se defendió diciendo:

—No he hecho nada malo, ni contra la ley de los judíos ni contra el templo ni contra el emperador.

⁹Entonces Festo, queriendo quedar bien con los judíos, le preguntó:

—¿Quieres que yo mismo te juzgue en Jerusalén?

¹⁰Pablo contestó:

### Pablo el ciudadano romano

**22** La gente estuvo escuchando a Pablo hasta que dijo esto. Entonces gritaron: «¡Bórralo de la tierra! ¡Ese hombre no merece vivir!»
**23** La gente seguía gritando, tirando sus ropas y arrojaba polvo al aire.
**24** Entonces el comandante ordenó que metieran a Pablo en el cuartel y que le dieran latigazos. Quería saber por qué gritaban así contra él.
**25** Pero cuando lo estaban sujetando con cadenas para azotarlo, Pablo le dijo al capitán de los soldados que estaba allí: —¿La ley les permite a ustedes azotar a un ciudadano romano antes de que lo juzguen?
**26** El capitán fue y le avisó al comandante.
—¿Qué va a hacer usted? Este hombre es ciudadano romano.
**27** El comandante fue adonde estaba Pablo y le preguntó:
—Dime, ¿es verdad que eres ciudadano romano?
Pablo contestó: —Sí, lo soy.
**28** El comandante le dijo: —Yo pagué muchísimo dinero para hacerme ciudadano romano.
Pablo respondió: —Pues yo lo soy desde que nací.
**29** Los soldados que iban a azotarlo, al oír que Pablo era ciudadano romano, se apartaron de él. El comandante mismo tuvo miedo de haberlo encadenado.

### Pablo ante el Consejo

**30** Al día siguiente, el comandante ordenó que desataran a Pablo y se reuniera con los jefes de los sacerdotes y con el Consejo en pleno. Él quería saber exactamente de qué acusaban a Pablo los judíos, así que lo llevó para que compareciera ante ellos.

**23** Pablo miró fijamente a los del Consejo y les dijo:
—Hermanos, hasta hoy yo tengo la conciencia tranquila por la forma en la que he actuado delante de Dios.
**2** Entonces el jefe de los sacerdotes, Ananías, ordenó a los que estaban cerca de Pablo, que lo golpearan en la boca.
**3** Pablo respondió:
—¡Hipócrita, a usted también lo va a golpear Dios! Está sentado allí para juzgarme de acuerdo con la ley, y usted mismo la quebranta al mandar que me golpeen.
**4** Los que estaban junto a Pablo le dijeron:
—¿Cómo te atreves a insultar al jefe de los sacerdotes de Dios?
**5** Pablo les respondió:
—Hermanos, no sabía que él era el jefe de los sacerdotes. Porque las Escrituras dicen: «No hables mal del que gobierna a tu pueblo».
**6** Como Pablo sabía que algunos de ellos eran saduceos y los demás fariseos, dijo en voz alta:
—Hermanos, yo soy fariseo al igual que mis antepasados. Me están juzgando porque espero la resurrección de los muertos.
**7** Apenas dijo esto, empezaron a discutir los fariseos y los saduceos, y la reunión se dividió. **8** Es que los saduceos afirman que no hay resurrección, ni ángeles ni espíritus. Los fariseos, en cambio, sí creen en todo esto. **9** Entonces se formó un gran alboroto. Algunos maestros de la ley que eran fariseos se pusieron de pie y dijeron: «No encontramos nada que haga culpable a este hombre. Tal vez le habló un espíritu o un ángel».
**10** La discusión se hizo cada vez más violenta. Entonces el comandante tuvo miedo de que hicieran pedazos a Pablo, por lo que ordenó a los soldados que lo sacaran por la fuerza y lo llevaran al cuartel.
**11** A la noche siguiente, el Señor se le apareció a Pablo y le dijo:
—Ánimo. De la misma manera que has hablado de mí en Jerusalén, hablarás en Roma.

### Conspiración para matar a Pablo

**12** Por la mañana, los judíos planearon matar a Pablo. Juraron que no comerían ni beberían hasta lograrlo. **13** Eran más de cuarenta los hombres que tomaron parte en este plan. **14** Fueron ante los jefes de los sacerdotes y los ancianos y les dijeron:
—Nosotros hemos jurado que no comeremos nada hasta que matemos a Pablo. Que nos caiga una maldición si esto no es así.
**15** »Ahora, pídanle al comandante, con el apoyo del Consejo, que mañana traiga a Pablo ante ustedes. Pueden usar como pretexto que quieren conocer mejor su caso. Nosotros estaremos listos para matarlo antes de que llegue aquí».
**16** Pero el hijo de la hermana de Pablo se enteró de sus planes y fue al cuartel a avisarle.
**17** Pablo llamó a uno de los capitanes y le dijo:
—Este muchacho tiene algo importante que decirle al comandante, llévelo con él.
**18** Entonces el capitán lo llevó al comandante y le dijo:
—El preso Pablo me pidió que trajera a este muchacho ante usted, pues tiene algo que decirle.
**19** El comandante, tomando al muchacho de la mano, lo llevó a un lugar aparte y le preguntó:
—¿Qué tienes que decirme?
**20** El muchacho le dijo:
—Los judíos se han puesto de acuerdo para pedirle que lleve mañana a Pablo ante el Consejo. Ellos pondrán como pretexto que quieren obtener más información acerca de él. **21** No les haga caso. En el camino habrá más de cuarenta hombres escondidos que lo estarán esperando. Ellos han jurado que no comerán ni beberán hasta que lo hayan matado, y que les caerá una maldición si no lo hacen. Ya están listos, sólo esperan que usted les conceda lo que le piden.
**22** El comandante despidió al muchacho y le dijo:
—No le digas a nadie que me has dicho esto.

### Trasladan a Pablo a Cesarea

**23** El comandante llamó a dos de sus capitanes y les ordenó:
—Preparen doscientos soldados de infantería, setenta de caballería y doscientos que lleven lanzas para que vayan a Cesarea esta noche a las nueve. **24** También preparen caballos para llevar a Pablo sano y salvo al gobernador Félix.
**25** Además, envió una carta que decía:
**26** De Claudio Lisias para su excelencia el gobernador Félix:

Saludos.
**27** Los judíos arrestaron a este hombre y estaban a punto de matarlo. Cuando yo me enteré de que

de lo que Dios había realizado entre los gentiles a través de su persona. ²⁰Los allí presentes alabaron a Dios, pero le dijeron: «Hermano, como sabes, miles de judíos han creído también, e insisten celosamente en guardar la ley. ²¹El caso es que ellos han oído decir que te opones a que los judíos que viven entre los gentiles obedezcan la ley de Moisés y que prohíbes que circunciden a sus niños. ²²¿Qué vamos a hacer? Todos se van a reunir cuando sepan que has venido. ²³Por eso, se nos ocurre lo siguiente: Aquí tenemos cuatro hombres que se van a rasurar la cabeza para cumplir sus votos. ²⁴Ve con ellos al templo, aféitate la cabeza y paga para que los afeiten a ellos. Así todo el mundo se convencerá de que obedeces las leyes judaicas y que te comportas con orden. ²⁵En cuanto a los creyentes gentiles, ya les hemos escrito que no tienen que observar estas leyes, sino que dejen de comer alimentos ofrecidos a los ídolos, carne sin desangrar y animales ahogados, y que dejen de fornicar».

²⁶Pablo estuvo de acuerdo, y al día siguiente fue al templo con aquellos hombres a observar la ceremonia y a proclamar su voto de ofrecer más tarde un sacrificio junto con los demás.

### Arresto de Pablo

²⁷Casi al final de los siete días, varios judíos de Asia lo vieron en el templo y provocaron un escándalo contra él. ²⁸«¡Varones israelitas! —gritaron agarrándolo por los brazos—. ¡Ayúdennos! Este es el hombre que predica contra nuestro pueblo y anda por ahí aconsejando que desobedezcan las leyes judías. ¡Y hasta se ha atrevido a hablar contra el templo y a profanarlo introduciendo griegos en él!»

²⁹Decían esto porque antes lo habían visto por la ciudad con Trófimo, un gentil de Éfeso, y pensaban que Pablo lo había metido en el templo. ³⁰Al escuchar la acusación, la ciudad entera, exaltada, se agolpó contra él y lo sacaron del templo, e inmediatamente cerraron la puerta.

³¹Cuando estaban a punto de matarlo, alguien le avisó al jefe de la guarnición romana que la ciudad de Jerusalén estaba alborotada. ³²Éste corrió entonces a donde estaba el disturbio, acompañado de soldados y oficiales. Cuando la turba vio que el ejército se acercaba, dejó de golpear a Pablo.

³³El jefe de la guarnición arrestó al apóstol y ordenó que lo ataran con dos cadenas. Luego preguntó quién era y qué había hecho. ³⁴Unos contestaron una cosa y otros contestaron otra. Al ver que en medio de aquel tumulto no podía entender nada, ordenó que llevaran a Pablo a la fortaleza.

³⁵Al aproximarse a las gradas de la fortaleza, la turba se volvió tan violenta que los soldados tuvieron que levantar en peso a Pablo para protegerlo.

³⁶«¡Muera!» —gritaba la multitud detrás de ellos.

### Pablo se dirige a la multitud

³⁷Ya lo iban a meter en la fortaleza cuando Pablo le dijo al comandante:

—¿Puedo decirte algo?

—¡Conque sabes griego! —le dijo el comandante.

³⁸¿No eres tú el egipcio que encabezó una rebelión hace algún tiempo y se fue al desierto seguido de cuatro mil guerrilleros?

³⁹—No —respondió Pablo—. Soy sólo un judío de Tarso, ciudad de Cilicia, no demasiado pequeña. Quisiera que me dejaras hablarle al pueblo.

⁴⁰El comandante accedió. Pablo, erguido en las gradas, pidió silencio con las manos. Pronto un profundo silencio envolvió a la multitud, y Pablo se dirigió a ellos en arameo.

## 22
«Padres y hermanos, escuchen lo que tengo que decir en mi defensa». ²Al oír que les hablaba en arameo, guardaron más silencio. Entonces Pablo continuó:

³«Yo soy judío. Nací en Tarso de Cilicia, pero me crié en esta ciudad. Gamaliel fue mi maestro y él me enseñó la ley de nuestros antepasados. Me esforcé porque se honrara a Dios como lo hace cualquiera de ustedes hoy día. ⁴Antes, perseguía hasta la muerte a los seguidores de este Camino, los arrestaba y los metía en la cárcel sin importarme si eran hombres o mujeres. ⁵El jefe de los sacerdotes y todo el Consejo de ancianos son testigos de que así fue. Ellos mismos me dieron cartas para nuestros hermanos judíos en Damasco, y fui allá para traer a Jerusalén a los que encontrara, para que aquí los castigaran.

⁶»Pero cuando iba en camino y ya me acercaba a Damasco, como a eso del mediodía, de repente una intensa luz del cielo relampagueó a mi alrededor. ⁷Caí al suelo y escuché una voz que me decía: "Saulo, Saulo, ¿por qué me persigues?" ⁸Yo pregunté: "¿Quién eres, Señor?"

»Él me contestó: "Yo soy Jesús de Nazaret, al que tú persigues".

⁹»Los que me acompañaban vieron la luz, pero no oyeron la voz que me hablaba. ¹⁰Le pregunté: "¿Qué debo hacer, Señor?"

»El Señor dijo: "Levántate, y entra en Damasco. Allí te dirán todo lo que tienes que hacer".

¹¹»Mis compañeros me llevaron de la mano hasta Damasco, porque la intensa luz me había dejado ciego. ¹²Allí, vino a verme un hombre llamado Ananías, que obedecía la ley y a quien respetaban los judíos de Damasco. ¹³Él se puso a mi lado y me dijo: "Hermano Saulo, ¡recibe la vista!" Y en aquel mismo instante recobré la vista y pude verlo. ¹⁴Luego me dijo: "El Dios de nuestros antepasados te ha escogido para que conozcas sus planes, y veas al Justo y oigas las palabras de su boca. ¹⁵Tú serás su testigo ante todo el mundo de lo que has visto y oído. ¹⁶No hay tiempo que perder. Levántate, bautízate, y lávate de tus pecados invocando su nombre".

¹⁷»Cuando regresé a Jerusalén, en el templo tuve una visión mientras oraba. ¹⁸Vi al Señor que me decía: "¡Date prisa! Sal en este momento de Jerusalén, porque no creerán lo que digas acerca de mí". ¹⁹Yo le respondí: "Señor, ellos saben que yo andaba por todas las sinagogas encarcelando y azotando a los que creían en ti. ²⁰Y cuando estaban matando a Esteban, tu testigo, yo estaba allí aprobando lo que hacían y cuidando la ropa de quienes lo mataban". ²¹Pero el Señor me dijo: "Vete, porque yo te enviaré a naciones que están lejos"».

gaba, un joven llamado Eutico, que estaba sentado en la ventana, se quedó dormido y cayó desde tres pisos arriba a la calle. Lo levantaron muerto. ¹⁰Pablo corrió escaleras abajo, se acostó sobre él, y lo abrazó.

—¡No se alarmen! —dijo—. ¡Está vivo!

¹¹Regresó al tercer piso a partir el pan con ellos y siguió hablándoles hasta el alba. Al terminar, partió. ¹²Y llevaron al joven vivo y muchos fueron consolados.

## Pablo se despide de los ancianos de Éfeso

¹³Pablo se fue por tierra a Asón, mientras nosotros nos adelantamos por barco, pues así él lo quería. ¹⁴Nos volvimos a reunir en Asón y desde allí zarpamos hacia Mitilene. ¹⁵Al siguiente día pasábamos por Quío, y al otro hacíamos escala en Samos. Un día después llegamos a Mileto.

¹⁶Pablo había decidido no visitar Éfeso esa vez, porque deseaba llegar a tiempo a Jerusalén para la celebración de Pentecostés.

¹⁷Pero desde Mileto mandó llamar a los ancianos de la iglesia de Éfeso. ¹⁸Cuando llegaron les dijo: «Ustedes saben bien cómo me he portado desde el día en que puse mis pies por primera vez en Asia hasta hoy. ¹⁹Y saben cómo he estado trabajando para el Señor con humildad y lágrimas, ante los atentados que los judíos han preparado contra mi vida. ²⁰Además, ustedes están conscientes de que jamás he vacilado en anunciarles y enseñarles nada que les fuera útil, en público o en privado. ²¹A judíos y gentiles les he dado testimonio de que necesitan arrepentirse de sus pecados y tener fe en nuestro Señor Jesucristo.

²²»Al ir a Jerusalén lo hago llevado por el Espíritu. No sé lo que me espera, ²³pero el Espíritu Santo me ha estado repitiendo en cada ciudad que me esperan prisiones y sufrimientos. ²⁴No me importa cuánto haya de sufrir ni trato de salvar mi vida. Lo único que me importa es terminar con gozo mi carrera y la tarea que me señaló el Señor Jesús: dar testimonio del inmenso amor de Dios.

²⁵»Sé que ninguno de ustedes, entre quienes he andado pregonando el reino de Dios, me volverá a ver. ²⁶Por eso, puedo declarar con la frente bien alta que si alguno perece, la culpa no es mía, ²⁷porque jamás he eludido la responsabilidad de declararles todo el mensaje de Dios. ²⁸Por lo tanto, ¡cuídense y cuiden el rebaño! ¡Deben pastorear la iglesia que él compró con su sangre! ¡El Espíritu Santo les ha dado a ustedes la responsabilidad de cuidarla!

²⁹»Sé bien que después que yo parta, se presentarán ante ustedes falsos maestros que, como lobos rapaces, no perdonarán el rebaño. ³⁰Y algunos de ustedes mismos falsearán la verdad para arrastrar seguidores. ³¹¡Estén alertas! Recuerden los tres años que pasé con ustedes, y que de día y de noche con lágrimas los exhorté a todos ustedes. ³²Ahora los encomiendo al cuidado de Dios y a su palabra, que es capaz de fortalecerlos y de darles la herencia con los demás que están apartados para Dios.

³³»Jamás he codiciado el dinero ni la ropa lujosa de nadie. ³⁴Ustedes saben que con estas manos he trabajado para ganar el sustento propio y el de los que andaban conmigo. ³⁵Y les fui un ejemplo constante de cómo se debe ayudar a los pobres y recordar las palabras del Señor Jesús que dicen: "Hay más dicha en dar que en recibir"».

³⁶Al terminar el discurso, se arrodilló y oró con ellos. ³⁷Luego se fueron despidiendo de él, abrazándolo y besándolo. No podían contener el llanto ³⁸al pensar que, según las palabras del apóstol, no lo volverían a ver. Al final, lo acompañaron al barco.

## Rumbo a Jerusalén

**21** Después de separarnos de ellos navegamos en línea recta hasta Cos. Al siguiente día llegamos a Rodas, y de Rodas seguimos a Pátara. ²Allí abordamos un barco que se dirigía a Fenicia. ³En la travesía avistamos a la izquierda la isla de Chipre, pero seguimos de largo hasta el puerto de Tiro, en Siria, donde descargaron el barco.

⁴Allí estuvimos con los discípulos una semana. Y ellos, iluminados por el Espíritu, le advirtieron a Pablo que no fuera a Jerusalén. ⁵Al cabo de la semana, cuando regresamos al barco, la congregación en pleno, incluyendo esposas e hijos, nos acompañaron hasta la orilla del mar, donde oramos ⁶y nos despedimos de ellos. Abordamos entonces la nave, y ellos regresaron a sus casas.

⁷Tras partir de Tiro, hicimos escala en Tolemaida, donde tuvimos la oportunidad de saludar a los hermanos y estar con ellos un día.

⁸De allí Pablo y nosotros fuimos a Cesarea, y nos alojamos en casa de Felipe el evangelista, uno de los primeros siete diáconos. ⁹Felipe tenía cuatro hijas solteras que poseían el don de la profecía.

¹⁰Durante nuestra estancia, que se prolongó varios días, un hombre llamado Ágabo, profeta también, llegó procedente de Judea ¹¹y fue a visitarnos. Al ver a Pablo, le quitó el cinturón, se ató con él de pies y manos y dijo:

—El Espíritu Santo dice: «Así atarán los judíos de Jerusalén al dueño de este cinturón y lo entregarán a los gentiles».

¹²Al escuchar aquello, los creyentes de Cesarea y nosotros le suplicamos que no fuera a Jerusalén.

¹³—¿A qué viene tanto llanto? —nos respondió Pablo—. ¿Quieren destrozarme el corazón? Estoy dispuesto no sólo a sufrir las prisiones de Jerusalén sino también a morir por la causa del Señor Jesús.

¹⁴Al darnos cuenta de que no podríamos disuadirlo, nos dimos por vencidos y dijimos:

—Hágase la voluntad del Señor.

¹⁵Poco después recogimos el equipaje y partimos hacia Jerusalén, ¹⁶acompañados por varios discípulos de Cesarea, que traían con ellos a Mnasón.

En Jerusalén, nos hospedamos en la casa de Mnasón, que era de Chipre y uno de los primeros discípulos.

## Llegada de Pablo a Jerusalén

¹⁷Los hermanos de Jerusalén nos dieron una bienvenida gozosa.

¹⁸Al segundo día, Pablo nos llevó consigo a visitar a Jacobo y a los ancianos que estaban reunidos con él. ¹⁹Luego de intercambiar saludos, les hizo un recuento

☼20.32

⁵Al oír esto, se bautizaron en el nombre del Señor Jesús. ⁶Y cuando Pablo les puso las manos sobre la cabeza, el Espíritu Santo vino sobre ellos y hablaron en lenguas y profetizaron. ⁷Eran en total unos doce hombres.

⁸Durante los tres meses siguientes Pablo estuvo visitando la sinagoga; y proclamaba abiertamente el reino de Dios. ⁹Pero como muchos no querían creer y maldecían el Camino públicamente, Pablo decidió no predicarles más. Separó entonces a los creyentes y comenzó a discutir diariamente en la escuela de Tirano. ¹⁰Así continuó durante los dos años siguientes. No quedó en la provincia de Asia un solo judío o griego, que no escuchara la palabra del Señor.

¹¹Dios hacía grandes milagros por medio de Pablo. ¹²A veces bastaba poner sobre el enfermo un pañuelo o alguna prenda de Pablo para que el enfermo sanara o los demonios salieran.

¹³A unos judíos que viajaban de pueblo en pueblo echando fuera demonios, se les ocurrió invocar el nombre del Señor Jesús. Y emplearon las siguientes palabras: «¡Te conjuro por Jesús, el que Pablo predica, que salgas!»

¹⁴Los siete hijos de un tal Esceva, jefe de los sacerdotes, hicieron esto. ¹⁵Pero el demonio les respondió: «Conozco a Jesús y sé quién es Pablo, pero ¿quiénes son ustedes?»

¹⁶Y el endemoniado se apoderó de ellos y los golpeó de tal manera que salieron de la casa desnudos y mal heridos.

¹⁷La noticia corrió rápidamente entre los judíos y los griegos de Éfeso. Un temor solemne cayó sobre la ciudad y todos glorificaban el nombre del Señor Jesús. ¹⁸Muchos de los que creyeron vinieron y confesaron sus malas acciones; ¹⁹y muchos que habían practicado la magia, trajeron sus libros para quemarlos en una hoguera pública. Se calcula que el valor de aquellos libros era de unas cincuenta mil piezas de plata. ²⁰Así crecía y prevalecía poderosamente la palabra del Señor.

²¹Al cabo de cierto tiempo, Pablo sintió en su espíritu la necesidad de recorrer Macedonia y Acaya antes de regresar a Jerusalén. «Y de Jerusalén tendré que ir a Roma» —dijo.

²²Pero decidió enviar a Timoteo y a Erasto a Macedonia, mientras él permanecía un poco más de tiempo en Asia.

## El disturbio en Éfeso

²³En aquellos días se produjo en Éfeso un gran disturbio contra el Camino. ²⁴,²⁵Demetrio, platero que tenía empleado un grupo de artífices que hacían templecillos de Artemisa, la diosa griega, reunió a sus empleados y a varias otras personas que se dedicaban al mismo oficio, y les dijo:

—Señores, nosotros nos ganamos la vida en este negocio. ²⁶Como ustedes bien saben, porque lo han visto y oído, ese tal Pablo ha convencido a un grupo numeroso de personas de que los dioses fabricados no son dioses. ²⁷Como resultado, nuestras ventas están decayendo. Y esto no sólo aquí en Éfeso, sino en toda la provincia. Además, existe el peligro de que el templo de la gran diosa Artemisa pierda su influencia, y que Artemisa, la gran diosa que recibe adoración no sólo en Asia sino en todo el mundo, quede abandonada al olvido.

²⁸,²⁹Al decir esto, sus oyentes montaron en cólera y comenzaron a gritar:

—¡Grande es Artemisa de los efesios!

La ciudad entera estuvo llena de confusión. Entonces una turba se apoderó de Gayo y Aristarco, macedonios compañeros de Pablo, y los llevaron al anfiteatro. ³⁰Pablo quería presentarse ante el pueblo, pero los discípulos no lo dejaron. ³¹Incluso varios oficiales romanos amigos de Pablo le enviaron mensajes en los que le suplicaban que no se presentara en el teatro.

³²En el anfiteatro todo era confusión. Unos gritaban una cosa y otros otra, y muchos ni siquiera sabían por qué estaban allí. ³³Entre la multitud se encontraba Alejandro y lo arrastraron al frente. Alejandro pidió que guardaran silencio e intentó hablarles. ³⁴Pero al darse cuenta el gentío de que Alejandro era judío, se pusieron a gritar de nuevo:

—¡Grande es Artemisa de los efesios!

Y la gritería duró dos horas.

³⁵Cuando al fin el alcalde pudo acallar a la gente lo suficiente para poder hablar, dijo:

—Varones efesios, todo el mundo sabe que Éfeso es la guardiana del templo de la gran diosa Artemisa, cuya imagen cayó del cielo. ³⁶Como esto es un hecho que nadie puede negar, ustedes no tienen por qué perder los estribos ni deben obrar precipitadamente. ³⁷Ustedes han traído aquí a estos hombres, pero ellos ni se han robado nada del templo ni han difamado a nuestra diosa. ³⁸Si Demetrio y los artífices tienen algo de qué acusarlos, pueden llevar el caso ante los jueces. ³⁹Y si hay algunas otras quejas, podemos ventilarlas en alguna sesión del consejo municipal. ⁴⁰Tenemos que evitar que se nos acuse de armar alborotos, ya que no tenemos ninguna excusa que los justifique.

⁴¹Entonces los despidió y se dispersaron.

## Recorrido por Macedonia y Grecia

20 Después que cesaron los disturbios, Pablo mandó buscar a los discípulos y, cuando los hubo animado, se despidió de ellos y salió hacia Macedonia. ²A lo largo del viaje fue exhortando con muchas palabras a los discípulos, y luego llegó a Grecia. ³Estuvo tres meses allí. Cuando se disponía a zarpar hacia Siria, descubrió que los judíos planeaban atentar contra su vida, por lo que decidió tomar la ruta que pasa por Macedonia.

⁴Varios hombres lo acompañaron hasta Asia. Entre éstos se encontraban Sópater hijo de Pirro; Aristarco y Segundo, de Tesalónica; Gayo de Derbe; Timoteo; y Tíquico y Trófimo de Asia.

⁵Los acompañantes partieron primero y nos esperaron en Troas. ⁶Tan pronto terminaron las ceremonias de la Pascua, tomamos un barco en Filipos y cinco días más tarde arribábamos a Troas, donde permanecimos una semana.

## Visita de Pablo a Troas

⁷El domingo nos reunimos a partir el pan y, como al siguiente día partía Pablo, estuvo hablando hasta la medianoche. ⁸La habitación en que se encontraban, un cuarto en el piso de arriba, estaba iluminada por varias lámparas. ⁹Como el discurso de Pablo se prolon-

no habita en templos que el hombre construya, ²⁵ni necesita que los seres humanos satisfagan sus necesidades, porque él es el que da vida y aliento a todas las cosas. ²⁶De un solo hombre creó a la humanidad, y luego distribuyó las naciones sobre la faz de la tierra, tras decidir de antemano cuándo y cuáles serían sus fronteras. ²⁷En todo esto, el propósito de Dios era que las naciones lo buscaran y, quizás palpando, descubrieran el camino donde se le pudiera hallar. Pero él no está lejos de ninguno de nosotros, ²⁸porque en él vivimos, nos movemos y existimos. Como uno de los poetas de ustedes dijo: "Somos de la familia de Dios".

²⁹»Si esto es verdad, no debíamos pensar que Dios sea un ídolo hecho de oro, plata y piedra esculpida. ³⁰Dios toleró la ignorancia de la humanidad en el pasado, pero ahora ordena que todos se arrepientan, ³¹porque ha establecido un día en el cual juzgará al mundo con justicia por medio del varón que escogió y que acreditó al levantarlo de entre los muertos».

³²Al oírlo hablar de la resurrección de un muerto, algunos se rieron; pero otros dijeron:

—Queremos que otro día nos hables de esto.

³³Entonces, Pablo se retiró de entre ellos. ³⁴Sin embargo, algunos creyeron y se le unieron; por ejemplo, Dionisio, encargado del Areópago, y una mujer llamada Dámaris.

## En Corinto

18 Pablo salió de Atenas y se fue a Corinto. ²En Corinto conoció a un judío llamado Aquila, natural de Ponto, que acababa de llegar de Italia con su esposa Priscila. Habían salido de Italia a raíz de la orden de Claudio de expulsar de Roma a todos los judíos. ³Como eran fabricantes de tiendas, al igual que Pablo, éste se fue a vivir y a trabajar con ellos.

⁴Y todos los sábados Pablo discutía en la sinagoga tratando de convencer a judíos y a griegos. ⁵Después que Silas y Timoteo llegaron de Macedonia, se dedicó por entero a predicar la palabra y a testificar entre los judíos que Jesús era el Mesías. ⁶Pero cuando los judíos se le enfrentaron y blasfemaron, se sacudió sus ropas y les dijo:

—Que su sangre caiga sobre las cabezas de ustedes. Yo he cumplido ya con mi deber. De ahora en adelante me iré a predicar entre los gentiles.

⁷Después se fue a la casa de Ticio Justo, gentil que adoraba a Dios y que vivía al lado de la sinagoga. ⁸Crispo, el principal de la sinagoga, creyó en el Señor y se bautizó. Lo mismo hicieron todos los de su familia y muchos otros corintios.

⁹Una noche, el Señor se le apareció a Pablo en visión.

—¡No tengas miedo! —le dijo—. ¡Habla y no calles! ¹⁰Nadie podrá hacerte daño, porque yo estoy a tu lado. En esta ciudad hay un buen grupo de personas que me pertenecen.

¹¹Pablo, pues, se quedó allí otro año y medio enseñando la palabra de Dios.

¹²Cuando Galión tomó posesión como gobernador de Acaya, los judíos conspiraron contra Pablo y lo llevaron a juicio ante el gobernador, ¹³y lo acusaron de «andar persuadiendo a la gente a adorar a Dios en maneras contrarias a las leyes». ¹⁴Cuando Pablo empezaba a hablar, Galión les dijo a los judíos:

—Escúchenme, judíos. Si este individuo hubiera cometido algún delito, me vería obligado a atender el caso. ¹⁵Pero como se trata de cuestiones de palabras y de nombres y de sus leyes, arréglenselas ustedes. A mí no me interesa.

¹⁶Y los echó del juzgado.

¹⁷Entonces unos griegos se apoderaron de Sóstenes, el jefe de la sinagoga, y lo golpearon frente al juzgado. Y a Galión no le importó que lo hicieran.

## Priscila, Aquila y Apolos

¹⁸Pablo permaneció en la ciudad muchos días más y luego se despidió de los hermanos para zarpar hacia las costas de Siria en compañía de Priscila y Aquila. En Cencreas, se afeitó la cabeza según la costumbre judía, porque tenía hecho voto.[b]

¹⁹Al llegar al puerto de Éfeso, los dejó allí y se fue a predicar entre los judíos. ²⁰Estos le pidieron que se quedara unos días más, pero como no podía les dijo:

²¹—Tengo que estar en Jerusalén durante la fiesta, pero les prometo volver a Éfeso algún día, si Dios me lo permite.

Y zarpó de Éfeso.

²²El próximo puerto fue Cesarea, desde donde fue a visitar a la iglesia de Jerusalén antes de seguir su viaje a Antioquía. ²³De Antioquía, donde pasó algún tiempo, se dirigió de nuevo a las regiones de Galacia y Frigia, alentando a todos los discípulos.

²⁴Mientras tanto, llegó a Éfeso, procedente de Alejandría, un judío llamado Apolos, hombre elocuente y poderoso en las Escrituras. ²⁵Alguien le había hablado del camino del Señor y, como era muy fervoroso, hablaba y enseñaba acerca de Jesús, aunque conocía sólo el bautismo de Juan.

²⁶En su mensaje en la sinagoga habló con valentía. Entre los que lo escucharon estaban Priscila y Aquila. Estos lo tomaron aparte y le explicaron con mayor exactitud el camino de Dios.

²⁷Cuando Apolos quiso ir a Acaya, los hermanos lo animaron y escribieron a los discípulos pidiéndoles que le dieran la bienvenida. Al llegar, Dios lo usó para el fortalecimiento de la iglesia, ²⁸porque él refutaba ardientemente y en público a los judíos, y demostraba por medio de las Escrituras que Jesús era el Mesías.

## Pablo en Éfeso

19 Mientras Apolos estaba en Corinto, Pablo viajaba por las regiones superiores y llegó a Éfeso. Allí encontró a varios discípulos.

²—¿Recibieron ustedes el Espíritu Santo cuando creyeron? —les preguntó.

—No —le respondieron—. Ni siquiera sabíamos que existía el Espíritu Santo.

³—¿Y cómo fue que les bautizaron? —les preguntó.

—De acuerdo con el bautismo de Juan —le respondieron.

⁴Entonces Pablo les explicó que el bautismo de Juan era para el arrepentimiento, y que Juan había enseñado que era necesario creer en aquel que venía después de él, es a saber, Jesús el Mesías.

---

b. Probablemente un voto de hacer sacrificio en Jerusalén en acción de gracias: La cabeza se rapaba 30 días antes de presentarse en el templo con las ofrendas.

17.28–30   19.1–6

carcelero, entonces, además de encerrarlos en el calabozo de más adentro, les aprisionó los pies en el cepo. ²⁵Era ya media noche. Pablo y Silas todavía estaban orando y cantando himnos al Señor. Los demás prisioneros escuchaban. ²⁶De pronto, un gran terremoto sacudió los cimientos de la cárcel y las puertas se abrieron y las cadenas de todos los presos se soltaron. ²⁷El carcelero, al despertar y al ver las puertas abiertas, creyó que los prisioneros habían escapado y sacó la espada para matarse.

²⁸—¡No te hagas ningún daño! —le gritó Pablo—. ¡Todos estamos aquí!

²⁹Temblando de miedo, el carcelero ordenó que trajeran luz, corrió al calabozo y se puso de rodillas ante Pablo y Silas.

³⁰—Señores, ¿qué tengo que hacer para salvarme? —les preguntó suplicante, después de sacarlos de allí.

³¹—Cree en el Señor Jesucristo y serán salvos tú y tu familia —le respondieron.

³²Entonces le contaron delante de sus familiares las buenas noticias del Señor. ³³Y en aquella misma hora, el carcelero les lavó las heridas y se bautizó junto con los demás miembros de su familia. ³⁴Después prepararon un banquete y el carcelero rebosaba de gozo, al igual que sus familiares, porque ya todos creían en Dios.

³⁵A la siguiente mañana se presentaron ante el carcelero varios alguaciles:

—Dicen los magistrados que sueltes a esos hombres —le ordenaron.

³⁶El carcelero corrió a notificarle a Pablo que estaba en libertad. ³⁷Pero éste le respondió:

—¡Ah, no! ¡Así que a pesar de que somos ciudadanos romanos nos azotan públicamente sin someternos a juicio, nos encarcelan y ahora quieren ponernos en libertad secretamente! ¡No, señor! ¡Qué vengan ellos mismos a sacarnos!

³⁸Los alguaciles transmitieron a los magistrados estas palabras y éstos, muertos de miedo al enterarse de que Pablo y Silas eran ciudadanos romanos, ³⁹corrieron a la cárcel a suplicarles que salieran y abandonaran la ciudad.

⁴⁰Pablo y Silas entonces regresaron a casa de Lidia y allí volvieron a reunirse con los creyentes para consolarlos una vez más antes de partir.

## En Tesalónica

**17** Viajaron luego a través de las ciudades de Anfípolis y Apolonia, y llegaron a Tesalónica, donde había una sinagoga judía. ²Como ya era costumbre en Pablo, entró allí a predicar, y tres días de reposo estuvo discutiendo con ellos acerca de las Escrituras, ³explicándoles que era necesario que el Mesías sufriera y que resucitara de los muertos, y que Jesús, a quien él predicaba, era el Mesías.

⁴Varios de los judíos creyeron y se unieron a Pablo y Silas. También un gran número de griegos piadosos y muchas mujeres importantes de la ciudad. ⁵Pero los judíos, celosos, anduvieron incitando a individuos ociosos de la peor calaña. Se formó así una turba que se dirigió a casa de Jasón, pues querían llevar a Pablo y a Silas ante el consejo municipal para que los castigaran.

⁶Al no hallarlos allí, arrastraron fuera a Jasón y a varios creyentes más y los llevaron ante las autoridades de la ciudad.

—Los que trastornan al mundo andan por la ciudad —gritaron—. ⁷Y Jasón los tiene alojados en su casa. Esos son unos traidores, porque andan diciendo que el rey es Jesús y no el César.

⁸Los ciudadanos y las autoridades de la ciudad se sobresaltaron ante aquellas acusaciones, ⁹pero como Jasón y los demás pagaron una fianza, los pusieron en libertad.

## En Berea

¹⁰Aquella misma noche los hermanos mandaron para Berea a Pablo y a Silas.

En Berea, como de costumbre, se fueron a predicar a la sinagoga. ¹¹Los bereanos eran mucho más nobles que los tesalonicenses, y escucharon gustosos el mensaje. Todos los días examinaban las Escrituras para comprobar si lo que Pablo y Silas decían era cierto. ¹²En consecuencia, un buen grupo creyó, junto con varias griegas prominentes y muchos hombres.

¹³Pero cuando los judíos de Tesalónica se enteraron de que Pablo estaba predicando el mensaje de Dios en Berea, fueron a ocasionarle problemas. ¹⁴Los hermanos se movilizaron inmediatamente y mandaron a Pablo para la costa. No obstante, Silas y Timoteo se quedaron.

¹⁵Los acompañantes de Pablo lo condujeron a Atenas y de allí regresaron a Berea con un mensaje para Silas y Timoteo, en el que Pablo les suplicaba que se unieran a él en cuanto pudieran.

## En Atenas

¹⁶Mientras los esperaba en Atenas, Pablo estaba sumamente molesto ante la gran cantidad de ídolos que veía por todas partes. ¹⁷Por eso, discutía en la sinagoga con los judíos y los devotos gentiles, y también lo hacía diariamente en la plaza pública ante quienes estuvieran allí.

¹⁸En una ocasión se enfrentó a varios filósofos epicúreos y estoicos.

«¿Qué quiere decir este hablador?», exclamaron algunos. Y cuando lo oyeron hablar acerca de Jesús y de la resurrección, otros decían: «Parece que habla de nuevos dioses».

¹⁹,²⁰Y lo invitaron a ir al Areópago.

—Ven y cuéntanos acerca de esa nueva religión —le dijeron—, porque has estado diciendo algunas cosas raras y quisiéramos entenderlas.

²¹Era que a los atenienses, al igual que a los extranjeros que residían en Atenas, les gustaba matar el tiempo discutiendo cualquier idea nueva.

²²Puesto de pie en el Areópago, Pablo se expresó así:

—Atenienses, he notado que ustedes son muy religiosos, ²³porque al andar por la ciudad hallé que entre todos los altares que poseen hay uno con la siguiente inscripción: "Al Dios desconocido". Al Dios que ustedes han estado adorando sin conocer, es al que yo les anuncio.

²⁴»Ese Dios fue el que hizo el mundo y cuanto en él existe y, por cuanto es Señor del cielo y de la tierra,

☼ 17.22–23

Los apóstoles y los ancianos, a los hermanos gentiles de Antioquía, Siria y Cilicia: ¡Saludos!

²⁴Hemos sabido que varios creyentes de Judea, sin la autorización nuestra, los han estado molestando y los han confundido con lo que les han dicho. ²⁵Nos ha parecido bien y hemos acordado unánimemente, que dos de nuestros hombres, Judas y Silas, acompañen a nuestros queridos hermanos Pablo y Bernabé ²⁶que han expuesto sus vidas por la causa de nuestro Señor Jesucristo. ²⁷Judas y Silas confirmarán personalmente lo que les escribimos. ²⁸Nos ha parecido bien, al Espíritu Santo y a nosotros, no imponer sobre ustedes ninguna carga aparte de lo siguiente: ²⁹Sólo les pedimos que se abstengan de comer carnes ofrecidas a los ídolos, sangre, animales ahogados, y que, por supuesto, se aparten de los vicios sexuales. Bastará que se abstengan de estas cosas.

Los saludamos con nuestros mejores deseos.

³⁰Los cuatro mensajeros partieron inmediatamente rumbo a Antioquía, donde convocaron a la congregación y le entregaron la carta. ³¹Un júbilo desbordante llenó a los hermanos cuando leyeron tan alentador mensaje. ³²Luego Judas y Silas, que también eran profetas, predicaron extensos sermones con el propósito de fortalecer y animar a los creyentes.

³³Judas y Silas permanecieron varios días en Antioquía, al cabo de los cuales los despidieron para regresar a los que los habían enviado. ³⁴Pero Silas decidió quedarse.

³⁵Pablo y Bernabé se quedaron en Antioquía y junto con otros muchos predicaban y enseñaban la palabra del Señor.

### Desacuerdo entre Pablo y Bernabé

³⁶Varios días más tarde, Pablo le propuso a Bernabé regresar a visitar las ciudades donde anteriormente habían predicado la palabra del Señor, a fin de ver cómo estaban los creyentes. ³⁷Bernabé quería que Juan Marcos fuera de nuevo con ellos; ³⁸pero a Pablo no le agradó la idea, porque Juan los había abandonado en Panfilia, y no había seguido con ellos en el trabajo. ³⁹El desacuerdo que surgió entre ellos fue tan grande que se separaron. Bernabé tomó entonces a Marcos y zarpó con él hacia Chipre, ⁴⁰,⁴¹mientras que Pablo escogió a Silas. Luego, los hermanos los encomendaron a la gracia del Señor, y Pablo partió hacia Siria y Cilicia para alentar a las iglesias.

### Timoteo se une a Pablo y a Silas

16 ✳ Pablo y Silas fueron primero a Derbe y luego a Listra, donde conocieron a un creyente llamado Timoteo, hijo de una judía creyente, pero de padre griego.

²Como Timoteo tenía buen testimonio de los hermanos de Listra e Iconio, ³Pablo le pidió que fuera con él. Y como todos los judíos de esa región sabían que no estaba circuncidado, porque su padre era griego, Pablo lo circuncidó.

⁴Y de ciudad en ciudad fueron comunicando la decisión que habían tomado los apóstoles y los ancianos en Jerusalén. ⁵De esta forma, las iglesias se afianzaban en la fe y crecían en número todos los días.

### La visión de Pablo del hombre macedonio

⁶Luego atravesaron Frigia y Galacia, porque el Espíritu Santo les prohibió predicar en la provincia de Asia. ⁷Luego llegaron a Misia y quisieron ir hasta la provincia de Bitinia; pero el Espíritu les ordenó que no lo hicieran. ⁸En vista de esto, atravesaron la provincia de Misia y llegaron a Troas.

⁹Aquella noche, Pablo tuvo una visión. En el sueño vio a un varón de Macedonia que le suplicaba: «Ven y ayúdanos».

¹⁰Inmediatamente nos fuimos a Macedonia, seguros de que Dios nos estaba llamando allá a predicar las buenas noticias.

### Conversión de Lidia en Filipos

¹¹En Troas tomamos un barco y navegamos hacia Samotracia, y de allí, el siguiente día, a Neápolis. ¹²Por último, llegamos a Filipos, colonia romana situada en Macedonia, y nos quedamos allí varios días.

¹³El día de reposo fuimos a la orilla del río que está fuera de la puerta, donde se reunían para orar. Nos sentamos y hablamos con las mujeres que habían llegado. ¹⁴Una de ellas, que se llamaba Lidia, era vendedora de púrpura en Tiatira, y ya desde antes adoraba a Dios. Mientras Lidia escuchaba, el Señor le abrió el corazón para que estuviera atenta a lo que Pablo decía.

¹⁵Entonces la bautizamos junto con los demás miembros de su familia.

—Si ustedes creen que soy fiel al Señor —nos dijo ella—, vengan a hospedarse a mi casa.

Su insistencia fue tal que aceptamos.

### Pablo y Silas en la cárcel

¹⁶Un día en que nos dirigíamos a orar, nos salió al encuentro una joven esclava endemoniada que tenía la facultad de adivinar. Con sus adivinaciones, les proporcionaba jugosas ganancias a sus amos. ¹⁷La joven empezó a seguirnos.

—¡Estos hombres son siervos de Dios que han venido a enseñarles el camino de salvación! —gritaba a nuestras espaldas.

¹⁸Esto lo hizo por varios días hasta que Pablo, muy molesto, se volvió y le dijo al demonio que estaba en la joven:

—Te ordeno en el nombre de Jesucristo que salgas de esta joven.

E instantáneamente el demonio obedeció.

¹⁹A causa de esto, se desvanecieron las esperanzas de riqueza de los dueños de la esclava, por lo que tomaron a Pablo y lo llevaron ante los magistrados de la plaza pública.

²⁰,²¹—Estos judíos están corrompiendo nuestra ciudad —dijeron—. Están enseñándole al pueblo costumbres contrarias a las romanas.

²²El pueblo se alzó entonces contra Pablo y Silas, y los jueces ordenaron que los desvistieran y azotaran con varas.

²³Así se hizo, y los azotaron repetidas veces. Al terminar, los arrojaron en una prisión y le advirtieron al carcelero que los cuidara con suma seguridad. ²⁴El

✳16.1  ✳16.13–15

¹²¡Creían que Bernabé era Zeus y que Pablo, por cuanto era el orador principal, era Hermes! ¹³El sacerdote de Zeus, cuyo templo estaba situado en las afueras de la ciudad, llevó flores y toros para ofrecerles sacrificios, junto con el gentío. ¹⁴Cuando Bernabé y Pablo se dieron cuenta de lo que estaba ocurriendo, se rasgaron la ropa y se lanzaron entre la multitud gritando:

¹⁵—¡Señores! ¿Qué están haciendo? ¡Nosotros somos seres humanos como cualquiera de ustedes! Hemos venido a traerles las buenas noticias de que deben dejar ya estas cosas que no sirven para nada, y que se vuelvan al Dios viviente que hizo los cielos, la tierra, el mar y cuanto en ellos existe. ¹⁶En el pasado, Dios permitió que las naciones anduvieran en sus propios caminos, ¹⁷aunque nunca las dejó sin algo que hablara de él. ¡Y les dio la lluvia, las buenas cosechas, y llenó de alimentos y alegría los corazones!

¹⁸A pesar de todo lo que dijeron, a duras penas pudieron evitar que el gentío les ofreciera sacrificio.
¹⁹Sin embargo, llegaron de Antioquía e Iconio varios judíos que hicieron que ese gentío cambiara de parecer y apedreara a Pablo. Como creían que estaba muerto, lo arrastraron fuera de la ciudad. ²⁰Pero luego, mientras los creyentes lo rodeaban, Pablo se levantó y regresó a la ciudad. Al día siguiente él y Bernabé partieron rumbo a Derbe.

## El regreso a Antioquía de Siria

²¹Después de predicar el evangelio en Derbe y ganar muchos discípulos, regresaron a Listra, a Iconio y a Antioquía, ²²donde fortalecieron a los discípulos y los animaron a seguir firmes en la fe. Les decían que era necesario que entraran al reino de Dios después de pasar por muchas tribulaciones. ²³Además, nombraron ancianos en cada iglesia, a los cuales, después de orar y ayunar con ellos, encomendaron al cuidado del Señor en quien habían creído.

²⁴Luego, ya de regreso, pasaron por Pisidia y Panfilia, ²⁵predicaron de nuevo en Perge y fueron a Atalía. ²⁶Finalmente, regresaron por barco a Antioquía, donde los habían encomendado a la gracia de Dios para que realizaran el trabajo que acababan de completar. ²⁷Sin perder tiempo, reunieron a la iglesia y les informaron de todo lo que Dios había hecho por medio de ellos y les contaron cómo Dios había abierto la puerta de la fe también a los gentiles.

²⁸Y permanecieron en Antioquía mucho tiempo con los discípulos.

## El concilio de Jerusalén

**15** Llegaron varias personas de Judea a Antioquía y empezaron a enseñar a los hermanos que, a menos que se circuncidaran conforme a la ley de Moisés, no podrían ser salvos.

²Como Pablo y Bernabé discutieron con ellos y se les opusieron con todas sus fuerzas, los creyentes los enviaron a Jerusalén, acompañados de varios creyentes, para que consultaran el asunto con los apóstoles y los ancianos.

³Después que los envió la iglesia, a lo largo del camino fueron deteniéndose en las ciudades de Fenicia y Samaria para visitar a los creyentes y contarles cómo los gentiles también estaban convirtiéndose. Y esto llenó a todos de mucha alegría.

⁴Al llegar a Jerusalén, fueron muy bien recibidos por la iglesia, los apóstoles y los ancianos. Pablo y Bernabé los pusieron al tanto de lo que Dios había hecho por medio de ellos. ⁵Entonces algunos de los que antes de convertirse habían sido fariseos, afirmaron que era necesario circuncidar a los gentiles y exigirles que obedecieran la ley de Moisés.

⁶En vista de esto, los apóstoles y los ancianos convocaron una reunión para tratar el asunto. ⁷Después de muchas discusiones, Pedro se puso de pie y pidió la palabra:

—Hermanos, ustedes saben que Dios me escogió de entre ustedes hace mucho tiempo para que predicara las buenas noticias entre los gentiles, a fin de que éstos pudieran creer. ⁸Dios, que conoce los corazones humanos, nos demostró que aceptaba a los gentiles al otorgarles el Espíritu Santo de la misma forma en que nos lo había otorgado a nosotros. ⁹Y no hizo ninguna distinción entre ellos y nosotros, porque les había limpiado sus corazones por medio de la fe. ¹⁰¿Nos atreveremos a provocar a Dios, poniendo sobre los gentiles un yugo que ni nosotros ni nuestros padres hemos podido llevar? ¹¹¿No creen ustedes que los gentiles se salvan de la misma forma en que nos salvamos nosotros, es decir, por medio de la gracia del Señor Jesús?

¹²Allí mismo terminaron las discusiones, y todo el mundo prestó atención a las palabras de Bernabé y de Pablo que relataban los milagros que Dios había realizado a través de ellos entre los gentiles.

¹³Cuando Pablo y Bernabé terminaron, Jacobo pidió la palabra:

—Hermanos —les dijo—, escúchenme. ¹⁴Ya Simón nos ha relatado cómo Dios visitó por primera vez a los gentiles para escoger de entre ellos un pueblo que honre su nombre. ¹⁵Esto concuerda con lo que los profetas predijeron, como está escrito:

¹⁶»"Después de esto regresaré y reedificaré la casa de David que quedó derrumbada, reconstruiré sus ruinas y la restauraré, ¹⁷para que encuentren también al Señor los gentiles que llevan mi nombre. ¹⁸Esto lo dijo el Señor, el que da a conocer el plan que tenía trazado desde el principio".

¹⁹»Por lo tanto, opino que no debemos ponerles trabas a los gentiles que se hayan convertido al Señor. ²⁰Pero mandémosles a decir por carta que se abstengan de comer las carnes sacrificadas a los ídolos, de los vicios sexuales y de comer carnes de animales sin desangrar o ahogados, ²¹ya que estas son las cosas contra las cuales a través de los tiempos se ha estado predicando todos los sábados en las sinagogas judías de todas las ciudades».

## Carta del concilio a los creyentes gentiles

²²Entonces los apóstoles, los ancianos y la congregación en pleno decidieron nombrar a personas que fueran con Pablo y Bernabé a Antioquía a dar a conocer la decisión. Escogieron a Judas (conocido también como Barsabás) y a Silas. Ambos tenían buen testimonio entre los hermanos. ²³Y llevaron con ellos la siguiente carta:

tema al Señor, escúchenme. [17,18]El Dios de la nación israelita escogió a nuestros antepasados y, después de enaltecerlos en Egipto, rescatándolos milagrosamente de la esclavitud, los estuvo alimentando durante cuarenta años en el desierto. [19]Luego destruyó siete naciones de Canaán y le dio a Israel aquel territorio como herencia.

[20]»Después de esto, durante unos cuatrocientos cincuenta años, les estuvo dando jueces que los gobernaran, hasta los días del profeta Samuel. [21]Entonces, el pueblo pidió un rey, y Dios les dio a Saúl, hijo de Quis, de la tribu de Benjamín, que reinó cuarenta años. [22]Dios lo quitó y puso en su lugar a David, hombre de quien Dios mismo dijo: "David, hijo de Isaí, es un hombre conforme a mi corazón y me obedecerá".

[23]»Precisamente, uno de los descendientes del rey David, Jesús, es el Salvador que Dios le prometió a Israel. [24]Antes que él viniera, Juan el Bautista proclamó la necesidad que tenían los israelitas de arrepentirse de sus pecados. [25]Al final de su carrera, Juan declaró: "¿Creen ustedes acaso que soy el Mesías? ¡No! Pero él vendrá pronto. En comparación con él yo no valgo nada".

[26]»Hermanos, descendientes de Abraham, y cualquier gentil que reverencie a Dios: esta salvación es para todos nosotros. [27]Los que vivían en Jerusalén y sus jefes cumplieron las profecías al condenar a Jesús. Ellos no lo reconocieron, a pesar de que escuchaban la lectura de los profetas todos los sábados. [28]Como no hallaban ninguna causa justa para condenarlo, buscaron la manera de que Pilato lo matara. [29]Después de que se cumplieron las profecías acerca de la muerte del Mesías, lo bajaron de la cruz y lo colocaron en una tumba. [30]Pero Dios lo resucitó, [31]y muchos de los hombres que lo habían acompañado a Jerusalén desde Galilea, lo vieron varias veces. Y aquellos hombres ahora son sus testigos ante el pueblo.

[32,33]»Nosotros hemos venido aquí para darles a conocer la buena noticia de que Dios, al resucitar a Jesús, ha cumplido la promesa que le había hecho a nuestros antepasados, y la ha hecho realidad para nosotros. El salmo segundo expresa lo siguiente:

»"Tú eres mi hijo; hoy mismo te he engendrado".

[34]»Dios había prometido que lo levantaría de entre los muertos y no volvería a morir. Así lo declaran las Escrituras:

»"Yo cumpliré las bendiciones santas y seguras que le prometí a David".

[35]»En otro pasaje dice:

»"Dios no dejará que su santo se pudra".

[36]»Por cierto, después que David sirvió a su generación de acuerdo con la voluntad de Dios, murió, fue enterrado con sus antepasados y su cuerpo se descompuso. [37]Pero aquel a quien Dios resucitó, no sufrió la corrupción de su cuerpo. [38,39]¡Hermanos! ¡Escúchenme! ¡Por medio de Jesús se les anuncia el perdón de los pecados! A cualquiera que crea en él se le declara justo, lo cual la ley de Moisés nunca pudo hacer. [40]¡Cuidado! Procuren las siguientes palabras de los profetas no se apliquen a ustedes:

[41]»"Miren, asómbrense y perezcan, burlones. Porque en los días de ustedes estoy realizando una obra que no creerán cuando alguien se la anuncie"».

[42]Al salir de la sinagoga, les pidieron que regresaran a hablarles la siguiente semana. [43]Pero muchos judíos y gentiles piadosos que adoraban en la sinagoga siguieron a Pablo y a Bernabé, y éstos les aconsejaron que permanecieran fieles en la gracia que Dios les ofrecía.

[44]A la semana siguiente, casi la ciudad entera fue a escucharlos predicar la palabra de Dios. [45]Pero cuando los judíos vieron el gentío, llenos de celos se pusieron a blasfemar y a rebatir las palabras de Pablo.

[46]Entonces Pablo y Bernabé valientemente les dijeron: «Era necesario que las buenas noticias de Dios las conocieran primero ustedes los judíos. Pero como las rechazan y se muestran indignos de la vida eterna, no nos queda otro remedio que ofrecérselas a los gentiles. [47]Después de todo, el Señor nos lo ha ordenado:

»"Te he convertido en luz que ilumina a los gentiles y, por lo tanto, les has de llevar la salvación hasta lo más recóndito del mundo"».

[48]Al oír esto los gentiles sintieron una gran alegría y celebraron la palabra del Señor. Y creyeron los que estaban destinados para obtener la vida eterna. [49]Y el mensaje de Dios se propagó en toda aquella región.

[50]Pero un día, los judíos instigaron a mujeres piadosas y distinguidas, y a los jefes de la comunidad, y persiguieron a Pablo y Bernabé y los expulsaron de la localidad. [51]Ellos se sacudieron entonces el polvo de los pies, como señal, contra la ciudad y se fueron a Iconio. [52]Y sus discípulos estaban llenos de gozo y del Espíritu Santo.

## En Iconio

14 Pablo y Bernabé fueron a la sinagoga judía en Iconio y predicaron de tal modo que un gran número de gentiles y judíos creyeron. [2]Pero los judíos incrédulos sembraron mala voluntad entre los gentiles contra los hermanos. [3]Sin embargo, Pablo y Bernabé permanecieron allí bastante tiempo, predicando abiertamente en el nombre del Señor; quien les concedía el poder de hacer grandes milagros que confirmaban el mensaje de su gracia.

[4]La opinión de los habitantes de la ciudad estaba dividida. Unos estaban de parte de los judíos y otros respaldaban a los apóstoles. [5]Cuando Pablo y Bernabé se enteraron de que los judíos y los gentiles, junto con sus dirigentes, estaban urdiendo un plan para que los atacaran y apedrearan, [6]huyeron a Listra y a Derbe, ciudades de Licaonia, y a las regiones adyacentes, [7]y allí predicaron el evangelio.

## En Listra y Derbe

[8]Estando en Listra, pasaron junto a un hombre inválido de nacimiento, que nunca había caminado porque tenía los pies tullidos. [9]Ese hombre estaba muy atento a la predicación de Pablo. Este, al notarlo, comprendió que aquel hombre tenía suficiente fe para obtener su sanidad.

[10]—¡Levántate! —le ordenó Pablo.

E inmediatamente el hombre se puso de pie y salió caminando.

[11]Cuando el gentío vio lo que Pablo había hecho, gritaron (en el dialecto local):

—¡Estos son dioses con cuerpos humanos que han venido a visitarnos!

a Bernabé y a Saulo la tarea de llevar las ofrendas a los ancianos.

## Pedro escapa milagrosamente de la cárcel

**12** En aquellos días el rey Herodes hizo arrestar a algunos de la iglesia para maltratarlos. ²Y mandó matar a Jacobo, hermano de Juan. ³Al ver que con eso había agradado a los judíos, arrestó a Pedro durante la celebración de la Pascua. ⁴Lo puso en prisión bajo la custodia de dieciséis soldados. La intención de Herodes era hacerle un juicio público a Pedro después de la Pascua.

⁵La iglesia, al enterarse, se entregó a orar ferviente y constantemente por Pedro, mientras estaba en prisión. ⁶La noche antes del juicio, cuando Pedro dormía encadenado entre dos soldados, mientras los demás custodiaban la entrada de la prisión, ⁷una luz repentina inundó la celda y un ángel del Señor se paró junto a Pedro. El ángel, tras darle unas palmadas en el costado para despertarlo, le dijo: «¡Levántate! ¡Rápido!» Y las cadenas se le cayeron de las manos. ⁸«¡Vístete y ponte el calzado! —le ordenó el ángel—. Ponte ahora el manto y sígueme».

⁹Entonces Pedro salió de la prisión tras el ángel. Aquello no le parecía real; para él no era más que una visión.

¹⁰Cruzaron la primera y la segunda guardias y llegaron a la puerta de hierro que daba a la calle. Ésta se les abrió automáticamente. Caminaron juntos unas cuadras, tras lo cual el ángel lo dejó solo.

¹¹Fue entonces cuando Pedro comprendió la realidad: «No cabe duda», se dijo. «El Señor ha enviado a su ángel a salvarme de Herodes y de lo que los judíos esperaban hacer conmigo».

¹²Con este pensamiento, fue a casa de María, la madre de Juan Marcos, donde muchos estaban reunidos orando. ¹³Tocó a la puerta del patio.

¹⁴Una muchacha llamada Rode fue a abrir, pero al reconocer la voz de Pedro se emocionó tanto que sin abrir corrió llena de alegría a informar a los demás que Pedro estaba a la puerta.

¹⁵—¿Estás loca? —le dijeron.

Pero como la muchacha insistía en afirmarlo, argumentaron:

—Ha de ser su ángel.

¹⁶Mientras tanto, Pedro seguía tocando a la puerta. Cuando finalmente la abrieron, se quedaron pasmados de sorpresa. ¹⁷Pero él, después de hacerles señas para que se callaran, les relató cómo el Señor lo había libertado de la cárcel.

—Mándenle a decir a Jacobo y a los hermanos lo que ha ocurrido —les dijo—, y se fue a otro lugar.

¹⁸Al despuntar el alba, se armó un gran alboroto en la cárcel. ¿Qué se había hecho Pedro? ¹⁹Y cuando Herodes lo mandó buscar y no lo halló, hizo responsables a los guardias y los sentenció a muerte. Después se fue a vivir un tiempo en Cesarea.

## Muerte de Herodes

²⁰Una delegación de Tiro y Sidón fue a verlo a Cesarea. Herodes estaba enojado con los habitantes de esas dos ciudades, pero los miembros de la delegación se compraron la amistad de Blasto, el secretario del rey, y solicitaron la paz, porque sus ciudades dependían económicamente del comercio con el territorio de Herodes. ²¹Herodes les concedió audiencia y el día señalado se vistió sus mantos reales, se sentó en el trono y pronunció un discurso ante ellos. ²²La gente gritaba: «¡Ha hablado un dios, no un hombre!» ²³En aquel mismo instante un ángel del Señor lo hirió con una enfermedad tan terrible que Herodes murió comido por los gusanos. ¡Todo por no darle la gloria a Dios!

²⁴La palabra de Dios se propagaba y se extendía.

²⁵Bernabé y Saulo, que estaban de visita en Jerusalén, concluyeron su servicio allí y regresaron a Antioquía, llevando con ellos a Juan, al que le decían también Marcos.

## Despedida de Bernabé y Saulo

**13** En la iglesia de Antioquía eran profetas y maestros Bernabé, Simeón el Negro, Lucio de Cirene, Manaén (hermano de crianza del tetrarca Herodes) y Saulo.

²Un día en que estos hombres estaban adorando al Señor y ayunando, el Espíritu Santo dijo:

—Apártenme a Bernabé y a Saulo para la tarea a la que los he llamado.

³Después de ayunar y orar, pusieron las manos sobre ellos y los despidieron.

## En Chipre

⁴Dirigidos por el Espíritu Santo, Saulo y Bernabé fueron a Seleucia y de allí navegaron a Chipre. ⁵Juan viajaba con ellos como ayudante.

Después de predicar la palabra de Dios en la sinagoga de los judíos que había en Salamina, ⁶fueron recorriendo toda la isla hasta llegar a Pafos, donde conocieron a cierto mago y falso profeta judío llamado Barjesús. ⁷Éste estaba muy cerca del gobernador Sergio Paulo, hombre de gran entendimiento. El gobernador invitó a Bernabé y a Saulo porque deseaba escuchar la palabra de Dios. ⁸Pero Elimas el mago (así se traduce su nombre), procurando apartar de la fe al gobernador, se puso en contra de ellos.

⁹Entonces Saulo (que también se llama Pablo), lleno del Espíritu Santo, clavó los ojos en el mago y le dijo: ¹⁰«Hijo del diablo, mentiroso y villano, enemigo de toda justicia, ¿hasta cuándo vas a torcer los caminos rectos del Señor? ¹¹La mano de Dios se está levantando contra ti y quedarás temporalmente ciego».

Instantáneamente cayeron sobre él oscuridad y tinieblas, y comenzó a andar a tientas, suplicando que alguien lo tomara la mano y lo guiara.

¹²Cuando el gobernador vio aquello, creyó, maravillado de la enseñanza del Señor.

## En Antioquía de Pisidia

¹³Pablo y los que andaban con él zarparon de Pafos y desembarcaron en Perge de Panfilia. Allí Juan los abandonó para regresar a Jerusalén, ¹⁴pero Bernabé y Pablo continuaron su viaje hasta Antioquía de Pisidia. Al llegar el día de reposo, asistieron a la sinagoga y se sentaron. ¹⁵Después de la lectura de la ley y los profetas, los jefes de la sinagoga les mandaron el siguiente mensaje: «Hermanos, si tienen alguna enseñanza de aliento para el pueblo, tomen la palabra».

¹⁶Pablo se puso entonces de pie, los saludó con la mano, y les dijo: «Varones de Israel, y cualquiera que

**HECHOS 10.30**

³⁰—Hace cuatro días —contestó Cornelio—, mientras oraba en la tarde como es mi costumbre, se me presentó de pronto un hombre vestido con un manto resplandeciente. ³¹"Cornelio", me dijo, "Dios ha tomado en cuenta tus oraciones y tus limosnas. ³²Envía varios hombres a Jope en busca de Simón Pedro, quien está alojado en casa de Simón el curtidor, junto a la orilla del mar". ³³En seguida te mandé a buscar, e hiciste bien en venir pronto. Aquí estamos delante del Señor, ansiosos de escuchar lo que él te ha ordenado que nos digas.

³⁴—¡Ya veo que para Dios no hay favoritismos! ³⁵En todas las naciones él ve con agrado a las personas que lo adoran y actúan con justicia. ³⁶,³⁷Estoy seguro de que ya ustedes habrán oído hablar de las buenas noticias que recibió el pueblo de Israel sobre la paz con Dios, que se puede obtener mediante Jesús el Mesías, Señor de todos. Este mensaje empezó en Galilea y ha estado resonando en Judea desde que Juan el Bautista comenzó a predicar el bautismo.

³⁸»Dios ungió con el Espíritu Santo y con poder a Jesús de Nazaret y él anduvo haciendo el bien y sanando a los oprimidos por el diablo, porque Dios estaba con él. ³⁹Nosotros somos testigos de las obras que realizó en todo Israel y en Jerusalén. Allí lo condenaron a morir en la cruz, ⁴⁰pero Dios le devolvió la vida al tercer día y lo presentó, ⁴¹no delante de todo el pueblo, sino delante de ciertos testigos que había seleccionado de antemano: nosotros, que comimos y bebimos con él después que resucitó. ⁴²Él nos envió a predicar al pueblo y a testificar que él es el que Dios ha nombrado juez de todas las personas, vivas o muertas. ⁴³Los profetas afirmaron que cualquiera que crea en él, alcanzará el perdón de los pecados en virtud de su nombre.

⁴⁴Todavía Pedro no había terminado de decir estas cosas, cuando el Espíritu Santo cayó sobre los que lo escuchaban. ⁴⁵Los judíos que andaban con Pedro, que eran defensores de la circuncisión, estaban asombrados de que el don del Espíritu Santo lo recibieran también los gentiles, ⁴⁶pues los oían hablando en lenguas y alabando a Dios. Entonces Pedro respondió:

⁴⁷—¿Quién puede oponerse a que yo bautice con agua a estas personas que han recibido el Espíritu Santo de la misma forma como lo recibimos nosotros?

⁴⁸Y mandó que fueran bautizados en el nombre de Jesús, el Mesías.

Entonces Cornelio le suplicó que se quedara con ellos varios días.

## Pedro explica su comportamiento

**11** La noticia de que también los gentiles habían recibido la palabra de Dios no tardó en llegar a oídos de los apóstoles y de los demás hermanos de Judea. ²Cuando Pedro llegó a Jerusalén, los creyentes judíos le armaron una discusión.

³—¿Por qué anduviste con gentiles y hasta comiste con ellos? —le preguntaron. ⁴Pedro se limitó a contarles los pormenores del caso.

⁵—Un día, en Jope —les dijo—, mientras oraba, se me presentó una visión: del cielo bajaba un gran lienzo atado por las cuatro puntas. ⁶Sobre el lienzo había toda clase de cuadrúpedos, fieras, reptiles y pájaros. ⁷Entonces escuché una voz me dijo: «Levántate Pedro, mata y come». ⁸«Señor, no», repliqué, «porque nunca he comido nada que sea impuro o inmundo». ⁹Entonces la voz me dijo: «Lo que Dios ha limpiado, no lo llames impuro». ¹⁰La visión se repitió dos veces más. Luego el lienzo y todo lo que contenía desapareció en el cielo.

¹¹»En aquel mismo instante llegaron a la casa donde yo estaba tres hombres que venían a verme desde Cesarea. ¹²El Espíritu me dijo que fuera con ellos sin dudar. Estos seis hermanos que están aquí conmigo me acompañaron y llegamos a la casa de cierto hombre. ¹³Aquel hombre nos contó cómo un ángel se le había aparecido y le había dicho que enviara mensajeros a Jope a buscar a un tal Simón Pedro. ¹⁴El ángel le aseguró que yo le diría cómo él y su familia podrían alcanzar la salvación.

¹⁵»Pues bien, cuando apenas estaba comenzando a contarles las buenas noticias, el Espíritu Santo cayó sobre ellos de la misma forma en que cayó sobre nosotros al principio. ¹⁶Eso me hizo recordar las palabras del Señor: "Sí, Juan bautizó con agua, pero ustedes serán bautizados con el Espíritu Santo". ¹⁷Ahora, díganme, si Dios mismo les dio a los gentiles el mismo don que nos dio a nosotros cuando creímos en el Señor Jesucristo, ¿quién era yo para oponerme a Dios?»

¹⁸Aquellas palabras bastaron para acallar las objeciones, y alabaron a Dios.

—Sí —exclamaban—, Dios ha concedido también a los gentiles el volverse a él para recibir la vida.

## La iglesia en Antioquía

¹⁹Los creyentes que habían huido de Jerusalén durante la persecución después de la muerte de Esteban, fueron a parar a Fenicia, Chipre y Antioquía. A lo largo del camino fueron esparciendo las buenas noticias, pero sólo entre los judíos. ²⁰Sin embargo, varios de los creyentes que fueron a Antioquía desde Chipre y Cirene, comunicaron también las buenas noticias acerca del Señor Jesús a los griegos. ²¹El poder del Señor estaba con ellos y muchas personas se hicieron creyentes y se convirtieron al Señor.

²²Cuando la iglesia de Jerusalén se enteró de lo que estaba pasando, enviaron a Bernabé a Antioquía. ²³Cuando él llegó y vio las maravillas que Dios estaba haciendo, lleno de alegría alentó a los creyentes a permanecer fieles al Señor. ²⁴Bernabé era bondadoso, lleno del Espíritu Santo y de fe. Un gran número de personas fue añadido al Señor.

²⁵Después Bernabé fue a Tarso a buscar a Saulo, ²⁶y lo llevó a Antioquía, donde permanecieron juntos un año entero con la iglesia, dedicados a enseñar a mucha gente.

Fue en Antioquía donde por primera vez llamaron cristianos a los discípulos. ²⁷En aquellos días llegaron a Antioquía, procedentes de Jerusalén, varios profetas. ²⁸Uno de ellos, Ágabo, se puso de pie y predijo por medio del Espíritu que iba a haber una gran hambre en todo el mundo (predicción que se cumplió durante el reinado de Claudio). ²⁹Los discípulos decidieron enviar ayuda a sus hermanos de Judea, para lo cual cada uno contribuyó en la medida de sus fuerzas. ³⁰Y luego encomendaron

10.44-47   11.14   11.25-26

la ciudad para matarlo, ²⁵una noche varios de sus discípulos lo descolgaron en una canasta por una abertura en la muralla.

²⁶Cuando llegó a Jerusalén, trató de reunirse con los discípulos, pero éstos estaban temerosos de que no fuera realmente un discípulo. ²⁷Pero Bernabé lo presentó a los apóstoles y les contó cómo Saulo había visto al Señor en el camino de Damasco, lo que el Señor le había dicho y el poder con que predicaba en Damasco el nombre de Jesús. ²⁸Saulo se quedó con ellos y andaba por todas partes en Jerusalén, ²⁹hablando abiertamente en el nombre del Señor.

Algunos judíos de habla griega, con los cuales había discutido, se pusieron de acuerdo para matarlo. ³⁰Cuando los demás hermanos se enteraron, lo llevaron a Cesarea y de allí lo enviaron a Tarso.

³¹Mientras tanto, la iglesia de Judea, Galilea y Samaria tenía paz y crecía en fortaleza y número. Los creyentes aprendían cómo andar en el temor del Señor, fortalecidos por el Espíritu Santo.

## Eneas y Dorcas

³²Pedro viajaba de lugar en lugar visitándolos. Visitó también a los santos del pueblo de Lida. ³³Allí conoció a un tal Eneas, paralítico que hacía ocho años estaba en cama.

³⁴—¡Eneas —le dijo Pedro—, Jesucristo te sana! Levántate y arregla tu cama.

El paralítico quedó curado instantáneamente. ³⁵Al verlo caminando, los habitantes de Lida y Sarón se convirtieron al Señor.

³⁶En la ciudad de Jope vivía una mujer llamada Tabita (que significa Dorcas), discípula que siempre estaba haciendo algo por los demás, especialmente por los pobres. ³⁷En aquellos días cayó enferma y murió. Después de lavar su cuerpo, lo colocaron en una sala del segundo piso. ³⁸Al enterarse los discípulos de que Pedro andaba cerca de Lida, enviaron a dos hombres a rogarle que fuera a Jope.

³⁹Pedro accedió. Al llegar, lo llevaron a la sala donde reposaba el cadáver de Dorcas. El cuarto estaba lleno de viudas que lloraban mientras mostraban las túnicas y vestidos que Dorcas había hecho. ⁴⁰Pedro les ordenó que salieran del cuarto y se arrodilló a orar. Luego se volvió hacia el cadáver:

—Levántate, Tabita —le ordenó.

Inmediatamente ella abrió los ojos; y al ver a Pedro, se incorporó. ⁴¹Él le dio la mano, la ayudó a ponerse de pie y llamó a los creyentes y a las viudas para que la vieran.

⁴²Y cuando la noticia se esparció por el pueblo, muchos creyeron en el Señor.

⁴³Pedro permaneció varios días en Jope en casa de Simón el curtidor.

## Cornelio manda llamar a Pedro

**10** En Cesarea vivía un oficial del ejército romano llamado Cornelio, capitán de un regimiento italiano. ²Hombre piadoso, al igual que su familia, daba limosnas a manos llenas para el pueblo de Israel y oraba sin cesar.

³Un día tuvo una visión. Eran aproximadamente las tres de la tarde. En la visión vio a un ángel de Dios que se le acercaba.

—¡Cornelio! —le dijo el ángel.

⁴Cornelio se quedó mirándolo lleno de temor.

—¿Qué quieres, Señor? —le preguntó al ángel mirándolo fijamente.

—Dios no ha pasado por alto tus oraciones ni tus limosnas. ⁵,⁶Envía varios hombres a Jope en busca de un hombre llamado Simón Pedro, que está alojado en casa de Simón el curtidor, junto al mar, y pídele que te venga a visitar.

⁷Al irse el ángel, Cornelio llamó a dos de sus sirvientes y a un soldado piadoso miembro de su guardia personal. ⁸Tras contarles lo sucedido, los envió a Jope.

## La visión de Pedro

⁹Al siguiente día, mientras ellos se aproximaban a la ciudad, Pedro subió a la azotea de la casa a orar. ¹⁰Era mediodía y tenía hambre. Mientras le preparaban el almuerzo, cayó en éxtasis y ¹¹vio el cielo abierto y un gran lienzo que bajaba a la tierra sostenido por las cuatro puntas. ¹²En el lienzo había toda clase de cuadrúpedos, reptiles y pájaros.

¹³—Pedro —le dijo una voz—, mata y come.

¹⁴—¡Señor, no! —exclamó Pedro—. Jamás he comido animales impuros o inmundos.

¹⁵—Lo que Dios ha limpiado, no lo llames impuro —le volvió a decir la voz.

¹⁶La misma visión se le presentó tres veces. Luego el lienzo volvió a ser recogido en el cielo.

¹⁷Pedro quedó perplejo. ¿Qué significaría aquella visión?

En aquel preciso momento, los hombres de Cornelio ya habían encontrado la casa y estaban de pie a la puerta, ¹⁸preguntando si allí estaba Simón Pedro.

¹⁹Pedro, que estaba tratando de descifrar el significado de la visión, escuchó que el Espíritu Santo le decía: «Tres hombres han venido a verte. ²⁰Date prisa, baja y ve con ellos. Yo los he enviado».

²¹Pedro bajó entonces.

—Yo soy el hombre que ustedes andan buscando —les dijo—. ¿Qué desean?

²²Entonces le contaron cómo a Cornelio, oficial del ejército romano, hombre bueno y piadoso, de buena reputación entre los judíos, un ángel le había ordenado que mandara a buscar a Pedro para que le dijera lo que Dios quería de él. ²³Pedro entonces los invitó a pasar y los albergó aquella noche.

## Pedro en casa de Cornelio

Por la mañana, partió con ellos, acompañado de algunos creyentes de Jope. ²⁴Llegaron a Cesarea al día siguiente. Cornelio, que los estaba esperando, había reunido a sus familiares y amigos más íntimos. ²⁵Al entrar a la casa, Cornelio se arrodilló en el suelo delante de él para adorarlo.

²⁶—¡Levántate! —le dijo Pedro—. ¡Yo soy un hombre como tú!

²⁷Tras intercambiar algunas palabras, fueron a donde los demás estaban reunidos.

²⁸Entonces Pedro les dijo:

—Ustedes saben que al entrar yo aquí estoy quebrantando la ley judía que prohíbe entrar a la casa de un gentil. Pero Dios me ha mostrado en visión que no debo considerar profana o impura a ninguna persona. ²⁹Por eso vine tan pronto como llegaron a buscarme. Díganme, pues, qué desean.

**HECHOS 8.20**

²⁰—Que tu dinero perezca contigo —le contestó Pedro—, que piensas que los dones de Dios se pueden comprar. ²¹Tú no puedes tener parte en esto, porque tu corazón no es recto ante Dios. ²²Arrepiéntete de esta maldad y ora. Quizás Dios te perdone los malos pensamientos, ²³porque veo que tienes el corazón lleno de envidia y de pecado.

²⁴—Oren por mí —suplicó Simón—. No quiero que eso tan horrible me suceda.

²⁵Tras testificar y predicar en Samaria, Pedro y Juan regresaron a Jerusalén. A lo largo del camino fueron deteniéndose en los pueblos samaritanos, para predicar las buenas noticias.

### Felipe y el etíope

²⁶Un ángel del Señor le dijo a Felipe: «Ve hacia el sur por el camino desierto que va de Jerusalén a Gaza». ²⁷Así lo hizo. Y por el camino se encontró con un etíope eunuco, el tesorero de Etiopía, funcionario poderoso de la reina Candace. El etíope había ido a Jerusalén a adorar en el templo. ²⁸En el viaje de regreso, el funcionario iba en su carroza leyendo el libro del profeta Isaías.

²⁹«Da alcance a esa carroza —le dijo el Espíritu Santo a Felipe—, y acércate a ella».

³⁰Felipe obedeció presuroso y, al acercarse, escuchó lo que el funcionario iba leyendo.

—¿Entiendes eso que lees? —le preguntó.

³¹—¿Cómo lo voy a entender si nadie me lo ha explicado? —contestó.

Entonces invitó a Felipe a que subiera a la carroza y se sentara con él.

³²El pasaje de las Escrituras que estaba leyendo era el siguiente:

«Como oveja a la muerte lo llevaron, y como cordero mudo ante los que lo trasquilan, no abrió la boca. ³³En su humillación, no se le hizo justicia. ¿Quién podrá hablar de su descendencia? porque arrancaron su vida de esta tierra».

³⁴—¿Hablaba el profeta de sí mismo o de otra persona? —le preguntó el eunuco a Felipe.

³⁵Y Felipe, comenzando con ese mismo pasaje de la Escritura, se puso a hablarle de las buenas noticias acerca de Jesús.

³⁶A un lado del camino encontraron agua.

—¡Mira! ¡Aquí hay agua! —exclamó el funcionario—. ¿Por qué no me bautizas?

³⁷—Siempre y cuando creas de corazón, no hay nada que lo impida —le dijo Felipe.

—Creo que Jesucristo es el Hijo de Dios —respondió el eunuco.

³⁸Detuvieron entonces la carroza, bajaron ambos al agua y Felipe lo bautizó.

³⁹Al salir del agua, el Espíritu del Señor se llevó a Felipe y el funcionario ya no lo vio: Pero a pesar de esto, siguió gozoso su camino.

⁴⁰Mientras tanto, Felipe estaba en Azoto, y allí, como en cada una de las ciudades que encontró en el viaje a Cesarea, predicó las buenas noticias.

### Conversión de Saulo

**9** Saulo, respirando amenazas de muerte contra los discípulos del Señor, acudió al jefe de los sacerdotes en Jerusalén ²para pedirle cartas de autorización para ir a cada una de las sinagogas de Damasco. Quería encontrar y llevar presos a Jerusalén a todos los que siguieran el Nuevo Camino, sin importar si eran hombres o mujeres.

³Cuando se aproximaba a Damasco, una luz celestial deslumbrante lo rodeó de pronto. ⁴Cayó al suelo y escuchó una voz que le decía:

—Saulo, Saulo, ¿por qué me persigues?

⁵—¿Quién eres, Señor? —preguntó.

—Yo soy Jesús —le contestó la voz—, a quien tú persigues.

⁶»Levántate, entra en la ciudad y espera instrucciones».

⁷Los hombres que iban con Saulo quedaron mudos de asombro, porque escucharon la voz, pero no vieron a nadie.

⁸Saulo se levantó del suelo, pero cuando abrió los ojos ¡estaba ciego! ⁹Entonces lo llevaron de la mano a Damasco, donde permaneció tres días ciego, sin tomar alimentos ni agua.

¹⁰Vivía en Damasco un discípulo llamado Ananías, y el Señor le habló en visión:

—¡Ananías!

—Aquí estoy, Señor —respondió.

¹¹—Vete a la calle la Derecha, a la casa de un hombre llamado Judas. Pregunta allí por Saulo de Tarso. Ahora mismo él está orando, porque ¹²yo le he mostrado en visión a un hombre llamado Ananías que se le acerca y le pone las manos en la cabeza para que recupere la vista.

¹³—Pero, Señor —exclamó Ananías—, he oído contar cosas horribles acerca de ese hombre, y de todo el mal que ha causado a tus santos en Jerusalén. ¹⁴Y sabemos que tiene órdenes de arresto, firmadas por los principales sacerdotes, para llevarse presos a todos los que invocan tu nombre.

¹⁵—Ve y haz lo que te digo —le respondió el Señor—. Yo lo he escogido para que pregone mi nombre tanto entre las naciones, delante de reyes, como al pueblo de Israel. ¹⁶Y yo le mostraré cuánto tendrá que sufrir por mi nombre.

¹⁷Ananías obedeció. Al llegar a donde estaba Saulo, le puso las manos encima y le dijo:

—Hermano Saulo, el Señor Jesús, que se te apareció en el camino, me ha enviado para que recobres la vista y seas lleno del Espíritu Santo.

¹⁸Al instante recobró la vista y cayeron de sus ojos algo así como escamas. Inmediatamente Ananías lo bautizó. ¹⁹Luego comió para recuperar sus fuerzas.

### Saulo en Damasco y en Jerusalén

Después de permanecer con los discípulos de Damasco varios días, ²⁰se fue por las sinagogas afirmando que Jesús era el Hijo de Dios.

²¹Los que lo escuchaban estaban confundidos y se preguntaban: «¿No es éste el mismo que perseguía a muerte a los que invocan este nombre en Jerusalén? Según sabíamos, venía a arrestarlos y a llevarlos encadenados ante los principales sacerdotes».

²²Saulo, mientras tanto, se volvía cada vez más ferviente en la predicación, y los judíos de Damasco no podían refutarle los argumentos con que probaba que Jesús era el Mesías.

²³Después de muchos días, los judíos decidieron matarlo, ²⁴pero el plan llegó a oídos de Saulo. Y como sus enemigos vigilaban día y noche las puertas de

como gobernante y libertador, por medio del ángel que se le apareció en la zarza. ³⁶Él los sacó de Egipto haciendo innumerables y portentosos milagros, tanto en aquella tierra como en el Mar Rojo y en el desierto durante cuarenta años.

³⁷»Moisés le dijo al pueblo de Israel que de entre sus hermanos Dios levantaría un profeta muy semejante a él. ³⁸En el desierto, Moisés estuvo como mediador entre el pueblo de Israel y el ángel que en la cumbre del Sinaí le entregó las palabras de vida para comunicárselas a nuestros antepasados.

³⁹»Pero nuestros padres rechazaron a Moisés y, como sentían deseos de regresar a Egipto, ⁴⁰le dijeron a Aarón: "Haznos dioses que nos guíen de regreso, porque no sabemos qué le ha sucedido a Moisés, el que nos sacó de Egipto".

⁴¹»Se hicieron, pues, un becerro y le ofrecieron sacrificios y se regocijaron por haberlo hecho ellos mismos. ⁴²Pero entonces Dios se apartó de ellos y los dejó entregarse a la adoración del sol, la luna y las estrellas. En el libro de los profetas el Señor pregunta:

»"¿Fue a mí al que le estuviste ofreciendo sacrificios durante los cuarenta años que pasaste en el desierto, Israel? ⁴³No, quienes te interesaban eran los dioses paganos como Moloc, la estrella del dios Refán y los demás ídolos que te hiciste para adorarlos. Por lo tanto, te enviaré cautivo más allá de Babilonia".

⁴⁴»Nuestros antepasados anduvieron por el desierto con el tabernáculo del testimonio, que fue hecho como Dios le había ordenado a Moisés, según el modelo que éste había visto.

⁴⁵»Nuestros antepasados recibieron el tabernáculo como herencia, y cuando Josué conducía las batallas contra las naciones que Dios expulsó delante de ellos, Israel llevó consigo el tabernáculo al nuevo territorio. Y allí estuvo hasta los días de David.

⁴⁶»Dios bendijo enormemente a David, y David le pidió permiso para edificar un templo para el Dios de Jacob. ⁴⁷Mas fue Salomón el que lo construyó. ⁴⁸Sin embargo, el Altísimo no vive en templos hechos por seres humanos.

⁴⁹»"El cielo es mi trono", dijo el profeta, "y la tierra es mi estrado. ¿Qué casa me pueden edificar ustedes? ¿Podré yo vivir en ella? ⁵⁰¿No fui yo el que hizo todas estas cosas?"

⁵¹»¡Tercos! ¡Infieles! ¡Hasta cuándo van a estar resistiendo al Espíritu Santo? Claro, ¡de tal palo tal astilla! ⁵²¿A cuál de los profetas no persiguieron sus antepasados, que hasta mataron a los que predijeron la venida del Justo, que ustedes acaban de traicionar y asesinar? ⁵³Sí, ustedes que quebrantan la ley que recibieron de mano de los ángeles».

### Muerte de Esteban

⁵⁴Los jefes judíos, al escuchar la acusación de Esteban, crujían los dientes y rabiaban de furia contra él. ⁵⁵Pero Esteban, lleno del Espíritu Santo, elevó los ojos al cielo y contempló la gloria de Dios y a Jesús a la derecha de Dios.

⁵⁶—¡En este mismo instante —les dijo— veo los cielos abiertos y al Hijo del hombre de pie a la derecha de Dios!

⁵⁷Entonces ellos, tapándose los oídos y gritando con fuerza, se le echaron encima y lo sacaron de la ciudad. ⁵⁸Los testigos oficiales se quitaron la ropa, la pusieron a los pies de un joven llamado Saulo, y también apedrearon a Esteban hasta matarlo.

⁵⁹Mientras lo apedreaban, Esteban oraba:

—Señor Jesús, recibe mi espíritu.

⁶⁰Luego cayó de rodillas y gritó:

—¡Señor, no les tomes en cuenta este pecado!

Y al terminar de pronunciar aquellas palabras, murió.

**8** Y Saulo estaba de acuerdo en que asesinaran a Esteban.

### La iglesia perseguida y dispersa

Aquel mismo día, una gran ola de persecución se levantó contra los creyentes y barrió la iglesia de Jerusalén. Todos, excepto los apóstoles, huyeron a Judea y Samaria. ²Varios judíos piadosos, llenos de tristeza, enterraron a Esteban.

³Saulo, por su parte, iba por todas partes persiguiendo a la iglesia. Entraba a las casas, arrastraba a hombres y mujeres y los metía en la cárcel.

### Felipe en Samaria

⁴Los creyentes que huyeron de Jerusalén continuaron predicando las buenas noticias por dondequiera que iban. ⁵Felipe, por ejemplo, huyó a Samaria y se puso a hablarle del Mesías al pueblo. ⁶Grandes multitudes lo escuchaban atentamente, al ver los milagros que realizaba. ⁷Felipe echaba fuera demonios, que salían de sus víctimas dando gritos, y también sanaba paralíticos y cojos. ⁸Y había gran gozo en la ciudad.

### Simón el hechicero

⁹Vivía en Samaria un tal Simón, que había ejercido la magia durante muchos años, y tenía asombrada a la gente haciéndose pasar por alguien muy grande. ¹⁰Todos, desde el más pequeño hasta el más importante, le prestaban atención y decían: «Este es al que llaman el Gran Poder de Dios». ¹¹La gente le hacía caso, porque por mucho tiempo las había engañado con su magia.

¹²Cuando los samaritanos creyeron el mensaje de Felipe, que afirmaba que Jesús era el Mesías y hablaba del reino de Dios, se bautizaron muchos hombres y mujeres. ¹³Simón también creyó, recibió el bautismo y se dedicó a seguir a Felipe a dondequiera que éste iba, maravillado por los milagros que realizaba.

¹⁴Cuando los apóstoles que estaban en Jerusalén se enteraron de que el pueblo de Samaria había aceptado el mensaje de Dios, enviaron allá a Pedro y a Juan. ¹⁵Tan pronto llegaron, comenzaron a orar para que recibieran el Espíritu Santo, ¹⁶que todavía no había descendido sobre ellos y sólo estaban bautizados en el nombre del Señor Jesús. ¹⁷Entonces Pedro y Juan pusieron las manos sobre los creyentes y ellos recibieron el Espíritu Santo.

¹⁸Al ver Simón que el Espíritu Santo descendía sobre aquellos a quienes los apóstoles les ponían las manos, les hizo una oferta de dinero.

¹⁹—Este dinero es para que me permitan obtener ese poder —les dijo—. Quiero que al imponer las manos sobre la gente, reciban el Espíritu Santo.

8.14-17

# DESAFÍO Z

→ →

Ahora es el momento de ponerte en acción, por lo que te desafío a recordar y repetir verdades que te serán de mucha ayuda.

→ →

### ¿CÓMO HACERLO?

Cada mañana al despertar, mírate al espejo y repite estas verdades bíblicas:

*Mi cuerpo es muy valioso y solo se lo voy a entregar a quien haya hecho un pacto públicamente con Dios y conmigo de que me amará toda mi vida.*

*Mi cuerpo es tan importante que Dios lo ha elegido como su templo donde habita su Espíritu.*

*El sexo es maravilloso y lo disfrutaré a su debido tiempo.*

Y termina con una oración:

*"Señor, te pido que me des fuerzas para guardarme, paciencia para esperar, y conciencia del valor que tengo para Ti".*

Hacer esto te ayudará a ser más consciente de estas verdades bíblicas, a creerlas y a llevarlas a la práctica, porque en la repetición de la Palabra de Dios hay poder.

→ →

### CONOCE MÁS A MAFE

Es esposa, mamá, música y creadora del canal de YouTube 'Be the Light', donde lleva 5 años dando a conocer el nombre de Jesús a miles de personas. Sus videos han sido publicados varias veces en periódicos digitales como Actuall, CatholicLink, Protestante Digital y HAZTEOIR. Actualmente es directora junto a su esposo de la Escuela Bíblica y de Discipulado 'Betania', en España, donde cada año entrenan y preparan a jóvenes para las misiones.

Escanea este QR con tu smartphone y mira estos videos para seguir pensando juntos.

Comparte tus comentarios en tus redes utilizando #BIBLIAZ

**toda la vida.** No sabes lo hermoso que es entregar esa parte, la parte más importante de ti a esa persona, que es la más importante también, después de que haya hecho un pacto públicamente con Dios y contigo de que te va a amar toda la vida.

Créeme que nuestro valor es tal, que eso es lo que merecemos, y eso es lo que Dios planeó desde el principio. Dios no quiere hacernos infelices, más bien, quiere que disfrutemos de la verdadera felicidad, la felicidad más plena; aquella que perdura.

En 1 Corintios 6:18 al 20 encontramos: *"Por eso, precisamente, les digo que huyan de los pecados sexuales. Ningún otro tipo de pecado afecta al cuerpo como este. Cuando uno comete esos pecados, peca contra su propio cuerpo. ¿No saben que el cuerpo es templo del Espíritu Santo, que Dios les dio, y que el Espíritu habita en ustedes? Ustedes no son sus propios dueños, porque Dios nos compró a gran precio. Por tanto, honren con su cuerpo a Dios"*.

El famoso versículo "nuestro cuerpo es templo del Espíritu Santo", no está escrito más que dentro del contexto del sexo fuera del matrimonio, ¿lo sabías? Cuando el escritor de esta carta, Pablo, dice una de las frases que más iba a quedar grabada en el pueblo cristiano, ¡estaba hablando del sexo! Imagínate la importancia de entender esto.

Honrar nuestro cuerpo es honrar a Dios, es honrar la creación perfecta de Dios, honrar el cuerpo que formó durante nueve meses, detalle a detalle, y que ha cuidado hasta el día de hoy con ternura y gracia. Y es sumamente triste que a este cuerpo tan planeado y pensado se lo entreguemos a alguien que no lo valora lo suficiente como para esperar primero a prometernos, mediante un pacto, que lo va a cuidar para siempre y lo va a honrar como lo que es: el templo del Espíritu del mismo Dios viviente.

Te lo digo por experiencia: no hay nada que me haya vuelto más loca de amor que el afán de mi esposo por respetar mi cuerpo hasta el día que Dios dijera que ya no éramos dos, sino uno, y que mi cuerpo era su cuerpo, y su cuerpo era el mío. Eso sí que es sexy.

Pero ahora te quiero hablar a ti, a quien esta reflexión quizás le llega demasiado tarde en su vida: hay redención. Hay restauración. Hay gracia para ti, y hay una preciosa segunda oportunidad. Dios tiene la capacidad de borrar todo aquello que has vivido, y que ha desgastado tu corazón en sobremanera, y darte un corazón nuevo, limpio y preparado para comenzar la espera de nuevo, y esta vez conseguirlo por Su Gracia. No te desanimes, si tú hoy confiesas tus pecados a tu Señor, él es fiel y justo para perdonarlos y limpiarlos. (1 Juan 1:9), y lo que Dios perdona, ya no lo recuerda más.

Quiero terminar recordándote que el sexo es algo sumamente bueno. Muchas veces han hecho tanto énfasis en que no debemos tener sexo, que llega la noche de bodas y sigues sintiendo que está mal. Pero no hay nada más alejado de la realidad. El sexo es bueno, el placer es bueno, la intimidad es buena, Dios creó todo esto, y dentro de Su Plan, entre dos personas que se aman de manera sincera y profunda, es sencillamente increíble.

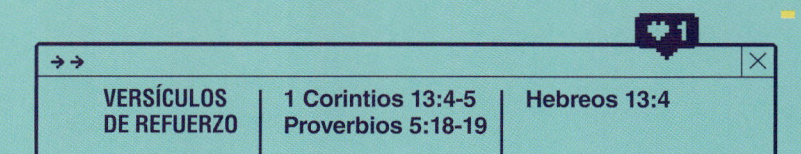

| **VERSÍCULOS DE REFUERZO** | 1 Corintios 13:4-5 Proverbios 5:18-19 | Hebreos 13:4 |

# EXPERIMENTA EL MEJOR SEXO

→ →

Soy Mafe Romay y quiero hablarte sobre el sexo, porque, ¡qué precioso es el sexo!

Bendita creación perfecta. Una unión sagrada. Cuerpo, alma, y espíritu se ponen de acuerdo y encajan perfectamente.

Unión perfectamente pensada. Tan importante, que es capaz de crear vida.

Placer, obra divina.

Se llama hacer el amor porque te aseguro que en cada movimiento es amor lo que creas.

Créeme cuando te digo que, si fue una creación del perfecto Creador, entonces es también una creación perfecta.

Pero como en todo, el enemigo toma algo precioso y santo y lo convierte en algo vacío y meramente carnal. Es realmente algo trágico que haya tantas personas en el mundo que no han experimentado realmente el sexo en plenitud. No han experimentado ese sexo que no te deja vacío una vez culminado.

Sexo que no da miedo, que no da inseguridad. Un sexo que no va dejando partes de ti a cada persona, hasta que finalmente te quedas sin nada que ofrecer a aquella a la que te hubiese gustado ofrecerle todo de ti. Ese sexo que no entiende de comparaciones, que no entiende de remordimientos y culpa. Es realmente algo trágico que haya tantas personas en el mundo que no han experimentado el mejor sexo de sus vidas; el sexo santo.

Marcos 10:6-8 nos dice: "*Pero al principio de la creación, Dios creó al hombre y a la mujer. 'Por eso, el hombre debe separarse de su padre y de su madre y unirse a su mujer y los dos serán uno solo'. Así que ya no son dos sino una sola carne*".

Se me eriza la piel al leer estos versículos, ¿a ti no? Es increíble cómo el escritor se refiere al matrimonio como ser una sola carne, y esa verdad, se representa perfectamente en el acto que lo consuma; literalmente, durante el sexo, pasamos a ser una sola carne.

→ →

## ¿POR QUÉ SOLO EN EL MATRIMONIO?

Pero, ¿por qué Dios estableció que el sexo es una práctica reservada exclusivamente para esposo y esposa? ¿Por qué no puedo tener sexo con mi novio/a, que quiero muchísimo? Te invito a pensar que las cosas establecidas por Dios, no son nunca para fastidiarnos y hacernos infelices; que a corto plazo puede parecer que es así, pero Dios, ya ha visto la película entera, y sabe qué es lo mejor para nosotros de cara a la eternidad, a largo plazo.

No hay tantas vueltas que darle, la realidad, es que el sexo es el momento absolutamente más íntimo que podemos experimentar con alguien, y ese momento **solo será pleno si se encuentra bajo la seguridad de que vas a estar con esa persona**

# MAFE ROMAY

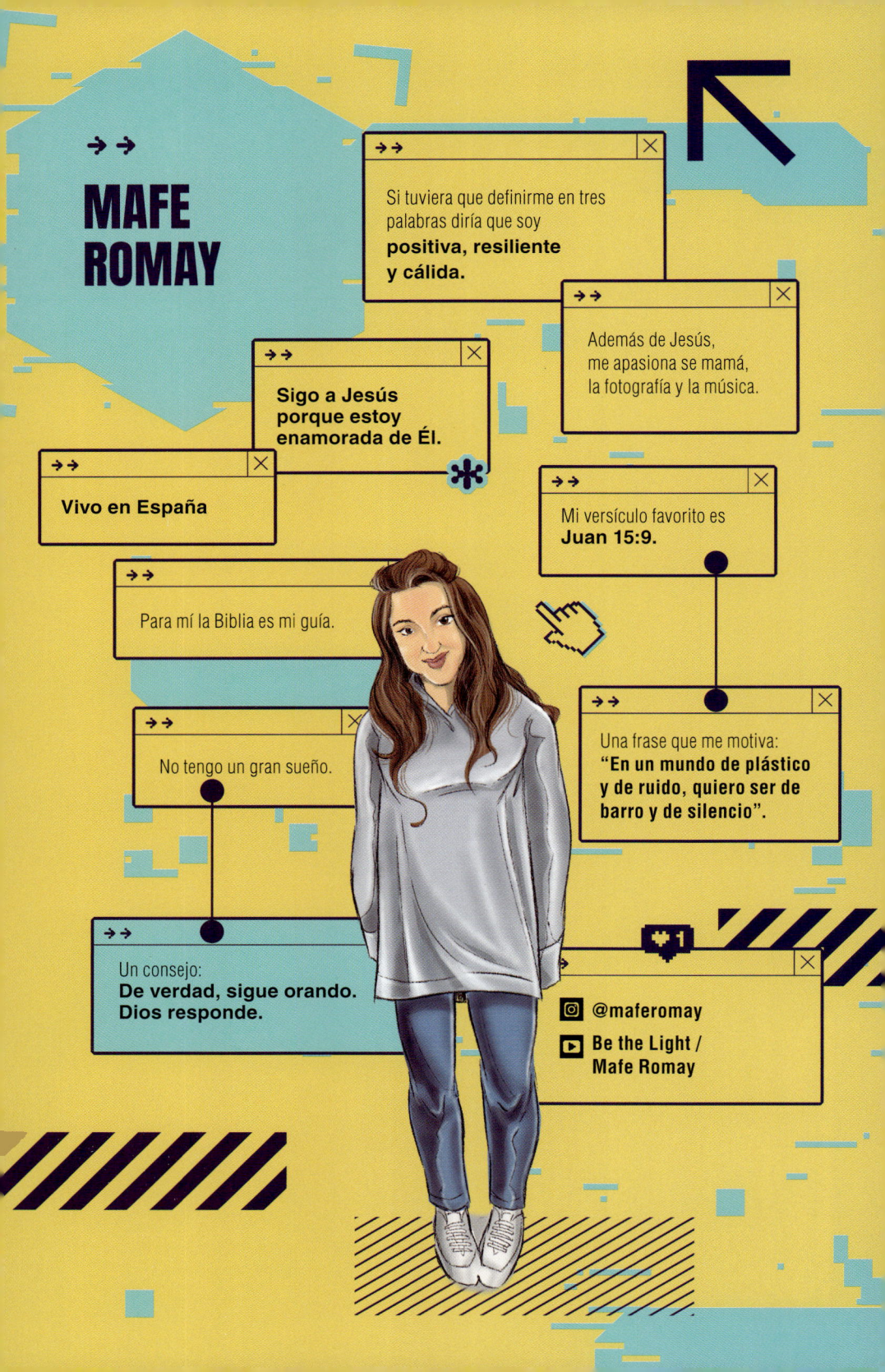

Si tuviera que definirme en tres palabras diría que soy **positiva, resiliente y cálida.**

Además de Jesús, me apasiona se mamá, la fotografía y la música.

**Sigo a Jesús porque estoy enamorada de Él.**

**Vivo en España**

Mi versículo favorito es **Juan 15:9.**

Para mí la Biblia es mi guía.

No tengo un gran sueño.

Una frase que me motiva: **"En un mundo de plástico y de ruido, quiero ser de barro y de silencio".**

Un consejo: **De verdad, sigue orando. Dios responde.**

:camera: @maferomay
:arrow_forward: Be the Light / Mafe Romay

—Nosotros debemos dedicarnos a predicar y no a administrar el programa de alimentación. ³Por lo tanto, hermanos, seleccionen de entre ustedes a siete hombres sabios, llenos del Espíritu Santo y que gocen de buena reputación, y pongámoslos al frente de este trabajo. ⁴Así podremos nosotros dedicarnos a orar y a proclamar la Palabra.

⁵La asamblea en pleno aprobó la recomendación. Eligieron a Esteban, varón lleno de fe y del Espíritu Santo, y también a Felipe, Prócoro, Nicanor, Timón, Parmenas y Nicolás, un converso de Antioquía.

⁶Presentaron entonces a estos siete ante los apóstoles, quienes oraron poniendo las manos sobre ellos.

⁷El mensaje de Dios se seguía extendiendo y el número de los discípulos aumentaba enormemente en Jerusalén, donde muchos de los sacerdotes judíos obedecían a la fe.

## Arresto de Esteban

⁸Esteban, lleno de la gracia y del poder de Dios, realizaba grandes milagros y señales asombrosas entre el pueblo. ⁹Pero un día, varios miembros de la sinagoga llamada los Libertos se pusieron a discutir con él. Discutían también con Esteban judíos de Cirene, de Alejandría, de Cilicia y de Asia. ¹⁰Pero como no podían resistir la sabiduría ni el Espíritu con que hablaba Esteban, ¹¹contrataron a testigos falsos para que dijeran que lo habían escuchado blasfemar contra Moisés y aun contra Dios.

¹²Tal acusación encendió los ánimos del pueblo, de los ancianos y de los maestros de la ley contra Esteban. Lo arrestaron y lo presentaron ante el concilio. ¹³Allí, una vez más, los falsos testigos afirmaron que Esteban no cesaba de hablar contra el templo y la ley de Moisés.

¹⁴—Le oímos decir —declararon— que Jesús de Nazaret destruirá el templo y cambiará las leyes de Moisés.

¹⁵Entonces los presentes en el salón del concilio vieron que el rostro de Esteban se parecía al de un ángel.

## Discurso de Esteban ante el Consejo

**7** —¿Son ciertas estas acusaciones? —le preguntó el jefe de los sacerdotes.

²Y Esteban contestó:

—Hermanos y padres, ¡escúchenme! El Dios de la gloria se le apareció a nuestro antepasado Abraham en Mesopotamia antes de que éste se trasladara a Jarán, ³y le pidió que saliera de su tierra natal, se despidiera de sus familiares y emprendiera viaje hacia una tierra que Dios le mostraría.

⁴»Salió entonces Abraham de la tierra de los caldeos y vivió en Jarán, hasta la muerte de su padre. Luego, Dios lo condujo hasta esta tierra donde ustedes viven ahora. ⁵Pero no le concedió que poseyera en ella ni el más mínimo pedazo de terreno. En cambio, le prometió que él y sus descendientes poseerían todo aquel país: ¡Y Abraham no tenía hijos! ⁶Sin embargo, Dios le dijo que sus descendientes saldrían del país rumbo a una tierra extraña, donde pasarían cuatrocientos años sometidos a esclavitud. ⁷"Pero yo castigaré a la nación que los esclavice", añadió Dios, "y mi pueblo regresará a este lugar y me adorará aquí".

⁸»Dios hizo con Abraham el pacto que tenía como señal la circuncisión. Y así, Isaac, el hijo de Abraham, fue circuncidado a los ocho días de nacido. Lo mismo hizo Isaac con Jacob y Jacob con los doce patriarcas. ⁹Estos últimos, llenos de envidia, vendieron a José como esclavo, y José fue llevado a Egipto. Pero Dios, que estaba con él, ¹⁰lo libró de todas sus angustias y le concedió el favor del faraón, rey de Egipto. Además, lo dotó de tal sabiduría que el faraón lo nombró gobernador de todo Egipto y encargado de los asuntos del palacio real.

¹¹»Hubo entonces hambre y sufrimiento en todo Egipto y Canaán, y nuestros antepasados no encontraban alimentos. ¹²Jacob se enteró de que todavía en Egipto había trigo y envió a sus hijos en una primera visita. ¹³En el segundo viaje, José se dio a conocer a sus hermanos, y se les presentó al faraón. ¹⁴Luego José mandó traer a su padre Jacob y a las familias de sus hermanos, setenta y cinco personas en total. ¹⁵A medida que fueron muriendo en Egipto Jacob y sus hijos, ¹⁶transportaron sus cadáveres a Siquén para enterrarlos en la tumba que Abraham les había comprado a los hijos de Jamor, padre de Siquén.

¹⁷»Y cuando se acercaba el día en que Dios cumpliría la promesa que le había hecho a Abraham, ya el pueblo se había multiplicado enormemente en Egipto. ¹⁸Ocupó entonces el trono de Egipto un rey que no sabía nada de José. ¹⁹Dicho rey se puso en contra de nuestro pueblo y obligó a los padres a abandonar a sus hijos recién nacidos para que murieran.

²⁰»En esas circunstancias nació Moisés, y fue agradable a los ojos de Dios. Sus padres lo escondieron en la casa durante tres meses. ²¹Cuando se vieron obligados a abandonarlo, la hija del faraón lo adoptó y lo crió como si fuera su propio hijo, ²²y le enseñó toda la sabiduría de los egipcios. Moisés fue un hombre poderoso en palabra y en obra.

²³»Cuando cumplió los cuarenta años de edad, se le ocurrió a Moisés visitar a sus hermanos, los israelitas. ²⁴Al ver que un egipcio maltrataba a un israelita, Moisés lo defendió y mató al egipcio.

²⁵»Moisés pensaba que sus hermanos comprenderían que Dios lo había enviado para ayudarlos; pero no fue así. ²⁶Al siguiente día volvió a visitarlos y al ver que dos israelitas peleaban, corrió a separarlos. "Señores", les dijo, "los hermanos no deben pelear". ²⁷"¿Quién te ha puesto de gobernante o juez sobre nosotros?", le dijo uno de los dos, el que estaba maltratando al otro. ²⁸"¿O es que piensas matarme como mataste ayer al egipcio?"

²⁹»Al escuchar aquello, Moisés huyó del país y se fue a vivir a la tierra de Madián, donde vivió como extranjero y tuvo dos hijos.

³⁰»Cuarenta años más tarde, en el desierto del monte Sinaí, un ángel se le apareció en la llama de una zarza que ardía. ³¹Al ver aquel fuego, Moisés, maravillado, se acercó para verlo de cerca, y al acercarse, la voz del Señor le dijo: ³²"Yo soy el Dios de tus antepasados, Abraham, Isaac y Jacob". Moisés, aterrorizado, no se atrevía ni a mirar.

³³»El Señor añadió: "Quítate los zapatos, porque estás sobre tierra santa. ³⁴He visto los sufrimientos que pasa mi pueblo en Egipto y he escuchado sus clamores. He venido a libertarlos. Ven, te enviaré a Egipto".

³⁵»Y lo envió de regreso al pueblo que lo había rechazado diciendo: ¿Quién te ha puesto de gobernante o juez?" Dios lo enviaba a aquel mismo pueblo

## Ananías y Safira

**5** Pero se dio el caso de un hombre llamado Ananías, esposo de Safira, que vendió cierta propiedad, ²pero entregó sólo una parte del dinero a los apóstoles y se quedó con el resto. Su esposa, desde luego, estaba enterada de todo.

³—Ananías —lo reprendió Pedro—, ¿por qué has permitido que Satanás te llene el corazón? ¿Por qué dices que éste es el importe total de la venta? Le estás mintiendo al Espíritu Santo. ⁴¿Acaso no era tuya esa propiedad antes de venderla? Y una vez vendida, ¿no era tuyo el dinero? ¿Por qué has hecho esto? No nos has mentido a nosotros, sino a Dios.

⁵Al escuchar estas palabras, Ananías cayó al suelo y murió, y un gran temor se apoderó de los que escucharon esto. ⁶Los jóvenes cubrieron entonces el cadáver con una sábana y salieron a enterrarlo.

⁷Como tres horas más tarde, llegó la esposa, sin saber lo ocurrido.

⁸—¿Vendiste el terreno en tal precio? —le preguntó Pedro.

—Sí —respondió.

⁹Le dijo Pedro: —¿Por qué se pusieron de acuerdo para poner a prueba al Espíritu del Señor? Detrás de esa puerta están los jóvenes que acaban de enterrar a tu esposo y ahora te sacarán también a ti.

¹⁰Instantáneamente cayó al suelo muerta. Los jóvenes entraron y, al verla muerta, la sacaron y la enterraron junto a su esposo. ¹¹Un gran terror se apoderó de toda la iglesia y de todas las personas que se enteraron de lo que había pasado.

## Los apóstoles sanan a muchas personas

¹²Los apóstoles siguieron reuniéndose regularmente en el portal de Salomón, y por medio de ellos Dios siguió realizando milagros extraordinarios entre el pueblo. ¹³Aunque ninguno de los otros se atrevía a unírseles, a pesar del alto aprecio que les tenían, ¹⁴el número de hombres y mujeres que creían en el Señor aumentaba más y más. ¹⁵La gente colocaba a los enfermos en las calles en colchonetas y camillas para que al menos la sombra de Pedro los tocara. ¹⁶Grandes multitudes acudían de los suburbios de Jerusalén trayendo enfermos y endemoniados, y todos eran sanados.

## Persiguen a los apóstoles

¹⁷El sumo sacerdote y sus colegas de la secta de los saduceos reaccionaron con envidia, ¹⁸y arrestaron a los apóstoles y los metieron en la cárcel. ¹⁹Pero un ángel del Señor abrió de noche las puertas de la cárcel y los sacó de allí.

²⁰—Vayan al templo y prediquen acerca de la Vida —les ordenó el ángel.

²¹Llegaron, pues, al templo al rayar el día, e inmediatamente se pusieron a enseñar.

Aquella misma mañana el sumo sacerdote llegó con los que estaban con él y, tras reunir al concilio y a todos los ancianos de Israel, ordenó que trajeran de la cárcel a los apóstoles. ²²Pero cuando los guardias llegaron a la cárcel no los encontraron allí, y regresaron a notificarlo.

²³—Las puertas de la cárcel estaban cerradas —dijeron— y los guardias estaban fuera, pero al abrir la puerta no encontramos a nadie.

²⁴Después de escuchar esto, el jefe de la guardia y los principales sacerdotes estaban confundidos y se preguntaban a dónde iría a parar todo aquello. ²⁵En ese preciso instante, llegó uno con la noticia de que los prisioneros estaban en el templo enseñándole al pueblo. ²⁶El jefe de la guardia corrió con los alguaciles a arrestarlos, sin hacer uso de la fuerza, por temor a que el pueblo los apedreara. ²⁷Los condujeron ante el concilio, y el sumo sacerdote los reconvino:

²⁸—¿No les habíamos prohibido que volvieran a enseñar acerca de Jesús? Ustedes han llenado a Jerusalén de sus enseñanzas y tratan de descargar en nosotros la culpa de la muerte de ese hombre.

²⁹—Tenemos que obedecer a Dios antes que a los hombres —respondieron Pedro y los apóstoles—. ³⁰El Dios de nuestros antepasados resucitó a Jesús, al que ustedes mataron colgándolo en una cruz. ³¹Luego, con su gran poder, lo exaltó como Príncipe y Salvador, para que el pueblo de Israel se vuelva a Dios y alcance el perdón de sus pecados. ³²Nosotros somos testigos de esas cosas, y también lo es el Espíritu Santo que Dios ha concedido a los que lo obedecen.

³³Al oírlos, los miembros del concilio, rabiando de furia, querían matarlos. ³⁴Pero uno de ellos, un fariseo llamado Gamaliel, experto en cuestiones de la ley y muy respetado entre el pueblo, pidió la palabra y solicitó que sacaran a los apóstoles del salón. ³⁵Entonces se dirigió a ellos con las siguientes palabras:

—Varones de Israel, mediten bien lo que van a hacer con estos hombres. ³⁶Hace algún tiempo se levantó con sueños de grandeza un tal Teudas, al que se le unieron unas cuatrocientas personas; pero murió asesinado y sus seguidores se dispersaron sin provocar mayores dolores de cabeza. ³⁷Después de éste, durante los días del censo, surgió Judas de Galilea, quien logró que muchas personas se hicieran discípulos suyos; pero también lo mataron y sus seguidores se dispersaron. ³⁸Por lo tanto, recomiendo que dejen tranquilos a estos hombres. Si lo que enseñan y hacen obedece a impulsos personales, pronto se desvanecerá. ³⁹Mas si es de Dios, ustedes no podrán detenerlos. ¡No sea que descubran que han estado peleando contra Dios!

⁴⁰El concilio aceptó la recomendación, llamó a los apóstoles y, después de azotarlos, les exigieron que no volvieran a hablar en el nombre de Jesús. Finalmente, los pusieron en libertad.

⁴¹Al salir del concilio, los discípulos iban gozosos de haber sido tenidos por dignos de sufrir ultrajes por la causa del Nombre. ⁴²Y siguieron enseñando y predicando todos los días en el templo y de casa en casa, que Jesús era el Mesías.

## Elección de los siete

**6** Pero con la rápida multiplicación de los creyentes, empezaron las murmuraciones. Los que sólo hablaban griego se quejaban contra los de habla aramea, de que sus viudas sufrían discriminación en la distribución diaria de los alimentos.

²Para solucionar el problema, los doce convocaron a todos los creyentes a una reunión, y les dijeron:

☀ 5.25–29

cumpliendo así las profecías acerca de los sufrimientos del Mesías.

19 »Por eso, arrepiéntanse y vuélvanse a Dios para que él los limpie de sus pecados 20y para que él les envíe desde su misma presencia tiempos de refrigerio, y que les envíe al Mesías Jesús, que fue antes prometido. 21Él debe permanecer en el cielo hasta que Dios restaure todas las cosas, como está profetizado desde tiempos remotos. 22Como Moisés dijo: "Dios el Señor levantará entre ustedes un profeta parecido a mí. Presten atención a cuanto él les diga. 23Y quien no lo escuche será eliminado del pueblo".

24 »Todos los profetas, desde los días de Samuel en adelante, hablaron de lo que está sucediendo hoy en día. 25Ustedes son los hijos de aquellos profetas y del pacto que Dios hizo con nuestros antepasados. Dios le prometió así a Abraham: "Por medio de tus descendientes bendeciré a todas las familias de la tierra". 26Y cuando Dios le devolvió la vida a su Siervo, lo envió primero a ustedes para bendecirlos y para que cada uno se apartara de su maldad».

### Pedro y Juan ante el Consejo

4 Mientras Pedro y Juan hablaban al pueblo, los principales sacerdotes, el jefe de la guardia del templo y varios de los saduceos se presentaron ante ellos, 2enojados porque esos dos apóstoles estaban enseñando al pueblo y proclamando que en Jesús quedaba demostrada la resurrección de entre los muertos.

3Los arrestaron y, como ya era tarde, los mantuvieron presos hasta el día siguiente. 4Pero a pesar de todo, muchos de los que oyeron el mensaje le creyeron, y el número de los creyentes, contando sólo los hombres, era como de cinco mil.

5Al siguiente día se reunieron en Jerusalén los jefes de los sacerdotes, los ancianos y los maestros de la ley. 6Entre los presentes se encontraba Anás el sumo sacerdote, Caifás, Juan, Alejandro y todos los miembros de la familia sacerdotal.

7Cuando los dos discípulos comparecieron ante ellos, les preguntaron:

—¿Quién les ha dado potestad o autoridad para hacer esto?

8Entonces Pedro, lleno del Espíritu Santo, les respondió:

—Distinguidos dirigentes y ancianos del pueblo: 9Puesto que hoy nos preguntan acerca del bien que le hicimos al lisiado y desean saber cómo fue sanado, 10permítanme declarar ante ustedes y ante todo el pueblo de Israel que este hombre recibió la sanidad en el nombre y mediante el poder de Jesucristo de Nazaret, a quien ustedes crucificaron pero a quien Dios resucitó. Gracias a él, este hombre está hoy aquí sano. 11Él es «la piedra que rechazaron los edificadores, y que se convirtió en cabeza de ángulo». 12¡En ningún otro hay salvación! No hay otro nombre bajo el cielo que los hombres puedan invocar para salvarse.

13Ante la elocuencia de Pedro y Juan, y viendo que eran hombres sin muchos estudios, los miembros del concilio se maravillaron y reconocieron que habían estado con Jesús. 14Y como no podían negar la curación de aquel hombre que estaba allí mismo de pie junto a ellos, 15les ordenaron entonces que salieran de la reunión; y ellos continuaron discutiendo el caso.

16«¿Qué vamos a hacer con estos hombres? —se preguntaban—. No podemos negar que han realizado una gran señal, pues ya toda Jerusalén está enterada. 17Pero lo que sí podemos evitar es que lo sigan divulgando. Debemos prohibirles que sigan hablando a la gente en ese nombre».

18Los llamaron de nuevo, y les ordenaron que no volvieran a hablar ni a enseñar acerca de Jesús. 19Ante ello, Pedro y Juan respondieron:

—Dígannos, ¿preferirá Dios que los obedezcamos a ustedes antes que a él? 20No podemos dejar de hablar de las maravillas que vimos y que escuchamos.

21Entonces los volvieron a amenazar, pero luego los soltaron. No hallaban la manera de castigarlos, ya que no había quien no estuviera alabando a Dios por el milagro ocurrido. 22El hombre que había estado tullido tenía más de cuarenta años.

### La oración de los creyentes

23Una vez libres, Pedro y Juan fueron en busca de los demás discípulos y les contaron lo que los jefes de los sacerdotes y los ancianos les habían dicho.

24Entonces los creyentes, unánimemente, oraron así: «Soberano Señor, creador del cielo, de la tierra, del mar y de cuanto en ellos existe: 25El Espíritu Santo se expresó a través del rey David, tu siervo, de esta manera:

»"¿Por qué se rebelan los paganos y por qué hablan en vano las naciones? 26Los reyes de la tierra se unieron para pelear contra el Señor, y contra su ungido".

27»Eso es exactamente lo que está sucediendo en esta ciudad: el rey Herodes, el gobernador Poncio Pilato y los demás romanos, así como el pueblo de Israel, están unidos contra Jesús, tu ungido, tu santo siervo. 28Pero sólo están haciendo lo que tú en tu plan ya habías decidido que sucediera.

29,30»Ahora, oh Señor, mira sus amenazas y concede a tus siervos que con confianza prediquen tu palabra; y envía tu poder sanador para que muchos milagros y maravillas se realicen en el nombre de tu santo hijo, Jesús».

31Después de esta oración, el edificio donde estaban reunidos se estremeció y quedaron llenos del Espíritu Santo, y se entregaron a predicar con arrojo el mensaje de Dios.

### Los creyentes comparten sus bienes

32Todos los creyentes estaban unidos enteramente en alma y corazón, ninguno tenía por suyo lo que poseía, sino que lo compartía con los demás. 33Y con gran poder predicaban los apóstoles acerca de la resurrección del Señor, y Dios les dio abundante gracia. 34,35No existía entre ellos ningún necesitado, porque los dueños de haciendas o casas las vendían y entregaban el dinero a los apóstoles para repartirlo entre los pobres. 36Lo hizo así, por ejemplo, José, al que los apóstoles apodaron Bernabé, que significa «hijo de consolación»; él era de la tribu de Leví y natural de la isla de Chipre. 37Bernabé vendió un terreno que poseía y puso el dinero a disposición de los apóstoles.

4.31-35

¤ ¹⁷»"En los postreros días —dijo Dios—, derramaré mi Espíritu sobre toda la humanidad, y sus hijos e hijas profetizarán, sus jóvenes verán visiones y sus viejos soñarán sueños. ¹⁸Sí, el Espíritu vendrá sobre mis siervos y siervas, y ellos profetizarán. ¹⁹Y haré milagros en el cielo y en la tierra en forma de sangre, fuego y nubes de humo; ²⁰el sol se pondrá negro y la luna como sangre antes que llegue el día del Señor, grande y terrible. ²¹Pero todo aquel que invoque el nombre del Señor será salvo".

²²»¡Escúchenme, varones israelitas! Como ustedes bien saben, Dios respaldó a Jesús de Nazaret con los milagros prodigiosos que realizó a través de él. ²³Pero, de acuerdo con el plan que Dios ya tenía trazado, permitió primero que ustedes lo clavaran en la cruz y lo asesinaran por medio de hombres malvados. ²⁴Pero Dios lo soltó de los horrores de la muerte y le devolvió la vida, porque la muerte no podía mantenerlo bajo su dominio por siempre.

¤ ²⁵»David dijo esto acerca de Jesús: "Sé que el Señor está siempre conmigo y nada me hará caer. ²⁶Por eso tengo el corazón lleno de gozo y la lengua de alabanza. Puedo vivir siempre confiado, ²⁷porque no dejarás mi alma en el sepulcro ni permitirás que el cuerpo de tu santo siervo se pudra. ²⁸Al contrario, me mostrarás el camino de la vida y me llenarás de gozo en tu presencia".

²⁹»Hermanos, les puedo decir francamente que el patriarca David murió, lo enterraron y su tumba está todavía entre nosotros. ³⁰Pero, como profeta, sabía que Dios le había prometido bajo juramento que un descendiente suyo se sentaría en el trono que ocupaba. ³¹Mirando pues al futuro, predijo la resurrección del Mesías, y dijo que no quedaría en el sepulcro y su cuerpo no se corrompería.

³²»Dios ha resucitado a Jesús y nosotros mismos somos testigos de ello. ³³Él está ahora sentado a la diestra de Dios. Y tal como lo prometió, después de recibir del Padre al Espíritu Santo, lo ha enviado a nosotros. Esto es lo que ustedes han visto y escuchado.

³⁴»David nunca subió al cielo. Sin embargo dijo: "El Señor le dijo a mi Señor: Siéntate a mi derecha, ³⁵hasta que ponga a tus enemigos bajo tu control".

¤ ³⁶»Por lo tanto, pueblo de Israel, sepan bien que Dios ha hecho Señor y Mesías a Jesús, el que ustedes crucificaron».

³⁷Aquellas palabras de Pedro los conmovieron tan profundamente que le dijeron al propio Pedro y a los demás apóstoles:

—Hermanos, ¿qué debemos hacer?

¤ ³⁸—Arrepiéntanse —les respondió Pedro—, y bautícense en el nombre de Jesucristo, para que Dios les perdone sus pecados. Entonces recibirán también el don del Espíritu Santo, ³⁹porque para ustedes es la promesa, y para sus hijos, y aun para los que están lejos, pues es para todos a los que el Señor nuestro Dios llame.

⁴⁰Y con muchas palabras más, Pedro les exhortaba y les decía:

—¡Aléjense de esta gente perversa!

## La comunidad de los creyentes

⁴¹Los que creyeron sus palabras, unos tres mil en total, se bautizaron y se unieron a los demás creyentes

¤ ⁴²que se congregaban regularmente para escuchar las enseñanzas de los apóstoles, tener comunión unos con otros, compartir el pan y orar.

⁴³Un profundo temor reverencial vino sobre toda la gente y los apóstoles seguían realizando milagros y señales.

⁴⁴Los creyentes permanecían constantemente unidos y compartían entre sí todas las cosas; ⁴⁵vendían sus propiedades y repartían el dinero entre los que estaban necesitados. ⁴⁶Todos los días se reunían en el templo y en los hogares, compartían los alimentos con regocijo y sencillez de corazón ⁴⁷y alababan a Dios. Todo el mundo simpatizaba con ellos y todos los días el Señor añadía a la comunidad a los que habían de ser salvos.

## Pedro sana a un mendigo lisiado

**3** En cierta ocasión, Pedro y Juan fueron al templo a orar. Era como a las tres de la tarde. ²Allí vieron a un lisiado de nacimiento, a quien todos los días traían y colocaban junto a la puerta del templo llamada la Hermosa, para que pidiera limosna.

³Cuando el lisiado vio a Pedro y Juan que iban a entrar al templo, les pidió dinero. ⁴Los apóstoles lo miraron fijamente.

—¡Míranos! — le dijo Pedro.

⁵El lisiado los miró con ansiedad, esperando recibir una limosna.

⁶—No tengo dinero que darte —continuó Pedro—. Pero te daré lo que tengo. ¡En el nombre de Jesucristo de Nazaret, levántate y camina!

⁷Entonces Pedro lo tomó de la mano y lo levantó. Al instante, los pies y los tobillos se le fortalecieron ⁸a tal grado que se levantó de un salto y comenzó a andar. Más tarde, entró al templo con ellos, saltando y alabando a Dios.

⁹Toda la gente lo vio caminando y alabando a Dios, ¹⁰y reconocieron que era el lisiado que estaban acostumbrados a ver en el templo, junto a la Hermosa, y se quedaron asombrados.

## Pedro se dirige a los espectadores

¹¹Todos fueron corriendo al portal de Salomón, donde el lisiado tenía firmemente asidos a Pedro y a Juan. ¹²Pero viendo eso, Pedro les dirigió la palabra: «Hombres de Israel —les dijo—, ¿qué hay de sorprendente en esto? ¿Por qué nos miran como si hubiéramos hecho andar a este hombre mediante nuestro propio poder y por nuestra piedad? ¹³El Dios de Abraham, de Isaac, de Jacob y de nuestros antepasados, a través de este milagro ha honrado a su siervo Jesús, a quien ustedes entregaron y rechazaron ante Pilato, a pesar de que éste estaba resuelto a ponerlo en libertad. ¹⁴Ustedes no quisieron que libertaran al Santo y Justo; al contrario, demandaron la libertad de un asesino ¹⁵y mataron al autor de la vida. Pero Dios le devolvió la vida; de ello nosotros somos testigos. ¹⁶Este hombre se sanó en el nombre de Jesús, y ustedes saben que era inválido. La fe en el nombre de Jesús logró la perfecta curación de esta persona.

¹⁷»Hermanos, comprendo que lo que ustedes le hicieron a Jesús lo hicieron en ignorancia, y lo mismo podría decirse de sus dirigentes. ¹⁸Pero Dios estaba

¤ 2.17–21  ¤ 2.25  ¤ 2.36  ¤ 2.38  ¤ 2.42–47

# Hechos

## Jesús llevado al cielo

1 Distinguido Teófilo:
En mi primera carta[a] te hablé de todo lo que Jesús empezó a hacer y enseñar ²y de cómo regresó al cielo después de darles instrucciones, a través del Espíritu Santo, a los apóstoles que había escogido.

³Durante los cuarenta días que siguieron a sus sufrimientos, se presentó repetidas veces ante los apóstoles y les demostró que estaba vivo. En todas esas ocasiones les habló del reino de Dios.

✵ ⁴Estando con ellos, les mandó que no salieran de Jerusalén hasta que, tal como ya les había dicho, recibieran la promesa del Padre.

⁵—Juan los bautizó con agua —les recordó—, pero dentro de poco ustedes serán bautizados con el Espíritu Santo.

⁶Los que se habían reunido con Jesús le preguntaron:

—Señor, ¿vas ahora a restaurar el reino de Israel?

✵ ⁷—El Padre ha fijado ese tiempo —les contestó—, y a ustedes no les corresponde saberlo. ⁸Sin embargo, cuando el Espíritu Santo descienda sobre ustedes recibirán poder para ser mis testigos no sólo en Jerusalén, sino también en toda Judea, en Samaria y hasta lo último de la tierra.

⁹Y mientras les decía esto, ascendió al cielo y desapareció envuelto en una nube.

¹⁰Los discípulos seguían con la mirada fija viendo cómo se perdía en las alturas, y en eso, dos varones vestidos de blanco se les pusieron junto a ellos.

¹¹—Galileos —les dijeron—, ¿por qué se han quedado mirando al cielo? Jesús regresará de la misma forma en que lo han visto ascender al cielo.

## Elección de Matías para reemplazar a Judas

¹²Como estaban en el monte de los Olivos, para regresar a Jerusalén caminaron casi un kilómetro, que era lo que se permitía caminar en el día de reposo. ¹³,¹⁴Allí, en el aposento alto de la casa, se reunieron para orar. Estuvieron presentes: Pedro, Juan, Santiago, Andrés, Felipe, Tomás, Bartolomé, Mateo, Santiago el hijo de Alfeo, Simón el Zelote, Judas el hijo de Santiago y los hermanos de Jesús, además de varias mujeres, entre las que se encontraba la madre de Jesús.

¹⁵En aquellos días, en una ocasión en que había ciento veinte personas presentes, Pedro se puso de pie y les dijo: ¹⁶«Hermanos, era necesario que se cumplieran las Escrituras en cuanto a Judas, el que sirvió de guía a la turba que apresó a Jesús, porque su traición la predijo hace mucho tiempo el Espíritu Santo por boca de David.

¹⁷»Judas era uno de nosotros, y participaba del mismo servicio que hacíamos nosotros. ¹⁸Sin embargo, con el dinero que recibió en pago por su traición, compró un terreno en el que, al precipitarse de cabeza, se le reventó el vientre y se le salieron las entrañas. ¹⁹La noticia de su muerte corrió rápidamente entre los habitantes de Jerusalén, quienes le dieron a aquel lugar el nombre de "Campo de Sangre".

²⁰»El libro de los Salmos lo había predicho así: "Quede desierta su casa y no haya quien more en ella". Y luego añade: "¡Que otro se encargue de su trabajo!"

²¹»Entre nosotros tenemos personas que nos han acompañado todo el tiempo que el Señor Jesús estuvo con nosotros. ²²Es necesario que seleccionemos a alguien que haya estado con nosotros desde que Juan bautizó al Señor hasta que éste ascendió al cielo. Así, junto con nosotros, será testigo de su resurrección».

²³Y escogieron a dos: a José Justo (llamado también Barsabás) y a Matías.

²⁴Luego oraron: «Señor, tú que conoces los corazones, muéstranos a cuál de estos hombres has escogido ²⁵para asumir el apostolado de Judas el traidor, quien ya está donde le corresponde estar».

²⁶Y a continuación echaron suertes y la suerte cayó sobre Matías. Desde entonces, Matías se sumó a los once apóstoles.

## El Espíritu Santo desciende en Pentecostés

2 Cuando llegó el día de Pentecostés, los creyentes estaban juntos reunidos. ²Escucharon de pronto un estruendo semejante al de un vendaval, que venía del cielo y que hacía retumbar la casa en que estaban congregados. ³Acto seguido aparecieron lengüetas de fuego que se les fueron posando a cada uno en la cabeza. ⁴Entonces cada uno de los presentes quedó lleno del Espíritu Santo y empezó a hablar en idiomas que no conocía, pero que el Espíritu Santo le permitía hablar.

⁵En aquellos días había en Jerusalén una gran cantidad de judíos piadosos de muchas nacionalidades. ⁶Al escuchar el estruendo que se producía sobre la casa, multitudes de personas corrieron a ver qué sucedía, y los extranjeros se quedaron pasmados al oír el idioma de sus respectivos países en boca de los discípulos.

⁷,⁸—¿Cómo es posible? —exclamaban—. ¡Estos hombres son galileos y, sin embargo, los escuchamos hablar en el idioma que se habla en los países en que hemos nacido! ⁹Entre nosotros hay gente de Partia, Media, Elam, Mesopotamia, Judea, Capadocia, Ponto y de Asia, ¹⁰Frigia, Panfilia, Egipto, las regiones de Libia más allá de Cirene, Creta y Arabia, aparte de los judíos y conversos que han venido de Roma. ¹¹Sin embargo, cada cual nos lo relatar en su propia lengua los grandes milagros de Dios.

¹²«¿Qué significará esto?», se preguntaban algunos, atónitos y perplejos.

¹³«¡Es que están borrachos!», les respondían otros, en son de burla.

## Pedro se dirige a la multitud

¹⁴Entonces Pedro se puso de pie con los once apóstoles y tomó la palabra: «¡Escúchenme bien, judíos y residentes de Jerusalén! ¹⁵Algunos de ustedes están diciendo que estos hombres están borrachos. Pero, ¡la gente no se emborracha a las nueve de la mañana! ¹⁶Ustedes han presenciado esta mañana lo que el profeta Joel predijo:

✵ 1.4-5  ✵ 1.7-8

---

a. El evangelio según San Lucas.

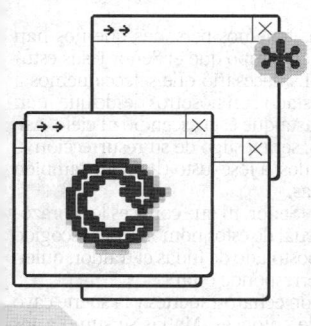

## ¿CÓMO SE RELACIONA CONMIGO?

Luego de la resurrección de Jesús, en solo tres décadas, un pequeño grupo de creyentes, primero asustados en Jerusalén, se transformó en un movimiento que llegaría a todo el Imperio romano. Eran personas que habían comprometido sus vidas con Cristo hasta la muerte y Hechos narra sus historias y proporciona el testimonio más fresco y valioso de cómo la iglesia pudo crecer y extenderse en ese periodo glorioso.

La historia de este libro comienza en el evangelio de Lucas y continúa siendo una historia de salvación que ahora es escrita por cada creyente. Los apóstoles retratados en Hechos brillan con celo evangelístico, mostrando una sorprendente transición de los discípulos descriptos en los evangelios. Claramente, el impacto que tuvieron la muerte y la resurrección de Jesús produjo un cambio notable en sus corazones a través del poder del Espíritu Santo y ese es el mismo impacto que puedes experimentar hoy.

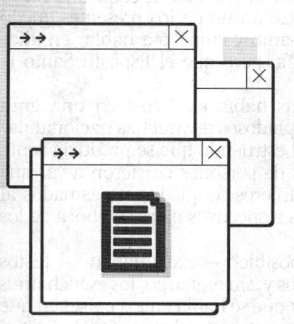

## EL GUION

1) El testimonio a Jerusalén (1:1-8:3)
2) El testimonio a Judea y Samaria (8:4-12:25)
El testimonio hasta lo último de la tierra (13:1-28:31)
3) Primer viaje misionero de Pablo y concilio de Jerusalén (13:1-15:35)
4) Segundo viaje misionero de Pablo (15:36-18:22)
5) Tercer viaje misionero de Pablo (18:23-21:16)
6) Juicios de Pablo y viaje a Roma (21:17-28:31)

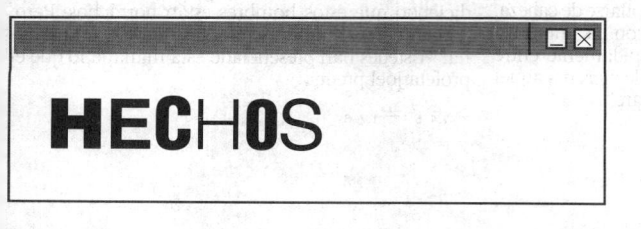

# HECHOS

# HECHOS

### ¿QUIÉN LO ESCRIBIÓ?

La tradición claramente apoya la paternidad de Lucas, el médico amado. Un cuidadoso estudio del "nosotros", referencias en Hechos, donde el autor se incluye a sí mismo como presente con Pablo (16:10-17; 20:5-15; 21:1-18 y 27:1-28:16), comparado con los saludos enviados en las cartas a las iglesias indican la fuerte probabilidad que Lucas escribió este libro.

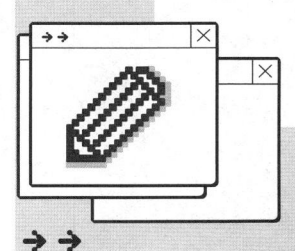

### ¿A QUIÉN LO ESCRIBIÓ?

Teófilo, el "patrón" de Lucas y cuyo nombre significa: "amado de Dios" o "a quien Dios ama". Para más información vea lo dicho en la Introduc- ción al Evangelio de Lucas. ¿Dónde estaba Teófilo? Es imposible decirlo.

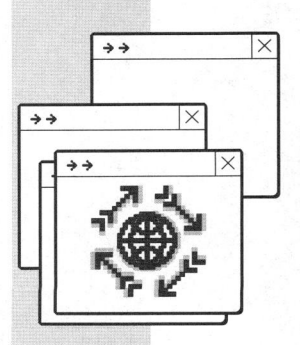

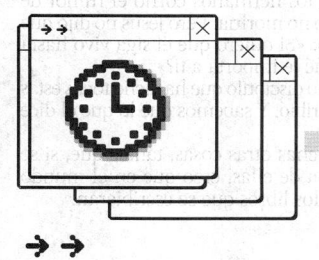

### ¿CUÁNDO Y DÓNDE LO ESCRIBIÓ?

El libro posiblemente se escribió desde Roma (28:16). Pudo haber sido escrito entre finales de los 70s y principios de los 80s d.C.

### PANORAMA DEL LIBRO

El libro narra la historia del nacimiento, multiplicación y expansión de la Iglesia luego de que Jesús dio sus últimas instrucciones personales a los apóstoles, hasta el año 60-63 d.C. (aprox.). La iglesia es su tema. Lucas obviamente está interesado en los eventos principales los cuales conducen a la fundación de la Iglesia. Su segundo libro (después del Evangelio que lleva su nombre) está dedicado a explicar cómo se formó la iglesia. El evangelio se desarrolla dentro de esta historia. Lucas empieza el libro de Hechos donde dejó su evangelio. Este libro registra el cumplimiento inicial de la Gran Comisión de Mateo28:19-20. Jesús estuvo en Galilea Samaria y luego Jerusalén. Hechos enfoca la geografía de manera contraria: De Jerusalén hacia Samaria y a Roma. Lucas enfoca la universalización vertical del Evangelio (de arriba hacia abajo, en la escala social), en tanto que Hechos enfoca la universalización horizontal del Evangelio (a todas las gentes a través del Imperio).

—Sí, Señor, tú sabes que te quiero.
Jesús le dijo:
—Cuida de mis ovejas.
<sup>17</sup>Por tercera vez Jesús le preguntó:
—Simón, hijo de Juan, ¿me quieres?
Pedro se puso triste de que Jesús le preguntara por tercera vez: «¿Me quieres?» Entonces le dijo:
—Señor, tú lo sabes todo; tú sabes que te quiero.
Jesús le dijo:
—Cuida de mis ovejas. <sup>18</sup>Es verdad que cuando eras más joven tú mismo te vestías e ibas a donde querías; pero cuando seas viejo, extenderás los brazos y otro te vestirá y te llevará a donde no quieras ir.
<sup>19</sup>Jesús dijo esto para dar a entender de que manera moriría Pedro y así glorificaría a Dios. Después le dijo:
—¡Sígueme!
<sup>20</sup>Pedro se volvió y vio que los seguía el discípulo al que Jesús quería mucho, el que se había acercado a Jesús en la cena y le había dicho: «Señor, ¿quién es el que va a traicionarte?»
<sup>21</sup>Cuando Pedro lo vio, le preguntó a Jesús:
—Señor, ¿y a éste qué le va a pasar?
<sup>22</sup>Jesús le contestó:
—Si quiero que él siga vivo hasta que yo regrese, ¿qué te importa a ti? Tú sígueme.
<sup>23</sup>Por eso, entre los hermanos corrió el rumor de que aquel discípulo no moriría. Pero Jesús no dijo que no moriría. Él dijo: «Si quiero que él siga vivo hasta que yo regrese, ¿qué te importa a ti?»
<sup>24</sup>Éste es el mismo discípulo que ha dicho todas estas cosas, y que las escribió. Y sabemos que lo que él dice es verdad.
<sup>25</sup>Jesús hizo muchas otras cosas, tantas que, si se escribiera cada una de ellas, creo que en el mundo entero no cabrían los libros que se escribieran.

vio a dos ángeles vestidos de blanco, sentados donde había estado el cuerpo de Jesús; uno a la cabecera y otro a los pies.

[13]Le preguntaron los ángeles:

—¿Por qué lloras, mujer?

Ella les respondió:

—Porque se han llevado a mi Señor, y no sé dónde lo han puesto.

[14]Acabando de decir esto, volvió la mirada y vio allí a Jesús de pie, aunque ella no sabía que era él.

[15]Jesús le dijo:

—¿Por qué lloras? ¿A quién buscas?

Ella creyó que era el que cuidaba el huerto, y le dijo:

—Señor, si usted se lo ha llevado, dígame dónde lo ha puesto, y yo iré por él.

[16]Jesús le dijo:

—María.

Ella se volvió y le dijo:

—¡Raboni! (que en arameo significa: Maestro).

[17]Jesús le dijo:

—Suéltame, porque todavía no he ido a reunirme con mi Padre. Pero ve a mis hermanos y diles: «Voy a reunirme con mi Padre, que es el Padre de ustedes; con mi Dios, que es el Dios de ustedes».

[18]María Magdalena fue a darles la noticia a los discípulos: «¡He visto al Señor!», y les contaba lo que él le había dicho.

## Jesús se aparece a sus discípulos

[19]El primer día de la semana por la tarde, mientras los discípulos estaban reunidos a puerta cerrada por temor a los judíos, entró Jesús. Se puso en medio de ellos y les saludó diciendo:

—¡La paz sea con ustedes!

[20]Después de decir esto, les mostró las manos y el costado. Los discípulos se alegraron de ver al Señor.

[21]Jesús volvió a decir:

—¡La paz sea con ustedes! Como mi Padre me envió, así yo los envío a ustedes.

[22]Luego sopló sobre ellos y les dijo:

—Reciban el Espíritu Santo. [23]A los que ustedes les perdonen sus pecados, les serán perdonados; a los que ustedes no se los perdonen, no les serán perdonados.

## Jesús se aparece a Tomás

[24]Tomás, uno de los doce, al que le decían el Gemelo, no había estado con los discípulos cuando Jesús llegó. [25]Así que los otros discípulos le dijeron:

—¡Hemos visto al Señor!

Tomás les respondió:

—Si no veo las heridas de los clavos en sus manos y meto en ellas mi dedo, y mi mano en su costado, no lo creeré.

[26]Ocho días después, estaban los discípulos reunidos otra vez en la casa, y Tomás estaba con ellos. Las puertas estaban cerradas, pero Jesús entró, se puso en medio de ellos y los saludó diciendo:

—¡La paz sea con ustedes!

[27]Luego le dijo a Tomás:

—Pon aquí tu dedo y mira mis manos. Trae tu mano y métela en mi costado, y no seas incrédulo sino que debes creer.

[28]Tomás dijo:

—¡Señor mío y Dios mío!

[29]Jesús le dijo:

—Tú has creído porque me has visto; dichosos los que no han visto y aun así creen.

[30]Jesús hizo muchas otras señales milagrosas delante de sus discípulos que no están escritas en este libro. [31]Pero éstas se han escrito para que ustedes crean que Jesús es el Cristo, el Hijo de Dios, y para que al creer en su nombre tengan vida.

## Jesús y la pesca milagrosa

21 Después de esto, Jesús se apareció una vez más a sus discípulos junto al lago de Tiberíades. Así fue como sucedió: [2]Estaban juntos Simón Pedro, Tomás al que llamaban el Gemelo, Natanael, el de Caná de Galilea, los hijos de Zebedeo, y otros dos discípulos.

[3]Simón Pedro dijo:

—Me voy a pescar.

Ellos le contestaron:

—Nosotros vamos contigo. Salieron de allí y se subieron a la barca, pero esa noche no pescaron nada.

[4]En la madrugada, Jesús estaba en la orilla, pero los discípulos no se dieron cuenta de que era él.

[5]Jesús les preguntó:

—Muchachos, ¿tienen algo de comer?

—No —contestaron ellos.

[6]Jesús les dijo:

—Echen la red a la derecha de la barca, y pescarán algo.

Así lo hicieron, y ya no podían sacar la red del agua por tantos pescados que tenía.

[7]El discípulo a quien Jesús quería mucho le dijo a Pedro:

—¡Es el Señor!

Cuando Simón Pedro le oyó decir: «Es el Señor», se puso la ropa, pues estaba casi desnudo, y se tiro al agua. [8]Los otros discípulos llegaron a la playa en la barca, arrastrando la red llena de pescados, pues estaban como a cien metros de la orilla.

[9]Al bajar a tierra, vieron una fogata con un pescado encima, y pan.

[10]Jesús les dijo:

—Tráiganme algunos de los pescados que acaban de sacar.

[11]Simón Pedro subió a la barca y arrastró hasta la orilla la red, que estaba llena de pescados grandes. Eran ciento cincuenta y tres pescados, y a pesar de ser tantos la red no se rompió.

[12]Jesús les dijo:

—Vengan a desayunar.

Ninguno de los discípulos se atrevió a preguntarle quién era, porque sabían que era el Señor.

[13]Jesús se acercó, tomó el pan y se lo dio a ellos, e hizo lo mismo con el pescado. [14]Esta era la tercera vez que Jesús se aparecía a sus discípulos después de haber resucitado.

## Jesús restituye a Pedro

[15]Después de desayunar, Jesús le preguntó a Simón Pedro:

—Simón, hijo de Juan, ¿me amas más que éstos?

Pedro le contestó:

—Sí, Señor, tú sabes que te quiero.

Jesús le dijo:

—Cuida de mis corderos.

[16]Jesús volvió a preguntarle:

—Simón, hijo de Juan, ¿me amas?

meo significa el Empedrado. ¹⁴Era cerca del mediodía, un día antes de la Pascua.

Pilato les dijo a los judíos:

—Aquí tienen a su rey.

¹⁵Ellos gritaron:

—¡Fuera! ¡Fuera! ¡Crucifícalo!

Pilato les respondió:

—¿Creen que voy a crucificar a su rey?

Los jefes de los sacerdotes contestaron:

—Nuestro único rey es el emperador romano.

¹⁶Entonces Pilato se lo entregó para que lo crucificaran, y los soldados se lo llevaron.

## La crucifixión

¹⁷Jesús salió cargando su propia cruz, iba hacia el Gólgota, que en arameo significa de la Calavera. ¹⁸Allí lo crucificaron junto a otros dos, uno a cada lado, y Jesús en medio.

¹⁹Pilato mandó que pusieran un letrero sobre la cruz. En éste estaba escrito: «JESÚS DE NAZARET, REY DE LOS JUDÍOS». ²⁰Muchos de los judíos lo leyeron, porque el lugar donde crucificaron a Jesús estaba cerca de la ciudad. El letrero estaba escrito en arameo, latín y griego. ²¹Los jefes de los sacerdotes judíos le dijeron a Pilato:

—No escribas «Rey de los judíos», sino «Él dice que es rey de los judíos».

²²Pilato les respondió:

—Lo que he escrito, escrito se queda.

²³Después de que los soldados crucificaron a Jesús, tomaron su manto y lo partieron en cuatro pedazos, uno para cada uno de ellos. Tomaron también su túnica, que era de una sola pieza, sin costura, tejida de arriba abajo.

²⁴Los soldados se dijeron unos a otros:

—No la dividamos. Mejor echemos suertes para ver a quién le toca.

Y así lo hicieron, y de esta forma se cumplió la Escritura que dice:

«Se repartieron mi manto,
y sobre mi túnica echaron suertes».

☼ ²⁵Junto a la cruz de Jesús estaban su madre, la hermana de su madre, María la esposa de Cleofas, y María Magdalena. ²⁶Cuando Jesús vio a su madre, y junto a ella al discípulo a quien él quería mucho, dijo a su madre:

—Mujer, ahí tienes a tu hijo.

²⁷Luego, le dijo al discípulo:

—Ahí tienes a tu madre.

Desde ese momento, ese discípulo la recibió en su casa.

## Muerte de Jesús

²⁸Después de esto, como Jesús sabía que ya todo había terminado, y para que se cumpliera la Escritura, dijo:

—Tengo sed.

²⁹Había allí un jarro lleno de vinagre; así que empaparon una esponja en el vinagre, la pusieron en una caña y se la acercaron a la boca.

³⁰Al probar Jesús el vinagre, dijo:

—Todo está cumplido.

Luego inclinó la cabeza y entregó el espíritu.

³¹Era un día antes de la Pascua. Los judíos no querían que los cuerpos siguieran colgados en la cruz en sábado, porque éste era un día muy solemne. Por eso le pidieron a Pilato ordenar que les quebraran las piernas a los crucificados y bajaran sus cuerpos.

³²Los soldados fueron y le quebraron las piernas al primer hombre que habían crucificado con Jesús, y luego al otro. ³³Y cuando se acercaron a Jesús, se dieron cuenta de que ya estaba muerto, por eso no le quebraron las piernas. ³⁴Pero uno de los soldados le atravesó el costado con una lanza, y en ese momento le salió sangre y agua.

³⁵El que dice esto es el que lo vio, y lo que dice es verdad. Él sabe que dice la verdad, para que también ustedes crean. ³⁶Estas cosas sucedieron para que se cumpliera la Escritura: «No le quebraron ningún hueso» ³⁷y, como dice en otra parte de la Escritura: «Mirarán al que traspasaron».

## Sepultura de Jesús

³⁸Después de esto, José de Arimatea le pidió a Pilato el cuerpo de Jesús. José era discípulo de Jesús, aunque en secreto porque le tenía miedo a los judíos. Pilato le dio permiso y él se llevó el cuerpo.

³⁹También Nicodemo, el que había visitado a Jesús de noche, llegó con unos treinta y cuatro kilos de una mezcla de mirra y áloe. ⁴⁰Entre los dos envolvieron el cuerpo de Jesús con vendas empapadas en las especias aromáticas. Así era la costumbre judía de sepultar a los muertos.

⁴¹En el lugar donde crucificaron a Jesús había un huerto, y en el huerto un sepulcro nuevo en el que todavía no habían sepultado a nadie. ⁴²Como estaba por empezar el sábado, y el sepulcro estaba cerca, pusieron allí a Jesús.

## El sepulcro vacío

**20** ¹El primer día de la semana, muy de mañana, cuando todavía estaba oscuro, María Magdalena fue al sepulcro y vio que habían movido la piedra que cerraba la entrada.

²Así que fue corriendo a donde estaban Simón Pedro y el discípulo al que Jesús quería mucho, y les dijo:

—¡Se han llevado del sepulcro al Señor, y no sabemos dónde lo han puesto!

³Pedro y el otro discípulo salieron hacia el sepulcro. ⁴Los dos iban corriendo, pero como el otro discípulo corría más rápido que Pedro, llegó primero al sepulcro. ⁵Se inclinó para mirar, y vio las vendas, pero no entró. ⁶Tras él llegó Simón Pedro, y entró en el sepulcro. Vio allí las vendas, ⁷y la tela que había cubierto la cabeza de Jesús. Pero la tela no estaba con las vendas sino enrollada en lugar aparte.

⁸Entonces entró también el otro discípulo, el que había llegado primero al sepulcro; y vio y creyó. ⁹Hasta ese momento no habían entendido la Escritura que dice que Jesús tenía que resucitar.

## Jesús se aparece a María Magdalena

¹⁰Los discípulos regresaron a su casa, ¹¹pero María se quedó afuera del sepulcro llorando. Mientras lloraba, se inclinó para mirar dentro del sepulcro ¹²y

☼ 19.25–27

## Jesús ante el sumo sacerdote

[19] Mientras tanto, el sumo sacerdote empezó a preguntarle a Jesús acerca de sus discípulos y de sus enseñanzas.

[20] Jesús le respondió:

—Yo he hablado delante de todo el mundo. Siempre he enseñado en las sinagogas o en el templo, donde se reúnen todos los judíos. No he dicho nada en secreto. [21] ¿Por qué me preguntas a mí? Pregunta a los que me han oído hablar. Ellos saben lo que dije.

[22] Cuando Jesús dijo esto, uno de los guardias que estaba allí cerca le dio una bofetada y le dijo:

—¿Así le contestas al sumo sacerdote?

[23] Jesús respondió:

—Si he dicho algo malo, dime qué fue. Pero si lo que dije está bien, ¿por qué me pegas?

[24] Entonces Anás lo envió atado ante el sumo sacerdote Caifás.

## Pedro niega de nuevo a Jesús

[25] Mientras tanto, Simón Pedro seguía de pie, calentándose.

Le preguntaron:

—¿No eres tú uno de sus discípulos?

Pedro, negándolo, dijo:

—No lo soy.

[26] Uno de los criados del sumo sacerdote, que era pariente de aquel al que Pedro le había cortado la oreja, le preguntó:

—¿No te vi con él en el huerto?

[27] Pedro lo negó una vez más y en ese momento el gallo cantó.

## Jesús ante Pilato

[28] Luego los judíos llevaron a Jesús de la casa de Caifás al palacio del gobernador romano. Como ya amanecía, los judíos no entraron al palacio, pues si lo hacían se contaminarían de acuerdo con sus ritos y no podrían comer la Pascua. [29] Por eso Pilato salió a preguntarles:

—¿De qué acusan a este hombre?

[30] Ellos contestaron:

—Si no fuera un criminal, no te lo habríamos traído.

[31] Pilato les dijo:

—Pues llévenselo ustedes y júzguenlo de acuerdo con su propia ley.

Los judíos le respondieron:

—Nosotros no tenemos ninguna autoridad para dar muerte a nadie.

[32] Esto sucedió para que se cumpliera lo que Jesús había dicho, en cuanto a la forma en que iba a morir.

[33] Pilato volvió a entrar al palacio y llamó a Jesús. Le preguntó:

—¿Eres tú el rey de los judíos?

[34] Jesús le respondió:

—¿Dices eso por tu propia cuenta o es que otros te han hablado de mí?

[35] Pilato le contestó:

—¿Acaso soy judío? Fue tu propio pueblo y los jefes de los sacerdotes los que te entregaron a mí. ¿Qué hiciste?

[36] Jesús contestó:

—Mi reino no es de este mundo. Si lo fuera, mis servidores pelearían para que no me entregaran a los judíos. Pero mi reino no es de este mundo.

[37] Pilato le dijo:

—Entonces eres rey.

Jesús le respondió:

—Tú eres el que dices que soy rey. Yo para esto nací y vine al mundo: para hablar de la verdad. Todo el que está de parte de la verdad, me escucha.

[38] Pilato preguntó:

—¿Y qué es la verdad?

Luego de decir esto, salió otra vez a ver a los judíos. Él dijo:

—Yo no encuentro a éste culpable de nada. [39] Pero como ustedes tienen la costumbre de que yo libere a un preso durante la Pascua, ¿quieren que libere al «rey de los judíos»?

[40] Ellos volvieron a gritar:

—¡No! ¡No sueltes a éste, suelta a Barrabás!

Y Barrabás era un bandido.

## La sentencia

19 Entonces Pilato tomó a Jesús y mandó que lo azotaran. [2] Los soldados hicieron una corona de espinas, se la pusieron a Jesús en la cabeza y también le pusieron un manto de color rojo oscuro.

[3] Mientras se acercaban a pegarle en la cara, le gritaban:

—¡Viva el rey de los judíos!

[4] Pilato volvió a salir y les dijo a los judíos:

—Aquí está. Lo saqué para que sepan que no creo que sea culpable de nada.

[5] Cuando sacaron a Jesús, llevaba puestos la corona de espinas y el manto de color rojo.

Pilato les dijo:

—¡Aquí está el hombre!

[6] Al verlo, los jefes de los sacerdotes y los guardias gritaron:

—¡Crucifícalo! ¡Crucifícalo!

Pilato les respondió:

—Llévenselo y crucifíquenlo ustedes. Yo no creo que sea culpable de nada.

[7] Los judíos le dijeron:

—Nosotros tenemos una ley, y según esa ley tiene que morir, pues se ha hecho pasar por el Hijo de Dios.

[8] Cuando Pilato oyó esto, sintió miedo. [9] Entró una vez más en el palacio y le preguntó a Jesús:

—¿De dónde eres tú?

Pero Jesús no le respondió.

[10] Pilato le dijo:

—¿No me vas a hablar? ¿No te das cuenta de que tengo poder para ponerte en libertad o para mandar que te crucifiquen?

[11] Jesús le contestó:

—No tendrías ningún poder sobre mí si no se te hubiera dado de arriba. Por eso el que me entregó a ti, es culpable de un pecado más grande.

[12] Desde ese momento Pilato trató de poner en libertad a Jesús, pero los judíos gritaban:

—Si dejas en libertad a ese hombre, no eres amigo del emperador. Cualquiera que quiera ser rey, es enemigo del emperador.

[13] Al oír esto, Pilato llevó afuera a Jesús y se sentó en el tribunal, en un lugar llamado Gabatá que en ara-

## Jesús ora por sí mismo

**17** Al terminar de decir estas cosas, Jesús miró al cielo y dijo:

«Padre, la hora ha llegado. Glorifica a tu Hijo, para que también tu Hijo te glorifique a ti. ²Pues tú le has dado autoridad sobre todas las personas para que él les dé vida eterna a todos los que le diste. ³Y ésta es la vida eterna: que te conozcan a ti, el único Dios verdadero, y a Jesucristo, a quien tú enviaste. ⁴Yo te he glorificado en la tierra, y he cumplido con la obra que me diste para hacer. ⁵Y ahora, Padre, glorifícame en tu presencia con la misma gloria que tenía cuando estaba contigo, antes que el mundo existiera.

## Jesús ora por sus discípulos

⁶»A los que me diste del mundo les he mostrado quién eres. Ellos eran tuyos y tú me los diste y ellos han obedecido tu palabra. ⁷Ahora saben que todo lo que me has dado viene de ti, ⁸porque les he dado el mensaje que me diste, y ellos lo aceptaron. Ellos están seguros que vine de ti, y han creído que tú me enviaste. ⁹Ruego por ellos. No ruego por el mundo, sino por los que me diste, porque son tuyos. ¹⁰Todo lo que yo tengo es tuyo, y todo lo que tú tienes es mío; y por medio de ellos se muestra mi gloria. ¹¹Voy a estar por muy poco tiempo en el mundo, pero ellos están todavía en el mundo, y yo vuelvo a ti.

»Padre santo, cuídalos con el poder de tu nombre, el nombre que me diste, para que estén unidos así como tú y yo. ¹²Mientras estaba con ellos, los protegía y los cuidaba con el poder de tu nombre. Y ninguno se perdió, excepto aquel que nació para perderse, para que así se cumpliera la Escritura.

¹³»Ahora regreso a ti. Pero digo estas cosas mientras todavía estoy en el mundo, para que tengan la misma alegría que yo tengo. ¹⁴Yo les he dado tu palabra, y el mundo los odia porque no son del mundo, como yo tampoco soy del mundo. ¹⁵No te pido que los saques del mundo, sino que los protejas del maligno. ¹⁶Ellos no son del mundo, como tampoco yo soy del mundo. ¹⁷Santifícalos en tu palabra que es la verdad. ¹⁸Yo los envío al mundo, así como tú me enviaste al mundo. ¹⁹Y por ellos yo me santifico a mí mismo, para que también ellos sean santificados en la verdad.

## Jesús ora por todos los creyentes

²⁰»No ruego sólo por estos, sino también por los que van a creer en mí por medio del mensaje de ellos. ²¹Te ruego que todos estén unidos. Padre, así como tú estás en mí y yo en ti, permite que ellos también estén en nosotros, para que el mundo crea que tú me has enviado. ²²Yo les he dado la gloria que me diste, para que estén unidos, así como nosotros estamos unidos, ²³yo unido a ellos y tú unido a mí. Permite que ellos lleguen a la perfección en la unidad, así el mundo reconocerá que tú me enviaste, y que los amas a ellos tal como me amas a mí.

²⁴»Padre, quiero que los que tú me has dado, estén conmigo donde yo estoy. Así, ellos verán mi gloria, la gloria que me has dado porque tú me amaste desde antes que el mundo fuera creado.

²⁵»Padre justo, el mundo no te conoce, pero yo sí te conozco, y éstos reconocen que tú me enviaste. ²⁶Yo les he mostrado quién eres, y te seguiré haciendo, para que el amor que me tienes esté en ellos, y yo mismo esté en ellos».

## Arresto de Jesús

**18** Al terminar de orar, Jesús salió con sus discípulos y cruzó el arroyo de Cedrón. Al otro lado había un huerto al cual entraron. ²Judas, el que lo traicionaba, también conocía el lugar, porque Jesús había estado reunido allí muchas veces con sus discípulos. ³Así que Judas llegó al huerto, al frente de una tropa de soldados y guardias de los jefes de los sacerdotes y de los fariseos. Iban armados y llevaban antorchas y lámparas. ⁴Jesús, que ya sabía lo que le iba a pasar, les salió al encuentro.

Les preguntó:

—¿A quién buscan?

⁵Ellos contestaron:

—A Jesús de Nazaret.

—Yo soy.[b]

Judas, el que lo traicionaba, estaba con ellos. ⁶Cuando Jesús les dijo: «Yo soy», cayeron de espaldas al suelo.

⁷Jesús volvió a preguntarles:

—¿A quién buscan?

Ellos contestaron:

—A Jesús de Nazaret.

⁸Jesús dijo:

—Ya les dije que soy yo. Si me buscan a mí, dejen que éstos se vayan.

⁹Esto sucedió para que se cumpliera lo que él había dicho: «Ninguno de los que me diste se perdió».

¹⁰Simón Pedro sacó una espada que traía y le cortó la oreja derecha a Malco, que era criado del sumo sacerdote.

¹¹Jesús le ordenó a Pedro:

—¡Guarda esa espada en su funda! Si mi Padre me da a beber un trago amargo, ¿acaso no lo voy a beber?

## Jesús ante Anás

¹²Entonces los soldados, con su comandante, y los guardias de los judíos, arrestaron a Jesús y lo ataron.

¹³Lo llevaron primero ante Anás, que era suegro de Caifás, el sumo sacerdote ese año. ¹⁴Caifás era el que había aconsejado a los judíos que era mejor que muriera un solo hombre por el pueblo.

## Pedro niega a Jesús

¹⁵Simón Pedro y otro discípulo seguían a Jesús. Como al otro discípulo lo conocía el sumo sacerdote, entró con Jesús en el patio del sumo sacerdote. ¹⁶Pero Pedro tuvo que quedarse afuera, junto a la puerta. El discípulo al que conocía el sumo sacerdote, salió y habló con la portera y consiguió que Pedro entrara.

¹⁷La portera le preguntó:

—¿No eres tú uno de los discípulos de ese hombre?

Pedro contestó:

—No lo soy.

¹⁸Como hacía frío, los criados y los guardias habían hecho una fogata para calentarse. Todos estaban de pie alrededor de la fogata, y Pedro también estaba con ellos calentándose.

---

*b.* Vea Éxodo 3.14. YO SOY es la traducción de la palabra hebrea YHVH que es el nombre de Dios.

☆16.33   ☆17.11   ☆17.21–23

Padre y su amor no se aparta de mí. ¹¹Les digo esto para que también tengan mi alegría y así su alegría sea completa. ¹²Y mi mandamiento es este: que se amen unos a otros como yo los amo. ¹³Nadie tiene más amor que el que da la vida por sus amigos. ¹⁴Ustedes son mis amigos si hacen lo que yo les mando. ¹⁵Ya no les llamo sirvientes, porque el sirviente no sabe lo que hace su amo. Ahora los llamo amigos, porque les he enseñado todo lo que he oído decir a mi Padre. ¹⁶Ustedes no me escogieron a mí, sino que yo los escogí a ustedes, y los he mandado para que vayan a den fruto, un fruto que dure para siempre. Así el Padre les dará todo lo que le pidan en mi nombre. ¹⁷Esto es lo que les mando: que se amen unos a otros.

### Jesús y sus discípulos aborrecidos por el mundo

¹⁸»No se les olvide que si el mundo los odia, a mí me odió antes que a ustedes. ¹⁹Si ustedes fueran del mundo, el mundo los querría como quiere a los que son suyos. Pero ustedes no son del mundo, porque yo los escogí de entre los que son del mundo. Por eso el mundo los odia. ²⁰Recuerden lo que les dije: "Ningún sirviente es más que su amo". Así que, si a mí me han perseguido, también a ustedes los perseguirán. Y si han obedecido mis palabras, también obedecerán las de ustedes. ²¹Les harán todo esto por causa de mi nombre, porque ellos no conocen al que me envió. ²²Ellos no serían culpables de pecado, si yo no hubiera venido ni les hubiera hablado. Pero ahora no tienen disculpa por su pecado. ²³El que me odia a mí, también odia a mi Padre. ²⁴Ellos no serían culpables de pecado, si yo no hubiera hecho entre ellos las cosas que ningún otro ha hecho. Pero ya las han visto, y a pesar de eso, me odian a mí y a mi Padre. ²⁵Pero esto pasa así, para que se cumpla lo que está escrito en la ley de ellos: "Me odiaron sin motivo".

²⁶»Yo les enviaré de parte del Padre al Consolador, el Espíritu de verdad que viene del Padre, él les hablará acerca de mí. ²⁷Y ustedes también hablarán acerca de mí porque han estado conmigo desde el principio.

**16** »Les digo todas estas cosas para que no disminuya su fe. ²A ustedes los echarán fuera de las sinagogas; y llegará el día en que cualquiera que los mate pensará que le está prestando un servicio a Dios. ³Harán estas cosas porque no nos han conocido ni al Padre ni a mí. ⁴Y les digo esto, para que cuando suceda se acuerden que ya se lo había dicho. No les dije esto desde el principio porque yo estaba con ustedes.

### La obra del Espíritu Santo

⁵»Pero ahora regreso al que me envió, y ninguno de ustedes me pregunta a dónde voy. ⁶Al contrario, se han llenado de tristeza por lo que les dije. ⁷Pero les digo la verdad: A ustedes les conviene que me vaya, porque si no lo hago, el Consolador no vendrá a ustedes; en cambio, si me voy, yo se lo enviaré. ⁸Y cuando él venga, convencerá al mundo de su error en cuanto al pecado, a la justicia y al juicio. ⁹Los convencerá en cuanto al pecado, porque no creen en mí. ¹⁰Los convencerá en cuanto a la justicia, porque voy al Padre y ustedes ya no podrán verme. ¹¹Los convencerá en cuanto a juicio, porque el príncipe de este mundo ya ha sido juzgado.

¹²»Tengo muchas cosas más que decirles, que por ahora no podrían soportar. ¹³Pero cuando venga el Espíritu de la verdad, él los guiará a toda la verdad, porque él no hablará por su propia cuenta, sino que dirá sólo lo que oiga y les anunciará las cosas que van a pasar. ¹⁴Él me glorificará porque tomará de lo mío y se lo dará a conocer a ustedes. ¹⁵Todo lo que tiene el Padre es mío. Por eso les dije que el Espíritu tomará de lo mío y se lo dará a conocer a ustedes.

¹⁶»Dentro de poco, ustedes ya no me verán. Pero un poco después volverán a verme».

### La despedida de Jesús

¹⁷Algunos de sus discípulos se preguntaban unos a otros:

«¿Qué quiere decir con eso de que: "dentro de poco, ustedes ya no me verán", y "un poco después volverán a verme", y "porque voy al Padre"?» ¹⁸Y seguían diciendo: «¿Qué quiere decir con eso de "dentro de poco"? No entendemos de qué habla».

¹⁹Jesús se dio cuenta de que querían hacerle preguntas. Por eso les dijo:

—¿Se están preguntando qué significa: «Dentro de poco ya no me verán», y «un poco después volverán a verme»? ²⁰La verdad es que ustedes llorarán y se llenarán de tristeza, mientras que el mundo se alegrará. Ustedes se pondrán tristes, pero luego su tristeza se convertirá en alegría. ²¹La mujer que va a dar a luz siente dolores porque le ha llegado su hora, pero después que nace la criatura se olvida del dolor por la alegría de haber traído un niño al mundo. ²²Eso mismo les pasa a ustedes, ahora están tristes, pero cuando vuelva a verlos se alegrarán y nadie podrá quitarles esa alegría. ²³Cuando llegue ese día ya no me preguntarán nada. Les aseguro que mi Padre les dará todo lo que le pidan en mi nombre. ²⁴Hasta ahora no han pedido nada en mi nombre. Pidan y recibirán, para que su alegría sea completa.

²⁵»Les he dicho todo esto por medio de comparaciones, pero viene la hora en que ya no usaré más comparaciones, sino que les hablaré claramente acerca de mi Padre. ²⁶En aquel día ustedes pedirán en mi nombre. Y no digo que voy a rogar por ustedes al Padre, ²⁷porque el Padre mismo los ama. Él los ama porque me han creído que yo vengo de parte de Dios. ²⁸Salí del Padre y vine al mundo. Ahora dejo el mundo para volver al Padre».

²⁹Sus discípulos le dijeron:

—Ahora sí estás hablando claramente, sin usar comparaciones. ³⁰»Ya nos damos cuenta de que sabes todas las cosas, y que no hay necesidad de que nadie te haga preguntas. Por eso creemos que saliste de Dios».

³¹Jesús respondió:

—¿Hasta ahora me creen? ³²Ya se acerca la hora, ya ha llegado, en que ustedes huirán cada uno por su lado y a mí me dejarán solo. Pero no estoy solo, porque el Padre está conmigo. ³³Yo les he dicho estas cosas para que en mí encuentren paz. En este mundo van a sufrir, pero anímense, yo he vencido al mundo.

✺15.9–17  ✺16.7–15  ✺16.22–24  ✺16.27

—Ahora el Hijo del hombre es glorificado, y por ello también a Dios lo glorifican. ³²Si a Dios lo glorifican cuando glorifican al Hijo, también Dios hará que glorifiquen al Hijo. Y Dios hará esto muy pronto.

³³»Mis queridos hijos, ya me queda poco tiempo con ustedes, y lo que les dije a los judíos ahora se los digo a ustedes. Me buscarán, pero a donde yo voy, ustedes no pueden ir.

³⁴»Les doy este mandamiento nuevo: que se amen unos a otros. Así como yo los amo, ustedes deben amarse unos a otros. ³⁵Si se aman unos a otros, todos se darán cuenta de que son mis discípulos».

³⁶Simón Pedro preguntó:

—Señor, ¿y a dónde vas?

Jesús respondió:

—A donde yo voy, no puedes seguirme ahora, pero después me seguirás.

³⁷Pedro insistió:

—Señor, ¿por qué no puedo seguirte ahora? Por ti estoy dispuesto a dar mi vida.

³⁸Jesús le respondió:

—¿Estás dispuesto a dar tu vida por mí? ¡Te aseguro que antes que el gallo cante, me negarás tres veces!

### Jesús consuela a sus discípulos

**14** »No se angustien. Confíen en Dios, y confíen también en mí. ²En la casa de mi Padre hay muchas viviendas; si no fuera así, no les habría dicho que voy a prepararles un lugar. ³Y si me voy a prepararles un lugar, volveré para llevármelos conmigo. Así ustedes estarán donde yo esté. ⁴Ustedes ya conocen el camino para ir a donde yo voy».

### Jesús, el camino al Padre

⁵Entonces Tomás dijo:

—Señor, si no sabemos a dónde vas, ¿cómo vamos a saber el camino?

⁶Jesús le contestó:

—Yo soy el camino, la verdad y la vida. Nadie puede llegar al Padre si no es por mí. ⁷Si ustedes me conocieran, conocerían también a mi Padre. Y ya desde este momento lo conocen pues lo han visto.

⁸Felipe le dijo:

—Señor, déjanos ver al Padre y con eso nos basta.

⁹Jesús le contestó:

—¡Felipe! ¿Ya llevo mucho tiempo entre ustedes y todavía no me conoces? El que me ha visto a mí, también ha visto al Padre. ¿Cómo puedes decirme: "Déjanos ver al Padre"? ¹⁰¿No crees que yo estoy en el Padre y que el Padre está en mí? Las cosas que yo les digo, no las digo por mi propia cuenta. El Padre que está en mí, es el que hace sus propias obras. ¹¹Créanme cuando les digo que yo estoy en el Padre y que el Padre está en mí. Y si no, al menos créanme por las obras mismas.

¹²»Les aseguro que el que cree en mí hará las mismas obras que yo hago, y hará obras todavía mayores porque yo vuelvo al Padre. ¹³Todo lo que ustedes pidan en mi nombre, yo lo haré; así el Padre será glorificado en el Hijo. ¹⁴Yo haré lo que ustedes pidan en mi nombre.

### Jesús promete el Espíritu Santo

¹⁵»Si ustedes me aman, obedecerán mis mandamientos. ¹⁶Y yo le pediré al Padre, y él les enviará otro Consolador para que siempre esté con ustedes. ¹⁷Él es el Espíritu de verdad; el mundo no lo puede recibir porque no lo ve ni lo conoce. Pero ustedes sí lo conocen, porque vive con ustedes y estará en ustedes. ¹⁸No los voy a dejar huérfanos; volveré a estar con ustedes. ¹⁹Dentro de poco el mundo ya no me verá, pero ustedes sí me verán. Y porque yo vivo, también ustedes vivirán. ²⁰En aquel día ustedes se darán cuenta de que yo estoy en mi Padre, y que ustedes están en mí, y yo en ustedes. ²¹El que hace suyos mis mandamientos y los obedece, ese es el que me ama. Y al que me ama, mi Padre lo amará, y yo también lo amaré y me mostraré a él».

²²Judas, (no el Iscariote) le dijo:

—Señor, ¿por qué te mostrarás a nosotros y no al mundo?

²³Jesús le contestó:

—El que me ama, obedece mi palabra. Por eso, Dios lo amará y vendremos a vivir con él. ²⁴El que no me ama, no obedece mi palabra. Estas palabras que ustedes oyen no son mías, sino del Padre, que me envió.

²⁵»Les digo todo esto ahora que todavía estoy con ustedes. ²⁶Pero el Consolador, el Espíritu Santo, vendrá en mi nombre porque el Padre lo enviará. Él les enseñará todas las cosas y les recordará todo lo que les he dicho.

²⁷»Les dejo la paz, les doy mi paz; pero no se la doy a ustedes como la da el mundo. No se angustien ni tengan miedo. ²⁸Ya me oyeron decirles que me voy, pero regreso a ustedes. Si me amaran, estarían alegres de que voy al Padre porque el Padre es más grande que yo. ²⁹Les digo esto antes que suceda, para que cuando suceda, crean. ³⁰Ya no hablaré mucho con ustedes, porque viene el príncipe de este mundo. Él no tiene poder sobre mí, ³¹pero todos tienen que saber que amo al Padre y que hago lo que él me ordena. ¡Levántense, vámonos de aquí!

### Jesús, la vid verdadera

**15** »Yo soy la vid verdadera, y mi Padre es el que la cultiva. ²Si alguna de mis ramas no da uvas, la corta; pero a todas las ramas que dan fruto, las poda para que den todavía más fruto.

³»Ustedes ya están limpios a causa de la palabra que les he dado. ⁴Sigan unidos a mí, y yo seguiré unido a ustedes. Así como una rama no puede dar fruto por sí misma, separada de la vid, así tampoco ustedes pueden dar fruto si están separados de mí.

⁵»Yo soy la vid y ustedes son las ramas. El que está unido a mí, como yo estoy unido a él, dará mucho fruto. Si están separados de mí no pueden hacer nada. ⁶El que no está unido a mí lo echan fuera y se seca. Así como le pasa a las ramas que se recogen, se echan al fuego y se queman. ⁷Si ustedes siguen unidos a mí y mis palabras permanecen en ustedes, pueden pedir lo que quieran y se les dará. ⁸Mi Padre es glorificado cuando ustedes dan mucho fruto y de esa manera muestran que son mis discípulos.

⁹»Así como el Padre me ama a mí, así también yo los amo a ustedes. No se aparten de mi amor. ¹⁰Si obedecen mis mandamientos, no se apartarán de mi amor, así como yo obedezco los mandamientos de mi

☀13.34–35  ☀14.6  ☀14.12–14  ☀14.15–18  ☀14.19–21
☀14.23  ☀14.26–27  ☀14.31  ☀15.1–7

—Ustedes van a tener la luz un poco más de tiempo. Caminen mientras tienen la luz, antes que los sorprenda la oscuridad; porque el que camina en la oscuridad no sabe a dónde va. ³⁶Mientras tienen la luz, crean en ella, para que sean hijos de la luz.

Después de decir esto, Jesús se fue y se escondió de ellos.

### Los judíos siguen en su incredulidad

³⁷Jesús había hecho muchas señales milagrosas en presencia de ellos, y a pesar de eso, todavía no creían en él. ³⁸Así se cumplió lo que el profeta Isaías había dicho:

«Señor; ¿quién ha creído en nuestro mensaje? ¿A quién se le ha mostrado el poder del Señor?»

³⁹Por eso no podían creer, pues Isaías también había dicho:

⁴⁰«Les ha cegado los ojos y les endureció el corazón, para que no puedan ver con los ojos, ni entiendan con el corazón ni se conviertan; y yo los sane».

⁴¹Isaías dijo esto porque vio la gloria de Jesús y habló de él. ⁴²Sin embargo, muchos de los judíos, y hasta algunos de sus jefes, creyeron en él, pero no lo decían porque tenían miedo que los fariseos los expulsaran de la sinagoga. ⁴³Preferían recibir honores de los hombres y no los honores que proceden de Dios.

⁴⁴Jesús exclamó con voz fuerte: «El que cree en mí, también cree en el que me envió. ⁴⁵Y el que me ve a mí, también ve al que me envió. ⁴⁶Yo soy la luz que ha venido al mundo, para que todo el que crea en mí no viva en la oscuridad.

⁴⁷»El que escucha mis palabras y no las obedece, no soy yo el que lo va a juzgar; pues yo no vine a juzgar al mundo sino a salvarlo. ⁴⁸El que me rechaza y no obedece mis palabras tiene quien lo juzgue. La palabra que yo le he hablado será la que lo juzgue en el día final. ⁴⁹Yo no he hablado por mi propia cuenta, ha sido el Padre que me envió el que me ordenó qué decir y cómo decirlo, ⁵⁰y sé bien que su mandamiento es vida eterna. Así que todo lo que les he dicho es lo que el Padre me ha ordenado decir».

### Jesús les lava los pies a sus discípulos

**13** La fiesta de la Pascua se acercaba. Jesús sabía que había llegado la hora de dejar este mundo para reunirse con el Padre. Él había amado a los suyos que estaban en el mundo, y los amó hasta el fin. ²Antes de llegar la hora de la cena, el diablo ya había hecho que Judas Iscariote se decidiera a traicionar a Jesús. ³Jesús sabía que el Padre le había dado autoridad sobre todas las cosas, y que él había venido de Dios y a Dios iba a regresar, ⁴así que se levantó de la mesa, se quitó el manto y se ató una toalla a la cintura. ⁵Luego echó agua en un recipiente y se puso a lavarles los pies a sus discípulos y a secárselos con la toalla. ⁶Cuando llegó a Simón Pedro, éste le dijo:

—Señor, ¿vas tú a lavarme los pies a mí?

⁷Jesús le respondió:

—Ahora no entiendes por qué lo hago, pero más tarde lo entenderás.

⁸Pedro dijo:

—¡No! ¡Jamás dejaré que me laves los pies!

Jesús le respondió:

—Si no te los lavo, no serás uno de los míos.

⁹Simón Pedro le dijo:

—¡Señor, entonces no sólo los pies sino también las manos y la cabeza!

¹⁰Jesús le contestó:

—El que está recién bañado no necesita lavarse más que los pies, pues está completamente limpio. Y ustedes están limpios, aunque no todos.

¹¹Jesús sabía quién lo iba a traicionar, y por eso dijo que no todos estaban limpios.

¹²Después de lavarles los pies, se puso el manto y otra vez se sentó. Entonces les preguntó:

—¿Entienden ustedes lo que les he hecho? ¹³Ustedes me llaman Maestro y Señor, y dicen la verdad porque lo soy. ¹⁴Pues si yo, el Señor y el Maestro, les he lavado los pies, también ustedes deben lavarse los pies unos a otros. ¹⁵Yo les he dado el ejemplo, para que hagan lo mismo que yo he hecho con ustedes. ¹⁶Les aseguro que ningún sirviente es más que su amo, y ningún mensajero es más que el que lo envió. ¹⁷Si entienden esto y lo hacen serán dichosos.

### Jesús predice la traición de Judas

¹⁸»No estoy hablando de todos ustedes; yo sé a quiénes he escogido. Pero esto es para que se cumpla la Escritura que dice: "El que come conmigo se ha puesto en contra mía".

¹⁹»Les digo esto ahora, antes que suceda, para que cuando ocurra, ustedes crean que yo soy. ²⁰Les aseguro que el que recibe al que yo envío me recibe a mí, y el que me recibe a mí, recibe al que me envió».

²¹Después de decir esto, Jesús se llenó de angustia y dijo:

—Les aseguro que uno de ustedes me va a traicionar.

²²Los discípulos se miraban unos a otros, sin saber de quién estaba hablando. ²³Uno de ellos, al que Jesús quería mucho, estaba junto a él. ²⁴Simón Pedro le hizo señas a ese discípulo para que le preguntara de quién hablaba. ²⁵Él se acercó más a Jesús y le preguntó:

—Señor, ¿quién es?

²⁶Jesús le contestó:

—Al que yo le dé este pedazo de pan que voy a mojar en el plato.

Luego, mojó el pedazo de pan y se lo dio a Judas Iscariote, el hijo de Simón. ²⁷En el momento en que Judas tomó el pan, Satanás entró en él.

Jesús le dijo:

—Lo que vas a hacer, apúrate a hacerlo.

²⁸Ninguno de los que estaban sentados a la mesa entendió por qué Jesús le dijo eso. ²⁹Como Judas era el encargado de la bolsa del dinero, algunos pensaron que Jesús le estaba pidiendo que comprara lo necesario para la fiesta, o que diera algo a los pobres. ³⁰Cuando Judas tomó el pan, salió de allí sin pérdida de tiempo. Ya era de noche.

### Jesús predice la negación de Pedro

³¹Después que Judas salió, Jesús les dijo:

☼12.49–50  ☼13.13–17

## La conspiración para matar a Jesús

⁴⁵Muchos de los judíos que estaban visitando a María y vieron lo que Jesús hizo, creyeron en él. ⁴⁶Pero otros fueron a ver a los fariseos y les contaron lo que había hecho Jesús. ⁴⁷Entonces, los jefes de los sacerdotes y los fariseos reunieron al Consejo.

Y dijeron:

—¿Qué vamos a hacer? Este hombre está haciendo muchas señales milagrosas. ⁴⁸Si lo dejamos, todos van a creer en él, y los romanos vendrán y destruirán nuestro lugar sagrado y hasta nuestra nación.

⁴⁹Uno de ellos, llamado Caifás, que ese año era el sumo sacerdote, les dijo:

—¡Ustedes de verdad que no saben nada! ⁵⁰No entienden que es mejor que un solo hombre muera por el pueblo, y no que la nación entera sea destruida.

⁵¹Pero él no dijo esto por su propia cuenta, sino que, como era el sumo sacerdote ese año, profetizó que Jesús moriría por la nación judía. ⁵²Y moriría no sólo por esa nación, sino también para reunir a todos los hijos de Dios que estaban dispersos.

⁵³Así que desde ese día tomaron la decisión de matarlo. ⁵⁴Por eso Jesús ya no andaba públicamente entre los judíos. Se fue a un pueblo llamado Efraín que estaba cerca del desierto, y allí se quedó con sus discípulos.

⁵⁵Como faltaba poco para la Pascua judía, mucha gente iba del campo a Jerusalén para la ceremonia de su purificación, antes de la Pascua. ⁵⁶Buscaban a Jesús, y mientras andaban en el templo se preguntaban unos a otros: «¿Qué les parece? ¿Vendrá a la fiesta?»

⁵⁷Los jefes de los sacerdotes y los fariseos habían ordenado que si alguien sabía dónde estaba Jesús, debía denunciarlo para que lo arrestaran.

## María unge a Jesús en Betania

**12** Seis días antes de la Pascua, Jesús llegó a Betania, donde vivía Lázaro, el hombre al que Jesús había resucitado. ²Allí hicieron una cena en honor de Jesús. Lázaro estaba sentado a la mesa con él, y Marta servía. ³Entonces, María tomó un frasco como de medio litro de perfume de nardo puro, que era muy caro, y lo derramó sobre los pies de Jesús, secándoselos luego con sus cabellos. Y la casa se llenó de la fragancia del perfume.

⁴Pero Judas Iscariote, que era uno de los discípulos de Jesús, y el que más tarde lo traicionaría, dijo:

⁵—¿Por qué no se vendió este perfume, que vale muchísimo dinero, para dárselo a los pobres?

⁶Dijo esto, no porque le importaran los pobres sino porque era un ladrón y, como tenía a su cargo la bolsa del dinero, robaba de lo que echaban en ella.

⁷Jesús respondió:

—Déjenla en paz. Ella estaba guardando este perfume para el día de mi entierro. ⁸A los pobres siempre los tendrán con ustedes, pero a mí no siempre me tendrán.

⁹Muchos de los judíos se enteraron de que Jesús estaba allí y fueron a verlo; pero no sólo a él sino también a Lázaro, a quien Jesús había resucitado. ¹⁰Entonces los jefes de los sacerdotes decidieron matar también a Lázaro, ¹¹pues por su causa, muchos se apartaban de los judíos y creían en Jesús.

## La entrada triunfal

¹²Al día siguiente, muchos de los que habían ido a la fiesta se enteraron de que Jesús iba camino a Jerusalén. ¹³Entonces tomaron ramas de palma y salieron a recibirlo, gritando:

—¡Hosanna!

—¡Bendito el que viene de parte del Señor!

—¡Bendito el Rey de Israel!

¹⁴Jesús encontró un burrito y se montó en él, como dice la Escritura:

¹⁵«No tengas miedo, oh ciudad de Sión;
aquí viene tu rey, montado sobre un burrito».

¹⁶Al principio, sus discípulos no entendieron lo que estaba pasando. Pero después que Jesús fue glorificado, se acordaron de que todo lo que le habían hecho ya estaba escrito, y se refería a él.

¹⁷La gente que había estado con Jesús cuando llamó a Lázaro del sepulcro y lo resucitó de entre los muertos, contaba todo esto. ¹⁸Por eso mucha gente que se enteró de que Jesús había hecho esa señal milagrosa le salió al encuentro.

¹⁹Pero los fariseos se decían unos a otros: «Dense cuenta, así no vamos a lograr nada. ¡Miren, todo el mundo lo sigue!»

## Jesús predice su muerte

²⁰Entre la gente que había ido a adorar en la fiesta había algunos griegos. ²¹Estos se acercaron a Felipe, que era de Betsaida de Galilea, y le dijeron:

—Señor, queremos ver a Jesús.

²²Felipe fue a contárselo a Andrés, y juntos fueron a decírselo a Jesús.

²³Jesús les respondió:

—Ha llegado la hora de que el Hijo del hombre sea glorificado. ²⁴Es verdad que si un grano de trigo cae en tierra y no muere, se queda solo. Pero si muere, produce mucho fruto. ²⁵El que ama su vida la pierde; en cambio, quien desprecia su vida en este mundo, la conserva para la vida eterna. ²⁶El que quiera servirme, debe seguirme; y donde yo esté, allí también estará el que me sirve. Al que me sirva, mi Padre lo honrará.

²⁷»En este momento estoy lleno de angustia, ¿y por eso voy a decir: "Padre, sálvame de este sufrimiento"? ¡Si para eso he venido! ²⁸¡Padre, glorifica tu nombre!»

Entonces se oyó una voz del cielo que decía: «Ya lo glorifiqué y lo volveré a glorificar». ²⁹La gente que estaba allí, y que oyó la voz, decía que había sido un trueno. Otros decían que un ángel le había hablado.

³⁰Jesús dijo:

—Esa voz no se oyó por mí sino por causa de ustedes. ³¹A este mundo ya le ha llegado su juicio, y el príncipe de este mundo va a ser expulsado. ³²Pero cuando yo sea levantado de la tierra, atraeré a todos a mí mismo.

³³Con esto, Jesús les estaba diciendo de qué manera iba a morir.

³⁴La gente le respondió:

—Hemos aprendido de la ley que el Cristo vivirá para siempre; ¿por qué dices que el Hijo del hombre tiene que ser levantado? ¿Quién es ese Hijo del hombre?

³⁵Jesús les dijo:

✡12.25–26

no se puede negar), ³⁶¿por qué me acusan de haber blasfemado si el Padre me apartó y me envió al mundo? ¿Me acusan porque dije que soy el Hijo de Dios? ³⁷Si no hago las obras de mi Padre, no me crean; ³⁸pero si las hago, crean en mis obras, aunque no me crean a mí. Así se convencerán de que el Padre está en mí y que yo estoy en el Padre.

³⁹Una vez más trataron de arrestarlo, pero él se les escapó de las manos. ⁴⁰Regresó Jesús al otro lado del Jordán, al lugar donde Juan había estado bautizando, y allí se quedó.

⁴¹Mucha gente iba a verlo y decían: «Juan nunca hizo ninguna señal milagrosa, pero todo lo que dijo de este hombre era verdad».

⁴²Y muchos en aquel lugar creyeron en Jesús.

### Muerte de Lázaro

**11** Un hombre llamado Lázaro, estaba enfermo. Era del pueblo de Betania, como también sus hermanas María y Marta. ²María fue la que derramó perfume sobre los pies del Señor y luego los secó con sus cabellos. ³Las dos hermanas le enviaron este mensaje a Jesús: «Señor, tu amigo querido está enfermo».

⁴Jesús oyó esto y dijo:

—Esta enfermedad no terminará en muerte, sino que servirá para darle la gloria a Dios, y para que también le den la gloria al Hijo de Dios.

⁵Jesús amaba a Marta, a su hermana y a Lázaro. ⁶A pesar de eso, cuando recibió la noticia de que Lázaro estaba enfermo, se quedó dos días más donde estaba. ⁷Después dijo a sus discípulos:

—Regresemos a Judea.

⁸Ellos le respondieron:

—Maestro, hace poco los judíos trataron de apedrearte, ¿y quieres volver allá?

⁹Jesús les contestó:

—¿No es verdad que el día tiene doce horas? El que anda de día no tropieza porque tiene la luz de este mundo. ¹⁰Pero el que anda de noche sí tropieza, porque le falta la luz.

¹¹Después dijo:

—Nuestro amigo Lázaro duerme, pero voy a despertarlo.

¹²Sus discípulos respondieron:

—Señor, si está dormido, es que va a sanarse.

¹³Aunque Jesús se refería a la muerte de Lázaro, sus discípulos pensaron que hablaba del sueño natural. ¹⁴Por eso Jesús les dijo claramente:

—Lázaro ha muerto, ¹⁵y me alegro de no haber estado allí, para que por medio de esto ustedes crean. Vamos a verlo.

¹⁶Entonces Tomás, al que llamaban el Gemelo, dijo a los otros discípulos:

—Vamos también nosotros, para morir con él.

### Jesús consuela a las hermanas de Lázaro

¹⁷Cuando Jesús llegó a Betania, se enteró de que Lázaro ya llevaba cuatro días en el sepulcro.

¹⁸Betania estaba cerca de Jerusalén, a sólo tres kilómetros. ¹⁹Por eso muchos judíos habían ido a casa de Marta y María, para consolarlas por la muerte de su hermano.

²⁰Cuando Marta supo que Jesús llegaba, le salió al encuentro. Pero María se quedó en la casa.

²¹Marta le dijo a Jesús:

—Señor, si hubieras estado aquí, mi hermano no habría muerto. ²²Pero a pesar de eso, yo sé que Dios te dará todo lo que le pidas.

²³Jesús le dijo:

—Tu hermano volverá a vivir.

²⁴Marta respondió:

—Yo sé que volverá a vivir, en la resurrección, cuando llegue el día final.

²⁵Jesús le dijo:

—Yo soy la resurrección y la vida. El que cree en mí, aunque muera, vivirá; ²⁶y todo el que cree en mí nunca morirá. ¿Crees esto?

²⁷Ella le respondió:

—Sí, Señor. Yo creo que tú eres el Cristo, el Hijo de Dios, el que debía venir al mundo.

²⁸Después de decir esto, Marta regresó a la casa y llamó a su hermana María. Le dijo en secreto:

—El Maestro está aquí y te llama.

²⁹Sin perder tiempo, María se levantó y fue a verlo. ³⁰Jesús todavía estaba fuera del pueblo, en el lugar donde Marta se había encontrado con él. ³¹Los judíos que estaban en la casa consolando a María, al ver que se levantaba y salía de prisa, la siguieron. Ellos pensaban que iba al sepulcro a llorar.

³²Cuando María llegó a donde estaba Jesús y lo vio, se arrojó a sus pies y le dijo:

—Señor, si hubieras estado aquí, mi hermano no habría muerto.

³³Jesús, al ver llorar a María y a los judíos que la acompañaban, se conmovió mucho y se turbó.

³⁴Él les preguntó:

—¿Dónde lo sepultaron?

Ellos le respondieron:

—Ven a verlo, Señor.

³⁵Jesús lloró.

³⁶Los judíos dijeron:

—¡Miren cuánto lo quería!

³⁷Pero otros decían:

—Éste, que le dio la vista al ciego, ¿no podía haber evitado que Lázaro muriera?

### Jesús resucita a Lázaro

³⁸Jesús, conmovido una vez más, se acercó al sepulcro. Era una cueva que tenía tapada la entrada con una piedra.

³⁹Jesús ordenó:

—Quiten la piedra.

Marta, la hermana del muerto, respondió:

—Señor, ya debe oler mal, pues hace cuatro días que murió.

⁴⁰Jesús le respondió:

—¿No te dije que si crees verás la gloria de Dios?

⁴¹Entonces quitaron la piedra. Jesús miró al cielo y dijo:

—Padre, te doy gracias porque me has escuchado. ⁴²Yo sé que siempre me escuchas, pero lo dije para que la gente que está aquí crea que tú me enviaste.

⁴³Después de decir esto, gritó con todas sus fuerzas:

—¡Lázaro, sal de ahí!

⁴⁴Y el que había estado muerto salió, con las manos y los pies vendados, y el rostro cubierto con un lienzo.

Jesús les dijo:

—Quítenle las vendas y déjenlo ir.

✥11.25–26

²⁵El hombre respondió:

—Yo no sé si es pecador. Lo único que sé es que yo era ciego y ahora veo.

²⁶Ellos volvieron a preguntarle:

—¿Qué te hizo? ¿Cómo te dio la vista?

²⁷Él les contestó:

—Ya se lo dije y no me hicieron caso. ¿Para qué quieren oírlo otra vez? ¿Acaso quieren hacerse sus discípulos?

²⁸Entonces ellos lo insultaron y le dijeron:

—Discípulo de ese hombre lo serás tú. Nosotros somos discípulos de Moisés. ²⁹Sabemos que Dios le habló a Moisés, pero de éste no sabemos nada.

³⁰El hombre respondió:

—¡Qué extraño que ustedes no sepan nada de él y que a mí me haya dado la vista! ³¹Sabemos que Dios no escucha a los pecadores, pero sí escucha a los que lo adoran y hacen su voluntad. ³²Nunca se ha sabido que alguien le haya dado la vista a alguien que hubiera nacido ciego. ³³Si este hombre no viniera de parte de Dios, no podría hacer nada.

³⁴Ellos le respondieron:

—Tú, que desde que naciste eres un pecador, ¿vas a darnos lecciones a nosotros?

Y lo echaron de allí.

### La ceguera espiritual

³⁵Jesús se enteró de que habían expulsado a ese hombre, y al encontrarse con él le preguntó:

—¿Crees en el Hijo del hombre?

³⁶Él le dijo:

—¿Quién es, Señor? Dímelo, para que crea en él.

³⁷Jesús le contestó:

—Pues ya lo has visto; soy yo, que estoy hablando contigo.

³⁸El hombre le dijo:

—Creo, Señor.

Se puso de rodillas delante de Jesús, y lo adoró.

³⁹Entonces Jesús dijo:

—Yo he venido a este mundo para juzgarlo. Para que los ciegos vean, y para que se queden ciegos los que ven.

⁴⁰Algunos fariseos que estaban con él, al oír que decía esto, le preguntaron:

—¿Quieres decir que nosotros somos ciegos?

⁴¹Jesús les contestó:

—Si ustedes fueran ciegos, no serían culpables de sus pecados. Pero como aseguran que ven, son culpables de pecado.

### Jesús, el buen pastor

**10** Jesús dijo: «Es verdad que para entrar al redil de las ovejas hay que entrar por la puerta, porque el que salta por otro lado es un ladrón y un bandido. ²En cambio, el que entra por la puerta es el pastor de las ovejas. ³El portero le abre a éste la puerta y las ovejas oyen su voz. Llama a las ovejas por su nombre y las saca del redil. ⁴Cuando ya ha sacado a todas las que son suyas, él va delante de ellas, y las ovejas lo siguen porque reconocen su voz. ⁵Pero a un desconocido no lo siguen; más bien, huyen de él porque no reconocen su voz».

⁶Jesús les puso este ejemplo, pero ellos no entendieron lo que les quería decir. ⁷Por eso, Jesús volvió a decirles: «Sí, yo soy la puerta de las ovejas. ⁸Todos los que vinieron antes que yo eran unos ladrones y unos bandidos, pero eso las ovejas no les hicieron caso. ⁹Yo soy la puerta; el que entra por esta puerta, se salvará. Podrá entrar y salir, y hallará pastos. ¹⁰El ladrón sólo viene a robar, matar y destruir. Yo he venido para que tengan vida, y para que la tengan en abundancia.

¹¹»Yo soy el buen pastor. El buen pastor da su vida por las ovejas. ¹²El que trabaja por un salario no es el pastor, y las ovejas no le pertenecen a él. Por eso, cuando ve venir al lobo, abandona las ovejas y huye. Entonces el lobo ataca al rebaño y lo dispersa por todos lados. ¹³Y ese hombre huye porque sólo le importa su salario y no las ovejas. ¹⁴Yo soy el buen pastor. Yo conozco a mis ovejas y ellas me conocen a mí, ¹⁵así como el Padre me conoce a mí y yo lo conozco a él, y doy mi vida por las ovejas.

¹⁶»Tengo otras ovejas que no son de este redil, y también a ellas debo traerlas. Ellas escucharán mi voz, y formarán un solo rebaño con un solo pastor.

¹⁷»El Padre me ama porque entrego mi vida para volver a recibirla. ¹⁸Nadie me la quita, sino que yo la entrego por mi propia voluntad. Tengo poder para entregarla, y también tengo poder para volver a recibirla. Esto es lo que mi Padre me ordenó».

¹⁹Una vez más, cuando los judíos oyeron las palabras de Jesús, surgieron divisiones entre ellos.

²⁰Muchos decían: «Éste tiene un demonio, y está loco. ¿Por qué le hacen caso?»

²¹Pero otros decían: «Nadie que tenga un demonio puede hablar así. Además, ¿acaso puede un demonio abrirles los ojos a los ciegos?»

### Jesús y la fiesta de la Dedicación

²²Era invierno y por esos días se celebraba en Jerusalén la fiesta de la Dedicación. ²³Jesús andaba en el templo, por el pórtico de Salomón. ²⁴Entonces lo rodearon los judíos y le preguntaron:

—¿Hasta cuándo nos vas a tener con esta duda? Si tú eres el Cristo, dínoslo claramente.

²⁵Jesús les respondió:

—Ya se lo he dicho y ustedes no me creen. Las cosas que yo hago en nombre de mi Padre son las que lo demuestran. ²⁶Pero ustedes no me creen porque no son de mi rebaño. ²⁷Mis ovejas oyen mi voz; yo las conozco y ellas me siguen. ²⁸Yo les doy vida eterna y jamás perecerán ni nadie podrá arrebatármelas de la mano. ²⁹Mi Padre me las dio, y él es más grande que todos; por eso, nadie se las puede arrebatar de la mano. ³⁰El Padre y yo somos uno.

³¹Los judíos, una vez más, tomaron piedras para arrojárselas, ³²pero Jesús les dijo:

—Yo les he mostrado muchas cosas buenas que he hecho por el poder de mi Padre. ¿Por cuál de ellas me quieren apedrear?

³³Los judíos le respondieron:

—No te apedreamos por ninguna de ellas sino porque has blasfemado. Tú no eres más que un hombre y te haces pasar por Dios.

³⁴Jesús respondió:

—¿Acaso no está escrito en su ley: «Yo he dicho que ustedes son dioses»? ³⁵Si Dios llamó «dioses» a aquellos para los que vino su mensaje (y la Escritura

☼10.10-11  ☼10.27-30

Ellos le respondieron:

—Nosotros no somos hijos que nacieron de prostitución. Nuestro Padre es sólo uno, y es Dios mismo.

## Los hijos del diablo

⁴²Jesús les contestó:

—Si en verdad Dios fuera su Padre, ustedes me amarían, porque vine de Dios y aquí estoy. No vine por mi propia cuenta, sino porque Dios me envió. ⁴³¿Por qué no entienden lo que les hablo? Porque no pueden aceptar mi mensaje. ⁴⁴Ustedes son de su padre el diablo y quieren cumplir los deseos de él. Desde el principio el diablo ha sido un asesino, y no se mantiene en la verdad porque no hay verdad en él. Él es mentiroso por naturaleza, y por eso miente. ¡Él es el padre de la mentira! ⁴⁵Pero a mí, que les digo la verdad, no me creen. ⁴⁶¿Quién de ustedes me puede probar que he pecado? Si digo la verdad, ¿por qué no me creen? ⁴⁷El que es de Dios escucha lo que Dios dice. Pero ustedes no escuchan, porque no son de Dios.

## Declaración de Jesús acerca de sí mismo

⁴⁸Los judíos respondieron:

—Tenemos razón al decir que eres samaritano, y que estás endemoniado.

⁴⁹Jesús les respondió:

—No tengo ningún demonio. Lo único que hago es honrar a mi Padre. Ustedes en cambio, me deshonran a mí. ⁵⁰Yo no busco que me den la gloria a mí; pero hay uno que sí la busca, y él es el que juzga. ⁵¹La verdad es que el que obedece mi palabra, nunca morirá.

⁵²Los judíos dijeron:

—Ahora estamos seguros de que estás endemoniado. Abraham murió y también los profetas, pero tú dices que si alguno obedece tu palabra, nunca morirá. ⁵³¿Acaso eres más importante que nuestro padre Abraham? Él murió, y también los profetas murieron. ¿Quién te has creído que eres?

⁵⁴Jesús les respondió:

—Si yo me doy gloria a mí mismo, mi gloria no sirve de nada. Pero el que me da la gloria es mi Padre, el que ustedes dicen que es su Dios. ⁵⁵Pero en realidad, ustedes no lo conocen. Yo, en cambio, sí lo conozco. Si yo les dijera que no lo conozco, sería tan mentiroso como ustedes. Pero lo conozco y obedezco su palabra. ⁵⁶Abraham, el padre de ustedes, se llenó de alegría al pensar que vería mi día; lo vio y se alegró.

⁵⁷Los judíos le dijeron:

—Todavía no tienes cincuenta años de edad, ¿y ya has visto a Abraham?

⁵⁸—La verdad es que, antes que Abraham naciera, yo existo.

⁵⁹Entonces los judíos tomaron piedras para arrojárselas, pero Jesús se escondió y salió del templo.

## Jesús sana a un ciego de nacimiento

**9** Cuando pasaba, Jesús vio a un hombre que era ciego de nacimiento.

²Y sus discípulos le preguntaron:

—Maestro, ¿este hombre nació ciego por culpa de su pecado o por el pecado de sus padres?

³Jesús les respondió:

—Ni por el pecado de él ni por el de sus padres, sino para que todos vean lo que Dios hace en la vida de él. ⁴Mientras es de día, tenemos que cumplir con el trabajo del que me envió. Viene la noche cuando ya nadie pueda trabajar. ⁵Mientras yo estoy en el mundo, soy la luz del mundo.

⁶Al acabar de decir esto, escupió en el suelo, hizo lodo con la saliva, se lo untó al ciego en los ojos y le dijo:

⁷—Ve y lávate en el estanque de Siloé (que significa: Enviado).

El ciego fue y se lavó, y al regresar ya veía.

⁸Sus vecinos y los que antes lo habían visto pedir limosna decían: «¿No es éste el que se sienta a pedir limosna?»

⁹Unos decían: «Sí, es él». Otros decían: «No, no es él, sólo se parece a él». Pero él decía: «Sí, yo soy».

¹⁰Le preguntaron:

—¿Cómo se te abrieron los ojos?

¹¹Él contestó:

—Un hombre que se llama Jesús hizo un poco de lodo, me lo untó en los ojos y me dijo: «Ve y lávate en Siloé». Yo fui, me lavé, y ahora puedo ver.

¹²Le preguntaron:

—¿Y dónde está ese hombre?

Él respondió:

—No lo sé.

## Las autoridades investigan la sanidad del ciego

¹³Al que había sido ciego lo llevaron ante los fariseos. ¹⁴Era sábado cuando Jesús hizo el lodo y le abrió los ojos al ciego. ¹⁵Por eso los fariseos le preguntaron cómo era que podía ver. Él les respondió: «Me untó lodo en los ojos, me lavé, y ahora puedo ver».

¹⁶Algunos fariseos decían: «Ese hombre no viene de parte Dios, porque no respeta el sábado».

Pero otros decían: «¿Cómo puede un pecador hacer señales milagrosas como ésta?»

Y no llegaban a ningún acuerdo entre ellos.

¹⁷Por eso volvieron a preguntarle al que había sido ciego:

—Él fue quien te dio la vista; ¿qué opinas de él?

Él contestó:

—Yo digo que es un profeta.

¹⁸Pero los judíos no creían que ese hombre hubiera sido ciego y que ahora pudiera ver. Así que llamaron a sus padres ¹⁹y les preguntaron:

—¿Es éste su hijo? ¿Es verdad que nació ciego? ¿Cómo es que ahora puede ver?

²⁰Los padres contestaron:

—Sabemos que es nuestro hijo y que nació ciego. ²¹Pero no sabemos cómo ahora puede ver ni quién le dio la vista. Pregúntenselo a él, pues ya es mayor de edad y puede responder por sí mismo.

²²,²³Sus padres contestaron así porque tenían miedo de los judíos, pues éstos se habían puesto de acuerdo para expulsar de la sinagoga a todo el que reconociera que Jesús era el Cristo.

²⁴Los judíos llamaron una vez más al que había sido ciego, y le dijeron:

—Júralo por Dios. Nosotros sabemos que este hombre es pecador.

☼8.51

los fariseos? ⁴⁹¡No! Pero esta gente, que no conoce la ley, está bajo maldición.
⁵⁰Entonces Nicodemo, que era uno de ellos y antes había ido a ver a Jesús, les dijo:
⁵¹—Nuestra ley no condena a un hombre sin antes escucharlo y saber lo que hace.
⁵²Ellos protestaron diciendo:
—¿También tú eres de Galilea? Investiga y verás que de Galilea no ha salido ningún profeta.
⁵³Y después cada uno se fue a su casa.

## La mujer sorprendida en adulterio

**8** Pero Jesús se fue al monte de los Olivos. ²A la mañana siguiente regresó al templo. La gente se le acercó, y él se sentó a enseñarles. ³Entonces los maestros de la ley y los fariseos llevaron a una mujer que había sido sorprendida en adulterio. La pusieron en medio del grupo ⁴y le dijeron a Jesús:
—Maestro, esta mujer ha sido sorprendida en el momento mismo en que cometía adulterio. ⁵La ley de Moisés nos ordena que debemos apedrear a esa clase de mujeres. ¿Tú qué dices?
⁶Ellos le estaban poniendo una trampa al hacerle esa pregunta, para así tener de qué acusarlo. Pero Jesús se inclinó y comenzó a escribir en el suelo con su dedo. ⁷Como seguían haciéndole preguntas, se enderezó y les dijo:
—Aquel de ustedes que nunca haya pecado, tire la primera piedra.
⁸Y se inclinó de nuevo a seguir escribiendo en el suelo. ⁹Al oír esto, los más viejos comenzaron a irse, y luego poco a poco los demás también se fueron. Sólo la mujer seguía allí y Jesús se quedó solo con ella.
¹⁰Entonces él se enderezó y le preguntó:
—Mujer, ¿dónde están? ¿Nadie te ha condenado?
¹¹Ella dijo:
—Nadie, Señor.
—Yo tampoco te condeno. Vete y no vuelvas a pecar.

## Validez del testimonio de Jesús

¹²Jesús, una vez más le habló a la gente diciendo:
—Yo soy la luz del mundo. El que me sigue no andará en oscuridad, porque tendrá la luz de la vida.
¹³Los fariseos le dijeron:
—Tú eres tu propio testigo y por eso tu testimonio no es válido.
¹⁴Jesús respondió:
—Aunque yo sea mi propio testigo, mi testimonio es válido. Porque yo sé de dónde vengo y a dónde voy; pero ustedes no saben de dónde vengo ni a dónde voy. ¹⁵Ustedes juzgan según criterios humanos; yo, en cambio, no juzgo a nadie. ¹⁶Pero si lo hago, mi juicio es de acuerdo con la verdad, porque yo no juzgo por mi cuenta, sino que el Padre que me envió juzga conmigo. ¹⁷En la ley de ustedes está escrito que el testimonio de dos personas se considera verdadero. ¹⁸Yo mismo soy uno de mis testigos; y mi Padre que me envió es el otro.
¹⁹Le preguntaron:
—¿Dónde está tu padre?
—Si me conocieran a mí, también conocerían al Padre.
²⁰Jesús dijo estas palabras mientras enseñaba en el templo, en el lugar donde se ponen las ofrendas. Pero nadie lo arrestó porque todavía no había llegado su tiempo.

## Yo no soy de este mundo

²¹Jesús les dijo una vez más:
—Yo me voy, y ustedes me buscarán, pero morirán en su pecado. A donde yo voy, ustedes no pueden ir.
²²Los judíos decían: «¿Será que está pensando suicidarse, y por eso dice que a donde él va nosotros no podemos ir?»
²³Jesús continuó diciendo:
—Ustedes son de aquí abajo; yo soy de allá arriba. Ustedes son de este mundo; yo no soy de este mundo. ²⁴Por eso les dije que morirán en sus pecados. Pues si no creen que yo soy el que afirmo ser, morirán en sus pecados.
²⁵Le preguntaron:
—¿Quién eres tú?
Jesús les contestó:
—En primer lugar, ¿por qué tengo que darles explicaciones? ²⁶Yo tengo muchas cosas que decir y juzgar de ustedes. Pero el que me envió es verdadero, y yo le repito al mundo lo que le he oído decir a él.
²⁷Pero ellos seguían sin entender que les estaba hablando de Dios.
²⁸Por eso Jesús les dijo:
—Cuando hayan levantado al Hijo del hombre, ustedes comprenderán que yo soy, y que no hago nada por mi propia cuenta, sino que hablo lo que el Padre me ha enseñado. ²⁹El que me envió está conmigo y no me ha dejado solo, porque siempre hago lo que a él le agrada.
³⁰Cuando Jesús dijo todo esto, muchos creyeron en él.

## Los hijos de Abraham

³¹Entonces Jesús les dijo a los judíos que creyeron en él:
—Si ustedes se mantienen obedientes a mis enseñanzas, serán de verdad mis discípulos. ³²Entonces conocerán la verdad, y la verdad los hará libres.
³³Ellos le contestaron:
—Nosotros somos descendientes de Abraham y nunca hemos sido esclavos de nadie. ¿Qué quieres decir con eso de que seremos libres?
³⁴Jesús respondió:
—Es bien cierto que el que peca es esclavo del pecado. ³⁵El esclavo no se queda para siempre en la familia; el hijo, en cambio, sí se queda para siempre en la familia. ³⁶Así que si el Hijo los libera, serán libres de verdad. ³⁷Yo sé que ustedes son descendientes de Abraham. Sin embargo, tratan de matarme porque no quieren aceptar mi palabra. ³⁸Yo hablo de lo que he visto al estar con mi Padre. Así también ustedes, hagan lo que del Padre han escuchado.
³⁹Ellos respondieron:
—¡Nuestro padre es Abraham!
Él les dijo:
—Si ustedes fueran en verdad sus hijos, harían lo que él hizo. ⁴⁰Yo les he dicho la verdad que he recibido de Dios, y aun así ustedes quieren matarme. ¡Abraham nunca hizo tal cosa! ⁴¹Lo que ustedes hacen es lo que hace su padre.

8.10–12   8.23–24   8.31–32   8.36

## Jesús va a la fiesta de los Tabernáculos

7 Después de esto, Jesús andaba por Galilea. No quería ir a Judea porque allí los judíos lo esperaban
para matarlo. 2Como se acercaba la fiesta judía de
los Tabernáculos, 3los hermanos de Jesús le dijeron:
—Tienes que salir de aquí. Vete a Judea para que
tus discípulos vean las obras que haces, 4porque nadie
puede darse a conocer si hace las cosas en secreto.
Ya que haces estas cosas, deja que todo el mundo
te conozca.
5Era evidente que ni siquiera sus hermanos creían
en él.
6Por eso Jesús les respondió:
—Para ustedes cualquier tiempo es bueno, pero
todavía no ha llegado mi tiempo. 7A ustedes el mundo no los odia, pero a mí sí me odia, porque yo les
muestro que sus obras son malas. 8Vayan ustedes a la
fiesta. Yo ahora no voy, porque todavía no ha llegado
mi tiempo.
9Después de haberles dicho esto, se quedó en
Galilea. 10Pero después que sus hermanos se fueron
a la fiesta, él también fue, aunque en secreto, no de
manera pública.
11Por eso los jefes judíos lo buscaban durante la
fiesta, y decían: «¿Dónde estará ese hombre?» 12Entre
la gente había muchos rumores acerca de él. Unos
decían: «Él es un buen hombre». Otros afirmaban:
«No es bueno porque engaña a la gente». 13Sin embargo, nadie se atrevía a hablar de él abiertamente, por
miedo a los jefes judíos.

## Jesús enseña en la fiesta

14A la mitad de la fiesta, Jesús entró al templo y
comenzó a enseñar. 15Los jefes judíos estaban admirados y decían:
—¿Cómo sabe tanto este hombre, si nunca ha
estudiado?
16Jesús les respondió:
—Lo que yo enseño no viene de mí, sino del que
me envió. 17Si alguien se decide a hacer la voluntad de
Dios, reconocerá si mis enseñanzas provienen de Dios
o si yo hablo por mi propia cuenta. 18El que habla por
su cuenta busca su propia gloria. Por el contrario, el
que busca la gloria del que lo envió es una persona
justa y dice la verdad. 19¿No es cierto que Moisés les
dio a ustedes la ley? Sin embargo, ninguno de ustedes
la obedece. ¿Por qué quieren matarme?
20La gente le contestó:
—Estás endemoniado. ¿Quién te quiere matar?
21Jesús les dijo:
—Todos ustedes han quedado asombrados por un
solo milagro que hice. 22Aunque en realidad la circuncisión no proviene de Moisés, sino de los patriarcas,
fue Moisés quien les mandó practicarla. Y ustedes
la practican incluso el sábado. 23Ahora bien, si para
obedecer la ley de Moisés ustedes circuncidan a un
varón aunque sea sábado, ¿por qué se enojan conmigo
por sanarlo completamente en sábado? 24No juzguen
por lo que a ustedes les parece; juzguen con justicia.

## ¿Es éste el Cristo?

25Algunos de los que vivían en Jerusalén decían:
«¿No es éste al que quieren matar? 26Ahí está, hablando ante los ojos de todo mundo y nadie le dice nada.
¿Será que las autoridades se convencieron de que es
el Cristo? 27Nosotros sabemos de dónde viene este
hombre, pero cuando venga el Cristo nadie sabrá de
dónde viene».
28Por eso Jesús, que estaba enseñando en el templo,
dijo con voz fuerte:
—¡Así que ustedes me conocen y saben de dónde
vengo! Yo no vengo por mi propia cuenta sino que
me envió alguien en quien se puede confiar. Ustedes
no lo conocen, 29pero yo sí lo conozco porque vengo
de él, y él mismo me envió.
30Entonces quisieron arrestarlo, pero nadie le echó
mano porque todavía no había llegado su tiempo.
31Aun así, muchos de los que estaban entre la
multitud creyeron en él, y decían: «Cuando venga
el Cristo, ¿acaso va a hacer más señales milagrosas
que este hombre?»
32Cuando los fariseos oyeron que la gente murmu-
raba estas cosas acerca de él, se pusieron de acuerdo
con los jefes de los sacerdotes y mandaron unos guardias del templo para arrestarlo.
33Jesús les dijo:
—Todavía voy a estar con ustedes un poco más de
tiempo, y después volveré al que me envió. 34Ustedes
me buscarán, pero no me encontrarán, porque no
podrán llegar a donde yo esté.
35Los judíos se preguntaban entre ellos: «¿Y a dónde
piensa irse éste que no podremos encontrarlo? ¿Acaso
pensará ir a los judíos que están dispersos entre las
naciones, y enseñar a los griegos? 36¿Qué quiere decir
con eso de que "me buscarán, pero no me encontrarán", y "no podrán llegar a donde yo esté"?»

## Jesús en el último día de la fiesta

37El último día de la fiesta, que era el más importante, Jesús se puso de pie y dijo con fuerte voz:
—¡Si alguno tiene sed, venga a mí y beba! 38De
aquel que cree en mí, brotarán ríos de agua viva,
como dice la Escritura.
39Lo que quería decir con esto era que los que creyeran en él recibirían el Espíritu. El Espíritu Santo
todavía no había venido, porque Jesús aún no había
sido glorificado.
40Al oír sus palabras, algunos de entre la multitud
decían: «No cabe duda de que éste es el Profeta».
41Otros decían: «¡Es el Cristo!» Pero otros preguntaban: «¿Cómo puede el Cristo venir de Galilea?»
42La Escritura dice que el Cristo será descendiente
de David, y que nacerá en Belén, el pueblo de donde
era David.
43La gente estaba dividida por causa de Jesús.
44Algunos querían arrestarlo, pero nadie le echó mano.

## Incredulidad de los dirigentes judíos

45Los guardias del templo volvieron a donde estaban los jefes de los sacerdotes y los fariseos, quienes
les preguntaron:
—¿Por qué no lo han traído?
46Los guardias contestaron:
—¡Nadie ha hablado nunca como ese hombre!
47Los fariseos respondieron:
—¿Así que también ustedes se han dejado engañar?
48¿Acaso ha creído en él alguno de nuestros jefes o de

7.38–39

a Capernaúm. Ya había oscurecido y Jesús todavía no regresaba.

¹⁸Soplaba un fuerte viento que levantó unas olas muy altas. ¹⁹Los discípulos habían remado unos cinco o seis kilómetros cuando vieron que Jesús caminaba sobre el agua. Él venía hacia la barca y ellos se asustaron. ²⁰Pero él les dijo: «Soy yo, no tengan miedo». ²¹Entonces lo recibieron con gusto en la barca y en seguida la barca llegó a la orilla a donde iban.

²²Al día siguiente, la gente que se había quedado en el otro lado del lago se dio cuenta de que los discípulos se habían ido solos en la única barca que había y que Jesús no se había ido en la barca con ellos. ²³Otras barcas de Tiberíades llegaron al lugar donde la gente había comido el pan después que el Señor diera gracias. ²⁴Cuando la gente se dio cuenta de que ni Jesús ni sus discípulos estaban allí, subió a las barcas y se fue a buscarlo a Capernaúm.

### Jesús, el pan de vida

²⁵Cuando lo encontraron al otro lado del lago, le preguntaron:

—Maestro, ¿cuándo llegaste acá?

²⁶Jesús les respondió:

—La verdad es que ustedes me buscan, no porque han visto señales milagrosas sino porque comieron hasta llenarse. ²⁷No trabajen por la comida que se acaba. Trabajen más bien por la comida que permanece y da vida eterna, que es la comida que el Hijo del hombre les dará. Sobre él ha puesto Dios el Padre su sello de aprobación.

²⁸Le preguntaron:

—¿Qué tenemos que hacer para llevar a cabo las obras que Dios exige?

²⁹Jesús les respondió:

—La obra que Dios exige es que crean en aquel a quien él envió.

³⁰Ellos insistieron:

—¿Qué señal milagrosa harás para que al verla te creamos? ¿Qué puedes hacer? ³¹Nuestros antepasados comieron el maná en el desierto, como dice la Escritura: «Les dio a comer pan del cielo».

³²Jesús les respondió:

—Les aseguro que no fue Moisés el que les dio a ustedes el pan del cielo. Mi Padre es el que da el verdadero pan del cielo. ³³El pan que Dios es el que baja del cielo y da vida al mundo.

³⁴Le dijeron:

—Señor, danos siempre ese pan.

³⁵Jesús les dijo:

—Yo soy el pan que da vida. El que viene a mí no volverá a tener hambre, y el que cree en mí no volverá a tener sed. ³⁶Pero como ya les dije, aunque ustedes me han visto, no creen en mí. ³⁷Todos los que el Padre me da vendrán a mí; y al que viene a mí, no lo rechazo. ³⁸Yo he venido del cielo a cumplir la voluntad del que me envió y no la mía. ³⁹Y ésta es la voluntad del que me envió: que no pierda a ninguno de los que él me ha dado, sino que los resucite en el día final, ⁴⁰porque mi Padre quiere que todo el que reconozca al Hijo y crea en él, tenga vida eterna, y yo lo resucitaré en el día final.

⁴¹Entonces los judíos empezaron a murmurar contra Jesús, porque dijo: «Yo soy el pan que bajó del cielo». ⁴²Y decían: «¿No es este Jesús, el hijo de José? Nosotros conocemos a su padre y a su madre. ¿Cómo se atreve a decir que él bajó del cielo?»

⁴³Jesús les respondió:

—Dejen de murmurar. ⁴⁴Nadie puede venir a mí si el Padre que me envió no lo trae, y yo lo resucitaré en el día final. ⁴⁵En los profetas está escrito: «Dios les enseñará a todos». Así que todos los que escuchan al Padre y aprenden de él, vienen a mí. ⁴⁶Nadie ha visto al Padre, sólo el que viene de Dios ha visto al Padre. ⁴⁷Les aseguro que el que cree tiene vida eterna. ⁴⁸Yo soy el pan de vida. ⁴⁹Los antepasados de ustedes comieron el maná en el desierto, y aun así murieron. ⁵⁰Pero yo soy el pan que baja del cielo; el que come de él, no muere. ⁵¹Yo soy el pan vivo que bajó del cielo. El que coma de este pan vivirá para siempre. Este pan es mi carne, que daré para que el mundo viva.

⁵²Entonces los judíos se pusieron a discutir entre ellos, diciendo: «¿Cómo puede éste darnos a comer su carne?»

⁵³Jesús les dijo:

—Les aseguro que si no comen la carne del Hijo del hombre y no beben su sangre, no tienen realmente vida. ⁵⁴El que come mi carne y bebe mi sangre tiene vida eterna, y yo lo resucitaré en el día final. ⁵⁵Porque mi carne es comida verdadera y mi sangre es bebida verdadera. ⁵⁶El que come mi carne y bebe mi sangre vive unido a mí y yo vivo unido a él. ⁵⁷Yo vivo por el Padre viviente que me envió; por eso, el que come de mí, vivirá por mí. ⁵⁸Yo soy el pan que bajó del cielo. Los antepasados de ustedes comieron maná y, sin embargo, murieron; pero el que come de este pan vivirá para siempre.

⁵⁹Jesús enseñó todo esto en la sinagoga de Capernaúm.

### Muchos discípulos abandonan a Jesús

⁶⁰Al escucharlo, muchos de sus discípulos dijeron: «Esto que tú enseñas es muy difícil de aceptar. ¿Quién puede estar de acuerdo con eso?»

⁶¹Jesús comprendió que los discípulos estaban murmurando por lo que había dicho y les preguntó:

—¿Esto les ofende? ⁶²¿Qué pasaría si vieran al Hijo del hombre subir a donde antes estaba? ⁶³El Espíritu es el que da vida; la carne no vale para nada. Las palabras que yo les he dicho son espíritu y vida. ⁶⁴Pero todavía hay algunos de ustedes que no creen.

Es que Jesús sabía desde el principio quiénes eran los que no creían y quién lo traicionaría. Por eso dijo:

⁶⁵—A eso me refería cuando les dije que nadie puede venir a mí, a menos que el Padre se lo permita.

⁶⁶Desde ese momento muchos de sus discípulos lo abandonaron. Entonces, Jesús les preguntó a los doce:

⁶⁷—¿También ustedes quieren irse?

⁶⁸Simón Pedro le contestó:

—Señor, ¿a quién iríamos? Tú tienes palabras de vida eterna. ⁶⁹Y nosotros hemos creído, y sabemos que eres el Santo de Dios.

⁷⁰Jesús les respondió:

—Yo los escogí a ustedes doce, pero uno de ustedes es un diablo.

⁷¹Hablaba de Judas, hijo de Simón Iscariote, uno de los doce, que lo iba a traicionar.

☼6.27  ☼6.35  ☼6.37  ☼6.40  ☼6.44–47  ☼6.50–51  ☼6.63

**JUAN 5.15**

—Mira, ahora ya estás sano. No vuelvas a pecar porque te puede ocurrir algo peor.

[15]El hombre se fue y les dijo a los judíos que Jesús era el que lo había sanado.

### Vida mediante el Hijo

[16]Por estas cosas los judíos perseguían a Jesús, por hacerlas en sábado.

[17]Pero Jesús les dijo:

—Mi Padre siempre trabaja y por eso yo también trabajo.

[18]Por esto los judíos trataban aún más de matarlo, ya que desobedecía la ley acerca del sábado y decía que Dios era su Padre, con lo cual se hacía igual a Dios. [19]Entonces Jesús les dijo:

—Les aseguro que el hijo no puede hacer nada por su propia cuenta, sino solamente lo que ve que hace su padre, porque cualquier cosa que hace el padre, la hace también el hijo. [20]El padre ama al hijo y le muestra todo lo que hace. Le mostrará cosas aun más grandes que éstas y los dejará a ustedes asombrados. [21]Así como el Padre resucita a los muertos y les da vida, de la misma manera también el Hijo le da vida a quien él quiere. [22]Y el Padre no juzga a nadie, sino que le ha dado al Hijo el poder para juzgar, [23]para que todos honren al Hijo como honran al Padre. El que se niega a honrar al Hijo, tampoco honra al Padre que lo envió.

[24]»Les aseguro que el que presta atención a lo que digo y cree en el que me envió, tiene vida eterna y no será condenado, porque ha pasado de la muerte a la vida. [25]Les aseguro que ya viene la hora, y ya ha llegado, en que los muertos oirán la voz del Hijo de Dios, y los que la oigan vivirán. [26]El Padre tiene vida en sí mismo y ha permitido que el Hijo tenga también vida en sí mismo, [27]y le ha dado autoridad para que juzgue, ya que es el Hijo del hombre.

[28]»No se sorprendan por esto, porque viene la hora en que todos los muertos oirán su voz, [29]y saldrán de los sepulcros. Los que han hecho lo bueno resucitarán para tener vida, pero los que han hecho lo malo resucitarán para ser juzgados. [30]Yo no puedo hacer nada por mi propia cuenta. Juzgo por lo que oigo, y mi juicio es correcto, porque está de acuerdo con la voluntad del que me envió y no de acuerdo con mi propia voluntad.

### Los testimonios a favor del Hijo

[31]»Si yo hablara en mi favor, ese testimonio no tendría valor. [32]Pero es otro el que habla en mi favor, y me consta que tiene valor el testimonio que él da de mí.

[33]»Ustedes enviaron a preguntarle a Juan, y él dio un testimonio que tiene valor. [34]No se trata de que yo necesite el testimonio de un hombre; más bien digo esto para que ustedes sean salvos. [35]Juan era una lámpara encendida que alumbraba, y ustedes quisieron disfrutar de su luz por un tiempo.

[36]»Yo tengo un testimonio mayor que el de Juan, pues lo que el Padre me ha encomendado hacer es lo que estoy haciendo y es lo que demuestra que el Padre me ha enviado. [37]Y el Padre mismo que me envió ha testificado en mi favor. Pero ustedes nunca han oído su voz ni han visto su figura, [38]ni vive su palabra en ustedes, porque no han creído en aquel a quien él envió.

[39]»Ustedes estudian con cuidado las Escrituras porque piensan que en ellas hallan la vida eterna. Y son ellas las que hablan de mí. [40]Sin embargo, ustedes no quieren venir a mí para tener vida eterna.

[41]»Yo no acepto la gloria de los hombres, [42]porque los conozco a ustedes y sé que no aman realmente a Dios. [43]Yo he venido en nombre de mi Padre, y ustedes no me aceptan. En cambio, si otro viniera por su propia cuenta, a ese sí lo aceptarían. [44]¿Cómo van a creer, si unos a otros se rinden gloria pero no buscan la gloria del Dios único?

[45]»Pero no crean que yo voy a acusarlos con mi Padre. Moisés será el que los acuse, ya que en él tienen puesta su confianza. [46]Si creyeran a Moisés, me creerían a mí, porque él escribió acerca de mí. [47]Pero como no creen lo que él escribió, ¿cómo van a creer lo que yo les digo?»

### Jesús alimenta a los cinco mil

**6** Después de esto, Jesús se fue al otro lado del mar de Galilea o de Tiberíades. [2]Mucha gente lo seguía, porque veía las señales milagrosas que él hacía en los enfermos. [3]Entonces Jesús subió a una colina y se sentó con sus discípulos. [4]Faltaba poco tiempo para la Pascua, la fiesta de los judíos. [5]Cuando Jesús alzó la vista, vio mucha gente que venía hacia él; entonces le dijo a Felipe:

—¿Dónde vamos a comprar pan para tanta gente?

[6]Dijo esto para ponerlo a prueba, porque él ya sabía lo que iba a hacer.

[7]Felipe respondió:

—Ni con el salario de ocho meses de trabajo nos alcanzaría para darle un pedazo de pan a tanta gente.

[8]Andrés, que era otro de sus discípulos y hermano de Simón Pedro, le dijo:

[9]—Aquí hay un muchacho que tiene cinco panes de cebada y dos pescados. Pero, ¿qué es esto para tanta gente?

[10]Jesús les ordenó:

—Díganle a la gente que se siente.

Allí había mucha hierba, así que todos se sentaron. Sólo los hombres eran como cinco mil. [11]Jesús tomó los panes, dio gracias y los fue repartiendo a los que estaban sentados. Luego hizo lo mismo con los pescados. Todos comieron cuanto quisieron.

[12]Cuando ya todos estuvieron satisfechos, les dijo a sus discípulos:

—Recojan los pedazos que sobraron, para que no se desperdicie nada.

[13]Ellos los recogieron, y con los pedazos que sobraron de los panes, llenaron doce canastas.

[14]Al darse cuenta de la señal milagrosa que Jesús realizó, la gente comenzó a decir:

—No cabe duda de que éste es el profeta que tenía que venir al mundo.

[15]Jesús se dio cuenta de que querían llevárselo a la fuerza para hacerlo su rey, por lo que se retiró otra vez a la montaña él solo.

### Jesús camina sobre el agua

[16]Al anochecer, sus discípulos bajaron al lago, [17]subieron a una barca y comenzaron a cruzar el lago rumbo

5.20-22  5.24  5.37  5.39

verdadera, porque el Padre así quiere que sean los que lo adoren. ²⁴Dios es espíritu, y los que lo adoran deben hacerlo guiados por el Espíritu y en forma verdadera.

²⁵La mujer respondió:

—Yo sé que viene el Mesías, al que llaman el Cristo. Cuando él venga nos explicará todas las cosas.

²⁶Jesús le dijo:

—Ése soy yo, el que está hablando contigo.

## Los discípulos vuelven a reunirse con Jesús

²⁷En eso llegaron sus discípulos. Aunque se sorprendieron de verlo hablando con una mujer, no se atrevieron a preguntarle por qué lo hacía ni de qué estaba hablando con ella.

²⁸La mujer dejó su cántaro, corrió al pueblo y le decía a la gente:

²⁹—Vengan a ver a un hombre que me ha dicho todo lo que he hecho. ¿No será éste el Cristo?

³⁰Entonces salieron del pueblo y fueron a ver a Jesús.

³¹Mientras tanto, sus discípulos le suplicaban:

—Maestro, come algo.

³²Él les dijo:

—Yo tengo una comida que ustedes no conocen.

³³Los discípulos se preguntaban: ¿Le habrán traído algo de comer?

³⁴Jesús les explicó:

—Mi comida es hacer la voluntad del que me envió y terminar el trabajo que me dio. ³⁵Ustedes dicen: «Todavía faltan cuatro meses para la cosecha», pero yo les digo: ¡Fíjense bien en los campos sembrados! La cosecha ya está madura.

³⁶»El que trabaja recogiendo la cosecha ya recibe su salario y recoge la cosecha para vida eterna. Tanto el que siembra como el que cosecha se alegran juntos. ³⁷Porque es cierto lo que dice el refrán: "Uno es el que siembra y otro el que cosecha". ³⁸Yo los he enviado a ustedes a cosechar lo que no les costó ningún trabajo. Otros fueron los que se fatigaron trabajando, y ustedes han cosechado el fruto del trabajo de ellos».

## Muchos samaritanos creen en Jesús

³⁹Muchos de los samaritanos que vivían en ese pueblo creyeron en Jesús por las palabras que les dijo la mujer: «Me ha dicho todo lo que he hecho». ⁴⁰Cuando los samaritanos llegaron a donde él estaba, le suplicaron que se quedara con ellos. Jesús se quedó allí dos días, ⁴¹y muchos más creyeron después de oírlo hablar.

⁴²Le dijeron a la mujer:

—Ahora creemos porque nosotros mismos lo hemos oído, y sabemos en verdad que él es el Salvador del mundo.

## Jesús sana al hijo de un funcionario

⁴³Después de pasar allí esos días, se fue a Galilea, ⁴⁴pues Jesús mismo había dicho que ningún profeta recibe honra en su propia tierra. ⁴⁵Cuando llegó a Galilea, los galileos lo recibieron muy bien, ya que ellos mismos habían visto todo lo que él había hecho en Jerusalén durante la Pascua, porque habían estado también allí.

⁴⁶Depués volvió Jesús a Caná de Galilea, donde había convertido el agua en vino. Había allí un importante funcionario real que tenía a su hijo enfermo en Capernaúm. ⁴⁷Cuando el funcionario se enteró de que Jesús había viajado de Judea a Galilea, fue a verlo y le suplicó que lo acompañara y sanara a su hijo, pues estaba a punto de morir.

⁴⁸Jesús le dijo:

—Ustedes sólo van a creer si ven señales y milagros.

⁴⁹El funcionario le rogó:

—Señor, ven antes que se muera mi hijo.

⁵⁰Jesús le dijo:

—Regresa a casa, que tu hijo vive.

El hombre creyó lo que Jesús le dijo, y se fue. ⁵¹Cuando iba de regreso a su casa, sus criados salieron a su encuentro con la noticia de que su hijo estaba vivo. ⁵²Él les preguntó a qué hora había comenzado su hijo a sentirse mejor, y le contestaron:

—Ayer a la una de la tarde se le quitó la fiebre.

⁵³El padre se dio cuenta de que a esa misma hora Jesús le había dicho: «Tu hijo vive». Así que él y toda su familia creyeron.

⁵⁴Esta fue la segunda señal que hizo Jesús en Galilea, después de volver de Judea.

## Jesús sana a un inválido

**5** Algún tiempo después, Jesús regresó a Jerusalén, donde se celebraba una fiesta de los judíos.

²Allí en Jerusalén, junto a la puerta de las Ovejas, había un estanque rodeado de cinco pórticos. El estanque, se llamaba en arameo, Betzatá.

³En los pórticos estaban acostados muchos enfermos, ciegos, cojos y paralíticos que esperaban que se moviera el agua. ⁴De cuando en cuando un ángel del Señor bajaba al estanque y movía el agua. El primero que se metía al agua después de que había sido removida, quedaba sano de cualquier enfermedad que tuviera. ⁵Entre ellos había un hombre inválido que llevaba enfermo treinta y ocho años.

⁶Cuando Jesús lo vio allí acostado y supo que tenía mucho tiempo de estar enfermo, le preguntó:

—¿Quieres curarte?

⁷El enfermo respondió:

—Señor, no tengo a nadie que me meta en el estanque mientras se remueve el agua. Cada vez que trato de hacerlo otro se me adelanta.

⁸Jesús le dijo:

—Levántate, recoge tu camilla y anda.

⁹En ese mismo momento el hombre quedó sano. De inmediato tomó su camilla y comenzó a andar.

Y ese día era sábado. ¹⁰Por eso los judíos le dijeron al hombre que había sido sanado:

—Hoy es sábado, y no está permitido que andes cargando tu camilla.

¹¹Él les respondió:

—El que me sanó me dijo: «Recoge tu camilla y anda».

¹²Ellos le preguntaron:

—¿Quién es ese hombre que te dijo: «Recoge tu camilla y anda»?

¹³El hombre no sabía quién lo había sanado, pues Jesús ya había desaparecido entre la multitud que había en el lugar. ¹⁴Jesús encontró después al hombre en el templo y le dijo:

4.28-30   4.42

¹⁰Jesús le respondió una vez más:

—Tú eres maestro de Israel, ¿y no sabes estas cosas? ¹¹Te aseguro que hablamos de las cosas que sabemos y de las que nosotros mismos hemos sido testigos, pero ustedes no creen lo que les decimos. ¹²Si no me creen cuando les hablo de las cosas de este mundo, ¿cómo van a creerme si les hablo de las cosas del cielo? ¹³Nadie ha subido jamás al cielo excepto el que bajó del cielo, que es el Hijo del hombre.

### Jesús y el amor del Padre

¹⁴»Como Moisés levantó la serpiente en el desierto, así también tienen que levantar al Hijo del hombre, ¹⁵para que todo el que crea en él tenga vida eterna. Jesús le dijo:

¹⁶»Dios amó tanto al mundo, que dio a su único Hijo, para que todo el que cree en él no se pierda, sino tenga vida eterna. ¹⁷Dios no envió a su Hijo para condenar al mundo, sino para salvarlo por medio de él. ¹⁸El que cree en el Hijo único de Dios no será condenado, pero quien no cree en él ya está condenado. ¹⁹En esto consiste la condenación: en que la luz vino al mundo y la gente prefirió las tinieblas a la luz, pues las cosas que hacía eran malas. ²⁰Todo el que hace lo malo odia la luz, y no se acerca a ella por temor a que sus malas acciones se descubran. ²¹En cambio, el que practica la verdad se acerca a la luz, para que se vea que obedece a Dios en lo que hace».

### Testimonio de Juan el Bautista acerca de Jesús

²²Después de esto, Jesús fue con sus discípulos a la región de Judea. Allí estuvo algún tiempo con ellos bautizando.

²³Juan también bautizaba en Enón, cerca de Salín. Allí había mucha agua y la gente iba para que la bautizara.

²⁴Esto sucedió antes que a Juan lo encarcelaran. ²⁵Entonces empezaron a discutir los discípulos de Juan y un judío acerca de la ceremonia de purificación. ²⁶Aquéllos fueron a ver a Juan y le dijeron:

—Maestro, el que estaba contigo al otro lado del río Jordán, aquel del que tú mismo hablaste, ahora está bautizando y todos lo siguen.

²⁷Juan les respondió:

—Nadie puede recibir nada si Dios no se lo da. ²⁸Ustedes saben muy bien que yo dije: «Yo no soy el Cristo, sino que fui enviado delante de él». ²⁹El que tiene a la novia es el novio. Pero el amigo del novio, que está a su lado y escucha la voz del novio, se llena de alegría al oír su voz. Así estoy yo, lleno de alegría. ³⁰Ahora él debe tener más importancia y yo menos.

### El que viene del cielo

³¹El que viene de arriba está por encima de todos; el que es de la tierra es terrenal y habla de las cosas de la tierra. El que viene del cielo está por encima de todos ³²y habla de las cosas que ha visto y oído. Sin embargo, nadie cree lo que él dice. ³³El que cree confirma que Dios dice la verdad. ³⁴Aquel a quien Dios ha enviado habla lo que Dios le dice, porque Dios mismo le da su Espíritu en abundancia. ³⁵El Padre ama al Hijo y le ha dado poder sobre todo lo que existe. ³⁶El que cree en el Hijo tiene vida eterna; pero el que no cree en el Hijo no sabrá lo que es esa vida, pues siempre estará bajo el castigo de Dios.

### Jesús y la samaritana

4 Jesús se enteró de que los fariseos sabían que él hacía y bautizaba más discípulos que Juan. ²Aunque en realidad los que bautizaban eran los discípulos de Jesús y no él mismo. ³Cuando Jesús se enteró, salió de Judea y regresó a Galilea.

⁴En el viaje tenía que pasar por Samaria ⁵y llegó a un pueblo samaritano llamado Sicar. Éste se encontraba cerca del terreno que Jacob le había dado a su hijo José. ⁶Allí estaba el pozo de Jacob. Jesús, cansado del viaje, se sentó junto al pozo. Era cerca del mediodía.

⁷⁻⁸Sus discípulos habían ido al pueblo a comprar comida. En eso, llegó una mujer de Samaria a sacar agua. Jesús le dijo:

—Dame un poco de agua.

⁹Pero como los judíos no se llevaban bien con los samaritanos, la mujer le respondió:

—¿Cómo se te ocurre pedirme agua, si tú eres judío y yo soy samaritana?

¹⁰Jesús le contestó:

—Si supieras lo que Dios puede darte y quién es el que te está pidiendo agua, serías tú la que le pediría agua a él y él te daría agua que da vida.

¹¹La mujer le dijo:

—Señor, ni siquiera tienes con qué sacar el agua y el pozo es muy hondo. ¿Cómo me vas a dar agua que da vida? ¹²Nuestro antepasado Jacob nos dejó este pozo y de aquí bebía agua él, sus hijos y su ganado. ¿Acaso eres tú superior a Jacob?

¹³Jesús respondió:

—Cualquiera que beba de esta agua volverá a tener sed, ¹⁴pero el que beba del agua que yo le dé, no volverá a tener sed jamás, porque dentro de él esa agua se convertirá en un manantial del que brotará vida eterna.

¹⁵La mujer le dijo:

—Señor, dame de esa agua para que no vuelva a tener sed ni tenga que venir aquí a sacarla.

¹⁶Jesús le dijo:

—Ve a llamar a tu esposo y regresa acá.

¹⁷La mujer respondió:

—No tengo esposo.

Jesús le dijo:

—Has dicho la verdad en cuanto a que no tienes esposo, ¹⁸porque has tenido cinco y el que ahora tienes no es tu esposo.

¹⁹La mujer le dijo:

—Señor, me parece que eres profeta. ²⁰Nuestros antepasados adoraron en este monte, pero ustedes los judíos dicen que el lugar donde debemos adorar está en Jerusalén.

²¹Jesús le respondió:

—Créeme, mujer, que ya está cerca la hora en que ustedes no adorarán al Padre ni en este monte ni en Jerusalén. ²²Ustedes adoran lo que no conocen, pero nosotros adoramos lo que conocemos, pues la salvación viene de los judíos. ²³Pero la hora se acerca, y ya está aquí, cuando los que verdaderamente adoran al Padre lo harán guiados por el Espíritu y en forma

---

3.14–18   3.36   4.6   4.13–14   4.16–17   4.21–24

⁴⁵Felipe fue a buscar a Natanael y le dijo:

—Hemos encontrado a aquel de quien escribió Moisés en la ley y del que también escribieron los profetas. Es Jesús de Nazaret, el hijo de José.

⁴⁶Natanael replicó:

—¿Acaso puede salir algo bueno de Nazaret?

Felipe le contestó:

—Ven y te convencerás.

⁴⁷Cuando Jesús vio que Natanael se le acercaba, dijo:

—Aquí viene un verdadero israelita, en el que no hay engaño.

⁴⁸Natanael le preguntó:

—¿De dónde me conoces?

—Te vi cuando aún estabas debajo de la higuera, antes que Felipe te llamara.

⁴⁹Natanael exclamó:

—Maestro, ¡tú eres el Hijo de Dios! ¡Tú eres el Rey de Israel!

⁵⁰—¿Lo crees sólo porque te dije que te vi cuando estabas debajo de la higuera? Pues vas a ver cosas más grandes que éstas.

Y siguió diciendo:

⁵¹—Les aseguro que ustedes verán abrirse el cielo, y a los ángeles de Dios subir y bajar sobre el Hijo del hombre.

## Jesús transforma el agua en vino

**2** Tres días más tarde hubo una boda en el pueblo de Caná de Galilea, y la madre de Jesús estaba allí. ²También Jesús y sus discípulos habían sido invitados a la boda. ³El vino se acabó y entonces la madre de Jesús le dijo:

—Ya no tienen vino.

⁴Jesús le respondió:

—Mujer, ¿acaso es mi problema? Todavía no ha llegado mi hora.

⁵Su madre dijo a los sirvientes:

—Hagan lo que él les ordene.

⁶Había allí seis tinajas de piedra de unos cien litros de capacidad cada una. Eran tinajas de las que usaban los judíos en sus ceremonias de purificación. ⁷Jesús ordenó a los sirvientes:

—Llenen de agua estas tinajas.

Los sirvientes las llenaron casi hasta rebosar.

⁸Jesús volvió a ordenarles:

—Ahora, saquen un poco y llévenselo al encargado de la fiesta.

Así lo hicieron. ⁹El encargado de la fiesta probó el agua convertida en vino. Él no sabía de dónde había salido ese vino, pero los sirvientes sí lo sabían pues ellos habían sacado el agua. Entonces el encargado se acercó al novio ¹⁰y le dijo:

—Todos sirven el mejor vino primero, y después, cuando los invitados ya han bebido mucho, les sirven el vino barato. Pero tú has guardado el mejor vino hasta el final.

¹¹Jesús hizo esta señal, que fue la primera, en Caná de Galilea. Así dio a conocer su gloria; y sus discípulos creyeron en él.

¹²Después de esto, Jesús fue al pueblo de Capernaúm con su madre, sus hermanos y sus discípulos, y allí se quedaron unos días.

## Jesús purifica el templo

¹³Luego, como se acercaba la Pascua, que es una fiesta de los judíos, Jesús se fue a Jerusalén. ¹⁴Dentro del templo encontró a los que vendían bueyes, ovejas y palomas, y a los que cambiaban dinero sentados a sus mesas. ¹⁵Entonces, hizo un látigo con algunas cuerdas y echó a todos del templo. También echó junto con ellos a sus ovejas y bueyes; arrojó al suelo las monedas de los que cambiaban el dinero y volcó sus mesas. ¹⁶A los que vendían palomas, les dijo:

—¡Saquen esto de aquí! ¡No conviertan la casa de mi Padre en un mercado!

¹⁷Sus discípulos entonces recordaron que la Escritura dice: «El celo que tengo por tu casa me está consumiendo».

¹⁸Frente a esto, los judíos le preguntaron:

—¿Qué señal nos puedes mostrar de que tienes derecho de hacer esto?

¹⁹Jesús les contestó:

—Destruyan este templo y en tres días lo volveré a levantar.

²⁰Los judíos dijeron:

—¡Les llevó cuarenta y seis años construir este templo, ¿y tú dices que en tres días lo puedes volver a construir?

²¹Pero el templo del que él hablaba era su propio cuerpo. ²²Por eso, después que resucitó, sus discípulos se acordaron de estas palabras que él había dicho. Entonces creyeron en la Escritura y en lo que Jesús había dicho.

²³Mientras Jesús estaba en Jerusalén durante la fiesta de la Pascua, muchos creyeron en él porque vieron las señales milagrosas que hacía. ²⁴Pero Jesús no confiaba en ellos, porque los conocía a todos. ²⁵No necesitaba que nadie le dijera nada acerca de los demás, porque él conocía los pensamientos del ser humano.

## Jesús enseña a Nicodemo

**3** Había un fariseo llamado Nicodemo; era un jefe importante entre los judíos.

²Éste fue una noche a visitar a Jesús y le dijo:

—Maestro, sabemos que Dios te ha enviado a enseñarnos, porque nadie puede hacer las señales milagrosas que tú haces si Dios no está con él.

³Jesús le dijo:

—Te aseguro que si una persona no nace de nuevo no podrá ver el reino de Dios.

⁴Nicodemo preguntó:

—¿Cómo puede uno nacer de nuevo cuando ya es viejo? ¿Acaso puede entrar otra vez en el vientre de su madre y nacer de nuevo?

⁵Jesús respondió:

—Te aseguro que el que no nace de agua y del Espíritu, no puede entrar en el reino de Dios. ⁶Los que nacen de padres humanos, son humanos; los que nacen del Espíritu, son espíritu. ⁷No te sorprendas de que te dije que tienes que nacer de nuevo. ⁸El viento sopla por donde quiere y oyes el ruido que produce, pero no sabes de dónde viene ni a dónde va. Eso mismo pasa con todos los que nacen del Espíritu.

⁹Nicodemo preguntó:

—¿Cómo es posible que esto suceda?

3.3-7

# Juan

## La Palabra se hizo hombre

**1** ¹Antes que nada existiera, ya existía la Palabra,[a] y la Palabra estaba con Dios porque aquel que es la Palabra era Dios. ²Él estaba con Dios en el principio. ³Por medio de él todas las cosas fueron creadas, y no existe nada que él no haya creado. ⁴En él estaba la vida, y la vida era también la luz de la humanidad. ⁵Esta luz brilla en la oscuridad, y la oscuridad no puede apagarla.

⁶,⁷Dios envió como testigo a un hombre llamado Juan, para que les hablara a todos de la luz, y por medio de él todos creyeran. ⁸Juan no era la luz; él sólo vino a guiar a todos hacia la luz. ⁹La luz verdadera, la que alumbra a todo ser humano, ya estaba por llegar a este mundo. ¹⁰El que es la luz estaba en el mundo, y Dios creó el mundo por medio de él, pero el mundo no lo reconoció. ¹¹Vino a este mundo, que es suyo, y los suyos no lo recibieron. ¹²Pero a todos los que lo recibieron, a los que creen en él, les dio el derecho de ser hijos de Dios. ¹³Los hijos de Dios no nacen de la sangre, ni por deseos naturales o por voluntad humana, sino que nacen de Dios.

¹⁴Y la Palabra se hizo hombre y habitó entre nosotros. Y hemos visto su gloria, la gloria que le pertenece al Hijo único del Padre, en el que abundan el amor y la verdad.

¹⁵Juan habló de él y, a voz en cuello, gritó: «Éste es del que yo les había dicho que venía después de mí. Pero él es más importante que yo, porque existía antes que yo».

¹⁶De la abundancia que hay en él, todos hemos recibido bendición sobre bendición. ¹⁷Por medio de Moisés recibimos la ley mientras que por medio de Jesucristo recibimos el amor y la verdad.

¹⁸A Dios nadie lo ha visto nunca; pero el Hijo único, que es Dios mismo y siempre está en unión con el Padre, nos ha enseñado cómo es, para que así lo podamos conocer.

## Juan el Bautista niega ser el Cristo

¹⁹Los judíos de Jerusalén enviaron sacerdotes y ayudantes del templo para que le preguntaran a Juan quién era él. Esto es lo que Juan les respondió:

²⁰—Yo no soy el Cristo.

Así dijo sin negarse a confesarlo claramente. ²¹Le preguntaron:

—¿Y quién eres entonces? ¿Eres acaso Elías?

Él respondió:

—No lo soy.

—¿Eres el Profeta?

—No.

²²Le dijeron:

—¿Quién eres entonces? Tenemos que llevar una respuesta a los que nos enviaron. ¿Qué puedes decir de ti mismo?

²³Juan respondió con las palabras del profeta Isaías:

—Yo soy la voz del que grita en el desierto: «Preparen un camino recto para el Señor».

²⁴Los enviados de los fariseos ²⁵le preguntaron:

—Si no eres el Cristo, ni Elías ni el Profeta, ¿por qué bautizas?

²⁶Juan respondió:

—Yo bautizo con agua, pero entre ustedes hay alguien a quien ustedes no conocen, ²⁷que viene después de mí. A él, yo ni siquiera merezco desatarle la correa de las sandalias.

²⁸Todo esto ocurrió en Betania, el pueblo que está en el lado este del río Jordán, donde Juan estaba bautizando.

## Jesús, el Cordero de Dios

²⁹Al día siguiente Juan vio que Jesús se acercaba a él, y exclamó: «¡Aquí viene el Cordero de Dios, que quita el pecado del mundo! ³⁰Él es aquel de quien dije: "Después de mí viene un hombre que es más importante que yo, porque existía antes que yo". ³¹Yo no lo conocía, pero vine bautizando con agua para que él se diera a conocer al pueblo de Israel». ³²Juan añadió: «Yo vi al Espíritu descender del cielo en forma de paloma y posarse sobre él. ³³Yo mismo no lo conocía, pero el que me mandó a bautizar con agua me dijo: "Cuando veas al Espíritu descender y posarse sobre alguien, ese es el que bautiza con el Espíritu Santo". ³⁴Yo lo he visto y por eso les aseguro que éste es el Hijo de Dios».

## Los primeros discípulos de Jesús

³⁵Al día siguiente, Juan estaba con dos de sus discípulos en el mismo lugar. ³⁶Cuando vio que Jesús pasaba por allí, dijo:

—¡Aquí viene el Cordero de Dios!

³⁷Al oír esto, los dos discípulos siguieron a Jesús. ³⁸Jesús volvió la cabeza, y viendo que le seguían, les preguntó:

—¿Qué buscan?

Ellos contestaron:

—Rabí, (Rabí significa: Maestro) ¿dónde vives?

³⁹Jesús les respondió:

—Vengan y vean.

Ellos fueron con él, vieron dónde vivía, y puesto que eran como las cuatro de la tarde, se quedaron con él ese día.

⁴⁰Andrés, hermano de Simón Pedro, era uno de los dos que habían seguido a Jesús después de oír a Juan. ⁴¹Andrés, al primero que encontró fue a su hermano Simón y le dijo:

—Hemos encontrado al Mesías (es decir, al Cristo).

⁴²Entonces Andrés llevó a Simón a donde estaba Jesús.

Jesús lo miró fijamente y le dijo:

—Tú eres Simón, el hijo de Juan. De ahora en adelante te llamarás Cefas (o sea, Pedro).

## Jesús llama a Felipe y a Natanael

⁴³Al día siguiente, Jesús decidió ir a Galilea. Allí se encontró con Felipe y le dijo:

—Sígueme.

⁴⁴Felipe era de Betsaida, el mismo pueblo de donde eran Pedro y Andrés.

---

a. Literalmente, «el Verbo», término que significa Cristo, la sabiduría y el poder de Dios, la primera causa de todas las cosas y la manifestación personal de Dios ante los hombres, la segunda Persona de la Trinidad.

1.1–4   1.11–12   1.16–17

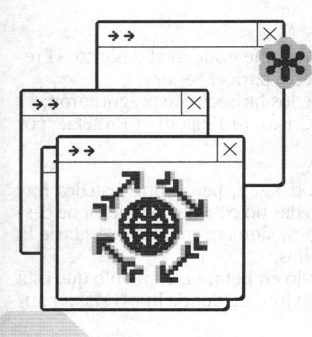

## PANORAMA DEL LIBRO

Juan escribió con un propósito evangelístico: "Jesús hizo muchas otras señales milagrosas en presencia de sus discípulos, las cuales no están registradas en este libro. Pero éstas se han escrito para que ustedes crean que Jesús es el Cristo, el Hijo de Dios, y para que al creer en su nombre tengan vida" (20:30,31). Desde su introducción, este es el más teológico de los cuatro evangelios. Juan escribe para convencer a sus lectores de la verdadera identidad de Jesús como el perfecto Dios-hombre, y para llevarlos a creer en Él. Utiliza la palabra creer 98 veces en todo el libro. Esto explica el resto del contenido del libro:

- las entrevistas personales de Jesús (por ejemplo, 3:1-21; 4:1-42)
- los milagros (2:1-11; 4:46-54; 5:1-18; 6:6-13; 6:16-21; 9:1-7; 11;1-45)
- los títulos con los que se refiere al Hijo de Dios (1:1,29,41; 4:25,26,42; 20:28)
- las declaraciones de la deidad de Cristo (6:35; 8:12,58; 10:7,9,11,14; 11:25; 14:6; 15:1,5)
- las declaraciones de la humanidad de Cristo (1:14; 2:21; 4:6,7; 8:57; 11:33,35; 12:27; 19:28,34)

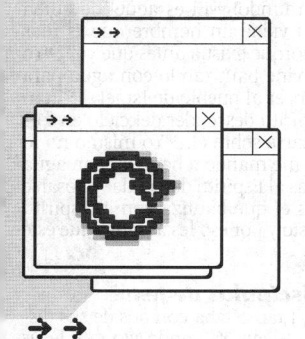

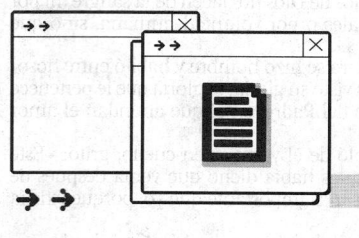

## ¿CÓMO SE RELACIONA CONMIGO?

Hoy existen demasiados mensajes distorsionados del evangelio y de la persona de Cristo y algo semejante sucedía en el tiempo en que Juan escribe su evangelio. Mientras que los otros tres evangelios describen a Jesús como el Rey, el Siervo y el Hijo del Hombre, Juan presenta a Jesús como el Hijo de Dios. Juan escribió para que sus lectores pudieran "creer que Jesús es el Cristo, el Hijo de Dios", para que tengan vida en Su nombre (Juan 20:31) y para lograr ese objetivo presentó una imagen fascinante y distintiva de Jesucristo, en completa unidad con los retratos de los otros tres evangelios, pero que también agrega significativamente a la revelación bíblica de Jesús, el Dios-hombre. En este evangelio es donde Jesús habla más de sí mismo porque para Juan la definición de la identidad de Jesús determina nuestra identidad.

## EL GUION

1) ¡Cree en Jesús! (1:1-18)
2) Las primeras reflexiones y entrevistas (1:19-4:54)
3) Ministerio de Jesús: público... y polémico (5:1-6:71)
4) Incredulidad (7:1-12:36a)
5) ¿Están listos? Preparación de los discípulos (12:36b-16:33)
6) ¡Jesús oró por ti! (17:1-26)
7) La pasión (18:1-19:42)
8) ¡Él vive! ¡Lo hemos visto! (20:1-21:25)

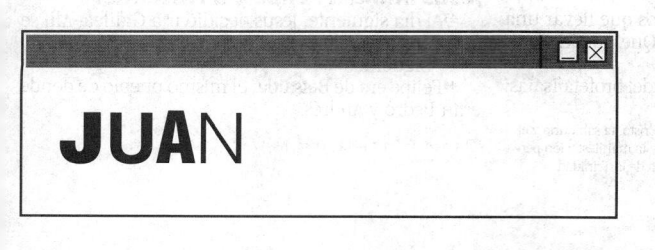

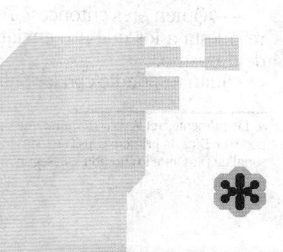

# JUAN

# JUAN

## ¿QUIÉN LO ESCRIBIÓ?

El mismo libro indica que el autor es Juan, el discípulo al cual Jesús amaba (13:23; 19:26; 20:2; 21:7,20,24).

Por ser testigo presencial, incluye en su narración muchos detalles que sólo pueden ser descritos por alguien que los vivió en carne propia (por ejemplo, 2:6; 12:3;13:26;21:8,11). Además, sabemos que era alguien que conocía muy bien las costumbres judías (por ejemplo, 21:8), las referencias mesiánicas (1:20,21; 7:40-42), y la tierra de Palestina (1:44,46; 5:2; 11:18). Juan era hijo de Zebedeo y de Salomé, quien probablemente fue hermana de María, madre de Jesús (Mateo 27:56; Marcos 15:40; Juan 19:25). Jacobo fue su hermano mayor, y ambos fueron parte de un grupo muy cercano a Jesús (Mateo 17:1: 26:37). Fue él quien recibió a María en su casa por instrucciones de Jesús (19:27). Era además alguien de carácter muy fuerte y violento (Lucas 9:54); apodado el hijo del trueno (Marcos 3:17). Jugó un papel muy importante en el liderazgo de la iglesia en Jerusalén (Hechos 3:1; 8:14; Gálatas 2:9). Escribió este evangelio, las tres cartas que llevan su nombre y Apocalipsis. Terminó su vida exiliado en la isla de Patmos (Apocalipsis 1:9).

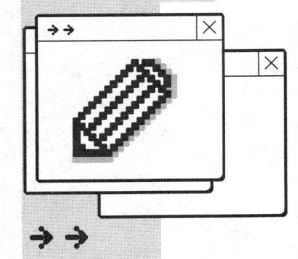

## ¿A QUIÉN LO ESCRIBIÓ?

Este libro fue escrito principalmente para fortalecer la fe de creyentes no judíos. Además Juan quiso presentar el evangelio a incrédulos que luchaban con los pensamientos populares que sostenían que Jesús era Dios pero rechazaban su humanidad.

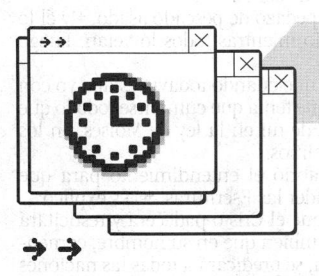

## ¿CUÁNDO Y DÓNDE LO ESCRIBIÓ?

Existen dos grandes posturas con relación a la fecha de redacción. Algunos estudiosos la sitúan entre los años 50 a 70 DC, mientras que otros afirman que fue en el 85 DC o más tarde. La tradición sostiene que Juan vivió en Éfeso, donde escribió este evangelio.

²⁷Entonces les explicó todo lo que las Escrituras decían acerca de él, comenzando por Moisés y siguiendo por todos los profetas.

²⁸Cuando ya estaban cerca del pueblo adonde iban, Jesús hizo como que seguía su camino; ²⁹pero ellos le dijeron con insistencia:

—Quédate con nosotros. Es muy tarde, ya es casi de noche.

Así lo hizo, y entró para quedarse con ellos.

³⁰Mientras estaban sentados a la mesa, tomó el pan, lo bendijo, lo partió y se lo dio. ³¹Entonces se les abrieron los ojos y pudieron reconocerlo; pero él desapareció.

³²Y ellos se decían uno al otro:

—¿No sentíamos como si nuestro corazón ardiera mientras él hablaba en el camino y nos explicaba las Escrituras?

³³En ese mismo momento, se pusieron en camino y regresaron a Jerusalén. Allí encontraron reunidos a los once y a los otros que estaban con ellos. ³⁴Éstos decían:

—¡Es verdad! ¡El Señor ha resucitado y se le apareció a Pedro!

³⁵Los dos también contaron lo que les había pasado en el camino, y cómo reconocieron a Jesús cuando partió el pan.

### *Jesús se aparece a los discípulos*

³⁶Ellos todavía estaban hablando cuando Jesús mismo se puso en medio de ellos y les dijo:

—Paz a ustedes.

³⁷Todos se llenaron de terror pues creyeron que lo que veían era un espíritu.

³⁸Él les preguntó:

—¿Por qué están tan asustados? ¿Por qué tienen tantas dudas? ³⁹Miren mis manos y mis pies. ¡Soy yo! Tóquenme y comprueben, pues un espíritu no tiene carne ni huesos como ven que yo los tengo.

⁴⁰Después de decir esto les mostró las manos y los pies. ⁴¹Como ellos estaban alegres y asustados, no lo podían creer. Entonces les preguntó:

—¿Tienen algo de comer?

⁴² Le dieron un pedazo de pescado asado, ⁴³y él lo tomó y se lo comió mientras todos lo veían. Luego les dijo:

⁴⁴—Recuerden que cuando todavía estaba yo con ustedes, les decía que tenía que cumplirse todo lo que está escrito acerca de mí en la ley de Moisés, en los profetas y en los salmos.

⁴⁵Entonces les abrió el entendimiento para que pudieran comprender las Escrituras. ⁴⁶Les explicó:

—Está escrito que el Cristo padecerá y resucitará al tercer día. ⁴⁷Y también que en su nombre, comenzando en Jerusalén, se predicará a todas las naciones que hay perdón de pecados para el que se arrepiente. ⁴⁸Ustedes son testigos de estas cosas. ⁴⁹Pronto enviaré lo que prometió mi Padre. Pero ustedes quédense en Jerusalén hasta que los llene con poder de lo alto.

### *La ascensión*

⁵⁰Tras aquellas palabras, los llevó hasta Betania. Una vez allí, alzó las manos y los bendijo. ⁵¹Y mientras los bendecía, se alejó de ellos y fue llevado al cielo.

⁵²Los discípulos, después de adorarlo, regresaron a Jerusalén llenos de alegría. ⁵³Desde ese día estaban siempre en el templo alabando a Dios.

mirar; y por su parte, los gobernantes se burlaban de él. Decían:

—Si es el Cristo de Dios, el Escogido, que se salve a sí mismo como salvó a otros.

³⁶Los soldados también se burlaban de él. Se acercaron para ofrecerle vinagre, ³⁷y le dijeron: —Si eres el rey de los judíos, sálvate a ti mismo.

³⁸Sobre él había un letrero que decía: «ÉSTE ES EL REY DE LOS JUDÍOS».

³⁹Uno de los criminales que estaban allí colgados también empezó a insultarlo:

—¿Acaso, no eres tú el Cristo? ¡Sálvate a ti mismo y sálvanos a nosotros también!

⁴⁰Pero el otro criminal lo reprendió:

—¿Ni siquiera tienes temor de Dios aunque estés sufriendo el mismo castigo? ⁴¹Nosotros merecemos este castigo y sufrimos a causa de nuestros delitos; pero éste no ha hecho nada malo.

⁴²Luego le dijo:

—Jesús, acuérdate de mí cuando vengas en tu reino.

⁴³Jesús le contestó:

—Te aseguro que hoy estarás conmigo en el paraíso.

### Muerte de Jesús

⁴⁴Desde el mediodía y hasta las tres de la tarde, toda la tierra quedó a oscuras, ⁴⁵pues el sol se ocultó. Y la cortina del templo se partió en dos. ⁴⁶Entonces Jesús gritó con fuerza:

—¡Padre, en tus manos encomiendo mi espíritu! Y después de decir esto, murió.

⁴⁷El capitán romano, al ver lo que había sucedido, alabó a Dios y dijo:

—En verdad, este hombre era justo.

⁴⁸Los que estaban allí reunidos para presenciar ese espectáculo, al ver lo que pasaba, se fueron de allí golpeándose el pecho. ⁴⁹Pero todos los conocidos de Jesús y las mujeres que habían seguido desde Galilea, se quedaron mirando desde lejos.

### Sepultura de Jesús

⁵⁰Había un hombre llamado José que era bueno y justo. Era miembro del Consejo, ⁵¹pero no había estado de acuerdo con la decisión y la conducta de los demás. Procedía del pueblo de Arimatea, en la región de Judea, y esperaba el reino de Dios. ⁵²Éste fue ante Pilato para pedirle el cuerpo de Jesús. ⁵³Después de bajarlo, lo envolvió en una sábana de lino y lo puso en un sepulcro cavado en una roca. Ese sepulcro nunca antes lo habían usado.

⁵⁴Era el día en que se preparaban para el descanso del sábado, que ya estaba a punto de comenzar. ⁵⁵Las mujeres que habían seguido a Jesús desde Galilea acompañaron a José hasta el sepulcro y vieron cómo colocaba el cuerpo. ⁵⁶Luego regresaron a su casa y prepararon especias aromáticas y perfumes. Después descansaron el sábado, como lo manda la ley.

### La resurrección

**24** El primer día de la semana, muy de mañana, las mujeres fueron al sepulcro llevando las especias aromáticas que habían preparado. ²Encontraron que la piedra que cubría el sepulcro no estaba en su lugar, ³y cuando entraron no encontraron el cuerpo del Señor Jesús. ⁴Estaban confundidas, pues no sabían qué había pasado. Mientras tanto, vieron a dos hombres vestidos con ropas brillantes, de pie junto a ellas. ⁵Estaban tan asustadas que se inclinaron hasta tocar el suelo con su rostro. Pero ellos les dijeron:

—¿Por qué buscan entre los muertos al que vive? ⁶No está aquí; ha resucitado. Recuerden lo que él les dijo cuando todavía estaba con ustedes en la región de Galilea: ⁷«El Hijo del hombre tiene que ser entregado en manos de hombres malvados, y lo crucificarán, pero al tercer día va a resucitar».

⁸Entonces ellas recordaron las palabras de Jesús. ⁹Cuando regresaron del sepulcro, les contaron a los once y a todos los demás lo que había pasado. ¹⁰Las mujeres que contaron estas cosas eran María Magdalena, Juana, María la madre de Jacobo, y las demás que las acompañaban.

¹¹Pero los discípulos pensaron que lo que ellas decían era una locura y no les creyeron. ¹²Sin embargo, Pedro salió corriendo al sepulcro. Al asomarse, sólo vio las vendas de lino. Luego regresó a su casa sorprendido de lo que había sucedido.

### De camino a Emaús

¹³Ese mismo día, dos de ellos se dirigían a un pueblo llamado Emaús, a unos once kilómetros de Jerusalén. ¹⁴Iban conversando de todo lo que había pasado. ¹⁵Mientras hablaban y discutían, Jesús mismo se acercó y empezó a caminar con ellos; ¹⁶pero no lo reconocieron, pues sus ojos estaban velados.

¹⁷Él les preguntó:

—¿De qué vienen hablando por el camino?

Se detuvieron; tenían los rostros embargados de tristeza. ¹⁸Uno de ellos, llamado Cleofas, le dijo:

—¿Eres tú el único que ha estado en Jerusalén y no se ha enterado de lo que ha pasado en estos días?

¹⁹Él les preguntó:

—¿Qué ha pasado?

Ellos le respondieron:

—Lo de Jesús de Nazaret. Era un profeta poderoso en lo que hacía y decía ante Dios y ante la gente. ²⁰Los jefes de los sacerdotes y nuestros gobernantes lo entregaron para que lo condenaran a muerte y lo crucificaran. ²¹Sin embargo, nosotros teníamos la esperanza de que él sería el libertador de Israel. Pero ya hace tres días que sucedió todo esto. ²²Esta mañana, algunas de las mujeres de entre nosotros nos dejaron asombrados. Muy temprano, fueron al sepulcro, ²³pero no encontraron su cuerpo. Cuando volvieron, nos contaron que unos ángeles se les habían aparecido y les habían dicho que él está vivo. ²⁴Algunos de nuestros compañeros fueron al sepulcro y lo encontraron tal como las mujeres habían explicado. Pero a él, no lo vieron.

²⁵Él les dijo:

—¡Qué torpes son ustedes! ¡Qué corazón tan lento tienen para creer todo lo que los profetas dijeron! ²⁶¿Acaso no saben que el Cristo tenía que sufrir estas cosas antes de entrar en su gloria?

✱24.13–15

—¡Éste estaba con él!
⁵⁷Pero él lo negó, diciendo:
—Mujer, yo no lo conozco.
⁵⁸Poco después alguien lo vio también y dijo:
—Tú también eres uno de ellos.
Pedro contestó:
—¡No, hombre, no lo soy!
⁵⁹Como una hora después, otro insistió diciendo:
—Seguro que éste estaba con él, pues es de Galilea.
⁶⁰Pedro respondió:
—¡Hombre, no sé de qué hablas!
Y mientras aun estaba hablando, el gallo cantó. ⁶¹El Señor se volvió y miró a Pedro. Entonces Pedro se acordó de que el Señor le había dicho: «Hoy mismo, antes de que el gallo cante tres veces, dirás que no me conoces». ⁶²Y Pedro salió de allí a llorar amargamente.

### Los soldados se burlan de Jesús

⁶³Los hombres que vigilaban a Jesús se burlaban de él y lo golpeaban. ⁶⁴Le vendaron los ojos y luego le decían:
—¡Adivina quién te pegó!
⁶⁵Y lo insultaban diciéndole muchas otras cosas.

### Jesús ante Pilato y Herodes

⁶⁶Cuando amaneció, se reunieron los ancianos del pueblo, los jefes de los sacerdotes y los maestros de la ley y llevaron a Jesús ante el Consejo. Entonces le preguntaron:
⁶⁷—Dinos, ¿eres tú el Cristo?
Jesús les contestó:
—Si les dijera que sí, ustedes no me lo creerían. ⁶⁸Y si les hiciera preguntas, no me contestarían. ⁶⁹Pero de ahora en adelante, el Hijo del hombre estará sentado a la derecha del Dios Todopoderoso.
⁷⁰Todos le preguntaron:
—Entonces, ¿eres tú el Hijo de Dios?
Él les contestó:
—Ustedes mismos lo han dicho.
⁷¹Entonces ellos dijeron:
—¿Qué más testigos necesitamos? Ya lo oímos de sus propios labios.

**23** En ese momento, toda la asamblea se levantó y lo llevaron ante Pilato. ²Comenzaron a acusarlo, diciendo:
—Encontramos a este hombre alborotando a nuestra nación. Está en contra de que se paguen impuestos al emperador y asegura que él es el Cristo, el rey.
³Pilato le preguntó a Jesús:
—¿Eres tú el rey de los judíos?
Él respondió:
—Tú mismo lo dices.
⁴Entonces Pilato le dijo a los jefes de los sacerdotes y a la gente:
—No encuentro nada que haga culpable a este hombre.
⁵Pero ellos seguían insistiendo:
—Con sus enseñanzas alborota al pueblo por toda Judea. Comenzó en Galilea y ya llegó hasta aquí.
⁶Cuando Pilato oyó esto, preguntó si el hombre era de Galilea. ⁷Al enterarse de que pertenecía a la jurisdicción de Herodes, se lo mandó a él, pues en aquellos días también Herodes estaba en Jerusalén.

⁸Cuando Herodes vio a Jesús, se puso muy contento, porque ya hacía tiempo que quería verlo. Había oído hablar de él y esperaba verlo hacer algún milagro. ⁹Le hizo muchas preguntas pero Jesús no le contestó nada. ¹⁰También estaban allí los jefes de los sacerdotes y los maestros de la ley y lo acusaban con insistencia. ¹¹Entonces Herodes y sus soldados lo trataron con desprecio y, para burlarse de él, le pusieron un manto lujoso. Después lo mandaron de vuelta a Pilato. ¹²Herodes y Pilato antes no se llevaban bien, pero desde ese mismo día se hicieron amigos.
¹³Pilato reunió a los jefes de los sacerdotes, a los gobernantes y al pueblo, ¹⁴y les dijo:
—Ustedes me trajeron a este hombre acusado de incitar al pueblo a la rebelión. Pero ya lo he interrogado delante de ustedes y no lo encuentro culpable de lo que ustedes lo acusan. ¹⁵Herodes tampoco lo encontró culpable, y por eso nos lo devolvió. Este hombre no ha hecho nada que merezca la muerte. ¹⁶Por lo tanto, ordenaré que lo azoten y después lo dejaré libre. ¹⁷Ahora bien, durante la fiesta tenía la obligación de soltarles un preso. ¹⁸Pero todos gritaban a una voz:
—¡Llévate a ese! ¡Deja libre a Barrabás!
¹⁹Barrabás estaba preso por una rebelión ocurrida en la ciudad y por haber matado a alguien. ²⁰Pilato quería dejar libre a Jesús y por eso habló con el pueblo otra vez. ²¹Pero la gente gritaba:
—¡Crucifícalo! ¡Crucifícalo!
²²Entonces él les dijo por tercera vez:
—Pero, ¿qué delito ha cometido este hombre? No lo encuentro culpable de nada que merezca la pena de muerte. Voy a ordenar que lo azoten y después lo dejaré libre.
²³Pero ellos siguieron insistiendo a gritos que lo crucificara, y por fin lo consiguieron. ²⁴Pilato les concedió lo que pedían. ²⁵Ordenó que dejaran libre al hombre que estaba preso por rebelde y asesino, y les entregó a Jesús para que hicieran con él lo que quisieran.

### La crucifixión

²⁶Cuando se lo llevaban, obligaron a un hombre de Cirene, llamado Simón, a que fuera detrás de Jesús cargando la cruz. Este hombre volvía en ese momento del campo. ²⁷Mucha gente del pueblo y muchas mujeres lo seguían. Ellas lloraban por él y se golpeaban el pecho. ²⁸Jesús se volvió hacia ellas y les dijo:
—Hijas de Jerusalén, no lloren por mí. Lloren más bien por ustedes y por sus hijos. ²⁹Porque se acerca el día en que dirán: «¡Dichosas las mujeres estériles, que nunca dieron a luz ni tuvieron que amamantar hijos!» ³⁰Entonces comenzarán a decir a las montañas: «¡Caigan sobre nosotros!», y a las colinas: «¡Cúbrannos!», ³¹pues si cuando el árbol está verde hacen esto, ¿qué no harán cuando esté seco?
³²Llevaban también con él, para matarlos, a otros dos que eran criminales. ³³Cuando llegaron al lugar llamado la Calavera, lo crucificaron. También a los criminales, uno a la derecha de él y otro a su izquierda.
³⁴Jesús dijo:
—Padre, perdónalos porque no saben lo que hacen.
Mientras, echaban suertes para ver quién se quedaba con la ropa de Jesús. ³⁵La gente se quedó allí para

## La última cena

**7**Cuando llegó el día de la fiesta de los panes sin levadura, en que se sacrificaba el cordero de la Pascua, **8**Jesús llamó a Pedro y a Juan, y les dijo: —Vayan y preparen todo para que comamos la Pascua.

**9**Ellos le preguntaron:

—¿Dónde quieres que la preparemos?

**10**Él les contestó:

—Al entrar ustedes en la ciudad, encontrarán a un hombre que lleva un cántaro de agua. Síganlo hasta la casa en que entre, **11**y díganle al dueño de la casa: «El Maestro quiere saber cuál es la sala donde va a comer la Pascua con sus discípulos». **12**Él les mostrará una sala grande y amueblada, en el piso de arriba. Preparen allí la cena.

**13**Ellos se fueron y encontraron todo tal como Jesús les había dicho. Así que prepararon la Pascua. **14**Cuando llegó la hora, Jesús y sus apóstoles se sentaron a la mesa.

**15**Él les dijo:

—Había deseado muchísimo comer esta Pascua con ustedes, antes que sufra. **16**Pues les aseguro que no volveré a comerla hasta que tenga su cumplimiento en el reino de Dios.

**17**Luego tomó la copa, dio gracias y dijo:

—Tomen esto y repártanlo entre ustedes. **18**Pues yo les aseguro que no volveré a beber del fruto de la vid hasta que venga el reino de Dios.

**19**Entonces tomó el pan, dio gracias por él, lo partió, se lo dio a ellos y les dijo:

—Este pan es mi cuerpo, que es entregado por ustedes. Hagan esto para que se acuerden de mí.

**20**Después de la cena, tomó la copa y dijo:

—Esta copa es el nuevo pacto en mi sangre que es derramada por todos ustedes. **21**Pero la mano del que va a traicionarme, está aquí con la mía, sobre la mesa. **22**Es verdad que el Hijo del hombre irá por el camino que le está determinado, pero ¡ay de aquel que lo traiciona!

**23**Entonces comenzaron a preguntarse unos a otros quién de ellos haría tal cosa. **24**Y empezaron a discutir sobre cuál de ellos sería el más importante. **25**Jesús les dijo:

—Los reyes de las naciones son unos tiranos con sus súbditos. Y aun así, ellos dicen de sí mismos que le hacen bien a la gente. **26**Pero entre ustedes no debe ser así. El más importante debe comportarse como el menor, y el que manda como el que sirve. **27**Porque, ¿quién es más importante?, ¿el que está sentado a la mesa o el que sirve? ¿No es el el que está sentado a la mesa? Sin embargo, yo estoy entre ustedes como el que sirve. **28**Ustedes han estado siempre a mi lado en mis pruebas. **29**Por eso, yo mismo les doy un reino como mi Padre me lo ha dado a mí. **30**En mi reino van a comer y a beber en mi mesa y se sentarán en tronos para juzgar a las doce tribus de Israel.

**31**»Simón, Simón, date cuenta de que Satanás ha pedido zarandearlos a ustedes como si fueran trigo; **32**pero yo he rogado por ti, para que tu fe no falle. Y cuando eso pase y tú te hayas vuelto a mí, fortalece a tus hermanos».

**33**Pedro respondió:

—Señor, estoy dispuesto a ir contigo a la cárcel y aun a la muerte.

**34**Él le dijo:

—Pedro, pues te digo que hoy mismo, antes de que el gallo cante, tres veces dirás que no me conoces.

**35**Luego, Jesús les dijo a todos:

—Cuando los envié sin dinero ni bolsa ni sandalias, ¿les hizo falta algo?

Respondieron:

—Nada.

**36**—Pero ahora les digo: El que tenga dinero, que lo lleve, y también el que tenga una bolsa, que la lleve. El que no tenga espada, que venda su manto y se compre una. **37**Les digo que tiene que cumplirse en mí lo que está escrito: «A él lo contaron como otro malvado más». Y eso que se ha escrito de mí, se cumplirá.

**38**Los discípulos le dijeron:

—Señor, mira, aquí hay dos espadas.

Y él les contestó:

—¡Basta!

## Jesús ora en el monte de los Olivos

**39**Jesús salió de la ciudad acompañado por sus discípulos y se dirigió al monte de los Olivos, como era su costumbre. **40**Cuando llegaron al lugar, les dijo: «Oren para que no caigan en tentación».

**41**Entonces se alejó de ellos a una buena distancia, se arrodilló y se puso a orar: **42**«Padre, si quieres, no me hagas beber este trago amargo. Pero que no se haga lo que yo quiero, sino lo que tú quieres».

**43**En ese momento, un ángel del cielo se le apareció para darle fortaleza. **44**Estaba tan angustiado, que se puso a orar con más intensidad, y su sudor caía a tierra como grandes gotas de sangre. **45**Cuando terminó de orar, volvió adonde estaban los discípulos y los encontró dormidos, estaban agotados por la tristeza.

**46**Les dijo: «¿Por qué están durmiendo? Levántense y oren para que no caigan en tentación».

## Arresto de Jesús

**47**Mientras Jesús decía esto, llegó mucha gente y al frente de ellos iba Judas, que era uno de los doce. Éste se acercó para besar a Jesús.

**48**Pero Jesús le preguntó:

—Judas, ¿con un beso traicionas al Hijo del hombre?

**49**Los discípulos, al ver lo que pasaba, le dijeron:

—Señor, ¿atacamos con la espada?

**50**Y uno de ellos le cortó la oreja derecha al sirviente del jefe de los sacerdotes.

**51**Jesús les ordenó:

—¡Basta ya, déjenlos!

Entonces tocó la oreja del hombre y lo sanó.

**52**Luego les dijo a los jefes de los sacerdotes, a los capitanes del templo y a los ancianos que habían venido a llevárselo: —¿Por qué vienen contra mí con espadas y palos como si yo fuera un bandido? **53**Yo estaba con ustedes en el templo todos los días, y sin embargo, no se atrevieron a arrestarme. Pero esta es ya la hora de ustedes, hora en que reinan las tinieblas.

## Pedro niega a Jesús

**54**Entonces arrestaron a Jesús y lo llevaron a la casa del jefe de los sacerdotes. Pedro los seguía de lejos. **55**Allí, en medio del patio, encendieron una fogata y se sentaron alrededor de ella. Pedro también se sentó con ellos. **56**Una sirvienta, al verlo sentado junto al fuego, se le quedó mirando y dijo:

⁴⁰Y ya no se atrevieron a hacerle más preguntas.

### ¿De quién es Hijo el Cristo?

⁴¹Entonces fue Jesús quien les preguntó:

—¿Por qué dicen que el Cristo es el Hijo de David? ⁴²David mismo dice esto en el libro de los Salmos:

«El Señor le dijo a mi Señor:
"Siéntate a mi derecha,
⁴³ hasta que ponga a tus enemigos por estrado de tus pies"».

⁴⁴»Si al Cristo David lo llama "Señor", ¿cómo puede entonces ser su hijo?

⁴⁵Mientras toda la gente lo escuchaba, Jesús les dijo a sus discípulos:

⁴⁶—Cuídense de los maestros de la ley. A ellos les gusta pasearse con ropas lujosas y que los saluden en las plazas. Les encanta ocupar los primeros puestos en la sinagoga y los mejores lugares en los banquetes. ⁴⁷»Ellos les quitan sus casas a las viudas y a las hacen largas oraciones para impresionar a los demás. El castigo para ellos será peor».

### La ofrenda de la viuda

**21** Jesús vio como los ricos echaban sus ofrendas en las alcancías del templo. ²También vio como una viuda echaba dos moneditas de cobre.

³Él dijo:

—Les aseguro que esta viuda echó más que todos los demás, ⁴porque todos ellos dieron sus ofrendas de lo que les sobraba; pero ella, en medio de su pobreza, dio todo lo que tenía para vivir.

### Señales del fin del mundo

⁵Algunos de sus discípulos hablaban del templo, de las hermosas piedras y ofrendas dedicadas a Dios, que lo adornaban. Pero Jesús les dijo:

⁶—Llegará el día en que no quedará ni una piedra que esté sobre otra. Todo será destruido.

⁷Le preguntaron:

—Maestro, ¿cuándo sucederá eso? ¿Cuál será la señal de que está a punto de suceder?

⁸Jesús les dijo:

—Tengan cuidado. No se dejen engañar. Porque vendrán muchos que haciéndose pasar por mí, dirán: «Yo soy» y «el tiempo ya está cerca». Ustedes no los sigan. ⁹Cuando oigan que hay guerras y revoluciones, no se asusten. Primero tienen que pasar estas cosas, pero todavía no vendrá el fin.

¹⁰Continuó diciéndoles:

—Pelearán una nación contra otra y un reino contra otro reino. ¹¹Habrá grandes terremotos, hambrunas y epidemias por todas partes. En el cielo ocurrirán cosas espantosas y grandes señales.

¹²»Pero antes que todo esto suceda, echarán mano de ustedes y los perseguirán. Los entregarán a las sinagogas y los meterán en las cárceles. Por ser mis seguidores, los llevarán ante reyes y gobernadores. ¹³Esto les dará a ustedes la oportunidad de hablarles de mí. ¹⁴Pero no se preocupen de antemano de cómo se defenderán, ¹⁵pues yo les daré las palabras adecuadas y sabias para responder, y ninguno de sus enemigos podrá estar en contra de ustedes ni contradecirlos. ¹⁶A ustedes los traicionarán aun sus padres, hermanos, parientes y amigos. Y a algunos los matarán. ¹⁷Todo el mundo los odiará por ser mis seguidores. ¹⁸¡Pero ni uno solo de los cabellos de su cabeza se perderá! ¹⁹Si se mantienen firmes, se salvarán.

²⁰»Cuando vean a Jerusalén rodeada de ejércitos, sepan que su destrucción está cerca. ²¹Los que estén en Judea, huyan a las montañas; los que estén en la ciudad salgan de ella; y los que estén en el campo no regresen a la ciudad. ²²Esos días serán de juicio y en ellos se cumplirá todo lo que está escrito. ²³¡Ay de las que estén embarazadas o amamantando en aquellos días! Porque habrá mucho sufrimiento en la tierra y este pueblo será castigado. ²⁴Unos morirán a filo de espada y a otros los llevarán prisioneros a todas las naciones. Los gentiles pisotearán a Jerusalén, hasta que llegue el tiempo señalado para ellos.

²⁵»Habrá señales en el sol, la luna y las estrellas. En la tierra, las naciones estarán angustiadas y confundidas por el bramido del mar y de las olas. ²⁶Los hombres se desmayarán de terror por el miedo de lo que sucederá con el mundo. Todos los cuerpos celestes serán sacudidos. ²⁷Entonces verán al Hijo del hombre que viene en una nube con gran poder y gloria. ²⁸Cuando estas cosas comiencen a suceder, anímense y levanten la cabeza, porque su salvación está cerca».

²⁹Jesús también les dijo:

—Fíjense en la higuera o en cualquiera de los otros árboles. ³⁰»Cuando las hojas le comienzan a brotar, ustedes se pueden dar cuenta por sí mismos de que el verano se acerca. ³¹Así también, cuando vean que las cosas que les dije suceden, eso quiere decir que el reino de Dios está cerca. ³²Les aseguro que todas estas cosas sucederán antes que pase esta generación. ³³El cielo y la tierra dejarán de existir, pero mis palabras nunca dejarán de existir.

³⁴»¡Cuídense! No sea que por el vicio, las borracheras y todas las preocupaciones de esta vida, se les endurezca el corazón. Ese día puede llegar cuando ustedes menos lo esperen. ³⁵Vendrá como una emboscada sobre todos los habitantes de la tierra. ³⁶Ustedes estén siempre vigilantes. Oren para que puedan escapar de todo lo que va a suceder, y así puedan presentarse delante del Hijo del hombre».

³⁷Jesús pasaba la noche en el monte de los Olivos, pero enseñaba de día en el templo, ³⁸y toda la gente madrugaba para ir a oírlo.

### Judas acuerda traicionar a Jesús

**22** Se acercaba la fiesta de los panes sin levadura, también llamada Pascua. ²Los jefes de los sacerdotes y los maestros de la ley buscaban la manera de acabar con Jesús, pero le tenían miedo a la gente.

³Entonces entró Satanás en Judas, uno de los doce, al que llamaban Iscariote. ⁴Éste fue a los jefes de los sacerdotes y a los capitanes del templo para ponerse de acuerdo con ellos en cómo les entregaría a Jesús. ⁵Ellos se alegraron y prometieron darle dinero. ⁶Judas aceptó, y comenzó a buscar la oportunidad de entregarles a Jesús cuando no hubiera nadie.

✠21.14–15

—Les aseguro que si ellos se callan, las piedras gritarán.

## Jesús en el templo

⁴¹Cuando Jesús estaba cerca de Jerusalén y vio la ciudad, lloró por ella. ⁴²Y dijo:

—¡Cómo me gustaría que hoy entendieras lo que puede traerte paz! Pero ahora eso no lo puedes ver. ⁴³Llegarán sobre ti días en que tus enemigos harán un muro y te rodearán, y te atacarán por todos lados. ⁴⁴Te derribarán, no dejarán ni una piedra sobre otra, y matarán a tus hijos. Todo esto ocurrirá porque no reconociste el tiempo en que Dios vino a salvarte.

⁴⁵Cuando llegó al templo, comenzó a echar fuera de allí a los que estaban vendiendo. ⁴⁶Les dijo:

—Escrito está: «Mi casa será casa de oración»; pero ustedes la han convertido en «cueva de ladrones».

⁴⁷Él enseñaba todos los días en el templo, y los jefes de los sacerdotes, los maestros de la ley y los líderes del pueblo trataban de matarlo. ⁴⁸Pero no encontraban cómo hacerlo, porque todo el pueblo lo escuchaba con mucha atención.

## La autoridad de Jesús puesta en duda

**20** Un día, Jesús estaba enseñando a la gente en el templo. Mientras les enseñaba las buenas noticias, se le acercaron los jefes de los sacerdotes, los maestros de la ley y los ancianos para hacerle esta pregunta: ²—¿Dinos quién te ha dado autoridad para hacer esto?

³Él les respondió: —Yo también les voy a hacer una pregunta. Contéstenme: ⁴Juan, ¿bautizaba con autoridad del cielo o de la tierra?

⁵Ellos comenzaron a discutir entre sí: «Si decimos que "del cielo", él nos preguntará por qué no le creímos. ⁶Y si decimos que "de la tierra", todo el pueblo nos apedreará, porque están seguros de que Juan era un profeta».

⁷Entonces le respondieron:

—No sabemos.

⁸Él les dijo:

—Pues yo tampoco les voy a decir con qué autoridad hago esto.

## Parábola de los labradores malvados

⁹Después le contó a la gente esta parábola:

—Un hombre plantó un viñedo, lo alquiló a unos labradores y luego se fue de viaje por largo tiempo. ¹⁰Cuando llegó el tiempo de la cosecha, mandó a un sirviente para que los labradores le dieran como pago parte de la cosecha. Pero los labradores lo golpearon y lo enviaron con las manos vacías. ¹¹Luego envió a otro sirviente, pero también a este lo golpearon, lo humillaron y lo enviaron con las manos vacías. ¹²Entonces envió por tercera vez a un sirviente, y a éste también lo hirieron y lo echaron fuera.

¹³»Así que el dueño del viñedo pensó: "¿Qué haré? Enviaré a mi hijo, al que tanto amo. Estoy seguro de que a él sí lo respetarán".

¹⁴»Pero cuando los labradores lo vieron, se dijeron unos a otros: "Éste es el que heredará todo esto. Vamos a matarlo y la herencia será nuestra". ¹⁵Así que lo echaron fuera del viñedo y lo mataron. ¿Qué piensan ustedes que les hará el dueño? ¹⁶Regresará, matará a esos labradores y dará el viñedo a otros».

La gente oyó esto y dijo:

—¡Qué Dios no lo permita!

¹⁷Jesús los miró y les dijo:

—Entonces, si está escrito: «La piedra que los constructores despreciaron, se ha convertido en la piedra más importante», ¿qué quiere decir eso? ¹⁸»El que caiga sobre esa piedra se hará pedazos; y si la piedra cae sobre alguien, lo hará polvo».

¹⁹Los maestros de la ley y los jefes de los sacerdotes se dieron cuenta de que la parábola se refería a ellos. Por eso querían arrestarlo en ese mismo momento, pero le tenían miedo a la gente.

## El pago de impuestos al césar

²⁰Entonces enviaron espías que se hacían pasar por gente honrada para vigilarlo. Querían atrapar a Jesús cuando dijera algo que les diera la oportunidad de entregarlo al gobernador romano.

²¹Los espías le dijeron:

—Maestro, sabemos que dices y enseñas lo que es correcto. Que no te dejas llevar por las apariencias, sino que de verdad enseñas el camino de Dios. ²²Dinos: ¿Está bien que paguemos impuestos al gobierno romano o no?

²³Pero Jesús se dio cuenta de sus malas intenciones y les dijo:

²⁴—Muéstrenme una moneda romana. ¿De quién es la imagen y el nombre que tiene escrito?

Le contestaron:

—Del césar.

²⁵Él les dijo:

—Pues denle al césar lo que es del césar y a Dios lo que es de Dios.

²⁶Y así no encontraron oportunidad para atraparlo en nada de lo que él decía frente a la gente. Por eso, sorprendidos de su respuesta, se callaron.

## La resurrección y el matrimonio

²⁷Después, algunos saduceos se acercaron a Jesús. Ellos no creían que hubiera resurrección, y por esa razón le hicieron esta pregunta:

²⁸—Maestro, Moisés dice en sus escritos que si un hombre muere sin haber tenido hijos con su esposa, el hermano de ese hombre tiene que casarse con la viuda, para darle hijos a su hermano muerto. ²⁹Pues bien, había siete hermanos. El primero se casó y murió sin tener hijos. ³⁰Después el segundo ³¹y el tercero se casaron con la misma mujer, luego el resto de los siete hermanos. Cada uno murió sin tener hijos. ³²Por último, también la mujer murió. ³³Cuando ocurra la resurrección, ¿de cuál de ellos será esposa esta mujer si estuvo casada con los siete? ³⁴Jesús les contestó: —En este mundo la gente se casa, ³⁵pero los que merecen resucitar en el mundo que viene, esos no se casarán, ³⁶ni tampoco morirán. Serán como los ángeles, y serán hijos de Dios porque toman parte en la resurrección. ³⁷Hasta Moisés mismo nos deja ver que los muertos resucitan. Lo dijo en el pasaje sobre la zarza, pues llama al Señor «el Dios de Abraham, el Dios de Isaac, y el Dios de Jacob». ³⁸Y Dios no es Dios de muertos, sino de vivos, pues para él todos ellos viven.

³⁹Algunos de los maestros de la ley le dijeron:

—¡Muy buena respuesta, Maestro!

rá todo lo que los profetas escribieron acerca del Hijo del hombre. ³²Lo van a entregar a los gentiles, y éstos se van a burlar de él. Lo van a insultar y a escupir. ³³Después lo azotarán y, por último, lo matarán. Pero al tercer día resucitará».

³⁴Los discípulos no entendieron nada de esto, ni sabían de qué les hablaba.

### Un mendigo ciego recibe la vista

³⁵Cuando Jesús se acercaba a Jericó, un ciego estaba sentado junto al camino pidiendo limosna. ³⁶Al oír que pasaba mucha gente, preguntó qué sucedía. ³⁷Le respondieron:

—Jesús de Nazaret está pasando por aquí. ³⁸Entonces el ciego gritó:

—¡Jesús, Hijo de David, ten compasión de mí!

³⁹Los que iban delante lo reprendían para que se callara, pero él gritó todavía más fuerte:

—¡Hijo de David, ten compasión de mí!

⁴⁰Jesús se detuvo y mandó que lo trajeran a su presencia.

Cuando el ciego se acercó, Jesús le preguntó:

⁴¹—¿Qué quieres que haga por ti?

—Señor, quiero que me des la vista.

⁴²Jesús le dijo:

—¡Recibe la vista! Tu fe te ha sanado.

⁴³En ese mismo instante el ciego recobró la vista. Se fue siguiendo a Jesús y alabando a Dios. Y toda la gente que vio esto también alababa a Dios.

### Zaqueo, el recaudador de impuestos

**19** Jesús llegó a Jericó y comenzó a cruzar la ciudad. ²Allí vivía un hombre muy rico llamado Zaqueo, que era jefe de los cobradores de impuestos. ³Él trataba de ver a Jesús, pero era de baja estatura y había tanta gente que no alcanzaba a verlo. ⁴Entonces se adelantó corriendo al lugar por donde Jesús iba a pasar y se subió a un árbol para poder verlo. ⁵Cuando Jesús pasaba por ese lugar, miró hacia arriba y le dijo:

—Zaqueo, baja en seguida, porque quiero quedarme hoy en tu casa.

⁶Zaqueo se bajó a toda prisa y, muy contento, recibió a Jesús en su casa.

⁷Al ver esto, todos empezaron a murmurar:

—Se fue a quedar en la casa de un pecador.

⁸Zaqueo se levantó y dijo:

—Señor, voy a dar la mitad de todo lo que tengo a los pobres. Y si a alguien le he robado, le devolveré cuatro veces lo que le robé.

⁹Jesús le dijo:

—Hoy, la salvación ha llegado a esta casa, pues este hombre también es uno de los hijos de Abraham. ¹⁰En efecto, el Hijo del hombre vino a buscar y a salvar a los que se habían perdido.

### Parábola del dinero

¹¹Como Jesús ya estaba cerca de Jerusalén y la gente pensaba que el reino de Dios comenzaría en ese momento, Jesús les contó una parábola. ¹²Les dijo: «Un hombre de la nobleza fue a que lo coronaran rey en un país lejano y después de eso regresaría. ¹³Antes de partir, llamó a diez de sus empleados y le entregó a cada uno una buena cantidad de dinero. Les dijo: "Hagan negocio con este dinero hasta que yo vuelva". ¹⁴Pero la gente de su país lo odiaba y mandaron un grupo de personas tras él para que dijeran: "No queremos que éste sea nuestro rey".

¹⁵»A pesar de todo, fue coronado rey. Cuando regresó a su país, ordenó llamar a los diez empleados a quienes les había entregado dinero, para ver cuánto habían ganado. ¹⁶El primero se presentó y le dijo: "Señor, su dinero ha ganado diez veces más de lo que usted me dejó". ¹⁷El rey le respondió: "¡Muy bien, eres un buen empleado! Como has sido fiel en lo poco que te entregué, te nombro gobernador de diez ciudades".

¹⁸»El segundo se presentó y le dijo: "Señor, su dinero ha ganado cinco veces más de lo que usted me dejó". ¹⁹El rey le respondió: "A ti te nombro gobernador de cinco ciudades".

²⁰»Llegó el otro empleado y dijo: "Señor, aquí está su dinero. Lo envolví en un pañuelo y lo guardé. ²¹Tenía miedo porque usted es un hombre muy exigente que recoge lo que no depositó y cosecha lo que no sembró". ²²Entonces el rey le contestó: "Eres un empleado malo. Con tus mismas palabras te voy a juzgar. Si sabías que soy muy exigente, que recojo lo que no deposité y cosecho lo que no sembré, ²³¿por qué no depositaste mi dinero en el banco, para que cuando yo regresara ganara los intereses?" ²⁴Entonces, les dijo a los que estaban allí: "Quítenle el dinero y dénselo al que ganó diez veces más". ²⁵Pero, ellos le dijeron: "Señor, pero si él ya tiene diez veces más". ²⁶El rey les respondió: "Les aseguro que al que tiene, se le dará más, pero al que no tiene, hasta lo poco que tenga se le quitará. ²⁷Y a esos enemigos míos que no querían que yo fuera su rey, tráiganlos aquí y mátenlos delante de mí"».

### La entrada triunfal

²⁸Al terminar de decir esto, siguió su camino hacia Jerusalén. ²⁹Cuando estuvo cerca de Betfagué y Betania, junto al monte de los Olivos, envió a dos de sus discípulos y les dijo: ³⁰«Vayan a la aldea que está enfrente. Cuando entren, van a encontrar un burrito atado en el que aún nadie se ha montado. Desátenlo y tráiganlo. ³¹Si alguien les pregunta por qué lo desatan, díganle: "El Señor lo necesita"».

³²Ellos fueron y lo encontraron tal como él les había dicho. ³³Al estar ellos desatando al burrito, los dueños les preguntaron:

—¿Por qué lo desatan?

³⁴Ellos contestaron:

—El Señor lo necesita.

³⁵Después, llevaron al burrito a donde estaba Jesús; pusieron sobre el animal sus mantos y ayudaron a Jesús a montarse. ³⁶Conforme iba avanzando, la gente extendía sus mantos sobre el camino. ³⁷Cuando ya estaban cerca de la bajada del monte de los Olivos, todos sus seguidores se llenaron de alegría y comenzaron a alabar a Dios por todos los milagros que habían visto. Y gritaban:

³⁸—¡Bendito el rey que viene en el nombre del Señor!

—¡Paz en el cielo y gloria en las alturas!

³⁹Algunos de los fariseos que estaban entre la gente le dijeron a Jesús:

—¡Maestro, reprende a tus discípulos!

⁴⁰Él les respondió:

---

✶19.9–10

## La venida del reino de Dios

**20**Los fariseos le preguntaron cuándo vendría el reino de Dios.

Él les contestó:

—El reino de Dios no vendrá como algo que todo mundo pueda ver. **21**Nadie podrá decir: «¡Aquí está!» o «¡Allá está!», porque el reino de Dios ya está entre ustedes.

**22**Les dijo a sus discípulos:

—Llegará el tiempo en que ustedes desearán ver por lo menos uno de los días del Hijo del hombre, pero no podrán. **23**Algunos les dirán: «¡Allá está!» o «¡Aquí está!», pero no vayan, no los sigan. **24**Porque el día del Hijo del hombre, él resplandecerá como un relámpago que ilumina el cielo de un lado hasta el otro. **25**Pero primero tiene que sufrir mucho y ser rechazado por la gente de esta generación.

**26**»Cuando regrese el Hijo del hombre, las cosas estarán como en los tiempos de Noé: **27**comían, bebían y se casaban, hasta el día en que Noé entró en el arca, llegó el diluvio y los destruyó a todos.

**28**»Lo mismo pasó en tiempos de Lot: comían y bebían, compraban y vendían, sembraban y edificaban. **29**Pero cuando Lot salió de Sodoma, cayó fuego y azufre del cielo y acabó con todos.

**30**»Así será el día en que el Hijo del hombre aparezca. **31**En aquel día, el que esté en la azotea y tenga sus cosas dentro de la casa, que no baje a sacarlas. El que esté en el campo, que no regrese a su casa. **32**¡Recuerden lo que le sucedió a la esposa de Lot! **33**El que trate de conservar su vida, la perderá. El que la pierda, la conservará. **34**Aquella noche habrá dos personas en una misma cama: una será llevada y la otra será dejada. **35,36**Dos mujeres estarán moliendo juntas: una será llevada y la otra será dejada».*c*

**37**Le preguntaron: —¿Dónde ocurrirá eso, Señor?

Él les respondió:

—Donde esté el cadáver, allí se juntarán los buitres.

## Parábola de la viuda insistente

**18** Jesús les contó una parábola a sus discípulos para enseñarles que debían orar siempre y sin desanimarse. **2**Les dijo: «En un pueblo había un juez que no temía a Dios ni respetaba a nadie. **3**En ese mismo pueblo vivía una viuda que no se cansaba de decirle: "Hágame usted justicia contra mi enemigo". **4**Al principio el juez no le hizo caso, pero después de un tiempo pensó: "Aunque no temo a Dios ni respeto a nadie, **5**esta mujer ya me tiene cansado. Para que me deje tranquilo, le haré justicia"».

**6**Y el Señor siguió diciendo: «Piensen en lo que dijo el juez malo. **7**¿No creen ustedes que Dios hará justicia a los que él ha escogido y que claman a él día y noche? ¿Se tardará él en responderles? **8**Yo aseguro que él les hará justicia sin tardar. Pero cuando el Hijo del hombre venga, ¿encontrará fe en la tierra?»

## Parábola del fariseo y del recaudador de impuestos

**9**Jesús les contó esta parábola a unos que se creían muy justos y despreciaban a los demás: **10**«Dos hombres fueron al templo a orar. Uno de ellos era fariseo y el otro, un cobrador de impuestos. **11**El fariseo, de pie, oraba así: "Dios, te doy gracias porque no soy como otros hombres que son ladrones, malhechores, adúlteros; ni mucho menos soy como este cobrador de impuestos. **12**Ayuno dos veces a la semana y te doy la décima parte de todo lo que gano". **13**El cobrador de impuestos, en cambio, se quedó a cierta distancia y ni siquiera se atrevía a levantar los ojos al cielo. Se golpeaba el pecho y decía: "¡Dios mío, ten compasión de mí, que soy pecador!"

**14**»Les aseguro que éste, y no el fariseo, regresó a su casa habiendo sido perdonado por Dios. Porque el que se engrandece a sí mismo será humillado, y el que se humilla será engrandecido».

## Jesús y los niños

**15**También le llevaron a Jesús niños pequeños para que los tocara. Sus discípulos, al ver esto, comenzaron a reprender a quienes los llevaron. **16**Pero Jesús llamó a los niños y les dijo a los discípulos: «Dejen que los niños vengan a mí, y no se lo impidan, porque el reino de Dios es de aquellos que son como ellos. **17**Les aseguro que el que no reciba el reino de Dios como lo recibe un niño, no entrará en él».

## El dirigente rico

**18**Uno de los jefes de los judíos le preguntó:

—Maestro bueno, ¿qué debo hacer para tener la vida eterna?

**19**Jesús le respondió:

—¿Por qué dices que soy bueno? Dios es el único que es bueno. **20**Tú ya conoces los mandamientos: «No cometas adulterio, no mates, no robes, no digas mentiras para hacerle daño a nadie, respeta a tu padre y a tu madre».

**21**El hombre le dijo:

—Todo esto lo he cumplido desde que era joven.

**22**Jesús le respondió:

—Hay una cosa que todavía no has hecho: vende todo lo que tienes y repártelo entre los pobres. Así tendrás un tesoro en el cielo. Cuando lo hayas hecho, ven y sígueme.

**23**Al oír el hombre esto, se puso muy triste, pues era muy rico. **24**Cuando Jesús lo vio tan triste, dijo:

—¡Qué difícil es para los ricos entrar en el reino de Dios! **25**En verdad, es más fácil que un camello pase por el ojo de una aguja que un rico entre en el reino de Dios.

**26**Los que oyeron esto preguntaron:

—Entonces, ¿quién podrá salvarse?

**27**Jesús les respondió:

—Lo que es imposible para los hombres es posible para Dios.

**28**Pedro le dijo:

—Pues nosotros hemos dejado todo para seguirte.

**29**Jesús les respondió:

—Y yo les aseguro que todo el que haya dejado su casa, su esposa, sus hermanos, sus padres o sus hijos por causa del reino de Dios, **30**recibirá mucho más en este tiempo, y en la vida venidera recibirá la vida eterna.

## Jesús predice de nuevo su muerte

**31**Entonces Jesús se reunió aparte con los doce y les dijo: «Ahora vamos camino a Jerusalén. Allí se cumpli-

*17.32-33   *18.1   *18.10-14

⁵»Llamó a cada uno de los que le debían algo a su patrón. Al primero le preguntó: "¿Cuánto le debes a mi patrón?" ⁶Éste le contestó: "Cien barriles de aceite". El administrador le dijo: "Toma tu factura, siéntate, date prisa y escribe cincuenta". ⁷Después le preguntó al segundo: "Y tú, ¿cuánto le debes?" Él contestó: "Cien bultos de trigo". El administrador le dijo: "Toma tu factura y anota ochenta".

⁸»El patrón felicitó al administrador porque hizo las cosas con astucia. Es que la gente de este mundo es más astuta en su trato con los que también son de este mundo, que los que han recibido la luz. ⁹Por eso yo les aconsejo que usen las riquezas de este mundo para ganar amigos y así, cuando esas riquezas se les acaben a ustedes, los reciban en las viviendas eternas. ¹⁰»El que es honesto en lo poco, también es honesto en lo mucho; y el que no es honesto en lo poco, tampoco será honesto en lo mucho. ¹¹Por eso, si ustedes no son honestos con las riquezas de este mundo, ¿quién les confiará las riquezas verdaderas? ¹²Si no son honrados con lo que no es de ustedes, ¿quién les dará lo que les pertenece a ustedes?

¹³»Nadie puede ser sirviente de dos patrones, porque despreciará a uno y amará al otro. Nadie puede servir al mismo tiempo a Dios y a las riquezas».

¹⁴Los fariseos oían todas estas cosas y se burlaban de Jesús porque a ellos les gustaba mucho el dinero. ¹⁵Jesús les dijo: «Ustedes se hacen pasar por buenos delante de la gente, pero Dios conoce sus corazones. Les digo que aquello que la gente piensa que tiene mucho valor para Dios es despreciable.

### Otras enseñanzas

¹⁶»La ley y los profetas se anunciaron hasta Juan. Desde entonces, se anuncian las buenas nuevas del reino de Dios, y todos se esfuerzan por entrar en él. ¹⁷Pero es más fácil que desaparezcan el cielo y la tierra, que deje de cumplirse una sola tilde de la ley.

¹⁸»Todo hombre que se divorcia de su esposa y se casa con otra, comete adulterio; y el que se casa con la divorciada, también comete adulterio.

### El rico y Lázaro

¹⁹»Había un hombre rico que se vestía con ropas muy lujosas y a diario hacía fiestas donde servían espléndidos banquetes. ²⁰Junto a la puerta de su casa se sentaba un mendigo llamado Lázaro. Tenía la piel cubierta de llagas ²¹y hasta los perros se las lamían. A él le habría gustado llenarse el estómago con lo que caía de la mesa del rico.

²²»Un día, el mendigo murió y los ángeles lo llevaron junto a Abraham. El rico murió también y lo enterraron. ²³En el infierno, en medio de sus tormentos, el rico vio a lo lejos a Abraham, y a Lázaro junto a él. ²⁴Entonces lo llamó a gritos: "Padre Abraham, ten compasión de mí. Manda a Lázaro a que moje la punta de su dedo en agua y me refresque la lengua, porque estoy sufriendo mucho en este fuego".

²⁵»Pero Abraham le respondió: "Hijo, recuerda que cuando ustedes vivían, a ti te fue muy bien pero a Lázaro muy mal. Ahora a él le toca recibir consuelo aquí y a ti te toca sufrir. ²⁶Además, entre ustedes y nosotros hay un gran abismo, y nadie puede venir de allá para acá ni ir de aquí para allá".

²⁷»El rico, le dijo: "Padre Abraham, entonces te suplico que mandes a Lázaro a la casa de mi padre, ²⁸para que avise a mis cinco hermanos, y no vengan ellos también a este lugar de tormento". ²⁹Pero Abraham le replicó: "Ellos ya tienen a Moisés y a los profetas: ¡que les hagan caso!"

³⁰»Entonces el hombre rico respondió: "No les harán caso, padre Abraham. Pero si algún muerto fuera y se les presentara entonces sí se arrepentirán". ³¹Abraham le dijo: "Si no le hacen caso a Moisés y a los profetas, tampoco le harán caso a alguien que se levante de entre los muertos"».

### El pecado, la fe y el deber

**17** Jesús les dijo a sus discípulos:
—No se pueden evitar los tropiezos, pero ¡ay de aquel que los causa! ²Mejor le sería que lo arrojaran al mar con una piedra de molino atada al cuello, que ser la causa de que uno solo de estos pequeños. ³Así que, ¡tengan cuidado!

»Si tu hermano peca, repréndelo; y si se arrepiente, perdónalo. ⁴Aun si en un día peca siete veces contra ti, y siete veces regresa a decirte: "Me arrepiento", perdónalo».

⁵Luego los apóstoles le dijeron al Señor:
—¡Haz que nuestra fe aumente!

⁶El Señor les respondió:
—Si la fe que ustedes tienen fuera tan pequeña como un grano de mostaza, podrían decirle a este árbol: "Saca tus raíces de aquí y plántate en el mar", y el árbol les obedecería.

⁷»Si ustedes tienen un sirviente que ha estado arando el campo o cuidando las ovejas, cuando él regresa, ¿le van a decir: "Ven y siéntate a comer"? ⁸No, más bien le dicen: "Prepárame la comida y arréglate para atenderme mientras yo ceno. Tú podrás comer y beber más tarde". ⁹Tampoco le dan las gracias al sirviente poque hizo lo que se le mandó. ¹⁰Así también ustedes, cuando hayan hecho lo que se les mandó, deben decir: "Somos sirvientes inútiles, pues sólo cumplimos con nuestra obligación"».

### Jesús sana a diez leprosos

¹¹Un día, Jesús siguió su viaje hacia Jerusalén, pasando por Samaria y Galilea. ¹²Cuando entró en un pueblo, diez hombres que estaban enfermos de lepra le salieron al encuentro. Ellos se pararon un poco lejos de él, ¹³y le gritaron:
—¡Jesús, Maestro, ten compasión de nosotros!

¹⁴Él, al verlos, les dijo:
—Vayan a presentarse a los sacerdotes.

Y mientras aún iban en el camino, quedaron sanos. ¹⁵Uno de ellos, al verse sano, regresó alabando a Dios a gritos.

¹⁶Y se echó sobre sus rodillas, tocando con su rostro el suelo, a los pies de Jesús, y le dio las gracias. Este hombre era samaritano.

¹⁷Jesús preguntó:
—¿No eran diez los que quedaron sanos? ¿Dónde están los otros nueve? ¹⁸¿Sólo este extranjero regresó a dar gloria a Dios? ¹⁹—Y le dijo al hombre—: Levántate y vete. Tu fe te ha sanado.

☼ 16.10-13   ☼ 16.18   ☼ 17.3-6   ☼ 17.9-10

los caminos y las veredas y obliga a la gente a entrar, para que se llene mi casa. ²⁴Les aseguro que ninguno de los primeros invitados disfrutará de mi cena"».

### El precio del discipulado

²⁵Mucha gente seguía a Jesús, entonces él se volvió y les dijo:

 ²⁶«El que quiera seguirme tiene que amarme más que a su padre, a su madre, a su esposa y a sus hijos, a sus hermanos y a sus hermanas, e incluso más que a su propia vida. De lo contrario, no podrá ser mi discípulo. ²⁷El que no carga su cruz y me sigue, no puede ser mi discípulo. ²⁸»Supongamos que alguno de ustedes quiere construir una torre. ¿Qué tendría que hacer primero? Tendría que sentarse a calcular el costo, para ver si tiene lo suficiente para terminarla, ²⁹porque si echa los cimientos y después no puede terminarla, todos los que la vean se burlarán de él. ³⁰Entonces dirán: "Este hombre comenzó a construir y no pudo terminar su torre". ³¹Supongamos también que un rey está a punto de ir a la guerra contra otro rey. ¿Qué tendría que hacer primero? Tendría que sentarse a calcular si con diez mil hombres puede enfrentarse al que lo va a atacar con veinte mil. ³²Si ve que no puede, enviará una delegación para pedir condiciones de paz mientras el enemigo está todavía lejos. ³³De igual manera, cualquiera de ustedes que quiera ser mi discípulo tendrá que dejar todo lo que tiene. ³⁴La sal es buena, pero si ya no tiene sabor, ¿cómo volverá a recuperarlo? ³⁵No sirve ni para la tierra ni para el abono; lo mejor es tirarla. El que tenga oídos para oír, que oiga».

### Parábola de la oveja perdida

**15** Muchos de los que cobraban impuestos y de los pecadores se acercaban a Jesús para oírlo. ²Por eso, los fariseos y los maestros de la ley comenzaron a murmurar: Este hombre recibe a los pecadores y come con ellos. ³Entonces él les contó esta parábola: ⁴«Supongamos que uno de ustedes tiene cien ovejas y una de ellas se le pierde. ¿No deja las otras noventa y nueve en el campo y se va a buscar la oveja perdida hasta encontrarla? ⁵Y cuando la encuentra, lleno de alegría la pone sobre sus hombros ⁶y vuelve a la casa. Después, reúne a sus amigos y a sus vecinos y les dice: "Alégrense conmigo porque ya encontré la oveja que había perdido".

 ⁷Les digo que lo mismo pasa en el cielo: hay más alegría por un pecador que se arrepiente que por noventa y nueve justos que no necesitan arrepentirse.

### Parábola de la moneda perdida

⁸»Supongamos también que una mujer tiene diez monedas de plata y pierde una. ¿No encendería la lámpara y barrería la casa buscando con cuidado hasta encontrarla? ⁹Y cuando la encuentra, reúne a sus amigas y vecinas y les dice: "Alégrense conmigo porque ya encontré la moneda que había perdido". ¹⁰Les digo que de la misma manera se alegra Dios con sus ángeles por un pecador que se arrepiente».

### Parábola del hijo perdido

 ¹¹Jesús continuó y les dijo: «Un hombre tenía dos hijos. ¹²Un día, el menor le dijo a su padre: "Papá, dame la parte que me toca de la herencia". Entonces el padre repartió sus bienes entre los dos. ¹³A los pocos días, el hijo menor juntó todo lo que tenía y se fue lejos, a otro país. Allí vivió desordenadamente y desperdició su herencia. ¹⁴Cuando ya lo había gastado todo, la comida empezó a faltar en ese país, y él comenzó a pasar hambre. ¹⁵Entonces fue y consiguió trabajo con un ciudadano del lugar, que lo mandó a sus campos a cuidar cerdos. ¹⁶Tenía tanta hambre, que le daban ganas de llenarse el estómago con la comida que daban a los cerdos; pero nadie se la daba. ¹⁷Un día, se puso a pensar: "En la casa de mi padre, los jornaleros tienen comida en abundancia, y yo aquí me estoy muriendo de hambre. ¹⁸Volveré a casa y le diré a mi padre: Papá, he pecado contra el cielo y contra ti. ¹⁹Ya no merezco que digan que soy tu hijo. Trátame como a uno de tus jornaleros". ²⁰Así que viajó de regreso a la casa de su padre.

»Cuando todavía estaba lejos, su padre lo vio y sintió compasión por él; salió corriendo a encontrarlo, lo abrazó y lo besó. ²¹El joven le dijo: "Papá, he pecado contra el cielo y contra ti y ya no merezco que digan que soy tu hijo". ²²Pero el padre ordenó a sus sirvientes: "¡Pronto! Traigan la mejor ropa y vístanlo; pónganle un anillo en su dedo y sandalias en sus pies. ²³Y que maten el becerro más gordo para hacer fiesta, ²⁴porque este hijo mío estaba muerto pero ha vuelto a vivir; se había perdido y lo hemos encontrado". Y comenzaron la fiesta.

²⁵»Mientras tanto, el hijo mayor estaba en el campo. Cuando ya iba de regreso, cerca de la casa, oyó la música del baile. ²⁶Llamó a uno de los sirvientes y le preguntó qué estaba pasando. ²⁷Él le respondió: "Tu hermano ha regresado y tu papá mandó matar el becerro más gordo porque lo ha recuperado sano y salvo". ²⁸El hermano mayor se enojó tanto que se negó a entrar. El padre tuvo que salir a suplicarle que entrara. ²⁹Pero él le respondió: "Por años he trabajado para ti sin desobedecerte, y jamás me has dado siquiera un cabrito para hacer una fiesta con mis amigos. ³⁰En cambio, ahora que regresa ese hijo tuyo, que ha malgastado tu dinero con prostitutas, mandas matar el becerro más gordo para él".

³¹»Su padre le respondió: "Hijo mío, tú siempre estás conmigo y todo lo que tengo es tuyo. ³²Pero teníamos que hacer fiesta y alegrarnos, pues tu hermano estaba muerto y ha vuelto a la vida, se había perdido y lo hemos encontrado"».

### Parábola del administrador astuto

**16** Jesús les contó esta parábola a sus discípulos: «Un hombre rico tenía un administrador al que acusaron de estarle malgastando sus bienes. ²Entonces lo llamó y le dijo: "¿Qué es eso que me dicen de ti? Prepárame un informe de tu administración, porque ya no puedes seguir siendo mi administrador". ³El administrador se puso a pensar: "¿Qué voy a hacer ahora que mi patrón ya no quiere que sea su administrador? No tengo fuerzas para cavar, y me da vergüenza pedir limosna. ⁴Ya sé lo que voy a hacer para que cuando me quiten el trabajo haya gente que me reciba en sus casas".

 14.26   15.7   15.11–24

—Hay seis días en que se puede trabajar. Vengan esos días para ser sanados y no el sábado.

¹⁵El Señor le contestó:

—¡Hipócritas! ¿No desatan ustedes su buey o su burro en sábado y lo llevan a tomar agua? ¹⁶Y a esta mujer, que es descendiente de Abraham, y a quien Satanás tuvo enferma por dieciocho años, ¿no se le debía desatar esta cadena en sábado?

¹⁷Cuando él habló de esta manera, sus enemigos quedaron en vergüenza ante la gente, pero ésta estaba feliz por las maravillas que él hacía.

## Parábola del grano de mostaza y de la levadura

¹⁸Jesús también les dijo:

—¿A qué se parece el reino de Dios? ¿Con qué puedo compararlo? ¹⁹El reino de Dios se parece a una semilla de mostaza que un hombre sembró en su huerto. Creció y se convirtió en un árbol grande, y en sus ramas las aves hicieron sus nidos.

²⁰Jesús volvió a decir:

—¿Con qué puedo comparar el reino de Dios? ²¹Se puede comparar con la levadura que una mujer mezcló con una gran cantidad de harina, y la levadura hizo que fermentara toda la masa.

## La puerta estrecha

²²Jesús continuó su viaje a Jerusalén y enseñaba en los pueblos y aldeas por donde pasaba. ²³Alguien le preguntó:

—Señor, ¿son pocos los que se van a salvar?

Él contestó:

²⁴—Traten de entrar por la puerta angosta, porque muchos tratarán de entrar y no podrán. ²⁵Cuando el dueño de la casa se levante y cierre la puerta, ustedes se pondrán a golpearla, y gritarán: «Señor, ábrenos». Pero él les contestará: «No sé quiénes son ustedes». ²⁶Y ustedes dirán: «Comimos y bebimos contigo, y tú enseñaste en nuestras calles». ²⁷Pero él les contestará: «Ya les dije que no sé quiénes son ustedes. ¡Apártense de mí, malhechores!»

²⁸»Cuando a ustedes los echen fuera, allí habrá llanto y rechinar de dientes, porque verán en el reino de Dios a Abraham, Isaac, Jacob y a todos los demás profetas. ²⁹Y vendrá gente del oriente y del occidente, del norte y del sur, para sentarse a la cena en el reino de Dios. ³⁰Entonces verán que los que fueron últimos serán primeros, y los que fueron primeros serán últimos».

## Lamento de Jesús sobre Jerusalén

³¹En ese momento unos fariseos se acercaron a Jesús y le dijeron:

—Vete de aquí, porque Herodes te quiere matar.

³²Él les contestó:

—Vayan y díganle a esa zorra: «Yo voy a seguir echando fuera demonios y sanando a la gente hoy y mañana, y al tercer día terminaré lo que debo hacer». ³³Tengo que seguir mi camino hoy, mañana y pasado mañana, porque no puede ser que un profeta muera fuera de Jerusalén.

³⁴»¡Jerusalén, Jerusalén, que matas a los profetas y apedreas a los mensajeros que se te envían! ¡Cuántas veces quise reunir a tus hijos, como reúne la gallina a sus pollitos debajo de sus alas!, pero no quisiste. ³⁵Por eso, la casa de ustedes va a quedar abandonada. Y les aseguro que no me volverán a ver hasta el día en que digan: "¡Bendito el que viene en el nombre del Señor!"»

## Jesús en casa de un fariseo

14 Un sábado, Jesús fue a comer a casa de un jefe fariseo. Los fariseos lo vigilaban. ²Allí, frente a él, también estaba un hombre enfermo de hidropesía. ³Jesús les preguntó a los maestros de la ley y a los fariseos:

—¿Está permitido sanar a un enfermo en sábado?

⁴Pero ellos se quedaron callados. Entonces tomó al enfermo, lo sanó y lo despidió.

⁵Luego les preguntó a ellos:

—¿Si a uno de ustedes se le cae en un pozo su hijo o su buey, no lo saca en seguida, aunque sea sábado?

⁶Y no pudieron contestarle nada.

⁷Al ver que los invitados escogían los lugares de honor en la mesa, les contó esta parábola:

⁸—Cuando alguien te invite a una fiesta de bodas, no te sientes en el lugar de honor, porque si llega algún invitado más importante que tú, ⁹el que invitó a los dos te dirá: «Dale tu asiento a éste otro invitado». Entonces, avergonzado, tendrás que sentarte en el último lugar. ¹⁰Lo mejor será que, cuando te inviten, te sientes en el último lugar. Así, cuando venga el que te invitó, te dirá: «Amigo, ven acá, aquí hay un lugar mejor». Así, recibirás honor delante de todos los demás invitados. ¹¹Todo el que se engrandece a sí mismo será humillado; y al que se humilla Dios lo ensalzará.

¹²Luego, Jesús le dijo al que lo había invitado:

—Cuando des una comida o una cena, no invites a tus amigos ni a tus hermanos ni a tus familiares ni a tus vecinos ricos, porque cuando ellos te devuelvan la invitación, habrás recibido tu recompensa. ¹³Lo mejor es que cuando des un banquete, invites a los pobres, a los inválidos, a los cojos y a los ciegos. ¹⁴Así serás dichoso, pues ellos no tienen con qué recompensarte, pero tú serás recompensado cuando resuciten los justos.

## Parábola del gran banquete

¹⁵Cuando uno de los que estaba sentado a la mesa con Jesús oyó esto, le dijo:

—¡Dichoso el que coma en el banquete del reino de Dios!

¹⁶Jesús le respondió:

—Un hombre preparó una gran cena e invitó a muchas personas. ¹⁷A la hora de la cena mandó a su sirviente a decirles a los invitados: «Vengan, porque ya todo está listo». ¹⁸Pero todos los invitados comenzaron a dar excusas. El primero dijo: «Te ruego que me disculpes, pues acabo de comprar un terreno y tengo que ir a verlo». ¹⁹Otro dijo: «Te ruego que me disculpes, pues acabo de comprar cinco yuntas de bueyes y tengo que probarlas». ²⁰Y otro dijo: «Acabo de casarme y no puedo ir».

²¹»El sirviente regresó y le contó todo esto a su señor. Entonces el dueño de la casa se enojó y le dijo al sirviente: "Ve pronto por las calles y los callejones del pueblo, y trae acá a los pobres, a los inválidos, a los cojos y a los ciegos". ²²Poco después, el siervo volvió a decirle: "Señor, ya hice lo que usted me mandó, pero todavía hay lugar". ²³El señor le dijo: "Ve por

sin embargo, Dios los alimenta. ¡Ustedes valen mucho más que las aves! ²⁵¿Quién de ustedes, por mucho que se afane, puede alargar su vida una hora más? ²⁶Si no pueden hacer esto tan sencillo, ¿por qué se preocupan por lo demás? ²⁷»Fíjense cómo crecen los lirios, que no trabajan ni hilan. Y yo les digo que ni siquiera Salomón con toda su riqueza se vistió como uno de ellos. ²⁸Si Dios viste así a las flores que hoy están aquí y mañana las queman en el horno, ¡cómo no hará más por ustedes, gente de poca fe! ²⁹Y no se preocupen por qué van a comer o a beber; no se angustien. ³⁰La gente que no conoce a Dios se preocupa por estas cosas, pero el Padre sabe que ustedes las necesitan. ³¹Ustedes busquen, antes que nada, el reino de Dios, y recibirán también estas cosas.

³²»No tengan miedo, mi pequeño rebaño, porque el Padre de ustedes, en su bondad, quiere darles el reino. ³³Vendan lo que tienen, y den a los pobres. Hagan para ustedes bolsas que no se desgasten; guarden en el cielo un tesoro que no se acabe. Allí no hay ladrón que robe ni polilla que destruya. ³⁴Donde ustedes tengan su tesoro, allí tendrán también su corazón.

## La vigilancia

³⁵»Estén siempre listos, con la ropa bien ajustada y la lámpara encendida, ³⁶como los sirvientes que esperan a que su señor regrese de un banquete de bodas, para abrirle la puerta en el momento en que él llegue y toque. ³⁷Dichosos los sirvientes a los que su señor encuentre atentos a su llegada. Les aseguro que se ajustará la ropa, hará que los sirvientes se sienten a la mesa y él mismo se pondrá a servirles. ³⁸Dichosos los sirvientes a los que su señor encuentre preparados sin importar si llega a la media noche o de madrugada. ³⁹Dense cuenta de esto: Si el dueño de una casa supiera la hora a la que va a llegar el ladrón, estaría atento para no dejarlo entrar. ⁴⁰Así ustedes estén siempre preparados, porque el Hijo del hombre vendrá cuando menos lo esperen».

⁴¹Pedro le preguntó:

—Señor, ¿a quién le cuentas esta parábola?, ¿sólo a nosotros o también a todos los demás?

⁴²El Señor le respondió:

—¿Quién es el mayordomo fiel y atento al que su señor deja encargado de los otros sirvientes para darles la comida a tiempo? ⁴³Dichoso el sirviente al que su señor, al regresar, encuentra cumpliendo con su deber. ⁴⁴Les aseguro que lo pondrá a cargo de todos sus bienes. ⁴⁵Pero si el sirviente piensa: «Mi señor va a tardar en volver», y comienza a golpear a los criados y a las criadas, y a comer y a beber y a emborracharse, se verá en serios problemas. ⁴⁶Cuando vuelva su señor, el día y a la hora que el sirviente menos se lo espera, lo castigará con un castigo tan grande como el que se les da a los incrédulos.

⁴⁷»El sirviente que sabe lo que quiere su señor y no se prepara para hacerlo, recibirá muchos golpes. ⁴⁸Pero el que no lo sabe y hace algo que merezca castigo, recibirá pocos golpes. A todo el que se le da mucho, también mucho se le exigirá; y al que mucho se le confía mucho más se le pedirá.

## División en vez de paz

⁴⁹»He venido a traer fuego a la tierra, y ¡cómo quisiera que ya estuviera ardiendo! ⁵⁰Pero todavía tengo que pasar por la prueba de un bautismo, y ¡cuánto sufro hasta que se cumpla! ⁵¹¿Creen ustedes que vine a traer paz a la tierra? ¡No! Vine a traer división. ⁵²De ahora en adelante estarán divididos cinco en una familia, tres contra dos, y dos contra tres. ⁵³Estarán divididos el padre contra su hijo y el hijo contra su padre, la madre contra su hija y la hija contra su madre, la suegra contra su nuera y la nuera contra su suegra».

## Señales de los tiempos

⁵⁴Luego Jesús le dijo a la gente:

—Cuando ustedes ven una nube que se forma en el occidente, dicen: «Va a llover»; y así sucede. ⁵⁵Y cuando sopla el viento del sur, dicen: «Va a hacer calor»; y así sucede. ⁵⁶¡Hipócritas! Saben interpretar el aspecto del cielo y de la tierra, pero no saben interpretar este tiempo presente.

⁵⁷»¿Por qué no juzgan por ustedes mismos lo que es correcto? ⁵⁸Si tienes que ir ante la autoridad con alguien que te ha acusado, trata de reconciliarte con él mientras van en camino. Hazlo antes que te lleve por la fuerza ante el juez, y el juez te entregue al guardia, y el guardia te meta en la cárcel. ⁵⁹Te aseguro que no saldrás de allí hasta que pagues el último centavo».

## El que no se arrepiente perecerá

**13** Por ese mismo tiempo había unas personas que le contaron a Jesús que Pilato había mandado matar a unos hombres de Galilea mientras ofrecían sus sacrificios.

²Jesús les respondió: «¿Piensan ustedes que esos hombres sufrieron así porque eran más pecadores que todos los demás? ³¡No! Y si ustedes no se arrepienten, todos ustedes también morirán. ⁴¿Y qué piensan de los dieciocho que murieron cuando les cayó encima la torre de Siloé? ¿Eran acaso más culpables que todos los demás habitantes de Jerusalén? ⁵¡No! ¡Y si ustedes no se arrepienten, todos ustedes también morirán!»

⁶Entonces les contó esta parábola: «Un hombre tenía plantada una higuera en su viñedo. Cuando fue a buscar fruto en ella, no encontró nada, ⁷así que le dijo al que cuidaba el viñedo: "Por tres años he venido a buscar fruto en esta higuera, y no he encontrado ninguno. Por tanto, córtala para que no siga ocupando terreno". ⁸El que cuidaba el viñedo le respondió: "Señor, déjala todavía un año más. Yo removeré la tierra a su alrededor y le echaré abono. ⁹Tal vez así dé fruto. Y si no da, córtala"».

## Jesús sana a una mujer encorvada

¹⁰Un sábado, Jesús estaba enseñando en una sinagoga. ¹¹Allí estaba una mujer que llevaba dieciocho años enferma por causa de un demonio. Andaba encorvada y no podía enderezarse del todo. ¹²Cuando Jesús la vio, la llamó y le dijo:

—Mujer, quedas libre de tu mal.

¹³Le dijo eso mientras ponía las manos sobre la mujer, y ella al instante se enderezó y comenzó a alabar a Dios. ¹⁴El jefe de la sinagoga se enojó, porque Jesús había sanado en sábado, y le dijo a la gente:

12.29–32  12.42–44

casa. ³⁴Tus ojos son la lámpara de tu cuerpo. Si tus ojos ven con claridad, toda tu vida se llenará de luz. Pero si al ver hay confusión, toda tu vida estará en tinieblas. ³⁵Procura que la luz que hay en ti no sea tinieblas. ³⁶Por tanto, si todo tu ser está lleno de luz, sin que haya ninguna parte en tinieblas, verás todo claramente, como cuando una lámpara te alumbra con su resplandor».

## Jesús denuncia a los fariseos y a los maestros de la ley

³⁷Cuando Jesús terminó de hablar, un fariseo lo invitó a comer con él. Jesús entró en su casa y se sentó a la mesa. ³⁸El fariseo se sorprendió cuando vio que Jesús no había cumplido con el rito de lavarse antes de comer. ³⁹El Señor le dijo:

—Ustedes los fariseos limpian el vaso y el plato por fuera, pero ustedes mismos están llenos de codicia y maldad por dentro. ⁴⁰¡Necios! El que hizo lo de afuera, ¿no hizo también lo de adentro? ⁴¹Den a los pobres de lo que ustedes tienen dentro, y así todo quedará limpio.

⁴²»¡Ay de ustedes, fariseos!, porque se cuidan de dar la décima parte de la menta, de la ruda y de toda clase de legumbres, pero no tienen cuidado de la justicia y el amor de Dios. Debían haber hecho eso, sin dejar de hacer lo otro.

⁴³»¡Ay de ustedes, fariseos!, porque aman los asientos de honor en las sinagogas y que los saluden en las plazas.

⁴⁴»¡Ay de ustedes!, porque son como sepulcros ocultos, que la gente no ve y pisa sin darse cuenta.

⁴⁵Un maestro de la ley le dijo:

—Maestro, cuando dices todo esto también a nosotros nos insultas.

⁴⁶Jesús le respondió:

—¡Ay de ustedes también, maestros de la ley! Ponen sobre los demás cargas que apenas pueden soportar, y ustedes no levantan ni un dedo para ayudarlos.

⁴⁷»¡Ay de ustedes!, porque construyen monumentos para los profetas que los antepasados de ustedes mismos mataron. ⁴⁸Así demuestran que están de acuerdo con lo que hicieron sus propios antepasados: ellos mataron a los profetas y ustedes les construyen los sepulcros. ⁴⁹Por eso Dios, en su sabiduría, dijo: "Les enviaré profetas y apóstoles, y a algunos de ellos los matarán y a otros los perseguirán". ⁵⁰Por eso, a esta generación se le va a pedir cuentas de la muerte de todos los profetas desde el principio del mundo; ⁵¹desde la muerte de Abel hasta la de Zacarías, a quien mataron entre el altar y el santuario. Sí, les aseguro que a esta generación se le pedirá cuentas de todo esto.

⁵²»¡Ay de ustedes, maestros de la ley!, porque se han quedado con el control del conocimiento. Ustedes mismos no entran; y a los que quieren entrar, no los dejan».

⁵³Cuando Jesús salió de allí, los maestros de la ley y los fariseos comenzaron a acosarlo con preguntas. ⁵⁴Lo que hacían era ponerle trampas para que dijera algo por lo que pudieran acusarlo.

## Advertencias y estímulos

12 Mientras, se habían juntado miles de personas, tantas que se atropellaban unas a otras. Jesús comenzó a hablar y les dijo primero a sus discípulos: «Cuídense de la levadura de los fariseos, o sea, de su hipocresía. ²Porque no hay nada encubierto que no llegue a descubrirse, ni nada escondido que no llegue a conocerse. ³Lo que ustedes hayan dicho en la oscuridad se conocerá a plena luz, y lo que hayan dicho en secreto, a puerta cerrada, se publicará desde las azoteas.

⁴»A ustedes, mis amigos, les digo que no tengan miedo de los que matan el cuerpo, porque eso es todo lo que les pueden hacer. ⁵Les diré a quién deben de temer: teman al que, después de quitar la vida, tiene poder para echarlos al infierno. A él sí que le deben temer. ⁶¿No se venden cinco pajarillos por dos monedas? Sin embargo, Dios no se olvida de ninguno de ellos. ⁷Así pasa con ustedes: hasta los cabellos de su cabeza están contados. No tengan miedo, pues ustedes valen más que muchos pajarillos.

⁸»Les aseguro que al que me reconozca públicamente, lo reconoceré en la presencia de los ángeles de Dios. ⁹Pero negaré delante de los ángeles a aquellos que me nieguen delante de la gente. ¹⁰Cualquiera que diga algo contra el Hijo del hombre será perdonado, pero el que blasfeme contra el Espíritu Santo no será perdonado.

¹¹»Cuando los lleven a las sinagogas y ante los gobernantes y las autoridades, no se preocupen por lo que tengan que decir o de cómo vayan a defenderse, ¹²porque el Espíritu Santo les enseñará en ese momento lo que deben decir».

## Parábola del rico insensato

¹³Uno de entre la gente le dijo:

—Maestro, dile a mi hermano que comparta la herencia conmigo.

¹⁴Jesús le respondió:

—Hombre, ¿quién me ha puesto a mí de juez o árbitro entre ustedes?

¹⁵Y le dijo a la gente:

—Tengan cuidado y dejen toda avaricia. La vida de una persona no depende de las muchas cosas que posea.

¹⁶Entonces les contó esta parábola:

—Un hombre rico tenía un terreno que le había producido muy buena cosecha. ¹⁷Y se puso a pensar: «¿Qué haré? No tengo dónde guardar mi cosecha». ¹⁸Después de pensarlo dijo: «Ya sé lo que haré. Derribaré mis graneros y construiré unos más grandes, donde pueda guardar toda mi cosecha y mis bienes. ¹⁹Entonces diré: Alma mía, ya tienes muchas cosas buenas guardadas para muchos años. Descansa, come, bebe y disfruta de la vida». ²⁰Pero Dios le dijo: «¡Necio! Esta misma noche perderás la vida. ¿Y quién disfrutará de todo lo que has guardado?»

²¹»Así le sucede al que acumula riquezas para sí mismo, pero no es rico delante de Dios».

## No se preocupen

²²Después Jesús les aconsejó a sus discípulos:

—Por eso les digo: No se preocupen por su vida, qué van a comer; ni por su cuerpo, con qué se van a vestir. ²³La vida tiene más valor que la comida y el cuerpo más que la ropa. ²⁴Miren a los cuervos, que no siembran ni cosechan ni tienen almacén ni granero y

11.33   11.42   12.8-9   12.12   12.15   12.22-24

de él. ³⁴Llegó adonde estaba, le curó las heridas con vino y aceite, y se las vendó. Luego lo montó sobre su propia cabalgadura, lo llevó a un alojamiento y lo cuidó. ³⁵Al día siguiente, le dio dos monedas de plata al dueño del alojamiento y le dijo: «Cuídeme a este hombre, y lo que gaste usted de más, se lo pagaré cuando vuelva». ³⁶¿Cuál de los tres piensas que se comportó como el prójimo del que cayó en manos de los ladrones?

³⁷El maestro de la ley contestó:

—El que se compadeció de él.

Entonces Jesús le dijo:

—Anda pues y haz tú lo mismo.

### En casa de Marta y María

³⁸Jesús y sus discípulos continuaron su viaje y entraron en un pueblo. Allí, una mujer llamada Marta los recibió en su casa. ³⁹Ella tenía una hermana llamada María, que se sentó a los pies del Señor a escucharlo. ⁴⁰Marta estaba preocupada, pues tenía mucho que hacer. Entonces se acercó a Jesús y le dijo:

—Señor, ¿no te importa que mi hermana me haya dejado sirviendo sola? Dile que me ayude.

⁴¹Jesús le contestó:

—Marta, Marta, te preocupas demasiado por muchas cosas. ⁴²Pero sólo una es necesaria. María ha escogido la mejor, y nadie se la va a quitar.

### Jesús enseña sobre la oración

**11** Un día que Jesús estaba orando en cierto lugar, al terminar uno de sus discípulos le dijo:

—Señor, enséñanos a orar, así como Juan enseñó a sus discípulos.

²Él les dijo:

—Cuando oren, digan:

«Padre, santificado sea tu nombre. Venga tu reino. ³Danos hoy nuestro pan de cada día. ⁴Y perdónanos nuestros pecados, porque también nosotros perdonamos a todos los que nos hacen mal. Y no nos metas en tentación».[b]

⁵Y siguió diciendo:

—Supongamos que uno de ustedes tiene un amigo, y a medianoche va y le dice: "Amigo, préstame tres panes, ⁶porque un amigo mío acaba de llegar de un viaje y no tengo nada que ofrecerle". ⁷Y el que está adentro le responde: "No me molestes. La puerta ya está cerrada, y mis hijos y yo estamos acostados. No puedo levantarme a dártelos". ⁸Les digo que se levantará a darle el pan, no por que sea su amigo, sino por su impertinencia, y le dará todo lo que necesite. ⁹»Por eso yo les digo: Pidan, y se les dará; busquen, y encontrarán; llamen, y se les abrirá. ¹⁰Porque todo el que pide, recibe; el que busca, encuentra; y al que llama, se le abre.

¹¹»¿Alguno de ustedes que sea padre, si su hijo le pide un pescado, le dará una serpiente? ¹²¿O si le pide un huevo, le dará un escorpión? ¹³Pues si ustedes, que son malos, saben darles cosas buenas a sus hijos, con mayor razón el Padre celestial dará el Espíritu Santo a quienes se lo pidan».

### Jesús y Beelzebú

¹⁴En cierta ocasión cuando Jesús estaba echando fuera de un hombre a un demonio que lo había dejado mudo, al salir el demonio el mudo empezó a hablar. La gente se quedó asombrada por esto; ¹⁵pero algunos dijeron: «Seguramente que este echa fuera a los demonios por medio de Beelzebú, el príncipe de los demonios».

¹⁶Otros, para ponerlo a prueba, le pedían una señal del cielo. ¹⁷Como él conocía sus pensamientos, les dijo: «Cualquier reino dividido contra sí mismo quedará destruido. Una casa dividida contra sí misma se derrumbará. ¹⁸Por eso, si Satanás está dividido contra sí mismo, ¿cómo es que su reino no ha quedado destruido? Les pregunto esto porque ustedes dicen que yo echo fuera a los demonios con el poder de Beelzebú. ¹⁹Pero si yo echo fuera a los demonios por medio de Beelzebú, los seguidores de ustedes ¿por medio de quién los echan fuera? Por eso, ellos mismos serán los jueces de ustedes. ²⁰Pero si yo echo fuera a los demonios con el poder de Dios, eso quiere decir que el reino de Dios ha llegado a ustedes.

²¹»Cuando un hombre fuerte y bien armado cuida su casa, todo lo que él tiene está seguro. ²²Pero si llega otro más fuerte que él y lo vence, le quitará las armas en que confía y repartirá todo lo que le quitó.

²³»El que no está de mi parte, está contra mí, y el que no recoge, desparrama.

²⁴»Cuando un espíritu maligno sale de una persona, anda por lugares áridos buscando donde descansar. Y cuando no lo encuentra, dice: "Volveré a mi casa, de donde salí". ²⁵Cuando regresa, la encuentra barrida y arreglada. ²⁶Así que va y trae otros siete espíritus peores que él, y todos entran a vivir allí. Y al final, esta persona está peor que al principio».

²⁷Mientras Jesús hablaba, una mujer de entre la multitud gritó:

—¡Dichosa la mujer que te dio a luz y te amamantó!

²⁸Jesús contestó:

—¡Dichosos, más bien, los que oyen la palabra de Dios y la obedecen!

### La señal de Jonás

²⁹Como la gente seguía llegando, Jesús comenzó a decirles: «Esta es una generación de gente malvada. Pide una señal milagrosa, pero la única señal que se le dará será lo que le pasó a Jonás. ³⁰Así como Jonás fue una señal para los habitantes de Nínive, también el Hijo del hombre lo será para esta generación. ³¹La reina del Sur se levantará en el día del juicio y condenará a esta gente, porque ella vino desde los confines de la tierra para escuchar la sabiduría de Salomón. Y ustedes tienen aquí a uno más grande que Salomón. ³²La gente de Nínive se levantará en el día del juicio y condenará a esta generación, porque ellos se arrepintieron al escuchar la predicación de Jonás. Y ustedes tienen aquí a uno más grande que Jonás.

### La lámpara del cuerpo

³³»Nadie enciende una lámpara y luego la esconde o la cubre con un cajón. Al contrario, la pone en alto para que alumbre a los que entren en la

---

*b.* Algunos manuscritos antiguos agregan aquí otra porción a la Oración del Señor, como se ve en Mateo 6.9-13.

10.29–37  11.9  11.13  11.27

## La oposición de los samaritanos

⁵¹Cuando se acercaba el tiempo de que Jesús subiera al cielo, él se hizo el firme propósito de ir a Jerusalén. ⁵²Envió por delante mensajeros, que fueron a un pueblo samaritano para prepararle alojamiento. ⁵³Pero allí no quisieron recibirlo, porque sabían que se dirigía a Jerusalén.*ᵃ* ⁵⁴Cuando Jacobo y Juan, sus discípulos, vieron esto, le preguntaron:

—Señor, ¿quieres que mandemos que caiga fuego del cielo y los destruya?

⁵⁵Pero Jesús se volvió a ellos y los reprendió. ⁵⁶Luego siguieron su camino hacia otro pueblo.

## Lo que cuesta seguir a Jesús

⁵⁷Cuando iban por el camino, alguien le dijo:

—Te seguiré a dondequiera que vayas.

⁵⁸Jesús le respondió:

—Las zorras tienen guaridas y las aves tienen nidos, pero el Hijo del hombre no tiene ni donde recostar la cabeza.

⁵⁹En otra ocasión, a otro le dijo:

—Sígueme.

Él le contestó:

—Señor, primero déjame ir a enterrar a mi padre.

⁶⁰Jesús le respondió:

—Deja que los muertos entierren a sus propios muertos. Tu deber es ir y anunciar el reino de Dios.

⁶¹Otro le dijo:

—Señor, yo te seguiré, pero primero déjame ir a despedirme de mi familia.

⁶²Jesús le respondió:

—El que pone la mano en el arado y vuelve la vista atrás no es útil para el reino de Dios.

## Jesús envía a los setenta y dos

**10** Después de esto, el Señor escogió a otros setenta y dos discípulos y los envió de dos en dos para que llegaran antes que él a todos los pueblos y lugares donde él pensaba ir. ²Les dijo: «La cosecha es mucha y son muy pocos los obreros. Por eso, pídanle al Señor de la cosecha que mande obreros a su campo. ³¡Vayan ustedes! Pero fíjense que los envío como corderos en medio de lobos. ⁴No lleven dinero, ni bolsa, ni zapatos, ni se detengan a saludar a nadie por el camino.

⁵»Cuando lleguen a una casa, primero saluden y digan: "Paz a esta casa". ⁶Si hay allí alguien digno de paz, la recibirá; pero si no, la bendición no se cumplirá. ⁷Quédense en la misma casa, coman y beban lo que allí les den, porque el trabajador tiene derecho a su salario. No anden de casa en casa.

⁸»Cuando lleguen a un pueblo y los reciban bien, coman lo que les sirvan. ⁹Sanen a los enfermos y díganles: "El reino de Dios ya está cerca de ustedes". ¹⁰Pero cuando lleguen a un pueblo y no los reciban bien, salgan a las plazas y digan: ¹¹"Hasta el polvo de este pueblo, que se nos ha pegado a los pies, lo sacudimos en protesta contra ustedes. Pero les aseguro que el reino de Dios ya está cerca". ¹²Ciertamente, en aquel día, el castigo de este pueblo será peor que el castigo de Sodoma.

¹³»¡Ay de ti, Corazín! ¡Ay de ti, Betsaida! Porque si los milagros que se hicieron entre ustedes, se hubieran hecho en Tiro y en Sidón, hace tiempo que se habrían arrepentido, y se habrían vestido con ropas ásperas y echado ceniza en la cabeza. ¹⁴Pero en el juicio, el castigo reservado para ustedes será peor que el de Tiro y Sidón. ¹⁵Y tú, Capernaúm, ¿piensas que serás levantada hasta el cielo? No, sino que bajarás hasta el abismo.

¹⁶»El que los escucha a ustedes, me escucha a mí. El que los rechaza a ustedes, me rechaza a mí. Y el que me rechaza a mí, rechaza al que me envió».

¹⁷Los setenta y dos discípulos regresaron contentos de la misión y dijeron:

—Señor, hasta los demonios nos obedecen cuando les damos órdenes en tu nombre.

¹⁸Él les respondió:

—Yo vi a Satanás caer del cielo como un rayo. ¹⁹Sí, yo les he dado a ustedes poder para pisotear serpientes y escorpiones, para vencer todo el poder del enemigo, y nada les hará daño. ²⁰Sin embargo, no se alegren de que los espíritus les obedezcan, sino alégrense de que sus nombres están escritos en el cielo.

²¹En ese momento Jesús, lleno de alegría por el Espíritu Santo, dijo: «Te alabo, Padre, Señor del cielo y de la tierra, porque no permitiste que los sabios e instruidos conocieran estas cosas, sino que se las has revelado a los que son como niños. Sí, Padre, porque así lo quisiste.

²²»Mi Padre me ha entregado todas las cosas. Nadie sabe quién es el Hijo, sino el Padre; y nadie sabe quién es el Padre, sino el Hijo y aquel a quien el Hijo se lo quiera revelar».

²³Volviéndose a sus discípulos, les dijo a solas: «Dichosos los ojos que ven lo que ustedes ven. ²⁴Pues yo les digo que muchos profetas y reyes quisieron ver lo que ustedes ven, pero no lo vieron; y oír lo que ustedes oyen, pero no lo oyeron».

## Parábola del buen samaritano

²⁵Un maestro de la ley fue ante Jesús y lo quiso poner a prueba haciéndole esta pregunta:

—Maestro, ¿qué tengo que hacer para tener la vida eterna?

²⁶Jesús le respondió:

—¿Qué está escrito en la ley? ¿Entiendes tú lo que quiere decir?

²⁷El maestro de la ley respondió:

—«Ama al Señor tu Dios con todo tu corazón, con toda tu alma, con todas tus fuerzas y con toda tu mente», «Ama a tu prójimo como a ti mismo».

²⁸Jesús le dijo:

—Contestaste muy bien. Haz eso y vivirás.

²⁹Pero él, queriendo justificarse, le volvió a preguntar:

—¿Y quién es mi prójimo?

³⁰Jesús le respondió:

—En cierta ocasión, un hombre iba de Jerusalén a Jericó y cayó en manos de unos ladrones. Éstos le quitaron todo lo que llevaba, lo golpearon y lo dejaron medio muerto. ³¹Entonces pasó por el mismo camino un sacerdote que, al verlo, se hizo a un lado y siguió de largo. ³²Luego, un levita pasó también por el mismo lugar y, al verlo, se hizo a un lado y siguió de largo. ³³Pero un samaritano que iba de viaje por el mismo camino, se acercó al hombre y, al verlo, se compadeció

---

*a.* Caso típico de discriminación. Los judíos llamaban *mestizos* a los samaritanos, y éstos odiaban a los judíos (vea Juan 4.9).

✶ 9.57–62   ✶ 10.19–20

## Jesús alimenta a los cinco mil

¹⁰Cuando los apóstoles regresaron, le contaron a Jesús lo que habían hecho. Él se los llevó sólo a ellos a un pueblo llamado Betsaida. ¹¹Pero la gente se dio cuenta donde estaba y lo siguió. Él los recibió y les habló del reino de Dios, y sanó a los enfermos. ¹²Como empezaba a oscurecer, los doce se le acercaron y le dijeron:

—Despide a la gente, para que vaya a los campos y pueblos cercanos a buscar comida y alojamiento, pues aquí no hay nada.

¹³Jesús les dijo:

—Denles ustedes de comer.

Ellos le respondieron:

—No tenemos más que cinco panes y dos pescados. Para dar de comer a toda esta gente tendríamos que ir a comprar comida. ¹⁴Había allí como cinco mil hombres. Pero Jesús dijo a sus discípulos:

—Hagan que la gente se siente en grupos de cincuenta.

¹⁵Los discípulos así lo hicieron, y todos se sentaron. ¹⁶Entonces Jesús tomó los cinco panes y los dos pescados, miró al cielo y los bendijo. Luego los partió y se los dio a los discípulos para que los repartieran a la gente. ¹⁷Todos comieron hasta quedar satisfechos; y recogieron doce canastas con los pedazos que sobraron.

## La confesión de Pedro

¹⁸Un día en que Jesús estaba orando a solas, sus discípulos lo acompañaban, y él les preguntó:

—¿Quién dice la gente que soy yo?

¹⁹Ellos le respondieron:

—Unos dicen que eres Juan el Bautista, otros que eres Elías, y otros que eres uno de los antiguos profetas que ha resucitado.

²⁰—Y ustedes, ¿quién dicen que soy yo?

Pedro contestó:

—Eres el Cristo de Dios.

²¹Jesús les dio órdenes estrictas de que no le dijeran esto a nadie. Y les explicó:

²²—El Hijo del hombre va a sufrir mucho y será rechazado por los ancianos, por los jefes de los sacerdotes y por los maestros de la ley. Lo van a matar, pero al tercer día resucitará.

²³Entonces se dirigió a todos y les dijo:

—El que quiera ser mi discípulo debe olvidarse de sí mismo, llevar su cruz cada día y seguirme, ²⁴porque el que quiera salvar su vida, la perderá; pero el que pierda su vida por causa de mí, la salvará. ²⁵¿De qué le sirve a alguien ganar el mundo entero si se destruye a sí mismo? ²⁶Si alguien se avergüenza de mí y de mis palabras, el Hijo del hombre se avergonzará de él cuando venga en su gloria y en la gloria del Padre y de los santos ángeles. ²⁷Les aseguro que algunos de los que están aquí no morirán sin antes haber visto el reino de Dios.

## La transfiguración

²⁸Más o menos ocho días después de haber dicho esto, Jesús, acompañado de Pedro, Juan y Jacobo, subió a una montaña para orar. ²⁹Mientras oraba, su cara cambió y su ropa se volvió blanca y brillante. ³⁰Entonces aparecieron dos hombres: eran Moisés y Elías que conversaban con Jesús. ³¹Estaban rodeados de gloria, y hablaban de la partida de Jesús, que iba a ocurrir en Jerusalén. ³²Pedro y sus compañeros se habían quedado dormidos, rendidos por el cansancio. Pero cuando se despertaron, vieron su gloria y a los dos hombres que estaban con él. ³³Mientras estos hombres se alejaban de Jesús, Pedro le dijo:

—Maestro, ¡qué bueno que estemos aquí! Podemos construir tres chozas: una para ti, otra para Moisés y otra para Elías.

Pero él no sabía lo que decía.

³⁴No había terminado de hablar cuando apareció una nube que los envolvió y ellos se llenaron de miedo. ³⁵De la nube salió una voz que dijo: «Este es mi Hijo, al que yo escogí. Escúchenlo».

³⁶Después que se oyó la voz, Jesús quedó solo. Los discípulos por algún tiempo no le dijeron nada a nadie de lo que habían visto.

## Jesús sana a un muchacho endemoniado

³⁷Al día siguiente, cuando bajaron de la montaña, mucha gente les salió al encuentro. ³⁸De entre toda esa gente, un hombre le dijo:

—Maestro, te ruego que ayudes a mi hijo, pues es el único que tengo. ³⁹Un espíritu se apodera de él y, de repente, hace gritar al muchacho. También lo sacude con violencia y hace que eche espuma por la boca. Cuando por fin lo suelta, lo deja todo lastimado. ⁴⁰Les rogué a tus discípulos que echaran fuera al espíritu, pero no pudieron.

⁴¹Respondió Jesús:

—¡Oh, gente falta de fe y perversa! ¿Hasta cuándo tendré que estar con ustedes y soportarlos? Trae acá a tu hijo.

⁴²Cuando el muchacho se acercaba, el demonio lo derribó e hizo que temblara con violencia. Pero Jesús reprendió al espíritu maligno, sanó al muchacho y se lo devolvió a su padre. ⁴³Todos quedaron asombrados ante la grandeza de Dios.

Y mientras la gente seguía tan asombrada por todo lo que hacía, Jesús dijo a sus discípulos:

⁴⁴—Pongan mucha atención a lo que les voy a decir: El Hijo del hombre va a ser entregado en manos de los hombres.

⁴⁵Pero los discípulos no entendían lo que Jesús quería decir con esto. Todavía todo estaba como nublado para ellos y no podían comprenderlo. Y no se atrevían a preguntarle.

## ¿Quién va a ser el más importante?

⁴⁶Cierto día, los discípulos comenzaron a discutir acerca de quién de ellos sería el más importante. ⁴⁷Jesús sabía lo que ellos pensaban, así que tomó a un niño y lo puso junto a él. ⁴⁸Les dijo:

—El que recibe a este niño en mi nombre, me recibe a mí; y el que me recibe a mí, recibe al que me envió. El que es más insignificante entre todos ustedes, ése es el más importante.

⁴⁹Juan le dijo:

—Maestro, vimos a un hombre que echaba fuera demonios en tu nombre, pero como no anda con nosotros, tratamos de que no lo hiciera.

⁵⁰Jesús les respondió:

—No se lo impidan, porque el que no está contra ustedes está a favor de ustedes.

9.23–26

—¡Maestro, Maestro, nos estamos hundiendo!
Él se levantó y ordenó al viento y a las olas que se calmaran. La tormenta se detuvo y todo quedó tranquilo.

²⁵Después les dijo a sus discípulos:
—¿Dónde está la fe de ustedes?
Ellos, llenos de temor y asombro, se decían unos a otros: «¿Quién será este hombre que aun los vientos y el mar lo obedecen?»

## Liberación de un endemoniado

²⁶Siguieron navegando hasta la otra orilla del lago, hasta la región de los gerasenos, frente a Galilea. ²⁷Al bajar Jesús de la barca, un endemoniado que venía del pueblo le salió al encuentro. Este hombre desde hacía mucho tiempo andaba desnudo y no vivía en una casa sino en los sepulcros. ²⁸Cuando vio a Jesús, lanzó un grito y cayó de rodillas ante él. Entonces dijo a gran voz:
—¿Qué quieres conmigo, Jesús, Hijo del Dios Altísimo? ¡Te ruego que no me atormentes!

²⁹Decía eso porque Jesús le había ordenado al espíritu maligno que saliera del hombre. Ese espíritu se había apoderado de él muchas veces. Al hombre le ponían cadenas en los pies y en las manos para sujetarlo, y lo mantenían vigilado, pero él rompía las cadenas y el demonio lo hacía huir a lugares solitarios.

³⁰Jesús le preguntó:
—¿Cómo te llamas?
Respondió:
—Legión.
Así contestó porque habían entrado en él muchos demonios. ³¹Estos le suplicaban que no los mandara al abismo.

³²Como había en la colina muchos cerdos comiendo, los demonios le rogaron a Jesús que los dejara entrar en ellos. Y él les dio permiso. ³³Cuando los demonios salieron del hombre, entraron en los cerdos. Y todos los cerdos corrieron hacia el lago por el despeñadero y se ahogaron.

³⁴Los que cuidaban a los cerdos vieron lo que pasó y se fueron a llevar la noticia al pueblo y por los campos. ³⁵La gente salió a ver lo que había pasado. Al llegar, encontraron a Jesús y, sentado a sus pies, al hombre del que habían salido los demonios. Cuando lo vieron vestido y en su sano juicio, se llenaron de miedo. ³⁶Los que vieron estas cosas le contaron a la gente cómo había sido sanado el endemoniado. ³⁷Entonces toda la gente de la región de los gerasenos le pidió a Jesús que se fuera de allí, porque todos tenían mucho miedo.

En el momento en que Jesús subía a la barca para irse, ³⁸el hombre del que habían salido los demonios le suplicó que lo dejara acompañarlo; pero Jesús le dijo:
³⁹—Vuelve a tu casa y cuenta todo lo que Dios ha hecho por ti.

El hombre se fue y le contó a todo el pueblo lo que Jesús había hecho por él.

## Una niña muerta y una mujer enferma

⁴⁰Cuando Jesús regresó, la gente lo recibió con alegría, pues todos lo estaban esperando. ⁴¹En eso llegó un hombre llamado Jairo, que era jefe de la sinagoga. Se arrojó a los pies de Jesús y le suplicó que fuera a su casa, ⁴²porque su única hija, que tenía doce años, se estaba muriendo.

Mientras Jesús iba hacia allá, la gente lo apretujaba. ⁴³Entre la gente había una mujer que estaba enferma desde hacía doce años. Tenía derrames de sangre y nadie había podido sanarla, a pesar de haber gastado cuanto tenía en médicos. ⁴⁴Ella se acercó a Jesús por detrás y le tocó el borde del manto. En ese mismo momento quedó sana.

⁴⁵Jesús preguntó:
—¿Quién me tocó?
Como todos negaban haberlo tocado, Pedro le dijo:
—Maestro, es mucha la gente que te aprieta y empuja.

⁴⁶Jesús respondió:
—Pero alguien me ha tocado; lo sé porque de mí ha salido poder.

⁴⁷La mujer, al verse descubierta, fue temblando y se arrojó a los pies de Jesús. Y allí, frente a toda la gente, le contó por qué lo había tocado y cómo en ese mismo momento había quedado sana.

⁴⁸Le dijo Jesús:
—Hija, tu fe te ha sanado. Vete tranquila.

⁴⁹Jesús estaba todavía hablando, cuando llegó alguien de la casa de Jairo, el jefe de la sinagoga, y le dijo:
—Tu hija ha muerto. No molestes más al Maestro.

⁵⁰Jesús, que lo oyó, le dijo a Jairo:
—No tengas miedo; nada más cree y ella se sanará.

⁵¹Cuando llegó a la casa de Jairo, sólo permitió que entraran con él Pedro, Juan, Jacobo y el padre y la madre de la niña; y nadie más. ⁵²Todos estaban llorando y lamentaban la muerte de la niña. Pero Jesús les dijo:
—¡No lloren! Ella no está muerta, sino dormida.

⁵³La gente empezó a burlarse de él, porque sabían que estaba muerta. ⁵⁴Pero él la tomó de la mano y le dijo:
—¡Niña, levántate!

⁵⁵Ella volvió a la vida y al instante se levantó. Entonces Jesús mandó que le dieran de comer.

⁵⁶Los padres estaban asombrados, pero él les ordenó que no contaran a nadie lo que había sucedido.

## Jesús envía a los doce

**9** Jesús reunió a sus doce discípulos y les dio poder y autoridad para echar fuera a todos los demonios y para sanar enfermedades. ²Los envió a anunciar el reino de Dios y a sanar a los enfermos. ³Les dijo: «No lleven nada para el camino: ni bastón, ni bolsa, ni comida, ni dinero, ni más ropa que la que traen puesta. ⁴En la casa a la que lleguen, quédense hasta que salgan de ese pueblo. ⁵Si en algún pueblo no quieren recibirlos, al salir de allí sacúdanse el polvo de los pies como un testimonio contra ellos».

⁶Entonces se fueron de pueblo en pueblo anunciando las buenas noticias y sanando a los enfermos.

⁷Cuando Herodes se enteró de todo lo que estaba sucediendo, quedó confundido. Es que algunos decían que Juan había resucitado. ⁸Otros sostenían que Elías había aparecido; y aun otros, que había resucitado alguno de los antiguos profetas.

⁹Pero Herodes dijo: «Yo mismo mandé que a Juan le cortaran la cabeza. ¿Quién será entonces éste, de quien oigo estas cosas?»

Y buscaba la oportunidad de verlo.

**LUCAS 7.31**

los bautizara, y de esta manera rechazaron el propósito que Dios tenía para ellos.

³¹«Entonces, ¿con qué compararé a la gente de esta generación? ¿A quién se parecen? ³²Se parecen a los niños que se sientan en la plaza y les gritan a otros niños: "Tocamos la flauta, y ustedes no bailaron; cantamos canciones tristes, y ustedes no lloraron". ³³Vino Juan el Bautista, que no come pan ni bebe vino, y ustedes dicen que tiene un demonio. ³⁴Luego vino el Hijo del hombre, que come y bebe, y ustedes dicen que es un glotón y un borracho, que es amigo de recaudadores de impuestos y de pecadores. ³⁵Pero la sabiduría se demuestra por los que la siguen».

### Una mujer pecadora unge a Jesús

³⁶Un fariseo invitó a Jesús a comer. Él fue a la casa del fariseo y se sentó a la mesa. ³⁷Entonces una mujer que vivía en aquel pueblo y tenía mala fama, se enteró de que Jesús estaba comiendo en aquella casa. La mujer llegó allí con un frasco de alabastro lleno de perfume. ³⁸Se colocó, llorando, a los pies de Jesús, y con sus lágrimas se los mojaba. Luego se los secaba con sus cabellos, se los besaba y se los ungía con el perfume.

³⁹Cuando el fariseo que había invitado a Jesús vio esto pensó: «Si este hombre fuera profeta, sabría que lo está tocando una mujer que tiene mala fama».

⁴⁰Entonces Jesús le dijo:
—Simón, tengo algo que decirte.
Él respondió:
—Dime, Maestro.
⁴¹—Dos hombres le debían dinero a un prestamista. Uno le debía quinientas monedas de plata, y el otro cincuenta. ⁴²Como ellos no tenían con qué pagarle, les perdonó a los dos la deuda. Ahora dime, ¿cuál de los dos lo amará más?
⁴³Simón contestó:
—Supongo que el hombre al que más le perdonó.
Jesús le dijo:
—Haz juzgado bien.
⁴⁴Luego, mirando a la mujer le dijo a Simón:
—¿Ves a esta mujer? Cuando entré en tu casa, no me diste agua para mis pies, pero ella me ha lavado los pies con sus lágrimas y me los ha secado con sus cabellos. ⁴⁵Tú no me saludaste con un beso, pero ella desde que entré, no ha dejado de besarme los pies. ⁴⁶Tú no me ungiste la cabeza con aceite, pero ella me ungió los pies con perfume. ⁴⁷Por eso te digo que ella ama mucho porque sus muchos pecados le han sido perdonados. Pero al que se le perdonan pocos pecados, poco ama.

⁴⁸Entonces Jesús le dijo a la mujer:
—Tus pecados ya están perdonados.
⁴⁹Los demás invitados comenzaron a preguntarse: «¿Quién es éste, que hasta perdona pecados?»
⁵⁰Jesús también le dijo a la mujer:
—Tu fe te ha salvado; vete tranquila.

### Parábola del sembrador

**8** Después de esto, Jesús anduvo por muchos pueblos y aldeas anunciando las buenas nuevas del reino de Dios. Lo acompañaban los doce ²y algunas mujeres a las que él había sanado de espíritus malignos y de diferentes enfermedades. Entre ellas estaba María, a la que llamaban Magdalena, de la que habían salido siete demonios. ³También estaban Juana, que era esposa de Cuza, el administrador de Herodes, Susana y muchas otras que los ayudaban con lo que tenían.

⁴Mucha gente salió de los pueblos para ver a Jesús, y cuando todos estaban reunidos, él les contó esta parábola:

⁵«Un sembrador salió a sembrar. Al sembrar la semilla, una parte cayó junto al camino, la pisotearon y los pájaros se la comieron. ⁶Otra parte cayó sobre las piedras; esa semilla brotó, pero por falta de humedad se secó. ⁷Otra parte cayó entre los espinos y brotó, pero los espinos la ahogaron y no la dejaron crecer. ⁸Pero otra parte cayó en buena tierra, brotó, creció y produjo por cada semilla cien granos». Cuando terminó de hablar dijo con voz fuerte: «El que tenga oídos para oír, que oiga».

⁹Luego sus discípulos le preguntaron el significado de esa parábola. ¹⁰Él les contestó: «A ustedes se les ha permitido conocer los secretos del reino de Dios, pero a los demás les hablo por medio de parábolas para que, "aunque miren, no vean y, aunque oigan, no entiendan". ¹¹Esto es lo que significa la parábola: La semilla representa la palabra de Dios. ¹²Las que cayeron junto al camino representan a los que oyen, pero luego viene el diablo y les quita la palabra del corazón, para que no crean y se salven. ¹³La que cayó sobre las piedras representa a los que oyen la palabra y la reciben con alegría, pero como no tienen raíz, creen por un tiempo y después se apartan cuando llega la prueba. ¹⁴La que cayó entre los espinos representa a los que oyen, pero después de un tiempo los ahogan las preocupaciones, las riquezas y los placeres de la vida, y no llegan a madurar. ¹⁵La que cayó en buena tierra representa a los que oyen la palabra con un corazón bueno y sincero. Estos la retienen y, porque perseveran, producen una buena cosecha.

### Una lámpara en una repisa

¹⁶»Nadie enciende una lámpara y la cubre con una olla o la pone debajo de la cama. Lo que hace es ponerla en un lugar alto para que los que entren en la casa tengan luz. ¹⁷No hay nada escondido que no llegue a descubrirse, ni hay nada secreto que no llegue a conocerse públicamente. ¹⁸Por eso, pongan mucha atención, pues al que tiene, se le dará más; pero al que no tiene, aun lo que cree tener se le quitará».

### La madre y los hermanos de Jesús

¹⁹La madre y los hermanos de Jesús fueron a verlo, pero no podían acercarse a él porque había mucha gente. ²⁰Entonces le avisaron:
—Tu madre y tus hermanos están afuera y quieren verte.
²¹Pero él les contestó: —Mi madre y mis hermanos son los que oyen la palabra de Dios y la obedecen.

### Jesús calma la tormenta

²²Un día, Jesús subió a una barca con sus discípulos y les dijo:
—Vamos al otro lado del lago.
Y partieron. ²³Mientras navegaban, él se quedó dormido. Entonces se desató una tormenta sobre el lago, y la barca comenzó a hundirse poniéndolos a ellos en peligro. ²⁴Los discípulos fueron a despertar a Jesús y lo llamaron a gritos:

darán a ustedes; es más, les echarán en el regazo una medida llena, apretada, sacudida y repleta. El principio es éste: con la medida con la que midan a los demás los medirán a ustedes».

³⁹También les contó esta parábola: «¿Acaso puede un ciego guiar a otro ciego? ¿No caerán los dos en un hoyo? ⁴⁰El discípulo no sabe más que su maestro, pero todo discípulo que ha completado sus estudios puede llegar a igualar a su maestro.

⁴¹»¿Por qué te fijas en la paja que está en el ojo de tu hermano y no te fijas en la viga que tienes en el tuyo? ⁴²¿Cómo te atreves a decirle a tu hermano: "Hermano, déjame sacarte la paja que tienes en tu ojo", si tú no te das cuenta de la viga que tienes en el tuyo? ¡Hipócrita! Saca primero la viga que tienes en tu ojo, y entonces podrás ver con claridad para sacar la paja del ojo de tu hermano.

## El árbol y su fruto

⁴³»Ningún árbol bueno da fruto malo, ni ningún árbol malo da fruto bueno. ⁴⁴Cada árbol se conoce por el fruto que produce. De los espinos no se pueden recoger higos ni de las zarzas se cosechan uvas. ⁴⁵El hombre que es bueno hace el bien, porque en su corazón tiene un tesoro de bondad. Pero el que es malo hace el mal, porque eso es lo que llena su corazón. De lo que abunda en su corazón es de lo que habla su boca.

## El prudente y el insensato

⁴⁶»¿Por qué me llaman "Señor, Señor", si no me obedecen? ⁴⁷Les voy a decir a quién se parece todo el que viene a mí, oye lo que enseño y me obedece: ⁴⁸Se parece a un hombre que construyó su casa sobre la roca, cavó muy hondo y puso allí los cimientos. Cuando vino una inundación, la corriente de agua azotó la casa, pero ni siquiera la movió porque estaba bien construida. ⁴⁹Pero el que oye lo que enseño y no me obedece se parece al hombre que construyó su casa sobre tierra y sin cimientos. Cuando la corriente de agua la azotó, la casa se derrumbó y quedó echa pedazos».

## La fe del centurión

**7** Cuando Jesús terminó de hablar al pueblo, entró en Capernaúm. ²Allí vivía un capitán del ejército romano que tenía un siervo al que estimaba mucho. Y ese siervo estaba enfermo, al borde de la muerte. ³El capitán oyó hablar de Jesús y mandó a varios ancianos de los judíos a pedirle que fuera y sanara a su siervo. ⁴Al llegar ellos ante Jesús, le suplicaron:

—Ese hombre merece que hagas lo que te pide. ⁵Ama tanto a nuestra nación que nos construyó una sinagoga.

⁶Jesús fue con ellos. Y cuando ya estaba cerca de la casa, el capitán mandó a unos amigos a decirle:

—Señor, no te molestes, pues no merezco que entres en mi casa. ⁷Por eso no fui yo mismo a buscarte. Yo sé que con una sola palabra que digas, mi siervo sanará, ⁸pues yo mismo estoy acostumbrado a obedecer las órdenes de mis superiores y también a dar ordenes a mis soldados. Si yo le digo a uno: «Ve» él va, y si le digo al otro: «Ven» él viene. Y si le digo a mi siervo: «Haz esto», él lo hace.

⁹Jesús, al oír aquel mensaje se asombró, y mirando a la gente que lo seguía dijo:

—Ni siquiera en Israel he encontrado una fe tan grande.

¹⁰Cuando los enviados regresaron a la casa, encontraron sano al siervo.

## Jesús resucita al hijo de una viuda

¹¹Poco después, Jesús, acompañado de mucha gente y de sus discípulos, se dirigió a un pueblo llamado Naín. ¹²Cuando se acercaba a las puertas del pueblo, vio que llevaban a enterrar a un muerto. Se trataba del único hijo de una viuda, a quien acompañaba mucha gente del pueblo.

¹³Al verla el Señor, tuvo compasión de ella y le dijo:
—No llores.

¹⁴Se acercó luego y tocó la camilla. Los que la llevaban se detuvieron, y Jesús dijo:
—¡Joven, te ordeno que te levantes!

¹⁵Entonces el muerto se levantó y comenzó a hablar, y Jesús se lo entregó a su madre.

¹⁶La gente se llenó de miedo y, alabando a Dios, decía:

—Un gran profeta ha surgido entre nosotros. Dios ha venido a ayudar a su pueblo.

¹⁷Lo que Jesús había hecho se supo por toda Judea y sus alrededores.

## Jesús y Juan el Bautista

¹⁸Los discípulos de Juan le contaron todas estas cosas. Él llamó a dos de ellos ¹⁹y los mandó a preguntarle a Jesús:

—¿Eres tú el que ha de venir o debemos esperar a otro?

²⁰Cuando ellos se acercaron a Jesús, le dijeron:

—Juan el Bautista nos envió a preguntarte: ¿Eres tú el que ha de venir o debemos esperar a otro? ²¹En ese momento Jesús sanó a muchos que estaban enfermos o sufriendo, a personas que tenían espíritus malos y a muchos ciegos, a los que les dio la vista. ²²Luego les respondió:

—Vayan y cuéntenle a Juan lo que han visto y oído: los ciegos ven, los cojos andan, los leprosos quedan sanos, los sordos oyen, los muertos resucitan y a los pobres se les anuncian las buenas nuevas. ²³¡Y dichoso el que no tropiece por causa de mí!

²⁴Cuando se fueron los discípulos de Juan, Jesús comenzó a hablarle a la gente acerca de Juan: «Ustedes, ¿qué salieron a ver al desierto? ¿Una caña sacudida por el viento? ²⁵Y si no, ¿qué salieron a ver? ¿A un hombre vestido con ropa lujosa? No, pues los que visten ropas lujosas y viven en placeres están en los palacios de los reyes. ²⁶Entonces, ¿qué salieron a ver? ¿A un profeta? Sí, y a alguien que es más que profeta. ²⁷Él es de quien la Escritura dice: "Voy a enviar mi mensajero delante de ti, él te preparará el camino". ²⁸Les digo que entre todos los hombres no hay otro más grande que Juan. Sin embargo, el más pequeño en el reino de Dios es más grande que él».

²⁹Todo el pueblo, hasta los que cobraban impuestos, al oír esto reconocieron que lo que Dios pide es justo e hicieron que Juan los bautizara. ³⁰Pero los fariseos y los maestros de la ley no quisieron que Juan

※6.40   ※6.43-49

# DESAFÍO Z

→ →

Ahora es el momento de ponerte en acción, por lo que te desafío a que hagas un mapa de tu futuro:

→ →
## ¿CÓMO HACERLO?

Primero: Haz un mapa de sueños de tus próximos 5 años. ¡Sé creativo y muy soñador! Pon ahí todo lo que sueñas, y en esos sueños, incluye un espacio para describir la persona con la que te gustaría casarte; la persona con la que te gustaría pasar el resto de tu vida.

Describe lo que para ti es indispensable que el/ella tenga. ¿Cómo te imaginas su relación con Dios, padres y líderes? ¿Cómo te trata y te hace sentir? ¿Cuáles son sus valores?

Segundo: Después de soñar y soñar tanto, al lado de tu mapa de sueños, haz una lista de tus NO negociables para cumplir esos sueños. Por ejemplo, si sueñas con comprar un automóvil ¿a qué cosas debes decir qué no? ¿Qué gastos debes reducir? ¿Qué esfuerzos debes hacer?

Lo mismo harás con la persona que aun sin conocer decidiste amar. Por ejemplo: ¿A qué planes dirás que no? ¿Con quién no mantendrás conversaciones hasta la madrugada? ¿Cuáles serán tus limites emocionales con las personas del otro sexo? ¿Qué tipo de planes entre amigos harás?

Por último: ¡Presume tu mapa! Ponlo en un lugar visible, que puedas verlo todos los días y motivarte en los días difíciles. Recuerda siempre la foto final.

De está manera será más fácil mantenerte firme en tus convicciones al pasar de los años, porque no tendrás tu mirada a corto plazo si alguien te gusta hoy, sino que podrás poner la mirada a largo plazo y pensar en el futuro con esa persona especial. Hay una increíble historia de amor que estás escribiendo desde este momento, el momento de la espera.

→ →
### CONOCE MÁS A GINNA

Es actriz, directora y creadora de contenido cristiano. Es Comunicadora Audiovisual y Publicista de la Pontificia Universidad Javeriana, Colombia. Es gerente de la productora audiovisual "True Films" con la que ha sido galardonada con 45 premios a mejor pieza cinematográfica y con la cual se busca hacer famoso el nombre de Jesús y sanar la tierra.

Escanea este QR con tu smartphone y mira estos videos para seguir pensando juntos.

Comparte tus comentarios en tus redes utilizando #BIBLIAZ

de buscar la "plenitud" fuera de Él, que fue lo que yo hice. Permítele al Espíritu Santo entrar en tu vida, que Él te llene en tu soltería. Solamente dile que lo necesitas, sé brutalmente honesto y dile lo que sientes: "Dios, ¿esta persona es la indicada? ¿Cómo sé si es la persona adecuada para mí? ¿Cuándo lo sabré? ¿Cómo se siente cuando uno sabe?".

Siempre hemos escuchado frases como: "Con quien te cases, esa es 'la persona correcta' para ti'". Pero podrías decir: "Qué pasa si me caso con la persona equivocada?". Entonces la respuesta podría ser: "¿Por qué saliste con la persona equivocada en el tiempo equivocado?". Al salir con alguien, deberá aumentar tu vida de oración. Te encontrarás hablando mucho con Dios sobre la persona con la que estás saliendo y buscando respuestas que te indiquen la dirección correcta.

*Nuestros corazones no fueron diseñados para ser seguidos, sino para ser guiados. Nuestros corazones no fueron diseñados para ser dioses en quienes creamos; fueron diseñados para creer en Dios.* Si hacemos que nuestro corazón se vuelva nuestro dios y le pedimos que nos guíe, en última instancia esto nos llevará hacia una miseria de dolor; pero si nuestros corazones creen en Dios, de la manera en que están diseñados para hacerlo, entonces Dios nos salvará y conducirá nuestros corazones hacia un gozo profundo.

Por lo tanto, **no creas en tu corazón; ordénale a tu corazón que crea en Dios. No sigas a tu corazón; sigue a Jesús.** Ten en cuenta que Jesús no dijo a sus discípulos: "No se angustien. Confíen en sus corazones". Él les dijo: *"No se angustien. Confíen en Dios, y confíen también en mí.* (Juan 14:1).

Entonces, aunque tu corazón hoy intentará ser tu pastor, no lo sigas. Ten cuidado incluso al escucharlo. Recuerda, tu corazón solo dice lo que tú quieres escuchar, no te dice adónde debes ir. Solo ten en cuenta lo que te dice sobre lo que quieres y luego toma tus deseos, tanto los buenos como los malos, y llévaselos a Jesús en oración.

El afecto puede ser una adicción. Si has estado en citas, o si has visto a tus amigos del colegio con novios o novias, tomados de la mano a alguien, si has visto sonrisas, has intercambiado notas, y has experimentado la dulzura de la atención y confirmación del otro, querrás más. Y la manera más fácil de encontrarlo es salir con alguien de inmediato. Pero si nos importa Dios, nuestros amigos, nuestro ex, y esa futura persona importante, esperaremos, oraremos y tendremos citas de forma paciente y cuidadosamente. Es muy fácil dejar un rastro de personas heridas tras la búsqueda de un compañero/a.

Es una mentira pensar que no te estás dirigiendo hacia el matrimonio si no estás saliendo con alguien ahora mismo. A veces lo mejor que puedes hacer por tu futuro esposo es no salir con nadie. Hoy, es el momento de crecer en tu relación con Dios, honrar a tus padres, estudiar y soñar con el futuro.

| → → | | |
|---|---|---|
| **VERSÍCULOS DE REFUERZO** | Jeremías 17: 9-10<br>1 Corintios 13: 1-7 | Eclesiastés 3: 1-8<br>Cantares 2:7 |

# ESCRIBE UN BUEN ROMANCE

→ →

Soy Ginna Parra y quiero hablarte sobre el corazón. ¡Sí! De esa historia de amor que tanto sueñas con contar. ¿Por qué? Porque la Biblia dice que Jesús dio la vida por ti por amor, si hay algo que a Jesús le interesa son las historias basadas en el amor genuino.

Quiero arrancar con la verdad. Cuando tenía 16 años, creí enamorarme por primera vez de mi mejor amigo de ese entonces. Él no conocía de Jesús, pero me empeciné en llevarlo a la iglesia *"porque yo lo podía cambiar"* ¿Algo más absurdo? Luego, le presenté a mis papás. Ellos, me dijeron que no sentían paz y que ahí no debía poner mi corazón; sin embargo, me dediqué a escuchar solo lo que decía mi corazón: *"Todo esto es tan emocionante, además es tan lindo, me hace sentir tan especial, aquí quiero estar".*

Al cabo de los meses, en desobediencia me ennovié, y aunque tampoco yo sentía paz y sabía que el Espíritu Santo me estaba susurrando que debía salir corriendo de ahí, decidí no escuchar. Cuando cumplimos 8 meses de noviazgo, estaba sumergida en una relación tóxica. Había celos, peleas, y llantos. Una madrugada, gracias a una conversación, descubrí que él era homosexual y que había decidido ir a la iglesia y ennoviarse conmigo solo para aparentar delante de sus padres. Podrás imaginarte el dolor de esa situación. Marcó y manchó mi vida sentimental para siempre.

Hoy somos una generación que está agotada emocionalmente en la adolescencia. ¿Por qué? Porque nos cuesta amar como Jesús amó. La Biblia dice que el amor es paciente, es bondadoso. El amor no tiene envidia… Todo lo sufre, todo lo cree, todo lo espera, todo lo soporta. Dios es un Dios de procesos, creó el universo en una semana, no en un minuto, aunque podía hacerlo. A Él le interesa que podamos guardar nuestro corazón simplemente porque anhela que no salgamos lastimados, sino que, por el contrario, tengamos una historia de amor que lo haga sonreír.

En muchas ocasiones ocurre que la insatisfacción del corazón ante la soledad da lugar a que busques llenura en los lugares incorrectos: puede ser un noviazgo antes de tiempo, un amigo que te lleve a malas decisiones; puede ser el alcohol o las drogas, ya que encendiste la necesidad en tu vida de ingerir alguna sustancia para poder sentirte aliviado ante lo que te pasa. Todo el tiempo, estamos buscando cómo poder satisfacer el corazón ante el vacío. Tú podrás alimentar tu vacío, pero solo será por un momento. Llegarás a casa y te acostarás en tu cama sintiendo la misma o muchísima más hambre, porque ahora el vacío es más grande y crece cada vez que intentas llenarlo en tus fuerzas.

Hay vacíos que ningún amigo, ningún padre, ni siquiera un pastor podrán llenar. **La tarea de llenar vacíos es totalmente del Espíritu Santo** y cuando le das cabida en tu vida, Él va en busca de tus vacíos para llenarlos. Es tan interesante, que luego de que llena un vacío va en busca de otro hasta que llegamos a estar completamente plenos en Él.

Hay una diferencia abismal entre la felicidad y la plenitud: la plenitud es no necesitar nada más porque ya estas completo. Dios quiere que seas pleno en Él y no tengas la necesidad

# GINNA PARRA

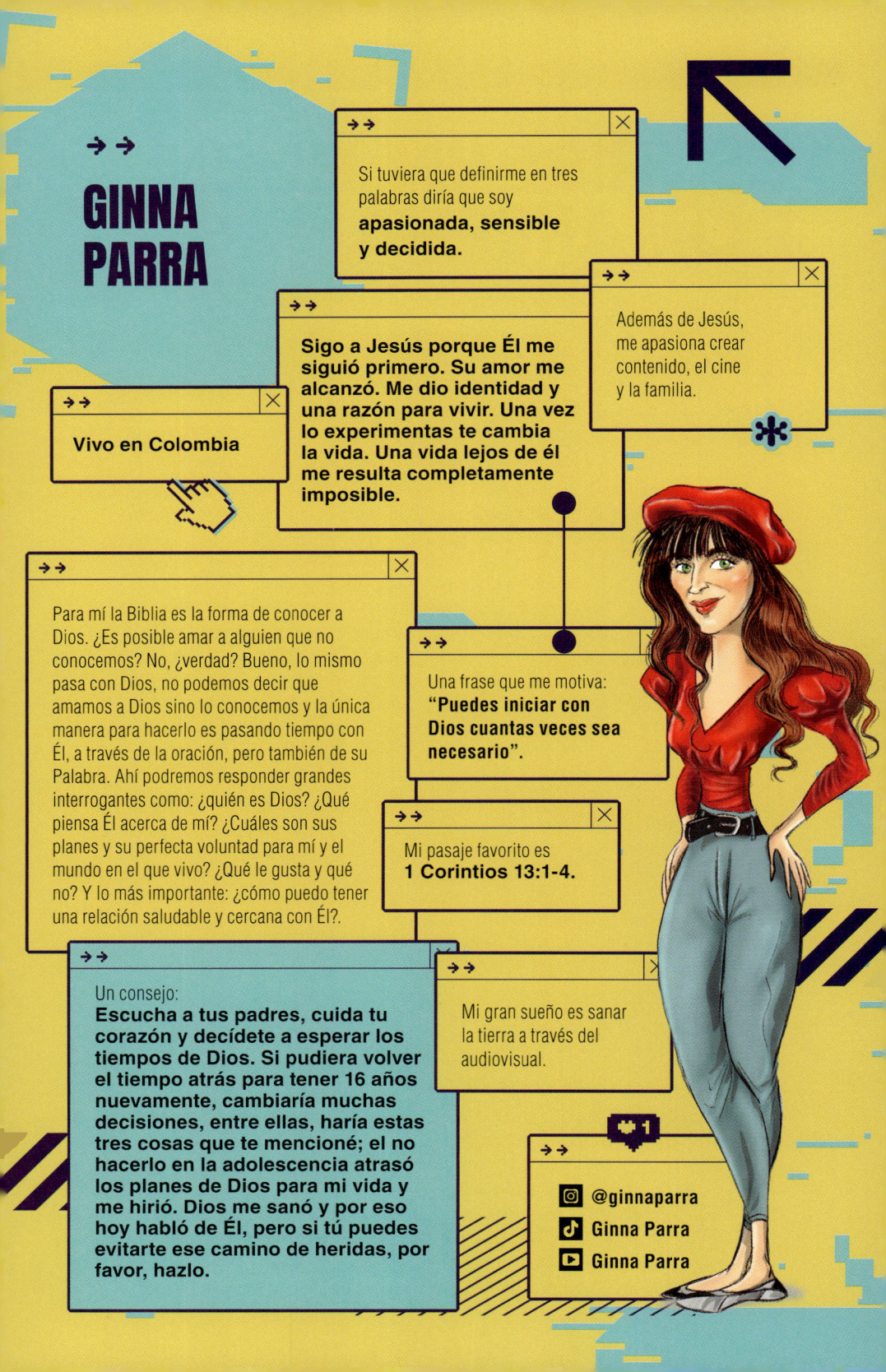

Si tuviera que definirme en tres palabras diría que soy **apasionada, sensible y decidida.**

Sigo a Jesús porque Él me siguió primero. Su amor me alcanzó. Me dio identidad y una razón para vivir. Una vez lo experimentas te cambia la vida. Una vida lejos de él me resulta completamente imposible.

Además de Jesús, me apasiona crear contenido, el cine y la familia.

Vivo en Colombia

Para mí la Biblia es la forma de conocer a Dios. ¿Es posible amar a alguien que no conocemos? No, ¿verdad? Bueno, lo mismo pasa con Dios, no podemos decir que amamos a Dios sino lo conocemos y la única manera para hacerlo es pasando tiempo con Él, a través de la oración, pero también de su Palabra. Ahí podremos responder grandes interrogantes como: ¿quién es Dios? ¿Qué piensa Él acerca de mí? ¿Cuáles son sus planes y su perfecta voluntad para mí y el mundo en el que vivo? ¿Qué le gusta y qué no? Y lo más importante: ¿cómo puedo tener una relación saludable y cercana con Él?.

Una frase que me motiva: **"Puedes iniciar con Dios cuantas veces sea necesario".**

Mi pasaje favorito es **1 Corintios 13:1-4.**

Un consejo:
**Escucha a tus padres, cuida tu corazón y decídete a esperar los tiempos de Dios.** Si pudiera volver el tiempo atrás para tener 16 años nuevamente, cambiaría muchas decisiones, entre ellas, haría estas tres cosas que te mencioné; el no hacerlo en la adolescencia atrasó los planes de Dios para mi vida y me hirió. Dios me sanó y por eso hoy habló de Él, pero si tú puedes evitarte ese camino de heridas, por favor, hazlo.

Mi gran sueño es sanar la tierra a través del audiovisual.

@ginnaparra
Ginna Parra
Ginna Parra

## Le preguntan a Jesús sobre el ayuno

**33** Algunos le dijeron a Jesús:

—Los discípulos de Juan y los discípulos de los fariseos ayunan y oran mucho, pero los tuyos se la pasan comiendo y bebiendo.

**34** Jesús les respondió: —¿Acaso pueden ustedes hacer que los invitados a una boda ayunen mientras el novio está con ellos? **35** Va llegar el día en que les quiten al novio y entonces sí ayunarán.

**36** Y les contó esta parábola:

—Nadie le corta un pedazo de tela a un vestido nuevo para remendar un vestido viejo. Si lo hace, echa a perder el vestido nuevo, y el retazo nuevo no se verá bien en el vestido viejo. **37** Tampoco nadie echa vino nuevo en odres viejos. Si lo hace, el vino nuevo hará que revienten los odres, el vino se derramará y los odres se echarán a perder. **38** Por eso, el vino nuevo se debe echar en odres nuevos. **39** Y cuando alguien probó el vino viejo, ya no quiere beber el nuevo, porque dice: «El añejo es mejor».

## Señor del sábado

**6** Un sábado, Jesús y sus discípulos pasaban por los sembrados. Sus discípulos se pusieron a arrancar unas espigas de trigo y las restregaban con las manos para desgranarlas y comérselas. **2** Entonces unos fariseos les dijeron:

—¿Por qué hacen ustedes lo que está prohibido hacer en sábado?

**3** Jesús les contestó:

—¿No han leído ustedes lo que hizo David cuando él y sus hombres tuvieron hambre? **4** Entró en la casa de Dios, tomó los panes que estaban consagrados a Dios, que sólo a los sacerdotes se les permitía comer, y comieron él y sus hombres.

**5** Y añadió:

—El Hijo del hombre es Señor aun del sábado.

**6** Otro sábado, entró en la sinagoga y comenzó a enseñar. Y había allí un hombre que tenía la mano derecha paralizada. **7** Como los maestros de la ley y los fariseos vigilaban a Jesús tratando de encontrar algún motivo para acusarlo, querían ver si sanaba en sábado. **8** Aunque Jesús sabía lo que estaban pensando, llamó al hombre de la mano paralizada y le dijo:

—Levántate y ponte en medio de todos.

El hombre hizo como Jesús le había indicado y Jesús les dijo a los otros:

**9** —Les voy a hacer una pregunta. ¿Qué es lo que está permitido hacer en sábado: el bien o el mal, salvar una vida o destruirla?

**10** Entonces Jesús miró a todos los que lo rodeaban y le dijo al hombre:

—Extiende tu mano.

Él la extendió, y su mano le quedó sana. **11** Pero los que querían acusarlo se llenaron de ira y comenzaron a hacer planes contra Jesús.

## Los doce apóstoles

**12** En aquellos días se fue Jesús a la montaña y pasó toda la noche orando a Dios. **13** Al amanecer, llamó a sus discípulos y entre ellos escogió a doce, a los que llamó apóstoles:

**14** Simón (a quien le puso el nombre de Pedro) y su hermano Andrés, Jacobo, Juan, Felipe, Bartolomé, **15** Mateo, Tomás, Jacobo hijo de Alfeo, Simón (al que llamaban Zelote), **16** Judas hijo de Jacobo, y Judas Iscariote (que fue el que lo traicionó).

## Bendiciones y ayes

**17** Jesús bajó de la montaña con ellos y se detuvo en un lugar llano. Allí lo esperaban muchos de sus discípulos y mucha gente de toda Judea, de Jerusalén y de la costa de Tiro y Sidón. **18** Habían llegado para oírlo y para que los sanara de sus enfermedades. También los que eran atormentados por espíritus malos quedaban sanos. **19** Todo el mundo quería tocar a Jesús, porque de él salía poder que los sanaba a todos.

**20** Él entonces miró a sus discípulos y les dijo: «Dichosos ustedes los pobres, porque el reino de Dios les pertenece.

**21** »Dichosos ustedes los que ahora pasan hambre, porque tendrán pan en abundancia. Dichosos ustedes los que ahora lloran, porque después reirán.

**22** »Dichosos ustedes cuando los odien, cuando los desprecien, los insulten y hablen mal de ustedes por causa del Hijo del hombre.

**23** »Alégrense en ese día, llénense de gozo, porque hay una gran recompensa para ustedes en el cielo.

**24** »Pero, ¡qué tristeza para ustedes los ricos, porque ya han recibido su consuelo!

**25** »¡Qué tristeza para ustedes los que ahora tienen en abundancia, porque pasarán hambre! ¡Qué tristeza para ustedes los que ahora ríen, porque luego se quejarán y llorarán!

**26** »¡Qué tristeza cuando a ustedes todos los elogien! Porque los antepasados de los que ahora los elogian, elogiaron de la misma manera a los falsos profetas.

## El amor a los enemigos

**27** »Pero a ustedes que me escuchan les digo: Amen a sus enemigos, hagan bien a quienes los odian, **28** bendigan a quienes los maldicen, oren por quienes los maltratan. **29** Si alguien te pega en una mejilla, deja que te pegue también en la otra. Si alguien te quita la camisa, deja que se lleve también el abrigo. **30** A todo el que te pida, dale, y si alguien te quita lo que es tuyo, no le pidas que te lo devuelva. **31** Traten a los demás como a ustedes les gustaría que ellos los traten. **32** Si aman sólo a quienes los aman, ¿qué mérito tiene eso? Lo mismo hacen los pecadores. **33** Y si ustedes sólo le hacen bien a quien les hacen bien, ¿qué mérito tienen ustedes? Los pecadores lo hacen así. **34** Y si ustedes les dan prestado sólo a los que pueden darles algo, ¿qué mérito tienen ustedes? Los pecadores se prestan unos a otros esperando recibir el mismo trato.

**35** »Ustedes amen a sus enemigos, háganles el bien y préstenles sin esperar nada a cambio. Si lo hacen tendrán una gran recompensa y serán hijos del Altísimo, porque él es bueno tanto con los ingratos como con los malos. **36** Ustedes sean compasivos, así como su Padre es compasivo.

## El juzgar a los demás

**37** »No juzguen a los demás y así no los juzgarán a ustedes. No condenen a los demás y no los condenarán a ustedes. Perdonen, y serán perdonados. **38** Den, y les

6.12  6.19  6.31  6.35–38

³⁷Y por todo aquel lugar se hablaba de Jesús.

### Jesús sana a muchos enfermos

³⁸Al salir Jesús de la sinagoga se fue a la casa de Simón. La suegra de éste estaba enferma y con fiebre muy alta, y le pidieron a Jesús que hiciera algo por ella. ³⁹Él se inclinó sobre ella y ordenó que la fiebre se le quitara, y se le quitó. Ella en seguida se levantó y comenzó a servirles. ⁴⁰Al anochecer, la gente le llevó a Jesús todos los que tuvieran cualquier tipo de enfermedad. Él puso las manos sobre cada uno de ellos y los sanó. ⁴¹También de muchas personas salían demonios que gritaban: «¡Tú eres el Hijo de Dios!»

Pero él los reprendía y no los dejaba hablar, porque sabían que era el Cristo.

⁴²Al amanecer, Jesús salió y se fue a un lugar solitario. La gente lo buscó por todas partes y, cuando lo encontraron, trataron de detenerlo para que no se fuera. ⁴³Pero él les dijo: «Tengo que anunciar las buenas noticias del reino de Dios a los demás pueblos, porque para eso fui enviado».

⁴⁴Y continuó anunciando las buenas noticias en las sinagogas de los judíos.

### Llamamiento de los primeros discípulos

**5** Un día, Jesús estaba a la orilla del lago de Genesaret y la gente lo apretujaba para oír el mensaje de Dios. ²Entonces vio dos barcas que estaban en la playa. Los pescadores las habían dejado allí mientras lavaban sus redes. ³Él subió a una de las barcas, que era de Simón, y le pidió que la alejara un poco de la orilla. Luego se sentó y desde la barca le enseñaba a la gente.

⁴Cuando terminó de hablar, le dijo a Simón:

—Lleva la barca adonde el agua está más profunda y allí echa tus redes para pescar. ⁵Simón le respondió:

—Maestro, toda la noche hemos trabajado sin descanso y no hemos pescado nada. Pero, puesto que tú me lo mandas, voy a echar las redes.

⁶Ellos hicieron lo que él les dijo, y recogieron tantos peces que las redes se les rompían. ⁷Entonces hicieron señas a sus compañeros de la otra barca para que fueran a ayudarlos. Ellos fueron, y llenaron tanto las dos barcas que se empezaron a hundir.

⁸Cuando Simón Pedro vio esto, cayó de rodillas ante Jesús y le dijo:

—¡Apártate de mí, Señor, porque soy un pecador! ⁹Es que él y sus demás compañeros estaban asombrados por la gran pesca que habían hecho. ¹⁰También estaban asombrados Jacobo y Juan, hijos de Zebedeo, socio de Simón.

Jesús le dijo a Simón:

—No tengas miedo, de ahora en adelante serás pescador de seres humanos.

¹¹Entonces llevaron las barcas a tierra, lo dejaron todo y siguieron a Jesús.

### Jesús sana a un leproso

¹²Un día que Jesús estaba en un pueblo, se presentó un hombre enfermo de lepra. Al ver a Jesús, se inclinó hasta tocar con su rostro el suelo y le suplicó:

—Señor, si quieres, puedes sanarme.

¹³Jesús extendió la mano, tocó al hombre y le dijo:

—Sí quiero. ¡Queda sano!

Y en ese momento se le quitó la lepra.

¹⁴Jesús le ordenó:

—No se lo digas a nadie. Ve, preséntate al sacerdote y lleva la ofrenda de purificación que Moisés ordenó, para que les sirva de testimonio.

¹⁵Sin embargo, Jesús se hacía cada vez más famoso, y mucha gente iba para oírlo y para que la sanara de sus enfermedades. ¹⁶Pero él con frecuencia se apartaba a lugares solitarios para orar.

### Jesús sana a un paralítico

¹⁷Un día que enseñaba, estaban sentados por allí algunos fariseos y maestros de la ley que habían venido de todos los pueblos de Galilea y Judea, y hasta de Jerusalén. Jesús mostraba el poder del Señor sanando a los enfermos.

¹⁸Entonces llegaron unos hombres que llevaban en una camilla a un paralítico. Ellos querían entrar para ponerlo delante de Jesús, ¹⁹pero no podían porque había allí mucha gente. Así que subieron al techo e hicieron un hueco entre las tejas, y bajaron al paralítico en la camilla en medio de la gente, hasta ponerlo frente a Jesús.

²⁰Cuando vio la fe de ellos, Jesús le dijo al que estaba postrado:

—Amigo, tus pecados quedan perdonados.

²¹Los fariseos y los maestros de la ley comenzaron a pensar:

«¿Quién se cree éste, que dice blasfemias? Sólo Dios puede perdonar pecados».

²²Pero Jesús sabía lo que estaban pensando y les dijo:

—¿Por qué piensan así? ²³¿Qué es más fácil, decirle que sus pecados están perdonados o que se puede levantar y andar? ²⁴Pues voy a demostrarles que el Hijo del hombre tiene autoridad en la tierra para perdonar pecados.

Entonces se dirigió al paralítico y le dijo:

—Levántate, toma tu camilla y vete a tu casa.

²⁵En ese mismo instante, ante los ojos de todos, el hombre tomó la camilla en la que había estado acostado y se fue a su casa alabando a Dios. ²⁶Todos quedaron asombrados y comenzaron también a alabar a Dios. Y llenos de temor, decían:

—Hoy hemos visto cosas maravillosas.

### Llamamiento de Leví

²⁷Después de esto salió Jesús y vio a un hombre llamado Leví que era recaudador de impuestos. Estaba sentado a la mesa donde cobraba. Jesús le dijo:

—Sígueme.

²⁸Leví se levantó, dejó todo y lo siguió.

²⁹Luego Leví le ofreció a Jesús un gran banquete en su casa. También invitó a muchos de los recaudadores de impuestos y a otras personas.

³⁰Los fariseos y los maestros de la ley que pertenecían a su mismo grupo, se molestaron con los discípulos de Jesús y les dijeron: ¿Por qué comen y beben ustedes con recaudadores de impuestos y con pecadores? ³¹Jesús les contestó:

—Los que están sanos no necesitan médico, sino los enfermos. ³²Yo no he venido a llamar a los justos para que se arrepientan, sino a los pecadores.

✺5.27–28  ✺5.32

²³Jesús tenía unos treinta años de edad cuando comenzó su ministerio. Era, según se creía, hijo de José.

José era hijo de Elí, ²⁴hijo de Matat, hijo de Leví, hijo de Melquí, hijo de Janay, hijo de José, ²⁵hijo de Matatías, hijo de Amós, hijo de Nahúm, hijo de Eslí, hijo de Nagay, ²⁶hijo de Máat, hijo de Matatías, hijo de Semeí, hijo de Josec, hijo de Judá, ²⁷hijo de Yojanán, hijo de Resa, hijo de Zorobabel, hijo de Salatiel, hijo de Neri, ²⁸hijo de Melquí, hijo de Adí, hijo de Cosán, hijo de Elmadán, hijo de Er, ²⁹hijo de Josué, hijo de Eliezer, hijo de Jorín, hijo de Matat, hijo de Leví, ³⁰hijo de Simeón, hijo de Judá, hijo de José, hijo de Jonán, hijo de Eliaquín, ³¹hijo de Melea, hijo de Mainán, hijo de Matata, hijo de Natán, hijo de David, ³²hijo de Isaí, hijo de Obed, hijo de Booz, hijo de Salmón, hijo de Naasón, ³³hijo de Aminadab, hijo de Aram, hijo de Jezrón, hijo de Fares, hijo de Judá, ³⁴hijo de Jacob, hijo de Isaac, hijo de Abraham, hijo de Téraj, hijo de Najor, ³⁵hijo de Serug, hijo de Ragau, hijo de Péleg, hijo de Éber, hijo de Selaj, ³⁶hijo de Cainán, hijo de Arfaxad, hijo de Sem, hijo de Noé, hijo de Lamec, ³⁷hijo de Matusalén, hijo de Enoc, hijo de Jared, hijo de Malalel, hijo de Cainán, ³⁸hijo de Enós, hijo de Set, hijo de Adán, hijo de Dios.

## Tentación de Jesús

**4** Jesús, lleno del Espíritu Santo, volvió del Jordán y el Espíritu lo llevó al desierto. ²Allí estuvo cuarenta días, y Satanás quería hacerlo caer en tentación. Durante todos esos días no comió nada; y cuando pasó ese tiempo, tuvo hambre. ³El diablo le dijo:

—Si eres el Hijo de Dios, dile a esta piedra que se convierta en pan.

⁴Jesús le respondió:

—La Escritura dice: «No sólo de pan vivirá la gente».

⁵Entonces el diablo lo llevó a un lugar alto y desde allí le mostró en un momento todos los reinos del mundo.

⁶El diablo le dijo:

—Te daré poder y autoridad sobre todos estos reinos y también te daré su grandeza, porque a mí me lo han dado y yo se lo doy a quien yo quiera. ⁷Todo esto será tuyo si me adoras. ⁸Jesús le contestó:

—La Escritura dice: «Adora al Señor tu Dios y sírvele sólo a él».

⁹Luego el diablo lo llevó a Jerusalén, a la parte más alta del templo, y le dijo:

—Si eres el Hijo de Dios, tírate desde aquí, ¹⁰pues en la Escritura dice: «Dios enviará a sus ángeles para cuidarte. ¹¹Ellos te sostendrán en sus manos para que tu pie no tropiece con ninguna piedra».

¹²Jesús le respondió:

—También en la Escritura dice: «No pongas a prueba al Señor tu Dios».

¹³Después que el diablo trató por todos los medios de hacerlo caer en tentación, se alejó de él por un tiempo.

## Rechazan a Jesús en Nazaret

¹⁴Jesús regresó a Galilea lleno del poder del Espíritu Santo, y adquirió fama por toda la región. ¹⁵Enseñaba en las sinagogas y todos lo admiraban.

¹⁶Cuando llegó a Nazaret, donde se había criado, un sábado fue a la sinagoga, como era su costumbre. Allí se levantó a leer, ¹⁷y le dieron el libro del profeta Isaías. Lo abrió y encontró el lugar donde dice: ¹⁸«El Espíritu del Señor está sobre mí, porque me ha ungido para dar buenas noticias a los pobres. Me ha enviado para anunciar libertad a los presos y dar vista a los ciegos, para poner en libertad a los oprimidos, ¹⁹para anunciar el año en que el Señor nos dará su favor».

²⁰Luego cerró el libro, se lo devolvió al encargado y se sentó. Todos los que estaban en la sinagoga tenían los ojos puestos en él.

²¹Entonces él comenzó a decirles:

—Esta Escritura acaba de cumplirse hoy delante de ustedes.

²²Todos se expresaban bien de él y estaban admirados por las hermosas palabras que él hablaba. Estaban intrigados y se preguntaban:

—¿No es éste el hijo de José?

²³Jesús les dijo:

—Sin duda ustedes me dirán ese refrán: «Médico, cúrate a ti mismo. Haz aquí, en tu propia tierra, lo que hemos oído que hiciste en Capernaúm». ²⁴Pero yo les aseguro que ningún profeta es bien recibido en su propia tierra. ²⁵En tiempos de Elías no llovió por tres años y medio y hubo mucha hambre en toda la tierra. En Israel vivían muchas viudas en esa época; ²⁶sin embargo, a Elías no lo enviaron a ninguna de ellas, sino a una viuda de Sarepta, cerca de la ciudad de Sidón. ²⁷Y en tiempos del profeta Eliseo había en Israel muchos enfermos de lepra, pero Eliseo no sanó a ninguno de ellos sino sanó a Naamán, que era de Siria.

²⁸Al oír esto, todos los que estaban en la sinagoga se pusieron furiosos, ²⁹se levantaron y lo echaron fuera del pueblo. Lo llevaron a lo alto de la colina sobre la que estaba construido el pueblo, para arrojarlo desde allí, ³⁰pero él pasó por en medio de ellos y se fue.

## Jesús expulsa a un espíritu maligno

³¹Jesús se fue a Capernaúm, un pueblo de la región de Galilea, y enseñaba a la gente el día sábado. ³²Los que lo oían se sorprendían de sus enseñanzas, porque hablaba con autoridad.

³³En la sinagoga había un hombre que estaba poseído por un espíritu malo que le gritó con todas sus fuerzas:

³⁴—¡Por qué te metes con nosotros, Jesús de Nazaret? ¿Has venido a destruirnos? Yo sé quién eres tú. ¡El Santo de Dios!

³⁵Jesús le replicó:

—¡Cállate! ¡Sal de ese hombre!

Entonces el demonio derribó al hombre en medio de la gente y salió de él sin hacerle ningún daño.

³⁶Todos estaban muy asustados y se decían unos a otros:

—¿Qué tienen sus palabras? Con autoridad y poder les ordena a los espíritus malos que salgan, y salen.

²⁹«Ahora, Soberano Señor, tu palabra se ha cumplido: ya puedes dejar que este tu siervo muera en paz, ³⁰porque mis ojos han visto tu salvación, ³¹la que has preparado a la vista de todos los pueblos; ³²es la luz que alumbrará a las naciones y la gloria de tu pueblo Israel».

³³El padre y la madre del niño se quedaron asombrados de lo que decía de él. ³⁴Simeón los bendijo y le dijo a María, la madre de Jesús: «Este niño ha sido enviado para hacer que muchos caigan o se levanten en Israel. Él será una señal y muchos se le opondrán, ³⁵así se conocerán las intenciones de cada uno. Esto será para ti como una espada que te atravesará el alma».

³⁶También estaba en el templo una profetisa, Ana, hija de Penuel, que pertenecía a la tribu de Aser. Era muy anciana. Cuando era joven, había vivido con su esposo siete años, ³⁷pero entonces quedó viuda y ahora ya tenía ochenta y cuatro años de edad. Nunca salía del templo; se pasaba noche y día adorando a Dios con ayunos y oraciones. ³⁸Ana llegó también en aquel mismo momento, dio gracias a Dios y comenzó a hablar del niño a todos los que esperaban que Dios liberara a Jerusalén.

³⁹Después de haber cumplido con todo lo que mandaba la ley, José y María regresaron a Galilea, a su propio pueblo de Nazaret. ⁴⁰El niño crecía y se fortalecía; se llenaba de sabiduría y Dios lo favorecía.

### El niño Jesús en el templo

⁴¹Los padres de Jesús iban todos los años a Jerusalén para la fiesta de la Pascua. ⁴²Cuando él cumplió doce años, fueron allá como era su costumbre. ⁴³Al terminar la fiesta, se regresaron, pero el niño Jesús se quedó en Jerusalén sin que sus padres se dieran cuenta. ⁴⁴Ellos caminaron todo un día pensando que Jesús iba entre los familiares y conocidos. Cuando lo buscaron ⁴⁵y no lo encontraron, volvieron a Jerusalén para buscarlo.

⁴⁶Después de tres días, lo encontraron en el templo, sentado entre los maestros de la ley, escuchándolos y haciéndoles preguntas. ⁴⁷Todos los que lo oían se quedaban asombrados de su inteligencia y de sus respuestas. ⁴⁸Cuando sus padres lo vieron, también se quedaron admirados. Su madre le dijo:

—Hijo, ¿por qué nos has hecho esto? ¡Tu padre y yo te hemos estado buscando llenos de angustia!

⁴⁹Él le respondió:

—¿Por qué me buscaban? ¿No sabían que tengo que estar en la casa de mi Padre?

⁵⁰Pero ellos no entendieron lo que él les quería decir. ⁵¹Entonces Jesús volvió con sus padres a Nazaret y los obedecía en todo. Pero su madre guardaba todas estas cosas en el corazón.

⁵²Jesús seguía creciendo en sabiduría y estatura, y gozaba más y más del favor de Dios y de la gente.

### Juan el Bautista prepara el camino

**3** Cuando ya llevaba quince años reinando Tiberio César, Poncio Pilato era gobernador de la región de Judea. Herodes gobernaba en Galilea; Felipe, el hermano de Herodes, gobernaba en Iturea y en la región de Traconite; y Lisanias gobernaba en Abilene. ²En aquel tiempo, los jefes de los sacerdotes eran Anás y Caifás. Entonces Dios le habló a Juan, el hijo de Zacarías, en el desierto.

³Juan fue entonces por toda la región del Jordán predicando a todos que debían ser bautizados y arrepentirse, para que Dios les perdonara sus pecados. ⁴Eso fue lo que estaba escrito de él en el libro del profeta Isaías: «Voz de uno que grita en el desierto: "Preparen el camino del Señor, háganle sendas que estén derechas. ⁵Todo valle será rellenado, toda montaña y colina será nivelada; los caminos torcidos serán enderezados y las sendas disparejas quedarán llanas. ⁶Todo el mundo verá la salvación de Dios"». ⁷Muchos iban a Juan para que los bautizara, y él les decía:

—¡Crías de víboras! ¿Quién les dijo que van a escaparse del castigo que se acerca? ⁸Produzcan frutos que demuestren que se han arrepentido. Y no piensen: "Somos descendientes de Abraham", porque les digo que Dios puede aun de estas piedras darle descendientes a Abraham. ⁹Además, el hacha ya está puesta a la raíz de los árboles, y todo árbol que no produce buen fruto será cortado y arrojado al fuego.

¹⁰La gente le preguntaba:

—¿Entonces qué debemos hacer?

¹¹Y Juan les contestaba:

—El que tiene dos trajes, debe compartir con el que no tiene ninguno. El que tiene comida, compártala con el que no tiene.

¹²Unos que cobraban impuestos vinieron también para que los bautizara, y le preguntaron:

—Maestro, ¿qué debemos hacer nosotros?

¹³Él les respondió:

—No cobren más de lo que deben cobrar.

¹⁴Unos soldados le preguntaron:

—Y nosotros, ¿qué tenemos que hacer?

Él les dijo:

—No les quiten a los demás lo que es de ellos ni acusen falsamente a nadie; y confórmense con su salario.

¹⁵La gente se preguntaba si Juan sería el Cristo. ¹⁶Juan entonces les respondió a todos:

—Yo los bautizo a ustedes con agua. Pero pronto viene uno que es más poderoso que yo y él los bautizará con el Espíritu Santo y con fuego. Yo ni siquiera merezco desatarle las correas de sus sandalias. ¹⁷Él tiene el rastrillo en la mano para limpiar su era, y separará el trigo de la paja. El trigo lo recogerá en su granero y la paja la quemará en un fuego que nunca se apaga.

¹⁸Juan usaba estas y muchas otras palabras para anunciar a la gente las buenas nuevas. ¹⁹Él reprendió a Herodes, el que gobernaba en Galilea, por causa de su cuñada Herodías, y también por todas las otras cosas malas que había hecho. ²⁰Entonces Herodes hizo otra cosa peor: encerró a Juan en la cárcel.

### Bautismo y genealogía de Jesús

²¹En una ocasión en que todos iban para que Juan los bautizara, Jesús fue y también a él lo bautizó. Y mientras Jesús oraba, el cielo se abrió ²²y el Espíritu Santo bajó sobre él en forma de paloma. Entonces se oyó una voz del cielo que decía:

—Tú eres mi Hijo amado; estoy muy contento contigo.

3.10–11

en lugares de honor. ⁵³A los hambrientos llenó de bienes, y a los ricos los envió con las manos vacías. ⁵⁴Ayudó al pueblo de Israel, su siervo, y siempre lo trató con misericordia. ⁵⁵Cumplió así su promesa a nuestros padres: trató con misericordia a Abraham y a sus descendientes para siempre.

⁵⁶María se quedó con Elisabet como tres meses. Después regresó a su casa.

### Nacimiento de Juan el Bautista

⁵⁷Cuando llegó el momento, Elisabet dio a luz a su hijo. ⁵⁸Sus vecinos y familiares se llenaron de alegría al enterarse de que el Señor había sido misericordioso. ⁵⁹A los ocho días de nacido, llevaron a circuncidar al niño. Querían ponerle Zacarías, que era el nombre de su padre; ⁶⁰pero su madre dijo:

—¡No! Tiene que llamarse Juan.

⁶¹Le dijeron:

—¡Pero si en tu familia no hay nadie con ese nombre!

⁶²Entonces le preguntaron por señas a su padre cómo quería que se llamara el niño. ⁶³Él pidió una tabla y escribió: «Su nombre es Juan». Todos quedaron asombrados. ⁶⁴Al instante, Zacarías recobró el habla y comenzó a alabar a Dios. ⁶⁵Los vecinos se llenaron de temor, y en toda la región montañosa de Judea se hablaba de lo sucedido. ⁶⁶Todos los que oían hablar del asunto se preguntaban: «¿Qué llegará a ser ese niño? Porque el Señor estaba con él».

### El cántico de Zacarías

⁶⁷Entonces Zacarías, su padre, lleno del Espíritu Santo, dijo esta profecía:

⁶⁸«Alabemos al Señor, Dios de Israel, porque ha venido a rescatar a su pueblo. ⁶⁹Nos envió un poderoso salvador, que desciende del rey David, su siervo. ⁷⁰Así lo prometió hace mucho tiempo, por medio de sus santos profetas: ⁷¹que nos libraría de nuestros enemigos y de la mano de los que nos odian; ⁷²que sería misericordioso con nuestros padres al acordarse de su santo pacto. ⁷³Así lo juró a Abraham nuestro padre; ⁷⁴que ya no tendríamos temor, porque nos libraría del poder de nuestros enemigos, para que lo sirvamos ⁷⁵con santidad y justicia, viviendo en su presencia todos los días de nuestra vida.

⁷⁶»Y tú, hijo mío, serás llamado profeta del Altísimo, porque irás delante del Señor preparándole el camino. ⁷⁷Tú le enseñarás a su pueblo que hay salvación por medio del perdón de sus pecados. ⁷⁸Esto es así gracias a la gran misericordia de nuestro Dios. Y nos envió desde el cielo el sol de un nuevo día, ⁷⁹para dar luz a los que viven en tinieblas y en la más terrible oscuridad; para guiar nuestros pasos por el camino de la paz».

⁸⁰El niño crecía y su espíritu se hacía más fuerte; y vivió en el desierto hasta el día en que se presentó públicamente al pueblo de Israel.

### Nacimiento de Jesús

**2** Por aquellos días, César Augusto mandó que se hiciera un censo en todo el imperio romano. ²Este primer censo se hizo cuando Cirenio era gobernador de Siria.

³Todos tenían que ir a su pueblo de origen para inscribirse. ⁴También José, que era descendiente del rey David, tuvo que ir de Nazaret, que era una ciudad de la región de Galilea, a Belén, que estaba en Judea. Esa era la ciudad de David, ⁵y José fue allí para inscribirse junto con María, su esposa, que estaba embarazada. ⁶Mientras estaban en Belén, a ella le llegó el tiempo, ⁷y dio a luz a su primer hijo. Lo envolvió en pañales y lo acostó en un pesebre, porque no habían encontrado lugar para ellos en la posada.

### Los pastores y los ángeles

⁸Por aquella misma región había unos pastores que pasaban la noche en el campo cuidando a sus ovejas. ⁹De pronto, un ángel del Señor se les apareció y la gloria del Señor brilló y los envolvió. Los pastores se llenaron de miedo. ¹⁰Pero el ángel les dijo: «¡No tengan miedo! Les traigo buenas noticias que van a llenar de alegría a todo el pueblo: ¹¹Hoy ha nacido, en la ciudad de David, su Salvador, que es Cristo el Señor. ¹²Se darán cuenta de que es él, porque lo encontrarán envuelto en pañales y acostado en un pesebre».

¹³De repente aparecieron muchos ángeles del cielo que alababan a Dios y decían:

¹⁴«Gloria a Dios en las alturas,
y paz en la tierra para los que gozan de su buena voluntad».

¹⁵Cuando los ángeles volvieron al cielo, los pastores se dijeron unos a otros: «Vamos a Belén, a ver esto que ha pasado y que el Señor nos ha anunciado».

¹⁶Fueron de prisa y encontraron a María y a José, y al niño acostado en el pesebre. ¹⁷Cuando lo vieron, contaron lo que les habían dicho acerca del niño. ¹⁸Todos los que oyeron se quedaron asombrados de lo que decían los pastores. ¹⁹Pero María guardaba todas estas cosas en su corazón y no dejaba de pensar en ellas.

²⁰Los pastores regresaron dando la gloria a Dios y alabándolo por lo que habían visto y oído. Todo sucedió tal como se les había dicho.

### Presentación de Jesús en el templo

²¹Ocho días más tarde fueron a circuncidar al niño, y le pusieron el nombre de Jesús, tal como el ángel le había dicho a María antes de quedar embarazada.

²²Cuando llegó el día en que, según la ley de Moisés, ellos debían purificarse, José y María llevaron al niño a Jerusalén para presentárselo al Señor. ²³Así lo hicieron para cumplir con la ley del Señor, que dice: «Siempre que el primer hijo sea varón, deberán dedicárselo al Señor». ²⁴También fueron a ofrecer el sacrificio que manda la ley del Señor, que dice: «un par de tórtolas o dos pichones».

²⁵En aquel tiempo había en Jerusalén un hombre llamado Simeón, que era justo y piadoso. Vivía con la esperanza de que Dios libertara a Israel. El Espíritu Santo estaba con él ²⁶y le había hecho saber que no moriría sin antes ver al Cristo del Señor. ²⁷El Espíritu Santo guió a Simeón y fue al templo. Cuando los padres del niño Jesús lo llevaron para cumplir con la costumbre que manda la ley, ²⁸Simeón lo tomó en sus brazos y alabó a Dios, diciendo:

1.57–64  1.67–68  1.73–77  1.80  2.6–7
2.21–24

# Lucas

## Prólogo

**1** Muchos han escrito historias de las cosas que se han cumplido entre nosotros, ²según nos las contaron quienes fueron testigos presenciales de todo desde el principio. Ellos eran también servidores de la Palabra. ³Además, distinguido Teófilo, yo mismo investigué con mucho cuidado los acontecimientos desde su origen, y ahora te los describo en orden, ⁴para que confirmes la verdad de lo que se te ha enseñado.

## Anuncio del nacimiento de Juan el Bautista

⁵Hubo un sacerdote llamado Zacarías, miembro del grupo de Abías, que vivió cuando Herodes era rey de Judea. Su esposa, Elisabet, era descendiente de Aarón. ⁶Zacarías y Elisabet eran piadosos e intachables delante de Dios, ⁷pero no tenían hijos, porque Elisabet era estéril. Ambos eran ya de edad avanzada.

⁸Un día en que al grupo del sacerdote Zacarías le llegó el turno de servir a Dios en el templo, ⁹le tocó en suerte a Zacarías (porque esa era la costumbre de los sacerdotes) entrar en el santuario del templo del Señor para quemar incienso. ¹⁰A la hora de ofrecer el incienso, la gente estaba reunida afuera orando. ¹¹Entonces se le apareció a Zacarías un ángel a la derecha del altar del incienso. ¹²Al verlo, Zacarías se asustó y se llenó de temor. ¹³Pero el ángel le dijo:

—No tengas miedo, Zacarías, pues Dios ha escuchado tus oraciones. Tu esposa Elisabet te dará un hijo, y lo llamarás Juan. ¹⁴Su nacimiento les traerá mucha alegría a ti y a muchos más, ¹⁵porque tu hijo va a ser un gran hombre delante del Señor. Nunca tomará vino ni licor, y estará lleno del Espíritu Santo aun antes que nazca. ¹⁶Él hará que muchos en Israel se vuelvan al Señor su Dios ¹⁷y también irá primero, delante del Señor, con mismo espíritu y poder que tuvo el profeta Elías. Él reconciliará a los padres con los hijos y hará que los desobedientes aprendan de la sabiduría de los justos. De esta manera preparará al pueblo para recibir al Señor.

¹⁸Zacarías le preguntó al ángel:

—¿Cómo podré estar seguro de esto? Tanto mi esposa como yo somos ancianos.

¹⁹El ángel le contestó:

—Yo soy Gabriel y estoy al servicio de Dios. Él me envió para hablar contigo y darte estas buenas noticias. ²⁰Pero como no creíste lo que te dije, lo cual se va a realizar a su debido tiempo, no podrás hablar hasta el día en que todo esto se cumpla.

²¹Mientras tanto, el pueblo estaba afuera esperando a Zacarías y a todos les extrañaba que se tardara tanto en salir del santuario. ²²Cuando por fin salió, no podía hablar, así que se dieron cuenta de que allí había tenido una visión.

²³Cuando cumplió con los días que debía servir, regresó a su casa.

²⁴Poco tiempo después, Elisabet quedó embarazada; y durante cinco meses no salió de su casa. ²⁵Ella decía: «El Señor me ha mostrado su bondad haciendo que yo vaya a tener un hijo y así la gente ya no me despreciará».

## Anuncio del nacimiento de Jesús

²⁶A los seis meses, Dios envió al ángel Gabriel al pueblo de Nazaret, que pertenecía a la región de Galilea. ²⁷Fue a visitar a una joven virgen llamada María, que estaba comprometida para casarse con un hombre llamado José, que era descendiente del rey David. ²⁸El ángel entró donde ella estaba y le dijo:

—¡Te saludo, a ti que has recibido la bendición de Dios! El Señor está contigo.

²⁹María se sorprendió al escuchar estas palabras, y se preguntaba qué significaría ese saludo.

³⁰El ángel le dijo:

—No tengas miedo, María, porque Dios te ha concedido su favor. ³¹Vas a quedar embarazada y tendrás un hijo, y lo llamarás Jesús. ³²Él será un gran hombre, y le darán el título de Hijo del Altísimo. Dios el Señor lo hará rey como hizo rey a su antepasado David, ³³y reinará para siempre sobre el pueblo de Jacob. Su reinado no tendrá fin.

³⁴María le preguntó al ángel:

—¿Cómo va a suceder esto, puesto que soy virgen?

³⁵El ángel le contestó:

—El Espíritu Santo vendrá sobre ti y el poder del Altísimo te cubrirá con su sombra. Por lo tanto, al santo niño que va a nacer lo llamarán Hijo de Dios. ³⁶También tu parienta Elisabet, a pesar de ser anciana, va a tener un hijo. La gente decía que ella era estéril, y desde hace seis meses está embarazada, ³⁷pues para Dios no hay nada imposible.

³⁸María dijo:

—Soy la esclava del Señor. Que él haga conmigo como tú me has dicho.

Y entonces el ángel se fue.

## María visita a Elisabet

³⁹Pocos días después, María se fue de prisa a un pueblo en la región montañosa de Judea. ⁴⁰Llegó a la casa de Zacarías y, al entrar, saludó a Elisabet. ⁴¹Cuando Elisabet oyó el saludo de María, la criatura saltó dentro de ella. Entonces Elisabet, llena del Espíritu Santo, ⁴²dijo en voz muy fuerte:

—Dios te ha bendecido más a ti que a todas las mujeres, y también ha bendecido al hijo que darás a luz. ⁴³¿Cómo es que la madre de mi Señor ha venido a visitarme? ⁴⁴En el momento en que escuché tu saludo, la criatura que llevo dentro de mí saltó de alegría. ⁴⁵Dichosa tú que has creído, pues lo que el Señor te dijo se cumplirá.

## El cántico de María

⁴⁶Entonces María dijo:

—Mi alma alaba al Señor, ⁴⁷mi espíritu se llena de alegría porque Dios es mi Salvador. ⁴⁸Dios se ha fijado en mí, su humilde esclava. De ahora en adelante, todas las generaciones me llamarán dichosa, ⁴⁹porque el Dios Todopoderoso ha hecho grandes cosas por mí. ¡Su nombre es santo! ⁵⁰Él siempre tiene misericordia de todos los que le honran. ⁵¹Actuó con poder, desbarató las intrigas de los orgullosos. ⁵²A los poderosos los quitó de sus tronos, y a los humildes los puso

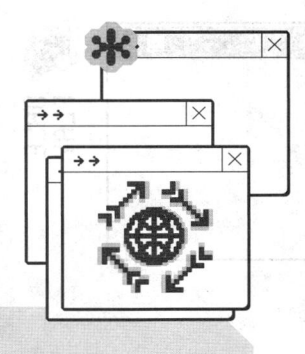

Lucas escribió el evangelio para describir la fase inicial de la transición. Él describe la transición desde la llegada del Mesías hasta su rechazo, muerte y resurrección, demostrando por qué el nuevo programa fue necesario. La característica distintiva del Evangelio de Lucas corresponde a su propósito distintivo. ¿Por qué Dios forma un "nuevo pueblo llamado afuera"? Porque los líderes de Israel no quisieron oír la buenas nuevas respecto a la llegada del Mesías. Ellos sólo buscaban proteger sus propios privilegios e intereses, no escuchar la verdad. Con notables pocas excepciones, los líderes rechazaron a Jesús. Dios por ello, deja a los líderes de lado. Para formar un nuevo pueblo, Dios se mueve afuera de la nación, la cual aquellos líderes controlaban. Él empezó con unos pocos de aquellos desechados de la sociedad. Ellos deberían pagar un alto precio por su fe. Muchos podrían ser tentados a abandonarlo. No obstante, el pueblo de Dios crecería siendo una fuerte iglesia la cual nadie sería capaz de destruir. Lucas escribe para animarlos en su aflicción al recordarles de por qué y cómo Dios los ha traído hasta donde ellos están.

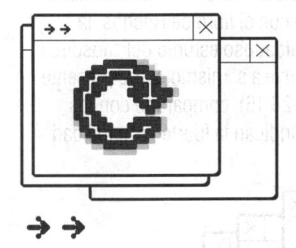

## ¿CÓMO SE RELACIONA CONMIGO?

Lucas, quien era médico de profesión, se dedica en este evangelio a enfatizar la humanidad de Jesús y por eso deja ver que "Hijo del Hombre", era la forma favorita de Jesús para referirse a sí mismo. A Lucas le parece vital destacar que Jesús estaba pendiente de la salud de la gente, que él sentía compasión por los demás y que tenía un corazón inclinado hacia los que sufrían y necesitaban su ayuda. Es común ver en estas páginas a Jesús cerca de las personas rechazadas, desde los leprosos hasta los nada populares cobradores de impuestos. Incluso las mujeres, que en aquel momento y en aquella cultura ocupaban un lugar secundario, recibieron de parte del Salvador un respeto y una dignidad muy notoria para la época.

Tomar el ejemplo de nuestro Señor y desarrollar una disposición especial para mirar a los que los demás ignoran es un desafío e invitación para cada creyente y un desafío que Lucas te hace a ti.

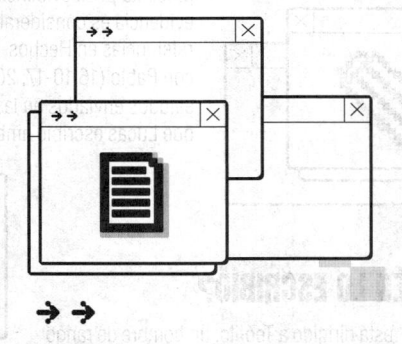

## EL GUION

1) Evidencias que demuestran que Jesús es el Salvador (1:1-4:13)
2) El ministerio del Salvador y sus diferentes reacciones (4:14-9:50)
3) La misión del Salvador (9:51-19:27)
4) La pasión del Salvador (19:28-23:56)
5) La victoria del Salvador y su comisión (24:1-53)

# LUCAS

# LUCAS

### ¿QUIÉN LO ESCRIBIÓ?

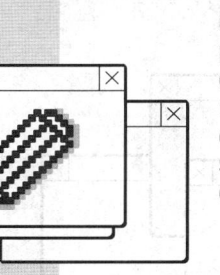

La tradición claramente apoya la paternidad "lucana" del libro, el cual lleva su nombre. Testimonio es encontrado en el fragmento Muratori, en Irineo, Tertuliano, Clemente de Alejandría y Orígenes. Ninguna evidencia objetiva ha sido presentada para rechazar dicho testimonio. Mientras Lucas mismo presenta poca evidencia, cuando se combina con el libro de Hechos, la evidencia es considerablemente fuerte. Un cuidadoso estudio del "nosotros", referencias en Hechos, donde el autor se incluye a sí mismo como presente con Pablo (16:10-17; 20:5-15; 21:1-18 y 27:1-28:16), comparado con los saludos enviados en las cartas a las iglesias indican la fuerte probabilidad que Lucas escribió ambos tomos.

### ¿A QUIÉN LO ESCRIBIÓ?

El "tratado" está dirigido a Teófilo, un hombre de rango social, dentro de la comunidad romana de aquellos días. Pero dada la magnitud del esfuerzo de Lucas, parece claro que Lucas no escribió pensando sólo en Teófilo. También en muchos otros con quienes pudo haberlo compartido o con muchos otros que como Teófilo, estuvieran atravesando por la tensión de convicción de la fe, en vista del rechazo judío y la persecución que sufría la comunidad de creyentes. La importancia del nombre y el contenido del libro demuestran que está dirigido a cuantos aman a Dios.

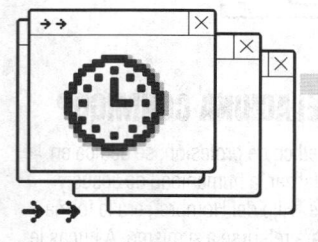

### ¿CUÁNDO Y DÓNDE LO ESCRIBIÓ?

Lucas fue escrito antes de Hechos, lo cual es definido por la conclusión del libro alrededor del 63 d.C. Otras narraciones estuvieron circulando en el tiempo cuando Lucas escribe. Por lo anterior, la fecha más probable puede ser alrededor del 60 d.C. El lugar más probable es Roma, aunque se ha sugerido también Acaya, Efeso y Cesarea.

### PANORAMA DEL LIBRO

El contenido del Evangelio [y Hechos], no presenta una defensa sino una proclamación de Jesús, una revisión de su enseñanza y de la Iglesia, de la cual Teófilo ya ha oído. El declarado propósito del libro, es confirmar las cosas que Teófilo [y otros lectores] han sabido. Hechos es frecuentemente llamado un "libro transicional". Este describe la transición del Programa de Dios con Israel a la formación de un nuevo pueblo de Dios, la Iglesia. No obstante, la transición no empieza en Hechos. Ninguna razón es dada en Hechos para explicar por qué Dios empezó un nuevo programa.

y ver que estaba muerto, dijo: —¡Verdaderamente este hombre era el Hijo de Dios!
⁴⁰Había también algunas mujeres mirando desde lejos. Entre ellas estaban María Magdalena, María la madre de Jacobo el menor y de José, y Salomé. ⁴¹Estas mujeres habían seguido a Jesús y lo habían atendido cuando estaba en Galilea. Además, había allí muchas otras que habían subido con él a Jerusalén.

### Sepultura de Jesús

⁴²Como era el día de preparación, es decir, la víspera del sábado, ya al atardecer, ⁴³José de Arimatea, miembro distinguido del Consejo Superior de los judíos, y quien también esperaba el reino de Dios, se llenó de valor y se presentó ante Pilato para pedirle el cuerpo de Jesús.
⁴⁴Pilato se sorprendió de que Jesús ya estuviera muerto. Llamó al centurión y le preguntó si hacía mucho que había fallecido. ⁴⁵Cuando el centurión le informó, entonces Pilato entregó el cuerpo a José.
⁴⁶José compró una sábana, bajó el cuerpo y lo envolvió en ella. Después lo puso en un sepulcro cavado en la roca. Luego hizo rodar una piedra a la entrada del sepulcro.
⁴⁷María Magdalena y María la madre de José vieron dónde pusieron el cuerpo de Jesús.

### La resurrección

**16** Cuando pasó el sábado, María Magdalena, María la madre de Jacobo, y Salomé compraron especias perfumadas para ir a ungir el cuerpo de Jesús.
²El primer día de la semana, muy temprano, apenas había salido el sol, fueron al sepulcro. ³Iban preguntándose unas a otras: «¿Quién nos quitará la piedra de la entrada del sepulcro?», ⁴pues la piedra era muy grande. Pero cuando llegaron, se dieron cuenta de que la piedra había sido removida.
⁵Al entrar en el sepulcro vieron a un joven vestido con un manto blanco, sentado al lado derecho; y las mujeres se asustaron. ⁶Él les dijo:
—No se asusten. Ustedes buscan a Jesús el nazareno, el que fue crucificado. Ha resucitado, no está aquí. ⁂ Miren el lugar donde lo pusieron. ⁷Vayan a decirles a los discípulos y a Pedro: "Él va delante de ustedes a Galilea. Allí lo verán, tal como les dijo".
⁸Las mujeres salieron huyendo del sepulcro, temblando y asustadas. No dijeron nada a nadie porque tenían miedo.

### Apariciones y ascensión de Jesús

⁹Después que Jesús resucitó muy temprano el primer día de la semana, se apareció primero a María Magdalena, de la que había expulsado siete demonios. ¹⁰Ella fue y avisó a los que habían estado con él, pues estaban tristes y llorando. ¹¹Cuando ellos oyeron que Jesús estaba vivo y que ella lo había visto, no lo creyeron.
¹²Después de esto, se apareció Jesús en otra forma a dos de ellos que iban caminando hacia el campo. ¹³Estos fueron y avisaron a los demás, pero tampoco a ellos los creyeron.
¹⁴Por último, Jesús se apareció a los once discípulos mientras comían. Los reprendió por su falta de fe y por su terquedad en no creer a los que lo habían ⁂ visto resucitado. ¹⁵Y les dijo: «Vayan por todo el mundo y anuncien las buenas nuevas a toda criatura. ¹⁶El que crea y sea bautizado será salvo, pero el que no crea será condenado. ¹⁷Y estas señales acompañarán a los que crean: en mi nombre expulsarán demonios, hablarán nuevas lenguas, ¹⁸tomarán en sus manos serpientes, cuando beban algo venenoso, no les hará daño, pondrán las manos sobre los enfermos y éstos sanarán».
¹⁹Después de hablar con ellos, el Señor Jesús fue llevado al cielo y se sentó a la derecha de Dios.
²⁰Los discípulos salieron a predicar por todas partes. El Señor los ayudaba y confirmaba su palabra acompañándola con señales.

⁂16.7–8   ⁂16.15–20

## Pedro niega a Jesús

⁶⁶Pedro estaba abajo, en el patio. Una de las criadas del sumo sacerdote que pasó por allí, ⁶⁷vio a Pedro calentándose, lo miró detenidamente y le dijo:

—Tú también estabas con ese nazareno, el que se llama Jesús.

⁶⁸Pero él lo negó diciendo:

—No lo conozco. Ni siquiera sé de que estás hablando. Salió y se puso fuera, a la entrada. Y el gallo cantó.

⁶⁹La criada, al ver otra vez a Pedro, les dijo a los que estaban allí:

—Éste es uno de ellos.

⁷⁰Él lo negó otra vez.

Poco después, esos mismos le dijeron a Pedro:

—Por supuesto que tú eres uno de ellos, pues también eres galileo.

⁷¹Pedro comenzó a echar maldiciones y jurar:

—¡No conozco a ese hombre del que me hablan!

⁷²En ese mismo momento un gallo cantó por segunda vez, y Pedro se acordó de lo que Jesús le había dicho: «Antes que el gallo cante dos veces, me negarás tres veces». Y se echó a llorar.

## Jesús ante Pilato

**15** Muy temprano en la mañana, se reunieron los jefes de los sacerdotes, los ancianos, los maestros de la ley y el pleno del Consejo Supremo y tomaron una decisión. Ataron a Jesús, se lo llevaron y lo entregaron a Pilato.

²Pilato le preguntó:

—¿Eres tú el rey de los judíos?

Él respondió:

—Tú mismo lo dices.

³Los jefes de los sacerdotes lo acusaban de muchas cosas.

⁴Pilato le preguntó otra vez:

—¿No me vas a contestar? Mira todas las cosas de las que te acusan.

⁵Pero ni aun así Jesús respondió, de modo que Pilato se quedó asombrado.

⁶Pilato tenía la costumbre de soltar a un preso durante la fiesta, el que la gente pidiera. ⁷Un hombre llamado Barrabás estaba preso junto con otros rebeldes por haber cometido un asesinato en una revuelta. ⁸La gente llegó y le pidió a Pilato que le concediera lo que acostumbraba.

⁹Pilato respondió:

—¿Quieren que deje libre al rey de los judíos? ¹⁰Les hizo esa pregunta porque se daba cuenta de que los jefes de los sacerdotes habían entregado a Jesús por envidia.

¹¹Pero éstos incitaron a la gente para que Pilato dejara libre a Barrabás.

¹²Pilato volvió a preguntar:

—¿Y qué voy a hacer con el que ustedes llaman el rey de los judíos?

¹³Ellos gritaron:

—¡Crucifícalo!

¹⁴Él les decía:

—¿Por qué? ¿Qué mal ha hecho?

Pero ellos gritaron todavía más fuerte:

—¡Crucifícalo!

¹⁵Como Pilato quería tener contenta a la gente, dejó en libertad a Barrabás; después mandó que azotaran a Jesús y lo entregó para que lo crucificaran.

## Los soldados se burlan de Jesús

¹⁶Los soldados llevaron a Jesús al interior del palacio, al lugar llamado pretorio, y reunieron a toda la tropa. ¹⁷Le pusieron un manto de color púrpura; también trenzaron una corona de espinas y se la pusieron. ¹⁸Y le gritaban:

—¡Viva el rey de los judíos!

¹⁹Lo golpeaban en la cabeza con una caña y lo escupían, y doblando la rodilla, le hacían reverencias. ²⁰Después de haberse burlado de él, le quitaron el manto y le pusieron su propia ropa. Por último, lo sacaron para crucificarlo.

## La crucifixión

²¹A un hombre de Cirene, que pasaba por allí al regresar del campo, lo obligaron a llevar la cruz. El hombre se llamaba Simón, y era padre de Alejandro y de Rufo.

²²Llevaron, pues, a Jesús a un lugar llamado Gólgota (que significa: Lugar de la Calavera). ²³Le ofrecieron vino mezclado con mirra, pero no lo tomó. ²⁴Entonces lo crucificaron. Repartieron la ropa de Jesús, y lo hicieron echando suertes para ver con qué se quedaba cada uno. ²⁵Eran las nueve de la mañana cuando lo crucificaron.

²⁶Un letrero tenía escrita la causa de su condena: «El Rey de los judíos».

²⁷Con él crucificaron a dos bandidos, uno a su derecha y otro a su izquierda. ²⁸Con esto se cumplieron las Escrituras que dicen: "Contado fue entre malvados".

²⁹Los que pasaban por allí meneaban la cabeza y lo insultaban diciendo:

—¡Eh! Tú, que destruyes el templo y en tres días lo reconstruyes, ³⁰¡baja de la cruz y sálvate a ti mismo!

³¹También los jefes de los sacerdotes y los maestros de la ley se burlaban de él con estas palabras:

—Salvó a otros, pero no puede salvarse a sí mismo. ³²Que baje ahora de la cruz ese Cristo, rey de Israel, para que veamos y creamos.

Los que estaban crucificados con él, también lo insultaban.

## Muerte de Jesús

³³Al llegar el mediodía toda la tierra quedó en oscuridad, hasta la media tarde.

³⁴A esta hora Jesús gritó con fuerza:

—*Eloi, Eloi, ¿lama sabactani?*[e] (que significa: Dios mío, Dios mío, ¿por qué me has abandonado?)

³⁵Cuando algunos de los que estaban allí lo oyeron, dijeron:

—Escuchen, está llamando al profeta Elías.

³⁶Entonces un hombre corrió, empapó una esponja en vinagre, la puso en el extremo de una caña y se la ofreció a Jesús para que bebiera. Y dijo:

—Déjenlo, vamos a ver si Elías viene a bajarlo.

³⁷Entonces Jesús, dando un fuerte grito, murió.

³⁸El velo del templo se rasgó en dos, de arriba abajo. ³⁹El centurión que estaba frente a Jesús, al oír el grito

---

e. Hablaba en arameo. Muchos de los observadores, que hablaban griego y latín, no entendieron las dos primeras palabras y pensaron que llamaba al profeta Elías.

en las Escrituras, pero ¡ay de aquel que lo traiciona! Sería mejor para ese hombre no haber nacido.

²²Mientras comían, Jesús tomó pan y lo bendijo. Luego lo partió y se lo dio a ellos, diciendo:

—Tomen, esto es mi cuerpo.

²³Luego tomó una copa, dio gracias y se la dio a ellos; y todos bebieron de ella.

²⁴Y les dijo:

—Esto es mi sangre del pacto, que es derramada por muchos. ²⁵Les aseguro que no volveré a beber del fruto de la vid, hasta el día en que beba el vino nuevo en el reino de Dios.

²⁶Después de cantar los salmos, se fueron al monte de los Olivos.

### Jesús predice la negación de Pedro

²⁷Jesús les dijo:

—Todos ustedes me abandonarán, porque así lo dicen las Escrituras: «Heriré al pastor y las ovejas se dispersarán». ²⁸Pero después que yo resucite, iré delante de ustedes a Galilea.

²⁹Pedro le dijo:

—Aunque todos te abandonen, yo no.

³⁰Jesús le contestó:

—Te aseguro, Pedro, que hoy, esta misma noche, antes que el gallo cante dos veces, me negarás tres veces.

³¹Pedro dijo con insistencia:

—Aunque tenga que morir contigo, jamás te negaré.

Y los demás dijeron lo mismo.

### Getsemaní

³²Llegaron a un lugar llamado Getsemaní, y Jesús les dijo a sus discípulos:

—Siéntense aquí mientras yo voy a orar.

³³Se llevó consigo a Pedro, a Jacobo y a Juan, y comenzó a sentir tristeza y angustia.

³⁴Les dijo: «Tengo tanta angustia que siento que me muero. Quédense aquí y vigilen».

³⁵Se alejó un poco y, postrado en tierra, oró pidiéndole a Dios que si era posible no tuviera él que pasar por aquella hora.

³⁶Al orar, decía: «Abba, Padre, para ti todo es posible. No me hagas beber este trago amargo; pero no se haga lo que yo quiero sino lo que tú quieres».

³⁷Después regresó a donde estaban sus discípulos y los encontró dormidos.

Le dijo a Pedro: «Simón, ¿estás dormido? ¿No pudiste mantenerte despierto ni una hora? ³⁸Vigilen y oren para que no caigan en tentación. El espíritu está dispuesto, pero el cuerpo es débil».

³⁹Se alejó otra vez e hizo la misma oración.

⁴⁰Al regresar, los volvió a encontrar dormidos, porque se les cerraban los ojos de sueño. Y no sabían qué decirle.

⁴¹Cuando regresó por tercera vez, les dijo: «¿Todavía están durmiendo y descansando? ¡Ya fue suficiente! Ha llegado la hora en que el Hijo del hombre va a ser entregado en manos de los pecadores. ⁴²¡Levántense! ¡Vámonos! Aquí viene el que me traiciona».

### Arresto de Jesús

⁴³No había terminado de hablar Jesús cuando llegó Judas, uno de los doce. Venía acompañado de mucha gente armada con espadas y palos, a la que habían enviado los jefes de los sacerdotes, los maestros de la ley y los ancianos. ⁴⁴A éstos el traidor les había dado esta contraseña: «Al que yo bese, ése es; arréstenlo y llévenselo bien asegurado».

⁴⁵Al llegar Judas, se acercó rápidamente a Jesús, lo besó y le dijo:

—¡Maestro!

⁴⁶Entonces los hombres arrestaron a Jesús. ⁴⁷Pero uno de los que estaban allí, sacó su espada y hirió al siervo del sumo sacerdote, cortándole una oreja.

⁴⁸Jesús les dijo:

—¿Acaso soy un bandido para que vengan con espadas y palos a arrestarme? ⁴⁹Cada día estaba con ustedes en el templo enseñándoles, y no me arrestaron. Pero esto ocurre para que se cumplan las Escrituras.

⁵⁰Entonces todos lo abandonaron y huyeron. ⁵¹Pero un joven, que sólo se cubría con una sábana, iba siguiendo a Jesús. Lo agarraron, ⁵²y él, soltando la sábana, se escapó desnudo.

### Jesús ante el Consejo

⁵³Llevaron a Jesús ante el sumo sacerdote y allí se reunieron todos los jefes de los sacerdotes, los ancianos y los maestros de la ley.

⁵⁴Pedro lo siguió de lejos hasta dentro del patio del sumo sacerdote. Allí estaba sentado con los guardias, calentándose junto al fuego.

⁵⁵Los jefes de los sacerdotes y todo el Consejo trataban de encontrar alguna prueba contra Jesús para condenarlo a muerte, pero no la encontraban. ⁵⁶Aunque muchos declaraban falsamente contra él, sus declaraciones eran contradictorias. ⁵⁷Entonces algunos decidieron acusarlo también con falsedades y dijeron:

⁵⁸—Nosotros le oímos decir: "Yo destruiré este templo que los hombres han hecho, y en tres días construiré otro, no hecho por hombres".

⁵⁹Pero ni aun así coincidían las declaraciones que daban. ⁶⁰Entonces el sumo sacerdote se puso de pie en medio de todos y le preguntó a Jesús:

—¿No tienes nada que contestar? ¿Qué son estas declaraciones contra ti?

⁶¹Pero Jesús se quedó callado y no le respondió nada, por lo que el sumo sacerdote volvió a preguntarle:

—¿Eres el Cristo, el Hijo del Bendito?

⁶²Jesús le dijo:

—Sí, yo soy. Y ustedes verán al Hijo del hombre sentado a la derecha del Todopoderoso y bajando en las nubes del cielo.

⁶³Cuando lo oyó, el sumo sacerdote se rasgó la ropa y dijo:

—¿Para qué necesitamos más testigos? ⁶⁴Ya oyeron ustedes la blasfemia. ¿Qué les parece?

Todos estuvieron de acuerdo y lo condenaron a muerte.

⁶⁵Entonces algunos comenzaron a escupirlo, le vendaron los ojos, lo golpearon y le gritaban:

—¡Profetiza!

Y los guardias también le pegaron en la cara.

mi causa los harán comparecer ante gobernadores y reyes, para dar testimonio ante ellos. ¹⁰Antes del fin deberá predicarse el evangelio a todas las naciones. ¹¹Cuando a ustedes los entreguen y los lleven a juicio, no empiecen a preocuparse con antelación por lo que vayan a decir. Digan sólo lo que se les indique en esos momentos, porque no serán ustedes los que hablen, sino el Espíritu Santo.

¹²»El hermano entregará a la muerte a su hermano, y el padre al hijo. Los hijos se rebelarán contra sus padres y los matarán. ¹³Todo el mundo los odiará a ustedes por causa de mí, pero el que se mantenga firme hasta el fin será salvo.

¹⁴»Y cuando vean que "la terrible abominación" está donde no debe estar*d* (el que lee, que entienda), entonces los que estén en Judea, huyan a las montañas. ¹⁵El que esté en la azotea, no baje a la casa para sacar nada. ¹⁶Y el que esté en el campo, no regrese a llevarse su capa. ¹⁷¡Pobres de las que estén embarazadas o amamantando en esos días! ¹⁸Oren para que esto no ocurra en invierno, ¹⁹porque serán días de tribulación como no la ha habido desde el principio cuando Dios creó el mundo, ni jamás la volverá a haber. ²⁰Si el Señor no acortara esos días, nadie se salvaría; pero por causa de los que él ha elegido, acortó esos días. ²¹Entonces, si alguien les dice a ustedes: "¡Miren, aquí está el Cristo!" o "¡Miren allí está!", no le crean. ²²Porque surgirán falsos Cristos y falsos profetas que harán señales y milagros para engañar, de ser posible, hasta a los mismos elegidos. ²³Así que, tengan cuidado, pues ya los advertí de todo lo que va a pasar.

²⁴»En aquellos días, después de esa tribulación, tanto el sol como la luna dejarán de brillar; ²⁵las estrellas caerán del cielo y los otros cuerpos celestes serán sacudidos. ²⁶Entonces verán al Hijo del hombre venir en las nubes con gran poder y gloria. ²⁷Él enviará a sus ángeles para que reúnan a sus elegidos de los cuatro puntos cardinales, desde el extremo de la tierra hasta el extremo del cielo.

²⁸»Aprendan esta lección de la higuera: Cuando sus ramas se ponen tiernas y brotan sus hojas, ustedes se dan cuenta de que el verano está cerca. ²⁹Será lo mismo cuando vean que suceden estas cosas: ustedes se darán cuenta de que el tiempo está cerca, a las puertas. ³⁰Les aseguro que todas estas cosas sucederán antes que está generación se acabe. ³¹El cielo y la tierra pasarán, pero mis palabras nunca pasarán.

## Se desconoce el día y la hora

³²»Pero en cuanto al día y la hora, nadie lo sabe, ni siquiera los ángeles del cielo, ni el Hijo. Solamente el Padre lo sabe. ³³Por eso, estén alertas y vigilen, porque ustedes no saben cuándo llegará ese tiempo.

³⁴»Es como cuando un hombre se va de viaje y, al marcharse, deja su casa al cuidado de sus criados. A cada uno le deja una tarea y le ordena al portero que vigile. ³⁵Así que, ustedes manténganse despiertos, porque no saben cuándo va a regresar el señor de la casa. No saben si volverá al atardecer, a la media noche, al canto del gallo o al amanecer. ³⁶Por eso deben mantenerse alertas, no sea que venga de repente y los encuentre durmiendo. ³⁷Lo que les digo a ustedes, se lo digo a todos: ¡Manténganse vigilantes!»

## Una mujer unge a Jesús en Betania

**14** Faltaban dos días para la Pascua, o sea, la fiesta de los panes sin levadura. Los jefes de los sacerdotes y los maestros de la ley buscaban con engaños la oportunidad de arrestar a Jesús y matarlo. ²Se decían entre ellos: «No lo hagamos durante la fiesta, para que el pueblo no haga alboroto».

³Jesús estaba en Betania, en casa de Simón al que llamaban el leproso. Mientras comían, llegó una mujer con un frasco de alabastro lleno de un perfume hecho de nardo puro, muy costoso. Rompió el frasco y derramó el perfume sobre la cabeza de Jesús. ⁴Algunos de los que estaban allí se enojaron y se decían unos a otros:

—¿Para qué se desperdició este perfume? ⁵Podía haberse vendido por más de trescientas monedas de plata, y dárselas a los pobres. Y reprendían duramente a la mujer.

⁶Jesús les dijo:

—Déjenla en paz. ¿Por qué la molestan? Ella ha hecho una buena obra conmigo. ⁷Porque siempre tendrán a los pobres con ustedes y los podrán ayudar cuando quieran; pero a mí no me van a tener siempre. ⁸Ella hizo lo que pudo. Se ha anticipado a ungir mi cuerpo, preparándolo para la sepultura. ⁹Les aseguro que en cualquier lugar del mundo donde se predique el evangelio, se recordará a esta mujer, contando lo que hizo.

¹⁰Entonces Judas Iscariote, uno de los doce, fue a los jefes de los sacerdotes y se ofreció para entregarles a Jesús. ¹¹Ellos se alegraron al oírlo y prometieron darle dinero. Judas buscaba el momento apropiado para entregarlo.

## La Cena del Señor

¹²El primer día de la fiesta en la que se comían panes sin levadura, cuando se acostumbraba sacrificar el cordero de la Pascua, los discípulos le preguntaron a Jesús: —¿Dónde quieres que vayamos a hacer los preparativos para la comida de la Pascua? ¹³Él envió a dos de sus discípulos y les dijo:

—Vayan a la ciudad y allí les saldrá al encuentro un hombre que lleva un cántaro de agua. Síganlo, ¹⁴y díganle al dueño de la casa donde él entre: «El Maestro pregunta: ¿Dónde está el cuarto en el que voy a tener la comida de la Pascua con mis discípulos?» ¹⁵Él les mostrará en el piso alto un cuarto amplio, amueblado y ya listo. Preparen allí nuestra cena.

¹⁶Los discípulos salieron y, al llegar a la ciudad, encontraron todo tal como Jesús les había dicho. Entonces prepararon la comida de Pascua.

¹⁷Al anochecer, llegó Jesús con los doce. ¹⁸Mientras estaban sentados a la mesa comiendo, dijo:

—Les aseguro que uno de ustedes, que está comiendo conmigo, me va a traicionar.

¹⁹Ellos se pusieron tristes y uno por uno le fueron preguntando:

—¿Acaso seré yo?

²⁰—Es uno de los doce —dijo Jesús—; es el que moja el pan conmigo en el plato. ²¹Les aseguro que el Hijo del hombre morirá tal y como se ha dicho de él

✛ 13.31

---

*d.* Daniel 9.27; 11.31; 12.11.

—Maestro, sabemos que eres un hombre intachable y no te dejas llevar por lo que dicen los demás, porque no te fijas en las apariencias. Tú de verdad enseñas el camino de Dios. ¿Está bien que paguemos impuestos al césar, o no? ¹⁵Pero Jesús, conociendo su hipocresía, les replicó:

—¿Por qué me tienden trampas? Tráiganme una de las monedas con que se paga ese impuesto, para que la vea.

¹⁶Ellos le llevaron la moneda; y mirándola, señalándola, Jesús les preguntó: —¿De quién es esta imagen y esta inscripción?

—Del césar —contestaron ellos.

¹⁷Él les dijo: —Pues denle al césar lo que es del césar; y a Dios, lo que es de Dios.

Esa respuesta los llenó de admiración.

### El matrimonio en la resurrección

¹⁸Luego los saduceos, los que sostienen que no hay resurrección, fueron a ver a Jesús y le plantearon esta dificultad:

¹⁹—Maestro, Moisés nos enseñó por medio de sus escritos que si un hombre muere y deja a su esposa sin haber tenido hijos, el hermano de ese hombre debe casarse con la viuda para que a su hermano le quede descendencia. ²⁰Pues bien, había siete hermanos. El primero se casó, pero murió sin dejar hijos. ²¹El segundo se casó con la viuda, pero también él murió sin dejar descendencia; lo mismo le pasó al tercero ²²y así sucesivamente a los otros cuatro. Los siete hermanos murieron sin dejar hijos. Después murió también la mujer. ²³Cuando resuciten, ¿de cuál de ellos será esposa esta mujer, pues los siete estuvieron casados con ella?

²⁴Jesús les respondió:

—Ustedes están equivocados por no conocer ni las Escrituras ni el poder de Dios. ²⁵Cuando resuciten los muertos, no se casarán ni serán entregados en casamiento, porque serán como los ángeles que están en el cielo. ²⁶Y en cuanto a que los muertos resuciten, ¿no han leído ustedes, en el libro de Moisés, el pasaje de la zarza en el que se dice que Dios le habló a Moisés y le dijo: «Yo soy el Dios de Abraham, el Dios de Isaac y el Dios de Jacob»? ²⁷Dios no es Dios de muertos, sino de vivos. Así que ustedes están equivocados por completo.

### El mandamiento más importante

²⁸Entonces se le acercó uno de los maestros de la ley que los oyó discutir. Al ver que Jesús les había contestado bien, le preguntó:

—De todos los mandamientos, ¿cuál es el más importante?

²⁹Jesús le contestó:

—El más importante es: «Oye, Israel. El Señor nuestro Dios, el Señor es uno. ³⁰Ama al Señor tu Dios con todo tu corazón, con toda tu alma, con toda tu mente y con todas tus fuerzas». ³¹Y el segundo es: «Ama a tu prójimo como a ti mismo». No hay otro mandamiento más importante que estos.

³²El maestro de la ley le respondió:

—Muy bien dicho, Maestro. Dices la verdad cuando afirmas que Dios es uno y que no hay otro además de él. ³³Y que amar a Dios con todo el corazón, con todo el entendimiento y con todas las fuerzas, y amar al prójimo como a uno mismo, es más importante que todos los holocaustos y todos los sacrificios.

³⁴Al ver Jesús que había respondido con sabiduría, le dijo:

—No estás lejos del reino de Dios.

Después de esto, ya nadie se atrevió a hacerle más preguntas.

### ¿De quién es hijo el Cristo?

³⁵Mientras Jesús enseñaba en el templo, les preguntó:

—¿Por qué dicen los maestros de la ley que el Cristo es hijo de David? ³⁶David mismo, hablando por el Espíritu Santo, dijo: «El Señor dijo a mi Señor: "Siéntate a mi derecha, hasta que ponga a tus enemigos debajo de tus pies"». ³⁷¿Cómo, pues, puede ser hijo de David si el propio David lo llama «Señor»?

La gente lo escuchaba con agrado.

³⁸Jesús continuó enseñando y les decía:

—Cuídense de los maestros de la ley, pues a ellos les gusta pasearse vestidos con ropas que llaman la atención, para que los saluden en las plazas. ³⁹También les gusta ocupar los primeros asientos en las sinagogas y los lugares de honor en los banquetes. ⁴⁰Les quitan sus bienes a las viudas y luego ocultan ese hecho con largas oraciones para impresionar a los demás. Ésos recibirán mayor castigo.

### La ofrenda de la viuda

⁴¹Jesús se sentó frente al lugar donde se depositaban las ofrendas en el templo, y se puso a observar cómo la gente echaba su dinero. Muchos ricos depositaban grandes cantidades. ⁴²También llegó una viuda pobre y echó en la caja de las ofrendas dos moneditas de muy poco valor. ⁴³Entonces Jesús indicó a sus discípulos que se le acercaran y les dijo: «Les aseguro que esta viuda pobre ha echado más en el tesoro que todos los otros. ⁴⁴Todos echaron de lo que les sobraba; pero ella, siendo tan pobre, dio todo lo que tenía para vivir».

### Señales del fin del mundo

**13** Al salir Jesús del templo, uno de sus discípulos le dijo:

—¡Maestro, mira! ¡Qué piedras más impresionantes! ¡Qué edificios!

²Jesús le respondió:

—¿Ves todos estos grandes edificios? De ellos no quedará una piedra sobre otra, pues serán derribados.

³Después estaba Jesús sentado en el monte de los Olivos, frente al templo. Entonces, Pedro, Jacobo, Juan y Andrés le preguntaron aparte:

⁴—Dinos, ¿cuándo va a suceder esto? ¿Y cuál será la señal de que todo esto ya va a cumplirse?

⁵Jesús les contestó y comenzó a decirles:

—Tengan cuidado de que nadie los engañe. ⁶Porque vendrán muchos que, usando mi nombre, dirán: «Yo soy», y engañarán a muchos. ⁷Cuando ustedes escuchen que hay guerras y rumores de guerras, no se inquieten. Es necesario que así suceda, pero todavía no será el fin. ⁸Las naciones pelearán una contra la otra, y un reino contra otro reino. Habrá terremotos por todas partes, y hambre. Esto sólo será el comienzo de los dolores.

⁹»Por eso, cuídense. A ustedes los entregarán a los tribunales y los golpearán en las sinagogas, y por

## La entrada triunfal

**11** Ya se acercaban a Jerusalén; y cuando estaban cerca de Betfagué y de Betania, frente al Monte de los Olivos, Jesús envió a dos de sus discípulos con este encargo: ²«Vayan al pueblecito que está enfrente. Al entrar verán un burro atado, en el que nadie ha montado. Desátenlo y tráiganmelo. ³Y si alguien les pregunta por qué lo hacen, díganle que el Señor lo necesita y que pronto lo devolverá».

⁴Los dos discípulos obedecieron y hallaron al burrito en la calle, atado junto a una puerta. Y lo desataron. ⁵Unos que estaban allí les preguntaron: «¿Por qué lo desatan?»

⁶Ellos les respondieron lo que Jesús les había dicho; y los dejaron ir. ⁷Y le llevaron, pues, el burro a Jesús. Los discípulos pusieron sus mantos sobre el burro, y Jesús se montó.

⁸Y muchos tendían por el camino sus mantos o ramas de árboles. ⁹Y los que iban delante y los que iban detrás gritaban:

—¡Hosanna! ¡Bendito el que viene en el nombre del Señor! ¹⁰¡Bendito el reino que viene, que es el reino de nuestro padre David! ¡Hosanna en las alturas!

¹¹Ya en Jerusalén, Jesús entró al templo, miró detenidamente a su alrededor y salió. Como ya estaba avanzada la tarde, se marchó a Betania con los doce.

## Jesús purifica el templo

¹²A la siguiente mañana, al salir de Betania, tuvo hambre, ¹³por lo que se acercó a una frondosa higuera. Esperaba hallar algunos higos, pero al hallar sólo hojas, porque no era la temporada de higos, ¹⁴dijo al árbol: «¡Nadie más va a volver a comer jamás de tu fruto!»

Y lo oyeron los discípulos.

¹⁵Al llegar a Jerusalén, se dirigió al templo. Allí echó fuera a los que vendían y compraban, y volcó las mesas de los que cambiaban dinero y las sillas de los que vendían palomas. ¹⁶Y no permitía que nadie entrara al templo cargando mercancías.

¹⁷Y se puso a enseñar. Les decía: «Las Escrituras dicen que mi templo ha de ser "casa de oración de todas las naciones", pero ustedes lo han convertido en "cueva de ladrones"».

¹⁸Cuando los jefes de los sacerdotes y los maestros de la ley oyeron esto, comenzaron a urdir un plan para matar a Jesús. Le tenían miedo a Jesús porque toda la gente estaba maravillada con su enseñanza.

¹⁹Y cuando se hizo de noche, Jesús y sus discípulos salieron de la ciudad.

## La higuera seca

²⁰A la siguiente mañana, al pasar junto a la higuera, los discípulos vieron que se había secado hasta las raíces. ²¹Pedro, recordando lo que había pasado, exclamó:

—¡Maestro, mira! La higuera que maldijiste está seca.

²²Jesús respondió:

—Tengan fe en Dios. ²³Les aseguro que si alguien le dice a este monte que se mueva y se arroje al mar, y no duda que va a suceder, el monte lo obedecerá. ²⁴Por eso les digo que todo lo que pidan en oración, crean que lo recibirán, y así será. ²⁵Pero cuando oren, perdonen a los que les hayan hecho algo, para que el Padre que está en el cielo les perdone a ustedes sus pecados. ²⁶Pero si no perdonan, nuestro Padre que está en los cielos no les perdonará sus pecados.

## La autoridad de Jesús puesta en duda

²⁷Vinieron nuevamente a Jerusalén. Andaba Jesús caminando por el templo cuando los jefes de los sacerdotes, los maestros de la ley y los ancianos ²⁸le preguntaron:

—¿Quién te dio autoridad para hacer lo que haces?

²⁹—Les diré con qué autoridad hago esto —les contestó Jesús—, si ustedes me responden a otra pregunta. ³⁰El bautismo que Juan practicaba, ¿era de Dios o de los hombres? ¡Contéstenme!

³¹Ellos deliberaron en voz baja y se decían:

—Si le respondemos que era de Dios, nos preguntará por qué no le creímos. ³²Y si decimos que era de los hombres, el pueblo se rebelará contra nosotros, porque creía que Juan era un profeta.

³³Por fin respondieron:

—No lo sabemos.

Y Jesús les contestó:

—Pues yo tampoco les diré quién me dio autoridad para hacer estas cosas.

## Parábola de los labradores malvados

**12** Entonces Jesús comenzó a hablarles en parábolas: «Un hombre plantó un viñedo. Puso un cerco alrededor de él, cavó un lagar y construyó una torre para vigilarlo. Luego alquiló el viñedo a unos labradores y se fue de viaje.

²»Cuando llegó el tiempo de la cosecha, mandó a uno de sus criados para que los labradores le pagaran con la parte de la cosecha que habían convenido. ³Pero los labradores lo agarraron, lo golpearon y lo enviaron con las manos vacías.

⁴»Él entonces envió a otro de sus criados; y a éste lo hirieron en la cabeza y lo humillaron.

⁵»Mandó a otro y también lo mataron. Luego mandó a muchos más; y a unos los golpearon y a otros los mataron. ⁶Ya sólo le quedaba enviar a uno, a su hijo amado. Por fin lo mandó a él, pensando que como era su hijo sí lo iban a respetar. ⁷Pero los labradores se dijeron unos a otros: "Este es el heredero. Vamos, matémoslo y la herencia será nuestra". ⁸Dicho y hecho: lo agarraron, lo mataron y arrojaron su cadáver fuera del viñedo.

⁹»¿Qué creen que hará el dueño? Volverá, matará a aquellos labradores y arrendará el viñedo a otros.

¹⁰»¿No han leído ustedes la Escritura que dice?: "La piedra que los constructores desecharon ahora es la piedra principal. ¹¹El Señor lo hizo y es una maravilla ante nuestros ojos"».

¹²Los sacerdotes, maestros de la ley y ancianos que escuchaban se dieron cuenta de que la parábola iba dirigida contra ellos y entonces quisieron arrestarlo. Pero como temían a la multitud, lo dejaron y se fueron.

## El pago de impuestos al césar

¹³Enviaron luego a algunos de los fariseos y de los herodianos[c] para hacer caer a Jesús en una trampa con sus mismas palabras.

¹⁴Apenas llegaron, le dijeron:

---

c. Los herodianos eran un partido político judío.

### Jesús y los niños

¹³También le llevaban niños para que los tocara, pero los discípulos reprendieron a quienes los llevaban. ¹⁴Cuando Jesús se dio cuenta, se disgustó con los discípulos.

—Dejen que los niños vengan a mí —les dijo—, porque de quienes son como ellos es el reino de los cielos. ¡No se lo impidan! ¹⁵Les aseguro que el que no reciba el reino de Dios como un niño, no podrá entrar en él.

¹⁶Entonces tomó a los niños en los brazos, puso las manos sobre ellos y los bendijo.

### El joven rico

¹⁷Iba a seguir su camino cuando un hombre llegó corriendo hasta él y, de rodillas, le preguntó:

—Buen Maestro, ¿qué tengo que hacer para heredar la vida eterna?

¹⁸—¿Por qué me llamas bueno? —le preguntó Jesús—. ¡El único bueno es Dios! ¹⁹Ya sabes los mandamientos: «No matarás, no cometerás adulterio, no robarás, no darás falso testimonio, no defraudarás, honra a tu padre y a tu madre».

²⁰—Maestro, todo esto lo he obedecido desde que era joven.

²¹Jesús lo miró con amor y le dijo:

—Sólo te falta una cosa: ve, vende todo lo que tienes y dalo a los pobres, y tendrás tesoros en el cielo. Luego ven y sígueme.

²²Al oír esto, el hombre se afligió y se fue muy triste. ¡Tenía tantas riquezas! ²³Jesús mirando alrededor les dijo a sus discípulos:

—¡Qué difícil es para los ricos entrar en el reino de Dios!

²⁴Esto les sorprendió a los discípulos. Pero Jesús repitió: —Hijos, ¡qué difícil es entrar en el reino de los cielos! ²⁵Más fácil le es a un camello pasar por el ojo de una aguja que a un rico entrar en el reino de Dios.

²⁶Los discípulos se asombraron aún más y se preguntaban unos a otros:

—¿Y entonces, quién se puede salvar?

²⁷Jesús los miró fijamente y les respondió:

—Humanamente hablando, nadie. Pero para Dios no hay imposibles. Todo es posible para Dios.

²⁸Pedro comenzó a reclamarle: ¿Qué de nosotros, que hemos dejado todo por seguirte?

²⁹Le contestó Jesús:

—Les aseguro que el que haya dejado casa, hermanos, hermanas, padre, madre, hijos o tierras por amor a mí y por amor al evangelio, ³⁰recibirá en este mundo cien veces más: casas, hermanos, hermanas, madres, hijos y tierras, aunque con persecuciones. Y en el mundo venidero recibirá la vida eterna. ³¹Pero muchos de los que son los primeros serán los últimos y muchos que ahora son los últimos, serán los primeros.

### Jesús predice de nuevo su muerte

³²Iban subiendo hacia Jerusalén y Jesús marchaba a la cabeza. Detrás iban los discípulos asombrados, y los otros que los seguían iban llenos de miedo. Una vez más Jesús llamó aparte a los doce y les habló de lo que le sucedería cuando llegaran a Jerusalén.

³³—Miren, cuando lleguemos, el Hijo del hombre será entregado a los principales sacerdotes y maestros de la ley, y ellos lo condenarán a muerte y lo entregarán a los extranjeros. ³⁴Se burlarán de él, lo escupirán, lo maltratarán a latigazos y lo matarán. Pero al tercer día resucitará.

### La petición de Jacobo y Juan

³⁵Jacobo y Juan, hijos de Zebedeo, se le acercaron y le dijeron:

—Maestro, queremos pedirte un favor.

³⁶—¿Qué quieren que haga por ustedes? —Les dijo Jesús.

³⁷—Queremos que en tu gloria nos permitas sentarnos junto a ti, uno a tu derecha y el otro a tu izquierda.

³⁸—¡No saben lo que están pidiendo! ¿Serán ustedes capaces de beber de la copa que tengo que beber?, ¿y bautizarse con el bautismo con que tengo que ser bautizado?

³⁹—¡Sí podemos! —le dijeron.

Jesús les respondió:

—Pues beberán de mi copa y se bautizarán con mi bautismo, ⁴⁰pero yo no puedo concederles lo que me piden. Ya está decidido quiénes serán los que se sienten a mi derecha y a mi izquierda.

⁴¹Cuando los demás discípulos oyeron lo que Jacobo y Juan habían pedido, se enojaron con ellos. ⁴²Por eso, Jesús los llamó y les dijo:

—Como saben, los que se consideran jefes de las naciones oprimen a su gente, y los grandes abusan de su autoridad. ⁴³Pero entre ustedes debe ser diferente. El que quiera ser superior debe servir a los demás. ⁴⁴Y el que quiera estar por encima de los otros debe ser esclavo de los demás. ⁴⁵Así debe ser, porque el Hijo del hombre no vino para que le sirvan, sino para servir a los demás y entregar su vida en rescate por muchos.

### El ciego Bartimeo recibe la vista

⁴⁶Fueron luego a Jericó. Poco después, Jesús salió de allí con sus discípulos y con mucha gente de la ciudad. Sentado junto al camino estaba un pordiosero ciego llamado Bartimeo, hijo de Timeo. ⁴⁷Cuando oyó que Jesús de Nazaret se acercaba, se puso a gritar:

—¡Jesús, Hijo de David, ten misericordia de mí!

⁴⁸—¡Cállate! —le gritaron algunos.

Él gritó aun con más fuerza:

—¡Hijo de David, ten misericordia de mí!

⁴⁹Cuando Jesús lo oyó, se detuvo en el camino y ordenó:

—Díganle que venga.

Se acercaron al ciego y le dijeron:

—¡Ánimo! ¡Levántate, te llama!

⁵⁰Bartimeo se quitó la capa, la tiró a un lado, dio un salto y fue donde estaba Jesús.

⁵¹—¿Qué quieres que te haga? —le preguntó Jesús.

—Maestro —dijo—, ¡quiero recobrar la vista!

⁵²Jesús le dijo:

—Puedes irte, tu fe te ha sanado.

Instantáneamente el ciego vio; y siguió a Jesús en el camino.

☼10.13–16　☼10.24　☼10.29–30　☼10.43–45

## Jesús sana a un muchacho endemoniado

¹⁴Al llegar a donde estaban los discípulos encontraron que un gran gentío los rodeaba, y a varios maestros de la ley que discutían con ellos. ¹⁵La llegada de Jesús sorprendió al gentío, que corrió a su encuentro a saludarlo.

¹⁶—¿Qué están discutiendo con ellos? —les preguntó.

¹⁷Alguien le dijo:

—Maestro, te traía a mi hijo porque tiene un espíritu que no lo deja hablar. ¹⁸Cada vez que el espíritu lo toma, lo arroja al suelo y le hace echar espumarajos por la boca y crujir los dientes; y mi hijo se queda tieso. Pedí a tus discípulos que echaran fuera al espíritu, pero no lo lograron.

¹⁹—¡Oh generación incrédula! —les respondió Jesús—. ¿Hasta cuándo tendré que estar con ustedes? ¿Hasta cuándo he de soportarlos? Traigan acá al muchacho.

²⁰Así lo hicieron, pero cuando el espíritu vio a Jesús, sacudió al muchacho con tal violencia que éste cayó al suelo, se revolcó y echó espumarajos por la boca.

²¹—¿Cuánto tiempo lleva en estas condiciones? —le preguntó Jesús al padre.

—Desde pequeño —contestó—. ²²Muchas veces el espíritu lo arroja en el fuego o en el agua, tratando de matarlo. Por favor, si puedes hacer algo, ten misericordia de nosotros y ayúdanos.

²³—¿Que si puedo? —dijo Jesús—. Cualquier cosa es posible si crees.

²⁴Al instante el padre exclamó:

—Creo; pero ayúdame a no dudar.

²⁵Cuando Jesús vio que el gentío se agolpaba, reprendió al espíritu impuro con estas palabras:

—Espíritu mudo y sordo, te ordeno que salgas de este muchacho y que no entres más en él.

²⁶El espíritu gritó, sacudió violentamente al muchacho, y salió de él. El muchacho quedó inmóvil como si estuviera muerto. Por eso, muchos decían:

—¡Está muerto!

²⁷Pero Jesús lo tomó de la mano, y con su ayuda el muchacho se puso de pie.

²⁸Cuando Jesús entró a la casa, los discípulos le preguntaron en privado:

—¿Por qué no pudimos echar fuera aquel espíritu?

²⁹—Esta clase de espíritus no puede salir sino por medio de oración —les respondió Jesús.

³⁰Al salir de aquella región viajaron por Galilea y evitaban que la gente lo supiera, ³¹pues deseaba estar con sus discípulos y enseñarles que el Hijo del hombre sería entregado en manos de gente que lo iba a matar, aunque al tercer día resucitaría.

³²Ellos no lo entendían, pero tenían miedo de preguntarle.

## ¿Quién es el más importante?

³³Llegaron a Capernaúm. Una vez en la casa, Jesús les preguntó:

—¿Qué venían discutiendo en el camino?

³⁴Se quedaron callados porque habían estado discutiendo cuál de ellos era el más importante.

³⁵Jesús se sentó, llamó a los doce y les dijo:

—El que de ustedes quiera ser el primero conviértase en el último de todos y en el siervo de los demás.

³⁶Puso luego a un niño en medio de ellos y, tomándolo en los brazos, les dijo:

³⁷—El que recibe a un niño como éste en mi nombre, me está recibiendo a mí; y el que me recibe a mí, recibe al que me envió.

## El que no está contra nosotros está a favor de nosotros

³⁸Juan le dijo:

—Maestro, vimos a un hombre que echaba fuera demonios en tu nombre. Nosotros se lo prohibimos, porque no es de los nuestros.

³⁹—¡No se lo prohíban! —respondió Jesús—. Nadie que realice milagros en mi nombre podrá hablar mal de mí. ⁴⁰El que no está contra nosotros está a favor de nosotros. ⁴¹El que les dé un vaso de agua en mi nombre, porque ustedes son de Cristo, les aseguro que tendrá su recompensa.

## El hacer pecar

⁴²»Pero si alguien hace que uno de mis creyentes humildes pierda la fe, mejor le sería que lo echaran al mar con una piedra de molino atada al cuello. ⁴³,⁴⁴»Si tu mano te hace pecar, córtatela. Mejor te es ser manco y entrar en la vida que tener las dos manos e ir a parar al inextinguible fuego del infierno. ⁴⁵,⁴⁶Y si tu pie te hace pecar, córtatelo. Mejor es ser cojo y entrar en la vida que tener los dos pies e ir al infierno. ⁴⁷Y si tu ojo te hace pecar, sácatelo. Mejor es entrar tuerto al reino de Dios que tener los dos ojos e ir a parar al infierno, ⁴⁸donde el gusano no muere, donde el fuego nunca se apaga. ⁴⁹Porque todos serán salados con fuego. ⁵⁰La sal es buena, pero si pierde su sabor, ¿cómo podrá recuperarlo? Tengan siempre sal en ustedes y vivan en paz unos con otros».

## El divorcio

**10** Se levantó y salió de aquel lugar hacia la región de Judea que está al este del río Jordán. La gente acudió a verlo y él, como de costumbre, se puso a enseñarles. ²Varios fariseos se le acercaron y le preguntaron:

—¿Es correcto que un hombre se divorcie de su mujer? Trataban de tenderle una celada.

³—¿Qué les ordenó Moisés? —les preguntó Jesús.

⁴—Moisés permitió que el hombre le escriba a la esposa una carta de divorcio y la despida, —le respondieron.

⁵Pero Jesús les dijo:

—Moisés dio ese mandamiento por la dureza del corazón de ustedes. ⁶Pero al principio de la creación, Dios creó al hombre y a la mujer. ⁷«Por eso, el hombre debe separarse de su padre y de su madre y unirse a su mujer ⁸y los dos serán uno solo». Así que ya no son dos sino una sola carne. ⁹Por tanto, lo que Dios juntó que no lo separe el hombre.

¹⁰Cuando regresó con los discípulos a la casa, volvieron a hablar del asunto.

¹¹—Si un hombre se divorcia de su esposa y se casa con otra, —les dijo Jesús—, comete adulterio contra la primera. ¹²Y si una mujer se divorcia del esposo y se vuelve a casar, también comete adulterio.

☀ 9.48–49  ☀ 10.2–12

⁶Pidió a la multitud que se sentara en el suelo. Luego tomó los siete panes, dio gracias a Dios por ellos, los partió y los fue pasando a los discípulos. Los discípulos a su vez los fueron distribuyendo. ⁷Encontraron también unos pescaditos. Jesús los bendijo y pidió a los discípulos que los repartieran. ⁸Todos comieron y se hartaron. Al terminar, recogieron siete cestas de alimentos que sobraron; ⁹y eran como cuatro mil los que comieron. Después Jesús los despidió.

¹⁰Acto seguido se embarcó con sus discípulos hacia la región de Dalmanuta. ¹¹Allí llegaron los fariseos y empezaron a discutir con él.

Para ponerlo a prueba le dijeron:

—Haz alguna señal en el cielo.

¹²Y él, suspirando profundamente, respondió:

—¿Por qué pide esta gente una señal? Les aseguro que no se le dará ninguna. ¹³Entonces los dejó y se embarcó de nuevo. Esta vez se fue al otro lado del lago.

## La levadura de los fariseos y la de Herodes

¹⁴A los discípulos se les olvidó comprar alimentos antes de salir, y sólo tenían un pan en la barca. ¹⁵Jesús les advirtió:

—¡Cuidado con la levadura del rey Herodes y la de los fariseos!

¹⁶Los discípulos se preguntaban intrigados: ¿Se referirá a que se nos olvidó el pan?

¹⁷Jesús, que sabía lo que estaban comentando, les dijo:

—¿Por qué están hablando de que no tienen pan? ¿Todavía no ven ni entienden? ¿Tienen el corazón tan endurecido? ¹⁸¿Acaso tienen ojos y no ven, y oídos y no escuchan? ¿Ya no se acuerdan de ¹⁹que alimenté a cinco mil hombres con cinco panes? ¿Cuántas cestas llenas sobraron?

—Doce— contestaron.

²⁰—Y cuando alimenté a los cuatro mil con siete panes, ¿qué sobró?

—Siete cestas llenas —le respondieron.

²¹—¿Y todavía no entienden? —les dijo.

## Jesús sana a un ciego en Betsaida

²²Llegaron luego a Betsaida; le llevaron a un ciego y le rogaron que lo tocara. ²³Jesús tomó al ciego de la mano y lo sacó del pueblo. Una vez fuera, le mojó los ojos con saliva y le puso las manos encima.

—¿Ves algo ahora? —le preguntó.

²⁴El hombre miró a su alrededor.

—¡Sí! —dijo—. Veo gente y parecen como árboles que caminan.

²⁵Jesús le colocó de nuevo las manos sobre los ojos, y el hombre miró fijamente y pudo ver todo con claridad.

²⁶Jesús le ordenó que regresara con su familia.

—No entres en el pueblo —le dijo.

## La confesión de Pedro

²⁷Jesús y sus discípulos siguieron hacia los pueblos de Cesarea de Filipo. En el camino les preguntó:

—¿Quién cree la gente que soy?

²⁸—Algunos dicen que eres Juan el Bautista —le respondieron—; y otros afirman que eres Elías o uno de los profetas.

²⁹—¿Y quién creen ustedes que soy?

Pedro le respondió:

—¡Tú eres el Mesías!

³⁰Jesús les mandó que no se lo dijeran a nadie.

## Jesús predice su muerte

³¹Y empezó a enseñarles que era necesario que el Hijo del hombre sufriera mucho y que iba a ser rechazado por los ancianos, los jefes de los sacerdotes y los maestros de la ley. Les dijo también que lo matarían, pero resucitaría después de tres días.

³²Con tanta franqueza les habló, que Pedro lo llamó aparte y lo reprendió.

³³Pero Jesús le volvió la espalda y, mirando a los otros discípulos, reprendió a Pedro:

—¡Apártate de mí, Satanás! ¡Estás mirando las cosas como las ven los hombres y no como las ve Dios!

³⁴Dicho esto, llamó a la multitud junto con sus discípulos y añadió:

—Si alguno quiere venir en pos de mí, niéguese a sí mismo, tome su cruz y sígame. ³⁵El que se afana por salvar su vida, la perderá. Pero los que pierden su vida por mi causa y por la causa del evangelio, la salvarán. ³⁶»¿De qué le sirve a una persona ganarse el mundo entero si pierde su vida? ³⁷¿Qué se puede dar a cambio de la vida? ³⁸Si alguien se avergüenza de mí y de mi mensaje en medio de esta gente incrédula y pecadora, el Hijo del hombre se avergonzará de él cuando venga en la gloria de su Padre con los santos ángeles.

**9** »Algunos de los que están aquí no morirán sin contemplar el advenimiento del reino de Dios con poder —añadió Jesús.

## La transfiguración

²Seis días más tarde, Jesús llevó a Pedro, a Jacobo y a Juan a una montaña alta. Estaban solos. Y allí, delante de ellos, Jesús cambió de apariencia:

³Su ropa adquirió un color blanco y resplandeciente. ¡Ningún lavador de la tierra habría podido lograr tanta blancura! ⁴Y aparecieron Elías y Moisés, que se pusieron a hablar con Jesús.

⁵—Maestro, ¡qué bueno que estemos aquí! —exclamó Pedro—. Construiremos tres enramadas: una para ti, otra para Moisés y otra para Elías.

⁶Hablaba sin saber lo que decía, ya que todos estaban asustados. ⁷En eso, una nube los cubrió. Desde la nube resonó una voz que les dijo: «Este es mi Hijo amado. Óiganlo a él».

⁸En ese mismo momento, cuando miraron a su alrededor, los discípulos vieron solamente a Jesús.

⁹Mientras descendían del monte les suplicó que no dijeran a nadie lo que habían visto hasta que el Hijo del hombre resucitara. ¹⁰Por eso guardaron el secreto, aunque entre ellos se preguntaban qué sería aquello de "resucitar".

¹¹—¿Por qué dicen los maestros de la ley que Elías tiene que regresar primero? —le preguntaron.

¹²,¹³—Es cierto —les respondió Jesús—. Elías vendrá primero a restaurar todas las cosas; pero lo cierto es que ya vino y la gente lo maltrató, tal como está escrito de él. Y lo mismo está escrito acerca del Hijo del hombre, que sufrirá mucho y que será rechazado.

⁂8.34–36

veían. Pero él en seguida les dijo: «Cálmense, soy yo, no tengan miedo».

⁵¹Cuando subió a la barca, el viento se calmó. Los discípulos quedaron boquiabiertos, maravillados. ⁵²Todavía no entendían lo de los panes, pues tenían la mente ofuscada.

⁵³Al llegar a Genesaret, al otro lado del lago, amarraron la barca ⁵⁴y saltaron a tierra. La gente en seguida reconoció a Jesús. ⁵⁵Él y sus discípulos recorrieron toda aquella región, y cuando oían que él estaba en algún lugar, allí le llevaban en camillas a los enfermos. ⁵⁶Dondequiera que iba, ya fuera en los pueblos, en las ciudades o en los campos, ponían a los enfermos por donde él pasaba y le suplicaban que los dejara tocarle siquiera el borde de su manto. Los que lo tocaban, sanaban.

## Lo puro y lo impuro

**7** Llegaron de Jerusalén varios maestros de la ley y fariseos, y se acercaron a Jesús. ²Notaron que los discípulos de Jesús comían con manos impuras, es decir, sin habérselas lavado. ³(Es que los judíos, sobre todo los fariseos, jamás comen si primero no se lavan las manos como no lo requiere la tradición de los ancianos. ⁴Cuando regresan del mercado tienen que lavarse de la misma manera, antes de tocar cualquier alimento. Y siguen otras muchas tradiciones, tales como la ceremonia del lavamiento de vasos, jarros y utensilios de metal.)

⁵—¿Por qué tus discípulos no siguen la tradición de los ancianos? ¿Por qué comen sin lavarse conforme al rito? —le preguntaron a Jesús los maestros de la ley y los fariseos.

⁶Jesús les respondió:

—¡Hipócritas! Bien dijo el profeta Isaías acerca de ustedes:

»Este pueblo de labios me honra, pero lejos de mí está su corazón. ⁷La adoración que me brindan no les sirve de nada porque enseñan tradiciones humanas como si fueran mandamientos de Dios".

⁸»Ustedes pasan por alto los mandamientos de Dios y se aferran a la tradición de los hombres. ⁹Rechazan las leyes de Dios por guardar la propia tradición de ustedes.

¹⁰»Moisés les dijo: "Honra a tu padre y a tu madre"; y el que maldiga a sus padres muera irremisiblemente". ¹¹Sin embargo, ustedes enseñan que una persona puede desentenderse de las necesidades de sus padres con la excusa de que ha consagrado a Dios la parte que les iba a dar a ellos. ¹²Ustedes afirman que quien dice esto ya no está obligado a ayudar a sus padres. ¹³Así, ustedes pisotean la ley de Dios por guardar la tradición humana. Este es sólo un ejemplo de muchos.

¹⁴Pidió entonces Jesús la atención de la multitud y dijo:

—Escúchenme bien y entiendan: ¹⁵Lo que daña a una persona no es lo que viene de afuera. Más bien, lo que sale de la persona es lo que la contamina. ¹⁶El que tenga oídos, oiga.

¹⁷Una vez en la casa, después de haber dejado a la gente, sus discípulos le preguntaron el significado de lo que acababa de decir.

¹⁸—¿Así que ustedes tampoco entienden? —les preguntó—. ¿No ven que lo que una persona come no puede contaminarla, ¹⁹porque los alimentos no entran al corazón sino al estómago, y después van a dar a la letrina?

Con esto Jesús quiso decir que todos los alimentos son limpios.

²⁰Y añadió:

—Lo que sale de la persona es lo que la contamina. ²¹En efecto, de adentro, del corazón humano, salen los malos pensamientos, la inmoralidad sexual, los robos, los asesinatos, ²²los adulterios, la avaricia, la maldad, los engaños, la lascivia, la envidia, la maledicencia, la soberbia, la insensatez. ²³Estas cosas malas salen de adentro y son las que contaminan a la persona.

## La fe de una mujer sirofenicia

²⁴Jesús se fue de allí a la región de Tiro. Entró a una casa y deseaba que nadie supiera su paradero. Pero no lo logró, ²⁵pues pronto supo de él una mujer, cuya hija estaba endemoniada. Postrada a sus pies, ²⁶la mujer le suplicó que liberara a su hija del poder de los demonios.

La mujer era griega, pero de nacionalidad sirofenicia.

²⁷—Primero se tiene que alimentar a los hijos —le respondió Jesús—. No es correcto que uno le quite el alimento a los hijos y lo eche a los perros.

²⁸—Cierto, Señor, pero aun los perrillos comen bajo la mesa las migajas que caen del plato de los hijos —respondió la mujer.

²⁹Entonces dijo Jesús:

—Por haberme contestado así, vete tranquila; el demonio ya salió de tu hija.

³⁰Cuando la mujer llegó a la casa, encontró a su hija reposando en la cama. El demonio ya había salido de ella.

## Jesús sana a un sordomudo

³¹Jesús salió de la región de Tiro y se dirigió, por Sidón, al lago de Galilea, por la región de Decápolis.

³²Le llevaron un hombre que era sordo y tartamudo y le suplicaron que pusiera la mano sobre él. ³³Jesús se lo llevó aparte para estar a solas con él; le puso los dedos en los oídos y le tocó la lengua con saliva. ³⁴Luego, mirando al cielo, suspiró y ordenó:

—«¡Efatá!» (que quiere decir: ¡Ábrete!)

³⁵Al instante el hombre pudo oír y hablar perfectamente. ³⁶Jesús le pidió a la multitud que no contara lo que había visto; pero mientras más le pedía, más lo divulgaba.

³⁷La gente estaba sumamente maravillada y decía: «¡Todo lo ha hecho bien! ¡Hasta logra que los sordos oigan y los mudos hablen!»

## Jesús alimenta a los cuatro mil

**8** En aquellos días, de nuevo había una gran multitud que no tenía qué comer. Jesús llamó a sus discípulos y les dijo:

²—Siento compasión de la gente, porque ya llevan tres días aquí y se les ha acabado la comida. ³Si los envío sin comer, se desmayarán en el camino porque muchos han venido de lejos.

⁴—Y en un lugar desierto como éste, ¿dónde se podrá encontrar alimentos para darles de comer? —protestaron los discípulos.

⁵—¿Cuántos panes tienen? —les preguntó.

—Siete —respondieron.

## Un profeta sin honra

**6** Poco después salió de aquella región y regresó con sus discípulos a su pueblo, Nazaret. ²Cuando llegó el día de reposo, Jesús fue a enseñar a la sinagoga. Y muchos que lo escucharon se quedaron boquiabiertos y se preguntaban:

—¿De dónde sacó éste tanta sabiduría y el poder para hacer los milagros que hace?, ³pues es el carpintero, hijo de María, hermano de Jacobo, José, Judas y Simón. Y sus hermanas viven aquí mismo.

Y estaban escandalizados.

⁴Pero Jesús les dijo: «Al profeta nunca lo aceptan en su propia tierra, ni entre sus parientes, ni en su propia casa».

⁵Debido a la incredulidad de la gente no pudo realizar ningún milagro allí, salvo poner las manos sobre unos pocos enfermos y sanarlos. ⁶Jesús estaba asombrado de la incredulidad de aquella gente. Y se fue a enseñar en las aldeas cercanas.

## Jesús envía a los doce

⁷Y llamó a los doce y los envió de dos en dos con poder para echar fuera demonios. ⁸Les ordenó que no llevaran nada con ellos, excepto un bastón. No debían llevar alimentos ni bolsa ni dinero; ⁹podían llevar sandalias, pero no una muda de ropa.

¹⁰«Cuando entren a una casa —les dijo—, quédense allí hasta que se vayan de ese lugar. ¹¹Y si en alguna parte no los reciben ni les prestan atención, sacúdanse el polvo de los pies y váyanse. Con eso les estarán haciendo una advertencia».

¹²Los discípulos salieron y fueron a predicarle a la gente para que se arrepintiera. ¹³Echaron fuera muchos demonios y sanaron a muchos enfermos ungiéndolos con aceite.

## Decapitación de Juan el Bautista

¹⁴La fama de Jesús llegó a oídos del rey Herodes. Este pensó que Jesús era Juan el Bautista que había resucitado con poderes extraordinarios.

¹⁵De hecho, algunos pensaban que Jesús era Elías; y otros, que era uno de los profetas.

¹⁶Pero Herodes reiteró: «Él es Juan, a quien yo decapité, que ha vuelto a la vida».

¹⁷,¹⁸Herodes había mandado arrestar a Juan porque éste le decía que era ilegal que se casara con Herodías, la esposa de su hermano Felipe. ¹⁹Por eso mismo, Herodías odiaba a Juan y quería que lo mataran, pero no había podido conseguirlo.

²⁰Y ya que Herodes respetaba a Juan porque lo consideraba un hombre justo y santo, lo había arrestado para ponerlo a salvo. Aunque cada vez que hablaba con Juan salía turbado, le gustaba escucharlo.

²¹Un día se le presentó a Herodías la oportunidad que buscaba. Era el cumpleaños de Herodes y éste organizó un banquete para sus altos oficiales, los jefes del ejército y la gente importante de Galilea. ²²En medio del banquete, la hija de Herodías danzó y gustó mucho a los presentes.

—Pídeme lo que quieras —le dijo el rey— y te lo concederé, ²³aunque me pidas la mitad del reino.

Esto se lo prometió bajo juramento.

²⁴La chica salió y consultó a su madre:

—¿Qué debo pedir? Y la mamá le dijo:

—Pídele la cabeza de Juan el Bautista.

²⁵La chica fue corriendo de inmediato a donde estaba el rey y le dijo:

—Quiero que me des ahora mismo, en una bandeja, la cabeza de Juan el Bautista.

²⁶Al rey le dolió complacerla, pero no podía faltar a su palabra delante de los invitados. ²⁷Por eso, en seguida envió a uno de sus guardias a que le trajera la cabeza de Juan. El soldado decapitó a Juan en la prisión, ²⁸regresó con la cabeza en una bandeja y se la entregó a la chica y ésta se la llevó a su madre.

²⁹Cuando los discípulos de Juan se enteraron de lo sucedido, fueron en busca del cuerpo y lo enterraron.

## Jesús alimenta a los cinco mil

³⁰Los apóstoles se reunieron con Jesús y le contaron lo que habían hecho y enseñado. ³¹Era tanto el gentío que entraba y salía que apenas les quedaba tiempo para comer. Por ello Jesús les dijo:

—Apartémonos del gentío para que puedan descansar.

³²Partieron, pues, en una barca hacia un lugar desierto. ³³Pero muchos que los vieron ir los reconocieron y de todos los poblados fueron por tierra hasta allá, y llegaron antes que ellos. ³⁴Al bajar Jesús de la barca vio a la multitud, y se compadeció de ellos porque parecían ovejas sin pastor. Y comenzó a enseñarles muchas cosas.

³⁵Ya avanzada la tarde, los discípulos le dijeron a Jesús:

—Este es un lugar desierto y se está haciendo tarde. ³⁶Dile a esta gente que se vaya a los campos y pueblos vecinos a comprar comida.

³⁷—Aliméntenlos ustedes —fue la respuesta de Jesús.

—¿Y con qué? —preguntaron—. Costaría el salario de siete meses comprar comida para esta multitud.

³⁸—¿Cuántos panes tienen ustedes? — les preguntó—. Vayan a ver.

Al poco rato regresaron con la noticia de que había cinco panes y dos pescados.

³⁹Jesús les ordenó que hicieran que la multitud se sentara por grupos sobre la hierba verde. ⁴⁰Y se acomodaron en grupos de cincuenta o cien personas.

⁴¹Jesús tomó los cinco panes y los dos pescados y, mirando al cielo, los bendijo. Luego, partió los panes y los pescados y los fue dando a los discípulos para que los repartieran entre la multitud. ⁴²Comieron todos hasta quedar saciados. ⁴³,⁴⁴Y aunque eran cinco mil hombres, sobraron doce cestas llenas de panes y pescados.

## Jesús camina sobre el agua

⁴⁵Jesús hizo que los discípulos subieran a la barca y se fueran a Betsaida, donde él se les uniría cuando despidiera a la multitud. ⁴⁶Después que todos se fueron, Jesús subió al monte a orar.

⁴⁷Ya de noche, cuando los discípulos llegaban al centro del lago, Jesús vio, desde el lugar solitario en que estaba, ⁴⁸que sus discípulos remaban con dificultad, porque tenían los vientos en contra. Como a las tres de la mañana, se acercó a ellos caminando sobre el agua y siguió como si tuviera intenciones de pasar de largo.

⁴⁹Cuando los discípulos vieron que caminaba sobre el agua, gritaron de terror creyendo que era un fantasma, ⁵⁰pues estaban muy espantados por lo que

parábolas no les hablaba. En cambio, cuando estaba a solas con sus discípulos les explicaba todo.

### Jesús calma la tormenta

³⁵Anochecía y Jesús les dijo a sus discípulos:

—Vámonos al otro lado del lago.

³⁶Y, dejando a la multitud, salieron en la barca. Varias barcas los siguieron. ³⁷A medio camino se desató una terrible tempestad. El viento azotaba la barca con furia y las olas amenazaban con anegarla completamente. ³⁸Jesús dormía en la popa, con la cabeza en una almohada. Lo despertaron y le dijeron:

—Maestro, ¿no te importa que nos estemos hundiendo?

³⁹Jesús se levantó, reprendió a los vientos y dijo a las olas:

—¡Silencio! ¡Cálmense!

Los vientos cesaron y todo quedó en calma, ⁴⁰Y Jesús les dijo:

—¿Por qué tienen tanto miedo? ¿Acaso no tienen fe?

⁴¹Ellos, asustados, se decían:

—¿Quién será éste que aun los vientos y las aguas lo obedecen?

### Liberación de un endemoniado

5 Cuando llegaron al otro lado del lago, a la tierra de Gerasa, ²en cuanto Jesús puso pie en tierra, un endemoniado salió del cementerio y se le acercó. ³,⁴Vivía entre los sepulcros y tenía tanta fuerza que, cada vez que lo encadenaban de pies y manos, rompía las cadenas y se iba. Nadie tenía fuerza suficiente para dominarlo. ⁵Día y noche vagaba solitario por los sepulcros y los montes gritando e hiriéndose con piedras afiladas. ⁶Cuando vio a lo lejos que Jesús se acercaba, corrió a su encuentro, cayó de rodillas ante él ⁷y gritó con fuerza:

—¿Qué tienes contra mí, Jesús, Hijo del Dios Altísimo? ¡Te suplico por Dios que no me atormentes!

⁸,⁹—¡Sal de este hombre, espíritu inmundo! —le ordenó Jesús; y luego le preguntó:

—¿Cómo te llamas?

El demonio le respondió:

—Legión, porque somos muchos.

¹⁰Los demonios le suplicaron que no los enviara lejos de aquella región.

¹¹Y como había por allí, cerca del cerro, un enorme hato de cerdos comiendo, ¹²le suplicaron los demonios:

—Envíanos a los cerdos y déjanos entrar en ellos.

¹³Al asentir Jesús, los espíritus inmundos salieron del hombre y entraron en los cerdos, que se precipitaron al lago por un despeñadero y se ahogaron. Eran como dos mil animales.

¹⁴Los que cuidaban los cerdos corrieron a dar la noticia en la ciudad y en los campos, y la gente salió a ver lo que había sucedido. ¹⁵Cuando llegaron a donde estaba Jesús, vieron sentado allí, vestido y en su pleno juicio, al que había estado endemoniado. Y les dio mucho miedo.

¹⁶Al contarles los testigos presenciales lo ocurrido, ¹⁷le pidieron a Jesús que se fuera de allí.

¹⁸Jesús ya iba a regresar en la barca cuando se le acercó el que había estado endemoniado y le suplicó que lo dejara ir con él. ¹⁹Pero Jesús le dijo:

—No. Vete a tu casa, con los tuyos, y cuéntales las maravillas que el Señor ha hecho contigo, y cómo tuvo misericordia de ti.

²⁰Aquel hombre recorrió la Decápolis contando las grandes cosas que Jesús había hecho con él. Y la gente se maravillaba al oírlo.

### Una niña muerta y una mujer enferma

²¹Cuando Jesús desembarcó en la otra orilla del lago, una enorme multitud se reunió a su alrededor. ²²De la multitud se adelantó un hombre que se postró a los pies de Jesús. Era Jairo, uno de los jefes de la sinagoga.

²³—Señor —le suplicaba—, mi hija se está muriendo. Ven y pon tus manos sobre ella, porque yo sé que puedes hacer que viva.

²⁴,²⁵Jesús lo acompañó. En medio de aquella multitud que se apretujaba a su alrededor, estaba una mujer que durante los últimos doce años había estado enferma con cierto tipo de derrame de sangre. ²⁶Hacía mucho que sufría en manos de los médicos, y a pesar de haber gastado todo lo que tenía, en vez de mejorar estaba peor. ²⁷Enterada de lo que Jesús hacía, se le acercó por detrás, entre la multitud, y le tocó el manto, ²⁸porque pensaba que al tocarlo, sanaría. ²⁹Y, en efecto, tan pronto como lo tocó, el derrame cesó y se sintió perfectamente bien.

³⁰Jesús se dio cuenta en seguida de que de él había salido poder; por eso se volvió y le preguntó a la multitud:

—¿Quién me tocó?

³¹Sus discípulos le respondieron:

—¿Cómo se te ocurre preguntar quién te tocó si ves que todo el mundo te está apretujando?

³²Él siguió mirando a su alrededor en busca de quién lo había hecho.

³³La mujer, temblando de miedo y consciente de lo que le había pasado, se arrodilló delante de él y le confesó toda la verdad.

³⁴Jesús le dijo:

—Hija, tu fe te ha sanado; vete en paz, que ya no estás enferma.

³⁵Mientras decía esto, llegaron de la casa de Jairo a darle la noticia de que su hija había muerto y decirle que ya no era necesario que siguiera molestando al maestro. ³⁶Al darse cuenta, Jesús le dijo al jefe de la sinagoga:

—No temas. Sólo cree.

³⁷Y no permitió que nadie fuera con él sino Pedro y los hermanos Jacobo y Juan.

³⁸Al llegar a la casa del jefe de la sinagoga y ver que había mucho alboroto y gran llanto y dolor, ³⁹Jesús les dijo a los que allí estaban:

—¿Por qué hacen tanto llanto y alboroto? La niña no está muerta; sólo está dormida.

⁴⁰La gente se rió de Jesús; pero Jesús les ordenó a todos que salieran y él, con el padre, la madre y los discípulos que lo acompañaban, entró al cuarto en que reposaba la niña. ⁴¹La tomó de la mano y le dijo:

—Talita cum (que significa: Levántate, niña).

⁴²,⁴³En el mismo instante, la niña, de doce años de edad, se levantó y caminó. Jesús ordenó que le dieran de comer. La gente quedó muy admirada, pero Jesús les suplicó encarecidamente que no lo dijeran a nadie.

**MARCOS 3.19**

Felipe, Bartolomé, Mateo, Tomás, Jacobo (hijo de Alfeo), Tadeo, Simón el zelote ¹⁹y Judas Iscariote (el que lo traicionó).

### Jesús y Beelzebú

²⁰Luego Jesús entró en una casa a la que acudió tanta gente que ni siquiera pudieron comer él y sus discípulos. ²¹Los familiares de Jesús, al enterarse de lo que estaba pasando, salieron a buscarlo porque creían que se había vuelto loco.

²²Los maestros de la ley que habían llegado de Jerusalén decían: «Los demonios lo obedecen porque tiene a Beelzebú, el príncipe de los demonios».

²³Jesús los llamó y les habló en parábolas: «¿Cómo puede Satanás echar fuera a Satanás? ²⁴Si un reino está dividido y los distintos bandos luchan entre sí, pronto desaparecerá. ²⁵Si un hogar está dividido contra sí mismo, se destruirá. ²⁶Y si Satanás pelea contra sí mismo y se divide, no podrá mantenerse y, entonces, ¿en qué irá a parar? ²⁷Nadie puede entrar en la casa de alguien fuerte y despojarlo de sus bienes si primero no lo ata. Sólo entonces podrá robar su casa. ²⁸Les aseguro que todos los pecados y blasfemias se les perdonarán a todos por igual. ²⁹Pero la blasfemia contra el Espíritu Santo nunca tendrá perdón, pues será un pecado de consecuencias eternas».

³⁰Así respondió Jesús a la acusación de que tenía un espíritu inmundo.

### La madre y los hermanos de Jesús

³¹Cuando la madre y los hermanos de Jesús llegaron, se quedaron afuera y le enviaron un recado para llamarlo, ³²ya que había mucha gente sentada alrededor de él.

—Tu madre y tus hermanos están afuera y quieren verte —le dijeron.

³³—¿Quién es mi madre? ¿Quiénes son mis hermanos? —replicó Jesús. ³⁴Y mirando a los que estaban a su alrededor, añadió:

—Estos son mi madre y mis hermanos. ³⁵Cualquiera que hace la voluntad de Dios es mi hermano, mi hermana y mi madre.

### Parábola del sembrador

4 Una vez más una inmensa multitud se congregó en la orilla del lago donde Jesús enseñaba. Era tanto el gentío que Jesús tuvo que subirse a una barca y sentarse a hablarles desde allí. ²Jesús se puso a enseñarles muchas cosas por medio de parábolas. Al narrar una de ellas, decía así: ³«Pongan atención. Un sembrador salió a sembrar. ⁴Al esparcir las semillas algunas cayeron junto al camino y las aves llegaron y se las comieron. ⁵Otras cayeron en un terreno rocoso, sin mucha tierra. Pronto germinaron, porque la tierra no era profunda; ⁶pero como no tenían raíces, cuando salió el sol ardiente, las marchitó y murieron. ⁷Algunas semillas cayeron entre espinos que, al crecer, ahogaron las plantas y no pudieron dar frutos. ⁸Pero algunas de las semillas cayeron en buena tierra y brotaron, crecieron y produjeron treinta, sesenta y hasta cien semillas por cada una sembrada». ⁹Y añadió Jesús: «El que tenga oídos, oiga».

¹⁰Después, a solas con los doce y los que estaban alrededor de él, le preguntaron qué quiso decir con aquella parábola.

¹¹Él les respondió:

«A ustedes se les ha concedido conocer el secreto del reino de Dios; pero a los que están fuera se les dice todo por medio de parábolas, ¹²para que "aunque vean, no perciban, y aunque oigan, no entiendan; no sea que se vuelvan a Dios y sean perdonados".

¹³»Ahora bien, si ustedes mismos no entienden esa parábola, ¿cómo van a entender las demás? ¹⁴»El sembrador es el que proclama la palabra de Dios. ¹⁵Las que fueron sembradas junto al camino son los que escuchan la palabra de Dios, pero inmediatamente Satanás quita la palabra que fue sembrada en ellos. ¹⁶Las que cayeron en suelo rocoso representan a los que escuchan el mensaje con alegría, ¹⁷pero como sus raíces no tienen profundidad, brotan antes de tiempo y se apartan apenas comienzan las tribulaciones y las persecuciones por causa de la Palabra. ¹⁸Las que fueron sembradas entre espinas son los que escuchan la Palabra, ¹⁹pero inmediatamente las preocupaciones del mundo, el amor por las riquezas, y los demás placeres ahogan la palabra y no la dejan producir frutos. ²⁰Pero las que cayeron en buena tierra son los que escuchan la Palabra, la reciben y producen mucho fruto: treinta, sesenta y hasta cien por cada semilla».

### Una lámpara en una repisa

²¹Y agregó:

«¿Es lógico que uno encienda una lámpara y la ponga debajo de una caja o debajo de la cama? Por supuesto que no. Cuando uno enciende una lámpara, la pone en un lugar alto donde alumbre. ²²No hay nada escondido que no se vaya a conocer, ni nada hay oculto que un día no haya de saberse. ²³El que tenga oídos, oiga».

²⁴Y les dijo: «Fíjense bien en lo que oyen. Con la misma medida con que ustedes den a otros, se les dará a ustedes, y se les dará mucho más. ²⁵Porque el que tiene recibirá más; y al que no tiene se le quitará aun lo poco que tenga.

### Parábola de la semilla que crece

²⁶»El reino de Dios es como un hombre que siembra un terreno. ²⁷Ya la semilla nace y crece sin que él se dé cuenta, ya sea que él esté dormido o despierto, sea de día o de noche. ²⁸Así, la tierra da fruto por sí misma. Primero brota el tallo, luego se forman las espigas de trigo hasta que por fin estas se llenan de granos. ²⁹Y cuando el grano está maduro, lo cosechan pues su tiempo ha llegado».

### Parábola del grano de mostaza

³⁰Un día les dijo:

«¿Cómo les describiré el reino de Dios? ¿Con qué podemos compararlo? ³¹Es como un grano de mostaza que se siembra en la tierra. Aunque es la más pequeña de las semillas que hay en el mundo, ³²cuando se siembra se convierte en la planta más grande del huerto, y en sus enormes ramas las aves del cielo hacen sus nidos».

³³Jesús usaba parábolas como éstas para enseñar a la gente, conforme a lo que podían entender. ³⁴Sin

✡ 4.18-20

³Entonces llegaron cuatro hombres llevando a un paralítico. ⁴Como no pudieron pasar entre la multitud para llegar a Jesús, subieron a la azotea, hicieron una abertura en el techo, exactamente encima de donde estaba Jesús, y entre los cuatro bajaron la camilla en la que yacía el paralítico.
⁵Cuando Jesús vio la fe de ellos, le dijo al paralítico:
—Hijo, tus pecados quedan perdonados.
⁶Algunos maestros de la ley que estaban allí sentados pensaron: ⁷«¿Cómo se atreve a hablar así? ¡Eso es una blasfemia! ¡Dios es el único que puede perdonar los pecados!»
⁸Jesús les leyó el pensamiento y les dijo:
—¿Por qué piensan ustedes así? ⁹¿Qué es más fácil, decirle al paralítico «tus pecados quedan perdonados» o decirle: «Levántate, toma tu camilla y anda»? ¹⁰Pues voy a probarles que yo, el Hijo del hombre, tengo potestad para perdonar los pecados.
Entonces se dirigió al paralítico y le dijo:
¹¹—A ti te digo, levántate, recoge la camilla y vete.
¹²El hombre se levantó de inmediato, tomó su camilla y se abrió paso entre la asombrada concurrencia que, entre alabanzas a Dios, exclamaba:
—Jamás habíamos visto nada parecido.

### Llamamiento de Leví

¹³Jesús salió de nuevo a la orilla del lago y allí le enseñaba al gentío que acudía a él.
¹⁴Caminando por el lugar, vio a Leví, hijo de Alfeo, sentado en la mesa donde cobraba los impuestos.
—Sígueme —le dijo Jesús.
Y Leví se levantó y lo siguió.
¹⁵Leví invitó a Jesús y a sus discípulos a comer. También invitó a comer a muchos cobradores de impuestos y a otros pecadores. Ya eran muchos los que seguían a Jesús.
¹⁶Cuando algunos de los maestros de la ley, que eran fariseos, vieron a Jesús comiendo con aquella gente, les preguntaron a los discípulos:
—¿Cómo es que éste come con recaudadores de impuestos y con pecadores?
¹⁷Jesús, que oyó lo que decían, les replicó:
—Los enfermos son los que necesitan médico, no los sanos. No he venido a llamar a los justos sino a los pecadores.

### Le preguntan a Jesús sobre el ayuno

¹⁸Al ver que los discípulos de Juan y los de los fariseos ayunaban, algunos se acercaron a Jesús y le preguntaron:
—¿Por qué tus discípulos no ayunan también?
¹⁹Jesús les respondió:
—¿Se abstendrán acaso de comer en un banquete de bodas los amigos del novio mientras el novio esté con ellos? ²⁰Llegará el momento cuando al novio les será quitado, y entonces ayunarán. ²¹Nadie remienda un vestido viejo con una tela nueva, porque el parche se encoge y rompe el vestido, y la rotura que queda es mayor que la anterior. ²²Y a quién se le ocurriría poner vino nuevo en odres viejos? El vino nuevo reventaría los odres y se perderían el vino y los odres. El vino nuevo se echa en odres nuevos.

### Señor del sábado

²³Un día de reposo, pasaron por los trigales Jesús y sus discípulos, y éstos se pusieron a arrancar espigas. ²⁴Los fariseos le preguntaron a Jesús:
—¿Por qué hacen ellos lo que está prohibido hacer en el día de reposo?
²⁵Jesús les respondió:
—¿Nunca han leído lo que hizo David una vez que él y sus compañeros tuvieron hambre? ²⁶Cuando Abiatar era el sumo sacerdote, David entró en la casa de Dios y comió de los panes consagrados a Dios, que sólo los sacerdotes podían comer. Y no sólo comió él, sino que también dio a sus compañeros.
²⁷»El sábado se hizo para el ser humano y no el ser humano para el sábado. ²⁸Por eso, el Hijo del hombre es Señor incluso del sábado.

3 En otra ocasión, Jesús entró en la sinagoga y había allí un hombre que tenía una mano paralizada. ²Como era el día de reposo, quienes querían acusar a Jesús lo vigilaban para ver si se atrevería a curar al enfermo. ³Jesús le pidió al hombre que tenía la mano paralizada que se parara frente a todos. ⁴Y les preguntó a los otros:
—¿Qué es correcto hacer en el día de reposo: el bien o el mal? ¿Es éste un día para salvar una vida o para matar?
No le contestaron.
⁵Jesús, mirándolos con una mezcla de enojo y tristeza por la indiferencia que mostraban, le dijo al hombre:
—Extiende la mano.
Y al extenderla, se le sanó.
⁶En cuanto salieron, los fariseos se reunieron con los herodianos[b] para urdir un plan con el propósito de matar a Jesús.

### La multitud sigue a Jesús

⁷Jesús y sus discípulos se retiraron a la orilla del lago, y los siguieron una gran multitud que venía de Galilea, ⁸Judea, Jerusalén, Idumea, de más allá del Jordán y de las regiones de Tiro y Sidón. Las noticias de los milagros de Jesús atraían a toda esta gente.
⁹Jesús le había ordenado a sus discípulos que le tuvieran siempre lista una barca para evitar que el gentío lo oprimiera, ¹⁰pues como había realizado muchas curaciones, todos los enfermos lo rodeaban tratando de tocarlo. ¹¹Cada vez que los endemoniados lo veían, caían de rodillas ante él gritando:
—¡Tú eres el Hijo de Dios!
¹²Actuaban así a pesar de que les tenía prohibido revelar quién era.

### Nombramiento de los doce apóstoles

¹³Jesús subió a una montaña y llamó a los que él quiso; y vinieron a él. ¹⁴De entre todos seleccionó a doce para que estuvieran siempre con él y salieran a predicar. A estos los llamó apóstoles, ¹⁵y les dio autoridad para echar fuera demonios. ¹⁶Aquellos doce fueron:
Simón (a quien llamó Pedro), ¹⁷Jacobo y Juan (hijos de Zebedeo, a quienes Jesús les puso el apodo de Boanerges, es decir, Hijos del Trueno), ¹⁸Andrés,

---

b. Partido político pro-romano.

# Marcos

## Juan el Bautista prepara el camino

**1** Este es el principio de la buena noticia de Jesús el Mesías, el Hijo de Dios. ²En el libro que escribió el profeta Isaías dice:

«Mira, voy a enviar un mensajero delante de ti, a prepararte el camino».
³«Voz de uno que clama en el desierto: "Preparen el camino del Señor, háganle caminos derechos"».

⁴Así fue como se presentó Juan en el desierto, predicando que debían arrepentirse y bautizarse para obtener el perdón de los pecados. ⁵Desde Jerusalén y de toda la provincia de Judea acudía la gente a Juan. Cuando alguien confesaba sus pecados, Juan lo bautizaba en el río Jordán. ⁶Juan usaba un vestido de pelo de camello ceñido con un cinto de cuero y se alimentaba con langostas del desierto y miel silvestre. ⁷Predicaba de esta manera: «Pronto vendrá alguien más poderoso que yo, y ni siquiera soy digno de agacharme ante él para desatar la correa de sus sandalias. ⁸Yo los bautizo con agua, pero él los bautizará con el Espíritu Santo».

## Bautismo y tentación de Jesús

⁹En esos días Jesús llegó de Nazaret de Galilea, y Juan lo bautizó en el río Jordán. ¹⁰En el instante en que Jesús salía del agua, vio los cielos abiertos y al Espíritu Santo que descendía sobre él en forma de paloma. ¹¹Se escuchó entonces una voz del cielo que decía: «Tú eres mi Hijo amado; en ti me complazco».

¹²Inmediatamente el Espíritu lo llevó al desierto, ¹³donde pasó cuarenta días, y era tentado por Satanás. Estaba entre las fieras y los ángeles lo servían.

## Llamamiento de los primeros discípulos

¹⁴Después de que el rey Herodes mandó arrestar a Juan, Jesús se fue a Galilea a predicar las buenas nuevas de Dios.

¹⁵«¡Llegó por fin la hora! —anunciaba—. ¡El reino de Dios está cerca! Arrepiéntanse y crean las buenas noticias».

¹⁶Al pasar por la orilla del mar de Galilea, Jesús vio a Simón y a su hermano Andrés que echaban la red en el lago, pues eran pescadores.

¹⁷«¡Vengan y síganme —les dijo Jesús—, y los convertiré en pescadores de hombres!»

¹⁸De inmediato abandonaron las redes y lo siguieron.

¹⁹Un poco mas adelante vio a Jacobo y Juan, hijos de Zebedeo, que remendaban las redes en una barca. ²⁰Los llamó también, y ellos dejaron a Zebedeo en la barca con los empleados y se fueron con Jesús.

## Jesús expulsa a un espíritu maligno

²¹Llegaron a Capernaúm. El día de reposo por la mañana entraron en la sinagoga, y Jesús comenzó a enseñar. ²²La gente quedó maravillada de su enseñanza, porque Jesús hablaba con autoridad, y no como los maestros de la ley.ᵃ

²³Un endemoniado que estaba en la sinagoga se puso a gritar:

²⁴—¡Ah! ¿Por qué nos molestas, Jesús de Nazaret? ¿Has venido a destruirnos? Yo sé que eres el Santo de Dios.

²⁵Jesús le dijo: —¡Cállate y sal de él!

²⁶El espíritu inmundo sacudió con violencia al hombre y salió de él dando un gran alarido. ²⁷Todos se quedaron tan espantados que se preguntaban unos a otros:

«¿Qué es esto? Es una enseñanza nueva, ¡y con qué autoridad! ¡Hasta los espíritus inmundos lo obedecen!» ²⁸La noticia de lo sucedido corrió rápidamente por toda Galilea.

## Jesús sana a muchos enfermos

²⁹De allí, Jesús, Jacobo y Juan se fueron a casa de Simón y Andrés. ³⁰Y le contaron a Jesús que la suegra de Simón estaba en cama con fiebre. ³¹Él se le acercó, la tomó de la mano y la ayudó a sentarse. ¡Inmediatamente se le quitó la fiebre y se levantó a servirlos!

³²Al atardecer, cuando ya se ponía el sol, le llevaron a Jesús todos los enfermos y endemoniados, ³³de manera que la ciudad entera estaba agolpada a la puerta. ³⁴Jesús sanó a muchos enfermos y endemoniados. Pero no permitía que los demonios hablaran y revelaran quién era él.

## Jesús ora en un lugar solitario

³⁵A la mañana siguiente, todavía de madrugada, Jesús se levantó y se fue a un lugar solitario a orar. ³⁶Simón y los demás fueron a buscarlo, ³⁷y cuando lo encontraron le dijeron:

—Toda la gente te anda buscando.

³⁸Él les respondió:

—Vámonos de aquí a otras ciudades cercanas donde también debo predicar. Para eso vine.

³⁹Así que Jesús recorrió Galilea entera predicando en las sinagogas y expulsando a los demonios.

## Jesús sana a un leproso

⁴⁰Un leproso se le acercó y, de rodillas, le dijo:

—Si quieres, puedes sanarme.

⁴¹Jesús, compadecido, lo tocó y le dijo:

—Quiero; queda curado.

⁴²E instantáneamente la lepra desapareció y quedó limpio.

⁴³—Jesús lo despidió de inmediato y le recomendó con seriedad lo siguiente:

⁴⁴—Mira, no le digas a nadie que yo te curé. Vete a presentarte ante el sacerdote y llévale la ofrenda que Moisés mandó, para que les conste a los sacerdotes.

⁴⁵Pero tan pronto salió de allí, comenzó a divulgar lo que le había sucedido. Como consecuencia de esto, Jesús ya no podía entrar abiertamente en ninguna ciudad. Tenía que quedarse en los lugares apartados; y aun así, de todas partes llegaban a él.

## Jesús sana a un paralítico

**2** Días más tarde, Jesús regresó a Capernaúm. La noticia de que estaba en casa se esparció rápidamente. ²Y pronto la gente llenó tanto la casa que no quedó sitio para nadie más ni siquiera frente a la puerta. Y él predicaba la palabra.

---

*a.* Los escribas.

☼1.35

## → → PANORAMA DEL LIBRO

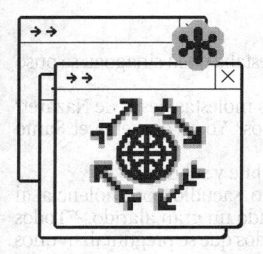

Jesús o sus enseñanzas es el tema en 44% de los verbos en Marcos. Él también dedica un 19% de su narración a la pasión en comparación con el 15% de Mateo o Lucas. Marcos parece retratar a Jesús como irreconocible y rechazado, incluso humillado y traicionado, víctima del status hostil. Busca que se entienda al mensajero, su mensaje y sus alternativas. Los que se unen a Cristo pagan el precio. Los que se oponen serán juzgados. Él plantea las interrogantes: ¿Quién es Jesús, qué lo recomendó y por qué él es digno de que se escriba una biografía de su vida? Tomando en cuenta lo que los cristianos han padecido a manos de los judíos y a manos de los romanos, no debe de sorprender que Marcos hubiera escrito un Evangelio usando la retórica apocalíptica, preparando a su audiencia para sufrimiento y problemas adicionales, recordándoles el sufrimiento del Mesías. En un contexto romano (de la capital), los cristianos deben enfrentar no solo marginación de su propia cultura, sino muy posiblemente, ejecución en el Circo romano. Marcos debe explicarles entonces el camino de la cruz que Cristo tomó y el camino de los primeros discípulos, sus triunfos y fracasos. Mateo aclara que las bendiciones del reino están presentes pero no en la forma que ellos desean. Las promesas de los pactos respecto a su forma de pensar se cumplirán o irán cumpliendo a su debido tiempo. Por su reiterado uso del AT, Mateo busca demostrar la correlación de la antigua profecía con sus promesas pactales, y el advenimiento del Mesías. Se puede hablar entonces de 3 propósitos mayores del libro: a) que el lector judeocristiano pueda reconocer quién fue Jesús, confiar en él y hallar así su verdadera "herencia" espiritual (identidad), b) que la iglesia primitiva judía entienda su lugar en el programa de Dios a pesar de la marginación que enfrentan y, c) que ellos puedan tomar el mensaje de Mateo y usarlo para hacer discípulos en todas las naciones así como Cristo mandó. En vista de lo anterior, el mensaje del libro contiene dos temas: Uno demuestra que Jesús fue el Mesías prometido, el otro, explica qué ha pasado al plan de Dios para su pueblo Israel.

## → → ¿CÓMO SE RELACIONA CONMIGO?

El evangelio de Marcos es fundamental para discutir política desde la agenda de Jesús y sobre todo para explorar la ética cristiana. El mundo que le está tocando vivir a tu generación está convulsionado: hay protestas sociales por todos lados, quiebras de naciones que fueron grandes economías, la ecología está languideciendo y la corrupción campea por todos lados y a todos niveles. Los cristianos debemos sumergirnos en todos estos campos y desde allí ser "luz y sal" a las naciones, aunque el futuro pueda verse apocalíptico. En Cristo siempre hay esperanza y los milagros registrados en el libro dan testimonio de que nada es imposible con Jesús.

## → → EL GUION

1) Preparación e inicio del ministerio de Jesús (1:1-5:43)
2) El apogeo del ministerio de Jesús (6:1-7:23)
3) Ministerio de Jesús entre los gentiles (7:24-9:50)
4) Conclusión del ministerio (10:1-13:37)
5) La pasión y resurrección de Jesús (14:1-16:20)

# MARCOS

# MARCOS

## → → ¿QUIÉN LO ESCRIBIÓ?

Sabemos que el autor es judío: conoce las costumbres, cultura, sectas judías y creencias judías (teología del AT). Sabemos también que es bien educado ya que usa varios latinismos y arameísmos, añadido al uso del griego (12:42; 15:46). Evidencia interna de su estructura comparada con el sermón en Hechos 10:34-43 podría indicar cierta influencia de Pedro. La evidencia externa de mediados y finales del siglo II concuerda en indicar que fue escrito por alguien de nombre Marcos, quien estuvo asociado con Pedro. ¿Quién fue Marcos? Aunque el nombre era común en esta época, el nombre completo "Juan Marcos" es citado en 1 Pedro 5:13; Hechos 12:12, 25; 13:13; 15:37-39; Filemón 24; Colosenses 4:10; 2 Timoteo 4:11. De estas citas se parte para afirmar que Marcos fue compañero de Pedro y Pablo, miembro de la Iglesia en Jerusalén que se reunía en el aposento alto del hogar materno (Hech. 12:12) donde quizá Jesús pudo celebrar su última cena (Mr. 14:14-15; Hech. 1:13-14).

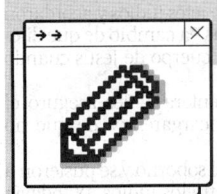

## → → ¿A QUIÉN LO ESCRIBIÓ?

Posiblemente escrito en Roma para los cristianos romanos. Debido al lenguaje (latinismos) y el griego (koiné) se sugiere que el autor o su audiencia o ambos, están en un ambiente romano, sea en Roma misma o en alguna colonia romana donde el latín pudo haber sido muy usado. Ellos son gentiles difícilmente prosélitos o adherentes de la sinagoga. Es una comunidad misionera cuya cosmovisión es apocalíptica debido a la cultura dominante que les ha perseguido. Marcos está escribiendo a cristianos romanos después de la persecución neroniana, entre mediados y finales de los 60's, después que los cristianos fueron acusados de incendiar Roma. Ellos están asustados no solo por la situación en Roma, sino por la situación en Jerusalén y, lo que el nuevo emperador pueda hacer. La caída de Jerusalén es inminente. Marcos busca entonces preparar a su audiencia para el sufrimiento adicional y dificultades por venir, recordándoles que Su Maestro ya ha experimenta- do tales sufrimientos a manos de los romanos. Así que en el Evangelio se aprecian dos polos que hay que considerar: el contexto social del Evangelio de Marcos (Galilea y Judea entre los 20-30 d.C.) y, el contexto político en Roma (en los 60 s). Ambos fueron ambientes volátiles. Como consecuencia, el judaísmo está a punto de perder su Templo y el cristianismo de perder a Pedro y a Pablo y quedar ambos pueblos, dispersos.

## → → ¿CUÁNDO Y DÓNDE LO ESCRIBIÓ?

Un intento de reconstruir el ambiente de Marcos apunta a la década de los 60's (66-70 d. C.) El libro contiene una profecía de la destrucción de Jerusalén sin ninguna mención de su cumplimien- to. Por esto puede ser sensata una fecha previa al 70. El prólogo antimarcionita lo coloca en "las regiones de Italia".

⁴¹Los principales sacerdotes, escribas, fariseos y ancianos también se burlaban de él.
⁴²—Si a otros salvó, ¿por qué no se salva a sí mismo? ¡Conque tú eres el Rey de los judíos! ¡Bájate de la cruz y creeremos en ti! ⁴³Si confió en Dios, ¡que lo salve Dios! ¿No decía que era el Hijo de Dios?
⁴⁴Y los ladrones le decían lo mismo.

### Muerte de Jesús

⁴⁵Aquel día, desde el mediodía hasta las tres de la tarde, la tierra se sumió en oscuridad. ⁴⁶Cerca de las tres, Jesús gritó:
—Elí, Elí ¿lama sabactani? (Dios mío, Dios mío, ¿por qué me has desamparado?)
⁴⁷Algunos de los que estaban allí no le entendieron y creyeron que estaba llamando a Elías. ⁴⁸Uno corrió y empapó una esponja en vinagre, la puso en una caña y se la alzó para que la bebiera. ⁴⁹Pero los demás dijeron:
—Déjalo. Vamos a ver si Elías viene a salvarlo.
⁵⁰Jesús habló de nuevo con voz muy fuerte, y murió.
⁵¹Al instante, el velo que ocultaba el Lugar Santísimo del templo se rompió en dos de arriba abajo, la tierra tembló, las rocas se partieron, ⁵²las tumbas se abrieron y muchos creyentes muertos resucitaron. ⁵³Después de la resurrección de Jesús, esas personas salieron del cementerio y fueron a Jerusalén, donde se aparecieron a muchos.
⁵⁴El centurión y los soldados que vigilaban a Jesús, horrorizados por el terremoto y los demás acontecimientos, exclamaron:
—¡Verdaderamente éste era el Hijo de Dios!
⁵⁵Varias de las mujeres que habían seguido a Jesús desde Galilea y le servían estaban no muy lejos de la cruz. ⁵⁶Entre ellas estaban María Magdalena, María la madre de Jacobo y de José, y la madre de los hijos de Zebedeo.

### Sepultura de Jesús

⁵⁷Al llegar la noche, un hombre rico de Arimatea llamado José, discípulo de Jesús, ⁵⁸fue a Pilato y le reclamó el cuerpo de Jesús. Pilato se lo concedió. ⁵⁹José tomó el cuerpo, lo envolvió en una sábana limpia ⁶⁰y lo colocó en un sepulcro nuevo labrado en la peña. Hacía poco que había hecho ese sepulcro y ordenó que rodaran una piedra grande para cerrar la entrada. José se alejó, ⁶¹pero María Magdalena y la otra María se quedaron sentadas delante del sepulcro.

### La guardia ante el sepulcro

⁶²Al siguiente día, al cabo del primer día de las ceremonias pascuales, los principales sacerdotes y los fariseos fueron a Pilato ⁶³y le dijeron:
—Señor, aquel impostor dijo una vez que al tercer día resucitaría. ⁶⁴Quisiéramos que ordenaras poner guardias ante la tumba hasta el tercer día, para evitar que sus discípulos vayan, se roben el cuerpo y luego se pongan a decir que resucitó. Si eso sucede estaremos peor que antes.
⁶⁵—Bueno, ahí tienen un pelotón de soldados. Vayan y asegúrense de que nada anormal suceda.
⁶⁶Entonces fueron, sellaron la roca y dejaron a los soldados de guardia.

### La resurrección

**28** Cuando al amanecer del domingo María Magdalena y la otra María regresaban a la tumba, ²hubo un fuerte temblor. Un ángel del Señor acababa de descender del cielo y, tras remover la piedra, se había sentado en ella. ³Tenía el aspecto de un relámpago; y sus vestiduras eran blancas como la nieve. ⁴,⁵Los guardias, temblando de miedo, se quedaron como muertos. Pero el ángel dijo a las mujeres:
—No teman. Sé que buscan a Jesús, el crucificado. ⁶Pero no lo encontrarán aquí, porque ha resucitado como se lo había dicho. Entren y vean el lugar donde lo habían puesto... ⁷Ahora, váyanse pronto y díganles a los discípulos que él ya se levantó de los muertos, que se dirige a Galilea y que allí los espera. Ya lo saben.
⁸Las mujeres, llenas de espanto y alegría a la vez, corrieron a buscar a los discípulos para darles el mensaje del ángel. ⁹Mientras corrían, Jesús les salió al encuentro.
—¡Buenos días! —les dijo.
Ellas cayeron sobre sus rodillas y, abrazándole los pies, lo adoraron.
¹⁰—No teman —les dijo Jesús—. Digan a mis hermanos que salgan en seguida hacia Galilea, y allí me hallarán.

### El informe de los guardias

¹¹Mientras esto sucedía, los guardias del templo que habían estado vigilando la tumba corrieron a informar a los principales sacerdotes. ¹²Estos inmediatamente convocaron a una reunión de jefes judíos y acordaron entregar dinero a los guardias ¹³a cambio de que dijeran que se habían robado el cuerpo de Jesús cuando ellos se quedaron dormidos.
¹⁴—Si el gobernador se entera —les aseguró el concilio—, nosotros nos encargaremos de que no les pase nada.
¹⁵Los soldados aceptaron el soborno y se pusieron a divulgar aquella falsedad entre los judíos. ¡Y todavía lo creen!

### La gran comisión

¹⁶Los discípulos se fueron a la montaña de Galilea donde Jesús dijo que habría de encontrarse con ellos. ¹⁷Cuando lo vieron, lo adoraron, aunque algunos no estaban completamente convencidos de que en realidad era Jesús. ¹⁸Pero él se les acercó y les dijo:
—He recibido toda autoridad en el cielo y en la tierra. ¹⁹Por lo tanto, vayan y hagan discípulos en todas las naciones. Bautícenlos en el nombre del Padre, del Hijo y del Espíritu Santo, ²⁰y enséñenles a obedecer los mandamientos que les he dado. De una cosa podrán estar seguros: Estaré con ustedes siempre, hasta el fin del mundo.

⁷¹Más tarde, a la salida, otra mujer lo vio y dijo a los que lo rodeaban:

—Ese hombre andaba con Jesús el nazareno.

⁷²Esta vez, Pedro juró que no lo conocía y que ni siquiera había oído hablar de él. ⁷³Pero al poco rato se le acercaron los que por allí andaban y le dijeron:

—No puedes negar que eres uno de los discípulos de ese hombre. ¡Hasta tu manera de hablar te delata!

⁷⁴Por respuesta, Pedro se puso a maldecir y a jurar que no lo conocía. Pero mientras hablaba, el gallo cantó ⁷⁵y le hizo recordar las palabras de Jesús: «Antes que el gallo cante, me negarás tres veces».

Y corrió afuera a llorar amargamente.

## Judas se ahorca

**27** Al amanecer, los principales sacerdotes y funcionarios judíos se reunieron a deliberar sobre la mejor manera de lograr que el gobierno romano condenara a muerte a Jesús. ²Por fin lo enviaron atado a Pilato, el gobernador romano.

³Cuando Judas, el traidor, se dio cuenta de que iban a condenar a muerte a Jesús, arrepentido y adolorido corrió a donde estaban los principales sacerdotes y funcionarios judíos a devolverles las treinta piezas de plata que le habían pagado.

⁴—He pecado entregando a un inocente —declaró.

—Y a nosotros ¿qué nos importa? —le respondieron.

⁵Entonces arrojó en el templo las piezas de plata y corrió a ahorcarse.

⁶Los principales sacerdotes recogieron el dinero.

—No podemos reintegrarlo al dinero de las ofrendas —se dijeron—, porque nuestras leyes prohíben aceptar dinero contaminado con sangre.

⁷Por fin, decidieron comprar cierto terreno de donde los alfareros extraían barro. Aquel terreno lo convertirían en cementerio de los extranjeros que murieran en Jerusalén. ⁸Por eso ese cementerio se llama hoy día Campo de Sangre. ⁹Así se cumplió la profecía de Jeremías que dice:

«Tomaron las treinta piezas de plata, precio que el pueblo de Israel ofreció por él, ¹⁰y compraron el campo del alfarero, como me ordenó el Señor».

## Jesús ante Pilato

¹¹Jesús permanecía de pie ante Pilato.

—¿Eres el Rey de los judíos? —le preguntó el gobernador romano.

—Sí —le respondió—. Tú lo has dicho.

¹²Pero mientras los principales sacerdotes y los ancianos judíos exponían sus acusaciones, nada respondió.

¹³—¿No oyes lo que están diciendo contra ti? —le dijo Pilato.

¹⁴Para asombro del gobernador, Jesús no le contestó.

¹⁵Precisamente durante la celebración de la Pascua, el gobernador tenía por costumbre soltar al preso que el pueblo quisiera. ¹⁶Aquel año tenían en la cárcel a un famoso delincuente llamado Barrabás. ¹⁷Cuando el gentío se congregó ante la casa de Pilato aquella mañana, le preguntó:

—¿A quién quieren ustedes que suelte?, ¿a Barrabás o a Jesús el Mesías?

¹⁸Sabía muy bien que los dirigentes judíos habían arrestado a Jesús porque estaban celosos de la popularidad que había alcanzado en el pueblo.

¹⁹Mientras Pilato presidía el tribunal, le llegó el siguiente mensaje de su esposa: «No te metas con ese hombre, porque anoche tuve una horrible pesadilla por culpa suya».

²⁰Pero los principales sacerdotes y ancianos, que no perdían tiempo, persuadieron al gentío para que pidiera que soltaran a Barrabás y mataran a Jesús. ²¹Cuando el gobernador volvió a preguntar a cuál de los dos querían ellos que soltara, gritaron:

—¡A Barrabás!

²²—¿Y qué hago con Jesús el Mesías?

—¡Crucifícalo!

²³—¿Por qué? —exclamó Pilato asombrado—. ¿Qué delito ha cometido?

Pero la multitud, enardecida, no cesaba de gritar:

—¡Crucifícalo!, ¡crucifícalo!

²⁴Cuando Pilato se dio cuenta de que no estaba logrando nada y que estaba a punto de formarse un disturbio, pidió que le trajeran una palangana de agua y se lavó las manos en presencia de la multitud. Y dijo:

—Soy inocente de la sangre de este hombre. ¡Allá ustedes!

²⁵Y la turba le respondió:

—¡Que su sangre caiga sobre nosotros y sobre nuestros hijos!

²⁶Pilato soltó a Barrabás. Pero a Jesús lo azotó y lo entregó a los soldados romanos para que lo crucificaran.

## Los soldados se burlan de Jesús

²⁷Primero lo llevaron al pretorio. Allí, reunida la soldadesca, ²⁸lo desnudaron y le pusieron un manto escarlata. ²⁹A alguien se le ocurrió ponerle una corona de espinas y una vara en la mano derecha a manera de cetro. Burlones, se arrodillaban ante él.

—¡Viva el Rey de los judíos! —gritaban.

³⁰A veces lo escupían o le quitaban la vara y lo golpeaban con ella en la cabeza.

³¹Por fin, le quitaron el manto, le pusieron su ropa y se lo llevaron para crucificarlo.

## La crucifixión

³²En el camino hallaron a un hombre de Cirene[l] llamado Simón, y lo obligaron a llevar la cruz que Jesús cargaba.

³³Ya en el lugar conocido como Gólgota (Loma de la Calavera), ³⁴los soldados le dieron a beber vino con hiel.[m] Tras probarlo, se negó a beberlo. ³⁵Una vez clavado en la cruz, los soldados echaron suertes para repartirse su ropa, ³⁶y luego se sentaron a contemplarlo. ³⁷En la cruz, por encima de la cabeza de Jesús, habían puesto un letrero que decía: «Este es Jesús, el Rey de los judíos». ³⁸Junto a él, uno a cada lado, crucificaron también a dos ladrones. ³⁹La gente que pasaba por allí se burlaba de él y meneando la cabeza decía:

⁴⁰—¿No afirmabas tú que podías destruir el templo y reedificarlo en tres días? Pues veamos: Si de verdad eres el Hijo de Dios, ¡bájate de la cruz!

---

*l.* África.

*m.* Narcótico que solían ofrecer a los condenados para aliviar sus sufrimientos.

—¿Soy yo, Maestro?
—Sí. Tú lo has dicho.
²⁶Mientras comían, Jesús tomó un pedazo de pan, lo bendijo, lo partió y lo dio a sus discípulos.
—Tomen. Cómanlo; esto es mi cuerpo.
²⁷Tomó luego una copa de vino, la bendijo y también la dio a sus discípulos.
—Beban esto, ²⁸porque esto es mi sangre que sella el nuevo pacto. Mi sangre se derramará para perdonar con ella los pecados de infinidad de personas. ²⁹Recuerden: No volveré a beber de este vino hasta el día en que beba con ustedes del nuevo vino en el reino de mi Padre.
³⁰Después de estas palabras, cantaron un himno y se fueron al monte de los Olivos.

## Jesús predice la negación de pedro

³¹Allí Jesús les dijo:
—Esta noche ustedes se alejarán de mí desilusionados, porque las Escrituras dicen que Dios herirá al pastor y las ovejas del rebaño se dispersarán. ³²Pero después que resucite, iré a Galilea a encontrarme con ustedes.
³³—Aunque los demás te abandonen, yo jamás te abandonaré —le dijo Pedro.
³⁴—Pedro —le respondió Jesús—, te aseguro que esta noche, antes que el gallo cante, me negarás tres veces.
³⁵—¡Aunque me cueste la vida, no te negaré! —insistió Pedro.
Y los demás discípulos dijeron lo mismo.

## Jesús en Getsemaní

³⁶Entonces se los llevó al huerto de Getsemaní, y les pidió que se sentaran y lo esperaran mientras entraba al huerto a orar. ³⁷Entró con Pedro y los dos hijos de Zebedeo (Jacobo y Juan). Ya a solas los cuatro, se fue llenando de indescriptible tristeza y de profunda angustia.
³⁸«Tengo el alma llena de tristeza y angustia mortal. Quédense aquí conmigo. No se duerman».
³⁹Se apartó un poco, se postró rostro en tierra y oró: «Padre mío, si es posible, aparta de mí esta copa. Pero hágase lo que tú quieres y no lo que quiera yo».
⁴⁰Cuando fue adonde había dejado a los tres discípulos, los halló dormidos.
«Pedro —dijo—, ¿no pudieron quedarse despiertos conmigo ni siquiera una hora? ⁴¹Manténganse despiertos y oren, para que la tentación no los venza. Porque es cierto que el espíritu está dispuesto, pero la carne es débil».
⁴²Y se apartó de nuevo a orar:
«Padre mío, si no puedes apartar de mí esta copa, hágase tu voluntad».
⁴³Se volvió de nuevo a ellos y los halló dormidos por segunda vez. ¡Tan agotados estaban! ⁴⁴Entonces regresó a orar por tercera vez la misma oración. ⁴⁵Cuando volvió a los discípulos les dijo:
«Duerman, descansen..., pero no, ha llegado la hora. Me van a entregar en manos de los pecadores. ⁴⁶Levántense, vámonos. El traidor se acerca».

## Arresto de Jesús

⁴⁷No había terminado de pronunciar estas palabras cuando Judas, uno de los doce, se acercó al frente de una turba armada con espadas y palos. Iban en nombre de los líderes judíos y ⁴⁸esperaban solamente que Judas identificara con un beso al Maestro. ⁴⁹Sin pérdida de tiempo, el traidor se acercó a Jesús.
—Hola, Maestro —le dijo, y lo besó.
⁵⁰—Amigo, haz lo que viniste a hacer —le respondió Jesús.
En el instante en que prendían a Jesús, ⁵¹uno de los que lo acompañaban sacó una espada y de un tajo le arrancó la oreja a un siervo del sumo sacerdote.
⁵²—¡Guarda esa espada! —le ordenó Jesús—. El que mata a espada, a espada perecerá. ⁵³¿No sabes que podría pedirle a mi Padre que me enviara doce mil ángeles y me los enviaría al instante? ⁵⁴Pero si lo hiciera, ¿cómo se cumplirían las Escrituras que describen lo que ahora mismo está aconteciendo?
⁵⁵Luego dijo a la turba:
—¿Soy acaso un asesino tan peligroso que tienen que venir con espadas y palos a arrestarme? Todos estos días he estado enseñando en el templo y no me detuvieron. ⁵⁶Pero esto sucede para que se cumplan las predicciones de los profetas en las Escrituras.
Los discípulos huyeron y lo dejaron solo.

## Jesús ante el Consejo

⁵⁷Condujeron a Jesús a casa de Caifás, el sumo sacerdote, donde se encontraban reunidos los jefes judíos. ⁵⁸Pedro lo siguió de lejos, llegó hasta el patio del sumo sacerdote y se sentó entre los soldados a esperar el desarrollo de los acontecimientos.
⁵⁹Los principales sacerdotes y la corte suprema judía, reunidos allí, se pusieron a buscar falsos testigos que les permitieran formular cargos contra Jesús que merecieran pena de muerte. ⁶⁰Pero aunque muchos ofrecieron sus falsos testimonios, éstos siempre resultaban contradictorios. Finalmente, dos individuos ⁶¹declararon:
—Este hombre dijo que era capaz de destruir el templo de Dios y reconstruirlo en tres días.
⁶²El sumo sacerdote, al oír aquello, se puso de pie y le dijo a Jesús:
—Muy bien, ¿qué respondes a esta acusación? ¿Dijiste eso o no lo dijiste? ⁶³Jesús no le respondió.
—Demando en el nombre del Dios viviente que nos digas si eres el Mesías, el Hijo de Dios —insistió el sumo sacerdote.
⁶⁴—Sí —le respondió Jesús—. Soy el Mesías. Y un día me verás a mí, el Hijo del hombre, sentado a la derecha de Dios y regresando en las nubes del cielo.
⁶⁵,⁶⁶—¡Blasfemia! —gritó el sumo sacerdote, rasgándose la ropa—. ¿Qué más testigos necesitamos? ¡Él mismo lo ha confesado! ¿Cuál es el veredicto de ustedes?
—¡Que muera!, ¡que muera! —le respondieron.
⁶⁷Entonces le escupieron el rostro, lo golpearon y lo abofetearon.
⁶⁸—A ver, Mesías, ¡profetiza! —se burlaban—. ¿Quién te acaba de golpear?

## Pedro niega a Jesús

⁶⁹Mientras Pedro estaba en el patio, una muchacha se le acercó y le dijo:
—Tú también andabas con Jesús el galileo.
⁷⁰—No sé de qué estás hablando —le respondió Pedro enojado.

20 »El que había recibido los cincuenta mil pesos le entregó cien mil. 21El jefe, satisfecho, le dijo: "¡Magnífico! Eres un siervo bueno y fiel. Y ya que fuiste fiel con el poco dinero que te di, te voy a confiar una cantidad mayor. Ven, entra, celebremos tu éxito".

22 »El que había recibido los veinte mil presentó su informe: Señor, me diste veinte mil pesos y aquí tienes cuarenta mil. 23"¡Estupendo!", le respondió el jefe. "Eres un siervo bueno y fiel. Y ya que has sido fiel con lo poco que deposité en tus manos, te voy a confiar ahora una cantidad mayor. Ven, entra, celebremos tu éxito".

24,25 »Cuando el que había recibido los diez mil pesos se presentó ante el jefe, le dijo: "Señor, como sabía que eres tan duro que te quedarías con cualquier utilidad que yo obtuviera, escondí el dinero. Aquí tienes hasta el último centavo que me diste". 26"¡Malvado! ¡Haragán! Si sabías que quería obtener utilidades, 27por lo menos debías haber puesto el dinero en el banco para que ganara intereses. 28Quítenle ese dinero y dénselo al que tiene los cien mil pesos, 29porque el que sabe usar bien lo que recibe, recibirá más y tendrá abundancia; pero al que es infiel se le quitará aun lo poco que tiene. 30Echen a este siervo inútil en las tinieblas de afuera. Allí será el llorar y el crujir de dientes".

### Las ovejas y las cabras

31 »Cuando yo, el Hijo del hombre, venga en todo mi esplendor junto con los ángeles, me sentaré en mi trono de gloria 32y las naciones se reunirán delante de mí. Y las separaré como el pastor separa las ovejas de los cabritos. 33A mis ovejas las pondré a la mano derecha; a los cabritos, a la izquierda.

34 »Entonces yo, el Rey, diré a los de mi derecha: "Vengan, benditos de mi Padre. Entren al reino que está preparado para ustedes desde la fundación del mundo, 35porque tuve hambre y me dieron de comer; tuve sed y me dieron de beber; fui forastero y me alojaron en sus casas; 36estuve desnudo y me vistieron; enfermo y en prisión, y me visitaron".

37 »Y los justos me preguntarán: "Señor, ¿cuándo te vimos con hambre y te alimentamos, o sediento y te dimos de beber? 38¿Cuándo te vimos forastero y te alojamos en casa, o desnudo y te vestimos? 39¿Y cuándo te vimos enfermo o en prisión y te visitamos?"

40 »Yo, el Rey, les responderé: "Todo lo que hicieron a mis hermanos necesitados a mí me lo hicieron".

41 »Entonces me volveré a los de la izquierda y les diré: "¡Apártense de mí, malditos, al fuego eterno preparado para el diablo y sus demonios. 42Porque tuve hambre y no me alimentaron; sed y no me dieron de beber; 43cuando fui forastero, me negaron hospitalidad; estuve desnudo y no me vistieron; enfermo y en prisión, y no me visitaron".

44 »Ellos responderán: "Señor, ¿cuándo te vimos hambriento, sediento, forastero, desnudo, enfermo o en prisión y no te ayudamos?"

45 »Y les responderé: "Cada vez que se negaron a ayudar a uno de mis hermanos necesitados, se estaban negando a ayudarme".

46 »Irán, por tanto, al castigo eterno, mientras que los justos entrarán a la vida eterna».

### La conspiración contra Jesús

26 Al terminar de decir estas cosas, dijo a sus discípulos:

2«Como ya saben, dentro de dos días se celebra la Pascua, y me van a traicionar y a crucificar».

3,4En aquel mismo instante, los principales sacerdotes y los funcionarios judíos se reunían en la residencia de Caifás, el sumo sacerdote, y discutían sobre la manera de capturar a Jesús a espaldas del pueblo y matarlo.

5——No debemos hacerlo durante la celebración de la Pascua ——dijeron——, porque habrá revuelta.

### Una mujer unge a Jesús en Betania

6Jesús fue a Betania, donde visitó a Simón el leproso. 7Durante la cena, una mujer se le acercó con un frasco de un perfume costosísimo y se lo echó en la cabeza. 8Al ver esto, los discípulos se enojaron.

——¡Qué desperdicio! ——dijeron——. 9Se hubiera podido vender ese perfume a muy buen precio y habríamos dado el dinero a los pobres.

10Jesús, que sabía lo que estaban pensando, les dijo:

——¿Por qué la critican? Lo que hizo está muy bien hecho. 11Entre ustedes siempre habrá pobres, pero yo no estaré siempre con ustedes. 12Ella me ha bañado en perfume para prepararme para la sepultura. 13Lo que ha hecho se sabrá en todas partes del mundo en que se prediquen las buenas nuevas.

### Judas hace tratos para traicionar a Jesús

14Entonces Judas Iscariote, uno de los doce apóstoles, se presentó ante los principales sacerdotes 15y les preguntó:

——¿Cuánto me pagan si les entrego a Jesús?

——Treinta piezas de plata.

16Desde ese momento, Judas buscaba la ocasión propicia para traicionar a Jesús.

### La Cena del Señor

17El primer día de las ceremonias pascuales en que los judíos se abstenían de comer pan con levadura, los discípulos le preguntaron a Jesús:

——¿Dónde quieres que preparemos la cena de Pascua?

18——Vayan a la ciudad, a la casa de quien ya saben, y díganle que mi tiempo está cerca y que deseo celebrar la Pascua en su casa, con mis discípulos.

19Los discípulos obedecieron y prepararon allá la cena.

20,21Aquella noche, mientras comía con los doce, dijo:

——Uno de ustedes me va a traicionar.

22Entristecidos, cada uno de los discípulos le fue preguntando:

——¿Seré yo, Señor?

23Y él fue respondiendo a cada uno:

——Es el que va a comer conmigo en el mismo plato. 24Es cierto, voy a morir como está profetizado, pero pobre del hombre que me traiciona. Habría sido mejor si no hubiera nacido.

25Judas se le acercó también y le preguntó:

25.21  25.34-41  25.46

torturarán, los matarán, los odiarán en todo el mundo por causa de mí, ¹⁰y muchos de ustedes volverán a caer en pecado y traicionarán y aborrecerán a los demás. ¹¹Muchos falsos profetas se levantarán y engañarán a muchas personas. ¹²Habrá tanto pecado y maldad, que el amor de muchos se enfriará. ¹³Pero los que se mantengan firmes hasta el fin serán salvos. ¹⁴Las buenas nuevas del reino serán proclamadas en todo el mundo, para que todas las naciones las oigan. Y sólo entonces vendrá el fin.

¹⁵»Por lo tanto, cuando vean que aparece en el Lugar Santo la desoladora impureza de que habla el profeta Daniel*k* (¡preste atención el lector!), ¹⁶el que esté en Judea, que huya a los montes. ¹⁷El que esté en la azotea, que no baje a hacer las maletas, ¹⁸ y el que esté en el campo, que no regrese a buscar la capa. ¹⁹¡Ay de las mujeres que estén encinta o que tengan niños de pecho en aquellos días! ²⁰Oren para que la huida no sea en invierno ni en el día de reposo, ²¹porque como la persecución que entonces se desatará no se habrá desatado ninguna en la historia, ni se desatará después. ²²Si aquellos días no fueran acortados, la humanidad entera perecería; pero serán acortados por el bien de los escogidos de Dios.

²³»Si en aquellos días alguien les dice que el Mesías está en ese lugar o en el otro, o que apareció aquí o allá o en la ciudad de más allá, no lo crean. ²⁴Porque se levantarán falsos cristos y falsos profetas que realizarán milagros extraordinarios con los cuales tratarán de engañar aun a los escogidos de Dios. ²⁵Por lo tanto, repito, ²⁶Si alguien les dice que el Mesías ha regresado y está en el desierto, no se les ocurra ir a verlo. Y si les dicen que está escondido en cierto lugar, no lo crean, ²⁷porque mi venida será tan visible como un relámpago que cruza el cielo de este a oeste. ²⁸Y los buitres se juntarán donde esté el cuerpo muerto.

²⁹»Una vez que la persecución de aquellos días haya cesado, "el sol se oscurecerá, la luna no dará su luz, y las estrellas del cielo y los poderes que están sobre la tierra se conmoverán". ³⁰Entonces aparecerá en el cielo la señal de mi venida, y el mundo entero se ahogará en llanto al verme llegar en las nubes del cielo con poder y gran gloria. ³¹Y enviaré a los ángeles delante de mí para que, con toque de trompeta, junten a mis escogidos de todas partes del mundo.

³²»Apréndanse bien la lección de la higuera. Cuando la rama está tierna y brotan las hojas, se sabe que el verano está cerca. ³³De la misma manera, cuando vean que estas cosas empiezan a suceder, sepan que mi regreso está cerca. ³⁴Sólo entonces terminará esta era de maldad. ³⁵El cielo y la tierra desaparecerán, pero mis palabras permanecerán, para siempre.

### Se desconocen el día y la hora

³⁶»Ahora bien, nadie, ni siquiera los ángeles, sabe el día ni la hora del fin. Sólo el Padre lo sabe. ³⁷⁻³⁹Este mundo incrédulo continuará entregado a sus banquetes y fiestas de bodas hasta el día de mi venida, y le va a pasar lo mismo que a la gente que no quiso creer a Noé hasta que fue demasiado tarde y el diluvio la arrastró. ⁴⁰Cuando yo venga, dos hombres estarán trabajando juntos en el campo; uno será llevado y el otro dejado. ⁴¹Dos mujeres estarán realizando sus quehaceres hogareños; una será tomada y la otra dejada. ⁴²Por lo tanto, deben estar listos, porque no saben cuándo vendrá el Señor. ⁴³De la misma manera que el padre de familia se mantiene vigilante para que los ladrones no se introduzcan en la casa, ⁴⁴ustedes también deben estar vigilantes para que mi regreso no los sorprenda. ⁴⁵¿Son ustedes siervos sabios y fieles a quienes el Señor ha encomendado la tarea de realizar los quehaceres de su casa y proporcionar a sus hijos el alimento cotidiano? ⁴⁶¡Benditos serán si a mi regreso los encuentro cumpliendo fielmente con su deber! ⁴⁷¡Los pondré a cargo de mis bienes!

⁴⁸»Pero si son tan malvados que, creyendo que voy a tardar en venir, ⁴⁹se dedican a oprimir a sus consiervos, a andar de fiestas y a emborracharse, ⁵⁰el Señor llegará cuando menos lo esperen, ⁵¹los azotará severamente y los enviará al tormento de los hipócritas. Allí será el llorar y el crujir de dientes.

### Parábola de las diez jóvenes

25 »En el reino de los cielos sucederá lo que les sucedió a las diez muchachas que tomaron sus lámparas y salieron a recibir al novio. ²⁻⁴Cinco de ellas fueron sabias y llenaron bien las lámparas de aceite, mientras que las otras cinco, insensatas, no lo hicieron.

⁵»Como el novio se demoraba, todas se quedaron dormidas. ⁶Alrededor de la media noche un grito las despertó: "¡Allí viene el novio! ¡Salgan a recibirlo!" ⁷Las muchachas saltaron a arreglar las lámparas, ⁸y las cinco que casi no tenían aceite suplicaron a las otras que compartieran con ellas el que tenían, porque se les estaban apagando las lámparas. ⁹Las otras, las prudentes, respondieron: "No tenemos suficiente aceite para darles. Vayan a la tienda y compren". ¹⁰Así lo hicieron. Pero al regresar encontraron la puerta cerrada, pues el novio había llegado ya y había entrado a la boda con las muchachas que estaban listas con sus lámparas. ¹¹"Señor, ábrenos", gritaron, tocando a la puerta, las que habían ido a comprar el aceite. ¹²Pero el novio les respondió: "¡No sé quiénes son ustedes! ¡Váyanse!"

¹³»Por lo tanto, manténganse vigilantes, porque no saben cuándo ni a qué hora he de regresar.

### Parábola de las monedas de oro

¹⁴»Hubo una vez un hombre que juntó a sus siervos; antes de partir hacia otro país, y les prestó dinero para que lo invirtieran en su nombre durante su ausencia. ¹⁵A uno le entregó cincuenta mil pesos, a otro veinte mil y a otro diez mil, de acuerdo con las capacidades que había observado en cada uno de ellos.

¹⁶»El que recibió los cincuenta mil pesos los invirtió inmediatamente en negocios de compraventa y en poco tiempo obtuvo una ganancia de cincuenta mil pesos. ¹⁷El que recibió los veinte mil pesos los invirtió también y ganó veinte mil pesos. ¹⁸Pero el que recibió los diez mil, cavó en la tierra y escondió el dinero para que estuviera seguro.

¹⁹»Después de una ausencia prolongada, el jefe regresó del viaje y los llamó para arreglar cuentas con ellos.

24.3–14   24.31   24.33–36

---

*k*. Daniel 9.27; 11.31; 12.11.

—De David —le respondieron.

⁴³—Entonces, ¿por qué David, inspirado por el Espíritu Santo, lo llama «Señor»? Porque fue David quien afirmó:

⁴⁴»"Dijo el Señor a mi Señor: Siéntate a mi derecha hasta que haya puesto a tus enemigos bajo tus pies".

⁴⁵»¿Creen ustedes que David habría llamado "Señor" a su hijo?

⁴⁶—No —le respondieron—. Y desde entonces nadie se atrevió a preguntarle nada.

## Jesús denuncia a los fariseos y a los maestros de la ley

**23** Entonces Jesús, dirigiéndose al gentío y a sus discípulos, dijo:

²«¡Cualquiera que ve a estos escribas y fariseos creando leyes se creerá que son «Moisés en persona»! ³Claro, obedézcanlos. ¡Hagan lo que dicen, pero no se les ocurra hacer lo que ellos hacen! Porque ellos mismos no hacen lo que dicen que se debe hacer. ⁴Recargan a la gente de mandamientos que ni ellos mismos intentan cumplir.

⁵»¡Y luego se dedican a hacer obras de caridad para que los demás los vean! Para aparentar santidad, se ponen en la frente y en los brazos porciones de las Escrituras escritas en las tiras de pergamino o piel más anchas que puedan encontrar, y procuran que los flecos de sus mantos sean más largos que los de los demás. ⁶¡Ah, y les encanta ir a los banquetes y sentarse a las cabeceras de las mesas, e ir a la sinagoga y sentarse en las primeras sillas! ⁷Y cuando andan por las calles, les gusta que les digan: "¡Rabí, rabí!" ⁸No dejen que nadie los llame así. Sólo el Cristo es Rabí[j] y todos los hombres están en el mismo nivel de hermanos. ⁹No llamen a nadie en la tierra "padre", porque el único digno de ese título es Dios, que está en los cielos. ¹⁰No se dejen llamar "maestro", porque sólo hay un Maestro: el Mesías. ¹¹Mientras más humildemente sirvamos a los demás, más grandes seremos. Para ser grande hay que servir a los demás, ¹²pues los que se creen grandes serán humillados; y los que se humillan serán enaltecidos.

¹³»¡Ay de ustedes, escribas y fariseos hipócritas, porque ni entran al reino de los cielos ni dejan entrar a nadie! ¹⁴¡Ay de ustedes, escribas y fariseos hipócritas, que por un lado hacen oraciones larguísimas en las calles y por el otro les roban las casas a las viudas! ¡Hipócritas! ¹⁵¡Ay de ustedes, hipócritas!, porque recorren el mundo en busca de conversos, y una vez que los encuentran los hacen dos veces más hijos del infierno que ustedes mismos. ¹⁶,¹⁷¡Guías ciegos, ay de ustedes!, porque dicen que no importa que se jure en vano por el templo de Dios, pero si alguien jura en vano por el oro del templo, lo condenan. ¡Ciegos insensatos! ¿Qué es más importante, el oro o el templo que santifica el oro? ¹⁸Y dicen que se puede jurar en vano por el altar, pero si se jura en vano por lo que está sobre el altar, lo condenan. ¹⁹¡Ciegos! ¿Qué es más importante, la ofrenda que se pone sobre el altar o el altar que santifica la ofrenda? ²⁰El que jura por el altar está jurando también por lo que está sobre él; ²¹y el que jura por el templo está jurando por el templo y por

Dios que habita en él. ²²Y cuando se jura por el cielo se está jurando por el trono de Dios y por Dios mismo.

²³»¡Ay de ustedes, fariseos y escribas hipócritas! Porque diezman hasta la última hojilla de menta del jardín y se olvidan de lo más importante, que es hacer justicia y tener misericordia y fe. Sí, hay que diezmar, pero no se puede dejar a un lado lo que es aun más importante.

²⁴¡Guías ciegos, que cuelan el mosquito y se tragan el camello! ²⁵¡Ay de ustedes, escribas y fariseos hipócritas!, porque limpian cuidadosamente el exterior del vaso y dejan el interior lleno de robo e injusticia. ²⁶Fariseos ciegos, limpien primero el interior del vaso, para que esté limpio por dentro y por fuera. ²⁷¡Ay de ustedes, escribas y fariseos hipócritas, pues son como sepulcros blanqueados: hermosos por fuera, pero dentro están llenos de huesos de muertos y podredumbre! ²⁸Así también son ustedes: por fuera se ven santos, pero bajo la apariencia de piedad hay un corazón manchado de hipocresía y pecado.

²⁹»¡Ay de ustedes, escribas y fariseos hipócritas!, porque levantan monumentos a los profetas que los padres de ustedes mataron, y adornan las tumbas de los justos que destruyeron, ³⁰y al hacerlo dicen: "¡Nosotros no los habríamos matado!" ³¹¡No se dan cuenta de que se están tildando de hijos de asesinos? ³²¡Acaben de imitarlos! ¡Pónganse a la altura de ellos! ³³¡Serpientes, crías de víboras! ¿Cómo van a escapar de la condenación del infierno?

³⁴»Yo les enviaré profetas, hombres llenos del Espíritu y escritores inspirados, pero a algunos los crucificarán, a otros los destrozarán las espaldas a latigazos en las sinagogas, y a los demás los perseguirán de ciudad en ciudad. ³⁵Así caerá sobre ustedes la culpa de la sangre de los justos asesinados, desde Abel hasta Zacarías, el hijo de Berequías, que ustedes mataron entre el altar y el santuario. ³⁶¡Los juicios acumulados a través de los siglos caerán sobre esta generación!

³⁷»¡Jerusalén, Jerusalén, que matas a los profetas y apedreas a los enviados de Dios! ¡Cuántas veces quise juntar a tus hijos como la gallina junta a sus polluelos debajo de sus alas, pero no quisiste! ³⁸De ahora en adelante tu casa quedará abandonada, ³⁹porque te aseguro que no me volverás a ver hasta que digas: "¡Bendito el que viene en el nombre del Señor!"»

## Señales del fin del mundo

**24** Mientras salían, sus discípulos le suplicaron que los acompañara a recorrer los edificios del templo. ²Y él les dijo:

—¿Ven esos edificios? ¡Todos serán destruidos y no quedará ni una piedra sobre otra!

³Una vez sentados en las laderas del monte de los Olivos, los discípulos le preguntaron:

—¿Qué acontecimientos indicarán la cercanía de tu regreso y el fin del mundo?

⁴—No dejen que nadie los engañe —les contestó Jesús—: ⁵Muchos vendrán diciendo que son el Mesías y engañarán a un gran número. ⁶Cuando oigan rumores de guerras, no crean que ya estarán señalando mi retorno; habrá rumores y habrá guerra, pero todavía no será él fin. ⁷Las naciones y los reinos de la tierra pelearán entre sí, y habrá hambrunas y terremotos en diferentes lugares. ⁸Pero esto será sólo el principio de los horrores que vendrán. ⁹Entonces a ustedes los

---

j. Maestro.

⁴⁰»¿Qué creen ustedes que hará el dueño cuando regrese?

⁴¹Los dirigentes judíos respondieron:

—Pues matará sin misericordia a esos malvados y arrendará la viña a otros labradores que le paguen lo convenido.

⁴²Entonces Jesús les preguntó:

—¿Han leído alguna vez en las Escrituras aquello que dice: «La piedra que rechazaron los constructores ha sido puesta como piedra principal. ¡Qué interesante! El Señor lo hizo y es maravilloso»? ⁴³Con esto quiero decirles que a ustedes Dios les va a quitar el reino de los cielos, y se lo dará a gentes que den los frutos que él espera. ⁴⁴El que tropiece con la Roca de la verdad se hará pedazos; y al que la piedra le caiga encima quedará pulverizado.

⁴⁵Al darse cuenta los principales sacerdotes y los demás jefes judíos que Jesús se refería a ellos, que ellos eran los labradores de la parábola, ⁴⁶sintieron deseos de apresarlo, pero no se atrevieron porque el pueblo tenía a Jesús por profeta.

## Parábola del banquete de bodas

**22** Jesús les relató otras parábolas que describían el reino de los cielos:

²«El reino de los cielos puede ilustrarse con el cuento de un rey que preparó un gran banquete en celebración de la boda de su hijo. ³Envió muchísimas invitaciones, y cuando el banquete estuvo listo, mandó un mensajero a notificar a los convidados que ya podían ir. ¡Pero nadie fue! ⁴Envió a otros siervos a decirles que fueran pronto, que no se demoraran, que ya los asados estaban listos. ⁵Algunos de los invitados se rieron de los mensajeros y se fueron a sus labranzas o negocios; ⁶y los otros tomaron a los mensajeros y, tras golpearlos y afrentarlos, los mataron. ⁷El rey, enojado, ordenó al ejército que acabara con aquellos asesinos y quemara la ciudad. ⁸Entonces dijo: "El banquete está listo, pero los que estaban invitados han mostrado que no eran dignos de la invitación. ⁹Por eso, vayan ahora por las esquinas e inviten a todo el mundo".

¹⁰»Los siervos obedecieron y trajeron a cuantos hallaron, lo mismo malos que buenos. Las mesas se llenaron de invitados. ¹¹Pero cuando el rey fue a ver a los convidados, vio que uno no traía puesto el vestido de boda que había comprado para los invitados. ¹²"Amigo mío", le dijo, "¿cómo entraste sin el vestido de boda?". Como no le respondió, ¹³el rey ordenó: "Átenlo de pies y manos y échenlo en las tinieblas de afuera. ¡Allí será el llorar y el crujir de dientes! ¹⁴Porque muchos son los llamados, pero pocos los escogidos"».

## El pago del impuesto al César

¹⁵Los fariseos se reunieron para tramar la manera de enredar a Jesús en sus propias palabras y hacerle decir algo que lo comprometiera. ¹⁶Decidieron enviar a algunos de sus hombres, juntamente con algunos herodianos,ⁱ a formularle algunas preguntas.

—Señor —le dijeron—, sabemos que amas la verdad y que la enseñas sin miedo a las consecuencias. ¹⁷Dinos, ¿debe uno pagar impuestos al gobierno romano?

¹⁸,¹⁹Jesús, que sabía lo que se traían entre manos, les dijo:

—¡Hipócritas! ¿A quién se creen que están tratando de engañar con preguntas como ésas? Enséñenme una moneda.

Y ellos le mostraron una moneda romana de plata.

²⁰—¿De quién dice ahí que es esa imagen? —les preguntó.

²¹—Del César —respondieron.

—Pues denle al César lo que es del César y a Dios lo que es de Dios.

²²Sorprendidos y avergonzados, se fueron.

## El matrimonio en la resurrección

²³Aquel mismo día, algunos de los saduceos (que eran los que no creían en la resurrección de los muertos), le preguntaron:

²⁴—Señor, Moisés dijo que si un hombre muere sin tener hijos, uno de sus hermanos debe casarse con la viuda para que ella tenga hijos que reciban la herencia familiar del muerto. ²⁵,²⁶Pues bien, hubo una vez una familia de siete hermanos. El primero de éstos se casó y murió sin tener hijos, por lo cual la viuda se casó con el segundo hermano. Aquel hermano también murió sin tener hijos, y la esposa se casó con el siguiente hermano. El caso se fue repitiendo de manera tal que aquella señora fue esposa de los siete hermanos. ²⁷,²⁸Pero a la mujer le llegó también la hora de morir. Dinos, ¿de cuál de los hermanos será esposa cuando resuciten? ¡En vida lo fue de los siete!

²⁹—Pues ustedes se equivocan por ignorar las Escrituras y el poder de Dios —les dijo Jesús—. ³⁰En la resurrección no habrá matrimonios, porque todos serán como los ángeles del cielo. ³¹Y en cuanto a la resurrección de los muertos, ¿no se han fijado que las Escrituras dicen: ³²«Yo soy el Dios de Abraham, de Isaac y de Jacob»? Dios no es Dios de muertos, sino de vivos.

³³El gentío se quedó boquiabierto ante aquella respuesta.

## El mandamiento más importante

³⁴Los fariseos no se dejaron amedrentar por la derrota de los saduceos ³⁵y se les ocurrió una nueva idea. Uno de ellos, abogado, preguntó a Jesús:

³⁶—Señor, ¿cuál es el mandamiento más importante de la ley de Moisés?

☼ ³⁷Jesús respondió:

—«Amarás al Señor tu Dios con todo tu corazón, con toda tu alma y con toda tu mente». ³⁸Este es el primero y el más importante de los mandamientos. ³⁹El segundo es similar: «Amarás a tu prójimo con el mismo amor con que te amas a ti mismo». ⁴⁰Los demás mandamientos y demandas de los profetas se resumen en estos dos mandamientos que he mencionado. El que los cumpla estará cumpliendo todos los demás.

## ¿De quién es hijo el Cristo?

⁴¹Aprovechando la ocasión de estar rodeado de fariseos, Jesús les preguntó:

⁴²—¿Qué opinan ustedes del Mesías? ¿De quién es hijo?

---

*i.* Los herodianos eran un partido político judío.

☼ 22.37–39

MATEO 20.34

—¿En qué puedo servirles?
33—Señor —le dijeron—, ¡queremos ver!
34Jesús, compadecido, les tocó los ojos. Al instante pudieron ver; y siguieron a Jesús.

## La entrada triunfal

**21** Ya cerca de Jerusalén, en el pueblo de Betfagué, junto al monte de los Olivos, Jesús envió a dos de los discípulos al pueblo cercano.

2A la entrada del pueblo les dijo: «Hallarán una burra atada y junto a ella un burrito. Desátenlos y me los traen. 3Si alguien les pregunta algo, díganle que el Maestro los necesita y que luego se los devolverá».

4Así se cumplió la antigua profecía:

5«Díganle a Jerusalén: "Tu Rey vendrá a ti sentado humildemente sobre un burrito"».

6Los dos discípulos obedecieron, 7y poco después regresaron con los animales. Pusieron luego sus mantos encima del burrito para que Jesús se montara. 8Cuando Jesús pasaba, algunos de entre el gentío tendían sus mantos a lo largo del camino, otros cortaban ramas de los árboles y las tendían delante de él. 9Y delante y detrás del cortejo, el pueblo lo aclamaba:

—¡Viva el Hijo del rey David! ¡Alábenlo! ¡Bendito el que viene en el nombre del Señor! ¡Gloria a Dios!

10Cuando entraron a Jerusalén, toda la ciudad se conmovió.

—¿Quién será éste? —preguntaban.
11—Es Jesús, el profeta de Nazaret de Galilea.

## Jesús en el templo

12Jesús se dirigió al templo y echó fuera a los que allí vendían y compraban, y volcó las mesas de los que cambiaban dinero y las sillas de los que vendían palomas. Y dijo:

13—Las Escrituras afirman que el templo de Dios es casa de oración, pero ustedes lo han convertido en cueva de ladrones.

14Entonces se le acercaron los ciegos y los cojos y los sanó allí mismo en el templo. 15Los principales sacerdotes y los demás jefes judíos vieron aquellos sorprendentes milagros; y cuando escucharon a los niños que gritaban en el templo: «¡Viva el Hijo de David!», se perturbaron y se llenaron de indignación. Entonces le dijeron a Jesús:

16—¿No oyes lo que están diciendo esos niños?
—Sí —respondió Jesús—. ¿No dicen acaso las Escrituras que «aun los recién nacidos lo adoran»?

17Después de esto regresó a Betania, donde pasó la noche.

## Se seca la higuera

18Cuando regresaba a Jerusalén a la mañana siguiente, tuvo hambre. 19Se acercó a una higuera del camino con la esperanza de encontrar en ella higos, ¡pero sólo encontró hojas!

—¡Nunca jamás produzcas fruto! —le dijo.

Y la higuera se secó. 20Al verlo, los discípulos se preguntaron llenos de asombro:

—¿Cómo es que la higuera se secó tan pronto?
21Y Jesús les respondió:

—Pues les repito que si tienen fe y no dudan, podrán hacer cosas como ésta y muchas más. Hasta podrán decirle al Monte de los Olivos que se quite y se arroje al mar, y los obedecerá. 22Cualquier cosa que pidan en oración la recibirán, si de veras creen.

## La autoridad de Jesús puesta en duda

23Ya de regreso en el templo, y mientras enseñaba, los principales sacerdotes y otros jefes judíos se le acercaron a exigirle que les explicara por qué había echado del templo a los mercaderes y quién le había dado autoridad para hacerlo.

24—Lo explicaré si ustedes me contestan primero esta pregunta —les respondió Jesús—. 25¿Quién envió a Juan a bautizar? ¿Fue Dios o no?

Como era una pregunta difícil de contestar, se pusieron a discutirla entre ellos en voz baja:

—Si decimos que Dios lo envió, nos preguntará por qué no creímos en él. 26Y si decimos que no fue Dios el que lo envió, el pueblo se enojará, porque casi todo el mundo cree que Juan era profeta.

27Por fin le respondieron:

—La verdad es que no sabemos.

Y Jesús les dijo:

—Pues yo tampoco les voy a decir quién me dio autoridad para hacer estas cosas.

## Parábola de los dos hijos

28»Pero, ¿qué les parece? Un padre que tenía dos hijos le dijo al mayor: "Hijo, ve a trabajar hoy a la finca". 29Y el hijo le respondió: "Lo siento; no tengo deseos de trabajar hoy en la finca". Pero luego, arrepentido, fue. 30Cuando el padre le pidió al menor que fuera, éste le respondió: "¡Con mucho gusto! ¡Ahora mismo voy!" Pero no fue. Díganme: 31¿Cuál de los dos obedeció a su padre?

—El primero, por supuesto —le respondieron los principales sacerdotes y los jefes judíos.

—Pues los despreciados cobradores de impuestos y las prostitutas llegarán al reino de Dios antes que ustedes, 32puesto que Juan el Bautista les dijo que se arrepintieran y se volvieran a Dios, y ustedes no le hicieron caso. Los cobradores de impuestos y las prostitutas, en cambio, sí que creyeron el mensaje de Juan. Y aun viendo que esto sucedía así, ustedes se negaron a arrepentirse y a creer en él.

## Parábola de los labradores malvados

33Entonces les contó la siguiente parábola:

«Cierto hombre plantó una viña, la cercó, construyó una torre de vigilancia, y la arrendó a varios labradores. Según el contrato, éstos habrían de compartir con el dueño el producto de la viña. El dueño se fue a otra región. 34Cuando se acercó el tiempo de la cosecha, envió a empleados suyos a recoger lo que le correspondía. 35Pero los labradores los atacaron: a uno lo golpearon, a otro lo mataron y a otro lo apedrearon. 36Entonces el dueño envió un grupo mayor de hombres a cobrar, pero éstos corrieron la misma suerte. 37Por último, envió a su hijo con la esperanza de que lo respetarían por ser quien era. 38Pero cuando los labradores vieron que se acercaba, se dijeron: "Éste no es nada menos que el heredero. Matémoslo y así nos quedaremos con la herencia". 39Y, en efecto, lo sacaron de la viña y lo mataron.

21.20—22

¹⁷—¿Por qué me llamas bueno? —le contestó Jesús—. El único bueno es Dios. Pero déjame contestarte: Si quieres obtener la vida, guarda los mandamientos.

¹⁸—¿Cuáles?

Jesús le dijo:

—«No matarás, no cometerás adulterio, no robarás, no mentirás; ¹⁹honra a tu padre y a tu madre, y ama a tu prójimo con la misma sinceridad con que te amas a ti mismo».

²⁰—Yo siempre he obedecido esos mandamientos —respondió el joven—. ¿Qué más tengo que hacer?

²¹—Si quieres ser perfecto —le dijo Jesús—, ve, vende todo lo que tienes y dales el dinero a los pobres. De esta manera tendrás tesoros en el cielo. Y cuando lo hayas hecho, ven y sígueme.

²²Cuando el joven oyó esto, se fue muy triste porque era extremadamente rico.

²³—A un rico le es muy difícil entrar al reino de los cielos —comentó luego Jesús con sus discípulos—. ²⁴Le es más fácil a un camello entrar por el ojo de una aguja que a un rico entrar al reino de Dios.

²⁵—¿Y entonces, quién puede salvarse? —preguntaron los discípulos algo turbados.

²⁶Jesús los miró fijamente y les dijo:

—Humanamente hablando, nadie. Pero para Dios no hay imposibles.

²⁷—Nosotros lo abandonamos todo por seguirte —dijo Pedro—. ¿Qué obtendremos en cambio?

²⁸Y Jesús le respondió:

—Cuando yo, el Hijo del hombre, me siente en mi trono de gloria, ustedes, mis discípulos, se sentarán en doce tronos a juzgar a las doce tribus de Israel. ²⁹Y cualquiera que haya dejado hogar, hermanos, hermanas, padre, madre, esposa, hijos, tierras, por seguirme, recibirá cien veces lo que haya dejado, aparte de recibir la vida eterna. ³⁰Pero muchos de los que ahora se creen importantes no lo serán entonces. Y muchos de los que ahora se consideran poco importantes serán los importantes entonces.

## Parábola de los viñadores

20 »El reino de los cielos es también semejante al dueño de una finca que sale por la mañana a contratar obreros para recoger la cosecha. ²Conviene con ellos en pagarles un denario al día, que es el salario normal, y los pone a trabajar. ³Un par de horas más tarde, al pasar por la plaza y ver a varios hombres que andan en busca de trabajo, ⁴los envía al campo con la promesa de que les pagará lo que sea justo al final de la jornada.

⁵»Al mediodía y a las tres de la tarde hace lo mismo.

⁶»A las cinco de la tarde se encuentra en el pueblo a otros desocupados y les pregunta: "¿Por qué no están trabajando?" ⁷"Porque nadie nos ha contratado", le responden. "Pues váyanse a trabajar a mi finca, y les pagaré lo que sea justo".

⁸»Por la noche, el pagador fue llamando a cada uno de los obreros para pagarles, comenzando por los últimos que habían contratado. ⁹A los que llegaron a las cinco les pagó un denario. ¹⁰Los que habían llegado primero, al ver lo que recibieron los que llegaron de último, pensaron que a ellos se les pagaría mucho más. Pero se les pagó también un denario.

¹¹»Claro, inmediatamente uno de ellos protestó ante el dueño: ¹²"Esa gente trabajó sólo una hora y le están pagando lo mismo que a nosotros que trabajamos de sol a sol".

¹³»"Amigo", le contestó el dueño, "¿no quedamos en que se te iba a pagar un denario al día? ¹⁴,¹⁵Pues tómalo y vete. Y porque quiero pagarle a todos los trabajadores lo mismo, ¡no me vengas ahora con que es injusto que yo haga con mi dinero lo que me plazca! Por tanto, no tienes razón para enojarte".

¹⁶»Así, pues, los primeros serán los últimos y los últimos serán los primeros».

## Jesús predice de nuevo su muerte

¹⁷Camino de Jerusalén, Jesús tomó a los doce discípulos aparte ¹⁸y les habló de lo que le sucedería cuando llegaran a la capital.

«Seré entregado a los principales sacerdotes y escribas, y me condenarán a muerte. ¹⁹Luego me entregarán a los romanos, para que se burlen de mí y me crucifiquen. Pero al tercer día resucitaré».

## La petición de una madre

²⁰En eso se le acercó la esposa de Zebedeo, junto con sus dos hijos, Jacobo y Juan, y se arrodilló ante él.

²¹—¿Qué quieres? —le preguntó Jesús.

—Quiero que cuando establezcas tu reino, mis dos hijos se sienten junto a ti en el trono, uno a tu derecha y el otro a tu izquierda.

²²Pero Jesús le dijo:

—¡No sabes lo que estás pidiendo!

Y volviéndose a Jacobo y a Juan, les dijo:

—¿Se creen ustedes capaces de beber del terrible vaso del que yo tengo que beber? ¿Y de resistir el bautismo con que voy a ser bautizado?

—Sí —respondieron—. Podemos.

²³—Pues a la verdad van a beber de mi vaso —les contestó Jesús— y van a bautizarse con mi bautismo, pero no tengo el derecho de decir quiénes se sentarán junto a mí. Mi Padre es el que lo determina.

²⁴Los otros diez discípulos se enojaron al enterarse de lo que Jacobo y Juan habían pedido, ²⁵pero Jesús los llamó y les dijo:

—En las naciones paganas, los reyes, los tiranos o cualquier funcionario está por encima de sus súbditos. ²⁶Pero entre ustedes será completamente diferente. El que quiera ser grande debe servir a los demás; ²⁷y el que quiera ocupar el primer lugar en la lista de honor debe ser esclavo de los demás. ²⁸Recuerden que yo, el Hijo del hombre, no vine para que me sirvan, sino para servir y dar mi vida en rescate de muchos.

## Dos ciegos reciben la vista

²⁹Al salir de Jericó, los seguía un inmenso gentío. ³⁰Y dos ciegos que estaban sentados junto al camino, al escuchar que Jesús iba a pasar por allí, se pusieron a gritar:

—¡Señor, Hijo de David, ten misericordia de nosotros!

³¹La gente los mandó callar, pero ellos gritaron todavía con más fuerza. ³²Cuando Jesús pasó junto a donde estaban, les preguntó:

☼ 19.19   ☼ 19.21-24   ☼ 19.26-29   ☼ 20.20-21   ☼ 20.26-28

arrojaran al mar. ⁷¡Ay del mundo y sus maldades! La tentación es, ciertamente, inevitable, pero ¡ay de la persona que tienta! ⁸Por lo tanto, si tu mano o tu pie te hace pecar, córtatelo y échalo de ti, porque es mejor entrar al reino de los cielos mutilado que ir a parar al infierno con las dos manos y los dos pies. ⁹Y si tu ojo te hace pecar, sácatelo y échalo a la basura. Mejor te es entrar tuerto al reino de los cielos que ir al infierno con los dos ojos.

### Parábola de la oveja perdida

¹⁰»Nunca menosprecien al creyente humilde, porque su ángel tiene en el cielo constante acceso al Padre. ¹¹Además, yo, el Hijo del hombre, vine a salvar a los perdidos. ¹²Si un hombre tiene cien ovejas y una se le extravía, ¿qué hará? ¿No deja las noventa y nueve sanas y salvas y se va a las montañas a buscar la perdida? ¹³Ah, ¡y si la encuentra, se regocija más por aquélla que por las noventa y nueve que dejó en el corral! ¹⁴Asimismo, mi Padre no quiere que ninguno de estos pequeños se pierda.

### El hermano que peca contra ti

¹⁵»Si un hermano te hace algo malo, llámalo y dile en privado cuál ha sido su falta. Si te escucha y la reconoce, habrás recuperado a un hermano. ¹⁶Pero si no, consíguete una o dos personas que vayan contigo a hablarle y te sirvan de testigos. ¹⁷Si se niega a escucharte, presenta el caso a la iglesia, y si ésta se pronuncia a tu favor y tu hermano no acepta la recomendación de la iglesia, entonces la iglesia debe expulsarlo. ¹⁸Les aseguro que cuanto aten en la tierra quedará atado en el cielo, y que lo que suelten en la tierra quedará suelto en el cielo. ¹⁹También quiero decirles que si dos de ustedes se ponen de acuerdo aquí en la tierra acerca de algo que quieran pedir en oración, mi Padre que está en los cielos se lo concederá, ²⁰porque dondequiera que estén dos o tres reunidos en mi nombre, allí estaré yo».

### Parábola del siervo despiadado

²¹Pedro se le acercó y le preguntó:

—Señor, ¿cuántas veces debo perdonar a un hermano que haga algo malo contra mí? ¿Debo perdonarlo siete veces?

²²—¡No! —respondió Jesús—, ¡perdónalo hasta setenta veces siete si es necesario!

²³»El reino de los cielos puede compararse a un rey que decidió arreglar cuentas con sus súbditos. ²⁴En el proceso, le trajeron a uno que le debía cien millones de pesos. ²⁵Como no podía pagarle, el rey ordenó que lo vendieran como esclavo, y también a su esposa, a sus hijos y sus posesiones. ²⁶Al oírlo, el hombre cayó de rodillas delante del rey y le suplicó: "Señor, por favor, ten paciencia conmigo y te lo pagaré todo". ²⁷El rey, conmovido, lo soltó y le perdonó la deuda.

²⁸»Pero cuando aquel mismo hombre salió de allí, fue adonde estaba alguien que le debía veinte mil pesos y, agarrándolo por el cuello, exigió pago inmediato. ²⁹También este hombre cayó de rodillas delante de él y le suplicó: "Ten paciencia y te lo pagaré todo". ³⁰Pero su acreedor no quiso conceder ninguna prórroga, y lo hizo arrestar y meter a la cárcel hasta que la deuda quedara completamente saldada. ³¹Los amigos del encarcelado, entristecidos, acudieron al rey y le contaron lo sucedido. ³²El rey, sin pérdida de tiempo, mandó llamar al hombre al que había perdonado. "¡Malvado! ¡Perverso!", le dijo. "Así que yo te perdoné aquella inmensa deuda porque me lo pediste, ³³y tú no pudiste tener misericordia del otro como yo la tuve de ti?" ³⁴Tan enojado estaba el rey que lo envió a las cámaras de tortura hasta que pagara el último centavo.

³⁵»Así hará mi Padre celestial al que se niegue a perdonar a algún hermano».

### El divorcio

19 Tras pronunciar estas palabras, salió Jesús de Galilea y llegó a la región de Judea que está al este del Jordán. ²Multitudes lo seguían, y Jesús sanaba a los enfermos.

³Varios fariseos, en una entrevista, trataron de hacerlo caer en la trampa de decir algo que luego ellos pudieran utilizar contra él.

—¿Apruebas el divorcio? —le preguntaron.

⁴—Y ustedes, ¿no leen las Escrituras? —les respondió—. En ellas está escrito que al principio Dios creó al hombre y a la mujer, ⁵y que el hombre debe abandonar al padre y a la madre para unirse a su esposa. ⁶Los dos serán uno, no dos. Y ningún hombre debe separar lo que Dios juntó.

⁷—Entonces, ¿por qué dice Moisés que uno puede romper los lazos matrimoniales con su esposa siempre y cuando le dé una carta de divorcio? —le preguntaron.

⁸Y él les replicó: —Moisés se vio obligado a reglamentar el divorcio por la dureza y la perversidad de su pueblo, pero Dios nunca ha querido que sea así. ⁹Es más: les digo que si alguno se divorcia de su esposa, a no ser en los casos en que ésta le haya sido infiel, comete adulterio si se casa con otra. Y el que se casa con la divorciada, también comete adulterio.

¹⁰Entonces los discípulos le dijeron:

—Si eso es así, ¡mejor sería no casarse!

¹¹Jesús les respondió: —Esto sólo lo pueden entender aquellos a quienes Dios ha ayudado a entenderlo. ¹²Hay personas que no se casan porque nacieron incapacitados para el matrimonio; otros no lo hacen porque los hombres los incapacitaron; y aun otros, porque no desean hacerlo por amor al reino de los cielos. El que pueda aceptar esto último, que lo acepte.

### Jesús y los niños

¹³Le llevaron entonces varios niños para que les pusiera las manos encima y orara por ellos. Pero los discípulos reprendieron a los que los traían.

—No molesten al Maestro —les dijeron.

¹⁴—No, no —intervino Jesús—. No impidan que los niños vengan a mí, porque de ellos es el reino de los cielos.

¹⁵Entonces les puso las manos encima a los niños y los bendijo. Luego se fue de allí.

### El joven rico

¹⁶Cierto día, alguien le preguntó:

—Buen Maestro, ¿qué bien haré para obtener la vida eterna?

☀18.2-6   ☀18.8-9   ☀18.10-14   ☀18.18-20   ☀18.21-22
☀19.3-9   ☀19.13-15

contra ella. ¹⁹Te daré las llaves del reino de los cielos: la puerta que cierres en la tierra se cerrará en el cielo; y la puerta que abras en la tierra se abrirá en el cielo.
²⁰A continuación les suplicó que no le dijeran a nadie que él era el Mesías.

## Jesús predice su muerte

²¹Desde entonces empezó a explicarles claramente que era imprescindible que fuera a Jerusalén, que allí sufriría mucho en manos de los dirigentes judíos; y que, aunque al fin lo matarían, a los tres días resucitaría.
²²Pedro, inquieto, lo llamó aparte y lo reprendió:
—¡Dios guarde, Señor! —le dijo—. ¡A ti no te puede pasar eso que dices!
²³—¡Apártate de mí, Satanás! —dijo Jesús mirando a Pedro—. ¡Me eres un estorbo! ¡Estás mirando las cosas desde el punto de vista humano y no del divino!
²⁴Y dijo luego a los discípulos:
—Si alguien desea seguirme, niéguese a sí mismo, tome su cruz y sígame. ²⁵Porque el que trate de vivir para sí, perderá la vida; pero el que pierda la vida por mi causa, la hallará. ²⁶¿De qué les sirve ganarse el mundo entero y perder la vida eterna? ¿Habrá algún valor terrenal que compense la pérdida del alma? ²⁷Yo, el Hijo del hombre, vendré con los ángeles en la gloria de mi Padre y juzgaré a cada persona según sus obras. ²⁸Y algunos de los que están aquí ahora mismo no morirán sin verme venir en mi reino.

## La transfiguración

**17** Seis días después, Jesús, con Pedro, y Jacobo y Juan (que eran hermanos), subió a la cima de un elevado monte para estar a solas. ²Allí Jesús se transfiguró delante de los discípulos. Su rostro se volvió brillante como el sol, y su ropa blanca como la luz. ³De pronto, Moisés y Elías aparecieron y se pusieron a hablar con él. ⁴Pedro, atónito, balbució:
—Señor, ¡qué bueno que nos pudiéramos quedar aquí! Si quieres, podemos hacer tres enramadas: una para ti, otra para Moisés y otra para Elías.
⁵Pero mientras hablaba, una nube resplandeciente los cubrió y una voz dijo desde la nube:
«Este es mi Hijo amado; en él me complazco. Obedézcanlo».
⁶Los discípulos se postraron en tierra temblando de miedo. ⁷Jesús se les acercó y los tocó.
—Levántense —les dijo—. No tengan miedo.
⁸Y al levantar la mirada, encontraron a Jesús solo.
⁹Al descender de la montaña, Jesús les ordenó que no le dijeran a nadie lo que habían visto, hasta que él se levantara de entre los muertos. ¹⁰Los discípulos le preguntaron:
—¿Por qué los maestros de religión insisten en que Elías regresará antes que aparezca el Mesías?
¹¹—Ellos tienen razón —les respondió Jesús—. Elías tiene que venir a poner las cosas en orden. ¹²Y, en efecto, ya vino, pero en vez de reconocerlo, lo trataron con la misma crueldad con que me tratarán a mí, que soy el Hijo del hombre.
¹³Los discípulos comprendieron que se refería a Juan el Bautista.

## Jesús sana a un muchacho endemoniado

¹⁴Cuando llegaron al valle, la gente los esperaba; y un hombre corrió y se puso de rodillas ante Jesús.
¹⁵—Señor —dijo—, ten misericordia de mi hijo, que está enfermo de la mente y padece muchísimo. Muchas veces se cae en el fuego o en el agua, con peligro de su vida. ¹⁶Lo traje a tus discípulos; pero no pudieron curarlo.
¹⁷—¡Oh generación incrédula y perversa! —dijo Jesús—. ¿Hasta cuándo tendré que soportarlos? ¡Tráiganme al muchacho!
¹⁸Jesús reprendió al demonio que estaba en el muchacho, y el demonio salió. Desde aquel instante el muchacho quedó bien.
¹⁹Más tarde, los discípulos le preguntaron en privado a Jesús:
—¿Por qué no pudimos echar fuera aquel demonio?
²⁰—Porque tienen muy poca fe —les respondió Jesús—. Si tuvieran siquiera una fe tan pequeña como un grano de mostaza, podrían decirle a aquella montaña que se quitara de en medio y se quitaría. Nada sería imposible. ²¹Pero este tipo de demonio no sale a menos que uno haya orado y ayunado.
²²Un día, estando aún en Galilea, les dijo:
«Alguien me va a traicionar y me va a entregar a los que quieren matarme, ²³pero al tercer día resucitaré».
Los discípulos se estremecieron de tristeza y temor.

## El impuesto del templo

²⁴Al llegar a Capernaúm, los cobradores de impuestos del templo le preguntaron a Pedro:
—Tu Maestro, ¿paga impuestos?
²⁵—¡Claro que los paga! —les respondió Pedro—, e inmediatamente entró a la casa a hablarle a Jesús sobre el asunto.
No había pronunciado todavía la primera palabra, cuando Jesús le preguntó: —¿A quién crees tú, Pedro, que cobran tributos los reyes de la tierra? ¿A sus súbditos o a los extranjeros?
²⁶—A los extranjeros, claro —respondió Pedro.
²⁷—Entonces, los suyos quedan exentos, ¿verdad? —añadió Jesús—. Sin embargo, para que no se ofendan, vete al lago y echa el anzuelo, pues en la boca del primer pez que saques hallarás una moneda que alcanzará para tus impuestos y los míos.

## El más importante en el reino de los cielos

**18** En aquella ocasión, los discípulos le preguntaron a Jesús cuál de ellos ocuparía el cargo más importante en el reino de los cielos.
²Jesús llamó a un niño de los que andaban por allí y lo sentó en medio de ellos. Entonces les dijo:
³«Si no se vuelven a Dios, arrepentidos de sus pecados y con sencillez de niños, no podrán entrar en el reino de los cielos. ⁴En otras palabras, el que esté libre de altivez como este niño tendrá un puesto importante en el reino de los cielos. ⁵El que reciba en mi nombre a una persona así, a mí me recibe. ⁶Pero al que haga que uno de mis creyentes humildes pierda la fe, mejor le sería que le ataran una roca al cuello y lo

☼ 16.15–18  ☼ 17.19–20

¹³—Cualquier planta que mi Padre no haya sembrado será arrancada —les respondió Jesús—. ¹⁴Así que no les hagan caso, porque son ciegos que tratan de guiar a otros ciegos y lo único que logran es caer juntos en el hoyo.

¹⁵Pedro le pidió que les explicara aquello de que comer los alimentos que la ley judía prohíbe no es lo que contamina al hombre.

¹⁶—¿Tampoco ustedes entienden? —le respondió Jesús—. ¹⁷Cualquier cosa que uno come pasa a través del aparato digestivo y se expulsa; ¹⁸pero el mal hablar brota de la suciedad del corazón y corrompe a la persona que así habla. ¹⁹Del corazón salen los malos pensamientos, los asesinatos, los adulterios, las fornicaciones, los robos, las mentiras y los chismes. ²⁰Esto es lo que de veras corrompe. Pero uno no se corrompe por comer sin lavarse primero las manos.

### La fe de la mujer cananea

²¹Jesús salió de allí y caminó los ochenta kilómetros que lo separaban de la región de Tiro y Sidón. ²²Una cananea, que vivía por allí, se le acercó suplicante:

—¡Ten misericordia de mí, Señor, Hijo de David! Mi hija tiene un demonio que la atormenta constantemente.

²³Jesús no le respondió ni una sola palabra. Sus discípulos se le acercaron y le dijeron:

—Dile que se vaya, que ya nos tiene cansados.

²⁴Entonces Jesús le dijo a la mujer:

—Me enviaron a ayudar a las ovejas perdidas de Israel, no a los gentiles.

²⁵Pero ella se acercó más y de rodillas le suplicó de nuevo:

—¡Señor, ayúdame!

²⁶—No creo que sea correcto quitarle el pan a los hijos y echárselo a los perros —le replicó Jesús.

²⁷—Sí —respondió ella—, pero aun los perrillos comen las migajas que caen de la mesa.

²⁸—¡Tu fe es extraordinaria! —le dijo Jesús—. Conviértanse en realidad tus deseos.

Y su hija sanó en aquel mismo instante.

### Jesús alimenta a los cuatro mil

²⁹Jesús regresó al lago de Galilea, subió a una colina y se sentó. ³⁰Y estuvo sanando a cojos, ciegos, mudos, lisiados y a muchos otros enfermos que le llevaba. ³¹¡Qué espectáculo! Los que hasta entonces no podían pronunciar ni una palabra hablaban emocionados; los miembros inútiles de los lisiados eran restaurados; los cojos caminaban y saltaban, mientras que los ciegos, maravillados, contemplaban por primera vez el mundo. El gentío, asombrado, alababa al Dios de Israel.

³²—Me da lástima toda esta gente —dijo Jesús en voz baja a sus discípulos—. Hace tres días que están aquí y ya no tienen nada que comer. No quiero enviarlos a sus casa sin comer, porque se desmayarían en el camino.

³³—¿Pero en qué lugar de este desierto vamos a conseguir suficiente comida para alimentar a este gentío? —le respondieron.

³⁴—¿Qué tienen ahora? —les preguntó Jesús.

—¡Siete panes y unos cuantos pescados!

³⁵Entonces ordenó a la gente que se sentara en el suelo. ³⁶Tomó los siete panes y los pescados, dio gracias a Dios por ellos y comenzó a partirlos y a entregarlos a los discípulos para que los repartieran a la gente.

³⁷,³⁸Nadie se quedó sin comer, a pesar de que había cuatro mil personas, sin contar las mujeres y los niños ¡Y sobraron siete cestas repletas de alimentos!

³⁹Cuando terminaron de comer, Jesús despidió a la gente y él y sus discípulos se fueron en una barca a la región de Magadán.

### Le piden a Jesús una señal

16 Un día, los fariseos y los saduceos fueron a donde estaba Jesús a pedirle que demostrara, con alguna señal milagrosa en el cielo, que él había sido enviado por Dios.

²—De veras me sorprende —les respondió Jesús—. Ustedes pueden leer en el cielo las predicciones del tiempo. Si el cielo se pone rojo hoy por la tarde saben que habrá buen tiempo mañana; ³y si por la mañana se pone rojo, saben que habrá tempestad. ¡Y sin embargo, no pueden leer las notorias señales de los tiempos! ⁴Esta generación perversa e incrédula pide que se le den señales en los cielos, pero no verá más señal que la de Jonás.

Y se fue de allí.

### La levadura de los fariseos y de los saduceos

⁵Al llegar al otro lado del lago, los discípulos se dieron cuenta de que se les había olvidado la comida. En aquel preciso instante Jesús les decía:

⁶—¡Cuídense de la levadura de los fariseos y de los saduceos!

⁷Los discípulos pensaron que les decía eso porque se les había olvidado llevar pan. ⁸Pero Jesús, que sabía lo que estaban pensando, les dijo:

—¡Qué hombres con tan poca fe! ¿Por qué se preocupan tanto por la comida? ⁹¿Cuándo van a entender? ¿Ya se les olvidó que alimenté a cinco mil personas con cinco panes, y que sobraron varias cestas de comida? ¹⁰¿Y se les olvidó los cuatro mil que alimenté y las cestas de comida que sobraron? ¹¹¿Cómo no se les ocurre pensar que me estoy refiriendo a la comida? Lo que dije fue que se cuidaran de la "levadura" de los fariseos y de los saduceos.

¹²Por fin entendieron que no se refería a la levadura del pan, sino a las enseñanzas falsas de los fariseos y de los saduceos.

### La confesión de Pedro

¹³Al llegar a Cesarea de Filipo, les preguntó: «¿Quién dice la gente que soy?»

¹⁴—Bueno —le respondieron—, algunos dicen que eres Juan el Bautista; otros, que eres Elías; y otros, que eres Jeremías o alguno de los profetas.

¹⁵—¿Y quién creen ustedes que soy?

¹⁶—¡Tú eres el Cristo, el Mesías, el Hijo del Dios viviente! —respondió Simón Pedro.

¹⁷—Dios te ha bendecido, Simón, hijo de Jonás —le dijo Jesús—, porque esto no lo aprendiste de labios humanos. ¡Mi Padre celestial te lo reveló personalmente! ¹⁸Tú eres Pedro,*b* y sobre esta roca edificaré mi iglesia, y los poderes del infierno no prevalecerán

---

*b.* Pedro quiere decir «piedra».

⁵⁷Y terminaron enojándose con él. Entonces Jesús les dijo.

—Al profeta nunca lo aceptan en su propia tierra ni entre su propia gente.

⁵⁸Por causa de la incredulidad de la gente no hizo allí muchos milagros.

## Decapitación de Juan el Bautista

14 Cuando la fama de Jesús llegó a oídos del rey Herodes Antipas, que gobernaba la región, ²éste dijo a sus hombres:

«¡De seguro es Juan el Bautista que ha resucitado! ¡Por eso puede hacer milagros!»

³Este Herodes era el que había prendido a Juan y lo había encadenado en la cárcel por exigencias de Herodías, que había sido esposa de su hermano Felipe. ⁴Herodías odiaba a Juan, porque éste se había atrevido a decirle al rey que era incorrecto que se casara con ella. ⁵Herodes lo habría matado en seguida, pero temía que el pueblo se rebelara, ya que la gente consideraba que Juan era profeta. ⁶Sucedió entonces que durante la celebración del cumpleaños de Herodes, la hija de Herodías danzó para el rey, y a éste le agradó tanto ⁷que juró darle cualquier cosa que pidiera. ⁸Mal aconsejada por su madre, la muchacha pidió que le trajeran la cabeza de Juan el Bautista en una bandeja. ⁹Al rey no le agradó nada aquella petición, pero como había hecho juramento y como no quería romperlo delante de sus invitados, mandó que la complacieran.

¹⁰Al poco rato decapitaron a Juan en la prisión ¹¹y le ofrecieron a la muchacha la cabeza en una bandeja, y ella se la llevó a su madre.

¹²Después los discípulos de Juan fueron, lo enterraron y corrieron a contarle a Jesús lo sucedido.

## Jesús alimenta a los cinco mil

¹³Cuando le dieron a Jesús la noticia, él tomó una barca y se fue a un lugar desierto donde pudiera estar a solas. Pero la gente vio hacia dónde se dirigía, y muchos fueron a pie hasta allá desde las ciudades vecinas. ¹⁴Cuando Jesús llegó, encontró que una vasta multitud lo esperaba y, compadecido, sanó a los enfermos.

¹⁵Al atardecer, los discípulos se le acercaron y le dijeron:

—Ya pasó la hora de la cena y aquí en el desierto no hay nada que comer. Despide a la gente para que vaya por los pueblos a comprar alimentos.

¹⁶—¿Por qué? —les respondió Jesús—. ¡Denles ustedes de comer!

¹⁷—¿Pero con qué, si no tenemos más que cinco panecillos y dos pescados?

¹⁸—¡Pues tráiganlos!

¹⁹La gente se fue sentando en la hierba a petición de Jesús. Él, tomando los cinco panes y los dos pescados, miró al cielo, los bendijo, y comenzó a partir los panes y a darlos a los discípulos para que los distribuyeran entre la gente. ²⁰Nadie se quedó sin comer. ¡Y hasta sobraron doce cestas de comida, ²¹a pesar de que había cerca de cinco mil hombres, además de las mujeres y los niños!

## Jesús camina sobre el agua

²²Mientras despedía a la multitud, Jesús les pidió a los discípulos que se subieran a la barca y se fueran al otro lado del lago. ²³,²⁴Al quedarse solo, Jesús subió al monte a orar.

La noche sorprendió a los discípulos en medio de las aguas agitadas y luchando contra vientos contrarios. ²⁵A las tres de la mañana Jesús se les acercó, caminando sobre las aguas turbulentas. ²⁶Los discípulos, al verlo, gritaron llenos de espanto:

—¡Es un fantasma!

²⁷Pero Jesús inmediatamente les gritó:

—¡Calma! ¡No tengan miedo! ¡Soy yo!

²⁸—Señor —le respondió Pedro—, si realmente eres tú, ordena que también yo camine sobre el agua y vaya hasta donde tú estás.

²⁹—Está bien; ¡ven!

Sin vacilar, Pedro salió por la borda y caminó sobre las aguas hacia Jesús. ³⁰Pero al percatarse de lo que hacía y de la inmensidad de las olas que se le echaban encima, sintió miedo y comenzó a hundirse.

—¡Señor, sálvame! —gritó horrorizado.

³¹Extendiendo la mano, Jesús lo sujetó y le dijo:

—¡Hombre de poca fe! ¿Por qué dudaste?

³²Cuando subieron a la barca, los vientos cesaron. ³³Los otros discípulos, maravillados, se arrodillaron y le dijeron:

—¡No cabe duda de que eres el Hijo de Dios!

³⁴Desembarcaron en Genesaret. ³⁵La noticia de la llegada de Jesús se esparció rápidamente por la ciudad. Numerosas personas corrieron de un lugar a otro avisando que podían llevarle los enfermos para que los sanara. ³⁶Muchos le rogaban que les dejara tocar aunque sólo fuera el borde de su manto; y los que lo tocaban, sanaban.

## Lo limpio y lo impuro

15 Ciertos fariseos y jefes judíos de Jerusalén fueron a entrevistarse con Jesús.

²—¿Por qué tus discípulos desobedecen la tradición antigua? —dijeron—. ¡No están observando el ritual de lavarse las manos antes de comer!

³A lo que Jesús respondió:

—¿Y por qué ustedes violan los mandamientos directos de Dios en el afán de guardar las tradiciones? ⁴La ley de Dios dice: "Honra a tu padre y a tu madre, y el que maldiga a sus padres, muera irremisiblemente". ⁵Pero ustedes dicen: "Es preferible dejar de ayudar a los padres que estén en necesidad a dejar de ofrendar a Dios". ⁶De esta manera, con un mandamiento humano están anulando el mandamiento divino de honrar y cuidar a los padres. ⁷¡Hipócritas! Bien dijo de ustedes el Profeta Isaías:

⁸»"Este pueblo de labios me honra, pero lejos está de amarme de corazón. ⁹La adoración que ustedes me brindan no les sirve de nada, porque enseñan tradiciones humanas como si fueran mandamientos de Dios"».

¹⁰Entonces Jesús llamó a la gente y le dijo:

—Escuchen y traten de entender: ¹¹Lo que daña el alma no es lo que entra por la boca, sino los pensamientos malos y las palabras con que éstos se expresan.

¹²Los discípulos se le acercaron y le dijeron:

—Los fariseos se ofendieron por esas palabras.

ni oirán ni entenderán ni se convertirán ni dejarán que yo los sane".

¹⁶»¡Dichosos los ojos de ustedes, porque ven! ¡Dichosos los oídos de ustedes, porque oyen! ¹⁷Muchos profetas y muchos hombres justos anhelaron ver lo que ustedes están viendo y oír lo que están oyendo; pero no lo lograron. ¹⁸Y ahora les voy a explicar el simbolismo del sembrador.

¹⁹»El camino duro en que algunas de las semillas cayeron representa el corazón de las personas que escuchan las buenas nuevas del reino y no las entienden. Por eso, cuando Satanás llega, les quita lo que se les sembró. ²⁰El terreno pedregoso y poco profundo simboliza el corazón del hombre que escucha el mensaje y lo recibe con gozo, ²¹pero no hay profundidad en su experiencia, y las semillas no echan raíces profundas; luego, cuando aparecen los problemas o las persecuciones por causa de sus creencias, el entusiasmo se le desvanece y se aparta de Dios. ²²El terreno lleno de espinos es el corazón del que escucha el mensaje, pero se afana tanto en esta vida que el amor al dinero ahoga en él la Palabra de Dios, y cada ☼ vez trabaja menos para el Señor. ²³La buena tierra representa el corazón del hombre que escucha el mensaje, lo entiende y sale a ganar treinta, sesenta y hasta cien almas para el reino de Dios.

### Parábola de la mala hierba

²⁴Otra de las parábolas o simbolismos que usó Jesús fue la siguiente:

«El reino de los cielos es como el labrador que planta la buena semilla en el campo; ²⁵pero por la noche, mientras la gente duerme, su enemigo va y siembra malas hierbas entre el trigo. ²⁶Cuando las plantas empiezan a crecer, la mala hierba crece también. ²⁷Al verlas, los trabajadores corren a donde está éste y le dicen: "Señor, el terreno en que sembraste aquellos granos de buena calidad está lleno de hierbas malas". ²⁸"Seguro que alguno de mis enemigos las sembró", explicó el labrador. "¿Quieres que arranquemos la mala hierba?", preguntaron los trabajadores. ²⁹"No", respondió el labrador, "porque pueden dañar el trigo. ³⁰Dejen que crezcan juntos, y cuando llegue el tiempo de la cosecha daremos instrucciones a los segadores para que arranquen primero la cizaña y la quemen; y después, que pongan el trigo en el granero"».

### Parábolas del grano de mostaza y de la levadura

³¹Jesús también refirió esta otra parábola:

«El reino de los cielos es como una pequeña semilla de mostaza plantada en un campo. ³²La semilla de mostaza es la más pequeña de todas las semillas, pero se convierte en un árbol enorme en cuyas ramas los pájaros hacen sus nidos».

³³Y les dijo también:

«El reino de los cielos es como la levadura que una mujer toma para hacer pan. Luego la mezcla con tres medidas de harina, y leuda toda la masa».

³⁴Jesús siempre usaba estas ilustraciones cuando hablaba con la multitud. Sin parábolas no les hablaba. ³⁵Así se cumplió lo que el profeta había dicho:

«Hablaré en parábolas y explicaré las cosas que han estado escondidas desde la fundación del mundo.»[g]

### Explicación de la parábola de la mala hierba

³⁶Cuando despidieron a la multitud y regresaron a la casa, sus discípulos le pidieron que les explicara el simbolismo de la mala hierba y el trigo.

³⁷—Muy bien —comenzó—: Yo soy el labrador que siembra el grano selecto. ³⁸El terreno en que se sembró es el mundo y las buenas semillas son los súbditos del reino; las malas hierbas son los súbditos de Satanás. ³⁹El enemigo que sembró la mala hierba entre el trigo es el diablo; la siega es el fin del mundo, y los segadores son los ángeles. ⁴⁰De la misma manera que los segadores separan el trigo de la mala hierba ☼ y queman ésta, en el fin del mundo ⁴¹enviaré a mis ángeles a arrancar del reino a los que tientan a los demás y a los que hacen el mal. ⁴²Y una vez arrancados, ¡irán a parar al fuego! Allí será el llorar y el crujir de dientes. ⁴³Entonces los justos brillarán como el sol en el reino del Padre. ¡El que tenga oídos, oiga!

### Parábolas del tesoro escondido y de la perla

⁴⁴»El reino de los cielos es también como un tesoro escondido en un terreno. Un hombre viene y lo encuentra. Emocionado y lleno de ilusiones, vende todo lo que tiene y compra el terreno, con lo cual está adquiriendo también el tesoro.

⁴⁵»El reino de los cielos es como un mercader de perlas que anda en busca de perlas finas. ⁴⁶Por fin descubre una verdadera oportunidad cuando le ofrecen a buen precio una perla de gran valor. Entonces corre, vende todo lo que tiene y la compra.

### Parábola de la red

⁴⁷»El reino de los cielos es como el pescador que tira la red al agua y recoge peces de todo tipo, buenos y malos. ⁴⁸Cuando se llena la red, la lleva a la orilla y se sienta a escoger los pescados. Los buenos los echa en una canasta y los malos los desecha. ⁴⁹Así sucederá cuando llegue el fin del mundo. Los ángeles vendrán y separarán a los malos de los justos ⁵⁰y arrojarán aquéllos al fuego. Allí será el llorar y el crujir de dientes. ⁵¹¿Entienden ahora?»

—Sí —contestaron—. Gracias.

⁵²Entonces Jesús añadió:

—Los maestros de la ley que se han convertido en mis discípulos tienen a su alcance un tesoro doble: las antiguas verdades de las Escrituras y las verdades nuevas que mis enseñanzas revelan.

### Un profeta sin honra

⁵³Al terminar de exponer estos simbolismos, Jesús fue ⁵⁴a Nazaret de Galilea, el pueblo de su niñez, y allí enseñaba en la sinagoga. La gente estaba maravillada con su sabiduría y por sus milagros.

⁵⁵—¿Será posible? —comentaban—. Este es hijo de María y del carpintero, y hermano de Jacobo, José, Simón y Judas. ⁵⁶Sus hermanas viven aquí mismo. ¿De dónde habrá sacado tanta sabiduría?

---

g. Salmo 78.2.

☼ 13.23   ☼ 13.41–42

**MATEO 13.15**

¹⁸«Aquí tienen a mi siervo, mi escogido,
mi amado, en quien mi alma se deleita.
Pondré mi Espíritu sobre él,
y anunciará justicia a las naciones.
¹⁹No protestará, ni gritará, ni alzará su voz en las calles;
²⁰no romperá la caña que ya está quebrada, ni acabará de apagar el pabilo humeante,
hasta que haga triunfar la justicia.
²¹Y las naciones pondrán en él sus esperanzas».

### Jesús y Beelzebú

²²Entonces le presentaron a un endemoniado, ciego y mudo. Jesús lo sanó y el hombre pudo ver y hablar. ²³La gente estaba maravillada.

«¡Quizás Jesús es el Hijo de David!» ——exclamaban.

²⁴Al oír tales exclamaciones, los fariseos dijeron: «Al contrario, este hombre expulsa demonios en el nombre de Beelzebú, príncipe de los demonios».

²⁵Jesús, que sabía lo que estaban pensando, les dijo: «Un reino dividido acaba por destruirse. Una ciudad o una familia divididas no pueden durar. ²⁶Si Satanás echa fuera a Satanás, pelea consigo mismo y acabará destruyendo su propio reino. ²⁷Y si, como dicen, yo echo fuera demonios invocando el poder de Beelzebú, ¿invocando qué poder los echan fuera los seguidores de ustedes? Por tanto, ellos serán quienes los juzguen a ustedes. ²⁸Ahora bien, si yo echo fuera los demonios por el poder del Espíritu de Dios, el reino de Dios ha llegado a ustedes.

²⁹»¿Cómo podrá alguien entrar en la casa de un hombre fuerte y robarle sus bienes, si primero no lo ata? Sólo así podrá robarle.

³⁰»El que no está a mi favor, está en contra de mí. Y el que no recoge conmigo, desparrama. ³¹Cualquier blasfemia o cualquier otro pecado le será perdonado a la gente; pero el que ofenda al Espíritu Santo no tendrá perdón. ³²Cualquiera que hable mal del Hijo del hombre, será perdonado; pero el que hable mal contra el Espíritu Santo no será perdonado ni en este mundo ni en el venidero.

³³»Uno conoce un árbol por sus frutos. Cultiven un árbol bueno y su fruto será bueno o cultiven un árbol malo y su fruto será malo. ³⁴¡Crías de víboras! ¿Cómo van a hablar de lo bueno si son malos? ¡La boca expresa lo que hay en el corazón! ³⁵El habla de un hombre bueno revela la bondad de su corazón. El corazón del malo está lleno de maldad, y ésta se refleja en sus palabras. ³⁶Les aseguro que en el día del juicio van a dar cuenta de las cosas que digan descuidadamente. ³⁷Lo que una persona diga ahora determina lo que le espera: o será justificada por sus palabras ¡o por ellas será condenada!»

### La señal de Jonás

³⁸Algunos maestros de la ley y fariseos se acercaron a Jesús para pedirle que realizara alguna señal milagrosa. ³⁹Pero Jesús les respondió:

«Esta nación perversa e infiel pide una señal milagrosa; pero no se le dará ninguna más, excepto la señal del profeta Jonás. ⁴⁰Porque de la misma manera que Jonás estuvo en las entrañas de un gran pez tres días y tres noches, yo, el Hijo del hombre, pasaré tres días y tres noches en las entrañas de la tierra. ⁴¹En el día del juicio, los hombres de Nínive se levantarán y condenarán a esta gente. Porque cuando Jonás les predicó, aquellos se arrepintieron de sus pecados. Y ustedes tienen aquí a uno que es superior a Jonás.

⁴²»En el día del juicio, la reina del Sur se levantará contra esta nación y la condenará, porque vino desde los confines de la tierra a escuchar la sabiduría de Salomón. Y ustedes tienen aquí a uno que es superior a Salomón.

⁴³»Cuando un espíritu malo sale de una persona, se va a lugares solitarios en busca de reposo. Al no hallarlo, ⁴⁴el espíritu se dice: "Es mejor que regrese a la casa de donde salí". Al regresar, la encuentra desocupada, barrida y arreglada. ⁴⁵Entonces el espíritu va y busca siete espíritus peores que él y juntos habitan en aquella casa. ¡Y resultó que lo último fue peor que lo primero! Así le sucederá a esta nación perversa».

### La madre y los hermanos de Jesús

⁴⁶Mientras Jesús hablaba a la gente, su madre y sus hermanos, que deseaban hablar con él, se tuvieron que quedar fuera.

⁴⁷Cuando alguien le avisó a Jesús que su familia estaba fuera y quería hablarle, ⁴⁸él preguntó:

——¿Quién es mi madre?, ¿quiénes son mis hermanos?

⁴⁹Y señalando a sus discípulos, dijo:

——Aquí tienen a mi madre y a mis hermanos. ⁵⁰¡El que obedece a mi Padre que está en los cielos, ése es mi hermano, mi hermana y mi madre!

### Parábola del sembrador

**13** Mas tarde, aquel mismo día, Jesús salió de la casa y se dirigió a la orilla del lago. ²Pronto se congregó una multitud tan inmensa que se vio obligado a subir a una barca y enseñar desde allí a la gente que lo escuchaba con atención en la orilla. ³,⁴En su sermón, empleó muchos simbolismos que ilustraban sus puntos de vista. Por ejemplo, usó el siguiente:

«Un agricultor salió a sembrar sus semillas en el campo. Mientras lo hacía, algunas semillas cayeron en el camino, y las aves vinieron y se las comieron. ⁵Otras cayeron sobre terreno pedregoso, donde la tierra no era muy profunda. Las plantas nacieron pronto, pero a flor de tierra, ⁶y el sol ardiente las abrasó y se secaron, porque casi no tenían raíz. ⁷Otras semillas cayeron entre espinos, y los espinos las ahogaron. ⁸Pero algunas cayeron en buena tierra y produjeron una cosecha de treinta, sesenta y hasta cien granos por semilla plantada. ⁹¡El que tenga oídos, oiga!»

¹⁰Sus discípulos se acercaron y le dijeron:

——¿Por qué usas esos simbolismos tan difíciles de entender?

¹¹Él les explicó que ellos, los discípulos, era a los únicos a los que se les permitía entender las cosas del reino de los cielos, pero no a los demás. Y añadió:

¹²——Al que tiene se le dará más, pero al que no tiene nada, aun lo poco que tiene le será quitado. ¹³Usé estos simbolismos porque esta gente oye y ve, pero no entiende. ¹⁴Así se cumple la profecía de Isaías:

»"Oirán, pero no entenderán; verán, pero no percibirán, ¹⁵porque tienen el corazón endurecido, no oyen bien y tienen los ojos cerrados. Por lo tanto, no verán

12.25   12.28-29   12.34   12.36-37   12.50

## Jesús y Juan el Bautista

**11** Cuando terminó de dar estas instrucciones a sus doce discípulos, Jesús se fue a enseñar y a predicar por las ciudades.

²Juan el Bautista, que ya estaba preso, se enteró de los milagros que el Mesías estaba realizando y envió a dos de sus discípulos ³a preguntarle a Jesús:

—¿Eres tú de veras el que estábamos esperando, o debemos esperar a otro?

⁴Jesús respondió a los mensajeros:

—Vayan donde está Juan y cuéntenle todo lo que han oído y lo que me han visto realizar. ⁵Cuéntenle que los ciegos ven, los paralíticos andan, los leprosos se curan, los sordos oyen, los muertos resucitan, y que anuncio las buenas nuevas a los pobres. ⁶Díganle, además, que benditos son los que no dudan de mí.

⁷Cuando los discípulos de Juan se marcharon, Jesús se puso a hablar de Juan a la multitud:

«Cuando salieron al desierto a ver a Juan, ¿qué esperaban ver en él? ¿Una caña que el viento sacude? ⁸¿O acaso a un hombre vestido de príncipe? ¡Estos se encuentran en los palacios reales! ⁹Entonces, ¿qué salieron a ver? ¿a un profeta? Les aseguro que sí, y él es más que profeta: ¹⁰Juan es aquel de quien las Escrituras dicen: "Un mensajero mío irá delante de ti para prepararte el camino". ¹¹Les aseguro que de todos los hombres que han nacido en este mundo, ninguno ha sido mayor que Juan el Bautista. Y sin embargo, el más insignificante en el reino de los cielos es más grande que él. ¹²Desde que Juan el Bautista comenzó a predicar hasta ahora, se ha combatido mucho contra el reino de los cielos, y los que son violentos luchan para acabar con él. ¹³La ley y todos los profetas profetizaron hasta que llegó Juan. ¹⁴Y si quieren creerlo, él es Elías, del que se anunció que vendría. ¹⁵El que quiera escuchar, ¡escuche ahora!

¹⁶»¿Qué diré de la gente de hoy día? Es semejante a los muchachos que, sentados en las plazas, gritan a sus compañeros de juego: ¹⁷"Si tocamos la flauta ustedes no bailan, y si cantamos canciones tristes ustedes no lloran".

¹⁸»Vino Juan el Bautista, que no toma vino ni come mucho, y ustedes dicen que está endemoniado. ¹⁹Y luego vengo yo, el Hijo del hombre, que como y bebo, y me acusan de glotón, bebedor de vino y amigo de cobradores de impuestos y de gente de la peor calaña. Pero uno demuestra la sabiduría con sus acciones».

## Ayes sobre ciudades no arrepentidas

²⁰Entonces comenzó Jesús a reprender a las ciudades en que había realizado la mayoría de sus milagros, porque no se habían arrepentido.

²¹«¡Pobre de ti, Corazín! ¡Pobre de ti, Betsaida! Si los milagros que se realizaron en tus calles se hubieran realizado en Tiro y Sidón, hace mucho tiempo que estas ciudades se habrían vestido de ropas ásperas y se habrían echado ceniza en la cabeza como muestra de su arrepentimiento.

²²»¡Ciertamente a Tiro y Sidón les irá mejor que a ustedes en el día del juicio! ²³Y tú, Capernaúm, ¿serás elevada hasta el cielo? ¡No! Te irás a lo profundo del infierno. Porque si los milagros que se realizaron en ti se hubieran realizado en Sodoma, esta ciudad existiría todavía. ²⁴¡A Sodoma le irá mejor que a ti en el día del juicio!»

## Descanso para los cansados

²⁵En esa ocasión, Jesús dijo:

«Te alabo Padre, Señor del cielo y de la tierra, porque escondiste estas cosas de los sabios e inteligentes, y se las diste a conocer a los niños. ²⁶Sí, Padre, porque así lo quisiste.

²⁷»El Padre me ha confiado todas las cosas. Sólo el Padre conoce al Hijo y sólo el Hijo conoce al Padre, y también aquellos a quienes el Hijo se lo revela. ²⁸Vengan a mí los que estén cansados y afligidos y yo los haré descansar. ²⁹Lleven mi yugo y aprendan de mí, que soy manso y de corazón humilde. Así hallarán descanso para el alma, ³⁰porque mi yugo es fácil de llevar y mi carga es ligera».

## Señor del día de reposo

**12** En aquellos días, Jesús y sus discípulos salieron a caminar por los sembrados. Era el día de reposo. Cuando los discípulos sintieron hambre, se pusieron a arrancar espigas de trigo y a comérselas. ²Algunos fariseos que los vieron protestaron inmediatamente:

—¡Tus discípulos están quebrantando la ley! ¡Están recogiendo granos en el día de reposo!

³Pero Jesús les dijo:

—¿No han leído lo que el rey David hizo cuando él y los que lo acompañaban tuvieron hambre? ⁴Pues entraron al templo y se comieron los panes de la proposición, panes sagrados que sólo los sacerdotes podían comer.

⁵»¿No han leído en la ley de Moisés cómo los sacerdotes que sirven en el templo tienen que trabajar el día de reposo y no por ello cometen pecado? ⁶»Pues les digo que el que ahora está aquí es mayor que el templo. ⁷Y si comprendieran lo que quieren decir las Escrituras con "Misericordia quiero, no sacrificio", no condenarían a quienes no son culpables. ⁸Porque yo, el Hijo del hombre, soy Señor del día de reposo».

⁹De allí se fue a la sinagoga del pueblo. ¹⁰Como había allí un hombre con una mano paralizada, los fariseos le preguntaron a Jesús:

—¿Es legal sanar en el día de reposo?

Los fariseos buscaban una razón para acusarlo.

¹¹Jesús les respondió:

—Si en el día de reposo a alguno de ustedes se le cae una oveja en un pozo, ¿la sacará? ¡Por supuesto que sí! ¹²Bueno, ¡díganme, vale mucho más una persona que una oveja? Por lo tanto, no hay nada malo en que uno haga el bien en el día de reposo.

¹³Entonces le dijo al hombre:

—Extiende la mano.

Y al extenderla le quedó tan normal como la otra.

¹⁴Cuando los fariseos salieron de la sinagoga, se reunieron para planear cómo matarían a Jesús.

## El siervo escogido por Dios

¹⁵Pero Jesús, que lo sabía, se alejó de allí seguido por mucha gente. Y él sanaba a todos los enfermos, ¹⁶pero les encargaba rigurosamente que no se lo contaran a nadie. ¹⁷Con esto se cumplió la profecía de Isaías[f] que anunció:

---

[f]. Isaías 42.1-4.

11.22–30

³²Cuando se fueron los ciegos, le llevaron a la casa a un hombre que había quedado mudo por culpa de demonios que se le habían metido. ³³Tan pronto como Jesús los echó fuera, el hombre pudo hablar. La gente, maravillada, exclamó:

«¡Jamás habíamos visto algo semejante en Israel!» ³⁴En cambio, los fariseos decían:

«Él puede echar fuera demonios porque tiene dentro al mismísimo príncipe de los demonios».

## Son pocos los obreros

³⁵Jesús recorría las ciudades y los pueblos de la región enseñando en las sinagogas, predicando las buenas nuevas del reino y sanando a la gente de sus enfermedades y dolencias. ³⁶Al ver a las multitudes, sintió compasión de ellas, porque eran como ovejas desamparadas y dispersas que no tienen pastor.

³⁷«¡Es tan grande la mies y hay tan pocos obreros!» —les dijo a los discípulos—. ³⁸«Pidan que el Señor de la mies consiga más obreros para sus campos».

## Jesús envía a los doce

**10** Jesús reunió a sus doce discípulos y les dio autoridad para echar fuera espíritus malignos y para sanar toda clase de enfermedades y dolencias. ²Los doce apóstoles eran:

Simón, también llamado Pedro; Andrés, hermano de Pedro; Jacobo, hijo de Zebedeo; Juan, hermano de Jacobo; ³Felipe; Bartolomé; Tomás; Mateo, cobrador de impuestos; Jacobo, hijo de Alfeo; Tadeo; ⁴Simón, miembro de los zelotes, y Judas Iscariote, el que más tarde lo traicionó.

⁵A estos doce Jesús los envió y les dio las siguientes instrucciones:

«No vayan a los que no son judíos ni a los samaritanos. ⁶Limítense a visitar a las ovejas perdidas del pueblo de Israel.

⁷»Anúncienles que el reino de los cielos ya se ha acercado.

⁸»Curen enfermos, resuciten muertos, sanen leprosos y echen fuera demonios. De la misma manera que ustedes están recibiendo este poder gratuitamente, tampoco cobren por sus servicios. ⁹No lleven dinero ¹⁰ni bolsa con comida; no lleven más túnicas ni más calzado que los que traen puestos, ni lleven bordón, porque las personas a las que ustedes ayuden tienen el deber de alimentarlos y cuidarlos. ¹¹Cuando lleguen a cualquier ciudad o pueblo, busquen a una persona de confianza y quédense en su casa hasta que se vayan a otro pueblo. ¹²Y al entrar a la casa, den su bendición a los que allí viven. ¹³Si ellos lo merecen, tendrán la paz que ustedes les desearon; pero si no lo merecen, no la tendrán. ¹⁴Si en alguna ciudad u hogar no los reciben ni les hacen caso, salgan de allí y sacúdanse el polvo de los pies al salir. ¹⁵Les aseguro que en el día del juicio, el castigo de Sodoma y Gomorra resultará mucho más tolerable que el castigo que caerá sobre aquella ciudad.

¹⁶»Ustedes son como ovejas y los estoy enviando a meterse donde están los lobos. Sean prudentes como serpientes e inofensivos como palomas. ¹⁷Pero tengan cuidado, porque los arrestarán y los azotarán en las sinagogas. ¹⁸Y hasta tendrán que comparecer ante gobernadores y reyes por mi causa. Esto les brindará la oportunidad de hablarles de mí y de proclamarme ante el mundo.

¹⁹»Cuando los arresten, no se preocupen por lo que vayan a decir en el juicio, porque en el momento oportuno se les pondrá en la boca lo que tengan que decir. ²⁰No serán ustedes los que hablen: ¡el Espíritu de su Padre hablará a través de ustedes!

²¹»El hermano entregará a muerte a su hermano, los padres traicionarán a sus hijos y los hijos se levantarán contra sus padres y los matarán. ²²El mundo entero los va a odiar a ustedes por causa de mí, pero el que se mantenga fiel hasta el fin será salvo. ²³Cuando los persigan en una ciudad, huyan a otra. Les aseguro de no terminarán de recorrer todas las ciudades de Israel antes que yo haya regresado: ²⁴Ningún estudiante es más que su maestro, ni ningún siervo es mayor que su señor. ²⁵Es suficiente para el discípulo ser como su maestro y para el siervo como su señor. Y si a mí, que soy como el padre de familia, me llaman Beelzebú, ¿qué no les dirán a ustedes? ²⁶Pero no tengan miedo, porque pronto llegará la hora de la verdad y no habrá secreto que no se descubra. ²⁷Lo que les digo en la penumbra, proclámenlo a la luz del día; y lo que les susurro al oído, divúlguenlo desde las azoteas. ²⁸No teman a los que pueden matar el cuerpo pero no pueden tocar el alma. Sólo teman a Dios, que es el único que puede destruir alma y cuerpo en el infierno.

²⁹»¿Qué valen dos pajarillos? ¡Apenas unos centavos! Sin embargo, ni uno solo cae a tierra sin que el Padre lo permita. ³⁰Pues yo les digo que hasta el último cabello de ustedes está contado. ³¹Así que no teman, que para Dios ustedes valen más que muchos pajarillos.

³²»Si alguno declara ante la gente que es mi seguidor, yo declararé a su favor ante mi Padre que está en los cielos. ³³Pero al que me niegue públicamente, también yo lo negaré delante de mi Padre que está en los cielos. ³⁴No crean que vine a traer paz a la tierra. ¡Vine a traer guerras!; ³⁵a poner al hijo contra su padre, a la hija contra su madre, a la nuera contra su suegra. ³⁶¡Cada quien tendrá a sus peores enemigos en su propia casa! ³⁷El que ame a su padre o a su madre más que a mí, no es digno de ser mío; y el que ame a su hijo o hija más que a mí, no es digno de ser mío. ³⁸Y el que se niegue a tomar la cruz y seguirme, no es digno de ser mío. ³⁹El que se apegue demasiado a su vida, la perderá; pero el que renuncie a ella porque me ama, la salvará.

⁴⁰»El que los reciba a ustedes me estará recibiendo a mí; y el que me reciba está recibiendo al que me envió. ⁴¹Quien reciba a un profeta por el hecho de que es profeta, recibirá la misma recompensa que reciben los profetas. Y quien reciba a un hombre justo sólo porque es justo, recompensa de justo recibirá. ⁴²Y el que le dé al más humilde de mis discípulos un vaso de agua por el simple hecho de que es mi discípulo recibirá su recompensa: esto se lo aseguro yo a ustedes».

☼ 10.12-13  ☼ 10.28-31  ☼ 10.32  ☼ 10.38-39  ☼ 10.42

## Jesús calma la tormenta

[23] Entonces subió a una barca con sus discípulos y zarparon de allí. [24] Durante la travesía se quedó dormido. Poco después se levantó una tormenta tan violenta que las olas inundaban la barca. [25] Los discípulos corrieron a despertar a Jesús:

—¡Señor, sálvanos! ¡Nos estamos hundiendo!

[26] —Hombres de poca fe, ¿a qué viene tanto miedo? —les respondió.

Entonces, se puso de pie, reprendió al viento y a las olas, y la tormenta cesó y todo quedó en calma.

[27] Pasmados, los discípulos se decían:

«¿Quién es éste, que aun los vientos y la mar lo obedecen?»

## Liberación de dos endemoniados

[28] Ya al otro lado del lago, en tierra de los gadarenos, dos endemoniados le salieron al encuentro. Vivían en el cementerio, y eran tan peligrosos que nadie se atrevía a andar por aquella zona. [29] Al ver a Jesús, le gritaron:

—¡Déjanos tranquilos, Hijo de Dios! ¡Todavía no es hora de que nos atormentes!

[30] Por aquellos alrededores andaba un hato de cerdos, [31] y los demonios le suplicaron a Jesús:

—Si nos vas a echar fuera, déjanos entrar en aquel hato de cerdos.

[32] —Está bien —les respondió Jesús—. Vayan.

Y los demonios salieron de los hombres y entraron en aquellos cerdos. Estos se despeñaron desde un acantilado y se ahogaron en el lago.

[33] Los que cuidaban los cerdos salieron corriendo y se fueron a la ciudad a contar lo sucedido, [34] y la ciudad entera vino al encuentro de Jesús y le suplicaron que se fuera de aquellos lugares.

## Jesús sana a un paralítico

9 Jesús se subió de nuevo a la barca y regresó a la ciudad donde residía.

[2] Varios hombres le trajeron a un paralítico tendido en un camastro. Cuando Jesús vio la fe que tenían, dijo al enfermo:

—¡Ten ánimo, hijo! ¡Te perdono tus pecados!

[3] «¡Blasfemia!» —pensaron algunos de los maestros religiosos que lo oyeron.

[4] Jesús, que sabía lo que estaban pensando, les dijo:

—¿A qué vienen esos malos pensamientos? [5] Díganme, ¿qué es más difícil: sanar a un enfermo o perdonarle sus pecados? [6] Pues voy a demostrarles que tengo autoridad en la tierra para perdonar los pecados.

Entonces se dirigió al paralítico y le dijo:

—¡Levántate, recoge la camilla y vete a tu casa!

[7] Y el paralítico se puso de pie y se fue a su casa.

[8] Un escalofrío de temor sacudió a la multitud ante aquel milagro, y todos alababan a Dios por haberles dado tanto poder a los seres humanos.

## Llamamiento de Mateo

[9] Al salir del lugar, Jesús vio a Mateo, un cobrador de impuestos que estaba sentado junto a la mesa donde se pagaban los tributos.

«Sígueme», le dijo Jesús.

Mateo se levantó y se fue con él.

[10] Ese mismo día cenó Jesús en su casa. Y junto con sus discípulos había muchos cobradores de impuestos y gente pecadora. [11] Al ver eso, los fariseos se indignaron.

—¿Por qué su Maestro anda con gente de esa calaña? —preguntaron a los discípulos.

[12] Jesús alcanzó a oír aquellas palabras y les respondió:

—Porque los sanos no necesitan médico, y los enfermos sí. [13] Vayan y traten de entender el texto que dice: «Misericordia quiero, no sacrificios», porque yo no he venido a llamar a los buenos, sino a los malos.

## Le preguntan a Jesús sobre el ayuno

[14] Un día los discípulos de Juan se le acercaron a preguntarle:

—¿Por qué tus discípulos no ayunan como los fariseos y nosotros?

[15] —¿Acaso pueden estar tristes los invitados a una boda mientras el novio está con ellos? —les preguntó Jesús—. ¡Claro que no! Pero llegará en momento en que les quitarán al novio y entonces sí ayunarán. [16] A nadie se le ocurre remendar un vestido viejo con una tela nueva, porque lo más probable es que la tela nueva se encoja y rompa la vieja, con lo cual la rotura se haría mayor. [17] Y a nadie se le ocurre echar vino nuevo en odres viejos, porque los odres se romperían, y se perderían el vino y los odres. El vino nuevo se debe echar en odres nuevos, para que ambos se conserven.

## Una niña muerta y una mujer enferma

[18] Apenas terminó de pronunciar estas palabras, cuando un jefe de los judíos llegó y se postró ante él.

—Mi hija acaba de morir —le dijo—, pero sé que resucitará si vas y la tocas.

[19] Jesús y los discípulos se dirigieron al hogar del jefe judío. [20] Mientras iban, una mujer que llevaba doce años enferma de un derrame de sangre, se acercó por detrás y tocó el borde del manto de Jesús. [21] Ella pensaba que si lo tocaba sanaría. [22] Jesús se volvió y le dijo:

—Hija, tu fe te ha sanado. Vete tranquila.

Y la mujer sanó en aquel mismo momento.

[23] Al llegar a la casa del jefe judío y escuchar el alboroto de los presentes y la música fúnebre, [24] Jesús dijo:

—Salgan de aquí. La niña no está muerta, sólo está dormida.

La gente se rió de Jesús, [25] y todos salieron. Jesús entró donde estaba la niña y la tomó de la mano. ¡Y la niña se levantó sana!

[26] La noticia de este milagro se difundió por toda aquella región.

## Jesús sana a los ciegos y a los mudos

[27] Cuando regresaba de la casa del jefe judío, dos ciegos lo siguieron gritando:

—¡Hijo de David, apiádate de nosotros!

[28] Al llegar a la casa, Jesús les preguntó:

—¿Creen que puedo devolverles la vista?

—Sí, Señor —le contestaron—; creemos.

[29] Entonces él les tocó los ojos y dijo: —Hágase realidad lo que han creído.

[30] ¡Y recobraron la vista!

Jesús les pidió encarecidamente que no se lo contaran a nadie, [31] pero apenas salieron de allí se pusieron a divulgar por aquellos lugares lo que Jesús había hecho.

al que llama, se le abrirá. ⁹¿Si su hijo le pide pan, ¿quién de ustedes será capaz de darle una piedra? ¹⁰Y si le pide pescado, seguro que no le dará una serpiente venenosa, ¿verdad? ¹¹Pues si ustedes que son malos saben dar buenas cosas a sus hijos, ¡cuánto más su Padre que está en los cielos dará buenas cosas a los que se las pidan!

¹²»Haz a otros todo lo que quieras que te hagan a ti. En esto se resumen las enseñanzas de la ley y de los profetas.

## La puerta estrecha y la puerta ancha

¹³»Entren por la puerta estrecha, porque ancha es la puerta y espacioso el camino que conducen a la perdición; por eso muchísimas personas los prefieren. ¹⁴En cambio, estrecha es la puerta y angosto el camino que conducen a la vida, y muy pocas personas los hallan.

## El árbol y sus frutos

¹⁵»Cuídense de los falsos maestros que se les acercan disfrazados de ovejas, pero en realidad son lobos capaces de destrozarlos. ¹⁶De la misma manera que unos pueden identificar un árbol por los frutos que lleva, así podrán identificar a esos falsos profetas por la forma en que se comportan. ¿Quién confunde una vid con un espino o una higuera con abrojos? ¹⁷El buen árbol produce buenos frutos; y el malo, malos frutos. ¹⁸Es imposible que un buen árbol produzca frutos desagradables. Por otro lado, es imposible que un mal árbol produzca buenos frutos. ¹⁹Por eso los árboles que dan malos frutos se cortan y se queman. ²⁰Igualmente, una persona se conoce por las acciones que realiza.

²¹»No todos los que se dirijan a mí llamándome "Señor, Señor", entrarán en el reino de los cielos. Allí sólo entrarán los que obedezcan a mi Padre que está en el cielo. ²²El día del juicio muchos me dirán: "Señor, nosotros predicamos en tu nombre, y en tu nombre echamos fuera demonios y realizamos muchísimos milagros". ²³Pero yo les responderé: "A ustedes nunca los conocí. Apártense de mí, porque sus obras son malignas".

## El prudente y el insensato

²⁴»Todo el que presta atención a mis enseñanzas y las pone en práctica es tan sabio como el hombre que edificó su casa sobre una roca bien firme. ²⁵Cuando llegaron las lluvias, las inundaciones y los huracanes, la casa no se derrumbó porque estaba edificada sobre roca. ²⁶Pero el que oye mis enseñanzas y no las pone en práctica, es como el tonto que edificó su casa sobre la arena. ²⁷Cuando llegaron las lluvias, las inundaciones y los fuertes vientos, la casa se derrumbó y su ruina fue irreparable».

²⁸Cuando Jesús terminó de impartir estas enseñanzas, la multitud que le había escuchado quedó admirada, ²⁹porque enseñaba como alguien que tiene gran autoridad y no como los escribas.

## Jesús sana a un leproso

8 Jesús descendía de la colina seguido de una multitud inmensa ²cuando, de pronto, un leproso se le acercó y se puso de rodillas ante él.

—Señor —suplicó el leproso—, si quieres, puedes curarme.

³Jesús, extendiendo la mano, lo tocó y le dijo:

—Quiero. ¡Ya estás curado!

E instantáneamente la lepra desapareció.

⁴—No te detengas a conversar con nadie —le ordenó entonces Jesús—. Ve en seguida a que el sacerdote te examine y presenta la ofrenda que requiere la ley de Moisés, para que les conste que ya estás bien.

## La fe del centurión

⁵Cuando Jesús llegó a Capernaúm, un capitán del ejército romano se le acercó y le rogó ⁶que sanara a un sirviente que estaba en cama paralítico y que sufría mucho.

⁷Le respondió Jesús:

—Iré a sanarlo.

⁸—Señor —le dijo entonces el capitán—, no soy digno de que vayas a mi casa. Desde aquí mismo puedes ordenar que se sane mi criado y se sanará. ⁹Lo sé, porque estoy acostumbrado a obedecer las órdenes de mis superiores; además, si yo le digo a alguno de mis soldados que vaya a algún lugar, va; y si le digo que venga, viene; y si le digo a mi esclavo que haga esto o aquello, lo hace.

¹⁰Al oír esto, Jesús se maravilló y les dijo a quienes lo seguían:

—¡En todo Israel no he hallado una fe tan grande como la de este hombre! ¹¹Óiganme lo que les digo: Muchos gentiles, al igual que este soldado romano, irán de todas partes del mundo a sentarse en el reino de los cielos con Abraham, Isaac y Jacob. ¹²En cambio, muchos israelitas que deberían estar en el reino, serán arrojados a las tinieblas de afuera donde todo es llorar y crujir los dientes.

¹³Entonces Jesús le dijo al soldado:

—Vete; lo que creíste ya se ha cumplido.

Y el criado se sanó en aquella misma hora.

## Jesús sana a muchos enfermos

¹⁴Cuando Jesús llegó a la casa de Pedro, la suegra de éste estaba en cama con una fiebre muy alta. ¹⁵Jesús fue y la tocó, y la fiebre la dejó; y ella se levantó a servirlos.

¹⁶Por la noche llevaron varios endemoniados a Jesús. Bastaba una sola palabra para que los demonios huyeran y los enfermos sanaran. ¹⁷Así se cumplió la profecía de Isaías: «Él mismo tomó nuestras enfermedades y llevó nuestras dolencias».ᵉ

## Lo que cuesta seguir a Jesús

¹⁸Al ver Jesús que la multitud crecía, pidió a sus discípulos que se prepararan para pasar al otro lado del lago. ¹⁹En eso, un maestro de la ley de Dios le dijo:

—Maestro, te seguiré vayas adonde vayas.

²⁰—Las zorras tienen guaridas y las aves nidos —le respondió Jesús—; pero yo, el Hijo del hombre, no tengo ni dónde recostar la cabeza.

²¹Otro de sus seguidores le dijo:

—Señor, te seguiré pero déjame que vaya antes a enterrar a mi padre.

²²Pero Jesús le contestó:

—No, sígueme ahora. Deja que los que están muertos se ocupen de sus muertos.

---

e. Isaías 53.4.

✷ 7.15–17

## El amor a los enemigos

⁴³»También conocen el mandamiento que dice: "Ama a tu prójimo y odia a tu enemigo". ⁴⁴Pero yo les digo: ¡Amen a sus enemigos! ¡Oren por quienes los persiguen! ⁴⁵De esta forma estarán actuando como hijos de su Padre que está en el cielo, porque él da la luz del sol a los malos y a los buenos y envía la lluvia a los justos y a los injustos. ⁴⁶Si ustedes aman sólo a los que los aman, ¿qué de extraordinario tiene eso? ¡Aun la gente mala puede hacerlo! ⁴⁷Y si sólo saludan a sus hermanos, ¿qué hacen de más? ¡Aun los paganos hacen eso! ⁴⁸Ustedes deben ser perfectos, como su Padre que está en los cielos es perfecto.

## El dar a los necesitados

6 »¡Mucho cuidado con andar haciendo buenas obras para que los demás los vean y admiren! ¡Los que así lo hacen no tendrán recompensa del Padre que está en el cielo! ²Cuando den alguna limosna, no lo anden proclamando como los hipócritas, que tocan trompetas en las sinagogas y en las calles para que la gente se fije en lo caritativos que son. ¡Les aseguro que, aparte de eso, no tendrán otra recompensa! ³Pero cuando hagan algún bien, háganlo discretamente. ⁴¡Ah, pero el Padre de ustedes, que conoce todos los secretos, los recompensará!

## La oración

⁵»Y cuando oren, no hagan como hacen los hipócritas, que oran de pie en las esquinas y en las sinagogas para que todo el mundo los vea. Les aseguro que aparte de eso, no tendrán más recompensa. ⁶Pero cuando ustedes oren, háganlo a solas, a puerta cerrada; y el Padre de ustedes, que conoce todos los secretos, los recompensará.

⁷»Cuando estén orando, no hagan como los paganos que se ponen a repetir la misma oración, porque piensan que mientras más palabras usen más los va a escuchar Dios. ⁸No los imiten. Dios Padre sabe exactamente lo que ustedes necesitan antes que se lo pidan. ⁹Ustedes oren así: "Padre nuestro que estás en los cielos, santificado sea tu nombre. ¹⁰Venga tu reino y cúmplase en la tierra tu voluntad como se cumple en el cielo. ¹¹Danos hoy los alimentos que necesitamos, ¹²y perdona nuestros pecados, así como nosotros perdonamos a los que nos han hecho mal. ¹³No nos metas en tentación, mas líbranos del mal, porque tuyo es el reino, el poder y la gloria para siempre. Amén".

¹⁴»Su Padre celestial los perdonará si perdonan a los que les hacen mal; ¹⁵pero si se niegan a perdonarlos, su Padre no los perdonará a ustedes.

## El ayuno

¹⁶»Cuando ustedes ayunen, no lo hagan en público como los hipócritas, que tratan de aparentar que están pálidos y desaliñados para que la gente se dé cuenta de que ayunaron. Les aseguro que, aparte de esto, no tendrán más recompensa. ¹⁷Pero cuando ustedes ayunen, lávense la cara y arréglense, ¹⁸para que nadie, excepto el Padre que ve lo secreto, se dé cuenta de que están ayunando. Y el Padre, que conoce lo secreto, los recompensará.

## Tesoros en el cielo

¹⁹»No acumulen tesoros en la tierra, donde la polilla y la herrumbre echan a perder las cosas y donde los ladrones roban. ²⁰¡Háganse tesoros en el cielo, donde no hay polilla ni herrumbre que puedan corromper, ni ladrones que les roben!, ²¹pues donde esté tu tesoro, allí también estará tu corazón.

²²»Los ojos son la lámpara del cuerpo. Si tu ojo es bondadoso, andarás en la luz; ²³pero si tu ojo es maligno, estarás sumido en la oscuridad. Y si tu luz no es más que oscuridad, tu oscuridad ¡qué negra debe ser!

²⁴»Nadie puede servir a dos amos. No puedes servir a Dios y al dinero, pues amarás a uno y odiarás al otro, o servirás a uno y despreciarás al otro.

## De nada sirve preocuparse

²⁵»Por ello les aconsejo que no se preocupen por la comida, la bebida o la ropa. ¡Es mucho más importante tener vida y un cuerpo, que tener qué comer y qué vestir! ²⁶Fíjense en los pájaros, que no siembran ni cosechan ni andan guardando comida, y el Padre celestial los alimenta. ¡Para él ustedes valen más que cualquier ave! ²⁷Además, ¿qué gana uno con preocuparse?; ¿podemos acaso alargar nuestra vida aunque sea una hora? ²⁸¿Para qué preocuparse de la ropa? ¡Miren los lirios del campo, que no tejen su propia ropa, ²⁹y ni aun Salomón con todo su esplendor se vistió jamás con tanta belleza. ³⁰Si Dios cuida tan admirablemente las flores, que hoy están aquí y mañana se queman en el fuego, ¿no los cuidará mucho más a ustedes, hombres de poca fe? ³¹Por eso, no se anden preocupando por la comida o por la ropa. ³²¡Los paganos son los que siempre se andan preocupando de esas cosas! Recuerden que su Padre celestial sabe lo que necesitan. ³³Lo más importante es que primero busquen el reino de Dios y hagan lo que es justo. Así, Dios les proporcionará todo lo que necesiten. ³⁴No se preocupen por lo que sucederá mañana, pues mañana tendrán tiempo para hacerlo. Ya tienen suficiente con los problemas de hoy.

## El juzgar a los demás

7 »No juzguen a los demás, para que Dios no los juzgue a ustedes, ²porque de la manera como juzguen a otros, así Dios los juzgará a ustedes; Dios los va a tratar de la misma forma en que ustedes traten a los demás. ³¿Cómo te atreves a mirar la paja que está en el ojo de tu hermano, si tienes una viga en el tuyo? ⁴¿Cómo le pedirás a tu amigo que te deje sacarle la paja que tiene en su ojo, si la viga que tienes en el tuyo no te deja ver? ⁵¡Hipócrita! Sácate primero la viga que tienes en tu ojo, para que puedas ver bien cuando estés sacando la paja del ojo de tu hermano.

⁶»No le den lo que es santo a los perros, ni echen perlas delante de los puercos; porque son capaces de pisotearlas y luego dar media vuelta y atacarlos a ustedes.

## Pidan, busquen, llamen

⁷»Pidan y se les concederá lo que pidan. Busquen y hallarán. Toquen y se les abrirá la puerta. ⁸Porque todo el que pide, recibe; y el que busca, halla; y

5.44    5.46–48    6.5–16    6.18    6.19–21    6.24
6.25–34    7.1–5    7.7–11

²⁰Inmediatamente dejaron la red y lo siguieron. ²¹Un poco más adelante vio a otros dos hermanos, Jacobo y Juan, que estaban sentados en una barca, con Zebedeo su padre, y remendaban las redes. Cuando Jesús los llamó, ²²dejaron a su padre a cargo de lo que estaban haciendo y siguieron a Jesús.

### Jesús sana a los enfermos

²³Jesús recorrió toda Galilea enseñando en las sinagogas, proclamando las buenas noticias del reino y sanando las enfermedades y dolencias de la gente.

²⁴Su fama llegó hasta Siria, y le traían todo tipo de enfermos: No había enfermo, endemoniado, loco o paralítico que le trajeran y a quien no sanara. ²⁵Y dondequiera que iba lo seguían multitudes enormes de Galilea, Decápolis, Jerusalén, toda Judea y de los territorios al este del río Jordán.

### Las bienaventuranzas

5 Al ver que la multitud se le acercaba, Jesús subió a un monte. ²Allí se sentó, y cuando sus discípulos se le acercaron comenzó a enseñarles:

☀ ³«¡Dichosos los que reconocen su pobreza espiritual, porque de ellos es el reino de los cielos! ⁴¡Dichosos los que lloran, porque serán consolados! ⁵¡Dichosos los mansos, porque el mundo entero les pertenecerá! ⁶¡Dichosos los que tienen hambre y sed de justicia, porque quedarán satisfechos! ⁷¡Dichosos los que tienen compasión de otros, porque Dios tendrá compasión de ellos! ⁸¡Dichosos los que tienen un corazón limpio, porque verán a Dios! ⁹¡Dichosos los que hacen la paz, porque serán llamados hijos de Dios! ¹⁰¡Dichosos los que sufren persecución por ser justos, porque el reino de los cielos les pertenece!

¹¹»Dichosos ustedes cuando alguien los ofenda o persiga o diga todo tipo de mentiras contra ustedes por ser mis discípulos. ¹²¡Alégrense mucho, porque en el cielo les espera una gran recompensa! Así fue como persiguieron a los profetas antiguos.

### La sal y la luz

¹³»Ustedes son la sal del mundo. Si la sal pierde el sabor, ¿para qué va a servir? ¡Sólo para que la boten y la pisoteen por inservible!

¹⁴»Ustedes son la luz del mundo. Una ciudad asentada sobre un monte no puede esconderse. ¹⁵Nadie enciende una lámpara para esconderla bajo un cajón, sino que la pone en alto para que alumbre a todos los que están en la casa. ¹⁶Así dejen ustedes brillar su luz ante toda la gente! ¡Que las buenas obras que ustedes realicen brillen de tal manera que la gente adore al Padre celestial!

### El cumplimiento de la ley

¹⁷»No vayan a creer que vine a anular la ley de Moisés y las enseñanzas de los profetas. Al contrario, vine a ☀ darles su verdadero significado. ¹⁸Les aseguro que mientras existan el cielo y la tierra, ni la parte más pequeña e insignificante de la ley se pasará por alto, hasta que ésta se cumpla totalmente. ¹⁹Por eso, el que desobedezca el más pequeño mandamiento, y así les enseñe a los demás, se convertirá en la persona más pequeña del reino de los cielos; pero quien obedezca y enseñe los mandamientos de Dios, será grande en el reino de los cielos. ²⁰Les advierto que, a menos que ustedes sean más justos que los fariseos y los maestros de la ley de Dios, no podrán entrar al reino de los cielos.

### El homicidio

²¹»Ustedes saben que bajo la ley de Moisés la regla era ☀ que el que matara sería castigado. ²²Pues yo añado que el que se enoja contra su hermano está cometiendo el mismo delito. El que le dice "idiota" a su hermano, merece que lo lleven al juzgado. Y el que maldiga a una persona, merece ir a parar a las llamas del infierno. ²³Por lo tanto, si mientras estás presentando tu ofrenda delante del altar, te acuerdas de pronto de que alguien tiene algo contra ti, ²⁴deja allí mismo tu ofrenda. Vete primero a reconciliarte con tu hermano y luego regresa a presentar tu ofrenda. ²⁵Reconcíliate con tu enemigo de inmediato antes que sea demasiado tarde, te lleve a juicio y te arrojen en la cárcel. ²⁶Te aseguro que tendrás que permanecer allí hasta que pagues el último centavo.

### El adulterio

☀ ²⁷»Ustedes saben que está escrito en la ley: "No cometerás adulterio". ²⁸Pero yo les digo: Cualquiera que mira a una mujer y desea acostarse con ella, comete adulterio en su corazón. ²⁹Así que si uno de tus ojos te hace pecar, sácatelo y échalo lejos. Es mejor perder un miembro del cuerpo, y no que el cuerpo entero sea echado al infierno. ³⁰Y si tu mano derecha te conduce al pecado, córtatela y échala lejos. Es mejor quedarse manco que ir al infierno.

### El divorcio

³¹»También está escrito: "El que quiera separarse de su esposa, debe darle un certificado de divorcio". ³²Pero yo les digo que el hombre que se divorcia de su esposa, excepto cuando ésta haya sido infiel, hace que ella cometa adulterio y que el que se case con ella también lo cometa.

### Los juramentos

³³»Ustedes también saben que hace mucho se dio este mandamiento: "Cumplan lo que le juren a Dios". ³⁴Pero yo les digo: Nunca juren. No juren por el cielo, porque es el trono de Dios; ³⁵ni juren por la tierra, porque es donde él pone sus pies; ni por Jerusalén, porque Jerusalén es la capital del gran Rey. ³⁶Ni siquiera juren por su propia cabeza, porque no pueden volver blanco o negro ni un solo cabello. ³⁷Es suficiente con que digan "sí" o "no" y nada más. Si dicen algo más, seguro viene del maligno.

### Ojo por ojo

³⁸»Ustedes saben que está escrito: "Ojo por ojo y diente por diente". ³⁹Pero yo les digo: No paguen mal por mal. Si los abofetean en la mejilla derecha, presenten la otra. ⁴⁰Si los llevan a juicio y les quitan la camisa, denles también el abrigo. ⁴¹Si los obligan a llevar una carga un kilómetro, llévenla dos kilómetros. ⁴²Denle al que les pida, y no le den la espalda al que les pida prestado.

☀ 5.3–16   ☀ 5.18–20   ☀ 5.22–24   ☀ 5.27–32

¹⁸«Gritos de agonía y llanto incontenible se escuchan en Ramá; es Raquel que llora desconsolada la muerte de sus hijos».*c*

### El regreso a Nazaret

¹⁹Cuando Herodes murió, un ángel del Señor se le apareció en sueños a José en Egipto, ²⁰y le dijo: «Levántate y regresa con el niño y su madre a Israel; porque los que querían matarlo ya murieron».

²¹Así fue como José regresó a la tierra de Israel con el niño y su madre. Pero en el camino se enteró de que Arquelao, hijo de Herodes, reinaba en Judea, y tuvo miedo de ir allí.

²²Luego Dios le indicó en sueños que fuera a Galilea; ²³y se fueron a vivir a un lugar llamado Nazaret. Así se cumplieron las predicciones de los profetas que afirmaban que Jesús sería llamado nazareno.

### Juan el Bautista prepara el camino

3 En aquellos días, Juan el Bautista comenzó a predicar en el desierto de Judea. ²Este era su mensaje: «Arrepiéntanse de sus pecados porque el reino de los cielos se ha acercado».

³Siglos atrás, el profeta Isaías había hablado de Juan y lo describió así:*d*

«Una voz clama en el desierto: "Prepárenle el camino al Señor; que nada le estorbe a su paso"».

⁴Juan usaba ropa hecha de pelo de camello y se la sujetaba con un cinto de cuero. Su alimentación consistía en langostas del desierto y miel silvestre. ⁵Toda la gente de Jerusalén, de todo el valle del Jordán y de toda Judea, iba al desierto a escucharlo. ⁶A los que reconocían que eran pecadores, él los bautizaba en el río Jordán. ⁷Y cuando vio que entre los que iban a bautizarse había muchos fariseos y saduceos, les dijo:

«Crías de víboras, ¿quién les dijo que así podrán escapar de la ira de Dios que vendrá sobre ustedes? ⁸Demuestren, antes de bautizarse, que están arrepentidos. ⁹No crean que les basta con decir que son descendientes de Abraham, porque Dios puede sacar hijos de Abraham aun de estas piedras. ¹⁰El hacha está lista para talar los árboles que no den fruto y arrojarlos al fuego.

¹¹Yo bautizo con agua a los que se arrepienten de sus pecados; pero después de mí vendrá alguien que es más poderoso que yo y él bautizará con el Espíritu Santo y fuego. ¡Yo ni siquiera soy digno de desatar sus zapatos! ¹²Él está listo para separar la paja del trigo; quemará la paja en un fuego que nunca se apaga y guardará el trigo en su granero».

### Bautismo de Jesús

¹³Jesús fue desde Galilea a donde estaba Juan en el río Jordán, para que lo bautizara. ¹⁴Pero Juan no quería hacerlo.

—¿Cómo va a ser eso? —le decía Juan a Jesús—. ¡Tú eres el que debería bautizarme a mí!

¹⁵—Juan —le respondió Jesús—, bautízame, porque nos conviene cumplir lo que Dios manda.

Y Juan lo bautizó.

¹⁶Cuando Jesús salía de las aguas del bautismo, los cielos se abrieron y vio que el Espíritu de Dios descendía sobre él en forma de paloma; ¹⁷y una voz de los cielos dijo:

«Este es mi Hijo amado, y en él me complazco».

### Tentación de Jesús

4 El Espíritu Santo condujo a Jesús al desierto para que el diablo lo tentara.

²Luego de pasar cuarenta días y cuarenta noches sin probar bocado, Jesús sintió hambre ³y el diablo se le acercó.

—Si eres el Hijo de Dios —le dijo—, haz que estas piedras se conviertan en pan.

⁴—¡No! —le respondió Jesús—. Escrito está: "Para vivir no sólo es importante el pan: debemos obedecer todo lo que manda Dios".

⁵Entonces el diablo lo llevó al lugar más alto del templo de Jerusalén.

⁶—Si eres el Hijo de Dios —le dijo—, tírate desde aquí. Las Escrituras dicen que Dios enviará a sus ángeles a cuidarte, y ni siquiera te tropezarás con las rocas.

⁷—Pero las Escrituras también dicen: "No pongas a prueba a tu Dios" —le respondió Jesús.

⁸Finalmente el diablo lo llevó a la cima de una alta montaña y le mostró las naciones del mundo y la gloria que hay en ellas.

⁹—Todo esto te lo daré si de rodillas me adoras —le dijo.

¹⁰—¡Vete de aquí, Satanás! —le respondió Jesús—. Las Escrituras dicen: "Sólo al Señor tu Dios adorarás, y solamente a él te obedecerás".

¹¹El diablo se fue, y ¡los ángeles llegaron a atender a Jesús!

### Jesús comienza a predicar

¹²Cuando Jesús oyó que habían encarcelado a Juan, regresó a Galilea.

¹³Pero no mucho después dejó Nazaret y se trasladó a Capernaum, junto al lago, en la región de Zabulón y Neftalí. ¹⁴Así se cumplió la profecía de Isaías:

¹⁵«Tierra de Zabulón y Neftalí, que estás en el camino al mar, al otro lado del Jordán, Galilea, donde tantos extranjeros habitan:

¹⁶El pueblo que andaba en tinieblas vio una gran luz y al pueblo que andaba en regiones de sombra de muerte le resplandeció la luz».

¹⁷Y desde aquel mismo instante Jesús comenzó a predicar:

«Arrepiéntanse de sus pecados porque el reino de los cielos se ha acercado».

### Llamamiento de los primeros discípulos

¹⁸Un día, caminando Jesús a orillas del lago de Galilea, vio a dos pescadores que tiraban la red al agua. Eran Simón, mejor conocido por Pedro, y Andrés, su hermano.

¹⁹«Síganme y los convertiré en pescadores de hombres», les dijo Jesús.

---

*c.* Jer. 31.15
*d.* Isaías 40.3

2.19-23   3.8-9   3.11   4.2-4   4.6   4.10-11

# Mateo

## Antepasados de Jesucristo

**1** Estos son los antepasados de Jesucristo, descendiente de David y de Abraham:

²Abraham fue el padre de Isaac, Isaac de Jacob y Jacob de Judá y sus hermanos.

³Judá tuvo con Tamar a Fares y a Zera; Fares fue el padre de Jezrón y Jezrón de Aram.

⁴Aram fue el padre de Aminadab, Aminadab de Naasón y Naasón de Salmón.

⁵Salmón tuvo con Rajab a Booz; Booz tuvo con Rut a Obed y Obed fue el padre de Isaí.

⁶Isaí fue el padre del rey David, y David tuvo a Salomón, cuya madre fue esposa de Urías.

⁷Salomón fue el padre de Roboán, Roboán de Abías y Abías de Asá. ⁸ Asá fue el padre de Josafat, Josafat de Jorán y Jorán de Uzías.

⁹Uzías fue el padre de Jotán, Jotán de Acaz y Acaz de Ezequías. ¹⁰Ezequías fue el padre de Manasés, Manasés de Amón y Amón de Josías.

¹¹Josías tuvo a Jeconías y a sus hermanos durante el cautiverio en Babilonia.

¹²Después del cautiverio, Jeconías tuvo a Salatiel. Salatiel fue el padre de Zorobabel,

¹³Zorobabel de Abiud, Abiud de Eliaquín y Eliaquín de Azor. ¹⁴Azor fue el padre de Sadoc, Sadoc de Aquín y Aquín de Eliud. ¹⁵Eliud fue el padre de Eleazar, Eleazar de Matán y Matán de Jacob. ¹⁶Jacob fue el padre de José, esposo de María, y María fue la madre de Jesús, el Mesías.

¹⁷Así que desde Abraham hasta David hubo catorce generaciones; de David hasta el cautiverio, otras catorce; y desde el cautiverio hasta Cristo, catorce más.

## Nacimiento de Jesucristo

¹⁸Así fue el nacimiento de Jesucristo. Su madre, María, estaba comprometida con José. Pero antes de la boda, el Espíritu Santo hizo que quedara encinta. ¹⁹José, su novio, como era un hombre recto, quiso romper el compromiso en secreto, para no manchar el buen nombre de la joven. ²⁰Mientras pensaba en esto se quedó dormido y un ángel se le apareció en sueños y le dijo:

«José, hijo de David, no temas casarte con María, porque el hijo que lleva en las entrañas lo concibió ella del Espíritu Santo. ²¹María tendrá un hijo y lo llamarán Jesús, porque él salvará a su pueblo de sus pecados».

²²De esta manera se cumplió lo que el Señor había anunciado a través del profeta que dijo:

²³«¡Miren! La virgen concebirá y tendrá un hijo y lo llamarán Emanuel» (que quiere decir «Dios está con nosotros»).

²⁴Al despertar de aquel sueño, José obedeció las palabras del ángel y se casó con María, ²⁵aunque no tuvo relaciones sexuales con ella hasta que nació su hijo. Cuando el niño nació, José lo llamó Jesús.

## Visita de los sabios

**2** Jesús nació en un pueblo de Judea llamado Belén, durante el reinado de Herodes. Llegaron a Jerusalén varios sabios del oriente, ²y preguntaron:

—¿Dónde está el recién nacido rey de los judíos? Vimos su estrella en el lejano oriente y venimos a adorarlo.

³Al oír esto, el rey Herodes y la ciudad entera se turbaron. ⁴Inmediatamente Herodes convocó a todos los jefes de los sacerdotes y a los maestros religiosos del pueblo judío.

—¿Saben ustedes dónde nacerá el Mesías? —les preguntó.

⁵—El Mesías nacerá en Belén de Judea —le respondieron—. Así lo dijo el profeta:

⁶«Y tú, Belén, que estás en Judá, no eres la menos importante de Judá, porque de ti saldrá un caudillo que guiará a mi pueblo Israel».[a]

⁷Entonces Herodes mandó llamar secretamente a los sabios, y averiguó la fecha exacta en que habían visto por primera vez la estrella.

⁸—Vayan a Belén y busquen al niño —les dijo—. Cuando lo encuentren, avísenme, para que yo también pueda ir a adorarlo.

⁹Al terminar la audiencia con el rey, los sabios reanudaron el viaje. ¡Y la estrella que habían visto en el oriente los iba guiando hasta que se detuvo sobre la casa donde estaba el niño!

¹⁰Los sabios se llenaron de alegría cuando vieron la estrella. ¹¹Entonces entraron en la casa, y al ver al niño con María, su madre, se postraron ante él para adorarlo. Luego abrieron sus alforjas y le ofrecieron como tributo oro, incienso y mirra.

¹²Después Dios les avisó en sueños que no regresaran a donde estaba Herodes, y por eso se fueron a su país por otro camino.

## La huida a Egipto

¹³Cuando los visitantes ya habían partido, un ángel del Señor se le apareció a José en sueños y le dijo:

«Levántate y huye a Egipto con el niño y su madre, y quédate allá hasta que yo te avise, porque el rey Herodes va a buscar al niño para matarlo».

¹⁴Aquella misma noche huyó José con María y el niño hacia Egipto, ¹⁵donde habrían de permanecer hasta la muerte del rey Herodes. Así se cumplió lo que había predicho el Señor por medio del profeta:

«De Egipto llamé a mi Hijo».[b]

¹⁶Entonces Herodes se puso furioso por la burla de los sabios y mandó matar a todos los niños varones que vivieran en Belén y sus alrededores y que tuvieran dos años o menos. Lo ordenó así tomando en cuenta el tiempo que los sabios le habían indicado. ¹⁷Así se cumplió lo que había dicho el profeta Jeremías:

---

a. Miqueas 5.2
b. Os. 11.1.

※ 1.16–17   ※ 1.18–21   ※ 2.11–14

# DESAFÍO Z

→ →

Ahora es el momento de ponerte en acción, por lo que te desafío a poner los principios bíblicos sobre tus emociones, ya que hacer esto te ayudará a tener emociones saludables.

→ →
## ¿CÓMO HACERLO?

Primero: Busca una cartulina u hoja grande y escribe creativamente como título "Emociones Saludables". Debajo escribe las siguientes palabras de Jesús *"...De una cosa podrán estar seguros: Estaré con ustedes siempre, hasta el fin del mundo"* (Mateo 28:20). Deja esta hoja preparada para usarla luego.

Segundo: Durante una semana anota todas las emociones que vayas sintiendo en las notas de tu teléfono. Ejemplo: estabas tomando un helado y se te cayó al suelo y eso te generó rabia, entonces vas a anotar esa emoción; o pasaste una tarde hermosa y eso te generó alegría. Así, quedarán registradas todas tus emociones y podrás ver cuáles predominaron.

Tercero: Toma la cartulina u hoja y escribe en ella las emociones que fuiste anotando durante la semana.

Cuarto: Busca lo que la Biblia enseña acerca de cada una de esas emociones. Busca en internet versículos que hablen sobre las diferentes emociones que tuviste durante la semana. Luego escribe esos versículos debajo de la emoción que corresponda. Te aseguro que la Biblia tiene algo que decir acerca de cómo debes vivir cada una de ellas. Cuando la termines vas a conocer qué te dice Dios acerca de qué pasa con esa emoción si no está bajo su control, y cómo Él obra por medio de cada emoción tuya.

Quinto: Pega a cartulina u hoja en un lugar bien visible.

Sexto: Todos los días lee esos versículos y ora en base a ellos, para que Dios te fortalezca.

¡Pon los principios bíblicos sobre tus emociones!

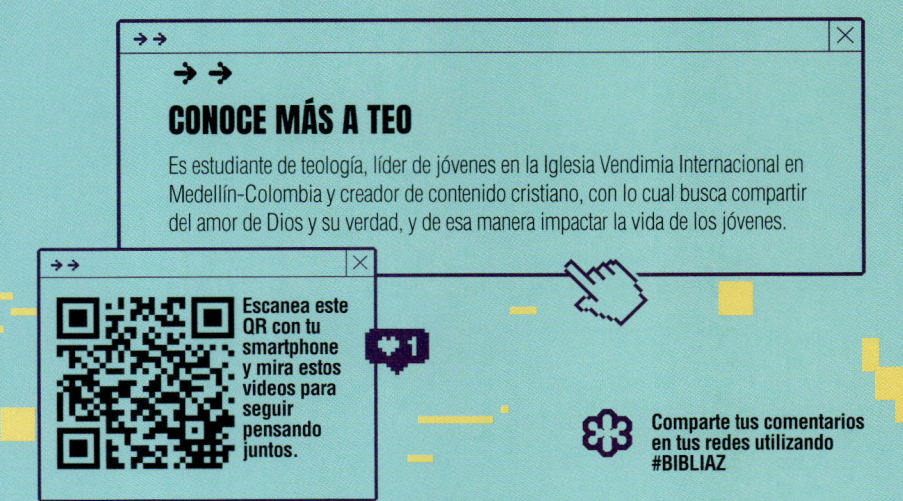

→ →
### CONOCE MÁS A TEO

Es estudiante de teología, líder de jóvenes en la Iglesia Vendimia Internacional en Medellín-Colombia y creador de contenido cristiano, con lo cual busca compartir del amor de Dios y su verdad, y de esa manera impactar la vida de los jóvenes.

Escanea este QR con tu smartphone y mira estos videos para seguir pensando juntos.

Comparte tus comentarios en tus redes utilizando #BIBLIAZ

Muchas veces podemos llegar a decir palabras hirientes por la rabia, el enojo o la impotencia y por eso la Biblia dice que *"el justo piensa antes de hablar, pero de la boca del malvado brota maldad"* (Proverbios 15:28).

¿Te arrepientes de algo que hiciste o dijiste por dejarte llevar por tus emociones? No eres la única persona, créeme, yo también lo he hecho, por eso quiero ayudarte y aconsejarte. Cuando estuve en tu posición no tuve a alguien que lo hiciera por mí, hasta que mis padres me hablaron del tema y me instruyeron en la Palabra de Dios, y ahí fue cuando todo cambió. Por eso hoy yo quiero ser el que te ayude y te guie por las Escrituras y así podamos aprender juntos.

→ →

## ENTRÉGALE TUS EMOCIONES A DIOS

Jesús dijo: *"No se angustien. Confíen en Dios, y confíen también en mí."* (Juan 14:1).

Lo primero que debemos saber es que debemos poner nuestra confianza y nuestras emociones en Dios.

Al entregarle nuestras emociones y dejar que Él trabaje en ellas, podremos ver cómo eso será de bendición en nuestras vidas, porque muchas veces no queremos contarle a nadie cómo nos sentimos, o por lo que estamos pasando, pero Jesús te dice "confía en mí"; aunque Él ya sabe por lo que estás pasando y lo que estás sintiendo, Él quiere que se lo cuentes, que confíes en Él y que dejes que Él tome el control.

Cuando le damos a Dios el control, Él nos da paz, gozo y alegría, sin importar lo que estemos viviendo o experimentando; incluso nos sentiremos más saludables porque *"el corazón alegre es una buena medicina, pero el ánimo triste debilita el cuerpo"* (Proverbios 17:22).

Las emociones sin control pueden llegar destruir tus principios, lo que causará un caos. Tus emociones fuera de Dios son un desastre y causan desastres, pero los principios bíblicos las fortalecen, moldean y les dan forman.

Tus emociones en Dios serán de bendición para tu vida y harán de ti la persona que Dios quiere que seas, por eso debes poner siempre los principios bíblicos sobre las emociones.

→ →

**VERSÍCULOS DE REFUERZO**

Salmos 51:10
Salmos 119:10
Salmos 119:2

Salmos 19:8
Juan 14:27
Isaías 26:3

# SÉ EMOCIONALMENTE SALUDABLE

→ →

Soy Teo Cely y quiero hablarte sobre cómo ser emocionalmente saludable porque es un tema importante del cual muchas veces no se habla entre nosotros los jóvenes. La Biblia nos habla mucho del tema y nos da bases y principios para que nuestras emociones sean saludables.

Cuando era un adolescente mis amigos constantemente me decían que no debía expresar mis emociones. Muchos otros conocidos me dijeron que ciertas emociones eran malas, y otras personas me llegaron a decir que no les prestara atención.

Sin embargo, al ir creciendo esto me fue afectando, porque no sabía qué hacer con todas estas emociones que tenía; todas eran tan diferentes y me hacían sentir de distintas maneras. Esto hizo que en muchas ocasiones terminara lastimando a otras personas e incluso a mí mismo. ¿Te ha pasado algo parecido?

→ →

## UN REGALO DE DIOS

Debes saber que no hay emociones ni buenas, ni malas, las emociones son un regalo de Dios, y gracias a ellas no somos unos robots. ¿Te imaginas cómo sería si no tuviésemos emociones?

Dios usa las emociones para moldearte y hacerte quien Él quiere que seas. Por ellas sientes empatía, cariño, amor hacia los demás, y también descargas todo tipo de peso por medio de ellas, y Dios utiliza todo eso para su propósito en ti y en los que te rodean.

Tal vez en algunos momentos podrías llegar a decir: "Sería mejor no tenerlas...", pero Dios nos creó como seres integrales, por eso nos dio las emociones y no son una equivocación… tú y yo sabemos que Dios no se equivoca.

→ →

## CUIDA TU CORAZÓN

Con el tiempo fui aprendiendo más sobre las emociones y la Biblia me ayudó a entender más sobre ellas. De esa manera he podido aprovecharlas a cada una, actuando de la manera correcta cada vez que afrontaba una situación diferente, con una emoción distinta. La Palabra de Dios nos invita a cuidar de nuestro corazón: *"Sobre todas las cosas cuida tu corazón, porque de él brota la vida"* (Proverbios 4:23).

Cuando no cuidamos nuestro corazón y nos dejamos guiar por nuestros sentimientos, vamos a ver que nuestro corazón es engañoso y nos puede llevar a lastimarnos a nosotros mismos e incluso a las personas que amamos.

# MATEO CELY

**Todos me conocen como Teo**

Para mí la Biblia para mí es Dios hablándome; es la voz de Dios, pero escrita, en donde encuentro respuestas, sabiduría, exhortación, consuelo, ayuda, entre muchas otras cosas. Es a donde recurro todos los días para saber qué quiere Dios para mí y de mí, y poder vivir según su voluntad.

**Sigo a Jesús porque Él fue el único que estuvo ahí para mí en el peor momento de mi vida. Fue quien me extendió la mano, me restauró, me amó y me dio un propósito y un valor que cambiaron mi vida por completo. Mi vida le pertenece a Él.**

Si tuviera que definirme en tres palabras diría que soy **servicial, gracioso y fiel.**

Vivo en Colombia

Una frase que me motiva: **"He aquí una prueba para ver si tu misión en la vida terminó: si todavía estás vivo, es que no".** (A.W. Tozer).

Mi gran sueño es servir a Dios hasta el último de mis días, ser el discípulo que Jesús me llama a ser y poder llevar el evangelio a cualquier persona, en cualquier lugar y en cualquier momento. Agradar a Dios con mi vida.

También sueño con regalarles una casa a mis padres y sostenerlos a ellos y a mi familia; ser el instrumento por parte de Dios para el sostenimiento de mi familia y de la iglesia, como también de toda persona necesitada.

Mi versículo favorito es **Jeremías 33:3** y también **Gálatas 1:10.**

@teocely
@teocely
@teocely

Un consejo: **Enamórate de Dios como de nadie más, búscalo sin importar tu estado anímico. No menosprecies los consejos que te dan las personas que más te aman, aprende de ellos, evita cometer los errores que ellos cometieron.**

Además de Jesús, me apasiona el gimnasio, la fotografía y viajar.

Mateo aclara que las bendiciones del reino están presentes pero no en la forma que ellos desean. Las promesas de los pactos respecto a su forma de pensar se cumplirán o irán cumpliendo a su debido tiempo. Por su reiterado uso del AT, Mateo busca demostrar la correlación de la antigua profecía con sus promesas pactales, y el advenimiento del Mesías. Se puede hablar entonces de 3 propósitos mayores del libro: a) que el lector judeocristiano pueda reconocer quién fue Jesús, confiar en él y hallar así su verdadera "herencia" espiritual (identidad), b) que la iglesia primitiva judía entienda su lugar en el programa de Dios a pesar de la marginación que enfrentan y, c) que ellos puedan tomar el mensaje de Mateo y usarlo para hacer discípulos en todas las naciones así como Cristo mandó. En vista de lo anterior, el mensaje del libro contiene dos temas: Uno demuestra que Jesús fue el Mesías prometido, el otro, explica qué ha pasado al plan de Dios para su pueblo Israel.

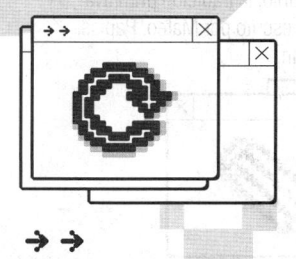

## ¿CÓMO SE RELACIONA CONMIGO?

El evangelio de Mateo responde a dos preguntas fundamentales. La primera es por qué podemos tener la seguridad de que Jesús es el mesías y la segunda es a dónde está o cómo es el reino prometido por Dios. Mateo revela que el plan de Jesús se lleva a cabo mediante la edificación de un reino espiritual y no de un poder político, y lo hace también demostrando a los lectores de su tiempo que este había sido el plan desde siempre. Por esta razón comienza su narración con el registro de la genealogía de Jesús citándolo como el Mesías, el hijo de David y el hijo de Abraham (Mateo 1: 1).

Al leer las páginas de Mateo no solo vemos a Jesús revelado como el Rey y Mesías de Israel, sino que su venida a la tierra como Dios en la carne nos recuerda su profundo amor por nosotros. Ahora resucitado y ascendido, el Señor Jesús siempre estará con nosotros, incluso hasta el fin de los tiempos mientras cumplimos con la tarea de hacer discípulos (Mateo 28:20).

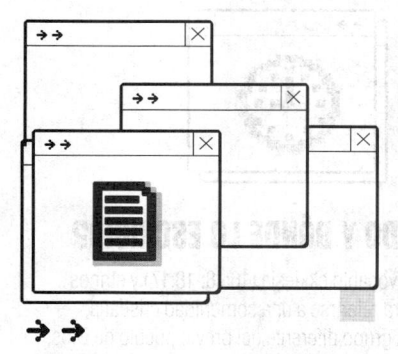

## EL GUION

1) ¡Las profecías acerca del Mesías se cumplieron! (1:1-4:11)
2) La predicación del Mesías (4:12-7:29)
3) ¡El Mesías es poderoso! (8:1-10:42)
4) La misión del Mesías (11:1-12:50)
5) Las parábolas del reino (13:1-58)
6) Los adversarios del Mesías (13:53-17:27) 7) Cómo funciona el reino (18:1-39)
8) La pasión del Mesías (24:1-28:20)

# MATEO

# MATEO

**DALE PLAY**

## → → ¿QUIÉN LO ESCRIBIÓ?

Aunque el evangelio mismo no indica quién lo escribió, la tradición primitiva testifica que el evangelio existió en hebreo/arameo escrito por Mateo. Papías, Irineo, Panteno y Jerónimo, entre otros, lo respaldan.

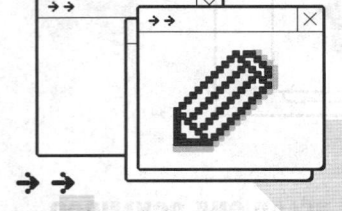

## → → ¿CUÁNDO Y DÓNDE LO ESCRIBIÓ?

El uso del vocablo ekklesia (16:18; 18:17) y ethnos (21:43) para referirse a una comunidad cristiana, sugiere un grupo diferente del previo pueblo de Dios, llamado "Israel". Los esfuerzos teológicos de Mateo parecen ir dirigidos a la legitimización de la existencia y prácticas de su propia comunidad. Mateo entiende y pinta su colectivo (destinatarios/lectores) como miembros de un grupo devoto de seguidores de Jesús opuesto a los judíos hostiles.

## → → ¿A QUIÉN LO ESCRIBIÓ?

El uso del vocablo ekklesia (16:18; 18:17) y ethnos (21:43) para referirse a una comunidad cristiana, sugiere un grupo diferente del previo pueblo de Dios, llamado "Israel". Los esfuerzos teológicos de Mateo parecen ir dirigidos a la legitimización de la existencia y prácticas de su propia comunidad. Mateo entiende y pinta su colectivo (destinatarios/lectores) como miembros de un grupo devoto de seguidores de Jesús opuesto a los judíos hostiles.

## → → PANORAMA DEL LIBRO

Mateo está intentado resolver un problema en la Iglesia palestinence. En la nación la expectación mesiánica es alta. Ellos esperaban el cumplimiento de tres pasos en su restauración: posesión de la tierra, la venida del Mesías y las bendiciones de su llegada. Esperaban así, el cumplimiento de Zacarías 9-10 entre otras profecías del AT. Estas profecías levantan varios problemas a los judíos: habían retornado a la tierra hacía tiempo, la expectación mesiánica corrió al máximo pero los años pasaron y el Mesías no vino. Las bendiciones tampoco se podían hacer presentes. Los judeocristianos tenían otra óptica: han retornado a la tierra, el Mesías vino en la persona de Jesús, pero ellos no han recibido las bendiciones prometidas del reino por su Rey. ¿Qué ha pasado al plan de Dios? ¿Ha fracasado? Mateo escribió para responder a estas interrogantes en un ambiente de profunda marginalización y catástrofe religiosa, inestabilidad social, un tumulto de visiones religiosas rivales y de igual número de candidatos al título de "Mesías". En este contexto, Jesús representa un punto de estabilidad e identidad.

NUEVO
TESTAMENTO

# NUEVO TESTAMENTO

como Elías. ⁶Su predicación hará que los padres y los hijos se reconcilien, que lleguen a compartir las mismas buenas intenciones y sean impulsados por las mismas buenas motivaciones. Así, cuando yo llegue, no tendré que castigarlos, destruyendo completamente su país».

que haya hecho esto, así sea alguien que crea muy santo y le presenta ofrendas!

¹³Además ustedes bañan el altar con sus lágrimas porque el Señor no hace caso ya de sus ofrendas, y ustedes no reciben más su bendición.

¹⁴Y todavía se atreven a preguntar: «¿Por qué nos ha abandonado Dios?» Les diré por qué: Porque el Señor ha visto que ustedes no han cumplido su compromiso con aquellas mujeres con quienes se casaron cuando eran jóvenes. ¹⁵Fueron unidos a sus esposas por el Señor. Dios, en su sabiduría, hizo que los dos llegaran a ser como una sola existencia delante de sus ojos cuando se casaron. ¿Qué es lo que él quiere? Hijos piadosos, producto de su unión. Por eso, ¡tengan cuidado de no ser infieles a la esposa de su juventud! ¹⁶Porque el Señor, el Dios de Israel, dice que odia el divorcio y a los hombres crueles. Por eso, ¡tengan cuidado, no cometan ningún tipo de traición!

### Acusaciones contra Judá

¹⁷Ustedes han cansado al Señor con sus palabras, y todavía se atreven a preguntar «¿Cómo lo hemos cansado?»

¡Pues cuando dicen que el Señor se alegra con los que actúan mal, y que es injusto!

**3** Presten atención a lo que el Señor Todopoderoso dice: «Yo enviaré a mi mensajero delante de mí, para que me prepare el camino. Entonces el Señor, a quien buscan, vendrá repentinamente a su templo. Sí, vendrá primero el mensajero que anuncia la alianza de Dios, a quienes ustedes desean».

²Pero, ¿quién podrá permanecer de pie cuando aparezca? ¿Quién podrá soportar el impacto que provocará su venida? Porque será tan poderosa como el intenso fuego que se utiliza para purificar metales preciosos, y actuará como una poderosa lejía de lavandero cuando empiece a purificarlos a ustedes. ³Como un refinador de plata se sentará y verá cómo se quema lo malo de su pueblo. Purificará a los levitas, los ministros de Dios, y los refinará como se refina el oro o la plata, a fin de que se dediquen a las cosas de Dios con limpio corazón. ⁴Entonces el Señor nuevamente aceptará con agrado la ofrenda que presenten los habitantes de Judá y Jerusalén, como anteriormente ocurría.

⁵«Dentro de poco tiempo vendré y los juzgaré. Testificaré prontamente contra los hechiceros, contra los adúlteros, contra los mentirosos, contra los que roban a sus jornaleros, contra los que oprimen a las viudas y a los huérfanos, y contra los que son injustos con los extranjeros, sin tener temor de mí. Lo digo yo, el Señor Todopoderoso.

### Fidelidad en las ofrendas

⁶»Porque yo, el Señor, no cambio. Por esta razón ustedes no han sido completamente destruidos, porque mi misericordia dura para siempre, aunque ustedes sean tan volubles. ⁷Aunque desde hace mucho tiempo ustedes han despreciado mis instrucciones, aún tienen la oportunidad de dirigirse a mí. ¡Diríjanse a mí y yo los perdonaré! Lo digo yo, el Señor Todopoderoso. Pero ustedes responden: "¡Jamás hemos desobedecido tus instrucciones!"

⁸»¿Debe una persona robar a Dios? ¡Claro que no! Pero ustedes me han robado. Y aún se atreven a preguntar: "¿Cuándo te hemos robado?" Ustedes me han robado los diezmos y las ofrendas. ⁹Por eso, toda la nación está en la mira de mi castigo, pues todos me están robando.

¹⁰»Traigan todos los diezmos a la tesorería del templo, para que haya alimento suficiente en mi Templo. Si lo hacen, yo abriré las ventanas de los cielos y haré que venga sobre ustedes una benéfica y oportuna lluvia sobre sus campos para que obtengan abundantes cosechas. ¡Los exhorto a que me prueben en esto! ¹¹Sus cosechas serán grandes, porque yo las cuidaré de los insectos y de las plagas; sus uvas no caerán antes de madurar. Lo digo yo, el Señor Todopoderoso.

¹²»Y todas las naciones los llamarán afortunados, porque la suya será una tierra caracterizada por la alegría y la abundancia. Lo digo yo, el Señor Todopoderoso.

### Insolencia de Judá

¹³»La actitud de Judá hacia mí ha sido orgullosa y arrogante. Lo digo yo, el Señor. Pero ustedes se atreven a preguntar: "¿Qué cosas malas hemos dicho contra ti?"

¹⁴»Óiganme bien; ustedes han dicho: "De nada sirve respetar a Dios y obedecerlo. ¿Qué provecho hay en seguir sus instrucciones, y en entristecernos y arrepentirnos por nuestras malas acciones? ¹⁵De ahora en adelante, en lo que respecta a nosotros, más bien afirmaremos que los soberbios son dichosos. Porque es evidente que los que hacen el mal son los que prosperan y los que viven sin seguir las instrucciones de Dios salen bien librados de cualquier situación".

¹⁶Entonces los que respetaban y amaban al Señor hablaron de él a sus compañeros. Y el Señor anotó en un libro de memorias los nombres de los que honran y respetan su fama. ¹⁷«Ellos serán para mí como el tesoro más precioso. En el día del juicio los perdonaré, así como el padre perdona al hijo que le respeta y honra. ¹⁸Entonces verán ustedes la diferencia entre el tratamiento que Dios proporciona a los buenos y a los malos, entre los que le respetan y viven de acuerdo a sus instrucciones y los que no lo hacen.

### El día del Señor

**4** »Miren, el día del juicio se acerca. Será un día ardiente, como un horno. Ese día los soberbios y los malvados serán quemados como la paja; serán consumidos por completo, de modo que no quedará nada de ellos. Lo digo yo, el Señor Todopoderoso.

²»Pero para ustedes que respetan mi fama, se levantará el Sol de Justicia trayendo en sus rayos la salvación. Entonces serán libres y saltarán con gozo, como los terneros que son sacados del establo. ³Entonces ustedes derrotarán con facilidad a los perversos, y éstos serán como ceniza bajo sus pies. Lo digo yo, el Señor Todopoderoso.

⁴»Pongan mucho cuidado en seguir las instrucciones que di a todo Israel por medio de mi servidor Moisés, en el monte Horeb.

⁵»Miren, antes de que llegue mi día de juicio, que será un día muy impactante, yo les enviaré otro profeta

# Malaquías

1 Este es el mensaje dado por el Señor a Israel, por medio del profeta Malaquías:

## El amor de Dios por su pueblo

2,3 «Te he amado con amor profundo», dice el Señor. Pero preguntas: «¿De qué manera nos demuestras que nos amas?»

Y el Señor responde: «Bien, recuerden que Esaú era el hermano mayor de Jacob, sin embargo yo preferí a Jacob sobre Esaú. Además, desolé las montañas y los campos de Esaú de tal manera que ahí sólo pudieran vivir los chacales del desierto».

4 Si los descendientes de Edom dicen: «Reedificaremos las ruinas», el Señor Todopoderoso les responde: «Inténtenlo, si quieren, pero yo las destruiré nuevamente, porque su tierra se llama debido a mí territorio de maldad y pueblo contra el cual el Señor está enojado para siempre. 5 Y ustedes, israelitas, lo podrán ver con sus propios ojos, y dirán: «¡Verdaderamente el gran poder del Señor se extiende más allá de nuestras fronteras!»

## El culto al Señor

6 El hijo respeta a su padre y el esclavo a su amo. Yo, el Señor Todopoderoso, sin embargo les pregunto a ustedes, sacerdotes, que no le dan ninguna importancia a mi gran fama: «Si soy su Padre, ¿por qué no me respetan? Si soy su Amo, ¿por qué no me tienen temor?»

Pero ustedes aún se atreven a preguntar: «¿Cuándo hemos tenido en nada tu gran fama?»

7 ¡Pues lo hacen cuando ofrecen sacrificios rituales inadecuados sobre mi altar!

«¿Sacrificios rituales inadecuados dices? ¿Cuándo hemos hecho tal cosa?», vuelven a preguntar los sacerdotes.

Y el Señor les responde: «Cada vez que dicen a la gente de Israel: "No se preocupen por traer una ofrenda valiosa a Dios. 8 Pueden traer animales cojos para ofrecer en el altar del Señor. También pueden traer animales enfermos y ciegos". ¿Pretenden que esto no es malo? Si ustedes le regalan esos animales a su gobernante, ¿creen que los recibirá con gusto? ¿Creen que pensará bien de ustedes?» Lo digo yo, el Señor Todopoderoso.

9 «¡Que Dios tenga misericordia de nosotros!», suplican. «¡Que Dios se apiade de nosotros!» Pero, ¿por qué habría de apiadarme de ustedes cuando traen ese tipo de presentes?, pregunta el Señor Todopoderoso.

10 «Ah, si pudiera encontrar un sacerdote entre ustedes que cerrara las puertas y se negara a recibir ese tipo de sacrificios rituales! ¡No me traigan más esas ofrendas, pues estoy disgustado con ustedes, y me desagradan todas sus ofrendas! Lo digo yo, el Señor Todopoderoso.

11 »Sepan que mi fama es muy grande y respetada en todas las naciones que hay desde el oriente hasta el occidente. Por todo el mundo ofrecen perfumes delicados y ofrendas puras en honor a mi gran fama. ¡De qué manera se ha extendido mi fama entre las otras naciones! Lo digo yo, el Señor Todopoderoso.

12 »Pero ustedes dañan mi fama cuando dicen que mi altar no tiene importancia, y cuando animan a la gente a que traiga animales baratos y enfermos para ofrecer en sacrificio ritual sobre mi altar. 13 Ustedes dicen: "Es muy molesto servir al Señor y hacer lo que él pide". Luego desprecian las instrucciones que él les ha dado. ¡Imagínense! ¡Animales robados, cojos y enfermos como ofrendas a Dios! ¿Creen acaso que puedo aceptar esa clase de ofrendas?, les pregunto yo, el Señor. 14 ¡Maldito todo aquel que me promete un carnero sano de su rebaño, pero luego lo sustituye por uno enfermo! Porque yo soy el gran Rey, y no permitiré que mi gran fama sea tenida en menos en las naciones por culpa de ustedes. Lo digo yo, el Señor Todopoderoso.

## Juicio contra los sacerdotes

2 »Oigan, ustedes sacerdotes, esta advertencia: 2 Si no cambian su conducta y le dan la importancia que merece mi gran fama, yo enviaré un castigo terrible sobre ustedes, y en vez de darles bendición, como me gustaría hacerlo, me volveré contra ustedes con toda clase de males. Por cierto, ya los he maldecido, porque ustedes no han tomado en serio las cosas que para mí son importantes, dice el Señor.

3 »Tengan en cuenta que cortaré su descendencia y arrojaré contra sus rostros los excrementos de estos animales que me ofrecen, y los echaré a ustedes fuera como si fueran basura. 4 Entonces al fin sabrán que fui yo quien les dio la advertencia de que debían vivir guiándose en las instrucciones que di a su padre Leví. Lo digo yo, el Señor Todopoderoso. 5 El propósito del convenio que hice con él era proporcionarle una vida próspera y paz. Le di mis instrucciones para que aprendiera a respetarme, y él me obedeció y tuvo en muy alta estima mi gran fama. 6 Él dio a conocer al pueblo todas las enseñanzas verdaderas que yo le había dado. Nunca intentó engañar a la gente; caminó de acuerdo a mi voluntad y consejos, vivió una vida buena y practicando la justicia, e hizo que muchos abandonaran su vida de maldad.

7 »Los sacerdotes deberían encargarse de dar a conocer al pueblo mis instrucciones, y estar siempre dispuestos a enseñar las cosas buenas que yo quiero mi pueblo realice. ¡Ellos son los mensajeros del Señor Todopoderoso! 8 Pero ustedes en realidad han hecho lo contrario, con sus malos consejos y ejemplos han hecho que muchos se descarríen y hagan muchas cosas malas. Ustedes han hecho que el convenio que hice con Leví no valga nada. Lo digo yo, el Señor Todopoderoso. 9 Por eso yo los he hecho despreciables a los ojos de todo el pueblo, porque no me han obedecido, y no han aplicado la ley en forma equitativa para todos».

## Deslealtad de Judá

10 ¿Acaso no tenemos todos un mismo padre? ¿No fuimos todos creados por el mismo Dios? Sin embargo, hemos actuado deslealmente unos con otros, pues no le damos la mínima atención al convenio que hicieron nuestros antepasados con el Señor. 11 En Judá, en Israel y en Jerusalén hay traición, porque los hombres de Judá han contaminado el santo templo del Señor que él tanto ama, al haberse ellos casado con mujeres paganas que adoran ídolos. 12 ¡Ojalá el Señor Todopoderoso expulse de su pueblo hasta el último hombre

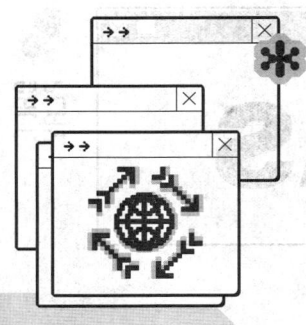

## PANORAMA DEL LIBRO

La profecía de él es "contra" el pueblo de Israel (1:1). Es decir, Dios le envía un mensaje de reproche a todo su pueblo. La reprensión es presentada como si fuera un diálogo entre Dios y el pueblo, el cual contesta con preguntas que dan la impresión de que se creía inocente. El libro hace un llamado a practicar una adoración más sincera y, a la vez que la vida de los judíos se ajuste a las demandas éticas del pacto con el Señor. Estas exigencias están basadas en una premisa teológica bastante sencilla, pero profunda: "'Yo los he amado', dice el Señor" (Mal. 1:2). A la vez, como en la mayoría de los profetas, termina con una nota de esperanza, basada en la venida de "Elías" en el "Día del Señor" (lee Mt. 11:14; 17:12; Mr. 9:12).

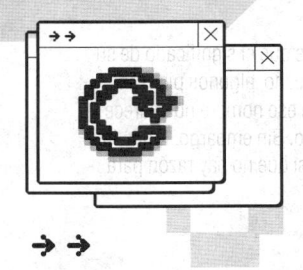

## ¿CÓMO SE RELACIONA CONMIGO?

Este libro se escribe en un momento en el que la gente luchaba por creer que Dios todavía los amaba (Malaquías 1: 2). El pueblo se había centrado en sus circunstancias desafortunadas sin reconocer que la causa de ellas eran sus propios actos pecaminosos, así que Dios les señaló a través de Malaquías que si esperaban ver cambios tenían que asumir la responsabilidad de sus propias acciones y servir a Dios fielmente de acuerdo con la promesa que sus padres le habían hecho a Dios en el pasado.

Este libro es un llamado crucial a permitir que el amor que Dios ha mostrado por nosotros en el pasado inunde cada área de nuestra vida para transformarla en el presente. La pregunta de fondo es cuánta influencia práctica tiene el amor de Dios en nuestra vida y si en verdad confiamos en Él. Este llamado de Malaquías nos impulsa a vivir fielmente ante Dios y nos ofrece la esperanza de que Dios aún no ha terminado de extender su misericordia a nosotros (Malaquías 3:1; 4:2, 5-6).

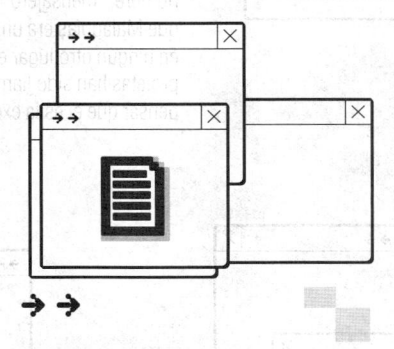

## EL GUION

1) El amor de Dios es afirmado. Cap. 1:1-5
2) El amor de Dios es rechazado. Caps. 1:6-3:15
3) Dios protegerá a los que responden a su amor. Caps. 3:16-4:6

# MALAQUÍAS

# MALAQUÍAS

DALE PLAY

→ →

### ¿QUIÉN LO ESCRIBIÓ?

Del autor no se sabe absolutamente nada más que el significado de su nombre, "mensajero" o "mi mensajero". De hecho, algunos piensan que Malaquías era un sobrenom- bre, porque ese nombre no aparece en ningún otro lugar en el Antiguo Testamento. Sin embargo, todos los profetas han sido llamados por su nombre, así que no hay razón para pensar que él es la excepción.

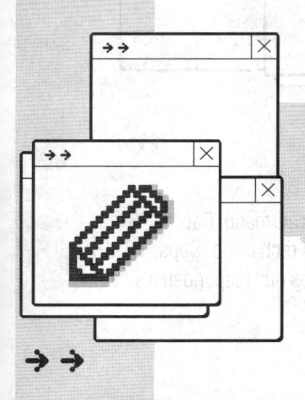

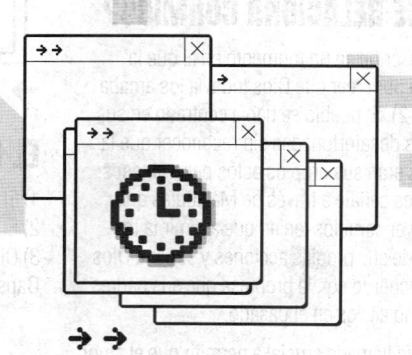

→ →

### ¿A QUIÉN LO ESCRIBIÓ?

El ministerio de Malaquías se desarrolla casi un siglo después del de Hageo. El pueblo judío que trabajó de manera tan entusiasta en Hageo, había cambiado. Quizá la espera del cumplimiento de las promesas de Zacarías les pareció muy larga y ellos volvieron a comportarse indignamente. Entre la audiencia del profeta estaban los cínicos, los apáticos, los mediocres, los que dudaban, los deshonestos e incluso algunos claramente impíos. Entonces Dios los reprendió a través del profeta Malaquías. En el libro hay mensajes especialmente dirigidos a los líderes espirituales del pueblo (Mal. 1:6-2:9).

→ →

### ¿CUÁNDO Y DÓNDE LO ESCRIBIÓ?

Es muy difícil señalar una fecha exacta para la composición del libro, pero la mayoría de estudiosos ubican su ministerio un poco antes de las reformas de Esdras y Nehemías (465 a.C.) Algunos incluso creen que Malaquías fue contemporáneo de Nehemías. El libro fue escrito en la ciudad de Jerusalén.

que cualquiera que vaya a presentar un sacrificio al Señor, podrá usarlas y cocer en ellas. En aquel día ya no habrá más mercaderes abusivos en el templo del Señor Todopoderoso».

mogénito, habrá luto como si se les hubiera muerto el hijo mayor.

¹¹»En aquel día, el lamento que habrá en Jerusalén será tan grande como el que los paganos hacen por su dios Hadad Rimón en el valle de Meguido.

¹²⁻¹⁴»Todo Israel llorará con profundo pesar. Toda la nación hará lamento con una aflicción que será general: rey, profeta, sacerdote y pueblo. Cada familia, por separado, llorará y hará duelo. Será igual para la familia de David, la de Natán, la de Leví, la de Simí, y todas las demás. Hombres y mujeres llorarán por igual. Cada familia llorará su propia tragedia, y también se hará duelo por el destino de todo el pueblo.

### Limpieza del pecado

**13** »En aquel día será como abrir un gran manantial en donde la descendencia real de David y todos los habitantes de Jerusalén puedan purificarse de todas las maldades que han cometido.

²»En aquel día, dice el Señor Todopoderoso, haré desaparecer todo vestigio de adoración de ídolos de la tierra, de tal modo que se olvidará aun el nombre de esos ídolos. Todo falso profeta, junto con su espíritu de mentira que los inspira, será también eliminado. ³Y si alguien comienza nuevamente con profecías falsas, su propio padre o su madre lo matarán. "Debes morir", le dirán, "porque has difundido mentiras como si fueran mensajes de parte del Señor".

⁴»Entonces nadie se jactará de tener dones proféticos. Nadie usará la túnica típica de profeta para engañar nuevamente al pueblo con sus mentiras. ⁵En vez de jactarse que son profetas, cada uno dirá: "No, yo no soy profeta; soy campesino. Toda mi vida me la he pasado en el campo". ⁶Y si alguien le pregunta: "Entonces, ¿qué significan las cicatrices que tienes en las manos?", él responderá: "Son heridas que me hicieron mis propios amigos".

### El pastor herido, las ovejas dispersas

⁷»El Señor Todopoderoso exclama: ¡Mi espada será lanzada contra mi pastor, contra aquel que había hecho mi compañero de confianza! ¡Herido el pastor, entonces las ovejas se dispersarán! ¡Yo mismo me encargaré de matar a los corderitos!

⁸»Dos tercios del pueblo de Israel serán exterminados, pero un tercio quedará a salvo sobre la tierra. ⁹A este tercio restante lo someteré a una dura prueba, será como hacerlo pasar por el fuego para purificarlo, así como se hace con el oro y la plata para refinarlos. Entonces se dirigirán a mí con oraciones fervientes y yo les pondré atención. Diré: "¡Este es mi pueblo!", y ellos dirán: "El Señor es nuestro Dios".

### El reinado venidero del Señor

**14** »¡Cuidado! ¡Se acerca el día en que el Señor se manifestará con poder! ²En aquel día, el Señor reunirá a las naciones para que ataquen a Jerusalén; la ciudad será tomada, serán saqueadas las casas, se repartirá el botín, las mujeres serán violadas; la mitad de la población será llevada cautiva a la esclavitud, pero la otra mitad se quedará aquí en su tierra.

³»Entonces intervendrá el Señor, y peleará a favor de Israel contra todas las naciones enemigas que lo habían atacado; peleará como en sus grandes días de guerra. ⁴En ese día pondrá sus pies sobre el monte de los Olivos, el que está al oriente de Jerusalén, y el monte se partirá en dos, formando un extenso valle que irá de este a oeste, porque una mitad del monte se moverá hacia el norte, y la otra mitad lo hará hacia el sur. ⁵Entonces ustedes podrán escapar por aquel valle, hacia Asal. Sí, huirán como lo hicieron sus antepasados hace muchos años, cuando hubo un terremoto en tiempos de Uzías, rey de Judá. Y entonces vendrá el Señor mi Dios, y todos sus santos le acompañarán.

⁶»En aquel día no se sabrá con precisión si es de día o de noche. ⁷Será un día único, muy especial, que sólo el Señor sabe cómo será. No habrá días ni noches como estamos acostumbrados; a la hora que normalmente anochece habrá plena luz.

⁸»En aquel día, las aguas que todo lo llenan de vida y verdor fluirán desde Jerusalén, la mitad hacia el Mar Muerto y la otra mitad hacia el Mediterráneo, corriendo continuamente en invierno y en verano, sin agotarse. ⁹Y el Señor será Rey sobre toda la tierra. En aquel día solo el Señor será reconocido como Dios, y sólo su nombre será reconocido como digno de honor y homenaje.

¹⁰»Toda la tierra, desde Gueba, en el norte, hasta Rimón, al sur de Jerusalén, será una extensa llanura, pero Jerusalén estará en un sitio elevado, abarcando el área que se extiende desde la puerta de la ciudad de Benjamín hasta el lugar conocido como de la puerta Vieja, y hasta la puerta del Ángulo, y desde la torre de Jananel hasta donde se encuentran los lagares del rey. ¹¹Y Jerusalén será de nuevo habitada por sus propios ciudadanos; en ella se gozará de paz y seguridad, y nunca más volverá a ser destruida.

¹²»Y el Señor enviará una plaga contra todos los pueblos que lucharon contra Jerusalén. Serán como cadáveres vivientes, pues se les pudrirá la carne, se les hundirán los ojos en sus cuencas, y la lengua se les pegará al paladar. ¹³Se llenarán del terror y la angustia provocados por el Señor, y pelearán unos contra otros, completamente confundidos.

¹⁴»Toda Judá estará peleando en Jerusalén. En torno a Jerusalén serán reunidas las riquezas de las naciones vecinas, las que les serán arrebatadas por completo: grandes cantidades de oro, plata y vestidos. ¹⁵La misma plaga alcanzará a caballos, mulas, camellos, burros y a todos los animales del campamento enemigo.

¹⁶»Al final, los que sobrevivan la plaga subirán cada año a Jerusalén para ofrecer homenaje al Rey, al Señor Todopoderoso, y para celebrar la fiesta de los Tabernáculos. ¹⁷Y toda nación, de cualquier parte del mundo, que se niegue a venir a Jerusalén a ofrecer homenaje al Rey, al Señor Todopoderoso, no recibirá lluvia. ¹⁸Y si los de Egipto se niegan a acudir, tampoco recibirán lluvia. El Señor castigará con alguna otra plaga a quienes no suban a Jerusalén a participar de la fiesta de los Tabernáculos. ¹⁹Así que Egipto y los demás países serán castigados con sequía si se niegan a subir a participar de dicha fiesta.

²⁰»En aquel día habrá la siguiente inscripción en las campanillas de los caballos: "Consagrado al Señor". Las ollas que se usan en el templo del Señor serán consideradas tan especiales y de uso exclusivo como las copas que se usan para esparcir la sangre frente al altar del sacrificio, en el templo. ²¹En realidad, todas las ollas que haya en Jerusalén y en Judá, serán consagradas al Señor Todopoderoso. De modo

sus oraciones llenas de angustia. ⁷Los de Efraín serán como guerreros poderosos. Estarán alegres como si hubieran bebido vino. Sus hijos también verán las misericordias del Señor y se alegrarán. Ellos también estarán felices al darse cuenta que el Señor siempre está con ellos. ⁸Los llamaré con silbido y ellos vendrán corriendo; cuando los haya rescatado, volverán a ser un pueblo numeroso y fuerte, como lo fueron en el pasado.

⁹»Aunque los esparza como semillas entre las naciones, aún en esos pueblos lejanos se acordarán de mí. Aunque llegaran a vivir con sus hijos lejos de su tierra, regresarán a ella de nuevo. ¹⁰Los haré volver de Egipto y de Asiria y los restableceré en Israel, en Galaad y en el Líbano; ¡y hasta les quedará faltando espacio! ¹¹Ellos pasarán a salvo por el mar de la angustia porque yo aquietaré sus olas. Haré que el profundo Nilo quede seco por completo. ¡Acabaré con el orgullo de Asiria, y derribaré la prepotencia de Egipto!

¹²»Yo mismo fortaleceré a mi pueblo, y haré que avancen confiados en mi permanente ayuda. Lo afirmo yo, que soy el Señor Todopoderoso».

**11** ¡Líbano! ¡Abre tus puertas, para que el fuego devore tus cedros! ²Lloren, pinos, por todos los cedros destruidos; los más altos y hermosos de ellos cayeron. ¡Griten de miedo, encinas de Basán! ¡Lloren por ese enorme bosque que ha sido devorado por el fuego! ³¡Se escucha el llanto de los pastores al ver cómo desaparece la pradera! ¡Se oye el rugido triste de los leones que quedan en desamparado! ¡La llanura fértil del Jordán se ha convertido en paraje desolado y triste!

### Los dos pastores

⁴Entonces me dijo el Señor mi Dios: «Apacienta las ovejas que van a ser llevadas al matadero. ⁵Los que las compran, las matan sin sentir ninguna culpa; y los que las venden dicen: "¡Gracias a Dios, ahora soy rico!". Ni siquiera a sus propios pastores les importa su suerte. ⁶Por ello tampoco yo tendré compasión de la gente de este país, dice el Señor. Dejaré que sus propios jefes impíos se apoderen de ellos. Dejaré que los exploten y opriman, y no haré nada por defenderlos».

⁷Así que tomé dos varas de pastor y las llamé «Gracia» y «Unión», y apacenté las ovejas, es decir, a la gente más desprotegida del pueblo, en la forma que se me había ordenado. ⁸Me deshice de tres pastores malvados en un solo mes. Realmente no podía soportar su ineficacia, además de que ellos me odiaban.

⁹Así que les dije: «No seré más su pastor. La que muera, que muera. Si las matan, no me importará. Sigan adelante, ¡destrúyanse ustedes mismas! ¡Cómanse unas a otras, si eso es lo que quieren!»

¹⁰Entonces tomé la vara de pastor llamada «Gracia» y la partí. De este modo di a entender que Dios había roto el pacto de gracia que había hecho con todas las naciones. ¹¹Eso puso fin al pacto. Entonces los que miraban comprendieron que Dios les daba un mensaje por medio de lo que hice.

† ¹²Y yo dije a los jefes: «Si les parece bien, páguenme mi salario, lo que estimen conveniente, y si no, quédense con él». Entonces ellos me dieron como pago solamente treinta monedas de plata.

¹³Entonces el Señor me dijo: «¡Toma esas monedas, ese "espléndido salario" que me han dado, y depósitalas en la tesorería del templo!» Así que tomé las treinta moneditas y las eché en la tesorería.

¹⁴Entonces quebré la otra vara de pastor, a la que había llamado «Unión», para mostrar que el lazo de unión entre Judá e Israel quedaba roto.

¹⁵Luego el Señor me dijo: «Ahora te vestirás como uno de esos malos pastores, que no cuidan a sus ovejas. ¹⁶Porque voy a darle a esta nación un pastor que no se preocupará de las moribundas; no buscará las pequeñas, ni curará a las heridas, ni llevará a las cansadas en sus brazos; en cambio, se comerá a las gordas y les romperá las pezuñas».

¹⁷¡Ay del pastor que no sirve para nada, que abandona su rebaño! ¡Que una espada le hiera su brazo, y no le quede sirviendo para nada! ¡Que un cuchillo le saque su ojo derecho, para que no vuelva a ver con él!

### Destrucción de los enemigos de Jerusalén

**12** Este es el mensaje que el Señor tiene acerca de Israel: El Señor, que hizo los cielos, que puso los fundamentos de la tierra y que le dio vida al ser humano, dice esto:

²«Haré que Jerusalén sea como una copa de vino que embriague a los pueblos vecinos. También Judá, como Jerusalén, será sitiada. ³Entonces todos los pueblos se juntarán para atacarla. Pero, en ese día, haré que Jerusalén sea como una piedra pesada a la que todos tratarán de levantar. Sin embargo, todos los que lo hagan van a fracasar, y quedarán aplastados debajo de ella.

⁴»En aquel día», dice el Señor, «yo espantaré a todos los caballos, y enloqueceré a todos los jinetes. Ese día dejaré ciegos a todos los caballos de los pueblos, pero cuidaré con toda atención a mi pueblo Judá. ⁵Entonces los jefes de Judá dirán: "¡El Señor Todopoderoso es la fortaleza de Jerusalén! ¡En él basan su gran fuerza!"

⁶»En ese tiempo haré que los jefes de Judá sean como un pequeño fuego que enciende un gran bosque, como antorcha encendida entre las gavillas de paja seca; acabarán con las naciones vecinas como lo hace el fuego con la paja, mientras Jerusalén quedará inconmovible, y volverá a ser habitada. ⁷El Señor salvará, en primer lugar, a las otras familias de Judá, antes que a la familia de David. De ese modo, todos entenderán que para el Señor todos los miembros de su pueblo son de igual valor. Así que la familia de David no podrá pensar que es más importante que las otras.

⁸»En ese tiempo, el Señor defenderá al pueblo de Jerusalén; el más débil de sus habitantes será tan poderoso como el rey David. Y la descendencia real será como Dios mismo, como el ángel del Señor que va delante de ellos.

⁹»En ese tiempo, destruiré a todas las naciones que † se movilicen para atacar a Jerusalén. ¹⁰Entonces llenaré las vidas de los habitantes de Jerusalén de espíritu de gracia y oración, y ellos pondrán su atención en mí, a quien traspasaron, y se lamentarán de su antiguo error como se llora la muerte de un pri-

---

† 11.12–13—Ma 26.15    † 12.10—Jo 20.27

pasados y prometí que los castigaría, los castigué; ¹⁵pero ahora no cambiaré mi determinación de hacerles mucho bien y darles todo lo que necesitan. No tengan temor por nada.

¹⁶»Esto es lo que tienen que hacer: Digan siempre la verdad. Juzguen de manera justa y de acuerdo a la verdad de los hechos. Vivan en paz con todos. ¹⁷No piensen en causar daño a su prójimo; no juren que algo es verdadero, cuando es falso. Todo este tipo de cosas yo las repruebo, dice el Señor».

¹⁸Este es otro mensaje que recibí del Señor Todopoderoso:

¹⁹«Los ayunos y los otros rituales tradicionales de los meses cuarto, quinto, séptimo y décimo ya no serán expresión de constricción sino de alegría y festejo; serán días de fiesta y de gozo para todo el pueblo. Me interesa más que amen la paz y la verdad.

²⁰»Gente de diversos pueblos y ciudades vendrán a ustedes, ²¹e irán de una ciudad a otra gritando: "¡Vamos a Jerusalén a pedir que el Señor nos bendiga también a nosotros! ¡Vamos a rendir homenaje al Señor Todopoderoso! ¡Ya estoy listo para partir!" ²²Sí, gente de muchos pueblos, aun naciones poderosas, vendrán a Jerusalén para rendir homenaje al Señor Todopoderoso e implorar su bendición.

²³»En aquellos días», dice el Señor Todopoderoso, «sucederá que diez habitantes de diversas naciones agarrarán a un judío por su manto, y le dirán: "¡Por favor, permítenos ir contigo a Jerusalén! ¡Sabemos que Dios está con ustedes!"».

### Juicio contra los enemigos de Israel

**9** Este es el mensaje que el Señor, quien vigila a toda la humanidad, envía contra las ciudades de Jadrac y de Damasco, mensaje al que deben estar muy atentas todas las tribus de Israel, ²De igual manera su vecina Jamat y las naciones de Tiro y Sidón, que se sienten muy superiores debido a su cultura.

³Aunque Tiro se ha armado hasta los dientes, y se ha enriquecido, al punto que la plata ahí brilla por todas partes y atesora oro hasta para recubrir sus calles, ⁴el Señor la despojará y echará sus riquezas en el mar; luego será incendiada, quemada hasta quedar convertida en cenizas.

⁵Ascalón verá todo esto y temblará de miedo; Gaza se desesperará y Ecrón estará confundido, sin saber ni siquiera qué hacer, sin esperanza. Gaza se quedará sin rey, y Ascalón se quedará vacía.

⁶Extranjeros tomarán posesión de la ciudad de Asdod, y yo destruiré a los orgullosos filisteos. ⁷Arrancaré de un tirón la idolatría que practican como se arranca la presa de una fiera; quitaré de entre sus dientes las presas capturadas en su violencia. Pero nuestro Dios dejará algunos filisteos con vida, los cuales llegarán a ser parte de Judá y serán tratados con mucha consideración; pero los filisteos de Ecrón serán tratados como los jebuseos, con mucha dureza. ⁸Y cuidaré mi templo como un vigilante, para impedir que ningún enemigo entre. ¡Nunca más un enemigo atacará a mi pueblo, pues ahora yo soy su poderoso guardián!

### El rey de Sión

†⁹¡Regocíjate grandemente, pueblo mío! ¡Grita de alegría, Jerusalén! ¡Tu rey viene montado sobre un burrito! ¡Es un rey justo y humilde, y viene a salvarte! ¹⁰Destruirá los carros de guerra de Efraín y la caballería de Jerusalén. Acabará con el poderío militar de los fuertes y establecerá la paz entre las naciones. Su reino se extenderá de mar a mar, desde el río Éufrates hasta el último rincón de la tierra.

### Restauración de Israel

¹¹Debido al pacto que hice contigo, el cual sellé con sangre, yo libraré a tus cautivos de ese pozo seco que les servía de prisión. ¹²¡Presos, váyanse ahora a la tierra donde está la salvación, porque aún hay esperanza! Prometo ahora darles el doble de cosas buenas por cada dolor que sufrieron. ¹³Judá, te usaré como si fueras mi arco, y a ti, Efraín, como si fueras mi flecha. Ambos serán instrumentos poderosos, como espada de soldado valiente blandida contra los hijos de Grecia.

¹⁴El Señor dirigirá a su pueblo en la batalla. Sus flechas serán como rayos; el Señor Dios hará sonar la trompeta dando las órdenes en la batalla, y saldrá contra los enemigos como si fuera un torbellino que viene desde el desierto del sur. ¹⁵El Señor Todopoderoso defenderá a su pueblo. Por eso, ellos pisotearán, victoriosos, las armas de sus enemigos; celebrarán con gozo su victoria, beberán vino hasta embriagarse, y derramarán la sangre de sus enemigos, como la sangre de los animales sacrificados que se deposita en los tazones y luego se derrama sobre el altar. ¹⁶Ese día, el Señor su Dios los salvará, los tratará como un pastor a sus ovejas. Y al estar de nuevo en su tierra, brillarán como piedras preciosas. ¹⁷¡Todos apreciarán la bondad y hermosura de Dios! ¡La felicidad del pueblo será muy grande! ¡Qué bello será todo aquello! ¡El trigo dará vigor a sus jóvenes, y el vino dulce alegrará a las muchachas!

### El Señor cuidará de Judá

**10** ¡Pidan al Señor las lluvias tardías! Y él les responderá con relámpagos y lluvias. El campo dará abundante hierba verde. ²¡Qué necedad es pedir algo a los ídolos! Las predicciones de los adivinos son un montón de mentiras necias; ¿qué consuelo hay en promesas que no llegan a cumplirse? Judá e Israel han sido engañados por ellos y por eso ahora vagan como ovejas perdidas; todos las atacan porque no tienen pastor que las defienda.

³Mi ira se ha encendido contra los que dicen ser tus pastores, contra tus jefes, y los castigaré. Porque ha llegado el Señor Todopoderoso a defender a Judá, su rebaño. Lo haré fuerte y distinguido como caballo de honor en el combate. ⁴De Judá saldrá la piedra del ángulo, que es la más importante de una construcción; y la estaca más resistente de su tienda de campaña; también el arco para la guerra; saldrán también jefes eficaces gobernantes. ⁵Entonces serán como guerreros valientes que dominan claramente a sus enemigos, dejándolos tendidos en las calles, y que enfrentan y derrotan también a las fuertes caballerías enemigas, porque saben que el Señor está con ellos.

⁶»Yo fortaleceré a Judá, y protegeré a la casa de Israel. Haré que de nuevo sean prósperos y felices, porque los amo. Será como si nunca los hubiera desechado, porque yo, el Señor su Dios, habré escuchado

† 9.9—Ma 21.1–10

## ZACARÍAS 6.8

⁸Entonces el ángel me llamó y me dijo: «Los que fueron hacia el país del norte han ejecutado mi juicio, y han así han apaciguado mi ira contra ese país».

### La corona para Josué

⁹En otro mensaje el Señor me dijo: ¹⁰«Los exiliados Jelday, Tobías y Jedaías han llegado de Babilonia. ¹¹Ve y pídeles el oro y la plata que han traído, y dirígete a la casa de Josías hijo de Sofonías. Pídele que con ese oro y esa plata haga una corona. Le pondrás esa corona al sumo sacerdote Josué hijo de Josadac, ¹²y le darás este mensaje que yo, el Señor Todopoderoso, le envío: "Haré que surja en la tierra un hombre, cuyo nombre será Renuevo, él será el encargado de edificar el templo del Señor. ¹³ Él construirá el templo del Señor, luego se sentará sobre su trono real para gobernar. También un sacerdote se sentará sobre otro trono, a su lado, y habrá completa paz y armonía entre ellos".

¹⁴»Luego pondrás la corona en el templo del Señor, para recordar a quienes dieron la plata y el oro para hacerla, esto es, a Jelday, Tobías, Jedaías y Hen hijo de Sofonías. ¹⁵Cuando ustedes estén dispuestos a poner atención a mis instrucciones y a obedecerme, entonces muchos de los que están lejos vendrán y ayudarán a reconstruir el templo del Señor. Entonces reconocerán que yo, el Señor Todopoderoso, me he comunicado con ustedes a través de Zacarías, mi servidor».

### Justicia y misericordia en lugar de ayuno

**7** El día cuatro del mes noveno, que es el mes llamado Quisleu, del cuarto año del reinado de Darío, el Señor le comunicó otro mensaje a Zacarías. ²Los judíos de la ciudad de Betel habían enviado un grupo de hombres encabezados por Saréezer, principal funcionario administrativo del rey, y a Reguen Mélec, al templo del Señor, en Jerusalén. El motivo de la visita era, además de pedir la ayuda del Señor, ³preguntarles a los sacerdotes y a los profetas si debían o no continuar con la práctica del ayuno del mes quinto del año, tal como lo venían haciendo desde hacía varios años.

⁴Esta fue la respuesta que el Señor Todopoderoso les dio a través del profeta Zacarías:

⁵«Cuando regresen a Betel, digan a su pueblo y a sus sacerdotes: "Durante setenta años de exilio, cada vez que ayunaron y se humillaron en los meses quinto y séptimo, ¿lo hacían pensando sinceramente en dejar de cometer maldades y ser fieles a mis instrucciones? ¡No, de ninguna manera! ⁶Aun ahora, en sus fiestas llenas de pompa, no piensan en agradarme a mí, sino en sus comilonas y borracheras"».

⁷Hace muchos años, cuando Jerusalén y las ciudades vecinas estaban llenas de gente y tenían paz, cuando también el desierto del Néguev y los valles del oeste estaban poblados, los antiguos profetas les advirtieron que esta actitud los conduciría a la ruina, como efectivamente ocurrió.

⁸De nuevo Zacarías recibió un mensaje del Señor: ⁹«Esto es lo que dice el Señor Todopoderoso: Sean honrados y justos, no reciban soborno y muestren misericordia y bondad hacia todos. ¹⁰Dejen de oprimir a las viudas y a los huérfanos, a los extranjeros y a los pobres. Dejen de pensar en cometer maldades contra sus vecinos.

¹¹»Sus antepasados no atendieron este mensaje. Se mostraron soberbios, dieron la espalda y se taparon los oídos con los dedos para no oírme. ¹²Endurecieron su corazón como si fuera pedernal, para no hacer caso a las palabras que yo, el Señor Todopoderoso, les enviaba, las instrucciones que por mi Espíritu había revelado a los profetas antiguos. Por esta razón yo, el Señor Todopoderoso, los traté con mucha cólera y rigor. ¹³Fue por esta situación que cuando ellos clamaron a mí, yo no atendí a sus ruegos, así como ellos no quisieron obedecerme cuando yo les hablé. ¹⁴Los esparcí como con un torbellino hacia naciones lejanas. La tierra de ellos quedó desolada; nadie viajó por ella; la tierra que en tiempo era tan próspera quedó convertida en estéril desierto».

### El Señor promete bendecir a Jerusalén

**8** Volví a recibir un mensaje del Señor Todopoderoso.

²El Señor Todopoderoso dice: «Es tanto mi amor por Jerusalén, que hasta siento celos por ella, sí, unos celos que me llenan de ira contra sus enemigos. ³Ahora voy a regresar a mi tierra y habitaré en Jerusalén, y Jerusalén será conocida como "Ciudad Fiel", y Sión será llamado "Monte Santo"».

⁴El Señor Todopoderoso declara: «En las calles de Jerusalén se volverán a sentar los ancianos y las ancianas, andarán apoyados en su bastón, debido a su avanzada edad. Sí, sus habitantes vivirán de nuevo muchos años. ⁵De nuevo, los niños y las niñas de la ciudad jugarán confiados en sus calles».

⁶El Señor Todopoderoso dice: «Esto parece increíble para ustedes que son un resto pequeño y desalentado, pero no es una cosa difícil para mí. ⁷Pueden estar seguros de que yo rescataré a mi pueblo desde el oriente hasta el occidente, de dondequiera que hayan sido llevados cautivos. ⁸Yo los haré volver a su casa nuevamente, y ellos vivirán tranquilos en Jerusalén, y serán mi pueblo, y yo seré su Dios, un Dios justo y fiel».

⁹El Señor Todopoderoso dice: «A ustedes que han escuchado los mensajes de los profetas, desde el momento en que se comenzaron a echar los cimientos del templo del Señor Todopoderoso, les digo: ¡Anímense y pónganse a trabajar! ¹⁰Recuerden que anteriormente no se les pagaba ningún salario, ni a los animales se les daba su alimento. Nadie podía viajar tranquilo de un lado a otro, debido al enemigo. Yo mismo hice que los habitantes del país estuvieran enemistados unos con otros.

¹¹»Pero ahora todo es diferente con ustedes, que son el pequeño grupo de los que superaron el exilio, dice el Señor Todopoderoso. ¹²Yo estoy poniendo las bases para que ustedes gocen de paz y prosperidad. Sus cosechas serán abundantes, los viñedos estarán sobrecargados de uvas, la tierra será fecunda y habrá abundancia de lluvia para sus cosechas. Todas estas bendiciones serán dadas al pequeño grupo del pueblo que quedó en la tierra después del exilio. ¹³Ustedes, habitantes de Judá e Israel, han sido perseguidos y maltratados por los pueblos vecinos; pero yo voy a defenderlos de aquí en adelante, y serán llenados de cosas buenas por mí. ¡Sigan adelante con entusiasmo en la reconstrucción del templo! ¹⁴Si lo hacen, ciertamente los llenaré de cosas buenas. No cambiaré de parecer. Cuando me enojé contra sus ante-

³Josué, que estaba delante del ángel, tenía ropas sucias. ⁴Entonces el ángel les dijo a los demás que estaban parados allí: «¡Quítenle esa ropa sucia!» Y volviéndose a Josué, le dijo: «Mira, he quitado tu pecado, y te vestiré con ropa de dignidad».

⁵Entonces ordenó: «Pónganle también una mitra en la cabeza, como señal de dignidad». Y ellos se la pusieron, y le pusieron también las ropas de dignatario. ⁶Cuando terminaron de vestirlo, el ángel del Señor le advirtió a Josué: ⁷«Esto es lo que te dice el Señor Todopoderoso: Si te mantienes fiel a mis instrucciones y ejerces con fidelidad tu sacerdocio, entonces te pondré a cargo del templo y cuidarás mis atrios. ¡Y te daré una posición especial entre estos ángeles que están a mi servicio!

⁸»Óyeme, Josué, sumo sacerdote, y que me oigan también tus compañeros, los que están a tu lado, pues ustedes son una señal de las buenas cosas que vendrán: ¡Yo traeré a mi siervo, yo traeré a mi Renuevo! ⁹¡Pon mucha atención, Josué, delante de ti he puesto una piedra! ¡Es una piedra extraordinaria de siete lados! En ella voy a dejar grabado un mensaje. ¡En un solo día perdonaré el pecado de esta tierra! ¡Lo afirmo yo, el Señor Todopoderoso!

¹⁰»Y después de aquello, declara el Señor Todopoderoso, todos ustedes vivirán en paz y prosperidad, y cada uno poseerá su propia casa, con jardines y viñedos, y de nuevo podrá invitar a sus vecinos».

## El candelabro de oro y los dos olivos

4 Entonces el ángel que había estado hablando conmigo me despertó, como si hubiera estado durmiendo, ²y me preguntó: «¿Que ves ahora?» Yo le respondí: «Veo un candelabro de oro que sostiene siete lámparas, y sobre ellas hay un depósito para el aceite de oliva que sirve de combustible y que fluye hacia ellas a través de siete tubos. ³Veo, además, dos olivos junto al candelabro, uno a cada lado del depósito».

⁴Entonces le pregunté al ángel: «¿Qué es esto, señor? ¿Qué significa?» ⁵Y el ángel me preguntó: «¿En realidad, no lo sabes?» Yo le dije que no lo sabía. ⁶De modo que el ángel me dijo: «Este es el mensaje de Dios para Zorobabel: No vencerás con ejército, ni usando tu fuerza, sino sólo con mi Espíritu, dice el Señor Todopoderoso. ⁷Por lo tanto, ninguna montaña, por alta que sea, podrá estorbar a Zorobabel, pues delante de él será solo un valle fácil de atravesar. Tú, Zorobabel, colocarás la primera piedra para construir el templo, y todos gritarán llenos de alegría: "¡Qué preciosa es! ¡Qué preciosa es!"»

⁸Luego el Señor me dijo:

⁹«Zorobabel echó los cimientos de este templo, y él lo completará. ¡Así se confirmará delante de todo el pueblo que yo, el Señor Todopoderoso, te he enviado a darles mi mensaje!

¹⁰»No desprecien este humilde comienzo, porque los ojos del Señor se deleitan en ver el trabajo iniciado, al ver la plomada en la mano de Zorobabel controlando la verticalidad de los muros. Porque estas siete lámparas representan mis ojos, pues yo lo observo todo».

¹¹Entonces le pregunté acerca de los dos olivos que estaban a ambos lados del candelabro, ¹²y acerca de las dos ramas de olivo que vaciaban aceite en vasijas de oro, por medio de dos tubos de oro.

¹³Y el ángel me preguntó: «¿No lo sabes?» Y yo le contesté que no lo sabía. ¹⁴Entonces me dijo: «Representan a los dos ungidos que ayudan al Señor de toda la tierra».

## El rollo que volaba

5 Alcé la vista y vi un rollo que volaba. ²El ángel me preguntó: «¿Qué ves?» Y yo le contesté: «Un rollo que vuela. Tiene unos diez metros de largo por cinco de ancho».

³Entonces el ángel me dijo: «Este rollo representa el castigo que vendrá sobre la tierra. Dice que todos los que roban y mienten han sido juzgados y sentenciados a muerte. En este rollo están registrados en un lado los robos y en el otro los falsos juramentos. ⁴El Señor Todopoderoso ha dicho que él envía su maldición sobre los ladrones y sobre los que usan su nombre para jurar en falso. Y que su maldición permanecerá sobre las casas de ellos y las destruirá completamente».

## La mujer en un recipiente

⁵Entonces el ángel me dejó por unos momentos, pero luego volvió y me dijo: «¡Mira! ¡Algo está apareciendo!»

⁶«¿Qué es?» le pregunté. Y él me respondió: «Es un recipiente que se usa para medir, y está lleno con todas las maldades de todos los que viven en este país».

⁷Repentinamente la pesada cubierta de plomo que estaba sobre el recipiente fue levantada, y pude ver a una mujer sentada dentro del recipiente. ⁸El ángel dijo:

«¡Ella representa la maldad!» Luego la volvió a meter en el recipiente, y colocó de nuevo la pesada tapa de plomo encima.

⁹Entonces alcé de nuevo la vista, y vi a dos mujeres que volaron hacia nosotros en alas como de cigüeña. Tomaron el recipiente y se lo llevaron.

¹⁰«¿A dónde lo llevan?», le pregunté al ángel. ¹¹Él me respondió: «A Babilonia, que es donde le corresponde estar, y donde le construirán un templo. Allí, en el templo, construirán un altar, y sobre éste pondrán ese recipiente».

## Los cuatro carros

6 Nuevamente levanté la vista, y vi cuatro carros que venían de entre lo que parecía dos montañas de bronce. ²El primer carro era tirado por caballos alazanes, el segundo, por caballos negros, ³el tercero por caballos blancos, y el cuarto por caballos pintos. ⁴«¿Y qué son éstos, señor? ¿Qué significan?», le pregunté al ángel.

⁵Él me respondió: «Estos son los cuatro espíritus celestiales que están delante del Señor de toda la tierra; y ahora salen a recorrer la tierra. ⁶El carro tirado por caballos negros irá al norte, el tirado por los caballos blancos irá al oeste, mientras el de los pintos irá al sur».

⁷Estos caballos estaban impacientes por salir a recorrer la tierra de uno a otro extremo; así que el ángel les ordenó: «¡Salgan a recorrer la tierra!» Y ellos salieron de inmediato, y empezaron a recorrer toda la tierra.

# Zacarías

## Un llamado a volver al Señor

**1** En el mes octavo del segundo año del reinado de Darío, el Señor le habló a Zacarías hijo de Berequías y nieto de Idó. El Señor Todopoderoso le pidió que les diera a los israelitas este mensaje: ²«Yo, que soy el Señor, estuve muy enojado con los antepasados de ustedes. ³Pero si ustedes vuelven a serme fieles devotos, entonces yo volveré a estar con ustedes en todo momento. Lo afirmo yo, el Señor Todopoderoso.

⁴»¡No sean como sus antepasados! A ellos, los primeros profetas les rogaron en vano que dejaran de actuar de forma tan malvada. "¡Vamos, vuélvanse de nuevo en fieles devotos del Señor", les decían en nombre del Señor. Pero no. Ellos no quisieron seguir la exhortación; no les hicieron caso a sus palabras.

⁵»Hace tiempo ya que murieron sus antepasados, y también los profetas antiguos. ⁶Pero se cumplió en ellos todo lo que les advertí por medio de mis profetas. Sí, el castigo anunciado cayó sobre ellos. Entonces al fin se arrepintieron. "Hemos recibido del Señor Todopoderoso lo que merecían nuestras malas acciones", dijeron. "El Señor hizo lo que nos había advertido que haría"».

## El hombre entre los mirtos

⁷En el día veinticuatro del mes onceavo, el mes llamado sebat, del segundo año del reinado de Darío, el Señor le habló a Zacarías hijo de Berequías y nieto de Idó. Lo hizo con estas palabras. ⁸Vi en la noche a un hombre montado sobre un caballo alazán que estaba entre los mirtos, en medio de un valle. Detrás de él había otros caballos: alazanes, bayos y blancos, cada uno con su jinete. ⁹Un ángel se paró a mi lado, y yo le pregunté: «Señor, ¿para qué son todos estos caballos?» El ángel me respondió: «Te explicaré». ¹⁰Entonces el jinete del caballo alazán, que estaba entre los mirtos, me dijo: «A estos caballos el Señor los ha enviado a recorrer la tierra».

¹¹Entonces los demás jinetes informaron al ángel del Señor: «Hemos recorrido toda la tierra, y en todo lugar hay paz y prosperidad». ¹²Después de oír esto, el ángel del Señor dijo en oración: «Señor Todopoderoso, durante setenta años has castigado mucho a Jerusalén y las ciudades de Judá. ¿Cuánto tiempo más tendrá que pasar antes de que les muestres tu misericordia nuevamente?»

¹³Y el Señor le respondió con palabras alentadoras y buenas al ángel que estaba parado a mi lado. ¹⁴Entonces el ángel me dijo: «Proclama este mensaje del Señor Todopoderoso: "Amo mucho a Jerusalén, es tan inmenso el amor que le tengo, que hasta siento celos por ella. ¹⁵Estoy encolerizado con las naciones paganas que viven tan tranquilas, porque se aprovecharon de que estuve enojado un poco con mi pueblo, y estas naciones aprovecharon para afligir a mi pueblo mucho más de lo que debían. ¹⁶Por lo tanto, así digo yo, el Señor: Volveré a tener misericordia de Jerusalén, y haré que mi templo sea reedificado. Lo afirmo yo, el Señor Todopoderoso"».

¹⁷El ángel me dijo que también diera este mensaje de parte del Señor Todopoderoso: «Nuevamente las ciudades de Israel volverán a rebosar de prosperidad, y el Señor consolará otra vez a Jerusalén, la bendecirá y vivirá en ella».

¹⁸Luego levanté la vista, y vi cuatro cuernos. ¹⁹Entonces le pregunté al ángel que hablaba conmigo: «¿Qué significan estos cuernos?» Y él me respondió: «Representan las cuatro potencias que han esparcido a Judá, a Israel y a Jerusalén».

²⁰Entonces el Señor me mostró cuatro herreros. ²¹Y le pregunté: «¿Qué han venido a hacer estos hombres?» El ángel me respondió: «Han venido a derribar los cuernos que dispersaron a Judá, y para acabar por completo con su poder, por lo que le hicieron a Judá».

## El hombre con una cuerda de medir

**2** Nuevamente alcé la vista, y vi alrededor mío a un hombre que llevaba en la mano una cuerda de medir. ²Entonces le pregunté: «¿A dónde vas?» Y él me respondió: «Voy a medir a Jerusalén, pues quiero saber cuánto mide de ancho y cuánto de largo».

³Entonces el ángel que estaba conversando conmigo se dispuso a salir, pero en ese momento llegó otro ángel y habló con él él. ⁴Le dijo: «Ve y dile a este joven: "Jerusalén llegará a tener tantos habitantes y tanto ganado, que será una ciudad sin murallas. ⁵Porque yo mismo, que soy el Señor, seré su muro de protección, seré como una muralla de fuego a su alrededor, y además haré sentir siempre mi poderosa presencia dentro de ella".

⁶»¡Vamos, huyan de la tierra del norte, de Babilonia! ¡Fui yo el que los esparcí a ustedes por los cuatro puntos cardinales! ¡Salgan de Babilonia! ¡Regresen a Jerusalén! Lo ordeno yo, que soy el Señor Todopoderoso. ⁷¡Vamos, Israel, es hora de marchar!»

⁸El Señor Todopoderoso me ha enviado a decirles a las naciones que lo oprimieron: «¡El que hace daño a mi pueblo lo pagará muy caro! ¡Quien daña a Israel es como si lastimara la niña de mis ojos! ⁹Los aplastaré con mi puño, y sus mismos esclavos los robarán». Entonces reconocerán que el Señor Todopoderoso me ha enviado.

¹⁰»¡Canta y regocíjate, Jerusalén, porque yo he venido para vivir contigo! Lo afirmo yo, el Señor.

¹¹»En aquel tiempo muchas naciones se convertirán en fieles devotas del Señor. También ellas serán mi pueblo, y viviré en medio de ellas. Entonces sabrán que fue el Señor Todopoderoso quien me envió a ustedes. ¹²Judá será de nuevo herencia del Señor en la Tierra Santa; Dios una vez más ha escogido a Jerusalén para bendecirla. ¹³¡Que toda la humanidad guarde silencio delante del Señor, porque se ha puesto en pie en su santa morada!»

## Ropas limpias para el sumo sacerdote

**3** Entonces el ángel me mostró en la visión al sumo sacerdote Josué que estaba delante del ángel del Señor; y también estaba allí Satanás, a la derecha del ángel, acusando de muchas cosas a Josué. ²El ángel del Señor le dijo a Satanás: «¡Que el Señor te condene a ti, Satanás! ¡Sí, que el Señor, que ha escogido a Jerusalén, te condene! ¿Acaso no ves que a este hombre lo ha librado el Señor del castigo?»

2.10

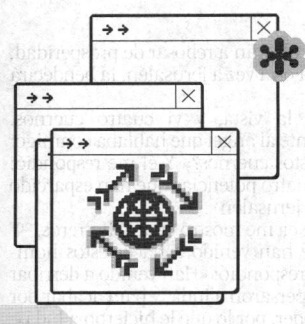

## PANORAMA DEL LIBRO

Este es el libro más largo de los profetas menores, con catorce capítulos y el más apocalíptico. Junto con Hageo, recibió la comisión de animar al pueblo a continuar la labor de reconstrucción del templo. Además, el profeta dio instrucciones acerca de la santidad de vida, necesaria para la reconstrucción de un templo santo. Por último, el libro revela detalles acerca del futuro, sobre todo sobre el Mesías, fuente de esperanza para el pueblo.

## ¿CÓMO SE RELACIONA CONMIGO?

Zacarías es un excelente ejemplo de un mensajero que promueve la santidad sin apelar a los típicos recursos de la culpa y el temor. Este libro contiene el mayor número de pasajes mesiánicos entre los profetas menores y en ese sentido, es posible pensar en el libro de Zacarías como una especie de libro de Isaías en miniatura. Zacarías representa a Cristo tanto en su primera venida (Zacarías 9: 9) como en su segunda venida (9: 10–10: 12). Jesús vendrá, según Zacarías, como Salvador, Juez y, en última instancia, como el Rey justo que gobierna a su pueblo desde Jerusalén (14: 8–9) y por eso su llamado a la santidad se hace desde la perspectiva de Jesús.

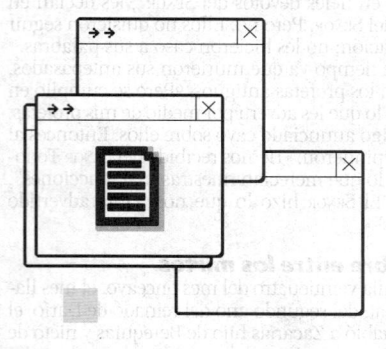

## EL GUION

1) El Señor reanima a través de un llamado al arrepentimiento. Cap. 1:1-6
2) El Señor reanima por medio de visiones que revelan la historia. Caps. 1:7-6:15
3) El Señor reanima por medio de respuestas claras. Caps. 7-8
4) El Señor reanima por medio de una visión del futuro Mesías. Caps. 9-14

# ZACARÍAS

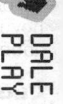

# ZACARÍAS

## ¿QUIÉN LO ESCRIBIÓ?

El autor del libro es Zacarías, hijo de Berequías. Este profeta provenía de una familia sacerdotal. Su abuelo, Idó, fue uno de los sacerdotes que retornó de Babilonia (Nehemías 12:1-4). Así que, por linaje, Zacarías era sacerdote y por llamado era también profeta (Esdras 5:1), como Ezequiel y Jeremías. Aparentemente era muy joven cuando comenzó su ministerio (lee Zac. 2:4), al igual que Daniel y Jeremías. El significado de su nombre es "Jehová recuerda". Algunos piensan que ese nombre le fue puesto por sus padres para dar testimonio de que seguían esperando que Dios se acordara de ellos en el exilio.

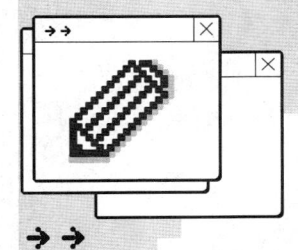

## ¿A QUIÉN LO ESCRIBIÓ?

Zacarías proclamó su mensaje a los judíos que habían regresado bajo el liderazgo de Zorobabel a su tierra. Su ministerio comenzó casi al mismo tiempo que el de Hageo. Sin embargo, mientras éste hizo un llamado a poner en orden las prioridades del pueblo, Zacarías entrega un mensaje de compromiso con Dios y, a la vez, de consuelo y ánimo en forma de visiones proféticas acerca del futuro. En el libro hay, además, mensajes específicos para el líder civil Zorobabel (Zac. 4:6-7), el sumo sacerdote Josué (Zac. 3:8-9) y los sacerdotes como líderes espirituales del pueblo (Zac. 7:4-5).

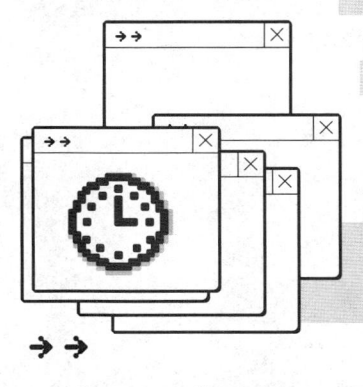

## ¿CUÁNDO Y DÓNDE LO ESCRIBIÓ?

Dos meses después de que Hageo finalizara su profecía, Dios también le habló al pueblo a través del profeta Zacarías exactamente en el mes octavo que es octubre-noviembre (Zacarías 1:1). Así, entonces, la fecha de los primeros ocho capítulos del libro es la misma que la de Hageo: 520 a.C. Los capítulos 9-14 son posteriores; quizá cerca del año 480 a.C. Zacarías se encontraba en Jerusalén cuando escribió su libro.

los olivos no dan frutos, les prometo que a partir de hoy no les faltará nada, pues les voy a regalar con abundancia de todo».

### Cuarto oráculo: Promesas a Zorobabel

[20] Ese mismo día, es decir, el día veinticuatro del noveno mes, el SEÑOR le dio este otro mensaje a Hageo: [21] «Dile a Zorobabel, el gobernador de Judá: "Muy pronto sacudiré los cielos y la tierra; [22] destruiré reinos poderosos y acabaré con el dominio de muchas naciones. Destruiré sus ejércitos, tanto sus carros de guerra como sus jinetes; estarán tan ofuscados que se matarán entre sí. [23] Pero Zorobabel, servidor mío, cuando aquello ocurra, te tomaré y te honraré, serás como anillo de sellar en mi dedo, porque yo te escogí". Lo digo yo, el SEÑOR Todopoderoso».

# Hageo

## Primer oráculo: Exhortación a reedificar el templo

**1** Por medio del profeta Hageo, el Señor les envió un mensaje a Zorobabel, hijo de Salatiel, que era el gobernador de Judá, y al jefe de los sacerdotes Josué, hijo de Josadac. Esto sucedió el día primero del mes sexto del segundo año del reinado de Darío, rey de Persia.

²El Señor Todopoderoso les preguntó: «¿Por qué andan todos diciendo que todavía no es tiempo de reedificar mi templo en Jerusalén?»

³Luego, el Señor les volvió a hablar a través del profeta Hageo: ⁴«¿Cómo es posible que ustedes vivan en casas bien hermosas, mientras mi templo permanece en ruinas? ⁵Yo, que soy el Señor Todopoderoso, les digo: ¡Tengan mucho cuidado con lo que están haciendo! ⁶Siembran mucho, pero recogen poco; comen, pero quedan con hambre; beben, pero quedan con sed; se visten, pero la ropa no los calienta; y el salario no les alcanza para nada.

⁷»¡Piensen muy bien lo que están haciendo! Se los digo yo, el Señor Todopoderoso. ⁸Suban a las montañas, traigan madera y reedifiquen mi templo. Eso me alegrará mucho y ustedes serán recompensados. Lo digo yo, el Señor.

⁹»Esperan mucho, pero reciben poco. Lo que logran guardar en sus casas, yo lo hago desaparecer de un soplo. ¿Por qué? Porque mi templo yace en ruinas y a ustedes nada les importa. Su única preocupación es el adorno de sus propias casas. Lo digo yo, el Señor Todopoderoso.

¹⁰»A consecuencia de esa negligencia suya es que yo me he enojado y decidido no enviarles la lluvia necesaria para sus cosechas. ¹¹En realidad he decidido que haya sequía en el valle y sobre los montes; una sequía que hará marchitar el trigo, las uvas, los olivares y todas sus cosechas; una sequía que destruirá todo aquello por lo que han trabajado arduamente, de modo que tanto ustedes como sus animales padecerán sed y hambre».

¹²Entonces Zorobabel, hijo de Salatiel, gobernador de Judá, el jefe de los sacerdotes Josué, hijo de Josadac, y el resto de la gente sintió mucho miedo. Por eso estuvieron dispuestos a obedecer el mensaje que el Señor su Dios les había enviado por medio del profeta Hageo.

¹³Entonces, después de que cambiaron de actitud, el Señor envió de nuevo al profeta Hageo para que les dijera: «Yo estaré con ustedes ayudándoles a cumplir este buen propósito». ¹⁴Fue así como el Señor animó a Zorobabel, hijo de Salatiel, gobernador de Judá, al jefe de los sacerdotes Josué, hijo de Josadac, y al resto del pueblo para que comenzaran a trabajar en la reconstrucción del templo de su Dios, el Señor Todopoderoso. ¹⁵Así que comenzaron los trabajos el día veinticuatro del mes sexto del segundo año del reinado de Darío, rey de Persia.

## Segundo oráculo: La presencia del Señor

**2** El día veintiuno del mes séptimo, el Señor envió un nuevo mensaje por medio del profeta Hageo. ²Una vez más, el mensaje era para el gobernador Zorobabel, hijo de Salatiel, para el jefe de los sacerdotes Josué, hijo de Josadac, y para el resto del pueblo. Este fue el mensaje:

³«¿Quién entre ustedes puede recordar cómo era el templo anterior? ¿No es cierto que era esplendoroso y magnífico? ¿Y no les parece que éste, comparado con el primero, es insignificante? ⁴¡Anímate, Zorobabel! ¡Anímate, jefe de los sacerdotes Josué, hijo de Josadac! ¡Anímense todos, y pónganse a trabajar para lograr un templo magnífico, porque yo estoy con todos ustedes apoyándolos! Lo digo yo, el Señor Todopoderoso. ⁵Porque yo prometí desde el día que lo liberé de Egipto que mi Espíritu estaría con ustedes para siempre. De modo que no deben tener miedo ante nada que yo sigo estando con ustedes.

⁶»Les aseguro que dentro de poco comenzaré a sacudir los cielos y la tierra, los océanos y la tierra seca. ⁷Haré temblar a todas las naciones y éstas desearán venir a este templo trayendo todas sus riquezas. Entonces este lugar resplandecerá y tendrá gran fama porque yo estaré en él. Lo digo yo, el Señor Todopoderoso. ⁸,⁹El futuro esplendor de este templo será mayor que el del primero, porque tengo abundancia de plata y de oro para hacerlo. En realidad, todas las riquezas del mundo me pertenecen. Y será éste el lugar desde donde estableceré mi paz y seguridad. Lo digo yo, el Señor Todopoderoso».

## Tercer oráculo: Consulta a los sacerdotes

¹⁰El día veinticuatro del mes noveno del segundo año del reinado de Darío, el Señor volvió a hablar por medio del profeta Hageo. ¹¹Esta vez el Señor le dijo que les preguntara a los sacerdotes: «¿Conocen ustedes en realidad las instrucciones del Señor?»

¹²—Si alguno de ustedes lleva un sacrificio consagrado en su ropa, y por casualidad la ropa roza pan, vino o carne, ¿será consagrada también esa comida?

—No —respondieron los sacerdotes—. La santificación no se transmite a las demás cosas de ese modo.

¹³Entonces Hageo les preguntó:

—Pero si alguien toca un muerto, y por esta razón queda ceremonialmente impuro, y roza alguna cosa, ¿queda aquello contaminado?

—Sí —respondieron los sacerdotes.

¹⁴Entonces Hageo les dijo:

—Escuchen lo que les dice el Señor: «De igual manera, ustedes han estado contaminando los sacrificios rituales con sus actitudes egoístas y sus corazones malvados, y han contaminado no solamente los sacrificios, sino todo lo demás que han hecho como un servicio para mí. ¹⁵Así que todo lo que han hecho hasta hoy es malo. Pero ahora todo será diferente, pues han comenzado a edificar el templo. ¹⁶Antes, cuando esperaban una cosecha abundante obtenían solamente la mitad. Cuando esperaban cincuenta toneles de aceite de oliva, obtenían solamente veinte. ¹⁷Todo su fatigoso trabajo lo recompensé con plagas, pulgón y granizo. Sin embargo, ni en esas circunstancias buscaron mi ayuda. Lo digo yo, el Señor.

¹⁸»Pero ahora noten esto: Desde hoy, veinticuatro de este mes noveno, día en que han echado los cimientos del templo del Señor, todo cambiará para su bien. ¹⁹Aunque todavía no tienen alimentos en los graneros, y aunque aún las vides, las higueras, los granados y

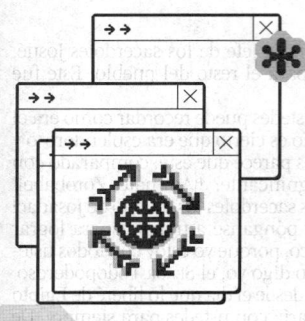

## PANORAMA DEL LIBRO

El propósito del libro es animar a la construcción del templo. El mensaje de parte de Dios era bastante sencillo: "reconstruyan mi casa" (Hag. 1:8). El profeta señala que su falta de satisfacción (Hag. 1:6), el fracaso de las cosechas (Hag. 1:9) y la sequía (Hag. 1:11) son maneras en las que Dios los está llamando a considerar esta obra. Luego, les promete bendiciones debido a su obediencia y a que pusieron su obra en primer lugar. Una palabra importante que se repite al menos cuatro veces en el libro es "reflexionen" (Hag. 1:5, 7; 2:15, 18). Como puede verse, Hageo trata de motivar la reflexión del pueblo de Dios para que coloque en orden las prioridades en su vida.

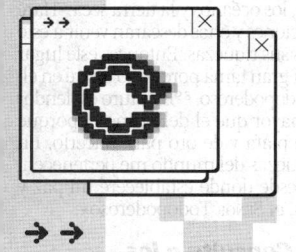

## ¿CÓMO SE RELACIONA CONMIGO?

Después de miles de años, el libro de Hageo sigue siendo en gran parte único entre los libros de los profetas del Antiguo Testamento, ya que la gente de Judá escuchó el mensaje de Hageo de reconstruir el templo (Hageo 1: 8). A través del acto físico de reconstruir el templo, la gente comenzó a indicar un cambio en sus vidas espirituales: de la devoción al yo hacia la devoción a Dios.

El tema de las prioridades y lo que hoy valoras se encuentra en el corazón del mensaje de este libro. Hageo muestra cómo el Señor motiva a su pueblo a conducirse conforme a su voluntad y a colocar sus valores en orden. Según el mensaje de Hageo, si las personas colocaran a Dios en el centro de sus vidas, se darían cuenta de las futuras bendiciones que Dios tiene reservadas para quienes en Él confían.

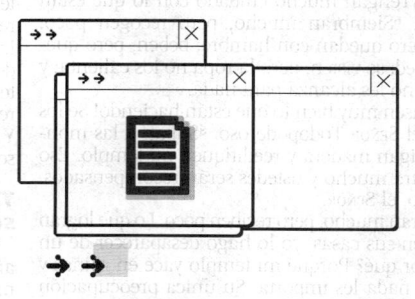

## EL GUION

1) Es tiempo de cumplir la voluntad del Señor. Cap. 1
2) Es tiempo de considerar el éxito según los criterios del Señor. Cap. 2:1-9
3) Es tiempo de purificarse para no apartar la bendición del Señor. Cap. 2:10-19
4) Es tiempo de obedecer para alcanzar la bendición del Señor. Cap. 2:20-23

# HAGEO

# HAGEO

## ¿QUIÉN LO ESCRIBIÓ?

Hageo es el primero de los profetas menores llamados "pos-exílicos", ya que sus profecías son dirigidas al pueblo que ha regresado a la tierra después del cautiverio de setenta años en Babilonia. El rey pagano Ciro de Persia afirmó que Dios le había mandado que le edificara casa en Jerusalén y decidió enviar a los cautivos que eran originarios de Judá para realizar esta tarea (lee Esd. 1:1-4). El primer grupo de cincuenta mil judíos regresó en el año 538 a.C. (Esd. 2:64, 65). Ese era el cumplimiento de la promesa hecha a Judá de que después de setenta años regresarían a su tierra (lee Jer. 29:10). Poco sabemos del profeta Hageo, más que su nombre al inicio del libro (Hag. 1:1). Una antigua tradición judía afirma que fue autor de varios salmos de la Biblia (entre ellos el 138, 146 y 147), pero esto no se puede confirmar. Este profeta es mencionado en varios escritos apócrifos del período intertestamentario como 2 Esdras y Eclesiástico, lo cual indica que llegó a ser muy apreciado por los judíos.

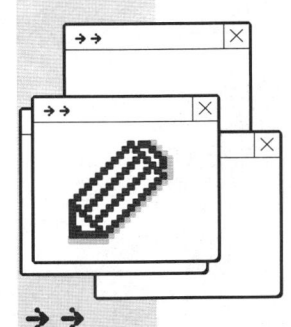

## ¿A QUIÉN LO ESCRIBIÓ?

Dos años después de haber regresado a su amada tierra, los judíos comenzaron la reconstrucción del templo, pero se desanima- ron por la oposición y la obra permaneció quince años sin avanzar (Esdras 4:4, 5). Dios levantó al profeta Hageo para animarlos a continuar la construcción de la casa del Señor. Para ellos fue escrito este pequeño pero potente libro.

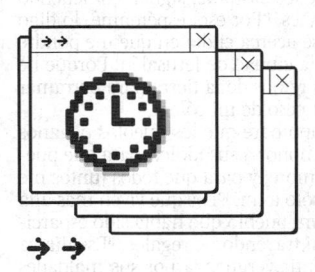

## ¿CUÁNDO Y DÓNDE LO ESCRIBIÓ?

El libro mismo establece la fecha de su escritura: en el año segundo del rey Darío, es decir, el año 520 a.C., unos dieciocho años después del primer regreso de los judíos a su tierra. Los cuatro mensajes del libro se dan en el mismo año.

La ciudad en la que fue escrito fue Jerusalén.

males salvajes pondrán ahí su guarida. El erizo tendrá allí su madriguera. Los buitres y los búhos vivirán entre las ruinas de los palacios, cantando desde las ventanas desvencijadas. Los cuervos graznarán desde sus puertas carcomidas. Todo su entablado de cedro quedará a la intemperie, a merced del viento.

[15] Este será el destino de la ciudad grande y próspera que vivió tan segura y que decía de sí misma: «En todo el mundo no hay ciudad tan grande como yo». Pero ahora, vean cómo ha quedado convertida en un lugar de completa ruina, como guarida de animales. Todo el que pase por ella se burlará o meneará la cabeza sin creer lo que ve.

## El futuro de Jerusalén

**3** ¡Pobre de Jerusalén, que es una ciudad rebelde, llena de maldad y opresión! [2] En su soberbia no quiere oír la voz de Dios. Nadie puede decirle nada; rechaza toda corrección. Ella ya no confía en el Señor, ni busca ser fiel a su Dios.

[3] Sus jefes son como leones rugientes que acechan a sus víctimas para quitarles cuanto tienen. Sus jueces son como rapaces lobos nocturnos que no dejan ni los restos de su presa para la mañana.

[4] Sus profetas son unos parlanchines mentirosos que engañan a la gente. Sus sacerdotes deshonran el templo con sus infracciones a la ley de Dios.

[5] El Señor está dentro de la ciudad y es justo. Cada día su justicia se hace más evidente, pero nadie presta atención; los malvados no conocen la vergüenza y viven ignorando las instrucciones de Dios.

[6] «He acabado con muchas naciones, he derribado sus grandes fortalezas, he dejado sus calles solitarias, de modo que nadie anda por ellas. He arrasado por completo sus ciudades y ni un solo habitante ha quedado en ellas. [7] Entonces pensé: "Seguramente ahora me oirán; ahora prestarán atención a mis advertencias, para que no tenga que castigarlos nuevamente". Pero no; por mucho que los castigue, siguen cometiendo todo tipo de maldades. [8] Por eso, espérenme, lo digo yo, el Señor, pues se acerca el día en que me pondré de pie y acusaré a la ciudad de Jerusalén. Porque he decidido reunir los reinos de la tierra para derramar sobre Israel todo el peso de mi cólera.

[9] »En aquel tiempo haré que los pueblos paganos dejen de cantar en honor a sus ídolos, para que puedan invocar mi nombre, y para que todos juntos me rindan homenaje sólo a mí. [10] Los que viven más allá de los ríos de Cus, mi pueblo que había sido esparcido, regresarán a mí trayéndome regalos. [11] Ese día ya no tendrán que sentir vergüenza por sus maldades antiguas, porque ya no los trataré como rebeldes. Pero eso sí, quitaré de en medio de ustedes a todo hombre soberbio y arrogante; no habrá orgullo ni altanería en Jerusalén y alrededores. [12] Serán protegidos los pobres y los humildes, y confiarán en la protección que el Señor les ofrece. [13] Ya no practicarán la maldad ni dirán mentiras ni engañarán a nadie. Vivirán en paz y ya no habrá quien los asuste».

[14] ¡Canten con alegría habitantes de Jerusalén! ¡Grita de gozo, Israel! ¡Alégrate y regocíjate con todo tu corazón, hija de Jerusalén! [15] Porque el Señor no te castigará como lo había dicho, sino más bien alejará de ti los ejércitos de tus enemigos y los dispersará. Y el Señor, Rey de Israel, estará siempre presente entre ustedes. Por eso ninguna desgracia volverá a caer sobre ustedes.

[16] En aquel día le dirán a Jerusalén: «¡Alégrate, no tengas miedo, y ten mucho ánimo! [17] ¡El Señor tu Dios ha llegado para vivir en medio de ti! Él es tu Salvador poderoso, que siempre cuidará de ti. Él se regocijará en ti con gran alegría; te amará y no te acusará. [18] Por ti lanzará gritos de júbilo, como si hubiera fiesta. Él ha prometido liberarte de todo aquello que te causa sufrimiento y tristeza».

[19] El Señor dice: «Castigaré severamente a los que te han oprimido. Salvaré al débil y al indefenso, y reuniré de nuevo a todos los que fueron perseguidos y esparcidos. Daré fama y buen nombre a los que estuvieron exiliados y sufrieron las burlas y la vergüenza.

[20] »En aquel tiempo te recogeré, reuniré a tus hijos e hijas y los traeré nuevamente a su hogar. Te daré un buen nombre, te haré famoso entre todos los pueblos de la tierra, y ellos te elogiarán cuando vean que yo restauro tus bienes y tu prosperidad. Lo digo yo, el Señor».

# Sofonías

**1** Cuando Josías, hijo de Amón, reinaba en Judá, el Señor le dio un mensaje al profeta Sofonías. Este era hijo de Cusí, quien, a su vez, era hijo de Guedalías, nieto de Amarías y bisnieto de Ezequías.

## Advertencia sobre la destrucción venidera

2 «Arrasaré por completo con todo lo que hay sobre la tierra, dice el Señor.

3 »Arrasaré con hombres y animales por igual. Los ídolos y quienes los adoran desaparecerán de la tierra. Aun las aves del cielo y los peces del mar perecerán. Acabaré con los habitantes de toda la tierra, dice el Señor.

## Juicio contra Judá

4 »Aplastaré a Judá, junto con Jerusalén, con mi puño, y destruiré a todos los que rinden homenaje a Baal. Acabaré con los sacerdotes idólatras, de manera que hasta el recuerdo de ellos desaparecerá. 5Acabaré con todos los que se suben a los terrados para rendir homenaje al sol, la luna y las estrellas. Destruiré a todos los que me rinden homenaje a mí, pero al mismo tiempo rinden homenaje al dios Moloc. 6Destruiré también a los que antes rendían homenaje al Señor, pero ya no lo hacen, y a los que nunca lo han amado ni han querido saber de él.

7 »¡Debe guardarse un silencio respetuoso en la presencia de Dios el Señor! Ha llegado el día terrible de su juicio. Ha preparado una gran matanza contra su pueblo, y ha escogido a sus convidados. 8El día del juicio castigaré a los jefes y príncipes de Judá, y a todos los que llevan vestiduras extranjeras. 9Sí, yo castigaré a los que siguen las costumbres paganas, a los que roban y llenan las casas de sus amos con ganancias obtenidas por la violencia y el fraude, y a los que presentan cosas robadas como ofrenda en el templo del Señor.

10 »Gritos pidiendo auxilio se oirán en aquel día desde la puerta del barrio llamado Los Pescados, aullidos desde el Barrio Nuevo, y un bullicio espantoso desde las colinas, dice el Señor.

11 »¡Aúllen de pesar, ustedes que viven en el barrio del Mercado, pues todos los comerciantes que allí habitan morirán! ¡Serán eliminados todos los que trafican con el dinero! 12En aquel día buscaré cuidadosamente por toda Jerusalén a todos los tramposos, castigaré a los que reposan tranquilos después del robo; también a los que se atreven a pensar que el Señor no interviene ni para bien ni para mal. 13Estos mismos verán cómo sus riquezas cambian de dueño, verán cómo sus casas son destruidas. No tendrán jamás la oportunidad de vivir en las casas nuevas que edificaron. No podrán beber el fruto de los viñedos que plantaron.

## El gran día del Señor

14 »Ese día terrible del Señor está cerca. ¡Se acerca rápidamente! Ese día será tan horrible que hasta los más valientes llorarán amargamente y habrá alboroto por todos lados. 15En ese día se descargará toda la cólera de Dios; será un día de angustia y dolor, día marcado por la ruina y la desolación, de terrible oscuridad, de nubarrones y neblina de pesar.

16 »La trompeta sonará ordenando el ataque, se oirá el griterío de la guerra; caerán hasta las ciudades mejor fortificadas y las torres fuertes de la defensa. 17Por haber obrado tan mal contra el Señor, él hará que ese día todos sean angustiados y anden como ciegos sin darse cuenta ni por donde caminan. Su sangre correrá por las calles, y sus cuerpos se pudrirán sobre la tierra. 18Ese día en que el Señor desate su castigo, de nada les servirá la plata y el oro que tienen. Toda la tierra será devorada por el fuego de su ira. ¡En poco tiempo morirán todos los habitantes de la tierra!»

**2** ¡Reúnanse, estén atentos, gente desvergonzada! 2Háganlo cuando aún hay tiempo, antes de que comience el juicio de Dios y ustedes desaparezcan como si fueran paja llevada por el viento; antes de que caiga sobre ustedes la gran cólera del Señor y el día terrible de su castigo comience. 3Ustedes, los humildes del país, los que aun procuran vivir de acuerdo a las instrucciones del Señor, practiquen la justicia y vivan con humildad. Quizá así puedan ser salvados el día en que el Señor desate su castigo.

## Juicio contra los filisteos

4 Gaza, Ascalón, Asdod y Ecrón, ciudades filisteas, también serán castigadas y dejadas en completa desolación. 5¡Pobre de ti, Filistea, que vives en la costa y en la tierra de Canaán, porque el castigo del Señor también te alcanzará, de modo que serás destruida y ninguno de tus habitantes quedará con vida! 6Las tierras de la costa se convertirán en praderas, en campo de pastores y de rediles de ovejas. 7Allí será reubicado el pequeño grupo de sobrevivientes de Judá. Reposarán en las casas abandonadas de Ascalón. Y es que el Señor Dios visitará a su pueblo con su misericordia y nuevamente restaurará su prosperidad.

## Juicio contra Moab y Amón

8 «He oído las burlas de Moab y de Amón, que insultaban a mi pueblo e invadían su territorio. 9Por lo tanto, el Señor Todopoderoso ha jurado que Moab y Amón serán destruidas como lo fueron Sodoma y Gomorra, y sus lugares quedarán tan devastados que parecerán campos de espinales, minas de sal donde nada crece y sólo reina eterna desolación. Los que queden de mi pueblo les quitarán sus bienes y se apoderarán de su tierra».

10 Este es su castigo por la gran soberbia que mostraron contra mi pueblo, porque se han burlado del pueblo del Señor Todopoderoso. 11El Señor les hará cosas terribles. Destruirá todos los dioses de las potencias extranjeras, y luego todos los habitantes de la tierra, hasta los que viven muy lejos, rendirán homenaje al Señor, cada uno en su propio país.

## Juicio contra Cus

12 «También ustedes, los de Etiopía, serán muertos por el ataque poderoso del Señor».

## Juicio contra Asiria

13 El Señor también castigará al país del norte; sí, él destruirá a Asiria y hará que Nínive, su gran capital, quede convertida en tierra desolada como si fuera un desierto. 14La que fuera ciudad orgullosa se convertirá en tierra de pastoreo para ovejas. Toda clase de ani-

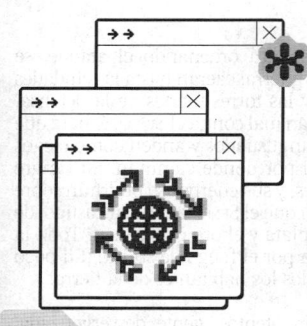

## PANORAMA DEL LIBRO

El ministerio de Sofonías seguramente fue como un motor que alentó al rey Josías a hacer un cambio drástico en la nación. El libro se escribió para anunciar la llegada del "Día del Señor" y corregir falsas ideas con respecto a él, ya que no se trataba de un día de regocijo, sino de destrucción para los idólatras miembros del pueblo. A la vez, el libro les recuerda a los fieles que hay esperanza para ellos.

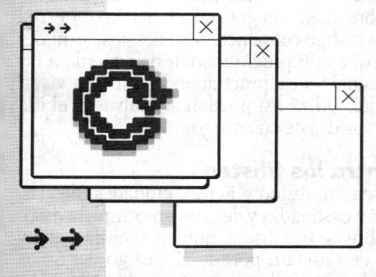

## ¿CÓMO SE RELACIONA CONMIGO?

Sofonías es un libro perfecto para atacar la mediocridad de una vida cristiana de fin de semana porque sacude a aquellos que dicen ser creyentes pero que al mismo tiempo sirven al pecado y ni siquiera se dan cuenta (Sofonías 1:5). Cuando la familia y la mayoría de nuestros amigos van a la iglesia, decir que somos cristianos se vuelve la respuesta automática, de tal manera que prácticamente lo damos por sentado y esta realidad nos va deteriorando la vida espiritual por dentro y robando el gozo del Espíritu. Mientras esto sucede, corremos el riesgo de permitirles a ciertos pecados crecer y ser parte de nuestro "cristianismo" y por eso la respuesta para esta condición de nuestra vida, según Sofonías, es una clara humillación delante del Señor todopoderoso. Necesitamos un contundente arrepentimiento de estas falsas versiones de la fe (Sofonías 2:1-3) y un cambio de corazón.

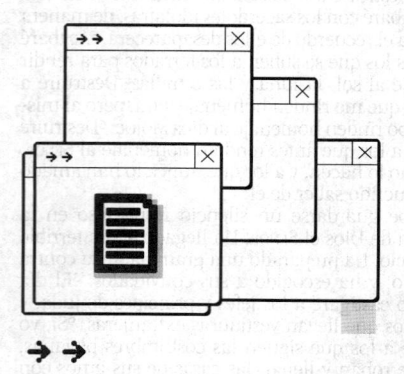

## EL GUION

1) Viene un día de tristeza para los infieles. Caps. 1-3:8
2) Viene un día de alegría para los fieles. Cap. 3:9-20

# SOFONÍAS

# SOFONÍAS

## ¿QUIÉN LO ESCRIBIÓ?

Sofonías fue el autor de este libro. Su nombre significa "protegido por el Señor" o "tesoro de Jehová". No es común que un profeta registre su genealogía hasta cuatro generaciones previas, por lo que Ezequías debía ser una persona de mucha importancia, por lo que se puede decir que Sofonías era posiblemente descendiente del famoso rey de Judá.

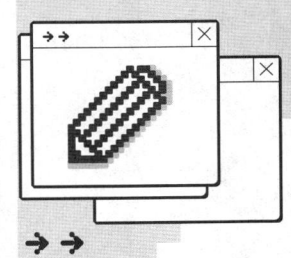

## ¿A QUIÉN LO ESCRIBIÓ?

Las profecías de Sofonías fueron dirigidas al pueblo de Judá, el cual estaba sumido en una situación espiritual y moral deplorable. Su reclamo profético lo hace a las personas comunes y corrientes, pero especialmente a los líderes (1:4-6, 9; 3:1-4).

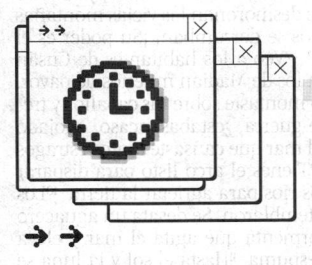

## ¿CUÁNDO Y DÓNDE LO ESCRIBIÓ?

Sofonías profetizó en los días que gobernó en Judá el rey Josías (2 Rey. 21:23-24). Antes de su reinado, los asirios habían convertido a la nación en una de sus colonias (2 Rey. 18:13). De modo que, cuando Josías llegó al trono, se encontró con un pueblo que casi había olvidado a Dios y habían adoptado mucho de la cultura y dioses de sus colonizadores. La profecía de Sofonías fue dada un poco antes de la reforma que hizo el Rey Josías (año 621 a.C.). Los estudiosos calculan que profetizó en el año 625 a. C. El lugar desde el que se escribió el libro es la ciudad de Jerusalén.

le pides a la piedra muerta que te diga lo que has de hacer! ¿Acaso crees que las imágenes de madera pueden hablar? Aunque están recargadas de oro y plata, no tienen vida.

²⁰»En cambio, el Señor está en su santo templo, ¡guarden silencio respetuoso delante de él los habitantes de toda la tierra!»

## La oración de Habacuc

**3** Esta es la oración que compuso el profeta Habacuc, para que sea cantada:

²«Señor, he oído de todos tus hechos poderosos y he quedado fascinado.

En este tiempo de tanta necesidad, repite tus actos poderosos como lo hiciste en tiempos anteriores. ¡Muéstranos tu poder y sálvanos! ¡En medio de la cólera, acuérdate que tus principales virtudes son la bondad y el perdón!

³»Veo a Dios, el Santo, que viene desde Temán, desde el monte de Parán. Su brillante esplendor llena los cielos y la tierra. Su gloria llena los cielos, y la tierra está llena de cantos en su honor. ¡Qué Dios maravilloso es él! ⁴Su rostro brilla como un relámpago. De su mano salen rayos refulgentes de luz, que demuestran su inmenso poder. ⁵La mortandad marcha delante de él. Por donde pasa quedan las huellas de su terrible marcha. ⁶Si se detiene, entonces la tierra tiembla; lanza una mirada a las naciones, y éstas se espantan. Ante él se desmoronan las viejas montañas y los cerros antiguos se derrumban. ¡Su poder es el mismo de siempre! ⁷Veo a los habitantes de Cusán llenos de miedo y a los de Madián muertos de pavor.

⁸»Señor, cuando montaste sobre tus caballos y trepaste a tu carro de guerra, ¿estabas, acaso, enojado con los ríos y con el mar que causaste tantos estragos en la naturaleza? ⁹Tienes el arco listo para disparar tus flechas. Usas los ríos para agrietar la tierra. ¹⁰Los montes te vieron y temblaron. Se desata un aguacero torrencial y una tormenta que agita el mar y eleva sus olas llenas de espuma. ¹¹Hasta el sol y la luna se detuvieron en lo alto y palidecieron ante la brillantez de tus flechas y el resplandor de tu lanza.

¹²»Enojado has recorrido la tierra, y en tu cólera has aplastado las naciones. ¹³Saliste a salvar a tu pueblo escogido. Aplastaste al rey de esos impíos y derrotaste a todos sus seguidores.

¹⁴»Destruiste con sus propias armas a los que salieron como un torbellino, dispuestos a atacarnos y a sacarnos de nuestra tierra. Salieron contra nosotros muy contentos y confiados, pues creían que nos podían derrotar fácilmente.

¹⁵»Con tus caballos corriste por el mar, y sus aguas se desbordaron con violencia.

¹⁶»Tiemblo cuando oigo de todo esto; mis labios se estremecen de temor. Mis piernas se me aflojan y me agito de terror. Esperaré tranquilamente el día de la angustia que vendrá sobre el pueblo que nos invade. ¹⁷»Aun después de tanta destrucción; cuando la higuera se seque y no haya flores ni fruto; cuando los olivos no produzcan y los campos permanezcan estériles; cuando el ganado muera en el campo y los corrales estén sin vacas, ¹⁸yo me regocijaré en el Señor y me alegraré en el Dios que nos salva. ¹⁹¡El Señor Dios es quien me hace estar fuerte! Me dará la velocidad de un venado y me conducirá con seguridad sobre la altura de las montañas».

(Nota para el director del coro: Al cantar esta oración, el coro debe ir acompañado por instrumentos de cuerdas.)

# Habacuc

**1** Esta es la profecía que recibió Habacuc en una visión que Dios le dio.

## La primera queja de Habacuc

² Señor, ¿por cuánto tiempo debo clamar pidiéndote ayuda sin que me oigas? ¿Hasta cuándo te pediré que nos salves de esta cruel violencia? ³ ¿Por qué me haces ver siempre maldad y violencia a mi alrededor? Dondequiera que miro hay opresión e injusticias, hombres que aman el pleito y la contienda. ⁴ La ley no se pone en vigor y las cortes no administran justicia, porque los perversos son más que los justos, y el soborno y el engaño se han generalizado.

## La respuesta del Señor

⁵ Entonces, Dios respondió: «¡Miren y asómbrense! ¡Quedarán perplejos ante lo que voy a hacer! Porque haré algo en su vida que tendrán que verlo para creerlo. ⁶ Estoy levantando una nueva potencia en el escenario mundial: los caldeos. Ésa es una nación cruel y violenta que marchará por el mundo y conquistará con su poderoso ejército a las naciones vecinas. ⁷ Son un pueblo cruel y violento. La única ley que vale es la de ellos, y se consideran los más grandes del mundo. ⁸ Sus caballos son más veloces que los leopardos y más feroces que los lobos nocturnos. Sus soldados son expertos jinetes que vienen a todo galope desde muy lejos y se lanzan como águilas sobre sus enemigos. ⁹ Sólo vienen a causar destrucción; por donde pasan siembran el terror. Sólo de ver sus rostros le gente se llena de miedo. Los prisioneros que toman son tantos, que son como la arena del mar.

¹⁰ »Se burlan de príncipes y reyes; se ríen de toda ciudad bien protegida, pues no hay muralla que pueda contenerlos pues levantan rampas de tierra contra sus muros y se apoderan de ellas con toda facilidad. ¹¹ Pasan como el huracán que todo lo destruye; pero su gran error es creer que de su dios les viene el inmenso poder que tienen».

## La segunda queja de Habacuc

¹² Señor, Dios mío, tú eres eterno. Tú, mi Dios santo, no nos dejarás perecer. Yo sé, Señor, que usarás a los babilonios para obrar tu justicia. Tú, Roca mía, los has hecho surgir con mucho poder para castigar nuestro pecado. ¹³ Tú eres tan puro que no toleras a los que hacen maldades, ni te quedas callado ante la injusticia. ¿Acaso permitirás que esos traidores se salgan con la suya? ¿Te quedarás callado viendo cómo los malos acaban con los que son justos?

¹⁴ ¿Por qué tratas a los seres humanos con tanta indiferencia, como si fueran peces del mar, como si fueran reptiles que no tienen quién los guíe? ¹⁵ Los babilonios atrapan a las naciones como si fueran peces, y al verlas en sus redes, se llenan de alegría. ¹⁶ Por eso, ellos adoran sus armas y les rinden homenaje, como si fueran un dios. Pues, según ellos, son sus armas las que los han hecho ricos y poderosos. ¹⁷ ¿Permitirás que sigan en esto para siempre? ¡Destrúyelos, Señor, que ya no sigan con su pesca despiadada de naciones!

**2** Subiré a la torre de vigilancia y me quedaré ahí a la espera de la respuesta que Dios dará a mi queja.

## La respuesta del Señor

² Entonces el Señor me dijo: «Escribe mi respuesta en letras grandes y claras, para que cualquiera pueda leerla de una mirada y corra a contarla a los demás. ³ Las cosas que planeo no ocurrirán tan pronto, pero con toda seguridad ocurrirán. Aunque pienses que se demoran en cumplirse, no te desesperes. ¡Todo acontecerá en el día que he señalado!

⁴ » Los babilonios son prepotentes, porque son malvados; pero el justo vivirá porque confía en Dios. ⁵ Estos babilonios arrogantes desean siempre el poder, por eso se apoderan de naciones y de pueblos. Pero es tanta su codicia, que se parecen a la muerte que nunca está satisfecha, aunque sean muchos los muertos. ⁶ Viene el día en que todos sus cautivos se burlarán de ellos, diciendo: "¡Ladrones! ¡Pobre Babilonia, ya no podrá seguir haciéndose rica con los bienes ajenos! ¡Por fin dejarás de robar y de acumular tantas riquezas!"

⁷ » De repente, aquellos a quienes oprimiste se levantarán contra ti. Se vengarán de ti y te quitarán todos tus bienes. ⁸ ¡Te pagarán con tu misma moneda! Así como tú robaste a muchas naciones, habrá naciones que te robarán a ti. De esa manera pagarás por toda tu violencia, por todos los crímenes que cometiste en las ciudades del país.

⁹ » ¡Pobre de ti, Babilonia! Te hiciste rica con los bienes de otros y pensaste que ningún mal te alcanzaría por haber puesto tu residencia en zona muy alta y bien protegida. ¹⁰ Por los homicidios cometidos, has llenado de vergüenza a tu nación. Al destruir a muchas naciones te buscaste tu propio mal, cavaste tu propia tumba. ¹¹ Ahora la venganza la tienes en tu propia casa. Las piedras de tus casas claman contra ti, y las vigas del techo les hacen eco.

¹² » ¡Pobre de ti, que edificas ciudades y pueblos con dinero obtenido por medio del asesinato y el robo y que la única ley que tienes es la de la violencia! ¹³ ¿No ha decretado el Señor Todopoderoso que las ganancias de la nación impía se conviertan en cenizas en sus manos? De modo que de nada te servirá haber acumulado tanto. ¹⁴ Viene el día en que la tierra será llena del conocimiento de la fama del Señor, así como las aguas cubren los mares.

¹⁵ » ¡Pobre de ti, Babilonia, que haces que las naciones vecinas caigan y se tambaleen como borrachos bajo tus golpes, para luego burlarte de ellas al verlas humilladas! ¹⁶ Dentro de poco tu propia grandeza será transformada en vergüenza. ¡También tú caerás y serás humillada! ¡El Señor desatará sobre ti su juicio! ¹⁷ Cortaste los bosques del Líbano; ahora tú serás cortada. Fuiste el terror de los animales que cayeron en tus trampas; ahora el terror te alcanzará a ti, debido a la violencia con que trataste a nuestro país y a nuestras ciudades.

¹⁸ » ¿Qué provecho hay en rendir homenaje a los ídolos hechos por los artesanos? ¡Qué gran mentira es decir que ellos pueden ayudar! ¡Qué tonta fuiste al confiar en lo que tú misma habías hecho con tus manos! ¹⁹ ¡Pobre de ti, Babilonia, que le dices a tus ídolos muertos que te salven! ¡Pobre de ti, que

☆2.3 ☆2.14

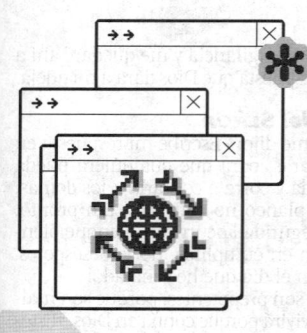

## PANORAMA DEL LIBRO

En este ambiente de injusticia, idolatría y confusión ministró Habacuc. Su libro se escribió con el propósito de asegurar que el pecado de Judá sería castigado, utilizando el poder de los babilonios y que los que confiaran en el Señor serían preservados. Ante esas condiciones, atónito, Habacuc establece una especie de sesión de preguntas y respuestas con Dios para preguntarle el porqué de sus decisiones. Al final, el profeta comprende que no debe depender de lo que está ante sus ojos sino de la fe en el Señor y eso le dará seguridad.

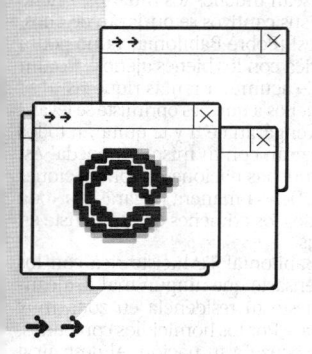

## ¿CÓMO SE RELACIONA CONMIGO?

El libro de Habacuc ofrece la imagen de un pueblo orgulloso que es humillado, mientras que los justos viven por la fe en Dios (Habacuc 2: 4) y recuerda que, si bien Dios puede parecer silencioso y desinteresado en nuestro mundo en alguna temporada, Él siempre tiene un plan para lidiar con el mal y siempre termina haciendo justicia.

Este libro deja totalmente claro que, cuando hay una relación sana y estrecha con el Señor, tenemos la libertad de expresarle nuestras dudas e inquietudes con confianza. Habacuc deja ver la diferencia que hay entre expresar nuestros cuestionamientos a Dios y hacerlo contra Dios. El ejemplo del profeta Habacuc anima a los creyentes a esperar en el Señor, confiando en que Él realmente hará todas las cosas para nuestro bien (Romanos 8:28).

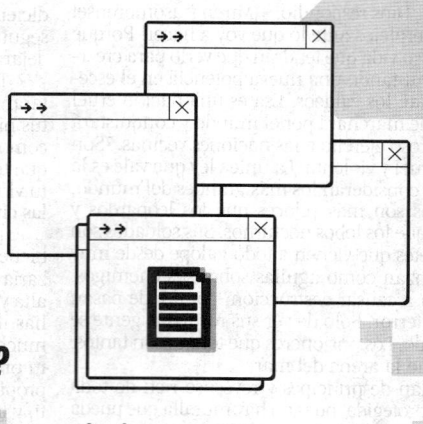

## EL GUION

1) Expresémosle al Señor las dudas acerca de lo que vemos. Cap. 1
2) Confiemos en los decretos del Señor acerca de lo que vemos. Cap. 2
3) Expresémosle al Señor nuestra confianza a pesar de lo que vemos. Cap. 3

# HABACUC

# HABACUC

## ¿QUIÉN LO ESCRIBIÓ?

Poco sabemos acerca del profeta Habacuc, aunque es posible que haya tenido algo de relación con los músicos del templo (3:19). Fue contemporáneo de los profetas Jeremías y Sofonías.

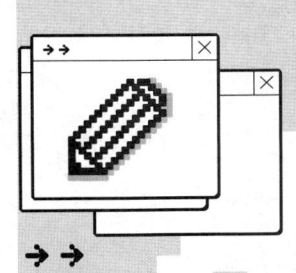

## ¿A QUIÉN LO ESCRIBIÓ?

Este profeta ministró en una época muy turbulenta de Judá. Babilonia había conquistado la ciudad de Nínive, capital de Asiria (año 612 a.C.), levantándose como la nueva gran potencia de la región. En Judá, mientras tanto, murió el buen rey Josías (509 a.C.). Por su parte, 2 Reyes 23:34-37 registra que, en un esfuerzo por fortalecerse militarmente, el egipcio Faraón Necao impuso a Joacim como rey de Judá (reinó entre los años 609-598 a.C.), el cual resultó ser ambicioso y corrupto. Además, Judá se volvió a la idolatría (Ez. 8:9-12). Para este pecador pueblo es que Habacuc escribió su libro. Las condiciones espirituales del pueblo ya eran insostenibles, por lo cual el juicio ya es inminente. Dios ha decidido castigar a su pueblo mediante los caldeos.

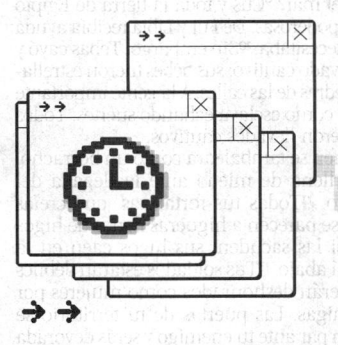

## ¿CUÁNDO Y DÓNDE LO ESCRIBIÓ?

La fecha más probable en la que fue escrito el libro es el 609 a.C.; después que los caldeos conquistaran Nínive (612 a.C.), pero antes de la primera invasión de Judá por parte de esta misma potencia (605 a.C.). En cuanto al lugar, la mención del templo (Hab. 2:20; 3:19) confirma que el libro fue escrito en Jerusalén.

de los látigos y el ruido de los carros de guerra de los enemigos que se lanzan contra ella! ³¡La caballería ataca con violencia! ¡Miren cómo brillan las espadas y lanzas del ejército enemigo! ¡Son muchos los muertos! ¡Los cadáveres están por montones! ¡La gente se tropieza con ellos!

⁴Todo esto es debido a tus engaños porque, como una prostituta, seducías a las naciones. Eras muy hábil para atrapar a los pueblos valiéndote de tus encantos y de tus hechizos.

⁵»No te extrañes ahora que esté en tu contra», dice el Señor Todopoderoso. «Te levantaré las faldas hasta el rostro para que todo mundo pueda ver tu desnudez y así quedes avergonzada en público. Ahora toda la tierra verá tu desnudez y tu vergüenza. ⁶Te cubriré de excrementos para completar tu deshonra delante de todos los pueblos de la tierra. ⁷Todos los que te vean retrocederán espantados, y dirán: "Nínive ha quedado en la más completa ruina". Sin embargo, nadie lamentará tu destino».

### Destrucción total de Nínive

⁸¿Eres acaso mejor que Tebas, que es una ciudad asentada junto al Nilo, protegida por todos sus costados por el río y por el mar? ⁹Cus y toda la tierra de Egipto eran sus aliadas poderosas. De Fut y Libia recibía ayuda siempre que la necesitaba. ¹⁰Sin embargo, Tebas cayó y su pueblo fue llevado cautivo; sus bebés fueron estrellados contra las piedras de las calles. A la gente importante se la repartieron como esclava echando suertes. Todos sus capitanes fueron llevados cautivos.

¹¹Nínive también se tambaleará como un borracho, y se esconderá llena de miedo ante la llegada del ejército enemigo. ¹²Todas tus fortalezas, que creías indestructibles, se parecen a higueras llenas de higos maduros que, si las sacuden, sus higos caen en la boca del que está abajo. ¹³Tus soldados estarán débiles e indefensos y serán deshonrados como mujeres por las tropas enemigas. Las puertas de tu territorio se abrirán de par en par ante tu enemigo y serás devorada por el fuego.

### Defensa inútil

¹⁴¡Prepárate para el ataque! Almacena agua. Refuerza tus fortificaciones. Prepara muchos ladrillos para reparar tus murallas. Entra al pozo, pisa el lodo y mételo en los moldes.

¹⁵Pero en medio de tus preparativos te devorará el fuego; con espada se te matará. El enemigo te consumirá como la langosta joven que se come todo lo que halla a su paso. No tienes posibilidad de escapar, aunque te multiplicaras con la rapidez que lo hace la langosta. ¹⁶Mercaderes tan numerosos como las estrellas llenaron la ciudad con muchas riquezas, pero tus enemigos pululan como langostas, y se las llevan. ¹⁷Tus príncipes son como langostas y tus generales como enjambre de insectos, que en el tiempo de frío se asientan sobre los muros, pero todos ellos huirán y desaparecerán, como la langosta cuando el sol sale y calienta la tierra.

¹⁸Rey de Asiria, tus generales yacen muertos en el polvo; tu ejército se encuentra huyendo esparcido por las montañas y no hay quién pueda reunirlo para defender el territorio. ¹⁹No hay cura para tu herida, ¡es demasiado profunda para curarla! Todos los que sepan de tu desgracia aplaudirán de gozo, porque, ¿dónde se podrá encontrar a alguien que no haya sufrido con tu crueldad?

# Nahúm

**1** Estas son las visiones que Dios le dio a Nahúm, que vivió en Elcós, acerca de la inminente destrucción de Nínive.

## Manifestación del Señor

²El Señor es celoso con todos los que ama y por eso castiga a los que les causan daño y destruye a sus enemigos con furor. ³El Señor no se enoja fácilmente, pero cuando está airado, su poder supera todo lo imaginable y no considera inocente al culpable. Él muestra su poder también en la naturaleza, como cuando camina sobre el ciclón y la tormenta, y está tan alto que podemos imaginar que las nubes son el polvo de sus pies. ⁴Es capaz de secar el mar cuando lanza su potente voz, así como el río puede quedar como arena seca. Cuando él se manifiesta las praderas de Basán y del monte Carmelo se marchitan y la vegetación del Líbano desaparece. ⁵Ante su presencia tiemblan los montes y se derriten las colinas; la tierra tiembla y los pueblos son destruidos.

⁶¿Quién puede permanecer en pie ante la cólera de Dios? Su enojo es como el ardor del fuego, que es capaz de arrasar con todo lo que se ponga a su paso; hasta las montañas tiemblan cuando Dios da rienda suelta a su enojo.

## Destrucción de Nínive

☼ ⁷Pero el Señor es bueno. Cuando llegan la angustia y la desesperación él es el mejor refugio. Protege a todos los que en él ponen su confianza; él conoce bien a los que le son fieles. ⁸Pero también arrasa a sus enemigos como torrente que se desborda. ¡Hasta de noche perseguirá a sus enemigos!

⁹Gente, ¿qué están pensando, que se atreven a desafiar al Señor? ¡Él los destruirá de un solo golpe! ¡Ustedes no tendrán una segunda oportunidad! ¹⁰El Señor arroja a sus enemigos en el fuego como si fueran espinos; entonces ellos arden como si fueran paja. ¹¹Nínive, de ti ha salido el malvado consejero que se atreve a imaginar que puede hacerle daño al Señor.

## Liberación del opresor

¹²Así ha dicho el Señor: «Aunque los asirios sean muy fuertes y numerosos, los voy a destruir por completo! Y a ti, Judá, pueblo mío, que te he castigado mucho, ya no te castigaré más. ¹³Ahora romperé tus cadenas y te libraré de la esclavitud de este rey asirio». ¹⁴Pero acerca de ti, Nínive, el Señor ha dicho: «He decidido el fin de tu dinastía real; los descendientes de tus reyes no se sentarán jamás sobre tu trono. Y yo destruiré tus dioses y tus templos, y te sepultaré, porque te has aferrado a la maldad».

## Anuncio de la victoria sobre Nínive

¹⁵¡Miren! Mensajeros descienden de las montañas trayendo buenas noticias: «Los invasores han sido derrotados y hemos sido salvados». ¡Judá, celebra un día de acción de gracias y ríndele un homenaje al Señor como prometiste, porque nunca más volverás a ser atacada por Nínive! ¡Ha sido destruida para siempre! ¡Jamás la volveremos a ver!

## La destrucción de Nínive

**2** ¡Nínive, estás acabada! ¡Ya estás sitiada por los ejércitos enemigos! ¡Haz sonar las alarmas! ¡Refuerza con guerreros tus murallas! ¡Pasa revista a tus defensas, a todas tus fuerzas, y monta una buena vigilancia porque comienza el ataque del enemigo! ²Aunque ahora la tierra del pueblo de Dios está vacía y quebrantada debido a tus ataques, el Señor le restaurará su honra y su poder.

³¡Los escudos de los atacantes rojean con la sangre de tus soldados muertos! ¡El ataque comienza! ¡Miren sus uniformes rojos de tanta sangre que han hecho correr! ¡Vean sus carros de guerra relucientes que avanzan veloces! ⁴Sus carros de guerra corren por todas las calles y plazas de tu ciudad provocando gran alboroto y causando pavor a tus ciudadanos. Parece que fueran antorchas de fuego. ¡Parecen relámpagos veloces!

## Caída y saqueo de Nínive

⁵El rey de Nínive llama a sus oficiales y ellos se atropellan entre sí al correr hacia las murallas para fortalecer sus defensas. ⁶Pero, ¡es demasiado tarde! ¡Las tropas enemigas han penetrado en la ciudad como si fueran un río impetuoso que todo lo arrasa a su paso! ¡El enemigo conquista la ciudad! ¡En el palacio el pánico ha hecho presa de todo mundo!

⁷La reina de Nínive es capturada, y luego es conducida cautiva con todas sus damas que lloran tras ella; gimotean como si fueran palomas asustadas y se golpean el pecho. ⁸Nínive es como un viejo estanque roto que no puede retener el agua. Sus soldados huyen y la dejan abandonada. Ella no los puede retener. «¡Deténganse, esperen!», les grita, pero ellos siguen huyendo a toda prisa.

⁹¡Se les roba la plata! ¡Se les roba el oro! Sus tesoros son inmensos, sus riquezas y sus joyas son incontables, pero les están saqueando todo. ¹⁰En poco tiempo la ciudad ha quedado como un matadero vacío. Los corazones laten acelerados de terror; tiemblan las rodillas; la gente se estremece de dolor y todos palidecen de espanto.

## La bestia salvaje morirá

¹¹¿Dónde está ahora la gran Nínive, que era como un poderoso y temible león entre las naciones, que despedazaba a sus enemigos? ¿Qué fue de ese león que se metía en su guarida con su leona y sus cachorros, y nadie se atrevía a molestarlos?

¹²Nínive, como si fueras un león vigoroso aplastabas a tus enemigos y saqueabas sus riquezas para dárselas a tus habitantes, y llenabas sus hogares con esclavos y bienes obtenidos por la violencia y el robo.

¹³Pero ahora el Señor Todopoderoso te dice: «Nínive, yo estoy en tu contra. Quemaré tus carros de guerra y haré que tus valientes soldados mueran en la batalla. No permitiré que sigas robando, ni que tus mensajeros vuelvan a llevar amenazas a las naciones».

## Descripción del fin de Nínive

**3** ¡Qué pesar por Nínive, esa ciudad sanguinaria, llena de mentiras y de robos, que como fiera salvaje siempre andaba tras sus presas! ²¡Oigan el chasquido

☼ 1.7

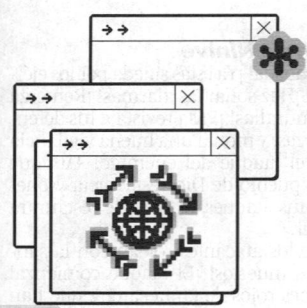

## → → PANORAMA DEL LIBRO

Nahúm enseña que el Soberano Señor de la historia es justo y castiga todos los pecados. Aunque es misericordioso, Él no olvida la iniquidad y el juicio es lo que le espera a Nínive. Ahora ya no es tiempo de arrepentimiento, sino de castigo por el pecado. A la vez, el autor busca consolar a Judá, recordándole que el Señor cuida de su pueblo.

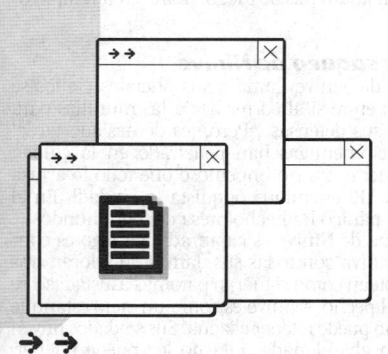

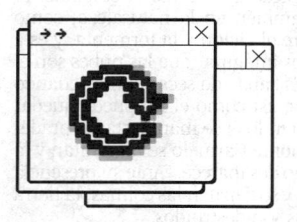

## → → ¿CÓMO SE RELACIONA CONMIGO?

Este es un llamado de atención especial para aquellos que nos dejamos seducir por la idea mundana de que la razón de vivir es la búsqueda de felicidad y placer. El mensaje de los medios de comunicación y de las redes sociales hoy insiste en predicarnos que lo más vital de la vida es sentir placer. "Disfruta de la vida como quieras y con quien quieras" es la insinuación detrás de miles de publicidades y posteos, y tal filosofía ha llevado a muchos a volverse irresponsables desarrollando comportamientos destructivos sin conciencia de pecado que terminan haciendo justamente lo contrario a lo deseado.

Nahúm confirma que, aunque la misericordia de Dios es grande, Él también es justo y recto; las malas decisiones tienen consecuencias por lo que no solo la disciplina de Dios también puede llegar cuando él lo considere adecuado sino que el placer de corto plazo muchas veces desencadena esclavitud de largo plazo. El mensaje de Nahúm: "El Señor es lento para la ira y a la vez, no deja a nadie sin castigo" (Nahún 1:3) en otras palabras quiere decir: vale la pena confiar en Dios y no hay nada más torpe que darle la espalda.

## → → EL GUION

1) La justicia de Dios pronuncia sentencia contra el pecado. Cap. 1
2) El juicio de Dios es decretado contra el pecado. Caps. 2-3

# NAHÚM

# NAHÚM

## ¿QUIÉN LO ESCRIBIÓ?

Del profeta Nahúm no se tienen muchos datos personales. Se sabe que era de Elcós, posiblemente una aldea de Galilea. El autor cristiano Jerónimo dice que era un lugar importante para el pueblo judío. Algunos creen que nació en esa aldea, pero que residió en Capernaúm, que significa "aldea de Nahúm", sin embargo, no hay evidencias de ello. Se trata de un autor especialmente dotado para escribir poesía.

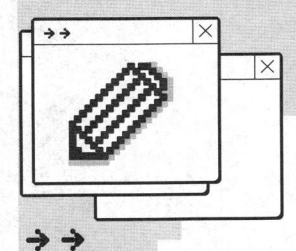

## ¿A QUIÉN LO ESCRIBIÓ?

La ciudad de Nínive, capital de Asiria había experimentado un avivamiento espiritual en la época de Jonás. Más de cien años después, la ciudad se había olvidado de Dios y había vuelto por el camino del orgullo y la crueldad, al igual que todo el imperio asirio. Dios envía al profeta Nahúm para proclamar el destino trágico que le esperaba a esta ciudad, debido a sus múltiples pecados. Los lectores originales serían los habitantes de Judá, quienes se preguntaban si Dios aún estaba con ellos y si Él era soberano sobre las naciones. Por supuesto, la respuesta de Nahúm fue un rotundo sí.

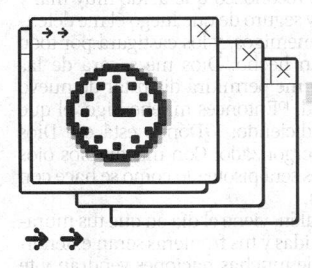

## ¿CUÁNDO Y DÓNDE LO ESCRIBIÓ?

El libro menciona la destrucción de la ciudad de Tebas, la cual ocurrió en el año 663 a.C. Lo anterior significa que la fecha de composición del libro puede ser ubicada entre ese año y la caída de Nínive, a manos de Babilonia, en el año 612 a.C. Algunos colocan la fecha cerca del 645 a.C., la cual es consistente con el poder de Asiria, según es descrito en el libro. El lugar desde donde lo escribió sería Jerusalén.

**³**¡Se han vuelto expertos en hacer lo malo, a tal punto que no hay quien les supere en maldad! El gobernador exige recompensas, el juez acepta sobornos y el rico hace lo que le da la gana. ¡Por eso la ciudad se ha pervertido! **⁴**El mejor de ellos es peor que un arbusto lleno de espinas; el más recto está más retorcido que una zarza. Pero ya se acerca el día de su castigo, tal como lo anunciaron los profetas. ¡Ese día habrá mucho llanto y desesperación!

**⁵**No confíes en nadie, ni en tu mejor amigo, mucho menos en tus gobernantes. ¡Ni siquiera confíes en tu esposa! **⁶**Pues la maldad está tan extendida que el hijo desprecia a su padre, la hija desafía a su madre, la nuera maldice a su suegra. Sí, los enemigos de cada persona son los de su propia casa.

**⁷**Pero yo he puesto toda mi confianza en el Señor; yo confío en que Dios me salvará de cualquier peligro, y estoy seguro que siempre escucha mis ruegos.

## Esperanza de redención

**⁸**No te regocijes de mi derrota, enemiga mía, porque aunque caiga, me volveré a levantar. Porque aunque ahora vivan esta situación tan difícil que parece que atravieso un túnel oscuro, el Señor me sacará adelante hasta que vuelva a tener la situación bajo control. El Señor es para mí como luz en la noche oscura. **⁹**Soportaré con paciencia mientras el Señor me castiga, porque reconozco que actué muy mal y lo ofendí. Pero estoy seguro de que luego él me defenderá de todos mis enemigos, y los castigará por todo el mal que me han hecho. Dios me sacará de las tinieblas a la luz, y me permitirá disfrutar de nuevo sus actos de bondad. **¹⁰**Entonces mi enemigo, el que se burlaba de mí diciendo: «¿Dónde está ese Dios tuyo?», quedará avergonzado. Con mis propios ojos veré su derrota, pues será pisoteado como se hace con el lodo de las calles.

**¹¹**Pueblo de Jerusalén, viene el día en que tus murallas serán reconstruidas y tus fronteras serán extendidas. **¹²**Ciudadanos de muchas naciones vendrán y te rendirán homenaje, desde Asiria hasta Egipto, desde el río Nilo hasta el río Éufrates, desde un mar hasta otro mar y desde un monte hasta otro monte.

**¹³**La tierra de nuestros enemigos quedará convertida en un desierto a consecuencia de los horribles actos de maldad de sus habitantes.

**¹⁴**¡Señor, ven y cuida a tu pueblo, apacienta a tu rebaño! Haz que tu pueblo viva en paz y con prosperidad; permítele deleitarse en las fértiles praderas de Basán y Galaad, como antes lo hacía. **¹⁵**¡Señor, realiza poderosos milagros en favor de tu pueblo, como los que hiciste cuando lo libraste de la esclavitud de Egipto! **¹⁶**¡Que todas las naciones se queden con la boca abierta al ver tus maravillas! ¡Que se avergüencen al ver que su fortaleza es poca cosa ante tu extraordinario poder! ¡Que se queden mudas y sordas al contemplar tus maravillas! **¹⁷**¡Que se arrastren por el polvo como si fueran serpientes o reptiles! ¡Que salgan temblando de sus refugios y se rindan ante ti, Señor y Dios nuestro!

**¹⁸**¿Dónde hay otro Dios como tú, que perdona los pecados de los que aún quedan de su pueblo? Pues tú no retienes para siempre el enojo contra tu pueblo, porque amas la misericordia y el perdón más que la cólera y el castigo. **¹⁹**Una vez más ten compasión de nosotros y borra de tus registros nuestras faltas. ¡Olvídate de nuestras maldades como si hubieran sido echadas para siempre en lo más profundo del mar! **²⁰**¡Permítenos, Señor, disfrutar otra vez de ese amor y esa fidelidad que hace muchos años prometiste a nuestros antepasados Abraham y Jacob!

☆7.8

llevados al exilio volverán a reunirse con sus compatriotas que se quedaron en Judá.

⁴En aquel tiempo este rey se levantará con mucho poder y guiará al pueblo de Dios con seguridad y autoridad, como un pastor apacentará a su rebaño con el poder y la grandeza que el Señor su Dios le dará. Y logrará que su pueblo viva seguro y en paz, y su reino se extenderá hasta el último rincón de la tierra. ⁵¡Él será la garantía de nuestra paz! Cuando los asirios invadan nuestra tierra y ataquen nuestras fortalezas, él designará a siete pastores y a ocho grandes líderes para que nos defiendan. ⁶Ellos someterán, por medio de su poder y destreza para la guerra, a Asiria, la tierra de Nimrod. Sí, cuando los asirios se atrevan a invadirnos, este rey nuestro nos librará de ellos y los expulsará de nuestra tierra.

### El remanente

⁷Entonces, esa nación diezmada de Israel será para el mundo como un rocío suave que lo refresca, como lluvia sobre la hierba que cae sin que persona alguna intervenga. ¡Israel será una bendición para todas las naciones! ⁸Pero esa pequeña nación de Israel será también, en medio de tantos pueblos, tan poderosa y temible como un león entre muchos animales indefensos; o como un león entre un rebaño de ovejas, que al pasar las agarra y devora, sin que nadie las pueda librar de sus garras. ⁹Es así, Señor, como te levantarás ante tus enemigos y acabarás con todos ellos.

### Purificación de un pueblo idólatra y belicoso

¹⁰Esto es lo que dice el Señor: «En aquel tiempo destruiré todas las armas en las cuales confías, y desbarataré tus ejércitos. ¹¹Destruiré tus murallas y demoleré las torres de defensa de tus ciudades. ¹²Pondré fin a toda hechicería y no quedarán adivinos ni agoreros a quienes puedas ir a consultar. ¹³Destruiré todos tus ídolos y destrozaré tus imágenes, de modo que nunca más rendirás homenaje a dioses que tus propias manos fabricaron. ¹⁴Destrozaré las imágenes de tu diosa Aserá y destruiré las ciudades donde están los templos de tus ídolos. ¹⁵Y ejecutaré mi venganza sobre las naciones que se nieguen a reconocerme y a vivir sin seguir mis instrucciones».

### Querella de Dios contra su pueblo

**6** Oigan lo que el Señor dice a su pueblo: «¡Levántate y presenta tu caso de manera tan poderosa que se escuche por todo el mundo! ¡Habla de forma que hasta en las colinas más alejadas escuchen tu queja!»

²Y ahora, escuchen ustedes, montañas y todo el universo, que el Señor va a presentar una queja, pues tiene un gran pleito contra su pueblo Israel.

³El Señor dice: «Pueblo mío, ¿qué te he hecho para que reniegues de mí de ese modo? ¿En qué te he ofendido? ¡Respóndeme! ⁴Acuérdate que yo te libré de Egipto rompiendo las cadenas de tu esclavitud. Envié a Moisés, a Aarón y a Miriam para que te guiaran. ⁵Pueblo mío, ¿no te acuerdas que cuando Balac, rey de Moab, trató de destruirte por medio de las maldiciones de Balán, hijo de Beor, y que yo, en lugar de ello, hice que este profeta te bendijera y te expresara un gran futuro? Bien sabes que te he mostrado mi misericordia múltiples veces. ¿Es que acaso no recuerdas cómo dividí el torrente del río Jordán para que pasaras en seco de la orilla de Sitín a la de Guilgal? ¡Recuerda las obras extraordinarias que he hecho siempre en tu favor!»

⁶«¿Cómo podemos compensar todo el mal que hemos hecho?», preguntan. «Nos presentaremos ante el Señor con ofrendas rituales muy valiosas, como por ejemplo becerros de un año? ⁷¿Se sentirá satisfecho si le ofrecemos como ofrenda mil carneros o diez mil litros de aceite? ¿O tendremos que ofrecerle en sacrificio al mayor de nuestros hijos para que nos perdone por nuestros pecados?»

⁸¡Pueblo de Dios! Ya el Señor les ha dicho qué es lo que él espera que ustedes hagan. Ya él les ha enseñado lo que es bueno y espera que ustedes hagan. Lo que el Señor les pide es que practiquen la justicia, que sean misericordiosos y que vivan siguiendo fielmente sus instrucciones.

### Castigo por delitos económicos y sociales

⁹La voz del Señor se ha escuchado. Él está convocando a una reunión a todos los habitantes de Jerusalén. Así que escuchen su voz, pues es de sabios prestar atención a las palabras del Señor.

¹⁰Esto es lo que el Señor dice: «¿Acaso creen que voy a dejar sin castigo a esos malvados que han conseguido sus riquezas por medio del robo? ¿Creen que voy a tolerar que tengan pesas falseadas? ¹¹¿Diré yo a tus comerciantes que todo está bien y que no hay problema en que tengan balanzas falseadas y medidas adulteradas? ¿Cómo podría ser Dios justo y considerarlos a ustedes como si fueran inocentes? ¹²Tus ricos han conseguido sus riquezas por medio de la extorsión y la violencia; tus ciudadanos están tan acostumbrados a la mentira que no saben decir la verdad.

¹³»Por eso, ya he comenzado a castigarlos. Ya he comenzado a destruirlos por causa de sus actos malvados. Por eso ahora están tan debilitados. ¹⁴Comerás, pero no te sentirás satisfecho. Sentirás siempre los retortijones del hambre como si siempre anduvieras con el estómago vacío. Aunque te empeñes en ahorrar, no lo conseguirás; y si algo logras guardar, haré que lo pierdas en la guerra. ¹⁵Plantarás, pero no disfrutarás de tus cosechas; exprimirás las aceitunas, pero no podrás usar su aceite. Pisarás las uvas, pero no beberás su vino.

¹⁶»¡Pero bien que fuiste muy fiel obedeciendo los perversos mandamientos del malvado rey Omrí! El único ejemplo que sigues es el del igualmente malvado Acab. Por eso te destruiré, te haré el hazmerreír del mundo; todo el que te vea se burlará de ti».

### Lamento ante una sociedad corrupta

**7** ¡Ay de mí! Soy como el que ha llegado después de que ha pasado la cosecha y ya no encuentra ni higos ni uvas para comer. ¡Y yo que con tanta ilusión esperé por los buenos frutos! ²Ya no hay gente honrada en este país. ¡Ya no queda en este país ni una sola persona que practique la justicia! Son todas homicidas, que se vuelven contra sus propios familiares. ¡Unos a otros buscan hacerse daño!

6.8

## El castigo a los gobernantes corruptos

**3** ¡Oigan ustedes, jefes de Israel! Escuchen ustedes que gobiernan al pueblo de Jacob: ¿Acaso no es deber de ustedes saber lo que es la justicia? ²Sin embargo, ustedes son los más injustos, odian el bien y aman el mal; ustedes son quienes más explotan a mi pueblo y lo dejan en la miseria, despojándolo hasta de lo más necesario para vivir.

³Ustedes son quienes devoran a mi pueblo como si fueran una res, le arrancan la piel, quiebran sus huesos y lo despedazan como si fuera carne para la cazuela. ⁴Por eso, cuando rueguen al Señor que los ayude en los tiempos difíciles, él no les hará caso. Cuando procuren su ayuda, el Señor se les esconderá, pues está enojado por los crímenes que ustedes cometen.

## Contraste entre el profeta falso y el verdadero

⁵ Esto es lo que el Señor dice contra los falsos profetas, los que descarrían a este pueblo: «Ustedes le anuncian la paz a quienes les dan de comer, pero a quienes no les dan nada, les anuncian la guerra. ⁶Por eso, la oscuridad caerá sobre ustedes y los dejará sin visiones; tendrán tapado el entendimiento y no recibirán ningún mensaje de Dios».

⁷Esos profetas y adivinos quedarán en ridículo, serán el hazmerreír de todos; no tendrán nada que decir, pues Dios no les dará mensajes.

⁸En cambio, yo estoy lleno de poder, de justicia y de fuerza. Estoy lleno del Espíritu del Señor para denunciar sin temor todas las maldades y la desobediencia de Israel.

## El gobierno corrupto, causa de la caída de Sión

⁹Escuchen esto, líderes de Israel, que odian la justicia y tuercen las intenciones y las obras justas, ¹⁰que llenan a Jerusalén, que es la ciudad del monte Sión, de crímenes y actos injustos.

¹¹Los jueces son corruptos, pues reciben dinero para juzgar a favor de los ricos; los sacerdotes enseñan sólo si se les paga, y los falsos profetas le ponen precio a sus mensajes. Y como si esto fuera poco, mal usan el nombre del Señor, diciendo: «¡El Señor está entre nosotros! ¡Ningún mal nos puede acontecer!» ¹²Por eso, por culpa de ustedes, profetas falsos, Jerusalén será arada como si fuera un potrero y se convertirá en un montón de ruinas, y la montaña donde se asienta el templo se llenará de maleza como cualquier ruina abandonada.

## Futura exaltación de Sión

**4** Pero en los últimos días, la montaña sobre la cual se asienta el templo del Señor se convertirá en la más famosa montaña del mundo, será la colina más elogiada de la tierra; personas de todas las naciones del mundo irán a visitarla. ²Pueblos numerosos llegarán y dirán: «Vengan, subamos al monte del Señor, entremos al templo del Dios de Israel para que él nos diga qué debemos hacer. Y nosotros seguiremos sus enseñanzas». Porque de Sión, esto es, de Jerusalén, saldrá la instrucción del Señor, la sabiduría y la justicia para vivir en paz.

³El Señor juzgará con justicia entre muchas naciones, y será quien corrija a muchos pueblos poderosos y lejanos. Esas naciones dejarán de vivir obsesionadas con la guerra, convertirán sus espadas de guerra en azadones, y sus lanzas en podaderas. Ya no se entrenarán para la guerra, ni guerrearán entre ellas.

⁴Cada persona podrá vivir tranquila bajo su viña o su higuera, sin que nadie le robe su paz. ¡El Señor Todopoderoso lo ha prometido!

⁵¡Aunque las otras naciones sigan a sus propios dioses, nosotros siempre seguiremos y obedeceremos sólo al Señor nuestro Dios!

## Futura restauración de Sión

⁶Lo siguiente afirma el Señor: «En ese día haré que mi pueblo, al que había castigado, regrese a su tierra. Los reuniré con cuidado, como un pastor que se preocupa por una oveja herida o una que extravió el camino a su redil. ⁷Con los pocos que hayan quedado, aunque estén heridos o confusos, haré una nación poderosa. Yo mismo seré su Rey y la gobernaré para siempre desde Jerusalén. ⁸Y tú, Jerusalén, ciudad fuerte edificada sobre el monte Sión, volverás a tener el poderío de antes, pues nuevamente serás la capital del reino».

## Castigo y triunfo de Sión

⁹Y ahora, ¿por qué haces tanto alboroto? ¿Es que no tienes rey? ¿Acaso se murieron tus consejeros, para que te retuerzas de dolor como una mujer que está a punto de dar a luz? ¹⁰Retuércete y gime en medio de tu terrible dolor, pueblo de Israel, como una mujer que está a punto de dar a luz, porque tendrás que dejar esta ciudad y vivir en descampado. Serás llevada en exilio a Babilonia. Pero de allí el Señor te rescatará y te librará del poder de tus enemigos.

¹¹Muchas naciones se han reunido en tu contra, y gritan: «¡Qué grandioso será ver la derrota de Jerusalén! ¡Será un hermoso espectáculo!» ¹²Pero ellas no conocen las intenciones del Señor, no tienen ni idea de sus planes. No saben que el Señor las juntará como si fueran manojos de espigas en la era para luego destruirlas.

¹³¡Levántate y trilla, hija de Sión! Pues el Señor te dice: «Yo te daré mucho poder, como si tuvieras cuernos de hierro y cascos de bronce, y desmenuzarás con ellos a muchos pueblos; y te daré sus riquezas para que me las entregues como ofrenda a mí, que soy el Señor de toda la tierra».

## Humillación y exaltación de la dinastía davídica

**5** ¡Jerusalén, ciudad guerrera, prepárate para la guerra, refuerza tus murallas pues nos han sitiado y el gobernante de Israel será humillado y maltratado!

✝ ²Pero tú, Belén Efrata, aunque eres sólo un pequeño pueblo de Judá, serás el lugar de donde nacerá el rey que gobernará a Israel. Este rey pertenece a una familia muy antigua y su linaje se remonta hasta

✝ tiempos muy lejanos. ³Dios abandonará a su pueblo en manos de sus enemigos, pero sólo hasta el momento en que la mujer que está embarazada dé a luz a este rey. Entonces todos los israelitas que fueron

---

✝ 5.2—Ma 2.6  ✝ 5.3—Lc 1.26-35

# Miqueas

**1** Éste es el mensaje dado por el S<small>EÑOR</small> a Miqueas, que vivió en el pueblo de Moréset, durante los reinados de Jotán, Acaz y Ezequías, reyes de Judá. Este mensaje está dirigido a Samaria y a Jerusalén, recibido por Miqueas en forma de visiones.

## La venida del Señor

²¡Atención, todos los pueblos de la tierra! ¡Escuchen bien, habitantes de esta nación! Dios el S<small>EÑOR</small>, desde su santo templo ha hecho acusaciones contra ustedes. ³¡Miren! ¡El S<small>EÑOR</small> viene! Deja su trono en el cielo y viene hacia la tierra caminando sobre la cumbre de los montes. ⁴Es tanto el poder y la fuerza que irradia, que los montes se derriten a su paso y fluyen como cera puesta en el fuego; los valles se dividen como cortados por las aguas que se desbordan con fuerza. ⁵¿Y por qué ocurre esto? ¡Por los actos malvados cometidos por los israelitas, por las maldades de los descendientes de Jacob! En Samaria se admiran los actos malvados de los israelitas; en Jerusalén abundan las injusticias y toda clase de maldad.

⁶Por lo tanto, toda la ciudad de Samaria será derribada y se convertirá en un montón de ruinas, se verá después del castigo como si fuera un campo arado para plantar viñas. El Señor destruirá sus murallas y sus fortalezas defensivas; dejará al descubierto sus cimientos, y las piedras con las que fueron construidas serán arrancadas y esparcidas por el valle. ⁷Todas las imágenes de sus ídolos serán destruidas, ya sea con fuego o a golpes de martillo. Como esos ídolos fueron hechos con el salario que recibían las prostitutas, serán quemados y convertidos en monedas para pagar a las prostitutas.

## Lamento de Miqueas

⁸Lloraré y me sentiré muy triste; andaré descalzo y desnudo. Aullaré como si fuera un chacal, y chillaré como si fuera un avestruz herido. ⁹El motivo de mi tristeza es que Samaria ha sido herida de muerte, y no hay remedio que la cure. Y lo peor es que su mal ha llegado hasta Judá. ¡Se ha extendido hasta la entrada de Jerusalén, que es mi pueblo!

¹⁰¡No digan nada de esto en la ciudad de Gat, ni se pongan a llorar! ¡Revuélquense en el polvo por la angustia y en la vergüenza de la ciudad de Bet Leafrá! ¹¹Allí van los de Safir, llevados como esclavos, azotados, desnudos y avergonzados. Los habitantes de Zanán no se atreven a salir fuera de sus murallas. Los habitantes de Bet Ésel están llorando, y ustedes se quedan sin su apoyo. ¹²El pueblo de Marot en vano anhela días mejores; sólo amarga el espera porque el S<small>EÑOR</small> ha extendido su castigo hasta alcanzar a Jerusalén.

¹³¡Rápido! ¡Engancha los carros a los caballos y huye, pueblo de Laquis! Tú fuiste la primera de las ciudades de Judá que siguió el mal ejemplo de Israel. En ti se hallarán los mismos delitos que se cometieron en Israel.

¹⁴Despídanse de Moréset Gat, pues no hay forma de salvarla. La ciudad de Aczib ha engañado a los reyes de Israel. ¹⁵Habitantes de Maresá, también contra ustedes será enviado un conquistador. ¡El orgullo de Israel irá a parar a Adulán!

¹⁶Habitantes de Sión, rasúrense la barba y rápense la cabeza en señal de dolor, pues sus hijos, que ustedes tanto aman, serán llevados como esclavos a tierras lejanas.

## El castigo a los ricos opresores

**2** ¡Ay de los que se pasan la noche tramando el mal, y se levantan de madrugada para ejecutar lo que planearon, porque tienen el poder para hacerlo! ²¡No se detienen ante nada para cometer sus maldades! Codician la parcela o la casa de una persona, aunque sea todo lo que esta persona posee, y se la quitan por medio de fraudes, amenazas y violencia. Amenazan al dueño de la casa junto con toda su familia, y le roban lo que tiene.

³Pero el S<small>EÑOR</small> dice: «Les daré mal por mal, y nada me detendrá; tengo planeado mandar una gran desgracia contra ustedes, de la cual no podrán escapar. Después de lo que les voy a hacer, ya no andarán pavoneándose con tanta arrogancia. ⁴Cuando llegue ese día, la gente se burlará de ustedes y les dedicarán este triste canto: "¡Estamos acabados, arruinados! Dios nos ha quitado nuestras tierras y se las ha dado a otros, quienes se las reparten echando suertes, y a nosotros nos ha enviado a vivir muy lejos de nuestro país"».

⁵Por eso, israelitas, ustedes no volverán a ser parte del pueblo del S<small>EÑOR</small>.

## Falsos profetas

⁶«No digan tonterías, no sigan diciendo que la desgracia vendrá sobre nosotros, porque no será así», les dice la gente a los profetas.

⁷Esta gente dice también: «¿Acaso creen que la descendencia de Jacob está maldita? ¿Creen que Dios ha dejado de ser paciente con nosotros? ¿Acaso las palabras del S<small>EÑOR</small> no son siempre para nuestro bien? ¡Nunca nos irá mal, pues somos el pueblo justo!»

⁸Antes ustedes eran mi pueblo, pero ahora se han convertido en mis enemigos. Son tan malos que a los que regresan agotados de la guerra, ustedes les arrebatan su ropa.

⁹A las mujeres de mi pueblo les roban sus casas, donde vivían seguras, y a sus hijos les quitan todo aquello que yo mismo les proporcioné. ¹⁰¡Levántense! ¡Márchense de aquí, pues éste ya no es un lugar seguro para vivir! ¡Voy a destruir este lugar a consecuencia de las muchas maldades que ustedes cometen! ¡Recibirán altos intereses por la cantidad de maldades acumuladas!

¹¹Si un falso profeta viniera y les dijera: «Les anunciaré cosas muy lindas a cambio de alguna botella de vino», seguro que ustedes lo recibirían con los brazos abiertos.

## Promesa de liberación

¹²Vendrá el día en que yo reuniré al grupo de sobrevivientes de Israel, y los pastorearé como si fueran ovejas de un redil, como rebaño en las praderas, y serán de nuevo un pueblo alegre y con ánimo de fiesta. ¹³Yo mismo los sacaré del exilio, los conduciré de nuevo a la libertad, y los llevaré de regreso a su propia tierra. Yo, el S<small>EÑOR</small>, que soy su Rey, iré delante de ellos abriéndoles camino.

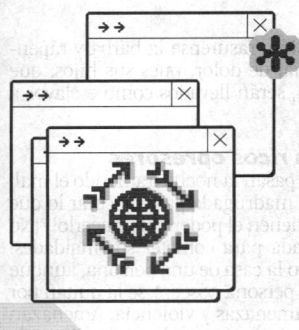

## PANORAMA DEL LIBRO

Por definición, los líderes tienen influencia en las personas. Así sucedió con el pueblo de Israel. Sus líderes se corrompieron y guiaron al pueblo hacia el pecado. Por eso Dios los señala como los principales culpables de la ruina de la nación. Con valentía y atrevimiento, Miqueas se levanta y se enfrenta con los poderosos de la nación para comunicarles la sentencia del Señor. Este libro tiene como objetivo el anunciar juicio justo, debido a la apostasía e hipocresía religiosa, además de mostrar cómo la fe verdadera tiene implicaciones prácticas, como la honestidad y la justicia social.

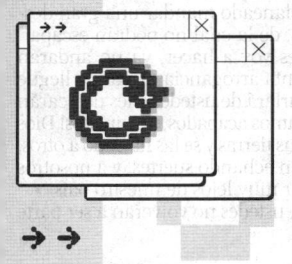

## ¿CÓMO SE RELACIONA CONMIGO?

Aunque las actividades de la iglesia son importantes para los cristianos, el libro de Miqueas nos recuerda que hay algo más importante aún y es la ética y la integridad en la vida diaria. Miqueas apunta nuestra atención hacia la justicia y nos invita a preguntarnos cuáles serían las verdaderas evidencias de la vida cristiana. Si somos honestos, parece que a veces nuestras vidas cristianas están enfocadas en las reuniones y la fascinación de muchos pareciera ser la música. Miqueas nos desafía a perseguir una relación con Dios que se manifieste en nuestras decisiones diarias porque no es suficiente con cantar, levantar las manos o decir las palabras correctas en las actividades semanales. Necesitamos practicar la justicia, amar la misericordia y ser continuamente humildes ante el Señor (Miqueas 6:8). Esa es la vida que el mundo necesita de nosotros y el ejemplo que debemos darles a las siguientes generaciones.

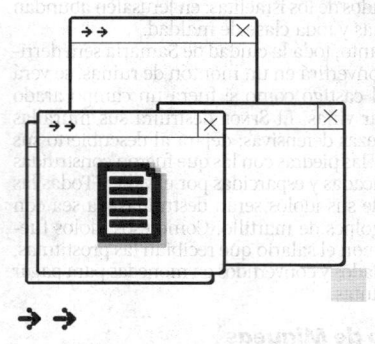

## EL GUION

1) Pecado de las capitales y la fuente de esperanza para ellas. Caps. 1-2
2) Pecado de los líderes y la fuente de esperanza para ellos. Caps. 3-5
3) Pecado del pueblo y la fuente de esperanza para ellos. Caps. 6-7

# MIQUEAS

# MIQUEAS

DALE PLAY

## ¿QUIÉN LO ESCRIBIÓ?

El libro atestigua que el autor es Miqueas de Moréset, el cual era un pueblo a unos 35 km. al suroeste de Jerusalén. No hay más datos acerca de su familia o su trasfondo, aunque algunos suponen que era un campesino o artesano. Un siglo después, el libro de Jeremías recuerda el valor de este profeta, el cual fue uno de los responsables del avivamiento que ocurrió bajo el rey Ezequías (lee Jer. 26:17-19).

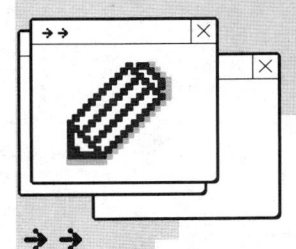

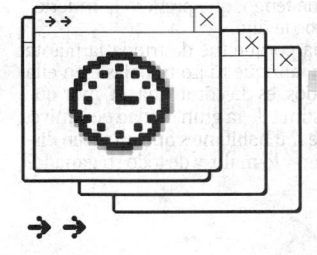

## ¿A QUIÉN LO ESCRIBIÓ?

Aunque el libro se dirige "a todos los pueblos" (Miq. 1:2), el mensaje más específico es dirigido a los líderes y a los pueblos de los dos reinos, el de Israel al norte y el de Judá al sur. A veces, incluso se dirige a ambos aparentemente como un solo pueblo, llamándoles "Jacob" o "Israel", ya que Dios los considera a ambos culpables por su pecado (Miq. 1:5). En algunas secciones, Miqueas se dirige a grupos específicos de la nación, como los ricos (Miq. 2:1-2) y el liderazgo religioso (Miq. 3:11).

## ¿CUÁNDO Y DÓNDE LO ESCRIBIÓ?

Miqueas profetizó durante el reinado de Jotán, Acaz y Ezequías (740-690 a.C.). Sin embargo, la fecha de escritura de este libro es antes de la caída de Samaria bajo el poder de los asirios (año 722 a.C.). En cuanto al lugar de escritura, es probable que lo haya escrito en Jerusalén, a la cual le dirigió muchas de sus palabras, aunque también profetizó contra los pecados del reino del norte.

—Señor, esto es exactamente lo que pensé que harías, cuando todavía estaba en mi tierra y me dijiste que viniera a Nínive. Por esta razón huí a Tarsis. Yo sabía que eres un Dios compasivo, misericordioso, que te cuesta mucho enojarte y que eres lleno de bondad. Yo sabía que con facilidad dejarías la idea de destruir a este pueblo. ³Señor, es mejor que me mates; prefiero la muerte antes que la vida, porque nada de lo que les anuncié ocurrirá.

⁴—¿Crees que es correcto que te enojes tanto por esto? —le respondió el Señor.

⁵Jonás salió de la ciudad y se sentó malhumorado al oriente de ella. Allí se hizo una enramada para que le hiciera sombra, mientras esperaba a ver si le pasaba algo a la ciudad. ⁶Dios el Señor hizo que creciera rápidamente una calabacera, la cual extendió sus hojas sobre la cabeza de Jonás, haciéndole sombra. Esto hizo que Jonás se sintiera muy cómodo y contento.

⁷Pero Dios también preparó un gusano. A la mañana siguiente el gusano picó la calabacera, y ésta se marchitó y se secó. ⁸Cuando el sol salió, Dios ordenó que soplara un viento muy caliente. Debido al intenso calor, Jonás estuvo a punto de desmayarse, y deseó la muerte. Así que exclamó: «¡Mejor sería estar muerto que sufrir este padecimiento!»

⁹—¿Crees que es justo que te enojes tanto porque se secó la planta? —le preguntó Dios a Jonás.

—¡Claro que sí es justo! —respondió Jonás—. ¡Es tanta la rabia que tengo, que prefiero la muerte!

¹⁰Entonces el Señor le dijo:

—Sientes lástima porque fue destruida la planta que te daba sombra, aunque tú no trabajaste en ella y, que de todos modos, es de corta vida. ¹¹Y ¿por qué no iba yo a tener lástima de la gran ciudad de Nínive, con sus ciento veinte mil habitantes que no saben distinguir entre lo bueno y lo malo, y de todo su ganado?

# Jonás

## Jonás desobedece al Señor

**1** El Señor envió este mensaje a Jonás, hijo de Amitay: ²«Ve a la gran ciudad de Nínive y anúnciale que la voy a destruir, porque su maldad ha quedado completamente evidente ante mí».

³Pero Jonás no quiso ir. Al contrario, quiso huir de la presencia del Señor; por eso, fue hacia la costa, al puerto de Jope. Allí encontró un barco que iba hacia Tarsis. Pagó su pasaje y subió al barco para irse bien lejos de la presencia del Señor.

⁴El barco navegaba normalmente, cuando de repente el Señor envió un fuerte viento sobre el mar, haciendo que una gran tormenta amenazara con hacer naufragar el barco. ⁵Temerosos de perder la vida, los desesperados marineros gritaban pidiendo ayuda a sus dioses, y arrojaban la carga al mar para que la nave quedara más liviana. Mientras tanto, Jonás dormía profundamente en el fondo del barco.

⁶El capitán bajó a buscarlo y, cuando lo encontró, le gritó:

—¿Qué haces aquí dormido? ¡No es tiempo de dormir! ¡Levántate y clama a tu Dios! ¡Quizás tenga misericordia de nosotros y nos salve!

⁷Entonces los marineros decidieron echar suertes para descubrir quién era el culpable de que les estuviera pasando esa desgracia. ¡Y la mala suerte señaló a Jonás!

⁸—¿Qué hiciste para que nos viniera este mal? ¿Quién eres? ¿En qué trabajas? ¿De qué nacionalidad eres? ¿De qué país vienes? —le preguntaron.

⁹,¹⁰—Soy hebreo, soy devoto del Señor, el Dios del cielo, quien hizo el mar y la tierra. Lo que está sucediendo es por mi culpa, pues trato de huir de la presencia de Dios —les respondió.

Los hombres se asustaron mucho cuando oyeron esto, y le preguntaron:

—¿Por qué lo hiciste? ¹¹Dinos, ¿qué debemos hacer contigo para detener la tormenta?

Porque el mar se embravecía más y más.

¹²—Arrójenme al mar —les dijo— y el mar se aquietará nuevamente. Porque yo sé que esta tormenta ha venido por mi culpa.

¹³Los marineros trataron de hacer volver la nave a tierra, remando arduamente, pero fue imposible. El mar estaba demasiado embravecido y no lo podían vencer. ¹⁴Entonces clamaron al Señor, el Dios de Jonás: «Señor, no nos hagas morir por el pecado de este hombre, y no nos hagas responsables de su muerte, porque no ha sido culpa nuestra lo ocurrido; tú enviaste esta tempestad en su contra, porque tú tienes buenas razones para ello». ¹⁵En seguida tomaron a Jonás y lo arrojaron por la borda al mar enfurecido, y ¡la tempestad se calmó de inmediato!

¹⁶Aquellos hombres sintieron gran temor del Señor, le ofrecieron sacrificios y prometieron siempre rendirle homenaje.

¹⁷El Señor había planeado que un gran pez se tragara a Jonás. Y Jonás estuvo dentro del pez durante tres días y tres noches.

## Oración de Jonás

**2** Entonces Jonás oró al Señor desde el vientre del pez:

²«En medio de mi gran angustia clamé al Señor, y él me respondió. Estando ya muy cerca de morir te pedí ayuda, y tú, Señor, oíste mi súplica. ³Me arrojaste a las profundidades del mar; me hundí en las corrientes de las aguas, y tus olas tempestuosas pasaron sobre mí. ⁴Entonces dije: "He sido arrojado de tu presencia. ¿Cómo me será posible volver a visitar tu santo templo de Jerusalén?"

⁵»Las aguas me rodearon y la muerte estaba cada vez más cerca; estaba en lo más profundo y las algas se enredaban a mi cuerpo. ⁶Descendí hasta donde están las bases de las montañas que salen de lo profundo del océano. La vida se me escapaba poco a poco, y me sentía ya más muerto que vivo. Pero tú, Señor, Dios mío, me salvaste de esa situación desesperada y me permitiste seguir con vida.

⁷»Cuando casi había perdido toda mi esperanza, mis últimos pensamientos los dirigí una vez más al Señor, y mi oración desesperada fue escuchada por él. ⁸Los que confían en dioses falsos no saben lo que se están perdiendo; desprecian el inmenso amor de Dios.

⁹»Pero yo para siempre te rendiré homenaje y te ofreceré sacrificios rituales en agradecimiento por lo que has hecho por mí. Cumpliré las promesas que te hice. ¡Solamente el Señor me puede salvar!».

¹⁰Entonces el Señor ordenó al pez que vomitara a Jonás en la playa, y así lo hizo el pez.

## Jonás obedece al Señor

**3** Entonces el Señor le habló de nuevo a Jonás: ²«Ve a la gran ciudad de Nínive y comunícales el mensaje que te voy a dar».

³En esta ocasión Jonás obedeció y fue a Nínive. Nínive era una ciudad muy grande, tan grande era que se necesitaban tres días para recorrerla.

⁴,⁵Cuando entró Jonás el primer día a la ciudad y comenzó a predicar, el pueblo se arrepintió de sus malas obras. Jonás pregonaba con voz potente el mensaje de Dios:

«¡Dentro de cuarenta días Nínive será destruida!»

Los ninivitas creyeron el mensaje que Dios les enviaba y decidieron ayunar. Desde el más encumbrado hasta el más pobre se vistieron con ropas de luto, es decir, con ropa áspera y tosca, a en señal de arrepentimiento. ⁶Cuando el rey de Nínive supo lo que Jonás estaba predicando, bajó del trono, se quitó las ropas reales, se vistió también con ropa áspera y se sentó sobre ceniza. ⁷Luego el rey y sus nobles enviaron este mensaje a toda la ciudad: «Que nadie, incluidos los animales, coma nada ni beba agua. ⁸Todos deben vestirse con ropas ásperas, de luto, clamar de todo corazón a Dios y dejar su mal comportamiento, la violencia y el robo. ⁹Quizás Dios tenga misericordia, deje de estar enojado con nosotros y nos permita seguir viviendo».

¹⁰Cuando Dios vio que los ninivitas estaban dispuestos a dejar su mala conducta, decidió no destruirlos como había planeado.

## Enojo de Jonás

**4** Esto hizo que Jonás se sintiera muy enojado. ²Se quejó de ello ante el Señor:

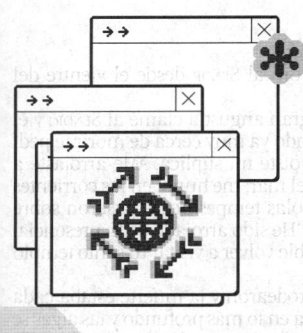

## PANORAMA DEL LIBRO

A diferencia de los otros profetas que escriben el mensaje que les ha sido revelado, el libro de Jonás comunica su mensaje a través de la experiencia del autor. De hecho, el libro sólo dedica dos versículos para registrar su profecía (1:2; 3:4), la cual, a fin de cuentas no se cumplió. Este libro fue escrito para mostrar el carácter misericordioso de Dios, quien perdona a quienes se arrepienten, sin importar quiénes son y, además, le da una lección de misericordia al profeta.

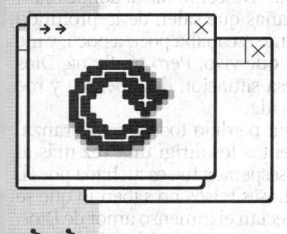

## ¿CÓMO SE RELACIONA CONMIGO?

Jonás es uno de esos libros de la Biblia que incomodan a algunos cristianos intelectuales, y en vez de desmerecer esos sentimientos, debemos ayudar a todos a considerar la importancia del mensaje de estas historias. La imagen de un pez tragándose a un profeta, de una ciudad entera arrepentida o de una planta que creció en un solo día pueden sonar como cuentos para niños, pero lo más crucial de ellas no es el debate sobre la historicidad de los eventos sino sus significados. La gran lección teológica de Jonás es que la misericordia de Dios está disponible para todas las personas que se arrepienten y eso puede sonar muy normal para lo que se predica hoy día, pero no hay que perder de vista que este es un texto del Antiguo Testamento escrito originalmente para un pueblo judío que cree que la salvación y la fe en Jehová es solamente para ellos. Piensa en el peor pecador que puedas pensar: un terrorista, un narcotraficante, un asesino, un ateo o un secuestrador. El mensaje de amplia gracia de Dios también es para ellos y como Jonás, nosotros debemos compartírselos.

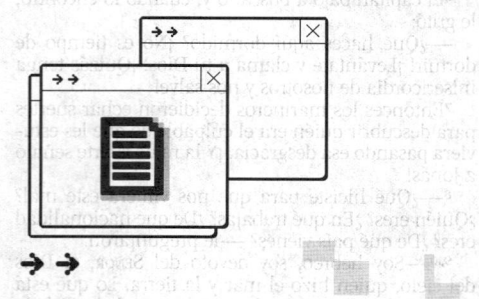

## EL GUION

1) Nadie está más allá de la voluntad de Dios. Cap. 1
2) Nadie está más allá de la misericordia de Dios. Cap. 2-3
3) Nadie pone sus intereses personales por encima de la misericordia de Dios. Cap. 4

# JONÁS

# JONÁS

## ¿QUIÉN LO ESCRIBIÓ?

El libro mismo no dice quién es su autor, pero la opinión tradicional, poco discutida, ha sido que Jonás escribió este libro. 2 Reyes 14:25 parece sugerir que este profeta fue contemporáneo con el rey Jeroboam II, de Israel y que era originario de Gat Jefer, una villa cerca de Nazaret, perteneciente a la tribu de Zabulón.

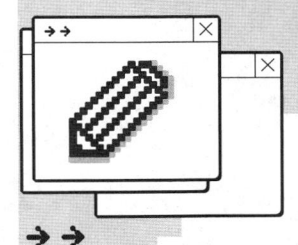

## ¿A QUIÉN LO ESCRIBIÓ?

Es difícil definir quiénes eran los lectores originales, porque no hay pistas claras en el libro mismo. Sin embargo, uniendo el trasfondo de Jonás con el contenido del libro se puede sugerir que estaba dirigido a los compatriotas del profeta en el reino de Samaria, quienes quizá estaban satisfechos con los éxitos militares de su rey y no deseaban que una ciudad como Nínive se levantara para ser una amenaza y habían perdido de vista la gracia abarcadora de Dios. De todas maneras, el libro tiene cierto matiz universal, así que en este caso, la falta de información acerca de los receptores originales no afecta la interpretación o el impacto que tiene para el lector contemporáneo.

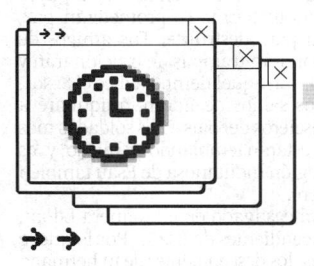

## ¿CUÁNDO Y DÓNDE LO ESCRIBIÓ?

En cuanto a la fecha de escritura del libro, es posible que el autor, si fue Jonás, lo haya escrito al final de su vida, entre los años 770-760 a.C. En cuanto al lugar, lo más lógico es pensar que lo escribió en su pueblo natal, Gat Jefer. Sin embargo, ni el libro ni la tradición ofrecen datos al respecto.

# Abdías

## Orgullo y caída de Edom

**1** Esta es la visión que Dios el Señor le mostró a Abdías en cuanto a lo que iba a hacer con Edom. Un mensajero ha sido enviado por el Señor para que les dé esta orden a las naciones:

«¡Atención! ¡Envíen sus ejércitos contra Edom y destrúyanlo!»

**2** «Edom, te humillaré entre las naciones, te haré insignificante y despreciable.

**3** Te sientes muy seguro porque vives en una zona difícil de conquistar, entre rocas altas e inaccesibles. "¿Quién podrá alcanzarnos acá arriba?", preguntas con jactancia. **4** ¡No seas necio! Aunque te encumbres tan alto como las águilas, y pongas tus ciudades en zonas tan altas y aparentemente seguras, ahí llegaré para castigarte», dice el Señor.

**5** «Hubiera sido mejor que ladrones te visitaran de noche para robarte, porque al menos ellos no se lo habrían llevado todo. O que hubieran robado de tus viñas todo el fruto, porque por lo menos habrían quedado sin ser vistos algunos racimos. ¡Pero yo seré más severo en la destrucción! **6** Cada rincón y cada escondrijo de tu país será rebuscado y saqueado, y todo tesoro será hallado y tomado.

**7** »Todos tus aliados se volverán en tu contra y ayudarán a arrojarte de tu tierra. Te prometerán paz, mientras conspiran para destruirte. Tus amigos de mayor confianza pondrán trampas, te traicionarán y dirán que estás loco. **8** En aquel tiempo», dice el Señor, «yo acabaré con los sabios de Edom, aniquilaré a todos los sabios consejeros del país. **9** Los soldados más valientes de Temán estarán temblando de miedo, y los que habitan en la región montañosa de Esaú también caerán en la masacre.

**10** »Y ¿por qué será castigado de tal manera Edom, el pueblo de los descendientes de Esaú? ¡Por lo que le hiciste a los israelitas, los descendientes de tu hermano Jacob! Ahora tus maldades quedarán al descubierto, para que todos se den cuenta de todo el daño que causaste. Serás avergonzado y destruido para siempre. **11** Esto te sucederá por haber abandonado a Israel en el tiempo de su necesidad. Te quedaste mirando, sin mover un dedo para ayudarlo, cuando los invasores se llevaban sus bienes y se repartían a Jerusalén por suertes. ¡Incluso participaste del saqueo!

**12** ¡No debiste haber actuado así! ¡No debiste haberte alegrado cuando los llevaron cautivos a tierras extrañas! ¡No debiste alegrarte en el día de su infortunio! ¡No debiste burlarte en el día de su necesidad! **13** ¡Tú mismo entraste en la tierra de Israel en el día de su desgracia y la saqueaste. Te enriqueciste a sus expensas y estabas feliz viendo su lamentable situación. **14** Te paraste en las encrucijadas para matar a los que trataban de escapar; capturaste a los sobrevivientes y los entregaste a sus enemigos en el tiempo de su terrible angustia.

**15** »¡Ya se acerca el día en que el Señor castigará a todas las naciones! Edom, lo que tú hiciste con otros, se hará contigo. ¡El daño que le causaste a Israel se volverá contra ti, y recibirás lo que mereces! **16** Ustedes, israelitas, asimilaron todo el daño como si fuera el contenido amargo de una gran copa. Pero les aseguro que las naciones de alrededor también la beberán. ¡Sí, la beberán, y a causa del castigo que les impondré se tambalearán y luego desaparecerán de la historia! ¡Será como si nunca hubieran existido como naciones!

**17** »Pero Jerusalén se convertirá en refugio de los sobrevivientes de Israel. ¡Israel volverá a ocupar su tierra, aunque sólo será un grupo pequeño de sobrevivientes! **18** Israel será como un fuego que incendiará los campos secos de Edom. ¡Ningún edomita quedará vivo!» Lo dice el Señor.

## Restauración del pueblo de Dios

**19** Entonces mi pueblo, que vive en el Néguev, ocupará para habitarla la zona montañosa de los edomitas, los descendientes de Esaú; los que viven en las tierras bajas de Judea tomarán posesión de los valles de los filisteos, y volverán a tomar posesión de los campos de Efraín y de Samaria. Y el pueblo de Benjamín poseerá a Galaad.

**20** Los expatriados de Israel regresarán después del exilio y ocuparán la franja costera de Fenicia hasta Sarepta, por el norte. Los exiliados que estaban en Sefarad regresarán a sus tierras y conquistarán las ciudades del sur. **21** Porque vendrán libertadores a Jerusalén y gobernarán sobre todo Edom. ¡Y el Señor será el Rey!

→ →

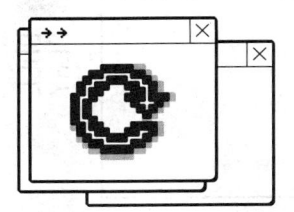

## ¿CÓMO SE RELACIONA CONMIGO?

Las relaciones entre hermanos suelen ser conflictivas y esto no solo sucede en las familias sino también en la iglesia. El egoísmo provoca que el amor por el prójimo se enfríe y que no haya muchas amistades verdaderas y por eso este libro contiene un mensaje muy importante. Abdías es una advertencia a abandonar el orgullo en las relaciones interpersonales y a caracterizarse por la misericordia. Edom recibió la condena de parte de Dios por ser orgulloso y cruel en la hora de angustia de su hermano, y de la misma forma la recibirá todo aquel que trate con crueldad al prójimo que ha caído en desgracia. Por eso, este sería un buen libro para enseñar acerca de llevarse bien con los hermanos mayores o menores en la familia. La nueva generación de cristianos debe caracterizarse por la gracia, la amabilidad y la compasión para con los demás. Ese es el gran desafío de este pequeño libro que puede ayudarte a recordar que la armonía familiar no es algo que simplemente sucede sino en lo que debemos trabajar.

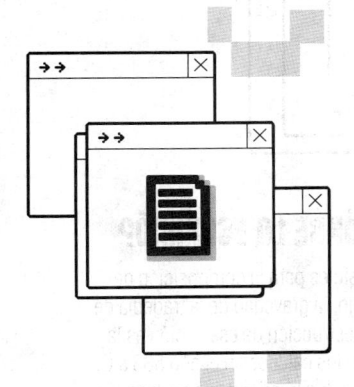

→ →

## EL GUION

1) El orgulloso será humillado. V. 1-9
2) El orgulloso es condenado por traicionar a su hermano. V. 10-16
3) El humilde será colocado a la cabeza de la historia. V. 17-21

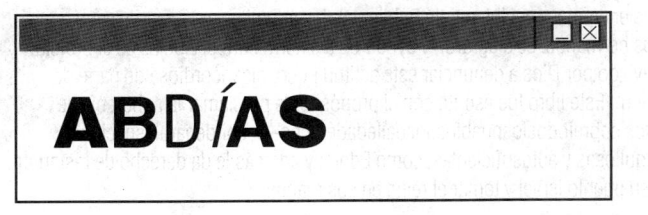

**ABDÍAS**

# ABDÍAS

DALE PLAY

## ¿QUIÉN LO ESCRIBIÓ?

El libro se presenta como la visión de Abdías. Eso es lo único que sabemos de este profeta. Su nombre significa "Siervo del Señor".

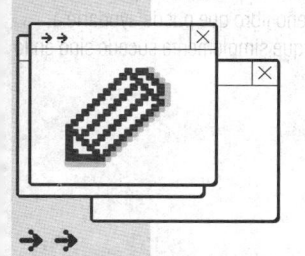

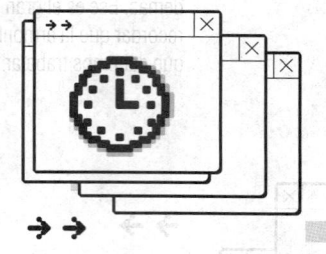

## ¿A QUIÉN LO ESCRIBIÓ?

Aunque hay una larga referencia a Edom, lo más probable es que el libro fue escrito para que fuese leído por los judíos que ya estaban sufriendo el exilio o que habían quedado viviendo de manera precaria en las ruinas de Jerusalén. Era la forma de decirles que el Señor seguía estando en control y que, aunque la invasión de los caldeos fue permitida por Dios, de todas maneras Él pediría cuentas a aquellos involucrados en la destrucción de su pueblo.

## ¿CUÁNDO Y DÓNDE LO ESCRIBIÓ?

Hay varias fechas posibles para la composición de este libro. Sin embargo, la gravedad de la tragedia de Judá sugiere que la destrucción de esa nación es la que sufrió a manos de los caldeos en el año 586 a.C. Eso sugiere que el libro fue terminado poco después de ese evento. En cuanto al lugar en el que fue escrito, es posible que Abdías haya escrito este libro en lo que quedaba de Jerusalén.

## PANORAMA DEL LIBRO

Los edomitas eran descendientes de Esaú, hermano de Jacob. Por lo tanto, ellos y los judíos eran parientes cercanos. Cuando Judá es destruido por sus enemigos (posiblemente Babilonia), los edomitas, en lugar de ayudar a sus hermanos, se alegraron y ayudaron a exterminarlos. Abdías es el profeta enviado por Dios a denunciar esta actitud poco misericordiosa de parte de Edom. Este libro fue escrito con el propósito de proclamar la soberanía de Dios sobretodoslospueblos,locualledaderecho- decondenaralasnaciones orgullosas y autosuficientes, como Edom, y además le da derecho de restaurar a su pueblo Israel y tomar el reino en sus manos.

# DESAFÍO Z

→ →

Ahora es el momento de ponerte en acción, por lo que te desafío a que cada mañana al despertar coloques tu mano sobre tu cabeza. Sí, así como algunas veces hacen pastores o líderes cuando van a orar por nosotros, sólo que ahora ¡tú vas a orar por ti!

→ →

## ¿CÓMO HACERLO?

Al colocar tu mano en tu cabeza, le vas a hablar a todos esos pensamientos que te hablan a ti. Por ejemplo, si uno de los pensamientos que viene a atacarte continuamente es que *"tu vida no vale de nada"*, le vas a decir verdades bíblicas y lo que Papá dice sobre eso: *"¡Mi vida sí vale, y mucho! Dios me creó, Dios me diseñó, Dios me dio la vida y depositó de Él en mí. Mi vida es un regalo de Dios con propósito eterno. Si estoy aquí es porque así Papá lo quiere. Sí valgo y sí puedo, no sólo porque Papá está conmigo, sino porque es Él en mí"*.

Así también harás para hablarle a tu alma. Cierra tus ojos, pon tu mano en tu pecho y recuérdele a tu alma verdades bíblicas sobre lo que está sintiendo. Por ejemplo, si tu alma se encuentra triste y afligida, dile: *"Alma mía, alaba a Dios y alégrate en Él, porque de Él viene tu alegría verdadera"*.

Hacer esto te ayudará a sujetar tu alma, a traer orden a tus pensamientos y a que los pensamientos de Cristo estén en ti. Es entonces cuando el dominio propio en esta área de tu vida va a verse efectivo y vivirás con control, no de lo que ocurre afuera, pero sí de lo que entra y tiene espacio en ti. Y a partir de aquí podrás –aún en medio de la adversidad– vivir con alegría.

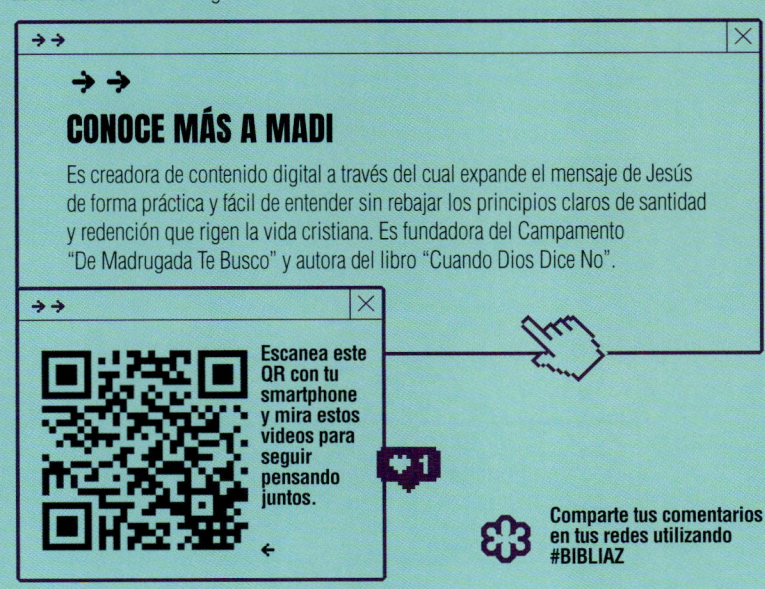

→ →

### CONOCE MÁS A MADI

Es creadora de contenido digital a través del cual expande el mensaje de Jesús de forma práctica y fácil de entender sin rebajar los principios claros de santidad y redención que rigen la vida cristiana. Es fundadora del Campamento "De Madrugada Te Busco" y autora del libro "Cuando Dios Dice No".

Escanea este QR con tu smartphone y mira estos videos para seguir pensando juntos.

Comparte tus comentarios en tus redes utilizando #BIBLIAZ

## QUÉ NOS DICE LA BIBLIA

*"¡Maldito el día en que nací! ¡Para nada sea recordado con alegría el día que mi madre dio a luz!... Ahora deseo haber nacido muerto, siendo el vientre de mi madre mi tumba y así no haber tenido que pasar por todo lo que he pasado. ¿Pues para qué nací? Porque mi vida sólo ha sido angustia, dolor y vergüenza"* (Jeremías 20:14-18). No, esto no lo dije yo (al menos no así, exactamente). Estas palabras se las dijo Jeremías a Dios. Sí, Jeremías maldijo el día en que nació, deseó no estar vivo en ese momento. El desear la muerte se considera como una manifestación de la depresión.

Job también aborreció su nacimiento (Job 3:3-4), Jonás se enojó tanto porque Papá perdonó a Nínive, que llegó a preferir la muerte (Jonás 4); *la ira es considerada una forma de canalizar la tristeza.* ¿Y si hablamos de David? Salmista con un corazón conforme al corazón de Papá, llegó a sentirse muy desanimado, angustiado y ansioso. Le pesaba el dolor y la tristeza que sentía.

Ir a la Biblia nos presenta esto: hombres y mujeres de Dios que padecieron aflicciones en sus vidas, como las tuyas, como las mías. Pero también nos presenta la autoridad que tenemos sobre nuestra mente, pensamientos, emociones y sentimientos. Y es esa la autoridad que, aun con lágrimas en nuestros ojos o dolor en nuestro pecho, debemos aplicar.

David le habla a su alma y en Salmos 103:2 le dice: *"Alaba, alma mía, al Señor, y no olvides ninguna de las cosas buenas que él te da".* Hablarle a nuestra alma es algo que tenemos que hacer. Me ha salvado en muchas guerras. Si queremos aprender a controlar nuestras emociones o pensamientos, tenemos que aprender a controlar nuestra alma. ¿Cómo puedo controlar algo a lo que no le hablo?

Por otro lado, es importante no sólo la confianza en Papá, sino aprender a descansar en Él y llevar a Él nuestras cargas y preocupaciones. Y es algo en lo que profundizaré un poco más en los videos y desafíos que te compartiré luego.

Recuerda que no es malo sentir, pero lo que no podemos permitir es que lo que sentimos o pensamos nos domine y nos controle. Si es así, quiere decir que quien nos domina es nuestra alma. Si caminamos dejándonos llevar por nuestros deseos carnales, es porque nos domina la carne. El énfasis de todo esto, y el reto, siempre será que nos domine el Espíritu Santo y sea por él que caminemos y vivamos, es entonces cuando viviremos la plenitud que Papá quiere que tú y yo vivamos, aún en medio de las aflicciones que se nos puedan presentar.

---

**VERSÍCULOS DE REFUERZO**
Isaías 41:10
Mateo 6:34
Filipenses 4:6-7
Juan 16:33
Juan 14:27

# VIVE CON ALEGRIA

→ →

Soy Madi Melendez y quiero hablarte sobre vivir con alegría, porque la vida que Dios diseñó originalmente para nosotros está llena de gozo, paz y plenitud. Sin embargo, la depresión y la ansiedad, y la tristeza que conllevan, han intentado robarnos esa alegría y muchas veces lo han logrado. Pero ese no tiene por qué ser el final de nuestra historia, de hecho, no lo es. Papá quiere que recuperemos lo que la depresión o ansiedad nos han podido robar, pero sobre todo, que aprendamos a tener dominio sobre ellas, y que vivamos no como ellas decidan que vivamos, sino como Papá diseñó que lo hagamos.

La depresión fue algo que me arropó por varios años de mi vida, luego se le sumó la ansiedad, intenté acabar con mi vida, y aunque hubo momentos donde no veía salida, sí que la había. Siempre hay salida de todo lo que puede atormentarnos o estancarnos, porque siempre hay entrada a los brazos de Papá, donde toda tormenta se disipa, donde todo llanto es transformado en danza, gozo y alegría.

La depresión no sólo nos ha robado mucho de nuestras vidas, sino que ha apagado la vida de muchas personas estos últimos años, por lo que ha estado más latente y presente en el interés del mundo y de los profesionales de la salud. Creo que la atención médica, de acuerdo a cada caso, nos puede ayudar en muchas áreas y de diferentes maneras. En mi caso personal, pude comprobar que la raíz principal de esta situación estaba en mi alma, y eso era algo que me correspondía resolver solo a mí.

Si nos vamos al significado de *depresión*, encontraremos que es definida como un "trastorno mental" que se caracteriza principalmente por un estado de ánimo bajo y sentimiento de tristeza. Por otra parte, la *ansiedad*, se define como una "emoción" o "sentimiento" que podemos experimentar en situaciones donde sintamos miedo, temor, inquietud, o nos sintamos "amenazados" por algo externo o interno. Es decir:

Depresión: Un estado mental que puede afectar nuestro estado de ánimo.

Ansiedad: Un estado de ánimo que puede afectar nuestro estado mental.

Al hablar de nuestra mente, nuestras emociones y nuestros sentimientos vemos que estos tienen mucho que ver con nuestra alma, *se encuentran en nuestra alma*.

Te digo esto porque por mucho tiempo intenté vencer lo que estaba sintiendo y atravesando y no pude. Luego entendí que lo estaba haciendo de la manera equivocada, sin conocer ni comprender con qué me estaba enfrentando específicamente. Aprendí que para poder saber cómo enfrentarnos a lo que padecemos, aun en nuestro interior, nos ayuda mucho conocer primero de qué se trata.

Conocer esto funciona como una guía en nuestra oración, dirige nuestro clamor, le da un norte, identificamos por qué debemos orar exactamente. Y, sobre todo, nos ayuda a ir a la Palabra de Papá, la Biblia, y aprender no sólo cómo hombres de Dios pelearon estas mismas batallas que ahora tú y yo vivimos, sino también cómo debe ser nuestra postura y actitud mientras peleamos esas batallas. Pero lo más hermoso es que nos recuerda los planes que nuestro Padre tiene para nosotros, que son de bien y no de mal. (Jeremías 29:11).

# MARÍA MELÉNDEZ

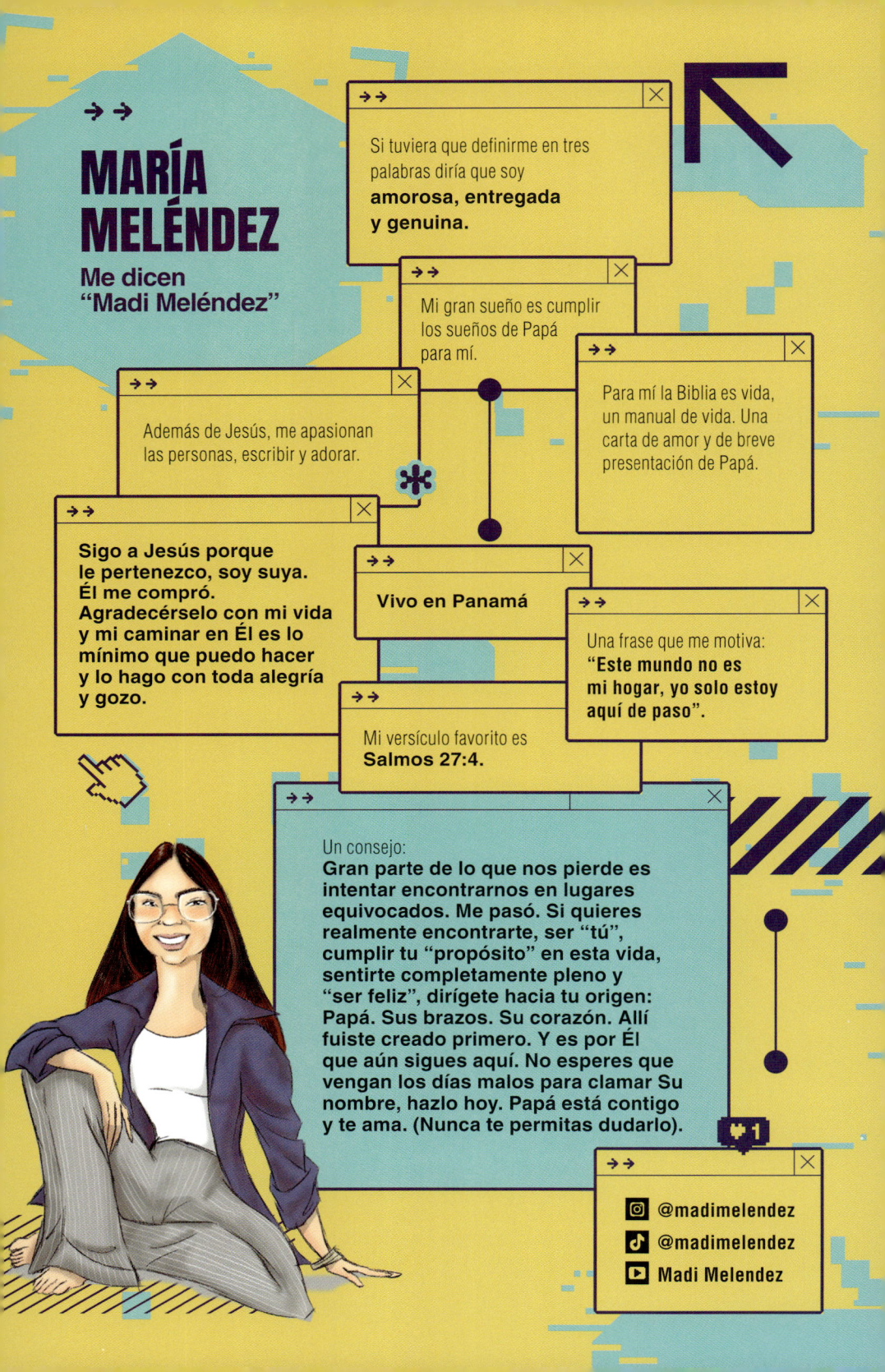

Me dicen "Madi Meléndez"

---

Si tuviera que definirme en tres palabras diría que soy **amorosa, entregada y genuina.**

---

Mi gran sueño es cumplir los sueños de Papá para mí.

---

Para mí la Biblia es vida, un manual de vida. Una carta de amor y de breve presentación de Papá.

---

Además de Jesús, me apasionan las personas, escribir y adorar.

---

Sigo a Jesús porque le pertenezco, soy suya. Él me compró. Agradecérselo con mi vida y mi caminar en Él es lo mínimo que puedo hacer y lo hago con toda alegría y gozo.

---

**Vivo en Panamá**

---

Una frase que me motiva: **"Este mundo no es mi hogar, yo solo estoy aquí de paso".**

---

Mi versículo favorito es **Salmos 27:4.**

---

Un consejo:
**Gran parte de lo que nos pierde es intentar encontrarnos en lugares equivocados. Me pasó. Si quieres realmente encontrarte, ser "tú", cumplir tu "propósito" en esta vida, sentirte completamente pleno y "ser feliz", dirígete hacia tu origen: Papá. Sus brazos. Su corazón. Allí fuiste creado primero. Y es por Él que aún sigues aquí. No esperes que vengan los días malos para clamar Su nombre, hazlo hoy. Papá está contigo y te ama. (Nunca te permitas dudarlo).**

---

- @madimelendez
- @madimelendez
- Madi Melendez

mueran atravesados por la espada. Yo me aseguraré de que reciban mal y no bien».

⁵Dios, el Señor Todopoderoso, toca la tierra y ésta se derrite ante lo intenso de su cólera; la hace subir y bajar como si fuera el río Nilo, como ocurre en un terremoto. Por eso, lloran todos los habitantes de la tierra.

⁶El Señor construyó su palacio en el cielo, y ha puesto sus cimientos en la tierra. Él llama a las aguas del mar y las derraman como lluvia sobre la tierra. Su nombre es el Señor.

⁷El Señor ha dicho: «Israelitas, ¿acaso no son ustedes para mí iguales que los cursitas? ¿Acaso yo, que los saqué a ustedes de Egipto, no he hecho lo mismo con otros pueblos también? Yo saqué de Creta a los filisteos y de Quir a los sirios. Lo ha dicho el Señor.

⁸»Mis ojos están observando a Israel, esa nación tan inclinada a la maldad; por lo que veo, exterminaré a sus habitantes, los descendientes de Jacob; aunque dejaré a algunos de ellos con vida. Lo ha dicho el Señor.

⁹»Pues yo he mandado que Israel sea zarandeado por las otras naciones, como se zarandea el trigo en una criba, sin que un solo grano caiga a tierra. ¹⁰En cambio, sí morirán en batalla todos estos malvados que dicen: "Dios no nos tocará; ninguna desgracia tendremos que sufrir nosotros".

### *Restauración de Israel*

¹¹»Luego, en ese tiempo yo repararé la casa de David, repararé sus grietas, levantaré sus murallas, y haré que vuelva a ser tan importante como antes. ¹²Israel, que es mi pueblo, se adueñará de lo que queda de Edom y de todas las naciones vecinas. Lo ha dicho el Señor, quien hará que esto ocurra.

¹³»El tiempo vendrá cuando habrá tal abundancia de cosechas, que la temporada de la siega casi no habrá terminado cuando el agricultor comenzará de nuevo a sembrar para otra cosecha; y los montes sembrados de uvas producirán tanto, que sobrará el vino. ¡Sí, de las colinas bajará el vino como si fuera un río! Lo ha dicho el Señor.

¹⁴»Ese día, yo haré que mi pueblo Israel regrese a su país. Entonces reconstruirán sus ciudades arruinadas, y vivirán en ellas de nuevo; plantarán viñas y disfrutarán de su vino, cultivarán la tierra y comerán sus cosechas. ¹⁵Yo los plantaré firmemente allí sobre la tierra que les he dado; y nunca más serán arrancados de su tierra». Lo ha dicho el Señor, tu Dios.

Israel, ¿qué esperanza queda? ¡Pues Israel es tan pequeño y débil y después de esta plaga les irá peor! ³Por eso el Señor cambió de idea, y me dijo:

—Muy bien, no haré esto.

⁴Luego Dios el Señor me mostró un gran incendio que él había preparado para castigar a los israelitas. Era tan violento que había ya secado las aguas y estaba secando toda la tierra. ⁵Entonces yo dije:

—¡Señor mi Dios, te ruego que no lo hagas! Si tú te vuelves contra Israel, ¿qué esperanza queda? ¡Pues Israel es tan pequeño y débil!

⁶Entonces el Señor cambió de idea, y me dijo:

—Muy bien, tampoco voy a hacer eso.

⁷Luego me mostró esto: El Señor estaba parado al lado de una pared y tenía en su mano una plomada, de las que usan los albañiles para comprobar si una pared está recta. ⁸Y el Señor me preguntó:

—Amós, ¿qué ves?

Yo respondí:

—Una plomada de albañil.

Entonces el Señor contestó:

—Yo probaré a mi pueblo con una plomada. Ya no me apartaré de mi propósito de castigarlo, le daré lo que se merece por sus actos de maldad. ⁹Derribaré los altares y los templos de los ídolos que se ha hecho Israel, y también mataré con espada a la familia del rey Jeroboán.

## Amasías contra Amós

¹⁰Pero cuando Amasías, el sacerdote de Betel, oyó lo que Amós estaba anunciando, envió rápidamente un mensajero al rey Jeroboán con este mensaje: «Amós está incitando a los israelitas a que se rebelen contra usted. No podemos permitir que siga hablando con la gente del pueblo. ¹¹Él dice que usted morirá en una batalla y que los israelitas serán llevados como esclavos a un país lejano».

¹²Luego Amasías le dijo a Amós:

—¡Sal de aquí, hombre de visiones! ¡Huye a la tierra de Judá y gánate la vida profetizando allá! ¹³¡No nos molestes aquí con tus visiones! Aquí en Betel está el principal templo del reino, y es donde el rey viene a adorar. ¡Así que no prediques más en esta ciudad!

¹⁴Pero Amós contestó:

—Yo no soy realmente uno de los profetas oficiales. Yo no desciendo de una familia de profetas. Soy tan sólo un pastor de ovejas y recolector de higos silvestres. ¹⁵Pero fue el Señor quien me sacó de mi ocupación de cuidar los rebaños y me dijo: «Anda y profetiza a mi pueblo Israel lo que yo te comunicaré». ¹⁶Ahora, pues, escucha este mensaje para ti, de parte del Señor. Tú dices: «No profetices contra los israelitas, pues son los descendientes de Isaac». ¹⁷Por eso, el Señor te dice: «Escucha lo que se te viene encima: Tu esposa se convertirá en una prostituta en esta ciudad, tus hijos e hijas serán muertos en una batalla y tu tierra será repartida entre tus enemigos. Tú mismo morirás en una tierra pagana, y el pueblo de Israel será llevado como esclavo a un país extraño, muy lejos de aquí».

## Cuarta visión y advertencias

**8** Luego Dios el Señor me mostró en una visión una canasta llena de fruta madura, y me preguntó:

²—¿Qué ves, Amós?

Yo le contesté:

—Una canasta llena de fruta madura.

Luego el Señor me dijo:

—Esta fruta representa a mi pueblo Israel, pues ya está maduro para recibir el castigo que merece; de modo que no voy a perdonarlo más. ³El día que lo castigue, en el templo se entonarán cantos fúnebres en vez de alabanzas alegres. Serán tantos los muertos que habrá cadáveres por todas partes, y serán sacados fuera de la ciudad en silencio, con mucha pesadumbre. Lo ha dicho Dios el Señor.

⁴Escuchen, ustedes, comerciantes que explotan a los pobres y ustedes, terratenientes que causan la ruina de los necesitados arrebatándoles su tierra. ⁵Ustedes que anhelan que el sábado termine y que las fiestas religiosas se acaben, para poder salir y comenzar a estafar de nuevo, usando sus balanzas falseadas y medidas tramposas. ⁶Ustedes que hasta se atreven a vender los deshechos del trigo. Ustedes que son capaces de comprar como esclavos a los pobres por unas cuantas monedas, o por un par de sandalias. ⁷El Señor, que es el orgullo de Israel, ha jurado: «¡Yo no olvidaré jamás sus malas acciones!» ⁸¡Hasta la tierra se estremecerá de horror al ver las consecuencias de mi castigo, y sus habitantes llorarán de dolor! La tierra subirá como lo hace el río Nilo en el tiempo de la inundación, se agitará y bajará de nuevo. ⁹En aquel tiempo yo haré que el sol se oculte al mediodía, y oscureceré la tierra cuando todavía sea de día. Lo ha dicho Dios el Señor.

¹⁰Y yo transformaré sus fiestas alegres en velorios tristes, y sus cantos de gozo en gritos de desesperación. Haré que ese día se pongan ropa de luto y se rapen la cabeza en señal de dolor y vergüenza. Ese día habrá tanto llanto y amargura como cuando se muere un hijo único.

¹¹El tiempo viene, dice Dios el Señor, cuando yo enviaré hambre sobre la tierra, pero no hambre de pan o sed de agua, sino de oír y seguir las instrucciones del Señor. ¹²Los hombres irán de un mar a otro, atravesarán la tierra de norte a sur buscando conocer las instrucciones del Señor, pero no las encontrarán.

¹³Ese día, las muchachas hermosas y los jóvenes valientes desmayarán de sed. ¹⁴Y los que ofrecen homenajes a los ídolos de Samaria, Dan y Berseba caerán para nunca más levantarse.

## Quinta visión

**9** Vi al Señor parado al lado del altar del templo de Jerusalén, y dijo: «Destrocen los capiteles de las columnas y sacudan el templo hasta que las columnas se desmoronen y el techo se desplome sobre la gente. Si alguno queda vivo en esa ocasión, entonces haré que muera en la guerra. ¡Ninguno logrará escapar con vida! ²Aunque hagan un hueco y traten de bajar a lo más profundo de la tierra, hasta allí iré a buscarlos y los sacaré para darles su merecido; aunque pudieran subir al cielo intentando escapar, yo los haría descender para darles el castigo que se merecen.

³Aunque se escondan entre las rocas en la cima del monte Carmelo, yo los buscaré allá y los capturaré. Aunque se escondan en el fondo del océano, yo enviaré la serpiente marina tras ellos para morderlos y destruirlos. ⁴Aunque sus enemigos se los lleven como esclavos a un país muy lejano, hasta allá haré que

**8**Acudan a Dios, quien creó las Pléyades y el Orión, quien tiene poder incluso para cambiar la oscuridad en mañana, y el día en noche; quien saca el agua del océano y la vierte sobre la tierra como lluvia. ¡Su nombre es el Señor! **9**Él convierte en ruinas las grandes fortalezas y deja en puro escombros las poderosas torres defensivas.

**10**¡Cómo odian ustedes a los jueces honestos! ¡Cómo desprecian a la gente que dice la verdad! **11**¡Cómo oprimen ustedes a los pobres y los obligan a entregarles parte de sus cosechas. Por eso serán castigados, de modo que no vivirán en las hermosas casas de piedra que están construyendo, ni tampoco beberán el vino de las abundantes viñas que están plantando.

**12**¡Yo sé que sus crímenes son incontables, que sus injusticias no tienen límite! Ustedes oprimen a la gente honrada, los jueces se venden por dinero y en los tribunales condenan injustamente a los pobres. **13**Por eso, debido a la maldad que existe, el prudente se queda callado.

**14**¡Hagan lo bueno y no lo malo, para que vivan! Sólo así el Señor, Dios Todopoderoso, verdaderamente será su ayudador, como ustedes lo han afirmado. **15**Odien el mal y amen el bien; dejen que reine la justicia en sus tribunales. Quizás así el Señor, Dios Todopoderoso, tenga compasión de los pocos israelitas que quedan.

**16**Por lo tanto, el Señor, Dios Todopoderoso, dice esto: «Se escucharán sus llantos en todas las calles y en cada camino. ¡Llamen a los agricultores para que lloren con ustedes! ¡Llamen a las lloronas de oficio, para que les reciten lamentos! **17**Habrá tristeza y llanto en cada viña cuando yo llegue para castigarlos, pues ellas quedarán resecas». Lo ha dicho el Señor.

**18**¡Cuánto van a sufrir aquéllos que anhelan que llegue el día de juicio del Señor! ¡Pues ese día no será de fiesta y prosperidad como ustedes se lo imaginan, sino de tristeza y ruina! **19**En aquel día serán como un hombre que al huir de un león, se topa de frente con un oso; o como un hombre que en una habitación oscura se apoya en una pared y lo muerde una víbora. **20**Sí, ese será un día terrible y de muchas desgracias para ustedes.

**21**El Señor dice: «Yo odio las fiestas religiosas con que ustedes pretenden honrarme; para nada me agradan sus homenajes llenos de tanta pompa. **22**No aceptaré sus ofrendas de animales ni de cereales; tampoco miraré el sacrificio ritual de sus novillos gordos que me dan como medio de reconciliación. **23**¡Fuera con sus cantos de homenaje, pues son un mero ruido a mis oídos! Yo no escucharé su música, no importa cuán hermosa sea.

**24**»¡Lo que yo quiero es que la justicia y la honradez estén presentes en todas sus acciones, que fluyan entre ustedes como las aguas de un río y, que sean virtudes tan fuertes como las aguas de un torrente profundo!

**25**»Israelitas, ¿acaso me ofrecieron ustedes sacrificios rituales y ofrendas durante los cuarenta años que anduvieron por el desierto? **26**En cambio, sí cargan ustedes con esas imágenes de Sicut, al que consideraban su rey, y de Quiyún, al que llamaban su estrella protectora. ¡Si sólo son estatuillas que ustedes mismos se fabricaron! **27**Por eso, los voy a mandar a ustedes fuera de su tierra, a un lugar más allá de Damasco».

Lo ha dicho el Señor, cuyo nombre es Dios Todopoderoso.

**6** ¡Cuánto van a sufrir aquellos que viven tan tranquilos en Jerusalén! ¡Cuánto van a sufrir aquéllos que viven tan seguros en Samaria! ¡Cuánto van a sufrir aquellos que se creen los más importantes del país, a quienes acuden los israelitas en busca de ayuda! **2**Vayan de visitan a Calné y vean lo que sucedió allí; luego vayan a la gran Jamat y también a Gat, en la tierra de los filisteos. En un tiempo fueron mejores y mayores que ustedes, pero mírenlas en lo que han quedado convertidas ahora. **3**Ustedes creen que pueden evitar el castigo que les he preparado, pero, al contrario, con sus malos hechos la están acercando. **4**A ustedes sólo les interesa dormir sobre camas lujosas, recostarse sobre sofás muy cómodos y comer en sus fiestas corderos y terneros de la mejor calidad. **5**Les gusta cantar en fiestas alegres acompañados del arpa y dársela de ser tan buenos músicos como lo fue el rey David. **6**Les encanta beber vino en grandes cantidades y perfumarse con ungüentos aromáticos, pero no les importa el estado desastroso del país. **7**Por eso, ustedes serán los primeros en ser llevados como esclavos a otro país, y ya no podrán disfrutar más de sus fiestas placenteras.

**8**El Señor, el Dios Todopoderoso, ha jurado por su propia gran fama: «¡Yo desprecio el orgullo y la vanidad de Israel, y odio sus hermosos palacios! Por eso entregaré esta ciudad a sus enemigos; sí, la entregaré con todo lo que hay en ella».

**9**Acontecerá en ese día que si en una casa había diez hombres, ninguno de ellos quedará con vida. **10**Y cuando algún familiar llegue a la casa para sacar los cadáveres y le pregunte a otro pariente que esté allí: «¿Queda aún algún cadáver?» Éste le responderá: «No». Entonces el primero le dirá: «¡No digas más nada, no sea que pronuncies el nombre del Señor y nos suceda algo peor también a nosotros!»

**11**Pues el Señor ha mandado que las casas, tanto grandes como pequeñas, sean destruidas por completo.

**12**¿Pueden acaso los caballos galopar sobre las rocas? ¿Pueden acaso los bueyes arar en el mar? Resulta necio preguntarlo, pero no más necio que aquello que ustedes hacen cuando desprecian la justicia y echan a perder todo lo que es bueno y correcto.

**13**¡Ustedes hacen gran alboroto por alguna conquista insignificante, y por ello creen que son muy poderosos e invencibles!

**14**«Por eso, israelitas, yo traeré contra ustedes una nación que se apoderará de su país, desde Lebó Jamat hasta el arroyo de Arabá, y que los oprimirá sin compasión». Lo ha dicho el Señor, el Dios Todopoderoso.

## Tres visiones

**7** Esto es lo que Dios el Señor me mostró en una visión: Él estaba preparando un vasto enjambre de langostas para destruir toda la cosecha que le pertenecía al pueblo. La primera cosecha, que era para el rey, ya se la habían entregado a él. **2**En la visión contemplaba cómo las langostas estaban acabando con todos los cultivos. Entonces dije:

——¡Señor mi Dios, te ruego que perdones a tu pueblo! ¡No les envíes esta plaga! Si tú te vuelves contra

mucho más fuerte que a los demás a causa de todas las maldades cometidas por ustedes».

³¿Acaso pueden dos personas andar juntas si no están de acuerdo? ⁴¿Acaso ruge el león en la selva si no ha cazado un animal? ¿Acaso gruñe el cachorro de león en su cueva, si no tiene una presa para comer? ⁵¿Acaso cae el pájaro en la trampa si previamente no se preparó la red? ¿Acaso se cerrará la trampa si no ha caído dentro de ella algún animal? ⁶¿Acaso no se asusta la gente cuando escucha sonar la alarma? ¿Acaso vendrá sobre la ciudad algún castigo que no lo haya mandado el Señor? ⁷¡Claro que no pasa nada al azar! Dios, el Señor, antes de hacer algo, primero se lo comunica a sus siervos los profetas, para que éstos a su vez le adviertan a su pueblo.

⁸Cuando el león ruge, todos se asustan; así también cuando el Señor comunica un mensaje, los profetas tienen que comunicarlo.

## El castigo a Israel

⁹Vayan a los palacios de Asdod y a los palacios de Egipto, y díganles a sus reyes: «Reúnanse alrededor de Samaria, y vean todas las injusticias y crímenes que allí se cometen. ¹⁰Mi pueblo se ha olvidado de lo que significa hacer el bien. Sus hermosos palacios están llenos de bienes obtenidos por el robo y los actos de violencia». Lo ha dicho el Señor.

¹¹Por lo tanto, Dios el Señor dice: «Viene un enemigo que sitiará y conquistará tu país, acabará con tu poder y se llevará las riquezas de tus palacios».

¹²El Señor dice: «Tal como lucha un pastor con un león para no dejar que se le lleve una oveja, pero sólo logra arrebatarle dos patas o un pedazo de oreja, así los israelitas que viven en Samaria sólo podrán rescatar la mitad de una silla o un tapete de Damasco. ¹³»Escuchen este anuncio y publíquenlo a través de todo Israel. Lo dice Dios el Señor, el Dios Todopoderoso.

¹⁴»En aquel mismo día en que yo castigue a Israel a causa de sus maldades, también destruiré los altares de ídolos en Betel; los cuernos distintivos de los altares idolátricos serán cortados y arrojados por el suelo. ¹⁵Y yo destruiré las hermosas casas de los ricos: sus casas de invierno y sus casas de verano. ¡También demoleré sus lujosas mansiones adornadas de marfil!» Lo ha dicho el Señor.

4 Escúchenme «vacas gordas» de Basán, es decir, mujeres ricas de Samaria, que maltratan a los pobres y humillan a los necesitados, que les ordenan a sus esposos: «¡Tráigannos vino para emborracharnos!» ²El Señor ha jurado por su santidad que vendrá el tiempo cuando a ustedes y a sus hijos les pondrán ganchos en sus narices, como si fueran reses, y se los llevarán cautivos lejos de aquí. ³Las sacarán de sus hermosas casas y las harán pasar una tras otra por los huecos de la muralla, hacia Hermón, como vacas que van al matadero. Lo ha dicho el Señor.

⁴¡Adelante, vayan a Betel y a Guilgal a ofrecer sacrificios rituales a sus ídolos y aumenten así sus actos de maldad! ¡Ofrezcan sus sacrificios cada mañana y traigan sus diezmos dos veces por semana! ⁵¡Israelitas, no se olviden de sus ofrendas de gratitud! ¡Háganle saber a todo el mundo que ustedes sí dan ofrendas voluntarias! ¡Pues a ustedes les encanta que los aplaudan por esto! Lo ha dicho el Señor.

## Dureza de Israel

⁶El Señor dice: «Yo les hice pasar hambre en todas sus ciudades, de modo que en ningún lugar había qué comer. Pero no sirvió de nada, pues ni por ello ustedes acudieron a mí para que los ayudara.

⁷»Les arruiné sus cosechas reteniendo la lluvia tres meses antes de la siega. Envié lluvia sobre una ciudad, pero no sobre otra. Mientras que la lluvia cayó sobre un campo, otro estaba seco y marchito. ⁸La gente de dos o tres ciudades hacía un viaje agotador para obtener agua en una ciudad donde había llovido, sin embargo, no lograban saciar la sed. Pero no sirvió de nada esta amarga lección, pues ni por ello ustedes acudieron a mí para que los ayudara. Lo ha dicho el Señor.

⁹»Les envié vientos calientes del desierto, también plagas y langostas que acabaron con sus verduras, viñedos, higueras y olivares. Pero no sirvió de nada, pues tampoco por ello ustedes acudieron a mí para que los ayudara. Lo ha dicho el Señor.

¹⁰»Les envié plagas como las enviadas sobre Egipto. Maté a sus jóvenes en la guerra, junto con sus caballos. El hedor de los cadáveres era tan fuerte que se sentía en todo el país. Pero no sirvió de nada, pues ustedes ni por ello acudieron a mí para que los ayudara. Lo ha dicho el Señor.

¹¹»Les destruí algunas de sus ciudades, como lo hice con Sodoma y Gomorra; las que quedan son sólo como tizones arrebatados del fuego. Pero no sirvió de nada, pues ni siquiera por ello ustedes acudieron a mí para que los ayudara. Lo ha dicho el Señor.

¹²»Por lo tanto, israelitas, voy a castigarlos fuertemente. Así que prepárense para recibir mi castigo, pues no podrán escapar de él». ¹³Pues están tratando con Dios, quien formó las montañas e hizo los vientos y conoce hasta los pensamientos de cada ser humano. Él puede cambiar la mañana en oscuridad y aplastar las montañas debajo de sus pies. Su nombre es el Señor, el Dios Todopoderoso».

## Advertencias y lamentos

5 Con dolor entono esta canción de lamento por ti, Israel:

²«La hermosa Israel yace débil y aplastada sobre el suelo, y no se puede levantar. No hay nadie que le brinde su apoyo para que se levante».

³Pues Dios el Señor dice: La ciudad enviará mil hombres a la batalla, pero retornarán con vida sólo cien. Y la ciudad que enviará cien, vivos sólo diez volverán».

⁴El Señor le dice al pueblo de Israel: «¡Acudan a mí y yo protegeré sus vidas! ⁵No confíen en los ídolos de Betel, Guilgal o Berseba; pues la gente de Guilgal será llevada al exilio, y a los de Betel les sobrevendrá una gran desgracia».

⁶¡Acudan al Señor y él protegerá sus vidas! Si no lo hacen, él vendrá sobre Israel como fuego y lo consumirá, y ninguno de los ídolos de Betel en los que ustedes tanto confían podrá apagar ese fuego.

⁷¡Cuánto van a sufrir aquellos que convierten la «justicia» en algo amargo como el vinagre y les tiene sin cuidado el derecho de los pobres!

# Amós

**1** Este es el mensaje que Dios le envió a Israel por medio del profeta Amós, que era un pastor de ovejas que vivía en el pueblo de Tecoa. Esto ocurrió dos años antes del memorable terremoto, durante el tiempo en que Uzías reinaba sobre Judá y Jeroboán, hijo de Joás, reinaba sobre Israel.

²Este es su mensaje: «Desde Sión el Señor rugirá como un león, desde Jerusalén lanzará un poderoso grito. Será tan terrible su grito que los pastos de los campos se secarán y se resecará la cumbre del monte Carmelo».

## Juicio contra las naciones vecinas

³El Señor dice: «Los habitantes de Damasco han acumulado maldades sobre maldades, así que no los dejaré sin el castigo que se merecen. Porque han maltratado tanto a los habitantes de Galaad que parece que los han trillado con trillos de hierro, tal como si fueran trigo. ⁴En castigo por eso yo prenderé fuego al palacio del rey Jazael y destruiré las fortalezas defensivas que se encuentran en Ben Adad. ⁵Quebraré los barrotes que soportan las puertas de entrada a la ciudad Damasco y mataré al que gobierna en el valle de Avén y al que gobierna en Bet Edén, y haré que los sirios sean llevados cautivos a Quir». Lo ha dicho el Señor.

⁶El Señor dice: «Los habitantes de Gaza han acumulado maldad sobre maldad, así que no los dejaré sin el castigo que se merecen. Ellos capturaron a un pueblo entero y lo vendieron como esclavo en Edom. ⁷En castigo por eso yo prenderé fuego a las murallas de Gaza y destruiré todas sus fortalezas defensivas. ⁸Mataré a la gente de Asdod y destruiré al rey de Ascalón. Arremeteré con furia contra los habitantes de Ecrón y no dejaré con vida a ningún filisteo». Lo ha dicho el Señor.

⁹El Señor dice: «Los habitantes de Tiro han acumulado maldad sobre maldad, así que no los dejaré sin castigo. Ellos han ignorado su pacto con su hermano, pues atacaron y conquistaron a todo un pueblo fraterno y lo vendieron como esclavo a Edom. ¹⁰En castigo por eso yo prenderé fuego a las murallas defensivas de Tiro y consumirá también sus palacios».

¹¹El Señor dice: «Los habitantes de Edom han acumulado maldad sobre maldad, así que no los dejaré sin castigo. Edom persiguió sin ninguna compasión a los israelitas para matarlos, y siempre los han odiado y robado, sin mostrar la más mínima piedad. ¹²En castigo por eso prenderé un fuego en Temán que consumirá todas las fortalezas de Bosra».

¹³El Señor dice: «Los habitantes de Amón han acumulado maldad sobre maldad, así que no los dejaré sin castigo. Para ensanchar sus fronteras llenaron de terror a todo mundo, incluso abrieron el vientre de las mujeres embarazadas que vivían en Galaad. ¹⁴En castigo por eso prenderé fuego a las murallas de Rabá que consumirá también todos sus palacios. Habrá entonces gritos salvajes en medio de la batalla y parecerá todo como un torbellino en una fuerte tormenta. ¹⁵Tanto su rey como sus príncipes juntamente serán llevados al exilio». Lo ha dicho el Señor.

**2** El Señor dice: «Los habitantes de Moab han acumulado maldad sobre maldad, así que no los dejaré sin castigo. Ellos han profanado el cadáver del rey de Edom, pues quemaron sus huesos hasta reducirlos a cenizas. ²En castigo por eso yo enviaré un fuego sobre Moab que destruirá todos los palacios de Queriot. Moab morirá en la batalla entre los gritos de los guerreros y el sonido de las trompetas. ³Yo mataré a su rey, junto con todos sus jefes militares y a sus jueces injustos». Lo ha dicho el Señor.

⁴El Señor dice: «Los habitantes de Judá han acumulado maldad sobre maldad, así que no los dejaré sin castigo. Ellos han rechazado las instrucciones del Señor y se han negado a seguir sus instrucciones. Además, han rendido homenaje a los mismos ídolos que honraron sus antepasados. ⁵En castigo por eso yo destruiré a Judá con fuego, y consumirá también todos los palacios de Jerusalén».

## Juicio contra Israel

⁶El Señor dice: «Los habitantes de Israel han acumulado maldad sobre maldad, así que no los dejaré sin castigo. Ellos han pisoteado la justicia al aceptar sobornos, pues vendieron a la esclavitud al justo y al pobre lo declararon culpable a cambio de un par de zapatos. ⁷Pisotean los derechos de los pobres en el polvo y son injustos con los humildes. Padre e hijo tienen relaciones sexuales con la misma mujer, enlodando así la honorable fama de mi nombre. ⁸Sobre cualquier altar se acuestan sobre la ropa que los pobres tuvieron que dejar empeñadas, y en el templo de sus dioses beben vino adquirido con el cobro de multas injustas.

⁹»¡Deberían recordar lo que yo hice por ustedes, ingratos! ¡Yo expulsé a los amorreos de su tierra para dárselas a ustedes! Sí, los destruí completamente, aunque eran altos como los cedros y poderosos como los robles!

¹⁰»Yo los libré a ustedes de Egipto y los conduje a través del desierto durante cuarenta años para llevarlos a vivir en la tierra que era de los amorreos. ¹¹Y escogí a algunos de sus hijos para que fueran mis profetas, y a otros los elegí para que fueran jóvenes consagrados en exclusividad a mi servicio. ¿Israelitas, se atreverían ustedes a negar esto? Lo ha dicho el Señor.

¹²»Pero ustedes hicieron errar incluso a estos jóvenes consagrados a mi servicio al incitarlos a beber vino, lo que tenían prohibido, y silenciaron a mis profetas ordenándoles que no comunicaran mis mensajes.

¹³»Por lo tanto, yo pasaré sobre ustedes y los aplastaré como aplasta la tierra una carreta llena de sacos de trigo. ¹⁴Entonces sus guerreros más veloces tropezarán en su huida, a los más fuertes no les servirá de nada su fuerza y los valientes no podrán salvar su vida. ¹⁵La puntería del arquero fallará, el más veloz quedará como paralizado, ni siquiera los que van a caballo podrán escapar. ¹⁶Ese día, ¡hasta el más valiente de todos tendrá que huir desnudo!» Lo ha dicho el Señor.

## Vocación del profeta Amós

**3** ¡Escuchen, israelitas, el mensaje que el Señor ha pronunciado contra ustedes y contra todos los que él liberó de Egipto!

²«De todos los pueblos de la tierra, los he escogido a ustedes solamente. Es por eso que debo castigarlos

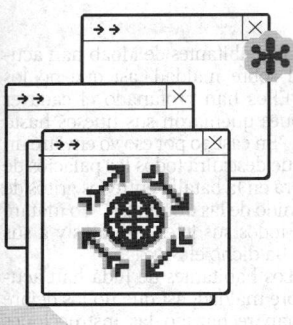

## PANORAMA DEL LIBRO

Específicamente, el propósito del libro es hacer un llamado a Israel para que se arrepienta tanto de los pecados sociales y culturales, tales como la violencia, la injusticia social y la idolatría, como de los pecados internos tales como el orgullo, la autocomplacencia y la adoración meramente externa. De lo contrario, el Señor caería sobre ellos como un león cae sobre su presa (Am. 1:2; 3:4). Por otro lado, el Señor pronuncia juicio contra las naciones vecinas por diversos pecados contra la humanidad.

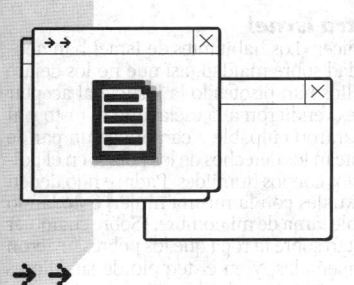

## EL GUION

1) Dios acusa a las naciones por crímenes contra la humanidad. Caps. 1-2
2) Dios acusa a Samaria por su indiferente iniquidad. Caps. 3-6
3) Dios describe su creativo juicio contra Samaria. Caps. 7-9:10
4) Dios describe la esperanza de la restauración. Cap. 9:11-15

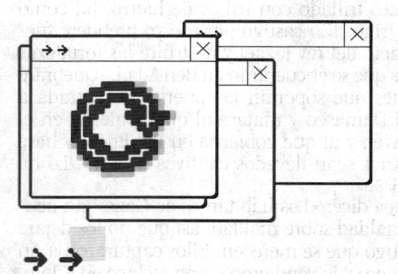

## ¿CÓMO SE RELACIONA CONMIGO?

Amós vivió en un mundo muy parecido al actual. Nunca había habido tanta prosperidad y, al mismo tiempo, existía una brecha cada vez mayor entre los que tenían y los que no. Hoy hay mucha injusticia, violencia y desigualdad en el mundo y la Biblia no es indiferente ni nosotros podemos serlo. Si ha de suceder un cambio en la manera de pensar de las personas, los cristianos tenemos un papel vital.

Los cristianos de hoy necesitamos recuperar un sentido de santa indignación ante los pecados sociales que existen en las comunidades de las que son parte nuestras iglesias, y Amós es una antesala ampliada acerca del sermón del monte en el que Jesús nos dice que nosotros somos la sal y la luz de la tierra (Mateo 5:13). Amós incluso brinda algunas ideas de cómo rebelarnos en contra de la maldad a nivel individual y social.

# AMÓS

# AMÓS

## ¿QUIÉN LO ESCRIBIÓ?

El libro mismo afirma que su autor fue "Amós, pastor de Tecoa" (Am. 1:1). Cuando dice que era "pastor" y "cultivaba higueras" (Am. 7:14), no quiere decir que Amós era un campesino, sino que parece que era lo que hoy llamaríamos un ranchero dedicado a la cría de ganados y a actividades agrícolas. Además, su libro denota que tenía cierto nivel educativo. Tecoa era un pueblo que estaba más o menos a 16 km. de Jerusalén, obviamente, en Judá. Sin embargo, Dios lo envió a las tribus del norte a anunciar su mensaje, lo cual sería un desafío difícil, ya que probablemente no sería bien recibido, como en efecto sucedió (Am. 7:12-13).

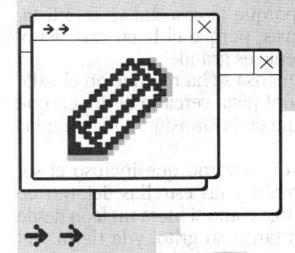

## ¿A QUIÉN LO ESCRIBIÓ?

Durante el reinado del segundo Jeroboam, en el reino del norte hubo una época de esplendor económico y militar. Sin embargo, la vida espiritual del pueblo era decadente. Entonces, Dios llama a Amós, proveniente del reino del sur, para que venga al reino del norte a denunciar el pecado y a anunciar juicio para el pueblo por sus pecados personales y sociales. De hecho, este es uno de los libros con más referencias al pecado social de Israel. Uno se podría imaginar a Amós anunciando juicio de Dios en los vecindarios exclusivos de Betel o de Samaria, acusando a las respetables señoras de injusticia y derroche, llamándolas "vacas" (Am. 4:1) y comparando a los habitantes con peces que serán llevados por ejércitos extranjeros (Am. 4:2). Uno se imagina a los miembros de las familias acomodadas escuchando con disgusto las molestas palabras de este hombre de campo. Para ellos fue escrito este potente libro.

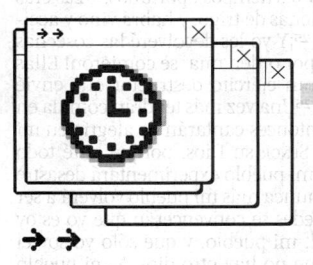

## ¿CUÁNDO Y DÓNDE LO ESCRIBIÓ?

El libro fue escrito alrededor del año 760 a.C., durante el reinado de Uzías en Judá y de Jeroboam II en el norte. El libro dice que Amós comenzó a ministrar "dos años antes del terremoto" (Am. 1:1), el cual ocurrió más o menos en el año 760 a.C. Con estos datos, la mayoría de expertos ubica a Amós predicando en una época de prosperidad y poder político en Israel, aunque no todos gozaban de los beneficios de estas condiciones. Como muestra de esa abundancia se mencionan casas de piedra labrada (Am. 5:11); camas de marfil (Am. 6:4); palacios (Am. 6:8) casas de invierno y verano (Am. 3:15); pero también había injusticia (Am. 2:6), corrupción (Am. 2:8) y desigualdad social (Am. 4:1). En ese tiempo se desarrolló el ministerio de Amós a lo sumo durante dos años. En cuanto al lugar, Amós fue enviado a Israel, específicamente, a Betel la capital y residencia del rey. Esta ciudad había sido convertida en el principal santuario del reino del norte (1 Reyes 12:26-33).

nuestro, perdona a tu pueblo, no permitas que los paganos reinen sobre nosotros, pues tú eres también su dueño. Que no se burlen de tu pueblo los paganos, y digan: "¿Dónde está ese Dios de ellos? ¡Qué débil e inútil debe de ser!"»

### La respuesta del Señor

☆ <sup>18</sup>Entonces el Señor tendrá piedad de su pueblo y lo perdonará. <sup>19</sup>El Señor responderá: «Vean, yo les envío mucho trigo, vino y aceite para satisfacer plenamente su necesidad. Ya no los haré el hazmerreír entre las naciones. <sup>20</sup>Yo venceré a estos ejércitos del norte y los enviaré muy lejos; los mandaré a una tierra árida y desértica. Los que marchaban al frente morirán en el Mar Muerto, y los que iban detrás se ahogarán en el Mediterráneo. ¡Se pudrirán y su hedor llenará la tierra!» ¡Sí, el Señor intervendrá con hechos extraordinarios a favor de ustedes! <sup>21</sup>No temas, pueblo mío, alégrate y regocíjate, pues el Señor hará cosas extraordinarias para protegerte.

<sup>22</sup>No tengan miedo, animales del campo, pues en las praderas abundará el pasto. Los árboles darán su fruto; las higueras y las vides florecerán de nuevo. <sup>23</sup>¡Regocíjense, habitantes de Jerusalén, regocíjense en el Señor su Dios! Porque las lluvias que él envía son muestras de su perdón. Una vez más vendrán las lluvias de otoño, además de las de primavera, siempre en la cantidad y los tiempos oportunos. <sup>24</sup>Las eras estarán de nuevo llenas de trigo, y habrá vino y aceite en abundancia. <sup>25</sup>¡Y yo les devolveré las cosechas que las langostas, por orden mía, se comieron! Ellas fueron como el gran ejército destructor que envié ☆ contra ustedes. <sup>26</sup>Una vez más tendrán comida en abundancia. Entonces cantarán de alegría en mi honor, que soy el Señor su Dios, porque haré todo esto. Y nunca más mi pueblo experimentará desastre semejante a éste, ¡nunca más mi pueblo volverá a ser humillado! <sup>27</sup>Y ustedes se convencerán que yo estoy en medio de Israel, mi pueblo, y que sólo yo soy el Señor su Dios, y que no hay otro dios. Y mi pueblo nunca más recibirá un golpe como éste.

### El día del Señor

☆ <sup>28</sup>Después de haber derramado mis lluvias de nuevo, ¡también derramaré mi Espíritu sobre todos ustedes! Sus hijos e hijas profetizarán, sus ancianos tendrán sueños y sus jóvenes tendrán visiones de parte de Dios. <sup>29</sup>Y yo derramaré mi Espíritu incluso sobre los esclavos y las esclavas.

☆ <sup>30</sup>También pondré extrañas señales en la tierra y en el cielo: sangre, fuego y columnas de humo. <sup>31</sup>El sol se oscurecerá y la luna se pondrá roja como la sangre. ¡Eso acontecerá antes de que venga el grande y terrible día del Señor!

<sup>32</sup>Pero todo aquel que invoque mi nombre se salvará. Pues yo, el Señor, he prometido que en el monte Sión, esto es, en Jerusalén, habrá salvación. ¡Allí habitarán los que yo, el Señor, deje con vida!

### El juicio de las naciones

**3** En el tiempo que viene, cuando yo restaure la prosperidad de Judá y Jerusalén, <sup>2</sup>juntaré los ejércitos del mundo en el valle de Josafat. Allí los juzgaré y castigaré por haber hecho daño a mi pueblo, por haberlo esparcido entre las naciones y haber repartido mi tierra. <sup>3</sup>Los menospreciaron tanto que echaron suertes para repartirse a mi pueblo, cambiaron a un jovencito por una prostituta, y a una niña por suficiente vino para emborracharse.

<sup>4</sup>¡Tiro y Sidón, no traten de meterse en este asunto! ¿Están tratando de vengarse de mí, ustedes ciudades de Filistea? ¡Cuidado, pues yo me desquitaré rápidamente y devolveré el mal que quieren hacer sobre sus propias cabezas! <sup>5</sup>Han tomado mi plata, mi oro y todos mis tesoros preciosos, y los han llevado a sus templos paganos. <sup>6</sup>Han vendido al pueblo de Judá y Jerusalén a los griegos, quienes se los llevaron cautivos lejos de su propia tierra.

<sup>7</sup>Pero yo los traeré de vuelta de todos estos lugares a donde los han vendido, y ajustaré cuentas con ustedes, por todo lo que han hecho. <sup>8</sup>Yo venderé a sus hijos e hijas a Judá, y ellos los venderán como esclavos a los sabeos, quienes viven en tierras remotas. Esta es una sentencia del Señor.

<sup>9</sup>Anuncien esto por todas partes: ¡Prepárense para la guerra! Recluten a sus mejores soldados; junten todos sus ejércitos. <sup>10</sup>Conviertan sus arados en espadas y sus hoces en lanzas. Que el débil diga: «¡Soy fuerte!» <sup>11</sup>Júntense y vengan, naciones de todas partes. Y ahora, Señor, ¡haz descender tus guerreros!

<sup>12</sup>Naciones, levántense pronto y suban al valle de Josafat, pues allí estableceré mi juzgado para pronunciar mi juicio sobre todas ustedes.

<sup>13</sup>Agarren la hoz, porque la cosecha ya está lista. Vengan y pisen las uvas, porque el lagar está lleno. ¡La maldad de esta gente es grande!

<sup>14</sup>¡Una multitud inmensa se ha reunido en el valle llamado de la Decisión! ¡Está cercano el día en que el Señor llegará al valle de la Decisión a juzgar a las naciones!

<sup>15</sup>Será tan grande el trastorno que incluso el sol y la luna se oscurecerán y las estrellas dejarán de alumbrar. <sup>16</sup>El Señor ruge como si fuera un león desde Sión, desde Jerusalén lanza su grito, y la tierra y el cielo comienzan a temblar. ¡Pero el Señor protegerá a su pueblo, será un refugio seguro para Israel!

### Bendiciones para el pueblo de Dios

<sup>17</sup>Entonces se convencerán, por fin, que yo soy el Señor su Dios, que yo habito en Sión, mi santo monte. Jerusalén será santa, y nunca más los extranjeros la volverán a invadir.

<sup>18</sup>Tendrán tanta abundancia que vino dulce destilarán las montañas, y de las colinas fluirá la leche. Los arroyos de Judá se llenarán de agua, y una fuente brotará del templo del Señor para regar el valle de las Acacias.

<sup>19</sup>Egipto y Edom serán destruidos porque atacaron con violencia a la gente de Judá y mataron a gente inocente. <sup>20</sup>Pero Judá y Jerusalén serán habitadas para siempre. <sup>21</sup>Pues yo me vengaré de todo el mal que le causaron a mi pueblo; no dejaré sin castigo a los culpables. ¡Yo, el Señor, viviré en Sión!

☆2.18–19  ☆2.26  ☆2.28  ☆2.30–32

# Joel

**1** Éste es el mensaje que el Señor le dio a Joel, hijo de Petuel.

## La invasión de langostas

² ¡Escuchen, sabios consejeros de Israel! ¡Escuchen, todos sus habitantes! En toda su vida, sí, en toda su historia, ¿ha sucedido algo semejante a lo que les voy a contar? ³ Esto que va a suceder ustedes se lo contarán a sus hijos y ellos, a su vez, se lo contarán a sus propios hijos, de modo que la historia se irá contando de una generación a otra.

⁴ ¡Todos los cultivos fueron devorados por las plagas! Primero vinieron las orugas y se comieron una parte. Luego vinieron las langostas y acabaron con otra parte. Después de éstas vinieron sucesivamente pulgones y saltamontes y se comieron lo poco que quedaba.

⁵ ¡Despierten y lloren ustedes, borrachos, pues no hay uvas para preparar el vino! ¡Les quitarán hasta el mosto que tengan en la boca! ⁶ ¡Un inmenso ejército los invade! Es un ejército terrible, demasiado numeroso como para poder ser contado, ¡es tan terrible y destructor que parece tener dientes y garras como los de los leones! ⁷ Han arruinado mis viñedos y desgajado las higueras. ¡Las han derribado y pelado por completo! ⁸ Llora, como llora desconsolada una joven novia porque han matado a su prometido.

⁹ Ya no hay cereales ni vino para llevar como ofrenda al templo del Señor. Por eso están de luto los sacerdotes que sirven al Señor, quienes ministran en su templo. ¹⁰ Los campos están secos, la tierra está vacía. Se perdió la cosecha del trigo, ya no hay vino y se acabó el aceite.

¹¹ ¡Lloren, labradores! ¡Solocen, viñadores! ¡Pues se perdieron las cosechas del trigo y la cebada! ¹² Las vides están muertas; las higueras se están muriendo; los granados están secos, lo mismo que las palmeras y los manzanos. ¡Todos los árboles del campo se murieron! Por eso la alegría se ha ido de la gente.

## Llamado al arrepentimiento

¹³ ¡Sacerdotes, vístanse de luto, lloren ustedes que ministran en el altar! Vengan, ministros de Dios, y pasen la noche sobre ceniza y con ropas ásperas en señal de profunda tristeza, porque en el templo de su Dios no hay ofrendas de cereales ni de vino. ¹⁴ Anuncien un ayuno general; llamen a todo el pueblo a una reunión. Reúnan a los jefes y a todo el pueblo dentro del templo del Señor su Dios, para que le pidan ayuda al Señor.

¹⁵ ¡Ay, que ya viene el terrible día del Señor! ¡La anunciada destrucción de parte del Todopoderoso ya se aproxima! ¹⁶ Nuestro sustento desaparecerá delante de nuestros ojos; todo gozo y alegría habrá terminado en el templo de nuestro Dios.

¹⁷ La semilla se pudre en el suelo; los pajares y graneros están vacíos porque la cosecha se perdió. ¹⁸ ¡El ganado muge por el hambre! ¡Los bueyes corren como locos, porque no tienen pasto! ¡También las ovejas están sufriendo!

¹⁹ ¡Señor, ayúdanos, pues el fuego ha devorado los pastos, las llamas han quemado todos los árboles! ²⁰ Aun los animales salvajes claman a ti por ayuda, porque se secaron los riachuelos y los pastizales se marchitaron.

## Un ejército de langostas

**2** ¡Hagan sonar la alarma en Jerusalén! ¡Que el trompetazo de advertencia sea escuchado sobre mi santo monte! ¡Que todo el mundo tiemble de miedo, pues se acerca el día del juicio del Señor!

² Es un día de oscuridad y sombra, de mucha tristeza y lleno de calamidades. ¡Qué ejército tan poderoso es el que llega contra Jerusalén! ¡Tan numeroso que cubre las montañas cercanas como lo hacen las sombras cuando llega la noche! ¡Cuán grande, cuán poderosa es esa gente que los invade! ¡Ningún ejército tan poderoso existió antes ni existirá después! ³ ¡Parece como si el fuego fuera delante y detrás de ellos por todas partes por todo el daño que dejan a su paso! Antes de su llegada la tierra se ve tan bella como el jardín del Edén en toda su hermosura, pero cuando ellos llegan arrasan con todo, ni una sola cosa escapa.

⁴ Se parecen a caballos veloces, montados por expertos jinetes. ⁵ ¡Van saltando por las cumbres de las montañas! Escuchen el ruido que hacen, como el estruendo de los carros de guerra, como el rumor del fuego cuando arrasa un campo cultivado. Son un poderoso ejército entrando en fiera batalla.

⁶ El terror se apodera de la gente que los ve llegar; sus rostros palidecen de miedo. ⁷ Atacan como soldados de infantería perfectamente entrenados; escalan las murallas como guerreros adiestrados. Marchan de frente, siempre en orden, bien disciplinados. ⁸ Jamás se estorban entre sí en la batalla. Cada uno está en el lugar que le corresponde y atacan con método y furia. ⁹ Cubren la ciudad como un enjambre; trepan con facilidad sobre las murallas defensivas, suben a los techos de las casas y entran como ladrones a través de las ventanas. ¹⁰ ¡La tierra tiembla delante de ellos, y el cielo se estremece! ¡El sol y la luna se oscurecen, y se esconden las estrellas!

¹¹ El Señor los conduce con su voz de mando. El suyo es un poderoso ejército, con innumerables batallones que siguen sus órdenes. El día del juicio del Señor es algo terrible y pavoroso. ¿Quién podrá mantenerse en pie?

## Exhortación al arrepentimiento

¹² Por eso el Señor dice: «Vuélvanse a mí por completo, mientras aún hay tiempo. Háganlo con ayuno, llanto y arrepentimiento sincero». ¹³ No finjan arrepentimiento rasgándose la ropa, sino vuélvanse al Señor su Dios con un corazón lleno de arrepentimiento sincero. Porque él es un Dios amoroso y bueno, que no se enoja fácilmente. Él los ama mucho y le duele castigarlos. ¹⁴ Tal vez cambie de parecer y los perdone, y los bendiga en vez de castigarlos. Quizá haga que la tierra vuelva a producir en abundancia, de modo que tengan cereales y vino para que le presenten sus ofrendas.

¹⁵ ¡Hagan sonar la trompeta que señala la alerta en Sión! ¡Proclamen ayuno y convoquen a todo el pueblo a una solemne reunión! ¹⁶ Traigan a todos: ancianos, niños, y aun a los recién nacidos. También los recién casados deben salir de su alcoba matrimonial y asistir a la asamblea.

¹⁷ Los sacerdotes, ministros de Dios, se pararán entre el pueblo y el altar, llorando, y orarán diciendo: «Señor

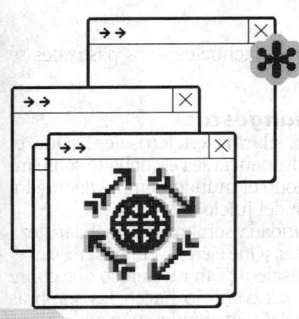

## PANORAMA DEL LIBRO

Aprovechando una tragedia nacional, una plaga de langostas que arruinó las cosechas, Joel lanza un urgente mensaje de juicio que vendrá durante el "Día del Señor", un período de terribles castigos que habrá antes de la restauración final, con motivo del arrepentimiento del pueblo.

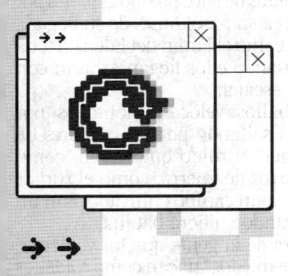

## ¿CÓMO SE RELACIONA CONMIGO?

Joel interpreta una tragedia nacional como un juicio de Dios y brinda un anticipo del juicio mayor que vendría si el pueblo no se arrepintiera de sus malos caminos. Este libro deja en claro que siempre es sabio interpretar lo que está sucediendo en el mundo a la luz de las verdades bíblicas y la voluntad del Señor. Siempre es sabio recordar que Dios está activo y que es el dueño de la historia, aunque nosotros podemos alterarla con nuestras decisiones. Joel invita a leer adecuadamente los sucesos para identificar lo que nuestro Señor está haciendo y va a hacer en nuestro mundo y habla de uno de los temas más relevantes en las profecías bíblicas: el Día del Señor. Este es un período de juicio y también de bendición y restauración de todas las cosas. Para los pecadores e infieles, el Día del Señor es una advertencia de cosas terribles (Joel 1:15), pero el pueblo fiel del Señor debe regocijarse porque el Señor hará grandes cosas con los suyos (Joel 2:21).

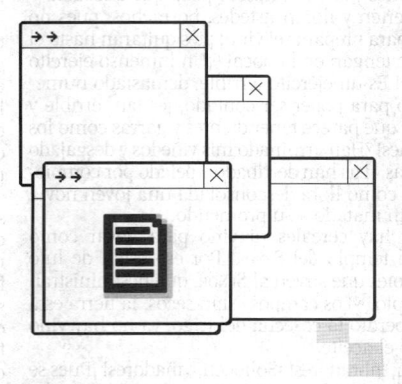

## EL GUION

1) Una lectura espiritual de la historia presente. Cap. 1
2) Una descripción de la tribulación futura. Cap. 2:1-17
3) Una descripción de la restauración futura. Cap. 2:18-3:21

# JOEL

# JOEL

## → → ¿QUIÉN LO ESCRIBIÓ?

El libro menciona el nombre de su autor y el de su padre ("Joel hijo de Petuel", Jl. 1:1). No se sabe nada sobre el profeta o su familia; solo el significado de su nombre ("el Señor es Dios") y el nombre de su padre. Por su estilo de escritura y su familiaridad con la geografía de Judá podemos suponer que nació en el reino del sur, que quizá vivió en Jerusalén y que tuvo cierta preparación literaria y teológica.

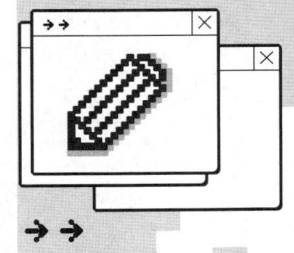

## → → ¿A QUIÉN LO ESCRIBIÓ?

Este profeta ministró en el reino de Judá. El mensaje de advertencia acerca de un juicio cercano estaba dirigido a los judíos de esas dos tribus del sur. Una plaga de langostas es vista como el anticipo de un juicio en contra de una nación que está enredada en sus pecados y, además, como un símbolo del Día del Señor.

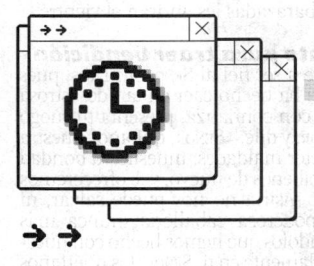

## → → ¿CUÁNDO Y DÓNDE LO ESCRIBIÓ?

Debido a la falta de más información acerca del autor, es difícil determinar la fecha en la que el libro fue escrito. La mayoría de estudiosos evangélicos se inclinan por una fecha durante el reinado de Joás (820 a.C.) o unos 30 o 40 años más tarde en la primera mitad del siglo VIII, debido a que no se mencionan las grandes potencias como Siria, Asiria o Babilonia. En su lugar se mencionan enemigos del período pre-exílico como los filisteos, los fenicios (lee Joel 3:4), los egipcios o los edomitas (Joel 3:19). Además, el libro está colocado entre otros profetas que ministraron más o menos en ese período, como Oseas y Amós.

En cuanto al lugar de su escritura, es posible que haya sido la ciudad de Jerusalén.

y se olvidaron de mí. ⁷Por eso vendré sobre ustedes como un león, o como un leopardo que está al acecho en el camino esperando su presa. ⁸¡Los desgarraré como lo hace una osa con quien intenta quitarle sus cachorros! ¡Como un león los devoraré, como una bestia salvaje los devoraré!

⁹»Israel, si yo te destruyo, ¿quién podrá salvarte? ¹⁰¿Dónde está tu rey? ¿Por qué no clamas a él para que te ayude? ¿Dónde están todos los jefes del pueblo? Muchas ganas tenías de tenerlos, ahora pues, ¡que ellos te salven! ¹¹Yo te di reyes cuando estaba enojado, y luego te los quité cuando estaba furioso.

¹²»Los actos malvados de Efraín están bien archivados; sus maldades han sido registradas en un libro. ¹³Se le ofrece la oportunidad de un nuevo inicio, como un nuevo nacimiento, pero es como un niño que se resiste a nacer. ¡Qué testarudo! ¡Cuán necio!

¹⁴»¿Lo rescataré del infierno? ¿Lo libraré de la muerte? Muerte, ¿dónde están tus plagas? Sepulcro, ¿dónde está tu poder destructor? ¡No le tendré más compasión!»

¹⁵Él fue llamado el más fructífero de todos sus hermanos, pero el viento del este, un viento que el Señor enviará desde el desierto, soplará fuerte sobre él y secará su tierra. Todas sus fuentes de aguas, todos sus manantiales se secarán. Su tierra será arrasada y sus tesoros desaparecerán.

¹⁶Samaria debe llevar su culpa, pues se ha rebelado contra su Dios. Su pueblo será arrasado por el ejército invasor, sus bebés serán estrellados contra el suelo y a las mujeres embarazadas les abrirán el vientre.

## Arrepentimiento para traer bendición

**14** Israel, vuelve a ser fiel al Señor, tu Dios, pues tu maldad te ha hecho caer en tan desastrosa situación. ²Ven con confianza, presenta tu ruego delante del Señor, y dile: «Señor, quítanos nuestra inclinación a cometer maldades; muestra tu bondad hacia nosotros y recíbenos de nuevo, y te ofreceremos cantos de gratitud. ³Asiria no nos puede salvar, ni tampoco nuestra poderosa caballería; nunca más confiaremos en los ídolos que hemos hecho con nuestras manos, pues solamente en ti, Señor, los huérfanos encuentran misericordia».

## Respuesta de Dios

⁴Entonces el Señor dirá: «¡Yo te curaré de la idolatría y de la infidelidad, y mi amor no conocerá límites, pues mi cólera se habrá aplacado para siempre! ⁵Yo seré de nuevo para Israel su Dios amoroso y proveedor. Lo refrescaré como lo hace el rocío del cielo, y lo haré florecer como el lirio, y echará raíces profundas como los árboles del Líbano. ⁶Volverá a crecer como si fuera un árbol frondoso. Sus ramas se extenderán y serán tan hermosas como las de los olivos y tan fragantes como los cedros del Líbano. ⁷Volverán a habitar en su tierra bajo mi protección; de nuevo sembrarán sus campos y cosecharán trigo en abundancia; cultivarán sus viñas y harán un vino que será tan famoso como los vinos del Líbano.

⁸»¡Efraín, aléjate de esos ídolos! ¡Yo estoy vivo y soy fuerte! Yo te atiendo y te cuido. Yo soy como un árbol siempre verde, que te brindo mi fruto a través de todo el año. ¡Mis acciones misericordiosas hacia ti nunca faltan!»

⁹*Todo aquel que es sabio y prudente entenderá estas cosas. Todo aquel que es inteligente, que escuche y siga mis consejos. Pues los senderos del Señor son verdaderos y justos, y las personas buenas caminan por ellos. Pero la gente mala se pierde en sus propios malos pasos.

☀14.2  ☀14.4  ☀14.9

**OSEAS 10.11**

¹¹»Efraín era como una novilla muy dócil a la que le encantaba trillar el grano. Jamás lo he puesto bajo un yugo pesado, antes siempre le he perdonado su maldad. ¡Ahora sabrá lo que es la vida dura! ¡Ahora le pondré el yugo sobre su frágil cuello! Israel tendrá que arrastrar el arado y Judá preparará la tierra con gran fatiga».

¹²Planten las buenas semillas de justicia y entonces segarán una cosecha de mi amor; aren el suelo duro de sus corazones para que estén listos a recibir la instrucción de Dios, porque ahora es el tiempo de buscar al Señor, para que él venga y les de una vida próspera y tranquila. ¹³¡Pero en lugar de ello han cultivado maldad por todos lados y por eso ha brotado una abundante cosecha de cosas malas! ¡Han recibido la recompensa por confiar en una mentira, pues creyeron que sus carros de guerra y su gran ejército podían darles seguridad! ¹⁴Por lo tanto, los terrores de la guerra los perseguirán y sus fortalezas serán destruidas. Les sucederá lo mismo que a Bet Arbel, cuando el rey Salmán la destruyó el día de la batalla y aplastó a las madres junto con sus hijos. ¹⁵Ese será también el destino de Israel debido a su gran maldad. ¡Tan pronto amanezca, el rey de Israel habrá muerto!

### El amor de Dios por Israel

**11** ✝ El Señor dice: «Cuando Israel era niño yo lo amé como a un hijo, y lo liberé de Egipto. ²Pero después, cuanto más lo llamaba a estar cerca de mí tanto más se rebelaba y era desobediente. Ofrecía homenajes a Baal y ofrecía perfumes delicados a los ídolos. ³Yo lo capacité desde su infancia, le enseñé a andar y lo sostuve en mis brazos. Pero él ni siquiera se dio cuenta de que era yo quien lo cuidaba. ⁴Lo traté con mucha ternura, lo conquisté con expresiones de amor. Yo la alzaba en mis brazos y jugaba con él, contento de ver sus sonrisas. Yo mismo le daba de comer, como a un niño pequeño.

⁵»Pero ellos no quieren volver a mí; por eso tendrán que volver a Egipto, y el rey de Asiria gobernará sobre ellos. ⁶La guerra acabará con sus ciudades, sus enemigos destruirán sus fortalezas y echarán todo por los suelos. ⁷Pues mi pueblo está decidido a abandonarme. Por eso los he sentenciado a la esclavitud, y nadie los podrá librar.

⁸»¿Cómo podré abandonarte, mi Efraín? ¿Cómo podré dejarte ir? ¿Cómo podré desampararte como lo hice con Admá y Zeboyín? ¡Me duele el corazón por ti y no puedo contener todo el amor que te tengo! ¡Me duele tanto tener que castigarte! ⁹No dejaré que mi cólera se desate contra Efraín y lo destruya, pues yo soy Dios y no un hombre. Yo soy el Santo que vivo entre ustedes, y no he venido para destruirte».

¹⁰El Señor rugirá como un león y su pueblo lo seguirá. Sí, él rugirá y su pueblo vendrá temblando desde el oeste. ¹¹Como una bandada de pájaros recién liberados ellos vendrán de Egipto; como palomas volando libres desde Asiria. Y los traeré de vuelta a su hogar. Lo afirma el Señor.

### El pecado de Israel

¹²El Señor dice: «Israel me rodea con mentiras y engaño, pero Judá aún confía en Dios y es fiel al Santo.

**12** »Efraín pone su confianza en lo que no sirve y tiene su esperanza en el país del este, pues hace alianzas con Asiria y envía regalos a Egipto para que le ayuden, pero será inútil. Sin cesar aumenta sus mentiras y sus actos de violencia».

²Pero el Señor tiene un pleito contra Judá, y lo castigará por todo lo malo que ha hecho; sí, le dará a Jacob lo que se merece por su mala conducta.

³Está tan inclinado a la violencia que ya en el seno materno peleó con su hermano gemelo y cuando llegó a ser adulto, luchó con el enviado del Señor. ⁴Sí, luchó con el ángel y lo venció. Lloró y le imploró que lo bendijera. Se encontró con Dios en Betel, y allí habló con él. ⁵¡Habló con el Señor Todopoderoso! ⁶Por eso, Israel, busca de nuevo a tu Dios y vive de acuerdo con los principios del amor y la justicia, y siempre confía en él.

⁷Pero no, mi pueblo es semejante a los comerciantes tramposos, pues usa balanzas adulteradas para estafar a la gente. ⁸Efraín se jacta: «¡Yo soy muy rico! ¡Lo he logrado todo por mi propia cuenta! ¡Nadie podrá probar que he engañado a alguien!»

⁹El Señor dice: «Yo soy el mismo Señor, el mismo Dios que los libró de la esclavitud de Egipto, y yo soy el que los hará vivir nuevamente en tiendas, como lo hacían cuando estaban en el desierto. ¹⁰Yo envié a mis profetas para advertirles por medio de muchas visiones, parábolas y sueños».

¹¹Los que viven en Galaad no hacen sino mentir, sólo pensando en cometer maldades. En Guilgal ofrecen bueyes como sacrificios rituales a sus dioses falsos; por eso sus altares serán destruidos y sus piedras esparcidas por el campo.

¹²Jacob huyó a Aram y cuidando ovejas se ganó una esposa, tuvo que trabajar muchos años como pastor para obtener la mano de su novia. ¹³Luego el Señor, por medio de un profeta, sacó a Israel de Egipto y lo cuidó durante la marcha por el desierto. ¹⁴Pero Efraín ha hecho enojar al Señor, le ha causado un gran disgusto con sus actos violentos. Por eso el Señor le hará pagar por sus crímenes y hará que el mal que hizo se vuelva en su contra.

### La ira del Señor contra Israel

**13** Hubo un tiempo cuando Israel hablaba y las naciones temblaban de miedo, pues él era un pueblo poderoso; pero luego se hizo devoto de Baal, y así se acarreó la desgracia y fue destruido. ²Y ahora el pueblo se vuelve más idólatra y tonto. Funden su plata y con ella los artesanos fabrican ídolos y luego dicen: «¡Ofrezcan sacrificios rituales y besen a estos nuestros dioses! ¡Estos becerros son nuestros dioses!» ³Por eso desaparecerán como la niebla matutina al salir el sol, como el rocío que rápidamente se seca, como la paja llevada por el viento, como una nube de humo.

⁴El Señor dice: «Sólo yo soy su Dios, el Señor, y lo he sido desde que los saqué de Egipto. No tienen otro Dios aparte de mí, pues no hay ningún otro Salvador. ⁵Yo los cuidé en el desierto, en esa tierra árida y sedienta por donde anduvieron tanto tiempo. ⁶Pero cuando llegaron a la tierra próspera y comieron hasta quedar satisfechos, entonces se volvieron orgullosos

✝ 11.1—Ma 2.15

¹¹»¡Efraín ha construido muchos altares, pero no son para rendirme homenaje a mí! ¡Son altares donde practican su maldad ofreciendo homenaje a sus ídolos! ¹²Aunque yo tuve el cuidado de entregarles por escrito mis instrucciones, ellos las consideraron como algo sin importancia. ¹³Aunque ahora quisieran por fin rendirme homenaje solo a mí, yo no lo aceptaría. Más bien voy a exigirles cuentas por sus pecados y luego los castigaré. ¡Otra vez haré que sean esclavos de Egipto!

¹⁴»Israel ha edificado grandes palacios; Judá ha construido grandes fortalezas de defensa para sus ciudades, pero se ha olvidado de su Hacedor. Por lo tanto, yo enviaré fuego sobre esos palacios y quemaré esas fortalezas».

## El castigo a Israel

**9** ¡No te alegres, Israel! ¡No hagas fiesta como las otras naciones! Porque has abandonado a tu Dios y te has portado como una prostituta, pues te entregas a los ídolos y te alegras con ellos más que por las cosechas de trigo que yo te regalo. ²Por lo tanto en adelante tus cosechas serán raquíticas y tu vino de pésima calidad. ³Ya no puedes permanecer más en esta tierra que el Señor te ha dado; Efraín será llevado cautivo a Egipto y a Asiria, y tendrá que comer alimentos impuros. ⁴Allí, lejos de tu hogar, no tendrás vino para ofrendar al Señor, ni le podrás ofrecer ningún sacrificio ritual que le sea grato. El pan que comerán allá será como el pan que se sirve en un velorio, que contamina a todos los que se lo comen. Ese alimento sólo les calmará el hambre, pero no podrán usarlo como ofrenda para el Señor.

⁵¿Qué, pues, harán ustedes en los días santos, o en los días especiales dedicados a ofrecer homenajes al Señor? ⁶Si logras librarte de la destrucción, Egipto te atrapará y te enterrará en Menfis. Todas tus riquezas serán cubiertas por la maleza, y tus casas abandonadas se llenarán de matorrales.

⁷¡Ha llegado el tiempo del castigo de Israel! ¡El día de que cada quien reciba su merecido está cercano! ¡Todo Israel se dará cuenta de esto! Es tan grande la maldad de Israel, es tan enorme su pecado, que dicen: «¡Los profetas están locos y los hombres inspirados han perdido la cordura!» ⁸Yo designé a los profetas para advertir y guiar a mi pueblo por medio de sus mensajes, pero el pueblo se ha opuesto a ellos en todas partes, y ni siquiera respetan el templo de Dios pues también ahí les expresan su odio.

⁹Las cosas que hace mi pueblo son tan depravadas como las que hicieron en Guibeá. ¡Pero el Señor no se olvida de sus maldades y los castigará por todo el mal que han hecho!

¹⁰El Señor dice: «¡Israel, qué bien recuerdo aquellos primeros días encantadores, cuando te conduje a través del desierto! ¡Recuerdo con alegría cuando te vi nacer y tus primeros pasos! ¡Cuánto me satisfacía, como los primeros higos del verano en su primer año! Pero al llegar a Baal Peor me abandonaste y te fuiste tras los dioses falsos. ¡Y te volviste tan repugnante como esos ídolos que adorabas!

¹¹»La gloria de Israel se aleja volando como un pájaro, pues tus hijos morirán al nacer, o perecerán en la matriz, o ni siquiera serán concebidos. ¹²Y si tus hijos llegan a crecer, morirán antes de llegar a la edad adulta; todos están condenados. Sí, será un día triste cuando yo me aparte de ti y te deje abandonado a tu suerte.

¹³»En mi visión yo he visto que Israel y Tiro se parecen, pues ambos tienen territorios hermosos. ¡Pero Efraín conduce a sus hijos a la muerte!»

¹⁴Señor, ¿qué pediré para tu pueblo? Pediré matrices infértiles que no engendren y pechos sin leche que no puedan alimentar!

¹⁵El Señor dice: «Toda su maldad comenzó en Guilgal; allí yo comencé a odiarlos. Yo los expulsaré de mi tierra por causa de su idolatría. No los amaré más, pues todos sus jefes son rebeldes a mí. ¹⁶Efraín está condenado a muerte. Es como un árbol que tiene las raíces secas y ya no da frutos. Y si llega a tener hijos, yo les quitaré la vida, aunque sean su fruto más precioso».

¹⁷Mi Dios destruirá al pueblo de Israel, porque ellos no quieren escuchar su consejo ni seguir sus instrucciones. Ya no tendrán una patria estable, sino que andarán como vagabundos entre las naciones.

**10** ¡Cuán próspero es Israel, es como una vid frondosa y llena de fruto! Pero cuanta más riqueza yo le doy, más altares construye para sus dioses paganos; cuanto más ricas son las cosechas que yo le doy, tanto más hermosas son las estatuas y las imágenes que construye para ellos.

²Los israelitas tienen su corazón dividido, pues pretenden amar a Dios y a sus ídolos al mismo tiempo. Pero ese es un gravísimo error por el que tendrán que pagar. El Señor destruirá sus altares paganos y volverá añicos las imágenes de sus ídolos.

³Entonces dirán: «Nosotros abandonamos al Señor, por eso él nos quitó nuestro rey. Pero, ¿de qué nos serviría tener rey? ¡Nada podría hacer para ayudarnos!» ⁴Ellos hacen promesas que no tienen siquiera la intención de cumplir, hacen pactos inútiles con las naciones fuertes. Por lo tanto, el castigo brotará entre ellos como lo hace la mala hierba en los surcos del campo.

⁵La gente de Samaria tiembla y llora por la pérdida de su ídolo, el becerro de Bet Avén. El pueblo y los sacerdotes están de luto porque el esplendor de su becerro se ha perdido. ¡Cuánto dolor por la pérdida de un ídolo! ⁶Ese ídolo, el dios becerro, será llevado a Asiria como un regalo para el gran rey. Se burlarán de Efraín por haber confiado en este ídolo; Israel quedará avergonzado.

⁷El rey de Samaria desaparecerá como una ramita arrastrada por las aguas. ⁸Y los altares construidos en las montañas para los ídolos, a donde acudían a cometer sus maldades los israelitas, serán destruidos por completo, pues era allá donde adoraban a sus ídolos. Sobre las ruinas de esos altares crecerán espinas y cardos, crecerán para cubrirlos completamente. Y la gente clamará a las montañas y a las colinas para que caigan sobre ellos y los aplasten.

⁹El Señor dice: «Ustedes, israelitas, no han hecho más que cometer maldades desde aquella terrible noche en Guibeá! ¡No han cambiado en absoluto! Así como aquellos hombres de Guibeá fueron castigados, también lo serán ustedes. ¹⁰Vendré contra ti por tu desobediencia; juntaré los ejércitos de las naciones contra ti para castigarte por tus múltiples maldades.

**OSEAS 6.1**

y miren hacia mí en busca de ayuda. ¡Sí, en medio de su aflicción me buscarán!»

## Impenitencia de Israel

**6** ☀ Ese día los israelitas dirán: «¡Vengan, volvamos al Señor! Él es quien nos ha desgarrado, y él † será quien nos sane. ²En tan sólo dos o tres días nos sanará por completo y entonces podremos vivir siempre bajo su protección. ¡No vacilemos en buscar ☀ al Señor! ³¡No nos cansemos de ir en busca del Señor! Si lo hacemos, podemos estar seguros de que él vendrá a nuestro encuentro. Eso es tan seguro como el hecho de que el sol alumbra cada día. Eso será así, tan seguro como el hecho de que la lluvia cae en el tiempo oportuno y riega la tierra».

⁴El Señor dice: «Efraín y Judá, ¿qué haré con ustedes? Pues su amor hacia mí es tan inconstante, se desvanece tan pronto, como lo hacen las nubes de la mañana y como desaparece como el rocío. ⁵Yo envié a mis profetas para advertirles del destino funesto que les espera; yo los he herido con la dureza de las palabras que les he enviado, incluso amenazándolos de muerte. Sepan que de repente, sin advertencia alguna, mi juicio realmente los matará como si fuera un rayo fulminante. ⁶Lo que más quiero de ustedes no son sus sacrificios rituales, sino que amen a Dios y a su prójimo; lo que más quiero de ustedes no son sus ofrendas, sino que me reconozcan y respeten como su Dios. ⁷Pero como Adán, han desobedecido mi convenio, han despreciado mi amor.

⁸»Galaad es una ciudad de gente malvada, las huellas de la violencia están por todas partes. ⁹Sus sacerdotes son como bandas de ladrones, que se esconden para sorprender y caer sobre sus víctimas; en el camino que lleva a Siquén cometen toda clase de maldades.

¹⁰»Sí, yo he visto una cosa horrible en Israel: Efraín me ha sido infiel y se ha ido tras la idolatría; Israel se ha corrompido por completo.

¹¹»También para ti, Judá, tengo preparado tu castigo, cuando haya hecho que mi pueblo regrese a su tierra.

**7** »Yo deseaba perdonar a Israel, pero sus maldades fueron demasiado grandes. ¡Todos los que viven en Samaria son mentirosos, ladrones o bandidos que se meten a las casas a robar, o asaltan en las calles! ²Su gente jamás parece reconocer que yo los estoy observando. Sus hechos malvados los delatan por todos lados, y ninguno de ellos se oculta de mi vista. ¡No se me escapa nada de lo que hacen!

³»El rey se alegra en la maldad de ellos; a los príncipes le parece muy gracioso todo el mal que hacen. ⁴Todos ellos son infieles y arden de pasión, así como el horno que el panadero deja encendido, mientras espera que la masa se fermente. ⁵En las fiestas que el rey celebra, los príncipes le dan vino hasta emborracharlo; y el rey se olvida de su posición de honor y se revuelca en el suelo con los que se burlan de él. ⁶Sus corazones, llenos de intrigas, arden como un horno. Su conspiración se va cocinando lentamente durante la noche y a la mañana la ponen por obra. ⁷Todos son iguales en su inclinación por el mal. Sus reyes llegan y pasan, uno tras otro, pero ninguno es capaz de clamar a mí por ayuda.

⁸»Mi pueblo se entremezcla con los paganos y adopta sus costumbres malas, ¡y así llegan a ser tan inútiles como una torta cocinada a medias! ⁹La ocupación de rendir homenajes a los dioses extranjeros ha agotado sus fuerzas, pero ellos parecen no darse cuenta. El cabello de Efraín se está volviendo canoso y él ni siquiera se da cuenta cuán débil y viejo está. ¡No ha ganado nada de experiencia con los años!

¹⁰»El orgullo de Israel lo está destruyendo, no le permite reconocer su desgracia ni le deja acudir al Señor en busca de ayuda.

¹¹»Efraín es como una paloma tonta y necia, que vuela a Egipto o a Asiria en busca de ayuda. ¹²Pero mientras ella vuela, arrojo mi red sobre ella y la atrapo como a cualquier ave en los aires. ¡La castigaré por toda su maldad! ¡Haga lo que haga no escapará de mi castigo!

¹³»¡A mi pueblo le va a ir muy mal por haberme abandonado! ¡Será destruido por haberse puesto en mi contra! Yo quería salvarlos, pero ellos no hacen más que calumniarme.

¹⁴»Se acuestan en sus camas a gemir por su desgracia, pero no oran a mí con sinceridad. Cuando no tienen trigo ni vino, se hacen heridas en el cuerpo para solicitar ayuda a los ídolos, y no dejan de ser rebeldes. ¹⁵»Yo los ayudé y los fortalecí, sin embargo ahora se vuelven contra mí. ¹⁶Miran hacia todas partes menos hacia mí. Son como un arco torcido que nunca da en el blanco; sus jefes morirán a golpe de una espada filosa, y todo Egipto se burlará de ellos.

## Siembran vientos y cosechan torbellinos

**8** »¡Toquen la trompeta para alertar al pueblo! ¡Avísenle que ya viene el enemigo contra él! Sí, con la rapidez y fuerza de un águila el Señor viene contra su pueblo, porque no han cumplido su convenio y porque se han rebelado contra sus instrucciones. ²Ahora Israel implora, diciéndome: "¡Ayúdanos porque tú eres nuestro Dios!" ³Pero es demasiado tarde. Israel ha rechazado el bien; por eso, sus enemigos la perseguirán. ⁴Israel ha nombrado reyes y príncipes sin consultarme, que no cuentan con mi aprobación. Han usado su oro y su plata para fabricarse ídolos, los que los llevarán a la destrucción.

⁵Samaria, yo rechazo tu becerro, ese ídolo que has hecho. ¡Mi cólera está que revienta contra ti! ¿Hasta cuándo seguirás en el extravío de tu idolatría? ¿Cuándo por fin te preocuparás por ser virtuosa? ⁶¿Cuándo vas a reconocer que ese becerro al que te rindes homenaje es sólo un objeto hecho por artesanos? ¡No es Dios! Por lo tanto será hecho pedazos.

⁷»Ellos han sembrado viento y cosecharán torbellino. Sus tallos de trigo permanecen secos, no tienen granos; y si les llegaran a quedar algunos, los extranjeros se los comerán. ⁸Israel ha sido destruida; está tirada entre las naciones como si fuera una olla rota. ⁹Se ha quedado sola, como un burro terco y solitario. Ha llevado regalos a los asirios, para suplicarles que le ayuden. ¹⁰Pero aunque ella alquile amigos de muchas tierras, yo la enviaré al exilio. ¡Dentro de poco no contarán con reyes ni con jefes!

☀6.1  †6.2—Ma 28.6  ☀6.3

²Así que la compré por ciento ochenta gramos de plata y trescientos sesenta litros de cebada, ³y le dije: «Serás mi esposa por mucho tiempo. No te portarás más como una prostituta durmiendo con muchos hombres, sino que me serás fiel. También yo te seré fiel».

⁴Esta situación ilustra el hecho de que Israel estará por mucho tiempo sin rey ni príncipe, y sin altar ni templo ni sacerdotes. ¡Ni siquiera tendrá ídolos! ⁵Pero después ellos retornarán al SEÑOR su Dios, y se acordarán de David, su rey. Sí, al final de los tiempos ellos buscarán con reverencia y humildad al SEÑOR y sus bendiciones.

## Pleito contra Israel

4 Israelitas, escuchen la palabra del SEÑOR, pues él tiene un pleito contra ustedes. La queja del SEÑOR es ésta: «Ya no hay entre ustedes fidelidad, ni bondad, ni conocimiento de Dios. ²Ustedes blasfeman, mienten, matan, roban y cometen adulterio. ¡Es tanta la violencia que los homicidios parecen no tener fin! ³Por eso la gente está de luto, todos están tristes y deprimidos. ¡Hasta los animales del campo, las aves del cielo y los peces están padeciendo los efectos de su maldad!

⁴»¡No señales con tu dedo a alguna otra persona, tratando de pasarle la culpa! ¡Mira, sacerdote, yo estoy señalándote a ti con mi dedo! ⁵Cometes maldades de día y de noche, y los falsos profetas también se asocian contigo. ¡Destruiré todo lo tuyo, hasta a tu madre! ⁶Mi pueblo es destruido porque no me conoce a mí, perece por no seguir mis instrucciones, y es todo por culpa de ustedes, sacerdotes, pues ustedes mismos han rehusado conocerme; por lo tanto, yo rehúso reconocerlos como mis sacerdotes. Siendo que han olvidado mis instrucciones, yo me olvidaré de bendecir a tus hijos. ⁷Cuanto más se multiplicaban los sacerdotes, peor actuaban en mi contra. Ellos cambiaron la grandeza y dignidad de Dios por la insignificancia y vergüenza de los ídolos.

⁸»¡Los sacerdotes se regocijan en las maldades cometidas por mi pueblo, pues en cuanto peor se porta la gente, más comida tienen ellos! ⁹Y así se cumple aquello de que "cual el sacerdote, tal el pueblo", y como los sacerdotes son malvados, el pueblo lo es también. Por lo tanto yo castigaré tanto a los sacerdotes como al pueblo por sus hechos malvados. ¹⁰Comerán, pero quedarán con hambre; fornicarán con sus amantes, pero no tendrán hijos. Esto les acontecerá porque me han abandonado y han rendido homenaje a otros dioses.

¹¹»El vino, las mujeres y la música han embotado los sentidos de la gente de mi pueblo. ¹²¡Pues están pidiéndole a un pedazo de madera que les diga lo que deben hacer! Su inclinación a la idolatría los hace desviarse del camino correcto. Abandonaron a su Dios para poner su confianza en otros dioses. ¹³Ellos ofrecen sacrificios rituales a los ídolos en las cimas de las montañas; suben a las colinas para ofrecerles delicados perfumes bajo la sombra placentera de los robles, álamos y olmos. Allí sus hijas y sus nueras se entregan a la prostitución. ¹⁴Pero, ¿por qué habré de castigarlas a ellas? Pues ustedes los hombres están haciendo lo mismo; ustedes se acuestan con las prostitutas que ofrecen sus cuerpos como culto a sus dioses, y junto con ellas ofrecen sacrificios rituales a esos dioses. ¡Por eso es que el pueblo, carente del verdadero conocimiento de Dios, actúa tan mal y se destruye a sí mismo!

¹⁵»Si Israel es una prostituta, tú, Judá, no sigas su ejemplo. ¡No vayan a Guilgal ni acudan a Bet Avén, ni juren allá por la vida del SEÑOR! ¹⁶Israel es testaruda como una novilla, no deja que el SEÑOR la cuide y la lleve a pastar al campo, como si fuera un corderito. ¹⁷Como Efraín, es decir, Israel, se ha entregado a los ídolos, ¡pues que se quede con ellos! ¹⁸Los hombres de Israel se entregan a borracheras y se van en busca de prostitutas. Aman más la vergüenza que el honor. ¹⁹Por lo tanto, un viento poderoso los barrerá, para que sientan vergüenza de adorar a sus ídolos.

## Juicio contra Israel

5 »Escuchen esto, ustedes sacerdotes, y todos los jefes de Israel; escuchen, todos los miembros de la familia real: Contra ustedes se ha dictado sentencia, porque han engañado al pueblo con los ídolos en Mizpa y Tabor, ²y han cavado un profundo pozo para atrapar a sus víctimas en Sitín. Pero no se olviden: Yo ajustaré cuentas con todos ustedes por lo que han hecho. ³Yo conozco perfectamente a Israel, así que no me es extraña su conducta. Yo sé que Israel se ha ido tras la idolatría y que se han echado a perder por completo.

⁴»Tus hechos no te permitirán venir a Dios de nuevo, pues tu inclinación a la idolatría le impide ser fiel al SEÑOR. ⁵La misma arrogancia de Israel testifica en su contra en el juicio que le hago. Israel tropezará caerá debido al peso de todas las malas obras que carga, y Judá también caerá por seguirle los pasos. ⁶Luego, por fin, ellas vendrán con sus rebaños y manadas para ofrecer sacrificios rituales tratando de contentar al SEÑOR, pero será demasiado tarde pues no lo encontrarán, ya que él se ha apartado de ellas y las ha dejado a su propia suerte. ⁷Porque ellas han traicionado el honor del SEÑOR, pues han tenido hijos que no conocen ni siguen sus instrucciones. Por eso, dentro de poco, tanto ustedes como sus campos serán destruidos.

⁸»¡Hagan sonar la alarma en Guibeá! ¡También háganla sonar en Ramá! ¡Adviertan a los de Bet Avén y a los de Benjamín que están en peligro! ⁹Oye este anuncio, Israel, pues te doy a conocer lo que te pasará: Cuando tu día de juicio y castigo venga, llegarás a ser sólo un montón de escombros.

¹⁰»Los jefes de Judá han llegado a ser como esa gente que corre los cercados en los campos para robar terrenos. Por eso, derramaré sobre ellos mi incontenible cólera como si fuera mar embravecido.

¹¹»Efraín ha sido oprimido y se le han violentado sus derechos, y ello por haber decidido seguir a sus ídolos. ¹²¡Voy a destruir a Israel como la polilla lo hace con la madera! ¡Voy a acabar con Judá como la carcoma acaba con los muebles!

¹³»Cuando Efraín y Judá vean cuán enfermos están, Efraín acudirá al gran rey de Asiria para que le ayude, pero él no podrá ayudarlos ni sanarlos. También Judá buscará ayuda en un poderoso rey, quien tampoco lo ayudará. ¹⁴Rasgaré a Efraín y a Judá como un león despedaza su presa; me los llevaré y ahuyentaré a todos los que quieran rescatarlos. ¹⁵Yo los abandonaré y volveré a mi hogar, hasta que ellos admitan su culpa

# Oseas

**1** Estos son los mensajes que el Señor le comunicó a Oseas, hijo de Beerí, durante los reinados de Uzías, Jotán, Acaz y Ezequías, quienes fueron reyes de Judá; y durante el reinado de Jeroboán, hijo de Joás, que fue rey de Israel.

## La esposa y los hijos de Oseas

²Aquí está el primer mensaje: El Señor le dijo a Oseas: «Ve y cásate con una prostituta, y ten hijos con ella. Esto ilustrará la forma en que mi pueblo me ha sido infiel, cometiendo abiertamente adulterio contra mí al rendir homenaje a otros dioses».

³Así que Oseas se casó con Gómer, hija de Diblayin, la cual quedó embarazada y le dio un hijo.

⁴,⁵Y el Señor le dijo a Oseas: «Llámalo Jezrel, pues en el valle de Jezrel estoy por castigar a la dinastía del rey Jehú. Porque pronto le haré pagar por los asesinatos que cometió en el valle de Jezrel. Así pondré fin al tiempo de Israel como reino independiente, pues acabaré con el poder que tiene como nación».

⁶Pronto Gómer concibió otra vez, y tuvo una hija. Y el Señor le dijo a Oseas: «Llámala Lorrujama (No más compasión), pues no tendré más compasión con Israel para perdonarlo de nuevo. ⁷Pero tendré compasión de la tribu de Judá. Personalmente la libraré de sus enemigos, sin ayuda alguna de sus ejércitos ni de sus armas».

⁸Después de que Gómer había destetado a Lorrujama, concibió de nuevo, y esta vez dio a luz un hijo varón. ⁹Y el Señor le dijo a Oseas: «Llámalo Loamí (No pueblo mío), pues Israel ya no es mi pueblo, y yo no soy su Dios.

¹⁰»Sin embargo, el tiempo vendrá cuando Israel prosperará y llegará a ser una nación grande; en ese día su población será demasiado numerosa, de modo que será imposible contarla, pues será tanta como los granos de la arena del mar. Cuando eso ocurra, en vez de decirles: "Ustedes no son mi pueblo", se les dirá: "Ustedes son hijos del Dios viviente". ¹¹Luego, los pueblos de Judá e Israel se unirán y tendrán un solo jefe; retornarán del exilio juntos. ¡Qué grandioso será ese día de Jezrel!

## Castigo y restauración de Israel

**2** »Ese día llamarán a sus hermanos: "Pueblo mío", y a sus hermanas las llamarán: "Compadecidas".

²»Acusen a su madre, ¡sí, acúsenla!, pues ella se ha convertido en la mujer de otro hombre, y ya no soy más su marido. Pídanle que deje su prostitución, que no se entregue más a otros hombres. ³Si no lo hace, para avergonzarla la dejaré tan desnuda como el día en que nació, y haré que se vaya consumiendo y muera de sed, como si fuera una tierra llena de hambre y sequía. ⁴Y no tendré consideración especial para sus hijos, pues ya no son mis hijos, sino los hijos de sus amantes.

⁵»Pues su madre se ha convertido en una prostituta. Ella hizo algo vergonzoso cuando dijo: "Correré detrás de otros hombres y me venderé a ellos para conseguir comida, bebida y ropa". ⁶Pero yo la cercaré con zarzas y espinales, le cerraré el paso para hacerle extraviar el camino. ⁷Se empeñará en correr tras sus amantes, pero no los alcanzará. Los buscará, pero no los encontrará. Entonces pensará: "Quizás sea mejor que vuelva a mi marido, pues me iba mejor con él que con mis amantes".

⁸»Ella no se da cuenta que todo lo que tiene ha sido provisto por mí. ¡Fui yo quien le dio todo el oro y la plata que ella usó para adorar a Baal, su dios!

⁹»Pero ahora le quitaré todo el vino y el trigo con que continuamente la he provisto. También le quitaré la ropa que le di para que cubriera su desnudez. Ya no le daré más ricas cosechas de trigo en su estación, ni vino en el tiempo de las uvas. ¹⁰Ahora expondré su desnudez en público para avergonzarla, para que la vean todos sus amantes, y nadie podrá rescatarla de mi mano.

¹¹»Pondré fin a todos sus goces, sus fiestas, peregrinaciones y todas sus demás festividades. ¹²Destruiré sus viñas y sus huertos, regalos que, según ella, le fueron dados por sus amantes, y dejaré que se conviertan en matorrales, y los animales salvajes serán quienes comerán sus frutos.

¹³»La voy a castigar por todo el perfume agradable que ella ofreció a Baal, su ídolo, y por todas las veces que ella se puso sus aretes y joyas, y me abandonó a mí, por irse tras sus amantes. Lo digo yo, el Señor.

¹⁴»Pero yo la conquistaré de nuevo, la llevaré al desierto y allí le hablaré con ternura. ¹⁵Allí le devolveré sus viñas y transformaré su valle de Penas en entrada hacia la Esperanza. Ella me responderá allí, cantando con gozo, tal como en los días de su juventud, como en el día cuando la saqué de Egipto.

¹⁶»En aquel día ella me llamará "mi esposo" en vez de "mi señor". Lo digo yo, el Señor. ¹⁷Israel, yo haré que olvides tus ídolos y que nunca más siquiera menciones sus nombres. ¹⁸En aquel tiempo yo haré un pacto entre ti y los animales salvajes, las aves y las víboras, para que no sientan temor los unos de los otros. Y también destruiré todas las armas y todas las guerras terminarán. Entonces todos podrán vivir tranquilos.

¹⁹»Te convertiré en mi esposa para siempre y te daré como regalos la rectitud, la justicia, y el amor y la misericordia. ²⁰Me comprometeré contigo en fidelidad y amor, y me conocerás verdaderamente como tu Señor.

²¹,²²»En aquel tiempo yo responderé a las peticiones que la tierra le hace al cielo para que le envíe lluvias. Entonces la tierra podrá responder al clamor del trigo, de las uvas y de los olivos, de modo que el valle de Jezrel gozará de abundancia. Yo haré que todo marche en armonía para que siempre haya abundancia. Lo digo yo, el Señor.

²³»¡En aquel tiempo yo plantaré y cuidaré a Israel en la tierra sólo para mí! Me compadeceré de "la no compadecida" y le diré a Loamí: "Tú eres mi pueblo", y él me responderá: "¡Tú eres mi Dios!"»

## Oseas se reconcilia con su esposa

**3** Entonces el Señor me habló por segunda vez, y me dijo: «Ve y busca a tu esposa de nuevo, y tráela de vuelta contigo y ámala, aunque ella ame a otro hombre. ¡Porque así es como el Señor ama a los israelitas, aunque ellos han preferido rendir homenaje a otros dioses y participan de las comidas especiales que les ofrecen!»

✡2.18–23

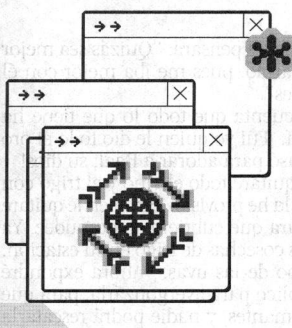

## PANORAMA DEL LIBRO

Oseas es el primero de los llamados "profetas menores", debido al menor tamaño de los libros que escribieron. Originalmente, los hebreos tenían estos doce libros como uno solo y le llamaban simplemente "Los Doce". La profecía de Oseas se caracteriza por estar basada en una ilustración del amor y la gracia de Dios y el dolor que le provoca la infidelidad de su pueblo y el castigo que vendrá. Así, entonces, el propósito del libro es mostrar cómo se balancea el amor de Dios con su justicia. El amor de Dios no impide que haya justo juicio por el pecado, mientras que su justicia no obstaculiza su deseo de restaurar su relación con su amado pueblo.

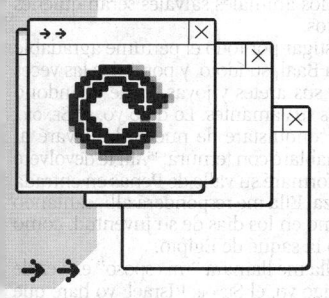

## ¿CÓMO SE RELACIONA CONMIGO?

Este libro presenta la ilustración más dramática que tenemos acerca de la historia del amor de Dios por su pueblo. Quizá debido a la actitud excesivamente seria de muchas iglesias en sus cultos, muchos cristianos se criaron pensando en un Dios continuamente enojado solo interesado en hacer cumplir una serie de reglamentos. Sin embargo, en Oseas encontramos al Señor insistiendo en ser fiel, incluso con un corazón quebrantado por la traición de su pueblo. El Dios que da a conocer el libro de Oseas se trata de un Dios apasionado, con un anhelo constante por ver a su pueblo regresando a Él y amándolo con todo el corazón. El mensaje de Oseas es que Dios te anhela a pesar de tus infidelidades y quien pierde cuando eres indiferente eres tú.

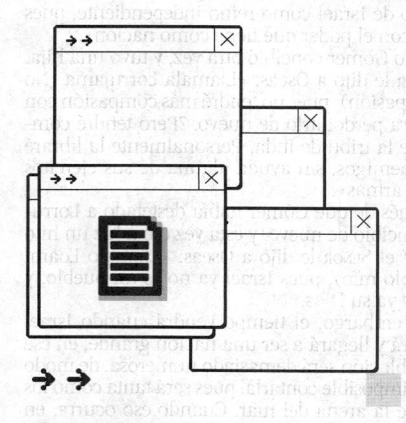

## EL GUION

1) Dramática ilustración de la fidelidad y la infidelidad del pueblo. Caps. 1-3
2) Dramática acusación de la infidelidad del pueblo. Caps. 4-7
3) Dramático juicio debido a la infidelidad del pueblo. Caps. 8-10
4) Dramática restauración futura del pueblo libre de infidelidad. Caps. 11-14

# OSEAS

# OSEAS

## ¿QUIÉN LO ESCRIBIÓ?

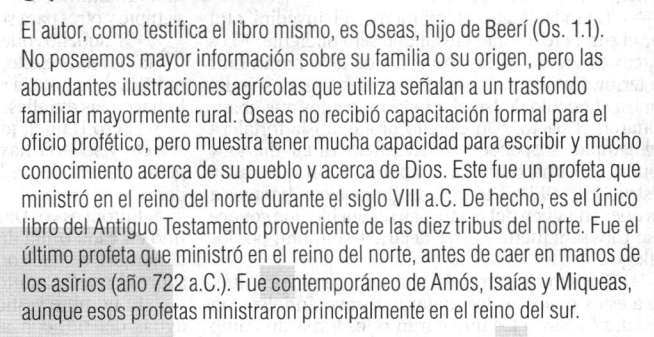

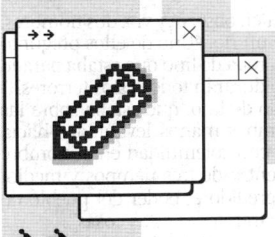

El autor, como testifica el libro mismo, es Oseas, hijo de Beerí (Os. 1.1). No poseemos mayor información sobre su familia o su origen, pero las abundantes ilustraciones agrícolas que utiliza señalan a un trasfondo familiar mayormente rural. Oseas no recibió capacitación formal para el oficio profético, pero muestra tener mucha capacidad para escribir y mucho conocimiento acerca de su pueblo y acerca de Dios. Este fue un profeta que ministró en el reino del norte durante el siglo VIII a.C. De hecho, es el único libro del Antiguo Testamento proveniente de las diez tribus del norte. Fue el último profeta que ministró en el reino del norte, antes de caer en manos de los asirios (año 722 a.C.). Fue contemporáneo de Amós, Isaías y Miqueas, aunque esos profetas ministraron principalmente en el reino del sur.

## ¿A QUIÉN LO ESCRIBIÓ?

En la época en la que ministró Oseas había gran prosperidad y paz en Israel. Era la época de Jeroboam II (2 Reyes 14:23-29), quien había llevado las fronteras del reino casi hasta los límites que tenía en la época de David y Salomón. Políticamente, el reino estaba desorientado. Un grupo opinaba que debían buscar una alianza con Egipto, y otro opinaba que debían buscar la protección de Asiria. Como el libro dice, Israel era como una "paloma torpe", que buscaba protección en cualquier lado, menos en Dios (lee Os. 7:10-11). Sin embargo, a pesar de esa prosperidad material y los movimientos políticos, espiritualmente la nación estaba enferma. Había idolatría e inmoralidad y el pueblo rechazaba el amor de Dios de forma consistente. Por eso, el libro se dirige a los habitantes de Israel como reino. Es un doloroso y dramático llamado de atención, proveniente del corazón herido de Dios para que ellos reconozcan lo profundo de su pecado y se vuelvan a Dios en arrepentimiento, antes que sea demasiado tarde.

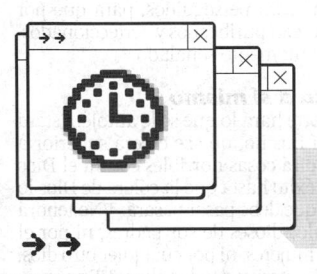

## ¿CUÁNDO Y DÓNDE LO ESCRIBIÓ?

Como dice el libro, ministró durante el reinado de cuatro reyes de Judá y durante el reinado de Jeroboam en el norte. Ya el reino estaba dividido, pero las diez tribus del norte no habían sido conquistadas por Asiria (año 722 a.C.), ni las del sur por Babilonia (año 586 a.C.). Oseas ministró desde los últimos años del reinado del segundo Jeroboam (años 793-753 a.C.) hasta después de la conquista por parte de Asiria, cubriendo un período de unos cuarenta años. Él fue testigo de una época que osciló entre la prosperidad económica y militar, pero de fracaso espiritual, hasta el desastre de la derrota militar y el cautiverio.

guerra, y hará planes para atacar las ciudades fortificadas, aunque por poco tiempo.

²⁵ »"Animado por su poder y valor, atacará al rey del sur con un gran ejército, pero no podrá resistir los ataques del ejército enemigo, además de que lo traicionarán. ²⁶Los mismos que comían con él en su mesa provocarán su ruina, pues su ejército será derrotado por completo y muchos morirán en batalla.

²⁷ »"Entonces los dos reyes estarán pensando en hacerse daño el uno al otro en la mesa de negociación, procurando engañarse mutuamente. Pero no importará, pues ninguno de los dos podrá tener éxito hasta que haya llegado el tiempo determinado por Dios. ²⁸El rey del norte regresará a su tierra con grandes riquezas, y en su camino se pondrá en contra de Israel, el pueblo del pacto sagrado. Llevará a cabo sus planes y luego volverá a su país.

²⁹ »"Cuando llegue el momento, él invadirá otra vez el sur, pero ahora el resultado será diferente. ³⁰Los barcos de guerra de las costas del oeste lo harán huir de terror. Entonces el rey del norte descargará su odio contra el pueblo de Israel, premiando a los que abandonaron el pacto. ³¹Su ejército profanará la fortaleza del templo, suspenderá el sacrificio ritual diario y pondrá allí una humillante abominación que causa destrucción. ³²El rey tratará de ganarse con halagos a los que renieguen del pacto; pero el pueblo que conoce a su Dios será fuerte y no se dejará deslumbrar por los halagos.

³³ »"Los sabios instruirán a mucha gente, pero luego a estos maestros los matarán atravesándolos con espadas filosas o los quemarán o los tomarán como esclavos y les despojarán de todos sus bienes. ³⁴Cuando todas estas persecuciones ocurran, recibirán un poco de ayuda, aunque muchos de los que se les unirán no serán sinceros. ³⁵Algunos de los sabios que instruían al pueblo también serán perseguidos, para que por medio de la prueba sean purificados y perfeccionados, hasta que llegue el momento señalado.

### El rey se exalta a sí mismo

³⁶ »"El rey del norte hará lo que se le antoje. Estará tan orgulloso de sí mismo, que se creerá superior a todos los dioses, y dirá cosas horribles contra el Dios de dioses. Y tendrá éxito hasta que la cólera de Dios lo alcance, porque lo que debe pasar pasará. ³⁷No tendrá consideración por los dioses de sus padres, ni por el dios amado por las mujeres, ni por cualquier otro dios, porque él se creerá superior a todos ellos. ³⁸En vez de estos dioses, él adorará al dios de las fortalezas, un dios que sus padres jamás conocieron, y le ofrecerá oro, plata, piedras preciosas y costosos regalos. ³⁹Con la ayuda de dioses extranjeros, atacará las fortalezas más poderosas, y les hará honores a los que lo reconozcan, los pondrá en puestos importantes y les dará tierras como recompensa.

⁴⁰ »"Cuando llegue el tiempo final, el rey del sur atacará al rey del norte, pero éste responderá a su ataque como una tormenta, con carros, caballos y barcos de guerra. Invadirá muchos países y los acabará como si fuera una inundación. ⁴¹En el camino invadirá varias tierras, incluyendo Israel, la tierra gloriosa, y derrocará los gobiernos de muchas naciones. Moab, Edom y la mayor parte de Amón escaparán, ⁴²pero Egipto y muchas otras tierras no escaparán. ⁴³Se llevarán el oro, la plata y todos los tesoros de Egipto, y los libios y etíopes serán sus esclavos. ⁴⁴Pero las noticias del este y del norte lo dejarán alarmado, y en su enojo saldrá destruyendo y matando. ⁴⁵Levantará su campamento real entre el mar y el santo monte de la Hermosura. Pero hasta ahí llegará su tiempo y no habrá nadie que le ayude.

### La hora final

**12** »"Entonces se presentará Miguel, el gran ángel encargado de proteger a tu pueblo. Habrá un tiempo de angustia como no ha habido otro en toda la historia de la humanidad. Cuando este tiempo llegue, se salvarán todos los miembros de tu pueblo cuyo nombre esté escrito en el libro de registro de Dios.

² »"Y muchos de los que están muertos y sepultados se levantarán de sus tumbas, algunos para vivir para siempre y otros para sufrir vergüenza y desprecio sin fin.

³ »"Y aquellos que son sabios brillarán como brilla la bóveda celeste, y los que enseñen a muchos la práctica de la justicia resplandecerán por siempre, como lo hacen las estrellas.

⁴ »"Pero Daniel, ¡debes conservar esta profecía en secreto y sellarla hasta el tiempo final, pues mucha gente andará de un lado a otro buscando comprender!"

⁵ »Entonces yo, Daniel, observé y vi a dos hombres, uno en cada orilla de un río. ⁶Uno de ellos preguntó al hombre vestido con ropa de lino que estaba parado sobre el río: "¿Cuánto durarán todos estos terrores?"

⁷ »El hombre vestido de lino, que estaba sobre las aguas del río, con ambas manos levantadas hacia el cielo, dijo jurando con solemnidad en el nombre del Dios viviente: "Dentro de tres tiempos y medio, cuando deje de ser agredido el poder del pueblo de Dios, entonces terminarán todas estas cosas".

⁸ »Oí lo que dijo pero no entendí lo que significaba, así que pregunté: "Señor, ¿pero cómo concluirá todo esto?" ⁹Él me dijo: "Ve ahora, Daniel, pues lo que yo he dicho es para que se cumpla hacia el final de la historia. ¹⁰Muchos serán purificados mediante el paso por grandes pruebas y persecuciones. Pero los malos continuarán en su maldad y ninguno de ellos entrará en razón. Sólo aquellos que son sabios entenderán lo que todo esto significa. ¹¹Desde el momento en que el sacrificio ritual diario que se realiza en el templo sea quitado y en su lugar se ponga la humillante abominación pasarán mil doscientos noventa días.[c] ¹²Y, ¡benditos sean aquellos que esperan y permanecen fieles hasta el día mil trescientos treinta y cinco! ¹³Pero sigue ahora tú viviendo hasta el final de tus días y luego descansa en paz, que al final de los tiempos serás levantado de tu tumba para recibir tu recompensa"».

---

c. Tres años y medio más un mes.

sus brazos y pies brillaban como el bronce pulido, y su voz era como el rugido de una vasta multitud de gente.

⁷»Sólo yo, Daniel, vi la visión; los hombres que estaban conmigo no vieron nada. Pero de repente se llenaron de terror y corrieron para esconderse, ⁸y me dejaron solo. Cuando yo vi esta visión espantosa perdí mis fuerzas, me puse pálido y débil del susto. ⁹Cuando le oí hablar, caí boca abajo, desmayado. ¹⁰Pero una mano me tocó y me levantó, aún temblando, hasta que estuve sobre mis manos y rodillas. ¹¹Él dijo: "¡Oh Daniel, amado de Dios, levántate y escucha cuidadosamente lo que yo tengo que decirte, pues Dios me ha enviado a ti!"

»Así que me puse de pie, aún temblando de temor. ¹²Luego me dijo: "No tengas miedo, Daniel, pues desde el primer día en que trataste de comprender las cosas difíciles y te mostraste humilde ante tu Dios, él te escuchó. Por eso estoy aquí, como respuesta a tus oraciones. ¹³Durante veintiún días el príncipe de Persia estorbó mi camino, pero vino en mi ayuda el ángel Miguel, uno de los príncipes de más alto rango. Yo quedé allí, con los reyes de Persia. ¹⁴Pero ahora estoy aquí para contarte lo que acontecerá a tu pueblo en el futuro, pues la visión tiene que ver con ese tiempo".

¹⁵»Todo este tiempo, mientras él hablaba, yo miraba hacia abajo, no pudiendo siquiera pronunciar una sola palabra. ¹⁶Luego, el que parecía un hombre, tocó mis labios y pude hablar de nuevo y le dije al que estaba frente a mí: "Señor, estoy atemorizado por la visión que he tenido y no tengo fuerzas. ¹⁷¿Cómo puede ser posible que yo, que soy tu servidor más humilde, tenga el privilegio de hablarte? Las fuerzas se me han ido y casi no puedo respirar".

¹⁸»Luego el que parecía un hombre me tocó de nuevo y sentí que volvía a tener fuerza. ¹⁹"Dios te ama muchísimo", me dijo. "No temas. ¡Cálmate y sé fuerte, sí, ten ánimo!"

»De repente, mientras decía estas palabras, yo me sentí más fuerte y le dije: "Ahora puede seguir adelante y hablar, señor, pues me ha fortalecido". ²⁰Él me respondió: "¿Sabes por qué he venido? Porque debo volver a pelear contra el príncipe de Persia. Y cuando termine de luchar con él, vendrá el príncipe de Grecia. ²¹Ahora te diré lo que está escrito en el Libro de la Verdad. En mi lucha contra ellos sólo me ayuda el ángel Miguel, el protector de ustedes.

## Los reyes del norte y del sur

**11** »"Cuando Darío, el rey medo, estaba en el primer año de su reinado, yo también lo animé y ayudé. ²Ahora te revelaré la verdad a ti. Tres reyes persas más reinarán; les seguirá un cuarto mucho más rico que los otros. Cuando haya alcanzado el poder por medio de sus riquezas, pondrá a todos en contra del reino de Grecia. ³Luego un poderoso rey gobernará sobre un gran reino y cumplirá todo lo que se propone. ⁴Pero cuando esté en la cumbre de su poder, su reino acabará y será repartido en cuatro partes. Este reino no pasará a sus descendientes, ni tampoco tendrá el poder que tuvo, porque quedará dividido y otros gobernarán en su lugar.

⁵»"El rey del sur será muy poderoso, pero uno de sus oficiales llegará a ser más poderoso que él y gobernará su reino con más fuerza. ⁶Varios años más tarde, una alianza será formada entre el rey del norte y el rey del sur. La hija del rey del sur se casará con el rey del norte, para que haya paz entre los dos reinos; pero ella no se quedará con el poder por mucho tiempo, ni tampoco el rey. Ella será traicionada junto con su esposo, su hijo y sus criados.

⁷»"Pero cuando uno de sus familiares llegue a ser rey del sur, enviará un ejército contra el rey del norte y su fortaleza real, y el rey del sur saldrá victorioso. ⁸Cuando vuelva a Egipto se llevará consigo los ídolos de ellos, además de platos valiosos de oro y plata como botín, y por algunos años dejará tranquilo al rey del norte. ⁹Tiempo después el rey del norte invadirá los dominios del rey del sur, pero se verá obligado a regresar a su tierra. ¹⁰Pero los hijos del rey del norte prepararán un gran ejército para la guerra que, como si fuera una inundación, avanzará arrasando con todo a su paso, y llegará hasta la fortaleza enemiga.

¹¹»"El rey del sur, enfurecido, saldrá a luchar contra el rey del norte y lo derrotará, a pesar de que éste tendrá un poderoso ejército. ¹²Después de su triunfo, el rey del sur se llenará de orgullo y matará a muchos de sus enemigos, pero su victoria no durará mucho tiempo. ¹³Pocos años más tarde el rey del norte regresará a atacar al rey del sur, con un ejército armado hasta los dientes, mucho más poderoso que el que había perdido.

¹⁴»"En ese tiempo muchos se rebelarán contra el rey del sur. Entre ellos habrá algunos hombres malvados de Israel, tu pueblo, pero no saldrán victoriosos, tal como se mostró en la visión. ¹⁵El rey del norte vendrá y construirá rampas alrededor de la ciudad fortificada para poder escalar las murallas y la conquistará. Ni las mejores tropas del sur podrán detener a las tropas enemigas. ¹⁶El rey del norte hará lo que se le antoje, pues nadie podrá hacerle frente, y se quedará en la tierra privilegiada de Israel, destruyendo todo. ¹⁷El rey del norte se preparará para atacar con todo el poder de su reino. Para eso hará una alianza con el rey del sur, y le dará a su hija como esposa, para que por medio de ese enlace pueda destruir su reino; pero sus planes no tendrán éxito. ¹⁸Después atacará a las ciudades que están en la costa, y conquistará muchas de ellas. Pero un general, de otra tierra, pondrá fin a su arrogancia y lo hará quedar en ridículo. ¹⁹Desde allí el rey del norte regresará a la fortaleza de su país, pero sufrirá una desgracia y no se volverá a saber nada de él.

²⁰»"Su lugar será ocupado por un rey que será recordado como el rey que envió un cobrador de impuestos para mantener la abundancia del reino, pero después de un reinado muy breve morirá, no como resultado de una batalla o de una revuelta.

²¹»"Después de él reinará un hombre despreciable, un usurpador al que no le correspondía ser rey, pero que cuando la gente esté más segura, tomará el trono por medio de engaños. ²²Destruirá por completo a los ejércitos que estén en su contra, y también al príncipe del pacto. ²³Sus promesas no tendrán ningún valor. Desde el principio el método que empleará será el engaño. Con sólo un puñado de seguidores, se volverá fuerte. ²⁴Cuando nadie se lo espere, entrará en las tierras más ricas de las provincias y hará lo que ninguno de sus antepasados hizo. Repartirá entre sus seguidores los bienes y las riquezas obtenidas en el al

10.17-21

## Daniel ora por su pueblo

**9** »Había llegado el primer año del reinado del rey Darío, el hijo de Jerjes. Darío era medo, pero llegó a ser rey de los babilonios. ²En ese primer año de su reinado yo, Daniel, estaba estudiando el libro del profeta Jeremías, donde el Señor le dice a Jeremías que Jerusalén debía permanecer destruida durante setenta años. ³Así que rogué a Dios el Señor. Oré, ayuné y me vestí con ropas ásperas, sentándome en ceniza. ⁴Oré al Señor mi Dios y le hice esta confesión:

»"Oh Señor, tú eres un Dios grande y maravilloso; tú siempre cumples tus promesas de misericordia hacia aquellos que te aman y viven según tus instrucciones. ⁵Pero nosotros hemos actuado muy mal; nos hemos rebelado contra ti y hemos despreciado tus instrucciones. ⁶No hemos hecho caso a tus servidores los profetas, quienes hablaron en tu nombre a nuestros reyes, príncipes, a nuestros antepasados y a todo el pueblo de esta tierra.

⁷»"¡Oh Señor, tú eres justo, mientras que nosotros siempre estamos avergonzados porque sabemos que hemos actuado mal, tal como nos ves ahora! Sí, todos nosotros, los habitantes de Judá, el pueblo de Jerusalén y todo Israel, esparcidos por todas partes donde tú nos has echado a causa de nuestra deslealtad hacia ti. ⁸»"¡Oh Señor, nosotros, nuestros reyes y príncipes, y padres estamos llenos de vergüenza a causa de nuestras malas acciones! ⁹Pero tú, Señor, eres nuestro Dios, siempre misericordioso y dispuesto a perdonarnos aun cuando nos hemos rebelado contra ti.

¹⁰»"Oh Señor, Dios nuestro, nosotros te hemos desobedecido; no hemos seguido las instrucciones que nos diste por medio de tus servidores los profetas. ¹¹Todo Israel ha desobedecido, nos hemos apartado de ti y no hemos hecho caso de tus consejos. Y así tu terrible juicio y castigo, escritos en la ley de Moisés tu servidor, han caído sobre nosotros, por causa de nuestras faltas.

¹²»"Y tú has hecho exactamente como nos habías advertido que harías a nosotros y a nuestros gobernantes. Nunca en toda la historia ha habido un desastre semejante a lo que nos pasó en Jerusalén.

¹³»"Cada maldición escrita contra nosotros en la ley de Moisés se ha cumplido; todos los males que él predijo nos han sobrevenido. Pero no te hemos buscado, Señor y Dios nuestro, ni hemos dejado nuestro mal obrar ni procurado vivir de acuerdo a tus sabias indicaciones.

¹⁴»"Y por eso el Señor trajo sobre nosotros este desastre. Él es justo en todo lo que hace, pero nosotros no quisimos obedecer.

¹⁵»"¡Oh Señor, nuestro Dios, tú trajiste gran fama a tu nombre al sacar a tu pueblo de Egipto con tu gran poder! Pero hemos cometido muchas maldades y estamos llenos de impiedad. ¹⁶Sabemos que eres bondadoso, Señor. Deja de descargar tu gran cólera contra Jerusalén, tu ciudad querida, asentada en tu monte santo. Todos los pueblos vecinos se burlan de Jerusalén y de tu pueblo, por culpa de nuestras maldades y las de nuestros antepasados.

¹⁷»"¡Oh Dios nuestro, oye la oración y las súplicas de tu servidor! Ten en consideración la gran fama de tu nombre y mira con amor tu templo, que ha quedado en ruinas. ¹⁸¡Oh mi Dios, pon atención y escucha mi petición! Mira toda la desgracia que estamos sufriendo, y a tu ciudad en ruinas, pues todos saben que ésta es tu ciudad. No te pedimos porque creamos que merecemos tu auxilio, sino porque sabemos que tú eres misericordioso. ¹⁹¡Oh Señor, escucha; por favor, Señor, perdona! ¡Oh Señor, escúchame y actúa! No te demores, hazlo al menos para cuidar la fama de tu nombre, oh mi Dios, porque tu pueblo y tu ciudad llevan tu nombre".

## Las setenta semanas

²⁰»Mientras estaba orando y confesando mis faltas y las faltas de mi pueblo, y desesperadamente suplicando al Señor mi Dios por Jerusalén, asentada sobre su santo monte, ²¹el ángel Gabriel, a quien había visto en la visión anterior, voló velozmente hacia mí a la hora en que en el templo se realiza el sacrificio ritual de la tarde, ²²y me dijo:

»"Daniel, yo estoy aquí para ayudarte a comprender estas cosas. ²³En cuanto empezaste a orar, Dios te respondió. Yo estoy aquí para contarte lo que era, pues Dios te ama mucho. ¡Escucha, y trata de comprender el significado de la visión que tuviste!

²⁴»"Setenta semanas han de pasar para que tu pueblo y Jerusalén pongan fin a su terquedad y maldad, para que pidan perdón por su maldad, establezcan para siempre la justicia, para que se cumplan la visión y la profecía, y consagren el lugar más especial del templo.

²⁵»"Ahora escucha y entiende bien: Siete semanas han de pasar desde el momento en que se ordene la reconstrucción de Jerusalén, hasta la llegada del jefe elegido por Dios. Después de esto pasarán sesenta y dos semanas más para la reconstrucción de las calles y las murallas de Jerusalén; pero serán tiempos peligrosos. ²⁶Después de las sesenta y dos semanas, se quedarán sin nada y quitarán la vida al jefe elegido por Dios. Jerusalén y el templo serán destruidos por la gente de un rey que vendrá. El fin vendrá como una inundación, y la destrucción se acabará sólo cuando se acabe la guerra. ²⁷Durante una semana este rey hará un pacto con mucha gente, pero a la mitad de la semana pondrá fin a los sacrificios rituales y las ofrendas. Entonces cometerá el más terrible de sus actos, una deshonra vergonzosa contra el altar de los sacrificios rituales, hasta que la destrucción que se había anunciado caiga sobre él"».

## Daniel junto al río Tigris

**10** En el tercer año del reinado de Ciro, el rey de Persia, Daniel, también llamado Beltsasar, tuvo otra visión. Tenía que ver con lo que de verdad pasaría en el futuro, acerca de la guerra, y esta vez él entendió lo que la visión significaba.

²«En aquellos días, yo, Daniel estuve angustiado por tres semanas. ³En ese tiempo no probé vino ni carne, y no comí alimentos especiales, ni me puse ningún perfume. ⁴Luego un día, a principios de abril, mientras estaba parado al lado del gran río Tigris, ⁵levanté mi vista y vi un hombre vestido de ropa fina, con un cinto del más puro oro alrededor de su cintura. ⁶Su cuerpo brillaba como topacio; su cara resplandecía como el relámpago y sus ojos eran como antorchas de fuego;

9.3-5  9.17-18  9.24-25—Jo 4.25-26  9.26—1 Co 15.3-4

¹⁷"Estas cuatro bestias enormes, me dijo, representan cuatro reyes que algún día reinarán sobre el mundo. ¹⁸Pero al final los santos del Dios Altísimo dominarán los gobiernos del mundo para siempre".

¹⁹»Entonces le pregunté acerca de la cuarta bestia que era tan diferente a todas las otras, con sus dientes de hierro y garras de bronce que devoraba a todas sus víctimas y pisoteaba las sobras. ²⁰También le pregunté sobre el significado de los diez cuernos, y el cuerno pequeño que surgió después y que destruyó a tres de los otros; el cuerno con los ojos y la boca que hablaba con tanta arrogancia, el cuerno que parecía más fuerte que los otros.

²¹»Porque yo había visto este cuerno luchando contra los santos de Dios y venciéndolos, ²²hasta que vino el Anciano cargado de años e hizo justicia al pueblo del Dios Altísimo, pues se había cumplido el tiempo para que el pueblo de Dios tomara las riendas del reino.

²³»"Esta cuarta bestia, me dijo, es el cuarto poder que reinará sobre el mundo. Será diferente a todos los otros, más violento y terrible; devorará al mundo entero, destruyendo todo a su paso. ²⁴Sus diez cuernos son diez reyes que reinarán en ese imperio. Luego otro rey surgirá, diferente a los otros diez, y derribará a tres de ellos. ²⁵Él desafiará al Dios Altísimo, e irá acabando con sus santos, y tratará de cambiar todas las leyes y las fiestas religiosas del pueblo de Dios. El pueblo de Dios estará bajo su poder por tres años y medio. ²⁶Entonces los jueces se sentarán para juzgar, y al cuerno se le quitará el poder, dejándolo destruido para siempre. ²⁷Luego todas las naciones debajo del cielo, con todo su poder, serán entregadas al pueblo del Dios Altísimo. Ellos reinarán para siempre, y todos los gobernantes de la tierra le servirán y obedecerán".

²⁸»Ese fue el fin de la visión. Y yo estaba muy turbado y mi rostro estaba pálido de miedo, pero no conté a nadie lo que había visto».

## Visión del carnero y el chivo

**8** «En el tercer año del reinado del rey Belsasar tuve otra visión, además de la que había tenido antes. ²En esta visión yo me encontraba en la ciudadela de Susa, en la provincia de Elam, parado al lado del río Ulay. ³Mientras miraba frente a mí, vi un carnero con dos cuernos largos parado a la orilla del río. Uno de estos cuernos comenzó a crecer hasta que llegó a ser más largo que el otro.

⁴»El carnero atacaba todo lo que se le ponía al frente en su camino hacia el oeste, el norte y el sur, y nadie podía enfrentarlo o siquiera ayudar a sus víctimas. Hacía lo que quería, y cada vez se volvía más poderoso.

⁵»Mientras yo estaba pensando en el significado de lo que había visto, de repente un chivo apareció del oeste, yendo a tal velocidad que ni siquiera tocaba el suelo. Este chivo, que tenía un cuerno muy grande entre sus ojos, ⁶atacó violentamente al carnero con dos cuernos, el que yo había visto junto al río, ⁷y le rompió sus dos cuernos, sin que el carnero pudiera hacer nada para defenderse. Después el chivo derribó al carnero y lo pisoteó, sin que nadie pudiera salvarlo.

⁸»El chivo se hizo muy poderoso, pero de repente, en el momento que más poder tenía, su cuerno se rompió y en su lugar crecieron cuatro cuernos que apuntaban hacia las cuatro direcciones. ⁹De uno de los cuernos grandes surgió uno pequeño, que creció mucho hacia el sur y el este, y hacia la tierra gloriosa de Israel. ¹⁰Creció hasta alcanzar a los ejércitos celestiales y derribó parte del ejército celestial y de las estrellas, y las pisoteó. ¹¹Aun llegó a desafiar al jefe del ejército del cielo al prohibir los sacrificios rituales diarios que se le ofrecían, además de echar por tierra el lugar más sagrado de su templo. ¹²Pero no se le permitió al ejército del cielo destruirlo por su pecaminosidad. Como resultado de esto, contaminaron las ceremonias del templo y dañaron las cosas más sagradas del pueblo de Dios. En fin, el cuerno hizo lo que quiso, y en todo tuvo éxito.

¹³»Entonces oí a dos de los santos hablando entre sí. Uno de ellos dijo: "¿Cuánto tiempo pasará esto que se ve, para que de nuevo haya sacrificio ritual diario en honor a Dios? ¿Cuánto tiempo va durar la terrible maldad de entregar el templo de Jerusalén y los ejércitos celestiales para ser pisoteados?" ¹⁴El otro contestó: "Primero deben pasar dos mil trescientos días; entonces el templo será purificado de nuevo".

## Significado de la visión

¹⁵»Mientras yo estaba tratando de comprender el significado de esta visión, repentinamente un hombre, o por lo menos parecía un hombre, se paró delante de mí, ¹⁶y oí una voz humana que gritaba desde el río Ulay: "Gabriel, dile a Daniel el significado de su visión".

¹⁷»Por eso Gabriel se dirigió hacia mí. Pero al acercarse, yo estaba demasiado asustado como para mantenerme en pie, y caí con mi rostro hacia el suelo. "Hombre, me dijo, debes comprender que lo que pasa en la visión se refiere al tiempo final".

¹⁸»Mientras él hablaba me desmayé, tirado boca abajo en el suelo. Pero él me despertó con un toque suyo, y me ayudó a ponerme de pie. ¹⁹"Estoy aquí, me dijo, para decirte lo que va a suceder en los últimos días del gran enojo de Dios, pues lo que has visto se refiere al fin del tiempo. ²⁰Los dos cuernos del carnero que viste son los reyes de Media y Persia; ²¹el chivo lanudo es el rey de Grecia, y su cuerno largo entre los ojos, representa al primer rey de ese imperio. ²²Cuando viste quebrarse el cuerno para ser reemplazado por cuatro cuernos más pequeños, esto significa que el imperio griego se dividirá en cuatro poderes con cuatro reyes, ninguno de los cuales será tan grande como el primero.

²³»"Cuando sus gobiernos lleguen a su fin, y su maldad llegue al colmo, un rey astuto y cruel asumirá el poder. ²⁴Llegará a ser muy poderoso, pero no por él mismo. Causará gran destrucción y triunfará en todo lo que haga. Destruirá a los poderosos y dañará mucho al pueblo de Dios. ²⁵Será experto en engañar. Derrotará a muchos al sorprenderlos desprevenidos. Sin advertencia alguna los destruirá. Se enfrentará al Príncipe de los príncipes pero será destruido aunque no por un poder humano. ²⁶Tu visión de los dos mil trescientos días, es verdad. Pero ninguna de estas cosas sucederá pronto, así que no se lo cuentes a nadie aún".

²⁷»Luego me debilité y estuve enfermo durante varios días. Después me levanté y reanudé mis actividades y cumplí con mis deberes hacia el rey. Pero estaba muy preocupado por el sueño y no lo comprendía del todo.

vinieron a la casa de Daniel y lo encontraron orando e invocando a su Dios. ¹²Volvieron en seguida ante el rey y le recordaron su prohibición.

—¿No ha firmado una ley, le dijeron, que no permite ninguna petición a ningún dios u hombre, que no sea usted, durante un plazo de treinta días? ¿Y que todo aquel que lo desobedeciera fuera arrojado a los leones?

—Sí, respondió el rey, es una «ley de los medos y los persas», que no puede ser alterada ni cambiada.

¹³Entonces le contaron al rey:

—Pues Daniel, uno de los cautivos judíos, no está prestando ninguna atención ni a usted ni a esta ley. Por el contrario, él está solicitando favores a su Dios tres veces al día.

¹⁴Al oír esto, el rey se enojó consigo mismo por haber firmado semejante ley, y se propuso salvar a Daniel. Pasó el resto del día tratando de encontrar alguna manera de sacar a Daniel de este aprieto. ¹⁵Al atardecer, los hombres volvieron ante el rey y le dijeron:

—Su Majestad sabe bien que, según la «ley de los medos y los persas», ninguna ley que el rey firme se puede cambiar ni anular.

¹⁶Al fin, el rey se vio obligado a dar la orden para arrestar a Daniel, y éste fue llevado al foso de los leones. El rey le dijo entonces:

—Que tu Dios, a quien siempre le eres fiel, te salve.

¹⁷Y trajeron una piedra que colocaron sobre la boca del foso y el rey selló la piedra con su anillo y con el anillo de los principales de su gobierno, para que nadie pudiera rescatar a Daniel de los leones. ¹⁸Luego el rey volvió a su palacio y se acostó sin cenar. Rechazó su diversión habitual y no pudo pegar los ojos en toda la noche. ¹⁹Muy temprano, a la mañana siguiente, se dirigió a toda prisa al foso de los leones, ²⁰y llamó con voz angustiada:

—¡Oh Daniel, servidor del Dios viviente!, ¿pudo tu Dios, a quien eres fiel siempre, librarte de los leones?

²¹Entonces oyó una voz:

—¡Oh rey, viva para siempre! ²²Mi Dios ha enviado su ángel para cerrar las fauces de los leones para que no pudieran tocarme; pues soy inocente ante Dios, y no he hecho mal a nadie.

²³El rey se puso muy contento y ordenó que Daniel fuera sacado del foso. Y no se encontró siquiera un rasguño en él, porque había confiado en su Dios, quien lo protegió.

²⁴Luego el rey mandó traer a los hombres que habían acusado a Daniel, y ordenó arrojarlos en el foso junto con sus hijos y esposas; y los leones se lanzaron sobre ellos y los despedazaron antes que cayeran al fondo del foso.

²⁵Después el rey Darío escribió este mensaje dirigido a todos los pueblos, naciones y lenguas de la tierra:

Deseo a ustedes paz y prosperidad. ²⁶Ordeno que en todo mi reino todos teman y tiemblen ante el Dios de Daniel. Pues su Dios es el Dios vivo, que no cambia, cuyo reino jamás será destruido y cuyo poder jamás se acabará. ²⁷Él libra y salva a los suyos; él hace grandes obras en el cielo y la tierra; es él quien ha librado a Daniel del poder de los leones.

²⁸Así Daniel prosperó durante el reinado de Darío y el reinado de Ciro el persa.

## La visión de las cuatro bestias

**7** ¹Una noche, durante el primer año del reinado de Belsasar sobre el imperio de Babilonia, Daniel tuvo un sueño que decidió poner por escrito. Ésta es la descripción de lo que vio:

²«En mi sueño vi una gran tormenta sobre el océano, con fuertes vientos que soplaban de todas las direcciones. ³Luego cuatro enormes bestias salían del agua, cada una distinta a la otra. ⁴La primera era como un león, ¡pero tenía alas de águila! Y mientras yo observaba, sus alas le fueron arrancadas, lo levantaron del suelo y lo pararon sobre sus patas traseras, como un hombre; y le fue dada la mente de un hombre. ⁵La segunda bestia se parecía a un oso, tenía un costado más alzado que el otro. Tenía tres costillas entre sus dientes, y oí una voz que le decía: "¡Ponte en acción! ¡Devora mucha gente!" ⁶La tercera de estas bestias extrañas se parecía a un leopardo, pero en su espalda tenía cuatro alas como las de las aves, y tenía cuatro cabezas. Y se le entregó gran poder.

⁷»Luego la cuarta bestia que vi en mis visiones nocturnas surgió del océano, demasiado terrible y espantosa, tanto que no la puedo describir, e increíblemente fuerte. Devoraba a todas sus víctimas desgarrándolas con sus enormes dientes de hierro, y aplastaba las sobras bajo sus patas. Era diferente de todas las otras bestias, y tenía diez cuernos. ⁸Mientras estaba mirando los cuernos, de repente otro cuerno pequeño apareció entre los demás, y tres de los primeros cuernos fueron arrancados, con sus raíces, para darle lugar al pequeño. Este cuerno pequeño tenía ojos de hombre y una boca que hablaba con arrogancia.

## Canto al Anciano

⁹»Estaba observando, cuando de pronto, fueron puestos tronos y un Anciano cargado de años se sentó para juzgar. Su vestidura era blanca como la nieve, su cabello como la más blanca lana. Se sentó sobre un trono envuelto en llamas con ruedas de fuego ardiente, y ¹⁰un río de fuego procedía de delante de él. Millones de ángeles estaban a su servicio y otros cientos de millones estaban parados delante de él. Luego la corte comenzó su sesión y los libros del juzgado divino fueron abiertos.

¹¹»Yo seguí mirando mientras escuchaba las cosas tan arrogantes que el cuerno pequeño decía. Pude ver que mataron a la cuarta bestia y que su cuerpo fue consumido por el fuego. ¹²En cuanto a las otras tres bestias, vi que sus reinos les fueron quitados, pero se les permitió seguir viviendo por un poco de tiempo. ¹³»Luego seguí viendo en mis visiones nocturnas. Vi la llegada de uno que parecía un hombre ordinario, ¡traído sobre nubes del cielo! Se acercó al Anciano cargado de años y lo llevaron ante él. ¹⁴Le dieron la facultad de gobernar, reinar y ser tratado con gran respeto en todos los pueblos, culturas y naciones del mundo, para que siguieran sus disposiciones. Su poder es inmenso, nunca se acabará, su gobierno jamás será destruido.

## La interpretación del sueño

¹⁵»Yo estaba confundido y turbado por todo lo que había visto, ¹⁶así que me acerqué a uno de los que estaban parados al lado del trono y le pregunté el significado de todas estas cosas, y él me las explicó:

bebían vino y elogiaban a sus ídolos, hechos de oro, plata, bronce, hierro, madera y piedra. ⁵De repente, mientras estaban bebiendo de estas copas, vieron los dedos de la mano de un hombre escribiendo sobre la parte alta de la pared, detrás del candelabro. El rey mismo podía ver la mano que escribía. ⁶Su rostro palideció de miedo, y tal pavor se apoderó de él, que sus rodillas temblaban y sus piernas se aflojaron.

⁷—¡Traigan a los magos, adivinos y astrólogos!— gritó. Les dijo esto a los sabios de Babilonia: —¡El que pueda leer esa escritura sobre la pared, y descifrar lo que significa, será vestido con la ropa púrpura de la realeza; se le pondrá en el cuello una cadena de oro, y será el tercero en la jerarquía de mi reino!

⁸Pero cuando llegaron los sabios, ninguno de ellos pudo entender la escritura ni decirle lo que significaba. ⁹El rey estaba tan aterrado que su rostro se le puso blanco como la ceniza, y sus nobles también temblaban de miedo. ¹⁰Pero cuando la reina madre oyó lo que estaba pasando, entró apresuradamente en la sala del banquete y dijo a Belsasar:

—¡Que viva Su Majestad para siempre! No se asuste ni se ponga pálido por esto, ¹¹pues hay un hombre en su reino que tiene el espíritu de los dioses santos. En los días de su padre, este hombre demostró estar tan lleno de sabiduría y entendimiento como si él mismo fuera un dios. Y en el reinado del rey Nabucodonosor él fue hecho jefe de todos los magos, astrólogos y adivinos de Babilonia. ¹²Mande llamar a este hombre, Daniel, o Beltsasar como lo llamó el rey anterior a usted, pues su mente está llena de conocimiento y entendimiento divinos. Él puede interpretar sueños, explicar los enigmas y resolver problemas difíciles. Él le explicará lo que la escritura significa.

¹³En seguida Daniel fue llevado ante el rey, quien le preguntó:

—¿Eres tú el Daniel, a quien el rey Nabucodonosor trajo de Israel como cautivo judío? ¹⁴He oído decir que tienes el espíritu de los dioses santos dentro de ti y que estás lleno de entendimiento y sabiduría. ¹⁵Mis sabios y astrólogos han procurado leer esa escritura sobre la pared y decirme lo que significa, pero no pueden. ¹⁶Se me ha dicho que tú puedes resolver toda clase de misterios. Si tú puedes leer esas palabras y decirme lo que significan, te vestiré de púrpura, con una cadena de oro alrededor de tu cuello, y serás el tercero en la jerarquía de mi reino.

¹⁷Daniel respondió:

—Quédese Su Majestad con sus regalos, o déselos a otro, que de todos modos yo le diré lo que quieren decir las palabras en la pared.

¹⁸»Su Majestad, el Dios Altísimo dio a Nabucodonosor, el rey anterior a usted, un reino, majestad, gloria y honor. ¹⁹Le dio tal poder que la gente de todos los pueblos, lenguas y naciones del mundo temblaban ante él y le temían. Él mataba o dejaba vivir a quien él quería. A unos los ponía en alto con honor y a otros los humillaba. ²⁰Pero cuando su corazón y su mente se endurecieron por el orgullo, Dios lo sacó de su trono real y le quitó su gloria, ²¹y fue apartado de la gente. Sus pensamientos eran como los de un animal, y vivió entre los burros salvajes; comía hierba como las vacas y su cuerpo estaba empapado con el rocío del cielo, hasta que por fin reconoció que el Altísimo domina sobre los reinos de los hombres, y que él escoge a quien quiere para reinar sobre ellos.

²²»¡Y usted, su sucesor, oh Belsasar, sabía todo esto, y sin embargo no ha sido humilde! ²³Pues ha desafiado al Señor del cielo al traer aquí estas copas robadas de su templo; y usted, sus esposas y concubinas, y sus nobles han estado bebiendo de ellas y al mismo tiempo elogiando a dioses de plata, oro, bronce, hierro, madera y piedra, dioses que ni ven ni oyen, ni tampoco entienden algo. ¡Pero no han elogiado al Dios que les da el aliento y tiene dominio sobre sus vidas! ²⁴Y por eso Dios ha enviado esta mano para escribir este mensaje: ²⁵"Mene, Mene, Téquel, Parsin". Estas eran las palabras.

²⁶»Esto es lo que significan: Mene significa "contar"; Dios ha contado los días de su reinado, y ha decidido ponerle fin. ²⁷Téquel significa "pesado"; usted ha sido pesado en la balanza de Dios y no ha pasado la prueba. ²⁸Parsin significa "dividido"; su reino será dividido y dado a los medos y a los persas.

²⁹Mandó entonces Belsasar vestir a Daniel de púrpura, colgar una cadena de oro alrededor de su cuello y proclamar que era el tercero en autoridad y jerarquía en el reino.

³⁰Esa misma noche mataron a Belsasar de Babilonia, ³¹y Darío de Media[b] entró en la ciudad y comenzó a reinar a la edad de sesenta y dos años.

## Daniel en el foso de los leones

**6** Darío dividió el reino en ciento veinte provincias, cada una de ellas bajo un gobernador regional. ²El rey escogió a Daniel y a otros como sus superintendentes, para vigilar a los gobernadores y así cuidar lo que era del rey. ³Pronto Daniel se destacó entre los otros superintendentes y gobernadores debido a sus grandes cualidades, y el rey pensó en colocarlo a él al frente de todos los asuntos del gobierno.

⁴Entonces los otros superintendentes y gobernadores comenzaron a buscar alguna falla en la forma en que Daniel manejaba los asuntos del gobierno para así denunciarlo al rey. Pero no podían encontrar nada digno de crítica en él. Era fiel y honesto, y muy responsable. ⁵Llegaron, pues, a la siguiente conclusión: «Nuestra única posibilidad para reprocharle algo tendrá que ver con su religión».

⁶Decidieron ir al rey y decirle:

—¡Vive por siempre, oh rey Darío! ⁷Nosotros, los superintendentes, gobernadores, consejeros y oficiales hemos decidido que Su Majestad envíe una ley, estableciendo que todo aquel que en el término de treinta días hiciera petición alguna a quienquiera que sea, dios u hombre, fuera de usted, oh rey, sea arrojado a los leones. ⁸Le solicitamos que ponga su firma a esta ley de modo que no pueda ser cancelada o cambiada; será conocida como «ley de los medos y los persas», que no puede ser modificada.

⁹Firmó, pues, el rey Darío esta ley. ¹⁰Pero aunque Daniel lo supo, se fue a su hogar y se arrodilló como de costumbre en su dormitorio en la planta alta, con sus ventanas abiertas hacia Jerusalén, y oró tres veces al día, tal como siempre lo había hecho, dando gracias a su Dios. ¹¹Entonces todos estos hombres

---

*b.* Este Darío no debe confundirse con Darío el persa mencionado en Esdras, Hageo y Zacarías ni con el de Nehemías 12.22.

6.10

lugar en la tierra. ¹²Sus hojas eran frescas y verdes, y estaba lleno de frutos, los que alcanzaban para alimentar a todos. Las bestias descansaban bajo su sombra y las aves anidaban en sus ramas, y todo el mundo se alimentaba de él.

¹³»Luego, mientras estaba acostado allí soñando, vi a un ángel vigilante descender del cielo. ¹⁴Él gritó: "Derriben el árbol, corten sus ramas, quiten sus hojas y desparramen sus frutos. Alejen los animales de debajo de él y las aves de sus ramas. ¹⁵Pero dejen el tronco con sus raíces, atados con una cadena de hierro y bronce entre la hierba del campo. ¡Que lo empape el rocío y que comparta la suerte con la hierba y con las fieras! ¹⁶Que tenga durante siete años la mente de un animal en vez de la de un hombre. Así permanecerá durante siete años".

¹⁷»Esta es la sentencia que han dictado los vigilantes, la orden que han dado los santos. ¡El propósito de esta sentencia es que todo el mundo sepa que el Altísimo domina los reinos del mundo, y le da el gobierno a quien quiere, aun al más humilde de los hombres!

¹⁸»¡Oh Beltsasar, ese fue el sueño que yo, el rey Nabucodonosor, tuve! Ahora dime lo que significa, pues nadie más puede ayudarme. Todos los hombres más sabios de mi reino me han fallado, pero tú me lo puedes decir, porque el espíritu de los dioses santos está en ti».

## Daniel explica el sueño

¹⁹Entonces Daniel, también llamado Beltsasar, estuvo sentado allí en silencio por largo tiempo, turbado por el significado del sueño. Finalmente el rey le dijo:

—Beltsasar, no te preocupes por el sueño y por su significado.

Daniel respondió:

—¡Oh, cómo quisiera que lo que ocurre en este sueño le sucediera a sus enemigos, mi señor, y no a usted! ²⁰Pues el árbol alto y grueso que vio, el cual llegaba hasta el cielo, y se podía ver desde cualquier parte de la tierra, ²¹con sus hojas verdes y frescas, cargado de fruta para que todos pudieran comer, con las bestias viviendo a su sombra, y sus ramas llenas de aves, ²²ese árbol, Su Majestad, es usted. Pues ha crecido poderoso y alto; su grandeza llega al cielo y su reino hasta los fines de la tierra.

²³»Luego vio al ángel vigilante, al Santo descendiendo del cielo y diciendo: "Derriben el árbol y destrúyanlo, pero dejen su tronco con sus raíces en la tierra rodeado de hierba, atado con una cadena de hierro y bronce. Dejen que se moje con el rocío del cielo. Por siete años déjenle comer hierba con los animales del campo".

²⁴»Esto es lo que el sueño significa, Su Majestad, el Dios Altísimo lo ha declarado, y ciertamente sucederá, ²⁵que lo separen de la gente y viva en los campos como un animal, comiendo la hierba como una vaca, su espalda mojada por el rocío del cielo. Durante siete años esta será su vida, hasta que aprenda que el Dios Altísimo domina los reinos de la tierra y se los da a quien él quiere. ²⁶Pero el tronco y las raíces las dejaron en el suelo. Esto significa que otra vez usted tendrá su reino, cuando haya aprendido a ser humilde y reconozca que del cielo viene todo poder para reinar.

²⁷»¡Oh, rey Nabucodonosor, escúcheme, deje de cometer injusticias; haga lo que es recto, ponga fin a sus maldades, muestre misericordia a los pobres! Quizás entonces seguirá viviendo con prosperidad.

## El cumplimiento del sueño

²⁸Entonces todas estas cosas le sucedieron a Nabucodonosor. ²⁹Doce meses después de este sueño, él estaba paseando por la terraza del palacio real en Babilonia, ³⁰e iba diciendo: «¡Miren qué gran ciudad es Babilonia! Yo, con mi propio poder, he construido esta hermosa ciudad como mi residencia real y como capital de mi imperio».

³¹Mientras aún estaban estas palabras en su boca, una voz le habló desde el cielo:

«Oh, rey Nabucodonosor, este mensaje es para ti: Tú no eres más el soberano de este reino. ³²Serás separado de la gente para vivir con los animales en los campos, y para comer hierba como las vacas durante siete años hasta que finalmente te des cuenta que el Dios Altísimo gobierna sobre todos los reinos de la tierra y se los da a quien él quiere».

³³En aquella misma hora se cumplió la profecía. Nabucodonosor fue separado de la gente y comió hierba como las vacas, y su cuerpo se empapó con el rocío; su cabello le creció tan largo como plumas de águila, y sus uñas se parecían a las garras de las aves.

³⁴«Al cabo de los siete años yo, Nabucodonosor, alcé mi vista hacia el cielo, y recobré la razón, y elogié y rendí homenaje al Dios Altísimo y reconocí humildemente a Aquel que vive por todos los tiempos. Él gobernará para siempre, y su reino no tendrá fin. ³⁵Todos los habitantes de la tierra son como nada cuando se comparan con él. Hace lo que le parece mejor tanto en el cielo como entre los habitantes de la tierra. Nadie puede oponerse a su poder. ³⁶Cuando recobré mi razón, también recobré mi honor, mi honra y mi reino. Mis consejeros y funcionarios vinieron a buscarme y me puse nuevamente al frente del gobierno de mi reino. Llegué a ser más poderoso que antes.

³⁷»Ahora yo, Nabucodonosor, elogio y reconozco y respeto al Rey del cielo porque todas sus obras son rectas y buenas. Él es capaz de humillar a los orgullosos».

## La escritura en la pared

**5** El rey Belsasar[a] invitó a mil de los más importantes funcionarios suyos a una gran fiesta donde él y sus invitados bebieron mucho vino. ²Mientras Belsasar estaba bebiendo, ya bajo los efectos del vino, ordenó que trajeran las copas de oro y plata que habían sido robadas del templo en Jerusalén durante el reinado de Nabucodonosor, para que bebieran en ellas él, sus esposas y concubinas, y los nobles de su reino. ³Así que trajeron las copas de oro que habían sido robadas del templo en Jerusalén, y bebieron en ellas el rey, sus esposas y concubinas, y los nobles de su reino. ⁴Todos

---

*a.* Belsasar era el segundo bajo Nebonido su padre, quien estaba ausente en esta oportunidad.

**DANIEL 3.3**          **538**

reunidos frente a la estatua, ⁴un vocero anunció: «Oh gente de todas las naciones y lenguas, ésta es la orden del rey: ⁵"Cuando escuchen la música de las flautas, trompetas, cítaras, liras, arpas, zampoñas y otros instrumentos musicales, deben inclinarse y rendir homenaje a la estatua de oro del rey Nabucodonosor. ⁶Cualquiera que rehúse obedecer será inmediatamente arrojado en un horno de fuego ardiente"».

⁷Por lo tanto, al escuchar la música de todos los instrumentos musicales, todos, sin importar cual fuera su pueblo, nación o lengua, cayeron al suelo y rindieron homenaje a la estatua de oro que el rey Nabucodonosor había mandado levantar. ⁸Pero algunos caldeos fueron al rey y acusaron a los judíos. ⁹Le dijeron al rey Nabucodonosor:

«¡Que viva Su Majestad por siempre! ¹⁰Usted ha establecido una ley ordenando que todos deban postrarse y rendir homenaje a la estatua de oro cuando escuchen la música de las flautas, trompetas, cítaras, liras, arpas, zampoñas y otros instrumentos musicales, ¹¹y que cualquiera que se niegue a hacerlo sea arrojado a un horno de fuego ardiente. ¹²Pero hay algunos judíos aquí, Sadrac, Mesac y Abednego, a quienes Su Majestad ha puesto a cargo de los asuntos de Babilonia, que han desobedecido sus órdenes. No respetan al dios de Su Majestad, ni rinden homenaje a la estatua de oro que usted mandó levantar».

¹³Entonces Nabucodonosor, en un arrebato de cólera, ordenó que Sadrac, Mesac y Abednego fueran traídos a su presencia.

¹⁴Cuando los trajeron ante él, les preguntó:

—¿Es verdad Sadrac, Mesac y Abednego, que se han negado a honrar a mis dioses y rendir homenaje a la estatua de oro que levanté? ¹⁵Les daré una oportunidad. Cuando oigan la música, si se inclinan y rinden homenaje a la estatua, no tomaré en cuenta su falta; pero si se niegan a hacerlo, serán arrojados inmediatamente en un horno de fuego ardiente. Y entonces, ¿qué dios podrá librarlos de mi castigo?

¹⁶Sadrac, Mesac y Abednego respondieron:

—No hace falta que nos defendamos ante Su Majestad. ¹⁷Si somos arrojados al horno de fuego ardiente, el Dios a quien servimos puede librarnos del horno y de cualquier otro castigo que Su Majestad nos imponga. ¹⁸Y aunque no lo hiciera, Su Majestad debe entender que nunca honraremos a sus dioses ni rendiremos homenaje a su estatua.

¹⁹Entonces Nabucodonosor se puso furioso, y su rostro estaba irreconocible de la cólera contra Sadrac, Mesac y Abednego. Mandó que el horno ardiente fuera calentado siete veces más de lo normal, ²⁰y llamó a algunos de los hombres más fuertes de su ejército para que ataran a Sadrac, Mesac y Abednego, y los arrojaran en el fuego.

²¹Fueron, pues, bien atados con sogas y arrojados al horno, con todo y su ropa puesta. ²²Y por estar el horno demasiado caliente, por la orden que había dado el rey en su gran cólera, ¡las llamaradas mataron a los soldados al acercarse al horno para arrojar a los tres jóvenes! ²³Así Sadrac, Mesac y Abednego cayeron atados en medio de las llamas.

²⁴Pero de pronto, asombrado Nabucodonosor, se levantó a toda prisa y preguntó a sus consejeros:

—¿No atamos y arrojamos a tres hombres al horno?

Ellos le respondieron:

—Así es, Su Majestad.

²⁵—¡Pero miren!, gritó el rey Nabucodonosor, ¡yo estoy viendo cuatro hombres sueltos, paseándose en medio del fuego, y ni siquiera han sufrido daño de las llamas! ¡Y el cuarto se parece a un dios!

²⁶Luego Nabucodonosor se acercó lo más posible a la puerta abierta del horno ardiente y gritó:

—¡Sadrac, Mesac y Abednego, servidores del Dios altísimo, salgan y vengan aquí!

Entonces ellos salieron de en medio del fuego. ²⁷Los príncipes, gobernadores, capitanes y consejeros se juntaron a su alrededor y comprobaron que el fuego no los había tocado, ni siquiera un pelo de sus cabezas se había chamuscado, su ropa estaba intacta, ¡ni el olor a quemado se les había pegado! ²⁸Entonces Nabucodonosor dijo:

«Digno de todo elogio sea el Dios de Sadrac, Mesac y Abednego, pues envió su ángel para librar a sus servidores que confiaron en él y desobedecieron la orden del rey, y estaban dispuestos a morir antes que servir o rendir homenaje a cualquier dios que no fuera el de ellos. ²⁹Por lo tanto doy esta orden: Que cualquier persona de la nación, lengua o pueblo que sea, que hable contra el Dios de Sadrac, Mesac y Abednego, sea descuartizado y su casa quemada. Pues ningún otro dios es capaz de salvar de esta manera».

³⁰Luego el rey les dio a Sadrac, Mesac y Abednego una mejor posición que la que tenían antes en la provincia de Babilonia.

## Nabucodonosor sueña con un árbol

4 Esta es la proclamación del rey Nabucodonosor, que envió a los pueblos de todas las lenguas y a las naciones del mundo:

¡Paz y prosperidad a todos!

²Yo quiero que todos sepan de algo extraordinario que el Dios Altísimo ha hecho para mí. ³¡Las muestras de su poder son maravillosas! ¡Su reino es para siempre! ¡Él gobierna en todas las generaciones!

⁴Yo, Nabucodonosor, estaba viviendo en mi palacio, en paz y prosperidad, ⁵cuando una noche tuve un sueño que me asustó mucho. Tuve unas visiones que me causaron terror, mientras estaba recostado en mi cama. ⁶Yo mandé traer ante mi presencia a todos los sabios de Babilonia para que me dijeran el significado de mi sueño, ⁷pero cuando llegaron los magos, astrólogos, adivinos y hechiceros, y les conté el sueño, no pudieron decirme lo que significaba. ⁸Por último vino Daniel, llamado también Beltsasar en honor a mi dios, en quien está el espíritu de los dioses santos, y le conté mi sueño.

⁹«Oh Beltsasar, jefe de los magos y demás sabios!, le dije, yo sé que el espíritu de los dioses santos está en ti y que ningún misterio es demasiado grande para que tú no lo puedas resolver. Dime lo que mi sueño significa. ¹⁰Mientras estaba recostado en mi cama esto es lo que soñé: Había un árbol muy alto en medio de la tierra ¹¹. El árbol creció y era muy alto y grueso, era tan alto que llegaba hasta el cielo y podía verse desde cualquier

3.16–18    3.19–27    3.23–25    4.1–3

¹⁷Luego se fue a su casa y les contó todo a Ananías, Misael y Azarías, sus compañeros. ¹⁸Luego les pidió que suplicaran al Dios del Cielo que les mostrara su bondad diciéndoles el secreto, para que no murieran ☆ junto con los sabios babilonios. ¹⁹Y esa noche, en una visión, Dios le reveló a Daniel lo que el rey había soñado. Entonces Daniel alabó al Dios del cielo, ²⁰diciendo:

—Digno de elogio sea el nombre de Dios en todos los tiempos, pues sólo él tiene toda la sabiduría y todo el poder. ²¹Lo que pasa en el mundo está bajo su control. Él quita reyes y coloca a otros sobre sus tronos. Él da a los sabios sabiduría, y a los entendidos su inteligencia. ²²Él revela misterios profundos y sabe lo que se oculta en las sombras, aunque él mismo está rodeado de luz. ²³¡Te doy gracias y declaro tu gran bondad, oh Dios de mis antepasados, pues me has dado sabiduría y poder! Me has concedido lo que te pedimos, nos has mostrado el sueño del rey.

### Daniel interpreta el sueño del rey

²⁴Entonces Daniel entró a ver a Arioc, a quien se le había ordenado ejecutar a los sabios de Babilonia, y le dijo:

—No los mates. Llévame al rey y yo le diré el significado del sueño.

²⁵Arioc llevó a Daniel apresuradamente ante el rey y le dijo:

—¡He encontrado a uno de los judíos cautivos que puede darle a Su Majestad la interpretación del sueño!

²⁶El rey le dijo a Daniel, a quien también le llamaban Beltsasar.

—¿Es esto cierto? ¿Puedes tú hacerme conocer el sueño que tuve y lo que significa?

²⁷Daniel respondió:

—Ningún sabio, astrólogo, mago o adivino puede descubrir al rey tales cosas, ²⁸pero hay un Dios en el cielo capaz de revelar los secretos, y él le ha mostrado a usted, rey Nabucodonosor, lo que va a pasar en el futuro. Éste fue su sueño y las visiones que tuvo mientras estaba en su cama. ²⁹Mientras Su Majestad dormía, soñó los acontecimientos que están por venir. Entonces Dios le mostró en sueños lo que va a suceder. ³⁰Pero recuerde que no es porque yo sea más sabio que los demás seres humanos que conozco el secreto de su sueño, sino porque Dios quiere que entienda lo que usted cavilaba en su cama. ³¹»En su sueño, Su Majestad vio una enorme y poderosa estatua de un hombre, de un brillo extraordinario y aspecto terrible. ³²La cabeza de la estatua estaba hecha del oro más puro; su pecho y sus brazos de plata; su vientre y sus muslos de bronce; ³³sus piernas de hierro; sus pies estaban hechos en parte de hierro y en parte de arcilla. ³⁴Pero mientras Su Majestad miraba la estatua, una piedra que ninguna persona había tocado se desprendió y vino y golpeó los pies de la estatua. ³⁵Entonces toda la estatua se desplomó en una pila de hierro, arcilla, bronce, plata y oro; sus pedazos se hicieron polvo, y el viento se los llevó. Pero la piedra que había derribado la estatua llegó a ser una gran montaña, tan grande que cubrió toda la tierra.

³⁶»Este fue el sueño. Ahora le diré a Su Majestad lo que significa. ³⁷Su Majestad tiene dominio sobre muchos reyes, pues el Dios del cielo le ha dado su reino, poder, fuerza y gloria. ³⁸Él ha hecho que Su Majestad gobierne sobre las provincias más distantes y aun los animales y las aves están bajo su control. ☆ Usted es la cabeza de oro. ³⁹Pero después que su reino haya llegado a su fin, otro reino de menor importancia surgirá para tomar su lugar. Y después que ese reino haya caído, otro reino, el tercero, representado por el vientre y muslos de bronce, se levantará para reinar sobre el mundo.

⁴⁰»Después de este reino vendrá un gran reino, el cuarto, fuerte como el hierro. Y así como el hierro rompe y destroza todo lo que golpea, así este reino romperá y destrozará los reinos anteriores. ⁴¹Los pies y los dedos que usted vio, parte de hierro y parte de arcilla, muestran que más adelante este reino será dividido. ⁴²Algunas partes de este reino serán tan fuertes como el hierro, mientras que otras serán débiles como la arcilla. ⁴³Esta mezcla de hierro con arcilla también muestra que estos reinos tratarán de fortalecerse formando alianzas entre ellos a través del casamiento mutuo entre miembros de las familias de la realeza; pero esta estrategia no tendrá éxito, pues el hierro y la arcilla no se mezclan.

⁴⁴»Durante el gobierno de estos reyes, el Dios del cielo establecerá un reino que jamás será destruido, al que nadie jamás podrá conquistar. Este reino de Dios destruirá a todos estos reinos, pero él mismo permanecerá estable para siempre. ⁴⁵Éste es el significado de la piedra que se desprendió de la montaña sin que ninguna persona la hubiera tocado; la piedra que convirtió en polvo todo el hierro, el bronce, la arcilla, la plata y el oro. Así el gran Dios ha mostrado a Su Majestad lo que sucederá en el futuro. El sueño es verdadero y su significado es cierto.

### Nabucodonosor recompensa a Daniel

⁴⁶Entonces Nabucodonosor se postró ante Daniel y le rindió honores, y mandó a su pueblo a ofrecer y rendirle homenaje y esparcir perfumes delicados ante él.

⁴⁷El rey le dijo a Daniel:

«Tu Dios es el Dios de los dioses, el Rey de los reyes, el Revelador de misterios, porque él te ha descubierto este secreto».

⁴⁸Entonces el rey le dio a Daniel un alto rango y muchos regalos costosos y lo nombró gobernador de toda la provincia de Babilonia, además de jefe sobre todos sus sabios del reino. ⁴⁹Luego, a solicitud de Daniel, el rey nombró a Sadrac, Mesac y Abednego como ayudantes de Daniel para estar a cargo de todos los asuntos de la provincia de Babilonia. Daniel, mientras tanto, servía en la corte del rey.

### El horno en llamas

**3** El rey Nabucodonosor hizo una estatua de oro, de veintisiete metros de alto y casi tres metros de ancho, y la hizo colocar en el valle de Dura, en la provincia de Babilonia. ²Luego envió mensajes a todos los príncipes, gobernadores, capitanes, jueces, tesoreros, consejeros, alguaciles y los oficiales de las provincias, ordenándoles venir para la dedicación de su estatua. ³Cuando todos los príncipes, gobernadores, capitanes, jueces, tesoreros, consejeros, alguaciles y oficiales de las provincias habían llegado y estaban

☆ 2.19-23

# Daniel

## Daniel en Babilonia

**1** Tres años después que el rey Joacim comenzó a reinar en Judá, Nabucodonosor, el rey de Babilonia, vino a Jerusalén y la sitió con sus ejércitos. ²El Señor le permitió que venciera sobre Joacim, el rey de Judá. Al volver a Babilonia, se llevó algunas de las copas sagradas del templo de Dios, y las colocó en la casa del tesoro de sus dioses, en la región de Sinar.

³Luego ordenó a Aspenaz, quien estaba a cargo del personal de servicio de su palacio, traer al palacio a algunos de los jóvenes judíos que habían sido traídos cautivos, jóvenes de la familia real o de la nobleza de Judá. ⁴«Escoge muchachos fuertes, sanos y de buen parecer, le dijo, que tengan una amplia cultura; jóvenes bien educados, inteligentes, despiertos, sensatos y capaces de servir en el palacio. Enséñales a estos jóvenes la lengua y la literatura de los babilonios».

⁵Y el rey les asignó a estos jóvenes la mejor comida y el mejor vino, todo de lo que él mismo consumía, durante el periodo de entrenamiento de tres años, con la idea de hacerlos sus consejeros al graduarse. ⁶Daniel, Ananías, Misael y Azarías fueron cuatro de los jóvenes escogidos, todos de la tribu de Judá. ⁷Sin embargo, el jefe del personal les dio nombres babilónicos: Daniel fue llamado Beltsasar; Ananías fue llamado Sadrac; Misael fue llamado Mesac; y Azarías fue llamado Abednego.

⁸Pero Daniel se propuso no contaminarse comiendo la comida y el vino que el rey les daba. Por lo tanto, pidió permiso al jefe del personal para comer otras cosas. ⁹Dios permitió que Daniel se ganara el respeto del jefe del personal. ¹⁰Éste estaba preocupado ante la petición de Daniel. «Mi señor el rey ha ordenado que ustedes coman esta comida y beban este vino, le dijo. Tengo miedo de que se pongan pálidos y delgados en comparación con los otros jóvenes de su edad, y luego el rey me cortaría la cabeza por no cumplir bien con mis responsabilidades».

¹¹Daniel conversó sobre este asunto con el mayordomo a quien el jefe del personal había encargado el cuidado de Daniel, Ananías, Misael y Azarías. ¹²Dijo Daniel: «Haz una prueba con nosotros. Por diez días danos de comer vegetales y de beber sólo agua. ¹³Al final de los diez días, compara nuestro aspecto con el de los jóvenes que comen la comida del rey, y entonces decide si nos dejas continuar comiendo vegetales y bebiendo agua».

¹⁴Por fin el mayordomo aceptó que se hiciera la prueba por diez días. ¹⁵Al finalizar los diez días, ¡Daniel y sus tres amigos parecían más saludables y mejor alimentados que los jóvenes que habían estado comiendo de la comida del rey! ¹⁶Así que después, el mayordomo los alimentó solamente con verduras y agua, retirando del menú los ricos manjares y vinos.

¹⁷Dios concedió a estos cuatro jóvenes gran facilidad para aprender y pronto ellos habían llegado a dominar toda la literatura y ciencia de aquel tiempo. Y a Daniel además le dio la habilidad de poder entender el significado de sueños y visiones.

¹⁸Cuando se completó el periodo de tres años de entrenamiento, el jefe del personal llevó a todos los jóvenes ante el rey Nabucodonosor. ¹⁹El rey habló con cada uno de ellos, y ninguno le impresionó tanto como lo hicieron Daniel, Ananías, Misael y Azarías. Por eso pasaron a ser miembros de su cuerpo permanente de consejeros. ²⁰Y en todos los asuntos que requerían información adecuada y juicio equilibrado, el rey encontró que el consejo de estos jóvenes era diez veces mejor que el de los magos y agoreros de su reino. ²¹Daniel mantuvo este puesto de consejero del rey hasta el primer año del reinado del rey Ciro.

## El sueño del rey Nabucodonosor

**2** Una noche, durante el segundo año de su reinado, el rey Nabucodonosor tuvo un sueño, y lo inquietó tanto que ya no pudo seguir durmiendo. ²Inmediatamente llamó a todos sus magos, encantadores, hechiceros y astrólogos, y les demandó le dijeran el significado de su sueño.

³—Yo he tenido un sueño que me preocupa —les dijo mientras estaban reunidos delante de él—, díganme qué significa.

⁴Entonces los astrólogos (hablando en arameo) dijeron al rey:

—Que viva por siempre el rey. Cuéntenos el sueño y entonces podremos decirle lo que significa.

⁵Pero el rey respondió:

—Mi decisión está tomada. Si no me dicen lo que soñé y lo que significa, ordenaré que los corten en pedazos y que a sus casas las quemen hasta que queden convertidas en cenizas. ⁶Pero les daré muchos maravillosos regalos y honores si me dicen cuál fue el sueño y lo que significa. Así que, ¡empiecen!

⁷Ellos dijeron de nuevo:

—Si Su Majestad nos cuenta el sueño, nosotros le diremos lo que significa.

⁸El rey respondió contrariado:

—Mi decisión está tomada; ustedes lo saben y por eso quieren ganar tiempo. ⁹¡Pero si no me cuentan el sueño, ya saben lo que les pasará! Ustedes se han puesto de acuerdo para decirme mentiras, deseando que algo pase y cambie mi decisión. Pero díganme lo que soñé y sabré que también me pueden decir su significado.

¹⁰Los astrólogos respondieron al rey:

—¡No hay nadie en la tierra que pueda decirle a Su Majestad lo que soñó! ¡Y no hay rey, por grande y poderoso que sea, que pediría semejante cosa a ningún mago, hechicero o astrólogo! ¹¹Lo que el rey pide es imposible. Nadie, salvo los dioses, puede decirle su sueño, y ellos no están aquí para ayudar.

¹²Al oír esto, el rey se puso furioso, y ordenó ejecutar a todos los sabios de Babilonia. ¹³Debido a estas órdenes, Daniel y sus compañeros fueron buscados para ser ejecutados junto con los demás sabios.

¹⁴Cuando Arioc, el comandante de la guardia real, vino para matarlos, Daniel manejó la situación con mucho tacto y cuidado al preguntar:

¹⁵—¿Por qué ha dado el rey semejante orden?

Entonces Arioc le contó lo que había sucedido. ¹⁶Así que Daniel pidió audiencia para hablar con el rey. Le dijo:

—Déme un poco de tiempo y yo le diré el sueño que tuvo y lo que significa.

1.3-6  1.17

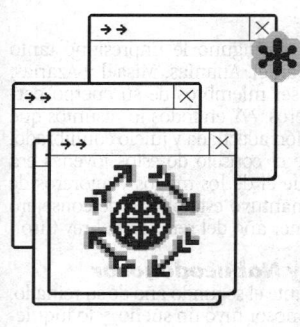

## PANORAMA DEL LIBRO

El libro fue escrito, por un lado, para asegurarles a los judíos en el exilio que era posible permanecer fieles a Dios aun viviendo en un país pagano y en medio de una situación adversa para su fe. Por otro lado, para garantizarles que Dios estaba en control, tanto de su pueblo como de Babilonia y del resto de la historia presente y futura. Ese era un mensaje que necesitaban escuchar los cautivos para mantener su esperanza como pueblo de Dios.

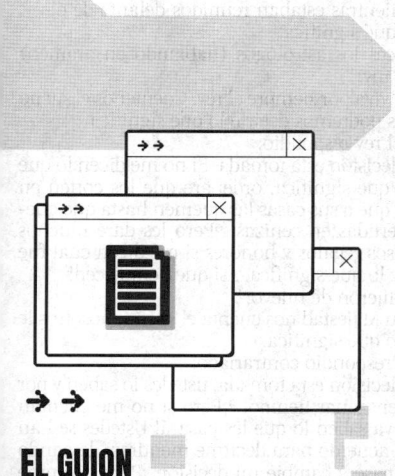

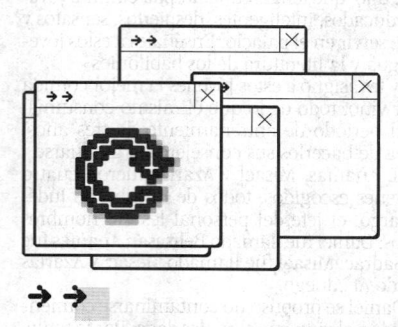

## ¿CÓMO SE RELACIONA CONMIGO?

Este libro suele ser recordado por la historia del foso de los leones o la dieta vegetariana que escogió su protagonista. Sin embargo, lo primero a destacar es que cancela cualquier excusa respecto a perder la integridad en el ambiente pecaminoso en el que vivimos. Daniel es una historia de lealtad a toda prueba. Su historia se erige como un modelo de integridad juvenil que te desafía a afirmar tu carácter en un mundo adverso a los valores del cristianismo.

Daniel no solo fue un buen siervo fiel a Dios, sino que tuvo éxito en su mundo y esa es una lección de vital importancia. Las profecías de Daniel proveen confianza y seguridad en un Dios que controla los eventos de la historia humana y por eso Daniel nos invita a cambiar nuestra comprensión de los acontecimientos personales, familiares y mundiales desde la perspectiva de su historia y desde allí, transformar nuestra realidad para su gloria y honra y el bien de todos.

## EL GUION

1) Fidelidad total al Señor, en medio de las naciones. Caps. 1-6
2) Dominio total del Señor, en medio de las naciones. Caps. 7-12.

# DANIEL

# DANIEL

## ¿QUIÉN LO ESCRIBIÓ?

El testimonio claro del libro es que su escritor es Daniel. Incluso Jesús afirma que Daniel fue el autor de sus profecías (Mt. 24:15). Este fue uno de los primeros judíos en ser llevado cautivo por los caldeos (año 605 a.C.). Por la providencia de Dios, fue entrenado por sus captores como parte de la nobleza, y eventualmente el joven judío llegó a destacar como un profeta, consejero de cuatro reyes y estadista en tres imperios mundiales, ministrando prácticamente durante toda la cautividad incluso hasta el reinado de Ciro, el persa (Dan. 10:1).

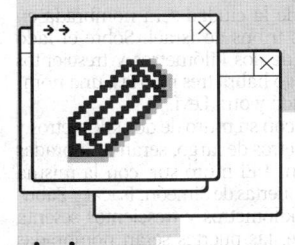

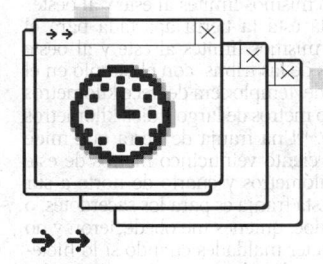

## ¿A QUIÉN LO ESCRIBIÓ?

Sin duda, el ministerio y la influencia de Daniel durante todo el exilio debe haber sido un reyo de esperanza para los judíos en Babilonia y en la tierra prometida. El libro fue escrito pensando en los judíos que estaban aún en el exilio, así como también aquellos que estaban regresando a su tierra después del terrible trauma del cautiverio. El doble énfasis —la fidelidad al Señor y su soberanía absoluta sobre la historia— sin duda estaban diseñados para motivar a un pueblo que estaba reconstruyendo su identidad nacional y espiritual.

## ¿CUÁNDO Y DÓNDE LO ESCRIBIÓ?

El capítulo 10, versículo 1 menciona el año tercero de Ciro de Persia. Esto sería el año 536 a.C., por lo que una fecha probable en la que el libro fue escrito es el año 530 a.C., o sea, cuando Daniel tenía ya noventa años. Hay que tomar en cuenta que cuando Daniel comienza es el año 605 a.C. Babilonia estaba sustituyendo a Asiria como imperio mundial. Cuando Daniel termina es el año 536 a.C. El gran imperio mundial era Persia y los judíos ya habían regresado a su tierra para comenzar la reconstrucción del templo. Tomando en cuenta lo anterior, el libro sería escrito, entonces, en la ciudad de Susa, capital del imperio persa, desde donde el libro fue enviado a los judíos que ya estaban habitando de nuevo en su tierra, después de la cautividad.

seguirá el curso del arroyo de Egipto (llamado Wadi el Arish) hasta el Mediterráneo.

²⁰»Del lado occidental, el Mediterráneo mismo será la frontera, desde el límite sur hasta el punto donde comienza el límite del norte.

²¹»Dividan la tierra dentro de estos límites entre las tribus de Israel. ²²Distribuyan la tierra como una heredad para ustedes y para los extranjeros que viven entre ustedes con sus familias. Todos los que nazcan en esta tierra —sean sus padres extranjeros o no— han de ser considerados ciudadanos y tienen los mismos derechos que sus propios hijos. ²³Todos estos inmigrantes han de recibir tierra de acuerdo con la tribu donde ahora viven.

## Reparto de la tierra

**48** »Aquí está la lista de tribus y el territorio que cada una de ellas ha de recibir. Para Dan: Desde el límite norte en el Mediterráneo, a través de Hetlón, luego a Lebó Jamat y hasta Jazar Enán en la frontera entre Damasco hacia el sur y Jamat hacia el norte. Estos son los límites orientales y occidentales de la tierra. ²El territorio de Aser queda al sur del territorio de Dan y tiene los mismos límites al este y al oeste. ³La tierra de Neftalí queda al sur de Aser con los mismos límites al este y al oeste. ⁴Luego viene Manasés, al sur de Neftalí, con los mismos límites al este y al oeste. ⁵⁻⁷Después, hacia el sur están Efraín, Rubén y luego Judá, todos con los mismos límites al este y al oeste.

⁸»Al sur de Judá está la tierra apartada para el templo. Tiene los mismos límites al este y al oeste como las secciones de las tribus, con el templo en el centro. ⁹Esta zona del templo será de trece kilómetros y ciento veinticinco metros de largo y diez kilómetros y medio de ancho. ¹⁰Una franja de tierra que mide trece kilómetros y ciento veinticinco metros de este a oeste, y cinco kilómetros y cuarto de norte a sur rodea el templo. ¹¹Esta franja es para los sacerdotes, o sea los hijos de Sadoc, quienes me obedecieron y no se lanzaron a cometer maldades cuando sí lo hicieron el pueblo de Israel y el resto de su propia tribu de Leví. ¹²Es su porción especial cuando la tierra sea distribuida, la tierra más exclusiva. Al lado queda la zona donde vivirán los otros levitas. ¹³Será de la misma medida y forma que la primera. Juntas medirán trece kilómetros y ciento veinticinco metros de largo y diez kilómetros y medio de ancho. ¹⁴No podrán vender ni cambiar ni ceder nada de esta tierra especial, porque pertenece al Señor, es exclusiva.

¹⁵»La franja de tierra que queda de trece kilómetros y ciento veinticinco metros de largo por dos kilómetros y seiscientos veinticinco de ancho, al sur de la sección del templo, es para uso público, para viviendas, pastizales y parques, con una ciudad en el centro. ¹⁶La ciudad será cuadrada, de dos kilómetros y trescientos sesenta metros por lado. ¹⁷Una franja de ciento treinta y un metros rodeará la ciudad y será tierra de pastoreo. ¹⁸Afuera de la ciudad, extendiéndose hacia el este y oeste por cinco kilómetros y cuarto al lado de los terrenos exclusivos, habrá una zona de huertas de la ciudad para uso público. ¹⁹Estará abierta para cualquiera que trabaje en la ciudad, no importa de qué parte de Israel proceda. ²⁰La zona entera —incluyendo las tierras exclusivas y tierras de la ciudad— forma un cuadrado de trece kilómetros y ciento veinticinco metros por lado.

²¹,²²»La tierra de ambos lados de las porciones exclusivas y de la ciudad pertenecerán al príncipe. Se extenderán desde el cuadrado de trece kilómetros y ciento veinticinco metros de éstas hasta el límite occidental, y desde el otro lado hasta el límite oriental. Esta porción del príncipe tendrá como límites el territorio de Judá al norte y el de Benjamín al sur.

²³»Las secciones dadas a las restantes tribus son las siguientes: la sección de Benjamín se extiende a lo ancho de Israel desde la frontera oriental hasta la occidental.

²⁴»Al sur de la zona de Benjamín queda la de Simeón, también extendiéndose entre los mismos límites orientales y occidentales.

²⁵»Después viene Isacar, con los mismos límites. ²⁶Luego viene Zabulón, también extendiéndose a lo ancho de Israel.

²⁷,²⁸»Finalmente viene Gad, que cuenta con los mismos límites sobre el este y el oeste, mientras su límite sur corre desde Tamar a los manantiales de Meribá Cades, y luego sigue Wadi el Arish (Arroyo de Egipto) hasta el Mediterráneo.

²⁹»Estas son las asignaciones que han de ser hechas a cada tribu, dice el Señor Dios.

## Las puertas de Jerusalén

³⁰,³¹»Cada puerta de la ciudad será nombrada en honor de una de las tribus de Israel. Sobre el lado norte, con su muro de dos kilómetros y trescientos sesenta metros de largo habrá tres puertas, una nombrada Rubén, otra Judá y otra Leví.

³²»En el lado este, con su muro de dos kilómetros y trescientos sesenta metros de largo, serán nombradas José, Benjamín y Dan. ³³El muro sur, con la misma extensión, tendrá las puertas de Simeón, Isacar y Zabulón; ³⁴sobre los dos kilómetros y trescientos sesenta metros del lado oeste, las puertas serán nombradas Gad, Aser y Neftalí.

³⁵»La circunferencia total de la ciudad es de nueve kilómetros y cuatrocientos cincuenta metros. ¡Y el nombre de la ciudad será Dios Sama (Dios está allí)!»

dispuesto a ofrecer. Con cada una de estas ofrendas traerá cuatro litros de aceite de oliva.

8»"El príncipe entrará por el pasillo de acceso de la puerta y saldrá por el mismo lugar; 9pero cuando el pueblo entre a través del pasillo de la entrada del norte para sacrificar durante las fiestas religiosas, deberá salir por el pasillo de la entrada del sur, en el lado opuesto. Aquellos que entren desde el sur deben salir por el norte. Jamás deberán salir por el mismo pasillo que entraron, sino que siempre deberán usar la entrada del lado opuesto. 10El príncipe entrará y saldrá con la gente común en esas ocasiones. 11Para resumir: En las fiestas especiales y los festivales sagrados la ofrenda de harina será de veinticuatro litros con el becerro y la misma cantidad con el carnero, tanto como el príncipe esté dispuesto a dar con cada cordero; y cuatro litros de aceite de oliva por cada ofrenda de grano.

12»"Cuando el príncipe presente una ofrenda quemada extra o una ofrenda de paz para ser declarada como exclusiva para el Señor, la puerta del este será abierta para que entre, y ofrecerá sus sacrificios tal como los sábados. Luego se dará vuelta, y la puerta será cerrada detrás de él.

13»"Cada mañana un cordero de un año debe ser sacrificado como ofrenda quemada al Señor. 14,15Y debe haber una ofrenda de harina cada mañana; cuatro litros de harina y un litro y tercio de aceite de oliva con que mezclarla. Ésta es una ordenanza permanente; nunca deben dejar de hacerlo. El cordero, la ofrenda de harina y de aceite de oliva serán provistos cada mañana para el sacrificio diario.

16»"El Señor Dios dice: Si el príncipe da tierra como regalo a uno de sus hijos, le pertenecerá a él para siempre. 17Pero si da tierra como regalo a uno de sus servidores, el servidor podrá conservarlo sólo hasta el año de liberación, cada séptimo año, cuando se le liberará; entonces la tierra vuelve a ser propiedad del príncipe. Sólo los regalos a sus hijos son permanentes. 18Y el príncipe jamás puede tomar la propiedad de alguno por la fuerza. Si da propiedades a sus hijos, debe ser de su propia tierra, porque yo no quiero que mi pueblo pierda su propiedad y tenga que emigrar por esa causa"».

19,20Después de eso, empleando la puerta a través del muro al lado del pasillo principal, me condujo a través de la entrada al bloque de habitaciones que miraban hacia el norte. Allí, en el extremo oeste de estas habitaciones, vi un lugar donde, según me dijo mi guía celestial, los sacerdotes han de cocer la carne de la ofrenda por las infracciones y la ofrenda para declarar libre de culpa al pueblo y la ofrenda de harina para hacer pan. Lo harán allí para evitar la necesidad de llevar los sacrificios a través del patio exterior, para no declarar de forma involuntaria como intachable de esa manera al pueblo.

21,22Luego mi guía celestial me trajo afuera nuevamente, al patio exterior, y me llevó a cada una de las cuatro esquinas del patio. Vi que en cada esquina había una habitación de veintiún metros de largo y quince metros y tres cuartos de ancho, encerrada con paredes. 23En torno al interior de estas paredes había tinas de ladrillo que se usaban para hervir, con hornos por debajo. 24Me dijo que estas habitaciones era donde los servidores del templo, los levitas, cuecen los sacrificios que la gente ofrece.

## El río del templo

**47** Luego mi guía celestial me trajo de vuelta a la puerta del templo. Vi una corriente de agua fluyendo hacia el este, desde debajo del templo y pasando a la derecha del altar, o sea, sobre su lado sur. 2Luego me trajo fuera del muro a través del pasillo de la entrada del norte y me hizo dar la vuelta hasta la entrada del este donde vi la corriente fluyendo por el lado sur (del pasillo de la entrada este).

3Midiendo a medida que avanzaba, el guía celestial me llevó cuatrocientos cincuenta metros al este por la corriente y me hizo cruzarla. En este punto el agua me llegaba hasta los tobillos. 4Él midió otros cuatrocientos cincuenta metros y me indicó que lo cruzara de nuevo. Esta vez el agua me llegaba hasta las rodillas. 5Otros cuatrocientos cincuenta metros después me llegaba a la cintura. Pero cuatrocientos cincuenta metros más adelante había llegado a ser un río tan profundo que no podía cruzarlo salvo que nadara. Era demasiado profundo para cruzarlo a pie. 6El guía celestial me dijo que tuviera en cuenta lo que había visto, luego me llevó de vuelta por la ribera.

7Y ahora, ante mi sorpresa, ¡muchos árboles estaban creciendo a ambos lados del río! 8Me dijo: «Este río fluye hasta el este a través del desierto y el valle del Jordán hasta el Mar Muerto, donde transformará las aguas saladas y las hará frescas y potables. 9Todo lo que toque el agua de este río vivirá. Abundarán los peces en el Mar Muerto, pues sus aguas tendrán propiedades medicinales. Dondequiera fluyan estas aguas, todo vivirá. 10Los pescadores estarán parados sobre las costas del Mar Muerto, pescando desde Engadi hasta Eneglayin. Las costas estarán llenas de redes secándose al sol. ¡Peces de toda especie llenarán el Mar Muerto tal como en el Mediterráneo! 11Pero los esteros y pantanos no serán sanados; seguirán siendo salinas. 12Toda clase de árboles frutales crecerán en las riberas del río. Las hojas nunca se marchitarán y ni caerán, sino que siempre habrá fruto. Habrá una nueva cosecha de fruta cada mes, ¡sin falta! ¡Es que están regados por el río que fluye del templo! ¡Sus frutos servirán de alimento y sus hojas de medicina!

## Los límites del país

13»El Señor Dios dice: Aquí están las indicaciones para dividir la tierra entre las doce tribus de Israel: la tribu de José (Efraín y Manasés) recibirá dos secciones. 14En cambio cada una de las otras tribus tendrá una porción igual. Yo prometí con mano alzada, en señal de juramento, dar la tierra a sus antepasados, y ahora la heredarán ustedes.

15»El límite del norte va desde el Mediterráneo hasta Hetlón, y luego a través de Zedad y Jamat 16hasta Berotá y Sibrayin, que están en el límite entre Damasco y Jamat, y finalmente hasta Jazar Haticón, en el límite de Jaurán. 17Así que el límite del norte será desde el Mediterráneo hasta Jazar Enán, en el límite con Jamat para el norte y Damasco para el sur.

18»La frontera del este correrá desde Jazar Enán hacia el sur al monte Jaurán, donde dobla hacia el oeste al Jordán en la punta del mar de Galilea, y bajando por el río Jordán separando a Israel de Galaad, pasando por el Mar Muerto hasta Tamar.

19»La frontera del sur partirá desde Tamar hacia el oeste hasta los manantiales de Meribá Cades y luego

Lo que sea que se da al Señor será también para los sacerdotes. ³⁰Las primicias de los primeros frutos y de todas las ofrendas para el Señor irán también a los sacerdotes. Las primeras muestras de cada cosecha de granos también serán donadas a los sacerdotes, para que el Señor bendiga sus hogares. ³¹Los sacerdotes nunca podrán comer de cualquier ave o animal que muera de muerte natural o después de ser atacado por otros animales.

## División de la tierra

**45** »"Cuando dividas por la suerte la tierra entre las tribus de Israel, primero dejarás una sección de la misma para el Señor como su porción exclusiva. Esta porción será de trece kilómetros con ciento veinticinco metros de largo, y diez kilómetros con quinientos metros de ancho. Todo este terreno será exclusivo.

²Una sección de esta tierra, un cuadrado de doscientos sesenta y dos metros y medio por lado, será designado para el templo. Un margen adicional de veintiséis metros y cuarto alrededor del mismo se ha de dejar libre. ³El templo será construido dentro de la zona de trece kilómetros con ciento veinticinco metros de largo por cinco kilómetros con doscientos cincuenta metros de ancho. ⁴Toda esta sección será tierra exclusiva; será utilizada por los sacerdotes, quienes ofician en el santuario, para sus hogares y para mi templo. ⁵La franja próxima a ella, de trece kilómetros con ciento veinticinco metros de largo por cinco kilómetros con doscientos cincuenta metros de ancho, será la zona habitacional de los levitas que trabajan en el templo. ⁶Junto a los terrenos exclusivos habrá una franja de trece kilómetros con ciento veinticinco metros de largo y dos kilómetros con seiscientos veinticinco metros de ancho, donde se construirá una ciudad en la que cualquiera de Israel pueda vivir.

⁷»"Dos secciones especiales de tierra serán apartadas para el príncipe —una a cada lado de los terrenos exclusivos y los de la ciudad, contiguas a éstos a lo largo—, y sus límites al este y al oeste serán iguales a los de las secciones tribales. ⁸Ésta será su parte. Mis príncipes ya no más oprimirán y robarán a mi pueblo, sino que le asignarán el resto de la tierra, dando una porción a cada tribu. ⁹Pues el Señor Dios dice a los que gobiernan: ¡Dejen de robar y estafar a mi pueblo en su tierra y de expulsarlos de sus hogares! ¡Sean siempre justos y honestos! ¹⁰¡Deben emplear balanzas justas y medidas cabales! ¹¹Un jómer (doscientos cuarenta litros) será su unidad de medida reguladora tanto para medidas líquidas como sólidas. Las unidades más pequeñas serán el efa (veinticuatro litros) para sólidos y el bato (veinticuatro litros) para líquidos. ¹²La unidad de peso será la moneda de plata, de doce gramos; siempre debe ser cambiada por veinte guerás, nunca por menos. Cinco monedas serán valuadas a cinco monedas, no menos; y diez monedas a diez monedas. Cincuenta monedas siempre igualarán una mina.

¹³»"Éste es el impuesto que deben dar al príncipe: cuatro litros de trigo o cebada por cada doscientos cuarenta que cosechen; ¹⁴y un litro por cada cien de su aceite de oliva, ¹⁵y una oveja por cada doscientas en todos sus rebaños en Israel. Estas son las ofrendas de harina, las ofrendas quemadas y las ofrendas de gratitud para el arreglo de cuentas con Dios de aquellos que los traen, dice el Señor Dios. ¹⁶Todo el pueblo de Israel traerá sus ofrendas al príncipe. ¹⁷El príncipe deberá proveer al pueblo con sacrificios para los homenajes públicos, ofrendas por las infracciones cometidas, ofrendas quemadas, ofrendas de harina, ofrendas de libación y ofrendas de gratitud, para la reconciliación del pueblo de Israel con Dios. Esto será hecho en el tiempo de las fiestas religiosas, las ceremonias de luna nueva, los sábados y todas las otras ocasiones especiales.

¹⁸»"El Señor Dios dice: Cada víspera de Año Nuevo sacrifiquen un becerro sin defecto alguno, para purificar el templo. ¹⁹El sacerdote tomará parte de la sangre de esta ofrenda por las infracciones cometidas y la pondrá sobre los postes del templo y sobre las cuatro esquinas de la base del altar y sobre las paredes a la entrada del patio interior. ²⁰Hagan esto también en el séptimo día de ese mes por cualquiera que haya cometido una infracción por error o ignorancia, y así el templo será purificado.

²¹»"En el decimocuarto día de ese mismo mes celebrarán la Pascua. Será una fiesta de siete días. Sólo pan sin levadura será comido durante esos días. ²²En el día de la Pascua el príncipe proveerá un becerro como ofrenda por sus propias infracciones y por las de todo el pueblo de Israel. ²³En cada uno de los siete días de la fiesta él preparará una ofrenda quemada para el Señor. Esta ofrenda diaria consistirá en siete becerros y siete carneros sin defecto. Un cabrito también será dado cada día como ofrenda por las infracciones públicas. ²⁴Y el príncipe proveerá trescientos treinta y seis litros de grano para la ofrenda de harina, veinticuatro litros por cada becerro y carnero; y cincuenta y seis litros de aceite de oliva, cuatro litros por cada veinticuatro litros de grano.

²⁵»"A principios de octubre, durante cada uno de los siete días de la fiesta anual, él proveerá estos mismos sacrificios para la ofrenda por las infracciones generales, la ofrenda quemada, la ofrenda de harina y la ofrenda de aceite.

**46** »"El Señor Dios dice: La entrada del muro interior por el lado este estará cerrada durante los seis días de trabajo, pero abierta durante el sábado y los días de celebración de la luna nueva. ²El príncipe entrará por el pasillo de entrada de la puerta exterior y avanzará hasta el muro interior del otro lado mientras el sacerdote presenta sus ofrendas quemadas y ofrendas de paz. Rendirá homenaje dentro de ese pasillo de entrada y luego volverá a la puerta, que no será cerrada hasta la tarde.

³»"El pueblo rendirá homenaje al Señor frente a este pasillo de entrada los sábados y los días de celebración de luna nueva. ⁴La ofrenda quemada que el príncipe presente como sacrificio al Señor los sábados será de seis corderos y un carnero, todos sin defecto. ⁵El príncipe presentará una ofrenda de veinticuatro litros de grano con el carnero; y con los corderos, toda la cantidad que esté dispuesto a dar; y con cada ofrenda de grano traerá cuatro litros de aceite de oliva. ⁶En la celebración de la luna nueva traerá un becerro en perfectas condiciones, seis corderos y un carnero, todos sin defecto. ⁷Con el becerro traerá veinticuatro litros de harina como ofrenda. Con el carnero traerá veinticuatro litros de harina. Con el cordero, traerá lo que esté

das y rociar sangre allí. ¹⁹En aquel tiempo, los de la familia de Sadoc, de la tribu de Leví, quienes son mis ministros, han de recibir un becerro para la ofrenda por el perdón de las maldades. ²⁰Tomarás un poco de su sangre y la aplicarás en los cuatro cuernos del altar y en las cuatro esquinas de la plataforma de arriba y en el reborde que lleva en torno. Esto limpiará y hará expiación por el altar. ²¹Luego toma el becerro para la ofrenda por el perdón de las maldades y quémalo en el lugar indicado afuera de la zona del templo.

²²»El segundo día, sacrifica un carnero sin ningún defecto —sin enfermedad, deformidades, heridas o costras— como ofrenda por el perdón de las maldades. Así el altar será limpiado, como lo fue previamente por el becerro. ²³Cuando hayas concluido esta ceremonia de purificación, ofrece otro becerro perfecto y un carnero perfecto del rebaño. ²⁴Preséntalos delante del Señor, y los sacerdotes esparcirán sal sobre ellos como una ofrenda quemada. ²⁵Cada día durante siete días un cordero, un becerro y un carnero del rebaño serán sacrificados como ofrenda por el perdón de la maldad. Ninguno de ellos debe tener defecto alguno. ²⁶Esto será hecho cada día, durante siete días, para purificar y hacer expiación por el altar, para consagrarlo. ²⁷En el octavo día, y cada día después, los sacerdotes sacrificarán sobre el altar las ofrendas quemadas y las ofrendas de gratitud del pueblo, y yo las aceptaré, dice el Señor Dios».

## Deberes de levitas y sacerdotes

**44** Luego el Señor me trajo de vuelta a la entrada oriental del muro exterior, pero estaba cerrada. ²Y él me dijo: «Esta puerta permanecerá cerrada; jamás será abierta. Ningún hombre pasará a través de ella, pues el Señor, el Dios de Israel, entró por allí y, por tanto, permanecerá cerrada. ³Sólo el príncipe —por ser él el príncipe— se sentará allí para comer delante del Señor. Pero entrará y saldrá solamente por la sala de entrada.

## Los levitas

⁴»Luego me condujo a través del pasillo de entrada del norte hasta el frente del templo. Miré y vi la presencia majestuosa del Señor que llenaba el templo, y caí rostro en tierra».

⁵Y el Señor me dijo: «Hombre mortal, presta atención, abre bien tus ojos y oídos. Escucha todo lo que yo digo respecto a las leyes y ordenanzas relativas al templo del Señor. Presta atención en cuanto a quiénes pueden ser admitidos al templo, y quiénes han de estar excluidos de él.

⁶»Y di a estos tercos, el pueblo de Israel: El Señor Dios dice: "¡Oh israelitas, han hecho maldades en gran manera, ⁷permitiendo que los paganos entraran en mi santuario —aquellos cuyo corazón no se interesa en Dios— cuando me ofrecen mi comida, la grasa y la sangre! Así han roto mi convenio, además de todas las demás maldades que han cometido. ⁸No han observado las leyes que yo les di respecto a estas cosas exclusivas, pues han empleado extranjeros para que se hagan cargo de mi santuario".

⁹»El Señor Dios dice: "Ningún extranjero de los muchos entre ustedes entrará en mi santuario si no ha sido circuncidado y no ama al Señor! ¹⁰Y los hombres de la tribu de Leví, quienes me abandonaron cuando Israel se alejó de Dios para irse hacia los ídolos, deben ser castigados por su falta de fidelidad. ¹¹Ellos podrán ser guardias y porteros, podrán matar los animales traídos para las ofrendas quemadas y estar presentes para ayudar a la gente. ¹²Pero como ellos incitaron a la gente a rendir homenajes a otros dioses, causando que Israel cayera en maldad profunda, he alzado mi mano y jurado, dice el Señor Dios, que ellos deben ser castigados. ¹³Ellos no se acercarán a mí para oficiar como sacerdotes; ellos no pueden tocar ninguna de mis cosas exclusivas, pues deben llevar su vergüenza por todas las maldades que han cometido. ¹⁴Ellos son sólo los cuidadores del templo, para hacer el trabajo de mantenimiento y ayudar a la gente en una forma general.

¹⁵»"Sin embargo, los hijos de Sadoc, de la tribu de Leví, continuaron como mis sacerdotes en el templo cuando Israel me cambió por los ídolos. Estos hombres serán mis ministros; ellos estarán delante de mí para ofrecer la grasa y la sangre de los sacrificios, dice el Señor Dios. ¹⁶Los hijos de Sadoc entrarán a mi santuario y vendrán a mi mesa para oficiar ante mí; ellos cumplirán mis requisitos. ¹⁷Ellos deben vestir solamente vestiduras de lino cuando entren al patio interior, pues no deben llevar nada con lana mientras estén en servicio en el patio interior o en el templo. ¹⁸Deberán llevar turbantes de lino y pantalones de lino; no deben llevar nada que los haga sudar. ¹⁹Cuando vuelvan al patio exterior, deben quitarse las vestiduras que emplearon mientras estaban oficiando delante de mí, dejándolos en las habitaciones exclusivas, y ponerse otras vestiduras para que no consagren a la gente por descuido si las tocan con las vestiduras de lino.

²⁰»"No deben dejar que su cabello crezca demasiado, ni raparse. Se permiten cortes de cabello regulares y moderados solamente.

²¹»"Ningún sacerdote puede beber vino antes de entrar al patio interior.

²²»"Pueden casarse solamente con una muchacha virgen judía, o con la viuda de uno que haya sido sacerdote; no pueden casarse con una mujer divorciada.

²³»"Enseñarán a mi pueblo la diferencia entre lo que es exclusivo y lo que es ordinario, entre lo que está bien y lo que está mal.

²⁴»"Servirán como jueces para resolver cualquier desacuerdo entre mi pueblo. Sus decisiones deben estar basadas sobre mis leyes. Y los mismos sacerdotes obedecerán mis mandamientos y reglamentos en todas las fiestas sagradas, y se asegurarán de que el sábado sea respetado.

²⁵»"Un sacerdote no debe contaminarse estando en la presencia de un cadáver, salvo que sea su padre, madre, hijo, hermano o hermana soltera. En tales casos está permitido. ²⁶Pero después debe esperar siete días para quedar purificado y poder llevar a cabo de nuevo sus deberes en el templo. ²⁷El primer día que vuelva a trabajar y entrar al patio interior y el santuario, debe presentar una ofrenda por su situación especial, dice el Señor Dios.

²⁸»"En cuanto a propiedades, no tendrán ninguna, ¡pues yo soy su herencia! ¡Eso es suficiente! ²⁹Se alimentarán de las ofrendas y sacrificios traídos al templo por el pueblo, las ofrendas de cereales, las ofrendas por el perdón de las maldades y las ofrendas generales.

palmeras talladas a ambos lados del vestíbulo, en las salas laterales del templo y en el portal de la entrada.

## Las habitaciones para los sacerdotes

**42** Luego me condujo fuera del templo, a través del patio interior, a las habitaciones al norte del patio del templo y a otro edificio. ²Este grupo de estructuras tenía un largo de cincuenta y dos metros y medio con un ancho de veintiséis metros y cuarto. ³Las hileras de habitaciones detrás de este edificio formaban el muro interior del patio. Las habitaciones estaban en tres pisos, y desde allí se veía el patio exterior por un lado, y una franja de diez metros y medio del patio interior del otro. ⁴Había un corredor de cinco metros y cuarto entre el edificio y los pisos de las habitaciones, que se extendía a todo lo largo con las puertas del edificio mirando hacia el norte. ⁵Los dos pisos de habitaciones de arriba no eran tan anchos como el de abajo, porque los pisos superiores tenían corredores más anchos a sus lado. ⁶Y ya que el edificio no estaba construido con vigas como en el patio exterior, los pisos de más arriba eran más angostos que la planta baja.

⁷Los pisos del norte, próximos al patio exterior, tenían un largo de veintiséis metros y cuarto, sólo la mitad del largo del ala interior que miraba hacia el patio del templo, el cual tenía un largo de cincuenta y dos metros y medio. ⁸Pero una pared se extendía desde el final del ala más corta, paralela al ala más larga. ⁹Y había una entrada del patio exterior a estas habitaciones desde el este. Del lado opuesto del templo había un edificio similar compuesto de dos unidades de pisos sobre el costado sur del patio interior, ¹⁰entre el templo y el patio exterior, arreglado de la misma manera que el otro. ¹¹Había un corredor entre las dos alas del edificio, de la misma manera que en el otro edificio del otro lado del patio, con el mismo largo y ancho y las mismas salidas y puertas. Eran unidades idénticas. ¹²Y había una puerta desde el patio exterior en el lado este.

¹³Luego él me dijo: «Estos pisos de habitaciones del norte y del sur que dan hacia el patio del templo son exclusivos; allí los sacerdotes que ofrecen los sacrificios al Señor comerán de las ofrendas más exclusivas y las almacenarán, las ofrendas de cereales, las ofrendas por el perdón de las maldades y las ofrendas por la culpabilidad general, pues estas habitaciones son exclusivas. ¹⁴Cuando los sacerdotes salgan del Lugar Exclusivo, la nave del templo, deben cambiar sus vestiduras antes de salir al patio exterior. Primero deben quitarse las vestiduras especiales con las que han estado ministrando, pues son exclusivas. Deben colocarse otras vestimentas antes de entrar en las partes del edifico que están abiertas al pueblo».

¹⁵Cuando terminó de tomar estas medidas, me llevó afuera a través del pasillo del este para medir toda la zona del templo. ¹⁶⁻²⁰Encontró que tenía la forma de un cuadrado, de doscientos sesenta y dos metros de largo sobre cada costado, con un muro alrededor para separar la zona restringida de los lugares públicos.

## La gloria del Señor vuelve al templo

**43** Después me trajo de nuevo al pasillo a través del muro exterior hacia el este. ²Y de repente la presencia majestuosa del Dios de Israel apareció del lado oriente. El sonido de su venida era como el estrépito de caudalosas aguas y todo el horizonte resplandeció con su presencia majestuosa. ³Era tal como la había visto en las otras visiones, primero al lado del río Quebar, y luego más tarde en Jerusalén cuando vino para destruir la ciudad. Caí, rostro en tierra. ⁴Y la presencia majestuosa del Señor entró en el templo por la puerta que daba al oriente. ⁵Luego el Espíritu me alzó y me trajo al patio interior; y la presencia majestuosa del Señor llenó el templo.

⁶Y oí al Señor hablándome desde adentro del templo (el hombre que había estado midiendo aún estaba parado al lado mío). ⁷El Señor me dijo: «Hombre mortal, éste es el lugar de mi trono y el lugar donde se posa la planta de mis pies, donde yo permaneceré, viviendo en medio del pueblo de Israel para siempre. Ellos y sus reyes ya no más pondrán en entredicho mi intachable reputación por la traicionera devoción de otros dioses, o inclinándose ante los emblemas de sus reyes. ⁸Ellos construyeron sus templos idólatras al lado del mío, con sólo un muro de por medio, y allí rindieron homenaje a sus ídolos. Como dañaron la reputación de mi fama con semejante maldad, yo los destruí en mi ira. ⁹Ahora que arrojen lejos sus ídolos y emblemas levantados por sus reyes, y yo viviré en medio de ellos para siempre.

¹⁰»Hombre mortal, describe el templo que yo te he mostrado al pueblo de Israel. Cuéntales su apariencia y su plan, para que ellos sientan vergüenza por todas sus maldades. ¹¹Y si ellos están realmente avergonzados de lo que han hecho, luego explícales los detalles de su construcción —sus puertas y entradas— y todo lo concerniente a él. Escribe todas las indicaciones y reglas que ellos deben guardar. ¹²Y ésta es la ley básica del templo: ¡Exclusividad! ¡Toda la parte superior de la colina donde está construido el templo es exclusiva! ¡Sí, esta es la ley principal!»

## El altar

¹³⁻¹⁷Y éstas son las medidas del altar: La base del altar es cuadrada, de nueve metros con cuarenta y cinco centímetros de lado, con un borde en todo el derredor de veintidós centímetros y medio de alto. Esta base se eleva del patio cincuenta y dos centímetros y medio. Encima de la base hay una plataforma de piedra de un metro con cinco centímetros de alto, y ocho metros con cuarenta centímetros de lado. (Esto deja cincuenta y dos centímetros y medio de borde entre la base y la plataforma de piedra.) Ésta, a su vez, sostiene la próxima plataforma cuadrada de siete metros con treinta y cinco centímetros por lado y dos metros con diez centímetros de alto, dejando una repisa de cincuenta y dos centímetros y medio en cada lado. La plataforma cuadrada de siete metros con treinta y cinco centímetros tiene un reborde de veintidós centímetros y medio de alto, y lleva a la plataforma más alta, de seis metros con treinta centímetros por lado, y dos metros con diez centímetros de alto. De las esquinas de esta última plataforma se extienden cuatro cuernos de cincuenta y dos centímetros y medio cada uno. Los escalones para subir el altar estaban en el lado este.

¹⁸Y él me dijo: «Hombre mortal, el Señor Dios dice: Éstas son las medidas del altar que habrá de ser hecho en el futuro, cuando sea levantado para quemar ofren-

## Los anexos de las puertas

**38** Pero una puerta conducía de su sala de entrada a una habitación al costado donde la carne de los sacrificios era lavada antes de ser llevada al altar. **39** De cada lado de la sala de entrada había dos mesas donde mataban a los animales para los diferentes tipos de ofrendas, las quemadas, las que se hacen para el perdón de los actos malos y las generales, las que debían ser presentadas en el templo. **40** Afuera de la sala de entrada, de cada lado de los escalones que ascendían a la entrada del norte, había dos mesas más. **41** Así había un total de ocho mesas, cuatro adentro y cuatro afuera, donde los sacrificios eran cortados y preparados. **42** Había también cuatro mesas de piedra sobre las que se colocaban los cuchillos y otros utensilios utilizados para los sacrificios. Estas mesas medían setenta y nueve centímetros por los cuatro costados, y tenían una altura de cincuenta y dos centímetros y medio. **43** Había ganchos, de siete centímetros y medio de largo, sobre las paredes de la sala de entrada y sobre las mesas donde la carne de las ofrendas se colocaba.

## Las habitaciones para los sacerdotes

**44** En el patio interior había dos edificios de una sola habitación, uno al lado de la entrada norte, mirando hacia el sur, y el otro al lado de la entrada sur, mirando hacia el norte.

**45** Y él me dijo: «El edificio al lado de la entrada norte interior es para los sacerdotes que supervisan el mantenimiento. **46** El edificio al lado de la entrada interior del sur es para los sacerdotes que están a cargo del altar —los descendientes de Sadoc— pues sólo ellos, de entre todos los levitas, pueden acercarse para ministrar para el Señor».

## El atrio interior y el templo

**47** Luego midió el patio interior (que está frente al templo) y encontró que medía cincuenta y dos metros y medio por los cuatro costados, y había un altar en el patio delante del templo. **48** Luego me trajo al vestíbulo del templo. Diez escalones conducían desde el patio interior al vestíbulo, cuyas paredes formaban dos pilares, cada uno de los cuales tenía un espesor de dos metros con sesenta y dos centímetros. **49** La entrada tenía un ancho de siete metros con treinta y cinco centímetros con paredes de un metro con cincuenta y siete centímetros. El vestíbulo mismo era de diez metros y medio de largo y cinco metros con setenta y siete centímetros de ancho.

**41** Después me introdujo en la nave, la gran habitación principal del templo, y midió los pilares que formaban su portal. Formaban un cuadrado de tres metros con quince centímetros por lado. **2** El vestíbulo tenía una anchura de cinco metros y cuarto y un largo de dos metros con sesenta y dos centímetros. La nave misma tenía diez metros y medio de ancho y veintiún metros de largo.

**3** Luego entró en la habitación interior, al final de la nave, y midió las columnas de la entrada. Éstas tenían un espesor de un metro con cinco centímetros; el portal tenía un ancho de tres metros con quince centímetros, con un zaguán de tres metros con sesenta y siete centímetros de largo detrás de él. **4** La habitación interior formaba una sala de diez metros y medio. «Éste», me dijo, «es el Lugar Exclusivo».

**5** Luego midió el muro del templo y encontró que tenía un espesor de tres metros con quince centímetros con una hilera de habitaciones por el lado exterior. Cada habitación tenía un ancho de dos metros con diez centímetros. **6** Estas habitaciones estaban en tres pisos sobrepuestos, con treinta habitaciones en cada piso. Toda la estructura estaba sostenida por vigas, pero no estaba unida al muro del templo. **7** Cada piso era más ancho que aquel que estaba debajo, en correspondencia con el muro del templo que se iba haciendo más angosto a medida que subía. Una escalera al costado del templo llevaba de un piso al otro.

**8** Noté que el templo estaba construido sobre una plataforma y que la hilera de habitaciones de más abajo se extendía tres metros con quince centímetros sobre ésta. **9** La pared exterior de estas habitaciones tenía un espesor de dos metros con sesenta y dos centímetros, dejando un espacio libre de dos metros con sesenta y dos centímetros hasta el borde de la plataforma, igual en ambos lados.

**10** A diez metros y medio de distancia de la plataforma, en ambos lados del templo, había otra hilera de habitaciones en el patio interior. **11** Dos puertas conducían de los pisos de habitaciones al patio de la plataforma, que tenía un ancho de dos metros con sesenta y dos centímetros; una puerta miraba hacia el norte y la otra hacia el sur.

**12** Un edificio grande estaba sobre el oeste, mirando hacia el patio del templo que tenía treinta y seis metros de ancho y cuarenta y siete metros de largo. Sus paredes tenían dos metros con sesenta y dos centímetros de espesor. **13** Luego midió el templo y los patios que lo rodeaban. La zona formaba un cuadrado de cincuenta y dos metros y medio. **14** El patio interior al este del templo también tenía cincuenta y dos metros y medio de ancho, **15** como también el edificio al oeste del templo, incluyendo sus dos paredes.

La nave del templo, el Lugar Exclusivo y el vestíbulo estaban cubiertos de madera, y los tres lugares tenían ventanas empotradas. **16** Las paredes interiores del templo estaban cubiertas de madera arriba y abajo de las ventanas. **17** El espacio arriba de la puerta que conducía al Lugar Exclusivo también estaba cubierto de madera. **18** Las paredes estaban decoradas con tallados de querubines, cada uno con dos caras, y de palmeras alternando con los querubines. **19** Una cara —la de un hombre— miraba hacia la palmera a un costado, y la otra cara —la de un león— miraba hacia la palmera del otro lado. **20** Y así seguía en toda la pared interior del templo.

**21** Había postes cuadrados en las puertas de la nave, y frente al Lugar Exclusivo había lo que parecía ser un altar, que estaba hecho de madera. **22** Este altar tenía una forma cuadrada de un metro con cinco centímetros, y una altura de un metro con cincuenta y siete centímetros; sus esquinas, base y costado eran todos de madera. «Ésta», me dijo, «es la mesa del Señor».

**23** Tanto la nave como el Lugar Exclusivo tenían puertas dobles, **24** cada una con dos secciones y hojas que giraban. **25** Las puertas que conducían a la nave estaban decoradas con querubines y palmeras, tal como las paredes. Y había un portal de madera a la entrada del vestíbulo. **26** Había ventanas empotradas y

trarte muchas cosas; y luego has de volver al pueblo de Israel para contarles todo lo que has visto».

## La puerta oriental

⁵El hombre comenzó a medir el muro que rodea el exterior de la zona del templo con su vara de medir, el cual tenía un largo de tres metros con quince centímetros. Él me dijo: «Este muro tiene una altura de tres metros con quince centímetros y un espesor de tres metros con quince centímetros». ⁶Luego me llevó a la puerta que atraviesa el muro del oriente. Subimos los siete escalones a la entrada y él midió el vestíbulo de la puerta; tenía un ancho de tres metros con quince centímetros.

⁷Siguiendo a través del pasillo yo vi que había tres habitaciones destinadas para los guardias a ambos lados. ⁸Cada una de estas habitaciones era cuadrada, de tres metros con quince centímetros de lado con una distancia de dos metros con sesenta y dos centímetros entre cada una de ellas. ⁹Frente a estas habitaciones había una barrera baja de cincuenta y dos centímetros y medio de altura y cincuenta y dos centímetros y medio de espesor. ¹⁰Más allá de las habitaciones de la guardia había una puerta de tres metros con quince centímetros ¹¹que conducía a una sala de cuatro metros con veinte centímetros con columnas de un metro con cinco centímetros. ¹²Pasando esta sala, en la punta interior de la entrada había un vestíbulo con un ancho de seis metros con ochenta y dos centímetros y un largo de cinco metros con cuarto centímetros.

¹³Entonces él midió el ancho total exterior de la entrada, midiendo a lo largo del techo desde las puertas exteriores de las habitaciones de la guardia. Esta distancia era de trece metros con doce centímetros. ¹⁴Luego él estimó que los pilares de ambos lados del pórtico tendrían una altura de treinta y un metros y medio. ¹⁵El largo total del pasillo de entrada era de veintiséis metros y cuarto de un extremo al otro. ¹⁶Había ventanas que se volvían más angostas hacia adentro, las que atravesaban las paredes de ambos lados del pasillo y las habitaciones de la guardia. Las ventanas también estaban en las salas de entrada y salida. Los pilares estaban decorados con motivos de palmeras.

## El atrio exterior

¹⁷Y así pasamos a través del pasillo de entrada al atrio. Un enlosado de piedra lo rodeaba del lado interior de las paredes, y había treinta habitaciones construidas contra las paredes, con apertura hacia este enlosado. ¹⁸A éste se le llamaba el «enlosado inferior». Se extendía fuera de las paredes y hacia el atrio la misma distancia que el pasillo.

¹⁹Luego midió hasta la pared del otro costado del atrio, que se llamaba el «atrio exterior» del templo, y encontró que la distancia era de cincuenta y dos metros y medio.

## La puerta norte

²⁰Mientras yo lo seguía, dejó el pasillo de entrada del este y se fue al pasillo de entrada a través del muro del norte y lo midió. ²¹Aquí también había tres habitaciones para la guardia de cada lado, y todas las medidas eran las mismas que para el pasillo de la entrada del este —veintiséis metros y cuarto de largo y trece metros con doce centímetros de lado a lado por la parte de arriba de las habitaciones de guardia—. ²²Había ventanas, una sala de entrada y las decoraciones de palmeras al igual que en el este. Y había siete escalones que conducían a la sala de entrada.

²³Aquí en la entrada del norte, tal como en la del este, había un pasillo que conducía al patio exterior que llegaba hasta la pared interior. Ésta tenía otro pasillo que conducía al patio interior. La distancia entre los dos pasillos era de cincuenta y dos metros y medio.

## La puerta sur

²⁴Luego me llevó a la puerta del sur y midió las varias sesiones de su pasillo y encontró que eran iguales a las de las otras. ²⁵Tenía ventanas a lo largo de las paredes, como las otras, y una sala de entrada. Y como las otras, tenía también un largo de veintiséis metros y cuarto y un ancho de trece metros con doce centímetros. ²⁶Ésta también tenía siete escalones de acceso y había decoraciones de palmeras a lo largo de las paredes. ²⁷Y aquí, de nuevo, si uno caminaba a través del pasillo hasta el patio y lo cruzaba, llegaba a una pared interior y un pasillo a través de ella que conducía a un patio interior. La distancia entre los dos pasillos era de cincuenta y dos metros y medio.

## Las puertas del atrio interior: la puerta sur

²⁸Luego me llevó al muro interior y su pasillo sur. Midió este pasillo y encontró que tenía las mismas medidas que los pasillos del muro exterior. ²⁹Sus habitaciones para la guardia, pilares y salas de entrada y salida eran idénticas a todas las otras, así como las ventanas a lo largo de sus paredes y entrada. ³⁰Y como las otras, tenía un largo de veintiséis metros y cuarto y un ancho de trece metros con doce centímetros. ³¹La única diferencia era que tenía ocho escalones de acceso en vez de siete. Tenía decoraciones de palmeras sobre los pilares, tal como las otras.

## El atrio interior: la puerta oriental

³²Luego me llevó por el atrio hasta la entrada oriental del muro interior, y la midió. Ésta también tenía las mismas medidas que las otras. ³³Sus habitaciones para la guardia, los pilares y la sala de entrada eran de la misma medida que las de los otros pasillos, y había ventanas en las paredes y en la sala de entrada; y tenía un largo de veintiséis metros y cuarto y un ancho de trece metros con doce centímetros. ³⁴Su sala de entrada miraba hacia el patio exterior y había decoraciones de palmeras sobre sus columnas; pero había ocho escalones de acceso a la entrada en vez de siete.

## El atrio interior: la puerta norte

³⁵Luego me llevó a la puerta norte del muro interior, y las medidas allí eran idénticas a las otras. ³⁶Las habitaciones para la guardia, pilares y sala de entrada de este pasillo eran iguales a los otros, con un largo de veintiséis metros y cuarto y un ancho de trece metros con doce centímetros. ³⁷Su sala de entrada miraba hacia el patio exterior y había decoraciones de palmeras a cada lado del pasillo, y había ocho escalones de acceso a la entrada.

eres tú para robarles su plata y oro y llevarte su ganado y tomar sus mercaderías, dejándolos pobres?'"

¹⁴»Por esto el SEÑOR Dios dice a Gog: "Cuando mi pueblo esté viviendo en paz en su tierra, tú te darás cuenta de ello. ¹⁵Entonces tú vendrás del norte con tu poderoso ejército, con tu enorme y disciplinada caballería y ocuparás su tierra como si fueras una nube. ¹⁶Esto sucederá en el futuro distante. Yo te traeré contra mi tierra, y mi celo quemante será reconocido a través de la destrucción que provocaré por medio de ti.

¹⁷»"El SEÑOR Dios dice: Tú eres aquél de quien hablé hace mucho tiempo a través de los profetas de Israel, diciendo que después de muchos años yo te traería para hacer guerra contra mi pueblo. ¹⁸¡Pero cuando tú vengas para destruir la tierra de Israel, se despertará mi furia! ¹⁹Porque en mi celo y mi gran cólera yo prometo un gran temblor en la tierra de Israel para aquel día. ²⁰Entonces todo lo que vive temblará de terror ante mi presencia; las montañas se desmoronarán; las rocas escarpadas se caerán; las murallas se vendrán al suelo. ²¹Y lanzaré contra ti toda clase de terror, dice el SEÑOR Dios, ¡y pelearán todos ofuscados incluso contra sus propios hermanos! ²²¡Yo pelearé contra ti y todos tus aliados con espada, peste, lluvias torrenciales, grandes piedras de granizo, fuego y azufre! ²³Así te mostraré mi grandeza y traeré mayor fama sobre mi nombre, y todas las naciones del mundo oirán lo que he hecho, y sabrán que yo soy el SEÑOR".

## Derrota de Og

**39**»Hombre mortal, profetiza esto también contra Gog. Dile: "Yo estoy contra ti, Gog, jefe de Mésec y Tubal. ²Yo te lanzaré y te conduciré contra la población de las montañas de Israel, trayéndote desde el distante norte. ³Yo arrancaré de tus manos las armas, los arcos y las flechas, y te dejaré desvalido. ⁴Tú y tus enormes ejércitos morirán sobre las montañas. Yo te daré a los buitres y fieras para que te devoren. ⁵Nunca llegarás a las ciudades; caerás derrotado en los campos abiertos, pues yo lo he decidido, dice el SEÑOR Dios. ⁶También haré descender lluvia de fuego sobre Magog y sobre todos tus aliados que viven confiadamente sobre las costas, y ellos sabrán que yo soy el SEÑOR.

⁷»"Así se volverá aun más famoso mi gran nombre entre mi pueblo Israel; no permitiré que sea mofado más. Y las naciones también sabrán que yo soy el SEÑOR, el Santo de Israel. ⁸El día de juicio vendrá; todo sucederá tal como yo lo he declarado.

⁹»"La gente de las ciudades de Israel saldrá y levantará todas las armas que ustedes perdieron en las batallas, los escudos, paveses, arcos, flechas, jabalinas y lanzas para usar como combustible, y será tanto que alcanzará para siete años. ¹⁰Durante siete años no necesitarán nada más para sus fuegos. No cortarán leña de los campos o bosques, pues estas armas les suplirán todo lo que necesiten. Los israelitas usarán las posesiones de aquellos que abusaron de ellos.

¹¹»"Yo haré una enorme sepultura para Gog y sus ejércitos en el valle de los Viajeros, al oriente del Mar Muerto. Bloquearé el sendero de los viajeros. Allí Gog y todos sus ejércitos serán sepultados. Y cambiarán el nombre del lugar a 'el valle del ejército de Gog'. ¹²Se necesitarán siete meses para que la gente de Israel les dé sepultura a los cuerpos. ¹³Todos en Israel ayudarán, porque será una victoria gloriosa para Israel en aquel día cuando yo demuestre mi poder, dice el SEÑOR.

¹⁴»"Al final de los siete meses, ellos designarán hombres que busquen por toda la tierra sistemáticamente por cualquier esqueleto para sepultarlo, para que la tierra sea limpiada. ¹⁵Cuando vean algunos huesos, colocarán un marcador a su lado para que los enterradores los vean y se los lleven al Valle del Ejército de Gog para sepultar. ¹⁶Una ciudad nombrada 'Multitud' se encuentra allí. ¡Así la tierra por fin será limpiada!"

¹⁷»Y ahora, hombre mortal, llama a todas las aves y animales y diles: Reúnanse para una gran fiesta de sacrificio. Vengan de lejos y de cerca a las montañas de Israel. ¡Vengan, coman la carne y beban la sangre de los enemigos de Israel! ¹⁸¡Coman la carne de hombres poderosos y beban la sangre de príncipes, ellos son los carneros, los corderos, las cabras y los toros engordados de Basán para mi fiesta! ¹⁹Coman carne hasta que estén saciados, beban sangre hasta que estén ebrios; ésta es la fiesta de sacrificios que les he preparado. ²⁰Atráquense ante mi mesa de banquete; atráquense con caballos, jinetes y valientes guerreros, dice el SEÑOR Dios.

²¹»Así yo demostraré mi poder entre las naciones; todos verán el castigo de Gog y sabrán que yo lo he hecho, dice el SEÑOR. ²²Y desde aquel tiempo en adelante, el pueblo de Israel sabrá que yo soy el SEÑOR su Dios. ²³Y las naciones entenderán por qué Israel fue enviada al exilio: ¡fue en castigo por sus maldades, pues los israelitas actuaron traicioneramente contra su Dios! Por ello yo les retiré mi protección y permití que sus enemigos los destruyeran. ²⁴Dejé que pagaran las consecuencias de sus actos y yo no metí las manos por ellos.

²⁵»Pero ahora el SEÑOR Dios dice: Yo terminaré el cautiverio de mi pueblo y tendré misericordia de ellos y restauraré sus fortunas, ¡pues yo estoy preocupado acerca de mi reputación! ²⁶Su tiempo de traición y vergüenza estará totalmente en el pasado; estarán de vuelta en paz y seguridad en su propia tierra, sin que nadie los moleste ni los atemorice. ²⁷Yo los traeré de vuelta de las tierras de sus enemigos, y mi majestad será evidente a todas las naciones cuando lo haga. A través de ellos vindicaré mi majestad ante las naciones. ²⁸Entonces mi pueblo sabrá que yo soy el SEÑOR su Dios, responsable de haberlos enviado al exilio, y responsable también de traerlos de regreso. No dejaré a ninguno de ellos entre las naciones. ²⁹Y jamás me volveré a alejar de ellos de ellos de nuevo, sino que derramaré mi Espíritu sobre ellos, dice el SEÑOR Dios».

## Visión del templo futuro

**40**A principios de abril del vigésimo quinto año de nuestro exilio, el decimocuarto año después de que Jerusalén fue capturada, la mano del SEÑOR vino sobre mí, ²y en una visión me llevó a la tierra de Israel y me colocó sobre una montaña alta donde vi delante de mí lo que parecía una ciudad. ³Acercándome, vi a un hombre cuyo rostro brillaba como el bronce, parado al lado de la puerta del templo, sosteniendo en su mano una cinta métrica y una vara de medir. ⁴Me dijo: «Hombre mortal, observa y escucha, presta atención a todo lo que yo te mostraré, porque has sido traído aquí para que yo pueda mos-

cosechas abundantes en el desierto. ¡Pues yo, el Señor, lo que prometo, cumplo!"

³⁷»El Señor Dios dice: ¡Yo estoy listo para oír las oraciones de Israel por estas bendiciones y estoy presto concederles sus peticiones! ³⁸Tan sólo que pidan y yo los multiplicaré como los rebaños que llenan las calles de Jerusalén en el tiempo del sacrificio. Las ciudades arruinadas serán reconstruidas y repobladas, y todos sabrán que yo soy el Señor».

## El valle de los huesos secos

**37** La fuerza del Señor vino sobre mí y fui llevado por el Espíritu del Señor a un valle lleno de huesos viejos y secos que estaban esparcidos por todas partes sobre el suelo. ²Él me hizo pasar entre ellos, y luego me dijo:

—Hombre mortal, ¿pueden estos huesos llegar a ser gente viva de nuevo?

³Yo respondí:

—Señor, sólo tú sabes la respuesta a eso.

⁴Luego me dijo que hablara a los huesos y les dijera: «Oh huesos secos, escuchen las palabras del Señor, ⁵quien dice: "¡Yo los haré revivir y respirar de nuevo! ⁶¡Volveré a colocar músculos y tendones sobre ustedes y los cubriré con piel! ¡Pondré aliento en ustedes y volverán a respirar y a vivir y sabrán que yo soy el Señor!"»

⁷Así pues, dije estas palabras de Dios, tal como él me mandó a hacerlo, y repentinamente hubo un ruido de agitación por todo el valle y los huesos de cada cuerpo se juntaron y se unieron tal como antes. ⁸Luego, mientras observaba, los músculos y la carne se formaron sobre los huesos y la piel los cubrió, pero los cuerpos no tenían aliento, que es la vida. ⁹Entonces me dijo el Señor que llamara al aliento de vida, el Espíritu, y le dijera: «El Señor Dios dice: "¡Ven de los cuatro vientos, oh Espíritu, y sopla sobre estos cuerpos muertos, para que puedan volver a respirar y vivir! ¹⁰Y hablé al aliento de vida tal como él Señor me había mandado, y los cuerpos comenzaron a respirar, volvieron a la vida y se pusieron de pie, como si fueran un poderoso ejército"».

¹¹Luego el Señor me explicó lo que la visión significaba: «Estos huesos, me dijo, representan a todo el pueblo de Israel. Ellos dicen: "¡Hemos llegado a ser como un montón de huesos secos; toda esperanza se ha ido de nosotros!" ¹²Pero diles que el Señor Dios dice: "¡Pueblo mío, yo abriré los sepulcros del exilio y les haré subir de nuevo y volver a la tierra de Israel! ¹³¡Y entonces por fin, oh pueblo mío, sabrán que yo soy el Señor!

¹⁴»¡Yo pondré mi aliento de vida, el Espíritu, en ustedes y vivirán y volverán a su hogar en su tierra! Entonces sabrán que yo, el Señor, he hecho exactamente lo que prometí hacer"».

## Unificación de Judá e Israel

¹⁵De nuevo me vino un mensaje del Señor, diciendo: ¹⁶«Toma un palo y graba sobre él estas palabras: "Este palo representa a Judá y sus tribus aliadas". Luego toma otro palo y graba estas palabras sobre él: "Este palo representa a todas las otras tribus de Israel". ¹⁷Ahora sostenlos juntos en tu mano como si fueran un solo palo.

¹⁸⁻²⁰»Dile luego a esta gente (sosteniendo los palos para que ellos puedan ver lo que estás haciendo): El Señor Dios dice: "Yo tomaré las tribus de Israel y las juntaré a Judá y las convertiré en un solo pueblo, como si fueran este palo en mi mano!" ²¹Pues el Señor Dios dice: "¡Yo estoy juntando al pueblo de Israel de entre las naciones y trayéndolo de vuelta, de alrededor de todo el mundo, a su propia tierra, ²²para reunirlo como una sola nación! Un rey reinará sobre todos ellos y ya no estarán más tiempo divididos en dos naciones. ²³Ellos dejarán de pervertirse con sus idolatrías y demás maldades, pues yo los salvaré de toda esta inmundicia. Entonces, verdaderamente ellos serán mi pueblo y yo seré su Dios. ²⁴Y entonces mi servidor David será su rey, su único pastor; y ellos seguirán mis instrucciones y todos mis deseos. ²⁵Ellos vivirán en la tierra de Israel donde sus antepasados vivieron, la tierra que yo di a mi siervo Jacob. Ellos, sus hijos e hijas, y sus nietos y nietas, por todas las generaciones futuras. Y mi servidor David será su Príncipe para siempre. ²⁶Y yo haré un convenio de paz con ellos, un convenio eterno. Yo los llenaré con toda clase de bienes y los multiplicaré y pondré mi templo entre ellos para siempre. ²⁷Y viviré para siempre entre ellos. Sí, yo seré su Dios y ellos serán mi pueblo. ²⁸¡Y cuando mi templo permanezca entre ellos, entonces las naciones sabrán que yo, el Señor, he elegido a Israel para llenarlo de toda clase de bienes especiales!"»

## Profecía contra Gog

**38** Aquí hay otro mensaje que me dio el Señor: ²«Hombre mortal, dirige tu mirada hacia el norte, hacia la tierra de Magog, y profetiza contra Gog, rey de Mésec y Tubal. ³Dile que el Señor Dios dice: "Yo estoy contra ti, Gog. ⁴Pondré garfios en tus quijadas y te arrastraré junto a tu ejército hasta el lugar de tu castigo. Lo haré a pesar del poder de tu ejército tus tropas de infantería y su caballería, todos armados hasta los dientes. ⁵Tu misma suerte correrán Persia, Etiopía y Fut, quienes se unirán a ti con todas sus armas, ⁶así como Gómer y todas sus huestes, y también los ejércitos de Bet Togarma del norte distante, además de muchos otros.

⁷»"¡Prepárate! ¡Permanece movilizado! ¡Tú eres su jefe, Gog! ⁸Más adelante serás llamado a la acción. Al cabo de años distantes te lanzarás sobre la tierra de Israel, que estará en paz luego del retorno de su pueblo desde muchas tierras. ⁹Tú y todos tus aliados —un vasto y temible ejército— descenderán sobre ellos como una tormenta y ocuparán la tierra como si fueran una nube.

¹⁰»"Pues en ese tiempo un malvado pensamiento se habrá introducido en tu mente, y tendrás intensiones destructivas contra mi pueblo. ¹¹Tú habrás dicho: '¡Israel es una tierra indefensa de pueblos sin murallas! ¡Marcharé contra ella y destruiré a esta gente que vive tan confiada! ¹²Yo iré a aquellas ciudades que en un tiempo estuvieron desoladas pero que ahora están otra vez llenas de gente —las que han retornado desde todas las naciones donde estuvieron exiliadas— y capturaré mucho botín y muchos esclavos. Pues la gente ahora es rica en ganado y su tierra es muy productiva'. ¹³Pero Sabá y Dedán y los príncipes mercaderes de Tarsis con quienes ella comercia preguntarán: ¿Quién

¹⁰»"Pues tú dijiste: ¡Tanto Israel como Judá serán mías! Tomaré posesión de ellas, ¡qué me importa que Dios esté allí! ¹¹¡Te lo aseguro!, dice el Señor Dios, ¡yo te pagaré por tus hechos airados con los míos, te castigaré por todos tus actos de envidia y odio! Y yo aumentaré mi fama en Israel por lo que yo te haré a ti. ¹²Y tú te darás cuenta de que yo he oído cada palabra perversa que hablaste contra el Señor, diciendo: '¡Su pueblo está desamparado; será presa fácil para nosotros, en un dos por tres lo doblaré!' ¹³Diciendo esto, te vanagloriaste con grandes palabras presuntuosas contra el Señor. ¡Y yo las he oído todas!

¹⁴»"El mundo entero se regocijará cuando yo te deje desolada. ¹⁵Te regocijabas ante el destino terrible de Israel. ¡Ahora yo me regocijaré ante el tuyo! ¡Serás eliminado, oh pueblo del monte Seír y todos los que viven en Edom! ¡Y entonces sabrás que yo soy el Señor!"

## Profecía sobre las montañas de Israel

**36** »Hombre mortal, profetiza a los habitantes de las montañas de Israel. Diles: "Escuchen este mensaje del Señor: ²Sus enemigos han hablado con desprecio de ustedes y han reclamado sus regiones altas antiguas como suyas, ³y las han atacado por todas partes y enviado como esclavos a sus habitantes a muchas tierras. Se burlan de ustedes y los calumnian. ⁴Por lo tanto, oh habitantes de las montañas de Israel, oigan la palabra del Señor Dios. Él dice a los habitantes de las colinas y montañas, las cañadas y los valles, y a los de los campos arruinados y ciudades desiertas desde hace tiempo, destruidos y mofados por las naciones paganas de los alrededores: ⁵¡Estoy que reviento de cólera contra estas naciones, especialmente contra Edom, por haberse apoderado de mi tierra con gusto, en absoluto desprecio por mí, para tomarla para sí mismos!"

⁶»Por lo tanto profetiza y di a los habitantes de los montes y montañas, las cañadas y los valles de Israel: El Señor Dios dice: ¡Estoy que reviento de cólera porque fueron avergonzados por las naciones que los rodean! ⁷Por tanto yo he jurado con la mano en alto, que a aquellas naciones a su vez les tocará ser avergonzadas.

⁸»"Pero para Israel volverán tiempos de bonanza, habrá abundantes cosechas de fruta para preparar para el retorno de mi pueblo, ¡y volverán pronto! ⁹Yo estoy con ustedes, y vendré y los ayudaré a ustedes a preparar el suelo y sembrar sus cosechas. ¹⁰En gran manera aumentaré la población en todo Israel, y las ciudades arruinadas serán reconstruidas y repobladas. ¹¹No sólo multiplicaré a la gente, sino también sus rebaños y ganado en forma asombrosa. ¡Oh montañas de Israel, otra vez estarán llenas de hogares! Haré aún más por ustedes de lo que hice antes. Entonces sabrán que yo soy el Señor. ¹²Mi pueblo caminará sobre ustedes nuevamente; pertenecerán a ellos de nuevo y ya no serán más lugar donde se hace guerra contra mi pueblo.

¹³»"El Señor Dios dice: Ahora las demás naciones se mofan de ustedes, diciendo: ¡Israel es una tierra que devora a su propia gente! ¹⁴Pero ya no dirán eso más. Ya no habrá en ti más muertos por la guerra y tampoco se sacrificarán más niños a los ídolos, dice el Señor. ¹⁵Nunca más te despreciarán aquellas naciones, pues no serás más una nación de malvados, dice el Señor Dios"».

¹⁶Luego me vino este otro mensaje del Señor:

¹⁷«Hombre mortal, cuando el pueblo de Israel estaba viviendo en su propia tierra, la contaminaron con sus malas obras. Para mí su devoción era tan repugnante como si fueran trapos manchados de sangre de menstruación. ¹⁸Ellos contaminaron la tierra con homicidios y sus homenajes a los ídolos, así que lancé mi cólera sobre ellos. ¹⁹Los envié al exilio en muchas tierras; así es como los castigué por la forma perversa en que habían vivido. ²⁰Pero cuando estaban esparcidos entre las naciones, entonces ellos fueron una mancha sobre mi intachable fama porque las naciones decían: "¡Estos son el pueblo de Dios, y él no pudo protegerlos de la desgracia!" ²¹Yo estoy preocupado por mi reputación, la que fue dañada por mi pueblo en todo el mundo.

²²»Por tanto di al pueblo de Israel: El Señor dice: "Los traeré de vuelta a su tierra nuevamente, pero no porque lo merecen; lo estoy haciendo para proteger mi buena reputación que ustedes han puesto en entredicho en las naciones. ²³Yo limpiaré mi gran fama que ustedes han dañado, y la gente del mundo sabrá que yo soy el Señor. Yo seré honrado ante sus ojos al liberarlos del exilio entre ellos. ²⁴¡Porque los traeré de vuelta a la tierra de Israel! ²⁵Entonces será como si yo hubiera esparcido agua limpia sobre ustedes, porque serán limpios; su inmundicia será lavada, y sus homenajes a los ídolos será cosa del pasado. ²⁶¡Y les daré un corazón nuevo, les daré intenciones nuevas y rectas, y pondré un espíritu nuevo en ustedes! ¡Les quitaré sus corazones de piedra, tercos e insensibles, y les daré nuevos corazones, llenos de amor y buenas intenciones! ²⁷Y pondré mi Espíritu dentro de ustedes para que sigan mis instrucciones y hagan todo cuanto es justo y agradable para mí. ²⁸Y vivirán en Israel, la tierra que yo di a sus antepasados hace tanto tiempo. Y serán mi pueblo y yo seré su Dios.

²⁹»"Yo haré que su historial de maldades sea cosa del pasado. ³⁰Les daré abundantes cosechas de sus árboles frutales y sus campos, y nunca más pasarán hambre ni ninguna necesidad. ³¹Entonces se acordarán de sus maldades pasadas y sentirán remordimiento por todos los males que hicieron. ³²Pero acuérdense siempre de esto: No hago esto por ustedes, sino por mí. ¡Oh pueblo de Israel, sientan mucha vergüenza por todo lo que han hecho!

³³»"El Señor Dios dice: Cuando yo los limpie de su pasado delictivo los traeré de nuevo a Israel, y reconstruiré las ruinas y vivirán en ciudades reconstruidas. ³⁴Los campos que durante los años de exilio estuvieron vacíos como el desierto, serán cultivados de nuevo. Todos los que pasaban por allí se asombraban al ver la desolación en su tierra, ³⁵pero cuando yo los traiga a ustedes de vuelta ellos dirán: '¡Esta tierra que estaba tan desértica ha llegado a ser como el jardín de Edén! ¡Las ciudades arruinadas han sido reconstruidas y amuralladas y repobladas!' ³⁶Entonces las naciones en torno de ustedes, todas aquellas que aún queden, sabrán que yo, el Señor, reconstruí las ruinas y les di

---

✻ 36.26–27

ellos un entretenimiento, como alguien que canta lindas canciones con una hermosa voz o toca bien un instrumento. ¡Ellos oyen lo que dices pero no prestan atención a ello! ³³Pero cuando todas estas cosas terribles les sucedan —¡porque se cumplirán!— entonces sabrán que un profeta ha estado entre ellos».

## Pastores y ovejas

**34** Entonces me vino este mensaje del Señor: ²«Hombre mortal, profetiza contra los pastores, los jefes de Israel, y diles: Dios el Señor les dice: "¡Ay de los pastores que se alimentan a sí mismos en vez de alimentar a sus rebaños! ¿No debieran los pastores alimentar a sus ovejas? ³Los pastores de Israel comen la mejor comida y llevan la ropa más fina, pero dejan que sus rebaños pasen hambre y frío. ⁴No han cuidado de los débiles ni atendido a los enfermos ni vendaron los huesos rotos de los heridos ni fueron a buscar las ovejas que se han descarriado y están perdidas. En vez de eso las han dominado con fuerza y violenta crueldad. ⁵Y así es como ellas fueron esparcidas, sin pastor. Han quedado a la intemperie y sin protección y por ello han sido presa fácil de las fieras del campo. ⁶¡Mis ovejas andaban errantes por los montes y desfiladeros y valles de la tierra, y no había ningún pastor que procurase buscarlas o cuidarlas!

⁷»"Por tanto, oh pastores de Israel, oigan este mensaje del Señor:

⁸¡Se los aseguro!, dice el Señor Dios, ¡que por cuanto ustedes han abandonado mi rebaño, dejándolo desprotegido y a la intemperie, y no fueron verdaderos pastores, pues no tuvieron cuidado de mis ovejas, sino que se alimentaron ustedes y las dejaron a ellas pasar hambre, ⁹,¹⁰por ello yo estoy enojado contra ustedes los malos pastores y los hago responsables de lo malo que ha pasado a mi rebaño! ¡Yo les quitaré su derecho a pastorear el rebaño, y les quitaré su derecho a comer de él! ¡Yo salvaré a mi rebaño de que sea empleado para su comida!

¹¹»"Pues el Señor Dios dice: ¡Yo personalmente buscaré y encontraré a mis ovejas! ¡A cada una le daré mi atención! ¹²Yo seré como un pastor en medio de su rebaño. Yo encontraré a mis ovejas y las rescataré y reuniré de todos los lugares donde fueron esparcidas en aquel día oscuro y nublado. ¹³Yo traeré mis ovejas, los israelitas, de vuelta de entre los pueblos y naciones donde estaban de regreso a su hogar en su propia tierra de Israel, y las alimentaré sobre las montañas de Israel y al lado de los ríos donde la tierra es fértil y buena. ¹⁴Sí, les daré buenos pastos sobre los altos montes de Israel. Allí se recostarán en paz y apacentarán en ricos pastos en seguridad. ¹⁵Yo mismo seré el pastor de mis ovejas, y las haré recostarse a descansar, ⁂ dice el Señor Dios. ¹⁶Buscaré a las perdidas, las que se han descarriado, y las traeré de vuelta al redil con seguridad. Yo entablillaré y vendaré a las perniquebradas y sanaré a las enfermas. No dedicaré mi atención sólo a las robustas y bien engordadas.

¹⁷»"Y en cuanto a ustedes, oh mi rebaño, mi pueblo, el Señor Dios dice: ¡Yo distinguiré entre corderos y cabritos, y entre carneros y cabras! ¹⁸¡Es poca cosa para ustedes, oh malos pastores, que no sólo han guardado los mejores pastos para ustedes, sino que han hollado también el resto? ¿Les parece justo que después de beber el agua clara hayan enturbiado el resto con sus pies para que el rebaño débil beba sólo agua sucia? ¹⁹¡Todo lo que queda para mi rebaño es lo que ustedes han hollado; lo único que tienen para beber es el agua que ustedes han enturbiado!

²⁰»"Por tanto Dios el Señor dice: ¡Por supuesto que discerniré entre los carneros corpulentos y las ovejas flacas! ²¹Pues estos carneros empujan y acornean mi rebaño enfermo y hambriento hasta que están desparramados y alejados. ²²Así que yo mismo salvaré a mi rebaño; ya no más serán para rapiña, fácil presa de las fieras. Y yo notaré cuáles están engordadas y cuáles enjutas, y por qué. ²³Y pondré un gran pastor sobre todo mi pueblo, ¡a mi servidor David! ¡Él apacentará a mi pueblo y será su pastor! ²⁴¡Y yo, el Señor, seré su Dios, y mi siervo David será un príncipe entre mi pueblo! Yo, el Señor, lo he dicho.

²⁵»"Haré un convenio de paz con ellos, y alejaré los animales peligrosos de la tierra para que mi pueblo pueda acampar en los lugares despoblados y dormir en los bosques, y donde quiera que lo deseen, con toda seguridad. ²⁶Haré de mi pueblo y sus hogares lugares seguros donde reina la alegría y la prosperidad. Y enviaré las lluvias siempre en el tiempo oportuno para que sus cosechas sean abundantes. ²⁷Entonces sus árboles frutales y sus campos de cultivo producirán cosechas abundantes, y todos vivirán en seguridad. ¡Cuando yo haya roto sus cadenas de esclavitud y les haya liberado de aquellos que se aprovecharon de ellos, sabrán que yo soy el Señor! ²⁸Ya no más serán conquistados por otras naciones ni atacados por animales salvajes. Vivirán en seguridad y nadie los atemorizará. ²⁹Entonces levantaré una Vid notable (¡el Mesías!) en Israel, para que mi pueblo nunca más pase hambre ni sea avergonzado por conquistadores paganos. ³⁰De esta manera sabrán que yo, el Señor su Dios, estoy con ellos, y que ellos, el pueblo de Israel, son mi pueblo, dice el Señor Dios. ³¹¡Ustedes son mi rebaño, las ovejas de mi pradera! ¡Ustedes son mi pueblo y yo soy su Dios!, dice el Señor"».

## Profecía contra Edom

**35** Nuevamente me vino un mensaje del Señor: ²«Hombre mortal, dirige la vista hacia el monte Seír y profetiza contra el pueblo que ahí habita: ³El Señor Dios dice: "¡Yo estoy contra ti y te haré pedazos con mi puño y te dejaré convertido en lugar desértico y deshabitado! ⁴,⁵Puesto que tú odias a mi pueblo Israel, yo demoleré tus ciudades y te dejaré desolada, y entonces sabrás que yo soy el Señor. Atacaste a mi pueblo cuando ellos estaban desamparados, cuando yo los había castigado por todas sus maldades. ⁶¡Te lo aseguro!, dice el Señor Dios, ¡ya que pareces disfrutar tanto de la sangre, te daré tu propio baño de sangre! ¡Tu turno ha llegado! ⁷Yo arruinaré completamente al pueblo del monte Seír, eliminando a todos los que tratan de escapar y a aquellos que vuelven para esconderse. ⁸Yo llenaré tus montañas con los muertos. Tus colinas, tus valles y tus ríos estarán llenos de aquellos a quienes la espada haya eliminado. ⁹Nunca más te recuperarás, serás abandonada para siempre, tus ciudades jamás volverán a ser reconstruidas. Entonces sabrás que yo soy el Señor.

⁂34.16

²⁶»Los príncipes de Mésec y Tubal están también allí, rodeados de los sepulcros de todos sus ejércitos —todos ellos idólatras— quienes una vez sembraron el terror por todas partes; ahora yacen muertos. ²⁷Están sepultados en una fosa común, y no como los señores caídos quienes son sepultados con gran honor con sus armas de guerra a su lado y sus escudos cubriéndolos y sus espadas debajo de sus cabezas. Eran un terror para todos mientras vivían, pero ahora son solo polvo, como todos los muertos.

²⁸»¡Ahora yacen aplastados y rotos entre los idólatras, entre aquéllos muertos por herida de espada!

²⁹»Edom está allí con sus reyes y sus príncipes; por más poderosos que fueron, ellos también yacen entre los otros que la espada ha matado, con los idólatras que han descendido al sepulcro.

³⁰»Todos los príncipes del norte están allí, y todos los sidonios, todos muertos. En un tiempo fueron un terror, ahora yacen en vergüenza, yacen en ignominia con todos los demás muertos que descienden al sepulcro.

³¹»Cuando llegue el faraón será confortado al encontrar que no está solo pues se encontrará con todo su ejército de muertos, dice el Señor Dios.

³²»Pues yo he puesto mi terror sobre todos los vivientes. Y el faraón y su ejército yacerán entre los idólatras que han sido muertos por heridas de espada, dice el Señor».

## El profeta centinela de su pueblo

**33** Nuevamente me vino un mensaje del Señor, diciendo:

²«Hombre mortal, di a tu pueblo: "Cuando yo traiga un ejército contra un país, y la gente de ese país escoge una vigía, ³y cuando él ve venir el ejército y suena la alarma para advertirles, ⁴entonces cualquiera que oyendo la alarma rehúsa prestar atención, bien, si él muere la culpa es suya, ⁵pues oyó la alarma pero no quiso escuchar; la culpa es suya. Si él hubiera prestado atención a la advertencia, habría salvado su vida.

⁶»"Pero si el vigía ve venir al enemigo y no suena la alarma para advertir a la gente, él es responsable por sus muertes. Ellos morirán en castigo por sus maldades, pero yo acusaré al vigía por sus muertes".

⁷»Así es contigo, hombre mortal. Yo te he designado como vigía para el pueblo de Israel, por lo tanto escucha lo que te digo y adviérteles de parte mía. ⁸Si yo digo al impío: ¡Oh hombre impío, morirás!, y tú no le cuentas lo que yo dije, así que no tiene oportunidad de arrepentirse, esa persona impía morirá en castigo por sus maldades, pero yo te tendré a ti como responsable de su muerte. ⁹Pero si tú le adviertes para que tenga oportunidad de arrepentirse, y no lo hace, él morirá en castigo por sus maldades, y tú no serás responsable.

¹⁰»¡Oh pueblo de Israel!, ustedes están diciendo: "Nuestras acciones perversas pesan sobre nosotros; nos estamos consumiendo por nuestro sentimiento de culpa. ¿Cómo podemos seguir viviendo?" ¹¹Diles: "¡Se lo aseguro, dice el Señor Dios, que no me complazco para nada en la muerte del impío, sino que deseo que el impío se arrepienta de sus maldades y viva! ¡Dejen de cometer maldades!, pues ¿por qué habrían de morir, oh israelitas?"

¹²»Porque las buenas obras de una persona justa no la salvarán si regresa a sus prácticas malvadas, y las obras malvadas de una persona impía no la destruirán si se arrepiente de ellas. ¹³Yo he dicho que la persona justa vivirá largamente. Pero si comete maldades, esperando que su piedad y justicia previas la salvarán del castigo, se equivoca, pues en realidad ninguna de sus buenas obras pasadas será recordada. Yo la castigaré por sus maldades. ¹⁴Y cuando yo le digo a la persona impía que morirá, pero se arrepiente de sus maldades y hace lo que es justo y cabal, ¹⁵si restituye la prenda del que pide prestado y devuelve lo que ha robado y vive practicando la justicia, no haciendo mal, seguramente vivirá largamente. No haré que muera como castigo. ¹⁶Ninguna de sus maldades pasadas se recordarán contra esta persona, pues se ha vuelto hacia el bien y seguramente vivirá largamente.

¹⁷»Y sin embargo, tu pueblo está diciendo que el Señor no es cabal. ¡El problema es que ellos no son cabales! ¹⁸Pues de nuevo lo digo: ¡cuando la persona buena se vuelve al mal, morirá, ¹⁹pero si la persona impía se vuelve de su maldad y hace lo que es cabal y justo, vivirá! ²⁰¡Y aún están diciendo que el Señor no es cabal! Pero yo juzgaré a cada uno de ustedes conforme a sus hechos».

## La caída de Jerusalén

²¹En el decimosegundo año de nuestro exilio, a fines de diciembre, uno de aquellos que escapó de Jerusalén llegó para decirme: «¡La ciudad ha sido conquistada!»

²²La presencia del Señor había estado conmigo la tarde anterior y me había sanado para que pudiera hablar de nuevo para cuando el hombre llegara. ²³Entonces me vino este mensaje de parte del Señor:

²⁴«Hombre mortal, los pocos sobrevivientes esparcidos de Judá que viven entre las ciudades arruinadas insisten en decir: "¡Abraham era un hombre solo y sin embargo, obtuvo la posesión de todo el país! ¡Nosotros somos muchos, así que sin duda podremos obtenerla de vuelta!"»

²⁵Pero el Señor Dios dice: «¡No tienen poder, porque viven pendientes sólo de hacer el mal! Comen carne con su sangre, rinden homenaje a ídolos y asesinan. ¿Suponen que les dejaré la tierra cuando viven de esta manera? ²⁶¡Asesinos! ¡Idólatras! ¡Adúlteros! ¿Debieran en estas condiciones poseer la tierra?

²⁷»Diles: El Señor Dios dice: "¡Ténganlo por cierto, les aseguro que morirán todos, hasta aquellos que viven en las ruinas y en los lugares más recónditos! Aquellos que viven en los campos serán comidos por las fieras, y los que están en fuertes y cuevas morirán por enfermedad. ²⁸Yo desolaré la tierra y su orgullo, y su poder cesará. Y los pueblos de las montañas de Israel estarán tan arruinados que nadie podrá siquiera caminar por ellos. ²⁹Cuando yo haya arruinado la tierra a causa de sus maldades, entonces ellos sabrán que yo soy el Señor".

³⁰»Hombre mortal, tu pueblo está murmurando detrás de tu espalda. Ellos hablan mal de ti en sus casas y murmuran en las puertas diciendo: "¡Vengan, tengamos un poco de diversión! ¡Vayamos para que él nos cuente lo que el Señor mismo quiere comunicarnos!" ³¹Así que vienen como si fueran sinceros y se sientan ante ti a escucharte. ¡Pero ellos no tienen ninguna intención de hacer lo que yo les diga! Hablan dulcemente de amar al Señor, pero con sus cabezas están pensando sólo en el robo. ³²Eres para

gracias a toda el agua que tenían sus raíces. ⁶Las aves hacían sus nidos en sus ramas, y a su sombra los rebaños y el ganado se reproducían. Todas las grandes naciones del mundo vivían bajo su sombra protectora. ⁷Era fuerte y hermoso, pues sus raíces penetraban hondo hasta el agua. ⁸Este árbol era más alto que cualquier otro en el jardín de Dios; ningún ciprés tenía ramas iguales, ni su fronda podía compararse; ninguno lo igualaba en hermosura. ⁹Por la magnificencia que yo le había dado, él era la envidia de todos los demás árboles del Edén, el jardín de Dios.

¹⁰»"Pero Egipto se ha vuelto orgulloso y arrogante, dice el Señor Dios. Entonces, ya que se ha puesto tan por encima de los demás, alcanzando las nubes, ¹¹yo lo entregaré en poder de una poderosa nación para destruirlo como merece su arrogancia. ¡Yo mismo lo talaré! ¹²Un ejército extranjero, el de Babilonia —el terror de las naciones—, invadirá su tierra y lo talará, dejándola caído sobre la tierra. Sus ramas serán esparcidas por las montañas, valles y ríos de su tierra. Todos aquellos que viven bajo su sombra se alejarán y lo dejarán secándose allí donde cayó. ¹³En lo que quede por los suelos sólo podrán poner sus nidos algunas aves y su refugio algunas fieras. ¹⁴¡Que ninguna otra nación se regocije con orgullo por su propia prosperidad, aunque sea más alta que las nubes, pues todas están sentenciadas y caerán estrepitosamente junto con todos los hombres orgullosos del mundo!"»

¹⁵El Señor Dios dice: «Cuando Egipto cayó, hasta la naturaleza sufrió por ello, hice que los océanos hicieran duelo por él y restringieran sus mareas! Vestí al Líbano de negro e hice llorar a sus árboles. ¹⁶Hice temblar a las naciones con temor ante lo estrepitoso de su caída, porque lo arrojé al abismo de la muerte junto con todas aquellas naciones que eran como él. Y todos los otros árboles orgullosos del Edén, los más escogidos y mejores del Líbano, aquellos cuyas raíces penetraban profundamente hasta las corrientes subterráneas, se consuelan al encontrarlo allí junto a ellas en el abismo de la muerte. ¹⁷Sus aliados también están todos destruidos y perecen con él. Ellos descendieron con ella al mundo inferior, aquellas naciones que habían vivido bajo su sombra protectora.

¹⁸»¡Oh Egipto, tú eres grande y glorioso entre los árboles del Edén, las naciones del mundo! ¡Pero serás abatido hasta el abismo de la muerte junto con todas estas otras naciones! Estarás entre las naciones que desprecias, liquidadas en la guerra. Éste es el destino que le espera al faraón y a toda su innumerable gente, dice el Señor!»

## Lamento por el faraón

**32** A mediados de febrero del año decimosegundo del cautiverio del rey Joaquín, me vino este mensaje del Señor:

²«Hombre mortal, haz duelo por el faraón, rey de Egipto, y dile: "¡Te consideras como un joven y poderoso león entre las naciones, como un cocodrilo a orillas del Nilo, haciendo burbujas y enturbiando la corriente con tus violentos coletazos!"»

³El Señor Dios dice: «¡Yo enviaré un gran ejército de muchas naciones aliadas para atraparte con mi red! ⁴Te sacaré y te dejaré varado en tierra para morir. Y todas las aves de los cielos se posarán sobre ti y las fieras de toda la tierra te devorarán hasta saciarse. ⁵Y cubriré los montes con tu carne y llenaré los valles con tus huesos. ⁶Y regaré la tierra con tu sangre, llenando los torrentes hasta las cimas de las montañas. ⁷Y cuando haya acabado contigo se nublarán los cielos y dejará de verse el brillo de las estrellas. Cubriré el sol con una nube, y la luna no dará su luz; ¡todo el mundo dará señales de tu caída! ⁸¡Sí, habrá oscuridad en toda la tierra, aun los astros brillantes serán entenebrecidos sobre ti!

⁹»Y cuando yo te destruya habrá dolor en muchos corazones entre las naciones distantes que tú jamás has visto, donde irán llegando a refugiarse tus sobrevivientes. ¹⁰¡Sí, el terror se apoderará de muchas tierras, y sus reyes tendrán miedo a causa de todo lo que yo te haga! ¡Temblarán de terror cuando yo vuelva mi atención y juicio contra ellos! ¡Ellos temblarán por sus vidas en el día de tu caída!»

¹¹Pues el Señor Dios dice: «¡El poderoso ejército del rey de Babilonia vendrá sobre ti! ¹²Te destruiré con el poderoso ejército de Babilonia, mi instrumento, el terror de las naciones. Haré pedazos el orgullo de Egipto y acabaré con su pueblo; todos perecerán. ¹³Destruiré todos tus rebaños y el ganado que se apacientan al lado de los arroyos, y ni ser humano ni animal enturbiarán más esas aguas. ¹⁴Por lo tanto, después las aguas de Egipto serán tan cristalinas y fluirán tan plácidamente como si fueran aceite de oliva, dice el Señor Dios.

¹⁵»Y cuando yo destruya a Egipto y elimine todo lo que tiene, entonces sabrán que yo, el Señor, lo he hecho. ¹⁶¡Sí, llora por las penas de Egipto! ¡Todas las naciones lloren por Egipto y su pueblo!, dice el Señor».

¹⁷Dos semanas más tarde me vino otro mensaje del Señor. Me decía:

¹⁸«Hombre mortal, llora por el pueblo de Egipto y por las otras naciones poderosas. Envíalas al mundo inferior, entre los habitantes del mundo de la muerte. ¹⁹¿Qué nación es tan bella como tú, oh Egipto? Sin embargo, tu destino es el abismo; yacerás al lado de gente que desprecias. ²⁰¡Los egipcios morirán entre las multitudes muertas por herida de espada, porque el ejército enemigo está listo como espada desenvainada contra la tierra de Egipto! ¡Egipto será traído a juicio! ²¹¡Los que eran poderosos guerreros que se encuentran en el mundo inferior lo acogerán al llegar junto con todos sus amigos, para yacer allí al lado de las naciones que despreció, todas víctimas de heridas de espada!

²²»Los príncipes de Asiria yacen allí rodeados por los sepulcros de su gente, aquellos que las heridas de espada han matado. ²³Sus ejércitos están en las profundidades del mundo de la muerte, rodeados por sus antiguos aliados. Todos estos hombres poderosos, quienes una vez sembraron el terror por todos lados, están ahora muertos.

²⁴»Grandes reyes de Elam yacen allí con su gente. Mientras vivían azotaron a las naciones, y ahora yacen deshechos en sus sepulcros; su destino es el mismo que aquél de la gente común y corriente. ²⁵Ellos tienen un lugar de descanso entre los muertos, rodeados de los sepulcros de toda su gente. ¡Sí, ellos aterrorizaron las naciones mientras vivían, pero ahora yacen en vergüenza, en el reino de la muerte! ¡Ahora están en las mismas condiciones de aquéllos que ellos mismos mataron!

**EZEQUIEL 29.13**

desiertas también durante cuarenta años. Y yo enviaré a los egipcios al exilio en otras tierras"».

¹³Pero el Señor Dios dice que al final de los cuarenta años él traerá a los egipcios de regreso de las naciones a las cuales ellos serán desterrados. ¹⁴Y dice también: «Restauraré las fortunas de Egipto y traeré a su pueblo de vuelta a la tierra de Patros en el sur de Egipto donde nacieron, pero será un reino menor, poco importante. ¹⁵Será la más humilde de todas las naciones; nunca más le declarará la guerra a otras naciones, pues nunca más tendrá Egipto suficiente poder para ello.

¹⁶»De esta manera Israel no volverá a poner su esperanza en Egipto. Siempre que piense solicitarle ayuda, recordará su error al haberla buscado antes. Entonces Israel sabrá que sólo yo soy el Señor».

¹⁷En el vigésimo séptimo año del cautiverio del rey Joaquín, a mediados de marzo, me vino este otro mensaje del Señor:

¹⁸«Hombre mortal, el ejército del rey Nabucodonosor de Babilonia peleó fuertemente contra Tiro. Las cabezas de los soldados se volvieron calvas de llevar pesados cestos de tierra sobre ellas; sus hombros estaban pelados y ampollados por el peso de las piedras acarreadas para poner el sitio. Y Nabucodonosor no recibió ninguna compensación y no pudo pagar al ejército por todo este trabajo. ¹⁹Por lo tanto, el Señor Dios dice: Yo le daré la tierra de Egipto a Nabucodonosor, rey de Babilonia, y él tomará sus riquezas, apropiándose de todo lo que ella tiene, para su ejército. ²⁰Sí, yo le he dado la tierra de Egipto como su salario, pues él estuvo trabajando para mí durante estos trece años en Tiro, dice el Señor.

²¹»En ese tiempo también haré que resurja el antiguo poderío de Israel, y entonces por fin sus palabras serán respetadas, y Egipto sabrá que yo soy el Señor».

## Lamento por Egipto

**30** Otro mensaje del Señor:

²«Hombre mortal, profetiza: El Señor Dios dice: ¡Lloren porque el terrible día, el día del juicio del Señor ya casi ha llegado! ³Será un día de nubarrones y oscuridad, día de desesperación para las naciones. ⁴Un ejército terrible caerá sobre Egipto, y la matanza que hará será tan grande que los muertos cubrirán las calles. Sus riquezas le serán quitadas a Egipto, sus cimientos destruidos. ⁵También Etiopía, Fut, Lud, Arabia, Libia y todos los países en liga con ellos serán destruidos en esa guerra».

⁶Pues el Señor Dios dice: «¡Todos los aliados de Egipto también caerán, y así será doblada su arrogancia de considerarse invencible! Desde Migdol hasta Asuán caerán abatidos por los ejércitos enemigos. ⁷Ella será desolada, rodeada por naciones desoladas, y sus ciudades estarán en ruinas, rodeadas por otras ciudades en ruinas. ⁸Y ellos sabrán que yo soy el Señor cuando haya prendido fuego a Egipto y destruido a sus aliados.

⁹»En ese tiempo enviaré mensajeros veloces con esta terrible noticia para difundir pánico entre los etíopes; ellos se llenarán de miedo cuando sepan del castigo aplicado contra Egipto. Todo esto sucederá».

¹⁰Pues el Señor Dios dice: «¡Nabucodonosor, rey de Babilonia, destruirá personas y bienes de Egipto! ¹¹Él y sus ejércitos —el terror de las naciones— son enviados para demoler las naciones de la tierra. Ellos lucharán contra Egipto y cubrirán la tierra con los muertos en combate.

¹²»Yo secaré el río Nilo y venderé la tierra entera de Egipto a hombres perversos. Yo destruiré a Egipto y todo lo que hay allí, utilizando a los extranjeros para hacerlo. Yo, el Señor, lo he dicho.

¹³»¡Haré pedazos los ídolos de Egipto y las imágenes de Menfis, y no habrá faraón en Egipto! ¡Reinará sólo la anarquía, sin quien tome las riendas del gobierno! ¹⁴»Las ciudades de Patros (en la parte superior del Nilo), Zoán y Tebas yacerán en ruinas después de mi castigo. ¹⁵Y también derramaré mi furia sobre Sin, la más fuerte fortaleza de Egipto, y exterminaré a la gente de Tebas.

¹⁶«¡Sí, pondré fuego a Egipto! Sin estará atormentada de dolor, Tebas será destrozada, Menfis temblará de terror diariamente. ¹⁷Los jóvenes de On y de Bubastis morirán a causa de la guerra y las mujeres serán llevadas como esclavas; serán tiempos de desgracia. ¹⁸Cuando yo venga para quebrar el poder de Egipto será un día tenebroso en Tafnes también; una nube oscura la cubrirá y sus hijas serán llevadas cautivas. ¹⁹Y así castigaré de manera ejemplar a Egipto y ellos sabrán que yo soy el Señor».

²⁰Un año más tarde, a mediados de marzo del año décimoprimero del cautiverio del rey Joacín, me vino este mensaje del Señor:

²¹«Hombre mortal, yo he quebrado el brazo del faraón, rey de Egipto, esto es, a su poderoso ejército, y no ha sido vendado ni entablillado ni enyesado para que no tenga suficiente fuerza para sostener de nuevo una espada. ²²Pues el Señor Dios dice: Yo estoy contra el faraón, rey de Egipto, y quebraré sus dos brazos, el fuerte y el que había quebrado antes, y haré que su espada, su poderoso ejército, caiga ruidosamente en tierra. ²³Y desterraré a los egipcios en muchas naciones. ²⁴Y entonces fortaleceré los brazos del rey de Babilonia y colocaré mi espada en su mano. Pero quebraré los brazos del faraón, rey de Egipto, y él gemirá delante del rey de Babilonia como uno que ha sido herido de muerte.

²⁵»Yo fortaleceré las manos del rey de Babilonia, mientras los brazos del faraón caerán inútiles a sus costados. ¡Sí, cuando yo coloque mi espada en la mano del rey de Babilonia, y él la esgrima sobre la tierra de Egipto, Egipto sabrá que yo soy el Señor! ²⁶Esparciré a los egipcios desterrados entre las naciones; entonces ellos sabrán que yo soy el Señor».

## El cedro del Líbano

**31** A mediados de mayo del año undécimo del cautiverio del rey Joacín, me vino este mensaje del Señor:

²«Hombre mortal, pregúntale al faraón, rey de Egipto, y a todo su pueblo: "¿Con quién les gustaba compararse cuando estaban en el punto más alto de su poderío? ³¡Tú eres como Asiria lo fue, una nación grande y poderosa, como un cedro del Líbano, llena de frondosas ramas, con su copa tan alta que llegaba hasta las nubes! ⁴Sus raíces penetraban profundamente en la tierra húmeda, crecía en forma exuberante y mandaba sus acequias de agua a todos los árboles en derredor. ⁵Sobrepasaba a todos los demás árboles, se multiplicaron sus ramas y su fronda se extendió

de la tierra se regocijaban en las riquezas que tú les enviabas. ³⁴Ahora yaces quebrantada bajo el mar; toda tu mercadería y tu tripulación han perecido contigo. ³⁵Todos los que viven sobre las costas observan, incrédulos. Sus reyes están espantados y miran con caras demudadas. ³⁶Los mercaderes de las naciones menean sus cabezas, pues tu destino es terrible, has perecido para siempre"».

## Profecía contra el rey de Tiro

**28** Aquí hay otro mensaje que me fue dado por el Señor:

²«Hombre mortal, di al príncipe de Tiro: Dios el Señor dice: ¡Eres tan orgulloso que te crees dios, sentado sobre el trono de un dios en tu hogar en la isla en medio de los mares! Pero sólo eres un hombre, y no un dios, aunque te jactas de ser como dios. ³Te crees más sabio que Daniel, y piensas que ningún secreto está escondido de ti. ⁴Has empleado tu sabiduría y entendimiento para obtener gran riqueza, oro, plata y muchos otros tesoros. ⁵Sí, tu sabiduría te ha hecho muy rico y muy orgulloso».

⁶Por tanto el Señor Dios dice: «Por cuanto pretendes que eres tan sabio como Dios, ⁷¡un poderoso ejército enemigo, el terror de las naciones, repentinamente desenvainará sus espadas contra tu maravillosa sabiduría y echará por tierra tu esplendor! ⁸Ellos te llevarán al sepulcro sufriendo la muerte de los náufragos. ⁹En aquel entonces ¿te jactarás como si fueras un dios? ¡Por lo menos para esos invasores no serás ningún dios, sino meramente un hombre! ¡Las heridas que te hagan las espadas te lo mostrarán con toda claridad! ¹⁰Morirás como cualquier criminal a manos de extranjeros, porque yo lo he decidido, dice el Señor Dios».

¹¹Entonces este mensaje adicional me vino del Señor:

¹²«Hombre mortal, entona una canción triste por el rey de Tiro. Dile que el Señor Dios dice: ¡Tú eras la perfección de sabiduría y hermosura! ¹³Estabas en el Edén, el jardín de Dios, tu vestidura estaba adornada con toda piedra preciosa: rubí, topacio, diamante, crisolito, ónice, jaspe, zafiro, carbunclo y esmeralda, todas engastadas en el oro más fino. Ello te fue dado en el día que fuiste creado. ¹⁴Te designé como el querubín, un ser celestial de gran dignidad, protector, personaje de gran alcurnia. Tenías acceso al santo monte de Dios. Caminabas en medio de las piedras de fuego, ningún lugar estaba restringido para ti.

¹⁵»Eras perfecto en todo lo que hacías desde el día que fuiste creado, hasta aquel momento en que se halló maldad en ti. ¹⁶Tu gran riqueza te llenó de inquietud interior y empezaste a cometer falta tras falta. Por lo tanto yo te eché del monte de Dios como a un infractor cualquiera. ¡Yo te desalojé, oh querubín protector, de ese lugar privilegiado donde habitabas!

¹⁷»Se te subieron los humos a causa de toda tu hermosura; tu sabiduría te volvió engreído y perdiste tu esplendor. Por ello te he echado por los suelos y expuesto tu miserable situación ante la mirada curiosa de los reyes. ¹⁸No fuiste consecuente con tu estatus privilegiado y codiciaste ganancias injustas, por lo que saqué fuego de tus propias acciones y dejé que te consumiera hasta las cenizas sobre la tierra, a la vista de todos aquellos que te observaban. ¹⁹¡Todos los que te conocen están asombrados ante tu triste destino,

eres un escarmiento para ellos, estás destruido para siempre!»

## Profecía contra Sidón

²⁰Luego me vino otro mensaje del Señor:

²¹«Hombre mortal, mira hacia la ciudad de Sidón y profetiza contra ella. Dile: ²²El Señor Dios dice: "¡Yo soy tu enemigo, oh Sidón, y haré una demostración de mi poder contra ti! Cuando yo te destruya y muestre mi furia sobre ti, entonces todos los que lo vean sabrán que yo soy el Señor.

²³»"Enviaré una epidemia y un ejército para destruirte. Los heridos serán rematados en tus calles por las tropas enemigas por todos lados. Entonces sabrás que yo soy el Señor. ²⁴Ya no más tú y las otras naciones vecinas de Israel serán una amenaza permanente, como un aguijón punzante y un espino desgarrador para ella, aunque antes la despreciaban y trataban con gran desdén".

²⁵»El pueblo de Israel de nuevo vivirá en su propia tierra, la tierra que yo di a su antepasado Jacob. Porque yo los recogeré de vuelta de las tierras distantes donde los he esparcido y mostraré a las naciones del mundo mi santidad, manifiesta a través de mi pueblo, cuando tendremos una relación de exclusividad. ²⁶Y habitarán seguros en Israel, y construirán sus hogares y plantarán sus viñas, y disfrutarán de todo en seguridad. Cuando yo castigue a las naciones en torno a ella que la trataron con tal desdén, entonces ellas sabrán que yo soy el Señor su Dios».

## Profecía contra Egipto

**29** A fines de diciembre del décimo año del encarcelamiento del rey Joaquín, me vino este mensaje del Señor:

²«Hombre mortal, dirige tu mirada hacia Egipto y profetiza contra el faraón su rey y todo su pueblo. ³Comunícales que el Señor Dios dice: "¡Yo soy tu enemigo, faraón, rey de Egipto, quien te crees poderoso dragón echado en medio de tus ríos! Pues tú has dicho: '¡El Nilo es mío, yo lo he hecho para mí mismo!' ⁴Yo pondré garfios en tus quijadas y te sacaré hacia tierra con peces adheridos a tus escamas. ⁵Luego te dejaré a ti y a todos los peces desamparados en el desierto para morir, y no serás sepultado, pues yo te he dado como alimento para las fieras y las aves. ⁶Este castigo es debido a que te doblaste cuando Israel solicitó tu ayuda (en vez de confiar en mí), entonces todos sabrán que yo soy el Señor. ⁷Israel se apoyó sobre ti, pero tú te quebrantaste como cañón resquebrajado y así descoyuntaste su hombro, haciéndolo doblarse por el dolor".

⁸»Por lo tanto el Señor Dios dice: "¡Yo traeré un ejército poderoso contra ti, oh Egipto, y destruiré tanto a las personas como a los animales! ⁹La tierra de Egipto llegará a ser un yermo desolado, por tu arrogancia de pensar que tú hiciste el río Nilo y que era de tu pertenencia exclusiva, y entonces los egipcios sabrán que yo, el Señor, lo he hecho. ¹⁰Yo estoy contra ti y tu río, y destruiré completamente la tierra de Egipto desde Migdol hasta Asuán, y tan al sur como la frontera con Etiopía. ¹¹Por cuarenta años ni un ser viviente pasará por allí, ni personas ni animales; estará completamente despoblado. ¹²Yo haré de Egipto tierra desolada, rodeada por naciones desoladas, sus ciudades yacerán

las naciones del norte— contra Tiro con un gran ejército y poderosa caballería y muchos carros de guerra! ⁸Primero destruirá tus suburbios, luego atacará la ciudad en tierra firme construyendo un cerco militar y atacando luego de sorpresa con toda su furia contra ella. ⁹Él colocará arietes contra tus murallas y con mazos demolerá tus fuertes defensivos. ¹⁰Los cascos de su caballería levantarán una polvareda sofocante y tus murallas temblarán al retumbe de su galope cuando entren a través de las puertas de la ciudad rotas, arrastrando carros de guerra tras ellos. ¹¹Los jinetes ocuparán cada calle de la ciudad; darán muerte a tu gente con sus filosas espadas y tus famosos y enormes pilares serán demolidos con facilidad. ¹²Entonces saquearán todas tus riquezas y mercaderías y derribarán tus murallas. Destruirán tus hermosas casas y botarán tus piedras y maderas, y aun el polvo, en el mar. ¹³Haré cesar la música de tus cantos; ya no tendrás más motivos para organizar alegres fiestas. ¹⁴Haré que tu territorio quede como si fuera una roca desnuda, un lugar sólo útil para tendederos de redes de los pescadores. No serás jamás reconstruida, pues yo, el Señor, lo he dicho.

¹⁵»El país entero temblará con tu caída; los heridos gritarán en medio del estruendo de la matanza. ¹⁶Entonces todos los soberanos de los puertos de mar descenderán de sus tronos y se quitarán sus hermosas vestimentas y se sentarán sobre el suelo temblando de miedo por lo que han visto, asombrados y atónitos por lo que te ha sucedido. ¹⁷Y ellos llorarán por ti, cantando esta endecha: "¡Oh poderosa ciudad-isla, con tu poderío naval que infundía terror a las ciudades de la tierra firme, cómo has desaparecido de los mares! ¹⁸¡Cómo temblarán las islas ante tu caída! ¡Todos observan espantados lo que te ha sucedido!"»

¹⁹El Señor Dios dice: «¡Yo arrasaré a Tiro hasta el suelo! ¡Te hundiré bajo las olas terribles del ataque enemigo! ¡Grandes mares te tragarán! ²⁰Te enviaré al fondo del abismo del infierno para permanecer allí con aquellos que están ahí desde mucho tiempo antes. Tu ciudad quedará en ruinas, muerta, como los cadáveres de aquellos que entraron en el mundo del más allá de los muertos. Nunca más serás poblada o tendrás hermosura aquí en la tierra de los vivientes. ²¹Te conduciré hacia un fin terrible; por más esfuerzos que se hagan, nadie podrá encontrarte, dice el Señor».

## Lamento por la caída de Tiro

27 Luego me vino este mensaje de parte del Señor: ²«Hombre mortal, canta esta triste canción por Tiro:

³¡Oh poderosa ciudad porteña, centro comercial de toda la costa, el Señor Dios habla! Tú dices: "Yo soy la ciudad más hermosa de todo el mundo". ⁴Tú has extendido tus límites aun sobre el mar; tus arquitectos te han hecho construcciones maravillosas. ⁵Eres como un barco construido de la madera más fina del Señor. Tomaron un cedro del Líbano para hacerte el mástil. ⁶Tus remos están hechos de robles de Basán. Las paredes de tu cabina son de ciprés de la costa sur de Chipre. ⁷Tus velas están hechas del lino más fino de Egipto. Estás parada debajo de cubiertas de lienzo con colores brillantes, con anilinas púrpuras y escarlatas traídas de la parte oriental de Chipre. ¡Todo lo mejor de lo mejor!

⁸Tus marineros vinieron de Sidón y de Arvad; tus timoneles son hombres hábiles de Zemer. ⁹Sabios y experimentados artesanos de Guebal calafatean tus junturas. Naves vienen de todas las naciones con mercaderías para intercambiar y negociar contigo. ¹⁰Tu ejército incluye mercenarios de la lejana Persia, Lidia y Fut. Ellos te sirven; es un orgullo para ti que sus escudos estén colgados sobre tus paredes; es la mayor de tus honras.

¹¹»De Arvad y Jelec son los centinelas que vigilan sobre tus murallas; tus torres defensivas están guarnecidas con hombres gamadeos. Sus escudos cuelgan fila tras fila sobre las murallas de tu ciudad coronando tu gloria, mostrando tu gran poderío. ¹²De Tarsis proceden toda clase de riquezas para tus mercados: plata, hierro, estaño y plomo. ¹³Comerciantes de Javán, Tubal y Mésec traen esclavos y utensilios de bronce para comerciar en tus mercados y bazares, ¹⁴en tanto que de Bet Torgama proceden caballos para los carros de guerra, corceles y mulas. ¹⁵Comerciantes vienen a ti desde Rodas, y muchas tierras costeras son tus mercados seguros, quienes te pagan con ébano y marfil. ¹⁶Edom envía a sus mercaderes para comprar tus muchas mercaderías. Ellos traen para negociar esmeraldas, anilinas púrpuras, bordados, lino fino y joyas de coral y ágata. ¹⁷Judá y las ciudades en lo que era una vez el reino de Israel envían mercaderes con trigo de Minit y Panag, y con miel, aceite y bálsamo. ¹⁸Damasco viene también. Ella trae vinos de Jelbón y lana blanca siria para negociar por la rica variedad de mercaderías que tú produces. ¹⁹Dan y Javán traen hilo árabe, hierro labrado, casia y caña aromática, ²⁰mientras Dedán trae caros paños para las monturas de caballos.

²¹»Los árabes y los ricos príncipes mercaderes de Cedar te traen corderos, carneros y cabras. ²²Los mercaderes de Sabá y de Ragama vienen con toda clase de especias, joyas y oro. ²³Jarán, Cané, Edén, Asiria y Quilmad también envían sus mercaderías. ²⁴Ellos traen para negociar escogidas telas, telas azules, bordados y alfombras de muchos colores, enlazados con cordones y asegurados. ²⁵Las naves de Tarsis son como tus caravanas de mar; ¡tus depósitos en la isla están llenos hasta el tope!

²⁶»¡Pero ahora tus estadistas conducen tu barco, es decir, los negocios del reino, hacia un desastroso huracán! ¡Tu poderosa nave peligra ante la fuerte tormenta que viene del este, y sufres el naufragio en medio de los mares! ²⁷¡Todo está perdido! ¡Tus riquezas y mercaderías, tus marineros y pilotos, constructores de barcos y mercaderes, soldados y toda la gente se hunden en el mar en el día de tu ruina inmensa! ²⁸¡Las ciudades vecinas tiemblan ante el sonido de tus pilotos que gritan de miedo! ²⁹¡Todos tus marineros que estaban en alta mar vienen a tierra y observan desde la costa, ³⁰llorando amargamente, echando polvo sobre sus cabezas y revolcándose en cenizas! ³¹¡Se rapan las cabezas en señal de duelo y se visten de saco y lloran por ti con profunda amargura y desesperación!

³²Y este es su canto triste que te dedican: "¿Dónde en todo el mundo hubo jamás una ciudad tan maravillosa como Tiro, la que fue destruida en medio del mar? ³³Tus mercaderías satisfacían las necesidades de muchas naciones. Reyes de los reinos más lejanos

fuego arda y la olla hierva. Que se cueza bien la carne y luego vacía la olla y quema los huesos. ¹¹Déjala vacía sobre las brasas para que se queme su herrumbre y todas las adherencias de comida. ¹²¡Pero de nada vale, no desaparece su suciedad e impureza a pesar del fuego ardiente! ¹³¡Es la herrumbre y corrupción de tu lascivia sucia, de la devoción de los ídolos! ¡Y ahora, puesto que quise limpiarte y te rehusaste, permanece sucia hasta que mi cólera haya enviado todos sus castigos sobre ti! ¹⁴¡Yo, el Señor, lo he dicho, sucederá así, yo lo haré!"»

## Muerte de la esposa de Ezequiel

¹⁵De nuevo me vino un mensaje del Señor, diciendo: ¹⁶«Hombre mortal, voy a quitarte tu hermosa esposa. Repentinamente ella morirá. Sin embargo, no debes mostrar ningún dolor. No llores; no le guardes luto. ¹⁷Puedes suspirar, pero en forma silenciosa. Que no haya duelo ni llanto ante su tumba, no te descubras la cabeza ni los pies como es la costumbre en estos casos, ni tampoco aceptes la comida que te traigan los amigos para consolarte».

¹⁸Yo proclamé esto al pueblo por la mañana, y a la tarde murió mi esposa. A la mañana siguiente hice todo lo que el Señor me había mandado. ¹⁹Luego la gente preguntó:

«¿Qué significa todo esto? ¿Qué pretendes comunicarnos con tu actitud?»

²⁰,²¹Yo respondí: «El Señor me mandó decir al pueblo de Israel: "Yo destruiré mi hermoso templo, el cual representa la fuerza de la nación. Y sus hijos e hijas en Judea serán muertos por herida de espada. ²²Y harán como he hecho yo; no pueden hacer duelo en público o consolarse comiendo la comida traída por aquellos que se compadecen de ustedes. ²³Sus cabezas y pies no serán descubiertos como es la costumbre, no harán duelo ni llorarán. Pero lamentarán los unos por los otros por sus maldades y harán duelo a solas por todo el mal que han hecho. ²⁴Ezequiel es un ejemplo para ustedes, dice el Señor Dios. Harán como él ha hecho. Y cuando venga ese momento, entonces sabrán que yo soy el Señor".

²⁵»Hombre mortal, en el día en que yo termine de quitarles en Jerusalén el gozo de sus corazones y su orgullo y alegría —me refiero a sus esposas e hijos e hijas—, ²⁶en ese día un refugiado de Jerusalén comenzará su viaje hasta Babilonia para contarte lo que ha pasado. ²⁷Y en el día de su llegada, tu voz de pronto retornará a ti para que puedas hablar con él. Y tú serás un símbolo para esta gente y ellos sabrán que yo soy el Señor».

## Profecía contra Amón

**25** Luego me llegó un mensaje del Señor otra vez: ²«Hombre mortal, dirige tu vista hacia la tierra de Amón y profetiza contra su pueblo. ³Diles: Escuchen lo que el Señor Dios dice: "¡Por cuanto se burlaron cuando mi templo fue destruido, y se burlaron de Israel en su angustia, y se rieron de Judá cuando fue llevada cautiva, ⁴yo permitiré que los beduinos del desierto, los que viven al oriente de ustedes, invadan su tierra! Ellos establecerán sus campamentos entre ustedes, se comerán sus frutos y beberán su leche. ⁵Y convertiré la ciudad de Rabá en pastizal de camellos y toda la tierra de los amonitas en terreno abandonado que solo servirá para apacentar rebaños de ovejas. Entonces sabrán que yo soy el Señor".

⁶»Pues el Señor Dios dice: "¡Por cuanto aplaudieron y bailotearon y vitorearon alegremente ante la destrucción de mi pueblo, ⁷yo te castigaré con mucho rigor, entregándolos a muchas naciones para ser maltratados! Los haré desaparecer como nación para siempre, los destruiré, y entonces sabrán que yo soy el Señor"».

## Profecía contra Moab

⁸Y el Señor Dios dice: "¡Puesto que los moabitas han dicho que Judá no está mejor que ninguna otra nación, ⁹,¹⁰yo atacaré el flanco oriental de Moab, destruyendo sus ciudades fronterizas, que son el gran orgullo de la nación, Bet Yesimot, Baal Megón y Quiriatayin! Y tribus beduinas del desierto al oriente se desparramarán por ellas, tal como lo harán con Amón. Y Moab no existirá más entre las naciones. ¹¹Así haré sentir mi juicio sobre los moabitas, y ellos sabrán que yo soy el Señor».

## Profecía contra Edom

¹²Y el Señor Dios dice: «¡Por cuanto el pueblo de Edom ha causado tanto daño al vengarse sobre el pueblo de Judá, ¹³yo le causaré mucho daño a Edom y exterminaré su gente, su ganado y sus rebaños. ¡Habrá mucha destrucción desde Temán hasta Dedán! ¹⁴Y el instrumento de mi venganza será mi pueblo Israel. Ellos ejecutarán mi tremenda venganza».

## Profecía contra los filisteos

¹⁵Y el Señor Dios dice: «¡Por haber actuado los filisteos contra Judá con tanta violencia, con un odio añejado, ¹⁶yo causaré ahora mucho daño en sus territorios, y borraré a los quereteos del mapa y destruiré completamente aquellos que habitan al lado de la costa del mar! ¹⁷Llevaré a cabo mi terrible venganza sobre ellos para reprenderlos por lo que han hecho contra mi pueblo. Y cuando todo esto suceda, entonces sabrán que yo soy el Señor».

## Profecía contra Tiro

**26** Otro mensaje me vino del Señor en el primer día del mes, en el onceavo año después que el rey Joaquín fue llevado al cautiverio:

²«Hombre mortal, Tiro se ha puesto muy contenta por la caída de Jerusalén, diciendo: "¡Bien! Ella, que controlaba las lucrativas rutas comerciales de norte a sur a lo largo de la costa y a lo largo del curso del río Jordán, ha sido quebrada, y yo soy la heredera! ¡Por cuanto ella ha sido desolada, yo me aprovecharé y llegaré a ser rica!»

³Por lo tanto el Señor Dios dice: «¡Yo estoy aquí contra ti, Tiro! Traeré naciones en guerra contra ti como si fueran olas del mar. ⁴Ellas destruirán las murallas de Tiro y echarán por los suelos sus torres defensivas. ¡Barreré con todo hasta que la ciudad se vea como una roca desnuda! ⁵Llegará a ser como una isla deshabitada, un lugar donde los pescadores tiendan sus redes, pues yo he hablado, dice el Señor. Tiro llegará a ser la presa de muchas naciones, ⁶y sus pueblos y caseríos de alrededor también serán destruidos con violencia. Entonces sabrán que yo soy el Señor».

⁷Pues el Señor Dios dice: «¡Yo traeré a Nabucodonosor, rey de Babilonia —el rey más poderoso de

**EZEQUIEL 23.16**

dad, ella se degradó aun más que Samaria, ¡pues hasta se enamoró de cuadros que ella vio pintados sobre una pared! Eran cuadros de militares babilónicos, vestidos con uniformes de rojo llamativo, con lindos cinturones y turbantes ondeantes sobre sus cabezas. 16Cuando ella vio esos cuadros anheló entregarse a los hombres allí retratados, así que envió mensajeros a Caldea para invitarlos a venir a ella. 17Y ellos vinieron y cometieron adulterio con ella, contaminándola en su lecho de amor, pero después ella los odió y quebró las relaciones con ellos. 18Y yo la desprecié, tal como había despreciado a su hermana, pues ella se expuso delante de ellos y se entregó a sus pasiones. 19Pero eso no la molestó. Se entregó a prostituciones aún mayores, pecando con los hombres sensuales que recordaba de su juventud de prostituta en Egipto. 20Y vivió enamorada de esos lujuriosos que no piensan más que en orgías y violaciones. 21¡Y así celebraste aquellos días pasados cuando como una doncella entregaste tu virginidad a aquellos de Egipto!

22»¡Y ahora el Señor Dios dice que se pondrá en tu contra, oh Aholibá (Jerusalén), esas mismas naciones de las que te alejaste disgustada! 23Pues los de Babilonia vendrán, y todos los caldeos de Pecod, Soa y Coa, y todos los asirios con ellos, jóvenes apuestos de alto rango, cabalgando sobre sus caballos de guerra. 24Vendrán contra ti desde el norte con carros de guerra y carretas llenas de pertrechos y un gran ejército armado hasta los dientes y listos para el ataque. Te rodearán por todos los costados hombres armados, y te dejaré a su merced para que hagan lo que quieran contigo. 25Y yo también estaré contra ti y te atacaré con furia, cortándote la nariz y las orejas. Los que sobrevivan serán rematados; tus hijos serán llevados como esclavos, y todo lo que quede será quemado. 26Ellos te despojarán de tus hermosos vestidos y de tus joyas. 27Y así haré cesar tu lujuria y prostitución que trajiste de la tierra de Egipto, y ya no más anhelarás Egipto y sus dioses.

28»Pues el Señor Dios dice: "¡Ciertamente te entregaré a tus enemigos, a aquellos que en un tiempo deseaste y ahora aborreces! 29Ellos procederán contigo con odio, y te robarán todo lo que posees, dejándote desnuda y a la intemperie. ¡La vergüenza de tu prostitución será expuesta ante todo el mundo!

30»"¡Acarrearás todo este castigo sobre ti por rendir homenajes a los dioses de otras naciones, contaminándote con todos sus ídolos! 31Has seguido los pasos de tu hermana, así que te castigaré con los mismos terrores que la destruyeron a ella. 32¡Sí, los terrores que cayeron sobre ella caerán sobre ti, y todos los sufrimientos que ella soportó también vendrán sobre ti! Y todo el mundo se burlará de ti por tu dolor.

33»Caminarás tambaleándote como una borracha, aturdida por los terribles golpes del dolor y la pena, tal como lo hiciera tu hermana Samaria. 34En gran angustia tomarás sobre ti todo ese sufrimiento como si bebieras de una gran copa llena de un líquido amargo hasta la última gota. Yo he hablado, dice el Señor.

35»"Por cuanto te has olvidado de mí y me has dado la espalda, deberás soportar las consecuencias de toda tu maldad".

36»Hombre mortal, debes acusar a Jerusalén y Samaria por todos sus terribles hechos. 37Porque ellas han cometido tanto adulterio como homicidio; han rendido homenaje a ídolos y han matado a los hijos que habían engendrado para mí, quemándolos como sacrificios rituales sobre sus altares. 38En el mismo día profanaron mi templo e ignoraron mis sábados, 39porque después de matar a sus hijos frente a sus ídolos, ese mismo día entraron a mi templo para rendirme homenaje a mí. ¡Eso muestra lo poco que se preocupan por mí!

40»Aun enviaron a tierras distantes por sacerdotes para que vinieran con otros dioses a quienes rendir homenaje también, ¡y ellos han llegado y han sido acogidos! Y ellas se han lavado, pintado sus párpados y puesto sus más finas joyas para agradarles a ellos. 41Se sentaron juntos sobre una cama hermosamente bordada y colocaron mi perfume suave y mi aceite sobre una mesa tendida delante de ustedes. 42De su aposento vino el sonido de muchos hombres alborotados, hombres sensuales y ebrios del desierto, que colocaron brazaletes sobre sus muñecas y hermosas coronas sobre sus cabezas. 43¿Cometerán adulterio con éstas que se han convertido en viejas prostitutas? 44¡Eso es lo que hicieron! Entraron a ellas —Samaria y Jerusalén, estas prostitutas desvergonzadas— con todos los bríos de hombres sensuales que visitan prostitutas. 45Pero los justos de todas partes las juzgarán por lo que son en realidad: adúlteras y homicidas. Ellos les proporcionarán las sentencias que la ley demanda.

46»"El Señor Dios dice: Traigan un ejército contra ellas y entréguenlas para ser aplastadas y despreciadas. 47Pues sus enemigos las apedrearán y matarán con espadas; destrozarán a sus hijos e hijas y prenderán fuego a sus hogares. 48Así haré cesar la lujuria e idolatría del país; mi juicio será un escarmiento contra la idolatría para todos los pueblos. 49Porque recibirán el castigo que se merecen por todo el adulterio y la devoción de ídolos que realizan. Entonces sabrán que yo solo soy el Señor».

## La olla hirviente

**24** Un día a fines de diciembre del noveno año del cautiverio del rey Joaquín me vino otro mensaje del Señor.

2«Hombre mortal, me dijo, escribe esta fecha, pues hoy el rey de Babilonia ha atacado a Jerusalén. 3Y ahora entrega esta parábola a estos rebeldes de Israel. Diles que el Señor Dios dice: "Coloquen una olla sobre el fuego para hervir. 4Llénenla con carne de carnero escogida: el cuarto trasero, la espalda y todos los cortes más tiernos. 5Usen sólo los mejores carneros del rebaño, y apilen la leña sobre el fuego debajo de la olla. Cuezan la carne bien, hasta que se desprenda de los huesos".

6»Pues el Señor Dios dice: "¡Ay de Jerusalén, Ciudad de Homicidas, tú eres como una olla herrumbrosa y desportillada! Luego saca la carne trozo a trozo en cualquier orden que venga, pues ninguna parte es mejor que otra. 7Porque su maldad es evidente a todos, audazmente da muerte a quien le da la gana, dejando sangre de las víctimas sobre las rocas a la vista de todos; ni siquiera procura cubrirla. 8Yo la he dejado allí sin cubrir; para que esa sangre sea como una acusación a mí contra ella y despierte mi cólera y deseos de someterla a juicio severo.

9»"¡Ay de Jerusalén, Ciudad de Homicidas, apilaré la leña debajo de ella! 10Amontona la leña, deja que el

que sus dioses los salvarán del rey de Babilonia. Así han causado su muerte junto con todos los demás impíos, pues cuando el día final de juicio venga ustedes también serán heridos de muerte.

30 »¿Devolveré mi espada a su vaina antes de ocuparme de ustedes? ¡No, yo los destruiré en su propia tierra donde nacieron! 31Descargaré mi cólera de tal manera que parecerá un fuego avasallador; y los entregaré en manos de hombres crueles, experimentados en la destrucción. 32Serán como pasto del fuego; su sangre será derramada en su propia tierra y serán absolutamente borrados, de tal manera que en poco tiempo no habrá nadie que se acuerde de que alguna vez existieron. Yo, el Señor, lo digo"».

## Los pecados de Jerusalén

**22** Otro mensaje me vino de parte del Señor: 2«Hombre mortal, acusa a Jerusalén como la Ciudad de Homicidios. Denuncia públicamente sus terribles hechos, su derramamiento de sangre inocente. 3Ciudad de Homicidios, condenada y sentenciada, ciudad de ídolos, contaminada e inmunda, 4eres culpable tanto de homicidio como de idolatría. Ahora llega tu día de condenación. Has llegado al límite de tus años. Yo te haré el hazmerreír y motivo de burla de todas las naciones del mundo. 5¡De cerca y desde lejos se burlarán de ti, tu fama caída hasta el suelo!

6»Cada jefe en Israel que vive dentro de tus murallas no piensa más que en el homicidio. 7Los padres y las madres son desdeñosamente ignorados; se obliga a los inmigrantes y a las visitas a pagarles por su "protección"; los huérfanos y las viudas son agraviados y oprimidos; 8las cosas de Dios son despreciadas; mis sábados ignorados. 9Se acusa falsamente a los prisioneros y se les envía a la muerte. La cima de cada montaña está llena de altares para los ídolos, la lascivia está en todas partes. 10Hay hombres que cometen adulterio con las esposas de sus padres y se acuestan con mujeres menstruantes. 11El adulterio con la esposa de un vecino, una nuera, una hermanastra, incluso el incesto es cosa común. 12Asesinos a sueldo, usureros y extorsionistas se encuentran en todas partes. Ni siquiera piensan en mí y mis instrucciones, dice el Señor Dios.

13»Pero ahora yo interrumpo y hago cesar tu ganancia deshonesta y el derramamiento de sangre. 14¿Cuán fuerte y valiente serás entonces, cuando yo te llame a rendir cuentas por tu conducta? ¡Pues yo, el Señor, he hablado, y haré todo lo que he dicho! 15Te esparciré a través de todo el mundo, y acabaré con la maldad dentro de ti. 16Serás deshonrada entre las naciones, y sabrás que yo soy el Señor».

17Luego el Señor dijo esto:

18-20«Hombre mortal, el pueblo de Israel es como la escoria sin valor que queda cuando la plata es fundida. Es como la hez compuesta de bronce, estaño, hierro y plomo. Por lo tanto el Señor Dios dice: "Por cuanto ustedes son escoria sin valor, los traeré a mi crisol en Jerusalén, para fundirlos con el fuego de mi cólera. 21Soplaré con ese fuego sobre ustedes hasta que sean fundidos, 22y se fundirán como la plata en el calor intenso, y sabrán que yo, el Señor, he desahogado mi cólera sobre ustedes"».

23Nuevamente me vino un mensaje del Señor diciendo:

24«Hombre mortal, di al pueblo de Israel: "En el día que explote mi indignación tú serás como el yermo sin limpiar, o el desierto sin lluvia". 25Tus "profetas" han conspirado contra ti como leones buscando presa. Ellos acaban muchas vidas, se apoderan de los bienes de la gente humilde por medio de la extorsión y el chantaje, multiplican las viudas en el país. 26Tus sacerdotes han ignorado mis mandamientos y deshonrado mi templo y mi santidad no les ha merecido ninguna consideración. Para ellos las cosas de Dios no tienen más importancia que cualquier tarea diaria. No han enseñado a mi pueblo la diferencia entre el bien y el mal, y no toman en cuenta mis sábados como días especiales, por lo que mi nombre santo es ofendido constantemente por ellos. 27Tus jefes son como lobos que desgarran a sus víctimas y destruyen vidas para provecho propio. 28Tus "profetas" describen falsas visiones y transmiten falsos mensajes pretendiendo que vienen de Dios, cuando él ni siquiera les ha hablado una sola palabra. ¡Así reparan los muros agrietados con cal! ¡Pura apariencia! 29Aun la gente común oprime y roba a los pobres y necesitados, y cometen extorsión contra los extranjeros. 30Yo busqué en vano alguien que fuera justo y pudiera interceder a favor de la ciudad, que sirviera como su protector, quien pudiera colocarse en la brecha y defenderte de mis justos ataques, pero no encontré a nadie. 31Por tanto el Señor Dios dice: "Yo derramaré mi cólera sobre ti, te destruiré con el poder de mi cólera. Yo he acumulado sobre ti el castigo que ahora recibirás".

## Las dos hermanas adúlteras

**23** Un mensaje del Señor me vino otra vez, diciendo:

2«Hombre mortal, hubo dos hermanas quienes aún siendo jóvenes se volvieron prostitutas. 3En Egipto fue donde desde muy jóvenes se entregaron a su lascivia. 4La mayor se llamaba Aholá, y su hermana Aholibá (¡Estoy hablando de Samaria y Jerusalén!) 5Me casé con ellas, y me dieron hijos e hijas. Pero luego Aholá se volvió a otros dioses en vez de mí, y entregó su amor a los asirios, vecinos suyos, 6pues eran todos jóvenes atractivos, capitanes y comandantes, vestidos de uniforme azul, cabalgando sobre sus caballos de guerra. 7Y así ella cometió adulterio con ellos —los hombres más escogidos de Asiria— rindiendo homenaje a sus ídolos, degradándose. 8Pues cuando dejó Egipto, no perdió su gusto por la prostitución, por lo que aún ahora es tan disoluta como en su juventud, cuando los egipcios volcaron sus deseos impuros sobre ella y le robaron su virginidad. 9Por ello la entregué en las garras de los asirios cuyos dioses ella amaba tanto. 10Ellos la desnudaron y mataron y se llevaron a sus hijos como esclavos. Su nombre fue conocido por cada mujer de la tierra como el de una pecadora que había recibido lo que merecía.

11»Pero cuando Aholibá (Jerusalén) vio lo que le había pasado a su hermana, en lugar de aprender de la mala experiencia, siguió adelante por el mismo camino, y fue más desenfrenada aún que su hermana. 12Se enamoró de sus vecinos asirios, esos apuestos jóvenes montados sobre hermosos caballos, esos oficiales del ejército con sus atractivos uniformes, todos ellos deseables 13Yo vi el camino que ella seguía, siguiendo los mismos pasos de su hermana mayor. 14,15En reali-

de entre ustedes. Ellos no entrarán en Israel, pero los recogeré de los países donde están exiliados. Y cuando eso suceda sabrán que yo soy el Señor"».

39»Oh Israel, el Señor Dios dice: "Si ustedes insisten en rendir homenaje a sus ídolos, adelante, ¡pero entonces no me traigan regalos a mí también! ¡Tal falta de respeto y consideración hacia mí debe cesar de inmediato! 40¡Porque en Jerusalén, en mi monte escogido, dice el Señor, todo Israel estará consagrado y dedicado a mí solamente! Allí yo los aceptaré, y demandaré sus ofrendas y sus más espléndidos dones. 41Ustedes serán para mí como una ofrenda de perfume suave cuando los traiga de vuelta del exilio, y las naciones notarán el gran cambio de sus corazones al ver el cambio de sus conductas. 42Entonces cuando los haya traído de regreso a la tierra que prometí a sus antepasados sabrán que yo soy el Señor. 43Entonces se acordarán de sus maldades y se avergonzarán y sentirán remordimientos a causa de todo el mal que han hecho. 44¡Y cuando yo haya honrado mi nombre haciéndoles toda clase de bien a pesar de su maldad, entonces, oh Israel, ustedes sabrán que yo soy el Señor!"»

## Profecía contra el sur

45Luego me vino este mensaje del Señor: 46«Hombre mortal, mira hacia Jerusalén, y habla contra ella y los bosques del sur. 47Profetiza y di: "Oye el mensaje del Señor. ¡Yo te incendiaré, oh bosque, y todos los árboles perecerán, los verdes y los secos por igual! Las terribles llamas no se apagarán y chamuscarán el mundo entero. 48Y todo el mundo verá que yo, el Señor, los he encendido. No serán apagadas las voraces llamas"».

49Entonces yo dije: «¡Oh Señor, ellos dicen de mí: "Él sólo habla en enigmas"!».

## La espada justiciera

21 Luego me vino este mensaje del Señor: 2«Hombre mortal, pon tu rostro hacia Jerusalén y profetiza contra Israel y contra sus santuarios. 3Pues el Señor dice: "¡Yo estoy contra ti, Israel, te atacaré con mucha fuerza y destruiré a tu gente con violentos tajos de espada, buenos y malos por igual serán eliminados! 4No perdonaré ni a los justos. Limpiaré toda la tierra desde el sur hasta tus fronteras en el norte. 5Todo el mundo sabrá que soy yo el Señor. ¡Yo estoy decidido a continuar el castigo hasta que logre acabar con tanta perversidad! ¡No pararé hasta haber logrado mi propósito!"

6»Hombre mortal, suspira y gime de dolor en tu amarga angustia, que tu cuerpo se agite por los sollozos; ellos se impactarán por tanto dolor. 7Cuando te pregunten por qué sufres tanto, diles: "A causa de la espantosa noticia que Dios me ha dado. ¡Cuando se cumpla, aun el corazón del más plantado se derretirá de pavor y perderá toda su fuerza! ¡Todo ánimo se vendrá al suelo, las rodillas más fuertes temblarán y se volverán endebles como el agua!". Y el Señor Dios dice: "¡Tu condena ya viene, Israel, mi castigo por tu maldad e infidelidad está por llegar!"».

8Luego de nuevo me vino otro mensaje de parte del Señor:

9«Hombre mortal, diles esto: "¡Se está afilando y puliendo una espada para ejecutar una terrible matanza! 10¿Ahora se reirán? La espada está lista para ser entregada al verdugo. ¡Su peor falta ha sido haber despreciado el cetro de mi hijo, burlándose de él como si fuera cualquier palo de escoba! 11Ahora tiemblen porque la espada afilada está ya en manos del verdugo.

12»"Hombre mortal, llora y golpea contra tu muslo en señal de desesperación, pues esa espada matará a mi pueblo y a todos sus jefes. Todos morirán por igual. 13Los pondrá a todos a prueba, y ¿qué suerte tendrán?, pregunta el Señor. ¡Y es que el verdugo no respetará ni a los miembros de la familia real!

14»"Profetiza de esta manera: Bate las palmas vigorosamente, luego toma una espada y blándela dos y tres veces, para simbolizar la gran matanza que les espera. 15Que sus corazones palpiten acelerados de terror, pues la amenaza de muerte está presente en cada hogar, a todos lados llega la matanza, la espada sigue afilada como una navaja y todavía dispuesta para degollar. 16¡Oh espada, corta a la derecha y corta a la izquierda, adondequiera que te vuelvas! 17Y yo aplaudiré al ritmo de la matanza, dice el Señor, y así calmaré mi gran cólera"».

18Luego me vino este mensaje. El Señor dijo:

19,20«Hombre mortal, haz un mapa y sobre él traza dos rutas que simbolizarán los caminos que seguirá el rey de Babilonia; una se dirigirá a Jerusalén y la otra a Rabá de los amonitas. Y coloca una señal en la bifurcación del camino de Babilonia. 21Esta bifurcación se debe a que el rey de Babilonia está detenido en una bifurcación, indeciso en cuanto si atacar a Jerusalén o a Rabá. Él llamará a sus magos para usar adivinación; ellos arrojarán suertes agitando flechas de su aljaba; sacrificarán a los ídolos e inspeccionarán el hígado de su sacrificio, usando todas esas costumbres paganas de adivinación. 22¡Y decidirán dirigirse hacia Jerusalén! Con arietes arremeterán contra las puertas y en medio de gritos de guerra construirán torres para sitiarla y terraplenes para escalar la muralla hasta llegar a su parte más alta y luego penetrar al interior de la ciudad y conquistarla. 23Jerusalén no entenderá esta traición, ¿cómo podían los adivinadores cometer este terrible error? ¡Pues Babilonia es el aliado de Judá y ha jurado defender a Jerusalén! Pero el rey de Babilonia pensará sólo en las veces que ellos se rebelaron contra él. Atacará y los derrotará.

24»El Señor dice: "Una y otra vez su culpabilidad clama contra ustedes, pues sus maldades se cometen abierta y desvergonzadamente en todo tiempo y lugar. Nadie puede olvidarse de ellas aunque quisiera. Dondequiera que ustedes van, todo lo que hacen, todo está lleno de maldad, y por ello ahora ha llegado la hora del castigo".

25»¡Oh rey Sedequías, malvado príncipe de Israel, ha llegado el día del ajuste de cuentas! 26Quita la corona de tu cabeza, dice el Señor Dios. El orden antiguo cambia: ¡ahora los pobres son exaltados y los ricos humillados! 27Yo trastornaré y arruinaré este reino, para que aun el nuevo orden que surja no tenga éxito, hasta que venga el Hombre que tiene derecho a él. Y se lo daré a él.

28»Hombre mortal, profetiza también contra los amonitas, pues ellos se burlaron de mi pueblo cuando más sufrían. Diles esto: "Contra ustedes también se ha desenvainado mi espada reluciente; está afilada y pulida y relampaguea. 29Sus adivinos y falsos profetas les han dicho mentiras respecto a seguridad y éxito;

este; su fruto fue destruido por el fuego. ¹³Ahora la vid está plantada en el desierto donde el suelo es duro y árido. ¹⁴Se está resecando desde adentro, no queda ninguna rama fuerte.

»El cumplimiento de esta triste profecía ya ha comenzado, y aún queda más».

## Historia de una rebelión

**20** A fines de julio, seis años después de que el rey Joaquín fuera capturado, algunos de los consejeros de Israel vinieron a mí para solicitar instrucciones del Señor, y se sentaron delante de mí aguardando la respuesta. ²Entonces el Señor me dio este mensaje:

³«Hombre mortal, di a los consejeros de Israel: El Señor Dios dice: "¿Cómo se atreven a venir a solicitar mi ayuda? ¡Les aseguro que no les diré nada!"

⁴»Júzgalos tú, hombre mortal, condénalos, cuéntales todas las maldades que esta nación ha cometido desde los tiempos de sus antepasados hasta ahora. ⁵,⁶Comunícales que el Señor Dios dice: "Cuando yo escogí a Israel y me revelé a él en Egipto, yo les juré a él y a sus descendientes que los sacaba de Egipto y los llevaba a una tierra que yo había preparado para ellos; una buena tierra con tanta abundancia que se decía que de ella fluía leche y miel; la mejor de las tierras en cualquier parte"

⁷»Luego yo les dije: "Eliminen todos los ídolos a los que ahí se les rinde homenaje, no se contaminen tampoco con los ídolos de Egipto, pues yo soy el Señor Dios de ustedes". ⁸Pero ellos se pusieron tercos contra mí y no quisieron seguir mis órdenes. No se deshicieron de sus ídolos ni abandonaron los dioses de Egipto. Entonces pensé: "Yo descargaré mi cólera contra ellos mientras aún estén en Egipto".

⁹,¹⁰»Pero no lo hice, pues actué para proteger la fama de mi nombre, para que los egipcios no se burlaran del Dios de Israel, diciendo que no podía protegerlos del mal. Así que saqué a mi pueblo fuera de Egipto delante de los propios ojos de los egipcios y los conduje al desierto. ¹¹Allí yo les di mis instrucciones para que vivieran de acuerdo con ellas, teniendo cuidado en seguirlas con fidelidad. ¹²Y les determiné el sábado, un día de descanso cada semana, como un señal entre ellos y yo, para recordarles que soy yo el Señor, quien los aparta en exclusividad para mí, y que les verdaderamente son mi pueblo elegido.

¹³»Pero Israel se rebeló contra mí, allí en el desierto rechazaron mis instrucciones. No quisieron obedecer mis reglas, aunque el obedecerlas significara vivir con seguridad y por largo tiempo. Y tampoco respetaron los días sábados. Entonces pensé: "Descargaré mi cólera sobre ellos y los haré morir en el desierto".

¹⁴»Pero de nuevo me contuve para poder proteger la fama de mi nombre, para que las naciones que me vieron sacarlos de Egipto no dijeran que los había destruido porque no los podía cuidar. ¹⁵Pero yo les aseguré en el desierto que no los traería a la tierra que yo les había dado, una tierra tan pródiga que parece que de ella fluyen leche y miel, el sitio más próspero del mundo, ¹⁶porque ellos se burlaron de mis instrucciones, ignoraron mis deseos y echaron al olvido el respetar los sábados. ¡Sus corazones estaban embotados con sus ídolos! ¹⁷Sin embargo, los perdoné, los vi con compasión y no los exterminé en el desierto.

¹⁸»Entonces hablé a sus hijos y les dije: "No sigan las pisadas de sus padres, no echen a perder su relación conmigo por rendir homenaje a sus ídolos, ¹⁹pues yo soy el Señor, Dios de ustedes. Sigan mis instrucciones, cumplan con nuestro convenio, ²⁰recuerden que los sábados deben estar dedicados a mí, pues ellos son una señal del convenio entre nosotros, para ayudarlos a recordar que yo soy el Señor su Dios".

²¹»Pero sus hijos también se rebelaron contra mí. Ellos rechazaron mis instrucciones, los mandamientos que, de ser obedecidos, aseguran para ustedes una vida larga y próspera. Pero no, se comportaron los sábados como cualquier otro día. Así, pues, dije: "¡Ahora por fin descargaré mi cólera sobre ustedes en el desierto!"

²²»Sin embargo, de nuevo yo retuve mi castigo planeado contra ellos para proteger la fama de mi nombre entre las naciones que habían visto mi poder al sacarlos de Egipto. ²³,²⁴Pero hice un solemne juramento contra ellos mientras estaban en el desierto, de que los esparciría, haciéndolos marchar a los lugares más alejados de la tierra porque ellos no obedecieron mis instrucciones sino que las despreciaron y tuvieron en nada los sábados y amaron los ídolos de sus padres. ²⁵Les permití adoptar costumbres y leyes que no tenían valor. Al dejarse guiar por ellas no podrían lograr una vida larga y próspera, como era mi deseo. ²⁶Esperando que ellos retrocederían con horror, y sabrían que sólo yo soy el Señor, les permití contaminarse con los mismos dones que yo les había dado. ¡Hasta llegaron a quemar a sus primogénitos como ofrendas a sus dioses!

²⁷,²⁸»Hombre mortal, comunícales que el Señor dice: "Sus antepasados continuaron blasfemando y traicionándome cuando yo los traje a la tierra que yo les había prometido, pues ofrecieron a sus ídolos homenajes y perfumes agradable en cada colina alta y debajo de cada árbol. Provocaron mi cólera al ofrecer sus sacrificios rituales a esos 'dioses'. ¡Trajeron sus perfumes e incienso y derramaron sus bebidas especiales en honor a ellos! ²⁹Yo les dije: '¿Qué es ese lugar de sacrificio a donde van?' Y por eso le llaman 'El lugar de sacrificio'; así es como obtuvo su nombre".

## Juicio y restauración

³⁰»El Señor Dios quiere saber si ustedes se van a contaminar tal como lo hicieron sus antepasados, si seguirán ofreciendo homenajes a sus ídolos. ³¹Pues cuando ofrecen regalos a ellos y entregan a sus pequeños para ser quemados, como lo hacen aún hoy, ¿creen ustedes que pondré atención a sus oraciones?, ¿creen que los ayudaré, oh israelitas? ¡Tengan por seguro", dice el Señor Dios, "que no les daré ningún mensaje, aunque han acudido a mí para preguntar! ³²Lo que tienen en mente no llegará a cumplirse: ser como las naciones a su alrededor, sirviendo a dioses de madera y piedra. ³³¡Yo reinaré sobre ustedes con gran autoridad y rigidez, así como con gran ira y poder! ³⁴Con poderío y furia los sacaré de las tierras donde están dispersados, ³⁵,³⁶y los traeré al desierto donde serán juzgados por mí. Los juzgaré allí, y me libraré de los testarudos, tal como lo hice en el desierto después de sacarlos de Egipto. ³⁷Los contaré cuidadosamente y sólo permitiré que regrese un pequeño grupo. ³⁸Y a los otros, los testarudos y todos aquellos que cometen maldades en contra de mis instrucciones, los expulsaré

el mundo sabrá que soy yo, el Señor, quien talo los árboles altos y exalto a los bajos, que hago secar al árbol verde y al árbol seco crecer. ¡Yo, el Señor, he dicho que lo haré, y lo haré!"»

## La responsabilidad personal

**18** Entonces me vino de nuevo un mensaje del Señor:

²«¿Por qué emplea la gente este proverbio acerca de la tierra de Israel: "Los padres han comido uvas agrias y los hijos sienten el efecto en sus dientes?" ³Les aseguro, dice el Señor Dios, que no usarán más este proverbio en Israel. ⁴Pues todas las vidas para juzgar son mías, la de padres, madres, hijos e hijas por igual, y mi resolución es ésta: Es por sus propias faltas que cada persona morirá; hijos e hijas no pagarán por las faltas de los padres.

⁵»Si una persona es justa y hace lo que es recto, ⁶y no ha ido a las montañas para ofrecer homenajes a los ídolos, y no comete adulterio o se acuesta con una mujer durante el período de su menstruación, ⁷y es un acreedor misericordioso, no quedándose con las prendas empeñadas por deudores pobres, y no es ladrón, sino que da alimento a los pobres y ropa a los necesitados, ⁸y concede préstamos sin interés, y se mantiene alejado de trampas y maldades, y es honesto y justo cuando juzga a otros, ⁹y vive de acuerdo con mis instrucciones, esa persona es justa, dice el Señor, y seguramente vivirá, no le daré la pena de muerte.

¹⁰»Pero si esa persona tiene un hijo que es un ladrón o asesino y no cumple con ninguna de sus responsabilidades, ¹¹rehúsa vivir de acuerdo con las instrucciones de Dios, y ofrece homenajes a los ídolos sobre las montañas y comete adulterio, ¹²y oprime a los pobres y necesitados, y roba a sus deudores rehusando permitirles redimir lo que le han dejado en empeño, y ama los ídolos, ¹³y presta su dinero con interés, ¿dejaré con vida a esa persona? ¡No, por cierto morirá, y será su propia culpa!

¹⁴»Pero si esta persona mala tiene, a su vez, un hijo que ve toda la maldad de su padre pero respeta a Dios y decide vivir en contra de esa clase de vida malvada, ¹⁵y no sube a la montaña para rendir homenaje a los ídolos, y no comete adulterio, ¹⁶y es justo con aquellos que le piden prestado y no les roba, sino que alimenta a los hambrientos y viste a los necesitados, ¹⁷y ayuda a los pobres, y presta dinero sin interés, y vive de acuerdo con mis instrucciones, él no morirá a causa de las maldades de su padre, sino que le dejaré seguir con vida. ¹⁸Pero su padre morirá por sus propias maldades, porque es cruel y roba y hace el mal.

¹⁹»"¡Cómo!", me preguntas, "¿el hijo no paga por las maldades de su padre?" ¡No! Pues si el hijo hace lo que es justo y vive de acuerdo con mis instrucciones, seguramente seguirá viviendo. ²⁰Aquel que comete maldades es el que muere. El hijo no será castigado por las maldades de su padre, ni el padre por las de su hijo. El justo será recompensado por su propia bondad y el perverso castigado por su propia maldad.

²¹»Pero si una persona perversa se aparta de todas sus maldades y comienza a conducirse de acuerdo con mis instrucciones y a hacer lo que es justo y recto, sin duda seguirá viviendo y no la haré morir. ²²Todas sus maldades pasadas serán olvidadas, y esta persona seguirá viviendo debido a su justicia. ²³¿Creen acaso que me agrada ver a los malos morir?, pregunta el Señor. ¡Por supuesto que no! Yo solamente quiero que se arrepientan de sus conductas perversas y puedan seguir viviendo.

²⁴»Sin embargo, si un justo deja de serlo y comienza a actuar como cualquier otro injusto, ¿debiera permitírsele vivir? ¡No, por supuesto que no! Toda su justicia previa será olvidada y él morirá por las injusticias que cometa.

²⁵»Sin embargo, ustedes dicen: "¡El Señor no está siendo justo!" ¡Oh pueblo de Israel!, ¿soy yo el que no es justo, o son ustedes? ²⁶Cuando un hombre bueno se aparta de su justicia y comienza a cometer maldades, entonces muere a consecuencia de su maldad. ²⁷Y si una persona malvada se aparta de su maldad y comienza a vivir de acuerdo con mis instrucciones y hace lo que es recto, salvará su vida, ²⁸pues lo ha pensado y ha decidido apartarse de sus maldades y llevar una vida recta. Seguramente seguirá viviendo, no morirá.

²⁹»No obstante el pueblo de Israel sigue diciendo: "¡El Señor no es justo!" ¡Oh pueblo de Israel, son ustedes los que no son justos, yo sí lo soy! ³⁰¡Yo juzgaré a cada uno de ustedes, oh Israel, y castigaré o recompensaré a cada uno de acuerdo con sus propias acciones! ¡Oh israelitas, arrepiéntanse de sus maldades mientras aún hay tiempo! ³¹¡Déjenlos como cosa del pasado y pidan a Dios ayuda para que puedan recibir pensamientos y sentimientos renovados! Pues ¿por qué habrían de morir, israelitas? ³²No me agrada verlos morir, dice Dios el Señor. ¡Cambien su forma de vivir, cambien y sigan con vida!

## Lamento por los príncipes de Israel

**19** »Canta estas estrofas para los jefes de Israel: ²»¡Qué mujer era su madre, como una leona! ¡Sus hijos eran como cachorros de león! ³Uno de sus cachorros (el rey Joacaz) llegó a ser un fuerte león joven, y aprendió a cazar la presa ¡y se volvió devorador de seres humanos! ⁴Entonces las naciones llamaron a sus cazadores y lo atraparon en un pozo y lo trajeron sujeto en cadenas a Egipto.

⁵»Cuando Israel, la leona madre, vio que todas las esperanzas de que él volviera se desvanecían, tomó a otro de sus cachorros (el rey Joacín) y le enseñó a ser rey de los animales. ⁶Se convirtió en rey entre los leones y aprendió a cazar la presa, y él también llegó a ser devorador de seres humanos. ⁷Demolió los palacios de las naciones vecinas y arruinó sus ciudades; asoló los campos, destruyó sus cosechas; todos en la tierra temblaban de miedo cuando lo oían rugir. ⁸Entonces los ejércitos de las naciones vecinas se unieron y lo rodearon, viniendo de todos lados, lo atraparon en una fosa y lo capturaron. ⁹Luego lo encerraron en una jaula y lo trajeron ante el rey de Babilonia. Fue mantenido en cautiverio para que su rugido no se oyera más sobre las montañas de Israel.

¹⁰»¡Tu madre fue como una vid plantada al lado de un canal de riego, vigorosa de follaje verde por la abundancia de agua! ¹¹Su rama más fuerte llegó a ser como el cetro de un rey y era muy grande, alzándose por encima de las otras vides de tal manera que podía ser vista desde muy lejos. ¹²Pero la vid fue arrancada con furia y arrojada al suelo. Sus ramas fueron quebradas y secadas por un fuerte viento caliente del

cosas perversas que haces, yo te pagaré en pleno por todas tus maldades, dice el Señor. Porque además de tus otras faltas, eres desagradecida.

⁴⁴»De tal madre, tal hija», eso es lo que todo el mundo dirá de ti. ⁴⁵Porque tu madre aborreció a su esposo y a sus hijos, así como tú también lo haces. Y eres exactamente como tus hermanas, pues ellas también despreciaron a sus esposos y a sus hijos. ¡Verdaderamente, tu madre tiene que haber sido una hitita y tu padre un amorreo!

⁴⁶Tu hermana mayor es Samaria, y vive con sus hijas hacia el norte tuyo; tu hermana menor es Sodoma, y vive con sus hijas en el sur. ⁴⁷¡No le has ido a la zaga a la hora de cometer maldades, sino que en poco tiempo las sobrepasaste a ellas! ⁴⁸¡Lo digo con pleno convencimiento, dice el Señor Dios, que Sodoma y sus hijas jamás han sido tan perversas como los son tú y tus hijas! ⁴⁹El pecado de tu hermana Sodoma fue el orgullo, la ociosidad y el exceso de comida mientras los pobres y necesitados sufrían afuera de sus puertas sin que ella les prestara atención. ⁵⁰Ella insolentemente rindió homenaje a muchos ídolos mientras yo observaba. Por eso la aplasté. ⁵¹Ni siquiera Samaria ha cometido la mitad de tus perversidades. Tú has rendido homenaje a los ídolos mucho más y con mayor devoción de lo que lo han hecho tus hermanas; ¡casi parecen blancas palomas comparadas contigo! ⁵²No te sorprendas pues por el castigo más leve que ellas reciben. ¡Pues tus maldades son tan terribles que en comparación contigo, tus hermanas parecen inocentes!

⁵³»(Pero algún día restauraré la prosperidad de Sodoma y Samaria, y la de Judá también) ⁵⁴Tu terrible castigo será un consuelo para ellas, porque será mayor que el suyo. ⁵⁵¡Sí, tus hermanas Sodoma y Samaria y toda su gente serán restauradas nuevamente, y Judá también prosperará en aquel día! ⁵⁶En los días de tu orgullo tenías un profundo desprecio por Sodoma, y te burlabas de ella. ⁵⁷Pero ahora tu perversidad mayor ha quedado expuesta ante todo el mundo, y tú eres objeto de desdén y burla de parte de Edom y sus vecinos y de todos los filisteos. ⁵⁸Esto es parte de tu castigo por todas tus maldades, dice el Señor.

⁵⁹»El Señor Dios dice: ¡Yo te castigaré por todas tus promesas no cumplidas! Livianamente quebraste tus solemnes votos hacia mí; ⁶⁰sin embargo, yo mantendré el compromiso que hice contigo cuando eras joven. Yo estableceré un convenio para siempre contigo, ⁶¹y te acordarás con vergüenza de todo el mal que has hecho. Entonces serás conmovida por mi favor hacia ti cuando tome a tus hermanas Samaria y Sodoma y las haga tus hijas, para que tú reines sobre ellas. Sabrás que no mereces este acto de gracia, porque no fuiste fiel al convenio que hiciste conmigo. ⁶²Reafirmaré mi convenio contigo, y sabrás que yo soy el Señor. ⁶³A pesar de todo lo que has hecho, yo seré bondadoso contigo de nuevo. Bajarás tu rostro avergonzada cuando yo te perdone de todo lo malo que has hecho, dice el Señor Dios».

## La vid y el águila

**17** Luego me vino este mensaje de parte del Señor: ²»Hombre mortal, propón esta adivinanza al pueblo de Israel:

³»Una gran águila con alas anchas y de un plumaje de varios colores, muy poderosa, vino del Líbano ⁴y arrancó el renuevo de la copa del más alto de los cedros y lo llevó a una ciudad llena de comerciantes. ⁵Allí lo plantó en un terreno fértil al lado de un ancho río, donde crecería tan rápido como un sauce. ⁶El renuevo echó brotes y creció y llegó a ser una vid baja pero frondosa que se extendió hacia el águila y produjo fuertes ramas y abundantes hojas, y luego dio frutos. ⁷Pero cuando llegó otra gran águila, también con alas anchas y abundante plumaje, este árbol dirigió sus raíces y ramas hacia esta segunda águila. ⁸Aunque ya estaba en buena tierra con abundancia de agua como para poder llegar a ser una vid espléndida, produciendo hojas y frutos, no estuvo conforme.

⁹»El Señor Dios pregunta: ¿Dejará la primera águila que este árbol crezca y prospere, cuando en realidad es tan fácil arrancarla? ¡No, arrancaré hasta sus raíces, cortaré todas sus ramas y dejaré que sus hojas se marchiten y mueran! ¹⁰Aunque la vid empezó tan bien, ¿prosperará? ¡No, se secará completamente cuando el viento caliente del este la toque, secándose en el mismo suelo donde había crecido tan bien!»

¹¹Luego me vino este mensaje del Señor:

¹²«Pregúntales a estos testarudos de Israel: ¿No entienden lo que significa esta adivinanza? Se los diré: Nabucodonosor, rey de Babilonia, el primero de las dos águilas, vino a Jerusalén y se llevó a su rey y a sus príncipes, sus más elevados renuevos y brotes, a Babilonia. ¹³Nabucodonosor hizo un pacto con un miembro de la familia real (Sedequías), y le hizo jurar respetar el pacto y serle fiel. Nabucodonosor tomó a este príncipe como si fuera un renuevo y lo llevó a Babilonia donde lo mantuvo exiliado junto a los principales hombres del gobierno de Israel. ¹⁴Con esta estrategia se aseguró de que Israel no fuera fuerte de nuevo y no tuviera ánimo de rebelarse. ¹⁵Sin embargo, Sedequías se rebeló contra Babilonia, enviando embajadores a Egipto para solicitar un gran ejército y muchos caballos para luchar contra Nabucodonosor. Pero, ¿prosperará Israel después de quebrantar así el pacto de lealtad que firmó? ¿Tendrá éxito? ¹⁶¡No, les aseguro sin ninguna duda, dice el Señor, que el rey de Israel morirá! ¡Nabucodonosor arrancará el árbol junto con sus raíces! Sedequías morirá en Babilonia, donde vive el rey que le dio poder y cuyo pacto él despreció y rompió. ¹⁷El faraón y todo su poderoso ejército no ayudarán a Israel cuando el rey de Babilonia ponga sitio contra Jerusalén de nuevo y mate a muchos de sus habitantes. ¹⁸Y todo esto porque el rey de Israel quebrantó su pacto de fidelidad después de jurar obediencia; por lo tanto no escapará.

¹⁹»El Señor Dios dice: "Les aseguro que lo castigaré por despreciar el juramento solemne que él hizo en mi nombre! ²⁰Lo atraparé dondequiera que pretenda huir y lo traeré de regreso a Babilonia y me ocuparé de él por esta traición contra mí. ²¹Y todos los mejores soldados de Israel serán muertos por herida de espada, y los que permanezcan en la ciudad serán esparcidos en todas direcciones. Entonces sabrán que yo, el Señor, he dicho estas cosas".

²²»Dios el Señor dice: "Yo mismo tomaré la más tierna ramita de la copa del más alto cedro, y la plantaré en la cima de la montaña más elevada de Israel. ²³Llegará a ser un noble cedro, produciendo ramas y frutos. Animales de todo tipo se juntarán debajo de él; sus ramas cobijarán toda clase de aves. ²⁴Y todo

⁵Así, pues, ¡es inútil tanto antes como después de ser echada al fuego!

⁶«Esto es lo que yo les quiero decir con esta ilustración, dice Dios el Señor: Los habitantes de Jerusalén son como las viñas del bosque, ¡inútiles antes de ser quemadas e inútiles después! ⁷Y yo me pondré contra ellos para asegurar que si escapan de un fuego, caigan en otro; y entonces sabrán que yo soy el Señor. ⁸Y yo desolaré su tierra como castigo por su idolatría, dice el Señor Dios».

## Infidelidad de Jerusalén

**16** Luego me vino de nuevo un mensaje del Señor: ²«Hombre mortal, me dijo, recrimina a Jerusalén por sus horribles maldades. Comunícales que el Señor dice: ³¡Tú no eres mejor que la gente de Canaán, tu padre debe haber sido un amorreo y tu madre una hitita! ⁴Cuando naciste nadie te cuidó como es debido. Cuando primero te vi, tu cordón umbilical no había sido cortado, ni se te había lavado, ni frotado con sal, ni fajado, como es la costumbre en estos casos. ⁵Nadie tenía el menor interés en ti; nadie se compadeció de ti ni te cuidó. En aquel día en que naciste fuiste arrojada en el campo y dejada para morir.

⁶»Pero yo pasé por allí y te vi cubierta con tu propia sangre y te dije: ¡Vive! ⁷¡Florece como una planta en el campo! ¡Y así fue! Creciste y te hiciste grande, delgada y flexible, ¡una chica realmente hermosa! Y cuando llegaste a la pubertad tus pechos estaban bien formados y tu vello púbico había crecido; pero estabas desnuda.

⁸»Más tarde, cuando yo pasé y te vi de nuevo, ya tenías edad como para casarte, y yo tendí sobre ti mi manto como es la costumbre para declarar legalmente mi voto de matrimonio. Firmé un convenio contigo y llegaste a ser mía. ⁹,¹⁰Luego, cuando el casamiento había tenido lugar, yo te di hermosas ropas de lino y seda, bordadas, y sandalias hechas de fina piel. ¹¹Te di hermosas joyas, brazaletes y primorosos collares, ¹²un anillo para tu nariz y dos más para tus orejas, y una espléndida diadema para tu cabeza. ¹³Y así fuiste hecha aun más hermosa con oro y plata, y tus vestidos eran de seda y lino finamente bordados. Comías los manjares más exquisitos y llegaste a ser más hermosa aún. Parecías una reina, ¡y lo eras! ¹⁴Tu reputación era grande entre las naciones por tu hermosura; tu hermosura se veía perfecta debido a todo lo que yo te había dado, dice el Señor Dios.

¹⁵»Pero luego pensaste que podías valerte sola, y confiaste en tu hermosura, y te diste como prostituta a cada hombre que pasaba. Tu hermosura era de cualquiera, si te lo pedían. ¹⁶Empleaste las cosas hermosas que yo te había dado para hacer altares a los ídolos y para decorar tu cama de prostitución. ¡Increíble! ¡Jamás ha sucedido algo así antes! ¹⁷Tomaste las mismas joyas y adornos de oro y plata que yo te di e hiciste de ellas estatuas de hombres y les rendiste homenaje como si fueran dioses, lo que es adulterio contra mí. ¹⁸Empleaste la ropa finamente bordada que yo te di ¡para cubrir tus ídolos! ¡Y usaste mi aceite y mi perfume para rendirles homenaje! ¹⁹Colocaste ante ellos —¡increíble!— la harina fina, el aceite y la miel que yo te di, y los usaste como ofrenda para ellos.

²⁰»También tomaste a mis hijos e hijas, los que habías engendrado para mí, y los sacrificaste ritualmente a tus dioses; y ya no están más. ¿No bastaba con que fueras una prostituta? ¿Tenías que haber llegado a tal extremo de maldad? ²¹¿Debías también sacrificar a mis hijos en el fuego de los altares idolátricos? ²²Y en todos estos años de adulterio y maldad no has pensado en aquellos días de hace tanto tiempo, cuando estabas desnuda y cubierta con sangre.

²³»Y luego, además de todas tus otras perversidades, ¡ay de ti, dice el Señor Dios, ²⁴construiste un espacioso burdel para tus amantes, y altares para los ídolos en cada calle, ²⁵y allí ofreciste tu hermosura a cada hombre que pasaba, en una corriente interminable de prostitución! ²⁶Y agregaste a tu lista de amantes a los egipcios, de grandes penes, con quienes te aliaste en tu prostitución. ¡Mi cólera es grande! ²⁷Por tanto yo te he aplastado con mi puño, he reducido tus límites y te he entregado en poder de aquellos que te odian, los filisteos, y aun ellos se avergüenzan de tu desenfreno. ²⁸Has cometido adulterio con los asirios también, haciéndolos tus aliados y rindiendo homenaje a sus dioses; parece como si nunca pudieras encontrar suficientes dioses nuevos. Después de tu adulterio allí, todavía no estabas satisfecha, ²⁹así que rendiste homenaje también a los dioses de esa tierra de comerciantes, Babilonia, y aún así no estabas satisfecha.

³⁰»Qué corazón tan ligero tienes, dice el Señor Dios, para hacer semejantes cosas, que ni la prostituta más descarada se atrevería a realizar. ³¹Construyendo tus altares a los ídolos, tus burdeles sobre cada calle, has sido peor que una prostituta, ¡tan deseosa de cometer tus maldades que ni siquiera has cobrado por tu entrega!

³²»¡Sí, tú eres una esposa adúltera, que vives con otros hombres en vez de vivir con tu propio marido! ³³Las prostitutas cobran por sus servicios; los hombres pagan con muchos regalos, pero no a ti, al contrario ¡tú les das regalos a ellos, sobornándoles para que vengan a ti! ³⁴Así eres distinta de las demás prostitutas, pues eres tú la que pagas a los hombres para que vengan a ti.

³⁵»¡Oh prostituta! oye la palabra del Señor, quien dice: ³⁶Como yo veo tus actos malvados, tu adulterio con tus amantes, tu devoción a los ídolos y el ofrecimiento de tus hijos como sacrificio ritual a tus dioses, ³⁷esto es lo que voy a hacer: Juntaré a todos tus aliados, esos amantes tuyos con quienes has fornicado, tanto los que amaste como los que aborreciste, y te desnudaré ante ellos para que te vean humillada y te avergüences. ³⁸Te castigaré como una asesina es castigada y como se hace con una mujer que atenta contra el matrimonio viviendo con otros hombres. ³⁹Te entregaré a tus amantes, estas muchas naciones, para que seas destruida, y ellos echarán abajo tus burdeles y altares, y te desnudarán y se llevarán tus hermosas joyas, dejándote avergonzada. ⁴⁰Luego te entregarán a la chusma para que te arrojen piedras y te hieran a cuchilladas. ⁴¹Ellos quemarán tus hogares, castigándote ante los ojos de muchas mujeres. Y yo me aseguraré que detengas tus adulterios con otros dioses, y que termines tu costumbre de pagar a tus aliados para que acepten tu entrega. ⁴²Entonces, por fin, cesarán mi cólera y mi celo contra ti, y me tranquilizaré y ya no estaré enojado contigo. ⁴³Pero primero, como no te has acordado de tu juventud sino que has provocado mi cólera con todas estas

granizo y poderosos vientos la derribarán! ¹²Y cuando la pared caiga, la gente exclamará: "¿Por qué no nos dijeron que no aguantaba? ¿Por qué la blanquearon y solo disimularon sus grietas?" ¹³Sí, seguro que caerá. El Señor dice: "¡Yo la derribaré con una tormenta de indignación y un gran aguacero de enojo y con piedras de granizo de cólera! ¹⁴Destruiré su pared blanqueada y caerá sobre ustedes y los aplastará. Hasta los cimientos quedarán a la vista y sabrán entonces que yo soy el Señor". ¹⁵Entonces por fin mi cólera contra la pared y contra los que la blanquearon será desahogada, y diré: "Tanto la pared como sus constructores han desaparecido, ¹⁶pues ellos eran profetas mentirosos que pretendían que Jerusalén tendría paz cuando no habría paz, dice el Señor Dios".

### Condena a las profetisas

¹⁷»Hombre mortal, habla contra las profetisas quienes también pretenden que el Señor les ha dado sus mensajes. ¹⁸Comunícales que el Señor Dios les dice: "¡Ay de estas mujeres que están engañando a mi pueblo, tanto a jóvenes como ancianos, al atar amuletos mágicos a sus muñecas y proporcionarles velos mágicos y venderles salvaguardas! Rehúsan aun ofrecer ayuda si no sacan provecho de ello. Ustedes creen vender protección a mi pueblo, pero ni ustedes se podrán proteger a sí mismas de mi castigo. ¹⁹Por unos pocos puñados de cebada o un pedazo de pan, ¿han de apartar a mi pueblo de mí? ¡Han conducido a la muerte a aquellos que no debían morir! ¡Y han prometido vida a aquellos que no debían vivir, al mentir a mi pueblo, y cuánto lo aprecian ellos!"

²⁰»Por eso el Señor dice: "Yo las aplastaré porque han cazado las almas de mi pueblo como si fueran pájaros con todos sus amuletos y talismanes mágicos. Yo les arrancaré los amuletos y liberaré a mi pueblo como a pájaros de sus jaulas. ²¹Arrancaré los velos mágicos y libraré a mi pueblo del engaño de ustedes; ya no más serán sus víctimas, y sabrán que yo soy el Señor. ²²Sus mentiras han desalentado a los justos, cuando yo no lo quería. Y sus mentiras han alentado a los perversos prometiéndoles vida, aunque continúan viviendo cometiendo toda clase de maldades. ²³No mentirán más, ya no hablarán más de tener visiones inexistentes, ni practicarán su magia ni demás engaños, pues yo libraré a mi pueblo de sus trucos, destruyéndolas a ustedes, y sabrán que yo soy el Señor"».

### Contra la idolatría

**14** Entonces algunos de los sabios consejeros de Israel me visitaron para pedirme un mensaje del Señor, ²y éste es el mensaje que me vino para entregarles:

³«Hombre mortal, estos hombres tienen su corazón lleno de idolatría; su único interés es sacar ventaja de sus mentiras. ¿Debiera yo permitirles preguntarme algo? ⁴Diles que el Señor Dios dice: "Yo, el Señor, me ocuparé en forma personal de castigar a cualquiera en Israel que rinde homenaje a los ídolos y que sólo habla mentiras y luego viene para solicitar mi ayuda. ⁵Pues yo castigaré a todos aquellos que se apartan de mí y van tras los ídolos".

⁶·⁷»Por lo tanto adviérteles que Dios el Señor dice: "Arrepiéntanse y destruyan sus ídolos y dejen de rendirles homenaje y poniéndolos en todos los rincones de sus casas". Yo, el Señor, personalmente castigaré a todo aquel o aquella, sea del pueblo de Israel o de los extranjeros que viven entre ustedes, que me rechaza por seguir a los ídolos y luego se acerca a un profeta para solicitar mi ayuda y consejo. ⁸Yo me volveré contra él o ella y le proporcionaré un terrible castigo ejemplar, lo haré de hazmerreír de todo mundo y será expulsado de entre los míos y entonces sabrá que yo soy el Señor.

⁹»Y si alguno de los falsos profetas de cualquier modo les da un mensaje, sepan que es una mentira. Su profecía no se cumplirá, y yo me pondré contra ese "profeta" y lo eliminaré de entre mi pueblo Israel. ¹⁰Serán castigados tanto los falsos profetas como quienes les consultan, todos serán castigados por sus extravíos, ¹¹para que el pueblo de Israel aprenda a no abandonarme y contaminarse con todas sus maldades, sino a ser mi pueblo fiel y yo su Dios. Así dice el Señor».

### Contra falsas esperanzas

¹²Luego me vino este mensaje del Señor:

¹³«Hombre mortal, cuando la gente de esta tierra cometa infracciones contra mis instrucciones, yo los aplastaré con mi puño y suspenderé su sustento y les haré sufrir hambre tanto a las personas como a los animales. ¹⁴Si Noé, Daniel y Job estuvieran hoy aquí, sólo ellos serían salvados debido a su forma de vivir justa, pero yo destruiría el resto de Israel, dice el Señor Dios.

¹⁵»Cuando yo envíe una invasión de peligrosos animales salvajes para acabar con la población y dejar la tierra en completa desolación, ¹⁶aun si estos tres hombres justos estuvieran allí, el Señor Dios jura que no cambiaría la situación, pues no salvaría a la gente de la destrucción que ha decidido provocar. Sólo estos tres se salvarían, pero la tierra y sus habitantes serían devastados.

¹⁷»O cuando yo traiga guerra contra la tierra y mande a los ejércitos del enemigo a venir y destruir todo, ¹⁸aunque estos tres hombres estuviesen sobre la tierra, el Señor Dios declara que sólo ellos se salvarían.

¹⁹»Y cuando yo dé rienda suelta a mi cólera enviando una epidemia a la tierra y la plaga mate tanto a las personas como a los animales, ²⁰aunque Noé, Daniel y Job vivieran allí, el Señor Dios dice que sólo ellos se salvarían a causa de su forma de vivir.

²¹»Y el Señor agrega: Cuatro grandes castigos aguardan a Jerusalén para destruir toda vida: guerra, hambre, fieras y plaga. ²²Y si después hubiera sobrevivientes y vinieran aquí para unirse a ustedes como exiliados en Babilonia, verían con sus propios ojos cuán perversos son ustedes, y sabrían que fue justo que yo destruyera a Jerusalén. ²³Estarán de acuerdo, cuando se encuentren con ellos, de que con toda razón se están haciendo todas estas cosas a Israel».

### Jerusalén, una vid inútil

**15** Luego me vino este mensaje del Señor:

²«Hombre mortal, ¿de qué sirven las viñas del bosque? ¿Tienen tanta utilidad como los árboles? ¿Llegan a tener siquiera el valor de una sola rama? ³¡No, pues la madera de las viñas ni siquiera puede ser empleada para hacer estacas para colgar ollas y cacerolas o ganchos para colgar ropa! ⁴Sólo sirve para hacer leña, y aún así arde en forma muy pobre.

la actualidad. ¹⁹Les daré un solo corazón y un espíritu nuevo; quitaré sus corazones duros como si fueran de piedra y les daré corazones tiernos llenos de amor hacia Dios ²⁰para que puedan seguir con gusto mis instrucciones y ser mi pueblo, y yo seré su Dios. ²¹Pero en cuanto a los que están ahora en Jerusalén, esos que anhelan los ídolos, yo les pagaré en pleno por sus malas conductas, dice el Señor Dios"».

### La gloria del Señor abandona Jerusalén

²²Los querubines desplegaron sus alas y se alzaron en el aire con sus ruedas junto a ellos, y la magnífica presencia del Dios de Israel estaba sobre ellos. ²³Luego la presencia magnífica del Señor se alzó de encima de la ciudad y se puso sobre la montaña al oriente.

²⁴Después el Espíritu de Dios me llevó de vuelta a Babilonia, a los judíos que estaban exiliados allí. Y así concluyó la visión de mi visita a Jerusalén. ²⁵Y les conté a los exiliados todo lo que el Señor me había mostrado.

### Símbolo del exilio

**12** De nuevo me vino un mensaje del Señor: ²«Hombre mortal, me dijo, tú vives entre rebeldes que podrían conocer la verdad si quisieran, pero no quieren; ellos podrían oírme si pusieran atención, pero no lo hacen, ³pues son muy testarudos. Así que ahora haz una demostración para mostrarles cómo será el estar exiliados. Empaqueta todo lo que puedas llevar sobre tus espaldas y deja tu hogar para ir a otra parte. Vete de día para que ellos te vean, pues quizás aún ahora ellos se preguntarán lo que esto significa, aun cuando son tan testarudos. ⁴Saca tus bultos fuera de tu casa de día para que ellos puedan observar. Luego deja la casa de noche, tal como lo hacen los cautivos cuando comienzan su larga marcha a tierras distantes. ⁵Cava un agujero a través del muro de la ciudad mientras están observando y saca tus posesiones a través de ese agujero. ⁶Mientras ellos observan, alza tus bultos sobre tus hombros y aléjate en la noche; cubre tu rostro y no mires a ningún lado. Todo esto es una señal al pueblo de Israel del mal que sobrevendrá sobre Jerusalén».

⁷Hice como se me había mandado. Traje mis bultos afuera a la luz del día —todo lo que podía llevar al exilio— y al atardecer cavé a través del muro con mis manos. Salí en la oscuridad con mis bultos sobre mis hombros, mientras la gente observaba. ⁸A la mañana siguiente me vino este mensaje del Señor: ⁹«Hombre mortal, estos testadurosn en el pueblo de Israel han preguntado lo que todo esto significa. ¹⁰Diles que el Señor dice que es un mensaje para el rey Sedequías en Jerusalén y para todo el pueblo de Israel. ¹¹Explica que lo que tú hiciste es una demostración de lo que les va a pasar a ellos, porque serán sacados de sus hogares y enviados al exilio. ¹²Aun el rey Sedequías saldrá de noche a través de un agujero en la muralla, llevando sólo lo que puede cargar, con la cara cubierta, porque no podrá ver. ¹³Pero yo lo capturaré en mi red y lo traeré a Babilonia, la tierra de los caldeos, pero no la verá, y morirá allí. ¹⁴Yo esparciré a sus sirvientes y guardias a los cuatro vientos y enviaré enemigos armados con espadas en su persecución. ¹⁵Y cuando estén esparcidos entre las naciones, entonces sabrán que yo soy el Señor. ¹⁶Pero salvaré a unos pocos de ellos de la muerte por guerra, hambre y peste. Los salvaré para dejar bien claro entre las naciones cuán perversos ellos han sido, y sabrán que yo soy el Señor».

¹⁷Luego me vino este otro mensaje del Señor: ¹⁸«Hombre mortal, tiembla al comer; toma tu agua como si fuera lo último que te queda, ¹⁹y diles al pueblo de Israel y a Jerusalén que distribuirán su comida con sumo cuidado y tomarán en pequeños sorbos su ración de agua en desesperación debido a sus maldades. ²⁰Sus ciudades serán destruidas y sus campos arrasados, y entonces sabrán que yo soy el Señor».

²¹Nuevamente me vino un mensaje del Señor: ²²«Hombre mortal, ¿cuál es ese proverbio que citan en Israel? "Los días al pasar vuelven mentiroso a cada profeta". ²³Dios el Señor dice: "Yo pondré fin a este proverbio y pronto dejarán de repetirlo". Dales este otro en su lugar: "Ha llegado el tiempo para que todas estas profecías se cumplan".

²⁴»Luego verán lo que pasará con todas las predicciones falsas de seguridad para Jerusalén. ²⁵¡Pues yo soy el Señor! ¡Lo que yo anuncio siempre se cumple! ¡No habrá más demoras, oh testadurosn de Israel! ¡Lo haré muy pronto, ustedes lo verán!, dice el Señor Dios».

²⁶Luego me vino este mensaje: ²⁷«Hombre mortal, el pueblo de Israel dice: "Sus predicciones no se cumplirán por mucho tiempo". ²⁸Por lo tanto diles: Dios el Señor dice: "¡Toda espera se ha acabado! ¡Lo haré ahora!"»

### Condena a los falsos profetas

**13** Entonces me vino este mensaje de parte del Señor: ²,³«Hombre mortal, profetiza contra los falsos profetas de Israel, quienes están inventado sus propias visiones y pretendiendo tener mensajes de parte mía cuando yo no les he comunicado absolutamente nada. ¡Ay de ellos! ⁴¡Oh Israel, estos "profetas" tuyos son tan ineptos como los zorros para reconstruir muros! ⁵¡Oh profetas perversos!, ¿qué han hecho para fortalecer las murallas de Israel contra sus enemigos, fortaleciendo a Israel, comunicándoles con fidelidad las instrucciones del Señor? ⁶En vez de ello han mentido cuando dijeron: "Mi mensaje es de Dios". Dios no los envió y, sin embargo, esperan que él cumpla sus profecías inventadas. ⁷¿Pueden negar que pretendieron haber tenido visiones que nunca vieron, y que han dicho: "Este mensaje es de Dios", cuando jamás les he comunicado nada a ustedes?

⁸»Por lo tanto, el Señor Dios dice: Yo acabaré con ustedes por estas "visiones" y mentiras que han inventado. ⁹Mi enojo se dirigirá en contra de ustedes y serán eliminados de entre los jefes de Israel; borraré sus nombres de entre mi pueblo y no verán más su propio país. Y así sabrán que yo soy el Señor. ¹⁰Pues estos hombres perversos engañan a mi pueblo, diciendo: "Dios enviará paz", cuando ése no es mi plan. ¡Mi pueblo lleno de falsa confianza construye una pared endeble que no lo podrá proteger, y estos profetas le alaban por ello, y la blanquean con cal!

¹¹»Diles a estos constructores perversos que su pared se caerá; ¡un aguacero la minará, grandes piedras de

12.24-25

piedad de ellos, y les pagaré en pleno por todo lo que han hecho».

¹¹Justo en ese momento el hombre vestido de lino que llevaba el tintero de escribano vino a dar su informe diciendo: «He terminado la tarea que me encomendaste».

## La gloria del Señor abandona el templo

**10** Repentinamente un trono hecho de hermosos zafiros azules apareció en el cielo encima de las cabezas de los seres alados, también llamados querubines.

²Entonces el Señor habló al hombre vestido de lino y le dijo: «Ve entre las ruedas que giran debajo de los querubines y toma un puñado de brasas encendidas y espárcelas sobre la ciudad». Él lo hizo así, mientras yo observaba.

³Los querubines estaban parados al sur del templo cuando el hombre entró. Y una nube esplendorosa llenó el atrio interior.

⁴Luego la magnífica presencia del Señor se alzó desde los querubines, donde estaba asentada, y se trasladó a la puerta del templo. El templo estaba lleno de la magnífica presencia, que se veía como una nube, y el atrio del templo se llenó también del esplendor de la magnífica presencia del Señor. ⁵Y el sonido de las alas de los querubines era como la voz del Dios Todopoderoso cuando habla, y podía oírse con claridad hasta en el atrio exterior.

⁶Cuando el Señor le mandó al hombre vestido de lino que fuera entre los querubines y tomara algunas brasas encendidas de entre las ruedas, el hombre entró y se paró al lado de una de estas ruedas. ⁷,⁸Entonces uno de los querubines extendió su mano (pues cada querubín tenía, debajo de sus alas, lo que se parecían a manos humanas) y tomó algunas brasas encendidas de las llamas de entre las ruedas y las puso en las manos del hombre vestido de lino, quien las tomó y salió.

⁹⁻¹³Cada uno de los cuatro querubines tenía una rueda junto a él, Las Ruedas que Giran, como las oí llamar, pues cada una tenía una segunda rueda cruzada adentro, resplandeciente como el crisolito, con un color verde amarillo. Debido a la construcción de estas ruedas, los querubines podían ir hacia adelante en cada una de las cuatro direcciones; no se volvían atrás cuando cambiaban de dirección puesto que podían desplazarse a cualquiera de las cuatro direcciones a las que sus caras miraban. Cada una de las cuatro ruedas estaba cubierta de ojos, ¡incluyendo las llantas y los rayos! ¹⁴Cada uno de los cuatro querubines tenía caras diferentes: la primera era la de un buey; la segunda, la de un hombre; la tercera, la de un león; y la cuarta, la de un águila.

¹⁵,¹⁶Estos eran los mismos seres que yo había visto al lado del río Quebar, y cuando se alzaban en el aire las ruedas subían con ellos, y permanecían junto a ellos al volar. ¹⁷Cuando los querubines se paraban, también lo hacían las ruedas, pues el espíritu de los querubines estaba en las ruedas.

¹⁸Luego la presencia magnífica del Señor se elevó de la puerta principal del templo y se puso encima de los querubines. ¹⁹Y al estar yo observando, los querubines volaron con sus ruedas junto a ellos a la puerta oriental del templo. Y la presencia magnífica del Dios de Israel estaba sobre ellos.

²⁰Estos eran los seres vivientes que yo había visto debajo del Dios de Israel al lado del río Quebar. Yo sabía que eran los mismos, ²¹pues cada uno tenía cuatro caras y cuatro alas, y con lo que parecían manos humanas debajo de sus alas. ²²Sus caras también eran idénticas a las que yo había visto al lado del río, y viajaban desplazándose hacia adelante, tal como lo hacían los otros.

## Juicio contra los líderes de Israel

**11** Luego el Espíritu me alzó de nuevo y me llevó a la entrada oriental del templo, donde vi a veinticinco de los hombres más prominentes de la ciudad, incluyendo a dos funcionarios, Jazanías, hijo de Azur, y Palatías, hijo de Benaías. ²El Espíritu me dijo: «Hombre mortal, estos son los hombres responsables de tanta maldad por todo el consejo perverso que se está dando en esta ciudad, pues ellos dicen al pueblo: ³"Ahora es el tiempo de reconstruir Jerusalén, pues nuestra ciudad es tan segura como un escudo de hierro y nos protegerá de todo mal". ⁴Por lo tanto, hombre mortal, profetiza contra ellos con voz fuerte y clara».

⁵Luego el Espíritu del Señor vino sobre mí y me mandó que dijera: «El Señor dice al pueblo de Israel: "¿Es eso lo que ustedes están diciendo? Sí, yo sé que lo están haciendo, pues yo conozco todo lo que piensan, cada pensamiento que viene a sus mentes. ⁶Ustedes han asesinado sin parar y han llenado sus calles con los muertos de su violencia.

⁷"Por lo tanto el Señor dice: ¿Ustedes piensan que esta ciudad es tan segura como un escudo de hierro? ¡Pues no lo es, no los protegerá! Sus muertos estarán tendidos adentro, pero ustedes serán arrastrados afuera y ahí los matarán. ⁸Yo los expondré a la guerra que tanto han temido, dice Dios el Señor, ⁹y los tomaré de Jerusalén y los entregaré a extranjeros que ejecutarán mis juicios contra ustedes. ¹⁰Serán muertos por todo el camino hacia las fronteras de Israel, y entonces comprenderán que yo soy el Señor. ¹¹¡No, esta ciudad no será como un escudo de hierro para ustedes, y no estarán seguros dentro de ella! ¡Yo los perseguiré aun hasta las fronteras de Israel! ¹²Y comprenderán que yo soy el Señor, al que ustedes no han querido obedecer, sino que ustedes han preferido imitar a las naciones a su alrededor"».

¹³Mientras aún estaba hablando y contándoles esto, Palatías, hijo de Benaías, murió de repente. Luego me eché con el rostro hasta el suelo y clamé: «¡Oh Señor Dios!, ¿has de matar a todos en Israel?»

¹⁴De nuevo me vino un mensaje del Señor:

¹⁵«Hombre mortal, el remanente que queda en Jerusalén está diciendo de tus hermanos que están exiliados: "Ha sido a consecuencia de que eran tan malvados que el Señor los exilió. Ahora el Señor nos ha dado sus tierras a nosotros". ¹⁶Pero diles a los exiliados que el Señor Dios dice: "Aunque los he esparcido entre las naciones del mundo, sin embargo, yo seré un santuario para ustedes por el tiempo que estén allí, ¹⁷y algún día los juntaré de entre las naciones donde están esparcidos y les haré volver de nuevo a la tierra de Israel. ¹⁸Y cuando vuelvan, quitarán todo rastro de toda esta horrible idolatría que está practicándose en

²⁰»Te di oro y piedras preciosas, ¡y lo empleaste todo para hacerte ídolos! Por lo tanto te lo quitaré todo, echaré todos tus ídolos a la basura. ²¹O se los daré a extranjeros y a hombres malvados como botín. ²²No miraré cuando los extranjeros entren a mi templo y lo contaminen, ni los detendré cuando anden saqueando esos ídolos de oro. Como ladrones, ellos saquearán los tesoros y dejarán al templo en ruinas.

²³»Prepara cadenas para mi pueblo pues la tierra está llena de crímenes sangrientos. Jerusalén está llena de violencia, así que esclavizaré a su gente. ²⁴Aplastaré el orgullo de Jerusalén trayendo a las peores naciones para ocupar sus hogares, destruir las fortificaciones de las que están tan orgullosos los israelitas y contaminar el templo. ²⁵Porque ha llegado el tiempo del asolamiento de Israel. Pedirás paz, pero no la obtendrás. ²⁶¡Calamidad tras calamidad caerán sobre ti; dolor sobre dolor, desastre tras desastre! Anhelarás a algún profeta que pueda guiar a tus habitantes, pero no lo hallarás. ²⁷Los sacerdotes y sabios consejeros, los reyes y los príncipes, todos estarán impotentes, llorando con desesperación. El pueblo temblará horrorizado, porque yo traeré sobre ellos el mal que ellos han provocado, y les daré su justo merecido. Así aprenderán que yo soy el Señor».

## Idolatría en el templo

**8** Luego, a fines de agosto del sexto año del cautiverio del rey Joacín, mientras yo estaba hablando con los sabios consejeros de Judá en mi hogar, llegó a mí la presencia de Dios el Señor. ²Vi lo que parecía ser un hombre, aunque desde su cintura hacía abajo era de fuego, y de su cintura hacía arriba era resplandeciente como un relámpago. ³Tendió lo que parecía una mano y me tomó por el pelo. Y el Espíritu me alzó hacia el cielo y pareció transportarme a Jerusalén, a la entrada de la puerta norte de la ciudad, donde se encontraba el ídolo que tanto había provocado la cólera del Señor. ⁴Y allí estaba la presencia magnífica del Dios de Israel, tal como la había visto antes en el valle.

⁵Él me dijo: «Hombre mortal, mira hacia el norte». Miré y, por cierto, al norte de la puerta del altar, en la misma entrada, estaba el ídolo tan aborrecido. ⁶Y Él me dijo: «Hombre mortal, ¿te das cuenta del sacrilegio que los israelitas están cometiendo? ¿Ves la infidelidad que el pueblo de Israel está cometiendo aquí, para alejarme de mi templo? Pero ven y te mostraré mayores desviaciones».

⁷Luego me llevó a la puerta del atrio del templo, donde pude ver un agujero en la pared. ⁸«Ahora sigue cavando ese agujero en la pared», me dijo. Lo hice y descubrí una puerta hacia una habitación escondida. ⁹«Entra», me dijo, «y verás toda la colección idolátrica que tanto veneran».

¹⁰Entré. ¡Las paredes estaban cubiertas de cuadros de toda clase de serpientes, lagartos y bestias espantosas, además de otros muchos ídolos venerados por el pueblo de Israel! ¹¹Setenta de los sabios consejeros de Israel estaban allí junto con Jazanías, hijo de Safán, rindiendo homenaje a las imágenes y las esculturas. Cada uno de ellos tenía un incensario, así que había una espesa nube de humo sobre sus cabezas.

¹²Luego el Señor me dijo: «Hombre mortal, ¿te das cuenta de lo que los sabios consejeros de Israel están haciendo en lo oculto? Ellos dicen: "¡El Señor no nos ve, se ha alejado!"»

¹³Luego el Señor agregó: «¡Ven y te mostraré cosas aun peores que éstas!»

¹⁴Me llevó a la puerta norte del templo, y allí había mujeres sentadas llorando y presentando sus necesidades ante su dios Tamuz, al que consideran dios de la fertilidad.

¹⁵«¿Te das cuenta de tanta infidelidad?», me preguntó. «¡Pero te mostraré cosas aun peores que éstas!»

¹⁶Luego me llevó al atrio interior del templo y allí junto a la puerta, entre el vestíbulo y el altar de bronce, había unos veinticinco hombres de espaldas al templo del Señor, mirando hacia el oriente, ¡rindiendo homenaje al sol!

¹⁷«¿Te das cuenta de lo que están haciendo?», me preguntó. «¿No significa nada para los hombres principales del pueblo de Judá cometer estos terribles actos, conduciendo a toda la nación a la idolatría? Además que aumentan su provocación haciéndome gestos de burla. ¹⁸¡Por todo ello no me apiadaré, ni perdonaré, y aunque clamen por misericordia no les tendré lástima!»

## El castigo de los culpables

**9** Luego el Señor gritó con fuerza: «¡Llama a aquellos a quienes yo he entregado la ciudad para que la conquisten! ¡Diles que traigan sus armas consigo!»

²Ante su llamado aparecieron seis hombres procediendo de la puerta superior del norte, cada uno portando sus armas, listos para castigar. Uno de ellos estaba vestido de lino y llevaba un tintero de escribano ceñido al costado. Todos entraron al templo y se pararon a un lado del altar de bronce. ³Y la magnífica presencia del Dios de Israel se alzó del querubín donde había estado reposada y se puso sobre la entrada al templo.

Entonces el Señor llamó al hombre con el tintero de escribano, ⁴y le dijo: «Camina por las calles de Jerusalén y pon una marca sobre la frente de los hombres que lloran y suspiran a causa de todas las maldades que ven a su alrededor».

⁵Luego oí al Señor decir a los otros hombres:

«Síganlo a través de la ciudad y maten a todos aquellos cuya frente no está marcada. No les perdonen ni se apiaden de ellos, ⁶mátenlos a todos: viejos y jóvenes, muchachas, mujeres y niños pequeños; pero no toquen a nadie que tenga la marca en la frente. Comiencen aquí mismo en el templo». Y así comenzaron por dar muerte a los sabios consejeros. ⁷Y luego el Señor les dijo:

«¡Profanen el templo! ¡Llenen sus atrios con los cuerpos de aquellos que matan! ¡Salgan a matar!»

Y ellos salieron por la ciudad e hicieron según les fue ordenado.

⁸Mientras ellos estaban cumpliendo sus órdenes, yo estaba solo. Me postré rostro en tierra y exclamé: «¡Oh Señor Dios!, ¿tu furia contra Jerusalén exterminará a todos los que quedan?»

⁹Entonces el Señor me dijo: «Las maldades del pueblo de Israel y Judá son muy graves y toda la tierra está por su culpa llena de muerte e injusticia, pues ellos dicen: "¡El Señor no nos ve! ¡Se ha alejado de este país!" ¹⁰Y por eso no los perdonaré, ni tendré

⁵⁻⁷El Señor Dios dice: «Todo esto ilustra lo que sucederá a Jerusalén, pues se ha apartado de mis instrucciones y consejos y ha sido aún más perversa que las naciones que la rodean. Este es el motivo por el que será castigada con tanta severidad. ⁸Por eso el Señor Dios dice: Yo mismo estoy contra ustedes y los castigaré públicamente mientras todas las naciones vecinas observan. ⁹A causa de las graves maldades que han cometido yo los castigaré en forma más severa de lo que jamás he hecho antes o lo haré después. ¹⁰Los padres y los hijos se devorarán mutuamente, y aquellos que sobrevivan serán esparcidos por todo el mundo.

¹¹»Pues yo les aseguro: Porque han profanado mi templo llenándolo con ídolos y ofreciendo sacrificios rituales para ellos, entonces yo no los perdonaré ni les tendré piedad. ¹²Un tercio de ustedes morirá de hambre y peste, otro tercio será muerto por el enemigo y un tercio esparciré en desbandada, enviando a sus enemigos con espada en mano tras ellos. ¹³Luego, por fin, mi cólera será desahogada. ¡Entonces todo Israel sabrá que aquello que yo advierto, también lo cumplo!

¹⁴»Así haré un ejemplo público de ustedes entre todas las naciones en derredor y ante todos los que pasen por entre las ruinas de su tierra. Quienes los vean se reirán y burlarán de ustedes. ¹⁵Llegarán a ser el hazmerreír del mundo y un terrible ejemplo a todos, para que vean lo que sucede cuando el Señor se la toma contra una nación entera en represión furiosa. Yo, el Señor, lo he dicho.

¹⁶»Les castigaré con hambrunas severas para destruirlos. El hambre se acrecentará hasta que no quede ni un pedazo de pan. ¹⁷Y no sólo sobrevendrá hambre, sino que las fieras los atacarán y los matarán a ustedes y a sus familias; la enfermedad y la guerra los cazarán, y las espadas de los enemigos se encargarán de terminar la obra destructiva. Yo, el Señor, lo he dicho».

## Profecía contra los montes de Israel

**6** De nuevo me vino un mensaje del Señor: ²«Hombre mortal, voltea hacia las montañas de Israel y profetiza contra ellas. ³Diles: "¡Oh montañas de Israel, oigan el mensaje que el Señor Dios trae contra ustedes y contra los ríos, valles y montes! Yo, el Señor mismo, traeré guerra que se extenderá sobre ustedes para destruir los lugares donde se rinde homenaje a los ídolos. ⁴⁻⁷Todas sus ciudades serán derribadas y quemadas, y los altares de los ídolos quedarán abandonados. Sus dioses serán hechos pedazos, las estelas de madera serán quemadas hasta convertirlas en cenizas; los huesos de sus devotos serán esparcidos entre los altares de los ídolos horribles. Entonces por fin sabrán que yo soy el Señor.

⁸»"Pero dejaré que unos pocos de mi pueblo escapen, para ser esparcidos entre las naciones del mundo. ⁹Entonces, cuando estén como exiliados entre las naciones, se acordarán de mí porque yo quitaré su amor por esos ídolos horribles, y evitaré que sus ojos sigan buscando con lujuria esas imágenes idolátricas que son sólo basura. Entonces por fin ellos sentirán remordimientos por toda esta maldad que cometieron. ¹⁰Entonces se darán cuenta que sólo yo soy el Señor y que no estaba hablando en broma cuando les advertí que todo esto les sucedería"».

¹¹El Señor Dios me dijo: «Alza las manos y patalea y menea la cabeza con profundo remordimiento y di: "¡Ay, cuánta maldad ha cometido Israel! ¡Tendrá que perecer por la guerra, el hambre y la peste!" ¹²La peste caerá sobre los que estén en exilio; la guerra destruirá a los que vivan en la tierra de Israel; y los que queden perecerán de hambre durante el sitio de la ciudad. Así, por fin, desahogaré mi indignación sobre ustedes. ¹³Cuando sus muertos estén esparcidos entre sus ídolos y altares sobre cada colina y montaña y bajo cada árbol verde y cada gran roble donde ellos ofrecían perfumes delicados a sus dioses, esas basuras inmundas, se darán cuenta que sólo yo soy Dios. ¹⁴Los castigaré a ustedes y desolaré sus ciudades desde el desierto en el sur hasta Riblá en el norte. Entonces sabrán que yo soy el Señor».

## El fin ha llegado

**7** Este nuevo mensaje me vino del Señor: ²Dile a Israel: «En cualquier dirección que mires, este, oeste, norte o sur, tu tierra está acabada. ³No queda esperanza, pues yo soltaré mi gran cólera sobre ti a causa de tu devoción por los ídolos. ¡Me tendrás que rendir cuentas por tus infidelidades! ⁴Me voltearé para no verte y no te mostraré piedad, te daré tu merecido; te pagaré en pleno, y sabrás que yo soy el Señor.

⁵,⁶»Dios el Señor dice: Con un golpe tras otro yo te acabaré. El fin ha llegado, tu juicio final te está esperando. Ya no tienes escapatoria. ⁷¡Oh Israel, amanece el día de tu condenación, ha llegado el tiempo del castigo! ¡Es un día de gritos de angustia en vez de gritos de alegría! ⁸,⁹Pronto derramaré mi cólera contra ti y permitiré que termine su obra de castigarte por todas tus obras perversas. No te perdonaré ni te tendré piedad, y sabrás que yo soy el Señor, soy quien lo está haciendo.

¹⁰,¹¹»El día del juicio ha llegado; amanece, pues tu maldad y orgullo han recorrido su ciclo y han llegado a su fin. Ninguno de estos hombres orgullosos, ricos y malvados vivirá. Hasta hoy ha sido la maldad quien reina por todas partes. ¹²Sí, el tiempo ha llegado, el día se acerca. No habrá nada para comprar o vender, pues la cólera de Dios está sobre la tierra. ¹³Y aun si un comerciante vive, su negocio habrá desaparecido, pues Dios ha hablado contra todo el pueblo de Israel; todo será destruido. Ni siquiera uno de aquellos cuyas vidas están llenas de maldad saldrá bien librado. ¹⁴Tocan las trompetas llamando al ejército de Israel a movilizarse, pero nadie escucha porque mi cólera está sobre todos ellos y tienen miedo.

¹⁵»Si sales fuera de las murallas, allí está el enemigo esperando para matarte; si permanecen adentro, el hambre y la peste se encargarán de ti. ¹⁶Cualquiera que logre escapar estará solitario como si fuera una paloma escondida en las montañas, cada uno llorando por sus propias maldades. ¹⁷Todas las manos estarán debilitadas, y todas las rodillas tan endebles como el agua. ¹⁸Estarán vestidos de saco en señal de penitencia, y el horror y la vergüenza estarán marcados en sus rostros; traerán rapada la cabeza en señal de dolor y remordimiento.

¹⁹»¡Arroja de ti tu dinero! ¡Tíralo como desperdicios sin valor, porque no valdrá nada en aquel día de destrucción, ni te satisfará ni te alimentará pues tu amor al dinero es el causante de tu lamentable estado!

la roca. Así que no tengas miedo de ellos, ni temas sus miradas amenazantes e iracundas, aunque sean tan rebeldes».

[10] Luego él agregó: «Hombre mortal, deja que mis palabras penetren en lo profundo de tu propio corazón primero; medítalas tú mismo, atentamente. [11] Luego ve a tus compatriotas en el exilio y, escuchen o no, diles: "Esto es lo que el SEÑOR Dios dice"».

[12] Luego el Espíritu me alzó, y la magnífica presencia del SEÑOR comenzó a alejarse, acompañada por el sonido como de un gran terremoto al escucharse un grito que decía: «Que magnífica es la presencia del SEÑOR cuando está en su templo». [13] También el ruido de las alas de los seres vivos al tocarse entre sí era ensordecedor.

[14] El Espíritu me alzó por los aires. Yo iba lleno de amargura e ira, pero la mano del SEÑOR me tenía agarrado con gran fuerza. [15] Llegamos a Tel Aviv, donde estaban los israelitas deportados, junto al río Quebar. Al llegar me senté entre ellos, abrumado y atónito, durante siete días.

### Advertencia a Israel

[16] Al final de los siete días, el SEÑOR me dijo:

[17] «Hombre mortal, yo te he designado como un vigía sobre Israel; siempre que le envíe una advertencia a mi pueblo, transmítesela a ellos en seguida. [18] Si rehúsas advertir a los malos cuando yo quiero que les digas: "¡Están bajo sentencia de muerte, por lo tanto arrepiéntanse y salven sus vidas!", ellos morirán en sus propias culpas, pero yo te culparé a ti por ello. [19] En cambio, si les adviertes y ellos siguen actuando mal, y rehúsan arrepentirse, ellos morirán en sus propias maldades, pero tú estarás sin culpa; hiciste todo lo posible. [20] Y si un hombre bueno se vuelve malo, y tú rehúsas advertirle de las consecuencias, y el SEÑOR lo destruye, sus obras buenas anteriores no le ayudarán; él morirá como culpable. Pero yo te tendré a ti como responsable de su muerte y te castigaré. [21] Y si tú le aconsejas a un justo que se mantenga fiel en su justicia, él será libre de castigo y tú también por haber hecho lo correcto».

[22] En eso estaba cuando el SEÑOR me habló de nuevo: «Ve al valle y allí te hablaré». [23] Me levanté y fui al valle, y ¡vi la presencia magnífica del SEÑOR allí, tal como la vi en mi primera visión junto al río Quebar! Y caí con el rostro hacia tierra. [24] Luego el Espíritu entró en mí, me fortaleció y me puso de pie. Me dijo: «Ve y enciérrate en tu casa. [25] Te adelanto que te atarán con sogas de manera que no puedas moverte. [26] Yo haré que tu lengua se pegue a tu paladar para que no puedas hablar para reprenderles, pues ellos son rebeldes y tercos. [27] Pero siempre que te dé un mensaje, entonces soltaré tu lengua y te dejaré hablar, y les dirás: "El SEÑOR Dios dice", y les comunicarás mi mensaje. ¡El que quiera escuchar, que lo haga, y el que quiera rehusar hacerlo, también! Y es que ellos son rebeldes.

### Anuncio del sitio a Jerusalén

4 »Y ahora, hombre mortal, toma una tablilla de arcilla y ponla delante de ti y dibuja sobre ella un mapa de la ciudad de Jerusalén. [2] Dibuja allí los terraplenes que se usarán para el sitio, los lugares de donde se lanzarán los asaltos, los campamentos enemigos a su alrededor; y también arrietes en derredor de las murallas. [3] Y coloca una plancha de hierro entre ti y la ciudad, como si fuera un muro de hierro. ¡Demuestra gráficamente cómo un ejército enemigo capturará a Jerusalén! Hay un significado especial en cada detalle de lo que te he dicho que hagas, pues es una advertencia para el pueblo de Israel.

[4,5] »Ahora acuéstate sobre tu costado izquierdo durante trescientos noventa días, para mostrar que Israel será castigado por trescientos noventa años mediante cautiverio y opresión. Cada día que estés acostado allí representa un año de castigo que aguarda a Israel. [6] Después, date vuelta y acuéstate sobre tu costado derecho durante cuarenta días, para señalar los años del castigo de Judá. Cada día representará un año. [7] Mientras continúa tu demostración del sitio de Jerusalén, acuéstate allí con tu brazo arremangado (para señalar gran fuerza y poder en el ataque contra ella); esto será un gesto simbólico que profetizará su condena. [8] Y yo te ataré con cuerdas para que no puedas darte vuelta de un lado al otro hasta que hayas completado todos los días que simbolizarás el castigo para Israel y Judá.

[9] »Durante los primeros trescientos noventa días come pan hecho de harina mezclada de trigo, cebada, habas, lentejas, ajonjolí y espelta. Junta estas varias clases de harina en un jarro. [10] Habrás de sacar de esto una ración de doscientos cuarenta gramos por vez, una comida por día. [11] Y usa dos tercios de un litro de agua por día, no más. [12] Cada día toma harina y prepárala como harías pan de cebada. Mientras todos están observando, lo cocerás sobre un fuego, usando excrementos humanos secos como combustible, y lo comerás».

[13] El sentido de este gesto es que el SEÑOR declara que Israel comerá pan contaminado en las tierras de pueblos paganos a las que les enviará en exilio.

[14] Luego yo dije: «Oh SEÑOR Dios, ¿por qué debo yo contaminarme empleando excrementos? Yo nunca antes he estado contaminado en toda mi vida. Desde que era niño hasta ahora, jamás he comido ningún animal que haya muerto enfermo o que haya encontrado lastimado o muerto, y nunca he comido de las clases de animales que nuestra ley prohíbe».

[15] Entonces el SEÑOR dijo: «Bien, te permito emplear estiércol de vaca, en vez de excrementos humanos».

[16] Luego me dijo: «Hombre mortal, el pan estará restringido en Jerusalén. Será pesado con gran cuidado y comido con temor. Y el agua será distribuida con medida, y bebida con ansiedad. [17] ¡Yo haré que le falte al pueblo pan y agua, y que se miren el uno al otro con terror, y se llenen de angustia y de remordimientos!

5 »Hombre mortal, toma una espada afilada y empléala como navaja de peluquero para afeitar tu cabeza y barba; emplea luego una balanza para pesar el pelo en tres partes iguales. [2] Coloca un tercio en el centro del mapa de Jerusalén. Quémalo allí después del sitio. Esparce otro tercio por tu mapa y da cuchilladas sobre él. Esparce el último tercio al viento, pues yo perseguiré a mi pueblo con los terrores de la guerra. [3] Conserva sólo un poco del pelo atrapándolo con tu manto; [4] luego saca unos pocos pelos y arrójalos al fuego, pues este poco representa un grupo de sobrevivientes del que posteriormente vendrá alguien como un fuego contra Israel».

# Ezequiel

**1** Ezequiel, hijo de Buzí, era un sacerdote que vivía con los exiliados judíos junto al río Quebar, en Babilonia. Él recibió de parte de Dios visiones que le mostraban lo que acontecería en los próximos meses y años.

²Un día, a fines de junio, cuando ya habían pasado cinco años del exilio del rey Joaquín, ³fue cuando empecé a recibir visiones y mensajes de parte del Señor.

⁴Yo vi en una visión una gran tormenta acercándose hacia mí desde el norte, y delante de ella una enorme nube que resplandecía con fuego, desde adentro de la cual continuamente salían llamaradas, y en el fuego mismo había algo que brillaba como el bronce pulido.

⁵Luego, desde el centro de la nube aparecieron cuatro seres extraños, aunque su figura era como la de un ser humano. ⁶¡Pero, cada uno tenía cuatro caras y dos pares de alas! ⁷Sus piernas eran como las de los hombres, pero sus pies tenían pezuñas como de buey, aunque brillaban como el bronce bruñido. ⁸Y debajo de cada una de sus alas yo podía ver manos humanas.

⁹Los cuatro seres extraños estaban vivos y unidos ala con ala y volaban hacia delante sin volverse atrás. ¹⁰Cada uno tenía la cara de un ser humano al frente, las caras de los costados eran una de león y una de buey, en tanto que la posterior era de águila. ¹¹Cada uno tenía, además, dos pares de alas desplegadas que partían del medio de sus espaldas. Un par se extendía hacia arriba y el otro le cubría su cuerpo. ¹²A donde les impulsaba el Espíritu iban, pero moviéndose siempre hacia adelante, sin darse vuelta.

¹³Subiendo y descendiendo entre ellos había otras formas que resplandecían como brasas ardientes o antorchas brillantes, y desde ellos salían relámpagos. ¹⁴Los seres vivos iban y venían con la velocidad del relámpago.

¹⁵Al estar mirando atentamente todo esto, vi cuatro ruedas sobre el suelo debajo de ellos, correspondiendo una rueda a cada uno de los seres vivientes. ¹⁶Las ruedas parecían como si fueran hechas de ámbar pulido, y cada una estaba construida con una segunda rueda cruzada por adentro. ¹⁷Así podían avanzar en cualquiera de las cuatro direcciones sin tener que darse vuelta. ¹⁸Las cuatro ruedas tenían una enorme circunferencia y despedían brillos intensos.

¹⁹Cuando los cuatro seres vivos volaban hacia adelante, las ruedas se desplazaban con ellos. Cuando volaban hacia arriba, las ruedas también subían con ellos. ²⁰Cuando los seres vivos se detenían, también se detenían las ruedas. ²¹Es que el Espíritu de los cuatro seres vivos estaba en las ruedas de modo que dondequiera su Espíritu iba, las ruedas y los seres vivos iban también.

²²En la parte superior de este extraño ser había una especie de bóveda de cristal purísimo y resplandeciente. ²³Las alas de cada uno de los seres estaban debajo de esta bóveda extendidas para tocar las alas de los otros y cada uno tenía dos alas cubriendo su cuerpo. ²⁴Al volar, el ruido de sus alas era muy intenso, como las olas estrellándose sobre la costa, o como la voz de Dios, o como el griterío de un poderoso ejército en medio de una feroz batalla. Cuando se detenían, entonces plegaban sus alas. ²⁵Estaba yo observando cuando se produjo un gran estruendo. ²⁶Entonces vi sobre la cúpula que estaba encima de ellos. Había algo que se parecía a un trono hecho de zafiros azules, y sentado sobre él, alguien con la apariencia de un ser humano.

²⁷Desde su cintura hacia arriba parecía como bronce reluciente, deslumbrante como el rayo, y desde su cintura hacia abajo como si todo fuera una llamarada. ²⁸Había una aureola resplandeciente semejante a un arco iris alrededor de él. Ése era el aspecto que la presencia magnífica del Señor tenía para mí. Y cuando yo lo vi, caí rostro a tierra, y oí la voz de alguien que me hablaba.

## Llamamiento de Ezequiel

**2** Y me dijo: ¡Ponte de pie, hombre mortal,ᵃ que hablaré contigo!

²Y el Espíritu entró en mí mientras me hablaba, y me puso de pie.

³«Hombre mortal, me dijo, yo te envío a los israelitas, una nación terca, nación que está siempre rebelándose contra mí. Ellos y sus antepasados han vivido siempre desoyendo mis consejos y sin aceptar mi dirección. ⁴Ellos son un pueblo terco, de corazón duro. Pero yo te envío para comunicarles a ellos mis mensajes, los mensajes del Señor Dios. ⁵Y si ellos escuchan o no (pues acuérdate que son rebeldes), por lo menos sabrán que han tenido un profeta entre ellos. ⁶Hombre mortal, no tengas temor de ellos, no te asustes, aun cuando te amenacen con arrojarte a un pozo lleno de escorpiones. No desmayes ante sus semblantes airados, pues acuérdate que son rebeldes. ⁷Tú debes entregarles mis mensajes, escuchen ellos o no (pero no lo harán, porque son muy rebeldes). ⁸Escucha, hombre mortal, lo que yo te diré. ¡No seas tú también rebelde! ¡Abre la boca y come lo que te daré!»

⁹Entonces miré y vi una mano tendida hacia mí con un rollo escrito por ambos lados. ¹⁰Él lo desenrolló, y entonces vi que estaba lleno de advertencias, lamentaciones y condenas.

**3** Él me dijo: «¡Hombre mortal, come este rollo que te he dado! Luego ve y comunica este mensaje al pueblo de Israel».

²Entonces abrí la boca para comer el rollo que él me ofreció. ³«Cómelo todo», me dijo. Y cuando lo comí, supe que tenía el gusto dulce de la miel.

⁴Luego él me dijo: «Hombre mortal, yo te envío al pueblo de Israel con mis mensajes. ⁵No te envío a alguna tierra extraña y distante, donde no entenderías el idioma. ⁶No, no a tribus con lenguas extrañas y difíciles que no entenderían lo que les dices. (¡Aunque si lo hiciera, ellos sí obedecerían mis mandatos!) ⁷Yo te envío al pueblo de Israel, y ¡no te van a escuchar a ti, como no me han escuchado a mí! Pues todos ellos son duros y testarudos. ⁸Pero mira que yo te he hecho duro y testarudo también, tanto como ellos, para que seas insistente. ⁹Yo he hecho tu frente más dura que

---

*a. Hombre mortal*: La expresión *hombre mortal* (lit. «hijo de hombre») se usa con frecuencia en este libro (unas 87 veces), cuando Dios se dirige a Ezequiel. Con esta expresión se quiere resaltar la pequeñez del ser humano frente a la grandeza de Dios. Sin embargo, a pesar de esa fragilidad, Dios usa al profeta como su instrumento para llevar a cabo sus planes y dar esperanza al pueblo cautivo.

## PANORAMA DEL LIBRO

El propósito de este libro fue el de explicarles a los judíos que su castigo se debía a su pecado y falta de santidad delante del Señor. De hecho, el profeta logró este propósito a través de dramáticos y extremos actos simbólicos (lee como ejemplo Ez. 4). A la vez, proclamó la restauración total de un remanente del pueblo, a través de la creación de un nuevo pueblo; con un nuevo corazón, un nuevo pacto, una nueva ciudad y un nuevo templo.

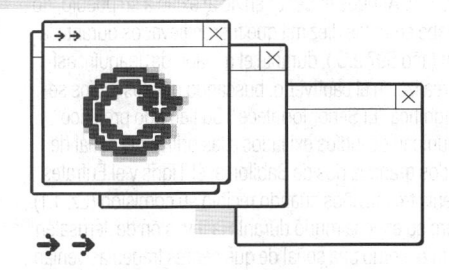

## ¿CÓMO SE RELACIONA CONMIGO?

Dios nunca ha estado interesado en el castigo, pero la lección del libro de Ezequiel es muy clara: el juicio en los días de Ezequiel fue un medio para llevar a su pueblo a un estado de arrepentimiento y humildad que les permitiera disfrutar de una vida en libertad y armonía entre ellos. Para el tiempo de Ezequiel, Israel había vivido durante tanto tiempo en pecado y rebelión, confiados en su propia fuerza y en la de las naciones vecinas, que necesitaban que Dios les recordara su naturaleza santa y su identidad de la manera más dramática. Después de siglos de advertencias y mensajes proféticos, Dios decidió que tenía que sacar a su pueblo de su tierra prometida para su propio bien ya que su purificación vendría mediante la prueba y este es un mensaje muy necesario para la generación actual.
El libro de Ezequiel nos recuerda buscar al Señor en esos tiempos oscuros cuando nos sentimos perdidos, examinar nuestras propias vidas y alinearnos con el único Dios verdadero.

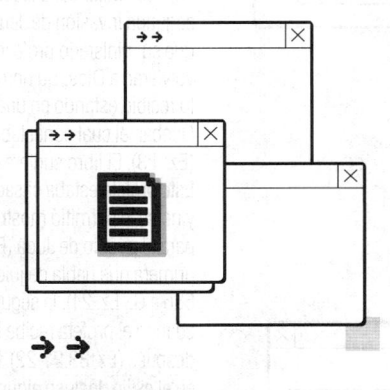

## EL GUION

1) Llamado excepcional de un siervo del Señor. Caps. 1-3
2) Cómo y porqué viene el juicio sobre el pueblo del Señor. Caps. 4-24
3) Cómo y porqué viene el juicio sobre las naciones enemigas del Señor. Caps. 25-32
4) Restauración total del verdadero pueblo del Señor. Caps. 33-48

# EZEQUIEL

# EZEQUIEL

## ¿QUIÉN LO ESCRIBIÓ?

El profeta y sacerdote Ezequiel, hijo de Buzí, ha sido considerado tradicionalmente como el autor de este libro (Ez. 1:3). Aunque el Señor envió al exilio a su pueblo, no dejó de hablarles. Ezequiel estaba entre los diez mil que fueron llevados durante la segunda invasión de Jerusalén (año 597 a.C.), durante el reinado de Joaquín, así que su ministerio profético se realizó en el cautiverio, buscando que los judíos se volvieran a Dios. Su nombre significa "El Señor fortalece". Su llamado profético lo recibió estando en una comunidad de judíos exiliados a las orillas del canal de Quebar, el cual conectaba los dos grandes ríos de Babilonia, el Tigris y el Éufrates (Ez. 1:3). El libro sugiere que tenía treinta años cuando recibió su comisión (Ez. 1:1). Este profeta estaba casado, pero su esposa murió durante la invasión de Jerusalén y no se le permitió mostrar su luto, como una señal de que peores tragedias venían para el pueblo de Judá (Ez. 24:15-24). Su ministerio se divide en dos etapas: la primera que habla de juicio y castigo se extiende hasta la caída de Jerusalén (año 586 a.C., Ez. 24); la segunda que habla de restauración y consuelo comienza cuando el profeta recibe la noticia de la destrucción de Jerusalén, unos dos años después (Ez. 33:21-22). Ezequiel fue uno de los grandes líderes de los judíos en el exilio. Incluso algunos los llaman "el padre del judaísmo".

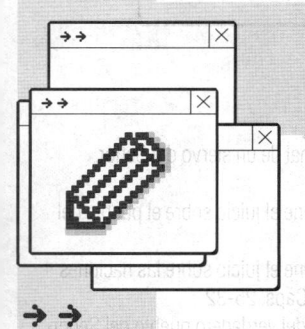

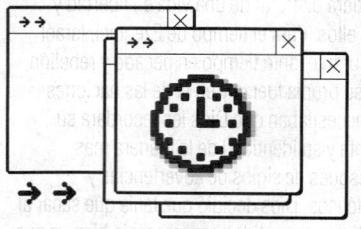

## ¿A QUIÉN LO ESCRIBIÓ?

El libro de Ezequiel fue escrito para que lo leyeran los judíos durante el exilio en Babilonia, aunque grandes secciones del libro se refieren a la situación en la que se encontraba Judá. El profeta se encontraba en una colonia de cautivos establecida por Nabucodonosor a orillas del canal de Quebar, en un asentamiento llamado Tel-aviv (Ez. 3:15), en el cual él tenía su casa (Ez. 8:1). Aparentemente, los líderes judíos continuamente se juntaban con Ezequiel para recibir los consejos del profeta. Algunos sugieren que quizá este sea el inicio de lo que después serían las sinagogas, tan populares en tiempos del Nuevo Testamento.

## ¿CUÁNDO Y DÓNDE LO ESCRIBIÓ?

Este es uno de los libros del Antiguo Testamento que hacen más énfasis en referencias cronológicas. Se cuentan hasta trece alusiones a distintas fechas. Ezequiel comenzó su ministerio en el año 592 a.C., unos cinco años después de ser llevado a Babilonia (lee Ez. 1:2). Veintidós años después, aún seguía profetizando a los exiliados (lee Ez. 29:17). El libro fue escrito en el exilio, mientras Ezequiel estaba en la comunidad de Tel aviv, a orillas del río-canal de Quebar, en Babilonia; lejos de la tierra prometida. Continuamente, sin embargo, el texto declara que el profeta fue llevado en el espíritu a la tierra de Judá para testificar lo que allí estaba sucediendo.

ellos. ⁹Arriesgamos nuestra vida en el desierto para conseguir comida. ¹⁰Tenemos la piel quemada y reseca, ¡por el hambre nos da fiebre!
¹¹En Jerusalén y en los pueblos de Judá violaron tanto a las mujeres como a las niñas. ¹²A nuestros príncipes los humillan colgándolos de las manos. No respetan ni las canas de nuestros viejos. ¹³Se llevan a los jóvenes para moler en los molinos y los muchachitos se tambalean bajo el peso de los fardos de leña.
¹⁴Los ancianos ya no se sientan a las puertas de la ciudad; los jóvenes ya no bailan ni cantan más. ¹⁵La alegría se ha ido de nosotros, nuestro baile se ha convertido en tristeza. ¹⁶Todo nuestro bienestar se ha ido, se esfumó nuestra grandeza. ¡Ay, es que hemos cometido tantas maldades!
¹⁷Nuestros corazones están enfermos, débiles; todo lo vemos fúnebre y triste. ¹⁸El monte de Sión esta desierto; en él sólo habitan los chacales.
¹⁹¡Pero tú, Señor, permaneces para siempre igual! Tu presencia entre nosotros permanece por todas las generaciones.
²⁰¿Por qué nos olvidas para siempre? ¿Por qué te ausentas por tanto tiempo? ²¹¡Haznos volver a ti, Señor, y volveremos! ¡Devuélvenos la alegría que antes teníamos! ²²¿O nos has rechazado por completo? ¿Vas a mantener para siempre tu cólera contra nosotros?

el permiso de Dios? ³⁸¿Acaso no viene de Dios tanto lo bueno como lo malo?

³⁹¿Por qué, pues, nosotros, simples seres humanos, nos quejamos cuando nos castigan por nuestros pecados? ⁴⁰Examinemos nuestra conducta y volvamos a ser fieles al Señor otra vez. ⁴¹Alcemos nuestros corazones y manos al Dios del cielo. ⁴²¡Hemos actuado muy mal, hemos sido muy tercos, pero tú no has perdonado!

⁴³Nos has derribado, Señor, en tu gran cólera, y nos has matado, no quisiste perdonarnos. ⁴⁴Te has cubierto como con una espesa nube para que nuestras oraciones no lleguen hasta ti. ⁴⁵Nos has tratado como si fuéramos basura delante de las naciones. ⁴⁶Todos nuestros enemigos han hablado en contra nuestra. ⁴⁷Estamos llenos de temor pues estamos atrapados, desolados y destruidos.

⁴⁸Me la paso llorando al ver la destrucción de mi pueblo. ⁴⁹Lágrimas fluyen de mis ojos sin descanso, al darme cuenta que no hay escape para mi pueblo. ⁵⁰¡Oh, que el Señor mire desde el cielo y responda a mi ruego! ⁵¹Estoy lleno de dolor al ver todo lo que les está pasando a las mujeres de Jerusalén.

⁵²Mis enemigos, a quienes nunca hice mal, me cazaron como a un ave. ⁵³Me metieron en un pozo y lo cubrieron con una roca. ⁵⁴El agua me cubría por completo. Pensé: «Éste es el fin». ⁵⁵¡Entonces yo me dirigí a ti en oración, Señor, desde la profundidad del pozo, ⁵⁶y atendiste mi petición! ¡Escuchaste mis oraciones, fuiste sensible a mi llanto! ⁵⁷Sí, tú acudiste ante mi oración desesperada y me dijiste: «No tengas miedo.»

⁵⁸¡Oh Señor, tú eres mi defensor! ¡Defendiste mi causa, pues tú has librado mi vida de la muerte!

⁵⁹Tú has visto el mal que me han hecho, Señor, sé mi juez y hazme justicia. ⁶⁰Tú has visto con qué violencia me persiguen mis enemigos. ⁶¹Señor, tú has escuchado los insultos y burlas que dirigen contra mí todo el día, ⁶²y cómo me agreden de todas formas; entonan canciones burlescas en mi contra. ⁶³Mira cómo se ríen y cantan alegremente contra mí esos refranes malintencionados. ⁶⁴¡Oh Señor, dales su merecido por todo el mal que me han hecho! ⁶⁵¡Permite que caigan en sus propias maldades, Señor! ⁶⁶¡Persíguelos, Señor, en tu enojo y haz que caigan golpeados por la mala suerte!

**4** ¡Cómo se ha opacado el oro! ¡Cómo ha perdido su brillo el más fino oro! ¡Regadas por las esquinas de las calles se han quedado las joyas sagradas! ²Los apuestos habitantes de Jerusalén, los que antes valían su peso en oro, hoy los tratan como a simples ollas de barro sin valor alguno.

³Aun los chacales alimentan a sus crías, pero no así mi pueblo, Israel. Ellos son como crueles avestruces del desierto, ignorando el clamor de sus hijos. ⁴La lengua de los niños se les pega por la sed al paladar. Los niños piden pan pero no hay quien se preocupe por ellos.

⁵Los que antes comían las comidas más costosas están ahora mendigando por las calles por cualquier cosa que puedan llevarse a la boca. Los que vivían con todo lujo en sus palacios, ahora revuelven los basureros en busca de comida. ⁶Y ello porque los delitos de mi pueblo son peores que los de Sodoma, que fue destruida en un abrir y cerrar de ojos sin que ningún ser humano tuviera que intervenir en su ruina.

⁷Sus príncipes eran más puros que la nieve, y muy apuestos, tan elegantes como una joya preciosa; ⁸pero ahora su aspecto es muy lamentable, nadie puede reconocerlos. Ahora son puro pellejo sobre los huesos, consumidos.

⁹Les fue menos mal a los que fueron muertos por las heridas de espada que a aquellos que lentamente se mueren de hambre. ¹⁰Tiernas madres han cocido y comido a sus propios hijos; ¡sólo así han podido sobrevivir al sitio de la ciudad!

¹¹Pero ahora por fin la cólera del Señor está aplacada, su terrible enojo se ha calmado. Le prendió fuego a Jerusalén que la ha consumido hasta sus cimientos. ¹²¡Nadie se hubiera podido imaginar que un enemigo podría entrar por las puertas de Jerusalén para conquistarla!

¹³Todo aconteció a causa de las maldades cometidas por sus profetas y sacerdotes, quienes llenaron la ciudad con la sangre de muchos inocentes. ¹⁴Ahora andan vagando como ciegos por las calles, tan sucios de sangre que nadie se atreve a tocar siquiera sus ropas. ¹⁵«¡Apártense!», la gente les grita. «¡Están inmundos, no nos toquen!» Entonces huyen a tierras lejanas y andan errantes entre extranjeros, pero nadie les permite quedarse. ¹⁶El Señor mismo los dispersó, ya no les ayuda más. No hubo respeto para los sacerdotes ni compasión para los ancianos.

¹⁷Miramos esperanzados que nuestros aliados nos vengan a salvar, pero es en vano. Estamos en espera de una nación que no puede ayudarnos.

¹⁸No podemos salir a la calle sin correr peligro. Nuestro fin está cerca, nuestros días están contados, ¡nos ha llegado la hora!

¹⁹Nuestros enemigos son más veloces que las águilas. Si huimos a las montañas, nos encuentran; si nos escondemos en el desierto, allí nos están esperando. ²⁰De nuestro rey, el escogido del Señor, el que era para nosotros como el aire que respiramos, de quien decíamos: ¡Bajo su protección podremos resistir a cualquier nación sobre la tierra!, él también ha sido apresado.

²¹¿Te alegras, oh pueblo de Edom, que habitas en la región de Uz? ¡Tú también tendrás que sufrir todo este tormento!

²²¡Tu castigo ha terminado, Jerusalén, pronto terminará tu condición de esclava en tierra lejana! ¡Pero para ti, Edom, el castigo apenas empieza! ¡Pronto quedarán al descubierto todas tus maldades!

**5** ¡Oh Señor, acuérdate de lo que nos ha pasado; mira todo lo que aun tenemos que soportar! ²Nuestras posesiones ahora las tienen extranjeros, nuestras casas son habitadas por forasteros. ³Somos huérfanos, nuestros padres han muerto y nuestras madres han quedado viudas. ⁴¡Hasta tenemos que pagar por el agua que bebemos y por nuestra propia leña!

⁵Los que nos persiguen nos pisan los talones, nos cansamos y no nos dejan descansar. ⁶Nos sometimos a los egipcios y a los asirios para tener al menos algo que comer.

⁷Nuestros antepasados obraron muy mal, pero murieron antes de que pudieran recibir su propio castigo. ¡Ahora a nosotros nos tocó el castigo que ellos merecían!

⁸Los que antes eran nuestros siervos han llegado a ser nuestros amos. No queda nadie para librarnos de

cabo. Muros y refuerzos de las murallas han caído ante su acción.

⁹Las puertas de Jerusalén han caído por el suelo; el Señor destruyó por completo sus cerrojos. Su rey y sus príncipes andan como extranjeros en tierras lejanas. Ya no hay ley y sus profetas ya no tienen visiones de parte del Señor.

¹⁰Los sabios consejeros de Jerusalén se sientan en tierra y guardan silencio, vestidos con sacos ásperos propios de tiempos de dolor echan polvo sobre sus cabezas en señal de tristeza. Las muchachas de Jerusalén agachan sus cabezas hasta el suelo como señal de la tristeza que sufren.

¹¹He llorado hasta agotar mis lágrimas, todo mi ser se siente profundamente conmovido al ver lo que ha pasado a Jerusalén. ¡Incluso niños, niñas y bebés de pecho desfallecen y mueren en las calles de la ciudad!

¹²«¡Mamá, mamá, queremos comer!», claman mientras sus vidas se van debilitando en los mismos brazos de sus madres. Luego mueren, como si fueran los heridos de una guerra.

¹³¿Hubo alguna vez en toda la tierra un dolor tan grande como el tuyo? Dime, Jerusalén, ¿con qué compararé tu angustia? ¿Cómo podré consolarte, pura y bella Jerusalén? Porque tu angustia es tan grande como el mar. ¿Quién podrá curarte?

¹⁴Tus «profetas» han dicho muchas cosas necias y totalmente falsas, no te señalaron tu maldad para que hubieras podido evitar tu cautiverio; mintieron con falsos mensajes y te hicieron creer en ellos.

¹⁵Todos los que pasan por el camino al verte aplauden en son de burla; entre silbido y muecas, dicen: «¿Es esta la ciudad a la que llaman Hermosa, supuestamente la alegría de toda la tierra?»

¹⁶Todos tus enemigos abren la boca para hablar mal de ti; rechinando los dientes, se burlan diciendo: «¡La hemos destruido al fin! ¡Ha llegado el día que tanto esperábamos! ¡Por fin podemos verlo!

¹⁷El Señor es quien llevó a cabo lo que había planeado. Cumplió las promesas de desastre que hizo hace mucho tiempo. Destruyó a Jerusalén sin piedad y ha permitido que sus enemigos se rían de ella y presuman delante de ella su poder.

¹⁸¡Clama al Señor, Jerusalén! ¡Oh bella ciudad amurallada, capital de Sión! ¡Que tus lágrimas corran con abundancia! ¡No dejes de llorar ni de día ni de noche!

¹⁹Levántate en la noche y clama al Señor, cuando los guardas inician la ronda. Derrama tu corazón delante del Señor, como si fuera agua, y levanta tus manos hacia él en actitud de oración. ¡Clama a Dios por tus niños y niñas que desfallecen de hambre en las calles!

²⁰¡Oh Señor, ponte a pensar, es a tu propio pueblo al que haces sufrir así! ¿Acaso era necesario llegar al extremo de que las madres tuvieran que comerse a sus propios hijos pequeños?¿Que los sacerdotes y profetas fueran asesinados incluso dentro del templo del Señor?

²¹¡Niños y ancianos, muchachos y muchachas, tendidos en las calles, muertos por las heridas de espada del enemigo! ¡Tú los has matado sin piedad, dejándote llevar por tu cólera!

²²¡Has traído el terror de todas partes, como si lo trajeras a una fiesta! En el día de tu ira, Señor, nadie ha escapado ni quedado con vida. El enemigo ha matado a todos los niños y niñas que yo crié y eduqué.

**3** Yo soy un hombre que ha visto lo que se sufre cuando el Señor castiga las maldades. ²Él me hizo caminar en tinieblas, sin nada de luz. ³Se ha vuelto contra mí, de día y de noche me castiga sin parar. ⁴Me ha hecho sufrir tanto que hasta me veo avejentado y estoy lleno de tristeza. ⁵Él ha procurado que sólo me acontezcan cosas malas; todo a mi alrededor es triste y penoso. ⁶Me ha hecho vivir en las tinieblas por largo tiempo, como si ya estuviera muerto. ⁷Me ha maltratado por todos lados, casi no tengo ni respiro; estoy tan apesadumbrado que parece que estuviera sujetado con cadenas pesadas. ⁸¡Por más que grite y clame no me pone nada de atención! ⁹¡Me ha cerrado el camino de modo que no veo nada claro en mi futuro! ¡Todos mis proyectos los ha estorbado y ya no sé qué hacer!

¹⁰Me acecha como un oso, como un león, listo para atacarme. ¹¹Me ha arrastrado a un lado del camino, me ha despedazado con sus garras, me ha dejado indefenso y abandonado a mi suerte.

¹²Como si fuera un arquero enemigo, me tomó de blanco para lanzarme sus flechas. ¹³¡Y claro que me ha clavado sus flechas en todo mi cuerpo!

¹⁴Mi propia gente se burla de mí, no dejan de molestarme con sus burlas y rechiflas en ningún momento.

¹⁵El Señor ha llenado mi vida de tristeza y vivo amargado y dolorido todo el tiempo.

¹⁶Me ha hecho moler grava con mis dientes, me ha revolcado en el polvo.

¹⁷¡Me has quitado la paz! ¡Ya ni siquiera me preocupo por portarme bien!

¹⁸Y dije: «Ya no tengo ganas de hacer nada y hasta estoy perdiendo la fe en el Señor».

¹⁹¡Oh, acuérdate de que ando sin saber adonde ir y afligido, con mucho dolor! ²⁰Porque nunca podré olvidar este tiempo tan terrible, y por eso estoy desanimado.

²¹Pero hay algo que quiero recordar y en ello poner mi esperanza: ²²¡en que el gran amor del Señor no tiene fin, pues sólo ha sido por su misericordia que nos ha guardado de la destrucción completa! ²³El Señor es digno de toda confianza; sus muestras de bondad las recibimos cada día.

²⁴El Señor es todo para mí, por lo tanto en él confiaré siempre. ²⁵El Señor es maravillosamente bueno con aquellos quienes en él confían, con aquellos que buscan seguir sus instrucciones. ²⁶Es bueno esperar en confiado silencio la salvación del Señor.

²⁷Es bueno ser fiel al Señor desde la juventud. ²⁸Déjenla estar sola y en silencio, cuando el Señor le quiere mostrar algo. ²⁹Que incline su rostro hasta el suelo en señal de humildad, tal vez aún haya esperanza de algún cambio. ³⁰Que ponga su mejilla a quienes lo hieren, que soporte sus insultos, ³¹porque el Señor no la abandonará para siempre.

³²Aunque el Señor la aflija, también le mostrará compasión, por la grandeza de su bondad. ³³¡Nadie crea que al Señor le agrada afligir al ser humano ni causarle dolor!

³⁴El pisotear a los prisioneros de su pueblo, ³⁵el negar al ser humano sus derechos en la presencia de Dios, ³⁶el no hacer justicia, ¡son cosas que el Señor para nada aprueba! ³⁷¿Puede acaso suceder algo sin

3.22-26

# Lamentaciones

**1** Las calles de Jerusalén donde antes siempre había un feliz alboroto están ahora en silencio. La que era gran señora ahora es como una viuda que se sienta a llorar su soledad. La que era reina de pueblos ahora es la criada.

²Llora toda la noche; las lágrimas corren por sus mejillas. Entre todos sus amantes no hay quien la consuele. Todos sus amigos la han traicionado y son ahora sus enemigos.

³Han expulsado a Judá de su propio territorio y la han sometido a trabajos forzados y dolorosos. Sus enemigos la alcanzaron y la llenaron angustia.

⁴Los caminos que conducen a Jerusalén están muy tristes, pues no hay quien venga con alegría a celebrar las fiestas del templo. Las puertas de acceso a la ciudad están desportilladas, sus sacerdotes gimotean, las jóvenes afligidas y Jerusalén sufren amargamente.

⁵Sus enemigos dominan sobre Jerusalén, y están alegres por el dolor de la ciudad. ¡Y todo es porque el Señor ha castigado a Jerusalén por la cantidad de los delitos que ha cometido! ¡Hasta se han llevado a sus niños cautivos a tierras lejanas!

⁶Jerusalén ha perdido toda su hermosura y majestad. Sus principales ciudadanos son como ciervos hambrientos que buscan pastos, sin fuerzas para seguir huyendo de sus perseguidores que les pisan los talones.

⁷Y ahora, en medio de toda su aflicción, Jerusalén recuerda toda su historia de sufrimiento, como cuando cayó en poder del enemigo y nadie la ayudó, y cuando sus enemigos vieron su caída se burlaron de ella.

⁸¡Tantos son los delitos de Jerusalén que parece imposible volver a restaurarle su honra! Todo aquel que la honraba ahora la desprecia, pues la ha visto insignificante y humillada. Ahora sólo llora y no se atreve a dar la cara.

⁹Se entregó a la inmoralidad y no pensó en el castigo que le podría venir. Ahora está humillada hasta lo más bajo y no hay nadie que la ayude, y clama: «¡Oh Señor, mira mi aflicción; el enemigo ha triunfado sobre mí!»

¹⁰Los enemigos se apoderaron de todos sus tesoros, los mismos enemigos a quienes tú prohibiste la pertenencia a tu nación favorita, ahora saquean incluso los tesoros del templo.

¹¹Su pueblo gime buscando pan; han vendido todo lo que tienen por comida para poder sobrevivir: «¡Mira, oh Señor, el lamentable estado en que me encuentro!»

¹²¿Acaso no los conmueve a todos ustedes los que pasan? Miren y juzguen si hay dolor como el mío, el que el Señor me ha causado en el día de su gran enojo.

¹³Desde el cielo mandó el fuego que ahora me consume toda; me puso una trampa y me hizo caminar de espaldas hacia ella. Me abandonó y me dejó enferma todo el día.

¹⁴¡El Señor mismo ató mis delitos, y me los puso como si fueran un yugo sobre mi cuello! El Señor mismo me ha debilitado y entregado a mis enemigos, ante quienes estoy completamente indefensa.¹⁵El Señor despreció a mis guerreros, reunió un gran ejército para exterminar a mis muchachos. ¡El Señor ha aplastado a la joven Judá como se aplastan las uvas para hacer vino!

¹⁶No tengo a nadie que me consuele, los que me pueden animar están lejos de aquí. Mis hijos están abandonados porque el enemigo nos conquistó.

¹⁷Jerusalén implora por ayuda, pero nadie la consuela. ¡Es que el Señor ha decidido enviar a los vecinos de Israel como sus enemigos! ¡Deja que la traten como si no mereciera ningún respeto!

¹⁸Confieso que el Señor tiene razón, pues me he rebelado en su contra. ¡Oigan, les ruego, pueblos de todas partes, vean mi dolor, pues mis muchachos y señoritas han sido llevados como esclavos a tierras lejanas!

¹⁹Pedí ayuda a mis amantes pero ellos me traicionaron. Mis sacerdotes y mis sabios consejeros murieron mientras buscaban comida para sobrevivir.

²⁰¡Mira, oh Señor, mi angustia! ¡Mi corazón está quebrantado y todo mi ser desesperado por haberme rebelado contra ti! En las calles la espada de los enemigos mata a mis hijos y en casa sólo hay muerte.

²¹¡Escucha mis lamentos, Señor, porque tú eres el único que puede consolarme! Cuando mis enemigos escuchan del mal que tú me has hecho, se alegran. ¡Haz que llegue el día en que a ellos les vaya como me ha ido a mí!

²²¡Mira también todos sus delitos, oh Señor, y trátalos por ellos como me has tratado a mí! ¡Es que ya estoy harta de gemir y sentir cómo mi corazón se va debilitando!

**2** El Señor oscureció a Sión, pues su enojo era como una nube oscura; acabó con la hermosura de Israel hasta volverla nada. En el día de su enojo, ni siquiera se acordó de la posición de privilegio que goza esta ciudad.

²El Señor destruyó sin piedad todas las casas de Israel. En su ira derribó las fortalezas de la capital de Judá. Echó por tierra tanto el reino como a sus príncipes.

³Deshizo todo el poderío de Israel cuando dio rienda suelta a su cólera. No nos protegió más cuando el enemigo llegó a atacarnos. El Señor acaba con Israel por todos lados como si fuera un incendio fuera de control.

⁴Ha atacado como si fuera un guerrero enemigo, dando muerte con sus flechas a nuestros muchachos más valiosos del país. Como el fuego que destruye una tienda valiosa, así derramó su enojo contra Jerusalén.

⁵El Señor ha tratado a Israel como a un enemigo, destruyéndolo. Ha derribado sus torres de defensa y sus palacios. Ha traído llanto y tristeza sin fin a la capital de Judá.

⁶Ha derribado su templo, después de haber ingresado a la ciudad destruyendo sus murallas como si fueran sólo la cerca de un huerto. El Señor ha hecho que olvide sus fiestas santas y sábados. Reyes y sacerdotes caen juntos ante su ira.

⁷El Señor ha rechazado su propio altar, ha despreciado su santuario, ha entregado sus palacios a sus enemigos. ¡Hasta se atreven a gritar en el templo como si fuera un día de fiesta!

⁸El Señor decidió derribar las murallas de Jerusalén. Planeó con cuidado su destrucción y la llevó a

## PANORAMA DEL LIBRO

Muchos judíos pensaban que Dios nunca permitiría la destrucción de Jerusalén, puesto que el templo estaba allí (Jer. 7:4). Después de unos cuarenta años de advertir a Judá sobre el castigo que vendría, lo impensado ocurrió: Jerusalén y el templo fueron destruidos por los ejércitos de Babilonia. Jeremías llora y expresa un dramático lamento por lo sucedido. El propósito del libro es doble: primero, Jeremías confiesa los pecados del pueblo, expresando, a la vez, su profundo pesar por el castigo recibido. Segundo, el profeta proclama la esperanza que existe en la fidelidad de Dios, quien no ha abandonado a su pueblo y que al fin lo restaurará. Este doble propósito hace del libro un muy buen modelo en cuanto a la actitud que el creyente debe tener ante el pecado y el castigo.

## ¿CÓMO SE RELACIONA CONMIGO?

El cristianismo contemporáneo se relaciona más con el triunfalismo que con la lamentación y por esa razón este libro no suele estar en el top de los libros bíblicos más mencionados. Quizás esta afirmación pueda sorprender a muchas víctimas de la cultura, pero en muchos pasajes de la historia los cristianos fuimos minoría y perseguidos o al menos discriminados, por eso es bueno saber que al pueblo de Israel también le tocó sufrir y que hasta tuvieron que hacerlo como esclavos. En situaciones de violencia y desesperanza este libro ofrece una manera de expresar creativamente el dolor ante un desastre provocado por la maldad. Lamentaciones es también un excelente modelo de lo que se debe hacer ante las consecuencias del pecado. Los elementos de aflicción y angustia, profundo pesar y congoja por el pecado y dependencia de la misericordia del Señor, están presentes aquí de maneras variadas. Tú y tus amigos necesitan saber cómo pueden volverse al Señor en momentos de juicio y tener plena conciencia de que la Biblia no promete que el pueblo de Dios no enfrentará las consecuencias de sus malas decisiones ni siempre evitará momentos de lamento.

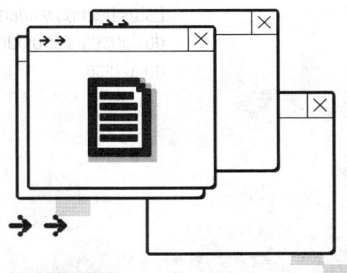

## EL GUION

1) "¡Ay!". Conmovedora aflicción por el castigo. Cap. 1
2) "El Señor se porta como enemigo". Evidente causa del castigo. Cap. 2
3) "¡Muy grande es su fidelidad!". Alentadora esperanza en medio del castigo. Cap. 3
4) "Por los pecados...". Honesta confesión ante el castigo, Cap. 4
5) "Permítenos volver a ti". Humilde súplica después del castigo. Cap. 5.

# LAMENTACIONES

# LAMENTACIONES

## ¿QUIÉN LO ESCRIBIÓ?

El escritor es un testigo ocular de la tragedia y un hombre que muestra sentimientos muy profundos por la tragedia experimentada por Jerusalén. Se trata de un escritor con amplia capacidad literaria y sensibilidad poética. Estos hechos y además algunos vínculos literarios y teológicos con el libro de Jeremías apuntan a ese profeta como el autor, aunque el libro mismo no lo dice.

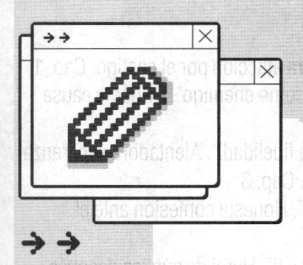

## ¿A QUIÉN LO ESCRIBIÓ?

Los lectores originales de este libro eran los judíos cautivos en Babilonia y además los pocos que permaneci- eron en Jerusalén después de su destrucción. Se trata de un poema que busca expresar la agonía, la perplejidad y la profunda tristeza por lo ocurrido en la amada ciudad. La intención era que estos poemas sirvieran como un vehículo para que los sobrevivientes de la tragedia pudieran expresar sus profundas emociones de dolor y, a la vez, de arrepentimiento ante lo sucedido. Hay una larga tradición entre los judíos que los lleva a leer este libro en días de ayuno y tragedias nacionales, sobre todo al recordar el cautiverio.

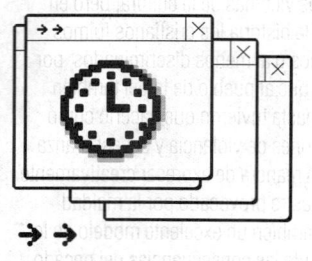

## ¿CUÁNDO Y DÓNDE LO ESCRIBIÓ?

La fecha de composición se coloca muy cerca de la destrucción de Jerusalén, en el año 586 a.C., ya que los recuerdos de los eventos estaban frescos aún. En el tono de los lamentos se nota tal cercanía con lo ocurrido (por ejemplo, 1:10-11), que casi se pueden escuchar los sollozos de los sobrevivientes y el ruido del fuego aun encendido en toda la ciudad (2:9-12). Pocos estudiosos contradicen esta fecha del libro.

Salomón.) ²¹Cada columna medía nueve metros con cuarenta y cinco centímetros de alto, y seis metros y treinta centímetros de circunferencia; eran huecas, y sus paredes tenían setenta y cinco milímetros de grueso. ²²En la parte superior, en una franja de dos metros y sesenta y dos centímetros había, en bajorrelieve, granadas de bronce. ²³Había noventa y seis granadas en los costados y cien granadas más formando una red en torno.

²⁴,²⁵El capitán de la guardia se llevó a Seraías, el sacerdote principal, a Sofonías su ayudante, a los tres principales guardas del templo, a uno de los más altos oficiales del ejército, a siete de los principales consejeros del rey que halló ocultos en la ciudad, al secretario del general del ejército israelita a cuyo cargo estaba el reclutamiento, y a otros sesenta personajes importantes que estaban escondidos. ²⁶Se los llevó al rey de Babilonia que estaba en Riblá, ²⁷en donde el rey los mandó matar.

Así se realizó el exilio de Judá. ²⁸El número de cautivos llevados a Babilonia el séptimo año del reinado de Nabucodonosor fue de tres mil veintitrés. ²⁹Luego, once años después, se llevó otros ochocientos treinta y dos; ³⁰cinco años después envió a Nabuzaradán, el capitán de su guardia, y se llevó setecientos cuarenta y cinco, haciendo un total de cuatro mil seiscientos cautivos.

### *Liberación del rey Joaquín*

³¹El veinticinco de febrero, el año treinta y siete del cautiverio de Joaquín, rey de Judá, en Babilonia, Evil Merodac, que ese año comenzó a reinar en Babilonia, bondadosamente sacó de la cárcel al rey Joaquín. ³²Lo trató amablemente, le dio preferencia sobre los demás reyes que estaban cautivos en Babilonia y ³³le dio ropa nueva y alimentación de la cocina real mientras vivió. ³⁴Se le otorgó además una asignación para sus necesidades diarias, hasta el día de su muerte.

puede creer lo que ve, la poderosa Babilonia caída! **42**El mar se ha levantado contra Babilonia; está cubierta por las olas. **43**Sus ciudades están en ruinas; es tierra desierta donde nadie habita, por donde ni siquiera pasan los viajeros.

**44**Yo castigaré a Bel, el dios de Babilonia, y le sacaré de la boca lo que ha devorado. Ya las naciones no acudirán a rendirle homenaje; ha caído la muralla que protegía a Babilonia.

**45**¡Pueblo mío, huye de Babilonia, sálvate de la tremenda cólera del SEÑOR! **46**Pero no se llenen de pánico ante las primeras noticias de que el enemigo se acerca, porque año tras año habrá olas de rumores. Luego habrá guerra civil entre los gobernadores del reino de Babilonia. **47**Porque se acerca sin pausa el día en que castigaré a esta gran ciudad y a todos sus ídolos. Sus muertos yacerán en las calles. **48**El cielo y la tierra se alegrarán cuando del norte vengan ejércitos destructores contra Babilonia, dice el SEÑOR.

**49**Tal como Babilonia mató al pueblo de Israel, así tiene que ser muerta ella. **50**¡Adelante, los que escaparon a las heridas de las espadas! ¡No se queden para mirar; huyan mientras sea tiempo! ¡Acuérdense del SEÑOR y vuelvan a la lejana Jerusalén! **51**«Estamos llenos de vergüenza porque el templo del SEÑOR ha sido profanado por extranjeros de Babilonia».

**52**Sí, dice el SEÑOR, pero ya les llegó la hora a los ídolos de Babilonia. Por todo el país se oirá gemir a los heridos. **53**Aunque Babilonia fuera tan poderosa como el cielo, aunque aumentara su fortaleza sin medida, morirá, destruida por los ejércitos enemigos que le enviaré, dice el SEÑOR.

**54**¡Atención! ¡Oigan el clamor de gran destrucción que se oye desde Babilonia, la tierra que gobiernan los caldeos! **55**Porque el SEÑOR está destruyendo a Babilonia; ya no se escucha la fuerte voz de ella, y ahora las olas rugientes la ahogan. **56**Los ejércitos destructores enemigos llegan y matan a sus valientes; todas sus armas se les rompen a los babilonios en las manos, porque el SEÑOR es buen pagador y le da a Babilonia su merecido.

**57**Yo embriagaré a sus príncipes, sabios, gobernantes, capitanes y guerreros. ¡Caerán dormidos para no despertar más!, dice el Rey, cuyo nombre es el SEÑOR de los ejércitos.

**58**Porque las gruesas murallas que protegen Babilonia serán arrasadas, e incendiadas las altas puertas de su ciudad. En vano trabajaron constructores de muchos países: ¡su obra será consumida por las llamas!

**59**En el cuarto año del reinado de Sedequías le fue dado a Jeremías este mensaje para Seraías, hijo de Nerías, nieto de Maseías, referente a la captura de Seraías y a su destierro junto con Sedequías, rey de Judá. (Seraías era intendente del ejército de Sedequías.) **60**Jeremías escribió en un rollo todos los espantosos males que Dios tenía planeados contra Babilonia —los cuales han sido consignados más arriba— **61,62**y entregó el rollo a Seraías, diciéndole:

—Cuando llegues a Babilonia, lee lo que tengo escrito, y di: «SEÑOR, tú has dicho que destruirás a Babilonia hasta no dejar en ella ser viviente, y que será abandonada para siempre». **63**Luego, acabada tu lectura del rollo, átale una piedra y arrójalo en el río Éufrates, **64**diciendo: «Así se hundirá Babilonia para no surgir más, por la destrucción que yo traigo sobre ella, de la cual nunca podrá recuperarse».

(Aquí terminan los mensajes de Jeremías.)

(Acontecimientos que se mencionan en el capítulo 39.)

## La caída de Jerusalén

**52** Tenía Sedequías veintiún años de edad cuando se convirtió en rey, y reinó once años en Jerusalén. Su madre se llamaba Jamutal y era hija de Jeremías de Libná. **2**Pero Sedequías fue un rey malvado, como lo había sido Joacim. **3**A tal punto llegaron las cosas, que el SEÑOR, airado, hizo que Sedequías se rebelara contra el rey de Babilonia, a consecuencia de lo cual fue echado de la presencia del SEÑOR en Jerusalén y Judá, junto con el pueblo de Israel, y llevado cautivo a Babilonia.

**4**El noveno año del reinado de Sedequías, el día diez del décimo mes, Nabucodonosor, rey de Babilonia, marchó con todo su ejército contra Jerusalén, construyó fuertes en torno **5**y la tuvo sitiada dos años. **6**Finalmente, el día nueve del cuarto mes, agravada el hambre en la ciudad, pues habían consumido hasta el último bocado, **7**los de la ciudad abrieron un boquete en el muro y por la noche huyeron todos los soldados pasando junto a la puerta que hay entre los dos muros cerca de los jardines del rey (pues la ciudad estaba sitiada por los caldeos), y veloces se escurrieron por los campos hacia el Arabá.

**8**Pero los soldados caldeos los descubrieron y persiguieron, capturando al rey Sedequías en unos campos cerca de Jericó, pues todo su ejército se había desbandado. **9**Se lo llevaron a Nabucodonosor, rey de Babilonia, que entonces se hallaba en la ciudad de Riblá, en el reino de Jamat, y allí lo juzgaron. **10**Nabucodonosor obligó a Sedequías a presenciar la muerte de sus hijos y de todos los príncipes de Judá; **11**luego le sacó los ojos y, encadenado, lo llevaron a Babilonia, en donde pasó encarcelado el resto de sus días.

**12**El día diez del quinto mes, en el año diecinueve del reinado de Nabucodonosor, rey de Babilonia, Nabuzaradán, capitán de la guardia, llegó a Jerusalén, **13**incendió el templo, el palacio y las grandes mansiones, **14**y puso al ejército caldeo a demoler las murallas de la ciudad. **15**Luego se llevó prisioneros a Babilonia algunos de los más pobres de entre el pueblo junto con los sobrevivientes del asedio y la destrucción y a los desertores que se habían pasado al ejército babilónico y a los artesanos que habían quedado. **16**Pero dejó algunos de los más pobres para que atendieran los cultivos como viñadores y labriegos.

**17**Los babilonios desmontaron las dos grandes columnas que estaban a la entrada del templo y la fuente de bronce junto con los bueyes de bronce que le servían de soporte y se los llevaron a Babilonia. **18**Y se llevaron todas las vasijas y ollas de bronce, las palas para ceniza que se empleaban en el altar, las despabiladeras, cucharas, tazones y demás objetos que se usaban en el templo. **19**Se llevaron también los braseros, candelabros, tazas y escudillas de oro puro y las de plata.

**20**Las dos enormes columnas, la fuente y bueyes de bronce eran pesadísimos. Imposible era calcular su peso. (Habían sido hechos en tiempos del rey

**JEREMÍAS 51.1**

⁴⁵Oigan el plan del Señor contra Babilonia, tierra de los caldeos. Porque hasta los niñitos serán llevados como esclavos, y sus posesiones serán saqueadas y destruidas. ¡Qué espanto! ¡Qué horror! ⁴⁶¡El mundo entero se estremecerá por la caída de Babilonia, y su grito desesperado se oirá por toda la tierra!

**51** Así dice el Señor: Provocaré un destructor contra Babilonia, contra toda la tierra de los caldeos, y la destruiré. ²Vendrán los aventadores y la zarandearán para que el viento se la lleve; vendrán de todos los rumbos y se lanzarán contra ella en el día de su desesperación. ³Las flechas enemigas harán caer a los arqueros de Babilonia y perforarán las armaduras de sus guerreros. Nadie se librará; morirán tanto los jóvenes como los viejos. ⁴Muertos caerán en el país de los caldeos; caerán por herida de cuchillo en sus calles, ⁵porque el Señor de los ejércitos no ha abandonado a Israel ni a Judá, todavía es el Dios de ellos a pesar de la gran cantidad de faltas que han cometido contra Dios, el Santo de Israel.

⁶¡Huyan de Babilonia! ¡Sálvese quien pueda! ¡No dejen que los atrapen! Si se quedan, serán destruidos cuando el Señor ejecute su venganza por los actos de maldad de Babilonia. ⁷Babilonia ha sido como copa de oro en las manos del Señor, copa de la cual hizo que el mundo entero bebiera hasta volverse loco. ⁸Pero ahora, de pronto, también cayó Babilonia. Lloren por ella; denle medicina, quizá pueda aún ser sanada. ⁹Si pudiéramos le ayudaríamos, pero ya no tiene remedio. Déjenla, abandónenla y vuelvan a su patria, porque lo que sufre es un castigo que Dios le manda desde el cielo. ¹⁰Así es como el Señor nos hizo justicia. ¡Vamos, proclamemos en Jerusalén todo lo que ha hecho el Señor Dios nuestro!

¹¹¡Sáquenle punta a las flechas! ¡Arriba los escudos! Porque el Señor ha incitado a los reyes de los medos para que se lancen contra Babilonia y la destruyan. Esa es su venganza contra los que trataron injustamente a su pueblo y profanaron su templo.

¹²¡Prepara tus defensas, Babilonia! ¡Pon bastantes guardas en tus murallas, coloca una emboscada, pues el Señor hará cuanto ha anunciado contra Babilonia! ¡El Señor sin duda cumplirá su promesa de destruir a Babilonia! ¹³¡Oh puerto lleno de riquezas, gran centro mercantil, ya te llegó tu hora, hoy se rompe el hilo del que pende tu vida! ¹⁴El Señor de los ejércitos ha dado su palabra, lo ha jurado por la fama de su nombre: ¡Tus ciudades se verán infestadas de enemigos como si fuera un campo cubierto por una plaga de langostas y hasta el cielo llegará el grito de victoria de tus enemigos!

¹⁵Dios hizo el mundo con su poder y sabiduría, extendió los cielos guiándose con su entendimiento. ¹⁶Cuando el Señor habla, hay trueno en los cielos, y hace que de toda la tierra se levante vapor; de sus tesoros saca el relámpago, la lluvia y los vientos. ¹⁷Comparados con él, todos los seres humanos son animales sin inteligencia. ¡Ni uno de ellos tiene sabiduría! Al hacer imágenes y estatuillas de ídolos, el platero se embrutece, pues fabrica mentiras. ¡Dice que son dioses, cuando ni sombra de vida tienen! ¹⁸¡Los ídolos nada son! Son falsificaciones. Y un día el Señor vendrá, observará y los destruirá todos. ¹⁹¡Pero el Dios de Israel no es un ídolo! Él hizo todo lo que existe, e Israel es la nación suya; su nombre es: Señor de los ejércitos.

²⁰El rey Ciro es el hacha de guerra y la espada de Dios. Tú serás mi instrumento, dice el Señor, para despedazar a las naciones y destruir muchos reinos. ²¹Valiéndome de ti aplastaré ejércitos; acabaré con el caballo y su jinete, con el carro de guerra y quien lo conduce. ²²Sí, también destruiré al resto del pueblo: hombres y mujeres, viejos y jóvenes, muchachos y muchachas, ²³pastores y ganados, labradores y bueyes, gobernantes y jueces. ²⁴Delante de sus ojos voy a dar a Babilonia y a los caldeos su merecido por todo el mal que le han hecho a mi pueblo, dice el Señor.

²⁵¡Porque yo estoy contra ti, monte poderoso, Babilonia, destructora del mundo! ¡Contra ti dirigiré mi poder, te derribaré de tus alturas y te convertiré en monte consumido por el fuego! ¡Desde tus alturas te haré caer! ²⁶Para siempre quedarás desolada; ni siquiera tus piedras se volverán a usar como material de construcción. Serás borrada del mapa.

²⁷¡Den la señal a muchas naciones para que se movilicen contra Babilonia! ¡Toquen alarma! ¡Que salgan los ejércitos de Ararat, Mini y Asquenaz! ¡Nombren un general, traigan multitud de caballos! ²⁸¡Lancen contra ella los ejércitos de los reyes medos y sus generales, y los ejércitos de todos los países que ellos gobiernan! ¡Movilicen a toda la gente en contra de Babilonia!

²⁹Babilonia tiembla y se retuerce de dolor, porque todo lo que el Señor ha planeado contra ella se mantiene firme. Babilonia quedará desierta, sin persona viva. ³⁰Ya no luchan sus más fuertes guerreros, permanecen en sus cuarteles. Perdieron su valentía, parecen mujeres. Los invasores han incendiado las casas y han derribado las puertas de la ciudad. ³¹De todos los rumbos acuden los mensajeros a decirle al rey que todo está perdido, que la ciudad ha sido completamente tomada por los enemigos. ³²Todos los caminos de retirada están copados, las fortalezas están en llamas y el ejército es presa de pánico.

³³Porque el Señor de los ejércitos, el Dios de Israel, dice: Babilonia es como trigo al que le van a quitar la paja; dentro de poco comenzarán a darle una paliza.

³⁴,³⁵Los judíos de Babilonia dicen: «Nabucodonosor, rey de Babilonia, nos ha explotado exprimiendo y devorando nuestra fuerza, nos ha absorbido como si fuera un enorme monstruo, se ha llenado el estómago con nuestras riquezas y nos ha echado de nuestra patria. ¡Que Babilonia reciba su merecido por todo lo que nos hizo! ¡Que reciba la justa paga por toda nuestra sangre que derramó!»

³⁶Y el Señor responde: ¡Yo seré el abogado de ustedes, yo defenderé su causa, yo los vengaré! Les voy a secar su río, sus fuentes de agua, ³⁷y Babilonia se convertirá en un montón de ruinas, refugio de chacales, espantoso e increíble espectáculo, motivo de burla y vergüenza, sin persona viva.

³⁸Ebrios en sus festines, los babilonios rugen como leones. ³⁹Y mientras yacen embriagados de vino, yo les prepararé otra fiesta, y haré que beban hasta que caigan en tierra sin sentido, a dormir para siempre, para no despertar jamás, dice el Señor. ⁴⁰Los llevaré al matadero como si fueran ovejas, carneros y cabras.

⁴¹¡Qué caída la de Babilonia, la gran Babilonia, la que todo el mundo admiraba! ¡El mundo casi no

cuál es el camino a Sión y emprenderán el regreso. «Vamos», dirán, «unámonos al Señor en compromiso eterno que jamás volverá a ser quebrantado».

⁶Como ovejas perdidas ha sido el pueblo mío. Sus pastores lo desviaron y abandonaron luego en los montes. Los israelitas se extraviaron y no supieron cómo volver al redil. ⁷Quienes los encontraban los devoraban, diciendo: «Tenemos permiso para atacarlos a nuestro antojo, porque han pecado contra el Señor, el Dios de justicia, la esperanza de sus antepasados».

⁸Pero ahora, escapen de Babilonia, tierra de los caldeos; lleven a mi pueblo de regreso a su patria con la misma decisión que los machos cabríos guían a sus grupos. ⁹¡Pues miren que yo levanto un ejército de naciones poderosas del norte y las lanzo al ataque contra Babilonia, la cual será destruida! ¡Las flechas enemigas dan en el blanco, no fallan! ¹⁰Y Babilonia será saqueada hasta que todo el mundo quede satisfecho del botín, dice el Señor.

¹¹¡Estuvieron alegres, caldeos, despojadores de mi pueblo, y están gordos como vacas que pastan en jugosos prados, y relinchan como caballos alegres! ¹²¡Pero su madre será abrumada de vergüenza, porque se convertirá en la nación más despreciable: en desierto, en tierra seca y estéril! ¹³Por la cólera del Señor Babilonia se convertirá en un paraje desierto, y cuantos por allí pasen se quedarán con la boca abierta y harán burla de todas sus heridas.

¹⁴¡Sí, alístense para la batalla contra Babilonia todas las naciones del entorno! Disparen contra ella los arqueros; no economicen flechas, porque ha pecado contra el Señor. ¹⁵Griten contra ella de todos los rumbos. ¡Miren! ¡Ya se rinde! ¡Sus murallas se han derrumbado! ¡Ya se cumplió la venganza del Señor! ¡Hagan con ella como ella hizo con ustedes! ¹⁶¡Abandónenla todos los jornaleros, huyan a sus fincas conforme se acerca el enemigo!

¹⁷Como ovejas perseguidas por los leones son los israelitas. Primero los devoró el rey de Asiria, luego Nabucodonosor, rey de Babilonia, les trituró los huesos. ¹⁸Por eso dice el Señor de los ejércitos, el Dios de Israel: ¡Ahora castigaré al rey de Babilonia y a su país, como castigué al rey de Asiria! ¹⁹Y traeré a Israel de regreso a su patria, para que coma en los campos del Carmelo y Basán, y vuelva a ser feliz en el monte de Efraín y en el de Galaad. ²⁰En aquellos días, dice el Señor, no se hallará pecado en Israel ni en Judá, porque yo perdonaré a los que hayan quedado, a quienes yo liberé!

²¹¡Arriba, guerreros míos, contra la tierra de Meratayin y contra el pueblo de Pecod! ¡Sí, en marcha al ataque contra Babilonia, tierra de rebeldes, tierra que yo castigaré! ¡Destrúyanlos por completo como les he mandado! ²²¡Que se oiga en el país clamor de batalla, gritos de gran destrucción!, dice el Señor. ²³Babilonia, el más poderoso martillo del mundo, está quebrada y esparcida por el suelo. ¡Derrotada entre las naciones está Babilonia!

²⁴¡Ay Babilonia, te puse trampa y caíste, porque luchaste contra el Señor! ²⁵El Señor abrió su arsenal y sacó armas para hacer estallar su coraje sobre sus enemigos. El terror que cae sobre Babilonia será obra de Dios, el Señor de los ejércitos.

²⁶¡Sí, vengan contra ella desde tierras lejanas, irrumpan en sus graneros, derriben sus murallas y casas hasta convertirlas en un montón de ruinas y la arrasen por completo! ¡Que no quede nada en pie, ²⁷ni siquiera su ganado! ¡Ay de ellos también! ¡Mueran todos, porque ha llegado la hora de que Babilonia sea devastada!

²⁸Pero mi pueblo será librado; escaparán para regresar a su patria y contar cómo el Señor Dios suyo se lanzó furioso contra quienes destruyeron su templo.

²⁹Manda a llamar arqueros que vengan contra Babilonia; rodea la ciudad para que nadie pueda escapar. Haz con ella como ella hizo con otros, pues envalentonada desafió al Señor, al Santo de Israel. ³⁰Sus muchachos más valiosos caerán en la calle y morirán; todos sus guerreros serán muertos, dice el Señor. ³¹No les quede la menor duda: ¡Yo estoy contra ti, pueblo orgulloso, ya te llegó tu hora, pueblo famoso por tu insolencia! ³²¡Patria del orgullo, tropezarás y caerás y no habrá quien te levante, porque el Señor encenderá un fuego en las ciudades de Babilonia que consumirá cuanto hay en torno!

³³Así dice el Señor de los ejércitos: Injustamente han sido tratados los pueblos de Israel y Judá. Quienes los esclavizaron se niegan a dejarles en libertad. ³⁴Pero el Liberador de ellos es fuerte. Se llama Señor de los ejércitos. Él será su abogado y se encargará de que obtengan libertad y regresen a vivir tranquilos en Israel. ¡Pero los babilonios no tendrán reposo!

³⁵La guerra destructora caerá sobre los caldeos, dice el Señor. Caerá la guerra sobre el pueblo de Babilonia sin que se libren ni sus príncipes ni sus sabios. ³⁶¡Todos sus prudentes consejeros resultarán necios! ¡Habrá pánico entre todos sus más valientes guerreros! ³⁷La guerra consumirá sus caballos y sus carros de guerra, y sus aliados extranjeros serán débiles como mujeres. Será despojado de todos sus tesoros, ³⁸y hasta el agua le faltará. ¿Y por qué? ¡Porque todo el país está lleno de idolatría y el pueblo está locamente enamorado de sus ídolos!

³⁹Por lo tanto, esta ciudad de Babilonia se convertirá en morada de avestruces y chacales, será guarida de alimañas del desierto. Jamás volverá a ser habitada por seres humanos; quedará desolada para siempre. ⁴⁰El Señor anuncia que destruirá a Babilonia como destruyó a Sodoma, Gomorra y sus pueblos aledaños. Nadie volvió a vivir en ellos jamás, así como tampoco nadie volverá a vivir en Babilonia.

⁴¹¡Allá vienen! ¡Es un gran ejército que marcha desde el norte! Lo acompañan muchos reyes venidos desde diversos países. ⁴²Armados hasta los dientes, vienen a la matanza; son crueles e implacables; su grito de guerra retumba como el mar que se estrella contra las rocas. ¡Ay Babilonia, vienen en sus carros de guerra a presentarte batalla!

⁴³Cuando recibió el mensaje, el rey de Babilonia dejó impotente caer los brazos; el terror le produjo dolores como de mujer a punto de dar a luz.

⁴⁴Enviaré contra ellos un invasor que los atacará de pronto, como si fuera un león de los bosques de Jordania que se lanza sobre las ovejas en el prado. Pondré en fuga a sus defensores y haré que los gobierne alguien que yo elija. ¿Quién como yo? ¿Qué gobernante puede llevarme la contraria? ¿Quién puede pedirme cuentas?

quien ayude a tus exiliados cuando huyan. ⁶Pero yo ayudaré a los amonitas en el futuro para que puedan volver a su tierra, dice el Señor.

### Mensaje para Edom

⁷El Señor de los ejércitos dice: ¿Qué se hicieron todos tus sabios del pasado? ¿No quedó ni uno en todo Temán? ¿No hay nadie que pueda dar un consejo prudente? ⁸Huye a lo más recóndito del desierto, pueblo de Dedán, porque cuando yo castigue a Edom, también te castigaré a ti. ¡Se acerca la hora de rendir cuentas! ⁹,¹⁰Los vendimiadores dejan unas cuantas uvas para los pobres; ni siquiera los ladrones se lo llevan todo, ¡pero yo dejaré desnuda la tierra de Esaú, y no habrá donde esconderse! Sus hijos e hijas, hermanos, vecinos —todos serán destruidos— y ella también perecerá. ¹¹(Pero yo cuidaré de tus huérfanos que queden, y haré que sus viudas confíen en mí.)

¹²Esto dice el Señor a Edom: Si han de sufrir los inocentes, ¡cuánto más tú! ¡No te librarás! ¡Tienes que sufrir todas las consecuencias del juicio que te he preparado! ¹³¡Pues por mi propia fama he jurado, dice el Señor, que Bosra se convertirá en montón de ruinas, maldecida y humillada, y todas sus ciudades quedarán convertidas en ruinas y nunca más serán habitadas!

¹⁴He recibido este mensaje de parte del Señor: Él ha enviado un mensajero para que convoque a los pueblos para que formen una coalición contra Edom y la destruyan. ¹⁵Porque sin duda que eres insignificante entre los países de la región, sin que nadie se cuide de ti. ¹⁶Tu fama y tu orgullo son sólo un engaño, moradora de los montes de Petra, tú que vives en las hendiduras que hay entre las rocas. Pero aunque mores en las montañas más altas con las águilas, yo de ahí te haré caer, dice el Señor.

¹⁷¡Horrible será el destino de Edom; todos los que por allí pasen quedarán espantados, boquiabiertos ante el desolador espectáculo! ¹⁸Tus ciudades quedarán tan mal paradas como Sodoma, Gomorra y los pueblos aledaños, dice el Señor. Jamás volverá nadie a vivir allí. ¹⁹Contra ellos enviaré a uno que vendrá como el león de los montes de Jordania que rastrea las ovejas del redil. Súbitamente Edom será destruida, y yo haré que los edomitas sean gobernados por un elegido mío. Pues ¿quién como yo, y quién podrá llamarme a cuentas? ²⁰¿Qué pastor podrá desafiarme? Ténganlo presente: ¡Tengan por seguro que les hará esto el Señor a Edom y al pueblo de Temán! ¡Hasta a los niñitos se los llevarán como esclavos! Eso será horrible de ver.

²¹Retiembla la tierra al caer Edom; el griterío de miedo y dolor del pueblo llega hasta el Mar Rojo. ²²El que ha de venir volará veloz como un águila y extenderá sus alas contra Bosra. ¡Entonces el valor de los más fuertes guerreros se desvanecerá como el de mujer ante los dolores del parto!

### Mensaje para Damasco

²³¡Presas de temor están las ciudades de Jamat y Arfad, porque les llegó la noticia de su sentencia! Tienen el corazón latiendo acelerado por el miedo como si fuera un mar agitado. ²⁴Damasco se ha debilitado y todo su pueblo se da a la fuga. El miedo, la angustia y el dolor la atenazan como a mujer con dolores de parto. ²⁵¡Oh famosa ciudad, metrópolis de la alegría, qué desolada estás! ²⁶Por tus calles están tendidos los cadáveres de tus jóvenes, todo tu ejército será destruido en un solo día, dice el Señor de los ejércitos.

²⁷Y haré estallar un incendio que acabe con las murallas de Damasco así como con los palacios de Ben Adad.

### Mensaje para Cedar y Jazor

²⁸Esta profecía se refiere a Cedar y a los reinos de Jazor, los que van a ser destruidos por Nabucodonosor, rey de Babilonia, porque el Señor lo enviará para destruirlos. ²⁹Sus rebaños y las tiendas donde habitan serán tomados como botín, dice el Señor, junto con todas sus demás posesiones. Se llevarán también sus camellos y en torno sólo habrá gritos de pánico: «¡Estamos sitiados y condenados!» Incluso a la ciudad se le llamará "Lugar donde vive el miedo". ³⁰¡Sálvese quien pueda, dice el Señor, huye a lo más recóndito del desierto, pueblo de Jazor, porque Nabucodonosor, rey de Babilonia, ha trazado planes de guerra contra ti y se prepara para destruirte!

³¹«¡Ve!», le dijo el Señor al rey Nabucodonosor, «ataca a esas ricas tribus beduinas que viven sin vecinos en el desierto, libres de toda preocupación, jactándose de bastarse a sí mismas, de que no necesitan ningún tipo especial de protección. ³²Sus camellos y ganados te pertenecerán y yo esparciré a estos paganos por los cuatro vientos. De todos los rumbos haré que les lleguen desgracias».

³³Jazor se convertirá en morada de alimañas del desierto. Jamás volverá a morar nadie allí. Para siempre sólo será un montón de ruinas.

### Mensaje para Elam

³⁴Este mensaje del Señor contra Elam le llegó a Jeremías al comienzo del reinado de Sedequías, rey de Judá: ³⁵El Señor de los ejércitos dice: Destruiré el ejército de Elam ³⁶y esparciré al pueblo de Elam por los cuatro vientos; serán exiliados a países de todo el mundo. ³⁷¡Mi terrible cólera traerá grandes males contra Elam, dice el Señor, y haré que sus enemigos la aniquilen! Ni siquiera se podrán defender pues caerán de puro miedo ante sus enemigos. ³⁸Yo estableceré mi trono en Elam, dice el Señor, destruiré a su rey y a sus príncipes. ³⁹Pero después de un tiempo traeré de regreso al pueblo, dice el Señor.

### Mensaje para Babilonia

**50** Este es el mensaje del Señor contra Babilonia y los caldeos, proclamado por el profeta Jeremías: ²Dile a todo el mundo que Babilonia será destruida. No ahorren en medios para dar a conocer por todas partes la pronta destrucción de Babilonia. Sus dioses Marduc y Bel serán completamente avergonzados, ³pues contra Babilonia se lanzará desde el norte una nación que la arrasará de tal modo que nadie volverá a vivir en ella jamás. No quedará nada: habitantes y bestias saldrán huyendo.

⁴Entonces, sollozando, los pueblos de Israel y Judá se reunirán y buscarán al Señor su Dios. ⁵Preguntarán

49.11

Luhit llorando amargamente, mientras de la ciudad que han dejado se escuchan gritos de terror. ⁶¡Sálvese quien pueda; ocúltense en el desierto! ⁷Porque confiaron en su riqueza y sus habilidades, por lo tanto morirán. Su dios Quemós, junto con sus sacerdotes y príncipes, será llevado a tierras lejanas.

⁸Todos los pueblos y ciudades, tanto las que se localizan en las mesetas o en los valles, serán destruidos, porque el Señor lo ha decidido. ⁹¡Ay, que Moab tuviera alas para escapar, pues no quedará en sus ciudades persona con vida! ¹⁰¡Malditos quienes refrenan sus espadas de derramar la sangre de ustedes, negándose a realizar la obra que el Señor les ha encomendado!

¹¹Desde su más temprana historia, Moab ha vivido en su lugar, libre de toda invasión. Es como vino que no ha sido trasvasado y conserva su fragancia y suavidad. ¡Pero ahora será derramado en el destierro!

¹²¡Pronto llegará el día, ha dicho el Señor, cuando él enviará atormentadores que lo trasvasen de cántaro en cántaro, y luego quebrará los cántaros! ¹³Entonces por fin Moab será avergonzado debido a su ídolo Quemós, tal y como lo fue Israel por su idolátrico becerro en Betel.

¹⁴¿Recuerdas cómo se vanagloriaban: «Somos héroes, poderosos hombres de guerra»? ¹⁵Pero ahora Moab tiene que ser destruido; ya viene su destructor. La flor de su juventud está destinada a la matanza, dice el Rey, el Señor de los ejércitos. ¹⁶La desgracia y el dolor se acercan veloces sobre Moab.

¹⁷¡Amigos de Moab: solloccen y lloren por ella! ¡Vean cómo es destrozada la hermosa y fuerte, la famosa! ¹⁸Bajen de su gloria y siéntense en el polvo, pueblo de Dibón, porque quienes destruyen a Moab también a Dibón destrozarán y derribarán todas sus torres defensivas. ¹⁹Los de Aroer observan con ansiedad apostados junto al camino, y gritan a los que pasan huyendo de Moab: «¿Qué pasó allá?»

²⁰Y ellos responden: «¡Moab está en ruinas; lloren y laméntense por ello! ¡Cuenten por las riberas del Arnón que Moab ha sido destruida!»

²¹Todas las ciudades de la meseta quedaron también convertidas en ruinas, porque el juicio del Señor ha caído sobre todas ellas: Holón, Yahaza, Mefat, ²²Dibón, Nebo, Bet Diblatayin, ²³Quiriatayin, Bet Gamul, Bet Megón, ²⁴Queriot, Bosra y todas las ciudades de la tierra de Moab, las lejanas y las cercanas. ²⁵¡Se acabó la fuerza de Moab: le arrancaron los cuernos, le quebraron los brazos!, dice el Señor.

²⁶Tropiece y caiga como borracha, porque se ha rebelado contra el Señor. Moab se revolcará en su vómito, sufriendo la burla de todos. ²⁷Y todo esto es porque hiciste sufrir a Israel, te burlabas de él como si hubiera sido sorprendido robando.

²⁸Pueblo de Moab, huye de tus ciudades y mora en cuevas como paloma que hace su nido en la hendidura de las peñas. ²⁹Todos hemos oído del orgullo de Moab, pues grande se cree. Sabemos de tu altivez, arrogancia y soberbio corazón: ¡eres muy engreído! ³⁰Yo conozco tu insolencia, ha dicho el Señor, pero falsa es tu presunción y grande tu impotencia. ³¹Sí, gimo de pesar por Moab y tengo el corazón lleno de tristeza por los habitantes de Quir Jeres.

³²Varones de Sibma, ricos en viñedos, lloro por ustedes más que por Jazer, porque el invasor ha destruido tus lindos viñedos, tan famosos en toda la región. Tu cosecha y vendimia han sido convertidas en un desastre. ³³El júbilo y la alegría se fueron de la fértil Moab. Ya los lagares no dan vino; no hay quien exprima las uvas bajo sus pies mientras entona canciones alegres. Gritos hay, sí, ¡pero no de alegría!

³⁴Se levantan en cambio horribles gritos de terror por todo el país, desde Hesbón hasta Elalé y Yahaza, desde Zoar hasta Joronayin y Eglat Selisiyá. Los prados de Nimrín han quedado desiertos.

³⁵Porque el Señor dice: ¡Yo acabé con la práctica de ofrecer homenaje a los falsos dioses y la ofrenda de perfumes delicados a los ídolos que realiza Moab! ³⁶En mi corazón hay mucha pesadumbre por Moab y Quir Jeres, pues toda su prosperidad se ha esfumado en un dos por tres. ³⁷Angustiados, los hombres se rasuran la cabeza y la barba, se hieren el cuerpo y visten saco penitencial. ³⁸En todo hogar de Moab y en las calles habrá llanto y dolor porque descargué mi golpe y rompí a Moab como a cacharro viejo e inútil. ³⁹¡Cómo quedó quebrantada! ¡Oigan sus gemidos! ¡Miren la vergüenza de Moab! Porque ella constituye ahora ejemplo de horror y burla para sus vecinos.

⁴⁰El Señor se levanta sobre el país de Moab como si fuera un águila en vuelo. ⁴¹Sus ciudades han sido destruidas, sus fortalezas defensivas han sido tomadas. A sus más fuertes guerreros les tiembla el corazón de miedo como a mujer ante los dolores del parto.

⁴²Moab ha sido totalmente destruida, ya no volverá a ser nación, porque se ha jactado contra el Señor. ⁴³¡Miedo, emboscadas y traición serán tu herencia, oh Moab! dice el Señor. ⁴⁴El que huya caerá en una trampa y el que escape de ésta caerá en un lazo de cazador. Yo me encargaré de que no escapen, porque ha llegado el día de su juicio, dice el Señor. ⁴⁵Huyen a Hesbón incapaces de ir más lejos. Pero fuego surge en Hesbón, en la región de Sijón, y de un extremo al otro devora el país junto con su población rebelde.

⁴⁶¡Ay de ti, Moab! El pueblo del dios Quemós ha sido destruido, y a sus hijos e hijas se los llevan como esclavos. ⁴⁷Pero más adelante, dice el Señor, yo restauraré a Moab.

(Aquí termina la profecía relativa a Moab.)

## Mensaje para Amón

**49** ¿Qué es lo que hacen? ¿Por qué moran los amonitas en las ciudades de los israelitas? ¿No hay acaso israelitas suficientes? ¿No se las di a ellos como herencia? ¿Por qué entonces ustedes, adoradores de Moloc, se han apoderado de Gad y todas sus ciudades? ²Por esto los castigaré, dice el Señor, destruyendo su ciudad de Rabá. Esta se convertirá en montón de ruinas y los pueblos aledaños serán incendiados. Entonces vendrá Israel y volverá a tomar de ustedes su tierra. Despojará a quienes la despojaron, dice el Señor.

³¡Clama, Hesbón, porque la ciudad de Hai ha sido destruida! ¡Solloza, población de Rabá, vístete de luto, solloza y gime, oculta entre los matorrales, porque tu dios Moloc será desterrado junto con sus príncipes y sacerdotes! ⁴Orgullosa estás de tus fértiles valles, pero pronto serán arrasados. ¡Hija perversa, confiabas en tus riquezas y pensabas que nadie podía perjudicarte jamás! ⁵Pero mira, sobre ti desencadenaré desastres y te llenarás de miedo, dice el Señor de los ejércitos, porque todos tus vecinos te echarán de tu tierra y no habrá

## Mensaje para Egipto

**46** Estos son los mensajes que el Señor le dio a Jeremías respecto a las naciones extranjeras.

Respecto a los egipcios:

²Este mensaje se dio contra Egipto en ocasión de la batalla de Carquemis, cuando el faraón Necao, rey de Egipto, y su ejército fueron derrotados junto al río Éufrates por Nabucodonosor, rey de Babilonia, el cuarto año del reinado de Joacim, hijo de Josías, rey de Judá:

³¡Egipcios, cíñanse la armadura y marchen a la batalla! ⁴Ensillen los caballos y prepárense para cabalgar; pónganse los yelmos, afilen las espadas y pónganse la armadura. ⁵¡Pero vean lo que acontece! El ejército egipcio huye atemorizado; los más valerosos de sus soldados corren sin volver la mirada. Sí, el terror los rodeará por todos lados, dice el Señor. ⁶No escapará ni el más veloz, ni el más fuerte de los guerreros. En el norte, junto al río Éufrates, han tropezado y caído.

⁷¿Qué es este potente ejército que se alza como el Nilo en el tiempo de la creciente, inundando toda la tierra? ⁸Es el ejército egipcio, que presume de que cubrirá la tierra como si fuera inundación, y que destruirá a todo enemigo. ⁹¡Vengan pues, caballos, carrozas de guerra y fuertes guerreros de Egipto! ¡Vengan, todos los de Cus y Fut, que empuñan el escudo y preparan sus armas para entrar en la batalla! ¹⁰Porque hoy es el día del Señor Dios de los ejércitos, el día de venganza contra sus enemigos. La espada herirá hasta saciarse, sí, derramará sangre por todos lados, porque el Señor Dios de los ejércitos recibirá hoy un sacrificio en la tierra del norte, junto al río Éufrates.

¹¹¡Ve a Galaad en busca de remedio, oh virgen, hija de Egipto! ¡Pero no hay remedio para tus heridas, aunque hayas usado muchas medicinas, no hay salvación para ti! ¹²Las naciones han oído de la vergüenza tuya. Por todas partes se escucha tu clamor de desesperación y derrota. Tus más poderosos soldados tropezarán unos con otros y caerán juntos.

¹³Entonces el Señor dio a Jeremías este mensaje respecto a la venida de Nabucodonosor, rey de Babilonia, para atacar a Egipto:

¹⁴¡Grítalo en Egipto, publícalo en las ciudades de Migdol, Menfis y Tafnes! Es mejor que no emprendas ninguna acción, no te movilices para la guerra, porque las armas del enemigo acabarán de cualquier modo con todo en torno tuyo. ¹⁵¿Por qué ha huido aterrorizado Apis, su dios toro? ¡Porque el Señor lo derribó ante sus enemigos! ¹⁶Enormes multitudes caen amontonadas. (Entonces el grupo de sobrevivientes de los judíos dirá: «¡Vengan, regresemos a Judá en donde nacimos, y alejémonos de toda esta matanza!»)

¹⁷¡Cámbienle el nombre al faraón Hofra y llámenlo «Varón sin poder pero de mucho ruido»!

¹⁸¡Téngalo por absolutamente seguro, dice el Rey, el Señor de los ejércitos, que viene contra Egipto uno tan alto como el monte Tabor o el monte Carmelo junto al mar! ¹⁹¡Alisten el equipaje, prepárense a partir al exilio, ciudadanos de Egipto, porque la ciudad de Menfis será totalmente destruida y dejada sin persona viva! ²⁰,²¹Egipto es hermoso como becerra pero un tábano la hace correr, ¡un tábano que viene del norte! Hasta sus famosos mercenarios se han vuelto como asustados terneros. Corren y corren porque es día de gran calamidad para Egipto, es un tiempo de tremendo castigo.

²²,²³Silencioso como serpiente que se desliza, huye Egipto. Entra el ejército invasor. Los innumerables soldados tronchan a su pueblo como si fueran leñadores que abren un claro en el bosque. ²⁴Indefensa como muchachita es Egipto ante estos hombres del norte.

²⁵El Señor de los ejércitos, el Dios de Israel, dice: Castigaré a Amón, dios de Tebas, y a los demás dioses de Egipto. Castigaré también al faraón y a cuantos en él confían. ²⁶Los entregaré en poder de quienes quieren matarlos, en poder de Nabucodonosor, rey de Babilonia, y de su ejército. Pero luego la tierra se recuperará de los desastres de la guerra, y será repoblada.

²⁷¡Pero tú no temas, oh pueblo mío que regresas a tu tierra, no te desanimes, porque yo te salvaré allá lejos y te traeré a tus hijos y a tus hijas desde tierra lejana! ¡Sí, Israel retornará a su tierra y tendrá reposo y nada lo asustará!

²⁸¡No temas, oh Jacob, siervo mío, dice el Señor, porque yo estoy contigo! Yo destruiré a todas las naciones a las cuales te he enviado cautivo, pero a ti no te destruiré. Yo te castigaré, pero únicamente lo que baste para corregirte.

## Mensaje para los filisteos

**47** Este es el mensaje que el Señor dio a Jeremías respecto a los filisteos de Gaza, antes que la ciudad fuera tomada por el ejército egipcio.

²El Señor dice: Del norte viene una inundación que cubrirá la tierra de los filisteos, la que destruirá sus ciudades y todo cuanto en ellas hay. Aterrorizados clamarán los hombres más valientes y todo el país sollozará.

³¡Pero no es una inundación de aguas sino de soldados enemigos! Escuchen el tamborileo de las herraduras de los caballos y el estruendo de las ruedas al paso de los carros de guerra. ¡Huyen los padres sin volver siquiera la mirada a sus indefensos hijos, ⁴porque ha llegado el tiempo en que todos los filisteos y sus aliados de Tiro y Sidón serán destruidos! Porque el Señor aniquila a los filisteos, colonos provenientes de Caftor. ⁵Arrasadas serán las ciudades de Gaza y Ascalón, y quedarán convertidas en ruinas. Descendientes de Anac, ¡cuán grande será su llanto y su duelo!

⁶Espada del Señor, ¿cuándo volverás a reposar de provocar tanta matanza? ¡Enváinate de nuevo; reposa y queda en paz! ⁷Mas, ¿cómo ha de estarse quieta si el Señor le ha dado una encomienda? Porque la ciudad de Ascalón y los que moran por la ribera del mar tienen que ser aniquilados.

## Mensaje para Moab

**48** Este es el mensaje del Señor de los ejércitos, el Dios de Israel, contra Moab:

¡Ay de la ciudad de Nebo, pues quedará en ruinas! La ciudad de Quiriatayin y sus fuertes defensivos son derribados y tomados. ²⁻⁴Jamás volverá nadie a jactarse respecto a Moab, pues hay un complot contra la vida de ella. En Hesbón se han trazado planes para destruirla. «Vengan», dicen, «la haremos desaparecer como nación». En Madmén reina el silencio. Luego surgirá contra Joronayin un rumor de batalla, pues todo Moab está siendo aniquilado. Su clamor llegará hasta Zoar. ⁵Sus refugiados subirán por las laderas de

**2,3**El Señor de los ejércitos, el Dios de Israel, dice: Ustedes vieron lo que les hice a Jerusalén y a todas las ciudades de Judá. Como consecuencia de sus actos de maldad yacen ahora en ruinas y cenizas, sin persona viva. Pues mi cólera se descargó contra ellas porque adoraron a otros dioses, «dioses» que ni ellos ni ustedes ni ninguno de sus antepasados conoció jamás. **4**Una y otra vez envié a mis siervos los profetas a protestar y a suplicarles que no cometieran este horrible acto que yo detesto, **5**pero no quisieron oír ni abandonar sus malas acciones, sino que han continuado rindiéndole honores a esos «dioses». **6**Así es que hicieron hervir mi cólera y mi furia, las que solté contra ustedes y las ciudades de Judá y las calles de Jerusalén como si fueran fuego, de modo que por eso allí hay desolación hasta el día de hoy.

**7**Y ahora el Señor, el Dios de los ejércitos, el Dios de Israel, les pregunta: ¿Por qué se dañan tanto a sí mismos? ¡Porque si siguen obrando tan mal ninguno de ustedes vivirá: ni un solo hombre, mujer, niño o niña entre los que han venido acá desde Judá, ni siquiera los niños de brazos! **8**Porque están provocando mi cólera con los ídolos que han hecho y adorado allí en Egipto, ofreciéndoles agradables perfumes y provocándome a que los aniquile y los convierta en maldición y motivo de burla de todas las naciones de la tierra. **9**¿Han olvidado las malas acciones que cometieron sus antepasados, y las maldades de los reyes y las reinas de Judá, y los suyos propios, y las de sus esposas en Judá y Jerusalén? **10**Y hasta la hora presente no han presentado excusa; nadie ha querido volverse a mí, o seguir las instrucciones que di a ustedes y a sus antepasados.

**11**Por lo tanto el Señor de los ejércitos, el Dios de Israel, dice: ¡Mi atención está puesta en ustedes y estoy planeando la manera de castigarlos! **12**¡Tomaré a este remanente de Judá que insistió en venir acá a Egipto y los consumiré como hace el fuego! ¡Caerán aquí en Egipto, muertos por el hambre y las heridas de las espadas; todos morirán, desde el más pequeño al más grande! Serán despreciados y odiados, maldecidos y detestados. **13**Los castigaré en Egipto como los castigué en Jerusalén, mediante las heridas de las espadas, el hambre y la enfermedad. **14**Ni uno de ellos escapará a mi cólera excepto los que se arrepientan de haber venido y huyan de los demás para volver a su propio país.

**15**Entonces todas las mujeres que estaban presentes y los hombres que sabían que sus esposas habían ofrecido agradables perfumes en honor a los ídolos (era una gran multitud de todos los judíos en el sur de Egipto) respondieron a Jeremías:

**16**«¡No vamos a escuchar los falsos mensajes que dices de parte del Señor! **17**Haremos lo que se nos antoje. Ofreceremos perfumes agradables en honor a la Reina del Cielo y le sacrificaremos cuanto nos plazca, igual que lo hicimos nosotros y nuestros antepasados, y nuestros reyes y príncipes en las ciudades de Judá y en las calles de Jerusalén; porque en aquellos días teníamos abundancia de alimentos y estábamos bien acomodados y felices. **18**Pero desde que dejamos de ofrecer perfumes agradables en honor a la Reina del Cielo y dejamos de rendirle homenaje, hemos estado en gran tribulación y hemos sido destruidos por las heridas de espada y el hambre.

**19**»Además —añadieron las mujeres—, ¿piensas que le rendíamos homenaje a la Reina del Cielo y le derramábamos bebidas en señal de reconocimiento y le hacíamos tortas en que grabábamos su imagen, sin que nuestros maridos lo supieran y nos ayudaran? ¡Claro que no!»

**20**Entonces Jeremías les dijo a todos, a los hombres y las mujeres que le habían dado esa respuesta:

**21**¿Piensan acaso que el Señor no sabía que ustedes, sus antepasados, sus reyes y príncipes y todo el pueblo ofrecían perfumes agradables a los ídolos en las ciudades de Judá y en las calles de Jerusalén? **22**Fue por no poder soportar más todas las maldades que cometían que él desoló su tierra, convirtiéndola en increíble ruina, reseca, despoblada, tal como está hoy. **23**Precisamente la razón por la cual les han acontecido todas estas terribles cosas es que han ofrecido perfume agradable en homenaje a los ídolos y así han ofendido al Señor, y se han negado a seguir sus instrucciones.

**24**Luego Jeremías les dijo a todo el pueblo, hombres y mujeres:

¡Escuchen el consejo del Señor, ustedes todos ciudadanos de Judá que están en Egipto! **25**El Señor de los ejércitos, el Dios de Israel, dice: Tanto ustedes como sus esposas han dicho que jamás renunciarán a su devoción y práctica de rendir homenaje a la «Reina del Cielo» y así lo han demostrado con sus actos. ¡Pues adelante; cumplan las promesas y votos que le han hecho! **26**Pero escuchen el mensaje del Señor, todos ustedes, judíos que viven en tierra de Egipto: Por mi gran fama he jurado, dice el Señor, que de nada les servirá ya buscar mi auxilio y bendición, diciendo: «¡Oh Señor Dios nuestro, ayúdanos!» **27**Porque sobre ustedes pondré mi atención, ¡pero no para bien! ¡Yo me encargaré de que les sobrevengan males, y serán destruidos por la guerra y el hambre hasta que todos perezcan!

**28**Únicamente los que vuelvan a Judá (será sólo un pequeño grupo de sobrevivientes) escaparán a mi cólera, pero todos los que se nieguen a regresar —quienes insistan en vivir en Egipto— descubrirán quién dice la verdad, si yo o ellos. **29**Y esta es la prueba que les doy de que todas mis amenazas se cumplirán en ustedes, y de que los castigaré aquí: **30**Entregaré al faraón Hofra, rey de Egipto, en manos de quienes procuran matarlo, así como entregué a Sedequías, rey de Judá, en manos de Nabucodonosor, rey de Babilonia.

## Mensaje para Baruc

**45** Este es el mensaje que Jeremías comunicó a Baruc el cuarto año del reinado del rey Joacim, hijo de Josías, cuando Baruc escribía todos los mensajes según se los dictaba Jeremías:

**2**Baruc, el Señor Dios de Israel te dice lo siguiente:

**3**Tú has dicho: «¡Ay de mí! ¿No tengo ya suficientes tribulaciones? ¿Y ahora el Señor ha añadido más! Cansado me tienen mis propios suspiros y no hallo reposo». **4**Pero dile esto a Baruc: El Señor dice: Destruiré a esta nación que edifiqué, arrasaré lo que establecí. **5**¿Buscas grandes cosas para ti mismo? ¡No lo hagas! Porque aunque yo traiga grandes males sobre todo este pueblo, a ti, como recompensa, te protegeré dondequiera que vayas.

vó consigo cuando se dirigió hacia el territorio de los amonitas. ¹¹Pero cuando Johanán, hijo de Carea, y el resto de los jefes guerrilleros oyeron lo que Ismael había hecho, ¹²tomaron a todos los hombres y fueron a detenerlo. Lo alcanzaron en el estanque cerca de Gabaón. ¹³,¹⁴El pueblo que acompañaba a Ismael gritó de alegría al ver a Johanán y sus hombres, y corrieron a su encuentro.

¹⁵Mientras tanto Ismael escapó con ocho de sus hombres a la tierra de los amonitas.

### Huida a Egipto

¹⁶,¹⁷Entonces Johanán y sus hombres fueron al pueblo de Guerut Quimán, cerca de Belén, llevando consigo a los que habían rescatado: soldados, mujeres, niños y eunucos, para prepararse para salir huyendo a Egipto, ¹⁸porque tenían miedo de lo que harían los babilonios cuando tuvieran noticia de que Ismael había matado al gobernador Guedalías, pues éste había sido escogido y nombrado por el rey babilónico.

**42** Johanán, los capitanes del ejército y todo el pueblo, grandes y pequeños, acudieron a Jeremías ²y dijeron:

—¡Por favor, ora por nosotros ante el Señor tu Dios, porque como bien sabes, somos sólo un minúsculo resto de lo que fuimos! ³¡Suplícale al Señor tu Dios que nos muestre qué debemos hacer y a dónde ir!

⁴—Muy bien —respondió Jeremías—. Le preguntaré y les comunicaré lo que el Señor diga; nada les ocultaré.

⁵Entonces le dijeron a Jeremías:

—Caiga sobre nosotros la maldición de Dios si rehusamos obedecer en todo lo que nos mande hacer. ⁶Nos guste o no, obedeceremos al Señor nuestro Dios, ante quien te enviamos con nuestra súplica. Porque si le obedecemos, todo nos saldrá bien.

⁷Diez días después el Señor dio su respuesta a Jeremías. ⁸Él entonces llamó a Johanán, a los capitanes de su ejército y a todo el pueblo, grandes y pequeños, ⁹y les dijo:

—Ustedes me enviaron ante el Señor, el Dios de Israel, con su petición, y ésta es su respuesta: ¹⁰Quédense en esta tierra. Si así hacen, yo los bendeciré y nadie les hará daño, porque me duele todo lo que he tenido que castigarlos. ¹¹No le teman más al rey de Babilonia, pues yo estoy con ustedes para librarlos de su poder. ¹²Y tendré misericordia de ustedes volviéndolo a él benigno hacia ustedes, de modo que no los mate ni los someta a esclavitud, sino que los dejará permanecer aquí en la tierra de ustedes.

¹³,¹⁴»Pero si rehúsan obedecer al Señor y dicen: "Aquí no nos quedaremos", e insisten en ir a Egipto en donde piensan estar libres de la guerra, el hambre y las alarmas, ¹⁵entonces esto es lo que el Señor responde, oh sobrevivientes de Judá. El Señor de los ejércitos, el Dios de Israel, dice: Si insisten en ir a Egipto, ¹⁶la guerra y el hambre que tanto temen irán pisándoles los talones y allá les alcanzarán. ¹⁷Esa es la suerte que espera a cada uno de los que insistan en ir a vivir a Egipto. Sí, morirán por herida de espada, de hambre y enfermedad. Ninguno de ustedes escapará al mal que traeré sobre ustedes allá.

¹⁸»Porque el Señor de los ejércitos, el Dios de Israel, dice: Así como mi ira y mi furia cayeron sobre el pueblo de Jerusalén, así caerá sobre ustedes cuando entren en Egipto. Los recibirán con disgusto y odio, los maldecirán y afrentarán, y jamás volverán a ver su patria. ¹⁹Porque el Señor ha dicho: ¡Oh sobrevivientes de Judá, no vayan a Egipto! Tengan presente que hoy nuevamente se lo estoy advirtiendo. ²⁰Si van, pagarán con la vida. Porque sin sinceridad me enviaron a consultar al Señor y dijeron: "Dinos lo que el Señor mande y lo haremos". ²¹Y hoy les he dicho exactamente lo que el Señor dijo, pero no quieren obedecer hoy como no quisieron obedecer en el pasado. ²²Tengan desde ahora por seguro que morirán por herida de espada, de hambre y enfermedad en Egipto a donde insisten en ir».

**43** Cuando Jeremías terminó de dar este recado de parte del Señor a todo el pueblo, ²,³Azarías, hijo de Osaías, y Johanán, hijo de Carea, y todos los otros hombres orgullosos le dijeron a Jeremías:

—¡Mientes! ¡El Señor nuestro Dios no te ha mandado que nos digas que no vayamos a Egipto! Baruc, hijo de Nerías, te ha puesto contra nosotros y te ha dicho que nos digas esto para que nos quedemos acá y seamos muertos por los babilonios o llevados cautivos a Babilonia.

⁴De modo que Johanán y todos los jefes guerrilleros y todo el pueblo se negaron a obedecer al Señor y quedarse en Judá. ⁵Todos, inclusive cuantos habían regresado de las regiones aledañas a donde habían huido, emprendieron el viaje a Egipto al mando de Johanán y los demás capitanes. ⁶Entre la multitud había hombres, mujeres, niños y niñas, las hijas del rey y todos aquellos a quienes Nabuzaradán, el capitán de la guardia, había dejado con Guedalías. Hasta obligaron a Jeremías y a Baruc a ir con ellos. ⁷Así es que llegaron a Egipto, a la ciudad de Tafnes, pues no quisieron seguir la recomendación del Señor.

⁸Entonces en Tafnes, el Señor habló a Jeremías otra vez y le dijo:

⁹Reúne a gente de Judá y, mientras te observan, entierra piedras grandes en medio de las baldosas a la entrada del palacio del faraón aquí en Tafnes, ¹⁰y diles esto a la gente de Judá: El Señor de los ejércitos, el Dios de Israel, dice: No tengan la menor duda de que traeré a Egipto a Nabucodonosor, rey de Babilonia, pues él es mi siervo. Pondré su trono sobre estas piedras que he escondido; sobre ellas extenderá su pabellón. ¹¹Y cuando venga, destruirá la tierra de Egipto, matando a cuantos yo quiera que mate, y capturando a los que yo quiera que capture, y muchos morirán a consecuencia de la peste. ¹²Incendiará los templos de los dioses de Egipto, quemará los ídolos y se llevará cautivo al pueblo. Y saqueará la tierra de Egipto, como pastor que saca pulgas de su capa; pero él saldrá ileso. ¹³Y quebrantará los obeliscos que se levantan en la ciudad de Bet Semes, y quemará los templos de los dioses de Egipto.

### Desastre causado por la idolatría

**44** Este es el mensaje que Jeremías recibió del Señor respecto a todos los israelitas que vivían en el norte de Egipto en las ciudades de Migdol, Tafnes y Menfis, y por todo el sur de Egipto también.

población de Jerusalén y a los que se habían pasado de su lado. ¹⁰Pero por toda la tierra de Judá dejó unos cuantos, de entre los más pobres, y les dio tierras y viñedos.

¹¹,¹²Mientras tanto el rey Nabucodonosor le había ordenado a Nabuzaradán que buscara a Jeremías.

—Encárgate de que no sufra ningún daño, le dijo. Cuídalo bien y dale cuanto quiera.

¹³Así es que Nabuzaradán, capitán de la guardia, Nabusazbán, jefe de los eunucos, Nergal Saréezer, consejero del rey, y todos los oficiales tomaron medidas para cumplir lo que el rey había ordenado. ¹⁴Enviaron soldados a que sacaran a Jeremías de la cárcel y lo pusieron al cuidado de Guedalías, hijo de Ajicán, hijo de Safán, para que lo llevara de regreso a su casa. Y Jeremías vivió allí entre la gente de su pueblo que había quedado en el país.

¹⁵El SEÑOR dio el siguiente mensaje a Jeremías antes de la llegada de los babilonios, mientras aún estaba en la cárcel:

¹⁶Mándale decir a Ebedmélec el etíope: El SEÑOR de los ejércitos, el Dios de Israel, dice: Cumpliré todas mis amenazas contra esta ciudad; la destruiré ante tus ojos, ¹⁷pero a ti te libraré, no serás muerto por aquellos a quienes tanto temes. ¹⁸Como recompensa por confiar en mí, yo preservaré tu vida y te guardaré a salvo.

## Liberación de Jeremías

**40** Nabuzaradán, capitán de la guardia, llevó a Jeremías a Ramá junto con todo el pueblo exiliado de Jerusalén y Judá que eran enviados a Babilonia, pero luego lo soltó.

²,³El capitán llamó aparte a Jeremías y le dijo:

—El SEÑOR tu Dios ha traído este desastre sobre esta tierra tal como dijo que lo haría, porque este pueblo ha ofendido mucho al SEÑOR cometiendo tantas maldades, por eso ocurrió todo este mal. ⁴Ahora voy a quitarte las cadenas y a dejarte ir. Si quieres venir conmigo a Babilonia, muy bien, yo me encargaré de que te atiendan bien. Pero si no deseas venir, quédate. Tienes la decisión; ve a donde quieras. ⁵Si decides quedarte, vuelve adonde está Guedalías, que ha sido nombrado gobernador de Judá por el rey de Babilonia, y quédate con el resto del pueblo que él gobierna. Pero es cosa tuya; ve a donde quieras.

Nabuzaradán le dio a Jeremías alimentos y dinero y lo dejó ir. ⁶Jeremías volvió entonces a donde estaba Guedalías y vivió en Judá con el pueblo que se había quedado en el país.

## Asesinato de Guedalías

⁷Y cuando los jefes de los guerrilleros judíos que andaban por el campo oyeron que el rey de Babilonia había nombrado a Guedalías gobernador de los pobres de la tierra que se habían quedado, y no había exiliado a todos a Babilonia, ⁸fueron a ver a Guedalías en Mizpa, donde tenía su cuartel general. Los jefes que acudieron fueron éstos: Ismael, hijo de Netanías, Johanán y Jonatán, hijos de Carea, Seraías, hijo de Tanjumet, los hijos de Efay (el netofatita), Jezanías, hijo de un macateo, y sus hombres. ⁹Y Guedalías les aseguró que rindiéndose a los babilonios estarían a salvo.

—Quédense aquí y sírvanle al rey de Babilonia— dijo—, y en todo les irá bien. ¹⁰En lo que a mí respecta, me quedaré en Mizpa e intercederé por ustedes ante los babilonios que vendrán acá como supervisores de mi administración. Establézcanse en cualquier ciudad que deseen, y vivan del producto de la tierra. Cosechen las uvas, los frutos de verano, las aceitunas, y almacénenlos.

¹¹Cuando los judíos que estaban en Moab, entre los amonitas, en Edom y en otras tierras vecinas, oyeron que unos cuantos del pueblo estaban aún en Judá, y que el rey de Babilonia no se los había llevado a todos, y que aquel Guedalías era el gobernador, ¹²comenzaron a volver a Judá desde los muchos lugares a donde habían huido. Se detuvieron en Mizpa para exponer sus planes a Guedalías y luego se fueron a las haciendas desiertas y recogieron una gran cosecha de uvas para vino, y otros productos.

¹³,¹⁴Pero poco después Johanán, hijo de Carea, y los demás jefes guerrilleros fueron a Mizpa para advertirle a Guedalías que Balís, el rey de los amonitas, había enviado a Ismael, hijo de Netanías, para asesinarlo. Pero Guedalías no quiso creerles. ¹⁵Entonces Johanán tuvo una conferencia privada con Guedalías, en la que Johanán se ofreció para matar a Ismael en secreto.

—¿Por qué habríamos de permitirle que venga a asesinarte? —preguntó Johanán—. ¿Qué les ocurrirá a los judíos que se han quedado si tú mueres? ¡Seguro serían esparcidos y se perdería este remanente del pueblo que aun queda!

¹⁶Pero Guedalías dijo:

—Les prohíbo hacer tal cosa, pues lo que dicen de Ismael es mentira.

**41** Pero en octubre Ismael, hijo de Netanías, hijo de Elisama, que era miembro de la familia real y uno de los principales oficiales del rey, llegó a Mizpa, acompañado de diez hombres. Guedalías los invitó a comer. ²Mientras comían, Ismael y los diez hombres apalabrados con él se pusieron de pie de un salto, sacaron sus espadas y mataron a Guedalías. ³Después salieron e hirieron de muerte con sus armas a todos los oficiales judíos y a todos los oficiales babilonios que estaban en Mizpa con Guedalías.

⁴Al día siguiente, antes que nadie se enterara de lo ocurrido, ⁵ochenta hombres procedentes de Siquem, Siló y Samaria marcharon a Mizpa para adorar en el templo del SEÑOR. Se habían rasurado la barba, habían rasgado sus vestiduras y herido sus cuerpos; y traían ofrendas y perfumes delicados. ⁶Ismael salió a su encuentro desde la ciudad, llorando mientras marchaba. Cuando se topó con ellos les dijo:

—¡Vengan y vean lo que le ha ocurrido a Guedalías!

⁷Luego, cuando estuvieron dentro de la ciudad, Ismael y sus hombres mataron a todos, excepto a diez, y arrojaron sus cadáveres a una cisterna. ⁸Los diez habían convencido a Ismael que los dejara partir y que ellos le traerían sus tesoros de trigo, cebada, aceite y miel que habían escondido. ⁹La cisterna en que Ismael echó los cadáveres de los hombres que había asesinado era la grande construida por el rey Asá cuando fortificó a Mizpa para protegerse contra Basá, rey de Israel.

¹⁰Ismael aprisionó a las hijas del rey y al pueblo que Nabuzaradán, capitán de la guardia, había dejado al cuidado de Guedalías en Mizpa. Poco después los lle-

están ahora aquellos profetas que te decían que el rey de Babilonia no vendría? ²⁰Escucha, oh rey, señor mío: Te suplico no enviarme otra vez a aquel calabozo, pues allí moriría.

²¹Entonces el rey Sedequías mandó que no volvieran a llevar a Jeremías al calabozo, sino que lo pusieran en la cárcel del palacio, y ordenó que le dieran cada día un pedazo de pan fresco mientras en la ciudad quedara qué comer. Así tuvieron a Jeremías en la cárcel del palacio.

### Jeremías en la cisterna

**38** Pero cuando Sefatías, hijo de Matán, Guedalías, hijo de Pasur, Jucal, hijo de Selemías, y Pasur, hijo de Malquías, oyeron lo que Jeremías le había estado diciendo al pueblo, ²que cuantos permanecieran en Jerusalén morirían por herida de espada o de hambre o enfermedad, pero que los que se rindieran a los babilonios vivirían, ³y que la ciudad de Jerusalén sería inevitablemente conquistada por el rey de Babilonia, ⁴fueron al rey y le dijeron:

—Señor, hay que matar a este hombre. Ese modo de hablar minará la moral de los pocos soldados que nos quedan, y del resto del pueblo. Este hombre es un traidor. ⁵Y el rey Sedequías estuvo de acuerdo.

—Está bien —dijo—, hagan como les parezca más conveniente; no puedo impedírselos.

⁶Sacaron pues, a Jeremías de su celda y atado con cuerdas lo bajaron a una cisterna seca en el patio de la cárcel. (La cisterna pertenecía a Malquías, miembro de la familia real.) No había agua en ella, pero sí una gruesa capa de lodo en el fondo, en la cual se hundió Jeremías. ⁷Cuando el etíope Ebedmélec, importante oficial del palacio, oyó que Jeremías estaba en la cisterna, ⁸fue corriendo a la llamada puerta de Benjamín en donde el rey estaba presidiendo la corte.

⁹—Rey y señor mío —dijo—, estos hombres han procedido muy mal echando a Jeremías en la cisterna. Va a morirse de hambre, pues ya casi no hay nada que comer en la ciudad.

¹⁰Entonces el rey ordenó a Ebedmélec que llevara treinta hombres consigo y sacaran a Jeremías del pozo antes que muriera. ¹¹Tomó pues Ebedmélec treinta hombres, fue al depósito del palacio donde se guardaban suministros de desecho y ropa usada. Encontró allí harapos y ropa vieja que llevó a la cisterna y los bajó a Jeremías con una cuerda. ¹²Ebedmélec le gritó a Jeremías:

—¡Ponte esos harapos bajo las axilas para protegerte de las cuerdas!

Luego, cuando Jeremías estuvo listo, ¹³lo izaron y después lo llevaron a la cárcel del palacio, en donde permaneció.

### Sedequías interroga a Jeremías

¹⁴Un día el rey Sedequías envió a llamar a Jeremías para reunirse con él en la puerta lateral del templo.

—Quiero preguntarte algo —dijo el rey—. No trates de ocultarme la verdad.

¹⁵Jeremías dijo:

—Si te digo la verdad me matarás. Y de todos modos no querrás escucharme.

¹⁶Juró entonces el rey Sedequías ante el Señor, Creador suyo, que no mataría a Jeremías ni lo entregaría a quienes tramaban su muerte. ¹⁷Entonces Jeremías le dijo a Sedequías:

—El Señor de los ejércitos, el Dios de Israel, dice: Si te rindes a Babilonia, tú y tu familia vivirán y la ciudad no será incendiada. ¹⁸Si rehúsan rendirse, esta ciudad será incendiada por el ejército babilónico y ustedes no escaparán.

¹⁹—Pero temo rendirme —le dijo el rey—, porque los babilonios me entregarán a los judíos que se han pasado del lado suyo, ¡y quién sabe qué me harán!

²⁰Jeremías respondió:

—Basta con que obedezcas al Señor y no caerás en manos de ellos; tu vida será respetada y todo te saldrá bien. ²¹,²²Pero si rehúsas rendirte, el Señor ha dicho que todas las mujeres que queden en tu palacio serán sacadas y entregadas a los oficiales del ejército babilónico; y estas mujeres se burlarán de ti amargamente. «¡Qué amigos tienes!», dirán, «¡qué egipcios esos! ¡Te traicionaron y te entregaron a tu destino!» ²³«Todas tus esposas e hijos serán entregados a los babilonios, y tú no escaparás. El rey de Babilonia te capturará y esta ciudad será incendiada».

²⁴Entonces Sedequías dijo a Jeremías:

«¡Bajo pena de muerte, no le cuentes a nadie lo que me has dicho esto! ²⁵Si mis oficiales oyen que he hablado contigo y te amenazan de muerte si no les dices de qué hemos tratado, ²⁶diles simplemente que me suplicaste que no te volviera al calabozo en casa de Jonatán, pues allí morirías».

²⁷Y no mucho después todos los oficiales de la ciudad fueron a donde estaba Jeremías y le preguntaron por qué lo había mandado llamar el rey. Y él dijo lo que el rey le había ordenado, y ellos se fueron sin descubrir la verdad, pues la conversación entre Jeremías y el rey no había sido escuchada por nadie. ²⁸Y Jeremías permaneció en el patio de la prisión hasta el día en que Jerusalén fue conquistada por los babilonios.

### La caída de Jerusalén

**39** Fue en enero del noveno año del reinado del rey Sedequías de Judá que el rey Nabucodonosor y su ejército volvieron a atacar a Jerusalén y la sitiaron. ²Dos años después, en el mes de julio, abrieron una brecha en la muralla, por la cual entraron y la ciudad cayó rendida. ³Todos los oficiales del ejército babilónico entraron y, triunfantes, se sentaron delante de la puerta principal de la ciudad. Nergal Sarézer estaba allí, con Samgar, Nebo Sarsequín y Nergal Sarézer, el hombre de confianza del rey, y muchos otros.

⁴Cuando el rey Sedequías y sus soldados se dieron cuenta de que la ciudad estaba perdida, huyeron de noche por la puerta que hay entre las dos murallas detrás del jardín del palacio, atravesando los campos hacia el valle del Jordán. ⁵Pero los babilonios persiguieron al rey, lo capturaron en los llanos de Jericó y se lo llevaron a Nabucodonosor, rey de Babilonia, que estaba en Riblá, en tierra de Jamat, en donde lo sentenció. ⁶El rey de Babilonia obligó a Sedequías a presenciar cómo mataban a sus hijos y a todos los nobles de Judá. ⁷Luego le sacó los ojos a Sedequías y lo envió encadenado como esclavo a Babilonia.

⁸Mientras tanto el ejército incendió a Jerusalén, inclusive el palacio, y derribó las murallas de la ciudad. ⁹Entonces Nabuzaradán, capitán de la guardia, y sus hombres enviaron a Babilonia al resto de la

—Ya que estoy preso aquí, ⁶lee tú el rollo en el templo el próximo día de Ayuno, porque ese día habrá allí gente de todo Judá. ⁷Quizá todavía se vuelvan de sus malas conductas y le pidan al Señor perdón antes que sea demasiado tarde, aunque ya se les hayan echado estas predicciones de castigo de Dios.

⁸Baruc hizo como Jeremías le ordenaba, y leyó todos estos mensajes del Señor al pueblo en el templo, tal como Jeremías le había pedido. ⁹Esto ocurrió el día de Ayuno que se celebró en diciembre del quinto año del reinado del rey Joacim, hijo de Josías. Y llegó gente de todo Judá para asistir a los servicios del templo aquel día. ¹⁰Baruc fue a la oficina de Guemarías el escriba, hijo de Safán, para leer el rollo. (Este cuarto quedaba al lado del salón de asambleas que el templo tenía arriba, cerca de la entrada de la Puerta Nueva.)

¹¹Cuando Micaías, hijo de Guemarías, hijo de Safán, oyó los mensajes del Señor, ¹²bajó al palacio, al salón de conferencias en donde estaban reunidos los encargados de la administración. Elisama (el escriba) estaba allí, así como Delaías, hijo de Semaías, Elnatán, hijo de Acbor, Guemarías, hijo de Safán, Sedequías, hijo de Ananías, y todos los demás que tenían cargos administrativos semejantes. ¹³Cuando Micaías les contó acerca de los mensajes que Baruc estaba leyéndole al pueblo, ¹⁴,¹⁵los dignatarios enviaron a Yehudí, hijo de Netanías, hijo de Selemías, hijo de Cusí, a pedirle a Baruc que viniera a leerles a ellos también los mensajes, y Baruc lo hizo.

¹⁶Cuando terminó, estaban llenos de temor.

—Tenemos que contárselo al rey —dijeron—. ¹⁷Pero primero, dinos cómo obtuviste estos mensajes.

¹⁸Entonces Baruc les explicó que Jeremías se los había dictado palabra por palabra, y él los había escrito con tinta en el rollo.

¹⁹—Escóndanse tú y Jeremías —le dijeron los dignatarios a Baruc—. ¡No le digan a nadie dónde están!

²⁰Luego los dignatarios ocultaron el rollo en el cuarto de Elisama el escriba y fueron a hablarle al rey. ²¹El rey envió a Yehudí que trajera el rollo. Yehudí lo trajo del cuarto de Elisama el escriba y se lo leyó al rey mientras todos los dignatarios se mantenían de pie. ²²El rey estaba por entonces en un aposento de invierno en el palacio, sentado al frente de un gran brasero con fuego, porque era diciembre y hacía frío. ²³Y cada vez que Yehudí terminaba de leer tres o cuatro columnas, el rey tomaba su cuchillo, cortaba la sección del rollo y la arrojaba al fuego, hasta que se consumió todo el rollo. ²⁴,²⁵Y nadie protestó, sino Elnatán, Delaías y Guemarías. Suplicaron al rey que no quemara el rollo, pero no les hizo caso. Ninguno de los otros dignatarios del rey dio señales de temor o ira por lo que había hecho.

²⁶Entonces el rey ordenó a Jeramel, su hijo, a Seraías, hijo de Azriel, y a Selemías, hijo de Abdel, que detuvieran a Baruc y a Jeremías. Pero el Señor los ocultó.

²⁷Después que el rey quemó el rollo, el Señor le dijo a Jeremías:

²⁸Consigue otro rollo y escribe todo de nuevo igual que hiciste primero, ²⁹y dile esto al rey: El Señor dice: Tú quemaste el rollo porque decía que el rey de Babilonia destruiría esta tierra y cuanto en ella hay. ³⁰Y ahora el Señor añade esto respecto a ti, Joacim, rey de Judá: Éste no tendrá un heredero que ocupe el trono de David. Su cadáver será dejado sin sepultar a la intemperie, expuesto al ardiente sol y a las heladas noches, ³¹y yo lo castigaré a él y a su familia, así como a sus oficiales, por causa de sus malvadas acciones. Haré que sufran todo el mal que he anunciado; sobre ellos y sobre todo el pueblo de Judá y Jerusalén, porque no quisieron escuchar mis advertencias.

³²Entonces Jeremías tomó otro rollo y volvió a dictarle a Baruc todo lo que había escrito antes, sólo que esta vez el Señor añadió mucho más.

## Encarcelamiento de Jeremías

37 ¹Nabucodonosor, rey de Babilonia, no nombró a Jeconías, hijo del rey Joacim, como nuevo rey de Judá, sino que eligió a Sedequías, hijo de Josías. ²Pero ni el rey Sedequías ni sus oficiales ni el pueblo que se quedó en el país prestaron atención a lo que el Señor decía mediante Jeremías. ³Sin embargo, el rey Sedequías envió a Jucal, hijo de Selemías, y al sacerdote Sofonías, hijo de Maseías, a pedirle a Jeremías que orara por ellos. ⁴(Fue en el tiempo en que Jeremías todavía no había sido encarcelado, así es que podía andar por todas partes.)

⁵Cuando el ejército del faraón Hofra apareció en la frontera sur de Judá para ayudar a la sitiada ciudad de Jerusalén, el ejército babilonio se retiró de Jerusalén para hacer frente a los egipcios.

⁶Entonces el Señor envió este mensaje a Jeremías: ⁷El Señor, el Dios de Israel, dice: Dile al rey de Judá que envió a preguntarme qué va a ocurrir, que el ejército del faraón, aunque vino acá para ayudarte, está a punto de volverse huyendo a Egipto. Los babilonios derrotarán a los egipcios y los harán regresar corriendo a su país. ⁸Esos babilonios tomarán esta ciudad, la incendiarán y la dejarán convertida en cenizas. ⁹No te hagas la ilusión de que los babilonios se han retirado definitivamente. ¡No es así! ¹⁰Aunque destruyeras a todo el ejército babilónico, aunque sólo quedara un puñado de sobrevivientes que yacieran heridos en sus tiendas, aún así saldrían tambaleantes de sus tiendas, te derrotarían y prenderían fuego a esta ciudad.

¹¹Cuando el ejército babilónico se apartó de Jerusalén para entrar en batalla con el ejército del faraón, ¹²Jeremías intentó salir de la ciudad rumbo a la tierra de Benjamín para ver la propiedad que había comprado. ¹³Pero cuando salía por la llamada puerta de Benjamín un centinela lo detuvo como traidor, acusándolo de querer pasarse al lado de los babilonios. El centinela que lo detuvo era Irías, hijo de Selemías, nieto de Jananías.

¹⁴—¡No es cierto! —dijo Jeremías—. ¡No tengo la menor intención de hacer tal cosa! Pero Irías no le hizo caso; llevó a Jeremías ante los funcionarios de la ciudad. ¹⁵,¹⁶Estos, enfurecidos contra Jeremías, lo hicieron azotar y echar en un calabozo subterráneo de la casa del escriba Jonatán, la cual había sido convertida en prisión. Allí tuvieron varios días a Jeremías, ¹⁷pero al fin el rey Sedequías lo mandó a llevar secretamente al palacio. El rey le preguntó si había recibido algún mensaje reciente del Señor.

—Sí —dijo Jeremías—, lo he recibido. ¡Serás derrotado por el rey de Babilonia! ¹⁸Entonces Jeremías planteó la cuestión de su encarcelamiento:

—¿Qué hice yo para merecer esto? —le preguntó al rey—. ¿Qué delito he cometido? Dime lo que haya hecho contra ti, tus oficiales o el pueblo. ¹⁹¿Dónde

te sentenciará y serás desterrado a Babilonia. ⁴Pero escucha esto, Sedequías, rey de Judá: El SEÑOR dice que no caerás en la matanza de la guerra, ⁵sino que morirás tranquilamente y con honor entre tu pueblo, y ellos quemarán incienso en recuerdo tuyo, así como hicieron por tu padre. Llorarán por ti y dirán: «¡Ay, nuestro rey ha muerto!» Así lo he decretado, dice el SEÑOR.

⁶Así dio Jeremías el mensaje al rey Sedequías. ⁷Por entonces el ejército babilónico sitiaba a Jerusalén, Laquis y Azeca, las únicas ciudades amuralladas de Judá que aún quedaban en pie.

## Liberación para los esclavos

⁸Este es el mensaje del SEÑOR que llegó a Jeremías después de que el rey Sedequías de Judá había libertado a todos los esclavos de Jerusalén. ⁹(El rey Sedequías había ordenado a todos que se diera libertad a sus esclavos hebreos, hombres y mujeres. Había dicho que ningún judío debía ser amo de otro judío, pues todos eran hermanos. ¹⁰Los príncipes y todo el pueblo habían obedecido el mandado del rey y liberado sus esclavos, pero eso fue sólo temporal. ¹¹Cambiaron de sentir y volvieron a esclavizar a sus siervos. ¹²Fue por eso que el SEÑOR dio el siguiente mensaje a Jerusalén.)

¹³El SEÑOR, el Dios de Israel, dice:

Con sus antepasados establecí un convenio hace mucho cuando los liberé de su esclavitud en Egipto. ¹⁴Les dije que todo esclavo hebreo debe ser liberado luego de servir seis años, pero no lo hicieron así. ¹⁵Recientemente comenzaron a proceder correctamente, como se lo había ordenado, y liberaron a sus esclavos. Solemnemente me habían prometido en mi templo que lo harían. ¹⁶Pero ahora rehúsan cumplir, y han mancillado mi fama quebrantando su juramento y los han vuelto a esclavizar.

¹⁷Por lo tanto, dice el SEÑOR, como no quieren escucharme y liberarlos, yo los entregaré al poder de la muerte mediante la guerra, el hambre y la enfermedad. Y los esparciré por todo el mundo como exiliados. ¹⁸,¹⁹Como han rechazado los términos de nuestro convenio, yo los descuartizaré como descuartizaron el becerro para hacer pasar por en medio de las dos mitades como acto solemne para simbolizar sus votos. ¡Sí, los entregaré a la matanza, ya sean príncipes, dignatarios de la corte, sacerdotes o del común del pueblo, porque han quebrantado su juramento. ²⁰Los entregaré a sus enemigos y los matarán. Daré sus cadáveres como alimento a los buitres y a las fieras. ²¹Y entregaré a Sedequías, rey de Judá, y a sus dignatarios en manos del ejército del rey de Babilonia, aunque éste se ha alejado de la ciudad por breve tiempo. ²²Volveré a llamar a los ejércitos de Babilonia que lucharán contra esta ciudad, la tomarán y la incendiarán. Y yo me encargaré de que las ciudades de Judá sean totalmente destruidas y queden desoladas, sin persona viva.

## El ejemplo de los recabitas

35 Este es el mensaje que el SEÑOR dio a Jeremías cuando Joacim, hijo de Josías, era rey de Judá: ²Ve a la colonia donde moran las familias de los recabitas e invítalos a ir al templo. Llévalos a uno de los aposentos interiores y bríndales una copa de vino.

³Fui, pues, a ver a Jazanías, hijo de Jeremías, hijo de Jabasinías, y lo llevé con todos sus hermanos e hijos —que representaban a todas las familias de Recab— ⁴al templo, al aposento dedicado a Janán el profeta, hijo de Igdalías. Este aposento estaba contiguo al que usaba el dignatario del palacio, directamente encima del aposento de Maseías, hijo de Salún, quien era el guarda de la entrada. ⁵Puse ante ellos copas y jarros de vino y los invité a beber, ⁶pero se negaron.

¡No!, dijeron. No bebemos porque Jonadab nuestro padre, hijo de Recab, nos ordenó que ninguno de nosotros bebiera jamás y tampoco ninguno de nuestros hijos. ⁷Nos dijo también que no construyéramos casa ni tuviéramos viñedos ni otras plantaciones ni fuéramos dueños de fincas, sino que viviéramos siempre en tiendas, y que si obedecíamos tendríamos larga y buena vida en nuestra tierra. ⁸Y lo hemos obedecido en todo esto. Desde entonces jamás hemos bebido vino nosotros ni nuestras esposas ni nuestros hijos ni nuestras hijas. ⁹No hemos edificado casas ni tenido fincas ni sembrado plantaciones. ¹⁰Hemos vivido en tiendas y hemos obedecido plenamente cuanto nuestro padre Jonadab nos mandó. ¹¹Pero cuando Nabucodonosor, rey de Babilonia, llegó a este país, tuvimos miedo y decidimos trasladarnos a Jerusalén. Por eso estamos aquí.

¹²Entonces el SEÑOR le dio este mensaje a Jeremías:

¹³El SEÑOR de los ejércitos, el Dios de Israel, dice: Ve y di a Judá y a Jerusalén: ¿No van a aprender la lección de las familias de Recab, tomándolas como ejemplo? ¹⁴No beben vino porque su padre se lo prohibió. Pero yo les he hablado a los habitantes de Judá e Israel una y otra vez y no quieren escuchar ni obedecer.

¹⁵Les he enviado profeta tras profeta a decirles que se vuelvan de sus malas conductas y dejen de rendir homenaje a otros dioses, y que si obedecían yo los dejaría vivir aquí en paz en la tierra que di a ustedes y a sus antepasados. Pero no quisieron oír ni obedecer.

¹⁶Las familias de Recab han obedecido a su padre plenamente, pero ustedes, se han negado a escucharme. ¹⁷Por lo tanto el SEÑOR Dios de los ejércitos dice: ¡Como se niegan a escuchar o a responder cuando llamo, yo enviaré sobre Judá e Israel todo el mal que les he advertido.

¹⁸,¹⁹Entonces Jeremías se volvió a los recabitas y dijo:

El SEÑOR de los ejércitos, el Dios de Israel, dice que puesto que han obedecido a su padre en todos los sentidos, éste tendrá siempre descendientes que le rindan homenaje.

## El rey Joacim quema el rollo de Jeremías

36 El cuarto año del reinado del rey Joacim de Judá, hijo de Josías, el SEÑOR dio a Jeremías este mensaje:

²Toma un rollo y escribe todos mis mensajes contra Israel, Judá y las demás naciones. Comienza con el primer mensaje desde los días de Josías, y escribe luego cada uno de los demás. ³Quizá cuando el pueblo de Judá vea por escrito todas las terribles cosas que voy a hacerles, se arrepientan, y entonces podré perdonarlos.

⁴Entonces Jeremías envió a llamar a Baruc, hijo de Nerías, y conforme Jeremías dictaba, Baruc escribía todas las profecías.

⁵Cuando todo estuvo terminado, Jeremías le dijo a Baruc:

hecho sino enojarme; así que estoy resuelto a deshacerme de ella.

³²Las malvadas acciones de Israel y Judá —del pueblo, de sus reyes, dignatarios, sacerdotes y profetas— me irritan. ³³Me han vuelto la espalda y no han querido volverse a mí. Día tras día, año tras año, les enseñaba a discernir entre el bien y el mal, pero no querían escuchar ni obedecer. ³⁴Hasta llegaron a profanar mi templo rindiendo homenaje allí a ídolos abominables. ³⁵Y han edificado elevados altares a Baal en el valle de Ben Hinón. Allí han quemado a sus hijos como sacrificio a Moloc, algo que jamás ordené y ni siquiera imaginé sugerir. ¡Qué increíble iniquidad, la cual lleva a Judá a pecar tan espantosamente!

³⁶Por lo tanto, el Señor Dios de Israel dice respecto a esta ciudad: ¡Caerá ante el poder del rey de Babilonia mediante guerra, hambre y enfermedad! ³⁷Pero aun así, yo traeré de nuevo a mi pueblo de regreso desde todos los países en donde mi furia los habrá esparcido. Los traeré a esa misma ciudad y haré que vivan en paz y seguridad. ³⁸Y ellos serán mi pueblo y yo seré su Dios. ³⁹Y les daré corazón y mente dispuestos para honrarme y respetarme para siempre, por su propio bien y por el de todos sus descendientes. ⁴⁰Y celebraré un convenio eterno con ellos, prometiendo no volver a abandonarlos, y hacerles sólo bien. Pondré en sus corazones el deseo de honrarme y respetarme, y nunca me abandonarán. ⁴¹Me deleitaré en hacerles bien y los volveré a establecer en esta tierra con gran alegría. ⁴²Así como les envié todos estos terrores y males, de igual modo les haré todo el bien que les he prometido.

⁴³Nuevamente se venderán y comprarán tierras en este país, hoy asolado por los babilonios, del cual han desaparecido personas y bestias. ⁴⁴Sí, se volverán a comprar y vender tierras —se firmarán y sellarán documentos de compra-venta ante testigos— en la región de Benjamín y aquí en Jerusalén, en las ciudades de Judá y en toda la región montañosa, en el valle de Filistea y también en el sur, porque un día yo les restauraré su prosperidad.

## Promesas de restauración

**33** Estaba Jeremías aún en la cárcel cuando el Señor le envió este otro mensaje: ²El Señor, el Creador del cielo y de la tierra —el Señor es su nombre— dice así: ³Pregúntame y yo te revelaré algunos importantes secretos acerca de lo que habrá de ocurrir aquí. ⁴Pues aunque han derribado las casas de esta ciudad y el palacio del rey en busca de materiales para fortalecer las murallas contra las arremetidas del enemigo, ⁵los babilonios penetrarán, y los habitantes de esta ciudad pueden darse por muertos, pues en mi cólera he decidido destruirlos. Los he abandonado por sus maldades, y no me compadeceré de ellos cuando pidan auxilio. ⁶Sin embargo, vendrá el tiempo en que sanaré a Jerusalén y le daré prosperidad y paz. ⁷Reconstruiré las ciudades de Judá e Israel y restauraré también su fortuna. ⁸Y los limpiaré de todas sus acciones perversas contra mí, y los perdonaré. ⁹Entonces esta ciudad será honra para mí, me dará gozo y será para mí fuente de reconocimiento y gran fama ante todas las naciones de la tierra. Los pueblos del mundo verán el bien que le hago a mi pueblo y estarán asombrados de todos los bienes que les concederé a Judá e Israel.

¹⁰,¹¹El Señor declara que las alegres voces de los novios y las desposadas, y los jubilosos cánticos de los que traen ofrendas de gratitud al Señor se escucharán otra vez en esta tierra sentenciada. El pueblo cantará: «¡Rindan homenaje al Señor! ¡Porque es bueno y su capacidad de perdonar no tiene límites!» Y es que daré a esta tierra mayor felicidad y prosperidad de la que nunca tuvo. ¹²Este país, aunque toda persona, animal y ciudad de ella estén sentenciados, nuevamente verán pastores conduciendo ovejas y corderos. ¹³Nuevamente sus rebaños se multiplicarán en los pueblos montañosos y en las ciudades al este de la llanura filistea, en todas las ciudades del sur, en la región de Benjamín, en la cercanía de Jerusalén y en todas las ciudades de Judá. ¹⁴¡Sí, día viene, dice el Señor, cuando yo haré por Israel y Judá todo el bien que les prometí!

¹⁵Y en aquel tiempo haré subir al trono al verdadero Hijo de David, y él gobernará con justicia. ¹⁶Y en aquel día los de Judá y Jerusalén vivirán en seguridad y su lema será: «El Señor es nuestra justicia». ¹⁷Porque el Señor declara que desde entonces en adelante David tendrá por siempre un heredero que ocupe el trono de Israel. ¹⁸Y habrá siempre levitas que presenten ofrendas quemadas, ofrendas de granos y sacrificios al Señor.

¹⁹Llegó luego a Jeremías este mensaje del Señor: ²⁰,²¹Cuando puedan quebrantar mi pacto con el día y la noche, de modo que el día no venga cuando le corresponda, sólo entonces será quebrantado mi convenio con mi siervo David, de modo que no haya hijo suyo que reine en su trono. Y mi convenio con los sacerdotes y levitas ministros míos, no se deroga. ²²Y así como no se pueden contar las estrellas ni contarse los granos de arena de las playas, así los descendientes de mi servidor David y la descendencia de los levitas que para mí ministran se multiplicarán.

²³El Señor le habló nuevamente a Jeremías diciendo: ²⁴¿Has oído lo que el pueblo dice? ¡Que el Señor eligió a Judá e Israel y luego los abandonó! Se burlan y dicen que Israel no merece ser tenida como nación. ²⁵,²⁶Pero ésta es la respuesta del Señor: ¡Yo no rechazaría a mi pueblo así como no modificaría mis leyes del día y la noche, de la tierra y el cielo! ¡Jamás abandonaré a los israelitas, ni a mi servidor David; no modificaré el plan de que un descendiente suyo gobierne un día sobre estos descendientes de Abraham, Isaac y Jacob! Por el contrario, les restauraré su prosperidad y tendré piedad de ellos, voy a liberarlos del cautiverio y traerlos de regreso a su tierra.

## Advertencia al rey Sedequías

**34** Este es el mensaje del Señor que llegó a Jeremías cuando Nabucodonosor, rey de Babilonia, y todos sus ejércitos de todos los reinos que gobernaba, llegaron a combatir contra Jerusalén y las ciudades de Judá:

²Ve y dile a Sedequías, rey de Judá, que el Señor dice así: Entregaré esta ciudad al rey de Babilonia y él la tomará e incendiará. ³Tú no escaparás; serás capturado y llevado ante el rey de Babilonia el cual

☆32.40  ☆33.2-3  ☆33.8  ☆33.10-11

**JEREMÍAS 31.34**

³¹Llegará el día, dice el Señor, cuando celebraré un nuevo convenio con el pueblo de Israel y Judá. ³²No será como el convenio que hice con sus antepasados cuando de la mano los saqué de tierra de Egipto, convenio que ellos quebrantaron, obligándome a rechazarlos, dice el Señor. ³³Este es el nuevo convenio que voy a celebrar con ellos: Grabaré mis instrucciones en el corazón de ellos, para que tengan la voluntad de honrarme; entonces serán verdaderamente pueblo mío y yo seré su Dios.

³⁴En aquel tiempo ya no será necesario que uno al otro se amoneste para conocer al Señor pues cada cual, el grande y el pequeño, realmente me conocerá, dice el Señor, y yo perdonaré y olvidaré sus graves faltas.

³⁵El Señor que nos da la luz del sol en el día y la luna y las estrellas para que iluminen la noche, y que agita el mar para formar rugientes olas —Señor de los ejércitos es su nombre— dice así: ³⁶¡Si yo rechazara a mi pueblo Israel sería como si abrogara las leyes de la naturaleza! ³⁷Así como es imposible que alguien logre medir los cielos y explorar los cimientos de la tierra, también es imposible que yo piense en desecharlos para siempre por causa de sus graves faltas.

³⁸Más bien viene el día, dice él, cuando todo Jerusalén será reconstruida por el Señor, desde la torre de Jananel en la esquina nordeste, hasta la puerta de la Esquina en el noroeste, ³⁹y desde la colina de Gareb en el suroeste, hasta el otro lado, hasta Goa en el sudeste. ⁴⁰Y toda la ciudad, inclusive el cementerio y el botadero de cenizas que se encuentra en el valle, será santa para el Señor, igual que todos los campos hasta el arroyo de Cedrón, y desde allí hasta la puerta de los Caballos en el lado oriental de la ciudad; nunca más la volverán a conquistar ni a destruir.

### Parábola del terreno

**32** El Señor dio a Jeremías el siguiente mensaje el décimo año del reinado de Sedequías, rey de Judá (decimoctavo año del reinado de Nabucodonosor), ²,³cuando estaba Jeremías preso en el calabozo subterráneo del palacio, mientras el ejército de Babilonia sitiaba a Jerusalén. El rey Sedequías lo había puesto allí porque seguía profetizando que la ciudad sería conquistada por el rey de Babilonia, ⁴y que el rey Sedequías sería capturado y llevado prisionero ante el rey de Babilonia para ser enjuiciado y sentenciado.

⁵«Te llevará a Babilonia y te encarcelará por muchos años hasta que mueras. ¿Para qué ir contra los hechos? ¡No podrás triunfar! ¡Ríndete ahora!», le había dicho Jeremías una y otra vez.

⁶,⁷Luego vino a Jeremías este mensaje del Señor: Tu primo Janamel, hijo de Salún, llegará pronto a pedirte que le compres la finca que tiene en Anatot, pues por ley te corresponde la oportunidad de comprarla antes de ofrecérsela a cualquier otro. ⁸Llegó pues Janamel como lo había predicho el Señor y lo visitó en la cárcel.

—Cómprame el campo que tengo en Anatot, en la región de Benjamín, dijo, pues la ley te da prioridad para comprarla.

Así tuve la certeza de que el mensaje que había oído era realmente del Señor. ⁹Compré entonces el campo, pagándole a Janamel doscientos cuatro gramos de plata. ¹⁰Firmé y sellé el documento de la compra ante testigos, pesé la plata y le pagué. ¹¹Luego tomé el documento sellado que contenía términos y condiciones, y tomé también la copia sin sellar, ¹²y públicamente, en presencia de mi primo Janamel y de los testigos que habían firmado el documento, mientras los guardas de la cárcel observaban, entregué los documentos a Baruc, hijo de Nerías, quien era hijo de Maseías. ¹³Y le dije mientras todos escuchaban:

¹⁴El Señor de los ejércitos, el Dios de Israel, dice: Toma el documento sellado y la copia y mételos en una tinaja para que se conserven por mucho tiempo, ¹⁵porque el Señor de los ejércitos, Dios de Israel, dice: En el futuro, esos documentos serán valiosos; algún día la gente volverá a ser dueña de tierras en este país, y comprará y venderá casas, viñedos y campos.

¹⁶Y después de entregarle los documentos a Baruc, oré así:

¹⁷«¡Oh Señor Dios! Tú hiciste los cielos y la tierra con tu gran poder; no hay para ti nada demasiado difícil. ¹⁸Eres amoroso y bondadoso para con millares de personas y sin embargo, los hijos y las hijas sufren las consecuencias de las faltas cometidas por sus padres. Tú eres el grande y poderoso Dios, el Señor de los ejércitos. ¹⁹Tienes gran sabiduría y realizas poderosos milagros, porque tu atención está puesta en todo lo que hace la gente y recompensas a cada cual según su vida y sus hechos. ²⁰Has hecho cosas increíbles en el país de Egipto, hechos que se recuerdan hasta el presente. Y has continuado realizando grandes milagros en Israel y en todo el mundo. Le has dado gran fama a tu nombre, tal como la tiene hoy.

²¹»Liberaste a Israel de Egipto con grandes milagros y demostraciones de poder y provocando terror en los egipcios. ²²Diste a Israel esta tierra que prometiste a sus antepasados hace mucho, tierra tan pródiga que de ella se dice "fluye por la que corre leche y miel". ²³Vinieron nuestros antepasados, la conquistaron y vivieron en ella, pero se negaron a obedecerte y a cumplir tus instrucciones. No han hecho casi ninguna de las cosas que les ordenaste, por eso les has enviado este espantoso mal. ²⁴Mira cómo se han elevado los montículos de asalto contra las murallas de la ciudad, y cómo los babilonios tomarán la ciudad por el poder de sus ejércitos, por el hambre y la enfermedad. Todo ha ocurrido como tú dijiste, como planeaste que ocurriera. ²⁵¡Y sin embargo, me ordenas comprar el campo y pagar una alta suma ante estos testigos, Señor, aun cuando la ciudad pertenecerá a nuestros enemigos!».

²⁶Entonces le llegó este mensaje a Jeremías:

²⁷«Yo soy el Señor, el Dios de toda la humanidad. ¿Hay para mí algo demasiado difícil? ²⁸Sí, daré esta ciudad a los babilonios y a Nabucodonosor, su rey; él la conquistará. ²⁹Y los babilonios que están fuera de las murallas entrarán y prenderán fuego a la ciudad y quemarán todas estas casas en cuyas azoteas han ustedes rendido homenaje al dios Baal por medio de agradables perfumes, y donde han derramado bebidas especiales en honor a otros dioses, provocando mi cólera. ³⁰Porque Israel y Judá no han hecho otra cosa malo desde su más tierna infancia; me han enfurecido con todas sus malas acciones. ³¹Desde que esta ciudad fue edificada hasta el presente, no ha

31.34  32.17-19  32.27

adversario; porque sus pecados son muy numerosos, y su culpa muy grande.

¹⁵¿Por qué protestan por su castigo? ¡Tan escandalosa es su maldad que su dolor no debería tener fin! Es por lo grande de su maldad que he tenido que castigarlos tanto. ¹⁶Pero en aquel día venidero, todos los que los destruyen serán destruidos, y todos sus enemigos les servirán como esclavos. A los que les roban se les robará, y los que los atacan serán atacados. ¡A todos pagaré con su propia moneda! ¹⁷Les devolveré a ustedes la salud y sanaré sus heridas. Ahora los llaman «Los desechados» y «Jerusalén, sitio que nadie quiere».

¹⁸Pero, dice el Señor, cuando yo los haga retornar de su cautiverio a la patria y restaure su fortuna, Jerusalén será reedificada sobre sus ruinas, el palacio será reconstruido como era antes. ¹⁹Las ciudades estarán llenas de júbilo y la gente expresará su gratitud, y yo haré que mi pueblo vuelva a crecer y lo convertiré en una nación grande y honorable. ²⁰Sus hijos prosperarán como lo hicieron en el pasado; toda la comunidad estará muy firme y en buena relación conmigo, y yo castigaré a todos los que los perjudiquen. ²¹Volverán a tener su propio gobernante, y no será un extranjero. Y yo le invitaré a que se dirija a mí con toda confianza, y él se me acercará, pues ¿quién se atrevería a venir a mí de no ser invitado? ²²Y ustedes serán mi pueblo y yo seré su Dios.

²³¡Súbitamente el devastador torbellino del Señor llega con furia; estallará sobre la cabeza de los malvados! ²⁴¡El Señor no retirará la furia de su cólera hasta que haya terminado la inmensa destrucción que ha planeado! Más adelante comprenderán lo que les digo.

**31** En aquel tiempo, dice el Señor, todas las familias de la tierra Israel me reconocerán como su Señor; se comportarán como pueblo mío. ²Yo los cuidaré como hice con los que se liberaron de Egipto, a quienes mostré mi amor en el desierto, cuando Israel buscaba reposo. ³Porque hace mucho tiempo dije a Israel: ¡Yo te he amado, oh pueblo mío, con amor sin fin, con amorosa bondad te he atraído a mí! ⁴Yo reedificaré tu nación, oh Virgen de Israel, volverás a ser feliz y danzarás alegre, con lindos adornos, al son de los panderos en medio de una fiesta. ⁵Volverás a plantar tus viñedos sobre los montes de Samaria y allá volverás a comer de sus frutos.

⁶Llegará un día cuando los vigías de los montes de Efraín te llamarán diciendo: «¡Levántate y vamos a Sión, donde está el Señor Dios nuestro!» ⁷Porque el Señor dice: Canten jubilosos por todo lo que haré por Israel, la más grande de las naciones. Clamen con gozo y alabanza: «¡El Señor ha salvado a su pueblo, al resto de los sobrevivientes que él ha protegido!»

⁸Porque los traeré del norte, de los lugares más lejanos de la tierra, sin olvidarme de sus ciegos y cojos, de las madres jóvenes con sus pequeños, y de las que están prontas a dar a luz. ¡Una gran compañía será la que vendrá! ⁹Lágrimas de gozo les correrán por las mejillas, y con mucha suavidad los conduciré a su hogar. Andarán junto a serenas corrientes de agua sin tropezar. Porque yo soy Padre para Israel, y Efraín es mi hijo mayor.

¹⁰Escuchen este mensaje del Señor naciones del mundo, y publíquenlo por todas partes: El Señor que esparció a su pueblo lo recogerá otra vez y lo cuidará como pastor a su rebaño. ¹¹El Señor salvará a Israel de quienes son demasiado fuertes para ellos. ¹²Volverán a la patria y entonarán cánticos de alegría sobre los montes de Sión, y estarán resplandecientes ante las bondades del Señor como las buenas cosechas, el trigo, el vino, el aceite y los vigorosos rebaños y manadas. Su vida será como huerto de regadío, y ya no tendrán más penas. ¹³Las doncellas danzarán de gozo y los hombres —viejos y jóvenes— participarán en la alegría; porque transformaré su aflicción en gozo, los confortaré y los haré alegrarse, porque el cautiverio con todos sus dolores quedará atrás. ¹⁴Festejaré a los sacerdotes con la abundancia de ofrendas que les llevarán al templo. Satisfaceré de la abundancia mía a mi pueblo, dice el Señor.

†¹⁵El Señor dice: Hay amargo llanto en Ramá. Raquel llora por sus hijos y nadie puede consolarla, pues han desaparecido. ¹⁶Pero el Señor dice: ¡No llores más, porque yo he oído tus plegarias y te aseguro que los volverás a ver; regresarán a ti desde la lejana tierra enemiga donde ahora se encuentran! ¹⁷Hay para ti esperanza en el futuro próximo, dice el Señor, y tus hijos e hijas volverán a su patria.

¹⁸He oído los gemidos de Efraín: «Gravemente me has castigado; pero yo lo necesitaba, así como hay que amansar al ternero para el yugo. ¡Vuélveme otra vez a ti y restáurame, pues sólo tú eres el Señor, mi Dios! ¹⁹Del Señor me alejé, pero tuve que lamentarlo. Me di golpes por mi necedad. Me dio enorme vergüenza todo lo que hice en mi juventud».

²⁰El Señor responde: ¡Efraín es aún hijo mío, el pequeño a quien amo! ¡Tuve que castigarlo por necesidad, pero lo amo todavía! Por él suspiro y de él tendré misericordia.

²¹Cuando te lleven al exilio ve dejando en el camino señales que indiquen el camino de regreso a Israel. Marca bien la senda de ida, porque a tus ciudades retornarás por ellas algún día, Virgen Israel. ²²¡Hasta cuándo estarás indecisa, oh muchacha terca? Porque el Señor hará que ocurra algo nuevo y diferente: ¡Israel buscará a Dios!

²³El Señor de los ejércitos, el Dios de Israel, dice: Cuando yo los traiga de regreso dirán en Judá y sus ciudades este refrán: «¡El Señor te bendiga, oh lugar donde se practica la justicia, lugar santo!» ²⁴Y los habitantes de la ciudad, los granjeros y los pastores por igual vivirán juntos en paz y felicidad. ²⁵Porque he dado reposo a los fatigados y gozo a los afligidos.

²⁶Jeremías despertó.
—¡Qué dulce sueño! —dijo.

²⁷El Señor dice: En el futuro cercano multiplicaré la población y también el ganado aquí en Israel. ²⁸En tiempos pasados con mucho empeño arruiné y dañé a la nación pero ahora la reedificaré cuidadosamente. ²⁹Ya el pueblo no dirá este refrán: «Los padres comen las uvas agrias y a los hijos les da la dentera». ³⁰Pues cada cual morirá a consecuencia de sus propias faltas: el que coma uvas agrias será quien tenga dentera.

30.17   31.1   31.3   31.8-10   31.14
† 31.15—Ma 2.17-18   31.25   31.29

⁴El Señor de los ejércitos, el Dios de Israel, envía este mensaje a todos los cautivos que ha desterrado de Jerusalén a Babilonia: ⁵Edifiquen casas y piensen en quedarse; planten viñas, porque se quedarán allí muchos años. ⁶Cásense y tengan hijos e hijas, y luego búsquenles consorte y tengan muchos nietos y nietas. ¡Multiplíquense! ¡No mermen! ⁷Y trabajen por la prosperidad y paz de Babilonia. Oren por ella, porque si Babilonia tiene paz, la tendrán ustedes.

⁸El Señor de los ejércitos, el Dios de Israel, dice también: No permitan que los falsos profetas y agoreros que hay entre ustedes los engañen. No hagan caso de los sueños que inventan, ⁹porque profetizan mentiras en mi nombre. Yo no los envié, dice el Señor. ¹⁰La verdad es ésta: Pasarán en Babilonia setenta años. Pero entonces vendré y haré por ustedes todas las cosas buenas que he prometido y los conduciré de regreso a su patria. ¹¹Pues conozco los planes que para ustedes tengo, dice el Señor. Son planes de bien y no de mal, para darles un futuro y una esperanza. ¹²En aquellos días cuando oren, yo escucharé. ¹³Me hallarán cuando me busquen, si con toda sinceridad me buscan.

¹⁴Sí, dice el Señor, me hallarán y yo pondré fin a su esclavitud y restauraré su fortuna y los reuniré de entre las naciones a donde los esparcí y los traeré de regreso a su casa y a su patria.

¹⁵Pero ahora, debido a que aceptan a los falsos profetas entre ustedes y aseguran que el Señor los envió, ¹⁶,¹⁷enviaré guerra, hambre y peste sobre el pueblo que ha quedado aquí en Jerusalén —sobre sus parientes que no fueron llevados prisioneros a Babilonia y sobre el rey que ahora ocupa el trono de David— y los haré como higos podridos, que no se pueden comer. ¹⁸Los esparciré por la superficie de la tierra y en toda nación en donde yo les ponga recibirán ofensas, silbidos y burlas, ¹⁹porque se negaron a escucharme aunque les hablé una y otra vez mediante mis profetas.

²⁰Por lo tanto, escuchen la palabra del Señor todos los judíos cautivos allá en Babilonia. ²¹El Señor de los ejércitos, el Dios de Israel, dice esto acerca de sus falsos profetas Acab, hijo de Colaías, y Sedequías, hijo de Maseías, que usando mi nombre les dicen mentiras: ¡Miren, en manos de Nabucodonosor los entrego para que los ejecute en público! ²²Su destino se convertirá en símbolo de todo mal, de modo que cuando alguien quiera maldecir a otro le dirá: «¡El Señor permita te acontezca como a Sedequías y a Acab, a quienes el rey de Babilonia quemó vivos!» ²³Porque estos hombres han hecho algo terrible en mi pueblo. Han cometido adulterio con las esposas de sus vecinos y han mentido usando mi nombre. Lo sé bien, porque he visto todo cuanto hacen, dice el Señor.

### Mensaje de Semaías

²⁴«Y dígale esto a Semaías, el nejelamita (que significa "soñador"): ²⁵El Señor de los ejércitos, el Dios de Israel, dice: Le has escrito una carta a Sofonías, hijo de Maseías, el sacerdote, y has enviado copias a todos los demás sacerdotes y a todos los habitantes de Jerusalén.

²⁶Y en esta carta le decías a Sofonías: "El Señor te ha nombrado para reemplazar a Joyadá como sacerdote en Jerusalén. Y en tu responsabilidad está arrestar a cualquier loco que diga ser profeta, y ponerlo en el cepo. ²⁷¿Por qué no has hecho algo respecto a Jeremías, ese falso profeta de Anatot? ²⁸Porque él nos ha escrito a los que estamos en Babilonia diciendo que nuestro cautiverio será largo, y que deberíamos construir casas permanentes y planear quedarnos muchos años y sembrar árboles frutales, pues estaremos aquí para comer su fruto por mucho tiempo"».

²⁹Sofonías le llevó la carta a Jeremías y se la leyó. ³⁰Entonces el Señor le dio este mensaje a Jeremías: ³¹Envía una carta abierta a todos los desterrados en Babilonia y diles esto: El Señor dice que por haberles «profetizado» Semaías de Nejelán sin que yo lo enviara, y por haberlos inducido a creer sus mentiras, ³²yo lo castigaré a él y a su familia. Ninguno de sus descendientes vivirá para poder ver el bien que tengo reservado para mi pueblo, porque él les ha inducido a ustedes a rebelarse contra el Señor.

### Restauración de Israel

**30** Este es otro de los mensajes del Señor a Jeremías:

²El Señor Dios de Israel dice: Escribe en un rollo para que conste todo lo que he dicho. ³Porque vendrá el tiempo cuando restauraré la fortuna de mi pueblo, Israel y Judá, y los traeré de regreso a esta tierra que di a sus antepasados; la poseerán y vivirán de nuevo en ella. ⁴Y escribe también esto respecto a Israel y Judá:

⁵«¿Dónde hallaremos paz?» claman. «No hay sino miedo y temblor». ⁶¿Dan a luz los hombres? ¿Por qué están entonces ahí, con rostro ceniciento, con las manos apretadas contra la cintura como mujeres a punto de dar a luz?

⁷¡Ay! en toda la historia, ¿cuándo hubo jamás un tiempo de terror como ese que se le viene encima a Israel? Es tiempo de mucho sufrimiento para mi pueblo —para Jacob— como nunca lo experimentaron antes. ¡Pero Dios los librará! ⁸Pues en aquel día, dice el Señor de los ejércitos, yo quebrantaré ese dominio extranjero que pesa sobre ti como yugo y te haré libre, ⁹entonces sólo le serán fieles al Señor su Dios, y a David su Rey, a quien yo volveré a la vida para que les ayude, dice el Señor.

¹⁰¡No temas, pues, oh Jacob, siervo mío; no te desalientes, oh Israel, porque yo te conduciré a tu hogar desde tierras lejanas, y a tus hijos desde su destierro! Todos tendrán reposo y tranquilidad en su propia patria, y nadie los atemorizará ¹¹porque yo estoy con ustedes y los libraré de cualquier peligro, dice el Señor. Aunque destruya totalmente a las naciones en donde los he esparcido, no los exterminaré a ustedes; los castigaré, es cierto, no se librarán del castigo, para que les sirva de corrección.

¹²Porque tu maldad es como una llaga incurable, terrible herida. ¹³No hay quien los ayude a vendar su herida y ningún remedio es eficaz. ¹⁴Todos tus amantes te han abandonado y ya no te tienen ningún cariño; porque cruelmente los he herido, como si fuese enemigo suyo; sin misericordia, como si fuese un implacable

²Hazte un yugo y póntelo al cuello atado con correas como quien enyuga un buey para arar. ³Envía luego mensaje a los reyes de Edom, Moab, Amón, Tiro y Sidón, mediante sus embajadores en Jerusalén, ⁴a los cuales dirás: Digan a sus amos que el Señor de los ejércitos, el Dios de Israel, les envía este mensaje: ⁵Por mi gran poder yo hice la tierra; toda la humanidad y todos los animales, y esto, que es mío, lo doy a quien quiero. ⁶Así, ahora he entregado todas sus naciones al rey Nabucodonosor de Babilonia, que es representante mío. Y le he entregado a él todo el ganado de sus amos. ⁷Todas las naciones le servirán a Nabucodonosor y a sus hijos y nietos hasta que le llegue su turno de ser castigado, y entonces muchas naciones y poderosos reyes conquistarán Babilonia y la harán su esclava. ⁸¡Pero ahora sométanse a Nabucodonosor y sírvanle, pórtense sumisos ante Babilonia! Castigaré a cualquier nación que se niegue a ser esclava suya; enviaré guerra, hambre y enfermedad sobre dicha nación hasta que él la haya conquistado. ⁹No escuchen a sus falsos profetas, adivinos, soñadores, agoreros y magos que dicen que el rey de Babilonia no los someterá a esclavitud, ¹⁰porque todos son mentirosos. Y si siguen sus consejos y se niegan a someterse al rey de Babilonia, yo los echaré de su tierra y los enviaré lejos y allá perecerán. ¹¹Pero al pueblo de toda nación que se someta al rey de Babilonia se le permitirá quedarse en su propio país y cultivar la tierra como de costumbre.

¹²Jeremías le repitió todas estas profecías a Sedequías, rey de Judá:

Si deseas vivir, sométete al rey de Babilonia, le dijo. ¹³¿Por qué se empeñan en morir tú y tu pueblo? ¿Por qué elegir la guerra, el hambre y la enfermedad que el Señor ha anunciado a toda nación que no se someta al rey de Babilonia? ¹⁴No prestes oído a los falsos profetas que continuamente te dicen que el rey de Babilonia no te derrotará, pues son unos mentirosos. ¹⁵Yo no los envié, dice el Señor, y te están mintiendo en mi nombre. Si insistes en hacerles caso, tendré que echarlos de esta tierra para que mueran tú y todos estos «profetas».

¹⁶Una y otra vez hablé a los sacerdotes y a todo el pueblo y les dije:

El Señor dice: No escuchen a sus falsos profetas que les dicen que pronto serán traídas de Babilonia las vasijas de oro que fueron saqueadas del templo. Son puras mentiras. ¹⁷No los escuchen. Sométanse al rey de Babilonia para que les perdone la vida, porque de otro modo toda esta ciudad será destruida. ¹⁸Si realmente son profetas de Dios, que le oren al Señor de los ejércitos pidiendo que las vasijas de oro que aún han quedado en el templo, y las que hay en el palacio del rey de Judá y en los palacios de Jerusalén, no sean llevadas como botín junto con ustedes a Babilonia.

¹⁹⁻²¹Porque el Señor de los ejércitos dice: Las columnas de bronce que están en el frente del templo, y la gran fuente de bronce que está en el atrio del templo, y los soportes de metal y todos los demás objetos ceremoniales dejados aquí por Nabucodonosor, el rey de Babilonia, cuando desterró a todas las personas importantes de Judá y Jerusalén llevándolos a Babilonia, junto con Jeconías, hijo de Joacim, rey de Judá, ²²todavía están por ser llevados a Babilonia y allá se quedarán hasta que yo los mande traer. Después los volveré a traer de regreso a Jerusalén.

## Jananías, el falso profeta

**28** Cierto día de diciembre del mismo año —el cuarto año del reinado de Sedequías, rey de Judá— Jananías, hijo de Azur, un falso profeta de Gabaón, habló en público en el templo cuando todos los sacerdotes y el pueblo escuchaban, y dijo:

²—El Señor de los ejércitos, el Dios de Israel, declara: ¡Los he librado de la opresión que sufrían bajo la dominación del rey de Babilonia! ³Dentro de dos años traeré de regreso todos los tesoros del templo que Nabucodonosor se llevó a Babilonia, ⁴y traeré de regreso al rey Jeconías, hijo de Joacim, rey de Judá, y a todos los demás cautivos que se encuentran desterrados en Babilonia, dice el Señor. Tengan por cierto que los libraré de la opresión que sufren de parte del rey de Babilonia.

⁵Entonces, frente a todos los sacerdotes y el pueblo, Jeremías le dijo a Jananías:

⁶—¡Bonitas palabras dices! ¡Ojalá se cumplan tus profecías! Espero que el Señor haga cuanto dices y traiga de Babilonia los tesoros de este templo, y a todos nuestros seres queridos. ⁷Pero escucha ahora las solemnes palabras que en presencia de todo este pueblo pronuncio yo. ⁸Los antiguos profetas que nos precedieron a ti y a mí hablaron contra muchas naciones, siempre con advertencias de guerra, hambre y pestes. ⁹De modo que al profeta que prediga paz le corresponde demostrar que Dios realmente lo ha enviado. Únicamente si su mensaje se cumple se sabrá que realmente procede de Dios.

¹⁰Jananías, el falso profeta, le quitó a Jeremías el yugo que llevaba al cuello y lo quebró. ¹¹Y volvió a decirle al pueblo que se había reunido:

—El Señor ha prometido que dentro de dos años liberará a todas las naciones hoy esclavas del rey Nabucodonosor de Babilonia.

En ese preciso momento Jeremías se alejó. ¹²Poco después el Señor le dio a Jeremías este mensaje:

¹³Ve y dile a Jananías que el Señor dice: ¡Tú rompiste un yugo de madera, pero este pueblo carga una opresión que le pesa como si llevara al cuello yugos de hierro! ¹⁴El Señor de los ejércitos, el Dios de Israel, dice: ¡Yugo de hierro he puesto al cuello de todas estas naciones obligándolas a ir como esclavas a Nabucodonosor, rey de Babilonia! Y nada modificará este decreto, pues le he entregado hasta los rebaños y manadas.

¹⁵Jeremías le dijo a Jananías, el falso profeta:

—Mira, Jananías, el Señor no te ha enviado y el pueblo cree tus mentiras. ¹⁶Por lo tanto, el Señor dice que tendrás que morir. Este mismo año acabará tu vida porque te has rebelado contra el Señor.

¹⁷Y en efecto, dos meses después murió Jananías.

## Carta a los exiliados

**29** Después que fueron llevados cautivos por Nabucodonosor a Babilonia el rey Jeconías, la reina madre, los dignatarios de la corte, los jefes de las tribus y los obreros calificados, ²Jeremías les escribió una carta desde Jerusalén, dirigida a los consejeros judíos, a los sacerdotes y profetas y a todo el pueblo. ³Envió la carta con Elasá, hijo de Safán, y con Guemarías, hijo de Jilquías, cuando ellos fueron a Babilonia como embajadores del rey Sedequías ante Nabucodonosor. Y la carta decía así:

rechazan la copa, diles: El Señor de los ejércitos dice que tienen que beber. ¡No pueden rehuirla! ²⁹A mi propio pueblo he comenzado a castigarlo. ¿Habrían de escapar ustedes? ¡No, no evadirán el castigo! Lanzaré a guerra contra todos los pueblos de la tierra, dice el Señor de los ejércitos.

³⁰Por lo tanto, profetiza contra ellos. Diles que desde su santo templo tronará el Señor contra los suyos y contra todos los habitantes de la tierra. Gritará de coraje, y tan fuerte como lo hacen los que en la vendimia exprimen el jugo de las uvas bajo sus pies. ³¹Aquel grito que anuncia el castigo retumbará hasta los últimos rincones más apartados de la tierra, porque el Señor echa pleito contra las naciones, contra toda la humanidad. A todos los malvados los hace caer en la guerra, dice el Señor.

³²¡Miren, dice el Señor de los ejércitos, mi castigo irá de nación en nación; un gran torbellino destructor alcanzará los límites más alejados de la tierra! ³³Aquel día los muertos a manos del Señor llenarán la tierra de cabo a cabo. Nadie los llorará ni recogerá sus cadáveres para enterrarlos; serán abono para la tierra.

³⁴Lloren y giman, malos pastores; golpéense la cabeza contra las piedras los líderes de las naciones, porque ha llegado el tiempo de su destrucción y dispersión. Caerán como frágiles objetos destinados a ser destruidos. ³⁵Los pastores y demás líderes no hallarán dónde esconderse ni por dónde escapar.

³⁶Escuchen los frenéticos gritos de los pastores y de los otros líderes que claman desesperados porque el Señor ha arruinado sus pastos. ³⁷Los que ahora viven a sus anchas serán truncados por la ferocidad de la cólera del Señor. ³⁸El Señor ha salido como león que sale de su cubil en busca de presa. Su tierra ha sido asolada por ejércitos en guerra, provocados por la tremenda cólera del Señor.

## Jeremías bajo amenaza de muerte

**26** Vino a Jeremías este mensaje de parte del Señor durante el primer año del reinado de Joacim, hijo de Josías, rey de Judá:

²Ponte frente al templo del Señor y dale un anuncio a todo el pueblo que desde muchos sitios de Judá se ha congregado allí para ofrecer culto. Dales el mensaje completo, no descartes ni una sola de las palabras que tengo para que las escuchen. ³Porque tal vez escuchen y se detengan de hacer tantas maldades y entonces pueda yo aguantarme de darles el castigo que se merecen por sus malas acciones. ⁴Diles de parte del Señor: Si no escuchan y obedecen las instrucciones que le he dado, ⁵y si no ponen atención a lo que les dicen mis servidores los profetas —pues una y otra vez los he enviado para prevenirlos, pero no han querido hacerles caso—, ⁶destruiré este templo, como destruí el templo de Siló, y haré que sobre Jerusalén se digan toda clase de tristes historias, como ciudad maldecida.

⁷,⁸Cuando Jeremías terminó su mensaje, luego que dijo todo cuanto el Señor le había ordenado, los sacerdotes, los falsos profetas y todo el pueblo reunido en el templo se le echaron encima gritando:

—¡Muera! ¡Muera! ⁹¿Qué derecho tienes para decir que el Señor destruirá este templo como hizo con el de Siló? ¿Qué es eso de que Jerusalén será destruida y nadie se salvará?

¹⁰Cuando los altos dignatarios de Judá oyeron lo que ocurría, acudieron aprisa desde el palacio y se sentaron a la entrada principal del templo para entablar un juicio. ¹¹Los sacerdotes y los falsos profetas presentaron sus cargos contra Jeremías ante los dignatarios y el pueblo:

—Este hombre merece morir —decían—. Con sus propios oídos han oído su traición, pues ha declarado que esta ciudad será destruida.

¹²Jeremías habló en defensa propia:

—Ha sido el Señor quien me ha enviado para anunciar la destrucción de este templo y esta ciudad. Él me dio cada una de las palabras que he pronunciado. ¹³Pero si dejan de cometer tantas maldades y comienzan a seguir las instrucciones del Señor su Dios, él revocará todo el castigo que ha anunciado contra ustedes. ¹⁴En lo que a mí toca, indefenso estoy en poder de ustedes, hagan de mí lo que quieran. ¹⁵Pero una cosa sí les digo: Si me matan serán culpables de la muerte de un inocente, y la responsabilidad recaerá sobre esta ciudad y cuantos en ella viven, porque es absolutamente cierto que el Señor fue quien me envió a decir cada una de las palabras que de mí han oído.

¹⁶Los dignatarios y el pueblo dijeron al sacerdote y a los falsos profetas:

—Este hombre no es digno de muerte, pues nos ha hablado en nombre del Señor nuestro Dios.

¹⁷Entonces uno de los sabios ancianos se puso de pie y habló a todo el pueblo que lo rodeaba:

¹⁸—Esa es una decisión correcta, pues ya en el pasado, cuando Miqueas, el de Moréset, profetizó en tiempo del reinado de Ezequías de Judá, y comunicó al pueblo que Dios decía: «Este monte será arado como si fuera un campo de labranza y esta ciudad de Jerusalén será convertida en montones de piedra, y en su cumbre habrá sólo un matorral, en donde hoy está el gran templo». ¹⁹Pero, ¿lo mataron acaso el rey Ezequías y el pueblo por decir eso? No, sino que dejaron sus actos malvados y rindieron homenaje al Señor y le suplicaron que tuviera misericordia de ellos. Y el Señor no les envió el terrible castigo que les había preparado. Si por comunicarnos los mensajes de Dios matamos a Jeremías, ¡quién sabe qué nos hará el Señor!

²⁰Urías, hijo de Semaías, de Quiriat Yearín, otro verdadero mensajero del Señor, denunciaba a la ciudad y al pueblo al mismo tiempo que Jeremías. ²¹Pero cuando el rey Joacim, los oficiales del ejército y los dignatarios oyeron lo que decía, el rey buscó matarlo. Urías se enteró de la orden y huyó a Egipto. ²²Para capturar a Urías, el rey Joacim envió a Egipto a Elnatán, hijo de Acbor, con varios hombres más. ²³Lo apresaron y lo llevaron de regreso ante el rey Joacim, el cual lo hizo atravesar con una espada y luego mandó que lo enterraran en un sepulcro desconocido. ²⁴Entonces Ajicán, hijo de Safán, secretario del rey, estuvo a favor de Jeremías y persuadió al tribunal para que no lo entregara a la muerte en manos del populacho.

## Parábola del yugo

**27** Este mensaje del Señor recibió Jeremías al comienzo del reinado de Joacim,[b] hijo de Josías, rey de Judá:

---
b. Algunas versiones dicen «Sedequías».

Señor», los castigaré a ellos y a sus familias por esas palabras. ³⁵Pueden preguntarse unos a otros: «¿Cuál es el mensaje de Dios? ¿Qué dice?» ³⁶Pero no usen el mote de «tristes noticias de Dios», porque lo que hay de triste son ustedes y sus mentiras. Están tergiversando mis palabras, que soy un Dios que ama la vida, y andan inventando «mensajes de Dios» que yo no he dado, dice el Señor.

³⁷Respetuosamente pueden preguntarle a Jeremías: «¿Cuál es el mensaje del Señor? ¿Qué te ha dicho?» ³⁸,³⁹Pero si se preguntan por «las tristes noticias de Dios» habiendo advertido yo contra tales burlas, entonces yo, el Señor Dios, me libraré de la carga que me son ustedes. Los arrojaré de mi presencia, junto con esta ciudad que di a ustedes y a sus antepasados, ⁴⁰y sentirán mucha vergüenza por todo lo que les pasará y se ganarán una reputación de infames para siempre.

## Dos canastas de higos

**24** Después que Nabucodonosor, el rey de Babilonia, capturó y sometió a esclavitud a Jeconías, hijo de Joacim, rey de Judá, y lo llevó prisionero a Babilonia junto con los príncipes de Judá y los obreros calificados —carpinteros y herreros—, el Señor me dio otra visión. ²Vi dos canastas de higos colocadas frente al templo de Jerusalén. En una canasta había higos frescos, recién madurados, pero los de la otra cesta estaban echados a perder y mohosos, pudriéndose ya. ³Entonces el Señor me dijo: ¿Qué ves, Jeremías? Yo respondí: «Higos, unos muy buenos y otros muy malos, que no se pueden comer de malos».

⁴,⁵Entonces el Señor, el Dios de Israel, dijo: Los higos buenos representan a los que van como prisioneros a Babilonia. De ellos tendré mucho cuidado. ⁶Yo me encargaré de que los traten bien y los volveré a traer de regreso. Les ayudaré y no los heriré; haré que vuelvan a ubicarse en su tierra y en ella serán prósperos. ⁷Les daré un corazón que esté en sintonía con mi voluntad. Serán mi pueblo y yo seré su Dios, porque con gran alegría volverán a mí.

⁸Pero los higos podridos representan a Sedequías, rey de Judá, sus funcionarios y el resto de Jerusalén que se ha quedado en este país; también a los que se fueron a vivir en Egipto. Los trataré como a higos podridos que no sirven para nada, dice el Señor. ⁹Los haré repulsivos para todas las naciones de la tierra, y serán objeto de burla, mofa y maldición dondequiera que yo los obligue a ir. ¹⁰Y en medio de ellos habrá mucha muerte, hambre y enfermedad hasta que sean eliminados de la tierra de Israel, la que yo di a ellos y a sus antepasados.

## Setenta años de cautiverio

**25** El siguiente mensaje del Señor para todo el pueblo de Judá le fue dado a Jeremías en el cuarto año del reinado del rey Joacim de Judá, hijo de Josías. Este fue el año que comenzó a reinar Nabucodonosor como rey de Babilonia.

²,³Desde hace veintitrés años, dijo Jeremías, desde el año decimotercero del reinado de Josías, hijo de Amón, rey de Judá, hasta el presente, el Señor ha estado enviándoles sus mensajes. Fielmente se los he transmitido, pero ustedes no han querido escucharlos. ⁴Durante mucho tiempo el Señor les ha enviado sus profetas, pero ustedes se han negado a oír. ⁵En cada ocasión el mensaje fue: Dejen sus malas conductas y abandonen las maldades que están cometiendo. Sólo así pueden seguir viviendo aquí en esta tierra que el Señor les dio a ustedes y a sus antepasados para siempre. ⁶No me hagan enojar rindiéndole homenaje a ídolos; pero si me son leales no les haré daño. ⁷Pero no quieren escuchar; tercos, me han enfurecido con sus ídolos. Así se han hecho merecedores de todo el mal que se les ha venido encima.

⁸,⁹Y ahora el Señor de los ejércitos dice: Como no me han escuchado, reuniré todos los ejércitos del norte al mando de Nabucodonosor, rey de Babilonia, a quien he nombrado mi representante, y los traeré a todos contra este país y su pueblo y contra las demás naciones cercanas a ustedes. Los destruiré totalmente y los convertiré en refrán burlesco para siempre. ¹⁰Los despojaré de su gozo, su alegría y sus fiestas nupciales. Fracasarán sus empresas y todas sus casas estarán tristes y sin luz. ¹¹Todo este país se convertirá en un arenal desolado; todo mundo quedará con la boca abierta de asombro ante el desastre que les llegará. Durante setenta años Israel y las naciones vecinas servirán al rey de Babilonia.

¹²Después, pasados los setenta años de esclavitud, castigaré al rey de Babilonia y a su pueblo por sus maldades. En eternas ruinas convertiré el país de Caldea, mejor conocido como Babilonia. ¹³Traeré sobre ellos todos los terrores que he prometido en este rollo, todas las penas anunciadas por Jeremías contra las naciones. ¹⁴Porque muchas naciones y grandes reyes esclavizarán a los caldeos así como ellos esclavizaron a mi pueblo; los castigaré en proporción al trato que ellos le dieron a mi pueblo.

¹⁵Porque el Señor, el Dios de Israel, me dijo: Toma de mi mano esta copa en que rebosa mi gran cólera y haz que de ella beban todas las naciones a quienes te envío. ¹⁶Al beber de ella se tambalearán como borrachas, enloquecidas por los golpes mortales que haré caer sobre ellas.

¹⁷Tomé entonces la copa de cólera que el Señor me daba e hice que bebieran de ella todas las naciones, cada nación a la que el Señor me envió. ¹⁸Fui a Jerusalén y a las ciudades de Judá, y sus reyes y príncipes bebieron de la copa, de modo que desde entonces han estado en desolación, detestados y maldecidos, hasta el día de hoy. ¹⁹,²⁰Fui a Egipto, y el faraón y sus siervos, los príncipes y el pueblo, bebieron también de la terrible copa, junto con los extranjeros que habitaban su país. Igual hicieron los reyes de la tierra de Uz y los reyes de las ciudades filisteas Ascalón, Gaza, Ecrón y lo que de Asdod quedaba. ²¹Visité también las naciones de Edom, Moab y Amón; ²²a los reyes de Tiro y de Sidón; a los reyes de las regiones que están al otro lado del mar; ²³a Dedán, a Temá y a Buz, y a los otros que están allí; ²⁴a los reyes de Arabia y a los de las tribus nómadas del desierto; ²⁵a los reyes de Zimri, Elam y Media; ²⁶y a todos los reyes de los países del norte, lejanos y cercanos, unos tras otros; y a todos los reinos del mundo. Y finalmente el propio rey de Babilonia bebió de esta copa de la cólera del Señor.

²⁷Diles: El Señor de los ejércitos, el Dios de Israel, dice: Beban de esta copa de mi cólera hasta que estén borrachos; vomiten y caigan para no levantarse más, porque envío terribles guerras sobre ustedes. ²⁸Y si

quienes buscan tu muerte, de quienes tienes tanto miedo: Nabucodonosor rey de Babilonia y su poderoso ejército. ²⁶A ti y a tu madre los echaré de este país, y morirán en país lejano. ²⁷Jamás retornarán a la tierra que tanto aman. ²⁸Este Jeconías es como plato quebrado y desechado. Él y sus hijos irán desterrados a tierras lejanas, igual como se desecha un plato quebrado.

²⁹¡Ay tierra, tierra, tierra! ¡Escucha el mensaje del Señor! ³⁰El Señor dice: Haz constar que este Jeconías no tendrá descendencia, pues ninguno de sus hijos ocupará el trono de David ni gobernará en Judá. Su vida no tendrá ninguna importancia.

## El Rey justo

**23** ¡Son unos desgraciados los pastores que dejan que sus ovejas se pierdan o las dejan abandonadas ante el peligro!, dice el Señor. ²En vez de llevar mi rebaño a lugar seguro, lo han abandonado y lo han arriado hacia la destrucción. Ahora sobre ustedes descargaré mi gran cólera por el mal que les han causado. Voy a pasar revista de nuevo a sus malas obras para darles el castigo que se merecen. ³Y recogeré el resto de mi rebaño de todas partes donde anden desperdigados y los traeré a su propio aprisco, y nuevamente tendrán pasto abundante y se multiplicarán. ⁴Y los pondré al cuidado de pastores responsables, y nunca más tendrán por qué vivir atemorizadas. Ni una sola se perderá, dice el Señor.

⁵Porque llegará un día, dice el Señor, en que pondré como rey en el trono del rey David una Rama justa. Será un Rey que gobierne con sabiduría y rectitud, y hará que la justicia sea la norma de todas las personas en la tierra. ⁶Se le conocerá como Señor Justicia Nuestra. En aquel tiempo Judá e Israel habitarán en paz y con seguridad.

⁷En aquel tiempo, al prestar juramento ya no se dirá: «¡Por el Señor que rescató de Egipto al pueblo de Israel!», ⁸sino que se dirá: «Por el Señor que desde los países del norte donde los había desterrado trajo a los israelitas de regreso a su patria Israel».

## Profetas mentirosos

⁹Tengo el corazón lleno de dolor, me siento debilitado y confundido como un borracho que es tardo en reaccionar por causa del espantoso destino que les espera a los falsos profetas, porque el Señor ha pronunciado contra ellos palabras terribles de castigo. ¹⁰El país está lleno de adulterio y la tierra hasta parece maldita, completamente reseca. Las personas sólo piensan en cometer maldades, siempre actuando tramposamente. ¹¹Tanto profetas como sacerdotes son hombres malvados y mentirosos, ¡y hasta cuando están en el templo!, dice el Señor.

¹²Por lo tanto, tendrán que pasar experiencias horribles; los perseguirán cuesta abajo por despeñaderos oscuros y traicioneros, y caerán. Cuando llegue el tiempo que he decidido recibirán el castigo que les corresponde por todos sus pecados.

¹³Yo sabía que los profetas de Samaria eran increíblemente perversos, porque profetizaban mediante Baal e inducían a mi pueblo a actuar perversamente. ¹⁴¡Pero peores aún son los profetas de Jerusalén! Las cosas que hacen son horribles; cometen adulterio y se deleitan en sus malas acciones. Animan y aplauden a los malhechores en vez de advertirles de las consecuencias de sus malas acciones. Esos profetas son totalmente depravados, como lo eran los hombres de Sodoma y Gomorra.

¹⁵Por tanto, el Señor de los ejércitos dice respecto a estos falsos profetas: Les daré a comer amargura y veneno a beber, pues por causa de ellos la maldad se ha propagado por todas partes.

¹⁶Esta es mi advertencia a mi pueblo, dice el Señor de los ejércitos: No escuchen a esos falsos profetas cuando les profeticen, llenándolos de falsas esperanzas. Son unos embaucadores, inventan todo cuanto dicen, no son portavoces míos. ¹⁷Continuamente dicen a estos rebeldes que me desprecian: «No tengan ningún cuidado, todo va bien», y a quienes viven como ellos quieren les dicen: «El Señor ha dicho que tendrán paz».

¹⁸Pero, ¿pueden nombrar siquiera a uno de estos profetas que tenga tanta intimidad con el Señor que oiga lo que dice? ¿Se ha preocupado siquiera uno de ellos en escuchar? ¹⁹Miren, el Señor envía un gran torbellino que arrastrará a esos locos. ²⁰La terrible cólera del Señor no se aplacará hasta que haya ejecutado todo el castigo planeado. Más adelante comprenderán mejor lo que les estoy diciendo.

²¹Yo no he enviado a estos profetas, pero ellos se apresuraron a hablar en mi nombre; no les he dado mensaje alguno, pero ellos dicen que sus mensajes son de mi parte. ²²Si fueran míos, tratarían de apartar a mi pueblo de sus malos caminos.

²³¿Soy yo acaso un Dios que esté solamente en un sitio y no pueda ver lo que están haciendo? ²⁴¿Podrá alguien ocultarse de mí? ¿No estoy yo acaso en todas partes, en el cielo y en la tierra?

²⁵«Escuchen el sueño que anoche me envió Dios», dicen. Y se ponen a inventar mentiras en nombre mío. ²⁶¿Hasta cuándo durará esto? Si son «profetas», lo son de engaño, inventores de cuanto dicen. ²⁷Al narrar estos falsos sueños pretenden que mi pueblo me olvide así como me olvidaron sus antepasados, quienes se volvieron a los ídolos de Baal. ²⁸Cuenten estos falsos profetas sus sueños, y que mis genuinos mensajeros proclamen fielmente cada palabra mía. ¡Ustedes se darán cuenta entonces que hay mucha diferencia entre la paja y el trigo!

²⁹¿No quema mi palabra como si fuera fuego?, pregunta el Señor. ¿No es como un poderoso mazo que despedaza la roca? ³⁰Por eso estoy contra estos «profetas» que reciben sus mensajes unos de otros, ³¹estos profetas que endulzan sus mensajes con mentiras y dicen: «Este mensaje procede de Dios». ³²Sus sueños inventados son descaradas mentiras que inducen a mi pueblo a cometer maldades. Yo no los envié y no tienen mensaje alguno para mi pueblo, dice el Señor.

## Profecías falsas

³³Cuando alguien del pueblo o uno de sus «profetas» o sacerdotes te pregunten: «Anda Jeremías, ¿qué tristes noticias del Señor tienes hoy?», les responderás: «¿Qué tristes noticias? ¡Ustedes son las tristes noticias, porque el Señor los ha reprobado!». ³⁴Y en lo tocante a los falsos profetas, sacerdotes y común del pueblo que hacen chistes respecto a «las tristes noticias del

† 23.5—Ma 1.1   ⁎23.23-24   ⁎23.32

¹⁴¡Maldito el día en que nací! ¡Para nada sea recordado con alegría el día que mi madre me dio a luz! ¹⁵¡Maldito sea aquel mensajero que le avisó a mi padre de mi nacimiento! ¹⁶¡Que a ese mensajero le pase como a las ciudades de la antigüedad que Dios destruyó sin misericordia. ¹⁷Ahora deseo haber nacido muerto, siendo el vientre de mi madre mi tumba y así no haber tenido que pasar por todo lo que he pasado. ¹⁸¿Pues para qué nací? Porque mi vida sólo ha sido angustia, dolor y vergüenza.

## Dios rechaza la petición de Sedequías

**21** Entonces el rey Sedequías envió a Pasur, hijo de Malquías, y a Sofonías, hijo de Maseías, a Jeremías y le rogaron:

—Pídele al Señor que nos ayude, porque Nabucodonosor, rey de Babilonia, nos ha declarado la guerra. ²Quizá el Señor quiera ayudarnos y realice un gran milagro como en el pasado y obligue a Nabucodonosor a retirar sus ejércitos invasores.

³,⁴Jeremías replicó:

—Vuelvan al rey Sedequías y díganle que el Señor Dios de Israel dice: Yo haré que sus armas sean inútiles contra el rey de Babilonia y los soldados caldeos que los asedian. En efecto, traeré a sus enemigos hasta el corazón mismo de esta ciudad, ⁵y yo mismo pelearé contra ustedes, porque estoy muy enojado. ⁶Y sobre esta ciudad enviaré una espantosa plaga, y morirán personas y animales. ⁷Y finalmente entregaré al propio rey Sedequías y a todo el resto que haya quedado en la ciudad en poder del rey Nabucodonosor de Babilonia, para que los mate sin piedad ni misericordia.

⁸Dile a este pueblo lo que dice el Señor: Les doy la posibilidad de que elijan entre la vida y la muerte. ⁹O permanecer en Jerusalén y morir —degollados por sus enemigos, muertos de hambre y enfermedad— o salir y entregarse al ejército caldeo, y vivir. ¹⁰Porque he dado la espalda a esta ciudad. Enemigo y no amigo suyo seré, dice el Señor. Será tomada por el rey de Babilonia, quien la mandará incendiar hasta dejarla convertida en cenizas.

¹¹Y al rey de Judá el Señor le dice: ¹²Estoy listo a juzgarte por el mal que estás cometiendo. ¡Pronto! ¡Haz justicia a los que juzgas! Comienza a hacer lo justo antes que mi terrible enojo caiga sobre ti como un fuego que nadie puede apagar. ¹³Yo pelearé contra esta ciudad de Jerusalén, que se ufana diciendo: «Estamos a salvo, aquí nadie puede tocarnos». ¹⁴Yo mismo te destruiré por haber cometido tantas maldades, dice el Señor. Destruiré todo, incluso encenderé un fuego en los bosques que quemará cuanto halle a su paso, hasta lo que se encuentra en la periferia.

## Juicio contra reyes malvados

**22** Luego el Señor me dijo: Ve a hablarle directamente al rey de Judá y dile: ²Oye este mensaje del Señor, rey de Judá, tú que ocupas el trono de David, y escuchen también tus servidores y tu pueblo.

³El Señor dice: Sean justos. Procedan con rectitud. Ayuden a los que requieren justicia. Deténganse en sus maldades. Protejan los derechos de los extranjeros e inmigrantes, de los huérfanos y las viudas; ¡dejen de matar inocentes! ⁴Si dejan las terribles acciones que están cometiendo, yo libraré a esta nación y otra vez le daré reyes que ocupen el trono de David, y habrá prosperidad para todos.

⁵Pero si no atienden esta advertencia, juro por mi gran fama, dice el Señor, que este palacio lo convertiré en ruinas y la familia real acabada. ⁶Porque éste es el mensaje del Señor respecto a la familia real: Te quiero tanto como a la fructífera Galaad y a los verdes bosques del Líbano, pero te destruiré y te dejaré desierta y deshabitada. ⁷Llamaré a una cuadrilla de demoledores que traigan sus herramientas y te desmantelen. Arrancarán todas tus magníficas vigas de cedro y las echarán al fuego. ⁸Hombres de muchas naciones pasarán junto a las ruinas de esta ciudad y se dirán uno al otro: «¿Por qué hizo esto el Señor? ¿Por qué destruyó esta gran ciudad?» ⁹Y su respuesta será: «Porque el pueblo que la habitaba olvidó al Señor su Dios y violó el convenio que habían firmado con él, y le rindieron homenaje a ídolos».

¹⁰¡No lloren la muerte de Josías! ¡Lloren más bien por los que son llevados cautivos! Porque jamás volverán a ver su país natal. ¹¹Esto dice el Señor respecto a Salún, que reinó después de su padre el rey Josías, y fue llevado cautivo: ¹²Morirá en tierra lejana, y jamás volverá a ver su patria.

¹³¡Ay de ti, rey Joacim, porque estás edificando tu gran palacio con trabajo forzado! Al no pagar los salarios a los trabajadores, es como si estuvieras edificando los muros con materiales de injusticia y con opresión haces los marcos de las puertas y los cielos rasos. ¹⁴Tú dices: «Construiré un magnífico palacio con grandes cámaras y muchas ventanas, con artesonados de fragante cedro y pintado de atractivo color rojo». ¹⁵¡Pero no es la belleza del palacio lo que hace la grandeza del rey! ¿Por qué reinó tanto tiempo tu padre Josías? Porque fue justo e imparcial en todos sus actos. Por eso lo bendijo Dios. ¹⁶Él se encargó de que a los pobres y menesterosos se les hiciera justicia y se les ayudara, y todo le salió bien. Esa es la manera de vivir de acuerdo a mi voluntad, dice el Señor. ¹⁷Pero tú, ¡tú estás lleno de codicia y fraude! Matas a los inocentes, oprimes a los pobres y reinas despiadadamente.

¹⁸Por lo tanto, esta es la condena del Señor contra el rey Joacim, quien reinó después de su padre Josías: Su familia no lo llorará cuando muera. A sus súbditos ni siquiera les importará que haya muerto. ¡Qué tristeza ser echado al olvido de esa manera! ¹⁹Lo enterrarán como si fuera un burro: lo sacarán de Jerusalén a rastras y lo echarán en el muladar más allá de los límites de la ciudad.

²⁰Llora, porque se han ido tus aliados. Búscalos en el Líbano, llámalos a gritos en Basán, búscalos en los vados del Jordán. Mira, todos han muerto, no quedó ni uno que te ayude. ²¹Cuando todo te iba bien te lo advertí, pero tú respondiste: «No me molestes». Así fuiste desde tu niñez; ¡de plano te niegas a escuchar! ²²Y ahora todos tus aliados han desaparecido con un soplo del viento. A todos tus amigos se los llevaron como esclavos. Sin duda por fin comprenderás tu maldad y tendrás vergüenza. ²³Seguro que es muy bonito vivir con elegancia en un hermoso palacio construido con madera de cedro del Líbano, pero pronto llorarás y gemirás angustiado como mujer a punto de dar a luz.

²⁴,²⁵Y respecto a ti, Jeconías, hijo de Joacim rey de Judá, aunque tú fueras el anillo del sello en mi mano derecha, yo te sacaría y te entregaría en manos de

hablado bien de ellos y haya procurado defenderlos de tu cólera. ²¹Ahora, Señor, ¡mi deseo es que mueran de hambre sus hijos y les caigan encima guerras terribles! ¡Que queden viudas sus mujeres y pierdan todos sus hijos! ¡Que mueran sus hombres por la peste y sus muchachos en la batalla! ²²Deseo que se escuche en todas sus casas llanto amargo mientras súbitamente son asaltadas por los soldados, pues cavaron un hoyo para que yo cayera en él y han puesto trampas ocultas para atraparme y darme muerte. ²³Señor, tú conoces todos sus planes homicidas en contra mía. No los perdones, no te hagas el disimulado ante tanta perversidad, sino hazlos morir ante tu presencia. ¡Encárgate de ellos como se merecen!

**19** El Señor dijo: Cómprate una tinaja de barro y llévala al valle de Ben Hinón junto a la puerta oriental de la ciudad. ²Lleva contigo algunos de los hombres respetables del pueblo y algunos de los sacerdotes, y comunícales el mensaje que yo te daré.
³Entonces el Señor les dijo lo siguiente: Oigan la palabra del Señor reyes de Judá y ciudadanos de Jerusalén. El Señor de los ejércitos, el Dios de Israel, dice: Sobre este lugar traeré un mal espantoso, tan terrible que a cuantos lo oigan les quedarán zumbando los oídos. ⁴Porque Israel me ha abandonado y ha convertido este valle en sitio de vergüenza e iniquidad. El pueblo le ofrece perfumes agradables a los ídolos en señal de homenaje, ídolos que ni esta generación ni sus antepasados ni los reyes de Judá habían honrado antes, y han empapado en sangre de niños inocentes este lugar. ⁵Le han construido lugares de homenaje al dios Baal, lugares en los que queman a sus hijos como sacrificio, cosa que jamás les ordené y ni siquiera pensé.
⁶Por todo esto, dice el Señor, este valle ya no será llamado Tofet ni Valle de Ben Hinón, sino Valle de la Matanza. ⁷Pues yo trastornaré los planes de batalla de Judá y Jerusalén, y dejaré que los ejércitos invasores los aniquilen aquí y dejen sus cadáveres como carroña para buitres y fieras salvajes. ⁸Y también borraré de la faz de la tierra a Jerusalén, de modo que todo el que pase abra la boca asombrado ante todo lo que le hice y hará una rechifla burlona. ⁹Yo me encargaré de que tus enemigos asedien la ciudad hasta que se acabe todo alimento, y los que estén atrapados dentro comiencen a comerse a sus propios hijos e hijas y amigos.
¹⁰Y ahora, Jeremías, mientras estos hombres observan, rompe la tinaja que trajiste contigo, ¹¹y diles: Este es el mensaje del Señor de los ejércitos para ustedes: Así como esta tinaja queda hecha añicos, así destrozaré al pueblo de Jerusalén; y así como no se puede reparar esta tinaja, así tampoco podrá haber restauración para ellos. Tan grande será la matanza que no habrá espacio suficiente para una tumba adecuada en ningún lugar, y sus cadáveres quedarán amontonados en este valle. ¹²Y como en este valle, así será en Jerusalén, porque también a Jerusalén la llenaré de cadáveres. ¹³Y golpearé todos los hogares de Jerusalén, incluso el palacio de los reyes de Judá, en castigo porque todo el mundo se dedicó a homenajear con perfume agradable y ofreciendo bebidas especiales a todos los ídolos, incluyendo las estrellas que consideran dioses.

¹⁴Al regresar de Tofet, en donde había dado este mensaje, se detuvo Jeremías frente al templo del Señor, y le dijo a todo el pueblo: ¹⁵El Señor de los ejércitos, el Dios de Israel, dice: ¡Sobre esta ciudad y sus pueblos aledaños traeré todo el mal que he anunciado, porque ciertamente se han negado a escuchar el consejo del Señor!

### Jeremías y Pasur

**20** Entonces, cuando Pasur, hijo de Imer, sacerdote encargado del templo del Señor, oyó lo que Jeremías decía, ²lo prendió y ordenó que le dieran una paliza y que lo pusieran en un calabozo, en la cárcel que está en la puerta de la ciudad conocida como de Benjamín, cerca del templo. ³Al día siguiente, cuando por fin Pasur lo soltó, Jeremías dijo:
Pasur, el Señor te ha cambiado de nombre. Él ordena que de ahora en adelante se te llame «Varón que vive en el terror». ⁴Porque el Señor enviará terror sobre ti y todos tus amigos, y los verás morir por herida de espada, traspasados por sus enemigos. Dejaré a Judá en manos del rey de Babilonia, dice el Señor, y él se llevará a los de este pueblo como esclavos a Babilonia y dejará que los acuchillen. ⁵Y yo dejaré que tus enemigos saqueen a Jerusalén. Todos los famosos tesoros de la ciudad, con las piedras preciosas, el oro y la plata de los reyes, serán llevados a Babilonia. ⁶En cuanto a ti, Pasur, todos los de tu casa y parentela serán esclavos en Babilonia y allí morirán; tú y aquellos a quienes engañaste profetizando que todo saldría bien.

### Quejas de Jeremías

⁷Entonces dije: ¡Oh Señor, me sedujiste y no puse resistencia! Me veo forzado a darles tus mensajes porque tú eres más fuerte que yo, pero ahora soy el hazmerreír de la ciudad, todo el mundo se burla de mí. ⁸Ni una sola vez me has permitido decirles siquiera una palabra bondadosa, todo el tiempo he tenido que anunciarles desastre, horror y destrucción. Con razón se ríen y burlan de mí y convierten mi nombre en chiste de la familia. ⁹¡Y no puedo renunciar! Porque si digo que nunca más volveré a mencionar al Señor, que nunca más hablaré en su representación, empiezo a sentir tu palabra como si fuera lumbre que me quema por dentro y no lo puedo resistir más. ¹⁰Sin embargo, por todos lados los oigo murmurar sus amenazas y tengo miedo. «Te vamos a acusar», dicen. Hasta los que eran mis amigos me vigilan, esperando que cometa un error fatal. «Él solo se meterá en la trampa», dicen, «y entonces lo atraparemos y nos vengaremos de él».
¹¹Pero el Señor está junto a mí como gran guerrero, y delante de él, el Poderoso, el Terrible, ellos no pueden hacer nada. No pueden derrotarme; serán avergonzados y completamente humillados, y sobre ellos caerá un castigo muy duro.
¹²¡Oh Señor de los ejércitos, que conoces a los que son justos y examinas los más profundos pensamientos del corazón y la mente, permíteme ver tu venganza contra ellos! Porque en ti he confiado mis asuntos.
¹³Con esta confianza que me inspiras, cantaré de alegría y agradecimiento al Señor. ¡Cantemos, pues pobre y menesteroso como yo era, él me ha liberado de mis perseguidores!

**JEREMÍAS 18.22**

⁷Pero está destinada a prosperar la persona que confía en el Señor y en el Señor ha puesto su esperanza y fe. ⁸Esta persona es semejante a un árbol plantado a orillas de un río, cuyas raíces penetran hasta encontrar el agua; este es un árbol al que no agobia el calor ni angustian los largos meses de sequía. Su follaje se mantiene siempre verde y produce con regularidad jugosos frutos.

⁹Nada hay tan engañoso ni tan absolutamente perverso como el corazón. Nadie es capaz de conocer a fondo su maldad. ¹⁰Sólo el Señor lo conoce, porque él examina con cuidado todos los corazones y examina los más ocultos móviles de las personas para poder dar a cada cual su recompensa según sus hechos, según como haya vivido.

¹¹Como ave que llena su nido de polluelos que ella no empolló y que pronto la abandonarán y se irán volando, así es la persona que obtiene su riqueza por medios injustos. Tarde o temprano perderá sus bienes y al final de sus días será sólo una persona miserable.

¹²¡Pero nuestro refugio, oh Señor, eres tú, en quien siempre podemos encontrar protección!

¹³¡Oh Señor, esperanza de Israel, todos cuantos de ti se apartan serán deshonrados y avergonzados! Su futuro es muy mediocre, sólo cosas terrenales, porque han abandonado al Señor, quien es como una fuente de aguas dadoras de vida. ¹⁴¡Señor, sólo tú puedes sanarme, sólo tú puedes salvarme de todos los peligros, por eso toda la gratitud de mi corazón es sólo para ti!

¹⁵Toda la gente se burla de mí diciendo: «¿Qué es esa palabra del Señor de la que hablas sin parar? Si tus amenazas proceden realmente de Dios, ¿por qué no se cumplen?»

¹⁶Señor, no quiero que alguna terrible calamidad caiga sobre tu pueblo. Tuyo y no mío es el plan, tuyo y no mío es el mensaje que les doy. ¡No soy yo quien quiere su condena! ¹⁷¡Señor, no me abandones! ¡Siempre te he dicho sinceramente lo que siento! ¹⁸Acarréales confusión y congojas a cuantos me persiguen, y a mí dame paz. ¡Sí, doble destrucción para ellos!

## La observancia del sábado

¹⁹Entonces el Señor me dijo: Ve y ponte de pie ante las puertas de la ciudad de Jerusalén, primero ante la puerta por donde entra y sale el rey, y luego ante cada una de las otras, ²⁰y dile al pueblo: ¡Escuchen el mensaje del Señor, reyes de Judá y todos los habitantes de este país, y ustedes, vecinos de Jerusalén! ²¹,²²El Señor dice: Sigan la instrucción del Señor para que vivan; no hagan trabajo innecesario el sábado, sino respétenlo como día apartado. Este mandamiento di a sus antepasados, ²³pero ellos no escucharon ni obedecieron. Tercamente se negaron a recibir mi instrucción y seguirla. ²⁴Pero si ustedes obedecen mi instrucción, dice el Señor, y se abstienen de trabajar el día sábado y lo guardan como día especial y apartado, ²⁵esta nación nunca será destruida. Los descendientes de David serán nombrados reyes aquí en Jerusalén; nunca faltarán los reyes y príncipes que cabalguen con pompa y esplendor como señal de fuerza entre el pueblo y esta ciudad nunca será destruida. ²⁶Y de todas las regiones de Jerusalén, y de las ciudades de Judá y de Benjamín, y más al sur, y de las tierras bajas que se localizan al oeste de Judá, acudirá el pueblo con sus ofrendas quemadas y sus ofrendas de grano y perfumes agradables, trayendo sus sacrificios para rendir homenaje al Señor en su templo.

²⁷Pero si no me escuchan, y se niegan a dedicar para mí el sábado, y en sábado meten cargamentos de mercancía por estas puertas de Jerusalén como si fuera un día común, entonces incendiaré las puertas. El fuego se extenderá a los palacios y los destruirá, sin que nadie pueda apagar un incendio tan destructivo.

## Parábola del alfarero

**18** Otro mensaje que Jeremías recibió del Señor: ²¡Baja al taller donde hacen ollas y tinajas, que allí te comunicaré mi mensaje!

³Hice como el Señor me pidió, y encontré al alfarero trabajando en su torno. ⁴Pero la tinaja que estaba haciendo no le salió como quería; entonces la redujo a una bola de arcilla y de nuevo comenzó a darle forma.

⁵Entonces el Señor dijo:

⁶Oh Israel, ¿acaso no puedo yo hacer contigo lo que este alfarero hace con su arcilla? Como la arcilla en las manos del alfarero, así estás tú en mis manos. ⁷Siempre que anuncie yo que una nación ha de ser tomada y destruida, ⁸si esa nación se aparta de su mala conducta, no la destruiré según había planeado. ⁹Y si anuncio que determinada nación será fortalecida y engrandecida, ¹⁰pero ella cambia de actitud, empieza a cometer maldades y rehúsa obedecerme, también yo cambiaré de actitud y no bendeciré a esa nación como lo había dicho.

¹¹Ve por tanto y adviértele a todo Judá y Jerusalén diciendo: Oigan la palabra del Señor: Estoy planeando hacerles mucho mal en vez de otorgarles beneficios; apártense de su mala conducta y hagan lo bueno.

¹²Pero ellos replicaron: «No pierdas tu tiempo. No tenemos ninguna intención de hacer lo que Dios dice. Seguiremos viviendo como nos dé la gana, libres de todo lo que nos frene, así nos sentimos bien».

¹³Luego el Señor dijo: ¡Ni entre los paganos se oyó jamás cosa tal! Mi pueblo ha hecho algo tan espantoso que no se entiende. ¹⁴En lo alto del Líbano jamás se derrite la nieve. Las frías corrientes que manan de las grietas del monte Hermón jamás se secan. ¹⁵En eso se puede confiar porque pasa con regularidad, pero no en mi pueblo. Porque me han abandonado y puesto su confianza en ídolos que no sirven para nada. Se han alejado de una vida honesta y ahora viven dedicados a cometer toda clase de delitos. ¹⁶Por lo tanto su tierra será desolada, de modo que cuantos pasen por allí abrirán la boca y moverán la cabeza asombrados al ver tanta destrucción. ¹⁷Esparciré a mi pueblo ante sus enemigos como el viento del este esparce el polvo. Y cuando estén atribulados les volveré la espalda y rehusaré poner atención a su desesperación.

¹⁸Entonces el pueblo dijo: «Vamos, librémonos de Jeremías. Nosotros tenemos sacerdotes, sabios y profetas, no necesitamos su consejo. Acallémoslo para que no hable más contra nosotros ni nos vuelva a molestar».

¹⁹¡Oh Señor, ayúdame! ¡Mira lo que traman contra mí! ²⁰¿Habrán de pagarme mal por bien? Han armado una emboscada para matarme, por más que yo te haya

17.9-10   17.14   17.17

**JEREMÍAS 15.15**

¹²,¹³¿Podrá alguien ser capaz de romper barras de hierro o de bronce del norte? ¡Claro que no! Así pues, por todas sus malas acciones en mi contra, entregaré a su enemigo como botín su riqueza y tesoros. ¹⁴Haré que sus enemigos se los lleven como esclavos a una tierra donde nunca han estado, porque han hecho explotar mi cólera y ahora sufrirán las consecuencias.

¹⁵Entonces Jeremías respondió: «¡Señor, tú sabes que es por amor a ti que padezco! Me persiguen porque les he comunicado tus mensajes. ¡No dejes que me maten! ¡Líbrame de sus garras y dales su merecido! ¹⁶Son tus palabras las que me dan ánimo y consuelo; ellas son como alimento para mi vida desesperada, traen alegría a mi corazón triste y me deleitan. ¡Qué orgulloso estoy de contribuir para que tu nombre se vuelva más famoso, oh Señor de los ejércitos! ¹⁷,¹⁸No he participado de los alegres festines del pueblo, más bien me he apartado de ellos enojado por sus malas conductas, lleno de indignación. ¿No dejarán jamás de perseguirme? ¡Es que a veces siento que no hay remedio para mis males y en ocasiones te siento indiferente a mi dolor!»

¹⁹El Señor respondió: ¡Déjate de necedades y habla con algo de inteligencia! Sólo si pones en mí tu confianza te dejaré continuar como mi portavoz. Tienes que ser tú quien influya en ellos y no al revés. ²⁰Lucharán contra ti como ejército sitiador contra una alta muralla. Pero no te vencerán porque yo estoy contigo para protegerte y librarte, dice el Señor. ²¹Sí, sin falta te libraré de estos malvados y te rescataré de sus despiadadas manos.

### Mensaje de juicio

**16** En otra ocasión me habló nuevamente el Señor y me dijo:

²No debes casarte ni tener hijos ni hijas en este lugar, ³porque de los niños y niñas que nazcan en esta ciudad, sus madres y padres ⁴morirán a causa de guerras y hambrunas. Nadie llevará luto por ellos ni los enterrarán, sino que sus cadáveres yacerán por tierra para pudrirse y abonar el campo. Sus pellejos serán destrozados por buitres y fieras.

⁵No te enlutes ni llores por ellos, pues yo les he retirado mi protección y mi paz; les he retirado mi benignidad y misericordia, dice el Señor. ⁶Tanto los grandes como los pequeños morirán en esta tierra, insepultos y sin haber quien los llore. Sus amigos no se harán heridas ni se raparán la cabeza en señal de dolor, como es la costumbre. ⁷Nadie confortará con alimento a los dolientes ni les enviarán una copa de vino como señal de dolor y solidaridad por la muerte de padres y madres.

⁸Como señal de los tristes días que están por venir, tampoco aceptes invitaciones a sus banquetes y fiestas. ⁹Porque el Señor de los ejércitos, el Dios de Israel, dice: En tus días, ante tus propios ojos, haré que desaparezca la alegría de este pueblo, incluso los alegres cantos y las fiestas de boda.

¹⁰Y cuando digas estas cosas al pueblo y te pregunten: «¿Por qué ha decidido el Señor tan terribles males contra nosotros?, ¿qué hemos hecho para merecerlo?, ¿cuál es nuestra conducta errónea contra el Señor Dios nuestro?», ¹¹diles que la respuesta del Señor es ésta: Porque sus antepasados me abandonaron. Adoraron a otros dioses y les fueron muy devotos y fieles, y desobedecieron todas mis instrucciones.

¹²¡Pero ustedes han sido aun peores que sus antepasados! Se sienten muy satisfechos practicando maldades y no quieren seguir mis consejos. ¹³Por lo tanto yo los echaré de esta tierra y serán llevados a la fuerza a tierras extrañas en donde ni ustedes ni sus antepasados estuvieron antes, y allá rendirán homenaje a sus ídolos. ¡Y no esperen que los perdonen!

¹⁴,¹⁵Pero vendrá un día maravilloso, dice el Señor, cuando el tema de toda conversación será que desde los países norteños a donde como castigo los había enviado como esclavos, los traeré de nuevo a su propio país. Ya no será su más importante recuerdo el de cuando liberé a sus antepasados de Egipto, sino que la liberación de su cautiverio del norte será el acontecimiento más celebrado. Aquel portentoso milagro casi no volverá a mencionarse. Sí, los traeré de regreso, dice el Señor, a esta misma tierra que di a sus antepasados.

¹⁶Ahora envío a llamar a muchos pescadores para que los pesquen de lo profundo en donde se ocultan de mi gran cólera, dice el Señor. Envío a buscar cazadores para que los persigan como a venados en el bosque o cabras monteses en riscos inaccesibles. Adondequiera que corran huyendo de mi juicio, los hallaré y los castigaré. ¹⁷Porque para nada los pierdo de vista y estoy atento a todas las maldades que cometen. Es inútil que intenten ocultarse de mí. ¹⁸Les daré doble castigo por sus actos malvados, porque han corrompido mi tierra con sus detestables ídolos y todas sus malas acciones.

¹⁹Oh Señor, tú que eres para mí como fortaleza y baluarte en mi debilidad, como mi refugio en los días que estoy angustiado, pueblos de muchas partes del mundo acudirán a ti diciendo: «Nuestros antepasados fueron insensatos, pues adoraban ídolos vanos que para nada les aprovecharon. ²⁰¿Podrán los seres humanos hacer dioses? ¡Qué van a ser dioses los que ellos hicieron!» ²¹Y cuando con esa actitud acudan a mí, entonces yo les mostraré mi poder y energía y haré que por fin comprendan que sólo yo soy Dios, y que mi nombre es el Señor.

**17** Mi pueblo peca como por encargo, como si sus maldades fueran leyes esculpidas con cincel de hierro o punta de diamante sobre su empedernido corazón o en las esquinas de sus altares. ²,³Sus jóvenes son especialistas en cometer maldades, rinden homenaje a ídolos debajo de cada árbol, en lo alto de los montes o en las llanuras de abajo. Por eso entregaré yo todas sus propiedades valiosas a sus enemigos como precio que deben pagar por sus actos malvados. ⁴Y la magnífica herencia que les tenía reservada se les escapará de las manos, y los enviaré a servir como esclavos a sus enemigos en tierras lejanas. Porque han provocado mi gran cólera la cual será muy difícil de aplacar.

⁵El Señor dice: Maldita la persona que ponga su confianza en cualquier mortal y aleja del Señor su corazón. ⁶Es como si fuera sólo un raquítico arbusto del desierto, sin esperanza para el futuro, sólo a duras penas sobreviviendo en la planicie salitrosa de un inhóspito desierto; la prosperidad lo abandonó para siempre.

todos lados hay señales de tu alejamiento de mí, tu deslealtad para conmigo y tu abominable culto a los ídolos en los campos y colinas. ¡Ay de ti, Jerusalén! ¿Cuándo podrás ser nuevamente pura?

## Sequía, hambre y espada

**14** Este mensaje del Señor le vino a Jeremías como explicación de la sequía que había llegado.

2Judá llora, los negocios están paralizados, todo el mundo se postra en tierra y hay gran aflicción en Jerusalén. 3Los nobles envían empleados a los pozos en busca de agua, pero los encuentran secos. Contrariados y desesperados, regresan los empleados y en señal de desesperación se cubren la cabeza, como es la costumbre. 4La tierra está reseca y agrietada por falta de lluvia; los granjeros están temerosos por la reseca, y también ellos se cubren la cabeza. 5Hasta la venada abandona su cría recién parida porque no hay hierba. 6Jadeando como chacales del desierto están los burros monteses en las colinas desnudas; les duelen los ojos buscando hierba que comer, pero no encuentran nada.

7¡Oh Señor, contra ti hemos cometido faltas gravísimas, pero ayúdanos por amor a tu propia magnífica fama! 8Oh Esperanza de Israel, Salvador nuestro en tiempos de aflicción, ¿por qué nos tratas como si fueras un extraño, como forastero de paso que sólo se detiene una noche, indiferente a lo que pasa? 9¿No tienes poder para salvarnos? ¡Oh Señor, tú estás aquí en nuestro medio, y nosotros nos identificamos con tu nombre, como pueblo tuyo se nos conoce! ¡Oh Señor, no nos abandones ahora!

10Pero el Señor responde: Se complacieron en alejarse de mí y no han procurado seguir las sendas que les señalé. Ahora ya no los aceptaré como pueblo mío, ahora recordaré todo el mal que han hecho, y castigaré sus pecados.

11El Señor me dijo de nuevo: No me pidas más que bendiga a este pueblo, no ores más por ellos. 12Cuando ayunen, no pondré atención; cuando me presenten sus ofrendas y sacrificios, no los aceptaré. Lo que les daré como respuesta será guerra, hambre y enfermedad.

13Entonces dije yo: ¡Oh Señor Dios, sus profetas les dicen que todo anda bien, que no habrá ni guerra ni hambre; le dicen al pueblo que tú sin duda les enviarás paz, que tú los bendecirás!

14Entonces el Señor dijo: ¡Pues falso es todo eso que andan diciendo! ¡Profetizan falsamente como si yo los hubiera enviado! Yo no los envié ni les ordené hablar ni les di mensaje alguno. Profetizan visiones y revelaciones que jamás vieron ni oyeron, proclaman necedades inventadas en su mentiroso corazón. 15Por lo tanto, dice el Señor, yo castigaré a estos profetas mentirosos que han hablado como si yo los hubiera enviado, y dicen que no habrá guerra ni hambre. ¡Ellos serán las primeras víctimas del hambre y la guerra! 16Y en cuanto al pueblo a quien profetizan, les aseguro que sus cuerpos serán arrojados por las calles de Jerusalén, víctimas del hambre y la guerra; y no habrá siquiera quien los sepulte. Esposos, esposas, hijos e hijas: todos desaparecerán. ¡Sobre todos ellos derramaré un terrible castigo por sus graves delitos!

17Por tanto, diles esto: Día y noche lloraré amargamente; no puedo dejar de llorar porque mi pueblo ha sido traspasado por la espada de los enemigos y ahora yace en tierra mortalmente herido. 18Si salgo a los campos, allí están los cuerpos de los muertos caídos por las heridas de las espadas enemigas; y si ando por las calles, allí están tirados los muertos que causaron el hambre y la enfermedad. Y sin embargo, los profetas y sacerdotes por igual se encargaron de viajar por todo el país afirmando a diestra y siniestra de que todo andaba bien, hablando de cosas que ignoraban por completo.

19«¡Oh Señor!», clamará el pueblo, «¿has rechazado por completo a Judá? ¿Aborreces a Jerusalén? ¿Tendremos de nuevo paz cuando pase el castigo? Nosotros pensábamos: Ahora por fin el Señor nos sanará y vendará nuestras heridas. Pero la paz no llegó y sólo reinan por todos lados la desesperación y el terror.

20¡Oh Señor, confesamos nuestra gran maldad y también la de nuestros antepasados! 21¡No nos destetes, Señor, por amor de tu gran fama! ¡No te deshonres a ti y el sitio maravilloso donde habitas, rompiendo la promesa de bendecirnos! 22¿Qué dios pagano puede darnos lluvia? ¿Quién sino tú, oh Señor Dios nuestro, puede hacer cosas así? Por tanto, de ti esperaremos auxilio».

**15** Entonces el Señor me dijo: Aun si Moisés y Samuel vinieran ante mí a rogarme por este pueblo, yo no les ayudaría. ¡Fuera con ellos! ¡Échalos de mi presencia! 2Y si te preguntan: ¿A dónde podemos ir?, infórmales que el Señor dice: Los destinados a morir, a la muerte; los destinados a morir en la guerra, a la guerra; los que han de morir de hambre, al hambre; y los del cautiverio, al cautiverio. 3Cuatro clases de destructores les echaré encima: la espada que mata, los perros que destrozan, y los buitres y bestias salvajes que acaben con el resto. 4Por las maldades que en Jerusalén hizo Manasés, hijo de Ezequías, rey de Judá, los castigaré tan terriblemente que quedarán tan malparados que los demás pueblos se horrorizarán.

5¿Quién tendrá lástima de ti, Jerusalén? ¿Quién llorará por ti? ¿Quién preguntará siquiera cómo estás? 6Me abandonaste y me volviste la espalda, dice el Señor. Por lo tanto, yo utilizaré mi fuerza para destruirte. Ya estoy harto de darte oportunidad tras oportunidad de que te arrepientas. 7Te voy a zarandear a las puertas de tus ciudades y te quitaré todo lo que tienes por valioso y arruinaré a mi propio pueblo porque se niegan a volverse a mí dejando sus conductas perversas. 8Entonces habrá innumerables viudas; a mediodía traeré muerte a los muchachos y dolor a sus madres. Haré que de repente caigan sobre ellos angustia y miedo. 9La madre de siete hijos flaqueará y se desmayará de dolor porque se los mataron a todos. Ella sentirá que todo se vuelve negro por el dolor que la embarga, a pesar de ser de pleno día. Allí está Jerusalén sentada como estéril, avergonzada, porque a los sobrevivientes los rematarán los enemigos, dice el Señor.

10Entonces Jeremías dijo: «¡Qué tristeza tengo, madre mía! ¡Parece que nací sólo para sufrir y ser criticado por toda la gente! Porque donde quiera que voy me detestan. No soy ni acreedor pronto a cobrar una hipoteca ni deudor moroso, y sin embargo, todos me maldicen. 11¡Tú sabes, Señor, cómo ante ti he intercedido por ellos, cómo te he suplicado que libres a estos enemigos míos cuando estaban en apuros!»

# DESAFÍO Z

→ →

Ahora es el momento de ponerte en acción, por lo que te desafío a derrotar al enemigo con la Palabra.

→ →

## ¿CÓMO HACERLO?

Los superhéroes usan disfraces o usan armaduras; en la Biblia Dios nos enseña cómo ser héroes y nos da nuestra propia armadura, y uno de los pasos de la armadura es la espada del Espíritu que es la Palabra de Dios. Esa Palabra de Dios es la manera en la que vamos a derrotar al enemigo, ya sea nuestra ansiedad, nuestro temor o el mismísimo diablo, lo vamos a aniquilar con la Palabra de Dios, pero para que puedas levantar esta espada y puedas clavársela al diablo, tienes que saberla, debes memorizarla, es por eso que te desafío a esta semana aprenderte un versículo que va a ser una espada para aniquilar la ansiedad. Luego durante la siguiente semana te aprenderás otro versículo y así sucesivamente.

Hay muchas maneras en las que te los puedes aprender:

Puedes hacerlo con una canción que tú mismo puedes componer; puedes hacer un baile, o juegos de palabras; también puedes hacer un dibujo.

Recuerda que para ser un héroe del Reino de los cielos necesitas una espada, porque un guerrero sin espada es un guerrero vulnerable.

Entonces elige la forma que más te guste, pero ten presente que cada semana es un versículo nuevo y una nueva manera de aprenderlo.

→ →

### CONOCE MÁS A CHRISTY

Es diseñadora gráfica, predicadora, cantante de la banda de NxtWave, líder del movimiento juvenil NxtWave y líder de jóvenes en su iglesia local en Colombia. Ama el diseño porque ama al Diseñador original. Está felizmente casada con Thomas Ávila y tienen dos perros dálmatas.

Escanea este QR con tu smartphone y mira estos videos para seguir pensando juntos.

Comparte tus comentarios en tus redes utilizando #BIBLIAZ

→ →
## RESPIRA

Uno de los frutos del Espíritu Santo es la paz, y la palabra Espíritu, tanto en el hebreo como en el griego, en algunos contextos, significa *breath* (aliento) o *wind* (viento) y esto me impacta porque cuando atravesé mi crisis de ansiedad mi psicóloga me dijo que respirara. En ese tiempo no vi gran cosa con respecto a respirar, pero ahora, veo que cuando respiramos el aire entra en nosotros, y si tenemos presente el griego, podríamos decir que estamos permitiendo que el Espíritu entre en nosotros.

Entonces, si estás atravesando un ataque de ansiedad te diré cómo salí de ahí y cómo puedes salir tú:

En primer lugar, escucha una canción de adoración, te recomiendo "Me guardarás" de NxtWave (jaja) y mientras la escuchas, pídele a Dios que te dé Su paz.

Luego empieza a respirar creyendo que el Espíritu Santo y el aire del Espíritu Santo te invaden de Su paz.

Finalmente, pídele al Espíritu Santo una unción de Su Espíritu. Pídele que te llene totalmente, que te invada.

Recuerda estás palabras que dijo Pedro acerca de la ansiedad:
*"Dejen en las manos de Dios todas sus preocupaciones, porque él cuida de ustedes"* (1 Pedro 5:7).

La traducción NTV habla de preocupaciones y ansiedades, y esto es increíble porque a veces sentimos que nuestros problemas son pequeños o insignificantes para Dios, pero este versículo nos enseña que él quiere conocer nuestras preocupaciones y quiere que se las entreguemos.

Puede que sientas preocupaciones hacia Él, que sientas preocupación hacia el futuro, que no te sientas tranquilo, pero quiero que sepas que puedes entregar tus preocupaciones a Dios y Él puede entregarte de Su paz.

Así que acércate a Dios, respira y confía que Él recibe tus cargas y que te acompaña en tu noche más oscura.

Cuando atravieses tus momentos de ansiedad también puedes citar los versículos que se encuentran aquí abajo (te sugiero que te los memorices para poderlos citar sin tener que revisar tus apuntes).

→ →
**VERSÍCULOS DE REFUERZO** | **Filipenses 4:6** **Salmos 94:19** | **Mateo 6:34** **1 Pedro 5:7**

# DESACTIVA LA ANSIEDAD

→ →

Soy Christy Corson y quiero hablarte sobre la ansiedad porque cuando tenía tu edad empecé a tener problemas de pánico y de ansiedad y logré salir de ahí con la ayuda de Dios.

Cuando estaba atravesando la época de ansiedad no sabía lo que estaba viviendo, pero en la iglesia, una amiga que es psicóloga me ayudó a entender qué era lo que me pasaba y en esos tiempos encontré un versículo que fue una bandera de victoria para mí.

Quisiera compartirlo contigo para que también sea una bandera para ti: *"Les dejo la paz, les doy mi paz; pero no se la doy a ustedes como la da el mundo. No se angustien ni tengan miedo"* (Juan 14:27), y también: *"Yo les he dicho estas cosas para que en mí encuentren paz. En este mundo van a sufrir, pero anímense, yo he vencido al mundo"* (Juan 16:33).

→ →

## PAZ

En el momento de mayor ansiedad logré entender que Dios era mi paz. El versículo que te compartí dice que Dios nos da un regalo y es Su Paz; lo opuesto a la ansiedad es la paz, entonces en el momento en que comprendí que Dios iba a ser mi paz y quien iba a calmar mi ansiedad, pude hallar la paz.

En la Biblia también vemos que cuando todos los personajes sufren una crisis logran encontrar de alguna manera la paz de Dios.

- Cuando Moisés se sintió insignificante y creyó que su voz no iba a ser suficiente, Dios le dijo: "Yo voy contigo";

- Cuando Elías era perseguido por Jezabel y quería morir, Dios le trajo descanso, lo alimentó y le dio paz;

- Cuando a Sadrac, Mesac y Abednego los metieron al horno de fuego *literalmente*, Dios estaba en el fuego con ellos y podríamos decir que ellos tenían paz;

- Cuando Jesús estaba en Getsemaní y había llegado su hora de morir, y por culpa de la preocupación y "ansiedad" sudó gotas de sangre, él dijo: *"Tengo el alma llena de tristeza y angustia mortal"* (Mateo 26:38) pero halló su paz en Dios, Su Padre.

Y hoy quiero decirte que puedes hallar paz en tu Padre y que tu hermano Jesús ha vivido lo mismo que tú y te puede entender; puede tomarte de la mano y te puede acompañar.

# CHRISTY CORSON

Si tuviera que definirme en tres palabras diría que soy **decidida, excéntrica y alegre.**

Además de Jesús, me apasiona diseñar, transformar lo viejo en cosas nuevas y las series de televisión.

**Vivo en Colombia**

**Sigo a Jesús porque es la razón de mi vida. Le dio propósito a mi vida. Me cambió la vida.**

Mi versículo favorito es **Romanos:1:20.**

¿Qué significa la Biblia para mí? En el colegio podíamos hacer trampa leyendo el libro de respuestas; en la vida podemos hacer "trampa" leyendo el libro de respuestas: La Biblia. Es la Palabra de Dios.

Una frase que me motiva: **Dios no usa perfectos, Dios solo usa imperfectos.**

Mi gran sueño es cambiar el mundo.

Un consejo: **No sigas el molde mediocre de este mundo, no sigas las tendencias, tú impón las tendencias, sé el cambio que quieres ver.**

@christycorsonaInvictos
NxtWave

⁴¿Hasta cuando tendrá esta tierra tuya que soportar la conducta de ellos? ¡Aun la hierba del campo tiene que pagar las consecuencias por las perversidades que ellos cometen! Las bestias y aves silvestres han huido, dejando desierta la tierra. Sin embargo, el pueblo dice: «Dios no nos llevará a juicio. Estamos completamente a salvo».

### Respuesta de Dios

⁵El Señor me respondió: Si el competir en la carrera con simples hombres —los de Anatot— te ha cansado, ¿cómo vas a competir contra caballos, contra el rey, su corte y todos sus malvados sacerdotes? Si en tierra pareja tropiezas y caes, ¿qué harás en las selvas del río Jordán? ⁶Y es que tu prueba será tan dura que hasta tus hermanos, tu propia familia, se pondrán en tu contra. ¡No confíes en ellos por más amables que sean las palabras que te dirijan!

⁷Luego el Señor dijo: He abandonado a mi pueblo, mi propiedad; en manos de sus enemigos he entregado lo que más amo. ⁸Es que mi pueblo ha rugido en mi contra como león del bosque, y entonces los he tratado como si no los amara. ⁹Mi pueblo se ha convertido en una presa deseada, de tal manera que sobre él se cierne una multitud de buitres y bestias salvajes que quieren devorarlo.

¹⁰Muchos gobernantes extranjeros han asolado a mi pueblo como si fuera un viñedo maltratado, pisoteando las vides y transformando su belleza en estéril desierto. ¹¹Lo han desolado; escucho sus amargos lamentos. Toda la tierra de Israel está desolada y nadie se duele por ello. ¹²Ejércitos destructores saquean la tierra. El Señor se vale de ellos como si fueran una espada y con ella causa gran destrozo. ¡No hay donde ocultarse de la destrucción; nadie escapará!

¹³Mi pueblo sembró trigo y cosechó espinos; trabajaron afanosamente, pero sin provecho. Tendrán cosecha tan raquítica que se avergonzarán de ella, y es que sobre ellos pesa la tremenda cólera del Señor. ¹⁴Y ahora el Señor dice así a las naciones perversas, las que rodean la tierra que Dios dio a su pueblo Israel: ¡Miren, de su tierra los echaré así como Judá será echada de la suya! ¹⁵Pero después volveré y tendré compasión de todos ellos, y los traeré de regreso a su tierra, cada uno a su provincia de origen, la que le pertenece. ¹⁶Y si estas naciones paganas aprenden pronto las costumbres de mi pueblo y me tienen por Dios suyo en vez de Baal, cuyo culto enseñaron ellos a mi pueblo, entonces serán fuertes en medio de mi pueblo. ¹⁷Pero toda nación que se niegue a obedecerme será nuevamente expulsada y aniquilada, dice el Señor.

### El cinturón de lino

**13** El Señor me dijo: Ve y cómprate un cinturón de lino y cíñete con él, pero no lo laves, no lo metas en el agua. ²Compré, pues, el cinturón y me lo puse.

³Luego me llegó otra vez un mensaje del Señor. Esta vez me dijo: ⁴Lleva el cinturón al río Éufrates y escóndelo en un hueco en las rocas. ⁵Así lo hice, lo escondí como el Señor me había dicho.

⁶Mucho tiempo después, el Señor me dijo: Vuelve al río y saca el cinturón. ⁷Y así lo hice, saqué el cinturón del hueco donde lo había escondido. Pero estaba podrido y deshaciéndose, y ya no servía para nada.

⁸,⁹Entonces el Señor dijo: Esto muestra la forma en que pudriré el orgullo de Judá y de Jerusalén. ¹⁰Este pueblo perverso se niega a escucharme, va en pos de sus malos deseos y adora ídolos; por lo tanto llegará a ser como ese cinturón: inservible. ¹¹Como el cinturón se ciñe a la cintura de una persona, hice que Judá e Israel se ciñeran a mí, con la idea de que fueran mi orgullo, lo más valioso para mí, dice el Señor. Eran mi pueblo, quienes le daban fama a mi nombre. Pero se desviaron.

### Los cántaros rotos

¹²Diles esto: El Señor Dios de Israel les dice este refrán: Todas sus jarras se pueden llenar con vino». Y ellos responderán: «Desde luego, no hay para qué decirnos que toda jarra puede ser llena con vino». ¹³Diles entonces: Pues no lo entienden bien. Llenaré de inútil confusión a cuantos vivan en esta tierra: desde el rey que ocupa el trono de David, los sacerdotes y profetas, hasta la gente sencilla del pueblo. ¹⁴A hijos y a padres estrellaré unos contra otros, dice el Señor. No dejaré que la lástima ni la misericordia los salve de la ruina total.

### Advertencia oportuna

¹⁵¡Ay, si no fueran tan orgullosos y tercos! Entonces pondrían atención al Señor cuando les habla. ¹⁶Ríndanle respeto al Señor su Dios antes que sea demasiado tarde, antes que haga caer sobre ustedes grandes nubarrones oscuros de modo que no puedan ver y tropiecen y caigan en los montes. Entonces, cuando busquen la luz sólo hallarán terrible oscuridad. ¹⁷¿Seguirán negándose a escuchar? Entonces mi corazón adolorido llorará en la soledad a causa de su terco orgullo. Se me llenarán de lágrimas los ojos porque el rebaño del Señor será llevado como esclavo lejos de su tierra.

¹⁸Díganles al rey y a la reina madre: Bajen de sus tronos a sentarse en el polvo, porque su cabeza ha quedado sin su linda corona, han perdido su poder. ¹⁹Las ciudades del sur han sido sitiadas por el enemigo. Y ahora todo el pueblo de Judá será llevado como esclavo a tierras lejanas.

²⁰¡Vean los ejércitos que marchan desde el norte! ¿Dónde está tu rebaño, Jerusalén, el hermoso rebaño que te di a apacentar? ²¹¿Qué sentirás cuando apresen y castiguen a tus dirigentes, los líderes que habías preparado? Seguro te retorcerás de dolor como mujer que da a luz. ²²Y si te preguntas: «¿Por qué me ocurre todo esto?», debes saber que es debido a lo grosero de tus pecados; por eso has sido violada y arruinada por el ejército invasor.

²³¿Podrá el etíope cambiar el color oscuro de su piel? ¿O el leopardo suprimir sus manchas? Pues tampoco ustedes, pues están tan acostumbrados al mal, que son incapaces de comenzar a ser buenos. ²⁴,²⁵Por haberme sacado de sus pensamientos y por haber puesto su confianza en dioses falsos, yo los esparciré como si fueran paja arrebatada por uno de esos furiosos vientos que soplan en el desierto. Esto es pues lo que les toca, la suerte que les espera. ²⁶Y todo debido que me dejaste y pusiste tu confianza en ídolos falsos. ²⁷¡Cuán bajo has caído, pueblo mío! Por

☼13.15–17

son falsificaciones, dioses sin vida ni poder. ¹⁵Nada valen, son necedad; serán aplastados junto con sus fabricantes.

¹⁶¡Qué diferente es el Dios de Jacob, él es el Creador de todo, e Israel es su nación elegida. Señor de los ejércitos es su nombre.

### Destrucción inminente

¹⁷Alisten el equipaje, dice, prepárense para partir, pronto comenzará el asedio. ¹⁸Porque súbitamente los arrojaré de esta tierra y permitiré que les acontezcan grandes desgracias; por fin probarán mi cólera.

¹⁹¡Ay, que terrible es mi herida, como me duele, mi enfermedad es incurable! Y yo que pensaba que sólo era un malestar pasajero.

²⁰Ay, desapareció mi hogar, se han llevado a mis hijos y hijas y jamás volveré a verlos! ¡Mi casa ha sido completamente desmantelada! No ha quedado nadie que pueda ayudarme a reconstruir mi casa. ²¹Los pastores de mi pueblo se han vuelto necios, ya no se preocupan de seguir las instrucciones de Dios ni buscan conocer su voluntad. Por eso mueren y sus rebaños son esparcidos.

²²¡Oigan, escuchen el terrible escándalo que producen los ejércitos que vienen desde el norte! Las ciudades de Judá quedarán convertidas en guaridas de chacales.

### Oración de Jeremías

²³¡Oh Señor, yo sé que no está en manos del ser humano trazar el plan de su vida y ponerle rumbo! ²⁴Yo sé que por eso me corriges, Señor, pero hazlo con suavidad, te lo ruego. No me corrijas con brusquedad, pues moriría. ²⁵Deja caer tu cólera sobre las naciones que no te obedecen, pues han causado tanto daño a Israel que lo han dejado convertido en triste páramo.

### Violación del pacto

**11** Luego volvió el Señor a hablarle a Jeremías ²,³Recuérdales a los habitantes de Judá y a todo el pueblo de Jerusalén que yo firmé un contrato con sus antepasados, ¡y maldito sea quien no lo respete! ⁴Pues cuando los liberé de la esclavitud de Egipto les dije que si me obedecían y hacían cuanto yo les mandara, ellos y sus descendientes me pertenecerían y yo sería su Dios. ⁵Ahora pues, Israel, obedéceme, dice el Señor, para que pueda hacer por ti también las admirables obras que juré realizar por ti si me obedeces. Quiero darte una tierra de la que «fluye leche y miel», es decir, muy próspera, tal como es hoy día. Entonces respondí: «Así sea, Señor!»

⁶Luego el Señor dijo: Comunica este mensaje por las calles de Jerusalén; ve de ciudad en ciudad por todo el país y diles: Acuérdense de este convenio que sus antepasados establecieron con Dios, y hagan todo lo que ellos le prometieron. ⁷Porque solemnemente dije a sus antepasados cuando los saqué de Egipto, y he continuado repitiéndolo hasta este día: ¡Obedezcan todas mis instrucciones establecidas en el convenio!

⁸Pero sus antepasados no lo hicieron, ni siquiera se dignaron poner atención a lo que les decía. Cada uno hizo lo que le dio la gana, guiado por su terquedad. Y como se negaron a obedecer, les apliqué los castigos estipulados en el convenio.

⁹Volvió a hablarme el Señor y dijo: He descubierto entre los hombres de Judá y Jerusalén una conspiración contra mí. ¹⁰Han vuelto a cometer las mismas faltas de sus antepasados, se niegan a seguir mis instrucciones y ofrecen homenaje a los ídolos. El convenio que establecí con sus antepasados queda roto y sin validez. ¹¹Por lo tanto, dice el Señor, dejaré que caigan desgracias sobre ellos y no escaparán. Por más que se quejen de su mal, no atenderé sus súplicas. ¹²¡Que vayan a rogarles a sus ídolos y a quedar bien con ellos ofreciéndoles agradables perfumes! ¡Entonces se darán cuenta de lo incapaces que son esos ídolos de salvarlos!

¹³¡Oh pueblo mío, tienen tantos ídolos como ciudades, y sus altares de vergüenza! ¡Hay altares para rendirle homenaje al ídolo Baal por todas las calles de Jerusalén! ¹⁴Por tanto, Jeremías, no intercedas más por este pueblo, ni llores ni supliques por ellos, porque no los escucharé cuando finalmente en su desesperación clamen pidiéndome ayuda. ¹⁵¿Qué derecho tiene mi pueblo para seguir acudiendo a mi templo? Porque han sido infieles adorando otros dioses. ¿Podrán ahora las promesas y los sacrificios desviar el castigo que les espera y volver a contar con vida y alegría?

¹⁶Eran como lozanos olivos para el Señor, se veían muy hermosos y estaban siempre llenos de buen fruto. Pero ahora el Señor ha enviado contra ellos la furia de sus enemigos para prenderles fuego y dejarlos convertidos en ramajes humeantes. ¹⁷Por la maldad de Israel y Judá al ofrecerle agradables perfumes como homenaje a Baal es que el Señor de los ejércitos, quien plantó el olivo, también ha determinado su ruina.

¹⁸Lo sé porque el Señor me contó los planes de ellos y me mostró sus intrigas. ¹⁹Yo había estado tan confiado como oveja o buey camino del matadero, que no sabe lo que le espera. ¡No sabía que tramaban mi muerte! «Acabemos con este hombre y todos sus mensajes», decían, «matémoslo para que de él no quede ni el recuerdo».

²⁰¡Oh Señor de los ejércitos, tú eres justo, tú conoces los pensamientos e intenciones de la gente! Fíjate en el corazón y los móviles de estos hombres. Dales su merecido por todos sus planes. De ti espero justicia.

²¹,²²Y el Señor respondió: Los hombres de la ciudad de Anatot serán castigados por planear tu muerte. Bajo amenaza de muerte le ordenarán que no profetices en el nombre de Dios. Por ello, sus muchachos morirán en batalla, sus niños y niñas morirán de hambre. ²³¡Ni uno de estos conspiradores de Anatot escapará con vida, porque sobre ellos traeré una desgracia espantosa! ¡Ya les llegará su hora!

### Queja de Jeremías

**12** Señor, tú siempre me haces justicia cuando te presento mis quejas. Deja que te presente ahora una más: ¿Por qué prosperan tanto los malvados? ¿Por qué son tan felices los traidores? ²Tú los plantas, ellos agarran suelo y sus iniciativas prosperan. Sus ganancias se multiplican y ellos se enriquecen. Dicen: «¡Gracias a Dios!», pero en su corazón no lo atribuyen a ti. ³En cuanto a mí respecta, tú conoces mi corazón, bien sabes cuánto anhelo serte fiel. ¡Sin embargo, soy pobre, oh Señor! ¡Señor, llévalos arrastrados como ovejas silenciosas al matadero! ¡Júzgalos, oh Dios!

médico? ¿Por qué no hace Dios algo? ¿Por qué no nos brinda su auxilio?

**9** ¡Ay, ya las lágrimas no me alcanzan para llorar por tantos muertos de mi pueblo! ²¡Quisiera poder retirarme al desierto y no tener que estar viendo tantas infidelidades de parte de mi pueblo! ¡Todos se han vuelto adeptos de ídolos, me han traicionado! ³¡Todos son grandes mentirosos, para nada se preocupan de hablar con la verdad! Nada les importa la justicia y van de mal en peor. Nada les importo yo, dice el Señor. ⁴¡Cuídate de tu vecino! ¡Cuídate de tu hermano! Cada cual se aprovecha del otro y siempre andan hablando mal de todo el mundo. ⁵Se han vuelto especialistas en la mentira y el chisme, ¡y no tienen otra cosa en la cabeza que hacer maldades! ⁶Están bien instalados en su mundo de mentiras, ahí se sienten como en su propia casa y de plano rehúsan acudir a mí, dice el Señor.

⁷Por lo tanto, esto dice el Señor de los ejércitos: Los haré pasar por grandes pruebas para comprobar su calidad, así como se hace con los metales para librarlos de las impurezas. ¿Qué otra cosa puedo hacer con ellos? ⁸Porque siempre andan dañando con sus palabras mentirosas, como cuando saludan a un vecino diciéndole «que tengas paz», pero en su interior están pensando cómo dañarlo. ⁹¿No habré de castigarlos por toda esta situación?, pregunta el Señor, ¿no habré de corregir con toda autoridad a este pueblo?

¹⁰Entonces se soltarán llorando por todos lados, hasta en los lugares desiertos, porque hay mucha desgracia, muerte de gente, de aves y ganados. ¹¹Convertiré a Jerusalén en un montón de casas ruinosas, en guarida de chacales. Ciudades fantasmas serán las de Judá, sin nadie que habite en ellas. ¹²¿Quién tendrá suficiente inteligencia para entender todo esto? ¿Dónde está el mensajero del Señor que pueda explicar lo que pasó? ¿Por qué está tan desolado el país, al punto de que nadie se atreve a viajar por él?

¹³La razón es que mi pueblo ha ignorado mis instrucciones y no ha obedecido lo que le mandé, responde el Señor. ¹⁴Lejos de eso, han hecho cuanto les ha dado la gana y han adorado ídolos como ese mentado Baal, como les enseñaron sus antepasados. ¹⁵Por tanto, esto es lo que dice el Señor de los ejércitos, el Dios de Israel: Miren, yo les daré a comer amargura y a beber veneno. ¹⁶Los esparciré por la superficie de la tierra para que sean extranjeros en tierras lejanas; y aun allá los perseguirán los enemigos con sus espadas desenvainadas hasta que hayan acabado con los israelitas por completo.

¹⁷,¹⁸El Señor de los ejércitos dice: ¡Envíen a llamar a las lloronas de oficio! ¡Pronto! ¡Comiencen a llorar! ¡Derramen lágrimas sin parar! ¹⁹¡Escuchen a Jerusalén llorando desesperada: «¡Estamos arruinados! ¡Nos ha sobrevenido el desastre! ¡Tenemos que abandonar nuestra patria y nuestros hogares!»

²⁰¡Escuchen, oh mujeres llorosas, las palabras del Señor! Enséñenles a gemir a sus hijas y vecinas, enséñenles los cantos funerarios porque los van a necesitar. ²¹Porque traicioneramente la muerte se ha metido por la ventana en sus hogares, ha quitado la vida a la flor de su juventud. Ya no hay niños y niñas jugando en las calles, ya no hay jóvenes que se reúnan en las plazas.

²²Diles esto, dice el Señor: Los cadáveres serán esparcidos por los campos como si fueran estiércol, como se hace con las gavillas tras la siega, y nadie los sepultará.

²³El Señor dice: No se enorgullezca el sabio en su sabiduría, ni el poderoso en su poder, ni el rico en su riqueza. ²⁴Sientan orgullo sólo de esto: de conocerme bien y comprender que yo soy el Señor que exige vivir de manera justa y actuar siempre con rectitud, de saber que mi amor es firme, y que así me gusta ser.

²⁵,²⁶Dentro de algún tiempo, dice el Señor, castigaré a cuantos han realizado la circuncisión en su cuerpo pero no en su espíritu: egipcios, edomitas, amonitas, moabitas, árabes y también tú, pueblo de Judá. Porque todas esas naciones paganas también se circuncidan. Pero a menos que la circuncisión que realizan en su cuerpo se corresponda con su dedicación de toda su vida a mí, su circuncisión no pasa de ser un rito pagano como el de esas naciones.

## Dios y los ídolos

**10** Escucha el mensaje del Señor, Israel: ²,³No hagan como la gente que traza horóscopos y procura leer su destino y futuro en las estrellas. No los asusten predicciones como las de ellos, pues no son más que un cúmulo de mentiras. Necios y sin sentido son sus procedimientos. Derriban un árbol, un artesano labra un ídolo, ⁴lo adornan con oro y plata, y luego con clavos y martillo lo colocan firme en su sitio para que no se caiga, ⁵y allí permanece el dios de ellos como espantapájaros en un huerto. No sabe hablar, y hay que transportarlo pues no puede andar. No teman a un dios así, pues no puede ni perjudicar ni ayudar.

⁶¡Oh Señor, no hay otro Dios como tú! Porque grande eres, y poderoso y de gran fama tu nombre. ⁷¿Quién no habrá de temerte, oh Rey de las naciones? ¡Y sólo a ti corresponde ese título! Entre todos los sabios de la tierra y entre todos los reinos del mundo no hay nadie como tú.

⁸Los hombres más sabios, pero que adoran ídolos, en realidad son tontos e insensatos. ⁹Traen de Tarsis plata laminada y de Ufaz traen oro, lo dan a hábiles orfebres que les hacen sus ídolos, luego visten esos ídolos de mantos de púrpura real, obra de expertos sastres. ¡Los ídolos sólo son productos hechos por artesanos!

¹⁰¡Pero el Señor es el único Dios verdadero, el Dios que está vivo y da vida, el Rey siempre poderoso! ¡Es tan poderoso que toda la tierra tiembla cuando él se enoja, el mundo prefiere esconderse cuando sabe que está enojado!

¹¹Háblenles así ustedes a los que adoran otros ídolos: ¡Sus falsos dioses, que no hicieron los cielos ni la tierra, van a parar en nada! ¹²Fue nuestro Dios quien formó la tierra por medio de su poder e inteligencia, quien con suma sabiduría colgó las estrellas en el espacio y extendió los cielos. ¹³Es su voz la que retumba en el trueno de las nubes tormentosas. Él hace que de la tierra se levante la niebla, envía el relámpago y produce la lluvia, y de sus tesoros saca el viento.

¹⁴Realmente es sorprendente la estupidez de la gente que no tiene conocimiento de Dios, quienes se inclinan ante sus propios ídolos fabricados. Están entregados a algo vergonzoso, pues lo que hacen

ira, sí, mi cólera derramaré sobre este sitio: personas, animales, árboles y plantas serán consumidos por el fuego de mi ira, que nadie podrá apagar!

²¹El Señor de los ejércitos, el Dios de Israel, dice: ¡Alejen de mí sus ofrendas y sacrificios! ²²No eran ofrendas y sacrificios lo que de sus antepasados quería cuando los saqué de Egipto. No era esa la razón de mi mandamiento. ²³Lo que les dije fue: ¡Sigan mis instrucciones y yo seré su Dios y ustedes serán mi pueblo; basta que hagan lo que les indico y todo les saldrá bien!

²⁴Pero no quisieron escuchar; siguieron haciendo lo que les daba la gana, siguiendo sus pensamientos tercos y malvados. Retrocedieron en vez de avanzar. ²⁵Desde el día que sus antepasados salieron de Egipto hasta ahora, he continuado enviándoles mis profetas día tras día. ²⁶Pero no quisieron escucharles, ni siquiera trataron de poner atención. ¡Son duros, empecinados y rebeldes, peor que sus antepasados!

²⁷Diles cuánto yo les haré, pero no esperes que escuchen. Grita tus advertencias, pero no esperes que respondan. ²⁸Diles: ¡Ésta es la nación que se niega a obedecer al Señor Dios suyo y rehúsa recibir enseñanza; la que persevera practicando la maldad!

²⁹¡Oh Jerusalén, rápate la cabeza en señal de vergüenza y llora solitaria sobre los montes, porque el Señor ha rechazado y abandonado a este pueblo, quien ha provocado su enojo!

## El valle de la Matanza

³⁰Porque el pueblo de Judá ha actuado de muy mala manera, dice el Señor. Han colocado sus feos ídolos en mi propio templo, deshonrándolo. ³¹Y han edificado el altar llamado Tofet en el valle de Ben Hinón y allí han hecho morir quemados a sus hijitos e hijitas como sacrificio a sus dioses; ¡algo tan espantoso ni siquiera me hubiera pasado jamás por el pensamiento, y mucho menos lo habría yo ordenado!

³²Pronto llegará el tiempo, dice el Señor, cuando el nombre del valle se cambiará de «Tofet» o «Valle de Ben Hinón» a «Valle de la Matanza», pues habrá tantos cadáveres sin sepultar que faltará espacio para todas las tumbas y tendrán que arrojar los cuerpos en fosas comunes. ³³Los cadáveres de mi pueblo serán carroña para las aves y las fieras, pues no quedará ni siquiera quien las espante.

³⁴Yo acabaré con la alegría y los cantos festivos en las calles de Jerusalén y en las ciudades de Judá, así como con la jubilosa voz de los recién casados, porque la desgracia llenará toda la ciudad y los hogares.

**8** Entonces, dice el Señor, el enemigo abrirá las tumbas de los reyes de Judá y de los príncipes, sacerdotes, profetas y de la gente común del pueblo. ²Desenterrará sus huesos y los esparcirá por la tierra ante el sol, la luna y las estrellas, ¡dioses de mi pueblo, a quienes ellos han amado y adorado! Sus huesos no volverán a recogerse ni a enterrarse sino que serán esparcidos como estiércol en la tierra. ³Y los que de esta malvada nación queden aún con vida anhelarán la muerte antes que vivir en donde yo los dejaré abandonados, dice el Señor de los ejércitos.

## Pecado y castigo

⁴,⁵Y dales también este mensaje del Señor: Cuando alguien cae se levanta inmediatamente. Cuando va por senda equivocada y descubre su error, retrocede al punto donde se equivocó. Pero este pueblo sigue actuando equivocadamente, por más que yo lo prevenga. No quieren cambiar, aferrándose a su conducta idolátrica.

⁶Escucho su conversación, y ¿qué oigo? ¿Hay quien lamente haber pecado? ¿Hay quien diga: «¡Qué terrible lo que hice!»? ¡No, todos viven felices en medio de sus actos malvados! ¡Hasta se me figuran caballos desbocados cuando perdieron al jinete en medio de la batalla!

⁷Y es que hasta la cigüeña conoce el tiempo de su migración, así como la tórtola, la grulla y la golondrina. Cada año retornan en el tiempo que Dios les ha fijado; ¡pero no así mi pueblo! No aceptan la guía que ofrecen las leyes de Dios.

⁸¿Cómo pueden decir: «Las leyes del Señor entendemos», cuando sus maestros las han torcido, dándoles interpretaciones contrarias a lo que yo dije? ⁹Por esta falsificación calculada serán avergonzados con el cautiverio estos que se creen sabios maestros, pues han rechazado la palabra del Señor. ¡Y eso que se creen tan sabios!

¹⁰Entregaré a otros sus esposas y propiedades, pues todos ellos, grandes y pequeños, profetas y sacerdotes, tienen un sólo propósito: adueñarse de lo que no les pertenece. ¹¹Recetan medicina inútil para las dolorosas heridas de mi pueblo, pues le aseguran que todo va bien cuando es totalmente lo contrario.

¹²¿Se avergüenzan acaso de las horribles cosas que hacen? ¡No, en absoluto, ni siquiera se ruborizan! Por eso me encargaré de que caigan y sean avergonzados. Yo mismo les acarrearé la muerte.

¹³Sus higos y uvas desaparecieron, sus árboles frutales se secaron y todos los bienes que llegaron a tener se esfumaron. Y fui yo quien provoqué sus pérdidas.

¹⁴Entonces el pueblo dirá: «¿Para qué seguir a morir aquí? Vengan, vamos a las ciudades protegidas y perezcamos allá. Porque el Señor Dios nuestro nos ha condenado a muerte y nos ha dado a beber copa de veneno por todas nuestras maldades. ¹⁵Esperábamos paz, y paz no hubo; buscábamos salud, y sólo hallamos desgracia».

¹⁶Se escucha gran escándalo de guerra viniendo del norte. Todo el mundo se llena de espanto al acercarse el terrible ejército, pues viene el enemigo y a su paso acaba con todo cuanto halla, ciudades y gente por igual. ¹⁷Porque yo enviaré contra ustedes estos ejércitos enemigos como serpientes venenosas a las que no pueden engañar. Hagan lo que hagan, los atacarán y morirán.

¹⁸¡No hay consuelo para mi tristeza; tengo el corazón lleno de dolor! ¹⁹Escuchen el llanto de mi pueblo por toda la tierra: «¿En dónde está el Señor?», preguntan, «¿nos ha abandonado Dios?» ¡Ay! ¡Por qué me han provocado con sus ídolos labrados y sus perversos ritos extraños?, responde el Señor.

²⁰Pasó la cosecha, se fue el verano y nosotros seguimos esperando nuestra salvación. ²¹Lloro por la herida de mi pueblo; estoy atónito, silencioso, mudo de dolor. ²²¿No hay remedio en Galaad? ¿No hay allí

mente. ⁹Por más que se escondan serán encontrados y castigados, ha dicho el Señor de los ejércitos. Porque con el mismo cuidado que el vendimiador examina la viña por si algo se le ha quedado, así serán buscados los que queden.
¹⁰Pero, ¿quién escuchará cuando yo los prevengo? Tienen los oídos tapados y se niegan a escuchar. La palabra de Dios sólo les causa molestia, para nada les gusta.
¹¹Por todo esto estoy lleno de la cólera, dice el Señor, y se me acabó la paciencia para seguir conteniéndola. La derramaré sobre Jerusalén, aun sobre los niños que juegan en las calles, sobre las reuniones de jóvenes, sobre los esposos y las esposas y los abuelos. ¹²Sus enemigos se adueñarán de sus casas, campos y mujeres. Pues voy a castigar al pueblo de este país, ha dicho el Señor.
¹³Son estafadores y engañadores, desde el más pequeño hasta el más encumbrado. ¡Sí, hasta mis profetas y sacerdotes! Todos piensan sólo en cómo aprovecharse de los demás. ¹⁴No se puede sanar una herida con sólo decir que no existe. Sin embargo, los sacerdotes y profetas dan seguridad de paz cuando todo es guerra. ¹⁵¿Se avergonzaba mi pueblo cuando adoraba ídolos? ¡No, en absoluto, ni siquiera se ruborizaba! Por eso yacerán entre los muertos, morirán cuando yo los castigue, dice el Señor.
¹⁶El Señor les dio el mejor consejo: Pregunten dónde está el buen camino, las instrucciones justas en las que antes se orientaban, y vuelvan a vivir conforme a ellas. ¡Ya verán lo bien que se sentirán por ello! Pero responden: «¡No, estamos bien así!» ¹⁷Luego puse sobre ustedes vigías que les advirtieran: «¡Escuchen el sonido de la trompeta! Les indicará cuando una desgracia se acerque». Pero dijeron: «¡No, no pondremos atención!»
¹⁸,¹⁹Por lo tanto, este es el decreto contra mi pueblo. ¡Escúchenlo, pueblos que viven lejos, escúchalo, pueblo mío de Jerusalén, escúchelo la tierra entera! Traeré desgracia sobre este pueblo; será el fruto de su pecado, pues no quieren seguir mis instrucciones, rechazan mi ley.
²⁰¡No sirve de nada quemar en mi presencia dulce incienso de Sabá! ¡Guárdense sus caros perfumes! No voy a aceptar sus ofrendas; no me agradan en lo más mínimo. ²¹Volveré muy difícil el camino de mi pueblo; padres e hijos se verán burlados, juntos caerán amigos y vecinos, dice el Señor.
²²El Señor dice: ¡Vean los ejércitos que marchan desde el norte, una nación poderosa se lanza contra ustedes! ²³Son un pueblo cruel y despiadado, jinetes expertos y disciplinados, armado hasta los dientes, en pie de guerra. Es tan grande que su avance produce un escándalo como rugido de mar.
²⁴La fama de sus ejércitos hemos oído, y el miedo nos debilita. El miedo y el dolor nos atenazan como a mujer a punto de dar a luz.
²⁵¡No salgan a los campos! ¡No viajen por los caminos! Porque el enemigo está rondando por todas partes, listo para la matanza. ¡Hay terror en cada rincón!
²⁶¡Ay Jerusalén, orgullo de mi pueblo, vístete de luto y siéntate sobre cenizas a llorar amargamente como por la muerte de un hijo único, porque en seguida caerán sobre ti los ejércitos destructores!

²⁷Jeremías, te he puesto como probador de la conducta de mi pueblo, para que lo examinaras con toda atención. ²⁸¿No son acaso los peores rebeldes, grandes calumniadores? Son de mala calidad, como bronce y hierro, unos degenerados. ²⁹El fuelle sopla a toda intensidad, el fuego refinador es cada vez más candente, pero no podrá purificarlos, pues de ellos no puede ya desprenderse su impureza. ³⁰Habrá que ponerles un letrero que diga: «Impuros, plata rechazada», porque el Señor los ha rechazado.

## La religión falsa e inútil

**7** Luego le dijo el Señor a Jeremías:
²Ve a la entrada del templo del Señor y dale al pueblo este mensaje: ¡Oh Judá, escucha este mensaje del Señor! Escúchenlo ustedes, los que vienen aquí a rendir homenaje a Dios. ³El Señor de los ejércitos, Dios de Israel dice: Aun ahora, si abandonan su mala conducta los dejaré permanecer en su tierra. ⁴Pero no se dejen engañar por quienes mienten diciendo que por estar aquí el templo del Señor, Dios jamás permitirá que Jerusalén sea destruida. ⁵Pueden quedarse sólo con estas condiciones: Si abandonan sus malvados pensamientos y actos, y se relacionan entre sí en toda justicia ⁶y dejan de explotar a los huérfanos, las viudas y los extranjeros. Y déjense de homicidios, y de rendirles homenaje a los ídolos, como para su mal hacen ahora. ⁷Así, y sólo así, les dejaré permanecer en esta tierra que di a sus antepasados para siempre.
⁸¡No se engañen! Dejen de confiar en mensajes engañosos y sin fundamento. ⁹¿De veras piensan que pueden robar, matar, cometer adulterio, mentir y rendir homenaje a Baal y a todos esos nuevos dioses suyos, ¹⁰y luego venir acá, ponerse ante mí en mi templo y canturrear «¡Salvos somos!», para volver inmediatamente a sus maldades? ¹¹¿Será mi templo ante sus ojos sólo cueva de ladrones? ¡Pues para mí no es otra cosa ahora que cueva de ladrones!
¹²Vayan a Siló, la ciudad que primero honré con mi nombre, y vean lo que le hice por culpa de la maldad de mi pueblo Israel. ¹³,¹⁴Y ahora, dice el Señor, lo mismo haré aquí por todo este mal que ustedes han hecho. Una y otra vez les hablé de ello; con mucha insistencia les llamaba, pero no quisieron oír ni responder a mis advertencias. Por ello destruiré este templo como hice con Siló; este templo que lleva mi nombre, del que creen recibir garantía de seguridad, y este sitio que di a ustedes y a sus antepasados. ¹⁵¡Y los echaré de mi presencia tal como lo hice con sus hermanos, los del pueblo de Efraín!
¹⁶No ores más por este pueblo, Jeremías. No llores por ellos ni ores ni supliques que yo les ayude, pues no te atenderé. ¹⁷¿Acaso no ves todos los delitos que están haciendo por todas las ciudades de Judá y en las calles de Jerusalén? ¹⁸Tengo mucho motivo para estar enojado. Observa a los niños recogiendo leña, a los padres haciendo fuego y a las mujeres amasando para hacer tortas como ofrenda para la Reina del Cielo[a] y para los demás ídolos. ¹⁹¿Es a mí a quien perjudican?, pregunta el Señor. ¡A sí mismos es a quien más dañan, para vergüenza suya! ²⁰Así que el Señor Dios dice: ¡Mi

---

a. Nombre que se daba a Istar (Astarté) diosa del amor y la guerra entre los mesopotamios.

☆6.16 ☆6.23

³¹Entonces escuché un gran llanto y gemidos, como de parturienta primeriza. ¡Es el clamor de mi pueblo jadeante que suplica socorro, vencido por el enemigo!

## La corrupción de Jerusalén y de Judá

5 ¡Corran arriba y abajo por todas las calles de Jerusalén; busquen con cuidado por todas partes para ver si pueden hallar siquiera una persona justa y honrada! Si encuentran aunque sea una, no destruiré la ciudad. ²¡Y es que ustedes mienten hasta cuando juran! ³Señor, tú no aceptas sino la verdad. Castigándolos has tratado de hacer que reflexionen y sean honrados, pero no quieren cambiar. Los has arruinado, pero no escarmientan y se niegan a dejar su conducta malvada. Con el rostro como dura piedra por su terquedad, están empecinados en no arrepentirse. ⁴Entonces dije yo: «Pero, ¿qué puede esperarse de los sencillos e ignorantes? No conocen las instrucciones de Dios. ¿Cómo podrán obedecerle? ⁵Iré ahora a sus jefes, a los hombres prominentes y les hablaré, pues ellos conocen bien las instrucciones del Señor y las consecuencias que una conducta malvada acarrea». ¡Pero resulta que también ellos habían rechazado por completo a su Dios!

⁶Entonces lanzaré sobre ellos la tremenda furia de sus enemigos quienes los atacarán como si fueran el león de la selva, los lobos del desierto y el leopardo que ronda en busca de presa, listo a dar el zarpazo a la primera presa que encuentre. Y todo esto como consecuencia de su desobediencia hacia mí y por haberse alejado de las instrucciones que le he dado.

⁷¿Cómo perdonarlos? Porque hasta sus niños se han apartado, y adoran dioses que no lo son. Di de comer a mi pueblo hasta que estuvo satisfecho, y su agradecimiento fue entregarse al adulterio escandalosamente y armar francachelas en los burdeles de la ciudad. ⁸Son como garañones bien nutridos y lascivos, cada cual relinchando en busca de yegua ajena. ⁹¿No los habré de castigar por esto? ¿Tendré que fingir que no me doy cuenta de nada de lo que hacen?

¹⁰Ataquen la ciudad y causen mucho daño, pero no la destruyan del todo. Desciende a los viñedos y destrúyelos, pero deja con vida unos cuantos esparcidos. Arranca los sarmientos de cada vid, pues no son del Señor.

¹¹¡Vaya que se han dado sus mañas para intentar engañarme los pueblos de Israel y Judá!, dice el Señor.

¹²No me han tomado en cuenta para nada, y dicen: «¡Él no nos inquietará! ¡Ningún mal nos sobrevendrá! ¡No habrá hambre ni guerra! ¹³Los profetas de Dios», dicen ellos, «son simples charlatanes: muchas palabras y nada de autoridad divina. La condena con que amenazan caerá sobre ellos, no sobre nosotros».

¹⁴Por lo tanto, esto es lo que Dios, el Señor de los ejércitos, dice a sus profetas: Por murmuraciones así tomaré sus palabras y predicciones y haré que se cumplan en sus vidas con el efecto que causa un terrible incendio, el cual los consumirá como si fueran simples trozos de madera.

¹⁵Miren, traeré contra ustedes una nación lejana, oh Israel, dice el Señor, nación poderosa, nación antigua cuya lengua no entiendes. ¹⁶Mortíferas son sus armas, todos sus hombres son grandes guerreros. ¹⁷Y ellos devorarán tus cosechas y el pan de tus hijos e hijas, se apropiarán de tus rebaños de ovejas y tu ganado; sí, y también se comerán tus uvas e higos; y saquearán tus ciudades, las que tú considerabas muy seguras por tener fuertes murallas y torreones defensivos. ¹⁸Pero no los destruiré a ustedes por completo, dice el Señor.

¹⁹Y cuando su pueblo pregunte: «¿Por qué nos hace esto el Señor, nuestro Dios?» les responderán: «Ustedes lo rechazaron y se entregaron a otros dioses en su tierra, y ahora tendrán que ser esclavos de extranjeros en sus tierras».

²⁰Anuncia esto a Judá y a Israel:
²¹Escucha lo que digo, pueblo tonto e insensato, de ojos ciegos y oídos sordos. ²²¿No me tienen respeto alguno?, pregunta el Señor Dios. ¿Cómo es que ni siquiera tiemblan en mi presencia? Mi poder es tan grande que yo fui quien establecí sus límites a los mares del mundo y ellos por más que se embravezcan y rujan, no podrán traspasarlos. ¿No es de ser temido y respetado un Dios así de poderoso?

²³,²⁴Pero mi pueblo tiene una voluntad rebelde, se ha apartado de mí y se ha desviado a la idolatría. Aunque yo soy quien les da lluvia cada año en primavera y otoño y les envía el tiempo de las cosechas, no me tienen temor ni respeto. ²⁵Y por eso les he retirado estas admirables bendiciones. Su conducta reprobable contra mí les ha privado de aquellos bienes.

²⁶Hay entre mi pueblo hombres perversos que acechan víctimas como lo hace un cazador oculto. Arman trampas y redes con mucha habilidad. ¿Y qué es lo que atrapan? ¡Personas! ²⁷Como gallinero lleno de pollos, sus hogares están llenos de perversas tramas. ¿Y el resultado? ²⁸Ahora son grandes y ricos, bien alimentados y relucientes, y no hay límite para sus maldades. ¡Pero niegan la justicia a los huérfanos y sus derechos a los pobres! ²⁹¿He de estarme con los brazos cruzados tolerando esta situación?, pregunta el Señor. ¿No he de castigar a un país que vive en esta situación?

³⁰Algo espantoso ha ocurrido en este país: ³¹los profetas anunciando mentiras y los sacerdotes muy contentos apoyándolos. Y al pueblo parece que le gusta esta situación. ¡¿Dónde irá a parar toda esta locura?!

## Jerusalén es sitiada

6 ¡Corre, pueblo de Benjamín, sálvese quien pueda! ¡Huyan de Jerusalén! ¡Toquen alarma en el pueblo de Tecoa, envíen señales desde Bet Haqueren, adviertan a todos que desde el norte viene un poderoso ejército para destruir esta nación! ²Indefensa como doncella eres Jerusalén, bella y delicada como pradera. ³Pero malos pastores te rodearán. Acamparán en derredor de la ciudad y dividirán sus tierras de pastoreo para sus propios rebaños, ¡los rebaños en realidad son ejércitos! ⁴¡Míralos preparándose para la batalla que comenzará a mediodía! Y aún al empezar a oscurecer continúa la batalla con toda intensidad. ⁵«¡Vamos!», dicen, «¡asaltémosla, no importa que haya llegado la noche, y destruyamos sus torreones defensivos!»

⁶Porque el Señor de los ejércitos les ha dicho: Corten árboles para emplearlos como arietes, y puedan escalar y tomar las murallas de Jerusalén. La ciudad está confundida y la gente anda desesperada de un lado para otro. ⁷En ella se ve la impiedad por todos lados, en sus calles resuena el eco de la violencia, gente gritando que le han robado o golpeado.

⁸Presta mucha atención, Jerusalén, no suceda que deje de quererte y permita que te arruines completa-

tierra que yo di a sus antepasados como herencia para siempre. ¹⁹Y yo di a conocer mi propósito de adoptarles como mi hijo. Tracé planes de darles parte de esta hermosa tierra, la mejor del mundo. Esperaba ilusionado que me llamaran «Padre», y creía que nunca volverían a abandonarme. ²⁰Pero me han traicionado; se han alejado, entregándose a una hueste de dioses extraños; fueron como esposa infiel que abandona a su marido, dice el Señor.

²¹En lo alto de los montes que el viento azota oigo voces que gritan a todo pulmón. Son los hijos de Israel que le dieron la espalda al Señor su Dios y se alejaron. ²²¡Oh rebeldes hijos míos, vuélvanse a mí y yo los aliviaré del dolor provocado por sus delitos!

Y ellos responden: «¡Sí, volveremos, pues tú eres el Señor Dios nuestro! ²³Hartos estamos de adorar ídolos en las colinas y de celebrar orgías en los montes. Todo esto es sólo farsa. Sólo en el Señor nuestro Dios podrá Israel hallar auxilio y salvación, ahora lo entendemos. ²⁴Desde nuestra niñez hemos visto cuanto nuestros antepasados tenían (rebaños, ganado, hijos e hijas) derrochado en sacerdotes e ídolos, y ahora vemos que por causa de la idolatría lo hemos perdido todo. ²⁵Aceptemos nuestra vergüenza y deshonra, que desde nuestra niñez nosotros y nuestros antepasados hemos pecado contra el Señor nuestro Dios, y que no le hemos obedecido».

**4** ¡Oh Israel, si en verdad regresas a mí y definitivamente desechas tus ídolos, esos monigotes horribles que te has hecho, ²y si juras pertenecerme sólo a mí, el Dios viviente, e inicias una vida buena, honrada y limpia, serás testimonio para las naciones del mundo y estas acudirán a mí y servirán también para difundir mi gran fama! ³El Señor dice a la gente de Judá y Jerusalén: Aren en la dureza de sus tierras, y no siembren sobre los cardos. ⁴Dediquen al Señor su mente y corazón, y no sólo su cuerpo como lo simbolizan al cortar parte de la piel del pene, o de otro modo mi cólera se encenderá y con ella los castigaré tanto que parecerá como un incendio que no se puede apagar.

### La infidelidad de Israel

⁵Grítenle a la gente de Jerusalén y Judea que den la alarma por todo el país y se comunique por todos lados: «¡Huyan para salvarse! ¡Refúgiense en los edificios más seguros de cada ciudad!». ⁶Envíen de Jerusalén este aviso: «¡Escapen ya, no se tarden!». Porque yo, el Señor, traigo desde el norte un terrible ejército contra ustedes. ⁷El enemigo viene como un león furtivo que sale furioso desde su guarida, y se encamina a la tierra de ustedes. Sus ciudades quedarán en ruinas, sin un habitante. ⁸¡Así que vístanse de luto y lloren con amargura, porque la terrible cólera del Señor aún no ha terminado! ⁹En aquel día, dice el Señor, el rey y los príncipes temblarán de miedo, y los sacerdotes y profetas estarán horrorizados.

¹⁰(Entonces protesté yo: «¡Pero Señor, el pueblo ha sido engañado por lo que tú dijiste, pues le prometiste que vivirían en paz! ¡Y sin embargo, ahora mismo el enemigo tiene la espada lista para matarlos!»)

¹¹,¹²En aquel tiempo el Señor enviará sobre ellos un viento ardiente del desierto, no en pequeñas ráfagas sino en rugientes vendavales, no para limpiar los terrenos ni generar un clima agradable, sino que será el anuncio de la sentencia de destrucción de parte del Señor. ¹³Y ese viento es la imagen del enemigo, quien se dejará venir sobre nosotros como si fuera viento de tormenta. Sus carros de guerra parecerán un torbellino, sus caballos son más veloces que las águilas. ¡Ay de nosotros, pues no tenemos ninguna posibilidad de salir bien librados ante semejante ejército!

¹⁴¡Oh Jerusalén, pon en orden tu vida mientras haya tiempo; aún puedes salvarte cambiando tu conducta y modo de pensar! ¹⁵Desde la región de Dan y desde el monte Efraín llega el aviso de desgracias. ¹⁶Adviertan a toda nuestra gente que el enemigo viene desde muy lejos gritando amenazas e insultos contra Jerusalén y las ciudades de Judá. ¹⁷Ahora rodean a Jerusalén como si fueran pastores enfurecidos que acosan a un animal salvaje encerrado en un corral. Y esto es como consecuencia de que contra mí se ha rebelado mi pueblo, dice el Señor.

¹⁸Tu conducta malvada te ha acarreado esto, llenando de amargura tu corazón.

¹⁹¡Ay, estoy completamente lleno de dolores! ¡Me retuerzo de dolor; el corazón me late violentamente! ¡No puedo estarme sereno pues he oído y escuchado las trompetas del ejército enemigo y el vocerío de los soldados agresores que se nos vienen encima. ²⁰¡Arremeten con todas sus fuerzas dejando destrucción por todos lados! Súbitamente, en un abrir y cerrar de ojos, destruyen las casas y saquean las pertenencias. ²¹¿Cuánto tiempo durará esto? ¿Hasta cuándo tendré que verme rodeado de guerra y muerte?

²²Hasta que mi pueblo abandone su terquedad, pues se niegan a seguir mis instrucciones. Son torpes, retrasados, sin entendimiento, muy avispados para hacer el mal, pero muy tontos cuando se trata de hacer algo bueno.

²³Miré su tierra, y hasta donde mi vista alcanzaba en todas direcciones no se veían más que ruinas, y el cielo estaba negro por el humo de los incendios. ²⁴Miré a los montes y los vi temblar y estremecerse, como reflejo de lo que le acontecía a los habitantes de la ciudad. ²⁵Miré, y había desaparecido todo rastro de vida, ¡hasta las aves del cielo habían huido! ²⁶Los fértiles valles habían quedado desiertos y todas las ciudades estaban en ruinas ante la presencia del Señor, derribadas por el efecto de su acción justiciera. ²⁷Y todo esto como cumplimiento de una decisión del Señor. ¡Menos mal que él decidió que al menos quedará con vida una pequeño grupo del pueblo!

²⁸La tierra llorará, los cielos estarán enlutados por la decisión contra mi pueblo, pero estoy resuelto y no la cambiaré.

²⁹Debido a estas acciones guerreras todos los habitantes de la ciudad huyen aterrorizados, tratando de escapar del retumbo de los ejércitos en marcha que se acercan, disparando sus flechas contra todos los habitantes. El pueblo huye a los montes y se oculta en los matorrales. Toda la ciudad ha quedado abandonada.

³⁰¿Y ahora tú, Jerusalén, por qué te pones tu vestido más lindo y las joyas más valiosas y te esmeras tanto con tu maquillaje? ¡No tiene sentido nada de lo que haces! ¡Tus aliados, a los que buscaste para que fueran tus amantes, ahora te desprecian y lo que quieren es verte muerta!

lla: era la mejor. ¿Por qué te has convertido en esta degenerada raza de malvados, como si procedieran de una malísima semilla? ²²No hay en el mundo jabón ni detergente que puedan purificarte. Has cometido tantos delitos que son difíciles de olvidar. Los veo permanentemente ante mí, dice el Señor Dios.

²³Pero tú dices que no es verdad, que no has adorado ídolos. ¿Cómo puedes decir tal cosa? ¡Ve y mira en cualquier valle del país todas las señales de tu ligereza e idolatría! ¡Toma nota de los muchos delitos que has cometido, oh camella inquieta en busca de macho! ²⁴¡Eres como burra montés que olfatea el aire en época de celo! ¿Quién podrá refrenar tu lascivia? Ningún burro que te desee necesita buscarte, pues tú corres hacia él. ²⁵¿Por qué no dejas al estéril correr tras otros dioses? Sabes que el Señor te provee para tus necesidades, pero tú dices: «No malgastes palabras. ¡Estoy enamorada de estos extranjeros y no puedo dejar de amarlos ahora!»

²⁶,²⁷Como el ladrón, la única vergüenza que Israel conoce es que lo atrapen. Reyes, príncipes, sacerdotes y profetas, en esto son iguales. A un poste labrado lo llaman padre suyo, y tienen por madre un ídolo labrado en piedra. ¡Pero cuando le llegan los tiempos de angustia es a mí a quien recurren pidiendo salvación! ²⁸¿Por qué no imploran a los dioses que se han fabricado? Cuando sobrevenga el peligro, ¡que te ayuden ellos y te salven si pueden! Porque tienes tantos dioses como ciudades hay en Judá, incluso cada calle de Jerusalén tiene un altar dedicado a un ídolo diferente. ²⁹No acudan más a mí, todos son rebeldes y me han echado pleito, dice el Señor.

³⁰Castigué a sus hijos pero nada les aprovechó: aún no quieren obedecer. Y ustedes mismos han matado a mis profetas como el león que mata su presa. ³¹Oh pueblo mío, dime: ¿He sido acaso injusto con Israel? ¿He sido para ellos como tierra mala y egoísta? ¿Por qué entonces dice mi pueblo: «Por fin nos vemos libres de Dios, jamás volveremos a tener nada con él»? ³²¿Cómo pueden desconocer así a su Dios? ¿Podrá una muchacha olvidar arreglarse linda? ¿Qué novia tratará de ocultar lo más lindo de su ajuar? ¡Pero por largos años mi pueblo se ha olvidado de mí, del más precioso de sus tesoros!

³³¡Cuánto señuelo y qué artificios para atraer a tus amantes! ¡La coqueta más experta tendría mucho que aprender de ti! ³⁴Tienes los vestidos manchados con la sangre de los inocentes y los pobres. Descaradamente matas sin causa. ³⁵Y sin embargo dices: «¡Nada hice que enoje a Dios, estoy segura de que no está enojado!» Pero precisamente por decir «No he pecado» será que te castigaré duramente.

³⁶Por aquí y por allá andas mariposeando de un aliado a otro en busca de socorro, pero de nada te valdrá pues tus nuevos amigos de Egipto te abandonarán como antes lo hizo Asiria. ³⁷Quedarás desesperada y te cubrirás el rostro con las manos desesperada, porque el Señor ha rechazado a aquéllos en quienes confías. No triunfarás por más que te ayuden.

**3** ☆ Hay una ley según la cual quien se divorcia de una mujer que luego se casa con otro, no debe volver a tomarla, pues ella queda mancillada. Pero aunque tú me has abandonado y te has juntado con muchos amantes, yo te he instado a que vuelvas a mí, dice el Señor.

²¿Habrá en todo el país sitio en que no hayas sido deshonrada por tus adulterios, es decir, tu adoración de esos otros dioses? Te sientas como prostituta en espera de cliente al lado del camino. Te sientas sola como acostumbran hacerlo los beduinos del desierto. Has corrompido la tierra con tu indigna prostitución. ³Por eso han faltado hasta las lluvias de primavera, porque tú eres una coqueta del todo desvergonzada. ⁴,⁵Y sin embargo me dices: «¡Oh Padre, tú siempre has sido amigo mío, de seguro no estarás enojado por una pequeñez así, de seguro la olvidarás!» Eso dices y prosigues haciendo todo el mal que puedes. Se han acumulado sin fin los delitos que has cometido.

## La infidelidad de Israel

⁶Este comunicado del Señor me llegó durante el reinado del rey Josías:

¿Has visto lo que hace Israel? Se comporta como esposa infiel que se entrega a otros hombres cada vez que puede, pues es semejante lo que hace Israel al rendirle homenaje a otros dioses en cualquier colina, debajo de cada árbol frondoso.

⁷Yo pensaba que algún día retornaría a mí y volvería a ser mía; pero no regresó. Y su infiel hermana Judá vio la permanente rebelión de Israel, ⁸pero no puso atención aunque vio que yo me divorcié de la infiel Israel. Ahora también Judá me ha dejado y se ha entregado a la prostitución, pues ha acudido a otros dioses para adorarlos. ⁹No le dio ninguna importancia al asunto; para ella no era nada adorar ídolos de madera y piedra, y así la tierra se contaminó y se corrompió grandemente como consecuencia de estas conductas reprobables. ¹⁰Luego, más tarde, esta infiel «regresó» a mí, pero su «arrepentimiento» era fingido, dice el Señor.

¹¹En realidad la infiel Israel es menos culpable que la traidora Judá.

¹²Por lo tanto ve y dile a Israel: ¡Oh Israel, pueblo mío pecador, vuelve a mí, pues soy misericordioso; no estaré eternamente enojado contigo, dice el Señor, porque mi capacidad de perdonar es muy grande! ¹³Basta con que reconozcas tu culpa, reconoce que te rebelaste contra el Señor tu Dios y cometiste adulterio contra él, adorando ídolos debajo de cada árbol; confiesa que te negaste a seguir mis instrucciones, dice el Señor.

¹⁴¡Oh hijos que se han alejado de mí, regresen, pues yo soy su Señor y quiero llevarlos de regreso a la tierra de Israel, uno de aquí, otro de allá, en dondequiera que estén esparcidos, ¹⁵y les daré líderes bien probados que los guíen con sabiduría y comprensión!

¹⁶Entonces, cuando su tierra esté nuevamente poblada, dice el Señor, ya no suspirarán por «los buenos tiempos que fueron» cuando tenían el cofre del pacto de Dios. No echarán de menos aquellos días y ni siquiera pensarán en ellos, y el cofre no será reconstruido, ¹⁷porque el Señor mismo estará entre ustedes, y toda la ciudad de Jerusalén será conocida como el Trono del Señor, y todas las naciones acudirán a él allá y no seguirán empecinadas en sus malos propósitos.

¹⁸En aquel tiempo los pueblos de Judá e Israel volverán juntos de su cautiverio desde el norte a la

☆3.1

# Jeremías

**1** Este es el mensaje que el Señor le comunicó al sacerdote Jeremías, hijo de Jilquías, quien vivió en el pueblo de Anatot en la provincia de Benjamín. ²Recibió el primero de los mensajes de parte de Dios en el año trece del reinado de Josías, hijo de Amón, rey de Judá. ³Recibió otros durante el reinado de Joacim, hijo de Josías, rey de Judá, y posteriormente en diversas ocasiones hasta el mes de julio en el año once del reinado de Sedequías, hijo de Josías, rey de Judá, cuando la población de Jerusalén fue llevada cautiva a Babilonia.

## Llamamiento de Jeremías

⁴El Señor me dijo: ⁵Yo había determinado tu futuro desde que te estabas formando en el vientre de tu madre; antes que nacieras te escogí y te consagré como vocero mío ante el mundo.

⁶«¡Oh Señor Dios», dije yo, «no puedo hacer eso! ¡No soy más que un muchacho! ¡Ni siquiera puedo hablar con soltura!»

⁷No digas eso, respondió el Señor, pues tú irás a dondequiera que yo te envíe y anunciarás lo que yo te diga. ⁸Y no le tengas miedo al pueblo, porque yo, el Señor, estaré contigo y te libraré en caso de peligro.

⁹Luego el Señor me tocó la boca y dijo: Mira, te he dado la capacidad de comunicar mis mensajes. ¹⁰Hoy comienza tu trabajo: prevenir a las naciones y a los pueblos del mundo. De acuerdo con mis palabras, expresadas por tu boca, yo derribaré a unos y los destruiré, y plantaré y cuidaré a otros, los fortaleceré y los engrandeceré. ¹¹Luego el Señor me dijo:

Mira, Jeremías, ¿qué ves?

Y yo respondí:

Veo una rama de almendro.

¹²Y el Señor respondió:

Eso es, y significa que sin duda alguna ejecutaré mis amenazas de castigo.

¹³Luego me preguntó:

¿Qué ves ahora?

Y yo respondí:

Veo una vasija de agua hirviendo que se ladea hacia el sur.

¹⁴Sí, dijo, porque del norte caerá un terror hirviendo sobre todos los pueblos de esta tierra. ¹⁵Yo llamo a los ejércitos de los países del norte para que se lancen sobre Jerusalén y la rodeen con sus ejércitos, y que hagan lo mismo con todas las demás ciudades de Judá. ¹⁶Así castigaré a mi pueblo por haberme abandonado y por rendirles homenaje a otros dioses, que son sólo ídolos hechos por sus propias manos.

¹⁷Así que levántate, vístete y ve a decirles cuanto yo te mande. No les tengas miedo, mantén una postura firme ante ellos. ¹⁸Mira, hoy te vuelvo inexpugnable a todos sus ataques, no pueden dañarte. Yo te doy una gran fuerza como si fueras ciudad llena de torres defensivas que no puede ser conquistada, como si fueras una columna de hierro o fuerte puerta de bronce. Todos los reyes de Judá, sus funcionarios, sacerdotes y habitantes no podrán nada contra ti. ¹⁹Van a intentar acabar contigo, pero fracasarán porque yo estoy contigo, dice el Señor. Yo te libraré.

## Israel abandona a Dios

**2** Me habló nuevamente el Señor y dijo: ²Ve y grita lo siguiente en las calles de Jerusalén:

El Señor dice: Yo recuerdo que hace tiempo anhelaban agradarme como joven enamorada, ¡cómo me amaban y me seguían hasta por estériles desiertos! ³En aquellos días Israel era un pueblo santo, el primogénito de mis hijos. A todos los que lo perjudicaban se les culpaba gravemente, y eran castigados con mucha rigidez.

⁴⁻⁵Oh habitantes de Israel, dice el Señor, acláренme lo siguiente: ¿Por qué me abandonaron sus padres? ¿Qué hallaron torcido en mí que los apartó de la forma de vida que les mostré y los convirtió en necios adoradores de ídolos? ⁶Ellos pasan por alto que fui yo, el Señor, quien los sacó con seguridad de Egipto y los condujo por estériles desiertos, por arenales rocosos donde reina la sed y la muerte, que nadie habita y ni siquiera transita. ⁷Yo los traje a tierra fructífera para que disfrutaran de su abundancia y frescura, pero ellos la convirtieron en tierra de maldad y corrupción y transformaron mi heredad en porquería. ⁸Ni siquiera sus sacerdotes se preocuparon por mí, y sus jueces me echaron al olvido; sus dirigentes se volvieron contra mí, y sus profetas adoraron a Baal y derrocharon su tiempo en necedades.

⁹Por eso sigo en mi pleito contra ustedes, el cual continuaré incluso contra sus descendientes en los años venideros.

¹⁰⁻¹¹Miren en torno y vean si pueden encontrar otra nación en cualquier parte del mundo que haya cambiado sus antiguos dioses por otros nuevos, aunque sus dioses nada sean. Envíen a occidente, a la isla de Chipre; envíen al oriente, a los desiertos de Cedar; vean si hay allí alguien que jamás haya oído algo tan extraño. ¡Sólo mi pueblo ha renunciado a su glorioso Dios a cambio de ídolos ridículos! ¹²¡El cielo se espanta de esa gran estupidez y retrocede horrorizado y consternado!, dice el Señor. ¹³Porque dos males ha cometido mi pueblo: me abandonaron a mí que soy fuente de agua viva, y han cavado para sí cisternas que no pueden ni siquiera retener agua.

¹⁴¿Por qué se ha convertido Israel en nación de esclavos? ¿Por qué lo conquistan y lo llevan lejos? ¿Acaso nació para eso?

¹⁵Veo grandes ejércitos que marchan sobre Jerusalén entre grandes alaridos de guerra para destruirla y dejar en ruinas sus ciudades, incendiadas y desoladas. Le causaron tantos estragos como harían cachorros de león con sus juegos violentos. ¹⁶Hasta los habitantes de Menfis y Tafnes participaron en la humillación y desolación contra Israel. ¹⁷¿No se dan cuenta aún que ustedes se han acarreado esto al rebelarse contra el Señor su Dios cuando él quería guiarlos y mostrarles la forma correcta de vivir? ¹⁸¿Qué han ganado con sus alianzas con Egipto y Asiria? ¹⁹Su propia maldad será su castigo. Verán lo malo y amargo que es rebelarse contra el Señor su Dios, abandonándolo sin temor, dice el Señor, el Señor de los ejércitos.

²⁰Desde hace mucho se desligaron de todo lo que los unía a mí. Desafiantes, no quisieron seguir mis instrucciones. Sobre cada colina y debajo de cada árbol se han postrado ante los ídolos.

²¹¿Cómo pudo ocurrir esto? ¿Cómo pudo ser? Porque cuando yo los planté, elegí cuidadosamente la semi-

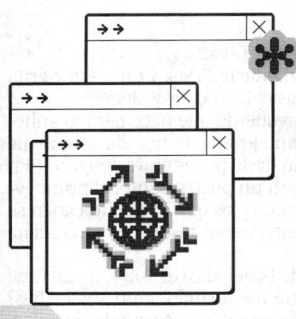

## PANORAMA DEL LIBRO

Unos sesenta años después de la muerte de Isaías, Jeremías fue llamado por el Señor para profetizar en Judá; nación que estaba al borde del desastre. El propósito de su ministerio se relacionaba con un mensaje claro para el pueblo: la opresión y futura derrota a manos de los babilonios era la manera en la que el Señor los estaba llamando a arrepentirse de sus pecados y a convertirse a Él para recibir las promesas de un pacto nuevo, el cual incluiría un corazón nuevo. Debido a ese mensaje y a su oposición a ciertas maniobras políticas, fue perseguido y odiado. De hecho, fue este profeta el que anunció el cautiverio a manos de los caldeos y la posterior restauración de Judá.

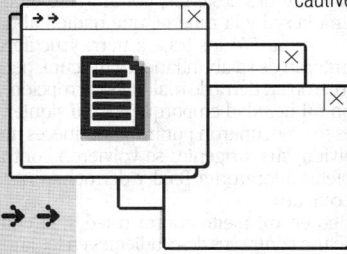

## EL GUION

1) Llamado de un joven para servir al Señor como profeta. Cap. 1
2) El profeta advierte al pueblo de Dios que será castigado. Caps. 2-6
3) El profeta advierte que el templo no los librará del castigo por la idolatría. Caps. 7-10
4) El profeta anuncia el castigo de formas variadas. Caps. 11-29
5) El profeta anuncia restauración y consolación para el pueblo. Caps. 30-33
6) El profeta anuncia la inminente caída del pueblo. Caps. 34-44
7) El profeta anuncia la soberanía de Dios sobre todas las naciones. Caps. 45-52

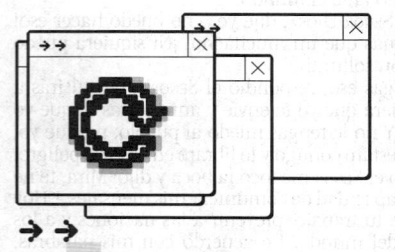

## ¿CÓMO SE RELACIONA CONMIGO?

Este es el libro más largo de la Biblia en cuanto al número de versículos y en él encontramos a un líder con un corazón sensible. En muchos rincones de la iglesia se percibe a los líderes como hombres o mujeres casi indestructibles, que nunca se inmutan y cuya espiritualidad los lleva a resolver toda clase de desafíos sin tristezas y frustraciones, pero este libro demuestra que esa no es la foto real del liderazgo cristiano. La profecía de Jeremías es clara, aunque saca a la luz que al hablar de las consecuencias del pecado, debemos hacerlo con un corazón tierno. Ser firmes puede ir de la mano con un corazón gentil y este libro ilustra perfectamente esta rara combinación entre fortaleza y suavidad, entre vigor y sensibilidad que tanto necesita la sociedad de hoy.

Jeremías te regala reflexiones acerca de la falsa religiosidad, el castigo justo y también sobre un nuevo corazón, un nuevo pacto y el vínculo ideal entre Dios y su pueblo.

# JEREMÍAS

# JEREMÍAS

## ¿QUIÉN LO ESCRIBIÓ?

El autor de este libro es el profeta Jeremías, hijo de Jilquías, de una familia sacerdotal de la tribu de Benjamín (Jer. 1:1). Fue llamado al ministerio profético siendo muy joven —algunos han especulado que tendría hasta unos catorce años- durante el reinado de Josías, y ministró hasta después de la destrucción de Jerusalén, por unos cuarenta años. Se le ha llamado "el profeta llorón" o "el profeta del corazón quebrantado", debido a su alta sensibilidad y dolor ante el pecado y sus consecuencias en el pueblo de Dios.

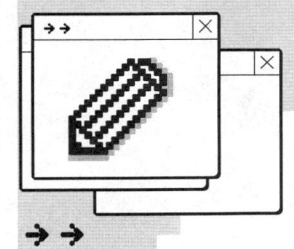

## ¿A QUIÉN LO ESCRIBIÓ?

En el año 722 a.C., las diez tribus que formaban el reino del norte fueron llevadas cautivas por el imperio asirio. Las dos tribus que formaban el reino del sur debieran haber aprendido la lección y cambiar su conducta. Sin embargo, ellos continuaron por el mismo camino de rebeldía. Al fin, el juicio de Dios llegó y luego de sucesivas derrotas a manos de los caldeos en los años 605 a.C. y 597 a.C., la nación fue llevada cautiva en el año 586 a.C. y Jerusalén fue destruida. El libro de Jeremías estaba dirigido a los habitantes de Judá ya cautivos en Babilonia como un repaso de los eventos que los habían llevado hasta ese punto en su historia. Si alguien tenía duda de las razones por las cuales tanto el reino del norte como el del sur sufrieron el cautiverio, Jeremías lo dejaría bastante claro: el exilio se debía al castigo divino por el pecado de la nación y la restauración vendría como resultado de la misericordia del Señor.

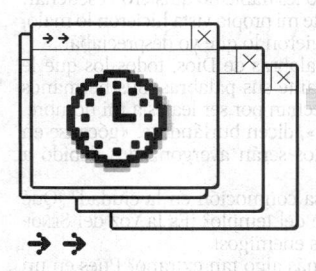

## ¿CUÁNDO Y DÓNDE LO ESCRIBIÓ?

Jeremías comenzó su ministerio en el año 627 a.C., unos cien años después de la caída de Israel en manos de Asiria. Ahora, la nueva potencia en la región era Babilonia, la cual conquistó a los asirios en 605 a.C. y llegaría a conquistar Jerusalén en 586 a.C. El profeta ministraría hasta más o menos el año 581 a.C. El libro de Jeremías registra la caída de Jerusalén, lo que significa que el libro fue terminado y publicado tiempo después de ese evento. Una fecha que aparece en los escritos de los estudiosos es el año 582 a.C. El libro fue escrito en la ciudad de Jerusalén, donde habían ocurrido los acontecimientos descritos en él. Hay que recordar que Habacuc y Sofonías ministraron durante los primeros años del ministerio de Jeremías, mientras Ezequiel y Daniel lo hicieron durante la última parte.

son hijos de aquéllos a quienes el Señor ha bendecido; y sus hijos también serán bendecidos. ²⁴Yo les responderé aun antes de que me invoquen; mientras estén aún contándome sus necesidades, yo procederé a contestar sus súplicas. ²⁵El lobo y el cordero comerán juntos, el león se alimentará de paja como el buey, y la serpiente venenosa no volverá a morder. En aquellos días nada ni nadie recibirá daño ni será destruido en todo mi santo monte, dice el Señor.

## Juicio y esperanza

**66** El cielo es mi trono y la tierra es apoyo para mis pies. ¿Qué templo semejante a éste pueden construirme ustedes? ²Mis manos hicieron la tierra y el cielo, los cuales son míos. Pero siento inclinación por el hombre de corazón humilde y contrito, que tiene reverencia ante mi palabra.

³Pero los que eligen sus propios caminos deleitándose en sus pecados, son malditos. Dios no aceptará sus ofrendas. Cuando se hagan esa clase de sacrificios en el altar de Dios, Dios los rechazará. Si sacrifican un cordero o traen una ofrenda de grano, es tan aborrecible para Dios como poner un perro o sangre de puercos sobre su altar. Cuando le queman incienso, él lo considera como si estuvieran adorando a un ídolo.

⁴Yo les enviaré grandes tribulaciones, todo cuanto ellos temían, pues cuando los llamé se negaron a responder, y cuando les hablé no quisieron escuchar. Por el contrario, ante mi propia vista hicieron lo malo, y a sabiendas escogieron lo que yo despreciaba.

⁵Escuchen las palabras de Dios, todos los que le temen y tiemblan ante sus palabras: Sus hermanos los odian y los desechan por ser leales a mi nombre. «Den gloria a Dios», dicen burlándose, «gócense en el Señor». Pero ellos serán avergonzados debido a estas burlas.

⁶¿Qué es toda esa conmoción en la ciudad? ¿Qué terrible ruido viene del templo? ¡Es la voz del Señor que se venga de sus enemigos!

⁷,⁸¿Quién vio jamás algo tan extraño? Pues en un solo día, súbitamente nacerá una nación, Israel, aun antes que se produzcan los dolores del parto. En un momento, apenas comience la angustia de Israel, nace el niño, comienza la nación. ⁹¿Te llevaré al momento del parto y no darás a luz?, pregunta el Señor tu Dios. ¡No, jamás!

¹⁰¡Regocíjense con Jerusalén, alégrense con ella todos cuantos la aman, los que por ella han llorado! ¹¹¡Deléitense en Jerusalén, beban profundamente de su gloria, tal como la madre alimenta tiernamente a su pequeño! ¹²Como río inundará la prosperidad a Jerusalén, dice el Señor, pues yo le enviaré las riquezas de los gentiles. Sus hijos serán amamantados por sus pechos, llevados en sus caderas y mecidos en su regazo. ¹³Allí te consolaré como una madre lo hace con su pequeñín. ¹⁴Cuando vean a Jerusalén, su corazón se regocijará; tendrán vigorosa salud. Todo el mundo verá la buena mano de Dios sobre su pueblo y su ira sobre sus enemigos.

¹⁵¡Pues miren, el Señor vendrá con fuego y con veloces carros de juicio para derramar la furia de su ira y su ardiente represión entre llamas de fuego! ¹⁶Porque el Señor castigará al mundo mediante fuego y su espada, y a muchos matará el Señor. ¹⁷Los que adoran ídolos que esconden tras un árbol del jardín, haciéndoles festín con carne de cerdo y de ratón y con toda carne prohibida, tendrán un mal fin, dice el Señor. ¹⁸Yo bien veo lo que hacen, sé lo que piensan, de modo que congregaré a todas las naciones y pueblos contra Jerusalén, en donde contemplarán mi gloria. ¹⁹Realizaré un portentoso milagro contra ellos, y enviaré a los que escapen como misioneros a las naciones: a Tarsis, Put, Lidia (famosa por sus arqueros), Tubal y Grecia, y a las tierras de ultramar que no han oído mi fama ni visto mi gloria. Ahí anunciarán mi gloria a los gentiles. ²⁰También traerán de regreso a sus hermanos que están entre todas las naciones como obsequio para el Señor, transportándolos suavemente, a caballo y en carrozas, en literas, a lomo de mula y en camellos, a mi santo monte, a Jerusalén, dice el Señor. Será como ofrenda que fluye al templo del Señor en tiempos de cosecha, llevados como si fueran en vasos consagrados al Señor. ²¹Y nombraré a algunos de los que regresen como sacerdotes míos y levitas, dice el Señor.

²²Tan ciertamente como mi nuevo cielo y nueva tierra permanecerán, así serán ustedes para siempre pueblo mío, con un nombre que jamás perecerá. ²³Toda la humanidad llegará a adorarme semana a semana y mes a mes. ²⁴Y saldrán y mirarán los cadáveres de los que se rebelaron contra mí, porque el gusano de ellos no morirá jamás, el fuego de ellos no se apagará, y serán un repulsivo espectáculo para toda la humanidad.

※ 65.17-24  ※ 66.13  ※ 66.17-24

## ISAÍAS 63.15

**15** El pueblo de Israel oró a Dios y le dijo: ¡Oh Señor, mira desde el alto cielo y contémplanos desde tu santa y gloriosa morada! ¿Dónde está el amor que nos tenías, tu poder, misericordia y compasión? ¿Dónde están ahora? **16** ¡Ciertamente aún eres nuestro Padre! Aunque Abraham y Jacob nos desconocieran, tú serías nuestro Padre, nuestro Liberador desde la antigüedad. **17** Oh Señor, ¿por qué nos has endurecido el entendimiento, nos has hecho pecar y volvernos contra ti? ¡Regresa y ayúdanos, pues los que a ti pertenecemos te necesitamos tanto! **18** ¡Cuán poco tiempo poseímos a Jerusalén! Y ahora nuestros enemigos la han destruido. **19** Oh Dios, ¿por qué nos tratas como si no fuéramos tu pueblo, como si fuéramos una nación pagana que jamás te hubiera llamado «Señor»?

**64** El pueblo de Israel continuó su oración: ¡Oh, que surgieras de los cielos y descendieras a la tierra! ¡Cómo se estremecerían los montes en tu presencia! **2** El fuego consumidor de tu gloria abrasaría los bosques y haría hervir los océanos hasta secarlos. Ante ti temblarían las naciones; entonces tus enemigos sabrían dar razón de tu fama.

**3** Así fue antiguamente cuando tú descendiste, pues realizaste obras portentosas, superiores a nuestras más grandes esperanzas, ¡y cómo temblaron los montes!

**4** Porque desde que el mundo es mundo nadie vio ni oyó jamás de un Dios como el nuestro, que se manifiesta en favor de los que en él confían. **5** Acoges con agrado a quienes alegremente hacen el bien, a quienes van por sendas santas. Pero no somos santos; somos y hemos sido pecadores toda la vida. Por lo tanto, tu ira pesa sobre nosotros. ¿Cómo podrán salvarse las personas que son como nosotros?

**6** Estamos completamente contaminados e inmundos de pecado. Todas nuestras buenas obras son como inmundos harapos. Como hojas de otoño nos decoloramos, nos marchitamos y caemos. Como viento, nos arrastran nuestros pecados. **7** Y, sin embargo, nadie invoca tu nombre ni te suplica misericordia. A causa de ello, tú te has apartado de nosotros y nos has abandonado por nuestra maldad.

**8** ¡Y no obstante, oh Señor, tú eres nuestro Padre! Somos la arcilla y tú el alfarero: todos fuimos modelados por tu mano. **9** ¡Ay, no estés tan airado con nosotros, Señor, ni recuerdes para siempre nuestros pecados! Mira y ve que todos somos pueblo tuyo.

**10** Tus santas ciudades están destruidas, Jerusalén está desierta. **11** Nuestro santo y hermoso templo, en donde nuestros padres te alababan, está quemado, y todos sus hermosos objetos destruidos. **12** Después de todo esto, ¿aún te negarás a ayudarnos, Señor? ¿Permanecerás callado y continuarás castigándonos?

### Juicio y salvación

**65** El Señor dice: Gente que nunca antes preguntó por mí, ahora me busca. Naciones que nunca antes me buscaron, ahora me hallan.

**2** Pero mi propio pueblo —no obstante que el día entero he tenido los brazos abiertos para recibirlos— se ha rebelado; sigue sus propias sendas y pensamientos perversos. **3** Todo el día me ofenden cara a cara adorando ídolos en muchos huertos y queman do incienso en las azoteas de sus casas. **4** Van por la noche a las tumbas y a las cuevas para adorar malos espíritus, y comen cerdo y otros alimentos prohibidos. **5** Pero unos a otros se dicen: «¡No te me acerques mucho, porque me contaminas, porque soy más santo que tú!» Ya no los soporto, día tras día me enfurecen.

**6** Mira, aquí tengo escrito el decreto: ¡No guardaré silencio, daré a cada quien lo que se merece! Sí, les daré su merecido pago, **7** y no sólo por los pecados de ellos, sino por los de sus padres también, dice el Señor, porque también ellos quemaban incienso en los montes y me ofendían en las colinas. Les voy a dar su merecido pago.

**8** Pero no los destruiré a todos, dice el Señor, porque así como entre los racimos de uvas malas aparecen algunas buenas (y alguien dirá: «¡No las arrojes todas; hay algunas uvas buenas!») no destruiré a todo Israel, porque tengo entre él algunos siervos fieles. **9** Preservaré algún remanente de mi pueblo para que posea la tierra de Israel; los que yo seleccione la heredarán y allí me servirán. **10** Y para aquellos de mi pueblo que me hayan buscado, los valles de Sarón volverán a estar llenos de rebaños y el valle de Acor será sitio para pastorear manadas.

**11** Pero ya que el resto de ustedes ha abandonado al Señor y su templo, y adoran dioses de la «Suerte» y del «Destino», **12** yo los «destinaré» a la espada, y su «suerte» será terrible, pues cuando llamé no me respondieron, cuando hablé no quisieron escuchar. Deliberadamente pecaron ante mi vista y resolvieron hacer a sabiendas lo que yo desprecio. **13** Por lo tanto, el Señor Dios dice: Ellos morirán de hambre, pero mis siervos tendrán qué comer; padecerán de sed mientras ellos beben; estarán tristes y avergonzados, pero ellos se gozarán; **14** llorarán de dolor, disgusto y desesperación, mientras ellos cantan de júbilo. **15** Su nombre será anatema entre mi pueblo, porque el Señor Dios los matará y a sus siervos fieles les dará otro nombre.

**16** Sin embargo, vendrán días cuando todos los que invoquen una bendición o presten juramento lo harán al Dios fiel; porque desecharé mi enojo y olvidaré el mal que hicieron.

### Nuevos cielos y nueva tierra

**17** Pues miren, estoy creando un nuevo cielo, y una tierra nueva, tan admirables que nadie volverá a recordar las cosas pasadas. **18** ¡Alégrense, regocíjense para siempre en mi creación! ¡Miren! Volveré a crear a Jerusalén como sitio de felicidad, y su pueblo siempre estará gozoso. **19** Y yo me regocijaré en Jerusalén, y en mi pueblo, y el sonido del llanto y del clamor no se volverá a escuchar allí jamás.

**20** Jamás volverán a morir los niñitos de pocos días de nacidos, ya no se tendrá por viejos a los hombres de cien años. ¡Únicamente los pecadores morirán a edad tan temprana! **21,22** En aquellos días, cuando un hombre edifique una casa, podrá vivir tranquilo en ella, no será destruida por ejércitos invasores como en el pasado. Mi pueblo plantará viñas y comerá de su fruto, sus enemigos no las confiscarán. Porque mi pueblo vivirá tanto como los árboles y disfrutará por mucho tiempo de lo obtenido con su afanoso esfuerzo. **23** Sus cosechas no serán devoradas por sus enemigos. Sus hijos no nacerán para ser carne de cañón. Porque

64.4   64.6-8

## El año del favor del Señor

**61** ☼ El Espíritu del Señor Todopoderoso está sobre mí, porque me eligió para traer buenas noticias a los pobres, para consolar a los afligidos y para anunciarles a los prisioneros que pronto van a quedar en libertad. ²El Señor me ha enviado a decir a los que lloran que ha llegado para ellos la hora de la compasión de Dios, y el día de su ira contra los enemigos de ellos. ³A todos los que guardan luto en Israel les dará: belleza en vez de cenizas, júbilo en vez de llanto, y alabanza en vez de abatimiento. Porque para gloria de Dios, él mismo los ha plantado como vigorosos y esbeltos robles.

⁴Entonces ellos reedificarán las antiguas ruinas, repararán las ciudades que hace largo tiempo fueron destruidas; las levantarán, aunque por generaciones han estado derruidas. ⁵Los extranjeros serán los siervos de ustedes, les darán de comer a sus rebaños, ararán sus tierras y cuidarán sus viñedos.

⁶Ustedes serán llamados sacerdotes del Señor, ministros de Dios. Se nutrirán de los tesoros de las naciones y en sus riquezas se gloriarán todos ustedes. ⁷En lugar de vergüenza y deshonra, gozarán doble porción de prosperidad y de alegría perpetua. ⁸Porque yo, el Señor, amo la justicia, detesto el robo y el mal. Fielmente recompensaré a mi pueblo por sus sufrimientos y con ellos estableceré pacto perpetuo. ☼ ⁹Sus descendientes tendrán renombre y serán famosos entre las naciones. Todos reconocerán que son un pueblo bendecido por Dios.

¹⁰Dice el profeta: ¡Dejen que les cuente la felicidad que Dios me ha dado! Me ha cubierto con vestiduras de salvación y me ha puesto un manto de justicia. Soy como novio vestido para celebrar la boda o como una novia enjoyada para el desposorio.

¹¹El Señor mostrará a las naciones del mundo su justicia; todos lo alabarán. Su justicia será como un árbol con renuevos, o como huerto al comenzar la primavera, lleno de plantas que brotan por doquier.

## El nuevo nombre de Sión

**62** Continuó hablando el profeta: Porque amo el monte Sión, porque mi corazón suspira por Jerusalén, no cesaré de orar por ella o de interceder por ella ante Dios hasta que resplandezca en su justicia y sea maravillosa en su salvación. ²Jerusalén, las naciones verán tu justicia, los reyes serán deslumbrados por tu gloria y Dios te otorgará un nombre nuevo. ³El Señor te alzará en sus manos para que todos te vean: ¡espléndida corona para el Rey de reyes!

☼ ⁴Jamás volverán a llamarte «La Abandonada» ni a tu nación «La Arruinada». Tu nuevo nombre será «Mi Preferida» y tu nación, «La Desposada», porque en ti se deleita el Señor y te reclamará como posesión suya. ⁵Jerusalén, así como un joven se casa con su novia, así se casa contigo el que te reconstruyó. El Señor se regocija contigo, como el marido se alegra con su esposa. ⁶¡Oh Jerusalén, sobre tus muros he puesto centinelas que ni de día ni de noche dejan de decir: No descansen todos los que oran, ⁷y no den tregua a Dios hasta que reestablezca a Jerusalén y haga que se le respete y admire por toda la tierra. ⁸El Señor le juró solemnemente a Jerusalén: ¡Jamás volveré a entregarte en manos de tus enemigos, jamás volverán soldados extranjeros a arrebatarte el trigo y el vino! ⁹Tú lo cultivaste y tú te quedarás con él, y por ello alabarás a Dios. En los atrios del templo beberán el jugo de su vendimia. ¹⁰¡Salgan! ¡Salgan! —dice el profeta— ¡Preparen el camino para el retorno de mi pueblo! ¡Reparen los caminos, eliminen los peñascos, alcen la bandera de Israel!

† ¹¹Miren, el Señor ha enviado sus mensajeros a todas las naciones y ha dicho:

Digan a mi pueblo: Yo, el Señor, Dios de ustedes, vengo a salvarlos, yo les daré la libertad.
☼ ¹²A los israelitas los llamarán «Pueblo santo» y «Redimidos por el Señor», y a Jerusalén la llamarán «Ciudad deseada» y «Ciudad no abandonada».

## El día de la venganza y la redención de Dios

**63** ¿Quién es éste que viene de Edom, de la ciudad de Bosra, con sus magníficas vestiduras púrpuras? ¿Quién es éste con manto real, que marcha con grandeza y reflejando poder?

«¡Soy yo, el Señor que te anuncio salvación; yo, el Señor, poderoso para salvar!»

²¿Por qué son tan rojas tus vestiduras, como si vinieras de exprimir uvas en el lagar?

³«Porque he pisado yo solo el lagar. No hubo quien me ayudara. En mi ira, he pisoteado a mis enemigos como si fueran uvas, en mi furia pisoteé a mis adversarios. Es su sangre la que ves en mi ropa. ⁴Porque ha llegado la hora de que yo vengue a mi pueblo, de que los libere de la tierra de sus opresores. ⁵Miré, pero nadie acudió en su auxilio; quedé asombrado y estupefacto. Entonces ejecuté la venganza yo solo; sin auxilio, llevé a cabo el castigo. ⁶Con furia aplasté a las naciones paganas, las hice tambalearse y caer por tierra».

## Alabanza y oración

⁷De la amorosa bondad de Dios hablaré. Lo elogiaré por todo lo que ha hecho; me regocijaré por su gran bondad para con Israel, otorgada según su misericordia y amor. ⁸Él dijo:

Míos son, sin duda no volverán a serme desleales.

Y él se convirtió en su Salvador, ⁹y los libró de todas sus aflicciones. No fue ningún enviado del Señor, sino que él en persona, motivado por su amor y piedad, los redimió, los levantó y los condujo todos aquellos años antiguos.

¹⁰¡Pero ellos volvieron a rebelarse y ofenderlo a su Santo Espíritu! Por eso se transformó él en su adversario y los combatió personalmente. ¹¹Entonces ellos recordaron los días de antaño cuando Moisés, siervo de Dios, sacó de Egipto a su pueblo y clamaron:

¿Dónde está el que sacó a Israel a través del mar, con Moisés como pastor suyo? ¿Dónde está el Dios que envió su santo Espíritu a morar entre su pueblo? ¹²¿Dónde está aquél cuyo gran poder abrió el mar ante ellos cuando Moisés levantó la mano, y estableció para siempre su fama? ¹³¿Quién los llevó por el fondo del mar? Fueron como airosos caballos que corren por el desierto, y jamás tropezaron. ¹⁴Como ganado que pace en los valles, el Espíritu del Señor les dio reposo. De este modo se dio a sí mismo magnífico renombre.

☼ 60.22  ☼ 61.1–6  ☼ 61.9–11  ☼ 62.4  † 62.11—Jo 12.14–16  ☼ 62.12

separado de Dios. Por causa del pecado él ha escondido su rostro de ustedes y ya no quiere escucharlos. ³Porque las manos de ustedes están llenas de sangre por los crímenes que han cometido, y sobre todo eso, mienten y murmuran, y se oponen al bien. ⁴Nadie se preocupa por ser justo y fiel. Sus litigios se fundan en mentiras; pasan el tiempo planeando males y ejecutándolos. ⁵Dedican su tiempo y energía a trazar planes perversos cuyo fin es sangriento. ⁶Engañan y estafan a todos. Cuanto hacen es pecaminoso; la violencia es su marca distintiva. ⁷Sus pies corren hacia el mal y se apresuran a cometer homicidio; sólo piensan en pecar y a dondequiera que van dejan un rastro de dolor y de muerte. ⁸Ignoran qué es la paz, o qué significa ser justo y bueno; continuamente hacen el mal, y quienes van en pos de ustedes tampoco gozan de paz.

⁹Es por todo ese mal que no cuentan con las bendiciones de Dios; por eso es que él no castiga a quienes les hacen mal a ustedes. Con razón caminan en tinieblas y no en luz; ¹⁰con razón andan a tientas como ciegos y tropiezan aun en pleno día. Aun cuando el sol brilla en su esplendor, para ustedes es como si fuera noche oscura. Se mantienen con vida, pero carentes de vigor. ¹¹Dan rugidos como osos hambrientos; se quejan con gemidos lastimeros como palomas. Buscan a Dios para que los proteja, pero él se abstiene, él les ha vuelto la espalda, ¹²porque sus pecados siguen amontonándose en presencia del justo Dios, y dan testimonio en contra suya.

Ustedes mismos dicen: Sí, sabemos los pecadores que somos, ¹³conocemos nuestra desobediencia, hemos negado al Señor Dios nuestro. Sabemos lo rebeldes e injustos que somos, pues minuciosamente tramamos nuestras mentiras. ¹⁴Nuestros tribunales se oponen a la justicia y se desconoce en ellos la imparcialidad. La verdad cae muerta en las calles y la justicia no tiene lugar en sus vidas. ¹⁵¡Sí, desapareció la verdad y a todo el que se aparta del mal, lo despojan de todo! El Señor contempló todo este mal y le desagradó ver que no se tomaban medidas contra el pecado. ¹⁶Se asombró de que nadie interviniera y decidió salvarlos con su poder y su justicia. ¹⁷Se vistió colocándose la justicia como armadura y puso en su cabeza la salvación como un yelmo. Se puso vestiduras de venganza y de santa furia. ¹⁸Pagará a sus enemigos por sus maldades, con furia para sus enemigos de tierras lejanas.

☼¹⁹Entonces, las naciones temblarán de miedo ante el Señor, y le rendirán homenaje, porque vendrá como río caudaloso impulsado por un viento muy fuerte. ²⁰El Señor vendrá a redimir a los moradores de Jerusalén y a todos los israelitas que se arrepientan de su pecado. ¡Él así lo ha afirmado!

²¹El Señor dice así: Yo hago un pacto con ustedes y les prometo que mi poder y mis enseñanzas nunca se apartarán de ustedes ni de sus descendientes.

## La gloria de Sión

**60** ☼ ¡Levántense moradores de Jerusalén! ¡Replandezca la luz de Sión para que la vean todas las naciones! Porque de ustedes fluye la gloria del Señor. ²Tinieblas negras como la noche cubrirán a todos los pueblos de la tierra, pero la gloria del Señor resplandecerá sobre su ciudad. ³Todas las naciones acudirán a su luz; reyes poderosos vendrán a contemplar sobre ella la gloria del Señor.

⁴¡Alcen sus ojos y miren! Porque de lejanas tierras regresan familias enteras con sus niños en brazos. ⁵Se llenarán de suprema alegría porque de todo el mundo vendrán a Jerusalén mercaderes trayendo riquezas de muchas tierras. ⁶Multitud de camellos convergerán en ella, dromedarios de Madián, de Sabá y de Efa también, mercaderes de oro e incienso para añadirlos a la alabanza de Dios. ⁷Para mis altares se reservarán los rebaños de Cedar y los carneros traídos de Nebayot, y en aquel día yo glorificaré mi grandioso templo.

⁸Y ¿quiénes son esos que vuelan como nubes hacia Jerusalén, como palomas a sus nidos? ⁹He reservado los navíos de muchos países, los mejores de ellos, para traer a los habitantes de Jerusalén de lejanas tierras, y a sus riquezas con ellos. Porque el Señor, el Santo de Israel, renombrado en todo el mundo, los ha enaltecido a los ojos de todos.

☼¹⁰Extranjeros vendrán y reconstruirán las murallas de Jerusalén, y sus gobernantes y reyes se pondrán al servicio de ustedes, habitantes de Jerusalén. Pues aunque yo destruí a Jerusalén en mi arranque de ira, por mi amor sin límite me apiadaré de ella. ¹¹Sus portones permanecerán abiertos día y noche para que entre la riqueza de muchas naciones. Los reyes del mundo la abastecerán. ¹²Porque las naciones que rehúsen servirles a ustedes, habitantes de Jerusalén, serán destruidas por completo. ¹³De Jerusalén será la gloria del Líbano —los bosques de abetos, pinos y bojes— para embellecer mi santuario, el lugar donde he puesto mi trono.

¹⁴Los hijos de quienes los oprimieron a ustedes, habitantes de Jerusalén, vendrán a humillarse y hasta les besarán los pies. Llamarán a Jerusalén «Ciudad del Señor» y «Glorioso monte del Santo de Israel». ¹⁵Aunque una vez Jerusalén fue despreciada, odiada y rechazada de todos, será hermosa para siempre, gozo para todos los descendientes de ustedes.

¹⁶Poderosos reyes y aguerridas naciones proveerán de lo mejor de sus bienes para satisfacer todas las necesidades de todos ustedes, y finalmente todos los que habitan en Jerusalén reconocerán que yo, el Señor, soy su Salvador y Redentor, el Poderoso de Israel. ¹⁷En lugar de bronce les traeré oro; en vez de hierro traeré plata; en vez de madera les daré bronce, y en vez de piedra les traeré hierro. ¡La paz los gobernará y la justicia será su guía! ¹⁸La violencia desaparecerá de su tierra, cesará toda guerra. Las murallas de Jerusalén tendrán por nombre «Salvación» y sus portones, «Alabanza».

¹⁹Nadie en Jerusalén necesitará más de sol ni de luna para que los iluminen, porque el Señor, el Dios de ustedes, será su luz perpetua; ¡él será su resplandor! ²⁰El sol nunca tendrá ocaso y la luna no menguará, porque el Señor será luz permanente. Los días de luto por fin terminarán. ²¹Todo los habitantes de Jerusalén practicarán la justicia y poseerán por siempre la tierra, porque aquí los plantaré con mis propias manos, y así ☼ se manifestará mi gloria. ²²La más pequeña familia se multiplicará hasta convertirse en un gran clan, el grupo pequeño llegará a ser poderosa nación. Yo, el Señor, a su tiempo haré que todo esto se cumpla.

☼58.14   ☼59.1-2   ☼59.19   ☼60.1-2   ☼60.10

¹²«Vamos», dicen. «Conseguiremos vino y haremos fiesta; embriaguémonos. ¡Esto se llama vivir; que siga la fiesta, y mañana será aún mejor!»

**57** Mueren los buenos, perecen los justos antes de tiempo sin que nadie parezca preocuparse o preguntarse la razón. Nadie pareciera darse cuenta de que Dios los aleja de los malos días que vendrán. ²Porque los justos que mueren descansarán en paz.

³Pero ustedes, ¡vengan acá, hijos de brujas, descendientes de adúlteros y prostitutas! ⁴¿De quién se burlan haciendo muecas y sacando la lengua? ¡Hijos de pecadores y embusteros! ⁵Debajo de los robles y de todo árbol frondoso tienen relaciones sexuales para adorar a los falsos dioses, y junto a los arroyos y en las cuevas de las rocas sacrifican a sus hijos como ofrenda en su honor. ⁶Sus dioses son las piedras lisas de los valles, a las que adoran. A ellas les llevan vino y cereales como ofrenda. ¡Bien saben que toda esta conducta me llena de tristeza y enojo!

⁷En lo alto de los montes ponen sus camas, porque allí han adorado ídolos. ⁸Tras las puertas cerradas han colocado sus ídolos y han adorado a otros dioses y no a mí. Esto es adulterio, porque entregan su amor a estos ídolos en vez de amarme a mí.

⁹Han llevado agradable incienso y perfume como ofrenda al dios Moloc. Han ido lejos, hasta el infierno mismo, en busca de nuevos dioses a quienes amar. ¹⁰Se fatigan en su búsqueda, pero jamás cesan en su empeño, cobran fuerzas y prosiguen. ¹¹¿Por qué les tienen más temor a esos dioses que a mí? ¿Por qué no me consagran ni la sobra de un recuerdo? ¿Será porque he sido demasiado bueno, y por eso no me temen?

¹²Y luego vienen con su «justicia» y sus «buenas obras», ninguna de las cuales los salvará. ¹³Ya verán que nada ni nadie en toda la gran colección de ídolos que tienen podrá ayudarlos cuando clamen pidiéndoles salvación. ¡Tan débiles son, que el viento puede llevárselos! Un soplo puede arrastrarlos. Pero todo el que confía en mí poseerá la tierra y heredará mi santo monte.

## Consuelo para los contritos

¹⁴Yo diré: ¡Reconstruyan el camino, aparten rocas y piedras, preparen un glorioso camino para mi pueblo que regresa del cautiverio!

¹⁵El que es alto y excelso y habita la eternidad, aquel cuyo nombre es santo, dice así: Yo moro en aquel elevado y santo sitio, pero también estoy donde habitan los pobres y los afligidos, y a ellos les doy ánimo y aliento. ¹⁶Porque no lucharé contra ustedes para siempre, ni para siempre les mostraré mi enojo. Si así fuera, perecería todo lo que tiene vida en este mundo. ¹⁷Estuve airado y herí a estos hombres codiciosos, pero ellos continuaron pecando, haciendo cuanto su malvado corazón anhelaba. ¹⁸He visto lo que hacen, y sin embargo los sanaré, guiaré y consolaré, ayudándoles a llorar por sus pecados y a confesarlos. ¹⁹¡La paz, la paz esté con ellos, los cercanos y los lejanos, pues a todos los sanaré! ²⁰Pero los que aún me rechazan son como mar embravecido que jamás se aquieta, y sus olas arrastran lodo y suciedad. ²¹¡Para ellos no hay paz!, dice mi Dios.

## El verdadero ayuno

**58** El Señor me dijo: ¡Grita bien fuerte, clama con voz de trompeta, no tengas miedo! ¡Reprende a mi pueblo sus pecados! ²¡Mi pueblo está lleno de hipócritas! Acuden al templo cada día y les encanta oír la lectura de mis leyes, como si fueran a obedecerla, como si no menospreciaran los mandamientos de su Dios. ¡Qué afán muestran porque se les enseñen leyes justas, y les encanta estar cerca de mí!

³«Ante ti hemos ayunado», dicen, «¿por qué no te impresionas? ¿Por qué no ves nuestros sacrificios? ¿Por qué no escuchas nuestras plegarias? ¡Hemos hecho grandes penitencias, y ni siquiera te fijas!»

Pero yo les digo la razón: Es que mientras ayunan se dedican a hacer negocios, y explotan a sus trabajadores. ⁴Además, el día de ayuno ustedes se las pasan en pura violencia, maltratándose unos a otros ¡Cómo quieren que escuche sus plegarias con esa clase de ayuno! ⁵Si a eso que ustedes hacen le llaman ayuno, ¡a mí no me agrada para nada! Para mí nada tiene que ver con el ayuno que ustedes hagan penitencia y se mortifiquen y doblen la espalda como junco y se vistan de luto y se acuesten sobre ceniza. ⁶¡Eso no es ayuno! El ayuno que a mí me agrada es que dejen de oprimir a quienes trabajan para ustedes y liberen a los que están esclavizados y que ¡acaben con toda injusticia!

⁷Ayuno es que compartan su alimento con los hambrientos y que alberguen en sus hogares a los indefensos y menesterosos, que vistan a los que padecen frío y ayuden a todo aquel que necesite de su auxilio. ⁸Los que practican esta clase de ayuno brillarán como la luz de la aurora, y el Señor sanará todas sus heridas. Además, la justicia será su guía y la gloria del Señor será su protección a sus espaldas. ⁹Cuando me invoquen, yo les responderé. Si gritan pidiendo ayuda, yo les diré: «¡Sí, aquí estoy!».

Si ustedes hacen desaparecer la opresión, si dejan de acusar a los demás y de levantar calumnias, ¹⁰si dan de comer al hambriento y ayudan a los que sufren, entonces su luz brillará entre las tinieblas, y su noche será como luminoso día. ¹¹Yo, el Señor, los guiaré de continuo, y les daré de comer en el desierto y siempre tendrán fuerzas. Serán como huerto bien regado, como manantial que fluye sin cesar. ¹²Sus hijos reedificarán las ruinas de sus ciudades, por tanto tiempo convertidas en desiertas ruinas, y a ustedes se los conocerá como «reparadores de muros caídos», «reconstructores de casas en ruinas».

¹³Dediquen el día de descanso para honrarme a mí. No hagan negocios ese día, no lo usen para hablar de cosas inútiles. Más bien, disfruten el día de descanso con alegría y como un día especial dedicado a mí. ¹⁴Si hacen todo lo que les pido, yo seré su verdadera alegría, y los llevaré de triunfo en triunfo, y les entregaré la tierra que les prometí. Yo, el Señor les confirmo que así será.

## Pecado, confesión y redención

**59** ¡Escuchen ahora! No es que el Señor se haya debilitado tanto que no pueda salvarlos, ni se ha vuelto sordo que no pueda escucharlos cuando claman. ²El problema está en que sus pecados los han

## La futura gloria de Sión

**54** ¡Canta, mujer estéril! ¡Prorrumpe en grande y jubiloso cántico, Jerusalén, porque la que había sido abandonada tiene más bendiciones que la que conservó su marido! ²¡Amplía tu casa, construye cuartos adicionales, ensancha tu morada ³porque pronto no tendrás espacio! Tus descendientes poseerán las ciudades que habían quedado durante el exilio y gobernarán a las naciones que se apoderaron de su tierra.

⁴No temas, ya no vivirás avergonzada. La vergüenza de tu juventud y el dolor de la viudez no se recordarán más, ⁵porque tu Creador será el «esposo» tuyo. Señor Todopoderoso es su nombre; él es tu Redentor, el Santo de Israel, el Dios de toda la tierra. ⁶Porque el Señor te ha llamado para que dejes tu dolor, joven esposa abandonada por tu marido. ⁷Por un breve momento te abandoné, pero con mucha compasión te tomaré de nuevo. ⁸En un momento de ira no quise saber nada de ti, pero con amor eterno nuevamente tendré compasión de ti, dice el Señor, tu Redentor.

⁹Así como en días de Noé juré que jamás permitiría que la inundación de las aguas cubriera la tierra y destruyera su vida, juro ahora que jamás volveré a derramar mi ira sobre ti como lo hice durante el exilio. ¹⁰Podrán los montes marcharse y desaparecer las colinas, pero la misericordia mía no te dejará. Jamás será quebrantada mi promesa de paz para ti, dice el Señor, quien tiene misericordia de ti. ¹¹¡Oh afligido pueblo mío, atormentado y atribulado, volveré a construir para ti cimiento de zafiros, y de piedras preciosas haré los muros de tus casas! ¹²De ágata resplandeciente construiré tus torres, y tus puertas y murallas serán de fulgurantes gemas. ¹³Y yo seré el maestro de todos tus ciudadanos y grande será la prosperidad de ellos. ¹⁴Serás regida por un gobierno justo y honrado. Tus enemigos se mantendrán a distancia, vivirás en paz, el terror no se acercará. ¹⁵Si alguna nación acude a combatirte, no será enviada por mí como castigo; por lo tanto será derrotada, porque yo estoy de tu parte. ¹⁶Yo he creado al herrero que desde abajo de la fragua da viento a los carbones y fabrica las armas destructivas. Yo he creado los ejércitos que destruyen. ¹⁷Pero aquel día ninguna arma que se vuelva contra ti triunfará, y se te hará justicia contra toda calumnia que se esgrima en los tribunales. Ésta es la herencia de los siervos del Señor, ésta es la bendición que te he dado, dice el Señor.

## Invitación a los sedientos

**55** ¡Oigan! ¿Alguien tiene sed? ¡Que venga y beba, aunque no tenga dinero! ¡Vengan, elijan el vino y la leche que gusten: todo es gratis! ²¿Por qué gastar su dinero en alimento que no nutre? ¿Por qué pagar por víveres que no aprovechan? Escuchen y les diré dónde obtener buen alimento que fortalece el alma.

³Acudan a mí, y presten atención. Escuchen, porque está en juego su vida. Dispuesto estoy a firmar un pacto permanente con ustedes: hacer efectivas las promesas que le hice a David, mi rey amado. ⁴A él lo puse por testigo para guiar a las naciones en el camino de la justicia y de mis enseñanzas. ⁵De igual modo, ustedes también convocarán a las naciones, y éstas acudirán presurosas; vendrán a ustedes por todo lo que el Señor, el Santo de Israel, ha hecho por ustedes, pues les ha mostrado su amor y los ha honrado.

⁶Éste es el momento oportuno para buscar al Señor. Ahora que está cerca es cuando deben llamarlo. ⁷Los que siempre buscan hacer el mal, que abandonen sus malos pensamientos y ese estilo de vida, y vuélvanse al Señor, pues él siempre está dispuesto a perdonarlos; el Señor es un Dios compasivo. ⁸Mis pensamientos y conducta son radicalmente diferentes a los de ustedes. ⁹Porque así como el cielo es más alto que la tierra, mi conducta y mis pensamientos son más elevados que los de ustedes.

¹⁰Así como la lluvia y la nieve descienden del cielo y permanecen en la tierra para regarla, haciendo que la tierra dé grano y produzca semilla para el sembrador y pan para el hambriento, ¹¹así es mi palabra. La envío y siempre produce fruto. Realiza cuanto yo quiero y prospera en dondequiera la envíe. ¹²En gozo y paz vivirán. Montes y collados, árboles del campo, todo el mundo que los rodea, se regocijará. ¹³Donde hubo espinos crecerán abetos, donde crecían zarzas brotarán mirtos. Este milagro engrandecerá mucho el nombre del Señor y será eterna señal del poder y del amor de Dios.

## Salvación para los demás

**56** Practiquen la justicia y el derecho, dice el Señor, porque pronto vengo a demostrarles mi poder liberador. ²Dios bendecirá a todo el que se abstenga de practicar el mal y al que rehúse trabajar los días sábado, es decir, los días de reposo obligatorio.

³El extranjero que se entrega al Señor no debe ni siquiera pensar en que Dios lo va a rechazar. Tampoco el eunuco debe considerarse como árbol seco. ⁴Esto digo a los eunucos que respetan mis días de reposo, me son fieles y me obedecen: ⁵Yo les concederé el privilegio de tener sus nombres grabados de manera permanente en mi templo, dentro de mis muros. Tendrán un nombre eterno que nunca será borrado. ¡Eso es mejor que tener muchos hijos e hijas!

⁶En cuanto a los extranjeros, aquellos que se unan al pueblo del Señor, le sirvan, amen su nombre, sean siervos suyos, no profanen el sábado y hayan aceptado su pacto y las promesas, ⁷también los traeré a mi santo monte de Jerusalén y los llenaré de gozo dentro de mi Casa de Oración. Aceptaré sus sacrificios y ofrendas porque mi templo será llamado «Casa de Oración para todos los pueblos». ⁸Porque el Señor que hace volver a los desterrados de Israel dice: «A otros traeré además de mi pueblo Israel».

## La acusación de Dios contra los malvados

⁹¡Vengan, naciones enemigas! ¡Vengan a destruir a mi pueblo! ¹⁰Porque sus líderes son unos incapaces. No se dan cuenta del peligro en el que está mi pueblo. Más bien se pasan la vida durmiendo y soñando. ¹¹Son codiciosos como perros, jamás se satisfacen; son pastores insensatos a quienes sólo preocupa su propio interés, procurando obtener cuanto más pueden, no importándoles el origen.

† 53.9-12—Ma 27.38,57-60  ☼53.11-12  ☼54.5  ☼54.7  ☼54.9-10  ☼54.13-17  ☼55.1-4  ☼55.6-13  ☼56.1  ☼56.4-8

¹²Yo, sí, yo soy el que te conforta y te da todo este gozo. Así pues, ¿por qué temer a los simples mortales que cual la hierba se marchitan y desaparecen? ¹³Y sin embargo, te has olvidado de tu Creador, del que extendió los cielos e hizo la tierra. No le teman al que con furia quiere destruirlos. Ante mí, su furia desaparece de inmediato. ¹⁴Pronto, muy pronto ustedes los esclavos serán liberados. Las prisiones, el hambre y la muerte no son su destino. ¹⁵Porque yo soy el Señor Dios de ustedes, el Señor Todopoderoso, que para ustedes abrió senda seca a través del mar, entre las ondas rugientes. ¹⁶Y yo he puesto en sus labios mis palabras y les he dado seguro refugio dentro de mi mano. Yo puse las estrellas en su sitio y modelé toda la tierra. Yo soy quien dice a Israel: «Tú eres mío».

### La copa de la ira de Dios

¹⁷¡Despierta, despierta, Jerusalén! Ya sufriste demasiado la furia del Señor. ¡Has sufrido tanto que ya ni puedes levantarte! ¹⁸Ni uno de tus hijos quedó con vida para ayudarte ni indicarte qué debes hacer. ¹⁹Estos dos males te han tocado en suerte: desolación y destrucción. Sí, hambre y espada. ¿Y quién ha quedado para compadecerte? ¿Quién ha quedado para consolarte? ²⁰Porque tus hijos, sin fuerzas, están tirados por las calles, indefensos como venados atrapados en la red. Contra ti ha derramado el Señor su furia y represión.

²¹Pero escuchen esto, ustedes habitantes de Jerusalén que viven tambaleándose de dolor y aflicción, esto dice el Señor, ²²el Señor su Dios, el mismo que defiende a su pueblo: ¡Ya no volveré a tratarlos con ira, ni a castigarlos con severidad! ¡Todo eso se ha terminado! ²³Sí, en cambio, castigaré con la misma severidad a quienes los atormentaron a ustedes y los pisotearon, y pasaron marchando sobre sus espaldas.

**52** ¡Despierta, despierta, Jerusalén, y vístete de la fortaleza de Dios! Ponte tus hermosas vestiduras, Sión, ciudad Santa, porque nunca más entrarán por tus puertas los ejércitos extranjeros, esos que detestan a Dios. ²Levántate del polvo, Jerusalén, arroja de tu cuello las cadenas de esclavitud, y siéntate en tu trono. ³Porque el Señor dice: Cuando te entregué al destierro, no pedí precio a tus opresores; ahora puedo volver a tomarte sin deberles ni un céntimo. ⁴Hace mucho tiempo mi pueblo emigró a Egipto y vivió allí como esclavo, y ahora, sin causa alguna, Asiria lo ha maltratado. ⁵Y ahora ¿qué ocurre?, pregunta el Señor. ¿Por qué vuelve mi pueblo a estar cautivo y oprimido sin causa alguna? Quienes lo gobiernan se burlan de ellos, y me insultan día tras día. ⁶Pero llegará el día en que mi pueblo me conocerá. ¡Sabrá quién es el que les dice: «¡Aquí estoy para salvarlos!»

⁷¡Cuán hermosos son sobre los montes los pies de quienes traen la feliz noticia de paz y salvación, la nueva de que el Dios de Israel reina! ⁸Los centinelas gritan y cantan de júbilo, porque con sus propios ojos ven al Señor traer de regreso a su pueblo. ⁹Rompan en jubiloso cántico las ruinas de Jerusalén, porque el Señor ha consolado a su pueblo, ha redimido a Jerusalén.

¹⁰Ante los ojos de todas las naciones el Señor desplegará su gran poder, y todas ellas contemplarán la salvación de nuestro Dios.

¹¹¡Salgan, salgan pronto! ¡Dejen sus cadenas de esclavitud! ¡No toquen nada de la inmundicia de Babilonia! Ustedes, los que traen de regreso los utensilios del templo, ¡Purifíquense y no toquen nada impuro! ¹²No tienen que salir apresuradamente, ni salgan huyendo, ¡nadie los perseguirá! El Señor, el Dios de Israel, marchará con ustedes y los rodeará y protegerá de todo peligro.

### El sufrimiento y la gloria del Siervo

¹³Miren, mi Siervo será prosperado, será grandemente exaltado. ¹⁴,¹⁵Pero al verlo, muchos se asombrarán. Sí, las naciones lejanas y sus gobernantes quedarán estupefactos y mudos ante su presencia. Porque verán y entenderán lo que jamás se les había dicho. Verán a mi siervo tan desfigurado que sería difícil tomarlo por ser humano.

**53** ¡Nadie cree lo que hemos proclamado! ¡Nadie ha sido testigo del poder de Dios! ²Era como tierno retoño que brota de una raíz en tierra seca. No había nada de belleza en él. No tenía atractivo como para desearlo. ³Todos lo despreciaron y lo rechazaron. Fue un hombre marcado por el dolor y habituado al más amargo sufrimiento. Todos evitábamos mirarlo, lo ignorábamos y lo considerábamos como harapo pisoteado en el camino.

⁴Y sin embargo, el sufrimiento que él padeció es el que a nosotros nos correspondía, nuestras penas eran las que lo agobiaron. Y nosotros pensábamos que sus tribulaciones eran castigo de Dios por sus propios pecados, ⁵pero él fue herido y maltratado por los pecados nuestros! ¡Se le castigó para que nosotros tuviéramos paz, lo azotaron y nosotros fuimos sanados por su sufrimiento! ⁶Nosotros fuimos quienes nos extraviamos como ovejas, nosotros, quienes seguimos nuestro propio camino. ¡Pero Dios echó sobre él la culpa y los pecados de cada uno de nosotros!

⁷Fue oprimido y afligido, pero no pronunció ni una sola palabra de queja. Como si fuera un cordero lo llevaron al matadero; como muda oveja ante sus trasquiladores, permaneció callado ante quienes lo condenaban. ⁸De la cárcel y del juicio se lo llevaron a la muerte. Pero ¿quién entre el pueblo de aquel tiempo se dio cuenta de que era por los pecados de ellos que él moría, que él sufría el castigo que a ellos correspondía? ⁹Lo sepultaron como a delincuente en la tumba de un rico, pero él no había hecho mal alguno, jamás pronunció una palabra perversa. ¹⁰Sin embargo, fue Dios mismo el que decidió humillarlo y hacerlo sufrir hasta la agonía. Pero el siervo ofreció su vida en sacrificio por nuestros pecados. Por eso, tendrá una larga vida y llegará a ver sus descendientes. Todos los planes de Dios se harán realidad por medio de sus manos. ¹¹,¹²Y después de tanto sufrimiento comprenderá por qué fue necesaria su obediencia y su intercesión. Porque fue mediante su sufrimiento y por haber llevado sobre sí el pecado de muchos que mi siervo hará que ellos sean declarados inocentes y aceptados por Dios. Por lo tanto, yo le daré como premio toda la honra y todo poder.

---

50.7   50.10   51.11   52.6   52.10   52.12   52.13
52.15   53.3–6—Ma 8.17   53.7—Ma 27.12–14

cerán hambre ni sed, ni el ardiente sol ni el abrasador viento del desierto los volverán a tocar, pues por su misericordia el Señor los guiará junto a aguas refrescantes. ¹¹Y para ellos convertiré mis montes en sendas llanas, los caminos serán alzados por sobre los valles. ¹²Miren, desde lejos retornará mi pueblo: desde el norte, el oeste y el sur.

☼ ¹³¡Canta jubiloso, oh cielo; clama, oh tierra; prorrumpan en canciones, oh montes; porque el Señor ha consolado a su pueblo y tendrá compasión de su dolor!

☼ ¹⁴Pero ellos dicen: «Mi Señor nos ha abandonado, nos ha olvidado».

¹⁵¡Jamás! ¿Podrá la madre olvidar a su criaturita y no amar a su propio hijo? Pues aunque eso fuera posible, yo no los olvidaré. ¹⁶Miren, en la palma de mi mano he grabado su nombre y ante mí tengo perpetuamente el cuadro de las derribadas murallas de Jerusalén. ¹⁷Pronto vendrán sus reedificadores y echarán a cuantos las están destruyendo.

¹⁸Miren, pongan atención, pues el Señor ha jurado que todos sus enemigos vendrán y serán esclavos suyos. Serán como joyas de exhibición, como adornos de recién casada.

¹⁹Hasta los más desolados rincones de su tierra pronto estarán llenos de su pueblo y sus enemigos que los esclavizaban estarán lejos. ²⁰Las generaciones que nacieron en el exilio volverán y dirán: «¡Necesitamos más espacio! ¡Estamos muy amontonados!» ²¹Entonces ustedes se dirán: «¿Quién nos ha dado a todos estos? Porque la mayoría de nuestros hijos fueron muertos y el resto fue llevado cautivo, dejándonos solos aquí. ¿Quién dio a luz a todos éstos? ¿De dónde vinieron?»

²²El Señor, el dueño de ustedes dice: Miren, daré señal a los gentiles y ellos les traerán en brazos a sus hijos y en sus hombros a sus hijas. ²³Reyes y reinas les servirán, atenderán a todas sus necesidades. Ante ustedes se inclinarán hasta el suelo y lamerán el polvo de sus pies; entonces sabrán que yo soy el Señor. Los que en mí esperan no serán avergonzados jamás.

²⁴¿Quién arrebatará de manos de un varón fuerte su presa? ¿Quién podrá exigirle al tirano que deje ir a sus cautivos? ²⁵Pero el Señor dice: Hasta los cautivos del más poderoso y terrible tirano serán liberados, porque yo combatiré a quienes los combaten y salvaré a sus hijos. ²⁶Haré que sus enemigos se coman su propia carne y se embriaguen con ríos de su propia sangre. El mundo entero sabrá que yo, el Señor, soy su Salvador y Redentor, el Poderoso de Israel.

## El pecado de Israel y la obediencia del Siervo

**50** El Señor pregunta: ¿Los entregué yo en manos de mis acreedores? ¿Será por eso que no están presentes? ¿Está ausente su madre porque yo me divorcié de ella y la despedí? No, se han entregado ustedes mismos por sus pecados, y a su madre se la llevaron en pago de sus deudas. ²¿Me faltaron fuerzas para librarlos? ¿Será por eso que la casa está silenciosa y vacía cuando llego? ¿No tendré yo poder para librar? No, esa no es la razón. Yo puedo reprender al mar y dejarlo seco, puedo convertir los ríos en desiertos cubiertos de peces agonizantes. ³Yo soy quien envía la oscuridad a través del cielo.

⁴El Señor Dios me ha dado sus palabras de sabiduría para que yo sepa qué debo decirles a todos estos fatigados. Cada mañana me despierta y abre mi entendimiento a su voluntad. ⁵El Señor Dios me ha hablado y yo escuché; no me rebelo ni me aparto. ⁶Entrego mi espalda al látigo y mis mejillas a quienes me mezan la barba. No rehúso la vergüenza. En la cara me escupen.

☼ ⁷Ya que el Señor Dios me ayuda, no me desanimaré. Esa es la razón por la que me mantengo firme como roca, y sé que venceré. ⁸Cerca está el que me hace justicia. ¿Quién se atreverá ahora a luchar contra mí? ¿Dónde están mis enemigos? ¡Que se presenten! ⁹¡Miren! ¡El Señor, Dios mismo se ha puesto de parte mía! ¿Quién me declarará culpable? Todos mis enemigos serán destruidos como harapos, consumidos por la polilla.

☼ ¹⁰¿Quién entre ustedes teme al Señor y obedece a su siervo? Si alguno de ustedes anduviere en tinieblas, sin un solo rayo de luz, confíe en el Señor, pónganse en las manos de su Dios. ¹¹Pero oigan los que se iluminan con su propia luz y se calientan con su propio fuego; Dios los llenará de dolor toda la vida.

## Salvación eterna para Sión

**51** ¡Escúchenme todos los que aman la justicia y buscan al Señor! Tengan en cuenta la cantera de que fueron sacados, la roca de donde fueron labrados. ²Sí, piensen en sus antepasados Abraham y Sara, de los cuales provienen. Se angustian por ser tan pocos y tan pequeños, pero Abraham era solamente uno cuando yo lo llamé. Pero cuando yo lo bendije, se convirtió en una gran nación. ³De igual modo, el Señor bendecirá nuevamente a Israel y hará florecer sus desiertos, sus páramos serán tan hermosos como el huerto de Edén. Allí reinarán el gozo y la alegría, la acción de gracias y los hermosos cánticos.

⁴¡Escúchame, pueblo mío; escucha, oh Israel, porque yo haré que el bien triunfe! ⁵Mi justicia vendrá pronto, mi salvación está en camino. Yo gobernaré a las naciones, ellas me esperarán y anhelarán mi venida. ⁶Mira al alto cielo, y fíjate en la tierra abajo, porque el cielo se desvanecerá como humo, la tierra se gastará como vestidura, y el pueblo de la tierra morirá como moscas. Pero mi salvación y mi justicia permanecerán para siempre.

⁷¡Escúchenme, los que disciernen entre el bien y el mal y en su corazón aman mis leyes: no teman a las mofas ni las calumnias del populacho! ⁸Porque la polilla los consumirá como a vestiduras, el gusano se los comerá como a lana, pero mi justicia y misericordia serán para siempre, y mi salvación para toda su descendencia.

⁹¡Despierta, oh Señor! ¡Levántate y vístete con tu manto de fortaleza! ¡Álzate como antaño, cuando destruiste a los egipcios! ¹⁰¿No eres acaso hoy el mismo, el potente Dios que secó el mar, por el medio del cual ☼ abrió senda para sus liberados? ¹¹Llegará el día cuando todos los redimidos de Dios regresarán a su patria. Volverán a Jerusalén con cánticos y llenos de gozo y de alegría sin fin; y el dolor y el luto habrán acabado para siempre.

☼ 49.8-11  ☼ 49.13  ☼ 49.14-16

⁸¡Oh reino ebrio de placeres, que vives a tus anchas, vanagloriándote de ser el más grande de la tierra, escucha la sentencia que mi tribunal dicta sobre tus pecados! Tú dices: «Sólo yo soy dios. No enviudaré jamás, jamás perderé a mis hijos». ⁹Pues bien, ambas cosas te ocurrirán en un instante, en un día te abrumará su plenitud: la viudez y la pérdida de tus hijos, a despecho de tu magia y brujería.

¹⁰Segura te sentías en toda tu maldad. «Nadie me ve», decías. Tu «sabiduría» y tu «conocimiento» hicieron que te apartaras de mí y que proclamaras que tú misma eres dios. ¹¹Por eso te sobrevendrá súbito desastre, tan repentino que no sabrás de dónde viene, y no habrá entonces expiación que limpie tus pecados. ¹²Invoca las hordas de demonios que adoraste todos estos años, pídeles que te ayuden a infundir nuevamente profundo terror en muchos corazones. ¹³Cuentas con montones de consejeros, tus astrólogos y contempladores de estrellas que procuran decirte qué guarda el futuro. ¹⁴Pero son tan inútiles como hierba seca que arde en el fuego. Ni a sí mismos pueden librarse. Ningún auxilio recibirás de ellos. Su fuego no puede calentarte. ¹⁵Y todos tus amigos de la infancia se desvanecerán y desaparecerán, incapaces de ayudar.

## El Israel obstinado

**48** Escúchenme todos los que forman parte de mi pueblo; ustedes los que juran lealtad al Señor y lo invocan, pero son unos hipócritas y mentirosos. ²Sí, porque ustedes ostentan el nombre de «Ciudad Santa» y dicen confiar en el Dios de Israel cuyo nombre es Señor Todopoderoso. ³Una y otra vez les dije lo que iba a ocurrir en el futuro. ⁴Yo sabía cuán tercos son. Tienen el cuello tan inflexible como el hierro, tienen la cabeza tan dura como el bronce. ⁵Por eso les dije por anticipado lo que iba a hacer, para que no atribuyeran los hechos a sus ídolos, para que jamás pudieran decir: «Lo hizo el ídolo mío, mi imagen esculpida ordenó que sucediera».

⁶Han escuchado mis predicciones y las han visto cumplirse, pero se niegan a reconocerlo. Les anunciaré ahora nuevos detalles que jamás había mencionado, secretos que ustedes no han oído. ⁷Entonces no podrán decir: «¡Ya lo sabíamos!»

⁸Sí, les voy a decir cosas totalmente nuevas, pues bien sé lo traidores que son, rebeldes desde la más tierna infancia, podridos por completo. ⁹Mas por mí mismo y por la honra de mi nombre refrenaré mi ira y no los destruiré. ¹⁰En el horno de aflicción los refiné, pero no encontré plata en ustedes. Carecen de valor; nada bueno hay en ustedes. ¹¹Pero por mí, por amor de mí mismo, los salvaré de mi ira y no los destruiré para que no digan sus dioses que me han vencido. No les permitiré que me arrebaten mi gloria.

## Liberación de Israel

☼ ¹²¡Escúchame, pueblo mío, elegido mío! Sólo yo soy Dios. Yo soy el primero, yo soy el último. ¹³Mi mano fue la que echó los cimientos de la tierra; la palma de mi mano derecha extendió el cielo alto. Hablé y existieron.

¹⁴¡Vengan y escuchen, ustedes todos! Entre todos sus ídolos, ¿cuál les dijo jamás esto: «El Señor ama a Ciro, de él se valdrá para acabar con el Imperio de Babilonia, y derrotará por completo los ejércitos caldeos»? ¹⁵Pues yo se los estoy diciendo. Yo he llamado a Ciro, yo le he encomendado esto y haré que prospere.

☼ ¹⁶¡Acérquense más y escuchen! Siempre les he dicho con claridad lo que ocurriría, para que pudieran entender claramente. Y ahora el Señor Dios y su Espíritu me han enviado con este mensaje: ¹⁷El Señor, su Redentor, el Santo de Israel, dice: Yo soy el Señor Dios de ustedes, que los castiga para su bien y que los guía por la senda que deben seguir.

¹⁸¡Ay, ojalá que hubieran atendido mis leyes! Entonces habrían disfrutado de paz que fluiría como manso río, y de grandes oleadas de justicia. ¹⁹Entonces habrían llegado a ser tan numerosos e incontables como los granos de arena de las playas del mundo, y su destrucción no habría sido necesaria.

²⁰¡Líbrense de su cautiverio! ¡Salgan de Babilonia, cantando en el camino! ¡Grítenle a los extremos de la tierra que el Señor ha redimido a sus siervos los israelitas! ²¹Cuando él los guió por los desiertos, no padecieron sed. Él abrió la roca y de ella brotó agua para que bebieran. ²²Pero no hay paz para el malvado, dice el Señor.

## El Siervo del Señor

**49** Escúchenme, todos los habitantes de lejanas tierras: El Señor me llamó antes de mi nacimiento, desde el vientre de mi madre me llamó por mi nombre. ²Dios hizo que mis palabras fueran como espadas afiladas. Él me ha ocultado en la sombra de su mano, soy como aguda flecha en su aljaba.

³Él me dijo:

«Tú eres mi siervo, pueblo de Israel, y estoy muy orgulloso de ti».

☼ ⁴Yo respondí:

«Pero me dije: todo lo que hago es en vano; me he quedado sin fuerzas, y no he logrado nada. Sin embargo, lo que hago se lo debo al poder de Dios, y él será quien me dé mi recompensa».

⁵El Señor me formó desde el vientre de mi madre para que le sirviera, él fue quien me encargó restaurar para él a su pueblo Israel y el que me ha dado fuerza para realizar esta tarea y me ha honrado por cumplirla. El Señor me dijo: ⁶«Te he llamado para que realices una obra más grande que la de restaurar a Israel y que hagas volver a los sobrevivientes de mi pueblo. ¡Yo te convertiré en luz de las naciones del mundo para que también a ellas les lleves mi salvación!»

⁷El Señor, el Redentor y Santo de Israel dice a aquel que es despreciado, rechazado de la humanidad y que yace bajo la planta de los gobernantes del mundo: Los reyes se mantendrán reverentes cuando tú pases, los príncipes te harán profunda reverencia porque el Señor te ha elegido y cumplirá lo que promete.

## Restauración de Israel

☼ ⁸,⁹El Señor dice: En momento oportuno llegó tu petición. Te libraré de perjuicio prematuro, y te daré a Israel como prenda y señal, como prueba de que restableceré la tierra de Israel y la volveré a dar a su propio pueblo. Por medio de ti llamo a los cautivos de las tinieblas: «¡Salgan! ¡Salgan! ¡Yo les doy libertad!» Ellos serán ovejas mías que pastarán en verdes prados y en hermosas colinas. ¹⁰No pade-

☼48.12-13  ☼48.16-18  ☼49.4

**ISAÍAS 45.2**

y él aplastará la fortaleza de poderosos reyes. Dios le abrirá las puertas de Babilonia, y las puertas no se le cerrarán más. ²Yo iré delante de ti, Ciro, y allanaré los montes y derribaré las puertas de bronce y los barrotes de hierro. ³Y te daré tesoros que se ocultan en lugares oscuros, riquezas secretas, y tú sabrás que yo lo hago. Yo, el SEÑOR, el Dios de Israel, es el que te llama por tu nombre.

⁴¿Y por qué te he nombrado para esta obra? Por amor de Jacob, mi siervo; de Israel, mi elegido. Yo te llamé por tu nombre cuando no me conocías. ⁵Yo soy el SEÑOR, y no hay otro Dios. Ya te fortaleceré y enviaré a la victoria aunque no me conozcas, ⁶y todo el mundo desde el oriente hasta el occidente sabrá que no hay otro Dios. Yo soy el SEÑOR y no hay ningún otro, sólo yo soy Dios. ⁷Yo formo la luz y hago las tinieblas. Yo envío los buenos tiempos y los malos. Yo, el SEÑOR, soy el que hace esto.

⁸Ábrase el cielo, derrame el cielo su justicia. Germinen unidas en la tierra la salvación y la justicia. Yo, el SEÑOR, las creé.

⁹¡Ay del ser humano que lucha contra su Creador! ¿Acaso discute la vasija con su hacedor? ¿Disputa la arcilla con quien le da forma, diciéndole: «¡Alto, te has equivocado!»? ¿O exclama la vasija: «¡Qué torpe eres!»? ¹⁰¡Ay del recién nacido que les grita a su padre y a su madre!: «¿Por qué me han engendrado? ¿No saben hacer bien nada?»

¹¹El SEÑOR, el Santo de Israel, el Creador de Israel, dice: ¿Quién eres tú para darme órdenes respecto de la obra de mis manos? ¹²Yo hice la tierra y creé al ser humano en ella. Con mis propias manos extendí el cielo y ordené las incontables miríadas de estrellas. ¹³Yo levanté a Ciro para que cumpla mi justo propósito, y yo dirigiré todas sus sendas. Él restaurará mi ciudad y librará a mi pueblo cautivo, y no lo hará por recompensa.

¹⁴El SEÑOR dice: Los egipcios, etíopes y sabeos estarán sujetos a ti. Acudirán a ti con todas sus mercancías, las cuales te pertenecerán. Irán tras ti como prisioneros en cadenas y se postrarán de rodillas ante ti diciendo: «¡El único Dios que hay, es tu Dios!»

¹⁵Ciertamente, oh Dios de Israel, Salvador, te manifiestas en formas misteriosas y extrañas. ¹⁶Todos los que adoran ídolos se verán desengañados y avergonzados, ¹⁷pero Israel será salvado por el SEÑOR con eterna salvación; jamás sufrirán desengaño de su Dios por toda la eternidad. ¹⁸Porque el SEÑOR creó el cielo y la tierra y lo puso todo en su sitio, e hizo el mundo para que fuera habitado, y no un caos vacío. Yo soy el SEÑOR, dice él, y no hay otro.

¹⁹Nunca hablo en secreto, ni murmuro palabras en algún rincón oscuro. ¡No le dije a Israel que me pidiera lo que no pensaba darle! ¡No, porque yo, el SEÑOR, hablo solamente verdad y justicia!

²⁰Reúnanse y vengan, naciones que escapan de la mano de Ciro. ¡Qué insensatos son los que andan con ídolos de madera y oran a dioses que no pueden salvar! ²¹Consulten entre ustedes, argumenten su causa. ¿Quién sino Dios dijo que todo esto se cumpliría? Porque no hay Dios sino yo, Dios justo y Salvador. No, ¡no hay ni uno! ²²Alce a mí los ojos el mundo entero en busca de salvación, porque yo soy Dios, y no hay otro.

²³Por mí mismo he jurado y jamás me retractaré, porque mi palabra es verdad, anuncio que toda rodilla en el mundo se doblará ante mí, y toda lengua jurará lealtad a mi nombre.

²⁴«En el SEÑOR reside toda mi justicia y fortaleza», dirá todo el pueblo. Y todos los que contra él estaban enojados, acudirán a él avergonzados. ²⁵En el SEÑOR todas las generaciones de Israel serán declaradas justas, y triunfarán.

## Los dioses de Babilonia

**46** En carreta de bueyes llevan a los ídolos de Babilonia, Bel y Nebo. ¡Pero miren! ¡Las bestias tropiezan! ¡El carro se vuelca! ²¡Los dioses caen por tierra! ¿Es eso todo lo que pueden hacer? Si ni a sí mismos pueden salvarse de caer, ¿cómo podrán salvar de Ciro a sus adoradores?

³Escúchenme, todos lo que han quedado de Israel: Yo los creé y los he cuidado desde su nacimiento. ⁴Yo seré su Dios en toda su vida. Sí, hasta que su cabello se encanezca por la edad. Yo los hice y yo los cuidaré, los llevaré en mis manos y seré su Salvador.

⁵¿A qué me compararán el cielo o en la tierra? ¿A qué me igualarán? ⁶¿Me compararán con un ídolo hecho de oro y plata? Contratan un orfebre que tome su riqueza y con ella les haga un dios. ¡Después se postran y lo adoran! ⁷Lo llevan en hombros y cuando lo ponen abajo, allí se queda, pues no puede moverse. Y cuando alguien le suplica no obtiene respuesta, pues no puede sacarlo de apuros.

⁸¡No lo olviden, apóstatas, ⁹no echen en olvido las muchas veces que con claridad les dije lo que acontecería en el futuro! Porque yo soy Dios, yo y nadie más, y no hay otro que me iguale, ¹⁰que pueda predecir lo que va a suceder. Todo cuanto yo digo se cumple, pues yo hago cuanto quiero. ¹¹Del oriente llamaré aquella veloz ave de rapiña, a Ciro, aquel varón de tierras lejanas. Él acudirá y hará mi voluntad. ¹²¡Escúchenme, hombres empecinados y perversos, ¹³porque yo les ofrezco liberación, no en un futuro lejano, sino ahora mismo! Presto estoy para salvarlos, y restauraré a Jerusalén y a Israel, gloria mía.

## La caída de Babilonia

**47** ¡Oh Babilonia invicta, ven a sentarte en el polvo, porque tus días de gloria, pompa y honor llegaron a su fin! ¡Oh hija de Caldea, jamás volverás a ser aquella encantadora, tierna y delicada princesa! ²Toma la pesada piedra y ponte a moler el trigo; quítate el velo, desvístete y exhíbete en público. ³Desnuda serás puesta en vergüenza. De ti me vengaré y no me arrepentiré.

⁴Así dice nuestro Redentor, el cual salvará a Israel del gran poder de Babilonia, el SEÑOR Todopoderoso es su nombre, el Santo de Israel:

⁵Siéntate callada y en tinieblas, oh Babilonia, jamás se te volverá a llamar «Reina de Reinos». ⁶Porque enojado estuve con mi pueblo Israel y comencé a castigarlos un poco permitiendo que cayeran en tus manos, oh Babilonia. Pero fuiste despiadada con ellos. Hasta a los ancianos obligaste a llevar pesadas cargas. ⁷Creíste que tu reino no terminaría jamás, reina de los reinos del mundo. No te diste la menor molestia por mi pueblo o en pensar en el destino de quienes lo maltratan.

45.2-3   45.5-6   45.12-13   46.4   46.10-11

un sendero a través del mar. ¹⁷Yo llamé al poderoso ejército de Egipto con todos sus carros y caballos, para dejarlos sepultados bajo las ondas, muertos, acalladas sus vidas como llama de vela.

¹⁸Pero olvídense de todo esto: ¡eso no es nada comparado con lo que voy a hacer! ¹⁹Voy a realizar algo enteramente nuevo. ¡Miren, ya he comenzado! ¿No lo ven? Abriré camino a través del desierto del mundo para que mi pueblo vuelva a su patria, y para ellos crearé ríos en el desierto. ²⁰Las fieras del campo me darán gracias, así como los chacales y avestruces, por haberles dado agua en el desierto. Sí, manantiales en el desierto para que mi pueblo, mis elegidos, puedan tener refrigerio. ²¹Yo hice a Israel para mí, y algún día este pueblo mío me honrará ante el mundo.

²²Pero ¡oh pueblo mío, no quieren pedirme auxilio, están hastiados de mí! ²³No me han traído las ovejas como ofrenda quemada, no me han honrado con sacrificios. ¡Y sin embargo muy poco es lo que les he pedido de ofrendas e incienso! No los he tratado como a esclavos. ²⁴No me han traído incienso de suave fragancia ni me han agradado sacrificando grasa de animales. No, lo único que me han presentado son pecados, y me han hastiado con todas sus fallas.

²⁵Yo, sí, sólo yo soy quien borra sus pecados por amor a mí mismo y nunca más los recordaré. ²⁶Recuérdenme esta promesa de perdón, pues de sus pecados hemos de hablar. Defiendan su causa para obtener mi perdón. ²⁷Desde el principio mismo sus antepasados pecaron contra mí, todos sus antecesores quebrantaron mi ley. ²⁸Por eso es que he destituido a sus sacerdotes y destruido a Israel, exponiéndolo a la vergüenza.

## Israel, el escogido

**44** Escúchame, siervo mío Israel, mi elegido: ²Oh siervo mío, el SEÑOR, quien te hizo, quien te ayudará, dice: ¡No temas, oh Jerusalén, mis elegidos, no teman! ³Yo proveeré agua abundante para su sed y para sus campos resecos. Y yo derramaré mi Espíritu y mis bendiciones sobre sus hijos. ⁴Ellos prosperarán como hierba de regadío, como sauces en la ribera del río. ⁵«Al SEÑOR pertenecemos», dirán orgullosos, «somos israelitas», y tatuarán en sus manos el nombre de Dios o el honorable nombre de Israel.

## El SEÑOR y los ídolos

⁶El SEÑOR, el Rey de Israel dice, sí, el Redentor de Israel, el SEÑOR Todopoderoso es quien lo dice: Yo soy el primero y el último, no hay otro Dios. ⁷¿Quién otro puede decirles lo que va a ocurrir en los días venideros? Que se lo digan los ídolos si pueden y demuestren su poder, que vengan y hagan obras semejantes a las que yo he realizado desde antaño. ⁸No tengan ningún temor. ¿Acaso no he proclamado yo desde épocas antiguas que los salvaría? Ustedes son mis testigos. ¿Hay acaso algún otro Dios? ¡No! ¡Ninguno que yo sepa! ¡No hay ninguna otra Roca!

⁹¡Qué necios son quienes se fabrican ídolos para tenerlos como sus dioses! Sus esperanzas quedan sin cumplir. Ellos mismos son testigos de eso, porque sus ídolos ni oyen ni conocen. Con razón se avergüenzan quienes los adoran. ¹⁰¿Quién sino un necio se haría su propio dios, un ídolo que no puede ayudarle en lo más mínimo? ¹¹Todos los que adoran esas imágenes, avergonzados se presentarán ante el SEÑOR junto con todos esos carpinteros —hombres no más— que dicen haber hecho un dios. Unidos estarán en el terror. ¹²El herrero ante la fragua hace el hacha golpeándola con todas sus fuerzas. Hambriento y sediento, se siente débil y desfalleciente. ¹³Luego el tallador toma el hacha y la emplea para hacer un ídolo. Mide y marca un trozo de madera y talla la figura de un hombre. Ahora cuenta con un admirable ídolo que ni siquiera puede moverse del sitio donde lo ponen. ¹⁴Corta cedros, selecciona el ciprés y el roble, planta el fresno en el bosque para que la lluvia lo nutra. ¹⁵Y después de cuidarlo, emplea parte de la madera para hacer un fuego que lo caliente y para cocinar su pan, y después —realmente es así— toma el resto de la madera y se hace un dios, un dios para que los hombres lo adoren. Un ídolo, ¡un ídolo ante el cual postrarse y al cual alabar! ¹⁶Quema parte del árbol para asar su carne, mantenerse caliente, comer y sentirse contento, ¹⁷y con lo que sobra se hace su dios: un ídolo tallado. Se postra ante él, lo adora y le ora. «Líbrame», le dice. «Tú eres mi dios».

¹⁸¡Qué insensatez e ignorancia! Dios les ha cerrado los ojos para que no puedan ver y les ha cerrado el entendimiento. ¹⁹El hombre aquel no se detiene a pensar o a preguntarse: «¿No es acaso sólo un trozo de madera? Lo usé como leña para calentarme, cocinar mi pan y asar mi carne, ¿cómo ha de ser un dios el pedazo sobrante? ¿He de postrarme ante un trozo de madera?» ²⁰El pobre necio engañado come cenizas. Confía en lo que jamás podrá darle ayuda alguna y, sin embargo, no logra preguntarse: «¿Será acaso falso esto, este ídolo que tengo en la mano?»

²¹Presta atención, Israel, pues siervo mío eres. Yo te hice y no me olvidaré de ayudarte. ²²Yo he borrado tus pecados, se han esfumado como niebla matutina al llegar el mediodía. ¡Oh, regresa a mí, pues yo pagué el precio de tu libertad!

²³¡Canta, oh cielo, porque el SEÑOR ha hecho esta obra admirable! ¡Clama, oh tierra, prorrumpan en canción montañas y selvas y todo árbol porque el SEÑOR redimió a Jacob y su gloria es Israel!

## Jerusalén vuelve a ser habitada

²⁴El SEÑOR, tu Redentor, quien te hizo, dice: Todas las cosas por mí fueron hechas, sólo yo extendí los cielos. Yo solo hice la tierra y cuanto en ella hay. ²⁵Yo soy quien pongo al descubierto a los mentirosos falsos profetas haciendo que suceda algo distinto de lo que ellos anuncian. Yo hago que los sabios den consejo contrario del que deben, y los entontezco. ²⁶Pero lo que mis profetas dicen, eso hago. Si dicen que Jerusalén será librada y las ciudades de Judá volverán a ser habitadas, así será. ²⁷Cuando les hablo a los ríos diciéndoles: «¡Séquense!» se secan. ²⁸Cuando respecto a Ciro digo: «Él es a quien he escogido como pastor», indefectiblemente hará él lo que yo diga. Y Jerusalén será reconstruida y restaurado su templo, porque yo lo he dicho.

**45** Este es el mensaje del SEÑOR para Ciro, ungido de Dios, a quien ha elegido para que conquiste muchas tierras. Dios dará poder a su mano derecha

☼43.18-19  ☼43.21  ☼43.25  ☼44.3-4  ☼44.6  ☼44.10
☼44.22

forzándolos a reconocer que tenía razón? ¡Nadie más! ¡Ningún otro dijo nada! ²⁷Yo fui el primero que dijo a Jerusalén. «¡Mira, mira! ¡Ya viene el auxilio!» ²⁸Ninguno de sus ídolos les dijo esto, ninguno respondió cuando yo pregunté. ²⁹Fíjense, todos son objetos ridículos e indignos. Sus ídolos son tan vacíos como el viento.

### El siervo del Señor

**42** Vean a mi Siervo, a quien yo sostengo, mi elegido, en quien me deleito. En él he puesto mi Espíritu, el mostrará lo que es justicia a las naciones del mundo. ²Será apacible, no gritará ni reñirá en las calles. ³No quebrará la caña maltratada, ni apagará la llama vacilante. Se encargará de que se haga plena justicia a las víctimas de injusticia, ⁴y no se dará por satisfecho hasta que la verdad y la justicia prevalezcan en toda la tierra, y hasta que las lejanas tierras de ultramar hayan puesto en él su confianza.

⁵El Señor Dios que creó el cielo y lo extendió, y creó la tierra y cuanto hay en ella, y que da vida, aliento y espíritu a todos en el mundo, es el que dice:

⁶Yo, el Señor, te he llamado para demostrar mi justicia, yo te cuidaré y te sostendré, porque te he dado a mi pueblo como confirmación personal de mi pacto con ellos. Serás también luz que guíe las naciones hacia mí. ⁷Darás vista a los ciegos y libertarás a los que yacen en prisión de tinieblas y desaliento. ⁸¡Yo soy el Señor! Ese es mi nombre y no daré a ningún otro mi gloria, no compartiré mi alabanza con ídolos tallados. ⁹Todo lo que yo profeticé se cumplió, y ahora volveré a profetizar; te diré el futuro antes que acontezca.

### Canción de alabanza al Señor

¹⁰Entonen un canto nuevo al Señor; entonen sus alabanzas, todos los que habitan en los más remotos rincones de la tierra. ¡Canta, oh mar! ¡Canten todos los que moran en tierras distantes de ultramar! ¹¹Únanse al coro, ciudades del desierto: Cedar y Selá. Y ustedes también, los que moran en las cumbres de los montes. ¹²Que las costas del oeste glorifiquen al Señor y canten su gran poder.

¹³El Señor será poderoso guerrero, lleno de ira contra sus enemigos. Lanzará un fuerte grito de guerra y vencerá. ¹⁴Él callaba desde hace tiempo. Se había dominado, pero ahora desatará su ira. Gemirá y llorará como mujer que da a luz. ¹⁵Aplanará los montes y collados y quemará su verdor. Secará los ríos y estanques. ¹⁶Al ciego Israel lo conducirá por sendas que nunca antes vio. Ante ellos hará resplandecer las tinieblas, y allanará y enderezará el camino que les espera, no los abandonará. ¹⁷Pero los que confían en ídolos y los llaman dioses tendrán enorme desengaño, serán desechados.

### Israel ciego y sordo

¹⁸¡Oh, qué ciegos y sordos son para con Dios! ¿Por qué no quieren escuchar? ¿Por qué no quieren ver? ¹⁹¿Quién hay en el mundo tan ciego como mi pueblo, destinado a ser mi mensajero de la verdad? ¿Quién tan ciego como mi «consagrado», el «Siervo del Señor»? ²⁰Ven y comprenden lo bueno, pero no hacen caso, no lo ponen por obra; oyen, pero no quieren entender.

²¹El Señor ha enaltecido su ley y la ha hecho verdaderamente gloriosa. Mediante ella había planeado mostrarle al mundo que él es justo. ²²¡Pero qué espectáculo da su pueblo, los encargados de mostrarle a todo el mundo la gloria de su ley, pues son víctimas de robo y están esclavizados, encarcelados, atrapados, presa de todos, sin quién los proteja! ²³¡No hay entre ustedes siquiera uno que saque enseñanzas de estas lecciones del pasado y vea la ruina que les espera? ²⁴¿Quién permitió que a Israel se le robara y dañara? ¿No fue el Señor? Fue el Señor contra el cual pecaron, porque no quisieron ir a donde él los enviaba ni escuchar sus leyes. ²⁵Por eso derramó el Señor tan grande furia e ira sobre su pueblo y lo destruyó en batalla. Sin embargo, aun sobre el fuego y quemándose, no entienden el porqué: ¡Está Dios deseoso de que se arrepientan!

### El único Salvador de Israel

**43** Ahora, oh Israel, el Señor, quien te creó, dice: ¡No temas, pues yo te rescaté, yo te llamé por tu nombre, eres mío! ²Cuando pases por aguas profundas de gran tribulación, yo estaré contigo. Cuando pases por ríos no te ahogarás. Cuando pases por fuego no te quemarás, las llamas no te consumirán. ³Porque yo soy el Señor tu Dios, tu Salvador, el Santo de Israel. Entregué Egipto, Etiopía y Seba a cambio de tu libertad, como rescate por ti. ⁴Otros murieron para que tú vivieras. Yo cambié la vida de ellos por la tuya porque me eres precioso y honorable, y yo te amo.

⁵No temas, pues yo estoy contigo. Yo te recogeré del este y del oeste, ⁶del norte y del sur. Yo traeré a mis hijos e hijas de regreso a Israel desde los más apartados rincones de la tierra. ⁷Vendrán todos los que me invocan como su Dios, pues para gloria mía los hice, yo los creé. ⁸Tráelos de regreso a mí, aunque son ciegos y sordos a mi llamado.

⁹Reúnan a las naciones. ¿Cuál de todos sus ídolos predijo jamás tales cosas? ¿Cuál puede predecir siquiera uno de los días que vendrán? ¿En dónde están los testimonios de cualquier cosa que hayan dicho ellos? Si no hay testigos, tienen que confesar que sólo Dios puede profetizar.

¹⁰Pero yo tengo testigos, oh Israel, dice el Señor. Ustedes son mis testigos, elegidos para conocerme y creerme, y para entender que sólo yo soy Dios. No hay otro Dios, jamás lo hubo ni lo habrá. ¹¹Yo soy el Señor y no hay otro Salvador. ¹²Siempre que han desechado sus ídolos yo les he mostrado mi poder. Con una palabra los he salvado. Me han visto hacerlo; ustedes son mis testigos de que es verdad. ¹³Desde la eternidad hasta la eternidad yo soy Dios. Nadie puede contrariar lo que yo hago.

### La misericordia de Dios y la infidelidad de Israel

¹⁴El Señor, su Redentor, el Santo de Israel dice:

Por el amor que les tengo a ustedes enviaré contra Babilonia un ejército invasor que penetrará casi sin recibir daño alguno. Las jactancias de los babilonios se volverán gritos de dolor. ¹⁵Yo soy el Señor, su Santo, el Creador y Rey de Israel. ¹⁶Yo soy el Señor que abre camino por medio de las aguas, que construye

¹²¿Qué otro ha tenido los océanos en sus manos y medido el cielo con su regla? ¿Qué otro conoce el peso de la tierra y pesa las montañas y colinas? ¹³¿Quién puede dar consejos al Espíritu del Señor o servirle de maestro o consejero? ¹⁴¿Ha necesitado él alguna vez consejo de alguien? ¿Ha requerido él instrucción respecto a lo conveniente y lo mejor? ¹⁵No, porque comparados con él, los pueblos del mundo nada son, son apenas una gota en el mar o polvo en la balanza. Él levanta las islas como si no pesaran nada. ¹⁶Ni todos los bosques del Líbano contienen leña suficiente para consumir un sacrificio que baste para honrarlo, ni son suficientes todos sus animales para ofrecérselos a nuestro Dios. ¹⁷Para él todas las naciones son como nada, menos que nada, son a su vista simple vacío y espuma.

¹⁸¿Cómo describir a Dios? ¿Con qué podemos compararlo? ¹⁹¿Con un ídolo? ¿Con una estatuilla hecha de molde, enchapada en oro y con cadenas de plata en torno al pecho? ²⁰Quien sea demasiado pobre para comprar dioses así de lujosos, hallará un tronco de árbol sin podrir y pagará para que un hombre le talle el rostro, y el leño se convierte en dios suyo. ¡Un dios que ni siquiera puede moverse!

²¹¿Tan ignorantes son? ¿Tan sordos son a las palabras de Dios, a las palabras que él emitió antes que existieran los mundos? ¿Nunca han oído ni entendido? ²²Dios es quien está sentado por sobre el círculo de la tierra. ¡La gente aquí abajo ha de parecerle saltamontes! Dios es quien extiende el cielo como cortina y de él hace su tienda. ²³Dios sentencia a los grandes del mundo y los reduce a nada. ²⁴Apenas han comenzado, apenas comienzan a echar raíces cuando sopla sobre ellos, marchitando sus obras, y el viento se los lleva como paja.

²⁵¿Con quién me compararán? ¿A quién me dan por igual?, pregunta el Santo.

²⁶¡Alcen los ojos a los cielos! Quien creó los planetas y las estrellas, las llama a cada una con nombre cariñoso y las cuenta para cerciorarse de que ninguna se ha perdido o extraviado.

²⁷¡Oh Jacob, oh Israel! ¿Cómo pueden decir que el Señor no ve sus tribulaciones y no procede con justicia?

²⁸¿No comprenden todavía? ¿Aún no saben que el Dios eterno, el Creador de los sitios más lejanos de la tierra, jamás se fatiga ni desmaya? Nadie puede sondear las profundidades de su entendimiento. ²⁹Él da fuerzas al cansado y extenuado, y vigor al débil. ³⁰Hasta los jóvenes quedan sin aliento y los muchachos se dan por vencidos. ³¹Pero los que esperan en el Señor renovarán sus fuerzas: emprenderán vuelo como si tuvieran alas de águilas, correrán y no se cansarán, caminarán y no desfallecerán.

## El amparo de Israel

**41** ¡Escuchen, silenciosas ante mí, oh tierras de ultramar! Presenten sus más sólidos argumentos. Adelante, tienen la palabra. El tribunal está listo para su proceso.

²¿Quién ha incitado a éste desde el oriente, que encuentra la victoria a cada paso? ¿Quién será, sino el Señor? Dios le ha dado victoria sobre muchas naciones, y le ha permitido pisotear a reyes y atravesar con la espada ejércitos enteros. ³Él los persigue y marcha adelante libre de peligro, aunque ande por sendas desconocidas. ⁴¿Quién ha realizado tales proezas, dirigiendo los asuntos de las generaciones de los seres humanos conforme éstas se suceden? ¡Yo, el Señor, el primero y el último! ¡Sólo yo soy!

⁵Las tierras de ultramar observan aterrorizadas y esperan noticias de las nuevas campañas de Ciro. Naciones remotas tiemblan y se movilizan para la guerra. ⁶Cada varón anima a su vecino diciendo: «No te preocupes, no triunfará».

⁷Pero van presurosos a hacerse un nuevo ídolo, el tallador corre al orfebre y el forjador ayuda en el yunque. «Muy bien», dicen, «está saliendo muy bien. Ahora podemos soldarle los brazos». Cuidadosamente le pegan las extremidades y luego aseguran el monigote en su sitio para que no se caiga.

⁸¡Pero tú, oh Israel, eres mío, mi pueblo elegido, porque eres la descendencia de Abraham, y él fue amigo mío! ⁹Te he llamado desde los confines de la tierra y he dicho que sólo a mí has de servir, pues yo te he elegido y no te desecharé. ¹⁰No temas, pues yo estoy contigo, no te desanimes. Yo soy tu Dios, yo te fortaleceré, yo te ayudaré, yo te sostendré con mi triunfante mano diestra.

¹¹¡Mira, todos tus furiosos enemigos están echados, confusos y esparcidos! Todo el que se te oponga morirá. ¹²En vano los buscarás, habrán desaparecido. ¹³Yo te sostengo tomándote de la mano derecha —yo, el Señor Dios tuyo— y te digo: ¡No tengas temor; estoy aquí para ayudarte! ¹⁴Aunque seas despreciado, no temas, oh Israel, porque yo te auxiliaré. Yo soy el Señor, tu Redentor; yo soy el Santo de Israel. ¹⁵Serás nuevo instrumento trillador de agudos dientes para destrozar a tus enemigos, convirtiendo en paja los montes. ¹⁶Los lanzarás al aire, el viento los arrastrará, los torbellinos los esparcirán. Y estarán rebosantes de júbilo del Señor, se gloriarán en el Dios de Israel.

¹⁷Cuando los pobres y menesterosos busquen agua sin hallarla, y tengan la lengua reseca de sed, yo responderé cuando clamen a mí. Yo, el Dios de Israel, no los abandonaré jamás. ¹⁸Abriré para ellos ríos en las altas mesetas. Les daré fuentes de aguas en los valles. En los desiertos habrá estanques de agua, y ríos alimentados por manantiales correrán por la tierra seca y sedienta. ¹⁹Yo plantaré árboles —cedros, mirtos, olivos, cipreses, abetos y pinos— en la tierra estéril. ²⁰Todos verán este milagro y comprenderán que es Dios quien lo hizo, el Santo de Israel.

²¹¿Pueden sus ídolos presentar tales obras? ¡Que vengan y muestren lo que pueden hacer! dice Dios, el Rey de Israel. ²²Que procuren decirnos qué ocurrió en el pasado lejano o qué guarda el futuro. ²³¡Sí, a la prueba! ¡Si son dioses, díganmos lo que va a ocurrir en el porvenir, o realicen algún milagro que nos deje atónitos, estupefactos! ²⁴¡Pero no! ¡Son menos que nada y nada pueden hacer! ¡Al que los elija, habría que examinarle la cabeza!

²⁵Pero yo he incitado (a Ciro) desde el norte y el este; él se lanzará contra las naciones, invocará mi nombre y yo le daré victoria sobre reyes y príncipes. Él los pisoteará como alfarero que anda sobre la arcilla. ²⁶¿Quién sino yo les dijo que esto iba a ocurrir? ¿Qué otro lo predijo,

40.18  40.21-22  40.26  40.28-31  41.4  41.6
41.10-13  41.15-17

veres. ³⁷Entonces Senaquerib, rey de Asiria, regresó a su tierra, a Nínive. ³⁸Y cierto día en que oraba en el templo de Nisroc su dios, sus hijos Adramélec y Sarézer lo mataron a espada, luego huyeron a la tierra de Ararat. Y su hijo Esarjadón ocupó el trono.

## Enfermedad de Ezequías

**38** Poco antes de esto Ezequías cayó gravemente enfermo y el profeta Isaías, hijo de Amoz, fue a visitarlo y le dio este mensaje del Señor:

Pon tus asuntos en orden pues vas a morir; no te restablecerás de esta enfermedad.

²Al oír esto Ezequías volvió su rostro a la pared y oró:

³Oh Señor, ¿no recuerdas lo fiel que te he sido y que siempre he procurado obedecerte en cuanto has mandado? Y rompió en grandes sollozos.

⁴Entonces el Señor envió otro mensaje a Isaías:

⁵«Ve y dile a Ezequías: El Señor Dios de tu antepasado David escuchó tu oración, vio tus lágrimas y te dejará vivir quince años más. ⁶Yo los libraré del rey de Asiria a ti y a esta ciudad. Yo te defenderé, dice el Señor, ⁷y ésta es mi garantía: ⁸Haré que el sol retroceda diez grados en el cuadrante de Acaz. ¡Y el sol retrocedió diez grados que había recorrido en el reloj!»

## Escrito de Ezequías

⁹Cuando el rey Ezequías se restableció, escribió este poema relativo a su experiencia:

¹⁰«He recorrido solo la mitad de mi vida y tengo que dejarla. Se me despoja de mis años normales y tengo que traspasar las puertas del Seol. ¹¹Jamás volveré a ver al Señor en la tierra de los vivientes. Jamás volveré a ver a mis amigos en este mundo. ¹²Mi vida es arrastrada por el viento como si fuera tienda de pastor; es cortada como cuando el tejedor termina su trabajo en el telar. En un breve día mi vida pende de un hilo.

¹³»Estuve gimiendo la noche entera; sentía como si leones me despedazaran. ¹⁴Delirante, parloteaba como golondrina y gemía como paloma. Se me cansaban los ojos esperando auxilio. "¡Oh Dios!", clamé, "¡estoy atribulado, ayúdame!" ¹⁵¿Pero qué puedo decir? Pues él mismo es quien envió esta enfermedad. Por la amargura de mi alma, el sueño huyó de mí. ¹⁶¡Oh Señor, buena es tu disciplina y ella conduce a la vida y la salud! ¡Ay, sáname y haz que viva!

¹⁷»Sí, ahora lo comprendo: fue bueno que yo padeciera esta amargura, pues amorosamente me has librado de la muerte, has perdonado todos mis pecados. ¹⁸Porque los muertos no pueden alabarte, no pueden rebosar de esperanza y gozo. ¹⁹Los vivientes, sólo ellos, pueden alabarte como lo hago yo este día. Una generación da a conocer tu fidelidad a la siguiente. ²⁰¡Quién lo dijera! ¡El Señor me sanó! De hoy en adelante entonaré en el templo cánticos de alabanza cada día, con acompañamiento de orquesta».

²¹Porque Isaías les había dicho a los siervos de Ezequías:

—Preparen un ungüento de higos, úntenselo en el divieso, y sanará.

²²Y Ezequías había preguntado:

—¿Qué señal me dará el Señor en garantía de que me sanaré?

## Mensajeros de Babilonia

**39** Poco después, el rey de Babilonia (Merodac Baladán, hijo de Baladán) envió un regalo y saludos a Ezequías, pues había oído de la grave enfermedad que lo había aquejado y también que ya estaba restablecido. ²Ezequías se lo agradeció y llevó a los enviados de Babilonia a recorrer el palacio y les mostró la casa del tesoro repleto de plata, oro, especias y perfumes. Los llevó también a la sala de sus piedras preciosas y desplegó ante ellos todos sus tesoros, sin ocultarles nada.

³Entonces el profeta Isaías vino a donde estaba el rey y le dijo:

—¿Qué te dijeron? ¿De dónde son?

—De la lejana Babilonia —respondió Ezequías.

⁴—¿Cuánto vieron? —preguntó Isaías. Y Ezequías respondió:

—Les mostré todo cuanto tengo, todos mis inestimables tesoros.

⁵Entonces Isaías le dijo:

—Escucha este mensaje del Señor Todopoderoso: ⁶El día viene en que todo cuanto posees, todos los tesoros acumulados por tus padres, serán llevados a Babilonia. No dejarán nada. ⁷Y algunos de tus propios hijos serán tomados como esclavos; sí, serán eunucos en el palacio del rey de Babilonia.

⁸—Está bien —replicó Ezequías—, todo lo que el Señor dice es bueno. ¡Por lo menos habrá paz en mis días!

## Consuelo para el pueblo de Dios

**40** ¡Consuelen, sí, consuelen a mi pueblo!, dice el Dios de ustedes. ²Hablen tiernamente a Jerusalén y díganle que han terminado sus días de dolor y amargura. Sus pecados han sido perdonados, y el Señor le dará el doble de bendiciones comparado con el castigo que ha recibido.

³¡Escuchen! Oigo a alguien gritar:

—¡Abran para el Señor un camino derecho y parejo a través del desierto! ⁴¡Rellenen los valles y nivelen las colinas, enderecen las sendas torcidas y allanen los sitios ásperos del camino! ⁵¡La humanidad entera contemplará la gloria del Señor! El Señor lo ha dicho y se cumplirá.

⁶La voz ahora dice:

—¡Grita!

—¿Qué debo gritar? —pregunté.

—Di a gritos que todo hombre y mujer es como hierba que se marchita, y que toda su belleza se aja como las flores que languidecen. ⁷La hierba se seca, la flor se marchita bajo el aliento de Dios. Igual le ocurre al frágil ser humano. ⁸La hierba se seca, y se marchita la flor, pero la Palabra de nuestro Dios permanecerá viva para siempre.

⁹¡Oh heraldo de buenas noticias, grítale a Jerusalén desde la cumbre de los montes! ¡Grítale más alto! ¡Sin temor! Diles a las ciudades de Judá: «¡Ya viene Dios!» ¹⁰Sí, el Señor Dios viene con gran potencia, gobernará con tremendo poder. Miren, trae consigo su recompensa, a cada cual le dará según sus hechos.

¹¹Como pastor apacentará su rebaño, llevará en brazos los corderillos y suavemente guiará las ovejas con cría.

40.1  40.3-5  40.8  40.11

sus dioses? ¿Y qué de Sefarvayin y Samaria? ¿Dónde están ahora sus dioses? ²⁰De todos los dioses de estas tierras, ¿cuáles han librado alguna vez de mi poder a su pueblo? ¡Nómbrenme siquiera uno! ¿Y creen que este Dios suyo pueda librar de mis manos a Jerusalén? ¡No sean ridículos!

²¹Pero el pueblo permaneció en silencio, no respondió palabra porque Ezequías les había dicho que no replicaran nada. ²²Entonces Eliaquín, hijo de Jilquías, primer ministro, Sebna, el escriba real, y Joa, hijo de Asaf, secretario real, volvieron a donde estaba Ezequías con la ropa hecha trizas en señal de desesperación y le contaron todo lo ocurrido.

## Se profetiza la liberación de Jerusalén

**37** Cuando el rey Ezequías se enteró del resultado de la reunión, rasgó su ropa y se vistió de tela ordinaria de la que se usa para hacer sacos, como señal de humildad y duelo, y fue al templo a orar. ²Y mientras tanto envió ante Isaías, el profeta hijo de Amoz, a Eliaquín su primer ministro, a Sebna el escriba real y a los sacerdotes más ancianos, todos vestidos de saco penitencial. ³Le llevaron este mensaje: «Hoy es día de tribulación, frustración y blasfemia; es tiempo grave, como de parturienta tratando de dar a luz cuando la criatura no sale. ⁴Pero quizá el SEÑOR tu Dios haya oído la blasfemia del representante del rey de Asiria burlándose del Dios viviente. Sin duda no le dejará Dios salirse con la suya, sin duda Dios lo reprenderá por esas palabras. ¡Oh Isaías, ruega por los que hemos quedado!» ⁵Así fue como le dieron a Isaías el mensaje del rey.

⁶Isaías respondió:

«Dígale al rey Ezequías que el SEÑOR dice: "No te angusties por esas palabras del siervo del rey de Asiria ni por su blasfemia. ⁷Porque al rey va a llegarle un mensaje de Asiria informándole que se le necesita allá inmediatamente, y él volverá a su tierra en donde yo haré que lo maten"».

⁸,⁹Entonces el enviado asirio partió de Jerusalén y fue a consultar con su rey, el cual había dejado Laquis y estaba poniéndole sitio a Libná. En esto el rey asirio recibió noticias de que Tiracá, príncipe heredero de Etiopía, venía contra él desde el sur. Al oírlo, volvió a enviar mensajeros a Ezequías a Jerusalén con este mensaje:

¹⁰«No dejes que este Dios en quien confiaste te engañe prometiéndote que Jerusalén no será tomada por el rey de Asiria! ¹¹Acuérdate de lo que ha ocurrido dondequiera que han llegado los reyes de Asiria, pues han aplastado a todo el que se les ha opuesto. ¿Piensan que ustedes van a ser la excepción? ¹²¿Salvaron acaso sus dioses a las ciudades de Gozán, Jarán, Résef o al pueblo de Edén en Telasar? ¡No, los reyes asirios los destruyeron por completo! ¹³Y no te olvides de lo ocurrido al rey de Jamat, al rey de Arfad y a los reyes de las ciudades de Sefarvayin, de Hená y de Ivá».

## Oración de Ezequías

¹⁴Tan pronto como el rey Ezequías leyó esta carta, fue al templo y la extendió ante el SEÑOR, ¹⁵y oró: ¹⁶,¹⁷¡Oh SEÑOR Todopoderoso, Dios de Israel, entronizado por encima de los querubines, sólo tú eres Dios de todos los reinos de la tierra! Tú solo hiciste el cielo y la tierra. Escucha mi súplica, mírame orar. Mira esta carta del rey Senaquerib, pues él se ha burlado del Dios viviente. ¹⁸Cierto es, SEÑOR, que los reyes de Asiria han destruido a todas esas naciones tal como lo dice la carta, ¹⁹y que han lanzado sus dioses al fuego, porque esos no eran dioses, sino simples ídolos, labrados en madera y piedra por los hombres. Naturalmente los asirios podían destruirlos. ²⁰¡Oh SEÑOR Dios nuestro, sálvanos para que todos los reinos de la tierra conozcan que tú eres Dios, y solamente tú!».

## Muerte de Senaquerib

²¹Entonces Isaías, hijo de Amoz, envió este mensaje al rey Ezequías: «El SEÑOR Dios de Israel dice: "Esta es mi respuesta a tu plegaria contra Senaquerib, el rey de Asiria".

²²»El SEÑOR le dice: "Mi pueblo —la indefensa y virgen hija de Sión— se ríe y se mofa de ti, y mueve la cabeza burlonamente. ²³¿De quién te has burlado y mofado tú? ¿A quién has injuriado? ¿Contra quién enfilaste tu violencia y orgullo? ¡Fue contra el Santo de Israel! ²⁴Enviaste tus mensajeros a burlarse del SEÑOR. Dices jactancioso: 'Vine con mi potente ejército contra las naciones del oeste. Talé los más altos cedros y los mejores cipreses. Dominé tus más elevados montes y destruí tus bosques más tupidos'. ²⁵Te jactas de haber abierto pozos en muchas tierras conquistadas, y Egipto con todo su ejército no constituye obstáculo para ti.

²⁶»"Pero ¿todavía ignoras que fui yo quien decidí y permití todo esto desde hace mucho? Yo hice que todo ocurriera tal como lo planeé: que derribaras las ciudades amuralladas convirtiéndolas en ruinas. ²⁷Por eso te ofrecieron tan poca resistencia sus pueblos y fueron tan fácil presa para ti. Fueron tan indefensos como la hierba, como las tiernas plantas que aplastas con los pies, como la hierba de los tejados marchitada por el sol.

²⁸»"Pero yo te conozco bien, tus idas y venidas y cuanto haces, y la forma en que me has ofendido. ²⁹Eso fue por causa de tu ira contra el SEÑOR, ¡y yo lo escuché todo!, por eso te he puesto un gancho en la nariz y una brida en la boca y te he llevado de regreso a tu tierra por el camino en que viniste"».

³⁰Entonces Dios le dijo a Ezequías:

«Esta es la prueba de que yo soy quien libra del rey asirio a esta ciudad: Este año él levantará el asedio. Aunque ya es demasiado tarde para la siembra y no cuentes para este otoño con más trigo que el que por sí mismo se produzca, su rendimiento te dará semilla suficiente para el año entrante, y dentro de dos años, contando a partir de hoy, volverán a vivir en la abundancia. ³¹Y los que han quedado en Judá arraigarán de nuevo en su suelo, florecerán y se multiplicarán, ³²porque de Jerusalén saldrá un remanente a repoblar el país. El poder del SEÑOR Todopoderoso hará que ocurra todo esto.

³³»En cuanto al rey de Asiria: Sus ejércitos no entrarán en Jerusalén, ni dispararán en ella sus flechas, ni marcharán ante sus puertas, ni edificarán muro de asalto contra sus murallas. ³⁴Él regresará a su tierra por donde vino y jamás entrará en esta ciudad. Lo dice el SEÑOR. ³⁵Por mi propia honra y en recuerdo de mi siervo David la defenderé"».

³⁶Aquella noche el ángel del SEÑOR salió y fue al campo de los asirios y mató a ciento ochenta y cinco mil soldados. Cuando al día siguiente se despertaron los sobrevivientes, vieron ante sí los millares de cadá-

hubiera gran sacrificio, enorme matanza, hará el SEÑOR en Edom. ⁷Morirán los más vigorosos, tanto entre los muchachos como entre los veteranos. La tierra quedará empapada en sangre y el suelo rebosante de grasa. ⁸Porque es el día de venganza, el año de retribución por lo que Edom le ha hecho a Israel.

⁹Los arroyos de Edom estarán llenos de brea ardiente, y de fuego la tierra. ¹⁰Este castigo de Edom no terminará nunca, su humo se elevará eternamente. La tierra quedará desierta generación tras generación; nadie volverá a vivir allí. ¹¹Gavilanes y puercoespines morarán allí, así como también lechuzas y cuervos. Porque Dios observará esta tierra y la hallará digna de ser destruida. Probará a sus nobles y los hallará dignos de muerte. ¹²Será llamada «Tierra de Nada», y sus príncipes desaparecerán pronto. ¹³Espinos cubrirán sus palacios y ortigas crecerán en sus fuertes, y se convertirá en guarida de chacales y hogar de avestruces. ¹⁴Allí se mezclarán las fieras del desierto con las hienas y los lobos. Sus aullidos llenarán la noche. Allí los monstruos nocturnos chillarán uno contra otro; allí irán a asentarse los demonios. ¹⁵La lechuza hará su nido, pondrá sus huevos y empollará sus pequeños, cobijándolos con sus alas, y los milanos acudirán cada uno con su compañera.

¹⁶Escudriñen el libro del SEÑOR y vean todo lo que hará. No se perderá ni un detalle, no habrá milano al que le falte su compañera, porque el SEÑOR lo ha dicho y su Espíritu hará que se cumpla. ¹⁷Él ha medido y subdividido la tierra, y la ha entregado a esas dolientes criaturas; ellas la poseerán por siempre, generación tras generación.

## La alegría de los redimidos

**35** Hasta los páramos y el desierto se regocijarán en aquellos días. Incluso, el desierto florecerá. ²Sí, habrá abundancia de flores, cánticos y júbilo. Los desiertos se volverán verdes como los montes del Líbano, hermosos como los pastos del monte Carmelo y los prados de Sarón, porque allí exhibirá el SEÑOR su gloria, se apreciará la excelencia de nuestro Dios. ³Alegra con estas noticias a todos los descorazonados, ⁴alienta a los atemorizados. Diles: «Sean valientes, no teman, porque su Dios viene para destruir a sus enemigos, viene a salvarlos». ⁵Y cuando él venga abrirá los ojos de los ciegos y los oídos de los sordos, ⁶los cojos saltarán como el ciervo y los mudos gritarán y cantarán. Entonces brotarán fuentes en los páramos y arroyos en el desierto, ⁷los terrenos resecos se convertirán en estanques, con arroyos en la tierra sedienta. Donde habitaban los chacales del desierto, habrá carrizos y cañas. ⁸Y un gran camino atravesará lo que fue desierto, se le llamará «Camino Santo». Ningún hombre de corazón perverso podrá andar por él. Por él andará Dios con ustedes; ni el más torpe se extraviará. ⁹No habrá en él leones en acecho, ni algún otro peligro, solamente los salvados pasarán por allí. ¹⁰Estos redimidos del SEÑOR irán por ese camino a su hogar, a Sión, entonando cánticos de júbilo eterno. Nunca más habrá para ellos dolor ni suspiros. Allí sólo habrá felicidad y gozo.

## Senaquerib amenaza a Jerusalén

**36** Así que en el año catorce del reinado del rey Ezequías llegó Senaquerib, rey de Asiria, a atacar las ciudades amuralladas de Judá, y las conquistó. ²Luego, al frente de un gran ejército, envió desde Laquis a su representante personal para que se entrevistara con el rey Ezequías en Jerusalén. Acampó cerca del acueducto del estanque de arriba, por el camino del campo donde se blanquean telas.

³Eliaquín, hijo de Jilquías, primer ministro de Israel, Sebna escriba del rey, y Joa, hijo de Asaf, secretario real, se constituyeron en comité de tregua y salieron de la ciudad a su encuentro. ⁴El embajador asirio les dijo que fueran a decirle a Ezequías: «El poderoso rey de Asiria dice que eres un necio si piensas que el rey de Egipto te ayudará. ⁵¿Qué valor tienen las promesas del faraón? Las palabras solas nada son ante la fuerza, ¡y tú confiando en su ayuda, te has rebelado contra mí! ⁶Egipto es un aliado peligroso. Es vara afilada que te atravesará la mano si te apoyas en ella. Eso les ha pasado a cuantos han buscado apoyo en él. ⁷Pero quizá digas: "¡Confiamos en el SEÑOR Dios nuestro!" ¿Ah, sí? ¿No es acaso el mismo a quien su rey insultó, derribando sus templos y altares en los montes y haciendo que todos los de Judá adoren únicamente en los altares aquí en Jerusalén?

⁸,⁹»Mi señor, el rey de Asiria, quiere hacer contigo una pequeña apuesta: ¿A que en tu ejército no te quedan dos mil hombres? Si te quedan, él te dará dos mil caballos para que ellos los monten. Con tan insignificante ejército, ¿cómo crees poder enfrentarte siquiera al más pequeño escuadrón de mi rey? Porque de Egipto no obtendrás socorro. ¹⁰Es más: ¿crees que he venido acá sin que el SEÑOR me dijera que me apoderara de esta tierra? El SEÑOR me dijo: "Ve y destrúyela"».

¹¹Entonces Eliaquín, Sebna y Joa le dijeron:

—Te rogamos que nos hables en arameo que nosotros entendemos bastante bien. No nos hables en hebreo, porque te oirá la gente de la muralla.

¹²Pero él respondió:

—Mi señor quiere que todos los de Jerusalén escuchen esto y no solamente ustedes. Quiere que sepan que si no se rinden, esta ciudad será asediada hasta que cada uno tenga tanta hambre y tanta sed que se coma sus propios excrementos y se beba su propia orina.

¹³Luego gritó en hebreo a los judíos que escuchaban desde la muralla:

—¡Escuchen las palabras del gran monarca, el rey de Asiria! ¹⁴No dejen que los engañe Ezequías; nada que él haga los salvará. ¹⁵No dejen que les haga confiar en el SEÑOR diciendo que el SEÑOR no permitirá que el rey de Asiria los conquiste. ¹⁶No escuchen a Ezequías, porque éste es el ofrecimiento que el rey de Asiria les hace: Entréguenme un obsequio como prenda de rendición; abran las puertas y salgan, y yo haré que cada uno posea su hacienda, su huerto y agua, ¹⁷hasta que haga los arreglos para llevarlos a un país muy semejante a éste, a una tierra de abundantes cosechas de trigo y uvas, un país de abundancia. ¹⁸No permitan que Ezequías los prive de todo esto diciendo que el SEÑOR los librará de mis ejércitos. Los dioses de alguna otra nación, ¿han triunfado jamás sobre los ejércitos del rey de Asiria? ¹⁹¿No recuerdan lo que les hice a Jamat y a Arfad? ¿Los salvaron acaso

☼35.4

estarán llenos de sensatez y comprensión, y los que tartamudean inseguros, hablarán con toda claridad.

⁵En aquellos días no serán admirados los descreídos, los charlatanes. Los ricos estafadores no serán tenidos por hombres generosos y sobresalientes. ⁶Todo el mundo sabrá con sólo verlo quién es malo, y los hipócritas no engañarán a nadie. Sus mentiras respecto a Dios y sus fraudes contra los necesitados estarán a la vista de todos. ⁷Se descubrirán las triquiñuelas de los malvados, así como las mentiras con las cuales oprimían a los pobres en los tribunales. ⁸Pero los buenos serán generosos con el prójimo, y Dios los bendecirá por todo lo que hacen.

### Las mujeres de Jerusalén

⁹Escúchenme, mujeres que viven en la ociosidad, escúchenme y les diré su recompensa: ¹⁰Dentro de poco, algo más de un año, tendrán súbita preocupación, ustedes que están despreocupadas. Porque se perderá la cosecha de frutas y no se realizará la siega. ¹¹Tiemblen, mujeres de vida cómoda, renuncien a la despreocupación. Quítense su linda ropa, pónganse saco penitencial por su dolor. ¹²Golpéense los pechos de pena por las ricas haciendas que pronto se les irán de las manos, y por las fértiles viñas de antaño. ¹³Porque sus tierras se llenarán de espinos y zarzas, desaparecerán sus alegres casas y felices ciudades. ¹⁴Deshabitados quedarán los palacios y las mansiones, y vacías las ciudades populosas. Montaraces manadas de burros y cabras pastarán en los montes donde estaban las torres de vigía. ¹⁵Hasta que al fin desde el cielo se derrame el Espíritu sobre nosotros. Entonces volverán a producirse enormes cosechas, ¹⁶entonces la justicia regirá en todo el país ¹⁷y, fruto de la justicia, la paz. La quietud y la confianza reinarán para siempre. ¹⁸Mi pueblo vivirá en seguridad y tranquilidad en su tierra. ¹⁹Pero los asirios serán destruidos y arrasadas sus ciudades.

²⁰Y Dios bendecirá grandemente a su pueblo. En dondequiera que siembren se producirán abundantes cosechas, y sus rebaños y manadas pastarán en verdes prados.

### Angustia y auxilio

**33** ¡Ay de ustedes, asirios, que lo han destruido todo a su alrededor sin haber sufrido jamás en carne propia la destrucción! ¡Exigen que otros cumplan lo que les prometen, y ustedes los traicionan! Ahora les toca a ustedes ser traicionados y destruidos.

²¡Pero a nosotros, oh Señor, muéstranos misericordia, porque en ti hemos confiado! Sé nuestra fuerza cada día y nuestro auxilio cuando sobrevenga la tribulación. ³Al escuchar tu voz huye el enemigo; cuando tú te alzas, se desbandan las naciones. ⁴Como las langostas despojan las eras y las viñas, despojará Jerusalén al derrotado ejército de Asiria.

⁵Excelso es el Señor, quien tiene su morada en el cielo. Él convertirá a Jerusalén en hogar de justicia, bondad y rectitud. ⁶Hay para Judá abundancia de salvación guardada en lugar seguro, junto con sabiduría, conocimiento y reverencia a Dios.

⁷Pero ahora sus embajadores lloran con amargo desengaño, porque Asiria ha rechazado su clamor de paz. ⁸Sus caminos están arruinados, los viajeros se desvían por caminos apartados. Los asirios han quebrantado su pacto de paz, y nada les importan las promesas hechas en presencia de testigos; a nadie respetan. ⁹Hay tribulación en toda la tierra de Israel; el Líbano ha sido destruido; Sarón se ha vuelto un desierto; Basán y el Carmelo han sido saqueados.

¹⁰Pero el Señor Dios dice:
Yo me levantaré y demostraré mi poder y fuerza. ¹¹Nada ganarán ustedes los asirios con todos sus esfuerzos, su propio aliento se volverá fuego que los consumirá. ¹²Sus ejércitos arderán y serán reducidos a cal, como si fueran espinos cortados y echados al fuego.

¹³¡Escuchen lo hecho por mí, oh naciones lejanas! ¡Y ustedes las cercanas, reconozcan mi poderío! ¹⁴Los pecadores de mi pueblo tiemblan de miedo.

«¿Cuál de nosotros», claman, «podrá vivir así en presencia de este consumidor Fuego Eterno?»

¹⁵Les voy a decir quién puede vivir aquí: todas las personas honradas y justas que rehúsan obtener ganancias mediante fraude, que refrenan sus manos de recibir soborno, que se niegan a confabular con quienes planean homicidios, que cierran los ojos a todo lo que atraiga al mal. ¹⁶Las personas que sean así morarán en lo alto. Las rocas de los montes serán sus seguras fortalezas, obtendrán alimento y tendrán toda el agua que necesiten.

¹⁷Sus ojos verán al Rey en su belleza, y a los montes celestiales en la lejanía. ¹⁸Y su corazón recordará los tiempos de terror cuando los oficiales asirios desde fuera de las murallas contaban sus torres y calculaban cuánto botín obtendrían de su ciudad caída. ¹⁹Pronto se habrán ido. Este pueblo fiero y violento que habla una jerga incomprensible, desaparecerá.

²⁰Verás en cambio a Jerusalén en paz, sitio en que se adora a Dios, ciudad tranquila y firme. ²¹El glorioso Señor nos será como amplio río de protección, que ningún enemigo podrá atravesar. ²²Porque el Señor es nuestro juez, nuestro legislador y nuestro rey. Él nos cuidará y nos librará. ²³Caídas están las velas de los enemigos, en mástiles quebrados y jarcias inútiles. El pueblo de Dios se repartirá los tesoros de ellos; hasta los cojos obtendrán su parte del botín. ²⁴El pueblo de Israel ya no dirá: «Estamos enfermos y desesperados», porque el Señor les perdonará sus pecados y los bendecirá.

### Juicio contra las naciones

**34** Vengan a escuchar este mensaje, naciones de la tierra, oigan mis palabras el mundo y cuanto hay en él. ²El Señor está enfurecido contra las naciones, su ira se abalanza contra los ejércitos. Él los destruirá por completo, provocándoles gran mortandad. ³Sus muertos quedarán sin sepultar, y el hedor de los cuerpos putrefactos llenará la tierra, y la sangre correrá por los montes. ⁴En aquel día los cielos se fundirán y desaparecerán como quien enrolla un pergamino, y como si fueran hojas, o fruta madura, caerán las estrellas.

⁵Y cuando mi espada haya acabado su obra destructora en los cielos ¡tengan cuidado! porque entonces se descargará sobre Edom, el pueblo que he condenado.

⁶La espada del Señor está saciada de sangre, está harta de carne, como si hubiera estado degollando ovejas y cabras para el sacrificio. Porque como si

32.17   33.10   33.22

**ISAÍAS 30.8**

⁸Ve ahora y escribe esta palabra mía respecto a Egipto, para que permanezca hasta el fin del tiempo, eternamente, como denuncia de la incredulidad de Israel. Escríbela, ⁹porque si no la escribes, dirán que nunca los previne.

«¡Oh, no!», dirán, «¡jamás nos dijiste eso!», porque son rebeldes empecinados.

¹⁰,¹¹A mis profetas les dicen:

«¡A callar! ¡Basta de mensajes suyos!»

O dicen:

«No nos digan la verdad, dígannos algo agradable, dígannos mentiras alegres. Olvídense ya de esas cosas tristes que anuncian, ya hemos oído más que suficiente de su Santo de Israel».

¹²Esto es lo que responde el Santo de Israel:

«Ya que desprecian lo que digo, y en cambio confían en fraudes y mentiras, y no quieren arrepentirse, ¹³inesperada calamidad les sobrevendrá, como muro alto y agrietado que está a punto de derrumbarse. ¹⁴Como a plato frágil los aplastará Dios, sin tenerles misericordia. No quedará pedazo de tamaño suficiente que sirva para llevar brasas del fogón, ni un poquito de agua del pozo».

¹⁵Porque el Señor Dios, el Santo de Israel dice:

«Sólo volviéndose a mí y confiando en mí serán salvados. En la quietud y confianza en mí está su fuerza, pero nada de eso tendrán. ¹⁶"No", dicen, "de Egipto obtendremos auxilio, ellos nos darán veloces caballos para entrar en batalla". ¡Pero la única velocidad que percibirán será la de sus enemigos que los persiguen! ¹⁷Uno de ellos perseguirá a mil de ustedes, cinco de ellos serán suficientes para esparcirlos a ustedes hasta que no queden ni dos juntos. Ustedes serán como árboles solitarios en las cumbres de los montes lejanos».

¹⁸Pero el Señor aún espera que acudan a él para poder demostrarles su amor. Él los conquistará para bendecirlos, tal como lo ha dicho, porque el Señor es fiel a su promesa. Bienaventurados son cuantos esperan confiados en la ayuda del Señor.

¹⁹¡Oh, pueblo mío de Jerusalén, no llores más, pues al oír el clamor de tu llanto él derramará su gracia sobre ustedes, él les responderá! ²⁰Aunque les dé pan de adversidad y agua de aflicción, estará con ustedes para enseñarles. Con sus propios ojos verán a su Maestro. ²¹Y si abandonan las sendas de Dios y se extravían, escucharán tras ustedes una voz que dirá:

—No, éste es el camino, caminen por aquí.

²²Y destruirán todos sus ídolos de plata y todas sus imágenes de oro, y arrojarán todo como inmundicia que les repugna tocar.

—¡Uf!, les dirán, ¡fuera!

²³Entonces Dios los bendecirá con lluvia en el tiempo de la siembra y con grandes cosechas y abundantes pastos para su ganado. ²⁴Los bueyes y los burros que aran la tierra comerán trigo cuya paja será llevada por el viento. ²⁵En aquel día en que Dios intervenga para destruir a sus enemigos, les dará corrientes de agua que bajarán de cada monte y collado. ²⁶La luna será tan brillante como el sol, y la luz de éste más esplendorosa que la de siete días claros. Así será el tiempo cuando el Señor comience a sanar a su pueblo y a curarle las heridas que le causó.

²⁷Miren, de lejos acude el Señor, ardiendo en ira, rodeado de espeso humo que sube. Tiene los labios llenos de furor y sus palabras consumen como fuego. ²⁸Su ira se derrama como torrente sobre todos ellos para arrasarlos. Zarandeará a las altivas naciones como si estuvieran en un tamiz; luego les pondrá una brida y las llevará al patíbulo.

²⁹Pero el pueblo de Dios entonará un cántico de solemne gozo, como los que se entonan de noche en las fiestas sagradas. A su pueblo se le alegrará el corazón como cuando un flautista guía al grupo de peregrinos que se dirigen a Jerusalén, al monte del Señor, la Roca de Israel. ³⁰Y el Señor hará oír su majestuosa voz y descargará su potente brazo sobre sus enemigos con gran indignación, con llamas consumidoras, torbellinos, tremendas tormentas e inmensos granizos.

³¹La voz del Señor castigará a los asirios, quienes le habían servido de vara de castigo. ³²Y cuando el Señor los hiera, su pueblo celebrará con música y cantos. ³³Hace tiempo está lista la hoguera funeraria de Moloc, el dios asirio, listo el montón de leña. El aliento del Señor como fuego de volcán la encenderá.

## Ay de los que confían en Egipto

**31** ¡Ay de quienes corren a Egipto en busca de ayuda y confían en su poderosa caballería y sus carros, en vez de poner la mirada en el Santo de Israel y consultarlo a él! ²Por su sabiduría, el Señor enviará grandes males a su pueblo y no cambiará de opinión. Se alzará contra ellos por el mal que han hecho, y también a sus aliados los aplastará. ³Porque estos egipcios no son más que hombres, ¡no son Dios! ¡Débil carne son sus caballos, y no espíritus poderosos! Cuando el Señor cierre el puño ante ellos, tropezarán y caerán en medio de aquellos a quienes procuran ayudar. Juntos sufrirán la derrota.

⁴,⁵Pero el Señor me ha dicho esto:

Cuando un león, aunque sea cachorro, mata una oveja, no se cuida de los gritos y ruidos del pastor, devora sin detenerse. De igual manera vendrá el Señor y combatirá sobre el monte Sión. ¡No habrá quien lo amedrente! El Señor Todopoderoso se cernirá sobre Jerusalén como ave que revolotea en torno a su nido. Descenderá a la ciudad y la librará.

⁶¡Por lo tanto, oh pueblo mío, por más que ustedes sean malvados rebeldes, vengan, vuélvanse a Dios! ⁷Yo sé que vendrá el día glorioso en que cada uno de ustedes arroje sus ídolos de oro e imágenes de plata que en su tiempo de iniquidad se habían hecho. ⁸Y los asirios serán destruidos, pero no por espada manejada por algún hombre: ¡la espada de Dios los herirá! Se llenarán de pánico y huirán, y los vigorosos mancebos asirios serán llevados como esclavos. ⁹Hasta sus generales temblarán aterrorizados y huirán al ver las banderas de guerra de Israel, dice el Señor. Porque la llama de Dios arde vivamente en Jerusalén.

## El reino de justicia

**32** ¡Miren, un rey justo viene acompañado de príncipes honrados! ²Él protegerá a Israel de la tormenta y el viento, le dará refrigerio como río en el desierto, como la refrescante sombra de una potente roca en tierra calurosa y árida. ³Entonces por fin se abrirán los ojos de Israel para ver a Dios, el pueblo escuchará la voz de su Dios. ⁴Hasta los alborotadores

☼30.15  ☼30.20-21

«¡Miren, estoy poniendo en Sión una piedra como fundamento; es de gran belleza y probada en su resistencia y rectitud, muy segura para edificar sobre ella! El que crea jamás tendrá que huir otra vez. ¹⁷Tomaré la cuerda y la plomada de justicia para examinar la rectitud y resistencia de los cimientos que han construido. Su apariencia es excelente, pero es tan débil que una granizada los derribaría. Vendrá el enemigo como corriente de agua y lo arrasará, y ustedes se ahogarán. ¹⁸Yo romperé su pacto con la muerte y el diablo para que cuando irrumpa el torrente enemigo sean pisoteados por tierra. ¹⁹Una y otra vez volverá aquel torrente y los arrastrará hasta que finalmente comprendan con horror lo verdaderas que son mis advertencias».

²⁰El lecho que hicieron es demasiado corto, no caben en él; las frazadas son demasiado angostas y no los cubren. ²¹Súbita y airadamente vendrá el Señor, como en el monte Perasín y en Gabaón, para hacer algo extraño e inaudito: ¡destruir a su propio pueblo! ²²Así que no más burlas para que su castigo no sea aún mayor, pues el Señor Dios Todopoderoso me ha dicho claramente que está resuelto a aplastarlos.

²³,²⁴Escúchenme, escuchen mi súplica: ¿Siembra continuamente el labrador sin cosechar jamás? ¿Abre el surco eternamente sin sembrar nunca? ²⁵¿No siembra al fin sus diversos granos, cada cual en una sección del terreno? ²⁶Él sabe exactamente qué debe hacer, porque Dios ha hecho que vea y entienda. ²⁷Él no trilla todo grano de la misma manera. No golpea el eneldo con un mazo, sino con un palo. No se pasa la rueda trilladora sobre el comino, sino que suavemente se le da con una vara. ²⁸El trigo se aplasta con facilidad, y por eso no lo golpea mucho. ²⁹El Señor Dios Todopoderoso es un maestro admirable y da sabiduría al labrador.

## Ay de la Ciudad de David

**29** ¡Ay de Jerusalén, la ciudad de David! Año tras año presentan múltiples ofrendas, ²pero yo enviaré un gran castigo sobre ustedes que les causará llanto y dolor. Porque Jerusalén será como indica su nombre, «Ariel», que significa «altar cubierto de sangre». ³Yo seré su enemigo, yo rodearé a Jerusalén y la sitiaré, y luego construiré fuertes en torno a ella para destruirla. ⁴Su voz será como un susurro de fantasma desde el sitio en donde yacerán enterrados sus habitantes.

⁵Pero súbitamente sus implacables enemigos serán rechazados como si fueran paja barrida por el viento. ⁶En un instante yo, el Señor Todopoderoso, me arrojaré sobre ellos con trueno, terremoto, torbellino y fuego. ⁷Y todas las naciones que combaten contra Jerusalén se desvanecerán como una quimera. ⁸Como el hambriento sueña con comer pero queda hambriento, y como el sediento sueña con beber pero queda atormentado por la sed al despertar, así sus enemigos soñarán victoriosas conquistas pero en vano.

⁹¿Se quedan maravillados, incrédulos? ¿No lo creen? ¡Pues adelante, y continúen ciegos si así ha de ser! ¡Torpes están, y no por la embriaguez! ¡Se tambalean, y no por el vino! ¹⁰Porque el Señor ha derramado sobre ustedes espíritu de profundo sueño. Ha cerrado los ojos de sus profetas y videntes ¹¹para que todos estos sucesos futuros sean para ellos como libro sellado. Cuando se lo entregan a uno para que lo lea, éste dice:

—No puedo, porque está sellado.

¹²Se lo dan a otro, y dice:

—Lo siento, no sé leer.

¹³Y entonces el Señor dice:

Puesto que este pueblo dice que me pertenece pero no me obedece, y puesto que su adoración se limita a palabras y repeticiones de fórmulas de memoria, ¹⁴me vengaré espantosamente de estos hipócritas, y entonteceré a sus más sabios consejeros.

¹⁵¡Ay de quienes procuran ocultar del Señor sus planes, que procuran esconderle lo que hacen! «Dios no puede vernos», se dicen, «no sabe lo que está ocurriendo.»

¹⁶¡De qué estupidez son capaces! El Alfarero, ¿no es mayor que las vasijas que hace? ¿Le dirán: «No fue él quien nos hizo»? ¿La máquina llama tonto a su inventor?

¹⁷Pronto, no tardará mucho, el páramo del Líbano volverá a ser un campo fructífero, lozano y fértil bosque. ¹⁸En aquel día los sordos oirán la palabra del libro, y desde su tristeza y tinieblas los ciegos conocerán mis planes. ¹⁹Los mansos rebosarán nuevo júbilo procedente del Señor y los pobres se gozarán en el Santo de Israel. ²⁰Desaparecerán los opresores y los burladores ya no existirán, y morirán cuantos traman maldades: ²¹el violento que riñe por un quítame allá esas pajas, el que acecha escondido para atacar al juez que lo condenó, y los que valiéndose de cualquier excusa cometen injusticias.

²²Por eso dice el Señor que liberó a Abraham:

Ya mi pueblo no volverá a palidecer de miedo ni será más avergonzado. ²³Pues cuando vean el explosivo aumento de población y la prosperidad de una economía en expansión, temerán y se gozarán en la fama de mi nombre, y alabarán al Santo de Israel, y con admiración estarán en su presencia. ²⁴Los que estaban equivocados creerán en la verdad y los quejosos estarán dispuestos a recibir enseñanza.

## Ay de la nación obstinada

**30** ☆¡Ay de mis hijos rebeldes!, dice el Señor, ¡piden consejo de todos menos de mí, y resuelven hacer precisamente lo que yo no quiero! Hacen pactos sin mi consentimiento, y cometen pecados una y otra vez. ²Porque sin consultarme han descendido a Egipto en busca de auxilio y han puesto su esperanza en que el faraón los proteja. ³Pero al confiar en el faraón se verán desengañados, humillados y avergonzados, pues él no podrá librarlos con base sólo en promesas. ⁴Pues aunque su poder se extienda hasta los territorios de Zoán y Janés, ⁵todo terminará en vergüenza para ti. Él no podrá ayudarte en lo más mínimo.

⁶Véanlos avanzar lentamente a través del terrible desierto hacia Egipto, con burros y camellos cargados de tesoros para pagar el auxilio de Egipto. Atraviesan los yermos habitados por leones y veloces víboras. ¡Pero Egipto no les dará nada en cambio! ⁷Las promesas de Egipto no valen nada, «Dragón Renuente» lo llamo yo.

☆30.1

⁹Toda la noche te busco; busco a Dios con todo fervor; sólo cuando vengas a juzgar la tierra y a castigarla, el pueblo se apartará de su maldad y hará lo que es justo.

¹⁰Tu bondad para con los malos no los hace buenos, sino que ellos siguen empecinados en el mal sin tener respeto por tu majestad. ¹¹No escuchan cuando tú amenazas, no alzan la vista para ver tu puño levantado. ¡Muéstrales cuánto amas a tu pueblo! ¡Quizá eso los avergüence! ¡Sí, que los consuma el fuego reservado para tus enemigos!

¹²Señor, concédenos paz, pues todo lo que tenemos y somos de ti procede. ¹³¡Oh, Señor Dios nuestro, hace tiempo que adoramos a otros dioses, pero ahora te adoramos sólo a ti! ¹⁴Aquéllos a quienes servimos, muertos y desaparecidos están, jamás retornarán. Viniste contra ellos y los destruiste, y hace tiempo que fueron olvidados. ¹⁵¡Oh, alaben al Señor! ¡Él ha dado mucha fortaleza a nuestra nación! ¡El Señor ha ensanchado las fronteras de nuestra patria!

¹⁶Señor, angustiados te buscaron. Cuando les llegó tu castigo, entonces exhalaron su temerosa oración. ¹⁷¡Cómo echábamos de menos tu presencia, Señor! Sufrimos como mujer que está a punto de dar a luz y que grita y se retuerce de dolor. ¹⁸También nosotros nos retorcíamos en nuestra agonía, pero nada, nuestros esfuerzos no produjeron liberación. ¹⁹Pero esta seguridad tenemos: ¡Los que pertenecen a Dios volverán a vivir! ¡Sus cuerpos volverán a levantarse! ¡Los que moran en el polvo despertarán y cantarán de gozo! ¡Porque la luz del Dios de la vida se derramará como rocío sobre ellos!

²⁰¡Vete a casa, pueblo mío, y atranca las puertas! Escóndete un poquito hasta que la ira del Señor contra tus enemigos haya pasado. ²¹¡Miren! Baja del cielo el Señor para castigar al pueblo de la tierra por sus pecados. La tierra no esconderá más a los homicidas. Los culpables serán descubiertos.

## Liberación de Israel

**27** En aquel día el Señor tomará su tremenda y veloz espada y castigará al Leviatán, rauda serpiente, serpiente tortuosa, dragón marino.

²En aquel día de la liberación de Israel entónese este himno:

³«Israel es mi viña y yo, el Señor, cuidaré las viñas fructíferas. Cada día las regaré y las vigilaré día y noche para mantener alejados a todos los enemigos. ⁴,⁵Mi ira contra Israel ya terminó. Si hallo que la acosan zarzas y espinas, las quemaré, a menos que estos enemigos tuyos se rindan y supliquen mi paz y mi protección. ⁶Vendrá el tiempo en que Israel echará raíces, retoñará y florecerá llenando toda la tierra con sus frutos».

⁷,⁸¿Ha castigado Dios a Israel tanto como a los enemigos de éste? No, pues ha devastado a sus enemigos en tanto que a Israel lo ha castigado sólo levemente, exiliándolo a tierras lejanas como arrastrado por tormenta del oriente. ⁹Y ¿por qué lo hizo Dios? Fue para limpiarlo de sus pecados, y librarlo de todos sus ídolos y de los altares para éstos. Ahora jamás volverán a ser adorados. ¹⁰Tus ciudades amuralladas quedarán silenciosas y vacías, abandonadas las casas, invadidas las calles por malas hierbas, y las vacas pacerán por la ciudad rumiando ramas y arbustos.

¹¹Mi pueblo es como secas ramas de árbol, quebradas y puestas como leña debajo de las ollas. Son una nación necia, un pueblo fatuo e insensato, puesto que se aparta de Dios. Por lo tanto, no se apiadará de sus habitantes el que los hizo, ni les mostrará misericordia. ¹²Pero vendrá el tiempo en que uno por uno los recogerá el Señor como quien escoge granos con la mano, seleccionándolos de aquí y de allá de entre su gran era que se extiende desde el río Éufrates hasta los límites de Egipto. ¹³En aquel día sonará la gran trompeta y muchos que estaban para morir entre sus enemigos, asirios y egipcios, serán librados y llevados a Jerusalén para que adoren al Señor en su santo monte.

## Ay de Samaria

**28** ¡Ay de la ciudad de Samaria! Samaria, rodeada de su rico valle, orgullo y deleite de los borrachos de Israel. ¡Ay de su belleza que se marchita, máximo esplendor de una nación cuyos hombres yacen ebrios por las calles! ²Porque el Señor enviará un poderoso ejército, el asirio, contra ti, el que como enorme granizada se abatirá sobre ti y te derribará en tierra. ³La altiva ciudad de Samaria —sí, el gozo y deleite de los borrachos de Israel— será lanzada a tierra y pisoteada por pies enemigos. ⁴La que fue gloriosa, cuya belleza se marchita lentamente, rodeada por fértil valle, súbitamente desaparecerá; manos codiciosas la arrebatarán como a higo temprano, el que es ávidamente arrancado y devorado.

⁵Entonces por fin el propio Señor Todopoderoso será su corona de gloria, la diadema de belleza para los que queden de su pueblo. ⁶El Señor dará a sus jueces anhelo de justicia y a sus soldados gran valor para que peleen hasta el último hombre defendiendo sus puertas. ⁷¡Pero hoy está gobernada por borrachos! Sus sacerdotes y profetas vacilan y se tambalean, cometiendo estupideces y errores. ⁸Sus mesas están cubiertas de vómito, por todas partes hay inmundicia.

⁹«¿Quién se imagina ser este Isaías», dice el pueblo, «para hablarnos de esta forma? ¿Somos acaso niños que casi no saben hablar? ¹⁰¡Nos dice las cosas una y otra vez, renglón por renglón, con palabras tan simples!»

¹¹Pero no quieren escuchar, ¡el único idioma que entienden es el castigo! Por eso Dios los castigará enviando contra ellos extranjeros que hablan extraña jerga, ¡sólo así le escucharán! ¹²Podrían disfrutar de reposo en su propia tierra si obedecieran a Dios y fueran generosos y buenos. Eso les dijo el Señor, pero no quisieron oírle. ¹³Entonces el Señor se lo dirá claramente, y se lo repetirá una y otra vez con palabras sencillas hasta donde pueda. Pero ellos tropezarán en este mensaje sencillo y directo; caerán y serán quebrantados, atrapados y capturados.

¹⁴Oigan por tanto la palabra del Señor, burlones gobernantes de Jerusalén: ¹⁵Han firmado pacto con la muerte, dicen, y se han vendido al diablo a cambio de su protección contra los asirios. «No podrán tocarnos», dicen, «pues estamos protegidos por uno que los engañará y los burlará».

¹⁶Pero el Señor Dios dice:

26.12

dulces cantos como la ramera que después de largo tiempo ausente de sus amantes, vuelve a recorrer las calles en su busca y ellos la recuerdan. ¹⁷Sí, después de setenta años el Señor revivirá a Tiro, pero ésta no habrá cambiado; volverá a sus antiguas maldades en todo el mundo. ¹⁸Sin embargo ¡día lejano vendrá en que sus negocios rendirán fruto para el Señor! No estarán atesorados, sino que entonces se emplearán para obtener buen alimento y fina ropa para los sacerdotes del Señor.

## Juicio universal

**24** ¡Miren! ¡El Señor está arrasando la tierra de Judá y la está convirtiendo en vasto campo desolado y destruido! Miren cómo saca a su pueblo de sus territorios y lo esparce por la tierra. ²Sacerdotes y pueblo, siervos y señores, esclavas y amas, compradores y vendedores, prestamistas y los que toman prestado, banqueros y deudores: ¡nadie escapará! ³La tierra será totalmente vaciada y saqueada. El Señor ha hablado.

⁴,⁵La tierra sufre por los pecados de su pueblo. La tierra languidece, los cultivos se marchitan, los cielos niegan la lluvia. El país está corrompido por el crimen; el pueblo ha torcido las leyes de Dios y ha quebrantado sus mandamientos eternos. ⁶Por lo tanto sobre ellos cae la maldición de Dios: quedan aislados, destruidos por la sequía, pocos quedarán con vida.

⁷Todos los goces de la vida huirán, la vendimia fracasará, no habrá vino, los festejadores suspirarán y llorarán. ⁸No se escucharán más las melodiosas cuerdas del arpa ni la pandereta, se acabaron los días dichosos. ⁹Ya no existen los gozos del vino y el canto, el licor se torna amargura en la boca.

¹⁰La ciudad es un caos. Casas y tiendas están fuertemente atrancadas, como defensa contra el saqueo. ¹¹Se forman turbamultas que recorren las calles pidiendo vino. Se acabó el gozo, la alegría ha sido expulsada de la tierra. ¹²La ciudad quedó en ruinas, sus puertas están derribadas. ¹³Por todo el país sucede lo mismo; sólo queda un remanente.

¹⁴Pero todos los que queden gritarán y cantarán de gozo: los del occidente alabarán la majestad de Dios ¹⁵,¹⁶y los del oriente le responderán con alabanzas. Escúchenlos cantarle al Señor desde los puntos más alejados de la tierra, cantando la gloria del Justo.

Pero yo tengo el corazón abrumado de dolor, porque aún prevalecen por todas partes la maldad y la traición. ¹⁷El terror y cautiverio del infierno son aún su experiencia cotidiana, hombres del mundo. ¹⁸Cuando huyan despavoridos caerán en un hoyo, y si de él escapan, darán en una trampa, porque es del cielo que viene sobre ustedes la destrucción. El mundo tiembla bajo sus pies. ¹⁹La tierra se ha derrumbado en completa ruina. Todo está perdido, abandonado y confuso. ²⁰El mundo se tambalea como lo hace un ebrio, se agita como una tienda en la tormenta. Cae para no levantarse más, porque inmensos son los pecados de la tierra.

²¹En aquel día el Señor castigará en el cielo a los ángeles caídos, y en la tierra a los orgullosos gobernantes del mundo. ²²Serán acorralados como prisioneros y puestos en calabozos hasta que se les juzgue y condene. ²³Entonces el Señor Todopoderoso subirá a su trono en Sión y gobernará gloriosamente en Jerusalén, a la vista de todos los dignatarios de su pueblo. Tan grande será el resplandor de esa gloria que hará desvanecer la brillantez del sol y de la luna.

## Canto de alabanza al Señor

**25** ¡Oh Señor, honraré y alabaré tu nombre, porque tú eres mi Dios, tú haces grandes maravillas! Hace tiempo las planeaste y ahora las has ejecutado, tal como dijiste.

²Tú conviertes en ruinas las grandes ciudades. Las más firmes fortalezas son transformadas en escombros. Hermosos palacios en lejanas tierras desaparecen y jamás son reconstruidos. ³Por todo ello, temblarán de miedo ante ti las naciones fuertes; despiadadas naciones te obedecerán y glorificarán tu nombre. ⁴Mas para los pobres, oh Señor, tú eres como refugio ante la tormenta, sombra contra el calor, amparo contra los hombres crueles que son como tenaz aguacero capaz de deshacer un muro de tierra. ⁵Como las nubes refrescan la tierra cálida y seca, así enfriarás tú el orgullo de las naciones implacables. ⁶Aquí en el monte Sión en Jerusalén, el Señor Todopoderoso brindará un admirable festín para todos los habitantes del mundo: habrá deliciosos manjares, vinos claros añejados y la mejor carne. ⁷En aquel día alejará él la nube de tristeza, el ambiente fúnebre que cubre la tierra. ⁸El Señor le quitará el poder a la muerte para siempre. El Señor secará toda lágrima y ahuyentará para siempre todas las injurias y burlas que se dirigen contra su tierra y su pueblo. ¡El Señor ha hablado! ¡Sin duda cumplirá su palabra!

⁹En aquel día proclamará el pueblo:

«Éste es nuestro Dios, en quien confiamos, a quien hemos esperado. Ahora por fin está aquí». ¡Qué día de regocijo! ¹⁰Porque la buena mano del Señor reposará cuidadosa sobre Jerusalén, y Moab será aplastado como si fuera paja bajo sus pies y luego se pudrirá. ¹¹Dios los echará abajo, como el nadador que empuja el agua con sus manos. Acabará con el orgullo y las malas obras de ellos. ¹²¡Destruidas y hechas polvo serán las altas murallas de Moab!

## Canto de victoria

**26** ¡Escúchenlos cantar! En aquel día toda la tierra de Judá entonará esta canción:

«¡Fuerte es nuestra ciudad! ¡Estamos rodeados por los muros de su salvación!»

²Ábranles a todos las puertas de la ciudad, pues pueden entrar todos cuantos aman al Señor. ³Él cuidará en perfecta paz a todos los que confían en él y cuyos pensamientos buscan a menudo al Señor.

⁴Confíen siempre en el Señor Dios, porque en el Señor hay fortaleza eterna.

⁵El Señor humilla a los orgullosos y convierte en polvo a la ciudad altiva; las murallas de ésta se derrumban ⁶y él se la entrega a los pobres.

⁷Pero el camino de los buenos no es áspero ni empinado; Dios no les da una senda traicionera y áspera, sino una que ha sido por él mismo allanada.

⁸¡Oh Señor, nos deleita cumplir tu voluntad! ¡El anhelo de nuestro corazón es hacer famoso tu nombre!

25.8–9   26.3–9

—Señor, día y noche he estado aquí en mi puesto; ahora por fin, ¡mire! ¡Allá vienen jinetes apareados!

Entonces oí una voz que clamaba:

—¡Cayó, cayó Babilonia, y todos los ídolos de Babilonia yacen despedazados por tierra!

¹⁰¡Oh pueblo mío, trillado y aventado, les he dicho cuanto el Señor Todopoderoso, el Dios de Israel, ha dicho!

## Profecía contra Edom

¹¹Este es el mensaje de Dios para Edom:

Alguien de entre ustedes continuamente me llama: «Guarda, ¿qué de la noche? Guarda, ¿qué de la noche? ¿Cuánto tiempo falta?»

¹²El guarda responde: «El día de su juicio está amaneciendo. Vuélvanse a Dios para que yo pueda darles mejores noticias. Búsquenlo, y luego vuelvan a preguntar».

## Profecía contra Arabia

¹³Este es el mensaje de Dios respecto a Arabia:

«¡Oh caravanas procedentes de Dedán, ustedes se ocultarán en los desiertos de Arabia! ¹⁴Pueblo de Temá: Traigan comida y agua para estos cansados fugitivos. ¹⁵Vienen huyendo de las espadas desnudas, las agudas flechas y los terrores de la guerra. ¹⁶Mas pasará un largo año a partir de ahora, dice el Señor, y el gran poder del enemigo de ellos, la poderosa tribu de Cedar, acabará. ¹⁷Sólo unos cuantos de sus aguerridos arqueros sobrevivirán».

El Señor, el Dios de Israel, ha hablado.

## Profecía contra Jerusalén

**22** Este es el mensaje de Dios respecto a Jerusalén: ¿Qué sucede? ¿A dónde van todos? ¿Por qué corren a las azoteas? ¿Qué miran? ²Hay gran conmoción en la ciudad. ¿Qué le ocurre a esta activa y alegre ciudad? ¡Cadáveres! ¡Cadáveres por doquier, muertos por la plaga y no por la espada! ³Todos tus caudillos huyen; se rinden sin pelear. La gente se escabulle, pero también ella es capturada. ⁴Déjenme llorar, no traten de consolarme, déjenme llorar por mi pueblo al ver cómo lo destruyen. ⁵¡Ay, qué día de angustiosa tribulación! ¡Qué día de confusión y terror ha enviado el Señor Dios Todopoderoso! Derruidos están los muros de Jerusalén, y las laderas de los montes hacen eco al grito de muerte. ⁶·⁷Elamitas son los arqueros, sirios conducen los carros, los hombres de Quir sostienen los escudos. Estos enemigos llenan los más hermosos valles de Jerusalén y se apiñan contra sus puertas.

⁸Dios ha retirado su solícita protección. Corren al arsenal en busca de armas. ⁹⁻¹¹Inspeccionan los muros de Jerusalén para ver qué hay que reparar. Ven las casas y tiran algunas para conseguir piedras para reparar los muros. En el interior de la ciudad construyen un depósito de reserva con agua del estanque de abajo. Pero de nada valdrán sus presurosos planes pues no han pedido la ayuda de Dios, el cual hizo que les sobreviniera este desastre. Fue él quien lo planeó desde hace mucho. ¹²El Señor Dios Todopoderoso los llamó a arrepentirse, a llorar, lamentar y rasurarse la cabeza dolidos por sus pecados, y a vestirse de saco penitencial para mostrar arrepentimiento. ¹³Pero en vez de ello, cantan, danzan y juegan, comen y beben.

«Comamos, bebamos y alegrémonos, dicen, ¡qué más da, si mañana moriremos!»

¹⁴El Señor Dios Todopoderoso me ha revelado que este pecado no se les perdonará hasta el día de su muerte. ¹⁵,¹⁶Además, el mismo Señor Dios Todopoderoso me ha dicho esto: Ve y dile a Sebna, el administrador del palacio: «¿Quién te imaginas que eres, tú que edificas para ti este hermoso sepulcro en la roca? ¹⁷Porque el Señor que te permitió vestirte con tal magnificencia, te arrojará y te enviará en cautiverio. ¡Oh gran hombre, ¹⁸el Señor te hará un bodoque en su mano y te lanzará a tierra lejana y estéril! ¡Allá morirás, tú que te crees varón glorioso, tú que deshonras a tu nación!

¹⁹Sí, te echaré de tu puesto, dice el Señor, y te derribaré de tu elevada posición. ²⁰Y llamaré luego a mi siervo Eliaquín, hijo de Jilquías, para sustituirte. ²¹El tendrá tu uniforme, título y jurisdicción, y será un padre para el pueblo de Jerusalén y para todo Judá. ²²Le daré autoridad sobre todo mi pueblo. Lo que diga él se hará, nadie podrá detenerlo. ²³,²⁴Lo convertiré en fuerte y firme percha que sostenga a mi pueblo. Sobre él echarán carga. Él llevará con toda honra su nombre. ²⁵Pero aquella otra percha que parece estar tan firme en la pared, el Señor la arrancará. Saldrá y caerá en tierra, y cuanto ella sostenga la acompañará en la caída, porque el Señor ha hablado.

## Profecía contra Tiro

**23** Este es el mensaje de Dios para Tiro:

¡Lloren, naves de Tarsis que regresan de tierras lejanas! ¡Lloren por su puerto, porque ha desaparecido! Los rumores que oyeron en Chipre eran verdaderos. ²,³Sólo el silencio de muerte reina por todas partes. Hay silencio en donde antes existía su agitado puerto, cuando estaba lleno de naves de Sidón que traían mercancías del otro lado del océano, desde Egipto y de las orillas del Nilo. Tú eras el emporio del mundo. ⁴Avergüénzate, Sidón, fortaleza del mar, porque has quedado sin hijos. ⁵Cuando Egipto se entere, tendrá gran dolor. ⁶Huyan llorando a Tarsis, hombres de Tiro. ⁷Esta silenciosa ruina es lo que queda de la que un día fue su fecunda tierra. ¡Qué grande fue tu historia! ¡Pensar en todos los colonos que enviaste a tierras lejanas!

⁸¿Quién ha acarreado este desastre a Tiro, la que edificó imperios y fue reina de los mercaderes del mundo? ⁹¡El Señor Todopoderoso lo ha hecho para abatir tu orgullo y para mostrar su desprecio por toda arrogante grandeza humana! ¹⁰¡A la mar, a la mar, naves de Tarsis, que ya no tienen puerto! ¹¹El Señor extiende su mano sobre los mares, hace temblar los reinos de la tierra. El Señor ha hablado contra esta gran ciudad mercantil, para destruir su arrogante fortaleza.

¹²Él dice: Nunca más te regocijarás ni tendrás vigor. ¡Oh deshonrada virgen hija de Sidón, aunque huyas a Chipre no hallarás reposo!

¹³Tiro será echada a las fieras por los babilonios, no por los asirios. Aquellos la asediarán, arrasarán sus palacios y la convertirán en montón de ruinas. ¹⁴¡Aúllen, naves que surcan los océanos, porque destruido está el puerto que las acogía!

¹⁵,¹⁶Setenta años yacerá Tiro en el olvido. Luego en los días de otro rey, la ciudad resucitará. Entonará

durante la siega. ⁵Pero antes que lancen el ataque y mientras estén madurando sus planes como uvas, él los cortará como con podadora. Podará los zarcillos que se extienden. ⁶Tu poderoso ejército quedará muerto en el campo para que lo devoren las aves del monte y las fieras salvajes. Los buitres andarán desgarrando cadáveres todo el verano y las fieras roerán huesos todo el invierno. ⁷Pero vendrá el tiempo en que aquella vigorosa y potente nación terror de todos, lejanos y cercanos, (aquella nación conquistadora y destructora, cuya tierra dividen los ríos), traerá ofrendas al Señor Todopoderoso en Jerusalén, donde él ha puesto su nombre.

## Profecía contra Egipto

**19** Este es el mensaje de Dios respecto a Egipto: ¡Miren! ¡Cabalgando en veloz nube el Señor viene contra Egipto! ¡Los ídolos de Egipto tiemblan, los corazones de los egipcios se derriten de miedo! ²Yo los pondré a pelear unos contra otros: hermano contra hermano, vecino contra vecino, ciudad contra ciudad, provincia contra provincia. ³Sus sabios consejeros ya no hallan qué hacer. Piden sabiduría a sus ídolos, consultan a médium, hechiceros y brujas para que los orienten.

⁴Yo entregaré a Egipto en manos de un amo duro y cruel, un rey despiadado, dice el verdadero amo de ustedes, el Señor Todopoderoso. ⁵Y las aguas del Nilo no subirán ni inundarán los campos. Las acequias quedarán resquebrajadas y secas, ⁶pestilentes sus canales por las cañas podridas, ⁷todo lo verde por las riberas del río se marchitará y el viento se lo llevará. Los cultivos se secarán, todo morirá. ⁸Llorarán los pescadores por falta de trabajo, los que pescan con anzuelo ni los que usan redes tendrán qué hacer. ⁹Los tejedores carecerán de lino y de algodón, pues las cosechas se perderán. ¹⁰Los hombres, grandes y pequeños, estarán abatidos y quebrantados.

¹¹¡Qué necios consejeros tiene Zoán! El mejor de sus consejos para el rey de Egipto es completamente insensato y equivocado. ¿Continuarán vanagloriándose de su sabiduría? ¿Osarán hablarle al faraón de los muchos sabios que hay entre sus ascendientes? ¹²¿Qué fue de tus «sabios consejeros», faraón? ¿A dónde se fue la sabiduría? Si son sabios, que le digan lo que el Señor le hará a Egipto. ¹³Los «sabios» de Zoán también son necios y los de Menfis absolutamente ilusos. Son los mejores que puedes hallar, pero han arruinado a Egipto con su necio consejo. ¹⁴El Señor les envió espíritu de necedad para que todo lo que sugieran sea equivocado. Hacen que Egipto se tambalee como un borracho enfermo. ¹⁵Nada ni nadie podrá salvar a Egipto, nadie puede mostrarle el camino.

¹⁶En aquel día los egipcios serán tan débiles como mujeres, temblando de miedo ante el puño alzado de Dios. ¹⁷La simple mención del nombre de Israel les infundirá terror en el corazón, porque el Señor Todopoderoso ha trazado sus planes contra ellos.

¹⁸En aquel tiempo, cinco de las ciudades de Egipto seguirán al Señor Todopoderoso y comenzarán a hablar el idioma hebreo. Una será Heliópolis (La Ciudad del Sol). ¹⁹Y habrá en aquellos días un altar al Señor en el corazón de Egipto, y un monumento al Señor en sus fronteras. ²⁰Ésta será señal de lealtad al Señor Todopoderoso. Entonces, cuando clamen al Señor pidiendo ayuda contra quienes los oprimen, él les enviará un Salvador, y éste los librará.

²¹En aquel día el Señor se dará a conocer a los egipcios. Sí, ellos conocerán al Señor y le darán sus sacrificios y ofrendas, le harán promesas a Dios y las cumplirán. ²²El Señor herirá a Egipto y luego lo restaurará, porque los egipcios se volverán al Señor y él escuchará la súplica de ellos y los sanará.

²³En aquel día Egipto e Irak estarán unidos por una carretera y egipcios e iraquíes viajarán libremente entre uno y otro país, y adorarán al mismo Dios, ²⁴e Israel será su aliado. Los tres estarán juntos e Israel será para ellos bendición. ²⁵Porque el Señor bendecirá a Egipto y a Irak por causa de su amistad con Israel. Él dirá:

«Bendito sea Egipto, pueblo mío; bendito sea Irak, nación que yo hice; bendito sea Israel, heredad mía».

## Profecía contra Egipto y Etiopía

**20** El año que Sargón, rey de Asiria, envió a comandante en jefe de su ejército contra la ciudad filistea de Asdod y la tomó, ²el Señor ordenó a Isaías, hijo de Amoz, que se quitara la ropa, inclusive los zapatos, y anduviera desnudo y descalzo. E Isaías hizo como se le mandó. ³Entonces el Señor dijo: Mi siervo Isaías, que durante estos tres años ha andado desnudo y descalzo, es símbolo de la tremenda tribulación que traeré sobre Egipto y Etiopía. ⁴Porque el rey de Asiria se llevará cautivos a los egipcios y etíopes, obligándolos a andar desnudos y descalzos, tanto a jóvenes como a ancianos, con las nalgas al viento para vergüenza de Egipto. ⁵,⁶¡Y qué turbación la de los filisteos que confiaban en el «poder de Etiopía», y en su «glorioso aliado» Egipto! Y dirán: «Si esto le ocurre a Egipto, ¿qué será de nosotros?»

## Profecía contra Babilonia

**21** Este es el mensaje de Dios respecto a Babilonia: Desde el desierto viene contra ustedes un desastre rugiente, como son los torbellinos arrasadores del sur. ²Veo una espantosa visión: ¡Oh, qué horrendo! Dios me dice lo que hará: ¡los veo saqueados y destruidos! Elamitas y medos participarán en el asedio. Babilonia caerá, y entonces llegará a su fin el gemido de todas las naciones que ella esclavizó. ³Tengo retortijones y dolor de estómago, siento agudas punzadas de horror, como de mujer que da a luz. Me desmayo al oír lo que Dios planea, estoy horrorizado, me ciega la angustia. ⁴Yo desvarío, el corazón me late impetuoso, soy presa de espantoso miedo. Todo reposo nocturno —¡qué agradable era!— ha desaparecido; estoy en mi lecho desierto y tembloroso.

⁵¡Miren! ¡Están preparando un gran banquete! Llenan de manjares las mesas, arman sus sillas para comer... ¡Vamos! ¡Pronto, tomen los escudos y alístense para el combate! ¡Los están atacando!

⁶,⁷Mientras tanto en mi visión el Señor me había dicho:

Coloca un vigía sobre la muralla de la ciudad para que grite lo que vea: Cuando vea pares de jinetes cabalgando en burros y camellos, dile: «¡Ya está!»

⁸,⁹Coloqué, pues, al vigía sobre la muralla y al fin él gritó:

filisteas, condenadas están. Condenada está toda su nación, porque un ejército perfectamente entrenado baja desde el norte contra ti. ³²¿Y qué les diremos a los cronistas? Díganles que el Señor fundó a Jerusalén y él ha resuelto que los pobres de entre su pueblo hallen refugio dentro de sus muros.

## Profecía contra Moab

**15** Este es el mensaje de Dios para Moab:
En una sola noche serán destruidas Ar y Quir, ciudades suyas. ²Tu pueblo en Dibón irá doliente a sus templos para llorar por el destino de Nebo y Medeba. En señal de duelo se rasurarán la cabeza y se cortarán la barba. ³Irán por las calles vestidos de saco penitencial, y en todo hogar se oirá su llanto. ⁴Los gritos de las ciudades de Hesbón y Elalé llegan lejos, hasta Yahaza. Los más valientes guerreros de Moab lloran completamente aterrorizados.

⁵¡Mi corazón llora por Moab! Sus habitantes huyen a Zoar y a Eglat Selisiyá. Llorando suben la cuesta de Luhit, y su llanto se oye por todo el camino de Joronayin. ⁶¡Hasta el río Nimrín está desolado! Secas están sus hermosas riberas y ya no hay tiernas plantas. ⁷Los desesperados fugitivos toman sólo aquellos bienes que pueden llevar en la mano y huyen a través del arroyo de los Sauces. ⁸De un extremo al otro, toda Moab es tierra de llanto. ⁹La corriente cercana a Dibón se volverá roja de sangre, ¡pero aún no he terminado con Dibón! Presa de leones serán los sobrevivientes: los que huyan y los que se queden.

**16** Los refugiados de Moab que están en Selá envían corderos como oferta de alianza hacia el rey de Judá. ²Las mujeres de Moab son dejadas en los bajos del río Arnón, como aves sin nido. ³Los embajadores que van con el regalo a Jerusalén suplican que se les dé consejo y auxilio:

—Dennos refugio, protéjannos, no nos entreguen a nuestros enemigos. ⁴,⁵Dejen que nuestros desterrados moren entre ustedes, ocúltenlos de nuestros enemigos. Dios los recompensará por su bondad para con nosotros. Si dejan que los fugitivos de Moab se establezcan entre ustedes, una vez pasado el terror, Dios establecerá el trono de David para siempre, y en ese trono pondrá a un rey justo e íntegro.

⁶¿Es éste el altivo Moab de quien tanto hemos oído? ¡Su arrogancia e insolencia ahora se han esfumado! ⁷Por eso llora toda Moab. Sí, Moab llorará por la abatida Quir Jaréset ⁸y por las abandonadas haciendas de Hesbón y los viñedos de Sibma. Los caudillos enemigos talaron las mejores vides; sus tropas llegaron hasta Jazer en el desierto y aun hasta el mar. ⁹Así que lloro y me lamento por Jazer y por los viñedos de Sibma. Correrá mi llanto por Hesbón y Elalé, porque ha caído la destrucción sobre sus frutos de verano y sus mieses. ¹⁰Huyó la alegría, huyó el júbilo de la cosecha. Ya no se escuchará el canto alegre en los viñedos, nunca más exprimirán sus pies las uvas para el vino en los lagares. Yo puse fin a todos los goces de la cosecha.

¹¹¡Ay, lloro, lloro, lloro por Moab, y grande será mi pena por Quir Jaréset! ¹²El pueblo de Moab clamará angustiado a sus ídolos en la cumbre de las colinas, pero de nada les valdrá; llamarán a sus dioses en los templos de sus ídolos, pero nadie acudirá en su auxilio. ¹³,¹⁴Todo esto respecto a Moab ha sido dicho antes, pero ahora el Señor dice que dentro de tres años, sin falta, la gloria de Moab terminará y que pocos de entre su pueblo quedarán vivos.

## Profecía contra Damasco

**17** Este es el mensaje de Dios para Damasco, capital de Siria:

¡Miren! ¡Damasco ha desaparecido! Ya no es ciudad; se ha convertido en un montón de ruinas. ²Las ciudades de Aroer están desiertas. En ellas pastan las ovejas, tranquilas y sin miedo, sin nadie que las espante. ³La fuerza de Israel y el poder de Damasco se acabarán, y el remanente de Siria será destruido. Porque como la gloria de Israel desapareció, también la de ellos se esfumará, declara el Señor Todopoderoso. ⁴Sí, la gloria de Israel será menguada cuando la pobreza invada el país. ⁵Israel quedará tan abandonada como los trigales cosechados del valle de Refayin. ⁶¡Ay, poquísimos de sus habitantes quedarán, así como unas cuantas aceitunas quedan olvidadas en el árbol cuando pasa la cosecha: dos o tres en las más altas ramas, cuatro o cinco en las puntas de las ramas más pequeñas! Así les ocurrirá a Damasco e Israel: serán despojados de sus habitantes y sólo quedarán a salvo unos cuantos pobres. ⁷Entonces por fin se acordarán de Dios su Creador y respetarán al Santo de Israel. ⁸En aquel día ya no pedirán ayuda a sus ídolos, ni adorarán a lo fabricado por sus manos. Ya no reverenciarán las imágenes de Aserá ni a las imágenes del sol.

⁹Sus mayores ciudades quedarán tan desoladas como las lejanas colinas montañosas y las alturas de los montes, y serán como las abandonadas ciudades de los amorreos, desiertas desde que los israelitas se acercaron a ellos hace tanto tiempo. ¹⁰¿Por qué? Porque se han apartado del Dios que puede salvarlos, la Roca que puede esconderlos. Por lo tanto, aunque hagan raros y valiosos cultivos, ¹¹y aunque se den tan bien que florezcan la misma mañana en que se siembran, jamás cosecharán. Su única cosecha será una montaña de pena y de incurable dolor.

¹²¡Miren! ¡Vean los ejércitos que marchan atronadores contra la tierra de Dios! ¹³Pero aunque rujan como las olas que rompen en los arrecifes, Dios les impondrá silencio. Huirán esparcidos como paja al viento, como torbellino de polvo antes de la tormenta. ¹⁴Al anochecer Israel espera aterrorizado, pero al rayar el alba sus enemigos habrán muerto. Esta es la justa recompensa de quienes saquean y destruyen al pueblo de Dios.

## Profecía contra Etiopía

**18** ¡Ah, tierra que está más allá de las cabeceras del Nilo, donde los alados botes de vela se deslizan por el río! ²¡Tierra que en rápidas embarcaciones envía embajadores Nilo abajo, vuelvan a ti veloces mensajeros! ¡Oh vigorosa y ágil nación temida por doquier, nación conquistadora y destructora cuyo país está dividido por el Alto Nilo! Este es el mensaje para ti:

³Cuando se alce mi estandarte de batalla sobre el monte, ¡sépase notificado el mundo entero! Cuando suene la trompeta, ¡escuchen! ⁴Porque esto me ha dicho el Señor: «Que avance ahora tu poderoso ejército contra la tierra de Israel». Dios observará impasible desde su templo en Jerusalén, sereno como en placentero día estival o en hermosa mañana de otoño

oh Babilonia. Son portadores de su ira y destruirán toda tu tierra.

⁶Griten aterrorizados, porque ha llegado el día del Señor, el tiempo en que el Todopoderoso los aplastará. ⁷Tienen los brazos paralizados de miedo; hasta los más recios corazones se derriten ⁸y están llenos de miedo. El terror los atenaza con terribles dolores como los de la mujer a punto de dar a luz. Se miran unos a otros, indefensos, mientras las llamas de la ciudad incendiada se reflejan en sus pálidos rostros.

⁹Pues vean, viene el día del Señor, el terrible día cuando dará rienda libre a su cólera y gran ira. Entonces será destruido el país y con él todos los pecadores. ¹⁰El cielo se oscurecerá sobre ellos. No darán su luz las estrellas, ni el sol ni la luna.

¹¹Y yo castigaré al mundo por su maldad, a los inicuos por su pecado. Yo aplastaré la arrogancia de los orgullosos y la altivez de los ricos. ¹²Pocos quedarán con vida cuando yo acabe mi obra destructora. Escasearán los hombres como escasea el oro; valdrán más que el oro de Ofir. ¹³En mi ira y furor sacudiré los cielos y entonces la tierra se saldrá de su órbita en los cielos.

¹⁴Los ejércitos de Babilonia correrán hasta agotarse, huyendo hacia su país como si fueran venados perseguidos por los perros, como ovejas errantes abandonadas de su pastor. ¹⁵Los que no huyan caerán en la matanza. ¹⁶Sus pequeños serán estrellados contra el pavimento ante sus propios ojos; sus casas serán saqueadas, y violadas sus esposas por las hordas invasoras. ¹⁷Porque yo incitaré a los medos contra Babilonia, y no habrá plata ni oro suficientes para aplacarlos. ¹⁸El ejército atacante no se apiadará de los jóvenes de Babilonia, ni de sus infantes o niños de pecho.

¹⁹Y así Babilonia, el más glorioso de los reinos, flor y nata de la cultura caldea, será completamente arrasada como lo fueron Sodoma y Gomorra cuando Dios les envió fuego del cielo; ²⁰jamás volverá a surgir Babilonia. Generaciones vendrán y pasarán pero su tierra no volverá a ser habitada ni los nómadas volverán a acampar en ella. Los pastores jamás pernoctarán allí con sus ovejas. ²¹Las fieras del desierto tendrán allí su morada y por sus casas andarán bestias ululantes. Las habitarán los avestruces, y los demonios tendrán allí sus danzas. ²²Hienas y chacales tendrán su guarida en sus palacios. Contados están los días de Babilonia, pronto será el día de su caída.

**14** Pero el Señor tendrá misericordia de los israelitas, pues todavía son especial posesión suya. Los llevará de regreso para poblar nuevamente la tierra de Israel. Y muchas naciones vendrán y se unirán a ellos allí y serán sus leales aliados. ²Las naciones del mundo les ayudarán a regresar, y los que lleguen a vivir en su tierra les servirán. Los que esclavizaron a Israel serán esclavizados. ¡Israel gobernará a sus enemigos!

³En el día maravilloso en que el Señor dé a su pueblo reposo de la pena y el temor, de la esclavitud y las cadenas, ⁴ustedes se mofarán del rey de Babilonia y dirán: «¡Grandísimo matón, por fin te llegó tu día, ⁵porque el Señor ha aplastado tu impío poder y ha quebrantado tu perverso gobierno!». ⁶Tú perseguiste a mi pueblo con incesantes golpes rabiosos y tuviste a las naciones entre tus crueles garras. La tuya fue una tiranía desenfrenada. ⁷¡Mas por fin toda la tierra está en reposo y tranquilidad!

Todo el mundo comienza a cantar. ⁸Hasta los árboles de los bosques —los pinos y cedros del Líbano— entonan este cántico jubiloso: «Quebrantado está tu poder, nadie más nos inquietará; por fin tenemos paz».

⁹Los moradores del infierno se apiñan para recibirte cuando entras en su dominio. Caudillos de todo el mundo y los más poderosos reyes, muertos hace mucho, están allí para verte. ¹⁰Exclaman a una voz: «¡Ahora eres tan débil como nosotros!» ¹¹Se esfumaron tu grandeza y poder; contigo quedan enterrados. Cesó toda dulce música en tu palacio; ahora tu sábana son larvas y tu frazada, gusanos.

¹²¡Cómo caíste del cielo, oh Lucifer, hijo de la aurora! ¡Cómo has sido derribado en tierra, tú que fuiste tan poderoso luchando contra las naciones del mundo! ¹³Porque te extasiabas pensando: «Subiré al cielo y gobernaré a los ángeles. ¹⁴Treparé hasta lo más elevado del cielo y seré como el Altísimo». ¹⁵Pero en vez de ello, serás hundido en lo más profundo del abismo infernal. ¹⁶Allá todos te mirarán con asombro y preguntarán: «¿Será éste aquel que hacía temblar la tierra y los reinos del mundo? ¹⁷¿Será éste aquel que destruía el mundo, convirtiéndolo en un degolladero, demoliendo sus grandes ciudades sin tener misericordia de sus prisioneros?»

¹⁸En regia gloria reposan en sus tumbas los reyes de las naciones, ¹⁹pero tu cuerpo está tirado como si fuera rama desgajada; yace en un sepulcro abierto, cubierto por los cadáveres de los muertos en batalla; yace como carroña en el camino, pisoteado y deshecho por los cascos de los caballos. ²⁰Para ti no habrá monumento, porque has destruido a tu nación y has asesinado a tu pueblo. Tu hijo no te sucederá en el trono. ²¹Maten a los hijos de este pecador. No dejen que se levanten a conquistar la tierra ni a reconstruir las ciudades del mundo.

²²Yo mismo me he alzado contra él, dice el Señor Todopoderoso, y troncharé a sus hijos y a los hijos de sus hijos para que jamás se sienten en su trono. ²³Convertiré a Babilonia en páramo para los puercoespines, lleno de pantanos y ciénagas. Barreré el país con escoba de destrucción, dice el Señor Todopoderoso.

### *Profecía contra Asiria*

²⁴Dios ha jurado hacerlo, diciendo: Tal es mi propósito y mi plan. ²⁵He resuelto quebrantar el ejército asirio cuando esté en Israel, y aplastarlo en mis montes. Mi pueblo no será más esclavo suyo. ²⁶Este es mi plan para toda la tierra; lo realizaré por mi gran poder que alcanza toda la redondez del mundo. ²⁷El Señor, el Dios de la batalla, ha hablado; ¿quién podrá cambiar sus planes? Cuando su mano se mueve, ¿quién puede detenerlo?

### *Profecía contra los filisteos*

²⁸Ésta es la comunicación que recibí el año que murió el rey Acaz:

²⁹No se regocijen, filisteos, de que haya muerto el rey que los hería. Cierto que esa vara está quebrada, pero su hijo será para ustedes peor azote de lo que fue su padre. De la serpiente nacerá una víbora, una víbora de fuego que los destruirá. ³⁰Yo pastorearé a los pobres de mi pueblo; ellos pacerán en mis pastos. En paz se acostarán los menesterosos. Pero a ti, a ti te raeré mediante el hambre y la espada. ³¹Lloren, ciudades

aquel magno ejército sólo unos cuantos quedarán, tan pocos que un niño podrá contarlos.

## El remanente de Israel

[20] Y finalmente, los que hayan quedado en Israel y Judá confiarán en el Señor, el Santo de Israel, en vez de temer a los asirios. [21] Un remanente de ellos retornará al Dios poderoso. [22] Pero aunque Israel sea ahora tan numeroso como las arenas de la playa, sólo unos pocos quedarán para regresar en aquel día. Con toda justicia ha resuelto Dios destruir a su pueblo. [23] Ya el Señor Dios Todopoderoso, el dueño de ustedes, ha decidido consumirlos. [24] Por lo tanto, el Señor Dios Todopoderoso dice:

«¡Oh pueblo mío de Jerusalén, no temas a los asirios cuando te opriman como hace mucho hicieron los egipcios! [25] No será por mucho tiempo; dentro de poco cesará mi ira contra ti y se encenderá contra ellos para destruirlos».

[26] El Señor Todopoderoso enviará su ángel para acabar con ellos en una gran matanza como cuando Gedeón venció a Madián en la roca de Oreb, o como cuando Dios ahogó a los ejércitos egipcios en el mar. [27] En aquel día pondrá Dios fin a la esclavitud de su pueblo, les quitará de la cerviz el yugo de esclavitud y destruirá a los enemigos como está decretado.

[28,29] ¡Miren! ¡Ya vienen los poderosos ejércitos de Asiria! Ya están en Ayat, ahora llegan a Migrón, ya acumulan parte de sus tropas en Micmás y franquean el paso, van a pasar la noche en Gueba. El miedo se apodera de Ramá: todo el pueblo de Guibeá, la ciudad de Saúl, huye para salvarse.

[30] ¡Bien pueden gritar aterrorizados, oh pueblo de Galín! Griten avisándole a Lais, pues se acerca el poderoso ejército. ¡Pobre Anatot, qué destino te espera! [31] Anda de huida el pueblo de Madmena, y los habitantes de Guebín se preparan para escapar, [32] pero el enemigo se detiene a pasar en Nob el resto del día. Amenaza con el puño a Jerusalén que está en el monte Sión.

[33] De pronto, ¡miren, miren! El Señor, el Señor Todopoderoso viene derribando los regios árboles. Está acabando con todo aquel vasto ejército, con grandes y pequeños por igual, oficiales y reclutas. [34] Él, el Poderoso, truncará al enemigo como el hacha del leñador corta los árboles del bosque en el Líbano.

## El retoño de Isaí

**11** † La descendencia real de David será interrumpida, cortada como se hace con un árbol, pero del tronco surgirá un renuevo, una nueva † rama de la antigua raíz. [2] Y sobre él reposará el Espíritu del Señor, el Espíritu de sabiduría, entendimiento, consejo y poder; el Espíritu de conocimiento y reverencia del Señor. [3] Su delicia será obedecer al Señor. No los juzgará por las apariencias, por falsas pruebas o por chismes, [4] sino que defenderá a los pobres y explotados. Regirá contra los malvados que los opriman. [5] Porque estará revestido de equidad y verdad.

[6] En ese tiempo el lobo y el cordero se echarán juntos, y el leopardo y las cabras estarán en paz. Los becerros y el ganado engordado estarán a salvo entre los leones, y un niñito los pastoreará a todos. [7] Las vacas pacerán entre los osos; los cachorros y los terneros se echarán juntos y los leones comerán hierba como hacen las vacas. [8] Los pequeñitos andarán seguros gateando entre las serpientes venenosas, y el niñito que meta la mano en un nido de víboras no sufrirá ningún daño. [9] Nada habrá perjudicial ni destructivo en todo mi monte sagrado, pues así como las aguas llenan el mar, de igual modo la tierra estará llena del conocimiento del Señor.

[10] En aquel día, el que creó la dinastía real de David será estandarte de salvación para todo el mundo. Las naciones acudirán a él, pues el sitio en donde viva será un lugar glorioso. [11] En aquel tiempo el Señor hará volver por segunda vez a los pocos que permanecieron fieles de entre su pueblo, trayéndolos a Israel desde Asiria, el Alto y el Bajo Egipto, Etiopía, Elam, Babilonia, Jamat y todas las lejanas tierras costeras. [12] Alzará una bandera entre las naciones como señal para que éstas se congreguen. De todos los confines de la tierra recogerá a los israelitas dispersos. [13] Y finalmente acabarán los celos entre Israel y Judá, no pelearán más entre sí, [14] sino que juntos se lanzarán contra las naciones asentadas en su tierra al oriente y al occidente, uniendo sus fuerzas para derrotarlas y ocuparán las naciones de Edom, Moab y Amón.

[15] El Señor les abrirá paso por entre el Mar Rojo, y alzando su mano sobre el Éufrates mandará un fuerte viento que lo dividirá en siete partes que puedan cruzarse fácilmente. [16] Construirá el Señor una calzada desde Asiria para el pequeño grupo de fieles que allá mora, tal como antiguamente lo hizo para todo Israel cuando éste retornó de Egipto.

## Canciones de alabanza

**12** En aquel día dirán:
—¡Alaben al Señor! Estuvo airado conmigo, pero ahora me consuela. [2] ¡Miren! ¡Dios ha acudido a salvarme! Estaré confiado y no temeré, porque el Señor es mi fuerza y mi canción, ¡él es mi salvación! [3] ¡Oh, qué gozo es beber hasta saciarse de la fuente de salvación!

[4] En aquel admirable día dirán:
—¡Den gracias al Señor! ¡Alaben su nombre! Cuéntenle al mundo de su maravilloso amor. ¡Cuán poderoso es! [5] ¡Cántenle al Señor, pues ha realizado maravillas! Den a conocer su alabanza en la redondez del mundo. [6] Cante jubiloso su canto de reconocimiento todo el pueblo de Jerusalén. Porque grande y poderoso es el Santo de Israel, que mora entre ustedes.

## Profecía contra Babilonia

**13** Ésta es la visión que Dios le mostró a Isaías, hijo de Amoz, respecto a la caída de Babilonia.

[2] Vean cómo ondean las banderas mientras sus enemigos la atacan. ¡Grítenles, oh Israel, y háganles señas cuando marchan contra Babilonia a destruir los palacios de los ricos y poderosos! [3] Yo, el Señor, he apartado estos ejércitos para la tarea; he llamado a los que se gozan en su fuerza para que hagan esta obra, para satisfacer mi ira. [4] Escuchen el tumulto en los montes. ¡Escuchen a los ejércitos en marcha! Es el tumulto y el clamor de muchas naciones. El Señor Todopoderoso los ha congregado aquí, [5] desde lejanos países. Son las armas que emplea contra ti,

† 11.1—Jo 1.45    † 11.2—Lc 4.18    ☆ 12.2–3

20¡Contrasta las palabras de estas brujas con la palabra de Dios!, dice él. Si sus mensajes difieren de los míos, es que no proceden de mí, porque no hay en ellas luz de verdad. 21Mi pueblo será llevado cautivo, claudicante, fatigado y hambriento. Y llevados del hambre, en su desvarío sacudirán el puño contra el cielo y maldecirán a su rey y a su Dios. 22Adondequiera que vuelvan la mirada hallarán tribulación, angustia y negra desesperación. Y serán lanzados a las tinieblas.

## Nos ha nacido un niño

**9** † Pero ese tiempo de tinieblas y desesperación no será eterno. Aunque pronto la tierra de Zabulón y Neftalí caigan bajo el menosprecio y el castigo de Dios, en lo futuro estas mismas tierras, Galilea y Transjordania del norte, donde están los caminos que llevan al mar, se verán llenas de gloria. 2El pueblo que anda en tinieblas verá una gran luz, una luz que iluminará a todos los que moran en la ☼ tierra de amenaza de muerte. 3Porque Israel volverá a ser grande, lleno de gozo como los segadores en el tiempo de la mies y como los hombres que se reparten el botín capturado. 4Porque Dios quebrantará las cadenas que oprimen a su pueblo y el látigo que lo azota, tal como destruyó la gran hueste de los madianitas valiéndose del pequeño grupo de Gedeón. 5En aquel glorioso día de paz ya no se fabricará armamento, no habrá más uniformes de guerra manchados de sangre. Todo eso será quemado.

† 6Porque nos ha nacido un niño, se nos ha dado un hijo y él tendrá el gobierno sobre su hombro. Estos serán sus títulos de realeza: «Admirable», «Consejero», «Dios poderoso», «Padre eterno», «Príncipe de paz». 7Su siempre creciente y pacífico reinado no acabará jamás. Gobernará con perfecta equidad y justicia desde el trono de David su padre. Traerá verdadera justicia y paz a todas las naciones del mundo. Esto ocurrirá porque el Dios Todopoderoso se ha empeñado en realizarlo.

## El enojo del SEÑOR contra Israel

8-10El SEÑOR ha hablado contra el jactancioso Israel que dice que si bien nuestra tierra yace ahora en ruinas, la reconstruiremos mejor que antes. ¡Han talado los sicómoros, pero los repondremos con cedros!, dicen. 11,12La respuesta del SEÑOR a su jactancia es traer a sus enemigos contra él: los sirios al este y los filisteos al oeste. Con sus fauces devorarán a Israel y aun así la ira del SEÑOR contra ustedes no estará satisfecha; todavía tiene cerrado el puño para aplastarlos. 13Pero a pesar de todo este castigo no se arrepentirán ni se volverán a él, al SEÑOR Todopoderoso. 14,15Por lo tanto el SEÑOR, en un solo día, destruirá a los jefes de Israel y a los profetas mentirosos. 16Los caudillos han llevado a su pueblo cuesta abajo hacia la ruina.

17Por eso el SEÑOR no se complace en sus mancebos, y no se apiada siquiera de las viudas ni de los huérfanos, pues todos son malvados, mentirosos de inmunda boca. Por eso es que aún no está satisfecha su ira y su puño está aún listo para aplastarlos a todos. 18Él quemará toda esta maldad, estos espinos y zarzas. Y las llamas consumirán también los bosques y de sus incendios subirá una gran columna de humo. 19,20La tierra está ensombrecida por las nubes negras provocadas por tal incendio, por la ira del SEÑOR Todopoderoso. Pasto de las llamas es el pueblo. Cada cual lucha contra su hermano para robarle el alimento, pero nunca tendrá suficiente. ¡Finalmente, llegarán hasta comerse a sus propios hijos! 21Manasés contra Efraín, Efraín contra Manasés, y ambos contra Judá. Pero ni aun después de todo esto se satisface la ira de Dios. Aún pende sobre ellos su mano para aplastarlos.

**10** ¡Ay de los jueces prevaricadores y de los que promulgan leyes injustas!, dice el SEÑOR, 2de modo que no haya justicia para los pobres, las viudas y los huérfanos. Sí, es cierto que hasta roban a las viudas y a los niños sin padre.

3¡Ay! ¿Qué harán cuando yo los visite en el día en que de lejanas tierras haga caer sobre ustedes la desolación? ¿A quién se volverán entonces en busca de socorro? ¿En dónde pondrán a salvo sus tesoros? 4Yo no los ayudaré, tropezarán como prisioneros y yacerán entre los muertos. Y aún así no estará satisfecha mi ira, sino que aún tendré el puño listo para golpearlos.

## Juicio de Dios sobre Asiria

5,6Asiria es el látigo de mi ira, su fuerza militar es el arma que empleo contra esta nación impía, sentenciada y condenada. Ella los esclavizará, los saqueará y pisoteará como tierra bajo sus pies. 7Pero el rey de Asiria no sabrá que fui yo quien lo envió. Pensará solamente que ataca a mi pueblo como parte de su plan de dominio mundial. 8Dirá que pronto cada uno de sus príncipes será rey de un país conquistado.

9«Destruiremos a Calnó así como destruimos a Carquemis», dirá, «y Jamat caerá ante nosotros como cayó Arfad; y destruiremos a Samaria como destruimos a Damasco. 10Sí, hemos aniquilado muchos reinos cuyos ídolos eran mucho más grandes que los de Jerusalén y Samaria. 11Así que cuando hayamos derrotado a Samaria y sus ídolos, destruiremos a Jerusalén y los suyos».

12Luego que el SEÑOR se haya valido del rey de Asiria para realizar sus fines, se enfrentará con los asirios y los castigará también, porque son hombres orgullosos y altivos. 13Se vanagloriarán diciendo: Por nuestra propia fuerza y sabiduría hemos ganado esas guerras. Somos grandes y sabios. Por nuestra propia fuerza derribamos las murallas y destruimos a los pueblos, y nos llevamos sus tesoros. 14Por nuestra propia grandeza hemos saqueado sus nidos de riquezas y hemos reunido reyes como los granjeros recogen huevos, y nadie puede mover un dedo ni abrir la boca contra nosotros.

15Pero el SEÑOR dice:

«¿Pretenderá el hacha tener más poder que el hombre que la maneja? ¿Será la sierra más importante que el serrador? ¿Podrá la vara golpear a menos que la mano la mueva? ¿Podrá el bordón caminar por sí solo?»

16¡Por esa su perversa jactancia, oh rey de Asiria, el SEÑOR Todopoderoso enviará una plaga entre tus orgullosas tropas, y las herirá! 17Dios, la Luz y el Santo de Israel, será el fuego y la llama que las destruirá. En una sola noche quemará esos espinos y zarzas, los asirios que destruyeron la tierra de Israel. 18El enorme ejército de Asiria es como un bosque imponente, pero será destruido. El SEÑOR los destruirá en cuerpo y alma, como cuando el enfermo se consume. 19De

† 9.1-2—Ma 4.15-16   ☼ 9.3-4   † 9.6-7—Jo 7.42

camino que baja al campo del blanqueador. ⁴Dile que no se angustie más, dice el SEÑOR. Dile que no tiene por qué asustarse de la furia de esos dos fracasados, Rezín y Pecaj. ⁵Sí, cierto, los reyes de Siria e Israel vienen contra él. Los enemigos dicen: ⁶«Invadiremos a Judá y llenaremos de pánico a su pueblo. Luego pelearemos hasta llegar a Jerusalén y pondremos por rey suyo al hijo de Tabel».

⁷Pero el SEÑOR Dios dice: Este plan no triunfará, ⁸porque Damasco seguirá siendo capital sólo de Siria, y el reino de Rezín no extenderá sus fronteras. Y dentro de sesenta y cinco años también Efraín será aplastado y quebrantado. ⁹Samaria es la capital de Efraín solamente, y el poder del rey Pecaj no aumentará. ¿No me creen? Si quieren mi protección, tienen que aprender a creer lo que digo.

¹⁰No mucho después de esto, el SEÑOR envió este otro mensaje al rey Acaz: ¹¹Acaz, pídeme una señal para demostrarte que en realidad aplastaré a tus enemigos como lo tengo dicho. Pide lo que quieras que haga en cualquier lugar del globo terraqueo.

¹²Pero el rey se negó y dijo:

—¡Jamás importunaré al SEÑOR con nada semejante!

¹³Entonces Isaías respondió:

—Oh casa de David, no te basta con agotarme la paciencia, ¡tienes que agotársela también a Dios! ✝¹⁴Bueno, el SEÑOR mismo elegirá la señal: ¡Una joven dará a luz un niño! y ella le pondrá por nombre Emanuel (que significa «Dios está con nosotros»). ¹⁵,¹⁶Para cuando este niño sea destetado y pueda distinguir entre el bien y el mal, los dos reyes a quienes tanto temes —los reyes de Israel y Siria— habrán muerto.

¹⁷«Pero más adelante el SEÑOR mandará terrible maldición sobre ti, tu nación y tu familia. Habrá tanto terror como nunca se vio desde la división del imperio de Salomón en los reinos de Israel y Judá. ¡El poderoso rey de Asiria vendrá con su gran ejército!» ¹⁸En aquel tiempo el SEÑOR silbará llamando al ejército del Alto Egipto y al de Asiria, para que cual moscas desciendan sobre ti y te destruyan como si fueran abejas de aguijón mortal. ¹⁹Acudirán en hordas inmensas que se esparcirán por todo el país, hasta los valles desolados, las cuevas y los espinales, así como hacia toda la tierra fértil. ²⁰En aquel día el SEÑOR tomará esta «navaja», estos mercenarios asirios que contrataste para salvarte, y la usará para rasurarte de cuanto posees: tu tierra, tus cosechas y tu gente.

²¹,²²Cuando finalmente dejen de saquear, toda la nación será sólo un pastizal. Y afortunado será el granjero a quien al menos le quede una vaca y dos ovejas. Pero los abundantes pastos producirán mucha leche y todos los que queden se alimentarán de leche cuajada y miel silvestre. ²³En aquel tiempo los lozanos viñedos se convertirán en zarzales. ²⁴Toda la tierra será un vasto espinar, coto de caza donde abunden los animales salvajes. ²⁵Nadie irá a las fértiles laderas donde antes había huertos, pues estarán cubiertas de espinos. Vacas, ovejas y cabras pastarán allí.

## Asiria, el instrumento del SEÑOR

**8** El SEÑOR volvió a darme un mensaje: Hazte un gran letrero y anuncia en él el nacimiento del hijo que voy a darte. ¡Escríbelo con mayúsculas! Su nombre será Maher Salal Jasbaz (que significa pronto serán destruidos sus enemigos).

²Les pedí a Urías, el sacerdote y a Zacarías, hijo de Jeberequías, ambos de notoria honradez, que me vigilaran mientras yo escribía para que dieran testimonio de que yo lo había escrito (antes de que el niño fuera siquiera concebido). ³Entonces tuve relaciones sexuales con mi esposa y ella concibió y me dio un hijo, y el SEÑOR dijo:

«Ponle por nombre Maher Salal Jasbaz. ⁴Ese nombre profetiza que dentro de un par de años, antes que ese niño tenga edad para decir papá o mamá, el rey de Asiria invadirá a Damasco y a Samaria, y se llevará todas sus riquezas».

⁵Luego el SEÑOR volvió a hablarme y dijo:

⁶«Puesto que el pueblo de Jerusalén piensa rechazar mi tierna solicitud y sus habitantes están ansiosos de pedirles a los reyes Rezín y Pecaj que acudan en su auxilio, ⁷,⁸yo abrumaré a mi pueblo con la impetuosa corriente del Éufrates; el rey de Asiria con todos sus poderosos ejércitos se abalanzará contra ellos. ¡Esta inundación llenará todos sus canales y barrerá toda la tierra de Judá, oh Emanuel, llenándola de cabo a cabo».

⁹,¹⁰Por mucho que hagan Siria e Israel, enemigos nuestros, no triunfarán; serán despedazados. Escúchenme ustedes, todos nuestros enemigos: Alístense para hacernos la guerra, y perecerán. ¡Sí, perecerán! Reúnan sus consejos de guerra, desarrollen su estrategia, preparen planes de ataque contra nosotros, ¡y perezcan! porque Dios está con nosotros.

### Hay que temer a Dios

¹¹El SEÑOR Dios lo ha declarado del modo más firme: Bajo ninguna circunstancia sigan a Judá en sus planes de rendirse a Siria e Israel. ¹²Que nadie los llame traidores por su lealtad al Dios verdadero. No se llenen de pánico como tantos de sus vecinos cuando piensan en el ataque de Siria e Israel contra ustedes. ¹³¡No teman nada sino al SEÑOR Todopoderoso! Si a él le temen, no tienen por qué temerle a nada más. ¹⁴,¹⁵Él será su seguridad. Pero Israel y Judá han rechazado su protección y por tanto tropezaron contra la Roca de su salvación y yacen aplastados por ella. ¡La presencia de Dios entre ellos los ha puesto en peligro!

¹⁶Escribe todo lo que voy a hacer, dice el SEÑOR, y séllalo para el futuro. Encárgalo a algún hombre justo para que lo haga llegar a los justos de las generaciones futuras.

¹⁷Aunque el SEÑOR esté ahora oculto, voy a esperar a que nos ayude. En él reposa mi única esperanza. ¹⁸Yo y los hijos que Dios me ha dado tenemos nombres simbólicos que revelan los planes del SEÑOR Todopoderoso para su pueblo: Isaías significa «El SEÑOR salvará (a su pueblo)»; Sear Yasub significa «Un remanente volverá»; y Maher Salal Jasbaz significa ✧«Tus enemigos serán pronto aniquilados». ¹⁹¿Por qué, pues, procurar averiguar el futuro consultando a brujas y médium? ¡No escuchen sus bisbiseos y murmullos. ¿Podrán los vivos obtener de los muertos la revelación del futuro? ¿Por qué no se lo preguntan a su Dios?

✝ 7.14—Ma 1.23   ✧ 8.19–20

ran con rectitud, pero a sus oídos llegaron sólo gritos de opresión.

## Maldiciones contra los explotadores

⁸Ustedes compran propiedades y las acaparan para que otros no tengan donde vivir. Edifican sus casas en medio de extensos terrenos para vivir a sus anchas en la tierra. ⁹Pero el Señor Todopoderoso ha decretado para ustedes un espantoso destino; con mis propios oídos lo escuché:

«Quedarán desiertas muchas casas hermosas, y su dueños morirán o desaparecerán». ¹⁰¡Cinco hectáreas de viñedos producirán sólo veinticuatro litros de jugo! ¡Doscientos cuarenta litros de semilla no darán más que veinticuatro litros de cosecha!

¹¹¡Ay de los que madrugan a embriagarse y siguen el jolgorio hasta altas horas de la noche! ¡Ay de ustedes, borrachos! ¹²Ustedes llevan buena música a sus grandes fiestas; las orquestas son magníficas. Pero no piensan en el Señor ni de él se preocupan. ¹³Por lo tanto les enviaré desterrados a tierras muy lejanas, pues no saben ni les importa todo lo que por ustedes he hecho. Los hombres de grandeza y respeto entre ustedes morirán de hambre y los del vulgo morirán de sed.

¹⁴Ya el infierno se relame esperando a Jerusalén, como si fuera delicioso bocado. Devorados serán los grandes y pequeños de ella, así como sus ebrias multitudes. ¹⁵En aquel día los altivos serán derribados hasta el polvo, los orgullosos serán humillados. ¹⁶Pero el Señor Todopoderoso es exaltado por sobre todo, pues sólo él es santo, justo y bueno. ¹⁷En aquellos días pastarán los rebaños entre las ruinas. Corderos, becerros y cabritos pastarán allí.

¹⁸¡Ay de los que llevan sus pecados a rastras como toro enlazado! ¹⁹Hasta se burlan del Santo de Israel y desafían al Señor a que los castigue. «¡Vamos, castíganos, Señor!», dicen. «¡A ver qué puedes hacer!» ²⁰Dicen que lo bueno es malo y lo malo es bueno, que lo negro es blanco y lo blanco negro, dulce lo amargo y amargo lo dulce.

²¹¡Ay de los que se creen muy sabios y astutos! ²²¡Ay de los valientes de la embriaguez, los que se vanaglorian de cuánto licor resisten! ²³Aceptan soborno para pervertir la justicia; dejan libre al malvado y encarcelan al inocente. ²⁴Por tanto Dios se encargará de ellos y los dará al fuego. Desaparecerán como la paja en las llamas. Las raíces se les pudrirán y las flores se les marchitarán, pues han desechado las leyes de Dios y han menospreciado la Palabra del Santo de Israel. ²⁵Por eso está encendida contra su pueblo la ira del Señor, por eso ha extendido su mano para aniquilarlos. Temblarán las colinas y los cadáveres podridos de su pueblo serán echados como basura a las calles. Pero aún así no se aplaca su ira, todavía levanta su mano sobre ellos.

²⁶El Señor dará señal a las naciones lejanas, silbará a los de los confines de la tierra y acudirán en tropel hacia Jerusalén. ²⁷Ellos jamás se fatigan, ni tropiezan ni se detienen; llevan sus cintos apretados y calzan fuertes botas; corren sin detenerse a descansar ni a dormir. ²⁸Tienen agudas flechas, arcos curvados. Los cascos de sus caballos echan chispas y las ruedas de sus carros giran como el viento. ²⁹Rugen como leones y saltan sobre su presa. Se apoderan de mi pueblo y se lo llevan a lejano cautiverio, sin que haya quien los libre. ³⁰Gruñen sobre sus víctimas como mar rugiente. Nube de tinieblas y dolor cubre a Israel. Negro es el cielo.

## La misión de Isaías

**6** ¡Yo vi al Señor el año que murió el rey Uzías! Ocupaba un trono sublime, y el templo estaba lleno de su gloria. ²Sobre él revoloteaban poderosos serafines de seis alas. Con dos alas se cubrían el rostro, con otras dos se cubrían los pies y con dos volaban. ³En gran coro antifonal cantaban:

—Santo, Santo, Santo es el Señor Todopoderoso; toda la tierra está llena de su gloria.

⁴¡Qué tremendo canto! Hizo temblar el templo hasta sus cimientos, y súbitamente todo el santuario se llenó de humo.

⁵Entonces dije: «¡Esta es mi muerte! Porque soy un pecador de boca impura, miembro de una raza pecadora, de inmunda boca, y sin embargo he mirado al Rey, al Señor Todopoderoso».

⁶Entonces uno de los serafines voló hacia el altar y con unas tenazas sacó una brasa. ⁷Con ella me tocó los labios y dijo:

—Con esto se te declara «inocente», porque esta brasa tocó tus labios. Todos tus pecados quedan perdonados.

⁸—¿A quién enviaré por mensajero a mi pueblo? ¿Quién irá? —oí al Señor preguntar.

Y yo dije:

—Señor ¡yo voy! Envíame a mí.

⁹Él dijo:

—¡Ve! Pero dile esto a mi pueblo: «Aunque una y otra vez oyen mis palabras, no quieren entenderlas. Por más que me ven hacer milagros repetidas veces, no quieren entender su significado». ¹⁰Quítales la inteligencia, tápales los oídos y ciérrales los ojos. No quiero que vean, oigan ni entiendan, ni que se vuelvan a mí para que los sane.

¹¹Entonces dije:

—Señor, ¿cuánto tiempo pasará antes que estén dispuestos a escuchar?

Y él respondió:

—No será sino hasta que sus ciudades sean destruidas y no quede persona con vida, y todo el país esté desolado, ¹²y todos sean llevados como esclavos a países lejanos, y toda la tierra de Israel quede desierta. ¹³Pero la décima parte, un remanente, sobrevivirá; y aunque Israel sea invadido y destruido una y otra vez, será como árbol talado que aún conserva vida para retoñar.

## La señal de Emanuel

**7** Durante el reinado de Acaz, hijo de Jotán y nieto de Uzías, Jerusalén fue atacada por el rey Rezín de Siria y el rey Pecaj de Israel, hijo de Remalías. Pero no la tomaron, la ciudad resistió. ²Sin embargo, cuando a la corte real llegó la noticia, «Siria está aliada con Israel contra nosotros», el corazón del rey y de su pueblo tembló de miedo como las hojas del bosque se estremecen bajo la tormenta.

³El Señor le ordenó a Isaías:

Ve al encuentro del rey Acaz en compañía de tu hijo Sear Yasub. Lo hallarás al final del acueducto que va de la fuente de Gihón al estanque de arriba, junto al

**ISAÍAS 2.12**

¹²En aquel día el Señor Todopoderoso marchará contra los orgullosos y altivos y los humillará hasta que estén postrados en el polvo.

¹³Todos los altos cedros del Líbano y las poderosas encinas de Basán se van a humillar, ¹⁴así como los altos montes y las colinas, ¹⁵y todo muro y alta torre, ¹⁶y todos los orgullosos navíos del océano y barcas de cabotaje. En aquel día todos serán quebrantados ante el Señor. ¹⁷Toda la gloria de la humanidad se humillará; los orgullosos yacerán en el polvo, y sólo el Señor será exaltado. ¹⁸Todos los ídolos serán abolidos y destruidos por completo.

¹⁹Cuando el Señor se levante de su trono para sacudir la tierra, sus enemigos irán arrastrándose temerosos a los agujeros de las rocas y a las cuevas, huyendo de la gloria de su majestad. ²⁰Por fin abandonarán sus ídolos de oro y plata a los topos y a los murciélagos, ²¹y se arrastrarán a las cavernas para ocultarse entre ásperas rocas en lo alto de los riscos, tratando de escapar del espanto que el Señor provoca y de la gloria de su majestad cuando él se alce para castigar la tierra. ²²¡Mezquino es el ser humano! ¡Frágil como su aliento! ¡Jamás confíen en él!

### Juicio sobre Jerusalén y Judá

**3** El Señor Todopoderoso les cortará a Jerusalén y a Judá la fuente de agua y alimentos, ²y matará a sus dirigentes; destruirá sus ejércitos, jueces, profetas, ancianos, ³oficiales militares, comerciantes, abogados, magos y políticos. ⁴Los reyes de Israel serán como niñitos y gobernarán infantilmente. ⁵Y reinará la peor de las anarquías: cada cual pisoteará a su prójimo, el vecino luchará contra su vecino, los jóvenes se rebelarán contra la autoridad, los delincuentes se reirán de las personas honorables.

⁶En aquellos días un hombre dirá a su hermano: «Tú tienes ropa de más; reina pues sobre nosotros y encárgate de este desorden.»

⁷«¡No!», responderá aquél. «¡Nada puedo hacer! No tengo ni comida ni ropa de sobra. ¡No me metas en esto!»

⁸La administración civil de Israel estará en completa ruina porque los judíos han hablado contra su Señor y no quieren adorarlo, ofenden su gloria. ⁹Hasta la mirada de sus rostros los traiciona y pone de manifiesto su culpa. Y se vanaglorian de que su pecado es igual al pecado de Sodoma. ¡Ni vergüenza les da! ¡Qué catástrofe! Se han acarreado su propia condenación.

¹⁰Pero todo le saldrá bien al justo. Díganle: «¡Qué hermosa recompensa te espera!» ¹¹Pero al malvado díganle: «Tu condenación es segura. También tú recibirás la paga que mereces. Ya viene el castigo que te has ganado».

¹²¡Oh pueblo mío! ¿Acaso no ves qué necios gobernantes tienes? ¡Débiles como mujeres, necios como chicuelos jugando a que son reyes! ¿Dirigentes? ¡No; guías ineptos! Por senda florida los llevan a la destrucción.

¹³¡Se levanta el Señor! Es el gran fiscal que presenta la acusación contra su pueblo. ¹⁴Los primeros que caerán bajo su ira serán los consejeros y los príncipes, porque han defraudado a los pobres. Han llenado sus graneros con el trigo robado a los indefensos campesinos.

¹⁵«¿Cómo se atreven a moler a mi pueblo así en el polvo?», les dirá el Señor Todopoderoso.

¹⁶Luego juzgará a las altivas mujeres judías, que orgullosas pasan contoneándose con sus pulseras tintineantes en los tobillos, con ojos lascivos que recorren la multitud para atraerse la mirada de los hombres. ¹⁷¡Tiña les va a mandar el Señor como adorno a sus cabezas! El Señor exhibirá la desnudez de ellas a los ojos de todos. ¹⁸No se oirá más el orgulloso tintineo al paso de ellas, porque las desnudará de su belleza artificiosa y sus adornos, ¹⁹de sus collares, pulseras y velos de sedoso tul. ²⁰Se acabaron las chalinas y las cadenas para los tobillos, las cintas para el cabello, los aretes y los perfumes, ²¹los anillos y las joyas, ²²los vestidos de fiesta, las batas de casa, los sombreritos, las peinetas y los bolsos, ²³los espejos, la linda ropa interior, los hermosos vestidos y velos. ²⁴En vez de exhalar dulce perfume, tendrán pestilencia; en vez de cinturón usarán cuerdas; el bien cuidado cabello se les caerá; vestirán saco en lugar de vestidos. Toda su belleza se esfumará; les quedará únicamente vergüenza y deshonor. ²⁵,²⁶Sus maridos morirán en batalla y ellas, desoladas, se sentarán en tierra llorando.

**4** En aquel tiempo quedarán vivos tan pocos hombres, que siete mujeres se pelearán por cada uno de ellos y dirán:

«¡Queremos casarnos contigo! Nosotras aportaremos nuestra comida y nuestra ropa, basta que nos dejes llevar tu apellido para que nadie se mofe de nosotras por ser solteronas».

²⁻⁴Aquellos de quienes está escrito que escaparán a la destrucción de Jerusalén serán lavados y purificados de toda su inmundicia moral por medio de los horrores que pasarán y por el fuego. Constituirán el santo pueblo de Dios y la tierra les producirá la mayor abundancia y sus más ricos frutos. ⁵Entonces el Señor dará sombra a toda Jerusalén, a cada hogar y a los sitios públicos. Les dará un dosel de humo y nube durante todo el día y nube de fuego por la noche, que cubran la Tierra Gloriosa ⁶para protegerla del calor del día y de las lluvias y tormentas.

### El canto a la viña

**5** Ahora entonaré para el que amo un canto sobre su viña. Mi Amado tiene una viña en una fértil colina. ²La aró, le quitó todas las piedras y plantó un viñedo con las más escogidas vides. Edificó una torre para el vigilante y en las rocas cavó un lagar. Estuvo en espera de la vendimia, pero las uvas que se produjeron eran silvestres y agrias, y no dulces como él las esperaba.

³Ya han oído el caso, hombres de Jerusalén y de Judá, sean ustedes los jueces. ⁴¿Qué más podría haber hecho yo? ¿Por qué de vez de uvas dulces mi viña produjo uvas agrias? ⁵Derribaré las cercas y dejaré que mi viña sea pisoteada por las vacas y ovejas que en ella pastan. ⁶No la podaré ni la escardaré sino dejaré que la invadan maleza y espinos. Ordenaré a las nubes que no lluevan más sobre ella.

⁷Les he presentado la historia del pueblo de Dios. Mi pueblo es la viña de la que les he hablado. Israel y Judá son su agradable parcela. Dios esperaba que le produjeran cosecha de justicia, pero halló que sólo cometieron hechos sangrientos. Esperaba que actua-

# Isaías

**1** ✶ Estos son los mensajes que recibió Isaías, hijo de Amoz, en unas visiones que tuvo durante los reinados de Uzías, Jotán, Acaz y Ezequías, todos ellos reyes de Judá. En estos mensajes Dios le mostró lo que habría de ocurrirles a Judá y a Jerusalén en los días por venir.

## Judá, nación rebelde

²Escuchen, cielo y tierra, lo que dice el SEÑOR: Los hijos que crié y cuidé por tanto tiempo y tan tiernamente se han vuelto contra mí. ³Hasta los animales —el burro y el buey— conocen a su amo y agradecen sus cuidados, ¡pero no así mi pueblo Israel! Haga lo que haga por ellos, les tiene sin cuidado. ⁴¡Qué nación tan pecadora! Andan encorvados bajo la carga de su culpa. También sus padres fueron malvados. Nacidos para el mal, le volvieron las espaldas al SEÑOR y menospreciaron al Santo de Israel. Ellos mismos se han alejado de mi auxilio.

⁵,⁶Oh pueblo mío, ¿no han recibido suficiente castigo? ¿Por qué obligarme a azotarlos una y otra vez? ¿Es su intención ser rebeldes toda la vida? De la cabeza a los pies están enfermos, débiles y desfallecidos, cubiertos de magulladuras, verdugones y heridas infectadas, sin ungir ni vendar. ⁷Su patria está en ruinas, sus ciudades incendiadas. Mientras ustedes se la pasan mirando, los extranjeros destruyen y saquean cuanto ven. ⁸Y ahí se quedan ustedes, indefensos y abandonados como si fueran una de esas chozas inútiles que usan los vigilantes en el campo luego de terminada la cosecha, pero cuando el producto de la cosecha ya ha sido saqueado y robado.

⁹Si el SEÑOR Todopoderoso no hubiera intervenido para salvar a unos cuantos de nosotros, habríamos sido destruidos como lo fueron Sodoma y Gomorra. ¹⁰¡Es una buena comparación! Escuchen, jefes de Israel, hombres de Sodoma y Gomorra, como ahora les llamo. ¡Escuchen al SEÑOR! ¡Escuchen lo que les dice! ¹¹Sus sacrificios me tienen harto, no me los traigan más. No quiero sus carneros engordados, no quiero ver la sangre de sus ofrendas. ¹²,¹³¿Cómo he de querer que sacrifiquen de ustedes si ni siquiera son capaces de sentir dolor por sus pecados? El incienso que me traen hiede en mis narices. Sus santas celebraciones de la luna nueva y el sábado, y sus días de ayuno especial —aun sus más santas reuniones—, ¡todo es fraude! No quiero nada más con ellos. ¹⁴Los detesto a todos, no puedo verlos ni pintados. ¹⁵De ahora en adelante, cuando oren con las manos levantadas al cielo, no miraré ni escucharé. Por más oraciones que hagan, no escucharé, porque sus manos son manos de asesinos, están manchadas con la sangre de víctimas inocentes.

✶ ¹⁶¡Oh, lávense, límpiense! Que no les vea yo nunca más cometer esas maldades; dejen sus malos caminos. ¹⁷Aprendan a hacer el bien, a ser justos y a ayudar a los pobres, a los huérfanos y a las viudas.

¹⁸¡Vengan y aclaremos las cuentas! —dice el SEÑOR—, por profunda que sea la mancha de sus pecados, yo puedo quitarla y dejarlos tan limpios como la nieve recién caída. ¡Aunque sus manchas sean rojas como el carmesí, yo puedo volverlas blancas como la lana! ¹⁹Si me dejan ayudarlos, que me pue-

dan obedecer, yo los enriqueceré. ²⁰Pero si continúan volviéndome las espaldas y negándose a escucharme, morirán a manos de sus enemigos. Yo, el SEÑOR, se los aseguro.

²¹¡Oh Jerusalén, que fuiste mi fiel esposa, ahora eres una ramera! ¡Corres tras otros dioses! Fuiste «La Ciudad de la Justicia», pero hoy eres guarida de asesinos. ²²Fuiste como plata purificada, pero ahora estás mezclada con ruin aleación. Fuiste muy pura, pero ahora estás diluida como vino aguado. ²³Tus caudillos son rebeldes, compinches de ladrones; todos son sobornables y no defienden a las viudas ni a los huérfanos. ²⁴Por tanto, así dice el SEÑOR, el SEÑOR Todopoderoso, el Poderoso de Israel, dice: ¡Derramaré mi ira sobre ustedes, enemigos tuyos! ²⁵Yo mismo los derretiré en la fundición y les sacaré la escoria.

²⁶Y después les daré buenos jueces y sabios consejeros como los que antes tenían. Entonces nuevamente la ciudad de ustedes se llamará «La Ciudad de la Justicia» y «La Ciudad Fiel». ²⁷Los que regresen al SEÑOR deben ser justos y buenos, y entonces serán redimidos. ²⁸Pero todos los pecadores serán totalmente aniquilados, porque rehúsan venir a mí. ²⁹Los cubriré de vergüenza, y enrojecerán pensando en aquellas ocasiones en que sacrificaban ante los ídolos en sus bosques de encinas «sagradas». ³⁰Perecerán como lo hace un árbol marchito o un huerto sin agua. ³¹Los más fuertes de ustedes desaparecerán como paja en el fuego; sus maldades son la chispa que enciende la paja, y nadie podrá apagarla.

## El monte del SEÑOR

**2** Este es otro mensaje que dio el SEÑOR a Isaías respecto de Judá y Jerusalén: ²En los días finales Jerusalén y el templo del SEÑOR se convertirán en la mayor atracción del mundo, y gente de muchas tierras acudirá a adorar al SEÑOR.

✶ ³«Vamos», dirán todos, «subamos al monte del SEÑOR, al templo del Dios de Israel; allí nos enseñará él sus leyes, y las obedeceremos».

Porque en aquellos días el mundo será gobernado desde Jerusalén. ⁴El SEÑOR zanjará las disputas internacionales, todas las naciones transformarán las armas de guerra en herramientas de paz, por fin cesarán las guerras y terminará el adiestramiento militar. ⁵¡Vamos, oh Israel, caminemos en la luz del SEÑOR y obedezcamos sus leyes!

## El día del SEÑOR

⁶El SEÑOR los ha rechazado porque dieron cabida a extranjeros del oriente que practican la magia y se comunican con los malos espíritus, como hacen los filisteos.

⁷Israel posee grandes tesoros de oro y plata y gran cantidad de caballos y carros. ⁸Además, su tierra está llena de ídolos. Son productos humanos y, sin embargo, los adoran. ⁹Grandes y pequeños, todos se inclinan religiosamente ante ellos; por este pecado no los perdones.

¹⁰Huyan a las cuevas de las rocas y ocúltense aterrorizados de su gloriosa majestad, ¹¹porque el día viene en que sus altivas miradas serán humilladas; sólo el SEÑOR será exaltado.

✶1.2   ✶1.16-20   ✶2.3

## PANORAMA DEL LIBRO

Este profeta ministró durante un tiempo de crisis para Israel. Asiria acechaba la seguridad tanto de Israel como de Judá. La tentación era la formación de alianzas militares con potencias vecinas para librarse de la amenaza asiria. Dios comisiona a Isaías para hacer un llamado a ambos reinos para que se arrepintieran de su pecado de incredulidad y que confiaran solamente en Él para su salvación. En el proceso, profetiza acerca de diversos juicios y además de una esperanza extraordinaria en la persona del Mesías.

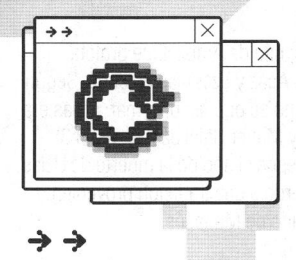

## ¿CÓMO SE RELACIONA CONMIGO?

Isaías ha sido llamado "el príncipe de los profetas" o "el profeta evangélico", debido a su importancia en la Biblia y sus abundantes profecías con respecto al Mesías. Algo intrigante para ti puede ser saber que ha sido llamado "la Biblia en miniatura", ya que los primeros 39 capítulos se enfocan en el juicio y el castigo del pueblo de Dios, mientras los otros 27 están centrados en la gracia y la restauración. Isaías señala los grandes temas de la teología de los profetas como la grandeza y soberanía de Dios, los límites y la variedad del pecado humano y la notoria gracia abundante del Señor que se hace latente con la brillante esperanza basada principalmente en el Mesías. La formación completa de los cristianos nunca estaría completa si no se estudiara un libro tan maravilloso como este. Isaías describe a un Dios majestuoso, brinda advertencias para todos los tiempos y detalla las bendiciones futuras que el Señor ha preparado para los que le aman.

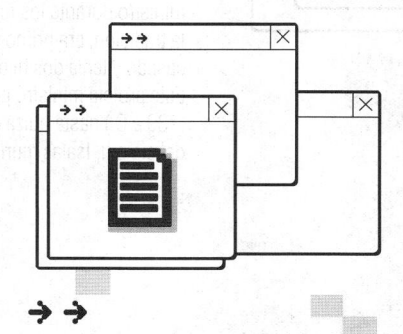

## EL GUION

1) Juicio para el pueblo infiel del Señor y las naciones vecinas. Caps. 1-39.
2) Consuelo para el pueblo por medio del siervo fiel del Señor, y también para las naciones vecinas. Caps. 40-66.
3) Tema especial: las profecías mesiánicas de Isaías.

# ISAÍAS

# ISAÍAS

DALE PLAY

## ¿QUIÉN LO ESCRIBIÓ?

El libro se presenta como la profecía de Isaías, hijo de Amoz. Este profeta ministró durante los reinados de Uzías, Jotán, Acaz y Ezequías en Judá. Según la tradición, era primo del rey Uzías, dato que no se puede confirmar. Isaías era casado y tenía dos hijos: Sear Yasub (Is. 7:3) y Maher Salal Jasbaz (Is. 8:3). Este profeta ministró por casi sesenta años, desde el año de la muerte de Uzías (739 a.C.) hasta quizá el año 681 a.C. De acuerdo a una tradición proveniente del siglo II, Isaías murió aserrado bajo el reinado de Manasés.

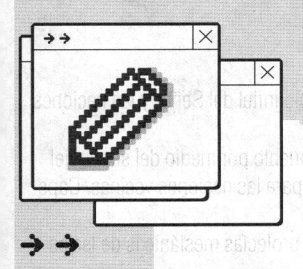

## ¿A QUIÉN LO ESCRIBIÓ?

Los lectores originales fueron los habitantes de Judá después de la caída de Samaria y el reino del norte en manos de los asirios. El largo ministerio de Isaías sirvió para advertir a los judíos sobre sus malos caminos, pero también para anunciar las grandes bendiciones de la restauración que Dios traería a la tierra.

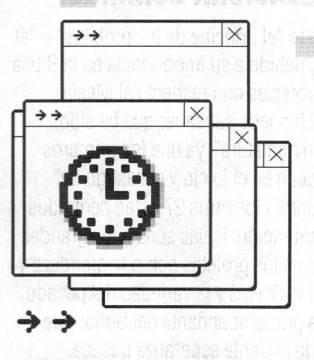

## ¿CUÁNDO Y DÓNDE LO ESCRIBIÓ?

Lo más probable es que Isaías fue escrito poco tiempo antes de la muerte del profeta. Quizá la fecha más probable sea el año 680 a.C., durante los primeros años del reinado de Manasés. El libro cubre los casi sesenta años de largo ministerio de Isaías, durante los cuales fue testigo de muchos eventos buenos y malos para su pueblo.

El acceso constante que tenía el profeta al palacio real confirma que el libro fue escrito en la ciudad de Jerusalén.

## Quinto canto

### El amado
⁴Amada mía, eres tan bella como la tierra de Tirsá; hermosa como Jerusalén. Impresionante como las estrellas del cielo. ⁵¡Aparta de mí la mirada, pues tus ojos me han vencido! Tus cabellos, derramándose sobre tu rostro, son como rebaño de cabras que retozan por las laderas de Galaad. ⁶Tus dientes son como rebaños de cabritas recién lavados; perfectos y completos. ⁷Tus mejillas son como dos mitades de granadas tras el velo. ⁸Pueden ser sesenta las reinas y ochenta las princesas, así como incontables vírgenes a mi disposición. ⁹Pero tú, paloma mía, eres la única entre todas. La hija consentida de su madre. Encantadas quedaron las mujeres de Jerusalén al verte, y hasta las reinas y princesas te alaban. ¹⁰¿Quién es ésta que surge como la aurora, bella como la luna, brillante como el sol, impresionante como las estrellas del cielo. ¹¹Bajé al bosquecillo de nogales y salí al valle para contemplar la primavera, para ver si ya retoñaban las viñas o florecían los granados. ¹²Antes de darme cuenta, me encontré entre las carrozas reales de mi pueblo.

### El coro
¹³Vuelve, vuelve acá, ¡oh mujer perfecta! ¡Regresa, regresa para que podamos verte otra vez!

### El amado
¿Por qué contemplan a la que es todo perfección mientras danza graciosamente?

**7** ¡Qué bellos son tus pies en las sandalias!, princesa mía. Tus torneados muslos son joyas, obra del más excelso artífice. ²Tu ombligo es copa de vino. Tu vientre encantador es montón de trigo entre lirios. ³Tus pechos son dos gacelas; sí, dos gacelas mellizas; ⁴tu cuello parece torre de marfil, tus ojos, los manantiales de Hesbón junto a la entrada de Bat Rabín. Tu nariz es bella como la torre del Líbano que mira hacia Damasco. ⁵Como el monte Carmelo es corona de montes, así tu cabeza es tu corona. Has cautivado al rey con tus rizos. ⁶¡Qué deliciosa eres; qué agradable, amor, sumo deleite! ⁷Eres alta y esbelta al igual que una palmera, y tus pechos son sus racimos. ⁸Yo me dije: «Subiré a la palmera y tomaré sus racimos». Sean ahora tus pechos como racimos de uvas y el aroma de tu aliento como manzanas, ⁹y tus besos tan embriagantes como el mejor vino, que resbala suavemente por labios y dientes.

### La amada
¹⁰Soy de mi amado; ¡su pasión lo atrae hacia mí! ¹¹Ven, amado mío, salgamos a los campos y pasemos la noche entre los azahares. ¹²Madruguemos para salir a las viñas a ver si han retoñado, si los capullos se han abierto, y si los granados están en flor. Y allí te entregaré mi amor. ¹³Allí las mandrágoras esparcen su aroma, y a nuestra puerta hallamos las más exóticas frutas, frescas y secas, pues las he guardado para ti, amado mío.

**8** ¡Cómo quisiera que fueras mi hermano! Entonces podría besarte aunque nos vieran, y nadie se burlaría de mí. ²Te llevaría de la mano al hogar de mi infancia, y allí me enseñarías. Yo te daría a beber vino con especias, dulce vino de granada. ³¡Pon tu brazo izquierdo bajo mi cabeza y rodea mi cintura con tu brazo derecho!

### El amado
⁴Les ruego, mujeres de Jerusalén, que no despierten a mi amada hasta que ella quiera.

## Sexto canto

### El coro
⁵¿Quién es ésta que sube del desierto, apoyada en el hombro de su amado?

### La amada
Bajo el manzano donde entre dolores te trajo al mundo tu madre, allí desperté tu amor. ⁶Grábame como un sello sobre tu corazón. Llévame como un tatuaje en tu brazo, porque fuerte como la muerte es el amor, y tenaz como llama divina es el fuego ardiente del amor. ⁷¡Nada puede apagar las llamas del amor! ¡Nada, ni las inundaciones ni las aguas abundantes del mar podrán ahogarlo! Si alguien tratara de comprarlo con todo cuanto tiene sólo lograría que le despreciaran.

### El coro
⁸Nuestra hermana es jovencita, todavía no tiene pechos. ¿Qué haremos si alguien la pide por esposa? ⁹La reforzaremos con defensas de plata si es muralla, y si es puerta, la cubriremos con paneles de cedro.

### La amada
¹⁰Soy alta, esbelta, y de pechos bien desarrollados, y he hallado gracia a los ojos de mi amado. ¹¹Salomón tenía una viña en Baal Jamón y la dio en renta a unos labradores, cada uno de los cuales debía pagar mil piezas de plata. ¹²Pero en cuanto a mi viña, tú, Salomón, quédate con las mil piezas de plata y yo les daré doscientas a los que la cuidan.

### El amado
¹³Amada mía, tú que moras en los huertos, qué hermoso que tus compañeros puedan escuchar tu voz; deja que yo también la oiga.

### La amada
¹⁴Ven pronto, amado mío, como gacela o cervatillo sobre las colinas cubiertas con yerbas aromáticas.

### Tercer canto

**El coro**

⁶¿Quién es éste que irrumpe de los desiertos como nube de humo por la tierra, entre aromas de mirra e incienso y perfumes exóticos? ⁷Miren, es el carro de Salomón rodeado por sesenta de los más aguerridos hombres de su ejército. ⁸Todos son diestros con la espada y expertos guerreros. Cada uno lleva su espada sobre el muslo contra cualquier ataque nocturno. ⁹Porque el rey Salomón se hizo una carroza de madera del Líbano. ¹⁰De plata eran sus columnas, su dosel de oro, de púrpura el asiento. Y su interior fue decorado con amor por las doncellas de Jerusalén.

¹¹Salgan a ver al rey Salomón, oh doncellas de Sión, vean la corona que su madre le puso el día de su boda, el día de su alegría.

**El amado**

**4** ¡Qué hermosa eres, amor mío, qué hermosa! Tus ojos, tras el velo, son como palomas. Sobre el rostro, tus negros cabellos son como rebaños de cabras que retozan en las laderas de Galaad. ²Tus dientes son tan blancos como lana de oveja recién trasquilada y lavada; son perfectos y completos. ³Como cinta escarlata son tus labios, y ¡qué bellas tus palabras! Tus mejillas, tras el velo parecen dos mitades de granadas. ⁴Tu cuello es como la torre de David, engalanada con los escudos de mil héroes. ⁵Tus pechos son dos gacelas, dos gacelas pastando entre lirios. ⁶Hasta que despunte el día y huyan las sombras, subiré yo al monte de mirra y a la colina de incienso. ⁷¡Qué hermosa eres toda tú, amor mío! No tienes defectos. ⁸Vente conmigo, desde el Líbano, novia mía. Miraremos desde la cumbre del monte, desde la cima del monte Hermón, donde tienen su guarida los leones y merodean los leopardos. ⁹Cautivaste mi corazón, hermosa mía, novia mía; me cautivaste con una sola mirada de tus ojos, con una sola cuenta de tu collar. ¹⁰Cuán dulce es tu amor, amada mía, novia mía, Cuánto mejor que el vino. Más fragante es el perfume de tu amor que las más ricas especias. ¹¹Tus labios, amada mía, destilan miel. Sí, miel y crema escondes bajo tu lengua, y el aroma de tus vestidos es como el de los montes y cedros del Líbano.

¹²Mi novia y mi amada es como huerto privado, como manantial vedado a los demás. ¹³Eres como bello huerto que produce frutas preciosas, con los más exóticos perfumes: ¹⁴nardo y azafrán, cálamo aromático y canela, y perfume de todo árbol de incienso; además de mirra y áloe, y toda especia preciosa. ¹⁵Eres fuente de jardín, pozo de agua viva; refrescante como las corrientes que manan de los montes del Líbano.

**La amada**

¹⁶Ven, viento del norte; despierta; ven, viento del sur, sopla sobre mi huerto y llévale a mi amado su dulce perfume. Que venga él a su huerto y coma su fruto más exquisito.

**El amado**

**5** Aquí estoy en mi huerto, amada mía, novia mía. Reúno la mirra con las especias mías y como mi panal con la miel. Bebo mi vino con mi leche.

**El coro**

¡Oh, amado y amada, coman y beban! ¡Sí, beban hasta saciarse!

### Cuarto canto

**La amada**

²Cierta noche, mientras dormía, se me despertó en sueños el corazón. Oí la voz de mi amado; ¡llamaba a la puerta de mi recámara! «Ábreme, amada mía; amor mío, mi linda paloma», decía, «pues mi cabeza está empapada de rocío; la humedad de la noche corre por mi cabello».

³Pero yo le dije: «Ya me desvestí. ¿Me visto otra vez? Ya me lavé los pies; ¿me los vuelvo a ensuciar?»

⁴Mi amado trataba de abrir el cerrojo de la puerta, y mi corazón se estremeció. ⁵Salté para abrirle; mis manos destilaban perfume y mis dedos preciosa mirra cuando empujé el cerrojo. ⁶Le abrí a mi amado, pero ya no estaba. El corazón se me detuvo. Lo busqué y no pude hallarlo en ninguna parte. Lo llamé, pero no hubo respuesta. ⁷Los centinelas me encontraron mientras rondaban la ciudad, me golpearon y me hirieron. Los vigilantes de la torre me arrancaron el velo. ⁸Les ruego, mujeres de Jerusalén, que si encuentran a mi amado, le digan que me muero de amor.

**El coro**

⁹Dinos, bella entre las mujeres, ¿en qué aventaja tu amado a otros hombres, para que así nos ruegues?

**La amada**

¹⁰Mi amado es bronceado y hermoso, el mejor entre diez mil. ¹¹Su cabeza es oro finísimo, y tiene el cabello negro y ondulado. ¹²Sus ojos son perfectos; parecen palomas que se bañan en un estanque de leche. ¹³Sus mejillas son como lecho de dulce bálsamo, como cultivos de aromáticas hierbas. Perfumados lirios son sus labios, como mirra es su aliento. ¹⁴Barras de oro incrustadas de topacio son sus brazos; su cuerpo es marfil reluciente incrustado de zafiro. ¹⁵Sus piernas, como columnas de mármol asentadas en bases de oro finísimo, fuerte como cedro del Líbano; él es sin par. ¹⁶Su boca es dulcísima, él es todo un amor. Así, oh mujeres de Jerusalén, es mi amado, ¡así es mi amor!

**El coro**

**6** Bella entre las bellas, ¡¿dónde habrá ido tu amado?! Te ayudaremos a buscarlo.

**La amada**

²Mi amado ha bajado a su huerto, a sus lechos de especias, a apacentar su rebaño y a recoger lirios. ³Yo soy de mi amado y mi amado es mío. Él apacienta su rebaño entre los lirios.

3.11　4.10–15　4.16

# Cantar de los cantares

**1** Cantar de los cantares de Salomón.

### Primer canto

**La amada**
²Bésame una y otra vez, pues tu amor es más dulce que el vino. ³¡Qué fragante es tu loción, y qué agradable tu nombre! Con razón te aman todas las doncellas. ⁴¡Llévame contigo; vámonos corriendo!

**Las jóvenes de Jerusalén**
¡Qué felices seremos! Tu amor es mejor que el vino. ¡Con razón te aman todas las doncellas!

**La amada**
⁵Soy morena y hermosa, hijas de Jerusalén, bronceada como las oscuras tiendas de Cedar. ¡Y soy bella como las tiendas de Salomón!

⁶No me desprecien sólo porque mi piel sea tan morena; el sol me ha quemado. Mis hermanos, enojados conmigo, me mandaron al sol a cuidar las viñas; pero la mía no cuidé.

⁷Dime, amado mío, ¿dónde llevas hoy tu rebaño? ¿Dónde harás descansar tus ovejas al mediodía? ¿Por qué he de andar vagando entre los rebaños de tus compañeros?

**El amado**
⁸Si no lo sabes, hermosa entre las mujeres, sigue las huellas de mi rebaño hasta las tiendas de los pastores, y apacienta a sus alrededores tus cabritos.

⁹¡Eres tan bella como las yeguas de faraón, amor mío! ¹⁰¡Qué lindas tus mejillas entre tus pendientes! ¡Qué hermoso luce tu cuello entre los collares! ¹¹Haremos para ti pendientes de oro con adornos de plata.

**La amada**
¹²En su cama, el rey está hechizado por la fragancia de mi perfume. ¹³Mi amado es bolsita de mirra entre mis pechos.

¹⁴Ramo de flores en los jardines de Engadi, es mi amado.

**El amado**
¹⁵¡Qué bella eres, amor mío! ¡Qué bella eres! Tus ojos son suaves como paloma.

**La amada**
¹⁶¡Qué hermoso eres, amor mío! Estamos recostados en la hierba, ¹⁷a la sombra de cedros y abetos.

**2** Yo soy la rosa de Sarón, el lirio de los valles.

**El amado**
²Como lirio entre espinas es mi amada entre las mujeres.

**La amada**
³Mi amado es un manzano, el mejor del huerto en comparación con cualquier otro joven. Me he sentado en su anhelada sombra y su fruto es delicioso para comer. ⁴Me lleva a la sala del banquete, y es evidente para todos cuánto me ama. ⁵Dame a comer tu amor tus pasas y tus manzanas pues muero de amor. ⁶Tiene su mano izquierda bajo mi cabeza y con la derecha me abraza.

**El amado**
⁷Mujeres de Jerusalén, les ruego por las gacelas y cervatillas del bosque que no despierten a mi amada. ¡Déjenla dormir!

### Segundo canto

**La amada**
⁸¡Ya oigo a mi amado! Viene, saltando por los montes, brincando por las colinas. ⁹Mi amado es como la gacela o como el cervatillo. Escuchen; ahí está detrás de la pared; ahora mira por las ventanas, se asoma por las celosías.

¹⁰Mi amado me dijo: «Levántate, amor mío, hermosa mía, y vámonos, ¹¹porque ha pasado el invierno y han cesado las lluvias; ¹²brotan las flores y ha llegado el tiempo del canto de los pájaros. ¹³Ya surgen las hojas y las viñas florecen. ¡Qué delicioso aroma! Levántate amor mío, hermosa mía y vámonos».

**El amado**
¹⁴Mi paloma se oculta tras unas rocas, tras un saliente del risco. Llámame, y déjame escuchar tu bella voz y ver tu hermoso rostro.

**El amado y la amada**
¹⁵Las pequeñas zorras están arruinando las viñas. Atrápalas; pues los viñedos están en flor.

**La amada**
¹⁶Mi amado es mío y yo soy suya. Él está apacentando entre los lirios. ¹⁷Antes que amanezca y huyan las sombras, ven a mí, amado mío, como una gacela o como un ciervo en los montes de especias.

**3** Cierta noche no hallé a mi amado en mi lecho. Me levanté a buscarlo y no pude hallarlo. ²Salí en su busca por las calles de la ciudad y por los caminos, pero no lo hallé. ³Los guardias me detuvieron y yo les dije: «¿Han visto ustedes por algún lado al amor de mi vida?» ⁴Un poco más tarde lo hallé, lo retuve y no lo dejé ir hasta llevarlo al hogar de mi madre, a la alcoba donde ella me concibió.

**El amado**
⁵Les ruego, mujeres de Jerusalén, por las gacelas y cervatillas del bosque que no despierten a mi amada. ¡Déjenla dormir!

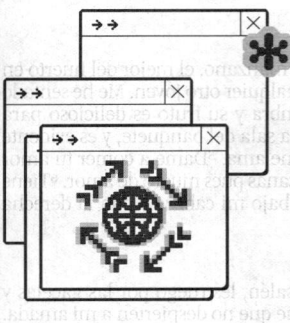

## PANORAMA DEL LIBRO

Mientras Eclesiastés examina una visión intelectual de la vida de los seres humanos, Cantares presenta una hermosa perspectiva emotiva de un hombre y una mujer. El libro describe de manera poética el cortejo y el coqueteo, hasta la ceremonia matrimonial y la vida romántica de los esposos. Su propósito parece ser la celebración del amor romántico y puro entre un hombre y una mujer. Como tal, es un excelente ejemplo del principio de Heb. 13:4: "tengan todos en alta estima el matrimonio y la fidelidad conyugal".

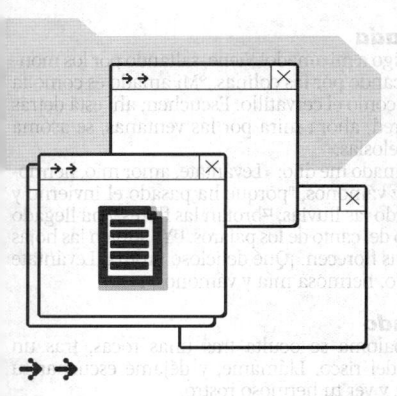

## EL GUION

1) Cómo se cortejan los futuros esposos. Caps. 1-3
2) Así celebran la ceremonia de bodas los esposos. Caps. 4-5:1
3) La angustia de la separación de los esposos. Caps. 5:2-6:3
4) La descripción del fuerte amor de los esposos. Caps. 6:4-8:14

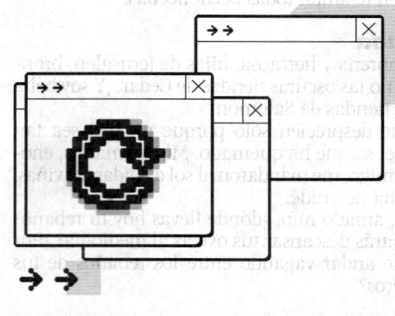

## ¿CÓMO SE RELACIONA CONMIGO?

Este libro es una narración amorosa con algunas declaraciones eróticas y esa es la razón por la que los judíos ortodoxos no les leen este libro a sus niños hasta cierta edad.

Temas como el noviazgo, el matrimonio y la sexualidad pueden ser temas muy atrapantes para tu generación, y para todos los públicos es importante saber que Dios consideró oportuno incluir el romance y la sexualidad en su inspiración del texto bíblico y que no necesitamos darle un baño de falsa religiosidad. Dios está en cada sentimiento, en cada halago y en cada decisión que los jóvenes protagonistas de este libro toman. Este es un libro que resalta la importancia de la orientación sabia y prudente a los enamorados y, a la vez, motiva al galante cortejo y a la caballerosa expresión del amor intenso, creciente y honesto entre un hombre y una mujer.

# CANTAR DE LOS CANTARES

# CANTAR DE LOS CANTARES

## ¿QUIÉN LO ESCRIBIÓ?

La postura tradicional ha sido que Salomón escribió este libro. Hay seis referencias directas a ese rey de Israel (1:5; 3:7, 9, 11; 8:11, 12) y tres referencias a un rey (1:4, 12; 7:5). Si fue así, entonces quizá fue escrito en la juventud del rey; antes de que las conveniencias políticas y las costumbres culturales lo llevaran a la poligamia, lejos del amor que se refleja en estas páginas. Hay una teoría interesante que afirma que Salomón se hizo pasar por un plebeyo para conquistar a esta joven proveniente de las regiones al norte de Israel y que el libro describe su cortejo, su matrimonio y algunos conflictos de esa relación. Otra teoría afirma que la "Sulamita" (Cnt. 6:13) sería Abisag, la joven "sunamita" que sirvió al rey David en su vejez (1 Reyes 1:1-4). Todas ellas son propuestas interesantes, pero no pasan de ser teorías, ya que no hay forma de comprobarlas.

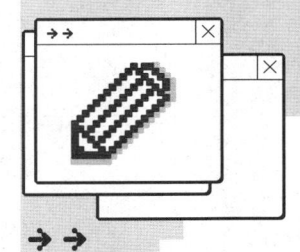

## ¿A QUIÉN LO ESCRIBIÓ?

Como literatura de sabiduría, este libro no tiene una audiencia específica en mente. Esta escrito como una celebración universal del amor entre un hombre y una mujer. Sin embargo, es muy posible que, tal y como sucede en nuestros días, las parejas de jóvenes esposos encontrarán en estos poemas una inspiración para cultivar y expresar su amor como pareja.

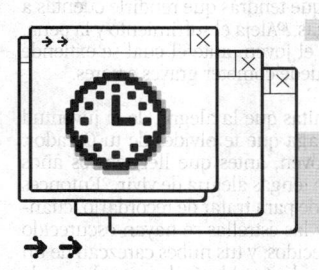

## ¿CUÁNDO Y DÓNDE LO ESCRIBIÓ?

Si Salomón escribió este libro durante su juventud, entonces la fecha más probable de su escritura sería entre los años 960-950 a.C., cuando comenzaba su reinado y aún no había caído en los gruesos errores que caracterizaron sus años posteriores. Si es así, entonces quizá sea cierta la idea de que Cantares fue escrito durante la juventud de Salomón; Proverbios durante su edad adulta y Eclesiastés en los años de su vejez. El ambiente, las referencias geográficas y las costumbres dan suficientes evidencias para afirmar que el libro fue escrito en la ciudad de Jerusalén.

premisa es necia; su conclusión es locura. ¹⁴El necio lo sabe todo respecto al futuro y a todo el mundo le da los detalles. Pero, ¿quién podrá realmente saber lo que va a ocurrir? ¹⁵Al necio le preocupa tanto el mínimo trabajo, que no tiene fuerzas para el asunto más sencillo.

¹⁶,¹⁷¡Ay de la nación que tiene por rey a un niño y cuyos dirigentes están embriagados desde la mañana! Dichosa la nación cuyo rey es un noble, y cuyos dirigentes trabajan empeñosamente antes de andar en fiestas y en bebidas, al no ser para fortalecerse para sus tareas. ¹⁸Por causa del ocio se cae el techo. ¹⁹En la fiesta hay risa; el vino da alegría y con dinero todo se obtiene. ²⁰Jamás, ni de pensamiento, maldigas al rey; tampoco al rico, pues no faltará pajarito que se lo cuente.

**11** Sé generoso en dar, pues más tarde volverán a ti tus regalos. ²Reparte tus regalos entre muchos pues no sabes si tú mismo estarás mañana en necesidad. ³Cuando las nubes están cargadas, cae la lluvia; y si un árbol cae, sea hacia el norte o hacia el sur, allí se queda, su suerte está echada. ⁴Si esperas condiciones perfectas, nunca realizarás nada. ⁵Los caminos de Dios son misteriosos como la senda del viento, o como la forma en que el espíritu humano se infunde en el cuerpo del niño aún en el vientre de su madre. ⁶Persevera en la siembra, pues no sabes cuál semilla germinará; quizá germinen todas.

⁷Maravilloso es estar vivo. ⁸El que llegue a muy anciano regocíjese cada día de su vida, pero recuerde también que la eternidad es mucho más larga y que comparado con ella todo lo de este mundo es vano.

### Acuérdate de tu Creador

☼ ⁹Joven, la juventud es un tesoro. ¡Disfruta cada minuto de ella! ¡Haz cuanto se te antoje! Pruébalo todo, pero sabe que tendrás que rendirle cuentas a Dios de cuanto hagas. ¹⁰Aleja el sufrimiento y la pena, pero recuerda que el joven, ante el cual se extiende una vida entera, puede cometer graves errores.

**12** ☼ No permitas que la alegría de la juventud haga que te olvides de tu Creador. Hónralo cuando joven, antes que lleguen los años malos en que ya no tengas alegría de vivir. ²Entonces será demasiado tarde para tratar de recordarlo, cuando el sol, la luna y las estrellas se hayan oscurecido ante tus ojos envejecidos, y tus nubes carezcan de un borde plateado. ³Un día temblarán los guardianes de la casa y se encorvarán los hombres de batalla y se detendrán las moledoras por ser tan pocas. ⁴Se cerrarán las puertas de la calle, disminuirá el ruido del molino y las aves elevarán su canto pero su trino se oirá apagado.

⁵Entonces, sobrevendrá el temor por las alturas y por los peligros del camino. El almendro florecerá, la langosta resultará una carga y la alcaparra no servirá de nada porque cada uno de nosotros se va a su hogar eterno y ya rondan en las calles los que lloran su muerte.

⁶Acuérdate de tu Creador ahora que eres joven, antes que se rompa el cordón de plata, se quiebre la escudilla de oro y el cántaro se quiebre junto a la fuente y la rueda se haga trizas en la cisterna; ⁷y el polvo vuelva a la tierra de donde vino, y el espíritu regrese a Dios que lo dio. ⁸Vanidad tras vanidad, dice el Predicador; todo es vanidad.

### Epílogo

⁹Pero luego, ya que el Predicador era sabio, continuó enseñándole al pueblo todo lo que sabía; y recogió proverbios y los clasificó. ¹⁰Porque el Predicador no sólo era un sabio, sino un buen maestro; no sólo enseñaba al pueblo, sino que lo hacía de modo interesante. ¹¹Las palabras del sabio son como aguijones que mueven a la acción. Destacan importantes enseñanzas. Los alumnos que captan lo que sus maestros dicen son listos.

☼ ¹²Pero tú, hijo mío, date por advertido: son infinitas las opiniones que pueden expresarse. Su estudio puede prolongarse eternamente, y volverse gran fatiga.

¹³Y esta es mi conclusión definitiva: teme a Dios y obedece sus mandamientos, porque esto es lo más importante para todo hombre y mujer. ¹⁴Porque Dios nos juzgará por cuanto hacemos, inclusive lo oculto, sea bueno o malo.

☼11.9–10  ☼12.12–14

ilumina el rostro del ser humano, suavizando sus durezas.

## La obediencia al rey

2,3Obedece al rey conforme a tu juramento. No andes tratando de rehuir responsabilidades, aunque sean desagradables. Porque el rey castiga a los desobedientes. 4Tras el mandato del rey hay gran poder, y nadie puede oponérsele u objetarlo. 5Quienes le obedecen no serán castigados. El sabio hallará tiempo y forma de cumplir lo que ordena. 6,7Para todo hay tiempo y manera, aunque el ser humano esté abrumado de dificultades; pues, ¿cómo evitar que acontezca lo que guarda el futuro desconocido?

8Nadie puede impedir que se le escape el espíritu; nadie tiene poder para evitar el día de la muerte, pues no hay licencia que libre de esa obligación y de esa negra batalla. Y desde luego, la maldad del ser humano no le ayudará entonces.

## Sinrazones de la vida

9,10He meditado profundamente en todo lo que ocurre en este mundo, en que los individuos tienen el poder de perjudicarse los unos a los otros. He visto los funerales de los malvados, y cuando sus amigos regresaban del cementerio, olvidadas todas las maldades del difunto, se le alababa en la misma ciudad en donde había cometido sus múltiples fechorías. ¡Qué absurdo! 11Como Dios no castiga instantáneamente a los pecadores, la gente cree que puede hacer el mal impunemente. 12Pero aunque el ser humano peque cien veces y continúe viviendo, sé que le irá mejor a quien teme a Dios y le guarda reverencia. 13En cambio, los malos, no tendrán larga y próspera vida: sus días serán tan efímeros como sombras, porque no temen a Dios.

14Algo raro ocurre aquí en la tierra: pues hay gente justa a quien le va como si fuera malvada, y hay malvados a quienes les va como si fueran justos. Esto mortifica y molesta.

15Entonces resolví dedicar la vida a divertirme, pues pensé que no había en el mundo nada mejor que comer, beber y alegrarse, con la esperanza de que esta felicidad permanecería en medio del duro trabajo que Dios asigna a la humanidad en todas partes.

16,17En mi búsqueda de sabiduría observé lo que acontecía en toda la tierra: incesante actividad día y noche. Pude ver todo lo que Dios había hecho. El ser humano no puede comprender todo lo hecho por Dios en esta vida. Por más que se esfuerce por encontrarle sentido, no lo hallará; aun cuando el sabio diga conocerlo, en realidad no lo puede comprender.

## Un destino común

**9** También investigué minuciosamente esto: que los justos y los sabios dependen de la voluntad de Dios; nadie sabe si Dios los favorecerá o no. Es cosa de azar. 2,3Buenos y malos, religiosos y descreídos, blasfemos y justos, tienen el mismo final. Parece muy injusto que sea igual el destino de todos. Por eso es que los humanos no se preocupan más del bien, sino que eligen su camino de locura, pues no tienen esperanza; al fin y al cabo lo único que les espera es la muerte.

4Sólo para los vivientes hay esperanza. ¡Más vale perro vivo que león muerto! 5Pues los que viven saben por lo menos que han de morir. Pero los muertos nada saben, ni siquiera tienen memoria. 6Todo lo que hayan hecho en vida —amar, odiar, envidiar— es cosa remota y ellos ya en nada participan aquí en la tierra. 7¡Adelante, pues; come, bebe y alégrate; pues Dios ya se ha agradado de tus obras! 8Usa buena ropa y un poquito de perfume. 9Date buena vida con la mujer que amas en los fugaces días de la vida, pues la esposa que Dios te da es la mejor recompensa por tu trabajo aquí en la tierra. 10Haz bien todo lo que emprendas, porque en la muerte, a la cual vas, no hay trabajo, planes, saber ni entendimiento.

## Más vale maña que fuerza

11Volví a mirar por toda la tierra y descubrí que no siempre el más veloz gana la carrera, ni el más fuerte la batalla; que los sabios suelen ser pobres y los hombres diestros no son por fuerza famosos; todo es cuestión de suerte; de estar en el sitio adecuado en el momento oportuno. 12Nunca sabe el ser humano cuándo le vendrá la mala suerte. Es como pez en la red o ave en el lazo.

13Hay algo más que me ha impresionado profundamente al observar los sucesos humanos: 14había un pueblo pequeño con pocos habitantes; llegó un rey y lo cercó. 15Había en la ciudad un sabio muy pobre, que sabía lo que debía hacerse para salvar la ciudad, y eso la libró. Pero después nadie se acordó más de él. 16Entonces me di cuenta de que si bien la sabiduría es mejor que la fuerza, si el sabio es pobre, será menospreciado y no se apreciará lo que diga. 17Pero aun así, las serenas palabras del sabio son mejores que los clamores del rey de los necios. 18La sabiduría es mejor que el armamento, pero una manzana podrida echa a perder todas las de una cesta.

## Dichos de sabiduría

**10** Las moscas muertas dan mal olor y echan a perder el perfume. Un pequeño error puede pesar más que gran sabiduría y honra. 2El corazón del sabio lo impulsa al bien; el del necio, lo lleva al mal. 3Al necio se le conoce con sólo ver cómo camina por la calle.

4Si el patrón se enoja contigo, no renuncies. El espíritu sereno apaciguará el enojo. 5Otro mal he visto al observar el acontecer del mundo, algo triste relativo a reyes y gobernantes: 6pues hay visto otorgar mucha autoridad a los necios, y que a los ricos no se les concede el puesto de honor que les corresponde. 7¡Hasta he visto sirvientes a caballo, mientras los príncipes marchaban como sirvientes!

8,9Cavas un pozo, y caes en él; derribas un muro viejo, y una serpiente te muerde. Trabajas en la cantera, y cae una piedra y te aplasta. Hay peligro en cada golpe de hacha que das.

10Si el hacha no tiene filo, se necesita mucha fuerza; sé inteligente: afílala.

11Si la serpiente muere antes de ser hechizada, de nada sirve el encantador.

12,13Es agradable oír las palabras sabias; pero los labios del necio lo llevan a la ruina. Puesto que su

¹⁰El que ama el dinero jamás se saciará. ¡Qué locura pensar que el dinero produce felicidad! ¹¹Cuanto más se tiene, más se gasta, hasta el límite de los ingresos. Entonces, ¿qué ventaja da la riqueza; como no sea verla escaparse por entre los dedos? ¹²El que trabaja arduamente duerme tranquilo, coma poco o mucho; pero el rico padece de preocupaciones e insomnio.

¹³,¹⁴Otro grave problema he observado por doquier: se invierten los ahorros en negocios arriesgados que fracasan, y pronto no queda nada para dejar a los hijos. ¹⁵El que especula, pronto se halla en donde empezó: con las manos vacías. ¹⁶Esto, ya lo dijimos, es un grave problema, pues trabajó mucho para nada. Todo se lo lleva el viento. ¹⁷Pasa el resto de su vida ensombrecido, triste, desalentado, frustrado y enojado. ¹⁸Es esto lo que he visto de bueno: corresponde al ser humano comer bien, beber su buen vaso de vino, aceptar su puesto en la vida y disfrutar de su trabajo sea cual sea su empleo, por el tiempo de vida que el Señor le conceda. ¹⁹,²⁰Y, naturalmente, está muy bien. Si Dios le ha dado al ser humano riqueza y salud es para que lo disfrute. Gustar de nuestro trabajo y aceptar la suerte que la vida nos deparó, es en verdad un don de Dios. Quien tal haga no tendrá que mirar triste hacia el pasado, pues Dios llenará de gozo su corazón.

## ¿Qué sentido tiene la vida?

**6** Pero hay un gravísimo mal que he visto en todas partes: ²Dios les ha dado a unos inmensa riqueza y honra que les permitirían obtener todo lo que se les antoje, pero no les ha dado salud para disfrutarlo; mueren, y otros se apoderan de todo. Esto es absurdo, simple burla, una falla grave.

³Si un hombre tiene cien hijos y otras tantas hijas y vive hasta muy anciano, pero al morir deja tan poco dinero que no le alcanza a sus hijos ni para enterrarlo decentemente, yo digo que mejor hubiera nacido muerto. ⁴Porque el abortivo vino de la nada, y a las tinieblas va, y en las tinieblas permanecerá anónimo, ⁵sin haber visto jamás el sol o saber siquiera de su existencia; aun eso es mejor que ser un anciano desdichado. ⁶Si un ser humano vive mil años y el doble, y no halla la dicha, ¿de qué le sirve?

⁷,⁸Sabios y necios pasan la vida por igual, afanándose por el alimento, y jamás parecen tener suficiente. Ambos padecen el mismo problema; pero el pobre que sea sabio vive mucho mejor. ⁹Más vale pájaro en mano que cien volando; soñar imposibles es necedad, perseguir el viento.

¹⁰Todo lo que pasa está decidido de antemano; desde antiguo ya se sabía lo que cada ser humano habría de ser. Así que es inútil que discutas con Dios sobre tu destino. ¹¹Entre más palabras, menos claridad; entonces; ¿para qué molestarse en hablar?

¹²En los pocos días de nuestra vida vacía, ¿quién podrá decir cuál es la mejor manera de vivirlos? ¿Quién podrá saber lo que será mejor para el futuro cuando él haya desaparecido? Pues, ¿quién conoce el futuro?

## Nueva escala de valores

**7** La buena fama es más valiosa que el perfume más caro.

Mejor es el día de nuestra muerte que el día que nacimos. ²Más vale gastar el tiempo en funerales que en festivales. Porque la muerte te espera y es bueno pensar en ello mientras te quede tiempo. ³Mejor es el dolor que la risa, porque la tristeza ejerce una influencia purificadora. ⁴El sabio piensa mucho en la muerte, mientras que el necio sólo piensa en divertirse hoy.

⁵Mejor es la censura del sabio que la alabanza del necio. ⁶Porque la adulación del necio se desvanece tan pronto como el papel en el fuego, y es tonto dejar que nos impresione.

⁷El soborno entorpece al sabio; le destruye el entendimiento.

☼⁸Mejor es terminar que comenzar. La paciencia es mejor que el orgullo. ⁹No te dejes llevar por la ira, porque eso es necedad.

¹⁰No digas: «todo tiempo pasado fue mejor», pues no sabes si en verdad lo fue.

¹¹Tan bueno es ser sabio como ser rico; en realidad, es mejor. ¹²Todo se puede obtener con sabiduría o con dinero, pero en la sabiduría hay muchas ventajas.

¹³Observa los métodos de Dios, y ponte en armonía con ellos. No vayas en contra de la naturaleza. ¹⁴Disfruta de los buenos tiempos siempre que puedas, y cuando lleguen los malos tiempos, reconoce que unos y otros proceden de Dios, para que todos se den cuenta de que no hay nada seguro en esta vida.

¹⁵⁻¹⁷He visto de todo en esta loca vida, inclusive que a los justos los destruye su justicia y los malvados disfrutan de larga vida. No seas, pues, ni demasiado bueno ni demasiado sabio. ¿Para qué vas a matarte? Por otra parte, no seas tampoco demasiado malo: ¡no seas necio! ¿Para qué morir antes de tiempo?

¹⁸Pon manos a la obra que te corresponda, y si temes a Dios puedes confiar en sus bendiciones.

¹⁹Un sabio tiene más poder que los alcaldes de diez grandes ciudades. ²⁰Y no hay en toda la tierra un ser humano que sea siempre bueno y no peque jamás.

²¹,²²No escuches a hurtadillas. Podrías oír a tu siervo murmurando de ti. Bien sabes cuán a menudo hablas tú mal del prójimo.

## Tras la razón de las cosas

²³He hecho lo posible por ser sabio. Dije: «Yo quiero ser sabio», pero fue inútil. ²⁴Lejana y difícil de hallar ☼es la sabiduría. ²⁵Investigué por doquier resuelto a hallar sabiduría y la razón de las cosas, y a comprobar que la insensatez es maldad y la necedad locura.

²⁶Pero más amarga que la muerte es aquella mujer que es una trampa, que por corazón tiene una red y por brazos cadenas. Quien agrada a Dios se librará de ella, pero los pecadores no huyen de sus lazos.

²⁷,²⁸A esta conclusión llego, dice el Predicador. Paso tras paso llegué a este resultado tras investigar en todas direcciones: de mil hombres, uno podía tenerse por sabio; y de las mujeres, ninguna.

²⁹Y descubrí que si bien Dios hizo íntegros a los hombres, cada cual se apartó para ir por su camino cuesta abajo.

**8** ¡Qué admirable es ser sabio, para poder comprender, analizar e interpretar las cosas! La sabiduría

☼7.8-9  ☼7.25

# ECLESIASTÉS 3.5

Tiempo de danzar;
⁵Tiempo de esparcir piedras;
Tiempo de recoger piedras;
Tiempo de abrazar;
Tiempo de no abrazar;
⁶Tiempo de encontrar;
Tiempo de perder;
Tiempo de ahorrar;
Tiempo de derrochar;
⁷Tiempo de romper;
Tiempo de reparar;
Tiempo de callar;
Tiempo de hablar;
⁸Tiempo de amar;
Tiempo de odiar;
Tiempo de guerra;
Tiempo de paz.

## De nada sirve afanarse

⁹Realmente, ¿qué se obtiene del mucho trabajar? ¹⁰He meditado esto en relación con las diversas clases de trabajo que Dios ha dado a los humanos. ¹¹Todo está bien en su momento oportuno. Pero si bien Dios ha plantado la eternidad en el corazón de todo hombre y mujer, el ser humano es incapaz de una plena visión de la obra de Dios de principio a fin. ¹²Llego así a esta conclusión: primero, que no hay para el ser humano nada mejor que ser feliz y pasarla bien mientras pueda; ¹³segundo, que debe comer, beber y disfrutar del fruto de su trabajo, pues éstos son dones de Dios.

¹⁴Y esto sé: que todo lo que Dios hace permanece para siempre; nada puede añadírsele ni quitársele; lo que Dios se propone es que el ser humano le tema.

¹⁵Lo que ahora existe ya existía, y lo que va a existir, existe ya. Dios hace que la historia se repita.

## Contradicciones de la vida

¹⁶Además, observo que en toda la tierra la justicia está cediendo ante el crimen y que hasta los tribunales de justicia están corrompidos. ¹⁷Entonces me dije: «A su tiempo juzgará Dios cuanto hace la gente: lo bueno y lo malo».

¹⁸Y entonces me di cuenta de que Dios permite que el mundo siga su mal camino para poner a prueba a la humanidad, y para que los seres humanos mismos comprendan que no son mejores que las bestias. ¹⁹Porque humanos y animales respiran el mismo aire y unos y otros mueren. De modo que la humanidad no tiene verdadera superioridad sobre las bestias; ¡qué absurdo! ²⁰A un mismo sitio van todos: al polvo de donde salieron y al cual han de volver. ²¹Pues ¿quién podrá demostrar que el espíritu del ser humano va a lo alto y que el de los animales desciende al polvo? ²²Comprendí entonces que no hay para los hombres nada mejor que ser felices en su trabajo, porque para eso están aquí, y nadie puede volverlos a la vida para que disfruten lo que haya de existir en el futuro; por tanto, que lo disfruten ahora.

## Opresores y oprimidos

4 Luego observé opresión y tristeza por toda la tierra: lloraban los oprimidos y nadie les ayudaba, mientras sus opresores contaban con poderosos aliados. ²Entonces comprendí que mejor están los muertos que los vivos. ³Y más dichosos aún son los que jamás nacieron, y no vieron jamás la maldad y el crimen que imperan en la tierra.

⁴Vi entonces que el móvil principal del éxito es el impulso de la envidia y los celos. Pero también esto es necedad, es perseguir el viento. ⁵,⁶El necio rehúsa trabajar y casi muere de hambre, pero cree que mejor es ser perezoso y vivir a medias que trabajar mucho, si al fin de cuentas todo es tan vano.

## La unión hace la fuerza

⁷También observé en la tierra otra locura: ⁸el caso del hombre solitario, sin hijos ni hermanos, y que trabaja arduamente para seguir acumulando riquezas. No se pregunta a quién le quedará todo. ¿Y por qué renuncia a tanto ahora? ¡Todo esto es tan sin sentido y deprimente!

⁹Más vale dos que uno, porque el resultado puede ser mucho mejor. ¹⁰Si uno cae, el otro lo levanta; pero si el hombre solitario cae, su problema es grave. ¹¹Además, en noche fría, dos bajo una frazada mutuamente se dan calor; pero, ¿cómo se calentará el solitario? ¹²Y uno solo puede ser atacado y vencido, pero dos, espalda contra espalda, pueden resistir y triunfar; y tres son aún mejores, pues una cuerda de tres hilos no es fácil de romper.

## Juventud y sabiduría

¹³Mejor es el joven pobre y sabio que el rey viejo y necio que rechaza todo consejo. ¹⁴Dicho joven podría salir de la cárcel y triunfar. Hasta podría llegar a rey aunque haya nacido pobre. ¹⁵A un joven así todos están ansiosos de ayudarlo, hasta para que usurpe el trono. ¹⁶Puede convertirse en caudillo de millones de personas, y ser muy popular. Pero viene luego la joven generación que lo rodea, y lo rechaza. Y de nuevo todo es necedad, es perseguir el viento.

## Hay que cumplir los votos

5 Cuando entres en la casa de Dios, ten abiertos los oídos y cerrada la boca. No seas como el necio que ni siquiera reconoce que es pecado hacerle a Dios promesas temerarias, ²pues él está en el cielo y tú aquí abajo en la tierra; sean, pues, pocas tus palabras. ³Así como el exceso de ocupaciones produce pesadillas, la necedad te convierte en un necio que dice tonterías. ⁴Así, cuando le hables a Dios y le prometas hacer algo, no tardes en cumplirlo. Pues a Dios no le agradan los necios. Cúmplele lo prometido. ⁵Es mejor no decir que se va a hacer algo, que decirlo y no hacerlo. ⁶,⁷En este caso, la boca te hace pecar. No procures excusarte diciéndole al mensajero de Dios que fue por error (el hacer la promesa). Eso enojaría mucho a Dios; y él podría truncar tu prosperidad. Soñar y no realizar es necedad, y el torrente de palabras vacías es ruidoso; en vez de eso, teme a Dios.

## Futilidad de las riquezas

⁸Si en cualquier parte del país ves que un rico oprime al pobre haciendo abortar la justicia, no te sorprendas. Pues cada subalterno recibe órdenes de más arriba, y los más altos oficiales tienen la mirada puesta en sus jefes. Así es que la cuestión se hace una maraña de papeleo y burocracia. Y por sobre todos está el rey. ⁹¡Ay, que hubiera un rey dedicado a su nación! Sólo él podría producir orden entre este caos.

※ 3.9-14   ※ 3.19-20   ※ 4.4-6   ※ 4.9-11

# ECLESIASTÉS

## Discurso inicial

**1** Estas son las palabras del Predicador, hijo de David, rey de Jerusalén. ²Según mi entender, nada vale la pena; todo es vano. ³⁻⁷Pues, ¿qué obtiene la gente de todo su trabajo?

Generaciones vienen y generaciones van y todo sigue igual. Sale el sol y se pone, en rápido giro vuelve a surgir. Sopla el viento del sur y del norte, aquí y allá, yendo y volviendo, sin ir a ninguna parte. Los ríos desembocan en el mar y éste nunca se llena, y el agua vuelve a los ríos y nuevamente fluye hacia el mar. ⁸⁻¹¹Todo es indecible fastidio y fatiga. Por más que vemos, jamás nos satisfacemos; por más que oímos, no estamos contentos.

La historia es simple repetición. Nada hay realmente nuevo; todo ha sido hecho o dicho antes. ¿Puedes tú indicar algo que sea nuevo? ¿Cómo sabes que no existió ya en remotas edades? No recordamos lo ocurrido en aquellos tiempos antiguos, y en las futuras generaciones nadie recordará lo que hayamos hecho ahora.

## Primeras conclusiones

¹²⁻¹⁵Yo, el Predicador, fui rey de Israel y viví en Jerusalén. Y en busca de conocimientos me dediqué a investigarlo todo en el universo. Descubrí que la suerte del ser humano, que Dios le ha señalado, no es un camino feliz. Todo es insensatez; todo es perseguir el viento. Lo torcido no puede enderezarse: es agua pasada; y de nada vale soñar con lo que pudiera haber sido. ¹⁶⁻¹⁸Yo me dije: «Fíjate, soy más instruido que cualquiera de los reyes que me precedieron en Jerusalén. Tengo más sabiduría y conocimientos». Así es que me esforcé por ser sabio en vez de necio, pero hoy reconozco que aun eso fue perseguir el viento. Pues cuanto mayor era mi sabiduría, tanto más grande era mi pena; aumentar el conocimiento es sólo aumentar el dolor.

**2** Me dije entonces: «¡Anda, alégrate; sáciate de gozo!» Pero descubrí que esto también era vano. ²Porque es necedad reír todo el tiempo; ¿qué beneficio produce?

³Así que, después de mucho pensarlo, resolví probar los placeres de la embriaguez, procurando aún encontrar la sabiduría.

Luego volví a cambiar de rumbo y emprendí el camino de la frivolidad para experimentar la única felicidad que en toda su vida conoce la mayoría de la gente.

⁴⁻⁶Después traté de hallar satisfacción inaugurando un amplio programa de obras públicas: casas, viñedos, jardines, parques y huertos para mí, y estanques para el regadío de mis plantaciones.

⁷,⁸Luego compré esclavos y esclavas, y otros nacieron en mis propiedades. Crié grandes manadas y rebaños, más que cualquiera de los reyes que me precedieron. Recaudé plata y oro como tributo de muchos reyes y provincias.

En el aspecto cultural, organicé coros y orquestas de hombres y mujeres.

Y además tuve muchas y hermosas concubinas.

⁹Así es que me engrandecí más que cualquiera de los reyes de Jerusalén que me antecedieron, y sin embargo mantuve mi perspicacia de modo que pude evaluar todo esto. ¹⁰Tomaba para mí cuanto se me antojaba, y no me privaba de ningún goce. Hasta en el trabajo arduo hallé placer. Este gusto fue en verdad la única recompensa de todas mis faenas.

¹¹Pero mirando cuanto había emprendido, me pareció tan inútil, como perseguir el viento sin que nada valiera realmente la pena.

## Todos paran en lo mismo

¹²Entonces consideré la sabiduría y la insensatez, y cualquiera llegaría a la misma conclusión que yo: ¹³,¹⁴Que la sabiduría es más valiosa que la insensatez, así como la luz es mejor que las tinieblas; pues mientras el sabio ve, el necio está ciego. Y sin embargo observé que al sabio y al necio les espera el mismo final. ¹⁵Entonces, me dije: «yo también moriré igual que el necio». Entonces, ¿de qué vale toda mi sabiduría? Así reconocí que aun la sabiduría es vana. ¹⁶Pues nadie se acuerda del sabio ni del necio, y con el paso del tiempo todo cae en el olvido y tanto el sabio como el necio mueren. ¹⁷Así es que ahora detesto la vida, pues es tan irracional; todo es insensatez, ¡es correr tras el viento!

※¹⁸Y esto es lo repugnante: que tenga yo que dejar a otros el fruto de mi ardua labor. ¹⁹Y ¿quién podrá decir si mi hijo va a ser sabio o necio? Pero todo lo que tengo irá a sus manos; ¡qué desalentador!

²⁰⁻²³Desesperado, abandoné entonces el trabajo arduo, como respuesta a mi búsqueda de satisfacción. Pues hay quienes pasan la vida en busca de sabiduría, conocimientos y habilidad, para luego dejárselo todo a quien no se ha esforzado ni un día de su vida. Esto no sólo es necio sino injusto. Así pues, ¿qué obtiene el ser humano de toda su ardua labor? Días llenos de tristeza y dolor, y noches inquietas y amargas. Todo es absolutamente ridículo.

※²⁴⁻²⁶No hay nada mejor para el hombre y la mujer que disfrutar de su comida, su bebida y su trabajo. Entonces reconocí que aun este placer, procede de Dios. Porque, sin él, ¿quién puede comer o tener gozo? Porque Dios da sabiduría, conocimientos y gozo a quien es de su agrado; pero si un pecador se enriquece, Dios le quita la riqueza y se la entrega a quienes le agradan. Y también esto es absurdo, ¡es correr tras el viento!

## Hay un tiempo para todo

**3** ※Para todo hay un tiempo oportuno. Hay tiempo para todo lo que se hace bajo el sol.
²Tiempo de nacer;
Tiempo de morir;
Tiempo de plantar;
Tiempo de cosechar;
³Tiempo de matar;
Tiempo de sanar;
Tiempo de destruir;
Tiempo de reedificar;
⁴Tiempo de llorar;
Tiempo de reír;
Tiempo de tener duelo;

※2.18–20　※2.26　※3.1–8

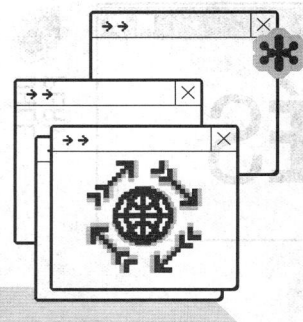

## PANORAMA DEL LIBRO

Si hay un libro en la Biblia que se acerca a una meditación acerca de la filosofía de la vida ese es Eclesiastés. Esta es una obra en la que el autor describe su búsqueda sistemática del significado de la vida, a través de los placeres, la sabiduría, las riquezas y otros medios. Siguiendo un estilo realista que a veces parece pesimista, el Predicador escribe una obra para proclamar que el gozo de la vida está en el Señor y en su bendición y que, fuera de Él, la vida es "lo más absurdo de lo absurdo" (1:2).

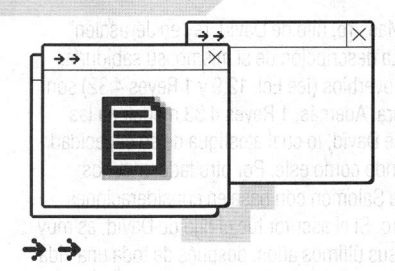

## EL GUION

1) Es absurdo tratar de vivir la vida sin Dios. Caps. 1-2
2) Es absurdo vivir sin comprender las leyes que gobiernan la vida. Caps. 3-4
3) Es absurdo buscar satisfacción en los bienes materiales. Caps. 5-6
4) Es absurdo vivir en insensatez, lejos de la sabiduría de Dios. Caps. 7-10
5) Es sensato vivir la vida dependiendo del Señor. Caps. 11-12

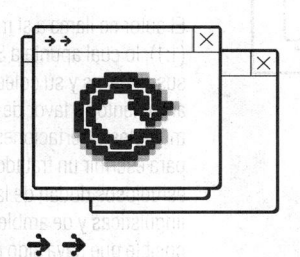

## ¿CÓMO SE RELACIONA CONMIGO?

Eclesiastés es muy especial ya que en él un sabio anciano comparte con la siguiente generación sus más importantes lecciones aprendidas acerca de la vida. En este libro Salomón responde grandes preguntas tales como el significado de la vida, el lugar del placer y la utilidad de la investigación y el trabajo. Este es un libro perfecto para los más reflexivos o para aquellos que están en una temporada de planteos importantes para decidir lo que es esencial en sus vidas.

Eclesiastés puede sentirse un tanto pesimista, sin embargo, es un libro con la suficiente profundidad y carácter práctico como para conectar con una gran variedad de decisiones que quieras explorar en tu vida.

# ECLESIASTÉS

# ECLESIASTÉS

## ¿QUIÉN LO ESCRIBIÓ?

El autor se llama a sí mismo "el Maestro, hijo de David, rey en Jerusalén" (1:1), lo cual apunta a Salomón. La descripción de sí mismo, su sabiduría, sus riquezas y su colección de proverbios (lee Ecl. 12:9 y 1 Reyes 4:32) son argumentos a favor de esta postura. Además, 1 Reyes 4:33 menciona las múltiples disertaciones del hijo de David, lo cual atestigua de su capacidad para escribir un tratado tan profundo como este. Por otro lado, muchos estudiosos dudan de la autoría de Salomón con base en consideraciones lingüísticas y de ambiente del libro. Si el escritor fue el hijo de David, es muy posible que haya sido escrito en sus últimos años, después de toda una vida de experiencias, grandes aciertos y sonoros fracasos (lee 2 Reyes 11).

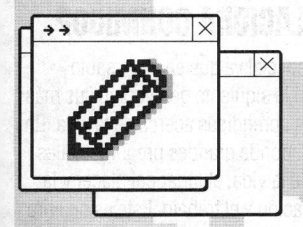

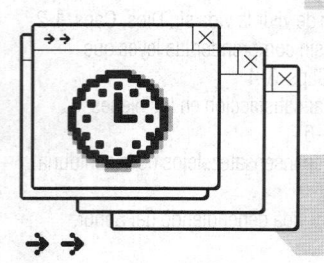

## ¿A QUIÉN LO ESCRIBIÓ?

Al igual que otros libros de sabiduría en Israel, este libro tiene un alcance más universal que local. En otras palabras, Eclesiastés no fue escrito pensando en una persona o situación particular, sino que fue dirigido a cualquiera que buscara un sentido o propósito a la vida. En este sentido, su enfoque no es tan optimista como el de Proverbios, sino más discreto y hasta brutalmente realista; cercano a los enigmas y paradojas que discute Job. De manera interesante, sin embargo, parece que el autor aún está pensando en jóvenes que puedan aprender de sus experiencias en la vida (lee Ecl. 11:9; 12:1).

## ¿CUÁNDO Y DÓNDE LO ESCRIBIÓ?

El libro mismo habla de Jerusalén en varias ocasiones (1:1, 12, 16; 2:7, 9), por lo que la tendencia natural es pensar en esa ciudad como el lugar en el cual el libro fue escrito. Sin embargo, el carácter universal de la obra hace que el lugar en el que fue escrita no sea tan decisivo para la comprensión de su mensaje. En cuanto a la fecha, mucho se ha escrito al respecto. Las fechas varían desde la época de Salomón (año 930 a.C.) hasta una época tan tardía como 200 a.C., después del exilio babilónico de los judíos. Como el libro implica que otra persona, distinta de "el Maestro", editó el libro para su publicación (Ecl. 12:9-10), se puede suponer que las reflexiones del libro provienen en su totalidad de Salomón, pero un grupo de escribas, quizá en la época de Ezequías, como sugiere la tradición judía, hizo la edición final del libro en una época cercana al exilio.

que al fin se casa, y la criada que le quita el lugar a su señora.

²⁴Hay cuatro cosas pequeñas en la tierra, pero que son más sabias que los mismos sabios: ²⁵las hormigas, no son fuertes pero almacenan comida para el invierno; ²⁶los tejones, no son poderosos pero construyen sus casas entre las rocas; ²⁷las langostas, que aunque no tienen rey, marchan en formación perfecta; ²⁸las lagartijas que se atrapan con la mano pero que se encuentran hasta en los palacios de los reyes.

²⁹Hay tres cosas, y hasta cuatro, que su andar es majestuoso: ³⁰el león, poderoso entre los animales, que no retrocede ante nada, ³¹el gallo orgulloso, el macho cabrío, y el rey cuando conduce a su ejército.

³²Si te has engrandecido tú mismo como un necio, o si tramas maldades, ponte a pensar ³³que al batir la leche se obtiene mantequilla, que al sonarse fuerte la nariz sangra, y que provocar la ira causa pleitos.

## Dichos del rey Lemuel

**31** Estos son los dichos del rey Lemuel por medio de los cuales su madre le enseñó:

²Hijo mío, fruto de mi vientre, cumplimiento de mis promesas, ³no gastes tu vitalidad con mujeres, ni tu fuerza en las que causan la ruina de los reyes.

⁴No está bien que los reyes, oh Lemuel, se entreguen al vino o que los gobernantes se den al licor, ⁵pues si lo hacen puede que olviden sus deberes y sean incapaces de administrar justicia a los oprimidos. ⁶El licor es para los moribundos y el vino para los deprimidos; ⁷¡que beban para olvidar su pobreza y para que no vuelvan a recordar sus penas!

⁸¡Alza la voz por aquellos que no pueden alzarla por sí mismos, defiende a los indefensos!

⁹¡Alza la voz por los pobres y necesitados y procura que se les haga justicia!

## Epílogo: Acróstico a la mujer ejemplar

¹⁰Mujer ejemplar, ¿dónde se hallará? ¡Vale más que las piedras preciosas! ¹¹Su esposo puede confiar plenamente en ella y no le faltan ganancias. ¹²Ella no es un estorbo para él, sino una ayuda todos los días de su vida. ¹³Sale en busca de lana y lino, y alegremente trabaja con sus manos. ¹⁴Es como un barco mercante, que trae su alimento desde muy lejos. ¹⁵Madruga para preparar el desayuno a su familia, y les asigna las tareas del día a sus criadas. ¹⁶Sale a inspeccionar un terreno y lo compra, con sus ganancias planta un viñedo. ¹⁷Está llena de vitalidad, y está lista para trabajar. ¹⁸Se complace con la prosperidad de sus negocios, y no se apaga su lámpara en la noche.

¹⁹Sus manos están ocupadas hilando y tejiendo. ²⁰Les tiende su mano en ayuda a los pobres y necesitados. ²¹No le preocupa que nieve, pues todos los de su casa andan bien abrigados. ²²Ella misma hace sus colchas, y se viste de púrpura y lino fino. ²³Su esposo es bien conocido en la comunidad, pues se sienta entre las autoridades de la ciudad.

²⁴Ella hace ropa de lino y cinturones, y los vende a los comerciantes. ²⁵Está revestida de fuerza y dignidad, y no le teme al futuro. ²⁶Cuando habla, sus palabras son sabias, cuando enseña, lo hace siempre con amor. ²⁷Observa con cuidado lo que sucede en su casa, y no come el pan por el que no ha trabajado. ²⁸Sus hijos se levantan y la bendicen, su esposo la alaba diciendo:

²⁹ «¡Hay muchas mujeres ejemplares, pero tú eres la mejor de todas!»

³⁰Los encantos pueden engañar y la belleza no dura, pero la mujer que honra al Señor es digna de alabanza.

³¹¡Alábenla por todo lo que ha hecho y públicamente reconozcan sus obras!

31.10–31

¹⁹El que trabaja su tierra tendrá comida en abundancia; el que pierde el tiempo tendrá pobreza en abundancia.
²⁰El hombre fiel recibirá bendiciones; pero el que busca enriquecerse rápidamente no quedará sin castigo.
²¹No está bien ser parcial con nadie; hasta por un pedazo de pan se puede pecar.
²²El ambicioso trata de enriquecerse rápidamente, pero eso lo conduce a la pobreza.
²³Finalmente la gente estima más la crítica que la alabanza.
²⁴El que roba a su padre o a su madre y dice: «¿Qué hay de malo en eso?», es amigo de criminales.
²⁵La codicia provoca peleas; la confianza en el SEÑOR lleva a la prosperidad.
²⁶El que confía en sí mismo es un necio; el que actúa con sabiduría estará a salvo.
²⁷El que ayuda al pobre no conocerá la pobreza; el que le niega su ayuda será maldecido.
²⁸Cuando los malvados triunfan, la gente se esconde; cuando los malvados caen, los justos prosperan.

**29** El hombre que rechaza la corrección será destruido de repente y sin remedio.
²Cuando los justos tienen el poder, el pueblo se alegra; pero cuando los malvados tienen el poder, el pueblo sufre.
³El hijo que ama la sabiduría hace dichoso a su padre, pero el que anda con prostitutas derrocha su riqueza.
⁴Un rey justo da estabilidad a su nación, pero el que exige tributos, la destruye.
⁵El que alaba a su prójimo le está poniendo una trampa. ⁶El malvado está atrapado en sus propios pecados, pero el justo está cantando de gozo.
⁷El justo conoce los derechos del pobre; al malvado no le importa conocerlos.
⁸Los alborotadores agitan toda la ciudad mientras que los sabios calman la ira.
⁹Cuando el sabio entabla pleito contra un necio, aunque se enoje o se ría, nada arreglará.
¹⁰Los asesinos detestan a los honestos, y quieren matar al justo.
¹¹El necio deja escapar todo su enojo, el sabio lo controla.
¹²Si el gobernante presta atención a las mentiras todos sus oficiales se corrompen.
¹³El opresor y el pobre tienen algo en común, que el SEÑOR les ha dado a los dos la vista.
¹⁴El rey que gobierna a los pobres con justicia está asegurando su trono.
¹⁵La vara de la disciplina hace al hijo entendido, pero el hijo consentido es una vergüenza para su madre.
¹⁶Cuando el malvado tiene el poder, el pecado aumenta, pero los justos vivirán para ver su caída.
¹⁷Disciplina a tu hijo y te dará paz y traerá tranquilidad a tu alma.
¹⁸Cuando no hay dirección del SEÑOR, el pueblo se extravía; ¡dichosos los que cumplen la ley!
¹⁹No bastan las palabras para corregir al siervo, aunque entienda no obedece.
²⁰Hay más esperanza para el necio que para el que habla sin pensar.

²¹El siervo consentido desde su niñez, al final traerá tristeza.
²²El hombre que se violenta fácilmente provoca pleitos y comete toda clase de pecados. ²³El orgulloso será humillado, pero el humilde será honrado.
²⁴El cómplice del ladrón se daña a sí mismo, pues aunque está bajo juramento no confiesa.
²⁵El temor al hombre es una trampa peligrosa, pero la confianza en el SEÑOR trae seguridad.
²⁶Muchos buscan el favor del gobernante, pero la justicia viene del SEÑOR.
²⁷Los justos detestan a los malvados, y los malvados detestan a los justos.

## Dichos de Agur

**30** Dichos de Agur, hijo de Jaqué. Oráculos. Palabras de este varón:
²Oh Dios, estoy cansado y agotado. Soy el más ignorante de los hombres; me falta discernimiento humano.
³No he conocido la sabiduría, ni tampoco conozco al Dios santo. ⁴¿Quién ha subido y bajado del cielo? ¿Quién retiene el viento en su puño o envuelve el mar en su manto? ¿Quién ha establecido los límites de la tierra? ¿Quién sabe su nombre y el de su hijo? Dímelo si lo sabes.
⁵Toda palabra de Dios es verdadera. Él protege a los que acuden a él en busca de protección. ⁶No añadas nada a sus palabras para que no te reprenda y te haga quedar como un mentiroso.
⁷Oh SEÑOR, dos cosas te pido antes de morir, no me las niegues: ⁸Aparta de mí la mentira y la falsedad, no me des ni pobreza ni riquezas, dame sólo el pan de cada día. ⁹Porque si tengo mucho, quizá te desconozca y diga: ¿Quién es el SEÑOR? Y si tengo poco, quizá robe y deshonre así tu santo nombre.
¹⁰Jamás ofendas al esclavo delante de su amo, o él te maldecirá y sufrirás las consecuencias.
¹¹Hay quienes maldicen a su padre y no bendicen a su madre. ¹²Hay quienes se creen puros, y no se han limpiado de su impureza. ¹³Hay quienes se creen más que los demás y a todos miran con desprecio. ¹⁴Hay quienes tienen dientes como espadas y mandíbulas como cuchillos para devorar a los pobres de la tierra, y a los necesitados de este mundo.
¹⁵La sanguijuela tiene dos hijas que siempre están pidiendo a gritos: «Dame más, más». Hay tres cosas, y hasta cuatro, que nunca quedan satisfechas: ¹⁶el sepulcro, el vientre estéril, el desierto árido y el fuego que todo lo consume.
¹⁷Al que mira con desprecio a su padre y menosprecia a su madre anciana, que los cuervos le saquen los ojos y los buitres se lo devoren.
¹⁸Hay tres cosas, y hasta cuatro, que me asombran y no entiendo: ¹⁹el camino del águila en el cielo, el camino de la serpiente en la roca, el camino del barco en alta mar, y el camino del hombre en la mujer.
²⁰Así hace la mujer adúltera: Come, se limpia la boca y después dice: ¿Qué tiene de malo lo que hice?
²¹Tres cosas hacen temblar la tierra, y una cuarta la hace estremecer: ²²el esclavo que llega a ser rey, el necio que le sobra la comida, ²³la mujer amargada

28.22  28.25–27  29.1  29.15  29.17–18  29.23
29.25  30.5

**PROVERBIOS 26.13**

¹²Hay más esperanza para un necio que para el que se cree muy sabio.
¹³El perezoso para no trabajar pone excusas, dice: «Hay un león allá afuera que anda suelto». ¹⁴Sobre sus bisagras gira la puerta; sobre la cama, el perezoso.
¹⁵El perezoso no mueve ni un dedo para llevarse la comida a la boca.
¹⁶El perezoso se cree más listo que siete sabios que saben responder.
¹⁷Meterse en pleitos ajenos es como agarrar a un perro por las orejas.
¹⁸Como loco que lanza flechas encendidas, ¹⁹es el que engaña a su prójimo y luego dice: «Sólo era una broma».
²⁰Sin leña se apaga el fuego, y sin chismes se acaba el pleito.
²¹El carbón es para hacer brasas, la leña para hacer fuego, y el hombre pendenciero para empezar pleitos.
²²Los chismes son como bocados sabrosos; llegan hasta lo más profundo del corazón.
²³Como baño de plata sobre olla de barro así son las palabras amables que ocultan un corazón malvado.
²⁴El que odia lo disimula al hablar, pero en su corazón hace planes malvados;
²⁵No le creas, aunque te hable con dulzura, porque su corazón rebosa de abominaciones.
²⁶Puede engañarnos disimulando su odio pero ante todos se descubrirá su maldad.
²⁷El que cava una fosa, en ella caerá; el que echa a rodar una roca, contra él se volverá.
²⁸La lengua mentirosa odia a sus víctimas, la boca aduladora causa la ruina.

**27** ☼ No presumas del día de mañana porque no sabes lo que el día traerá.
²Deja que sean otros los que te alaben; no te alabes tú mismo.
³La piedra es pesada y la arena es toda una carga, pero el enojo del necio pesa más que ellas.
⁴La ira es cruel y agobiante el enojo, pero ¿quién puede enfrentarse a la envidia?
⁵Es mejor la reprensión franca que el amor en secreto.
⁶Son mejores las heridas del amigo que los besos del enemigo.
⁷Hasta la miel empalaga al que está satisfecho; pero al que tiene hambre lo amargo le sabe dulce.
☼ ⁸El hombre que se aleja de su hogar es como el pájaro que se aleja de su nido.
⁹El consejo sincero de un amigo endulza el alma, como el perfume y el incienso alegran el corazón.
¹⁰No abandones a tu amigo ni al amigo de tu padre. No vayas a la casa de tu hermano cuando necesites ayuda. Más vale vecino cerca que hermano lejos.
¹¹Hijo mío, sé sabio y alegrarás mi corazón, así podré responder a los que me desprecian.
¹²El prudente ve el peligro y se protege; el imprudente sigue adelante y sufre las consecuencias.
¹³Toma en prenda la ropa del que salió de fiador de un extraño.
¹⁴El mejor saludo se juzga una impertinencia cuando se da a gritos y de madrugada.
¹⁵Como gotera constante en día lluvioso es la mujer que constantemente pelea. ¹⁶Lograr que deje de pelear es como detener el viento o retener aceite en la mano.

¹⁷El hierro se afila con el hierro y el hombre al relacionarse con el hombre.
¹⁸El que cuida de la higuera come sus higos, el que cuida de su amo recibe honores.
¹⁹Como el agua refleja el rostro, el corazón refleja a la persona.
☼ ²⁰El sepulcro, la muerte y los ojos del hombre jamás se dan por satisfechos.
²¹El fuego prueba la pureza de la plata y el oro, pero al hombre lo prueban las alabanzas.
²²Aunque al necio lo muelas y lo vuelvas a moler y lo reduzcas a polvo como al grano, no le quitarás lo necio.
²³Date cuenta de la condición de tus rebaños y cuida mucho de tus ovejas; ²⁴porque ni las riquezas ni la corona duran por siempre.
²⁵Cuando salga el pasto y brote el verdor, y se recoja la hierba en los montes, ²⁶tus ovejas te darán lana para vestidos, y tus cabras para comprar un terreno; ²⁷tendrás suficiente leche de cabra para alimentarte tú, tu familia y tus siervos.

**28** El malvado huye sin que nadie lo persiga; pero el justo vive confiado como león.
²Cuando hay rebelión en un país se multiplican sus dirigentes; pero el gobernante con sabiduría y entendimiento mantiene el orden.
☼ ³El gobernante que oprime a los pobres, es como tormenta que acaba con la cosecha.
⁴Los que abandonan la ley alaban al malvado; los que la cumplen luchan contra él.
⁵Los malvados no comprenden la justicia, pero los que siguen al Señor entienden todo.
⁶Es mejor ser pobre y honrado que rico y perverso.
☼ ⁷El que obedece la ley es un hijo inteligente, pero el que anda con libertinos es vergüenza para su padre.
⁸El que aumenta su riqueza cobrando intereses, la aumenta para el que se compadece de los pobres.
⁹El que no presta atención a la ley aun sus oraciones son detestables.
¹⁰El que lleva al justo por el camino del pecado, caerá en su propia trampa; pero los intachables heredarán el bien.
¹¹El rico es sabio en su propia opinión, pero el pobre e inteligente lo ve como realmente es.
¹²Cuando los justos prosperan, todos se alegran, cuando los malvados triunfan, todos se esconden.
☼ ¹³El que disimula su pecado no prosperará; pero el que lo confiesa y lo deja, obtendrá misericordia.
¹⁴Dichoso el hombre que honra al Señor, pero el que endurece su corazón caerá en desgracia.
¹⁵El gobernante malvado es tan peligroso para los pobres como el león rugiente o el oso hambriento.
¹⁶El gobernante que no tiene entendimiento oprimirá a su pueblo; pero el que no es avaro tendrá larga vida.
¹⁷El asesino atormentado por su sentimiento de culpa, será un fugitivo hasta que muera. ¡Que nadie lo apoye!
☼ ¹⁸El que es honesto estará a salvo, pero el perverso será destruido.

☼27.1–2  ☼27.8  ☼27.20  ☼28.3  ☼28.7  ☼28.13  ☼28.18

el Señor verá lo que pasa y no le agradará, y apartará su enojo de él.

**29**

¹⁹No te alteres por causa de los malvados, ni sientas envidia de los impíos, ²⁰porque no hay futuro para el malvado, su lámpara se apagará.

**30**

²¹Hijo mío, teme al Señor y honra al rey, y no te juntes con los rebeldes. ²²Porque de repente les vendrá el desastre; ¡y quién sabe cuál será el castigo del Señor y del rey!

## Otros dichos de los sabios

²³También éstos son dichos de los sabios: Es malo mostrar favor hacia alguien en el juicio.

²⁴Al que dice al culpable: «Eres inocente», lo maldecirán los pueblos y las naciones. ²⁵Pero se derramarán bendiciones sobre el que condene al culpable.

²⁶La respuesta sincera es como el beso en los labios.

²⁷Prepara primero tus faenas de cultivo y ten listos tus campos para la siembra; después de eso, construye tu casa.

²⁸No testifiques sin ninguna causa contra tu prójimo ni digas mentiras. ²⁹No digas, «¡Ahora me desquitaré de todo el mal que me hizo!»

³⁰Pasé junto al campo del perezoso, junto a la viña del que no tiene sentido común. ³¹Había espinas por todas partes; la hierba cubría el terreno, y su cerca de piedras estaba derrumbada. ³²Entonces, mientras miraba y pensaba en esto, aprendí esta lección: ³³Un poquito más de sueño, otra pequeña siesta, cruza los brazos para descansar... ³⁴¡y te asaltará la pobreza como un ladrón, y la escasez como un bandido armado!

## Más proverbios de Salomón

**25** Estos proverbios también son de Salomón, fueron copiados por los ayudantes de Ezequías, rey de Judá.

²Es gloria de Dios ocultar un asunto, y honra del rey investigarlo.

³Nadie puede comprender la altura del cielo o la profundidad de la tierra, ni tampoco los pensamientos del rey.

⁴Quita las impurezas de la plata y quedará lista para que el orfebre la use;

⁵quita a los malvados del servicio al rey y su reino se afirmará en la justicia.

⁶No te des importancia delante del rey, ni exijas un lugar entre los poderosos;

⁷es mejor que él te invite a subir, y no que te humille públicamente.

Lo que atestigües con tus ojos, ⁸no te des prisa en llevarlo al tribunal, pues tu prójimo puede ponerte en vergüenza y al final no sabrás qué hacer.

⁹Defiende tu causa contra tu prójimo, pero no traiciones la confianza de nadie;

¹⁰pues otros pueden oírte y ponerte en vergüenza y nunca recobrarás tu buena fama.

¹¹El consejo oportuno es como naranjas de oro con incrustaciones de plata.

¹²Como anillo o joya del más fino oro es la corrección del sabio al que la acepta.

¹³El mensajero fiel es como refrescante nieve en medio del calor del verano, le da nuevos ánimos a su amo.

¹⁴El que no da el regalo prometido, es como la nube y el viento que no traen nada de lluvia.

¹⁵Por medio de la paciencia se puede convencer al gobernante; la lengua amable puede quebrantar hasta los huesos.

¹⁶¿Te gusta la miel? No comas demasiada, o te puede hacer daño.

¹⁷No abuses de las visitas a tu amigo, pues se cansará de ti y ya no te recibirá con alegría.

¹⁸Calumniar a alguien es tan dañino como herirlo con un hacha, atravesarlo con la espada o clavarle una flecha aguda.

¹⁹Confiar en un hombre indigno en momentos de angustia es como masticar con una muela careada o caminar con una pierna rota.

²⁰Cantar canciones al que tiene afligido el corazón es como robarle el abrigo en pleno frío o echarle vinagre en una herida.

²¹Si tu enemigo tiene hambre, dale de comer. Si tiene sed, dale de beber.

²²Así harás que se avergüence de lo que ha hecho, y el Señor te recompensará.

²³Tan cierto como que el viento del norte trae lluvia, las malas lenguas traen miradas de enojo.

²⁴Es mejor vivir en un rincón de la azotea que en una hermosa casa con una mujer pendenciera.

²⁵Las buenas noticias de tierras lejanas son como agua fría para la garganta sedienta.

²⁶Como fuente turbia o manantial lodoso es el justo que tiembla ante el malvado.

²⁷Así como comer mucha miel es malo, también es malo que los hombres busquen su propia gloria.

²⁸Como ciudad con sus murallas destrozadas es el hombre que no se sabe dominar.

**26** Ni la nieve es para el verano, ni la lluvia para la cosecha, ni los honores para el necio.

²Como gorrión que vuela sin rumbo o la golondrina sin nido, la maldición sin motivo jamás llega a destino.

³El látigo es para el caballo, el freno para el burro y la vara, para la espalda del necio.

⁴No respondas al necio según su necedad, o tú mismo pasarás por necio;

⁵Respóndele al necio como se merece, para que no se crea sabio.

⁶Confiar que el necio lleve un mensaje es como cortarse los pies o sufrir violencia.

⁷Inútil es el proverbio en la boca del necio como inútiles son las piernas de un inválido.

⁸Honrar al necio es tan descabellado como atar una piedra a la honda.

⁹El proverbio en la boca del necio es como la espina en la mano del borracho.

¹⁰Como el arquero que hiere a todo el que pasa, así es el que da trabajo al necio en su casa.

¹¹Como el perro vuelve a su vómito, así el necio vuelve a su necedad.

☼ 25.21-22  ☼ 25.28

**PROVERBIOS 23.1**

### 6

**23** Cuando comas con un gobernante, fíjate bien en lo que tienes frente a ti. ²Si tienes mucha hambre, controla tu apetito. ³No codicies sus manjares, pues esa comida es un engaño.

### 7

⁴No te fatigues tratando de hacerte rico, sé inteligente y no te preocupes por eso. ⁵Porque las riquezas pueden desaparecer como si les salieran alas, se van volando como águilas.

### 8

⁶No te sientes a la mesa de un tacaño, ni codicies sus manjares, ⁷porque ellos son de los que siempre están pensando lo que les cuesta. «Come y bebe», te dicen, pero no lo dicen de corazón. ⁸Vomitarás lo poco que comiste, y de nada habrán servido tus palabras de agradecimiento por su bondad.

### 9

⁹No malgastes tus palabras con el necio, él despreciará el consejo más sabio.

### 10

¹⁰No despojes de su tierra al huérfano indefenso cambiando de lugar los antiguos linderos, ¹¹porque su Defensor es muy poderoso, él mismo será tu acusador.

### 11

¹²Dedica tu corazón y tus oídos a la disciplina y al conocimiento.

### 12

¹³No dejes de corregir al joven; unos cuantos azotes no lo matarán. ¹⁴La corrección física puede salvarlo de la muerte.

### 13

¹⁵Hijo mío, qué gozo tendré si llegas a ser un hombre sabio, ¹⁶hasta en lo más profundo de mi ser me alegraré cuando hables con justicia y rectitud.

### 14

¹⁷No envidies a los malos; más bien, sigue siempre honrando al SEÑOR. ¹⁸Porque seguramente hay esperanza más adelante para ti, la cual no será destruida.

### 15

¹⁹Hijo mío, escucha y sé sabio; mantén tu corazón en el camino correcto. ²⁰No te juntes con los borrachos ni con los que comen más de lo que deben, ²¹porque los borrachos y los glotones acaban en la pobreza, y los dormilones vestidos de harapos.

### 16

²²Escucha a tu padre que te dio la vida, y no desprecies a tu madre cuando sea anciana. ²³Adquiere la verdad y la sabiduría, la disciplina y el entendimiento ¡y nunca los vendas! ²⁴El padre del justo tiene de qué alegrarse. Qué felicidad es tener un hijo sabio. ²⁵¡Que tu padre y tu madre se alegren! ¡Que se alegre la que te dio la vida!

### 17

²⁶Hijo mío, dame tu corazón y que tus ojos se deleiten en mis caminos de sabiduría. ²⁷Porque pozo profundo es la prostituta, y fosa angosta la mujer adúltera. ²⁸Como un ladrón ella espera escondida a su víctima, y hace que muchos hombres sean infieles.

### 18

²⁹¿Quién tiene angustia? ¿Quién tiene tristeza? ¿Quién está siempre peleando? ¿Quién se está quejando siempre? ¿Quién es herido sin motivo? ¿Quién tiene los ojos enrojecidos? ³⁰El que se la pasa bebiendo vino y probando nuevas bebidas. ³¹No dejes que las burbujas y el agradable sabor del vino te engañen. ³²Porque al final muerde como serpiente y envenena como víbora. ³³Tus ojos verán alucinaciones y tu mente te hará decir estupideces. ³⁴Te sentirás como si durmieras en alta mar, recostado en el mástil mayor. ³⁵Después dirás: «Me pegaron y ni siquiera lo sentí. No me di cuenta cuando me golpearon. ¿Cuándo despertaré para ir a buscar otro trago?»

### 19

**24** No envidies a los malvados, no busques su compañía; ²pues se pasan el tiempo tramando violencia y no hablan más que de buscar problemas.

### 20

³Con sabiduría se construye la casa y con inteligencia sus cimientos; ⁴con conocimiento se llenan sus cuartos de toda clase de riquezas y cosas valiosas.

### 21

⁵El hombre sabio es más poderoso que el hombre fuerte. ⁶La guerra se hace con buena estrategia, la victoria se alcanza con muchos consejeros.

### 22

⁷La sabiduría no es para el necio, que en la asamblea del pueblo nada tiene que decir.

### 23

⁸Al que planea perversidades, le llaman intrigante. ⁹Los planes del necio son pecado, y todos desprecian al insolente.

### 24

¹⁰Si te desanimas cuando estás en medio de muchos problemas, es que no tienes mucha fortaleza.

### 25

¹¹Rescata a los que van rumbo a la muerte, detén a los que a tumbos avanzan al sepulcro. ¹²Pues aunque digas que no sabías nada, el que conoce los corazones, el que vigila tu vida, sí lo sabrá. Él paga a cada uno según sus obras.

### 26

¹³Hijo mío, come miel, porque es buena; la miel del panal es dulce a tu paladar. ¹⁴Así de dulce sea la sabiduría a tu alma; si das con ella, tendrás buen futuro; tendrás una esperanza que no será destruida.

### 27

¹⁵No hagas planes malvados en contra de la casa del justo, ni acabes con la casa donde él vive; ¹⁶porque puede que caigan siete veces, pero cada vez que caigan se levantarán; pero a los malvados les bastará una sola caída para hundirse en la desgracia.

### 28

¹⁷No te alegres cuando tu enemigo caiga, ni dejes que tu corazón se regocije cuando tropiece, ¹⁸porque

23.4-5 · 23.12-14 · 23.19-26 · 24.3-4 · 24.16-18 · 24.28 · 24.30-34 · 25.4 · 25.8-9 · 25.11 · 25.15

⁶La riqueza que se obtiene por la lengua mentirosa se esfuma como la niebla y es como una trampa mortal.
⁷La violencia de los malvados se volverá contra ellos, por no haber querido practicar la justicia.
⁸El camino del culpable es torcido, pero recta la conducta del hombre honrado.
⁹Es mejor vivir en el rincón de la azotea, que en una casa hermosa con una mujer pendenciera.
¹⁰El malvado sólo piensa en hacer mal; no tiene misericordia de su vecino.
¹¹Cuando se castiga al insolente, aprende el inexperto; cuando se corrige al sabio, el inexperto adquiere conocimiento.
¹²El justo observa la casa del malvado, y ve cuando éste acaba en la ruina.
¹³El que cierra sus oídos a los clamores del pobre no será escuchado cuando él tenga necesidad.
¹⁴El regalo dado en secreto, calma el enojo y apacigua la ira.
¹⁵Cuando se hace justicia, el justo se alegra y el malhechor tiembla.
¹⁶El hombre que se aparta del sentido común va a parar entre los muertos.
¹⁷El que ama los placeres se empobrece; el vino y el lujo no son el camino a la riqueza.
¹⁸El malvado pagará por el justo, y el traidor por el hombre intachable.
¹⁹Es mejor vivir en el desierto que con una mujer pendenciera y de mal carácter.
²⁰En la casa del sabio hay riquezas y perfumes en abundancia, pero el necio derrocha todo lo que tiene.
²¹El que procura la justicia y el amor halla vida y honra.
²²El sabio conquista la ciudad de los más fuertes y derriba el poder en el que ellos confiaban.
²³El que mantiene la boca cerrada se libra de problemas.
²⁴Orgulloso, arrogante y altivo, es el que actúa con demasiada soberbia.
²⁵La codicia del perezoso lo lleva a la muerte, porque sus manos se niegan a trabajar;
²⁶todo el día se lo pasa codiciando, pero el justo da con generosidad.
²⁷El Señor detesta los sacrificios de los malvados, especialmente cuando los hacen con mala intención.
²⁸El testigo falso será destruido, y el que le haga caso perecerá.
²⁹El malvado es duro en sus decisiones, pero el justo examina su conducta.
³⁰Nadie, por inteligente o sabio que sea, puede enfrentarse al Señor.
³¹Los caballos ya están listos para el día de la batalla, pero la victoria depende del Señor.

**22** Es mejor la buena reputación que las muchas riquezas, y mejor ser tenido en buena estima que tener oro y plata.
²El rico y el pobre tienen esto en común: que el Señor los creó a los dos.
³El hombre prudente ve el peligro y se protege; el imprudente ciegamente avanza y sufre las consecuencias.
⁴La humildad y el respeto hacia el Señor llevan al hombre a la riqueza, a la honra y a una larga vida.
⁵El camino del perverso está lleno de espinas y trampas, pero el que estima su vida se mantendrá alejado de ellas.
⁶Enséñale al niño a elegir el camino correcto, y cuando sea viejo no lo abandonará.
⁷Así como el rico es amo del pobre, el que pide prestado es siervo del que le presta.
⁸El que siembra injusticia cosechará desastre, el Señor lo destruirá con el cetro de su ira.
⁹El que es generoso será bendecido, porque comparte su comida con los pobres.
¹⁰Echa fuera al insolente, y se acabarán los pleitos, la discordia y los insultos.
¹¹El que ama el corazón sincero y la gracia al hablar es amigo del rey.
¹²El Señor vigila cuidadosamente al sabio, pero desbarata las palabras del mentiroso.
¹³Al perezoso no le faltan excusas: «¡Hay un león allá afuera! —dice— ¡Me matarán en la calle si salgo!»
¹⁴La boca de la mujer adúltera es como un pozo profundo; en él caerán los que han hecho enfurecer al Señor.
¹⁵La necedad es parte del corazón juvenil, pero la vara de la disciplina la corrige.
¹⁶El que enriquece oprimiendo al pobre y dando regalos a los ricos, terminará en la pobreza.

## Los treinta dichos de los sabios

¹⁷Escucha las palabras del sabio; aplica tu corazón a mi enseñanza.
¹⁸Porque es grato que las guardes muy dentro de ti, y las tengas listas en tus labios para repetirlas.
¹⁹Te estoy enseñando hoy, para que pongas tu confianza en el Señor.
²⁰Te he escrito treinta dichos que están llenos de consejos y sabiduría.
²¹Para que conozcas la verdad y de esta manera puedas responder correctamente a quien te pregunte.

**1**

²²No le robes al pobre porque es pobre, ni oprimas en los tribunales a los necesitados. ²³Porque defensor suyo es el Señor, y él lastimará a quienes los lastimen.

**2**

²⁴No te hagas amigo de gente violenta, ni te juntes con los que se enojan fácilmente, ²⁵no sea que aprendas a ser como ellos y caigas tú mismo en la trampa.

**3**

²⁶No te hagas responsable de las deudas de otra persona, ni te comprometas por otros, ²⁷pues si no tienes para pagar, hasta la cama en que duermes te quitarán.

**4**

²⁸No le robes a tu vecino cambiando los linderos que establecieron tus antepasados.

**5**

²⁹¿Conoces a algún hombre trabajador? Él será siervo de reyes y no de gente común.

21.13  21.17  21.23  22.1  22.4  22.6  22.9
22.15  22.17–18

⁵El testigo falso no se escapará del castigo, tampoco el mentiroso se librará.
⁶Muchos buscan quedar bien con el poderoso; todos son amigos del que es dadivoso.
⁷Si los parientes del pobre lo aborrecen, con más razón sus amigos se alejan de él. Los llama con súplicas pero ellos ya se fueron.
⁸El que adquiere sabiduría a sí mismo se ama; el que posee entendimiento prospera.
⁹El testigo falso no se escapará del castigo, y el mentiroso será destruido.
¹⁰No se ve bien que el necio viva con lujo o que el esclavo gobierne a los príncipes.
¹¹El buen juicio hace al hombre calmar su enojo y el pasar por alto la ofensa le trae honra.
¹²La ira del rey es como el rugido del león, pero su aprobación es como el rocío sobre la hierba.
¹³El hijo necio es la ruina de su padre, y la esposa pendenciera como gotera constante.
¹⁴La casa y la riqueza se heredan de los padres, pero la esposa inteligente es un regalo del Señor.
¹⁵El perezoso duerme profundamente, pero pasa hambre.
¹⁶El que cumple los mandamientos conserva su vida; el que los desprecia muere.
¹⁷Servir al pobre es hacerle un préstamo al Señor; Dios pagará esas buenas acciones.
¹⁸Disciplina a tu hijo mientras hay esperanza; si no lo haces, le arruinarás la vida.
¹⁹El hombre de mal carácter recibirá su castigo; si lo ayudas a librarse empeoraras las cosas.
²⁰Escucha el consejo y acepta la corrección, y llegarás a ser sabio.
²¹El hombre puede hacer muchos planes, pero la decisión final es del Señor.
²²Lo que se espera del hombre es lealtad. Es mejor ser pobre que mentiroso.
²³La reverencia al Señor da vida, seguridad y nos libra de cualquier daño.
²⁴El perezoso no mueve ni un dedo para llevarse la comida a la boca.
²⁵Castiga al insolente y el imprudente aprenderá la lección; reprende al sabio, y será más sabio.
²⁶El que roba a su padre y echa a la calle a su madre es un hijo que trae vergüenza y desgracia.
²⁷Si dejas de atender a la corrección, hijo mío, le habrás dado la espalda al conocimiento.
²⁸El testigo corrupto se burla de la justicia, y de la boca del malvado brota maldad.
²⁹A los insolentes les espera el castigo, y a la espalda de los necios los azotes.

## 20

El vino lleva al hombre a la desvergüenza, las bebidas embriagantes al escándalo; ¡el que está bajo sus efectos no puede ser sabio!
²La furia del rey es como el rugir del león, hacerlo enojar es arriesgar la vida.
³Evitar los pleitos es honroso para el hombre, sólo el necio los empieza.
⁴El perezoso no labra la tierra en otoño, en tiempo de cosecha buscará y no hallará.
⁵Los pensamientos secretos son como aguas profundas; el que es inteligente los conocerá.
⁶Muchos dicen que son amigos fieles, ¿pero se puede encontrar a alguien en quien confiar?

⁷El justo lleva una vida recta y honrada; ¡felices los hijos que vienen detrás de él!
⁸Cuando el rey se sienta en su trono a juzgar, con una sola mirada echa fuera toda maldad.
⁹¿Quién puede decir: «Tengo puro el corazón, estoy limpio de pecado»?
¹⁰El Señor aborrece las pesas falsas y las medidas que engañan.
¹¹Por sus acciones el niño revela si su conducta será pura y recta.
¹²El oído para oír y los ojos para ver son obras de la creación del Señor.
¹³No seas dormilón o terminarás en la pobreza; mantente despierto y tendrás abundante pan.
¹⁴«¡Esto no sirve!», dice el comprador al regatear, pero después se jacta de su buena compra.
¹⁵Las palabras sabias son más valiosas que el oro y las piedras preciosas.
¹⁶Toma en garantía la prenda del que salga como fiador de un extraño.
¹⁷La comida que se gana con engaños tal vez sea sabrosa, pero al final será como llenarse la boca de arena.
¹⁸El buen consejo asegura el éxito de los planes; no vayas a la guerra sin una buena estrategia.
¹⁹El chismoso cuenta los secretos; no te juntes con el que habla de más.
²⁰Al que maldice a su padre o a su madre, la lámpara de su vida se le apagará en la más terrible oscuridad.
²¹La herencia que al principio se obtiene con facilidad, al final no traerá alegría.
²²No digas: «¡Me vengaré por el mal que me has hecho!» Confía en el Señor y él actuará por ti.
²³El Señor aborrece las pesas falsas y el uso de medidas engañosas.
²⁴El Señor dirige los pasos del hombre, ¿cómo puede entonces comprender su propio destino?
²⁵Es peligroso prometerle algo al Señor antes de considerar el costo.
²⁶El rey sabio encuentra a los malvados, los avienta y desmenuza bajo la rueda como trigo.
²⁷El espíritu del hombre es la lámpara del Señor, que examina hasta lo más profundo del ser.
²⁸El rey se mantiene seguro en su trono mientras la misericordia y la verdad lo protejan.
²⁹La gloria de los jóvenes está en su fuerza, y la honra de los ancianos está en sus canas.
³⁰Los golpes y las heridas curan la maldad; los azotes purifican lo más íntimo del ser.

## 21

El corazón del rey es como un río en las manos del Señor, él lo dirige adonde él quiere.
²Al hombre le parece bien todo lo que hace, pero el Señor juzga sus intenciones.
³El Señor prefiere que practiquemos la justicia y la honradez en lugar de los sacrificios.
⁴Los ojos altivos, el corazón orgulloso y las malas acciones son pecado.
⁵Los planes hechos con cuidado traen prosperidad; los planes hechos de prisa traen ruina.

19.14  19.18  19.20  19.23  20.1  20.4  20.7
20.11  20.20  20.23  20.27  20.29

³⁰El que guiña el ojo planea hacer lo malo; el que se muerde los labios ya lo llevó a cabo.
³¹Las canas son corona de gloria y se obtienen viviendo una vida justa.
³²Es mejor ser paciente que poderoso; mejor es dominarse a sí mismo que conquistar una ciudad.
³³Se puede echar suertes, pero el SEÑOR es quien decide el resultado.

**17** Es mejor comer un pan duro en paz que tener banquete con pleitos.
²El siervo sabio gobernará al hijo sinvergüenza y compartirá la herencia con los otros hermanos.
³La plata y el oro se prueban con el fuego, pero al corazón lo prueba el SEÑOR.
⁴El malvado escucha los labios malvados, el mentiroso hace caso a la lengua maliciosa.
⁵El que se burla del pobre ofende a su Creador; el que se alegra de su desgracia será castigado.
⁶Los nietos son la corona del anciano; los padres el orgullo de sus hijos.
⁷No es de esperarse que el rebelde diga la verdad ni que los reyes digan mentiras.
⁸El soborno parece funcionar como vara mágica para el que lo ofrece, pues todo lo que emprende lo consigue.
⁹El que perdona la ofensa conserva el amor; el que insiste en ella, separa a los mejores amigos.
¹⁰Es más efectivo un solo regaño al hombre entendido, que cien azotes en la espalda del necio.
¹¹El rebelde sólo busca pelea, pero contra él enviarán un cruel mensajero.
¹²Es mejor toparse con un oso enfurecido, que con un necio atrapado en su necedad.
¹³Si pagas mal por bien, el mal nunca se apartará de tu casa.
¹⁴Empezar una pelea es como abrir las compuertas de un río; así que mejor no la empieces.
¹⁵El SEÑOR aborrece que se perdone al culpable y se condene al inocente.
¹⁶¿De qué le sirve al necio tener dinero? ¿Podría comprar con eso sabiduría, si no tiene entendimiento?
¹⁷El verdadero amigo siempre ama, y en tiempos de necesidad es como un hermano.
¹⁸El que es imprudente se compromete y se hace responsable por otro.
¹⁹Al que le gusta pecar, le gusta pelear; el que abre mucho la boca, busca que se la rompan.
²⁰El hombre de corazón perverso jamás prospera; el de lengua mentirosa caerá en desgracia.
²¹Es doloroso ser el padre de un necio; no hay alegría en ser el padre de un tonto.
²²El corazón alegre es una buena medicina, pero el ánimo triste debilita el cuerpo.
²³El malvado acepta soborno en secreto para torcer la justicia.
²⁴La meta del prudente es la sabiduría; el necio divaga contemplando vanos horizontes.
²⁵El hijo necio causa dolor a su padre y amargura a su madre.
²⁶No está bien multar al inocente, ni castigar al honorable por su rectitud.
²⁷El sabio habla poco y el inteligente se sabe controlar.

²⁸Hasta un necio pasa por sabio si guarda silencio; se le considera prudente si cierra la boca.

**18** El egoísta sólo busca satisfacer su propio bien; está en contra de todo buen consejo.
²Al necio no le interesa entender; todo lo que quiere es dar su propia opinión.
³Con la maldad, viene el desprecio, y con la vergüenza llega el oprobio.
⁴Las palabras del hombre son aguas profundas; las palabras de sabiduría son como un arroyo refrescante.
⁵Está mal que un juez favorezca al culpable y condene al inocente.
⁶Los labios del necio lo meten en continuas peleas; sus palabras le causan azotes.
⁷La boca del necio es su ruina; sus labios son una trampa mortal.
⁸Los chismes son como delicioso bocado, pero penetran hasta lo más profundo del ser.
⁹El perezoso es tan malo como el destructor.
¹⁰El nombre del SEÑOR es una torre poderosa; los justos acuden a ella y están a salvo.
¹¹El rico piensa que su riqueza es una ciudad protegida por altos muros, impenetrable.
¹²Primero viene el orgullo y luego el fracaso; primero la humildad y luego los honores.
¹³Es vergonzoso y necio responder antes de escuchar.
¹⁴El ánimo del hombre puede sostener al enfermo, ¿pero quién puede levantar al abatido?
¹⁵El inteligente adquiere conocimiento, el sabio escucha atentamente para encontrarlo.
¹⁶Con regalos se abren todas las puertas y se llega a la presencia de gente importante.
¹⁷El primero que da su versión parece que dice la verdad, hasta que llega el otro y lo desmiente.
¹⁸El echar suertes termina con los pleitos y arregla los desacuerdos entre las partes en pugna.
¹⁹Más resiste el hermano ofendido que una ciudad amurallada, los litigios son como cerrojos de ciudadelas.
²⁰El hombre se llena con el fruto de su boca, y se sacia con lo que habla.
²¹La lengua tiene poder para vida o para muerte; los que la aman sufrirán las consecuencias.
²²El hombre que encuentra esposa, halla algo bueno; con eso el SEÑOR le ha mostrado su favor.
²³El pobre pide con súplicas y el rico responde con arrogancia.
²⁴Hay amigos que nos llevan a la ruina, pero hay amigos más fieles que un hermano.

**19** Es mejor ser pobre y honrado que necio y de labios mentirosos.
²El afán sin conocimiento no es bueno; el que va de prisa puede equivocar el camino.
³Por su propia necedad el hombre puede echar a perder su vida y luego echarle la culpa al SEÑOR.
⁴La riqueza trae muchos amigos, pero la pobreza los aleja.

**PROVERBIOS 15.1**

**15** ☼ La respuesta amable calma el enojo, pero la respuesta grosera lo hace encenderse más.

² De la lengua de los sabios brota conocimiento; de la boca de los necios necedades.

³ Los ojos del Señor miran por todas partes, y vigilan a los buenos y a los malos.

☼ ⁴ La lengua que consuela es un árbol de vida, pero la lengua engañosa lastima el espíritu.

⁵ El necio menosprecia la corrección de su padre; el que la toma en cuenta demuestra inteligencia.

⁶ En la casa del justo hay gran abundancia, pero en las ganancias del malvado, grandes problemas.

⁷ Los labios del sabio esparcen sabiduría; el corazón del necio no la conoce.

⁸ El Señor detesta las ofrendas de los malvados, pero se deleita en las oraciones del justo.

⁹ El Señor aborrece el camino de los malvados, pero ama a quienes procuran la justicia.

☼ ¹⁰ El que abandona el camino de la justicia será castigado; el que aborrece la corrección morirá.

¹¹ Ante el Señor están las profundidades de la muerte y del sepulcro, ¡con mayor razón el corazón de los hombres!

¹² El burlón no ama a quien lo corrige, ni busca la compañía de los sabios.

☼ ¹³ El corazón feliz, alegra la cara; el corazón lastimado, entristece el espíritu.

¹⁴ El corazón sabio busca el conocimiento, pero la boca de los necios se alimenta de necedades.

¹⁵ Para el afligido, todos los días traen problemas; para el de corazón alegre, todos los días son de fiesta.

¹⁶ Es mejor tener poco y honrar al Señor, que tener muchos tesoros y grandes angustias.

¹⁷ Es mejor comer verduras sazonadas con amor, que banquete de carne sazonado con odio.

¹⁸ El que se enoja fácilmente provoca peleas; el que controla su enojo las apacigua.

¹⁹ El camino del perezoso está lleno de espinas; pero la senda del justo es como una calzada.

²⁰ El hijo sabio alegra a su padre; el hijo necio menosprecia a su madre.

²¹ El necio se alegra en su falta de juicio; el inteligente corrige sus propios pasos.

²² La falta de consejo frustra los planes; la abundancia de consejo los prospera.

☼ ²³ Qué grato es dar la respuesta adecuada, y todavía más grato cuando es oportuna.

²⁴ El camino de los sabios sube hacia la vida, y los libra de bajar al sepulcro.

☼ ²⁵ El Señor destruye la casa del orgulloso, pero protege la propiedad de la viuda.

²⁶ El Señor detesta el pensamiento de los malvados, pero le agradan las palabras limpias.

²⁷ El ambicioso trae dolor a toda su familia, pero el que aborrece el soborno vivirá.

²⁸ El justo piensa antes de hablar, pero de la boca del malvado brota maldad.

☼ ²⁹ El Señor está lejos de los malos, pero escucha las oraciones de los justos.

³⁰ La mirada que anima trae alegría al corazón, y las buenas noticias dan nuevas fuerzas.

³¹ El que escucha la corrección que da la vida, habitará entre los sabios.

³² El que rechaza la corrección se daña él mismo; el que atiende la reprensión gana entendimiento.

³³ El honrar al Señor enseña sabiduría; primero viene la humildad y luego la honra.

**16** El hombre propone y Dios dispone.

² El hombre piensa que es justo lo que él hace, pero el Señor juzga los motivos.

☼ ³ Pon en manos del Señor todo lo que haces, y tus planes tendrán éxito.

⁴ Toda obra del Señor tiene un propósito; ¡hasta el malvado fue hecho para el día del desastre!

⁵ El Señor aborrece a los orgullosos; puedes estar seguro que recibirán su castigo.

☼ ⁶ Con amor y verdad se perdona el pecado, y con temor del Señor se evita el mal.

⁷ Cuando al Señor le agrada la conducta de un hombre, hasta con sus enemigos los reconcilia.

⁸ Es mejor ser pobre y justo, que rico e injusto.

⁹ El hombre hace planes, pero es el Señor el que dirige sus pasos.

¹⁰ La sentencia está en labios del rey, en el veredicto que emite no hay error.

¹¹ Las pesas y las balanzas justas le pertenecen al Señor, todas las medidas han sido creadas por él.

¹² El rey detesta las malas acciones, porque su trono se apoya en la justicia.

¹³ Al rey le agradan los labios honestos, y aprecia a quien habla con la verdad.

¹⁴ La ira del rey lleva mensaje de muerte, pero el sabio la apaciguará.

¹⁵ El rostro radiante del rey es signo de vida; su favor es como lluvia en primavera.

☼ ¹⁶ Es mejor obtener sabiduría que oro; es mejor adquirir inteligencia que plata.

¹⁷ El camino del justo se aparta del mal; el que quiere salvar su vida, se fija por dónde va.

¹⁸ Al orgullo le sigue la destrucción; a la altanería, el fracaso.

¹⁹ Es mejor humillarse con los pobres que repartirse el botín con los ricos.

²⁰ El que hace caso a la palabra, prospera. ¡Dichoso el que confía en el Señor!

²¹ Al sabio de corazón, se le llama inteligente; los labios convincentes promueven el saber.

²² La prudencia es fuente de vida para quien la posee; pero instruir al necio es una locura.

☼ ²³ De la mente del sabio provienen palabras sabias; sus palabras promueven la enseñanza.

²⁴ Las palabras amables son como la miel, endulzan el alma y dan salud al cuerpo.

²⁵ Hay delante del hombre un camino que parece recto, pero termina en muerte.

²⁶ Al que trabaja, el hambre lo obliga a trabajar, pues su propio apetito lo estimula.

☼ ²⁷ El perverso anda en busca de la maldad; sus palabras son como fuego devorador.

²⁸ El hombre perverso provoca peleas, el chismoso aleja a los mejores amigos.

²⁹ El violento engaña a sus amigos y los conduce por el mal camino.

☼ 15.1  ☼ 15.4  ☼ 15.10  ☼ 15.13–18  ☼ 15.23  ☼ 15.25
☼ 15.29–33  ☼ 16.3  ☼ 16.6–9  ☼ 16.16–21  ☼ 16.23–24
☼ 16.27  ☼ 16.31–17.2  ☼ 17.5–6  ☼ 17.10  ☼ 17.14  ☼ 17.17

**13** ¹El hijo sabio acepta la corrección de su padre; el descarado no quiere escucharla.
²El que habla el bien, cosechará el bien, pero los traidores tienen hambre de violencia.
³El que cuida sus palabras, cuida su vida; el que descuida sus palabras provoca su propia ruina.
⁴El perezoso desea mucho pero obtiene poco; el que trabaja obtendrá todo lo que desea.
⁵El hombre justo detesta la mentira, pero el malvado trae deshonra y vergüenza.
⁶La justicia protege al hombre que es recto, pero la maldad destruye al pecador.
⁷Hay pobres que aparentan ser ricos, hay ricos que aparentan ser pobres.
⁸El rico puede salvar su vida con sus riquezas, pero al pobre ni siquiera lo amenazan.
⁹La luz de los justos brilla intensamente, pero los malvados son como lámpara apagada.
¹⁰El orgullo conduce a la discusión, pero en los que escuchan consejos hay sabiduría.
¹¹La riqueza mal ganada pronto se esfuma; la obtenida poco a poco se multiplica.
¹²La esperanza frustrada trae angustia al corazón, pero el deseo cumplido es como un árbol de vida.
¹³El que menosprecia la instrucción, pagará las consecuencias; el que la respeta recibirá su recompensa.
¹⁴La enseñanza del sabio es fuente de vida, y libra de los lazos de la muerte.
¹⁵El buen juicio trae aprecio, pero el camino del traidor lleva a la ruina.
¹⁶El prudente actúa con inteligencia, pero el necio presume su necedad.
¹⁷El mensajero malvado trae desgracia, pero el confiable trae alivio.
¹⁸El que rechaza la corrección caerá en pobreza y deshonra; el que la acepta, recibirá grandes honores.
¹⁹El deseo cumplido trae alegría, pero el necio detesta alejarse del mal.
²⁰El que anda con sabios, será sabio; al que anda con necios, lo lastimarán.
²¹Al pecador lo persiguen los problemas; pero al justo lo recompensan las bendiciones.
²²El hombre bueno deja herencia a sus nietos; las riquezas del pecador se quedan para los justos.
²³En el campo del pobre abunda la comida, pero la injusticia acaba con todo.
²⁴El que no corrige a su hijo, no lo quiere; el que lo ama, lo corrige.
²⁵El justo come hasta quedar satisfecho, pero el malvado se queda con hambre.

**14** ¹La mujer sabia construye su casa; la necia la destruye con sus propias manos.
²El que anda por el camino recto, le teme al Señor; el que anda por el camino del mal lo desprecia.
³De los labios del necio brota el orgullo, pero los labios del sabio son su propia protección.
⁴El establo está vacío donde no hay bueyes, pero con la fuerza de un buey aumenta la cosecha.
⁵El testigo verdadero nunca miente; el testigo falso sólo dice mentiras.
⁶El descarado busca sabiduría sin encontrarla, para el inteligente el conocimiento es cosa fácil.

⁷No te acerques al necio, pues no encontrarás sabiduría en sus labios.
⁸El sabio medita en sus propios caminos, pero al necio lo engaña su propia necedad.
⁹Los necios se burlan de sus propios pecados, pero entre los justos se encuentra buena voluntad. ¹⁰Cada corazón conoce su propia amargura, y ningún extraño puede compartir su alegría.
¹¹La casa de los malvados será destruida, pero la de los justos prosperará.
¹²Hay caminos que al hombre le parecen rectos, pero que al final terminan en muerte.
¹³La risa puede ocultar un corazón adolorido, pero cuando acaba la risa, queda el dolor.
¹⁴El necio recibirá lo que se merece por su necedad; el hombre bueno recibirá recompensa por sus acciones.
¹⁵El ingenuo cree todo lo que le dicen, pero el prudente piensa cada paso que da.
¹⁶El sabio teme al Señor y se aparta del mal, pero al necio no le importa y es muy confiado.
¹⁷El que fácilmente se enoja hace locuras, y el perverso es odiado.
¹⁸Los imprudentes heredan necedad; los prudentes conocimiento.
¹⁹Los malvados se inclinarán ante los buenos; los perversos se inclinarán ante las puertas de los justos.
²⁰Al pobre lo desprecian hasta sus amigos, pero los ricos cuentan con muchos amigos.
²¹Despreciar al prójimo es un pecado; feliz el que se compadece de los pobres.
²²Los que planean hacer el mal, se perderán; pero los que buscan hacer el bien, encontrarán amor y fidelidad.
²³El trabajo produce ganancia; pero el hablar mucho y no hacer nada, empobrece.
²⁴La corona del sabio es su sabiduría; la de los necios su necedad.
²⁵El testigo verdadero libra de la muerte; pero el testigo falso engaña.
²⁶El que honra al Señor está seguro, y será un refugio para sus hijos.
²⁷El honrar al Señor es fuente de vida, y libra al hombre de los lazos de la muerte.
²⁸La gloria del rey es gobernar a muchos; pero su ruina es gobernar a pocos.
²⁹El que controla su enojo es muy inteligente; el que se enoja fácilmente es un necio.
³⁰El corazón tranquilo le da vida al cuerpo, pero la envidia corroe los huesos.
³¹El que oprime al pobre ofende a su Creador, pero honra a Dios quien se apiada del necesitado.
³²Al malvado lo aplasta su propia maldad; al justo lo protege su justicia.
³³La sabiduría habita en el corazón de los sabios, pero los necios no la conocen.
³⁴La justicia engrandece a una nación, pero el pecado es una vergüenza para cualquier pueblo.
³⁵El rey se alegra en el siervo inteligente, pero se enoja con el sinvergüenza.

※12.21–22  ※12.24–25  ※12.28–13.3  ※13.18  ※13.20  ※13.22  ※14.1  ※14.7–9  ※14.11–14  ※14.16–17  ※14.21  ※14.23  ※14.26–27  ※14.29  ※14.31–32

**11** ¹El Señor detesta las balanzas falsas, pero le agradan las pesas exactas.
²El orgullo te lleva hacia la deshonra; la humildad, hacia la sabiduría.
³A los justos los guía su honestidad; a los falsos los destruye su hipocresía.
⁴De nada servirán las riquezas en el día del juicio, pero la justicia te librará de la muerte.
⁵La justicia endereza el camino de los rectos, pero los malvados caerán por sus mismos pecados.
⁶La justicia libera a los rectos, pero la codicia atrapa a los traidores.
⁷Cuando muere el malvado, todas sus esperanzas e ilusiones de poder, mueren con él.
⁸El justo se salva de la calamidad, pero la desgracia le sobreviene al malvado.
⁹Las palabras del malvado destruyen a su prójimo, pero por medio del conocimiento se libra el justo.
¹⁰Cuando el justo prospera, la ciudad entera se alegra; cuando el malvado muere, la ciudad grita de alegría.
¹¹La bendición de los justos hace prosperar la ciudad, pero la boca de los malvados la destruye.
¹²El imprudente desprecia a su prójimo, pero el prudente guarda silencio.
¹³El chismoso revela los secretos, pero el hombre confiable los guarda.
¹⁴Por la falta de un buen gobierno, la nación fracasa; pero con muchos consejeros tendrá éxito.
¹⁵El que sale como fiador de un extraño, sufrirá; es mejor negarse a dar la fianza y así vivir tranquilo.
¹⁶La mujer bondadosa obtiene respeto; los hombres violentos obtienen riquezas.
¹⁷El que es bondadoso se beneficia a sí mismo, pero el que es cruel se destruye.
¹⁸El malvado recibe ganancias momentáneas, pero el justo recibe una recompensa duradera.
¹⁹El justo hallará la vida, el malvado la muerte.
²⁰El Señor aborrece a los de corazón perverso, pero se agrada en los que viven con rectitud.
²¹Ten plena seguridad de que el malvado será castigado, y que los justos saldrán librados.
²²La mujer hermosa pero indiscreta es como un anillo de oro en el hocico de un cerdo.
²³Los deseos de los justos terminan bien; la esperanza de los malvados termina mal.
²⁴El que da en abundancia, recibe más de lo que dio; pero el que es tacaño, termina en la pobreza.
²⁵El que es generoso, prospera; el que da a otros, a sí mismo se enriquece.
²⁶La gente maldice al que acapara el trigo, pero cubre de bendiciones al que lo vende.
²⁷El que busca el bien, encontrará buena voluntad; pero el que busca el mal, a él lo encontrará el mal.
²⁸El que confía en sus riquezas se marchitará como las hojas, pero el justo florecerá como las ramas.
²⁹El que perturba su casa no heredará más que el viento; el necio será siervo del sabio.
³⁰El fruto del justo es árbol de vida, y el que gana vidas es sabio.
³¹Si los justos reciben su recompensa aquí en la tierra, ¡cuánto más los malvados recibirán lo que se merecen!

**12** ¹Para aprender, se tiene que amar la disciplina, pero aborrecerla es ser un ignorante.
²El Señor bendice al hombre bueno, pero condena al malvado.
³La maldad no puede traerle firmeza a nadie; sólo los justos tienen raíces firmes.
⁴La mujer ejemplar es gozo y corona de su marido, pero la que es mala lo destruye.
⁵Los planes del justo son buenos, pero en el consejo del malvado hay engaño.
⁶Las palabras del malvado son una emboscada mortal, pero las del justo ponen a salvo.
⁷Los malvados perecen, y allí acaba todo para ellos; pero los hijos de los justos siguen firmes.
⁸Al hombre lo alaban según su sabiduría, pero al de corazón perverso lo desprecian.
⁹Es mejor ser menospreciado pero con criado, que alabado y sin comida.
¹⁰El hombre bueno se preocupa por el bienestar de sus animales, pero el hombre malo es cruel.
¹¹El que trabaja su tierra tendrá abundante comida, pero el que vive soñando no es inteligente.
¹²Los malos deseos son la trampa de los malvados, pero la raíz de los justos florecerá.
¹³Los malvados quedan atrapados en sus propias palabras mentirosas, pero el justo se libra de ese aprieto.
¹⁴Cada uno recibe el fruto de lo que habla, y el fruto del trabajo de sus manos.
¹⁵El necio cree que lo que hace está bien, pero el sabio escucha consejos.
¹⁶El necio se enfurece fácilmente, pero el prudente se mantiene sereno cuando lo insultan.
¹⁷El testigo honesto dice la verdad, pero el falso dice mentiras.
¹⁸Hay quienes hieren con sus palabras, pero las palabras del sabio traen alivio.
¹⁹Los labios que dicen la verdad permanecen para siempre, pero la lengua mentirosa dura sólo un momento.
²⁰Llenos de engaño están los corazones de los que traman el mal, pero el gozo inunda los corazones de los que promueven la paz.
²¹Al hombre justo no le vendrá ningún mal, pero el malvado se llenará de males.
²²El Señor aborrece a los mentirosos, pero le agradan los que viven en la verdad.
²³El sabio no proclama lo que sabe, pero el necio proclama su necedad.
²⁴Trabaja con empeño y gobernarás; sé perezoso y otro a ti te gobernará.
²⁵La angustia desalienta el corazón del hombre, pero una palabra alentadora lo anima.
²⁶El justo es guía de su prójimo, pero el malvado los extravía en el camino.
²⁷El perezoso ni siquiera cocina el animal que caza, pero el diligente ya posee una gran riqueza.
²⁸El camino de los justos conduce a la vida; el de los imprudentes a la muerte.

11.1–3　11.12　11.16–17　11.21　11.24–25　11.28　11.30　12.1–4　12.12–14　12.17–19

las sendas de la justicia. ²¹A los que me aman los enriquezco y lleno sus arcas de tesoros. ²²El Señor me creó antes que empezara su creación, antes que a ninguna de sus obras. ²³Me formó desde los primeros tiempos, al principio, antes que formara la tierra. ²⁴Nací antes que fueran creados los grandes mares, antes que surgieran los manantiales de abundantes aguas, ²⁵antes que los montes y las colinas fueran formados, yo ya había nacido, ²⁶antes que Dios creara la tierra y sus campos y el polvo con el que hizo el mundo.
²⁷Yo estaba allí cuando Dios estableció la bóveda celeste y trazó el horizonte sobre las aguas. ²⁸Yo estaba allí cuando estableció las nubes en los cielos y reforzó las fuentes en las profundidades de los mares. ²⁹Yo estaba allí cuando Dios puso límite a los mares y les mandó no salirse de sus bordes, ³⁰yo estaba allí, a su lado. Yo era su continua alegría, disfrutaba estar siempre en su presencia; ³¹me alegraba en el mundo que el Señor creó; ¡me gozaba en la humanidad!
³²Y ahora, hijos míos, escúchenme: dichosos los que van por mis caminos.
³³Escuchen mi consejo, y sean sabios; no lo rechacen. ³⁴¡Dichoso el hombre que me escucha, que me espera día tras día atentamente a las puertas de mi casa! ³⁵El que me encuentra, halla la vida y recibe la aprobación del Señor. ³⁶Pero el que me rechaza, se hace daño a sí mismo; el que me aborrece ama la muerte.

## Invitación de la sabiduría y de la necedad

**9** La sabiduría ha construido su casa con siete columnas. ²Ha preparado un banquete, mezcló los vinos y puso la mesa. ³Ha enviado a sus criadas a lo más alto de la ciudad para que griten: ⁴¡Vengan conmigo los inexpertos! —les dice a los faltos de juicio—. ⁵Vengan a mi banquete y beban los vinos que he mezclado. ⁶Abandonen su necedad y vivirán; aprendan a ser sabios!
⁷Si corriges al burlón sólo conseguirás que te insulte; si corriges al malvado sólo conseguirás que te lastime. ⁸No corrijas al burlón pues terminará odiándote; corrige al sabio, y te amará. ⁹Enseña al sabio, y será más sabio; enseña al justo, y aprenderá más. ¹⁰Lo primero que hay que hacer para adquirir sabiduría es honrar al Señor; conocer al Santo es tener inteligencia. ¹¹La sabiduría aumentará tus días y añadirá años a tu vida. ¹²Si eres sabio, tu recompensa será la sabiduría; si eres desvergonzado, tú serás el único que sufra.
¹³La mujer necia es escandalosa; es ignorante y ni siquiera lo sabe. ¹⁴Se sienta a la puerta de su casa, en lo más alto de la ciudad, ¹⁵llama a los que pasan por allí, a los que andan por el buen camino. ¹⁶¡Vengan conmigo los inexpertos! —les dice a los faltos de juicio—. ¹⁷¡El agua robada es más refrescante; y el pan que se come a escondidas sabe mejor! ¹⁸Pero ellos no se dan cuenta que allí está la muerte, y que sus invitados ahora están en el fondo de la fosa.

## Proverbios de Salomón

**10** Estos son los proverbios de Salomón. ¡Qué felices viven los padres de un hijo sabio, pero qué tristeza les da el hijo necio.

²Las riquezas mal adquiridas no tienen un valor duradero, pero la vida honrada libra de la muerte. ³El Señor no permitirá que el justo pase hambre, pero no dejará que el malvado quede satisfecho.
⁴Los perezosos empobrecen pronto; los que trabajan mucho enriquecen pronto.
⁵El que cosecha en el verano es un hijo sabio, pero el que duerme durante la cosecha es un sinvergüenza.
⁶El justo está cubierto de bendiciones, pero la boca del malvado está cubierta de violencia.
⁷Al justo se le recuerda con alegría, pero el nombre de los malvados será como algo podrido.
⁸El sabio obedece los mandamientos, pero el necio rezongón acaba en la ruina.
⁹El hombre íntegro anda seguro, pero el perverso acabará mal.
¹⁰El que guiña el ojo con malicia causa problemas; el necio rezongón acaba en la ruina.
¹¹La boca del justo es fuente de vida, pero la boca del malvado está cubierta de violencia.
¹²El odio provoca pleitos, pero el amor cubre todas las faltas.
¹³En los labios del sabio hay palabras de sabiduría, pero para el necio son los azotes en la espalda.
¹⁴El sabio atesora conocimiento, pero la palabrería del necio es un peligro.
¹⁵La riqueza del rico es su ciudad fortificada; la pobreza del pobre es su ruina.
¹⁶Su salario al justo, le trae vida, pero sus ganancias al rico, le traen pecado.
¹⁷El que acepta la corrección, va camino a la vida; el que la rechaza, va camino a la perdición.
¹⁸El que esconde su odio es un mentiroso; el que esparce calumnias es un necio.
¹⁹En las palabras del que habla mucho, seguramente encontrarás pecado; el sabio sabe cuando callar.
²⁰La lengua del justo es plata refinada, pero el corazón del malvado no vale nada.
²¹Los labios del justo aconsejan a muchos, pero los necios mueren por falta de sentido común.
²²La bendición del Señor trae riquezas, sin que con ellas traiga tristeza.
²³El necio se divierte haciendo el mal; la diversión del sabio es su sabiduría.
²⁴Lo que el malvado teme se cumplirá; lo que el justo desea se le concederá.
²⁵Sobreviene la tormenta y arrastra al malvado, pero el justo permanece para siempre.
²⁶El perezoso es para quien lo emplea, como humo a los ojos o vinagre a los dientes.
²⁷El honrar al Señor alarga la vida, pero a los malvados se la acorta.
²⁸En el futuro de los justos hay felicidad, pero el de los malvados está vacío.
²⁹El Señor protege a los rectos, pero destruye a los que hacen mal.
³⁰Los justos jamás serán echados de su tierra, pero los malvados no permanecerán en la tierra.
³¹De la boca del justo brota sabiduría, pero al perverso se le cortará la lengua.
³²El justo dice cosas útiles; el malvado, sólo cosas perversas.

10.4–6    10.9    10.11–13    10.22    10.24    10.27

haga el compromiso. ⁴No lo dejes para después. Hazlo ahora. No descanses hasta que lo hayas hecho. ⁵Libérate, como se libera la gacela del cazador, o como se libera el ave de la trampa.

⁶¡Aprende de las hormigas, perezoso! Fíjate en lo que hacen, y sigue su ejemplo. ⁷Aunque no tienen quien las obligue a trabajar, no tienen quien las mande, ⁸trabajan mucho todo el verano, recogiendo alimentos durante la cosecha. ⁹Perezoso, no haces más que dormir, ¿Cuándo vas a despertar de tu sueño? ¹⁰Duermes un poquito más, te tomas una larga siesta, descansas cruzado de brazos, ¹¹y así, lo que lograrás es pobreza y más pobreza. Esta te atacará sin piedad.

¹²El hombre que es malvado y perverso, siempre cuenta mentiras, ¹³guiña los ojos, hace señas con los pies y con los dedos, ¹⁴su corazón es perverso, siempre está planeando el mal y provocando peleas.

¹⁵Por eso será destruido de repente; en un instante quedará arruinado sin esperanza de recuperarse.

¹⁶El Señor está harto, ¡hasta el cansancio! de este tipo de gente: ¹⁷del altanero, el que ama la mentira, del malvado, ¹⁸del que sólo piensa en hacer el mal, ¹⁹del testigo falso y del que causa división entre hermanos.

### Advertencia contra el adulterio

²⁰Hijo mío, obedece siempre los mandamientos y enseñanzas de tu padre y de tu madre. ²¹Grábalos en tu corazón, cuélgalos alrededor de tu cuello. ²²Adonde vayas, te servirán de guía; mientras estés dormido, te protegerán; al despertar, te aconsejarán. ²³Porque estos mandamientos y enseñanzas son lámpara que alumbra tu camino delante de ti; su corrección y consejos son el camino de la vida. ²⁴Te protegerán de la mujer malvada, de las palabras seductoras de la mujer infiel.

²⁵No la desees en tu corazón por su belleza, no te dejes seducir por sus ojos, ²⁶porque la prostituta anda tras tu dinero, pero la adúltera anda tras tu misma vida. ²⁷¿Podría alguien echarse fuego en el pecho sin quemarse la ropa? ²⁸¿Podría alguien andar sobre las brasas sin quemarse los pies? ²⁹Pues tampoco el que se acuesta con la mujer infiel y se enreda con ella, quedará sin castigo. ³⁰Nadie desprecia al ladrón que roba para no morir de hambre; ³¹pero si lo atrapan, se le cobra siete veces lo robado, aunque para ello tenga que vender todo lo que tiene en su casa.

³²Pero al que se acuesta con la mujer de otro le falta la capacidad de pensar, pues se destruye a sí mismo. ³³Sólo sacará heridas y vergüenza, y la deshonra no se podrá borrar. ³⁴Porque el esposo estará furioso por los celos, y no perdonará el día de la venganza. ³⁵No aceptará ningún desagravio, ni perdonará por muchos regalos que se le ofrezca.

### Advertencia contra la mujer adúltera

7 Hijo mío, obedece mis palabras y atesora mis mandamientos. ²Obedece mis mandamientos y vivirás; cuida mis enseñanzas como la niña de tus ojos. ³Átalos a tus dedos, grábalos en lo profundo de tu corazón. ⁴Ama la sabiduría como a una hermana, y a la inteligencia como a un pariente tuyo. ⁵Ellas te librarán de la mujer infiel y de la adúltera y de sus palabras seductoras. ⁶Miraba yo por la ventana de mi casa, a través de la celosía, ⁷a unos jóvenes sin experiencia, y entre ellos me fijé en un joven falto de sentido común. ⁸Cruzó la calle al llegar a la esquina, y caminó hacia la casa de esa mujer. ⁹Empezaba a oscurecer, el día llegaba a su fin. ¹⁰Entonces la mujer se le acercó, vestida seductoramente y actuando con astucia. ¹¹Escandalosa y desvergonzada, que no puede quedarse en su casa. ¹²Que anda por las calles y por las plazas buscando atrapar a alguien en las esquinas.

¹³Lo abrazó por el cuello, lo besó, y con descaro le dijo: ¹⁴«He ofrecido sacrificios de paz, y acabo de cumplir mis votos. ¹⁵Por eso salí a tu encuentro, te busqué, ¡y te he encontrado! ¹⁶Mi cama está tendida con sábanas del mejor lino importado de Egipto, ¹⁷la he perfumado con mirra, áloe y canela. ¹⁸Ven, hagamos el amor hasta que llegue el nuevo día, ¹⁹pues mi esposo no está en casa, anda en un largo viaje; ²⁰se ha llevado una bolsa llena de dinero, y no regresará hasta el día de la luna llena».

²¹Con palabras suaves la mujer infiel convenció a ese jovencito; lo sedujo con halagos y mimos. ²²En un momento él la siguió, como el buey que va camino al matadero, como ciervo que cae en la trampa, ²³en espera de la flecha que le partirá el corazón; como el ave que va directo a la red, sin darse cuenta que ahí perderá la vida. ²⁴Escúchame, hijo mío, y pon atención a mis palabras. ²⁵No dejes que tu corazón se desvíe hacia ella; ni te pierdas en sus caminos; ²⁶porque muchos han muerto por causa suya; muchos hombres han sido sus víctimas. ²⁷Su casa es la puerta por la que llegas rápido a la muerte.

### Llamado de la sabiduría

8 ¿No está llamando la sabiduría? ¿No está alzando la voz la inteligencia? ²Está parada en lo más alto de las colinas, donde se cruzan los caminos. ³A un lado de las puertas que llevan a la ciudad, dice a gritos: ⁴«A ustedes hombres, les hablo a todos ustedes; dirijo mis palabras a toda la humanidad. ⁵Ustedes los necios e inexpertos, ¡adquieran sentido común y aprendan a ser prudentes! ⁶Escuchen las cosas importantes que tengo que decirles; mis labios hablarán cosas rectas. ⁷Mi boca hablará la verdad, porque mis labios detestan la mentira. ⁸Mis palabras son justas; no hay en ellas perversidad o cosa torcida. ⁹Mis palabras son claras para el que quiera entender; irreprochables para el que sea sabio. ¹⁰Elijan mi instrucción en lugar de la plata, y el conocimiento en lugar del oro puro».

¹¹Porque la sabiduría vale mucho más que las piedras preciosas; nada se puede comparar con ella. ¹²Yo, la sabiduría, habito con el buen juicio, y sé dónde encontrar discernimiento y conocimiento. ¹³El que teme al Señor aborrece el mal; yo aborrezco el orgullo y la arrogancia, la mala conducta y el hablar perverso. ¹⁴Son míos el consejo y el sentido común; son míos el entendimiento y el poder. ¹⁵Por mí reinan los reyes y los gobernantes dictan leyes justas. ¹⁶Por mí gobiernan los príncipes y los nobles dictan leyes justas. ¹⁷Amo al que me ama, y los que me buscan, sin duda me hallarán. ¹⁸Tengo riquezas, honra, bienes y prosperidad para repartir. ¹⁹Lo que yo doy es mejor que el oro más fino; mi salario es mejor que la plata refinada. ²⁰Yo voy por el camino de la rectitud, por

6.5  6.6–11  6.20–29  7.1–5  7.24–27  8.14
8.17  8.20–22  8.32–35  9.6  9.10–12  10.1

plata; la sabiduría deja más ganancias que el oro. ¹⁵Es mucho más valiosa que las piedras preciosas. ¡No hay dinero alguno con el que la puedas pagar! ¹⁶Por un lado, la sabiduría te ofrece larga vida y, por el otro, te otorga riquezas y honor. ¹⁷Te llevará por caminos agradables y en sus senderos encontrarás paz.

¹⁸La sabiduría es árbol de vida para quien se sujeta de ella; ¡felices los que no la suelten! ¹⁹Con sabiduría el Señor fundó la tierra, con inteligencia estableció los cielos. ²⁰Por su conocimiento se separaron las aguas, las nubes derramaron la lluvia. ²¹Hijo mío, sé prudente y no pierdas de vista la discreción, ²²porque ellas te llenarán de vida y te adornarán como un collar. ²³Podrás andar seguro en esta vida, sin problemas ni tropiezos. ²⁴Al acostarte, no tendrás ningún temor y dormirás tranquilamente. ²⁵No temerás al desastre que venga de repente, ni a la desgracia que caiga sobre los malvados, ²⁶porque el Señor estará siempre contigo y evitará que caigas en la trampa.

²⁷No te niegues a hacer el bien a quien lo necesita, cuando bien sabes que está en tu mano hacerlo. ²⁸No le digas a alguien que venga mañana por la ayuda, si tienes con qué dársela hoy. ²⁹No trames nada malo contra el que vive confiado en ti. ³⁰No te metas en pleitos con nadie, sino te han hecho daño. ³¹No envidies a la gente violenta, ni imites su conducta. ³²Porque el Señor detesta a esos malvados, pero le da su amistad a los justos.

³³La maldición del Señor cae sobre la casa de los malvados, pero su bendición está sobre el hogar de los justos. ³⁴El Señor se burla de los burladores, pero ayuda a los humildes. ³⁵Los sabios se llenarán de honra, pero los necios se llenarán de vergüenza.

## La sabiduría es lo máximo

**4** Escuchen hijos la corrección de un padre. Pongan atención para que adquieran inteligencia. ²Yo digo la verdad; no se aparten. ³Yo también he sido hijo; cuando era el niño consentido de mi madre, ⁴mi padre me enseñaba y me decía: «Guarda en tu corazón mis palabras, obedece mis mandamientos, y vivirás. ⁵Adquiere sabiduría e inteligencia, no la olvides ni te apartes de ellas. ⁶No abandones la sabiduría, ámala, y ella te protegerá. ⁷Lo más importante que debes hacer es adquirir sabiduría, y también buen juicio. ⁸Ama la sabiduría, y ella te engrandecerá; aférrate a ella y te honrará. ⁹te adornará con diadema de gracia la cabeza; y te obsequiará una hermosa corona». ¹⁰Hijo mío, escucha y obedece mis palabras, y tendrás una larga vida.

¹¹Yo te llevo por el camino de la sabiduría y te guío por sendas de rectitud. ¹²Cuando camines por ellos, nada te estorbará ni tropezarás al correr. ¹³Aférrate a mi instrucción, no la olvides; pues ella es tu vida.

¹⁴No hagas lo que hacen los malvados, ni sigas el ejemplo de los malhechores. ¹⁵Mantente lejos de esa gente; sí, aléjate de ellos y sigue adelante. ¹⁶Los malvados no duermen hasta haber hecho lo malo; no pueden descansar hasta hacer que alguien tropiece y caiga. ¹⁷Su comida es la maldad y su bebida la violencia!

¹⁸La senda de los justos se parece a los primeros rayos de luz del amanecer, que brillan cada vez más hasta que es pleno día. ¹⁹Pero la senda de los malvados está en completa oscuridad, los que la siguen ni siquiera saben con qué tropiezan.

²⁰Hijo mío, toma en cuenta mis consejos, escucha atentamente mis palabras. ²¹No pierdas de vista mis palabras, grábalas en lo más profundo de tu corazón. ²²Porque ellas traen vida y salud a quienes las hallan.

²³Sobre todas las cosas cuida tu corazón, porque de él brota la vida. ²⁴Evita hablar de cosas perversas; aparta tus labios de decir cosas corruptas. ²⁵Mira lo que tienes delante; pon tus ojos en lo que tienes frente a ti. ²⁶Establece bien la conducta de tu vida, mantenla siempre, y estarás seguro. ²⁷¡Practica el bien en todo momento! ¡Apártate del mal!

## Advertencia contra el adulterio

**5** Hijo mío, pon atención a mi sabiduría; escucha atentamente mi sabio consejo. ²Así aprenderás a ser discreto y te llenarás de conocimiento. ³Los labios de la mujer infiel son como miel, y sus palabras más suaves que el aceite. ⁴Pero al final resulta ser más amarga que la hiel y más cortante que una espada de dos filos. ⁵Quien cae en sus redes, va derecho a la tumba; su estilo de vida es un pase directo a la muerte. ⁶A ella nada le importa lo que piense la gente de su conducta. Vive la vida sin control alguno, y ni siquiera se da cuenta de eso.

⁷Pues bien, hijo mío, escucha atentamente y no te apartes de mis enseñanzas. ⁸Huye de la mujer infiel; no te acerques ni siquiera a la puerta de su casa, ⁹para que no entregues tus mejores años ni tu fortaleza a quienes sólo quieren hacerte mal; ¹⁰para que los malvados no se queden con tu salario ni con los bienes que posees. ¹¹Si lo haces así, acabarás quejándote de angustia porque todo tu cuerpo se irá consumiendo. ¹²Y dirás: «¡Cómo pude despreciar la corrección! ¡Cómo pudo mi corazón rechazar los consejos! ¹³No obedecí las enseñanzas de mis maestros, ni presté atención a mis instructores. ¹⁴Estoy al borde de una ruina total y en vergüenza ante toda mi comunidad».

¹⁵Disfruta del amor, pero sólo con tu esposa. ¹⁶Tu amor y fidelidad le corresponden sólo a ella; ¡jamás se los entregues a otra! ¹⁷Recuerda que el goce del matrimonio solo le pertenece a los dos, y nadie debe inmiscuirse en él. ¹⁸¡Bendita sea tu esposa, la mujer de tu juventud! ¹⁹Ella es una gacela amorosa y agradable. ¡Que sus pechos te dejen siempre satisfecho! ¡Que su amor siempre te cautive! ²⁰Hijo mío, ¡no te enredes con la mujer infiel! ¡Aléjate de sus caricias! ²¹Recuerda que el Señor mira todo lo que hacemos, no pierde de vista ninguno de nuestros actos. ²²Al malvado lo tienen atrapado sus propios pecados, son cuerdas que lo atan y retienen. ²³Morirá por no querer disciplinarse; se perderá por su gran necedad.

## Advertencia contra la insensatez

**6** Hijo mío, si te haces fiador de tu amigo, o si te haces responsable de alguien a quien apenas conoces, ²si tú mismo te comprometiste y has quedado atrapado en tus propias palabras, ³entonces has caído en las manos de tu amigo. Haz esto que te digo para poder librarte: trágate tu orgullo y suplícale que des-

5.18–23

# Proverbios

## Prólogo: Propósito y tema

**1** Proverbios de Salomón, hijo de David, rey de Israel: ²para adquirir sabiduría y disciplina, para ayudar a comprender las palabras inteligentes; ³para recibir instrucción, prudencia, justicia y equilibrio; ⁴para infundir sagacidad a los inexpertos, conocimiento y madurez a los jóvenes. ⁵El que es sabio y los escucha, adquiere mayor sabiduría, y el entendido recibe dirección ⁶para entender los proverbios, los dichos de los sabios y sus enigmas. ⁷Lo primero que hay que hacer para empezar a ser sabios, es honrar al Señor. Sólo los necios desprecian la sabiduría y la disciplina.

## Exhortaciones a buscar la sabiduría

### Advertencia contra el engaño

⁸Hijo mío, escucha las correcciones de tu padre y no rechaces las enseñanzas de tu madre. ⁹Lo que aprendas de ellos adornará tu cabeza como una corona, tu cuello como un collar. ¹⁰Hijo mío, si los pecadores quieren engañarte, ¡no se los permitas! ¹¹Ellos te pueden decir: «Ven con nosotros; sólo por gusto atrapemos y matemos algún inocente cuando pase. ¹²Nos tragaremos vivo a alguien, como el sepulcro se traga a los hombres que caen en él. ¹³Obtendremos toda clase de riquezas; llenaremos nuestras casas con todo lo robado. ¹⁴Ven, comparte tu suerte con nosotros; nos repartiremos todo lo que obtengamos». ¹⁵¡No les hagas caso, hijo mío! Apártate de sus caminos, ¹⁶porque sus pies se apresuran hacia el mal; ¡tienen prisa por derramar sangre! ¹⁷Cuando el pájaro ve que le ponen una trampa no se acerca, ¹⁸pero estos hombres se meten en la trampa ellos mismos y acaban con su propia vida. ¹⁹Así terminan los ambiciosos; esta ambición acaba con su vida.

### Advertencia contra el rechazo a la sabiduría

²⁰La sabiduría levanta su voz en las calles y lugares públicos. ²¹Clama por la calle principal, a la entrada de la ciudad: ²²«Jóvenes inexpertos, ¿hasta cuándo disfrutarán su inexperiencia, sus burlas y despreciarán el conocimiento? ²³Escuchen mis correcciones y yo les abriré mi corazón, para que conozcan mis pensamientos. ²⁴Repetidamente los he llamado y no quieren venir; les he tendido mi mano pero no me hacen caso. ²⁵Porque menospreciaron mi consejo y rechazaron mi corrección, ²⁶algún día van a estar en desgracia, y yo me reiré. Me burlaré de ustedes cuando estén llenos de miedo, ²⁷cuando el terror caiga sobre ustedes como una tormenta y los problemas y la angustia los arrastren como un torbellino. ²⁸Entonces ellos me llamarán, pero no les responderé; me buscarán ansiosos, pero no me encontrarán. ²⁹»Pues despreciaron la sabiduría y no quisieron honrar al Señor; ³⁰porque menospreciaron mi consejo y rechazaron mi corrección, ³¹cosecharán el fruto de su conducta, se hartarán de sus malas intenciones, ³²los matará su desvío e inexperiencia, su despreocupación y necedad los destruirá. ³³Pero los que me escuchen vivirán en paz y seguridad, sin temor».

## Ventajas de la sabiduría

**2** Hijo mío, si haces tuyas mis palabras y atesoras mis mandamientos; ²si prestas oído a la sabiduría y te entregas a la inteligencia; ³si clamas por inteligencia y discernimiento, ⁴si los buscas como si fuera plata o un tesoro escondido, ⁵entonces comprenderás lo que es honrar al Señor y encontrarás el conocimiento de Dios.

⁶Porque el Señor concede sabiduría; de su boca fluyen conocimiento y ciencia. ⁷El Señor ayuda y protege a los que viven con rectitud y justicia. ⁸Él cuida el sendero de los justos y protege a aquellos que le son fieles. ⁹Entonces comprenderás lo que es recto y justo, y sabrás tomar la decisión correcta cada vez que lo necesites. ¹⁰La sabiduría entrará en tu corazón, y el conocimiento te llenará de alegría. ¹¹La prudencia te cuidará y la inteligencia te mantendrá a salvo. ¹²La sabiduría te librará de los malvados, de los que hablan perversidades, ¹³de los hombres que se apartan del camino recto para hacer el mal, ¹⁴de los que gozan en hacer el mal y festejan sus pecados, ¹⁵de los que andan por caminos torcidos y sus sendas no son las correctas. ¹⁶Te librará de la mujer adúltera y de sus palabras seductoras. ¹⁷Esa mujer que ha abandonado al compañero de su juventud y se ha olvidado del compromiso que hizo con Dios. ¹⁸El entrar a su casa te conduce hacia la muerte. Su conducta te lleva hacia el reino de muerte. ¹⁹Todo aquel que se enreda con ella no vuelve jamás ni alcanza los senderos de la vida.

²⁰Sigue el ejemplo de los justos y compórtate como lo hacen los rectos. ²¹Pues sólo los intachables y los que viven honestamente habitarán para siempre la tierra. ²²Pero los malvados serán arrancados y expulsados de la tierra.

## Otras ventajas de la sabiduría

**3** Hijo mío no olvides nunca mis enseñanzas. Guarda mis mandamientos en tu corazón, ²porque ellos te darán una larga vida y te traerán felicidad. ³No te apartes nunca del amor y la verdad; llévalos atados a tu cuello como si fueran un collar y escríbelos en lo profundo de tu corazón. ⁴Entonces contarás con la buena opinión de la gente y el favor de Dios. ⁵Confía en el Señor con todo tu corazón, y no confíes en tu propia inteligencia. ⁶Busca la voluntad del Señor en todo lo que hagas, y él dirigirá tus caminos.

⁷No creas que eres tan sabio como para no tenerle miedo al mal. Honra al Señor y huye del mal, ⁸así llenarás tu cuerpo con salud y vigor.

⁹Honra al Señor con tus riquezas y con los primeros frutos de tus cosechas. ¹⁰Así tus graneros se llenarán hasta reventar, y tus bodegas rebosarán de vino nuevo.

¹¹Hijo mío, no desprecies la corrección del Señor, ni te enojes cuando te reprenda; ¹²pues el Señor corrige al que ama, así como el padre corrige al hijo que es su alegría. ¹³Feliz es el que halla sabiduría y adquiere inteligencia. ¹⁴Porque es mejor hallar sabiduría que

1.5-10  1.19  1.33  2.1-9  2.11-12  3.1-22
3.24-29  4.1-11  4.20-26  5.1-2  5.7  5.10-15

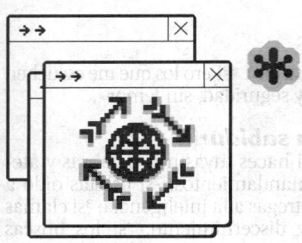

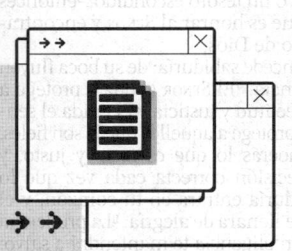

## PANORAMA DEL LIBRO

Los proverbios son una forma literaria muy popular en oriente, ya que, en un mundo donde la escritura no era tan conocida, encerraban grandes enseñanzas con enunciados sencillos pero de gran profundidad, para que fueran fáciles de recordar. Este libro fue compuesto con el propósito de impartir sabiduría y hacer un llamado a toda persona para que tome una decisión clara en favor de la sabiduría práctica, en lugar de la necedad. Algunos proverbios llegan a discutir temas morales, mientras que otros son observaciones generales acerca de la realidad, y aun otros son consejos prácticos sobre la vida diaria. El propósito del libro es explícitamente declarado en los primeros versículos: comunicar sabiduría, disciplina, corrección, sagacidad, conocimiento y discreción a los jóvenes (1:1-4).

## EL GUION

1) Un llamado urgente a ser sabio. Caps. 1-9
2) Consejos acerca de la amistad. 14:20; 17:9, 17; 18:24; 19:4; 25:17-19; 27:5-10.
3) Consejos acerca del trabajo y la pereza. 6:6-9; 12:24-27; 16:26; 18:9; 21:25; 22:19; 26:13-16.
4) Consejos acerca del sexo opuesto. 5:20; 11:16, 22; 12:4; 14:1; 31:10-31.
5) Consejos acerca de las palabras. 4:24; 8:8; 12:6, 25; 15:26; 16:24, 28; 17:27; 20:19; 25:11.
6) Consejos acerca de la riqueza y pobreza. 3:9; 10:2-4, 15; 10:22; 12:27; 13:7-8; 14:31; 15:22; 18:11; 19:1, 7; 22:4; 23:4.
7) Consejos acerca de las relaciones entre padres e hijos. 1:8; 10:1; 13:1, 24; 15:20; 17:21, 25; 19:26; 24:21; 28:7; 29:15, 17.
8) Qué significa vivir bajo el temor del Señor. 1:7; 2:5; 9:10; 14:26-27; 15:33; 16:6; 19:23; 22:4; 23:17.

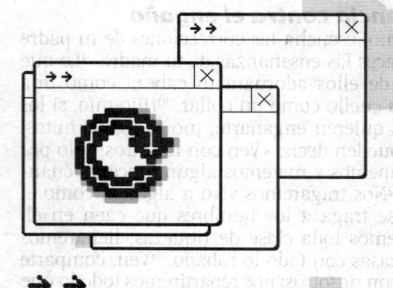

## ¿CÓMO SE RELACIONA CONMIGO?

Este libro pareciera estar escrito para las redes sociales de hoy en día. Muchos de los dichos en este libro comienzan como la instrucción de los padres dirigidas a hijos que aún están en el camino de tomar las decisiones más importantes en la vida. Proverbios es una fuente extraordinaria de consejos prácticos para la vida cotidiana en relación con las relaciones interpersonales, las palabras, el trabajo, la justicia y la injusticia y las realidades de la vida en general. Proverbios es una colección de consejos oportunos y conocimiento práctico que puede aprovecharse de mil maneras en el mundo de hoy. Sus cápsulas de sabiduría son un regalo de parte del Señor para cada uno de nosotros y su énfasis está en el éxito genuino y el significado de la sabiduría, y por esa razón será siempre útil para tomar buenas decisiones.

# PROVERBIOS

# PROVERBIOS

## ¿QUIÉN LO ESCRIBIÓ?

El punto de vista tradicional es que el rey Salomón escribió la mayoría de proverbios encontrados en este libro. 1 Reyes 4:32-33 específicamente indica que, no solo estaba capacitado para escribir una colección como esta, sino que escribió mucho más de lo que aparece en este libro. Sin embargo, él no es el único autor. La misma sección escrita por Salomón menciona lo que algunas traducciones llaman "los dichos de los sabios" (22:17-24:34). También se menciona Agur, hijo de Jaqué como el autor de los dichos del capítulo 30 y el rey Lemuel como la fuente del capítulo 31. Aunque la tradición judía afirma que estos dos nombres también se refieren a Salomón, no hay manera de comprobarlo.

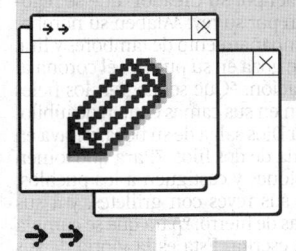

## ¿A QUIÉN LO ESCRIBIÓ?

Los proverbios circulan como dichos sabios que usa la gente de todos los estratos sociales en la conversación diaria. "De tal palo tal astilla" o "Dime con quién andas y te diré quién eres" han sido utilizados por mucho tiempo sin saber quién los inventó o para quién se dijeron originalmente. Ahora bien, como libro, Proverbios fue publicado para registrar la sabiduría de Salomón y otros grandes pensadores para que sirvieran como guías en la vida diaria de las personas. Como escrito de sabiduría es un llamado a tomar el camino de la sabiduría. Así, entonces, se trata de una obra dirigida principalmente, aunque no exclusiva- mente, a los jóvenes (lee 1:4), quienes se encuentran en el proceso de tomar una decisión entre vivir de acuerdo a los principios de la sabiduría o de la necedad.

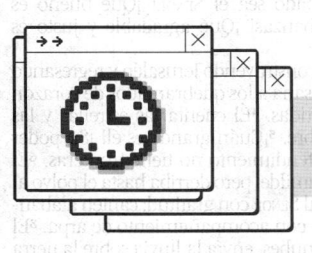

## ¿CUÁNDO Y DÓNDE LO ESCRIBIÓ?

El capítulo 25 registra que un grupo de escribas o sabios nombrados por el rey Ezequías copiaron otros proverbios de Salomón y también posiblemente los de los capítulos 30 y 31, lo cual apunta a que el libro fue compilado en esa época. Es muy posible que los proverbios de Salomón hayan circulado oralmente o como colecciones breves y por fin fueron colecciona- dos en un libro en la época de Ezequías o un tiempo después. Entonces, en cuanto a la fecha, se puede decir que para el año 700 a.C., el libro podría haber sido ya recopilado en sus varias secciones.

esperando auxilio; tú les das el alimento que necesitan. ¹⁶Abres la mano y satisfaces el hambre y la sed de toda criatura viviente.

¹⁷El Señor es justo en todo lo que hace, y lleno de bondad. ¹⁸El Señor está cerca de cuantos lo llaman, sí, de todos los que llaman sinceramente. ¹⁹Él cumple los deseos de quienes le temen; escucha su clamor de auxilio y los rescata. ²⁰El Señor protege a todos los que lo aman, pero destruye a los malvados.

²¹Alabaré al Señor, todo el mundo bendiga su santo nombre por siempre y para siempre.

## Salmo 146

¹¡Aleluya! ¡Alabado sea el Señor! Alaba alma mía al Señor. ²Yo lo alabaré mientras viva; sí, hasta el último suspiro de mi vida. ³No pongan su confianza en gente poderosa, ahí no encontrarán ayuda. ⁴Su aliento se detiene, la vida termina, y en un instante todos sus planes se deshacen. ⁵Pero dichosa la persona que tiene como auxilio suyo al Dios de Jacob y que tiene su esperanza en el Señor su Dios, ⁶creador del cielo y de la tierra; los mares y cuanto en ellos hay. Él es el Dios que cumple siempre todas sus promesas. ⁷El Señor hace justicia a los oprimidos, da de comer a los hambrientos y pone en libertad a los cautivos. ⁸El Señor da vista a los ciegos, el Señor ama a los justos. ⁹El Señor protege al extranjero, y cuida al huérfano y a la viuda pero desbarata los planes de los malvados.

¹⁰¡El Señor reinará por siempre! ¡Oh Sión, que tu Dios reine por todas las generaciones! ¡Aleluya! ¡Alabado sea el Señor!

## Salmo 147

¹¡Aleluya! ¡Alabado sea el Señor! ¡Qué bueno es cantar sus alabanzas! ¡Qué agradable y justo es alabarle!

²El Señor está reconstruyendo Jerusalén y regresando a sus exiliados. ³Él sana a los quebrantados de corazón y les venda las heridas. ⁴Él cuenta las estrellas y las llama por su nombre. ⁵¡Cuán grande es él! ¡Su poder es absoluto! Su entendimiento no tiene fronteras. ⁶El Señor sostiene al humilde, pero derriba hasta el polvo al malvado. ⁷Canten al Señor con gratitud; canten alabanzas a nuestro Dios, con acompañamiento de arpa. ⁸Él cubre los cielos de nubes, envía la lluvia sobre la tierra y hace que la hierba verde crezca en los pastizales del monte. ⁹Él alimenta a las bestias salvajes y los polluelos del cuervo lo llaman a él pidiéndole comida. ¹⁰A él la fuerza del caballo no le causa admiración. ¹¹Pero su gozo está en quienes lo honran; en aquellos que confían en su gran amor.

¹²¡Alaba al Señor, Jerusalén! ¡Alaba a tu Dios, Sión! ¹³Porque él ha reforzado los cerrojos de tus puertas, y ha bendecido a tus hijos que en ti habitan. ¹⁴Él envía paz por toda tu nación, y te sacia con el mejor trigo. ¹⁵Él da sus órdenes al mundo; su palabra corre a toda prisa. ¹⁶Él envía la nieve como lana, y esparce la escarcha en la tierra como ceniza. ¹⁷Deja caer el granizo como piedras: ¿quién podrá resistir su frío que congela? ¹⁸Entonces, envía su palabra y todo se derrite; envía sus vientos y el hielo se funde. ¹⁹A Jacob le ha revelado sus palabras; sus leyes y decretos a Israel. ²⁰Esto no lo ha hecho con ninguna otra nación; éstas no han conocido sus leyes.

¡Alabado sea el Señor!

## Salmo 148

¹¡Alaben al Señor desde los cielos! ¡Alaben al Señor desde las alturas! ²Alábenlo sus ángeles todos, todos sus ejércitos. ³Alábenlo, sol y luna, y todas ustedes, estrellas luminosas. ⁴Alábenlo, altos cielos. Alábenlo las aguas que están sobre los cielos.

⁵Alábelo, todo cuanto él ha creado. Porque él dio la orden, y ellos fueron creados. ⁶Él los estableció para siempre. Sus órdenes no serán revocadas jamás. ⁷Alábenlo desde la tierra, ustedes criaturas de las profundidades del océano; ⁸el fuego y el granizo, la nieve y la tormenta, el viento y el temporal que cumplen su mandato, ⁹las montañas y colinas, árboles frutales y cedros, ¹⁰bestias salvajes y ganado, serpientes y aves; ¹¹los reyes y todo el pueblo, con sus gobernantes y jueces; ¹²jóvenes y doncellas, ancianos y niños. ¹³Alaben todos el nombre del Señor, porque sólo su nombre es muy grande; su gloria está por encima de la tierra y de los cielos. ¹⁴Él ha hecho fuerte a su pueblo; ha honrado a sus fieles, su pueblo cercano.

¡Alabado sea el Señor!

## Salmo 149

¹¡Aleluya! ¡Alabado sea el Señor! Canten al Señor un cántico nuevo. Canten sus alabanzas en la comunidad de los fieles.

²Que se alegre Israel por su Creador; que se regocijen los hijos de Sión por su rey. ³Alaben su nombre con danzas, con acompañamiento de tambores y lira. ⁴Porque el Señor se goza en su pueblo; él corona al humilde con la salvación. ⁵Que se alegren los fieles en su triunfo; que aun en sus camas canten de júbilo.

⁶Que la alabanza a Dios salga de su boca, y haya en sus manos una espada de dos filos. ⁷Para que tomen venganza de las naciones y castiguen a los pueblos, ⁸Para que sujeten a sus reyes con grilletes, y a sus dirigentes con cadenas de hierro; ⁹para que se cumpla en ellos la sentencia escrita. Ésta es la gloria de sus fieles. ¡Aleluya! ¡Alabado sea el Señor!

## Salmo 150

¹¡Aleluya! Alaben a Dios en su santuario, alábenlo en la enormidad del firmamento. ²Alábenlo por sus poderosas obras. Alaben su sin igual grandeza. ³Alábenlo con sonido de trompeta, alábenlo con el arpa y la lira. ⁴Alábenlo con pandero y danza, alábenlo con cuerdas y flautas. ⁵Alábenlo con címbalos sonoros, alábenlo con címbalos resonantes.

⁶¡Todo lo que respira alabe al Señor! ¡Aleluya! ¡Alabado sea el Señor!

145.1–4  145.13–21  146.1–10  147.1–14  148.12–14  149.1–6  150.1–6

da de incienso; que hacia ti levante mis manos como un sacrificio vespertino.

³Ayúdame, Señor, a mantener cerrada mi boca y sellados mis labios. ⁴No me dejes desear cosas malas, ni que participe en hechos malvados; no me dejes compartir banquetes con los que hacen mal. ⁵¡Haz que los justos me hieran! ¡Eso será bondad! Si ellos me reprenden, eso es medicina. No permitas que yo la rechace. Pero yo estoy en constante oración contra los malvados y sus hechos. ⁶Cuando sus dirigentes sean lanzados desde un precipicio, sabrán que mis palabras eran bien intencionadas. ⁷Así como un agricultor abre surcos en la tierra y saca la roca, así los huesos de los malvados serán dispersados sin un buen entierro.

⁸A ti alzo los ojos en espera de ayuda, Señor soberano. Tú eres mi refugio; no permitas que me maten. ⁹Guárdame de las trampas que me tienden, de las trampas de los que hacen mal. ¹⁰Haz que ellos caigan en sus propios lazos y yo me libre.

## Salmo 142

*Salmo de David. Cuando estaba en la cueva. Oración.*

¹¡Cómo le suplico a Dios; cómo imploro su misericordia ²y derramo ante él mis quejas y le cuento mis problemas! ³Porque estoy abrumado y desesperado, y sólo tú sabes qué rumbo debo tomar. Por donde quiera que vaya, mis enemigos me ponen trampas. ⁴Mira a mi derecha y ve: nadie me tiende la mano. Nadie me ayuda; a nadie le interesa lo que me pase. ⁵Entonces, oro a ti, Señor, y te digo: «Tú eres mi refugio, tú eres lo único que yo quiero en la vida». ⁶Escucha mi clamor, pues estoy muy deprimido. Rescátame de mis perseguidores, pues son demasiado fuertes para mí. ⁷Sácame de la prisión para que pueda darte gracias. Los justos se reunirán a mi alrededor porque eres bueno conmigo.

## Salmo 143

*Salmo de David.*

¹Escucha mi plegaria, Señor; responde a mi súplica, pues tú eres fiel y justo. ²¡No me sometas a juicio! Porque, comparado contigo, nadie es perfecto. ³Mi enemigo me persigue. Me ha derribado a tierra. Me obliga a vivir en tinieblas como los que están en el sepulcro. ⁴Estoy perdiendo toda esperanza; el temor me paraliza.

⁵Recuerdo los días de antaño; medito en tus gloriosos milagros. Pienso en lo que tú has hecho. ⁶Extiendo las manos hacia ti; me haces falta como la lluvia a la tierra seca. ⁷Ven pronto, Señor, y respóndeme, porque cada vez me deprimo más; ¡no te apartes de mí, o me muero! ⁸En la mañana, muéstrame tu bondad para conmigo, pues en ti confío. Muéstrame a dónde ir, porque a ti elevo mi oración. ⁹Sálvame de mis enemigos, Señor, a ti acudo para que me escondas. ¹⁰Ayúdame a hacer tu voluntad, pues tú eres mi Dios. Que tu buen Espíritu me guíe por un terreno firme. ¹¹Por la gloria de tu nombre, Señor, sálvame; por tu justicia sácame de esta angustia. ¹²Por tu gran amor, destroza a todos mis enemigos y destruye a quienes procuran dañarme; porque soy siervo tuyo.

## Salmo 144

*Salmo de David.*

¹Bendito sea el Señor, que es mi roca. Él me da fortaleza y destreza en la batalla. ²Él es mi amoroso aliado y mi fortaleza, mi torre de seguridad y mi libertador, mi escudo y mi refugio. Él es quien pone los pueblos a mis pies.

³Señor, ¿qué es el mortal para que lo tomes en cuenta? ¿Qué es el ser humano para que lo cuides? ⁴Porque el ser humano no es más que un soplo; sus días son sombras pasajeras.

⁵Abre los cielos y desciende. Toca los montes para que echen humo. ⁶Libera tus relámpagos y dispersa a tus enemigos; libera tus flechas y dispérsalos. ⁷Extiende tu brazo desde el cielo, y rescátame; líbrame de las aguas profundas, del poder de mis enemigos. ⁸La boca de ellos está llena de mentiras; juran decir la verdad, pero mienten.

⁹Te cantaré un canto nuevo, Dios; te cantaré alabanzas con el arpa de diez cuerdas. ¹⁰Porque tú das la victoria a los reyes. Tú eres el que rescataró a tu siervo David. ¹¹Sálvame de la espada fatal. Rescátame del poder de mis enemigos. Sus bocas están llenas de mentiras; juran decir la verdad, pero mienten.

¹²Que nuestros hijos crezcan en su juventud, como plantas frondosas;
que sean nuestras hijas como columnas labradas para adornar un palacio.

¹³Que nuestros graneros se llenen con toda clase de cosechas.
Que en nuestros campos los rebaños aumenten por millares, por decenas de millares.
¹⁴Que nuestros bueyes lleven cargas pesadas;
Que no haya grietas en los muros, ni tengamos que huir,
Que no haya gritos de angustia en nuestras calles.

¹⁵¡Dichosos aquellos que tienen todo esto!
¡Dichoso el pueblo cuyo Dios es el Señor!

## Salmo 145

*Salmo de alabanza. De David.*

¹Te alabaré, Dios y rey mío, ²y bendeciré tu nombre eternamente y para siempre.

³¡Grande es el Señor, y digno de toda alabanza; su grandeza no se puede comprender! ⁴Que cada generación diga a sus hijos las grandes cosas que él hace. ⁵En tu gloria, esplendor, majestad y milagros meditaré. ⁶En toda lengua estarán tus imponentes hechos; proclamaré tu grandeza. ⁷Todo el mundo dirá cuán bueno eres y cantará con alegría por tu justicia. ⁸El Señor es compasivo y misericordioso, lento para enojarse y lleno de amor. ⁹Él es bueno con todos; y derrama compasión sobre su creación. ¹⁰Todas tus obras, Señor, te alabarán, y tus fieles te bendecirán. ¹¹Conversarán entre ellos de la gloria de tu reino y celebrarán tu poder. ¹²Contarán de tus milagros y de la majestad y gloria de tu reino. ¹³Porque tu reino no termina jamás. Tú gobiernas generación tras generación. El Señor es fiel en todo lo que dice, él es bueno en todo lo que hace.

¹⁴El Señor levanta a los caídos y sostiene a los agobiados. ¹⁵Los ojos de toda la humanidad te buscan

138.3  138.6–8  141.1–3  142.1–2  142.5–7
143.4–8  143.10–11  144.5  144.12–15

²³Al que nos recuerda, aunque estemos desvalidos; *su gran amor perdura para siempre.*
²⁴Al que nos salvó de nuestros enemigos; *su gran amor perdura para siempre.*
²⁵Al que alimenta a todo ser viviente; *su gran amor perdura para siempre.*
²⁶Den gracias al Dios del cielo; *su gran amor perdura para siempre.*

## Salmo 137

¹Llorando nos sentábamos junto a los ríos de Babilonia pensando en Sión. ²Hemos abandonado nuestras liras, colgadas de las ramas de los sauces. ³Allí, los que nos tenían cautivos nos exigían que cantáramos. Nuestros verdugos nos pedían un himno alegre, nos decían: «Cántennos uno de esos cantos de Sión». ⁴Pero ¿cómo cantaremos los himnos del Señor en una tierra extraña? ⁵Si llego a olvidarte, oh Jerusalén, ¡que mi mano derecha olvide cómo tocar el arpa! ⁶Si no me acordara de ti, ni fueras tú mi más grande gozo, que la lengua se me pegue al paladar.
⁷Señor, no olvides lo que estos edomitas hicieron aquel día en que los ejércitos de Babilonia tomaron Jerusalén. «¡Arrásenla hasta el suelo!», gritaban. ⁸Oh Babilonia, que serás destruida; dichoso el que te haga pagar por lo que nos has hecho. ⁹¡Dichoso el que tome a tus niños y los estrelle contra las rocas!

## Salmo 138
*Salmo de David.*

¹Señor, te doy gracias de todo corazón. Cantaré tus alabanzas delante de los dioses. ²Al adorarte me inclino ante tu santo templo. Agradeceré a tu nombre por tu gran amor y fidelidad. Porque has exaltado tu nombre y tu palabra por sobre todas las cosas. ³Cuando oro me respondes y me animas dándome la fuerza que necesito. ⁴Todos los reyes de la tierra te darán gracias, Señor, porque todos ellos oirán tus palabras. ⁵Sí, cantarán de los caminos del Señor, por que la gloria del Señor es muy grande. ⁶Aunque el Señor es grande, toma en cuenta a los humildes, y está lejos de los orgullosos. ⁷Aunque me rodeen tribulaciones, tú me librarás de la ira de mis enemigos. Contra el enojo de mis enemigos extenderás tu mano. Tu poder me salvará. ⁸El Señor cumplirá sus planes para mi vida. Porque tu gran amor, Señor, es para siempre. No me abandones, pues tú me hiciste.

## Salmo 139
*Al director musical. Salmo de David.*

¹Señor, tú me has examinado el corazón y me conoces muy bien. ²Sabes si me siento o me levanto. Cuando estoy lejos, conoces cada uno de mis pensamientos. ³Trazas la senda delante de mí, y me dices dónde debo descansar. Cada momento sabes dónde estoy. ⁴Sabes lo que voy a decir antes que lo diga, Señor. ⁵Por delante y por detrás me rodeas, y colocas tu mano sobre mi cabeza.
⁶Conocimiento tan maravilloso está más allá de mi comprensión; tan grande es que no puedo entenderlo. ⁷¡Jamás podré alejarme de tu Espíritu! ¡Jamás podré huir de su presencia! ⁸Si me voy al cielo, allí estás tú. Si desciendo al lugar de los muertos, allí estás. ⁹Si cabalgo en los vientos matutinos y habito en los lejanos océanos, ¹⁰aun allí me guiará tu mano, tu fuerza me sostendrá. ¹¹Puedo pedirle a las tinieblas que me oculten; y a la luz que me rodea que se haga noche. ¹²Pero aun en las tinieblas no puedo ocultarme de ti; para ti la noche es tan brillante como el día. Para ti son lo mismo las tinieblas que la luz.
¹³Tú hiciste todas las delicadas partes internas de mi cuerpo y las uniste en el vientre de mi madre. ¹⁴¡Gracias por haberme hecho tan admirable! Es admirable pensar en ello. Maravillosa es la obra de tus manos, y eso lo sé muy bien. ¹⁵Tú me observaste cuando en lo más recóndito era yo formado. ¹⁶Tus ojos vieron mi cuerpo en gestación: todo estaba ya escrito en tu libro; todos mis días se estaban diseñando, aunque no existía uno solo de ellos.
¹⁷¡Cuán preciosos son los pensamientos que tienes de mí, oh Dios! ¡Son innumerables! ¹⁸No puedo contarlos, superan en número a los granos de arena. Y cuando despierto en la mañana, tú todavía estás conmigo.
¹⁹Dios, si solamente destruyeras a los malvados. ¡Apártense de mi vida, ustedes, asesinos! ²⁰Ellos blasfeman contra ti; tus enemigos toman tu nombre en vano. ²¹Señor, ¿no debo odiar a quienes te odian? ¿No detesto a los que te rechazan? ²²Sí, los odio, con un odio implacable, pues tus enemigos son mis enemigos.
²³Examíname, Dios, y conoce mi corazón; pruébame y conoce mis pensamientos. ²⁴Señálame lo que en mí te ofende, y guíame por la senda de la vida eterna.

## Salmo 140
*Al director musical. Salmo de David.*

¹Señor, líbrame de los hombres malvados. Guárdeme de los violentos, ²que todo el día fomentan pleitos y traman en su corazón el mal. ³Afilan sus lenguas como lenguas de serpiente; veneno de víbora escurre por sus labios. ⁴Guárdeme del poder de ellos; protégeme del poder de los impíos, de los que traman hacerme caer. ⁵Esos orgullosos me han tendido una trampa; han puesto los lazos de su red, han tendido trampas a lo largo de mi camino.
⁶Yo le dije al Señor: «Tú eres mi Dios». Escucha, Señor, mi súplica por misericordia. ⁷Señor soberano, mi salvador poderoso que me protege en el día de la batalla. ⁸No cumplas, Señor, sus perversos caprichos; no permitas que sus planes prosperen, para que no se llenen de orgullo. ⁹Haz que sus planes se vuelvan contra ellos mismos. Que sean destruidos por el mismo mal que planearon para mí. ¹⁰Que caigan brasas sobre sus cabezas, arrójalos al fuego, a profundos hoyos de donde no puedan escapar. ¹¹No permitas que prosperen los mentirosos aquí en nuestra tierra; que la calamidad caiga con gran fuerza y violencia. ¹²Pero el Señor ciertamente auxiliará a los perseguidos por aquellos; él mantendrá los derechos de los pobres. ¹³Ciertamente los justos están alabando tu nombre y vivirán en tu presencia.

## Salmo 141
*Salmo de David.*

¹¡Pronto, Señor, respóndeme! Porque a ti he orado. ¡Escúchame cuando clamo a ti pidiéndote ayuda! ²Que suba a tu presencia mi oración como una ofren-

✶132.8-12  ✶133.1-2  ✶136.1-26

**SALMOS 134.1**

que encuentre un lugar para edificar la casa del Señor, un santuario para el Poderoso de Jacob. ⁶En Efrata oímos hablar del cofre; dimos con él en los campos de Yagar. ⁷Vayamos hasta la morada del Señor; postrémonos ante el estrado de sus pies».

⁸Levántate, Señor, y entra en tu santuario, con el cofre, símbolo de tu poder.

⁹Tus sacerdotes se vestirán de salvación; ¡que tus siervos fieles canten de gozo!

¹⁰Por amor a tu siervo David, no rechaces al rey que elegiste para tu pueblo. ¹¹El Señor le hizo un juramento a David, y él nunca falta a sus promesas: «Pondré uno de tus descendientes en tu trono. ¹²Si tus hijos cumplen con mi pacto y con las normas que les enseñé, también sus descendientes seguirán en el trono para siempre».

¹³Porque el Señor ha escogido a Sión; él decidió que ahí será su hogar: ¹⁴«Éste es mi hogar donde moraré para siempre. Aquí habitaré porque así lo deseo. ¹⁵Bendeciré con creces sus provisiones, y saciaré de pan a sus pobres. ¹⁶Vestiré de salvación a sus sacerdotes; sus fieles cantarán de júbilo. ¹⁷Aumentará el poder de David, mi ungido será una luz para mi pueblo. ¹⁸Vestiré de vergüenza a sus enemigos, pero él será un rey glorioso».

## Salmo 133
*Cántico de los peregrinos. De David.*

¹¡Que admirable, que agradable es que los hermanos vivan juntos en armonía! ²Es como el buen aceite que, desde la cabeza, va descendiendo por la barba, por la barba de Aarón, hasta el borde de sus vestiduras. ³Es tan refrescante como el rocío del monte Hermón que cae sobre los montes de Jerusalén. Donde se da esta armonía, el Señor concede bendición y vida eterna.

## Salmo 134
*Cántico de los peregrinos.*

¹Bendigan al Señor, todos sus siervos, ustedes que sirven por la noche en la casa del Señor. ²Alcen sus manos en santidad, y bendigan al Señor.

³Que el Señor te bendiga desde Sión: el Señor que hizo el cielo y la tierra.

## Salmo 135

¹¡Alabado sea el Señor! ¡Alaben el nombre del Señor! ¡Alábenlo ustedes siervos del Señor! ²Ustedes que sirven en la casa del Señor, en los atrios de la casa de nuestro Señor. ³Alaben al Señor porque el Señor es bueno; canten a su maravilloso nombre. ⁴Porque el Señor ha elegido a Jacob como su propiedad, a Israel como su posesión.

⁵Yo conozco la grandeza del Señor; sé que es mayor que la de cualquier otro dios. ⁶Él hace cuanto le place por todo el cielo y la tierra, y en lo profundo del mar. ⁷Hace que las nubes se levanten sobre la tierra; envía el relámpago con la lluvia y libera al viento de sus depósitos. ⁸Destruyó al hijo mayor de cada hogar egipcio, junto con las primeras crías de los ganados. ⁹Hizo grandes milagros en Egipto ante el faraón y todo su pueblo. ¹⁰Hirió a grandes naciones, matando a reyes poderosos, ¹¹a Sijón, rey de los amorreos; a Og, rey de Basán, y a los reyes de Canaán. ¹²Entregó la tierra como herencia para ellos, como especial posesión para su pueblo Israel.

¹³Señor, tu nombre permanece para siempre; tu fama, Señor, es conocida por todas las generaciones. ¹⁴Porque el Señor restituirá a su pueblo, y tendrá compasión de sus siervos.

¹⁵Los ídolos son sólo cosas hechas de oro y plata, producto de manos humanas. ¹⁶Tienen boca, pero no pueden hablar; ojos, pero no pueden ver; ¹⁷tienen oídos, pero no pueden oír; nariz, pero no pueden respirar. ¹⁸Semejantes a ellos son sus hacedores y todos los que confían en ellos. ¹⁹ Israel, ¡bendice al Señor! Sacerdotes de Aarón, bendigan al Señor; ²⁰descendientes de Leví, ¡bendigan al Señor! Todos los que le temen, bendigan su nombre. ²¹Desde Sión sea bendito el Señor, el que habita en Jerusalén. ¡Aleluya! ¡Alabado sea su nombre!

## Salmo 136

¹Den gracias al Señor, porque él es bueno; *su gran amor perdura para siempre.*
²Den gracias al Dios de dioses; *su gran amor perdura para siempre.*
³Den gracias al Señor de señores; *su gran amor perdura para siempre.*
⁴Al único que hace grandes maravillas; *su gran amor perdura para siempre.*
⁵Al que con inteligencia hizo los cielos; *su gran amor perdura para siempre.*
⁶Al que extendió la tierra sobre las aguas; *su gran amor perdura para siempre.*
⁷Al que hizo las luminarias del cielo; *su gran amor perdura para siempre.*
⁸El sol, que gobierna al día; *su gran amor perdura para siempre.*
⁹La luna y las estrellas, que gobiernan la noche; *su gran amor perdura para siempre.*
¹⁰Al que hirió a los primogénitos de Egipto; *su gran amor perdura para siempre.*
¹¹Al que sacó de Egipto a Israel; *su gran amor perdura para siempre.*
¹²Con mano fuerte y brazo poderoso; *su gran amor perdura para siempre.*
¹³Al que partió en dos el Mar Rojo; *su gran amor perdura para siempre.*
¹⁴Y por en medio hizo cruzar a Israel; *su gran amor perdura para siempre.*
¹⁵Pero hundió en el Mar Rojo al faraón y a su ejército; *su gran amor perdura para siempre.*
¹⁶Al que guió a su pueblo por el desierto; *su gran amor perdura para siempre.*
¹⁷Al que derribó a grandes reyes; *su gran amor perdura para siempre.*
¹⁸Al que a reyes poderosos les quitó la vida; *su gran amor perdura para siempre.*
¹⁹A Sijón, rey de los amorreos; *su gran amor perdura para siempre.*
²⁰A Og, rey de Basán; *su gran amor perdura para siempre.*
²¹Cuyas tierras entregó como herencia; *su gran amor perdura para siempre.*
²²Como herencia para su siervo Israel; *su gran amor perdura para siempre.*

125.1-5   126.1-6   127.1-5   128.1-6   129.5-8
130.1-8   131.1-3

³Ten misericordia de nosotros; Señor, ten misericordia. Porque estamos hartos del desprecio. ⁴Estamos hartos de las burlas de los orgullosos y de los altivos.

## Salmo 124

*Cántico de los peregrinos. De David.*

¹Si el Señor no hubiera estado de nuestra parte, ²si el Señor no hubiera estado de nuestra parte; cuando todo el mundo se levantó contra nosotros, ³nos habrían tragado vivos al encenderse su enojo contra nosotros. ⁴Nos habrían tragado las aguas, nos habría arrastrado el torrente. ⁵Sí, ¡nos habrían arrastrado las aguas de su enojo!

⁶Bendito sea el Señor, que no dejó que nos despedazaran con sus dientes. ⁷Hemos escapado, como el pájaro, de la trampa del cazador; ¡la trampa se rompió y nosotros estamos libres! ⁸Nuestra ayuda viene del Señor que hizo el cielo y la tierra.

## Salmo 125

*Cántico de los peregrinos.*

¹Quienes confían en el Señor son firmes como el monte Sión, que jamás será conmovido, que permanecerá para siempre.

²Así como los montes rodean y protegen a Jerusalén, así al Señor rodea y protege a su pueblo. ³Porque los malvados no gobernarán a los justos, no sea que éstos se vean forzados al mal. ⁴Señor, haz bien a quienes son buenos, cuyo corazón es recto ante ti; ⁵pero a los que van por caminos torcidos, Señor, deséchalos. Llévatelos junto con los que hacen mal. Que haya para Israel paz y tranquilidad.

## Salmo 126

*Cántico de los peregrinos.*

¹Cuando el Señor hizo volver a Sión a los cautivos, ¡fue como un sueño! ²¡Cómo reímos y cantamos de júbilo! y las demás naciones decían: «¡El Señor ha hecho grandes cosas por ellos!»

³Sí, el Señor ha hecho cosas maravillosas por nosotros, ¡qué alegría! ⁴Haz volver a nuestros cautivos como haces volver los arroyos al desierto. ⁵Los que siembran con lágrimas cosecharán con alegría. ⁶Plantarán llorando sus semillas, y regresarán cantando, trayendo su cosecha.

## Salmo 127

*Cántico de los peregrinos. Salmo de Salomón.*

¹Si el Señor no edifica la casa, en vano trabajan los albañiles. Si el Señor no cuida la ciudad, en vano hacen guardia los vigilantes. ²En vano se levantan de madrugada, y se acuestan muy tarde, trabajando desesperadamente por pan para comer, porque Dios concede el sueño a sus amados.

³Los hijos son un regalo de Dios, recompensa suya son. ⁴Los hijos de padre joven son como flechas en manos del guerrero. ⁵Dichoso el hombre que tiene su aljaba llena de esta clase de flechas. No será avergonzado cuando se enfrente a sus enemigos a las puertas de la ciudad.

## Salmo 128

*Cántico de los peregrinos.*

¹Dichosos todos los que temen al Señor, y siguen sus caminos. ²Disfrutarás el fruto de tu trabajo; gozarás de dicha y prosperidad.

³En tu hogar, tu esposa será como vid llena de uvas alrededor de tu mesa, tus hijos serán jóvenes olivos. ⁴Esa es la recompensa de Dios para los que le temen.

⁵Que el Señor te bendiga desde Sión, y que veas la prosperidad de Jerusalén todos los días de tu vida. ⁶Que vivas para ver a tus nietos. ¡Que haya paz en Israel!

## Salmo 129

*Cántico de los peregrinos.*

¹Desde mi juventud mis enemigos me han perseguido —que lo repita ahora Israel— ²Desde mi juventud mis enemigos me han perseguido, pero no han logrado acabar conmigo.

³Mi espalda está cubierta de heridas, como si hubieran pasado un arado sobre ella y hecho surcos. ⁴Pero el Señor es bueno; me ha librado de las ataduras de los malvados.

⁵Que retrocedan avergonzados todos los que odian a Sión.

⁶Que sean como la hierba en el techo, que antes de crecer se marchita; ⁷que no llena las manos del segador ni el regazo del que cosecha. ⁸Que al pasar nadie les diga: «La bendición del Señor sea con ustedes; los bendecimos en el nombre del Señor».

## Salmo 130

*Cántico de los peregrinos.*

¹¡Señor, desde lo profundo de mi desesperación clamo a ti pidiendo ayuda! ²Escucha mi lamento, Señor. Atiende mi oración.

³Si tú tomaras en cuenta nuestros pecados ¿quién, Señor, podría seguir vivo? ⁴Pero tú ofreces perdón, para que aprendamos a temerte. ⁵Yo espero en el Señor; sí, espero en él. He puesto mi esperanza en su palabra. ⁶Espero al Señor, más que los centinelas al amanecer; sí, más que los centinelas esperan al amanecer. ⁷Oh Israel, espera en el Señor porque en él hay amor inagotable, y abundante salvación. ⁸Él mismo rescatará a Israel de las cadenas del pecado.

## Salmo 131

*Cántico de los peregrinos. De David.*

¹Señor, mi corazón no es orgulloso, ni mis ojos altivos; no busco grandezas, ni cosas que sean mayores a mis fuerzas. ²Pero estoy callado y tranquilo, como un niño pequeño está quieto al lado de su madre. Sí, como un niño pequeño es mi alma.

³Israel, pon tu esperanza en el Señor desde ahora y para siempre.

## Salmo 132

*Cántico de los peregrinos.*

¹Señor, acuérdate de David y de todo lo que él sufrió. ²Él hizo un juramento ante el Señor, hizo votos al Poderoso de Jacob. ³No iré a mi casa y no descansaré. ⁴No cerraré los ojos, ni siquiera un parpadeo, ⁵hasta

---

119.143–144   119.165–169   120.1–2   120.7   121.1–8
122.1   122.3   122.6

**SALMOS 119.150**

amo tus mandamientos más que el oro finísimo. ¹²⁸Toda ley de Dios es recta. Yo detesto toda senda falsa. ¹²⁹Tus decretos son maravillosos; con razón los obedezco. ¹³⁰La enseñanza de tus palabras dan luz, aun el sencillo puede entenderlas. ¹³¹Jadeante abro la boca porque anhelo tus mandamientos.

¹³²Ven y ten misericordia de mí como lo haces con quienes aman tu nombre. ¹³³Guía mis pasos conforme a tu promesa; no dejes que me domine la iniquidad. ¹³⁴Líbrame de la opresión de los malvados; entonces podré obedecer tus mandamientos. ¹³⁵Mírame con amor; enséñame tus decretos. ¹³⁶Ríos de lágrimas brotan de mis ojos, porque la gente desobedece tu ley.

¹³⁷Oh Señor, tú eres justo y tus juicios son rectos. ¹³⁸Tus decretos son perfectos, y dignos de confianza. ¹³⁹Me consume el enojo por la forma en la que mis enemigos han desechado tus palabras. ¹⁴⁰He puesto a prueba tus promesas por completo y es por eso que las amo tanto. ¹⁴¹Indigno soy y despreciado, pero no olvido tus mandamientos.

¹⁴²Tu justicia es eterna, y tu ley es la verdad. ¹⁴³En mi angustia y tribulación tus mandamientos son mi alegría. ¹⁴⁴Tus decretos son siempre justos; ayúdame a comprenderlos y viviré.

¹⁴⁵Oro a ti con todo el corazón; respóndeme, Señor; y obedeceré tus decretos. ¹⁴⁶A ti clamo: «¡Sálvame!» Así podré cumplir tus decretos. ¹⁴⁷Muy de mañana, antes de salir el sol, clamo a ti pidiendo ayuda; en tus palabras he puesto mi esperanza. ¹⁴⁸Me quedo despierto en la noche para meditar en tus promesas. ¹⁴⁹Conforme a tu justicia, salva mi vida.

¹⁵⁰Ya vienen contra mí esos hombres sin ley; andan lejos de tu ley. ¹⁵¹Pero tú estás cerca, Señor, todos tus mandamientos son verdad. ¹⁵²Desde mis primeros días he sabido que tu voluntad no cambia nunca. ¹⁵³Mira mis penas y líbrame, pues no he olvidado tu ley. ¹⁵⁴Defiende mi causa; ponte de mi lado. Protege mi vida como lo prometiste. ¹⁵⁵Los malvados están lejos de la salvación porque ellos no buscan tus decretos. ¹⁵⁶Señor, cuán grande es tu misericordia; devuélveme la vida conforme a tu justicia.

¹⁵⁷Muchos me persiguen y me causan problemas, pero yo no me aparto de tu voluntad. ¹⁵⁸Detesté a esos traidores porque tu palabra no les importa nada. ¹⁵⁹Señor, mira cuánto amo tus mandatos. Devuélveme ahora la vida conforme a tu gran amor. ¹⁶⁰Todas tus palabras son verdad; todas tus leyes son justas y permanecen para siempre.

¹⁶¹Grandes hombres me han perseguido sin causa, pero mi corazón solamente teme a tu palabra. ¹⁶²En tu palabra me regocijo como quien descubre un gran tesoro. ¹⁶³¡Cómo detesto toda falsedad, y cómo amo tus leyes! ¹⁶⁴Te alabaré siete veces al día porque tus leyes son justas.

¹⁶⁵Los que aman tus leyes tienen profunda paz y no tropiezan. ¹⁶⁶Anhelo tu salvación, Señor, y por eso he obedecido tus mandamientos. ¹⁶⁷He obedecido tus decretos, y los amo mucho. ¹⁶⁸Sí, he obedecido tus mandamientos y decretos, porque tú sabes todo lo que hago.

¹⁶⁹Oh Señor, escucha mi clamor, dame el sentido común que prometiste. ¹⁷⁰Escucha mis plegarias. Líbrame como lo prometiste. ¹⁷¹Que se llenen mis labios de alabanza, pues tú me enseñas tus decretos. ¹⁷²Que mi lengua entone un canto a tu palabra, pues todos tus mandamientos son justos. ¹⁷³Que estés listo para ayudarme, pues yo he decidido seguir tus mandamientos. ¹⁷⁴Oh Señor, he anhelado tu salvación, y tu ley es mi deleite. ¹⁷⁵Déjame vivir para alabarte; que tus leyes me ayuden.

¹⁷⁶Me he apartado como oveja extraviada; ven y encuéntrame, porque no me he olvidado de tus mandamientos.

## Salmo 120
*Cántico de los peregrinos.*

¹En mi angustia, supliqué a Dios y me respondió. ²Líbrame, Señor, de los mentirosos y de los calumniadores. ³¡Ah, lengua mentirosa! ¿Qué hará Dios contigo? ¿Cómo aumentará tu sufrimiento? ⁴Serás perforada con agudas flechas y quemada con las brasas. ⁵¡Ay de mí, que soy extranjero en Mésec, que he acampado entre las tiendas de Cedar! ⁶Cansado estoy de habitar entre estos hombres que detestan la paz. ⁷Soy partidario de la paz, pero si hablo de paz, ellos hablan de guerra.

## Salmo 121
*Cántico de los peregrinos.*

¹Hacia las montañas levanto la mirada; ¿de dónde vendrá mi ayuda? ²Mi ayuda viene del Señor, que hizo los cielos y la tierra. ³No permitirá que resbales y caigas; jamás duerme el que te cuida. ⁴De verdad, jamás duerme ni se cansa el que cuida a Israel.

⁵¡El Señor mismo te cuida! El Señor está a tu lado como tu sombra protectora. ⁶El sol no te hará daño de día ni la luna de noche. ⁷Te guarda de todo mal y protege tu vida. ⁸El Señor te cuida cuando vas y cuando vienes, desde ahora y para siempre.

## Salmo 122
*Cántico de los peregrinos. Salmo de David.*

¹Me alegré mucho cuando me dijeron: «Vamos a la casa del Señor». ²Hemos llegado, Jerusalén. ¡Ya estamos dentro de tus muros! ³Jerusalén, ciudad que estás bien edificada, bien unida entre sí. ⁴Todo el pueblo de Israel, el pueblo del Señor, sube aquí. Vienen para alabar el nombre del Señor como la ley lo ordena. ⁵Aquí están los tronos de justicia, los tronos de la dinastía de David.

⁶Pidamos por la paz de Jerusalén: «Que vivan en paz los que te aman. ⁷Que reine la paz dentro de tus muros y la prosperidad en tus palacios». ⁸Por causa de mi familia y amigos, yo diré: «Deseo que tengas paz». ⁹Por la casa del Señor nuestro Dios procuraré tu bienestar.

## Salmo 123
*Cántico de los peregrinos.*

¹¡Oh Dios cuyo trono está en el cielo: a ti levanto la mirada!

²Como el siervo mantiene la mirada en su amo, como la esclava observa la mínima señal de su ama, así dirigimos la mirada al Señor nuestro Dios, esperando su misericordia.

---

119.63–68   119.73   119.76–77   119.89–90   119.93
119.97–109   119.114   119.125

tia. ⁵¹Los orgullosos me ofenden hasta el colmo pero yo no me aparto de tu ley. ⁵²Medito en tus leyes que no son nuevas, oh Señor, y me consuelan.

⁵³Estoy muy enojado con los malvados que rechazan tus mandamientos, ⁵⁴porque estas leyes tuyas han sido la canción de mi vida en todos estos años de mi peregrinaje. ⁵⁵Señor, por la noche evoco tu nombre; ¡quiero cumplir tu ley! ⁵⁶Lo que a mí me corresponde es obedecer tus preceptos.

⁵⁷¡Señor, tú eres mío! ¡Yo prometo obedecer tu palabra! ⁵⁸De todo corazón deseo tus bendiciones. Sé misericordioso como lo prometiste. ⁵⁹Pensé en el rumbo que llevaba mi vida, y cambié para seguir tus normas. ⁶⁰Me apresuro sin tardanza para obedecer tus mandamientos. ⁶¹Los malos han procurado arrastrarme al pecado, pero yo estoy firmemente anclado en tus leyes.

⁶²A media noche me levantaré para darte gracias por tus leyes justas. ⁶³Soy amigo de todos los que te honran, de todos los que observan tus preceptos. ⁶⁴Señor, la tierra está llena de tu gran amor. ¡Enséñame tus decretos!

⁶⁵Has hecho muchas cosas buenas por mí, Señor, tal como lo prometiste. ⁶⁶Ahora enséñame buen juicio y sabiduría. Porque creo en tus mandamientos. ⁶⁷Yo anduve desviado hasta que tú me disciplinaste, ahora obedezco tu palabra. ⁶⁸Tú eres bueno y sólo haces el bien; enséñame tus decretos.

⁶⁹Los orgullosos han inventado calumnias en mi contra, pero lo cierto es que yo obedezco tus mandamientos de todo corazón. ⁷⁰Sus corazones son torpes y necios, pero yo me deleito en tu ley.

⁷¹Me hizo bien haber sido afligido, pues me enseñó a poner atención a tus leyes. ⁷²Ellas son para mí más valiosas que millones en oro y plata.

⁷³Señor, tú me hiciste, tú me creaste; dame ahora entendimiento para seguir tus mandamientos. ⁷⁴Que todos los que te honran se regocijen al verme, porque he puesto mi esperanza en tu palabra. ⁷⁵Señor, yo sé que tus juicios son justos, y que me disciplinaste porque lo necesitaba. ⁷⁶Ahora, que tu gran amor me consuele, tal como lo prometiste a tu siervo. ⁷⁷Rodéame de tus tiernas misericordias para que viva. Porque tu ley es mi deleite.

⁷⁸Que sean avergonzados los orgullosos, porque mienten acerca de mí. Pero yo meditaré en tus mandamientos.

⁷⁹Que me reconcilie con todos los que te temen y conocen tus normas. ⁸⁰Sea mi corazón íntegro hacia tus decretos, para que yo no sea avergonzado. ⁸¹Esperando tu salvación se me va la vida; pero he puesto mi esperanza en tu palabra. ⁸²Mis ojos se esfuerzan por ver cumplidas tus promesas. ¿Cuándo me consolarás? ⁸³Parezco odre marchito como el humo, agotado de esperar. Pero todavía me aferro a tus leyes y las obedezco. ⁸⁴¿Cuánto tendré que esperar hasta que castigues a quienes me persiguen? ⁸⁵Estos orgullosos que detestan tu verdad y tus leyes han cavado profundos pozos para que yo caiga. ⁸⁶Todos tus mandamientos son confiables. Protégeme de aquellos que sin razón me persiguen. ⁸⁷Casi habían acabado conmigo, y sin embargo me negué a ceder y a desobedecer tus leyes. ⁸⁸Por tu gran amor, salva mi vida; entonces podré seguir obedeciendo tus decretos.

⁸⁹Tu palabra, Señor, es eterna, y permanece firme en el cielo. ⁹⁰Tu fidelidad se extiende a cada generación, y permanece como la tierra que formaste. ⁹¹Tus leyes siguen siendo verdaderas hoy, porque todo está de acuerdo a tus planes. ⁹²Si tus leyes no hubieran sido mi alegría, la angustia me habría matado. ⁹³Jamás me olvidaré de tus mandamientos, pues con ellos me has dado vida. ⁹⁴Tuyo soy; ¡sálvame, porque he procurado vivir de acuerdo a tus mandamientos! ⁹⁵Aunque los malvados se oculten por el camino para matarme, yo tranquilamente meditaré en tus decretos.

⁹⁶Aun la perfección tiene sus límites, pero tus mandamientos no tienen límites. ⁹⁷¡Oh, cuánto amo tu ley! Pienso en ella todo el día. ⁹⁸Me hace más sabio que mis enemigos, porque siempre está conmigo. ⁹⁹Sí, tengo más entendimiento que mis maestros, porque siempre medito en tus normas. ¹⁰⁰Soy más sabio que los ancianos, porque he obedecido tus mandamientos.

¹⁰¹He rehusado seguir la senda del mal porque permaneceré obediente a tu palabra. ¹⁰²No, no me he apartado de tus leyes, porque tu me has enseñado bien. ¹⁰³Qué dulces son tus palabras a mi paladar; son más dulces que la miel. ¹⁰⁴Por tus mandamientos tengo entendimiento; por eso aborrezco todas las formas equivocadas de vivir.

¹⁰⁵Tu palabra es una lámpara a mis pies, y una luz en mi sendero. ¹⁰⁶Lo prometí una vez y lo prometeré otra vez: que obedeceré tus maravillosas leyes.

¹⁰⁷Señor, he sufrido mucho; devuélveme la vida, tal como me lo prometiste. ¹⁰⁸Acepta la expresión de mi gratitud y enséñame tus leyes. ¹⁰⁹Mi vida cuelga de un hilo, pero yo no dejaré de obedecer tus leyes. ¹¹⁰Los malvados me han puesto trampas, pero no me apartaré de tus mandamientos. ¹¹¹Tus decretos son mi tesoro; son el deleite de mi corazón. ¹¹²Cumpliré tus normas para siempre y hasta el fin.

¹¹³Aborrezco a los que no se deciden a obedecerte; pero mi elección es clara: amo tu ley; ¹¹⁴Tú eres mi refugio y mi escudo; y tus promesas son mi única fuente de esperanza. ¹¹⁵Apártense de mi camino, gente perversa, que quiero obedecer los mandamientos de mi Dios. ¹¹⁶Señor, sóstenme como lo prometiste, y viviré; no defraudes mis esperanzas. ¹¹⁷Sóstenme, y estaré a salvo; y meditaré en tus decretos continuamente.

¹¹⁸Tú rechazas a los que se desvían de tus decretos, porque sólo maquinan falsedad. ¹¹⁹Tú desechas como escoria a los malvados de la tierra; por eso amo tus decretos. ¹²⁰El temor a ti me hace temblar; temo tus juicios.

¹²¹No me abandones en manos de mis enemigos, porque yo he hecho lo recto y justo. ¹²²Asegura una bendición para mí. No permitas que los orgullosos me opriman. ¹²³Mis ojos se nublan en espera de tu liberación; en espera del cumplimiento de tu promesa. ¹²⁴Soy tu siervo, trátame de acuerdo a tu gran amor; y enséñame tus decretos. ¹²⁵Dame entendimiento, soy tu siervo; y así conoceré tus decretos. ¹²⁶Señor, ya es tiempo de que actúes. Porque estos malvados han violado tus leyes. ¹²⁷Verdaderamente

---

☼118.5–9  ☼118.14–17  ☼118.19–21  ☼118.24–25  ☼118.28
☼119.1–8  ☼119.9–12  ☼119.15–16  ☼119.24  ☼119.27–30
☼119.33–35  ☼119.41  ☼119.43–45  ☼119.50

por nosotros; la fidelidad del Señor es para siempre. ¡Aleluya! ¡Alabado sea el Señor!

## Salmo 118

¹Den gracias al Señor, porque él es bueno; su gran amor perdura para siempre. ²Que diga el pueblo de Israel: «Su gran amor perdura para siempre». ³Que digan los sacerdotes de la familia de Aarón: «Su gran amor perdura para siempre». ⁴Que digan los que temen al Señor: «Su gran amor perdura para siempre». ⁵En angustia clamé al Señor y él me respondió y me libró. ⁶Él está de mi parte, no tendré miedo. ¿Qué podrá hacerme un simple mortal? ⁷El Señor está de mi parte; él me ayudará. ¡Yo veré triunfante a los que me odian! ⁸Mejor es confiar en el Señor que confiar en los hombres. ⁹Mejor es confiar en el Señor que confiar en los poderosos. ¹⁰Aunque naciones enemigas me rodeen, yo las destruiré a todas en el nombre del Señor. ¹¹Sí, me rodean y me atacan pero yo las destruiré a todas en el nombre del Señor. ¹²Se me echan encima como enjambre de abejas; se levantan contra mí como llama rugiente. Pero yo las destruiré a todas en el nombre del Señor. ¹³Hiciste cuanto pudiste por matarme, enemigo mío, pero el Señor me ayudó. ¹⁴Él es mi fortaleza y mi canción; mi victoria es él. ¹⁵Cantos de júbilo y victoria se elevan en las casas de los justos. El brazo poderoso del Señor ha hecho cosas maravillosas. ¹⁶El brazo poderoso del Señor se levanta triunfante. El brazo poderoso del Señor ha hecho cosas maravillosas. ¹⁷No moriré sino viviré para narrar todos sus hechos. ¹⁸El Señor me ha castigado, pero no me entregó a la muerte. ¹⁹Ábranme las puertas de la justicia para que entre yo a dar gracias al Señor. ²⁰Esas puertas llevan a la presencia del Señor, y por ellas entran los justos. ²¹Oh Señor, gracias por contestar mi oración y salvarme. ²²La piedra que los constructores rechazaron se ha convertido en piedra angular. ²³Esto es obra del Señor, y nos deja maravillados! ²⁴Este es el día que ha hecho el Señor; regocijémonos y alegrémonos. ²⁵Señor, sálvanos. Señor, concédenos la victoria. ²⁶Bendito el que viene en el nombre del Señor. Te bendecimos desde la casa del Señor. ²⁷El Señor es Dios y nos ilumina. Traigan al frente el sacrificio y déjenlo en el altar. ²⁸Tú eres mi Dios, y te alabaré. Tú eres mi Dios, y te exaltaré. ²⁹¡Den gracias al Señor, porque él es bueno! Su gran amor permanece para siempre.

## Salmo 119

¹Dichosos los que van por caminos perfectos, los que andan conforme a la ley del Señor. ²Dichosos los que obedecen sus normas, y lo buscan con todo su corazón. ³No hacen compromisos con el mal y sólo andan en los caminos de él.
⁴Nos has ordenado cumplir cuidadosamente tus mandamientos. ⁵¡Que se puedan ver tus leyes en lo que yo hago! ⁶Entonces no seré avergonzado, cuando compare mi vida con tus mandamientos.
⁷Cuando aprenda tus leyes justas, te mostraré mi gratitud viviendo como debo. ⁸Obedeceré tus normas, no me abandones.

⁹¿Cómo puede mantenerse íntegro el joven?, viviendo conforme a tu palabra. ¹⁰Me he esforzado cuanto he podido por hallarte: no permitas que me desvíe de tus mandamientos. ¹¹He atesorado tu palabra en mi corazón, para no pecar contra ti. ¹²Bendito Señor, enséñame tus normas. ¹³He repetido en voz alta todas tus leyes, ¹⁴y en ellas me he regocijado más que en las riquezas. ¹⁵En ellas meditaré y las acataré plenamente. ¹⁶Me deleitaré en tus normas y no olvidaré tu palabra.
¹⁷Bendice a tu siervo dándole vida para que pueda continuar obedeciéndote. ¹⁸Abre mis ojos para que vean las maravillas de tu ley. ¹⁹En esta tierra soy un extranjero; necesito que tus mandamientos me guíen, no los escondas de mí. ²⁰Estoy agobiado continuamente por el deseo de conocer tus leyes.
²¹Tú reprendes a los malditos orgullosos, a los que se apartan de tus mandamientos. ²²No les permitas que se burlen de mí y me insulten porque obedezco tus normas. ²³Pues hasta los poderosos se confabulan contra mí; pero yo meditaré en tus decretos. ²⁴Tus leyes son mi deleite y también mis consejeras.
²⁵Estoy tirado en el polvo completamente desalentado; dame vida conforme a tu palabra. ²⁶Te hablé de mi forma de vivir y tú respondiste. ¡Enséñame tus decretos! ²⁷Ayúdame a entender el significado de tus mandamientos, y meditaré en tus maravillas.
²⁸Lloro de angustia; anímame con tu palabra. ²⁹No permitas que me engañe a mí mismo; concédeme el privilegio de conocer tu ley. ³⁰He optado por el camino de la fidelidad, he escogido tus juicios. ³¹Yo me apego a tus decretos; Señor, no me hagas pasar vergüenza. ³²Si tú me ayudas, correré para seguir tus mandamientos. ³³Enséñame, Señor, a seguir cada uno de tus decretos. ³⁴Dame entendimiento y obedeceré tu ley; y la cumpliré con todo mi corazón. ³⁵Haz que yo ande por la senda de tus mandamientos, porque es ahí donde encuentro la felicidad.
³⁶¡Ayúdame a preferir tus decretos y a no amar el dinero! ³⁷Aparta mi vista de las cosas sin valor, y dame vida conforme a tu palabra. ³⁸Confírmame tu promesa, que es para aquellos que te honran.
³⁹Ayúdame a dejar mis vergonzosos caminos; porque tus leyes son todo lo que quiero en la vida. ⁴⁰¡Anhelo obedecer tus mandamientos! Renueva mi vida con tu justicia. ⁴¹Señor, dame tu gran amor y la salvación que me prometiste. ⁴²Así tendré una respuesta para los que me desprecian, porque yo confío en tu palabra.
⁴³No me arrebates tu palabra de verdad, porque mi única esperanza está puesta en tus leyes. ⁴⁴Obedeceré tus leyes por toda la eternidad. ⁴⁵Viviré con libertad, porque he buscado tus mandamientos. ⁴⁶Hablaré a los reyes de tus decretos, y no me avergonzaré.
⁴⁷¡Cuánto amo yo tus leyes! ¡Cómo me gozo en tus mandamientos! ⁴⁸Yo amo tus mandamientos, y hacia ellos levanto mis manos; meditaré en tus decretos. ⁴⁹Recuerda las promesas que le hiciste a tu siervo, porque son mi única esperanza. ⁵⁰Tus promesas me dan vida; me consuelan en medio de mi angus-

111.10  112.1–3  112.5–8  113.1–3  113.7–9
115.12–18

ellos su pacto para siempre. ¡Su nombre es santo e imponente!
☆ ¹⁰El principio de la sabiduría es el temor al Señor. La recompensa para todos los que lo obedecen es la sabiduría. ¡Alabemos su nombre por siempre!

## Salmo 112

☆ ¹¡Aleluya!¡Alabado sea el Señor! Dichosos los que se deleitan en cumplir sus mandamientos y temen al Señor. ²Sus hijos prosperarán en todos lados; la descendencia de los justos será bendecida. ³Ellos mismos tendrán riqueza, y sus buenas acciones nunca serán olvidadas. ⁴Cuando los cubran las tinieblas, de repente brillará la luz. Ellos son generosos, misericordiosos y justos. ☆ ⁵Todo le sale bien a los que son generosos y manejan honradamente sus asuntos. ⁶Esas personas no serán derrotadas por las perversas circunstancias. Los justos serán para siempre recordados. ⁷Ellos no tienen miedo de recibir malas noticias; pues están confiados en que el Señor los cuidará. ⁸Por eso no tienen miedo y pueden enfrentar victoriosamente a sus enemigos. ⁹Dan generosamente a los necesitados. Sus buenas acciones jamás serán olvidadas. Tendrán influencia y honra. ¹⁰Los malvados se enfurecerán al ver esto, rechinarán los dientes furiosos y se escabullirán, sus esperanzas no se cumplirán.

## Salmo 113

☆ ¹¡Aleluya! ¡Alabado sea el Señor! Alaben, siervos del Señor, alaben el nombre del Señor. ²Bendito es su nombre por los siglos de los siglos. ³¡Alábenlo desde el amanecer hasta que el sol se ponga. ⁴Porque él está muy por encima de las naciones; su gloria es mucho más grande que los cielos. ⁵¿Quién podrá compararse con el Señor nuestro Dios, que tiene su trono en las alturas? ⁶Allá por debajo de él están los cielos y la tierra; él se inclina a mirar, ☆ ⁷y levanta al pobre del polvo, y al necesitado del basurero, ⁸y los hace sentarse entre los príncipes, con los príncipes de su pueblo. ⁹El da hijos a la mujer estéril, un hogar para que sea una madre feliz. ¡Aleluya! ¡Alabado sea el Señor!

## Salmo 114

¹Hace mucho tiempo, cuando Israel salió de Egipto, de una tierra extraña, ²la tierra de Judá se convirtió en el santuario de Dios e Israel, su reino. ³El Mar Rojo los vio venir y rápidamente huyó ante ellos. El río Jordán se volvió atrás. ⁴Las montañas saltaron como chivos, y las colinas como corderos. ⁵¿Qué te pasó, Mar Rojo, qué te hizo huir? Río Jordán, ¿qué le ocurrió a tus aguas? ¿Por qué se volvieron atrás? ⁶¿Por qué, ustedes los montes saltaron como chivos? ¿Por qué, ustedes colinas, saltaron como corderos? ⁷Tiembla, oh tierra, ante la presencia del Señor, el Dios de Jacob, ⁸porque él hizo que de la roca surgiera un estanque, del pedernal surgieran torrentes de agua.

## Salmo 115

¹La gloria, Señor, no es para nosotros, sino para ti; por causa de tu gran amor y tu fidelidad. ²¿Por qué permitir que digan las naciones: «¿Dónde está su Dios?»

³Porque él está en los cielos, y hace lo que quiere. ⁴Pero los ídolos de ellos son imágenes de oro y plata hechas por manos de hombres. ⁵No pueden hablar ni ver, aunque tengan ojos y boca. ⁶No pueden oír con sus oídos, ni pueden oler con su nariz, ⁷ni palpar con sus manos y tienen pies pero no pueden caminar. Ni pueden permitir un solo sonido con su garganta. ⁸Y quienes los fabrican o adoran son tan necios como sus ídolos.

⁹¡Israel, confía en el Señor! Él es tu ayudador. Él es tu escudo. ¹⁰Sacerdotes de Aarón, confíen en el Señor. Él es su ayudador; él es su escudo. ¹¹Todos ustedes, que temen al Señor, confíen en él. Él es su ayudador; él es su escudo.

☆ ¹²El Señor nos recuerda y seguramente nos bendecirá. Bendecirá al pueblo de Israel, a los sacerdotes de la familia de Aarón, ¹³y a todos, grandes y pequeños que le temen. ¹⁴Que el Señor te bendiga ricamente a ti y a tus hijos. ¹⁵Sí, el Señor, que hizo el cielo y la tierra te bendecirá. ¹⁶Los cielos pertenecen al Señor, pero él ha dado la tierra a toda la humanidad.

¹⁷Los muertos no pueden entonar alabanzas al Señor, porque han bajado al silencio de la tumba, ¹⁸pero nosotros sí, nosotros lo alabamos para siempre. ¡Aleluya! ¡Alabado sea el Señor!

## Salmo 116

¹Amo al Señor; porque él escucha mis plegarias y las contesta. ²Porque se inclina y escucha, oraré a él mientras tenga aliento.

³Los lazos de la muerte me enredaron; el terror del sepulcro me sorprendió, solo veía problemas y tristeza. ⁴Entonces clamé: «¡Señor, sálvame!» ⁵¡Cuán bondadoso es él! ¡Cuán bueno es! ¡Qué misericordioso es este Dios nuestro! ⁶El Señor protege a la gente sencilla; estaba yo muy débil, y él me salvó. ⁷Ahora puedo descansar, porque el Señor ha sido bueno conmigo. ⁸Me ha salvado de la muerte, ha enjugado mis lágrimas y me ha librado de tropiezo. ⁹¡Viviré! ¡Sí, en su presencia, aquí en la tierra! ¹⁰Creo en ti, por eso digo: «Me encuentro muy angustiado, Señor». ¹¹En mi desesperación he exclamado: «Todos son unos mentirosos».

¹²Y ahora, ¿cómo puedo pagarle al Señor por tanta bondad que me ha mostrado? ¹³Levantaré una copa como símbolo de su salvación y alabaré su nombre por haberme salvado. ¹⁴¡Cumpliré mis promesas al Señor en presencia de todo su pueblo! ¹⁵Sus amados son muy preciosos para él; le causa tristeza cuando ellos mueren.

¹⁶Señor, soy tu siervo; sí, soy tu siervo y el hijo que tú has hecho; ¡tú has roto mis cadenas! ¹⁷Te ofreceré sacrificio de gratitud e invocaré, Señor, tu nombre. ¹⁸Cumpliré mis promesas al Señor en presencia de todo su pueblo, ¹⁹en los atrios de la casa del Señor, en medio de ti, oh Jerusalén! ¡Aleluya! ¡Alabado sea el Señor!

## Salmo 117

¹Alaben al Señor, naciones todas. Alábenlo todos los pueblos de la tierra. ²Porque grande es su amor

☆ 108.12–13   † 109.25—Ma 27.39   ☆ 109.30   † 110.1–He 1.3
† 110.4—He 6.20   ☆ 111.3–4

ciudades, ³⁷a cultivar sus campos y plantar sus viñas, y a recoger magníficas cosechas. ³⁸¡Cómo los bendice! Allí crían numerosas familias y sus rebaños aumentan. ³⁹Pero si disminuyen y empobrecen es por la opresión, los problemas y la tristeza. ⁴⁰Dios derrama su desprecio sobre los príncipes y los hacen vagar sin rumbo por los desiertos; ⁴¹pero libra a los pobres de su miseria y hace que sus familias crezcan como rebaño. ⁴²Los rectos verán estas cosas y se alegrarán, mientras los malvados serán acallados.

⁴³Quien sea sabio, que entiende estas cosas y vea el gran amor del Señor.

## Salmo 108

*Cántico. Salmo de David.*

¹Mi corazón, oh Dios, está listo para cantarte himnos. ¡Voy a despertarme!

²¡Despierten, también, arpa y lira! ¡Voy a despertar al nuevo día!

³Te alabaré, Señor, entre todos los pueblos; te cantaré alabanzas entre todas las naciones. ⁴Porque tu gran amor es más alto que los cielos; tu fidelidad llega hasta el firmamento. ⁵Exaltado seas, oh Dios, sobre los cielos, y tu gloria brille sobre la tierra. ⁶Sálvanos con tu poderosa diestra, y rescata a tu amado pueblo.

⁷Dios ha prometido por su santidad: «Con alegría repartiré Siquén, y dividiré el valle de Sucot. ⁸Mío es Galaad, y también Manasés; la tierra de Efraín es el yelmo de mi cabeza, Judá es mi cetro. ⁹Moab es mi fiel sirviente, Edom mi esclavo; sobre Filistea lanzo gritos de triunfo».

¹⁰¿Quién me llevará a la ciudad fortificada? ¿Quién me dará la victoria sobre Edom?

¹¹Señor, ¿nos has desechado? ¿Has abandonado nuestros ejércitos? ¹²¡Oh, ayúdanos a combatir a nuestros enemigos, pues los hombres son aliados inútiles! ¹³Pero con tu ayuda realizaremos grandes proezas. Porque él aplasta a nuestros enemigos.

## Salmo 109

*Al director musical. Salmo de David.*

¹¡Oh Dios, alabanza mía, no te quedes callado!

²Los malvados me calumnian y dicen mentiras. ³Con sus palabras de odio me inquietan, y sin razón alguna me buscan pleito. ⁴Yo los amo, pero aun mientras oro por ellos, ellos están procurando destruirme. ⁵Pagan mal por bien, y odio por mi amor.

⁶Pon en su contra a un malvado; haz que un acusador lo lleve a juicio. ⁷Que lo declaren culpable al ser juzgado. Considera pecado sus oraciones. ⁸Que sus años sean pocos; que otro tome su lugar. ⁹Que sus hijos queden huérfanos y viuda su esposa, ¹⁰que sus hijos anden vagando como mendigos; que los echen de su hogar en ruinas. ¹¹Que los acreedores se apoderen de todas sus propiedades y los extraños tomen cuanto ha ganado. ¹²Que nadie sea generoso con ellos; que nadie se apiade de sus hijos huérfanos. ¹³Que mueran sus descendientes. Que en una sola generación desaparezca su apellido. ¹⁴Castiga los pecados de su padre. No olvides el pecado de su madre. ¹⁵Piensa continuamente en los males que han hecho, y arranca su nombre de la memoria de los hombres.

¹⁶Porque no quiso hacer el bien a otros, persiguió hasta la muerte a pobres, a necesitados y a los quebrantados de corazón. ¹⁷Se gozaba en maldecir al prójimo; maldícelo tú ahora. Nunca bendijo a otros; no lo bendigas ahora. ¹⁸La maldición es parte de él como sus vestidos, o como al agua que bebe, o como los manjares que come.

¹⁹Vuélvanse ahora esas maldiciones contra él y que sean parte de él como la ropa; que lo aprieten como su cinturón. ²⁰Así sea el castigo del Señor sobre mis enemigos que me calumnian y me amenazan de muerte.

²¹Pero tú, Señor soberano, trátame bien por causa de tu nombre; líbrame porque tú eres bueno y fiel. ²²Porque soy pobre y estoy necesitado, y mi corazón está lleno de dolor. ²³Me estoy desvaneciendo como una sombra cuando anochece; estoy cayendo como un saltamontes al que se le sacude con facilidad. ²⁴y la piel se me pega a los huesos. ²⁵Soy símbolo de fracaso para toda la humanidad; cuantos me miran menean la cabeza.

²⁶¡Ayúdame, Señor, y Dios mío! ¡Sálvame! Por tu gran amor. ²⁷Hazlo en público, para que todos vean que tú lo has hecho. ²⁸Después, que me maldigan si quieren; pero tú me bendecirás, pues entonces todos sus esfuerzos por destruirme fracasarán, pues yo soy tu siervo y seguiré regocijándome.

²⁹¡Que todos vean su humillación, cúbrelos con un manto de vergüenza! ³⁰Pero yo daré repetidas gracias al Señor, y lo alabaré ante todos. ³¹Porque él defiende al necesitado, para salvarlo de quienes lo condenan.

## Salmo 110

*Salmo de David.*

¹Así dijo el Señor a mi Señor: Siéntate a mi derecha hasta que humille a tus enemigos poniéndolos por estrado de tus pies. ²El Señor establecerá tu trono en Sión para que gobiernes, desde allí sobre tus enemigos. ³Cuando vayas a la guerra, tu pueblo te apoyará gustoso; tu traje de guerra será un traje de gala, y tu fuerza se renovará día tras día como el rocío de la mañana.

⁴El Señor ha jurado, y no cambiará su voto: Tú eres sacerdote eternamente como Melquisedec. ⁵Dios está a tu lado para protegerte. En el día de su ira aplastará a muchos reyes. ⁶Castigará a las naciones y las llenará de sus muertos. Aplastará muchas cabezas en toda la tierra. ⁷Beberá de un arroyo junto al camino, y por lo tanto cobrará nuevas fuerzas.

## Salmo 111

¹¡Aleluya! Agradeceré al Señor con todo mi corazón en compañía de los rectos. ²Que grandes son las obras del Señor; todos los que en ellas se deleitan deben pensar en ellas. ³Todo lo que él hace revela su gloria y majestad. Su justicia nunca falta.

⁴¿Quién podrá olvidar las maravillas que él hace? ¡El Señor es bondadoso y misericordioso! ⁵Él da alimento a quienes en él confían; jamás olvida su pacto. ⁶Él ha mostrado su gran poder a su pueblo dándole la tierra de otras naciones. ⁷Todo cuanto él hace es justo y bueno, y todas sus leyes son rectas, ⁸no cambian nunca, deben obedecerse fielmente. ⁹Él ha pagado el precio del rescate por su pueblo, y estableció con

✱106.30-31  ✱106.42-45  ✱107.1-9  ✱107.19-20

y mostrar su gran poder. ⁹Ordenó al Mar Rojo dividirse, y formar un camino seco, tan seco como el desierto. ¹⁰Los libró de sus enemigos del poder de quienes los odiaban. ¹¹Luego el agua volvió, cubrió a sus enemigos; ni uno se salvó.
¹²Entonces por fin su pueblo creyó en sus promesas. Finalmente le cantaron alabanzas.
¹³Pero ¡muy pronto olvidaron lo que él había hecho, y no esperaron para conocer sus planes. ¹⁴En el desierto se entregaron a sus deseos; en los páramos pusieron a prueba a Dios. ¹⁵Entonces les concedió lo que pedían, pero les envió una plaga. ¹⁶En el campamento tuvieron envidia de Moisés y de Aarón, el sacerdote consagrado al Señor. ¹⁷Por esto se abrió la tierra y se tragó a Datán, sepultó a Abirán y a sus seguidores. ¹⁸Cayó del cielo fuego para consumir a estos malvados; las llamas devoraron a sus seguidores. ¹⁹En Horeb hicieron un becerro; se postraron ante un ídolo hecho de oro. ²⁰Cambiaron a su Dios glorioso por la estatua de un buey que come hierba. ²¹Ellos se olvidaron de Dios, su salvador, el que había hecho grandes cosas en Egipto: ²²milagros en la tierra de Cam, y maravillas en el Mar Rojo ²³Dios amenazó con destruirlos, pero no lo hizo por Moisés, su escogido, que se puso ante él en la brecha e impidió que su ira los destruyera.
²⁴Menospreciaron esa bella tierra; pues no creyeron en la promesa de Dios. ²⁵Por el contrario, refunfuñaron en sus tiendas de campaña, y no obedecieron al Señor. ²⁶Por tanto él juró que los mataría en el desierto, ²⁷que esparciría a sus descendientes entre las naciones y que serían extranjeros en tierras lejanas. ²⁸Entonces, nuestros padres se sometieron al yugo de Baal Peor y comieron de las ofrendas a ídolos sin vida. ²⁹Con todo esto provocaron el enojo del Señor y entonces una plaga se desató entre ellos. ³⁰Pero Finés tuvo el valor de levantarse y hacer justicia, y la plaga se detuvo. ³¹A él se le considera como un hombre justo desde entonces.
³²También en Meribá, hicieron enojar al Señor, y a Moisés le fue mal por culpa de ellos, ³³pues lo sacaron de quicio y él habló sin pensar lo que decía. ³⁴No destruyeron los pueblos de esa tierra, tal como se los había ordenado el Señor, ³⁵sino que se mezclaron con los paganos y aprendieron sus malas costumbres, ³⁶y ofrecieron sacrificio a sus ídolos y esto lo hizo caer. ³⁷Sacrificaron sus hijos e hijas a los demonios. ³⁸Derramaron sangre inocente, la sangre de sus hijos e hijas. Al sacrificarlos a los ídolos de Canaán, contaminaron con su sangre la tierra. ³⁹Sus malas acciones los contaminaron, pues su amor a los ídolos era adulterio a los ojos de Dios. ⁴⁰Por eso la ira del Señor ardió contra su pueblo; a su misma heredad aborreció.
⁴¹Por eso los entregó a las naciones paganas, y los gobernaron quienes los odiaban. ⁴²Sus enemigos los oprimieron, y los sometieron a su cruel poder.
⁴³Una y otra vez los libró, pero ellos continuaban rebelándose contra él, y finalmente fueron destruidos por su pecado. ⁴⁴Aun así, él se compadecía de ellos en su angustia y escuchaba sus lamentos. ⁴⁵Se acordaba del pacto que había hecho con ellos, y su gran amor les tuvo compasión. ⁴⁶Hizo que quienes los tenían cautivos, les tuvieran compasión.
⁴⁷¡Señor, Dios nuestro, sálvanos! Vuelve a recogernos de entre las naciones para que podamos dar gracias a tu santo nombre, regocijarnos y alabarte.

⁴⁸¡Bendito por los siglos de los siglos sea el Señor, el Dios de Israel! ¡Diga todo el pueblo: «¡Aleluya! ¡Alabado sea el Señor!»

## Salmo 107

¹Den gracias al Señor, porque él es bueno, su gran amor durará por siempre. ²¿Te ha redimido el Señor? ¡Pues dilo! Cuenta a otros que te ha salvado de tus enemigos.

³Reunió a quienes estaban desterrados en muchos países, de oriente y de occidente, del norte y del sur. ⁴Errantes y sin hogar andaban por el desierto, ⁵hambrientos y sedientos casi se mueren. ⁶«¡Señor, ayúdanos!», clamaron en su angustia, y él los libró de su dolor. ⁷Los llevó a vivir a un lugar seguro hasta una ciudad donde ellos pudieran vivir. ⁸¡Que den gracias al Señor por su gran amor, por sus maravillosas obras que ha hecho para su bien! ⁹Porque él satisface al sediento y llena de bien al hambriento.

¹⁰Algunos habitan en la oscuridad, en las más densas tinieblas, miserables prisioneros encadenados. ¹¹Ellos se rebelaron contra las palabras de Dios, tuvieron en poco el consejo del Altísimo. ¹²Por eso los quebrantó con duro trabajo; cayeron y nadie los ayudó a levantarse otra vez. ¹³Entonces clamaron al Señor en su angustia, y él los salvó del sufrimiento. ¹⁴Los sacó de la oscuridad y de las densas tinieblas y rompió sus cadenas. ¹⁵¡Que den gracias al Señor por su gran amor, y por sus maravillosas obras que ha hecho para su bien! ¹⁶Porque él hizo pedazos las puertas de bronce de su prisión y cortó sus barrotes de hierro. ¹⁷Algunos fueron necios en su rebeldía, sufrieron por sus pecados. ¹⁸Habían perdido el apetito y tenían a la muerte cerca. ¹⁹«¡Señor, ayúdanos!», clamaron en su angustia, y él los salvó de su dolor. ²⁰Él habló y fueron sanados, arrebatados de las puertas de la muerte. ²¹¡Que den gracias al Señor por su gran amor, y por las maravillosas obras que ha hecho para su bien! ²²¡Que ofrezcan sacrificios de gratitud, y canten por sus gloriosas obras!

²³Algunos se hicieron a la mar en barcos; navegando las rutas comerciales del mundo. ²⁴También ellos observaron el poder de Dios en acción, sus obras impresionantes, allí, en las aguas profundas. ²⁵Habló y se desató un fuerte viento, se encresparon las olas. ²⁶Sus barcos eran lanzados hacia el cielo y volvían a hundirse hacia lo profundo; los navegantes temblaban aterrorizados. ²⁷Tropezaban y se tambaleaban como ebrios y no hallaban qué hacer. ²⁸«¡Señor, ayúdanos!», clamaron en su angustia, y él los salvó de su dolor. ²⁹Cambió la tempestad en brisa, calmó las olas. ³⁰¡Qué bendición cuando hubo calma, cuando él los llevó a salvo al puerto! ³¹¡Que den gracias al Señor por su gran amor, y por sus maravillosas obras que ha hecho para su bien! ³²Alábenlo ante la congregación y ante los dirigentes de la nación.

³³Él convirtió los ríos en desierto, y los manantiales en tierra seca; ³⁴y transformó la tierra fértil en terrenos salitrosos, por la maldad de sus habitantes. ³⁵Pero también transformó los desiertos en fuentes de aguas, la tierra seca en abundantes manantiales. ³⁶Lleva a los hambrientos a establecerse allí y a edificar sus

☼104.33-34  ☼105.14-15  ☼105.41-45  ☼106.1-3  ☼106.6-8

pidiendo alimento, pero en manos del Señor están. ²²Cuando amanece regresan para ocultarse y reposar en sus guaridas, ²³y la gente sale para cumplir con sus tareas, ellos trabajan hasta que las sombras de la noche caen otra vez. ²⁴¡Señor, qué variedad de cosas has hecho! ¡Y con qué sabiduría has hecho todo! La tierra está llena de tus criaturas.

²⁵Allí está el mar, ancho e infinito, que abunda en animales, grandes y pequeños, cuyo número es imposible conocer. ²⁶¡Mira como navegan los barcos, y al Leviatán que tú hiciste para que jugara en el mar! ²⁷Cada uno de estos animales espera de ti que a su tiempo le des su alimento. ²⁸Tú se lo das, y ellos lo recogen. Abres tu mano para alimentarlos, y ellos quedan satisfechos.

²⁹Pero si te apartas de ellos, se aterran; si les quitas el aliento, mueren y vuelven al polvo.

³⁰Envías entonces tu Espíritu y nace nueva vida, para volver a llenar de seres vivientes la tierra. ³¹Que la gloria del Señor dure para siempre. El Señor se alegra en todo lo que ha creado. ³²Él mira la tierra y la hace temblar; las montañas se incendian cuando él las toca. ³³Cantaré al Señor mientras viva. Alabaré al Señor mientras me quede aliento. ³⁴Deseo que a él le agraden todos estos pensamientos, pues él es la fuente de toda mi alegría. ³⁵Desaparezcan de la tierra todos los pecadores; que los malvados desaparezcan para siempre. ¡Alaba, alma mía, al Señor! ¡Aleluya! ¡Alabado sea el Señor!

## Salmo 105

¹Den gracias al Señor por todas las maravillas que hace; proclámenlo a todas las naciones. ²Cántenle, sí, cántenle alabanzas; y hablen a todos de sus milagros. ³¡Siéntanse orgullosos de su santo nombre; adoradores de Dios, alégrense!

⁴Busquen al Señor y su fortaleza; sigan siempre buscándolo.

⁵Recuerden las maravillas que él ha hecho, los milagros y los juicios que de él hemos recibido. ⁶¡Ustedes, hijos de Abraham, siervo de Dios! ¡Ustedes, descendientes de Jacob, el elegido de Dios! ⁷Él es el Señor Dios nuestro. Su gobierno se ve por doquier en la tierra. ⁸Aunque pasen mil generaciones, él jamás olvida sus promesas. ⁹Es el pacto que él hizo con Abraham, el juramento que le hizo a Isaac. ¹⁰Se lo confirmó a Jacob como una ley, al pueblo de Israel como un pacto eterno, ¹¹cuando dijo: «Te daré la tierra de Canaán como la herencia que te toca». ¹²Él dijo esto cuando sólo eran unos cuantos en número, un grupo muy pequeño en la tierra de Canaán. ¹³Andaban siempre de nación en nación y de reino en reino, ¹⁴pero en todo a nadie permitió que los oprimiera, por ellos reprendió a los reyes: ¹⁵«No toquen a mis ungidos; no hagan daño a mis profetas», advirtió. ¹⁶Hizo venir el hambre sobre la tierra de Canaán, cortando su fuente de alimento. ¹⁷Luego, envió delante de ellos a José, al que vendieron como esclavo a Egipto. ¹⁸Allá en la cárcel le sujetaron los pies con grilletes y le pusieron la cabeza en cepo de hierro, ¹⁹hasta que llegó el tiempo de que se cumpliera lo que él predijo y el Señor probó el carácter de José. ¡Cómo le probó Dios su paciencia! ²⁰Entonces el faraón lo mandó llamar y lo puso en libertad, el gobernante de la nación abrió las puertas de su prisión.

²¹Pusieron a su cargo todo lo que le pertenecía al faraón, él mandaba sobre todas las cosas que eran del faraón. ²²Él podía instruir a su antojo a los ayudantes del rey, y enseñar a sus consejeros.

²³Y luego Israel llegó a Egipto y vivió allí, como un extranjero, en la tierra de Cam. ²⁴El Señor hizo que su pueblo se multiplicara; lo hizo más numeroso que sus enemigos. ²⁵En esas circunstancias, Dios enemistó a los egipcios contra los israelitas; y conspiraron en contra de los siervos del Señor.

²⁶Pero Dios envió a su siervo Moisés, junto con Aarón, a quien había escogido; ²⁷ellos hicieron señales maravillosas entre los egipcios, y milagros en la tierra de Cam. ²⁸El Señor envió tinieblas, y la tierra se oscureció, pero ellos no atendieron a sus palabras. ²⁹Convirtió en sangre sus aguas y causó la muerte de sus peces. ³⁰Todo Egipto se infestó de ranas; ¡hasta las habitaciones del rey! ³¹Cuando él habló, moscas y mosquitos cubrieron como nubes a Egipto de un extremo al otro. ³²En vez de lluvia envió mortal granizo, y los rayos sobrecogieron a la nación. ³³Sus viñas y sus higueras se arruinaron; todos los árboles quedaron despedazados. ³⁴Dio una orden y millares de langostas acudieron, ¡muchísimos saltamontes! ³⁵Devoraron toda la vegetación y destruyeron todas las cosechas. ³⁶Luego mató al hijo mayor de cada familia egipcia: el orgullo y alegría de cada familia. ³⁷Sacó de Egipto a su pueblo, cargado de oro y plata; en aquel tiempo no había entre ellos débiles. ³⁸Egipto se alegró de que se fueran, porque le inspiraban profundo terror.

³⁹Él extendió sobre ellos una nube para protegerlos del sol abrasador, y les dio una columna de fuego por la noche para iluminarlos. ⁴⁰Pidieron carne y les mandó codornices, y les dio maná: pan del cielo. ⁴¹Él abrió una roca, y de ella brotó agua que formó un río por entre la tierra seca y estéril; ⁴²porque él recordó su sagrada promesa a Abraham su siervo.

⁴³Sacó a su pueblo, a sus escogidos, con gozo y alegría. ⁴⁴Les entregó las tierras de los gentiles, cosecharon lo que otros habían plantado. ⁴⁵Esto se hizo para que siguieran y obedecieran sus leyes. ¡Aleluya! ¡Alabado sea el Señor!

## Salmo 106

¹¡Aleluya! ¡Alabado sea el Señor! ¡Qué bueno eres! Tu amor hacia nosotros es eterno. ²¿Quién puede proclamar las proezas del Señor, o expresar toda su alabanza?

³Dichosos los que tratan a los demás con justicia y siempre hacen lo que es justo.

⁴Cuando te compadezcas de tu pueblo, acuérdate también de mí, oh Señor; ven a mí con tu salvación. ⁵Hazme compartir el bienestar de tus escogidos, participar en la alegría de tu pueblo, y alabarte con aquellos que son tu herencia.

⁶Mucho hemos pecado nosotros y nuestros padres; hemos hecho mal y actuado con perversidad. ⁷Cuando nuestros antepasados estaban en Egipto, no tomaron en cuenta los milagros de Dios; pronto se olvidaron de sus hechos bondadosos hacia ellos. Por el contrario, se rebelaron contra Dios en el Mar Rojo. ⁸Pero aun así Dios los salvó para honrar su nombre

102.1–4  102.12  102.18  102.27–28  103.1–5
103.7–22

## Salmo 102

*Oración de un afligido que, a punto de desfallecer, da rienda suelta a su lamento ante el SEÑOR.*

¹¡Escucha, SEÑOR, mi oración! ¡Escucha mi súplica! ²No te apartes de mí cuando estoy angustiado. Inclina tu oído y respóndeme pronto cuando te llamo, ³porque mis días se desvanecen como el humo, y mis huesos arden como rojas brasas. ⁴Mi corazón está enfermo y se marchita como la hierba; ¡hasta he perdido el apetito! ⁵Por causa de mis gemidos, se me pueden contar los huesos. ⁶Soy como un búho en el desierto, o como una lechuza solitaria en un lugar lejano y despoblado. ⁷Me paso las noches sin dormir, como solitario gorrión en el tejado.

⁸Mis enemigos se burlan de mí día tras día y me maldicen. ⁹Me alimento de cenizas en vez de comida. Por tu enojo en contra mía, por tu ira, mis lágrimas caen en lo que bebo. ¹⁰Porque tú me levantas para luego tirarme. ¹¹Pasa veloz mi vida como las sombras de la noche. Me voy marchitando como la hierba ¹²mientras tú, oh SEÑOR, reinas para siempre. Tu fama permanecerá por todas las generaciones.

¹³Yo sé que vendrás y te apiadarás de Sión; y éste es el tiempo de compadecerla, el tiempo en que prometiste que nos ayudarías. ¹⁴Porque tu pueblo ama cada piedra de sus muros y se enternece por cada grano del polvo de sus calles. ¹⁵¡Las naciones temblarán ante el SEÑOR; los reyes de la tierra temblarán ante su gloria! ¹⁶Porque el SEÑOR reconstruirá a Sión. Él surgirá en su gloria.

¹⁷Él escuchará las oraciones de los desamparados, y no rechazará sus ruegos. ¹⁸Qué se escriba esto para las futuras generaciones, y que el pueblo que será creado alabe al SEÑOR. ¹⁹Diles que Dios miró desde su templo en los cielos, ²⁰para escuchar los gemidos de su pueblo en esclavitud, y liberar a los condenados a muerte. ²¹Y la fama del SEÑOR se proclamará en Sión, y sus alabanzas en Jerusalén, ²²cuando todos los pueblos y los reinos se reúnan para adorar al SEÑOR.

²³En el curso de mi vida acabó Dios con mis fuerzas; me redujo los días. ²⁴Por eso dije: «No me lleves, Dios mío, a la mitad de mi vida; tú permaneces por todas las generaciones. ²⁵En tiempos pasados tú pusiste las bases de la tierra, e hiciste con tus manos los cielos. ²⁶Ellos perecerán, pero tú permanecerás para siempre. Ellos se desgastarán como vestiduras viejas, y tú como ropa los cambiarás, y los dejarás a un lado. ²⁷Pero tú eres siempre el mismo, y tus años no tienen fin. ²⁸Los hijos de tus siervos vivirán seguros, y sus descendientes prosperarán en tu presencia».

## Salmo 103

*Salmo de David.*

¹Alaba, alma mía al SEÑOR; alabe todo mi ser su santo nombre. ²Alaba, alma mía, al SEÑOR, y no olvides ninguna de las cosas buenas que él te da. ³Él perdona todos tus pecados y sana todas tus enfermedades, ⁴y rescata tu vida del sepulcro. Te rodea de tierno amor y misericordia. ⁵Llena tu vida de cosas buenas. Te rejuvenece como a las águilas. ⁶Él hace justicia a cuantos son tratados injustamente. ⁷A Moisés dio a conocer sus caminos, y al pueblo de Israel sus obras.

⁸El SEÑOR es misericordioso y compasivo, es lento para enojarse y está lleno de amor. ⁹No nos acusa constantemente, ni permanece enojado para siempre. ¹⁰No nos ha castigado conforme a lo que merecemos por todos nuestros pecados, ¹¹porque su misericordia para los que le temen es tan grande como la altura de los cielos sobre la tierra. ¹²Ha arrojado nuestros pecados tan lejos de nosotros como está el oriente del occidente. ¹³El SEÑOR es para nosotros como un padre, compasivo para con los que le temen. ¹⁴Porque él sabe lo débiles que somos, sabe que somos polvo. ¹⁵Nuestros días en esta tierra son como la hierba, como la flor del campo que florece y muere, ¹⁶y que el viento se lleva y desaparece para siempre.

¹⁷Pero el amor del SEÑOR permanece para siempre con aquellos que le temen. Su salvación está con los hijos de sus hijos, ¹⁸con los que cumplen su pacto y se acuerdan de cumplir sus mandamientos.

¹⁹El SEÑOR ha hecho de los cielos su trono; desde allí gobierna sobre cuanto existe. ²⁰Bendigan al SEÑOR, ustedes sus ángeles, ustedes poderosas criaturas que escuchan y cumplen cada uno de sus mandatos. ²¹Alaben al SEÑOR, todos sus ejércitos, siervos suyos que cumplen su voluntad.

²²Alabe al SEÑOR todo lo que él ha creado en todos los rincones de su reino. ¡Alaba, alma mía al SEÑOR!

## Salmo 104

¹¡Alaba, alma mía, al SEÑOR! Dios mío, qué grande eres tú. Estas revestido de honor y majestad. ²Te cubres de luz como con un manto; extiendes los cielos como un velo. ³Afirmas sobre las aguas tus altos aposentos y haces de las nubes tus carros de guerra. ¡Tú cabalgas en las alas del viento! ⁴Haces de los vientos tus mensajeros, y de las llamas de fuego tus servidores.

⁵Tú pusiste la tierra sobre sus cimientos, y de allí nunca se moverá. ⁶Vestiste la tierra con torrentes de agua que cubrieran las montañas. ⁷Pero a tu represión huyeron las aguas; ante el estruendo de tu voz se dieron a la fuga. ⁸Las montañas salieron y los valles se hundieron hasta el lugar que tú les diste. ⁹Luego pusiste límite a los mares, para que nunca más cubrieran la tierra.

¹⁰Tú haces que los manantiales viertan sus aguas en las cañadas, y que los riachuelos fluyan en abundancia desde las montañas. ¹¹Ellas suministran agua para todos los animales. Allí apagan su sed los burros salvajes, ¹²y las aves anidan junto a las corrientes y cantan entre las ramas de los árboles. ¹³Desde tu casa en las nubes, envías la lluvia sobre las montañas, y llenas la tierra con el fruto de tu trabajo. ¹⁴Haces que crezca la hierba para el ganado, y las plantas que la gente cultiva para sacar de la tierra su alimento, ¹⁵y vino para alegrarlo, y aceite de oliva como loción para su piel, y pan para fortalecerlo. ¹⁶Los árboles del SEÑOR están bien regados, los cedros del Líbano que él plantó. ¹⁷Allí las aves hacen sus nidos, y en los cipreses tiene su hogar las cigüeñas. ¹⁸En lo alto de los montes hay pasto para las cabras monteses, y en sus rocas hallan refugio los tejones.

¹⁹Él destinó la luna para marcar los meses, y el sol para marcar los días. ²⁰Tú envías la oscuridad, y cae la noche, y es cuando los animales del bosque salen a buscar su presa. ²¹Entonces rugen los leoncillos

96.4–9  98.2–3  99.9  100.1–5  101.2–8

haber visto mis obras. ¡Cómo abusaron de mi paciencia con sus quejas! ¹⁰«Cuarenta años estuve enojado con ellos, y dije: "Son un pueblo cuyo corazón está muy lejos de mí. No quieren hacer lo que les digo". ¹¹Así que, en mi enojo, hice un juramento: "Jamás entrarán en mi reposo"».

## Salmo 96

¹Canten al Señor un cántico nuevo. Canten al Señor habitantes de toda la tierra. ²Cantemos sus alabanzas. Bendigamos su nombre, cada día proclamemos las buenas noticias de que él salva.
³Publiquen por toda la tierra sus gloriosos hechos, Hablen con todos de las admirables obras que hace.
⁴Grande es el Señor y digno de alabanza, más respetado que todos los dioses. ⁵Porque los dioses de otras naciones no son más que ídolos, pero nuestro Dios hizo los cielos. ⁶Honra y majestad lo rodean; fortaleza y belleza hay en su templo.
⁷Naciones del mundo, confiesen que sólo Dios es glorioso y fuerte. ⁸Denle la gloria que merece. Traigan sus ofrendas vengan y adórenlo. ⁹Alaben al Señor en la majestad de su santuario; que tiemble delante de él la tierra. ¹⁰Digan a todas las naciones: ¡El Señor es rey! Él ha formado el mundo con firmeza; jamás será removido. Él juzga a todos los pueblos con justicia.
¹¹¡Alégrense los cielos, gócese la tierra; que ruja de alabanza el mar con todo lo que hay en él. ¹²¡Canten alegres los campos y sus cosechas! ¡Canten jubilosos los árboles del bosque! ¹³Porque el Señor viene a juzgar la tierra. Con justicia y verdad juzgará a las naciones.

## Salmo 97

¹¡El Señor es rey! ¡Regocíjese la tierra entera! Que las más lejanas islas se alegren.
²Rodeado está de nubes y tinieblas. Rectitud y justicia son el fundamento de su trono. ³El fuego va delante de él y consume a todos sus enemigos. ⁴Su relámpago ilumina todo el mundo. Lo ve la tierra y tiembla. ⁵Las montañas se funden como cera delante del Señor, dueño de toda la tierra. ⁶Los cielos declaran su justicia; todas las naciones contemplan su gloria.
⁷Sean avergonzados los adoradores de ídolos, todos los que presumen de sus inútiles dioses, porque todo dios tiene que inclinarse ante él. ⁸Sión y todas las ciudades de Judá han oído de tu justicia, Señor, y se alegran. ⁹Porque tú eres el Señor Altísimo, por encima de todos los dioses.
¹⁰El Señor ama a quienes odian el mal; él protege la vida de sus fieles, y los libra de los malvados. ¹¹La luz resplandece sobre los justos y la alegría sobre los que hacen lo recto. ¹²Sean felices en el Señor todos los justos y alaben su santo nombre.

## Salmo 98

¹Canten al Señor un cántico nuevo porque ha hecho maravillas, porque ha obtenido una gran victoria mediante su poder y santidad. ²Ha anunciado su victoria y ha revelado su justicia a cada nación.
³Él ha recordado su promesa de amar y ser fiel a Israel. La tierra entera ha visto la salvación de nuestro Dios.
⁴¡Aclamen al Señor toda la tierra! ¡Exalten al Señor con alabanzas y alegres cantos!
⁵Entonemos nuestra alabanza al son del arpa y de coros melodiosos. ⁶Resuenen los clarines y trompetas.

¡Hagan una jubilosa sinfonía ante el Señor, el Rey! ⁷¡Que ruja de alegría el mar con todo lo que hay en él; también el mundo y todos sus habitantes! Clamen la tierra y todos sus habitantes: «¡Gloria al Señor!»
⁸¡Que los ríos aplaudan con alegría y que los montes canten con gozo al Señor! ⁹Porque el Señor viene a juzgar la tierra. Él juzgará al mundo con justicia y a los pueblos con igualdad.

## Salmo 99

¹¡El Señor es rey! ¡Tiemblen las naciones! Él tiene su trono entre querubines: que se estremezca toda la tierra. ²Grande es el Señor en Sión, y soberano sobre todas las naciones de la tierra, ³Sea alabado su grande y maravilloso nombre, ¡él es santo!
⁴Rey poderoso, que amas la justicia: tú has establecido igualdad y has actuado con justicia por todo Israel. ⁵¡Exaltemos al Señor, nuestro Dios! Inclinémonos hasta sus pies para adorarlo porque él es santo.
⁶Moisés y Aarón estaban entre sus sacerdotes, y Samuel también clamó su nombre. Ellos suplicaron al Señor su ayuda y él les respondió. ⁷Les habló desde la columna de nube y ellos siguieron las leyes y mandamientos que él les dio. ⁸Señor y Dios nuestro, tú les respondiste y les perdonaste sus pecados, pero los castigaste cuando procedieron mal.
⁹Exalten al Señor nuestro Dios; adórenlo en su santo monte: ¡Santo es el Señor nuestro Dios!

## Salmo 100

*Salmo de acción de gracias.*

¹Aclamen alegres al Señor, habitantes de toda la tierra; ²adoren al Señor con regocijo. Preséntense ante él con cántico de júbilo.
³Reconozcan que el Señor es Dios; él nos hizo, y somos suyos. Somos su pueblo y ovejas de su prado.
⁴Entremos por sus puertas con canciones de alabanza y gratitud. Démosle gracias y bendigamos su nombre. ⁵Porque el Señor es bueno. Y su gran amor es eterno; su fidelidad está con nosotros para siempre.

## Salmo 101

*Salmo de David*

¹Quiero cantar al amor y a la justicia: quiero, Señor, cantarte salmos.
²Trataré de vivir una vida sin mancha, pero ¿cuándo vendrás en mi ayuda? Quiero portarme en mi propia casa como debo. ³Me negaré siquiera a mirar lo despreciable y vulgar. Aborrezco las acciones tramposas; nada tendré que ver con ellas. ⁴Alejaré de mí toda mala intención; me alejaré de todo mal. ⁵No toleraré a nadie que en secreto calumnie a su prójimo; y no permitiré la vanidad ni el orgullo. ⁶Mantendré mis ojos sobre los fieles de la tierra, para que habiten conmigo seguros. Sólo quienes tengan una conducta intachable serán siervos míos. ⁷Pero no permitiré engañadores en mi casa; a los que mienten no se les permitirá estar en mi presencia. ⁸Diariamente me dedicaré a descubrir a los delincuentes y a librar de sus garras a la ciudad de Dios.

☼92.1–2  ☼92.4–5  ☼92.12–15  ☼94.14–15  ☼95.2 ☼95.6–7

## Salmo 91

¹El que vive al abrigo del Altísimo, descansará bajo la sombra del Todopoderoso. ²Yo le digo al Señor: «Tú eres mi refugio y en ti estoy seguro; eres mi Dios, y en ti confío». ³Porque él te libra de todas las trampas y te protege de plagas mortales. ⁴Él te cubrirá con sus plumas y bajo sus alas encontrarás refugio. ¡Sus fieles promesas son tu armadura y protección! ⁵No tienes que temer al terror de la noche, ni asustarte por los peligros del día, ⁶ni atemorizarte por las plagas que se ocultan en las tinieblas ni por los desastres del mediodía.

⁷Podrán caer mil al lado tuyo, y al otro lado diez mil casi muertos, pero el mal a ti no te tocará. ⁸Lo verás tú mismo; verás como castiga a los malvados. ⁹Si haces del Señor tu refugio, del Altísimo tu protección, ¹⁰ningún mal te dominará; ninguna calamidad llegará a tu hogar.

¹¹Porque él ordena a sus ángeles que te protejan por dondequiera que vayas. ¹²Te sostendrán con sus manos y evitarán que tropieces con las piedras del camino. ¹³Pisotearás al león y a la serpiente venenosa; aplastarás a leones feroces y víboras bajo tus pies.

¹⁴Porque el Señor dice: «Por cuanto me ama, yo lo libraré; lo protegeré porque confía en mi nombre. ¹⁵Cuando me llame, yo responderé; estaré con él en la angustia, lo libraré y lo honraré. ¹⁶Le daré muchos años de vida y le daré mi salvación».

## Salmo 92

*Salmo para cantarse en sábado.*

¹Bueno es darle gracias al Señor, cantarle alabanzas al Dios Altísimo. ²Proclamar tu amor por la mañana y tu fidelidad por la noche, ³acompañados por la música del arpa, el laúd y la lira. ⁴¡Me maravilla, oh Señor, lo que tu has hecho por mí! Canto de puro júbilo por las obras que haces.

⁵¡Oh Señor, qué grandes milagros haces! ¡Y qué profundos son tus pensamientos! ⁶Sólo un ignorante no sabría esto, sólo un necio no lo entendería: ⁷que si bien los malvados florecen como malas hierbas, lo único que les espera es eterna destrucción. ⁸Pero el Señor permanece para siempre, exaltado en los cielos, ⁹mientras tus enemigos, Señor, perecerán; todos los malhechores, serán esparcidos.

¹⁰Tú me has dado vigor como de toro salvaje. ¡Cómo me han reconfortado tus bendiciones! ¹¹Mis ojos han visto la caída de mis enemigos y mis oídos han escuchado la derrota de los malvados que están en contra mía. ¹²Pero los justos florecerán como la palmera, y crecerán como los cedros del Líbano. ¹³Porque son transplantados al huerto del Señor, y están en los atrios de nuestro Dios. ¹⁴Aun en su vejez producirán fruto y estarán llenos de vida y verdor. ¹⁵Ellos proclamarán: «El Señor es justo; él es mi Roca y en él no hay injusticia».

## Salmo 93

¹¡El Señor es rey! Se ha revestido de majestad, de majestad se ha revestido y se ha armado con poder. Ha establecido al mundo con firmeza; no lo sacudirán. ²Tu trono desde el principio se estableció, y tú desde siempre has existido. ³Los poderosos océanos braman, Señor. Los poderosos océanos braman como truenos; los poderosos océanos braman cuando sus olas se rompen en la playa. ⁴Pero el Señor, en las alturas, se muestra poderoso; más poderoso que el estruendo de las muchas aguas. ⁵Tus reales decretos no cambian. La santidad, Señor, es lo que hace a tu reino diferente.

## Salmo 94

¹Señor, Dios de las venganzas; Dios de las venganzas, ¡manifiéstate! ²Levántate, Juez de la tierra. Dales su merecido a los soberbios. ³Señor, ¿hasta cuándo se le permitirá al malvado que se burle? ⁴¡Escucha su arrogancia! ¡Cómo se vanaglorian estos malvados! ⁵Mira cómo oprimen a tu pueblo; oh Señor; lastimando a los que amas. ⁶Matan a las viudas y a los extranjeros; a los huérfanos los asesinan. ⁷Y hasta dicen: «El Señor no ve; al Dios de Israel no le importa».

⁸Entiendan esto, gente necia; ¿cuándo, insensatos, lo van a comprender? ⁹¿Será sordo el que hizo las orejas? ¿Estará ciego el que formó los ojos? ¹⁰Él castiga a las naciones; ¿no los castigará a ustedes también? Él lo sabe todo; ¿no sabrá también lo que están haciendo? ¹¹El Señor conoce los pensamientos humanos, y sabe que son inútiles. ¹²Dichosos aquellos a los que tu corriges, Señor; a los que tú instruyes en tu ley. ¹³Tú les das tranquilidad en tiempos de angustia mientras que al malvado se le cava una fosa. ¹⁴El Señor no abandonará a su pueblo; porque son su especial propiedad. ¹⁵El juicio volverá a ser justo y todos los de recto corazón tendrán su recompensa.

¹⁶¿Quién me protegerá de los malvados? ¿Quién estará de mi parte en contra de los malhechores? ¹⁷Si el Señor no me hubiera ayudado, yo habría muerto. ¹⁸Yo grité: «¡Me resbalo, Señor!» y tu gran amor, Señor, me sostuvo.

¹⁹Señor, cuando en mí la angustia iba en aumento, tu consuelo llenaba mi alma de alegría. ²⁰¿Pueden los gobernantes injustos decir que tú estás de su parte; gobernantes que se apoyan en sus propias leyes para hacer maldad? ²¹Ellos acusan a la gente recta y condenan a muerte al inocente. ²²El Señor es mi fortaleza; mi Dios es la gran roca donde puedo refugiarme. ²³Dios ha hecho que los pecados de los malvados se vuelvan contra ellos mismos. Él los destruirá por sus pecados. El Señor nuestro Dios los destruirá.

## Salmo 95

¹¡Vengan, cantemos al Señor con júbilo! Aclamaremos a la roca de nuestra salvación. ²Vayamos ante él con corazón agradecido. Cantémosle salmos de alabanza. ³Porque el Señor es un gran Dios, el gran Rey de todos los dioses. ⁴En sus manos están los abismos de la tierra, suyas son las cumbres de los montes. ⁵Suyo es el mar porque él lo hizo; con sus manos formó la tierra firme. ⁶Vamos, arrodillémonos ante el Señor nuestro hacedor, ⁷porque él es nuestro Dios. Nosotros somos el pueblo al que él vigila, ovejas de su rebaño a las que cuida. ¡Ah, que hoy escucharan ustedes su llamado y acudieran a él!

⁸No endurezcan su corazón como lo hizo Israel en el desierto, en Meribá y Masá. ⁹Porque allí sus padres dudaron de mí y me pusieron a prueba, a pesar de

boca tu fidelidad. ²Tu gran amor dura para siempre; tu fidelidad dura tanto como los cielos.

³El Señor Dios dice: «He hecho un pacto con mi escogido; le he jurado a David mi siervo: ⁴"Estableceré tu dinastía para siempre, y afirmaré tu trono por todas las generaciones"».

⁵Todo el cielo alabará tus milagros, Señor; millares de ángeles te alabarán por tu fidelidad. ⁶Porque ¿quién en todo el cielo puede compararse con el Señor? ¿Qué ángel por más poderoso que sea, puede siquiera parecerse al Señor? ⁷Los poderes angelicales más altos se quedan temerosos ante Dios; él es más asombroso que ninguno de los que rodea su trono. ⁸Oh Señor, Dios Todopoderoso, ¿dónde hay otro tan poderoso como tú? La fidelidad es una de tus cualidades.

⁹Tú mandas a los océanos cuando sus olas se elevan en furiosa tempestad; tú las calmas. ¹⁰Tú eres el que aplasta al gran monstruo marino; dispersas a tus enemigos con tu brazo poderoso. ¹¹Tuyos son los cielos y la tierra; todo en el mundo es tuyo. Tú lo creaste todo. ¹²Tú creaste el norte y el sur. Los montes Tabor y Hermón cantan alegres a tu nombre. ¹³Poderoso es tu brazo. Fuerte es tu mano. Tu mano derecha se eleva con gloriosa fortaleza.

¹⁴Dos fuertes columnas sostienen tu trono: una es la justicia y la otra la rectitud. La verdad y tu amor están ante ti como tus servidores. ¹⁵Dichosos aquellos que escuchan el alegre llamado a la adoración; porque ellos caminarán en la luz de tu presencia, Señor. ¹⁶Todo el día se alegran en tu maravillosa fama y en tu justicia son enaltecidos. ¹⁷Tú eres su fuerza gloriosa. ¡Nuestro poder se funda en tu favor! ¹⁸Sí, nuestra protección viene del Señor, y él, el Santo de Israel, es nuestro rey.

¹⁹Una vez en una visión hablaste a tu profeta y dijiste: «Le he dado mi ayuda a un joven valiente; lo he elegido de entre el pueblo para que sea rey. ²⁰¡Es mi siervo David! Lo he ungido con mi aceite sagrado. ²¹Le daré firmeza y lo haré fuerte. ²²No lo superará el enemigo ni lo vencerán los malos. ²³Aplastaré delante de él, a los que están en su contra; destruiré a quienes lo odian. ²⁴Mi fidelidad y mi gran amor lo acompañarán, y por mí su poder se levantará. ²⁵Gobernará desde el río Éufrates hasta el mar Mediterráneo. ²⁶Y él me dirá: Tú eres mi Padre, mi Dios y la roca de mi salvación.

²⁷»Yo lo trataré como a primogénito mío y lo haré el más grande rey de toda la tierra. ²⁸Lo amaré para siempre, y para siempre seré bondadoso con él; mi pacto con él no terminará jamás. ²⁹Siempre tendrá un heredero. Su trono será tan eterno como los días del cielo. ³⁰Si sus hijos se desvían de mis leyes y no viven de acuerdo a ellas; ³¹si ellos no obedecen mis órdenes y no cumplen mis mandamientos; ³²entonces castigaré con vara su pecado y con azotes su desobediencia. ³³pero nunca lo dejaré de amar ni mis promesas le faltarán. ³⁴No, no romperé mi pacto; no me arrepentiré de ninguna de las palabras que dije. ³⁵Porque a David le juré, y yo que soy santo, no puedo mentir, ³⁶que su descendencia continuará para siempre y que su trono es tan seguro como lo es el sol. ³⁷Será tan eterno como la luna, fiel testigo mío en el cielo».

³⁸Pero tú lo has rechazado. ¿Por qué enojarse tanto con aquel que elegiste por rey? ³⁹Has renunciado a tu pacto con él. Porque tú has echado su corona en el polvo. ⁴⁰Has quebrantado los muros que lo protegían y has convertido en ruinas todas las fortalezas que lo defendían. ⁴¹Todos los que pasan le roban, mientras sus vecinos se burlan. ⁴²Has fortalecido a sus enemigos contra él y los has llenado de alegría. ⁴³Has hecho que su espada no sirva para nada y te has negado a darle ayuda en la batalla. ⁴⁴Has puesto fin a su esplendor y has derribado su trono. ⁴⁵Lo has hecho que se haga viejo antes de tiempo y lo has avergonzado frente a todos.

⁴⁶Oh Señor, ¿hasta cuándo seguirá esto? ¿Te ocultarás de mí para siempre? ¿Hasta cuándo arderá como fuego tu ira? ⁴⁷¡Acuérdate de lo corta que es mi vida! Es una vida vacía e inútil la de los mortales. ⁴⁸Ningún ser humano puede vivir eternamente. Todos morirán. ¿Quién puede librar su vida del poder del sepulcro?

⁴⁹Señor, ¿dónde está el amor que me tenías?; ¿dónde la bondad que prometiste a David con fiel juramento? ⁵⁰Señor, mira cómo todos desprecian a tus siervos; como llevo en mi corazón los insultos de muchos pueblos. ⁵¹Tus enemigos se burlan de mí, oh Señor, del que tú ungiste como rey de ellos. ⁵²¡Bendito sea el Señor por siempre! ¡Amén y amén!

## Salmo 90
*Oración de Moisés, hombre de Dios.*

¹¡Señor, tú has sido nuestro refugio en todas las generaciones! ²Antes que los montes fueran creados, antes que la tierra fuera formada, tú eras Dios sin principio ni fin.

³Tú haces que el ser humano vuelva al polvo, cuando dices: «Vuelve al polvo». ⁴¡Mil años son como el día de ayer para ti! ¡Son como unas cuantas horas! ⁵Acabas con la gente como si fueran sueños que desaparecen; como hierba que nace en la mañana, ⁶que al amanecer brota verde y fresca, y por la noche ya está marchita y seca. ⁷Morimos bajo tu ira; tu enojo es como una carga muy pesada para nosotros. ⁸Frente a ti extiendes nuestros pecados, nuestros pecados secretos, y los ves todos. ⁹Vivimos nuestras vidas bajo tu ira. Llegamos al fin de nuestras vidas como en un suspiro. ¹⁰Algunos llegamos a vivir hasta setenta años, quizás algunos alcancemos hasta los ochenta. Pero aun los mejores años de entre todos ellos, están llenos de dolor y problemas; pronto pasan y nosotros pasamos con ellos. ¹¹¿Quién puede darse cuenta de los terrores de tu ira? ¿Quién de nosotros puede temer tu gran ira como debe?

¹²Enséñanos a contar bien nuestros días para que nuestro corazón se llene de sabiduría.

¹³Oh Señor vuelve a nosotros. ¿Cuánto tardarás? Ten compasión de tus siervos. ¹⁴Llénanos con tu amor por la mañana, y toda nuestra vida cantaremos de alegría. ¹⁵Hemos sufrido días y años; ¡devuélvenos ahora esos días y años en alegría! ¹⁶Que volvamos a ver tus milagros; que nuestros hijos vean maravillas; como las que antes hacías, ¹⁷Que el Señor nuestro Dios nos muestre su favor. Que el trabajo de nuestras manos tenga éxito; sí, que el trabajo de nuestras manos tenga éxito.

☼84.11–12  ☼85.2  ☼85.9–13  ☼86.1–12  ☼86.15–16  ☼89.1–4

¹⁰Un sólo día en tu templo es mejor que mil en cualquier otro sitio. Preferiría ser portero del templo de mi Dios que vivir una vida cómoda en palacios de maldad. ¹¹Porque el Señor es nuestra luz y nuestra protección. Él nos da gracia y gloria. Ningún bien se les negará a quienes hagan lo que es justo. ¹²Oh Señor Todopoderoso, son felices los que en ti confían.

## Salmo 85
*Al director musical. Salmo de los hijos de Coré.*

¹Señor, has derramado admirables bendiciones sobre esta tierra. Has renovado el destino ²y has perdonado los pecados de tu pueblo; has sepultado sus culpas, ³de modo que tu ira, tu ardiente enojo, ya se ha apagado. ⁴Ahora regresa a nosotros, Dios de nuestra salvación. Haz a un lado tu enojo contra nosotros. ⁵¿O continuarás siempre enojado con nosotros? ¿Tu ira continuará hasta las más lejanas generaciones? ⁶¿No volverás a darnos nueva vida, para que tu pueblo se alegre en ti? ⁷Señor, muéstranos tu inagotable amor, y concédenos tu salvación. ⁸Estoy atento a cuanto el Señor está diciendo, porque da palabras de paz a sus fieles. No los dejes regresar a sus caminos de necedad. ⁹Ciertamente, su salvación está cerca de quienes lo honran; nuestra tierra estará llena de su gloria. ¹⁰La misericordia y la verdad se encontraron. La justicia y la paz se besaron. ¹¹La verdad brota de la tierra y la rectitud sonríe desde el cielo. ¹²Sí, el Señor derrama sus bendiciones sobre la tierra y ésta produce abundantes cosechas. ¹³La justicia marcha delante de él para abrir el camino a sus pasos.

## Salmo 86
*Oración de David.*

¹Inclínate y escucha mi oración, y respóndeme, porque necesito tu ayuda. ²Protégeme pues te soy fiel. Sálvame, porque a ti te sirvo y en ti confío; tú eres mi Dios. ³Ten piedad, oh Señor, pues en ti espero continuamente. ⁴Dame la felicidad, Señor, pues mi vida depende de ti. ⁵¡Oh Señor, qué bueno y perdonador eres; qué gran amor tienes por todos los que te piden ayuda! ⁶Escucha atentamente mi oración, oh Dios. Escucha mi urgente clamor. ⁷A ti clamaré cuando me llegue la angustia, y tú me responderás. ⁸Señor, no hay entre dioses paganos un Dios como tú, ni hay milagros como los tuyos. ⁹Todas las naciones que has creado vendrán y se inclinarán ante ti, Señor, y alabarán tu grande y santo nombre. ¹⁰Porque tú eres grande y haces grandes maravillas. Sólo tú eres Dios. ¹¹Enséñame tus caminos, Señor, para que viva de acuerdo a tu verdad. Concédeme un corazón puro para que te honre. ¹²Con todo mi corazón te alabaré, oh Señor mi Dios. Daré gloria a tu nombre eternamente, ¹³porque tu amor por mí es muy grande. Me has rescatado de las profundidades del sepulcro. ¹⁴Oh Dios, hombres altivos se levantan contra mí; gente violenta procura matarme. Para esa gente tú no significas nada; ¹⁵pero tú, Señor, eres misericordioso y bueno, Dios, lento para enojarte, y lleno de gran amor y verdad. ¹⁶Mírame y ten compasión de mí. Dale fuerzas a este siervo tuyo; sí, sálvame, porque yo soy tu siervo. ¹⁷Dame una muestra de tu amor, para que los que me odian se avergüencen, porque tú, Señor, me ayudas y me consuelas.

## Salmo 87
*Salmo de los hijos de Coré. Cántico.*

¹Sobre el santo monte está la ciudad fundada por Dios. ²El Señor ama los portones de Sión más que a todas las casas de Jacob. ³De ti, ciudad de Dios, se dicen cosas gloriosas. ⁴Entre los que me reconocen puedo contar a Rahab y a Babilonia, a Filistea y a Tiro, lo mismo que a Cus. Se dice: «Éste nació en Sión» ⁵De Sión se dirá, en efecto: «Éste y aquél nacieron en ella. El Altísimo mismo la ha establecido». ⁶Cuando el Señor anote en el registro a las naciones, dirá: «Éste ha nacido en Sión». ⁷Y mientras cantan y bailan, dicen: «En ti se hallan todos mis orígenes».

## Salmo 88
*Cántico. Salmo de los hijos de Coré. Al director musical. Según majalat leannot.*

*Masquil de Hemán el ezraíta.*

¹Señor, Dios de mi salvación, día y noche he llorado delante de ti. ²Escucha ahora mi oración; escucha mi súplica, ³porque mi vida está llena de problemas, y la muerte se acerca. ⁴Me han contado entre los muertos como si fuera uno de ellos; como un hombre fuerte al que ya no le queda más fuerza. ⁵Me han dejado para que muera, parezco un cadáver. Me has olvidado y arrebatado de tu cuidado. ⁶Me has arrojado al hoyo más profundo, al más oscuro abismo. ⁷Tu enojo es como una pesada carga para mí; como si fuera olas que me hunden. ⁸Has hecho que mis amigos me detesten, y ellos se han alejado. Estoy en una trampa y no puedo salir. ⁹Los ojos se me nublan de llorar. Cada día te suplico que me ayudes; oh Señor, extiendo mis manos suplicantes pidiendo misericordia. ¹⁰¿De qué valdrán tus milagros cuando esté yo en el sepulcro? ¿Pueden los muertos levantarse a alabarte? ¹¹¿Pueden los que están en el sepulcro hablar de tu gran amor? ¿Pueden hablar en el abismo destructor de tu fidelidad? ¹²¿Pueden las tinieblas hablar de tus milagros? ¿Puede alguien en la tierra del olvido hablar de tu justicia? ¹³Oh Señor, a ti clamo y seguiré rogándote día tras día. ¹⁴Señor, ¿por qué me rechazas? ¿Por qué escondes tu rostro de mí? ¹⁵Desde mi juventud he sido enfermizo y he estado cercano a la muerte. Me has enviado cosas terribles, y ante eso estoy indefenso y desesperado. ¹⁶Tu ira me agota; las cosas terribles que me has enviado me han acabado. ¹⁷Todo el día me rodean como un mar. Me han rodeado por completo. ¹⁸Me has quitado amigos y seres queridos; ahora solo quedan las tinieblas.

## Salmo 89
*Masquil de Etán el ezraíta.*

¹Oh Señor, por siempre cantaré la grandeza de tu amor; por todas las generaciones proclamará mi

81.1-4    81.10    82.3-4    83.1-3

**SALMOS 81.1**

ramos tierna viña, echaste a los paganos de tu tierra y nos plantaste. ⁹Limpiaste el terreno para nosotros, echamos raíces y llenamos la tierra. ¹⁰Los montes se cubrieron de nuestra sombra; fuimos como cedros imponentes llenos de ramas, ¹¹desde el mar Mediterráneo se extendieron nuestras ramas hasta el río Éufrates. ¹²¿Por qué has derribado nuestros muros, para que todo el que pase pueda robar nuestros frutos? ¹³El jabalí del bosque nos devora, y los animales salvajes, y las bestias salvajes se alimentan de nosotros.

¹⁴Regresa, te lo suplicamos, oh Dios Todopoderoso, y bendícenos. ¡Mira desde el cielo, contempla nuestra situación y cuida esta viña tuya! ¹⁵¡Es la raíz que plantaste con tu diestra! ¡Es el vástago que has criado para ti! ¹⁶Porque nuestros enemigos nos han destrozado y quemado. ¡Que perezcan ellos con un solo movimiento de tus ojos! ¹⁷Fortalece al que amas, al hijo elegido por ti, ¹⁸y jamás te volveremos a abandonar. Revívenos para que volvamos a invocar tu nombre.

¹⁹Vuélvenos de nuevo a ti, oh Dios Todopoderoso. Míranos con rostro resplandeciente; sólo entonces seremos salvos.

## Salmo 81

*Al director musical. Sígase la tonada de «La canción del lagar». Salmo de Asaf.*

¹¡El Señor nos fortalece! ¡Entonemos alabanzas! ¡Cantemos al Dios de Israel! ²Cantemos con el acompañamiento de pandereta; y de la melodiosa lira y el arpa. ³¡Hagamos sonar la trompeta! Vayamos a las fiestas sagradas en tiempo de luna llena, en tiempos de luna nueva. ⁴Porque así lo mandan las leyes de Israel; es una ley del Dios de Jacob. ⁵Él hizo que fuera una orden para Israel, cuando hirió a Egipto para liberarnos. Oí una voz desconocida que decía: ⁶«Ahora aliviaré tu hombro de su carga; liberaré tus manos de sus pesadas tareas». ⁷Él dijo: «En medio de tu angustia me llamaste y yo te salvé; desde el nubarrón te respondí. En Meribá puse a prueba tu fe, cuando te quejaste por falta de agua. ⁸Escúchame, pueblo mío, mientras te doy serias advertencias: ¡Ay Israel, si tan sólo me escucharas! ⁹No tendrás ningún dios extranjero, ni te inclinarás ante ningún dios extraño. ¹⁰Yo soy el Señor tu Dios, quien te sacó de la tierra de Egipto. ¡Pruébame! Abre bien la boca, y verás si no la lleno. ¡Recibirás toda la bendición que necesites! ¹¹¡Pero no, mi pueblo no quiere oír! Israel no me quiere a su lado. ¹²Entonces los entregué a su ceguera y necedad, a que vivieran como mejor les pareciera. ¹³Si mi pueblo tan sólo me escuchara, si Israel quisiera andar por mis caminos. ¹⁴ ¡Con qué rapidez sometería yo a sus enemigos! ¡Qué pronto caerían mis manos sobre los que están en su contra! ¹⁵Los que odian al Señor se humillarían ante él, su desolación sería eterna. ¹⁶Pero a ti te daría él los más ricos manjares. Te daría miel de la peña hasta dejarte satisfecho».

## Salmo 82

*Salmo de Asaf.*

¹Dios está en el tribunal del cielo. Pronuncia sentencia contra los jueces. ²¿Hasta cuándo, jueces, tomarán decisiones injustas? ¿Hasta cuándo concederán favores especiales a los malvados? ³Juzguen rectamente al pobre y al huérfano, y al desvalido y al oprimido háganles justicia. ⁴Rescaten de las garras de los malvados al pobre y al necesitado. ⁵¡Pero qué necios e ignorantes son ustedes! Como están en tinieblas, los cimientos de la tierra se estremecen. ⁶Yo les he dicho: «Ustedes son dioses e hijos del Altísimo». ⁷Mas para la muerte, ustedes no son sino hombres. Caerán como cualquier príncipe, pues todos han de morir.

⁸¡Levántate, oh Dios, y juzga a la tierra! Todas las naciones te pertenecen.

## Salmo 83

*Cántico. Salmo de Asaf.*

¹¡Oh Dios, no te quedes silencioso e inactivo! ²¿No escuchas el tumulto de tus enemigos? ¿No ves lo que hacen estos hombres altivos que te detestan? ³Llenos de astucia hacen planes contra aquellos a quienes tú amas. ⁴Y dicen: «Vengan, destruyamos su nación! ¡Que el nombre de Israel no vuelva a recordarse!» ⁵Como un solo hombre se confabulaban, han hecho un pacto contra ti. ⁶Se trata de los ismaelitas, los edomitas, los moabitas y los agarenos; ⁷de los pueblos de las tierras de Gebal, Amón, Amalec, Filistea y Tiro. ⁸Asiria se ha unido con ellos también, y está aliada con los descendientes de Lot.

⁹Hazles lo que una vez hiciste a Madián, o lo que hiciste a Sísara y Jabín en el río Cisón, ¹⁰y lo que hiciste en Endor, que sus cuerpos se quedaron pudriéndose hasta que fertilizaron la tierra. ¹¹Haz que sus poderosos nobles mueran como Oreb y Zeb; que mueran todos sus príncipes como Zeba y Zalmuna, ¹²quienes dijeron: «Vamos a adueñarnos de estas praderas de Dios».

¹³¡Oh Dios mío, espárcelos con un soplo como a polvo; como paja ante el viento; ¹⁴como incendio en el bosque que ruge por el monte. ¹⁵Persíguelos con tus tormentas, aterrorízalos con tus tempestades. ¹⁶Señor, deshónralos hasta que acepten lo grande de tu nombre. ¹⁷Que sean siempre puestos en vergüenza, que perezcan humillados. ¹⁸Que sepan que tú eres el Señor, que ése es tu nombre; que sepan que sólo tú eres el Altísimo sobre toda la tierra.

## Salmo 84

*Al director musical. Sígase la tonada de «La canción del lagar». Salmo de los hijos de Coré.*

¹¡Cuán hermoso es el lugar donde tú habitas, oh Señor Todopoderoso! ²Casi me desmayo pues mi deseo más intenso es entrar en los atrios del Señor; con todo mi ser, alma y cuerpo, alabaré alegremente al Dios viviente. ³Hasta los gorriones encuentran casa cerca de tus altares; y la golondrina hace allí su nido, para empollar a sus pequeños; oh Señor Todopoderoso, mi rey y mi Dios. ⁴¡Dichosos quienes pueden morar en tu templo y cantar tus alabanzas!

⁵Dichosos quienes son fuertes en el Señor y desean por sobre todo seguir tus pasos. ⁶Cuando atraviesen el Valle del Llanto se les convertirá en región de manantiales, donde los estanques se llenen de las lluvias de bendiciones. ⁷Continuamente crecerán en fortaleza y cada uno se presentará ante Dios en Sión.

⁸Oh Señor Todopoderoso, escucha mi oración. Escucha, Dios de Israel. ⁹Oh Dios, defensor nuestro, ten piedad de aquel que ungiste como rey tuyo.

78.65–72

milagros. ³³Entonces él les acortó la vida y les dio años de terror.

³⁴Si Dios los castigaba, entonces lo buscaban, se arrepentían y volvían a Dios. ³⁵Entonces, recordaron que Dios era su roca; que su redentor era el Dios Altísimo. ³⁶Pero sólo de boca lo seguían; le mentían con la lengua; ³⁷lejos andaba su corazón. No cumplían con su pacto. ³⁸Pero él fue misericordioso; les perdonaba sus pecados y no los destruía. Una y otra vez contuvo su ira. ³⁹Porque se acordaba que eran simples mortales, que en un momento se desvanecen como un soplo del viento y nunca regresan.

⁴⁰¡Cuántas veces se rebelaron contra él en aquellos años del desierto y le entristecieron el corazón! ⁴¹Una y otra vez pusieron a prueba la paciencia de Dios, y provocaron al Santo de Israel. ⁴²Se olvidaron de su poder, y de cómo los había librado de sus enemigos; ⁴³olvidaron sus señales milagrosas en Egipto, sus maravillas en la región de Zoán. ⁴⁴Cómo volvió sangre los ríos y nadie podía beber de sus aguas, ⁴⁵y cómo envió enormes nubes de moscas que cubrieron la tierra, y cómo las ranas llenaron todo Egipto.

⁴⁶Entregó a los gusanos sus cultivos. Las langostas consumieron sus cosechas. ⁴⁷Mediante granizo les destruyó las viñas y sicómoros. ⁴⁸Entregó su ganado al granizo y sus rebaños a los rayos. ⁴⁹Sobre ellos desató el furor de su ira, derramando dolor y enemistad. Contra ellos mandó un ejército de ángeles destructores. ⁵⁰Dio rienda suelta a su ira y no libró la vida de los egipcios, sino que los entregó a plagas. ⁵¹Luego mató al hijo mayor de cada familia egipcia: a cada retoño a lo largo de toda la tierra de Egipto.

⁵²Pero a su pueblo lo guió como a un rebaño; seguro por el desierto. ⁵³A salvo los guardó para que no temieran. Pero el mar se precipitó sobre los enemigos de ellos y se los tragó. ⁵⁴Él los llevó a la frontera de su tierra santa, a esta tierra de colinas que para ellos él conquistó. ⁵⁵Echó a las naciones que ocupaban la tierra, y a cada tribu de Israel le dio una porción de tierra como herencia.

⁵⁶Pero aunque hizo todo esto por ellos, continuaron poniendo a prueba la paciencia de Dios; rebelándose contra el Dios Altísimo y negándose a cumplir sus mandatos. ⁵⁷Fueron desleales y traidores, como sus padres; ¡tan falsos como un arco defectuoso! ⁵⁸Lo hicieron enojar construyendo altares a otros dioses; con sus ídolos despertaron sus celos.

⁵⁹Al ver esto, grande fue la ira de Dios, y él rechazó completamente al pueblo de Israel. ⁶⁰Entonces abandonó su tabernáculo que estaba en Siló, en donde había morado entre los hombres, ⁶¹y permitió que el símbolo de su poder y gloria cayera cautivo en manos enemigas. ⁶²Tan furioso estaba contra su propio pueblo, que dejó que los mataran a filo de espada. ⁶³Sus jóvenes murieron a fuego, y sus doncellas perecieron sin haber alcanzado la edad de cantar sus cánticos nupciales. ⁶⁴Sus sacerdotes fueron asesinados y sus viudas murieron sin que pudieran siquiera comenzar su lamento.

⁶⁵Entonces se alzó el SEÑOR como si hubiera estado durmiendo, como hombre poderoso que se despierta de un sueño causado por el vino; ⁶⁶y derrotó a sus enemigos, y los rechazó, y los envió a eterna vergüenza. ⁶⁷Desechó a la familia de José, no escogió a la tribu de Efraín, ⁶⁸y eligió a la tribu de Judá, y al monte Sión,

que él amaba. ⁶⁹Allí edificó su imponente santuario, tan sólido y duradero como la tierra misma. ⁷⁰Escogió a su siervo David, y lo llamó de los apriscos de las ovejas; ⁷¹y lo quitó de andar arriando los rebaños para que fuera el pastor de los descendientes de Jacob, pastor de Israel el pueblo de Dios; ⁷² y él los cuidó con sincero corazón y mano diestra.

## Salmo 79
*Salmo de Asaf.*

¹¡Oh Dios, tu tierra ha sido conquistada por naciones paganas! Tu templo está profanado y Jerusalén es un montón de ruinas. ²Han dejado los cadáveres de tus siervos como alimento de las aves del cielo; los cuerpos de tus fieles se han convertido en comida para los animales salvajes. ³Su sangre ha corrido alrededor de Jerusalén como si fuera agua; no ha quedado nadie para que entierren a los muertos. ⁴Nuestros vecinos se mofan de nosotros; somos el centro de las burlas de quienes nos rodean.

⁵SEÑOR, ¿hasta cuándo estarás enojado con nosotros? ¿Para siempre? ¿Hasta cuándo arderán tus celos como fuego? ⁶Derrama tu ira sobre las naciones que no te reconocen, sobre los reinos que no claman a tu nombre. ⁷Porque ellas han devorado a tu pueblo Israel, dejando su tierra desolada como un desierto. ⁸¡No nos condenes por nuestros antiguos pecados! Que tus tiernas misericordias satisfagan las necesidades nuestras, pues hemos sido abatidos hasta el polvo. ⁹¡Ayúdanos, Dios de nuestra salvación! Por la honra de tu nombre, ¡ayúdanos! ¡Sálvanos y perdona nuestros pecados! Por la honra de tu nombre. ¹⁰¿Por qué permitir a las naciones paganas que digan burlonas: «¿Dónde está el Dios de ellos?» ¡Muéstranos tu venganza en contra de las naciones que han derramado la sangre de tus siervos! ¹¹Escucha los suspiros de los prisioneros. Salva a los condenados a muerte, muestra la grandeza de tu poder. ¹²SEÑOR, véngate siete veces de nuestros vecinos por las burlas que han lanzado contra ti.

¹³Entonces nosotros, pueblo tuyo, ovejas de tu prado, te expresaremos gratitud por los siglos de los siglos, y alabaremos tu grandeza de generación en generación.

## Salmo 80
*Al director musical. Sígase la tonada de «Los lirios del pacto».*
*Salmo de Asaf.*

¹Pastor de Israel, tú que guías a José como a un rebaño; tú que reinas sobre los querubines, ¡escucha mi súplica! ¡Muestra tu poder y resplandeciente gloria! ²¡Resplandece delante de Efraín, Benjamín y Manasés! ¡Muestra tu poder, y ven a salvarnos!

³Restáuranos, oh Dios. Derrama sobre nosotros tu mirada; sólo entonces seremos salvos. ⁴Oh Señor, Todopoderoso, ¿hasta cuándo estarás enojado contra nosotros y rechazarás nuestras oraciones? ⁵Por comida, nos has dado tristeza; por bebida, nos has dado lágrimas en abundancia, ⁶y nos has hecho despreciables para las naciones vecinas. Ellas se ríen.

⁷Vuélvenos de nuevo a ti, oh Dios Todopoderoso. Derrama sobre nosotros tu mirada; sólo entonces seremos salvos. ⁸Nos trajiste de Egipto como si fué-

## Salmo 76

*Al director musical. Acompáñese con instrumentos de cuerda. Salmo de Asaf. Cántico.*

¹Dios es conocido en Judá, grande es su nombre en Israel. ²En Salén se halla su santuario, en Sión está su morada. ³Allí destrozó él las flechas, los escudos, las espadas y todas las armas de los enemigos.

⁴¡Los montes eternos no pueden comparar su gloria con la tuya! ⁵Vencidos están los más poderosos de nuestros enemigos. Están recostados ante nosotros en el sueño de la muerte; ni uno de ellos puede alzar su mano contra nosotros. ⁶Cuando tú, Dios de Jacob, los reprendiste, caballos y jinetes quedaron inmóviles. ⁷¿Quién puede estar ante ti cuando se enciende tu enojo? ⁸Desde el cielo pronuncias sobre ellos la sentencia; tiembla la tierra y silenciosa está ante ti. ⁹Te levantas para castigar a los malhechores, oh Dios, y para rescatar a los pobres de la tierra. ¹⁰La enemistad de los hombres sólo hace que tu gloria se note más; porque tú la usas como espada de juicio.

¹¹Hagan votos al Señor su Dios y cúmplanlos. Traiga cada uno su presente al Dios maravilloso, ¹²porque él quebranta el espíritu de los príncipes y es temido por los reyes de la tierra.

## Salmo 77

*Al director musical. Para Jedutún. Salmo de Asaf.*

¹Clamo al Señor; para que él me escuche. ²Cuando estoy en medio de grandes problemas, voy ante el Señor. Paso la noche entera orando, alzando mis manos al cielo, suplicando. Para mí no podrá haber gozo hasta que él se manifieste. ³Pienso en Dios y me lamento, agotado por el ansia de recibir su ayuda. ⁴No me dejas dormir; estoy tan angustiado que no puedo orar.

⁵Continuamente pienso en aquellos buenos días pasados, que hace tanto se fueron. ⁶Entonces mis noches estaban llenas de cánticos jubilosos. Busco en mi alma y pienso en cómo han cambiado las cosas. ⁷¿Me ha rechazado para siempre el Señor? ¿Nunca más me mostrará su buena voluntad? ⁸¿Se habrá acabado para siempre su gran amor? ¿Fallaron para siempre sus promesas? ⁹¿Ha olvidado mostrarse bondadoso? ¿Ha cerrado la puerta de su amor? ¹⁰Y yo dije: «Este es mi destino: que las bendiciones del Altísimo se hayan cambiado a odio». ¹¹Recuerdo todo lo que tú has hecho, Señor; me pongo a recordar las maravillosas obras que tú hiciste hace mucho tiempo. ¹²Aquellos hechos maravillosos están en mis pensamientos. No puedo dejar de pensar en ellos.

¹³¡Oh Dios, santos son tus caminos! ¿Dónde hay otro tan poderoso como tú? ¹⁴Tú eres el Dios de los milagros y maravillas. Tú muestras tu grandioso poder entre las naciones.

¹⁵Con tu poder nos redimiste a nosotros, tu pueblo, hijos de Jacob y de José. ¹⁶Al verte, ¡cómo se atemorizó el Mar Rojo! ¡Tembló hasta lo más profundo! ¹⁷Las nubes derramaron su lluvia; estallaron los truenos en el cielo. Centelleó tu relámpago. ¹⁸Resonó el trueno en el torbellino; el relámpago iluminó al mundo. La tierra tembló y se estremeció.

¹⁹Tu camino iba por una senda que cruzaba el mar, que atravesaba las poderosas aguas; una senda de la cual nadie sabía. ²⁰Por ese camino llevaste a tu pueblo como a un rebaño de ovejas que tenían por pastores a Moisés y a Aarón.

## Salmo 78

*Masquil de Asaf.*

¹¡Pueblo mío, oye mis enseñanzas! Abre tus oídos a lo que digo. ²Porque te hablaré en parábolas; te enseñaré lecciones escondidas en nuestro pasado; ³cosas que hemos oído y conocido, cosas que nuestros padres nos han contado. ⁴No esconderemos estas verdades a nuestros hijos; diremos a la generación venidera de las gloriosas obras del Señor, de su poder y de sus grandes milagros. ⁵Porque él dio sus mandatos a Jacob y a Israel sus leyes, y ordenó a nuestros padres que las enseñaran a sus hijos, ⁶para que éstos a su vez las enseñaran a sus hijos, aun a los que estaban por nacer. De este modo, sus leyes se transmiten de generación en generación. ⁷Así, cada generación ha podido obedecer sus leyes y poner nuevamente su esperanza en Dios y no olvidarse de sus gloriosos milagros. ⁸No tenían que ser como sus padres: tercos, rebeldes, infieles, que no quieren entregarle a Dios su corazón.

⁹Los guerreros de Efraín, aunque bien armados, volvieron las espaldas y huyeron al llegar el día de la batalla, ¹⁰porque no cumplieron el pacto con Dios y no obedecían sus leyes. ¹¹Se olvidaron de lo que él había hecho, los admirables milagros que él les había mostrado, ¹²de los milagros que hizo a la vista de sus padres en la tierra de Egipto, en la región de Zoán. ¹³Porque abrió el mar ante ellos, y los guió a través del mismo. ¡Como muros a ambos lados de ellos se detuvieron las aguas! ¹⁴Durante el día los guió mediante una nube, y durante la noche mediante una columna de fuego. ¹⁵En el desierto abrió las rocas para suministrarles agua en abundancia, como si brotaran de una fuente. ¹⁶¡De la roca manaron corrientes que fluyeron como un río! ¹⁷Pero ellos siguieron en su rebeldía, pecando contra el Altísimo en el desierto. ¹⁸Con toda intención pusieron a Dios a prueba, exigiéndole comida a su antojo. ¹⁹Murmuraron contra Dios diciendo: «Dios no puede darnos comida en el desierto, ²⁰sin embargo cuando golpeó la roca, el agua brotó como ríos, pero no puede darle a su pueblo pan y carne». ²¹Cuando el Señor oyó esto, se puso muy furioso y su enojo se encendió contra Jacob, su ira ardió contra Israel. ²²Porque no creían en Dios ni confiaban en que él cuidaría de ellos. ²³Desde lo alto dio una orden a la nubes, y se abrieron las puertas de los cielos. ²⁴Hizo llover maná para que se alimentaran. ¡Les dio pan del cielo! ²⁵¡Alimento de ángeles comieron! Les dio hasta que se saciaran.

²⁶Y él llevó al viento oriental y al viento del sur guió con su gran poder. ²⁷Hizo llover aves abundantes como polvo; nubes de aves como la arena de la playa. ²⁸Hizo que las aves cayeran en medio de las tiendas. ²⁹El pueblo comió hasta hartarse. Les dio lo que pedían. ³⁰Mas apenas habían terminado de comer, aún tenían la carne en la boca, ³¹cuando se alzó contra ellos la ira del Señor, y mató a los hombres más fuertes, a los mejores de entre los jóvenes de Israel. ³²Pero aun así el pueblo continuó pecando y rehusó creer en los

✡73.22–26  ✡73.28

## Salmo 73

*Salmo de Asaf*

¹¡Qué bueno es Dios para con Israel, para con los de corazón puro! ²En cuanto a mí, ¡qué cerca estuve del borde del precipicio! Ya mis pies resbalaban y estaba a punto de despeñarme. ³Porque yo envidiaba la prosperidad de los orgullosos y malvados. ⁴Ellos parece que viven una vida sin problemas; sus cuerpos son fuertes y saludables. ⁵No se ven angustiados como toda la gente o cargados de problemas como los demás, ⁶y por eso lucen su orgullo como collar de piedras preciosas, y sus ropas están tejidas de crueldad. ⁷Esos ricachones tienen cuanto su corazón anhela. ⁸Se burlan y hablan sólo de maldad; en su orgullo buscan acabar con los demás. ⁹Se jactan contra el cielo mismo, y sus palabras recorren orgullosas la tierra.

¹⁰Y así, el pueblo de Dios está desanimado y confuso, bebiéndose sus propias palabras. ¹¹Preguntan: «¿Se dará cuenta Dios de lo que pasa? ¿Entiende el Altísimo lo que está pasando?» ¹²¡Miren a esos arrogantes; ni siquiera se molestan en alzar un dedo y se multiplican sus riquezas!

¹³¿De qué me sirvió mantener mi corazón limpio y cuidarme de no hacer maldad? ¹⁴Lo que recibo todo el día son problemas, y cada amanecer me trae dolor. ¹⁵Si en verdad hubiera yo hablado así, habría sido traidor a tu pueblo. ¹⁶Pero qué difícil es entender eso: la prosperidad de los malvados. ¹⁷Y un día entré a meditar en el santuario de Dios, y estuve pensando en el futuro de esos malvados. ¹⁸¡En verdad, los has puesto en un camino resbaladizo y los empujarás por el borde del abismo y caerán en su destrucción. ¹⁹En un instante serán destruidos, consumidos por el terror. ²⁰Un sueño no más es toda su vida presente, que se olvida al despertar. Cuando tú te levantes, Señor, los desecharás de esta vida.

²¹Entonces me di cuenta de lo amargado y lastimado que estaba por todo lo que había visto. ²²Vi lo necio e ignorante que era; a ti, Dios, debo de parecerte una bestia. ²³Pero yo siempre estoy contigo, pues tú sostienes mi mano derecha. ²⁴Seguirás guiándome toda mi vida con tu sabiduría y consejo; y después me recibirás en la gloria. ²⁵ ¿A quién tengo yo en el cielo sino a ti? Y en la tierra nada deseo fuera de ti. ²⁶La salud me puede fallar, mi espíritu puede debilitarse, ¡pero Dios permanece! ¡Él es la fuerza de mi corazón; él es mío para siempre!

²⁷Pero quienes rehúsan adorar a Dios perecerán, porque él destruye a los que sirven a otros dioses. ²⁸En cuanto a mí, me acerco a él lo más que puedo. He elegido al Dios soberano como mi refugio, y a todos contaré las maravillas que él hace.

## Salmo 74

*Masquil de Asaf*

¹Oh Dios, ¿por qué nos has desechado para siempre? ¿Por qué arde tu ira contra nosotros, ovejas de tu prado? ²Acuérdate del pueblo que adquiriste desde tiempos antiguos, de la tribu que redimiste para que fuera tu posesión. Acuérdate de este monte Sión, que es donde tú habitas.

³Marcha por entre las espantosas ruinas de la ciudad, y contempla lo que ha hecho el enemigo a tu santuario. ⁴Allí lanzaron su grito de batalla y plantaron sus banderas en señal de victoria. ⁵Despedazaron la entrada como si fueran leñadores en un bosque. ⁶Destrozaron los adornos de madera con sus hachas y martillos. ⁷Prendieron fuego al santuario y lo arrasaron; insultaron escandalosamente el lugar que lleva tu nombre. ⁸«Destruyamos todo», dijeron, y recorrieron todo el país quemando los sitios en donde te adoramos.

⁹No quedan señales de que tú nos salvarás. Ya no hay profetas. ¿Y quién puede decir cuándo terminará todo esto? ¹⁰¿Hasta cuándo, oh Dios, permitirás que tus enemigos se burlen de ti? ¿Les permitirás que insulten tu nombre por siempre? ¹¹¿Por qué detienes tu poderosa mano derecha? Dales con tu puño el golpe definitivo.

¹²Desde los tiempos pasados, oh Dios, tú eres mi rey; tú traes salvación sobre la tierra. ¹³,¹⁴Con tu fuerza dividiste el Mar Rojo; ¡aplastaste las cabezas del dios marino! ¡Lo entregaste como alimento a las tribus del desierto! ¹⁵Tú hiciste que brotaran fuentes y arroyos; secaste ríos de inagotables corrientes. ¹⁶Por igual te pertenecen el día y la noche; tú hiciste la luz de las estrellas y el sol. ¹⁷La naturaleza entera está en tus manos; tú haces también el verano y el invierno. ¹⁸Recuerda, Señor, que tu enemigo se burla, y que un pueblo insensato ofende tu nombre.

¹⁹Oh, Señor, ¡sálvame! Protege de los gavilanes a tu tórtola. Salva de estas bestias a tu pueblo amado. ²⁰¡Acuérdate de tu promesa! La tierra está llena de oscuridad y de hombres crueles. ²¹Oh, Señor, no dejes que tu pisoteado pueblo sea continuamente injuriado. Da motivo para que estos pobres y menesterosos alaben tu nombre. ²²Álzate, oh Dios, y plantea tu causa delante de tus enemigos. Recuerda los insultos que estos rebeldes han lanzado contra ti el día entero. ²³No disimules las maldiciones de estos enemigos tuyos; ellas se vuelven cada vez más clamorosas.

## Salmo 75

*Al director musical. Sígase la tonada de «No destruyas».*
*Salmo de Asaf. Cántico.*

¹¡Qué agradecidos te estamos, Señor! Te damos gracias porque tú estás cerca. Todas las personas hablan de tus poderosas obras.

²Dios dice: «Cuando yo lo decida, juzgaré al malvado. ³Cuando la tierra tiemble y todos sus habitantes vivan agitados, sus columnas estarán firmes porque yo soy quien las sostiene».

⁴¡Advertí a los orgullosos que dejaran su arrogancia! Dije a los malvados que no fueran soberbios. ⁵Que no levantaran su puño desafiando a los cielos o que hablaran con orgullo. ⁶Porque nadie en la tierra, desde el este hasta el oeste ni aun en el desierto, puede enaltecer a nadie; sino sólo Dios es el que juzga: a unos humilla y a otros enaltece. ⁸En la mano del Señor hay una copa de espumante vino mezclado con especias; cuando él lo derrame, todos los malvados tendrán que beberlo hasta la suciedad del fondo. ⁹En cuanto a mí, eternamente proclamaré las alabanzas del Dios de Jacob. ¹⁰Aniquilaré la altivez de todos los impíos, y exaltaré el poder de los justos.

---

✡69.30  ✡69.32–36  ✡71.1–2  ✡71.5–8  ✡71.12  ✡71.15–18  ✡71.22–24  ✡72.3–9

paña abandonadas. ²⁶Porque persiguen al que tú has angustiado y se burlan del dolor de aquel que tú has herido. ²⁷Amontona sus pecados y no les des tu salvación. ²⁸Que estos hombres sean borrados del libro de la vida; que no queden inscritos entre los justos. ²⁹Pero a mí, oh Dios, rescátame con tu salvación de mi pobreza y dolor.

³⁰¡Entonces alabaré el nombre de Dios con mi cántico! Mi gratitud será su alabanza, ³¹que le agradará más que si le sacrificara un toro o buey con sus cuernos y sus pezuñas. ³²Los humildes verán a su Dios manifestándose en su favor. Con razón se alegrarán. Cuantos buscan a Dios vivirán en gozo. ³³Porque el SEÑOR escucha el clamor de sus necesitados, y no desdeña a sus cautivos.

³⁴¡Alábenlo los cielos y la tierra! Alábenlo todos los mares y cuanto en ellos hay. ³⁵Porque Dios salvará a Sión; él reconstruirá las ciudades de Judá, su pueblo habitará en ellas y no será desposeída. ³⁶Sus hijos heredarán la tierra. Todos cuantos aman su nombre vivirán allí seguros.

## Salmo 70

*Al director musical. Petición de David.*

¹¡Líbrame, oh Dios! ¡SEÑOR, apresúrate, acude en mi auxilio! ²Que sean humillados y confundidos los que procuran matarme. Que retrocedan avergonzados los que desean mi mal. ³Que se horroricen de vergüenza por haberse burlado de mí. ⁴Pero a los seguidores de Dios, llénalos de gozo. Exclamen quienes aman su salvación: «¡Qué admirable Dios!» ⁵Pero yo soy pobre y estoy necesitado. Apresúrate a socorrerme, pues sólo tú puedes ayudarme y salvarme. Oh SEÑOR, no tardes.

## Salmo 71

¹¡SEÑOR, tú eres mi refugio: jamás me dejes quedar en vergüenza! ¡No me abandones! ²Sálvame de mis enemigos, porque tú eres justo. ¡Líbrame! Inclina tu oído, escucha mi plegaria y sálvame. ³Sé tú mi roca protectora, que siempre me acoge. Ordena que me salven, porque tú eres mi roca y mi fortaleza. ⁴Rescátame, Dios mío, del poder de los malvados, de manos de los crueles. ⁵Oh SEÑOR, sólo tú eres mi esperanza; en ti he confiado desde mi niñez. ⁶Sí, tú me has acompañado desde que nací; desde el vientre de mi madre me has cuidado. ¡Razón tengo para estar alabándote siempre! ⁷Mi vida es un ejemplo para muchos, porque tú has sido mi fuerza y mi protección. ⁸Por eso no puedo dejar de alabarte; todo el día te alabaré y te honraré.

⁹Y ahora, en mi vejez, no me eches a un lado. No me abandones ahora que las fuerzas me faltan. ¹⁰Mis enemigos murmuran contra mí; todos ellos se juntan y hacen planes para matarme. ¹¹«Y dicen: ¡Dios lo ha abandonado! Ahora le echaremos mano. No hay quien lo ayude». ¹²¡Oh Dios, no te quedes lejos! ¡Ven pronto! ¡Ayúdame! ¹³Destruye y avergüenza a todos los que me cusan. Que se cubran de humillación y deshonra todos aquellos que quieren hacerme daño. ¹⁴Seguiré esperando que me ayudes. Te alabo más y más. ¹⁵A todos les contaré de tu justicia, y todo el día les hablaré de tu poder salvador. Aunque has hecho tanto por mí que no lo puedo entender. ¹⁶Soberano SEÑOR, alabaré tus poderosas obras. A todos les contaré que sólo tú eres justo y bueno. ¹⁷Oh Dios, tú me has enseñado desde mi más tierna niñez, y yo constantemente he dado a otros testimonio de las maravillosas obras que haces. ¹⁸Y ahora que estoy viejo y canoso, no me abandones, oh Dios. Déjame contarle a esta nueva generación, y a los que vienen después de mí, de todos tus poderosos milagros. ¹⁹Oh Dios, tú has hecho grandes cosas, tu justicia llega a la alturas. ¿Quién como tú, oh Dios? ²⁰Me has dejado pasar por muchos problemas. Pero me traerás de nuevo a la vida, sacándome de las profundidades de la tierra. ²¹Me darás más honra que antes, y nuevamente te volverás y me consolarás.

²²Te alabaré con música de arpa, contando de tu fidelidad en cumplir cuanto prometes, oh Dios. Te cantaré con lira, oh Santo de Israel. ²³Con gritos de júbilo y cánticos te alabaré por haberme redimido. ²⁴Todo el día contaré de tus obras de justicia, pues cuantos procuraron dañarme han sido humillados y deshonrados.

## Salmo 72

*De Salomón.*

¹Oh Dios, concede tu justicia al rey, y rectitud al hijo del rey. ²Ayúdale a juzgar a tu pueblo con rectitud, y tratar a los pobres con justicia. ³Que los montes y las colinas florezcan de prosperidad porque el rey hace lo que es justo. ⁴Ayúdalo a defender al pobre, a rescatar a los hijos de los necesitados, y a quebrantar a sus opresores. ⁵Que él viva mientras el sol brille y la luna permanezca en el cielo. ¡Sí, eternamente!

⁶Que su reino traiga vida como las lluvias de primavera, como aguaceros que riegan la tierra. ⁷Que los rectos florezcan durante su reinado, que haya gran prosperidad hasta el fin del tiempo. ⁸Reine él de mar a mar, y desde el río Éufrates hasta los confines de la tierra. ⁹Los nómadas del desierto se inclinarán ante él; sus enemigos caerán con el rostro en la tierra. ¹⁰Los reyes de Tarsis y de las costas remotas, le darán tributo. Los reyes de Sabá y Seba, todos traerán sus obsequios. ¹¹Sí, los reyes de todas partes. ¡Todos se inclinarán ante él! Todos lo servirán!

¹²Él librará al pobre cuando clame a él; él ayudará al oprimido porque ellos no tienen a nadie que los defienda. ¹³Él se apiadará del débil y del necesitado, y los rescatará. ¹⁴Los salvará de la opresión y la violencia; porque sus vidas son muy valiosas para él.

¹⁵¡Viva el rey! Que le den el oro de Sabá. Que el pueblo ore por él sin cesar, y que todos los días lo bendigan. ¹⁶Que haya abundantes cosechas por toda la tierra, aun en las cumbres de los montes. Que los árboles frutales den fruto como lo hacen en el Líbano; que el fruto brote como la hierba en el campo. ¹⁷Que su nombre perdure para siempre, y continúe mientras el sol brille. Que todos sean en él bendecidos; que todas las naciones lo alaben.

¹⁸Bendito sea Dios, el SEÑOR, el Dios de Israel; el único que hace maravillas. ¹⁹Bendito sea su glorioso nombre para siempre. ¡Que toda la tierra esté llena de su gloria! ¡Amén y amén!

²⁰Aquí terminan las oraciones de David, hijo de Isaí.

---

68.5–6   68.18—Lc 24.51   68.19   69.5   69.9—Jo 2.17   69.14–18   69.21—Ma 27.34,48

el fuego! Que perezcan así los malvados ante la presencia de Dios.

³Pero gócense los justos. Regocíjense y alégrense en la presencia de Dios. ⁴¡Canten alabanzas a su nombre! Alcen su voz en cántico al que cabalga sobre las nubes. SEÑOR es su nombre. Regocíjense en su presencia. ⁵Él es padre del huérfano; él hace justicia a las viudas, es Dios en su santa morada. ⁶Él da familia al solitario y da libertad a los encarcelados, y éstos cantan con júbilo. Mas a los rebeldes da hambre y tribulación.

⁷Oh Dios, cuando saliste al frente de tu pueblo y con ellos marchaste por el desierto, ⁸la tierra tembló y los cielos dejaron caer sus aguas delante de ti, el Dios de Sinaí, delante de ti, el Dios de Israel. ⁹Tú enviaste lluvia abundante, oh Dios, para reanimar a tu cansada herencia. ¹⁰En esta tierra habitó tu pueblo que en tu bondad, oh Dios, le diste al pobre. ¹¹El SEÑOR anuncia victoria, y millares de mujeres proclaman las buenas nuevas. ¹²Los reyes enemigos y sus tropas huyen; mientras las mujeres de Israel se reparten el botín. ¹³Aunque viven entre los rebaños, ahora están cubiertas con oro y plata, como las palomas están cubiertas con sus alas. ¹⁴Dios esparció a los reyes enemigos como los copos de nieve que van cayendo sobre la cumbre del monte Zalmón.

¹⁵¡Oh grandes montes de Basán! ¡Montes de Basán, montes escarpados! ¹⁶¿Por qué montes escarpados miran con envidia al monte Sión, donde al SEÑOR le place estar, donde el SEÑOR habitará por siempre? ¹⁷Rodeado de carros que se cuentan por millares; el SEÑOR viene del monte Sinaí para entrar en su santo templo. ¹⁸Subiste a lo alto, llevando muchos cautivos contigo. Recibiste obsequios de los hombres aun de los que una vez fueron rebeldes. Dios habitará aquí entre nosotros.

¹⁹¡Alabado sea el SEÑOR, alabado sea nuestro Dios y Salvador! Porque día tras día nos lleva cargados en sus brazos. ²⁰Él nos libera. Nos rescata de la muerte. ²¹Pero Dios aplastará la cabeza de sus enemigos, destrozará el cráneo de los que aman vivir pecando. ²²El SEÑOR nos dice: «A mis enemigos los regresaré de Basán; de las profundidades del mar los haré volver». ²³Tú, pueblo mío, empaparás tus pies en la sangre de tus enemigos; aun los perros la lamerla tendrán su parte.

²⁴Tu procesión puede verse, oh Dios, la procesión de mi Dios y rey ha entrado en el santuario: ²⁵al frente, los cantores; siguen los músicos; y en medio van doncellas tocando el tamboril. ²⁶«Que todo el pueblo de Israel alabe al SEÑOR, alaben a Dios los descendientes de Israel». ²⁷La joven tribu de Benjamín va a la cabeza; los príncipes y ancianos de Judá, y los príncipes de Zabulón y Neftalí vienen detrás. ²⁸Reúne tu potencia, exhibe tu poder pues has realizado tales proezas para beneficio nuestro.

²⁹Los reyes de la tierra traen sus ofrendas a tu templo de Jerusalén. ³⁰Reprende a nuestros enemigos; SEÑOR. Reprende a estas naciones enemigas, a estas bestias acechando entre los juncos, a esta manada de toros entre naciones que parecen débiles becerros. Humíllalas hasta que te lleven tributo de barras de plata. Dispersa a las naciones que se deleitan en la guerra. ³¹Egipto enviará dones de metales preciosos. Etiopía se inclinará ante Dios en adoración. ³²Canten al SEÑOR, oh reinos de la tierra; canten alabanzas al SEÑOR, ³³al que cabalga sobre los antiguos cielos; cuya potente voz truena desde el cielo.

³⁴Reconozcan todos que ¡a Dios pertenece el poder! Su majestad está sobre Israel; su poder está en las alturas. ³⁵En su santuario, Dios es imponente. El Dios de Israel da fuerza y gran poder a su pueblo. ¡Bendito sea Dios!

## Salmo 69

*Al director musical. Sígase la tonada de «Los Lirios». De David.*

¹¡Sálvame, oh Dios mío! Que las aguas ya me llegan al cuello. ²Cada vez me hundo más en el lodo, y no tengo dónde apoyar el pie. Estoy en medio de aguas profundas y la corriente me arrastra.

³He llorado hasta agotarme. Tengo la garganta seca y enronquecida. Tengo los ojos hinchados de llorar, en espera de que Dios me ayude. ⁴No puedo contar a todos los que me detestan sin causa pues son más que los cabellos de mi cabeza. Los enemigos que procuran destruirme, no tienen ninguna razón para hacerlo. Me atacan con mentiras demandando que les devuelva lo que nunca les robé.

⁵Oh Dios, bien sabes lo torpe que soy, y conoces todos mis pecados. ⁶¡SEÑOR soberano, Todopoderoso, no permitas que yo sirva de tropiezo para quienes en ti confían! Oh Dios de Israel, no permitas que yo sea la causa que los humillen, ⁷aunque por tu causa sea yo objeto de maldición y mofa. ⁸¡Hasta mis propios hermanos fingen no conocerme! Me tratan como a un extraño. ⁹Mi celo por tu casa arde como un fuego dentro de mí, tus enemigos me injurian como te injurian a ti. ¹⁰¡Cómo me escarnecen y se mofan de mí cuando lloro y ayuno ante el SEÑOR! ¹¹¡Cómo se burlan de mí cuando me visto de luto para mostrar mi tristeza. ¹²Soy la comidilla del pueblo, y los borrachos cantan coplas acerca de mí. ¹³Pero yo, SEÑOR, a ti imploro, esperando que sea este el tiempo en que muestres tu favor. Por tu gran amor, oh Dios, respóndeme con la seguridad de tu salvación. ¹⁴Sácame de este fango. No dejes que me hunda. Rescátame de los que me odian, y de estas profundas aguas en las que estoy.

¹⁵No dejes que la corriente me arrastre, ni que el abismo me trague, ni que la fosa me devore. ¹⁶SEÑOR, responde a mis plegarias, pues admirable es tu gran amor; porque grande es tu misericordia, vuélvete a mí. ¹⁷No te ocultes de este siervo tuyo, pues estoy angustiado. ¡Apresúrate! ¡Respóndeme! ¹⁸Ven, SEÑOR, y líbrame. Rescátame de todos mis enemigos. ¹⁹Tú sabes cómo me insultan, humillan y avergüenzan. Tú ves a todos mis enemigos y sabes lo que cada uno ha dicho.

²⁰Sus insultos me han quebrantado el corazón; y estoy desesperado. ¡Si por lo menos uno mostrara piedad! ¡Si uno por lo menos me consolara! ²¹Me dieron a comer veneno; para mi sed me brindaron vinagre. ²²Que su banquete se convierta en trampa, y su seguridad en lazo. ²³Que caigan sobre ellos tinieblas, ceguera y extrema debilidad. ²⁴Derrama sobre ellos tu furia y consúmelos con la fiereza de tu ira. ²⁵Que sus hogares queden desolados y sus tiendas de cam-

# DESAFÍO Z

→ →

Ahora es el momento de ponerte en acción, por lo que te desafío a que pienses en las áreas de tu vida que quieres cambiar o mejorar y luego a que tomes decisiones que estén fundamentadas en lo que Dios dice sobre eso y que te lleven a lograrlo.
Hacer esto te ayudará a poner en práctica lo aprendido, a mantenerte enfocado en lo que buscas alcanzar y a que tus esfuerzos estén dirigidos hacia lo correcto.

→ →

## ¿CÓMO HACERLO?

Toma un lápiz y papel. Anota aquellas áreas en las que quieres ver un cambio (puede ser una o más).

Luego, al lado escribe lo que Dios piensa sobre eso y la decisión que tomarás para ponerlo en práctica y ver resultados.

Al terminarlo, ora por lo escrito y pégalo en un lugar visible donde puedas leerlo a menudo.

Por ejemplo: si quieres mejorar o ajustar el tiempo que pasas con Dios, la decisión que puedes tomar en este caso es poner un horario y un lugar para encontrarte con Él cada día. Tip: utiliza la opción de recordatorios del celular para que te ayude a tener presente esa cita.

→ →

### CONOCE MÁS A DANIEL

Es pastor en la iglesia Cristo la Solución en Buenos Aires, Argentina. Lleva adelante el movimiento de jóvenes y adolescentes "Invictos" el cual, a través de reuniones, grupos de discipulado y actividades sociales, alcanza a cientos de personas semanalmente. Cursó sus estudios bíblicos en la JSMI Bible School en Fort Worth, Texas. Está casado con Julieta y tienen dos hijos: Vito y Filippo.

Escanea este QR con tu smartphone y mira estos videos para seguir pensando juntos.

Comparte tus comentarios en tus redes utilizando #BIBLIAZ

→ →
## TUS DECISIONES DE HOY DETERMINAN TU FUTURO

Estaba leyendo sobre las decisiones y me topé con el siguiente principio: "Estás creando tu futuro hoy. Nunca saldrás de donde estás hasta que decidas dónde prefieres estar. El día que tomes una decisión sobre tu vida, será el día en que tu mundo cambiará".

Esto me voló la cabeza porque quiere decir que nuestro futuro está a una decisión de distancia.

Es decir, tu futuro está siendo moldeado por las decisiones que estás tomando hoy. Entonces, si hay algo que no te gusta, algo con lo que estás cargando y luchando, ¡vamos! Comienza a tomar decisiones correctas.

Muchas veces, puedes caer en echar culpas de lo que te pasa a tu familia, a tus amigos, a Dios o al lugar donde creciste, pero para poder decidir correctamente necesitas dejar a un lado la victimización.

Deja que la Palabra de Dios entre en tu corazón, que moldee tu vida, que guíe tus pasos, y que todo esto se vea reflejado en tu manera de elegir.

Existen decisiones que son clave para cumplir el propósito de Dios para ti, y la principal es la de seguirlo y hacerlo el Señor de tu vida para siempre.

Si lees la Biblia te vas a encontrar en reiteradas oportunidades con que Jesús les hablaba a sus discípulos, pero también a la multitud.

En una de esas charlas Él los confrontó acerca de este tema, algo similar a lo que pasó con Israel. Jesús dijo estas palabras sobre la decisión de seguirlo y de elegir lo mejor para tu vida: *"… llamó a la multitud junto con sus discípulos y añadió: -Si alguno quiere venir en pos de mí, niéguese a sí mismo, tome su cruz y sígame"* Marcos 8:34.

Lo sé, tomar la decisión correcta no siempre es lo que más te gusta o el camino más fácil, pero tienes que decidir: tu futuro está siendo creado por lo que estás escogiendo y no hay escapatoria.
Elige seguir a Jesús.

→ →
**VERSÍCULOS DE REFUERZO**
Deuteronomio 30:19-20
Proverbios 3:5-6
Salmos 119:105
Salmos 143:8
Salmos 25:12-13

# TOMA DECISIONES TRANSFORMADORAS

→ →

Soy Daniel Dimiro y quiero hablarte sobre las decisiones porque es de sabios tomar buenas decisiones, y aprender acerca de esto es una necesidad para ti. Creo que es importante que conozcas lo que dice la Biblia acerca de las decisiones, ya que esta revela el corazón de Dios y te muestra cómo vivir.

→ →

## EL PRIVILEGIO DE DECIDIR

En el Antiguo Testamento la Biblia nos cuenta que el pueblo de Israel estuvo cuarenta años vagando por el desierto hasta que finalmente llegó a la Tierra Prometida, hacia donde Dios lo guiaba.

Es aquí cuando ocurre algo trascendental para cada israelita. Te preguntarás qué pasó, así que te invito a que leas Deuteronomio 30:19-20. Parafraseando, lo que ocurrió fue que el Señor los enfrentó y les dijo: "Tienen delante la vida o la muerte, decidan", y agregó: "Me gustaría que eligieran la vida…".

Lo primero que puedes ver en esto, es que Dios les estaba mostrando la importancia de tomar decisiones. Los israelitas tenían que elegir sí o sí: el camino de la bendición o el camino de la maldición. En otras palabras, eso es lo que Él me dice a mí y te dice a ti: "Eres responsable de tus elecciones".

Fíjate cuánto amor nos tiene el Padre que, aunque Él quiere lo mejor para nosotros, no es Él el que toma la decisión, ya que nunca nos va a obligar a hacer algo.

¡Ey! ¡Creo que esto es amor! **Que el Dios que hizo los cielos y la tierra, a ti y a mí, y que está por encima de todo nos dé la opción de decidir, definitivamente es amor.**

A veces te puedes preguntar: "¿Por qué me va tan mal? ¿Por qué tanto sufrimiento?". La prueba de que eres amado no es que te vaya bien en todo; la evidencia de lo amado que eres es que tienes la opción de elegir, tienes libre albedrío.

Esto significa que no eres una marioneta de Dios. Dios no es un Dios por obligación, así que podemos llegar a la conclusión de que en que fuiste creado para tomar decisiones. El punto se encuentra en si estás tomando buenas decisiones dentro de ese libre albedrío.

# DANIEL DIMIRO

**Vivo en Argentina**

Si tuviera que definirme en tres palabras diría que soy **Seguidor de Jesús.**

Además de Jesús, mi pasión es Argentinos Juniors (club de fútbol), leer y la buena comida con familia o amigos.

Para mí la Biblia es mi manual de vida.

Sigo a Jesús porque, si alguien fue capaz de amarme así, es digno de que lo siga.

Mi gran sueño es ver una generación de jóvenes y adolescentes consagrada a Jesús y sirviendo a Su causa.

Una frase que me motiva: **"Lucho por conocer y no por ser conocido".**

Un consejo: **Honra la Palabra de Dios. Si la honras, la Palabra te va a honrar. Recuerda que Biblia es Dios hablándote a ti.**

Mi versículo favorito es **Salmos 92:12-13.**

- Daniel Dimiro
- Invictos Cls

⁶Paso la noche despierto en mi lecho pensando en ti, ⁷en cuánto me has ayudado. ¡Canto durante la noche con gozo bajo la protectora sombra de tus alas! ⁸Te sigo de cerca, protegido por tu potente diestra. ⁹Pero quienes planean destruirme descenderán a las profundidades de la tierra. ¹⁰Están condenados a morir a espada; a ser comida de chacales. ¹¹Pero el rey se regocijará en Dios. Todos los que en él confían se alegrarán, y los mentirosos serán acallados.

## Salmo 64
*Al director musical. Salmo de David.*

¹Señor, escucha mi queja. Protégeme del temor a mis enemigos. ²Escóndeme de la conspiración de los malvados, de la intrigas de perversos. ³Afilan sus lenguas como espadas; lanzan como flechas sus palabras amargas. ⁴Desde su emboscada tiran contra el inocente. Lo hacen sin aviso, y no tienen temor. ⁵Unos a otros se animan a cometer el mal. Planean cómo poner sus trampas. «Aquí jamás las descubrirá», dicen. ⁶Maquinan sus perversidades, y dicen: «Hemos tramado el plan perfecto». ¡Sí, los pensamientos y el corazón humano no se pueden comprender!

⁷Pero Dios mismo les disparará y caerán. Sin aviso las flechas los herirán. ⁸Sus propias palabras se volverán contra ellos y los destruirán. Cuantos los vean se burlarán de ellos. ⁹Entonces todos sentirán temor, proclamarán las poderosas obras de Dios; por fin reconocerán las admirables cosas que él hace. ¹⁰Y los justos se regocijarán en el Señor, y encontrarán refugio en él. Y los de recto corazón lo alabarán.

## Salmo 65
*Al director musical. Salmo de David. Cántico.*

¹A ti, oh Dios, te pertenece la alabanza en Sión. A ti te deben cumplir los votos, ²porque tú respondes a nuestras oraciones, y a ti acude todo ser humano. ³Aunque los pecados llenen nuestro corazón, tú los perdonas todos. ⁴¡Dichosos aquellos a los que tú escoges y acercas a ti, para que vivan en tus atrios! ¡Qué gozo nos espera en medio de todo lo bueno que allí hay! ⁵Tú fielmente respondes a nuestras oraciones con imponentes obras, oh Dios, Salvador nuestro. Tú eres la esperanza de cada uno en esta tierra, aun de aquellos que navegan en los más lejanos mares.

⁶Tú formaste los montes con tu gran fuerza, y te rodeaste de potencia. ⁷Tú calmaste el rugido de los mares, el estruendo de las olas, y el tumulto de los pueblos. ⁸Hasta los últimos rincones de la tierra los gloriosos actos de Dios asombrarán a todos. Desde donde el sol sale hasta donde se oculta, tú inspiras cantos de alegría. ⁹Tú riegas la tierra para darle fertilidad. Los ríos de Dios nunca se secan. Tú preparas la tierra para tu pueblo y les envías ricas cosechas de trigo. ¹⁰Tú riegas los surcos con agua abundante. Las lluvias ablandan la tierra, nivelan las partes de sus tierras que no lo están. Y tú bendices los renuevos. ¹¹Tú coronas el año con generosas cosechas; aún las veredas se desbordan de abundancia. ¹²El desierto se convierte en verdes prados y las colinas se visten de gozo. ¹³Los pastos se llenan de rebaños de ovejas, y una alfombra de trigo cubre los valles. Dan voces y cantan de alegría.

## Salmo 66
*Al directo musical. Salmo. Cántico.*

¹¡Aclamen alegres a Dios, habitantes de toda la tierra! ²¡Canten salmos a su glorioso nombre! Cuenten al mundo cuán admirable es él. ³¡Qué imponentes son tus obras, oh Dios! ¡Cuán grande es tu poder! ¡Con razón se rinden tus enemigos! ⁴La tierra entera te adorará y cantará tus glorias. ⁵Vengan, vean las gloriosas obras que Dios ha hecho. ¡Qué maravillosos milagros él hace para su pueblo! ⁶Convirtió el mar en tierra seca, y el pueblo cruzó el río a pie. ¡Regocijémonos en él!

⁷Por su gran poder gobierna eternamente. Él vigila cada movimiento de las naciones. ¡Que no se levanten contra él los rebeldes!

⁸Bendigan todos los pueblos a Dios y canten sus alabanzas, ⁹porque él tiene en sus manos nuestra vida, él evita que nuestros pies resbalen.

¹⁰Nos has puesto a prueba, nos has purificado, oh Señor, como a plata en el crisol. ¹¹Nos apresaste en tu red y pusiste grandes cargas a nuestra espalda. ¹²Has enviado la caballería a pisotear nuestros cuerpos quebrantados; por incendio y por inundación hemos pasado. Pero al final nos has dado gran abundancia.

¹³Ahora he acudido a tu templo con ofrendas quemadas para cumplir los votos que te hice. ¹⁴Sí, los votos que me escuchaste pronunciar cuando estuve en tribulación. ¹⁵Por eso es que te traigo ofrendas quemadas de carneros, chivos y becerros gordos. El humo de su sacrificio se elevará ante ti.

¹⁶Vengan y escuchen todos los que temen a Dios, y yo les contaré lo que él hizo en favor mío. ¹⁷Pues clamé pidiéndole ayuda, y tenía las alabanzas listas en mi lengua. ¹⁸Él no habría escuchado si yo no hubiera confesado mis pecados. ¹⁹¡Pero él escuchó! ¡Oyó mis súplicas! ¡Les puso atención!

²⁰Bendito sea Dios, que no me volvió la espalda cuando yo oraba, y no me negó su bondad y amor.

## Salmo 67
*Al director musical. Acompáñese con instrumentos de cuerda. Salmo. Cántico.*

¹¡Oh Dios, bendícenos por tu misericordia! ¡Que resplandezca tu rostro cuando nos miras desde lo alto! ²Que conozcan tus caminos por toda la tierra, y entre todas las naciones tu salvación. ³Que te alaben, oh Dios, los pueblos; que todos los pueblos te alaben. ⁴¡Cómo se alegrarán las naciones y cantarán de júbilo porque tú las gobiernas con justicia; tú guías a las naciones de todo el mundo! ⁵Que te alaben, oh Dios, los pueblos; que todos los pueblos te alaben. ⁶Porque la tierra ha producido abundantes cosechas. ⁷Dios, Dios nuestro, nos bendecirá, los pueblos de todos los confines de la tierra le temerán.

## Salmo 68
*Al director musical. Salmo de David. Cántico.*

¹¡Levántate, oh Dios, y esparce a todos tus enemigos! ¡Hazlos huir de tu presencia, oh Dios! ²Échalos como humo ante el viento. ¡Derrítelos como cera en

☆59.16–17  ☆60.11–12  ☆61.3  ☆62.1–8  ☆63.1–8

## Salmo 59

*Al director musical. Sígase la tonada de «No destruyas». Mictam de David, cuando Saúl había ordenado que vigilaran la casa de David con el propósito de matarlo.*

¹¡Oh Dios mío, sálvame de mis enemigos! ¡Protégeme de quienes han venido a destruirme! ²Guárdame de estos criminales, de estos asesinos. ³Me acechan para darme muerte. Hombres vigorosos están allí a la espera. Y no es, Señor, porque yo les haya hecho mal alguno. ⁴Aunque soy inocente, se alistan para matarme. ¡Señor! ¡Mira lo que sucede! ¡Ayúdame! ⁵Tú, Señor, eres el Dios Todopoderoso, ¡eres el Dios de Israel! ¡Despiértate y castiga a todas las naciones; no tengas compasión de esos viles traidores! ⁶Al anochecer vienen a espiar, y ladran como perros que rondan la ciudad. ⁷Escucha la suciedad que sale de sus bocas, las espadas filosas que lanzan por sus labios, y dicen: «¿Quién va a oírnos?» ⁸Señor, ríete de ellos, y búrlate de todas las naciones.

⁹¡Oh Dios, fortaleza mía!, esperaré a que me rescates, pues tú eres mi lugar seguro. ¹⁰Dios mío tu amor por mí es muy grande; vendrás. Harás que yo vea la derrota de mis enemigos. ¹¹No los mates, porque mi pueblo olvida pronto estas lecciones, pero haz que se tambaleen bajo tu poder y ponlos de rodillas. ¡Tú Señor, eres nuestro escudo! ¹²Por los pecados de su boca, por la maldad que hay en sus labios, que caigan en la trampa de su orgullo, de sus maldiciones y de sus mentiras. ¹³Destrúyelos en tu ira. Aniquílalos, y sepan también las naciones que Dios reina en Israel y regirá por todo el mundo. ¹⁴Mis enemigos salen al anochecer, y rondan la ciudad aullando como perros en busca de comida. ¹⁵Andan en busca de comida pero se duermen sin quedar satisfechos.

¹⁶En cuanto a mí, cada mañana cantaré de tu poder y misericordia. Porque tú has sido mi gran torre de refugio, sitio seguro en el día de mi angustia. ¹⁷¡Oh fortaleza mía, a ti canto mis alabanzas porque tú eres mi refugio, mi Dios de misericordia!

## Salmo 60

*Al director musical. Sígase la tonada de «El lirio del pacto». Mictam didáctico de David, cuando luchó contra los arameos del noroeste de Mesopotamia y de Siria central, y cuando Joab volvió y abatió a doce mil edomitas en el valle de la Sal.*

¹¡Oh Dios, tú nos has rechazado y has roto nuestras defensas; te has airado contra nosotros! Señor, restáuranos de nuevo en tu favor. ²Hiciste temblar la tierra, la has agrietado: repara sus grietas antes de que se desmorone. ³Has sido duro con nosotros y nos diste a beber vino que nos ha hecho tambalear.

⁴Levanta la bandera en señal de retirada para tus fieles, y podrán escapar de quienes los atacan. ⁵Emplea tu vigorosa diestra para librarnos y rescata a tu amado pueblo. ⁶Dios ha dicho en su santuario; «Gozosamente dividiré a Siquem y mediré el valle de Sucot. ⁷Mío es Galaad, y mío es Manasés; Efraín producirá mis guerreros, y Judá mis reyes ⁸Moab llegará a ser mi siervo humilde y Edom, mi esclavo. Y yo elevaré gritos de triunfo sobre las filisteos!»

⁹¿Quién me hará entrar en la ciudad fortificada? ¿Quién me traerá la victoria sobre Edom? ¹⁰¿Eres tú, oh Dios, quien nos ha rechazado? ¿Ya no sales con nuestros ejércitos? ¹¹Sí, Señor, ayúdanos contra nuestros enemigos, porque de nada vale la ayuda de un simple mortal como nosotros. ¹²Con el auxilio de Dios, realizaremos proezas, porque él pisoteará a nuestros enemigos.

## Salmo 61

*Al director musical. Salmo de David. Acompáñese con instrumentos de cuerda. De David.*

¹¡Oh Dios, escucha mi clamor! ¡Atiende a mi plegaria! ²Desde los confines de la tierra, clamo a ti pidiendo auxilio pues mi corazón desfallece; llévame a una roca donde esté yo a salvo. ³Porque tú eres mi refugio, alta torre en donde mis enemigos jamás podrán tocarme. ⁴Por siempre moraré en tu santuario. ¡Seguro bajo el amparo de tus alas! ⁵Porque tú has escuchado mis votos, Dios, y me has dado la bendición que guardas para quienes temen tu nombre.

⁶Añade más años a la vida del rey; que sus años se extiendan de generación en generación. ⁷Que reine para siempre bajo tu protección. Que tu amor y fidelidad lo protejan. ⁸Así cantaré siempre alabanzas a tu nombre; con lo que cumpliré mis votos cada día.

## Salmo 62

*Al director musical. Para Jedutún. Salmo de David.*

¹Silencioso estoy ante el Señor, esperando que él me libre. Porque sólo de él procede la salvación. ²Sí; sólo él es mi roca y mi salvación; él es mi refugio. ¡Jamás habré de caer!

³¿Hasta cuándo estarán en contra de un hombre tratando de matarlo? Para ellos soy como un muro inclinado o una cerca a punto de caer. ⁴Planean derribarme de mi lugar de grandeza. Aman el decir mentiras acerca de mí. ¡Qué amistosos se me muestran; mientras en el corazón me maldicen! ⁵Pero yo callo ante el Señor, porque en él está mi esperanza. ⁶Sí, sólo él es mi roca, y mi salvación; él es mi refugio. ¡Jamás habré de caer! ⁷Mi salvación y mi gloria proceden sólo de Dios. Él es mi refugio, la roca en donde ningún enemigo podrá alcanzarme. ⁸¡Pueblo mío, confía en él siempre! ¡Ábrele tu corazón, pues él es nuestro refugio! ⁹El mayor de los hombres, o el más humilde, nada son ante sus ojos. En la balanza pesan menos que el aire.

¹⁰No te enriquezcas mediante la extorsión y el robo. Y si tus riquezas aumentan, no pongas en ellas tu corazón. ¹¹Una cosa ha dicho Dios, y dos veces lo he escuchado: Que el poder, oh Dios, solo a ti te pertenece; ¹²que el amor, Señor, es tuyo. Ciertamente tú pagarás a cada uno según lo que se merezcan sus obras.

## Salmo 63

*Salmo de David, cuando estaba en el desierto de Judá.*

¹¡Oh Dios, mi Dios! ¡Cómo te busco! ¡Qué sed tengo de ti en esta tierra reseca y triste en donde no hay agua! ¡Cómo anhelo encontrarte! ²¡Te he visto en tu santuario y he contemplado tu fortaleza y gloria, ³porque tu amor y bondad son para mí mejor que la vida misma! ¡Cuánto te alabo! ⁴Te bendeciré mientras viva, alzando a ti mis manos en oración. ⁵Tú dejas mi alma más satisfecha que un delicioso banquete; te alabarán mis labios con gran júbilo.

55.14   55.16–17   55.22–23   56.3–4   56.8–13
57.7–9

escapar y reposar! ⁷Yo volaría a los lejanos desiertos y allá me quedaría. ⁸De toda esta tormenta escaparía a algún refugio.

⁹Oh Señor, destrúyelos y confunde su lenguaje; porque veo violencia y luchas en la ciudad. ¹⁰Aunque día y noche patrullen las murallas en contra de invasores, su verdadero problema es la maldad interna. ¹¹Hay homicidio y robo por todas partes; amenazas y engaños se desbordan por sus calles.

¹²No fue un enemigo quien se mofó de mí; eso lo habría soportado yo; no fueron los que están en mi contra los que me humillaron, de ellos podría haberme ocultado y huido. ¹³Pero fuiste tú, un hombre como yo, mi compañero y amigo. ¹⁴Como disfrutábamos nuestra amistad mientras juntos caminábamos a la casa de Dios.

¹⁵Que a mis enemigos la muerte los tome por sorpresa. Que el sepulcro se los trague vivos, pues en ellos habita la maldad. ¹⁶Pero yo clamaré al Señor, él me salvará. ¹⁷Oraré de mañana, al medio día y de noche, suplicándole a Dios; él escuchará. ¹⁸Aunque son muchos los que están en contra mía, él me rescata y me salva de la batalla que se libra contra mí. ¹⁹Dios, que reina para siempre, me escuchará y los humillará. Porque mis enemigos se negaron a cambiar de conducta, no tienen temor de Dios.

²⁰Levantan la mano contra sus amigos y no cumplen sus compromisos. ²¹Sus palabras eran suaves como aceite, pero en su corazón había guerra. Sus palabras eran blandas como crema, pero ocultaban puñales.

²²Lleva tus cargas al Señor, él te sostendrá. No permitirá que el santo resbale o caiga. ²³Enviará a los malos al abismo de destrucción. Los homicidas y los mentirosos no vivirán la mitad de sus días. Pero yo confío en que tú me salvarás.

## Salmo 56

*Al director musical. Sígase la tonada de «La tórtola en los robles lejanos». Mictam de David, cuando los filisteos lo apresaron en Gat.*

¹Señor, ten misericordia de mí; todo el día las tropas enemigas me presionan. ²Mis enemigos me persiguen constantemente; y muchos orgullosos me atacan.

³Pero cuando tenga miedo, pondré mi confianza en ti. ⁴Oh Dios, alabo tu palabra. Confío en Dios ¿por qué temeré? ¿Qué podrá hacerme un simple mortal? ⁵Continuamente tuercen mis palabras. En lo único que piensan es en cómo perjudicarme. ⁶Se reúnen y me espían; observan cada uno de mis pasos para matarme. ⁷No permitas que en su maldad, se salgan con la suya. En tu enojo, Dios mío, derríbalos hasta el suelo.

⁸Lleva la cuenta de mis lamentos. Has recogido todas mis lágrimas y las has guardado en un frasco. Has anotado cada una de ellas en tu libro. ⁹El mismo día que yo te pido ayuda, huirán mis enemigos. Una cosa sé: ¡Dios está de mi parte! ¹⁰Estoy confiado en Dios. ¡Alabadas sean sus promesas! No temo nada de lo que un simple hombre pueda hacerme. Sí; alabadas sean sus promesas. ¹¹Confío en Dios ¿por qué temeré? ¿Qué podría hacerme un simple mortal? ¹²Ciertamente cumpliré los votos que he hecho ante ti, Señor, y te presentaré mis ofrendas de gratitud por tu ayuda. ¹³Porque tú me salvaste de la muerte, y mis pies de resbalar, de modo que puedo marchar ante el Señor en la luz de la vida.

## Salmo 57

*Al director musical. Sígase la tonada de «No destruyas». Mictam de David, cuando David huía de Saúl y estaba en una cueva.*

¹¡Ten compasión de mí, oh Dios, ten compasión de mí; pues en ti confío! Bajo la sombra de tus alas me esconderé hasta que pase la tormenta. ²Clamaré al Dios Altísimo, al Dios que cumple en mí su propósito. ³De lo alto enviará ayuda para salvarme, me librará de aquellos que quieren atraparme. Dios enviará su amor y su verdad. ⁴Estoy rodeado de leones feroces; de hombres devoradores que tienen dientes como agudas lanzas y flechas; tienen lenguas como espadas. ⁵Señor, ¡que seas exaltado por sobre los más altos cielos! Que tu gloria resplandezca sobre la tierra. ⁶Mis enemigos me han armado una trampa. Mi ánimo quedó abatido. Han cavado un hoyo en el camino, pero ellos mismos han caído dentro.

⁷Dios mío, tengo el corazón tranquilo y confiado. Con razón puedo cantar tus alabanzas. ⁸¡Despierta, alma mía! ¡Despierten, arpa y lira! Haré despertar con mis cantos al amanecer. ⁹Públicamente te expresaré mi gratitud por toda la tierra. Cantaré tus alabanzas entre las naciones. ¹⁰Amplios como los cielos son tu bondad y tu amor. Tu fidelidad llega hasta el cielo.

¹¹Que seas exaltado, oh Dios, sobre los cielos. Que tu gloria brille por toda la tierra.

## Salmo 58

*Al director musical. Sígase la tonada de «No destruyas». Mictam de David.*

¹¡Ustedes, los gobernantes hablan de justicia y ni siquiera saben el significado de esa palabra! ¡Juzgan con rectitud al pueblo? ²Todos sus actos son injustos: dan violencia en lugar de justicia. ³Estos malvados nacieron pecadores; mienten desde el momento mismo de su nacimiento y se desvían. ⁴Son venenosos como serpientes mortales, cobras que cierran los oídos ⁵para no escuchar la música de los más hábiles encantadores.

⁶Oh Dios, rómpele los colmillos. ¡Arráncales los dientes a estos leoncillos, Señor! ⁷Que se desvanezcan como agua tragada por la tierra sedienta. Vuélvanse inútiles las armas en sus manos. ⁸Que se disuelvan, como babosa rastrera; que no vean la luz, cual si fueran abortivos. ⁹Dios raerá tanto a viejos como a los jóvenes. Los destruirá más pronto de lo que tarda la olla en sentir el fuego de espinos en el fogón.

¹⁰Los justos se regocijan al ver la venganza; al lavar sus pies en la sangre de los malvados. ¹¹Entonces al fin dirán todos que el bien recibirá recompensa, y que hay un Dios que juzga con justicia aquí en la tierra.

50.23  51.6  51.10–13  52.1

cabríos. ¹⁴Lo que quiero de ti es verdadera gratitud a Dios; quiero que cumplas tus promesas al Altísimo. ¹⁵Confía en mí en tus tribulaciones para que yo te libre y puedas darme la gloria.

¹⁶Pero al malvado dice Dios: No recites más las leyes mías y deja de fingir que me obedeces, ¹⁷pues has rechazado mi disciplina, y menospreciado mis leyes. ¹⁸Ves a un ladrón, y le ayudas y pasas el tiempo en compañía de adúlteros. ¹⁹Tu boca se llena de perversidades y tu lengua de mentiras. ²⁰Calumnias a tu hermano, al hijo de tu misma madre. ²¹Mientras hiciste todo esto, yo guardé silencio; pensaste que nada me importaba, pero ahora llegó el momento de reprenderte, y plantearé la lista de acusaciones contra ti. ²²Arrepiéntanse todos los que se han olvidado de Dios, antes que los despedace y nadie pueda ayudarlos.

²³Pero el que me ofrenda su gratitud, me honra. Los que andan por mis sendas recibirán salvación del Señor.

## Salmo 51

*Al director musical. Salmo de David cuando el profeta Natán fue a verlo por haber cometido adulterio con Betsabé.*

¹Ten compasión de mí, Dios, conforme a tu gran amor. Conforme a tu piedad, borra mis pecados. ²Lávame de toda mi culpa y límpiame de mi pecado. ³Porque yo reconozco mi vergonzosa acción; día y noche me persigue. ⁴Es contra ti, sólo contra ti, que he pecado, y he hecho lo malo ante tus ojos. Tu sentencia contra mí es justa y tu juicio irreprochable. ⁵Porque yo nací pecador; sí, lo soy desde el momento que mi madre me concibió. ⁶Tú amas la verdad en lo íntimo, y me enseñas a ser sabio en lo más profundo de mí ser.

⁷Purifícame con hisopo, y volveré a ser puro. Lávame, y seré más blanco que la nieve. ⁸Devuélveme mi gozo y alegría; me has quebrantado, ahora déjame gozarme. ⁹Aparta tu rostro de mis pecados y borra toda mi maldad. ¹⁰Crea en mí un corazón limpio, Dios, y renueva la rectitud de mi espíritu. ¹¹No me arrojes de tu presencia. No quites de mí tu santo Espíritu. ¹²Devuélveme el gozo de tu salvación y dame anhelo de obedecerte. ¹³Entonces enseñaré tus caminos a otros pecadores, y éstos volverán a ti. ¹⁴Perdóname por derramar sangre, Dios de mi salvación; entonces gozoso cantaré tu perdón. ¹⁵Abre mis labios, Señor para que pueda alabarte.

¹⁶Tú no quieres sacrificios ni ofrendas quemadas; si así fuera, con gusto la haría. ¹⁷Lo que quieres es un espíritu quebrantado. Al corazón quebrantado y contrito, Dios, no lo despreciarás tú.

¹⁸Mira con agrado a Sión y ayúdala; levanta los muros de Jerusalén.

¹⁹Entonces te agradarán los sacrificios de justicia, las ofrendas quemadas y otra vez sobre tu altar se ofrecerán becerros.

## Salmo 52

*Al director musical. Masquil de David, cuando Doeg el edomita fue a informarle a Saúl: «David ha ido a la casa de Ajimélec».*

¹Tú te las das de héroe, ¿verdad? Te alabas por este crimen que cometiste contra el pueblo de Dios. ²Todo el día tramas destrucción. Tu lengua como navaja afilada, es experta en decir mentiras. ³¡Amas la perversidad más que el bien! ¡Y la mentira más que la verdad! ⁴Te gusta decir lo que causa daño a los demás, mentiroso.

⁵Pero Dios te derribará de un golpe; te echará de tu casa; a rastras te sacará de la tierra de los vivientes. ⁶Los justos lo verán y se asombrarán. Entonces reirán y dirán: ⁷«Miren lo que les ocurre a quienes desprecian a Dios, confían en su riqueza y se vuelven cada vez más atrevidos en su maldad».

⁸Pero yo soy como olivo que florece en la casa del Señor. Confío en el gran amor de Dios para siempre jamás. ⁹Señor, te alabaré eternamente por tus obras. Y esperaré tus misericordias, en la presencia de tu pueblo.

## Salmo 53

*Al director musical. Según majalat. Masquil de David.*

¹Las personas necias afirman que no hay Dios. Están corrompidas, sus obras son perversas; ¡no hay una sola que haga lo bueno!

²Dios mira desde el cielo buscando entre la humanidad a ver si encuentra siquiera una sola persona que haga el bien y realmente busque a Dios. ³Pero todos le han vuelto la espalda; todos se han corrompido. Ni siquiera uno es bueno, ¡ni uno! ⁴¿Es que los que hacen lo malo no pueden comprender nada? Devoran a mi pueblo como pan y rehúsan acudir a Dios. ⁵Pero pronto un inaudito terror les sobrevendrá. Dios esparcirá los huesos de esos enemigos suyos. Están condenados, porque Dios los ha rechazado.

⁶¡Quiera Dios que de Sión venga la salvación para Israel! Cuando Dios restaure a su pueblo, Jacob gritará de alegría; Israel se regocijará.

## Salmo 54

*Al director musical. Acompáñese con instrumentos de cuerda. Masquil de David, cuando gente de Zif fue a decirle a Saúl: «¿No estará David escondido con nosotros?»*

¹¡Ven con gran poder, Dios; y sálvame! ¡Defiéndeme con tu potencia! ²¡Escucha mi oración! Presta atención a mi súplica. ³Porque gente desconocida me está atacando; hombres violentos tratan de matarme; hombres a quienes Dios no les importa.

⁴Pero Dios es mi auxilio. El Señor es quien me sostiene vivo. ⁵Él hará que las maldades de mis enemigos se vuelvan contra ellos mismos.

Haz como lo prometiste y acaba con estos malvados. ⁶Te presentaré una ofrenda voluntaria y alabaré, Señor, tu buen nombre.

⁷Dios me ha rescatado de toda mi tribulación, y me ha ayudado a triunfar sobre mis enemigos.

## Salmo 55

*Al director musical. Acompáñese con instrumentos de cuerda. Masquil de David.*

¹Escucha mi plegaria, oh Dios; no te ocultes cuando clamo a ti. ²Por favor, óyeme y respóndeme, porque mis cargas me agobian.

³Mis enemigos gritan contra mí y me amenazan. Me traen problemas derribándome en su enojo. ⁴Mi corazón se angustia dentro de mí. El terror a la muerte me domina. ⁵Temblando estoy de miedo, sobrecogido estoy de terror. ⁶¡Quién tuviera alas como paloma para

---

☼ 47.1-9  ☼ 48.1  ☼ 48.14  ☼ 49.5-6  ☼ 49.10  ☼ 49.12  ☼ 49.15-17

mismo habita en aquella ciudad, la cual por tanto se mantiene firme. Dios lo protegerá al rayar el alba. ⁶Las naciones se alborotan y tambalean los reinos, pero cuando Dios habla, la tierra se funde. ⁷El SEÑOR Todopoderoso está aquí entre nosotros; nuestro refugio es el Dios de Jacob. ⁸¡Vengan! ¡Vean las gloriosas hazañas de nuestro Dios; vean cómo derrama ruina sobre el mundo; hace cesar ⁹las guerras por todo el mundo; rompe y quema todas las armas! ¹⁰¡Silencio! ¡Sepan que yo soy Dios! ¡Todas las naciones del mundo me honrarán!
¹¹¡Aquí, entre nosotros, está el SEÑOR Todopoderoso! ¡Nuestro refugio es él, el Dios de Jacob!

## Salmo 47
*Al director musical. Salmo de los hijos de Coré.*

¹¡Vengan todos, y den palmadas de júbilo! ¡Griten triunfantes alabanzas al SEÑOR! ²Porque el SEÑOR, el Altísimo es imponente; es el gran rey de toda la tierra. ³Él subyuga a las naciones ante nosotros, poniendo a nuestros enemigos bajo nuestros pies. ⁴Él escogió la tierra prometida como nuestra herencia, que es el orgullo de Jacob, a quien amó.
⁵Dios ha subido con potente clamor, con sonido de trompeta. ⁶Entonemos alabanzas a nuestro Dios, nuestro rey. ⁷Porque Dios es el rey de toda la tierra. Alabémosle entonando un salmo. ⁸Él reina sobre todas las naciones, sentado en su santo trono. ⁹Los gobernantes se han unido a nosotros en la alabanza y alaban al Dios de Abraham, ¹⁰porque todos los reyes de la tierra le pertenecen a Dios. Por todas partes se le rinde grande honra.

## Salmo 48
*Canción. Salmo de los hijos de Coré.*

¹¡Qué grande es el SEÑOR! Cuánto debemos alabarlo en su monte santo en la ciudad de nuestro Dios. ²Miren el monte Sión que se eleva al norte de la ciudad alzándose sobre la llanura para que todos lo vean; el monte Sión, gozo de toda la tierra, residencia del gran Rey.
³Dios mismo es el defensor de Jerusalén. ⁴Los reyes de la tierra han llegado juntos para avanzar contra la ciudad. ⁵Maravillados están ante el espectáculo; están aterrados y huyen, ⁶aterrorizados por lo que han visto; van llenos de pánico, como mujer acongojada por los dolores de parto, ⁷como las majestuosas naves de Tarsis cuando las destruye un poderoso viento del este. ⁸De la gloria de la ciudad hemos oído, pero ahora nosotros mismos la hemos visto, la ciudad de nuestro Dios Todopoderoso. Es la ciudad de nuestro Dios ¡Él la hará permanecer para siempre!
⁹SEÑOR, aquí en tu templo meditamos en tu gran amor mientras te adoramos. ¹⁰La honra a tu nombre, oh Dios, y la alabanza, a ti llega hasta los confines de la tierra; tu diestra está llena de victoria. ¹¹Que el pueblo en el monte Sión se regocije. Que la ciudad de Judá se alegre, porque tus juicios son justos. ¹²Vayan, examinen la ciudad. Denle la vuelta y cuenten sus muchas torres. ¹³Observen sus reforzados muros y recorran sus fortalezas para que puedan contarlo a las futuras generaciones.
¹⁴Este Dios es nuestro Dios por los siglos de los siglos. Él será, nuestro guía hasta que muramos.

## Salmo 49
*Al director musical. Salmo de los hijos de Coré.*

¹¡Escuchen todos: la clase alta y la clase baja, ²ricos y pobres del mundo entero! Escuchen mis palabras, ³porque son sabias y mis pensamientos están llenos de discernimiento.
⁴Escucharé muchos proverbios y resolveré enigmas al son del arpa. ⁵No hay por qué temer cuando llega la adversidad, ni aunque este rodeado de enemigos. ⁶Ellos confían en sus bienes y se jactan de sus riquezas. ⁷Pero nadie puede salvar a nadie de la muerte, pagándole rescate a Dios por su vida. ⁸Tal salvación no se da fácilmente, pues nadie puede pagar suficiente, ⁹para vivir por siempre y no llegar a ver la fosa.
¹⁰Nadie puede negar que todos mueren, que sabios e insensatos perecen por igual y, que sus riquezas se quedan para otros. ¹¹La tumba será su hogar eterno donde se quedarán para siempre. Ponen su nombre a sus propiedades pero tendrán que dejarles sus riquezas a otros. ¹²El ser humano, con toda su pompa, tiene que morir como cualquier animal. ¹³Así es el destino de los necios, aunque se diga de ellos que tuvieron gran sabiduría.
¹⁴Como ovejas están destinados al sepulcro; donde la muerte será su pastor. Por la mañana los gobernarán los justos. Sus cuerpos se pudrirán en el sepulcro lejos de sus suntuosas propiedades.
¹⁵Pero en cuanto a mí; Dios redimirá mi alma del poder de la muerte; porque él me recibirá. ¹⁶Así que no se desanimen cuando los malvados se enriquecen y edifican bellas mansiones. ¹⁷Porque al morir nada se llevan consigo. Sus riquezas no los seguirán al sepulcro. ¹⁸Aunque alguien se diga feliz toda la vida, y la gente lo elogie por sus logros, ¹⁹al fin muere como todos los demás y no vuelve a ver la luz del día.
²⁰Porque el ser humano, con toda su pompa, tiene que morir como cualquier animal.

## Salmo 50
*Salmo de Asaf.*

¹El Dios de dioses, el SEÑOR, ha convocado a toda la humanidad, desde el oriente hasta el occidente. ²Dios resplandece desde Sión, la ciudad bella y perfecta. ³Nuestro Dios, con rugir de trueno se acerca; todo lo destruye con fuego a su paso, y en torno suyo ruge la tormenta. ⁴El cielo y la tierra serán sus testigos cuando él juzgue a su pueblo: ⁵«Reúnan a mi pueblo: a los que han hecho un pacto conmigo mediante un sacrificio». ⁶El cielo proclama la justicia divina, porque Dios mismo es el juez.
⁷¡Escucha, pueblo mío, que voy a hablar! Éstas son mis acusaciones en contra tuya, Israel. ¡Porque yo soy Dios, el Dios tuyo! ⁸No tengo queja alguna por los sacrificios o las ofrendas quemadas que traes a mi altar, pues los traes con regularidad. ⁹Pero no son los toros de tu establo ni las cabras de tu aprisco lo que quiero; ¹⁰pues todos los animales del bosque son míos, y del ganado de mil colinas yo soy dueño. ¹¹Cada ave de los montes y todos los animales del campo me pertenecen. ¹²Si tuviera hambre, no te lo diría; porque mío es el mundo y todo lo que en él hay. ¹³No necesito tus toros de sacrificios ni la sangre de tus machos

---

43.5   44.20–21   45.7-Lc 4.18   46.1–4

⁸Sin embargo, día tras día derrama el Señor sobre mí su constante amor; y por la noche entono sus cánticos y elevo oración al Dios que me da vida. ⁹«¡Oh Dios, Roca mía!», clamo, «¿por qué me has abandonado? ¿Por qué tengo que sufrir estos ataques de mis enemigos?» ¹⁰Sus burlas me traspasan como fatal herida no se cansan de preguntarme burlándose: «¿Dónde está ese Dios tuyo?» ¹¹¿Por qué voy a desarmarme y estar tan triste? Volveré y lo alabaré. ¡Es mi Dios y mi Salvador!

## Salmo 43

¹¡Oh Dios, defiéndeme de las acusaciones de estos implacables hombres mentirosos! ²Porque tú eres Dios, mi único refugio. ¿Por qué me has echado a un lado? ¿Por qué tengo que llorar oprimido por mis enemigos? ³Envía tu luz y tu verdad; que sean ellas mi guía. Que ellas me guíen a tu templo, a Sión, tu santo monte, donde tú habitas. ⁴Allí acudiré al altar de Dios, del Dios que es la fuente de mi gozo, y lo alabaré con mi arpa. ¡Oh Dios, mi Dios! ⁵¿Por qué voy a desanimarme y a estar triste? ¡Confía en Dios! Nuevamente lo alabaré. ¡Él es mi Dios y mi Salvador!

## Salmo 44

*Al director musical. Masquil de los hijos de Coré.*

¹Oh Dios, hemos oído de las proezas que realizaste en días antiguos. ²Nuestros antepasados nos han contado cómo echaste a las naciones paganas de esta tierra, y nos la diste toda, extendiendo a Israel de un extremo al otro del país. ³No fue con su espada, ni por su propia fuerza y habilidad que vencieron, sino por tu gran poder y porque tú les sonreíste y los favoreciste. ⁴Tú eres mi rey y mi Dios. Ordena victorias para tu pueblo. ⁵Porque sólo por tu poder y mediante tu nombre pisoteamos a nuestros enemigos y los hacemos retroceder. ⁶No confío yo en mis armas: jamás podrían salvarme. ⁷Sólo tú puedes darnos el triunfo sobre aquellos que nos odian y humillarlos.

⁸¡Dios, por siempre te glorificaremos! ¡Por siempre alabaremos tu nombre! ⁹Y sin embargo, por un tiempo, Señor, nos has echado a un lado con deshonra, sin salir con nuestros ejércitos a la batalla. ¹⁰Nos hiciste retroceder ante nuestros enemigos. Los que están en contra nuestra, han saqueado nuestros campos. ¹¹Nos has tratado como ovejas de matadero, y nos esparciste entre las naciones. ¹²Nos vendiste, a tu pueblo amado, por una insignificancia. Consideraste que nada valíamos. ¹³Las naciones vecinas se ríen y se mofan de nosotros por todo el mal que nos has enviado. ¹⁴Nos has convertido en el hazmerreír de las naciones; todos los pueblos se burlan de nosotros. ¹⁵Soy constante objeto de humillación; se me cae la cara de vergüenza. ¹⁶Todo lo que escucho son las burlas de los que me quieren poner en ridículo. Todo lo que veo son los deseos de venganza de mis enemigos.

¹⁷Todo esto nos ha sucedido, a pesar de que nunca te olvidamos ni faltamos jamás a tu pacto. ¹⁸Nuestros corazones no te han abandonado, no nos hemos apartado ni un paso de tu senda. ¹⁹Sin embargo, nos castigas en inhóspito desierto y nos envías las tinieblas y la muerte. ²⁰Si hubiéramos dejado de adorar a nuestro Dios o hubiéramos alzado nuestras manos en oración a dioses extraños, ²¹¿no lo sabría Dios? Sí, él conoce los secretos de cada corazón. ²²Por tu causa, cada día nos llevan a la muerte; nos tratan como oveja para el matadero.

²³¡Despierta! ¡Levántate! ¡No duermas, Señor! ¿Nos has desechado para siempre? ²⁴¿Por qué apartas la mirada? ¿Por qué te desentiendes de nuestros dolores y opresión? ²⁵Estamos postrados con el rostro en el polvo. ²⁶¡Levántate, Señor, y acude en nuestra ayuda! Sálvanos por tu gran amor.

## Salmo 45

*Al director musical. Sígase la tonada de «Los lirios». Masquil de los hijos de Coré. Canto nupcial.*

¹Mi corazón rebosa de hermosos pensamientos! Recitaré un bello poema para el rey, pues mi lengua es como la pluma de un hábil escritor.

²Eres entre todos el más apuesto; tus labios son fuente de elocuencia, ya que Dios te ha bendecido para siempre.

³¡Toma las armas, tú el poderoso guerrero, lleno de gran majestad y gloria, ⁴y, ¡majestuoso, marcha a vencer, por la verdad, la humildad y la justicia!

¡Adelante, a realizar proezas asombrosas!

⁵Tus agudas saetas traspasan el corazón de tus enemigos.

Las naciones ante ti se desploman, yacen bajo tus pies.

⁶Tu trono, oh Dios, permanece para siempre; la justicia en tu mano, es un cetro real.

⁷Amas el bien, y el mal detestas, por eso Dios, el Dios tuyo, te ha ungido, derramando sobre ti más perfume de alegría que sobre los demás.

⁸Tus vestiduras exhalan perfume de mirra, áloe y casia. En tus palacios adornados de marfil hay música de arpa para deleite tuyo. ⁹Entre tus damas de honor se cuentan princesas; a tu derecha se halla la novia real luciendo el oro más fino. ¹⁰«Oye este consejo, hija mía. No te aflijas por tu familia que está en tu lejana tierra. ¹¹El rey, tu señor, se deleita en tu belleza. Inclínate ante él con reverencia. ¹²La gente de Tiro te cubrirá de regalos; los más ricos del pueblo suplicarán tu favor».

¹³La novia, que es una princesa, espera en su recámara, cubierta de hermosos vestidos bordados en oro. ¹⁴Vestida de finos bordados es conducida ante el rey, seguida por sus damas de compañía. ¹⁵Con alegría y regocijo son conducidas al interior del palacio real. ¹⁶Un día, tus hijos serán reyes como su padre. Los pondrás por príncipes en toda la tierra. ¹⁷Y haré que tu nombre sea honrado en todas las generaciones; las naciones de la tierra te alabarán para siempre.

## Salmo 46

*Al director musical. De los hijo de Coré. Canción según alamot.*

¹Dios es nuestro amparo y nuestra fuerza, nuestra pronta ayuda en tiempos de tribulación. ²Por eso no temeremos aunque el mundo se desintegre y los montes se derrumben y caigan al mar. ³¡Que rujan los océanos espumantes! ¡Que las montañas se hundan en el mar!

⁴Un río de gozo fluye a través de la ciudad de nuestro Dios, de la santa morada del Dios altísimo. ⁵Dios

40.1-17   41.1-3   41.9—Mc 14.10,21   42.5   42.8

**SALMOS 39.5**

boca especialmente cuando los impíos me rodeen. ²Pero guardaba silencio. ¡Ni aun lo bueno salía de mi boca! La tormenta creció dentro de mí hasta que estuvo a punto de estallar. ³Cuanto más meditaba, tanto más ardía ese fuego interno. Por fin hablé, y supliqué a Dios: ⁴«Señor, ayúdame a comprender lo corto que será mi tiempo en la tierra. Ayúdame a comprender que mis días están contados y que mi vida se me escapa de las manos. ⁵Muy breve es mi vida. Toda entera no es más que un momento para ti. ¡La existencia humana es como un soplo! ⁶¡Simple sombra! Y sus múltiples afanes en nada paran. Amontona riqueza para que otro la derroche. ⁷Entonces, Señor, mi única esperanza está en ti.

⁸»Líbrame de ser vencido por mis pecados, pues entonces aun los necios se burlarán de mí.

⁹»Señor, ante ti estoy mudo. No abriré mi boca para decir ni una queja, pues mi castigo procede de ti.

¹⁰»Señor, no me hieras más; agotado estoy bajo tu mano. ¹¹Cuando tú castigas por sus pecados, el ser humano queda destruido, pues es tan frágil como trapo roído de polilla; sí, la existencia humana es como un soplo.

¹²»¡Escucha mi plegaria, Señor; escucha mi clamor! No te quedes indiferente a mis lágrimas, porque soy huésped tuyo, soy viajero que pasa por la tierra, como lo fueron todos mis antepasados.

¹³»¡Dame respiro, Señor! Deja que me restablezca y sonría otra vez antes que muera».

## Salmo 40

*Al director musical. Salmo de David.*

¹Con paciencia esperé que Dios me ayudara; entonces él oyó y escuchó mi clamor. ²Me sacó del abismo de la desesperación, del pantano y del lodo; puso mis pies sobre senda dura y firme, y me fortaleció mientras yo proseguía mi camino. ³Me ha dado un nuevo cántico para que lo entone, con alabanzas a nuestro Dios. Ahora muchos oirán de las cosas admirables que él hizo; maravillados estarán ante el Señor, y en él pondrán su confianza. ⁴Muchas bendiciones se derraman sobre los que confían en el Señor, y no se fían de los altivos ni de los que confían en ídolos.

⁵¡Señor, Dios mío! ¡Cuántas y cuántas veces has realizado grandes milagros en favor nuestro! ¿Quién más puede hacer tales maravillas? El tiempo no alcanza para narrar todos tus maravillosos actos.

⁶A ti no te complacen sacrificios ni ofrendas, pero me has hecho obediente; tú no has pedido holocaustos ni sacrificios por el pecado. ⁷Por eso dije: «Aquí me tienes —como el libro dice de mí—. ⁸Me deleito en hacer tu voluntad, Dios mío, tu ley la llevo dentro de mí».

⁹A todos les he hablado de tu justicia. Sin timidez lo he proclamado, según te consta, Señor. ¹⁰No he ocultado esta buena noticia en mi corazón, sino que he proclamado tu fidelidad y tu salvación. Les he hablado a todos en la asamblea de tu gran amor y tu fidelidad.

¹¹¡Señor, no alejes de mí tu misericordia! Mi única esperanza está en tu gran amor y fidelidad. ¹²Son tantos los problemas que me rodean que no los puedo ni contar. Se han acumulado tanto que no me dejan encontrar la salida. Son más que los cabellos de mi cabeza. Mi corazón se debilita.

¹³¡Te lo ruego, Señor, líbrame! ¡Pronto! ¡Ven a ayudarme! ¹⁴Sean avergonzados y humillados aquellos que tratan de aniquilarme. Huyan deshonrados aquellos que se deleitan en mis problemas. ¹⁵Que se llenen de horror y de vergüenza porque dijeron: ¡Ya lo tenemos!

¹⁶Pero que el gozo del Señor se derrame sobre cuantos lo aman, y buscan la salvación que él da. Que siempre exclamen: «¡Cuán grande es Dios!»

¹⁷En cuanto a mí, pobre soy, y menesteroso, pero en este instante Dios piensa en mí. ¡Dios mío, tú eres mi auxilio! Tú eres mi salvación. ¡Ven pronto, y sálvame! ¡No te demores, por favor!

## Salmo 41

*Al director musical. Salmo de David.*

¹Dios bendice a los que son buenos con los pobres. El Señor los libra en tiempo de angustia. ²Los protege y los mantiene vivos; los prospera y los libra de sus enemigos. ³Los cuida en sus enfermedades, y alivia sus dolores y preocupaciones.

⁴Oré diciendo: «Señor, ten piedad y sáname, pues he pecado contra ti». ⁵Pero mis enemigos dicen: «Ojalá muera pronto y caiga en el olvido». ⁶¡Qué amistosos se muestran cuando me visitan! Y cuando se van, salen a contar las calumnias que recogieron. Y cuando se van, se ríen y se burlan. ⁷Susurran entre ellos imaginando lo peor de mí. ⁸«Tenga lo que tenga, es sin remedio»; dicen. «¿De esa cama no se levantará!»

⁹Hasta mi mejor amigo se ha vuelto contra mí; el hombre en quien yo confiaba; ¡con el que compartía el pan! ¹⁰¡Señor, no me abandones! Muéstrate benigno y sáname, Señor, para que pueda darles su merecido. ¹¹Veo que estás contento de mí porque no has permitido que mis enemigos me derroten. ¹²Me has preservado por mi honradez; has permitido que para siempre esté en presencia tuya.

¹³¡Bendigan al Señor, al Dios de Israel, cuya existencia data de un eterno pasado, y se extiende a un eterno porvenir! ¡Así sea! ¡Amén!

## Salmo 42

*Al director musical. Masquil de los hijos de Coré.*

¹Así como el ciervo jadea anhelando el agua, te anhelo yo, Dios! ²Tengo sed de Dios, del Dios vivo. ¿Dónde hallarlo, para ir a estar en su presencia? ³Día y noche mi pan son mis lágrimas, y mientras tanto mis enemigos se mofan de mí. «¿Dónde está ese Dios tuyo?» dicen burlones.

⁴Mi corazón se consume en la tristeza al recordar aquellos tiempos —¡cómo olvidarlos!— cuando guiaba a una gran multitud hacia el templo en días de fiesta, cantando con gozo, alabando al Señor. ⁵Entonces, ¿por qué desalentarse? ¿Por qué estar desanimado y triste? ¡Espera en Dios! ¡Aún lo alabaré de nuevo! Él es mi Salvador y mi Dios! ⁶Y sin embargo aquí estoy deprimido y sombrío; pero meditaré en tu bondad desde esta tierra por donde fluye el río Jordán y en donde se elevan el monte Hermón y el Mizar. ⁷Escucho el rugir del enfurecido mar, mientras tus olas y la agitada marea me derriban.

37.3-13  37.16-19  37.23-28  37.34-40
38.13—Ma 26.63  38.15-16

No dejes que sus perversas manos me traten como estropajo. ¹²¡Mira! Ya han caído. Quedaron derribados para no levantarse más.

## Salmo 37
*Salmo de David.*

¹¡Que no te provoquen enojo los malvados! Ni envidies a los que hacen mal. ²Pronto se desvanecen como la hierba, y desaparecen como las flores de primavera. ³Pero confía en el Señor. Sé generoso y bueno; entonces vivirás y prosperarás aquí en la tierra. ⁴Deléitate en el Señor. Así él te dará lo que tu corazón anhela. ⁵Encomienda al Señor todo cuanto haces, confía en que él te ayudará a realizarlo, y él lo hará. ⁶Tu inocencia alumbrará como el alba, y tu justicia resplandecerá como el sol de mediodía.

⁷Reposa en el Señor; espera con paciencia que él se manifieste. No envidies a los malvados que prosperan o te desesperes por sus perversos planes. ⁸¡Deja el enojo! Aparta la ira, no envidies a otros; con ello sólo te perjudicas. ⁹Porque los malvados serán destruidos, pero los que confían en el Señor heredarán la tierra y vivirán tranquilamente. ¹⁰Sólo un breve tiempo, y los malvados desaparecerán. Inútilmente los buscarán. ¹¹Los que se humillan delante del Señor heredarán la tierra y vivirán tranquilamente.

¹²Los malvados conspiran contra los justos y truenan la boca contra ellos. ¹³Pero el Señor se ríe de quienes traman contra los justos, pues sabe que para aquellos viene el día del juicio. ¹⁴Los malvados apuntan el arma para matar al pobre; están listos para asesinar a los que hacen el bien. ¹⁵Pero la espada se les hundirá en su propio corazón y todas sus armas serán destruidas.

¹⁶Mejor es tener poco y ser justo que poseer mucho y ser malvado. ¹⁷La fuerza de los malos será quebrantada, pero el Señor toma en sus manos a los justos.

¹⁸Día tras día el Señor cuida de los justos, y les concede recompensas eternas. ¹⁹Cuida de ellos en tiempos de estrechez; aun en la hambruna tendrán suficiente. ²⁰Pero los malos perecerán. Los enemigos de Dios se secarán como la hierba, y desaparecerán como el humo. ²¹Los malos piden prestado y no pagan, pero el bueno paga lo que debe y da más. ²²Aquellos a quienes el Señor bendice heredarán la tierra, pero los que él maldice perecerán.

²³Los pasos de los buenos son guiados por el Señor. Él se deleita en cada paso que dan. ²⁴Si se tropiezan, no caen, porque el Señor los sostiene con su mano.

²⁵Fui joven y estoy viejo, y en todos mis años jamás vi al justo en la miseria; tampoco he visto a los hijos de los justos pasar hambre. ²⁶Por el contrario, los justos pueden ser generosos dando obsequios y préstamos al prójimo, y sus hijos son una bendición.

²⁷De modo que si quieres tener siempre donde vivir, abandona tus costumbres malas y vive en santidad. ²⁸Porque el Señor ama la justicia y la rectitud. Nunca abandonará a su pueblo. Ellos serán eternamente guardados a salvo; pero los hijos de los que aman la maldad perecerán.

²⁹Los justos serán firmemente plantados en la tierra, y allí vivirán por siempre. ³⁰El justo es buen consejero, sabe distinguir entre el bien y el mal. ³¹La ley de Dios está en su corazón, y jamás resbalan sus pies.

³²Los malos espían a los justos en busca de un pretexto para acusarlos y exigir su muerte. ³³Pero el Señor no permitirá que los malvados triunfen, ni dejará que los justos sean condenados cuando sean llevados ante el juez.

³⁴No seas impaciente esperando que el Señor se manifieste. Continúa tu marcha firme por su senda, y a su tiempo él te honrará para que heredes la tierra, y verás destruidos a los malvados. ³⁵Yo mismo he visto que así pasa; he visto al déspota y malvado extenderse como cedro frondoso. ³⁶Pero pasó al olvido y dejó de existir; lo busqué, y ya no pude encontrarlo. ³⁷¡Observa al bueno, al inocente, al recto, porque les espera un gran porvenir a aquellos que aman la paz! ¡Para el hay un fin venturoso! ³⁸Los malos serán destruidos, y su posteridad truncada.

³⁹El Señor salva a los santos. Él es su refugio y salvación en tiempos de tribulación. ⁴⁰Él los ayuda y los libra de los lazos de los malvados.

## Salmo 38
*Salmo de David, para las ofrendas memoriales.*

¹¡Señor, no me reprendas en tu enojo! ¡Señor no me castigues mientras estés airado! ²Tus flechas me han herido profundamente; tus golpes me están demoliendo. ³Por tu ira tengo el cuerpo enfermo; mi salud está quebrantada bajo mis pecados. ⁴Mis culpas me abruman; son una carga demasiado pesada de llevar. ⁵Mis heridas se han infectado y apestan por causa de mi necedad. ⁶Estoy encorvado y corroído de dolores. Mis días están llenos de angustia. ⁷Estoy ardiendo de fiebre y todo mi cuerpo está enfermo. ⁸Estoy agotado y agobiado; mi corazón gime desesperado.

⁹Señor, tú conoces mis anhelos. Tú oyes todo suspiro mío. ¹⁰El corazón se me quiere salir; me faltan las fuerzas y me estoy volviendo ciego. ¹¹Mis seres queridos y mis amigos se mantienen lejos de mí por miedo a mi enfermedad. Hasta mi propia familia se mantiene alejada.

¹²Mientras tanto, mis enemigos procuran matarme. Traman mi ruina, y se pasan el día planeando traiciones. ¹³Pero soy sordo a todas sus amenazas; callo ante ellos como quien no sabe hablar. ¹⁴Hago como que no oigo y no respondo. ¹⁵Yo Señor, espero en ti; tú Señor y Dios mío serás quien responda. ¹⁶Pon fin a la arrogancia de ésos que ríen perversamente al verme derribado.

¹⁷¡Estoy a punto de desmayar! ¡Esta fuente de dolor no cesa ni un instante! ¹⁸Yo confieso mis pecados; lamento lo que hice. ¹⁹Pero mis enemigos me persiguen encarnizadamente; siguen odiándome, aunque nada hice para provocar su odio. ²⁰Me pagan mal por bien, y me detestan porque defiendo la justicia.

²¹No me dejes, Señor; ¡no te vayas! ²²¡Ven pronto! Ayúdame, Señor de mi salvación.

## Salmo 39
*Al director musical. Para Jedutún. Salmo de David.*

¹Yo dije para mí: voy a vigilar mi conducta y no pecaré con la lengua. Me pondré una mordaza en la

---

34.1–8   34.10   34.17–19   34.20–Jo 19.36   35.27–28   36.5   36.7

## Salmo 34

*Salmo de David, cuando fingió estar demente ante Abimélec, por lo cual éste lo arrojó de su presencia.*

☼ ¹Alabaré al SEÑOR, pase lo que pase. Constantemente hablaré de sus glorias y de su gracia. ²Me gloriaré de todas sus bondades para conmigo. Anímense todos los desalentados. ³Proclamemos juntos la grandeza del SEÑOR, y ensalcemos su nombre.

⁴Porque clamé a él y él me respondió. Me libró de todos mis temores. ⁵Otros también estaban radiantes por lo que él había hecho por ellos. No estaban cabizbajos ni avergonzados. ⁶Este pobre clamó al SEÑOR; el SEÑOR lo escuchó y lo libró de todas sus tribulaciones. ⁷Porque el ángel del SEÑOR acampa alrededor de todos los que le temen y los libra.

⁸¡Pongan a prueba a Dios, y verán cuán bueno es! Dichosos todos los que confían en él. ⁹Si pertenecen al SEÑOR, reveréncienlo; porque todo el que así procede ☼ tiene cuanto necesita. ¹⁰Hasta los fuertes leoncillos a veces padecen hambre; pero los que reverenciamos al SEÑOR jamás careceremos de bien alguno.

¹¹Vengan hijos míos, escúchenme y dejen que les enseñe el temor del SEÑOR. ¹²¿Desean larga y próspera vida? ¹³¡Pues cuidado con la lengua! No mientan. ¹⁴Apártense del mal y hagan el bien. Procuren vivir en paz con todo el mundo; esfuércense en ello. ¹⁵Porque los ojos del SEÑOR observan detenidamente a los que viven como se debe, y sus oídos están contra los que hacen el mal cuando claman a él. ¹⁶Pero el rostro del SEÑOR está contra los que hacen el mal, ha resuelto borrar de la tierra hasta el recuerdo de ellos.

☼ ¹⁷Sí, el SEÑOR escucha al bueno cuando le pide ayuda, y lo libra de todas sus tribulaciones. ¹⁸El SEÑOR está cerca de los que tienen el corazón quebrantado; libra a los de espíritu abatido. ¹⁹El bueno no está libre de tribulación; también tiene sus problemas ✝ pero en todos ellos lo auxilia el SEÑOR. ²⁰El SEÑOR los protege de cualquier daño, ni uno de sus huesos les quebrarán.

²¹Al malvado ciertamente le sobrevendrá calamidad; serán castigados quienes detestan a los buenos. ²²Pero el SEÑOR redimirá a los que le sirven; no serán condenados los que confían en él.

## Salmo 35

*Salmo de David.*

¹SEÑOR, defiéndeme de los que me atacan; combate a los que me combaten. ²Ponte tu armadura, toma tu escudo y acude en mi ayuda. Protégeme poniéndote enfrente. ³Empuña tu lanza y tu jabalina en mi defensa, haz frente a mis perseguidores. Quiero oírte decir: Yo soy tu salvación. ⁴Afrenta a quienes intentan matarme; recházalos y confúndelos. ⁵Espárcelos con tu soplo como paja en el viento; viento que el ángel del SEÑOR envía. ⁶Haz oscuro y resbaladizo el camino de ellos; que el ángel del SEÑOR los persiga. ⁷Pues aunque ningún mal les hice, me tendieron una trampa y aunque ningún mal les hice, cavaron una fosa para mí. ⁸Que les sobrevenga ruina súbita. Que caigan en su propia trampa, en la fosa que ellos cavaron para mí.

⁹Pero yo me regocijaré en el SEÑOR. Él me librará. ¹⁰De lo profundo de mi corazón sube esta alabanza: «¿Quién como tú, SEÑOR? ¿Qué otro protege del fuerte al débil y desvalido, y al pobre y menesteroso de quienes desean despojarlos?»

¹¹Estos malvados juran en falso. Me acusan de cosas que yo ignoro. ¹²Les hago el bien, y me pagan con mal. Estoy enfermo por la desesperación. ¹³En cambio, cuando ellos estuvieron enfermos, lloré ante el SEÑOR, me vestí de luto, rogándole que los sanara; estuve ayunando; oré por ellos con todo el corazón pero Dios no escuchó. ¹⁴Anduve triste como si se tratara de mi madre, de mi amigo o mi hermano que estuviera enfermo y agonizante. ¹⁵Y ahora que estoy en tribulación, ellos se alegran; se reúnen a calumniarme; y yo ni siquiera conocía a algunos de los que allí estaban. ¹⁶Se burlan de mí y me maldicen, y contra mí rechinan los dientes.

¹⁷SEÑOR, ¿hasta cuándo te vas a quedar allí, sin hacer nada? Intervén ahora y líbrame, porque sólo tengo una vida, y estos leones están prontos a devorarla. ¹⁸Sálvame, y manifestaré mi gratitud ante toda la congregación, ante la multitud te alabaré.

¹⁹¡No permitas a mis enemigos gozarse sobre mi derrota! No dejes que se sonrían burlonamente los que me odian sin motivo, ²⁰pues no hablan de paz ni de hacer el bien, sino de tramar contra los inocentes que no se meten con los demás. ²¹A gritos afirman haberme visto hacer el mal. «¡Ajá!», dicen, «con nuestros propios ojos te vimos hacerlo». ²²SEÑOR, tú lo sabes todo. ¡No te calles! ¡No me abandones ahora!

²³¡Despierta, SEÑOR, Dios mío! ¡Vindícame! ²⁴Declárame inocente, porque tú eres justo. No dejes que mis enemigos se regocijen por mi tribulación. ²⁵No permitas que digan: «¡Ajá! ¡Nuestro mayor deseo contra él pronto será realidad! ¡Nos lo hemos tragado vivo!» ²⁶Avergüénzalos; haz que quienes alardean a costa mía y se gozan de mis tribulaciones sean agobiados por la desgracia. Despoja hasta la deshonra a todos ☼ los que se creen más que yo. ²⁷Pero concede gran gozo a los que me desean el bien. Que clamen ellos con júbilo: «¡Grande es el SEÑOR que se deleita en auxiliar a su siervo!» ²⁸Y yo proclamaré ante todos cuán grande y bueno eres tú; te alabaré todo el día.

## Salmo 36

*Al director musical. De David, el siervo del SEÑOR.*

¹En el fondo del corazón de los malvados acecha el pecado. No tienen temor de Dios que los refrene. ²Por el contrario, en su vanidad no pueden ver lo malvado que son. ³Todo lo que dicen es torcido y engañoso; ya no son sabios ni buenos. ⁴Se pasan la noche despiertos, tramando sus perversos planes se aferran a su mal camino, en vez de pensar cómo mantenerse alejados del mal.

☼ ⁵Tu firme amor, SEÑOR, es grande como los cielos. Tu fidelidad va más allá de las nubes. ⁶Tu justicia es como tus poderosos montes. Tus juicios como las profundidades del océano. Por igual te preocupas de ☼ los hombres y los animales. ⁷¡Cuán precioso es tu constante amor, Dios! Toda la humanidad se refugia a la sombra de tus alas. ⁸Los alimentas con las delicias de tu mesa y les das a beber de tus ríos deleitosos.

⁹Porque tú eres la fuente de la vida; nuestra luz viene de tu luz. ¹⁰Derrama tu firme amor sobre los que te conocen y otorgan tu justicia a los de recto corazón. ¹¹No permitas que estos orgullosos me pisoteen.

☼ 31.3  ☼ 31.5  ☼ 31.7  ☼ 31.14–15  ☼ 31.24  ☼ 32.1–2
32.5  ☼ 32.7–8  ☼ 33.6  ☼ 33.8–12  ☼ 33.17–22

## Salmo 31
*Al director musical. Salmo de David.*

¹Señor, sólo en ti confío. No permitas que mis enemigos me derroten. Líbrame, pues tú eres el Dios que siempre procede rectamente. ²Respóndeme pronto cuando a ti clamo; inclina tu oído y escucha el susurro de mi súplica. Sé para mí la gran roca que me protege de mis enemigos. ³Sí, tú eres mi roca y mi fortaleza; honra el nombre tuyo sacándome de este peligro. ⁴Líbrame de la trampa que mis enemigos han armado para mí. Porque sólo en ti hallo protección. ⁵En tus manos encomiendo mi espíritu. Tú, el Dios que cumple sus promesas, me has rescatado. ⁶Odio a los que adoran ídolos sin valor; yo confío en el Señor. ⁷Irradio gozo por tu misericordia; porque me has escuchado en mis tribulaciones y has visto las crisis de mi espíritu. ⁸No me entregaste a mi enemigo sino que me pusiste en un lugar seguro.

⁹¡Señor, apiádate de mí en mi angustia! Tengo los ojos enrojecidos de llorar; el dolor ha quebrantado mi salud. ¹⁰Me va consumiendo la pena; mis años se han acortado, agotados por la tristeza. Mi desgracia ha acabado con mi fuerza. Me estoy acabando por dentro. ¹¹Todos mis enemigos se burlan, mis vecinos me desprecian y mis amigos tienen miedo de acercárseme. Temen toparse conmigo; vuelven la vista cuando yo paso. ¹²Me han echado al olvido como a un muerto, como a vasija rota y desechada. ¹³Son muchos los rumores que he oído acerca de mí, y estoy rodeado de terror. Se han confabulado contra mí mis enemigos, porque traman quitarme la vida.

¹⁴Pero yo confío en ti, Señor y digo: Tú eres mi Dios. ¹⁵En tus manos está mi vida entera. Rescátame de quienes me persiguen implacables. ¹⁶Que tu gracia brille sobre tu siervo; ¡sálvame tan sólo por tu misericordia! ¹⁷Señor, no permitas que me avergüencen, porque a ti he clamado. Que sean avergonzados los malvados, y acallados en el sepulcro. ¹⁸Que sean silenciados sus labios mentirosos, porque hablan contra los justos con orgullo, desdén e insolencia.

¹⁹¡Cuán grande es tu bondad para los que a la vista de la gente declaran que tú los rescatarás! Porque guardas grandes bendiciones para quienes en ti confían y te reverencian.

²⁰Oculta a tus amados en el refugio de tu presencia, a salvo bajo tu mano, a salvo de las lenguas acusadoras. ²¹¡Bendito el Señor, porque me ha demostrado que su infaltable amor me protege como cuando me hallaba en una ciudad a la que iban a atacar! ²²Hablé a la ligera cuando dije: «El Señor me ha abandonado», pues tú escuchaste mi plegaria y me respondiste.

²³¡Amen al Señor, ustedes los que le son fieles. El Señor protege a quienes le son leales; pero castiga duramente a cuantos lo rechazan altivos. ²⁴Anímense y sean fuertes todos ustedes que confían en el Señor.

## Salmo 32
*Salmo de David.*

¹¡Qué felicidad la de aquellos cuya culpa ha sido perdonada! ¡Qué gozo hay cuando los pecados son borrados! ²¡Qué alivio tienen los que han confesado sus pecados y a quienes el Señor ha borrado su registro de delincuencia y que viven en completa honestidad!

³Hubo un tiempo en que yo rehusaba reconocer lo pecador que era. Pero era yo débil y miserable y gemía todo el día. ⁴Día y noche su mano pesaba sobre mí. Mi fuerza se evaporaba como agua en día de sol. ⁵Pero un día reconocí ante ti todos mis pecados y no traté de ocultarlos más. Dije para mí: «Se los voy a confesar al Señor». ¡Y tú me perdonaste! Toda mi culpa se esfumó.

⁶Por eso los fieles te invocan en momentos de angustia; caudalosas aguas podrán desbordarse, pero a ellos no los alcanzarán. ⁷Tú eres mi refugio; tú me protegerás del peligro y me rodearás con cánticos de liberación. ⁸El Señor dice: «Yo te instruiré y te guiaré por el mejor camino para tu vida; yo te aconsejaré y velaré por ti. ⁹No seas como el caballo ni como la mula que no tienen discernimiento y que necesitan un freno en la boca para no salirse del camino».

¹⁰Muchos dolores sobrevienen al malvado, pero el gran amor del Señor envuelve a los que en él confían. ¹¹¡Regocíjense en él, ustedes los justos, y griten de júbilo todos ustedes los de recto corazón!

## Salmo 33

¹Canten al Señor con alegría, ustedes los justos; es propio de los íntegros alabar al Señor. ²Alaben al Señor al son de la lira, entonen alabanzas con el arpa. ³Compónganle nuevos cánticos de alabanza, hábilmente acompañados en el arpa; canten con júbilo. ⁴Porque todas las palabras de Dios son rectas; y cuanto él hace merece nuestra confianza. ⁵Él ama la justicia y el derecho; llena está la tierra de su tierno amor.

⁶Bastó que hablara, y se formaron los cielos; que soplara para que se formaran todas las estrellas. ⁷Él puso límites a los mares y encerró los océanos en su gran estanque.

⁸Que todos en el mundo teman al Señor, y ante él sientan sobrecogido respeto. ⁹Porque bastó que hablara, y surgió el mundo. ¡A su mandato, apareció! ¹⁰Desbarata los planes de todas las naciones, y frustra todos sus proyectos. ¹¹pero los planes de él permanecen para siempre. Sus intenciones son inamovibles.

¹²Bendita la nación cuyo Dios es el Señor, que ha sido elegida por él como pueblo suyo. ¹³Desde el cielo mira el Señor a la humanidad. ¹⁴Desde su trono observa a todo el que vive en la tierra. ¹⁵Él hizo el corazón de ellos, entiende todo lo que hacen.

¹⁶Ni el ejército mejor equipado puede salvar a un rey, porque no basta la mucha fuerza para salvar al guerrero. ¹⁷Poca cosa es un caballo de guerra para obtener victoria; es vigoroso, pero no puede salvar.

¹⁸Pero los ojos del Señor observan a los que le temen y confían en su invariable amor. ¹⁹Él los guardará de la muerte y aun en tiempos de hambre los mantendrá con vida. ²⁰Sólo en el Señor confiamos para que nos salve. Sólo él puede ayudarnos; nos protege como escudo. ²¹Razón tenemos para regocijarnos en el Señor. Porque confiamos en él. Confiamos en su santo nombre. ²²Sí, Señor, que tu amor nos rodee perennemente, porque sólo en ti reposa nuestra esperanza.

☼27.1–14  ☼28.8  ☼29.1–2  ☼29.11  ☼30.4–8  ☼30.10–11

pruébalo; prueba también mis razones y sentimientos. ³Porque tengo presente tu gran amor y he vivido conforme a tu verdad. ⁴No me junto con los mentirosos, ni ando con los hipócritas. ⁵Detesto las reuniones de los malvados y me niego a unirme a los perversos. ⁶En prueba de mi inocencia me lavo las manos y me pongo ante tu altar, ⁷y entono un cántico de gratitud y proclamo tus milagros.

⁸Señor, amo tu santuario en donde mora tu gloria.

⁹No me dejes sufrir la misma suerte de los pecadores; no me condenes junto con los asesinos. ¹⁰Sus manos están llenas de artimañas y constantemente reciben sobornos.

¹¹No, no soy así, Señor; hago lo que es correcto; sálvame, pues, por piedad.

¹²En público alabo al Señor que me libra de resbalar y caer.

## Salmo 27

¹El Señor es mi luz y mi salvación; ¿a quién temeré? El Señor me protege del peligro, ¿quién podrá amedrentarme? ²Cuando los malvados se lancen a destruirme, tropezarán y caerán. ³Sí, aunque un poderoso ejército marche contra mí, mi corazón no abrigará temor. Aunque ellos me ataquen, confío en Dios.

⁴Lo que pido de Dios, lo que más deseo, es el privilegio de meditar en su templo, vivir en su presencia cada día de mi vida y deleitarme en su perfección y gloria. ⁵Allí estaré yo cuando sobrevengan las tribulaciones. Él me esconderá en su santuario. Él me pondrá sobre alta roca. ⁶Entonces alzaré mi cabeza, sobre todos mis enemigos que me rodean. Entonces le llevaré sacrificios y con gran gozo entonaré sus alabanzas.

⁷¡Escucha mis súplicas, Señor! Ten piedad y envíame el socorro que necesito.

⁸Mi corazón te oyó decir: «Ven y conversa conmigo».

Y mi corazón responde: «Ya voy Señor».

⁹¡Oh, no te ocultes cuando procuro hallarte! Airado, no rechaces a tu siervo. Tú has sido mi auxilio; no me dejes ahora, no me abandones, Dios de mi salvación. ¹⁰Si mi padre y mi madre me abandonaran, tú me recibirías y me consolarías.

¹¹Señor, enséñame cómo debo vivir; guíame por la senda de rectitud, pues estoy rodeado de enemigos que me acechan. ¹²No dejes que me atrapen, Señor. ¡No permitas que yo caiga en sus manos! Porque me acusan de lo que jamás he cometido, y respiran contra mí violencia. ¹³Yo sé que veré tu bondad, mientras esté aquí en la tierra de los vivientes.

¹⁴Espera al Señor; él acudirá. Sé valiente, resuelto y animoso. Sí; espera, y él te ayudará.

## Salmo 28

*Salmo de David.*

¹Te imploro que me ayudes, Señor, porque tú eres mi roca de salvación. Si no quieres responderme y guardas silencio, ¡prefiero mejor la muerte que la vida! ²Señor, alzo mis manos hacia tu santuario e imploro tu ayuda. ¡Ay, escucha mi clamor!

³No me arrastres junto con todos los malvados que hablan amablemente a su prójimo mientras planean maldad en sus corazones. ⁴Dales el castigo que tan merecido tienen. Que el castigo corresponda a su maldad. Castiga todas sus perversidades. Dales una probada de lo que ellos le han hecho a otros. ⁵A ellos nada les importa lo que el Señor ha hecho o ha creado; por lo tanto, los derribará y nunca jamás se levantarán de su ruina.

⁶Bendito sea el Señor porque ha escuchado mi clamor. ⁷Él es mi fuerza, el escudo que me protege de todo peligro. En él confié y él me ayudó. En mi corazón hay tanto gozo que prorrumpo en un cántico de alabanza a él. ⁸El Señor protege a su pueblo y da victoria a su rey ungido.

⁹Defiende a tu pueblo, Señor; defiende y bendice a tus elegidos, condúcelos como pastor y llévalos por siempre en tus brazos.

## Salmo 29

*Salmo de David.*

¹Alaben al Señor, seres celestiales, alábenlo por su gloria y su fortaleza. ²Alábenlo por su majestuosa gloria; la gloria de su nombre. Preséntense ante él en su majestuoso santuario.

³La voz del Señor resuena sobre el mar. El Dios de gloria retumba sobre el impetuoso mar. ⁴Potente y majestuosa es la voz del Señor. ⁵La voz del Señor desgaja los cedros, despedaza los potentes cedros del Líbano. ⁶Sacude las montañas del Líbano y hace que parezcan becerros saltando; y al monte Hermón que parezca toro salvaje saltando. Estos saltan y corretean ante él como ternerillos. ⁷La voz del Señor lanza ráfagas de fuego; ⁸la voz del Señor sacude al desierto y el Señor sacude al desierto de Cades. ⁹La voz del Señor retuerce los fuertes robles y los desgaja; desnuda los bosques. Pero en su templo todos pregonan: «Gloria, gloria al Señor».

¹⁰El Señor gobierna sobre las lluvias. El Señor reina por siempre. ¹¹Él dará fuerza a su pueblo. Derramará paz como bendición sobre ellos.

## Salmo 30

*Cántico para la dedicación de la casa. Salmo de David.*

¹Te exaltaré, Señor, porque me has salvado de mis enemigos. No dejas que me derroten. ²Señor, Dios mío, a ti clamé y tú me devolviste la salud. ³Me sacaste del borde de la tumba, de la muerte misma, y heme aquí con vida.

⁴¡Cántenle, ustedes sus santos! Den gracias a su santo nombre. ⁵Un instante dura su ira; su gracia perdura de por vida. Las lágrimas pueden huir la noche entera, pero al amanecer habrá gozo.

⁶Dije yo en mi prosperidad: «Esto es para siempre. ¡Ahora nada puede detenerme! ⁷El Señor me ha mostrado su gracia. Me ha dado firmeza como de montaña». Entonces, Señor, apartaste de mí tu rostro y quedé destruido. ⁸Clamé a ti, Señor. ¡Ay, como supliqué! ⁹«Señor, ¿qué ganarás con matarme? ¿Acaso puede el polvo mío hablar desde el sepulcro y proclamar al mundo tu fidelidad? ¹⁰Escúchame, Señor; apiádate y ayúdame». ¹¹Entonces, él transformó mi dolor en danza. Me quitó mi ropa de luto y me vistió de fiesta, ¹²para que pudiera entonar alegres alabanzas en vez de yacer en el silencio de la tumba. Señor, Dios mío, proseguiré expresándote mi gratitud eternamente.

† 22.16—Jo 20.27 † 22.18—Mc 15.24 ☼22.26-31 ☼23.1-6 ☼24.1-10 ☼25.1-2 ☼25.5-6 ☼25.12-14 ☼25.16-18

has echado en el polvo de la muerte. ¹⁶Mis enemigos me rodean, me rodean como perros en jauría; me ha cercado una banda de malvados; me han traspasado las manos y los pies. ¹⁷Puedo contar cada uno de mis huesos. Miro cómo brillan de regocijo los ojos de esos malvados; ¹⁸se reparten entre ellos mis vestidos; juegan a los dados por mi ropa.
¹⁹Señor, ¡no te quedes lejos! ¡Oh Dios, fuerza mía, apresúrate a socorrerme! ²⁰Rescátame de la muerte; libra mi vida de todos estos perros. ²¹Sálvame de las fauces de estos leones y de los cuernos de estos toros salvajes.
²²Ante todos mis hermanos te alabaré; me levantaré ante la congregación y daré testimonio de las maravillas que has hecho. ²³«Alaben al Señor, los que le temen», diré yo; ¡Hónrenlo descendientes de Jacob! ¡Adórenlo descendientes de Israel! ²⁴Porque no ha desdeñado mi clamor ni mi profunda desesperación; no me ha vuelto la espalda ni se ha alejado. Cuando clamé a él, me escuchó y acudió. ²⁵Me levantaré y te alabaré delante de todo el pueblo. Públicamente cumpliré mis votos en presencia de cuantos te adoran. ²⁶Los pobres comerán y se saciarán; cuantos busquen al Señor lo hallarán. De gozo constante tendrán lleno el corazón. ²⁷Todos en esta tierra lo verán y se volverán al Señor. Y la gente de todas las naciones lo adorará.
²⁸Porque del Señor es el reino y él gobierna sobre las naciones. ²⁹Los ricos de la tierra festejarán y le adorarán, todo mortal nacido para morir, se postrará ante él y lo adorará. ³⁰También nuestros hijos le servirán, porque de nuestros labios oirán las maravillas del Señor. ³¹Generaciones no nacidas aún oirán las maravillas que Dios hizo por nosotros.

## Salmo 23
*Salmo de David.*

¹El Señor es mi pastor, nada me falta. ²En verdes pastos me hace descansar, y me guía junto a arroyos tranquilos. ³Me infunde nuevas fuerzas. Me guía por sendas de justicia, por amor a su nombre.
⁴Aun cuando atraviese el negro valle de la muerte, no tendré miedo, pues tú irás siempre muy junto a mí. Tu vara de pastor y tu cayado me protegen y me dan seguridad.
⁵Preparas un banquete para mí, en presencia de mis enemigos. Me recibes como invitado tuyo, ungiendo con perfume mi cabeza. ¡Mi copa rebosa de bendiciones!
⁶Tu bondad e inagotable generosidad me acompañarán toda la vida, y después viviré en tu casa para siempre.

## Salmo 24
*Salmo de David.*

¹A Dios pertenece la tierra. Suyo es cuanto ser habita en el mundo. ²Él es quien hizo retroceder los océanos para que apareciera la tierra seca.
³¿Quién puede subir al monte del Señor? ¿Quién puede estar en su lugar santo? ⁴Solamente el de manos inocentes y corazón puro, el que no adora ídolos y nunca miente.

⁵A esa persona Dios le dará su bendición; Dios su Salvador, les hará justicia, ⁶y se le permitirá estar en presencia del Señor y adorar al Dios de Israel.
⁷¡Ábranse, puertas antiguas, y den paso al Rey de la gloria!
⁸¿Quién es este Rey de la gloria? El Señor, fuerte y poderoso, invencible en la batalla.
⁹Sí, ¡ábranse de par en par las puertas y den paso al Rey de la gloria!
¹⁰¿Quién es este Rey de la gloria?
Es el Señor Todopoderoso; él es el Rey de la gloria!

## Salmo 25
*Salmo de David.*

¹A ti, Señor, elevo mi alma. ²En ti confío, mi Dios. No permitas que me humillen. No dejes a mis enemigos que se alegren en mi derrota. ³Nadie que tenga fe en ti, Dios mío, se avergonzará de haber puesto su confianza en ti. Pero los que engañan a otros serán avergonzados.
⁴Enséñame la senda que debo seguir, Señor. Indícame el camino por donde debo andar. ⁵¡Guíame por medio de tu verdad, enséñame! Porque tú eres el Dios que me da salvación; en nadie sino en ti tengo esperanza todo el día. ⁶Acuérdate, Señor, de tu misericordia y gran amor que siempre me has mostrado. ⁷Pasa por alto mis pecados de mi juventud, Señor; mírame con ojos de misericordia y perdón.
⁸Bueno eres, Señor, y enseñas el camino recto a cuantos se extravían. ⁹Tú diriges a los humildes en la justicia y les enseñas su camino. ¹⁰Tú, Señor, guías con gran amor y fidelidad a quienes guardan tu pacto y obedecen tus decretos.
¹¹Pero ¡ay, Señor, mis pecados! ¡Cuántos son! ¡Perdónamelos por amor a tu nombre!
¹²Al que te teme, Señor, tú le enseñarás a elegir el mejor sendero. ¹³Vivirá rodeado de las bendiciones que sólo tú envías, y sus descendientes heredarán la tierra.
¹⁴Ser amigo tuyo, oh Dios, es privilegio de quienes te honran. Sólo con ellos compartes los secretos de tu pacto.
¹⁵Continuamente buscan mis ojos el socorro que sólo tú, Señor, me ofreces, pues sólo tú puedes salvarme de las trampas de mis enemigos. ¹⁶Ven, Señor, y muéstrame tu misericordia, pues me hallo indefenso, abrumado, sumido en la tribulación. ¹⁷De mal en peor van mis problemas, ¡ay, líbrame de ellos! ¹⁸Siente mis dolores; fíjate en mis angustias; perdona mis pecados. ¹⁹Mira cuántos son mis enemigos y cuán tremendo es su odio contra mí. ²⁰¡Líbrame de ellos! ¡Salva mi vida de su poder! ¡No se diga jamás que inútilmente confié en ti!
²¹Dame por guardias la santidad y la integridad, pues espero que me protejas, ²²y que redimas de todas sus tribulaciones a Israel.

## Salmo 26
*Salmo de David.*

¹Retira toda acusación en contra mía, Señor; pues he procurado cumplir tus leyes y sin vacilación he confiado en ti. ²Sométeme a examen, Señor, y com-

19.1  19.7–11  19.14  20.2  20.7–9  22.3–4
22.6–7—Mc 15.29

visto se someten al instante. ⁴⁵Temblorosos de miedo salen de sus fortalezas.
⁴⁶¡Dios vive! Alaben al que es mi gran roca. ¡Exaltado sea Dios mi Salvador! ⁴⁷Es el Dios que castiga a quienes me dañan y somete a las naciones ante mí. ⁴⁸Él me rescata de mis enemigos. Me exalta sobre ellos. Me guarda de tan poderosos adversarios. ⁴⁹Por eso, Señor, te alabaré entre las naciones. ⁵⁰Muchas veces me has librado milagrosamente, a mí, el rey que has elegido. Has sido amoroso y bueno para conmigo y lo serás para con mis descendientes.

## Salmo 19

*Al director musical. Salmo de David.*

¹Los cielos cuentan la gloria de Dios, el firmamento proclama la obra de sus manos. ²Un día se lo dice a otro día; una noche a otra hace que lo conozcan. ³Hablan sin sonido ni palabra, su voz es silenciosa en los cielos; ⁴su mensaje se extiende por todo el mundo, hasta los confines de la tierra. El sol, a quien Dios le puso su hogar en el cielo, ⁵recorre el espacio tan resplandeciente como el novio que viene de su boda, tan alegre como el atleta que espera participar en una carrera. ⁶Cruza los cielos de un extremo al otro y nada escapa a su calor.

⁷La ley del Señor es perfecta: infunde nuevo aliento. Sus mandamientos son fieles: dan sabiduría a los sencillos.

⁸Las normas del Señor son justas: traen alegría al corazón. Los mandamientos del Señor son claros: dan luz a los ojos.

⁹El temor del Señor es puro: permanece para siempre. Los decretos del Señor son verdaderos y justos.

¹⁰Son más deseables que el oro, más que el oro refinado. Son más dulces que la miel que destiló del panal. ¹¹Porque ellos advierten al que los oye y hacen triunfar a quienes los obedecen.

¹²Pero, ¿cómo podré yo saber qué pecados acechan en mi corazón? ¹³Purifícame de esas faltas que me son ocultas y líbrame de cometer maldades voluntariamente; ayúdame para que ellas no me dominen. Sólo así podré estar libre de culpa y de multiplicar mis pecados.

¹⁴Que mis palabras y mis más íntimos pensamientos sean agradables a ti; Señor, roca mía y redentor mío.

## Salmo 20

*Al director musical. Salmo de David.*

¹Que el Señor esté contigo en el día de tu tribulación. ¡Que el Dios de Israel te libre de todo mal! ²Que desde su santuario te envíe ayuda; que desde Jerusalén te fortalezca. ³Que recuerde con agrado lo que le has brindado: tus sacrificios y ofrendas quemadas. ⁴Que él te conceda lo que tu corazón anhela y haga realidad todos tus planes. ⁵Que haya griterío de júbilo cuando sepamos la noticia de tu victoria; que se agiten las banderas en alabanza a Dios por todo lo hecho en favor tuyo. Que él responda a todas tus plegarias.

⁶«Dios salve a su ungido rey». ¡Y yo sé que lo salva! Él le escucha desde el alto cielo y lo rescatará con su gran poder. ⁷Algunas naciones se vanaglorian de sus ejércitos y armamento; pero nosotros nos gloriamos en el Señor nuestro Dios. ⁸Esas naciones caerán y perecerán; nosotros nos alzaremos y permaneceremos firmes y a salvo.

⁹Otorga la victoria a nuestro rey, Señor. Escucha nuestra oración.

## Salmo 21

*Al director musical. Salmo de David.*

¹En tu fuerza, Señor, se regocija el rey, ¡qué gozo siente en tus victorias! ²Porque le has dado cuanto su corazón anhelaba, todo cuanto te pidió.

³Con triunfo y prosperidad lo recibiste para darle el trono. Le pusiste regia corona de oro purísimo. ⁴Él pidió larga y buena vida y tú se la concediste; los días de su vida se prolongan para siempre. ⁵Por tu victoria le diste renombre y honor. Lo vestiste de esplendor y majestad. ⁶Lo dotaste de eterna felicidad. Le concediste el inagotable gozo de tu presencia. ⁷Y por cuanto confía en el Señor, en el gran amor del Altísimo, el rey jamás tropezará, nunca caerá.

⁸Tu mano, Señor, alcanzará a tus enemigos, tu diestra a cuantos te odian. ⁹Cuando todos te veamos, ellos serán consumidos como por el fuego de un horno, en tu presencia. En su ira los devorará el Señor; fuego los consumirá. ¹⁰Borrarás de la faz de la tierra a sus hijos; nunca tendrán descendientes. ¹¹Porque esos hombres traman en contra tuya, Señor, pero jamás triunfarán. ¹²Volverán la espalda y huirán al ver que tus flechas les apuntan.

¹³Señor, acepta nuestra alabanza por todo tu glorioso poder. Escribiremos cánticos para celebrar tus poderosos hechos.

## Salmo 22

*Al director musical. Sígase la tonada de «La cierva de la aurora». Salmo de David.*

¹¡Dios mío, Dios mío! ¿Por qué me has abandonado? ¿Por qué te niegas a ayudarme y ni siquiera escuchas mis gemidos? ²Cada día clamo a ti, mi Dios, pero tú no me respondes; clamo de noche pero no hallo reposo. ³Pero tú eres santo, tú eres rey, ¡tú eres la alabanza de Israel! ⁴Ellos confiaron en ti y tú los libraste. ⁵Escuchaste su clamor y los salvaste; jamás quedaron defraudados cuando buscaron tu ayuda.

⁶Pero yo sólo soy un gusano y no un ser humano; la gente se burla de mí, el pueblo me desprecia. ⁷Cuantos me miran se ríen de mí, se mofan y se encogen de hombros, diciendo: ⁸«Este es aquel que se encomendó al Señor, ¡pues que el Señor lo salve! Si el Señor lo ama tanto. ¡que el Señor lo libere! ⁹Pero tú me sacaste del vientre materno; me hiciste reposar confiado en el regazo de mi madre. ¹⁰Desde antes de mi nacimiento he sido puesto a tu cuidado; desde el mismo momento en que nací, has sido tú mi Dios. ¹¹No me abandones ahora, cuando la tribulación está próxima y ningún otro puede ayudarme.

¹²Temibles enemigos me rodean, fuertes como manada de enormes toros de Basán. ¹³Se me vienen encima con las fauces abiertas, como leones al asaltar su presa. ¹⁴Mi fuerza se escurrió como agua y tengo todos los huesos descoyuntados. Mi corazón se derrite como cera; ¹⁵mi fuerza se ha secado como una teja quemada por el sol; la lengua se me pega al paladar, porque me

16.10—Ma 27.63   17.8   18.1–19   18.28–41

⁸Yo sé que el Señor continuamente está conmigo, jamás tendré por qué tropezar y caer, pues él está a mi lado. ⁹Por eso tengo el corazón lleno de gozo; mi boca está llena de alabanzas. Todo mi ser descansa con tranquilidad, ¹⁰porque no me dejarás entre los muertos; no permitirás que tu amado se pudra en el sepulcro. ¹¹Me has dejado saborear los gozos de la vida y los exquisitos placeres de tu presencia eterna.

## Salmo 17
*Oración de David.*

¹Oh, Señor oye mi ruego para que se haga justicia; escucha mi clamor para obtener ayuda; presta oído a mi oración porque sale de un corazón sincero. ¡Presta oído a mi angustioso clamor! ²Declara mi inocencia, Señor, pues tú conoces a los justos. ³Has probado mis pensamientos; aun de noche has examinado mi corazón. Has buscado dentro de mí sin hallar nada incorrecto y sabes que he dicho la verdad. ⁴He cumplido tus mandatos y no he imitado a los hombres crueles y perversos. ⁵Mis pasos no se han desviado de tus sendas; no he dudado en seguirte.

⁶Oro así porque sé que me responderás, oh Dios. ¡Sí!, inclinas a mí tu oído y escuchas mi oración. ⁷Muéstrame en forma admirable tu gran amor, oh Salvador de cuantos buscan tu auxilio contra sus enemigos. ⁸Protégeme como lo harías con la niña de tus ojos; escóndeme bajo la sombra de tus alas.

⁹Protégeme de los malvados que me atacan, de los asesinos enemigos que me rodean. ¹⁰Son despiadados y arrogantes. Escúchalos alardear. ¹¹Se abalanzan contra mí, prontos a derribarme. ¹²Son como leones ansiosos de destrozarme; como leoncillos agazapados en busca de su oportunidad.

¹³Señor, levántate y haz que caigan de rodillas. Rescátame de los malvados con tu espada. ¹⁴Líbrame con tu poderosa mano de estos mortales cuyo único interés está en la ganancia terrena. Con tus tesoros los has llenado el vientre, sus hijos han tenido abundancia, y hasta ha sobrado para sus descendientes.

¹⁵Pero yo en justicia contemplaré tu rostro; me bastará con verte cuando despierte.

## Salmo 18
*Al director musical. De David, siervo del Señor. David dedicó al Señor la letra de esta canción cuando el Señor lo libró de Saúl y de todos sus enemigos. Dijo así:*

¹Señor, ¡cuánto te amo! Porque eres mi fuerza. ²El Señor es mi fortaleza, mi roca y mi salvación; mi Dios es la roca en la que me refugio. Él es mi escudo, el poder que me salva. ³Basta que clame a él para ser librado de todos mis enemigos: ¡Alabado sea el Señor!

⁴La muerte me envolvió con sus lazos; y torrentes de maldad se lanzaron poderosos contra mí. ⁵El sepulcro me enredó en sus lazos; la misma muerte me clavó su mirada. Atrapado e indefenso, luchaba yo contra las cuerdas que me arrastraban hacia la muerte.

⁶En mi angustia clamé al Señor pidiendo ayuda. Y él me escuchó desde su templo; mi clamor llegó a sus oídos. ⁷Entonces la tierra tembló y se estremeció, y los cimientos de las montañas se sacudieron y temblaron. ¡Cómo se estremecieron cuando ardió su ira! ⁸Humo le salió de la nariz. Espantosas llamas salieron de su boca; lanzaba carbones encendidos. ⁹Él abrió los cielos y descendió; bajo sus pies había densas tinieblas. ¹⁰Cabalgando en querubines surcó los cielos sobre las alas del viento. ¹¹Se envolvió en oscuridad; y ocultó su avance con espesas nubes oscuras. ¹²Súbitamente, el esplendor de su presencia rompió de entre las nubes con carbones encendidos y con una granizada.

¹³El Señor tronó en los cielos; el Dios que está sobre todos los dioses ha hablado: ¡Qué de granizo! ¡Qué de fuego! ¹⁴Lanzó las tremendas flechas de sus rayos y derrotó a todos mis enemigos. ¡Miren cómo huyen! ¹⁵ A causa de tu represión, Señor, las cuencas del mar quedaron a la vista. Sonó tu aliento como trompeta, y las profundidades quedaron desnudas.

¹⁶Desde lo alto extendió su mano, me tomó y me sacó del mar profundo. Me rescató de las aguas profundas. ¹⁷Me liberó de mi recio enemigo, de los que me odiaban; a mí, que estaba indefenso en manos de ellos. ¹⁸El día de mi mayor debilidad, me atacaron; pero el Señor me sostuvo. ¹⁹Me llevó a un sitio seguro, porque en mí se deleita. ²⁰El Señor me recompensó porque hice lo recto y fui puro, ²¹porque yo he cumplido sus mandatos y no he pecado dejando de seguirlo. ²²Mantuve celosamente todas sus leyes; no rechacé ni una sola. ²³Hice cuanto pude por guardarlas todas, y me abstuve de hacer el mal. ²⁴El Señor me ha recompensado con sus bendiciones conforme a la limpieza de mis manos.

²⁵Señor, ¡qué fiel eres con los fieles! ¡Que intachable eres con los intachables! ²⁶Con los puros eres puro, pero hostil con el malvado. ²⁷Libras a los humildes y condenas a los orgullosos y altivos. ²⁸Has encendido mi lámpara. Has convertido mis tinieblas en luz. ²⁹Ahora con tu fuerza puedo escalar cualquier muro, atacar cualquier ejército.

³⁰¡Qué grandioso es él! ¡Cuán perfecto en todo! Todas sus promesas se cumplen. Es escudo para todo aquel que tras él se refugia. ³¹Porque, ¿quién es Dios sino nuestro Señor? ¿Quién es la roca sino nuestro Dios?

³²Él me llena de fortaleza y me protege por dondequiera que voy. ³³Hace mis pies tan seguros como los de la cabra montés en las laderas. Me lleva a salvo por los riscos. ³⁴Me prepara para la batalla y me da fuerza para tensar un arco de bronce.

³⁵Me has dado tu salvación como escudo. Tu mano derecha, Señor, me sostiene; tu bondad me ha engrandecido. ³⁶Has hecho amplias gradas bajo mis pies para que no resbale. ³⁷Perseguí a mis enemigos, los alcancé, y no me volví hasta vencerlos a todos. ³⁸Los aplasté. Ya no pudieron levantarse. Les puse el pie sobre el cuello. ³⁹Porque tú me has armado con fuerte armadura para la batalla. Mis enemigos tiemblan ante mí y caen derrotados a mis pies. ⁴⁰Los hiciste volverse y huir; destruí a cuantos me odiaban. ⁴¹Gritaron pidiendo ayuda, pero nadie se atrevió a rescatarlos; clamaron al Señor, pero él se negó a responderles. ⁴²De modo que los hice polvo y los lancé al viento. Los arrojé como basura del piso. ⁴³Me diste la victoria en toda batalla. Vinieron las naciones y me sirvieron. Hasta los que yo no conocía vinieron a postrarse ante mí. ⁴⁴Extranjeros que nunca me han

16.9—Ma 27.57-60

⁷Tienen la boca llena de maldiciones, mentira y fraude. En la punta de su lengua tienen maldad y problemas. ⁸Acechan en las callejuelas oscuras de la ciudad y asesinan a los inocentes que pasan. ⁹Como leones, se agazapan silenciosos en espera de lanzarse sobre los indefensos. Como cazadores, hacen caer a sus víctimas en sus trampas. ¹⁰Los desdichados son vencidos por la mayor fuerza de ellos, y caen bajo sus golpes. ¹¹«Dios no ve, no se dará cuenta», dicen para sí los malvados.

☼ ¹²¡Levántate, oh Señor! ¡Oh Dios, aplástalos! No te olvides de los indefensos. ¹³¿Por qué permites que el malvado se quede tan campante después de maldecirte así, oh Dios? Porque ellos creen que nunca los llamarás a cuentas. ¹⁴Señor, tú ves todos los problemas y el dolor que han causado. Castígalos, pues, oh, Señor; el huérfano se encomienda en tus manos; tú eres auxilio del desvalido. ¹⁵Rompe los brazos de esos malvados, persíguelos hasta que el último de ellos sea destruido.

¹⁶El Señor es rey para siempre jamás. Quienes siguen a otros dioses serán borrados de su tierra.

¹⁷Señor, tú conoces el anhelo de los desvalidos. Ciertamente escucharás sus clamores y los consolarás. ¹⁸Estarás con los huérfanos y con todos los oprimidos, para que el simple mortal no se aterrorice más.

## Salmo 11
*Al director musical. Salmo de David.*

☼ ¹En el Señor me encuentro protegido. ¿Cómo se atreven a decirme: «Huye a las montañas para protegerte»?

²Los malvados han tensado sus arcos; tienen preparadas las flechas sobre las cuerdas para disparar desde las sombras contra aquellos que actúan con rectitud. ³«La ley y el orden se han derrumbado», se nos dice. «¿Qué pueden hacer los justos?»

⁴Pero el Señor está en su santo templo; aún reina desde el cielo, observa atentamente cuanto ocurre y a cada ser humano aquí en la tierra. ⁵Él pone a prueba al justo y al malvado; aborrece a los que aman la violencia. ⁶Derramará fuego y azufre sobre los malvados y los abrasará con su ardiente soplo.

⁷Justo es Dios, y ama la justicia; los justos verán su rostro.

## Salmo 12
*Al director musical. Sobre la octava. Salmo de David.*

¹Señor, ¡ayúdanos! Rápidamente van desapareciendo los piadosos. Ya no queda gente fiel en este mundo. ²Se mienten unos a otros, hablando con labios aduladores; ya no hay sinceridad.

³El Señor acabará con todo labio adulador y toda lengua vanidosa que dice: ⁴«Mentiremos cuanto se nos antoje. La boca es nuestra; ¿quién nos podrá callar?» ⁵El Señor responda: «Yo me levantaré y defenderé a los oprimidos, a los pobres, a los necesitados.

☼ Los rescataré como ellos anhelan». ⁶Segura es la promesa del Señor, como plata siete veces refinada. ⁷Señor, sabemos que para siempre guardarás a los tuyos del poder de los malos, ⁸aunque ronden por todas partes y la maldad sea exaltada por toda la tierra.

## Salmo 13
*Al director musical. Salmo de David.*

¹¿Hasta cuándo me tendrás en el olvido, Señor? ¿Para siempre? ¿Hasta cuándo esconderás de mí tu rostro? ²¿Hasta cuándo soportaré esta diaria angustia? ¿Hasta cuándo triunfará mi enemigo? ³Respóndeme, oh Señor, Dios mío. ¡Devuélveles la luz a mis ojos! ⁴No permitas que mis enemigos digan: «Lo hemos vencido». No los dejes gozarse por mi derrota.

⁵Pero yo, desde ya, confío en tu gran amor. Me gozo porque tú me has salvado. ⁶Te canto, Señor, por el bien que me has hecho.

## Salmo 14
*Al director musical. Salmo de David.*

¹Las personas necias afirman que no hay Dios. Están corrompidas, sus obras son detestables; ¡no hay un solo individuo que haga lo bueno!

²Desde el alto cielo mira el Señor para ver si entre toda la humanidad hay aunque sea uno que sea entendido y busque a Dios. ³Pero no; todos se han descarriado; todos están corrompidos por el pecado. No hay ninguno bueno, ¡ni siquiera uno! ⁴¿Acaso no entienden todos los que hacen lo malo? Devoran a mi pueblo como pan; y en cuanto a orar, ¡ni pensarlo!

⁵El terror los acosará, pues Dios está con los que lo obedecen. ⁶Los malvados frustran los planes de los oprimidos pero el Señor los protege. ⁷¡Ojalá que desde Sión viniera Dios para salvar a su Israel! ¡Qué gozo habrá en Israel y cómo gritará de alegría Jacob, cuando el Señor haya rescatado a su pueblo!

## Salmo 15
*Salmo de David.*

¹Señor, ¿quién puede habitar en tu santuario?
☼ ¿Quién puede vivir en tu santo monte?

²Sólo el de conducta intachable, que practica la justicia y de corazón dice la verdad; ³que no calumnia con la lengua, que no le hace mal a su prójimo, ni le acarrea desgracia a su vecino. ⁴que desprecia al que Dios reprueba pero honra al que le teme al Señor; que cumple lo prometido aunque salga perjudicado; ⁵que no cobra intereses sobre el dinero que presta y se niega a ser testigo contra el inocente por mucho que se le quiera sobornar. Una persona así permanecerá siempre firme.

## Salmo 16
*Mictam de David.*

¹¡Sálvame, oh Dios, pues acudo a tu amparo¡ ²Yo le dije: «Tú eres mi Señor, todo lo bueno que tengo viene de ti». ³Mis verdaderos héroes son la gente santa del país. ¡Ellos son la gente que verdaderamente me agrada! ⁴Quienes elijan dioses ajenos se verán llenos de pesar; no ofreceré yo sacrificios a sus dioses, y ni siquiera pronunciaré su nombre.

⁵El Señor es mi herencia, mi copa de bendiciones. Él cuida cuanto es mío. ⁶La tierra que él me ha dado es un lugar bello. ¡Qué magnífica herencia! ⁷Bendeciré al Señor que me aconseja; aun de noche me instruye. Me dice qué debo hacer.

☼10.12–18  ☼11.1–7  ☼12.6–7  ☼15.1–5

**SALMOS 10.7**

⁸Váyanse; déjenme ya, hombres de perversas obras, porque el Señor ha escuchado mi llanto ⁹y mi súplica. Él responderá a todas mis oraciones. ¹⁰Todos mis enemigos quedarán repentinamente en ridículo, aterrorizados y avergonzados. Serán rechazados afrentosamente.

## Salmo 7
*Sigaión de David, que elevó al Señor acerca de Cus el benjaminita.*

¹En tus manos me he puesto, oh Señor, Dios mío, para que me salves de mis perseguidores. ²No dejes que me devoren como leones, que me despedacen y me arrastren sin nadie que me libre. ³Distinto sería, Señor, si yo estuviera haciendo lo malo; si fuera injusto, ⁴ o si le hiciera daño a un amigo, o si a mi enemigo le quitaran sin razón lo que es suyo. ⁵Entonces sí tendrías razón en permitir que mis enemigos me persigan y me alcancen, y pisoteen mi honra en el polvo.
⁶¡Pero, Señor, levántate airado contra la furia de mis enemigos! ¡Despierta! Exige que se me haga justicia, Señor. ⁷Reúne a todas las naciones delante de ti; siéntate muy por encima de ellos y juzga sus pecados.
⁸Pero justifícame en público; establece mi honra y mi verdad ante todos ellos. ⁹Pon fin a toda maldad, Señor, y bendice a todos los que genuinamente te adoran porque tú, el justo Dios, miras hasta lo profundo del corazón de todo hombre y mujer, y examinas todas sus intenciones y pensamientos.
¹⁰Dios es mi escudo. Él salva a los de corazón recto y puro.
¹¹Dios es un juez perfectamente justo; su ira contra los malvados es constante. ¹²A menos que se arrepientan, él afilará su espada y tensará su arco; ¹³ha preparado mortíferas armas y flechas de fuego.
¹⁴El malvado concibe un plan perverso; está preñado de maldad y da a luz mentira; ¹⁵que caiga él en su propia fosa que cavó para que cayeran otros. ¹⁶Que la violencia que pensó para el prójimo, se vuelva contra él.
¹⁷¡Cuán grande es mi gratitud para con el Señor, por su justicia! Entonaré alabanzas al nombre del Señor que está por sobretodos los señores.

## Salmo 8
*Al director musical. Sígase la tonada de «La canción del lagar». Salmo de David.*

¹Oh Señor, soberano nuestro, ¡qué imponente es tu nombre en toda la tierra! ¡Has puesto tu gloria sobre los cielos! ²Has enseñado a los pequeños y a los niños de pecho a rendirte perfecta alabanza. ¡Que su ejemplo avergüence a tus enemigos!
³Cuando alzo la vista al cielo nocturno y contemplo la obra de tus manos, la luna y las estrellas que tú hiciste, ⁴no logro comprender por qué te ocupas de nosotros, simples mortales. ⁵Nos hiciste apenas un poco inferior a un dios, y nos coronaste de gloria y de honra.
⁶Pusiste a nuestro cuidado todo cuanto has hecho; todo ha sido puesto bajo nuestra autoridad: ⁷las ovejas, bueyes, los animales salvajes, ⁸las aves, los peces y todos los seres del mar. ⁹¡Oh Señor nuestro, la majestad y gloria de tu nombre llenan la tierra!

## Salmo 9
*Al director musical. Sígase la tonada de «La muerte del hijo». Salmo de David.*

¹Oh Señor, te alabaré con todo el corazón, y le contaré a todo el mundo las maravillas que haces! ²Me alegraré, sí; por ti estaré lleno de gozo. Cantaré tus alabanzas, oh Altísimo.
³Mis enemigos retrocederán y perecerán en tu presencia; ⁴tú me has vindicado; has respaldado mis acciones, declarándolas buenas desde tu trono. ⁵Has reprendido a las naciones y destruido a los malvados, borrando para siempre sus nombres. ⁶Oh enemigos tuyos: condenados están para siempre. El Señor destruirá sus ciudades; aun el recuerdo de ellas desaparecerá.
⁷Pero el Señor reina eternamente; está sentado en su trono para juzgar. ⁸Él juzgará rectamente al mundo; gobernará a las naciones con igualdad. ⁹Todos los oprimidos pueden acudir a él. Él es refugio para ellos en tiempo de tribulación. ¹⁰Todos los que conocen tu misericordia, Señor, contarán contigo para que los auxilies, pues jamás has abandonado a quienes en ti confían.
¹¹Canten salmos al Señor, el rey de Sión, cuéntenle al mundo sus hechos inolvidables. ¹²El que castiga a los homicidas tiene cuidado de los desvalidos. No olvida las súplicas de los atribulados que le piden ayuda.
¹³Y ahora, Señor, ten misericordia de mí; mira como padezco a manos de quienes me odian. Señor, sácame de las fauces de la muerte. ¹⁴Sálvame, para que pueda alabarte públicamente en presencia del pueblo en las puertas de Jerusalén, y pueda regocijarme porque me has rescatado.
¹⁵Las naciones caen en las trampas que cavaron para otros; la trampa que pusieron a los ha atrapado. ¹⁶El Señor es célebre por la forma en que hace caer a los malvados en sus propios lazos.
¹⁷Los malvados serán enviados al sepulcro; éste es el destino de las naciones que olvidan al Señor. ¹⁸Pero no se olvidará para siempre al necesitado y las esperanzas del pobre no se verán eternamente burladas.
¹⁹¡Oh Señor, levántate! No dejes que el hombre domine. ¡Haz que las naciones se presenten delante de ti! ²⁰Hazlos temblar de miedo; bájales los humos hasta que comprendan que no son sino frágiles hombres.

## Salmo 10

¹Señor, ¿por qué te retraes y te mantienes alejado? ¿Por qué te ocultas cuando más te necesito?
²Ven y llama a cuentas a estos hombres altivos y malvados que se encarnizan persiguiendo a los pobres. Derrama sobre estos malvados el mal que para otros planeaban. ³Estos hombres se vanaglorian de todos sus malos deseos, injurian a Dios y felicitan al ambicioso.
⁴Estos malvados, tan orgullosos y altivos, parecen creer que Dios ha muerto. ¡No se les ocurre siquiera buscarlo! ⁵No obstante, todo cuanto emprenden les sale bien. No ven el castigo tuyo que les espera. ⁶Se jactan de que ni Dios ni el hombre pueden hacer nada contra ellos; siempre estarán libres de problemas.

7.8   8.1–9   9.1–2   9.9–10

# Salmos

## Salmo 1

☀ ¹Dichosos todos aquellos que no siguen el consejo de los malvados, ni se detienen en la senda de los pecadores, ni cultivan la amistad de los blasfemos, ²sino que se deleitan en la ley del Señor, la meditan día y noche. ³Son como árboles junto a las riberas de un río, que no dejan de dar delicioso fruto cada estación. Sus hojas nunca se marchitan y todo lo que hacen prospera.

⁴¡Qué distinto el caso de los malvados! Son como la paja que el viento arrastra. ⁵Por eso, los malvados no se sostendrán en el juicio, ni serán contados entre los buenos.

⁶Porque el Señor protege los pasos de los justos; pero los pasos de los impíos conducen a la perdición.

## Salmo 2

† ¹¿Por qué se unen las naciones en contra del Señor y en vano conspiran? ²Los reyes de la tierra se preparan para la batalla; los gobernantes se asocian contra el Señor y contra su ungido. ³«Vamos, rompamos sus cadenas», dicen, «liberémonos de la esclavitud de Dios».

⁴¡Pero el Señor de los cielos se ríe! Se burla de ellos. ⁵Y luego, con ardiente furia los reprende y los llena de espanto. ⁶El Señor declara: «Este es el rey que he elegido. Lo he puesto en el trono de Jerusalén, mi santo monte».

⁷Su elegido responde: «Yo revelaré los eternos propósitos de Dios, pues el Señor me ha dicho: "Tú eres mi hijo. Hoy mismo te he concebido. ⁸Pídeme, y te daré como herencia todas las naciones del mundo. ¡Tuyos serán los confines de la tierra! ⁹Gobiérnalas con vara de hierro; rómpelas como vasijas de barro"».

¹⁰Ustedes, los reyes, obren sabiamente. ¹¹Sirvan al Señor con temor reverente; con temblor ríndale alabanza. ¹²Bésenle los pies, antes que se encienda su ira y perezcan en el camino, pues su ira se inflama de repente. ¡Dichosos los que en él buscan el refugio!

## Salmo 3

*Salmo de David, cuando huía de su hijo Absalón.*

☀ ¹¡Oh Señor, muchos son mis enemigos! ¡Muchos están contra mí! ²Muchos dicen que Dios jamás me ayudará ³Pero, Señor, tú eres mi escudo, mi gloria, tú mantienes en alto mi cabeza.

⁴Clamé al Señor a voz en cuello, y él me respondió desde su monte santo. ⁵Luego me acosté y dormí en paz, y desperté a salvo, porque el Señor velaba por mí. ⁶Y ahora, aunque diez mil adversarios me tengan cercado, no tengo miedo. ⁷¡Levántate, oh Señor! ¡Sálvame, Dios mío!» ¡Rómpele la quijada a mi enemigo! ¡Rómpele los dientes a los malvados!

⁸La salvación viene de Dios. Envía su bendición a todo su pueblo.

## Salmo 4

*Al director musical. Acompáñese con instrumentos de cuerda. Salmo de David.*

¹Responde a mi clamor, Dios mío y defensor mío. Alivia mi pena. Ten piedad de mí; escucha mi oración.

²El Señor Dios pregunta: «Ustedes, señores, ¿hasta cuándo van a estar convirtiendo mi gloria en vergüenza? ¿Hasta cuándo amarán ídolos vanos e irán en pos de lo ilusorio? ³Oigan bien: El Señor ha separado para sí a los redimidos; por tanto me escuchará y me responderá cuando lo llame. ⁴No pequen permitiendo que el enojo los controle. Medítenlo cuando por la noche vayan a descansar. ⁵Pongan su confianza en el Señor, y preséntenle sacrificios agradables.

⁶Muchos dicen que tú, Señor, jamás nos auxiliarás. Haz que la luz de tu rostro resplandezca sobre nosotros. ⁷Sí, la alegría que me has dado es mucho mayor que el gozo de ellos en la siega cuando contemplan ☀ su abundante cosecha de grano y vino. ⁸En paz me acostaré y dormiré porque sólo tú, Señor, me haces vivir seguro.

## Salmo 5

*Al director musical. Acompáñese con flautas. Salmo de David.*

☀ ¹Escucha, Señor, mis oraciones; toma en cuenta mis gemidos ²Escucha mis súplicas, rey mío y Dios mío, porque a ti elevo mi plegaria. ³Cada mañana, Señor escucha mi clamor; por la mañana te presento mis súplicas y atento espero tu presencia. ⁴Sé que no te agrada la maldad y que no toleras ni el más leve pecado. ⁵Por tanto, los altivos no tienen lugar en tu presencia, pues detestas a los malvados. ⁶Por sus mentiras los destruirás. ¡Cómo aborreces a los asesinos y tramposos!

⁷Pero yo entraré en tu templo bajo el amparo de la misericordia y tu amor; y te adoraré con profundísimo y reverente temor.

⁸Señor, guíame como lo has prometido; de otro modo, caeré bajo mis enemigos. Dime claramente qué debo hacer, qué camino tomar. ⁹Porque en la boca de ellos no hay ni una palabra de verdad. Su deseo más profundo es destruir a otros. Su garganta es un sepulcro abierto; con su lengua hablan engaños. ¹⁰¡Oh Dios, condénalos! Hazlos caer en sus propias trampas, hazlos derrumbarse bajo el peso de sus propias ☀ transgresiones, porque han rebotado contra ti. ¹¹Pero haz que se regocijen todos los que ponen su confianza en ti. Haz que siempre clamen de alegría porque tú los defiendes. Llena de tu dicha a cuantos te aman. ¹²Tú bendices al justo, oh Señor, y con tu escudo de amor lo proteges.

## Salmo 6

*Al director musical. Acompáñese con instrumentos de cuerda. Sobre la octava. Salmo de David.*

¹¡No, Señor! ¡no me castigues cuando estés enojado; no me reprendas en tu furor! ²Ten piedad de mí, oh Señor, porque soy débil. Sáname, pues mi cuerpo está en agonía, ³y estoy desconcertado y turbado. Tengo el alma llena de aprensión y tristeza. ¿Hasta cuándo, Señor, hasta cuándo?

⁴Ven, Señor, y sáname. Sálvame por tu misericordia. ⁵Pues si muriera, no podría alabarte. ⁶El dolor me tiene agotado, cada noche baño en lágrimas mi almohada. ⁷Los ojos se me están envejeciendo y nublando de sufrimiento a causa de todos mis enemigos.

☀ 1.1–6   † 2.1—Hch 4.25–26   ☀ 3.1–8   ☀ 4.8   ☀ 5.1–8
5.11–12   ☀ 6.8–9

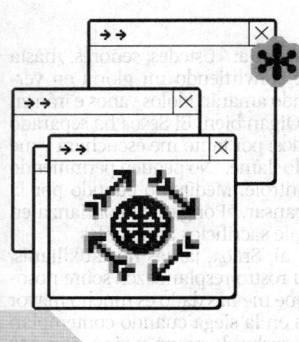

## PANORAMA DEL LIBRO

Este es uno de los libros más cercanos al alma de los seres humanos, ya que muchas emociones y experiencias comunes a la raza humana son reflejadas en sus páginas. Se puede decir que el propósito para formar esta colección es, por un lado, práctico y por otro, teológico: el lado práctico es el de tener a mano una colección de los cantos para uso en la liturgia pública y privada del pueblo de Dios. Teológicamente, el propósito es el de expresar de manera poética una variedad de sentimientos, pensamientos y vivencias de los autores con el Dios personal y amoroso al cual sirven.

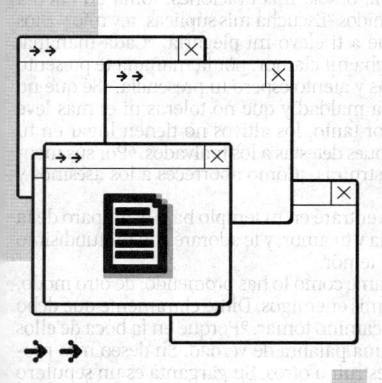

## EL GUION

1) Salmos de alabanza. Expresión de mi acción de gracias a Dios por su ser y sus obras. Sal. 66, 67, 113, 116, etc.
2) Salmos de penitencia. Expresión de mi arrepentimiento por el pecado. Sal. 6, 32, 38, 51.
3) Salmos históricos. Expresión de mis sentimientos ante la historia del pueblo de Dios. Sal. 78, 105, 106, 136.
4) Salmos proféticos. Expresión de mi esperanza que se cumple en el Mesías. Sal. 2, 22, 45, 72, 110.
5) Salmos imprecatorios. Expresión de mi petición por justicia ante el Señor. Sal. 5, 7, 35, 69, 109, 137.

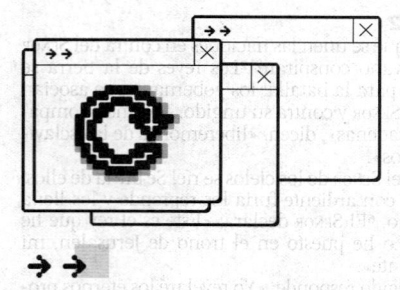

## ¿CÓMO SE RELACIONA CONMIGO?

Aunque suele ser considerado como un libro de alabanza, lo cierto es que este es el libro con más expresiones emocionales de toda la Biblia. En él no solo salen a la luz cantos de alabanza sino toda la gama de sentimientos humanos con plena libertad como incluso el enojo, el sentido de venganza, el temor, la timidez y la audacia, lo cual te brinda letra y dirección para todos tus momentos especiales. El libro de Salmos ofrece una gran variedad de experiencias, ideas, sentimientos y emociones de diferentes autores en una variedad de circunstancias, quienes tuvieron la libertad de decirle a Dios por medio de expresiones artísticas lo que sentían, lo que pensaban y lo que deseaban en esos momentos sin demasiados filtros. Claro que lo conocemos por la alabanza, pero esta colección de cantos y poemas es más que solo alabanza ya que los Salmos son una fuente de inspiración para quienes están llenos de sueños e ilusiones.

# SALMOS

# SALMOS

### ¿QUIÉN LO ESCRIBIÓ?

La verdad es que los Salmos siempre se identifican con David, el más famoso famoso rey de Israel, porque es quien más salmos escribió, casi la mitad, pero no todos son de su autoría. Asaf escribió doce salmos. Los hijos de Coré son los compositores de once salmos. Los sabios (lee 1 Reyes 4:31), Hemán el ezraita y Etán el ezraita, escribieron uno cada uno (Salmo 88 y 89) y Moisés escribió uno (Salmo 90). De los restantes 51 no se conoce su autor.

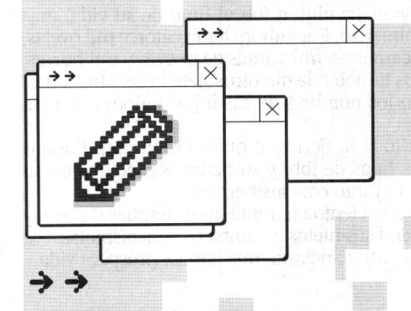

### ¿A QUIÉN LO ESCRIBIÓ?

La colección fue compilada con el pueblo de Israel en mente, para su instrucción, la expresión de sus sentimientos y sobre todo para servir dentro del culto comunitario en el templo y después del cautiverio en las sinagogas. Por supuesto, también cada salmo tuvo su origen particular y una situación específica que le dio origen. Sin embargo, hay algo muy humano en este libro. Sus emociones, sus clamores, sus alabanzas e incluso sus quejas son una declaración de lo que existe en los corazones humanos de todas las épocas y lugares, así que, aunque originalmente fue hecho pensando en Israel, tiene un alcance universal.

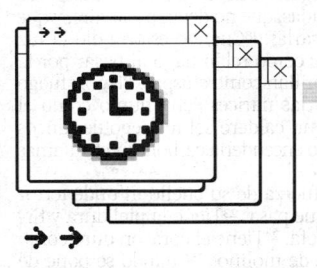

### ¿CUÁNDO Y DÓNDE LO ESCRIBIÓ?

Los salmos se escribieron en un marco de tiempo bastante amplio —quizá unos quinientos años— desde la época de David hasta el tiempo posterior al cautiverio. Incluso el Salmo 90, compuesto por Moisés, fue escrito mucho tiempo antes. Sin embargo, la colección fue reunida en su forma actual en la época posterior al exilio. Muchas fuentes antiguas asignan a Esdras el trabajo de recopilar y colocar juntos todos los salmos. Si esto es así, significa que el libro finalmente fue publicado a mediados del siglo V antes de Cristo.

tallos, ²²escondido a la sombra de los sauces junto a las aguas. ²³No lo asustan los ríos torrentosos, ni cuando el crecido Jordán se lanza contra él. ²⁴Nadie puede tomarle desprevenido ni ponerle anillos en la trompa para llevárselo cautivo.

**41** »¿Puedes pescar al Leviatán con cuerda y anzuelo? ¿O echarle un nudo corredizo a la lengua? ²¿Puedes atarlo de la nariz con una cuerda, o atravesarle la quijada con un garfio? ³¿Te suplicará que lo dejes en paz, o con zalamerías procurará aplacarte? ⁴¿Consentirá en que lo esclavices de por vida? ⁵¿Podrás domesticarlo como a un pájaro y dárselo a tus hijas para que jueguen? ⁶¿Lo llevarán los pescadores para que lo pongan a la venta en la pescadería? ⁷¿Será su piel vulnerable a los dardos, o su cabeza al arpón? ⁸»Si llegaras a agarrarlo jamás olvidarías aquella lucha, ni querrías repetirla. ⁹No, vano es querer atraparlo. El solo pensarlo asusta. ¹⁰Nadie se atreve a provocarlo; mucho menos a capturarlo. Y si ante él nadie se mantiene, ¡quién se mantendrá delante de mí! ¹¹A nadie soy deudor. Cuanto hay bajo el cielo me pertenece.

¹²»Debo también mencionar la tremenda fuerza que hay en sus miembros y en todo su cuerpo. ¹³¿Quién puede perforarle la piel, o quién se atreve a ponerse al alcance de sus fauces? ¹⁴Porque tiene unos dientes terribles. ¹⁵⁻¹⁷Se enorgullece de sus escamas traslapadas perfectamente selladas, que no dejan pasar aire, y que nada puede penetrarlas. ¹⁸Cuando estornuda, la luz del sol resplandece como relámpago al pasar por la llovizna. Sus ojos brillan como chispas. ¹⁹Lanza fuego por la boca. ²⁰Por las narices echa humo como el vapor que sale de un caldero sobre fuego de juncos secos. ²¹Sí, su aliento encendería carbones; echa llamas por la boca.

²²»La inmensa fuerza de su cuello infunde terror por dondequiera que pasa. ²³Tiene la piel dura y firme, no blanda ni floja. ²⁴Tiene el corazón duro como roca; como piedra de molino. ²⁵Cuando se pone de pie, aun los más fuertes se atemorizan: el terror los domina. ²⁶No hay espada, ni lanza, dardo o aguda flecha que lo detenga. ²⁷,²⁸Para él el hierro es como paja, y el bronce como palo podrido. Las flechas no lo ahuyentan. Las piedras de honda son tan inútiles como paja. ²⁹Los garrotes de nada sirven y él se ríe de las jabalinas que lanzan. ³⁰Tiene el vientre cubierto de escamas como cascos agudos; ¡se arrastra por la tierra como un rodillo de aplanar!

³¹,³²»Hace rebullir al agua cuando se pone en movimiento. Agita lo profundo. Deja tras sí una brillante estela de espuma. ¡Al verlo, parece que el mar fuera de escarcha! ³³No hay en toda la tierra un ser que, como él, a nada tema. ³⁴Entre todas las bestias es la más orgullosa; es el monarca de todo cuanto ve».

## Respuesta de Job

**42** Entonces Job respondió a Dios: ²«Sé que todo lo puedes y que nadie es capaz de detenerte. ³Preguntas quién ha sido tan necio para negar tu providencia. Soy yo. Hablaba de lo que ignoraba en absoluto; de lo que no comprendía; de cosas demasiado admirables para mí.

⁴»Tú dijiste: "Escucha, y yo hablaré. Déjame plantearte las preguntas. ¡A ver si eres capaz de responder!"

⁵»Pero ahora yo digo. Había oído hablar de ti, pero ahora te he visto, ⁶y me detesto, y me arrepiento en polvo y cenizas».

## Epílogo

⁷Luego que el SEÑOR terminó de hablar con Job, dijo a Elifaz de Temán: «Estoy airado contra ti y tus dos amigos, pues no tenían razón en lo que dijeron respecto a mí, como sí la tuvo Job. ⁸Ahora tomen siete becerros y siete carneros; vayan a mi siervo Job y presenten una ofrenda quemada en expiación por ustedes; y mi siervo Job orará por ustedes, y yo aceptaré su oración en favor suyo, y no los destruiré como debería hacerlo por su pecado, porque no han hablado rectamente respecto a mi siervo Job».

⁹De modo que Elifaz de Temán, Bildad de Súah y Zofar de Namat hicieron como el SEÑOR los mandó, y el SEÑOR, aceptó la oración de Job en favor de ellos. ¹⁰Luego, cuando Job oró por sus amigos, el SEÑOR le restituyó sus riquezas y felicidad. ¡En verdad, el SEÑOR le dio el doble de lo que antes tenía! ¹¹Todos sus hermanos, hermanas y antiguos amigos llegaron y festejaron con él en su hogar, consolándolo en todos sus padecimientos, y alentándolo por las pruebas que el SEÑOR le había mandado. Y cada uno de ellos le llevó un obsequio de una pieza de plata y un anillo de oro. ¹²Así el SEÑOR bendijo a Job al final de su vida, más que al comienzo. Pues ahora tenía catorce mil ovejas, seis mil camellos, mil yuntas de bueyes y mil burras.

¹³,¹⁴Dios también le dio otros siete hijos y tres hijas. Estos son los nombres de sus hijas: Paloma, Canela y Linda.

¹⁵Y en toda la tierra no hubo jóvenes tan bonitas como las hijas de Job; y su padre las incluyó en su testamento junto con sus hermanos.

¹⁶Job vivió ciento cuarenta años después de esto, y llegó a ver a sus nietos, y también a sus bisnietos. ¹⁷Al fin murió, muy anciano, tras larga y próspera vida.

41.11

¹³¿Alguna vez ordenaste al día que se extendiera hasta los confines de la tierra para poner fin a las maldades nocturnas? ¹⁴¿Alguna vez diste a la aurora su manto rojo, ¹⁵e invadiste la madriguera de los malvados y detuviste el brazo que estaba a punto de herir?

¹⁶»¿Has explorado las fuentes en donde nacen los mares, o has andado por los rincones del abismo? ¹⁷,¹⁸¿Se te ha revelado el sitio en donde están las puertas de la muerte? ¿Sabes cuál es la extensión de la tierra? ¡Dímelo; si lo sabes!

¹⁹»¿De dónde viene la luz, y cómo se llega allá? O dime respecto a la oscuridad: ¿de dónde viene? ²⁰¿Puedes descubrir sus fronteras o ir a sus fuentes? ²¹Pero ¡naturalmente que sabes todo esto, pues naciste antes que todo ello fuera creado, y tienes mucha experiencia!

²²,²³»¿Has ido a los tesoros de la nieve, o visto en dónde se fabrica y almacena el granizo? Porque reservado lo tengo para cuando lo necesite en la guerra. ²⁴¿Dónde está el sendero que lleva al punto de donde se distribuye la luz? ¿Cuál es el origen del viento oriental? ²⁵⁻²⁷¿Quién abrió los valles para que corran los torrentes de lluvia? ¿Quién trazó la senda al relámpago, para que la lluvia caiga en los desiertos estériles, de modo que la tierra reseca y yerma se sacie de agua, y nazca la tierna hierba? ²⁸¿Acaso tiene padre la lluvia? ¿De dónde viene el rocío? ²⁹¿Quién es la madre del hielo y la escarcha? ³⁰Porque el agua se transforma en hielo, duro como la piedra.

³¹»¿Puedes detener las estrellas? ¿Puedes frenar a Orión o las Pléyades? ³²¿Puedes garantizar la correcta sucesión de las estaciones, o guiar la constelación de la Osa con sus satélites a través de los cielos? ³³¿Conoces las leyes del universo, y cómo los cielos influyen en la tierra?

³⁴»¿Puedes gritarles a las nubes y hacer que llueva? ³⁵¿Puedes hacer que salga el relámpago y que el rayo caiga donde tú mandes? ³⁶¿Quién da la intuición y el instinto? ³⁷,³⁸¿Quién es tan sabio que pueda enumerar todas las nubes? ¿Quién puede derramar los cántaros del cielo cuando todo se ha vuelto polvo y terrones?

³⁹,⁴⁰»¿Puedes tú, como la leona, cazar la presa para satisfacer el hambre de sus cachorros que esperan en su guarida, o mantenerte al acecho en la selva? ⁴¹¿Quién alimenta a los cuervos cuando sus polluelos claman a Dios, y se agitan hambrientos en sus nidos?

**39** »¿Sabes cómo paren las cabras monteses? ¿Alguna vez viste nacer sus cabritos? ²,³¿Sabes cuántos son sus meses de preñez antes de que se encorven para parir y librarse de su carga? ⁴Sus cabritos crecen en campo abierto, luego abandonan a sus padres para no volver más.

⁵¿Quién hace montaraces a los burros salvajes? ⁶Yo los puse en el desierto y les di llanos salados en donde vivir. ⁷Porque ellos detestan el ruido de la ciudad, y no quieren que los arrieros les griten. ⁸En la serranía están sus pastos; allá buscan toda brizna de hierba.

⁹»¿Querrá de buen grado servirte el buey salvaje? ¿Querrá quedarse junto a tu pesebre? ¹⁰¿Puedes arar con el buey salvaje? ¿Querrá él arar con tu arado? ¹¹Por su mucha fuerza, ¿confiarás en él? ¿Dejarás que decida dónde trabajar? ¹²¿Podrás enviarlo a acarrear el trigo de la era?

¹³»La hembra del avestruz aletea airosamente, pero ¿hay acaso amor maternal en su plumaje? ¹⁴Pone los huevos a ras de tierra para que se calienten en el polvo. ¹⁵Olvida que alguien puede aplastarlos con el pie, o que los animales salvajes pueden destruirlos. ¹⁶Se desentiende de sus polluelos como si no fueran sus hijos y no le importa si mueren, ¹⁷porque Dios no le ha dado sabiduría. ¹⁸Pero si de correr se trata, es más veloz que el caballo y su jinete.

¹⁹»¿Fuiste tú quien dio al caballo su fortaleza o coronó su cuello de ondeante crin? ²⁰¿Le diste tú la capacidad de saltar como la langosta? ¡Su majestuoso relincho es digno de escucharse! ²¹⁻²³Golpea la tierra con su casco y se regocija en su vigor, y cuando va a la guerra no se arredra aunque las flechas y las fulgurantes espadas y jabalinas le golpeen el costado. ²⁴En frenética carrera devora las distancias; al toque de trompeta no es posible refrenarlo. ²⁵Al oír el clarín relincha: "¡Ea!" De lejos olfatea la batalla. Se alegra con el clamor de la pelea y el rugido de las órdenes del capitán.

²⁶»¿Sabes cómo se remonta el halcón y tiende sus alas hacia el sur? ²⁷¿Es por orden tuya que el águila se eleva sobre los riscos para hacer su nido? ²⁸Vive sobre los riscos, y hace su casa en la fortaleza de la montaña. ²⁹Desde allá espía su presa; desde grandísima distancia. ³⁰Sus polluelos tragan sangre; ella va a dondequiera que haya muertos».

**40** El SEÑOR prosiguió:
²«¿Aún quieres disputar con el Todopoderoso? ¿O prefieres darte por vencido? Tú que censuras a Dios, ¿tienes las respuestas?»

³Entonces Job respondió a Dios:

⁴«No soy nada. ¿Cómo podría jamás hallar las respuestas? Me tapo la boca con la mano y guardo silencio. ⁵Ya he hablado demasiado».

⁶El SEÑOR le volvió a hablar a Job desde el torbellino: ⁷«¡Plántate como hombre y prepárate para la lucha! Deja que te pregunte y respóndeme. ⁸¿Vas a difamar mi justicia y a condenarme para poder decir que eres justo? ⁹¿Tienes fuerza como la de Dios y voz tan poderosa como la suya? ¹⁰Pues ponte tus vestiduras de ceremonia; cúbrete de majestad y esplendor. ¹¹Da rienda suelta a tu ira: que se desborde contra los orgullosos. ¹²Humilla al altivo con una mirada; aplasta a los malvados con tu pie. ¹³Lánzalos al polvo, con rigidez de muerte en sus rostros. ¹⁴Si puedes hacer eso, convendré contigo en que tu propia fortaleza puede salvarte.

¹⁵»¡Mira al hipopótamo! También es hechura mía, como lo eres tú. Come hierba como el buey. ¹⁶Mira sus formidables lomos y los músculos de su vientre. ¹⁷Tiene la cola tan derecha como un cedro. Tiene los tendones de los muslos firmemente unidos. ¹⁸Sus vértebras van derechas como un tubo de bronce. Tiene las costillas como barras de hierro. ¹⁹Es de lo más feroz en toda la creación de Dios; quien quiera dominarlo, traiga espada aguda. ²⁰Los montes le brindan su mejor alimento: los demás animales que le sirven de comida. ²¹Se echa bajo las plantas de loto ocultándose en sus

☼39.1–3   ☼39.13–17

da cánticos en la noche, ¹¹y nos hace un poco más sabios que los cuadrúpedos y las aves?" ¹²Cuando alguno le lanza esta pregunta, nunca responde él castigando inmediatamente a los tiranos. ¹³Pero es falso afirmar que no escucha esos clamores. ¹⁴,¹⁵Y más falso aún decir que no ve lo que sucede. Dios sí hace justicia finalmente, si esperamos. Pero, ¿protestas contra él porque no responde airadamente al instante? ¹⁶Has hablado como un necio, Job».

## Cuarto discurso de Eliú

**36** Eliú prosiguió:
²«Permíteme continuar, y te mostraré la verdad de lo que digo. ¡Porque aún no he terminado mi defensa de Dios! ³Voy a presentarte muchos ejemplos de la justicia de mi hacedor. ⁴Te estoy diciendo la pura verdad, pues poseo conocimientos bien equilibrados. ⁵»¡Dios es Todopoderoso y sin embargo a nadie menosprecia! Es perfecto en su entendimiento. ⁶No recompensa con sus bendiciones a los malvados, sino que les da la justa medida de su castigo. ⁷No se desentiende de los buenos; por el contrario, los honra colocándolos en tronos eternos. ⁸Si les vienen tribulaciones y se ven esclavizados y afligidos, ⁹él se toma el trabajo de indicarles la razón; lo que hayan hecho de malo e en qué se han portado altivamente. ¹⁰Les ayuda a escuchar su instrucción para que se aparten de su pecado. ¹¹Si lo escuchan y obedecen, serán bendecidos con dicha y prosperidad toda su vida. ¹²Si no lo escuchan, perecerán en batalla y morirán por su falta de sensatez.

¹³»Pero los impíos cosechan la ira de Dios. Ni siquiera se vuelven a él cuando los castiga. ¹⁴Mueren en su juventud, luego de vivir disipada y depravadamente. ¹⁵A los que sufren, Dios los libra mediante el sufrimiento; en su aflicción, los consuela.

¹⁶»¡Cómo ansiaba él atraerte y apartarte del peligro para llevarte a un extenso y agradable valle en donde hacerte prosperar! ¹⁷Pero estás demasiado preocupado con tus imaginarias quejas contra el prójimo. ¹⁸¡Cuidado! No dejes que tu ira contra el prójimo te lleve a burlarte de Dios. No permitas que tus sufrimientos te amarguen en contra del único que puede librarte. ¹⁹¿Piensas realmente que si gritas bastante fuerte contra Dios, él se avergonzará y se arrepentirá? ¿Acabará ello con tu castigo? ²⁰No anheles la noche, con sus oportunidades para el crimen. ²¹Apártate del mal, pues fue para evitar que cayeras en una vida de maldad que Dios te envió este sufrimiento.

²²»Mira, Dios es exaltado por su poder. ¿Qué maestro hay como él? ²³¿Quién podrá decir que lo que él hace es absurdo o malo? ²⁴Por el contrario, glorifícalo por sus poderosas obras que lo han hecho famoso. ²⁵Desde lejos las han visto todos.

²⁶»Tan grande es Dios que ni siquiera hemos comenzado a conocerlo; nadie puede empezar a entender la eternidad. ²⁷Dios hace subir el vapor de agua, y luego lo hace caer como lluvia ²⁸que los cielos derraman. ²⁹¿Puede alguien realmente comprender cómo se esparcen las nubes y los truenos que ellas encierran? ³⁰Mira cómo ilumina con el relámpago en torno suyo y cubre la cima de los montes. ³¹Mediante sus tremendos poderes en la naturaleza castiga o bendice a la gente, dándoles alimento en abundancia. ³²Se llena de rayos las manos, y lanza cada uno al punto que quiere. ³³Sentimos su presencia en el trueno. Sirva esto de advertencia a todos los pecadores.

**37** »Esto hace temblar mi corazón. ²¡Escucha, escucha el trueno de su voz! ³Su rugido cruza los cielos y sus relámpagos dan fogonazos en todas direcciones. ⁴Luego viene el rugido del trueno; la tremenda voz de su majestad. ⁵Gloriosa en el trueno es su voz. No podemos abarcar la grandeza de su poder. ⁶Porque él dirige la nieve, las lluvias y la tormenta para que caigan sobre la tierra. ⁷La obra del hombre se detiene en esas temporadas, para que en todas partes puedan reconocer su poder. ⁸Los animales salvajes se esconden en las rocas o en sus cuevas.

⁹»Del sur viene la lluvia; del norte, el frío. ¹⁰Dios sopla sobre los ríos, y hasta los más anchos torrentes se congelan. ¹¹Carga de humedad las nubes, y ellas despiden el relámpago. ¹²Los rayos son dirigidos por su mano, y hacen en todo el mundo lo que él manda. ¹³Por su bondad hace que vengan las nubes, ya sea para castigar o para bendecir.

¹⁴»Escucha, Job: detente y medita en los admirables milagros de Dios. ¹⁵¿Sabes cómo domina Dios la naturaleza y hace que de las nubes broten relámpagos? ¹⁶,¹⁷¿Comprendes el equilibrio de las nubes, su perfección y sabia disposición? ¿Sabes por qué sientes calor cuando sopla el viento del sur y todo está en calma? ¹⁸¿Puedes tú extender el gigantesco espejo de los cielos como lo hace él?

¹⁹,²⁰»Tú que presumes de saber tanto, enséñanos a los demás cómo debemos acercarnos a Dios. ¡Porque somos demasiado torpes! Con tu sabiduría, ¿nos atreveríamos a acercársele? ¿Desearía el hombre que se lo tragaran vivo? ²¹Porque así como no podemos mirar directamente al sol cuando el viento ha dispersado las nubes, ²²no podemos contemplar la terrible majestad de Dios que desde el cielo irrumpe sobre nosotros, vestida con deslumbrante esplendor. ²³No podemos imaginar el poder del Todopoderoso, y sin embargo, él es tan justo y misericordioso que no nos destruye. ²⁴Él no toma en cuenta a los que se creen sabios; por eso le temen los mortales».

## Respuesta de Dios

**38** Entonces el Señor respondió a Job desde el torbellino:

²«¿Por qué con tu ignorancia niegas mi providencia? ³Prepárate ahora para la lucha pues voy a exigir de ti algunas respuestas y tendrás que responderme.

⁴»¿Dónde estabas tú cuando yo eché las bases de la tierra? Dímelo, si tanto sabes. ⁵¿Sabes cómo se calcularon las dimensiones y quién fue el agrimensor? ⁶,⁷¿En qué se apoyan sus bases, y quién puso la piedra angular mientras las estrellas de la mañana cantaban unidas y todos los ángeles clamaban de júbilo?

⁸,⁹¿Quién decretó las fronteras de los mares cuando ellos surgieron potentes desde lo profundo? ¿Quién los vistió de nubes y densas tinieblas, ¹⁰y los encerró ¹¹diciendo: "¡Hasta aquí llegarán, y no más allá; y aquí se detendrá el orgullo de sus olas!"

¹²»¿Alguna vez ordenaste al amanecer que apareciera y mandaste a la aurora que surgiera en el oriente?

36.11   37.3-4   37.21-24   38.1   38.4-27

**33** ¹»Job, te ruego que escuches lo que voy a decir: ²Ya comencé a hablar; ahora déjame proseguir. ³Diré la verdad desnuda. ⁴Porque el espíritu de Dios me hizo: el hálito del Todopoderoso me da vida. ⁵Si puedes responderme, no te detengas. ⁶Mira, yo soy el que anhelabas: el intermediario entre tú y Dios, para actuar en representación de él y de ti. ⁷No tienes por qué temerme. No soy persona famosa, que pueda ponerte nervioso o intimidarte. Yo también estoy hecho del barro común.

⁸»Has dicho ante mis oídos; y varias veces, por cierto: ⁹"Soy puro, soy inocente; no he pecado". ¹⁰Dices que Dios emplea un rastrillo muy fino tratando de hallar aunque sólo sea una falta, para tenerte por enemigo suyo. ¹¹"El mete mis pies en el cepo", dices tú, "y vigila cada uno de mis movimientos".

¹²»Pues bien, esta es mi respuesta: Precisamente has pecado al hablar así de Dios. Porque Dios es más grande que el hombre. ¹³¿Por qué tienes que luchar contra él sólo porque no te rinde cuentas de lo que hace? ¹⁴Porque Dios habla repetidamente ¹⁵en sueños, en visiones nocturnas, cuando el sueño profundo cae sobre los hombres mientras yacen en sus lechos. ¹⁶En tales ocasiones Dios les abre los oídos y les da sabiduría e instrucción, ¹⁷,¹⁸haciéndoles cambiar de opinión, guardándolos del orgullo, y previniéndolos sobre los castigos del pecado, y evitando que caigan en algún lazo.

¹⁹A veces, Dios envía la enfermedad y el dolor, aunque no rompa ningún hueso, ²⁰de modo que el hombre pierde el gusto y el apetito, sin que le llame la atención ni el más delicioso manjar. ²¹Se enflaquece; se vuelve huesos y pellejo, ²²y llega al borde de la muerte.

²³,²⁴»Pero si hay un mensajero del cielo que interceda por él como amigo, para mostrarle lo que es recto, entonces Dios se compadece de él y dice: "Pónganlo en libertad; no lo hagan morir, pues he hallado un sustituto". ²⁵Entonces el cuerpo se le volverá sano como el de un niño, robusto y juvenil otra vez. ²⁶Y cuando ore, Dios lo escuchará; contestará su oración y lo recibirá gozoso, y lo hará volver a sus deberes. ²⁷Y el hombre le declarará a sus amigos: "Pequé, pero Dios me dejó libre. ²⁸No me hizo morir. Continuaré viviendo en el mundo de la luz".

²⁹Sí, Dios suele hacer esto en favor del hombre. ³⁰Saca del hoyo su alma, para que pueda vivir bajo la luz de los vivientes.

³¹»Fíjate bien en esto, Job, escúchame y déjame decir algo más. ³²Pero si ahora tienes algo que decir, dilo. Quiero escucharlo, pues estoy deseoso de justificarte. ³³De lo contrario, escúchame. ¡Mantén silencio, y yo te enseñaré sabiduría!»

## Segundo discurso de Eliú

**34** ¹Eliú prosiguió: ²«Escúchenme, hombres sabios. ³Podemos elegir los sonidos que deseemos escuchar; podemos escoger el sabor de la comida que queramos; ⁴y debemos también elegir la senda correcta. Pero ante todo debemos definir entre nosotros qué es el bien.

⁵»Porque Job ha dicho: "Soy inocente, pero Dios dice que no lo soy. ⁶Se me llama mentiroso, aunque soy inocente. Se me castiga espantosamente, aun cuando no he pecado".

⁷,⁸»¿Quién hay tan arrogante como Job? Debe de haber pasado mucho tiempo en compañía de hombres malos, ⁹pues dijo: "¿Para qué malgastar tiempo tratando de agradar a Dios?"

¹⁰»Escúchenme con entendimiento. ¡Sin duda todos saben que Dios no peca! ¹¹Por el contrario, castiga a los pecadores. ¹²No hay mayor verdad que ésta: Dios nunca es malo ni injusto. ¹³Sólo él tiene autoridad sobre la tierra y administra justicia para el mundo. ¹⁴Si Dios retirara su espíritu, ¹⁵toda la vida desaparecería y la humanidad volvería al polvo.

¹⁶»Escucha ahora y procura entender. ¹⁷¿Podría Dios gobernar si detestara la justicia? Vas tú a condenar al Dios justo y poderoso? ¹⁸¿Vas a condenar a este Dios que dice a los reyes y a los nobles: "son malos e injustos"? ¹⁹Porque a él no le impresiona lo grande que un hombre sea, ni favorece a los ricos más que a los pobres. A todos los hizo él. ²⁰En un instante mueren: a la medianoche, grandes y pequeños súbitamente fallecerán, llevados por una mano que no es de hombre. ²¹»Porque Dios observa atentamente lo que hace la humanidad; a todos los ve. ²²No hay oscuridad tan densa que oculte al malo de sus ojos, ²³de modo que no hay que esperar que se produzca un crimen enorme para que el hombre sea llamado a juicio ante Dios. ²⁴Sin mucha ceremonia, Dios sencillamente hace trizas a los más grandes hombres, y pone a otros en su lugar. ²⁵Observa lo que hacen, y en sólo una noche los derriba y los destruye, ²⁶ a plena luz los hace caer como malvados. ²⁷Porque ellos se desviaron de los caminos de Dios, ²⁸e hicieron que los clamores de los pobres llegaran a oídos del Señor. Sí, él escucha el llanto de los oprimidos. ²⁹,³⁰Pero si él prefiere no hablar, ¿quién podrá censurarlo? También él puede impedir que un hombre indigno llegue a gobernar, evitándole ruina a una nación; y puede con igual facilidad echar por tierra a una nación entera.

³¹¿Por qué no clama el pueblo ante su Dios, diciendo: "Hemos pecado, pero nos apartaremos del mal". ³²O, "ignoramos el mal que hayamos hecho; enséñanos cuál es, y lo abandonaremos de inmediato". ³³¿Tendría Dios que acomodar su justicia a tus exigencias? ¿Tendría que cambiar el orden del universo para satisfacer tus caprichos? ¡La respuesta tiene que ser evidente hasta para ti! ³⁴,³⁵Aun sin ser muy listo, cualquiera estará de acuerdo conmigo en que tú, Job, hablas como un necio. ³⁶Deberías recibir el máximo castigo por la forma perversa en que has hablado acerca de Dios. ³⁷Porque ahora, a tus demás pecados has añadido la rebeldía, la arrogancia y la blasfemia».

## Tercer discurso de Eliú

**35** ¹Eliú prosiguió: ²,³«¿Crees que está bien que tú declares: "No he pecado, pero no por ello me va mejor delante de Dios?" ⁴Yo te responderé, y también a todos tus amigos. ⁵Mira al cielo, muy por encima de ti. ⁶Si pecas, ¿conmoverás con ello el cielo y derribarás a Dios de su trono? Aunque peques una y otra vez, ¿en qué lo afectarás a él? ⁷O si te portas bien, ¿le estás haciendo un gran favor? ⁸Tus pecados pueden dañar a otro hombre, o tus buenas acciones causarle provecho.

⁹,¹⁰»Los oprimidos pueden gritar bajo sus males y gemir bajo el poder de los ricos; pero ninguno clama a Dios preguntando: "¿Dónde está Dios mi hacedor; que

en la tormenta. ²³Y sé que tu propósito para conmigo es la muerte.

²⁴»Yo esperaba que mi caída se detuviera, como quien al caer extiende la mano o grita pidiendo auxilio en su calamidad. ²⁵¿Acaso no lloré yo por los atribulados? ¿No me he condolido por los pobres? ²⁶Por eso esperaba yo que me viniera lo bueno, pero me vino lo malo. Esperaba la luz y vinieron las tinieblas. ²⁷Tengo el corazón atribulado e inquieto. Oleadas de aflicción me han asaltado. ²⁸,²⁹Estoy ennegrecido, pero no por el sol. Me pongo de pie y grito pidiendo ayuda a la asamblea. Pero más valdría no desperdiciar el aliento, pues se me tiene por hermano de los chacales y compañero de las avestruces. ³⁰Tengo la piel negra, y se me está cayendo. Los huesos me arden de fiebre. ³¹La voz de gozo y alegría se ha vuelto lamentación.

**31** »Yo había convenido con mis ojos no mirar con lujuria a ninguna mujer. ²,³Bien sé que el todopoderoso Dios que está en lo alto envía calamidades a quienes hacen eso. ⁴Él ve todo lo que hago y cada paso que doy.

☆ ⁵»Si he mentido y engañado ⁶que Dios me pese en una balanza justa y así sabrá que soy inocente. ⁷,⁸Si me he desviado de la senda de Dios, o si mi corazón ha sentido concupiscencia o por lo que mis ojos hayan visto, o si soy culpable de cualquier otro pecado, entonces, ¡que otro coseche lo que yo he sembrado y cuanto yo he plantado sea arrancado!

⁹»Si he codiciado la mujer ajena, ¹⁰¡muera yo entonces y vaya mi esposa a parar a casa ajena, y otro hombre sea su marido! ¹¹Porque vergonzoso pecado es la lujuria; crimen que debe castigarse. ¹²Es fuego devastador que nos consume y nos lanza al infierno, y arrancaría de raíz cuanto yo he plantado.

¹³»Si yo hubiera sido injusto con mis siervos, ¹⁴¿cómo podría presentarme ante Dios? ¿Qué podría responderle cuando me pida cuentas? ¹⁵Porque fue Dios quien me hizo, y él es también el hacedor de mi siervo. A ambos nos creó él.

¹⁶»Jamás maltraté al pobre o hice llorar a la viuda; ☆ ¹⁷jamás negué pan al huérfano hambriento. ¹⁸Desde mi juventud he sido un padre para ellos; a las viudas las he guiado desde mi nacimiento. ¹⁹,²⁰Si vi al que se moría de frío y no le di abrigo o lana de mis ovejas para que se calentara, ²¹o si he levantado contra el huérfano mi mano por contar con influencias en los tribunales. ²²Si algo de eso hice yo, ¡que me arranquen el brazo; que me lo disloquen desde el hombro! ²³Eso antes que enfrentarme al castigo de Dios. Lo que él manda es lo que más temo, porque si la majestad de Dios fuera en contra mía, ¿qué esperanza habría?

²⁴»Si puse mi confianza en el dinero; ²⁵si mi felicidad consistía en la riqueza, ²⁶o si he contemplado el sol que brilla en el cielo o la luna que viaja por su sendero de plata, ²⁷y en secreto, seducido mi corazón, los he adorado enviándoles besos con la mano, ²⁸también esto debe ser castigado por los jueces. Pues si tales cosas hubiera hecho yo, significaría que negaba al Dios del cielo.

²⁹»¿Acaso me alegré de la ruina de mi enemigo? ³⁰Jamás maldije a nadie ni pedí venganza. ³¹A ninguno de mis siervos dejé pasar hambre. ³²Jamás rechacé a los extranjeros; mis puertas estuvieron abiertas para todos. ³³Jamás traté de ocultar mis pecados como el común de la gente, ³⁴por temor a la multitud y a su desprecio, negándome a reconocer mi transgresión.

³⁵»¡Cómo quisiera que Dios me escuchara! Estampo aquí mi firma; que me responda el Todopoderoso. Si él quiere contender conmigo, que lo haga por escrito. ³⁶Llevaré esta acusación como una corona. ³⁷Entonces yo le contaría exactamente lo que hice y por qué y le presentaría mi defensa como quien es escuchado por él.

³⁸,³⁹»Si mis tierras me acusan de haber robado el fruto que ellas producen, o si asesiné a sus dueños para apropiarme de sus posesiones, ⁴⁰¡que estas tierras produzcan espinos en lugar de trigo, y malas hierbas en vez de cebada!»

Fin de las palabras de Job.

## Intervención de Eliú

**32** Los tres hombres rehusaron dar ninguna otra respuesta a Job, porque éste insistía en su inocencia.

²Entonces Eliú, hijo de Baraquel de Buz, perteneciente a la familia de los Ram, se enojó porque Job se negaba a reconocer que había pecado y a aceptar que Dios tenía justa causa para castigarlo. ³Pero también estaba enojado contra los tres amigos de Job, porque habiéndose mostrado incapaces de contestar a los argumentos de Job, sin embargo lo condenaban. ⁴Eliú había esperado hasta este momento para hablar, porque los otros eran mayores que él. ⁵Pero al ver que no tenían nada más que añadir, habló airadamente, ⁶y dijo:

## Primer discurso de Eliú

«Soy joven, y ustedes son ancianos; por eso me contuve, sin atreverme a decirles lo que pensaba, ⁷pues ☆ dicen que los ancianos son más sabios. ⁸,⁹Pero no son solamente los años los que dan sabiduría a los hombres; más bien es el espíritu que habita en el hombre, el hálito del Todopoderoso, el que lo hace inteligente.

¹⁰»Así, pues, escúchenme un momento; permítanme expresar mi opinión. ¹¹,¹²He esperado todo este tiempo y he escuchado atentamente los argumentos de ustedes, pero ninguno de ellos ha convencido a Job de que es pecador, ni ha demostrado que lo sea. ¹³Y no me vengan con aquello de que "sólo Dios puede convencer de su pecado al pecador". ¹⁴Si Job hubiera estado discutiendo conmigo, ¡yo no le habría respondido con esa clase de lógica!

¹⁵»Allí están contrariados; sin más argumentos. ¹⁶¿Tengo que continuar esperando mientras ustedes permanecen silenciosos? ¹⁷No; yo también daré mi respuesta. ¹⁸Porque me siento ansioso y lleno de palabras: mi espíritu me impulsa. ¹⁹Estoy como un odre lleno de vino y sin salida. ¡Mis palabras están a punto de estallar! ²⁰Tengo que hablar para desahogarme; déjenme, pues, que dé mis respuestas. ²¹,²²No insistan en que sea prudente para no herir a nadie, ni me pidan que adule a alguien. Déjenme ser franco, no vaya a ser que Dios me haga caer muerto.

☆ 31.5–6  ☆ 31.18  ☆ 32.8

mineros entren en las minas. Con sus linternas vencen a la más oscura cueva. En ella investigan hasta los más recónditos secretos de la tierra, balanceándose y suspendidos en sogas. ⁵Los hombres saben obtener alimento de la superficie terrestre, bajo la cual hay fuego.

⁶Saben descubrir zafiros y oro en polvo; ⁷tesoros que ningún ave de rapiña puede ver y ningún ojo de águila descubrir, ⁸porque se encuentran en lo profundo de las minas. Ningún animal salvaje ha pisado jamás estos tesoros; ningún león les ha puesto la zarpa encima. ⁹Los hombres saben partir rocas como el pedernal y trastrocar el pie de las montañas. ¹⁰Son capaces de abrir túneles en las rocas y de poner al desnudo piedras preciosas. ¹¹Construyen presas para detener el agua y sacan el oro.

¹²Pero aunque los hombres pueden hacer todo esto, no saben dónde hallar la sabiduría y el entendimiento. ¹³No sólo ignoran cómo obtenerla, sino que, en efecto, ella no puede hallarse entre los vivientes. ¹⁴«Aquí no está», dicen los océanos; y los mares responden: «Ni aquí tampoco».

¹⁵No puede comprarse con oro o plata, ¹⁶ni con todo el oro refinado o las piedras preciosas de ónix y zafiro. ¹⁷Ni el oro ni el cristal pueden compararse con la sabiduría, ni se cambia por áureas joyas. ¹⁸El coral negro y el cristal de roca no tienen valor para obtenerla; vale mucho más que los rubíes. ¹⁹Los topacios de Cus no pueden comprarla, ni tampoco el oro más fino.

²⁰¿Dónde, entonces, obtenerla? ¿Dónde hallarla? ²¹Porque está oculta a los ojos de la humanidad; ni las aves de aguda mirada que vuelan en el cielo pueden descubrirla.

²²¡Pero la destrucción y la muerte dicen saber algo de ella! ²³,²⁴Y Dios ciertamente sabe dónde se halla, porque él traspasa con la mirada toda la tierra y penetra todos los cielos. ²⁵El hace soplar los vientos y pone límite a los océanos. ²⁶Él establece las leyes de la lluvia y el sendero del relámpago. ²⁷Él sabe dónde se encuentra la sabiduría y lo declara a cuantos quieran escuchar. Él la estableció y la examinó plenamente. ²⁸Y dice él a todos los hombres: «Escuchen: temer al Señor es verdadera sabiduría; abandonar el mal es verdadero entendimiento».

## Soliloquio de Job

**29** Job prosiguió:
²«¡Cómo extraño aquellos tiempos en que Dios cuidaba de mí, ³cuando iluminaba el camino ante mis pasos y yo marchaba seguro entre las tinieblas!

⁴»¡Si volvieran mis años de juventud, cuando la amistad de Dios reinaba en mi hogar; ⁵cuando el Todopoderoso aún estaba conmigo y mis hijos en torno mío; ⁶cuando mis planes prosperaban y hasta de la roca manaba aceite de olivas para mí!

⁷»Aquellos eran los tiempos en que yo salía a la puerta de la ciudad y tomaba mi sitio entre los ancianos honorables. ⁸Los jóvenes me veían y se apartaban, y hasta los ancianos se levantaban respetuosos a mi llegada. ⁹Los príncipes se mantenían silenciosos y se tapaban la boca con la mano. ¹⁰Los más altos dignatarios de la ciudad guardaban silencio. ¹¹Todos se regocijaban al oír mis palabras. Hablaban bien de mí cuantos me veían. ¹²Pues yo, como juez honrado ayudaba a los pobres en sus necesidades y a los huérfanos que carecían de defensor. ¹³Ayudaba a quienes estaban a punto de perecer, y ellos me bendecían. Y yo ponía en el corazón de las viudas un canto de alegría. ¹⁴¡Todo cuanto yo hacía era justo y honorable, porque la rectitud era mi vestidura! ¹⁵Fui ojos para el ciego y pies para el cojo. ¹⁶Fui padre de los pobres y me encargué de que hasta a los extranjeros se les hiciera justicia. ¹⁷Quebranté los colmillos de los impíos opresores y los obligué a soltar a sus víctimas.

¹⁸»Yo pensaba: "Sin duda moriré en paz en mi nido, tras larga y buena vida". ¹⁹Pues cuanto yo hacía prosperaba. Toda la noche había rocío en mis campos y los regaba. ²⁰Constantemente se me tributaban nuevos honores, y mis capacidades eran refrescadas y renovadas continuamente. ²¹Todos me escuchaban y atendían mi consejo, y callaban hasta que yo hablara. Y luego que yo hablaba no replicaban; porque mi consejo les satisfacía. ²³Ansiaban mis palabras como los que en la sequía ansían la lluvia. Esperaban ansiosos y con la boca abierta. ²⁴Cuando estaban desalentados, yo les sonreía y eso los animaba y les levantaba el espíritu. ²⁵Les decía lo que debían hacer, y los corregía como jefe de ellos, o como un rey instruye a su ejército, y como quien consuela a los dolientes.

**30** »Pero ahora, quienes son menores que yo se burlan de mí, jovencitos cuyos padres no les llegaban ni a las pantorrillas de mis perros ovejeros. ²¡Ah! Cierto que tienen espaldas fuertes, pero son necios inútiles, insensatos. ³Están enflaquecidos de hambre; han sido echados a los desiertos y a los páramos, desolados y tristes. ⁴Comen raíces y hojas, ⁵expulsados como están de la civilización. Los hombres gritaban tras ellos como quien corre a ladrones. ⁶Así es que ahora habitan en cañadas espantosas; en cuevas y entre rocas. ⁷Gritan como animales entre la maleza, apiñándose para protegerse bajo las ortigas. ⁸Estos hijos suyos también resultaron necios, hijos sin nombre, proscritos de la civilización.

⁹»¡Y ahora soy por tema de sus parodias! ¡Soy entre ellos motivo de burla! ¹⁰Me desprecian y no quieren acercarse a mí, y no tienen empacho en escupirme a la cara. ¹¹Porque Dios ha puesto mi vida en peligro. Estos jovencitos, tras humillarme, ahora muestran todo desenfreno ante mí. ¹²Este populacho me pone zancadillas y pone trampas a mis pies. ¹³Ponen estorbos a mi camino y hacen cuanto pueden para que me sobrevenga la calamidad, sabiendo bien que no tengo quien me ampare. ¹⁴Vienen contra mí de todos lados. Se lanzan sobre mí cuando estoy caído. ¹⁵Ahora vivo aterrorizado. Me desprecian, y mi prosperidad se ha desvanecido como nube ante fuerte viento.

¹⁶»Tengo el corazón quebrantado. La aflicción hace presa de mí. ¹⁷Mis noches fatigosas están llenas de dolor, como si algo me perforara implacablemente los huesos. ¹⁸Toda la noche la paso dando vueltas en el lecho, enredado en mi ropa. ¹⁹Dios me ha derribado en el lodo. He llegado a ser como polvo y cenizas.

²⁰»Clamo a ti, oh Dios, pero no me respondes. Me presento ante ti, y no te dignas mirarme. ²¹Te has vuelto cruel conmigo, y me persigues con gran poder y fuerza. ²²Me lanzas en el torbellino y me disuelves

☼28.28  ☼29.13

las cuevas. ⁹Los malvados arrebatan a los huérfanos del pecho de sus madres, y toman al hijo del pobre como prenda antes de prestarle algún trigo o dinero. ¹⁰Por eso tienen que andar desnudos, sin ropa, y se ven obligados a transportar alimentos mientras se mueren de hambre. ¹¹Se ven forzados a exprimir el aceite en el molino, sin poder saborearlo; a sacar con sus pies el jugo de las uvas, mientras padecen sed. ¹²Los huesos de los moribundos claman desde la ciudad; los heridos gritan pidiendo socorro, pero Dios no responde a sus gemidos.

¹³»Los malvados son rebeldes contra la luz, y no conocen el derecho ni el bien. ¹⁴,¹⁵Son asesinos que madrugan para matar al pobre y al menesteroso. Por la noche son ladrones y adúlteros, en espera de las sombras, pues entonces, piensan: "Nadie me ve", van enmascarados para que nadie los conozca. ¹⁶Allanan las casas de noche y duermen de día; no les gusta la luz. ¹⁷Para todos ellos, la mañana es oscuridad; prefieren el horror de las tinieblas».

### Interrupción de Zofar

¹⁸«¡Pero cuán velozmente desaparecen de la tierra! Todo lo que poseen está maldito. No dejan bienes en herencia a sus hijos. ¹⁹La muerte consume a los pecadores como la sequía y el calor consumen la nieve. ²⁰Hasta la madre del pecador lo olvidará. Los gusanos harán banquete con la carne del malvado. Nadie volverá a recordarlo. Porque los malos son quebrantados como el árbol en la tormenta, ²¹porque despojaron a los que no tienen hijos que los defiendan; negaron ayuda a las viudas menesterosas. ²²,²³Pero a veces parece que con su poder Dios ayuda a los ricos y les da vida cuando todos los demás perecen. Dios les da confianza y vigor, y en muchas formas los auxilia. ²⁴Pero aunque hoy estén muy engrandecidos, en un instante desaparecerán como los demás, segados como espigas de trigo. ²⁵¿Puede alguien decir que no es así? ¿Quién puede demostrar que miento y afirmar que estoy equivocado?»

### Tercer discurso de Bildad

**25** Bildad de Súah responde:
²«Dios es poderoso y temible. Él pone orden en las altura de los cielos. ³¿Quién podrá contar sus ejércitos de ángeles? Y su luz se derrama sobre toda la tierra. ⁴¿Cómo puede el simple hombre plantarse ante Dios y pretender que es justo? ¿Quién en el mundo entero puede alardear de ser puro? ⁵Tan glorioso es Dios, que hasta la luna y las estrellas son menos que nada comparadas con él. ⁶¡Cuánto más insignificante es el hombre, que no es más que un simple gusano a la vista de él!»

### Interrupción de Job

**26** Respuesta de Job:
²«¡Tú sí que ayudas al débil! ¡Cómo me has animado en mi gran necesidad! ³¡Cómo has instruido mi ignorancia! ¡Qué magnífica sabiduría has expresado! ⁴¿Cómo se te han ocurrido esos admirables comentarios?»

### Bildad reanuda su discurso

⁵,⁶«Desnudos y temblorosos se presentan los muertos ante Dios en el sitio adonde van. ⁷Dios extiende el cielo sobre el espacio vacío, y cuelga la tierra de nada. ⁸Envuelve la lluvia en sus densas nubes, y las nubes no se rompen con ese peso. ⁹Oculta su trono entre cortinas de nubes. ¹⁰Pone límite al océano; sí, y limita el día y la noche. ¹¹Las columnas del cielo tiemblan cuando él reprende. ¹²Y por su poder se calma el mar. Él es diestro en aplastar el orgullo de las aguas. ¹³Embellece los cielos con su espíritu; clava a la serpiente que huye veloz. ¹⁴Estas son algunas de sus obras más insignificantes; no más que un murmullo de su poder. ¿Quién podrá entonces resistir ante su trueno?»

### Noveno discurso de Job

**27** Defensa final de Job:
²«Por el Dios viviente que me ha despojado de mis derechos; por el Dios Todopoderoso que ha amargado mi alma, ³afirmo que mientras viva, mientras haya en mí aliento de Dios, ⁴no dirán mis labios ningún mal; no habrá mentira en mi lengua. ⁵Nunca jamás les daré la razón; hasta que muera, afirmaré mi inocencia. ⁶No soy un pecador; lo repito una y otra vez. Mi conciencia estará limpia mientras viva.

⁷»Quienes afirman lo contrario son perversos enemigos míos. Son hombres malvados. ⁸Pero, ¿qué esperanza habrá para el impío cuando Dios le corte la existencia, le quite la vida? ⁹¿Escuchará Dios su clamor cuando la tribulación lo asalte? ¹⁰Porque él se goza en el Todopoderoso o se acuerda de Dios sólo en tiempos de crisis.

¹¹»Les enseñaré acerca de Dios; ¹²pero en realidad no es necesario, puesto que ustedes saben de él tanto como yo. Y sin embargo, vienen diciéndome tantas palabras inútiles.

### Tercer discurso de Zofar

¹³«Este es el destino que aguarda a los malvados, y que procede de la mano del Todopoderoso: ¹⁴Si tienen multitud de hijos, es para que mueran en la guerra o perezcan de hambre. ¹⁵Los que sobrevivan irán a la tumba por enfermedad o plaga, y no habrá quien los llore, ni siquiera sus esposas. ¹⁶El malvado puede acumular dinero como polvo, y tener armarios llenos de vestidos; ¹⁷sí, puede mandar que el sastre se los confeccione, pero serán los inocentes quienes los usen y quienes se repartan su oro. ¹⁸Toda casa construida por los malvados es frágil como tela de araña, tan agrietada como choza de paja. ¹⁹Era rico al acostarse, pero al despertar descubre que toda su riqueza ha desaparecido. ²⁰El terror lo abruma y lo arrastran las tormentas de la noche. ²¹El viento del este se lo lleva y lo hace desaparecer. Lo arrastra a la eternidad. ²²Porque Dios lo acosará sin misericordia. Él ansía escapar de Dios. ²³Todos gritarán de júbilo cuando muera, y con burlas lo despedirán hacia la eternidad».

### Elogio de la sabiduría

**28** Hay minas donde se extrae la plata, y lugares especiales donde se refina el oro. ²El hierro y el cobre se sacan de la tierra, y también tienen lugares donde se refinan. ³,⁴Ya no hay obstáculos para que los

⋆27.3–6

Que sienta el castigo en su propia carne. ²⁰Sí, que sea destruido por su maldad. Que beba bastante de la ira del Todopoderoso, ²¹porque cuando esté muerto, ¿qué más le da lo que le pase a su familia?

²²»Pero, ¿quién podrá reprender a Dios, el supremo juez? ²³,²⁴Él destruye a los sanos, ricos, y prósperos. ²⁵Dios destruye también a los que padecen espantosa miseria y jamás poseyeron bien alguno. ²⁶Unos y otros son sepultados en el mismo polvo; devorados por los mismos gusanos.

²⁷»Sé muy bien lo que están pensando, y los planes que tienen de hacerme daño. ²⁸»También sé que se preguntan: "¿Dónde está la mansión del potentado? ¿Dónde están las moradas de los inicuos?" ²⁹Pero yo respondo: pregúntenle a cualquiera que tenga experiencia y él les dirá la verdad: ³⁰⁻³²que al malvado suele eximírsele en el día de la calamidad, y permitírsele que huya. Nadie lo reprende en público. Nadie le da su merecido. Y una guardia de honor le rinde homenaje en su tumba. ³³Un gran cortejo fúnebre lo precede y lo sigue cuando lo conducen a la mullida tierra que lo ha de cubrir.

³⁴»¿Cómo pueden ustedes consolarme con palabras tan faltas de fundamento?»

## Tercer discurso de Elifaz

**22** Otra respuesta de Elifaz de Temán: ²«¿Para Dios, tiene algún valor el mísero hombre? Aun el más sabio, sólo para sí mismo vale algo. ³¿Complace al Todopoderoso que tú seas justo? ¿Ganaría él algo con que fueras perfecto? ⁴¿Será porque eres bueno que te castiga? ⁵De ningún modo. ¡Es por tu maldad! Tus pecados son innumerables.

⁶Por ejemplo, seguramente te habrás negado a prestarle dinero a tus amigos menesterosos a menos que te dejaran su ropa en prenda. ¡Los habrás dejado desnudos! ⁷Seguramente le habrás negado agua al sediento y pan al hambriento. ⁸Pero a los hombres importantes sin duda les habrás dado cuanto querían, y habrás permitido al rico vivir en donde se le antojara. ⁹¡Habrás echado a las viudas sin ayudarles, y quebrado los brazos de los huérfanos! ¹⁰,¹¹Por eso es que ahora estás rodeado de trampas, de repentinos temores, de tinieblas y oleadas de terror.

¹²»¡Qué grande es Dios, más alto que los cielos y más elevado que las estrellas! ¹³Pero entonces respondes: ¡Por eso no puede ver lo que hago! ¿Cómo podrá juzgar a través de la oscuridad impenetrable? ¹⁴Porque espesas nubes giran en torno suyo y no puede vernos. Está allá lejos, recorriendo el cielo de uno a otro extremo.

¹⁵,¹⁶»¿No te das cuenta de que los que marchan por antiguos caminos de pecado son arrebatados en su juventud; y la base de su vida es arrasada para siempre? ¹⁷Pues ellos le dijeron a Dios: "¡Vete Dios! ¿Qué puedes hacer tú por nosotros?" ¹⁸Pero han olvidado que fue él quien llenó sus hogares de bienes. Yo no me dejaré llevar por sus malos consejos.

¹⁹»Y ahora los justos verán la destrucción de los impíos; la risa de los inocentes matará de vergüenza a los malvados. ²⁰"¡Miren!", dirán. "¡Nuestros enemigos han sido destruidos en el fuego!"

²¹»¡Deja de disputar con Dios! Ponte de acuerdo con él y al fin tendrás paz. Su favor te rodeará sólo con reconocer tu error. ²²Escucha sus instrucciones y guárdalas en tu corazón. ²³Si regresas a Dios y arreglas todo lo malo que hay en tu hogar, serás restaurado. ²⁴Si renuncias a tu codicia y arrojas tu oro, ²⁵el Todopoderoso mismo será tu tesoro; él será para ti como preciosa plata. ²⁶Entonces te deleitarás en el Todopoderoso, y esperarás en Dios. ²⁷Orarás, y él te escuchará, y tú cumplirás cuanto le hayas prometido. ²⁸¡Todo lo que desees se cumplirá! Y la luz del cielo iluminará tu camino delante de ti. ²⁹Si te atacan y te derriban, sabrás que hay uno que te volverá a levantar. Sí, él salvará al humilde; ³⁰y aun a los pecadores ayudará mediante tus manos puras».

## Octavo discurso de Job

**23** Respuesta de Job: ²«Mi respuesta es aún hoy amarga, pues mi castigo es mucho más grave de lo que mi falta merece. ³¡Si supiera yo dónde hallar a Dios, para acudir a su trono y hablar con él allí! ⁴,⁵Le expondría mi causa, y escucharía su respuesta y comprendería lo que desea. ⁶¿Querría él simplemente anonadarme con su grandeza? No, él escucharía compasivamente. ⁷Los hombres justos y honrados podrían discutir con él, y ser absueltos por mi juez.

⁸»Pero en vano trato de hallarlo. Lo busco por aquí, lo busco por allá, y no puedo hallarlo. ⁹Lo busco en donde realiza sus obras en el norte, y no lo encuentro allí. Tampoco puedo hallarlo en el sur, donde también se esconde. ¹⁰Pero él me conoce cada detalle de lo que a mí me ocurre; y cuando me haya examinado, me declarará completamente inocente: tan puro como oro macizo. ¹¹En los senderos de Dios me he mantenido, siguiendo tras sus pasos. No me he apartado. ¹²No he rechazado sus mandamientos, sino que en ellos me he deleitado más que en mi alimento de cada día.

¹³»Sin embargo, su intención respecto a mí sigue invariable, ¿y quién podrá apartarlo de sus propósitos? Lo que él quiere, eso hace. ¹⁴Así es que me hará cuanto ha planeado, y aún hay mucho más que esperar. ¹⁵Con razón me aterrorizo tanto en su presencia. Al pensar en ella, el terror me atenaza. ¹⁶,¹⁷Dios me ha dado un corazón desfalleciente. El Todopoderoso me ha aterrado con las tinieblas y la espesa e impenetrable oscuridad que me rodean.

**24** »Si los tiempos no se esconden del Todopoderoso, ¿por qué no los perciben quienes dicen conocerlo? ²Porque una ola de crimen nos consume: cambian los linderos de las propiedades, roban los rebaños de ovejas, ³y hasta el burro del pobre y del huérfano roban. Para obtener un préstamo, las viudas pobres tienen que entregar en prenda lo poco que poseen. ⁴A puntapiés son echados los pobres; tienen que hacerse a un lado del camino. ⁵Como burros monteses en el desierto, los pobres tienen que pasarse todo el tiempo luchando para apenas mantener el alma en el cuerpo. Los mandan al desierto a buscar alimento para sus hijos. ⁶Comen cuanto producto silvestre hallan y hasta tienen que buscar en las viñas de los malvados. ⁷Los pobres pasan toda la noche desnudos, expuestos al frío, sin ropa ni cobijas. ⁸La lluvia de las montañas los moja, y tienen por casa

✶22.27-28  ✶23.1-12

¹⁹No le quedará hijo ni nieto ni ningún otro pariente. ²⁰Viejos y jóvenes por igual se horrorizarán ante su destino. ²¹Sí, eso es lo que ocurre a los pecadores, a quienes rechazan a Dios.

## Sexto discurso de Job

**19** Respuesta de Job:
²«¿Hasta cuándo me atormentarán y tratarán de quebrantarme con sus palabras? ³Ya por diez veces me han declarado pecador. ¿Cómo no les da vergüenza darme un trato tan duro? ⁴Y si de veras estuviera yo equivocado, tendrían que demostrarlo. ⁵¿Tan grandes se creen? Pues demuestren mi culpa. ⁶La verdad es que Dios me ha derribado y me ha atrapado en su red.

⁷»Grito pidiendo ayuda y nadie me escucha. Doy voces, pero no se me hace justicia. ⁸Dios me ha cerrado el paso y ha convertido en tinieblas mi luz. ⁹Me ha despojado de mi gloria y ha quitado la corona de mi cabeza. ¹⁰Me ha quebrantado por todas partes y estoy acabado. Me ha destruido toda esperanza; ¹¹Su furia me quema; me tiene por enemigo. ¹²Envía sus ejércitos a sitiar mi tienda.

¹³»Ha alejado a mis hermanos y amigos. ¹⁴Mis parientes me han fallado; todos mis amigos me han abandonado. ¹⁵Quienes viven en mi casa, aun mis siervos, me miran como a un extraño. Soy para ellos como un forastero. ¹⁶Llamo a mi siervo, y no acude; ¡hasta le suplico! ¹⁷Mi propia esposa y mis hermanos sienten asco de mí. ¹⁸Hasta los niñitos me desprecian: cuando me levanto para hablar, se burlan de mí. ¹⁹Mis mejores amigos me aborrecen. Los que yo amaba se han vuelto contra mí, ²⁰Soy huesos y pellejo, y tan sólo por un pelo he escapado a la muerte.

²¹»¡Ay, amigos míos, compadézcanme porque la airada mano de Dios me ha tocado! ²²¿Por qué han de perseguirme como me persigue Dios? ¿Por qué no les basta mi angustia?

²³,²⁴»¡Ay, que con pluma de hierro se pudiera dejar grabado mi alegato en una roca para siempre! ²⁵Yo sé que mi redentor vive, que al fin estará de pie sobre la tierra. ²⁶Y sé que después que este cuerpo se haya descompuesto, con este cuerpo veré a Dios! ²⁷Entonces él estará de parte mía y lo veré, no como un extraño sino como un amigo. ¡Qué gloriosa esperanza!

²⁸»¿Cómo se atreven ustedes a seguir acosándome, como si mi culpabilidad estuviera probada? ²⁹Les advierto que ustedes mismos se arriesgan a ser castigados por actuar así.

## Segundo discurso de Zofar

**20** Respuesta de Zofar de Namat:
²«Me apresuro a responder, pues tengo la contestación para ti: ³Has tratado de hacerme avergonzar de mí mismo por llamarte pecador, pero mi espíritu no me permite detenerme.

⁴»Bien sabes tú que desde antaño, desde que Dios puso al hombre en la tierra, ⁵el triunfo del malvado ha sido breve, y efímero el gozo del impío. ⁶Aunque el impío sea altivo como los cielos y ande con la nariz levantada, ⁷perecerá para siempre, arrojado como su propio excremento. Quienes lo conocieron se preguntarán adónde habrá ido a parar. ⁸Se esfumará como un sueño. ⁹Ni sus amigos ni su familia lo volverán a ver jamás. ¹⁰Sus hijos tendrán que resarcir a los pobres; con duro trabajo pagarán ellos lo que él robó. ¹¹En plena juventud, sus huesos irán al polvo.

¹²»Disfrutó la delicia de su maldad derritiéndola en su boca, ¹³sorbiéndola lentamente para que no se consumiera. ¹⁴Pero repentinamente los manjares que ha comido se le agrian en su interior. ¹⁵Vomitará los despojos que tragó, Dios no le permitirá que los retenga. ¹⁶Para él son veneno y muerte. ¹⁷No disfrutará de los arroyos de aceite y los torrentes de miel y requesón que robó. ¹⁸Sus esfuerzos no tendrán recompensa; la riqueza no le dará dicha. ¹⁹Por cuanto ha oprimido a los pobres y se robó la casa que no construyó, jamás se repondrá.

²⁰»Aunque siempre fue codicioso, ahora no tiene nada; de todo cuanto soñó, nada le queda. ²¹Por cuanto nada escapó de su voracidad, su bienestar no será duradero.

²²Cuando esté en la cumbre de su poderío, se meterá en dificultades; todos los malvados lo destruirán. ²³Cuando esté a punto de llenarse el estómago, Dios derramará su ira sobre él, ²⁴será perseguido y derribado. ²⁵Le sacarán del cuerpo la flecha, cuya punta reluciente goteará bilis. Terrores de muerte lo asaltarán. ²⁶Sus tesoros se perderán en la más profunda oscuridad. Un fuego rugiente tragará sus bienes, consumiendo cuanto ha dejado. ²⁷Los cielos revelarán sus pecados y la tierra dará testimonio en su contra. ²⁸Su riqueza desaparecerá bajo la ira de Dios. ²⁹Este es el fin que Dios reserva al malvado, tal es la herencia que le asignó».

## Séptimo discurso de Job

**21** Respuesta de Job:
²,³«Escúchenme; déjenme hablar, y luego sigan con sus burlas.

⁴»De Dios me quejo, y no del hombre. Con razón tengo el espíritu tan atribulado: ⁵Mírenme horrorizados y tápense la boca con la mano. ⁶Hasta yo me asusto al verme, el horror se apodera de mí, y me estremezco. ⁷La verdad es que los malos llegan a una agradable ancianidad, se engrandecen y se hacen poderosos. ⁸Alcanzan a ver a sus hijos convertidos en hombres en torno suyo, así como a sus nietos. ⁹Sus casas están a salvo de todo temor, y Dios no los castiga. ¹⁰Su ganado se reproduce, ¹¹tienen muchos hijos felices ¹²,¹³y pasan el tiempo entre cantos y danzas. Nadan en riquezas y de nada tienen que privarse; son afortunados hasta el final. ¹⁴Todo esto no obstante que han expulsado a Dios de su vida, y no quieren nada con él ni con lo que manda. ¹⁵"¿Quién es el Dios Todopoderoso?", dicen burlándose. "¿Por qué tenemos que obedecerlo? ¿Qué ganaremos con eso?" ¹⁶Miren, ¡cuanto el rico toca se convierte en oro! Pero yo me niego a tratar siquiera con gente así.

¹⁷»Sin embargo, los ricos se quedan tan campantes como siempre. Jamás tienen tribulaciones, y Dios se olvida de ellos al distribuir sus dolores y su ira. ¹⁸¿Son arrastrados como paja por el viento? ¿Los arrasa la tormenta? ¡Jamás! ¹⁹"Bueno", dirán ustedes, "por lo menos a sus hijos los castiga Dios". ¡Pero yo digo que Dios debe castigar al que peca y no a los hijos de éste!

---
✝ 19.25–27

¹⁴»¿Qué hombre en toda la tierra podrá ser tan puro y justo como tú dices ser? ¹⁵¡Vaya! ¡Dios no confía ni siquiera en los ángeles! ¡Ni siquiera los cielos pueden ser absolutamente puros comparados con él! ¹⁶¡Cuánto menos uno como tú, corrupto y pecaminoso, que bebe el pecado como agua!

¹⁷⁻¹⁹»Escúchame, y te responderé por experiencia propia, confirmada con la experiencia de los sabios varones que recibieron esto de sus padres, nuestros antepasados, los únicos a quienes se les dio la tierra. ²⁰El hombre impío anda siempre atribulado en su vida. ²¹Está cercado de terrores, y si tiene días buenos, pronto se le desvanecen. ²²No se atreve a salir en la oscuridad, por miedo a que lo maten. ²³,²⁴Anda errante mendigando alimento. Vive en el temor, la zozobra y la angustia. Sus enemigos lo vencen como un rey que derrota a sus enemigos. ²⁵,²⁶Protegiéndose con escudo de latón, alza el puño contra Dios, desafiando al Todopoderoso, atacándolo neciamente.

²⁷,²⁸»Este perverso hombre está gordo y rico, y ha vivido en ciudades conquistadas luego de matar a sus habitantes. ²⁹Pero no será siempre rico ni continuará extendiendo sus posesiones. ³⁰No; las tinieblas lo envolverán para siempre; el aliento de Dios lo destruirá; el fuego consumirá cuanto posee. ³¹Que ya no confíe en vanas riquezas; que no se engañe más, pues el dinero en que confía será su única recompensa. ³²Antes que muera, toda esa insignificancia le saltará a la vista. Porque todo lo que constituía su seguridad, desaparecerá, ³³y caerá en tierra como uva marchita. ¡Qué poca sustancia darán sus esperanzas! ³⁴Porque los impíos son estériles: no logran producir nada realmente bueno. El fuego de Dios los consume junto con todas sus posesiones. ³⁵Lo único que pueden concebir es pecado; su corazón sólo da a luz maldad».

## Quinto discurso de Job

**16** Respuesta de Job:
²«Todo eso lo había escuchado antes. ¡Qué lastimosos consoladores son ustedes! ³¿Nunca van a detener la corriente de sus necias palabras? ¿Qué he dicho para provocar ese hablar interminable? ⁴Pero quizá yo podría hablar del mismo modo que ustedes si estuvieran ustedes en mi lugar. Lanzaría mis críticas contra ustedes y menearía la cabeza al mirarlos. ⁵¡Pero no! Hablaría de modo que los ayudara. Procuraría alejar su dolor.

⁶»Sin embargo, yo he de seguir sufriendo por mucho que me defienda, y de nada sirve negarme a hablar, ⁷porque Dios me ha molido y me ha quitado mi familia. ⁸¡Ay Dios, me has reducido a huesos y pellejo, según dicen, como prueba de mis pecados!

⁹»Dios me aborrece y airadamente rasga mi carne; me ha desgarrado con sus dientes, y ha acechado para extinguir en mí toda señal de vida. ¹⁰La gente se mofa de mí abiertamente; burlones, me dan de bofetadas, y todos juntos se ponen en mi contra. ¹¹Y Dios me ha entregado en manos de los pecadores, en poder de los inicuos. ¹²Yo vivía tranquilo hasta que él me quebrantó. Me tomó por el cuello y me despedazó, y luego me colgó en alto para servirle de blanco. ¹³Sus arqueros me rodean y me lanzan sus flechas hasta que la sangre de mis heridas empapa la tierra. ¹⁴Me ataca sin tregua, embistiéndome como gigante.

¹⁵»Aquí me siento vestido con ropa de penitencia, y al polvo he arrojado toda esperanza. ¹⁶El llanto enrojece mis ojos, y en mis párpados hay sombra de muerte. ¹⁷Pero soy inocente y mi plegaria es pura.

¹⁸»¡Oh tierra, no ocultes mi sangre! ¡Déjala que proteste en mi nombre! ¹⁹Pero aun ahora el testigo de mi inocencia está allá en el cielo; mi abogado está allá en lo alto. ²⁰Mi intercesor es mi amigo, y ante él me deshago en lágrimas ²¹para que interceda ante Dios a favor mío, como quien apela por su amigo. ²²Pasarán sólo unos cuantos años antes de que yo emprenda el viaje sin regreso.

**17**»Enfermo estoy y próximo a la muerte; el sepulcro está presto a recibirme. ²Estoy rodeado de burladores. Por todas partes los veo. ³,⁴¿No habrá en ninguna parte quien confirme mi inocencia? Pero tú, oh Dios, les has impedido comprender esto. ¡Ay! No los dejes triunfar. ⁵Si aceptan soborno por denunciar a sus amigos, sus hijos quedarán ciegos.

⁶»Dios me ha convertido en hazmerreír del pueblo; me escupen en la cara. ⁷Mis ojos están nublados de llorar y no soy sino sombra de lo que fui. ⁸Los varones rectos se asombran al verme. Pero un día los inocentes se alzarán por sobre los impíos; ⁹los justos progresarán y marcharán adelante; los de corazón puro serán cada vez más vigorosos y fuertes.

¹⁰»En cuanto a ustedes, váyanse, se lo ruego; porque no veo ni uno sabio entre ustedes. ¹¹Mis buenos días pasaron. Mis esperanzas han desaparecido. Los anhelos de mi corazón se han deshecho. ¹²Dicen que la noche es día y el día, noche; ¿cómo pervierten la verdad!

¹³,¹⁴Si muero, saldré a las tinieblas y llamaré padre mío a la tumba y madre y hermana mía al gusano. ¹⁵¿Dónde, pues, está mi esperanza? ¿Hay quién pueda encontrarla? ¹⁶No, mi esperanza bajará conmigo al sepulcro. ¡Juntos reposaremos en el polvo!»

## Segundo discurso de Bildad

**18** Bildad de Súah responde nuevamente:
²«¿A quién tratas de engañar? Exprésate con algo de sensatez si quieres que te respondamos. ³¿Hemos llegado a ser para ti como animales estúpidos y mudos? ⁴Sólo porque enojado rasgas tu ropa, ¿habrá de comenzar un terremoto? ¿Habremos de correr todos a escondernos?

⁵»Queda en pie la verdad de que si no prosperas es porque eres malvado. Tu brillante llama será apagada. ⁶Habrá tinieblas en toda casa donde haya maldad. ⁷El confiado paso del impío será acortado; verá que su vigor se desvanece. ⁸,⁹Cae en trampas, y los ladrones le tienden emboscadas. ¹⁰A cada paso, una trampa lo espera. ¹¹Razón tiene para temer; su enemigo está por darle alcance.

¹²Su vigor está agotado por el hambre; la calamidad acecha para lanzarse sobre él. ¹³La enfermedad le carcome la piel. La muerte lo devorará. ¹⁴La riqueza en que confiaba le rechazará, y lo harán desfilar a donde está el rey de los terrores. ¹⁵Su hogar desaparecerá bajo ardiente bombardeo de azufre. ¹⁶Morirá de sus raíces arriba, y todas sus ramas serán cortadas.

¹⁷»Todo recuerdo de su existencia perecerá en la tierra; nadie lo recordará. ¹⁸Será echado del reino de la luz y lanzado a las tinieblas, y expulsado del mundo.

un hombre, no hay escapatoria. ¹⁵Retiene la lluvia, y la tierra se vuelve un desierto; envía las tormentas, y se inunda el suelo. ¹⁶Sí, suyas son la fortaleza y la sabiduría. Tanto los engañadores como los engañados son esclavos suyos.

¹⁷Pone en ridículo a los consejeros y a los jueces. ¹⁸Convierte a los reyes en esclavos y libera a sus siervos. ¹⁹Los sacerdotes son llevados como esclavos. Derriba a los poderosos. ²⁰Quita la voz a los oradores y la visión a los jefes ancianos. ²¹Derrama desprecio sobre los príncipes y debilita a los poderosos. ²²Inunda de luz las tinieblas y descubre las sombras más profundas. ²³Exalta a una nación y luego la destruye. La engrandece, y luego la reduce a la nada. ²⁴,²⁵Quita el entendimiento a reyes y presidentes, y los deja errantes, perdidos y a tientas, sin luz que los guíe.

**13** »He visto muchos casos como los que ustedes describen. Comprendo lo que dicen. ²Sé tanto como ustedes. No soy un ignorante. ³¿Cómo quisiera hablar directamente al Todopoderoso! Quisiera dilucidar esto con Dios mismo. ⁴Porque ustedes lo malinterpretan todo. Son doctores que no saben lo que hacen. ⁵¡Ojalá se callaran! Esa sería su más excelsa sabiduría.

⁶»Escúchenme ahora, oigan las razones de lo que pienso y mis súplicas. ⁷¿Seguirán mintiendo, en nombre de Dios, cuando él ni siquiera una vez ha dicho las palabras que ustedes ponen en su boca? ⁸¿Necesita Dios la ayuda de ustedes si en su nombre van a torcer la verdad? ⁹¡Cuidado, no vaya él a descubrir lo que están haciendo! O ¿piensan que pueden engañar a Dios como a los hombres? ¹⁰No; se verán en grandes dificultades con él si con mentiras tratan de ayudarle. ¹¹La majestad suya, ¿no les infunde terror? ¿Cómo se atreven a proceder así? ¹²Estas tremendas afirmaciones que han lanzado valen tanto como las cenizas; su defensa de Dios es tan frágil como vasija de barro.

¹³»Callen ahora y déjenme hablar; yo estoy dispuesto a afrontar las consecuencias. ¹⁴Sí, voy a tomar mi vida en mis manos y a decir lo que realmente pienso. ¹⁵Dios puede matarme por decirlo, y probablemente lo haga. No obstante, voy a defender mi caso con él. ¹⁶Esto por lo menos me favorecerá: que no soy un impío, para ser rechazado instantáneamente de su presencia. ¹⁷Escuchen atentos lo que voy a decir. Óiganme.

¹⁸Esta es mi defensa: yo sé que soy justo. ¹⁹¿Quién puede presentar cargos contra mí? Si ustedes pudieran convencerme de mi error, abandonaría mi defensa y me moriría.

²⁰»Oh Dios, te suplico dos cosas; sólo entonces podré enfrentarme a ti: ²¹No me abandones y no me aterrorices con tu terrible presencia. ²²Pídeme que acuda ¡y prestamente responderé! O permite que yo hable, y responde tú. ²³Dime, ¿qué mal he hecho? ¡Ayúdame! Indícame mi pecado. ²⁴¿Por qué te apartas de mí? ¿Por qué me entregas a mi enemigo? ²⁵¿Culparías a una hoja que es arrastrada por el viento? ¿Perseguirás a la paja seca?

²⁶»Has dictado contra mí penas amargas y me estás cobrando todas las locuras de mi juventud. ²⁷,²⁸Me has aprisionado; me tienes cercado por todas partes. Soy como un árbol podrido que se cae, como un manto apolillado.

**14** »¡Cuán frágil es el hombre! ¡Cuán pocos sus días y cuán atribulados! ²Un instante abre su corola como flor, y se marchita; como sombra de efímera nube, pronto se desvanece. ³¿Tan duro has de ser con los frágiles hombres, y exigirles cuentas? ⁴¿Cómo puedes exigir pureza de quien nació impuro? ⁵Brevísima vida has concedido al hombre; no le das más que unos meses. No puede tener ni una pequeña prórroga de vida. ⁶¿No le otorgarás algún reposo? Aparta tu mirar airado y concédele unos momentos de alivio antes que muera.

⁷»Porque para el árbol hay esperanza: si lo cortan, retoña y produce nuevas ramas tiernas. ⁸,⁹Aunque sus raíces envejezcan en la tierra y su tronco degenere, puede revivir y echar renuevos al contacto del agua, como planta de vivero. ¹⁰Pero cuando el hombre muere y es sepultado, ¿a dónde va su espíritu? ¹¹,¹²Como agua que se evapora de un lago; como río que desaparece en la sequía, así el hombre yace por última vez y no vuelve a levantarse hasta que los cielos ya no existan; no se levantará ni se despertará de su sueño.

¹³»¡Ay, quisieras tú ocultarme entre los muertos y olvidarte de mí hasta que tu ira acabe; pero marca tu calendario para que vuelvas a recordarme!

¹⁴Si el hombre muere, ¿volverá a vivir? Este pensamiento me da esperanza, de modo que en mi angustia ansiosamente aguardo la dulce muerte. ¹⁵Si me llamaras, yo acudiría, tú me recompensarías por cuanto hice. ¹⁶Pero en vez de eso, sólo me permites dar unos cuantos pasos en el escenario de la vida, y señalas todos los errores que cometo. ¹⁷Los reúnes como pruebas en mi contra.

¹⁸,¹⁹»Los montes se desgastan y desaparecen. Las rocas se desprenden de su sitio. El agua convierte en arena las rocas. Los torrentes erosionan el suelo. De igual modo desvaneces tú la esperanza humana. ²⁰,²¹Siempre prevaleces sobre el hombre, y él desaparece del escenario. Lo vuelves viejo y arrugado, y luego lo despides. Jamás se entera si sus hijos alcanzan honra; si fracasan y se enfrentan al desastre, él no lo sabe. ²²Sólo siente el dolor de su cuerpo y la aflicción de su alma».

## Segundo discurso de Elifaz

**15** Respuesta de Elifaz de Temán:
²«¿Debe un sabio como tú hablar así? Tus argumentos son puro viento. ³No está bien hablar tan neciamente. ¿Qué bien hacen tales palabras? ⁴,⁵¿No tienes temor de Dios? ¿No le tienes reverencia? Tus pecados inspiran las palabras de tu boca. Lo que dices se funda en astuto engaño. ⁶¿Por qué habría yo de condenarte? De ello se encarga tu propia boca.

⁷,⁸»¿Eres acaso el hombre más sabio que ha existido? ¿Naciste antes que fueran hechas las colinas? ¿Tienes parte en el consejo de Dios? ¿Acaso eres tú el único sabio? ⁹¿Qué sabes tú más que nosotros? ¿Qué entiendes que no entendamos? ¹⁰Hay entre nosotros ancianos mucho mayores que tu padre. ¹¹El consuelo de Dios, ¿será demasiado insignificante para ti? ¿Es su dulzura demasiado áspera?

¹²¿Qué haces, dejándote arrastrar por la ira? ¿Por qué te relampaguean los ojos? ¹³¿Por qué te vuelves contra Dios y le echas en cara todos estos perversos razonamientos?

**JOB 9.25**

inocente. ²⁴La tierra está en manos de los malvados; Dios venda los ojos de los jueces y los deja proceder injustamente. Si no es él, ¿quién es entonces?

²⁵»Veloz se me va la vida cargada de tragedia. ²⁶Mis años se esfuman como naves fugaces, como águila que se precipita sobre su presa. ²⁷Si yo resolviera olvidarme de mis quejas contra Dios, dar fin a mi tristeza y alegrarme, ²⁸él entonces volcaría aun mayores penas sobre mí. ¡Porque yo sé que no me tienen por inocente, oh Dios, ²⁹sino que me condenan! Entonces, ¿para qué esforzarme? ³⁰Aunque me lavara con el agua más pura y enjuagara mis manos con lejía para dejarlas sin mancha alguna, ³¹aun así me hundirías en el albañal y el lodo; y hasta mi ropa sería menos inmunda de lo que tú me consideras.

³²,³³»Y no puedo defenderme, pues Dios no es simple hombre como yo. Si lo fuera, podríamos discutir esto imparcialmente; pero no hay árbitro entre nosotros, no hay componedor, no hay mediador que nos concilie. ³⁴¡Ay! Que deje de azotarme para que ya no tenga yo que vivir bajo el terror de su castigo. ³⁵Entonces podría hablarle sin temor, y decirle que yo no me considero culpable.

**10** »¡Estoy harto de esta vida! Dejen que dé rienda suelta a mis quejas. Hablaré en mi dolor y en mi amargura. ²Le he dicho a Dios: No te limites a condenarme: dime por qué lo haces. ³¿De veras te parece bien oprimir y despreciar la obra de tus manos, y dar alegría y prosperidad a los malvados? ⁴,⁷¿Eres injusto como los hombres? ¿Es tan breve tu vida como la de los humanos, que hayas de perseguirme por pecados que bien sabes no he cometido? ¿Será ello porque sabes que nadie puede librarme de tu mano? ⁸»Tú me hiciste, y sin embargo me destruyes. ⁹¡Ay, te ruego que recuerdes que estoy hecho de polvo! ¿Tan pronto me harás volver al polvo? ¹⁰Tú me has cambiado de vasija en vasija como leche y me has cuajado como queso. ¹¹Me diste piel y carne y uniste mis huesos y tendones. ¹²Me diste vida, y fuiste bueno y amoroso conmigo, y por tu cuidado me conservo vivo.

¹³,¹⁴»Y sin embargo, sé que tu verdadera intención siempre fue vigilarme a ver si yo pecaba y negarte a perdonar mi iniquidad. ¹⁵Si soy culpable, ¡pobre de mí! Y si soy inocente, de nada me vale. ¿Qué esperanza tengo? ¹⁶Si comienzo a levantarme del suelo, saltas sobre mí como un león y pronto acabas conmigo. ¹⁷Renuevas tus testimonios contra mí y derramas sobre mí tu ira como torrente que aumenta sin cesar, y contra mí enfilas nuevos ejércitos.

¹⁸»¿Por qué entonces dejaste que naciera? ¿Por qué no me dejaste morir al nacer? ¹⁹Así me habría ahorrado esta mísera existencia. Habría pasado directamente del vientre al sepulcro. ²⁰⁻²²¿No ves cuán poco tiempo me queda? ¡Ay! Apártate de mí para que pueda tener un poco de consuelo antes de partir hacia la tierra de oscuridad y sombra de muerte, para ya nunca volver; tierra tenebrosa como la medianoche, tierra de sombra de muerte donde sólo reina la confusión, y donde la misma claridad es negra como la noche».

## Primer discurso de Zofar

**11** Zofar de Namat responde a Job:
²«¿No ha de haber quien corte este torrente de palabras? La palabrería de un hombre, ¿prueba que tiene razón? ³¿He de quedarme callado ante tus alardes? ¿Te burlarás sin que nadie te responda? ⁴¡Pretendes ser puro a los ojos de Dios! ⁵¡Cómo me gustaría que Dios hablara y te dijera lo que piensa! ⁶¡Que te mostrara tal cual eres; pues él conoce todo lo que has hecho! Escucha: Dios sin duda te está castigando mucho menos de lo que mereces.

⁷»¿Conoces los pensamientos y propósitos de Dios? El mucho investigar, ¿te los revelará? ¿Estás capacitado para juzgar al Todopoderoso? ⁸Él es tan perfecto como alto es el cielo; y tú, ¿quién eres? Insondable es su pensamiento; ¿qué podrás tú saber en comparación con él? ⁹Es más amplio que la tierra y más extenso que el mar. ¹⁰Si viene y te pone en un calabozo, y luego te llama a cuentas, ¿quién lo hará desistir? ¹¹Porque él conoce a fondo todas las faltas y pecados de la humanidad; sin escrutar, ve todos los pecados. ¹²El simple hombre tiene tantas probabilidades de ser sabio, como un borriquillo de nacer en forma de hombre.

¹³,¹⁴»Antes de enfrentarte a Dios y extender hacia él tus manos, deja tus pecados y despójate de toda iniquidad. ¹⁵Sólo entonces, sin manchas de pecado que te ensucien, podrás marchar derecho hacia Dios sin temor. ¹⁶Sólo entonces podrás olvidar tu desdicha. Todo eso quedará en el pasado. ¹⁷Y no habrá nubarrones en tu vida; toda oscuridad se transformará en luminosa mañana. ¹⁸Obtendrás valentía porque tendrás esperanza. Procederás con calma y reposarás seguro. ¹⁹Te acostarás sin temor y muchos buscarán tu ayuda. ²⁰Pero los malvados no hallarán escapatoria: su única esperanza está en la muerte».

## Cuarto discurso de Job

**12** Respuesta de Job:
²«¡En verdad ustedes todo lo saben! ¡Muertos ustedes, morirá la sabiduría! ³Pues bien; yo también sé unas cuantas cosas; ustedes no son mejores que yo. ¿Y quién ignora lo que me han venido diciendo?

⁴»Yo, que imploraba ayuda de Dios y de Dios obtenía respuesta, me he convertido en hazmerreír de mis vecinos. Sí, yo, varón justo, soy ahora objeto de burla. ⁵Entre tanto, los ricos se mofan de los atribulados y están prontos a menospreciar a todos los menesterosos. ⁶Los ladrones prosperan. ¡Y los que provocan a Dios viven confiados y piensan que pueden controlarlo!

⁷⁻⁹»Pregunta a la bestia más estúpida: ella sabe que así es; pregunta a las aves: ellas te lo dirán; o que te enseñe la tierra, o los peces del mar. ¹⁰Porque el alma de todo ser viviente y el hálito de toda la humanidad están en la mano de Dios. ¹¹Así como mi boca puede saborear manjares, mi mente saborea la verdad cuando la oigo, ¹²y como tú lo dices, los viejos como yo son sabios; comprenden.

¹³»Pero la sabiduría y el poder verdaderos pertenecen a Dios. Sólo él sabe lo que debemos hacer; él entiende. ¹⁴¡Y cuán grande es su poder! Lo que él destruye no puede reedificarse. Cuando él acorrala a

10.12  11.13-18

a Dios. ¹⁵⁻¹⁸Hermano mío, resultaste tan vano como un arroyuelo, que hincha su corriente cuando hay nieve o hielo, pero en tiempo de calor se desvanece. Se desvían las caravanas buscando en él refrigerio, pero no hallan qué beber, y perecen. ¹⁹⁻²¹Cuando las caravanas de Tema y de Sabá se detienen allí en busca de agua, ven fallidas sus esperanzas. Así han fallado mis esperanzas en ti; tú te apartas de mí aterrado y me niegas tu ayuda. ²²¿Y por qué? ¿Alguna vez te pedí un mínimo favor? ¿Te he solicitado algún regalo? ²³¿Alguna vez te pedí ayuda?

²⁴»Una respuesta razonable es todo lo que pido; después, guardaré silencio. Dime, ¿cuál ha sido mi maldad? ²⁵,²⁶Cosa admirable es decir la verdad, pero tus críticas no se fundan en los hechos. ¿Vas a condenarme tan sólo porque impulsivamente clamé desesperado? ²⁷Eso sería como perjudicar a un huérfano indefenso, o traicionar a un amigo.

²⁸»¡Mírame! ¿Habría yo de mentirte cara a cara? ²⁹No me presumas culpable, pues soy un hombre recto. No seas tan injusto. ³⁰¿No conozco acaso la diferencia entre el bien y el mal? De haber pecado, ¿no lo reconocería?

**7** »¡Cuánto ha de batallar la humanidad! Prolongada y penosa es la vida del hombre, como vida de esclavo. ²¡Cómo anhela el fin de la jornada! ¡Cómo se esfuerza por llegar al fin de la semana y a su paga! ³También a mí me han tocado meses desalentadores y largas noches fatigosas. ⁴Al acostarme pienso, "¡Cuánto falta para el amanecer!" Y doy vueltas en la cama hasta el amanecer. ⁵Tengo el cuerpo cubierto de gusanos y de costras. La carne se me revienta y brota el pus.

⁶»Mis días se van más veloces que una lanzadera, y sin esperanza alguna llegan a su fin. ⁷Recuerda, oh Dios, que mi vida es un suspiro; que ya no verán mis ojos la felicidad. ⁸Hoy me ves, pero no será por mucho tiempo. Pronto verás mi cadáver. ⁹Como la nube se disipa y desaparece, así los que perecen se esfuman para siempre ¹⁰y no volverán jamás a su familia y su hogar: jamás volverán a aparecer.

¹¹»¡Ay, déjame expresar mi angustia. Que dé rienda suelta a la amargura de mi alma! ¹²¡Oh Dios! ¿Soy acaso un monstruo, que no me das tregua? ¹³,¹⁴Aun en la noche, cuando en el sueño procuro olvidar mi congoja, me aterrorizas con pesadillas. ¹⁵Mejor que me estrangularan que seguir así. ¹⁶Detesto mi vida. ¡Ay, déjame en paz los pocos días que me restan!

¹⁷»¿Qué es el mísero hombre para que dediques tu tiempo a perseguirle? ¹⁸¿Has de ser su inquisidor cada mañana, y ponerlo a prueba cada instante del día? ¹⁹¿Por qué no me dejas en paz, aunque sólo sea por un momento? ²⁰¿Te ha perjudicado mi pecado, oh Dios, guarda de la humanidad? ¿Por qué me has tomado como blanco, y hecho que la vida se me torne tan pesada carga? ²¹¿Por qué no perdonas sencillamente mi pecado y lo borras? Pues estoy a punto de echarme en paz en el polvo y morir, y cuando me busques, ya no existiré».

## Primer discurso de Bildad

**8** Bildad de Súah responde a Job:
²«¿Hasta cuándo, oh Job, seguirás así, pronunciando palabras que son como viento tempestuoso? ³¿Acaso pervierte Dios la justicia? ⁴Si tus hijos pecaron contra él y él los castigó, ⁵y tú imploraste por ellos al Todopoderoso Dios, ⁶si fueras puro y bueno, él escucharía tu oración, te respondería y te bendeciría dándote un hogar feliz. ⁷Y habiendo comenzado con poco, al final tendrías mucho.

⁸»Analiza la historia y observa, ⁹porque apenas ayer nacimos y sabemos muy poco; nuestros días aquí en la tierra son efímeros como sombras. ¹⁰Pero la sabiduría del pasado te enseñará. La experiencia de otros te hablará, recordándote que ¹¹⁻¹³quienes se olvidan de Dios carecen de esperanza. Son como papiros sin pantano donde crecer, o como hierba sin agua que la mantenga viva: de pronto comienza a marchitarse, aun antes de la corten. ¹⁴El hombre sin Dios se apoya en una telaraña; todo aquello en que confía caerá por tierra. ¹⁵Si en su hogar cree hallar seguridad, pronto se desengaña. ¹⁶Al amanecer tiene aspecto muy vigoroso y viril; como planta verde, sus ramas se extienden por el jardín. ¹⁷Hunde sus raíces en la corriente, entre las piedras. ¹⁸Pero desaparece, ¡y nadie lo echa de menos! ¹⁹¡Eso es todo cuanto puede esperar! Y otros vienen a ocupar su puesto.

²⁰»¡Pero fíjate! Dios no rechaza al hombre bueno ni hace prosperar al malhechor. ²¹Aún llenará de risa tu boca y tus labios de gritos jubilosos. ²²Quienes te odian serán vestidos de oprobio, y los impíos serán destruidos».

## Tercer discurso de Job

**9** Respuesta de Job:
²«Bien sé todo eso; nada nuevo me cuentas. Pero, ¿cómo puede un hombre ser genuinamente bueno a los ojos de Dios? ³Si Dios quisiera disputar con él, ¿podría el hombre contestar siquiera una entre mil preguntas? ⁴Porque su sabiduría es profunda y vasto su poder. ¿Quién logró jamás vencerlo? ⁵,⁶Súbitamente mueve las montañas y las derriba en su furor. Sacude la tierra hasta sus cimientos. ⁷El sol deja de salir y las estrellas de brillar si él lo ordena. ⁸Él solo ha desplegado los cielos y medido a largos pasos los mares. ⁹Él hizo la Osa Mayor, el Orión, las Pléyades y las constelaciones del Zodíaco meridional. ¹⁰Realiza inauditos e innumerables milagros. ¹¹Pasa delante de mí y no lo veo; transita, pero no lo veo. ¹²Cuando envía la muerte a llevarse a un hombre, ¿quién puede impedírselo? ¿Quién osa preguntarle: "qué estás haciendo"? ¹³Y Dios no depone su ira. Ante él se doblega el orgullo del hombre.

¹⁴»Y, ¿quién soy yo para que intente discutir con el Dios Todopoderoso, o siquiera razonar con él? ¹⁵Aunque yo fuera impecable, no diría ni una palabra; me limitaría a pedir clemencia. ¹⁶Y aun si él diera respuesta a mis plegarias, apenas podría creer que hubiera escuchado mi clamor. ¹⁷Pues él es quien destruye, quien multiplica mis heridas sin causa alguna. ¹⁸No me concede respiro, sino me colma de amargos sufrimientos. ¹⁹Sólo él es fuerte y justo. ¿Quién le pedirá cuentas? ²⁰Y yo, ¿soy acaso justo? Mi propia boca lo niega. Aunque creyera que soy perfecto, Dios me declararía convicto de maldad.

²¹»Y aunque fuera del todo inocente, no me atrevería ni a pensarlo. ¡Detesto lo que soy! ²²Inocente o culpable, para él da lo mismo, pues él destruye a uno y a otro. ²³Se ríe cuando la calamidad azota al

que nunca vea la luz matutina. ¹⁰Maldita sea por no haber cerrado el vientre de mi madre; por dejarme nacer para llegar a ver toda esta aflicción.

¹¹»¿Por qué no morí al nacer? ¹²¿Por qué la partera me dejó vivir? ¿Por qué me amamantaron con pechos? ¹³Si hubiera muerto al nacer, ahora estaría yo tranquilo, dormido y en reposo, ¹⁴,¹⁵junto con dignatarios y reyes con toda su pompa; con opulentos príncipes cuyos castillos están llenos de ricos tesoros. ¹⁶¡Ojalá hubiera sido un aborto! ¡No haber respirado ni visto la luz jamás! ¹⁷Porque en la muerte dejan los malvados de hostigar y los cansados hallan reposo. ¹⁸Allá, hasta los cautivos tienen alivio, sin un brutal carcelero que los maltrate. ¹⁹Ricos y pobres por igual están allí, y el esclavo se ve al fin libre de su amo.

²⁰,²¹»¡Ay! ¿Por qué dar luz y vida a quienes yacen en aflicción y amargura, que suspiran por la muerte, y no llega; que buscan la muerte como otros buscan alimento o dinero? ²²¿Qué bendito alivio reciben al fin al morir! ²³¿Por qué dejar que nazca un hombre si Dios lo ha de encerrar en una vida de incertidumbre y frustración? ²⁴Los suspiros no me dejan comer; mis gemidos se derraman como agua. ²⁵Lo que siempre temí me ha sobrevenido. ²⁶No encuentro paz ni sosiego; no hallo reposo, sino sólo agitación».

## Primer discurso de Elifaz

**4** Respuesta de Elifaz de Temán a Job:
²«¿Me permites una palabra? Pues, ¿cómo sería posible no hablar? ³,⁴En tiempos pasados aconsejaste a más de un alma acongojada que confiara en Dios y has alentado a los débiles o vacilantes, y a quienes yacían decaídos o tentados a desesperar. ⁵Pero ahora, bajo el golpe de la aflicción, desfalleces y te derrumbas. ⁶En un tiempo como éste, ¿no debería tu fe en Dios ser todavía tu confianza? ¿Acaso no crees que Dios cuidará de los buenos?

⁷,⁸»¡Ponte a pensar! ¿Viste alguna vez a una persona genuinamente buena e inocente que haya sido castigada? La experiencia enseña que los que siembran pecado y problemas son quienes los cosechan. ⁹Mueren bajo la mano de Dios. ¹⁰Aunque ruja el león y gruña el cachorro, acabarán con los colmillos destrozados; ¹¹el león perece por falta de presa, y los cachorros de la leona se dispersan.

¹²»En secreto se me dio esta enseñanza, como un susurro al oído. ¹³Me llegó en visión nocturna, mientras los demás dormían. ¹⁴Súbitamente me invadió el miedo; temblé y me estremecí de terror ¹⁵cuando un espíritu pasó ante mi rostro; el pelo se me erizó. ¹⁶Sentí la presencia del espíritu, pero no pude verlo ante mí. Luego, escuché una voz que susurró:

¹⁷»"¿Será acaso el simple mortal más justo que Dios? ¿Más puro que su Creador?" ¹⁸,¹⁹Si Dios no puede confiar en sus propios siervos y aun a sus ángeles acusa de cometer errores, ¡cuánto más a los que habitan en casas de barro, cimentadas sobre el polvo y aplastadas como polillas! ²⁰En la mañana están vivos, y por la noche han muerto sin dejar siquiera un recuerdo. ²¹¡No se arrancan acaso las estacas de su carpa? ¡Mueren sin haber adquirido sabiduría!

**5** »Clama pidiendo ayuda, pero ¿alguien te responderá? ¿a cuál de tus dioses te dirigirás? ²Los necios mueren frustrados, abrumados por su propia ira. ³Quienes se alejan de Dios pueden triunfar momentáneamente, pero de pronto les sobreviene un súbito desastre. ⁴Sus hijos son estafados, y nadie los defiende. ⁵Sus cosechas son robadas, y sus riquezas son bebida de muchos, pero no de sus dueños. ⁶El sufrimiento los abate como castigo por haber plantado semillas de pecado. ⁷La humanidad va rumbo al pecado y el sufrimiento tan cierto como que del fuego salen las llamas.

⁸»Este consejo te doy: Acude a Dios y confiésale tus pecados. ⁹Porque él realiza admirables milagros, maravillas sin cuento. ¹⁰Envía lluvia a la tierra para regar los campos, ¹¹da prosperidad a los pobres y humildes, y lleva a los afligidos a sitio seguro. ¹²Desbarata las intrigas de los astutos. ¹³Ellos caen en sus propias redes; él frustra sus maquinaciones. ¹⁴Andan tropezando como ciegos en el día, no ven mejor de día que de noche. ¹⁵Dios salva de las garras de estos opresores a los huérfanos y a los pobres. ¹⁶Así es como los pobres recobran la esperanza, y a la injusticia se le tapa la boca.

¹⁷»¡Dichoso el hombre a quien Dios corrige! Cuando peques, no menosprecies el castigo del Señor. ¹⁸Pues aunque él hiere, venda y vuelve a sanar. ¹⁹Una y otra vez te librará para que ningún mal te dañe. ²⁰Te librará de la muerte en tiempo de hambre, y del poder de la espada en la guerra. ²¹Estarás a salvo del calumniador; no tienes por qué temerle al futuro. ²²Te burlarás de la guerra y del hambre; las fieras te respetarán. ²³Las bestias salvajes te dejarán en paz. ²⁴No tendrás que angustiarte por tu hogar cuando andes lejos; nada hurtarán de tu hacienda. ²⁵Tus hijos llegarán a ser hombres importantes; tus descendientes serán tan numerosos como la hierba. ²⁶Larga y próspera vida tendrás; como las espigas que se recogen a tiempo.

²⁷»La experiencia me ha enseñado la verdad de todo esto. Para bien tuyo, escucha mi consejo».

## Segundo discurso de Job

**6** Respuesta de Job:
²«¡Quién pesara en balanza mi tristeza y mis congojas! ³Porque son más pesadas que la arena de mil playas. De ahí nació mi hablar impertinente. ⁴Porque el Señor me ha derribado con sus flechas: en lo profundo de mi corazón ha clavado sus dardos venenosos. Todos los terrores de Dios militan contra mí. ⁵⁻⁷Si el burro montés rebuzna, es que el pasto se le ha agotado; no mugen los bueyes cuando tienen alimento, y el hombre se queja cuando su comida está sin sal. Y ¡qué insípida es la clara del huevo cruda! Pierdo el apetito con sólo mirarla; siento náuseas con sólo pensar en comerla.

⁸,⁹»¡Ay, que Dios me diera lo que más deseo: morir bajo su mano, y no sentir más su puño que me aprieta! ¹⁰Esto, al menos, me consuela a pesar de todo mi dolor; que no he negado las palabras del santo Dios.

»¹¹¡Ay! ¿Por qué me sustenta mi vigor? ¿Cómo tener paciencia hasta morir? ¹²¿Soy acaso insensible como piedra? ¿Tengo la carne hecha de bronce? ¹³Porque estoy del todo impotente, sin sombra de esperanza.

¹⁴»Uno debe tener piedad con el amigo desfalleciente, pero tú me has acusado sin el mínimo temor

5.6–9   5.17–27

# Job

## Prólogo

**1** En la tierra de Uz vivía un hombre llamado Job, hombre bueno que temía a Dios y se abstenía de lo malo. ²,³Tenía una familia grande formada por siete hijos y tres hijas, y era inmensamente rico, pues poseía siete mil ovejas, tres mil camellos, quinientas yuntas de bueyes, quinientas burras, y muchísimos siervos. Era en efecto el más rico hacendado de toda aquella región. ⁴Los hijos de Job, acostumbraban turnarse para celebrar banquetes en sus respectivas casas e invitaban a sus hermanos y hermanas a comer y beber con ellos. ⁵Al terminar el ciclo de los banquetes, Job reunía a sus hijos y los santificaba; se levantaba muy de mañana y presentaba una ofrenda por cada uno de ellos. Porque pensaba: «Quizás mis hijos hayan pecado y en su corazón se hayan alejado de Dios». Estas cosas eran costumbre en Job.

## Primera prueba de Job

⁶Cierto día en que los ángeles se presentaron ante el Señor, acudió también con ellos el ángel acusador. ⁷—¿De dónde vienes? —le preguntó el Señor al acusador. Y éste respondió:

—De rondar la tierra y recorrerla por todas partes.

⁸Entonces Dios preguntó al acusador:

—¿Te has fijado en mi siervo Job? No hay otro como él en toda la tierra: hombre perfecto y recto, que me teme y se abstiene de todo mal.

⁹—¿Y cómo no habría de serlo si lo recompensas tan bien? —dijo burlonamente el acusador—. ¹⁰Siempre has librado de todo daño su persona, su hogar y sus bienes. Has hecho prosperar cuanto hace. ¡Mira cómo se ha enriquecido! ¡Razón tiene para adorarte! ¹¹Pero quítale sus riquezas, ¡y ya verás cómo te maldice en tu propia cara! ¹²,¹³El Señor replicó al ángel acusador:

—Tienes permiso para hacer con su riqueza lo que quieras; pero no lo perjudiques en su cuerpo.

Entonces el ángel acusador se fue; y como era de esperarse, no mucho después, en un banquete que los hijos e hijas de Job tuvieron en casa del hermano mayor, ocurrió la tragedia.

¹⁴,¹⁵Llegó corriendo a casa de Job un mensajero con esta noticia:

—Estaban sus bueyes arando, y las burras pastaban junto a ellos, cuando nos asaltaron los sabeanos, se llevaron los animales y mataron a los demás siervos. ¡Sólo yo escapé!

¹⁶Aún estaba hablando este mensajero, cuando llegó otro con más noticias malas: —Del cielo cayó un rayo que calcinó a las ovejas y a todos los criados. ¡Sólo yo escapé para contárselo!

¹⁷No había terminado éste, cuando otro mensajero entró corriendo.

—Tres bandas de caldeos se llevaron sus camellos y mataron a sus siervos. ¡Sólo yo escapé para contárselo!

¹⁸Mientras aún estaba hablando éste, llegó otro mensajero y dijo:

—Sus hijos e hijas estaban celebrando un banquete en casa de su hermano mayor, ¹⁹cuando de pronto un fuerte viento del desierto arrasó la casa; desplomó el techo sobre ellos y los mató a todos. ¡Sólo yo escapé para contárselo!

²⁰Job se levantó y rasgó su manto y se rasuró la cabeza en señal de duelo y se postró en tierra en actitud de adoración.

²¹Entonces dijo: «Desnudo salí del vientre de mi madre, y nada tendré cuando muera. El Señor me dio cuanto yo tenía; suyo era, y tenía derecho de llevárselo. Bendito sea el nombre del Señor».

²²En todo esto Job no pecó ni maldijo a Dios.

## Segunda prueba de Job

**2** Llegaron nuevamente los ángeles a presentarse ante el Señor, y con ellos el ángel acusador.

²—¿De dónde vienes? —le preguntó el Señor al acusador. Y éste respondió: —De rondar la tierra.

³—Bien, ¿te fijaste en mi siervo Job? —preguntó el Señor—. Es el mejor hombre de toda la tierra; hombre que me teme y se abstiene de todo mal. Ha mantenido su fe en mí no obstante haberme incitado tú a que te dejara perjudicarlo sin causa alguna.

⁴,⁵—¿Y qué si lo perjudico en carne propia? —respondió el acusador—. El hombre dará cualquier cosa por salvar su vida. ¡Dáñalo con una enfermedad, y te maldecirá en tu propia cara!

⁶—Haz con él como quieras —respondió el Señor—, pero no le quites la vida. ⁷Entonces el ángel acusador salió de la presencia del Señor e hizo brotar en Job dolorosas llagas desde la cabeza hasta los pies. ⁸Y Job, sentado en medio de las cenizas, tomó un pedazo de teja para rascarse constantemente. ⁹Su esposa le reprochó:

—¿Persistes en tu vida piadosa viendo todo lo que Dios te ha hecho? ¡Maldícelo y muérete!

¹⁰Pero él respondió:

—Hablas como una necia. ¿Pues qué? ¿Hemos de recibir de manos de Dios únicamente lo agradable y nunca lo desagradable?

En todo esto Job no pecó ni de palabra.

## Los tres amigos de Job

¹¹Había tres amigos de Job, que al enterarse de la gran tragedia que le había sobrevenido, se pusieron de acuerdo para ir a consolarlo y animarlo. Se llamaban Elifaz de Temán, Bildad de Súah y Zofar de Namat. ¹²Job estaba tan cambiado que casi no lo reconocieron. Sus amigos rompieron a llorar, rasgaron su ropa, lanzaron polvo al aire y se echaron tierra en la cabeza en señal de dolor. ¹³Luego se sentaron silenciosos en el suelo junto a Job durante siete días y siete noches, y ninguno dijo nada; comprendían que su aflicción era tal que no había lugar para las palabras.

## Primer discurso de Job

**3** Al fin habló Job, y maldijo el día de su nacimiento.

²,³«Maldito sea el día en que nací —dijo— y la noche en que fui concebido. ⁴Que ese día se vuelva oscuridad; que Dios en lo alto no lo tome en cuenta; que no brille en él ninguna luz. ⁵Que las tinieblas se adueñen de él; que una nube negra lo cubra con su sombra. ⁶Que sea borrado del calendario y jamás vuelva a contarse entre los días del mes de ese año. ⁷Que aquella noche sea helada y sin alegría. ⁸Que la maldigan los que profieren maldiciones. ⁹Que se esfumen las estrellas de esa noche; que suspire por la luz, y no la vea jamás;

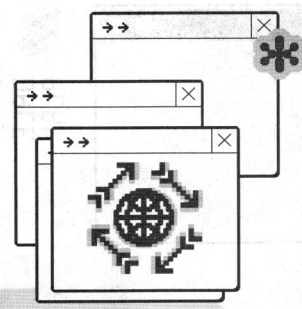

## PANORAMA DEL LIBRO

Este es uno de los libros más profundos y enigmáticos de la Biblia. Enfrenta grandes temas, tales como el sufrimiento, la justicia y la intervención de Dios en estos complejos asuntos. Aparentemente, el tema central es el del sufrimiento de un creyente. Sin embargo, detrás de este tema, que obviamente es importante, se encuentra la realidad del control soberano de Dios sobre todo el cosmos y, a la vez, sobre la vida de cada persona. La obra contrapone esa realidad con la del sufrimiento de personas justas y buenas y presenta las meditaciones de los seres humanos ante esa aparente contradicción.

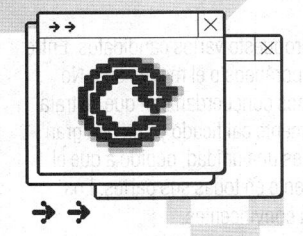

## ¿CÓMO SE RELACIONA CONMIGO?

Cuando una persona tiene preguntas o dudas lo mejor no es decirle que no piense en ellas. Al contrario, es necesario enfrentarlas con la fuerza de la verdad y el libro de Job es uno de los libros de la Biblia que más nos enseña a enfrentar las cuestiones profundas y contradictorias de la vida con la fe en un Dios que es soberano. El hecho de que Job evite las respuestas fáciles o los triunfalismos irreales es una gran ayuda para que vivamos un cristianismo real y no apariencias, ya que tener fe no significa cerrar los ojos o "apagar el cerebro" y este es un mensaje que las nuevas generaciones necesita conocer. De hecho, este libro nos previene de todas aquellas defensas simplistas del Señor como las de los amigos de Job, las cuales, aunque bien intencionadas, no honran a Dios. Tú y tus amigos pueden apreciar el punto de vista de este libro, el cual reconoce las paradojas de la vida y, a la vez, insiste en aferrarse a una fe firme en el Dios que tiene todo bajo control.

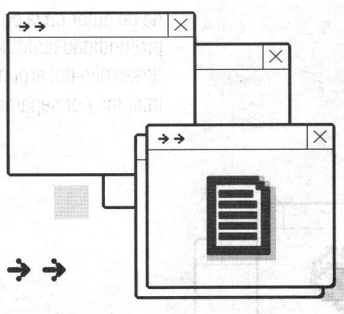

## EL GUION

1) Dios, Satán y Job. Un vistazo a la batalla cósmica. Caps. 1-2
2) Elifaz, el intelectual, explica el dolor de Job: "Dios es puro. El ser humano es quien atrae los problemas". Caps. 3-5; 12-15; 21-22.
3) Bildad, el tradicionalista, explica el dolor de Job: "Dios no tuerce la justicia. Es el ser humano el que se olvida de Él". Caps. 6-8; 16-18, 23-26.
4) Zofar, el moralista, explica el dolor de Job. "Dios conoce cuando eres impío". Caps. 9-11; 19-20; 27.
5) Eliú, el joven, da su opinión. "Los sufrimientos refinan al justo". Caps. 32-37
6) Dios confronta a Job y lo restaura. Caps. 38-42

## JOB

# JOB

DALE PLAY

## ¿QUIÉN LO ESCRIBIÓ?

No se sabe quién fue el autor, aunque se ha propuesto varios candidatos. Entre ellos, Moisés, Salomón o uno de sus contemporáneos o el mismo Job. No hay manera de saberlo. Sin embargo, casi todos concuerdan con que se trata de un autor de la época de los patriarcas altamente calificado y con una gran profundidad teológica. Se acepta que el libro es una unidad, debido a que el desarrollo del argumento es bastante consistente en todas sus partes. Los intentos por separar ciertas secciones no son convincentes.

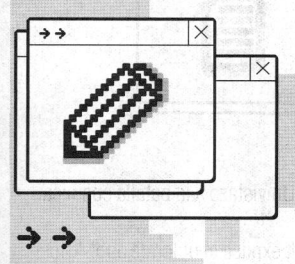

## ¿A QUIÉN LO ESCRIBIÓ?

Es indudable que el libro de Job tiene su origen en los escritos de sabiduría de Israel y que sus personajes comparten muchas ideas teológicas y morales provenientes del pueblo de Dios. Sin embargo, como otros libros de sabiduría, tiene en mente una audiencia mucho mayor; es decir, personas de todas las épocas y lugares. En este sentido, el protagonista de la historia no es israelita (se cree que Uz estaba ubicada en el norte de Arabia o en Edom), no se mencionan los grandes temas israelitas de la ley, el pacto o el éxodo y casi no se usa Yahveh, el nombre de Dios que se refiere al pacto con su pueblo. Por ello, un famoso escritor llega a decir que la grandeza literaria de Job es su aplicación universal.

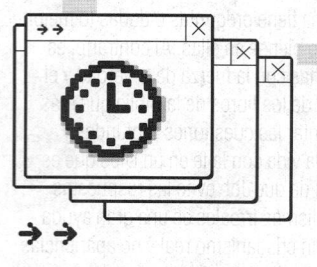

## ¿CUÁNDO Y DÓNDE LO ESCRIBIÓ?

No sabemos cuál fue el lugar en el que se escribió esta obra. Algunos han tratado de asignar lugares fuera de Israel para la composición de este libro, como por ejemplo, Egipto o Arabia. Sin embargo, es evidente que las ideas generales del autor provienen de la tradición hebrea. En cuanto a la fecha, los estudiosos no se ponen de acuerdo. Las fechas varían desde la época patriarcal (unos 2000 años antes de Cristo) hasta el siglo II a.C. Ciertos detalles lingüísticos, así como la falta de mención del sistema sacrificial, de la historia y las leyes de Israel ha hecho que muchos estudiosos se inclinen por la opinión de que este es uno de los libros bíblicos más antiguos (quizá fue escrito en 2000 a.C., en tiempos de Abraham).

Pero nadie se atrevió, porque sentían gran temor. ³Y todos los funcionarios de las provincias, gobernadores, oficiales y cortesanos, ayudaban a los judíos por temor de Mardoqueo. ⁴Porque Mardoqueo era ahora un hombre muy importante en el palacio del rey, y su fama se extendía por todas las provincias, pues se hacía cada vez más poderoso.

⁵Los judíos cumplieron con el decreto el día señalado y mataron a todos sus enemigos. ⁶Mataron a quinientos hombres en Susa. ⁷⁻¹⁰También dieron muerte a diez hijos de Amán hijo de Hamedata, enemigo de los judíos. Estos son sus nombres: Parsandata, Dalfón, Aspata, Porata, Adalías, Aridata, Parmasta, Arisay, Ariday y Vaizata, pero no se apoderaron de sus bienes.

¹¹Ese mismo día el rey se enteró del número de personas muertas en Susa. ¹²Entonces llamó a la reina Ester y le dijo:

—Tan solo en la ciudad de Susa los judíos han dado muerte a quinientos hombres y también mataron a los diez hijos de Amán. Si esto han hecho aquí, me pregunto ¿qué habrá ocurrido en el resto de las provincias? ¿Qué más deseas? También te será concedido. Dímelo y te lo daré.

¹³Y Ester dijo:

—Si Su Majestad está de acuerdo, le pido que permita que los judíos que están en Susa hagan mañana nuevamente lo que han hecho hoy, y ordene que los diez hijos de Amán sean colgados en horcas.

¹⁴El rey le concedió la petición. El decreto fue promulgado en Susa, y colgaron los cadáveres de los diez hijos de Amán. ¹⁵Entonces los judíos de Susa se reunieron también el día catorce del mes de Adar, y dieron muerte a otros trescientos hombres, pero no se apoderaron de sus propiedades.

¹⁶Mientras tanto, los judíos de las demás provincias del imperio se habían reunido también para defender sus vidas y habían destruido a sus enemigos, dando muerte a setenta y cinco mil personas que los odiaban. Pero no se apoderaron de sus bienes. ¹⁷Esto ocurrió el día trece del mes de Adar, y al día siguiente reposaron, y celebraron la victoria con fiestas y alegría.

## Celebración de Purim

¹⁸Pero los judíos de Susa siguieron dando muerte a sus enemigos el segundo día también, así que descansaron el día quince, y lo celebraron con una gran fiesta. ¹⁹Por esto es que los judíos de los pueblos sin murallas de todo Israel celebran la fiesta el día catorce del mes de Adar, y es entonces cuando se alegran y se hacen regalos unos a otros.

²⁰Mardoqueo escribió la historia de todos estos sucesos, y envió cartas a los judíos de cerca y de lejos, a través de todas las provincias del rey, ²¹pidiéndoles que establecieran una festividad anual los días catorce y quince del mes de Adar, ²²para celebrar con fiestas, alegría y regalos este día histórico en que los judíos fueron salvados de sus enemigos, cuando su llanto se convirtió en alegría, y sus lamentos en felicidad.

²³Los judíos adoptaron la sugerencia de Mardoqueo y comenzaron esta festividad anual ²⁴,²⁵como recordatorio de la ocasión en que Amán hijo de Hamedata, el agagueo, enemigo de todos los judíos, había tramado destruirlos en una fecha que determinaron tras haber echado suertes, y para recordar que cuando Ester se lo contó al rey, éste emitió un edicto a fin de que el plan de Amán se volviera en su contra, y él y sus hijos fueron colgados en la horca. ²⁶Esta fiesta se llama «Purim», porque la palabra pur, en idioma persa, significa «echar suertes». Así que los judíos acordaron celebrar esta fiesta de acuerdo con lo ordenado por Mardoqueo, y por todo lo que habían tenido que sufrir y ver. ²⁷Todos los judíos del reino estuvieron de acuerdo en comenzar esta tradición y comunicarla a sus descendientes y a todos los que se convirtieran en judíos. Declararon que jamás dejarían de celebrar estos dos días. ²⁸Sería un acontecimiento que celebrarían anualmente, de generación en generación, todas las familias judías del mundo, para que la comunidad judía no olvidara jamás lo que ocurrió.

²⁹⁻³¹La reina Ester, hija de Abijaíl, y Mardoqueo escribieron esta segunda carta, para confirmar plenamente los días en que debía celebrarse la fiesta anual de Purim. Las cartas fueron enviadas a todos los judíos que vivían en las ciento veintisiete provincias del reino de Asuero, con mensajes de buena voluntad y de aliento para confirmar la celebración anual de estos dos días de Purim, decretada por Mardoqueo el judío y por la reina Ester. Además, les daban instrucciones en cuanto a la obligación de ayunar y de guardar luto. ³²Así que el decreto de Ester confirmó estas fechas, y fue registrado como ley.

## Grandeza de Mardoqueo

**10** ¹El rey Asuero no sólo impuso tributo a los países que estaban sobre tierra firme, sino también a los que quedaban sobre las islas del mar. ²Sus grandes hechos, y también un relato completo de la grandeza de Mardoqueo y de los honores que le dio el rey están escritos en el libro de las crónicas de los reyes de Media y de Persia. ³El judío Mardoqueo fue primer ministro con autoridad muy cercana a la del mismo rey Asuero. Por supuesto, él fue muy grande entre los judíos, y lo respetaban todos sus compatriotas, porque hacía todo cuanto podía por su pueblo, y se preocupaba por el bienestar de todos ellos.

por las calles gritando: «¡De esta manera el rey honra a los que le agradan!»

¹²Después de esto, Mardoqueo regresó a su trabajo, pero Amán se retiró a su casa. Se sentía humillado. ¹³Cuando les contó a su esposa Zeres y a todos sus amigos lo que había ocurrido, ellos le dijeron:

—Si Mardoqueo es judío, no podrás destruirlo. ¡Oponerte a él será tu derrota!

¹⁴Mientras aún discutían con él, los mensajeros llegaron para conducir a Amán rápidamente al banquete que Ester había preparado.

## Humillación y muerte de Amán

**7** El rey y Amán llegaron al banquete que Ester les preparó. ²Nuevamente, mientras bebían vino, el rey le preguntó a la reina Ester:

—¿Cuál es tu petición, reina Ester? ¿Qué es lo que deseas? Cualquier cosa que sea. ¡Te daré hasta la mitad de mi reino!

³La reina Ester le contestó:

—Si de verdad me he ganado el favor de Su Majestad, y si lo desea, le ruego que salve mi vida y la vida de mi pueblo. ⁴Porque mi pueblo y yo hemos sido vendidos a quienes quieren destruirnos. ¡Estamos condenados a la destrucción total! Si sólo hubiéramos sido vendidos como esclavos y esclavas, yo no me quejaría delante de Su Majestad, pues eso no sería motivo para inquietarlo.

⁵—¿De qué estás hablando? —le preguntó el rey Asuero—. ¿Quién se atrevería a hacerte daño?

⁶Ester replicó:

—¡Nuestro enemigo y adversario es este malvado Amán!

Entonces Amán se perturbó delante del rey y de la reina. ⁷El rey se levantó y salió del banquete al jardín del palacio. Pero Amán se quedó suplicándole a la reina Ester que le salvara la vida, porque sabía que ya no contaba con la ayuda del rey. ⁸Cuando el rey regresó del jardín y entró a la sala, vio que Amán estaba inclinado sobre el sofá donde se hallaba recostada Ester. Entonces, al ver esto, el rey gritó:

—¡Y es que te vas a atrever a violar a la reina aquí mismo en el palacio, delante de mis propios ojos!

Al oír el grito del rey, sus guardias entraron y le cubrieron el rostro a Amán con el velo de los condenados a muerte. ⁹Entonces Jarboná, otro de los hombres de confianza del rey, dijo:

—Su Majestad, Amán ordenó construir, en el patio de su casa, una horca de veintidós metros y medio de alto para colgar a Mardoqueo, el hombre que salvó al rey de ser asesinado.

—¡Cuelguen a Amán en ella! —ordenó el rey.

¹⁰Así que colgaron a Amán en la misma horca que había preparado para Mardoqueo, y así se apaciguó la ira del rey.

## Edicto real en favor de los judíos

**8** Aquel mismo día, el rey Asuero entregó a la reina Ester las propiedades de Amán, el enemigo de los judíos. Mardoqueo fue llevado a la presencia del rey, porque Ester le había dicho al rey que era su primo y padre adoptivo. ²El rey entonces se sacó el anillo, el que antes le había dado a Amán, y se lo entregó a Mardoqueo. Ester, por su parte, encargó a Mardoqueo de la administración de las propiedades de Amán.

³Entonces, una vez más, la reina Ester se presentó delante del rey, se postró a sus pies y le rogó con lágrimas que detuviera el plan de Amán contra los judíos. ⁴El rey, al verla, le extendió el cetro de oro. Ester se puso de pie delante de él, ⁵y le dijo:

—Si a Su Majestad le parece bien, y si en verdad me ama, le ruego que saque otro decreto, por medio del cual anule la orden que Amán dio de exterminar a los judíos que viven en todas las provincias del reino. ⁶¿Cómo podría yo quedarme tranquila viendo que la desgracia cae sobre mi pueblo? ¿Cómo podría quedarme quieta viendo la destrucción de mi gente?

⁷Entonces el rey Asuero les dijo a la reina Ester y a Mardoqueo el judío:

—Le he dado a Ester el palacio de Amán y él ha sido colgado en la horca, porque trató de destruirlos. ⁸Ahora escriban, en mi nombre, un mensaje y envíenlo a los judíos. Redáctenlo en los términos que a ustedes mejor les parezca, y séllenlo con el anillo del rey, para que no pueda ser revocado.

⁹,¹⁰Inmediatamente fueron convocados los secretarios del rey. Era el día veintitrés del mes tercero, es decir, del mes de Siván. Los secretarios escribieron el edicto que Mardoqueo les dictó, para ser enviado a los judíos, a los oficiales, a los gobernadores y príncipes de las ciento veintisiete provincias, desde la India hasta Etiopía. El edicto fue traducido a los idiomas y dialectos de todos los pueblos del reino. Mardoqueo lo escribió en nombre del rey Asuero, lo selló con el anillo del rey y envió las cartas por medio de mensajeros del rey, que montaban los caballos más veloces que el rey tenía. ¹¹Este edicto daba a los judíos, que vivían en todas las provincias del reino de Asuero, permiso para defender sus vidas y sus familias, y para destruir a todas las fuerzas que se les opusieran, y apoderarse de las propiedades de sus enemigos. ¹²El día escogido para ello a través de todas las provincias del rey Asuero, era el día trece del mes doce, es decir, el mes de Adar. ¹³Además establecía, que este edicto, que debía ser reconocido en todo lugar como decreto, debía ser proclamado en alta voz delante del pueblo, para que los judíos pudieran prepararse y vencer a sus enemigos. ¹⁴Los mensajeros, por orden directa del rey, salieron rápidamente montados sobre los veloces caballos del rey. El mismo decreto también fue promulgado en el palacio de Susa.

¹⁵Mardoqueo se puso las vestiduras reales de azul y blanco y la gran corona de oro, con un manto de lino y púrpura, y salió de la presencia del rey por todas las calles de la ciudad, que estaban llenas de gente que le aclamaba. ¹⁶Los judíos sintieron gozo y alegría, y fueron honrados en todo lugar. ¹⁷En todas las ciudades y provincias a donde llegaba el decreto del rey, se producía una gran alegría entre los judíos, hasta el punto que hacían una gran celebración y declaraban día festivo. Muchos se hacían pasar por judíos, por temor a lo que los judíos pudieran hacerles.

## Triunfo de los judíos

**9** El día trece del mes doce, es decir, el mes de Adar, el mismo día en que debían cumplirse los dos decretos del rey (día en que los enemigos de los judíos tenían esperanza de vencerlos, y sucedió todo lo contrario), ²los judíos se reunieron en sus ciudades, a través de todas las provincias del rey, para defenderse contra los que pudieran tratar de hacerles daño.

Ester mandó a buscar a Hatac, uno de los hombres de confianza del rey que había sido puesto a su servicio, y le dijo que fuera a preguntarle a Mardoqueo cuál era el problema y por qué estaba actuando de esa manera. ⁶Hatac salió a la plaza de la ciudad y encontró a Mardoqueo en las afueras del palacio. ⁷Mardoqueo lo puso al tanto de todo y de los trescientos treinta mil kilos de plata que Amán había prometido entregar a la tesorería del rey a cambio del exterminio de los judíos. ⁸Además, Mardoqueo le dio a Hatac una copia del decreto del rey en el que se condenaba a todos los judíos, y le pidió que se lo mostrara a Ester y le contara lo que estaba ocurriendo. También le pidió que le dijera a Ester que fuera a ver al rey y le suplicara que no le hiciera tal mal a su pueblo. ⁹Hatac regresó enseguida ante Ester con el mensaje de Mardoqueo. ¹⁰Ester le dijo a Hatac que regresara a Mardoqueo y le dijera: ¹¹«Todo el mundo sabe que cualquiera, sea hombre o mujer, que entre a la presencia del rey sin ser llamado por él está condenado a morir, a menos que el rey le tienda su cetro de oro. ¡Hace más de un mes que el rey no me llama a su presencia!»

¹²Hatac fue y le dio el mensaje de Ester a Mardoqueo. ¹³Entonces Mardoqueo le mandó a decir: «¿Piensas que porque estás en el palacio escaparás cuando los otros judíos sean muertos? ¹⁴Si callas en un tiempo como éste, Dios salvará a los judíos de alguna otra manera, pero tú y tu familia morirán. ¿Y quién sabe si no es para ayudar a tu pueblo en un momento como éste que has llegado a ser reina?»

¹⁵Entonces Ester envió a decir a Mardoqueo: ¹⁶«Ve y reúne a todos los judíos de Susa y pídeles que ayunen por mí. Diles que no coman ni beban durante tres días con sus noches. Yo y mis sirvientas haremos lo mismo. Luego, aunque está estrictamente prohibido, me presentaré ante el rey. ¡Si he de morir, que muera!»

¹⁷Mardoqueo hizo lo que Ester le ordenó.

### Petición de Ester al rey Asuero

**5** Tres días más tarde, Ester se puso sus vestiduras reales y entró al patio interior, al salón real del palacio, donde el rey estaba sentado en su trono. ²Cuando el rey vio a la reina Ester que estaba de pie allí, le agradó y le tendió el cetro de oro. Ester se acercó y tocó la punta del cetro.

³—¿Qué deseas, reina Ester? —le preguntó el rey—. ¿Cuál es tu petición? Te daré todo lo que quieras, aun cuando sea la mitad del reino.

⁴Y Ester replicó:

—Si de verdad Su Majestad quiere complacerme, le suplico que asista, junto con Amán, esta noche a un banquete que he preparado en su honor.

⁵El rey se volvió hacia sus sirvientes y les dijo:

—Vayan y díganle a Amán que venga pronto, para que asistamos al banquete que la reina Ester ha preparado.

El rey y Amán asistieron al banquete de Ester. ⁶Mientras bebían vino, el rey le volvió a decir a Ester:

—Ahora dime qué es lo que realmente quieres, y yo te lo daré, aun cuando sea la mitad del reino.

⁷,⁸Ester entonces le contestó:

—Mi petición, mi más profundo deseo, es que si Su Majestad me ama, y quiere concederme mis deseos, venga mañana con Amán a otro banquete que he preparado para ustedes, y allí le explicaré de qué se trata.

### Odio de Amán contra Mardoqueo

⁹¡Cuán feliz estaba Amán cuando salió del banquete! Pero al pasar por la puerta del palacio notó que Mardoqueo no se puso de pie ni hizo reverencia delante de él, así que se puso furioso. ¹⁰Sin embargo, se refrenó y siguió hasta su casa y reunió a todos sus amigos y a su esposa Zeres, ¹¹y se jactó delante de ellos acerca de su riqueza, de sus muchos hijos, y de cómo el rey lo había honrado y lo había convertido en el hombre más poderoso del reino, después del mismo rey. ¹²Enseguida lanzó su exclamación triunfal:

—Sí, y Ester, la reina, me ha invitado a mí solamente para que vaya con el rey al banquete que ella ha preparado para nosotros. ¡Y nos invitó para otro banquete mañana! ¹³Pero todo esto de nada sirve cuando veo que Mardoqueo, el judío que se sienta frente a la puerta del rey, se niega a inclinarse delante de mí.

¹⁴—Bien— respondió Zeres su esposa, y concordaron con ella todos sus amigos—. Haz preparar una horca de veintidós metros y medio de alto, y en la mañana pídele al rey que haga colgar a Mardoqueo en ella. Cuando esto haya sido realizado, tú podrás seguir alegremente para reunirte con el rey en el banquete.

Esto agradó a Amán inmensamente, y ordenó que fuera construida la horca.

### Exaltación de Mardoqueo

**6** Aquella noche, al rey se le fue el sueño y ordenó que le leyeran las crónicas de su reino, que estaban en la biblioteca. ²Leyeron hasta el punto en que se relataba la forma en que Mardoqueo había delatado a Bigtán y Teres, los dos oficiales del rey, encargados de vigilar la puerta del palacio, que habían planeado asesinar al rey.

³—¿Qué recompensa le hemos dado a Mardoqueo por haber hecho esto? —preguntó el rey.

—Nada— respondieron sus oficiales.

⁴En ese preciso momento, Amán entraba al patio exterior del palacio, para pedirle al rey que colgara a Mardoqueo en la horca que había preparado. Por eso, el rey preguntó:

—¿Quién está en el patio?

⁵—Es Amán, Su Majestad —le respondieron sus oficiales.

—Dígale que venga —ordenó el rey.

⁶Entonces Amán entró y se presentó delante del rey, que le preguntó:

—¿En qué forma honrarías a un hombre al que yo deseo honrar?

Amán pensó: «¿A quién querrá honrar el rey más que a mí?» ⁷,⁸Y respondió:

—Haría traer ropas reales que el rey haya usado, el caballo del rey, la corona real, ⁹y ordenaría a los príncipes más nobles del rey que lo vistieran y lo llevaran por las calles montado sobre el caballo del rey, y que fueran anunciando delante de él: «¡De esta manera el rey honra a una persona que le ha agradado!»

¹⁰—¡Magnífico! —dijo el rey—. Toma las vestiduras y el caballo, y haz así con Mardoqueo, el judío que trabaja en la puerta real. Hazlo todo en la misma forma que lo has sugerido, sin que se te escape ni un solo detalle.

¹¹Amán tomó las vestiduras, se las puso a Mardoqueo, lo hizo montar en el caballo del rey, y lo condujo

belleza con aceite de mirra, seguido por otros seis meses de tratamiento con perfumes y cosméticos femeninos. Cuando a una muchacha le tocaba ir a pasar la noche con el rey Asuero, se le daban a elegir los vestidos y joyas que deseara, para realzar su belleza. La llevaban entonces a los aposentos del rey en la tarde y a la mañana siguiente regresaba a una segunda casa, donde vivían las concubinas del rey. Allí quedaba por el resto de su vida al cuidado de Sasgaz, que era otro de los hombres de confianza del rey. Tan sólo podía regresar al palacio si el rey la deseaba y la mandaba a llamar.

¹⁵Cuando le correspondió a Ester el turno de presentarse ante el rey, aceptó el consejo de Jegay, el funcionario que estaba a cargo de las mujeres del rey, de modo que se vistió y adornó de acuerdo a sus instrucciones. Ya para ese momento, Ester se había ganado el aprecio de todos los que la conocían. Recordemos que Ester había sido adoptada por Mardoqueo, cuando murió Abijaíl, padre de Ester y tío de Mardoqueo. ¹⁶En el décimo mes, que es el mes de Tébet, en el séptimo año del reinado de Asuero, Ester fue llevada al palacio del rey.

¹⁷Y sucedió que el rey amó a Ester más que a cualquiera de sus otras mujeres. Se sintió tan complacido con ella que le puso la corona real en la cabeza y la proclamó reina en lugar de Vasti. ¹⁸Para celebrar la ocasión, celebró otra gran fiesta para todos sus altos funcionarios y cortesanos, repartió muchos regalos, como es digno de un rey, y rebajó los impuestos en todas las provincias.

### Conspiración contra Asuero

¹⁹Después de esto, el rey pidió el segundo grupo de mujeres. En ese tiempo Mardoqueo era portero del palacio. ²⁰Ester no le había dicho a nadie a qué familia y nación pertenecía, tal como Mardoqueo le había ordenado, pues Ester lo obedecía como cuando estaba bajo su cuidado.

²¹Un día en que Mardoqueo cumplía sus funciones en el palacio, dos oficiales del rey, Bigtán y Teres, que eran guardias de la puerta del palacio, estaban hablando muy enojados contra el rey y planeando la forma de matarlo. ²²Mardoqueo se enteró y le dio la información a la reina Ester, la que a su vez la transmitió al rey, en nombre de Mardoqueo. ²³Se investigó el asunto, y se halló que los dos hombres eran culpables, así que los colgaron en la horca. Todo esto fue debidamente registrado en el libro de las crónicas del rey Asuero.

### Conspiración de Amán contra los judíos

**3** Poco después, el rey Asuero honró a Amán hijo de Hamedata, descendiente de Agag, con el cargo de ministro. Amán pasó a ser el funcionario más poderoso del imperio, después del rey. ²Todos los que trabajaban cuidando el palacio real se inclinaban delante de él con gran reverencia cuando pasaba, porque así lo había ordenado el rey. Pero Mardoqueo se negaba a arrodillarse y a inclinarse delante de Amán.

³,⁴Por eso, sus compañeros de trabajo, le preguntaron, una y otra vez, «¿Por qué desobedeces la orden del rey?» Como Mardoqueo no les hacía caso, lo denunciaron ante Amán, para ver si Mardoqueo se atrevía a decirle que era judío, tal como se los había dicho a ellos.

⁵Cuando Amán se enteró de que Mardoqueo no se arrodillaba ni inclinaba ante él, se enfureció. ⁶Y cuando se enteró de que Mardoqueo era judío, decidió acabar, no sólo con éste, sino con todos los judíos que vivían en el reino de Asuero.

⁷Para determinar el momento más propicio para la acción, echó suertes. Lo hizo en el mes primero, es decir, en el mes de Nisán, del año doce del reinado de Asuero, y se decidió, según las suertes, que la matanza debía llevarse a cabo en el mes doce, que es el mes de Adar.

⁸Amán se presentó ante el rey para hablarle del asunto, y le dijo:

——Hay un pueblo esparcido por todas las provincias del reino, cuyas leyes son diferentes a las de todas las naciones y, por eso, ese pueblo se niega a obedecer las leyes del rey. ¡Su Majestad no puede permitir que sigan viviendo! ⁹Si le agrada, dicte un decreto para que sean destruidos, y yo pagaré trescientos treinta mil kilos de plata, para que sean incorporados a la tesorería real, a fin de sufragar los gastos que esto demande.

¹⁰El rey estuvo de acuerdo, y quitándose el anillo del dedo, se lo entregó a Amán hijo de Hamedata, descendiente de Agag, acérrimo enemigo de los judíos.

¹¹——Guárdate el dinero ——le dijo el rey——. Te entrego ese pueblo. Haz con él lo que bien te parezca.

¹²Entonces se acordó que el día trece del mes de Abib todos los secretarios del rey se reunieran, para escribir las órdenes de Amán. Estas órdenes fueron escritas en el idioma de cada pueblo, en nombre del rey Asuero y selladas con el anillo real. Luego se enviaron a los gobernadores y autoridades de cada región y provincia del reino. ¹³Fueron, pues, enviadas por medio de mensajeros a todas las provincias del imperio, decretando que todos los judíos, jóvenes y viejos, mujeres y niños, debían morir el día trece del mes doce, que es el mes de Adar, y que se les quitaran todas sus propiedades. ¹⁴En las cartas se decía que este edicto debía ser proclamado como ley en todas las provincias y debía hacerse conocer a todo el pueblo, para que todos estuvieran preparados para cumplir su deber en el día señalado.

¹⁵El edicto fue enviado por medio de los mensajeros más rápidos del rey, después de haber sido proclamado en la ciudad de Susa. El rey y Amán se sentaron a beber, mientras que la ciudad se llenó de confusión y pánico.

### Acuerdo entre Mardoqueo y Ester

**4** Cuando Mardoqueo supo lo que se había hecho, rasgó su ropa, se vistió de luto, se echó ceniza en la cabeza y salió por la ciudad dando gritos de dolor. ²Se detuvo ante la puerta del palacio, porque a nadie se le permitía entrar vestido de esa manera. ³De igual manera, cuando la noticia de la orden real llegaba a las distintas provincias donde vivían judíos, éstos sentían mucho dolor, ayunaban, lloraban y se lamentaban amargamente. Muchos se vestían de luto y dormían sobre ceniza.

⁴Cuando las sirvientas y los guardias de Ester fueron y le contaron lo que ocurría con Mardoqueo, ella se sintió profundamente perturbada y le mandó ropa para que se quitara el luto, pero él se negó. ⁵Entonces

# Ester

## Destitución de la reina Vasti

**1** Era el tercer año del reinado del rey Asuero, emperador del extenso imperio medo-persa, que estaba formado por ciento veintisiete provincias y se extendía desde la India hasta Etiopía. ²,³Este era el año de la gran celebración en el palacio de Susa, capital del reino, a la que el emperador había invitado a todos los gobernadores, cortesanos, y jefes del ejército de todas partes de Media y Persia. ⁴La fiesta duró seis meses, con un despliegue enorme de las riquezas y las glorias del imperio.

⁵Cuando todo terminó, el rey dio una fiesta especial para los funcionarios y sirvientes del palacio. Esta fiesta duró siete días y se celebró en los jardines del palacio, ⁶el cual se adornó con cortinas verdes, blancas y azules, y estaban atadas con cordones de lino y púrpura que pasaban por anillos de plata y columnas de mármol. Los reclinatorios eran de oro y plata, y estaban sobre un piso de mármol blanco y negro, con incrustaciones de alabastro y jacinto. ⁷Las bebidas se servían en vasos de oro de diversos diseños, y había gran abundancia de vino real, porque el rey era generoso. ⁸Los invitados podían beber cuanto quisieran, ya que el rey había ordenado a sus sirvientes servir a cada uno todo el vino que deseara. Sin embargo, ninguno debía ser obligado a tomar más de lo que deseara.

⁹La reina Vasti, por su parte, dio un banquete a las mujeres, en el palacio del rey Asuero. ¹⁰Al séptimo día, el último de la fiesta, el rey, medio embriagado con el vino, se sentía alegre y llamó a Meumán, Biztá, Jarboná, Bigtá, Abagtá, Zetar y Carcás, que eran siete servidores de su entera confianza, y les ordenó ¹¹que fueran por la reina Vasti y la llevaran hasta donde él estaba. La reina debía presentarse luciendo la corona real en su cabeza, pues el rey quería que todos contemplaran su belleza, pues en realidad era una mujer muy hermosa. ¹²Pero la reina Vasti se negó a cumplir la orden que el rey le envió por medio de aquellos hombres. Esto disgustó tanto al rey que se enfureció. ¹³⁻¹⁵Entonces consultó a hombres expertos en las leyes y la justicia del imperio en cuanto a lo que debía hacer, pues siempre acostumbraba tratar con ellos todos los asuntos que tenían que ver con su reino. Estos hombres eran Carcena, Setar, Admata, Tarsis, Meres, Marsená y Memucán. Estos siete hombres eran jefes de Persia y Media, y tenían puestos muy importantes en el reino, pues formaban parte del consejo real.

—¿Qué debo hacer? —les preguntó—. ¿Qué castigo contempla la ley para una reina que se niega a obedecer la orden del rey, enviada por medio de sus servidores?

¹⁶Memucán tomó la palabra y les dijo al rey y a sus compañeros:

—La reina Vasti no solamente ha ofendido a Su Majestad, sino a todos los funcionarios y a todos los varones del imperio. ¹⁷Porque las mujeres, en todos los lugares del imperio, cuando se enteren de lo que la reina Vasti le ha hecho a Su Majestad, seguirán su ejemplo, y le perderán el respeto a sus maridos, pues les dirán: «Estamos enteradas de que la reina Vasti no quiso obedecer al rey, así que nosotras podemos hacer lo mismo con ustedes». ¹⁸Tan pronto nuestras esposas, las princesas de Persia y Media, se enteren de lo que hizo la reina Vasti nos van a tratar de la misma manera. Eso hará que seamos irrespetados, lo cual causará muchos problemas y desprecios.

¹⁹»Por eso, recomiendo que, si a Su Majestad le parece bien, promulgue un edicto real, una ley de Media y Persia que no pueda ser revocada, en el que declare que la reina Vasti no podrá jamás volver a presentarse ante usted. Y Su Majestad podrá escoger a otra mujer que sea más digna de llevar el título de reina. ²⁰Cuando este decreto sea publicado a través de todo el reino, no habrá esposa que no respete a su marido, cualquiera que sea su rango.

²¹Al rey y a los gobernadores les pareció bien el consejo de Mamucán. Entonces el rey ²²envió cartas a todas las provincias, en todos los idiomas locales, en las que se declaraba que los hombres debían gobernar el hogar, y que debían hacer sentir su autoridad como jefes de la familia.

## Elección de Ester como reina

**2** Después de algún tiempo, cuando ya se le había pasado la ira, el rey Asuero se puso a pensar en Vasti, en lo que había hecho, y en el decreto que había publicado para reemplazarla. ²,³Entonces sus consejeros le recomendaron: «Su Majestad, nombre en cada provincia del reino a ciertos hombres para que se encarguen de seleccionar a las más hermosas jóvenes solteras de todo el imperio. Luego, esas jóvenes deberán ser traídas aquí a Susa, a la casa donde están todas las mujeres que le pertenecen a Su Majestad, para que sean sometidas a un tratamiento de belleza, bajo la responsabilidad de Jegay, que es el encargado de cuidar a las mujeres de Su Majestad. ⁴Después, usted podrá escoger a la joven que más le guste, para que reemplace a Vasti en su puesto de reina». Esta idea agradó mucho al rey, y puso inmediatamente el plan en ejecución.

⁵Allí en Susa vivía un judío llamado Mardoqueo, que pertenecía a la tribu de Benjamín. Mardoqueo era hijo de Yaír, nieto de Simí y bisnieto de Quis. ⁶Cuando Jerusalén fue destruida por Nabucodonosor, lo llevaron cautivo a Babilonia, junto con el rey Jeconías de Judá, y muchos otros. ⁷Mardoqueo tenía bajo su tutela a una prima hermana, ya que había quedado huérfana de padre y madre. Esta muchacha era joven y muy hermosa, y se llamaba Jadasá, es decir, Ester.

⁸Cuando se publicó el decreto del rey, muchas jóvenes fueron llevadas a Susa, a la casa de las mujeres del rey, que estaba bajo el cuidado de Jegay. Entre esas jóvenes estaba también Ester. ⁹Jegay, que era el encargado de la casa de las mujeres del rey, quedó muy bien impresionado con ella, e hizo todo lo posible por hacerla feliz. Ordenó que le sirvieran comidas especiales, y la favoreció en los tratamientos de belleza, y puso a su servicio a siete esclavas selectas del palacio, y le dio el aposento más lujoso de la casa.

¹⁰Ester no le había dicho a nadie que era judía, porque Mardoqueo le había aconsejado que no lo hiciera. ¹¹Todos los días, Mardoqueo se paseaba por el frente de la casa donde estaban las mujeres, para averiguar cómo estaba Ester y cómo la trataban.

¹²⁻¹⁴Antes de ser llevadas a la presencia del rey, cada muchacha debía recibir seis meses de tratamiento de

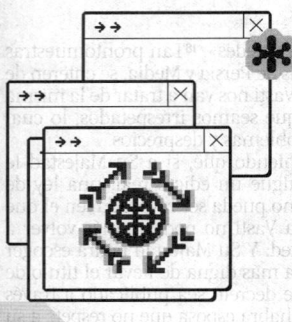

## PANORAMA DEL LIBRO

Este es uno de los dos libros de la Biblia que no mencionan el nombre de Dios (el otro es Cantares) y uno de los dos libros que llevan el nombre de una mujer (el otro es Rut). Aunque el nombre de Dios no aparece, es una de las narraciones en las que aparece de manera clara la providencia divina, aun en medio de naciones paganas y circunstancias adversas. Esta obra tiene como propósito mostrarles a los judíos, tanto a los que aún están en cautiverio, como a los que han regresado a la tierra, que el Señor sigue protegiendo a su pueblo, incluso en tierras paganas y en medio de amenazas

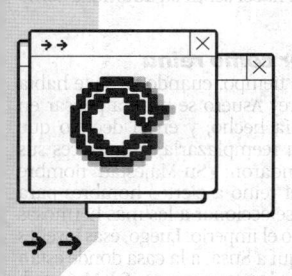

## ¿CÓMO SE RELACIONA CONMIGO?

Este libro es como una película de suspenso y bien a tono con las heroínas modernas, ya que tiene personajes bien definidos, sucesos extraordinarios y cambios repentinos en la trama. La historia de Ester es una aventura muy atractiva para explorar ya que ella esconde principios del valor, el compromiso con una causa y la lealtad a la familia. Está relatada con gran maestría para aumentar la emoción como un modelo general de cómo la providencia del Señor dirige los acontecimientos del mundo. El hecho de que no se mencione el nombre de Dios es, en este sentido, más bien un recurso literario del autor para mostrar que "el invisible" es más poderoso que, por ejemplo, el rey Asuero, el cual aparece muy seguido, pero no controla los eventos. Así, Ester no presenta grandes milagros, ni plagas, ni rayos y truenos. Sin embargo, por medio de "casualidades" y el valor de Ester, la voluntad de Dios es cumplida de manera clara y contundente.

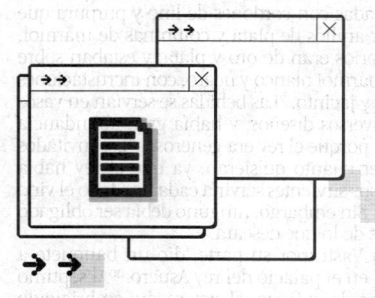

## EL GUION

1) Ester. El ascenso de una valiente libertadora. Caps. 1-2
2) Amán. Las manipulaciones de un enemigo mortal. Caps. 3-5
3) La liberación. La recompensa por haber confiado en el Señor. Caps. 6-10

## ESTER

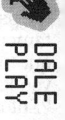

# ESTER

## ¿QUIÉN LO ESCRIBIÓ?

El libro no da indicios acerca de la identidad de su autor. Algunos incluso han llegado a sugerir a Esdras o Nehemías, pero son solamente especulaciones. Sin embargo, podemos encontrar en la obra ciertas pistas que señalan al menos el trasfondo del escritor. Aparentemente fue alguien muy familiarizado con las costumbres y la cultura persa, así como los procedimientos oficiales del palacio. Además, escribe como alguien que es un testigo presencial de muchos de los eventos que narra. Incluso parece haber echado mano de recuerdos personales de algunos de los protagonistas, como Ester o Mardoqueo. A la vez, es claro que no es un escritor neutral, sino que está de parte de los judíos. Por todo lo anterior, lo más probable es que el escritor fue un judío que vivía en Persia durante el exilio de los judíos

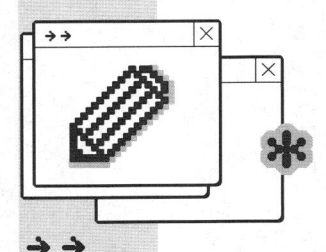

## ¿A QUIÉN LO ESCRIBIÓ?

Una de las razones por las que se escribió este libro fue para explicar el origen de la fiesta de Purim, uno de los festivales judíos más populares. Los lectores originales serían, entonces, los judíos que aún estaban en el exilio que comenzó con las invasiones de los caldeos a finales del siglo VII e inicios del siglo VI a.C. Quizá muchos de ellos se preguntaban si Dios los había abandonado debido a su pecado, o si el Señor podría protegerlos ahora que estaban fuera de la tierra prometida. Este libro respondía estas preguntas.

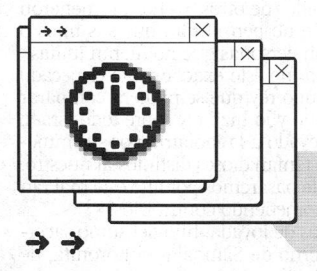

## ¿CUÁNDO Y DÓNDE LO ESCRIBIÓ?

En la obra se describen eventos que ocurren durante el exilio de los judíos. De hecho, se ubican entre los capítulos 6 y 7 de Esdras. La fecha de su escritura, entonces, se ubica más o menos en el año 450 a.C., unos ocho años después del viaje de Esdras a la tierra prometida, y posiblemente durante el reinado del rey persa Artajerjes (464-424 a.C.). Es muy probable que el lugar en el cual se escribió fuera Susa, la capital del imperio persa, mencionada en el libro mismo. Las costumbres, el ambiente y los procedimientos oficiales refuerzan esta idea.

día para llevar a Jerusalén. Me opuse a ellos inmediatamente. ¹⁶También había algunos hombres de Tiro que traían pescado y toda clase de productos para venderlos en el día de reposo a la gente de Jerusalén. ¹⁷Entonces pregunté a los jefes de Judá: «¿Por qué están profanando el día de reposo? ¹⁸¿Acaso no es suficiente el mal ejemplo de nuestros padres? ¿No recuerdan que por ellos hacer esto, Dios envió las calamidades que vinieron sobre nosotros y sobre nuestra ciudad? ¡Ustedes están acrecentando la ira de Dios sobre todo Israel al permitir que el día de reposo sea profanado de esta manera!»

¹⁹Ordené que se cerraran las puertas de la ciudad a la caída de la tarde, antes de que empezara el sábado, y que no se abrieran hasta que hubiera pasado el día de reposo. Además, envié a algunos de mis siervos para que vigilaran las puertas, de modo que impidieran que alguna mercadería pudiera ser introducida en la ciudad en el día de reposo. ²⁰Los mercaderes y comerciantes acamparon en las afueras de Jerusalén un par de veces. ²¹Entonces les hablé duramente y les dije: «¿Qué hacen ustedes aquí acampando fuera de los muros? Si lo hacen nuevamente los arrestaré». Aquella fue la última vez que ellos vinieron en el día de reposo. ²²Y ordené a los levitas que se purificaran y que vigilaran las puertas con el fin de preservar la santidad del día de reposo.

«¡Recuerda esta acción, Dios mío, y ten compasión de mí, según tu gran misericordia!»

²³Por aquellos días me di cuenta también de que algunos de los judíos se habían casado con mujeres de Asdod, de Amón y de Moab, ²⁴y que muchos de sus hijos hablaban el lenguaje de Asdod y de otros pueblos, pero no podían hablar el idioma de Judá. ²⁵Los reprendí y los maldije, e hice azotar a algunos de ellos, y arranqué los cabellos de otros, y ellos prometieron delante de Dios que no permitirían que sus hijos o hijas se casaran con personas que no fueran judías.

²⁶Y les dije: «¿No fue éste exactamente el pecado de Salomón? No hubo rey que se pudiera comparar con él, y Dios lo amó y lo hizo rey sobre todo Israel. Pero aun así fue llevado a la idolatría por sus mujeres extranjeras que tenían dioses distintos al nuestro. ²⁷¿Creen ustedes que pasaremos por alto este mal tan grande que están cometiendo contra Dios?»

²⁸Uno de los hijos de Joyadá, hijo del sumo sacerdote Eliasib, era yerno de Sambalat el horonita, de modo que lo expulsé de mi lado.

²⁹«¡Castiga a esta gente, Dios mío, porque han contaminado el sacerdocio y las promesas y pactos de los sacerdotes y levitas!»

³⁰Así que expulsé a todos los extranjeros, y asigné las tareas a los sacerdotes y levitas, a cada uno en el trabajo que conocían. ³¹Ellos proveyeron la leña para el altar en el tiempo propicio, y se ocuparon de los sacrificios y de las primicias de todas las cosechas.

«¡Acuérdate de mí, Dios mío, y ten misericordia de mí!»

cuando yo era el gobernador, y Esdras era el sacerdote y maestro de la Ley.

## Dedicación de la muralla

**27**Próxima ya la dedicación de la nueva muralla de Jerusalén, se pidió a todos los levitas de la tierra que vinieran a Jerusalén a presenciar la ceremonia y a participar en la feliz ocasión con sus acciones de gracias, acompañados de címbalos, salterios y arpas. **28**Los miembros del coro llegaron de los pueblos cercanos a Jerusalén y de las aldeas de Netofa. **29**También vinieron desde Bet Guilgal y de las aldeas de Gueba y Azmávet, porque los cantores habían edificado caseríos en las cercanías de Jerusalén. **30**Los sacerdotes y levitas se purificaron primero; luego purificaron al pueblo, las puertas y la muralla.

**31,32**Hice subir a los jefes de Judá sobre la muralla y los separé en dos líneas, para que dieran gracias, mientras caminaban en direcciones opuestas sobre el muro. El coro que marchó a la derecha, rumbo a la puerta del Basurero, estaba formado por la mitad de los jefes de Judá, **33**incluyendo a Osaías, Azarías, Esdras, Mesulán, **34**Judá, Benjamín, Semaías y Jeremías.

**35,36**Los sacerdotes que tocaban las trompetas eran Zacarías hijo de Jonatán, hijo de Semaías, hijo de Matanías, hijo de Micaías, hijo de Zacur, hijo de Asaf; Semaías, Azarel, Milalay, Guilalay, May, Natanael, Judá, y Jananí (usaban los instrumentos musicales del rey David). El sacerdote Esdras dirigió esta procesión. **37**Cuando llegaron a la puerta de la Fuente, siguieron adelante y subieron las gradas que conducen hasta la Ciudad de David. Luego siguieron por la cuesta de la muralla, pasaron junto al palacio de David, hasta la puerta de las Aguas, en el oriente.

**38**El otro grupo, del que yo formaba parte, caminó en el otro sentido para encontrarse con ellos. Caminamos desde la Torre de los Hornos hasta el muro Ancho. **39**Luego pasamos por encima de la puerta de Efraín, por la puerta Vieja, y seguimos por la puerta del Pescado, la torre de Jananel y la torre de los Cien. Luego seguimos adelante hasta la puerta de las Ovejas y nos detuvimos en la puerta de la Cárcel.

**40,41**Ambos coros entonces prosiguieron hasta el templo. A mi lado estaban los sacerdotes que tocaban las trompetas: Eliaquín, Maseías, Minjamín, Micaías, Elihoenay, Zacarías, Jananías, **42**Maseías, Semaías, Eleazar, Uzi, Johanán, Malquías, Elam y Ezer. Luego los cantores empezaron a cantar en alta voz y con claridad, bajo la dirección de Izraías.

**43**En aquel día de gozo se ofrecieron muchos sacrificios, porque el SEÑOR les había dado motivos para estar muy gozosos. Las mujeres y los niños también se alegraron, y el regocijo del pueblo de Jerusalén se oía desde lejos.

## Contribución para los sacerdotes y levitas

**44**En aquel día se nombraron a las personas que se harían cargo de los tesoros, las ofrendas mecidas, los diezmos y las primicias. Tendrían la tarea de recolectarlas de los campos pertenecientes a las poblaciones, como lo estipulan las leyes de Moisés. Estas ofrendas estaban destinadas a los sacerdotes y levitas, porque el pueblo de Judá los apreciaba mucho por el servicio que ofrecían. **45**Eran ellos los que se ocupaban, con la ayuda de los cantores y porteros, del culto de Dios y de las ceremonias de purificación, conforme a las leyes de David y su hijo Salomón. **46**(Fue en los días de David y de Asaf que comenzó la costumbre de tener directores de coro, y se cantaban himnos de alabanza y acción de gracias a Dios.) **47**Así que en los días de Zorobabel y de Nehemías el pueblo traía una provisión diaria de alimento para los miembros del coro, los porteros y los levitas. Los levitas, a su vez, daban una porción de lo que recibían a los sacerdotes descendientes de Aarón.

## Reforma final de Nehemías

**13** Aquel mismo día, al leer la Ley de Moisés al pueblo, se encontró un texto que decía que los amonitas y los moabitas no debían formar parte del pueblo de Dios, **2**ya que ellos no habían sido hospitalarios con el pueblo de Israel. En vez de brindarle amistad, habían contratado a Balán para que los maldijera, pero Dios cambió la maldición en bendición. **3**Leída esta regla, todos los extranjeros fueron expulsados de la asamblea.

**4-5**Antes de esto, el sacerdote Eliasib, que había sido designado guardián de los almacenes del templo de nuestro Dios, había transformado una de las salas de almacenaje en hermosa recámara para Tobías, ya que era su pariente. Esta sala se había usado anteriormente para almacenar ofrenda de grano, incienso, vasijas, diezmos de granos, vino nuevo y aceite de oliva, todo lo cual había dispuesto Moisés que se diera a los levitas, a los miembros del coro y a los porteros (las ofrendas mecidas eran para los sacerdotes).

**6**Cuando esto ocurrió yo no estaba en Jerusalén, porque había regresado a Babilonia en el año treinta y dos del reinado de Artajerjes. Más tarde solicité y obtuve permiso del rey **7**para regresar a Jerusalén. Al llegar supe del mal que había hecho Eliasib al haberle dado a Tobías una habitación en el templo de Dios. **8**Entonces me enojé mucho e hice sacar todas las pertenencias y muebles que había en la habitación. **9**Luego exigí que la sala fuera purificada, y volví a poner allí las vasijas, las ofrendas de grano, y el incienso.

**10**Supe, además, que los levitas no estaban recibiendo lo que se les debía dar, por lo que ellos y los cantores del coro, que debían estar dirigiendo los cultos de adoración, habían regresado a sus campos. **11**Inmediatamente reprendí a los oficiales y les dije: «¿Por qué ha sido descuidado el templo de Dios?» Luego reuní a todos los levitas y los restablecí en sus puestos. **12**Y una vez más el pueblo de Judá comenzó a traer los diezmos del grano, del vino nuevo y del aceite de oliva a los almacenes.

**13**Puse a cargo de la administración de los almacenes al sacerdote Selemías, al escriba Sadoc y al levita Pedaías, y les puse como ayudante a Janán hijo de Zacur y nieto de Matanías. Estos hombres tenían excelente reputación, y su responsabilidad era hacer una distribución justa entre todos sus compañeros levitas.

**14**¡Dios mío, recuerda estas acciones mías, y no olvides todo lo que he hecho por tu templo y por tu culto!»

**15**Un día de reposo, estando en el campo, vi a unos hombres que pisaban lagares, acarreaban manojos de trigo, y cargaban los burros con vino, uvas, higos y todo tipo de productos que habían recogido aquel

## NEHEMÍAS 12.26

⁴⁻⁶De la tribu de Judá:
Ataías hijo de Uzías, hijo de Zacarías, hijo de Amarías, hijo de Sefatías, hijo de Malalel, del clan de Fares.
Maseías hijo de Baruc, hijo de Coljozé, hijo de Jazaías, hijo de Adaías, hijo de Joyarib, hijo de Zacarías, hijo de Siloní.
Estos fueron los cuatrocientos sesenta y ocho descendientes de Fares que se fueron a vivir a Jerusalén.
⁷⁻⁹De la tribu de Benjamín: Salú hijo de Mesulán, hijo de Joed, hijo de Pedaías, hijo de Colaías, hijo de Maseías, hijo de Itiel, hijo de Isaías, junto con sus hermanos Gabay y Salay. En total eran novecientos veintiocho. Joel hijo de Zicrí, era el jefe de ellos, y Judá hijo de Senuá era el segundo jefe de la ciudad.
¹⁰⁻¹⁴De los sacerdotes: Jedaías hijo de Joyarib, Jaquín, Seraías hijo de Jilquías, hijo de Mesulán, hijo de Sadoc, hijo de Merayot, hijo de Ajitob, que era el jefe del templo de Dios, y sus ochocientos veintidós parientes que hacían la obra del templo. También estaban Adaías hijo de Jeroán, hijo de Pelalías, hijo de Amsí, hijo de Zacarías, hijo de Pasur, hijo de Malquías, junto con sus parientes, que eran jefes de familia. En total eran doscientos cuarenta y dos.
Además, Amsay hijo de Azarel, hijo de Ajzay, hijo de Mesilemot, hijo de Imer, y sus parientes. En total eran ciento veintiocho hombres fuertes. El jefe de ellos era Zabdiel hijo de Guedolín.
¹⁵⁻¹⁷De los levitas: Semaías hijo de Jasub, hijo de Azricán, hijo de Jasabías, hijo de Buní; Sabetay y Jozabad, que estaban a cargo de la obra en la parte exterior del templo; Matanías hijo de Micaías, hijo de Zabdí, hijo de Asaf, que dirigía los cantos de acción de gracias a la hora de la oración; Bacbuquías, que era el segundo entre sus hermanos, y Abdá hijo de Samúa, hijo de Galal, hijo de Jedutún. ¹⁸En total había doscientos ochenta y cuatro levitas en Jerusalén.
¹⁹Había además ciento setenta y dos porteros dirigidos por Acub, Talmón y otros de su clan. ²⁰Los demás sacerdotes, levitas y el resto del pueblo vivían con sus familias en las demás poblaciones de Judá, de acuerdo con la asignación que se les había hecho. ²¹Los siervos del templo (cuyos jefes eran Zijá y Guispa), vivían en Ofel.
²²,²³El supervisor de los levitas en Jerusalén era Uzi hijo de Baní, hijo de Jasabías, hijo de Matanías, hijo de Micaías, descendiente de Asaf. El clan de Asaf tenía a su cargo el canto en el templo. Fue el rey David quien estableció, por decreto, las tareas de cada día para los cantores.
²⁴Petaías hijo de Mesezabel, descendiente de Zera hijo de Judá, ayudaba en todo lo que se refería a la administración pública.

### Otras ciudades habitadas

²⁵⁻³⁰Algunas de las poblaciones donde el pueblo de Judá estableció su residencia fueron: Quiriat Arbá, Dibón, Yecabsel (además de todos los pueblos vecinos), Jesúa; Moladá, Bet Pelet, Jazar Súal, Berseba (y todos los pueblos circunvecinos), Siclag, Mecona (y los pueblos que las rodean), Enrimón, Zora, Jarmut, Zanoa, Adulán y sus pueblos, Laquis y sus tierras, y Azeca con sus pueblos.
Así que el pueblo se esparció desde Berseba hasta el valle de Hinón.

³¹⁻³⁵El pueblo de la tribu de Benjamín vivió en: Gueba, Micmás, Aías, Betel (y sus pueblos), Anatot, Nob, Ananías, Jazor, Ramá, Guitayin, Jadid, Seboyín, Nebalat, Lod y Ono, y el valle de los artífices.
³⁶Algunos de los levitas que vivían en Judá se fueron a vivir con la tribu de Benjamín.

### Sacerdotes y levitas repatriados

**12** Esta es la lista de los sacerdotes y levitas que regresaron de Babilonia bajo la dirección de Zorobabel hijo de Salatiel, y con Jesúa: ²⁻⁷Seraías, Jeremías, Esdras, Amarías, Maluc, Jatús, Secanías, Rejún, Meremot, Idó, Guinetón, Abías, Mijamín, Madías, Bilgá, Semaías, Joyarib, Jedaías, Salú, Amoc, Jilquías y Jedaías. Estos eran los jefes de los sacerdotes y de sus hermanos en los días de Jesúa.
⁸Los levitas que fueron con ellos son los siguientes: Jesúa, Binuy, Cadmiel, Serebías, Judá y Matanías, que era el que estaba a cargo del culto de acción de gracias, junto con sus compañeros.
⁹Bacbuquías y Uni, del mismo clan, les ayudaban durante el culto.
¹⁰,¹¹Jesúa fue el padre de Joaquim, y éste fue el padre de Eliasib. Eliasib, fue el padre de Joyadá, y éste fue el padre de Johanán, y Johanán fue el padre de Jadúa.
¹²⁻²¹Los siguientes fueron dirigentes de los clanes de sacerdotes que sirvieron bajo el sumo sacerdote Joaquim:
Meraías, jefe del clan de Seraías;
Jananías, jefe del clan de Jeremías;
Mesulán, jefe del clan de Esdras;
Johanán, jefe del clan de Amarías;
Jonatán, jefe del clan de Melicú;
José, jefe del clan de Sebanías;
Adná, jefe del clan de Jarín;
Jelcay, jefe del clan de Merayot;
Zacarías, jefe del clan de Idó;
Mesulán, jefe del clan de Guinetón;
Zicrí, jefe del clan de Abías;
Piltay, jefe de los clanes de Minjamín y Moadías;
Samúa, jefe del clan de Bilgá;
Jonatán, jefe del clan de Semaías;
Matenay, jefe del clan de Joyarib;
Uzi, jefe del clan de Jedaías;
Calay, jefe del clan de Salay;
Éber, jefe del clan de Amoc;
Jasabías, jefe del clan de Jilquías;
Natanael, jefe del clan de Jedaías.
²²En los días de Eliasib, Joyadá, Johanán y Jadúa, durante el reinado de Darío, de Persia, se hizo un registro genealógico de los jefes de los clanes sacerdotales y de los levitas. Los nombres de los levitas fueron anotados ²³en el libro de las Crónicas hasta los días de Johanán hijo de Eliasib.
²⁴Estos son los nombres de los jefes de los levitas: Jasabías, Serebías y Jesúa hijo de Cadmiel. Los hombres de su mismo clan los ayudaban durante las ceremonias de alabanza y acción de gracias, de acuerdo con el mandato dado por David, varón de Dios.
²⁵Los porteros que custodiaban los almacenes junto a las puertas eran: Matanías, Bacbuquías, Abdías, Mesulán, Talmón y Acub.
²⁶Estos eran los hombres que estaban en servicio en tiempo de Joaquim hijo de Jesúa y nieto de Josadac,

³²»Y ahora, Dios grande y terrible, que guardas tus promesas de amor y bondad, no tengas en poco los sufrimientos por los que hemos pasado. Gran tribulación ha venido sobre nosotros, sobre nuestros reyes y príncipes, sobre nuestros sacerdotes y profetas, y sobre nuestros antepasados desde los días en que los reyes de Asiria triunfaron sobre nosotros hasta ahora. ³³Cada vez que nos has castigado has sido perfectamente justo. Hemos cometido muchas maldades, y tú nos has dado lo que merecíamos. ³⁴Nuestros reyes, príncipes, sacerdotes y antepasados no obedecieron tus leyes ni escucharon tus advertencias. ³⁵No te adoraron a pesar de las maravillosas cosas que hiciste por ellos y de las bondades que derramaste sobre ellos como lluvia. Les diste una tierra extensa y fértil, pero ellos no te sirvieron ni desistieron de sus maldades.

³⁶»Por eso ahora somos esclavos en la tierra fértil que diste a nuestros antepasados, para que disfrutaran de su abundancia. ³⁷Los frutos abundantes de esta tierra pasan a manos de los reyes que, por causa de nuestros pecados, tú has dejado que nos conquisten. Ellos tienen poder sobre nuestros cuerpos y sobre nuestro ganado, y hacen lo que quieren con nosotros, y estamos en una gran aflicción.

³⁸»Debido a todo esto, hoy, Señor, prometemos servirte. Nosotros, nuestros príncipes, los levitas y los sacerdotes ponemos esta promesa por escrito y la firmamos».

## El pueblo se compromete a obedecer la ley

**10** Yo, Nehemías, como gobernador, firmé el pacto. ²⁻⁸Los otros que lo firmaron fueron: Sedequías, Seraías, Azarías, Jeremías, Pasur, Amarías, Malquías, Jatús, Sebanías, Maluc, Jarín, Meremot, Abdías, Daniel, Guinetón, Baruc, Mesulán, Abías, Mijamín, Maazías, Bilgay y Semaías (todos estos eran sacerdotes).

⁹⁻¹³Los levitas que firmaron fueron los siguientes: Jesúa hijo de Azanías, Binuy, Cadmiel, y sus hermanos Sebanías, Hodías, Quelitá, Pelaías, Janán, Micaías, Rejob, Jasabías, Zacur, Serebías, Sebanías, Hodías, Baní y Beninu.

¹⁴⁻²⁷Los siguientes jefes del pueblo también firmaron: Parós, Pajat Moab, Elam, Zatú, Baní, Buní, Azgad, Bebay, Adonías, Bigvay, Adín, Ater, Ezequías, Azur, Hodías, Jasún, Bezay, Jarif, Anatot, Nebay, Magpías, Mesulán, Hezir, Mesezabel, Sadoc, Jadúa, Pelatías, Janán, Anaías, Oseas, Jananías, Jasub, Halojés, Piljá, Sobec, Rejún, Jasabná, Maseías, Ahías, Janán, Anán, Maluc, Jarín y Baná.

²⁸Estos son los que firmaron en representación de toda la nación, esto es, por el común del pueblo, por los sacerdotes, por los levitas, los porteros, los miembros del coro, los ayudantes del templo y por las mujeres, sus hijos e hijas, y por todos los que tenían edad de comprender estas cosas y se habían separado de los pueblos extranjeros de la tierra, para servir a Dios. ²⁹Todos, pues, de corazón, estuvimos de acuerdo con este pacto y prometimos, bajo pena de maldición, y bajo juramento, guardar y cumplir los mandamientos, ordenanzas y estatutos que el Señor nuestro Dios nos dio por medio de su siervo Moisés.

³⁰Acordamos no dejar que nuestras hijas se casaran con hombres que no fueran judíos, ni que nuestros hijos se casaran con mujeres que no fueran judías.

³¹También acordamos que si los extranjeros venían el día sábado o en algún día de fiesta a vendernos trigo u otros productos, no les compraríamos nada. Además, acordamos no cultivar la tierra cada siete años, y perdonar y dar por canceladas las deudas de nuestros hermanos judíos.

³²Acordamos también pagar anualmente el impuesto de cuatro gramos de plata, para que hubiera dinero suficiente para el cuidado del templo de nuestro Dios.

³³Además era necesario tener provisión especial de pan de la Presencia, de la ofrenda de granos y de holocausto para el reposo, las fiestas de las lunas nuevas y las fiestas solemnes. Igualmente las ofrendas sagradas, los sacrificios para las expiaciones por el pecado de Israel, y todo lo necesario para el servicio del templo de nuestro Dios.

³⁴Luego echamos suertes para determinar los turnos en que las familias de los sacerdotes, los levitas y el pueblo en general debían traer la leña para los holocaustos del templo del Señor nuestro Dios, que estaba estipulado en la ley.

³⁵Acordamos traer siempre las primeras cosechas de nuestros campos, y los primeros frutos de nuestros árboles frutales.

³⁶Acordamos presentar a Dios nuestros primogénitos, y dar como ofrenda los primeros animales de nuestros ganados, vacunos y ovinos, tal como está escrito en la Ley. Esto lo haríamos a través de los sacerdotes que sirven en el templo de nuestro Dios.

³⁷También acordamos llevar a los almacenes del templo de nuestro Dios la primera harina del trigo que moliéramos, los primeros frutos de los árboles, el primer vino y el primer aceite de oliva. Estas ofrendas eran para los sacerdotes que sirven en el templo. Además, acordamos dar a los levitas la décima parte de todo lo producido por nuestra tierra, ya que eran ellos los responsables de recoger los diezmos en todas las poblaciones rurales. ³⁸Un sacerdote, descendiente de Aarón, debía estar con los levitas en el momento en que éstos recogieran los diezmos. Los levitas, por su parte, sacarían la décima parte de estos diezmos y la depositarían en los almacenes del templo de nuestro Dios. ³⁹El pueblo y los levitas estaban obligados a llevar estas ofrendas de trigo, vino nuevo y aceite de oliva, y colocarlas en los almacenes del templo. Allí es donde se guardan los utensilios sagrados, y donde se quedan los sacerdotes, los porteros y los cantores del coro, cuando están de turno.

Fue así como nos comprometimos a no descuidar el templo de nuestro Dios.

## Los que se establecieron en Jerusalén

**11** Los funcionarios israelitas se quedaron viviendo en Jerusalén, la ciudad santa. En cuanto al resto del pueblo, echaron suertes para seleccionar a una de cada diez personas para que se quedaran viviendo en Jerusalén; los restantes residirían en las demás poblaciones. ²El pueblo bendijo a todos los que se ofrecieron voluntariamente para ir a vivir a Jerusalén.

³Los demás israelitas, los sacerdotes, los levitas, los ayudantes del templo, y los descendientes de los servidores de Salomón habitaron en sus respectivas propiedades en los diversos pueblos y ciudades de Judá. Los siguientes son los jefes de provincias que se quedaron viviendo en Jerusalén:

para hacer enramadas en las que vivirían durante los días de la fiesta.

¹⁶Así que la gente fue y cortó ramas y las usó para construir enramadas sobre las terrazas de sus casas, en los parques, en el atrio del templo, en la plaza junto a la puerta de las Aguas y en la plaza de la puerta de Efraín. ¹⁷Se alojaron en las enramadas los siete días que duró la fiesta, y todos estuvieron llenos de gozo (esto no se había hecho así desde los días de Josué). ¹⁸Esdras les estuvo leyendo el libro de la Ley durante todos los días de la fiesta, y en el octavo día se celebró el servicio solemne de clausura, como lo requería la ley de Moisés.

## Los israelitas confiesan sus pecados

**9** El día veinticuatro de ese mes los israelitas regresaron para celebrar otra fiesta. En esta oportunidad ayunaron, se vistieron de luto y se echaron ceniza en la cabeza; además, ²se separaron de todos los extranjeros. Y puestos de pie confesaron sus pecados y los de sus antepasados. ³Durante tres horas se les leyó en voz alta la ley de Dios, y durante otras tres horas más estuvieron de pie confesando sus pecados, y adoraron al Señor su Dios. ⁴En las gradas, los levitas Jesúa, Baní, Cadmiel, Sebanías, Buní, Serebías, Baní y Quenaní alababan al Señor su Dios con cánticos de gozo. ⁵Y los levitas Jesúa, Cadmiel, Baní, Jasabnías, Serebías, Hodías, Sebanías y Petaías clamaron:

«Pónganse de pie y adoren al Señor nuestro Dios, porque él vive desde la eternidad y hasta la eternidad. ¡Alaben su glorioso Nombre! Su gloria excede a cualquier bendición o alabanza.

⁶»Señor, tú eres el único Dios. Tú has hecho los cielos de los cielos, la tierra y los mares, y todo lo que en ellos hay. Tú das vida a todo cuanto has creado, y todos los ángeles de los cielos te adoran.

⁷»Señor, tú eres el Dios que escogió a Abram y lo sacó de Ur de los caldeos y le puso por nombre Abraham. ⁸Cuando él fue fiel a ti, tú le prometiste, por medio del pacto, darle a él y a sus descendientes la tierra de los cananeos, de los hititas, de los amorreos, de los ferezeos, de los jebuseos y de los gergeseos. Y cumpliste tu promesa, porque eres fiel a tu palabra.

☆⁹»Tú viste las dificultades y los dolores de nuestros antepasados en Egipto y oíste su clamor junto al Mar Rojo. ¹⁰Tú hiciste grandes milagros contra el faraón, sus siervos y su pueblo, porque viste con cuánta crueldad los egipcios estaban tratando a tu pueblo. Tus obras grandes e inolvidables hicieron que te conocieran como un Dios poderoso. ¹¹Tú dividiste el mar, para que tu pueblo pudiera pasarlo por tierra seca, y luego destruiste a tus enemigos en las profundidades del mar. ¡Se hundieron como piedras bajo las impetuosas aguas! ¹²Tú guiaste a nuestros antepasados con una columna de nube durante el día, y con una columna de fuego durante la noche, así les alumbrabas el camino por donde debían caminar.

☆¹³»Tú descendiste al monte Sinaí y hablaste con ellos desde el cielo; y les diste leyes, estatutos y mandamientos rectos, firmes y excelentes. ¹⁴Les diste las leyes acerca del reposo; y tú les ordenaste, por medio de tu siervo Moisés, que las obedecieran.

¹⁵»Tú les diste a comer pan del cielo cuando tuvieron hambre, y agua de la roca cuando tuvieron sed. Tú les ordenaste que entraran y conquistaran la tierra que habías prometido darles. ¹⁶Pero nuestros antepasados eran porfiados y soberbios, y desobedecieron tus mandamientos. ¹⁷Se negaron a obedecerte y, olvidando los milagros que hiciste con ellos, se rebelaron y eligieron un caudillo que los llevara de regreso a la esclavitud de Egipto. Pero tú nunca los abandonaste, porque eres un Dios que siempre está dispuesto a perdonar, pues eres un Dios compasivo y bueno. Eres un Dios lleno de amor y que no se enoja fácilmente.

¹⁸»Y aunque se hicieron un becerro fundido y proclamaron: "Este es nuestro dios, el que nos sacó de Egipto" y, además, te ofendieron de muchas maneras, ¹⁹tú, en tu gran compasión, no los abandonaste para que murieran en el desierto. La columna de nube los condujo día tras día, y la columna de fuego les mostró el camino en medio de la noche.

☆²⁰»Enviaste tu generoso espíritu para que les enseñara, y no dejaste de darles pan del cielo o agua para la sed. ²¹Durante cuarenta años los sustentaste en el desierto, ¡y nada les faltó! Sus vestidos no se envejecieron y sus pies no se les hincharon.

²²»Luego les ayudaste a conquistar grandes reinos y a vencer a muchas naciones, y les repartiste aquella tierra. Y entraron en posesión de las tierras de Sijón, rey de Hesbón, y de Og, rey de Basán. ²³Tú hiciste que el pueblo israelita se multiplicara como las estrellas del cielo, y los hiciste entrar en la tierra que habías prometido a sus antepasados. ²⁴Ellos entraron y conquistaron aquella tierra. Delante de ellos, tú aplastaste a los cananeos que allí vivían, y les entregaste a los reyes y su gente, para que hicieran con ellos lo que quisieran. ²⁵Tu pueblo conquistó ciudades fortificadas y tierras fértiles. Tomaron casas llenas de buenas cosas; se apoderaron de viñedos, de olivares y de muchos árboles frutales. Comieron y se saciaron, y gozaron de todas tus bendiciones.

²⁶»Pero a pesar de todo esto, fueron desobedientes y se rebelaron contra ti. Dejaron tu ley, dieron muerte a los profetas que los exhortaban a volver a ti, e hicieron muchas otras cosas abominables. ²⁷Entonces tú los entregaste en manos de sus enemigos. Pero en sus tiempos de tribulación ellos clamaron a ti y tú los oíste desde el cielo, y con gran misericordia les enviaste libertadores que los libraran de sus enemigos. ²⁸Pero cuando todo iba bien, tu pueblo volvió a pecar, y una vez más dejaste que sus enemigos los vencieran. Pero cuando se volvían a ti y clamaban implorando tu ayuda, tú los oías desde el cielo y en tu maravillosa misericordia los librabas. ²⁹Los castigaste para hacer que se volvieran a tus leyes, pero ellos se mostraron soberbios y no quisieron obedecerte; pasaron por alto tus enseñanzas que dan vida al que las pone en práctica. Fueron rebeldes y tercos, y no quisieron escucharte.

³⁰»Tú fuiste paciente con ellos por muchos años. Enviaste profetas que les advirtieran la gravedad de su pecado, pero no quisieron oír. Entonces una vez más permitiste que las otras naciones los vencieran y los conquistaran. ³¹Pero, por tu gran misericordia, no los destruiste completamente ni los abandonaste para siempre. Por tus muchas misericordias no los consumiste, ni los desechaste para siempre. Porque eres un Dios de gracia y de misericordia.

☆9.9   ☆9.13   ☆9.20

del clan de Nebo, 52;
del clan de Elam, 1.254;
del clan de Jarín, 320;
del clan de Jericó, 345;
de los clanes de Lod, de Jadid y de Ono, 721;
del clan de Sená, 3.930.

³⁹⁻⁴²Estas son las estadísticas acerca de los sacerdotes que regresaron:
De la familia de Jesúa, el clan de Jedaías, 973;
del clan de Imer, 1.052;
del clan de Pasur, 1.247;
del clan de Jarín, 1.017.

⁴³⁻⁴⁵Estas son las cifras de los levitas:
De la familia de Cadmiel, del clan de Hodavías, el subclan de Jesúa, 74.
Los miembros del coro del clan de Asaf, 148.
De los porteros regresaron:
del clan de Salún, de Ater, de Talmón, de Acub, de Jatitá y de Sobay, 138.

⁴⁶⁻⁵⁶De los ayudantes del templo estaban los siguientes clanes:
Zijá, Jasufá, Tabaot, Querós, Sigajá, Padón, Lebaná, Jagabá, Salmay, Janán, Guidel, Gajar, Reaías, Rezín, Necoda, Gazán, Uza, Paseaj, Besay, Meunín, Nefisesín, Bacbuc, Jacufá, Jarjur, Baslut, Mejidá, Jarsa, Barcós, Sísara, Temá, Neziaj y Jatifá.

⁵⁷⁻⁵⁹La siguiente es una lista de las familias que volvieron a Judá y que descendían de los funcionarios de Salomón: Sotay, Soféret, Peruda, Jalá, Darcón, Guidel, Sefatías, Jatil, Poquéret, Hasebayin, y Amón. ⁶⁰En total los ayudantes del templo y los sirvientes de los funcionarios de Salomón eran 392.

⁶¹Otro grupo regresó a Jerusalén en aquel tiempo de las ciudades persas de Tel Melaj, Tel Jarsá, Querub, Adón e Imer. Pero habían perdido sus genealogías y no podían probar que eran judíos. ⁶²Estos eran descendientes de Delaías, Tobías y Necoda, un total de 642.

⁶³También hubo varios clanes de sacerdotes ⁶⁴,⁶⁵cuyas genealogías se perdieron. Eran los descendientes de Jabaías, Cos y Barzilay (que se casó con una de las hijas de Barzilay, el galaadita, y tomó el nombre de su familia). Como no pudieron comprobar que procedían de familias israelitas no se les permitió seguir en el sacerdocio. Además, el gobernador les prohibió comer de los alimentos solemnemente consagrados, hasta que un sacerdote consultara a Dios por medio del Urim y el Tumim, y se decidiera qué hacer con ellos.

⁶⁶En total, cuarenta y dos mil trescientas sesenta personas habían regresado a Judá por aquel tiempo. ⁶⁷Además había siete mil trescientos treinta y siete esclavos y doscientos cuarenta y cinco miembros del coro, entre hombres y mujeres. ⁶⁸,⁶⁹Llevaron consigo setecientos treinta y seis caballos, doscientas cuarenta y cinco mulas, cuatrocientos treinta y cinco camellos y seis mil setecientos veinte burros.

⁷⁰Algunos de sus jefes hicieron donaciones para la obra. El gobernador dio mil monedas de oro, cincuenta tazones y quinientas treinta túnicas sacerdotales. ⁷¹Los otros dirigentes dieron un total de veinte mil monedas de oro y mil trescientos veinte kilos de plata. ⁷²El resto del pueblo dio veinte mil monedas de oro, mil doscientos kilos de plata y sesenta y siete túnicas sacerdotales.

⁷³Los sacerdotes, los levitas, los porteros, los miembros del coro, los ayudantes del templo, y el resto del pueblo volvieron a sus respectivos pueblos y ciudades.

## Esdras lee la ley

Para el mes séptimo ya los israelitas estaban ubicados en sus ciudades.

**8** ¹⁻⁵El día primero del mes séptimo todo el pueblo se reunió en la plaza que está frente a la puerta de las Aguas, para pedirle a Esdras, el jefe religioso, que leyera la ley que Dios les había dado por medio de Moisés.

El sacerdote Esdras sacó el rollo de las leyes de Moisés. Se paró sobre un estrado de madera hecho especialmente para la ocasión, de modo que todos pudieran verlo mientras leía. Estaba ante la plaza que queda frente a la puerta de las Aguas, y leyó desde que amaneció hasta el mediodía. Todos se pusieron de pie cuando él abrió el rollo. Los que tenían edad para entender, escuchaban con mucha atención. A su derecha estaban de pie Matatías, Semá, Anías, Urías, Jilquías, y Maseías. A su izquierda estaban Pedaías, Misael, Malquías, Jasún, Jasbadana, Zacarías y Mesulán.

⁶Entonces Esdras bendijo al S<small>EÑOR</small>, el gran Dios, y todo el pueblo dijo: «¡Amén!», y levantaron las manos al cielo. Luego se arrodillaron y adoraron al S<small>EÑOR</small>, inclinándose hasta tocar el suelo con la frente.

⁷,⁸Mientras Esdras leía el rollo, Jesúa, Baní, Serebías, Jamín, Acub, Sabetay, Hodías, Maseías, Quelitá, Azarías, Jozabed, Janán y Pelaías iban por entre el pueblo y explicaban el sentido de los pasajes que se estaban leyendo. ⁹Y todo el pueblo lloraba al oír los mandamientos de la ley. Entonces el sacerdote Esdras, yo, que era el gobernador, y los levitas que enseñaban a la gente, les dijimos: «No lloren ni se entristezcan en un día como éste. Hoy es un día dedicado al S<small>EÑOR</small>, nuestro Dios».

¹⁰Además, Esdras les dijo: «¡Vayan a sus casas a celebrar este día! Preparen buena comida, beban vino dulce y compartan con los que no tienen nada preparado. No, no se entristezcan porque el gozo del S<small>EÑOR</small> es nuestra fortaleza».

¹¹Y los levitas también tranquilizaban a la gente, diciéndole: «Cállense; no lloren, porque este es un día de santo gozo y no de tristeza».

¹²Entonces el pueblo se fue a hacer fiesta y a compartir sus comidas y bebidas con sus amigos. Fue ocasión de gran fiesta y gozo, porque podían oír y entender las palabras del libro de la Ley.

## La fiesta de las Enramadas

¹³Al día siguiente, los jefes de los clanes y los sacerdotes y levitas se reunieron con el maestro Esdras, para estudiar la ley con más detalle. ¹⁴Notaron que el S<small>EÑOR</small> le había dicho a Moisés que todo el pueblo debía vivir en enramadas durante la fiesta que se celebraba en ese mes. ¹⁵Había dicho, además, que se debían hacer proclamas en todas las ciudades de la tierra, especialmente en la ciudad de Jerusalén, diciendo a la gente que fuera a los montes a buscar ramas de oliva, de arrayán, de palmera y de todo árbol frondoso,

☆8.10

## Nueva oposición de los enemigos

**6** Cuando Sambalat, Tobías, Guesén el árabe, y el resto de nuestros enemigos se dieron cuenta de que estábamos a punto de finalizar la reconstrucción de la muralla, aunque faltaba colocar las hojas de muchas puertas, ²me enviaron un mensaje invitándome a reunirme con ellos en uno de los pueblos de la llanura de Ono. Comprendí que lo que intentaban era matarme, ³de modo que les respondí con este mensaje: «Estoy ocupado en unas obras muy importantes. Si yo bajo a reunirme con ustedes, entonces los trabajos se paralizarían. ¿Por qué han de suspenderse las obras para ir yo a visitarlos?»

⁴Cuatro veces me enviaron el mismo mensaje y otras tantas les respondí lo mismo. ⁵,⁶La quinta vez vino el siervo de Sambalat con una carta abierta en la mano en la que me decía:

Guesén me ha dicho que por todas partes se oye decir que los judíos planean rebelarse, y que por esta razón están reedificando la muralla. Se dice que tú pretendes ser rey, ⁷y que has designado profetas que hablen a favor tuyo en Jerusalén diciendo: «Nehemías es el hombre que necesitamos como rey». Puedes estar seguro de que voy a pasar esos interesantes rumores al rey Artajerjes. Te sugiero que vengas y hables conmigo al respecto, porque ésta es la única manera de salvarte.

⁸Mi respuesta fue:

Tú sabes que estás mintiendo, que no hay un ápice de verdad en todo lo que has dicho.

⁹Todo cuanto nuestros enemigos pretendían era asustarnos, de modo que nos desanimáramos y no termináramos los trabajos. Así que oré al Señor, y le dije: «Dios mío, dame las fuerzas para continuar esta obra».

¹⁰Dos días después fui a visitar a Semaías hijo de Delaías y nieto de Mehitabel, que se había encerrado en su casa. Cuando llegué, me dijo:

—Escondámonos en el templo, en el interior de la Casa de Dios, y cerremos bien las puertas, pues están planeando matarte esta noche.

¹¹Pero le contesté:

—¿Que yo, el gobernador, me ponga en fuga? Como no soy sacerdote no debo entrar en el santuario, ni siquiera para salvar la vida. ¡No, no lo haré!

¹²,¹³Comprendí que Dios no le había hablado, sino que Tobías y Sambalat le habían pagado para que me asustara y me convenciera de encerrarme en el templo. Si lo hubiera hecho, habría pecado, y ellos tendrían motivos para hablar mal de mí y dañar mi buena reputación.

¹⁴Entonces oré: «¡Dios mío, no te olvides de Tobías, de Sambalat, de la profetisa Noadías, ni de los demás profetas que han tratado de intimidarme!»

## Termina la reconstrucción de la muralla

¹⁵Terminamos la reconstrucción de la muralla el día veinticinco del mes de elul, es decir, cincuenta y dos días después de haberla comenzado. ¹⁶Cuando nuestros enemigos y las naciones circundantes supieron que habíamos acabado, se asustaron y se sintieron humillados, pues comprendieron que la obra había sido hecha con la ayuda de nuestro Dios.

¹⁷Durante esos cincuenta y dos días, Tobías mantuvo una intensa correspondencia con varios judíos importantes. ¹⁸Pues muchos judíos se habían comprometido a ayudarlo, ya que Tobías era yerno de Secanías hijo de Araj, y porque su hijo Johanán se había casado con la hija de Mesulán hijo de Berequías. ¹⁹Algunos hasta lo elogiaban en mi presencia, y luego le contaban todo lo que yo había dicho. Y Tobías era quien me enviaba las cartas amenazadoras.

## Plan para defender a Jerusalén

**7** Cuando la muralla estuvo terminada y le colocamos las puertas y designamos a los porteros, cantores y levitas, ²ordené asumir el gobierno de Jerusalén a mi hermano Jananí y a Jananías, el comandante de la fortaleza, hombre muy fiel que temía a Dios, más que cualquier otro en el pueblo. ³Les di órdenes de no abrir las puertas de Jerusalén hasta mucho después de la salida del sol, y de cerrarlas y asegurarlas mientras los guardias estuvieran aún en sus puestos. Además, a los guardias residentes en Jerusalén les ordené permanecer en sus puestos en horarios regulares, y a cada persona que tenía casa junto a la muralla le impuse el deber de proteger la sección que estaba frente a su casa. ⁴Porque la ciudad era grande, pero la población era pequeña, y había sólo unas pocas viviendas esparcidas a través de la ciudad, pues aún no se habían reconstruido todas las casas.

## Lista de los repatriados

⁵Entonces mi Dios puso en mí el sentir de convocar a los jefes de la ciudad, juntamente con los del común del pueblo para censarlos. Yo había encontrado los registros genealógicos de los que habían regresado a Judá antes, y esto es lo que estaba escrito en ellos:

⁶La siguiente es una lista de los nombres de los judíos que regresaron a Jerusalén y a las demás ciudades de Judá después de haber sido exiliados por el rey Nabucodonosor de Babilonia. ⁷Sus jefes eran: Zorobabel, Jesúa, Nehemías, Azarías, Raamías, Najamani, Mardoqueo, Bilsán, Mispéret, Bigvay, Nehúm y Baná.

Los demás que regresaron en este tiempo fueron:
⁸⁻³⁸Del clan de Parós, 2.172;
  del clan de Sefatías, 372;
  del clan de Araj, 652;
  de las familias de Jesúa y de Joab, del clan de Pajat Moab, 2.818;
  del clan de Elam, 1.254;
  del clan de Zatú, 845;
  del clan de Zacay, 760;
  del clan de Binuy, 648;
  del clan de Bebay, 628;
  del clan de Azgad, 2.322;
  del clan de Adonicán, 667;
  del clan de Bigvay, 2.067;
  del clan de Adín, 655;
  de la familia de Ezequías, el clan de Ater, 98;
  del clan de Jasún, 328;
  del clan de Bezay, 324;
  del clan de Jarif, 112;
  del clan de Gabaón, 95;
  de los clanes de Belén y de Netofa, 188;
  del clan de Anatot, 128;
  del clan de Bet Azmávet, 42;
  de los clanes de Quiriat Yearín, Cafira y Berot, 743;
  de los clanes de Ramá y de Gueba, 621;
  del clan de Micmás, 122;
  de los clanes de Betel y de Hai, 123;

**NEHEMÍAS 4.7**

obreros trabajaron arduamente. ⁷Pero cuando Sambalat, Tobías, los árabes, los amonitas y los asdodeos oyeron que la obra estaba avanzando y que las brechas de la muralla estaban siendo reparadas, se enfurecieron. ⁸Se pusieron de acuerdo para atacar a Jerusalén y producir desánimo en la gente. ⁹Pero nosotros oramos a nuestro Dios y colocamos guardias que vigilaran de día y de noche. ¹⁰Como si eso fuera poco, los de Judá comenzaron a quejarse, y decían:

«Los cargadores están muy cansados, y todavía quedan muchos escombros para botar. ¡Jamás podremos reconstruir la muralla!»

¹¹Mientras tanto, nuestros enemigos estaban planeando caer sobre nosotros y matarnos, para poner fin a nuestro trabajo. ¹²Pero algunos judíos que vivían en medio de ellos venían, una y otra vez, a avisarnos de sus planes y nos indicaban por dónde pensaban atacarnos.

¹³Por lo tanto, puse guardias armados organizados por familias en los lugares donde la muralla estaba más baja. ¹⁴Luego, al considerar la situación, convoqué a todos los jefes y al pueblo y les dije: «No tengan miedo: Recuerden que el Señor es grande y poderoso. ¡Peleen por sus amigos, por sus familias y por sus hogares!»

¹⁵Nuestros enemigos dejaron de estorbarnos cuando supieron que estábamos al tanto de todo y de que Dios había desbaratado sus planes. Entonces nosotros regresamos a nuestros trabajos en la muralla. ¹⁶Pero desde entonces sólo la mitad trabajaba, mientras la otra mitad estaba de guardia, armados de lanzas, escudos, arcos y corazas. Y los jefes de Judá les brindaban su apoyo. ¹⁷Los albañiles y los demás obreros trabajaban con las armas al alcance de la mano. ¹⁸Cada uno de los constructores llevaba una espada al cinto. El que tocaba la trompeta permanecía junto a mí, a fin de hacer llegar la voz de alarma. ¹⁹Yo les había dicho a los hombres importantes del pueblo, a los jefes y al resto del pueblo: «La obra es mucha y extensa, de modo que estamos muy separados unos de otros. ²⁰Por eso, cuando oigan el sonido de alarma, corran a reunirse con nosotros al lugar desde donde suena la trompeta. ¡Dios peleará por nosotros!»

²¹Trabajábamos desde el alba hasta la salida de las estrellas, y la mitad de los hombres estaba siempre de guardia. ²²Pedí a todos los que vivían fuera de los muros que se quedaran a dormir en Jerusalén, para que sus siervos también pudieran estar de guardia y trabajaran en el día. ²³Durante este tiempo, ninguno de nosotros, ni yo, ni mis hermanos, ni los siervos, ni los guardias que estaban conmigo, nos quitábamos la ropa para dormir. Y siempre teníamos las armas a la mano.

## Nehemías defiende a los pobres

**5** Hubo en esos días una gran protesta de las familias del pueblo contra algunos judíos ricos que estaban abusando de ellos. ²⁻⁴Lo que ocurría era que las familias que se quedaban sin dinero tenían que vender a sus hijos o hipotecar sus campos, viñas o casas para obtener dinero para comprar comida. Algunos ni eso podían hacer, porque ya habían tomado dinero prestado para pagar los impuestos que le pagaban al rey. La gente protestaba: ⁵«Somos sus hermanos, y nuestros hijos son iguales a los de ustedes. Sin embargo, hemos tenido que vender a nuestros hijos como esclavos a fin de obtener el dinero que necesitamos para vivir. Ya hemos vendido algunas de nuestras hijas, y no podemos pagar por su libertad, porque nuestros campos también han sido hipotecados a estos hombres».

⁶Me enojé mucho cuando oí esto. ⁷Después de pensarlo, hablé con los ricos y con los funcionarios del gobierno.

—¿Qué es lo que están haciendo? —les pregunté—. ¿Cómo se atreven a pedir propiedades en prenda como condición para ayudar a otro israelita?

Entonces convoqué a una asamblea pública para juzgar el asunto.

⁸En la reunión les dije:

—Nosotros, a la medida de nuestras fuerzas, hemos estado pagando el rescate de nuestros hermanos judíos que regresaron del exilio como esclavos. ¡Y ahora ustedes los están vendiendo para que luego tengamos que volver a redimirlos!

Y ellos no hallaban qué decir. ⁹Entonces insistí:

—Lo que ustedes están haciendo es muy malo. ¿Por qué no actúan ustedes de acuerdo a la instrucción de nuestro Dios? ¿No tenemos enemigos suficientes entre las naciones que nos rodean y que están tratando de destruirnos? ¹⁰Casi todos nosotros estamos prestando dinero y granos a nuestros hermanos judíos sin ningún interés. Por eso, les ruego que dejen de hacer de la usura un negocio. ¹¹Devuélvanles hoy mismo sus campos, sus viñas, sus olivares y sus casas, y aliviémoslos así de sus cargas.

¹²Ellos estuvieron de acuerdo en hacerlo, y dijeron que ayudarían a sus hermanos sin exigirles nada. Luego convoqué a los sacerdotes e hice que estos hombres juraran cumplir sus promesas. ¹³Entonces, me sacudí la ropa y dije:

—¡Así sacuda Dios a todo aquel que no cumpla esta promesa! ¡Que así lo sacuda Dios y lo deje sin casa y sin ninguna propiedad!

Y todo el pueblo gritó:

—¡Amén!

Alabaron a Dios, y cumplieron lo prometido.

¹⁴Debo mencionar que durante los doce años que fui gobernador de Judá, desde el año veinte hasta el año treinta y dos del reinado de Artajerjes, ni mis ayudantes ni yo aceptamos el salario que me correspondía como gobernador. ¹⁵En cambio, los gobernadores que habían estado antes de mí habían exigido alimento, vino y cuatrocientos ochenta gramos de plata, y habían puesto la población a merced de sus ayudantes, quienes los maltrataban. Pero yo obedecí a Dios y no actué de esa manera. ¹⁶Seguí trabajando en el muro y me negué a comprar tierras.

Además, les pedí a mis funcionarios que dedicaran tiempo a la edificación de la muralla. ¹⁷Todo esto, a pesar de que sentaba regularmente a mi mesa a ciento cincuenta funcionarios judíos, sin contar a los visitantes de los países vecinos. ¹⁸Diariamente se preparaba un buey, seis ovejas grandes y un gran número de aves domésticas. Además, cada diez días nos abastecíamos de vinos en abundancia. No obstante, me negué a establecer impuestos sobre la gente, porque ellos ya estaban pagando demasiados impuestos. ¹⁹¡Dios mío, recuerda todo lo que he hecho por este pueblo y dame tu bendición!

## Se inicia la reconstrucción

**3** El sumo sacerdote Eliasib y los otros sacerdotes se encargaron de reconstruir la entrada de las Ovejas. Le colocaron la puerta, y reedificaron la muralla desde la torre de los Cien hasta la torre de Jananel. ²Los de Jericó trabajaron en el tramo siguiente de la muralla, y en el sector siguiente trabajó la cuadrilla de Zacur hijo de Imrí.

³Los hijos de Sená reconstruyeron la puerta de los Pescados. Ellos lo hicieron todo: cortaron las vigas, colocaron las puertas e hicieron los cerrojos y las barras. ⁴Meremot hijo de Urías y nieto de Cos, reparó la sección siguiente de la muralla. El tramo siguiente lo reparó Mesulán hijo de Berequías y nieto de Mesezabel. El tramo siguiente lo reparó Sadoc hijo de Baná. ⁵A continuación de ellos estaban los hombres de Tecoa, pero sus jefes no quisieron colaborar con los que dirigían la obra.

⁶La puerta Vieja fue reparada por Joyadá hijo de Paseaj, y Mesulán hijo de Besodías. Ellos colocaron las vigas, pusieron las puertas e instalaron los cerrojos y barras. ⁷A continuación de ellos estaban Melatías de Gabaón, Jadón de Meronot y los hombres de Gabaón y Mizpa. (Las regiones de Gabaón y Mizpa estaban bajo la dirección del gobernador de la provincia que está al oeste del río Éufrates.)

⁸Uziel hijo de Jaraías, que tenía el oficio de orfebre, y Jananías, que era un fabricante de perfumes, reconstruyeron el tramo de la muralla que va hasta la muralla Ancha. ⁹Refaías hijo de Jur, gobernador de la mitad del distrito de Jerusalén, reparó el tramo siguiente de la muralla. ¹⁰Jedaías hijo de Jarumaf, reparó el tramo siguiente, que quedaba al frente de su propia casa. El sector siguiente lo reparó Jatús hijo de Jasabnías.

¹¹Después estaban Malquías hijo de Jarín, y Jasub hijo de Pajat Moab, quienes restauraron la torre de los Hornos, además de una sección de la muralla. ¹²Salún hijo de Halojés, y sus hijas repararon la sección siguiente. Halojés era el gobernador de la otra mitad del distrito de Jerusalén.

¹³Janún y los habitantes de Zanoa reconstruyeron la puerta del Valle. Colocaron la puerta en su lugar, con las cerraduras y las barras. Además reconstruyeron cuatrocientos cincuenta metros de la muralla, hasta la puerta del Basurero.

¹⁴La puerta del Basurero fue reconstruida por Malquías hijo de Recab, gobernador del distrito de Bet Haqueren. Colocó la puerta en su lugar e instaló las cerraduras y las barras.

¹⁵Salún hijo de Coljozé, gobernador del distrito de Mizpa, reparó la puerta de la Fuente. La techó, la enmaderó, colocó la puerta en su lugar e instaló los cerrojos y las barras. Luego reconstruyó la muralla desde el estanque de Siloé, que está junto al jardín del rey, hasta las gradas que descienden a la Ciudad de David. ¹⁶A continuación estaba Nehemías hijo de Azbuc, gobernador de la mitad del distrito de Betsur, quien reconstruyó la muralla hasta en frente de la tumba de David y hasta el estanque artificial y la casa de los Valientes.

¹⁷Luego había un grupo de levitas que trabajaban bajo la supervisión de Rejún hijo de Baní. A continuación estaba Jasabías, gobernador de la mitad del distrito de Queilá, que hizo la reconstrucción de la muralla en su propio distrito. ¹⁸Luego estaban sus compañeros: Bavay hijo de Henadad, gobernador de la otra mitad del distrito de Queilá, ¹⁹y Ezer hijo de Jesúa, gobernador de una parte de Mizpa, quienes restauraron otro tramo de la muralla que queda frente a la subida del depósito de armas, en la esquina. ²⁰A continuación estaba Baruc hijo de Zabay, quien construyó desde la esquina de la muralla hasta la casa de Eliasib, el sumo sacerdote. ²¹Meremot hijo de Urías y nieto de Cos, edificó el tramo de la muralla que se extendía desde la entrada de la casa de Eliasib hasta el término de la misma.

²²A continuación estaban los sacerdotes de las llanuras. ²³Benjamín, Jasub, y Azarías hijo de Maseías y nieto de Ananías, repararon las secciones cercanas a sus casas. ²⁴Luego estaba Binuy hijo de Henadad, que reedificó la sección de la muralla desde la casa de Azarías hasta la esquina. ²⁵Palal hijo de Uzay se encargó del trabajo desde la esquina hasta los cimientos de la torre alta que se levanta por encima del palacio del rey, junto al patio de la cárcel. Después estaba Pedaías hijo de Parós. ²⁶Los sirvientes del templo que vivían en Ofel repararon la muralla hasta la puerta de las Aguas, al oriente, y la torre que sobresale. ²⁷Después de ellos estaban los tecoítas, quienes repararon la sección de la muralla que sobresale, hasta la muralla de Ofel.

²⁸Los sacerdotes repararon la muralla desde la puerta de los Caballos, cada uno en la parte que quedaba frente a su casa. ²⁹Sadoc hijo de Imer, también reconstruyó el tramo de muralla que quedaba frente a su casa. A continuación de él estaba Semaías hijo de Secanías, portero de la puerta oriental. ³⁰Jananías hijo de Selemías, y Janún, el sexto hijo de Salaf, reconstruyeron el siguiente tramo. Mesulán hijo de Berequías reedificó la parte de la muralla que estaba frente a su casa. ³¹Malquías, que era uno de los plateros, reconstruyó el tramo de la muralla que va hasta la casa de los sirvientes del templo y de los comerciantes, frente a la puerta del Juicio, hasta la torre de vigilancia de la esquina. ³²Los demás plateros y comerciantes completaron la reconstrucción de la muralla desde aquella esquina hasta la puerta de las Ovejas.

## Se obstaculiza la reconstrucción

**4** Sambalat se enojó mucho cuando supo que estábamos reedificando la muralla. Enfurecido, nos insultó y se burló de nosotros. ²Delante de sus amigos y de los oficiales del ejército samaritano, dijo:

—¿Qué hace ese grupito de judíos pobres y débiles? ¿Piensan que se les permitirá reconstruir, para que vuelvan a ofrecer sus sacrificios? ¿Acaso creen que ese trabajo lo pueden terminar en un día? ¡Miren las piedras calcinadas que están sacando de la basura para volverlas a usar!

³Tobías el amonita, que estaba junto a él, agregó:

—¡Valiente construcción! ¡Si un zorro camina sobre el muro, lo derrumba!

⁴Entonces yo oré:

«Oye, Dios nuestro, cómo se burlan de nosotros. Haz que sus burlas caigan sobre sus propias cabezas, y que sean llevados cautivos a tierra extraña. ⁵No pases por alto su pecado, ni olvides su maldad, pues han insultado a los que reconstruyen la muralla».

⁶El muro fue completado hasta la mitad de su altura original alrededor de toda la ciudad, porque los

# Nehemías

## Nehemías ora por su pueblo

**1** Autobiografía de Nehemías hijo de Jacalías: En diciembre del año veinte del reinado de Artajerjes de Persia, cuando yo servía en el palacio de Susa, ²uno de mis compatriotas, un judío llamado Jananí, vino a visitarme con algunos hombres que habían llegado de Judá. Aproveché la oportunidad para preguntarles:

—¿Cómo está la ciudad de Jerusalén y cómo están los judíos que escaparon de ir cautivos a Babilonia?

³—Pues te diremos que las cosas no andan muy bien —contestaron—. Los que regresaron del destierro sufren grandes males y humillaciones. Los muros de Jerusalén aún están medio derribados y las puertas están quemadas.

⁴Cuando oí esto me senté y lloré. Durante varios días ayuné y oré así al Dios del cielo:

⁵«Señor, Dios del cielo, Dios grande y temible, que cumples las promesas y que amas y tienes misericordia de los que te aman y te obedecen, escucha mi oración. ⁶,⁷Escucha lo que yo te digo. Mírame y ve que noche y día oro por el pueblo de Israel. Confieso que hemos pecado contra ti. Yo mismo y mi pueblo hemos pecado. No hemos obedecido los mandamientos, estatutos y preceptos que nos entregaste por medio de tu siervo Moisés.

⁸»Recuerda que le dijiste a Moisés: "Si ustedes pecan, los esparciré entre las naciones. ⁹Pero si se vuelven a mí y obedecen mis leyes, y las ponen en práctica, aun de los rincones más lejanos del universo, a donde hayan sido llevados, los haré regresar a Jerusalén. Porque Jerusalén es el lugar que he escogido como mi lugar de residencia".

¹⁰»Nosotros somos tus siervos, somos el pueblo que rescataste con tu gran poder. ¹¹Señor, escucha mi oración. Escucha la oración de quienes se deleitan en darte gloria y honra. Te ruego que me permitas tener éxito cuando me presente ante el rey con mi petición. Haz que el rey me atienda y me trate bien».

Yo era entonces copero del rey.

## Nehemías vuelve a Jerusalén

**2** Cuatro meses después, un día de abril, yo estaba sirviendo el vino al rey; ²y él me preguntó:

—¿Por qué estás tan triste? ¿No estarás enfermo? Tu cara revela que tienes alguna preocupación.

Hasta entonces yo siempre me había mostrado alegre delante de él. Sentí un gran temor, ³pero le respondí:

—Deseo larga vida a Su Majestad! Pero, ¿cómo no voy a estar triste, si la ciudad donde están las tumbas de mis antepasados está en ruinas, y sus puertas están quemadas?

⁴—Bien, ¿qué podemos hacer? —preguntó el rey.

Elevé una oración al Dios del cielo pidiendo su ayuda, y le contesté al rey:

—Si agrada a Su Majestad, y si en verdad usted quiere ayudarme, envíeme a Judá, para reconstruir la ciudad de mis padres.

⁵,⁶El rey, que tenía a la reina sentada a su lado, me preguntó cuánto tiempo duraría mi viaje y cuándo pensaba regresar. Entonces fijé una fecha para mi partida, y el rey estuvo de acuerdo. ⁷Luego añadí:

—Si Su Majestad está de acuerdo, le pido el favor de que envíe cartas para los gobernadores del otro lado del río Éufrates, para que me dejen pasar por sus países en el viaje a Judá. ⁸Y otra carta para Asaf, administrador de los bosques del rey, para que me dé madera para reparar las puertas de la fortaleza que está junto al templo, para las murallas de la ciudad, y para mi propia casa.

El rey me concedió todas estas peticiones, porque Dios me estaba prestando su benigna ayuda.

⁹Cuando llegué a las provincias que estaban al occidente del río Éufrates, entregué las cartas del rey a los gobernadores (el rey, debo añadir, había enviado conmigo oficiales y soldados de caballería para que me protegieran). ¹⁰Pero cuando Sambalat el horonita, y Tobías el funcionario amonita, oyeron que había alguien interesado en ayudar a los israelitas, se enojaron mucho.

## Nehemías inspecciona la muralla

¹¹,¹²Tres días después de mi llegada a Jerusalén, me levanté durante la noche y salí acompañado de unos cuantos hombres. Yo no le había contado a nadie los planes que Dios había puesto en mi corazón acerca de Jerusalén. Yo iba montado en mi burro y mis acompañantes iban a pie. ¹³Salimos por la puerta del Valle rumbo a la fuente del Dragón y luego a la puerta del Basurero. Inspeccioné las murallas que habían sido destruidas y las puertas que habían sido quemadas. ¹⁴,¹⁵Seguimos hasta la puerta de la Fuente y al estanque del Rey, pero mi burro no pudo pasar a través de las ruinas. Entonces, todavía de noche, subí por el arroyo e inspeccioné la muralla; luego volví a entrar por la puerta del Valle.

¹⁶Los funcionarios de la ciudad no supieron a dónde había ido ni qué había hecho, porque a nadie le había hablado de mis planes, ni a los jefes políticos ni a los jefes religiosos, ni a los que habían estado haciendo el trabajo.

¹⁷Entonces les dije:

—Ustedes conocen el estado calamitoso de nuestra ciudad. Saben muy bien que las murallas están en ruinas y las puertas están quemadas. ¡Vamos! ¡Reedifiquemos los muros de Jerusalén y no permitamos que se sigan burlando de nosotros!

¹⁸Entonces les hablé del deseo que Dios había puesto en mi corazón y de la conversación que había tenido con el rey, para presentarle mi plan, el cual él había aceptado. Ellos respondieron inmediatamente:

—¡Muy bien! ¡Pongámonos a reconstruir la muralla!

Y comenzaron a trabajar.

¹⁹Pero cuando Sambalat el horonita, Tobías el funcionario amonita y Guesén el árabe se enteraron de nuestro plan, se burlaron y dijeron:

—¿Qué es lo que están haciendo? ¿Se están rebelando acaso contra el rey?

²⁰Pero yo les contesté:

—El Dios del cielo nos ayudará, y nosotros, sus siervos, reedificaremos los muros. Ustedes no tienen autoridad sobre nosotros, pues no tienen ninguna herencia en Jerusalén, ni hacen parte de su historia.

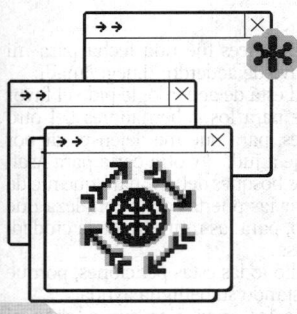

## PANORAMA DEL LIBRO

Este libro continúa el relato de los judíos que restauraban su nación después del cautiverio, el cual fue iniciado por el libro de Esdras. Ambos personajes se complementan, ya que el sacerdote Esdras se ocupa de la purificación espiritual del pueblo, mientras Nehemías, un administrador, se preocupa por la protección física del pueblo mientras edifican. Este libro busca mostrar cómo Dios utiliza líderes capaces y fieles en su objetivo de restaurar al pueblo al lugar de bendición que Él ha preparado.

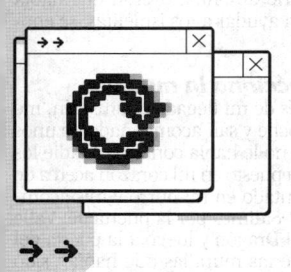

## ¿CÓMO SE RELACIONA CONMIGO?

Este es un libro modelo para hablar de liderazgo. Se trata de emprender una gran aventura y trabajar con la gente para lograr una gran meta. Incluso obras no cristianas lo han utilizado para registrar principios de liderazgo y dirección. Por supuesto, hay razones para que el libro sea utilizado de esa manera y hay muchos elementos aplicables a la labor de los líderes en cualquier ambiente. Sin embargo, es bueno también saber que el propósito de este libro era principalmente espiritual. El principal objetivo de Nehemías no era solamente la construcción de un muro como una meta organizacional cualquiera. Nehemías, como todo gran líder, tenía como prioridad agradar al Señor y hacer su voluntad, ya que sabía que eso era lo mejor para un pueblo como lo es para todos nosotros hoy.

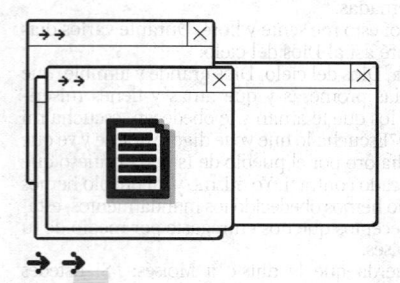

## EL GUION

1) Reconstrucción del muro. Edificando para buscar seguridad. Caps. 1-7

2) Avivamiento de la Nación. Edificando a través de la Palabra. Caps. 8-13

# NEHEMÍAS

# NEHEMÍAS

## → → ¿QUIÉN LO ESCRIBIÓ?

Se ha atribuido la autoría de este libro a Nehemías, el administrador civil que dirigió el tercer grupo de judíos que regresaban a su tierra para reconstruir el muro de la ciudad de Jerusalén. Algunas partes del libro contienen sus memorias (1:1-7:5; 11:1-2; 12:27-43; 13:4-31). El regreso de este grupo se produjo trece años después del retorno de Esdras. Nehemías nació durante el exilio, de padres judíos. Su nombre significa "Consuelo del Señor", lo cual nos hace concluir que nació en un hogar judío piadoso. Lo único que sabemos de su familia proviene del libro. Su padre era Jacalías (Neh. 1:1) y su hermano se llamaba Jananí (Neh. 1:2). Siguiendo la costumbre de los babilonios de aprovechar el talento de los pueblos conquistados, este hombre fue nombrado "copero", es decir el encargado de probar la copa y comida del rey Artajerjes, el cual era un cargo de mucha confianza en el palacio. Desde allí, Dios lo utilizó como una pieza clave para permitir el regreso de los judíos para construir los muros de la ciudad. A diferencia de Esdras, que era un ministro religioso, Nehemías era lo que hoy llamaríamos un laico.

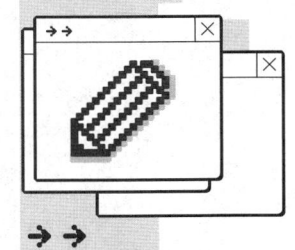

## → → ¿A QUIÉN LO ESCRIBIÓ?

Los lectores originales fueron los judíos que ya estaban viviendo de regreso en la tierra de Israel, después del cautiverio. Estos judíos, aunque ya habían finalizado la reconstrucción del templo, estaban en una situación riesgosa, ya que los muros de la ciudad estaban aún destruidos. Debido a lo anterior, estaban inseguros; a merced del ataque de animales salvajes y sobre todo enemigos que los podrían amenazar. El libro cuenta la historia de la reconstrucción, los obstáculos y las decisiones tomadas por el líder, Nehemías, y el resto del pueblo.

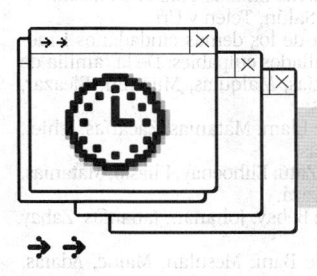

## → → ¿CUÁNDO Y DÓNDE LO ESCRIBIÓ?

Este libro fue escrito en la ciudad de Jerusalén. La fecha más probable es poco tiempo después de los eventos que narra. Entonces, la fecha más probable es el 430 a.C. Debes tomar en cuenta que este es el libro que narra los últimos eventos históricos del Antiguo Testamento.

Dios de sus padres, y hagan lo que él les pide, es decir, sepárense del pueblo pagano que está alrededor de ustedes, y de esas mujeres. [12]Todos dijeron:

—Haremos lo que tú has dicho. [13]Pero esto no puede hacerse en uno o dos días, porque somos muchos los que hemos cometido este pecado. Está lloviendo tanto que no podremos permanecer en la intemperie mucho rato. [14]Que nuestros jefes nos representen. Los que tengan esposas paganas vendrán en la hora determinada, acompañados por los jefes y los jueces de su respectiva ciudad. Entonces que se juzgue cada caso, y que todo se aclare para que la terrible ira de nuestro Dios se aparte de nosotros. [15]Solamente Jonatán hijo de Asael, y Jahazías hijo de Ticvá, apoyados por Mesulán y Sabetay, se opusieron a esta determinación.

[16,17]Este fue el plan que se siguió: El sacerdote Esdras y algunos jefes de familia fueron designados como jueces para resolver cada caso. Comenzaron la tarea el primer día del mes décimo, y el primer día del mes primero ya habían resuelto todos los casos de quienes se habían casado con mujeres extranjeras.

## Lista de los culpables

[18,19]La siguiente es la lista de los sacerdotes que se habían casado con mujeres extranjeras y que prometieron divorciarse de ellas, y reconocieron su culpa ofreciendo carneros como sacrificio:

De los hijos de Jesúa hijo de Josadac, y de sus hermanos: Maseías, Eliezer, Jarib y Guedalías.

[20]De los hijos de Imer: Jananí y Zebadías.

[21]De los hijos de Jarín: Maseías, Elías, Semaías, Jehiel y Uzías.

[22]De los hijos de Pasur: Elihoenay, Maseías, Ismael, Natanael, Jozabad y Elasá.

[23]Los levitas que fueron hallados culpables fueron los siguientes: Jozabad, Simí, Quelaías, llamado también Quelitá, Petaías, Judá y Eliezer.

[24]De los cantores fue hallado culpable Eliasib.

De los porteros: Salún, Telén y Uri.

[25]Esta es la lista de los demás ciudadanos israelitas que fueron hallados culpables: De la familia de Parós: Ramías, Jezías, Malquías, Mijamín, Eleazar, Malquías y Benaías.

[26]De los hijos de Elam: Matanías, Zacarías, Jehiel, Abdí, Jeremot y Elías.

[27]De los hijos de Zatú: Elihoenay, Eliasib, Matanías, Jeremot, Zabad y Azizá.

[28]De los hijos de Bebay: Johanán, Jananías, Zabay y Atlay.

[29]De los hijos de Baní: Mesulán, Maluc, Adaías, Yasub, Seal y Ramot.

[30]De los hijos de Pajat Moab: Adná, Quelal, Benaías, Maseías, Matanías, Bezalel, Binuy y Manasés.

[31,32]De los hijos de Jarín: Eliezer, Isías, Malquías, Semaías, Simeón, Benjamín, Maluc y Semarías.

[33]De los hijos de Jasún: Matenay, Matatá, Zabad, Elifelet, Jeremay, Manasés y Simí.

[34-37]De los hijos de Baní: Maday, Amirán, Uel, Benaías, Bedías, Queluhi, Vanías, Meremot, Eliasib, Matanías, Matenay, Jasay.

[38-42]De los hijos de Binuy: Simí, Selemías, Natán, Adaías, Macnadebay, Sasay, Saray, Azarel, Selemías, Semarías, Salún, Amarías y José.

[43]Y de los hijos de Nebo: Jeyel, Matatías, Zabad, Zebiná, Jadau, Joel y Benaías.

[44]Cada uno de estos hombres había tomado esposa pagana y muchos tenían hijos de estas mujeres.

**ESDRAS 8.31**

³¹Levantamos el campamento que estaba junto al río Ahava, y salimos rumbo a Jerusalén el día doce del mes primero. Dios nos protegió y nos libró de enemigos y bandidos a lo largo del camino. ³²Llegamos a salvo a Jerusalén y descansamos tres días.

³³Al cuarto día de nuestra llegada se pesaron la plata, el oro y los utensilios en el templo de nuestro Dios, y se le entregó todo al sacerdote Meremot hijo de Urías, que estaba acompañado por Eleazar hijo de Finés, y los levitas Jozabad hijo de Jesúa, y Noadías hijo de Binuy. ³⁴Se hizo un recibo por cada artículo, y se anotó el peso total del oro y de la plata.

³⁵Luego, cada uno de los que integraban nuestro grupo ofreció holocausto al Dios de Israel: doce becerros por la nación de Israel; noventa y seis carneros, setenta y siete corderos, y doce chivos, como ofrenda por el pecado. ³⁶Y los decretos del rey fueron entregados a los gobernadores y funcionarios de las provincias que quedan al occidente del río Éufrates. Todos ellos estuvieron listos a colaborar en la reconstrucción del templo.

### Esdras confiesa el pecado del pueblo

**9** Después de esto, los jefes de los judíos vinieron a mí para decirme que muchos judíos, aun algunos sacerdotes y levitas, se habían mezclado con los pueblos vecinos y habían adquirido las horribles costumbres de los hititas, los ferezeos, los jebuseos, los amonitas, los moabitas, los egipcios y los amorreos. ²Y que algunos hombres de Israel se habían casado con mujeres de estas naciones paganas. De modo que el pueblo santo de Dios se estaba contaminando mediante estos matrimonios mixtos, y algunos de los jefes políticos del pueblo eran los primeros en dar mal ejemplo.

³Cuando oí esto, rasgué mi ropa, me arranqué los cabellos y la barba, y me senté lleno de angustia. ⁴Entonces muchos de los que obedecían las palabras del Dios de Israel, debido a este pecado del pueblo, vinieron y se sentaron conmigo hasta la hora del holocausto de la tarde.

⁵Finalmente, a la hora de ofrecer el holocausto, recobré el ánimo y me levanté. Y con mi túnica y mi manto rasgados, me arrodillé y levanté mis manos hacia el SEÑOR mi Dios ⁶y le dije en oración:

«Dios mío, estoy avergonzado. Tengo vergüenza de levantar el rostro hacia ti, porque nuestros pecados son tantos, que sobrepasan nuestras cabezas, y nuestra culpa es tan grande como los cielos. ⁷Nuestra historia ha sido una historia de pecado. Por esto es que nosotros, nuestros reyes y nuestros sacerdotes fuimos entregados en manos de reyes paganos, quienes nos hirieron, nos tomaron cautivos, nos robaron, y nos humillaron en público. Y hasta hoy esto nos sucede.

⁸»Pero ahora, por breve instante, tú has tenido misericordia de nosotros al permitir que algunos de nosotros regresemos a Jerusalén. Nos has dado un momento de gozo y una nueva vida en medio de nuestra esclavitud. ⁹Porque éramos esclavos, pero por tu amor y tu misericordia no nos has abandonado. Antes al contrario, hiciste que los reyes de Persia fueran bondadosos con nosotros. Tan así es que nos han ayudado a reconstruir el templo de nuestro Dios y nos han dado una muralla protectora en Judá y Jerusalén.

¹⁰»Y ahora, Dios, ¿qué podemos decir después de todo esto? Una vez más nos hemos apartado de ti y hemos quebrantado tus leyes. ¹¹Los profetas nos advirtieron que la tierra que íbamos a poseer estaba contaminada con las horribles prácticas de los pueblos que allí vivían. De un extremo al otro está llena de corrupción. ¹²Tú nos dijiste que no debíamos permitir que nuestras hijas se casaran con los hijos de esta tierra, ni que nuestros hijos se casaran con sus hijas, y que no ayudáramos a esas naciones de ninguna manera. Tú nos advertiste que solamente si seguíamos esta norma podríamos llegar a ser una nación próspera, y que nuestros hijos podrían disfrutar siempre de esa prosperidad.

¹³»Y ahora, después de sufrir el castigo del cautiverio por causa de nuestra maldad, reconocemos que el castigo que nos diste fue menos de lo que merecíamos. Al contrario, has sido muy bueno con nosotros, pues has permitido que un grupo de nosotros regrese de la cautividad. ¹⁴Sin embargo, hemos quebrantado tus mandamientos nuevamente y nos hemos casado con las mujeres de estos pueblos que tienen costumbres perversas. Seguramente en tu ira nos destruirás ahora, y ni siquiera un pequeño remanente escapará. ¹⁵Señor, Dios de Israel, tú eres un Dios justo, porque permitiste que de nosotros quedara un remanente. ¡Ante tu presencia estamos con nuestras culpas! ¡Sé que no merecemos estar en tu presencia!»

### El pueblo reconoce su pecado

**10** Mientras Esdras oraba, lloraba y confesaba el pecado del pueblo, de rodillas delante del templo de Dios, una gran multitud de hombres, mujeres y niños llegó y se puso a llorar amargamente, junto a él. ²Entonces Secanías hijo de Jehiel, de la familia de Elam, se acercó a Esdras y le dijo:

«Reconocemos que hemos pecado contra nuestro Dios, porque nos hemos casado con mujeres extranjeras, es decir, que no guardan nuestra fe. Pero aún, a pesar de esto, hay esperanza para Israel. ³Prometemos solemnemente, delante de nuestro Dios, separarnos de nuestras esposas y de los hijos que con ellas hemos tenido. Haremos lo que tú y todos los que obedecen la ley de nuestro Dios nos aconsejen. Obedeceremos las leyes de Dios. ⁴Ten valor y dinos qué hemos de hacer para rectificar lo malo que hemos hecho y de buen grado lo haremos».

⁵Entonces Esdras se puso de pie y pidió que los jefes de los sacerdotes y los levitas, y todo el pueblo de Israel, prometieran que harían lo que Secanías había dicho. Y todos estuvieron de acuerdo. ⁶Luego, Esdras salió del templo de Dios y fue a la habitación de Johanán hijo de Eliasib, y pasó allí la noche. Pero no quiso comer ni beber, pues estaba muy afligido debido al pecado de los que habían regresado del cautiverio.

⁷,⁸Luego se anunció, en las ciudades de Judá y en Jerusalén, que todos los que habían regresado del cautiverio debían reunirse en Jerusalén, en un plazo de tres días. Además, los jefes y los consejeros del pueblo acordaron que a cualquiera que se negara a venir se le quitarían sus bienes y se le expulsaría de la comunidad de los que habían regresado del cautiverio.

⁹Así que a los tres días, el día veinte del mes noveno, todos los hombres de Judá y de Benjamín ya habían llegado y estaban sentados en la plaza del templo. Temblaban a causa de la seriedad del asunto que los había reunido y por la lluvia intensa que caía. ¹⁰Entonces, el sacerdote se puso de pie y les dijo:

—Ustedes han pecado, porque se han casado con mujeres extranjeras. Ahora merecemos más condenación que antes. ¹¹Confiesen pues, sus pecados al SEÑOR,

las demás cosas que se te han entregado para la casa de tu Dios en Jerusalén. ²⁰Si te falta dinero para la construcción del templo o para cualquier otra necesidad similar, puedes pedirlo de los fondos de la tesorería real.

²¹Yo, el rey Artajerjes, envío este decreto a todos los tesoreros de las provincias que están al occidente del río Éufrates y les ordeno que le entreguen a Esdras cuanto él les pida, porque él es sacerdote y maestro de la ley del Dios del cielo. ²²Le pueden dar hasta tres mil seiscientos kilos de plata, veinticuatro mil litros de trigo, dos mil cuatrocientos litros de vino, dos mil cuatrocientos litros de aceite, y sal sin medida. ²³Además, deberán darle cualquier otra cosa que el Dios del cielo pida para su templo. Después de todo, ¿por qué hemos de arriesgarnos a que la ira de Dios caiga sobre el rey y sus hijos? ²⁴Decreto asimismo que los sacerdotes, levitas, miembros del coro, porteros, y servidores del templo quedan exentos de todo tipo de impuestos.

²⁵Y tú, Esdras, debes usar la sabiduría que Dios te ha dado, para seleccionar y designar magistrados y jueces que impartan justicia al pueblo que está al occidente del río Éufrates. Si ellos no conocen las leyes de tu Dios, debes enseñárselas. ²⁶Cualquiera que se niegue a obedecer las leyes de tu Dios y las leyes del rey, será castigado inmediatamente con la muerte, el destierro, la confiscación de sus bienes o la prisión.

### Oración de Esdras

²⁷«Bendito sea el Señor, Dios de nuestros antepasados, que colocó en el corazón del rey el deseo de embellecer el templo del Señor en Jerusalén. ²⁸Y bendito sea Dios por la demostración de su misericordia hacia mí, al honrarme delante del rey, de sus consejeros y delante de todos sus poderosos príncipes. Mi Señor y Dios, te doy gracias por haberme fortalecido, por haber estado conmigo y por haberme permitido convencer a algunos de los jefes de Israel para que regresaran conmigo a Jerusalén».

### Lista de los que regresaron con Esdras

**8** Estos son los nombres y genealogías de los jefes que regresaron conmigo de Babilonia, durante el reinado de Artajerjes:

²⁻¹⁴Del clan de Finés: Guersón;
del clan de Itamar: Daniel;
del clan de David: Jatús;
del clan de Secanías y del clan de Parós: Zacarías, y con él otros ciento cincuenta varones;
del clan de Pajat Moab: Elihoenay hijo de Zeraías, y doscientos varones más;
del clan de Secanías: el hijo de Jahaziel y trescientos varones más;
del clan de Adín: Ébed hijo de Jonatán, y cincuenta varones más;
del clan de Elam: Isaías hijo de Atalías, y otros setenta varones;
del clan de Sefatías: Zebadías hijo de Micael, y ochenta varones más;
del clan de Joab: Abdías hijo de Jehiel, y otros doscientos dieciocho varones;
del clan de Baní: Selomit hijo de Josifías, y otros ciento sesenta varones;
del clan de Bebay: Zacarías hijo de Bebay, y otros veintiocho varones;
del clan de Azgad: Johanán hijo de Hacatán, y otros ciento diez varones;
del clan de Adonicán: Elifélet, Jeyel, Semaías, y otros sesenta varones.

Éstos fueron los últimos en llegar; del clan de Bigvay: Utay, Zabud y otros setenta varones.

### El regreso a Jerusalén

¹⁵Nos reunimos cerca del río que desemboca en el Ahava, y acampamos allí tres días, mientras tomábamos nota de las personas y de los sacerdotes que habían llegado. Encontré que ningún levita se había presentado como voluntario. ¹⁶Entonces mandé a buscar a Eliezer, Ariel, Semaías, Elnatán, Jarib, Elnatán, Natán, Zacarías y Mesulán, que eran jefes del pueblo. También mandé a buscar a Joyarib y a Elnatán, que eran hombres muy sabios. ¹⁷Los envié a Idó, jefe de los judíos que estaban en Casifia, a pedirle a él y a sus compañeros que nos enviaran servidores para el templo de Dios en Jerusalén. ¹⁸Y, por la gracia de Dios, nos enviaron a un hombre muy instruido llamado Serebías hijo de Majlí, descendiente de Leví. Con él vinieron sus hijos y hermanos, de modo que en total fueron dieciocho personas. ¹⁹También nos mandaron a Jasabías y a Isaías, descendientes de Merari, con veinte de sus hermanos e hijos, ²⁰y doscientos veinte sirvientes del templo. Los sirvientes ayudaban a los levitas. Este oficio fue instituido por el rey David. Todos estos quedaron registrados en una lista.

²¹Luego, allí junto al río Ahava, proclamé un ayuno, para humillarnos delante de nuestro Dios. Le pedimos que nos diera un buen viaje y nos protegiera, junto con nuestros hijos y los bienes con los que viajábamos. ²²Me daba vergüenza pedirle al rey que nos proporcionara soldados y caballería que nos protegieran de los enemigos que pudiera haber en el camino, pues le habíamos dicho que nuestro Dios protege a todos los que lo adoran, y que su ira se abate sólo sobre los que lo abandonan. ²³Ayunamos, pues, y rogamos a Dios que cuidara de nosotros, y él lo hizo.

²⁴Designé a doce jefes de los sacerdotes: a Serebías, a Jasabías y a otros diez familiares de ellos. ²⁵Luego, en presencia de ellos, pesé la plata, el oro y los utensilios sagrados que habían sido donados para el templo de Dios por el rey, sus consejeros y sus jefes, y por todos los israelitas allí presentes. ²⁶,²⁷La lista de todo lo que entregué a los sacerdotes, es: veintiún mil cuatrocientos cincuenta kilos de plata, cien utensilios de plata que pesaban tres mil trescientos kilos, tres mil trescientos kilos de oro y veinte tazones de oro avaluados en mil monedas de oro. Además, había dos hermosos vasos de bronce pulido, que eran tan preciosos como el oro. ²⁸Consagré a estos hombres al Señor, así como los utensilios, la plata y el oro que habían sido donados como ofrenda voluntaria para el Señor, el Dios de nuestros padres.

²⁹Entonces les dije: "Cuiden bien estos tesoros y llévenlos al templo del Señor en Jerusalén. Una vez allí, deberán pesar todo en presencia de los sacerdotes, de los levitas y de los jefes de Israel".

³⁰Los sacerdotes y los levitas aceptaron la responsabilidad de transportarlos al templo de Dios en Jerusalén.

⁶Entonces el rey Darío envió este mensaje al gobernador Tatenay, a Setar Bosnay y a los demás funcionarios de la región occidental del Éufrates:

Salgan de Jerusalén ⁷y dejen que el gobernador de Judá y los jefes de Judá sigan reconstruyendo este templo en el mismo lugar donde estaba antes. ⁸Aún más, decreto que ustedes deben pagar, sin tardanza, todos los gastos de construcción, tomando el dinero de los impuestos recolectados en su territorio. ⁹Además, cada día, deberán darles becerros, carneros, y corderos para los holocaustos al Dios del cielo. También les darán trigo, vino, sal, aceite de oliva y todo cuanto los sacerdotes les soliciten. ¹⁰Así los judíos podrán ofrecer sacrificios aceptables al Dios del cielo, y orar por mí y por mis hijos.

¹¹Si alguien intenta alterar este decreto de alguna manera, se quitará un madero de su casa, y con él se construirá una horca en la cual será colgado. Y su casa será reducida a escombros. ¹²El Dios que ha escogido la ciudad de Jerusalén destruirá a cualquier nación que altere este mandamiento y destruya este templo. Yo, Darío, he promulgado este decreto. Por lo tanto, debe cumplirse con toda diligencia.

### Terminación y dedicación del templo

¹³Por eso, el gobernador Tatenay, Setar Bosnay y sus compañeros cumplieron inmediatamente el mandato del rey Darío. ¹⁴Así que los jefes de los judíos continuaron su trabajo y terminaron la reconstrucción, de acuerdo con la palabra de Dios dada por medio de los profetas Hageo y Zacarías hijo de Idó. Gracias al mandato de Dios y a los decretos de Ciro, Darío y Artajerjes, reyes de Persia, los judíos pudieron terminar la reconstrucción. ¹⁵El templo fue terminado el día tres del mes de Adar, en el sexto año del reinado del rey Darío, ¹⁶y fue entonces dedicado con gran gozo por los sacerdotes, los levitas y todos los que habían regresado del cautiverio.

¹⁷Durante la celebración de la dedicación se ofrecieron en sacrificio cien becerros, doscientos carneros, y cuatrocientos corderos. Además, como ofrenda por el pecado, se ofrecieron doce chivos, uno por cada una de las tribus de Israel. ¹⁸Los sacerdotes y levitas fueron instalados en sus diversos cargos, para hacer la obra de Dios, tal como está establecido en las leyes de Moisés.

### Celebración de la Pascua

¹⁹También celebraron la fiesta de la Pascua el día catorce del mes primero. ²⁰Para esa fecha, los sacerdotes y levitas ya se habían purificado, y ofrecieron los sacrificios por el pueblo, por sus compañeros sacerdotes y por ellos mismos. ²¹,²²Los judíos que habían regresado de la cautividad en Babilonia celebraron la Pascua. También se les unieron aquellos que vivían entre ellos, y que habían abandonado las costumbres perversas de los pueblos vecinos, y habían decidido adorar al Señor, Dios de Israel. La celebración de la fiesta de los Panes sin levadura duró siete días. La festejaron con mucho júbilo, porque el Señor les había llenado de alegría al permitir que el rey de Asiria los tratara con tanta benevolencia y les hubiera ayudado a reconstruir el templo del Dios de Israel.

### Esdras llega a Jerusalén

**7** ¹⁻⁵Después, durante el reinado de Artajerjes, rey de Persia, Esdras llegó a Jerusalén.
Esdras era hijo de Seraías.
Seraías era hijo de Azarías;
Azarías era hijo de Jilquías;
Jilquías era hijo de Salún;
Salún era hijo de Sadoc;
Sadoc era hijo de Ajitob;
Ajitob era hijo de Amarías;
Amarías era hijo de Azarías;
Azarías era hijo de Merayot;
Merayot era hijo de Zeraías;
Zeraías era hijo de Uzi;
Uzi era hijo de Buquí;
Buquí era hijo de Abisúa;
Abisúa era hijo de Finés;
Finés era hijo de Eleazar;
y Eleazar era hijo de Aarón, el primer sumo sacerdote.

⁶Esdras, que llegó de Babilonia, era un maestro muy versado en las leyes que el Señor había dado al pueblo de Israel por medio de Moisés. Pidió que se le permitiera regresar a Jerusalén, y el rey se lo concedió su petición, porque Esdras contaba con la ayuda del Señor.

⁷⁻⁹Con Esdras regresaron muchos israelitas, entre los cuales había sacerdotes, levitas, cantores, porteros, y sirvientes del templo. Salieron de Babilonia el día primero del mes primero del séptimo año del reinado de Artajerjes, y llegaron a Jerusalén, sin ningún contratiempo, el día primero del mes quinto del mismo año, porque Esdras contaba con la bondadosa ayuda del Señor. ¹⁰Esto fue porque Esdras se había propuesto estudiar y obedecer las leyes del Señor, y ser un maestro de la Palabra de Dios y enseñar las leyes al pueblo de Israel.

### Carta de Artajerjes a Esdras

¹¹El rey Artajerjes entregó esta carta al sacerdote Esdras, que era un maestro muy entendido en los mandamientos que el Señor les dio a los israelitas:

¹²Artajerjes, rey de reyes, al sacerdote Esdras, maestro de las leyes del Dios del cielo:

¹³Decreto que todos los judíos de mi reino, incluyendo a sacerdotes y levitas, pueden regresar contigo a Jerusalén, si así lo desean. ¹⁴Yo y mis siete consejeros ordenamos que vayas a Judá y Jerusalén, para ver si se está obedeciendo la ley de Dios, la cual llevas contigo. ¹⁵También te comisionamos para que lleves contigo a Jerusalén la plata y el oro que te hemos entregado como una ofrenda al Dios de Israel. ¹⁶Igualmente, llevarás todo el oro y toda la plata que recojas en las provincias de Babilonia, junto con las ofrendas voluntarias que entreguen la gente y los sacerdotes para el templo de Dios en Jerusalén. ¹⁷Estos fondos serán usados, ante todo, para la compra de toros, carneros, corderos, cereales y vino, para que los ofrezcas sobre el altar del templo de su Dios cuando lleguen a Jerusalén.

¹⁸El dinero que sobre podrá ser usado en lo que tú y tus hermanos consideren que sea la voluntad de su Dios. ¹⁹Lleva contigo los utensilios de oro y

región que está al occidente del río Éufrates. El que hizo esto fue el famoso y respetado Asnapar.

¹¹Este es el texto de la carta que le enviaron al rey Artajerjes:

Al rey Artajerjes: Lo saludan sus leales súbditos de la orilla occidental del Éufrates. ¹²Queremos informarle que los judíos enviados a Jerusalén desde Babilonia están reedificando su ciudad. La gente de esa ciudad tiene fama de ser rebelde y malvada. Ya han reedificado sus muros, y han reparado los cimientos del templo.

¹³Pero nosotros queremos que usted sepa que si esta ciudad es reconstruida, la tesorería real saldrá perjudicada, porque se negarán a pagar los impuestos. ¹⁴Su Majestad, nosotros hemos decidido informarle de esto, porque estamos muy agradecidos con usted, y no queremos que se le deshonre de ninguna manera. ¹⁵Sugerimos que busque en los archivos para que vea cuán rebelde ha sido la gente de esta ciudad en el pasado. Es más, esa ciudad fue destruida debido a su larga historia de rebelión contra reyes y naciones que trataron de dominarla. ¹⁶Queremos que usted sepa que si esta ciudad es reconstruida y se reedifican sus muros, bien puede olvidarse de la parte de su imperio de este lado del Éufrates, pues la habrá perdido.

¹⁷El rey envió esta respuesta a Rejún, el gobernador, a Simsay, el secretario, y a sus compañeros que vivían en Samaria y en el resto del área occidental del río Éufrates.

¹⁸Señores, reciban mis saludos. La carta que ustedes enviaron me fue traducida y leída. ¹⁹Ordené buscar las crónicas, y he encontrado que Jerusalén, en el pasado, fue cuna de sublevaciones contra muchos reyes. La rebelión y la sedición son normales para la gente de esa ciudad. ²⁰He descubierto, además, que hubo en Jerusalén grandes reyes que dominaban todo el territorio de ese lado del río Éufrates y a quienes se le pagaba tributos, impuestos y rentas. ²¹Por lo tanto, mientras no reciban una nueva orden de parte mía, ordenen que esa gente suspenda los trabajos de reedificación de esa ciudad. ²²No sean negligentes en esto, porque no podemos permitir que el mal aumente y el reino se vea perjudicado.

²³Cuando Rejún, Simsay y sus compañeros leyeron esta carta del rey Artajerjes fueron a Jerusalén y obligaron a los judíos a detener la construcción. ²⁴Las obras quedaran suspendidas hasta el segundo año del reinado del rey Darío, de Persia.

## Se reinicia la reconstrucción del templo

5 Los profetas Hageo y Zacarías hijo de Idó le dieron a la gente de Judá y de Jerusalén un mensaje de parte del Dios de Israel, que era quien protegía a su pueblo. ²Cuando Zorobabel hijo de Salatiel y Jesúa hijo de Josadac oyeron el mensaje, decidieron reiniciar la reconstrucción del templo de Dios en Jerusalén. Y los profetas Hageo y Zacarías los ayudaban.

³Entonces Tatenay, gobernador de la región al occidente del Éufrates, y Setar Bosnay y sus compañeros, fueron a Jerusalén y preguntaron: "¿Quién les dio permiso para reedificar este templo y restaurar las murallas?" ⁴Pidieron además los nombres de los que estaban trabajando en ello. ⁵Pero como Dios protegía a los jefes del pueblo judío, los enemigos les permitieron continuar los trabajos hasta que llegara la respuesta del rey Darío, a quien se le consultaría sobre el asunto.

⁶De modo que Tatenay, gobernador de la región al occidente del Éufrates, y Setar Bosnay y sus compañeros, y los demás funcionarios enviaron la siguiente carta al rey Darío:

⁷Saludamos al rey Darío, y le deseamos paz.

⁸Queremos informarle que fuimos al templo del gran Dios, y descubrimos que está siendo reconstruido con grandes piedras. Además vimos que se están colocando maderas en las murallas de la ciudad. La obra está avanzando con gran rapidez y éxito.

⁹Preguntamos a los dirigentes: ¿Quién les dio permiso para hacer esto? ¹⁰Pedimos, además, los nombres a fin de notificárselo a usted. ¹¹Ellos nos respondieron:

«Somos siervos del Dios del cielo y la tierra, y estamos reedificando su templo que fue construido hace muchos siglos por un gran rey de Israel. ¹²Pero después nuestros antepasados hicieron enojar al Dios del cielo, y él los entregó en las manos de Nabucodonosor, quien lo destruyó y se llevó cautivo al pueblo a Babilonia.

¹³»Ellos insisten en que el rey Ciro, de Babilonia, durante el primer año de su reinado, emitió un decreto en el cual autorizaba reconstruirlo. ¹⁴Dicen, además, que el rey Ciro devolvió los utensilios de oro y plata que Nabucodonosor se había llevado del templo de Jerusalén, y los colocó en el templo de Babilonia. Dicen que estos utensilios fueron entregados al cuidado de un hombre llamado Sesbasar, a quien el rey Ciro nombró gobernador de Judá. ¹⁵Que el rey dio órdenes de devolver los utensilios a Jerusalén, y dejar que el templo de Dios fuera reconstruido en su sitio. ¹⁶Entonces Sesbasar vino y echó los cimientos del templo en Jerusalén. El pueblo ha estado trabajando en ello desde entonces, pero aún no han terminado. ¹⁷Si Su Majestad está de acuerdo, le pedimos que ordene investigar en la tesorería real de Babilonia si es verdad que el rey Ciro promulgó ese decreto. Le rogamos que nos haga saber entonces cuál es su decisión en este asunto».

## Decreto de Darío

6 Entonces el rey Darío ordenó investigar en los archivos de la tesorería de Babilonia, que era donde se guardaban los archivos. ²Y se halló en el palacio de Ecbatana, en la provincia de Media, un rollo en el cual estaba escrito lo siguiente:

³Primer año del reinado de Ciro. En cuanto al templo de Dios en Jerusalén, el rey Ciro decreta: Que se echen los cimientos y se reconstruya el templo para que los judíos puedan ofrecer los sacrificios. La altura será de veintisiete metros, y el ancho será de veintisiete metros. ⁴Tendrá tres hileras de piedra en los cimientos y una hilera de madera nueva. Todos los gastos los pagará el rey.

⁵Los utensilios de plata y de oro, que Nabucodonosor sacó del templo de Dios, serán devueltos a Jerusalén y serán puestos en el templo, donde estaban antes.

⁶¹Los clanes sacerdotales de Jabaías, Cos y Barzilay (el que se casó con una de las hijas de Barzilay el galaadita y tomó el nombre de la familia de ella), también volvieron a Jerusalén. ⁶²,⁶³Pero tampoco pudieron demostrar que descendían de familias israelitas, por haber perdido sus registros genealógicos. Así que fueron excluidos del sacerdocio. El gobernador les prohibió comer con los sacerdotes y tener parte en la comida sacerdotal de los sacrificios, hasta que hubiera sido consultado el Urim y el Tumim, para que Dios les hiciera saber si realmente eran descendientes de los sacerdotes. ⁶⁴,⁶⁵De modo que regresaron a Judá un total de cuarenta y dos mil trescientas sesenta personas, sin contar a los siete mil trescientos treinta y siete esclavos y doscientos miembros del coro, entre hombres y mujeres. ⁶⁶,⁶⁷Llevaron consigo setecientos treinta y seis caballos, doscientas cuarenta y cinco mulas, cuatrocientos treinta y cinco camellos y seis mil setecientos veinte burros. ⁶⁸Algunos de los jefes de clanes, al llegar al templo del Señor que estaba en Jerusalén, ofrendaron generosamente para ayudar a la reconstrucción del mismo. ⁶⁹Cada uno dio lo que pudo. El valor total de las donaciones ascendió a cuatrocientos ochenta y ocho kilos de oro, dos mil setecientos cincuenta kilos de plata y cien túnicas sacerdotales.

⁷⁰Los sacerdotes, los levitas, y una parte del pueblo se establecieron en Jerusalén y en los pueblos vecinos. Los cantores, los porteros, los servidores del templo, y el resto del pueblo regresaron a las demás ciudades de Judá, de donde procedían.

## Restauración del altar

3 Siete meses después de haber regresado a Judá, se reunieron todos en Jerusalén. Para ese entonces ya todos estaban ubicados en sus ciudades. ²Entonces Jesúa hijo de Josadac, junto con sus parientes, que eran sacerdotes, y Zorobabel hijo de Salatiel y su clan, comenzaron a construir el altar del Dios de Israel. Lo hicieron para poder ofrecer holocaustos, conforme a las leyes de Moisés, el siervo de Dios. ³El altar fue reedificado en su antiguo sitio, a pesar del miedo que tenían de la gente de los pueblos vecinos, y ofrecieron sacrificios al Señor, por la mañana y por la tarde. ⁴Luego celebraron la fiesta de las Enramadas, en la forma prescrita en las leyes de Moisés. También, ofrecieron los holocaustos que el reglamento requería para cada día de la fiesta. ⁵Además ofrecieron los sacrificios continuos que se requerían para los días de reposo, los de la celebración de la luna nueva, y los de las otras fiestas en honor del Señor, que debían celebrarse una vez al año. Asimismo ofrecieron las ofrendas voluntarias que llevaba el pueblo. ⁶Así que, desde el primer día del séptimo mes, comenzaron a ofrecer holocaustos al Señor. Para esa fecha aún no se habían echado los cimientos del templo.

## Se comienza la reconstrucción del templo

⁷Luego contrataron albañiles y carpinteros, y compraron madera de cedro de Tiro y Sidón, lo que pagaron con alimentos, vino y aceite de oliva. La madera de cedro la llevaban desde el Líbano y por el mar hasta Jope, tal como lo había ordenado el rey Ciro, de Persia.

⁸La construcción comenzó en el segundo mes del segundo año de su llegada a Jerusalén. Trabajaban todos los que habían regresado y estaban bajo la dirección de Zorobabel hijo de Salatiel, de Jesúa hijo de Josadac, y de los sacerdotes y levitas. Los levitas que tenían más de veinte años tenían a su cargo la supervisión de la obra. ⁹Así que los levitas Jesúa, junto con sus hijos y hermanos, Cadmiel y sus hijos, que eran descendientes de Hodavías, y los de la familia de Henadad, se pusieron al frente de la obra, para supervisar a los obreros que estaban trabajando en el templo de Dios.

¹⁰Cuando se completó la construcción de los cimientos, los sacerdotes, vestidos con sus túnicas sacerdotales, hicieron sonar las trompetas, y los descendientes de Asaf hicieron sonar sus címbalos, para alabar al Señor de la manera ordenada por el rey David. ¹¹Cantaban y alababan a Dios dando gracias, y entonaban esta canción: "Dios es bueno, porque para siempre es su misericordia con Israel." Entonces todo el pueblo gritó con gran júbilo y alabó al Señor, porque se habían echado los cimientos del templo. ¹²Pero muchos de los sacerdotes, levitas y demás dirigentes, que ya eran ancianos y recordaban el hermoso templo de Salomón, lloraban en alta voz, mientras los otros gritaban de gozo. ¹³Los gritos de alegría y los llantos se confundían, y se oían desde muy lejos.

## Oposición samaritana

4 Cuando los enemigos de Judá y de Benjamín oyeron que los cautivos habían regresado y estaban reconstruyendo el templo, ²se acercaron a Zorobabel y a los demás jefes, y les dijeron:

—Permítannos que trabajemos con ustedes, porque nosotros también adoramos a su Dios, y le hemos estado ofreciendo sacrificios desde que el rey Esarjadón, de Asiria, nos hizo venir aquí.

³Pero Zorobabel, Jesúa y los demás jefes judíos les respondieron:

—No, ustedes no pueden tener parte en este trabajo. El templo del Dios de Israel debe ser edificado exclusivamente por los israelitas, porque así lo ha ordenado el rey Ciro, de Persia.

⁴,⁵Entonces los habitantes de aquellos lugares trataron de desalentar y amedrentar a los judíos, para que no continuaran con el trabajo de reconstrucción. Hasta se atrevieron a pagarles a algunos de los consejeros, para que convencieran a la gente de que no siguieran trabajando. Esto ocurrió durante todo el reinado de Ciro, y hasta el de Darío, quienes fueron reyes de Persia.

⁶Después, cuando comenzó a reinar el rey Asuero, conocido también como Jerjes, le escribieron una carta acusando a los habitantes de Judá y de Jerusalén. ⁷Tiempo después, cuando Artajerjes comenzó a reinar en Persia, le enviaron una carta escrita en arameo y traducida al persa. Los que enviaron esa carta fueron: Bislán, Mitrídates, Tabel y sus compañeros.

⁸,⁹También el comandante Rejún y el secretario Simsay le enviaron al rey Artajerjes una carta en contra de los habitantes de Jerusalén. Esta carta iba firmada, además, por jueces, gobernadores y los funcionarios de Persia, Érec, Babilonia y Susa, es decir, Elam. ¹⁰Así mismo la firmaron los representantes de las demás naciones, cuyos habitantes habían sido sacados de su tierra y llevados a vivir en Jerusalén, Samaria y en la

# Esdras

## Decreto de Ciro

**1** Durante el primer año del reinado del rey Ciro, de Persia, el SEÑOR hizo que el rey promulgara un decreto, tanto de forma oral como por escrito, permitiendo que los cautivos de Judá pudieran regresar a su tierra. De esa manera el SEÑOR cumplió lo que había dicho por medio del profeta Jeremías.[a] Este decreto, que se dio a conocer en todo el imperio persa, decía:

²«Yo, Ciro, rey de Persia, declaro que el SEÑOR, Dios del cielo, me dio este imperio y ha puesto sobre mí la responsabilidad de edificarle un templo en Jerusalén, en la tierra de Judá. ³Todos los judíos del reino pueden ahora volver a Jerusalén, para reedificar el templo del SEÑOR, que es el Dios de Israel y de Jerusalén. Que su bendición esté sobre ustedes. ⁴Los judíos que no vayan deberán proporcionar vestido, transporte y provisiones para el viaje de quienes sí decidan ir; así como una ofrenda voluntaria para el templo de Dios que está en Jerusalén».

## El regreso de los judíos

⁵Entonces el SEÑOR puso en los dirigentes de las tribus de Judá y de Benjamín, y de los sacerdotes y levitas, un gran deseo de regresar a Jerusalén, para reedificar el templo. ⁶Los cautivos que decidieron quedarse en Persia les dieron de todo: plata, oro, enseres, ganado y artículos valiosos; además de las ofrendas para el templo. ⁷El rey Ciro mismo les devolvió las copas de oro y otros utensilios de gran valor, que el rey Nabucodonosor se había llevado del templo de Jerusalén, y los había colocado en el templo de sus dioses. ⁸Dio órdenes a Mitrídates, tesorero de Persia, que entregara estas cosas a Sesbasar, uno de los jefes de los cautivos que regresaban a Judá. ⁹Los utensilios que Ciro entregó fueron: treinta tazones de oro, mil tazones de plata, veintinueve cuchillos, ¹⁰treinta tazas de oro, cuatrocientas diez tazas de plata de inferior calidad y mil objetos diversos.

¹¹En total fueron cinco mil cuatrocientos sesenta y nueve los utensilios de oro y plata que fueron entregados a Sesbasar, para que los llevara a Jerusalén.

## Lista de los que regresaron

**2** Esta es la lista de los cautivos judíos que regresaron a Jerusalén y a las otras ciudades de Judá. Todos ellos eran hijos de los judíos que fueron llevados cautivos a Babilonia por el rey Nabucodonosor.

²Regresaron bajo la dirección de Zorobabel, Jesúa, Nehemías, Seraías, Relaías, Mardoqueo, Bilsán, Mispar, Bigvay, Rejún y Baná. Esta es la lista de los clanes que regresaron:

³⁻³⁵Del clan de Parós, 2.172;
del clan de Sefatías, 372;
del clan de Araj, 775;
del clan de Pajat Moab, descendientes de Jesúa y de Joab, 2.812;
del clan de Elam, 1.254;
del clan de Zatú, 945;
del clan de Zacay, 760;
del clan de Baní, 642;
del clan de Bebay, 623;
del clan de Azgad, 1.222;
del clan de Adonicán, 666;
del clan de Bigvay, 2.056;
del clan de Adín, 454;
del clan de Ater, descendientes de Ezequías, 98;
del clan de Bezay, 323;
del clan de Jorá, 112;
del clan de Jasún, 223;
del clan de Guibar, 95;
del clan de Belén; 123;
del clan de Netofa, 56;
del clan de Anatot, 128;
del clan de Azmávet, 42;
de los clanes de Quiriat Yearín, Cafira y Berot; 743;
de los clanes de Ramá y Gueba, 621;
del clan de Micmás, 122;
de los clanes de Betel y de Hai, 223;
del clan de Nebo, 52;
del clan de Magbís, 156;
del clan de Elam, 1.254;
del clan de Jarín, 320;
de los clanes de Lod, Jadid y Ono, 725;
del clan de Jericó, 345;
del clan de Sená, 3.630.

³⁶⁻³⁹Esta es la lista de los sacerdotes que regresaron:
De la familia de Jedaías, del clan de Jesúa, 973;
del clan de Imer, 1.052;
del clan de Pasur; 1.247;
del clan de Jarín, 1.017.

⁴⁰⁻⁴²Esta es la lista de los levitas que regresaron:
De las familias de Jesúa y Cadmiel, del clan de Hodavías, 74;
del clan de Asaf, que eran los cantores, 128;
de los porteros, descendientes de las familias de Salún, Ater, Talmón, Acub, Jatitá y Sobay, 139;

⁴³⁻⁵⁴De los sirvientes del templo regresaron: las familias de Zijá, Jasufá, Tabaot, Querós, Sigajá, Padón, Lebaná, Jagabá, Acub, Jagab, Salmay, Janán, Guidel, Gajar, Reaías, Rezín, Necoda, Gazán, Uza, Paseaj, Besay, Asena, Meunín, Nefusín, Bacbuc, Jacufá, Jarjur, Baslut, Mejidá, Jarsa, Barcós, Sísara, Temá, Neziaj y Jatifá.

⁵⁵⁻⁵⁷Entre los que viajaron también estaban los descendientes de los siguientes funcionarios de Salomón: Sotay, Soféret, Peruda, Jalá, Darcón, Guidel, Sefatías, Jatil, Poquéret Hasebayin y Amón.

⁵⁸El total de sirvientes del templo e hijos de los funcionarios de Salomón era de 392.

⁵⁹Otros regresaron a Jerusalén, por este mismo tiempo, procedentes de las ciudades persas de Tel Melaj, Tel Jarsá, Querub, Adón e Imer. Sin embargo, ellos habían perdido su registro genealógico y no pudieron probar que eran israelitas. ⁶⁰Este grupo incluía los clanes de Delaías, Tobías, y Necoda. En total eran 652.

---

a. Jeremías había predicho que los judíos permanecerían en cautiverio bajo los babilonios durante setenta años (Jeremías 25.12 y 29.10).

## PANORAMA DEL LIBRO

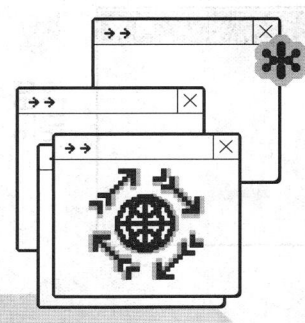

El libro de Esdras, junto con el de Nehemías narra la manera en la que los judíos regresaron a su tierra y se establecieron, a pesar de la oposición. De hecho, Esdras y Nehemías eran considerados un solo tomo en el canon hebreo. Esdras registra cómo los primeros dos grupos de judíos regresan a Israel, bajo el liderazgo de Zorobabel (538 a.C.) y Esdras (457 a.C.). Es increíble estudiar cómo el Señor inclusol- legó a moverla voluntad de reyes paganos para hacer que se cumpliera su promesa de que su pueblo regresaría a la tierra prometida. Este libro fue escrito con el propósito de asegurarles a los judíos que han regresado a su tierra que Dios mantiene las promesas del pacto con ellos. Por eso es que se puede decir que "hay esperanza para Israel" (10:2).

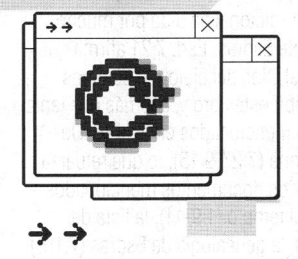

## ¿CÓMO SE RELACIONA CONMIGO?

Luego de sufrir las consecuencias de su pecado, Dios es quien guía a la restauración de su pueblo en el libro de Esdras. Lo hace de manera que, por un lado, el pueblo que está saliendo del castigo sienta el consuelo y la esperanza de su dirección amorosa, pero a la vez, que también pueda percibir con claridad cómo puede poner sus prioridades en orden.

El templo debía ser reconstruido y la obediencia a la ley de Dios restablecida y afirmada, tal como debe ocurrir con nuestra vida cada vez que perdemos el rumbo. Después de las consecuencias de la desobediencia y el arrepentimiento, gran parte de la restauración de la vida espiritual consiste en retomar el camino correcto de la voluntad de Dios y este es un libro que muestra ese proceso. Con la lectura y estudio de este libro podrás reconocer el camino hacia la restauración de nuestras vidas y contarás con un mapa de cómo ayudar a otras personas a moverse en la misma dirección cuando fuera necesario.

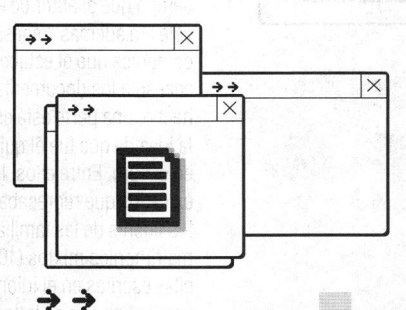

## EL GUION

1) Regreso bajo Zorobabel. Misión: restaurar la casa de Dios. Caps. 1-6
2) Regreso bajo Esdras. Misión: reformar moralmente la sociedad. Caps. 7-10

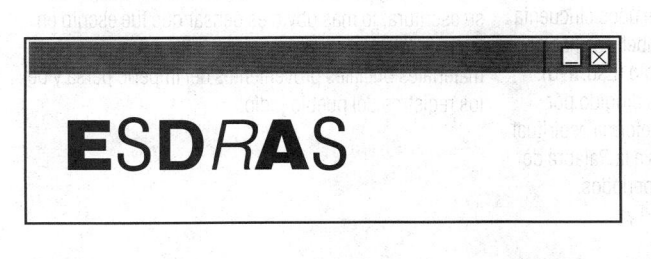

# ESDRAS

# ESDRAS

## ¿QUIÉN LO ESCRIBIÓ?

Aunque el libro mismo no lo dice, la opinión tradicional ha sido por mucho tiempo que el autor de este libro es el sacerdote Esdras. Esd. 7:21 afirma que éste era además "maestro versado en la ley del Dios del cielo", lo cual nos comunica que él estaba capacitado para escribir este libro y, además que tenía acceso a los documentos oficiales y registros mencionados en el libro. De hecho, una parte está escrita en primera persona (7:27-9:15), lo que refuerza la idea de que fue él quien lo escribió. Hay varios documentos mencionados en el libro. Entre ellos, la lista de artefactos del templo (1:9-11), la lista de exiliados que regresaban a Jerusalén (2:1-70), la genealogía de Esdras (7:1-5), los líderes de las familias (8:1-14) y los involucrados en el asunto de los matrimonios mixtos (10:18-43). Además, hay siete cartas oficiales, seis de ellas escritas en el idioma arameo. Todo lo anterior apunta a Esdras, como escritor, ya que se trata de documentos a los que ese maestro tendría acceso como funcionario.

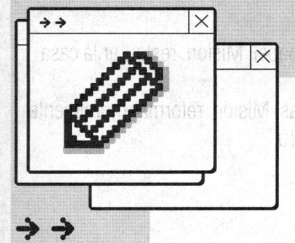

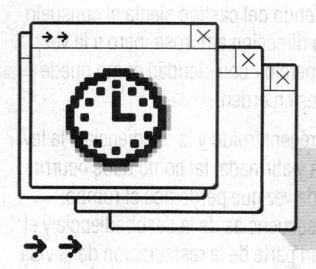

## ¿A QUIÉN LO ESCRIBIÓ?

El cautiverio judío duró setenta años, pero no era la voluntad de Dios que su pueblo estuviese para siempre en tierra extraña. Su gracia permitió que regresara a la tierra de Canaán, tal y como lo había prometido (lee Jer. 29:10-14). Este libro fue escrito para que lo leyeran los judíos que habían regresado del cautiverio bajo el liderazgo de Esdras. El primer grupo de unos cincuenta mil judíos había regresado bajo Zorobabel y se habían *enfocado en la reconstrucción del templo* (Esd. 1-6). El segundo grupo, de unos dos mil, fue dirigido por Esdras. Ahora la necesidad es de una reforma espiritual más amplia; un regreso a la obediencia a la Palabra de Dios (Esd. 7-10). Esdras cubre ambos períodos.

## ¿CUÁNDO Y DÓNDE LO ESCRIBIÓ?

Esdras regresó en el año 458 a.C. a Jerusalén, así que esto significa que el libro se escribió después de esa fecha. La mayoría de estudiosos considera que su redacción fue terminada entre los años 450-445 a.C., antes del regreso de Nehemías. En cuanto al lugar de su escritura, lo más obvio es pensar que fue escrito en la ciudad de Jerusalén, aunque el autor tuvo acceso a materiales oficiales provenientes del imperio persa y de los registros del pueblo judío.

utensilios del templo, y los puso en su propio templo, en Babilonia.

⁸Los demás hechos de Joacim, y todos los males que hizo, están escritos en el libro de los reyes de Judá. Su hijo Joaquín reinó en su lugar.

## Joaquín, rey de Judá

⁹Joaquín tenía dieciocho años cuando subió al trono, pero sólo alcanzó a reinar tres meses y diez días en Jerusalén. Fue un rey malo, pues hizo lo que no le agrada al Señor. ¹⁰Por eso, en la primavera de ese año, Nabucodonosor ordenó que lo llevaran a Babilonia. Muchos tesoros del templo también fueron llevados en aquella ocasión. Entonces, el rey Nabucodonosor designó a Sedequías, tío de Joaquín, como rey de Judá.

## Sedequías, rey de Judá

¹¹Sedequías tenía veintiún años cuando comenzó a reinar, y reinó once años en Jerusalén. ¹²También fue un mal rey, pues hizo lo que no le agrada al Señor. Se negó a aceptar el consejo que el Señor le envió por medio del profeta Jeremías. ¹³Se rebeló contra Nabucodonosor, aun cuando le había jurado lealtad. Sedequías era un hombre terco y orgulloso; por eso, no quiso volverse al Señor, Dios de Israel.

¹⁴Todos los personajes importantes de la nación, incluyendo al sumo sacerdote, adoraron los ídolos de las naciones vecinas e hicieron cosas horribles al templo del Señor, que él había escogido como su lugar de adoración. ¹⁵A pesar de todo, el Señor, Dios de sus padres, que amaba tanto a su pueblo y a su templo, les envió muchos profetas para hacerlos reaccionar. ¹⁶Pero el pueblo se burlaba de aquellos mensajeros de Dios, es decir, de los profetas, y no tenían respeto por la palabra del Señor. Por eso, llegó el día en que el Señor descargó su ira contra ellos, y ya no hubo más remedio.

## La caída de Jerusalén

¹⁷El Señor hizo que el rey de Babilonia se levantara en contra de ellos y matara a los jóvenes, a los que siguió aun dentro del templo, sin tener misericordia de jóvenes ni doncellas ni de ancianos. El Señor permitió que todos cayeran en las manos del rey de Babilonia. ¹⁸El rey de Babilonia tomó todos los utensilios del templo, grandes y pequeños, los tesoros del templo y del palacio y de las casas de los oficiales de Judá, y se los llevó a Babilonia. ¹⁹Y luego quemó el templo, derribó los muros de Jerusalén, quemó todos los palacios y destruyó todo lo que tenía valor.

²⁰Los que sobrevivieron fueron llevados como esclavos a Babilonia, donde quedaron como esclavos del rey y de sus hijos, hasta que el rey de Persia conquistó Babilonia. ²¹De esta manera se cumplió la palabra del Señor, dada por medio de Jeremías. Así, pues, la tierra de Judá disfrutó de su descanso y tuvo paz por setenta años, que fue el tiempo que estuvo abandonada.

## Decreto de Ciro

²²Pero en el primer año del reinado de Ciro, rey de Persia, el Señor hizo que el rey promulgara un decreto, tanto de forma oral como por escrito, permitiendo que los cautivos de Judá pudieran regresar a su tierra. De esa manera el Señor cumplió lo que había dicho por medio del profeta Jeremías. Este decreto, que se dio a conocer en todo el imperio persa, decía:

²³Yo, Ciro, rey de Persia, declaro que el Señor, Dios del cielo, me dio este imperio y ha puesto sobre mí la responsabilidad de edificarle un templo en Jerusalén, en la tierra de Judá. Todos los judíos del reino pueden ahora volver a Jerusalén, para reedificar el templo del Señor, que es el Dios de Israel y de Jerusalén. Que su bendición esté sobre ustedes.

### Renovación del pacto

²⁹El rey convocó a todos los ancianos de Judá y de Jerusalén, ³⁰y a los sacerdotes y levitas y a todo el pueblo, grandes y pequeños, para que lo acompañaran al templo. Allí el rey les leyó el rollo, es decir, el pacto de Dios que fue encontrado en el templo. ³¹Y allí, de pie delante de ellos, hizo promesa ante el Señor de seguir sus mandamientos con todo su corazón y su alma, y hacer todo lo que estaba escrito en el rollo. ³²Y les exigió a todos en Jerusalén y en Benjamín que aceptaran este pacto con Dios, y todos lo hicieron.

³³Entonces Josías quitó todos los ídolos de las zonas ocupadas por los judíos, y exigió que adoraran al Señor su Dios. Y mientras Josías vivió, el pueblo no volvió a abandonar al Señor, Dios de sus antepasados.

### Celebración de la Pascua

**35** Josías anunció que el día catorce del mes primero se celebraría la Pascua en Jerusalén. ²También restauró a los sacerdotes en sus cargos, y les pidió que comenzaran su labor en el templo. ³Y envió esta orden a los levitas consagrados que enseñaban por todo Israel: «Puesto que el cofre está ahora en el templo que edificó Salomón, y ustedes no necesitan transportarlo sobre sus hombros, dediquen el tiempo a servir al Señor y a su pueblo. ⁴,⁵Organicen los turnos de servicios tradicionales que tenían sus antepasados, conforme a lo que dispusieron el rey David y su hijo Salomón. Cada grupo ayudará a un determinado clan que venga a presentar sus ofrendas. ⁶Celebren la Pascua, purifíquense ritualmente y prepárense para ayudar al pueblo que vendrá. Sigan las instrucciones que el Señor dio por medio de Moisés».

⁷El rey dio al pueblo unos treinta mil corderos y cabritos, y tres mil becerros, para que celebraran la fiesta de la Pascua. ⁸Los funcionarios del rey hicieron contribuciones voluntarias a los sacerdotes y levitas. Jilquías, Zacarías y Jehiel, los supervisores del templo, entregaron a los sacerdotes dos mil seiscientas ovejas y cabritos, y trescientos toros, para la celebración de la Pascua. ⁹Los jefes levitas, Conanías y sus hermanos, Semaías y Natanael, así como Jasabías, Jeyel y Josabad dieron cinco mil ovejas y cabritos y quinientos toros a los levitas, para la celebración de la Pascua.

¹⁰Cuando todo estuvo organizado, los sacerdotes tomaron sus lugares, y los levitas se organizaron por turnos, en la forma ordenada por el rey. ¹¹Los levitas mataron los corderos para la Pascua, y entregaron la sangre a los sacerdotes, los que la derramaron sobre el altar, mientras los levitas desollaban los animales. ¹²Apartaron, luego, los holocaustos para cada familia, para que presentaran sus propios holocaustos al Señor, tal como estaba escrito en la ley de Moisés. También hicieron lo mismo con los toros. ¹³Entonces, siguiendo las instrucciones de la ley de Moisés, asaron los corderos de la Pascua y cocieron las ofrendas santas en ollas, calderos y sartenes, y los repartieron apresuradamente al pueblo.

¹⁴Después, los levitas hicieron preparativos para sí mismos y para los sacerdotes, porque éstos habían estado ocupados, desde la mañana hasta la noche, ofreciendo la grasa de los holocaustos. ¹⁵Los cantores, hijos de Asaf, estaban en sus lugares, siguiendo las instrucciones dadas siglos antes por el rey David, y por Asaf, Hemán y Jedutún, profetas del rey. Los porteros cuidaban las puertas y no tuvieron necesidad de dejar el cumplimiento de su deber, porque sus hermanos levitas les hicieron lo que les correspondía.

¹⁶Toda la ceremonia de la Pascua fue realizada en aquel día. Todos los holocaustos fueron sacrificados sobre el altar del Señor, de la manera ordenada por Josías. ¹⁷Los que estaban presentes en Jerusalén celebraron la Pascua y la fiesta de los Panes sin levadura durante siete días. ¹⁸Nunca antes, desde el tiempo del profeta Samuel, había habido tal celebración de la Pascua, ni ninguno de los reyes de Israel la celebró como el rey Josías, los sacerdotes, los levitas y los habitantes de Jerusalén y de todas partes de Judá, y los de Israel que se hallaban presentes. ¹⁹Todo esto ocurrió en el año dieciocho del reinado de Josías.

### Muerte de Josías

²⁰Después de esto, el rey Necao, de Egipto, condujo su ejército contra los asirios hasta Carquemis, junto al río Éufrates, pero el rey Josías quiso impedirle el paso. ²¹El rey Necao le envió embajadores con este mensaje: «No quiero pelear contra ti, rey de Judá. Yo he salido solamente a hacer guerra contra el rey de Asiria. No me molestes, pues Dios me ha dicho que me apresure. No te interpongas delante de Dios, o él te destruirá, porque él está conmigo».

²²Pero Josías se negó a retirarse. En vez de hacerlo, les ofreció batalla en el valle de Meguido (dejó a un lado sus vestiduras reales a fin de que el enemigo no pudiera reconocerlo). Josías no quiso creer que el mensaje de Necao venía de Dios. ²³Los arqueros enemigos hicieron blanco en el rey Josías con sus flechas y lo hirieron de muerte. Entonces Josías les dijo a sus ayudantes: «Sáquenme del campo de batalla, pues estoy muy mal herido». ²⁴,²⁵Lo sacaron de su carro de combate y lo pusieron en otro carro, y lo llevaron a Jerusalén, donde murió. Fue sepultado allí, en el cementerio real. Y toda la gente de Judá y de Jerusalén lo lloró. Hasta el profeta Jeremías le compuso un canto fúnebre. Aún hoy día se cantan tristes canciones en las que se menciona la muerte del rey Josías. Esas canciones forman parte del Libro de los Lamentos.

²⁶Los demás hechos de Josías, sus buenas acciones y cómo siguió las leyes del Señor, ²⁷están escritos en el libro de los reyes de Judá e Israel.

### Joacaz, rey de Judá

**36** Entonces el pueblo proclamó rey de Judá a Joacaz hijo de Josías. ²Joacaz tenía veintitrés años cuando comenzó a reinar, pero reinó solamente tres meses. ³El rey de Egipto lo destronó e impuso un tributo anual a Judá de tres mil trescientos kilos de plata y treinta y tres kilos de oro. ⁴Luego puso a Eliaquín, hermano de Joacaz, como rey de Judá (le cambió el nombre y le puso Joacim). Joacaz fue llevado a Egipto en calidad de prisionero.

### Joacim, rey de Judá

⁵Joacim tenía veinticinco años cuando comenzó a reinar, y reinó once años en Jerusalén, pero fue un rey malo, pues hizo lo que no le agrada al Señor, su Dios. ⁶Por eso, Nabucodonosor, rey de Babilonia, conquistó Jerusalén y se lo llevó encadenado a Babilonia. ⁷Nabucodonosor también se llevó algunos de los

había en Jerusalén, y los arrojó fuera de la ciudad. ¹⁶Luego reedificó el altar del Señor y ofreció sacrificios en él, ofrendas de paz y ofrendas de acción de gracias, y pidió que el pueblo de Judá adorara al Señor, Dios de Israel. ¹⁷Sin embargo, el pueblo aún sacrificaba sobre los altares de las colinas, sólo que los sacrificios los ofrecía al Señor su Dios.

¹⁸Los demás hechos de Manasés, su oración a Dios, y la respuesta de Dios por medio de los profetas aparecen en el libro de los reyes de Israel. ¹⁹Su oración y la forma en que Dios le respondió, y un relato franco de sus pecados y errores, incluyendo una lista de las localidades donde edificó altares en las colinas y puso imágenes de la diosa Aserá e imágenes esculpidas (desde luego, antes de su gran arrepentimiento), están escritos en el libro de los profetas.

²⁰Cuando Manasés murió, fue sepultado en su palacio, y su hijo Amón subió al trono.

## Amón, rey de Judá

²¹Amón tenía veintidós años cuando comenzó a reinar en Jerusalén y reinó durante sólo dos años. ²²Su reinado fue tan malo como lo fueron los primeros años de su padre Manasés, porque Amón ofreció sacrificio a los ídolos, como lo había hecho su padre. ²³Pero no se arrepintió, como sí lo hizo su padre, sino que cada vez su maldad era peor. ²⁴Finalmente, sus propios ayudantes lo asesinaron en el palacio. ²⁵Pero algunos ciudadanos, amantes de la justicia, mataron a todos los que lo habían asesinado, y proclamaron rey a su hijo Josías.

## Josías, rey de Judá

**34** ¹Josías tenía solo ocho años cuando comenzó a reinar. Reinó treinta y un años en Jerusalén. ²Su reinado fue bueno, ya que hizo lo que le agrada al Señor, siguiendo, así, el buen ejemplo de su antepasado David.

³Cuando tenía dieciséis años, en el año octavo de su reinado, comenzó a buscar al Dios de su antepasado David. Cuatro años más tarde comenzó a limpiar a Judá y a Jerusalén de los altares paganos y de las imágenes de la diosa Aserá, y de todos los ídolos que había en el país. ⁴Salió personalmente a supervisar la destrucción de los altares de Baal, de los ídolos y de las imágenes de la diosa Aserá, todo lo cual redujo a polvo, el cual derramó sobre las tumbas de los que les habían ofrecido sacrificios. ⁵Quemó los huesos de los sacerdotes paganos sobre sus propios altares, con la intención de limpiar al pueblo de Judá y de Jerusalén de la culpa de su pecado de idolatría.

⁶Luego fue a las ciudades de Manasés, Efraín y Simeón, y aun a la distante Neftalí e hizo lo mismo. ⁷Derribó los altares paganos, redujo a polvo los ídolos de la diosa Aserá, destruyó las imágenes y derribó los altares en que se quemaba incienso. Hizo esto en todo el territorio de Israel antes de regresar a Jerusalén.

⁸Durante el año dieciocho de su reinado, después de haber purificado la tierra y de haber limpiado el templo, designó a Safán hijo de Asalías, a Maseías, gobernador de Jerusalén, y a Joa hijo de Joacaz, tesorero de la ciudad, para que repararan el templo del Señor su Dios. ⁹Ellos establecieron un sistema para recibir las donaciones para el templo. Los levitas que estaban de turno recibían el dinero a las puertas del templo. Estas donaciones las traía el pueblo que venía de Manasés, de Efraín y de otras partes del resto de Israel, Judá y Benjamín, y de los que vivían en Jerusalén. El dinero se lo entregaban al sumo sacerdote Jilquías, para que dispusiera de él. ¹⁰,¹¹Con el dinero los levitas pagaban a los carpinteros y a los albañiles, y compraban los materiales para la construcción: piedras, madera, tablas y vigas. Así reedificó lo que los reyes anteriores de Judá habían derribado.

¹²Los obreros trabajaban con fidelidad bajo la dirección de Yajat y Abdías, levitas descendientes de Merari, de Zacarías y Mesulán, descendientes de Coat, y de los levitas que tenían habilidad para tocar instrumentos de música. ¹³Otros levitas supervisaban a los jornaleros que llevaban los materiales para los obreros especializados. Otros ayudaban en las cuentas, como capataces y como porteros.

## Hallazgo del libro de la ley

¹⁴Un día en que Jilquías, el sumo sacerdote, estaba en el templo anotando el dinero reunido en las puertas, descubrió un viejo rollo que resultó ser de las leyes que Dios le había dado a Moisés. ¹⁵,¹⁶Entonces Jilquías le dijo al secretario Safán: «¡Mira! Encontré el libro de la ley en el templo». Y Jilquías le entregó el libro a Safán, quien se lo llevó al rey, cuando fue a entregar el informe de lo que se había hecho en la reconstrucción del templo. Le dijo:

¹⁷—Hemos abierto las cajas, hemos contado el dinero y luego se lo hemos entregado a los capataces y obreros.

¹⁸Entonces mencionó el descubrimiento del rollo y la forma en que Jilquías lo había encontrado. Y se lo leyó al rey. ¹⁹Cuando el rey oyó lo que estas leyes exigían del pueblo de Dios, rasgó sus vestiduras, ²⁰y llamó a Jilquías, a Ajicán hijo de Safán, a Abdón hijo de Micaías, al secretario Safán y a Asaías, su asistente personal.

²¹—Vayan y consulten al Señor —les dijo el rey—. Oren por todo el remanente de Israel y por Judá. Porque según este rollo, es muy probable que el Señor haya desatado su ira sobre nosotros, porque nuestros antepasados no obedecieron las leyes que están escritas aquí.

²²Jilquías y los demás fueron a consultar a la profetisa Huldá, esposa de Salún hijo de Ticvá, y nieto de Jarjás (Salún era el encargado de cuidar los vestidos del rey, y vivía en el segundo barrio). Cuando le contaron la inquietud del rey, ²³ella respondió: «El Señor, Dios de Israel, dice: "Díganle al hombre que los envió ²⁴que el Señor sí destruirá esta ciudad y a su pueblo; que todas las maldiciones escritas en el libro se cumplirán, ²⁵porque el pueblo lo ha abandonado para ir a adorar a dioses paganos. Esto ha hecho que su ira se desate contra este lugar, y nada hará que cambie de parecer. ²⁶,²⁷Sin embargo, díganle al rey de Judá, que los envió a consultarme, que el Señor ha escuchado su oración, por cuanto él, al oír lo que está decretado contra este pueblo, estuvo dispuesto a humillarse, llorar y arrepentirse. ²⁸Por eso, el Señor no enviará esta desgracia sobre el pueblo durante la vida del rey, sino después. De modo que el rey morirá en paz, sin ver todo el mal que vendrá sobre este lugar y su gente"».

Ellos le llevaron este mensaje del Señor al rey.

¹⁰El rey Senaquerib, de Asiria, pregunta: «¿Piensan, acaso, que podrán sobrevivir al sitio de Jerusalén? ¹¹Lo que el rey Ezequías les pide es un suicidio, pues al permanecer allí, van a morir de hambre y de sed. No le crean cuando les dice que el Señor su Dios los salvará de mis manos. ¹²¿No comprenden que Ezequías fue quien destruyó los ídolos y los santuarios paganos, y ordenó a la gente de Judá y de Jerusalén que usen sólo un altar, y que quemen incienso solamente en él? ¹³¿No comprenden que yo y los reyes de Asiria que me precedieron jamás hemos fracasado y hemos vencido siempre a las naciones que hemos atacado? Los dioses de aquellas naciones no pudieron salvarlas. ¹⁴Nombren solamente un caso cuando cualquiera, en cualquier lugar, haya podido resistirnos con éxito. ¿Qué los hace pensar que el Dios de ustedes va a ser mejor que los otros? ¹⁵No permitan que Ezequías los engañe. No le crean. Repito: ningún dios ha podido librar de mí o de mis antepasados a su pueblo; ¡cuánto menos el Dios de ustedes!».

¹⁶De esta manera los embajadores se burlaban de Dios y de Ezequías el siervo de Dios, y los insultaban. ¹⁷El rey Senaquerib también envió cartas en que insultaba al Dios de Israel. «Los dioses de las demás naciones no pudieron salvar a sus pueblos de mi mano, y el Dios de Ezequías tampoco podrá», decían sus cartas. ¹⁸Los mensajeros que trajeron las cartas gritaron amenazas en el idioma judío al pueblo que estaba sobre los muros de la ciudad, para asustarlos y amedrentarlos. ¹⁹Hablaban del Dios de Jerusalén como si hubiera sido un dios pagano, un ídolo hecho de mano. ²⁰Entonces el rey Ezequías y el profeta Isaías hijo de Amoz, clamaron en oración al Dios del cielo, ²¹y el Señor les envió un ángel que destruyó al ejército asirio con todos sus oficiales y generales. Senaquerib regresó a su tierra profundamente avergonzado. Cuando entró al templo de su dios, sus propios hijos lo mataron allí. ²²De esta manera el Señor salvó a Ezequías y al pueblo de Jerusalén. Y por fin hubo paz en su reino.

²³De allí en adelante, el rey Ezequías fue inmensamente respetado entre las naciones vecinas, y llegaban a Jerusalén muchas ofrendas para el Señor, y valiosos regalos para Ezequías.

### Enfermedad y curación de Ezequías

²⁴Un día Ezequías enfermó de muerte; entonces oró al Señor, y él le respondió con un milagro. ²⁵Sin embargo, Ezequías no correspondió con verdadera gratitud y alabanza, sino que se enorgulleció, por lo que la ira de Dios se encendió en su contra, y contra Judá y Jerusalén. ²⁶Pero luego, Ezequías y todos los residentes de Jerusalén se arrepintieron de su pecado. Por eso, durante toda la vida de Ezequías, el Señor no descargó su ira sobre ellos.

### Prosperidad y muerte de Ezequías

²⁷Ezequías se hizo muy rico y recibió muchos honores. Tuvo que construir edificios para guardar la plata, el oro, las piedras preciosas y los perfumes, y los escudos y vasijas de oro. ²⁸,²⁹También edificó muchos almacenes para el trigo, para el vino nuevo y el aceite de olivas, y muchos establos para sus animales, y rediles para sus rebaños de ovejas y cabras. Construyó, además, muchas ciudades, porque el Señor le había dado gran riqueza.

³⁰Fue Ezequías el que cerró la salida superior del manantial de Guijón y llevó sus aguas a la parte occidental de la ciudad de David, en Jerusalén, a través de un canal subterráneo. En fin, Ezequías prosperó en todo lo que hizo. ³¹Sin embargo, cuando llegaron los embajadores de Babilonia para saber acerca del milagro maravilloso que había ocurrido en el país, Dios lo dejó solo para probarlo y ver cómo era realmente.

³²El resto de la historia de Ezequías y todas las cosas buenas que hizo están escritas en el libro del profeta Isaías hijo de Amoz, y en el libro de los reyes de Judá e Israel. ³³Cuando murió, fue sepultado en el cementerio real, entre los demás reyes, y toda la gente de Judá y de Jerusalén lo honró en su muerte. Su hijo Manasés le sucedió en el trono.

### Manasés, rey de Judá

**33** ¹Manasés tenía doce años cuando empezó a reinar, y reinó cincuenta y cinco años en Jerusalén. ²Pero su reinado fue malo, porque fomentó la adoración a los ídolos paganos entre el pueblo, los ídolos de las naciones que el Señor destruyó cuando su pueblo entró en la tierra. ³Reedificó los altares paganos que su padre Ezequías había derribado, los altares de Baal, e hizo imágenes de la diosa Aserá y del sol, la luna y las estrellas. ⁴,⁵Aun construyó altares paganos en los atrios del templo, para adorar al sol, la luna y las estrellas en el lugar mismo donde el Señor había dicho que su nombre sería honrado para siempre. ⁶Además, quemó a sus hijos en el valle de Bet Hinón, como sacrificio para sus dioses. Además, consultó a espiritistas, a adivinos y a encantadores, y fomentó toda suerte de mal, con lo que provocó la ira del Señor.

⁷Colocó el ídolo que había hecho en el mismo templo de Dios, lugar del cual Dios le había dicho a David y a su hijo Salomón: «Seré honrado en este templo y en Jerusalén, la ciudad que he escogido de entre las demás ciudades de Israel. ⁸Y si obedecen los mandamientos que di por medio de Moisés, jamás dejaré que Israel sea expulsado de la tierra que les di a sus antepasados».

⁹Pero Manasés indujo a la gente de Judá y de Jerusalén a cometer males mayores que los pueblos que el Señor había destruido, cuando Israel entró en la tierra: ¹⁰El Señor habló a Manasés y a su pueblo, pero ellos no le hicieron caso. ¹¹Entonces Dios envió a los ejércitos asirios, los que capturaron a Manasés y se lo llevaron atado con grillos y cadenas de bronce a Babilonia. ¹²Allí, finalmente, él se dio cuenta de lo que había hecho, se humilló por completo ante Dios, y le imploró ayuda. ¹³Y el Señor lo oyó, y respondió a su petición haciéndole regresar a Jerusalén y a su reinado. Por fin Manasés había comprendido que el Señor realmente es Dios.

¹⁴Después de esto, Manasés reedificó la muralla exterior de la ciudad de David, muralla que va desde el occidente del valle de Guijón, en el arroyo de Cedrón, hasta la puerta del Pescado, y rodeaba la colina de Ofel. También estableció comandancias militares en todas las ciudades fortificadas de Judá. ¹⁵Quitó los dioses ajenos de las colinas, sacó el ídolo del templo y derribó los altares que haba edificado en la montaña donde estaba el templo, y los altares que

Durante siete días celebraron la fiesta y presentaron ofrendas de paz, y el pueblo confesó sus pecados al Señor, Dios de sus padres. ²³Era tanta la alegría, que todos estuvieron de acuerdo en continuar la fiesta por otros siete días más. ²⁴El rey Ezequías había dado al pueblo mil becerros para ofrendas y siete mil ovejas; y los príncipes donaron mil becerros y diez mil ovejas. Esta vez, muchos sacerdotes estuvieron dispuestos a purificarse.

²⁵El pueblo de Judá se llenó de profundo gozo, junto con los sacerdotes, los levitas, los extranjeros y los visitantes de Israel. ²⁶Jerusalén no había visto una celebración como ésta desde los días de Salomón, hijo del rey David. ²⁷Los sacerdotes y levitas se pusieron de pie y bendijeron al pueblo, y sus oraciones llegaron hasta la santa morada de Dios en los cielos.

**31** Luego comenzó una intensa campaña contra la adoración de ídolos. Los israelitas que se hallaban presentes se dirigieron a las ciudades de Judá, Benjamín, Efraín y Manasés y destruyeron los altares paganos, los ídolos, las imágenes abominables de la diosa Aserá y todos los centros paganos de adoración. Luego las personas que habían venido de las tribus del norte a celebrar la Pascua regresaron a sus tierras.

### Reorganización del culto

²Ezequías organizó después a los sacerdotes y levitas en un cuerpo de servicio para ofrecer los holocaustos y los sacrificios de reconciliación, y para adorar, dar gracias y alabar al Señor. ³También hizo una contribución de animales para el sacrificio cotidiano de la mañana y de la tarde, para el reposo semanal, para la festividad mensual de la nueva luna y para las demás fiestas anuales establecidas en la ley del Señor. ⁴Además le pidió al pueblo de Jerusalén que llevara sus diezmos a los sacerdotes y levitas, para que no tuvieran necesidad de realizar otras tareas sino que pudieran entregarse completamente a sus deberes, en la forma exigida por la ley del Señor. ⁵,⁶El pueblo respondió inmediatamente y en forma generosa con las primicias de las cosechas de trigo, de vino nuevo, aceite de oliva, miel, y de todos los frutos del campo. Ofrecieron igualmente el diezmo de todos sus ingresos. El pueblo que se había ido de Judá a las tribus del norte, y el pueblo de Judá que vivía en las provincias también trajeron los diezmos del ganado y de las ovejas, y el diezmo de las cosas dedicadas al Señor, y los pusieron en grandes montones. ⁷,⁸Los primeros diezmos llegaron en el mes tercero, y en el mes séptimo aún seguían creciendo los montones. Cuando Ezequías y sus funcionarios fueron a ver los grandes montones, bendijeron al Señor y elogiaron al pueblo.

⁹—¿De dónde ha venido todo esto? preguntó Ezequías a los sacerdotes y levitas.

¹⁰Y Azarías, el sumo sacerdote del clan de Sadoc, respondió:

—Éstos son diezmos. Hemos estado comiendo de ellos por muchas semanas, y esto es lo que ha sobrado. El Señor, en verdad, ha bendecido a su pueblo.

¹¹Ezequías ordenó preparar cuartos para almacenaje en el templo, y así lo hicieron. ¹²,¹³Todas las provisiones consagradas fueron fielmente llevadas al templo. Conanías, el levita, quedó a cargo de ello ayudado por su hermano Simí. Además, el rey Ezequías y Azarías, que era el administrador de los objetos consagrados, nombraron como inspectores a Jehiel, Azazías, Najat, Asael, Jerimot, Jozabad, Eliel, Ismaquías, Mahat, y Benaías. Todos estos estaban bajo las órdenes de Conanías y de Simí. ¹⁴,¹⁵Coré hijo de Imná, el levita, que era portero en la puerta oriental, quedó a cargo de la distribución de las ofrendas para los sacerdotes. Sus fieles ayudantes fueron: Edén, Minjamín, Jesúa, Semaías, Amarías y Secanías. Ellos distribuían las ofrendas a los clanes de los sacerdotes en sus ciudades, y las repartían a jóvenes y ancianos por igual. ¹⁶Todos los que estaban inscritos en los registros genealógicos, de tres años para arriba, y que prestaban diariamente sus servicios en el templo, de acuerdo a sus turnos, se tenían en cuenta para la distribución. ¹⁷,¹⁸Los sacerdotes fueron inscritos en el registro genealógico por clanes, y los levitas de veinte años arriba, según sus funciones y divisiones. A todas las familias de los sacerdotes debidamente registrados se les dio una ración regular de alimentos, porque no tenían otra fuente de ingresos debido a que el tiempo y las energías las consagraban al servicio en santidad. ¹⁹Había personas encargadas en cada una de las ciudades de los sacerdotes, para entregar los alimentos y otras provisiones a todos los sacerdotes descendientes de Aarón de la zona, y a todos los levitas registrados.

²⁰De esta manera el rey Ezequías procedió en todo Judá, haciendo lo que era justo, bueno y verdadero ante los ojos del Señor su Dios. ²¹Todo lo que hizo a favor del templo, lo hizo de todo corazón, con el único propósito de buscar a Dios y de actuar de acuerdo con los mandamientos de la ley. Por eso tuvo éxito en todo lo que se propuso hacer.

### Senaquerib invade Judá

**32** Algún tiempo después de esta buena obra de Ezequías, el rey Senaquerib, de Asiria, invadió Judá y sitió las ciudades fortificadas, con el objeto de imponerles tributo. ²Cuando se vio que Senaquerib pensaba también atacar Jerusalén, ³Ezequías se reunió con los príncipes y oficiales, y decidieron tapar los manantiales que estaban fuera de la ciudad. ⁴Reunieron a mucha gente para ir a tapar todos los manantiales y el arroyo que atravesaba el campo, pues no querían que cuando los asirios llegaran encontraran suficiente agua.

⁵Luego Ezequías fortaleció su defensa y reconstruyó la muralla donde había sido derribada, construyó torres de vigilancia sobre ella, y edificó otra muralla en el lado exterior. También reforzó el terraplén de la ciudad de David, y fabricó gran cantidad de armas y escudos. ⁶Puso oficiales militares que dirigieran al pueblo, y reunidos en las llanuras que estaban delante de la ciudad, los alentó con estas palabras: ⁷«Sean fuertes y valientes. No teman al rey de Asiria ni a la multitud de guerreros que está con él, porque con nosotros está quien es mucho mayor que él. ⁸Él cuenta solamente con un poderoso brazo de carne, mientras que nosotros tenemos al Señor nuestro Dios, y será él quien pelee por nosotros».

Esto los alentó grandemente. ⁹Poco después, el rey Senaquerib, de Asiria, que estaba sitiando la ciudad de Laquis, envió embajadores con este mensaje al rey Ezequías y a los ciudadanos de Jerusalén:

maron la sangre sobre el altar, como sacrificio por el pecado, para hacer expiación por todo Israel, según el mandato del rey, porque el rey había especificado que el holocausto y el sacrificio por el pecado debían ser presentados en favor de todo Israel.

²⁵,²⁶El rey Ezequías colocó a los levitas en el templo para que se encargaran de tocar los címbalos, las arpas y las liras. Esto se hizo según las órdenes de David y de los profetas Gad y Natán (que habían recibido sus instrucciones de parte del Señor). Los levitas ocuparon sus puestos con los instrumentos musicales de David, y los sacerdotes con las trompetas. ²⁷Entonces, el rey Ezequías ordenó que se pusiera el holocausto sobre el altar. Y cuando comenzó a ofrecerse el sacrificio, también comenzaron a cantar alabanzas al Señor y a tocar las trompetas, acompañados por los instrumentos musicales de David, rey de Israel. ²⁸Todo el pueblo permaneció de rodillas hasta que se terminó de presentar los sacrificios, mientras que los cantores elevaban sus cánticos y los sacerdotes tocaban sus trompetas.

²⁹Después el rey y sus asistentes se inclinaron delante del Señor para adorarlo. ³⁰Entonces el rey Ezequías ordenó a los levitas que cantaran algunos salmos de David y del profeta Asaf delante del Señor, lo que ellos hicieron con todo gozo, e inclinaron su cabeza y adoraron.

³¹«Ha terminado la ceremonia de consagración —dijo Ezequías—. Ahora, traigan ustedes sus sacrificios y ofrendas de acción de gracias». Entonces el pueblo, de todas las partes, trajo sus sacrificios y ofrendas de gracias, y los que quisieron, trajeron también holocaustos. ³²,³³En total, se ofrecieron en holocausto setenta becerros, cien carneros y doscientos corderos. Además, se presentaron, como ofrendas santas, seiscientos toros y tres mil ovejas. ³⁴Pero eran muy pocos los sacerdotes para la preparación de los holocaustos, de modo que sus hermanos los levitas les ayudaron hasta que el trabajo estuvo terminado y hasta que otros sacerdotes se presentaron a trabajar, porque los levitas se mostraron mucho más dispuestos a santificarse que los sacerdotes. ³⁵Hubo muchos holocaustos, y las acostumbradas ofrendas de vino con cada uno, y muchas ofrendas de paz.

Fue así como el templo del Señor se reabrió para el servicio, y comenzaron a ofrecerse nuevamente los sacrificios. ³⁶Ezequías y todo el pueblo estaban muy felices, porque el Señor les permitió prepararse rápidamente para este acto.

## Celebración de la Pascua

**30** El rey Ezequías envió cartas por todo Israel, Judá, Efraín y Manasés invitando a todos al templo de Jerusalén, para celebrar la Pascua. ²,³El rey, sus asistentes y toda la asamblea de Jerusalén habían acordado celebrar la Pascua, esta vez en el mes segundo, en vez de hacerlo en la fecha establecida, porque aún muchos sacerdotes no se habían purificado, de modo que no había suficientes para la celebración. Además, la gente no se había reunido en Jerusalén. ⁴El rey y sus consejeros estuvieron en completo acuerdo en cuanto a esto, ⁵de modo que proclamaron que se celebraría la Pascua, e invitaron a todos, desde Dan hasta Berseba. Hacía mucho tiempo que no se celebraba la Pascua de acuerdo con las normas establecidas.

⁶Así que los mensajeros recorrieron todo Israel y Judá, para dar a conocer a la gente el mensaje que contenían las cartas enviadas por el rey y sus oficiales. El mensaje era el siguiente:

Vuélvanse al Señor, Dios de Abraham, Isaac e Israel, para que él se vuelva a nosotros, los que hemos escapado del poder de los reyes de Asiria. ⁷No sean como sus padres y sus hermanos que pecaron contra el Señor, Dios de sus padres, y fueron destruidos, como ustedes bien lo saben. ⁸No sean soberbios como ellos, sino ríndanse al Señor y vengan a su santuario que ha santificado para siempre, y adoren al Señor, Dios de ustedes, para que su ira se aparte de ustedes. ⁹Porque si se vuelven al Señor, sus hermanos y sus hijos serán tratados con misericordia por sus captores, y podrán volver a su tierra. Porque el Señor, Dios de ustedes, es benigno y misericordioso, y no apartará su rostro de ustedes, si ustedes se vuelven a él.

¹⁰Los mensajeros, pues, fueron de ciudad en ciudad a través de Efraín, Manasés y hasta Zabulón. Pero en la mayor parte fueron recibidos con burlas y risas. ¹¹Sin embargo, de las tribus de Aser, Manasés y Zabulón algunos se arrepintieron y vinieron a Jerusalén. ¹²Pero Dios puso en la gente de todo Judá el fuerte deseo de obedecer las órdenes del Señor, que recibían a través del rey y de las autoridades.

¹³Una gran multitud se reunió en Jerusalén, en el mes segundo, para celebrar la fiesta de los Panes sin levadura. ¹⁴Luego pusieron manos a la obra y destruyeron los altares paganos de Jerusalén, derribaron los altares paganos donde se quemaba incienso y los arrojaron al arroyo de Cedrón.

¹⁵El día catorce del mes segundo el pueblo comenzó la celebración de la fiesta de la Pascua. Entonces los sacerdotes y levitas sintieron vergüenza de sí mismos por no haber tomado una parte más activa, por lo que se santificaron y trajeron holocaustos al templo. ¹⁶Ocuparon sus puestos en la forma señalada por la ley de Moisés, varón de Dios, y los sacerdotes rociaron la sangre que recibían de los levitas.

¹⁷⁻¹⁹Puesto que muchos de los que llegaban de Efraín, Manasés, Isacar y Zabulón estaban ceremonialmente impuros, pues no habían cumplido con los ritos de la purificación, los levitas mataron los corderos de la Pascua, para santificarlos. Entonces el rey Ezequías oró por ellos, y se les permitió comer la Pascua, aun cuando esto no se conformaba con las reglas dadas por Dios. Pero Ezequías dijo: «Señor, Dios de nuestros antepasados, te suplico que perdones a todos aquellos que con toda sinceridad han decidido buscarte, aunque no se hayan purificado de acuerdo con las normas que nos has dado para santificarnos». ²⁰Y el Señor oyó la oración de Ezequías, y perdonó a la gente.

²¹El pueblo de Israel, pues, celebró la fiesta de los Panes sin levadura en Jerusalén durante siete días con gran gozo, en tanto que los sacerdotes y levitas alababan al Señor con música y címbalos cada día. ²²(El rey Ezequías felicitó a los levitas por aquella excelente música, pues de verdad habían puesto todo su empeño en adorar al Señor.)

de Mesilemot, Ezequías hijo de Salún, y Amasá hijo de Hadlay. ¹³—No deben traer esos cautivos aquí —declararon—. Si lo hacen, el Señor se enojará, y este pecado será añadido a los muchos que ya tenemos. ¡Ya tenemos bastantes problemas con Dios! ¡El Señor nos castigará por esto!

¹⁴Entonces los oficiales entregaron los cautivos y el botín a los jefes y a toda la asamblea. ¹⁵Y los cuatro hombres ya mencionados distribuyeron la ropa del botín entre las mujeres y niños que lo necesitaban, y les dieron calzado, alimento y vino. Luego, a los que estaban enfermos o ancianos los pusieron sobre burros y los llevaron hasta Jericó, la ciudad de las palmeras, para que de allí regresaran a sus hogares. Luego regresaron a Samaria.

¹⁶En aquel tiempo, el rey Acaz, de Judá, le pidió al rey de Asiria que se aliara con él, ¹⁷porque Edom estaba invadiendo a Judá y capturando a muchas personas para hacerlas esclavas. ¹⁸Por su parte, los filisteos habían invadido las ciudades de las tierras bajas y el sur y habían capturado Bet Semes, Ayalón, Guederot, Soco, Timná, y Gimzó, con sus pueblos circunvecinos, y estaban viviendo allí. ¹⁹De este modo el Señor humilló a Judá debido a las malas acciones del rey Acaz de Israel, pues él había llevado al país a la ruina y se había alejado por completo del Señor.

²⁰Pero Tiglat Piléser, rey de Asiria, le trajo problemas al rey Acaz en vez de ayudarle. ²¹Aun cuando Acaz le había dado todos los objetos de valor que había en el templo, en los tesoros del palacio real, y en las casas de sus oficiales, eso no fue suficiente para lograr el apoyo del rey de Asiria.

²²En este tiempo de profundos problemas, el rey Acaz aumentó sus acciones infieles contra el Señor. ²³Ofreció sacrificios a los dioses del pueblo de Damasco que lo habían derrotado, porque pensó que por cuanto estos dioses habían ayudado a los reyes de Asiria, también podrían ayudarlo a él si les ofrecía sacrificios. Pero esto más bien fue su ruina y la ruina de su pueblo. ²⁴Él sacó las vasijas de oro del templo y las destruyó, y cerró las puertas del templo para que nadie pudiera entrar a adorar allí, e hizo altares a los dioses paganos por todo Jerusalén. ²⁵Lo mismo hizo en todas las ciudades de Judá, con lo que provocó la ira del Señor, Dios de sus padres.

²⁶Los demás detalles de su vida y actividades están anotados en el libro de los reyes de Judá y de Israel. ²⁷Cuando el rey Acaz murió, fue sepultado en Jerusalén, pero no en las tumbas reales. Y su hijo Ezequías fue el nuevo rey.

## Ezequías, rey de Judá

**29** Ezequías tenía veinticinco años cuando comenzó a reinar en Judá, y reinó veintinueve años en Jerusalén. El nombre de su madre era Abías, hija de Zacarías. ²Su reinado fue tan bueno ante los ojos de Dios como lo había sido el de su antepasado David.

³En el primer mes del primer año de su reinado, reabrió las puertas del templo, y las hizo reparar. ⁴,⁵Se reunió con los sacerdotes y levitas en la explanada que había en la plaza oriental, y les habló de la siguiente manera:

«¡Escúchenme, levitas! Santifíquense y santifiquen el templo del Señor, Dios de nuestros antepasados, y saquen del santuario todo aquello que ofende a Dios. ⁶Nuestros padres han cometido grandes pecados delante del Señor nuestro Dios; abandonaron al Señor y su templo y le volvieron las espaldas. ⁷Y aun cerraron las puertas del atrio, y apagaron la llama perpetua, y dejaron de ofrecer el incienso y los holocaustos.

⁸»Por lo tanto, la ira del Señor ha venido sobre Judá y Jerusalén, y nos ha hecho objeto de horror, asombro y burla, como lo pueden ver hoy día. ⁹Nuestros padres han muerto en la guerra, y nuestros hijos e hijas y esposas están en cautividad por causa de esto.

¹⁰»Pero ahora quiero hacer un pacto con el Señor, Dios de Israel, para que su ira se aparte de nosotros. ¹¹Hijos míos, no olviden sus deberes, porque el Señor los ha escogido a ustedes para que estén delante de él, y para que sean sus ministros y le quemen incienso».

¹²⁻¹⁴Entonces los siguientes levitas estuvieron listos a hacer lo que el rey les pedía:

Del clan de Coat, Mahat hijo de Amasay y Joel hijo de Azarías;

Del clan de Merari, Quis hijo de Abdí y Azarías hijo de Yalelel;

Del clan de Guersón, Joa hijo de Zimá y Edén hijo de Joa;

Del clan de Elizafán, Simri y Jeyel;

Del clan de Asaf, Zacarías y Matanías;

Del clan de Hemán, Jehiel y Simí;

Del clan de Jedutún, Semaías y Uziel.

¹⁵Éstos convocaron a sus hermanos levitas, los santificaron y comenzaron a limpiar y a santificar el templo, según el mandato del Señor, que el rey les había dado. ¹⁶Los sacerdotes limpiaron el interior del templo y sacaron al atrio toda la basura que hallaron allí, y la arrojaron en el arroyo de Cedrón.

¹⁷Todo esto comenzó el primer día del mes primero, y en el día octavo habían llegado hasta el atrio exterior. Ocho días estuvieron purificando ceremonialmente el templo. Así que la tarea les llevó en total dieciséis días, ¹⁸al cabo de los cuales fueron al palacio y le informaron al rey Ezequías: «Hemos completado la limpieza del templo y del altar de las ofrendas y sus utensilios, y también la mesa de los panes de la Presencia y su equipo. ¹⁹Hemos recuperado y santificado todos los utensilios que el rey Acaz había desechado cuando reinaba. Están otra vez junto al altar del Señor».

²⁰A la mañana siguiente, muy temprano, el rey Ezequías fue al templo del Señor con los oficiales de la ciudad. ²¹Llevaban consigo siete becerros, siete carneros, siete corderos y siete machos cabríos para presentar una ofrenda por el pecado del reino, del santuario y de Judá. El rey ordenó a los sacerdotes descendientes de Aarón que sacrificaran los animales y los quemaran por completo en el altar del Señor. ²²Los sacerdotes mataron los becerros, tomaron la sangre y la rociaron sobre el altar. Luego mataron los carneros y rociaron su sangre sobre el altar, y lo mismo hicieron con los corderos. ²³Los machos cabríos para la ofrenda por el pecado fueron llevados ante el rey y sus funcionarios, para que pusieran las manos sobre ellos. ²⁴Entonces los sacerdotes los inmolaron, y derra-

revelaciones especiales de Dios. Mientras el rey siguió los caminos de Dios, prosperó, porque Dios lo bendijo.

⁶Uzías le declaró la guerra a los filisteos y derribó las murallas de Gat, Jabnia y Asdod. Edificó ciudades en la zona de Asdod y en otras partes del territorio de los filisteos. ⁷Dios lo ayudó, no solamente en esta guerra contra los filisteos, sino también en sus batallas contra los árabes de Gur Baal y contra los amonitas. ⁸Los amonitas le pagaban un tributo anual, y su fama se extendió hasta Egipto, porque era muy poderoso.

⁹Edificó torres fortificadas en Jerusalén, en la puerta del Ángulo, en la puerta del Valle y en la esquina de la muralla. ¹⁰También construyó fortalezas en el sur, e hizo muchos estanques de agua, porque tenía mucho ganado en los valles y en las llanuras. Fue un hombre que amaba la agricultura, y tuvo muchas haciendas y viñedos en las laderas y en los valles fértiles.

¹¹Uzías organizó su ejército en regimientos, en los cuales eran alistados hombres de acuerdo con el censo hecho por el escriba Jeyel, por su ayudante Maseías, y por Jananías uno de los jefes del rey. ¹²Estos regimientos los comandaban dos mil seiscientos jefes de clanes, y todos eran guerreros muy valientes. ¹³Este ejército estaba formado por trescientos siete mil quinientos guerreros fuertes y poderosos. ¹⁴Uzías les entregó escudos, lanzas, yelmos, corazas, arcos y hondas. ¹⁵Además, les entregó máquinas de guerra construidas en Jerusalén e inventadas por hombres inteligentes. Estas máquinas fueron colocadas en las torres y en las esquinas de la muralla de Jerusalén, y servían para arrojar flechas y piedras grandes. Con la maravillosa ayuda de Dios, Uzías llegó a ser muy famoso y poderoso, de modo que su fama era conocida en todas partes.

¹⁶Pero cuando vio que tenía tanta fama y tanto poder, se convirtió en un hombre orgulloso. ¡Fue ese orgullo el que lo llevó a la desgracia! Tanta fue su arrogancia que un día, desobedeciendo Señor, Dios de sus antepasados, entró al templo para quemar incienso sobre el altar. ¹⁷,¹⁸El sumo sacerdote Azarías entró tras él con otros ochenta sacerdotes, hombres valientes, y le pidieron que saliera, y le dijeron: «No le corresponde a usted, rey Uzías, quemar incienso. Esta es tarea exclusiva de los sacerdotes, de los hijos de Aarón, que estén consagrados para esta obra. Salga, porque ha traspasado el mandamiento, y el Señor no lo va a honrar por esto».

¹⁹Uzías, lleno de ira, se negó a dejar el incensario que tenía en la mano, pero repentinamente quedó leproso. ²⁰Cuando Azarías y los demás lo vieron, lo sacaron de allí enseguida. Él mismo estaba muy ansioso de salir, pues el Señor lo había castigado.

²¹El rey Uzías estuvo leproso hasta el día de su muerte, y vivió aislado, separado de su pueblo y del templo. Su hijo Jotán se puso al frente del palacio, y fue quien asumió el gobierno de Judá.

²²Los demás detalles del reinado de Uzías, desde el principio hasta el fin, fueron escritos por el profeta Isaías hijo de Amoz. ²³Cuando murió Uzías, fue sepultado cerca del cementerio real, debido a que murió leproso. Su hijo Jotán fue el nuevo rey.

## Jotán, rey de Judá

**27** Jotán tenía veinticinco años cuando subió al trono, y reinó dieciséis años en Jerusalén. Su madre era Jerusa, hija de Sadoc. ²Jotán actuó de acuerdo a la voluntad del Señor, siguió el ejemplo de su padre Uzías, menos en lo que tiene que ver con entrar al templo a quemar incienso. Sin embargo, a pesar de la buena conducta del rey, el pueblo seguía corrompiéndose.

³Jotán construyó la puerta superior del templo, e hizo muchas obras en el muro de Ofel. ⁴Edificó ciudades en las montañas de Judá, y levantó fortalezas y torres en las regiones de bosques.

⁵Les declaró la guerra a los amonitas, y los derrotó. Durante los tres años siguientes recibió de ellos un tributo anual de tres mil trescientos kilos de plata, diez mil cargas de trigo y diez mil cargas de cebada.

⁶El rey Jotán se hizo muy poderoso, porque procuró siempre seguir los caminos del Señor su Dios.

⁷El resto de su historia, incluyendo sus guerras y otras actividades, está escrito en el libro de los reyes de Israel y de Judá. ⁸En resumen, tenía veinticinco años cuando comenzó a reinar, y reinó dieciséis años en Jerusalén. ⁹Cuando murió, fue sepultado en Jerusalén, en la ciudad de David, y su hijo Acaz fue el nuevo rey.

## Acaz, rey de Judá

**28** Acaz tenía veinte años cuando comenzó a reinar y reinó dieciséis años en Jerusalén. Fue un rey malo, pues no siguió el ejemplo del rey David, su antepasado. ²Al contrario, Acaz siguió el ejemplo de los reyes de Israel, ya que mandó a fabricar imágenes de los baales, que eran dioses falsos. ³Aun fue al valle de Ben Hinón, y no fue sólo a quemar incienso a los ídolos, sino también a sacrificar a su propio hijo en el fuego, como era costumbre en las naciones paganas que habían sido arrojadas de la tierra por el Señor, para dársela a su pueblo Israel. ⁴Además, sacrificó y ofreció incienso en los santuarios de otros dioses de las colinas, y debajo de todo árbol frondoso.

⁵Por esta razón el Señor Dios permitió que el rey de Siria lo derrotara y llevara cautivas a un gran número de personas a Damasco. Israel también le infligió una tremenda derrota. ⁶En un solo día, Pecaj hijo de Remalías mató a ciento veinte mil de los hombres más valientes de Judá, porque se habían apartado del Señor, Dios de sus padres. ⁷Y Zicrí, un gran guerrero de Efraín, mató a Maseías hijo del rey, al administrador Azricán, y a Elcaná, que era el funcionario más importante del rey. ⁸Los israelitas tomaron cautivas a doscientas mil personas de Judá, incluyendo a las mujeres y a los niños. Además, se llevaron a Samaria un inmenso botín.

⁹Pero cuando los israelitas regresaban a Samaria, les salió al encuentro Obed, profeta del Señor, y dijo:

—Miren, el Señor, Dios de nuestros padres, estaba airado con Judá y, por eso, permitió que ustedes los capturaran. Pero ustedes los mataron con tal crueldad, que en el cielo se tomó nota de ello. ¹⁰¿Y pretenden ahora hacer esclavos a esta gente de Judá y de Jerusalén? ¿Acaso no tienen bastante ya con sus propios pecados contra el Señor nuestro Dios? ¹¹Escuchen: ¡Devuelvan los cautivos que arrebataron a sus hermanos, porque si no, la ira del Señor se encenderá contra ustedes!

¹²Algunos de los hombres de más alto rango de Efraín también expresaron su oposición. Estos hombres fueron Azarías hijo de Johanán, Berequías hijo

retribuyó el rey Joás el amor y la lealtad de Joyadá, matando a su hijo. Las últimas palabras de Zacarías al morir fueron: «Señor, mira lo que están haciendo y retribúyeles conforme a su acción».

²³Pocos meses más tarde, el ejército sirio llegó y conquistó Judá y Jerusalén, y mató a todos los dirigentes del pueblo, y envió todo el botín al rey de Damasco. ²⁴Fue un gran triunfo con pocos hombres. El Señor dejó que el gran ejército de Judá fuera vencido por tan pequeño grupo, por cuanto lo habían abandonado a él, que es el Señor, Dios de sus antepasados. Así castigó Dios a Joás.

²⁵Cuando los sirios se fueron, como Joás estaba seriamente herido, sus oficiales decidieron matarlo, para vengar la muerte de Zacarías, el hijo del sumo sacerdote Joyadá. Lo mataron en su cama, y lo sepultaron en la ciudad de David, pero no en el cementerio de los reyes. ²⁶Los conspiradores fueron Zabad hijo de Simat el amonita, y Jozabad hijo de Simrit el moabita. ²⁷Si quieren leer acerca de los hijos de Joás, de las maldiciones que cayeron sobre Joás y sobre la restauración del templo, lean el libro de los reyes. Cuando Joás murió, su hijo Amasías ocupó el trono.

## Amasías, rey de Judá

**25** Amasías tenía veinticinco años cuando comenzó a reinar, y reinó durante veintinueve años en Jerusalén. El nombre de su madre era Joadán, nacida en Jerusalén. ²Amasías hizo lo que era recto a los ojos del Señor, aunque a veces se dejaba llevar por el mal. ³Cuando se sintió seguro en el trono, ejecutó a los hombres que habían asesinado a su padre. ⁴Sin embargo, no dio muerte a los hijos de ellos, obedeciendo así el mandato del Señor escrito en la ley de Moisés, que dice: «Los padres no deben morir por los pecados de los hijos, ni los hijos por los pecados de sus padres, sino que deben pagar por sus propios pecados».

⁵,⁶Otra cosa que Amasías hizo fue reunir a Judá y organizar al pueblo para la guerra poniéndoles jefes de miles y cientos por todo Judá y de Benjamín. Luego hizo un censo, y resultó que contaba con trescientos mil hombres de más de veinte años, todos preparados y muy diestros en el uso de la lanza y la espada. Empleó, además, tres mil trescientos kilos de plata para contratar a cien mil guerreros valientes de Israel.

⁷Pero un profeta vino con este mensaje de parte del Señor:

—Su Majestad, no contrate soldados de Israel, porque el Señor no está con ellos. ⁸Si permite que ellos vayan a la guerra con sus hombres, será derrotado, sin importar cuán valientes sean ni por bien que peleen ellos; porque el Señor tiene poder para ayudar y para derrotar.

⁹—Pero ¿y el dinero? exclamó Amasías—. ¿Qué pasará con él?

—El Señor tiene poder para darle mucho más dinero —le respondió el profeta.

¹⁰Amasías, entonces, despidió a los soldados israelitas que habían venido de Efraín, para que regresaran a su tierra. Éstos se sintieron ofendidos, y regresaron muy enojados a sus casas.

¹¹Y Amasías se armó de valor y llevó su pueblo al valle de la Sal, y allí dio muerte a diez mil hombres de Seír. ¹²Otros diez mil fueron llevados vivos a la cumbre de un peñasco, y desde allí los lanzaron al vacío. Todos murieron al darse contra las rocas.

¹³Mientras tanto, las tropas de Israel que habían sido despedidas por Amasías hicieron incursiones contra diversas ciudades de Judá, desde Samaria hasta Bet Jorón, mataron a tres mil personas y se llevaron un enorme botín.

¹⁴Cuando el rey Amasías regresó de derrotar a los edomitas, trajo consigo ídolos de los pueblos de Seír, y los aceptó como dioses, de modo que los adoró y les ofreció incienso. ¹⁵Esto hizo que el Señor se enojara mucho con Amasías, y le envió un profeta con este mensaje:

—¿Por qué has adorado a dioses que ni aun pueden salvar a sus pueblos de tu mano?

¹⁶—¿Desde cuándo he pedido tu consejo? —lo interrumpió el rey—. ¡Cállate, si no quieres que te haga matar!

El profeta se fue, pero antes le dijo lo siguiente:

—Sé que el Señor ha decidido destruirte, porque has adorado a esos ídolos y no has aceptado mi consejo.

¹⁷El rey Amasías, de Judá, siguiendo la recomendación de sus consejeros, le declaró la guerra a Joás hijo de Joacaz, y nieto de Jehú, rey de Israel.

¹⁸El rey Joás le contestó con esta parábola: «En las montañas del Líbano, el cardo le dijo al cedro: "Dame a tu hija para que se case con mi hijo". Entonces pasó un animal salvaje, pisó el cardo y lo aplastó. ¹⁹Estás muy orgulloso de haber vencido a Edom pero mi consejo es que te quedes en casa y no te metas conmigo, pues de lo contrario, les va a ir muy mal a ti y a Judá».

²⁰Pero Amasías no hizo caso, porque el Señor tenía dispuesto que fuera destruido por haber adorado a los dioses de Edom. ²¹Subió Joás, rey de Israel, y se enfrentó con Amasías en Bet Semes, en Judá. ²²Allí Judá fue derrotado y huyó. ²³El rey Joás, de Israel, capturó en Bet Semes, al rey Amasías, de Judá, y lo llevó prisionero a Jerusalén. Entonces ordenó que fueran destruidos ciento ochenta metros de los muros de Jerusalén, desde la puerta de Efraín hasta la puerta del Ángulo. ²⁴Se llevó todos los tesoros y vasijas de oro del templo que estaban al cuidado de Obed Edom. Igualmente, se llevó todos los tesoros del palacio real, y muchos prisioneros. Luego regresó a Samaria.

²⁵Sin embargo, el rey Amasías, de Judá, vivió quince años después de la muerte del rey Joás hijo de Joacaz, de Israel. ²⁶La biografía completa del rey Amasías está escrita en el libro de los reyes de Judá e Israel. ²⁷Después de que Amasías se apartó del Señor, el pueblo conspiró en su contra, en Jerusalén, y el rey tuvo que huir a Laquis, hasta donde lo siguieron y lo mataron. ²⁸Lo transportaron a lomo de caballo hasta Jerusalén, y allí lo sepultaron en el cementerio real.

## Uzías, rey de Judá

**26** El pueblo de Judá proclamó rey a Uzías, que tenía dieciséis años. ²Uzías fue el que reconstruyó la ciudad de Elat y la devolvió a Judá.

³En total, reinó cincuenta y dos años en Jerusalén. Su madre fue Jecolías, de Jerusalén. ⁴Uzías siguió los pasos de su padre Amasías y, en general, fue un buen rey a los ojos del Señor.

⁵Mientras Zacarías vivía, Uzías siempre tuvo deseos de agradar a Dios. Zacarías era un hombre que tenía

de reposo, permanecerán a la entrada como guardias. ⁵,⁶Otro tercio irá al palacio real, y el último tercio estará en la puerta de abajo. Todo el pueblo permanecerá en los atrios del templo, en la forma requerida por la ley de Dios, porque solamente los sacerdotes y levitas que estén cumpliendo con sus obligaciones pueden entrar en el templo, porque están santificados. ⁷Los levitas formarán un círculo alrededor del rey, con sus armas en mano, y matarán a cualquier persona no autorizada que entre en el palacio. Deben permanecer junto al rey en todo momento».

⁸Así se hizo. Cada uno se puso al frente de sus hombres, los que estaban de servicio aquel día de reposo y los que no estaban de servicio, porque el sumo sacerdote Joyadá no permitió que nadie se fuera. ⁹Entonces Joyadá entregó lanzas y escudos a los oficiales. Estas armas habían pertenecido al rey David, y estaban guardadas en el templo. ¹⁰Estos oficiales, completamente armados, formaron una línea de un lado al otro del templo y alrededor del altar, en el atrio exterior. ¹¹Entonces sacaron al príncipe y lo coronaron, y le entregaron una copia de la ley de Dios y lo proclamaron rey. Y mientras Joyadá y sus hijos lo ungían, gritaron en forma estruendosa: «¡Viva el rey!»

¹²Cuando la reina Atalía oyó el alboroto y las aclamaciones, corrió al templo a ver qué ocurría. ¹³Allí estaba el rey junto a la columna de la entrada, y los oficiales del ejército, los trompetistas, y el pueblo en pleno lo rodeaban. Regocijados, hacían sonar las trompetas, mientras el coro, acompañado por la orquesta, dirigía al pueblo en un gran salmo de alabanza. Atalía rasgó sus vestidos y gritó: «¡Traición, traición!».

¹⁴«¡Sáquenla y mátenla! —ordenó el sacerdote Joyadá a los oficiales—. Pero no la vayan a matar dentro del templo. ¡Maten también a cualquiera que trate de ayudarla!» ¹⁵Así que la agarraron, la llevaron al palacio real por la puerta de la caballería, y ahí la mataron.

¹⁶Luego Joyadá hizo que todo el pueblo y el rey se comprometieran solemnemente a vivir realmente como el pueblo del Señor. ¹⁷Entonces, toda la gente se dirigió al santuario de Baal y lo derribó, derribó sus altares e ídolos, y dio muerte, delante del altar, a Matán, el sacerdote de Baal.

¹⁸Después, Joyadá puso a los sacerdotes y a los levitas al frente de la guardia del templo del Señor, y los encargó de presentar los holocaustos al Señor, conforme está escrito en la ley de Moisés, con alegría y cánticos. Organizó las tareas de los levitas, de la misma forma que lo había hecho el rey David. ¹⁹También puso guardianes en la entrada del templo, para que no dejaran entrar a quienes estuvieran ritualmente impuros.

²⁰Luego los oficiales del ejército, los nobles, los gobernadores y todo el pueblo escoltaron al rey. Salieron del templo, entraron por la puerta superior del palacio real, y sentaron al rey en el trono. ²¹El pueblo entero se llenó de alegría, y la ciudad quedó tranquila, por cuanto la reina Atalía había muerto.

## Joás, rey de Judá

**24** Joás tenía siete años cuando comenzó a reinar, y reinó cuarenta años en Jerusalén. Su madre era Sibia, de Berseba. ²Joás hizo todo lo posible por agradar al Señor durante toda la vida del sacerdote Joyadá. ³Éste lo casó con dos esposas, con las cuales Joás tuvo hijos e hijas.

⁴Un día Joás decidió reparar el templo del Señor. ⁵Convocó a los sacerdotes y a los levitas, y les dio estas instrucciones: «Vayan por todas las ciudades de Judá y recojan ofrendas, para que podamos reparar el templo. ¡Háganlo inmediatamente!»

Pero los levitas no atendieron la orden del rey. ⁶Entonces el rey llamó al sumo sacerdote Joyadá, y le preguntó: «¿Por qué no has exigido que los levitas salgan a cobrar a Judá y a Jerusalén la contribución que Moisés, siervo del Señor, impuso a la congregación de Israel para la tienda de testimonio?»

⁷,⁸(Los seguidores de la impía Atalía habían destruido el templo, y todo lo que había sido dedicado al culto del Señor fue usado para el culto a Baal). El rey ordenó que se hiciera una caja y que se pusiera junto a la puerta del templo. ⁹Entonces se pregonó en todas las ciudades de Judá y en Jerusalén que el pueblo debía traer al Señor la contribución que Moisés, siervo de Dios, había impuesto sobre Israel, cuando estaban en el desierto.

¹⁰Y todos los jefes y el pueblo trajeron con alegría el dinero, y lo depositaron en la caja hasta llenarla. ¹¹Cuando veían que había mucho dinero, los levitas llevaban la caja al rey, y uno de los secretarios y representantes del sumo sacerdote contaba el dinero. Luego volvían a colocar la caja en su lugar. Así lo hacían todos los días, y recogieron mucho dinero. ¹²El rey y Joyadá daban el dinero a los maestros de obras, quienes contrataban albañiles y carpinteros para restaurar el templo, y fundidores para hacer artículos de hierro y de bronce.

¹³De esta manera la obra siguió progresando, hasta que se terminó la reparación y quedó tal como era antes. ¹⁴Cuando todo estuvo acabado, el resto del dinero fue llevado al rey y a Joyadá, quienes lo usaron para hacer cucharones de oro y plata, incensarios y otros instrumentos necesarios para los sacrificios y ofrendas.

Durante toda la vida del sumo sacerdote Joyadá se ofrecieron holocaustos en el templo en forma continua. ¹⁵Joyadá vivió hasta una edad muy avanzada, y murió a los ciento treinta años. ¹⁶Lo sepultaron en la ciudad de David, entre los reyes, porque había servido fielmente a Israel, a Dios y a su templo.

## Depravación de Joás

¹⁷,¹⁸Después de la muerte de Joyadá, los dirigentes de Judá vinieron ante el rey Joás y lo indujeron a olvidarse del templo y a abandonar al Dios de sus antepasados, y a adorar la imagen de la diosa Aserá y a otros ídolos abominables. Entonces la ira de Dios cayó sobre Judá y Jerusalén nuevamente. ¹⁹El Señor les envió profetas, para que les advirtieran de su pecado y los animaran a volver a él, pero el pueblo no quiso oírlos.

²⁰Un día, el espíritu de Dios descendió sobre Zacarías hijo de Joyadá, el cual convocó a una reunión de todo el pueblo. Parado sobre una plataforma delante de ellos, les dijo: «Esto es lo que dice el Señor: ¿Por qué desobedecen ustedes mis mandamientos? Todo lo que consiguen con su actitud es que les vaya mal. ¡Como ustedes me han abandonado, yo también los abandonaré a ustedes!». ²¹Entonces los jefes se confabularon para matar a Zacarías. El mismo rey Joás ordenó que fuera ejecutado en el atrio del templo. ²²De esta manera

## 2 CRÓNICAS 21.3
### Jorán, rey de Judá

**21** Cuando Josafat murió, lo sepultaron en el cementerio de los reyes en Jerusalén, en la ciudad de David, y su hijo Jorán ocupó el trono de Judá. ²Sus hermanos, los demás hijos de Josafat, eran Azarías, Jehiel, Zacarías, Azarías, Micael y Sefatías. ³,⁴Su padre les había dado valiosos regalos en dinero y joyas, y la propiedad de algunas ciudades fortificadas de Judá. Sin embargo, le dio el reinado a Jorán, porque era el mayor. Pero cuando Jorán se consolidó en el trono, hizo matar a todos sus hermanos y a varios jefes de Israel.

⁵Tenía treinta y dos años cuando comenzó a reinar, y reinó ocho años en Jerusalén. ⁶Pero fue tan malo como los reyes de Israel, ya que hizo lo que ofende al Señor. Fue tan impío como Acab, y hasta se casó con una de las hijas de éste. ⁷Sin embargo, el Señor no quería acabar con la dinastía de David, porque había hecho un pacto con él, y le había prometido que siempre uno de sus descendientes se sentaría sobre el trono de Judá.

⁸En aquel tiempo, los edomitas se rebelaron contra Judá y nombraron un rey. ⁹Jorán marchó de noche contra ellos, con todos sus jefes y con todos sus carros de combate, y logró derrotar a los edomitas que los tenían rodeados. ¹⁰Pero hasta este día Edom ha logrado mantenerse independiente de Judá. Por ese mismo tiempo, la ciudad de Libná también se rebeló contra Judá. Todo, porque Jorán se había apartado del Señor, Dios de sus padres. ¹¹Como si esto fuera poco, Jorán construyó santuarios para los ídolos en las montañas de Judá, e hizo que el pueblo de Jerusalén adorara ídolos.

¹²Entonces el profeta Elías le escribió esta carta:

El Señor, Dios de tu antepasado David, dice que por cuanto no has andado en los buenos caminos de tu padre Josafat, ni en los buenos pasos del rey Asá, ¹³sino que has sido tan malvado como los reyes de Israel, y al igual que Acab, has hecho que el pueblo de Jerusalén y Judá adore ídolos; y por cuanto has dado muerte a tus hermanos que eran mejores que tú, ¹⁴el Señor destruirá tu nación con una gran plaga: Tú, tus hijos, tus esposas y todo lo que tienes será destruido. ¹⁵Tú mismo sufrirás el ataque de una enfermedad intestinal y se te pudrirán las entrañas.

¹⁶Entonces el Señor hizo que los filisteos y los árabes, que vivían junto a los etíopes, atacaran a Jorán. ¹⁷Marcharon contra Judá, cruzaron la frontera; y se llevaron todo lo que había de valor en el palacio del rey, incluyendo a sus hijos y sus esposas; solamente su hijo menor, Joacaz, escapó.

¹⁸Fue después de esto que el Señor atacó a Jorán con una enfermedad intestinal incurable. ¹⁹Con el tiempo, al cabo de dos años, sus intestinos se le salieron, y murió en medio de terribles sufrimientos (Cuando se le sepultó se omitieron las pompas y ceremonias acostumbradas).

²⁰Tenía treinta y dos años cuando comenzó a reinar, y reinó en Jerusalén ocho años. Murió sin que nadie lo llorara. Fue sepultado en Jerusalén, en la ciudad de David, pero no en los sepulcros reales.

### Ocozías, rey de Judá

**22** Cuando Jorán murió, la gente de Jerusalén proclamó como rey a Ocozías,[a] el hijo menor de Jorán (porque las bandas árabes que habían asaltado a Jerusalén habían dado muerte a los hijos mayores del rey). ²Ocozías tenía veintidós años cuando comenzó a reinar, y reinó un año en Jerusalén. El nombre de su madre era Atalía, nieta de Omrí.

³Ocozías también anduvo en los malos caminos de Acab, porque su madre lo impulsó a hacer el mal. ⁴Hizo lo que desagrada al Señor, siguiendo así el ejemplo de la familia de Acab. Es más, cuando su padre murió, Ocozías permitió que miembros de esa familia fueran sus consejeros. Esto lo llevó a la perdición. ⁵Siguiendo sus malos consejos, Ocozías hizo un pacto con el rey Jorán hijo de Acab, de Israel, que estaba en guerra con el rey Jazael, de Siria, en Ramot de Galaad. Hasta allí Ocozías condujo su ejército para unirse a la batalla. El rey Jorán, de Israel, cayó herido y ⁶regresó a Jezrel para curarse. Ocozías hijo de Jorán, rey de Judá, fue a visitarlo.

### Jehú mata a Ocozías

⁷Pero Dios había decidido que Ocozías muriera durante esta visita. Al poco tiempo de haber llegado, Ocozías y Jorán marcharon contra Jehú hijo de Nimsi, a quien el Señor había escogido para poner fin a la dinastía de Acab. ⁸Jehú, que buscaba a los familiares y amigos de Acab para darles muerte, se encontró con los jefes de Judá y con los parientes de Ocozías, y los mató. ⁹Luego los hombres de Jehú estuvieron buscando a Ocozías, hasta que lo encontraron escondido en la ciudad de Samaria, y lo llevaron a la presencia de Jehú, el cual lo mató. Pero lo sepultaron, pues decían: «Es nieto de Josafat, el rey que, de todo corazón, sirvió al Señor». Y en la familia de Ocozías no quedó nadie que fuera capaz de reinar en Judá.

### Atalía y Joás

¹⁰Cuando Atalía, madre de Ocozías, supo que su hijo había muerto, mandó a matar a toda la familia del rey. ¹¹Pero Josaba, que era hermana del rey Ocozías, escondió a Joás hijo de Ocozías y a su niñera en uno de los dormitorios del templo. Josabet era hija del rey Jorán, y esposa del sacerdote Joyadá. ¹²Joás permaneció escondido allí durante seis años, mientras Atalía reinaba en el país.

**23** En el año séptimo del reinado de Atalía, el sacerdote Joyadá se armó de valor y habló confidencialmente con los siguientes oficiales del ejército: Azarías hijo de Jeroán, Ismael hijo de Johanán, Azarías hijo de Obed, Maseías hijo de Adaías, y Elisafat hijo de Zicrí. ²,³Estos hombres viajaron secretamente por todo el país, reuniendo a los levitas de todas las ciudades de Judá y a los jefes de los clanes, y vinieron a Jerusalén. A su llegada juraron lealtad al joven rey, que aún estaba escondido en el templo.

«Por fin ha llegado el momento en que el rey asuma el reino ——exclamó Joyadá——. La promesa del Señor, de que un descendiente de David sería nuestro rey, nuevamente se cumplirá, pues miren, ¡aquí está el hijo del rey Ocozías! ⁴Esto es lo que haremos: el tercio de los sacerdotes y levitas que estén de servicio el día

---
a. O, Joacaz

ellos; pues, si cumplen estas instrucciones quedarán libres de culpa.

¹¹»He puesto al sumo sacerdote Amarías como jefe de ustedes, para que los oriente en todos los casos que tengan que ver con asuntos del Señor; mientras que Zebadías hijo de Ismael, gobernador de Judá, será el encargado de orientarles en todo asunto civil. Los levitas estarán al servicio de todos ustedes. Y, ahora, ¡a trabajar con ánimo! ¡El Señor estará con quienes actúen bien!».

## Josafat derrota a Moab y Amón

**20** Algún tiempo después, los moabitas, amonitas y meunitas le declararon la guerra a Josafat y al pueblo de Judá. ²A Josafat le llegó la noticia de que un ejército muy numeroso estaba marchando contra él desde Edom, al otro lado del Mar, y que ya estaba en Jazezón Tamar, es decir, en Engadi. ³Josafat se asustó, pero decidió buscar la ayuda del Señor, y le pidió al pueblo de Judá que ayunara. ⁴De todas partes del país acudieron a Jerusalén a pedir juntos la ayuda del Señor. ⁵Josafat se paró en medio de ellos, junto al atrio nuevo que está a la entrada del templo, y pronunció esta oración:

⁶«Señor, Dios de nuestros padres, único Dios en todos los cielos, gobernador de todos los reinos de la tierra, tú eres fuerte y poderoso. ¿Quién puede prevalecer delante de ti? ⁷Dios nuestro, ¿no sacaste tú a los paganos de esta tierra cuando tu pueblo llegó? ¿No entregaste esta tierra para siempre a los descendientes de tu amigo Abraham? ⁸Tu pueblo se estableció aquí y te edificó este santuario ⁹con la esperanza de que en un tiempo como éste, en que tuviéramos que enfrentarnos con alguna calamidad, enfermedad o hambre, podríamos venir aquí y estar delante de ti, porque tú moras en este templo, y clamar a ti, porque tú nos oirías y nos rescatarías.

¹⁰»Ahora, mira lo que los ejércitos de Amón, Moab y los del monte de Seír están haciendo. Tú no quisiste que nuestros antepasados invadieran a esas naciones cuando Israel salió de Egipto, sino que dieron un rodeo y no las destruyeran. ¹¹Ahora mira qué pago nos dan. Han venido a arrojarnos de tu tierra, de la tierra que nos has dado. ¹²Dios nuestro, ¿no lo impedirás tú? Nosotros no podemos hacerle frente a este gran ejército. No sabemos qué hacer, pero estamos confiando en ti».

¹³Todo Judá estaba delante del Señor con sus hijo pequeños y esposas. ¹⁴En eso, el espíritu del Señor descendió sobre Jahaziel hijo de Zacarías, nieto de Benaías, bisnieto de Jeyel, y tataranieto de Matanías, que era un levita de los hijos de Asaf. ¹⁵Entonces Jahaziel dijo: «Escuchen bien, pueblo de Judá y de Jerusalén, y tú, rey Josafat. El Señor dice: "No teman. No se paralicen de miedo ante este enorme ejército, porque la batalla no es de ustedes sino de Dios. ¹⁶Atáquenlos mañana. Los hallarán subiendo las lomas de Sis, al final del valle que entra en el desierto de Jeruel. ¹⁷Pero ustedes no tendrán que pelear. Tomen posiciones, permanezcan en sus sitios, y contemplen la increíble salvación que el Señor realizará en favor de ustedes, pueblo de Judá y de Jerusalén. No tengan miedo ni se desalienten. Vayan mañana al lugar indicado, porque el Señor está con ustedes"».

¹⁸Entonces el rey Josafat cayó en tierra, con el rostro contra el suelo, y todo el pueblo de Judá y de Jerusalén hizo lo mismo, y adoraron al Señor. ¹⁹Los levitas del clan de Coat y del clan de Coré se pusieron de pie para adorar al Señor, Dios de Israel, con cánticos de alabanza.

²⁰A la mañana siguiente, bien de madrugada, salieron hacia el desierto de Terna. En el camino, Josafat se detuvo y dijo: «Pueblo de Judá y de Jerusalén, escuchen: ¡Crean en el Señor, el Dios de ustedes, y tendrán éxito! ¡Crean a sus profetas, y les irá bien!».

²¹Después de consultar con los jefes del pueblo, determinó que un coro abriera la marcha, luciendo sus vestidos sagrados. Irían alabando y dando gracias al Señor y cantando la canción: «Den gracias al Señor, porque su amor y bondad son para siempre».

²²Cuando comenzaron a entonar este coro, el Señor hizo que los hijos de Amón, Moab y de Seír comenzaran a pelear entre sí, y se mataran unos a otros. ²³Primero los amonitas y los moabitas se volvieron contra sus aliados del monte de Seír, y los mataron a todos. Y cuando acabaron con ellos, se volvieron unos contra otros.

²⁴Cuando Judá llegó a la torre que domina el desierto, vio cadáveres por todas partes: ni uno solo del enemigo había escapado. ²⁵El rey Josafat y su pueblo salieron a recoger el botín y regresaron cargados de dinero, vestidos y joyas valiosas. Eran tantas las pertenencias de sus enemigos, que los de Judá tardaron tres días en recogerlo. ²⁶El cuarto día se reunieron en el valle de la Bendición, como se llama actualmente, y allí alabaron al Señor.

²⁷Luego regresaron a Jerusalén, con Josafat al frente, llenos de gozo porque el Señor los había salvado de sus enemigos. ²⁸Entraron marchando en Jerusalén, al son de arpas, liras y trompetas, y se dirigieron al templo.

²⁹Y como había ocurrido anteriormente, cuando los reinos cercanos oyeron que el Señor mismo había peleado contra los enemigos de Israel, el miedo a Dios los sobrecogió. ³⁰Y el reino de Josafat tuvo paz, porque Dios le dio reposo.

## Fin del reinado de Josafat

³¹El reinado de Josafat fue así: subió al trono de Judá cuando tenía treinta y cinco años, y reinó veinticinco años en Jerusalén. El nombre de su madre fue Azuba, hija de Siljí. ³²Fue un buen rey, al igual que su padre Asá. Procuró siempre seguir al Señor, ³³con la excepción de que no destruyó los santuarios de ídolos de las colinas, pues el pueblo todavía no se había decidido a seguir con firmeza al Dios de sus antepasados.

³⁴Los detalles del reinado de Josafat de principio a fin están escritos en la historia de Jehú hijo de Jananí, que forma parte de el libro de los reyes de Israel.

³⁵Pero al final de su vida, Josafat, rey de Judá, se asoció con Ocozías, rey de Israel, que era malvado, ³⁶para construir barcos en Ezión Guéber, para ir a Tarsis. ³⁷Entonces Eliezer hijo de Dodías, de Maresá, profetizó contra Josafat lo siguiente: «Por cuanto te has asociado con el rey Ocozías, el Señor destruirá los barcos que has construido». En efecto, los barcos naufragaron y jamás llegaron a Tarsis.

SEÑOR dice que ustedes acornearán a los sirios hasta acabar con ellos». ¹¹Y los demás asentían en coro: «Sí, suban a Ramot de Galaad y vencerán, porque el SEÑOR la entregará en manos del rey».

¹²El hombre que fue a llamar a Micaías, al llegar le dijo:

—Mira, todos los profetas, sin excepción, han profetizado la victoria del rey. Así que procura dar un mensaje similar.

¹³No obstante, como respuesta, Micaías expresó:

—Prometo delante del SEÑOR que sólo diré lo que él me diga.

¹⁴Cuando llegó a la presencia del rey, éste le dijo:

—Micaías, ¿debemos ir a la guerra en contra de Ramot de Galaad o no?

Y Micaías le respondió:

—¡Claro que sí! ¡Vayan y obtendrán una gloriosa victoria!

¹⁵—Mira, Micaías —le dijo en tono enérgico el rey—, ¿cuántas veces tengo que decirte que sólo me digas la verdad en nombre del SEÑOR?

¹⁶Entonces Micaías se dirigió al rey de Judá en los siguientes términos:

—En mi visión observé al pueblo de Israel desparramado sobre la montaña como ovejas sin pastor. Y el SEÑOR dijo: «Esta gente no tiene un jefe que los dirija. ¡Regresen a sus hogares en paz!».

¹⁷El rey de Israel, dirigiéndose a Josafat, exclamó:

—¿No te lo dije? Siempre hace lo mismo. Nunca profetiza sino lo malo para mí.

¹⁸—El SEÑOR me dijo algo más —agregó Micaías—. Yo vi al SEÑOR sentado en su trono y rodeado por una inmensa multitud de ángeles. ¹⁹,²⁰Y dijo el SEÑOR: «¿Quién puede incitar al rey Acab a que vaya a la guerra en contra de Ramot de Galaad, para que encuentre allí la muerte?». Hubo muchas propuestas, pero finalmente un espíritu avanzó, y delante del SEÑOR dijo: «¡Yo puedo hacerlo!». El SEÑOR le preguntó: «¿Cómo lo harás?». ²¹Y el espíritu respondió: «Actuaré como un espíritu de mentira en la boca de todos los profetas del rey!». Entonces el SEÑOR le dijo: «Anda y hazlo, porque así lo seducirás». ²²Así que el SEÑOR ha puesto un espíritu de mentira en la boca de tus profetas. ¡En realidad, el SEÑOR ha decidido precisamente lo contrario de lo que ellos te están diciendo!

²³Entonces Sedequías hijo de Quenaná se acercó a Micaías y le pegó una cachetada.

—¡Eres un mentiroso! —vociferó—. ¿Cuándo fue que el espíritu de Dios me dejó para entrar en ti?

²⁴—Lo sabrás pronto —dijo Micaías—, ¡cuando tengas que esconderte en el más oscuro y apartado aposento!

²⁵—Prendan a este hombre y entréguenlo al gobernador Amón y a mi hijo Joás —ordenó el rey de Israel—. ²⁶¡Díganles que yo ordeno que pongan a este sujeto en prisión y lo alimenten a pan y agua hasta que yo regrese a salvo de esta batalla!

²⁷Micaías respondió:

—Si regresas sano y salvo, el SEÑOR no ha hablado a través de mí.

Entonces, dirigiéndose a los que lo rodeaban, recalcó:

—¡Tomen nota de lo que he dicho!

## Muerte de Acab en Ramot de Galaad

²⁸Así que el rey de Israel y el rey de Judá subieron contra Ramot de Galaad.

²⁹El rey de Israel dijo a Josafat:

—Me disfrazaré para que nadie pueda reconocerme, pero tú vístete con los trajes reales.

Y así lo hicieron.

³⁰Por su parte, el rey de Siria había dado orden a sus jinetes y cocheros de cumplir estas instrucciones: «¡Despreocúpense de los demás y concéntrense en atrapar al rey de Israel!».

³¹De modo que cuando los capitanes de los carros de combate sirios vieron a Josafat, rey de Judá, en sus ropas de gala, lo rodearon para atacarlo, por cuanto suponían que él era el hombre que debían tomar prisionero. Pero Josafat clamó al SEÑOR para que lo salvara, y el SEÑOR hizo que los cocheros vieran su error, y lo dejaran libre. ³²Tan pronto se dieron cuenta de que aquel no era el rey de Israel, dejaron de perseguirlo. ³³Pero uno de los soldados sirios disparó una flecha al azar contra las tropas israelitas y acertó a dar sobre el rey de Israel, justamente en la abertura donde se juntan la parte baja de la armadura y la placa que cubre el tórax. Entonces el rey le dijo al que guiaba su carro: «¡Da la vuelta, y sácame del campo de batalla, porque estoy herido!». ³⁴La batalla se fue tornando cada vez más encarnizada, y tuvieron que sostener al rey Acab hasta el atardecer, para que permaneciera de pie peleando contra los sirios. Pero al ponerse el sol, el rey Acab murió.

**19** Cuando Josafat, rey de Judá, regresaba a su hogar, sano y salvo, ²el profeta Jehú hijo de Jananí salió a su encuentro y le dijo: «¿Por qué tenías que ayudar al malvado, y amar a los que aborrecen al SEÑOR? Por causa de lo que has estado haciendo, la ira del SEÑOR está sobre ti. ³Pero tienes algunas cosas buenas, pues eliminaste las imágenes de la diosa Aserá en todo el país y has tratado de ser fiel a Dios».

## Josafat nombra jueces

⁴Josafat ya no hizo más viajes a Israel, sino que permaneció tranquilo en Jerusalén. Algún tiempo después se dio a la tarea de visitar al pueblo, desde Berseba hasta las serranías de Efraín, para estimularlos a que adoraran al Dios de sus antepasados. ⁵Nombró jueces en todas las ciudades más grandes de la nación, ⁶y les recomendó: «Miren lo que hacen; no soy yo quien ha hecho nombramiento de jueces sino Dios; y él estará junto a ustedes y los ayudará a ser justos cuando dicten sentencia. ⁷Teman al SEÑOR. Ajústense a sus indicaciones. Porque entre los jueces que son de Dios no debe haber injusticia ni parcialidad. Tampoco deben aceptar sobornos».

⁸En Jerusalén, Josafat eligió a algunos sacerdotes, levitas y jefes de las familias de Israel para que administraran la justicia del SEÑOR y resolvieran los pleitos del pueblo. ⁹Y les dio estas instrucciones: «Actúen siempre bajo el temor de Dios, con fidelidad e integridad de corazón. ¹⁰Cada vez que los jueces de provincias les envíen un caso para su consideración, ya se trate de casos de homicidio u otras violaciones de las leyes y ordenanzas de Dios, ayúdenles a evaluar bien las evidencias y a hacer verdadera justicia, para que la ira de Dios no recaiga sobre ustedes y sobre

⁴Ben Adad accedió a la solicitud del rey Asá. Así que movilizó sus ejércitos para atacar a Israel. Destruyeron las ciudades de Iyón, Dan, Abel Mayin y todos los centros de aprovisionamiento de Neftalí. ⁵Tan pronto como Basá, rey de Israel, tuvo conocimiento de lo que ocurría, desistió de la fortificación de Ramá. ⁶Luego el rey Asá y el pueblo de Judá se dirigieron a Ramá y se llevaron las piedras de construcción y la madera, para usarlas en la fortificación de Gueba y Mizpa.
⁷En aquel tiempo, el vidente Jananí fue a hablar con el rey Asá y le dijo: «Por cuanto has depositado tu confianza en el rey de Siria, en lugar de acudir al Señor tu Dios, el ejército del rey de Siria se ha escapado de tus manos. ⁸¿No te acuerdas de lo que aconteció a los etíopes y a los libios y a su inmenso ejército con todos sus carros y jinetes? Ah, pero en aquella oportunidad pusiste tu confianza en el Señor, y él los entregó en tus manos. ⁹Porque los ojos del Señor recorren el mundo para poner su poder en favor de quienes le son fieles. ¡Te has conducido como un insensato, y de hoy en adelante habrá guerras contra ti!».
¹⁰Asá estaba tan enojado con el vidente por haberle dicho esto, que lo mandó a la cárcel. Al mismo tiempo trató con crueldad a varias personas de la ciudad.
¹¹El resto de la biografía de Asá está escrita en el libro de los reyes de Israel y de Judá. ¹²En el año treinta y nueve de su reinado, Asá contrajo una grave enfermedad de los pies, pero no le presentó el problema al Señor, sino que confió en los médicos. ¹³,¹⁴Murió en el año cuarenta y uno de su reinado, y fue sepultado en su propia tumba, la cual había mandado a hacer en la ciudad de David, en Jerusalén. Lo pusieron sobre una camilla llena de perfumes y ungüentos aromáticos. Luego, en su honor, prendieron una inmensa hoguera.

## Josafat, rey de Judá

**17** En lugar de Asá reinó su hijo Josafat, el cual se fortificó contra Israel. ²Estableció bases militares en todas las ciudades amuralladas de Judá y situó guarniciones en todo el país, y en las ciudades de Efraín, que su padre Asá había conquistado.
³El Señor estaba con Josafat, porque seguía en la buena senda en que su padre anduvo al principio, y no adoraba las imágenes de Baal. ⁴Al contrario, adoró al Dios de su padre, estuvo dispuesto a obedecer los mandamientos de la ley de Dios, y no imitó la conducta de los reyes israelitas. ⁵Por eso, el Señor lo ayudó, de modo que pudo gobernar con firmeza a Judá. El pueblo de Judá lo quería mucho y le daba regalos. Así que Josafat llegó a tener mucha riqueza, y a disfrutar de popularidad. ⁶Seguía con entusiasmo las sendas de Dios, incluso derribó los altares paganos de los cerros y destruyó los ídolos de la diosa Aserá.
⁷⁻⁹En el tercer año de su reinado inició un programa de educación en todo el país. Envió a sus funcionarios a enseñar la ley del Señor a la gente de las ciudades de Judá. Entre ellos estaban: Ben Jayil, Abdías, Zacarías, Natanael y Micaías. Para esta misma finalidad hizo uso también del servicio de levitas como Semaías, Netanías, Zebadías, Asael, Semiramot, Jonatán, Adonías, Tobías y Tobadonías; y de sacerdotes como Elisama y Jorán. Llevaron copias del libro de la ley del Señor a todas las ciudades de Judá, para enseñar las Escrituras al pueblo.

¹⁰Y el temor del Señor sobrecogió a los reinos circunvecinos, de tal manera que ninguno de ellos se atrevía a declararle la guerra al rey Josafat. ¹¹Aun algunos de los filisteos le traían obsequios y tributo anual; y los árabes le trajeron siete mil setecientos carneros y siete mil setecientos chivos.
¹²Y Josafat se hizo poderoso, y construyó, a lo largo de Judá, fortalezas y ciudades para almacenar alimentos. ¹³Su programa de obras públicas era extenso, y tenía muchos hombres de guerra en Jerusalén, que era su capital. ¹⁴,¹⁵Trescientos mil soldados de Judá se encontraban bajo el mando del Adnás. Le seguía en mando Johanán, quien estaba al frente de doscientos ochenta mil. ¹⁶Luego estaba Amasías hijo de Zicrí, que estaba al frente de doscientos mil. Amasías se había ofrecido para servir voluntariamente al Señor. ¹⁷La tribu de Benjamín hizo un aporte de doscientos mil hombres equipados con arcos y escudos, los cuales estaban bajo el mando del valeroso general Eliadá. ¹⁸Jozabad estaba bajo sus órdenes con ciento ochenta mil soldados adiestrados para la guerra. ¹⁹Éstas eran las tropas destacadas en Jerusalén, aparte de las que estaban destacadas en las ciudades fortificadas en toda la nación.

## Micaías profetiza contra Acab

**18** El rey Josafat llegó a ser muy rico y poderoso, y emparentó con Acab, quien era el rey de Israel. ²Algunos años más tarde bajó a Samaria para visitar al rey Acab, el cual mató muchas ovejas y vacas para darles la bienvenida a Josafat y a sus acompañantes. Luego, el rey Acab le pidió al rey Josafat que uniera fuerzas con él en contra de Ramot de Galaad.
³⁻⁵—¡Por supuesto! —contestó el rey Josafat—. Estoy contigo en todo. ¡Estaremos contigo en la batalla! Sin embargo, será bueno que primero lo pongamos a la consideración del Señor.
El rey Acab mandó a buscar a cuatrocientos de sus profetas paganos, y cuando éstos llegaron, les preguntó:
—¿Iremos a la guerra contra Ramot de Galaad, o no?
Y ellos aconsejaron:
—¡Vayan a la guerra, porque Dios les dará una gran victoria!
⁶,⁷Pero Josafat no estaba satisfecho, y dijo:
—Quiero saber si hay también por aquí algún profeta del Señor, a quien le podamos consultar.
—Sí —dijo Acab—, hay uno, pero lo detesto, ¡porque nunca profetiza otra cosa sino el mal! Su nombre es Micaías hijo de Imlá.
—¡No hables de esa manera! —exclamó Josafat—. Veamos lo que nos dice.
⁸El rey de Israel llamó, pues, a uno de sus ayudantes, y le ordenó que fuera con toda prisa a llamar a Micaías hijo de Imlá.
⁹Los dos reyes tenían puestas sus vestiduras reales y estaban sentados en sus tronos, en un lugar alto, a la entrada de Samaria. Todos los profetas estaban delante de ellos dando sus profecías. ¹⁰Uno de ellos, llamado Sedequías, hijo de Quenaná, se hizo algunos cuernos de hierro para esta ocasión y proclamó: «¡El

☆16.9

## Asá, rey de Judá

**14** Cuando el rey Abías murió, fue sepultado en Jerusalén, en la ciudad de David. Su hijo Asá ocupó el trono de Judá, y hubo paz en la tierra durante los primeros diez años de su reinado, ²pues Asá se preocupaba por obedecer al Señor su Dios. ³Hizo demoler los altares paganos que estaban en los cerros, y destruyó las piedras sagradas e hizo pedazos la vergonzosa imagen de la diosa Aserá. ⁴Además, demandó que toda la nación obedeciera los mandamientos del Señor, Dios de sus antepasados. ⁵Eliminó también las imágenes del dios sol que estaban en los cerros, y los altares para el incienso que había en cada una de las ciudades de Judá. Y Dios dio paz a su reino. ⁶Esto le permitió construir murallas alrededor de todas las ciudades de Judá.

⁷Asá les dijo a los de Judá: «Ahora es el tiempo oportuno para reconstruir esas ciudades y protegerlas con murallas, torres de vigilancia, puertas y barras, pues gozamos de paz. El Señor nos ha permitido seguir gozando de nuestra tierra, y nos ha concedido tener paz con nuestros vecinos, por cuanto hemos sido obedientes a él. ¡Así que levantémonos y construyamos!».

Así pues, se lanzaron al cumplimiento de este proyecto con todo éxito.

⁸Las fuerzas de Asá, rey de Judá, contaban con trescientos mil soldados equipados con escudos grandes y lanzas. De los benjaminitas contaba con doscientos ochenta mil hombres armados con escudos pequeños y arcos. Ambos ejércitos se componían de hombres bravos y bien adiestrados.

⁹,¹⁰Tiempo después, el rey Zera de Etiopía, que contaba con un millón de soldados y trescientos carros de combate, salió a pelear contra Judá, y llegó hasta la ciudad de Maresá, en el valle de Sefata. Entonces el rey Asá salió a hacerle frente, y se ubicó cerca de Maresá. ¹¹Asá clamó al Señor su Dios, y le dijo: «Señor, ¡nadie más puede ayudarnos, sino tú! Estamos aquí impotentes delante de esta multitud tan poderosa. ¡Señor Dios nuestro, ayúdanos! Porque confiamos en que tú puedes rescatarnos, y en tu nombre atacaremos a esta muchedumbre. ¡No dejes, Señor, que ningún ser humano se levante contra ti!».

¹²Entonces el Señor derrotó a los etíopes. Fue así como el rey Asá y el ejército de Judá pusieron en fuga a los etíopes. ¹³Los persiguieron hasta Guerar, y cayeron tantos etíopes que no pudieron reorganizarse, de modo que no quedó ni un solo hombre con vida, porque el Señor y su ejército los destruyeron en forma total. La gente de Judá se apoderó de una gran cantidad de objetos y bienes de los etíopes. ¹⁴Después atacaron las poblaciones que estaban cerca de Guerar. Los habitantes de esos lugares tuvieron mucho miedo y salieron huyendo. Entonces los de Judá se apoderaron de todo lo que habían dejado en sus ciudades. ¹⁵Además, atacaron los campamentos donde había mucho ganado, y se llevaron una gran cantidad de ovejas y camellos. Después de eso, regresaron a Jerusalén.

## Reformas de Asá

**15** Un día, el espíritu de Dios vino sobre Azarías hijo de Obed, ²y le dio un mensaje para el rey Asá. Entonces Azarías fue a encontrar al rey Asá, y le dijo: «¡Escúchame, rey Asá! ¡Escuchen, Judá y Benjamín! ¡El Señor estará con ustedes, siempre y cuando ustedes estén con él! ¡Todas las veces que lo busquen, lo encontrarán! Pero si lo abandonan, él también los abandonará a ustedes. ³Hace mucho tiempo que Israel vive sin adorar al verdadero Dios, sin un verdadero sacerdote que les enseñara las leyes de Dios. ⁴Sin embargo, cada vez que en sus angustias se han vuelto al Señor, Dios de Israel, y lo han buscado, él les ha proporcionado ayuda. ⁵En sus tiempos de rebelión contra Dios no había paz, y los problemas causaban molestias a la nación por todas partes. El crimen iba en aumento. ⁶Se libraban guerras externas y batallas internas de ciudades contra ciudades, porque Dios estaba castigándolos con toda clase de calamidades. ⁷Pero ustedes, habitantes de Judá, manténganse en el cumplimiento del deber y no se desanimen, porque recibirán el premio».

⁸Cuando el rey Asá oyó este mensaje de parte de Dios, se llenó de valor y destruyó todos los ídolos que había en las tierras de Judá y de Benjamín, y en las ciudades que había capturado en la región montañosa de Efraín. Además, reconstruyó el altar del Señor frente al templo.

⁹Hecho esto, convocó a todo el pueblo de Judá y de Benjamín, y a los israelitas procedentes de Efraín, Manasés y Simeón, que se habían unido a Judá cuando comprendieron que el Señor Dios estaba con el rey Asá. ¹⁰Se reunieron en Jerusalén en el mes tercero del año quince del reinado de Asá, ¹¹y sacrificaron, en honor al Señor, setecientos toros y siete mil ovejas del botín que habían recogido en la batalla. ¹²Luego se comprometieron solemnemente a adorar únicamente al Señor, Dios de sus padres, ¹³y acordaron que cualquiera que rechazara el cumplimiento de esta cláusula debía morir, ya fuera viejo o joven, hombre o mujer. ¹⁴En voz alta prestaron juramento de lealtad a Dios, con aclamación de júbilo y toque de trompetas y cuernos. ¹⁵Todos estaban felices de haber hecho este compromiso, porque lo habían hecho de todo corazón, y con firme voluntad habían buscado al Señor, ya que lo necesitaban por sobre todas las cosas, y lo habían encontrado. Y Dios les dio paz a través de toda la nación.

¹⁶El rey Asá tomó incluso la medida de alejar a su abuela Macá del lugar que debía ocupar como reina madre, porque ella había hecho una horrible imagen de la diosa Aserá. El rey Asá derribó el ídolo, lo destruyó y lo quemó junto al torrente de Cedrón. ¹⁷Aunque no se eliminaron de Israel los pequeños santuarios paganos que había en las colinas, Asá se mantuvo fiel a Dios durante toda su vida. ¹⁸Se ocupó de devolver al interior del templo las vasijas de plata y de oro que él y su padre habían dedicado al Señor.

¹⁹No volvió a haber guerra sino hasta el año treinta y cinco del reinado de Asá.

## Pacto de Asá con Ben Adad

**16** En el año treinta y seis del reinado de Asá, Basá, rey de Israel, le declaró la guerra a Judá y fortificó la ciudad Ramá con el fin de bloquear las rutas de comunicación de Judá.

²La reacción de Asá fue tomar la plata y el oro del templo y del palacio real, y enviarlo a Ben Adad, rey de Siria, en Damasco, con este mensaje: ³«Te propongo que renovemos el pacto de seguridad mutua que existía entre tu padre y mi padre. Te envío esta plata y este oro para que rompas tu alianza con Basá, rey de Israel, con el fin de que se marche y me deje en paz».

lo largo de Judá y de Benjamín, les dio abundantes provisiones, y les consiguió varias esposas a cada uno.

## Sisac invade Jerusalén

**12** Pero justo cuando Roboán se encontraba en la cima de su popularidad y poder, abandonó la ley del Señor, y el pueblo lo siguió en este pecado. ²Como consecuencia, Sisac, rey de Egipto, atacó a Jerusalén. Esto ocurrió en el quinto año del reinado de Roboán. ³Sisac atacó con mil doscientos carros de combate, sesenta mil jinetes y un sinnúmero de hombres de infantería: egipcios, libios, suquíes y etíopes. ⁴Rápidamente conquistó las ciudades fortificadas de Judá y llegó frente a Jerusalén.

⁵El profeta Semaías se reunió con Roboán y con los dirigentes de Judá que, por miedo a Sisac, se habían reunido en Jerusalén, y les dijo:

—Así ha dicho el Señor: «Ustedes me han abandonado; por lo tanto yo los he entregado en manos de Sisac».

⁶Luego el rey y los dirigentes de Israel confesaron a Dios sus pecados y exclamaron:

—¡El Señor es justo y recto al tomar esta medida contra nosotros!

⁷Cuando el Señor vio que se habían humillado, mandó a Semaías a decirles: «Por cuanto ustedes se han humillado, no los destruiré, sino que dentro de poco tiempo los voy a librar. No permitiré que Sisac ejecute el castigo que había planeado contra ustedes, los que viven en Jerusalén. ⁸Pero sí permitiré que sean siervos de Sisac, para que aprendan cuán diferente es servirme a mí que servir a los reyes de otros países».

⁹Marchó, pues Sisac, rey de Egipto, y atacó a Jerusalén y se llevó todos los tesoros del templo y del palacio real, como también los escudos de oro de Salomón. ¹⁰El rey Roboán los reemplazó con escudos de bronce, y los entregó al cuidado del capitán de la guardia. ¹¹Cada vez que el rey entraba en el templo, los guardias llevaban los escudos, y después los traían de vuelta al arsenal.

¹²Cuando el rey mismo se humilló, el Señor dejó a un lado su enojo, y no lo destruyó por completo, pues aun quedaba algo bueno en Judá. ¹³Roboán logró afirmarse en el poder, y reinó diecisiete años en Jerusalén, la ciudad que Dios había escogido como su residencia de entre todas las otras ciudades de Israel. Había ascendido al trono a los cuarenta y un años de edad, y el nombre de su madre era Noamá, que era amonita. ¹⁴Pero fue un rey malo, porque nunca se decidió realmente a agradar al Señor.

¹⁵La biografía completa de Roboán, incluyendo sus constantes guerras con Jeroboán, está escrita en las crónicas del profeta Semaías y del profeta Idó.

¹⁶Cuando Roboán murió, fue sepultado en Jerusalén, en la ciudad de David, y su hijo Abías ocupó el trono.

## Abías, rey de Judá

**13** Abías ocupó el trono de Judá, en Jerusalén, en el año dieciocho del reinado de Jeroboán, rey de Israel. ²Su reinado duró tres años. El nombre de su madre era Micaías, hija de Uriel, de Guibeá.

En los comienzos de su reinado, estalló una guerra entre Judá e Israel. ³Judá, dirigido por el rey Abías, reunió un ejército de cuatrocientos mil guerreros para ir a la guerra, mientras que Jeroboán, rey de Israel, salió con ochocientos mil soldados.

⁴Cuando el rey Abías llegó al monte Zemarayin, en los cerros de Efraín, gritó: «¡Rey Jeroboán! ¡Soldados israelitas! ¡Escuchen lo que tengo que decirles! ⁵¿Acaso no saben que el Señor, Dios de Israel, decidió que solamente serían reyes de Israel los descendientes de David, y que esa promesa la confirmó por medio de un pacto que no se puede alterar? ⁶Jeroboán, rey de ustedes, no es más que un sirviente del hijo de David, y un traidor a la causa de su soberano. ⁷Pero se le unió una cuadrilla de bandidos, y se rebelaron contra Roboán hijo de Salomón, por cuanto era joven y cobarde, y no pudo oponerles resistencia.

⁸»¿Creen ustedes realmente que pueden derrotar al reino del Señor, cuyo servidor es descendiente de David? ¡Ustedes son muchos más que nosotros, pues tienen los becerros de oro que Jeroboán les hizo, para que los adoren como a dioses! ⁹Además, han destituido a los sacerdotes del Señor y a los levitas, y han designado en su lugar a sacerdotes paganos. ¡Tal como lo hacen los habitantes de otros países, ustedes reciben como sacerdote a cualquiera que llega y ofrenda un novillo y siete carneros! ¡Cualquiera puede ser sacerdote de esos dioses falsos de ustedes!

¹⁰»Pero en cuanto a nosotros, el Señor es nuestro Dios, y no lo hemos abandonado. Los sacerdotes nuestros son exclusivamente descendientes de Aarón, y sólo los levitas los ayudan en sus labores. ¹¹Queman holocaustos al Señor mañana y tarde, e incienso aromático, y colocan los panes de la Presencia sobre la mesa santa, y enciendan el candelabro de oro todas las tardes. Nosotros seguimos con todo cuidado las instrucciones del Señor nuestro Dios. Ustedes, en cambio, lo han abandonado. ¹²Como pueden observar, Dios está con nosotros, es nuestro guía. Sus sacerdotes del Señor, al toque de trompeta, nos guiarán a la batalla contra ustedes. ¡Pueblo de Israel, no peleen contra el Señor, Dios de nuestros padres, porque no podrán triunfar!».

¹³,¹⁴Mientras tanto, Jeroboán, secretamente, había colocado una emboscada a Judá, pues envió soldados a dar un rodeo y colocarse detrás de los hombres de Judá, y a la otra parte le ordenó que atacara de frente. Cuando los de Judá se dieron cuenta de que estaban emboscados, clamaron al Señor pidiendo ayuda. Los sacerdotes tocaron las trompetas, ¹⁵,¹⁶y los soldados de Judá comenzaron a gritar y, a medida que gritaban, Dios, valiéndose del rey Abías y de los hombres de Judá, derrotó a Jeroboán. ¹⁷Ese día, Judá mató a quinientos mil de los mejores guerreros de Israel.

¹⁸,¹⁹De modo que Judá, descansando en la seguridad del Señor, Dios de sus padres, derrotó a Israel, y persiguió a las tropas del rey Jeroboán y tomó algunas de sus ciudades: Betel, Jesaná, Efraín y sus alrededores. ²⁰El rey Jeroboán, de Israel, nunca se recuperó totalmente durante la vida de Abías y, a su debido tiempo, el Señor lo derribó, de modo que Jeroboán murió.

²¹Abías, rey de Judá, en cambio, crecía en poder. Tuvo catorce esposas, veintidós hijos y dieciséis hijas. ²²Su biografía completa y sus discursos se encuentran registrados en la Historia de Judá, escrita por el profeta Idó.

**2 CRÓNICAS 10.1**

sepultado en Jerusalén, en la ciudad de David, junto a su padre; y su hijo Roboán pasó a ser el nuevo rey.

## División del reino

**10** Todo el pueblo de Israel se reunió en Siquén, para proclamar como nuevo rey a Roboán. ²,³Mientras tanto, los amigos de Jeroboán hijo de Nabat, le habían enviado noticias de la muerte de Salomón. Jeroboán se encontraba en Egipto, a donde había huido para escapar del rey Salomón. Regresó, pues, rápidamente y se hizo presente en los actos de la coronación, y, junto con los jefes de las tribus del norte, dio a conocer a Roboán las demandas del pueblo.

⁴——Su padre fue un amo severo ——le expresaron——. ¡Por favor, trátenos mejor, y seremos sus súbditos!

⁵Roboán les dijo:

——Regresen a sus casas, y vuelvan dentro de tres días, y les daré la respuesta.

Cuando la gente se fue, ⁶Roboán consultó con los ancianos que antes habían sido consejeros de su padre Salomón.

——¿Qué respuesta les daré? ——les preguntó.

⁷——Si usted quiere ser el rey ——le contestaron——, tendrá que darles una respuesta favorable y tratarlos bondadosamente. Si hace esto, tenga la seguridad de que ese pueblo estará siempre bajo su dirección.

⁸,⁹Pero él rechazó el consejo de los ancianos, y pidió la opinión de los jóvenes que se habían criado junto a él.

——Amigos míos ——les dijo——, ¿qué piensan que debo hacer? ¿Debo ser más complaciente con ellos de lo que fue mi padre?

¹⁰——¡No! ——le contestaron——. Diles: «Si creen que mi padre era severo, ¡ya verán cómo soy yo! ¡Mi dedo meñique es más grueso que la cintura de mi padre! ¹¹¡No seré nada complaciente, sino al contrario, seré mucho más duro con ustedes! ¡Si mi padre los castigaba con azotes, yo los castigaré con alacranes!»

¹²Cuando Jeroboán y toda la gente regresaron al tercer día para oír la decisión de Roboán, ¹³éste le habló duramente, pues había rechazado el consejo de los ancianos, ¹⁴y había preferido el de los jóvenes. Les habló en los siguientes términos:

——¡Si mi padre estableció pesados impuestos, yo les pondré otros aún más pesados! ¡Si mi padre los azotó con látigos, yo los azotaré con alacranes!

¹⁵Así el rey rechazó las demandas del pueblo. (Dios lo hizo reaccionar de esa manera a fin de que se cumpliera lo que le había dicho a Jeroboán por intermedio de Ahías el silonita). ¹⁶Cuando el pueblo oyó aquello, exclamó airado:

——¡Olvidémonos de David y de su dinastía! ¡Nos buscaremos otro rey! ¡Que Roboán gobierne a su propia tribu de Judá! ¡Regresemos a nuestras casas!—— Y así lo hicieron.

¹⁷Sin embargo, los israelitas que vivían en las ciudades de Judá permanecieron fieles a Roboán.

¹⁸Cuando el rey Roboán envió a Adonirán a reclutar gente para el trabajo forzado de las otras tribus de Israel, la gente lo apedreó hasta matarlo. Cuando estas noticias llegaron al rey Roboán, saltó a su carro y huyó a Jerusalén. ¹⁹Desde entonces el pueblo de Israel ha rehusado ser gobernado por un descendiente de David.

**11** Tan pronto como Roboán llegó a Jerusalén, reunió un ejército de las tribus de Judá y Benjamín, ciento ochenta mil soldados escogidos, y declaró la guerra contra el resto de Israel, en un esfuerzo por volver a unir el reino. ²Pero el SEÑOR habló con Semaías, varón de Dios, y le dio este mensaje: ³«Quiero que vayas y digas al rey Roboán hijo de Salomón, rey de Judá, y a la gente de Judá y de Benjamín, ⁴que este es el mensaje que yo, el SEÑOR, les doy: "No peleen contra sus hermanos. Vuélvanse a su tierra, por cuanto ellos se han rebelado por disposición mía"».

Por tanto, obedecieron al SEÑOR, y no fueron a pelear contra Jeroboán.

## Roboán fortifica las ciudades de Judá

⁵⁻¹⁰Roboán se quedó en Jerusalén y fortificó las siguientes ciudades de Judá y de Benjamín con murallas y portones:

Belén, Etam, Tecoa, Betsur, Soco,
Adulán, Gat, Maresá, Zif, Adorayin,
Laquis, Azeca, Zora, Ayalón y Hebrón.

¹¹También reconstruyó y reforzó los fuertes y estableció guarnición con tropas de soldados bajo el mando de sus oficiales; y allí almacenó alimentos, aceite de oliva y vino. ¹²Se establecieron arsenales en cada ciudad para mantener existencias de escudos y lanzas, como otra medida de seguridad; porque solamente los israelitas de Judá y de Benjamín permanecían leales al rey.

## Los sacerdotes y los levitas apoyan a Roboán

¹³,¹⁴Sin embargo, los sacerdotes y levitas de las otras tribus procedieron a abandonar sus hogares y se trasladaron a Judá y a Jerusalén, porque el rey Jeroboán los había despedido y prohibido ejercer el sacerdocio del SEÑOR. ¹⁵En lugar de ellos había designado a otros sacerdotes, quienes incitaron a la gente a adorar ídolos y no a Dios, a presentar sacrificios a los ídolos de chivos y becerros que Jeroboán hizo colocar en los cerros. ¹⁶También el verdadero pueblo de Dios, de todas partes de Israel, comenzó a trasladarse a Jerusalén, pues allí podían adorar libremente al SEÑOR, Dios de sus padres, y ofrecerle sacrificios. ¹⁷Esto fortaleció tanto al reino de Judá, que el rey Roboán pudo subsistir por tres años sin dificultad; porque en aquellos años se hizo un sincero esfuerzo por obedecer al SEÑOR, tal como lo habían hecho el rey David y el rey Salomón.

## Esposas e hijos de Roboán

¹⁸Roboán se había casado con su prima Majalat, que era hija de Jerimot hijo de David. La madre de Jerimot fue Abijaíl, hija de Eliab y nieta de Isaí. ¹⁹De este matrimonio nacieron tres hijos, Jeús, Semarías y Zaján.

²⁰Posteriormente, Roboán se casó con Macá, hija de Absalón, con la cual tuvo cuatro hijos, que fueron: Abías, Atay, Ziza y Selomit. ²¹Amaba a Macá más que a cualquiera de sus otras esposas y concubinas (tenía dieciocho esposas y sesenta concubinas, con veintiocho hijos y sesenta hijas). ²²El hijo de Macá, llamado Abías era el favorito de Roboán; por eso lo puso como jefe de sus hermanos, pues su deseo era hacerlo rey. ²³En forma muy inteligente, Roboán envió a sus otros hijos a vivir en las ciudades fortificadas que había a

a esclavitud, sino que los empleaba como soldados, oficiales y encargados de los carros de combate y de los caballos. ¹⁰Además, Salomón nombró a doscientos cincuenta hombres como capataces, para que dirigieran al pueblo en sus trabajos.

¹¹Salomón cambió la residencia de su esposa (que era hija del faraón) del sector de Jerusalén denominado ciudad de David al nuevo palacio que construyó para ella. Porque se dijo: «Ella no debe vivir en el palacio del rey David, porque el cofre del Señor estuvo allí, y por lo tanto, es terreno sagrado».

¹²Salomón sacrificó animales y los quemó, en honor al Señor, en el altar que había erigido frente a la entrada del templo. ¹³El número de sacrificios era diferente de un día a otro, de acuerdo con las instrucciones que Moisés había dado; había sacrificios extraordinarios en los sábados, en las lunas nuevas, y en las tres fiestas anuales, que son: la fiesta de los Panes sin levadura, la fiesta de las Semanas, y la fiesta de los Tabernáculos. ¹⁴En la designación de los sacerdotes que habían de ocupar los diferentes turnos de su oficio, se ciñó al plan trazado por su padre David; también hizo el nombramiento de levitas para sus funciones de alabanza y como ayudantes de los sacerdotes en los trabajos de cada día. Asimismo, nombró a los porteros de las diferentes puertas. ¹⁵Salomón no se desvió en ningún sentido de las instrucciones de David, en cuanto a dichos nombramientos y con el personal de tesorería. ¹⁶Toda la obra de Salomón se llevó a feliz término, desde el día que se echaron los cimientos del templo, hasta su terminación. De modo que el templo del Señor quedó completamente terminado.

¹⁷,¹⁸Entonces Salomón se fue a Ezión Guéber y a Elat, que son puertos de la costa ubicados en Edom, a tomar posesión de una flota de barcos que le regaló el rey Hiram. Con la experimentada tripulación de Hiram trabajando junto a las cuadrillas de Salomón, estos barcos fueron a Ofir y regresaron con unos quince mil kilos de oro.

## La reina de Sabá visita a Salomón

**9** Cuando la reina de Sabá oyó hablar de la legendaria sabiduría de Salomón, vino a Jerusalén para someterlo a prueba con preguntas difíciles. La acompañaba un séquito numeroso de ayudantes y sirvientes, y camellos cargados de especias, oro y piedras preciosas. ²Salomón respondió a todas sus preguntas; no hubo nada que no conociera y que no pudiera explicar. ³Al darse cuenta de la sabiduría del rey Salomón, de la belleza del palacio que edificó ⁴y de lo maravilloso de la comida en sus mesas, y de la cantidad de ayudantes y sirvientes que tenía, y de sus uniformes espectaculares y de los oficiales vestidos con sus mejores galas, y vio el porte de los hombres de la guardia de turno, se quedó asombrada. ⁵Y exclamó delante del rey: «¡Todo cuanto oí decir de ti en mi país es verdad! ⁶Pero no lo creí, sino hasta que vine y lo vi con mis propios ojos. Tu sabiduría es mucho mayor de lo que pude imaginar. ¡Lo que me contaron no es ni la mitad de lo que en realidad es! ⁷¡Qué gran privilegio tienen estos hombres de trabajar aquí y oírte hablar! ⁸¡Bendito sea el Señor tu Dios! ¡Cuánto amor sentirá Dios por Israel, que le ha dado un rey justo como tú! Él quiere que su pueblo sea una nación grande y fuerte para siempre».

⁹La reina de Sabá entregó al rey un obsequio de tres mil novecientos sesenta kilos de oro, y grandes cantidades de especias de incomparable calidad, e incontables joyas.

¹⁰Las cuadrillas de trabajadores del rey Hiram y del rey Salomón traían oro de Ofir, madera de sándalo y piedras preciosas. ¹¹El rey utilizó la madera de sándalo en la construcción de gradas para el templo del Señor y el palacio real, y para fabricar arpas y liras destinadas al coro. Nunca antes hubo tan magníficos instrumentos en toda la tierra de Judá.

¹²El rey Salomón hizo entrega a la reina de Sabá de obsequios equivalentes al valor de los que ella le había traído, y todo lo que ella pidió le fue concedido. Luego ella y su comitiva regresaron a su tierra.

## El esplendor de Salomón

¹³Salomón recibía unos veintidós mil kilos de oro cada año, ¹⁴sin contar los impuestos que le pagaban los comerciantes, y el oro y la plata que le llevaban los reyes de Arabia y los gobernantes del país.

¹⁵Una parte del oro la usó en la confección de doscientos escudos grandes, de seis kilos y medio de oro cada uno, ¹⁶y trescientos escudos pequeños, de tres kilos de oro cada uno. El rey colocó este material en el palacio conocido como «Bosque del Líbano».

¹⁷Se hizo también un gran trono de marfil, revestido de oro puro. ¹⁸Tenía seis gradas, un estrado de oro y dos brazos. A cada lado de los brazos del asiento había un león de pie, ¹⁹y en cada grada había doce leones, uno a cada lado. ¡Ningún otro trono en todo el mundo podía compararse con éste! ²⁰Las tazas y toda la vajilla del rey Salomón eran de oro sólido, como asimismo todo el mobiliario del palacio «Bosque del Líbano». En cuanto a la plata, ésta no era de mucha estima en aquellos días. ²¹Cada tres años el rey enviaba sus barcos a Tarsis, usando como tripulación a marineros proporcionados por el rey Hiram, para traer oro, plata, marfil, monos y pavos reales.

²²El rey Salomón era más rico y más sabio que cualquier otro rey en toda la tierra. ²³De todos los reyes de la tierra venían a visitarlo, para oír la sabiduría que Dios había puesto en su corazón. ²⁴Cada uno de ellos le traía todos los años, como obsequio, tazones de plata y tazones de oro, vestidos, armas, especias aromáticas, caballos y mulas.

²⁵Además, tenía Salomón cuatro mil caballerizas para sus caballos y carros de combate, y doce mil jinetes que vivían en las ciudades donde estaban los carros, y en Jerusalén. ²⁶Dominaba a todos los reyes y reinos, desde el río Éufrates hasta la tierra de los filisteos y la frontera con Egipto. ²⁷Logró hacer que la plata fuera tan abundante en Jerusalén como las piedras del camino. Y el cedro se utilizaba como si fuera sicómoro ordinario. ²⁸Y le traían caballos desde Egipto y otros países.

## Muerte de Salomón

²⁹El resto de la biografía de Salomón está escrito en la historia del profeta Natán, en la profecía de Ahías el silonita, y en las visiones del vidente Idó con respecto a Jeroboán hijo de Nabat.

³⁰Salomón reinó, pues, sobre todo el pueblo de Israel durante cuarenta años. ³¹Luego falleció y fue

**2 CRÓNICAS 6.32**

estarán dispuestos a vivir según tu voluntad todos los días que habiten en la tierra que les diste a nuestros antepasados.

³²»Y cuando haya extranjeros que al oír hablar de tu poder, vengan desde tierras distantes a adorar tu grandioso nombre, y a orar en este templo, ³³óyelos desde el cielo donde tú vives, y concédeles lo que te pidan. Así todos los pueblos de la tierra se enterarán de tu fama y te reverenciarán como lo hace tu pueblo Israel; y sabrán que este templo lo he construido para honrar tu nombre.

³⁴»Si tu pueblo sale bajo tu mando a pelear contra sus enemigos, y oran en dirección de esta ciudad de Jerusalén que tú has elegido, y de este templo que hemos construido a tu nombre, ³⁵oye sus oraciones desde el cielo y dales la victoria.

³⁶»Y si ellos pecan contra ti (porque, ¿quién es aquel que nunca ha pecado?), y te enojas con ellos, y dejas que sus enemigos los derroten y se los lleven de aquí cautivos a alguna nación extranjera, cercana o lejana, ³⁷,³⁸si en el destierro se vuelven a ti otra vez, y si en su corazón se tornan hacia esta tierra que tú diste a sus padres, y a esta ciudad y al templo que yo te he construido, y te suplican con todo su corazón que los perdones, ³⁹óyelos desde el cielo donde vives y ayúdalos, y perdona a tu pueblo que ha pecado contra ti.

⁴⁰»Dios mío, te pido que estés vigilante y atento a todas las oraciones dirigidas a ti en este lugar. ⁴¹Y ahora, Señor Dios, levántate y entra en este lugar de descanso que es tuyo, donde ha sido colocado el cofre de tu poder. Haz que tus sacerdotes, Señor Dios, sean revestidos de salvación, y haz que tus santos se regocijen en tus bondadosas proezas. ⁴²Señor Dios, no te desentiendas de mí; no apartes tu rostro de mí, que soy tu ungido. Señor, recuerda tu amor por David y tu benevolencia hacia él».

## Dedicación del templo

**7** Cuando Salomón terminó de orar, cayeron del cielo ráfagas de fuego y consumieron el holocausto y los sacrificios. ²Y la gloria del Señor llenó el templo del Señor de tal manera que los sacerdotes no podían entrar. ³Cuando los israelitas vieron que el fuego caía y que la gloria del Señor llenaba su templo, se arrodillaron hasta tocar el piso con la frente y adoraron al Señor, diciendo: «¡El Señor es bueno, y su amor y bondad son para siempre!»

⁴,⁵El rey y todo el pueblo procedieron a consagrar el templo mediante el sacrificio de veintidós mil bueyes y ciento veinte mil ovejas, que fueron entregadas por el rey Salomón. ⁶Los sacerdotes estaban de pie en sus lugares de desempeño de sus deberes, y los levitas tocaban su cántico de acción de gracias: «Su amor y su bondad son para siempre», con los instrumentos musicales que el rey David mismo había hecho y había utilizado para alabar al Señor. Cuando los sacerdotes tocaron las trompetas, el pueblo se puso de pie otra vez. ⁷Salomón consagró también el atrio interior del templo, para que en esta ocasión se usara como lugar de sacrificio, porque en el altar de bronce no cabían tantos animales sacrificados.

⁸Durante los siete días siguientes celebraron la fiesta de los Tabernáculos, y multitudes vinieron de todas partes de Israel, desde los que vivían en Lebó Jamat hasta los que vivían en las cercanías del río Nilo, en Egipto. ⁹El octavo día se llevó a efecto una solemne asamblea, pues habían celebrado la consagración del altar durante siete días, y la fiesta de los Tabernáculos durante otros siete días. ¹⁰El día veintitrés del mes séptimo, el rey despidió a toda la gente. Así que todos regresaron a sus pueblos y a sus casas, muy alegres por lo bueno que el Señor había sido con David, con Salomón y con su pueblo Israel.

## Pacto de Dios con Salomón

¹¹De esta manera dio término Salomón a la construcción del templo del Señor, así como a la de su propio palacio. Y logró realizar todo lo que se había propuesto hacer. ¹²Una noche el Señor se presentó a Salomón y le dijo:

«He oído tus oraciones, y he escogido este templo como el lugar en que quiero que se me ofrezcan los sacrificios. ¹³Si yo cierro los cielos, de modo que no haya lluvia, o si dispongo que una plaga de langostas devore las cosechas, o si les mando una epidemia, ¹⁴si mi pueblo se humilla, y ora, y busca mi rostro, y se arrepiente de sus caminos malvados, los oiré desde el cielo y perdonaré sus pecados y restauraré el país. ¹⁵Estaré atento a toda oración hecha en este lugar. ¹⁶Por cuanto he escogido este templo y lo he santificado para habitar en él para siempre; mis ojos y mi corazón estarán siempre aquí.

¹⁷»En lo que se refiere a ti, si me sigues como lo hizo tu padre David, ¹⁸haré que tú y tus descendientes reinen siempre en Israel, tal como se lo prometí a David.

¹⁹»Pero si no me siguen, si rechazan las leyes que les he dado, y adoran ídolos, ²⁰los echaré de esta tierra que les he dado, y este templo será destruido, aun cuando lo he santificado para mí; lo transformaré en horror y desgracia. ²¹Aunque sea un templo famoso, llegará el día en que todo aquel que pase por aquí exclamará atónito: "¿Por qué el Señor habrá hecho algo tan terrible a esta tierra y a este templo?" ²²Y la respuesta será: "Porque su pueblo abandonó al Señor, Dios de sus padres, el Dios que los sacó de la tierra de Egipto, y en su lugar adoraron a otros dioses. Ese es el motivo por el cual Dios ha procedido de esta manera"».

## Otras actividades de Salomón

**8** Veinte años tardó Salomón en construir el templo de Dios y el palacio real. ²Al cabo de ese tiempo, Salomón decidió ocuparse de la reconstrucción de las ciudades que Hiram, rey de Tiro, le había dado, y llevó a israelitas a vivir en ellas. ³También en esa época Salomón peleó contra la ciudad de Jamat de Sobá y la conquistó. ⁴Reconstruyó Tadmor, en el desierto, y todas las ciudades cercanas a Jamat, las cuales usaba como centros de abastecimiento. ⁵Fortificó las ciudades de Bet Jorón la de arriba, y Bet Jorón la de abajo, levantó sus murallas y les puso portones y barras. ⁶Construyó también Balat y otros centros de aprovisionamiento, y levantó ciudades para guardar sus carros de combate y caballos. En fin, construyó cuanto quiso construir en Jerusalén, en el Líbano y en todos sus dominios.

⁷,⁸Inició la práctica, que aún continúa, de tomar esclavos de entre los hititas, amorreos, ferezeos, heveos y jebuseos, descendientes de las naciones que los israelitas no habían podido exterminar por completo. ⁹A los ciudadanos israelitas no los sometía

que está en la ciudad de David, conocida también como Sión. ³Esta ceremonia tuvo lugar en el mes séptimo, que es la fecha en que se celebra la fiesta de los Tabernáculos. ⁴,⁵Mientras los dirigentes de Israel miraban, los levitas levantaron el cofre y lo sacaron del santuario, junto con los demás utensilios sagrados. ⁶¡El rey Salomón y la congregación sacrificaron ovejas y bueyes delante del cofre en tanta cantidad que nadie logró llevar la cuenta!

⁷Los sacerdotes llevaron el cofre a la sala interior del templo, que es el Lugar Santísimo, y lo colocaron bajo las alas de los querubines. ⁸Los querubines con sus alas extendidas cubrían el cofre y las varas que se usaban para transportarlo. ⁹Esas varas eran tan largas que sus extremos se podían ver desde el Lugar Santísimo, aunque no desde afuera. El cofre estaba todavía allí en el momento de escribirse esto. ¹⁰En el cofre sólo estaban las dos tablas de piedra que Moisés había puesto en ella, cuando estaban en el monte Horeb, donde el Señor hizo un pacto con los israelitas, después de que salieron de Egipto.

¹¹,¹²Todos los sacerdotes allí presentes, sin importar su rango o grupo, participaron en el rito de purificación. Por su parte, los levitas cantores, es decir, Asaf, Hemán, Jedutún, junto con sus hijos y parientes, estaban de pie en el lado oriental del altar, vestidos con túnicas de lino fino, y portando címbalos, arpas y liras. Junto a ellos había ciento veinte sacerdotes que tocaban la trompeta. Cuando los sacerdotes salieron del Lugar Santo, ¹³,¹⁴los trompetistas y los cantores comenzaron a alabar y a dar gracias al Señor, acompañados de trompetas, címbalos y demás instrumentos musicales. Y cuando entonaron a una voz el coro: «Den gracias al Señor, porque él es bueno, y su amor y su bondad son para siempre», una nube cubrió el templo del Señor. Debido a esta nube, los sacerdotes no pudieron continuar la ceremonia.

**6** Entonces Salomón exclamó:
«Señor, tú dijiste que vivirías en una nube oscura; ²¡pero yo he hecho un templo para ti, Señor, para que vivas en él para siempre!»

³Luego el rey volvió el rostro hacia la congregación, que permanecía de pie para recibir su bendición. El rey dijo:

⁴«Bendito sea el Señor, Dios de Israel, que le habló a mi padre David, y que acaba de cumplir la promesa que le hizo al decir: ⁵,⁶"Desde que traje a mi pueblo desde la tierra de Egipto, nunca había escogido una ciudad en Israel para la ubicación de un templo en el cual estuviera mi nombre; y nunca antes había elegido un guía para mi pueblo Israel. Pero ahora he escogido a Jerusalén para residir en ella, y a David como rey".

⁷»Mi padre David deseaba construir un templo para el Señor, Dios de Israel, ⁸pero el Señor le dijo: "Tu deseo de construirme una casa para honrarme es bueno, ⁹pero no serás tú quien me la construya. Será uno de tus hijos el que me edifique una casa para honrar mi nombre".

¹⁰»Y el Señor ha cumplido lo que había prometido, porque he llegado a ser rey como sucesor de mi padre, y he podido construir el templo para el Señor Dios de Israel, ¹¹y en su interior he colocado el cofre. Y en el cofre se encuentra el pacto entre el Señor y el pueblo de Israel».

## Oración de Salomón

¹²,¹³Mientras hablaba, Salomón estaba de pie delante del pueblo sobre una plataforma en el centro del atrio exterior, frente al altar del Señor. La plataforma estaba hecha de bronce, y era de dos metros con veinte centímetros por cada lado, y un metro con treinta centímetros de alto. Luego, mientras la gente lo observaba, Salomón se arrodilló, levantó los brazos hacia el cielo, y elevó esta oración:

¹⁴«Señor, Dios de Israel, no hay Dios como tú en todo el cielo y la tierra. Tú cumples tus bondadosas promesas a todos los que te obedecen y están dispuestos a hacer tu voluntad. ¹⁵Tú has cumplido la promesa que hiciste a mi padre David, y aquí tenemos la evidencia de su cumplimiento.

¹⁶»Ahora, Dios de Israel, cumple también la otra promesa que le hiciste a mi padre, cuando le dijiste: "Si tus descendientes obedecen mis leyes, como tú lo has hecho, te prometo que siempre habrá un descendiente tuyo que ocupe el trono de Israel". ¹⁷Señor, Dios de Israel, te ruego que cumplas también esta promesa.

¹⁸»Pero, ¿vivirá realmente Dios en la tierra con los hombres? Si aun el cielo, y el cielo de los cielos no pueden contener tu grandeza, ¡cuánto menos este templo que yo he construido! ¹⁹¡Acepta mis oraciones y súplicas, Señor, mi Dios! ¡Escucha la oración que hoy dirijo a ti! ²⁰,²¹Mira favorablemente este templo día y noche, este lugar sagrado donde dijiste que pondrías tu nombre. Te ruego que oigas y contestes las oraciones que siempre elevaré a ti al estar frente a este lugar. Escucha mis oraciones y las de tu pueblo, Israel, siempre que oremos vueltos hacia este lugar de tu morada; sí, óyenos desde el cielo, y cuando escuches, danos el perdón.

²²»Cuando alguien cometa un delito contra su prójimo, y se le pida que jure su inocencia delante de este altar, ²³te pedimos que oigas desde el cielo y lo castigues en caso de que esté mintiendo, y que de lo contrario, lo declares inocente.

²⁴»Si tu pueblo Israel es derrotado por sus enemigos, por haber pecado contra ti, y se vuelven a ti, y proclaman que son pueblo tuyo, y oran en este templo, ²⁵escúchalos desde el cielo y perdónales sus pecados y devuélveles esta tierra que diste a sus padres.

²⁶»Cuando los cielos se cierren y no haya lluvia debido a nuestros pecados, si luego oramos hacia este lugar, confesándote nuestros pecados y pidiéndote perdón por ellos, ²⁷por favor, escúchanos desde el cielo y perdona los pecados de tus siervos y de tu pueblo, y enséñales lo recto, y envía lluvias sobre esta tierra que has dado a tu pueblo como de tu exclusiva propiedad.

²⁸»Si hay hambre en la tierra, o epidemias, o plagas que afecten los productos agrícolas, o invasiones de langostas o de gusanos, o si los enemigos de tu pueblo están en la tierra asediando nuestras ciudades, cualesquiera que sean las dificultades, ²⁹escucha la oración que cada israelita, en medio de su dolor, te haga reconociendo su pecado, y extendiendo sus manos hacia este templo. ³⁰Oye desde el cielo donde tú vives, y perdona, y da a cada uno lo que realmente merece, porque sólo tú conoces los pensamientos del ser humano. ³¹Así todos te adorarán y servirán, y

⁕5.13–14

¹⁷Salomón procedió a tomar el censo de los extranjeros existentes en el país (tal como su padre David lo había hecho). Según este censo, había ciento cincuenta y tres mil seiscientos extranjeros en Israel. ¹⁸De ellos asignó setenta mil como cargadores, a ochenta mil los envió a las montañas a cortar piedras, y a tres mil seiscientos los puso como capataces.

## Construcción del templo

**3** Por fin se inició la construcción del templo del Señor. Su ubicación fue en Jerusalén, en la parte alta del monte Moria, donde el Señor se le apareció al rey David, padre de Salomón, es decir, en el terreno de Ornán el jebuseo. Ése fue el lugar que David escogió. ²La construcción propiamente dicha comenzó el día dos del mes segundo del año cuarto del reinado de Salomón.

³Los cimientos eran de veintisiete metros de largo por nueve de ancho. ⁴Un pórtico de entrada, con techo, se extendía a lo largo de los nueve metros de largo, y nueve metros de alto. ¡Todo el interior del pórtico estaba recubierto de oro puro!

⁵La parte principal estaba recubierta de madera de ciprés, sobre la cual colocó figuras de palmeras y cadenas de oro puro. ⁶Además, las murallas tenían incrustaciones de piedras preciosas; el oro era de la más alta calidad, traído de Parvayin. ⁷Todas las paredes, vigas, puertas y umbrales en todo el templo fueron enchapados con oro, con querubines tallados en las paredes.

⁸Dentro del templo, a un extremo, hizo el aposento más sagrado, es decir, el Lugar Santísimo, cuya dimensión era de nueve metros de largo, por nueve de ancho. Lo recubrió completamente por dentro con veintitrés toneladas de oro puro. ⁹Se usaron clavos de oro, y cada clavo pesaba medio kilo. Los aposentos altos también fueron enchapados en oro.

¹⁰Dentro del recinto más sagrado, el Lugar Santísimo, Salomón hizo colocar dos esculturas de querubines enchapadas en oro, ¹¹⁻¹³las cuales estaban de pie sobre el piso, dando frente al recinto exterior, con las alas extendidas en tal forma que la punta del ala de uno tocaba la punta del ala del otro a través de la sala, de pared a pared. Las alas de estos querubines, extendidas, medían nueve metros. ¹⁴De un lado a otro de la entrada a esta sala colocó una cortina de lino fino, azul, púrpura y carmesí, decorada con querubines.

¹⁵En la fachada del templo había dos columnas de dieciséis metros de altura, rematadas por un capitel de dos metros veinticinco centímetros de alto. ¹⁶Hizo confeccionar cadenas que se colocaron en el remate alto de las columnas, con cien granadas adheridas a las cadenas. ¹⁷Posteriormente puso las columnas en la fachada del templo, una a la derecha y otra a la izquierda, y a cada una le dio un nombre: Jaquín (a la columna de la derecha), y Boaz (a la de la izquierda).

## Mobiliario del templo

**4** Salomón también hizo un altar de bronce de nueve metros de largo, por nueve de ancho y cuatro metros y medio de alto. ²Hizo luego un enorme tanque redondo de hierro fundido, que medía cuatro metros y medio de diámetro. Desde el suelo hasta su orilla, la fuente medía dos metros veinticinco centímetros. Su circunferencia era de trece metros y medio. ³Descansaba sobre dos hileras de bueyes de metal, separados por una distancia de cuatro o cinco centímetros. El estanque y los bueyes fueron moldeados y fundidos de una sola pieza. ⁴Los bueyes eran doce, dispuestos cola a cola, tres de frente al norte, tres al poniente, tres al sur y tres al oriente. ⁵Las paredes del tanque eran de unos ocho centímetros de espesor, y sus bordes eran como el cáliz de un lirio. Tenía una capacidad de sesenta y seis mil litros de agua.

⁶Construyó también diez fuentes para lavar las ofrendas, cinco a la derecha del estanque grande y cinco a la izquierda. Para lavarse ellos mismos, los sacerdotes utilizaban el estanque y no las fuentes.

⁷Cumpliendo minuciosamente las instrucciones de Dios, hizo diez candelabros de oro, y los colocó en el templo, cinco contra la pared de la derecha y cinco contra la de la izquierda. ⁸Construyó, asimismo, diez mesas, y colocó cinco junto al muro de la derecha y cinco junto al de la izquierda, y moldeó cien tazones de oro sólido. ⁹Construyó luego un atrio para los sacerdotes, y también un atrio para el público, y las puertas de estos atrios estaban revestidas de bronce. ¹⁰La gran fuente estaba en la esquina derecha, que da hacia el sureste. ¹¹Hiram Abí hizo también las ollas, palas y palanganas necesarias para los sacrificios.

De esta manera dio por terminado el trabajo que le había señalado el rey Salomón:

¹²⁻¹⁶La construcción de las dos columnas;
los dos capiteles sobresalientes en la parte alta de las columnas;
los dos juegos de cadenas sobre los capiteles;
las cuatrocientas granadas que colgaban de los dos juegos de cadenas que estaban sobre los capiteles;
los cimientos para las fuentes, y las fuentes mismas;
la gran fuente y los doce bueyes sobre los cuales descansaba;
los calderos, las tenazas, y los tenedores.

Todos estos utensilios para el templo del Señor, los hizo Hiram Abí de bronce pulido, tal como el rey Salomón le encomendó. ¹⁷,¹⁸El rey mandó fundirlos en moldes de arcilla en el valle del Jordán, entre Sucot y Saretán. Era tan grande la cantidad de bronce que se utilizó, que no se pudo determinar su peso.

¹⁹Salomón también mandó a hacer todos los demás utensilios que se usarían en el templo de Dios. De oro puro se hicieron: el altar, la mesa para los panes de la Presencia, ²⁰los candelabros con sus lámparas, para encenderlas en frente del Lugar Santísimo, tal como está estipulado; ²¹las figuras de flores, las lámparas y las tenazas, igualmente de oro puro; ²²las despabiladeras, los aspersorios, las cucharas, los incensarios; la entrada del templo, la puerta principal y las puertas interiores que conducen al Lugar Santísimo y la puerta de la entrada principal del templo. Todo esto fue hecho de oro puro.

**5** Una vez terminada la construcción del templo del Señor, Salomón trajo los obsequios dedicados al Señor por su padre, el rey David, y los guardaron en la tesorería del templo de Dios.

## El cofre del pacto

²Salomón procedió a reunir en Jerusalén a todos los dirigentes de Israel, jefes de tribus y clanes, para la ceremonia del traslado del cofre desde el santuario

# 2 Crónicas

## Salomón pide sabiduría

**1** Salomón, hijo de David, llegó a ser un rey muy poderoso, porque contaba con la ayuda del Señor su Dios.

²,³Salomón reunió en Gabaón a todos los oficiales del ejército, a los funcionarios del gobierno, a los jueces y a los jefes de las familias patriarcales de Israel. Los guió hacia la parte alta del cerro, donde estaba el antiguo santuario construido por Moisés, siervo del Señor, mientras el pueblo andaba por el desierto. ⁴(Había otro santuario en Jerusalén, que David hizo construir para colocar allí el cofre de Dios, cuando lo trasladó desde Quiriat Yearín.) ⁵,⁶El altar de bronce que había hecho Bezalel hijo de Uri, y nieto de Jur, todavía se mantenía en pie frente al antiguo santuario del Señor. Por eso, Salomón y todos los invitados se reunieron delante de él y ofrecieron al Señor mil ofrendas quemadas.

⁷Aquella noche Dios se presentó a Salomón y le dijo:

—¡Pídeme cualquier cosa, y te la daré!

⁸Salomón contestó:

—¡Señor, tú fuiste bondadoso y bueno con mi padre David, y ahora me has dado el reino! ⁹Sólo una cosa puedo pedir, ya que has cumplido la promesa hecha a David mi padre y me has hecho rey sobre una nación tan numerosa como el polvo de la tierra. ¹⁰Te suplico que me des sabiduría e inteligencia para gobernar correctamente, porque ¿quién sería capaz de gobernar por sí mismo a una nación tan grande como este pueblo tuyo?

¹¹Dios le respondió:

—Por cuanto tu más grande anhelo es ayudar a tu pueblo, y no has pedido riqueza personal ni honores, ni me has pedido que maldiga a tus enemigos, ni has solicitado una larga vida, sino que has pedido sabiduría y conocimiento para guiar a mi pueblo en forma adecuada, ¹²¡te doy la sabiduría y el conocimiento que has pedido! ¡Y también te daré riquezas, bienes y honores como ningún rey antes de ti los ha tenido! ¡Jamás habrá otro rey tan grande en todo el mundo!

¹³Salomón, entonces, salió del santuario que estaba en Gabaón, bajó del cerro, y regresó a Jerusalén para gobernar a Israel.

¹⁴Salomón acrecentó el número de sus caballos y de sus carros de combate. Fue así como llegó a tener mil cuatrocientos carros y reclutó doce mil jinetes, los cuales mantenía en los lugares de acuartelamiento y en Jerusalén, cerca de él. ¹⁵¡Durante el reinado de Salomón, la plata y el oro eran tan abundantes en Jerusalén como las piedras en los caminos! ¡Y la costosa madera de cedro se utilizaba como cualquier sicómoro común! ¹⁶Los comerciantes de la corte compraban en Egipto y Cilicia los caballos para el rey Salomón. ¹⁷En esa época, un carro de combate traído de Egipto costaba seiscientas monedas de plata, y un caballo costaba ciento cincuenta monedas de plata. Muchos eran luego vendidos a los reyes de los hititas y de los sirios.

## Preparativos para la construcción del templo

**2** Salomón decidió construir un templo para el Señor, y su propio palacio real.

²Para esto se necesitaba un personal de setenta mil obreros, ochenta mil obreros que cortaran piedras en las montañas, y tres mil seiscientos capataces. ³Salomón envió un mensaje a Hiram, rey de Tiro, en el que le decía:

«Envíame, por favor, embarques de madera de cedro, similares a los que le enviaste a mi padre David, cuando construyó su palacio. ⁴Estoy a punto de iniciar la construcción de un templo para el Señor mi Dios. Será un templo en el cual se quemará el incienso y especias aromáticas para el Señor, donde se colocará el pan especial del sacrificio, y donde el pueblo podrá ofrecer sus ofrendas quemadas todos los días en la mañana y en la tarde, y en los días de reposo, y en la celebración de la luna nueva, y otras fiestas dedicadas al Señor nuestro Dios. Porque Dios quiere que Israel celebre siempre estas ocasiones especiales.

⁵»Va a ser un templo de grandes dimensiones, porque nuestro Dios es un Dios grande; tan grande como no hay otro. ⁶Sin embargo, ¿quién podrá alguna vez edificarle un templo tan grande, si ni los más altos cielos poseen suficiente grandeza para contenerlo? Y, ¿quién soy yo para que se me permita edificar un templo para Dios? Pero va a ser un lugar para adorarlo.

⁷»Envíame, pues, un experto en trabajos de oro, plata, hierro y bronce; que también sea experto en el arte de tejer la púrpura, la tela carmesí y el género azul; y que sea también perito grabador para trabajar junto a los artesanos de Judá y de Jerusalén, que fueron designados por mi padre David.

⁸»Mándame, además, madera de cedro, ciprés y sándalo de los bosques del Líbano, por cuanto tus hombres son los mejores que hay para cortar estos árboles. Yo te enviaré trabajadores para que les ayuden. ⁹Se va a necesitar una inmensa cantidad de madera, porque el templo que voy a edificar será de grandes proporciones e increíblemente hermoso. ¹⁰En cuanto al salario, mi propósito es pagar a tus hombres con veinte mil cargas de trigo, veinte mil cargas de cebada, veinte mil medidas de vino, y veinte mil medidas de aceite de oliva».

¹¹El rey Hiram le contestó al rey Salomón: «¡Es porque el Señor ama a su pueblo, que te ha elegido como su rey! ¹²Bendito sea el Señor, Dios de Israel, que hizo los cielos y la tierra, y que ha dado a David un hijo tan sabio, inteligente y entendido para edificar el templo del Señor y un palacio real.

¹³»¡He procedido, pues, a enviarte nada menos que a Hiram Abí, mi famoso maestro en artesanía! Es un hombre brillante, ¹⁴hijo de una mujer de la tribu de Dan, y de un hombre de Tiro. Es experto artífice en oro, en trabajos en plata, y también hace trabajo fino con bronce y hierro, y sabe todo lo relativo al trabajo en piedra y en madera. Trabaja, además, muy bien la púrpura, el lino y la escarlata. ¡Es grabador, y además es inventor! Va a trabajar con tus expertos en artesanía y con los que fueron designados por mi señor David, tu padre.

¹⁵»Por consiguiente, envíame el trigo, la cebada, el aceite de oliva y el vino que mencionas, ¹⁶y comenzaremos a cortar la madera de las montañas del Líbano, en la cantidad que necesitas, y a llevártela por mar, en balsas, hasta Jope, y desde allí tú te encargarás de conducirla hasta Jerusalén».

## PANORAMA DEL LIBRO

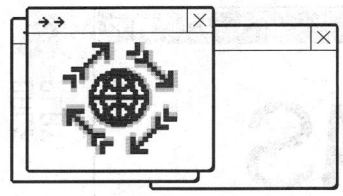

Esta es la segunda parte de la obra que presenta la historia de Israel desde una perspectiva espiritual. En esta parte de la historia se considera el reinado de Salomón y los reinos sucesivos posteriores a la división de la nación. La atención se concentra solamente en Judá y sus reyes. Debe recordarse que el propósito del autor del libro es asegurar a los judíos que han regresado del exilio que ellos tienen un lugar especial en los planes del Señor. Por ello está repasando la historia de la nación evaluando la actuación de los reyes y colocando la monarquía davídica como el modelo que debían seguir.

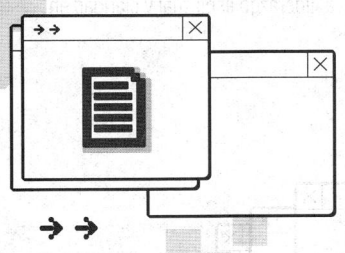

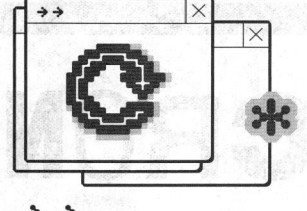

## ¿CÓMO SE RELACIONA CONMIGO?

El segundo libro de esta obra ilustra desde dónde se puede caer cuando se abandona al Señor, y lo hace con un tono de esperanza, más que de condena, ya que el libro se lee desde un período posterior al castigo del Señor. Este segundo libro de Crónicas tiene también un mensaje vital, puesto que nos recuerda la manera en la que el pueblo puede volverse a Dios al ser humildes y entregarnos enteros. Debido a que el libro hace énfasis en el culto y las oraciones, sirve como un modelo de los avivamientos que se experimentaron durante la época de los reyes buenos de Judá. Desde el punto de vista histórico, 2 Crónicas repasa la historia de Judá y hace la evaluación de cada uno de sus reyes a la luz del ideal establecido por el rey David. Un amante de la historia disfrutará de las numerosas menciones de figuras históricas seculares durante este período de tiempo. Desde Tilgat-pilneser y Senaquerib de Asiria hasta Nabucodonosor de Babilonia, los líderes extranjeros no judíos desempeñaron un papel destacado en el destino de Judá.

## EL GUION

1) El carácter de Salomón. La sabiduría es recompensada por Dios. Cap. 1
2) El templo de Salomón. La casa del Señor como muestra de su grandeza. Caps. 2-7
3) El esplendor del reino de Salomón. Hasta dónde puede bendecir el Señor a un siervo fiel. Caps. 8-9
4) Los reyes buenos de Judá posteriores a Salomón. Los líderes comienzan una reforma espiritual. Historias de los reyes buenos de Judá y la razón para su éxito: Asa (caps. 14-16), Abías (cap. 13), Josafat (caps. 17-20), Joás (cap. 24), Amasías (cap. 25), Uzías (cap. 26), Jotán (cap. 27), Ezequías (caps. 29-32) y Josías (34-35).

5) Los reyes malvados de Judá posteriores a Salomón. Cuando los líderes no siguen a Dios llevan al fracaso a todos. Historias de los reyes malos de Judá y por qué Dios los consideraba malos: Roboán (Cap. 12), Jorán (cap. 21), Ocozías (cap. 22), Acaz (cap. 28), Manasés (33:1-20), Amón (33:21-25), Joacaz, Joacim, Joaquín y Sedequías (cap. 36).

# 2 CRÓNICAS

# 2 CRÓNICAS

### ¿QUIÉN LO ESCRIBIÓ?

Los libros de Crónicas forman, igual que los de Reyes, un solo tomo en el canon hebreo. Sin embargo, a diferencia de éstos últimos, que tienen una relación temática e histórica con los libros de Samuel, los de Crónicas están relacionados más bien con Esdras. Ambos le dan importancia a las genealogías y además hacen énfasis en las ceremonias y en la fidelidad a la ley de Moisés. Quizá un detalle clave es que los últimos textos de 2 Crónicas (2 Cr. 36:22-23) son los versículos iniciales de Esdras (Esd. 1:1-3). Por esta razón, muchos se inclinan por la opinión de la tradición judía, la cual dice que el escritor es Esdras. Sin duda, este sacerdote estaba capacitado para producir una obra como esta. Era un ministro con suficiente conocimiento de la historia de su pueblo, con capacidad administrativa, liderazgo espiritual y claridad en cuanto a propósito teológico.

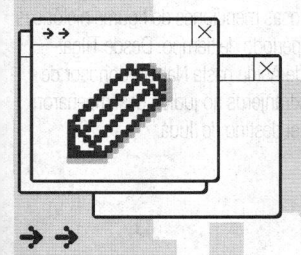

### ¿A QUIÉN LO ESCRIBIÓ?

Mientras los libros de Reyes fueron leídos por judíos derrotados, ya sea en Jerusalén o en el exilio en Babilonia, los libros de Crónicas fueron escritos para el pueblo judío que estaba ya de regreso en su tierra, después de los setenta años de cautiverio. Ahora, en esta situación de esperanza que reflejaba un nuevo comienzo, ellos necesitaban revisar la historia de su pueblo, pero esta vez no para ver qué fue lo que falló o las causas del fracaso, sino para ver cuál es la fuente de esperanza y éxito en el pasado con el propósito de aprender de él en el presente. Estos judíos, que se sienten como inmigrantes en su propia tierra, la cual muchos nunca habían visto, necesitan recordar *cómo funcionaba el templo*, cómo trató el Señor con los reyes, por qué David fue tan querido por Dios y, en general, en qué consiste ser parte de una tradición tan rica y valiosa como la suya.

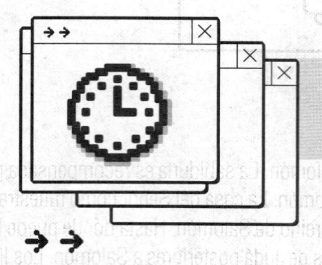

### ¿CUÁNDO Y DÓNDE LO ESCRIBIÓ?

Después del exilio en Babilonia, los persas conquistaron a los caldeos y, a partir del año 537 a.C., les dan permiso a los judíos de retornar a su tierra. El regreso se realiza bajo el liderazgo de varios líderes, principalmente Zorobabel (año 536 a.C.), Esdras (año 458 a.C.) y Nehemías (445 a.C.). Si Esdras es el escritor de este libro, entonces la fecha en la que se escribió fue cerca del año 450 a.C., en la ciudad de Jerusalén, mientras se efectuaba la gran reforma espiritual bajo el liderazgo de Esdras.

## Oración de David

¹⁰Mientras permanecía todavía en presencia de toda la asamblea, David dirigió así sus alabanzas al Señor: «¡Señor, Dios de nuestro padre Israel, alabamos tu nombre ahora y para siempre! ¹¹Tuyos son la grandeza y el poder, la gloria, la victoria y la majestad. Todo cuanto hay en los cielos y en la tierra es tuyo. También el reino te pertenece, y tienes el control de todo lo que existe. ¹²La riqueza y el honor provienen de ti, y tú eres el gobernador de toda la humanidad; tu mano controla el poderío y la potestad, y de acuerdo con tu voluntad es que los hombres adquieren la fama y reciben de ti el vigor. ¹³Dios nuestro, te damos gracias y alabamos tu glorioso nombre. ¹⁴Pero, ¿quién soy yo y quién es mi pueblo para que se nos permita darte cosas? ¡Todo lo que tenemos ha venido de ti, y sólo te damos lo que ya es tuyo! ¹⁵Porque estamos aquí sólo por un momento, somos extranjeros en la tierra, como lo fueron nuestros antepasados; nuestros días sobre la tierra son como una sombra, sin ninguna esperanza. ¹⁶¡Señor Dios nuestro, todo este material que hemos recolectado destinado a construirte un templo para tu santo nombre viene de ti! ¹⁷Comprendo, Dios mío, que tú pruebas a los hombres para ver si son buenos. He hecho todo esto inspirado por buenos propósitos, y he observado a tu pueblo cómo ofrece sus obsequios alegremente y de buena voluntad.

¹⁸»¡Señor, Dios de nuestros antepasados Abraham, Isaac e Israel, haz que tu pueblo siempre tenga el anhelo de obedecerte, y que el amor de ellos hacia ti nunca se modifique! ¹⁹Concede a mi hijo Salomón un corazón bueno hacia ti, hasta tal punto que él quiera obedecerte, incluso en los menores detalles, y que le permitas llevar a cabo la construcción de tu templo, para el cual he reunido todos estos materiales».

²⁰Entonces David se dirigió a todo el pueblo y le dijo: «¡Alaben al Señor su Dios!» Ellos lo hicieron así, inclinándose a tierra delante del Señor y del rey.

## Coronación de Salomón

²¹Al día siguiente, le ofrecieron al Señor, por todo el pueblo de Israel: mil novillos, mil carneros y mil corderos para que fueran sacrificados y quemados en su honor. Junto con los animales, entregaron las respectivas ofrendas de vino. ²²Luego celebraron fiesta y bebieron delante del Señor con mucho regocijo.

Y nuevamente procedieron a coronar a Salomón, hijo del rey David, como rey de su pueblo. Lo ungieron delante del Señor como su gobernante, y a Sadoc lo ungieron como su sacerdote. ²³De esta manera Salomón se sentó en el trono, en lugar de su padre David, y tuvo mucho éxito. Y todo el pueblo de Israel le obedecía. ²⁴Los dirigentes de la nación, los oficiales, y los hijos del rey David le prometieron lealtad al rey Salomón.

²⁵Y el Señor le dio gran popularidad en todo el pueblo de Israel, y amasó aun mayores riquezas y conquistó más honores que su padre.

## Muerte de David

²⁶,²⁷Así David fue rey de la tierra de Israel por cuarenta años, siete de los cuales reinó en Hebrón y treinta y tres en Jerusalén. ²⁸Murió a una avanzada edad, acaudalado y lleno de honores; y su hijo Salomón reinó en su lugar. ²⁹Se han escrito biografías detalladas del rey David en las crónicas del profeta Samuel, del profeta Natán y del profeta Gad.

³⁰Estos relatos dan cuenta de su reinado y poder, y de todo lo que le aconteció a él, a Israel y a los reyes de las naciones vecinas.

29.12–13

Jehiel, hijo de Jacmoní, estaba encargado del cuidado de los hijos del rey.

³³Ajitofel era también consejero oficial del rey. Husay el arquita era su consejero privado.

³⁴Joyadá hijo de Benaías, y Abiatar, eran ayudantes de Ajitofel.

Joab era el jefe de todo el ejército israelita.

## Instrucciones para la construcción del templo

**28** Luego David citó a reunión a todos sus oficiales a Jerusalén: los jefes de las tribus, los jefes de las doce divisiones del ejército, los otros oficiales del ejército, los funcionarios a cargo de su finca y su ganado, y todos los otros hombres de autoridad en su reino. ²Se levantó, y estando en pie delante de ellos, les dijo: «¡Hermanos míos y pueblo mío! Era mi deseo construir un lugar permanente para el cofre del pacto del Señor; un lugar en que nuestro Dios tuviera su trono. Ya tengo listos todos los elementos necesarios para la construcción, ³pero Dios me dijo: "¡Tú no me construirás un templo para honrar mi nombre, porque has dirigido muchas guerras y has dado muerte a mucha gente!"

⁴»No obstante, el Señor, Dios de Israel, me ha escogido de entre toda la familia de mi padre para iniciar una dinastía que regirá a Israel para siempre; ha escogido a la tribu de Judá, y de entre las familias de Judá, a la familia de mi padre; y de entre sus hijos, el Señor, por su gracia, me favoreció y me hizo rey sobre todo Israel. ⁵El Señor me ha dado muchos hijos, y de entre ellos ha escogido a Salomón para que sea mi sucesor en el trono de su reino de Israel. ⁶En efecto, me ha dicho: "Tu hijo Salomón construirá mi templo; porque lo he elegido como mi hijo, y yo seré su Padre. ⁷Y si él continúa obedeciendo mis mandamientos e instrucciones como hasta ahora, haré que su reino dure para siempre".

⁸»Aquí, delante del pueblo de Israel, que es el pueblo del Señor, y a la vista de nuestro Dios, les pido que obedezcan fielmente todos los mandamientos del Señor, para que puedan disfrutar de esta hermosa tierra que Dios les ha dado, y se la dejen a sus hijos para siempre».

⁹Luego David se dirigió a Salomón y le dijo: «Salomón, hijo mío, dedícate a conocer al Dios de tus padres; adóralo y sírvele con un corazón limpio y una correcta disposición, porque el Señor ve todo corazón, y entiende y conoce todo pensamiento. Si tú lo buscas, lo encontrarás; pero si tú lo abandonas, él te desechará por completo. ¹⁰Recuerda que el Señor te ha elegido para que le construyas un templo como su santuario. Así que ¡con todo ánimo ponte a trabajar!»

¹¹David procedió luego a entregar a Salomón los planos del templo y sus dependencias: las tesorerías, los aposentos altos, las salas interiores y el santuario para el propiciatorio. ¹²También le dio a Salomón sus proyectos de planos para los patios del templo del Señor, los aposentos de afuera para los tesoros del mismo, y para guardar los utensilios sagrados y las ofrendas especiales. ¹³El rey puso, asimismo, en manos de Salomón las instrucciones concernientes al trabajo de los diversos grupos de sacerdotes y levitas; e incluyó especificaciones para cada artículo que había de utilizarse en el templo del Señor para la adoración y el sacrificio. ¹⁴Además, David le entregó gran cantidad de oro y plata con que se harían todos los utensilios del templo del Señor. ¹⁵asimismo la cantidad precisa de oro para confeccionar los candelabros y lámparas, de acuerdo con el servicio que prestaría cada candelabro. ¹⁶Luego pesó el oro para la mesa en que se colocarían los panes de la Presencia y para las otras mesas de oro, y pesó, asimismo, la plata para las mesas de plata. ¹⁷También le entregó el oro para los tenedores, tazones y jarras. Igualmente le pesó el oro y la plata para las copas. ¹⁸Finalmente, le pesó el oro refinado destinado a la construcción del altar del incienso y para hacer los querubines de oro con sus alas extendidas sobre el cofre del pacto del Señor.

¹⁹«Cada parte de este plano —expresó David a Salomón— me fue dada por escrito de mano del Señor.

²⁰Sé enérgico y valiente y pon manos a la obra —añadió—. No te amedrentes por lo grande de la tarea, porque el Señor mi Dios está contigo, y no te abandonará, y él hará que cada detalle sea llevado a feliz término. ²¹Y estos diversos grupos de sacerdotes y levitas servirán en el templo de Dios. Otros con habilidades de toda índole actuarán como voluntarios, y los oficiales y el pueblo entero estarán bajo tu mando».

## Ofrendas para el templo

**29** Entonces el rey David se volvió hacia la asamblea en pleno y dijo: «Mi hijo Salomón, a quien Dios ha escogido para que sea el próximo rey de Israel, es todavía joven y sin experiencia, mientras que el trabajo que deberá afrontar es enorme, ya que el templo que va a construir no es precisamente una construcción más: ¡Es el templo destinado para el Señor! ²Haciendo uso de todos los recursos a mi alcance, he acumulado abundante material para su construcción: bastante cantidad de oro, plata, bronce, hierro, madera y grandes porciones de ónice, piedras preciosas de toda clase y mármol. ³Y, fuera de todo esto, por amor al templo de Dios, ahora entrego todos mis tesoros privados para ayudar a la edificación. ⁴,⁵Estas contribuciones personales consisten en cien mil kilos de oro de Ofir, y doscientos treinta mil kilos de plata pura destinada a recubrir las paredes de las edificaciones, y para los artículos de oro y plata, y para cualquier otro trabajo que se requiera. Ahora, pues, ¿quién seguirá mi ejemplo? ¿Quién, por amor al Señor, dará una ofrenda voluntaria para el templo?»

⁶,⁷Entonces los dirigentes de clanes, los jefes de tribus, los oficiales del ejército y los funcionarios administrativos del rey hicieron entrega de ciento sesenta y cinco mil kilos y diez mil monedas de oro, trescientos treinta mil kilos de plata, seiscientos mil kilos de bronce y tres millones trescientos mil kilos de hierro. ⁸También contribuyeron con grandes cantidades de joyas, las cuales fueron depositadas en la tesorería del templo del Señor, que estaba a cargo de Jehiel (descendiente de Guersón). ⁹Todos estaban conmovidos y felices por esta oportunidad de servir, y al rey David lo invadió una grande alegría.

28.9  28.20

y sus hermanos tenían también la responsabilidad de cuidar de los valores materiales dedicados al Señor por el profeta Samuel, Saúl hijo de Quis, Abner hijo de Ner, y Joab hijo de Sarvia.

²⁹,³⁰Quenanías y sus hijos (del subclan de Izar) recibieron nombramiento de administradores públicos y jueces. Jasabías y mil setecientos hombres de su clan de Hebrón, todos varones prominentes, fueron puestos a cargo del territorio de Israel que está al oeste del río Jordán, y tenían la responsabilidad sobre los asuntos religiosos y de la administración pública de esa región. ³¹,³²En el año cuarenta de su reinado, David hizo que se investigaran los registros genealógicos de los descendientes de Hebrón. Al hacerlo, se descubrió que en Jazer de Galaad había hombres muy valientes. El número de ellos era de dos mil setecientos, y tenían como jefe a Jerías. Entonces el rey David les asignó la administración de los asuntos públicos y religiosos de las tribus de Rubén, Gad y la media tribu de Manasés.

## Divisiones del ejército

**27** El ejército israelita fue dividido en doce regimientos, cada uno con veinticuatro mil soldados, incluyendo oficiales y personal administrativo. Estas unidades recibían el llamado para prestar servicio activo durante un mes al año. La que sigue es la lista de unidades y sus comandantes en jefe:

²,³A cargo de la primera división estaba Yasobeán hijo de Zabdiel, de la familia de Fares. Tenía veinticuatro mil hombres que prestaban su servicio el primer mes de cada año.

⁴El jefe de la segunda división era Doday el ajojita. Tenía a su cargo veinticuatro mil hombres que prestaban servicio el segundo mes de cada año. Miclot actuaba como ayudante.

⁵,⁶El jefe de la tercera división era Benaías, hijo del sumo sacerdote Joyadá. Sus veinticuatro mil hombres que prestaban su servicio el tercer mes de cada año. Benaías fue uno de los treinta valientes y jefe de ellos. Su hijo Amisabad formaba parte de esta división.

⁷El jefe de la cuarta división era Asael, hermano de Joab, el que posteriormente fue reemplazado por su hijo Zebadías. Tenía veinticuatro mil hombres que prestaban su servicio el cuarto mes de cada año.

⁸El jefe de la quinta división fue Samut el izraíta, con veinticuatro mil hombres que prestaban su servicio el quinto mes de cada año.

⁹El jefe de la sexta división fue Irá hijo de Iqués, de Tecoa. Tenía veinticuatro mil hombres que prestaban su servicio el sexto mes de cada año.

¹⁰El jefe de la séptima división era Heles el pelonita, de la tribu de Efraín, con veinticuatro mil hombres que prestaban su servicio el séptimo mes de cada año.

¹¹El jefe de la octava división era Sibecay de Jusá, descendiente de los zeraítas. Tenía veinticuatro mil hombres que prestaban su servicio el octavo mes de cada año.

¹²El jefe de la novena división era Abiezer, de Anatot, de la tribu de Benjamín, el cual comandaba veinticuatro mil hombres que prestaban su servicio el noveno mes de cada año.

¹³El jefe de la décima división era Maray de Netofa, descendiente de los zeraítas, con veinticuatro mil hombres que prestaban su servicio el décimo mes de cada año.

¹⁴El jefe de la undécima división era Benaías, de Piratón, descendiente de Efraín, con veinticuatro mil hombres que prestaban su servicio durante el undécimo mes de cada año.

¹⁵El jefe de la duodécima división era Jelday de Netofa, descendiente de Otoniel. Comandaba veinticuatro mil hombres que prestaban su servicio durante el duodécimo mes de cada año.

## Jefes de las tribus

¹⁶⁻²²A cargo de las tribus de Israel estaban los siguientes:

Jefe de la tribu de Rubén, Eliezer hijo de Zicrí;
de Simeón, Sefatías hijo de Macá;
de Leví, Jasabías hijo de Quemuel;
de los descendientes de Aarón, Sadoc;
de Judá, Eliú, hermano del rey David;
de Isacar, Omrí hijo de Micael;
de Zabulón, Ismaías hijo de Abdías;
de Neftalí, Jerimot hijo de Azriel;
de Efraín, Oseas hijo de Azazías;
de la media tribu de Manasés, Joel hijo de Pedaías;
de la otra mitad de Manasés, en Galaad, Idó hijo de Zacarías;
de Benjamín, Jasiel hijo de Abner; y de Dan, Azarel hijo de Jeroán.

²³Cuando David hizo el censo, no incluyó a los hombres de veinte años para abajo, porque el Señor le había prometido multiplicar a Israel como las estrellas del cielo. ²⁴Joab comenzó la labor del censo, pero nunca la terminó, porque la ira de Dios se desató sobre Israel; por consiguiente, el total final nunca se insertó en los anales del rey David.

## Superintendentes del rey

²⁵Azmávet hijo de Adiel era el funcionario que tenía a su cargo las tesorerías del palacio, y Jonatán hijo de Uzías estaba a cargo de las tesorerías regionales a través de las ciudades, pueblos y fortalezas de Israel.

²⁶Ezri hijo de Quelub era el encargado de los agricultores que trabajaban en las fincas del rey.

²⁷Simí de Ramat tenía a su cargo la vigilancia de los viñedos del rey;

Zabdí de Sefán tenía la responsabilidad sobre la producción del vino y su almacenamiento.

²⁸Baal Janán de Guéder era responsable de las plantaciones de olivos y de los bosques de sicómoro del rey en los llanos, frente a la frontera con los filisteos.

Joás tenía a su cargo el abastecimiento de aceite de oliva.

²⁹Sitray de Sarón estaba a cargo del ganado en las planicies de Sarón.

Safat hijo de Adlay tenía a su cargo el ganado que estaba en los valles.

³⁰Obil, del territorio de Ismael, tenía a su cargo los camellos.

Jehedías de Meronot tenía a su cargo los burros.

³¹Las ovejas estaban bajo el cuidado de Jaziz el agareno.

Los hombres antes mencionados eran administradores de los bienes del rey David.

³²Jonatán, tío de David, hombre sabio y bien preparado, era consejero del rey.

lo había bendecido con catorce hijos y tres hijas, cumpliendo así su promesa de que haría de él un hombre muy poderoso). ⁶⁻⁷El ministerio de la música a cargo de ellos incluía el tocar los címbalos, arpas y liras, todo bajo la dirección de su padre, mientras desempeñaban su ministerio en el santuario.

Asaf, Jedutún y Hemán rendían informe directamente al rey. Ellos y sus familiares estaban adiestrados para cantar alabanzas al SEÑOR. Eran doscientos ochenta y ocho en total, siendo cada uno de ellos maestro de música.

⁸Los cantores eran nombrados para su turno particular de servicios mediante sorteo, sin considerar la edad o reputación.

⁹⁻³¹El primer sorteo indicó a José, del clan de Asaf; el segundo, a Guedalías junto con doce de sus hijos y hermanos;
el tercero, a Zacur, y doce de sus hijos y hermanos;
el cuarto, a Izri, y doce de sus hijos y hermanos;
el quinto, a Netanías, y doce de sus hijos y hermanos;
el sexto, a Buquías, y doce de sus hijos y hermanos;
el séptimo, a Jesarela, y doce de sus hijos y hermanos;
el octavo, a Isaías, y doce de sus hijos y hermanos;
el noveno, a Matanías, y doce de sus hijos y hermanos;
el décimo, a Simí, y doce de sus hijos y hermanos;
el undécimo, a Azarel, y doce de sus hijos y hermanos;
el duodécimo, a Jasabías, y doce de sus hijos y hermanos;
el decimotercero, a Subael, y doce de sus hijos y hermanos;
el decimocuarto, a Matatías, y doce de sus hijos y hermanos;
el decimoquinto, a Jeremot, y doce de sus hijos y hermanos;
el decimosexto, a Jananías, y doce de sus hijos y hermanos;
el decimoseptimo, a Josbecasa, y doce de sus hijos y hermanos;
el decimoctavo, a Jananí, y doce de sus hijos y hermanos;
el decimonoveno, a Malotí, y doce de sus hijos y hermanos;
el vigésimo, a Eliatá, y doce de sus hijos y hermanos;
el vigesimoprimero, a Hotir, y doce de sus hijos y hermanos;
el vigesimosegundo, a Guidalti, y doce de sus hijos y hermanos;
el vigesimotercero, a Mahaziot, y doce de sus hijos y hermanos;
el vigesimocuarto, a Romanti Ezer, y doce de sus hijos y hermanos.

## Organización de los porteros

**26** Los porteros del templo del SEÑOR también fueron organizados por turnos, quedando de la siguiente manera:
De los coreítas:
Meselemías hijo de Coré, de la familia de Asaf,

²⁻³Los hijos de Meselemías eran: Zacarías, el primogénito; Jediael, el segundo; Zebadías, el tercero; Jatniel, el cuarto; Elam, el quinto; Johanán, el sexto y Elihoenay, el séptimo.

⁴⁻⁵Los hijos de Obed Edom: Semaías, el primogénito; Jozabad, el segundo; Joa, el tercero; Sacar, el cuarto; Natanael, el quinto; Amiel, el sexto; Isacar, el séptimo y Peultay, el octavo. ¡Cuán grande bendición le dio Dios con todos esos hijos!

⁶⁻⁷Los hijos de Semaías hijo de Obed Edom eran todos varones sobresalientes y ocupaban cargos de considerable autoridad en el clan. Sus nombres eran: Otni, Rafael, Obed y Elzabad, y sus hermanos, Eliú y Samaquías, eran también hombres muy valientes.

⁸Todos estos fueron los hijos y nietos de Obed Edom, en total sesenta y dos. Todos ellos eran hombres prominentes, particularmente aptos para su trabajo. ⁹Los hijos y hermanos de Meselemías fueron dieciocho, también hombres muy valientes. ¹⁰Los hijos de Josá, perteneciente al grupo de Merari, fueron: Simri, a quien su padre puso como jefe de sus hermanos, aunque no era el primogénito; ¹¹Jilquías, el segundo; Tebalías, el tercero; y Zacarías, el cuarto. Los hijos y hermanos de Josá fueron trece.

¹²Las divisiones de los porteros quedaron a cargo de sus jefes. Tal como en el caso de los otros levitas, éstos tenían la responsabilidad de servir en el templo del SEÑOR. ¹³Se les asignó los deberes de guardas en las diversas puertas, sin considerar la reputación de sus familias, ni sus edades, por cuanto el nombramiento se hacía por sorteo.

¹⁴⁻¹⁵La responsabilidad de la puerta del este recayó en Selemías y su grupo; la de la puerta del norte, en su hijo Zacarías, varón de extraordinaria sabiduría; la de la puerta del sur, en Obed Edom y su grupo (sus hijos quedaron a cargo de los almacenes de mercancías); ¹⁶y la de la puerta del oeste y de la puerta de Saléquet, en el camino de la parte alta, recayó en Supín y Josá.

¹⁷Seis porteros se designaban diariamente a la puerta del este; cuatro a la puerta del norte; cuatro a la puerta del sur; y dos a cada uno de los almacenes de mercancías. ¹⁸Se designaban seis guardas diariamente a la puerta del oeste, cuatro para el camino de la parte alta, y dos para el patio del oeste.

¹⁹Los porteros del templo del SEÑOR habían sido escogidos de los clanes de Coré y de Merari.

## Los tesoreros y otros oficiales

²⁰⁻²²Otros levitas, que tenían por jefe a Ahías, eran los encargados de recibir las donaciones traídas a Dios, que se guardaban en la tesorería del templo del SEÑOR. Estos varones del subclan de Ladán, provenientes del clan de Guersón, comprendían también a Zetán y Joel, hijos de Jehiel. ²³⁻²⁴Sebuel hijo de Guersón y nieto de Moisés, era jefe oficial de la tesorería. Además era supervisor de las divisiones que estaban a cargo de Amirán, Izar, Hebrón y Uziel. ²⁵Sus descendientes, en línea directa desde Eliezer, fueron: Rejabías, Isaías, Jorán, Zicrí y Selomit. ²⁶Selomit y sus hermanos quedaron a cargo de recibir las ofrendas para el SEÑOR, tanto del rey David como de otros dignatarios de la nación, tales como los oficiales y generales del ejército, ²⁷los cuales dedicaban su botín de guerra para sufragar los gastos generales del templo del SEÑOR. ²⁸Selomit

**1 CRÓNICAS 23.25**

²⁴En el censo, todos los varones de Leví, de veinte años en adelante, fueron registrados de acuerdo con sus familias paternas. Todos ellos estaban encargados del servicio en el templo del Señor.

²⁵Al respecto, David expresó: «El Señor, Dios de Israel, nos ha dado paz, y va a tener su habitación siempre en Jerusalén. ²⁶Ahora los levitas no tendrán necesidad de conducir el santuario y sus instrumentos de un lugar a otro».

²⁷Este censo de la tribu de Leví fue una de las últimas labores que David desarrolló antes de su muerte. ²⁸El trabajo de los levitas consistía en ayudar a los sacerdotes, descendientes de Aarón, a efectuar los sacrificios en el templo del Señor. Además, tenían la responsabilidad de cuidar los atrios, los cuartos, limpiar todos los utensilios sagrados, ²⁹tener listo todo lo que se usaba en las ofrendas: el pan de la Presencia, la harina para las ofrendas de cereales, las hojuelas sin levadura, las ofrendas fritas o cocidas, y de los instrumentos que se usaban para pesar y medir. ³⁰Todos los días, en la mañana y en la tarde, estaban de pie delante del Señor y cantaban dándole gracias y alabanza. ³¹Ayudaban en los sacrificios especiales de ofrendas quemadas, los sacrificios del sábado, las celebraciones de la luna nueva y en todos los festivales. Siempre los levitas se presentaban en tanta cantidad como la que se requería para cada ocasión. ³²Así que tenían a su cargo el cuidado del santuario, de la Tienda de reunión, y estaban bajo las órdenes de los sacerdotes, descendientes de Aarón.

## Organización del servicio sacerdotal

**24** Los sacerdotes (descendientes de Aarón) fueron divididos en dos grupos. Los hijos de Aarón fueron: Nadab, Abiú, Eleazar e Itamar. ²Nadab y Abiú murieron antes que su padre, sin tener hijos; por esa razón Eleazar e Itamar quedaron a cargo de la función sacerdotal.

³David consultó con Sadoc, representante del clan de Eleazar, y con Ajimélec, representante del clan de Itamar, para organizar a los descendientes de Aarón en diversos grupos para servir por turnos. ⁴Los descendientes de Eleazar fueron divididos en dieciséis grupos y los descendientes de Itamar en ocho grupos, ya que los descendientes de Eleazar eran más numerosos.

⁵Todas las tareas fueron asignadas a los diferentes grupos por sorteo, para que no hubiera preferencia, por cuanto había muchos hombres importantes y altos oficiales del templo de Dios en cada división. ⁶Semaías, levita, e hijo de Natanael, fue encargado de anotar los nombres y cargos, en presencia del rey, de los jefes, del sacerdote Sadoc, de Ajimélec hijo de Abiatar, de los jefes de las familias sacerdotales y de los levitas. Para cada tarea se asignaron dos grupos de la división de Eleazar y uno de la división de Itamar.

⁷⁻¹⁸El trabajo se asignó por sorteo, y la suerte recayó como sigue:

Primero, el grupo a cargo de Joyarib;
segundo, el grupo a cargo de Jedaías;
tercero, el grupo a cargo de Jarín;
cuarto, el grupo a cargo de Seorín;
quinto, el grupo a cargo de Malquías;
sexto, el grupo a cargo de Mijamín;
séptimo, el grupo a cargo de Cos;
octavo, el grupo a cargo de Abías;
noveno, el grupo a cargo de Jesúa;
décimo, el grupo a cargo de Secanías;
undécimo, el grupo a cargo de Eliasib;
duodécimo, el grupo a cargo de Yaquín;
decimotercero, el grupo a cargo de Hupá;
decimocuarto, el grupo a cargo de Jesebab;
decimoquinto, el grupo a cargo de Bilgá;
decimosexto, el grupo a cargo de Imer;
decimoséptimo, el grupo a cargo de Hezir;
decimoctavo, el grupo a cargo de Afsés;
decimonoveno, el grupo a cargo de Petaías;
vigésimo, el grupo a cargo de Ezequiel;
vigesimoprimero, el grupo a cargo de Jaquín;
vigesimosegundo, el grupo a cargo de Gamul;
vigesimotercero, el grupo a cargo de Delaías;
y el vigesimocuarto, el grupo a cargo de Maazías.

¹⁹Cada grupo efectuaba sus deberes del templo del Señor en la forma que originalmente Dios había mandado por medio de su antepasado Aarón.

## El resto de los levitas

²⁰Ésta es la lista del resto de los descendientes de Leví:

Amirán; su descendiente Subael; y Jehedías descendiente de Subael; ²¹el grupo de Rejabías, dirigido por su hijo mayor Isías; ²²el grupo de Izar, que se componía de Selomot y su hijo Yajat.

²³El grupo de Hebrón, que consistía de: Jerías, hijo mayor de Hebrón; Amarías, su segundo hijo; Jahaziel, su tercer hijo; y Jecamán, su cuarto hijo.

²⁴,²⁵El grupo de Uziel estaba dirigido por su hijo Micaías y sus nietos Samir e Isías, y por Zacarías hijo de Isías.

²⁶,²⁷El grupo de Merari estaba dirigido por sus hijos Majlí y Musí. (El grupo de Jazías, guiado por su hijo Benó, comprende también a sus hermanos Soján, Zacur e Ibrí). ²⁸Los descendientes de Majlí fueron: Eleazar, que no tuvo hijos, ²⁹y Quis, entre cuyos hijos se contaba Jeramel. ³⁰Los hijos de Musí fueron Majlí, Edar y Jeremot.

Éstos eran los descendientes de Leví, según sus casas paternas. ³¹Tal como en el caso de los descendientes de Aarón, los nombramientos para ocupar sus cargos se hacían por sorteo, sin distinción de edad o rango, y todo esto se hizo en presencia del rey David, de Sadoc, de Ajimélec, y de los jefes de las familias sacerdotales, y de los levitas.

## Organización de los músicos

**25** David y los oficiales del santuario apartaron a Asaf, Hemán y Jedutún para que se encargaran de la música. Éstos profetizaban acompañándose de arpas, liras y címbalos. La siguiente es la lista de todos los que fueron apartados para este servicio:

²Bajo la dirección de Asaf, profeta privado del rey, estaban sus hijos Zacur, José, Netanías y Asarela.

³Bajo Jedutún, que guiaba en la acción de gracias y alabanza al Señor (mientras eran acompañados por el arpa), estaban sus seis hijos: Guedalías, Zeri, Isaías, Jasabías, Matatías y Simí.

⁴,⁵Bajo la dirección de Hemán, profeta al servicio del rey, estaban sus hijos: Buquías, Matanías, Uziel, Sebuel, Jeremot, Jananías, Jananí, Eliatá, Guidalti, Romanti Ezer, Josbecasa, Malotí, Hotir y Mahaziot (Porque Dios

el templo del SEÑOR Dios, y también construiré el altar para que Israel presente sus ofrendas y holocaustos!»

## Preparativos para el templo

²Después David, por medio de un decreto, ordenó que se reuniera a todos los extranjeros que vivían en Israel. De entre estos extranjeros escogió a los que debían trabajar cortando y puliendo las piedras para el templo de Dios. ³También hicieron del hierro una gran cantidad de clavos que se necesitarían para las puertas, los portones y los cerrojos; y fundieron tanto bronce, que era demasiado para determinar el peso. ⁴Además, amontonaron la gran cantidad de madera de cedro que los hombres de Tiro y de Sidón le trajeron a David.

⁵«Mi hijo Salomón es joven e inexperto —pensó David—, y el templo del SEÑOR debe ser una estructura maravillosa, famosa y gloriosa a través del mundo; por consiguiente, me propongo comenzar inmediatamente los preparativos». En esta forma, David, antes de morir, dejó listos todos los materiales para la construcción.

⁶Luego mandó a llamar a su hijo Salomón, y le encargó que construyera el templo del SEÑOR, Dios de Israel. ⁷Le dijo: «Hijo mío, yo quería construir un templo para honrar al SEÑOR mi Dios, ⁸pero él me dijo: "No serás tú quien me construya un templo para honrar mi nombre, pues tú has dirigido muchas guerras y has dado muerte a mucha gente. ⁹Pero te daré un hijo, el cual va a ser un hombre de paz, porque yo haré que sus enemigos lo dejen en paz, de modo que Israel vivirá tranquilo durante su reinado. Por eso, se llamará Salomón. ¹⁰Él construirá mi templo, y será como mi propio hijo, y seré para él su Padre, y haré que sus hijos y descendientes reinen sobre cada generación de Israel".

¹¹»Ahora pues, hijo mío, que el SEÑOR te ayude, para que puedas construir el templo para él, y cumpla lo que ha dicho en cuanto a ti. ¹²Y quiera el SEÑOR darte el buen criterio y la inteligencia suficientes para seguir todas sus leyes cuando él te haga rey de Israel. ¹³Porque si obedeces cuidadosamente las normas y reglamentos que le dio a Israel por medio de Moisés, vas a prosperar. ¡Sé enérgico y valiente, entusiasta y sin miedo!

¹⁴»Con mucho esfuerzo he acumulado tres millones seiscientos mil kilos de oro puro y treinta y seis millones de kilos de plata, y tanta cantidad de hierro y bronce que ni siquiera he logrado saber a cuánto asciende su peso total. También he acumulado madera y piedra para las murallas. Todo esto es para usar en la construcción del templo del SEÑOR; de todos modos, tú deberás conseguir muchos más materiales. ¹⁵Además, cuentas con muchos obreros expertos: canteros, albañiles, carpinteros, y gente experta en toda clase de trabajos ¹⁶en oro, plata, hierro y bronce. ¡Por lo tanto, inicia el trabajo, y que el SEÑOR esté contigo!»

¹⁷Entonces David ordenó a todos los jefes de Israel que ayudaran a su hijo en este proyecto. ¹⁸«El SEÑOR su Dios está con ustedes —declaró—. Les ha permitido estar en paz con las naciones vecinas, porque las he conquistado en el nombre del SEÑOR, para su pueblo. ¹⁹¡Ahora, tomen la firme decisión de obedecer al SEÑOR su Dios. Construyan el templo del SEÑOR, para que trasladen a él el cofre del pacto y los demás utensilios que se utilizan en el culto».

## Los levitas

**23** David era muy anciano cuando nombró a su hijo Salomón como rey de Israel. ²Convocó a todos los jefes religiosos y políticos de Israel para la ceremonia de coronación. ³Contaron a todos los levitas que tuvieran más de treinta años de edad, y resultó que había un total de treinta y ocho mil hombres.

⁴,⁵David, entonces, los distribuyó de la siguiente manera: Veinticuatro mil dirigirían el trabajo de construcción del templo del SEÑOR, seis mil serían oficiales y jueces, cuatro mil servirían de porteros, y los cuatro mil restantes serían los encargados de alabar al SEÑOR con los instrumentos musicales que David había hecho fabricar para tal fin.

⁶Luego David procedió a dividirlos en tres grupos principales, cada grupo encabezado por descendientes de Leví, como sigue: Sección de Guersón, sección de Coat, y sección de Merari.

## Los guersonitas

⁷Se procedió a establecer subdivisiones: la sección de Guersón estaría encabezada por sus hijos Ladán y Simí.

⁸,⁹Los hijos de Ladán fueron: Jehiel en su calidad de jefe, Zetán y Joel.

Los hijos de Simí, fueron Selomit, Jaziel y Jarán.

Estos fueron los jefes de las familias paternas de Ladán.

¹⁰,¹¹Los hijos de Simí fueron: Yajat, el mayor, Ziza,ᵍ el segundo; y luego Jeús y Beriá que se cuentan como una sola familia porque ambos tuvieron pocos hijos.

## Los coatitas

¹²Los hijos de Coat fueron: Amirán, Izar, Hebrón y Uziel.

¹³Los hijos de Amirán fueron Aarón y Moisés. Aarón y sus hijos fueron apartados para el santo servicio de sacrificar las ofrendas del pueblo para el SEÑOR, para quemar el incienso, y para bendecir al pueblo en nombre del SEÑOR. ¹⁴,¹⁵En cuanto a Moisés, varón de Dios, sus hijos Guersón y Eliezer fueron contados con la tribu de Leví.

¹⁶Los hijos de Guersón tenían como jefe a Sebuel, ¹⁷y Rejabías, hijo único de Eliezer, era jefe de su clan, porque tuvo muchos hijos.

¹⁸Los hijos de Izar tuvieron como jefe a Selomit.

¹⁹Los hijos de Hebrón tuvieron como jefe a Jerías; a Amarías como segundo; Jahaziel era tercero; y Jecamán, cuarto.

²⁰Los hijos de Uziel tuvieron como jefe a Micaías, y como segundo a Isías.

## Los meraritas

²¹Los hijos de Merari fueron Majlí y Musí.

Los hijos de Majlí fueron Eleazar y Quis.

²²Eleazar murió sin tener hijos, y sus hijas se casaron con sus primos, es decir, con los hijos de Quis.

²³Los hijos de Musí fueron Majlí, Edar y Jeremot.

---

g. O, «Zina».

☼ 22.13

**1 CRÓNICAS 20.4**

puso sobre su cabeza. Esa corona pesaba treinta y tres kilos, y tenía piedras preciosas. David, además, se llevó muchas riquezas de la ciudad. ³A la gente de la ciudad la llevó a trabajar con sierras, picos de hierro y hachas, como era su costumbre con todos los pueblos que conquistaba. Luego David regresó a Jerusalén con todo el pueblo.

### Guerra contra los filisteos

⁴La siguiente guerra fue contra los filisteos, en Guézer. Fue allí donde Sibecay el jusatita mató a Sipay, que era uno de los descendientes de los gigantes. Esto hizo que los filisteos se rindieran. ⁵En el transcurso de otra guerra contra los filisteos, Eljanán hijo de Yaír, mató a Lajmí, hermano del gigante Goliat, el de Gat, cuya lanza tenía una punta del tamaño de un rodillo de telar.

⁶,⁷En otra guerra ocurrida en Gat, un gigante que tenía seis dedos en cada mano y seis dedos en cada pie, cuyo padre también fue gigante, desafió e insultó a Israel; pero lo mató Jonatán hijo de Simá y sobrino de David.

⁸Estos fueron los gigantes descendientes de Rafá, el gigante de Gat, a quienes David y sus oficiales dieron muerte.

### David hace un censo militar

**21** Satanás se levantó contra Israel, pues incitó a David a hacer un censo. ²Por eso, David les dijo a Joab y a los jefes del pueblo:

—Quiero que vayan por todo el país, desde Berseba hasta Dan, y cuenten a todos los israelitas y tráiganme ese dato.

³Pero Joab le respondió:

—¡Que el Señor multiplique su pueblo cien veces más de lo que es ahora! Pero si ya todos estamos al servicio de mi rey y Señor, ¿para qué quiere que contemos a la gente? ¿Por qué hacer algo que le va a traer la desgracia a Israel?

⁴Pero el rey se impuso, y Joab hizo lo que el rey le ordenó. Viajó, pues, por todo Israel, y regresó a Jerusalén. ⁵Dio una cifra total de habitantes que ascendió a un millón cien mil hombres que podían ir a la guerra, mientras que en Judá habían cuatrocientos setenta mil. ⁶Pero no incluyó las tribus de Leví ni de Benjamín en el censo, porque no estaba de acuerdo con la orden del rey. ⁷Y Dios también estaba disgustado con el censo, y por este motivo castigó a Israel.

⁸Entonces David le dijo a Dios: «He cometido un pecado muy grande al ordenar hacer este censo. Pero ahora te ruego que perdones el pecado de tu siervo, pues me he portado como alguien que desconfía de tu poder».

⁹Entonces el Señor le dijo a Gad, profeta personal de David:

¹⁰«Ve y dile a David: "El Señor te da la oportunidad de escoger entre tres castigos. Escoge el que quieras"».

¹¹Entonces Gad fue y le dijo a David:

—El Señor te manda a decir que elijas uno de estos tres castigos: ¹²tres años de hambre en tu tierra, o tres meses de destrucción por tus enemigos, o tres días en que el Señor enviará a su ángel para que desate una plaga mortal por todo el país, de modo que muchos morirán. Piénsalo y dame a conocer tu respuesta, para dársela al Señor.

¹³—Es una decisión muy difícil de tomar —respondió David—, pero prefiero caer en las manos del Señor y no en el poder de los hombres, porque el Señor es muy compasivo.

¹⁴Entonces el Señor envió una plaga sobre Israel, y murieron setenta mil hombres. ¹⁵Durante la plaga, Dios envió un ángel a destruir a Jerusalén; pero entonces sintió tal compasión que le dolió profundamente, de modo que ordenó al ángel destructor: «¡No sigas! ¡Es suficiente!». En ese momento el ángel del Señor se encontraba de pie en el campo de trilla de Ornán el jebuseo.

¹⁶Cuando David vio al ángel del Señor parado entre el cielo y la tierra con su espada desenvainada, apuntando hacia Jerusalén, se vistió de ropas ásperas y se postró en tierra, delante del Señor; y los ancianos de Israel hicieron lo mismo. ¹⁷Y David le dijo a Dios: «Yo fui el que pecó al dar la orden de hacer el censo. Pero, ¿qué han hecho estas ovejas? Señor, Dios mío, castígame a mí y a mi familia, pero no sigas castigando a tu pueblo».

### David construye un altar

¹⁸Entonces el ángel del Señor le dijo a Gad: «Ve y dile a David que construya un altar al Señor en el terreno de trilla de Ornán el jebuseo». ¹⁹David fue, pues, a hablar con Ornán, cumpliendo así la orden que el Señor le había dado por medio del profeta Gad. ²⁰Cuando David llegó, Ornán y sus cuatro hijos se hallaban trillando el trigo. Ornán miró hacia atrás y vio al ángel. Sus hijos también lo vieron, y corrieron a esconderse. ²¹Luego Ornán vio al rey que se acercaba; salió de la era y se postró en tierra delante del rey David. ²²Entonces David le dijo:

—Por favor, véndeme esta parte de tu parcela, para construir un altar para el Señor, a fin de que la plaga se detenga. Yo te pagaré lo que en realidad vale el terreno.

²³—Tómalo, mi señor, y úsalo como lo desees —dijo Ornán a David—. Toma además los bueyes para el holocausto y usa los instrumentos de trilla como leña para el fuego y usa, asimismo, el trigo para la ofrenda de grano. Te regalo todo.

²⁴—No —respondió el rey—, debo comprarlo por el valor real; no puedo tomar sin pago lo que es tuyo y luego darlo al Señor. ¡No ofreceré al Señor un holocausto que no me haya costado!

²⁵Entonces, David le dio a Ornán seiscientas monedas de oro por el terreno. ²⁶Luego, David construyó allí un altar al Señor y ofreció holocaustos y ofrendas de paz sobre él. Y oró al Señor, quien respondió enviando fuego desde los cielos para quemar las ofrendas que estaban sobre el altar.

²⁷Por orden del Señor, el ángel guardó su espada. ²⁸Y cuando David vio que el Señor había accedido a su súplica, le ofreció sacrificios.

²⁹En ese tiempo, el santuario y el altar de los holocaustos que hizo Moisés en el desierto, estaban en el monte de Gabaón. ³⁰Pero David no se atrevió a ir a ese lugar a consultar al Señor, porque le dio mucho miedo ver cómo el ángel del Señor estaba castigando al pueblo.

**22** Entonces David exclamó: «¡Aquí, en el campo de trilla de Ornán, es el lugar en que edificaré

## Victorias de David

**18** David, finalmente, derrotó y sometió a los filisteos, y conquistó la ciudad de Gat y sus pueblos circundantes. ²También conquistó Moab, y exigió a sus habitantes que le entregaran todos los años una elevada suma de dinero.

³Igualmente, derrotó en Jamat a Hadad Ezer, rey de Sobá, justamente cuando éste iba a extender su dominio a lo largo del río Éufrates. ⁴David capturó a siete mil jinetes y veinte mil soldados. Además se apoderó de mil carros de combate, y les quebró las patas a mil caballos; sin embargo, dejó los caballos que necesitaba para cien carros de combate.

⁵Cuando los sirios llegaron procedentes de Damasco, para ayudar al rey Hadad Ezer, David mató a veintidós mil de ellos. ⁶Luego procedió a establecer un cuartel de guarnición en Damasco, capital de Siria. Además, les impuso a los sirios la obligación de pagar una importante cantidad de dinero todos los años. Y el SEÑOR le daba a David la victoria dondequiera que iba.

⁷David llevó a Jerusalén los escudos de oro de los oficiales del rey Hadad Ezer, ⁸como también una gran cantidad de bronce procedente de las ciudades de Tibjat y de Cun, que le pertenecían a Hadad Ezer. Más tarde, el rey Salomón, cuando construyó el templo del SEÑOR, hizo fundir ese bronce, para hacer la fuente, las columnas y los demás utensilios de bronce.

⁹Tan pronto como Tou, rey de Jamat, supo que el rey David había destruido las fuerzas de Hadad Ezer, ¹⁰envió a su hijo Adorán a saludar y felicitar al rey David por el éxito, y hacerle entrega, a la vez, de muchos regalos de oro, plata y bronce, tratando así de lograr una alianza con él. Hadad Ezer y Tou habían sido enemigos entre sí y habían sostenido entre ellos muchas guerras. ¹¹El rey David dedicó estos regalos al SEÑOR, tal como lo hiciera con la plata y el oro que tomó de las naciones de Edom, Moab, Amón, Amalec y Filistea.

¹²Abisay hijo de Sarvia derrotó y mató luego a dieciocho mil edomitas en el valle de la Sal. ¹³Estableció una base militar en Edom, y obligó a los edomitas a pagar grandes sumas de dinero anualmente a David. Esta es precisamente una nueva demostración de cómo el SEÑOR daba a David victoria tras victoria.

## Oficiales de David

¹⁴David reinaba sobre toda la nación de Israel, y era un gobernante justo. ¹⁵Joab hijo de Sarvia era el jefe del ejército; Josafat hijo de Ajilud era el secretario. ¹⁶Sadoc hijo de Ajitob y Ajimélec hijo de Abiatar eran los sacerdotes; Savsa era el cronista del rey; ¹⁷Benaías hijo de Joyadá estaba a cargo de la guardia personal del rey, la cual estaba conformada por soldados quereteos y peleteos. Los hijos de David eran sus funcionarios más importantes.

## Guerra contra los amonitas

**19** Cuando murió Najás, rey de Amón, su hijo Janún pasó a ser el nuevo rey. ²,³David, entonces, dijo: «Voy a brindarle mi amistad a Janún en reconocimiento de todas las bondades que su padre Najás tuvo conmigo». Así que envió un mensaje de condolencia a Janún por la muerte de su padre. Pero cuando llegaron los embajadores de David, los consejeros amonitas le dijeron al rey Janún: «Su Majestad, no se deje engañar, pues David no ha enviado a estos hombres para darle el pésame por la muerte de su padre. ¡En realidad, los ha enviado para que exploren el país, para después venir y destruirlo!» ⁴Entonces el rey Janún apresó a los mensajeros que había enviado David. Luego, para avergonzarlos, les hizo cortar la barba, y rasgar sus vestidos a la altura de las nalgas, y así los hizo regresar a su tierra.

⁵Cuando David recibió la información de lo que había ocurrido, envió un mensaje a sus desconcertados emisarios, diciéndoles que permanecieran en Jericó hasta que sus barbas volvieran a crecer.

⁶Cuando el rey Janún y los amonitas se dieron cuenta de su error, enviaron treinta y tres mil kilos de plata para reclutar tropas de mercenarios, carros de combate y caballería de Mesopotamia, de Macá y de Sobá. ⁷Contrataron treinta y dos mil carros de combate y consiguieron la colaboración del rey de Macá y su pueblo. Estas fuerzas acamparon en Medeba, lugar en que se unieron a las tropas que el rey Janún había reclutado de sus ciudades.

⁸Tan pronto como David lo supo, envió a Joab y a los más poderosos guerreros de Israel. ⁹Los hombres de Amón salieron y llegaron hasta la entrada de la ciudad de Medeba. Pero los otros reyes que habían venido a apoyar a Janún se quedaron afuera en el campo.

¹⁰Una vez que Joab se enteró de que el enemigo se encontraba tanto al frente de él como detrás, eligió a los mejores de las tropas de Israel y los mandó a enfrentarse a los sirios. ¹¹El otro grupo, bajo el comando de su hermano Abisay, marchó en contra de los amonitas. ¹²Joab le dijo a Abisay: «Si ves que los sirios me están derrotando, tú vendrás a ayudarme; y si veo que los amonitas te están derrotando, entonces, yo iré en tu ayuda. ¹³¡Ten ánimo! ¡Vamos a pelear con valor para defender a nuestro pueblo y a las ciudades de nuestro Dios! ¡Que el SEÑOR haga lo que considere mejor!»

¹⁴En estas condiciones, Joab y sus tropas atacaron a los sirios, y éstos dieron la vuelta y huyeron. ¹⁵Los amonitas fueron atacados por las tropas de Abisay, y al ver que los sirios estaban retirándose, también ellos huyeron hacia la ciudad. Entonces, Joab regresó a Jerusalén.

¹⁶Después de su derrota, los sirios solicitaron ayuda a los sirios que vivían al este del río Éufrates. Entonces, Sofac, jefe del rey Hadad Ezer, se puso al frente de ellos. ¹⁷,¹⁸Al llegar estas noticias a conocimiento de David, movilizó a todo Israel, cruzó el río Jordán y combatió contra los sirios. Pero ellos nuevamente huyeron de David, el cual dio muerte a siete mil hombres de los que estaban a cargo de los carros y a cuarenta mil soldados de infantería. Asimismo dio muerte a Sofac, jefe del ejército sirio. ¹⁹Las tropas del rey Hadad Ezer se rindieron al rey David y pasaron a ser sus súbditos. Y los sirios nunca más ayudaron a los amonitas en sus batallas.

## Conquista de Rabá

**20** En la primavera, que era el tiempo que los reyes acostumbraban salir a la guerra, Joab salió con el ejército israelita, y atacó y arrasó el país de los amonitas. Después de destruirlos, sitió a Rabá y la conquistó. Mientras tanto, David había permanecido en Jerusalén. ²Al llegar David al escenario, le quitó la corona de oro al rey de los amonitas, y se la

# DESAFÍO Z

→ →

Ahora es el momento de ponerte en acción, por lo que te desafío a identificar al menos dos áreas en tu vida, dos pasiones que Dios puede usar para cumplir su propósito en ti.

→ →

## ¿CÓMO HACERLO?

Primero: Piensa en aquellas cosas o actividades que te apasionan. Quizás sea algún deporte, videojuegos, diseño, películas… Lo que sea. Si es algo que podrías hacer durante horas y disfrutarlo, estás apasionado.

Segundo: Analiza en qué eres bueno. ¿Cuáles de esas actividades se te dan con facilidad? ¿En cuales muestras habilidad? Pst… Si crees que no eres bueno para nada, ¡es porque no estás mirando a Jesús! Él te creó con dones y talentos, para su gloria, no importa lo que creas.

Tercero: Piensa cómo realizando estas actividades que te apasionan y por las que tienes talento, puedes cumplir con la gran comisión. ¿Cómo puedes ser luz y sal, cómo puedes amar a tu prójimo en esa área?

Cuarto: Escribe los versículos de 1 Corintios 9:20-22. Léelos cada día en voz alta hasta que puedas memorizarlos.

Quinto: ¡Sal y cumple con tu propósito!

→ →

## CONOCE MÁS A DAVID

Es creador de contenido y consultor en videomarketing. Coautor del libro "*Adán*", sus videos han alcanzado +60 millones de reproducciones y 700.000 suscriptores en Youtube. Argentino, está casado con Sofía y sirve en su iglesia local.

Escanea este QR con tu smartphone y mira estos videos para seguir pensando juntos.

Comparte tus comentarios en tus redes utilizando #BIBLIAZ

Me costó pensar en esto. Siempre vi la muerte como algo distante, lejano.

Pero luego de unos minutos la respuesta surgió clara:

"Amado por su familia, querido por sus amigos, cumplió con el propósito de Dios".

¡Ah, el propósito de Dios! Qué tema tan profundo y bello que a veces, sin querer, complejizamos demasiado. Dios tiene un propósito para vos y para mí: formar a su Hijo en nosotros.

*"A quienes Dios conoció de antemano, los destinó desde un principio para que sean como su Hijo".* Romanos 8:29

Nada más, nada menos. Ser como Cristo.

Y en ese proceso de parecernos más a Jesús, nos asigna una misión: léela en Mateo 28:19-20.

Amar a Dios, amar al prójimo. Es tan simple como eso. Ese es nuestro destino. Destino que cada uno puede cumplir de diferentes formas.

Al fin y al cabo, se trata de amar y de ser cada día lo más parecido a Jesús posible. La Biblia nunca aclaró el "cómo" deberíamos hacerlo. Algunos cumplirán esto predicando en un púlpito, otros enseñando o haciendo música y así podríamos seguir infinitamente. A mí me toca hacerlo a través de Youtube: siempre fui un apasionado por esa plataforma, aun desde adolescente, y sabía que era un lugar donde se necesitaba hablar de Jesús. Y así lo hago, desde 2017.

Lo repetiré para dejarlo claro: **nuestro propósito, ser como Cristo y predicar de Él, es compartido, pero nuestras herramientas son únicas.**

Cada uno está equipado con diferentes dones, talentos, pasiones y con un bagaje diferente de experiencias de vida.

Eso que el apóstol Pedro llama la *multiforme* gracia de Dios (1 Pedro 4:10).

Son esas cosas raras que nos hacen únicos, las que Dios puso en nosotros para que podamos aportar y llegar a otros de maneras diferentes, pero con la misma misión: amar cumpliendo nuestro propósito.

Abraza tus herramientas únicas, honra este llamado, ama a tu prójimo como a ti mismo y gasta tu vida por Jesús.

Recuerda que la bío final de tu vida la escribirán otros, y no podrás editarla.

Quisiera terminar recordándote estas palabras que dijo Jesús:

*"Todo lo que hicieron a mis hermanos necesitados a mí me lo hicieron".* Mateo 25:40

Amar a los demás, acompañarlos, asistirlos y ayudarlos es el equivalente a amar, acompañar, asistir y ayudar al Maestro, porque, como venimos charlando, el propósito se trata menos de hacer y más de ser. Se trata menos de mí y más de los demás, más de Cristo.

---

**VERSÍCULOS DE REFUERZO** | Romanos 8:28 | Salmos 138:8
Jeremías 29:11 | Salmos 57:2

# VIVE CON PROPÓSITO

→ →

Soy Davi Di Marco y quiero hablarte sobre vivir con propósito, porque si no sabemos para qué vinimos a esta tierra… entonces, ¿cuál es el sentido de esta vida?

Déjame comenzar con una pregunta… ¿Qué dice tu biografía de Instagram?

Nuestro perfil hace muchas veces de carta de presentación: quienes no nos conocen probablemente vean primero nuestro perfil antes de estrechar nuestra mano. Es por eso que expertos en marketing y redes sociales ocupan mucho tiempo en diseñarlos de manera atractiva y directa, y parte vital de este perfil es la descripción de la bío: una o dos oraciones que resumen nuestra vida entera.

Hace tiempo pregunté en Twitter cuáles eran las bío de Instagram más comunes entre cristianos. Algunos de los resultados más populares fueron:

- Pastor/líder en @.....
- Hijo del rey
- Versículo favorito
- Diseñador (o cualquiera sea la profesión)

Esta última es la mía. En este momento tengo una sola palabra: Youtuber †

Lo que más me llama la atención es que en esas líneas tenemos que describir no solo quiénes somos sino qué es lo que hacemos.

En la ciudad de Buenos Aires existe uno de los cementerios más increíbles de todo el planeta: el cementerio de la Recoleta. Enorme como un pueblo y atractivo por su arquitectura, funciona como una atracción turística.

A pesar de vivir en Buenos Aires me resistía a ingresar. Siendo honestos, un cementerio no es un lugar en el que uno quiera estar, pero cierto día decidí entrar y descubrí algo que cambió mi perspectiva de la vida para siempre.

Mientras recorría y observaba decenas de tumbas, lo que me llamó mucho la atención fueron las frases escritas en las lápidas o memoriales:

"Coronel. Luchó en la batalla…".

"Amado hermano. Arquitecto. Construyó…".

Y de repente lo entendí: esas palabras escritas en piedra son como nuestras bío de Instagram post mortem. Allí se escribirá quiénes fuimos y qué hicimos con nuestro tiempo en la tierra.

Pero claro, a diferencia del perfil que tenemos en redes sociales, nuestra lápida no será escrita por nosotros: lo harán otros, seres cercanos y queridos.

Curioso ¿no?

En un mundo que nos invita a gastar nuestra vida siendo egoístas, pensando solo en nosotros mismos, sobre el final será nuestro prójimo quien escriba qué fuimos, qué hicimos…

Nuestra lápida tampoco se podrá actualizar con nuevos logros, no hay chance de borrar y editar; redactada sobre roca, así se quedará…

Fue en esos instantes donde una pregunta se despertó en mi corazón:

Davi, ¿qué te gustaría que dijera tu lápida?

# DAVID DI MARCO
Me dicen Davi

→→ Si tuviera que definirme en tres palabras diría que soy **esposo, youtuber y bostero** (hincha/aficionado de Boca Juniors).

→→ Mi versículo favorito es **Eclesiastés 11:4** (fue el responsable de que me iniciara en Youtube a los 22 años).

→→ Mi gran sueño es producir una película memorable que cale hondo en la cultura general (mal llamada secular).

→→ Si la vida fuese un partido de fútbol, para mí la Biblia sería el plan de juego. Ahí encuentro todas las referencias necesarias para vivir en plenitud siguiendo a Jesús.

→→ **Sigo a Jesús porque es el único que puede llenar el vacío que todos tenemos.**

→→ Vivo en Argentina

→→ Además de Jesús, me apasiona el futbol, soy fanático de Boca Juniors, el equipo más grande del continente americano. Amo estar en familia (estoy casado desde 2017 y tenemos dos gatos). Me apasiona todo lo relacionado con Youtube y las plataformas sociales.

→→ Un consejo: **¡Intenta disfrutar tu adolescencia y juventud! Explora, descubre, diviértete.**

**Sé que las tensiones y ansiedades te rodean; sé que hay días claros, grises y otros oscuros totalmente, pero ¡ánimo! Dios está contigo para ayudarte.**

→→ Una frase que me motiva: **"He fallado una y otra vez en la vida. Por eso tengo éxito".** (Michael Jordan)

→→ 
- @lodedavi
- @lodedavi
- @lodedavi

**1 CRÓNICAS 16.31**

30 ¡Tiemble delante de él toda la tierra!
Él creó el mundo y lo puso en su lugar, y el mundo no se moverá.
31 ¡Que los cielos estén alegres, que se regocije la tierra!
Que todas las naciones digan: "¡El Señor es quien reina!".
32 »Bramen los vastos mares, regocíjese la campiña y lo que en ella hay.
33 Los árboles y los bosques canten de gozo delante del Señor, porque él viene a juzgar al mundo.

34 »Den gracias al Señor, porque él es bueno; su amor y su bondad continúan para siempre.
35 Clamen a él y díganle: "Sálvanos, Dios de nuestra salvación;
permítenos regresar sin ningún contratiempo a nuestra tierra.
Entonces expresaremos nuestra gratitud a tu Santo Nombre, y nos alegraremos en nuestra alabanza a ti".
36 ¡Bendito sea el Señor, Dios de Israel, para siempre y por siempre jamás!»
Y todos los presentes dijeron: «¡Amén!», y alabaron al Señor.

37 David dispuso que Asaf y sus colegas levitas se encargaran del cuidado del cofre del pacto del Señor, y de la celebración del culto delante de ella, de acuerdo con las instrucciones ya existentes.
38 David también nombró como porteros a Obed Edom hijo de Jedutún, Josá, y el otro Obed Edom, y sesenta y ocho de sus colegas.
39 Al sacerdote Sadoc y a sus compañeros los encargó del santuario del Señor, que estaba en el cerro de Gabaón, 40 para que ofrecieran diariamente, sobre el altar, los sacrificios de la mañana y de la tarde, tal como el Señor había ordenado a Israel. 41 David había designado también a Hemán, Jedutún y a varios otros, que había elegido por nombre, para que cantaran al Señor el coro: «Su gran amor es eterno». 42 Usaban sus trompetas y címbalos para acompañar a los cantores con alabanzas a Dios en voz alta. Y los hijos de Jedutún fueron designados como porteros.
43 Por fin, se terminó la celebración, y la gente regresó a sus casas; también David fue a su casa para bendecir a su familia.

## Promesa de Dios a David

**17** Después de que David se había instalado en su palacio, le dijo al profeta Natán:
—¡Mira! Mientras yo vivo aquí en un palacio con paredes de madera de cedro, el cofre del pacto de Dios está afuera en una carpa.
2 Y Natán le respondió:
—Lleva a cabo tu proyecto en todos sus detalles, pues cuentas con la ayuda de Dios.
3 Pero esa misma noche Dios habló a Natán y le dijo:
4 «Preséntate ante mi siervo David y entrégale este mensaje: "Tú no me construirás una casa! 5 Desde que saqué a Israel de Egipto no he vivido en una casa, sino que he andado de un campamento a otro, y de una carpa a otra. Así ha sido hasta hoy. 6 En todo tiempo nunca quise insinuar a ninguno de los jefes de Israel, a quienes elegí para guiar a mi pueblo, que me edificaran una casa cubierta de cedro".

7 »Dile, también, a mi siervo David: El Señor Todopoderoso te dice: "Te saqué de las labores de pastor de ovejas y te hice el rey de mi pueblo. 8 Y he estado contigo dondequiera que has andado; he destruido a tus enemigos, y haré tu nombre tan grande como el más grande de la tierra. 9 Y daré a mi pueblo Israel un hogar permanente y los plantaré en su tierra. No volverán a ser perturbados; las naciones malvadas no los conquistarán como lo hicieron antes, 10 cuando eran regidos por los jueces. Subyugaré a todos tus enemigos. Y ahora declaro que tu familia siempre reinará sobre mi pueblo. 11 Cuando tu tiempo aquí en la tierra se haya cumplido y mueras, colocaré en el trono a uno de tus hijos; y haré que su reino sea fuerte. 12 Él será quien construya un templo para mí, y estableceré su reino para siempre. 13 Yo seré su Padre, y él será mi hijo. Nunca le quitaré mi amor y misericordia, como sí lo hice con Saúl. 14 Lo colocaré sobre mi casa y sobre el reino de Israel para siempre, y sus descendientes siempre serán reyes"».
15 De esta manera Natán le comunicó al rey David todo lo que el Señor le había dicho.

## Oración de David

16 Entonces David entró y se sentó delante del Señor y dijo:
«¿Quién soy yo, Señor y Dios, y qué es mi familia para que me hayas dado todo esto? 17 ¡Todas las grandes cosas que ya has hecho a mi favor son nada en comparación con lo que has prometido hacer en el futuro! ¡Porque ahora, Señor y Dios, estás hablando de futuras generaciones, en que mis descendientes serán reyes también! Tú hablas como si yo fuera un hombre muy importante. 18 ¿Qué más puedo decir? ¡Tú sabes que no soy más que un perro; no obstante, has decidido darme honor! 19 Señor, me has dado estas promesas maravillosas, solamente porque quieres ser bondadoso conmigo, y porque así los has decidido. 20 Señor, no hay ninguno como tú; no hay otro Dios. ¡En efecto, nunca hemos oído hablar de otro Dios como Tú! 21 ¿Y qué otra nación en toda la tierra es como Israel? Tú has hecho una nación singular y la has libertado de Egipto, para hacerla tu pueblo. Realizaste milagros al expulsar a las naciones, junto con sus dioses, delante de tu pueblo, que te liberaste del poder de Egipto. De esta forma, te hiciste muy famoso. 22 Has declarado que tu pueblo Israel te pertenece para siempre, y has llegado a ser su Dios.
23 »Y ahora, Señor, acepto tu promesa de que yo y mis hijos habremos de gobernar siempre esta nación. 24 Y ojalá que esto traiga honor eternamente a tu nombre, ya que todos estamos convencidos de que tú cumples lo que prometes. Ellos exclamarán: "¡El Señor Todopoderoso es verdaderamente el Dios de Israel!" ¡Y el pueblo David será siempre gobernado por mis hijos y su descendencia!
25 »Señor, me he atrevido a orar de esta manera, porque tú me has revelado que mis descendientes gobernarán siempre a tu pueblo. 26 ¡Señor, tú eres Dios, y me has prometido esta dicha! 27 ¡Bendice, pues, la familia de este tu siervo, para que permanezca siempre en tu presencia, pues cuando tú concedes una bendición, Señor, es una bendición eterna!»

dijo: «Ustedes son las cabezas de las familias de los levitas. Ahora, pues, santifíquense, junto con todos sus hermanos, para que puedan traer el cofre del Señor, el Dios de Israel, al lugar que he preparado. ¹³Antes el Señor nos destruyó porque manejábamos los asuntos suyos en forma impropia, por cuanto no eran ustedes quienes la conducían».

¹⁴Los sacerdotes y los levitas realizaron, pues, las ceremonias de consagración para prepararse y trasladar a su hogar el cofre del Señor, el Dios de Israel. ¹⁵Entonces los levitas llevaron el cofre con las barras sobre sus hombros, tal como el Señor lo había ordenado por medio de Moisés.

¹⁶El rey David había ordenado también a los principales de los levitas, que de entre sus parientes, nombraran a algunos para que entonaran cantos alegres, acompañados de arpas, liras y címbalos. ¹⁷Hemán hijo de Joel, Asaf hijo de Berequías, y Etán hijo de Cusaías, del clan de Merari, fueron los escogidos. ¹⁸Además, nombraron a otros de sus parientes, que trabajaban como ayudantes en el templo del Señor. Fueron: Zacarías hijo Jaziel, Semiramot, Jehiel, Uni, Eliab, Benaías, Maseías, Matatías, Elifeleu, Micnías, Obed Edom y Jeyel. Estos últimos eran porteros.

¹⁹Hemán, Asaf, y Etán tocaban los címbalos de bronce; ²⁰y Zacarías, Aziel, Semiramot, Jehiel, Uni, Eliab, Maseías y Benaías tocaban arpas de tono bajo. ²¹Matatías, Elifeleu, Micnías, Obed Edom, Jeyel y Azazías tocaban las arpas de tono agudo, y guiaban el canto. ²²El director de los cánticos era Quenanías, jefe de los levitas, que fue elegido por su destreza. ²³Berequías y Elcaná eran los que cuidaban el cofre. ²⁴Sebanías, Josafat, Natanael, Amasay, Zacarías, Benaías y Eliezer, todos los cuales eran sacerdotes, formaban un grupo de trompetistas para marchar a la cabeza de la procesión. Y Obed Edom y Jehías también cuidaban el cofre.

²⁵Entonces David, los ancianos de Israel y los jefes del ejército fueron con mucho regocijo a la casa de Obed Edom, para llevar el cofre a Jerusalén. ²⁶Y como Dios ayudaba a los levitas que conducían el cofre, sacrificaron siete toros y siete carneros. ²⁷David, los levitas que conducían el cofre, los cantores y Quenanías, director de los cánticos, estaban todos vestidos con túnicas de lino. David llevaba además, como capa, un efod de lino. ²⁸Los jefes israelitas llevaron el cofre a Jerusalén, con gritos de júbilo, toques de cuernos y trompetas, estrépito de címbalos y ruido armonioso de arpas y cítaras.

²⁹(Pero cuando el cofre llegó a Jerusalén, a la Ciudad de David, Mical, esposa de David e hija del rey Saúl, sintió una profunda repugnancia hacia David, porque lo observó desde la ventana bailando como loco).

# 16

Finalmente, el cofre de Dios fue colocado en la carpa que David había preparado para él, y los jefes de Israel sacrificaron ofrendas quemadas y ofrendas de paz delante de Dios. ²Al finalizar estos sacrificios, David bendijo a la gente en el nombre del Señor; ³luego procedió a dar a cada persona presente, hombres y mujeres por igual, una rebanada de pan, un poco de vino y una torta de pasas.

⁴Hizo el nombramiento de determinados levitas para servir delante del cofre, para que alabaran y dieran gracias al Señor. ⁵Los nombrados fueron: Asaf, el jefe, Zacarías, Jejiyel, Semiramot, Jehiel, Matatías, Eliab, Benaías, Obed Edom y Jeyel, los cuales tocaban las arpas y las cítaras, mientras que Asaf tocaba los címbalos. ⁶Los sacerdotes Benaías y Jahaziel tocaban continuamente sus trompetas delante del cofre del Señor.

## Salmo de David

⁷En ese tiempo, David encargó, por primera vez, a Asaf y a sus compañeros que alabaran al Señor con este salmo:

⁸«¡Den gracias al Señor y oren a él!
¡Cuéntenle a los otros pueblos las maravillas que él ha hecho!
⁹Cántenle, sí, canten sus alabanzas, proclamen sus maravillosas obras.
¹⁰Gloria a su santo nombre;
regocíjense los que buscan al Señor.
¹¹Busquen al Señor; sí, busquen su fortaleza;
sin descanso busquen su rostro.

¹²,¹³»Descendientes de su siervo Israel,
hijos escogidos de Jacob, recuerden sus poderosos milagros, recuerden sus obras maravillosas y sus sabias decisiones.
¹⁴¡Él es el Señor nuestro Dios!
Su autoridad es visible a través de toda la tierra.
¹⁵Recuerden su pacto para siempre, y las palabras que dio para mil generaciones;
¹⁶recuerden su pacto con Abraham, y del juramento que le hizo a Isaac, ¹⁷y su confirmación a Jacob.
Le hizo una promesa a Israel, la cual es para siempre:
¹⁸"Te daré la tierra de Canaán como tu herencia".
¹⁹Cuando los israelitas eran pocos, muy pocos, y tan sólo extraños en la Tierra prometida;
²⁰cuando iban errantes de país en país, de un reino a otro, ²¹Dios no permitió a nadie que les hiciera daño. Por amor a su pueblo, les advertía a los reyes:
²²"No hagan daño a mi pueblo escogido;
no traten mal a mis profetas".

²³»¡Que toda la tierra cante al Señor!
¡Declaren todos los días que el Señor es quien salva!
²⁴¡Muestren su gloria a las naciones!
Proclamen a todos sus maravillas.
²⁵Por cuanto el Señor es grande y digno de ser siempre alabado;
es más temible que todos los dioses.
²⁶Pues los otros dioses son solo imágenes;
pero el Señor hizo los cielos.
²⁷Majestad y honor marchan delante de él.
Poder y belleza hay en su santuario.

²⁸»¡Habitantes de todas las naciones de la tierra, reconozcan el gran poder de nuestro Dios, y adórenlo!
²⁹Sí, ¡aclamen al Señor, y ríndanle la alabanza que se merece!
Traigan una ofrenda y vengan delante de él;
¡adoren al Señor en su santuario!

16.9   16.11–12

hermanos de Judá les proveyeron de alimentos. ⁴⁰Las gentes de lugares cercanos, como asimismo personas que vivían más lejos, como Isacar, Zabulón y Neftalí, trajeron burros, camellos, mulas y bueyes cargados con alimentos. También trajeron para esta celebración abundante aprovisionamiento de comestibles como harina, tortas de higos, pasas, vino, aceite, vacas y ovejas, porque el regocijo se había extendido a través de toda la tierra de Israel.

## Traslado del cofre a la casa de Obed Edom

**13** Después de consultar con todos los oficiales de sus fuerzas, David ²dijo a todo el pueblo de Israel: «Si ustedes están de acuerdo, y si es la voluntad del SEÑOR nuestro Dios, les propongo que procedamos a enviar mensajes a nuestros hermanos, el resto del pueblo que se ha quedado en sus ciudades, y a los sacerdotes, para invitarlos a venir y unirse a nosotros. ³Y traigamos de regreso el cofre de nuestro Dios, el cual hemos tenido abandonado desde que Saúl inició su reinado».

⁴Hubo acuerdo unánime, porque cada uno coincidía con él. ⁵Por tanto David convocó a los habitantes de Israel, a través de toda la tierra, desde Sijor, en la frontera con Egipto, hasta la entrada de Jamat, para que fueran hasta Quiriat Yearín. ⁶Así que David y todo Israel se encaminaron a Balá (es decir, Quiriat Yearín), pueblo de Judá, para llevar a Jerusalén el cofre del SEÑOR, que habita entre los querubines. ⁷Procedieron a retirarla de la casa de Abinadab en un carro nuevo. Uza y Ajío guiaban la carreta. ⁸David y todo el pueblo bailaban delante del SEÑOR con mucho entusiasmo, acompañados por cánticos, y por cítaras, arpas, panderos, címbalos y trompetas.

⁹Pero cuando llegaron al terreno de trilla, en Quidón, los bueyes tropezaron y Uza extendió su mano para mantener la estabilidad del cofre. ¹⁰Entonces el SEÑOR descargó su enojo contra Uza y le quitó la vida, porque había tocado el cofre. Y así fue que murió allí, delante de Dios.

¹¹David, a su vez, se enojó porque el SEÑOR había estallado contra Uza. Por eso, a ese lugar le dio el nombre de Peres Uza. Hasta hoy ese lugar conserva dicho nombre.

¹²Luego David sintió miedo de Dios y exclamó: «¡No puedo llevarme el cofre de Dios a mi casa!» ¹³Finalmente decidió conducirlo a la casa de Obed Edom, el de Gat, en lugar de llevarlo a la Ciudad de David. ¹⁴El cofre permaneció allí en la casa de Obed Edom por tres meses, y el SEÑOR lo bendijo, junto con su familia y sus bienes.

## Palacio y familia de David

**14** Hiram, rey de Tiro, envió a David una delegación compuesta por albañiles y carpinteros, para ayudarle a construir su palacio, y, además, le proveyó mucha madera de cedro. ²David comprendió que el SEÑOR, por amor a su pueblo Israel, lo había hecho rey y lo había engrandecido.

³Después que David se trasladó a Jerusalén, trajo a su palacio más esposas, y llegó a ser padre de muchos hijos e hijas. ⁴⁻⁷Los siguientes son los nombres de los hijos que le nacieron en Jerusalén: Samúa, Sobab, Natán, Salomón, Ibjar, Elisúa, Elpélet, Noga, Néfeg, Jafía, Elisama, Belyadá y Elifelet.

## David derrota a los filisteos

⁸Cuando los filisteos oyeron la noticia de que David era el nuevo rey de Israel, movilizaron sus tropas para capturarlo. Pero cuando David supo que venían en camino, salió contra ellos. ⁹Los filisteos invadieron el valle de Refayin, ¹⁰y David preguntó a Dios:

—Si salgo a pelear contra ellos; ¿me darás tú la victoria?

Y el SEÑOR le respondió:

—Sí, te la daré.

¹¹Por consiguiente, los atacó en Baal Perasín y los derrotó. Entonces David, lleno de gozo, exclamó: «¡Dios me ha usado para arrasar a mis enemigos, como una fuerte corriente de agua arrastra todo a su paso!» Por este motivo el lugar es conocido como Baal Perasín. ¹²Después de la batalla, los israelitas recogieron muchos ídolos que los filisteos habían dejado, y David ordenó que los quemaran.

¹³Posteriormente, los filisteos invadieron nuevamente el valle, ¹⁴y otra vez David le consultó a Dios acerca de lo que debía hacer.

El SEÑOR le contestó:

—Esta vez no los deberás atacar de frente, sino que los rodearás y los atacarás por detrás, en el lugar donde están los árboles de bálsamo. ¹⁵Cuando escuches un sonido como de pasos de alguien que camina sobre las copas de los árboles, los atacarás, pues esa es la señal de que yo, el SEÑOR, voy delante de ti, para destruir a tu enemigo.

¹⁶David lo hizo, como el SEÑOR le mandó, y aniquiló al ejército de los filisteos por todo el camino desde Gabaón hasta Guézer. ¹⁷La fama de David se extendió por todas partes, y el SEÑOR hizo que todas las naciones le tuvieran miedo.

## David lleva el arca a Jerusalén

**15** David hizo construir para él varias casas en Jerusalén, en el sector conocido como la «Ciudad de David». Además, hizo levantar una carpa para que sirviera de residencia al cofre de Dios, ²y dijo: «Sólo los levitas podrán cargar el cofre de Dios, porque a ellos eligió el SEÑOR para tal fin, y para que estén siempre a su servicio».

³Entonces David convocó a todo Israel a venir a Jerusalén para celebrar el acontecimiento del traslado del cofre del SEÑOR a su nueva residencia. ⁴⁻¹⁰A continuación se anotan los sacerdotes y levitas que asistieron:

120 del clan de Coat, con Uriel como su jefe.
220 del clan de Merari, con Asías como su jefe.
130 de los descendientes de Guersón, con Joel como su jefe.
200 de la familia de Elizafán, con Semaías como su jefe.
80 de la familia de Hebrón, con Eliel como su jefe.
112 de la familia de Uziel, con Aminadab como su jefe.

¹¹Entonces David llamó a Sadoc y a Abiatar, que eran los sumos sacerdotes, y a los dirigentes levitas: Uriel, Asaías, Joel, Semaías, Eliel y Aminadab, ¹²y les

Ilay el ajojita; Maray el netofatita; Jéled hijo de Baná el netofatita; Itay hijo de Ribay, de Guibeá de los benjaminitas; Benaías el piratonita; Juray, procedente de las inmediaciones del arroyo de Gaas; Abiel, procedente de Arbat; Azmávet el bajurinita; Elijaba el salbonita; los hijos de Jasén el guizonita; Jonatán hijo de Sague el ararita; Ahían hijo de Sacar, también ararita; Elifal hijo de Ur; Héfer el mequeratita; Ahías el pelonita; Jezró, de Carmel; Naray hijo de Ezbay; Joel, hermano de Natán; Mibar hijo de Hagrí; Sélec, procedente de Amón; Najaray el berotita, el cual era escudero del general Joab hijo de Sarvia; Irá el itrita; Gareb, también itrita; Urías el hitita; Zabad hijo de Ajlay; Adiná hijo de Sizá, de la tribu de Rubén; ocupaba un lugar entre los treinta y era jefe de esta tribu; Janán hijo de Macá; Josafat el mitnita; Uzías el astarotita; Sama y Jehiel, hijos de Jotán el aroerita; Jediael hijo de Simri; Yojá, su hermano, el tizita; Eliel el majavita; Jerebay y Josavía, hijos de Elnán; Itmá el moabita; Eliel, Obed y Jasiel, de Sobá.

## Guerreros que se unieron a David

**12** A continuación están los nombres de los guerreros famosos que se unieron a David en Siclag, mientras andaba ocultándose del rey Saúl hijo de Quis. ²Todos eran expertos como arqueros y en el manejo de la honda y usaban su mano izquierda y derecha con la misma agilidad. Todos eran de la tribu de Benjamín, igual que el rey Saúl.

³⁻⁷El jefe era Ajiezer y Joás hijos de Semá, de Guibeá. Los otros eran: Jeziel y Pélet, hijos de Azmávet; Beracá y Jehú, de Anatot; Ismaías, de Gabaón, que era uno de los treinta guerreros y jefe de ellos; Jeremías, Jahaziel, Johanán, Jozabad, de Guederá; Eluzay, Jerimot, Bealías, Semarías, Sefatías el harufita; Elcaná, Isías, Azareel, Joezer y Yasobeán (todos coreítas); Joelá y Zebadías, hijos de Jeroán, procedentes de Guedor.

⁸⁻¹⁴Grandes y bravos guerreros de la tribu de Gad se unieron también a David en el desierto. Eran expertos en el uso del escudo y de la lanza. Eran hombres tan feroces como los leones, y tan veloces como los venados. Esta es la lista de ellos: Ezer, el jefe; Abdías, el segundo en mando; Eliab, tercero en mando; Mismaná, el cuarto; Jeremías, el quinto; Atay, el sexto; Eliel, el séptimo; Johanán, el octavo; Elzabad, el noveno; Jeremías, el décimo, y Macbanay, el undécimo. Estos hombres eran oficiales del ejército; el más débil valía por una tropa normal de cien soldados, y el más fuerte valía por mil.

¹⁵⁻¹⁶Atravesaron el río Jordán, en el mes primero, que es cuando el río se desborda, e hicieron huir a todos los habitantes de los valles hacia el este y al oeste. También otros guerreros de las tribus de Benjamín y de Judá fueron a ver a David, cuando se hallaba en la fortaleza, y se le unieron. ¹⁷David salió al encuentro de ellos, y les dijo:

—Si ustedes han venido a ayudarme, somos amigos; pero si han venido a traicionarme y a entregarme a mis enemigos, siendo yo inocente, entonces que el Dios de nuestros padres sea el que los juzgue.

¹⁸Entonces el Espíritu vino sobre Amasay, dirigente de los treinta, y por eso éste respondió:

«¡Somos tuyos, David!
¡Estamos a tu lado, hijo de Isaí!
¡Paz, paz para ti,
paz para todos los que te apoyan;
porque tu Dios está contigo!»

Por consiguiente, David los recibió y permitió que se unieran a él, y los nombró jefes de su ejército.

¹⁹⁻²²También algunos guerreros de la tribu de Manasés desertaron y se unieron a David, justamente cuando él, con los filisteos, se dirigía a pelear contra el rey Saúl. Entretanto, los príncipes filisteos se opusieron a que David y sus hombres fueran con ellos. Después de mucha deliberación los enviaron de regreso, por cuanto tenían desconfianza de que David y sus hombres desertaran y fueran a unirse a las filas del rey Saúl. Los siguientes son los guerreros de la tribu de Manasés que desertaron y se unieron a David cuando éste se dirigía a Siclag: Adnás, Jozabad, Jediael, Micael, Jozabad, Eliú y Ziletay. Cada uno de ellos era oficial de alto rango de las tropas de Manasés, pues estaban a cargo de mil soldados. Eran guerreros bravos y capacitados, y ayudaban a David a combatir a sus enemigos. Más y más hombres se unían diariamente a David, hasta que llegó a tener un ejército muy poderoso, como un ejército de Dios.

## Los que se unieron a David en Hebrón

²³A continuación está el registro de los hombres de guerra que se unieron a David en Hebrón. Estaban ansiosos de que David llegara a ser rey en lugar de Saúl, tal como el Señor había dicho que ocurriría.

²⁴⁻³⁷De Judá, seis mil ochocientos soldados, armados con escudos y lanzas. De la tribu de Simeón, siete mil cien guerreros prominentes.

De la tribu de Leví, cuatro mil seiscientos. De los sacerdotes, descendientes de Aarón, había tres mil setecientos, bajo el mando de Joyadá, y otros veintidós mil jefes de familia, bajo la dirección de Sadoc, hombre joven de valor excepcional.

De la tribu de Benjamín, la misma de la que provenía Saúl, había un total de tres mil. (La mayor parte de esa tribu conservaba su lealtad a Saúl).

De la tribu de Efraín, veinte mil ochocientos guerreros poderosos, cada uno de ellos famoso en su respectivo clan.

De la media tribu de Manasés se envió a dieciocho mil con la finalidad expresa de colaborar para que David llegara a ser rey.

De Isacar había doscientos dirigentes de la tribu con sus parientes; todos ellos eran hombres que entendían el desarrollo de la historia y podían discernir respecto al mejor rumbo que Israel debía tomar.

De la tribu de Zabulón había cincuenta mil guerreros adiestrados; estaban completamente armados, y en su totalidad eran leales a David.

De Neftalí, mil oficiales y treinta y siete mil equipados con escudos y lanzas.

De la tribu de Dan, veintiocho mil seiscientos, todos preparados para la guerra.

De la tribu de Aser, había cuarenta mil listos y adiestrados. Desde el otro lado del río Jordán, donde vivían las tribus de Rubén y Gad y la media tribu de Manasés, ciento veinte mil equipados con toda clase de armas.

³⁸Todos estos hombres, aptos para la guerra, vinieron a Hebrón con el único propósito de llevar a David al trono, como rey de Israel. ³⁹Hicieron fiesta, y comieron y bebieron con David durante tres días, porque sus

⁴⁴Azel tuvo seis hijos: Azricán, Bocrú, Ismael, Searías, Abdías y Janán.

## Muerte de Saúl

**10** Los filisteos atacaron y derrotaron a las tropas israelitas, las cuales se volvieron y huyeron. Pero muchos de ellos fueron masacrados en las laderas del monte Guilboa. ²Los filisteos persiguieron a Saúl y a sus tres hijos Jonatán, Abinadab y Malquisúa, y los mataron. ³La batalla había arreciado alrededor de Saúl, y los arqueros filisteos dispararon y lo dejaron herido. ⁴Entonces Saúl le gritó a su escudero: «Pronto, mátame con tu espada antes que estos incircuncisos me tomen prisionero, se burlen de mí y me torturen».

Como el escudero se sentía atemorizado de hacerlo, Saúl tomó su propia espada, se dejó caer sobre ella, y murió. ⁵Entonces su escudero, viendo que Saúl estaba muerto, se mató de la misma manera. ⁶Así murieron Saúl y sus tres hijos. En un mismo día desapareció toda la familia.

⁷Cuando los israelitas que estaban en el valle, al pie de la montaña, supieron que sus tropas habían sido derrotadas y que Saúl y sus hijos habían muerto, abandonaron sus pueblos y huyeron. Los filisteos ocuparon esos pueblos y vivieron en ellos.

⁸Al día siguiente, los filisteos regresaron para apoderarse de los objetos de valor de los que habían muerto en la batalla, y al hacerlo, encontraron los cuerpos de Saúl y sus hijos, tendidos en el monte Guilboa. ⁹Procedieron, pues, a despojar a Saúl de su armadura y le cortaron la cabeza; luego la exhibieron por todas partes del país, y celebraron el portentoso acontecimiento delante de sus ídolos. ¹⁰Pusieron la armadura de Saúl en el santuario de sus sus dioses, y colgaron la cabeza en el santuario del dios Dagón.

¹¹Cuando los habitantes de Jabés de Galaad se enteraron de lo que los filisteos habían hecho a Saúl, ¹²los hombres valientes fueron y rescataron los cuerpos de Saúl y de sus tres hijos. Los sepultaron debajo de la encina de Jabés, y guardaron luto y ayunaron por siete días.

¹³Saúl murió porque se rebeló contra el SEÑOR, pues no estuvo dispuesto a obedecer su palabra. Además, en vez de consultar al SEÑOR, fue a consultar a una adivina. ¹⁴Por eso, el SEÑOR le quitó la vida, y le entregó el reino a David hijo de Isaí.

## Proclamación de David como rey de Israel

**11** Entonces los dirigentes de Israel fueron a Hebrón a hablar con David y le dijeron: «Nosotros somos tus parientes, ²y aun cuando Saúl reinaba, tú eras el que guiabas a Israel en la batalla y el que lo traía de regreso victorioso. Y el SEÑOR tu Dios te ha dicho: "Tú serás el pastor de mi pueblo Israel. Tú serás su rey"».

³Entonces David hizo un pacto con ellos delante del SEÑOR. Luego lo ungieron como rey de Israel, tal como el SEÑOR le había dicho a Samuel.

## David conquista Jerusalén

⁴David y los dirigentes se fueron a Jerusalén (o Jebús, como era costumbre llamarla) donde vivían los jebuseos, que eran los primeros habitantes de esa tierra. ⁵Pero los habitantes de Jebús les negaron la entrada a la ciudad, por cuyo motivo David capturó la fortaleza de Sión, que más tarde se llamó Ciudad de David. ⁶Antes David les había dicho a sus soldados: «¡El primero que mate a un jebuseo será la cabeza y jefe!»

Joab hijo de Sarvia fue el primero, por lo cual David lo nombró jefe. ⁷David se trasladó a vivir a la fortaleza, y por este motivo aquel sector de Jerusalén es conocido como «Ciudad de David». ⁸Extendió la ciudad hacia fuera, alrededor de la fortaleza, mientras Joab reconstruía la parte restante de Jerusalén. ⁹Y David adquiría más y más fama, porque el SEÑOR Todopoderoso estaba con él.

## Jefes del ejército de David

¹⁰Estos son algunos de los más bravos guerreros de David (los que también estimularon a los dirigentes de Israel a hacer de David su rey, tal como el SEÑOR había dicho que ocurriría).

¹¹Yasobeán hijo de Jacmoní, era el líder de los treinta, que eran los más valientes que tenía David. En una ocasión Yasobeán mató a trescientos hombres con su lanza.

¹²El segundo de los tres era Eleazar hijo de Dodó, el ajojita. ¹³Eleazar estuvo con David en la batalla contra los filisteos en Pasdamín. Y cuando el ejército comenzó a huir por el campo de cebada, que había allí, ¹⁴Eleazar se plantó firme en medio del campo, lo defendió y derrotó a los filisteos. Fue así como el SEÑOR los libró, dándoles una gran victoria.

¹⁵En otra ocasión, tres de los treinta fueron a la cueva de Adulán, donde David estaba escondido. Los filisteos habían acampado en el valle de Refayin, ¹⁶mientras David se encontraba en la fortaleza, cuando una avanzada de los filisteos había ocupado Belén. ¹⁷David quería beber agua del pozo de Belén, que estaba junto a la puerta de la ciudad, y tan pronto como lo dio a conocer a sus hombres, ¹⁸,¹⁹estos tres valientes se abrieron paso a través del campamento filisteo, sacaron agua del pozo y se la trajeron a David. Pero éste rehusó beberla, y la derramó como una ofrenda al SEÑOR y exclamó: «¡Que Dios me libre de beber esta agua! ¡Si la bebo, sería como beberme la sangre de estos hombres que arriesgaron su vida por complacerme!»

²⁰Abisay, hermano de Joab, era jefe de los treinta. Se había ganado ese lugar entre los treinta, porque en cierta ocasión mató a trescientos hombres con su lanza. ²¹Aunque fue el principal y el más famoso de los treinta, no era tan valeroso como los tres jefes principales.

²²Benaías hijo de Joyadá era un bravo guerrero de Cabsel, que mató a los dos famosos gigantes de Moab. En otra ocasión, en que estaba nevando, mató un león que estaba en una cisterna. ²³En otra ocasión, mató a un egipcio que medía unos dos metros y medio, y tenía una lanza del tamaño de un rodillo de telar. Pero Benaías, que tan solo contaba con una vara, avanzó hacia él, le arrebató la lanza y lo mató con ella. ²⁴,²⁵Su grandeza se compara a la de los tres, aunque no fue uno de ellos, pero gozaba de mucha fama entre los treinta. David lo designó capitán de su guardia personal.

²⁶⁻⁴⁷Otros guerreros famosos fueron:

Asael, hermano de Joab; Eljanán, hijo de Dodó, de Belén; Samot, el harorita; Heles, el pelonita; Irá hijo de Iqués, de Tecoa; Abiezer, de Anatot; Sibecay el jusatita;

³⁶Acaz fue el padre de Joada; Joada fue el padre de Alemet, Azmávet y Zimri. El hijo de Zimri fue Mosá. ³⁷Mosá fue el padre de Biná; Biná fue el padre de Rafá; Rafá fue el padre de Elasá, y Elasá fue el padre de Azel. ³⁸Azel tuvo seis hijos, que fueron: Azricán, Bocrú, Ismael, Searías, Abdías y Janán. ³⁹Ésec, hermano de Azel, tuvo tres hijos: Ulán, el primogénito; Jeús, el segundo, y Elifelet, el tercero. ⁴⁰Los hijos de Ulán eran guerreros valientes, muy hábiles en el manejo del arco. Tuvieron ciento cincuenta hijos y nietos, todos ellos miembros de la tribu de Benjamín.

**9** El árbol genealógico al cual pertenecía cada israelita, está registrado cuidadosamente en el libro de los reyes de Israel.

## Los que regresaron a Jerusalén

Los habitantes de Judá, debido a su infidelidad a Dios, fueron llevados cautivos a Babilonia. ²Los primeros en regresar y establecer otra vez su hogar en los pueblos en que antes vivían, fueron familias de las tribus de Israel, como también los sacerdotes, los levitas, y los ayudantes del templo. ³Posteriormente llegaron a Jerusalén algunas familias de las tribus de Judá, Benjamín, Efraín, y Manasés. ⁴De los descendientes de Judá, regresaron: Utay hijo de Amiud, hijo de Omrí, hijo de Imrí, hijo de Baní, del clan de Fares hijo de Judá. ⁵De los descendientes de los silonitas, Asaías, hijo mayor de Silón, y sus hijos. ⁶De los zeraítas regresaron Jeuel y sus parientes, seiscientas noventa personas en total. ⁷,⁸Entre los integrantes de la tribu de Benjamín que regresaron, estaban los siguientes: Salú hijo de Mesulán, hijo de Hodavías, hijo de Senuá; Ibneías hijo de Jeroán; Elá hijo de Uzi, hijo de Micri; y Mesulán hijo de Sefatías, hijo de Reuel, hijo de Ibnías. ⁹Todos éstos eran jefes de núcleos familiares. El grupo que regresó fue de novecientos cincuenta y seis miembros de la tribu de Benjamín.

¹⁰,¹¹Los sacerdotes que regresaron fueron: Jedaías, Joyarib, Jaquín, Azarías hijo de Jilquías, hijo de Mesulán, hijo de Sadoc, hijo de Merayot, hijo de Ajitob. Éste último fue el jefe de la guardia del templo de Dios. ¹²Otros que regresaron, fueron: Adaías hijo de Jeroán, hijo de Pasur, hijo de Malquías; Masay hijo de Adiel, hijo de Jazera, hijo de Mesulán, hijo de Mesilemit, hijo de Imer. ¹³En total regresaron mil setecientos sesenta sacerdotes. ¹⁴⁻¹⁶Entre los levitas que regresaron estaban: Semaías hijo de Jasub, hijo de Azricán, hijo de Jasabías, el cual era descendiente de Merari; Bacbacar, Heres, Galal, Matanías hijo de Micaías, hijo de Zicrí, hijo de Asaf; Abdías hijo de Semaías, hijo de Galal, hijo de Jedutún; y Berequías hijo de Asá, hijo de Elcaná, que vivía en la región de los netofatitas. ¹⁷,¹⁸Los porteros fueron: Salún (jefe de los porteros), Acub, Talmón, Ajimán y sus parientes. Todavía tienen la responsabilidad de la puerta del este, correspondiente al palacio real.

¹⁹Los antepasados de Salún fueron Coré, Ebiasaf y Coré. Salún y sus parientes, que son los coreítas, estaban a cargo de los sacrificios y de la protección de la Tienda de reunión, tal como sus antepasados habían ejercido la vigilancia del santuario del Señor. ²⁰Finés hijo de Eleazar, fue el primer director de esta organización en tiempos antiguos, y el Señor estaba con él. ²¹En ese tiempo, Zacarías hijo de Meselemías, era responsable de la protección de la entrada de la Tienda de reunión. ²²En aquellos días había doscientos doce porteros, y fueron seleccionados en sus propios pueblos, sobre la base de sus genealogías. Sus nombramientos los hacía David, junto con Samuel, considerando los que eran dignos de confianza. ²³Tanto ellos como sus descendientes estaban a cargo del santuario del Señor. ²⁴Eran designados para cada uno de los cuatro puntos cardinales: este, oeste, norte y sur. ²⁵Y los parientes que vivían en los pueblos venían para ayudarlos por siete días. Así que cada siete días se cambiaban los grupos. ²⁶Los grupos de cuatro porteros, todos levitas, tenían un puesto de gran responsabilidad, por cuanto tenían a su cargo los aposentos y los tesoros del santuario de Dios. ²⁷A causa de la importancia del cargo que desempeñaban, vivían cerca del santuario, y abrían sus puertas todas las mañanas. ²⁸Algunos tenían la responsabilidad de cuidar las diversas vasijas que se usaban en el sacrificio y la adoración; las tenían que contar cuando las sacaban y al volverlas a guardar, para evitar pérdidas. ²⁹Otros eran responsables del mobiliario, los utensilios del santuario, y materiales, tales como harina fina, vino, incienso y especias. ³⁰Otros sacerdotes preparaban las especias y el incienso. ³¹Matatías (uno de los levitas, e hijo mayor de Salún, coreíta) tenía a su cargo la tarea de hacer tortillas para el sacrificio de cereales. ³²Algunos de los integrantes del clan de Coat tenían a su cargo la preparación de los panes especiales para los días de reposo. ³³,³⁴Los cantores eran todos levitas prominentes. Vivían en Jerusalén y estaban en el desempeño de su labor a toda hora. Estaban exentos de otras responsabilidades, y la selección de ellos se practicaba tomando en consideración sus genealogías.

## Genealogía de Saúl

³⁵⁻³⁷Jehiel, padre de Gabaón, vivía en Gabaón. Su esposa fue Macá; tuvo muchos hijos, entre los cuales se contaban los siguientes: Abdón (el primogénito), Zur, Quis, Baal, Ner, Nadab, Guedor, Ajío, Zacarías y Miclot. ³⁸Miclot fue el padre de Simán. Todos ellos vivían en Jerusalén, junto con sus parientes. ³⁹Ner fue el padre de Quis; Quis fue el padre de Saúl, y Saúl fue el padre de Jonatán, Malquisúa, Abinadab y Esbaal. ⁴⁰Jonatán fue el padre de Meribaal; y Meribaal fue el padre de Micaías. ⁴¹Micaías fue el padre de Pitón, Mélec, Tarea y Acaz. ⁴²Acaz fue el padre de Jará; Jará fue el padre de Alemet, Azmávet y Zimri. Zimri fue el padre de Mosá, ⁴³Mosá fue el padre de Biná; Biná fue el padre de Refaías; Refaías fue el padre de Elasá, y Elasá fue el padre de Azel.

guerreros valerosos, los cuales estaban dirigidos por sus jefes de clanes.

¹⁰El hijo de Jediael fue Bilhán. Los hijos de Bilhán fueron: Jeús, Benjamín, Aod, Quenaná, Zetán, Tarsis y Ajisajar.

¹¹Estos últimos eran jefes de los clanes de Jediael y entre sus descendientes se contaban diecisiete mil doscientos guerreros.

¹²Los hijos de Ir fueron Supín y Jupín. Jusín fue uno de los hijos de Ajer.

### Descendientes de Neftalí

¹³Los hijos de Neftalí (que descendieron de Bilhá, esposa de Jacob), fueron: Yazel, Guní, Jéser y Salún.

### Descendientes de Manasés

¹⁴Los hijos de Manasés, nacidos de su concubina aramea, fueron Asriel y Maquir. (Este último llegó a ser el padre de Galaad). ¹⁵La esposa de Maquir fue Macá, quien pertenecía a la familia de Jupín y Supín. Otro de los descendientes fue Zelofejad, quien tuvo solamente hijas. ¹⁶Macá, la esposa de Maquir, dio a luz a Peres y a Seres. Los hijos de este último fueron Ulán y Requen. ¹⁷El hijo de Ulán fue Bedán.

Estos fueron, pues, los hijos de Galaad, nietos de Maquir, y bisnietos de Manasés.

¹⁸Hamoléquet, hermana de Maquir, dio a luz a Isod, Abiezer y Majlá.

¹⁹Los hijos de Semidá fueron: Ahián, Siquén, Liquejí y Anián.

### Descendientes de Efraín

²⁰,²¹Los descendientes de Efraín fueron: Sutela, Béred, Tajat, Eladá, Tajat, Zabad, Sutela, Ezer y Elad.

Elad y Ezer fueron a robar ganado en Gat, pero los agricultores de la zona les dieron muerte. ²²Efraín, su padre, guardó luto por largo tiempo y sus parientes fueron a consolarlo. ²³Posteriormente, su esposa concibió y dio a luz a un hijo a quien llamó Beriá debido a la desgracia que había acontecido.

²⁴El nombre de la hija de Efraín fue Será. Ella construyó tanto la alta como la baja Bet Jorón, y además Uzén Será.

²⁵⁻²⁷La descendencia de Beriá fue Refa, quien fue padre de Résef, quien fue padre de Télaj, quien fue padre de Taján, quien fue padre de Ladán, quien fue padre de Amiud, quien fue padre de Elisama, quien fue padre de Nun, quien fue padre de Josué. ²⁸Vivían en una región cuyo límite, a un lado, era Betel y sus pueblos cercanos; por el oriente limitaba con Narán; por el occidente, con Guézer y sus aldeas, y finalmente con Siquén y sus aldeas, hasta llegar a Ayah y sus aldeas. ²⁹La tribu de Manasés hijo de José y nieto de Israel, controlaba los siguientes pueblos y regiones circundantes: Betseán, Tanac, Meguido y Dor.

### Descendientes de Aser

³⁰Los hijos de Aser fueron: Imná, Isvá, Isví, Bería, y Sera (su hermana).

³¹Los hijos de Beriá fueron Héber y Malquiel (padre de Birzávit).

³²Los hijos de Héber fueron: Jaflet, Semer, Jotán y Suá (su hermana).

³³Los hijos de Jaflet fueron Pasac, Bimal y Asvat.

³⁴Los hijos de su hermano Semer fueron Rohegá, Yehubá y Aram.

³⁵Los hijos de su hermano Hélem fueron: Zofa, Imná, Seles y Amal.

³⁶,³⁷Los hijos de Zofa fueron: Súaj, Harnéfer, Súal, Berí, Imrá, Béser, Hod, Sama, Silsa, Itrán y Beerá.

³⁸Los hijos de Jéter fueron Jefone, Pispa y Ará.

³⁹Los hijos de Ula fueron Araj, Janiel y Risiyá.

⁴⁰Estos descendientes de Aser eran jefes de clanes, y todos ellos eran guerreros valientes. Sus descendientes, según los registros en la genealogía oficial, eran veintiséis mil hombres, aptos para la guerra.

### Descendientes de Benjamín

**8** Los hijos de Benjamín, de acuerdo con su edad, fueron:

²⁻⁵Bela, el primero; Asbel, el segundo; Ajará, el tercero; Noja, el cuarto, y Rafá, el quinto.

Los hijos de Bela fueron: Adar, Guerá, Abiud, Abisúa, Naamán, Ajoaj, Guerá, Sefufán e Hiram.

⁶,⁷Los hijos de Aod, jefes de los clanes que vivían en Gueba, fueron capturados en guerra y desterrados a Manajat. Ellos fueron: Naamán, Ahías y Guerá, padre de Uza y Ajiud. Guerá fue el que los llevó a Manajat.

⁸⁻¹⁰Sajarayin se divorció de sus mujeres Jusín y Bará, pero en la tierra de Moab tuvo hijos con Hodes, su nueva esposa, que fueron: Jobab, Sibia, Mesá, Malcán, Jeús, Saquías y Mirma.

Todos estos hijos llegaron a ser jefes de clanes.

¹¹Su esposa Jusín le dio a luz a Abitob y a Elpal.

¹²Los hijos de Elpal fueron Éber, Misán y Sémed (el cual edificó las ciudades de Ono y Lod, y sus pueblos cercanos).

¹³Los otros hijos suyos fueron Beriá y Semá, jefes de clanes que vivían en Ayalón, y expulsaron a los habitantes de Gat.

¹⁴Otros hijos de Elpal fueron Ajío, Sasac, y Jeremot.

¹⁵,¹⁶Los hijos de Beriá fueron: Zebadías, Arad, Ader, Micael, Ispá y Yojá.

¹⁷,¹⁸Entre los hijos de Elpal también están: Zebadías, Mesulán, Hizqui, Éber, Ismeray, Jezlías y Jobab.

¹⁹⁻²¹Los hijos de Simí fueron: Yaquín, Zicrí, Zabdí, Elienay, Ziletay, Eliel, Adaías, Beraías, y Simrat.

²²⁻²⁵Los hijos de Sasac fueron: Ispán, Éber, Eliel, Abdón, Zicrí, Janán, Jananías, Elam, Anatotías, Ifdaías, y Peniel.

²⁶,²⁷Los hijos de Jeroán fueron: Samseray, Seharías, Atalías, Jaresías, Elías y Zicrí.

²⁸Estos fueron los jefes de clanes que vivían en Jerusalén.

²⁹Jehiel, padre de Gabaón, vivía en Gabaón, y el nombre de su esposa era Macá.

³⁰⁻³²Su hijo mayor fue Abdón, y los otros fueron: Zur, Quis, Baal, Nadab, Guedor, Ajío, Zéquer y Miclot, el cual era padre de Simá.

Todas estas familias vivían juntas, cerca de Jerusalén.

³³Ner fue padre de Quis, y Quis fue padre de Saúl. Los hijos de Saúl fueron: Jonatán, Malquisúa, Abinadab y Esbaal.

³⁴El hijo de Jonatán fue Meribaal.

El hijo de Meribaal fue Micaías.

³⁵Los hijos de Micaías fueron: Pitón, Mélec, Tarea y Acaz.

25-27 Los descendientes de Elcaná fueron: Amazay, Ajimot, Elcaná, Zofay, Najat, Eliab, Jeroán, y Elcaná. 28 Los hijos de Samuel fueron Vasni, el primero, y Abías.

29,30 Los descendientes de Merari fueron: Majlí, Libní, Simí, Uza, Simá, Jaguías y Asaías.

## Cantores del templo

31 El rey David designó directores de canto y coros para alabar a Dios en el templo del Señor, después que el cofre fue colocado en éste. 32 Entonces, cuando Salomón construyó el templo del Señor en Jerusalén, los coros siguieron ejerciendo su ministerio en él, de acuerdo con las instrucciones que había dejado el rey David.

33-38 Estos son los nombres y las genealogías de los cantores: Hemán, el cantor, era del clan de Coat, y sus antepasados fueron:

Joel, Samuel, Elcaná, Jeroán, Eliel, Toa, Zuf, Elcaná, Mahat, Amasay, Elcaná, Joel, Azarías, Sofonías, Tajat, Asir, Ebiasaf, Coré, Izar, Coat, Leví, e Israel.

39-43 Su ayudante era su pariente Asaf, cuyos antepasados fueron: Berequías, Simá, Micael, Baseías, Malquías, Etní, Zera, Adaías, Etán, Zimá, Simí, Yajat, Guersón y Leví.

44-47 El segundo ayudante de Hemán fue Etán. Sus antepasados fueron: Quisi, Abdí, Maluc, Jasabías, Amasías, Jilquías, Amsí, Baní, Sémer, Majlí, Musí, Merari, Leví.

48 Sus parientes, que eran todos los demás levitas, fueron designados para varias otras tareas en el templo de Dios. 49 Pero solamente Aarón y sus descendientes eran sacerdotes. Sus deberes, entre otros, consistían en presentar holocaustos, quemar ofrendas e incienso, y realizar todas las tareas relacionadas con el santuario interior —el Lugar Santísimo— y las tareas relacionadas con el día anual de expiación para Israel. Se preocupaban de que se cumplieran, al pie de la letra, todos los detalles que manda la ley de Moisés, siervo de Dios.

50-53 Los siguientes son los descendientes de Aarón: Eleazar, Finés, Abisúa, Buquí, Uzi, Zeraías, Merayot, Amarías, Ajitob, Sadoc, y Ajimaz.

## Ciudades de los levitas

54 La relación que sigue es la inscripción de las ciudades y terrenos repartidos por sorteo a los descendientes de Aarón, todos los cuales eran miembros del clan de Coat: 55-59 Hebrón en Judá, junto con sus terrenos de pastizales, Libná, Jatir, Estemoa, Hilén, Debir, Asán y Bet Semes.

A Caleb hijo de Jefone le asignaron los terrenos alrededor de la ciudad y sus aldeas.

60 Del territorio de la tribu de Benjamín les dieron las ciudades de Gueba, Alemet y Anatot, con sus respectivos terrenos de pastizales. En total les dieron trece ciudades.

61 Se hizo entonces un sorteo para asignar terrenos al resto de los descendientes de Coat, y les tocaron diez ciudades del territorio de la media tribu de Manasés.

62 Los descendientes del clan de Guersón recibieron, por sorteo, trece ciudades en la región de Basán, que habían sido de las tribus de Isacar, de Aser, de Neftalí y de la media tribu de Manasés.

63 Los descendientes de Merari recibieron, por sorteo, doce ciudades de las tribus de Rubén, Gad y Zabulón.

64,65 También se adjudicaron, por sorteo, las tierras de pastoreo a los levitas, como asimismo ciudades (a las que les cambiaron el nombre) que pertenecían a las tribus de Judá, Simeón y Benjamín.

66-69 La tribu de Efraín entregó las siguientes ciudades de refugio con los terrenos de pastizales circundantes a los descendientes de Coat: Siquén, en los montes de Efraín; Guézer, Jocmeán, Bet Jorón, Ayalón y Gat Rimón.

70 La media tribu de Manasés hizo entrega a los hijos de los coatitas de los siguientes pueblos y sus terrenos de pastizales Aner y Bileán.

71 La media tribu de Manasés entregó a los descendientes de Guersón los pueblos y terrenos de pastoreo Golán (en Basán), y Astarot.

72 La tribu de Isacar les entregó Cedes, Daberat, 73 Ramot y Anén, y sus terrenos de pastoreo circundantes.

74 La tribu de Aser les dio Abdón, Masal, 75 Hucoc y Rejob, y los terrenos de pastoreo de sus inmediaciones.

76 La tribu de Neftalí les dio Cedes de Galilea, Hamón y Quiriatayin, con sus terrenos de pastoreo.

77 Los demás descendientes de Merari recibieron las siguientes ciudades de la tribu de Zabulón, Rimón y Tabor, con sus terrenos de pastoreo. 78,79 De la tribu de Rubén, que está al otro lado del río Jordán, frente a Jericó, recibieron las ciudades de Béser, que está en el desierto, Jaza, Cademot y Mefat, y sus respectivas tierras de pastoreo. 80 La tribu de Gad les dio Ramot de Galaad, Majanayin, 81 Hesbón y Jazer, todas con sus respectivos terrenos de pastoreo.

## Descendientes de Isacar

7 Los descendientes de Isacar fueron: Tola, Fuvá, Yasub y Simrón.

2 Los hijos de Tola, cada uno de los cuales era jefe de un clan, fueron: Uzi, Refaías, Jeriel, Yamay, Ibsán y Samuel.

En el tiempo del rey David, el número total de hombres en pie de guerra, de estas familias, era de veintidós mil seiscientos.

3 El hijo de Uzi fue Israías, y los hijos de éste fueron: Micael, Abdías, Joel e Isías, todos jefes de clanes. 4 Los descendientes de ellos, en el tiempo del rey David, contaban con treinta y seis hombres armados para la guerra, porque tuvieron muchas mujeres e hijos. 5 El número total de hombres disponibles para la guerra, de todas las familias de la tribu de Isacar, ascendía a ochenta y siete mil guerreros valientes, todos incluidos en la genealogía oficial.

## Descendientes de Benjamín

6 Los hijos de Benjamín fueron Bela, Béquer y Jediael.

7 Los hijos de Bela fueron: Esbón, Uzi, Uziel, Jerimot e Irí.

Estos cinco guerreros de extraordinario valor eran jefes de clanes y generales a cargo de veintidós mil treinta y cuatro soldados (todos los cuales quedaron registrados en las genealogías oficiales).

8 Los hijos de Béquer fueron: Zemirá, Joás, Eliezer, Elihoenay, Omrí, Jerimot, Abías, Anatot y Alamet. 9 Entre los descendientes de éstos, en los tiempos de David, había un número de veinte mil doscientos

fueron al monte de Seír. (Sus dirigentes eran Pelatías, Nearías, Refaías y Uziel, quienes eran hijos de Isí.) ⁴³Allí destruyeron a los últimos sobrevivientes de la tribu de Amalec, y se quedaron viviendo en esa tierra definitivamente.

## Descendientes de Rubén

5 El primer hijo de Israel fue Rubén, pero desde que deshonró a su padre por haber dormido con una de sus esposas, perdió su derecho de primogenitura, el cual se le otorgó a su medio hermano José. De consiguiente, la genealogía oficial no menciona a Rubén como primogénito.

²Aun cuando Judá fue más poderoso que sus hermanos, y hasta llegó a ser el jefe de todos, fue José quien recibió el derecho de primogenitura.

³Los hijos de Rubén hijo de Israel, fueron: Janoc, Falú, Jezrón y Carmí.

⁴Los descendientes de Joel fueron su hijo Semaías, su nieto Gog y su bisnieto Simí.

⁵El hijo de Simí fue Micaías, su nieto fue Reaías y su bisnieto fue Baal.

⁶El hijo de Baal fue Beerá, jefe de los rubenitas, y fue llevado cautivo por Tiglat Piléser, rey de Asiria.

⁷,⁸Familiares suyos llegaron a ser jefes de clanes y fueron incluidos en la genealogía oficial, como sigue: Jeyel, Zacarías, Bela hijo de Azaz, nieto de Semá y bisnieto de Joel.

Estos rubenitas vivían en Aroer, y en lugares tan remotos como el monte Nebo y Baal Megón.

⁹Joel era ganadero y pastoreaba sus animales en el costado oriental del desierto hasta el río Éufrates, porque su ganadería aumentó mucho en la tierra de Galaad. ¹⁰Durante el gobierno del rey Saúl, los hombres de la tribu de Rubén le declararon la guerra a los agarenos y los derrotaron, y se quedaron en la región oriental de Galaad.

## Descendientes de Gad

¹¹Los descendientes de Gad habitaron en la región de Basán, hasta Salcá, que está al frente de la región de los rubenitas. Los descendientes de Gad fueron: ¹²Joel era el principal; en segundo lugar estaba Safán; en tercer lugar, Janay, y por último, Safat. ¹³Sus parientes, los jefes de los siete clanes, eran Micael, Mesulán, Sabá, Joray, Jacán, Zía y Éber.

¹⁴Los descendientes de Buz, en el orden de sus generaciones, fueron: Yadó, Jesisay, Micael, Galaad, Jaroa, Jurí y Abijaíl.

¹⁵Ahí, hijo de Abdiel y nieto de Guní, era el dirigente del clan. ¹⁶El clan vivía en Galaad y sus alrededores (en la tierra de Basán) y a través de todo el campo de pastizales de Sarón. ¹⁷Todos fueron incluidos en la genealogía oficial en los días de Jotán, rey de Judá, y de Jeroboán, rey de Israel.

¹⁸Las tribus de Rubén, Gad y la media tribu de Manasés contaban con cuarenta y cuatro mil setecientos sesenta hombres bien adiestrados para la guerra, y hábiles en el manejo del arco, la espada y el escudo.

¹⁹Una vez le declararon la guerra a los agarenos, a los jeturitas, a los nafisitas y a los nodabitas.

²⁰Clamaron a Dios pidiéndole ayuda, la cual les fue concedida por cuanto confiaban en él. Como consecuencia, los agarenos y todos sus aliados fueron derrotados. ²¹Al derrotar a sus enemigos, se quedaron con su ganado, que se componía de cincuenta mil camellos, doscientas cincuenta mil ovejas y dos mil burros; además capturaron a cien mil personas. ²²Un gran número de enemigos pereció en la batalla, porque Dios estaba peleando contra ellos. Por lo tanto, los rubenitas vivieron en el territorio de los agarenos hasta el tiempo del exilio.

## La media tribu de Manasés

²³La media tribu de Manasés llegó a ser muy numerosa y se extendió a través del campo de Basán hasta Baal Hermón, Senir y el monte Hermón.

²⁴Los jefes de sus clanes eran los siguientes: Éfer, Isí, Eliel, Azriel, Jeremías, Hodavías y Yadiel.

Cada uno de estos hombres gozaba de una gran reputación como guerrero y como dirigente. ²⁵Pero no eran fieles al Dios de sus padres, pues adoraban a los ídolos de las gentes a quienes Dios había destruido. ²⁶Por lo tanto, Dios permitió a Pul, rey de Asiria, (conocido también como Tiglat Piléser) que invadiera la tierra y desterrara a los integrantes de las tribus de Rubén, de Gad y de la media tribu de Manasés, los cuales fueron conducidos a Jalaj, a Jabor, a Hará y al río Gozán, lugares en que se quedaron viviendo definitivamente.

## Descendientes de Leví

6 Los nombres de los hijos de Leví fueron Guersón, Coat y Merari.

²Los hijos de Coat fueron: Amirán, Izar, Hebrón y Uziel.

³Entre los descendientes de Amirán se anotan Aarón, Moisés y Miriam.

Los hijos de Aarón fueron: Nadab, Abiú, Eleazar e Itamar.

⁴Los hijos mayores en las generaciones sucesivas de Aarón fueron los siguientes: Eleazar, quien fue padre de Finés, quien fue padre de Abisúa; ⁵quien fue padre de Buquí, quien fue padre de Uzi, ⁶quien fue padre de Zeraías, quien fue padre de Merayot, ⁷quien fue padre de Amarías, quien fue padre de Ajitob, ⁸quien fue padre de Sadoc, quien fue padre de Ajimaz, ⁹quien fue padre de Azarías, quien fue padre de Johanán, ¹⁰quien fue padre de Azarías —sumo sacerdote del templo que Salomón edificó en Jerusalén—, ¹¹quien fue padre de Amarías, ¹²quien fue padre de Ajitob, ¹²quien fue padre de Sadoc, quien fue padre de Salún, ¹³quien fue padre de Jilquías, quien fue padre de Azarías, ¹⁴quien fue padre de Seraías, quien fue padre de Josadac, ¹⁵llevado al exilio cuando el Señor envió a los habitantes de Judá y Jerusalén a cautiverio por medio de Nabucodonosor.

¹⁶Como se dijo antes, los hijos de Leví fueron Guersón, Coat y Merari.

¹⁷Los hijos de Guersón fueron Libni y Simí.

¹⁸Los hijos de Coat fueron: Amirán, Izar, Hebrón y Uziel.

¹⁹⁻²¹Los hijos de Merari fueron Majlí y Musí.

Los descendientes de Guersón fueron: Libní, Yajat, Zimá, Joa, Idó, Zera Yatray.

²²⁻²⁴Los descendientes de Coat fueron: Aminadab, Coré, Asir, Elcaná, Ebiasaf, Asir, Tajat, Uriel, Uzías y Saúl.

Josafat, Jorán,[c] Ocozías, Joás, Amasías, Azarías,[d] Jotán, Acaz, Ezequías, Manasés, Amón y Josías.

¹⁵Los hijos de Josías fueron: Johanán,[e] Joacim, Sedequías y Salún.

¹⁶Los hijos de Joacim fueron Jeconías[f] y Sedequías.

¹⁷,¹⁸Los siguientes son los hijos del rey Jeconías, el que fue llevado a Babilonia: Salatiel, Malquirán, Pedaías, Senazar, Jecamías, Hosamá y Nedabías.

¹⁹,²⁰Pedaías fue el padre de Zorobabel y Simí.

Los hijos de Zorobabel fueron: Mesulán, Jananías, Jasubá, Ohel, Berequías, Jasadías y Yusab Jésed. También tuvo una hija llamada Selomit.

²¹,²²Los hijos de Jananías fueron Pelatías e Isaías. Los descendientes de Isaías fueron: Refaías, Arnán, Abdías y Secanías.

Los descendientes de Secanías fueron: Semaías y sus hijos, Jatús, Igal, Barías, Nearías y Safat.

²³Los hijos de Nearías fueron Elihoenay, Ezequías y Azricán.

²⁴Los siete hijos de Elihoenay fueron: Hodavías; Eliasib, Pelaías, Acub, Johanán, Delaías yAnaní.

## Descendientes de Judá

**4** Los siguientes son los descendientes de Judá: Fares, Jezrón, Carmí, Jur y Sobal.

²Reaías hijo de Sobal, fue padre de Yajat, quien a su vez fue padre de Ajumay y Lajad. Estos fueron miembros del clan de los zoratitas.

³,⁴Los descendientes de Etam fueron: Jezrel, Ismá e Ibdás, una hija llamada Jazelelponi, Penuel, padre de Guedor, y Ezer, padre de Jusá.

Estos fueron hijos de Jur, hijo mayor de Efrata, y padre de Belén.

⁵Asur, padre de Tecoa, tuvo dos esposas, Helá y Nara.

⁶Nara le dio a luz a Ajusán, Héfer, Temeni y Ajastarí. Así que estos fueron los hijos de Nara. ⁷Helá le dio a luz a Zéret, Yezojar y Etnán.

⁸Cos fue el padre de Anub y Zobebá, así como de las familias de Ajarjel hijo de Harún.

⁹Jabés tenía más prestigio que cualquiera de sus hermanos. Su madre lo llamó Jabés (Angustia) debido al gran dolor que tuvo al darlo a luz. ¹⁰Fue el mismo que oró al Dios de Israel diciendo: «¡Te ruego que me bendigas más todavía. Que ensanches mis fronteras y que estés conmigo para librarme del mal y que nadie me dañe!» Y Dios le concedió su ruego.

¹¹,¹²Los descendientes de Reca fueron: Quelub, hermano de Sujá y padre de Mejir, quien fue el padre de Estón; Estón fue el padre de Bet Rafá, de Paseaj y de Tejiná; Tejiná fue padre de Ir Najás.

¹³Los hijos de Quenaz fueron Otoniel y Seraías.

Los hijos de Otoniel fueron Jatat y Meonotay.

¹⁴Meonotay fue el padre de Ofra;

Seraías fue el padre de Joab. Joab fue el progenitor de los habitantes del valle de Carisín, o valle de los artesanos.

(Se le daba este nombre porque allí vivían muchos artesanos).

¹⁵Los hijos de Caleb, el cual era el hijo de Jefone, fueron Ir, Elá y Noán. Entre los hijos de Elá se incluye a Quenaz.

---

c. O, «Jehoram».
d. O, «Uzías».
e. O, «Joacás».
f. Conocido también como Joaquín o Conías.

¹⁶Los hijos de Yalelel fueron: Zif, Zifá, Tirías y Asarel.

¹⁷Los hijos de Esdras fueron: Jéter, Méred, Éfer y Jalón.

Méred contrajo matrimonio con una princesa egipcia llamada Bitiá. Esta fue la madre de Miriam, Samay e Isba, antepasado de Estemoa.

¹⁸La otra mujer de Estemoa era judía, y con ella tuvo a Jéred, a Héber y a Jecutiel. Jéred fue el padre de Guedor; Héber fue el padre de Soco, y Jecutiel fue el padre de Zanoa.

¹⁹La esposa de Hodías era la hermana de Naján; uno de los hijos de ella fue Queilá, el garmita, y otro hijo suyo fue Estemoa, el macateo.

²⁰Los hijos de Simón fueron: Amnón, Riná, Ben Janán y Tilón.

Los hijos de Isi fueron Zojet y Ben Zojet.

²¹Los hijos de Selá hijo de Judá, fueron Er, padre de Lecá;

Ladá, padre de Maresá y de las familias que trabajaban el lino en Bet Asbea.

²²Además, Joaquín, los clanes de Cozebá, Joás, y Saraf, que se casaron en Moab antes de volver a Belén. Todos estos nombres provienen de registros de la antigüedad. ²³Todos ellos eran alfareros que vivían en Netaín y Guederá, y prestaban sus servicios al rey.

## Descendientes de Simeón

²⁴Los descendientes de Simeón fueron: Nemuel, Jamín, Jarib, Zera, y Saúl.

²⁵El hijo de Saúl fue Salún, su nieto fue Mibsán y su bisnieto fue Mismá.

²⁶Entre los hijos de Mismá se incluye a Jamuel, padre de Zacur y abuelo de Simí.

²⁷Simí tuvo dieciséis hijos y seis hijas, pero ninguno de sus hermanos tuvo familia numerosa, sino que todos tuvieron menos hijos de los que tuvieron los hijos de Judá.

²⁸Vivían en las siguientes ciudades: Berseba, Moladá, Jazar Súal, ²⁹Bilhá, Esen, Tolad, ³⁰Betuel, Jormá, Siclag, ³¹Bet Marcabot, Jazar Susín, Bet Biray, y Sajarayin.

Estas ciudades estuvieron bajo el control de ellos hasta el tiempo del reinado de David.

³²,³³Sus descendientes también vivían en pueblos tales como Etam, Ayin, Rimón, Toquén y Asán, y cerca de ellos. Algunos de estos pueblos se encontraban tan lejos como el de Baal. (Estos hechos están registrados en sus genealogías).

³⁴-³⁹Estos son los nombres, de algunos príncipes de los clanes que poseían mayor riqueza, y que viajaron hacia el lado oriental del valle de Guedor buscando pasto para su ganado: Mesobab, Jamlec, Josías hijo de Amasías, Joel, Jehú hijo de Josibías, hijo de Seraías, hijo de Asiel; Elihoenay, Jacoba, Yesojaías, Asaías, Adiel, Jesimiel, Benaías, Ziza hijo de Sifi, hijo de Alón, hijo de Jedaías, hijo de Simri, hijo de Semaías.

⁴⁰,⁴¹Allí en Guedor encontraron buenos pastizales, y vivieron muy tranquilos y a sus anchas. Allí habían vivido antes los descendientes de Cam. Todos estos príncipes llegaron a la región durante el gobierno del rey Ezequías, de Judá; invadieron la tierra, derribaron las carpas y las casas de los descendientes de Cam, mataron a los habitantes de esta tierra, tomaron posesión de ella y la ocuparon. ⁴²Después, quinientos de estos invasores, pertenecientes a la tribu de Simeón,

la orden de Dios de destruir todo lo que había en la ciudad de Jericó.

⁸El hijo de Etán fue Azarías.

⁹Los hijos de Jezrón fueron Jeramel, Ram, y Quelubay.

¹⁰Ram fue el padre de Aminadab, y Aminadab fue el padre de Naasón, dirigente del pueblo de Israel.

¹¹Naasón fue el padre de Salmón, y Salmón fue el padre de Booz. ¹²Booz fue el padre de Obed, y Obed fue el padre de Isaí.

¹³El hijo primogénito de Isaí fue Eliab; el segundo, Abinadab; el tercero, Simá; ¹⁴el cuarto, Natanael; el quinto, Raday; ¹⁵el sexto, Ozén, y el séptimo fue David. ¹⁶También tuvo dos hijas de la misma esposa, cuyos nombres fueron Sarvia y Abigaíl.

Los hijos de Sarvia fueron Abisay, Joab y Asael.

¹⁷Abigaíl, cuyo marido fue Jéter, de la tierra de los ismaelitas, tuvo un hijo llamado Amasá.

¹⁸Caleb hijo de Jezrón tuvo dos esposas, Azuba y Jeriot. Los hijos de Azuba fueron Jéser, Sobab y Ardón. ¹⁹Después de la muerte de Azuba, Caleb se casó con Efrata, la cual dio a luz un hijo llamado Jur. ²⁰El hijo de Jur fue Uri, y el hijo de Uri fue Bezalel.

²¹A la edad de sesenta años, Jezrón se casó con una hija de Maquir, la cual dio a luz un hijo cuyo nombre fue Segub. Maquir fue también padre de Galaad.

²²Segub fue padre de Yaír, quien gobernaba veintitrés ciudades en la tierra de Galaad. ²³Pero Guesur y Aram le arrebataron las ciudades de Yaír y Quenat, junto con sus aldeas.

Así que estos fueron los descendientes de Maquir, el padre de Galaad.

²⁴Después de la muerte de Jezrón en Caleb Efrata, su esposa Abías tuvo un hijo llamado Asur, que fue el padre de Tecoa.

²⁵Los siguientes fueron los hijos de Jeramel, que fue el primogénito de Jezrón: Ram, el mayor, Buná, Orén, Ozén y Ahías.

²⁶Atará, la segunda esposa de Jeramel, fue la madre de Onam.

²⁷Los hijos de Ram, el hijo mayor de Jeramel, fueron Maaz, Jamín y Équer.

²⁸Los hijos de Onam fueron Samay y Yada.

Los hijos de Samay fueron Nadab y Abisur.

²⁹Los hijos de Abisur y de su esposa Abijaíl fueron Ajbán y Molid.

³⁰Los hijos de Nadab fueron Séled y Apayin. Séled murió sin hijos, ³¹pero Apayin tuvo un hijo de nombre Isí. El hijo de Isí fue Sesán, y el hijo de Sesán fue Ajlay.

³²Yada, hermano de Samay, tuvo dos hijos, Jéter y Jonatán. Jéter murió sin tener hijos, ³³pero Jonatán tuvo dos hijos, Pélet y Zazá.

Así que estos fueron los descendientes de Jeramel.

³⁴,³⁵Sesán[a] no tuvo hijos sino hijas. Una de ellas fue concedida como esposa a Yarjá, esclavo suyo, procedente de Egipto. La esposa de Yarjá fue la madre de Atay.

³⁶El hijo de Atay fue Natán; el hijo de Natán fue Zabad, ³⁷el hijo de Zabad fue Eflal; el hijo de Eflal fue Obed; ³⁸el hijo de Obed fue Jehú; el hijo de Jehú fue Azarías; ³⁹el hijo de Azarías fue Heles; el hijo de Heles fue Elasá; ⁴⁰el hijo de Elasá fue Sismay; el hijo de Sismay fue Salún; ⁴¹el hijo de Salún fue Jecamías; el hijo de Jecamías fue Elisama.

## Descendientes de Caleb

⁴²Caleb, hermano de Jeramel, fue el padre de Mesá y de Maresá. Mesá, el hijo mayor, fue el padre de Zif, y Maresá fue el padre de Hebrón.

⁴³Los hijos de Hebrón fueron: Coré, Tapúaj, Requen y Semá.

⁴⁴Semá fue el padre de Raham, el cual fue padre de Jorcoán. Requen fue el padre de Samay.

⁴⁵El hijo de Samay fue Maón, y éste fue el padre de Betsur.

⁴⁶Efá, concubina de Caleb, dio a luz a Jarán, a Mosá y a Gazez. Jarán, a su vez, tuvo un hijo al que también llamó Gazez.

⁴⁷Los hijos de Yaday fueron: Reguen, Jotán, Guesán, Pélet, Efá y Sagaf.

⁴⁸,⁴⁹Macá, otra de las concubinas de Caleb, fue la madre de Séber, Tirjaná y Sagaf, quien fue el padre de Madmana, y a Seva, que fue el padre de Macbena y de Guibeá. Caleb tuvo también una hija llamada Acsa.

⁵⁰Los hijos de Jur, el hijo mayor de Caleb y Efrata, fueron: Sobal, padre de Quiriat Yearín, ⁵¹Salmá, padre de Belén, y Jaref, padre de Bet Gader.

⁵²Los hijos de Sobal, padre de Quiriat Yearín, fueron: Haroé, la mitad de los manajatitas, ⁵³las familias de Quiriat Yearín, los itritas, los futitas, los sumatitas y los misraítas, de los cuales descendieron los zoratitas y los estaolitas.

⁵⁴Los descendientes de Salmá fueron: Belén, los netofatitas, Aterot Bet Joab, la mitad de los manajatitas y los zoreítas; ⁵⁵se incluía también a las familias de los escribas que vivían en Jabés, que fueron los tirateos, los simeateos y los sucateos.

Todos éstos fueron los quenitas que descendieron de Jamat, que fue el padre de la familia de Recab.

## Hijos de David

**3** El hijo mayor del rey David fue Amnón, el cual tuvo con su esposa Ajinoán, que era de la tierra de Jezrel.

Su segundo hijo fue Daniel, y la madre de éste fue Abigaíl, que era de Carmel.

²El tercero fue Absalón, hijo de su mujer Macá, la cual era la hija del rey Talmay, de Guesur.

El cuarto fue Adonías, hijo de Jaguit.

³El quinto fue Sefatías, hijo de Abital.

El sexto fue Itreán, hijo de su esposa Eglá.

⁴Estos seis le nacieron en Hebrón, desde donde reinó durante siete años y medio. Después de esto, cambió la capital a Jerusalén, desde donde reinó por treinta y tres años más.

⁵Allí en Jerusalén le nacieron: Simá, Sobab, Natán y Salomón. Estos cuatro los tuvo con Betsabé,[b] la hija de Amiel.

⁶⁻⁸David tuvo también otros nueve hijos: Ibjar, Elisama, Elifelet, Noga, Néfeg, Jafía, Elisama, Eliadá y Elifelet.

⁹Y hay que añadir a los hijos de sus concubinas y a una hija llamada Tamar.

## Descendientes de Salomón

¹⁰⁻¹⁴Los siguientes son los descendientes del rey Salomón, que fueron reyes de Judá: Roboán, Abías, Asá,

---

*a.* Al parecer, se trata de un Sesán diferente al del versículo 31.   *b.* O, «Betsúa».

# 1 Crónicas

## Descendientes de Adán

**1** Éstas son las más remotas generaciones de la raza humana: ²⁻⁴Adán, Set, Enós, Cainán, Malalel, Jared, Enoc, Matusalén, Lamec, Noé.

## Descendientes de Noé

Los descendientes de Noé son: Sem, Cam, y Jafet.
⁵⁻⁹Los hijos de Jafet fueron: Gómer, Magog, Maday, Javán, Tubal, Mésec y Tirás.

Los hijos de Gómer fueron: Asquenaz, Rifat, y Togarma.

Los hijos de Javán fueron: Elisá, Tarsis, Chipre y Rodanín.

Los hijos de Cam fueron: Cus, Misrayin, Fut y Canaán.

Los hijos de Cus fueron: Seba, Javilá, Sabtá, Ragama y Sabteca.

Los hijos de Ragama fueron: Sabá y Dedán.

¹⁰Otro de los hijos de Cus fue Nimrod, quien llegó a ser un reconocido guerrero en la tierra.

¹¹,¹²Los pueblos que descienden de Misrayin: Los ludeos, los anameos, los leabitas, los naftuitas, los patruseos, los caslujitas y los caftoritas (quienes fueron los antepasados de los filisteos).

¹³⁻¹⁶Entre los hijos de Canaán estaban Sidón, su primer hijo, y Het.

Canaán fue también el progenitor de los jebuseos, los amorreos, los gergeseos, los heveos, los araceos, los sineos, los arvadeos, los zemareos y los jamatitas.

¹⁷Los hijos de Sem fueron: Elam, Asur, Arfaxad, Lud, Aram, Uz, Hul, Guéter y Mésec.

¹⁸El hijo de Arfaxad fue Selá, y el hijo de Selá fue Éber.

¹⁹Éber tuvo dos hijos. Uno fue Péleg, porque fue en el curso de su vida que la gente de la tierra se dividió. El otro hijo de Éter fue Joctán.

²⁰⁻²³Los hijos de Joctán fueron: Almodad, Sélef, Jazar Mávet, Yeraj, Hadorán, Uzal, Diclá, Obal, Abimael, Sabá, Ofir, Javilá y Jobab.

## Descendientes de Sem

²⁴⁻²⁷Sem, Arfaxad, Selá, Éber, Péleg, Reú, Serug, Najor, Téraj y Abram, a quien Dios le cambió el nombre por el de Abraham.

## Descendientes de Abraham

²⁸⁻³¹Los hijos de Abraham fueron Isaac e Ismael.

Los hijos de Ismael fueron: Nebayot, hijo mayor de Ismael, Cedar, Abdel, Mibsán, Mismá, Dumá, Masá, Hadad, Temá, Jetur, Nafis y Cedema.

³²Además, Abraham tuvo hijos de su concubina Cetura, que fueron: Zimrán, Jocsán, Medán, Madián, Isbac y Súah. Los hijos de Jocsán fueron Sabá y Dedán.

³³Los hijos de Madián fueron: Efá, Éfer, Janoc, Abidá y Eldá.

Estos fueron los descendientes que Abraham tuvo con su concubina Cetura. ³⁴El otro hijo de Abraham fue Isaac.

Los hijos de Isaac fueron Esaú e Israel.

## Descendientes de Esaú

³⁵Los hijos de Esaú fueron: Elifaz, Reuel, Jeús, Jalán y Coré.

³⁶Los hijos de Elifaz fueron: Temán, Omar, Zefo, Gatán, Quenaz, Timná y Amalec.

³⁷Los hijos de Reuel fueron: Najat, Zera, Sama y Mizá.

³⁸,³⁹También son hijos de Seír, que es el mismo Esaú: Lotán, Sobal, Zibeón, Aná, Disón, Ezer y Disán.

Los hijos de Lotán fueron Horí y Homán. Lotán tuvo una hermana llamada Timná.

⁴⁰Los hijos de Sobal fueron: Alván, Manajat, Ebal, Sefó y Onam.

Los hijos de Zibeón fueron Ayá y Aná.

⁴¹El hijo de Aná fue Disón.

Los hijos de Disón fueron: Amirán, Esbán, Itrán y Querán.

⁴²Los hijos de Ezer fueron Bilán, Zaván y Yacán.

Los hijos de Disón fueron Uz y Arán.

## Reyes de Edom

⁴³A continuación viene una lista de los nombres de los reyes de Edom que reinaron antes de que en Israel hubiera reyes. Bela hijo de Beor, que vivía en la ciudad de Dinaba.

⁴⁴Cuando Bela murió, reinó en su lugar Jobab hijo de Zera, que era de Bosra.

⁴⁵Cuando Jobab murió, reinó en su lugar Jusán, que era de la región de Temán.

⁴⁶Cuando Jusán murió, reinó en su lugar Hadad hijo de Bedad, que derrotó a Madián en los campos de Moab. Hadad reinó en la ciudad de Avit.

⁴⁷Cuando Hadad murió, reinó en su lugar Samla, que era de la ciudad de Masreca.

⁴⁸Cuando Samla murió, reinó en su lugar Saúl, que era de Rejobot, junto al Éufrates.

⁴⁹Cuando Saúl murió, reinó en su lugar Baal Janán hijo de Acbor.

⁵⁰Cuando Baal Janán murió, reinó en su lugar Hadad, quien gobernó desde la ciudad de Pau. Su esposa fue Mehitabel, hija de Matred y nieta de Mezab.

⁵¹⁻⁵⁴Después de la muerte de Hadad, los edomitas tuvieron los siguientes jefes: Timná, Alvá, Jetet, Aholibama, Elá, Pinón, Quenaz, Temán, Mibzar, Magdiel e Iram.

## Hijos de Israel

**2** Los hijos de Israel fueron: Rubén, Simeón, Leví, Judá, Isacar, Zabulón, ²Dan, José, Benjamín, Neftalí, Gad y Aser.

## Descendientes de Judá

³Judá tuvo tres hijos de una mujer de Canaán, hija de Súaj, que fueron: Er, Onán y Selá. Pero el hijo mayor, Er, era tan malvado que el S\ENOR le quitó la vida.

⁴Entonces la viuda de Er, llamada Tamar, y su suegro Judá, tuvieron hijos gemelos, Fares y Zera. Así que Judá tuvo cinco hijos.

⁵Los hijos de Fares fueron Jezrón y Jamul.

⁶Los hijos de Zera fueron: Zimri, Etán, Hemán, Calcol y Dardá.

⁷Acar hijo de Carmí fue el hombre que provocó la desgracia sobre el pueblo de Israel, pues desobedeció

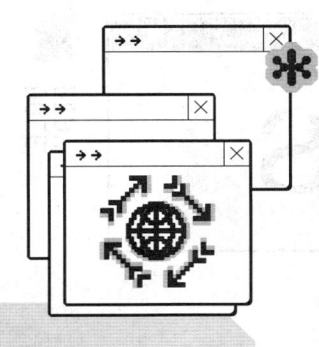

## PANORAMA DEL LIBRO

Muchas de las historias de los libros de Reyes son repetidas aquí, pero esta vez el punto de vista es diferente. Los libros de Crónicas fueron escritos después del exilio y presentan una evaluación mayormente sacerdotal de la historia, a diferencia de Samuel y Reyes los cuales escribían desde la perspectiva de los profetas. Ambos, sin embargo, utilizan una perspectiva teológica de los eventos. El regreso del cautiverio hacía necesario recordar la historia más amplia del pueblo, especialmente en lo relacionado con las promesas de Dios a través del rey David. Debido a ello, el autor hace énfasis en las bendiciones davídicas de Israel: el pacto, la ley, la dinastía de los reyes y el templo. Además, la atención se centra en Judá como el recipiente de las promesas de Dios. En este libro se repasa la genealogía desde Adán y luego se narra la historia desde el ascenso de David al trono.

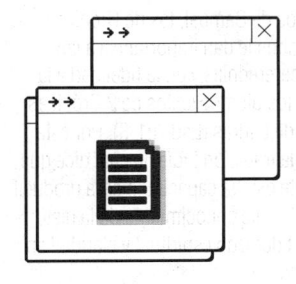

## EL GUION

1) Las genealogías: certificando el pasado para enfrentar el futuro. Caps. 1-9.
2) El ascenso de David, el rey que estableció el modelo para el reino. Caps. 10-20
3) La organización del reino. El líder prepara eficientemente su salida. Caps. 21-28

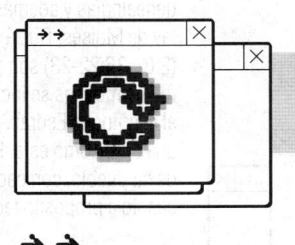

## ¿CÓMO SE RELACIONA CONMIGO?

Los libros de Crónicas intimidan a muchos debido a la gran cantidad de nombres y datos que hay en ellos. Sin embargo, estas listas eran muy importantes para los lectores originales. Establecían la continuidad del pueblo de Dios desde el pasado al presente. Clarificaban la manera en la que el Señor había tratado con fidelidad a su pueblo antes, afirmando que eso seguiría haciendo. Estos libros nos muestran que el Dios de la justicia es el mismo Dios de las promesas y la gracia describiendo la esperanza que el Señor edificó en la persona y el linaje de David. A diferencia de Reyes, donde se trata de explicar dónde estuvo el fracaso, estos libros declaran cuál es el camino del ideal divino en el mundo y los pasos necesarios para una vida fiel y llena de la aprobación de Dios.

# 1 CRÓNICAS

# 1 CRÓNICAS

### ¿QUIÉN LO ESCRIBIÓ?

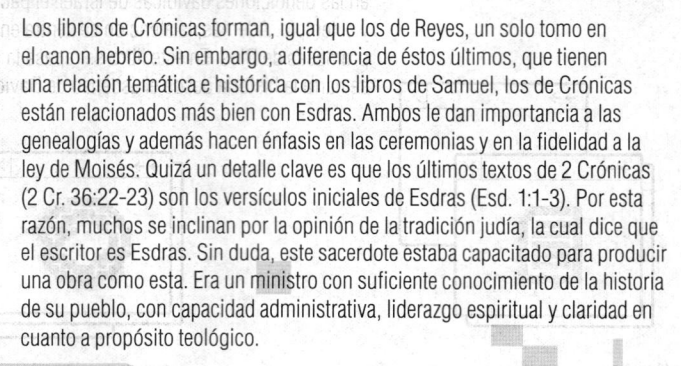

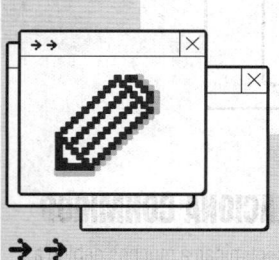

Los libros de Crónicas forman, igual que los de Reyes, un solo tomo en el canon hebreo. Sin embargo, a diferencia de éstos últimos, que tienen una relación temática e histórica con los libros de Samuel, los de Crónicas están relacionados más bien con Esdras. Ambos le dan importancia a las genealogías y además hacen énfasis en las ceremonias y en la fidelidad a la ley de Moisés. Quizá un detalle clave es que los últimos textos de 2 Crónicas (2 Cr. 36:22-23) son los versículos iniciales de Esdras (Esd. 1:1-3). Por esta razón, muchos se inclinan por la opinión de la tradición judía, la cual dice que el escritor es Esdras. Sin duda, este sacerdote estaba capacitado para producir una obra como esta. Era un ministro con suficiente conocimiento de la historia de su pueblo, con capacidad administrativa, liderazgo espiritual y claridad en cuanto a propósito teológico.

### ¿A QUIÉN LO ESCRIBIÓ?

Mientras los libros de Reyes fueron leídos por judíos derrotados, ya sea en Jerusalén o en el exilio en Babilonia, los libros de Crónicas fueron escritos para el pueblo judío que estaba ya de regreso en su tierra, después de los setenta años de cautiverio. Ahora, en esta situación de esperanza que reflejaba un nuevo comienzo, ellos necesitaban revisar la historia de su pueblo, pero esta vez no para ver qué fue lo que falló o las causas del fracaso, sino para ver cuál es la fuente de esperanza y éxito en el pasado con el propósito de aprender de él en el presente. Estos judíos, que se sienten como inmigrantes en su propia tierra, la cual muchos nunca habían visto, necesitan recordar cómo funcionaba el templo, cómo trató el Señor con los reyes, por qué David fue tan querido por Dios y, en general, en qué consiste ser parte de una tradición tan rica y valiosa como la suya.

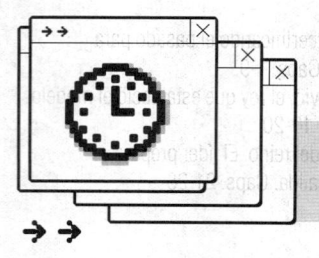

### ¿CUÁNDO Y DÓNDE LO ESCRIBIÓ?

Después del exilio en Babilonia, los persas conquistaron a los caldeos y, a partir del año 537 a.C., les dan permiso a los judíos de retornar a su tierra. El regreso se realiza bajo el liderazgo de varios líderes, principalmente Zorobabel (año 536 a.C.), Esdras (año 458 a.C.) y Nehemías (445 a.C.). Si Esdras es el escritor de este libro, entonces la fecha en la que se escribió fue cerca del año 450 a.C., en la ciudad de Jerusalén, mientras se efectuaba la gran reforma espiritual bajo el liderazgo de Esdras.

**2 REYES 24.9**

Su madre fue Nejustá, hija de Elnatán, de Jerusalén. ⁹Siguiendo el ejemplo de su padre, Joaquín hizo lo que ofende al Señor.

¹⁰Durante su reinado, los oficiales de Nabucodonosor, rey de Babilonia, sitiaron la ciudad de Jerusalén. ¹¹Nabucodonosor, en persona, llegó durante el sitio, ¹²y el rey Joaquín, todos sus funcionarios y la reina madre se rindieron. Entonces Nabucodonosor, que llevaba ocho años como rey de Babilonia, capturó a Joaquín. ¹³Los babilonios se llevaron consigo todos los tesoros del templo del Señor y de la casa del rey. Además, destrozaron todos los vasos de oro que el rey Salomón había mandado a hacer para el templo del Señor, por orden del Señor. ¹⁴El rey Nabucodonosor se llevó diez mil cautivos de Jerusalén, incluyendo a los príncipes y a los mejores soldados, artífices y herreros. Quedó solamente la gente más pobre de aquella tierra.

¹⁵Nabucodonosor se llevó a Babilonia al rey Joaquín, junto con sus esposas, sus funcionarios, y la reina madre, así como a los poderosos de la tierra. ¹⁶También se llevó a siete mil de los mejores hombres de guerra, y mil artesanos y herreros, todos los cuales eran fuertes y aptos para la guerra. ¹⁷Entonces el rey de Babilonia designó a Matanías, tío del rey Joaquín, como rey de Judá. Le cambió el nombre de Matanías por el de Sedequías.

### Sedequías, rey de Judá

¹⁸Sedequías tenía veintiún años cuando comenzó a reinar sobre Judá, y reinó en Jerusalén once años. Su madre fue Jamutal, hija de Jeremías, de Libná. ¹⁹Siguiendo el ejemplo de Joacim, Sedequías hizo lo malo delante del Señor. ²⁰Por eso, el Señor, en su ira, mandó lejos de su presencia a la gente de Judá y de Jerusalén.

### La caída de Jerusalén

**25** Entonces el rey Nabucodonosor, de Babilonia, movilizó todo su ejército y puso sitio a Jerusalén. Esto ocurrió el día diez del mes décimo del noveno año del reinado de Sedequías, rey de Judá. ²El sitio continuó hasta el año once del reinado de Sedequías. ³Los últimos alimentos de la ciudad fueron consumidos el día nueve del mes cuarto de ese año, es decir, el año once. ⁴,⁵Aquella noche, el rey y sus hombres de guerra abrieron una brecha en el muro y huyeron hacia el Arabá, a través de una puerta que había entre el doble muro, junto al jardín del rey. Las fuerzas babilónicas que rodeaban la ciudad lo persiguieron y lo capturaron en la llanura de Jericó, y todos sus hombres se dispersaron. ⁶Fue llevado a Riblá, donde fue juzgado y sentenciado delante del rey de Babilonia. ⁷Lo obligaron a presenciar cómo mataban a sus hijos, y luego le sacaron los ojos y se lo llevaron atado con cadenas a Babilonia.

⁸Nabuzadarán, capitán de la guardia real, llegó desde Babilonia a Jerusalén el día siete del mes quinto del año diecinueve del reinado de Nabucodonosor. ⁹Incendió el templo del Señor, el palacio y todas las demás casas de la ciudad. ¹⁰Luego dirigió a las fuerzas babilónicas en la destrucción de las murallas de Jerusalén. ¹¹Nabuzaradán se llevó a Babilonia a toda la gente que quedaba en Jerusalén, junto con los que se habían unido al rey de Babilonia. Todos fueron llevados cautivos a Babilonia. ¹²Sin embargo, dejó a los más pobres de la tierra, para que se encargaran de cultivar los viñedos y los campos.

¹³Los babilonios quebraron las columnas de bronce del templo del Señor, la fuente de bronce y sus bases, y se llevaron todo el bronce a Babilonia. ¹⁴,¹⁵También se llevaron los calderos, las paletas, las despabiladeras, los cucharones, y todos los utensilios de bronce usados para el sacrificio. Los incensarios de oro y plata, y todo el resto del oro y la plata.

¹⁶Fue tal la cantidad de bronce usado en las dos columnas, la fuente y las bases, que Salomón había mandado hacer para el templo del Señor, que fue imposible pesarlo. ¹⁷Cada columna tenía ocho metros de altura. La parte superior de cada columna tenía un adorno de bronce de metro y medio, en forma de una red con granadas de bronce.

¹⁸El general se llevó cautivos a Babilonia a Seraías, el principal de los sacerdotes, a su ayudante Sofonías, y a los tres guardianes del templo del Señor. ¹⁹,²⁰Nabuzaradán llevó cautivos ante el rey de Babilonia a un encargado de los hombres de guerra, al principal escriba del ejército que tenía el registro de los soldados, a cinco de los consejeros del rey, y a sesenta agricultores, todos los cuales estaban escondidos en la ciudad. El rey de Babilonia los juzgó en Riblá, ²¹que está en la región de Jamat, y los hizo matar.

Fue así como la gente de Judá fue sacada de su tierra y llevada cautiva a Babilonia.

²²Entonces el rey Nabucodonosor designó a Guedalías hijo de Ajicán y nieto de Safán, como gobernador del pueblo que quedó en Judá. ²³Los jefes de las tropas de Judá y sus hombres supieron que el rey de Babilonia había designado a Guedalías como gobernador. Entonces fueron a Mizpa, para ver a Guedalías. Entre los que fueron estaban Ismael hijo de Netanías, Johanán hijo de Carea, Seraías hijo de Tanjumet, de Netofa, y Jazanías, hijo de un hombre de Macá. ²⁴Guedalías les dijo que se quedaran en aquella tierra y que si se sometían al rey de Babilonia, les iría bien, y no tenían que temer a los oficiales de Babilonia.

²⁵Pero siete meses más tarde, Ismael hijo de Netanías y nieto de Elisama, que era de estirpe real, fue a Mizpa con diez hombres, y dio muerte a Guedalías y a su corte, tanto judíos como babilonios. ²⁶Entonces todos los hombres de Judá, desde el más joven hasta el más viejo, junto con los jefes del ejército de Judá, huyeron a Egipto, pues tenían miedo de lo que los babilonios pudieran hacerles.

### Liberación del rey Joaquín

²⁷El rey Joaquín, de Judá, fue puesto en libertad de su prisión el día veintisiete del mes doce del año treinta y siete de su cautiverio. Ese era el primer año del reinado de Evil Merodac, sobre Babilonia. ²⁸Este rey trató bondadosamente a Joaquín y le dio un puesto más importante que el que les dio a los demás reyes que estaban cautivos en Babilonia. ²⁹Joaquín dejó de vestir como un prisionero, y por el resto de su vida comió regularmente en la mesa del rey. ³⁰Además, el rey le daba cada día una ayuda económica para sus gastos. Joaquín recibió esa ayuda por el resto de su vida.

a sus hijos o hijas quemándolos en honor a Moloc. ¹¹También derribó las estatuas de caballos y carros que había cerca de la entrada del templo del Señor, junto a las habitaciones de Natán Mélec, el eunuco, las cuales habían sido dedicadas por los reyes de Judá al dios sol.

¹²A continuación derribó los altares que los reyes de Judá habían edificado en la azotea del palacio, sobre la sala de Acaz. Además destruyó los altares que Manasés había edificado en los dos atrios del templo del Señor. Los molió, y esparció el polvo por el valle de Cedrón. ¹³Luego hizo quitar los santuarios de las colinas que estaban al oriente de Jerusalén, al sur del Monte de la Destrucción (Salomón había edificado estos altares a Astarté, la detestable diosa de los sidonios, a Quemós el horrible dios de Moab, y a Moloc, el detestable dios de los amonitas).

¹⁴Destrozó asimismo los ídolos de piedra y las abominables imágenes de Aserá. Luego llenó de osamentas humanas estos lugares. ¹⁵En cuanto al altar y el santuario que Jeroboán hijo de Nabat había edificado en Betel, y con el cual había hecho pecar a Israel, derribó las piedras y las redujo a polvo, y quemó las imágenes abominables de la diosa Aserá.

¹⁶Mientras Josías inspeccionaba los lugares, vio varias tumbas en la falda de la montaña. Ordenó a sus hombres que sacaran los huesos que había en ellas y los quemaran en el altar de Betel, para profanarlo, cumpliéndose así lo que el profeta del Señor había dicho que ocurriría sobre el altar de Jeroboán.

¹⁷—¿Qué monumento es ese que hay allí? —preguntó el rey.

Y los hombres de la ciudad le respondieron:

—Es la tumba del profeta que vino de Judá y declaró lo que ocurriría sobre el altar de Betel.

¹⁸Entonces Josías respondió:

—No hagan nada con él. No molesten sus huesos.

Entonces respetaron sus huesos junto con los del profeta de Samaria.

¹⁹Josías demolió los santuarios de las colinas en toda Samaria. Habían sido edificados por los diversos reyes de Israel que habían hecho enojar al Señor. Josías los redujo a polvo, de la manera que había hecho en Betel, ²⁰y ejecutó a los sacerdotes de los santuarios paganos sobre sus propios altares, y quemó huesos humanos sobre los altares, para profanarlos. Después de esto regresó a Jerusalén.

²¹Después, el rey ordenó a todo el pueblo: «Celebren la fiesta de la Pascua del Señor, de acuerdo con las instrucciones que aparecen en el Libro del Pacto». ²²Desde la época de los Jueces no había habido una celebración de la Pascua como aquella, y jamás hubo otra semejante en todos los años de los reyes de Israel y Judá. ²³Esta Pascua se celebró en el año dieciocho del rey Josías en Jerusalén.

²⁴Josías también acabó con los brujos y adivinos, y con todo tipo de adoración de ídolos, tanto en Jerusalén como en toda Judá. Porque Josías quería seguir todas las leyes que estaban escritas en el libro que el sumo sacerdote Jilquías había hallado en el templo del Señor. ²⁵No hubo otro rey que, en forma tan completa, se volviera al Señor, y siguiera todas las leyes de Moisés; y ningún rey desde el tiempo de Josías ha sido tan obediente al Señor.

²⁶Pero, a pesar de todo esto, el Señor no desistió de castigar a Judá, pues nada pudo apagar su ira, causada por la maldad del rey Manasés. ²⁷Porque el Señor había dicho: «Yo destruiré a Judá, de la manera que destruí a Israel, y desecharé a Jerusalén como ciudad escogida, y al templo del Señor de la cual dije que sería el lugar donde yo habitaría».

²⁸El resto de la biografía de Josías está escrito en el libro de los reyes de Judá. ²⁹En aquellos días, el faraón Necao, rey de Egipto, atacó al rey de Asiria, en el Éufrates. Entonces el rey Josías salió con el propósito de cerrarle el paso a Necao, pero éste lo mató en Meguido. ³⁰Sus oficiales llevaron su cuerpo en un carro desde Meguido hasta Jerusalén, y lo sepultaron allí en la tumba que él había designado. Entonces el pueblo tomó a su hijo Joacaz y lo proclamó como rey de Judá, en lugar de su padre Josías.

### Joacaz, rey de Judá

³¹Joacaz tenía veintitrés años cuando comenzó a reinar sobre Judá, y reinó sólo tres meses en Jerusalén. Su madre fue Jamutal, hija de Jeremías, de Libná. ³²Siguiendo el ejemplo de sus antepasados, Joacaz hizo lo que ofende al Señor. ³³El faraón Necao lo encarceló en Riblá, que queda en la región de Jamat, para evitar que reinara en Jerusalén, e impuso un tributo contra Judá de tres mil trescientos kilos de plata y treinta y tres kilos de oro. ³⁴Luego tomó a Eliaquín hijo de Josías, y lo puso como rey de Judá, en lugar de su padre. Necao le cambió el nombre por el de Joacim. En cuanto al rey Joacaz, se lo llevó a Egipto, donde murió.

³⁵Joacim impuso tributo al pueblo, para poder cumplir con el impuesto de plata y oro que le había exigido el faraón Necao.

### Joacim, rey de Judá

³⁶Joacim tenía veinticinco años cuando comenzó a reinar en Judá, y reinó once años en Jerusalén. Su madre fue Zebudá, hija de Pedaías, de Rumá. ³⁷Siguiendo el ejemplo de sus antepasados, Joacim hizo lo que ofende al Señor.

**24** Durante el reinado del rey Joacim, el rey Nabucodonosor, de Babilonia, atacó a Jerusalén. Joacim se rindió y le pagó tributos durante tres años, pero luego se rebeló. ²Entonces el Señor envió a caldeos, sirios, amonitas y moabitas contra Judá, para que destruyeran la ciudad, tal como lo había anunciado por medio de sus profetas. ³,⁴Es claro que estos desastres sobrevinieron a Judá por orden directa del Señor, que había decidido castigar al pueblo de Judá, haciéndolo ir lejos de su presencia, debido a los muchos pecados de Manasés, quien había llenado a Jerusalén de sangre. Por eso, el Señor no quiso perdonarlo.

⁵El resto de la historia de la vida de Joacim está escrito en el libro de los reyes de Judá. ⁶Cuando murió, le sucedió su hijo Joaquín. ⁷(El faraón egipcio jamás volvió después de ello, porque el rey de Babilonia ocupó todo el territorio que Egipto pretendía tomar, desde el río de Egipto hasta el río Éufrates.)

### Joaquín, rey de Judá

⁸Joaquín tenía dieciocho años cuando comenzó a reinar en Judá, y reinó en Jerusalén sólo tres meses.

23.25

Judá. ¹⁸Cuando murió, fue sepultado en su palacio, en el jardín de Uza. Su hijo Amón fue el nuevo rey.

## Amón, rey de Judá

¹⁹Amón tenía veintidós años cuando comenzó a reinar sobre Judá, y reinó dos años en Jerusalén. Su madre era Mesulémet, hija de Jaruz, de Jotba. ²⁰Amón hizo todo lo que desagrada al Señor, siguiendo, así, el ejemplo de su padre Manasés. ²¹Hizo todas las maldades que su padre había hecho, y adoró los mismos ídolos. ²²Así que Amón abandonó su fe en el Señor, Dios de sus antepasados, pues no vivió de acuerdo con su voluntad.

²³Pero sus servidores conspiraron contra él y lo mataron en el palacio. ²⁴Luego, la gente del pueblo dio muerte a los asesinos, y pusieron a Josías hijo de Amón, como rey de Judá.

²⁵El resto de la biografía de Amón está escrito en el libro de los reyes de Judá. ²⁶Cuando Amón murió, fue sepultado en su propia tumba, en el jardín de Uza. Su hijo Josías fue el nuevo rey.

## Josías, rey de Judá

**22** ¹Josías tenía ocho años cuando comenzó a reinar en Judá, y reinó treinta y un años en Jerusalén. Su madre era Jedidá, hija de Adaías, de Boscat. ²Josías hizo lo que agrada al Señor, pues en todo siguió el ejemplo de su antepasado David, sin desviarse en nada.

³,⁴En el año dieciocho de su reinado, el rey Josías envió a su secretario Safán hijo de Asalías y nieto de Mesulán, al templo del Señor a visitar al sumo sacerdote Jilquías, y le dijera: «Toma el dinero que reciben los sacerdotes en la puerta de la casa, cuando el pueblo viene a adorar, ⁵,⁶y entrégalo a los administradores de la construcción, para que puedan contratar carpinteros y albañiles para reparar el templo del Señor, y compren madera y piedras para las reparaciones. ⁷Los administradores de la construcción no tienen que dar cuenta del dinero, porque son hombres honrados».

⁸Un día, el sumo sacerdote Jilquías fue a ver al secretario Safán, y le dijo: «¡He encontrado, en el templo del Señor, un rollo que contiene la ley del Señor!» Y le entregó el rollo a Safán para que lo leyera. ⁹,¹⁰Cuando Safán informó al rey del progreso de las reparaciones del templo del Señor, también le contó del rollo que Jilquías había encontrado. Entonces Safán se lo leyó al rey. ¹¹Cuando el rey se enteró de lo que estaba escrito en él, se rasgó la ropa, lleno de temor, ¹²,¹³y ordenó al sumo sacerdote Jilquías, al secretario Safán, a Ajicán hijo de Safán, a Acbor hijo de Micaías, al secretario Safán, y a su ministro Asaías: «Vayan a consultar al Señor, para que sepamos qué tenemos que hacer, tanto yo como todo el pueblo, en cuanto a lo que está en este libro. Pues, según con lo que allí está escrito, nuestros antepasados no obedecieron la ley del Señor, ni vivieron de acuerdo con su voluntad. ¡El Señor debe estar muy enojado con nosotros por eso!»

¹⁴Así que el sumo sacerdote Jilquías, Ajicán, Acbor, Safán y Asaías fueron a consultar a la profetisa Huldá, que vivía en el sector nuevo de Jerusalén. Huldá era esposa de Salún hijo de Ticvá y nieto de Jarjás, encargado del vestuario del palacio. ¹⁵,¹⁶Ella les respondió: «Díganle al hombre que los envió que así dice el Señor, Dios de Israel: "Voy a destruir esta ciudad y sus habitantes, tal como lo he dicho en ese libro que has leído. ¹⁷Porque el pueblo de Judá me ha abandonado y ha adorado a otros dioses, y ha hecho que mi ira arda contra este lugar, sin que se pueda apagar. ¹⁸,¹⁹Pero, por cuanto estás triste y preocupado, y te has humillado delante de mí, al leer el libro y sus advertencias de que esta tierra sería maldita y destruida, y por cuanto has rasgado tu ropa y has llorado delante de mí con verdadero pesar, he escuchado tu petición. ²⁰La desgracia de este pueblo no ocurrirá sino hasta después de tu muerte, de modo que tú no verás el mal que traeré sobre este lugar"».

Y ellos llevaron el mensaje al rey.

## Renovación del pacto

**23** ¹Entonces el rey pidió que los ancianos y los jefes de Judá y de Jerusalén se reunieran con él. ²Luego, el rey fue al templo del Señor, acompañado de todos los sacerdotes, de los profetas y de todo el pueblo, pequeños y grandes, de Jerusalén y de otras ciudades de Judá. Y, en presencia de todos, el rey leyó el libro de la ley del Señor, que había sido descubierto en el templo del Señor. ³Parándose junto a la columna, frente al pueblo, el rey prometió delante del Señor que iba a obedecer todos los mandamientos y leyes que estaban escritos en el libro. Se comprometió a obedecer el pacto con todo su corazón y con toda su alma. Y todo el pueblo, siguiendo el ejemplo del rey, se comprometió a obedecer el pacto del Señor.

⁴Entonces el rey ordenó al sumo sacerdote Jilquías y a los demás sacerdotes y guardas del templo que destruyeran todos los instrumentos usados en la adoración a Baal, a Aserá, al sol, la luna y las estrellas. El rey hizo que todo fuera quemado en los campos del valle de Cedrón, en las afueras de Jerusalén, y llevó las cenizas a Betel. ⁵Mató a los sacerdotes paganos, que los anteriores reyes de Judá habían instituido para quemar inciensos en los santuarios de las colinas, a través de todo Judá y aun en Jerusalén. También a los que ofrecían incienso a Baal, al sol, a la luna, a las estrellas y a los astros. ⁶Hizo quitar el abominable ídolo de Aserá del templo del Señor, y lo llevó a las afueras de Jerusalén, al arroyo de Cedrón. Allí lo quemó y lo redujo a polvo, y arrojó el polvo sobre la fosa común. ⁷Además, destruyó las habitaciones de los que se dedicaban a la prostitución sagrada en el templo del Señor, y en las que las mujeres tejían túnicas para el ídolo de la diosa Aserá.

⁸Hizo regresar a Jerusalén a los sacerdotes del Señor que estaban viviendo en otras ciudades de Judá, e hizo derribar todos los santuarios de las colinas donde ellos habían quemado incienso, aun aquellos que estaban tan distantes como Gueba y Berseba. Además, destruyó los santuarios que estaban a la entrada del palacio de Josué, el gobernador de Jerusalén, y que estaba a la izquierda de una de las puertas de la ciudad. ⁹Conviene señalar que los sacerdotes de los santuarios de las colinas no servían en el altar del Señor en Jerusalén, pero sí comían con los otros sacerdotes.

¹⁰Asimismo el rey destruyó el altar de Tofet, que estaba en el valle de Ben Hinón, para que nadie pudiera usarlo nuevamente con el propósito de sacrificar

22.1–2   22.16–20

tuario del dios Nisroc, sus hijos Adramélec y Sarézer le dieron muerte, y escaparon a la región de Ararat. Y su hijo Esarjadón fue el nuevo rey de Asiria.

## Enfermedad de Ezequías

**20** El rey Ezequías se enfermó gravemente y estuvo a punto de morir. Entonces el profeta Isaías hijo de Amoz fue a visitarlo, y le dijo: «El Señor te manda a decir que dejes todos tus asuntos arreglados, porque vas a morir».

²Ezequías se dio vuelta hacia la pared, y le rogó al Señor: ³«Por favor, Señor, recuerda que siempre he tratado de obedecerte y agradarte en todo lo que hago». Y rompió a llorar.

⁴Antes de que Isaías saliera del patio, el Señor le habló nuevamente, y le dijo: ⁵«Vuelve a ver a Ezequías, el jefe de mi pueblo, y dile que yo, el Señor, el Dios de su antepasado David, he oído su oración y he visto sus lágrimas. Dile que yo lo sanaré, y que dentro de tres días, a partir de hoy, se levantará e irá al templo del Señor. ⁶Añadiré quince años a su vida y lo salvaré a él y a esta ciudad del rey de Asiria. Lo haré para gloria de mi nombre y por amor a David mi siervo».

⁷Isaías, entonces, dio orden a Ezequías de hacer hervir algunos higos secos y preparar una pasta con ellos para ponerla sobre la llaga. Y así lo hicieron, y Ezequías sanó.

⁸El rey Ezequías había dicho a Isaías:

—Haz una señal para probarme que el Señor me sanará, y que yo podré ir al templo del Señor, dentro de tres días.

⁹—De acuerdo. El Señor te dará una señal —le dijo Isaías—. ¿Quieres que la sombra en el reloj del sol adelante diez gradas o retroceda diez?

¹⁰—Que la sombra avance diez gradas es muy fácil —respondió Ezequías—. ¡Haz que retroceda!

¹¹Isaías le pidió al Señor que hiciera esto, y él hizo que la sombra retrocediera diez gradas en el reloj de sol de Acaz.

## Mensajeros de Babilonia

¹²En aquel tiempo, Merodac Baladán hijo de Baladán, rey de Babilonia, envió embajadores con saludos y un regalo para Ezequías, pues se enteró de que había estado enfermo. ¹³Ezequías les dio la bienvenida y les mostró todos sus tesoros, la plata, el oro, las especias y aceites aromáticos, las armas, y todo cuanto había en las bodegas. No hubo cosa en su palacio y en su reino que Ezequías no les mostrara. ¹⁴Entonces Isaías entró a ver al rey Ezequías, y le preguntó:

—¿Qué querían estos hombres? ¿De dónde son?

—Vienen de lejos, desde Babilonia —respondió Ezequías.

¹⁵—¿Qué han visto en tu palacio? —preguntó Isaías.

Y Ezequías le respondió:

—¡Lo han visto todo! ¡Les he mostrado todos mis tesoros!

¹⁶Entonces Isaías le dijo a Ezequías:

—Escucha la palabra del Señor: ¹⁷Vendrá un día en que todo lo que hay en este palacio será llevado a Babilonia; todos los tesoros de tus antepasados serán llevados, y nada quedará. ¹⁸Algunos de tus hijos serán llevados y serán esclavos que servirán en el palacio del rey de Babilonia.

¹⁹—Bien —respondió Ezequías—. Si eso es lo que el Señor quiere, está bien.

Pero realmente estaba pensando: «Por lo menos tendré paz y seguridad durante el resto de mi vida».

²⁰El resto de la historia de Ezequías y de sus grandes hechos, incluyendo el estanque y el acueducto que hizo para llevar agua a la ciudad, están escritos en el libro de los reyes de Judá. ²¹Cuando murió, su hijo Manasés fue el nuevo rey.

## Manasés, rey de Judá

**21** Manasés tenía doce años cuando comenzó a reinar en Judá, y reinó cincuenta y cinco años en Jerusalén. Su madre era Hepsiba. ²Manasés fue un mal rey, pues hizo lo que no le agrada al Señor, pues imitó las prácticas abominables de las naciones que fueron arrojadas de la tierra para dejarle el lugar al pueblo de Israel. ³⁻⁵Reedificó los santuarios de las colinas, que su padre Ezequías había destruido. Edificó altares a Baal e hizo una abominable imagen de la diosa Aserá, tal como lo había hecho Acab, rey de Israel. Levantó altares al dios sol, a la diosa luna, y a los dioses de las estrellas en el templo del Señor, ¡precisamente en la ciudad y el edificio que el Señor había elegido para honrar su propio nombre! ⁶Además, hizo quemar en un altar pagano a uno de sus propios hijos. Practicó la brujería y la adivinación, y consultó a espiritistas y a adivinos. En fin, hizo todo lo que el Señor desaprueba. Por eso, el Señor se enojó con él.

⁷Manasés llegó a colocar una abominable imagen de la diosa Aserá en la casa en la cual el Señor había dicho a David y a Salomón: «Yo pondré para siempre mi nombre en esta casa, y en Jerusalén, ciudad que he escogido de entre todas las ciudades de las tribus de Israel. ⁸Si el pueblo de Israel sigue los mandamientos que les entregué por medio de Moisés, yo jamás los expulsaré de la tierra que di a sus padres».

⁹Pero el pueblo no quiso escuchar al Señor, y Manasés los indujo a hacer mayores males que las naciones vecinas, aun cuando el Señor había destruido a aquellas naciones por sus malos comportamientos, cuando el pueblo de Israel entró en la tierra.

¹⁰Entonces el Señor declaró por medio de los profetas: ¹¹«Por cuanto el rey Manasés ha hecho estas iniquidades, y es aun más malo que los amorreos que vivían en esta tierra hace mucho tiempo, y por cuanto ha llevado al pueblo de Judá a la idolatría, ¹²yo traeré tal mal sobre Jerusalén y Judá, que los oídos de los que lo oigan les retumbarán de horror. ¹³Haré que los reyes de Israel conquisten a Jerusalén, y borraré Jerusalén como un hombre limpia un plato y lo pone boca abajo para que se seque. ¹⁴Rechazaré aun a los pocos de mi pueblo que han quedado, y los entregaré como despojo y botín en manos de sus enemigos. ¹⁵Porque han hecho grandes males y me han hecho enojar siempre, desde que traje a sus antepasados de Egipto».

¹⁶Además de practicar la idolatría, que el Señor odia, y de hacer que el pueblo de Judá también la practicara, Manasés asesinó a gran número de personas inocentes. Jerusalén quedó llena de un extremo a otro de los cadáveres de sus víctimas.

¹⁷El resto de la historia de Manasés y de su reinado pecaminoso está escrito en el libro de los reyes de

podrá salvarlos de mi poder! ³⁰¡No permitan que los engañe haciéndoles creer que el SEÑOR los salvará!

³¹,³²»¡No escuchen al rey Ezequías! ¡Ríndanse! ¡Podrán vivir aquí en su tierra hasta que yo los conduzca a otra tierra semejante a esta, con muchas cosechas, grano, vino, olivos y miel! Todo esto es mejor que la muerte. No escuchen al rey Ezequías cuando trate de convencerlos de que el SEÑOR los salvará.

³³»¿Ha podido alguno de los dioses de las otras naciones librarlos del rey de Asiria? ³⁴¿Qué le ha pasado a los dioses de Jamat, Arfad, Sefarvayin, Hená e Ivá? ¿Rescataron a Samaria? ³⁵Si no hay dios que haya podido salvar a nación alguna de mi poder, ¿qué los hace pensar que el SEÑOR puede salvar a Jerusalén?

³⁶Pero el pueblo sobre el muro permaneció en silencio, porque el rey les había ordenado no responder.

³⁷Entonces Eliaquín hijo de Jilquías, el mayordomo, Sebna, el secretario del rey, y Joa hijo de Asaf, el otro secretario, fueron ante el rey Ezequías con su ropa rasgada y le contaron lo que había dicho el Rabsaces asirio.

### Isaías profetiza la liberación de Jerusalén

**19** Cuando el rey Ezequías escuchó este informe, rasgó sus vestiduras, se vistió de ropa áspera, y entró en el templo del SEÑOR a orar. ²Y mandó a Eliaquín, a Sebna y a algunos de los sacerdotes más ancianos que se vistieran de ropa áspera y fueran a ver al profeta Isaías hijo de Amoz, y le dieran este mensaje: ³«Este es un día de tribulación, insulto y deshonra. Es como cuando un niño está a punto de nacer, pero la madre no tiene fuerzas para darlo a luz. ⁴Quizás el SEÑOR tu Dios ha oído que el Rabsaces de Asiria desafió al Dios viviente, y lo castigará. Ora por los que todavía quedamos vivos».

⁵,⁶Isaías les contestó a los mensajeros del rey: «Díganle al rey que esto es lo que el SEÑOR le manda a decir: "No te preocupes por los insultos que estos asirios han lanzado contra mí. ⁷Haré que el rey de Asiria reciba malas noticias de su tierra y decida regresar; y haré que lo maten cuando llegue a su tierra"».

⁸El Rabsaces asirio regresó ante su rey, y lo encontró en Libná, porque se había retirado de Laquis.

⁹Poco después le llegó al rey la noticia de que el rey Tiracá, de Etiopía, venía a atacarlo. Antes de partir para hacer frente al ataque, envió este mensaje al rey Ezequías: ¹⁰«No te dejes engañar por ese Dios en quien crees. No le creas cuando dice que no vamos a conquistar Jerusalén. ¹¹Tú sabes perfectamente bien lo que los reyes de Asiria han hecho dondequiera que han ido: lo han destruido completamente todo. ¿Por qué tu caso va a ser diferente? ¹²¿Han podido contra nosotros los dioses de las otras naciones: Gozán, Jarán, Résef, y los descendientes de Edén que estaban en Telasar? Todos ellos han sido destruidos por los anteriores reyes de Asiria. ¹³¿Qué le ocurrió al rey de Jamat y a los reyes de Arfad? ¿Qué le ocurrió a los reyes de Sefarvayin, Hená e Ivá?»

### Oración de Ezequías

¹⁴Ezequías tomó la carta que le entregaron los mensajeros de Senaquerib, la leyó y entró en el templo del SEÑOR y la extendió delante del SEÑOR. ¹⁵Allí hizo esta oración: «SEÑOR, Dios de Israel, que te sientas en tu trono, por encima de los ángeles, sólo tú eres Dios de todos los reinos de la tierra, pues tú creaste los cielos y la tierra. ¹⁶Inclínate, SEÑOR, y escucha, te lo ruego. Abre tus ojos, SEÑOR, y mira. Escucha a este hombre que desafía al Dios vivo. ¹⁷SEÑOR, es cierto que los reyes de Asiria han destruido a todas esas naciones ¹⁸y han quemado sus ídolos. Pero éstos no eran dioses. Fueron destruidos porque no eran sino ídolos de madera y de piedra, hechos por los hombres. ¹⁹SEÑOR, Dios nuestro, te rogamos que nos salves del poder del rey de Asiria. Así todos los reinos de la tierra sabrán que solamente tú eres Dios».

### Muerte de Senaquerib

²⁰Entonces el profeta Isaías hijo de Amoz envió este mensaje a Ezequías: «El SEÑOR, Dios de Israel dice que ha escuchado tu petición acerca de Senaquerib, rey de Asiria. ²¹Y esto es lo que el SEÑOR, decreta contra él:

»"La virgen hija de Sión, no te tiene miedo. La hija de Jerusalén te desprecia y se burla de ti. ²²¿A quién has desafiado e insultado? ¿Contra quién has levantado con soberbia la voz? ¡Es contra el Santo de Israel que lo has hecho!

²³»"Has dicho con jactancia: 'Mis carros han conquistado las más altas montañas, ¡hasta la cúspide del Líbano! He cortado sus cedros más altos, he talado sus mejores cipreses, y he conquistado sus fronteras más lejanas. ²⁴Me he refrescado en los manantiales de los pueblos que he vencido, y he destruido la fortaleza de Egipto con sólo pasar por allí'.

²⁵»"¿No te has dado cuenta que desde hace mucho, yo, el SEÑOR, es quien te ha dejado hacer estas cosas? Yo ordené que conquistaras todas estas ciudades fortificadas. ²⁶Por eso, los pueblos que has conquistado no pudieron contra ti. Paralizados de terror y avergonzados, quedaron cual hierba del campo, cual césped tierno, como heno de los terrados que se marchita antes de la cosecha.

²⁷»"Yo sé todo de ti. Conozco todos tus planes y sé a dónde vas. Además, sé lo que has dicho en contra mía. ²⁸Debido a tu arrogancia contra mí, voy a poner un garfio en tu nariz, y frenos en tu boca, y te haré regresar por el camino que viniste.

²⁹»"Y ésta es la prueba de que haré lo prometido:

»"Este año mi pueblo comerá el trigo que saldrá espontáneamente, y lo usará como semilla para las siembras del próximo año; y en el tercer año tendrán una cosecha abundante.

³⁰»"Pueblo mío, Judá, que has sobrevivido; volverás a echar profundas raíces en la tierra y producirás fruto para el SEÑOR. ³¹Un pequeño grupo de mi pueblo se hará fuerte en Jerusalén. El SEÑOR está deseoso de hacer que esto ocurra.

³²»"Y mi decisión en cuanto al rey de Asiria es que no entrará en esta ciudad. No estará delante de ella con escudo, ni tenderá rampas para subir por sus muros, ni disparará una sola flecha contra ella. ³³Volverá por el camino que vino, ³⁴porque yo descenderé y salvaré a esta ciudad, por amor de mi nombre y por amor de mi siervo David"».

³⁵Aquella misma noche, el ángel del SEÑOR dio muerte a ciento ochenta y cinco mil soldados del ejército asirio. A la mañana siguiente, el campo estaba lleno de cadáveres. ³⁶Entonces el rey Senaquerib regresó a Nínive. ³⁷Pero un día que estaba adorando en el san-

colinas. ³³Así que, aunque adoraban al Señor, siguieron manteniendo sus costumbres religiosas, tal como lo hacían cuando estaban en sus naciones de origen.

³⁴Todavía hacen lo mismo: siguen sus prácticas anteriores en vez de adorar en forma verdadera al Señor, y obedecer las leyes que él les dio a los descendientes de Jacob (cuyo nombre más tarde le fue cambiado por el de Israel). ³⁵,³⁶El Señor había hecho un pacto con los israelitas, que tenía las siguientes condiciones:

«No adoren a dioses paganos, ni se inclinen delante de ellos; no los alaben ni ofrezcan sacrificios. Adórenme solo a mí, que soy el Señor, que los saqué de la tierra de Egipto con demostraciones grandiosas de poder. ³⁷Obedezcan todas las leyes que les di por escrito, y jamás adoren a otros dioses. ³⁸No olviden el pacto que hice con ustedes; por eso, no adoren jamás a otros dioses. ³⁹Adórenme solamente a mí, pues únicamente yo tengo el poder para librarlos de sus enemigos».

⁴⁰Pero no quisieron obedecer, sino que siguieron sus antiguas costumbres de adorar a dioses falsos. ⁴¹Adoraban al Señor, pero al mismo tiempo adoraban a sus ídolos. Y hasta ahora sus descendientes hacen lo mismo.

### Ezequías, rey de Judá

**18** Ezequías hijo de Acaz comenzó a reinar en Judá cuando Oseas hijo de Elá llevaba tres años reinando en Israel. ²Ezequías tenía veinticinco años cuando comenzó a reinar, y reinó en Jerusalén veintinueve años. Su madre era Abí, hija de Zacarías. ³Fue un buen rey, pues hizo lo que le agrada al Señor, siguiendo, así, el ejemplo de su antepasado David. ⁴Hizo quitar los santuarios de las colinas, derribó sus altares y destruyó los vergonzosos ídolos de la diosa Aserá. También destruyó la serpiente de bronce que Moisés había hecho, porque el pueblo de Israel había comenzado a adorarla y a quemarle incienso, y la llamaban Nejustán.

⁵Ezequías confió firmemente en el Señor, Dios de Israel. Ninguno de los reyes, ni antes ni después de él, estuvo tan cerca de Dios como él lo estuvo. ⁶Porque siguió al Señor en todo y obedeció cuidadosamente todos los mandamientos que el Señor le había dado por medio de Moisés. ⁷Por esta razón el Señor estuvo con él y lo hizo prosperar en todo lo que emprendió. Se rebeló contra el rey de Asiria y se negó a seguir pagando tributos. ⁸También venció a los filisteos, tanto en las ciudades grandes como en las pequeñas, y logró llegar hasta Gaza y sus alrededores.

⁹En el cuarto año de su reinado, que era el séptimo año de Oseas en Israel, el rey Salmanasar, de Asiria, atacó a Israel y comenzó el sitio de la ciudad de Samaria. ¹⁰Tres años más tarde (durante el sexto año del reinado de Ezequías y el noveno del reinado de Oseas en Israel) cayó Samaria. ¹¹Fue en aquel tiempo cuando el rey de Asiria transportó a los israelitas a Asiria y los puso en colonias en las ciudades de Jalaj, en Gozán, que está junto al río Jabor, y en las ciudades de los medos. ¹²Esto fue porque se habían negado a obedecer al Señor su Dios y a hacer su voluntad. Al contrario, habían pasado por alto su pacto y habían desobedecido todas las leyes que les había dado por medio de Moisés, su siervo.

¹³Más tarde, en el año catorce del reinado de Ezequías, el rey Senaquerib de Asiria, sitió y capturó todas las ciudades fortificadas de Judá. ¹⁴El rey Ezequías quería la paz, y envió este mensaje al rey de Asiria, que estaba en Laquis: «He hecho mal. Pagaré cualquier tributo que me pidas, con tal de que te vayas». El rey de Asiria le exigió nueve mil novecientos kilos de plata y novecientos noventa kilos de oro. ¹⁵Para reunir esta suma, el rey Ezequías tomó toda la plata que había en el templo del Señor y en la tesorería de la casa de rey. ¹⁶Además, tuvo que quitar el oro de las puertas del templo del Señor y de los postes con que él mismo los había recubierto, y lo dio todo al rey de Asiria.

### Senaquerib amenaza a Jerusalén

¹⁷Sin embargo, el rey de Asiria envió desde Laquis a uno de sus altos oficiales el Tartán, a su tesorero principal el Rabasaris, y al copero mayor el Rabsaces, para que fueran a atacar a Jerusalén. Éstos subieron y acamparon en el canal del estanque superior, que está junto al campo donde era blanqueada la ropa. ¹⁸Entonces le pidieron al rey Ezequías que saliera a hablar con ellos. Pero él envió una delegación para pedir tregua. La delegación estaba formada por los siguientes hombres: Eliaquín, el mayordomo del palacio, Sebna, su secretario, y Joa hijo de Asaf, su otro secretario.

¹⁹Entonces el Rabsaces envió este mensaje al rey Ezequías:

—El gran rey de Asiria dice: «¿Qué te hace sentir tan seguro? ²⁰,²¹Necesitas más que promesas y ayudas antes de rebelarte contra mí. Pero, ¿cuál de tus aliados te dará más que palabras? ¿Egipto? Si te apoyas en Egipto, descubrirás que es una caña que se quiebra bajo tu peso y te traspasa la mano. El faraón de Egipto es completamente indigno de confianza. ²²Y si dices: "Estamos confiando en que el Señor nos librará", recuerda que tú has destruido los altares de las colinas dedicados a él. Porque tú exiges que toda la gente vaya a adorar ante el altar de Jerusalén».

²³»¿Qué te parece? Haz una apuesta con mi amo, el rey de Asiria. Si encuentras dos mil hombres que puedan montar a caballo, nosotros te daremos los caballos. ²⁴Y con un ejército tan pequeño como el tuyo, no eres amenaza ni para el menor de los oficiales a cargo del más pequeño contingente. Si los egipcios estuvieran dispuestos a proporcionarte caballos y carros, de nada te serviría. ²⁵¿Piensas que nosotros hemos venido aquí por nuestra propia iniciativa? ¡No! El Señor nos ha enviado, y nos dijo: "Vayan y destruyan a ese pueblo".

²⁶Eliaquín hijo de Jilquías, Sebna y Joa le dijeron:

—Habla en arameo, por favor, porque nosotros lo entendemos. No uses hebreo porque el pueblo que está en los muros nos está oyendo.

²⁷Pero el asirio respondió:

—¿Me ha enviado acaso mi señor a hablarte solamente a ti y a tu amo? ¿Me ha enviado a hablarle también al pueblo que está en los muros, condenados al igual que ustedes a comer sus excrementos y a beber su orina?

²⁸Entonces el Rabsaces asirio gritó en hebreo al pueblo que estaba sobre los muros:

—¡Oigan lo que dice el gran rey de Asiria! ²⁹¡No permitan que el rey Ezequías los engañe! Él jamás

¹⁵Luego dio órdenes al sacerdote Urías de usar el nuevo altar para los holocaustos de la mañana, para la ofrenda de cereal de la tarde, así como para el holocausto y la ofrenda de grano del rey, y para las ofrendas del pueblo, incluyendo sus ofrendas de vino. La sangre del holocausto y de los sacrificios tenía que rociarla sobre el nuevo altar. El antiguo altar fue dejado solamente para uso del rey. ¹⁶Entonces, el sacerdote Urías hizo todo lo que el rey Acaz le ordenó.

¹⁷Luego, el rey hizo quitar los entrepaños de las bases, junto con sus lavamanos. También hizo bajar la fuente de bronce que estaba encima de los bueyes, y la puso sobre una base de piedra. ¹⁸Y, atendiendo a una petición del rey de Asiria, quitó la tarima que se había construido dentro del templo del Señor para la celebración del sábado, así como el pasadizo que era de uso exclusivo del rey.

¹⁹El resto de la historia del reinado de Acaz está escrito en el libro de los reyes de Judá. ²⁰Cuando Acaz murió, fue sepultado en el cementerio real, en Jerusalén, en la Ciudad de David. Su hijo Ezequías fue el nuevo rey.

## Oseas, rey de Israel

**17** ¹Oseas hijo de Elá subió al trono de Israel cuando Acaz llevaba doce años reinando en Judá. Oseas reinó en Samaria nueve años, ²pero hizo lo que ofende al Señor, aunque no fue tan malo como los reyes de Israel que habían reinado antes de él.

³El rey Salmanasar, de Asiria, atacó y derrotó al rey Oseas, por lo que Israel tuvo que pagar un pesado tributo anual a Asiria. ⁴Pero un día, el rey Oseas se rebeló contra el rey de Asiria, y pidió al faraón So, rey de Egipto, que le ayudara a librarse del poder de Asiria. Además, Oseas se negó a seguir pagándole el impuesto anual al rey de Asiria. Por eso, éste lo hizo arrestar, y lo metió en la cárcel.

⁵Después, el rey de Asiria marchó contra Israel e invadió la tierra, y por tres años mantuvo sitiada la ciudad de Samaria, capital del reino. ⁶Finalmente, en el año noveno del reinado de Oseas, Samaria cayó. Entonces el rey Salmanasar llevó cautivos a los israelitas a Asiria y los instaló en Jalaj, en Gozán, que está junto al río Jabor, y en las ciudades de los medos.

## El pecado de Israel

⁷Este desastre cayó sobre el pueblo de Israel, porque sus habitantes adoraron a otros dioses, pecando así contra el Señor su Dios que los había sacado de la esclavitud de Egipto. ⁸Habían seguido las malas costumbres de las naciones que el Señor había expulsado delante de ellos, y las malas costumbres que habían introducido los reyes de Israel. ⁹El pueblo de Israel, además, había hecho secretamente muchas cosas que eran malas. Habían edificado altares a otros dioses, a lo largo de toda la región. ¹⁰Habían puesto altares e ídolos en la cumbre de toda colina y bajo todo árbol frondoso. ¹¹Habían quemado incienso a los dioses de las naciones a los que el Señor había expulsado de la tierra cuando Israel llegó. El pueblo de Israel, pues, había cometido muchos males, y el Señor estaba enojado con ellos. ¹²Habían adorado ídolos, a pesar de las advertencias específicas y repetidas del Señor.

¹³Una y otra vez, el Señor había enviado profetas que advirtieran a Israel y a Judá que era necesario que dejaran sus malos comportamientos, que obedecieran los mandamientos que había dado a sus antepasados por medio de los profetas.

¹⁴Pero Israel no prestó atención. El pueblo fue tan soberbio como sus antepasados, y se negó a creer en el Señor su Dios. ¹⁵Rechazaron sus leyes y el pacto que había hecho con sus antepasados, y despreciaron todas sus advertencias. En su rebeldía adoraron ídolos paganos, como las naciones vecinas, a pesar de las reiteradas advertencias del Señor. ¹⁶Desobedecieron todos los mandamientos del Señor su Dios, e hicieron dos becerros de oro fundido. Hicieron ídolos abominables y vergonzosos, y adoraron a Baal, y a todos los astros del cielo. ¹⁷Llegaron aun a sacrificar en el fuego a sus propios hijos e hijas como ofrenda a sus dioses, consultaron a adivinos, practicaron la magia y se vendieron a sí mismos al mal. Por eso el Señor se enojó con ellos.

¹⁸Tanto fue el enojo del Señor contra los israelitas que dejó que se los llevaran lejos de su tierra. Tan solo dejó a la tribu de Judá. ¹⁹Pero ni aun los de Judá obedecieron los mandamientos del Señor su Dios, sino que anduvieron en las malas costumbres que Israel había introducido. ²⁰Entonces el Señor desechó a todos los descendientes de Jacob. Los castigó entregándolos en manos de sus enemigos, y dejó que fueran llevados lejos de su tierra.

²¹Cuando el Señor permitió que los israelitas no reconocieran como rey a un descendiente de David, ellos pusieron por rey a Jeroboán hijo de Nabat. Fue precisamente Jeroboán el que hizo que los israelitas cometieran el gran pecado de alejarse del Señor. ²²Y el pueblo de Israel no dejó de hacer las cosas malas que Jeroboán le había enseñado, ²³hasta que el Señor, finalmente, los arrojó lejos de su presencia, cumpliendo así lo que había anunciado por medio de sus siervos los profetas. Israel fue llevado cautivo a Asiria, donde está hasta estos días.

## Repoblación de Samaria

²⁴El rey de Asiria llevó habitantes de Babilonia, Cuta, Ava, Jamat, y Sefarvayin, y los instaló en las ciudades de Samaria, en lugar del pueblo de Israel. Los asirios, pues, tomaron posesión de Samaria y de las demás ciudades de Israel. ²⁵Pero como estos nuevos habitantes no adoraban al Señor, él envió leones que mataron a muchos de ellos. ²⁶Entonces, le enviaron este mensaje al rey de Asiria: «La gente que usted desterró en las ciudades de Samaria no conoce las leyes del dios de esta tierra, y él ha enviado leones para que los maten».

²⁷,²⁸El rey de Asiria ordenó entonces a uno de los sacerdotes exiliados de Samaria que regresara a Israel y enseñara a los nuevos residentes las leyes del Dios de la tierra. Un sacerdote, pues, regresó a Betel y enseñó a la gente de Babilonia la manera de adorar al Señor.

²⁹Pero estos extranjeros también adoraban a sus propios dioses, a los que pusieron en los altares de las colinas, cerca de sus ciudades. ³⁰Los babilonios adoraban a su dios Sucot Benot; los de Cuta adoraban a su dios Nergal, los de Jamat adoraban a Asimá, ³¹los aveos adoraban a Nibjaz y a Tartac, y los de Sefarvayin ofrecían en holocausto a sus hijos en los altares de sus dioses Adramélec y Anamélec.

³²A pesar de que adoraban al Señor, nombraron, de entre el pueblo en general, sacerdotes que ofrecían sacrificios en los altares que habían construido en las

## Salún, rey de Israel

**13**Salún hijo de Jabés comenzó a reinar en Israel en el año treinta y nueve del reinado de Uzías en Judá. Salún solo alcanzó a reinar durante un mes, **14**pues Menajem hijo de Gadí fue de Tirsá a Samaria y lo mató, y se apoderó del trono.

**15**Los demás detalles del reinado de Salún y su conspiración están escritos en el libro de los reyes de Israel. **16**Menajem destruyó la ciudad de Tifsa y los lugares circundantes, comenzando por Tirsá, porque sus ciudadanos se negaron a aceptarlo como rey. Dio muerte a toda la población, y les abrió el vientre a las mujeres que estaban embarazadas.

## Menajem, rey de Israel

**17**Menajem hijo de Gadí subió al trono de Israel en el año treinta y nueve del reinado de Azarías, rey de Judá. Reinó diez años en Samaria. **18**También fue un rey muy malo. Adoró ídolos, siguiendo así el ejemplo de Jeroboán hijo de Nabat que condujo al pueblo de Israel al pecado.

**19,20**Entonces el rey Pul, es decir, Tiglat Piléser, de Asiria, invadió la tierra, pero el rey Menajem lo compró con un regalo de treinta y tres mil kilos de plata, para que lo dejara seguir siendo rey de Israel. Para conseguir esa cantidad de plata, Menajem obligó a los ricos de Israel a entregar, como impuesto, medio kilo de plata. Entonces Tiglat Piléser se regresó a su tierra.

**21**El resto de la historia del rey Menajem está escrito en el libro de los reyes de Israel. **22**Cuando murió le sucedió su hijo Pecajías.

## Pecajías, rey de Israel

**23**Pecajías hijo de Menajem comenzó a reinar en Israel cuando Azarías llevaba cincuenta años reinando en Judá. Pecajías reinó en Samaria dos años, **24**pero hizo lo que ofende al Señor, pues siguió el ejemplo de Jeroboán hijo de Nabat que hizo pecar a Israel, conduciéndolo a la idolatría.

**25**Entonces Pecaj hijo de Remalías, que era uno de los oficiales del ejército, conspiró contra él con cincuenta hombres de Galaad, y lo asesinaron en el palacio de Samaria. (Argob y Arié también murieron en aquella ocasión). Después de matar al rey, Pecaj se apoderó del trono de Israel.

**26**El resto de la historia del rey Pecajías está escrito en el libro de los reyes de Israel.

## Pecaj, rey de Israel

**27**Pecaj hijo de Remalías comenzó a reinar en Israel cuando Azarías llevaba cincuenta y dos años reinando en Judá. Pecaj reinó en Samaria veinte años, **28**pero hizo lo malo ante los ojos del Señor, pues siguió el ejemplo de Jeroboán hijo de Nabat que hizo pecar a Israel, conduciéndolo a la idolatría.

**29**Fue durante su reinado que el rey Tiglat Piléser, de los asirios, dirigió un ataque contra Israel. Capturó las ciudades de Iyón, Abel Betmacá, Janoa, Cedes, Jazor, Galaad, Galilea, y toda la tierra de Neftalí, y llevó al pueblo cautivo a Asiria. **30**Entonces Oseas hijo de Elá conspiró contra Pecaj, y lo asesinó. Eso ocurrió en el año veinte del reinado de Jotán en Judá. De esa manera Oseas se apoderó del trono de Israel.

**31**El resto de la historia del reinado de Pecaj está escrito en el libro de los reyes de Israel.

## Jotán, rey de Judá

**32,33**Jotán hijo de Uzías comenzó a reinar en Judá cuando Pecaj hijo de Remalías llevaba dos años reinando en Israel. Jotán tenía veinticinco años cuando comenzó a reinar, y reinó en Jerusalén durante dieciséis años. Su madre fue Jerusa, hija de Sadoc. **34,35**En términos generales, Jotán fue un buen rey. Como su padre Uzías, siguió al Señor. Pero no destruyó los santuarios de las colinas, donde el pueblo hacía sacrificios y quemaba incienso. Fue durante su reinado que se construyó la puerta superior del templo del Señor.

**36**El resto de la historia de Jotán se encuentra escrito en el libro de los reyes de Judá. **37**En aquellos días, el Señor hizo que Rezín, rey de Siria, y Pecaj hijo de Remalías, de Israel, atacaran a Judá. **38**Cuando Jotán murió, fue sepultado con los demás reyes de Judá en el cementerio real, en la Ciudad de David. Luego subió al trono su hijo Acaz.

## Acaz, rey de Judá

**16** Acaz hijo de Jotán comenzó a reinar en Judá cuando Pecaj hijo de Remalías llevaba diecisiete años reinando en Israel. **2**Tenía veinte años cuando comenzó a reinar, y reinó en Jerusalén dieciséis años. No siguió el ejemplo de su antepasado David, pues hizo lo que no le agrada al Señor. **3**Por el contrario, fue tan malo como los reyes de Israel. Tanta fue su maldad, que hasta sacrificó en el fuego a su hijo, para ofrecérselo a un dios falso, que era una ceremonia repugnante que practicaba la gente que antes vivía en aquella tierra que el Señor le dio a su pueblo Israel. **4**También sacrificó y quemó incienso en los santuarios de las colinas y en los numerosos altares que había bajo los árboles frondosos.

**5**Un día, el rey Rezín, de Siria, y el rey Pecaj hijo de Remalías, de Israel, le declararon la guerra a Acaz, y sitiaron a Jerusalén; pero no la pudieron conquistar. **6**Sin embargo, en aquel tiempo el rey Rezín, de Siria, recuperó la ciudad de Elat, expulsó a los judíos que vivían allí y puso habitantes sirios en ella. Luego llegaron los edomitas y se quedaron a vivir allí hasta hoy.

**7**Entonces el rey Acaz envió un mensajero al rey Tiglat Piléser, de Asiria, con el siguiente mensaje: «Soy tu siervo y amigo. Por favor, te ruego que vengas y me libres de los reyes de Siria y de Israel, que han venido a atacarme». **8**Junto con el mensaje, le envió como regalo la plata y el oro del templo del Señor y de los tesoros de la casa del rey. **9**El rey de Asiria atendió su ruego, y fue y atacó la ciudad de Damasco, capital de Siria, y la conquistó. Mató al rey Rezín, y tomó como prisioneros a los habitantes de la ciudad y los llevó a vivir a Quir.

**10**El rey Acaz fue entonces a Damasco a encontrarse con el rey Tiglat Piléser, y mientras estaba allí vio un altar pagano que le agradó. Hizo un dibujo de ese altar, con sus dimensiones y detalles, y se lo envió al sacerdote Urías con una descripción detallada. **11,12**Antes de que el rey regresara de Damasco, Urías terminó de construir el altar. Cuando Acaz regresó, vio el altar, se acercó a él y presentó una ofrenda. **13**Ofreció un holocausto y una ofrenda de grano, derramó vino en él, y lo roció con la sangre de los animales sacrificados como ofrenda de paz. **14**Luego quitó el altar de bronce que estaba frente al templo del Señor, y lo colocó al lado norte del nuevo altar.

de ellos y también se acordó de su pacto con Abraham, Isaac y Jacob. ²⁴Cuando el rey Jazael, de Siria, murió, su hijo Ben Adad reinó en su lugar. ²⁵Entonces Joás hijo de Joacaz, rey de Israel, lo venció tres veces y reconquistó ciudades que Ben Adad le había arrebatado a su padre Joacaz.

## Amasías, rey de Judá

**14** Durante el segundo año del reinado de Joás, de Israel, el rey Amasías comenzó su reinado sobre Judá. ²Amasías tenía veinticinco años cuando comenzó a reinar, y reinó en Jerusalén veintinueve años. (Su madre era Joadán, de Jerusalén). ³Fue un buen rey ante los ojos del Señor, aunque no a la manera de su antepasado David. Pero fue un buen rey como su padre Joás. ⁴Sin embargo, no destruyó los altares de las colinas, de manera que el pueblo seguía sacrificando y quemando incienso en ellos.

⁵En cuanto se afirmó en el poder, hizo matar a los hombres que habían dado muerte a su padre; ⁶pero no mató a los hijos de ellos, porque el Señor había ordenado en la ley de Moisés que los padres no murieran por la culpa de los hijos, ni los hijos por los pecados de sus padres: cada uno debía pagar la culpa de su propio pecado.

⁷En una ocasión, Amasías dio muerte a diez mil edomitas en el valle de la Sal; también conquistó la ciudad de Selá, y le cambió el nombre por el de Joctel, como se le conoce hasta este día.

⁸Un día envió un mensaje a Joás hijo de Joacaz y nieto de Jehú, rey de Israel, en que lo desafiaba a que saliera a la guerra contra él.

⁹Pero el rey Joás le respondió: «El cardo del Líbano le dijo al poderoso cedro: "Entrégame a tu hija para que sea esposa de mi hijo". Pero luego pasó un animal salvaje y pisó al cardo, y lo destrozó. ¹⁰Has vencido a Edom y te sientes orgulloso de ello, pero mi consejo es que te sientas contento con tu triunfo y te quedes en casa. ¿Por qué provocar un desastre para ti y para Judá?»

¹¹Pero Amasías se negó a oír. Entonces, el rey Joás de Israel salió a enfrentársele. La batalla comenzó en Bet Semes, una de las ciudades de Judá. ¹²Judá fue derrotado, y huyó. ¹³El rey Amasías fue capturado, y Joás marchó sobre Jerusalén y derribó sus murallas, desde la puerta de Efraín hasta la puerta de la Esquina, como unos ciento ochenta metros. ¹⁴También se llevó a muchos rehenes, y todo el oro y la plata del templo del Señor y de la tesorería de la casa real, además de las copas de oro. Luego regresó a Samaria.

¹⁵El resto de la historia de Joás y de su guerra contra el rey Amasías, de Judá, están escritos en el libro de los reyes de Israel. ¹⁶Cuando Joás murió, fue sepultado en Samaria con los reyes de Israel, y su hijo Jeroboán fue el nuevo rey.

¹⁷Amasías, rey de Judá, vivió quince años más que Joás, rey de Israel. ¹⁸El resto de su biografía está escrito en el libro de los reyes de Judá. ¹⁹Hubo una conspiración contra su vida en Jerusalén, y él huyó a Laquis; pero sus enemigos lo persiguieron, y allí lo mataron. ²⁰Lo llevaron después en caballos, y lo sepultaron en el cementerio real, en la Ciudad de David, en Jerusalén.

²¹Entonces, el pueblo de Judá tomó a Azarías hijo de Amasías, y lo puso por rey de Judá. En ese momento Azarías tenía dieciséis años. ²²Fue él quien, tras la muerte de su padre, reconstruyó la ciudad de Elat y la devolvió a Judá.

## Jeroboán II, rey de Israel

²³Jeroboán hijo de Joás comenzó a reinar en Israel cuando Amasías hijo de Joás llevaba quince años reinando en Judá. A este Jeroboán se le conoce como Jeroboán II, y reinó en Samaria durante cuarenta y un años. ²⁴Pero fue tan malo como Jeroboán hijo de Nabat, que había hecho pecar a Israel haciéndolo adorar ídolos. ²⁵Jeroboán II recuperó los territorios perdidos de Israel entre Lebó Jamat y el mar de Arabá, tal como el Señor, Dios de Israel, lo había anunciado por medio de Jonás hijo de Amitay, el profeta de Gat Jefer. ²⁶Porque el Señor había visto la situación tan triste en que estaban los habitantes de Israel, tanto libres como esclavos, y que no tenían quién los defendiera. ²⁷Así que el Señor los libró por medio de Jeroboán II, pues aún no había decidido hacer desaparecer al pueblo de Israel.

²⁸El resto de la biografía de Jeroboán, todo lo que hizo, su gran poder, sus guerras, y cómo recuperó Damasco y Jamat (que habían sido capturadas por Judá) está registrado en el libro de los reyes de Israel. ²⁹Cuando murió Jeroboán II fue sepultado con los demás reyes de Israel, y su hijo Zacarías fue el nuevo rey de Israel.

## Azarías, rey de Judá

**15** Azarías hijo de Amasías comenzó a gobernar en Judá cuando Jeroboán II llevaba veintisiete años reinando en Israel. ²Cuando Azarías subió al trono de Judá tenía dieciséis años, y reinó en Jerusalén durante cincuenta y dos años. Su madre era Jecolías, de Jerusalén.

³Azarías fue un buen rey, y agradó al Señor, tal como lo había hecho su padre Amasías. ⁴Pero a semejanza de sus antecesores, no destruyó los santuarios situados sobre las colinas, donde el pueblo hacía sacrificios y quemaba incienso.

⁵El Señor lo atacó con lepra, la que le duró hasta el día de su muerte. Por esta razón vivió solo en una casa. Su hijo Jotán ejercía el gobierno.

⁶El resto de la historia de Azarías está escrito en el libro de los reyes de Judá. ⁷Cuando Azarías murió, fue sepultado con sus antepasados en la Ciudad de David, en Jerusalén, y su hijo Jotán fue el nuevo rey.

## Zacarías, rey de Israel

⁸Zacarías hijo de Jeroboán comenzó a reinar en Israel cuando Azarías llevaba treinta y ocho años reinando en Judá. Zacarías reinó en Samaria seis meses, ⁹y fue un rey malo ante los ojos del Señor, a la manera de sus antecesores. A semejanza de Jeroboán hijo de Nabat, fomentó en Israel el pecado de la adoración a los ídolos.

¹⁰Entonces Salún hijo de Jabés conspiró contra él y lo asesinó en Ibleam, y tomó la corona. ¹¹El resto de la historia de Zacarías está en el libro de los reyes de Israel. ¹²De esta manera se cumplió la afirmación que el Señor había hecho a Jehú: «Tu hijo, tu nieto y tu bisnieto serán reyes de Israel».

traiga una contribución para el Señor, ya sea una contribución regular o una donación especial, úsenla para pagar las reparaciones que sean necesarias».

⁶Pero en el año veintitrés de su reinado, el templo aún no había sido reparado. ⁷Entonces Joás llamó a Joyadá y a los otros sacerdotes, y les preguntó: «¿Por qué no se ha reparado los daños del templo? Desde ahora no manejarán el dinero que reciban, sino que lo entregarán para que se invierta en la reparación y restauración del templo».

⁸Los sacerdotes estuvieron de acuerdo en no seguir manejando el dinero, y en no estar al frente de las reparaciones del templo. ⁹El sacerdote Joyadá hizo un agujero en la cubierta de un gran cofre y lo puso a la derecha del altar, a la entrada del templo del Señor. Los porteros ponían allí todas las contribuciones del pueblo. ¹⁰Cada vez que el cofre se llenaba, el secretario de finanzas del rey y el sumo sacerdote lo contaban, lo ponían en bolsas, ¹¹,¹²y lo entregaban a los administradores de la construcción, para que pagaran a los carpinteros, canteros, albañiles, a los que vendían la madera, y a los mercaderes de piedras, y para que compraran los demás materiales necesarios para la reparación del templo del Señor.

¹³,¹⁴El dinero no se usaba para comprar vasos de plata, ni utensilios de oro, ni fuentes, ni trompetas, ni otros artículos similares, sino solamente para pagar las reparaciones del templo del Señor. ¹⁵A los administradores de la construcción no se les pedía cuentas del dinero, porque eran hombres honestos y fieles. ¹⁶Sin embargo, el dinero que se daba para ofrendas por la culpa y por el pecado no se llevaba al templo del Señor, sino que se entregaba a los sacerdotes para su uso personal.

¹⁷En este tiempo, Jazael, rey de Siria, atacó la ciudad de Gat y la conquistó. Luego se dirigió hacia Jerusalén, con el fin de atacarla. ¹⁸Pero Joás tomó todos los objetos sagrados que sus antepasados Josafat, Jorán y Ocozías, reyes de Judá, habían consagrado, juntamente con lo que él mismo había consagrado al Señor, y todo el oro de la tesorería del templo del Señor y del palacio, y lo envió a Jazael. Al recibir este regalo, Jazael desistió de atacar a Jerusalén.

¹⁹El resto de la historia de Joás está escrita en el libro de los reyes de Judá. ²⁰Algunos de sus oficiales se alzaron contra él y lo asesinaron en Bet Miló, en el camino a Sila. ²¹Los asesinos fueron Josacar hijo de Simat, y Jozabad hijo de Semer, ambos servidores de confianza. Joás fue sepultado en el cementerio real de Jerusalén, en la Ciudad de David, y su hijo Amasías fue el nuevo rey.

## Joacaz, rey de Israel

**13** ¹Joacaz hijo de Jehú comenzó a reinar sobre Israel en el año veintitrés del reinado de Joás, de Judá. Reinó diecisiete años. ²Pero fue un mal rey, pues siguió el mal ejemplo de Jeroboán hijo de Nabat, el que hizo pecar a Israel. ³Por eso, el Señor se airó contra Israel, y permitió que Jazael, rey de Siria, y su hijo Ben Adad los vencieran muchas veces.

⁴Pero Joacaz pidió ayuda al Señor, y él oyó su oración, y vio cuán terriblemente el rey de Siria estaba oprimiendo a Israel. ⁵El Señor levantó un libertador entre los israelitas que los libró de la tiranía de los sirios, de modo que los israelitas pudieron vivir tranquilos en sus casas, como antes. ⁶Con todo eso, no se apartaron del pecado, sino siguieron el mal ejemplo de Jeroboán. Y continuaron adorando a la diosa Aserá de Samaria.

⁷Fue tanto el daño que el rey de Siria le había ocasionado a Israel, que sólo le quedaron cincuenta hombres de caballería, diez carros de combate y diez mil hombres de infantería.

⁸El resto de la historia de Joacaz está escrito en el libro de los reyes de Israel. ⁹Cuando Joacaz murió, lo sepultaron en Samaria, y reinó en su lugar su hijo Joás.

## Joás, rey de Israel

¹⁰Joás llevaba treinta y siete años reinando en Judá, cuando Joás hijo de Joacaz comenzó a reinar en Israel, y reinó en Samaria dieciséis años. ¹¹Pero fue malo porque, al igual que Jeroboán hijo de Nabat, fomentó la adoración a los ídolos, con lo que hizo pecar a su pueblo. ¹²El resto de la historia del reinado de Joás, incluyendo sus guerras contra el rey Amasías, de Judá, está escrito en el libro de los reyes de Israel. ¹³Joás murió y fue sepultado en Samaria con los demás reyes de Israel; y su hijo Jeroboán fue el nuevo rey. A este Jeroboán se le llegó a conocer como Jeroboán II.

## Muerte de Eliseo

¹⁴Cuando Eliseo enfermó de muerte, el rey Joás, de Israel, lo visitó y, echándose sobre él, se puso a llorar, y exclamó:

—¡Padre mío, padre mío! ¡Carro de Israel y su guía!

¹⁵Eliseo le dijo:

—Toma un arco y algunas flechas.

Y él así lo hizo.

¹⁶,¹⁷—Abre aquella ventana que da hacia el oriente —le ordenó.

Entonces le pidió al rey que pusiera la mano en el arco, mientras él ponía sus manos sobre las manos del rey:

—Dispara —ordenó Eliseo.

El rey disparó.

—¡Esta es flecha del Señor que completa la victoria sobre Siria! ¡Vencerás completamente a los sirios en Afec! —exclamó el profeta—. ¹⁸Ahora toma las demás flechas y golpea con ellas el suelo.

El rey las tomó y golpeó tres veces el suelo, y se detuvo.

¹⁹—¡Debiste haber golpeado el suelo, cinco o seis veces —exclamó enojado el profeta—, porque entonces habrías derrotado definitivamente a los sirios, pero solo lo derrotarás tres veces!

²⁰,²¹Después Eliseo murió, y fue sepultado.

En aquellos días, algunas bandas de delincuentes moabitas hacían incursiones en la tierra cada primavera. Una vez, unos hombres estaban sepultando a un amigo, pero al ver a esas bandas tuvieron miedo y arrojaron el cadáver en la tumba de Eliseo. Y en cuanto el cuerpo tocó los huesos de Eliseo, el hombre resucitó y se puso de pie.

## Jazael oprime a los israelitas

²²El rey Jazael, de Siria, había oprimido a Israel durante todo el reinado del rey Joacaz. ²³Pero el Señor tuvo misericordia del pueblo de Israel, y no permitió que fuera totalmente destruido. Dios se compadeció

en comparación con el culto que yo le voy a ofrecer. ¹⁹Convoquen a todos los profetas y sacerdotes de Baal, y reúnan a todos sus adoradores. Asegúrense de que no falte ninguno, porque nosotros los adoradores de Baal vamos a hacer una gran celebración en su honor. Cualquiera de los adoradores que no venga, morirá».

Jehú estaba invitando a esto, pues su plan era matar a todos los adoradores de Baal. ²⁰,²¹Envió mensajeros por todo Israel convocando a todos los que adoraban a Baal. Ni uno solo faltó, y llenaron el santuario de Baal, de un extremo a otro. ²²Jehú le ordenó al encargado de cuidar los vestidos de los sacerdotes: «Quiero que les entregues los vestidos de los sacerdotes a los adoradores de Baal, para que se los pongan».

²³Entonces Jehú y Jonadab hijo de Recab, entraron en el santuario de Baal y le dijeron a los adoradores de Baal: «Procuren que solamente haya adoradores de Baal entre los presentes. Que no haya ninguno de los que adoran al Señor».

²⁴Cuando los sacerdotes de Baal comenzaron a ofrecer sacrificios y holocaustos, Jehú rodeó el edificio con ochenta de sus hombres y les dijo: «Si dejan escapar a alguno, lo pagarán con sus vidas». ²⁵En cuanto acabaron de ofrecer el holocausto, Jehú salió y les dijo a sus oficiales y ayudantes: «Entren y mátenlos a todos. Que ninguno escape». Y los mataron a todos, y sacaron sus cuerpos del santuario de Baal. Luego los hombres de Jehú entraron ²⁶y arrancaron el altar que se usaba para adorar a Baal y lo quemaron. ²⁷También derribaron el santuario y lo convirtieron en un basurero, el cual existe todavía.

²⁸Así destruyó Jehú todo vestigio del culto a Baal en Israel. ²⁹Sin embargo, no destruyó los becerros de oro que se hallaban en Betel y en Dan, sino que los adoró, siguiendo así el ejemplo de Jeroboán hijo de Nabat, el cual hizo pecar a Israel.

³⁰Después el Señor le dijo a Jehú: «Has hecho bien al obedecer mis órdenes de destruir a la familia de Acab. Por cuanto has hecho esto, haré que tu hijo, tu nieto y tu bisnieto sean reyes en Israel». ³¹Pero Jehú no siguió al Señor, Dios de Israel, con todo su corazón, porque siguió adorando a los becerros de oro con que Jeroboán había hecho pecar a Israel.

³²,³³Por aquel tiempo, el Señor comenzó a quitarle territorio a Israel. El rey Jazael atacó a Israel por todas partes, y les quitó las regiones de Galaad, Gat y Rubén; también conquistó parte de Manasés, desde el río Aroer, cerca del arroyo de Arnón, hasta Galaad y Basán.

³⁴El resto de las actividades de Jehú se encuentran escritas en el libro de los reyes de Israel. ³⁵Cuando Jehú murió, fue sepultado en Samaria, y le sucedió en el trono su hijo Joacaz. ³⁶En total, Jehú reinó como rey de Israel en Samaria durante veintiocho años.

## Atalía y Joás

**11** Cuando Atalía, la madre de Ocozías, rey de Judá, supo que su hijo había muerto, hizo matar a todos los hijos del rey. ²El único que se salvó fue Joás, que tenía un año de edad, porque su tía Josaba, hija del rey Jorán y hermana del rey Ocozías, logró sacarlo y esconderlo en un dormitorio, junto con su niñera, cuando los demás hijos del rey estaban a punto de ser ejecutados. ³Durante seis años, Joás y su niñera estuvieron escondidos en el templo del Señor, mientras Atalía reinaba en Judá.

⁴En el séptimo año de Atalía, el sacerdote Joyadá mandó a llamar a los jefes de la guardia del palacio y a la escolta real. Se reunió con ellos en el templo del Señor, y luego de hacerles prometer que guardarían el secreto, les mostró al hijo del rey.

⁵Luego les dio estas instrucciones: «La tercera parte de quienes estén de guardia en el día de reposo vigilará el palacio. ⁶⁻⁸Otra tercera parte hará guardia en la puerta sur, y la otra tercera parte vigilará la puerta que está detrás del cuartel de la escolta real. Los demás, los que no estén de guardia el sábado, protegerán el templo del Señor. Rodearán al rey, con las armas en la mano, y matarán a quienquiera que trate de pasar. Acompañen al rey a dondequiera que vaya».

⁹Los jefes obedecieron las órdenes de Joyadá. Llevaron ante él a los hombres que estarían libres en el día de reposo y a los que iban a estar de servicio, ¹⁰Joyadá los armó con las lanzas y escudos que estaban guardados en el templo del Señor, y que habían pertenecido al rey David. ¹¹Los guardianes, con las armas preparadas, se pararon en frente del santuario y rodearon el altar, desde el lado sur hasta el lado norte, para proteger al rey.

¹²Entonces Joyadá sacó al joven príncipe, le puso la corona en la cabeza y le dio una copia del pacto. Luego le derramó aceite sobre la cabeza y lo declaró rey de Judá. Todos aplaudieron y gritaron: «¡Que viva el rey!»

¹³,¹⁴Cuando Atalía oyó el bullicio, entró al templo del Señor y vio al nuevo rey, de pie junto a la columna, como era costumbre en el momento de la coronación, y rodeado por los oficiales y por muchos trompetistas. Todos se regocijaban y hacían sonar las trompetas. Al ver esto, Atalía se rasgó sus vestidos y gritó: «¡Traición! ¡Traición!»

¹⁵Entonces, el sacerdote Joyadá ordenó a los jefes de la guardia que la sacaran del templo del Señor y la mataran, junto con cualquiera que tratara de acudir en su ayuda. ¹⁶Ellos la arrastraron hacia los establos del palacio, y allí la mataron.

¹⁷Después, Joyadá hizo prometer al rey y a la gente que serían fieles al Señor. Además, hizo un pacto entre el rey y el pueblo. ¹⁸Todos acudieron al santuario de Baal para destruirlo, y rompieron sus altares e imágenes, y mataron a Matán, el sacerdote de Baal, frente al altar.

Joyadá puso guardias en el templo del Señor. ¹⁹Luego él, los jefes, los guardianes y todo el pueblo condujeron al rey desde el templo del Señor y, pasando la guardia, lo llevaron a la casa del rey. Y allí Joás se sentó en el trono real. ²⁰Todos estaban felices, y la ciudad volvió a tener paz después de la muerte de Atalía. ²¹Joás tenía siete años cuando comenzó a reinar.

## Joás, rey de Judá

**12** Joás comenzó a reinar sobre Judá, cuando Jehú llevaba siete años reinando sobre Israel. Reinó en Jerusalén durante cuarenta años. (Su madre era Sibia, de Berseba). ²Durante toda su vida Joás hizo lo recto, ya que siguió las enseñanzas del sacerdote Joyadá. ³Sin embargo, no destruyó los santuarios de las colinas, y el pueblo siguió ofreciendo allí sacrificios e incienso.

⁴,⁵Un día el rey Joás le dijo a los sacerdotes: «Es necesario reparar el templo del Señor. Cuando alguien

²²—¿Vienes como amigo, Jehú? —le preguntó el rey Jorán.

Jehú le respondió:

—¿Cómo puede haber amistad entre nosotros, si todavía sufrimos debido a las idolatrías y hechicerías de Jezabel, tu madre?

²³Entonces el rey Jorán dio la vuelta para huir, mientras le gritaba a Ocozías:

—¡Traición, Ocozías, traición!

²⁴Jehú tomó el arco, disparó con todas sus fuerzas y le clavó la flecha entre los dos hombros. La flecha le partió el corazón, y Jorán cayó muerto en su carro. ²⁵Jehú le dijo a su ayudante Bidcar:

—¡Arroja el cadáver en el campo que fue de Nabot, porque acuérdate que una vez, cuando tú y yo íbamos en un carro tras su padre, Acab, el SEÑOR me reveló esta profecía: ²⁶«Yo vengaré el asesinato de Nabot y de sus hijos en su misma propiedad». ¡Así que arroja el cadáver en el campo de Nabot, como el SEÑOR dijo!

²⁷Mientras tanto, el rey Ocozías, de Judá, había huido hacia Bet Hagán. Jehú corrió en su persecución gritando:

—¡Dispárenle a él también!

Lo hirieron en su carro, cuando iba subiendo la cuesta de Gur, junto a Ibleam. Ocozías logró llegar hasta Meguido, pero allí murió. ²⁸Sus oficiales lo llevaron en un carro a Jerusalén, donde lo sepultaron en el cementerio real. ²⁹(El reinado de Ocozías, sobre Judá, había comenzado en el año doce del reinado de Jorán, de Israel).

### Muerte de Jezabel

³⁰Cuando Jezabel supo que Jehú había regresado a Jezrel, se pintó los ojos, se adornó el pelo y se sentó junto a la ventana. ³¹Cuando Jehú entró por la puerta del palacio, ella, en forma irónica, le gritó:

—¿Cómo estás, Zimri, asesino de tu rey?

³²Él miró y la vio en la ventana, y gritó:

—¿Quién está de parte mía?

Y dos o tres oficiales del palacio se acercaron a la ventana.

³³—¡Arrójenla por la ventana! —les ordenó Jehú.

Ellos la arrojaron por la ventana, y su sangre salpicó la muralla y a los caballos que la pisotearon.

³⁴Entonces Jehú entró en el palacio para comer y beber. Después dijo:

—Que alguien vaya y sepulte a esta mujer maldita, porque es hija de un rey.

³⁵Pero cuando salieron para sepultarla, encontraron solamente la calavera, los pies y las manos.

³⁶Cuando regresaron y se lo contaron, él dijo:

—Esto es lo que el SEÑOR, por medio del profeta Elías, dijo que ocurriría. Sí, el SEÑOR dijo que los perros comerían su carne en Jezrel, ³⁷y que su cuerpo quedaría esparcido como estiércol en el campo, de modo que nadie podría decir: «Estos son los restos de Jezabel».

### Jehú extermina a la familia de Acab

**10** Después de esto, Jehú envió cartas a las autoridades de la ciudad de Samaria y a los que cuidaban a los setenta hijos de Acab, que vivían allí. En las cartas les decía: ²,³«Al recibir esta carta, elijan a uno de los mejores hijos de Acab para que sea su rey, y prepárenlo para que luche por su trono. Porque ustedes tienen carros, caballos, una ciudad fortificada y armamento. Y prepárense para defender a la familia de su rey».

⁴Cuando recibieron las cartas sintieron mucho miedo, y dijeron: «Si dos reyes no pudieron vencer a este hombre, ¿qué podemos hacer nosotros?» ⁵Entonces el administrador de los asuntos del palacio y el gobernador de la ciudad, junto con las demás autoridades de la ciudad y los que cuidaban a los hijos de Acab, le enviaron este mensaje: «Jehú, somos tus siervos y haremos todo lo que nos digas. No proclamaremos como rey a ninguno de los hijos de Acab. Queremos que tú seas nuestro rey. Haz lo que creas conveniente». ⁶Jehú les escribió otra carta, con el siguiente mensaje: «Si de verdad están de mi parte, y están dispuestos a obedecerme, les pido que mañana, a esta hora, vayan a Jezrel y me lleven las cabezas de los hijos de Acab».

(Los setenta hijos del rey Acab vivían con los hombres que estaban a cargo de su crianza). ⁷Cuando llegó la carta, los mataron y pusieron sus cabezas en canastos, para llevárselas a Jehú, que estaba en Jezrel. ⁸Cuando un mensajero le dijo a Jehú que las cabezas de los hijos del rey habían llegado, ordenó que las pusieran en dos montones a la entrada de la ciudad, y las dejaran allí hasta la mañana siguiente.

⁹,¹⁰Por la mañana, Jehú salió y habló a la multitud que se había reunido: «¡Ustedes son inocentes! Yo conspiré contra mi señor, y lo maté, pero ¿quién mató a sus hijos? Todo lo que el SEÑOR dijo acerca de la familia de Acab se cumplirá. Él declaró por medio de Elías, su siervo, que esto iba a ocurriría a los descendientes de Acab». ¹¹Jehú entonces dio muerte al resto de los miembros de la familia de Acab que estaban en Jezrel, y a todos los que habían sido oficiales de Acab, como también a sus amigos íntimos y a sus sacerdotes. Ninguno de ellos quedó con vida.

¹²Luego, Jehú salió hacia Samaria. Cuando pasó por Bet Équed de los Pastores, ¹³se encontró con los hermanos del rey Ocozías, de Judá.

—¿Quiénes son ustedes? —les preguntó.

Y ellos respondieron:

—Somos hermanos del rey Ocozías. Vamos a Samaria a visitar a los hijos del rey Acab y de la reina Jezabel.

¹⁴—¡Agárrenlos! —gritó Jehú a sus soldados.

Así que los agarraron y los llevaron junto al pozo de Bet Équed, donde los mataron a todos. En total eran cuarenta y dos. ¡Ninguno de ellos quedó con vida!

¹⁵Al salir de allí, se encontró con Jonadab hijo de Recab, que venía a encontrarse con él. Después de saludarlo, Jehú le dijo:

—¿Eres leal a mí como yo lo soy a ti?

—Sí —respondió Jonadab.

—Dame tu mano entonces —le dijo Jehú, y lo ayudó a subir al carro real.

¹⁶—Ahora ven conmigo —dijo Jehú—, y comprueba cuánto amor siento por el SEÑOR.

Jonadab se fue con él. ¹⁷Cuando llegaron a Samaria, Jehú hizo matar a todos los amigos y parientes de Acab, que todavía quedaban vivos. Así se cumplió la palabra que el SEÑOR había anunciado por medio de Elías.

### Jehú elimina a los adoradores de Baal

¹⁸Jehú convocó a una reunión a todos los habitantes de la ciudad, y les dijo: «Acab rindió poco culto a Baal

—¿Qué te dijo el profeta?
Y Jazael respondió:
—Me dijo que usted va a sanar de su enfermedad.
¹⁵Pero al día siguiente, Jazael tomó una manta, la mojó en agua y cubrió con ella el rostro del rey, hasta que éste murió asfixiado. Luego, Jazael tomó posesión del trono.

## Jorán, rey de Judá

¹⁶Jorán hijo de Josafat, de Judá, comenzó a reinar cuando Jorán hijo de Acab llevaba cinco años reinando en Israel. ¹⁷Jorán tenía treinta y dos años cuando comenzó a reinar, y reinó durante ocho años en Jerusalén. ¹⁸Pero fue tan perverso como Acab y los demás reyes de Israel, y hasta se casó con una de las hijas de Acab. ¹⁹Sin embargo, como Dios había prometido a su siervo David que cuidaría y guiaría a sus descendientes, no destruyó a Judá.
²⁰Durante el reinado de Jorán, el pueblo de Edom se rebeló contra Judá y designó a su propio rey. ²¹El rey Jorán trató de aplastar la rebelión, pero no tuvo éxito. Cruzó el río Jordán y atacó la ciudad de Zaír, pero fue rápidamente rodeado por los edomitas. Protegido por la oscuridad de la noche, logró cruzar las filas enemigas, pero su ejército se dispersó. ²²De esta manera Edom logró su independencia, la cual ha conservado hasta hoy. La ciudad de Libná también se rebeló en aquel tiempo.
²³El resto de la historia del rey Jorán está escrito en el libro de los reyes de Judá. ²⁴Cuando murió lo sepultaron en el cementerio real de la ciudad de David, la sección antigua de Jerusalén. Y su hijo Ocozías reinó en su lugar.

## Ocozías, rey de Judá

²⁵Cuando Ocozías hijo de Jorán comenzó a reinar en Judá, Jorán hijo de Acab llevaba doce años reinando en Israel. ²⁶Ocozías tenía veintidós años cuando comenzó a reinar, pero reinó solamente un año en Jerusalén. Su madre fue Atalía, nieta de Omrí, rey de Israel. ²⁷Fue un hombre perverso, y al igual que todos los descendientes del rey Acab, con quien había emparentado, hizo lo que desagrada al Señor.
²⁸En unión con el rey Jorán hijo de Acab, rey de Israel, peleó contra Jazael, el rey de Siria, en Ramot de Galaad. El rey Jorán fue herido en la batalla, ²⁹y fue a Jezrel a descansar y a recuperarse de sus heridas. Mientras estaba allí, fue a visitarlo el rey Ocozías hijo de Jorán, rey de Judá.

## Jehú ungido rey de Israel

**9** Un día, el profeta Eliseo le dijo a uno de los discípulos de los profetas: «Prepárate para ir a Ramot de Galaad. Toma este vaso de aceite contigo ²y busca a Jehú hijo de Josafat y nieto de Nimsi. Hazlo entrar en una pieza en privado, donde no lo vean sus amigos, ³y derrama aceite sobre su cabeza. Dile que el Señor lo ha ungido como rey de Israel. Tan pronto hagas esto, sal corriendo y no te detengas».
⁴El joven profeta hizo lo que Eliseo le había dicho. Cuando llegó a Ramot de Galaad, ⁵encontró a Jehú sentado junto con otros jefes del ejército.
—Tengo un mensaje para usted, señor —le dijo.
—¿Para quién? —preguntó Jehú.
—Para usted —le respondió el joven profeta.

⁶Jehú se apartó de los otros y entró en la casa, y el joven derramó el aceite sobre su cabeza y le dijo: «El Señor, Dios de Israel, dice: "Yo te unjo como rey de mi pueblo Israel. ⁷Tú destruirás a la familia de Acab. Tú vengarás el asesinato de mis profetas y de toda la otra gente que murió por causa de Jezabel. ⁸Toda la familia de Acab debe ser eliminada. Todo varón de esa familia, esclavo o libre, morirá. ⁹Yo destruiré a la familia de Acab, como destruí a la familia de Jeroboán hijo de Nabat, y de Basá hijo de Ahías. ¹⁰Los perros se comerán a Jezabel, la esposa de Acab, en el campo de Jezrel, y nadie la sepultará"».
Tan pronto hizo esto, el profeta abrió la puerta y salió corriendo. ¹¹Jehú, por su parte, regresó para reunirse con los jefes, y uno de ellos le preguntó:
—¿Qué quería ese tonto? ¿Está todo bien?
—Ustedes saben muy bien quién era y lo que quería —respondió Jehú.
¹²—No, no lo sabemos —dijeron ellos—. Cuéntanos.
—Me dijo: «El Señor te hace saber que te ha ungido como rey de Israel».
¹³Ellos prontamente pusieron sus capas a modo de alfombras en el piso, y tocaron la trompeta y gritaron: «¡Que viva el rey Jehú!»

## Jehú asesina a Jorán y a Ocozías

¹⁴De esta manera, Jehú hijo de Josafat y nieto de Nimsi, se rebeló contra el rey Jorán. Fue en la época en que el rey Jorán había ido a Ramot de Galaad, con todo Israel, para pelear contra Jazael, rey de Siria. ¹⁵Pero, como fue herido, regresó a Jezrel para recuperarse de sus heridas. Jehú les dijo a quienes estaban de su lado: «Puesto que ustedes quieren que yo sea rey, no permitan que nadie vaya a Jezrel a llevar la noticia». ¹⁶Luego Jehú subió a un carro de combate y se dirigió a Jezrel, donde el rey Jorán se encontraba recuperándose de sus heridas. Ocozías, rey de Judá, se encontraba allí, pues había ido a visitar al rey Jorán.
¹⁷El guardia que estaba en la torre de Jezrel vio a Jehú y a quienes iban con él, y gritó: «¡Alguien se acerca!»
—Envíen a un jinete para que vea si es amigo o enemigo —ordenó el rey.
¹⁸El jinete salió al encuentro de Jehú.
—El rey desea saber si eres amigo o enemigo —le preguntó—. ¿Vienes en son de paz?
—¡Eso a ti no te importa! —le respondió Jehú—. ¡Sígueme!
El guardia dio voces avisándole al rey que el mensajero se había reunido con Jehú y sus compañeros, pero que no volvía.
¹⁹Entonces el rey envió a un segundo jinete, quien los alcanzó y, en el nombre del rey, preguntó si las intenciones que traían eran amistosas o no.
—¡Eso a ti no te importa! —le respondió Jehú—. ¡Sígueme!
²⁰—¡Éste tampoco regresa! —exclamó el guardia—. Debe ser Jehú, porque conduce velozmente el carro.
²¹Entonces el rey Jorán ordenó:
—¡Rápido! ¡Preparen mi carro de combate!
Una vez que le tuvieron listo el carro, Jorán y Ocozías, rey de Judá, salieron al encuentro de Jehú. Lo encontraron en el campo de Nabot, el de Jezrel.

—Eso no podría ocurrir ni aunque el Señor hiciera ventanas en los cielos.

Pero Eliseo le respondió:

—Tú lo verás, pero no podrás comprar nada.

### Liberación de Samaria

3Había cuatro leprosos sentados fuera del muro de la ciudad.

—¿Qué hacemos aquí sentados? —se dijeron—. 4Si nos quedamos aquí nos moriremos de hambre, y si entramos en la ciudad también nos moriremos de hambre. Por lo tanto, bien podemos salir y rendirnos a los sirios. Si nos dejan vivir, bien; pero si nos matan, de todos modos aquí vamos a morir.

5Aquella tarde fueron al campamento de los sirios, pero no había nadie allí, 6porque el Señor había hecho que el ejército sirio oyera el sonido de muchos carros que corrían a gran velocidad y el estruendo del galope de caballos y el sonido de un gran ejército que se aproximaba. «El rey de Israel ha pagado a los hititas y a los egipcios para que nos ataquen», habían gritado, 7y llenos de pánico habían huido en medio de la noche, abandonando tiendas, caballos, burros y todo lo demás.

8Los leprosos llegaron al campamento, entraron en las tiendas y comieron, bebieron vino, y tomaron oro, plata y vestidos, y lo escondieron todo. 9Pero después se dijeron:

—No es correcto lo que estamos haciendo. Esta es una noticia maravillosa, y debemos darla a conocer. Si esperamos hasta la mañana, nos puede ocurrir alguna desgracia. Vamos, regresemos y avisemos a la gente del palacio.

10Entonces regresaron a la ciudad y les contaron a los guardias lo que había ocurrido. Les dijeron que habían ido al campamento sirio y no habían hallado a nadie. Que los caballos y los burros estaban atados, y que en las tiendas estaba todo en orden, pero no se veía ni un alma por allí. 11Entonces los guardias, a gritos, dieron a conocer las noticias a los que estaban en el palacio.

12El rey salió de la cama y les dijo a sus oficiales:

—Yo sé lo que ha ocurrido: como los sirios saben que tenemos hambre, han abandonado el campamento y se han escondido en los campos. Piensan que somos tan tontos que saldremos de la ciudad. Si salimos nos atacarán, nos harán esclavos y tomarán la ciudad.

13Uno de sus oficiales propuso:

—Enviemos a algunos espías a averiguar lo que ocurre. Que vayan en cinco de los caballos que quedan. Si algo les ocurre, no será una pérdida mayor que la que les ocurrirá si se quedan aquí. ¡De todos modos, todos estamos condenados a morir!

14Así que tomaron dos carros de combate, y fueron a investigar qué había acontecido en el campamento de los sirios, tal como el rey les había indicado. 15Fueron hasta el Jordán. A lo largo del camino fueron hallando la ropa y el equipo que habían arrojado los sirios en su prisa. Los espías volvieron y dieron la información al rey. 16El pueblo de Samaria, entonces, salió corriendo y saqueó el campamento de los sirios. De esta manera se cumplió lo que el Señor había dicho, pues con una sola moneda de plata se pudo comprar ocho kilos de harina fina y el doble de cebada.

17El rey había ordenado a su ayudante especial que controlara el paso de la gente por la puerta de la ciudad, pero lo atropellaron, y murió. De ese modo se cumplió lo que el profeta Eliseo le había dicho el día anterior, cuando el rey había enviado a arrestarlo. 18Cuando el profeta le dijo al rey que la harina y la cebada se venderían a un precio bajo al día siguiente, 19su ayudante le respondió al profeta: «Eso no podrá ocurrir ni aunque el Señor abra las ventanas de los cielos». Entonces el profeta le dijo: «Tú lo verás, pero no podrás comprar nada de ello». 20Y, efectivamente, no pudo, porque el pueblo lo atropelló a la entrada de la ciudad, y murió.

### La sunamita recupera su terreno

8 Eliseo le había dicho a la mujer a cuyo hijo él había resucitado: «Vete con tu familia a donde puedas, porque el Señor enviará un gran hambre sobre Israel, que durará siete años». 2La mujer llevó a su familia a vivir a la tierra de los filisteos durante siete años.

3Cuando la hambruna acabó, regresó a Israel y fue a ver al rey, y le rogó que le devolviera su casa y su tierra. 4Cuando ella entró, el rey estaba conversando con Guiezi, el criado de Eliseo, y le decía: «Cuéntame de las grandes hazañas que Eliseo ha hecho». 5Y Guiezi le estaba hablando al rey acerca de la oportunidad en que Eliseo había resucitado al niño. En ese mismo momento entró la madre del niño.

—¡Señor, ésta es la mujer, y éste es su hijo! ¡Este es el niño que Eliseo resucitó! —exclamó Guiezi.

6—¿De veras? —le preguntó el rey a ella.

Ella le dijo que sí, y él dio órdenes a un oficial de su confianza para que se preocupara de que todo lo que le pertenecía a ella le fuera devuelto, además del valor de la cosecha que hubiera habido durante su ausencia.

### Jazael, rey de Siria

7Eliseo se había ido a Damasco (capital de Siria). En esos días el rey Ben Adad estaba enfermo, y alguien le dijo al rey que el profeta había llegado. 8,9«Lleva un presente al varón de Dios y pídele que le pregunte al Señor si sanaré o no» —le ordenó a Jazael.

Jazael llevó cuarenta camellos cargados de los mejores productos de la tierra, como presente para Eliseo, y le dijo:

—Ben Adad, el rey de Siria y servidor tuyo, me ha enviado a preguntarte si sanaré.

10Eliseo le respondió:

—Le dirás que sí se sanará. Pero el Señor me ha mostrado que de todas maneras va a morir.

11Eliseo se quedó mirando a Jazael, y lo hizo sentir incómodo. Luego Eliseo rompió a llorar.

12—¿Qué le pasa a mi señor? —le preguntó Jazael.

Eliseo le respondió:

—Yo sé las cosas terribles que le harás al pueblo de Israel. Quemarás sus ciudades fortificadas, matarás a los jóvenes, estrellarás a los niños contra las rocas, y abrirás el vientre a las mujeres embarazadas.

13—¿Soy yo un perro, acaso? —preguntó Jazael—. ¡Jamás haré algo semejante!

Pero Eliseo le respondió:

—El Señor me ha mostrado que vas a ser rey de Siria.

14Cuando Jazael regresó, el rey le preguntó:

—En ninguna parte —respondió.
²⁶Pero Eliseo le dijo:
—¿No comprendes que, con mi pensamiento, yo te estaba acompañando cuando Naamán descendió de su carro para encontrarse contigo? ¿Es tiempo de recibir dinero, ropa, olivares, viñedos, ovejas, bueyes y criados? ²⁷Por cuanto has hecho esto, la lepra de Naamán se te pasará a ti, a tus hijos, y a los hijos de tus hijos para siempre.

Tan pronto dejó a Eliseo, la piel de Guiezi se volvió completamente blanca, debido a la lepra.

### El milagro del hacha

**6** Un día, los discípulos de profetas le dijeron a Eliseo:
²—Como puede ver, el dormitorio es muy estrecho. Díganos si podemos edificar uno nuevo con madera traída de las orillas del río Jordán.
—Muy bien háganlo —les dijo.
³—Señor, acompáñenos —le dijo uno de los jóvenes.
—Iré con ustedes —respondió.
⁴Cuando llegaron al río Jordán, comenzaron a cortar árboles, ⁵pero a uno de ellos se le cayó el hacha al río.
—¡Señor, era prestada! —gritó.
⁶—¿Dónde cayó? —preguntó el profeta.
El joven le mostró el lugar, y Eliseo cortó un palo, lo lanzó al agua e hizo que el hacha subiera a la superficie y flotara.
⁷—Sácala —le dijo Eliseo.
Entonces el profeta la sacó.

### Eliseo captura una tropa siria

⁸Una vez en que el rey de Siria estaba en guerra con Israel, les dijo a sus oficiales: «Movilizaremos nuestras tropas a tal lugar» (y dijo el nombre de un lugar). ⁹Inmediatamente Eliseo advirtió al rey de Israel: «No vayan a tal lugar (y nombró el mismo lugar), porque los sirios están poniendo emboscadas contra ustedes allí».
¹⁰El rey entonces envió a algunos espías para ver si Eliseo tenía razón. Se confirmó el hecho, y así se salvaron de un desastre. Esto ocurrió repetidas veces.
¹¹El rey de Siria, asombrado, convocó a sus oficiales y les preguntó:
—¿Quién de ustedes es el traidor? ¿Quién ha estado revelándole mis planes al rey de Israel?
¹²—Ninguno de nosotros —contestó uno de los oficiales—. Es el profeta Eliseo el que le dice al rey de Israel las mismas palabras que tú hablas en lo más privado de tu habitación.
¹³—¡Vayan y averigüen dónde está! ¡Enviaré soldados para que lo tomen preso! —exclamó el rey.
Pronto llegó el informe: «Eliseo está en Dotán».
¹⁴Entonces, una noche, el rey de Siria envió un gran ejército con muchos carros y caballos que rodearon la ciudad. ¹⁵Al día siguiente, cuando el criado del profeta se levantó temprano y salió al exterior, vio las tropas, los caballos y los carros por toda la ciudad.
—¡Ay, señor mío! ¿Qué haremos ahora? —exclamó ante Eliseo.
¹⁶—No tengas miedo —le dijo Eliseo—. Son más los que están con nosotros que los que están con ellos.

¹⁷Entonces Eliseo oró: «Señor, ábrele los ojos a mi criado para que vea». Y el Señor le abrió los ojos al criado y éste vio que estaban rodeados de caballos y carros de fuego. ¡No estaban solos en la montaña!
¹⁸Cuando los sirios comenzaron a acercarse, Eliseo oró: «Señor, haz que queden ciegos». Y así fue.
¹⁹Entonces Eliseo salió y les dijo: «Se han equivocado de ciudad. Síganme y los llevaré ante el hombre que andan buscando». Y los condujo a Samaria. ²⁰En cuanto llegaron, Eliseo oró: «Señor, ábreles ahora los ojos y permíteles ver». Y el Señor lo hizo; entonces se dieron cuenta de que estaban en Samaria, la capital de Israel. ²¹Cuando el rey de Israel los vio, le preguntó a Eliseo:
—Señor, ¿los mataré? ¿Debo matarlos?
²²—Desde luego que no —le respondió Eliseo—. ¿Es que nosotros damos muerte a los prisioneros de guerra? Dales de comer y de beber, y envíalos de regreso a su tierra.
²³Entonces el rey hizo un gran banquete para ellos, y los envió de regreso a su tierra y a su rey. Después de esto los sirios dejaron tranquila la tierra de Israel.

### Hambre en Samaria

²⁴Sin embargo, algún tiempo después, el rey Ben Adad, de Siria, reunió sus tropas y puso sitio a Samaria. ²⁵Como resultado hubo gran hambre en la ciudad. Al poco tiempo la cabeza de un burro se vendía hasta por ochenta monedas de plata, y un cuarto de litro de estiércol de paloma, por cinco.
²⁶⁻³⁰Un día que el rey de Israel caminaba sobre el muro de la ciudad, una mujer lo llamó:
—¡Auxilio, señor mío, mi rey!
—Si el Señor no te ayuda, ¿qué puedo hacer yo? —le contestó—. No tengo comida ni vino para darte. Pero, ¿de qué se trata?
Ella respondió:
—Esta mujer me propuso que nos comiéramos a mi hijo un día y el suyo al día siguiente. Cocinamos a mi hijo y nos lo comimos, pero al día siguiente, cuando yo le dije: «Ahora nos corresponde comernos a tu hijo» ella lo escondió.
Cuando el rey oyó esto, rasgó su ropa. (El pueblo que observaba se dio cuenta, al rasgarse él la ropa, que estaba vestido de ropas ásperas). ³¹«¡Que el Señor me mate, si hoy mismo no le corto la cabeza a Eliseo hijo de Safat!» exclamó el rey.
³²Eliseo estaba sentado en su casa, con los ancianos de Israel, cuando el rey lo mandó a buscar. Pero antes que llegara el mensajero, Eliseo dijo a los ancianos:
—Este asesino ha enviado a un hombre para que me corte la cabeza. Cuando él llegue, cierren la puerta y déjenlo afuera, porque su amo pronto vendrá tras él.
³³Eliseo aún estaba diciendo esto cuando llegó el mensajero (seguido por el rey).
—El Señor ha causado toda esta aflicción —dijo el rey—. ¿Por qué he de esperar ayuda de él?

**7** Eliseo le respondió:
—El Señor dice que mañana, a esta hora, ocho kilos de harina fina y el doble de cebada serán vendidos en el mercado de Samaria por una sola moneda de plata.
²El oficial que servía de ayudante al rey le dijo:

puerta y oró al Señor. ³⁴Luego se tendió sobre el cuerpo del niño, y colocó su boca sobre la boca del niño, y sus ojos sobre los ojos del niño, y sus manos sobre las manos del niño. El cuerpo del niño comenzó a calentarse nuevamente. ³⁵El profeta se bajó de la cama y caminó de un lado a otro de la casa por un rato. Volvió a subir y se acostó otra vez sobre el niño. Esta vez el niño estornudó siete veces y abrió los ojos. ³⁶Entonces el profeta llamó a Guiezi:

—Llama a la mujer —le dijo.

Y cuando ella entró, Eliseo le dijo:

—¡Aquí está tu hijo!

³⁷Ella se tiró a sus pies, tomó a su hijo, y salió.

### El milagro de la comida

³⁸Eliseo regresó a Guilgal. Había hambre en la tierra. Un día, mientras enseñaba a los jóvenes profetas, le dijo a Guiezi:

—Haz un guiso para que cenen estos hombres.

³⁹Uno de los jóvenes fue al campo a buscar verduras y regresó con algunas calabazas silvestres, las partió y las puso en una olla, sin saber que eran venenosas. ⁴⁰Pero después que los hombres comieron un poco, gritaron:

—¡Señor, el guiso de la olla es venenoso!

⁴¹—Tráiganme un poco de harina —dijo Eliseo. La puso dentro de la olla, y dijo:

— Ya todo está bien, así que pueden servirle a todos para que coman.

Así que todos comieron, sin sufrir ningún daño.

### Alimentación de cien hombres

⁴²Un día, un hombre de Baal Salisá le llevó a Eliseo una bolsa con veinte panes de cebada, hechos con los primeros granos de la cosecha. Eliseo le dijo a Guiezi que repartiera los panes entre los jóvenes profetas para que comieran.

⁴³—¿Qué? —exclamó Guiezi—. ¿Darle de comer a cien hombres con sólo esto? Pero Eliseo le dijo:

—Hazlo, porque el Señor dice que habrá suficiente para todos, y que aun sobrará.

⁴⁴Y sucedió exactamente como el Señor había dicho.

### Eliseo sana a Naamán

**5** El rey de Siria sentía mucha admiración por Naamán, comandante en jefe de su ejército, porque había conducido a sus soldados a muchas victorias gloriosas. Era un gran héroe, pero estaba leproso. ²Los sirios habían invadido a Israel en varias ocasiones y habían llevado muchos cautivos, entre los cuales había una niña que había sido dada como esclava a la esposa de Naamán. ³Un día la niña le dijo a su ama: «Me gustaría que mi amo fuera a ver al profeta que vive en Samaria. Estoy segura de que él lo puede sanar de la lepra».

⁴Naamán le contó al rey lo que la niña había dicho.

⁵—Ve y visita al profeta —le dijo el rey—. Yo te daré una carta de presentación para que se la entregues al rey de Israel.

Naamán emprendió la marcha. Llevaba consigo regalos: treinta mil monedas de plata, seis mil monedas de oro y diez mudas de ropa. ⁶La carta dirigida al rey de Israel decía: «El hombre que lleva esta carta es mi siervo Naamán. Quiero que lo sanes de la lepra».

⁷Cuando el rey de Israel leyó la carta, rasgó su ropa, y dijo: «¡Este hombre me manda a un leproso para que lo sane! ¿Acaso soy Dios, para matar y dar la vida? ¡Ese rey solo está buscando un pretexto para invadirnos nuevamente!»

⁸Pero cuando el profeta Eliseo oyó lo que le ocurría al rey de Israel, le envió este mensaje: «¿Por qué estás tan confundido? Envíame a Naamán, y él sabrá que hay profeta de Dios en Israel».

⁹Naamán llegó con sus caballos y carros, y se paró a la puerta de la casa de Eliseo. ¹⁰Entonces el profeta le mandó a decir que fuera a lavarse siete veces en el río Jordán, y que así sanaría de su lepra. ¹¹Pero Naamán se enojó, y se fue. «¿Qué les parece? —dijo—. Yo pensaba que, por lo menos, el profeta saldría y me hablaría. Pensé que levantaría la mano sobre la lepra, invocaría el nombre del Señor su Dios, y me sanaría. ¹²Los ríos Abaná y Farfar, de Damasco, son mucho mejores que todos los ríos de Israel juntos. Si de ríos se trata, yo me lavaré en ellos y me libraré de mi lepra».

Se marchó furioso. ¹³Pero sus criados le dijeron: «Si el profeta le hubiera pedido que hiciera algo extraordinario, ¿no lo habría hecho? Debiera obedecerle, pues lo único que le ha dicho es que vaya y se lave, para que quede sano».

¹⁴Entonces Naamán fue al río Jordán, se sumergió siete veces, como el profeta le había dicho, y su carne quedó tan sana como la de un niño. ¹⁵Inmediatamente él y toda su compañía volvieron a buscar al profeta. Parado humildemente ante él, Naamán le dijo:

—Ahora sé que no hay Dios en todo el mundo, sino el de Israel. Te ruego que aceptes un regalo.

¹⁶Pero Eliseo respondió:

—Juro por el Señor mi Dios que no lo aceptaré.

Naamán insistió en que lo aceptara, pero Eliseo se negó rotundamente.

¹⁷—Bien —dijo Naamán—, muy bien. Pero dame dos cargas de tierra para llevar conmigo, porque de ahora en adelante no volveré a ofrecer sacrificios ni holocaustos a otros dioses, sino al Señor. ¹⁸Claro que cuando mi amo, el rey, entre en el santuario del dios Rimón y se apoye sobre mi brazo, el Señor habrá de perdonarme que yo me incline también.

¹⁹—Ve en paz —le dijo Eliseo.

Entonces Naamán emprendió el regreso. ²⁰Pero Guiezi, siervo de Eliseo, se dijo: «Mi amo no debió haber dejado que este hombre se fuera sin recibirle sus regalos. Yo lo alcanzaré y le pediré algo». Así que salió en busca de Naamán.

²¹Cuando Naamán vio que Guiezi lo seguía, se bajó del carro y corrió a encontrarlo.

—¿Está todo bien? —preguntó.

²²—Sí —dijo—, pero mi amo me ha enviado a decirte que dos jóvenes del monte de Efraín acaban de llegar, y le gustaría tener tres mil monedas de plata y dos mudas de ropa para ellos.

²³—Lleva seis mil monedas —insistió Naamán.

Así que Naamán le entregó a Guiezi dos mudas de ropa muy preciosa y el dinero en dos bolsas, y envió a dos siervos para que ayudaran a Guiezi. ²⁴Pero cuando llegaron al monte donde Eliseo vivía, Guiezi tomó las bolsas que llevaban los dos siervos de Naamán, y los envió de regreso. Luego escondió el dinero en la casa. ²⁵Cuando entró a ver a su amo, Eliseo le preguntó:

—¿Dónde has estado Guiezi?

**2 REYES 3.25**

Israel avanzaron y entraron en el territorio de Moab, destruyendo todo lo que encontraban. ²⁵Destruyeron las ciudades, cubrieron de piedras todo terreno bueno para el cultivo, taparon los manantiales, y talaron los árboles frutales. Al final, sólo quedó el fuerte de Quir Jaréset, pero los hombres que estaban armados de hondas lo rodearon y conquistaron.

²⁶Cuando el rey de Moab vio que había perdido la batalla, dirigió a setecientos de sus soldados en un último y desesperado intento de alcanzar al rey de Edom, pero fracasó. ²⁷Entonces tomó a su hijo mayor, que era el heredero al trono, y lo sacrificó como holocausto sobre el muro. Esto hizo que los israelitas sintieran indignación, y por eso, se retiraron y regresaron a su tierra.

## El aceite de la viuda

**4** Un día la esposa de uno de los miembros de la escuela de profetas le contó a Eliseo que su esposo había muerto. Era un hombre que amaba a Dios, según dijo ella. Pero al morir debía algún dinero, y el acreedor le estaba exigiendo su pago. Si ella no pagaba, la amenazó con llevarse a sus dos hijos como esclavos.

²—¿Qué puedo hacer por ti? —le preguntó Eliseo—. ¿Qué tienes en la casa?

—Absolutamente nada, salvo un cántaro de aceite de oliva —contestó ella.

³—Entonces pide prestadas cuantas vasijas puedas de tus amigas y vecinos —le ordenó—. ⁴Luego entra en casa con tus hijos, cierra la puerta y echa aceite de oliva de tu cántaro en las vasijas que hayas pedido prestadas, y ve poniendo aparte las que vayas llenando.

⁵Ella lo hizo así. Sus hijos le iban pasando las vasijas, y ella las llenaba de aceite. ⁶Después de haber llenado hasta el borde varias vasijas, la mujer le dijo a uno de sus hijos:

—Pásame otra vasija.

—No hay más —le contestó el hijo.

Y entonces, en ese mismo momento, el aceite que estaba en el cántaro se acabó. ⁷Cuando le contó al profeta lo que había ocurrido, él le dijo:

—Ve y vende el aceite. Con lo que te den por la venta, podrás pagar la deuda, y te quedará dinero suficiente para que tú y tus hijos sigan viviendo.

## El hijo de la sunamita

⁸Un día que Eliseo fue a Sunén, una mujer importante de la ciudad lo invitó a comer. Después, cada vez que él pasaba por allí, se detenía a cenar.

⁹La mujer entonces le dijo a su marido: «Estoy segura de que este hombre que se detiene de vez en cuando aquí en nuestra casa es un profeta. ¹⁰Hagamos una habitación en la terraza para que, cada vez que venga al pueblo, se quede ahí. Podemos poner una cama, una mesa, una silla y una lámpara. Así, cuando venga, tendrá un lugar donde quedarse».

¹¹,¹²Un día que Eliseo estaba descansando en la habitación, le dijo a su sirviente Guiezi:

—Dile a la mujer que quiero hablar con ella.

Cuando ella llegó, ¹³él le dijo a Guiezi:

—Dile que apreciamos la bondad que nos ha mostrado. Pregúntale qué podemos hacer por ella. ¿Querrá que diga una palabra en su favor al rey o al jefe del ejército?

—No —respondió ella—, estoy perfectamente contenta.

¹⁴—¿Qué podemos hacer por ella? —volvió a preguntarle Eliseo a Guiezi más tarde.

Guiezi sugirió:

—Ella no tiene hijos, y su marido es ya anciano.

¹⁵,¹⁶—Dile que vuelva —le dijo Eliseo.

Cuando ella regresó, él conversó con ella, mientras estaba parada en la puerta.

—El próximo año por este tiempo, tendrás un hijo —le dijo Eliseo.

—¡Varón de Dios! —exclamó ella—, no bromee de esa manera.

¹⁷Pero era cierto. Pronto la mujer concibió y tuvo un niño, tal como Eliseo lo había profetizado.

¹⁸El niño creció. Un día en que había salido a visitar a su padre, que estaba trabajando con los segadores, ¹⁹se quejó de un fuerte dolor de cabeza y comenzó a gritar:

—¡Ay, mi cabeza! ¡Me duele mucho la cabeza!

Entonces el padre le dijo a uno de sus criados:

—Llévalo a la casa con su madre.

²⁰Él se lo llevó para la casa, y la madre lo tuvo en sus brazos; pero hacia el mediodía murió. ²¹Ella lo acostó entonces en la cama del profeta, y cerró la puerta. ²²Luego envió un mensaje a su marido:

—Envía a uno de los siervos con un burro para que me acompañe a ver al profeta.

²³—¿Por qué hoy? —le preguntó—. No es día de fiesta religiosa.

Pero ella le dijo:

—Es importante. Debo ir.

²⁴Enseguida, la mujer hizo ensillar el burro, y le dijo al criado:

—¡Anda, vamos rápido! No te detengas en el camino, a menos que yo te lo ordene.

²⁵Cuando se acercaban al monte Carmelo, Eliseo la vio a la distancia, y le dijo a Guiezi:

—Mira, allá viene la sunamita. ²⁶Corre a encontrarla y pregúntale qué le pasa. Pregúntale si está bien su marido, y si el niño está bien.

—Sí —le dijo ella a Guiezi—. ¡Todo está bien!

²⁷Pero cuando llegó ante Eliseo, se arrojó al suelo delante de él y se abrazó a sus pies. Guiezi se acercó para apartarla, pero el profeta le dijo:

—Déjala. Es que tiene un gran pesar, y el Señor no me ha revelado de qué se trata.

²⁸—Fue usted quien me dijo que tendría un hijo —le dijo por fin ella—, y yo le rogué que no se burlara de mí.

²⁹—¡Rápido, toma mi vara! —le dijo Eliseo a Guiezi—. ¡No hables con nadie a lo largo del camino! ¡Date prisa! Al llegar, pon la vara sobre el rostro del niño.

³⁰Pero la madre del niño dijo:

—¡Le juro que si no me acompaña, no me iré de aquí! De eso puede estar tan seguro como que el Señor y usted viven.

Entonces Eliseo fue con ella.

³¹Guiezi fue adelante y puso la vara en el rostro del niño, pero nada ocurrió. No dio señales de vida. Regresó a encontrar a Eliseo y le dijo:

—El niño aún está muerto.

³²Cuando Eliseo llegó, el niño estaba acostado, sin vida, sobre la cama del profeta. ³³Él entró, cerró la

¹²Eliseo, al verlo, gritó: «¡Padre mío, padre mío! ¡Carro de Israel y su guía!»

Eliseo no volvió a ver a Elías.

Luego, rasgó sus vestidos y los partió en dos. ¹³,¹⁴Recogió la túnica de Elías, regresó a la orilla del río Jordán, y golpeó las aguas con ella, al tiempo que exclamaba: «¿Dónde está el Dios de Elías?» Apenas golpeó las aguas, éstas se separaron, y Eliseo pudo cruzar el río en seco.

¹⁵Cuando los jóvenes profetas de Jericó vieron lo ocurrido, exclamaron: «¡El espíritu de Elías está sobre Eliseo!» Y fueron a su encuentro, y lo saludaron con respeto.

¹⁶—Señor —le dijeron—, basta con que diga usted una palabra y nuestros mejores corredores, cincuenta de ellos, buscarán en el desierto a su amo; quizás el Espíritu del Señor lo ha dejado en alguna montaña o en alguna barranca.

—No —dijo Eliseo—, no se preocupen.

¹⁷Pero ellos siguieron presionándolo, hasta que él se sintió molesto, y les dijo:

—¡Muy bien, vayan!

Cincuenta de ellos estuvieron buscando a Elías durante tres días, y no lo pudieron encontrar.

¹⁸Eliseo estaba todavía en Jericó cuando regresaron.

—Les dije que no fueran —los reprendió.

### Eliseo purifica el agua

¹⁹Entonces un grupo de ciudadanos notables de Jericó visitaron a Eliseo:

—Tenemos un problema —le dijeron—. Esta ciudad tiene una localización muy hermosa, como puede usted ver; pero el agua es mala y hace que la tierra sea improductiva.

²⁰—Bien —les dijo—, tráiganme una vasija nueva llena de sal. Ellos hicieron lo que les pidió. ²¹Entonces Eliseo se dirigió al manantial, que estaba en las afueras de la ciudad, y lanzando la sal en el manantial, declaró:

—El Señor ha purificado estas aguas. Ya no causarán más muerte ni esterilidad.

²²Y así ocurrió. El agua quedó purificada, tal como Eliseo lo dijo.

### Eliseo maldice a los burlones

²³Eliseo salió de Jericó y se dirigió a Betel. En el camino, unos muchachos de la ciudad comenzaron a burlarse de él. «¡Calvo, sube al cielo tú también! ¡Calvo, sube!» ²⁴Él se dio vuelta, y los maldijo en el nombre del Señor. Al instante, dos osas salieron del bosque y mataron a cuarenta y dos de ellos. ²⁵De allí, Eliseo fue al monte Carmelo, y luego regresó a Samaria.

### Los moabitas se rebelan

**3** Jorán hijo de Acab comenzó su reinado sobre Israel durante el año décimo octavo del rey Josafat, de Judá, y reinó doce años. Su capital fue Samaria. ²Fue un hombre muy perverso, pero no tanto como lo habían sido su padre y su madre, porque al menos él derribó el altar de Baal, que su padre había construido. ³Sin embargo, siguió practicando el gran pecado de Jeroboán hijo de Nabat, quien había hecho que el pueblo de Israel adorara ídolos.

⁴El rey Mesá, de Moab, y su pueblo eran criadores de ovejas. Pagaban a Israel un tributo anual de cien mil corderos y la lana de cien mil carneros; ⁵pero después de la muerte de Acab, el rey de Moab se rebeló contra Israel. ⁶⁻⁸Inmediatamente el rey Jorán convocó a todo Israel, y envió este mensaje al rey Josafat, de Judá:

—El rey de Moab se ha rebelado contra mí. ¿Me ayudarás a pelear contra ellos?

—Desde luego que sí —contestó Josafat—. Mi pueblo y mis caballos son tuyos, y están a tus órdenes. ¿Cuáles son tus planes de batalla?

—Atacaremos desde el desierto de Edom —respondió Jorán.

⁹Salieron los reyes de Israel y Judá con el rey de Edom y dieron un rodeo a través del desierto durante siete días; pero no había agua para los hombres ni para los animales de carga.

¹⁰—¿Qué haremos? —preguntó el rey de Israel—. El Señor nos ha traído aquí para que el rey de Moab nos derrote.

¹¹Pero Josafat, rey de Judá, preguntó:

—¿No hay aquí algún profeta del Señor con nosotros? Si lo hay, podemos preguntarle qué hemos de hacer.

—Eliseo hijo de Safat, que era siervo de Elías, vive cerca de aquí —respondió uno de los oficiales del rey de Israel.

¹²—Muy bien —respondió Josafat—. Él nos dará palabra del Señor.

Entonces los reyes de Israel, Judá y Edom fueron a consultar a Eliseo.

¹³—No quiero nada contigo —le dijo Eliseo al rey Jorán, de Israel—. Ve y pregúntales a los falsos profetas de tu padre y de tu madre.

Pero Jorán le respondió:

—No, porque es el Señor quien nos ha traído aquí para ser destruidos por el rey de Moab.

¹⁴—Juro por el Señor mi Dios que no me preocuparía por ti, si no fuera por la presencia del rey Josafat, de Judá —respondió Eliseo—. ¹⁵Trae a alguien que pueda tocar el arpa.

Y mientras el músico tocaba el arpa, le llegó el mensaje del Señor a Eliseo.

¹⁶—El Señor dice que abran muchas zanjas en este valle seco, ¹⁷pues, aunque no verán viento ni lluvia, este valle se llenará de agua, y tendrán suficiente para ustedes y para los animales. ¹⁸Pero esto es sólo el comienzo, porque el Señor les dará la victoria sobre los moabitas. ¹⁹Conquistarán sus mejores ciudades, aun las que están fortificadas; derribarán sus árboles frutales, taparán todas las fuentes de agua, y llenarán de piedras sus campos.

²⁰Y así fue. Al día siguiente, a la hora de ofrecer el sacrificio de la mañana, desde Edom comenzó a correr el agua, y todo el lugar quedó inundado.

²¹Cuando la gente de Moab se enteró de que los reyes avanzaban hacia ellos, movilizaron a todo hombre que pudiera pelear, anciano y joven, y se pusieron a lo largo de su frontera. ²²Pero al amanecer del día siguiente, el sol proyectó su rojo resplandor sobre el agua, y ésta se veía roja.

²³«¡Es sangre! —exclamaron—. Los reyes se han atacado y se han dado muerte unos a otros. ¡Vamos y recojamos el botín!»

²⁴Pero cuando llegaron al campamento de Israel, los israelitas salieron y los atacaron. Entonces los moabitas emprendieron la huida. Los hombres de

# 2 Reyes

## El juicio del Señor contra Ocozías

**1** Después de la muerte del rey Acab, Moab se declaró independiente y se negó a seguir pagando tributos a Israel.

²Ocozías, el nuevo rey de Israel, que se había caído de la terraza de su palacio en Samaria y había quedado seriamente herido, envió mensajeros al santuario del dios de Baal Zebub, dios de Ecrón, a preguntar si se recuperaría de sus heridas.

³Pero un ángel del Señor le dijo al profeta Elías: «Ve al encuentro de los mensajeros que el rey de Samaria ha enviado a Ecrón, y pregúntales: "¿Es que no hay Dios en Israel, que van a preguntarle a Baal Zebub, el dios de Ecrón, si el rey se pondrá bien?" ⁴,⁵Por cuanto el rey Ocozías ha hecho esto, el Señor le dice: "No te sanarás, sino que morirás"».

Cuando Elías les dijo esto a los mensajeros, ellos regresaron inmediatamente ante el rey.

—¿Por qué han regresado tan pronto? —les preguntó.

⁶—Un hombre vino a nosotros —contestaron— y nos dijo que regresáramos ante usted a decirle: «Por qué envías a consultar a Baal Zebub, dios de Ecrón? ¿Es que no hay Dios en Israel? Por haber hecho esto, el Señor le hace saber al rey que no se recuperará de sus heridas, sino que morirá».

⁷—¿Quién era aquel individuo? —preguntó el rey—. ¿Qué aspecto tenía?

⁸—Llevaba un abrigo de pelo —le respondieron—, y usaba un cinturón ancho de cuero.

—¡Era el profeta Elías! —exclamó el rey.

⁹Entonces envió a un oficial con cincuenta soldados, a arrestarlo. Lo encontraron sentado en la cumbre de una colina. El capitán le dijo:

—Varón de Dios, el rey nos ha mandado a que le llevemos ante él.

¹⁰Pero Elías respondió:

—Si yo soy un varón de Dios, que descienda fuego del cielo y te destruya junto con tus cincuenta hombres.

Y descendió fuego del cielo sobre ellos, y los mató a todos.

¹¹El rey envió a otro oficial, con cincuenta hombres, a que le dijera:

—Varón de Dios, el rey dice que debes bajar inmediatamente.

¹²Elías respondió:

—Si soy un varón de Dios, que descienda fuego del cielo y te destruya a ti con tus cincuenta hombres.

Y nuevamente descendió fuego de Dios, y los quemó.

¹³Una vez más, el rey envió cincuenta hombres, pero esta vez el oficial se puso de rodillas ante Elías, y le rogó:

—Varón de Dios, perdona mi vida y la vida de estos tus cincuenta siervos. ¹⁴Yo sé que los otros dos oficiales y sus soldados, que vinieron antes de nosotros, murieron quemados por el fuego que cayó del cielo. Por eso, te pido que nos perdones la vida.

¹⁵Entonces el ángel del Señor le dijo a Elías: «No temas. Ve con él».

Y Elías fue ante la presencia del rey.

¹⁶—¿Por qué enviaste mensajeros a consultar acerca de tu enfermedad a Baal Zebub, dios de Ecrón? —preguntó Elías—. ¿Acaso no hay un Dios en Israel a quien consultar? Por cuanto has hecho esto, no te levantarás de esta cama; ciertamente morirás.

¹⁷Ocozías murió de la manera anunciada por Elías, y Jorán fue el nuevo rey, porque Ocozías no tenía un hijo que le sucediera en el trono. Esto ocurrió en el segundo año del reinado de Jorán hijo de Josafat, rey de Judá. ¹⁸El resto de la historia de Ocozías y su reinado está registrado en el libro de los reyes de Israel.

## Elías llevado al cielo

**2** Llegó el día en que el Señor se iba a llevar a Elías al cielo en un torbellino. Elías le dijo a Eliseo cuando salieron de Guilgal:

²—Quédate aquí, porque el Señor me ha dicho que vaya a Betel.

Pero Eliseo le respondió:

—Juro por el Señor y por tu vida que no te dejaré.

Entonces fueron juntos a Betel. ³Allí los jóvenes que se preparaban para la labor profética salieron a recibirlos, y le preguntaron a Eliseo:

—¿Sabes que hoy el Señor va a llevarse a tu maestro de tu lado?

—¡Cállense! —dijo Eliseo—. ¡Desde luego que lo sé!

⁴Poco después Elías dijo a Eliseo:

—Quédate en Betel, porque el Señor me ha enviado a Jericó.

Pero Eliseo le replicó:

—Juro por el Señor y por tu vida que no te dejaré.

Y se fueron juntos a Jericó. ⁵Entonces los jóvenes que se preparaban para profetas en Jericó se acercaron a Eliseo, y le preguntaron:

—¿Sabes que hoy el Señor va a llevarse a tu maestro de tu lado?

—¡Cállense! —les ordenó—. ¡Por supuesto que lo sé!

⁶,⁷Luego Elías le dijo a Eliseo:

—Quédate aquí, porque el Señor me ha enviado al río Jordán.

Pero Eliseo le respondió como antes:

—Juro por el Señor y por tu vida que no te dejaré.

Y partieron juntos y se pararon junto al río Jordán, mientras cincuenta de los jóvenes profetas miraban desde la distancia. ⁸Elías dobló su túnica y golpeó con ella las aguas, y el río se abrió ante ellos, y cruzaron por tierra seca.

⁹Cuando llegaron a la otra orilla, Elías le dijo a Eliseo:

—¿Qué deseas que te conceda antes de ser llevado arriba?

Y Eliseo le respondió:

—Concédeme el doble del poder profético que tú has tenido.

¹⁰—Has pedido algo difícil —respondió Elías—. Si me ves cuando sea quitado de tu lado, entonces obtendrás lo que has pedido. Pero si no me ves, no te será concedido.

¹¹Mientras caminaban juntos y conversaban, repentinamente un carro de fuego, tirado por caballos de fuego, apareció y se puso entre ellos, y Elías fue llevado al cielo en un torbellino.

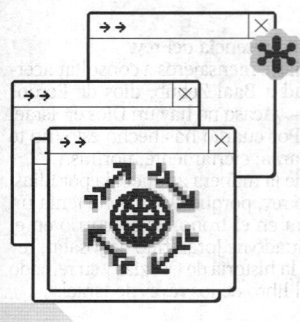

## PANORAMA DEL LIBRO

Este segundo tomo de la obra (véase la introducción a 1 Reyes), narra el trágico destino de los dos reinos que formaban el pueblo de Israel. El primero en ser llevado al cautiverio es el reino del norte (año 722 a.C., cap. 17), el cual es conquistado por los asirios. Unos años después, el reino del sur (Judá) también fue llevado cautivo por los babilonios (el cautiverio comienza en el año 605 a.C. y hay sucesivos ataques de los caldeos, hasta que en el año 586 a.C., la ciudad es destruida, cap. 25). Siempre el criterio de evaluación fue la obediencia al pacto de Dios con su pueblo.

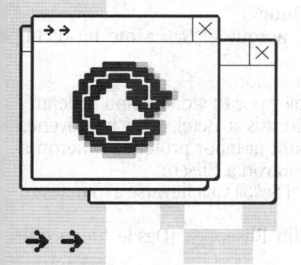

## ¿CÓMO SE RELACIONA CONMIGO?

Cuando andamos por caminos que sabemos que no son correctos delante de Dios, generalmente minimizamos la gravedad de los pecados y tratamos de convencernos de que "tenemos todo bajo control". Otro consuelo suele ser pensar que hay otros que están peor que nosotros y estos pensamientos son el paso previo del fracaso ya que enfrentamos los problemas en nuestras propias fuerzas y según nuestra limitada sabiduría.

Eso fue lo que le sucedió al pueblo de Dios en 2 Reyes. A pesar de la presencia de grandes siervos de Dios como el profeta Eliseo y de algunos reyes que actuaron rectamente delante del Señor, al final ambos reinos terminaron en un rotundo fracaso debido a su desobediencia a sus obligaciones para con Dios. Por otro lado, este libro describe el trasfondo histórico de muchos de los libros del Antiguo Testamento, por lo que estudiar los eventos narrados aquí será de gran ayuda para comprender buena parte de la historia sobre la cual están escritos otros libros.

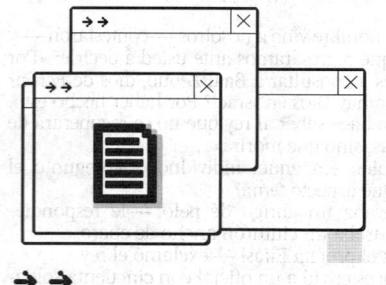

## EL GUION

1) Eliseo: El poder de la gracia de Dios se manifiesta aun en medio de apostasía. Caps. 1-13
2) Los reyes de Israel: De mal en peor hasta la destrucción total. Caps. 14-17
3) Los reyes buenos de Judá: Los líderes que trajeron esperanza a un pueblo perdido.
La historia de Joás (Caps. 11-12), Amasías (Cap. 14), Azarías (15:1-7) y Ezequías (caps. 18-20).
4) Los reyes de Judá: El fracaso es inevitable cuando desobedecemos a Dios. Caps. 18-25.

# 2 REYES

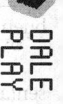

# 2 REYES

## ¿QUIÉN LO ESCRIBIÓ?

Los dos libros de Reyes forman un solo tomo en el canon hebreo. Algunos estudiosos han propuesto que fue recopilado por toda una escuela de escritores, pero no hay razón para dudar que estos libros son obra de un solo autor, el cual echó mano de diversas fuentes históricas, como "las crónicas de Salomón" (1 R. 11:41) o las "crónicas de los reyes de Judá" (1 R. 14:29; pero recuerda que ese no es el libro bíblico de Crónicas, sino los registros oficiales de los reyes). Así, entonces, el autor fue un judío que conocía bien la historia del pueblo de Israel, que fue testigo presencial del destino final del reino del sur, y su capital, Jerusalén, y además tenía una mentalidad teológica proveniente de las ideas del pacto hecho con Moisés. La tradición judía propone que el autor fue Jeremías y, aunque se puede decir que el estilo tiene similitudes con las ideas de ese profeta, la verdad es que no hay manera de saberlo con seguridad.

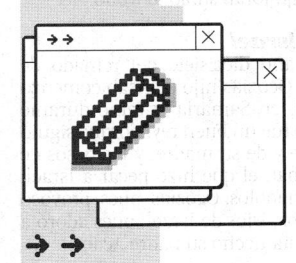

## ¿A QUIÉN LO ESCRIBIÓ?

Básicamente, el libro fue escrito para los judíos que habían sufrido la invasión final de los caldeos, tanto los pocos que se habían quedado en Jerusalén, como los cautivos en Babilonia. Debe haber sido trágico saber que ellos, que eran el pueblo de Dios, habían sido conquista- dos por un pueblo cruel, el cual destruyó la amada Jerusalén, arrasó con el sagrado templo y los arrancó de su querida tierra prometida. "¿Qué pasó?", se preguntarían. "¿Por qué Dios permitió esta horrible catástrofe?". Para estos judíos cautivos, aturdidos, consternados y desconcertados fue escrito este libro.

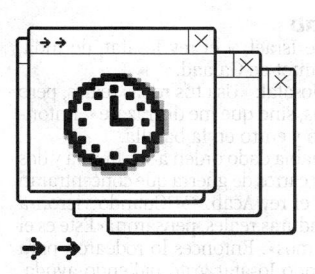

## ¿CUÁNDO Y DÓNDE LO ESCRIBIÓ?

1 Reyes comienza más o menos donde termina 2 Samuel. La composición final de Reyes ocurrió, no en un tiempo muy placentero para el escritor y sus lectores. Los libros deben haber sido escritos durante las primeras décadas del cautiverio y unos años después de la destrucción de Jerusalén, la cual ocurrió en el año 586 a.C. Sin duda, el libro fue escrito en Jerusalén, ya que el autor tiene un conocimiento muy amplio de los eventos desastrosos que ocurrieron en esa ciudad y además lo que ocurrió con sus habitantes en los años posteriores.

—¿No te dije lo que ocurriría? Él jamás me da buenas noticias. Siempre me anuncia el mal.

¹⁹Micaías respondió:

—Escucha esta otra palabra del Señor: Vi al Señor sentado en su trono, y los ejércitos del cielo que estaban alrededor de él. ²⁰,²¹Entonces el Señor preguntó: "¿Quién irá a inducir a Acab para que vaya y muera en Ramot de Galaad?" Varias sugerencias se hicieron, hasta que un ángel se acercó al Señor y le dijo: "Yo lo seduciré". ²²"¿Cómo lo harás?", le preguntó el Señor, y él respondió: "Yo iré como un espíritu mentiroso y hablaré por boca de sus profetas". Y el Señor dijo: "Eso está bien; ve, porque tú lo lograrás". ²³¿No ves? El Señor ha puesto un espíritu mentiroso en la boca de estos profetas, pero el hecho es que el Señor ha decretado el desastre para ti.

²⁴Entonces Sedequías hijo de Quenaná, se acercó a Micaías y lo golpeó en el rostro.

—¿Desde cuándo el Espíritu del Señor ha dejado de hablarme a mí, para hablarte a ti?

²⁵Y Micaías le respondió:

—Recibirás la respuesta a tu pregunta cuando andes escondiéndote de habitación en habitación. ²⁶Entonces el rey Acab ordenó que arrestaran a Micaías.

—Llévenlo a Amón, el jefe de la ciudad, y a mi hijo Joás. ²⁷Díganles que yo he ordenado que pongan a este individuo en la cárcel, y lo alimenten con pan y agua, sólo lo suficiente para que siga vivo hasta que yo regrese en paz.

²⁸—Si tú vuelves en paz —respondió Micaías— será prueba de que el Señor no ha hablado por medio de mí.

Entonces Micaías se volvió al pueblo que estaba parado cerca, y dijo:

—¡Tomen nota de lo que he dicho!

### Muerte de Acab

²⁹El rey Acab, de Israel, y el rey Josafat, de Judá, subieron contra Ramot de Galaad.

³⁰Acab le dijo a Josafat: «Usa tus ropas reales, pero yo no usaré las mías, sino que me disfrazaré». Entonces Acab se disfrazó y entró en la batalla.

³¹El rey de Siria había dado orden a sus treinta y dos comandantes de los carros de guerra que concentraran los ataques contra el rey Acab. ³²,³³Cuando vieron a Josafat con sus vestiduras reales, pensaron: «Este es el hombre que buscamos». Entonces lo rodearon para atacarlo. Pero cuando Josafat gritó pidiendo ayuda, ellos dejaron de perseguirlo.

³⁴Sin embargo, alguien disparó una flecha sin dirección y ésta hizo blanco en el rey Acab, por entre las uniones de su armadura. Entonces el rey ordenó al que conducía su carro: «Sácame de aquí, pues estoy herido». ³⁵La batalla se hizo cada vez más intensa a medida que transcurría el día. El rey Acab, herido, permanecía de pie en su carro, frente a los sirios. Pero la sangre que manaba de su herida corría por el piso del carro. Finalmente, al atardecer, murió. ³⁶,³⁷Cuando el sol se estaba poniendo, se corrió la voz por el campamento: «¡El rey ha muerto! ¡Que todos regresen a sus ciudades! ¡Que cada uno vaya a su casa!»

Fue así como murió el rey Acab. Llevaron su cuerpo a Samaria, y allí lo sepultaron. ³⁸Cuando su carro y su armadura fueron lavados junto al estanque de Samaria, donde las prostitutas se bañaban, los perros vinieron y lamieron la sangre del rey, tal como el Señor lo había anunciado.

³⁹El resto de la historia de Acab, incluyendo el relato de la construcción del palacio de marfil y las ciudades que edificó, está escrito en el libro de los reyes de Israel. ⁴⁰Acab fue sepultado entre sus antepasados, y su hijo Ocozías fue el nuevo rey de Israel.

### Josafat, rey de Judá

⁴¹Mientras tanto, en Judá, Josafat hijo de Asá, había subido al trono durante el cuarto año de reinado de Acab, rey de Israel. ⁴²Josafat tenía treinta y cinco años cuando subió al trono, y reinó en Jerusalén durante veinticinco años. Su madre, fue Azuba, hija de Siljí. ⁴³Siguió el buen ejemplo de su padre Asá, obedeciendo al Señor en todo, salvo en una cosa: no destruyó los santuarios paganos, de modo que el pueblo hizo sacrificios y quemó incienso en ellos. ⁴⁴También hizo la paz con Acab, el rey de Israel.

⁴⁵El resto de los hechos de Josafat, sus heroicas acciones y sus guerras, está registrado en el libro de los reyes de Judá. ⁴⁶También expulsó de la tierra a todos aquéllos que continuaban practicando la prostitución como un acto de adoración, los cuales habían quedado desde los días de su padre Asá. ⁴⁷En aquel tiempo no había rey en Edom, sino un gobernador.

⁴⁸El rey Josafat construyó barcos que fueran a buscar oro a Ofir; pero jamás llegaron, porque naufragaron en Ezión Guéber. ⁴⁹Ocozías, hijo del rey Acab, y quien lo sucedió en el trono, había propuesto a Josafat que sus hombres fueran también, pero Josafat había rechazado la oferta.

⁵⁰Cuando el rey Josafat murió, fue sepultado con sus antepasados en Jerusalén, en la ciudad de su antepasado David; y su hijo Jorán subió al trono.

### Ocozías, rey de Israel

⁵¹Fue durante el año diecisiete del reinado de Josafat, de Judá, que Ocozías hijo de Acab comenzó a reinar sobre Israel, en Samaria; y reinó durante dos años. ⁵²,⁵³Pero no fue un buen rey, porque siguió los pasos de su padre y de su madre, y los pasos de Jeroboán hijo de Nabat, el que hizo pecar a Israel, al hacer que adoraran ídolos. Ocozías, pues, provocó mucho la ira del Señor, Dios de Israel, pues adoró a Baal, tal como lo había hecho su padre Acab.

⁸Entonces escribió una carta en nombre de Acab, le puso el sello y la envió a los dirigentes de Jezrel, la ciudad en que vivía Nabot. ⁹En la carta les decía:

«Convoquen a todos los ciudadanos para que se reúnan a ayunar y orar. También citen a Nabot, ¹⁰y busquen a dos personas que lo acusen de haber blasfemado contra Dios y de haber maldecido al rey. Luego sáquenlo y mátenlo a pedradas».

¹¹Los ancianos de la ciudad siguieron las instrucciones que Jezabel les había dado en su carta. ¹²Convocaron a un ayuno, y sentaron a Nabot delante del pueblo. ¹³Entonces dos hombres sin conciencia lo acusaron de haber maldecido a Dios y al rey. Entonces Nabot fue arrastrado a las afueras de la ciudad, donde lo apedrearon hasta darle muerte. ¹⁴Luego avisaron a Jezabel que Nabot había muerto.

¹⁵Cuando Jezabel supo la noticia, le dijo a Acab: «Nabot no quiso venderte su viñedo por dinero. Bien, ahora puedes tenerlo sin pagar nada, pues él ha muerto». ¹⁶Entonces Acab fue al viñedo, para tomar posesión de él.

¹⁷Pero el Señor le dijo a Elías: ¹⁸«Ve a Samaria, y visita al rey Acab, rey de Israel. Ahora se encuentra en el viñedo de Nabot, pues ha ido a apoderarse de él. ¹⁹Dale este mensaje de mi parte: "¿No te ha sido suficiente matar a Nabot? ¿Debes robarle también? Debido a esto los perros lamerán tu sangre en las afueras de la ciudad, de la misma manera que ellos lamieron la sangre de Nabot"».

²⁰—¡Me has encontrado, enemigo mío! —exclamó Acab cuando vio a Elías.

—Sí —respondió Elías—, he venido, porque no haces otra cosa que ofender al Señor, pues solo sabes hacer lo malo. ²¹Por eso el Señor va a traerte una gran desgracia, y te va a eliminar. No permitirá que ninguno de tus descendientes varones, esclavo o libre, sobreviva. ²²Va a destruir a tu familia, tal como lo hizo con la familia de Jeroboán y con la familia del rey Basá, porque tú has provocado su ira y has hecho que todo Israel caiga en pecado. ²³El Señor también me ha dicho que los perros se comerán el cuerpo de Jezabel, tu esposa, en los campos de Jezrel. ²⁴Los miembros de tu familia que mueran en la ciudad serán comidos por los perros, y a los que mueran en el campo, se los comerán los buitres.

²⁵Nadie se entregó de tal manera a hacer el mal como Acab, porque Jezabel, su esposa, lo incitaba a que cometiera toda suerte de perversidades. ²⁶Especialmente se dedicó a la adoración de ídolos, tal como lo hacían los amorreos, pueblo al cual el Señor había expulsado de la tierra, para darle el lugar al pueblo de Israel.

²⁷Cuando Acab oyó estas profecías, se vistió con ropa áspera y ayunó. No se quitaba esa ropa para dormir, y andaba deprimido. ²⁸Entonces Elías el tisbita recibió otro mensaje de parte del Señor, en el que le decía: ²⁹«¿Ves cómo se ha humillado Acab delante de mí? Por cuanto él ha hecho esto, no haré lo que anuncié durante su vida. Pero enviaré la desgracia a su familia durante el reinado de su hijo».

## Micaías profetiza contra Acab

**22** Durante tres años no hubo guerra entre Siria e Israel. ²Pero en el tercer año, mientras el rey Josafat, de Judá, visitaba al rey Acab, de Israel, ³Acab le dijo a sus oficiales: «¿Se dan cuenta ustedes de que los sirios están aún ocupando nuestra ciudad de Ramot de Galaad? Y nosotros estamos aquí sentados sin hacer nada al respecto».

⁴Entonces se dirigió a Josafat, y le preguntó:

—¿Pelearemos juntos para recobrar la ciudad de Ramot de Galaad?

El rey Josafat de Judá le respondió:

—Desde luego. Tú y yo somos hermanos; mi pueblo está a tus órdenes, y mis caballos están a tu servicio. ⁵Pero —añadió—, debemos consultar al Señor primero, para estar seguros si esto es lo que él quiere que hagamos.

⁶Entonces el rey Acab convocó a sus cuatrocientos profetas paganos y les preguntó:

—¿Atacaremos a Ramot de Galaad?

Y ellos respondieron:

—Sí, vayan, porque el Señor les ayudará a conquistarla.

⁷Pero Josafat preguntó:

—¿No hay por aquí un profeta del Señor? Me gustaría consultarlo.

⁸Sí, aquí hay uno —dijo el rey Acab—, pero yo lo odio, porque jamás me profetiza algo bueno, sino todo lo malo. Su nombre es Micaías hijo de Imlá.

—¡Vamos! —respondió Josafat—. No digas tal cosa.

⁹Entonces el rey Acab llamó a uno de sus sirvientes y le dijo:

—Ve a buscar a Micaías. ¡Date prisa!

¹⁰Entre tanto, todos los profetas seguían dando sus profecías delante de los dos reyes, que estaban con sus vestiduras reales, sentados en los tronos colocados en la era junto a la puerta de la ciudad. ¹¹Sedequías hijo de Quenaná, que era uno de los falsos profetas, hizo unos cuernos de hierro y declaró:

—El Señor promete que con estos cuernos cornearás a los sirios hasta destruirlos.

¹²Y los otros estaban de acuerdo.

—Ve y ataca Ramot de Galaad —le dijeron—, porque el Señor te dará la victoria.

¹³El mensajero que fue enviado a buscar a Micaías le dijo:

—Mira, todos los profetas han anunciado que el rey saldrá bien librado en esta batalla. Así que debes concordar con lo que ellos están diciendo.

¹⁴Pero Micaías le respondió:

—Puedes tener la plena seguridad de que sólo hablaré lo que el Señor me diga que hable. Esto es tan cierto como que el Señor vive.

¹⁵Cuando llegaron, el rey le preguntó a Micaías:

—Micaías, ¿subiremos a atacar a Ramot de Galaad, o no?

—¡Sí, por supuesto! ¡Sigan adelante! —le dijo Micaías—. Tendrás una gran victoria, porque el Señor te hará vencedor.

¹⁶—¿Cuántas veces debo decirte que me digas solamente lo que el Señor te ha dicho? —le exigió el rey.

¹⁷Entonces Micaías le dijo:

—Vi a Israel esparcido por las montañas, como ovejas sin pastor. Y el Señor dijo: «El rey de ellos está muerto, así que no tienen quién los gobierne. Pídeles que se vayan a sus casas en paz».

¹⁸Volviéndose a Josafat, Acab se quejó:

estaban bebiendo y se habían embriagado, salieron los primeros hombres de Acab de la ciudad. ¹⁷Cuando se acercaban, los vigías de Ben Adad le informaron:

—Vienen algunos hombres.

¹⁸—Tómenlos vivos —ordenó Ben Adad—, ya sea que vengan en son de paz o de guerra.

¹⁹Entonces todo el pueblo que seguía a Acab se unió al ataque. ²⁰Cada uno mató a un soldado sirio, y repentinamente, todos los sirios huyeron presas del pánico. Los israelitas los persiguieron, pero el rey Ben Adad y unos pocos jinetes escaparon. ²¹Sin embargo, el grueso de los caballos y carros fueron capturados, y la mayor parte de los sirios murió en aquella batalla.

²²Entonces el profeta se acercó al rey Acab y le dijo: «Prepárate para otro ataque, pues el rey de Siria volverá a atacar el próximo año».

²³Después de su derrota, los siervos del rey Ben Adad le dijeron: «El Dios de Israel es Dios de las colinas, por eso es que los israelitas ganaron. Pero podemos derrotarlos fácilmente en las llanuras. ²⁴Sólo que esta vez hay que poner gobernadores en vez de reyes. ²⁵Alista otro ejército similar al que perdiste; danos la misma cantidad de caballos, carros y hombres, y pelearemos contra ellos en las llanuras; no hay sombra de duda de que los derrotaremos».

El rey Ben Adad hizo lo que ellos sugerían. ²⁶Al año siguiente alistó a los sirios y salió nuevamente contra Israel, esta vez en Afec. ²⁷El rey Acab, por su parte, conformó su ejército, estableció la línea de aprovisionamiento, y salió a ofrecer batalla; pero los israelitas parecían un par de rebaños de cabritos, en comparación con las fuerzas sirias que llenaban todo el campo.

²⁸Entonces un profeta se presentó ante el rey de Israel con este mensaje de parte del Señor: «Por cuanto los sirios han dicho: "El Señor es un Dios de las montañas y no de las llanuras", yo entregaré a todo este pueblo, y ustedes sabrán, sin duda alguna, de que yo soy el Señor».

²⁹Acamparon uno frente al otro durante siete días, y en el séptimo día se inició la batalla. Los israelitas dieron muerte, en aquel día, a cien mil soldados de infantería siria. ³⁰El resto huyó a refugiarse tras las murallas de Afec; pero las murallas cayeron sobre ellos y mataron a otros veintisiete mil hombres. Ben Adad huyó a la ciudad, y se escondió en una pieza interior de una de las casas.

³¹Entonces sus siervos le dijeron: «Señor, hemos oído decir que los reyes de Israel son muy misericordiosos. Vistámonos con ropas ásperas, pongámonos cuerdas en el cuello y salgamos para ver si el rey Acab nos deja con vida».

³²Entonces fueron ante el rey de Israel y le suplicaron:

—Tu siervo Ben Adad te manda a decir que por favor le perdones la vida.

—¿Está vivo aún? —preguntó el rey de Israel—. ¡Él es mi hermano!

³³Los hombres inmediatamente se aferraron a este rayo de esperanza, y se apresuraron a responder:

—¡Sí, Ben Adad es tu hermano!

—Vayan y tráiganlo —les dijo el rey de Israel. Y cuando Ben Adad llegó, Acab lo invitó a subir a uno de sus carros.

³⁴Ben Adad le dijo:

—Te devolveré las ciudades que mi padre le quitó al tuyo, para que puedas establecer puestos de comercio en Damasco, como mi padre hizo en Samaria.

Acab le contestó:

—Siendo así, te dejaré en libertad.

De este modo Acab hizo un pacto con Ben Adad, y lo dejó ir.

## Un profeta condena a Acab

³⁵Mientras tanto, el Señor habló a uno de los profetas para que le dijera a otro hombre:

—¡Golpéame!

Pero el hombre se negó a hacerlo.

³⁶Entonces el profeta dijo:

—Por cuanto no obedeciste la voz del Señor, saldrá un león y te matará en cuanto yo me haya ido.

Y, efectivamente, tan pronto el profeta se fue, un león atacó al hombre y lo mató.

³⁷Entonces el profeta fue y le dijo a otro hombre: «¡Golpéame!» Y él lo hizo, y lo dejó herido.

³⁸El profeta esperó al rey a una orilla del camino, habiéndose vendado los ojos para disfrazarse.

³⁹Cuando el rey pasó, el profeta lo llamó y le dijo:

—Señor, yo estaba en la batalla, y un hombre me entregó un prisionero y dijo: "Cuida a este hombre; si él se va, morirás, o me tendrás que dar treinta mil monedas de plata". ⁴⁰Pero mientras yo estaba ocupado en otra cosa, el prisionero desapareció.

—Bueno, es culpa tuya —respondió el rey—. Tendrás que pagar.

⁴¹Entonces el profeta se arrancó el vendaje de los ojos, y el rey lo reconoció como uno de los profetas. ⁴²El profeta le dijo:

—El Señor ha dicho: "Por cuanto tú has salvado la vida del hombre que yo dije que debería morir, tú morirás en su lugar, y tu pueblo morirá en lugar del suyo".

⁴³Entonces el rey de Israel regresó a Samaria enojado y deprimido.

## El viñedo de Nabot

**21** Nabot, un hombre de Jezrel, tenía un viñedo en las afueras de la ciudad, junto al palacio del rey Acab. ²Un día el rey le habló y le pidió que le vendiera su propiedad.

—Quiero plantar en ella una huerta —explicó el rey—, porque está junto al palacio. Yo te puedo dar un mejor terreno en el cual puedes tener otro viñedo, o si quieres te daré el dinero que me pidas.

³Pero Nabot respondió:

—Eso jamás sucederá, pues el Señor me prohíbe venderle la propiedad que ha pertenecido a mi familia durante generaciones.

⁴Entonces Acab, enojado y deprimido, regresó al palacio. Se negó a comer, y se acostó vuelto hacia a la pared.

⁵—¿Qué es lo que te pasa? —le preguntó su esposa Jezabel—. ¿Por qué no comes? ¿Por qué estás tan deprimido y enojado?

⁶—Le pedí a Nabot que me vendiera su viñedo o que lo cambiara por otro, y él se negó —le respondió Acab.

⁷—¿Acaso no eres tú el rey de Israel? —le preguntó Jezabel—. Levántate y come, y no te preocupes más acerca de ello. Yo te daré ese viñedo de Nabot.

«¡Basta! —le dijo al Señor—. ¡Quítame la vida, pues no soy mejor que mis antepasados!»

⁵Entonces se acostó y se quedó dormido bajo el arbusto. Pero mientras dormía, un ángel lo tocó y le dijo: «Levántate y come». ⁶Él miró y vio que había un pan cocido sobre piedras calientes, y un cántaro de agua. Entonces comió, bebió y se acostó nuevamente.

⁷Entonces el ángel del Señor volvió, lo tocó y le dijo: «Levántate y come más, porque tienes un largo viaje por delante». ⁸Entonces Elías se levantó, comió y bebió, y recobró suficientes fuerzas para viajar durante cuarenta días y cuarenta noches hasta el monte Horeb, el monte de Dios. ⁹Al llegar allí, se metió en una cueva, para pasar la noche.

### El Señor se le aparece a Elías

Pero el Señor le dijo:

—¿Qué haces aquí, Elías?

¹⁰Él contestó:

—Siento un ardiente amor por ti, Dios Todopoderoso; me duele ver cómo el pueblo de Israel ha quebrantado el pacto contigo, ha derribado tus altares, ha dado muerte a tus profetas. ¡Sólo yo he quedado, y ahora están tratando de matarme a mí también!

¹¹—Sal y ponte delante de mí, en la montaña, pues voy a pasar por aquí —le dijo el Señor.

En ese momento, sopló un fuerte viento que azotó las montañas. Era tan terrible que hacía añicos las rocas y partía las montañas, pero el Señor no estaba en el viento. Después del viento hubo un terremoto, pero el Señor no estaba en el terremoto. ¹²Y después del terremoto hubo fuego, pero el Señor no estaba en el fuego. Y después del fuego se oyó un susurro suave y apacible. ¹³Cuando Elías lo oyó, se cubrió el rostro con el manto, salió y estuvo parado a la entrada de la cueva. Y una voz le preguntó:

—¿Por qué estás aquí, Elías?

¹⁴Él respondió nuevamente:

—Siento un ardiente amor por ti, Dios Todopoderoso; me duele ver cómo el pueblo de Israel ha quebrantado el pacto contigo, ha derribado tus altares y ha dado muerte a tus profetas. ¡Sólo yo he quedado, y ahora están tratando de matarme a mí también!

¹⁵El Señor le dijo:

—Regresa a Damasco, por el camino del desierto, y cuando llegues unge a Jazael para que sea rey de Siria. ¹⁶Luego unge a Jehú hijo de Nimsi, para que sea rey de Israel, y unge a Eliseo hijo de Safat, de Abel Mejolá, para que te reemplace como profeta mío. ¹⁷Quien escape de Jazael, Jehú lo matará, y los que escapen de Jehú, Eliseo los matará. ¹⁸Pero tienes que saber que aún quedan siete mil hombres en Israel que jamás se han inclinado ante Baal ni lo han adorado.

### El llamamiento de Eliseo

¹⁹Entonces Elías fue y halló a Eliseo, mientras éste araba un campo. Dirigía la última de las doce yuntas que estaban trabajando. Elías se acercó a él, le puso el manto en sus hombros y se alejó. ²⁰Eliseo dejó los bueyes allí, corrió tras Elías, y le dijo:

—Primero deja que me despida de mi padre y de mi madre con un beso, y luego me iré contigo.

Elías le respondió:

—Puedes hacerlo. Sólo ten presente lo que te he hecho hoy.

²¹Eliseo entonces regresó. Luego tomó los bueyes, los mató y usó la leña del arado para hacer una fogata, para asar la carne. Invitó a su gente a comer del asado, y ellos aceptaron su invitación. Luego se fue con Elías, como su ayudante.

### Ben Adad ataca a Samaria

20 Ben Adad, de Siria, movilizó su ejército para ir a sitiar a Samaria, la capital de Israel. Para esto contó con el apoyo de treinta y dos reyes amigos, con sus carros de combate y sus caballos. ²,³Envió este mensaje a Acab, rey de Israel: «Tu plata y tu oro son míos, y mías son las mujeres y tus hermosos hijos».

⁴Por su parte, Acab le envió esta respuesta: «Bien, señor mío, tal como tú lo dices, yo soy tuyo, y todo lo que tengo es tuyo».

⁵,⁶Después volvieron los mensajeros de Ben Adad y le trajeron otro mensaje: «No solamente debes darme el oro, la plata, las mujeres y los niños, sino que mañana a esta hora enviaré a mis hombres para que busquen en tu casa y en las casas de tu pueblo, y saquen cuanto a ellos les guste».

⁷Entonces Acab convocó a sus consejeros:

—Miren lo que este hombre está haciendo —se quejó—. Sigue buscando problemas, a pesar de que le dije que podía llevarse las mujeres, los niños, el oro y la plata, tal como lo había pedido.

⁸—No le entregues nada más —le aconsejaron los ancianos.

⁹Entonces él les dijo a los mensajeros de Ben Adad:

—Díganle a mi señor, el rey: "Yo te daré todo lo que pediste la primera vez, pero lo otro no".

Entonces los mensajeros regresaron para darle el mensaje a Ben Adad. ¹⁰El rey de los sirios envió este otro mensaje a Acab: «Que los dioses me hagan más de lo que te puedo hacer a ti, si dejo que en Samaria quede el polvo suficiente para que cada uno de los que me siguen se lleve un puñado!»

¹¹El rey Acab le respondió: «¡No te jactes de la victoria sin siquiera haber peleado todavía!».

¹²La respuesta de Acab la recibieron Ben Adad y los otros reyes mientras estaban bebiendo en su campamento. Inmediatamente Ben Adad ordenó a su tropa: «¡Prepárense para el ataque!» De modo que se prepararon para ir a atacar la ciudad.

### Acab derrota a Ben Adad

¹³Entonces vino un profeta a ver al rey Acab, y le dio este mensaje de parte del Señor:

—¿Ves a todos estos enemigos? Hoy los entregaré en tus manos, así no te quedará ninguna duda de que yo soy el Señor.

¹⁴Acab respondió:

—Y, ¿cómo lo hará?

Y el profeta respondió:

—El Señor dice que lo hará por medio de los siervos de los príncipes de las provincias.

—¿Atacaremos nosotros primero? —preguntó Acab.

—Sí —respondió el profeta.

¹⁵Entonces Acab pasó revista a los siervos de los príncipes de las provincias, que eran doscientos treinta y dos. Luego pasó revista a todo el pueblo, el cual estaba integrado por siete mil hombres. ¹⁶Hacia el mediodía, cuando Ben Adad y los treinta y dos reyes aliados

¹⁵Pero Elías le dijo:

—Te juro por el Señor, el Dios Todopoderoso, en cuya presencia estoy, que hoy me presentaré ante Acab.

## Elías en el monte Carmelo

¹⁶Entonces Abdías fue y le dijo a Acab que Elías había llegado; y Acab fue a encontrarse con él.

¹⁷—¡Así que tú eres el hombre que ha traído todo este desastre sobre Israel! —exclamó Acab, en cuanto lo vio.

¹⁸—Tú eres el que ha traído este desastre —respondió Elías—. Porque tú y tu familia se han negado a obedecer al Señor, y han adorado a Baal. ¹⁹Ahora, convoca a todo el pueblo de Israel. Diles que vayan al monte Carmelo, junto con los cuatrocientos cincuenta profetas de Baal y los cuatrocientos profetas de la diosa Aserá, que tienen el apoyo de Jezabel.

²⁰Entonces Acab convocó a todo el pueblo y a los profetas en el monte Carmelo. ²¹Una vez allí, Elías les dijo:

—¿Hasta cuándo estarán ustedes vacilando entre dos opiniones? —le preguntó al pueblo—. ¡Si el Señor es Dios, síganlo; pero si Baal es Dios, sigan a Baal!

²²Y añadió:

—Yo soy el único profeta que queda de los profetas del Señor, pero Baal tiene cuatrocientos cincuenta profetas. ²³Traigan ahora dos becerros. Los profetas de Baal pueden elegir uno de ellos, cortarlo en pedazos y ponerlo sobre la leña en el altar, pero sin encender fuego bajo la leña; yo prepararé el otro becerro y lo pondré sobre la leña, en el altar del Señor, y tampoco encenderé fuego debajo. ²⁴Entonces ustedes oren a su dios, y yo oraré al Señor. El que responda enviando fuego para encender la leña, ese es el verdadero Dios.

Todo el pueblo estuvo de acuerdo en someterse a esta prueba.

²⁵Elías se volvió a los profetas de Baal, y les dijo:

—Empiecen ustedes, pues son la mayoría. Escojan uno de los becerros, prepárenlo, y luego invoquen a su dios; pero no enciendan fuego debajo de la leña.

²⁶Ellos prepararon uno de los becerros y lo pusieron sobre el altar. Y estuvieron invocando a Baal toda la mañana.

—Baal, óyenos —gritaban, mientras saltaban alrededor del altar que habían construido.

Pero no recibieron respuesta de ningún tipo. ²⁷Alrededor del mediodía, Elías comenzó a burlarse de ellos.

—Ustedes tienen que gritar más fuerte —les decía—. De seguro que es dios, pero tienen que llamar su atención. Quizás está conversando con alguien, o quizás está sentado meditando, o quizás está de viaje, o se ha dormido y hay que despertarlo.

²⁸Entonces ellos gritaron con más fuerza y, según era su costumbre, comenzaron a cortarse con cuchillos y espadas hasta chorrear sangre. ²⁹Gritaron toda la tarde hasta la hora del sacrificio, pero no hubo respuesta; no sucedió nada, nadie les prestó atención.

³⁰Entonces Elías llamó al pueblo:

—Acérquense —les dijo.

Y todos se acercaron mientras él reparaba el altar del Señor, que estaba destruido. ³¹Tomó doce piedras, una en representación de cada tribu de Israel, ³²y usó las piedras para reedificar el altar del Señor. Luego cavó una zanja donde cabían unos doce litros de agua. ³³Puso la leña sobre el altar, cortó en pedazos el becerro y puso los trozos sobre la leña.

—Llenen cuatro cántaros de agua —dijo— y derramen el agua sobre el becerro y la leña.

Después que lo hicieron les dijo:

³⁴—Háganlo nuevamente—. Y ellos lo hicieron.

—Háganlo una vez más —volvió a decirles.

Ellos lo hicieron, ³⁵y el agua corrió alrededor del altar y llenó la zanja que Elías había hecho. ³⁶Cuando llegó la hora del acostumbrado sacrificio de la tarde, Elías se dirigió hasta el altar y oró: «Señor, Dios de Abraham, Isaac e Israel, demuestra que tú eres el Dios de Israel, y que yo soy tu siervo; demuestra que yo he hecho todo esto por orden tuya. ³⁷Señor, respóndeme. Respóndeme para que esta gente sepa que tú eres Dios, y que quieres que ellos se vuelvan a ti».

³⁸Entonces, repentinamente, descendió fuego del cielo y quemó el becerro, la leña, las piedras, el polvo, e hizo que se evaporara el agua que había en la zanja.

³⁹Y cuando los que estaban allí vieron esto, se inclinaron con sus rostros en tierra, gritando:

—¡El Señor es Dios! ¡El Señor es Dios!

⁴⁰Entonces Elías les ordenó:

—¡Agarren a todos los profetas de Baal! ¡Que ninguno escape!

Ellos los atraparon a todos, y Elías los condujo al arroyo de Quisón, y allí los degolló.

⁴¹Después Elías le dijo a Acab:

—Ve y disfruta de una buena comida. Oigo que se acerca una tormenta.

⁴²Enseguida Acab se fue a comer y a beber. Pero Elías se subió a la cumbre del monte Carmelo y se arrodilló con su rostro entre las rodillas, ⁴³y le dijo a su siervo:

—Ve y mira hacia el mar.

Él fue y miró, y regresó y le dijo a Elías:

—No se ve nada.

Entonces Elías le dijo:

—Ve siete veces.

⁴⁴Finalmente, a la séptima vez, el siervo le dijo:

—Veo una pequeña nube, como del tamaño de una mano de hombre, que se levanta del mar.

Entonces Elías gritó:

—Corre a decirle a Acab que se suba a su carro y baje de la montaña o será detenido por la lluvia.

⁴⁵Poco después, el cielo se oscureció con nubes, y comenzó a soplar un viento que trajo una terrible tormenta. Acab salió apresuradamente hacia Jezrel. ⁴⁶Elías, por su parte, se amarró el manto con el cinturón, y echó a correr hacia Jezrel, y llegó primero que Acab, pues el Señor, con su poder, fortaleció a Elías para que pudiera correr.

## Elías huye a Horeb

**19** Cuando Acab le contó a Jezabel lo que había hecho Elías, y cómo había dado muerte a los profetas de Baal, ²ella le envió este mensaje a Elías: «¡Te juro por mis dioses, que mañana, a esta misma hora, tú serás hombre muerto! ¡Así como mataste a mis profetas, yo te mataré a ti!»

³Elías entonces huyó para salvar su vida. Se fue a Berseba, ciudad de Judá, y dejó a su siervo allí. ⁴Luego se internó en el desierto. Después de caminar todo un día, se sentó bajo un arbusto, y sintió deseos de morir.

**1 REYES 16.33**

fue aún más perverso que su padre Omrí, y peor que cualquier otro rey de Israel. ³¹Y como si esto no fuera suficiente, se casó con Jezabel, la hija del rey Et Baal de los sidonios, y comenzó a adorar a Baal. ³²Primero edificó en Samaria un templo y un altar para Baal. ³³Luego hizo otros ídolos, como el de la diosa Aserá, y con esto provocó la ira del Señor, Dios de Israel, más que cualquiera de los demás reyes que Israel había tenido antes de él.

³⁴Fue durante su reinado que Jiel, un hombre de Betel reedificó la ciudad de Jericó. Cuando puso los cimientos, murió su hijo mayor Abirán; y cuando la completó y colocó las puertas, murió su hijo menor Segub. Así se cumplió la maldición que el Señor había lanzado sobre Jericó, por medio de Josué hijo de Nun.

### Elías es alimentado por los cuervos

**17** Elías, el profeta de Tisbé de Galaad, le dijo al rey Acab: «Tan cierto como que el Señor, Dios de Israel, vive, el Dios al cual adoro y sirvo, te digo que no habrá rocío ni lluvia durante varios años en Israel, hasta que yo lo diga».

²El Señor le dijo a Elías: ³«Ve hacia el oriente y escóndete en el arroyo de Querit, al oriente de donde desemboca en el río Jordán. ⁴Beberás agua del arroyo y comerás lo que los cuervos te lleven, porque yo les he ordenado que te den de comer».

⁵Elías hizo lo que el Señor le había dicho, y fue y acampó junto al arroyo. ⁶Los cuervos le traían pan y comida cada mañana y cada tarde, y bebía del arroyo.

### La viuda de Sarepta

⁷Pero después de un tiempo, el arroyo se secó, porque no llovía en ningún lugar de la tierra. ⁸,⁹Entonces el Señor le dijo: «Vete a vivir al pueblo de Sarepta, junto a la ciudad de Sidón. Allí hay una viuda, a la que le he ordenado que te dé comida».

¹⁰Entonces él se fue a Sarepta. Cuando llegó junto a las puertas de la ciudad, vio a una viuda que recogía leña, y le pidió un vaso de agua.

¹¹Cuando ella iba a buscarlo, él la llamó, y le dijo:

—Además, tráeme un pedazo de pan.

¹²Pero ella le respondió:

—La verdad es que no tengo ni un solo pedazo de pan. Lo único que me queda es un puñado de harina y un poco de aceite. Estaba juntando algunas ramas para hacer fuego, para preparar mi última comida, para que luego mi hijo y yo nos muramos de hambre. Esto es tan cierto como que el Señor tu Dios vive.

¹³Pero Elías le dijo:

—No temas. Anda y haz lo que habías pensado hacer; pero antes prepárame un pan con lo que tienes. Luego prepara algo para ti y para tu hijo. ¹⁴Porque el Señor, Dios de Israel, dice que siempre habrá suficiente harina y aceite en tus depósitos hasta el día en que él envíe la lluvia, y vuelva a haber cosecha.

¹⁵Ella hizo lo que Elías dijo; y los tres siguieron comiendo de la provisión de harina y aceite todo el tiempo que fue necesario. ¹⁶No importaba qué cantidad usara, siempre quedaba suficiente en los depósitos, tal como el Señor lo había prometido por medio de Elías.

¹⁷Pero un día se enfermó el hijo de la mujer, y murió.

¹⁸—¡Varón de Dios! —lloró ella—, ¿qué me has hecho? ¿Has venido aquí a castigarme por mis pecados, y a matar a mi hijo?

¹⁹—Dámelo —respondió Elías.

Elías tomó el cuerpo del niño y lo llevó al aposento alto, a la pieza de huéspedes donde vivía, y puso al niño en la cama. ²⁰Luego clamó al Señor: «Señor mi Dios, ¿por qué le has mandado la muerte al hijo de esta viuda que me está hospedando?» ²¹Enseguida, se extendió sobre el niño tres veces, y clamó al Señor: «¡Señor mi Dios, permite que este niño vuelva a la vida!»

²²El Señor oyó la oración de Elías, y el niño volvió a vivir. ²³Entonces Elías lo llevó abajo y se lo entregó a su madre:

—¡Mira, tu hijo vive! —le dijo.

²⁴—Ahora sé ciertamente que tú eres un profeta —le dijo ella— y que todo lo que tú dices viene de parte del Señor.

### Elías y Abdías

**18** Tres años más tarde, el Señor le dijo a Elías: «Ve y dile al rey Acab que pronto enviaré lluvia nuevamente». ²Entonces Elías fue a decírselo. Debido a la sequía era mucha el hambre que había en Samaria.

³,⁴El hombre que estaba a cargo de la casa de Acab era Abdías, un devoto servidor del Señor. Una vez, cuando la reina Jezabel trató de matar a todos los profetas del Señor, Abdías escondió a un centenar de ellos en dos cuevas, cincuenta en cada una, y los alimentó con pan y agua.

⁵Aquel mismo día, mientras Elías iba al encuentro del rey Acab, éste le había dicho a Abdías: «Debemos recorrer la tierra en busca de arroyos y ríos. Es probable que encontremos pasto para alimentar los caballos y las mulas, porque si no, se van a morir de hambre».

⁶Así que cada uno tomó una dirección opuesta, para ir a recorrer la tierra. ⁷Repentinamente, Abdías vio que Elías se le acercaba. Abdías lo reconoció inmediatamente y cayó en tierra delante de él.

—¿Es usted, mi señor Elías? —le preguntó.

⁸—Sí, soy yo —respondió Elías—. Ahora ve y dile al rey que yo estoy aquí.

⁹—Señor —protestó Abdías—, ¿qué mal he cometido yo, para que usted me envíe a darle ese mensaje a Acab? ¡Eso es entregarme en sus manos para que me mate! ¹⁰Porque, ciertamente, el rey lo ha buscado a usted en todas las naciones y reinos de la región. Cada vez que se le ha dicho: "Elías no está aquí", el rey Acab ha obligado al rey de esa nación a jurarle que le está diciendo la verdad. ¹¹Y ahora, usted me dice: "Ve y dile que Elías está aquí". ¹²Pero en cuanto yo me haya ido, el Espíritu del Señor se lo llevará a usted a quién sabe qué lugar, y cuando Acab venga y no lo encuentre, me matará. Usted bien sabe que yo he sido un verdadero siervo del Señor toda mi vida. ¹³¿No le han contado que cuando Jezabel estaba tratando de matar a los profetas del Señor, yo escondí a un centenar de ellos en dos cuevas, y les di pan y agua? ¹⁴Y ahora usted me dice: "Ve y dile al rey que Elías está aquí". Señor, si hago eso soy hombre muerto.

☆17.9

todo hombre capacitado ayudara a demoler Ramá y a acarrear sus piedras y la madera. El rey Asá usó estos materiales para edificar la ciudad de Gueba de Benjamín y la ciudad de Mizpa.

²³El resto de la biografía de Asá, sus conquistas y hechos y los nombres de las ciudades que edificó se encuentra en el libro de los reyes de Judá. En su ancianidad se enfermó de los pies, ²⁴y cuando murió fue sepultado en el cementerio real de la Ciudad de David. El nuevo rey de Judá fue su hijo Josafat.

### Nadab, rey de Israel

²⁵Mientras tanto, en Israel, Nadab, el hijo de Jeroboán, era el nuevo rey. Reinó dos años, comenzando en el segundo año del reinado de Asá, de Judá. ²⁶Pero no fue un buen rey. Al igual que su padre, adoró muchos ídolos y condujo a Israel al pecado.

²⁷Entonces Basá (el hijo de Ahías, de la tribu de Isacar) levantó una sedición en su contra y lo asesinó, mientras estaba con Israel sitiando la ciudad filistea de Guibetón. ²⁸Esto ocurrió cuando Asá, rey de Judá, llevaba tres años reinando sobre Judá. Fue así como Basá, después de matar a Nadab, lo sucedió en el trono. ²⁹Inmediatamente mató a todos los descendientes del rey Jeroboán, de manera de que nadie quedó de la familia real, tal como el SEÑOR lo había anunciado por medio del profeta Ahías, de Siló. ³⁰Esto ocurrió porque Jeroboán había hecho enojar al SEÑOR, Dios de Israel, pecando y conduciendo al resto de Israel al pecado. ³¹Los demás detalles del reinado de Basá están escritos en el libro de los reyes de Israel. ³²Hubo guerra permanente entre el rey Asá, de Judá, y el rey Basá, de Israel.

### Basá, rey de Israel

³³Cuando Asá, rey de Judá, llevaba ya tres años reinando, Basá hijo de Ahías comenzó a reinar sobre todo Israel. Su reinado duró veinticuatro años, y la capital de su reino fue Tirsá. ³⁴Continuamente desobedeció al SEÑOR, ya que siguió el mal ejemplo de Jeroboán, e hizo que el pueblo de Israel siguiera el pecado de adorar ídolos.

**16** En aquel tiempo, el profeta Jehú hijo de Jananí le entregó al rey Basá este mensaje de condenación enviado por el SEÑOR: ²«Yo te levanté desde el polvo para hacerte rey de mi pueblo Israel, pero tú has andado en los malos caminos de Jeroboán. Has hecho pecar a mi pueblo, y estoy airado. ³Ahora te destruiré a ti junto con tu familia, de la manera que hice con los descendientes de Jeroboán. ⁴⁻⁷Los de tu familia que mueran en la ciudad serán comidos por los perros, y los que mueran en el campo serán comidos por los buitres».

Este mensaje fue enviado a Basá y a su familia debido a que ellos, con sus malas acciones, hicieron que la ira del SEÑOR se encendiera. Basá fue tan malo como Jeroboán, a pesar de que el SEÑOR había destruido a los descendientes de éste por sus pecados.

El resto de la biografía de Basá, sus hechos y sus conquistas, están escritos en el libro de los reyes de Israel.

Cuando Basá murió, lo sepultaron en Tirsá, y su hijo Elá reinó en su lugar.

### Elá, rey de Israel

⁸Cuando Asá llevaba veintiséis años reinando en Judá, Elá hijo de Basá comenzó a reinar en Israel, pero reinó solamente dos años. La capital de su reino fue Tirsá. ⁹Luego el general Zimri, que había estado a cargo de los carros reales, se levantó en su contra. Un día el rey Elá estaba bebiendo y se había embriagado en casa de Arsá, administrador de su palacio. ¹⁰Zimri simplemente entró y lo mató. Esto ocurrió durante el año veintisiete del reinado del rey Asá, de Judá. Entonces Zimri se proclamó nuevo rey de Israel. ¹¹Inmediatamente Zimri mató a toda la familia real, sin dejar un solo niño varón. Acabó con los parientes lejanos y con sus amigos. ¹²La destrucción de los descendientes de Basá estaba de acuerdo con lo que el SEÑOR había anunciado por medio del profeta Jehú. ✡¹³La tragedia ocurrió debido a los pecados de Basá y de su hijo Elá, quienes condujeron a Israel a la idolatría, lo que provocó la ira del SEÑOR.

¹⁴El resto de la historia del reinado de Elá está escrito en el libro de los reyes de Israel.

### Zimri, rey de Israel

¹⁵⁻¹⁶Asá llevaba veintisiete años reinando en Judá, cuando Zimri ocupó el trono de Israel. Pero solamente reinó siete días en Tirsá, pues cuando las tropas de Israel, que estaban atacando la ciudad filistea de Guibetón, se enteraron de que Zimri había asesinado al rey, nombraron a Omrí, jefe del ejército, como el nuevo rey. ¹⁷Entonces Omrí y todo Israel se retiraron de Guibetón y regresaron a sitiar Tirsá, capital de Israel. ¹⁸Cuando Zimri vio que la ciudad había sido tomada, entró al palacio y lo incendió, y murió en medio de las llamas. ¹⁹Porque él también había pecado a la manera de Jeroboán; había adorado ídolos y había hecho que el pueblo de Israel pecara juntamente con él.

²⁰El resto de la historia de Zimri y su traición está escrito en el libro de los reyes de Israel.

### Omrí, rey de Israel

²¹El reino de Israel se dividió en dos: la mitad del pueblo siguió a Omrí, y la otra mitad, a Tibni hijo de Guinat. ²²Pero Omrí venció, y Tibni fue muerto; entonces Omrí reinó sin oposición.

²³El rey Asá de Judá llevaba treinta y un años en el trono, cuando Omrí comenzó a reinar sobre Israel. Su reinado duró doce años, seis de ellos en Tirsá. ²⁴Omrí le compró a un tal Sémer el monte de Samaria por sesenta y siete kilos de plata, y edificó allí una ciudad, a la que llamó Samaria en honor de Sémer. ²⁵Pero Omrí fue peor que todos los reyes que hubo antes de él; ²⁶adoró ídolos a la manera de Jeroboán e hizo que Israel cometiera su mismo pecado. Y esto provocó grandemente la ira del SEÑOR, Dios de Israel. ²⁷El resto de la historia de Omrí está escrita en el libro de los reyes de Israel.

²⁸Cuando Omrí murió, fue sepultado en Samaria, y reinó en su lugar su hijo Acab.

### Acab, rey de Israel

²⁹El rey Asá llevaba treinta y ocho años de reinado en Judá, cuando Acab comenzó a reinar sobre Israel; y Acab reinó durante veintidós años, en Samaria. ³⁰Pero

✡16.13–16

SEÑOR, Dios de Israel: "Tú eras un miembro común del pueblo y te elegí para hacerte rey de Israel. ⁸Le quité el reino a la familia de David y te lo entregué, pero tú no has obedecido mis mandamientos, de la manera que David lo hizo. El deseo de su corazón siempre era obedecerme y hacer lo que yo quería que él hiciera. ⁹Pero tú solo has hecho más mal que todos los otros reyes que te han precedido; has fabricado ídolos de otros dioses. Lo que has conseguido con tus becerros de oro es que mi ira suba de punto. Y puesto que te has negado a reconocerme, ¹⁰yo traeré el desastre sobre tu casa y acabaré con todos los varones de tu familia, tanto esclavos como libres. Barreré a tu familia, de la misma forma en que de un establo se barre el estiércol, sin que quede rastro alguno. ¹¹Prometo que los de tu familia que mueran en la ciudad serán comidos por los perros, y los que mueran en los campos serán comidos por los buitres. Te lo digo yo, el SEÑOR"».

¹²Entonces Ahías le dijo a la esposa de Jeroboán: «Vete a casa. Cuando entres en la ciudad morirá tu hijo. ¹³Todo Israel lo llorará y lo sepultarán, pero es el único miembro de la familia de Jeroboán que será sepultado, ya que él es el único de la familia que tendrá un final tranquilo.

¹⁴»Y el SEÑOR levantará un rey en Israel que destruirá a la familia de Jeroboán. ¡Y será muy pronto! ¹⁵Entonces el SEÑOR sacudirá a Israel de la manera que una caña es sacudida por el agua en el arroyo; desarraigará al pueblo de Israel de esta buena tierra de sus padres, y esparcirá a sus habitantes más allá del río Éufrates, porque ellos, por adorar ídolos, han hecho enojar al SEÑOR. ¹⁶Él abandonará a Israel, porque Jeroboán pecó contra él, e hizo pecar a todo Israel juntamente con él».

¹⁷Entonces la esposa de Jeroboán regresó a Tirsá. Tan pronto ella entró a su casa, el niño murió. ¹⁸Y hubo llanto por él a través de toda la tierra, tal como el SEÑOR lo había anunciado por medio del profeta Ahías.

¹⁹El resto de las actividades de Jeroboán, sus guerras y los demás sucesos de su reinado, están anotados en el libro de los reyes de Israel. ²⁰Jeroboán reinó veintidós años, y cuando murió, su hijo Nadab subió al trono.

### Roboán, rey de Judá

²¹Mientras tanto, Roboán hijo de Salomón reinaba en Judá. Tenía cuarenta y un años cuando comenzó a reinar, y estuvo en el trono diecisiete años en Jerusalén, ciudad que entre todas las ciudades de Israel el SEÑOR había escogido para habitar en ella. (La madre de Roboán era Noamá, una mujer amonita.)

²²Durante su reinado, el pueblo de Judá, como el de Israel, hizo lo malo. Su maldad fue peor que la de sus antepasados, razón por la cual el SEÑOR se enojó con ellos. ²³El pueblo edificó santuarios, altares e ídolos en toda colina y bajo todo árbol frondoso. ²⁴A través de todo el país los hombres practicaban la prostitución como si fuera un acto de adoración, de modo que el pueblo de Judá llegó a ser tan depravado como aquellas naciones que el SEÑOR había expulsado del territorio que ahora le pertenecía a Israel.

²⁵En el quinto año del reinado de Roboán, el rey Sisac, de Egipto, atacó y conquistó Jerusalén. ²⁶Saqueó el templo del SEÑOR y los tesoros de la casa real, y se llevó todo, incluyendo los escudos de oro que Salomón había hecho. ²⁷Para reemplazarlos, Roboán hizo escudos de bronce, y los puso bajo la custodia de los guardias que cuidaban las puertas. ²⁸Cuando el rey iba al templo del SEÑOR, los guardias los portaban y luego los guardaban en la sala de la guardia.

²⁹Los demás sucesos del reinado de Roboán están escritos en el libro de los reyes de Judá. ³⁰Hubo guerra permanente entre Roboán y Jeroboán. ³¹Cuando Roboán, el hijo de la amonita Noamá, murió, fue sepultado entre sus antepasados, en la Ciudad de David, y en su lugar reinó su hijo Abías.

### Abías, rey de Judá

**15** Abías comenzó a reinar sobre Judá, ²y reinó tres años en Jerusalén. La madre de Abías fue Macá, hija de Abisalón. Cuando comenzó a reinar, ya Jeroboán llevaba dieciocho años reinando sobre Israel. ³Fue tan pecador como su padre, y su corazón no fue leal a Dios, como sí lo fue el de David. ⁴Pero a pesar del pecado de Abías, el SEÑOR recordó el amor de David y no permitió que se acabara la dinastía de David. Por eso, permitió que Abías tuviera un hijo que se sentara sobre el trono en Jerusalén. ⁵Porque David había obedecido al SEÑOR durante toda su vida, salvo en el asunto de Urías el hitita.

⁶Durante el reinado de Abías hubo guerra permanente entre Israel y Judá. ⁷El resto de la historia de Abías está escrita en el libro de los reyes de Judá. ⁸Cuando murió, fue sepultado en la Ciudad de David, y en su lugar reinó su hijo Asá.

### Asá, rey de Judá

⁹Asá subió al trono de Judá en Jerusalén, cuando Jeroboán llevaba veinte años reinando sobre Israel, ¹⁰y reinó cuarenta y un años (su abuela fue Macá, la hija de Abisalón).

¹¹Asá agradó al SEÑOR, tal como lo había hecho el rey David. ¹²Echó de la tierra a todos los que practicaban la prostitución como si fuera un acto de adoración, y destruyó todos los ídolos que su padre había hecho. ¹³Destituyó a su abuela Macá, como reina madre, debido a que ella había hecho un ídolo. Asá destruyó y quemó este ídolo en el arroyo de Cedrón. ¹⁴Sin embargo, no quitó los santuarios de las colinas. Pero, aun así, se mantuvo fiel al SEÑOR. ¹⁵También llevó al templo del SEÑOR el oro, la plata y demás objetos que él y su padre le habían ofrecido a Dios.

¹⁶Hubo guerra constante entre el rey Asá, de Judá, y el rey Basá, de Israel. ¹⁷El rey Basá construyó la ciudad fortificada de Ramá, en un intento de acabar con todo trato con Jerusalén. ¹⁸Entonces Asá tomó todo el oro y la plata que había en la tesorería del templo del SEÑOR y en los tesoros de la casa del rey, y se lo dio a sus siervos para que lo llevaran a Damasco, al rey Ben Adad. Este era hijo de Tabrimón y nieto de Hezión. Junto con este presente, Asá le envió el siguiente mensaje a Ben Adad: ¹⁹«Hagamos alianza de la manera que nuestros padres la hicieron. Te envío un presente de oro y plata. Rompe ahora tu alianza con el rey Basá, de Israel, para que se marche y me deje tranquilo».

²⁰Ben Adad estuvo de acuerdo, y envió sus jefes contra algunas de las ciudades de Israel, y conquistó a Iyón, Dan, Abel Betmacá, todo Quinéret, y la región de Neftalí. ²¹Cuando Basá supo del ataque, dejó de edificar la ciudad de Ramá y se volvió a Tirsá. ²²Entonces el rey Asá convocó a todos los de Judá, y pidió que

## El hombre de Dios que llegó de Judá

**13** Cuando Jeroboán se acercaba al altar para quemar el incienso al becerro de oro, vino un profeta de Judá, de parte del Señor, y se le acercó. ²Luego a una orden del Señor, el profeta gritó: «¡Altar, altar! El Señor dice que un niño llamado Josías nacerá de la línea de David, y él sacrificará sobre ti a los sacerdotes de los santuarios de las colinas que han venido aquí a quemar incienso; y los huesos de los hombres serán quemados sobre ti».

³Entonces, como prueba de que su mensaje era verdadero, les dio una señal ese mismo día. Les dijo: «Este altar se partirá, y las cenizas que hay sobre él serán esparcidas».

⁴El rey se puso furioso con el profeta por haber dicho esto. Entonces, señalando con su brazo al profeta, gritó a sus guardias: «¡Arresten a este hombre!» Pero instantáneamente el brazo del rey quedó paralizado, de modo que no podía bajarlo. ⁵En aquel mismo momento apareció una gran grieta en el altar y las cenizas se esparcieron, tal como el profeta había dicho que ocurriría, porque ésta era la prueba de que Dios estaba hablando a través de él.

⁶—¡Por favor, por favor! —gritaba el rey al profeta—, ruega al Señor tu Dios que restablezca mi brazo nuevamente.

Entonces el profeta oró al Señor, y el brazo del rey volvió a la normalidad. ⁷Entonces el rey le dijo al profeta:

—Ven a mi casa conmigo, reposa un poco y come algo, pues quiero darte un regalo.

⁸Pero el profeta le respondió:

—Aun cuando me dieras la mitad de tu palacio, no podría ir contigo; ni tampoco comeré, ni beberé agua en este lugar. ⁹Porque el Señor me ha dado estrictas órdenes de no comer ni beber agua mientras esté aquí, y de no regresar a Judá por el camino que vine.

¹⁰Entonces regresó por otro camino.

¹¹En Betel vivía un anciano profeta. Y sus hijos fueron a casa y le contaron lo que el profeta de Judá había hecho, y lo que había dicho al rey.

¹²—¿Por cuál camino se fue? —preguntó el anciano profeta.

Y ellos se lo mostraron.

¹³—Rápido, ensíllenme el burro —dijo el hombre.

Y cuando ellos lo ensillaron, ¹⁴él cabalgó para ir a alcanzar al profeta, y lo encontró sentado debajo de una encina.

—¿Eres tú el profeta que vino de Judá? —le preguntó.

—Sí —le contestó—, yo soy.

¹⁵Entonces el anciano le dijo al profeta:

—Ven a mi casa y come conmigo.

¹⁶,¹⁷—No —respondió—, no puedo; porque no puedo comer ni beber nada en Betel. El Señor estrictamente me prohibió que lo hiciera; y también me dijo que no regresara a casa por el mismo camino que vine.

¹⁸Pero el anciano le dijo:

—Yo también soy profeta como tú; y un ángel, *por orden del Señor*, me dijo que debía llevarte a casa conmigo y darte alimento y agua.

Pero el anciano mentía. ¹⁹Entonces regresaron juntos, y el profeta comió y bebió en casa del anciano.

²⁰Repentinamente, mientras estaban sentados a la mesa, le llegó un mensaje del Señor al anciano, ²¹,²²y le gritó al profeta de Judá:

—El Señor dice que por cuanto has sido desobediente a su claro mandato, y has venido aquí, y has comido y bebido agua en el lugar que él te dijo que no lo hicieras, tu cuerpo no será sepultado junto al de tus padres.

²³Y luego de acabar la comida, el anciano ensilló el burro del profeta. ²⁴,²⁵Y el profeta emprendió la marcha, pero mientras viajaba solo, salió un león y lo mató. Su cuerpo quedó en el camino, y el burro y el león se quedaron parados junto a él. Los que pasaron y vieron el cuerpo tirado en el camino, y el león tranquilamente parado a su lado, fueron y lo contaron en Betel, donde vivía el profeta anciano.

²⁶Cuando el anciano profeta se enteró de lo que le había ocurrido, exclamó: «¡Es el profeta que desobedeció la orden del Señor! Por eso, el Señor cumplió su amenaza e hizo que el león lo matara».

²⁷Entonces dijo a sus hijos:

—Ensillen mi burro.

Y ellos lo hicieron.

²⁸El anciano profeta salió, y encontró el cuerpo del profeta tirado en el camino, y el burro y el león estaban aún parados junto a él, porque el león no se había comido el cuerpo ni atacado al burro. ²⁹Entonces el profeta puso el cuerpo en el burro, lo llevó de regreso a la ciudad para hacer duelo por él y para sepultarlo. ³⁰Puso el cuerpo en su propia tumba y exclamó: «¡Ay, hermano mío!»

³¹Después dijo a sus hijos: «Cuando yo muera, sepúltenme en la tumba donde está sepultado el profeta. Pongan mis huesos junto a sus huesos. ³²Porque, sin duda alguna, el mensaje que él dio, en nombre del Señor, contra el altar de Betel y contra los santuarios de la ciudad de Samaria se cumplirá».

³³Pero a pesar de la advertencia del profeta, Jeroboán no se apartó de sus malos caminos. En vez de eso, nombró más sacerdotes de entre la gente del pueblo, para que ofrecieran sacrificios a los ídolos en los santuarios de las colinas. Todo el que quisiera ser sacerdote podía pedirle a Jeroboán que lo nombrara como tal, y él lo hacía. ³⁴Este era un gran pecado, y dio como resultado la destrucción del reinado de Jeroboán, y la muerte de toda su familia.

## Profecía de Ahías contra Jeroboán

**14** Abías, el hijo de Jeroboán, estaba muy enfermo. ²Jeroboán le dijo a su esposa: «Disfrázate de manera que nadie pueda reconocer que eres la reina, y anda a consultar a Ahías, el profeta de Siló, el hombre que me dijo que yo sería rey. ³Llévale un regalo de diez panes, algunas tortas de higo, un cántaro de miel, y pregúntale si el niño vivirá».

⁴Así que la esposa de Jeroboán fue a casa de Ahías, en Siló. Como el profeta era muy anciano, ya no podía ver. ⁵Pero el Señor le dijo que la reina, pretendiendo pasar por otra persona, vendría a preguntarle acerca de su hijo, que estaba muy enfermo. Y el Señor le comunicó el mensaje que debía darle.

⁶Cuando Ahías oyó que alguien llamaba a la puerta, gritó: «Pasa, esposa de Jeroboán. ¿Por qué pretendes pasar por otra persona? Tengo tristes noticias para ti. ⁷Dale a tu esposo este mensaje de parte del

**1 REYES 11.39**

pondré en el trono de Israel, y te daré poder absoluto. ³⁸Si escuchas lo que te digo, andas en mis caminos y haces lo que yo considero recto, obedeciendo mis mandamientos, tal como mi siervo David lo hizo, te bendeciré, y tus descendientes gobernarán en Israel para siempre (una vez hice la misma promesa a David. ³⁹Pero por causa del pecado de Salomón castigaré a los descendientes de David, aunque no para siempre)"».

⁴⁰Salomón trató de matar a Jeroboán, pero éste huyó a Egipto, y le pidió refugio al rey Sisac, y permaneció allí hasta la muerte de Salomón.

### Muerte de Salomón

⁴¹Todo lo relacionado con el reinado de Salomón y su sabiduría está escrito en el libro de los hechos de Salomón.

⁴²Salomón reinó en Jerusalén cuarenta años, ⁴³y cuando murió fue sepultado en la ciudad de su padre, y su hijo Roboán reinó en su lugar.

### División del reino

**12** La proclamación de Roboán como rey se celebró en Siquén. Todos los israelitas asistieron a la ceremonia de coronación. ²⁻⁴Jeroboán, que todavía estaba en Egipto, a donde había huido del rey Salomón, se enteró de la muerte de éste y de la coronación de Roboán, por medio de sus amigos. Entonces las tribus del norte de Israel le pidieron que fuera con ellos a Siquén. Así que Jeroboán y los israelitas fueron a ver a Roboán, y le dijeron:

—Tu padre fue un amo muy duro. No te queremos por rey, a menos que prometas tratarnos mejor de lo que él lo hizo.

⁵Roboán les contestó:

—Denme tres días para pensarlo. Al cabo de ese tiempo regresen, y les daré mi respuesta.

Y el pueblo se fue. ⁶Roboán habló del asunto con los ancianos que habían aconsejado a Salomón, su padre.

—¿Qué me aconsejan ustedes que le responda a esta gente? —les preguntó.

⁷Y ellos le respondieron:

—Si les das una respuesta agradable y prometes ser bondadoso con ellos y servirles bien, podrás ser rey para siempre.

⁸Pero Roboán rechazó el consejo de los ancianos y llamó a los jóvenes con los que se había criado.

⁹—¿Qué piensan ustedes que debo hacer? ¿Qué le debo decir a esta gente que vino a pedirme que los tratara mejor de lo que los trató mi padre? —les preguntó.

¹⁰Y los jóvenes le respondieron:

—Diles: "Si ustedes piensan que mi padre fue duro con ustedes, yo seré aún más duro. ¹¹Si mi padre, fue recio, yo seré aún más recio. Si mi padre los azotó con látigos, yo usaré escorpiones".

¹²Jeroboán y el pueblo regresaron a los tres días, que fue la fecha que el rey les dio. ¹³,¹⁴Entonces Roboán les respondió duramente, ignorando el consejo de los ancianos y siguiendo el de los jóvenes. Les dijo: «Si mi padre fue recio, yo seré aún más recio. Si mi padre los azotó con látigos, yo usaré escorpiones». ¹⁵De modo que Roboán no tuvo en cuenta las peticiones del pueblo. Esto estaba de acuerdo con la voluntad del Señor, y de esta forma se cumplió lo que él le había prometido a Jeroboán por medio de Ahías, el profeta de Siló.

¹⁶,¹⁷Cuando los israelitas comprendieron que el rey hablaba en serio y que se negaba a escucharlos, comenzaron a gritar:

«¡No queremos que ningún descendiente de David nos gobierne!

¡No tenemos nada que nos una a David, el hijo de Isaí!

¡Que el hijo de David reine sobre su propia familia! ¡Israelitas, regresemos a nuestras casas!»

Así que los israelitas se fueron a sus casas. Pero Roboán continuó siendo rey de los israelitas que vivían en las ciudades de Judá. ¹⁸Tiempo después, cuando el rey Roboán envió a Adonirán, que era el supervisor del trabajo obligatorio, a que alistara hombres de otras tribus, una gran multitud lo apedreó hasta darle muerte. El rey Roboán se trepó a su carro y logró huir a Jerusalén. ¹⁹Desde entonces Israel ha estado en rebeldía contra la dinastía de David.

²⁰Cuando el pueblo de Israel se enteró de que Jeroboán había regresado de Egipto, le pidió que convocara a una reunión a todo el pueblo, y allí lo hicieron rey de Israel. Solamente la tribu de Judá continuó bajo el reinado de la familia de David.

²¹Cuando el rey Roboán llegó a Jerusalén, convocó a todos los hombres de Judá y de Benjamín que estaban preparados para la guerra, ciento ochenta mil soldados, a fin de obligar al resto de Israel a que lo reconociera como rey. ²²Pero Dios le envió este mensaje por medio de Semaías, el profeta: ²³,²⁴«Diles a Roboán, el hijo de Salomón, rey de Judá, y a todo el pueblo de Judá y de Benjamín que no deben pelear contra sus hermanos, el pueblo de Israel. Diles que se separen y vuelvan a sus casas, porque lo que le ha ocurrido a Roboán es conforme a mi voluntad». Entonces se disolvieron, y todos volvieron a sus casas, tal como el Señor lo había ordenado.

### Los becerros de oro en Betel y Dan

²⁵Jeroboán entonces edificó la ciudad de Siquén, en la región montañosa de Efraín, y la convirtió en su capital. Más tarde construyó Peniel. ²⁶Jeroboán pensaba: «Si no pongo cuidado, el pueblo querrá tener a un descendiente de David como rey. ²⁷Cuando vayan a Jerusalén a ofrecer sacrificios en el templo del Señor, harán amistad con el rey Roboán; luego me matarán y le pedirán que sea rey en mi lugar».

²⁸Entonces, siguiendo el consejo de sus cortesanos, el rey hizo dos becerros de oro y le dijo al pueblo: «Es demasiado molesto tener que ir a Jerusalén para adorar; de ahora en adelante éstos serán sus dioses. Fueron ellos los que los sacaron a ustedes de la cautividad de Egipto».

²⁹Uno de los becerros fue colocado en Betel, y el otro en Dan. ³⁰Y esto fue un gran pecado, porque el pueblo los adoró. ³¹También construyó santuarios en las colinas, y puso como sacerdotes a gente que no era de la tribu de Leví. ³²,³³Jeroboán también anunció que la festividad anual del día quince del mes octavo se celebraría en Betel, tal como se celebraba en Jerusalén. Él mismo ofreció sacrificios sobre el altar a los becerros en Betel y les quemó incienso. Y fue allí en Betel donde él nombró a los sacerdotes para los santuarios de las colinas.

²³Así que Salomón era el rey más rico y más sabio de todos los reyes de la tierra. ²⁴Grandes hombres de muchas tierras venían a entrevistarse con él, y a escuchar la sabiduría que Dios le había dado. ²⁵Le traían a Salomón un tributo anual de plata y oro, telas hermosas, armas, perfumes, caballos y mulas.

²⁶Salomón edificó un gran establo para sus caballos, en el cual metió un gran número de carros de guerra y caballos. Llegó a tener mil cuatrocientos carros y doce mil caballos, que mantenía en sus caballerizas y en Jerusalén. ²⁷La plata era tan común como las piedras en Jerusalén en aquellos días, y el cedro no tenía más valor que el sicómoro común. ²⁸Los caballos de Salomón eran traídos de Egipto y de Cilicia, donde sus agentes los compraban al por mayor. ²⁹Un carro egipcio entregado en Jerusalén costaba seiscientas piezas de plata, y un caballo, ciento cincuenta. Luego muchos de éstos eran vendidos a los reyes de los hititas y de los sirios.

## Las mujeres de Salomón

**11** El rey Salomón, además de la princesa egipcia, tuvo muchas mujeres extranjeras: moabitas, amonitas, edomitas, sidonias e hititas. ²Así que provenían de pueblos de los cuales el Señor claramente había ordenado a su pueblo: «No se casen con mujeres de esos pueblos, porque ellas los guiarán a adorar a sus dioses falsos». No obstante, Salomón no obedeció. ³Tuvo setecientas esposas y trescientas concubinas; y ellas hicieron que su corazón se apartara del Señor, ⁴especialmente en su vejez. Fue así como sus mujeres lo llevaron a adorar a sus dioses, en vez de confiar completamente en el Señor, como David su padre había hecho. ⁵Salomón adoró a Astarté, la diosa de los sidonios, y a Moloc, el dios abominable de los amonitas. ⁶Salomón, pues, hizo claramente lo malo y se negó a seguir al Señor. Así que no siguió el ejemplo de su padre. ⁷Llegó a edificar un santuario en el monte que está frente a Jerusalén, para Quemós, el depravado dios de Moab, y otro para Moloc, el ídolo abominable de los amonitas. ⁸Estas cosas hizo Salomón para sus esposas extranjeras, para que ellas pudieran ofrecer incienso y sacrificios a sus dioses.

⁹,¹⁰El Señor, Dios de Israel, se enojó con Salomón, pues aunque se le había aparecido dos veces para advertirle que no debería adorar a otros dioses, Salomón no hizo caso. ¹¹Por eso, el Señor le dijo: «Puesto que no has guardado mi pacto y no has obedecido mis leyes, les quitaré el reino a ti y a tu familia, y se lo daré a uno de tus servidores. ¹²,¹³Sin embargo, por amor a tu padre David, no lo haré mientras estés vivo. Le quitaré el reino a tu hijo, y aun así, permitiré que sea rey de una tribu, por amor de David, y por amor de Jerusalén, mi ciudad escogida».

## Los adversarios de Salomón

¹⁴El Señor hizo que Hadad el edomita, que era miembro de la familia real de Edom, se fortaleciera y se convirtiera en enemigo de Salomón. ¹⁵Años antes, cuando David derrotó a los edomitas, Joab, que era el jefe del ejército de Israel, fue a Edom para sepultar a sus hombres muertos en batalla, aprovechó la ocasión para dar muerte a casi todos los varones del país. ¹⁶-¹⁸Seis meses se quedaron Joab y sus soldados en Edom, y acabaron con todos los varones edomitas. Tan solo Hadad, que en ese tiempo era un muchacho, logró escapar a Egipto, junto con algunos funcionarios que habían servido a su padre. Salieron de Madián y fueron a Parán, donde otros se les unieron y los acompañaron a Egipto. Allí el faraón les dio una casa, alimentos y tierras.

¹⁹Hadad se convirtió en uno de los amigos más íntimos del faraón, y éste le dio por esposa a la hermana de la reina Tapenés. ²⁰Ella le dio un hijo, que fue llamado Guenubat, que creció en el palacio del faraón, entre los mismos hijos del faraón. ²¹Cuando Hadad supo, en Egipto, que David y Joab habían muerto, pidió permiso al faraón para regresar a Edom.

²²—¿Por qué? —le preguntó el faraón—. ¿Qué es lo que te falta aquí? ¿En qué te hemos defraudado?

—Todo es maravilloso —contestó—, pero aun así me gustaría regresar a mi tierra.

²³Otro de los enemigos de Salomón, a quien Dios levantó con poder, fue Rezón hijo de Eliadá. Rezón fue un servidor de Hadad Ezer, rey de Sobá, pero lo abandonó y huyó del país. ²⁴Organizó una banda de delincuentes, y se convirtió en su jefe. Cuando David le mató algunos de sus hombres, Rezón se trasladó a Damasco y se quedó a vivir allí. ²⁵Fue de ese modo que Rezón llegó a ser rey de Siria. Durante todo el reinado de Salomón, Rezón fue enemigo de Israel. De modo que al daño que le causaba Hadad a Israel se unió el de Rezón.

## Jeroboán se rebela contra Salomón

²⁶Otro jefe rebelde fue Jeroboán hijo de Nabat, que pertenecía a la tribu de Efraín y vivía en Seredá. Su madre era Zerúa, una viuda. ²⁷,²⁸Este es el relato de su rebelión: Salomón estaba edificando el terraplén, para reparar los muros de la Ciudad de David. Jeroboán era muy capaz, y cuando Salomón vio que era muy activo y valeroso, lo encargó de vigilar el trabajo obligatorio de los descendientes de la tribu de José.

²⁹Un día cuando Jeroboán salía de Jerusalén, el profeta Ahías de Siló (que se había puesto una túnica nueva para la ocasión) lo encontró y lo llamó para conversar con él. Cuando los dos hombres estuvieron solos en el campo, ³⁰Ahías partió su túnica nueva en doce partes ³¹y le dijo a Jeroboán: «Toma diez de estos pedazos, porque el Señor, Dios de Israel dice: "Partiré el reino de manos de Salomón, y a ti te daré diez tribus. ³²Pero le dejaré una tribu[a] por amor a David mi siervo y por amor a Jerusalén, la que he escogido por sobre todas las otras ciudades de Israel. ³³Porque Salomón me ha abandonado y ha adorado a Astarté, la diosa de los sidonios, a Quemós, el dios de Moab, y a Moloc, el dios de los amonitas. No ha seguido mis caminos y no ha hecho lo que considero justo; no ha guardado mis leyes y mis órdenes en la forma en que su padre David lo hizo.

³⁴"Sin embargo, no le quitaré el reino ahora. Por amor a mi siervo David, a quien yo escogí, y que obedeció mis mandamientos, dejaré que Salomón reine por el resto de su vida. ³⁵Pero le quitaré el reino a su hijo y te entregaré a ti diez de las tribus. ³⁶Su hijo quedará con la tribu restante, de modo que los descendientes de David continuarán reinando en Jerusalén, la ciudad que yo escogí para que sea el lugar en que se rinda culto a mi nombre. ³⁷Yo te

---

*a.* Judá y Benjamín eran a veces contadas como una sola tribu.

## Otras actividades de Salomón

[10] Al final de los veinte años que tardó la construcción del templo del Señor y su propia casa, [11,12] Salomón le dio veinte ciudades de la tierra de Galilea al rey Hiram, de Tiro, a manera de pago por el cedro, el pino y el oro que le había provisto para las construcciones. Hiram vino de Tiro para ver las ciudades, pero no le gustaron. [13] Así que le reprochó a Salomón: «¿Qué clase de trato es éste, hermano mío? ¡Esas ciudades que me has dado no valen nada!» A esa región, Hiram le puso el nombre de Cabul (desierto), y así se conoce hasta hoy. [14] Hiram le había enviado a Salomón tres mil novecientos sesenta kilos de oro.

[15] Salomón había establecido como trabajo obligatorio la edificación del templo del Señor, de su propia casa, del terraplén, del muro de Jerusalén, así como la reconstrucción de las ciudades de Jazor, Meguido y Guézer. [16] Guézer fue la ciudad que el rey de Egipto conquistó e incendió, dando muerte a los cananeos que allí vivían. Más tarde, cuando su hija se casó con Salomón, se la dio como regalo de bodas. [17,18] Por eso Salomón reedificó Guézer, junto con Bet Jorón la de abajo, Balat y Tadmor, que está en el desierto. [19] También edificó ciudades para almacenar alimentos, ciudades en las que guardaba sus carros de guerra, ciudades que sirvieron de habitación para sus jinetes y conductores de carros, y ciudades diversas cerca de Jerusalén, en la montaña del Líbano y en todo lugar de su dominio.

[20,21] Salomón implantó el trabajo obligatorio para los que sobrevivieron de las naciones conquistadas: los amorreos, los hititas, los ferezeos, los heveos y los jebuseos. Como el pueblo de Israel no había podido expulsarlos por completo en el tiempo que invadieron la tierra y la conquistaron, ellos continuaron viviendo allí como esclavos hasta este día. [22] Salomón no obligó al trabajo forzado a los israelitas, pues eran sus hombres de guerra, sus siervos, sus príncipes, sus conductores de carros y jinetes. [23] Había también quinientos cincuenta hombres de Israel que eran supervisores de quienes estaban obligados a trabajar.

[24] El rey Salomón trajo a la hija del faraón de la Ciudad de David, sector viejo de Jerusalén, a las nuevas habitaciones que había edificado para él. Luego edificó el terraplén.

[25] Después que se terminó de construir el templo del Señor, Salomón ofrecía holocaustos y sacrificios de paz tres veces al año en el altar que había edificado al Señor. También ofrecía el incienso en él.

[26] El rey Salomón mandó a construir una flota de barcos en Ezión Guéber, cerca de Elat, en la región de Edom, a orillas del Mar Rojo.

[27,28] El rey Hiram le proporcionó navegantes experimentados para que acompañaran a las tripulaciones de Salomón. Fueron a Ofir, de donde regresaron con unos catorce mil kilos de oro para el rey Salomón.

## La reina de Sabá visita a Salomón

**10** Cuando la reina de Sabá oyó acerca de la forma maravillosa en que Dios había bendecido a Salomón con sabiduría, decidió ir a probarlo con algunas preguntas difíciles. [2] Llegó a Jerusalén con una larga caravana de camellos cargados de especias, oro y joyas. Al ver a Salomón, le hizo todas las preguntas que había preparado. [3] Salomón le respondió todas las preguntas, por más difíciles que fueran, porque el Señor le daba las respuestas correctas en cada caso. [4] Pronto comprendió ella que todo lo que había oído acerca de la gran sabiduría de Salomón era cierto. También vio el hermoso palacio que él había edificado. [5] Y cuando vio los deliciosos manjares sobre su mesa, el gran número de servidores y criados que estaban vestidos con uniformes espléndidos, los coperos, y los muchos sacrificios que ofrecía al Señor, quedó completamente maravillada.

[6] Entonces le dijo a Salomón: «Todo lo que he oído en mi país acerca de tu sabiduría y de las cosas maravillosas que estás haciendo, son verdaderas. [7] Yo no lo creí hasta que vine, pero ahora lo he visto por mí misma. Ahora me doy cuenta de que lo que se me había dicho no era ni la mitad. Tu sabiduría y tu prosperidad superan todo lo que conozco. [8] Tu pueblo es feliz y tus criados están contentos, pero ¿cómo podría ser de otra manera?, pues ellos están aquí día tras día escuchando tu sabiduría. [9] ¡Bendito sea el Señor tu Dios que te escogió y te puso en el trono de Israel! ¡Cuánto amor le tiene el Señor a Israel, que le ha dado un rey como tú! Y tú le das a tu pueblo un gobierno justo y bueno».

[10] Entonces entregó al rey un presente: tres mil novecientos sesenta kilos de oro, además de grandes cantidades de especias y piedras preciosas; en realidad, fue el presente más grande de especias que el rey Salomón recibió.

[11] (Cuando los barcos del rey Hiram llegaron de Ofir cargados de oro para Salomón, también llevaban grandes cantidades de sándalo y piedras preciosas. [12] Salomón usó el sándalo para hacer columnas para el templo del Señor y la casa real, y para hacer arpas y liras para el coro. Nunca antes ni después ha habido una provisión similar de maderas preciosas).

[13] A cambio de los regalos que la reina de Sabá le trajo, Salomón le dio todo lo que ella pidió, además de los presentes que él ya tenía para ofrecerle. Entonces ella y sus siervos regresaron a su tierra.

## El esplendor de Salomón

[14] Cada año Salomón recibía unos veintidós mil kilos de oro, [15] además de los impuestos y de las ganancias obtenidas del comercio con los reyes de Arabia y de otros territorios vecinos. [16,17] Salomón hizo que parte del oro fuera batido para hacer doscientos escudos grandes (cada escudo pesaba unos seis kilos y medio de oro), y trescientos escudos pequeños, de un kilo y medio de oro cada uno, y los puso en su casa llamada «Bosque del Líbano».

[18] También hizo un gran trono de marfil y lo recubrió con oro puro. [19] Tenía seis gradas, el respaldo era redondo y tenía brazos, y un león estaba parado a cada lado. [20] Había dos leones en cada grada, doce en total. No había otro trono en el mundo tan espléndido como aquél.

[21] Todos los vasos del rey Salomón eran de oro macizo, y en el «Bosque del Líbano» toda la vajilla estaba hecha de oro puro (no usaban la plata, porque no se consideraba de mucho valor).

[22] El rey Salomón tenía su flota mercante en sociedad con el rey Hiram, y cada tres años llegaba a los puertos de Israel un gran cargamento de oro, plata, marfil, monos y pavos reales.

³³,³⁴»Y cuando tu pueblo peque y sus enemigos lo derroten, óyelos desde los cielos y perdónalos, si ellos se convierten a ti nuevamente y confiesan que tú eres su Dios. Hazlos volver a esta tierra que les diste a sus padres.

³⁵,³⁶»Y cuando los cielos se cierren y no haya lluvia, por causa de los pecados de tu pueblo, óyelos desde los cielos, y perdónalos cuando ellos oren en este lugar y confiesen tu nombre. Después que los hayas castigado, ayúdalos para que sigan los buenos caminos en los que debieron haber andado y envía la lluvia sobre la tierra que les has dado.

³⁷»Y si hay hambre en la tierra, causada por peste, por langosta, o por gusanos, o si los enemigos de Israel ponen sitio a una de sus ciudades y el pueblo es atacado por una epidemia o plaga —o cualquiera que sea el problema—, ³⁸cuando el pueblo reconozca su pecado y ore en este templo, ³⁹escúchalos desde los cielos, perdónalos y responde en favor de todos los que hayan hecho una confesión sincera; porque tú conoces cada corazón. ⁴⁰De esta manera aprenderán a reverenciarte, mientras continúan viviendo en esta tierra que les diste a sus padres.

⁴¹,⁴²»Y cuando los extranjeros oigan de tu gran nombre y vengan de tierras distantes a adorarte (porque oirán de tu gran nombre y de tus poderosas señales), y oren en tu templo, ⁴³óyelos desde los cielos y responde a sus oraciones. Así, todas las naciones de la tierra conocerán y temerán tu nombre, como tu propio pueblo Israel lo hace, y toda la tierra sabrá que éste es tu templo.

⁴⁴»Cuando envíes a tu pueblo a la batalla contra sus enemigos, y ellos oren a ti mirando hacia tu ciudad escogida de Jerusalén y hacia este templo que he edificado en tu honor, ⁴⁵escucha sus oraciones y ayúdalos.

⁴⁶»Si pecan contra ti, ¿porque quién no peca?, y tú te enojas con ellos, y dejas que sus enemigos los lleven cautivos a tierras extrañas, cercanas o lejanas, ⁴⁷y ellos se dan cuenta de lo que han hecho y se vuelven a ti y claman diciendo: "Hemos pecado, hemos hecho mal", ⁴⁸si ellos realmente se vuelven hacia ti, y oran hacia esta tierra que tú has dado a sus padres, y hacia esta ciudad de Jerusalén que tú has escogido, y hacia este templo que yo edifiqué a tu nombre, ⁴⁹escucha sus oraciones y ruegos desde los cielos donde habitas, y acude en su ayuda. ⁵⁰Perdona a tu pueblo todas las malas acciones que realicen, y haz que sus captores tengan misericordia de ellos; ⁵¹porque son tu pueblo, la herencia especial que sacaste del horno de Egipto.

⁵²»Que tus ojos estén abiertos y tus oídos atentos a las oraciones que ellos hagan. Señor, escucha y responde siempre que ellos clamen a ti, ⁵³porque cuando tú sacaste a nuestros padres de la tierra de Egipto, dijiste a tu siervo Moisés que habías escogido a Israel, de entre todas las naciones de la tierra, para que fuera tu pueblo especial».

⁵⁴,⁵⁵Salomón había estado arrodillado, con las manos extendidas hacia los cielos. Cuando terminó de orar, se levantó delante del altar del Señor, y pronunció esta bendición sobre todo el pueblo de Israel:

⁵⁶«Bendito sea el Señor, que ha cumplido su promesa y ha dado reposo a su pueblo Israel; ni una palabra ha dejado de cumplir de todas las maravillosas promesas dadas por su siervo Moisés. ⁵⁷Que el Señor nuestro Dios esté con nosotros, como estuvo con nuestros padres; que jamás nos abandone. ⁵⁸Que él nos dé el deseo de hacer su voluntad en todo y de obedecer todos los mandamientos e instrucciones que dio a nuestros antepasados. ⁵⁹Y que estas palabras de mi oración estén continuamente delante de él, día y noche, para que nos ayude a mí y a todo Israel, de acuerdo con nuestras necesidades diarias. ⁶⁰Que el pueblo de toda la tierra sepa que el Señor es Dios, y que no hay otro Dios. ⁶¹Y ustedes, pueblo mío, vivan vidas buenas y perfectas delante del Señor nuestro Dios. Obedezcan siempre su ley y sus mandamientos, de la forma que hoy lo están haciendo».

### Dedicación del templo

⁶²,⁶³Entonces el rey y todo el pueblo dedicaron el templo del Señor, ofreciendo sacrificios de paz delante del Señor. En total ofrecieron veintidós mil bueyes y ciento veinte mil ovejas. ⁶⁴Como una medida provisoria, para los holocaustos, para las ofrendas de grano, y para la grasa de las ofrendas de paz, el rey santificó el atrio que está frente a el templo del Señor, porque el altar de bronce era demasiado pequeño para todo lo que había que sacrificar. ⁶⁵La celebración duró inicialmente siete días, pero luego la extendieron por otros siete días, así que fueron catorce días de fiesta. Fueron muchos los israelitas que se reunieron, pues de todas partes, desde Lebó Jamat hasta el río de Egipto, acudieron a la fiesta. ⁶⁶Después Salomón despidió al pueblo. Todos bendijeron al rey Salomón y regresaron felices a sus casas, por la misericordia que el Señor había tenido con su siervo David y con su pueblo Israel.

### Pacto de Dios con Salomón

**9** Cuando Salomón terminó de edificar el templo del Señor, la casa del rey y todos los edificios que se propuso construir, ²,³se le apareció el Señor por segunda vez (la primera vez fue en Gabaón), y le dijo: «He oído tu oración. Y he santificado el templo que has edificado, y he puesto mi nombre en él para siempre. Continuamente velaré sobre él y me agradará.

⁴»Y si tú vives en honestidad y verdad, como tu padre David, obedeciéndome siempre, ⁵haré que tus descendientes sean reyes de Israel para siempre, tal como prometí a David, tu padre, cuando le dije: "Uno de tus hijos será siempre rey sobre el trono de Israel".

⁶»Sin embargo, si tú o tus hijos se apartan de mí y adoran a dioses extraños, y no obedecen mis leyes, ⁷yo arrancaré al pueblo de Israel de esta tierra que les he dado. Los arrancaré de este templo que he santificado para mi nombre y los echaré fuera de mi vista; e Israel será el centro de las burlas de las naciones, ejemplo y proverbio de un desastre repentino. ⁸Este templo se transformará en un montón de ruinas, y todo el que pase quedará asombrado y se burlará preguntando: "¿Por qué el Señor ha hecho esto a esta tierra y a este templo?" ⁹Y la respuesta será: "Porque el pueblo de Israel abandonó al Señor su Dios, que los sacó de la tierra de Egipto, y adoraron a otros dioses, en lugar de adorarlo a él. Por esta razón el Señor ha traído todo este mal sobre ellos"».

✡ 8.56–61

metro con ochenta centímetros, y una capacidad de ochocientos ochenta litros de agua. ³⁹Cinco de estos lavamanos fueron colocados a la izquierda, y cinco a la derecha de la sala. La fuente de bronce estaba en la esquina sudeste, en el costado derecho de la sala. ⁴⁰Hiram hizo además, las calderas, tenazas y cuencos que eran necesarios, y al fin completó la obra del templo del Señor, que le había sido asignada por el rey Salomón.

⁴¹⁻⁴⁶Esta es una lista de las cosas que él hizo:
Dos columnas;
un capitel para la parte superior de cada columna;
las redes que cubrían las bases de los capiteles de cada columna;
cuatrocientas granadas dispuestas en dos hileras sobre la red, para cubrir las bases de los dos capiteles;
diez bases movibles, cada una con un lavamanos;
una gran fuente y doce bueyes para sostenerla;
calderos, paletas y cuencos.

Todo esto fue hecho de bronce pulido, y los fundieron en las llanuras del río Jordán, entre Sucot y Saretán. ⁴⁷Salomón no hizo pesar los utensilios de bronce hechos por Hiram, pues eran muchísimos.

⁴⁸Todos los utensilios y enseres usados en el templo del Señor fueron hechos de oro macizo. Esto incluía el altar, la mesa de los panes de la proposición, ⁴⁹los candelabros (cinco a la derecha y cinco a la izquierda frente al Lugar Santísimo), las flores, las lámparas, las tenazas, ⁵⁰los cántaros, las despabiladeras, las tazas, las cucharillas, los incensarios, los quiciales de las puertas del Lugar Santísimo, y de la entrada principal del templo. Todo esto fue hecho de oro macizo.

⁵¹Cuando finalmente se acabó la construcción del templo del Señor, Salomón llevó a la tesorería del templo del Señor el oro, la plata y todos los utensilios que David, su padre, había dedicado para ese propósito.

## Traslado del cofre al templo

**8** Luego Salomón convocó en Jerusalén a todos los ancianos de Israel, los jefes de las tribus y clanes para que presenciaran el acto del traslado del cofre del pacto del Señor desde el santuario en Sión, la ciudad de David. ²Esta celebración ocurrió en la fiesta de las Enramadas, en el mes de etanim, que es el mes séptimo. ³,⁴Durante la festividad, los sacerdotes, en presencia de todos los ancianos de Israel, llevaron el cofre, junto con todos los utensilios sagrados que anteriormente habían estado en el santuario. ⁵El rey Salomón y toda la gente se reunieron ante el cofre y sacrificaron una cantidad incontable de ovejas y bueyes.

⁶Entonces los sacerdotes llevaron el cofre y lo introdujeron en el santuario interior del templo, es decir, en el Lugar Santísimo, y lo colocaron debajo de las alas de los querubines. ⁷Los querubines habían sido construidos de tal manera que sus alas se extendían por sobre el punto en que se colocaría el cofre; así que ahora sus alas cubrían el cofre y las varas que servían para trasladarlo. ⁸Las varas eran tan largas que sus puntas podían verse desde el Lugar Santo, que se hallaba frente al Lugar Santísimo, pero no se podían ver desde fuera. Y ahí están hasta hoy. ⁹Nada había en el cofre en aquel tiempo, salvo las dos tablas de piedra que Moisés había colocado allí en el monte Horeb, cuando el Señor hizo su pacto con el pueblo de Israel después que salieron de Egipto.

¹⁰Y cuando los sacerdotes salieron del Lugar Santo, una nube brillante llenó el templo del Señor. ¹¹Debido a la nube, los sacerdotes no pudieron quedarse para celebrar el culto, pues la gloria del Señor llenaba todo el templo.

¹²,¹³Entonces el rey Salomón oró diciendo: «Señor, tú dijiste que vivirías en la oscuridad más densa; pero, Señor, yo te he edificado esta hermosa casa, para que vivas en ella para siempre».

¹⁴Entonces el rey se dio vuelta y, mirando al pueblo que estaba parado delante de él, lo bendijo, diciendo: ¹⁵«Bendito sea el Señor, Dios de Israel, que ha cumplido hoy lo que prometió a mi padre David. ¹⁶Porque le dijo: "Cuando saqué a mi pueblo de Egipto, no escogí ninguna ciudad de las tribus de Israel para que allí se me construyera una casa, pero elegí a un hombre para que gobernara a mi pueblo". ¹⁷Este hombre fue mi padre David. Él quería edificar una casa para el Señor, Dios de Israel, ¹⁸pero el Señor no se lo permitió. El Señor le dijo: "Me complace que quieras construirme una casa, pero ¹⁹no serás tú quien lo haga, sino tu hijo". ²⁰Y ahora el Señor ha cumplido su palabra, porque me ha sucedido a mi padre como rey de Israel, y ya he edificado el templo del Señor, Dios de Israel. ²¹He preparado un lugar allí para el cofre que contiene el pacto hecho por el Señor con nuestros padres, cuando los sacó de Egipto».

## Oración de Salomón

²²,²³Mientras todo el pueblo observaba, Salomón se paró delante del altar del Señor con las manos extendidas hacia el cielo y dijo: «Señor, Dios de Israel, no hay Dios como tú en el cielo ni en la tierra, porque tú eres amoroso y misericordioso, y guardas las promesas hechas a tu pueblo, si hace tu voluntad. ²⁴Hoy tú has cumplido la promesa hecha a mi padre David, que era tu siervo.

²⁵»Ahora, Señor, Dios de Israel, cumple la otra promesa hecha a él, cuando le dijiste: "Si tus descendientes andan en todos mis caminos y hacen mi voluntad, jamás dejará de sentarse uno de ellos en el trono de Israel". ²⁶Sí, Dios de Israel, cumple esta promesa también.

²⁷»Pero, ¿es posible que Dios pueda vivir en la tierra? Si los cielos, los cielos de los cielos, no te pueden contener, mucho menos este templo que yo he edificado. ²⁸Sin embargo, Dios mío, has oído y contestado mi petición. ²⁹Te ruego que estén tus ojos abiertos de noche y de día sobre esta casa, sobre este lugar en el que has prometido habitar, y cuando yo mire hacia este templo y ore, sea de noche o de día, escúchame y responde a mis peticiones. ³⁰Escucha las peticiones del pueblo de Israel cuando quiera que ellos se dirijan a este lugar para orar. Sí, escucha en los cielos donde vives; y cuando hayas oído, perdónanos.

³¹»Si un hombre es acusado de hacer un mal, y entonces, de pie aquí, delante de tu altar, jura que él no lo hizo, ³²óyelo en los cielos y haz lo que es justo; condénalo, si es culpable o justifícalo, si no lo es.

☀8.27-30

ala. Los dos eran idénticos en todas sus dimensiones, y cada uno fue recubierto de oro.

²⁹En todas las paredes del templo fueron talladas figuras de querubines, palmeras y flores abiertas, y el piso de ambas salas fue cubierto de oro.

³⁰,³¹La entrada al santuario interior tenía postes que, con el dintel, formaban cinco lados o ángulos, ³²y sus dos puertas de madera de olivo fueron talladas con querubines, palmeras y flores abiertas, todo recubierto de oro.

³³Luego hizo postes cuadrados de madera de olivo para la entrada. ³⁴Había dos puertas plegables de madera de pino, y cada puerta tenía bisagras, de modo que podía girar sobre sí misma. ³⁵Estas puertas fueron talladas con querubines, palmeras y flores abiertas, y fueron cuidadosamente recubiertas con oro.

³⁶El muro del patio interior tenía tres hileras de piedra labrada y una hilera de vigas de cedro.

³⁷Los cimientos del templo del SEÑOR se echaron en el mes de zif, en el cuarto año del reinado de Salomón, ³⁸y todo el edificio se terminó de construir, conforme a los planos, en el mes de bul, que es el mes octavo, del año undécimo de su reinado. Tardaron, pues, siete años en edificarlo.

## Salomón construye su palacio

**7** Luego Salomón edificó su propia casa. La construcción tardó trece años. ²Construyó la casa llamada «Bosque del Líbano». Era grande y tenía cuarenta y cinco metros de largo, veintidós metros y medio de ancho, y trece metros y medio de alto. Las grandes vigas de cedro del techo descansaban sobre cuatro hileras de columnas de cedro. ³,⁴En la sala había cuarenta y cinco ventanas colocadas en tres hileras, una sobre la otra, cinco por hilera, en cada una de las tres paredes. ⁵Cada una de las puertas y ventanas tenía un marco cuadrado.

⁶Además, construyó la Sala de los Pilares. Tenía veintidós metros y medio de largo por trece metros y medio de ancho. Tenía un pórtico en el centro, cubierto por un enrejado sostenido por columnas.

⁷También estaba la Sala del Trono o Sala del Juicio, donde Salomón se sentaba a escuchar asuntos legales. Estaba cubierta con madera de cedro, desde el piso hasta el techo.

⁸Sus propias habitaciones, cubiertas de madera de cedro, rodeaban un patio que estaba tras esta sala. Diseñó habitaciones similares, del mismo tamaño, para el palacio que edificó para la hija del faraón, una de sus esposas. ⁹Estos edificios fueron construidos por completo con costosas y enormes piedras cortadas a medida. ¹⁰Las piedras de los cimientos medían entre tres metros y medio, y cuatro metros y medio. Todas esas piedras eran costosas y de buena calidad. ¹¹Las grandes piedras de las paredes también fueron cortadas a la medida; y en la parte superior llevaban vigas de cedro. ¹²El gran atrio tenía tres hileras de piedra labrada en sus paredes, en cuya parte superior pusieron vigas de cedro, de la misma manera que en el atrio interior del templo del SEÑOR y en el pórtico de la casa real.

## Mobiliario del templo

¹³El rey Salomón entonces hizo traer de Tiro a un hombre llamado Hiram, quien era un artesano muy capacitado para trabajos en bronce. ¹⁴Era medio judío, pues era hijo de una viuda de la tribu de Neftalí, y su padre había sido fundidor en Tiro. Así que vino a trabajar para el rey Salomón.

¹⁵Hizo dos columnas huecas de bronce, cada una de ocho metros de alto y cinco metros y medio de circunferencia. ¹⁶⁻²²En la parte superior de las columnas hizo dos capiteles de bronce fundido, cada uno de dos metros y veinticinco centímetros de alto. Cada capitel estaba decorado con siete juegos de bronce trenzado a manera de red y con cuatrocientas granadas dispuestas en dos filas. Los capiteles tenían la forma de lirios. Hiram puso estos pilares a la entrada. El del lado sur fue llamado Jaquín, y el del lado norte Boaz.

²³Asimismo hizo una fuente de bronce, de forma circular, que medía dos metros con veinticinco centímetros de alto; de un borde al otro había cuatro metros y medio, y su circunferencia era de trece metros y medio. ²⁴Por debajo del borde había dos hileras de adornos. Estos adornos estaban dispuestos de diez en diez cada cincuenta centímetros, y formaban una sola pieza con la fuente.

²⁵La fuente descansaba sobre doce bueyes de bronce, que estaban parados con las ancas al centro, tres miraban al norte, tres hacia el occidente, tres hacia el sur, y tres hacia el oriente. ²⁶Las paredes de la fuente tenían ocho centímetros de espesor. El borde era en forma de cáliz; en la fuente cabían unos cuarenta y cuatro mil litros de agua.

²⁷⁻³⁰Entonces hizo diez bases móviles de cuatro ruedas, cada una de un metro con ochenta centímetros de largo y de ancho, por un metro y treinta y cinco centímetros de alto. Estaban construidas con soportes y marcos cuadrados. Estos soportes estaban decorados con relieves de leones, bueyes y querubines. Encima y debajo de los leones y bueyes había decorados de guirnaldas. Cada una de estas bases transportables tenía cuatro ruedas de bronce, con ejes de bronce. Estas bases eran sostenidas en cada esquina por soportes de bronce, decoradas con guirnaldas en cada costado. ³¹En la parte superior de cada base había una pieza redonda de cuarenta y cinco centímetros de alto. Su centro era cóncavo, y se apoyaba sobre una base de sesenta y siete centímetros de alto, decorado en su parte exterior con guirnaldas. Sus paneles no eran redondos, sino cuadrados.

³²Las bases rodaban sobre cuatro ruedas que estaban conectadas a ejes que habían sido fundidos como parte de las mismas. Las ruedas tenían unos sesenta y siete centímetros de altura, ³³y parecían ruedas de carro. Todas las partes de las bases fueron hechas de bronce fundido, incluyendo los ejes, los radios, los cubos y los cinchos. ³⁴En cada una de las cuatro esquinas de las bases había soportes, los cuales también fueron fundidos en una sola pieza con las bases. ³⁵La parte superior de la base estaba rodeada por una banda de veintidós centímetros de altura, apoyada con paneles. Todo estaba fundido de una sola pieza con la base. ³⁶En los bordes de la banda, había relieves de querubines, leones y palmeras, rodeados por guirnaldas. ³⁷Las diez bases eran del mismo tamaño y tenían la misma forma, porque todas fueron fundidas con el mismo molde.

³⁸También Hiram hizo diez lavamanos de bronce, y los colocó sobre las bases. Cada lavamanos tenía un

## Preparativos para la construcción del templo

**5** El rey Hiram, de Tiro, siempre había sido un gran admirador de David, de modo que cuando supo que el rey Salomón, hijo de David, reinaba en Israel, envió embajadores para felicitarlo y desearle un buen reinado. [2,3]Salomón aprovechó la ocasión y le envió este mensaje a Hiram: «Tú sabes que mi padre no pudo construir un templo en el que se pudiera adorar al Señor su Dios, debido a las numerosas guerras que tuvo que librar. Siempre estuvo esperando el momento en que el Señor le permitiera vencer a todos sus enemigos. [4]Y ahora, el Señor mi Dios ha dado paz a Israel en todo lugar; no tengo enemigos ni quien me quiera hacer daño. [5]Por eso, pienso edificar un templo para el Señor mi Dios, en conformidad a la promesa que le hizo a mi padre de que yo lo edificaría. Porque el Señor le dijo: "Tu hijo, a quien pondré en tu lugar en el trono, me edificará un templo".

[6]»Ahora te ruego que me ayudes en este proyecto. Envía tus hombres a las montañas del Líbano para que preparen madera de cedro para mí. Yo enviaré hombres para que trabajen junto con ellos, y pagaré a tus hombres lo que tú indiques; porque, como tú sabes, no hay en Israel quien sepa cortar la madera como lo hacen los sidonios».

[7]Cuando Hiram recibió el mensaje de Salomón, se sintió muy complacido, y dijo: «Alabado sea el Señor, por haberle dado a David un hijo sabio para que sea rey de la gran nación de Israel».

[8]Entonces envió su respuesta a Salomón:

«He recibido tu mensaje, y haré lo que me has pedido acerca de la madera. Puedo proporcionarte madera de cedro y de pino. [9]Mis hombres llevarán los troncos hasta el mar y con ellos formarán balsas. Las haremos navegar a lo largo de la costa hasta el lugar en donde tú la necesites; entonces desarmaremos las balsas y te entregaremos la madera. Tú puedes pagarme con alimento para mi casa».

[10]Entonces Hiram proporcionó a Salomón toda la madera de cedro y de pino que él quiso. [11]Por su parte, Salomón le envió en pago anual veinte mil cargas de trigo para su familia y veinte mil medidas de aceite de oliva. [12]El Señor, pues, dio a Salomón gran sabiduría como le había prometido. Hiram y Salomón hicieron un pacto formal de paz.

[13]Entonces Salomón reclutó a treinta mil trabajadores de todo Israel, [14]y los hizo trabajar por turno en el Líbano, diez mil cada mes, de modo que cada hombre estaba un mes en el Líbano y dos meses en su casa. Adonirán era el supervisor general de este trabajo. [15]Salomón también tenía setenta mil cargadores, ochenta mil canteros que trabajaban en las montañas, [16]y tres mil trescientos capataces. [17]Los canteros cortaban y daban forma a los bloques de piedra para los cimientos del templo. Las piedras que se usaban para esto eran muy costosas. [18]Los hombres de Guebal ayudaron a los constructores de Salomón y de Hiram, cortando y trabajando la madera, y labrando las piedras para el templo.

## Salomón construye el templo

**6** En el mes de zif, es decir, el segundo mes del cuarto año del reinado de Salomón se comenzó la edificación del templo del Señor. (Habían transcurrido cuatrocientos ochenta años desde que el pueblo de Israel había salido de la esclavitud en Egipto.) [2]El templo del Señor tenía veintisiete metros de largo, nueve de ancho, y trece y medio de alto. [3]A lo largo del frente había un pórtico de nueve metros de largo, y cuatro metros y medio de ancho. [4]Llevaba ventanas estrechas en todo su contorno.

[5]A lo largo de los muros, a ambos costados del templo, se construyeron salas anexas. [6]Estas salas tenían tres pisos de alto, siendo el piso bajo de dos metros con veinticinco centímetros de ancho; el segundo piso medía dos metros con setenta centímetros de ancho, y el piso superior era de tres metros con quince centímetros de ancho. Las medidas de la parte exterior del templo habían sido reducidas, para que las vigas que sostenían las salas no descansaran sobre las paredes.

[7]Las piedras usadas en la construcción del templo eran completamente labradas en la cantera, de modo que toda la estructura fue edificada sin que se oyera sonido de martillo, de hacha o de otra herramienta en el lugar de la edificación.

[8]La entrada a la sala contigua del templo estaba en el costado derecho de la misma, y por medio de escaleras en forma de caracol se podía subir al segundo piso; un segundo tramo de escaleras servía para subir hasta el tercer piso. [9]Después de acabado el templo, Salomón la hizo cubrir con vigas y tablones de cedro. [10]Como ya se ha dicho, había un anexo a cada lado del edificio, unido a las paredes del templo por medio de vigas de cedro. Cada piso del anexo tenía dos metros con veinticinco centímetros de alto.

[11,12]Entonces el Señor envió este mensaje a Salomón: «Si haces lo que yo te diga, y sigues todos mis mandamientos e instrucciones, cumpliré lo que te prometí a David, tu padre. [13]Viviré en medio del pueblo de Israel y jamás lo abandonaré».

[14]Finalmente, el templo quedó construido. [15]Todo el interior, desde el piso hasta el techo, fue recubierto con cedro, y los pisos fueron hechos de tablas de pino. [16]El Lugar Santísimo, que estaba al fondo del templo, y medía nueve metros, también fue recubierto de madera de cedro, desde el piso hasta el techo. [17]La parte que estaba frente al Lugar Santísimo era el Lugar Santo, y medía dieciocho metros de largo.

[18]El templo estaba cubierta de cedro por dentro, y la madera estaba tallada con diseños de flores abiertas y en botón, de modo que no se veía ni una sola piedra.

[19]El cofre del pacto del Señor estaba en la sala interior, es decir, en el Lugar Santísimo. [20]Este santuario interior tenía nueve metros de largo, nueve de ancho y nueve de alto. Sus muros y el techo estaban recubiertos con oro puro. El altar de madera de cedro, que estaba frente al Lugar Santísimo, también fue recubierto de oro. [21,22]Salomón hizo recubrir de oro puro el interior del resto del templo del Señor, incluyendo el altar de cedro. E hizo cadenas de oro para proteger la entrada al Lugar Santísimo.

[23-28]Dentro del santuario interior, Salomón colocó dos querubines de madera de olivo, cada uno de cuatro metros y medio de alto. Fueron colocados de modo que sus alas extendidas llegaban de pared a pared y se tocaban entre sí al centro de la sala; cada ala tenía dos metros y veinticinco centímetros, de modo que cada querubín medía cuatro metros y medio de ala a

hubo suficiente luz, lo observé bien y me di cuenta de que no era mi hijo.

²²La otra mujer interrumpió:

—Ese sí era el hijo de ella. El niño vivo es el mío.

—No —dijo la primera mujer—, el muerto es tuyo y el que está vivo es el mío.

Y de esta manera discutieron delante del rey.

²³Entonces el rey dijo:

—Aclaremos las cosas: Ambas quieren el niño vivo, y cada una dice que el niño muerto pertenece a la otra.

²⁴Entonces el rey ordenó que le llevaran una espada. Cuando le entregaron la espada, el rey dijo:

※ ²⁵—Partan en dos al niño vivo, y denle una mitad a cada una de estas mujeres.

²⁶Entonces la mujer que realmente era la madre del hijo, y que lo amaba mucho, gritó:

—No, señor. Mejor déle el niño a esa mujer, pero no lo mate.

Pero la otra mujer dijo:

—Bien, de esta manera no será tuyo ni mío; que lo dividan entre nosotras. ²⁷Entonces el rey dijo:

—Denle el niño a la mujer que lo quiere vivo, porque ella es su madre.

²⁸Pronto se difundió este suceso y la sabia decisión del rey por toda la nación, y todo el pueblo estaba asombrado, porque comprendieron la gran sabiduría que Dios le había dado al rey para hacer justicia.

## Administración del reino

4 Salomón reinó sobre todo Israel. ²⁻⁶Esta es la lista de los miembros del gobierno del rey Salomón:

Azarías, hijo del sacerdote Sadoc;

Elijoref y Ahías, hijos de Sisá, secretarios;

Josafat hijo de Ajilud, cronista y encargado de los archivos;

Benaías hijo de Joyadá, jefe del ejército;

Sadoc y Abiatar, sacerdotes;

Azarías hijo de Natán, a cargo de los gobernadores;

Zabud hijo de Natán era sacerdote y consejero personal del rey;

Ajisar, mayordomo del palacio;

Adonirán hijo de Abdá, superintendente de obras públicas.

⁷Además, hubo doce funcionarios en la corte de Salomón, uno por cada tribu, que tenían la responsabilidad de abastecer de provisiones la casa del rey. Cada uno de ellos se ocupaba de las provisiones de uno de los meses del año.

⁸⁻⁹Los nombres de estos doce oficiales eran:

Ben Jur, que tenía a su cargo la región montañosa de Efraín;

Ben Decar, cuya zona era Macaz, Salbín, Bet Semes, y Elón Bet Janán;

Ben Jésed, cuya zona era Arubot, incluyendo Soco y toda la tierra de Héfer;

Ben Abinadab (que se casó con la hija de Salomón, la princesa Tafat), cuya área eran los territorios de Dor;

Baná hijo de Ajilud, cuya área estaba compuesta por Tanac y Meguido, toda Betseán, que está cerca de Saretán, más abajo de Jezrel, y todo el territorio desde Betseán hasta Abel Mejolá, y hasta más allá de Jocmeán;

Ben Guéber, cuya zona era Ramot de Galaad, incluyendo los pueblos de Yaír hijo de Manasés, en Galaad; y en la región de Argob, en Basán, incluyendo sesenta ciudades amuralladas, con puertas de bronce;

Ajinadab hijo de Idó, cuyo territorio era Majanayin;

Ajimaz (que se casó con Basemat, otra de las hijas de Salomón) tenía a su cargo el área de Neftalí;

Baná hijo de Husay, cuyas zonas eran Aser y Alot;

Josafat hijo de Parúaj, que tenía a su cargo Isacar;

Simí hijo de Elá, cuya área era Benjamín;

Guéber hijo de Uri, cuya área era Galaad, incluyendo los territorios de Sijón, rey de los amorreos, y de Og, rey de Basán.

Un intendente estaba a cargo de la supervisión en aquella tierra.

## Prosperidad de Salomón

²⁰En ese tiempo, los pueblos de Israel y Judá eran tan numerosos, como la arena del mar, que no se puede contar. Además, tenían comida y bebidas en abundancia, y todos vivían muy felices.

²¹El rey Salomón gobernó toda la región que se extiende desde el río Éufrates hasta la tierra de los filisteos, y hasta las fronteras con Egipto. Los pueblos de esas tierras pagaban sus tributos a Salomón y continuaron sirviéndole a través de toda su vida.

²²Las provisiones diarias para el palacio eran seis mil seiscientos kilos de harina fina, trece mil doscientos kilos de harina integral, ²³diez bueyes gordos, veinte bueyes de pasto, cien ovejas, sin contar los ciervos, gacelas, corzos y aves gordas que de vez en cuando se consumían.

²⁴Sus dominios se extendieron sobre todos los reinos que están al occidente del río Éufrates, desde Tifsa hasta Gaza. Y hubo paz en toda la tierra. ²⁵Durante la vida de Salomón, todo Israel vivió en paz y seguridad; cada familia tenía su casa y su huerto.

²⁶Salomón tenía cuarenta mil caballos para sus carros y empleaba doce mil jinetes. ²⁷Cada mes los funcionarios proporcionaban los alimentos para Salomón y para su corte; ²⁸también traían cebada y paja para los caballos que el rey tenía en los establos.

## La sabiduría de Salomón

²⁹Dios le dio a Salomón sabiduría, entendimiento y una mente llena de muchísimos conocimientos, ※ tantos como la arena del mar. ³⁰En efecto, su sabiduría superó la de cualquier sabio del oriente, incluyendo a los de Egipto. ³¹Era más sabio que Etán el ezraíta, y que Hemán, Calcol y Dardá, los hijos de Majol; y fue conocido en todas las naciones de alrededor.

³²Escribió tres mil proverbios y mil cinco canciones. ³³Fue un gran naturalista que estudió los animales, las aves, los reptiles, los peces y los árboles, desde los grandes cedros del Líbano hasta el minúsculo hisopo que crece en las grietas de las paredes. ³⁴De todos los pueblos llegaba gente a escuchar la sabiduría de Salomón. Y los reyes que tenían noticias de su sabiduría enviaban mensajeros para solicitar su consejo.

※3.25-28  ※4.30

cumplió lo establecido por el Señor en Siló acerca de los descendientes de Elí.

²⁸Cuando Joab se enteró de la muerte de Adonías, corrió al santuario en busca de refugio y se aferró a los cuernos del altar. Joab había apoyado la revuelta de Adonías, aunque no la de Absalón. ²⁹Cuando el rey Salomón se enteró de que Joab había entrado al santuario, y que se hallaba junto al altar, envió a Benaías para que lo ejecutara.

³⁰Benaías entró en el Santuario y le dijo a Joab:
—El rey te ordena que salgas.
—No saldré —dijo Joab—. ¡Aquí moriré!
Entonces Benaías volvió a consultar al rey.

³¹—¡Haz lo que él dice! —respondió el rey—. Ve y mátalo ahí mismo, y sepúltalo. De este modo, tanto yo como la casa de mi padre quedaremos libres de culpa por los asesinatos que, sin ninguna razón, él cometió. ³²Entonces el Señor lo tendrá a él por responsable personal del asesinato de dos hombres que eran mejores que él. Porque mi padre no tuvo parte en la muerte del general Abner, jefe del ejército de Israel, ni en la del general Amasá, jefe del ejército de Judá. ³³Que Joab y sus descendientes por siempre lleven la culpa de estos crímenes, y quiera el Señor declarar inocentes de estas muertes a David y a sus descendientes.

³⁴Benaías regresó, pues, al santuario y mató a Joab. Y éste fue sepultado junto a su casa, en el desierto.

³⁵Entonces el rey designó a Benaías como jefe del ejército, y a Sadoc como sacerdote, en lugar de Abiatar. ³⁶,³⁷Después el rey mandó a buscar a Simí, y le dijo:
—Edifícate una casa en Jerusalén, y no salgas de la ciudad por ningún motivo. En el momento en que salgas y pases el arroyo de Cedrón, morirás, y toda la culpa será tuya.

³⁸—De acuerdo —respondió Simí—, haré lo que tú digas.

Y Simí se quedó viviendo en Jerusalén. ³⁹Pero tres años después, dos esclavos de Simí se escaparon y fueron a refugiarse en Gat, donde reinaba Aquis hijo de Macá. Cuando Simí lo supo, ⁴⁰aparejó un burro y se dirigió a Gat, para visitar al rey. Cuando encontró a sus esclavos, volvió con ellos a Jerusalén.

⁴¹Cuando Salomón supo que Simí había salido de Jerusalén y había hecho un viaje de ida y vuelta a Gat, ⁴²lo mandó a llamar y le preguntó:

—¿No te ordené, en el nombre de Dios, que permanecieras en Jerusalén, o morirías? Tú respondiste: "Muy bien, haré como tú dices". ⁴³Entonces, ¿por qué no has respetado el acuerdo a que llegamos? ¿Por qué no obedeciste mi orden? ⁴⁴Y, ¿qué de aquellos males que le causaste a mi padre, el rey David? ¡Que el Señor te castigue por tu maldad, ⁴⁵mientras que a mí me dé sus ricas bendiciones, y que en este trono se siente siempre un descendiente de David!

⁴⁶Entonces, a una orden del rey, Benaías agarró a Simí, lo sacó y lo mató. De este modo el reino se afirmó en manos de Salomón.

## Salomón pide sabiduría

**3** Salomón emparentó con el faraón, rey de Egipto, tomando por mujer a su hija. Y la llevó a Jerusalén para que viviera en la ciudad de David hasta que él pudiera terminar la edificación de su palacio, del templo del Señor y del muro alrededor de la ciudad.

²En aquel tiempo, el pueblo de Israel ofrecía sus sacrificios y ofrendas en altares sobre las colinas, porque el templo del Señor aún no había sido edificado.

³A pesar de que Salomón amaba al Señor y obedecía todas las instrucciones de su padre David, seguía acudiendo a los pequeños santuarios, que estaban en las colinas, a ofrecer sacrificios y quemar incienso. ⁴El más famoso de estos altares sobre una colina era el que estaba en Gabaón, y el rey fue allí y ofreció mil holocaustos. ⁵Esa noche, el Señor se le apareció en un sueño, y le dijo:

—Pídeme lo que quieras, que yo te lo daré.
⁶Salomón le respondió:

—Fuiste muy misericordioso con mi padre David, porque él era honesto, veraz y fiel a ti, y obedecía tus mandamientos. Y has continuado mostrándole tu misericordia, al haberle dado un hijo que se sentara en su trono.

⁷»Señor, Dios mío, ahora tú me has hecho rey en lugar de David, mi padre, pero soy como un niño que no conoce el camino que ha de seguir. ⁸Y aquí estoy entre tu pueblo escogido, un pueblo tan numeroso que es imposible contarlo. ⁹Dame sabiduría, para poder gobernar bien a tu pueblo y para tener un buen discernimiento de lo que es bueno o es malo. Porque, ¿quién con su propia capacidad puede cargar con una responsabilidad tan grande?

¹⁰El Señor miró con agrado esta petición, y se alegró de que Salomón hubiera pedido sabiduría. ¹¹Por eso le respondió:

—Por cuanto has pedido sabiduría para gobernar a mi pueblo, y no has pedido una larga vida ni riquezas para ti, ni has pedido derrotar a tus enemigos, ¹²yo te daré lo que has pedido. Te daré una sabiduría como la que nadie ha tenido antes ni tendrá después. ¹³Y también te daré lo que no has pedido, esto es, riquezas y honor. Nadie en el mundo será tan rico y famoso como lo serás tú por el resto de tu vida. ¹⁴Y, si te mantienes en mi voluntad y obedeces mis mandamientos, como lo hizo tu padre David, entonces te permitiré vivir muchos años.

¹⁵Entonces Salomón despertó y comprendió que había tenido una visión en sueños. Regresó a Jerusalén y entró en el santuario. Y mientras estaba delante del cofre del pacto del Señor, ofreció holocaustos y ofrendas de paz. Luego invitó a todos sus siervos a un gran banquete.

### Un gobernante sabio

¹⁶Poco después, dos prostitutas vinieron ante el rey a pedirle que pusiera fin a una disputa que había entre ellas.

¹⁷,¹⁸—Señor —comenzó a hablar una de ellas—, nosotras dos vivimos en la misma casa. Yo tuve un hijo, estando esta mujer conmigo. A los tres días, ella también tuvo un hijo. ¹⁹Pero el niño de ella murió durante la noche, porque, dormida, se acostó sobre él y lo aplastó. ²⁰Luego ella se levantó en la noche y tomó a mi hijo mientras yo dormía, y puso su hijo muerto en mis brazos, y el mío lo llevó a dormir con ella. ²¹En la mañana, cuando quise darle de mamar a mi hijo, descubrí que estaba muerto. Pero cuando

*a* 3.11-14

—¿Qué es lo que pasa? —preguntó Joab—. ¿Por qué hay tanto alboroto en la ciudad?

⁴²Y mientras aún hablaba, Jonatán, el hijo del sacerdote Abiatar, llegó corriendo.

—¡Pasa! —le dijo Adonías—. Tú eres un buen hombre, y debes tener buenas noticias.

⁴³—Nuestro señor, el rey David, ha proclamado como rey a Salomón —gritó Jonatán—. ⁴⁴,⁴⁵El rey lo envió a Guijón con el sacerdote Sadoc, el profeta Natán y Benaías, protegido por la misma guardia personal del rey. Salomón cabalgaba en la mula del rey. Sadoc y Natán lo han ungido como nuevo rey. Acaban de regresar, y toda la ciudad está celebrando y regocijándose por el hecho. A eso se debe todo este alboroto. ⁴⁶,⁴⁷Salomón está sentado en el trono, y todo el pueblo está felicitando al rey David y diciéndole: "¡Que Dios te bendiga aún más a través de Salomón, de lo que te ha bendecido personalmente! ¡Que Dios haga el reino de Salomón aún más grande que el del rey!" Y David se inclinó en su cama ⁴⁸y exclamó: "¡Bendito sea el SEÑOR, Dios de Israel, que ha elegido a uno de mis hijos para sentarse en mi trono, mientras aún estoy vivo para verlo!"

⁴⁹,⁵⁰Entonces Adonías y sus invitados se levantaron y huyeron aterrorizados. Sentían temor de perder la vida. Adonías entró corriendo en el santuario y se agarró de los cuernos del altar. ⁵¹Alguien fue y le dijo a Salomón:

—Adonías tiene mucho miedo y se ha refugiado en el santuario pidiendo clemencia, y ha dicho: "¡Quiero que el rey Salomón me jure hoy mismo, que no me mandará a matar!"

⁵²Entonces Salomón dijo:

—Si se comporta debidamente, no sufrirá ningún daño, pero si no, morirá.

⁵³Entonces el rey Salomón lo hizo llamar, y ellos lo sacaron del altar y lo llevaron ante él. Adonías llegó y se inclinó delante del rey, y entonces Salomón le ordenó que se fuera a su casa.

## Últimas instrucciones de David

**2** A medida que se acercaba el tiempo de su muerte, el rey David hizo estos encargos a su hijo Salomón: ²«Yo voy a donde cada hombre, que pisa la tierra, debe ir algún día. Confío en que serás un sucesor poderoso y digno. ³Obedece las leyes de Dios y sigue todos sus caminos; guarda cada uno de los mandamientos escritos en la ley de Moisés, para que prosperes en todo lo que hagas y en todo lo que emprendas. ⁴Si haces esto, el SEÑOR cumplirá la promesa que me dio, que si mi hijo y sus descendientes observaban sus caminos y le eran fieles, uno de ellos sería siempre rey sobre Israel, y mi dinastía jamás tendría fin.

⁵»Escucha mis instrucciones. Tú sabes que Joab hijo de Sarvia mató a mis dos generales, a Abner hijo de Ner y a Amasá hijo de Jéter. Él hizo que pareciera un acto de guerra, pero fue hecho en tiempo de paz. Al hacer eso, no sólo se manchó él de sangre, sino que también me hizo a mí culpable. ⁶Tú eres un hombre sabio y sabrás qué hacer. Te aconsejo que no le permitas vivir mucho tiempo, y que no dejes que muera en paz. ⁷Sin embargo, muéstrate misericordioso con los hijos de Barzilay el galaadita. Hazlos tus huéspedes permanentes, porque ellos me cuidaron cuando huía de tu hermano Absalón.

⁸»¿Te acuerdas de Simí hijo de Guerá, el benjaminita de Bajurín? Él me maldijo con terrible maldición el día que yo iba a Majanayin. Pero cuando volvió ante mi presencia junto al río Jordán, prometí no matarlo. ⁹Sin embargo, tú no tienes por qué seguirlo perdonando; eres inteligente y sabrás que no lo puedes dejar con vida. Aunque ya es un viejo, procura que su muerte sea violenta».

¹⁰David murió, y fue sepultado en Jerusalén. ¹¹Había reinado sobre Israel cuarenta años, siete en Hebrón y treinta y tres en Jerusalén. ¹²Salomón fue el nuevo rey, en lugar de David su padre, y su reino prosperó.

## Salomón consolida el reino

¹³Un día, Adonías, el hijo de Jaguit, fue a ver a Betsabé, la madre de Salomón.

—¿Has venido con buenas intenciones? —le preguntó ella.

—Sí —le contestó—, he venido en son de paz. ¹⁴En realidad, he venido a pedirte un favor.

—¿De qué se trata? —preguntó ella.

¹⁵—Todo iba bien para mí —dijo—, y el reino era mío; todos esperaban que yo fuera el nuevo rey. Pero los papeles cambiaron, y todo pasó a manos de mi hermano, porque de esa manera lo quería el SEÑOR. ¹⁶Pero ahora tengo que pedirte un pequeño favor; te suplico que no me lo niegues.

—¿De que se trata? —preguntó ella.

¹⁷Él respondió:

—Habla al rey Salomón en favor mío, porque yo sé que él hará cualquier cosa que le pidas, y dile que me dé por esposa a Abisag la sunamita.

¹⁸—Muy bien —respondió Betsabé—, se lo pediré. ¹⁹Ella fue a pedirle el favor al rey Salomón. El rey se puso de pie cuando ella entró y le hizo una reverencia. Ordenó que junto a su trono se colocara una silla para su madre. Y ella se sentó a su lado derecho.

²⁰—Tengo una petición que presentarte —dijo ella—. Espero que no me la niegues.

—¿De qué se trata, madre mía? —le preguntó—. Tú sabes que no te la negaré.

²¹—Permite que tu hermano Adonías se case con Abisag —respondió ella.

²²—¿Te das cuenta de lo que pides? —dijo él—. Si yo le diera a Abisag, también le estaría dando el reino. Él es mi hermano mayor, y cuenta con el apoyo del sacerdote Abiatar y de Joab hijo de Sarvia.

²³,²⁴Entonces el rey Salomón hizo un gran juramento: «¡Que Dios me mate si Adonías no muere este mismo día, por haber hecho estos planes contra mí! ¡Lo juro por el Dios vivo, que me ha dado el trono de mi padre y este reino que él me prometió!»

²⁵Salomón ordenó a Benaías hijo de Joyadá que fuera y matara a Adonías. Y Benaías cumplió la orden del rey.

²⁶En cuanto al sacerdote Abiatar, el rey le dijo: «Regresa a tu hogar en Anatot. También deberías morir, pero no lo haré ahora. Tú transportaste el cofre del SEÑOR durante el reinado de mi padre, y sufriste con él todas las persecuciones».

²⁷Así que Salomón obligó a Abiatar a renunciar a su puesto de sacerdote del SEÑOR. De esa manera se

2.2-4

# 1 Reyes

## Adonías usurpa el trono

**1** En su vejez, el rey David tenía que permanecer en cama, pues siempre tenía frío, a pesar de todas las frazadas con que se le abrigaba. ²Por eso, sus ayudantes dijeron: «Sería bueno buscar a una joven soltera para que acompañe y cuide al rey, y se acueste a su lado para darle calor».

³,⁴Ellos buscaron por todo Israel, de uno a otro extremo a fin de hallar a la muchacha más hermosa de todas. Abisag, de Sunem, fue la elegida. Así que la llevaron ante la presencia del rey, para que lo acompañara y cuidara. Pero el rey nunca tuvo relaciones sexuales con ella.

⁵En aquel tiempo, Adonías hijo de David y de Jaguit, decidió coronarse rey, en lugar de su anciano padre. Consiguió carros de guerra y soldados de caballería, y reclutó a cincuenta hombres para que le sirvieran de guardia personal. ⁶Su padre, el rey David, jamás lo había reprendido ni le había dado castigo alguno. Era un hombre muy apuesto, y menor que su hermano Absalón. ⁷Un día convenció al general Joab hijo de Sarvia, y al sacerdote Abiatar de que lo apoyaran en su pretensión de ser rey, y ellos estuvieron de acuerdo en ayudarle a apoderarse del reino. ⁸Sin embargo, no logró conseguir el apoyo del sacerdote Sadoc, ni de Benaías hijo de Joyadá, ni del profeta Natán, ni de Simí, ni de Reguí, ni de la guardia personal del rey David, pues todos ellos eran muy leales al rey.

⁹Adonías fue a Enroguel, donde ofreció sacrificios de ovejas, bueyes y becerros cebados en la peña de Zojélet. Luego convocó a todos sus hermanos, los demás hijos del rey David, y a todos los funcionarios reales de Judá. ¹⁰Pero no invitó al profeta Natán, ni a Benaías, ni a los valientes que habían peleado a lado del rey, ni a su hermano Salomón.

¹¹Fue por eso que el profeta Natán visitó a Betsabé, madre de Salomón, y le preguntó: «¿No te has enterado de que Adonías, el hijo de Jaguit, se ha proclamado rey, y que nuestro señor David ni siquiera lo sabe? ¹²Si quieres salvar tu vida y la de tu hijo Salomón, haz lo que yo te diga. ¹³Ve inmediatamente a la presencia del rey David y pregúntale: "Señor mío, ¿no prometiste que mi hijo Salomón sería el nuevo rey y que él se sentaría en tu trono? Entonces, ¿por qué Adonías está reinando?" ¹⁴Y mientras tú estés aún hablando con él, yo entraré y confirmaré todo lo que tú le hayas dicho».

¹⁵Entonces Betsabé entró al dormitorio del rey. David era muy anciano, razón por la cual lo cuidaba Abisag la sunamita. ¹⁶Betsabé se inclinó delante del rey, quien le preguntó:

—¿Qué quieres?

¹⁷Ella le respondió:

—Señor mío, usted me prometió por el Señor su Dios que mi hijo Salomón sería el próximo rey, y que se sentaría en su trono. ¹⁸Pero ahora me entero de que Adonías es el nuevo rey, y usted ni siquiera lo sabe. ¹⁹Él ha celebrado su coronación sacrificando bueyes, becerros y muchas ovejas, y ha invitado a todos los hijos del rey, y también al sacerdote Abiatar y al general Joab. Pero no invitó a Salomón, que ha sido un servidor muy fiel a usted. ²⁰Y ahora, señor mío, rey mío, todo Israel espera saber su decisión, pues todos quieren que les diga quién va a reinar después de usted. ²¹Si no actúa a tiempo, entonces cuando usted muera, mi hijo Salomón y yo seremos arrestados y ejecutados como delincuentes.

²²,²³Mientras ella todavía estaba hablando, los siervos del rey le dijeron:

—El profeta Natán está aquí para verlo.

Natán entró e hizo reverencias delante del rey, ²⁴y le preguntó:

—Señor mío, ¿ha dicho usted que Adonías será el nuevo rey? ¿Es él a quien usted ha elegido para que se siente en su trono? ²⁵Hoy él celebró su coronación sacrificando bueyes y becerros gordos, y ha invitado a los hijos del rey para que asistan a las festividades. Además, invitó al general Joab y al sacerdote Abiatar. Están festejando y bebiendo con él y gritando: «¡Viva el rey Adonías!» ²⁶Pero ni el sacerdote Sadoc, ni Benaías hijo de Joyadá, ni su hijo Salomón, que es muy fiel a usted, ni yo fuimos invitados. ²⁷¿Ha sido hecho esto con su consentimiento? Porque usted no le ha dicho a este siervo suyo a cuál de sus hijos ha elegido para que lo suceda en el trono.

## David proclama rey a Salomón

²⁸—Llamen a Betsabé —dijo David.

Entonces ella volvió a entrar y se paró delante del rey.

²⁹Y el rey declaró:

—Juro por el Señor, quien vive y me ha rescatado de todo peligro, ³⁰que tu hijo Salomón será el nuevo rey que se sentará en mi trono, tal como te lo prometí antes en el nombre del Señor, Dios de Israel.

³¹Betsabé hizo una profunda reverencia delante de él nuevamente y exclamó:

—¡Gracias, señor mío! ¡Quiera el Señor que el rey viva para siempre!

³²—Llamen al sacerdote Sadoc, al profeta Natán y a Benaías hijo de Joyadá —ordenó el rey.

³³Cuando ellos estuvieron presentes, les dijo:

—Lleven a Salomón y a los funcionarios de la corte a Guijón. Salomón cabalgará en mi propia mula, ³⁴y el sacerdote Sadoc y el profeta Natán lo ungirán allí como rey de Israel. Luego hagan sonar las trompetas y aclamen: «¡Viva el rey Salomón!» ³⁵Cuando ustedes lo traigan de regreso, siéntenlo en mi trono como el nuevo rey. Porque yo lo he designado a él como rey de Israel y Judá.

³⁶—¡Amén! Alabado sea Dios —contestó Benaías—. ³⁷Quiera el Señor estar con Salomón como ha estado con usted, y quiera Dios que el reino de Salomón sea aún más grande que el del rey.

³⁸Entonces el sacerdote Sadoc, el profeta Natán, Benaías y la guardia personal de David llevaron a Salomón a Guijón, cabalgando sobre la mula de David. ³⁹En Guijón, Sadoc tomó el cuerno de aceite sagrado del santuario y lo derramó sobre Salomón. Luego hicieron sonar las trompetas, y todo el pueblo aclamó: «¡Viva el rey Salomón!»

⁴⁰Todos regresaron con Salomón a Jerusalén, celebrando gozosamente y con mucho alboroto. ⁴¹Cuando Adonías y sus invitados estaban terminando su banquete, oyeron la conmoción y los gritos.

1.17   1.28-31

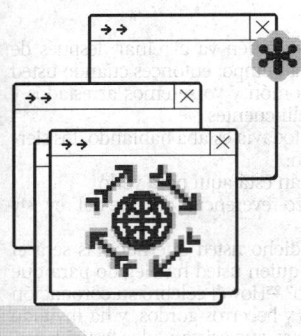

## PANORAMA DEL LIBRO

Los libros de los Reyes presentan la decadencia del sistema de reyes, desde su cúspide con Salomón, pasando por la división del reino, hasta la devastación total de ambos reinos y el exilio como punto más bajo. Siempre la perspectiva desde la que se escribe es la de los profetas, quienes siguen proclamando la soberanía de Dios y la responsabilidad del pueblo de cumplir con sus obligaciones. Ambos libros narran el tumultuoso período de los reyes de Israel y Judá y cubren unos cuatrocientos años, desde la muerte de David (año 970 a.C.) hasta el cautiverio de Israel (722 a.C.) y luego el de Judá (586 a.C.). El primer libro se ocupa del ascenso de Salomón y su gloria y luego la división del reino y termina con un largo reporte del ministerio de Elías.

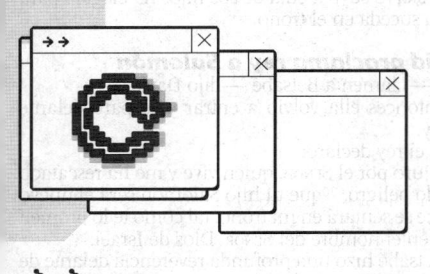

## ¿CÓMO SE RELACIONA CONMIGO?

No es agradable repasar fracasos o vergüenzas ya que la mayoría de nosotros más bien quisiéramos ocultar estos eventos. Sin embargo, muchas de las lecciones más valiosas de la vida provienen de algunas derrotas, sobre todo si sabemos comprenderlas y superarlas.

1 Reyes comienza con la frase "el rey David", mientras que la última frase de 2 Reyes es "el rey de Babilonia". Este hecho marca el terrible desastre que narran estos dos libros. 1 Reyes es el libro que puedes utilizar para recordar que los triunfos y privilegios espirituales no aseguran una victoria permanente y que, si te apartas de la voluntad del Señor, el fracaso estará a la puerta.

Lo que este libro te deja en claro es que nunca es sabio decir "ya llegué" o "ya tengo asegurada la bendición permanente de Dios en mi vida".

## EL GUION

1) Un solo reino bajo Salomón: Cuando hay buenas decisiones hay éxito integral. Caps. 1-11
2) El reino dividido: La aprobación de Dios depende de la obediencia a Él. Caps. 12-16
3) El choque de dos reinos: Elías y el reino de Dios contra Acab y el reino del hombre. Caps. 17-22

# 1 REYES

# 1 REYES

### → → ¿QUIÉN LO ESCRIBIÓ?

El autor del libro es desconocido. Samuel es una figura que destaca en este libro, y se mencionan sus escritos en el 1 Samuel 10:25. 1 y 2 Samuel fueron llamados así por ser éste el último juez de Israel, uno de sus grandes profetas, a quien Dios utilizó para el establecimiento de la monarquía. Pero no es probable que él lo escribiera, porque también su muerte esnarradaenel 1Samuel25:1.Latradiciónjudíamenciona a los profetas Natán y Gad como dos redactores de estos libros, basados en 2 Cr. 29:29. De cualquier forma, el autor del libro presenta la perspectiva de Dios de la historia que acontece en el pueblo de Israel.

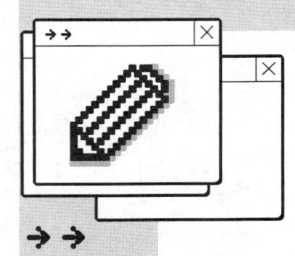

### → → ¿A QUIÉN LO ESCRIBIÓ?

Básicamente, el libro fue escrito para los judíos que habían sufrido la invasión final de los caldeos, tanto los pocos que se habían quedado en Jerusalén, como los cautivos en Babilonia. Debe haber sido trágico saber que ellos, que eran el pueblo de Dios, habían sido conquistados por un pueblo cruel, el cual destruyó la amada Jerusalén, arrasó con el sagrado templo y los arrancó de su querida tierra prometida. "¿Qué pasó?", se preguntarían. " ¿Por qué Dios permitió esta horrible catástrofe?". Para estos judíos cautivos, aturdidos, consternados y desconcertados fue escrito este libro.

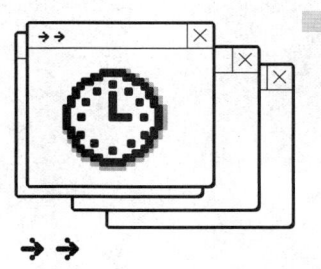

### → → ¿CUÁNDO Y DÓNDE LO ESCRIBIÓ?

1 Reyes comienza más o menos donde termina 2 Samuel La composición final de Reyes ocurrió, no en un tiempo muy placentero para el escritor y sus lectores. Los libros deben haber sido escritos durante las primeras décadas del cautiverio y unos años después de la destrucción de Jerusalén, la cual ocurrió en el año 586 a.C. Sin duda, el libro fue escrito en Jerusalén, ya que el autor tiene un conocimiento muy amplio de los eventos desastrosos que ocurrieron en esa ciudad y además lo que ocurrió con sus habitantes en los años posteriores.

²¹—¿A qué ha venido, mi señor rey? —preguntó Arauna.

Y David le respondió:

—A comprarte el campo, para edificar un altar al Señor, pues sólo así él detendrá la plaga.

²²—Tómelo, mi señor —le dijo Arauna al rey—. Aquí tiene bueyes para el holocausto. Además, puede usar los instrumentos de la trilla y los yugos de los bueyes como leña, para encender el fuego en el altar. ²³Todo se lo doy, y que el Señor acepte su sacrificio.

²⁴Pero el rey le dijo a Arauna:

—No, no acepto el campo como regalo. Lo compraré, porque no quiero ofrecer al Señor mi Dios holocaustos que no me hayan costado nada.

Acto seguido, David le dio a Arauna cincuenta monedas de plata, como pago por el campo y los bueyes. ²⁵Allí David edificó un altar al Señor y ofreció holocaustos y ofrendas de paz. Y el Señor respondió a su oración, y la plaga se detuvo.

del pozo que está junto a la puerta de la ciudad!» (El pozo estaba cerca de la puerta de Belén.) ¹⁶Entonces los tres hombres cruzaron las filas filisteas, sacaron agua del pozo y se la llevaron a David. Pero él se negó a beberla y la derramó delante del Señor, y dijo: ¹⁷«¡No puedo beber esta agua, pues sería como beber la sangre de estos hombres que arriesgaron su vida para satisfacer mi deseo! ¡Que el Señor me guarde de hacer semejante cosa!»

¹⁸,¹⁹De los treinta, Abisay, el hermano de Joab hijo de Sarvia, era el más valiente. Una vez con su lanza se enfrentó a trescientos enemigos y los mató. Por hazañas como ésta adquirió reputación de ser tan valiente que llegó a ser el jefe de los tres más valientes, aunque nunca fue contado entre ellos.

²⁰También estaba Benaías hijo de Joyadá, soldado heroico de Cabsel. Benaías mató a dos gigantes, hijos de Ariel de Moab. En otra oportunidad descendió a un foso y, a pesar de que había nieve, luchó con un león que estaba allí y lo mató. ²¹En otra oportunidad, armado solamente con una vara, mató a un guerrero egipcio que estaba armado con una lanza. Lo atacó con la vara, le arrancó la lanza y lo mató con ella. ²²Estas fueron algunas de las hazañas que dieron a Benaías una fama casi tan grande como la de los tres más valientes. ²³Él era uno de los treinta, y aunque llegó a tener fama de ser tan valiente como los tres más valientes, nunca fue contado entre ellos. David lo hizo jefe de su guardia personal.

²⁴⁻³⁹Los treinta valientes eran:
Asael, hermano de Joab;
Eljanán hijo de Dodó, de Belén;
Sama el jarodita;
Elicá el jarodita;
Heles el paltita;
Ira hijo de Iqués, el tecoíta;
Abiezer el anatotita;
Mebunay el jusatita;
Zalmón el ajojita;
Maray el netofatita;
Jéled hijo de Baná el netofatita;
Itay hijo de Ribay, el de Guibeá de la tribu de Benjamín;
Benaías el piratonita;
Hiday, del arroyo de Gaas;
Abí Albón el arbatita;
Azmávet el bajurinita;
Elijaba el salbonita;
Jonatán, de los hijos de Jasén;
Sama el ararita;
Ahían hijo de Sarar el ararita;
Elifelet hijo de Ajasbay el macateo;
Elián hijo de Ajitofel el guilonita;
Jezró el de Carmel;
Paray el arbita;
Igal hijo de Natán, el de Sobá;
Baní el gadita;
Sélec el amonita;
Najaray el berotita, escudero de Joab, hijo de Sarvia;
Ira el itrita;
Gareb el itrita, y Urías el hitita.
En total eran treinta y siete.ᶜ

---
c. Los treinta, más los primeros tres, más los generales Joab, Abisay, Asael y Benaía.

## David hace un censo militar

**24** Una vez más la ira del Señor se encendió contra Israel, e incitó a David a hacer un censo nacional.

²El rey dijo a Joab, jefe de su ejército:
—Toma un censo de todo el pueblo, de uno a otro extremo de la nación, para que yo sepa con cuántos soldados puedo contar.

³Pero Joab le replicó:
—Que el Señor le conceda larga vida a mi señor el rey para que pueda ver el día en que haya en su reino cien veces más habitantes de los que ahora hay; pero ¿qué necesidad tiene de hacer tal cosa?

⁴Pero la orden del rey fue más fuerte que la oposición de Joab y los demás jefes del ejército. Por eso, Joab y los demás oficiales salieron a contar al pueblo de Israel. ⁵Cruzaron el Jordán y acamparon en Aroer, al sur de la ciudad que queda en el valle de Gad, junto a Jazer. ⁶Luego pasaron a Galaad y a la región de Tajtín Jodsí, y siguieron hacia Dan Jaán y llegaron a los alrededores de Sidón. ⁷De allí pasaron a la fortaleza de Tiro y a todas las ciudades de los heveos y cananeos, y avanzaron por el sur de Judá hasta llegar a Berseba.

⁸Recorrer todo el territorio les llevó nueve meses y veinte días. Al cabo de ese tiempo, regresaron a Jerusalén. ⁹Joab informó el número del pueblo al rey: Ochocientos mil hombres en edad militar en Israel, y quinientos mil en Judá.

¹⁰Pero después que levantó el censo, la conciencia de David comenzó a molestarle, y oró al Señor: «Lo que he hecho es terrible. Perdóname, Señor, la maldad que he cometido».

¹¹Al día siguiente, el Señor habló con el profeta Gad, que era el profeta que atendía a David, y le pidió que le llevara este mensaje a David: ¹²«Dile a David que escoja entre estos tres castigos». ¹³Entonces Gad fue a ver a David y le dijo:

—¿Qué prefieres: siete años de hambre en la tierra, o huir tres meses delante de tus enemigos, o tres días de epidemia? Piénsalo y hazme saber la respuesta que le debo dar al Señor.

¹⁴—Es una decisión difícil —respondió David—, pero es mejor caer en las manos del Señor, porque grande es su misericordia, que en manos de los hombres.

¹⁵Entonces el Señor envió una epidemia sobre Israel aquella mañana, la cual duró tres días. Setenta mil hombres murieron a través de la nación. ¹⁶Pero cuando el ángel de la muerte se preparaba para destruir a Jerusalén, el Señor se apiadó y le dijo que se detuviera. El ángel estaba en el campo de Arauna el jebuseo.

¹⁷Cuando David vio al ángel, le dijo al Señor: «Yo soy el que ha pecado. ¿Qué han hecho estas ovejas? ¡Que tu ira se encienda solamente contra mí y contra mi familia!»

## David construye un altar

¹⁸Aquel día, Gad vino ante David y le dijo: «Sube y edifica un altar al Señor en el campo de Arauna el jebuseo».

¹⁹David hizo lo que el Señor le había ordenado a través de Gad. ²⁰Cuando Arauna vio que el rey y sus hombres se acercaban, les salió a su encuentro y se postró hasta tocar el suelo con su frente.

²¹»El Señor me recompensó por mi justicia, me pagó conforme a la pureza de mis manos.
²²Yo he vivido en la voluntad del Señor, y nunca me he apartado de mi Dios,
²³porque he tenido presentes sus leyes, y las he obedecido.
²⁴He sido íntegro delante de él, y me he cuidado de pecar.
²⁵El Señor me ha recompensado, porque he sido justo, porque he vivido rectamente.

²⁶»Con el misericordioso eres misericordioso, con el intachable eres intachable.
²⁷Con el que es sincero, tú eres sincero, pero con el que es tramposo tú eres inflexible.
²⁸Salvas a los que están en angustia, pero humillas a los que se enaltecen, porque tú observas sus pasos.
²⁹Señor, tú eres mi luz; tú haces que mis tinieblas resplandezcan.
³⁰Por tu poder yo puedo aplastar a un ejército; por tu fortaleza puedo escalar murallas.

³¹»El camino de Dios es perfecto; la palabra del Señor es refinada.
Es escudo para todos los que se refugian en él.
³²¿Qué Dios hay fuera de nuestro Señor?
¡Él es el único que puede protegernos, pues es una sólida roca!
³³Dios es mi poderosa fortaleza; él me ha dado seguridad.
³⁴Él hace que el bueno camine con firmeza, como las cabras monteses sobre las rocas.
³⁵Él me prepara para la batalla, y me fortalece para usar las armas de guerra.
³⁶Tú me has dado el escudo de tu salvación; y tu bondad me hace prosperar.
³⁷Me despejas el camino, para que mis pies no resbalen.

³⁸»He perseguido a mis enemigos y los he destruido; no me detuve hasta aniquilarlos.
³⁹Los destruí a todos para que ninguno pueda levantarse nuevamente. ¡Han caído todos bajo mis pies!
⁴⁰Porque tú me has dado fuerzas para la batalla, y has hecho que someta a todos los que se levantaron contra mí.
⁴¹Tú has hecho que mis enemigos retrocedan y huyan; he acabado con todos los que me odiaban.
⁴²Clamaron por ayuda, pero nadie los socorrió; clamaron al Señor, pero él se negó a responderles.
⁴³Los derroté hasta hacerlos polvo, y los molí y esparcí como polvo de las calles.

⁴⁴»Tú me has salvado de los rebeldes de mi pueblo; me has preservado como cabeza de las naciones.
⁴⁵Pueblos extranjeros me sirven, y me halagan cuando oyen de mi poder.
⁴⁶Pierden todo su valor, y salen temblando de sus escondites.
⁴⁷¡El Señor vive! ¡Bendita sea, mi roca!
¡Alabado sea él, que es la roca de mi salvación!
⁴⁸Bendito sea Dios, pues destruye a todos los que se me oponen y me libra de mis enemigos.

⁴⁹Sí, tú me levantas por encima de mis enemigos, tú me libras de su violencia.
⁵⁰Por eso, Señor te daré gracias entre las naciones y cantaré alabanzas a tu nombre.

⁵¹»El Señor da una liberación maravillosa al rey, y muestra misericordia a David, su ungido, y a su descendencia para siempre».

## Últimas palabras de David

**23** Estas son las últimas palabras de David:

«David el hijo de Isaí, el hombre a quien Dios puso en alto;
David, el ungido del Dios de Jacob; David, el dulce cantor de Israel, declara:
²"El Espíritu del Señor habló por mí y su palabra estuvo en mi lengua".
³La Roca de Israel me dijo:
"El que reine con justicia, el que gobierne en el temor de Dios,
⁴será como la luz de la mañana cuando sale el sol en una mañana sin nubes, que resplandece después de la lluvia, y hace que la hierba brote en la tierra".

⁵»¡Dios ha escogido a mi familia!
Sí, Dios ha hecho un pacto eterno conmigo, su acuerdo es eterno, claro y seguro.
Él velará constantemente por mi seguridad y mi triunfo.
⁶Pero los impíos son como espinos que se desechan, porque hieren la mano que las toca.
⁷Para recogerlos hay que protegerse las manos, y una vez amontonados se echan al fuego y se queman».

## Héroes en el ejército de David

⁸Éstos son los nombres de los tres guerreros más valientes que tenía David:
El primero de los tres era Joseb Basébet el tacmonita, conocido también como Adino el eznita, que una vez mató a ochocientos hombres en una sola batalla.
⁹El segundo era Eleazar hijo de Dodó el ajojita. Era uno de los tres hombres que, con David, contuvieron a los filisteos cuando el resto de Israel huyó. ¹⁰Ese día mató a tantos filisteos que la mano se le encalambró y se le quedó aferrada a la espada. El Señor le dio en esa ocasión una gran victoria a Israel. El resto solo regresó para recoger el botín.
¹¹¹²El tercero era Sama hijo de Agué el ararita. Un día en Lehí, durante un ataque filisteo, y mientras sus compañeros lo abandonaban y huían, él se paró solo en el centro de un campo de lentejas y derrotó a los filisteos. Así el Señor les dio una gran victoria.
¹³Una vez, cuando David estaba en la cueva de Adulán, tres de los treinta más valientes fueron a encontrarse con él. Era el comienzo de la cosecha, y los invasores filisteos estaban en el valle de Refayin.
¹⁴David, que estaba en su refugio en aquel tiempo porque algunos filisteos habían ocupado la cercana ciudad de Belén, ¹⁵dijo: «¡Quién pudiera beber agua

22.25-26    22.29-36

## Los gabaonitas se vengan

**21** Durante el reinado de David hubo hambre por tres años consecutivos. Entonces David habló con el Señor acerca de esta situación, y el Señor le dijo: «El hambre ha venido por causa de que Saúl y su familia asesinaron a los gabaonitas».

² El rey David convocó a los gabaonitas. Ellos no formaban parte de Israel, sino que eran el remanente de la nación de los amorreos. Israel había prometido no matarlos; pero Saúl, debido a su celo por Judá e Israel, había tratado de acabar con ellos. ³ David les preguntó:

—¿Qué puedo hacer por ustedes, para librarnos de esta culpa y para pedirles a ustedes que clamen a Dios que nos bendiga?

⁴ —Bueno, no es cuestión de dinero —respondieron los gabaonitas—, y no es nuestra intención vengarnos matando israelitas.

—¿Qué puedo hacer por ustedes entonces? —preguntó otra vez David—. Díganmelo, y yo lo haré.

⁵,⁶ —Muy bien —respondieron—, entréguenos a siete de los hijos de Saúl, el hombre que se empeñó en destruirnos. Los colgaremos delante del Señor, en Guibeá, la ciudad del rey Saúl.

—Muy bien —dijo el rey—, se los entregaré.

⁷ David perdonó a Mefiboset, el hijo de Jonatán y nieto de Saúl, a causa de la promesa que le había hecho a Jonatán; ⁸ pero hizo apresar a Armoní y a Mefiboset, que eran hijos de Saúl y Rizpa, la hija de Ayá. Además hizo apresar a los cinco hijos que Merab, la hija de Saúl, había tenido con Adriel hijo de Barzilay, el de Mejolá. ⁹ Luego, David se los entregó a los gabaonitas, quienes los ahorcaron en una montaña, delante del Señor. Los siete murieron juntos, al comienzo de la cosecha de cebada.

¹⁰ Rizpa, la madre de dos de los hombres, extendió un saco sobre una roca y se quedó allí durante toda la estación de la cosecha, para evitar que las aves de rapiña destrozaran los cuerpos durante el día, y que los animales salvajes se los comieran en la noche. ¹¹ Cuando David supo lo que Rizpa, la concubina de Saúl, había hecho, ¹²⁻¹⁴ ordenó que los restos de los hombres fueran llevados a Jerusalén. Al mismo tiempo pidió a los de Jabés de Galaad que devolvieran los restos de Saúl y Jonatán. Ellos los habían rescatado de la plaza pública en Betsán, donde los filisteos los habían colgado, después de la batalla del monte Guilboa. Cuando los de Jabés devolvieron los restos de Saúl y Jonatán, David los hizo sepultar en la tumba de Quis, el padre de Saúl, en la región de Zela de Benjamín. Después de esto, Dios tuvo compasión del pueblo y lo bendijo.

## Hazañas de los oficiales de David

¹⁵ En una ocasión en que los filisteos volvieron a hacerle la guerra a Israel, David y sus hombres salieron a pelear contra ellos. Debido a lo duro de la batalla, David se sintió muy cansado. ¹⁶ Entonces, un gigante llamado Isbibenob intentó matarlo. Este hombre llevaba una espada nueva y una lanza de bronce, cuya sola punta pesaba más de tres kilos. ¹⁷ Pero Abisay hijo de Sarvia corrió en su ayuda y mató al filisteo. Después de aquello, los hombres de David le juraron: «¡Nunca más saldrá con nosotros cuando haya guerra! ¿Por qué habremos de arriesgarnos a que se apague la luz de Israel?»

¹⁸ Durante una guerra con los filisteos en Gob, Sibecay el jusatita mató a Saf, otro gigante. ¹⁹ En otra oportunidad, y en el mismo lugar, Eljanán hijo de Yaré Oreguín, de Belén, mató al hermano de Goliat el guitita, que tenía una lanza cuya asta era tan grande como el rodillo de un telar.

²⁰,²¹ Y en una ocasión en que los filisteos y los israelitas trabaron combate en Gat, un gigante que tenía seis dedos en cada mano y seis en cada pie desafió a Israel. Entonces Jonatán, sobrino de David e hijo de Simá, que era hermano de David, lo mató.

²² Fue así como esos cuatro gigantes, descendientes de Rafá, el de Gat, fueron muertos por los soldados de David.

## Salmo de David

**22** David entonó este cántico al Señor después que fue librado de Saúl y de todos sus enemigos:

² «El Señor es mi roca, mi fortaleza y mi salvador.
³ Mi Dios, la roca en quien me refugio.
Mi escudo y mi salvación, mi asilo y mi amparo.
¡Él me libró de los violentos!
⁴ Invocaré al Señor, que es digno de ser alabado.
Él me salvará de todos mis enemigos.

⁵ »Las ondas de muerte me rodeaban; torrentes del mal querían arrasarme;
⁶ me sentía atrapado y atado por el infierno y la muerte.
⁷ Pero en mi angustia invoqué al Señor, y él me oyó desde su templo.
¡Mi clamor llegó a sus oídos!

⁸ »Entonces la tierra se estremeció y tembló.
Los cimientos del cielo se estremecieron a causa de su ira.
⁹ Humo salió de su nariz; su boca vomitó fuego consumidor; ¡arrojaba carbones encendidos!

¹⁰ »Él inclinó el cielo y descendió a la tierra; caminó sobre nubes oscuras.
¹¹ Se montó sobre un querubín y cruzó el cielo, voló sobre las alas del viento.
¹² Puso alrededor suyo tinieblas por velo, y densas nubes lo rodearon.
¹³ Carbones encendidos brotaron de su resplandor.
¹⁴ El Señor tronó desde los cielos; desde el cielo se escuchó la voz del Dios Altísimo.
¹⁵ Arrojó flechas y relámpagos y derrotó a todos mis enemigos.
¹⁶ Por el soplo de su aliento se partió el mar en dos, y se pudo ver el fondo del mar.

¹⁷ »Desde las alturas me rescató; me sacó de en medio de las aguas;
¹⁸ me salvó de enemigos poderosos, de todos los que me odiaban, y de los que eran demasiado fuertes para mí.
¹⁹ Cayeron sobre mí en el día de mi desgracia, pero el Señor fue mi apoyo y mi salvación.
²⁰ Él me libró y me rescató, porque me ama.

22.4-7

al rey a pasar el río. Ya estaba muy viejo, pues tenía unos ochenta años, pero era muy rico. ³³—Ven conmigo y vive en Jerusalén —le dijo el rey a Barzilay—. Yo cuidaré de ti. ³⁴—No —respondió él—, yo soy demasiado viejo para ello. ³⁵Ya tengo ochenta años y la vida ha perdido el gusto para mí. El alimento y el vino ya no me saben a nada, y ni siquiera puedo escuchar bien las voces de los cantores y cantoras. Yo sólo sería una carga para mi señor, el rey. ³⁶El único honor que quiero es cruzar el río con usted. ³⁷Y luego permítame que regrese y muera en mi ciudad, donde mi padre y mi madre están enterrados. Pero aquí está Quimán, su siervo. Que él vaya con usted a la ciudad y reciba todas las buenas cosas que usted quiera darle.

³⁸—Bien —dijo el rey—. Quimán irá conmigo, y yo haré por él lo que habría hecho por ti.

³⁹Todo el pueblo cruzó el río Jordán con el rey; y después que David besó y dio su bendición a Barzilay, éste regresó a su casa. ⁴⁰El rey siguió a Guilgal, llevando a Quimán consigo. Y la mayor parte de Judá y la mitad de Israel estaba allí para recibirlo. ⁴¹Pero los hombres de Israel se quejaron al rey, porque solamente fueron hombres de Judá los que les ayudaron a cruzar al río a él y a su familia.

⁴²—¿Por qué no? —respondieron los hombres de Judá—. El rey es de nuestra tribu. ¿Por qué esto le ha de causar enojo? ¿Acaso le hemos cobrado? Él no nos ha dado ni comida ni regalos.

⁴³—Pero hay diez tribus en Israel —respondieron los otros—, de modo que tenemos diez veces más derecho delante del rey que ustedes. ¿Por qué no nos invitaron? No olviden que fuimos los primeros en hablar de hacer volver al rey.

La disputa continuó, y las palabras de los de Judá fueron más violentas que las de los de Israel.

## Sabá se rebela contra David

**20** Allí en Guilgal se hallaba un hombre perverso llamado Sabá hijo de Bicrí, de la tribu de Benjamín. Éste tocó la trompeta y comenzó a gritar:

«¡No tenemos nada que ver con David! ¡Nada ganamos con seguir al hijo de Isaí! ¡Israelitas, váyanse a sus casas!»

²Todos, menos Judá y Benjamín, abandonaron a David y siguieron a Sabá. Pero los hombres de Judá permanecieron junto a su rey, acompañándolo desde el Jordán hasta Jerusalén. ³Cuando llegó a su palacio, David ordenó que las diez esposas que había dejado para que cuidaran la casa fueran puestas en reclusión. Siguió dándoles su sustento, pero no volvió a dormir con ellas. Así fue que, hasta el día de su muerte, esas mujeres vivieron encerradas y como si fueran viudas.

⁴El rey ordenó a Amasá: «Espero que tú y las tropas de Judá estén aquí dentro de tres días». ⁵Amasá salió a reunirlos, pero tardó más de los tres días que le habían sido dados. ⁶Por eso David le dijo a Abisay: «Ese Sabá hijo de Bicrí nos va a causar más daño que Absalón. Toma, pues, mi guardia personal y persíguelo, no sea que entre en una ciudad fortificada donde no podamos alcanzarlo».

⁷Abisay y Joab, junto con los mejores guerreros y con los quereteos, los peleteos y la guardia personal del rey, salieron de Jerusalén en persecución de Sabá.

⁸⁻¹⁰Cuando llegaron a la gran roca que está en Gabaón, se encontraron cara a cara con Amasá. Joab usaba su uniforme ajustado con un cinturón y cargaba una daga envainada junto al muslo, la cual se le cayó mientras caminaba. Joab la recogió y se acercó a saludar a Amasá: «Estoy contento de verte, hermano mío» —dijo Joab—, y lo tomó de la barba con la mano derecha como para besarlo. Amasá no notó la daga que Joab tenía en la mano izquierda. Así que Joab se la clavó en el estómago, de tal manera que se le salieron las entrañas. No necesitó dar un segundo golpe, porque Amasá murió instantáneamente. Joab y su hermano Abisay lo dejaron muerto allí mismo, y continuaron la persecución de Sabá.

¹¹Uno de los jóvenes de Joab se paró junto al cadáver de Amasá y dijo: «¡Los que apoyen a David, que sigan a Joab!» ¹²Todos los que pasaban por allí se detenían a ver a Amasá, pues todavía su cadáver seguía tendido en un charco de sangre, en medio del camino. Entonces el soldado arrastró el cadáver hacia un lado del camino y lo cubrió con una capa. ¹³Luego, todos se fueron con Joab en persecución de Sabá.

¹⁴Mientras tanto, Sabá había salido a recorrer todas las tribus de Israel y llegó a la ciudad de Abel Betmacá, donde se le unieron todos los parientes de Bicrí. ¹⁵Cuando llegaron, los hombres de Joab sitiaron a Abel Betmacá, levantaron una rampa y comenzaron a derribar la muralla. ¹⁶Pero una mujer sabia gritó desde la ciudad:

—¡Escuchen, escuchen! ¡Díganle a Joab que venga, pues tengo que hablar con él!

¹⁷Cuando Joab se le acercó, la mujer le preguntó:

—¿Es usted, Joab?

Y él respondió:

—Sí, yo soy.

La mujer le dijo:

—Le ruego que escuche lo que tengo que decirle.

—Te escucho —le respondió Joab.

¹⁸Entonces ella le dijo:

—Antiguamente había un dicho: «Si quieres ganar una discusión, pregunta en Abel», porque siempre damos sabios consejos. ¹⁹Usted ésta destruyendo una ciudad antigua y pacífica, leal a Israel. ¿Destruirá lo que es del Señor?

²⁰Joab le respondió:

—¡De ninguna manera! ¡Que Dios me libre de hacer semejante daño! ²¹Todo lo que quiero es capturar a un hombre de las montañas de Efraín, llamado Sabá. Este hombre se ha rebelado contra el rey David. Si me lo entregas, dejaremos la ciudad en paz.

—Muy bien —respondió la mujer—. Ahora mismo te arrojaremos la cabeza de Sabá desde la muralla.

²²La mujer fue a hablar con el pueblo y convenció a todos de que le cortaran la cabeza a Sabá hijo de Bicrí. Así lo hicieron, y le arrojaron la cabeza a Joab. Entonces Joab hizo sonar su trompeta y reunió a sus hombres para que no realizaran el ataque, y volvieron a Jerusalén, para presentarse ante el rey.

²³Joab era el jefe del ejército de Israel, mientras que Benaías hijo de Joyadá estaba a cargo de los quereteos y los peleteos. ²⁴Adonirán estaba a cargo de los que realizaban el trabajo obligatorio, y Josafat hijo de Ajilud era el secretario. ²⁵Seva era el cronista, y Sadoc y Abiatar eran los sacerdotes. ²⁶Ira el yairita era el capellán de David.

—¡Bendito sea el Señor tu Dios que ha destruido a los rebeldes que se atrevieron a levantarse en su contra!

²⁹—¿Y cómo está el joven Absalón? —preguntó el rey—. ¿Está bien?

—Cuando Joab me dijo que viniera había mucho alboroto, pero yo no supe de qué se trataba —respondió Ajimaz.

³⁰—Espera aquí —le dijo el rey.

Ajimaz se hizo a un lado. ³¹En eso llegó el soldado de Cus y dijo:

—¡Tengo buenas noticias para mi señor el rey! Hoy el Señor lo ha librado de todos lo que se rebelaban contra usted.

³²—¿Y cómo está el joven Absalón? ¿Está bien? —preguntó el rey.

—¡Ojalá todos los enemigos de mi señor el rey mueran como murió ese muchacho! —respondió el hombre.

³³Al oír la noticia, el rey rompió a llorar y subió al cuarto que estaba encima de la puerta. Se lamentaba diciendo:

«¡Ay, Absalón, hijo mío! ¡Absalón, hijo mío! ¡Ojalá hubiera muerto yo en tu lugar! ¡Ay, hijo mío, Absalón, hijo mío!» Entonces, el rey se entristeció mucho, subió a la habitación que estaba encima de la puerta, y mientras lloraba, decía: «¡Hijo mío Absalón, hijo mío Absalón! ¡Ojalá yo hubiera muerto en tu lugar, Absalón, hijo mío, hijo mío!»

**19** Joab se enteró de que el rey estaba muy afligido y llorando por la muerte de su hijo Absalón. ²Cuando el pueblo se enteró del profundo dolor del rey por su hijo, el gozo de la maravillosa victoria de aquel día se convirtió en profunda tristeza. ³Todo el pueblo se replegó y entró en la ciudad como si estuvieran avergonzados y hubieran sido derrotados en la batalla.

⁴El rey, con el rostro entre las manos, lloraba: «¡Hijo mío Absalón, hijo mío Absalón, hijo mío!»

⁵Entonces Joab fue a la habitación del rey y le dijo: «Avergüenza a todos sus siervos que han salvado su vida y la de sus hijos e hijas, y la de sus esposas y concubinas; como si hubiéramos cometido un delito. ⁶¡Parece que ama a los que lo odian, y odia a los que lo aman! Se ve claramente que nosotros nada significamos para usted. Si Absalón estuviera vivo, y todos nosotros hubiéramos muerto, usted estaría feliz. ⁷Ahora, levántese y hable de corazón a los que lo siguen, porque le aseguro por el Señor, que si no lo hace, ninguno de ellos se quedará aquí para la noche. ¡Eso será peor desgracia que todas las desgracias juntas que haya tenido!»

### David regresa a Jerusalén

⁸Al oír esto, el rey salió y se sentó junto a la entrada de la ciudad. Cuando el pueblo lo supo, fue y se presentó delante de él.

Por su parte, los israelitas que habían acompañado a Absalón regresaron a sus casas. ⁹Y por todas partes sólo se hablaba de lo que había sucedido. La gente comentaba: «El rey David nos libró del poder de nuestros enemigos. Fue él quien nos salvó del dominio de los filisteos. Pero por culpa de Absalón tuvo que huir del país. ¹⁰Siendo que Absalón, al que habíamos elegido como rey, ha muerto, ¿por qué no le rogamos al rey David que regrese y siga siendo nuestro rey?»

¹¹,¹²Ante aquellos comentarios, David envió un mensaje a los sacerdotes Sadoc y Abiatar pidiéndoles que hablaran con los ancianos de Judá y les dijeran: «¿Por qué son ustedes los últimos en hacer volver al rey? Porque todo Israel está dispuesto a hacerlo, y solamente ustedes no se han pronunciado. Ustedes son mi tribu, sangre de mi sangre y carne de mi carne». ¹³Y les ordenó que le dijeran a Amasá: «Por cuanto eres mi sobrino, que Dios me quite la vida si no te nombro jefe de mi ejército, en lugar de Joab».

¹⁴Entonces Amasá convenció a todos los caudillos de Judá, y ellos respondieron como un solo hombre. Entonces mandaron este mensaje al rey: «Vuelva a nosotros y traiga consigo a todos los que lo acompañan». ¹⁵Así que el rey emprendió el regreso hacia Jerusalén. Cuando llegaron al río Jordán, parecía que todos los de Judá habían ido a Guilgal a encontrarse con él y acompañarlo a cruzar el río. ¹⁶Y Simí hijo de Guerá, benjamita que era oriundo de Bajurín, pasó corriendo entre los hombres de Judá para dar la bienvenida al rey David. ¹⁷Mil hombres de la tribu de Benjamín estaban con él, incluyendo a Siba, el siervo de Saúl, con sus quince hijos y veinte criados. Habían ido apresuradamente al Jordán para llegar antes que el rey, ¹⁸y trabajaron duramente ayudando a cruzar el río a la familia del rey y a los soldados, y los ayudaron en todas las formas que pudieron.

Cuando el rey acabó de cruzar el Jordán, Simí se postró delante de él, ¹⁹y le rogó:

—Señor, rey mío, perdóneme las terribles cosas que hice cuando salía usted de Jerusalén. ²⁰Sé muy bien cuán grande ha sido mi pecado. Por eso he querido ser el primero de toda la tribu de José en saludarle.

²¹Abisay hijo de Sarvia exclamó:

—¡Simí merece la muerte por haber maldecido al ungido del Señor!

²²—No hables de esa manera —exclamó David—. Éste no es día para castigar, sino día de celebración. Una vez más soy el rey de Israel.

²³Y volviéndose a Simí le dijo:

—Te perdono la vida.

²⁴,²⁵También llegó de Jerusalén Mefiboset, nieto de Saúl. No se había lavado los pies ni la ropa, ni se había cortado la barba desde el día en que el rey salió de Jerusalén. El rey le preguntó:

—¿Por qué no viniste conmigo, Mefiboset?

²⁶Y él contestó:

—Mi rey y señor, mi siervo Siba me engañó. Yo le dije: «Prepara mi burro para que pueda ir con el rey». Como usted sabe, yo soy cojo. ²⁷Luego Siba me calumnió diciendo que yo me había negado a acompañarle. Pero yo sé que usted es como un ángel de Dios. Haga lo que estime mejor. ²⁸Después de todo, mi familia y yo no merecíamos sino la muerte; sin embargo, mi señor el rey me ha honrado permitiéndome comer en su propia mesa. ¿Cómo podría yo quejarme?

²⁹—Muy bien —respondió David—. Mi decisión es que tú y Siba se dividan la tierra por partes iguales.

³⁰—Que él se quede con todo —dijo Mefiboset—. Para mí es suficiente regalo que usted haya regresado sano y salvo.

³¹,³²Barzilay el galaadita, que había provisto de alimentos al rey y a su ejército durante su exilio en Majanayin, también llegó de Roguelín para ayudar

Le contaron lo que había aconsejado Ajitofel para capturarlo y darle muerte. ²²David y toda la gente que estaba con él cruzaron el río durante la noche y llegaron todos al otro lado del río, antes de la madrugada.

²³Mientras tanto, Ajitofel, desacreditado públicamente porque Absalón no había aceptado su consejo, aparejó un burro, se fue a su casa en la ciudad, puso en orden sus asuntos, y se ahorcó. De esta manera murió y fue sepultado junto a su padre.

²⁴David ya había llegado a Majanayin cuando Absalón, que había movilizado a todos los hombres de Israel, cruzaba el Jordán con ellos. ²⁵Absalón había designado a Amasá como jefe de su ejército, en lugar de Joab. (Amasá era primo segundo de Joab; su padre era Itrá, un ismaelita, y su madre era Abigaíl hija de Najás, la cual era la hermana de Sarvia, la madre de Joab.) ²⁶Absalón e Israel acamparon en la tierra de Galaad.

²⁷Cuando David llegó a Majanayin fue recibido cariñosamente por tres hombres: Sobí hijo de Najás, que era de la ciudad amonita de Rabá; Maquir hijo de Amiel, de Lo Debar, y Barzilay, que era un galaadita de Roguelín. ²⁸,²⁹Le trajeron a David y a los que estaban con él camas para que durmieran, tazas y vasijas de barro. También les llevaron trigo, cebada, harina, trigo tostado, habas, lentejas, miel, mantequilla y queso. Hicieron esto porque pensaron que David y sus hombres estarían muy cansados, hambrientos y sedientos después de haber atravesado el desierto.

## Muerte de Absalón

**18** David pasó revista a sus tropas y puso jefes de mil y de cien soldados. ²La tercera parte de los soldados quedó bajo el mando de Joab; otra tercera parte, bajo el mando de Abisay (hermano de Joab, hijo de Sarvia), y la otra tercera parte, bajo el mando de Itay el guitita. El rey quería dirigir al pueblo, ³pero ellos se opusieron con firmeza:

—Mi rey no debe hacer eso —le dijeron—, porque si tenemos que huir, o la mitad de nosotros muere, los enemigos no irán tras nosotros, porque a usted al que buscan. Usted vale más que diez mil de nosotros, es mejor que se quede en la ciudad y nos envíe socorro si lo necesitamos.

⁴—Bien, hagan lo que les parezca mejor —respondió finalmente el rey, y se quedó en la puerta de la ciudad viendo pasar sus tropas.

⁵Pero antes de que se marcharan, el rey les suplicó a Joab, a Abisay y a Itay:

—Por amor a mí, traten con gentileza al joven Absalón.

Y los soldados oyeron cuando el rey les daba este encargo.

⁶Marcharon a pelear contra los israelitas, y la batalla comenzó en el bosque de Efraín. ⁷Los israelitas fueron derrotados por los hombres de David. Hubo una gran matanza y veinte mil hombres murieron aquel día. ⁸La batalla se extendió a través de todo el país, y fueron más los que se perdieron en el bosque que los que murieron a espada.

⁹Durante la batalla, Absalón se encontró de repente con algunos hombres de David, y mientras huía en su mula, pasó debajo de las ramas de una gran encina, y el pelo se le enredó en las ramas. La mula siguió su camino, pero él quedó suspendido de las ramas. ¹⁰Uno de los hombres de David lo vio y se lo dijo a Joab.

¹¹—¿Qué? ¿Lo has visto y no le has dado muerte? —dijo Joab—. Yo te habría recompensado con diez monedas de plata y un cinturón.

¹²—Aun cuando me hubiera dado mil monedas de plata, no lo habría hecho, porque todos oímos que el rey les dijo a usted, a Abisay y a Itay: «Por amor a mí, no le hagan daño al joven Absalón». ¹³Y si yo hubiera traicionado al rey dando muerte a su hijo (y el rey ciertamente hubiera descubierto quién lo hizo), usted mismo habría sido el primero en acusarme.

¹⁴—¡Basta de decir necedades! —dijo Joab.

Enseguida tomó tres dardos y los clavó en el corazón de Absalón, que aún colgaba vivo de la encina. ¹⁵Luego, diez de los jóvenes escuderos de Joab rodearon a Absalón y terminaron de matarlo. ¹⁶Joab hizo sonar la trompeta, y sus hombres dejaron de perseguir a Israel. ¹⁷Arrojaron el cuerpo de Absalón en un gran hoyo que había en el bosque y pusieron un gran montón de piedras sobre él. Todo Israel huyó.

¹⁸(Absalón había edificado un monumento para sí en el valle del rey, porque se dijo: «No tengo hijos que lleven mi nombre». Lo llamó Columna de Absalón, y con ese nombre se le conoce todavía.)

## David hace duelo

¹⁹Entonces Ajimaz hijo de Sadoc le dijo a Joab:

—Correré a llevarle la buena noticia al rey David, de que el S EÑOR lo ha salvado de su enemigo Absalón.

²⁰—No —le dijo Joab—, la muerte de su hijo no es una buena noticia para el rey. Puedes servirme de mensajero en otra oportunidad.

²¹Entonces Joab le dijo a un soldado de Cus:

—Anda y dile al rey lo que has visto.

El hombre se inclinó y se echó a correr. ²²Pero Ajimaz le rogó a Joab:

—Déjame acompañar a ese soldado.

—No, no es necesario que vayas, hijo mío —replicó Joab—. ¡No habrá recompensa por esa noticia!

²³—No importa; de todos modos, quiero ir —insistió Ajimaz.

Y Joab finalmente dijo:

—Bien, anda también.

Entonces Ajimaz tomó por un atajo a través de la llanura y llegó allí antes que el soldado de Cus. ²⁴David estaba sentado a la puerta de la ciudad. Cuando el centinela subió a su puesto de vigilancia sobre el muro, vio que un hombre solo corría hacia ellos. ²⁵Entonces le avisó al rey David, y el rey respondió:

—Si viene solo, debe traer buenas noticias.

Pero mientras este hombre se acercaba, ²⁶el centinela vio a otro que corría hacia ellos. Entonces gritó:

—¡Viene otro hombre detrás!

Y el rey respondió:

—Ese también debe traer buenas noticias.

²⁷El centinela dijo:

—El primer hombre parece ser Ajimaz hijo de Sadoc.

—Es un hombre de bien y ha de venir con buenas noticias —dijo el rey.

²⁸Ajimaz se acercó, saludó al rey, y se inclinó con su rostro a tierra, y dijo:

siervos, y contra todos los guerreros que lo acompañaban, le gritaba al rey:

⁷,⁸—¡Largo de aquí, asesino sanguinario! ¡El Señor te está castigando por haber asesinado a Saúl y a toda su familia! ¡Tú le quitaste el trono, y ahora el Señor se lo ha dado a tu hijo Absalón! ¡Por fin probarás tu propia medicina, asesino!

⁹—¿Por qué ese perro muerto maldice a mi señor, el rey? —preguntó Abisay hijo de Sarvia—. ¡Déme permiso para ir y cortarle la cabeza!

¹⁰—No —dijo el rey—. Si el Señor le ha permitido que me maldiga, ¿quién soy yo para oponerme? ¹¹Mi propio hijo está tratando de matarme, y este benjaminita solamente me maldice. Déjenlo tranquilo, porque sin duda el Señor le ha dicho que lo haga. ¹²Quizá el Señor tenga en cuenta mi profundo dolor, y en vez de maldiciones envíe bendiciones sobre mí.

¹³David y sus hombres siguieron su marcha, y Simí los siguió hasta una colina cercana, maldiciendo y arrojando piedras contra David y lanzando polvo al aire. ¹⁴El rey y todos los que estaban con él llegaron extenuados a Bajurín, de modo que descansaron allí.

### El consejo de Husay y Ajitofel

¹⁵Mientras tanto, Absalón y sus hombres llegaron a Jerusalén acompañados por Ajitofel. ¹⁶Cuando el amigo de David, Husay el arquita llegó, fue inmediatamente a ver a Absalón.

—¡Que Dios dé larga vida al rey! —exclamó—. ¡Que viva el rey!

¹⁷—¿Es ésta tu manera de tratar a tu amigo David? —le preguntó Absalón—. ¿Por qué no te fuiste con él?

¹⁸—Porque yo trabajo para el hombre que ha sido escogido por el Señor y por Israel —respondió Husay—. ¹⁹Debo estar aquí. Yo ayudé a su padre y ahora le serviré a usted.

²⁰Absalón se volvió a Ajitofel y le preguntó:

—¿Qué debo hacer ahora?

²¹Ajitofel le dijo:

—Vaya y acuéstese con las concubinas que su padre dejó cuidando el palacio. Así todo Israel sabrá que usted ha insultado al rey David y que no hay posibilidad de reconciliación. Entonces todos los que están apoyándolo a usted se sentirán más seguros.

²²Enseguida levantaron una tienda en el terrado del palacio, donde todos pudieran ver; y Absalón entró en la tienda para acostarse con las concubinas de su padre. ²³(Absalón, al igual que antes David, hacía todo lo que Ajitofel le decía, pues, en ese tiempo, se consideraba que oír el consejo de Ajitofel era como oír a Dios mismo).

**17** Ajitofel le dijo a Absalón:

—Déjeme escoger a doce mil de los mejores hombres para salir en busca de David esta noche. ²,³Caeré sobre él mientras está cansado y desanimado. Él y todos los que están con él serán presa del pánico, y saldrán huyendo. Yo mataré solamente al rey y dejaré con vida a todos los demás, de modo que no les quedará más remedio que unirse a usted y servirle.

⁴Absalón y todos los ancianos de Israel aprobaron el plan, ⁵pero Absalón dijo:

—Es bueno que también contemos con la opinión de Husay.

⁶Cuando Husay llegó, Absalón le contó lo que Ajitofel había dicho.

—¿Cuál es tu opinión? —le preguntó Absalón—. ¿Hemos de seguir el consejo de Ajitofel? ¿Qué piensas tú?

⁷Husay contestó:

—Creo que Ajitofel esta vez comete un error. ⁸Usted conoce a su padre y a sus hombres. Bien sabe que son guerreros poderosos, y probablemente se encuentran tan enfurecidos como una osa a quien le han quitado sus ositos. Además, su padre es un guerrero de experiencia y no creo que vaya a pasar la noche junto con el pueblo. ⁹Es muy probable que se haya escondido en algún pozo, o en alguna caverna. Cuando él salga y ataque por sorpresa, entonces habrá pánico entre quienes le son leales a usted, y todos comenzarán a gritar que los están matando. ¹⁰Entonces, los más valientes de ellos, los que son tan fieros como un león, se paralizarán de miedo. Porque todo Israel sabe cuán poderoso es su padre y cuán valientes son sus hombres.

¹¹»Lo que sugiero es que movilice a todo Israel, desde Dan hasta Berseba, para que constituyan una gran fuerza. Usted, personalmente, debe guiar a sus hombres. ¹²Cuando encontremos a David, lo atacaremos y podremos destruir a todo el que está con él, de modo que ninguno de ellos quede vivo. ¹³Y si David se escapa y se oculta en alguna ciudad, usted tendrá todo Israel a sus órdenes, y podremos tomar sogas y arrastrar los muros de la ciudad hasta el valle más cercano, hasta que la última piedra haya sido removida.

¹⁴Absalón y los hombres de Israel dijeron:

—El consejo de Husay es mejor que el de Ajitofel.

Eso sucedió porque el Señor había dispuesto que se anulara el consejo de Ajitofel, cuyo plan realmente era el mejor, para que pudiera venir el desastre sobre Absalón.

¹⁵Husay les contó a los sacerdotes Sadoc y Abiatar lo que Ajitofel había propuesto y lo que él había sugerido en cambio.

¹⁶—¡Rápido! —les dijo—. Busquen al rey David y díganle que no se quede en los llanos del desierto esta noche. Es mejor que pasen de inmediato al otro lado, pues, de lo contrario, se expone a que lo maten, junto con todo el pueblo.

¹⁷Jonatán y Ajimaz se habían quedado en Enroguel, para que no se les viera entrar y salir de la ciudad. Se habían puesto de acuerdo para que una criada les llevara los mensajes que debían darle al rey David. ¹⁸Pero un muchacho que salían de Enroguel rumbo a donde estaba David, y se lo hizo saber a Absalón. Ellos, entonces, se fueron rápidamente a Bajurín, donde un hombre los escondió en un pozo en el patio. ¹⁹La esposa del hombre puso una tela sobre la boca del pozo y encima puso grano para que se secara al sol. De este modo nadie sospechó que ellos estaban allí.

²⁰Cuando Absalón y sus hombres llegaron y le preguntaron si había visto a Ajimaz y a Jonatán, ella dijo que habían cruzado el arroyo y se habían ido. Los buscaron, y al no encontrarlos regresaron a Jerusalén. ²¹Entonces los dos hombres salieron del pozo y corrieron a encontrar al rey David.

—¡Rápido —le dijeron—, cruce el Jordán esta noche!

⁵Y cuando alguien iba a saludarlo y se inclinaba delante de él, Absalón le tendía la mano, lo abrazaba y lo besaba. ⁶De esta manera Absalón iba conquistando el corazón de todo el pueblo de Israel.

⁷,⁸Después de cuatro años, Absalón le dijo al rey:

—Déjame ir a Hebrón a ofrecer sacrificios al Señor. De esta manera podré cumplir el voto que le hice mientras estaba en Guesur de Aram, de que si me permitía volver a Jerusalén, yo le ofrecería un sacrificio.

⁹—Muy bien —le dijo el rey—, anda y cumple tu voto.

Absalón se fue a Hebrón. ¹⁰Pero mientras estaba allí envió mensajeros a todas las tribus de Israel con el siguiente mensaje: «En cuanto oigan el toque de las trompetas, digan que Absalón ha sido coronado como rey en Hebrón».

¹¹Con Absalón habían ido doscientos hombres de Jerusalén como invitados, pero ellos no conocían sus intenciones. ¹²Mientras estaba ofreciendo los sacrificios, envió por Ajitofel, uno de los consejeros de David que vivía en Guiló. De esta manera la conspiración adquirió mucha fuerza, y cada vez eran más los que estaban a favor de Absalón.

¹³Pronto llegó un mensajero a Jerusalén y le dijo al rey David:

—Todo Israel se ha unido a Absalón en contra suya.

¹⁴Al oír esto, David les dijo a todos sus oficiales que estaban con él en Jerusalén:

—¡Debemos huir de inmediato, o será demasiado tarde! Si salimos de la ciudad antes de que Absalón llegue, nos salvaremos nosotros y se salvará la ciudad de Jerusalén.

¹⁵—Estamos con usted, mi rey —le respondieron los oficiales—. Haremos lo que nos ordene.

¹⁶El rey y los de su casa se pusieron en marcha inmediatamente. David sólo dejó a diez de sus concubinas para que se ocuparan del cuidado del palacio. ¹⁷,¹⁸Al llegar a la última casa de la ciudad, David se detuvo, y todos sus oficiales se colocaron junto a él, mientras que el resto de la gente seguía adelante. Así que delante del rey pasaron los quereteos, los peleteos, y los seiscientos guititas que habían acompañado a David desde Gat.

¹⁹,²⁰El rey se dirigió a Itay, el jefe de los seiscientos guititas, y le dijo:

—¿Qué estás haciendo aquí? Vuelve y quédate con el nuevo rey, porque tú eres extranjero en Israel, y estás desterrado de tu patria. Casi acabas de llegar y no encuentro justo que te obligue a ir con nosotros quién sabe por qué lugares. Vuelve y lleva tus tropas contigo, y que el Señor sea misericordioso contigo.

²¹Pero Itay le respondió:

—Juro delante de Dios, y por la vida suya, rey mío, que donde usted vaya yo iré, sea que esto signifique la vida o la muerte.

²²—Bien, ven con nosotros —le dijo David.

Así que Itay y sus seiscientos hombres, junto con sus familias, fueron con él.

²³Hubo profunda tristeza en la ciudad cuando el rey y los que lo acompañaban salieron, cruzaron el arroyo de Cedrón, y se dirigieron hacia el campo. ²⁴Abiatar, Sadoc y los levitas llevaron el cofre del pacto de Dios y la pusieron junto al camino hasta que todos pasaron.

²⁵,²⁶Entonces, siguiendo las instrucciones de David, Sadoc llevó el cofre de regreso a la ciudad.

—Si es la voluntad del Señor —dijo David—, él me permitirá regresar para ver el cofre y el santuario nuevamente. Pero si no, que haga conmigo lo que mejor le parezca.

²⁷Y dijo a Sadoc:

—Éste es mi plan: Vuelve en paz a la ciudad con tu hijo Ajimaz y con Abiatar y su hijo Jonatán. ²⁸Yo me detendré en los llanos del desierto hasta que ustedes me manden a decir cómo está la situación en la ciudad.

²⁹Sadoc y Abiatar, pues, regresaron con el cofre de Dios a Jerusalén, y se quedaron allí. ³⁰David subió llorando por el camino que lleva al monte de los Olivos. Llevaba la cabeza cubierta e iba descalzo, en señal de duelo. Y la gente que lo acompañaba también llevaba la cabeza cubierta, y lloraban mientras subían por el monte. ³¹Cuando alguien le dijo a David que Ajitofel, su consejero, estaba de parte de Absalón, David oró: «Señor, haz que fracasen los planes de Ajitofel».

³²Cuando llegaron a la cumbre del monte de los Olivos, donde el pueblo adoraba a Dios, David encontró a Husay, el arquita, con la ropa rasgada y con la cabeza cubierta de ceniza, en señal de duelo. ³³,³⁴Pero David le dijo:

—Si vas conmigo serás una carga. Vuelve a Jerusalén y dile a Absalón: «Rey, yo le serviré de consejero como lo hice con su padre». Entonces podrás arruinar los planes de Ajitofel. ³⁵,³⁶Los sacerdotes Sadoc y Abiatar están allí. Cuéntales todo cuanto sepas sobre esta situación. Por medio de Ajimaz hijo de Sadoc y de Jonatán hijo de Abiatar me podrán mandar cualquier noticia.

³⁷Entonces Husay, el amigo de David, regresó a la ciudad. Llegó precisamente en el momento en que Absalón entraba a Jerusalén.

## David y Siba

**16** David acababa de pasar por la cima del monte cuando Siba, el administrador de la casa de Mefiboset, lo alcanzó. Llevaba dos burros cargados con doscientos panes, un centenar de tortas de uvas pasas, cien frutas de la estación y un pequeño barril de vino.

²—¿Para qué es esto? —preguntó el rey a Siba.

Y Siba le respondió:

—Los burros son para que la familia de mi señor, el rey, monte en ellos; el pan y las frutas son para que sus soldados coman. El vino deben llevarlo al desierto por si alguno desfallece de sed.

³—¿Y dónde está Mefiboset? —le preguntó el rey.

—Se ha quedado en Jerusalén —respondió Siba—. Él dijo: «Ahora podré ser rey. Hoy recobraré el reino de Saúl mi abuelo».

⁴—En ese caso —dijo el rey a Siba—, te doy todo lo que él posee.

—Gracias, gracias, mi señor, el rey —respondió Siba.

## Simí maldice a David

⁵Cuando David y su compañía pasaron por Bajurín, un hombre salió del pueblo, maldiciéndolo. Era Simí hijo de Guerá, miembro de la familia de Saúl. ⁶A la vez que arrojaba piedras contra el rey y sus

**2 SAMUEL 13.36**

—Se da cuenta, mi rey, que yo no le mentí. ¡Mire, ahí vienen sus hijos!

³⁶Pronto llegaron ellos, llorando a gritos. Entonces el rey y sus oficiales lloraron juntamente con ellos.

³⁷⁻³⁹Absalón huyó a refugiarse donde Talmay[b] hijo de Amiud, rey de Guesur, y se quedó allí tres años. Mientras tanto, David lloraba todos los días por su hijo Amnón. Pero una vez que se consoló de su muerte, comenzó a sentir deseos de ver a su hijo Absalón.

### Absalón regresa a Jerusalén

**14** Cuando el general Joab hijo de Sarvia comprendió cuánto deseaba David ver a Absalón, ²,³envió por una mujer de Tecoa, que tenía reputación de gran sabiduría, y le dijo que pidiera una entrevista con el rey. Pero antes de que la mujer se presentara delante del rey, Joab le dijo:

—Vístete de luto, no te eches perfume, como si estuvieras de duelo por un hijo muerto. Luego irás donde el rey y le dirás todo lo que yo te diga.

⁴Cuando la mujer llegó ante el rey, se arrojó con el rostro al suelo frente a él y clamó:

—¡Mi señor, por favor, ayúdeme!

⁵,⁶—¿Qué te pasa? —le preguntó el rey.

—Soy viuda —contestó ella—, y mis dos hijos tuvieron una pelea en el campo. Puesto que no hubo nadie que los separara, uno de ellos mató al otro. ⁷Ahora el resto de la familia pide que yo entregue a mi otro hijo para ejecutarlo por haber asesinado a su hermano. Pero si lo hago no tendré ningún hijo, y el nombre de mi marido será desarraigado de la tierra.

⁸—Déjalo por mi cuenta —dijo el rey—, yo veré que nadie lo toque.

⁹—Gracias, mi señor, rey —contestó ella—. Yo llevaré la culpa si lo critican a usted por ayudarme de esta manera.

¹⁰—No te preocupes. Si alguien te amenaza, avísame. Yo puedo asegurarte que jamás volverá a molestarte.

¹¹Entonces ella dijo:

—Júreme por Dios que no permitirá que nadie le haga daño a mi hijo. No deseo más derramamiento de sangre.

—Prometo por Dios —respondió él— que ni un solo cabello de tu hijo caerá a tierra.

¹²—Ahora, déjeme que le pida una cosa más —dijo ella.

—Habla —contestó él.

¹³—¿Por qué no hace usted por todo el pueblo de Dios lo que ha prometido hacer por mí? —preguntó ella—. Usted se ha condenado a sí mismo al tomar esta decisión, pues se ha negado a recibir en casa a su hijo que está desterrado. ¹⁴Todos debemos morir. Nuestras vidas son como el agua que es derramada en tierra, que no puede volverse a recoger. Pero Dios le bendecirá a usted con una vida más larga si permite que su hijo regrese del destierro. ¹⁵,¹⁶Pero, yo he venido a rogarle por mi hijo, porque mi vida y la vida de mi hijo han sido amenazadas y yo me dije: «Quizás el rey me oirá y nos librará de los que quieren acabar con nuestra existencia en Israel. ¹⁷Sí, el rey nos dará paz nuevamente». Yo sé que usted es como el ángel de Dios y puede discernir entre el bien y el mal. Quiera Dios estar con usted.

¹⁸—Quiero saber una cosa —dijo el rey.

—¿De qué se trata, mi señor, el rey? —preguntó ella.

¹⁹—¿Fue Joab quien te envió?

Y la mujer respondió:

—¿Cómo podría negarlo? Sí, Joab me envió y me dijo lo que tenía que decir. ²⁰Él lo hizo para que usted pueda ver el asunto desde un ángulo diferente. Pero usted es tan sabio como un ángel de Dios y sabe todo lo que ocurre en la tierra.

²¹Entonces el rey llamó a Joab y le dijo:

—Bien, anda y trae a Absalón.

²²Joab se inclinó a tierra delante del rey, lo bendijo y dijo:

—Al fin sé que mi señor, el rey, tiene buena voluntad hacia mí, pues me ha concedido esta petición.

²³Joab fue a Guesur y trajo a Absalón a Jerusalén. ²⁴Pero el rey David ordenó que Absalón se fuera a su propia casa, pues no quería verlo nunca. Por eso, Absalón se fue a su casa sin ver al rey.

²⁵En todo Israel no había alguien tan hermoso como Absalón, y nadie recibía tantos elogios como él. ²⁶Se cortaba el cabello una vez al año, cuando le resultaba demasiado pesado. ¡El pelo que se cortaba pesaba unos dos kilos! ²⁷Tenía tres hijos y una hija, Tamar, que era muy hermosa.

²⁸Después de dos años de estar en Jerusalén sin presentarse ante el rey, Absalón ²⁹llamó a Joab para que intercediera por él; pero Joab no quiso ir. Absalón lo mandó a buscar por segunda vez, pero nuevamente se negó a acudir. ³⁰Entonces Absalón dijo a sus siervos: «Vayan y préndanle fuego al campo de cebada de Joab, que está junto al mío».

Ellos así lo hicieron. ³¹Entonces Joab se presentó ante Absalón y le preguntó:

—¿Por qué tus siervos han quemado mi campo?

³²Y Absalón le respondió:

—Porque yo quería que le preguntaras al rey por qué me hizo venir de Guesur si no me quería ver. ¡Mejor me habría quedado allá! Arréglame una entrevista con el rey, y si él me encuentra culpable de asesinato, que me ejecute.

³³Joab le comunicó al rey lo que Absalón había dicho. Al fin, David citó a Absalón, y éste fue y se inclinó delante del rey, y David lo besó.

### Absalón conspira contra David

**15** Algún tiempo después, Absalón compró un magnífico carro de guerra y caballos; además, contrató a cincuenta hombres para que fueran su escolta personal. ²Se levantaba temprano cada mañana y se paraba en la puerta de la ciudad. Cuando alguien traía un caso para que el rey lo juzgara, Absalón lo llamaba y se mostraba interesado en su problema.

³Entonces decía:

—Veo que tienes razón en este asunto. Es desafortunado que el rey no tenga a alguien que le ayude para atender estos casos. ⁴Ciertamente me gustaría ser el juez; así cualquiera que tuviera un caso vendría a mí, y yo le haría justicia.

---

*14.14

*b*. El rey Talmay era su abuelo por parte de madre.

les dijera: «En mi honor, ese niño debería llamarse Jedidías (Amado del Señor)».

²⁶,²⁷Mientras tanto, Joab terminaba con éxito el sitio de Rabá, la capital de Amón. Joab envió mensajeros a decirle a David: «Tengo sitiada a Rabá y he tomado ya la ciudadela que protege el abastecimiento de agua. ²⁸Ahora, pues, le ruego que traiga al resto del pueblo y capture la ciudad, para que la ciudad lleve su nombre y no el mío».

²⁹,³⁰David condujo a todo el ejército a Rabá, y la capturó. Cuando regresaron, trajeron a Jerusalén un enorme botín. David traía la corona del rey de Rabá, de treinta y tres kilos de oro y adornada con una piedra preciosa, y se la puso en la cabeza. ³¹Obligó a los habitantes de la ciudad a trabajos forzados. Los envió a trabajar con sierras, picos y hachas, y en los hornos de ladrillos. De la misma manera trató a todas las ciudades de los amonitas. David y su ejército regresaron después a Jerusalén.

## Amnón y Tamar

**13** El príncipe Absalón, hijo de David, tenía una hermosa hermana llamada Tamar. Amnón, su medio hermano, se enamoró intensamente de ella. ²Tanta angustia sufrió Amnón por aquel amor que se sintió enfermo. No encontraba la manera de estar a solas con ella, pues ella era virgen. ³Pero Amnón tenía un amigo muy astuto, su primo Jonadab hijo de Simá, hermano de David. ⁴Un día Jonadab dijo a Amnón:

—¿Qué te pasa, pues cada día te ves más desmejorado? ¡No pareciera que fueras hijo del rey!

—Estoy enamorado de Tamar, mi medio hermana —le respondió Amnón.

⁵—Bien —dijo Jonadab—, te diré qué debes hacer. Anda, acuéstate y simula estar enfermo. Cuando tu padre venga a verte, pídele que deje venir a Tamar para que te prepare algo de comer. Dile que te sentirás mejor si ella te da la comida.

⁶Así lo hizo Amnón. Cuando el rey fue a verlo, Amnón le pidió que su hermana Tamar le preparara dos tortas y se las sirviera. ⁷David estuvo de acuerdo, y ordenó a Tamar que fuera a la habitación de Amnón y le preparara de comer. ⁸Así lo hizo ella. Fue a la casa de Amnón y delante de él amasó harina y le horneó las tortas. ⁹Pero cuando se las sirvió, él no quiso comer.

—¡Salgan todos de aquí! —ordenó a sus servidores.

Cuando todos salieron, ¹⁰le dijo a Tamar:

—Ahora tráeme la comida a mi habitación, y dame tú misma de comer.

Tamar le llevó las tortas que le había preparado. ¹¹Pero cuando se acercó para darle de comer, Amnón la agarró y le exigió:

—Acuéstate conmigo, hermana mía.

¹²—¡Amnón! —gritó ella—. ¡No seas necio! ¡No me hagas esto! Tú sabes cuán grave es este delito en Israel. ¹³¿A dónde podría ir con mi vergüenza? Y tú serías conocido como el más grande perverso de Israel. Mejor habla con el rey, que de seguro él dejará que nos casemos.

¹⁴Pero Amnón no atendió a sus ruegos, sino que, como era más fuerte que ella, la agarró por la fuerza y la violó. ¹⁵Luego, repentinamente su amor se convirtió en odio, y la odió mucho más de lo que la había amado.

—¡Largo de aquí! —le gritó.

¹⁶—¡No, no! —lloró ella—. Rechazarme ahora es un crimen peor que el que ya has cometido.

Pero él no la quiso escuchar, ¹⁷,¹⁸y llamó a su criado y le ordenó:

—¡Echa de aquí a esta mujer y cierra la puerta con cerrojo cuando haya salido!

El criado la hizo salir. Tamar usaba una túnica larga con mangas, como era la costumbre en aquellos días entre las hijas vírgenes del rey. ¹⁹Al salir de la casa de Amnón, se rasgó su túnica y se echó ceniza en la cabeza, y con sus manos en la cabeza salió gritando y llorando.

²⁰Su hermano Absalón, al enterarse de lo sucedido, le dijo:

—¡Conque tu hermano Amnón durmió contigo! Pero recuerda que él es tu hermano, así que es mejor que te tranquilices y no digas nada.

Entonces Tamar se fue a vivir a la casa de su hermano Absalón, pero se mantenía muy triste.

²¹Cuando el rey David oyó lo que había ocurrido, se enojó mucho. ²²Absalón, por su parte, no le dirigía la palabra a Amnón, pues sentía odio hacia él por lo que le había hecho a su hermana Tamar.

## Asesinato de Amnón

²³,²⁴Dos años más tarde, cuando estaban esquilando las ovejas de Absalón en Baal Jazor, cerca del pueblo de Efraín, Absalón invitó a su padre y a todos sus hermanos a la fiesta para celebrar la ocasión.

²⁵—No, hijo mío —respondió el rey—. Si todos vamos, seríamos una carga demasiado grande para ti.

Absalón insistió, pero el rey no quiso ir, aunque le dio su bendición.

²⁶Entonces Absalón le dijo:

—Ya que usted no puede ir, le ruego que permita que mi hermano Amnón vaya.

—¿Por qué Amnón? —preguntó el rey.

²⁷Absalón siguió insistiendo hasta que el rey permitió que todos sus hijos fueran, incluso Amnón. ²⁸Absalón dijo a sus servidores:

—Esperen hasta que Amnón se embriague, y entonces, a una señal mía, mátenlo. No teman, yo soy el que manda aquí y esto es una orden. Sean valientes y háganlo.

²⁹,³⁰Así es que ellos mataron a Amnón. Enseguida, los demás hijos del rey se subieron a sus mulas y huyeron. Mientras iban en su camino de regreso a Jerusalén, llegó a David la noticia: «¡Absalón ha dado muerte a todos tus hijos! ¡Ninguno ha quedado con vida!»

³¹El rey se levantó, y en señal de dolor se rasgó su ropa y se postró en tierra. Sus criados también hicieron lo mismo. ³²,³³Entonces Jonadab hijo de Simá y sobrino de David llegó y dijo:

—Eso no es verdad. El único asesinado fue Amnón, los demás hijos de mi señor están vivos. Absalón había estado preparando esto desde que Amnón violó a Tamar. No, tus hijos no han muerto. Fue solamente Amnón.

³⁴El centinela de la ciudad vio que una gran multitud venía bajando del cerro, y fue a decirle al rey: «Mucha gente viene bajando del cerro, por el camino de Joronayin». (Mientras tanto, Absalón se había lanzado a la fuga.) ³⁵Entonces Jonadab le dijo al rey:

## 2 SAMUEL 11.10

del rey. ¹⁰Cuando David oyó lo que Urías había hecho lo llamó y le preguntó:

—¿Qué te ocurre? ¿Por qué no fuiste a dormir a tu casa después de haber estado tanto tiempo fuera?

¹¹Urías respondió:

—El cofre, Israel y Judá, Joab y todo el ejército de mi señor están durmiendo en los campamentos, a la intemperie. ¿Cómo podría yo ir a casa a beber, comer y dormir con mi esposa? Juro que jamás haré tal cosa.

¹²—Bien —le dijo David—. Mañana puedes regresar al campo de batalla.

Urías se quedó cerca del palacio. ¹³David lo invitó a comer y a beber, y lo hizo embriagarse, pero ni aun así quiso ir a su casa esa noche sino que durmió a la entrada del palacio.

¹⁴Al día siguiente, David escribió una carta para Joab y se la envió por medio de Urías. ¹⁵La carta ordenaba a Joab que pusiera a Urías en la primera línea de batalla, cuando el combate fuera más fuerte, y que luego lo dejaran solo para que lo mataran.

¹⁶Así que Joab colocó a Urías en un punto muy cercano a la ciudad sitiada, donde sabía que estaban peleando los mejores hombres del enemigo. ¹⁷Y Urías murió, junto con otros varios de los soldados de David.

¹⁸Cuando Joab envió un informe a David de cómo iba la batalla, ¹⁹⁻²¹le dijo al mensajero:

—Si el rey se enoja y pregunta: «¿Por qué los soldados se acercaron tanto a la ciudad? ¿No sabían que ellos estarían disparando desde las murallas? ¿No recuerdan cómo murió Abimélec hijo de Yerubéset? ¡Recuerden que fue una mujer de Tebes quien, desde la muralla, le arrojó una piedra de molino y lo mató!» entonces le dirás: «Urías también murió en el combate».

²²El mensajero llegó a Jerusalén y le dio el informe a David:

²³—El enemigo salió en contra de nosotros —dijo—, y mientras los perseguíamos hacia las puertas de la ciudad, ²⁴los hombres que estaban en la muralla nos atacaron y mataron a algunos de los nuestros. También Urías el hitita murió.

²⁵—Bien, dile a Joab que no se desaliente —dijo David—. La espada mata unas veces a unos y otras veces a otros. Peleen con más ardor la próxima vez, conquisten la ciudad y destrúyanla. Dile que está haciendo bien.

²⁶Cuando Betsabé supo que su marido había perdido la vida, lo lloró. ²⁷Pasado el tiempo del duelo, David ordenó que se la llevaran al palacio, y la hizo su esposa. En el tiempo señalado, ella dio a luz un hijo. Pero al S<small>EÑOR</small> no le agradó lo que David había hecho.

### Natán reprende a David

**12** Entonces el S<small>EÑOR</small> envió al profeta Natán a decirle a David lo siguiente:

²—Había dos hombres en cierta ciudad: uno muy rico, que tenía muchos rebaños de ovejas y manadas de cabras; ³y el otro muy pobre, que sólo poseía una ovejita que había logrado comprar. Esta ovejita era el encanto de sus hijos, y su dueño le daba de comer de su propio plato, la hacía beber en su propia taza, y la hacía dormir en sus brazos como si fuera una hija.

⁴Un día un hombre llegó a visitar al rico, pero éste, en vez de matar un cordero de sus rebaños para dar de comer al viajero, tomó la ovejita del hombre pobre y con ella preparó una comida y se la sirvió al visitante.

⁵Al oír esto, David se enfureció, y dijo:

—¡Juro por el Dios vivo que quien haya hecho eso, merece la muerte! ⁶¿Cómo pudo ese hombre hacer tal cosa? ¡Pues ahora tendrá que pagarle al pobre cuatro veces lo que vale la oveja que le robó!

⁷—¡Tú eres ese hombre! —le dijo Natán a David—. El S<small>EÑOR</small> Dios de Israel dice: «Yo te hice rey de Israel y te salvé del poder de Saúl. ⁸Te di su palacio y sus esposas, y los reinos de Israel y Judá. Y si esto no hubiera sido suficiente, te habría dado mucho más. ⁹¿Por qué, entonces, has despreciado las leyes de Dios y has cometido esta horrible maldad? Porque tú le diste muerte a Urías y te robaste su esposa. ¡Lo mataste con la espada de los amonitas! ¹⁰Por tanto, de aquí en adelante, el asesinato será una amenaza constante en tu familia, porque me has insultado al tomar la esposa de Urías. ¹¹¡Juro que por lo que has hecho haré que tu propia familia se rebele contra ti! Tus esposas serán de otros hombres, y las poseerán ante tus ojos y ante el pueblo. ¹²Tú lo hiciste en secreto, pero yo te lo haré abiertamente, ante los ojos de todo Israel».

¹³—He pecado contra el S<small>EÑOR</small> —contestó David a Natán.

Natán le respondió:

—Sí, pero el S<small>EÑOR</small> ya te ha perdonado; así que no morirás por este pecado. ¹⁴Pero le has dado a los enemigos del S<small>EÑOR</small> la oportunidad de despreciarlo y blasfemar contra él. Por eso, el niño morirá.

¹⁵Natán regresó a su casa. Y el S<small>EÑOR</small> hizo que el bebé de Betsabé, la que había sido esposa de Urías, sufriera una grave enfermedad. ¹⁶David oró a Dios pidiendo que salvara al niño; no comía y pasaba las noches de rodillas en el suelo, delante del S<small>EÑOR</small>. ¹⁷Sus consejeros le rogaban que se levantara y comiera con ellos, pero él se negaba a hacerlo.

¹⁸Al séptimo día el niño murió, y los siervos de David tenían miedo de decírselo. «Si estaba tan quebrantado por la enfermedad del niño —decían— ¿qué será de él cuando le digamos que el niño está muerto?» ¹⁹Pero cuando David vio que estaban hablando en secreto, sospechó lo que había ocurrido, y les preguntó:

—¿Ha muerto el niño?

—Sí, ha muerto —le respondieron.

²⁰David se levantó del suelo y se lavó, se cepilló el cabello, se cambió la ropa, entró en el Santuario y adoró al S<small>EÑOR</small>. Luego regresó al palacio, y comió. ²¹Sus servidores estaban asombrados.

—¡No lo comprendemos! —le dijeron—. Mientras el niño aún vivía usted lloraba y se negaba a comer, pero ahora que el niño ha muerto, usted ha dejado de llorar y está comiendo nuevamente.

²²David les respondió:

—Ayuné y lloré mientras el niño estaba vivo, porque me dije: «Quizás el S<small>EÑOR</small> tendrá misericordia de mí, y dejará vivir al niño». ²³Pero, ¿por qué he de ayunar si ya ha muerto? ¿Puedo hacerlo revivir acaso? Yo iré a él, pero él no regresará a mí.

²⁴Entonces David consoló a Betsabé, y durmió con ella. Betsabé quedó de nuevo embarazada, y dio a luz un hijo, al que David le puso el nombre de Salomón. El S<small>EÑOR</small> amó al niño, ²⁵y envió al profeta Natán a que

☼12.10-14

—¿Ha quedado alguien vivo de la familia de Saúl? Si es así, quiero cumplir un voto, mostrándome misericordioso con él.

—Sí, mi rey —respondió Siba—, aún vive un hijo de Jonatán, el cual es tullido de los dos pies.

⁴—¿Dónde vive? —volvió a preguntar el rey.

—En Lo Debar, en la casa de Maquir hijo de Amiel —respondió Siba.

⁵,⁶De inmediato, el rey David envió por Mefiboset hijo de Jonatán y nieto de Saúl. Mefiboset llegó y se inclinó delante del rey David, quien le preguntó:

—¿Eres tú Mefiboset?

—Sí, aquí está su siervo —le respondió.

⁷David le dijo:

—No tengas miedo. Te he enviado a buscar porque quiero ayudarte, tal como se lo prometí a tu padre Jonatán. Te devolveré todas las tierras que pertenecieron a tu abuelo Saúl, y de aquí en adelante vivirás en mi palacio.

⁸Mefiboset entonces se inclinó de nuevo delante del rey, y dijo:

—¿Debe el rey mostrar tanta bondad con un perro muerto como yo?

⁹El rey llamó a Siba, el siervo de Saúl, y le dijo:

—He dado al nieto de tu amo todo lo que pertenecía a Saúl y a su familia. ¹⁰,¹¹Tú y tus hijos y tus sirvientes le trabajarán la tierra a fin de proporcionar alimento a su familia. Pero él vivirá aquí conmigo y se sentará a mi mesa.

Siba, que tenía quince hijos y veinte siervos, contestó:

—Mi rey, haré todo lo que usted me ha ordenado.

Desde aquel momento, Mefiboset comió regularmente con el rey David, como si fuera uno de sus hijos. ¹²Mefiboset tenía un hijo pequeño llamado Micaías. Todos los de la casa de Siba quedaran al servicio de Mefiboset, ¹³pero Mefiboset, que era tullido de ambos pies, se fue a vivir al palacio real en Jerusalén, y siempre comía en la mesa del rey.

## David derrota a los amonitas

**10** Después de esto, murió el rey amonita y le sucedió en el trono su hijo Janún. ²Entonces David pensó que debía tratar con bondad a Janún tal como su padre Najás había sido generoso con él. Por eso, envió unos mensajeros para que le dieran el pésame por la muerte de su padre.

³Pero los príncipes amonitas le dijeron a Janún: «No creas que estos hombres han venido aquí para honrar a tu padre y darte el pésame por su muerte. La verdad es que David los ha enviado a espiar la ciudad para después atacarla». ⁴Entonces Janún hizo capturar a los mensajeros de David y ordenó que les afeitaran la mitad de la barba y le cortaran las vestiduras a la altura de las nalgas. Luego los envió de regreso semidesnudos.

⁵Cuando David oyó lo que había ocurrido, les ordenó que se quedaran en Jericó hasta que les hubiera crecido la barba, pues se sentían muy avergonzados por su aspecto.

⁶El pueblo de los amonitas no tardó en comprender cuán seriamente habían ofendido a David; por lo que contrataron a veinte mil mercenarios sirios de las tierras de Bet Rejob y de Sobá, mil de Macá, y doce mil de la tierra de Tob. ⁷,⁸Cuando David se enteró de esto, envió a Joab y a todo el ejército de Israel para que los atacaran. Los amonitas se dispusieron a defender las puertas de su ciudad, mientras que los sirios de Sobá y Rejob, y los hombres de Tob y Macá peleaban en los campos.

⁹Cuando Joab se dio cuenta de que tendría que pelear en dos frentes, escogió a los mejores guerreros, se puso al frente del grupo y se los llevó a pelear contra los sirios en los campos. ¹⁰Dejó el resto al mando de su hermano Abisay, el cual se encargaría de atacar a los amonitas que estaban en la ciudad. ¹¹Antes de ir a sus respectivos lugares, Joab le dijo a su hermano Abisay: «Si necesito ayuda contra los sirios, ven y ayúdame. Pero si los amonitas son demasiado fuertes para ti, yo iré y te ayudaré. ¹²¡Sé valiente! ¡Vamos a pelear para salvar a nuestro pueblo y las ciudades de nuestro Dios! ¡Que el Señor haga lo que mejor le parezca!»

¹³Cuando Joab y sus soldados atacaron, los sirios se dieron a la fuga. ¹⁴Cuando los amonitas vieron que los sirios huían, ellos también huyeron de Abisay y se refugiaron en la ciudad. Joab entonces regresó a Jerusalén.

¹⁵,¹⁶Mientras tanto, los sirios, viendo que no podían hacerle frente a Israel, se reagruparon. Hadad Ezer mandó a buscar refuerzos al otro lado del río Éufrates. Éstos llegaron a Jelán bajo el mando de Sobac, jefe del ejército de Hadad Ezer.

¹⁷Cuando David supo lo que estaba sucediendo, personalmente reunió a todo Israel y los condujo hasta Jelán. Allí los sirios lo atacaron. ¹⁸Pero nuevamente los sirios huyeron de los israelitas. Los israelitas mataron a setecientos soldados que conducían los carros de combate y a cuarenta mil soldados de infantería. También murió Sobac, comandante en jefe del ejército sirio.

¹⁹Cuando los reyes aliados de Hadad Ezer vieron que los sirios habían sido derrotados, se rindieron ante David y le fueron tributarios. Después de esto los sirios tuvieron miedo de ayudar a los amonitas.

## David y Betsabé

**11** En la primavera del año siguiente, que era la época en que los reyes salían a la guerra, David envió a Joab y a sus oficiales y a todo el ejército para que atacaran a los amonitas y sitiaran la ciudad de Rabá. Pero David se quedó en Jerusalén.

²Una tarde, después de tomar la siesta, David se levantó y comenzó a caminar por la terraza del palacio. Mientras contemplaba la ciudad, vio a una mujer muy hermosa, que se estaba bañando. ³Envió a investigar el nombre de ella y supo que era Betsabé, hija de Elián y esposa de Urías el hitita. ⁴David la mandó a buscar. Cuando Betsabé llegó, David se acostó con ella. Betsabé apenas acababa de completar los ritos de la purificación después de la menstruación. Después regresó a su casa. ⁵Cuando se dio cuenta de que había quedado embarazada, envió un recado a David para informárselo.

⁶David, entonces, envió el siguiente mensaje a Joab: «Envíame a Urías el hitita». ⁷Cuando Urías llegó, David le preguntó cómo estaban Joab y el ejército, y cómo se desarrollaba la guerra. ⁸Luego le dijo que se fuera a su casa y estuviera con su esposa. Al salir del palacio, Urías recibió un regalo de parte del rey. ⁹Pero Urías no fue a su casa, sino que pasó aquella noche en la puerta del palacio, con los otros siervos

³—Haz lo que has pensado —dijo Natán—, porque el Señor está contigo.

⁴Pero aquella noche el Señor le dijo a Natán: ⁵«Dile a mi siervo David que no lo haga, ⁶porque nunca he vivido en un templo. Mi hogar siempre ha sido una carpa desde que saqué a Israel de Egipto. ⁷Y jamás me he quejado delante de los caudillos de Israel, los pastores de mi pueblo. ¿Les he preguntado alguna vez por qué no me han edificado un hermoso templo de cedro?

⁸»Así que dile a mi siervo David que yo, el Señor Todopoderoso, lo saqué del redil para que no siga cuidando las ovejas sino para que gobierne a mi pueblo Israel. ⁹Que yo he estado con él adondequiera que ha ido y he derrotado a sus enemigos. Que yo engrandeceré aún más su nombre, para que sea uno de los hombres más famosos del mundo. ¹⁰,¹¹A mi pueblo Israel le he dado un lugar donde pueda vivir tranquilo, sin que nadie les cause daño ni los oprima, como sucedía en la época en que los jueces los gobernaban. Te libraré de todos tus enemigos, y seré yo quien te construya una casa. ¹²Porque cuando tú mueras, yo pondré a uno de tus hijos en tu trono y haré que su reino sea fuerte. ¹³Él será el que me va a edificar un templo, y yo estableceré su trono para siempre. ¹⁴Yo seré su Padre y él será mi hijo. Si él me falla, yo lo castigaré como un padre castiga a su hijo, ¹⁵pero no le retiraré mi amor como sí se lo retiré a Saúl, tu antecesor. ¹⁶Tu dinastía y tu reino gozarán de mi favor, de modo que tu trono será establecido para siempre».

¹⁷Natán, pues, fue ante David y le dijo todo lo que el Señor le había dicho.

### Oración de David

¹⁸Entonces David entró a la carpa donde estaba el cofre y se sentó delante del Señor, y le dijo: «Mi Señor y Dios, ¿por qué me has engrandecido, si yo y mi familia somos tan insignificantes? ¹⁹Y ahora, además de todo, hablas de darme una dinastía eterna. Tu generosidad es superior a lo que de un hombre se pudiera esperar. Mi Señor y Dios ²⁰¿qué más puedo decir? Porque tú sabes cómo soy. ²¹Tú haces todas estas cosas porque tú lo has prometido y lo has querido.

²²»¡Cuán grande eres, mi Señor y Dios! ¡Nunca hemos oído de un Dios como tú! ¡Es que no existe otro dios! ²³¿Qué otras naciones en la tierra han recibido bendiciones similares a las de Israel tu pueblo? Porque tú rescataste de la esclavitud a tu nación escogida, para traer gloria a tu nombre. Tú la rescataste para ti de Egipto, de las otras naciones y de sus dioses. ²⁴Tú escogiste a Israel para que sea tu pueblo para siempre, y tú has sido nuestro Dios.

²⁵»Y ahora, mi Señor y Dios, haz lo que has prometido tocante a mí y a mi familia. ²⁶Que seas eternamente honrado por haber establecido a Israel como tu pueblo, y haber afirmado mi dinastía delante de ti.

☼ ²⁷»Porque tú, Señor Todopoderoso, Dios de Israel, me has revelado que yo soy el primero de una dinastía que gobernará a tu pueblo para siempre. Por eso es que me he atrevido a elevarte esta oración. ²⁸Porque ciertamente tú eres Dios, y tus palabras son verdaderas. Tú me has prometido estas buenas cosas. ²⁹Te suplico que bendigas la casa de tu siervo, de modo que mi casa permanezca para siempre delante de ti, oh Señor y Dios, porque tú lo has prometido».

### Victorias de David

**8** Después de esto, David derrotó a los filisteos, les quitó Méteg Amá y los sometió bajo su dominio. ²También venció a los moabitas, a quienes hizo tender en el suelo y los midió con un cordel. A todos los que quedaron dentro de las dos primeras medidas los hizo matar, pero dejó con vida a los que estaban en la tercera medida. Y los moabitas se convirtieron en vasallos y tributarios de David.

³También destruyó las fuerzas del rey Hadad Ezer, hijo del rey Rejob de Sobá, cuando éste se dirigía al río Éufrates con la intención de recuperar sus dominios sobre aquel territorio. ⁴David capturó a mil setecientos hombres de a caballo y a veinte mil de infantería, y desjarretó los caballos de todos los carros, salvo los necesarios para cien carros.

⁵Además, dio muerte a veintidós mil sirios de Damasco que acudieron en ayuda de Hadad Ezer. ⁶David situó varias guarniciones en Damasco, y los sirios fueron súbditos de David y le presentaban anualmente sus tributos. El Señor le daba victorias en todas las campañas militares que emprendía.

⁷David llevó a Jerusalén los escudos de oro que usaban los oficiales del rey Hadad Ezer, ⁸así como una gran cantidad de bronce de Tébaj y Berotay, que eran poblaciones de Hadad Ezer.

⁹Cuando el rey Tou de Jamat se enteró de las victorias de David sobre las fuerzas de Hadad Ezer, ¹⁰envió a su hijo Jorán para felicitarlo, porque Hadad Ezer y Tou eran enemigos. Tou le envió a David presentes de plata, oro y bronce. ¹¹,¹²David dedicó todas estas cosas al Señor, juntamente con la plata y el oro que había sacado de Siria, Moab, Amón, Filistea y Amalec. Lo mismo hizo con todo el botín que le había quitado al rey Hadad Ezer, hijo de Rejob, rey de Sobá.

¹³David se hizo muy famoso. Después de su regreso mató a dieciocho mil edomitas en el valle de la Sal. ¹⁴Luego puso guarniciones a través de Edom y fueron tributarios de David. El Señor estaba con David y le daba la victoria donde quiera que fuera.

### Los oficiales de David

¹⁵David reinó con justicia sobre Israel y a todos los trató por igual. ¹⁶Joab hijo de Sarvia estaba a cargo del ejército y Josafat hijo de Ajilud era el secretario; ¹⁷Sadoc hijo de Ajitob, y Ajimélec hijo de Abiatar eran los sacerdotes; Seraías era el cronista; ¹⁸Benaías hijo de Joyadá, era el jefe de la guardia personal del rey, la cual estaba compuesta de quereteos y peleteos. Los hijos de David ayudaban en el culto.

### David y Mefiboset

**9** Un día David preguntó si quedaba algún descendiente de Saúl, pues quería mostrarle misericordia, de acuerdo con lo prometido a su amigo Jonatán. ²Al enterarse de que había un hombre llamado Siba, que había sido uno de los siervos de Saúl, lo mandó a llamar.

—¿Eres tú Siba? —le preguntó el rey.

—Sí, su siervo —respondió el hombre.

³El rey entonces le preguntó:

☼7.27-28

y capturó la ciudadela de Sión, que luego se llamó la Ciudad de David.

⁸Cuando el mensaje insultante de los jebuseos llegó a oídos de David, les dijo a sus soldados: «¡Vayan y ataquen a esos jebuseos! ¡Suban por el canal del agua y podrán matar a esos ciegos y cojos que tanto aborrezco!» Este es el origen del dicho: «Ni los ciegos ni los cojos pueden entrar al templo».

⁹David estableció su sede en la fortaleza de Sión, a la cual llamó Ciudad de David. Además, le construyó alrededor una muralla, desde Milo hasta el palacio. ¹⁰David, pues, se fortalecía cada vez más, porque el Señor, Dios Todopoderoso, estaba con él.

¹¹El rey Hiram de Tiro envió cedro, carpinteros y albañiles para edificarle un palacio a David. ¹²Entonces David pudo comprender que el Señor lo estaba confirmando como rey, y había bendecido mucho su reinado por amor a Israel, su pueblo escogido.

¹³Después de trasladarse de Hebrón a Jerusalén, David tomó otras esposas y concubinas, y tuvo muchos hijos e hijas. ¹⁴⁻¹⁶Éstos son los hijos que le nacieron en Jerusalén:

Samúa, Sobab, Natán, Salomón, Ibjar, Elisúa, Néfeg, Jafía, Elisama, Eliadá y Elifelet.

### David derrota a los filisteos

¹⁷Cuando los filisteos se enteraron de que David había sido coronado rey de Israel, trataron de capturarlo; pero David lo supo y se refugió en la ciudadela. ¹⁸Los filisteos llegaron y se esparcieron por el valle de Refayin. ¹⁹Por eso, David consultó al Señor:

—¿Iré y lucharé contra ellos? ¿Me usarás para derrotarlos?

—Sí, vé, porque yo los entregaré en tus manos —le respondió el Señor.

²⁰Entonces David salió y luchó contra los filisteos en Baal Perasín, y los derrotó. En esa ocasión David exclamó: «El Señor me abrió camino para derrotar a mis enemigos, tal como una corriente de agua se abre paso a través del valle». Por eso, a ese lugar se le dio el nombre de Baal Perasín. ²¹Luego David y sus hombres se apoderaron de muchos ídolos que los filisteos habían abandonado al huir.

²²Pero los filisteos regresaron, y nuevamente se esparcieron por el valle de Refayin. ²³Cuando David le preguntó al Señor qué tenía que hacer, él le respondió:

—No los ataques de frente, sino rodéalos y atácalos por detrás, cuando llegues a los árboles de bálsamo. ²⁴Cuando oigas ruido como de pies que marchan por las copas de los bálsamos, atácalos, porque eso significa que el Señor te ha preparado el camino para que derrotes a los filisteos.

²⁵David hizo lo que el Señor le había indicado, y destruyó a los filisteos desde Gabaón hasta Guézer.

### David lleva el cofre a Jerusalén

**6** Después de esto, David reunió a sus mejores guerreros, que eran unos treinta mil, y se dirigió a Balá de Judá. ²En ese momento el cofre de Dios se hallaba en Balá. Era sobre el cofre que se invocaba el nombre del Señor Todopoderoso que reina entre los querubines. ³Sacaron el cofre de la casa de Abinadab, que estaba en la colina, y lo pusieron en una carreta nueva, la cual era guiada por Uza y Ajío, hijos de Abinadab. ⁴Ajío iba delante del cofre de Dios, ⁵seguido por David y los demás jefes de Israel, que danzaban y cantaban con alegría, acompañados de toda clase de instrumentos: arpas, liras, salterios, panderetas, castañuelas y címbalos.

⁶Pero cuando llegaron al campo de Nacón, los bueyes tropezaron; entonces Uza extendió la mano para que el cofre no se cayera. ⁷Esto hizo que se encendiera la ira del Señor contra Uza, y lo hirió por aquel atrevimiento. Uza murió allí junto al cofre.

⁸David se entristeció mucho por lo que el Señor había hecho, y llamó aquel lugar Peres Uza (lugar de la ira de Dios contra Uza), y así se le conoce hasta hoy. ⁹David sintió miedo del Señor y exclamó: «¡Es mejor no sacar de aquí el cofre del Señor!» ¹⁰Así que decidió no llevar el cofre hasta la Ciudad de David, sino que lo dejó en la casa de Obed Edom, que era de Gat. ¹¹Allí estuvo el cofre por tres meses, y el Señor bendijo a Obed Edom y a toda su familia.

¹²Cuando David supo esto, llevó el cofre a la Ciudad de David, en medio de una gran algarabía. ¹³Cada vez que los hombres que llevaban el cofre caminaban seis pasos, David sacrificaba un toro y un ternero gordo. ¹⁴David, que tenía puesta una túnica sacerdotal de lino, danzaba delante del Señor con todas sus fuerzas. ¹⁵Los israelitas, pues, trasladaron a su destino el cofre del Señor en medio de gritos de alegría y al son de trompetas.

¹⁶Cuando la procesión entró en la Ciudad de David, Mical, hija de Saúl, se asomó a la ventana; y al ver al rey David saltando y danzando delante del Señor, se enojó mucho con él y lo despreció.

¹⁷El cofre fue colocado dentro de una carpa que David había preparado para ponerlo allí. Luego, David ofreció holocaustos y sacrificios de paz al Señor. ¹⁸Después de esto, David bendijo al pueblo en el nombre del Señor Todopoderoso ¹⁹y a cada uno de los que estaban allí reunidos, tanto a hombres como a mujeres, les dio un pan, una torta de dátiles y otra de uvas pasas. Al finalizar la celebración, cada uno regresó a su propia casa.

²⁰David también regresó a su casa para bendecir a su familia. Pero Mical salió a su encuentro y le dijo con intenso disgusto:

—¡Hoy no te has comportado como un rey! ¡Hiciste el ridículo delante de todos! ¡Te descubriste delante de las criadas como una cualquiera!

²¹David le respondió:

—Yo estaba danzando delante del Señor, quien me prefirió a tu padre y a toda tu familia, y me señaló como jefe de su pueblo Israel. ¡Estoy más que dispuesto a actuar como un necio a fin de mostrar mi gozo delante del Señor! ²²Pareceré un necio ante tus ojos, pero seré admirado por las criadas de las cuales has hablado.

²³Y Mical, hija de Saúl, murió sin haber tenido hijos.

### Promesa de Dios a David

**7** Cuando el Señor, finalmente, trajo paz sobre la tierra, e Israel dejó de estar en guerra con las naciones vecinas, ²David le dijo al profeta Natán:

—Mira, yo estoy viviendo en este hermoso palacio de cedro, mientras que el cofre de Dios está en una carpa.

## Joab asesina a Abner

²²No hacía mucho que Abner había salido, cuando Joab y algunos de los soldados de David regresaron de una incursión trayendo consigo un gran botín. ²³Cuando le informaron a Joab que Abner hijo de Ner había estado hablando con el rey, y que éste lo había despedido en paz, ²⁴,²⁵se presentó rápidamente ante el rey y le dijo: «¿Qué ha hecho? ¿Por qué ha permitido que Abner regrese en paz a su casa? Usted bien sabe que todo lo que él le ha dicho es mentira. Todo lo que quiere es enterarse de sus planes y movimientos».

²⁶Luego Joab envió mensajeros para que dieran alcance a Abner y le pidieran que regresara. Lo encontraron junto al pozo de Sira, y él regresó con ellos. Pero David nada sabía de esto. ²⁷Cuando Abner regresó a Hebrón, Joab lo llevó a la entrada de la ciudad, como si quisiera conversar con él secretamente. Una vez allí, Joab sacó su cuchillo y se lo clavó en el vientre. De esta manera Joab vengó la muerte de su hermano Asael.

²⁸Cuando David oyó lo ocurrido, declaró: «Juro delante del Señor que yo y mi pueblo somos inocentes del crimen cometido contra Abner. ²⁹Joab y su familia son los culpables. ¡Que no falte nunca entre ellos quien padezca de flujo, o de lepra, o de cojera, o que muera violentamente o padezca hambre!»

³⁰Joab, pues, y su hermano Abisay mataron a Abner para vengar la muerte de su hermano Asael, a quien Abner mató en la batalla de Gabaón.

³¹Luego, el rey David ordenó a Joab y a todos los que estaban con él que se rasgaran las vestiduras, se vistieran con ropa áspera y lloraran por la muerte de Abner. Y el rey David fue detrás del féretro al cementerio. ³²Sepultaron a Abner en Hebrón, y el rey y todo el pueblo lloraron junto a la tumba. Y David entonó el siguiente lamento:

³³,³⁴«¿Debía morir Abner como un villano?
Tus manos no estaban atadas, ni tus pies estaban encadenados.
¡Moriste como quien es asesinado por los malvados!»

Y todo el pueblo lloró nuevamente por él.

³⁵,³⁶David se había negado a comer en el día del funeral, y todos le rogaban que se sirviera algo de comida. Pero David había jurado que no comería nada hasta la puesta del sol. Esto agradó a su pueblo; en verdad, todo lo que el rey hacía agradaba al pueblo. ³⁷Así todos, tanto los de Judá como los de Israel, quedaron plenamente convencidos de que David nada tenía que ver con la muerte de Abner.

³⁸Y David dijo a su pueblo: «¿Se dan cuenta de que hoy ha caído un hombre muy importante en Israel? ³⁹A pesar de que he sido nombrado como rey, nada pude hacer para evitar que los hijos de Sarvia asesinaran a Abner. ¡Que el Señor le dé su castigo a quien cometió tal maldad!»

## Asesinato de Isboset

**4** Cuando Isboset hijo de Saúl supo que Abner había muerto en Hebrón, se acobardó, y sus partidarios se llenaron de temor. ²,³Isboset tenía a su servicio a Baná y a Recab, que habían comandado bandas de ladrones. Baná y Recab eran hijos de Rimón el berotita; por lo tanto eran benjaminitas, pues el pueblo de Berot era considerado como parte de la tribu de Benjamín, aunque sus habitantes habían huido a Guitayin, y se habían quedado viviendo allí. ⁴(También había un nieto del rey Saúl llamado Mefiboset, hijo del príncipe Jonatán, que era lisiado de los pies. Tenía cinco años cuando Saúl y Jonatán murieron en Jezrel. Cuando esta mala noticia llegó a la capital, la niñera agarró a Mefiboset y huyó, pero se le cayó mientras corrían, y el niño quedó cojo.)

⁵Un día Recab y Baná, los hijos de Rimón el berotita, llegaron al hogar del rey Isboset. Era mediodía y éste tomaba una siesta. ⁶,⁷Entonces, con el pretexto de ir a sacar una bolsa de trigo, se metieron al cuarto donde dormía Isboset, lo mataron a puñaladas y le cortaron la cabeza. Luego anduvieron toda aquella noche por el Arabá, llevando consigo la cabeza de Isboset. ⁸Al llegar a Hebrón, se la entregaron a David, al tiempo que le decían:

—¡Mire, mi rey! Ésta es la cabeza de Isboset, el hijo de su enemigo Saúl, el que trató de matarlo. Hoy el Señor le ha dado la venganza sobre el rey Saúl y toda su familia.

⁹Pero David les contestó:

—¡Juro delante del Señor, que me salvó de todos mis enemigos, que ustedes morirán! ¹⁰La recompensa que le di a aquel que me dijo: "Saúl ha muerto", pensando que me traía una buena noticia, fue apresarlo y hacerlo matar en Siclag. ¹¹Si eso hice con ese hombre, ¿creen ustedes que los voy a perdonar? ¡Ustedes pagarán con su propia vida el haber dado muerte a un hombre bueno, mientras dormía tranquilo en su casa! ¡Me vengaré de ustedes eliminándolos de este mundo!

¹²David ordenó que les dieran muerte, y así lo hicieron. Les cortaron las manos y los pies y colgaron sus cuerpos cerca del pozo en Hebrón. Luego tomaron la cabeza de Isboset y la sepultaron en el sepulcro de Abner, en Hebrón.

## David es ungido rey de Israel

**5** Después de esto, todas las tribus de Israel fueron a Hebrón y le dijeron a David: «Aquí estamos, nosotros somos sus hermanos de sangre. ²Además, sabemos muy bien que, aunque Saúl era nuestro rey, realmente usted era el que iba al frente del ejército de Israel cuando teníamos que enfrentar a nuestros enemigos. También estamos enterados de que el Señor le ha dicho que usted será el pastor y rey de este pueblo». ³Entonces David hizo un pacto delante del Señor con los jefes de Israel en Hebrón, y ellos lo coronaron rey de Israel.

⁴,⁵Cuando David comenzó a reinar sobre Judá, en Hebrón, tenía treinta años. Ya llevaba siete años y medio como rey de Judá, cuando los de Israel lo coronaron también como rey de ellos. Así que, después de esto, reinó treinta y tres años más sobre todo Israel y Judá, y lo hizo desde Jerusalén. De modo que en total reinó unos cuarenta años.

## David conquista Jerusalén

⁶David dirigió sus ejércitos hacia Jerusalén para luchar contra los jebuseos que vivían allí. Éstos estaban muy seguros de que David no podría apoderarse de la ciudad. Por eso le dijeron: «Jamás podrás apoderarte de nuestra ciudad. Para derrotarte nos basta un ejército de ciegos y cojos». ⁷Pero David los derrotó

Llegaron junto al estanque de Gabaón y se colocaron frente a frente, a ambos lados del estanque.

¹⁴Abner le dijo a Joab:

—Escojamos a nuestros mejores guerreros para que se enfrenten delante de nosotros.

—Está muy bien —respondió Joab.

¹⁵Así que doce jóvenes soldados benjaminitas de Isboset y doce de los soldados de David salieron a pelear cuerpo a cuerpo. ¹⁶Cada uno tomó a su oponente por los cabellos y le clavó la espada en el costado, de modo que los veinticuatro murieron. El lugar se conoce desde entonces como «Campo de la Espada».

¹⁷Luego, se enfrentaron todos en una dura batalla. Ese día, los soldados de David, comandados por Joab, derrotaron a Abner y a los israelitas. ¹⁸Los hermanos de Joab, Abisay y Asael, estaban también en la batalla. Asael, que podía correr tan rápido como una gacela, ¹⁹se lanzó en persecución de Abner, y no lo dejó escapar. ²⁰Cuando Abner miró hacia atrás y lo vio venir, le dijo:

—¿Eres tú, Asael?

—Sí —respondió—, soy yo.

²¹—¡Deja de perseguirme! —le dijo Abner—. Es mejor que busques a otro a quien le puedas arrebatar sus armas.

Pero Asael continuó persiguiéndolo.

²²—¡Retírate! —le volvió a gritar Abner—. Si no dejas de perseguirme tendré que matarte, ¿y con qué le voy a salir después a tu hermano Joab?

²³Pero como Asael no le hizo caso, Abner lo atravesó con la punta de su lanza, a la altura de la quinta costilla, y le salió por la espalda.

Asael cayó en tierra y murió. Todos los que pasaban por allí se detenían a mirarlo. ²⁴Entonces Joab y Abisay se lanzaron en persecución de Abner. El sol se estaba poniendo cuando llegaron a la colina de Amá, cerca de Guiaj, junto al camino que va al desierto de Gabaón. ²⁵Los hombres de Abner se reagruparon en la cumbre de la colina, ²⁶y Abner le gritó a Joab:

—¿Hasta cuándo seguiremos matándonos, siendo hermanos? ¿No te das cuenta de lo amarga que resultará la victoria para cualquiera de los dos? ¿Qué esperas para ordenar a tus tropas que dejen de perseguir a sus hermanos?

²⁷—Juro por Dios que si no hubieras dicho esto, mis hombres los habrían perseguido a ustedes hasta el amanecer —le respondió Joab.

²⁸Acto seguido, Joab hizo sonar las trompetas, y sus hombres dejaron de perseguir a los de Israel. ²⁹Aquella noche, Abner y sus hombres se retiraron por el valle del Jordán, cruzaron el río, atravesaron la región de Bitrón y llegaron a Majanayin.

³⁰Joab regresó y reunió todo su ejército. Al contar su tropa, se dio cuenta de que, además de Asael, había perdido a diecinueve soldados más. ³¹Pero Abner había perdido trescientos sesenta soldados, todos de la tribu de Benjamín. ³²Joab y los suyos llevaron el cuerpo de Asael a Belén y lo sepultaron junto a su padre. Luego viajaron toda la noche y llegaron a Hebrón al despuntar el día.

**3** Esto fue el comienzo de una larga guerra entre los seguidores de Saúl y los de David. Cada día David se iba afirmando en el poder, mientras que el reino de Saúl se debilitaba cada vez más.

### Hijos de David nacidos en Hebrón

²En Hebrón, David tuvo varios hijos. El mayor fue Amnón, hijo de su esposa Ajinoán de Jezrel. ³Su segundo hijo fue Quileab, hijo de Abigaíl, la viuda de Nabal de Carmel. El tercero fue Absalón, hijo de Macá, la hija del rey Talmay de Guesur. ⁴El cuarto fue Adonías, hijo de Jaguit. Luego estaba Sefatías, hijo de Abital, ⁵e Itreán, hijo de Eglá.

Todos éstos le nacieron a David en Hebrón.

### Abner hace un pacto con David

⁶A medida que se prolongaba la guerra, Abner se hacía políticamente más poderoso entre los seguidores de Saúl. ⁷Aprovechando la posición en que se encontraba, se acostó con una de las concubinas de Saúl, una mujer llamada Rizpa, hija de Ayá. Cuando Isboset le llamó la atención por esto, ⁸Abner se enfureció y le gritó:

—¿Soy yo un perro de Judá para ser tratado de esta manera? Después de todo lo que he hecho por ti y por tu padre, no entregándolos a David, ¿ahora me reprochas por una simple cuestión de faldas? ⁹,¹⁰¡Que Dios me mande el peor de los castigos si, de aquí en adelante, no hago todo lo posible por quitarte todo el reino, desde Dan hasta Berseba, para dárselo a David! ¡Así se cumplirá lo que el Señor le juró a David!

¹¹Isboset no se atrevió a responder, porque le tenía miedo a Abner.

¹²Entonces Abner envió unos mensajeros a David con el siguiente recado: «Le propongo que haga un pacto conmigo, y yo me comprometo a hacer todo lo posible para que todos los israelitas lo acepten como rey, pues, en realidad, toda la tierra de Israel le pertenece a usted».

¹³«De acuerdo —respondió David—, pero no negociaré contigo a menos que me traigas a mi esposa Mical, la hija de Saúl».

¹⁴David envió también este mensaje a Isboset: «Devuélveme a mi esposa Mical, porque yo la compré con la vida de cien filisteos».

¹⁵Así pues Isboset mandó que se la quitaran a Paltiel hijo de Lais, que en ese momento era su marido. ¹⁶Éste se fue detrás de ella, llorando por todo el camino, hasta que llegaron a Bajurín. Allí Abner le dijo: «¡Deja ya de llorar y regresa a tu casa!» Y él obedeció.

¹⁷Mientras tanto, Abner consultó con los dirigentes de Israel y les recordó que por largo tiempo ellos habían querido que David fuera su rey.

¹⁸«Ahora es la ocasión —les dijo—. Porque el Señor le dijo a David: "Es por medio de ti, que eres mi siervo, que yo salvaré a mi pueblo de los filisteos y de sus demás enemigos"».

¹⁹Abner habló también con los jefes de la tribu de Benjamín. Fue después a Hebrón e informó a David del éxito de las conversaciones con el pueblo de Israel y de Benjamín. ²⁰Veinte hombres lo acompañaron, y David los agasajó con una fiesta.

²¹Cuando Abner emprendió el regreso, prometió a David: «Cuando yo regrese, convocaré a todo el pueblo de Israel, para que lo elijan como su rey, tal como usted lo ha deseado por tanto tiempo». Después de despedirse de David, Abner regresó a su casa en paz.

# 2 Samuel

## Noticia de la muerte de Saúl

**1** Cuando Saúl murió, David regresó a Siclag y se quedó allí dos días, después de haber derrotado a los amalecitas. ²Al tercer día llegó un hombre del campamento de Saúl con su ropa desgarrada y con polvo en su cabeza, en señal de dolor. Cuando estuvo delante de David, se inclinó hasta tocar el suelo con la frente, como muestra de respeto.

³—¿De dónde vienes? —le preguntó David.

—Logré escaparme del campamento de Israel —le contestó el soldado.

⁴—¿Qué ha sucedido? —le preguntó David—. Dime cómo fue la batalla.

Y el hombre respondió:

—El pueblo huyó. Muchos murieron en la batalla. ¡El rey Saúl y su hijo Jonatán también murieron!

⁵—¿Y cómo sabes que han muerto?

⁶—Porque yo estaba en el monte Guilboa, y vi que Saúl se apoyaba en su lanza, y los enemigos lo tenían rodeado. ⁷Cuando él me vio me pidió que me acercara. ⁸«¿Quién eres?» me preguntó. «Soy un amalecita», le respondí. ⁹Entonces me dijo en tono suplicante: «Ven y pon fin a mi angustia, pues estoy sufriendo terriblemente y no acabo de morir». ¹⁰Así que me acerqué y lo maté, pues vi que no le quedaba ninguna esperanza de vida.ᵃ Tomé luego su corona y uno de sus brazaletes para traérselos a usted, señor mío.

¹¹David y sus hombres rasgaron su ropa en señal de dolor cuando oyeron aquellas noticias. ¹²Hicieron duelo, lloraron y ayunaron todo aquel día por Saúl, por su hijo Jonatán y por el pueblo del Señor que habían muerto ese día.

¹³—¿De dónde eres? —le preguntó David al joven que le había traído las noticias.

—Soy hijo de un inmigrante amalecita —respondió.

¹⁴—¿Por qué te atreviste a matar al ungido de Dios? —le preguntó David.

¹⁵Entonces llamó a uno de sus soldados y le ordenó:

—¡Mátalo!

Y el soldado mató al amalecita, atravesándolo con su espada.

¹⁶—Tú mismo te declaraste culpable al confesar que diste muerte al ungido del Señor.

## Lamento de David por Saúl y Jonatán

¹⁷,¹⁸David compuso un canto fúnebre por Saúl y Jonatán. Después ordenó que ese canto fuera enseñado a la gente de Judá. Este canto está escrito en el libro de Jaser.

¹⁹«Israel, los que eran tu gloria y tu gozo yacen muertos sobre los montes.

¡Cómo han caído los valientes!

²⁰»¡Que no lo sepan los filisteos, para que no se gocen!

¡Que no lo sepan las ciudades de Gat y Ascalón, para que no se burlen esa gente idólatra!

²¹»¡Montes de Guilboa, que nunca más haya rocío ni lluvia sobre ustedes, ni crezca el trigo en sus laderas.

Porque allí quedaron aplastados los escudos de los héroes.

Porque allí el escudo de Saúl perdió todo su esplendor.

²²»Saúl y Jonatán daban muerte a sus más poderosos enemigos, y no regresaban con las manos vacías del campo de batalla.

²³»¡Cuánto fueron amados! ¡Cuán maravillosos eran Saúl y Jonatán!

¡Inseparables fueron en la vida y en la muerte!

Eran más rápidos que las águilas, más fuertes que los leones.

²⁴»Pero ahora, mujeres de Israel, lloren a Saúl.

Él las enriqueció con finos vestidos y adornos de oro.

²⁵»¡Cómo han caído los valientes en medio de la batalla!

¡Jonatán yace muerto sobre los montes!

²⁶¡Lloro por ti, hermano Jonatán!

¡Te quise más que a un hermano!

Y tu amistad fue para mí más grata que el amor de las mujeres.

²⁷»¡Cómo han caído los valientes!

¡Cómo han muerto los hombres de guerra!»

## David es ungido rey de Judá

**2** Después de esto, David le preguntó al Señor:

—¿Regresaré a alguna de las ciudades de Judá?

—Sí —le respondió el Señor.

—¿A qué ciudad debo ir? —volvió a preguntar David.

—A Hebrón —le respondió el Señor.

²Entonces David se fue a Hebrón con sus esposas Ajinoán la jezreelita y Abigaíl, la viuda de Nabal de Carmel. ³También se llevó a los hombres que lo acompañaban, junto con sus familias, y se establecieron en Hebrón y en las aldeas vecinas. ⁴Hasta allá fueron los dirigentes de Judá y lo coronaron rey de Judá.

Cuando David supo que los hombres de Jabés de Galaad habían enterrado a Saúl, ⁵les envió este mensaje: «Que el Señor los bendiga por haber sido leales al rey y por haberle dado honrosa sepultura. ⁶Que el Señor los recompense fielmente y les reconfirme su amor. Yo también tendré en cuenta el bien que ustedes han hecho. ⁷Les pido que se animen y sean valientes, pues aunque su señor Saúl ha muerto, la tribu de Judá me ha ungido como su rey».

## Guerra entre las tribus

⁸Pero Abner hijo de Ner, jefe del ejército de Saúl, se llevó a Isboset hijo de Saúl a Majanayin. ⁹Allí hizo rey de Galaad, de Guesurí, de Jezrel, de Efraín, de Benjamín y de todo el resto de Israel. ¹⁰,¹¹Isboset tenía cuarenta años de edad. Reinó en Majanayin durante dos años. Únicamente la tribu de Judá reconocía a David como rey. David reinó en Hebrón durante siete años y medio.

¹²Un día, Abner y los ayudantes de Isboset salieron de Majanayin y fueron a Gabaón. ¹³Joab hijo de Sarvia salió con los soldados de David a hacerle frente.

---

ᵃ. Evidentemente estaba mintiendo. Véase 1 Samuel 31.³,⁴ donde aparece el verdadero relato.

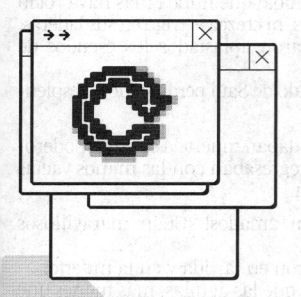

## ¿CÓMO SE RELACIONA CONMIGO?

Este libro comienza cuando David se entera de la muerte de Saúl y cuenta su dolor especial por la muerte de Jonatán (2 Samuel 1: 19-27), el hijo de Saúl y gran amigo de David. El Señor puso a David sobre la tribu de Judá (2: 4) y luego sobre todo Israel como el rey ungido (5: 3), uniendo a las doce tribus en una nación. Como en el primer libro de Samuel, estas escenas invitan a reflexionar en el valor de cuidar el corazón y hacer lo que es correcto aunque no se vean resultados inmediatos.

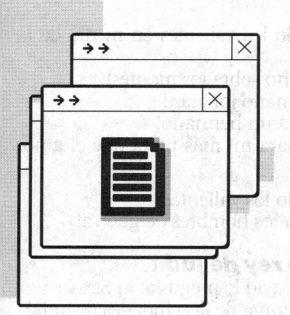

## EL GUION

1) David consolida su reino: El que se humilla ante Dios es exaltado. Caps. 1-10
2) David lucha por su reino: Las consecuencias personales, familiares y nacionales del pecado. Caps. 11-20

# 2 SAMUEL

# 2 SAMUEL

## ¿QUIÉN LO ESCRIBIÓ?

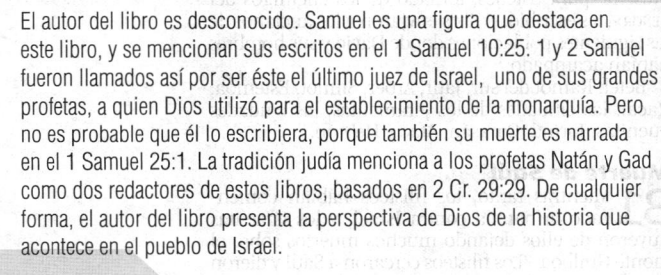

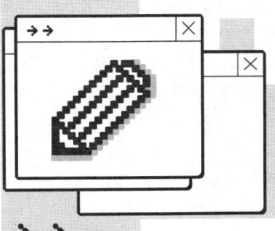

El autor del libro es desconocido. Samuel es una figura que destaca en este libro, y se mencionan sus escritos en el 1 Samuel 10:25. 1 y 2 Samuel fueron llamados así por ser éste el último juez de Israel, uno de sus grandes profetas, a quien Dios utilizó para el establecimiento de la monarquía. Pero no es probable que él lo escribiera, porque también su muerte es narrada en el 1 Samuel 25:1. La tradición judía menciona a los profetas Natán y Gad como dos redactores de estos libros, basados en 2 Cr. 29:29. De cualquier forma, el autor del libro presenta la perspectiva de Dios de la historia que acontece en el pueblo de Israel.

## ¿A QUIÉN LO ESCRIBIÓ?

Los receptores de este libro son los israelitas que vivieron durante los reinados de David y Salomón. La institución de la monarquía marcó una importante transición en la vida del pueblo, que vino desde la teocracia de Moisés y Josué, pasando luego por la anarquía en el período de los jueces. El pueblo no estuvo dispuesto a depender de Dios y prefirió un rey "como todas las demás naciones" (1 Samuel 8).

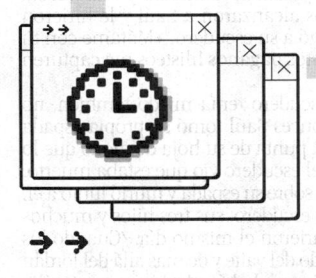

## ¿CUÁNDO Y DÓNDE LO ESCRIBIÓ?

La fecha de redacción del libro es incierta, pero no puede ser antes de la muerte de David, ya que ese evento es narrado al final de 2 Samuel. Como continuación de 1 Samuel, aquí se cubre el resto de la vida de David.

## PANORAMA DEL LIBRO

En el canon judío los dos libros de Samuel forman uno solo. Juntos tienen como propósito presentar la transición del pueblo de Israel desde una federación de tribus hasta una monarquía mejor establecida. Continuando la historia de Israel, desde la perspectiva teológica del reinado del Señor, 2 Samuel se concentra en el reino de David y su consolidación por etapas hasta que llega a dominar y unificar la nación. A pesar de ello, el libro no olvida la evaluación profética del rey modelo y narra los fracasos y luchas en la corte davídica. De nuevo, es necesario recordar que el criterio de evaluación de los eventos y personajes es la soberanía del Señor.

alegría. ²²Pero algunos de los rufianes que estaban entre los hombres de David declararon:

—Ellos no fueron con nosotros, y no tienen parte en el botín. Devuélveles sus esposas y sus hijos y diles que se vayan.

²³Pero David dijo:

—No, hermanos míos. El Señor nos ha guardado y nos ha ayudado a derrotar al enemigo. ²⁴¿Quién les hará caso en lo que proponen? Tenemos que compartir por igual, los que van a la batalla y los que guardan el equipo.

²⁵Desde entonces David hizo de esto una ley para Israel, y aún se respeta.

²⁶Cuando llegaron a Siclag, envió parte del botín a los ancianos de Judá y a sus amigos. «Éste es un presente para ustedes, tomado de los enemigos del Señor», les escribió. ²⁷⁻³¹Los enviaron a los ancianos de las siguientes poblaciones donde David y sus hombres habían acampado:

Betel, Ramot del sur, Jatir, Aroer, Sifmot, Estemoa, Racal, las ciudades de los jeramelitas, las ciudades quenitas, Jormá, Corasán, Atac y Hebrón.

## Muerte de Saúl

**31** Mientras tanto, los filisteos habían comenzado la batalla contra Israel, y los israelitas huyeron de ellos dejando muchos muertos sobre el monte Guilboa. ²Los filisteos cercaron a Saúl y dieron muerte a sus hijos Jonatán, Abinadab y Malquisúa. ³Luego los arqueros alcanzaron a Saúl y le hirieron gravemente. ⁴Él rogó a su escudero: «Mátame con tu espada antes que estos paganos filisteos me capturen y me torturen».

Pero como su escudero tenía miedo también, no quiso hacerlo. Entonces Saúl tomó su propia espada y se arrojó contra la punta de su hoja de modo que lo atravesó. ⁵Cuando el escudero vio que estaba muerto, él también se arrojó sobre su espada y murió junto a él. ⁶Así es que Saúl, su escudero, sus tres hijos y muchos de sus soldados murieron el mismo día. ⁷Cuando los israelitas del otro lado del valle y de más allá del Jordán oyeron que sus guerreros habían huido, y que Saúl y sus hijos estaban muertos, abandonaron las ciudades y los filisteos las tomaron.

⁸Al día siguiente, cuando los filisteos salieron a despojar a los muertos, encontraron los cadáveres de Saúl y sus tres hijos en el monte Guilboa. ⁹Le cortaron la cabeza a Saúl y le quitaron la armadura, y enviaron mensajeros con la noticia de la muerte de Saúl a los templos de sus ídolos y al pueblo.

¹⁰La armadura de Saúl fue puesta en el templo de Astarté, y colgaron el cuerpo en el muro de Betsán.

¹¹Pero cuando el pueblo de Jabés de Galaad oyó lo que los filisteos habían hecho, ¹²algunos guerreros de aquel pueblo caminaron toda la noche hasta Betsán y bajaron los cuerpos de Saúl y sus hijos del muro y los llevaron hasta Jabés, donde los quemaron. ¹³Después sepultaron sus huesos debajo de una encina en Jabés y ayunaron durante siete días.

ni por sueños. Te he llamado para preguntarte qué debo hacer.

¹⁶Pero Samuel respondió:

—¿Por qué me preguntas a mí si el Señor te ha dejado y se ha convertido en tu enemigo? ¹⁷Él ha hecho simplemente lo que por boca mía había predicho y te ha quitado el reino y lo ha dado a tu rival David. ¹⁸Te trata así porque no has obedecido sus instrucciones cuando él estaba tan enojado con Amalec. ¹⁹Todo el ejército de Israel será derrotado y destruido por los filisteos mañana, y tú y tus hijos estarán conmigo. ²⁰Saúl cayó cuan largo era, paralizado por el temor al escuchar las palabras de Samuel. Además, estaba fatigado, pues no había comido en todo el día.

²¹Cuando la mujer lo vio tan confundido le dijo:

—Señor, yo obedecí tu orden con riesgo de mi vida. ²²Ahora haz lo que yo diga, y déjame que te dé algo de comer para que puedas recuperar las fuerzas y regresar.

²³Pero él se negó. Los hombres que estaban con él unieron sus súplicas a las de la mujer, hasta que él finalmente cedió y se levantó y se sentó en un diván. ²⁴La mujer había estado engordando un ternero de modo que salió, lo mató, amasó harina y preparó panes sin levadura. ²⁵Luego, trajo la comida al rey y a sus hombres, y ellos comieron. Y por la noche se fueron.

## Los filisteos desconfían de David

29 Los filisteos se reunieron en Afec, y los israelitas acamparon junto a la fuente de Jezrel. ²Mientras los capitanes filisteos conducían a sus soldados por batallones y compañías, David y sus hombres marchaban a la retaguardia con Aquis.

³Pero los comandantes filisteos preguntaron:

—¿Qué hacen aquí estos israelitas?

Aquis les respondió:

—Éste es David, siervo de Saúl, que huye de él. Ha estado conmigo durante varios años, y jamás he encontrado en él una falta desde que llegó.

⁴Pero los comandantes se airaron.

—Hazlo que vuelva —le exigieron—. Ellos no irán a la batalla con nosotros. Podrían volverse en contra nuestra. ¿Habrá algún modo mejor de reconciliarse con su amo que volverse contra nosotros durante la batalla? ⁵Éste es el mismo hombre del cual las mujeres de Israel cantan en sus danzas:

«Saúl mató a sus miles, y David a sus diez miles».

⁶Por fin Aquis decidió llamar a David:

—Te juro por el Señor —le dijo—, que eres un hombre excelente, y desde el día que llegaste no he encontrado nada que me haga desconfiar de ti; para mí sería un placer que me acompañaras a las batallas, pero mis comandantes dicen que no. ⁷Regresa y vete en paz para no desagradarlos.

⁸—¿Qué he hecho yo para merecer este trato? —preguntó David—. ¿Por qué no puedo pelear contra tus enemigos?

⁹Pero Aquis insistió:

—En lo que a mí respecta tú eres tan leal como un ángel del Señor. Pero mis comandantes tienen miedo de que estés con ellos en la batalla. ¹⁰Por eso, levántate temprano en la mañana y déjanos en cuanto haya amanecido.

¹¹Entonces David regresó a la tierra de los filisteos, mientras el ejército filisteo seguía hacia Jezrel.

## David derrota a los amalecitas

30 Tres días más tarde, cuando David y sus hombres regresaron a Siclag, encontraron que los amalecitas habían invadido el sur, atacado la ciudad y la habían quemado completamente. ²Para colmo, se habían llevado a todas las mujeres y niños. ³Cuando David y sus hombres vieron las ruinas y comprendieron lo que le había sucedido a sus familias, ⁴lloraron hasta más no poder. ⁵Las dos esposas de David, Ajinoán y Abigaíl, se hallaban entre los cautivos. ⁶David estaba seriamente preocupado, porque sus soldados, en su profundo dolor por sus hijos, comenzaron a hablar de matarlo. Pero David halló fortaleza en el Señor su Dios.

⁷—Tráeme el efod —le dijo a Abiatar el sacerdote.

Y Abiatar lo trajo.

⁸David preguntó al Señor:

—¿Saldré a perseguirlos? ¿Podré alcanzarlos?

Y el Señor le dijo:

—Sí, ve tras ellos. Recuperarás a todos los cautivos.

⁹David y sus seiscientos hombres salieron en persecución de los amalecitas. ¹⁰Cuando llegaron al arroyo de Besor, doscientos hombres estaban demasiado cansados para cruzar, pero los otros cuatrocientos siguieron la marcha. ¹¹,¹²En el camino encontraron a un joven egipcio y lo llevaron a la presencia de David. No había comido ni bebido durante tres días, así que le dieron una porción de higos secos, dos racimos de pasas y agua, y pronto recobró sus fuerzas.

¹³—¿Quién eres y de dónde vienes? —le preguntó David.

—Yo soy egipcio, siervo de un amalecita —respondió—. Mi amo me dejó atrás hace tres días porque estaba enfermo. ¹⁴Íbamos de regreso después de haber atacado el sur de los quereteos, de Judá y de Caleb y habíamos quemado a Siclag.

¹⁵—¿Puedes decirme adónde fueron? —preguntó David.

Y el joven respondió:

—Si me promete por el nombre de Dios que no me matará ni me devolverá a mi amo, yo lo guiaré hacia donde ellos están.

¹⁶Los condujo, en efecto, al campamento de los amalecitas. Ellos se habían esparcido en los campos, donde comían y bebían y danzaban con gran gozo para celebrar la gran cantidad de botín que habían tomado de los filisteos y de los hombres de Judá. ¹⁷David y sus hombres los atacaron y estuvieron peleando con ellos toda aquella noche y todo el día siguiente hasta la tarde. Ninguno escapó, salvo cuatrocientos jóvenes que huyeron en camellos. ¹⁸,¹⁹David recuperó todo lo que ellos le habían tomado. Los hombres recobraron sus familias y todas sus pertenencias, y David rescató también a sus dos esposas. ²⁰Los soldados reunieron todos los rebaños de ovejas y el ganado vacuno y lo condujeron delante de ellos.

—Todo esto te pertenece; es tu recompensa —le dijeron a David.

²¹Cuando llegaron al arroyo de Besor y encontraron a los doscientos hombres que habían estado muy cansados para seguir adelante, David los saludó con

—¿Quién es? —preguntó Abner—. ¿Quién se atreve a gritarle al rey?

¹⁵—¡Vaya, vaya, Abner! ¡Eres un gran hombre! —bromeó David—. ¿Dónde en Israel podrá encontrarse a uno tan bueno como tú? Ah, pero no has cuidado bien a tu amo el rey. ¡Alguien se acercó a matarlo! ¹⁶Eso no es bueno, Abner. Juro por el Señor que debieras morir por tu falta de cuidado. A ver, ¿dónde está la lanza del rey y el cántaro de agua que estaba junto a su cabeza? Búscalos.

¹⁷Saúl reconoció la voz de David y dijo:

—¿Eres tú, hijo mío, David?

Y David respondió:

—Sí, señor, soy yo. ¹⁸¿Por qué me persigues? ¿Qué he hecho? ¿Cuál es mi delito? ¹⁹Si es el Señor el que te ha incitado en mi contra, que acepte mi ofrenda de paz. Pero si son hombres los que lo han hecho, que el Señor los maldiga, porque se me ha sacado de mi hogar para que, en vez de estar con el pueblo del Señor, me encuentre lejos donde adoran a dioses paganos. ²⁰¿Debo morir en tierra ajena, lejos de la presencia del Señor? ¿Por qué el rey de Israel sale en busca de mi vida como quien persigue una perdiz en los montes?

²¹—He hecho mal —exclamó Saúl—. Regresa, hijo mío, y no trataré más de dañarte. Tú me has perdonado la vida hoy. He sido un necio y he actuado mal, muy mal.

²²—Aquí está tu lanza, señor —contestó David—. Que venga uno de tus hombres a buscarla. ²³Que el Señor dé a cada uno su recompensa por hacer el bien y por ser leal, pues yo me negué a matarte aun cuando el Señor te entregó en mis manos. ²⁴Ahora, que el Señor salve mi vida, así como yo he salvado la tuya hoy. Que él me salve de toda aflicción.

²⁵Y Saúl le dijo a David:

—Que Dios te bendiga, hijo mío, David. Harás proezas grandes, y serás un gran vencedor.

Entonces David se marchó y Saúl regresó a su casa.

## David entre los filisteos

**27** Pero David se dijo: «Algún día Saúl me va a encontrar y me dará muerte, por lo tanto me iré a territorio de los filisteos hasta que Saúl deje de buscarme. Sólo así volveré a tener seguridad».

²,³Tomó sus seiscientos hombres con sus familias y se fueron a vivir a Gat, bajo la protección del rey Aquis. Llevó consigo a sus dos esposas, a Ajinoán de Jezrel y a Abigail del Carmelo, la viuda de Nabal. ⁴Pronto supo Saúl que David había huido a Gat, y dejó de perseguirlo.

⁵Un día David le dijo a Aquis: «Señor mío, si te parece bien, concédeme un lugar en uno de los pueblos del campo. Preferiría vivir allí a vivir en la ciudad real».

⁶Aquis le dio Siclag, que todavía pertenece a los reyes de Judá en estos días, ⁷y ellos vivieron allí entre los filisteos durante un año y cuatro meses. ⁸David y sus hombres se dedicaron a hacer incursiones contra los guesureos, los guirzitas y los amalecitas que desde tiempos remotos habitaban el territorio que va desde Telán, en dirección de Sur, hasta Egipto. ⁹No dejaban persona con vida en los pueblos que atacaban, y se llevaban ovejas, bueyes, burros, camellos y ropa al regresar a sus hogares.

¹⁰—¿A quiénes atacaron hoy? —preguntaba Aquis. Y David respondía:

—Atacamos el sur de Judá y el sur de Jeramel y el sur de los ceneos.

¹¹Como a nadie dejaban vivo, nadie podía ir a Gat y decir a dónde habían ido realmente. Esto ocurrió una y otra vez mientras David vivió entre los filisteos. ¹²Aquis creía lo que David le decía, y pensaba que el pueblo de Israel debía odiarlo bastante ya. «Ahora tendrá que quedarse aquí y servirme para siempre», pensaba el rey.

## Saúl y la adivina de Endor

**28** En aquellos días los filisteos reunieron sus ejércitos para guerrear contra Israel.

—Tú y tus hombres tienen que ayudarnos en la guerra —dijo a David el rey Aquis.

²—Muy bien —dijo David—. Ya verás de cuánta ayuda podemos serte.

—Si lo haces, serás mi guardaespaldas durante el resto de tu vida —le dijo Aquis.

³Por ese entonces Samuel ya había muerto y todo Israel lo había llorado. Lo sepultaron en Ramá, su ciudad. El rey Saúl había expulsado a todos los invocadores de los muertos y adivinos de la tierra de Israel.

⁴Los filisteos establecieron su campamento en Sunén, y Saúl y los ejércitos de Israel estaban en Guilboa. ⁵Cuando Saúl vio el campamento de los filisteos, se llenó de pánico ⁶y consultó al Señor sobre lo que debía hacer. Pero el Señor no le contestó ni por sueños, ni por Urim,^c ni por profetas. ⁷Saúl entonces dio órdenes a sus ayudantes de que tratasen de encontrar un médium para preguntarle lo que debía hacer. Y le dijeron que había una en Endor. ⁸Saúl se disfrazó usando vestiduras ordinarias en vez de sus túnicas reales, y se presentó ante la mujer de noche, acompañado por dos hombres.

—Quiero hablar con un hombre muerto —le rogó—. ¿Podrás hacer venir su espíritu?

⁹—¿Qué? ¿Quieres que me maten? —le dijo la mujer—. Tú sabes que Saúl ha hecho ejecutar a todos los invocadores de los muertos y adivinos. Tú debes ser un espía.

¹⁰Pero Saúl le juró solemnemente que no. ¹¹Por fin la mujer dijo:

—Bien, ¿a quién quieres que te traiga?

—Tráeme a Samuel —contestó Saúl.

¹²Cuando la mujer vio a Samuel, le gritó a Saúl:

—¡Me has engañado! ¡Tú eres Saúl!

¹³—No tengas miedo —le dijo el rey—. ¿Qué es lo que ves?

—Veo una forma nebulosa que sube de la tierra —dijo ella.

¹⁴—¿A qué se parece?

—Es un anciano envuelto en una túnica.

Saúl comprendió que era Samuel y se inclinó delante de él.

¹⁵—¿Por qué me has molestado haciéndome volver? —preguntó Samuel a Saúl.

—Estoy muy angustiado —contestó Saúl—. Los filisteos están en guerra con nosotros y Dios me ha abandonado; no quiere responderme ni por profetas

---

c. El Urim y Tumim eran instrumentos santos que se usaban para echar suertes y determinar la voluntad de Dios.

**1 SAMUEL 25.14**

fue la respuesta de David, mientras se ceñía la suya. Cuatrocientos fueron con David y doscientos se quedaron para cuidar el campamento.

¹⁴Mientras tanto, uno de los siervos de Nabal fue y le dijo a Abigaíl: «David envió desde el desierto a unos hombres a hablar con nuestro amo; pero él los insultó y los despidió. ¹⁵,¹⁶Sin embargo, los hombres de David han sido muy bondadosos con nosotros y nunca sufrimos nada de parte de ellos. Es más, día y noche fueron como un muro protector para nosotros y para nuestras ovejas y nada nos fue robado en todo el tiempo en que ellos estuvieron con nosotros. ¹⁷Será bueno que pienses algo, porque habrá dificultades para nuestro amo y para toda su familia, pues es tan obstinado que nadie puede conversar con él».

¹⁸Abigaíl, con prontitud, tomó doscientos panes, dos odres de vino, cinco ovejas guisadas, cuarenta kilos de grano tostado, cien racimos de pasas y doscientos panes. ¹⁹«Vayan —dijo a sus criados— y yo iré tras ustedes». Pero no le dijo a su marido lo que estaba haciendo.

²⁰Mientras descendía por el camino montada en su burro, se encontró con David que venía hacia ella. ²¹David había estado pensando: «En vano le hicimos bien a este individuo. Protegimos sus ganados en el desierto para que nada se le perdiera ni le fuera robado, pero él me ha pagado mal por bien. ²²¡Que Dios me maldiga si uno de sus hombres queda vivo mañana por la mañana!»

²³Cuando Abigaíl vio a David, se desmontó e hizo una reverencia delante de él.

²⁴—Señor, yo cargo con toda la culpa en esto —dijo postrada a sus pies—. Te ruego que escuches lo que quiero decirte. ²⁵Nabal es hombre de mal temperamento; pero no le hagas caso. Es un necio, que es exactamente lo que significa su nombre. Pero yo no vi a los mensajeros que enviaste. ²⁶Señor, puesto que el Señor te ha impedido cometer un asesinato y tomar venganza por tus propias manos, te ruego por el Señor y por tu propia vida también que sean malditos como Nabal todos tus enemigos. ²⁷Mira, este presente lo he traído para ti y tus hombres. ²⁸Perdona mi atrevimiento al venir hasta aquí. El Señor ciertamente te recompensará haciendo que tú y tus descendientes sean reyes, porque tú peleas las batallas del Señor y jamás se hallará maldad en ti. ²⁹Aun cuando te persigan los que quieren arrancarte la vida, tú estás seguro bajo el cuidado del Señor tu Dios. Pero la vida de tus enemigos desaparecerá como piedras lanzadas con honda. ³⁰Cuando el Señor haya cumplido todas las promesas que te ha hecho y te haya investido rey de Israel, ³¹no querrás tener en tu conciencia una masacre y el haber tomado la ley en tus propias manos. Y cuando el Señor haya hecho estas grandes cosas por ti, acuérdate de mí».

³²David entonces respondió a Abigaíl:

—Bendito sea el Señor Dios de Israel, que te ha enviado a encontrarme en este día. ³³Gracias a Dios por tus buenos razonamientos. Bendita seas, por haberme impedido derramar sangre y hacerme justicia por mis propias manos. ³⁴Porque juro por el Señor Dios de Israel que ha impedido que te haga daño, que si no hubieras venido a mi encuentro, ninguno de los hombres de la casa de Nabal estaría vivo mañana por la mañana.

³⁵David aceptó los regalos de ella y le dijo que regresara a su casa sin temor porque él nada le haría a su marido.

³⁶Cuando ella llegó a su casa, encontró que Nabal estaba celebrando un gran festín. Como estaba completamente ebrio, ella decidió no hablarle de su encuentro con David hasta el día siguiente. ³⁷Cuando él recobró la sobriedad, su esposa le dijo lo ocurrido, ³⁸y Nabal tuvo un ataque que lo dejó paralizado por diez días. Luego murió porque el Señor lo hirió, y Nabal murió.

³⁹Cuando David oyó que Nabal había muerto, dijo: «Alabado sea el Señor, porque ha pagado a Nabal por su insulto y ha impedido que yo lo haga por mí mismo. Ya ha recibido su castigo por sus pecados».

David no perdió tiempo y envió mensajeros a Abigaíl pidiéndole que fuera su esposa. ⁴⁰Cuando los mensajeros llegaron al Carmelo y le dijeron a qué habían venido, ⁴¹ella prontamente accedió a la petición y dijo: «Estoy dispuesta a servirle a David e incluso lavarle los pies a sus sirvientes». ⁴²Se preparó con prontitud, tomó consigo a cinco de sus doncellas, montó en su burro, y siguió a los hombres hasta la presencia de David, y fue su esposa.

⁴³David también se había casado con Ajinoán de Jezrel, ⁴⁴pues Saúl había obligado a Mical, esposa de David e hija suya, a que se casara con un hombre de Galín que se llamaba Paltiel, hijo de Lais.

## David le perdona la vida a Saúl

**26** Los hombres de Zif volvieron ante Saúl en Guibeá y le informaron que David estaba escondido en la colina de Jaquilá al este del desierto. ²Saúl tomó tres mil de sus mejores hombres y fue en su persecución, ³y acampó junto al camino que bordea el desierto donde David estaba escondido. ⁴Pero David supo de la llegada de Saúl y envió hombres a observar sus movimientos.

⁵⁻⁷Una noche, David fue silenciosamente hasta el campamento de Saúl. El rey Saúl y el general Abner dormían rodeados por los soldados.

—¿Algún voluntario quiere ir conmigo? —preguntó David a Ajimélec, el hitita, y a Abisay, hermano de Joab e hijo de Sarvia.

—Yo iré contigo —respondió Abisay.

David y Abisay, pues, fueron al campamento de Saúl y lo encontraron dormido, con la lanza clavada en el suelo, junto a su cabeza.

⁸—Dios ha vuelto a poner a tu enemigo en tus manos —susurró Abisay—. Déjame que lo atraviese con su lanza. Lo clavaré en tierra con ella y no necesitaré darle un segundo golpe.

⁹—No —dijo David—, porque nadie puede quedar impune si ataca al ungido del Señor. ¹⁰Dios le dará muerte algún día, o morirá en una batalla o de vejez. ¹¹Pero Dios me libre de matar al hombre que él ha escogido como rey. Pero mira, llevémonos su lanza y su cántaro.

¹²David tomó la lanza y el cántaro de agua, y salió sin que nadie los viera, porque el Señor los había hecho dormirse profundamente. ¹³Pasaron al lado opuesto. Cuando estuvieron en la cima de la montaña, a una distancia prudente, ¹⁴David gritó a Abner y a Saúl:

—¡Despierta, Abner!

¹⁸Entonces los dos hombres renovaron su pacto de amistad. David se quedó en Hores, y Jonatán regresó a su casa. ¹⁹Pero luego los hombres de Zif fueron a Saúl, que se hallaba en Guibeá, y delataron a David.

—Sabemos dónde está escondido —le dijeron—. Está en las cuevas de Hores, en la colina de Jaquilá, al sur del desierto. ²⁰Desciende, señor, y nosotros le daremos caza.

²¹—Alabado sea el Señor —dijo Saúl—. ¡Por fin alguien ha tenido compasión de mí! ²²Vayan nuevamente y asegúrense de que está allí y quién lo ha visto, porque yo sé que él es muy astuto. ²³Descubran en cuál de sus escondites se halla, y vuelvan con una información precisa. Entonces yo iré con ustedes. Y si él está en aquella zona lo encontraré, aun cuando tenga que registrar cada rincón de Judá.

²⁴Ellos, pues, adelantándose a Saúl, se dirigieron a Zif. David y sus hombres se hallaban en el desierto de Maón en el Arabá, al sur del desierto: ²⁵Saúl fue en su busca. David se enteró y descendió a un risco que se halla en el desierto de Maón. ²⁶Saúl y David estaban ahora en laderas opuestas de una montaña. Saúl y sus hombres comenzaron a rodearlos. David hizo todo lo posible por escapar, pero, al parecer, estaba perdido. ²⁷En esto le llegó a Saúl un mensaje en el que se le informaba que los filisteos estaban atacando nuevamente a Israel, ²⁸y Saúl tuvo que abandonar la persecución, y regresar a pelear contra los filisteos. Desde entonces el lugar donde David estuvo acampado ha sido llamado Sela Hamajlecot (Roca de las Separaciones).

²⁹Luego David se fue a vivir en las cuevas de Engadi.

## David le perdona la vida a Saúl

**24** Después que Saúl regresó de su batalla con los filisteos, y como le dieran aviso de que David se había ido al desierto de Engadi, ²reunió tres mil hombres escogidos de todo Israel y salió a buscarlo a las Rocas de las Cabras Monteses. ³En el lugar por donde el camino pasa por algunos rediles, entró Saúl en una cueva para hacer sus necesidades. En esa cueva precisamente estaban escondidos David y sus hombres. ⁴Los hombres de David le dijeron:

—Ahora es tu oportunidad. Hoy es el día de que hablaba el Señor cuando dijo: "Entregaré a Saúl en tu poder para que hagas con él lo que quieras".

David se acercó silenciosamente y cortó un pedazo del borde de la túnica de Saúl. ⁵Pero su conciencia comenzó a molestarlo.

⁶—Jamás haré lo que me sugieren, —dijo a sus hombres—. Es un grave pecado agredir al rey escogido de Dios.

⁷Estas palabras de David persuadieron a sus hombres de no dar muerte a Saúl. Cuando Saúl salió de la cueva para seguir su camino, ⁸David le gritó:

—Señor mío y rey mío.

Saúl miró, y David, haciéndole una reverencia, ⁹,¹⁰gritó:

—¿Por qué prestas atención a los que dicen que trato de hacerte daño? Este mismo día comprenderás que no es cierto. El Señor te puso a mi merced aquí en la cueva, y algunos de mis hombres me dijeron que te diera muerte, pero yo no quise, porque me dije: «Jamás le haré daño alguno a mi señor porque es el ungido del Señor». ¹¹¿Ves lo que tengo en la mano? Es el borde de tu manto. Lo corté, pero no te quise matar. ¿No te convence esto de que no estoy tratando de causarte daño y que no he pecado contra ti, aunque tú has estado buscándome para darme muerte? ¹²Que el Señor juzgue entre nosotros. Quizás te castigará por lo que estás tratando de hacerme, pero yo jamás te haré daño alguno. ¹³Dice el viejo proverbio: «Un mal provoca otro mal». Pero yo no te tocaré para dañarte. ¹⁴¿Y a quién trata de dar caza el rey de Israel? ¿Debe perder el tiempo buscando a uno que es tan indigno como un perro muerto o como una pulga? ¹⁵Que el Señor juzgue entre nosotros y que castigue a cualquiera de los dos que sea culpable. Él es mi abogado y mi defensor, y él me rescatará de tu poder.

¹⁶Saúl entonces dijo:

—¿Eres tú, hijo mío, David? —y rompió a llorar—. ¹⁷Tú eres mejor que yo, porque me has pagado bien por mal. ¹⁸Sí, tú has sido muy misericordioso conmigo en este día, porque cuando el Señor me entregó en tus manos, no me mataste. ¹⁹¿Quién otro dejaría escapar a su enemigo cuando lo tiene en su poder? Que el Señor te recompense bien por la bondad que me has mostrado en este día. ²⁰Y ahora comprendo que ciertamente vas a ser rey, y que Israel será tuyo y tú lo gobernarás. ²¹Júrame por el Señor que cuando esto ocurra no matarás a mi familia, ni destruirás a mis descendientes.

²²Así lo prometió David. Saúl entonces regresó a su casa, pero David y sus hombres volvieron a la cueva.

## David, Nabal y Abigaíl

**25** Poco después murió Samuel. Todo Israel se reunió para su funeral y lo sepultaron en la propiedad de su familia en Ramá.

Mientras tanto, David, descendió al desierto de Parán. ²Un hombre rico de Maón criaba ovejas allí, junto al pueblo del Carmelo. Tenía tres mil ovejas y mil cabras, y se hallaba en su rancho para esquilar las ovejas. ³Su nombre era Nabal. Su esposa, que se llamaba Abigaíl, era una mujer hermosa e inteligente. Él, que era descendiente de Caleb, en cambio, era duro y soberbio, y de modales rudos.

⁴Cuando David supo que Nabal estaba esquilando sus ovejas, ⁵envió a diez de sus hombres a Carmelo con este mensaje: ⁶«Que Dios te dé prosperidad a ti y a tu familia y te multiplique en todo. ⁷Se me ha dicho que estás esquilando tus ovejas y cabras. Últimamente tus pastores han vivido entre nosotros; no les hemos hecho daño ni les hemos robado nada en todo el tiempo que ellos han estado en Carmelo. ⁸Pregunta a tus hombres y ellos te dirán si esto es cierto o no. He enviado a mis hombres a pedirte una contribución, pues hemos venido en buen día; danos un presente de lo que tengas a mano».

⁹Los jóvenes entregaron a Nabal el mensaje de David y esperaron la respuesta:

¹⁰—¿Quién es este David? ¿Quién se cree que es este hijo de Isaí? Hay muchos esclavos en estos días que huyen de sus amos. ¹¹¿Es que debo tomar pan, agua y carne, que he preparado para los esquiladores, y dársela a una banda que repentinamente aparece de quién sabe dónde?

¹²Los mensajeros de David regresaron y le dijeron lo que Nabal les había dicho. ¹³«Cíñanse las espadas»,

hermanos y otros parientes. ²Y pronto comenzaron a llegar otros también: los que tenían algún tipo de problema o deudas, o los que simplemente estaban descontentos, hasta que David se encontró al frente de unos cuatrocientos hombres. ³Más tarde David fue a Mizpa de Moab a pedirle permiso al rey para que su padre y su madre vivieran allí bajo la protección real hasta que él supiera lo que Dios iba a hacer con él. ⁴Y los padres de David permanecieron en Moab durante todo el período en que David estuvo refugiado en la cueva.

⁵Un día el profeta Gad le dijo a David que dejara la cueva y regresara a la tierra de Judá. Y David se fue al bosque de Jaret.

### Saúl elimina a los sacerdotes de Nob

⁶La noticia de su llegada a Judá llegó pronto a oídos de Saúl. Él estaba en Guibeá en ese momento, sentado bajo una encina, jugando con su lanza mientras estaba rodeado por sus oficiales.

⁷—Óiganme, hombres de Benjamín —exclamó Saúl cuando oyó la noticia—. ¿Les ha prometido David campos, viñedos y comisiones en su ejército? ⁸¿Es por eso que están ustedes en contra mía? Porque ninguno de ustedes me contó jamás que mi hijo, mi propio hijo, había hecho un pacto con el hijo de Isaí. Ni siquiera sienten pena por mí. ¿Se dan cuenta? ¡Mi propio hijo ha persuadido a ese siervo mío llamado David para que me aceche!

⁹Doeg el edomita, que estaba allí con los hombres de Saúl, dijo:

—Cuando yo estaba en Nob, vi a David conversando con el sacerdote Ajimélec. ¹⁰Ajimélec consultó al Señor para saber lo que David debía hacer, y le dio comida y la espada de Goliat el filisteo.

¹¹El rey Saúl inmediatamente mandó a buscar a Ajimélec y a toda su familia, y a todos los sacerdotes de Nob. ¹²Cuando llegaron, Saúl le dijo:

—¡Óyeme, hijo de Ajitob!

—¿Qué quieres? —dijo Ajimélec temblando.

¹³—¿Por qué tú y David han conspirado contra mí? —preguntó Saúl— ¿Por qué le diste alimento y espada y consultaste por él a Dios? ¿Por qué lo alentaste para que se rebelara contra mí para que viniera a atacarme?

¹⁴—Pero, señor, —replicó Ajimélec—, ¿hay aquí, entre todos tus siervos, alguno que sea tan fiel como David tu yerno? Él es capitán de tu guardia personal y miembro altamente honrado de tu propia casa. ¹⁵Ésa no fue la primera vez que consulté por él a Dios. Es injusto que me acuses a mí y a mi familia, porque yo no he sabido de ninguna conspiración en tu contra.

¹⁶—¡Morirás, Ajimélec, junto con toda tu familia! —gritó el rey. ¹⁷Y ordenó a su guardia personal:

—¡Maten a estos sacerdotes, porque se han aliado con David; ellos sabían que él huía de mí, pero nada me dijeron!

Pero los soldados se negaron a hacer algo contra los sacerdotes.

¹⁸Entonces el rey le dijo a Doeg:

—Hazlo tú.

Doeg se volvió a ellos y mató a ochenta y cinco sacerdotes, todos con sus ropas sacerdotales. ¹⁹Luego fue a Nob, la ciudad de los sacerdotes, y dio muerte a sus familias: hombres, mujeres, niños y bebés; y también a sus animales: bueyes, burros y ovejas. ²⁰Solamente Abiatar, uno de los hijos de Ajimélec, escapó y huyó a unirse a David. ²¹Cuando le contó lo que Saúl había hecho, ²²David exclamó:

—Me lo temía. Cuando vi a Doeg allí, pensé que se lo diría a Saúl. Él provocó la muerte de toda la familia de tu padre. ²³Quédate conmigo y yo te protegeré con mi propia vida. Para dañarte tendrán que pasar primero sobre mi cadáver.

### David libera la ciudad de Queilá

**23** Un día avisaron a David que los filisteos estaban atacando a Queilá y saqueando los campos: ²David consultó al Señor:

—¿Iré y los atacaré?

—Sí, ve y salva Queilá —le dijo el Señor.

³Mas los hombres de David le dijeron:

—Nosotros tenemos miedo aun aquí en Judá. Ciertamente no queremos ir a Queilá a pelear contra las filas filisteas.

⁴David le preguntó nuevamente al Señor, y el Señor nuevamente le respondió:

—Vete a Queilá, porque yo te ayudaré a conquistar a los filisteos.

⁵Fueron a Queilá y destrozaron a los filisteos, y les quitaron el ganado. El pueblo de Queilá fue salvado. ⁶Abiatar el sacerdote fue a Queilá con David, y llevó el efod consigo, a fin de consultar al Señor por David.

### Saúl persigue a David

⁷Saúl pronto supo que David estaba en Queilá. «Bien —exclamó—. Ahora lo tenemos. Dios lo ha entregado en mis manos, pues se ha atrapado a sí mismo en una ciudad amurallada».

⁸Saúl movilizó todo su ejército y lo puso en marcha hacia Queilá para sitiar a David y a sus hombres. ⁹Pero David se enteró del plan de Saúl y le dijo a Abiatar el sacerdote que trajera el efod para consultar al Señor.

¹⁰—Oh Señor Dios de Israel —dijo David—, he sabido que Saúl tiene planes de venir y destruir Queilá porque yo estoy aquí. ¹¹¿Me entregarán a él los hombres de Queilá? ¿Vendrá Saúl realmente como he oído? Oh Señor Dios de Israel, te ruego que me lo digas.

Y el Señor le dijo:

—Vendrá.

¹²—¿Y me traicionarán estos hombres de Queilá entregándome a Saúl? —insistió David.

Y el Señor le respondió:

—Sí; te traicionarán.

¹³Entonces David y sus hombres, que eran seiscientos ahora, salieron de Queilá y comenzaron a andar de un lado a otro por el campo. Pronto Saúl se enteró de que David había huido, y desistió de ir a Queilá. ¹⁴,¹⁵David se fue a vivir en las cuevas del desierto en la región montañosa de Zif. Un día, cerca de Hores, supo que Saúl iba hacia Zif en su busca. Saúl lo perseguía día tras día para matarlo, pero el Señor no permitió que lo encontrara.

¹⁶El príncipe Jonatán salió en busca de David y lo halló en Hores, y lo alentó en su fe en Dios. ¹⁷«No tengas miedo —le dijo Jonatán—. Mi padre jamás te encontrará, tú serás el rey de Israel y yo estaré junto a ti, y seré tu segundo como mi padre bien lo sabe».

¹⁷Y renovó Jonatán su pacto con David por el amor que los unía, porque lo quería tanto como a sí mismo. ¹⁸Luego le dijo:

—Mañana es luna nueva. Te van a echar de menos cuando tu lugar a la mesa esté vacío. ¹⁹Pasado mañana se notará mucho más. Ve entonces al lugar en que te escondiste, hasta la mañana, junto a la piedra de Ézel. ²⁰Yo saldré y dispararé tres flechas hacia la piedra, como si estuviera tirando al blanco. ²¹Enseguida enviaré a un muchacho para que las recoja y las traiga. Si oyes que le digo, "Están de este lado", sabrás que todo está bien, y que no hay problema. ²²Pero si le digo: "Sigue más allá, las flechas están todavía más allá de ti", significará que debes partir inmediatamente. ²³Y que el Señor nos ayude a guardar las promesas que nos hemos hecho, porque él ha sido testigo de ellas.

²⁴Y David se escondió en el campo. Cuando comenzó la celebración de la luna nueva, ²⁵el rey se sentó a comer, como de costumbre, en su lugar junto a la pared. Jonatán estaba sentado en frente de él y Abner estaba sentado junto a Saúl, pero el lugar de David estaba vacío. ²⁶Saúl no dijo nada ese día porque supuso que algo había pasado, que quizás David estaba ceremonialmente impuro. ²⁷Pero cuando vio que su lugar estaba vacío también al día siguiente, le preguntó a Jonatán:

—¿Por qué es que David no ha venido a comer ayer ni hoy?

²⁸,²⁹—Me pidió que le permitiera ir a Belén, a participar en una fiesta familiar. Su hermano le pidió que estuviera presente. Yo le dije que fuera.

³⁰Saúl se encendió de ira.

—¡Hijo de la perdida! —le gritó—. ¿Piensas que no sé que tú quieres que ese hijo de nadie sea rey en tu lugar para vergüenza tuya y de tu madre? ³¹Mientras esté hombre viva, jamás llegarás a ser rey. ¡Ahora ve, encuéntralo y tráemelo, porque ese tipo merece la muerte!

³²—¿Por qué merece la muerte? ¿Qué ha hecho? —preguntó Jonatán.

³³Entonces Saúl arrojó la lanza contra Jonatán, con la intención de matarlo. Jonatán comprendió que su padre realmente quería matar a David, ³⁴se retiró de la mesa encendido de ira, y se negó a comer en todo aquel día porque estaba muy herido por la vergonzosa conducta de su padre hacia David.

³⁵A la mañana siguiente, de la manera acordada, Jonatán salió al campo y llevó a un joven consigo para que le recogiera las flechas.

³⁶—Corre —le dijo al muchacho— y recoge las flechas que dispare.

Mientras el muchacho corría, Jonatán disparó una flecha por encima de su cabeza. ³⁷Cuando el muchacho estaba por llegar a donde la flecha había caído, Jonatán gritó:

—¡La flecha está todavía más allá; ³⁸date prisa, date prisa, no esperes!

El muchacho recogió la flecha y se la entregó a su señor. ³⁹Por supuesto, no entendió el mensaje que las palabras de Jonatán encerraban. Solamente Jonatán y David lo sabían. ⁴⁰Jonatán le entregó el arco y las flechas, y le ordenó llevarlas a la ciudad.

⁴¹En cuanto se fue, David salió de su escondite detrás de la roca, se inclinó tres veces y se puso rostro en tierra. Luego se abrazaron al tiempo que lloraban, especialmente David. ⁴²Finalmente, Jonatán le dijo a David:

—Consuélate porque nos hemos jurado fidelidad delante de Dios y el será quien nos juzgue siempre, a nosotros y a nuestros descendientes. Entonces se separaron.

David se fue por su camino y Jonatán regresó a la ciudad.

## David en Nob

**21** David se dirigió a la ciudad de Nob para ver a Ajimélec el sacerdote. Ajimélec tembló cuando lo vio.

¿Por qué vienes solo? —le preguntó—. ¿Por qué nadie te acompaña?

²—El rey me envió en un asunto privado —mintió David—. Me dijo que no le dijera a nadie por qué estoy aquí. Les he dicho a mis hombres dónde podemos encontrarnos más tarde. ³Ahora, ¿qué hay de comer? Dame cinco panes o cualquier otra cosa.

⁴—No tengo pan común —dijo el sacerdote—, pero hay panes de la proposición. Creo que la ley no prohíbe que ustedes lo coman si no han estado con mujeres últimamente.

⁵—Puedes estar tranquilo —contestó David—. Mis hombres no han tocado mujer, como siempre que salimos en campaña. Están ceremonialmente limpios, a pesar de que este viaje es de carácter civil.

⁶Puesto que no había otro alimento disponible, el sacerdote le dio el pan de la proposición que estaba delante del Señor en el santuario. Había sido reemplazado con pan nuevo justamente ese día.

⁷Doeg, el idumeo, jefe de los pastores de Saúl, estaba allí haciéndose una purificación ceremonial. ⁸David le preguntó a Ajimélec si tenía una espada o lanza que pudiera usar.

—Tuve que salir tan apresuradamente en este asunto del rey, que salí sin armas —exclamó David.

⁹—No —contestó el sacerdote—, sólo tengo la espada de Goliat, el filisteo que mataste en el valle de Elá. Está envuelta en un manto en el cuarto de la ropa. Tómala si quieres, porque no tengo otra cosa.

—¡No hay otra igual! —exclamó David—. ¡Dámela!

## David en Gat

¹⁰Sin pérdida de tiempo, reanudó la marcha huyendo de Saúl y llegó ante el rey Aquis de Gat. ¹¹Pero los funcionarios de Aquis no estaban contentos con la presencia de David allí.

—¿No es éste el caudillo de Israel? ¿No es éste del que la gente canta y danza diciendo: "Saúl mató a sus miles y David a sus diez miles?"

¹²David oyó estos comentarios y tuvo miedo de que el rey Aquis pudiera hacerle daño, ¹³por lo que fingió estar loco. Arañaba las puertas y dejaba que la saliva le corriera por la barba, ¹⁴hasta que finalmente el rey Aquis dijo a sus siervos:

—¿Por qué me han traído aquí a un loco? ¹⁵Ya tenemos suficientes locos por aquí. ¿Acaso voy a hospedar a un individuo así?

## David huye a Adulán y a Mizpa

**22** David salió de Gat y se refugió en la cueva de Adulam, donde de inmediato se le unieron sus

ron y dieron muerte a doscientos filisteos y entregaron los prepucios al rey Saúl. Y el rey le dio a Mical.

²⁸Cuando el rey comprendió cuánto era lo que el Señor bendecía a David y cuanto lo amaba su hija Mical, ²⁹tuvo cada vez más temor de él, y su odio se acrecentó con cada día que pasaba. ³⁰Cada vez que el ejército filisteo atacaba, David tenía triunfos más resonantes que todo el resto de los soldados de Saúl. Por tanto, el nombre de David se hizo muy famoso.

## Saúl intenta matar a David

**19** Saúl sugirió a sus servidores y a Jonatán su hijo que asesinaran a David. Pero Jonatán, movido por la estrecha amistad que lo ligaba con David, ²le contó lo que su padre planeaba.

—Mañana por la mañana —le advirtió—, debes esconderte en un lugar en el campo. ³Le pediré a mi padre que vaya allá conmigo y le hablaré a tu favor. Entonces veré qué es lo que piensa acerca de ti y te lo diré.

⁴A la mañana siguiente, mientras Jonatán conversaba con su padre, le habló bien de David y le pidió que no lo tuviera por enemigo.

—Él nada ha hecho contra ti —le dijo Jonatán—. Siempre te ha ayudado en todo lo que ha podido. ⁵¿Te has olvidado de cuando arriesgó su vida por dar muerte a Goliat y cómo el Señor le dio una gran victoria a Israel como resultado? Entonces estabas muy feliz. ¿Por qué ahora quieres asesinar a un hombre inocente? No hay razón para ello.

⁶Saúl halló razón en las palabras de Jonatán y juró:

—Vive el Señor que no mataré a David. ⁷Jonatán llamó a David, le contó lo ocurrido, y lo llevó ante Saúl y todo quedó como antes. ⁸La guerra estalló poco después, David dirigió las tropas contra los filisteos, y mató a muchos de ellos haciendo huir a todo el ejército.

⁹Pero un día en que Saúl estaba sentado en su casa oyendo a David tocar el arpa, repentinamente el espíritu que lo atormentaba de parte del Señor lo atacó. Tenía la lanza en la mano ¹⁰y se la arrojó a David con la intención de matarlo, pero David se hizo a un lado y huyó en la noche, dejándola clavada en la madera de la pared. ¹¹Saúl entonces envió soldados para que vigilaran la casa de David y le dieran muerte cuando apareciera en la mañana. «Si no te vas esta noche —le dijo Mical—, mañana serás hombre muerto».

¹²Ella le ayudó a bajar por la ventana. ¹³Tomó luego una estatua y la puso en la cama con una almohada de pelo de cabra en la cabecera y la cubrió con una manta. ¹⁴Cuando llegaron los soldados para arrestar a David, ella les dijo que estaba enferma. ¹⁵Pero Saúl ordenó que se lo llevasen en la cama para darle muerte. ¹⁶Mas cuando volvieron para llevárselo, descubrieron que se trataba de una estatua.

¹⁷—¿Por qué me has engañado y has dejado escapar a mi enemigo? —le preguntó Saúl a Mical.

—Tuve que hacerlo —contestó Mical—. Él amenazó con matarme si no le ayudaba.

¹⁸De este modo escapó David y se dirigió a Ramá para ver a Samuel. Allí le contó todo lo que Saúl había hecho. Samuel se llevó a David a vivir con él en Nayot. ¹⁹Cuando Saúl supo que David estaba en Nayot de Ramá, ²⁰envió soldados para que lo capturasen. Pero cuando llegaron y vieron a Samuel y a los demás profetas que profetizaban, el Espíritu de Dios cayó sobre ellos y ellos también comenzaron a profetizar. ²¹Cuando Saúl supo lo que había sucedido, envió a otros soldados, pero ellos también profetizaron. Y lo mismo ocurrió una tercera vez.

²²Entonces Saúl mismo fue a Ramá y llegó a la fuente que hay en Secú.

—¿Dónde están Samuel y David? —demandó.

Alguien le dijo que estaban en Nayot, ²³pero en el camino a Nayot, el Espíritu de Dios vino sobre Saúl y él también comenzó a profetizar. ²⁴Se despojó de sus vestiduras y estuvo desnudo todo el día y toda la noche profetizando delante de Samuel.

—¡Cómo! —exclamaron—. ¿Saúl entre los profetas?

## David y Jonatán

**20** David entonces huyó de Nayot de Ramá y se unió con Jonatán.

—¿Qué he hecho? —exclamó—. ¿Por qué está tu padre tan decidido a matarme?

²—Eso no es cierto —protestó Jonatán—. Estoy seguro que él no planea tal cosa porque siempre me dice todo lo que va a hacer, aun las cosas pequeñas, y yo sé que él no me ocultaría semejante plan.

³—¡Por supuesto que tú no lo sabes! —dijo David—. Tu padre sabe perfectamente bien la amistad que nos une, y seguramente ha pensado: "No se lo diré a Jonatán. ¿Para qué afligirlo?" Pero la verdad es que estoy a un paso de la muerte; lo juro por el Señor y por tu propia alma.

⁴—Dime qué puedo hacer —rogó Jonatán.

⁵—Mañana comienza la celebración de la luna nueva —respondió David—. Siempre he estado con tu padre en esta ocasión, pero mañana me esconderé en el campo y me quedaré allí hasta la tarde del tercer día. ⁶Si tu padre pregunta dónde estoy, dile que te he pedido permiso para ir a Belén, para la reunión familiar anual. ⁷Si él lo halla bien, yo sabré que no tiene nada contra mí; pero si se enoja, sabré que está planeando matarme. ⁸Haz esto por mí, que soy tu sirviente, puesto que estamos unidos por un pacto solemne delante del Señor. Y si he pecado contra tu padre, mátame tú mismo, pero no me entregues a él.

⁹—¡Ni pensarlo! —exclamó Jonatán—. Mira, ¿no crees que yo te lo diría si mi padre tuviera planes de matarte?

¹⁰Entonces David preguntó:

—¿Cómo sabré si tu padre está enojado o no?

¹¹—Sal al campo conmigo —contestó Jonatán—, y salieron juntos. ¹²Una vez fuera, Jonatán juró a David:

—Prometo por el Señor el Dios de Israel, que a esta hora mañana, o pasado mañana a lo sumo, conversaré con mi padre acerca de ti y te haré saber qué intenciones tiene. ¹³Si está airado y desea matarte, que el Señor me mate si no te lo digo, para que puedas escapar. ¡Que el Señor esté contigo como estaba con mi padre! ¹⁴Cuando eso suceda, sé que mientras yo viva me serás fiel, porque nos hemos jurado lealtad, y que si muero ¹⁵seguirás leal a mi familia. Y después que el Señor haya destruido a todos tus enemigos, ¹⁶que Dios te juzgue si tú y tu casa no muestran amor a mis descendientes.

Goliat. ⁴¹Goliat se adelantó hacia David con su escudero delante. ⁴²Venía burlándose del apuesto jovencito de mejillas rosadas.

⁴³—¿Soy acaso un perro —rugió delante de David— que vienes a mí con un palo? —y maldijo a David en el nombre de sus dioses—. ⁴⁴Ven aquí y daré tus carnes a las aves de rapiña y a los animales salvajes —gritó Goliat.

⁴⁵David respondió gritando:

—Tú vienes a mí con espada y lanza, pero yo voy a ti en el nombre del Señor de los ejércitos del cielo y de Israel, a quien tú has desafiado. ⁴⁶Hoy el Señor te vencerá y yo te mataré y te cortaré la cabeza, y daré tu cadáver y el de tus compañeros a las aves de rapiña y a los animales salvajes. Así todo el mundo sabrá que hay Dios en Israel, ⁴⁷e Israel sabrá que el Señor no depende de las armas para realizar sus planes. Esta batalla le pertenece al Señor y él los va a entregar a ustedes en nuestras manos.

⁴⁸Goliat avanzó de nuevo y David corrió a su encuentro, ⁴⁹y sacando una piedra de la alforja la lanzó con la honda y golpeó al gigante en la frente. La piedra se le clavó en la frente al gigante y cayó de cara a tierra. ⁵⁰,⁵¹De esa manera David venció al gigante filisteo. Como no tenía espada, corrió y sacó la del gigante de la vaina y lo mató con ella, y luego le cortó la cabeza. Cuando los filisteos vieron que su campeón había muerto, huyeron.

⁵²Entonces los israelitas dieron un gran grito de triunfo y los persiguieron por todo el valle hasta Gat y hasta las puertas de Ecrón. Los cuerpos de los filisteos muertos y heridos quedaron regados a todo lo largo del camino a Sajarayin.

⁵³Después el ejército israelita regresó y saqueó el campamento de los filisteos. ⁵⁴Más tarde David llevó la cabeza de Goliat a Jerusalén, pero colocó sus armas en su tienda. ⁵⁵Cuando Saúl vio que David salía a pelear con el gigante, le preguntó a Abner, general de su ejército:

—Abner, ¿de qué familia procede este joven?

—No lo sé, realmente, —dijo Abner.

⁵⁶—Bien, averígualo —le dijo el rey.

⁵⁷Después que David dio muerte a Goliat, Abner lo llevó a la presencia de Saúl con la cabeza del filisteo aún en la mano.

⁵⁸—Dime, ¿quién es tu padre, hijo mío? —dijo Saúl—. Y David dijo:

—Se llama Isaí y vivimos en Belén.

## Envidia de Saúl

**18** Después que el rey Saúl terminó de conversar con David, ²,³desde ese día ya no lo dejó volver a su casa. David conoció a Jonatán, hijo del rey, e inmediatamente se estableció entre ellos un fuerte lazo de amistad. Jonatán lo amó como a un hermano, e hizo un pacto con él, ⁴y selló el pacto dándole su túnica, su espada, su arco y su cinto.

El rey Saúl hizo que David se quedara en Jerusalén y no permitió que regresara más a su casa. ⁵David quedó como ayudante especial de Saúl, y siempre cumplía sus encargos tan satisfactoriamente que Saúl le dio autoridad sobre sus hombres de guerra, designación que fue aplaudida por el ejército y por el pueblo.

⁶Sucedió, sin embargo, que cuando el ejército israelita volvía victorioso después de que David mató a Goliat, las mujeres de todos los pueblos y aldeas salían al camino a celebrar y a vitorear al rey Saúl, y cantaban y danzaban llenas de gozo con tamboriles y címbalos. ⁷Ésta era su canción:

«Saúl mató sus miles,
y David sus diez miles».

⁸A Saúl no le gustó lo que oyó. Pensó: «A David le asignan diez miles y a mí solamente miles. Sólo falta que lo proclamen rey».

⁹Desde ese momento Saúl se puso celoso con David. ¹⁰Al día siguiente Dios hizo que un espíritu malo atormentara a Saúl, y comenzó a delirar como un loco. David trató de tranquilizarlo tocando el arpa como lo hacía antes. Pero Saúl, que blandía su lanza, ¹¹repentinamente la arrojó contra David con la intención de clavarlo contra la pared. Pero David saltó y escapó. Dos veces ocurrió esto. ¹²Saúl le tenía miedo a David porque el Señor lo había abandonado y ahora estaba con David. ¹³Finalmente, Saúl lo echó de su presencia y le redujo la responsabilidad sobre el ejército. Pero la controversia hizo que David fuera aun más conocido por la gente.

¹⁴David siguió teniendo éxito en todo lo que emprendía, porque el Señor estaba con él. ¹⁵Cuando el rey Saúl se dio cuenta de esto, su temor creció aún más; ¹⁶pero todo Israel y Judá amaban a David, porque era él el que encabezaba las tropas cuando salían de campaña.

¹⁷Un día Saúl le dijo a David:

—Te voy a dar a Merab, mi hija mayor, como esposa. Pero primero tendrás que probar que eres un verdadero soldado que pelea las batallas del Señor.

Porque Saúl pensó: «Lo enviaré contra los filisteos y ellos lo matarán y así no tendré que hacerlo yo».

¹⁸—¿Quién soy yo para ser yerno del rey? —exclamó David—. La familia de mi padre es humilde.

¹⁹Pero cuando llegó el tiempo de la boda, Saúl la casó con Adriel, un hombre de Mejolá. ²⁰Mientras tanto Mical, la hija de Saúl, se había enamorado de David, y Saúl se alegró cuando lo supo.

²¹«Ésta es otra oportunidad para tenderle una trampa y hacer que le maten los filisteos», se dijo Saúl. Pero a David le dijo:

—Serás mi yerno al fin, pues hoy te daré a mi hija menor.

²²Luego dio órdenes a sus hombres para que le dijeran confidencialmente a David que el rey lo estimaba mucho, y que todos lo querían y pensaban que debería de aceptar la proposición del rey de ser su yerno. ²³Pero David contestó:

—¿Cómo puede un hombre como yo, de familia humilde, obtener una dote para casarse con la hija de un rey?

²⁴Cuando los hombres de Saúl le informaron esto, ²⁵él les dijo:

—Díganle a David que la única dote que requiero son los prepucios de cien filisteos que él mismo haya matado. Lo único que deseo es vengarme de mis enemigos.

Pero lo que Saúl tenía pensado era que David muriera en la pelea.

²⁶David aceptó la proposición con placer. Antes de que expirara el período fijado, ²⁷él y sus hombres fue-

el espíritu que te atormenta? La música del arpa te dará tranquilidad y te hará bien.

¹⁷—Bien —dijo Saúl—. Búsquenme un músico que toque el arpa.

¹⁸Uno de los cortesanos le dijo que conocía a un joven de Belén hijo de un hombre llamado Isaí, que no sólo era un arpista con talento sino un joven gallardo, valiente, fuerte y juicioso.

—Lo que es más —añadieron—, el Señor está con él.

¹⁹Saúl envió mensajeros a Isaí pidiéndole que le enviara a su hijo David el pastor, ²⁰Isaí respondió enviando no solamente a David, sino también un cabrito, y un burro cargado de panes y un odre de vino. ²¹Desde el instante en que vio a David, Saúl se encariñó con él y lo hizo su escudero, ²²y le mandó el siguiente recado a Isaí: «Deja que David se quede conmigo, porque me agrada».

²³Y cada vez que el espíritu que lo atormentaba, de parte de Dios, molestaba a Saúl, David tocaba el arpa y Saúl se sentía mejor, y el espíritu malo que lo turbaba se apartaba de él.

## David y Goliat

**17** Los filisteos juntaron sus ejércitos para la batalla y acamparon entre Soco de Judá y Azeca, en Efesdamín. ²Saúl también reunió sus fuerzas en el valle de Elá y las ordenó para la batalla. ³Los filisteos y los israelitas estaban frente a frente en montañas opuestas, y el valle estaba entre ellos.

⁴⁻⁸Entonces Goliat, campeón filisteo de Gat, salió de las filas filisteas y desafió a las fuerzas de Israel. Era un gigante de casi tres metros de alto. Usaba un yelmo de bronce, una cota de malla de unos sesenta kilos, grebas de bronce para las piernas, y una jabalina de bronce de varios centímetros de espesor, en cuyo extremo había una punta de lanza de hierro de más de siete kilos. Y su escudero llevaba un gran escudo delante de él. Goliat se paró y gritó para que lo oyeran los israelitas: «¿Necesitan todo un ejército para solucionar esto? Yo represento a los filisteos. Escojan a alguien que los represente y decidiremos la batalla en un combate singular. ⁹Si el israelita puede matarme, nosotros seremos esclavos de ustedes. Pero si yo lo mato, ustedes serán nuestros esclavos. ¹⁰Desafío a los ejércitos de Israel. Envíen un hombre que pelee conmigo». ¹¹Cuando Saúl y el ejército israelita escucharon esto, se sintieron desfallecer de temor.

¹²David, hijo del anciano Isaí, miembro de la tribu de Judá que vivía en Belén de Judá, tenía siete hermanos mayores. ¹³Los tres mayores, Eliab, Abinadab y Sama, se habían incorporado al ejército de Saúl para pelear contra los filisteos. ¹⁴David era el menor de todos, ¹⁵y alternaba sus viajes al campamento de Saúl con el cuidado de los rebaños de su padre en Belén. ¹⁶Durante cuarenta días, dos veces al día, por la mañana y por la tarde, el gigante estuvo desafiando a los ejércitos de Israel.

¹⁷Un día, Isaí dijo a David: «Toma estos veinticuatro kilos de grano tostado y estos diez panes y llévalos a tus hermanos. ¹⁸Dale este queso al capitán y ve cómo lo están pasando tus hermanos. Y trae alguna prenda de ellos».

¹⁹En ese momento el ejército israelita estaba acampado en el valle de Elá. ²⁰En la madrugada del día siguiente David dejó las ovejas con otro pastor y partió con los regalos. Llegó a las afueras del campamento en el momento en que el ejército de Israel salía en orden de batalla y lanzaba gritos de guerra. ²¹Pronto las fuerzas israelitas y filisteas estuvieron frente a frente. ²²David dejó las cosas que llevaba en manos del encargado de las armas y provisiones y corrió a las filas en busca de sus hermanos. ²³Mientras conversaba con ellos, vio que el gigante Goliat se adelantaba a las tropas filisteas y su desafío al ejército de Israel. ²⁴Tan pronto como lo vieron los hombres de Israel comenzaron a huir llenos de miedo.

²⁵—¿Oyeron al gigante? —se decían los soldados—. Ha insultado otra vez al ejército de Israel. ¿Saben qué recompensa ha ofrecido el rey al que lo mate? El rey le dará una de sus hijas por esposa y toda su familia estará exenta de pagar impuestos.

²⁶David habló con otros que estaban por allí para verificar lo que había oído.

—¿Qué recibirá el hombre que mate al filisteo y ponga fin a nuestra humillación? —les preguntó—. ¿Quién es este filisteo incrédulo que se le permite que desafíe a los ejércitos del Dios vivo?

²⁷Y recibió la misma respuesta de antes. ²⁸Pero cuando el hermano mayor de David, Eliab, supo lo que decía David, se enojó.

—¿Qué haces aquí? —le preguntó—. ¿No debes estar cuidando las ovejas? Yo conozco tu soberbia y tu malicia; solamente has venido a curiosear y ver la batalla.

²⁹—¿Qué he hecho ahora? —contestó David—. Solamente estaba haciendo una pregunta.

³⁰Y se acercó a otros y les preguntó lo mismo, y recibió la misma respuesta. ³¹Cuando finalmente comprendieron la intención de David, alguien lo dijo al rey Saúl y el rey lo mandó a buscar.

³²—No se preocupe —le dijo David—. Yo me haré cargo de este filisteo.

³³—No seas tonto —contestó Saúl—. ¿Cómo puede un chiquillo como tú pelear con un hombre de ese tamaño? Tú eres tan solo un niño y él es un guerrero desde su juventud.

³⁴Pero David insistió.

—Cuando cuido las ovejas de mi padre y un león o un oso vienen a arrebatar un cordero del rebaño, ³⁵yo lo sigo con un palo y de sus fauces le quito el cordero. Si se vuelve hacia mí, lo tomo de la quijada y lo apaleo hasta matarlo. ³⁶He hecho esto con leones y osos, y lo haré también con este pagano filisteo, porque ha desafiado a los ejércitos del Dios vivo. ³⁷El Señor que me salvó de las garras del león y del oso, me salvará también de este filisteo.

Saúl finalmente aceptó.

—Bien, ve —le dijo—, y que el Señor te acompañe.

³⁸Saúl le puso a David su armadura: un yelmo de bronce y una cota de malla. ³⁹David se la puso, se ciñó la espada y dio unos pasos para ver cómo se sentía con todo aquello, porque jamás había usado tales cosas.

—Apenas me puedo mover —exclamó—, y se lo quitó todo otra vez.

⁴⁰Luego tomó cinco piedras lisas del arroyo y las puso en su alforja, y armado solamente con una vara de pastor y una honda, comenzó a avanzar hacia

¹⁵—Bueno, sí. El ejército reservó lo mejor de las ovejas y de las vacas, pero van a sacrificarlo al Señor tu Dios, y hemos destruido todo lo demás.

¹⁶Y Samuel le dijo a Saúl:

—Un momento. Escucha lo que el Señor me dijo anoche.

—¿Qué te dijo? —preguntó Saúl.

¹⁷Samuel le dijo:

—Aun cuando tú mismo pensabas que eras poca cosa, el Señor te ungió rey de Israel. ¹⁸Él te envió un mensaje y te dijo: "Ve y destruye completamente a los pecadores, a los amalecitas, hasta que todos hayan muerto". ¹⁹¿Por qué no obedeciste al Señor? ¿Por qué te apresuraste a tomar botín y a hacer exactamente lo que el Señor te prohibió que hicieras?

²⁰—Pero yo he obedecido al Señor. Fui a donde me mandó. Traje prisionero al rey Agag, y maté a todos los demás. ²¹Sólo que los soldados han tomado lo mejor de las ovejas, y de las vacas y del botín para ofrecerlo al Señor.

²²Samuel respondió:

—¿Se complace el Señor tanto en los holocaustos y sacrificios como en que se obedezcan sus palabras? La obediencia es mucho mejor que los sacrificios. Él prefiere que le obedezcas a que le ofrezcas la gordura de los carneros. ²³Porque la rebelión es tan mala como el pecado de hechicería, y la soberbia es tan mala como la idolatría. Y ahora, por cuanto has rechazado la palabra del Señor, él te ha rechazado como rey.

²⁴—He pecado —reconoció finalmente Saúl—. Sí, he desobedecido tus instrucciones y el mandamiento del Señor. Le tuve miedo al pueblo y les dejé hacer lo que quisieron. ²⁵Perdona mi pecado, y ven conmigo a adorar al Señor.

²⁶Pero Samuel replicó:

—No regresaré contigo. Por cuanto has rechazado el mandamiento del Señor, él te ha rechazado como rey de Israel.

²⁷Cuando Samuel dio media vuelta para irse, Saúl lo tomó del manto para que regresara y se lo rasgó. ²⁸Samuel le dijo:

—¿Ves? El Señor ha rasgado de ti el reino de Israel hoy, y se lo ha dado a un prójimo tuyo que es mejor que tú. ²⁹Y el Señor, que es la Gloria de Israel, no miente, ni cambia de parecer, porque no es como los hombres.

³⁰—He pecado —insistió Saúl—. Pero, por lo menos, hónrame delante de los jefes y delante del pueblo yendo conmigo a adorar al Señor tu Dios.

³¹Finalmente Samuel aceptó y le acompañó, y Saúl rindió culto al Señor. ³²Luego dijo:

—Trae al rey Agag:

Agag llegó sonriente, porque pensaba: «Seguramente ya ha pasado lo peor». ³³Pero Samuel le dijo:

—Puesto que tu espada dejó a muchas madres sin hijos, ahora tu madre quedará sin su hijo.

Y Samuel lo descuartizó delante del Señor en Gilgal. ³⁴Entonces Samuel regresó a Ramá y Saúl a Guibeá. ³⁵Samuel no volvió a ver a Saúl, pero lloraba continuamente por él, porque el Señor se había arrepentido de haber hecho a Saúl rey de Israel.

## Samuel unge a David

**16** Finalmente el Señor le dijo a Samuel:

—Basta ya de llorar a Saúl, porque lo he rechazado como rey de Israel. Toma un cuerno de aceite de oliva, ve a Belén y busca a un hombre llamado Isaí, porque a uno de sus hijos he escogido para que sea el nuevo rey.

²Pero Samuel preguntó:

—¿Cómo? Si Saúl se entera, me matará.

—Lleva contigo una becerra y di que has ido a ofrecer un sacrificio al Señor.

³Invita a Isaí al sacrificio y yo te mostraré a cuál de sus hijos debes ungir.

⁴Samuel hizo lo que el Señor le ordenó. Cuando llegó a Belén, los ancianos de la ciudad salieron temblando a su encuentro.

—¿Qué pasa? —le preguntaron—. ¿A qué has venido?

⁵—No pasa nada —contestó Samuel—. He venido a ofrecer un sacrificio al Señor. Purifíquense y acompáñenme al sacrificio.

Y realizó el rito de la purificación en favor de Isaí y de sus hijos y los invitó al sacrificio. ⁶Cuando llegaron, Samuel miró a Eliab y pensó: «Este debe ser el hombre que el Señor ha escogido». ⁷Pero el Señor le dijo:

—No juzgues al hombre por su apariencia. No, no es éste. Yo no escojo como los hombres lo hacen. Los hombres juzgan por la apariencia exterior, pero yo miro el corazón.

⁸Isaí le presentó entonces a su hijo Abinadab. Pero el Señor le dijo:

—Éste tampoco es el escogido.

⁹Isaí le presentó a Sama, pero Samuel dijo:

—No, éste tampoco es.

¹⁰Así le fueron presentando, uno por uno, siete de los hijos de Isaí, pero todos fueron rechazados. El Señor no ha escogido a ninguno de ellos ¹¹—le dijo Samuel a Isaí—. ¿Estos son todos los hijos que tienes?

—Sólo falta el menor —replicó Isaí—, pero está en el campo cuidando las ovejas.

—Mándalo a buscar inmediatamente —dijo Samuel— porque no me sentaré a comer hasta que él haya llegado.

¹²Isaí lo mandó a buscar:

Era un joven gallardo, trigueño y de aspecto agradable. Y el Señor le dijo:

—Éste es, úngelo.

¹³Samuel tomó el aceite de oliva que había traído y lo derramó sobre la cabeza de David delante de sus hermanos. El Espíritu del Señor entonces descendió sobre él y le dio gran poder desde aquel día en adelante. Y Samuel regresó a Ramá.

## David al servicio de Saúl

¹⁴El Espíritu del Señor se había apartado de Saúl, y en cambio, le había enviado un espíritu que lo atormentaba. ¹⁵,¹⁶Algunos de los servidores de Saúl le sugirieron un remedio.

—¿Por qué no nos autorizas a buscar un buen músico que toque el arpa delante de ti cuando viene

15.22-23   16.7

se sintió con más fuerzas. ²⁸Entonces alguien le dijo que su padre había lanzado una maldición sobre todo aquel que comiera aquel día, y a causa de eso todos estaban cansados y débiles.

²⁹«¡A quién se le ocurre!» —exclamó Jonatán—. Un mandamiento de este tipo solamente nos perjudica. Me siento mejor ahora que he comido este poco de miel. ³⁰Si el pueblo hubiera podido comer el alimento hallado entre nuestros enemigos, quién sabe cuanto mayor daño hubiéramos hecho a los filisteos».

³¹Sin embargo, hambrientos como estaban, persiguieron y mataron a los filisteos desde Micmás hasta Ayalón, debilitándose cada vez más. ³²Y aquella tarde se lanzaron sobre los despojos de la batalla y mataron ovejas, bueyes y cabritos y comieron carne sin desangrar. ³³Alguien le dijo a Saúl lo que estaba ocurriendo, y que el pueblo pecaba contra el Señor comiendo sangre.

—Es una ofensa contra el Señor —dijo Saúl—. Tráiganme acá una piedra grande, ³⁴y vayan a decir al pueblo que traigan bueyes y ovejas para degollarlos y derramar su sangre aquí, a fin de que no pequen contra el Señor comiendo carne sin desangrar.

Y así lo hicieron al caer la noche. ³⁵Y Saúl edificó un altar al Señor, el primero que levantaba. ³⁶Después dijo:

—Sigamos a los filisteos toda la noche y destruyámoslos hasta que no quede ninguno.

—Haz lo que creas más conveniente. —contestaron sus hombres. Pero el sacerdote dijo:

—Preguntémosle primero al Señor. ³⁷Saúl consultó a Dios:

—¿Iremos tras los filisteos? ¿Nos ayudarás a derrotarlos?

Pero esta vez el Señor no respondió. ³⁸Entonces Saúl les dijo a sus generales:

—Algo anda mal. Debemos descubrir qué pecado se ha cometido hoy. ³⁹Juro por el nombre del Señor que salvó a Israel, que aunque el pecador sea mi hijo Jonatán, morirá.

Nadie de la tropa le contestó.

⁴⁰—Jonatán y yo nos situaremos de un lado —dijo Saúl— y ustedes al otro lado.

El pueblo aceptó, ⁴¹y Saúl añadió:

—Oh Señor Dios de Israel, ¿por qué no has respondido a mis preguntas? ¿Somos Jonatán y yo los culpables, o el pecado está en los demás? Oh Señor Dios, muéstranos quién es el culpable.

Y fueron señalados Jonatán y Saúl como culpables, y el pueblo fue declarado inocente. ⁴²Saúl dijo:

—Ahora echemos suertes entre Jonatán y yo.

Jonatán fue señalado culpable.

⁴³—Dime, ¿qué has hecho? —preguntó Saúl a Jonatán.

—Comí miel —reconoció Jonatán—. Pero fue sólo un poco que saqué con la punta de un palo. ¿Debo morir?

⁴⁴—Sí, Jonatán —dijo Saúl—, deberás morir. Que Dios me mate si no eres ejecutado por esto.

⁴⁵Pero los soldados se opusieron:

—¿Jonatán, que salvó hoy a Israel, morirá? ¡De ninguna manera! Juramos por el Señor que ni un cabello de su cabeza será tocado, porque él ha obrado al lado de Dios hoy día.

Así el pueblo salvó a Jonatán de la muerte.

⁴⁶Luego Saúl no fue en persecución de los filisteos y estos regresaron a su tierra. ⁴⁷Y como estaba firmemente establecido como rey de Israel, peleó contra todos los pueblos de su entorno: contra Moab, Amón, Edom, los reyes de Sobá y los filisteos.

Adondequiera que iba, triunfaba. ⁴⁸Hizo grandes cosas. Venció a los amalecitas, y salvó a Israel de todos los que habían sido sus opresores.

## La familia de Saúl

⁴⁹Saúl tuvo tres hijos, Jonatán, Isví y Malquisúa; y dos hijas, Merab, la mayor, y Mical. ⁵⁰,⁵¹La esposa de Saúl se llamaba Ajinoán, hija de Ajimaz. El jefe de su ejército era su primo Abner, hijo de Ner, tío de Saúl. Ner y Quis, el padre de Saúl, eran hermanos. Ambos eran hijos de Abiel.

⁵²Los israelitas pelearon constantemente con los filisteos durante la vida de Saúl. Y cada vez que Saúl encontraba a un joven valiente y fuerte lo unía a su ejército.

## El Señor rechaza a Saúl

**15** Un día Samuel le dijo a Saúl: «Te coroné rey de Israel porque el Señor me lo ordenó. Escucha lo que él quiere ahora. ²Este es su mandamiento: "He decidido ajustar cuentas con Amalec por no permitir que mi pueblo pasara por su territorio cuando Israel salió de Egipto. ³Ve y destruye completamente a Amalec: hombres, mujeres, bebés, niños, bueyes, ovejas, camellos y burros"».

⁴Entonces Saúl movilizó su ejército en Telayin. Había doscientos mil de a pie, aparte de los diez mil hombres de Judá. ⁵Se dirigieron a la capital de los amalecitas y pusieron una emboscada en el valle. ⁶Saúl mandó un mensaje a los ceneos diciéndoles que se retiraran de entre los amalecitas o morirían con ellos.

«Porque ustedes fueron buenos con el pueblo de Israel cuando salió de Egipto», les dijo.

Los ceneos, tomando sus cosas, salieron de allí.

⁷Luego Saúl destruyó a los amalecitas desde Javilá a todo lo largo del camino hasta Sur, al este de Egipto. ⁸Capturó vivo a Agag, rey de los amalecitas, pero mató a todo el resto de la población. ⁹Sin embargo, Saúl y sus hombres conservaron lo mejor de las ovejas y de las vacas, los mejores corderos y, en suma, todo lo que les pareció bueno. Destruyeron solamente lo que era de poco valor o de mala calidad.

¹⁰Entonces el Señor le dijo a Samuel: ¹¹«Lamento haber hecho rey a Saúl porque nuevamente me ha desobedecido».

Samuel se apesadumbró cuando oyó lo que el Señor le dijo, tanto, que lloró delante de Dios toda aquella noche. ¹²Al día siguiente, de madrugada, salió a buscar a Saúl. Alguien le dijo que había ido al monte Carmelo a edificar un monumento para sí, y que luego se había ido a Gilgal.

¹³Cuando Samuel finalmente lo encontró, Saúl lo saludó con alegría.

—El Señor te bendiga —le dijo—. Bien he cumplido con el mandamiento del Señor.

¹⁴—Entonces, ¿qué son esos balidos de ovejas y mugidos de bueyes que oigo? —preguntó Samuel.

hasta su llegada, pero como todavía no llegaba y los soldados estaban desertando rápidamente, ⁹decidió ofrecer un holocausto y una ofrenda de paz él mismo. ¹⁰Pero cuando estaba terminando llegó Samuel. Saúl salió a encontrarlo y darle la bienvenida, ¹¹pero Samuel le dijo:

—¿Qué es lo que has hecho?

—Bueno —respondió Saúl—, cuando vi que mis hombres estaban desertando y que tú no llegabas en el tiempo que dijiste, y que los filisteos estaban en Micmás listos para la batalla, ¹²me dije: "Los filisteos están listos para atacarnos y no hemos pedido la ayuda del Señor". Entonces ofrecí el holocausto sin esperar tu llegada.

¹³—Has actuado locamente —exclamó Samuel—. Has desobedecido el mandamiento del Señor tu Dios. Él quería hacer de ti y de tus descendientes reyes de Israel para siempre, ¹⁴pero ahora tu reino no perdurará. El Señor quiere un hombre que le obedezca. Por eso ha buscado a un varón conforme a su corazón y lo ha designado para que sea rey de este pueblo. Y todo porque no has obedecido el mandamiento del Señor.

¹⁵Sin más, Samuel se fue de Gilgal a Guibeá de Benjamín.

## Jonatán ataca a los filisteos

Cuando Saúl contó los soldados que aún estaban con él, encontró que eran sólo seiscientos. ¹⁶Saúl y Jonatán, y estos seiscientos hombres, pusieron su campamento en Guibeá de Benjamín, pero los filisteos se quedaron en Micmás. ¹⁷Tres compañías de merodeo salieron del campamento filisteo: una fue hacia Ofra en la tierra de Súal, ¹⁸otra fue a Bet Jorón, y la tercera se dirigió hacia las alturas que dominan el valle de Zeboyín, hacia el desierto.

¹⁹En aquellos días no había herreros en todo Israel, porque los filisteos no se lo permitían por temor de que los hebreos se hicieran espadas y lanzas. ²⁰Cuando los israelitas necesitaban afilar los arados, los discos, las hachas o las hoces, tenían que llevarlas a un herrero filisteo. ²¹Esto era lo que se cobraba: por afilar la punta de un arado, ocho gramos de plata; por los azadones, ocho gramos de plata; por las hachas o las hoces, cuatro gramos de plata; y por componer las aguijadas, cuatro gramos de plata.

²²En todo el ejército de Israel no había una sola espada ni una lanza, salvo las de Saúl y Jonatán.

²³Mientras tanto, el paso hacia Micmás había sido tomado por un contingente del ejército filisteo.

**14** Un día más tarde el príncipe Jonatán le dijo a su escudero: «Vamos, crucemos el valle hasta la guarnición de los filisteos».

Pero no le avisó a su padre que salía. ²Saúl y sus seiscientos hombres estaban acampados en las afueras de Guibeá debajo de un granado que hay en Migrón. ³Entre sus hombres estaba Abías el sacerdote, hijo de Ajitob, hermano de Icabod; Ajitob era hijo de Finés y bisnieto de Elí, sacerdote del Señor en Siló, que portaba el efod. Nadie se dio cuenta de que Jonatán había salido.

⁴Para llegar a la guarnición filistea, Jonatán tuvo que ir por un estrecho paso que estaba entre dos riscos conocidos como Bosés y Sene. ⁵El risco del norte estaba frente a Micmás y el del sur frente a Guibeá.

⁶—Vamos a donde están esos paganos —dijo Jonatán a su escudero—. Quizás el Señor haga algo por medio nuestro. Para él no hay diferencia en salvar con muchos o con pocos.

⁷—Bien —contestó el joven—. Haz lo que creas conveniente. Cuenta conmigo en cualquier cosa que decidas hacer.

⁸—¡Estupendo! Esto es lo que haremos —le respondió Jonatán—. ⁹Cuando ellos nos vean, si nos dicen: «¡Quietos, no se muevan!», nos detendremos y los esperaremos. ¹⁰Pero si dicen: «Vengan y peleen», eso haremos. Porque ésa será la señal de Dios de que él nos ayudará a derrotarlos.

¹¹Cuando los filisteos los vieron acercarse, gritaron:

—Los israelitas están saliendo de sus cuevas.

¹²Entonces le gritaron a Jonatán y a su escudero:

—Vengan acá pues queremos decirles algo.

—Ven, sígueme —dijo Jonatán a su escudero—, porque el Señor nos ayudará a derrotarlos.

¹³Subieron afirmándose con las manos y rodillas. Y a los filisteos que caían delante de Jonatán, el escudero los remataba. ¹⁴Murieron en total veinte hombres en ese primer ataque, y sus cuerpos quedaron esparcidos en un espacio como de la mitad de un surco.

## Israel derrota a los filisteos

¹⁵Repentinamente cundió el pánico en todo el campamento filisteo, tanto los que estaban acampados como los que estaban en el campo abierto. Para colmo, hubo un gran terremoto que aumentó el terror. ¹⁶Los centinelas de Saúl en Guibeá vieron como la muchedumbre filistea comenzó a esparcirse de forma confusa en todas direcciones.

¹⁷«Averigüenme quién no está aquí» —ordenó Saúl.

Al pasar lista descubrieron que Jonatán y su escudero no estaban.

¹⁸«Trae acá el cofre de Dios» —ordenó Saúl a Abías, porque el cofre estaba entre el pueblo de Israel en aquel tiempo.

¹⁹Pero mientras Saúl le hablaba al sacerdote, el griterío y el tumulto entre los filisteos se hicieron aún más grandes. «Deja, ya no lo traigas» —le dijo Saúl.

²⁰Entonces Saúl y sus seiscientos hombres salieron a la batalla y encontraron que los filisteos se estaban matando unos a otros, pues había una terrible confusión en todas partes. ²¹Y los hebreos que se habían unido a los filisteos se rebelaron y se unieron a los israelitas capitaneados por Saúl y Jonatán. ²²Finalmente, los israelitas que estaban ocultos en las colinas se unieron en la persecución cuando vieron que los filisteos huían. ²³De esta manera el Señor salvó a Israel aquel día y la batalla continuó hasta más allá de Bet Avén.

## El juramento de Saúl

²⁴Aquel día Saúl había declarado: «Caiga una maldición sobre cualquiera que coma algo antes de la tarde, antes que yo haya completado la venganza sobre mis enemigos».

²⁵Nadie comió aquel día aun cuando encontraron panales de abejas en el bosque, ²⁶porque todos tuvieron miedo de la maldición de Saúl. ²⁷Sin embargo, Jonatán, que no había oído la orden de su padre, sacó miel de un panal con un palo, y cuando terminó de comerla

contó en Bézec y vio que eran trescientos mil, además de treinta mil que vinieron de Judá. ⁹Entonces envió los mensajeros de regreso a Jabés de Galaad para que dijeran: «Los rescataremos antes de mañana al mediodía».

¡Hubo gran alegría en toda la ciudad cuando llegó aquel mensaje! ¹⁰Y los de Jabés mandaron a decir a sus enemigos: «Nos rendiremos. Mañana saldremos y podrán hacer con nosotros lo que quieran».

¹¹Al día siguiente, muy temprano, Saúl llegó. Tras dividir al ejército en tres columnas, lanzó un ataque sorpresivo sobre los amonitas y durante toda la mañana estuvo diezmando al enemigo. La persecución fue tan tenaz, que no quedaron juntos ni siquiera dos.

### Saúl es confirmado como rey

¹²El pueblo le dijo a Samuel:

—¿Dónde están los que decían que Saúl no podría ser nuestro rey? Tráiganlos y los mataremos.

¹³Pero Saúl respondió:

—Nadie será ejecutado hoy, porque el Señor ha salvado a Israel.

¹⁴Y Samuel le dijo al pueblo:

—Vengan, vamos a Gilgal y confirmemos a Saúl como rey.

¹⁵En Gilgal, en una ceremonia solemne delante del Señor, coronaron rey a Saúl, y ofrecieron sacrificios de paz al Señor. Saúl y todo Israel estaban llenos de felicidad.

### Discurso de despedida de Samuel

**12** Samuel habló al pueblo:

—Bien, ya los he complacido: Les he dado un rey, ²mis hijos son parte del pueblo, y yo ya estoy viejo y lleno de canas y los he estado sirviendo desde que era un niño. ³Ahora, díganme mientras estoy delante del Señor y delante de su ungido: ¿He robado a alguien un buey o un burro? ¿He defraudado alguna vez a alguno de ustedes? ¿Los he oprimido alguna vez? ¿He recibido soborno de alguien? Díganmelo y rectificaré todo lo malo que haya hecho.

⁴—No —contestaron—, jamás has defraudado ni oprimido a nadie y jamás has recibido soborno.

⁵—El Señor y el rey que ha ungido son mis testigos —declaró Samuel— de que no pueden acusarme de haberles robado.

—Sí, son testigos —contestaron.

⁶—Fue el Señor quien designó a Moisés y a Aarón y sacó de Egipto a nuestros antepasados —continuó Samuel—. ⁷Ahora, permanezcan de pie delante del Señor mientras les hago un recuento de los beneficios que él nos ha hecho a nosotros y a nuestros antepasados, y de lo mal que le hemos respondido:

⁸»Después de que Jacob entró a Egipto, los israelitas clamaron al Señor, él envió a Moisés y a Aarón para que los introdujeran en esta tierra. ⁹Pero pronto se olvidaron del Señor su Dios, y él los entregó en manos de Sísara, general del ejército de Jabín, rey de Jazor, y en manos de los filisteos y del rey de Moab. ¹⁰Ellos clamaron al Señor nuevamente y confesaron que habían pecado apartándose de él y adorando a Baal y a Astarté. Y suplicaron: "Solamente a ti te adoraremos si nos salvas de nuestros enemigos". ¹¹Y el Señor envió a Gedeón, Barac, Jefté y Samuel para que los salvaran y ustedes vivieran seguros.

¹²»Cuando tuvieron miedo de Najás, rey de Amón, vinieron y me dijeron que deseaban que un rey los gobernara. Pero el Señor nuestro Dios era nuestro rey, porque él siempre lo había sido. ¹³Bien, éste es el rey que ustedes pidieron. Mírenlo. El Señor les ha contestado su petición. ¹⁴Ahora, si temen al Señor y lo adoran y prestan atención a todos sus mandamientos, y si ustedes y el rey siguen fieles a su Dios, todo irá bien. ¹⁵Pero si se rebelan contra los mandamientos del Señor, su mano caerá pesadamente sobre ustedes como ocurrió con sus antepasados.

¹⁶»Ahora fíjense en la maravilla que el Señor va a realizar. ¹⁷Ustedes saben que no suele llover durante la cosecha del trigo. Oraré que el Señor envíe truenos y lluvia hoy, para que comprendan el mal que han cometido al pedir un rey.

¹⁸Entonces Samuel invocó al Señor, y él envió truenos y lluvia. Y el pueblo sintió mucho temor del Señor y de Samuel.

¹⁹—Ora para que no muramos —lloraron delante de Samuel—, porque ahora hemos añadido a todos nuestros pecados el de pedir un rey.

²⁰—No teman —los animó Samuel—. Ciertamente han hecho mal, pero al menos no desistan de seguir al Señor y sírvanle con todo el corazón. ²¹Los otros dioses no los pueden ayudar porque son falsos. ²²El Señor no abandonará a su pueblo escogido, porque ello deshonraría su gran nombre. Él los ha hecho una nación especial simplemente porque él lo ha querido. ²³En cuanto a mí, lejos esté de mí el pecar contra el Señor dejando de orar por ustedes. Yo les seguiré enseñando lo que es bueno y correcto. ²⁴Confíen en él y adórenlo con sinceridad. Piensen en las grandes cosas que ha hecho por ustedes. ²⁵Pero si siguen pecando, ustedes y el rey serán destruidos.

### Samuel reprende a Saúl

**13** Saúl había reinado ya un año. En el segundo año de su reinado ²seleccionó a tres mil soldados especiales y llevó a dos mil de ellos a Micmás y a la región montañosa de Betel, mientras los otros mil quedaban con Jonatán, su hijo, en Guibeá en la tierra de Benjamín. Envió el resto del ejército a sus casas. ³Entonces Jonatán atacó y destruyó la guarnición filistea que estaba en Guibeá. La noticia corrió rápidamente entre los filisteos, y Saúl convocó a todo Israel a las armas. ⁴Anunció que había destruido una guarnición de los filisteos y se corrió la noticia que los israelitas se habían hecho detestables delante de los filisteos. Todo el ejército israelita se movilizó y se reunió en Gilgal. ⁵Los filisteos reclutaron un poderoso ejército de tres mil carros, seis mil jinetes y tantos soldados como arena hay en la playa, y acamparon en Micmás al este de Bet Avén.

⁶Cuando los israelitas vieron la gran cantidad de soldados enemigos, perdieron todo su valor y trataron de esconderse en cuevas, en fosos, en peñascos, en excavaciones y cisternas. ⁷También algunos cruzaron el río Jordán y huyeron a la tierra de Galaad. Mientras tanto, Saúl se quedó en Gilgal, y los que estaban con él temblaban de miedo ante lo que les esperaba. ⁸Samuel le había dicho a Saúl que esperara siete días

12.20-22

Saúl se levantó y Samuel lo acompañó hasta las puertas de la ciudad. ²⁷Cuando llegaron a las murallas, Samuel le dijo a Saúl que enviara adelante a su criado. Entonces le dijo:

—He recibido un mensaje del Señor especialmente dirigido a ti.

**10** Entonces Samuel tomó una redoma de aceite de oliva y lo derramó sobre la cabeza de Saúl, lo besó en la mejilla y le dijo:

—Hago esto porque el Señor te ha señalado para que seas el rey de su pueblo, de Israel. ²Cuando te hayas ido de aquí, verás a dos hombres junto a la tumba de Raquel en Selsa, en la tierra de Benjamín. Ellos te dirán que ya aparecieron las burras y que tu padre está preocupado por ti y no cesa de preguntar: "¿Cómo podré encontrar a mi hijo?"

³»De allí ve a la encina de Tabor, donde verás a tres hombres que vienen hacia ti y que van a adorar a Dios en el altar de Betel. Uno de ellos llevará tres cabritos, otro llevará tres panes, y el tercero un odre de vino. ⁴Hablarán contigo y te ofrecerán los dos panes, y tú los aceptarás.

⁵»Después de eso llevarás a Guibeá Elohim (Monte de Dios), donde está la guarnición de los filisteos. Allí encontrarás a un grupo de profetas que descienden de la colina tocando el salterio, el pandero, la flauta y el arpa, y que profetizan mientras caminan. ⁶En ese momento el Espíritu del Señor descenderá repentinamente sobre ti y tú profetizarás con ellos y sentirás y actuarás como una persona diferente. ⁷Desde ese momento tendrás que tomar decisiones basadas en lo que te parezca mejor según las circunstancias, porque el Señor estará contigo.

⁸»Ve a Gilgal y espérame allí siete días, porque yo descenderé a presentar holocaustos y ofrendas de paz. Yo te daré nuevas instrucciones cuando llegue.

### Saúl es proclamado rey

⁹Cuando Saúl se despidió y emprendió el camino, Dios le cambió la vida, y todas las profecías de Samuel se cumplieron aquel día. ¹⁰Al llegar Saúl y su criado al monte de Dios, vieron a los profetas que descendían hacia ellos y el Espíritu de Dios descendió sobre Saúl y él también comenzó a profetizar.

¹¹Cuando sus amigos lo supieron, dijeron:

—¡Cómo! ¿Saúl entre los profetas?

¹²Y uno de los vecinos agregó:

—¿Con un padre como éste?

Así se originó el proverbio: «¿Saúl también entre los profetas?»

¹³Cuando Saúl acabó de profetizar, subió a la colina ante el altar.

¹⁴—¿Dónde estuvieron? —le preguntó un tío.

Y Saúl respondió:

—Fuimos a buscar las burras y no pudimos encontrarlas. Entonces fuimos a preguntarle al profeta Samuel dónde estaban.

¹⁵—¿Y qué dijo? —le preguntó su tío.

¹⁶—Dijo que las burras ya habían sido halladas —contestó Saúl, pero no le contó que había sido ungido rey.

¹⁷Samuel convocó a todo Israel en Mizpa ¹⁸y le dio este mensaje de Dios:

«Yo los saqué de Egipto y los rescaté de los egipcios y de las naciones que los oprimían. ¹⁹Pero aunque he hecho tanto por ustedes, ustedes me han rechazado y han dicho: "Queremos un rey". Ahora pues, preséntense delante del Señor por tribus y por clanes».

²⁰Samuel hizo que se acercaran todos los jefes de tribus delante del Señor, y de entre todas fue escogida por sorteo la tribu de Benjamín. ²¹Entonces hizo que cada familia de la tribu de Benjamín se presentara delante del Señor y fue escogida la familia de los matritas. Finalmente, por sorteo fue seleccionado Saúl, hijo de Quis. Pero cuando lo buscaron, no lo encontraron. ²²Le preguntaron al Señor:

—¿Dónde está? ¿Está entre nosotros?

Y el Señor respondió:

—Está escondido entre el bagaje.

²³Entonces lo encontraron y lo sacaron, y de pie sobresalía desde los hombros hacia arriba por sobre todos los demás.

²⁴—Éste es el hombre que el Señor ha escogido para que sea rey —dijo Samuel al pueblo—. No hay otro como él en todo Israel.

Y todo el pueblo lo aclamó:

—¡Viva el rey!

²⁵Samuel le dijo al pueblo nuevamente cuáles eran los derechos y los deberes del rey. Los escribió en un libro y los depositó delante del Señor. Después Samuel los despidió.

²⁶Cuando Saúl regresó a su casa en Guibeá se unió a él un grupo de hombres de guerra cuyos corazones Dios había tocado para que fueran compañeros suyos. Sin embargo, hubo algunos malvados que dijeron:

—¿Cómo puede este hombre salvarnos?

²⁷Y lo despreciaron y se negaron a ofrecerle presentes. Pero Saúl los ignoró.

### Saúl libera la ciudad de Jabés

**11** Poco después Najás condujo el ejército de los amonitas contra la ciudad israelita de Jabés de Galaad. Pero los habitantes de Jabés le suplicaron la paz.

—Pon las condiciones y te serviremos —le propusieron.

²—Bien —contestó Najás—, pero con una condición: le sacaré el ojo derecho a cada uno de ustedes como una afrenta para Israel.

³—Danos siete días para ver si podemos obtener ayuda —respondieron los ancianos de Jabés—. Si ninguno de nuestros hermanos viene a ayudarnos, aceptaremos tus condiciones.

⁴Cuando los mensajeros llegaron a Guibeá, ciudad de Saúl, y contaron lo que ocurría, todos se pusieron a llorar.

⁵Saúl estaba arando en el campo, y cuando regresó al pueblo preguntó: «¿Qué pasa? ¿Por qué están llorando?»

Al enterarse de lo que habían mandado a decir los de Jabés, ⁶el Espíritu de Dios vino poderosamente sobre Saúl, y se enojó mucho. ⁷Tomó dos bueyes, los cortó en pedazos, y los envió por todo Israel con este mensaje: «Esto es lo que le ocurrirá a los bueyes de cada uno que se niegue a seguir a Saúl y a Samuel a la batalla».

Y Dios hizo que el pueblo sintiera temor por la ira de Saúl, y acudieron como un solo hombre. ⁸Él los

ces en Berseba. ³Pero no eran como su padre, porque eran codiciosos. Aceptaban sobornos y se corrompían en la administración de la justicia.

⁴Entonces los jefes de Israel se reunieron en Ramá para discutir el asunto con Samuel. ⁵Le dijeron que desde que se había retirado las cosas no eran iguales, porque sus hijos no andaban por buen camino. «Danos un rey como las demás naciones lo tienen» —le rogaron.

⁶Esto puso a Samuel terriblemente molesto y fue a consultar al Señor. ⁷«Haz lo que te piden —respondió el Señor—, porque no te están rechazando a ti sino a mí. Ellos no quieren que yo sea su rey. ⁸Desde que los saqué de la tierra de Egipto, continuamente se han apartado de mí y han seguido a otros dioses. Ahora te dan a ti el mismo trato. ⁹Complácelos, pero adviérteles lo que significará tener un rey».

¹⁰Samuel le comunicó al pueblo lo que el Señor le había dicho:

¹¹—Si insisten en tener un rey, sepan lo que les espera; a algunos de los hijos de ustedes los tomará y los destinará a sus carros y a su caballería para que salgan delante de él a la guerra; ¹²a otros los hará oficiales del ejército, y a otros los obligará a labrar los campos reales, a segar sus cosechas sin recibir pago, y a hacer armas y equipo bélico para sus carros. ¹³Tomará las hijas de ustedes y las obligará a cocinar y a hacer perfumes para él. ¹⁴Tomará lo mejor de los campos, viñedos y olivares, y lo dará a sus amigos. ¹⁵Tomará la décima parte de la cosecha y la dará a sus funcionarios y cortesanos. ¹⁶Exigirá que le proporcionen esclavos y los mejores animales para su uso personal. ¹⁷Exigirá la décima parte del ganado y ustedes mismos serán sus esclavos. ¹⁸Cuando llegue ese día, ustedes derramarán amargas lágrimas a causa del rey que piden hoy, pero el Señor no les ayudará.

¹⁹Con todo, el pueblo no quiso oír la advertencia de Samuel.

—De todos modos, queremos un rey —le dijeron—. ²⁰Queremos ser como las demás naciones que nos rodean. Él nos gobernará y nos conducirá a la batalla.

²¹Samuel le comunicó al Señor lo que el pueblo había decidido, ²²y el Señor contestó:

—Haz lo que ellos dicen y dales un rey.

Samuel, pues, les dio la respuesta afirmativa y los envió a sus casas.

## Samuel unge a Saúl

9 Quis era un hombre rico e influyente de la tribu de Benjamín. Era hijo de Abiel, nieto de Zeror, bisnieto de Becorat y tataranieto de Afía. ²Su hijo Saúl era el hombre más gallardo de Israel. Era más alto que todos los demás varones de Israel y los sobrepasaba desde los hombros hacia arriba.

³Un día algunas burras de Quis se extraviaron, y éste envió a Saúl y a un criado para que las buscaran. ⁴Recorrieron la región montañosa de Efraín, la tierra de Salisá, el área de Salín y toda la tierra de Benjamín, pero no las pudieron encontrar en ningún lugar. ⁵Finalmente, después de buscar en la tierra de Zuf, Saúl le dijo a su criado:

—Regresemos a casa, porque ahora mi padre debe estar más preocupado por nosotros que por las burras.

⁶Pero el criado le dijo:

—Acaba de ocurrírseme una idea. Hay un profeta que vive en esta ciudad. Él es muy respetado por todos sus habitantes, porque todo lo que dice ocurre. Vamos, busquémoslo y quizás él pueda decirnos dónde están las burras.

⁷—Pero no tenemos con qué pagarle —replicó Saúl—. Aun nuestro alimento se ha acabado y no tenemos nada que darle.

⁸—Bueno —dijo el criado—, yo tengo tres gramos de plata. Por lo menos podemos ofrecérselo y ver qué ocurre.

⁹⁻¹¹—Bien —aprobó Saúl—, vayamos y probemos.

Fueron entonces a la ciudad donde vivía el profeta. Mientras subían la colina hacia la ciudad, vieron a algunas jóvenes que salían a sacar agua y les preguntaron si sabían donde vivía el vidente: En aquellos días los profetas eran llamados videntes. «Vamos y preguntemos al vidente», decía la gente en vez de decir «vamos y preguntémosle al profeta».

¹²—Sí —respondieron—, sigue este camino. Acaba de llegar de un viaje y va a tomar parte en un sacrificio público en el lugar alto. ¹³Si se dan prisa lo encontrarán antes que salga. Pero apúrense, porque el pueblo no comerá antes que él llegue. Él es el que ha de bendecir el sacrificio antes del banquete.

¹⁴Entraron en la ciudad y apenas habían cruzado las puertas, vieron a Samuel que salía para ir hacia el lugar. ¹⁵El Señor le había dicho a Samuel el día anterior: ¹⁶«A esta hora, mañana, enviaré a un hombre de la tierra de Benjamín. Lo ungirás rey de mi pueblo. Él los salvará de los filisteos, pues he oído el clamor de mi pueblo».

¹⁷Cuando Samuel vio a Saúl, el Señor le dijo: «Éste es el hombre del que te hablé: él gobernará a mi pueblo».

¹⁸Saúl se acercó a Samuel y le preguntó:

—¿Puedes decirme dónde está la casa del vidente?

¹⁹—Yo soy el vidente —respondió Samuel—, sube al lugar alto delante de mí y comeremos juntos. En la mañana te diré lo que quieres saber y te enviaré de regreso por tu camino. ²⁰Y no te preocupes acerca de las burras que se perdieron hace tres días, porque ya las han encontrado. Además, los más preciosos deseos de Israel se cumplirán por medio de ti y de tu familia.

²¹—Perdóneme, señor —respondió Saúl—. Yo soy de la tribu de Benjamín, la menor de las tribus de Israel, y mi familia es la menos importante de todas las familias de mi tribu. Debe de haberse equivocado de hombre.

²²Samuel llevó a Saúl y a su criado, los hizo entrar en el comedor y los puso a la cabecera de la mesa, con lo que daba el lugar de honor sobre los treinta invitados especiales. ²³Samuel dio orden al cocinero de que le sirviera a Saúl la mejor parte de la carne, la porción que él mismo le había entregado para el huésped de honor. ²⁴Y el cocinero trajo la espaldilla y la pierna y las puso delante de Saúl.

—Vamos, come —dijo Samuel—, porque esta parte la tenía reservada para ti, aun antes de que invitara a los demás.

Saúl comió con Samuel. ²⁵Después de la fiesta, cuando regresaron a la ciudad, Samuel llevó a Saúl a la terraza, donde conversó con él. ²⁶Al despuntar el alba a la mañana siguiente, Samuel lo llamó:

—Levántate, es hora de que te marches.

²Los filisteos llamaron a sus sacerdotes y adivinos y les preguntaron:

—¿Qué haremos con el cofre del Señor? ¿De qué manera podemos devolverlo a su tierra?

³—Sí, devolvámoslo con un presente —dijeron todos—. Si quieren devolverlo, deben enviarlo con una ofrenda por la falta a fin de que se detenga la plaga. Si no se detiene sabremos que el Señor no envió la plaga sobre nosotros.

⁴,⁵—¿Y qué expiación enviaremos? —preguntaron.

Y les respondieron:

—Envíen figuras de oro de los tumores y de las ratas que están asolando la tierra. Cinco figuras de los tumores y cinco de las ratas por cada uno de ustedes y por los príncipes. Si envían este presente y luego honran al Dios de Israel, quizás él deje de asolarlos a ustedes, a su dios y a su tierra. ⁶No sean soberbios ni rebeldes como el faraón y los egipcios. Ellos no quisieron dejar salir a Israel hasta que Dios los destruyó con plagas terribles. ⁷Hagan, pues, un carro nuevo y consigan dos vacas que estén criando, vacas que no hayan sido enyugadas antes, y guarden sus becerros en el establo. ⁸Coloquen el cofre del Señor sobre el carro junto a la caja que contendrá los modelos de oro de las ratas y de los diviesos y luego dejen que las vacas vayan por el camino que quieran. ⁹Si cruzan la frontera de nuestra tierra y entran en Bet Semes, que es territorio de ellos, sabremos que fue el Señor quien envió este gran mal sobre nosotros; pero si no, si las vacas regresan a buscar a sus becerros, sabremos que la plaga fue simplemente una coincidencia y que no fue enviada por el Señor.

¹⁰Siguieron las instrucciones: dos vacas nuevas fueron uncidas al carro, y encerraron en el establo sus becerros. ¹¹Entonces colocaron el cofre del Señor y la caja que contenía las ratas de oro y los diviesos de oro sobre el carro. ¹²Las vacas tomaron el camino derecho hacia Bet Semes, y mugían mientras avanzaban; las autoridades filisteas las siguieron hasta la frontera misma de Bet Semes. ¹³Los de Bet Semes, que cosechaban el trigo en el valle, cuando vieron el cofre, salieron gozosos a su encuentro.

¹⁴El carro entró en el campo de un hombre llamado Josué y se detuvo junto a una gran roca. Entonces el pueblo partió la madera del carro para encender fuego, y mató las vacas y las sacrificó al Señor como holocausto. ¹⁵Varios hombres de la tribu de Leví levantaron el cofre y la caja que contenía las ofrendas de oro y los sacaron del carro y los pusieron sobre la roca. Aquel día los hombres de Bet Semes ofrecieron muchos holocaustos y sacrificios al Señor.

¹⁶Después que los cinco dirigentes filisteos observaron lo sucedido, regresaron a Ecrón aquel mismo día. ¹⁷Las cinco figuras de tumores enviadas por los filisteos como expiación al Señor eran presentes de los jefes de las ciudades principales: Asdod, Gaza, Ascalón, Gat y Ecrón. ¹⁸Las ratas de oro fueron para aplacar al Señor por las demás ciudades filisteas, fueran ciudades fortificadas o pueblos satélites controlados por las cinco capitales. Como prueba puede verse hasta hoy la gran roca de Bet Semes en el campo de Josué. ¹⁹Pero el Señor dio muerte a setenta hombres de Bet Semes porque se atrevieron a mirar dentro del cofre. Y el pueblo hizo duelo a causa de los muchos que el Señor había matado. ²⁰«¿Quién puede estar delante del Señor este Dios Santo? —gritaban—. ¿A dónde podemos enviar el cofre desde aquí?» ²¹Y enviaron mensajeros a los habitantes de Quiriat Yearín y les dijeron que los filisteos habían devuelto el cofre del Señor. «Vengan y llévenselo» —les rogaron.

**7** Entonces fueron los hombres de Quiriat Yearín y se llevaron el cofre a la casa de Abinadab, situada en la colina. A Eleazar su hijo lo santificaron para que estuviera a cargo de ella.

## Samuel derrota a los filisteos en Mizpa

²El cofre permaneció allí durante veinte años; Israel tuvo tristeza porque el Señor aparentemente los había abandonado.

³Entonces Samuel les dijo: «Si realmente quieren volver al Señor, desháganse de los dioses extraños y de los ídolos de Astarté. Resuélvanse a obedecer y a adorar solamente al Señor, y él los liberará de los filisteos». ⁴Ellos destruyeron los ídolos de Baal y Astarté y adoraron solamente al Señor. ⁵Y Samuel les dijo: «Vengan a Mizpa, y yo oraré al Señor por ustedes».

⁶Cuando se reunieron allí, en una gran ceremonia sacaron agua del pozo y la derramaron delante del Señor. También ayunaron todo el día como señal de tristeza por sus pecados. Y Samuel quedó establecido en Mizpa como juez de Israel.

⁷Cuando los filisteos se enteraron de la gran concentración que había en Mizpa, sus príncipes se movilizaron contra ellos. Los israelitas sintieron un miedo horrible cuando supieron que los filisteos se acercaban. ⁸«Ruega a nuestro Dios para que nos salve» —suplicaban a Samuel. ⁹Samuel tomó un cordero que no había sido destetado aún y lo ofreció al Señor como holocausto, y oró por el pueblo de Israel. Y el Señor respondió.

¹⁰Mientras Samuel estaba ofreciendo el holocausto, los filisteos llegaron para ofrecer batalla, pero el Señor habló con voz de trueno desde el cielo y se confundieron, y los israelitas los derrotaron ¹¹y los persiguieron desde Mizpa hasta Bet Car, y los fueron matando a todos por el camino. ¹²Samuel entonces tomó una piedra y la puso entre Mizpa y Sen y la llamó Ebenezer (Piedra de Ayuda) porque dijo: «Hasta aquí nos ha ayudado el Señor».

¹³Así los filisteos fueron subyugados y no volvieron a invadir Israel en aquella época, pues el Señor estuvo contra ellos durante el resto de la vida de Samuel. ¹⁴Las ciudades israelitas que estaban entre Ecrón y Gat y que habían sido conquistadas por los filisteos volvieron a ser de Israel, porque el ejército de Israel las rescató de sus raptores filisteos. Y hubo paz entre Israel y los amorreos en aquellos días.

¹⁵Samuel siguió juzgando a Israel por el resto de su vida. ¹⁶Cada año hacía un recorrido por Betel, Gilgal y Mizpa, juzgaba los casos que le eran presentados en cada una de estas ciudades y en todo el territorio que las circundaba. ¹⁷Luego regresaba a Ramá; porque allí vivía y allí juzgaba a Israel. Y edificó un altar al Señor en Ramá.

## Los israelitas piden un rey

**8** En su vejez Samuel se retiró y nombró jueces de Israel a sus hijos. ²Joel, que era el primogénito, y Abías, que era el segundo, se establecieran como jue-

**1 SAMUEL 3.17**

—Hijo mío. [17]¿Qué te dijo el Señor? —le preguntó—. Dímelo todo y que Dios te castigue si me escondes algo de lo que te dijo.

[18]Samuel le contó lo que el Señor le había dicho.

—Es la voluntad del Señor —respondió Elí—. Haga él como mejor le parezca.

[19]Samuel crecía y el Señor estaba con él y Dios hizo que se cumplieran todos sus mensajes. [20]Y todo Israel desde Dan a Berseba sabía que Samuel iba a ser un profeta del Señor. [21]El Señor continuó dándole mensajes en el santuario en Siló, y Samuel los proclamaba delante del pueblo de Israel.

### Los filisteos capturan el arca

**4** Por aquel tiempo Israel estaba en guerra con los filisteos. Los israelitas estaban acampados cerca de Ebenezer y los filisteos en Afec. [2]Los filisteos derrotaron a Israel y mataron como a cuatro mil. [3]Cuando los israelitas regresaron a su campamento, sus caudillos discutían la causa por la que el Señor había permitido que fueran derrotados.

«Traigamos el cofre desde Siló —dijeron—. Si la llevamos con nosotros a la batalla, el Señor estará entre nosotros y seguramente nos salvará de nuestros enemigos».

[4]Entonces mandaron a buscar el cofre del Señor de los cielos, quien está entronado por sobre los querubines. Y los hijos de Elí, Ofni y Finés la acompañaron hasta el campamento. [5]Cuando los israelitas vieron que el cofre venía, gritaron con tanta alegría y con tanta fuerza que casi hicieron temblar la tierra.

[6]«¿Que pasa? —se preguntaban los filisteos—. ¿A qué se debe todo ese griterío en el campamento de los hebreos?».

Cuando supieron que se debía a que el cofre de Dios había llegado, [7]se llenaron de pánico.

«Un dios ha venido al campamento de ellos —gritaban—. ¡Ay de nosotros! Porque nunca habíamos tenido que enfrentarnos con algo semejante. [8]¿Quién puede salvarnos de estos dioses de Israel? Porque son los mismos dioses que destruyeron a los egipcios con plagas cuando Israel estaba en el desierto. [9]Debemos pelear como nunca antes, filisteos, o seremos esclavos de ellos así como ellos han sido esclavos de nosotros».

[10]Los filisteos pelearon tan desesperadamente que vencieron a Israel nuevamente. Treinta mil soldados de la infantería israelita murieron aquel día y los restantes huyeron. [11]Y el cofre de Dios fue capturado y Ofni y Finés murieron.

### Muerte de Elí

[12]Un hombre de la tribu de Benjamín corrió desde el campo de batalla y llegó a Siló el mismo día con sus ropas rasgadas y con polvo en la cabeza.[b] [13]Elí esperaba a la orilla del camino para tener noticias de la batalla, porque su corazón temblaba pensando en la seguridad del cofre de Dios. Cuando llegó el mensajero del frente de batalla y contó lo ocurrido, se oyó un gran clamor en toda la ciudad.

[14,15]—¿A qué se debe todo ese bullicio?, preguntó Elí, que para entonces ya tenía noventa años y estaba ciego. Y el mensajero corrió a darle las noticias.

[16]—Vengo del campo de batalla; hoy mismo escapé de allí —le dijo a Elí.

—¿Qué noticias traes, hijo mío? —preguntó el anciano.

[17]—Que Israel ha huido ante los filisteos, y miles de soldados israelitas yacen muertos en el campo de batalla. Ofni y Finés, tus dos hijos, también murieron, y el cofre de Dios fue capturado.

[18]Cuando el mensajero mencionó el cofre, Elí cayó hacia atrás de su asiento que estaba junto a la puerta y se desnucó y murió, porque estaba viejo y gordo. Había juzgado a Israel durante cuarenta años.

[19]Cuando la nuera de Elí, esposa de Finés, que estaba esperando un hijo, oyó que había sido capturado el cofre y que su marido y su suegro estaban muertos, empezó a sentir los dolores del parto. [20]Mientras agonizaba, las mujeres que la atendían le dijeron que se animara porque todo estaba bien y que el niño había sido varón. Pero ella no reaccionó de ninguna manera. [21,22]Luego murmuró: «Pónganle Icabod (No hay gloria), porque la gloria se ha apartado de Israel».

Ella le puso este nombre porque el cofre de Dios había sido capturado y porque su marido y su suegro estaban muertos.

### El arca en Asdod y Ecrón

**5** Los filisteos tomaron el cofre de Dios que habían capturado en el campo de batalla de Ebenezer [2]y lo llevaron al templo de su ídolo Dagón en la ciudad de Asdod y lo instalaron junto a Dagón. [3]Pero cuando los ciudadanos de la localidad fueron a verlo al día siguiente, Dagón estaba postrado con su rostro en el suelo delante del cofre del Señor. Lo volvieron a poner en su lugar, [4]pero a la mañana siguiente ocurrió lo mismo: el ídolo estaba de bruces delante del cofre del Señor. En esta oportunidad tenía la cabeza y las manos cortadas y yacía sobre el umbral. Solamente el tronco estaba intacto. [5]Por esta razón ni los sacerdotes de Dagón ni sus adoradores pisan el umbral del templo de Dagón en Asdod.

[6]Entonces el Señor atacó al pueblo de Asdod y los pueblos vecinos con una plaga de tumores. [7]Cuando los filisteos comprendieron lo que estaba ocurriendo, exclamaron: «¡No podemos tener el cofre del Dios de Israel aquí por más tiempo, porque todos moriremos juntamente con nuestro dios Dagón!».

[8]Convocaron una conferencia con los dirigentes de las cinco ciudades de los filisteos para decidir la manera de deshacerse del cofre. Decidieron llevarla a Gat.

[9]Pero cuando el cofre llegó a Gat, el Señor atacó a la población, jóvenes y ancianos, con la plaga y hubo gran pánico. [10]Entonces enviaron el cofre a Ecrón, pero cuando la gente de Ecrón vio que la traían, exclamaron:

«Están trayendo el cofre del Dios de Israel para que nos mate también a nosotros».

[11]Entonces convocaron nuevamente a las autoridades de las ciudades filisteas y les rogaron que devolviesen el cofre a su lugar para que no causara la muerte de todo el pueblo. La plaga ya había comenzado y el pánico estaba cundiendo por la ciudad. [12]Aun los que no morían quedaban gravemente enfermos, y por dondequiera había gran llanto.

### Los filisteos devuelven el cofre a Israel

**6** El cofre estuvo en el país de los filisteos durante siete meses en total.

---
b. Señal de dolor, común en aquellos días.

sacrificio, ellos enviaban a un siervo, y mientras la carne del animal estaba cociéndose, ¹⁴el siervo metía en el caldero o en la olla un tenedor grande de tres dientes, y todo lo que sacaba pertenecía a los hijos de Elí. De esta manera trataban a todos los israelitas que iban a Siló a adorar. ¹⁵A veces el siervo llegaba aun antes del rito de la quema de la grosura sobre el altar, y tenían que entregarle la carne antes que fuera cocida, para poder usarla para asados.

¹⁶Si el hombre que ofrecía el sacrificio decía: «Toma cuanto quieras, pero deja primero que se queme la grasa», como la ley lo exige, el siervo respondía: «No, dámela ahora, o la sacaré a la fuerza».

¹⁷Así que el pecado de estos jóvenes era muy grande delante de los ojos del Señor, porque trataban con menosprecio las ofrendas que el pueblo hacía al Señor.

¹⁸Samuel, aunque todavía era un niño, prestaba servicio ante el Señor y usaba una túnica de lino similar a la de los sacerdotes. ¹⁹Cada año su madre le hacía una túnica de lino y se la llevaba cuando iba con su marido a ofrecer el sacrificio. ²⁰Antes de que regresaran, Elí bendecía a Elcaná y a Ana, y pedía a Dios que les diera otro hijo que tomara el lugar de éste que habían consagrado al Señor. ²¹Y Dios le dio a Ana tres hijos y dos hijas. Mientras tanto, Samuel crecía en el servicio del Señor.

²²Elí ya estaba muy anciano, pero se daba cuenta de lo que ocurría a su alrededor. Sabía, por ejemplo, que sus hijos estaban seduciendo a las jóvenes que ayudaban a la entrada del santuario. ²³,²⁴«He estado oyendo quejas terribles contra ustedes —dijo Elí a sus hijos—. Es algo horroroso hacer que el pueblo de Dios peque. No, hijos míos, ²⁵el pecado ordinario recibe un fuerte castigo, pero ¿cuánto más los pecados que ustedes cometen contra el Señor?»

Sin embargo, ellos no quisieron escuchar a su padre porque el Señor había resuelto que murieran.

²⁶El pequeño Samuel, en cambio, iba creciendo en estatura y en gracia ante todos y también ante el Señor.

## Profecía contra la familia de Elí

²⁷Un día un profeta vino ante Elí y le dio este mensaje del Señor:

«No mostré yo mi poder a tus antepasados levitas cuando el pueblo de Israel era esclavo en Egipto? ²⁸¿No los escogí de entre todos sus hermanos para que fueran mis sacerdotes y para que sacrificaran sobre mi altar, quemaran el incienso y usaran las vestiduras sacerdotales mientras me servían? ¿No fui yo quien destinó las ofrendas de los sacrificios para ustedes los sacerdotes? ²⁹Entonces, ¿por qué tanta codicia en cuanto a las ofrendas que me son ofrecidas? ¿Por qué has honrado más a tus hijos que a mí? Porque tú has dejado que ellos engorden tomando lo mejor de las ofrendas de mi pueblo.

³⁰»Por lo tanto, yo, el Señor Dios de Israel, declaro que aunque prometí que tu casa y la casa de tus antepasados llevarían el sacerdocio por siempre, no permitiré que se siga haciendo lo que tú haces. Honraré solamente a los que me honran, y despreciaré a los que me desprecian. ³¹Pondré fin a tu familia para que nunca más sirvan como sacerdotes. Cada miembro de tu familia morirá antes de tiempo. Ninguno llegará a viejo. ³²Envidiarás la prosperidad que enviaré a mi pueblo. Pero tú y tu familia pasarán angustia y necesidad. Ninguno de ellos llegará a viejo. ³³Los que queden vivos vivirán con tristeza y dolor, y sus hijos morirán a espada. ³⁴Y para probar que lo que he dicho ocurrirá, haré que tus dos hijos, Ofni y Finés, mueran el mismo día. ³⁵Yo haré surgir un sacerdote fiel que me servirá y hará lo que yo le diga. Bendeciré a sus descendientes, y de su familia saldrán los sacerdotes que servirán ante mi rey ungido para siempre. ³⁶Y los descendientes tuyos que sobrevivan se inclinarán delante de él mendigando dinero y alimentos. "Por favor", dirán, "dame un turno de trabajo entre los sacerdotes para que tenga de qué comer"».

## El Señor llama a Samuel

**3** Mientras tanto, el pequeño Samuel estaba al servicio del Señor como ayudante de Elí. En aquellos días eran muy raros los mensajes del Señor; ²pero una noche en que Elí se había ido a acostar, quien estaba casi ciego debido a la edad, ³y Samuel estaba durmiendo en el santuario cerca del cofre, y todavía estaba encendida la lámpara de Dios, ⁴el Señor llamó:

—Samuel, Samuel.

—Aquí estoy —contestó Samuel—, ⁵y saltando de la cama corrió hasta donde Elí estaba. ¿Qué quieres? —le preguntó.

—No te he llamado —dijo Elí—. Vuelve a la cama.

Y así lo hizo.

⁶El Señor volvió a llamar:

—Samuel.

Y nuevamente Samuel se bajó de la cama y corrió a donde estaba Elí.

—Aquí estoy —dijo—. ¿Para qué me necesitas?

—No, yo no te he llamado, hijo mío —dijo Elí—. Vuelve a la cama.

⁷Samuel nunca había recibido un mensaje del Señor. ⁸El Señor llamó a Samuel por tercera vez, y una vez más Samuel se bajó de la cama y corrió a la habitación de Elí.

—Sí —le dijo—. ¿Qué necesitas?

Elí comprendió que era el Señor quien le había hablado al muchacho, ⁹y le dijo:

—Ve y acuéstate de nuevo; y si oyes otra vez la voz, dile: "Habla, Señor, que tu siervo escucha."

Samuel volvió a acostarse. ¹⁰Y el Señor volvió a llamarlo como antes:

—Samuel, Samuel.

Y Samuel respondió:

—Habla, Señor, que tu siervo escucha.

¹¹Entonces el Señor le dijo:

—Voy a hacer algo tan sorprendente en Israel que al que se entere le retiñirán los oídos. ¹²Voy a cumplir todas las cosas terribles que le dije a Elí. ¹³Le he advertido continuamente a él y a toda su familia que recibirán un castigo porque sus hijos blasfeman contra mí, y él no se les opone. ¹⁴Por lo tanto, he jurado que los pecados de Elí y sus hijos no serán perdonados por sacrificios y ofrendas.

¹⁵Samuel se quedó acostado hasta la mañana y luego abrió las puertas del santuario como de costumbre, porque tenía miedo de contarle a Elí lo que el Señor le había dicho. ¹⁶Pero Elí lo llamó:

☆ 2.15–17   ☆ 2.18–21   ☆ 2.22–26

# DESAFÍO Z

→ →

Ahora es el momento de ponerte en acción, por lo que te desafío a que hagas una lista de verdades bíblicas sobre tu identidad y la pongas en un lugar visible para que todos los días te puedas recordar quién eres en Cristo. Hacer esto te ayudará a memorizar estas verdades y a poder resistir a la tentación de imitar al mundo.

→ →

## ¿CÓMO HACERLO?

Primero, tómate un tiempo para analizar qué es con lo que más batallas cuando se trata de tu identidad. Pueden ser inseguridades, estándares, presión social, algún comentario que te hayan dicho, etc.

Después, busca algún versículo que contrarreste aquello que has escrito. Puedes pedirle ayuda a un líder o adulto con el que tengas confianza o buscar en internet.

Una vez que tengas identificado con lo que batallas y tengas uno o varios versículos que te apunten a la verdad de Dios, es tiempo de encontrar un lugar estratégico. Puedes escoger el fondo de pantalla de tu celular, computadora, tu espejo, agenda, una libreta o algún lugar que constantemente volteas a ver en tu día a día.

Escribe ese versículo en donde hayas escogido y cada día léelo en voz alta.

Hacer esto te ayudará a guardar tu mente y corazón en las verdades de Dios y así poder salir al mundo preparado para resistir las voces que quieran dictar tu identidad.

→ →

## CONOCE MÁS A EDYAH

Es licenciada en estudios bíblicos y teológicos, creadora de contenido de redes sociales y autora del libro *"Encontrando el Camino"*. Está casada con Jaasiel Ramos y juntos pastorean los ministerios de adolescentes y jóvenes en San Antonio, TX.

Escanea este QR con tu smartphone y mira estos videos para seguir pensando juntos.

←

**Comparte tus comentarios en tus redes utilizando #BIBLIAZ**

## AMADO

Pero no se queda todo en malas noticias, sino que ahí es dónde inician nuestras buenas nuevas. Pablo, en su carta para los Romanos nos dice, «*Dios, no obstante, nos demostró su amor al enviar a Cristo a morir por nosotros, aun cuando éramos pecadores*» (Romanos 5:8).

¡En ese amor redentor es que encontramos nuestra identidad!

Pasamos de estar destituidos de la gloria de Dios a tener acceso a ella; de ser enemigos a ser amigos; de ser solo creación a ser hijos de Dios. Somos adoptados en la familia de Dios y somos coherederos con Cristo.

Lo más hermoso es que no es porque nosotros lo hayamos escogido, sino que en la misma Biblia nos dice que somos llamados y escogidos aun antes de la fundación del mundo. Tener estas verdades presentes te ayudará a no dejarte guiar por las mentiras y presiones del mundo para buscar aceptación, porque ahora sabrás que ya has sido escogido, visto, amado, perdonado y se te ha dado una vida nueva que ya no está regida por el pecado.

## FIRME

Quiero recordarte estas palabras que dijo Jesús sobre nuestra identidad porque son muy importantes: «*A quienes Dios conoció de antemano, los destinó desde un principio para que sean como su Hijo, para que él sea el mayor entre muchos hermanos. Y a los que predestinó, también los llamó; y a los que llamó, también los hizo justos; y a los que hizo justos, los glorificó*» (Romanos 8:29-30).

Al leer esto me doy cuenta del impacto que tiene el sacrificio de Jesús para mi vida diaria. Me ayuda a mantenerme firme viviendo para Él aun si eso significa ser criticada o señalada por los de mi alrededor.

¿Qué mayor seguridad que saber que hemos sido escogidos por el Creador del universo?

Nunca olvides que la opinión de Dios siempre será la más importante en tu vida.

---

**VERSÍCULOS DE REFUERZO** | Génesis 1:26-27 | Romanos 8:16-17
 | 2 Corintios 5:17 | Romanos 8:38-39
 | 2 Pedro 2:9-10 |

# DESCUBRE QUIÉN ERES

→ →

Soy Edyah Ramos y quiero hablarte sobre la identidad porque creo es un tema demasiado importante para saber cómo vivir correctamente.

Hay un sinfín de información a nuestro alrededor que nos quiere apuntar a supuestas verdades de lo que somos o lo que deberíamos ser, pero lo cierto es que Dios ya nos ha dado una identidad y la podemos aprender leyendo la Biblia. Es importante que logremos entender esto a la luz bíblica porque los ideales, creencias y estándares de nuestro alrededor son inconstantes y cambian con frecuencia, pero en la Palabra de Dios nos podemos plantar en la Verdad que es para siempre.

Quizá nos preguntemos por qué debemos dejar que Dios nos defina y por qué no podemos nosotros descubrir y crear nuestra propia identidad.

Honestamente, eso fue algo con lo que luché por muchísimo tiempo porque creía que abrazar mi identidad en Cristo significaba que debía vivir infeliz y limitada, pero, ¡qué equivocada estaba! Entender y encontrar mi identidad en Cristo fue lo que me ayudó a entender mi propósito y lo que me continúa ayudando en mis momentos de inseguridad.

→ →

## HIJO

Lo primero que debemos entender es que somos su creación, y ya por ese simple hecho, únicamente Él nos puede decir quiénes somos porque es nuestro Creador. Ahora, aquí viene lo que es más interesante de todo.

Cada persona que conocemos es creación de Dios ya que no hay nada que no haya sido creado por Él. La gran diferencia es que en el momento en que tú y yo creemos en el sacrificio de Jesús y recibimos salvación, ¡nos convertimos también en hijos de Dios! Esa verdad conlleva muchas verdades dentro de sí.

A pesar de que la creación al comienzo era perfecta, cuando entró el pecado afectó absolutamente todo. En ocasiones vemos el pecado como acciones específicas pero lo cierto es que el mundo y las personas en sí reflejan esas consecuencias del pecado.

Que haya tanto egoísmo, vergüenza, malas decisiones, fracasos, confusión, sentimientos de insuficiencia, y fallas en el carácter, son evidencia de la condición pecaminosa del mundo.

Si el mundo y nosotros mismos ya no somos el reflejo de esa creación perfecta, debemos llegar a la conclusión de que cualquier tipo de identidad que podamos formar a la luz de lo que hay a nuestro alrededor es una identidad caída y, por lo tanto, insuficiente.

Ese mismo pecado que hizo caer a la creación nos separó de Dios. A causa del pecado éramos enemigos de Dios, destituidos de su gloria y no había manera de acercarnos a Él; estábamos muertos en nuestro pecado.

# EDYAH RAMOS

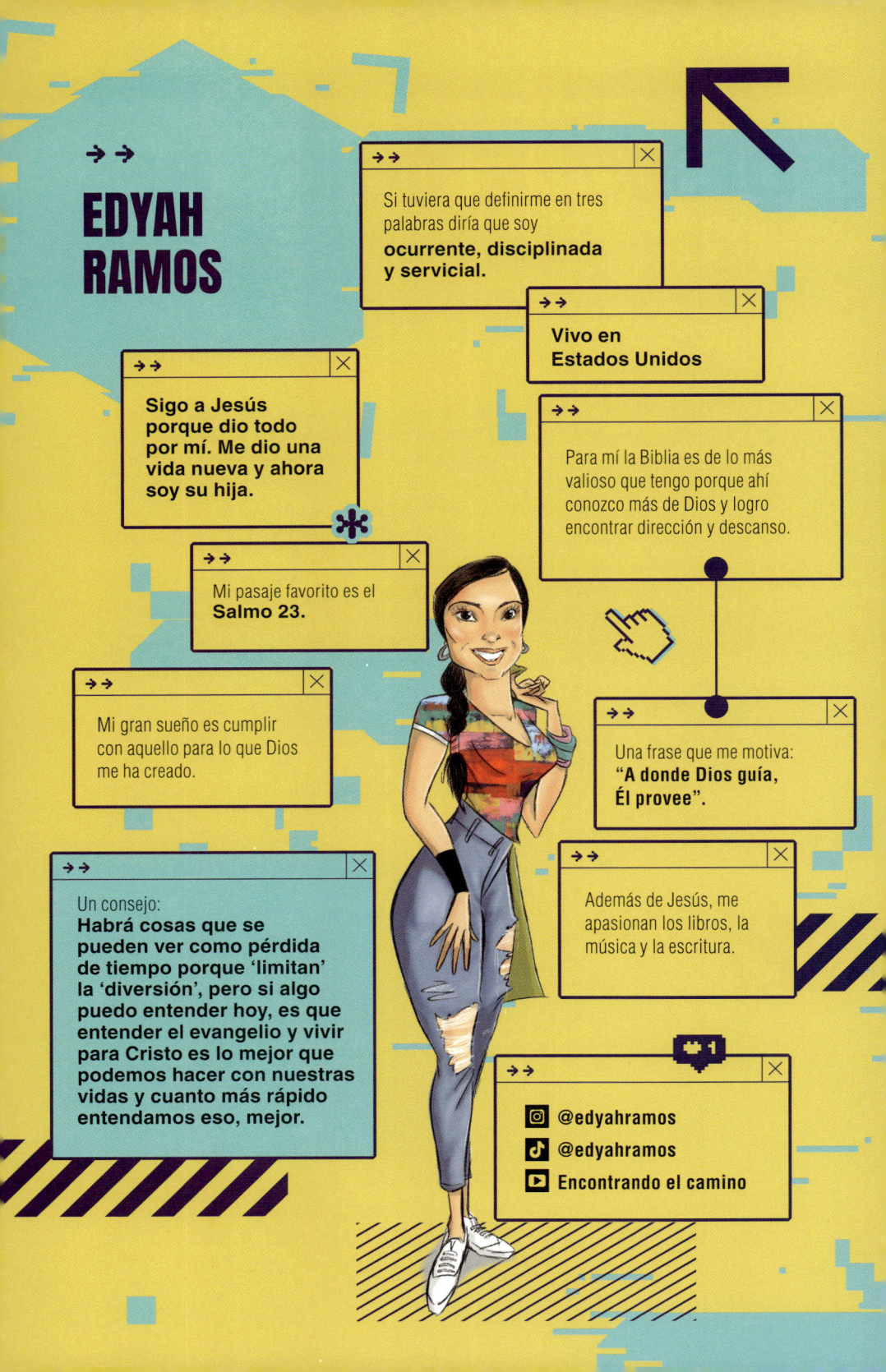

Si tuviera que definirme en tres palabras diría que soy **ocurrente, disciplinada y servicial.**

Vivo en **Estados Unidos**

**Sigo a Jesús porque dio todo por mí. Me dio una vida nueva y ahora soy su hija.**

Para mí la Biblia es de lo más valioso que tengo porque ahí conozco más de Dios y logro encontrar dirección y descanso.

Mi pasaje favorito es el **Salmo 23.**

Mi gran sueño es cumplir con aquello para lo que Dios me ha creado.

Una frase que me motiva: **"A donde Dios guía, Él provee".**

Un consejo: **Habrá cosas que se pueden ver como pérdida de tiempo porque 'limitan' la 'diversión', pero si algo puedo entender hoy, es que entender el evangelio y vivir para Cristo es lo mejor que podemos hacer con nuestras vidas y cuanto más rápido entendamos eso, mejor.**

Además de Jesús, me apasionan los libros, la música y la escritura.

- @edyahramos
- @edyahramos
- Encontrando el camino

# 1 Samuel

## Nacimiento de Samuel

**1** Elcaná era un hombre de la tribu de Efraín que vivía en Ramatayin de Zofim, en la región montañosa de Efraín. Su padre se llamó Jeroán; su abuelo, Eliú; su bisabuelo, Tohu, y su tatarabuelo, Zuf. ²Tenía dos esposas, Ana y Penina. Penina tenía hijos, pero Ana no.

³Cada año Elcaná y su familia viajaban al santuario en Siló para adorar al Señor Todopoderoso y ofrecerle sacrificios. En aquel tiempo oficiaban como sacerdotes los dos hijos de Elí, Ofni y Finés. ⁴El día que ofrecía sacrificio, Elcaná celebraba la ocasión dando porciones de la carne a Penina y a sus hijos e hijas. ⁵A Ana le daba una porción especial, pues la amaba mucho, a pesar de que el Señor no le había concedido tener hijos. ⁶Penina empeoraba la situación burlándose de Ana a causa de su esterilidad. ⁷Todos los años era igual: Penina se burlaba y se reía de ella cuando iban a Siló, y la hacía llorar tanto que Ana no podía comer. ⁸«¿Qué pasa, Ana? —le preguntaba Elcaná—, ¿por qué no comes? ¿Por qué te afliges tanto por no tener hijos? ¿No es mejor tenerme a mí que tener diez hijos?»

⁹Una tarde en Siló, después de la cena, Ana fue al santuario. Elí el sacerdote estaba sentado en el lugar acostumbrado junto a la entrada. ¹⁰Ella estaba profundamente angustiada y clamaba con amargura mientras oraba al Señor. ¹¹E hizo este voto: «Oh Señor, Dios Todopoderoso, si miras mi dolor y respondes a mi oración dándome un hijo, yo te lo devolveré y será tuyo por toda su vida, y jamás será cortado su cabello».ᵃ

¹²,¹³Como Elí vio que Ana prolongaba mucho su oración y que movía los labios sin emitir sonido, pensó que estaba ebria. ¹⁴—¿Cómo te atreves a venir aquí borracha? —le dijo—. ¡Deja ya tu borrachera!

¹⁵,¹⁶—No, señor —contestó ella—, no estoy ebria; es que estoy muy triste y estaba derramando las penas de mi corazón delante del Señor. No pienses que soy una borracha.

¹⁷—En ese caso —dijo Elí—, alégrate, y que el Dios de Israel conceda tu petición, cualquiera que sea.

¹⁸—¡Oh, gracias, señor! —exclamó ella, y regresó muy alegre y comenzó a comer nuevamente.

¹⁹El día siguiente toda la familia se levantó temprano y fueron al santuario a adorar al Señor una vez más. Entonces regresaron a su hogar en Ramá, y cuando Elcaná durmió con Ana, el Señor se acordó de su petición.

²⁰Pasado el tiempo, ella tuvo un hijo. Y le puso Samuel (Pedido a Dios) porque, como ella dijo: «Se lo pedí al Señor».

## Ana dedica a Samuel

²¹Al año siguiente, Elcaná y Penina y sus hijos fueron a ofrecer el sacrificio anual al santuario, ²²pero Ana no fue esa vez porque le dijo a su marido:

—Espera hasta que el niño haya sido destetado. Entonces yo lo llevaré y lo dejaré allí para siempre.

²³—Bien, haz lo que te parezca mejor —contestó Elcaná—. Quédate hasta que destetes al niño, y que el Señor vea el cumplimiento de tu voto.

Así que se quedó en casa hasta que destetó al niño. ²⁴Entonces, aunque era muy pequeño, lo llevaron al santuario en Siló, juntamente con un becerro de tres años para el sacrificio y veinticuatro kilos de harina y un odre de vino.

²⁵Después del sacrificio llevaron al niño ante la presencia de Elí. ²⁶«Señor, ¿te acuerdas de mí? —le preguntó Ana—. Yo soy la mujer que estuvo aquí hace algún tiempo orando al Señor. ²⁷Le pedí a él que me diera un hijo, y él ha respondido a mi petición. ²⁸Ahora lo traigo para entregarlo al Señor para toda la vida». Y adoraron allí al Señor.

## Oración de Ana

**2** Esta fue la oración de Ana:

«¡Cuánto me ha bendecido!
Ahora tengo respuesta para mis enemigos, porque el Señor ha resuelto mi problema.
¡Cuánto se goza mi corazón!

²»No hay otro Dios, ni nadie tan santo como el Señor, ni otra roca como nuestro Dios.

³»Dejen de actuar con tanto orgullo y arrogancia; el Señor sabe lo que ustedes han hecho, y él juzgará sus acciones.

⁴»Los que eran poderosos han perdido sus fuerzas; los que eran débiles ahora son fuertes.

⁵Los que estaban hartos ahora pasan hambre, los que tenían hambre ahora se sacian.
La mujer estéril, ahora tiene siete hijos; la que tenía muchos hijos ya no los tiene.

⁶»El Señor mata, el Señor da vida.
⁷Él empobrece a unos y enriquece a otros; él abate a algunos y enaltece a otros.
⁸Él levanta al pobre desde el polvo, desde el montón de cenizas, y lo sienta entre los príncipes ubicándolo en un lugar de honor.

»Porque el Señor tiene dominio sobre la tierra.
⁹Él protegerá a los piadosos, pero los impíos serán silenciados en las tinieblas.
Ninguno podrá triunfar por su propia fortaleza.

¹⁰»Los que pelean contra el Señor serán quebrantados.
Él truena contra ellos desde los cielos;
él juzga a través de toda la tierra.
Él da poderosa fortaleza a su rey, y da gran gloria a su ungido».

¹¹Elcaná y su familia regresaron a Ramá sin Samuel; el niño quedó al servicio del Señor, como ayudante de Elí el sacerdote.

## Perversidad de los hijos de Elí

¹²Los hijos de Elí eran hombres impíos que desconocían al Señor y las obligaciones del sacerdocio. ¹³Por ejemplo, cuando alguien estaba ofreciendo un

---

1.8  1.10–12  1.18  1.20–28  2.1–10  2.12–13

---

*a.* Esta era una costumbre de los que se dedicaban completamente a Dios.

## ¿CÓMO SE RELACIONA CONMIGO?

Aunque el libro contiene historias muy conocidas, no siempre han sido suficientemente analizadas; ellas invitan a explorar lo que hay en el corazón de los personajes principales. La lección fundamental del libro es el valor de la integridad y cuáles son las consecuencias del pecado. Esto es a nivel tanto personal como nacional. 1 Samuel deja ver que la santidad o el pecado no comienzan en los actos externos, sino en lo invisible de nuestros corazones y vidas secretas. Todos nos equivocamos, pero hay una gran diferencia cuando le damos a Dios nuestro corazón y dejamos que Él sea nuestro único y verdadero rey.

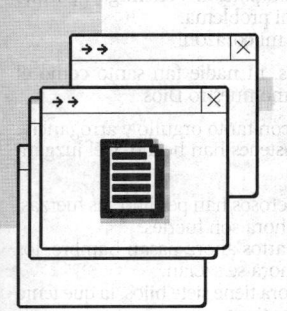

## EL GUION

1) Samuel, el restaurador: cómo ser líder en tiempos de transición. Caps. 1-7
2) Saúl, el primer rey: cuando tener un gran potencial no es suficiente. Caps. 8-15
3) David, el futuro rey: el difícil camino de la preparación. Caps. 16-31

**1 SAMUEL**

# 1 SAMUEL

## ¿QUIÉN LO ESCRIBIÓ?

El autor del libro es desconocido. Samuel es una figura que destaca en este libro, y se mencionan sus escritos en el 10:25. 1 y 2 Samuel fueron llamados así por ser éste el último juez de Israel, uno de sus grandes profetas, a quien Dios utilizó para el establecimiento de la monarquía. Pero no es probable que él lo escribiera, porque también su muerte es narrada en el 25:1. La tradición judía menciona a los profetas Natán y Gad como dos redactores de estos libros, basados en 2 Cr. 29:29. De cualquier forma, el autor del libro presenta la perspectiva de Dios de la historia que acontece en el pueblo de Israel.

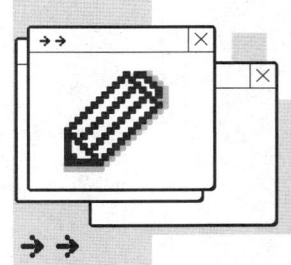

## ¿A QUIÉN LO ESCRIBIÓ?

Los receptores de este libro son los israelitas que vivieron durante los reinados de David y Salomón. La institución de la monarquía marcó una importante transición en la vida del pueblo, que vino desde la teocracia de Moisés y Josué, pasando luego por la anarquía en el período de los jueces. El pueblo no estuvo dispuesto a depender de Dios y prefirió un rey "como todas las demás naciones" (cap. 8).

## ¿CUÁNDO Y DÓNDE LO ESCRIBIÓ?

La fecha de redacción del libro es incierta, pero no puede ser antes de la muerte de David, ya que ese evento es narrado al final de 2 Samuel. El libro cubre un período de más o menos un siglo, desde el nacimiento de Samuel hasta la muerte de Saúl y el inicio del reinado de David.

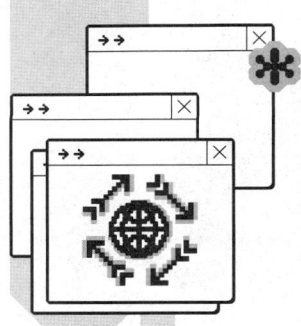

## PANORAMA DEL LIBRO

En el canon judío los dos libros de Samuel forman uno solo. Juntos tienen como propósito presentar la transición del pueblo de Israel desde una federación de tribus hasta una monarquía mejor establecida. Este primer libro trata de los orígenes de la monarquía, desde la figura transicional del profeta Samuel, pasando por el intento fallido con Saúl, hasta la preparación del rey definitivo de esta esta forma de gobierno, David. La evaluación que hace el autor de cualquier gobierno o rey es la soberanía de Dios, quien, en último caso, es quien elige y tiene bajo control el destino de su pueblo, aun y cuando, éste desea regir su propio destino.

## Genealogía de David

☀ ¹³Entonces Booz se casó con Rut y el Señor le dio un hijo.

¹⁴Y las mujeres de la ciudad le dijeron a Noemí: «Bendito sea el Señor, que te ha dado este nieto, para que se encargue de ti. Que sea famoso en Israel. ¹⁵Que él rejuvenezca tu alma, y cuide de ti en tu vejez, porque es el hijo de tu nuera. Ella vale más que siete hijos, y ha sido muy buena contigo y te ama tanto».

¹⁶Noemí tomó el hijo en sus brazos, y se encargo de criarlo. ¹⁷Entonces las vecinas dijeron: «Por fin, Noemí ha tenido un hijo».

Y le pusieron por nombre Obed. Él fue el padre de Isaí y abuelo de David.

¹⁸Este es el árbol genealógico de Booz comenzando desde Fares:

Fares, Jezrón, ¹⁹Ram, Aminadab, ²⁰Naasón, Salmón, ☀ ²¹Booz, Obed, ²²Isaí, David.

☀4.13-17  ☀4.22

Rut le contó a su suegra todo lo ocurrido y le dijo que el nombre del propietario del campo era Booz. ☼ 20 —¡Que Dios lo bendiga! Dios ha seguido mostrándonos su misericordia a nosotras y también a tu marido muerto —exclamó Noemí muy emocionada—. Ese hombre es uno de nuestros parientes más cercanos. Él tiene la obligación de ayudarnos.

21 Me dijo que regresara y espigara muy cerca de las segadoras hasta que haya terminado la cosecha de todo el campo —añadió Rut.

22 —¡Esto es maravilloso! —exclamó Noemí—. Haz lo que él ha dicho. Quédate con sus criadas hasta que haya terminado la cosecha. Estarás más segura allí que en cualquier otro campo.

23 Así lo hizo Rut, y espigó con ellos hasta el fin de la cosecha de la cebada, y luego durante el tiempo de la cosecha del trigo. En ese tiempo vivía con su suegra.

## Rut y Booz en la era

3 Un día Noemí le dijo a Rut:
—Hija mía, ¿no crees que ya es tiempo de que trate yo de encontrar un marido para ti, y que así formes nuevamente un hogar feliz? ²Estoy pensando en Booz; tú has estado trabajando con sus sirvientas, y es un pariente muy cercano. Sé que esta noche estará aventando cebada en la era. ³Haz lo que te voy a decir: báñate y perfúmate y ponte tu mejor vestido, y ve luego al campo. Pero no permitas que se vea hasta que haya terminado de comer. ⁴Fíjate entonces dónde se acuesta a dormir. Ve enseguida y levanta la manta con que se cubre los pies y acuéstate allí, y él te dirá lo que tendrás que hacer en cuanto a matrimonio.

⁵—Muy bien —dijo Rut—. Haré lo que me has dicho.

⁶Fue a la era aquella noche, y siguió las instrucciones de su suegra. ⁷Después que Booz terminó de comer, se retiró muy contento a acostarse en un montón de paja y se puso a dormir. Rut se acercó silenciosamente, levantó la manta que le cubría los pies y se acostó allí. ⁸Repentinamente, a medianoche, él se despertó y se sentó sorprendido. Se dio cuenta de que había una mujer a sus pies.

⁹—¿Quién eres? —le preguntó.

—Soy yo, señor; Rut —explicó ella—. Hazme tu esposa conforme a la ley de Dios, porque tú eres mi pariente más cercano.

☼ 10 —¡Dios te bendiga, hija mía! —exclamó—. Porque has sido ahora más bondadosa con Noemí que antes. Naturalmente debías haber preferido a un hombre más joven, aun cuando hubiera sido más pobre. ¹¹No te preocupes, hija mía. Yo me encargaré de los detalles, porque todos sabemos que eres una mujer virtuosa. ¹²Sólo hay un problema. Es verdad que yo soy un pariente cercano, pero hay alguien que está más estrechamente emparentado contigo. ¹³Quédate aquí durante la noche, y en la mañana yo le hablaré; si él quiere casarse contigo, que se case y que cumpla con su deber. Pero si no, por el Señor que lo haré. Acuéstate aquí hasta la mañana.

¹⁴Ella se acostó a sus pies hasta la mañana, y antes de que aclarara se levantó, porque él le había dicho: que nadie se entere de que ha habido una mujer en la era.

¹⁵Dame tu manto le dijo a ella. Midió unos veinte kilos de cebada en el manto para que la llevara como un regalo a su suegra, y se lo puso a la espalda. Ella regresó a la ciudad.

¹⁶—¿Qué ha ocurrido? —le preguntó Noemí al llegar.

Rut le contó a Noemí todo lo ocurrido, ¹⁷y le entregó la cebada que le había mandado Booz. ¡No había permitido que ella regresara a casa sin un presente para su suegra! ¹⁸Entonces Noemí le dijo:

—No hay que hacer nada más. Booz no descansará hasta haber resuelto este asunto. Él lo arreglará todo hoy mismo.

## Matrimonio de Booz y Rut

4 Booz fue hasta la puerta de la ciudad y se sentó. En eso pasó por allí el pariente que había mencionado y lo llamó.

—Oye, ven acá. Siéntate y hablaremos un momento.

Se sentaron. ²Booz llamó a diez ancianos de la ciudad y les pidió que se sentaran como testigos. ³Booz le dijo a su pariente:

—Tú conoces a Noemí, que volvió de Moab. Ella quiere vender la propiedad de Elimélec nuestro hermano. ⁴Yo creí que debía hablarte de ello para que puedas comprarla, si quieres, con estos hombres respetables como testigos. Si la quieres, házmelo saber ahora, porque si tú no la compras, yo lo haré. Tú tienes el primer derecho de redimirla y yo estoy después.

—Muy bien, yo la compraré —contestó el hombre.

⁵Booz le dijo:

—La compra de la tierra de Noemí requiere también que te cases con Rut, a fin de que ella pueda tener hijos que lleven el nombre de su marido y puedan heredar la tierra.

⁶—Yo no puedo hacer eso —contestó el hombre— porque afectaría mi herencia a mis herederos.

⁷En aquellos días era costumbre en Israel que al transferir un hombre sus derechos de propiedad, se quitara el calzado y lo pasara al otro. Esto daba validez pública a la transacción. ⁸Así pues, cuando este hombre le dijo a Booz: «cómprala para ti», se quitó el zapato. ⁹Entonces Booz dijo a los testigos y a los que miraban:

—Ustedes son testigos de que hoy le he comprado a Noemí la propiedad de Elimélec, Quilión y Majlón; ¹⁰y ☼ que con ella he redimido a Rut la moabita, viuda de Majlón, a fin de que sea mi esposa, y pueda tener un hijo que lleve el nombre de la familia de su marido muerto.

¹¹Y todo el pueblo que estaba de pie allí, y los testigos respondieron:

—Somos testigos. Que el Señor haga que esta mujer que ha venido a formar parte de tu hogar, sea tan fértil como Raquel y Lea, de quienes desciende toda la nación de Israel. Que seas poderoso y de renombre en Belén; ¹²y que los descendientes que el Señor te dé por medio de esta mujer sean tan numerosos y honorables como nuestro antecesor Fares, el hijo de Tamar y de Judá.

☼2.20   ☼3.10-11   ☼4.10

# Rut

## Noemí y Rut

**1** Cuando los jueces gobernaban en Israel, un hombre llamado Elimélec, de Belén de Judá, se fue a causa del hambre que azotaba al país y se estableció en la tierra de Moab. ²Con él se fueron su esposa Noemí, y sus dos hijos Majlón y Quilión. Todos ellos efrateos.

³Estando en Moab murió Elimélec, y Noemí quedó con sus dos hijos. ⁴,⁵Los dos jóvenes, Quilión y Majlón, se casaron con Orfa y Rut respectivamente, que eran moabitas, y residieron allí unos diez años. Algún tiempo después ambos hombres murieron, y Noemí quedó sola, sin esposo y sin hijos. ⁶,⁷Decidió regresar a Israel con sus dos nueras, porque había oído decir que el Señor había nuevamente bendecido a su pueblo con muy buenas cosechas.

⁸Pero después de comenzado el viaje de regreso, Noemí dijo a sus dos nueras:

—¿Por qué no regresan mejor a casa de sus padres? Quizás Dios las recompense por la fidelidad que han mostrado a sus maridos y a mí. ⁹Tal vez él las bendiga y les conceda que tengan otro matrimonio feliz.

Y las besó. Pero ellas se pusieron a llorar.

¹⁰—No —dijeron—. Queremos ir contigo y vivir en tu pueblo.

¹¹Pero Noemí replicó:

—Es mejor que regresen a su pueblo. Yo no voy a tener más hijos que puedan casarse con ustedes.[a] ¹²No, hijas mías, regresen a casa de sus padres, porque ya soy demasiado vieja para tener marido. Y aun si ello fuera posible, y yo pudiera concebir esta noche y dar a luz hijos, ¹³¿esperarían ustedes a que ellos crecieran? No, por supuesto que no, queridas hijas mías. ¡No saben cuánto siento que el Señor me haya castigado de esta manera y que esto les cause dolor!

¹⁴Nuevamente se pusieron a llorar, y Orfa besó a su suegra para despedirse, y regresó a su pueblo natal. Sin embargo, Rut siguió junto a Noemí.

¹⁵—Mira —le dijo Noemí—, tu concuña ha regresado a su pueblo y a sus dioses. Tú deberías hacer lo mismo.

¹⁶Pero Rut replicó:

—No me pidas que te deje ni me aparte de ti; adondequiera que tú vayas iré yo, y viviré donde tú vivas; tu pueblo será mi pueblo, y tu Dios será mi Dios. ¹⁷Quiero morir donde tú mueras, y ser sepultada allí. Y que Dios me castigue si no cumplo mi promesa. Nada nos separará, ¡ni siquiera la muerte!

¹⁸Cuando Noemí se dio cuenta de que Rut estaba decidida y que no podría persuadirla en sentido contrario, ya no intentó convencerla.

¹⁹Al llegar ambas a Belén, el pueblo se conmovió.

—¿Es realmente Noemí? —preguntaban las mujeres.

²⁰Pero ella contestaba:

—No me llamen Noemí. Llámenme Mara (Noemí significa «dulce»; Mara significa «amarga»), porque el Todopoderoso me ha dado gran amargura. ²¹Salí de aquí llena, y el Señor me ha devuelto vacía. ¿Por qué habría de llamarme Noemí cuando el Señor me ha vuelto la espalda y me ha enviado tal calamidad?

²²El regreso de ellas de Moab y su llegada a Belén coincidió con el tiempo de la cosecha de la cebada.

## Encuentro de Rut con Booz

**2** Noemí tenía un pariente de su marido en Belén que era muy rico. Se llamaba Booz.

²Un día Rut le dijo a Noemí:

—Quizás yo pueda ir a los campos de algún hombre bondadoso para recoger algunas de las gavillas que quedan tras los segadores.

Y Noemí dijo:

—Muy bien, hija mía, ve a hacer lo que has dicho. ³Y así lo hizo. Ocurrió que el campo en que ella entró a espigar pertenecía a Booz el pariente del marido de Noemí. ⁴Booz llegó de la ciudad mientras ella estaba allí. Después de cambiar saludos con los segadores, ⁵preguntó al capataz:

—¿Quién es esa muchacha que está allí?

⁶El capataz le dijo:

—Es la joven moabita que volvió con Noemí. ⁷Me pidió permiso esta mañana para recoger las gavillas que se les caían a los segadores, y ha estado recogiéndolas desde entonces, salvo unos pocos minutos que estuvo descansando a la sombra.

⁸Booz se dirigió a ella y le dijo:

—Escucha, hija mía. Quédate aquí para espigar. No vayas a otros campos. ⁹Sigue detrás de mis segadoras. Yo les he dicho a los hombres que no te molesten; y cuando tengas sed, bebe del agua que sacan los criados.

¹⁰Ella le dio gracias de todo corazón:

—¿Cómo puedes ser tan bondadoso conmigo? —preguntó—. Tú sabes que yo tan sólo soy una extranjera.

¹¹—Sí —replicó Booz—, pero sé también de todo el amor y bondad que has mostrado a tu suegra desde la muerte de tu marido, y cómo has dejado a tu padre y a tu madre en tu tierra y has venido a vivir entre nosotros como extranjera. ¹²Que el Dios de Israel, bajo cuyas alas has venido a refugiarte, te bendiga por ello.

¹³—Gracias, señor —contestó ella—, tú has sido bondadoso conmigo, aunque ni siquiera soy una de tus trabajadoras.

¹⁴A la hora de la comida, Booz la llamó:

—Ven y come con nosotros.

Ella se sentó con los segadores y él le sirvió comida, más de la que podía comer. ¹⁵Y cuando volvió al trabajo nuevamente, Booz les dijo a sus hombres que la dejaran espigar entre las gavillas sin prohibírselo, ¹⁶y que dejaran caer espigas con el propósito de que ella las recogiera, y no la reprendieran. ¹⁷Ella trabajó allí todo el día, y en la tarde, después de desgranar la cebada que había espigado la midió, y eran como veinticuatro kilos. ¹⁸Se los llevó a la ciudad y se los dio a su suegra, juntamente con la comida que había sobrado.

¹⁹—¿Cómo pudiste sacar tanto? —exclamó Noemí—. ¿Dónde has estado espigando hoy? Gracias a Dios por la persona que ha sido tan bondadosa contigo.

☼1.8-9  ☼1.12-14  ☼1.16-18  ☼2.4-13  ☼2.15-16

---

*a.* Los padres solían retener a la nuera viuda en la familia casándola con un hermano menor de su ex marido. Véase Deuteronomio 25.5-10.

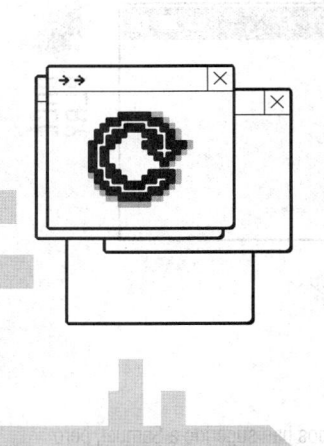

## ¿CÓMO SE RELACIONA CONMIGO?

En este libro aprendemos que Dios coordina detalles pequeños para llevar a cabo su plan, ya que no se trata solo de rescatar a una familia, sino que es el inicio de la genealogía del Salvador. Es tiempo de que sepas que tus decisiones de hoy tienen repercusiones para muchos otros. Tu obediencia puede dejar un legado para tu descendencia, así como el apartarse de los caminos de Dios puede afectar a tus futuras generaciones. Una gran lección que no puede faltar es la importancia de tomar decisiones sabias, buscando y escuchando el consejo de los más sabios. Toda decisión que tomemos afectará tarde o temprano a los que nos rodean y traerá consecuencias eternas, es por eso que debemos confiar en que Dios sigue teniendo el control total de cada cuestión grande y pequeña de nuestras vidas, aunque las circunstancias no lo hagan notar en un momento. Y es que incluso en medio del caos, Él sigue siendo dueño de la historia y por eso lo mejor que podemos hacer en cada circunstancia es obedecer y mantener la fe intacta y creciendo.

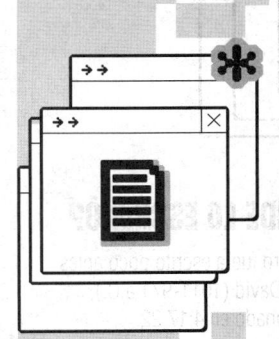

## EL GUION

1) Dios controla aun la tragedia. Cáp. 1
2) La actitud correcta es usada para avanzar los planes de Dios. Cáp. 2
3) Un noble romance bajo la dirección de Dios. Cáp. 3
4) La recompensa de hacer lo correcto ante Dios. Cáp. 4

RU**T**

# RUT

DALE PLAY

## ¿QUIÉN LO ESCRIBIÓ?

El autor de esta obra es desconocido. Algunos han sugerido a Samuel, pero no existen evidencias conclusivas al respecto.

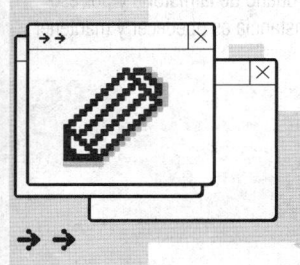

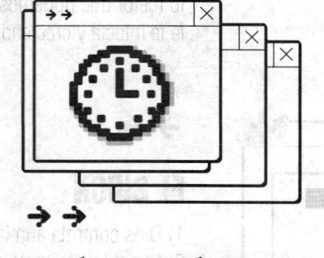

## ¿A QUIÉN LO ESCRIBIÓ?

El libro le ofreció al pueblo una vista a la fe y la piedad, en medio de crisis nacional y degeneración moral.

## ¿CUÁNDO Y DÓNDE LO ESCRIBIÓ?

Es probable que este libro fuera escrito poco antes o durante el reinado de David (1011-971 a.C.), quien es incluso mencionado en 4:17,22.

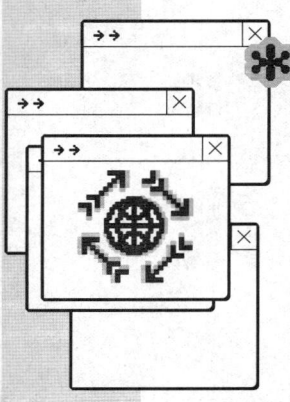

## PANORAMA DEL LIBRO

Este es uno de los libros más nobles de la Biblia. Incluso por sus trazos románticos en la manera en la que está escrito. En él se describe la línea ancestral del rey David. Sin embargo, el libro es mucho más que una exposición legal. Se trata de la historia de una familia (la de Elimelec); de una amistad (Noemí y Rut) y de un romance (el de Rut y Booz); todo ello dentro del contexto de leyes y costumbres sumamente nobles y generosas. La obra muestra la gracia de Dios al incorporar a una mujer extranjera al pueblo de Dios y su Providencia al dirigir los eventos hacia sus sabios propósitos. La palabra hebrea para redención aparece 23 veces en este corto libro. Ese es el enfoque principal de Rut. Aunque sea difícil de creer, este precioso libro se desarrolla en la época de caos, desorden, corrupción, idolatría y anarquía que caracterizó el tiempo de los jueces. Es por eso conocido como un faro en la noche oscura, una historia que trae un dulce sabor en una época amarga. Constituye un puente entre la época de los jueces y la monarquía.

³²Los de Benjamín gritaron: «Los estamos derrotando nuevamente». Pero los israelitas se habían puesto de acuerdo para huir primero a fin de que los hombres de Benjamín los persiguieran y abandonaran la ciudad.

³³Cuando los hombres de Israel llegaron a Baal Tamar, se volvieron y atacaron, mientras los diez mil hombres emboscados al oriente de Guibeá salieron de donde estaban ³⁴y avanzaron contra la retaguardia de la gente de Benjamín, que aún no comprendía el desastre que se avecinaba. ³⁵⁻³⁹El Señor ayudó a Israel a derrotar a Benjamín. Aquel día los israelitas mataron a veinticinco mil cien hombres de Benjamín, dejando apenas un pequeño remanente de sus fuerzas.

Los israelitas habían retrocedido delante de los hombres de Benjamín con el fin de ponerles una emboscada y tener más espacio para maniobrar. Cuando los de Benjamín dieron muerte a treinta israelitas, creyeron que iban a hacer una matanza en masa como en los días anteriores. Pero entonces los hombres que estaban escondidos entraron en la ciudad y mataron a todos los que estaban en ella y le prendieron fuego. La gran nube de humo que subía hacia el cielo fue la señal para que Israel diera vuelta y atacara a los de Benjamín, ⁴⁰,⁴¹quienes al mirar detrás quedaron aterrados al descubrir que la ciudad estaba ardiendo, y que estaban en serio peligro. ⁴²Huyeron hacia el desierto, pero los israelitas los destruyeron y los hombres que habían puesto la emboscada vinieron y se unieron en la matanza por la retaguardia. ⁴³Rodearon a los benjamitas al este de Guibeá y mataron a la mayoría de ellos allí. ⁴⁴Dieciocho mil hombres de Benjamín murieron en la batalla aquel día. ⁴⁵El resto huyó al desierto hacia la roca de Rimón, pero cinco mil fueron muertos a lo largo del camino, y dos mil más cerca de Guidón.

⁴⁶La tribu de Benjamín perdió veinticinco mil valientes guerreros aquel día. ⁴⁷De ellos quedaron sólo seiscientos hombres que escaparon a la roca de Rimón, donde vivieron cuatro meses. ⁴⁸Entonces los israelitas regresaron y mataron a toda la población de la tribu de Benjamín, hombres, mujeres, niños y ganado, e incendió todas las ciudades y pueblos de aquella tierra.

### *Esposas para los benjaminitas*

**21** Los jefes de Israel habían jurado en Mizpa que no permitirían que sus hijas se casaran con hombres de la tribu de Benjamín.

²Los caudillos de Israel se reunieron en Betel y se sentaron delante del Señor hasta la tarde y lloraron amargamente. ³«Oh Señor, Dios de Israel —lloraban—, ¿por qué ha sucedido esto, que una de nuestras tribus falte?»

⁴Al día siguiente se levantaron temprano y edificaron un altar, y ofrecieron sacrificios y ofrendas de paz en él. ⁵Y decían entre ellos: «¿Hubo alguna tribu de Israel que no estuviera representada cuando tuvimos nuestro consejo delante del Señor en Mizpa?»

En aquella ocasión se había acordado por juramento solemne que quien se negara a asistir «debía morir».

⁶Hubo profunda tristeza a través de todo Israel por la pérdida de la tribu hermana de Benjamín. «Ha sido cortada de Israel toda una tribu —decían—. ⁷¿Cómo conseguiremos mujeres para los pocos que quedan, puesto que hemos jurado al Señor que no les daremos nuestras hijas?»

⁸,⁹Entonces pensaron nuevamente en el juramento que habían hecho de matar a todos los que se habían negado a acudir a Mizpa y recordaron que al pasar lista a la tropa, de Jabes Galaad nadie había asistido.

¹⁰⁻¹²Así pues, enviaron doce mil de los mejores soldados para que destruyeran Jabes Galaad. Todos los hombres, las mujeres casadas y los niños fueron muertos, pero las doncellas de Jabes Galaad fueron dejadas con vida. Hubo cuatrocientas de éstas y fueron llevadas al campamento de Siló.

¹³Israel envió una delegación de paz al pequeño remanente de hombres de Benjamín que estaban en la roca de Rimón. ¹⁴Les fueron entregadas las cuatrocientas jóvenes para que se casaran con ellas y regresaran a sus hogares. Pero no fueron suficientes para todos ellos. ¹⁵Aquel fue un tiempo muy triste para Israel, porque el Señor había abierto una brecha entre las tribus de Israel. ¹⁶«¿De dónde sacaremos mujeres para los demás, puesto que todas las mujeres de Benjamín han muerto? —preguntaban los dirigentes de Israel—. ¹⁷Tenemos que hallar una forma de obtener mujeres para ellos, a fin de que no se pierda para siempre toda una tribu de Israel. ¹⁸Pero no podemos darles nuestras hijas, hemos jurado con voto solemne que cualquiera que lo haga será maldito de parte de Dios».

¹⁹De pronto alguien se acordó de la festividad religiosa anual que se tenía en los campos de Siló, entre Leboná y Betel, al costado oriental del camino que va desde Betel a Siquén, y ²⁰dijeron a los hombres de Benjamín que todavía necesitaban mujeres: «Vayan y escóndanse en los viñedos, ²¹y cuando las jóvenes de Siló salgan para ir a sus danzas, corran y tómenlas y llévenselas para que sean sus mujeres. ²²Y cuando sus padres y hermanos vengan a protestar, les diremos: "Por favor, sean comprensivos, y dejen que ellos tengan a sus hijas porque no hallamos suficientes esposas para ellos cuando destruimos Jabes Galaad, y ustedes no podían darles sus hijas a ellos sin ser culpables"».

²³Los hombres de Benjamín hicieron como se les dijo. Raptaron a las doncellas que tomaban parte en la fiesta y se las llevaron a su tierra. Luego reedificaron sus ciudades y vivieron en ellas. ²⁴Entonces el ejército de Israel se disolvió y regresó cada uno a su casa.

²⁵En aquel tiempo no había rey en Israel y cada hombre hacía lo que bien le parecía.

¹⁴Siguieron la marcha. El sol se estaba poniendo cuando llegaron a Guibeá, un pueblo de la tribu de Benjamín. ¹⁵Allí fueron para pasar la noche. Pero, como nadie les ofreció hospedaje, acamparon en la plaza del pueblo. ¹⁶Pero en eso apareció un anciano que regresaba de su trabajo a su hogar, pues trabajaba en el campo (originalmente era de la región montañosa de Efraín pero vivía en Guibeá, aun cuando era territorio de Benjamín). ¹⁷Cuando vio a los viajeros acampados en la plaza, les preguntó de dónde eran y hacia dónde iban.

¹⁸—Vamos desde Belén de Judá hacia mi casa. Vivo en la región más lejana del monte de Efraín, cerca de Siló. Pero nadie nos ha acogido por esta noche, ¹⁹aun cuando tenemos forraje para nuestros burros y suficiente alimento y vino para nosotros.

²⁰—No se preocupen —dijo el anciano—, vengan a mi casa. No deben pasar la noche en la plaza. Es muy peligroso.

²¹Y dicho y hecho, los llevó a casa consigo, les dio forraje a los burros mientras ellos descansaban, y luego cenaron juntos.

²²Estaban comenzando a alegrarse, cuando rodeó la casa una pandilla de pervertidos sexuales y comenzaron a golpear la puerta y a pedir al anciano que sacara al hombre que estaba con él para violarlo.

²³El anciano salió y habló con ellos.

—No, hermanos míos. No hagan tal perversidad —les rogó—, porque es mi huésped. ²⁴Tomen a mi hija virgen y a la esposa de este hombre. Yo las sacaré y pueden hacer con ellas lo que quieran, pero no toquen a este hombre.

²⁵Pero no quisieron oírle. Entonces el levita empujó a su mujer hacia afuera, y ellos abusaron de ella toda la noche, violándola por turnos hasta la mañana. Al fin, al amanecer la dejaron ir. ²⁶Ella se desplomó en la entrada de la casa y quedó allí hasta que aclaró. ²⁷Cuando el hombre abrió la puerta para seguir su camino, la encontró caída frente a la puerta con las manos agarrando el umbral.

²⁸«Levántate y vamos —le dijo—. Pongámonos en marcha». Pero no recibió respuesta, pues ella estaba muerta. Él la cargó entonces sobre el burro y se fue a su casa.

²⁹Llegado allí tomó un cuchillo y cortó el cuerpo en doce partes y envió una parte a cada una de las tribus de Israel. ³⁰«No se había visto un crimen similar desde que Israel salió de Egipto —decían todos—. Tenemos que hacer algo».

## Los israelitas derrotan a los benjaminitas

**20** Entonces toda la nación de Israel envió a sus dirigentes y a cuatrocientos cincuenta mil hombres para que se reunieran delante del Señor en Mizpa. Vinieron desde Dan, desde Berseba y de todos los lugares intermedios, y desde el otro lado del Jordán, de la tierra de Galaad. ³Pronto supieron en Benjamín que las fuerzas israelitas se habían movilizado en Mizpa. Los jefes de Israel entonces llamaron al hombre de la mujer asesinada y le preguntaron qué había ocurrido.

⁴—Llegamos una noche a Guibeá, a la tierra de Benjamín —les contó—. ⁵Esa noche los hombres de Guibeá rodearon la casa con el fin de matarme; y violaron a mi mujer hasta que murió. ⁶Yo corté su cuerpo en doce pedazos y los envié por todo Israel, porque esos hombres habían cometido un crimen horrendo. ⁷Ahora, hijos de Israel, denme su parecer y su consejo.

⁸Y como un solo hombre respondieron:

—Ninguno de nosotros regresará a casa ⁹,¹⁰hasta que no hayamos terminado de castigar al pueblo de Guibeá. La décima parte de las tribus será seleccionada por suertes y estará encargada de abastecernos de alimentos, y el resto de nosotros destruirá a Guibeá por esta horrible acción.

¹¹Todos los hombres de Israel se juntaron contra la ciudad, ¹²y enviaron mensajeros a la tribu de Benjamín a preguntar: «¿Saben lo que ha ocurrido entre ustedes? ¹³Entreguen a los hombres perversos de Guibeá para que podamos ejecutarlos y purificar a Israel de su pecado». Pero el pueblo de Benjamín no prestó atención. ¹⁴,¹⁵En vez de oír, enviaron veintiséis mil hombres a Guibeá para que se unieran a los setecientos del lugar en la defensa contra el resto de Israel. ¹⁶Entre ellos había setecientos hombres zurdos de muy buena puntería, que podían dar con la honda a un cabello sin errar. ¹⁷Los hombres de Israel, sin los hombres de Benjamín, sumaba cuatrocientos mil hombres.

¹⁸Antes de la batalla, los israelitas fueron a Betel a pedir consejo a Dios.

—¿Qué tribu nos guiará contra el pueblo de Benjamín? —le preguntaron.

Y el Señor respondió:

—Judá irá delante.

¹⁹,²⁰Salieron a la mañana siguiente para ir a Guibeá y atacar a los hombres de Benjamín. ²¹Pero los hombres que defendían el pueblo atacaron y dieron muerte a veintidós mil israelitas aquel día. ²²⁻²⁴Luego los hombres de Israel lloraron delante del Señor hasta la tarde y le preguntaron:

—¿Seguiremos luchando contra nuestro hermano Benjamín?

Y el Señor respondió:

—Sí.

Los israelitas recuperaron el valor y fueron al día siguiente a pelear en el mismo lugar. ²⁵Aquel día perdieron otros dieciocho mil hombres, todos hombres de espada.

²⁶Entonces todos los israelitas subieron a Betel y lloraron delante del Señor, y ayunaron hasta la tarde, ofreciendo holocaustos y sacrificios de paz. ²⁷,²⁸(El cofre de Dios estaba en Betel en aquellos días; Finés, hijo de Eleazar y nieto de Aarón era el sacerdote.)

Los hombres de Israel preguntaron al Señor:

—¿Saldremos nuevamente y pelearemos contra nuestro hermano Benjamín o nos detendremos?

Y el Señor les dijo:

—Vayan, porque mañana haré que derroten a los hombres de Benjamín.

²⁹Entonces Israel puso una emboscada alrededor del pueblo ³⁰y salió nuevamente al tercer día, y se pusieron en la formación acostumbrada. ³¹Cuando los hombres de la tribu de Benjamín salieron a atacarlos, las fuerzas de Israel retrocedieron y Benjamín salió de la ciudad en persecución de Israel. Y de la manera que habían hecho anteriormente, Benjamín comenzó a perseguir a los hombres de Israel a lo largo del camino que corre entre Betel y Guibeá, hasta que treinta de ellos murieron.

²Entonces los hombres de Dan escogieron a cinco hombres valientes de las ciudades de Zora y Estaol para que exploraran la tierra donde habían de establecerse.

Cuando llegaron a la región montañosa de Efraín, se quedaron en casa de Micaías. ³Al darse cuenta del acento del levita que oficiaba de sacerdote, lo llamaron a un lado y le preguntaron:

—¿Qué estás haciendo aquí? ¿Por qué viniste?

⁴Él les contó acerca del contrato que tenía con Micaías y que era su sacerdote privado.

⁵—Bien —dijeron—, pídele entonces a Dios que te diga si nuestro viaje tendrá éxito.

⁶—Sí —contestó el sacerdote—. Todo saldrá bien. El Señor los cuidará.

⁷Los cinco hombres salieron y fueron a Lais, y notaron que allí todo el mundo se sentía seguro y confiado. Vivían a la manera de los sidonios y eran muy ricos. Vivían reposadamente y estaban totalmente desprevenidos para un ataque, porque no había tribus suficientemente fuertes en la región como para que intentaran atacarlos. Vivían a gran distancia de sus parientes en Sidón y tenían poco o ningún contacto con los pueblos cercanos. ⁸Los espías regresaron a Zora y Estaol.

—¿Qué hay? —preguntaron—. ¿Qué noticias nos traen?

⁹,¹⁰Y los hombres respondieron:

—Ataquemos sin pérdida de tiempo. La tierra es amplia y fértil. Es un verdadero paraíso. El pueblo no está preparado para defenderse. ¡Vamos y tomémosla, porque el Señor nos la ha dado!

¹¹Seiscientos soldados de la tribu de Dan salieron de Zora y Estaol. ¹²Acamparon en los lugares al oeste de Quiriat Yearín en Judá (lugares que todavía se conocen por el nombre de Campamento de Dan), ¹³y luego siguieron hasta la región montañosa de Efraín.

Cuando pasaron por casa de Micaías, ¹⁴los cinco exploradores les dijeron a los demás:

—Aquí hay un santuario con un efod, algunos terafines y muchos ídolos de plata. Es obvio lo que tenemos que hacer.

¹⁵,¹⁶Los cinco hombres entraron a la casa de Micaías y saludaron al joven sacerdote. Los seiscientos hombres armados se quedaron junto a la puerta, ¹⁷mientras los cinco espías entraban en el santuario y sacaban los ídolos, el efod y los terafines.

¹⁸—¿Qué hacen? —preguntó el joven sacerdote, cuando vio que los sacaban.

¹⁹—Calla y ven con nosotros —le dijeron—. Serás nuestro sacerdote y te respetaremos como a un padre. Es mucho mejor que seas sacerdote de toda una tribu de Israel que de un solo hombre.

²⁰El joven sacerdote se sintió muy feliz de irse con ellos y se llevó consigo el efod, los terafines y los ídolos. ²¹Se pusieron en marcha nuevamente, poniendo a los hijos, el ganado y los enseres adelante. ²²Cuando ya estaban a buena distancia, los de la casa de Micaías salieron en su persecución ²³y les gritaban que se detuvieran.

—¿Qué pretenden persiguiéndonos de esta manera? —preguntaron los hombres de Dan.

²⁴—¿Y lo preguntan? —replicó Micaías—. Se han robado mis dioses y mi sacerdote, y nada me han dejado.

²⁵—Cuidado con lo que dices —replicaron los hombres de Dan—. Hay aquí algunos que son de ánimo colérico, y podrían enojarse y matarte.

²⁶Los hombres de Dan siguieron su marcha. Cuando Micaías vio que eran muchos para enfrentarse a ellos por sí mismo, volvió a su casa.

²⁷Con los ídolos y el sacerdote de Micaías, los hombres de Dan llegaron a la ciudad de Lais. Ni siquiera había guardia; así que entraron, mataron a todo el pueblo y quemaron la ciudad hasta los cimientos. ²⁸Nadie pudo ayudar a sus habitantes porque estaba muy lejos de Sidón, y no tenían aliados locales porque no tenían tratos con nadie. Esto ocurrió en el valle que está junto a Bet Rejob.

El pueblo de la tribu de Dan reedificó la ciudad y vivió allí. ²⁹La ciudad fue llamada Dan, en honor a su antepasado, el hijo de Israel, pero anteriormente se llamaba Lais. ³⁰Luego instalaron los ídolos y designaron a un hombre llamado Jonatán, hijo de Gersón y bizniento de Moisés, y a sus hijos para que fueran sacerdotes. Esta familia continuó en el sacerdocio hasta que la ciudad fue finalmente conquistada en la época del cautiverio. ³¹Así que la tribu de Dan adoró los ídolos de Micaías mientras el Tabernáculo permaneció en Siló.

## El levita y su concubina

**19** En aquellos días, antes que hubiera rey en Israel, hubo un hombre de la tribu de Leví que vivía en la parte más remota de la región montañosa de Efraín, que llevó a su casa a una mujer de Belén de Judá para que fuera su concubina. ²Pero ella se enojó con él y huyó, y regresó a la casa de su padre en Belén, donde estuvo unos cuatro meses. ³El hombre, tomando a un siervo y un burro para ella, fue para ver si podía hacerla regresar. Cuando llegó a la casa, ella lo dejó entrar y se lo presentó a su padre, quien estuvo encantado de conocerlo. ⁴El padre le pidió que se quedara un tiempo, y él se quedó tres días, y pasaron momentos agradables.

⁵Al cuarto día se levantaron temprano, preparados para partir, pero el padre de la muchacha insistió en que desayunaran primero. ⁶Luego les rogó que se quedaran un día más, puesto que lo estaban pasando bien. ⁷Al principio el hombre se negó, pero el padre de la muchacha siguió instándole, hasta que finalmente cedió. ⁸A la mañana siguiente, se levantaron temprano nuevamente y una vez más el padre de la mujer dijo: «Quédense solamente hoy día y salgan durante la tarde». Entonces ellos tuvieron otro día de fiesta.

⁹Aquella tarde, mientras él, la muchacha y el siervo se preparaban para partir, el padre de ella dijo: «Miren, se está haciendo tarde. Quédense esta noche y tendremos fiesta, y mañana pueden levantarse temprano y ponerse en marcha». ¹⁰Pero esta vez el hombre fue firme, y se fue. Llegó hasta Jerusalén (también conocida como Jebús) antes que oscureciera.

¹¹El siervo le dijo:

—Se está haciendo demasiado tarde para seguir el viaje. Quedémonos aquí esta noche.

¹²—No —dijo el amo—. No podemos quedarnos en esta ciudad extraña donde no hay israelitas. ¹³Seguiremos hasta Guibeá o posiblemente hasta Ramá.

—¡Sansón, los filisteos están aquí!

Pero él reventó los mimbres verdes como si hubieran sido hilo de algodón y no fue descubierto su secreto.

¹⁰Dalila le dijo:

—Te estás burlando de mí. Me has mentido. Dime, ¿cómo se te puede vencer?

¹¹—Si me atan con cuerdas nuevas que jamás hayan sido usadas —le respondió—, seré tan débil como cualquier otro hombre. ¹²Nuevamente, mientras él dormía, Dalila tomó cuerdas nuevas y lo ató con ellas. Los filisteos estaban escondidos en la pieza contigua como antes. Una vez más Dalila dijo:

—¡Sansón, los filisteos han venido a capturarte!

Pero él rompió las cuerdas con sus brazos como si fueran telas de araña.

¹³—Te has burlado nuevamente de mí, y me has vuelto a mentir. Ahora dime cómo se te puede capturar.

—Si tejes mi cabello con un telar —le dijo—, yo me debilitaré.

¹⁴Cuando se durmió, hizo exactamente aquello y luego gritó:

«¡Los filisteos han venido, Sansón!» Y él despertó y arrancó la urdimbre y el telar con sus trenzas.

¹⁵«¿Cómo puedes decir que me amas, si no confías en mí? —se quejó ella—. Ya te has burlado de mí tres veces y no me has dicho qué es lo que te da la fuerza».

¹⁶Como Dalila lo acosaba e importunaba día tras día, él no pudo resistir ¹⁷y finalmente le dijo el secreto. «Jamás me he cortado el pelo —confesó—, porque soy nazareo para Dios desde mi nacimiento. Si me cortaran el cabello, la fuerza me abandonaría y yo sería tan débil como un hombre común».

¹⁸Dalila comprendió que finalmente le había dicho la verdad, por lo que mandó a buscar a los cinco jefes de los filisteos. «Vengan una vez más —dijo ella—, porque esta vez me ha dicho que es la verdad». Entonces ellos llevaron el dinero que le habían ofrecido. ¹⁹Ella lo hizo dormir con la cabeza sobre sus rodillas, y ellos hicieron entrar a un barbero para que le cortara el cabello. Dalila se dio cuenta de que su fuerza lo había abandonado. ²⁰Entonces ella gritó: «¡Los filisteos están aquí para capturarte, Sansón!»

Él despertó y pensó: «Haré como antes: me desharé de ellos». Pero no se había dado cuenta de que el Señor se había apartado de él.

²¹Los filisteos lo capturaron, le sacaron los ojos y se lo llevaron a Gaza, donde fue atado con cadenas de bronce y lo ocuparon para mover el molino y moler grano en la prisión. Pero el cabello no tardó en crecerle nuevamente.

## Muerte de Sansón

²³,²⁴Los jefes de los filisteos hicieron una gran fiesta a fin de celebrar la captura de Sansón. El pueblo hacía sacrificios al dios Dagón y lo alababan con mucho entusiasmo.

«Nuestro dios nos ha librado de nuestro enemigo Sansón —gritaban satisfechos al verlo allí atado con cadenas—. El enemigo de nuestra nación, el que destruía nuestros campos, y el que ha matado a tantos de nosotros, ahora está en nuestro poder».

²⁵El pueblo ya medio embriagado, pidió:

«¡Traigan a Sansón para divertirnos a costa suya!»

Lo llevaron desde la prisión y lo pusieron en medio del templo entre las dos columnas que sostenían el techo. ²⁶Sansón le dijo al muchacho que lo guiaba de la mano: «Pon una de mis manos en cada columna, para apoyarme en ellas». ²⁷El templo estaba completamente lleno de gente. Todos los príncipes filisteos estaban allí también junto con tres mil personas que desde los balcones contemplaban a Sansón y se reían de él. ²⁸Sansón oró al Señor y le dijo: «Oh Señor Dios, acuérdate de mí nuevamente, dame fuerzas sólo una vez más, para vengarme de los filisteos por la pérdida de mis ojos».

²⁹Entonces Sansón empujó fuertemente las columnas y gritó: ³⁰«Muera yo junto con los filisteos». Y el templo se derrumbó sobre los jefes de los filisteos y sobre todo el pueblo. Y los que él mató en el momento de morir fueron más de los que había matado en toda su vida.

³¹Más tarde sus hermanos y otros parientes fueron a buscar el cuerpo, y lo llevaron nuevamente a su tierra y lo sepultaron entre Zora y Estaol, donde Manoa había sido sepultado.

Sansón había gobernado a Israel durante veinte años.

## Los ídolos de Micaías

**17** En la región montañosa de Efraín vivía un hombre llamado Micaías.

²Un día le dijo a su madre:

—Aquellas mil cien monedas de plata que te habían robado, y por las cuales echaste una maldición contra el ladrón delante de mí, yo las robé.

—Dios te bendiga por confesarlo —respondió su madre—, ³y él le devolvió el dinero.

—Lo voy a consagrar al Señor a favor tuyo. Con él haremos un ídolo fundido y tallado.

⁴Tomó, pues, doscientas monedas y se las llevó a un platero, y el ídolo que hizo fue colocado en un santuario que Micaías hizo. ⁵Micaías, que tenía muchos ídolos en su colección y tenía también un efod y terafines, instaló a uno de sus hijos en el cargo de sacerdote. ⁶En aquellos días no había rey en Israel y cada uno hacía lo que quería.

⁷,⁸Un día llegó a aquel lugar un joven levita sacerdote de Belén que buscaba un buen lugar para vivir, y acertó a detenerse en la casa de Micaías.

⁹—¿De dónde vienes? —preguntó Micaías.

Y le respondió:

—Soy levita de Belén de Judá, y estoy buscando un lugar para vivir.

¹⁰,¹¹—Bien, quédate conmigo —dijo Micaías— y serás mi sacerdote y te respetaré como a un padre. Te daré diez monedas de plata por año, ropa y comida.

Al joven le agradó la propuesta y pasó a ser como uno de los hijos de Micaías. ¹²Entonces Micaías lo consagró para que fuera su sacerdote personal.

¹³«Ahora sí que el Señor me ha de bendecir —exclamó Micaías—, porque tengo un sacerdote de verdad, ¡un levita!»

## La tribu de Dan se establece en Lais

**18** Como ya se ha dicho, no había rey en Israel en aquel tiempo. La tribu de Dan estaba tratando de encontrar un lugar donde establecerse, pues aún no habían recibido su heredad para establecerse allí.

—Pídele a tu novio que te dé la respuesta, o nosotros quemaremos la casa de tu padre contigo adentro. ¿Fuimos invitados a esta fiesta para empobrecernos? [16]Entonces la prometida de Sansón se puso a llorar delante de él y le dijo:

—Tú no me amas; tú me odias, porque has dicho una adivinanza a mi pueblo y no me has dicho la respuesta.

—No se la he dicho ni a mi padre ni a mi madre. ¿Por qué habría de decírtela a ti? —replicó.

[17]Cada vez que estaba con él, ella lloraba y se comportó de esa forma por el resto de la fiesta. Por fin, en el séptimo día, él le dio la respuesta y ella se la comunicó sin tardanza a los jóvenes. [18]Antes de la puesta del sol del séptimo día, vinieron a darle la respuesta.

—¿Qué es más dulce que la miel —le preguntaron—, y qué es más fuerte que un león?

—Si no hubieran arado con mi ternera, no habrían solucionado mi enigma —replicó Sansón.

[19]Entonces el Espíritu del SEÑOR vino sobre él y fue hasta la ciudad de Ascalón, mató a treinta hombres, les quitó la ropa y se la dio a los jóvenes que le habían contestado el enigma. Pero estaba tan furioso que abandonó a su prometida y regresó a su casa para vivir con su padre y su madre. [20]La prometida de Sansón se casó entonces con el que iba a ser el padrino de la boda.

## Sansón se venga de los filisteos

**15** Algún tiempo después durante la siega, Sansón tomó un cabrito para llevarlo como presente a su prometida, con la intención de consumar el matrimonio con ella, pero el padre de ella no lo dejó entrar.

[2]—Yo pensé que tú la odiabas —le explicó—, así que la di en matrimonio a tu amigo. Pero mira, su hermana es más hermosa que ella. Cásate con ella.

[3]Sansón estaba furioso:

—No puedes culparme por lo que ahora va a ocurrir —le dijo.

[4]Entonces salió y cazó trescientas zorras y ató sus colas por pares. Puso luego antorchas entre cada dos colas [5]y las encendió, y echó las zorras por los campos de los filisteos, haciendo que se incendiara el trigo cortado y en pie, los viñedos y los olivos.

[6]«¿Quién hizo esto?» —preguntaron los filisteos. «Sansón —fue la respuesta—, porque el padre de su prometida hizo que ella se casara con otro hombre».

Entonces los filisteos vinieron, tomaron a la muchacha y a su padre y los quemaron vivos. [7]«Ahora se hará sentir nuevamente mi venganza» —juró Sansón. [8]Acto seguido, los atacó con furia y mató a muchos de ellos. Luego se fue a vivir en una caverna en la roca de Etam. [9]Los filisteos a su vez subieron a acampar en Judá e incursionaron sobre Lehí.

[10]—¿Por qué han venido aquí? —preguntaron los hombres de Judá.

Y los filisteos respondieron:

—A capturar a Sansón y a hacerle lo que él nos ha hecho a nosotros.

[11]Tres mil hombres de Judá fueron a buscar a Sansón a la cueva que está en la roca de Etam.

—¿Qué es lo que nos estás haciendo? —le preguntaron—. ¿No comprendes que los filisteos son los que nos gobiernan?

Pero Sansón respondió:

—Solamente les pagué por lo que me hicieron.

[12,13]—Hemos venido a capturarte y entregarte a los filisteos —dijeron los hombres de Judá.

—Muy bien —dijo Sansón—, pero prométanme que no me matarán ustedes.

—No —le respondieron—, no haremos tal cosa. Lo ataron con dos cuerdas nuevas y se lo llevaron. [14]Cuando Sansón y sus captores llegaron a Lehí, los filisteos gritaron de alegría. Pero el Espíritu del SEÑOR vino sobre Sansón y las cuerdas con que estaba atado se rompieron como hilos y cayeron de sus muñecas. [15]Entonces tomó una quijada de burro que estaba en el suelo y mató a mil filisteos con ella. [16,17]Mientras arrojaba la quijada dijo:

«Con una quijada de burro he hecho montón y montones.

Con una quijada de burro he batido a mil hombres».

El lugar fue llamado Ramat Lehí (Colina de la quijada).

[18]Como tuvo sed, oró al SEÑOR:

—Le has dado a Israel una maravillosa liberación por medio de mí en este día, ¿debo ahora morir de sed y quedar a merced de estos filisteos?

[19]Entonces el SEÑOR hizo que brotara agua del suelo y Sansón recobró fuerzas mientras bebía. Entonces puso al lugar el nombre de Enacoré (Fuente del que clamó), y allí está todavía aquel manantial.

[20]Durante los veinte años siguientes, Sansón gobernó a Israel, pero los filisteos todavía dominaban el país.

## Sansón y Dalila

**16** Un día Sansón fue a la ciudad filistea de Gaza y pasó la noche con una prostituta. [2]Pronto se supo que había sido visto en la ciudad, y montaron guardia junto a las puertas de la ciudad para capturarlo si trataba de irse. «En la mañana —decían ellos—, cuando haya suficiente luz, lo encontraremos y le daremos muerte».

[3]Sansón estuvo acostado con la prostituta hasta la media noche, y entonces se dirigió a las puertas de la ciudad, las arrancó con sus dos postes, las cargó sobre sus hombros y se las llevó hasta la cumbre de la montaña que está frente a Hebrón.

[4]Algún tiempo después se enamoró de una joven llamada Dalila, del valle de Sorec. [5]Los cinco jefes de los filisteos fueron a hablar con ella y le pidieron que tratara de descubrir qué era lo que hacía que Sansón tuviera tanta fuerza, a fin de saber cómo vencerlo y encadenarlo. «Cada uno de nosotros te dará mil cien monedas de plata si lo haces» —le prometieron.

[6]Entonces Dalila rogó a Sansón que le dijera su secreto.

—Sansón, dime por qué eres tan fuerte —le rogaba—. No creo que nadie sea capaz de capturarte.

[7]—Cómo no —respondió Sansón—. Si me atan con siete mimbres verdes, quedaré tan débil como cualquiera.

[8]Los jefes filisteos buscaron siete mimbres verdes y, mientras dormía, ella lo ató. [9]Algunos de los hombres estaban escondidos en la pieza contigua, de modo que tan pronto como ella lo hubo atado, exclamó:

setenta burros. Fue juez de Israel durante ocho años. ¹⁵Luego murió y fue sepultado en Piratón, en Efraín, en la región montañosa de los amalecitas.

## Nacimiento de Sansón

**13** Una vez más Israel pecó adorando a otros dioses, por lo que el SEÑOR dejó que fueran conquistados por los filisteos, quienes los tuvieron bajo su dominio durante cuarenta años. ²³Un día el ángel del SEÑOR se le apareció a la esposa de Manoa, de la tribu de Dan, que vivía en la ciudad de Zora. Ella no tenía hijos, pero el ángel le dijo:

—Aun cuando has sido estéril por tanto tiempo, pronto concebirás y darás a luz un hijo. ⁴No bebas vino ni cerveza, ni comas nada que sea ceremonialmente impuro. ⁵No le cortarás el cabello a tu hijo porque será nazareo, separado para el servicio de Dios desde su nacimiento. Él comenzará a salvar a los israelitas de manos de los filisteos.

⁶La mujer corrió y se lo contó a su marido:

—Un varón de Dios se me apareció. Pienso que debe ser el ángel del SEÑOR, porque tenía un aspecto muy glorioso. No le pregunté de dónde era, y él no me dijo su nombre, ⁷pero me dijo: «Vas a tener un hijo varón». Y me dijo que no bebiera vino ni cerveza, y que no comiera alimentos impuros, porque el bebé iba a ser nazareo, que estaría consagrado a Dios desde el momento de su nacimiento hasta el día de su muerte.

⁸Entonces Manoa oró:

—Oh SEÑOR, que venga nuevamente para que nos instruya mejor acerca del hijo que nos vas a dar.

⁹El Señor contestó su oración, y el ángel de Dios se le apareció nuevamente a su esposa estando ella en el campo. Pero otra vez estaba sola. Manoa no estaba con ella. ¹⁰La mujer corrió en busca de su esposo y le dijo:

—Aquel varón está aquí otra vez.

¹¹Manoa corrió con su esposa y le preguntó:

—¿Eres tú la persona que le habló a mi esposa el otro día?

—Sí —le respondió—. Yo soy.

¹²Entonces Manoa le preguntó: —¿Cómo hemos de criar al niño cuando nazca?

¹³Y el ángel le contestó:

—Que tu esposa observe lo siguiente: ¹⁴No comerá ni uvas ni pasas, ni beberá vino ni cerveza, ni comerá nada que sea considerado inmundo para un judío.

¹⁵—Permítenos que te preparemos algo de comer —le dijo Manoa al ángel. ¹⁶—Me quedaré —le contestó el ángel—, pero no voy a comer nada. Si deseas ofrecerme un sacrificio, ofrécelo en sacrificio al SEÑOR.

Manoa no sabía todavía que aquél era el ángel del SEÑOR ¹⁷y le preguntó cómo se llamaba.

—Cuando todo esto se cumpla y el niño nazca —le dijo al ángel—, queremos decir a todo el mundo que tú lo predijiste, así te mostraremos nuestra gratitud.

¹⁸—No me preguntes mi nombre —le respondió el ángel—, porque es un secreto.

¹⁹Entonces Manoa tomó un cabrito y una ofrenda de granos y la presentó como sacrificio al SEÑOR; y el ángel hizo algo extraño y maravilloso. ²⁰Cuando las llamas del altar ascendieron con sus lenguas hacia el cielo, y ante los ojos atónitos de Manoa y su esposa, el ángel ascendió en la columna de fuego. Manoa y su esposa se postraron rostro en tierra, ²¹y eso fue lo último que vieron de él. Manoa comprendió finalmente que había sido el ángel del SEÑOR.

²²—Moriremos —lloraba Manoa junto a su esposa—. Hemos visto a Dios.

²³Pero la esposa le dijo:

—Si el SEÑOR quisiera matarnos, no habría aceptado nuestro holocausto y no se habría presentado, ni nos habría dicho las cosas maravillosas que nos ha dicho y no habría hecho estos milagros.

²⁴Cuando nació el hijo, le pusieron Sansón, y el SEÑOR lo bendijo mientras crecía, ²⁵y el Espíritu de Dios comenzó a manifestarse en él cuando visitaba los campamentos de la tribu de Dan que estaba entre las ciudades de Zora y Estaol.

## Matrimonio de Sansón

**14** Un día Sansón fue a Timnat y se enamoró de cierta joven filistea. ²Cuando regresó a su casa y dijo a su padre y a su madre que quería casarse con ella, ³ellos se opusieron rotundamente.

—¿Por qué has de casarte con una filistea pagana? ¿Es que no existe en el pueblo de Israel una joven con la que te puedas casar?

—Es que ella es a quien quiero —respondió Sansón—. Tómala para mí.

⁴El padre y la madre no comprendieron que el SEÑOR estaba tras aquella petición, porque estaba preparando una trampa a los filisteos que en aquel tiempo dominaban a Israel.

⁵Cuando Sansón y sus padres iban hacia Timnat, un cachorro de león atacó a Sansón en los viñedos de las afueras del pueblo. ⁶En aquel momento el Espíritu de Dios vino poderosamente sobre Sansón y, aunque no tenía armas, despedazó al león con la facilidad con que se mata un cabrito. Pero nada les dijo a su padre ni a su madre acerca de ello. ⁷Llegados a Timnat, formalizó el compromiso con la muchacha que le agradaba.

⁸Días después, cuando volvía para la boda, Sansón se apartó del sendero para mirar los despojos del león y halló en él un panal de abejas que tenía miel. ⁹Tomó un poco de miel consigo para comer mientras caminaba, y dio miel también a su padre y a su madre. Pero no les dijo de dónde la había sacado.

¹⁰,¹¹Mientras su padre estaba haciendo los arreglos para la boda, Sansón preparó una fiesta y los filisteos le enviaron treinta jóvenes del pueblo, para que estuvieran con él y lo vigilaran. ¹²Sansón les preguntó si querían que les propusiera una adivinanza y ellos aceptaron.

—Si ustedes aciertan mi adivinanza durante los siete días de fiesta —les dijo—, les daré treinta túnicas y treinta mudas de ropa. ¹³Pero si no aciertan, me dará cada uno una túnica y treinta mudas de ropa.

—De acuerdo —dijeron ellos—. Dinos el enigma, que lo escucharemos.

¹⁴Este era el enigma: «Del que come salió comida, y el fuerte salió dulzura».

Tres días más tarde aún estaban ellos tratando de adivinarlo. ¹⁵En el cuarto día le dijeron a la prometida de Sansón:

13.13-15   13.19-21   13.24-25

⁸—Porque te necesitamos —le contestaron—. Si quieres ser comandante en jefe contra los amonitas, te haremos rey de Galaad.
⁹—¡De veras! —exclamó Jefté—. ¿Esperan que yo lo crea?
¹⁰—Te lo juramos —respondieron—. Lo prometemos con un juramento solemne.
¹¹Entonces Jefté aceptó la comisión y fue hecho comandante en jefe y rey. El contrato fue ratificado delante del Señor en Mizpa, en una asamblea general de todo el pueblo. ¹²Luego Jefté envió mensajeros al rey de Amón preguntándole por qué atacaban a Israel. ¹³El rey de Amón le contestó que la tierra pertenecía al rey de Amón y les había sido robada cuando los israelitas llegaron de Egipto. Todo el territorio desde el río Arnón hasta el Jaboc y el Jordán lo reclamaba como suyo.
—Devuélvenos pacíficamente la tierra —le exigió.
¹⁴,¹⁵Jefté contestó: «Israel no les robó la tierra; ¹⁶lo que ocurrió fue esto: Cuando el pueblo de Israel llegó a Cades en su viaje desde Egipto después de cruzar el Mar Rojo, ¹⁷envió un mensaje al rey de Edom pidiéndole permiso para cruzar a través de su tierra, pero la petición fue negada. Le pidieron al rey de Moab un permiso similar, y allí ocurrió lo mismo. El pueblo de Israel permaneció en Cades.
¹⁸»Finalmente rodearon Edom y Moab a través del desierto, y viajaron por el límite oriental hasta que llegaron a la frontera de Moab en el río Arnón. Pero nunca entraron en Moab.
¹⁹»Entonces Israel envió mensajeros al rey Sijón de los amorreos, que vivía en Hesbón, y le pidió permiso para cruzar por su tierra para llegar a su destino. ²⁰Pero el rey Sijón no confió en Israel, y movilizó su ejército en Jahaza y lo atacaron. ²¹,²²Pero el Señor nuestro Dios ayudó a Israel a derrotar a Sehón y todo su pueblo, de modo que Israel tomó toda la tierra que se extiende desde el río Arnón hasta Jaboc, y desde el desierto hasta el río Jordán. ²³Así es que, como puedes ver, fue el Señor Dios de Israel el que quitó la tierra a los amorreos y la entregó a Israel. ¿Por qué creen que deben poseerla ustedes? ²⁴Conserva para ti todo lo que tu dios Quemós te dé, y nosotros retendremos todo lo que el Señor nuestro Dios nos dé. ²⁵Y además, ¿quién crees tú que eres? ¿Eres tú mejor que el rey Balac de Moab? ¿Trató él de recobrar su tierra después que Israel lo derrotó? No, por supuesto que no. ²⁶Pero después de trescientos años vienes tú a crear problema por esto. Israel ha estado viviendo aquí durante todo ese tiempo, ocupando la tierra de Hesbón hasta Aroer y a lo largo del río Arnón. ¿Por qué no hiciste un esfuerzo para recobrarla antes de ahora? ²⁷Así que yo no he pecado contra ti; más bien tú me has provocado viniendo a hacerme la guerra. Pero el Señor el juez pronto mostrará quién de nosotros tiene la razón, si Israel o Amón».
²⁸El rey de Amón no prestó atención al mensaje de Jefté.
²⁹En aquel tiempo el Espíritu del Señor vino sobre Jefté y guió sus hombres a través de la tierra de Galaad y Manasés, más allá de Mizpa en Galaad, y a través de Amón. ³⁰,³¹Mientras tanto, Jefté había hecho voto delante del Señor, que si Dios ayudaba a los israelitas a vencer a los amonitas, él volvería a su casa en paz, y que la primera persona que saliera a recibirlo sería sacrificada en holocausto al Señor.

³²Jefté condujo su ejército contra los amonitas y el Señor le dio la victoria. ³³Destruyó a los amonitas con una terrible matanza a lo largo de todo el camino entre Aroer y Minit, incluyendo veinte ciudades, y hasta la vega de las viñas. Los amonitas fueron subyugados por el pueblo de Israel.
³⁴Cuando Jefté regresó a su casa, su hija, su única hija, corrió a su encuentro tocando el tamboril y danzando de alegría. ³⁵Cuando él la vio rasgó su ropa con angustia.
—¡Ay, hija mía! —exclamó—. Tú me has abatido hasta el polvo. Porque he hecho voto delante del Señor y no puedo retractarme.
³⁶—Padre —le dijo ella—, debes hacer lo que has prometido al Señor, porque él te ha dado una gran victoria sobre tus enemigos los amonitas. ³⁷Pero, primero déjame que suba a los montes y llore con mis amigas mi virginidad durante dos meses.
³⁸—Sí —dijo él—, anda.
Y ella lo hizo y lloró su suerte con sus amigas durante dos meses; ³⁹luego regresó a donde estaba su padre, que hizo lo prometido. Así que ella nunca se casó. Y después llegó a ser una costumbre de Israel ⁴⁰que las jóvenes salieran cuatro días cada año a lamentar el destino de la hija de Jefté.

## Jefté y Efraín

**12** La tribu de Efraín se movilizó en Zafón y envió este mensaje a Jefté:
—¿Por qué no nos llamaste para que te ayudáramos en la lucha contra Amón? Vamos a quemar la casa contigo dentro.
²—Yo los llamé, pero ustedes se negaron a venir —replicó Jefté—. Se negaron a ayudarnos en el tiempo de necesidad. ³Yo arriesgué mi vida y salí a la batalla y el Señor me ayudó a vencer al enemigo. ¿Es ésta una razón para que ustedes luchen contra nosotros?
⁴Jefté, furioso por el insulto de Efraín de que los hombres de Galaad eran meros bandidos y lo peor de la tierra, movilizó sus hombres y atacó a Efraín. ⁵Tomó los vados del Jordán y cada vez que un fugitivo de Efraín trataba de cruzar el río los de Galaad le preguntaban:
—¿Eres miembro de la tribu de Efraín?
Si respondía que no, ⁶le decían: «Di: "Shibolet"». Si no podía pronunciar la «sh» y decía «Sibolet» en vez de «Shibolet», le echaban mano y lo degollaban. Así murieron cuarenta y dos mil hombres de Efraín.
⁷Jefté fue juez de Israel durante seis años. Cuando murió fue sepultado en una de las ciudades de Galaad.

## Ibsán, Elón y Abdón

⁸El juez que le sucedió fue Ibsán, que vivió en Belén. ⁹,¹⁰Tenía treinta hijos y treinta hijas. Casó a sus hijas con hombres de fuera de su familia y trajo treinta mujeres que se casaran con sus hijos. Juzgó a Israel siete años antes de morir, y fue sepultado en Belén.
¹¹,¹²El juez siguiente fue Elón de Zabulón. Juzgó a Israel durante diez años y fue sepultado en Ayalón, tierra de Zabulón.
¹³Luego vino Abdón, hijo de Hilel de Piratón. ¹⁴Tuvo cuarenta hijos y treinta nietos que cabalgaban en

✵13.1–8

⁳⁷—No —dijo Gaal—; estoy seguro que veo gente que se dirige hacia nosotros por la colina Ombligo de la Tierra; y mira, hay otros que vienen por la Encina de los Adivinos.

³⁸Entonces Zebul se volvió triunfante hacia él:

—Ahora, dime, ¿qué es lo que habías dicho? ¿Quién era el que decía "¿Quién es Abimélec y por qué debe ser nuestro rey?" Los hombres que insultaste y maldijiste están ahora a las afueras de la ciudad.

³⁹Gaal salió al frente de los hombres de Siquén para ofrecer batalla a Abimélec, ⁴⁰pero fue derrotado y muchos de los hombres quedaron heridos por todo el camino hasta las puertas de la ciudad. ⁴¹Abimélec regresó a Arumá, y Zebul hizo que Gaal y sus parientes salieran para siempre de Siquén.

⁴²Al día siguiente, los hombres de Siquén salieron nuevamente a la batalla. Sin embargo, alguien le había revelado a Abimélec los planes, ⁴³de modo que había dividido sus hombres en tres grupos que estaban escondidos en los campos. Cuando los hombres de la ciudad salieron para atacar, él y sus hombres salieron de sus emboscadas y comenzaron a matarlos. ⁴⁴Abimélec y sus acompañantes se apoderaron de la entrada de la ciudad para impedir que los hombres de Siquén regresaran, mientras que los otros grupos atacaban en los campos. ⁴⁵La batalla siguió durante todo el día hasta que al fin Abimélec capturó la ciudad, y dio muerte a sus habitantes y la destruyó. ⁴⁶Cuando los habitantes de la población cercana a Siquén vieron lo que estaba sucediendo, se refugiaron en la fortaleza del templo del dios Berit.

⁴⁷Cuando Abimélec se enteró de esto, ⁴⁸dirigió sus fuerzas al monte Zalmón, donde cortó una rama para el fuego y la puso en su hombro. Enseguida les dijo a sus hombres. «Hagan lo que yo he hecho».

⁴⁹Entonces cada uno de ellos cortó leña y la llevó hasta el pueblo donde, siguiendo el ejemplo de Abimélec, la colocaron contra las murallas de la fortaleza y le prendieron fuego. Toda la gente murió adentro, unas mil personas entre hombres y mujeres.

⁵⁰Abimélec luego atacó la ciudad de Tebes y la tomó. ⁵¹Sin embargo, dentro de la ciudad había una fortaleza y la población se refugió en ella, cerraron las puertas y se subieron al techo de la torre para mirar. ⁵²Abimélec se acercó a la puerta para quemarla, ⁵³pero una mujer desde el techo dejó caer una rueda de molino sobre la cabeza de Abimélec, y le rompió el cráneo. ⁵⁴«Mátame —le pidió a su escudero—. Que nunca se diga que una mujer mató a Abimélec». El joven lo atravesó con su espada, y murió. ⁵⁵Cuando sus hombres vieron que estaba muerto, se desbandaron y regresaron a sus hogares.

⁵⁶,⁵⁷Así castigó Dios a Abimélec y a los hombres de Siquén por el pecado de haber asesinado a los setenta hijos de Gedeón, y se cumplió la maldición de Jotán, hijo de Gedeón.

## Tola

**10** Después de la muerte de Abimélec, el juez de Israel fue Tola, hijo de Fuvá y nieto de Dodó. Era de la tribu de Isacar, pero vivía en la ciudad de Samir en el monte de Efraín. ²Fue juez en Israel durante veintitrés años. Cuando murió, fue sepultado en Samir.

## Yaír

³A Tola lo sucedió Yaír, un hombre de Galaad que juzgó a Israel durante veintidós años. ⁴Tenía treinta hijos que cabalgaban en treinta burros y poseían treinta ciudades en la tierra de Galaad que todavía son conocidas con el nombre de ciudades de Yaír. ⁵Cuando Yaír murió fue sepultado en Camón.

## Jefté

⁶El pueblo de Israel se apartó del SEÑOR nuevamente y adoró a los dioses paganos Baal y Astarté, y los dioses de Siria, Sidón, Moab, Amón y Filistea. No sólo esto, sino que también habían dejado completamente la adoración del SEÑOR. ⁷,⁸Esto hizo que el SEÑOR se airara contra su pueblo y permitiera que los filisteos y los amonitas comenzaran a molestarlos y a oprimirlos. Estos ataques ocurrían al oriente del Jordán, en la tierra de los amorreos (que está en Galaad), ⁹y también en Judá, Benjamín y Efraín, porque los amonitas cruzaban el Jordán para atacar a los israelitas. Esto ocurrió durante dieciocho años. ¹⁰Pero al fin, los israelitas se volvieron al SEÑOR nuevamente y le pidieron que los salvara.

—Hemos pecado contra ti y te hemos dejado y hemos adorado ídolos —confesaron.

¹¹Pero el SEÑOR respondió:

—¿No salvé yo a Israel de los egipcios, de los amorreos, de los amonitas, de los filisteos, ¹²de los sidonios, de los amalecitas y de los madianitas? ¿Ha habido alguna ocasión en que Israel haya clamado a mí y yo no lo haya salvado? ¹³Sin embargo, sigue alejado de mí y adora a otros dioses. Váyanse. No los volveré a salvar. ¹⁴Vayan y clamen a los dioses que ahora adoran. ¡Que los salven ellos en la hora de angustia!

¹⁵Pero ellos le suplicaron otra vez:

—Hemos pecado; castíganos como bien te parezca, pero sálvanos sólo una vez más de nuestros enemigos.

¹⁶Entonces destruyeron todos los dioses extranjeros y adoraron solamente al SEÑOR. Y el SEÑOR se compadeció de su dolor. ¹⁷Los amonitas acamparon en Galaad, mientras que la gente de Israel lo hizo en Mizpa. ¹⁸«¿Quién conducirá nuestras fuerzas contra los amonitas? —se preguntaban los jefes de Galaad unos a otros—. Quien quiera que se ofrezca será nuestro líder».

**11** Jefté era un gran guerrero de la tierra de Galaad, pero su madre era una prostituta. ²Su padre, cuyo nombre era Galaad, tenía otros hijos de su esposa legítima, y cuando estos medio hermanos crecieron, echaron a Jefté de su país.

«Hijo de prostituta —le dijeron—, no heredarás las propiedades de nuestro padre».

³Jefté huyó de la casa de su padre y vivió en la tierra de Tob. Pronto se unió a él una banda de gente miserable, que lo siguieron y vivían como bandidos.

⁴Fue por este tiempo que los amonitas comenzaron su guerra contra Israel. ⁵Los jefes de Galaad entonces mandaron a buscar a Jefté ⁶para que los dirigiera contra los amonitas.

⁷Pero Jefté les dijo:

—¿Por qué acuden a mí, si me odian y me han expulsado de la casa de mi padre? ¿Por qué vienen a mí cuando están en dificultades?

**JUECES 8.28**

²⁵—Con todo gusto te los damos —respondieron—, y extendieron una sábana donde cada uno pudiera lanzar los aretes que había recogido.

²⁶El valor se estimó en unos veinte kilos de oro sin contar las lunetas y pendientes, las ropas reales, ni las cadenas tomadas de los cuellos de los camellos. ²⁷Gedeón hizo un efod con el oro y lo puso en Ofra, su ciudad. Pero Israel pronto comenzó a adorarlo, de modo que sirvió para mal a Gedeón y a su familia.

²⁸Este es el relato de cómo Madián fue subyugado por Israel. Madián jamás se recobró y la tierra tuvo paz durante cuarenta años, mientras vivió Gedeón.

## Muerte de Gedeón

²⁹Gedeón regresó a su tierra ³⁰y tuvo setenta hijos, porque se casó con muchas mujeres. ³¹También tuvo una concubina en Siquén que le dio un hijo al que llamó Abimélec. ³²Finalmente, falleció a una edad muy avanzada, y fue sepultado en el sepulcro de Joás su padre, en Ofra, en la tierra de los abiezeritas. ³³Pero en cuanto Gedeón murió, los israelitas volvieron a prostituirse yendo tras los baales y adoptaron como dios a Baal Berit. ³⁴Ya no consideraban al SEÑOR como su Dios, aunque él los había salvado de todos sus enemigos en todas sus fronteras. ³⁵Tampoco tuvieron ninguna muestra de bondad hacia la familia de Gedeón, a pesar de todo lo que él había hecho por ellos.

## Abimélec

**9** Un día Abimélec, hijo de Gedeón, visitó a sus tíos, los hermanos de su madre, en Siquén. ²«Vayan a hablar con los jefes de Siquén —les dijo—, y pregúntenles si quieren ser gobernados por setenta reyes, esto es, por los setenta hijos de Gedeón, o por un solo hombre; yo, que soy de su propia carne y sangre».

³Los tíos de Abimélec fueron ante las autoridades de la ciudad y propusieron el plan. Puesto que su madre era de aquella ciudad, decidieron aceptarlo.

⁴Le dieron a Abimélec setenta monedas de plata de las ofrendas del templo de Baal Berit, y con ellas contrató a un grupo de vagabundos y ociosos, que aceptaron hacer cualquier cosa que él les dijera. ⁵Los llevó hasta la casa de su padre en Ofra, y allí sobre una piedra, dieron muerte a sus setenta medio hermanos, salvo a Jotán, el menor, que escapó y se escondió. ⁶Entonces los ciudadanos de Siquén y de Bet Miló convocaron una reunión bajo la encina junto a Siquén y Abimélec fue proclamado rey de Israel.

⁷Cuando Jotán oyó esto, se paró sobre el monte Guerizín y gritó para que lo oyeran los hombres de Siquén:

«Si les interesa la bendición de Dios, escúchenme.

⁸»Una vez los árboles decidieron elegir un rey. Primero se dirigieron al olivo, ⁹pero éste se negó. "¿Debo dejar de producir el aceite con que Dios y el hombre bendicen sólo para ser grande entre los árboles?", preguntó.

¹⁰»Entonces fueron y hablaron con la higuera: "Sé nuestro rey". ¹¹Pero la higuera también se negó. "¿Debo dejar de producir dulzura y fruta sólo para elevar mi cabeza sobre los demás árboles?"

¹²»Entonces hablaron con la vid: "Reina sobre nosotros". ¹³Pero la vid respondió: "¿Dejaré de producir el vino que alegra a Dios y a los hombres para ser poderosa entre los árboles?"

¹⁴»Finalmente todos los árboles se dirigieron a la zarza: "Sé nuestro rey", dijeron. ¹⁵Pero la zarza replicó: "Si realmente me quieren, vengan y humíllense bajo mi sombra. Si se niegan, que salga fuego de mí y consuma a los grandes cedros del Líbano".

¹⁶»Ahora, pues, ¿están seguros de que han hecho bien al elegir rey a Abimélec? ¿Creen que han hecho justicia a Gedeón y a sus descendientes? ¹⁷Mi padre peleó por ustedes y expuso su vida, y los salvó de los madianitas. ¹⁸Sin embargo, se han rebelado contra él y mataron a sus setenta hijos sobre una piedra, ¡ahora han elegido rey a Abimélec, el hijo de la esclava, solamente porque es pariente de ustedes! ¹⁹¿Están seguros de que han hecho justicia a Gedeón y a sus descendientes? Si es así, que Abimélec y ustedes tengan una vida larga y feliz. ²⁰Pero si no han sido justos con Gedeón, que Abimélec destruya a los ciudadanos de Siquén y Bet Miló y que ellos destruyan a Abimélec».

²¹Entonces Jotán huyó y vivió en Ber por temor de su hermano Abimélec.

²²²³Tres años más tarde, Dios hizo que surgieran problemas entre Abimélec y los ciudadanos de Siquén, y éstos se rebelaron. ²⁴En los hechos que ocurrieron como consecuencia, Abimélec y los ciudadanos que le ayudaron a dar muerte a los setenta hijos de Gedeón recibieron el justo castigo por estos crímenes. ²⁵Los hombres de Siquén pusieron emboscada contra Abimélec en el camino que va hacia la cumbre de la montaña mientras esperaban que él llegara, asaltaban a cualquiera que pasara por allí. Pero alguien advirtió a Abimélec acerca de este complot.

²⁶En eso Gaal, hijo de Ébed, se mudó a Siquén con sus hermanos y la gente puso en él su confianza ²⁷a tal grado que salieron a vendimiar sus viñas. Luego pisaron las uvas y celebraron la fiesta de la cosecha en el templo de un dios local. El vino corría libremente y todos empezaron a maldecir a Abimélec. ²⁸«¿Quién es Abimélec? —gritaba Gaal—. ¿Por qué ha de ser nuestro rey? ¿Por qué hemos de ser sus siervos? Él y su amigo Zebul debieran ser nuestros esclavos. ¡Abajo Abimélec! ²⁹Corónenme rey y verán lo que ocurre a Abimélec. Le diré a Abimélec: "Toma tu ejército y peleemos"».

³⁰Cuando Zebul, el gobernante de la ciudad, oyó lo que decía Gaal, se enfureció, ³¹y envió mensajeros a Abimélec en Arumá diciéndole: «Gaal, hijo de Ébed, y sus parientes han venido a vivir en Siquén y ahora están incitando a la ciudad para que se rebele en tu contra. ³²Ven esta noche con la gente que está contigo y escóndete en los campos, ³³y en la mañana, en cuanto haya aclarado, ataca a la ciudad. Cuando él y los que están con él salgan en contra tuya, podrás hacer con ellos lo que quieras».

³⁴Abimélec y sus hombres se pusieron en marcha durante la noche y se dividieron en cuatro grupos, que se distribuyeron alrededor de la ciudad. ³⁵A la mañana siguiente, cuando Gaal se sentó a la puerta de la ciudad a discutir diversos problemas con los dirigentes locales, Abimélec y sus hombres comenzaron a marchar contra la ciudad.

³⁶Cuando Gaal los vio, dijo a Zebul:

—Mira a la montaña, ¿no es gente que viene descendiendo?

—No —dijo Zebul—. Estás viendo sombras que parecen hombres.

—Tu sueño sólo puede significar una cosa: Gedeón, el hijo de Joás, el israelita, va a venir y masacrará a todas las fuerzas aliadas de Madián.

¹⁵Cuando Gedeón escuchó el sueño y su interpretación, se puso en pie allí mismo para adorar al SEÑOR. Luego regresó junto a sus hombres y gritó:

—Levántense, que el SEÑOR va a usarnos para vencer a los madianitas.

¹⁶Dividió a los trescientos hombres en tres grupos. Le dio a cada hombre una trompeta y un jarrón con una antorcha encendida dentro de él. ¹⁷Entonces les expuso su plan. «Cuando lleguemos junto al campamento —les dijo—, hagan lo que yo haga. ¹⁸Tan pronto como los hombres de mi grupo y yo hagamos sonar las trompetas, ustedes harán sonar las de ustedes por todos los costados del campamento y gritarán: "¡Peleamos por el SEÑOR y por Gedeón!"»

¹⁹Fue justamente después de medianoche, cuando se produjo el cambio de guardias, que Gedeón y los cien hombres suyos llegaron hasta las inmediaciones del campo de Madián.

Repentinamente hicieron sonar sus trompetas y rompieron los jarrones para que las antorchas brillaran en la noche. ²⁰Inmediatamente los demás hombres hicieron lo mismo, y tocando las trompetas que tenían en la mano derecha y con las antorchas encendidas en sus manos izquierdas gritaban: «¡Peleamos por el SEÑOR y por Gedeón!»

²¹Y se mantuvieron firmes y observaron cómo todo aquel enorme ejército comenzó a correr de un lado a otro, gritando y huyendo presa del pánico. ²²En la confusión el SEÑOR hizo que los soldados enemigos comenzaran a pelear entre sí y a matarse unos a otros de uno al otro lado del campamento, y que huyeran en la noche a lugares tan lejanos como Bet Sitá, cerca de Zererá, y hasta la frontera de Abel Mejolá, cerca de Tabat.

²³Entonces Gedeón hizo llamar a los hombres de Neftalí, Aser y Manasés y les dijo que vinieran a fin de perseguir y destruir a los madianitas que huían. ²⁴Gedeón también envió mensajeros por toda la región montañosa de Efraín invitando a las tropas a que se apoderaran de los vados del Jordán en Bet Bará para impedir que los madianitas escaparan a través de ellos. ²⁵Oreb y Zeb, los dos generales de Madián, fueron capturados. Oreb fue muerto en la roca que lleva su nombre y Zeb, en el lagar de Zeb, como se le llama actualmente. Y los israelitas tomaron las cabezas de Oreb y Zeb, y cruzaron el Jordán para llevárselas a Gedeón.

## Zeba y Zalmuna

**8** Pero los jefes de la tribu de Efraín estaban airados con Gedeón.

—¿Por qué no nos llamaste la primera vez que saliste a pelear contra los madianitas? —le preguntaron.

²,³Gedeón respondió:

—Dios permitió que ustedes capturaran a Oreb y Zeb, los generales del ejército de Madián. ¿Qué he hecho yo en comparación con eso? Las acciones de ustedes al final de la batalla fueron más importantes que las nuestras al comienzo.

Entonces ellos se calmaron.

⁴Gedeón cruzó luego el río Jordán con sus trescientos hombres. Estaban muy cansados, pero aún perseguían a sus enemigos. ⁵Pidió alimento a los hombres de Sucot.

—Estamos cansados y tenemos que seguir persiguiendo a Zeba y Zalmuna, reyes de Madián.

⁶Pero los jefes de Sucot le respondieron:

—Aún no les han dado alcance. Si les damos de comer y fracasan, ellos vendrán y nos destruirán.

⁷—Cuando el SEÑOR los haya entregado en nuestras manos —Gedeón les advirtió— regresaremos y trillaremos sus carnes con espinas y cardos del desierto.

⁸Fue hasta Peniel, y pidió alimento allí, pero recibió la misma respuesta. ⁹Y les dijo también: «Cuando todo esto haya acabado, regresaré para derribar esta torre».

¹⁰Mientras tanto el rey Zeba y el rey Zalmuna, con quince mil hombres, estaban en Carcor. Era todo lo que quedaba de los ejércitos aliados del oriente, porque ciento veinte mil ya habían sido muertos. ¹¹Gedeón subió por la ruta de las caravanas al oriente de Noba y de Yogbea, y atacó a los madianitas sorpresivamente. ¹²Los dos reyes huyeron, pero Gedeón los persiguió y los capturó tras la derrota. ¹³Gedeón regresó por la bajada de Jeres ¹⁴y capturó a un joven de Sucot y le pidió que escribiera los nombres de los setenta y siete dirigentes políticos y religiosos de la ciudad.

¹⁵Enseguida regresó a Sucot. «Ustedes me injuriaron diciendo que jamás podría dar caza a Zeba y a Zalmuna, y nos negaron alimentos cuando estábamos cansados y hambrientos. Aquí tienen a Zeba y a Zalmuna».

¹⁶Entonces tomó a los jefes de la ciudad y los hizo azotar con espinas y cardos hasta que murieron. ¹⁷También fue a Peniel, derribó la torre de la ciudad y mató a toda la población masculina.

¹⁸Luego les preguntó al rey Zeba y al rey Zalmuna:

—¿Cómo eran los hombres que ustedes mataron en Tabor?

Ellos respondieron:

—Estaban vestidos como ustedes, como hijos de reyes.

¹⁹—¡Deben de haber sido mis hermanos! —exclamó Gedeón—. Juro que si ustedes no los hubieran matado, yo tampoco los mataría a ustedes.

²⁰Volviéndose a Jéter su hijo mayor, le dio orden de matarlos. El muchacho, que era casi un niño, tuvo miedo.

²¹Zeba y Zalmuna le dijeron a Gedeón:

—Hazlo tú mismo; preferimos que nos mate un hombre.

Entonces Gedeón los mató y sacó los adornos de los cuellos de sus camellos.

## El efod de Gedeón

²²Más tarde los hombres de Israel le dijeron a Gedeón:

—Sé nuestro rey. Tú, tus descendientes y todos tus hijos reinen sobre nosotros, por cuanto nos has salvado de Madián.

²³Pero Gedeón replicó:

—No seré yo, ni tampoco lo será mi hijo. El SEÑOR es nuestro rey. ²⁴Sin embargo, les pediré algo: que cada uno de ustedes me dé aretes de los que recogieron de los enemigos. (Porque las tropas de Madián, siendo ismaelitas, usaban aretes de oro.)

**JUECES 6.22**

—Coloca la carne y el pan sobre esta roca y vierte sobre ellos el caldo.

Cuando Gedeón terminó de hacer lo ordenado, ²¹el ángel tocó la carne y el pan con su vara, y surgió fuego de la roca y los consumió. De pronto, el ángel desapareció.

²²Cuando Gedeón comprendió que realmente había sido el ángel del Señor gritó:

—¡Ay, Señor Dios, he visto a tu ángel cara a cara!

²³—Es cierto —respondió el Señor—. Pero no tengas miedo. No morirás.

²⁴Gedeón edificó allí un altar y lo llamó El Señor es la paz. El altar está en Ofra, en la tierra de los abiezeritas. ²⁵Aquella noche el Señor le dijo que tomara el mejor toro del ganado de su padre y fuera hasta el altar de Baal y lo derribara, y destruyera el ídolo de madera de la diosa Aserá. ²⁶«Edifica en su lugar un altar para el Señor tu Dios aquí sobre esta colina, colocando las piedras con esmero. Luego sacrifica el toro como holocausto al Señor, usando el ídolo de madera como leña para el fuego del altar».

²⁷Gedeón llevó a diez de sus siervos e hizo lo que el Señor le había ordenado. Pero lo hizo de noche por temor a los demás miembros de su familia y a los hombres de la ciudad. ²⁸A la mañana siguiente, temprano, cuando la ciudad comenzó sus actividades, alguien descubrió que el altar de Baal había sido destruido, que había desaparecido el ídolo que estaba allí, y que en su lugar había un nuevo altar, con los restos del sacrificio sobre él.

²⁹—¿Quién hizo esto? —se preguntaban todos. Finalmente se supo que había sido Gedeón, el hijo de Joás.

³⁰—Tráenos a tu hijo —gritaron—. Debe morir por insultar el altar de Baal y por haber destruido el ídolo de Aserá.

³¹Pero Joás replicó a la multitud:

—¿Acaso necesita Baal la ayuda de ustedes? ¡Qué insulto para un dios! Ustedes son los que debieran morir por insultar a Baal. Si Baal es realmente un dios, ¡que cuide de sí mismo y destruya al que destruyó su altar!

³²Desde entonces Gedeón fue llamado Yerubaal, sobrenombre que significa: «Que Baal se cuide a sí mismo».

³³Poco después los ejércitos de Madián, Amalec y otras naciones vecinas se unieron para pelear contra Israel. Cruzaron el Jordán y acamparon en el valle de Jezreel. ³⁴Entonces el Espíritu del Señor descendió sobre Gedeón, y éste, con un toque de trompeta, llamó a las armas, y los hombres de Abiezer acudieron a él. ³⁵También envió mensajeros a Manasés, Aser, Zabulón y Neftalí convocándolos para ir a la batalla, y todos respondieron.

³⁶Entonces Gedeón le dijo al Señor: «Si realmente me vas a usar para salvar a Israel en la forma prometida, ³⁷pruébamelo de esta manera: pondré un vellón de lana sobre el campo esta noche, y si mañana en la mañana la lana está húmeda y la tierra está seca, sabré que tú me ayudarás».

³⁸Y ocurrió exactamente de esa manera. Cuando se levantó a la mañana siguiente, exprimió el vellón y sacó un tazón lleno de agua del rocío.

³⁹Pero Gedeón le dijo al Señor: «Señor, no te enojes conmigo, pero permíteme hacer una prueba más. Esta es: que la lana quede seca y que la tierra amanezca mojada».

⁴⁰Entonces el Señor hizo lo que le pidió. Aquella noche el vellón permaneció seco, pero la tierra amaneció cubierta de rocío.

### Gedeón derrota a los madianitas

**7** Yerubaal (el otro nombre de Gedeón) y sus hombres se levantaron temprano y avanzaron hasta los manantiales de Arod. El ejército madianita estaba acampado al norte de ellos, en el valle cerca de la colina de Moré.

²El Señor le dijo a Gedeón: «Los que están contigo son muchos. No puedo permitir que todos se enfrenten a los madianitas, porque entonces el pueblo de Israel se jactará delante de mí de que se han salvado por su propia fortaleza. ³Haz que todos los que tengan miedo y tiemblen vuelvan a sus casas».

Veintidós mil se fueron. Solamente se quedaron diez mil.

⁴Pero el Señor le dijo a Gedeón: «Todavía son demasiados. Llévalos al manantial y yo te mostraré cuales irán y cuales no».

⁵Gedeón los reunió junto a las aguas. Allí el Señor le dijo: «Divídelos en dos grupos según la forma en que beban. En el primer grupo estarán todos los que tomen el agua en sus manos y se la lleven a la boca y la laman como los perros. En el segundo grupo estarán los que se arrodillen y beban poniendo sus bocas en la corriente».

⁶Solamente trescientos hombres bebieron de sus manos. Todos los demás pusieron la boca en el arroyo. ⁷«Yo venceré a los madianitas con estos trescientos hombres —dijo el Señor a Gedeón—; envía a los demás a sus casas».

⁸,⁹Después que Gedeón reunió todos los jarrones y trompetas del pueblo que tenían entre ellos, envió a todos los hombres a sus casas, excepto los trescientos.

Durante la noche, con los madianitas acampados en el valle que estaba debajo, el Señor le dijo a Gedeón: «Levántate, toma a tus soldados y ataca a los madianitas, porque yo haré que los derrotes. ¹⁰Sin embargo, si tienes miedo, primero desciende solo al campamento y lleva contigo a tu siervo Furá si quieres ¹¹y escucha lo que están diciendo allí. Te sentirás con más fuerzas para atacar al campamento».

Entonces fue con Furá y se arrastró por la oscuridad hasta las posiciones del enemigo. ¹²Los numerosos ejércitos de Madián, Amalec y otras naciones del oriente que se les habían unido estaban esparcidos a través del valle, numerosos como langostas, como la arena de la playa, y tenían tantos camellos que era difícil de contar. ¹³Gedeón se arrastró hasta una de las tiendas, justo en el momento en que el hombre que dormía adentro había despertado de una pesadilla y se la contaba a su compañero de tienda.

—Tuve un sueño extraño —le estaba diciendo—. Había un gran pan de cebada que vino rodando contra nuestro campamento. Golpeó sobre nuestra tienda y la derribó.

¹⁴El otro soldado contestó:

¹¹Canten los pastores junto al pozo de agua. Canten por toda la ciudad. Cuenten allí las justicias del Señor. Lo que él hizo por los campesinos de Israel.

¹²»¡Despierta, oh Débora, y canta! ¡Levántate, oh Barac, oh hijo de Abinoam, y lleva tus cautivos!

¹³»Desde el monte Tabor descendió el noble remanente. El pueblo del Señor marchó contra los poderosos.

¹⁴Vinieron de Efraín y Benjamín, de Maquir y Zabulón.

¹⁵Hacia el valle descendieron los príncipes de Isacar con Débora y Barac. Ante el mandato de Dios se precipitaron hacia el valle. Pero la tribu de Rubén no fue.

¹⁶¿Por qué te sentaste en casa entre los rediles, a oír los balidos de tus ovejas? Sí, la tribu de Rubén tiene la conciencia intranquila.

¹⁷¿Por qué Galaad se quedó al otro lado del Jordán; y por qué Dan se quedó con sus naves, y por qué Aser se sentó inconmovible junto a las costas, reposando en sus bahías?

¹⁸Pero las tribus de Zabulón y Neftalí expusieron sus vidas en el campo de batalla.

¹⁹»Los reyes de Canaán pelearon en Tanac, junto a los manantiales de Meguido, pero no obtuvieron la victoria.

²⁰Las mismas estrellas del cielo pelearon contra Sísara.

²¹El arroyo de Cisón los barrió. ¡Adelante, oh alma mía, con fortaleza!

²²Escucha las pisadas de los caballos de los enemigos. Escucha el galopar de los valientes.

²³»Pero el ángel del Señor lanzó una maldición sobre Meroz. "Que el Señor los castigue con dureza", dijo, "porque no vinieron a ayudar al Señor contra sus enemigos".

²⁴»¡Bendita sea Jael, la esposa de Héber el quenita! ¡Sea ella bendita por sobre todas las amas de casa!

²⁵Sísara pidió agua, y ella le dio leche en una hermosa taza.

²⁶Entonces tomó una estaca y un mazo y partió las sienes de Sísara, aplastando su cabeza. Traspasó con la estaca su cabeza.

²⁷Y él quedó muerto entre sus piernas.

²⁸La madre de Sísara miraba por la ventana esperando su regreso:

"¿Por qué su carro demora tanto en llegar?

¿Por qué no oímos el sonido de sus ruedas?"

²⁹Sus doncellas le respondían y ella misma también lo decía:

³⁰"Hay mucho botín que distribuir, y eso lleva tiempo.

Cada hombre recibe una o dos jovencitas, y Sísara recibirá las vestiduras de colores y traerá a su hogar muchos obsequios para mí".

³¹»Oh Señor, que todos tus enemigos perezcan como Sísara; pero los que aman al Señor resplandezcan como el sol a mediodía».

Después de esto hubo paz en el país durante cuarenta años.

## Gedeón

**6** Pero el pueblo de Israel comenzó una vez más a adorar a otros dioses, y una vez más el Señor los entregó en mano de sus enemigos para que lo oprimieran. Esta vez fue el pueblo de Madián, y lo hizo durante siete años. ²Los madianitas eran tan crueles que los israelitas se fueron a vivir en las cuevas de las montañas. ³Cuando los israelitas sembraban, los de Madián y de los pueblos vecinos venían ⁴y destruían las cosechas, y asolaban el campo hasta Gaza sin dejar nada para comer, y se llevaban las ovejas, los bueyes, y los burros. ⁵Las hordas enemigas llegaban montadas en camellos en un número tan grande que no se podían contar, y se quedaban hasta que la tierra había quedado completamente destruida y saqueada. ⁶,⁷Como resultado, Israel quedó reducido a una gran pobreza, y por fin el pueblo de Israel comenzó a clamar al Señor pidiendo ayuda.

⁸Sin embargo, la respuesta que el Señor envió a través de su profeta fue ésta:

«El Señor Dios de Israel los sacó de la esclavitud en Egipto, ⁹y los rescató de los egipcios y de todos los que fueron crueles con ustedes, y expulsó a los enemigos de delante de ustedes y a ustedes les dio su tierra. ¹⁰Él les dijo que él es el Señor Dios y que no debían adorar los ídolos de los amorreos que viven junto a ustedes. Pero ustedes no han obedecido».

¹¹Un día el ángel del Señor vino y se sentó bajo la encina de Ofra, en las tierras de Joás el abiezerita. Y su hijo Gedeón había estado trillando el trigo a mano en el fondo de un lagar para esconderlo de los madianitas.

¹²El ángel del Señor se le apareció y le dijo:

—Varón valiente y fuerte, el Señor está contigo.

¹³—Señor mío —replicó Gedeón—, si el Señor está con nosotros, ¿por qué nos ocurre todo esto, y dónde están las maravillas que nuestros antepasados dicen que Dios hizo al sacarlos de Egipto? El Señor nos ha desechado y permite que los madianitas nos arruinen.

¹⁴Entonces el Señor se volvió hacia él y le dijo:

—Yo te fortaleceré. Ve y salva a Israel de los madianitas; yo te envío.

¹⁵—Señor —repuso Gedeón—, ¿cómo puedo yo salvar a Israel? Mi familia es la más pobre de la tribu de Manasés y yo soy el menor de ella.

¹⁶Pero el Señor le dijo:

—Yo, el Señor, estaré contigo. Tú destruirás rápidamente las hordas madianitas.

¹⁷—Si es cierto que vas a ayudarme de esa manera —dijo Gedeón—, haz una señal para probarlo; pruébame que es realmente el Señor quien me está hablando. ¹⁸Pero, espera hasta que yo vaya a buscar un presente para ti.

—Bien —respondió el ángel—, me quedaré aquí hasta tu regreso.

¹⁹Gedeón entró apresuradamente en la casa, asó un cabrito y preparó pan sin levadura, con veinticuatro kilos de harina. Luego tomó la carne en un canasto y el caldo en una olla, y lo llevó al ángel que estaba bajo la encina y se lo entregó.

²⁰El ángel le dijo:

5.12

28«Síganme —les dijo—, porque el Señor ha puesto en nuestras manos a los moabitas».

Los guerreros le siguieron y tomaron posesión de los vados del Jordán junto a Moab, y no dejaban a nadie cruzarlo. 29Luego atacaron a los moabitas y dieron muerte a unos diez mil de sus hombres más fuertes y hábiles en batalla. Ni uno solo escapó. 30Moab fue conquistada por Israel aquel día, y la tierra tuvo paz durante los siguientes ochenta años.

## Samgar

31Después de Aod fue juez Samgar, hijo de Anat, el cual una vez dio muerte a seiscientos filisteos con una vara para arrear bueyes, y salvó a Israel de un desastre.

## Débora

4 Después de la muerte de Aod, el pueblo de Israel volvió a pecar contra el Señor, 2por lo que el Señor los entregó en manos de Jabín, rey de Jazor en Canaán. El comandante de su ejército era Sísara, que vivía en Jaroset Goyim, 3y tenía novecientos carros de hierro. Durante veinte años hizo que la vida fuera insoportable para los israelitas. Finalmente, Israel rogó a Dios que le diera ayuda.

4El caudillo que gobernaba a Israel en aquel tiempo fue Débora, una profetisa, esposa de Lapidot. 5Ella celebraba audiencias en un lugar que ahora se conoce con el nombre de Palmera de Débora, entre Ramá y Betel, en la región montañosa de Efraín. Los israelitas acudían a ella para que decidiera sus querellas.

6Un día citó a Barac, hijo de Abinoán, que vivía en Cedes, en la tierra de Neftalí y le dijo:

—El Señor Dios de Israel te manda que movilices diez mil hombres de las tribus de Neftalí y Zabulón. 7Llévalos hasta el monte Tabor, para ofrecer batalla a Jabín y a su poderoso ejército con todos sus carros, que están al mando del general Sísara. El Señor dice: «Yo los conduciré hasta el río Quisón, y allí los derrotarás».

8—Iré si tú vas conmigo —le dijo Barac.

9—Muy bien —contestó ella—, iré contigo, pero te advierto que el honor de vencer a Sísara será de una mujer y no tuyo.

Entonces ella fue con él a Cedes.

10Cuando Barac convocó a los hombres de Zabulón y Neftalí para movilizarse hacia Cedes, se presentaron diez mil voluntarios. Y Débora iba con ellos. 11(Héber el quenita, descendiente de Hobab el suegro de Moisés, se había apartado del clan de los quenitas y había estado viviendo junto a la encina de Zanayin, cerca de Cedes.)

12Cuando el general Sísara supo que Barac estaba acampado en el monte Tabor, 13marchó con todo su ejército, incluyendo novecientos carros de hierro, y marchó desde Jaroset Goyin hasta el arroyo Quisón.

14Débora le dijo a Barac:

—Ahora es el momento de entrar en acción. El Señor nos dirige, y ha entregado a Sísara en tus manos.

Entonces Barac lanzó a sus diez mil hombres a la batalla por las laderas del monte Tabor.

15El Señor hizo que el pánico cundiera entre el enemigo, tanto entre los soldados como en los que conducían los carros, y Sísara saltó de su carro y escapó corriendo. 16Barac y sus hombres persiguieron a sus enemigos y a los carros hasta Jaroset Goyin, hasta que todo el ejército de Sísara fue destruido. Ni un solo hombre quedó vivo.

17Mientras tanto, Sísara había escapado a refugiarse en la tienda de Jael, esposa de Héber el quenita, porque había un pacto de ayuda mutua entre el rey Jabín de Jazor y el clan de Héber.

18Jael salió a encontrar a Sísara y le dijo:

—Entra en mi tienda, señor. Estarás a salvo bajo nuestra protección. No tengas miedo.

Él entró en la tienda y ella lo cubrió con una frazada.

19—Dame un poco de agua —dijo él—, porque tengo mucha sed.

Ella le dio leche y lo volvió a cubrir.

20—Ponte en la puerta de la tienda —le pidió él a ella— y si alguien viene buscándome, dile que no hay nadie aquí.

21Entonces Jael tomó una aguda estaca de tienda y un mazo, y acercándose silenciosamente a donde él dormía profundamente a causa del cansancio, le clavó la estaca en las sienes, le atravesó la cabeza y se la encajó en el suelo, y así murió.

22Cuando Barac llegó buscando a Sísara, Jael salió a encontrarlo y le dijo: «Ven y te mostraré al hombre que estás buscando». Ella lo condujo dentro de la tienda y encontró a Sísara muerto, con la estaca atravesada en las sienes.

23Ese día el Señor subyugó al rey Jabín, rey cananeo, ante Israel. 24Desde ese día en adelante Israel se fortaleció cada vez más contra el rey Jabín, hasta que él y todo su pueblo fueron destruidos.

## La canción de Débora

5 Entonces Débora y Barac cantaron esta canción:

2«Por cuanto condujo valientemente a los caudillos de Israel, y el pueblo alegremente lo siguió, alaben al Señor.

3»Oigan bien, reyes y príncipes, porque cantaré al Señor el Dios de Israel.

4»Cuando nos hiciste salir de Seír, oh Señor, y nos guiaste por los campos de Edom, la tierra tembló y el cielo derramó su lluvia. 5Sí, aun el monte Sinaí tembló ante la presencia del Dios de Israel.

6»En los días de Samgar y de Jael, los principales caminos quedaron desiertos.

Los viajeros usaban senderos estrechos y tortuosos. 7Los pueblos de Israel quedaron abandonados, hasta que yo, Débora, surgí como una madre para Israel. 8Cuando Israel buscó nuevos dioses, todo se desplomó, nuestros amos no les dejaban tener ni escudo ni espada; entre los cuarenta mil valientes de Israel ni un arma podía ser hallada.

9¡Cuánto me regocijo en los caudillos de Israel que se ofrecieron voluntariamente! ¡Alaben al Señor!

10»Que todo Israel, ricos y pobres, se unan en sus alabanzas: los que cabalgan en burros blancos y se sientan en ricas alfombras y los que son pobres y deben caminar.

5.1–5

## Desobediencia y derrota

⁶Josué envió de regreso a los israelitas, cada tribu pasó a su nuevo territorio y tomó posesión de la tierra. ⁷⁻⁹Josué, siervo de Dios, murió a la edad de ciento diez años, y fue sepultado en su propiedad en Timnat Sera en la región montañosa de Efraín, al norte del monte Gaas. El pueblo permaneció fiel al Señor durante la vida de Josué. Y también lo hizo mientras vivieron los ancianos que, como Josué, habían visto los grandiosos milagros que el Señor había hecho por Israel. ¹⁰Finalmente murió toda aquella generación.

Los que nacieron después de ellos, ya no fueron fieles al Señor su Dios, ni recordaban los actos portentosos que había hecho en favor de Israel. ¹¹Esta nueva generación siguió y sirvió a otros dioses, y realizó actos que el Señor había prohibido expresamente. ¹²⁻¹⁴Abandonó totalmente al Señor, el Dios que los amaron y adoraron sus antepasados, el Dios que los había sacado de la tierra de Egipto. En su lugar, adoraron y sirvieron a los dioses de las naciones vecinas. Por lo tanto, la ira del Señor se inflamó contra Israel, y los dejó a merced de sus enemigos, porque se había separado del Señor y estaban adorando a Baal y a Astarté.

¹⁵Cuando la nación de Israel salía a presentar batalla a sus enemigos, el Señor estaba en su contra. Les había advertido que lo haría así. En realidad lo había jurado. Pero cuando el pueblo estaba en medio de una terrible aflicción, ¹⁶el Señor levantaba caudillos o jueces que los salvaran de sus enemigos. ¹⁷Sin embargo, Israel no oía a los caudillos sino que desobedecía al Señor al adorar otros dioses. Se apartaron muy pronto del camino de sus padres, y se negaron a obedecer los mandamientos del Señor. ¹⁸Cada juez rescataba al pueblo de Israel de sus enemigos durante su vida, porque el Señor se compadecía del clamor de su pueblo cuando estaba oprimido y acosado. ¹⁹Pero cuando el juez moría, el pueblo volvía a hacer lo malo y lo hacía aún peor que sus antepasados. Adoraban nuevamente a otros dioses. Obstinadamente regresaban a las costumbres perversas de las naciones que los rodeaban. ²⁰Entonces la ira del Señor se inflamaba nuevamente contra Israel. Declaraba: «Por cuanto este pueblo ha violado el pacto que hice con sus antepasados, ²¹ya no apartaré de delante de ellos a las naciones que Josué dejó sin conquistar cuando murió. ²²En cambio, servirán para probar a mi pueblo, para ver si obedece al Señor de la manera que sus antepasados lo hicieron».

²³El Señor, pues, dejó a aquellas naciones en la tierra y no las expulsó ni permitió que Israel las destruyera.

**3** Esta es la lista de las naciones que el Señor dejó en la tierra para probar a la nueva generación de Israel que no había participado en las guerras de Canaán, ²y para que aprendieran lo que era una guerra. ³Los filisteos (cinco ciudades), los cananeos, los sidonios, los heveos que vivían en el monte Líbano, desde Baal Hermón hasta la entrada de Lebó Jamat. ⁴Estos pueblos quedaron, además, para probar a la nueva generación de Israel, para ver si obedecían los mandamientos que el Señor les había dado por medio de Moisés.

⁵Israel, pues, vivió entre los cananeos, hititas, amorreos, ferezeos, heveos y jebuseos, ⁶y comenzaron a mezclarse con ellos. Los jóvenes de Israel se casaban con las mujeres de esos pueblos, y las israelitas se casaban con los hombres del lugar. Pronto todo Israel estuvo adorando a sus dioses.

### Otoniel

⁷El pueblo de Israel hizo lo malo delante de los ojos de Dios, porque se volvieron contra el Señor su Dios y adoraron a Baal y a los ídolos de Aserá. ⁸Por esa razón, el Señor se enojó contra Israel y dejó que el rey Cusán Risatayin de Siria oriental los conquistara. Estuvieron bajo su dominio ocho años. ⁹Pero cuando Israel clamó al Señor, él hizo que el sobrino de Caleb, Otoniel, hijo de Quenaz, hermano menor de Caleb, lo salvara. ¹⁰El Espíritu del Señor vino sobre Otoniel, y gobernó a Israel, y salió en guerra contra el rey Cusán Risatayin, y el Señor ayudó a Israel a vencerlo completamente.

¹¹Durante cuarenta años hubo paz en la tierra, pero, muerto Otoniel, ¹²Israel se volvió una vez más a sus malos caminos.

### Aod

En consecuencia, el Señor ayudó a Eglón, rey de Moab a conquistar parte de Israel.

¹³Con él se aliaron los amonitas y los amalecitas, y derrotaron a los israelitas y tomaron posesión de Jericó, la Ciudad de las Palmeras. ¹⁴Durante los siguientes dieciocho años el pueblo de Israel sirvió al rey Eglón.

¹⁵Pero cuando clamaron al Señor, él les envió un salvador, Aod, hijo de Guerá, un benjaminita, que era zurdo. Aod fue el hombre escogido para llevar el tributo anual a la capital moabita. ¹⁶Antes de salir en su viaje, se hizo una daga de doble filo de medio metro de largo y la escondió en su ropa junto a su costado derecho. ¹⁷⁻¹⁹Después de entregarle el dinero al rey Eglón, quien era muy gordo, inició su viaje de regreso. Pero cuando estaba en las afueras de la ciudad, en las canteras de Guilgal, se despidió de sus compañeros y regresó solo ante el rey.

—Tengo un secreto para ti —le dijo.

El rey inmediatamente hizo salir a todos los que estaban con él a fin de tener una conversación secreta con Aod. ²⁰Aod avanzó hasta donde estaba sentado Eglón en su sala de verano y le dijo:

—Es algo que Dios te manda.

El rey Eglón se puso de pie inmediatamente para recibir lo que Aod traía para él, ²¹y Aod, con su fuerte mano izquierda sacó la daga de doble filo de debajo de su túnica y la enterró en el vientre del rey. ²²,²³La empuñadura de la daga desapareció debajo de la carne, y la grasa la cubrió al salírsele el excremento por la herida. Dejando allí la daga, Aod cerró la puerta tras de sí con el cerrojo y escapó por el corredor.

²⁴Cuando volvieron los siervos del rey y vieron que las puertas estaban cerradas, esperaron pensando que podría estar haciendo sus necesidades. ²⁵Pero después de un tiempo, como él no salía se preocuparon y fueron en busca de la llave. Cuando abrieron la puerta, encontraron que su amo estaba muerto en el suelo.

²⁶Mientras tanto Aod había llegado más allá de las canteras, hasta Seirat. ²⁷Cuando entró en la región montañosa de Efraín, hizo sonar una trompeta llamando a las armas, y reunió a los varones israelitas bajo su mando.

# Jueces

## Israel continúa su lucha contra los cananeos

**1** Después de la muerte de Josué, la gente de Israel se presentó delante del Señor para pedirle instrucciones.

—¿Cuál de las tribus será la primera en salir a pelear contra los cananeos? —preguntaron.

²La respuesta de Dios fue la siguiente:

—Judá. Y yo le daré una gran victoria.

³Sin embargo, los jefes de la tribu de Judá pidieron ayuda a la tribu de Simeón: «Ayúdennos a desalojar a los habitantes del territorio que se nos asignó —dijeron—, y luego nosotros los ayudaremos a ustedes en su conquista». Así pues, la gente de Simeón acompañó a la de Judá.

⁴⁻⁶Y el Señor les ayudó a derrotar a los cananeos y a los fereceos, de modo que diez mil enemigos fueron muertos en Bézec. El rey Adoní Bézec huyó, pero los israelitas lo persiguieron y lo capturaron y le cortaron los pulgares de las manos y de los pies.

⁷«Setenta reyes sin pulgares en las manos y los pies recogían migajas debajo de mi mesa» —dijo Adoní Bézec—. Ahora el Señor me ha pagado con lo mismo.

Después lo llevaron a Jerusalén y allí murió.

⁸Judá había conquistado Jerusalén y había dado muerte a todos sus habitantes, prendiendo fuego a la ciudad. ⁹Después luchó contra los cananeos en la región montañosa del Neguev y en las llanuras de la costa. ¹⁰Enseguida Judá marchó contra los cananeos en Hebrón, (anteriormente se llamaba Quiriat Arbá) y destruyó las ciudades de Sesay, Ajimán y Talmay.

¹¹Después marchó contra la ciudad de Debir (llamada anteriormente Quiriat Séfer). ¹²Y Caleb prometió lo siguiente: «¿Quién dirigirá el ataque contra Debir? A quienquiera que la conquiste le daré mi hija Acsa por esposa».

¹³Otoniel, sobrino de Caleb, hijo de Quenaz el hermano de Caleb, se ofreció para dirigir el ataque, y conquistó la ciudad y obtuvo a Acsa por esposa. ¹⁴Un instante antes de salir hacia su nuevo hogar él la persuadió que solicitara de su padre un pedazo adicional de tierra. Ella se desmontó del burro.

—¿Qué quieres? —le preguntó Caleb.

¹⁵Ella le dijo:

—Quiero pedirte algo: ya que me has dado tierras en el Néguev, dame también fuentes de agua.

Entonces Caleb le dio las fuentes de arriba y de abajo.

¹⁶Cuando la tribu de Judá entró en su nueva tierra en el desierto del Neguev al sur de Arad, los descendientes del suegro de Moisés, miembros de la tribu de los ceneos, lo acompañaron. Dejaron sus hogares en Jericó, la ciudad de las palmeras, y a partir de entonces las dos tribus vivieron juntas. ¹⁷Después, Judá se unió a Simeón para enfrentarse a los cananeos en la ciudad de Sefat, y dieron muerte a todo el pueblo. Por eso ahora la ciudad es llamada Jormá (Matanza). ¹⁸Judá conquistó además las ciudades de Gaza, Ascalón y Ecrón, con todos sus pueblos circunvecinos. ¹⁹El Señor ayudó a la tribu de Judá a expulsar a los habitantes de la región montañosa, pero no pudieron conquistar a los del valle, porque éstos tenían carros de hierro.

²⁰La ciudad de Hebrón fue dada a Caleb como el Señor había prometido, y Caleb expulsó a todos sus habitantes, que eran descendientes de los tres hijos de Anac.

²¹La tribu de Benjamín no expulsó a los jebuseos que vivían en Jerusalén, de modo que allí viven todavía, mezclados con los israelitas.

²²,²³Por su parte los descendientes de José atacaron la ciudad de Betel, antes conocida como Luz, y el Señor estuvo con ellos. Primero enviaron exploradores, ²⁴los que capturaron a un hombre que salía de la ciudad y prometieron salvarle la vida y la de su familia si les mostraba cómo entrar en la ciudad. ²⁵Él les mostró la entrada y ellos exterminaron a toda la población perdonando la vida de este hombre y la de su familia. ²⁶Más tarde este hombre se fue a Siria y fundó una ciudad también llamada Luz, nombre con que se conoce todavía.

²⁷La tribu de Manasés tampoco expulsó a la gente que vivía en Betseán, Tanac, Dor, Ibleam y Meguido, con sus pueblos circunvecinos, de modo que los cananeos permanecieron allí. ²⁸Años más tarde, cuando los israelitas fueron más fuertes, dominaron a los cananeos y los obligaron a trabajos forzados, pero jamás los expulsaron del territorio. ²⁹Lo mismo ocurrió con los cananeos que vivían en Guézer. Ellos todavía viven en medio de la tribu de Efraín.

³⁰La tribu de Zabulón no dio muerte a los habitantes de Quitrón y Nalol, sino que los hizo esclavos. ³¹La tribu de Aser tampoco expulsó a los residentes de Aco, Sidón, Ajlab, Aczib, Jelba, Afec y Rejob. ³²De modo que los israelitas todavía viven con los cananeos que eran el pueblo original de aquella tierra. ³³La tribu de Neftalí no expulsó al pueblo de Bet Semes y de Bet Anat, de modo que ellos siguen viviendo allí, pero en calidad de siervos.

³⁴En cuanto a la tribu de Dan, los amorreos los obligaron a establecerse en las montañas y no los dejaron descender al valle. ³⁵Pero más tarde, cuando los amorreos se esparcieron por el monte Heres, en Ayalón y Salbín, la tribu de José los venció y los hizo esclavos. ³⁶Los límites de los amorreos comienzan en la subida del Paso del Escorpión, siguen hasta un punto llamado Acrabim (La Roca), y de allí a Selá y hacia las montañas.

## El ángel del Señor en Boquín

**2** Un día el ángel del Señor llegó a Boquín, desde Guilgal y anunció al pueblo de Israel: «Los saqué de Egipto, los hice entrar en esta tierra que prometí a sus antepasados, y dije que jamás quebrantaría mi pacto con ustedes ²si no hacían tratados de paz con los habitantes de esta tierra. Yo les ordené que destruyeran los altares paganos que ellos tenían. ¿Por qué no han obedecido? ³Ahora, puesto que ustedes han quebrantado el pacto, ya no está en efecto, y ya no estoy obligado a destruir a las naciones que viven en esta tierra; por el contrario, ellos serán para ustedes como espinas en el costado, y sus dioses serán una tentación constante para ustedes».

⁴Cuando el ángel terminó de hablar, el pueblo rompió a llorar. ⁵Por eso le pusieron al lugar Boquín (Lugar donde el pueblo lloró). Luego ofrecieron allí sacrificios al Señor.

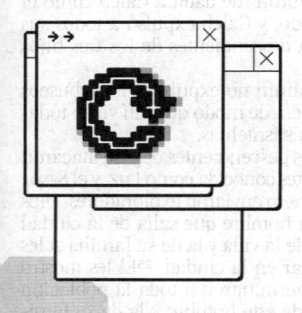

## ¿CÓMO SE RELACIONA CONMIGO?

Este libro presenta los trágicos ciclos de derrota-victoria-derrota de nuestra vida espiritual ya que describe a un pueblo en el que "cada cual hacía lo que bien le parecía". A pesar de conocer la voluntad de Dios, de ver su fidelidad y estar frente a sus promesas, así como pasó con Israel, nuestra tendencia es a rebelarnos y a tomar nuestro propio camino y por eso jueces nos recuerda que la desobediencia a Dios termina trayendo desgracia y no porque eso es lo que Dios desea sino porque esa es la consecuencia de elegir nuestro camino en vez del suyo.

Jueces te invita a hacerte algunas preguntas fundamentales: ¿Qué está desviando tu atención de la obediencia a Dios? ¿Qué ocupa el lugar principal en tus pensamientos? ¿Quién es dueño de tu amor y lealtad? Muchas veces seremos muy rápidos para decir que seguiremos a Dios en obediencia, para luego dejarnos seducir por los deseos, placeres y tentaciones a nuestro alrededor. Así le pasó al pueblo de Israel al cierre del libro de Josué, y unas páginas más tarde los encontramos rendidos y por eso este libro es una gran invitación a poner el consejo de Dios en acción.

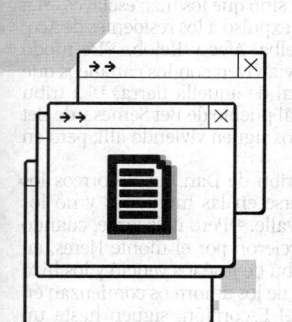

## EL GUION

1) Un triunfo incompleto puede llegar a ser una derrota. Caps. 1-2
2) Aod: Un astuto zurdo es usado por Dios. Cáp. 3:12-30.
3) Débora: La sabia mujer líder del pueblo del Señor. Caps. 4-5
4) Gedeón: El granjero desconocido que confió solo en Dios. Caps. 6-8
5) Jefté: Triunfos y errores de un libertador problemático. Caps. 10:6-12:7
6) Sansón: El fortachón más débil de la historia. Caps. 13-16.

# JUECES

# JUECES

## → → ¿QUIÉN LO ESCRIBIÓ?

Se desconoce con exactitud quién es el autor del libro. Sin embargo una opinión muy aceptada indica que Samuel es quien recopiló algunos de los relatos del período de los jueces.

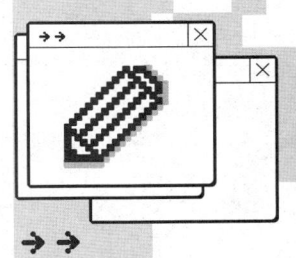

## → → ¿A QUIÉN LO ESCRIBIÓ?

Este libro fue escrito para recordarle a las generaciones posteriores a la época de los jueces de la desobediencia de sus ancestros y su necesidad de liberación por parte de Dios.

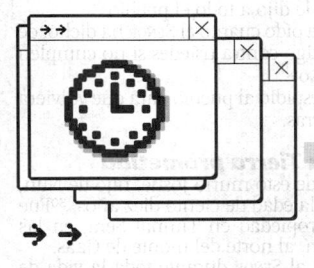

## → → ¿CUÁNDO Y DÓNDE LO ESCRIBIÓ?

El libro comienza veinticinco años después del cruce del río Jordán y cubre un período de casi quinientos años de historia.

En la época de los jueces no hay rey en Israel (17:6; 18:1; 19:1; 21:25). El libro fue escrito antes de la captura de Jerusalén por David (aproximadamente en el año 1000 a.C.), dado que los jebuseos aún controlaban el lugar (1:21).

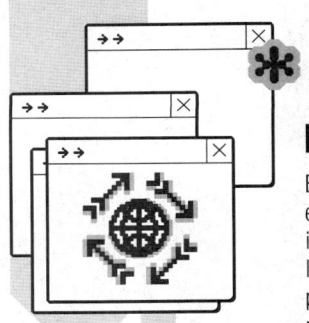

## → → PANORAMA DEL LIBRO

El libro de Jueces tiene como propósito mostrar el estado espiritual caótico en el que se encontraba Israel y sus constantes derrotas, debido a su infidelidad. Además, habla de la manera en la que, en su gracia, el Señor los libraba utilizando hombres imperfectos y toscos. Como tal, sirve de enlace y preámbulo a la época de los reyes. Es un libro muy útil para comprender la manera en la que el Señor trata con la desobediencia continua de su pueblo y las maneras inesperadas y pacientes en las que Él muestra su gracia y firmeza.

vivían en la tierra. ¡Serviremos al Señor porque él es nuestro Dios!

¹⁹Josué respondió al pueblo:

—No podrán adorar al Señor su Dios, porque él es santo y celoso y no perdonará sus rebeliones y pecados. ²⁰Si lo abandonan y adoran otros dioses, él se volverá contra ustedes y los destruirá, aunque los haya cuidado durante tanto tiempo.

²¹Pero el pueblo respondió:

—Nosotros serviremos al Señor.

²²—Ustedes mismos son testigos de lo que han dicho; han elegido al Señor para servirle —dijo Josué.

—Sí —respondieron ellos—, somos testigos.

²³—Entonces —dijo Josué— destruyan los ídolos que ahora poseen y obedezcan al Señor el Dios de Israel.

²⁴Y el pueblo de Israel respondió a Josué:

—Serviremos al Señor nuestro Dios y obedeceremos su voz.

²⁵Entonces Josué hizo un pacto con ellos aquel día en Siquén, un pacto permanente entre ellos y Dios. Y allí les dio leyes y mandamientos. ²⁶Josué anotó la respuesta del pueblo en el libro de las leyes del Señor y tomó una gran piedra como recordatorio, y la puso bajo el encino que estaba junto al santuario.

²⁷Después Josué le dijo a todo el pueblo:

—Esta piedra ha oído cuanto el Señor ha dicho, de modo que será testigo contra ustedes si no cumplen lo prometido al Señor.

²⁸Luego Josué despidió al pueblo para que volviera cada uno a sus tierras.

### Entierros en la Tierra prometida

²⁹Poco después de esto murió Josué, hijo de Nun, siervo del Señor, a la edad de ciento diez años. ³⁰Fue sepultado en su propiedad en Timnat Sera, en las montañas de Efraín, al norte del monte de Gaas.

³¹Israel obedeció al Señor durante toda la vida de Josué y de los otros ancianos que habían sido testigos de las asombrosas obras que el Señor había hecho por Israel.

³²Los huesos de José que el pueblo de Israel había traído consigo desde Egipto, fueron sepultados en Siquén, en la parcela que Jacob había comprado por cien piezas de plata a los hijos de Jamor, situada en el territorio asignado a las tribus de los hijos de José.

³³También murió Eleazar el hijo de Aarón, y fue sepultado en Guibeá, la ciudad de Finés su hijo, en las montañas de Efraín.

24.24

los sacrificios. Solamente el altar que está delante del santuario puede ser usado para ello".

³⁰Cuando el sacerdote Finés y los altos jefes oyeron estas razones de las tribus de Gad, de Rubén y de Manasés, quedaron satisfechos.

³¹Finés les respondió:

—Ahora sabemos que el Señor está entre nosotros porque ustedes no han pecado contra él como habíamos pensado. Nos han librado de la destrucción.

³²Entonces Finés y los diez embajadores regresaron al pueblo de Israel y les contaron lo ocurrido, ³³y todo Israel se alegró y alabó a Dios, y no se habló más de pelear contra Rubén y Gad. ³⁴Los pueblos de Rubén y Gad le pusieron nombre al altar y le llamaron Altar del Testimonio, porque dijeron: «Es un testimonio entre nosotros y ellos de que el Señor es nuestro Dios también».

### Despedida de Josué

**23** Mucho tiempo después, cuando el Señor había dado a Israel victoria contra sus enemigos, y Josué estaba muy anciano, ²éste convocó a los jueces y oficiales de Israel y les dijo: «Ya estoy viejo, ³y ustedes han visto lo que el Señor nuestro Dios ha hecho por nosotros durante mi vida. Él ha peleado en favor nuestro contra nuestros enemigos, y nos ha dado la tierra de ellos. ⁴He distribuido entre ustedes las naciones aún no conquistadas así como las que destruimos. Toda la tierra desde el río Jordán hasta el mar Mediterráneo será nuestra, ⁵porque el Señor nuestro Dios expulsará a todos los pueblos que viven allí ahora, y ustedes poseerán sus tierras, tal como el Señor lo prometió.

☼⁶»Pero deben observar todas las ordenanzas escritas en el libro de las leyes de Moisés. No se desvíen de ellas ni un ápice. ⁷Para que no se les ocurra mezclarse con los pueblos (paganos) que aún viven en esta tierra. Ni siquiera mencionen el nombre de sus dioses, ni juren por ellos, ni los adoren. ⁸Sigan al Señor nuestro Dios como lo han hecho hasta ahora. ⁹Él ha expulsado delante de ustedes a naciones más fuertes que ustedes; ninguna ha sido capaz de derrotarlos. ¹⁰Cada uno de ustedes ha hecho huir a mil enemigos porque el Señor pelea por ustedes como prometió. ¹¹Así pues, sigan amándolo. ¹²Si no lo hacen, y comienzan a contraer matrimonio con personas de las naciones que los rodean, ¹³tengan por cierto que el Señor nuestro Dios no expulsará a esas naciones de la tierra. Por el contrario, se convertirán en tropiezo y en trampa para ustedes, y serán como un azote en sus costados y como una espina en sus ojos, y ustedes desaparecerán de esta tierra que el Señor nuestro Dios les ha dado.

☼¹⁴»Pronto seguiré el camino de todos los que habitan la tierra: Voy a morir.

»Ustedes saben bien que las promesas de Dios se han cumplido. ¹⁵,¹⁶Pero tan ciertamente como que Dios les ha dado las buenas cosas que les había prometido, él traerá el mal si lo desobedecen. Si adoran a otros dioses, él los exterminará en esta buena tierra que les ha dado. Su ira se encenderá contra ustedes y ciertamente perecerán».

### Renovación del pacto en Siquén

**24** Luego Josué convocó a todo el pueblo de Israel en Siquén, juntamente con sus ancianos, oficiales y jueces. Todos asistieron y se presentaron delante del Señor.

²Josué se dirigió a ellos con las siguientes palabras:

—El Señor Dios de Israel dice: "Sus antepasados, incluyendo a Téraj el padre de Abraham y Najor, vivieron al oriente del río Éufrates. Allí adoraban a otros dioses. ³Pero yo elegí a su padre Abraham desde aquella tierra al otro lado del río, y lo conduje hasta la tierra de Canaán, y le di muchos descendientes por medio de Isaac su hijo. ⁴Los hijos que a Isaac le di fueron Jacob y Esaú. A Esaú le di el territorio que queda alrededor del monte Seír, mientras que Jacob y sus hijos entraron en Egipto.

⁵»"Entonces envié a Moisés y a Aarón para que enviaran terribles plagas sobre Egipto, y después saqué a mi pueblo de allí para que fueran libres. ⁶Pero cuando llegaron al Mar Rojo los egipcios comenzaron a seguirlos con carros y caballos. ⁷Israel clamó a mí y yo puse tinieblas entre ellos y los egipcios. También hice que el mar descendiera sobre los egipcios y los ahogara, y ustedes lo vieron con sus propios ojos. Luego Israel vivió en el desierto durante muchos años. ⁸Finalmente los hice entrar en la tierra de los amorreos al otro lado del río Jordán. Ellos pelearon contra ustedes, pero yo los destruí y les entregué a ustedes la tierra de ellos. ⁹El rey Balac de Moab comenzó una guerra contra Israel y le pidió a Balán, el hijo de Beor, que los maldijera. ¹⁰Pero yo no le presté atención, sino hice que los bendijera, y así libré a Israel de sus manos. ¹¹Luego ustedes cruzaron el río Jordán y entraron en Jericó. Los hombres de Jericó pelearon contra ustedes, y así lo hicieron también otros pueblos: los amorreos, los ferezeos, los cananeos, los hititas, los gergeseos, los heveos y los jebuseos. Uno por uno pelearon contra ustedes, pero yo los destruí a todos. ¹²Envié delante de ustedes avispas para quitarles del paso a los dos reyes de los amorreos y su pueblo. No fue con sus espadas ni con sus arcos con los que obtuvieron ustedes la victoria. ¹³Yo les di la tierra por la que no habían trabajado y ciudades que no habían edificado, las ciudades en las que ahora están viviendo. Les di viñedos y olivares para que se alimentaran, aunque ustedes no los plantaron".

☼¹⁴»Por lo tanto, teman al Señor y sírvanle con sinceridad y verdad. Desechen para siempre los ídolos que sus antepasados adoraron más allá del Éufrates y en Egipto. Adoren al Señor solamente. ¹⁵Pero si les parece mal servir al Señor, escojan hoy a quién van a servir, si a los dioses que sus antepasados adoraban más allá del Éufrates o a los dioses de los amorreos de esta tierra. Pero yo y los de mi casa serviremos al Señor.

¹⁶Entonces el pueblo respondió:

—¡Jamás abandonaremos al Señor ni adoraremos a otros dioses! ¹⁷Porque el Señor nuestro Dios es el que nos rescató de la esclavitud en Egipto. Él es el Dios que hizo poderosos milagros ante los ojos de Israel y nos defendió de nuestros enemigos cuando pasamos por sus tierras. ¹⁸Fue el Señor el que echó delante de nosotros a los amorreos y a las otras naciones que

☼23.6  ☼23.14  ☼24.14–17

las ciudades y tierras de pastoreo dadas a las demás familias de los coatitas.

²⁷Los levitas descendientes de Gersón, recibieron dos ciudades y tierras de pastoreo de la media tribu de Manasés:

Golán en Basán (ciudad de refugio) y Besterá.

²⁸,²⁹La tribu de Isacar dio cuatro ciudades:

Cisón, Daberat, Jarmut y Enganín.

³⁰,³¹La tribu de Aser dio cuatro ciudades con sus tierras de pastoreo:

Miseal, Abdón, Jelcat, y Rejob.

³²La tribu de Neftalí dio:

Cedes (ciudad de refugio en Galilea), Jamot Dor, y Cartán.

³³Fueron trece ciudades con sus tierras de pastoreo las asignadas a los descendientes de la familia de Guersón.

³⁴,³⁵El resto de los levitas, los descendientes de Merari, recibieron cuatro ciudades de la tribu de Zabulón: Jocneán, Cartá, Dimná y Nalal.

³⁶,³⁷Rubén les dio: Béser, Yahaza, Cademot y Mefat. ³⁸,³⁹Gad les dio cuatro ciudades con sus tierras de pastoreo: Ramot de Galaad (ciudad de refugio), Majanayin, Hesbón y Jazer.

⁴⁰De modo que las familias de los descendientes de Merari recibieron doce ciudades en total.

⁴¹,⁴²El total de las ciudades y tierras de pastoreo asignadas a los levitas fue de cuarenta y ocho.

⁴³De este modo el SEÑOR le dio a Israel toda la tierra que le había prometido a sus antepasados, y ellos entraron y la conquistaron, y vivieron allí.

⁴⁴Y el SEÑOR les dio paz, como lo había prometido, y nadie pudo hacerles frente. El SEÑOR les ayudó a destruir a todos sus enemigos. ⁴⁵Cada cosa buena que les había prometido se cumplió.

## Retorno de las tribus orientales

**22** Josué convocó a las tribus de Rubén, de Gad, y de la media tribu de Manasés, ²y les dijo lo siguiente: «Ustedes han cumplido lo que Moisés el siervo del SEÑOR les ordenó y han obedecido las órdenes que les he dado; ³han cumplido, pues, las órdenes del SEÑOR nuestro Dios. No han abandonado a sus hermanos aunque la campaña ha durado tanto tiempo. ⁴Ahora el SEÑOR nos ha dado paz como nos la prometió. Por lo tanto, regresen a sus hogares, a la tierra que les fue entregada por Moisés el siervo de Dios en la otra orilla del río Jordán. ⁵Sigan obedeciendo todos los mandamientos que Moisés les dio, amen al SEÑOR, y sigan el camino que él ha trazado para sus vidas. Aférrense a él y sírvanle con todo su ser».

⁶Josué entonces los bendijo y los despidió. ⁷Moisés había asignado la tierra de Basán a la media tribu de Manasés, y la otra mitad de la tribu recibió tierras en la orilla occidental del río Jordán. Josué despidió de ellos a estos guerreros, y los bendijo, ⁸y les dijo que compartieran sus grandes riquezas con sus parientes al regresar. Su botín consistía en ganado, plata, oro, bronce, hierro y ropa.

⁹Los guerreros de Rubén, de Gad y de la media tribu de Manasés dejaron al resto del ejército de Israel en Siló en tierra de Canaán, y cruzaron el río Jordán hacia sus tierras en Galaad. ¹⁰Antes de cruzar, estando aún en Canaán, construyeron un gran monumento para que todos lo vieran. Este monumento tenía la forma de un gran altar.

¹¹Cuando el resto de Israel supo lo que habían hecho, ¹²se reunieron (el ejército) en Siló y se prepararon para ir a ofrecer batalla a sus propios hermanos. ¹³Pero primero enviaron una delegación dirigida por el sacerdote Finés hijo de Eleazar. Cruzaron el río, llegaron a Galaad, y hablaron a las tribus de Rubén, de Gad y de la media tribu de Manasés. ¹⁴En la delegación había diez altos jefes de Israel, uno de cada una de las diez tribus, y cada uno de ellos era cabeza de un clan. ¹⁵Cuando llegaron a la tierra de Galaad, les dijeron a las tribus de Rubén, Gad, y a la media tribu de Manasés:

¹⁶——La congregación del SEÑOR quiere saber por qué han pecado ustedes contra el Dios de Israel apartándose de él al edificar un altar en rebeldía contra él SEÑOR. ¹⁷¡Todavía cargamos con la culpa de Peor, de la cual aún no hemos sido limpiados a pesar de la plaga que nos azotó, ¹⁸y ya ustedes se vuelven a rebelar! Ustedes saben que si se rebelan hoy el SEÑOR se enojará con todos nosotros mañana. ¹⁹Si necesitan el altar porque su tierra es impura, únanse con nosotros a este lado del río, donde el SEÑOR vive con nosotros en su santuario, y nosotros compartiremos nuestras tierras con ustedes. Pero no se rebelen contra el SEÑOR edificando otro altar además del altar verdadero de nuestro Dios. ²⁰¿No recuerdan que cuando Acán el hijo de Zera pecó contra el SEÑOR, la nación entera fue castigada además del hombre que pecó?

²¹Esta fue la respuesta del pueblo de Rubén, de Gad y de la media tribu de Manasés a los jefes de los clanes de Israel:

²²,²³——El SEÑOR Dios de los dioses, sí, el SEÑOR Dios de los dioses sabe que no hemos edificado el altar en rebeldía contra él. Él sabe (y que lo sepa todo Israel también) que nosotros no hemos edificado el altar para ofrecer holocaustos, ofrendas de harina o sacrificios de paz. Que la maldición de Dios caiga sobre nosotros si hemos tenido tal intención. ²⁴Lo hemos hecho porque amamos al SEÑOR, y tenemos temor que en el futuro los hijos de ustedes digan a los nuestros: "¿Qué derecho tienen ustedes de venir a adorar al SEÑOR Dios de Israel? ²⁵El SEÑOR ha colocado el río Jordán como barrera entre nuestro pueblo y el de ustedes. Ustedes no tienen parte en la tierra del SEÑOR. Y podría ser que nuestros hijos se apartaran del SEÑOR".

²⁶,²⁷»Por eso decidimos edificar este altar, no para usarlo, pero sí para mostrar a nuestros hijos y a los hijos de ustedes que nosotros también podemos adorar al SEÑOR con holocaustos; ofrendas de paz y sacrificios, y ellos no podrán decir a nuestros hijos: "Ustedes no tienen nada que ver con el SEÑOR nuestro Dios". ²⁸Si ellos dicen esto, nuestros hijos podrán responder: "Miren el altar del SEÑOR que nuestros padres hicieron según el modelo original del altar del SEÑOR. No es para ofrecer holocaustos ni sacrificios, sino como señal (es un símbolo) de la relación que ambos tenemos con el SEÑOR. ²⁹Lejos esté de nosotros el apartarnos del SEÑOR, o de rebelarnos contra él construyendo otro altar para los holocaustos, para las ofrendas de harina y para

22.5

### El territorio de Neftalí

³²Tierra asignada a la tribu de Neftalí:
La sexta tribu en recibir su asignación de tierras fue la de Neftalí. ³³Su territorio comenzaba en Judá desde Alón Sananín, Adaminéqueb, Jabnel hasta Lacún e iba a salir al río Jordán. ³⁴El límite occidental comenzaba cerca de Helef, corría hasta más allá de Aznot Tabor, luego a Hucoc y colindaba con Zabulón en el sur, con Aser en el oeste y con el río Jordán al este. ³⁵⁻³⁹Las ciudades fortificadas que estaban en este territorio eran: Sidín, Ser, Jamat, Racat, Quinéret, Adamá, Ramá, Jazor, Cedes, Edrey, Enjazor, Irón, Migdal El, Jorén, Bet Anat y Bet Semes.
Eran en total diecinueve ciudades con sus correspondientes pueblos.

### El territorio de Dan

⁴⁰Tierra asignada a la tribu de Dan:
La última tribu en recibir su asignación de tierras fue Dan. ⁴¹⁻⁴⁶Las ciudades de su territorio eran:
Zora, Estaol, Ir Semes, Sagalbín, Ayalón, Jetlá, Elón, Timnat, Ecrón, Eltequé, Guibetón, Balat, Jehúd, Bené Berac, Gat Rimón, Mejarcón y Racón, además del territorio que está junto a Jope.
⁴⁷Pero como parte de este territorio no estaba conquistada todavía, los guerreros de Dan tomaron la ciudad de Lesén, mataron a todos sus habitantes y vivieron allí, y llamaron a la ciudad Dan en honor a su antepasado. ⁴⁸Estas ciudades y sus pueblos constituyen la herencia de la tribu de Dan y sus familias.

### El territorio de Josué

⁴⁹Así fue que toda la tierra fue dividida entre las tribus con los límites señalados. La nación de Israel dio una porción especial de tierra a Josué, ⁵⁰porque el Señor había dicho que él podía tener las ciudades que quisiera. Él escogió Timnat Sera, en el territorio montañoso de Efraín, la reedificó y vivió allí.
⁵¹Eleazar el sacerdote, Josué y los jefes de las tribus de Israel dirigieron el sorteo sagrado para repartir la tierra entre las tribus. Este sorteo fue hecho en la presencia del Señor a la entrada del santuario en Siló.

### Ciudades de refugio

**20** El Señor le dijo a Josué: ²«Dile al pueblo de Israel que designe ahora las ciudades de refugio, como le ordené a Moisés. ³Si un hombre mata a otro accidentalmente, puede ir a una de estas ciudades y quedar protegido de los parientes del muerto, que podrían tratar de vengarse y matarlo. ⁴Cuando el homicida accidental llegue a una de estas ciudades, se presentará al consejo de la ciudad, les explicará lo sucedido y ellos lo recibirán y le proporcionarán un lugar para vivir en medio de ellos. ⁵Si un pariente del muerto viene a la ciudad con intenciones de matarlo para vengarse, el homicida no podrá ser entregado, porque la muerte fue accidental.
⁶»El hombre que causó la muerte deberá permanecer en la ciudad hasta que haya sido juzgado por todo el pueblo, y deberá vivir allí hasta la muerte del sumo sacerdote que estaba en el oficio en el tiempo del accidente. Entonces quedará libre para regresar a su ciudad y a su hogar».
⁷Las ciudades elegidas como ciudades de refugio fueron: Cedes en Galilea, en la región montañosa de Neftalí; Siquén en las montañas de Efraín y Quiriat Arbá, también llamada Hebrón, en la región montañosa de Judá. ⁸Se designaron también tres ciudades con el mismo propósito al lado oriental del Jordán, frente a Jericó. Estas fueron: Béser en el desierto, en la tierra de la tribu de Rubén, Ramot de Galaad, en el territorio de la tribu de Gad, y Golán en Basán de la tribu de Manasés. ⁹Estas ciudades de refugio acogerían por igual a los extranjeros que vivían en Israel y a los israelitas, haciendo que todo aquel que cometiera un homicidio accidental pudiera huir a ellas para tener un juicio justo y no ser muerto por venganza.

### Las poblaciones de los levitas

**21** Los dirigentes de la tribu de Leví fueron a Siló a hacer una consulta al sacerdote Eleazar, a Josué y a los jefes de las tribus, y les dijeron: ²«El Señor instruyó a Moisés para que nos diera ciudades donde tuviéramos nuestras casas y tierras de pastoreo para nuestro ganado».
³Entonces les entregaron algunas de las ciudades recientemente conquistadas con sus tierras de pastoreo. ⁴Trece de estas ciudades habían sido asignadas originalmente a las tribus de Judá, Simeón y Benjamín, y fueron dadas echando suerte a algunos de los sacerdotes del grupo de Coat de la tribu de Leví, descendientes de Aarón. ⁵Las demás familias de Coat recibieron diez ciudades de los territorios de Efraín, Dan y de la media tribu de Manasés. ⁶Los descendientes de Gersón recibieron trece ciudades seleccionadas por sorteo en el área de Basán. Estas ciudades fueron dadas por las tribus de Isacar, Aser, Neftalí y la media tribu de Manasés. ⁷Los descendientes de Merari recibieron doce ciudades de las tribus de Rubén, Gad y Zabulón. ⁸De esta manera se obedeció el mandato dado por Dios a Moisés, y por medio de sorteo se asignaron las ciudades y las tierras de pastoreo a los levitas.
⁹⁻¹⁶Los primeros en recibir su asignación fueron los sacerdotes descendientes de Aarón miembro de los levitas de la familia de Coat. Las tribus de Judá y Simeón les dieron las nueve ciudades nombradas a continuación con sus correspondientes tierras de pastoreo:
Hebrón, en las colinas de Judá, como ciudad de refugio, que también se llamaba Quiriat Arbá. (Arbá era el padre de Anac.) Los campos que estaban más allá de las ciudades y los pueblos circunvecinos habían sido dados a Caleb, hijo de Jefone: Libná, Jatir, Estemoa, Holón, Debir, Ayín, Yutá y Bet Semes.
¹⁷,¹⁸La tribu de Benjamín les dio estas cuatro ciudades con sus tierras de pastoreo: Gabaón, Gueba, Anatot y Almón.
¹⁹Así que en total fueron trece las ciudades entregadas a los sacerdotes, descendientes de Aarón.
²⁰⁻²²Las otras familias de los descendientes de Coat recibieron cuatro ciudades y tierras de pastoreo de la tribu de Efraín: Siquén (ciudad de refugio), Guézer, Quibsayin, y Bet Jorón.
²³,²⁴Las siguientes cuatro ciudades con sus tierras de pastoreo fueron dadas por la tribu de Dan: Eltequé, Guibetón, Ayalón y Gat Rimón.
²⁵La media tribu de Manasés entregó las ciudades de Tanac y Gat Rimón con sus correspondientes tierras de pastoreo. ²⁶De modo que en total fueron diez

en siete secciones, y luego haremos un sorteo delante del Señor para decidir qué secciones serán entregadas a cada tribu. El territorio de Judá quedará al sur, y el de los de la casa de José al norte. ⁷Pero recuerden que los levitas no recibirán tierra: son sacerdotes del Señor, y ese sacerdocio es su herencia. Por supuesto, las tribus de Gad, Rubén y la media tribu de Manasés no recibirán nada más, porque ya tienen la tierra que les concedió Moisés, siervo del Señor, en el lado oriental del Jordán».

⁸Los exploradores salieron a preparar un mapa del territorio y rendir un informe a Josué, para que éste pudiera asignar las secciones de tierra a las siete tribus por medio de un sorteo. ⁹Los hombres hicieron lo que se les había ordenado, y dividieron el territorio en siete secciones, e hicieron una lista de las ciudades de cada sección. Luego regresaron ante Josué en el campamento de Siló. ¹⁰Allí, en el santuario en Siló, el Señor le mostró a Josué por medio de suertes la sección que cada tribu debía recibir.

### El territorio de Benjamín

¹¹Tierra asignada a la tribu de Benjamín:
La sección asignada a la familia de Benjamín quedó entre los territorios asignados previamente a las tribus de Judá y José.

¹²El límite norte comenzaba en el río Jordán, seguía hacia el norte de Jericó, y luego hacia el occidente por la región montañosa y el desierto de Bet Avén. ¹³Desde allí torcía hacia el sur en dirección a Luz (llamada también Betel) y seguía hacia Atarot Adar en la región montañosa de Bet Jorón de abajo. ¹⁴Allí el límite volvía hacia el sur, pasaba por las montañas cerca de Bet Jorón, y terminaba en el pueblo de Quiriat Baal, a veces llamado también Quiriat Yearín, una de las ciudades de la tribu de Judá. Este era el límite occidental.

¹⁵El límite sur iba desde las afueras de Quiriat Baal hasta el manantial de Neftóaj, ¹⁶y allí descendía a las faldas de la montaña junto al valle de Ben Hinón al norte del valle de Refayin. Desde allí continuaba a través del valle de Ben Hinón, cruzaba al sur de la antigua ciudad de Jerusalén, donde vivían los jebuseos, y seguía descendiendo hasta Enroguel. ¹⁷De allí continuaba hacia el noreste hasta Ensemes, y desde Ensemes hasta Guelilot (que está en el lado opuesto de la subida de Adumín). Entonces descendía hasta la piedra de Bohán, hijo de Rubén ¹⁸desde donde seguía a lo largo del borde norte del Arabá. ¹⁹El límite entonces descendía en el Arabá, corría hacia el sur hasta más allá de Bet Joglá y terminaba en la bahía norte del Mar Salado, donde desemboca el río Jordán.

²⁰El límite oriental era el río Jordán. Ésta fue la tierra asignada a la tribu de Benjamín, ²¹⁻²⁸que contaba además con veintiséis ciudades:

Jericó, Bet Joglá, Émec Casís, Bet Arabá, Zemarayin, Betel, Avín, Pará, Ofra, Quefar Amoní, Ofni y Gueba, Gabaón, Ramá, Berot, Mizpa, Cafira, Mozá, Requen, Irpel, Taralá, Zela, Élef, Jebús (que es Jerusalén), Guibeá y Quiriat.

Estas fueron las ciudades que recibió la tribu de Benjamín con todos los pueblos que las rodeaban.

### El territorio de Simeón

**19** Tierra asignada a la tribu de Simeón:
La tribu de Simeón recibió la siguiente porción de tierra, la cual estuvo ubicada en medio del territorio asignado a Judá.

²⁻⁷Sus propiedades incluían estas dieciocho ciudades con sus respectivos pueblos:

Berseba (o Sabá), Moladá, Jazar Súal, Balá, Esen, Eltolad, Betul, Jormá, Siclag, Bet Marcabot, Jazar Susá, Bet Lebaot, Sarujén, Ayin, Rimón, Éter y Asán.

⁸Las ciudades más al sur como Balatber, que es Ramat en el Néguev, fueron también dadas a la tribu de Simeón. ⁹Las propiedades de Simeón, pues, vinieron de parte de lo que antes había sido dado a Judá, porque la sección de Judá había sido demasiado grande para ellos.

### El territorio de Zabulón

¹⁰Tierra asignada a la tribu de Zabulón:
La tercera tribu en recibir su asignación de tierras fue Zabulón. Sus límites comenzaban al costado sur de Sarid. ¹¹De aquí daban vuelta hacia el occidente, hasta cerca de Maralá y Dabéset, y de allí hasta el arroyo Tutor al oriente de Jocneán. ¹²En la otra dirección, la línea limítrofe iba hacia el este, hasta el límite de Quislot Tabor, y desde allí hasta Daberat y Jafía. ¹³Luego continuaba hacia el oriente de Gat Jefer, Itacasín y Rimón, y volvía hacia Negá. ¹⁴El límite norte pasaba por Janatón y seguía hasta el valle de Jeftel. ¹⁵,¹⁶Las ciudades en estas áreas, además de las mencionadas, incluían a Catat, Nalal, Simrón, Idalá y Belén, y todos los pueblos circundantes. En total eran doce ciudades. Esta es la tierra que se le dio a los clanes de la tribu de Zabulón.

### El territorio de Isacar

¹⁷⁻²³Tierra asignada a la tribu de Isacar:
La cuarta tribu en recibir su asignación de tierras fue Isacar. Sus fronteras incluían las siguientes ciudades:

Jezrel, Quesulot, Sunén, Jafarayin, Sijón, Anajarat, Rabit, Cisón, Abez, Rémet, Enganín, Enadá y Bet Pasés, Tabor, Sajazimá y Bet Semes.

Eran dieciséis ciudades en total, cada una con los pueblos de alrededor. El límite de Isacar terminaba en el río Jordán. Esta es la tierra que se le dio a los clanes de la tribu de Isacar.

### El territorio de Aser

²⁴⁻²⁶Tierra asignada a la tribu de Aser:
La quinta tribu en recibir su asignación de tierras fue Aser. Sus fronteras incluían estas ciudades:

Jelcat, Jalí, Betén, Acsaf, Alamélec, Amad y Miseal.

Sus límites del lado occidental iban desde el Carmelo hasta Sijor Libnat, ²⁷daba vuelta hacia el oriente hasta Bet Dagón y seguían hasta Zabulón en el valle de Jeftel, pasando por el norte de Bet Émec y Neyel. Luego pasaba al este de Cabul, ²⁸Abdón, Rejob, Hamón, Caná, hasta la gran Sidón. ²⁹De allí el límite volvía a Ramá y a la ciudad fortificada de Tiro y llegaba al mar Mediterráneo en Josá. El territorio incluía también Majaleb, Aczib, ³⁰,³¹Uma, Afec y Rejob, un total de veintidós ciudades con los pueblos que las rodeaban. Esta es la tierra que se le dio a los clanes de la tribu de Aser.

la ciudad de Asdod con sus pueblos, y Gaza con sus pueblos hasta el arroyo de Egipto y también toda la costa del mar Mediterráneo.

⁴⁸⁻⁶²Judá recibió además estas cuarenta y cuatro ciudades en la región montañosa con sus pueblos circundantes:

Samir, Jatir, Soco, Daná, Quiriat Saná (que es Debir), Anab, Estemoa, Anín, Gosén, Holón y Guiló, Arab, Dumá, Esán, Yanún, Bet Tapúaj, Afecá, Humtá, Quiriat Arbá (que es Hebrón), Sior, Maón, Carmel, Zif, Yutá, Jezrel, Jocdeán, Zanoa, Caín, Guibeá y Timná, Jaljul, Betsur, Guedor, Marat, Bet Anot y Eltecón, Quiriat Baal (que es Quiriat Yearín), Rabá, Bet Arabá, Midín, Secacá, Nibsán, la Ciudad de la sal y Engadi.

⁶³Pero la tribu de Judá no pudo expulsar a los jebuseos que vivían en la ciudad de Jerusalén, de modo que los jebuseos viven allí en medio del pueblo de Judá hasta la fecha.

## Los territorios de Efraín y Manasés

**16** Límite sur de las tribus de José (Efraín y la media tribu de Manasés):

²⁻⁴Este límite se extendía desde el río Jordán en Jericó, a través del desierto y de la región montañosa, hasta Betel. De allí seguía hasta Luz y hasta Atarot, en el territorio de los arquitas; y hacia el occidente hasta la frontera de los jafletitas, hasta Bet Jorón la de abajo luego hasta Guézer y de allí hacia el mar Mediterráneo.

## El territorio de Efraín

⁵Tierra asignada a la tribu de Efraín:

El límite oriental comenzaba en Atarot Adar. De allí seguía hasta Bet Jorón la de arriba, ⁶y luego hasta el mar Mediterráneo. El límite norte comenzaba en el mar, seguía hacia el oriente más allá de Micmetat, y luego pasaba hasta Tanat Siló y Janoa. ⁷De Janoa volvía hacia al sur hacia Atarot y Nará, y tocando Jericó terminaba en el río Jordán. ⁸La mitad occidental del límite norte iba desde Tapúaj y seguía la línea del arroyo de Caná hasta el mar Mediterráneo. Esta es la tierra que se le dio a los clanes de la tribu de Efraín. ⁹La tribu de Efraín recibió además algunas de las ciudades del territorio de la media tribu de Manasés. ¹⁰Los cananeos que vivían en Guézer jamás fueron expulsados, de modo que aún viven como esclavos en medio del pueblo de Efraín.

## El territorio de Manasés

**17** Tierra asignada por sorteo a la media tribu de Manasés, hijo mayor de José:

El clan de Maquir, hijo mayor de Manasés y padre de Galaad, que era hombre de guerra, recibió la tierra de Galaad y de Basán en la ribera oriental del río Jordán.

²Los clanes de Abiezer, Jélec, Asriel, Siquén, Héfer y Semidá, hijos de Manasés, recibieron tierras en el lado occidental del Jordán.

³Sin embargo, Zelofejad, hijo de Héfer que era descendiente de Galaad, Maquir y Manasés, no tenía hijos sino sólo cinco hijas cuyos nombres eran: Majlá, Noa, Joglá, Milca y Tirsá. ⁴Ellas se presentaron ante Eleazar el sacerdote, Josué y los jefes israelitas y les recordaron: «El Señor le dijo a Moisés que nosotras debíamos recibir una propiedad similar a la de los hombres de nuestra tribu».

⁵,⁶Entonces, estas cinco mujeres recibieron una heredad junto con la de sus cinco tíos abuelos, de modo que la herencia total de esta tribu fue de diez porciones de tierra (además de la tierra de Galaad y Basán al otro lado del Jordán).

⁷El límite norte de la tribu de Manasés se extendía hacia el sur, desde la frontera de Aser hasta Micmetat, que está al este de Siquén. En el sur el límite iba desde Micmetat hasta las fuentes de Tapúaj. ⁸La tierra de Tapúaj pertenecía a Manasés, pero la ciudad de Tapúaj, en la frontera del territorio de Manasés, pertenecía a la tribu de Efraín. ⁹La frontera de Manasés seguía por la ribera norte del arroyo de Caná hasta el mar Mediterráneo. Varias ciudades del sur del arroyo pertenecían a la tribu de Efraín, aunque estaban localizadas en el territorio de Manasés. ¹⁰La tierra del sur del arroyo hasta el mar Mediterráneo fue asignada a Efraín, y la tierra del norte del arroyo y al oriente del mar fue concedida a Manasés. La frontera norte de Manasés era el territorio de Aser y su límite oriental era el territorio de Isacar.

¹¹La media tribu de Manasés también recibió las siguientes ciudades que estaban situadas en áreas asignadas a Isacar y a Aser: Betseán, Ibleam, Dor, Endor, Tanac y Meguido, y las tres colinas, cada una con sus respectivos pueblos. ¹²Pero por cuanto los descendientes de Manasés no pudieron expulsar a los cananeos que vivían en aquellas ciudades, los cananeos se quedaron en ellas. ¹³Sin embargo, más adelante, cuando los israelitas se fortalecieron, obligaron a los cananeos a trabajar como esclavos.

¹⁴Un día los hijos de José fueron ante Josué y le preguntaron:

—¿Por qué nos has dado sólo una porción de tierra, cuando el Señor nos ha dado una población tan numerosa?

¹⁵—Si el territorio montañoso de Efraín no es suficiente para ustedes —contestó Josué—, y pueden hacerlo, suban y desmonten los bosques donde habitan los ferezeos y los refaítas.

¹⁶—Sí —dijeron las tribus de José—, porque los cananeos de las tierras bajas que rodean a Betseán y del valle de Jezrel tienen carros de hierro y son demasiado fuertes para nosotros.

¹⁷,¹⁸—Entonces tendrán los bosques de la montaña —respondió Josué— y puesto que ustedes son una tribu fuerte y numerosa no tendrán problemas para despejar el lugar y vivir en él. Estoy seguro de que pueden expulsar a los cananeos de los valles también, aun cuando ellos sean fuertes y tengan carros de hierro.

## Los territorios de las otras tribus

**18** Después de la conquista ²—aun cuando siete de las tribus de Israel aún no habían entrado a conquistar la tierra que el Señor les había dado—, todo Israel se reunió en Siló para levantar el santuario. ³Josué les preguntó: «¿Cuánto tiempo van a esperar antes de exterminar a la gente que vive en la tierra que el Señor su Dios les ha dado? ⁴Elijan tres hombres de cada tribu y yo los enviaré para explorar los territorios aún no conquistados y traer un informe de su extensión y de sus límites naturales, para poder repartirlos entre ustedes. ⁵,⁶Los exploradores harán un mapa dividido

dos cuando estábamos en Cades Barnea —dijo Caleb a Josué—. ⁷Yo tenía entonces cuarenta años, y Moisés nos había enviado a Cades Barnea para explorar la tierra de Canaán. Yo informé lo que juzgué que era la verdad; ⁸pero los hermanos que fueron con nosotros atemorizaron al pueblo y lo desalentaron para que no entrara en la Tierra prometida. Pero por cuanto yo había seguido las órdenes del Señor mi Dios, ⁹Moisés me dijo: "El sector de la tierra de Canaán en la que estuviste te pertenecerá a ti y a todos tus descendientes para siempre, porque le fuiste fiel a mi Dios y Señor".

¹⁰»Como podrás ver, el Señor me ha mantenido con vida y salud durante estos cuarenta y cinco años desde que comenzamos a vagar por el desierto, y ahora tengo ochenta y cinco años. ¹¹Estoy tan fuerte ahora como cuando Moisés nos envió en aquel viaje de exploración y aún puedo viajar y pelear como solía hacerlo en aquella época. ¹²Por lo tanto, te pido que me des la región montañosa que el Señor me prometió. Recordarás que cuando exploramos la tierra vimos que los anaceos vivían allí en ciudades con murallas muy grandes, pero si el Señor está conmigo yo los echaré de allí, como él prometió».

¹³,¹⁴Josué lo bendijo y le dio Hebrón como herencia permanente, por cuanto había obedecido al Señor Dios de Israel. ¹⁵Antes de eso Hebrón se había llamado Quiriat Arbá, nombre de un gran héroe de los anaceos. Y hubo paz en la tierra.

## Los territorios de Judá

**15** Tierra asignada, por sorteo, a la tribu de Judá: El límite sur de Judá empezaba en la frontera con Edom, cruzaba el desierto de Zin y terminaba en el extremo norte del Néguev. ²⁻⁴Más específicamente, este límite comenzaba en la orilla sur del Mar Salado, seguía a lo largo del camino que va hacia el sur de los montes Acrabín, y cruzando el desierto de Zin llegaba hasta Jezrón, al sur de Cades Barnea, y luego subía por Carcá y Asmón hasta finalmente alcanzar el arroyo de Egipto, y de allí hasta el mar Mediterráneo. ⁵El límite oriental se extendía a lo largo del Mar Salado hasta la desembocadura del río Jordán.

El límite norte comenzaba en la bahía donde el Jordán desemboca en el Mar Salado, ⁶cruzaba hasta Bet Joglá, luego seguía hacia el norte de Bet Arabá hasta la piedra de Bohán, hijo de Rubén. ⁷Desde aquel punto seguía a través del valle de Acor hasta Debir, donde cambiaba de rumbo hacia el noroeste, hacia Guilgal, frente a las lomas de Adumín sobre el lado sur del arroyo. Desde allí el límite se extendía hasta los manantiales de Ensemes, y de allí hasta la fuente de Enroguel. ⁸Luego pasaba a través del valle de Bet Hinón, al sur de Jebús (donde está localizada la ciudad de Jerusalén). Luego seguía por el occidente hasta la cumbre de la montaña que está sobre el valle de Hinón y hacia el norte por el valle de Refayin. ⁹Desde allí, desde la cumbre del monte, se extendía hasta el manantial de Neftóaj, y de allí a las ciudades del monte Efrón antes de volver hacia el norte para rodear Balá (que es otro nombre de Quiriat Yearín). ¹⁰,¹¹Luego giraba por el oeste de Balá hasta el monte de Seír, pasaba junto al pueblo de Quesalón, el lado norte del monte Yearín, y descendía hacia Bet Semes. Torciendo hacia el norte, la línea limítrofe seguía hacia el sur de Timná, hacia las laderas de la montaña norte de Ecrón, donde doblaba a la izquierda, pasando al sur de Sicrón y el monte Balá. Luego volvía hacia el norte y pasaba junto a Jabnel para terminar en el mar Mediterráneo.

¹²El límite occidental era la línea costera del mar Mediterráneo: Estos son los límites de la tierra que se le dio a los clanes de la tribu de Judá.

## Caleb conquista Hebrón y Debir

¹³Tierra concedida a Caleb:

El Señor le dio órdenes a Josué de asignar algo de la tierra de Judá a Caleb, hijo de Jefone, de modo que le dio la ciudad de Quiriat Arbá (llamada también Hebrón), llamada así en honor al padre de Anac. ¹⁴Caleb derrotó allí a los descendientes de los tres hijos de Anac: Sesay, Ajimán y Talmay. ¹⁵Luego peleó contra los que vivían en la ciudad de Debir (anteriormente llamada Quiriat Séfer).

¹⁶Caleb ofreció a su hija Acsa como esposa a cualquiera que fuera y tomara Quiriat Séfer. ¹⁷Otoniel, hijo de Quenaz, sobrino de Caleb, fue el que la conquistó, de manera que Acsa se casó con Otoniel. ¹⁸Antes de irse con él, éste la persuadió a que le pidiera a su padre tierras de labranza como regalo de bodas. Ella entonces se bajó del burro para hablar con su padre y Caleb le preguntó:

—¿Qué deseas?

¹⁹Dame otro regalo —ella le respondió—. La tierra que me diste es desierta; danos algunos manantiales también:

Él les concedió los manantiales de arriba y de abajo.

## Ciudades de Judá

²⁰Ésta fue la asignación de tierras de la tribu de Judá:

²¹⁻³²Las ciudades de Judá que estaban situadas a lo largo de las fronteras del Edom en el Néguev, a saber:

Cabsel, Edar, Jagur, Quiná, Dimoná, Adadá, Cedes, Jazor, Itnán, Zif, Telén, Bealot, Jazor Jadatá, Queriot, Jezrón (conocida también como Jazor), Amán, Semá, Moladá, Jazar Gadá, Hesmón, Bet Pelet, Jazar Súal, Berseba, con sus poblados, Balá, Iyín, Esen, Eltolad, Quesil, Jormá, Siclag, Madmana, Sansaná, Lebaot, Siljín, Ayin y Rimón.

En total estas ciudades con sus pueblos circundantes eran veintinueve.

³³⁻³⁶Las siguientes ciudades situadas en los valles también fueron asignadas a Judá:

Estaol, Zora, Asena, Zanoa, Enganín, Tapúaj, Enam, Jarmut, Adulán, Soco, Azeca, Sajarayin, Aditayin, Guederá y Guederotayin.

En total eran catorce ciudades con sus correspondientes pueblos.

³⁷⁻⁴⁴La tribu de Judá también recibió como herencia otras veinticinco ciudades con sus pueblos: Zenán, Jadasá, Migdal Gad, Dileán, Mizpa, Joctel, Laquis, Boscat, Eglón, Cabón, Lajmás, Quitlís, Guederot, Bet Dagón, Noamá y Maquedá, Libná, Éter, Asán, Jifta, Asena, Nezib, Queilá, Aczib y Maresá.

⁴⁵El territorio de la tribu de Judá abarcó además todos los pueblos y ciudades de Ecrón. ⁴⁶Desde Ecrón el límite se extendía hasta el mar Mediterráneo, e incluía las ciudades que están en las fronteras de Asdod con sus pueblos cercanos. ⁴⁷También estaba

el rey de Maquedá;
el rey de Betel;
el rey de Tapúaj;
el rey de Héfer;
el rey de Afec;
el rey de Sarón;
el rey de Madón;
el rey de Jazor;
el rey de Simrón Merón;
el rey de Acsaf;
el rey de Tanac;
el rey de Meguido;
el rey de Cedes;
el rey de Jocneán del Carmelo;
el rey de Dor, de la provincia de Nafot Dor;
el rey de Goyim en Guilgal;
y el rey de Tirsá.
En total fueron treinta y uno los reyes que fueron destruidos junto con sus ciudades.

## El territorio no conquistado

**13** Josué ya estaba muy anciano y el Señor le dijo: «Has envejecido y aún falta conquistar muchas naciones. 2-7Esta es la lista de los territorios aún no ocupados:

»Toda la tierra de los filisteos; la de los guesureos; el territorio que ahora pertenece a los cananeos desde el arroyo de Egipto hasta el límite meridional de Ecrón; cinco ciudades de los filisteos: Gaza, Asdod, Ascalón, Gat, y Ecrón; la tierra de los aveos en el sur; en el norte, toda la tierra de los cananeos, incluyendo Araj que pertenece a los sidonios; que se extiende hacia el norte hasta Afec en el límite de los amorreos; la tierra de los guiblitas, y toda la región montañosa, desde Baal Gad al pie del monte Hermón en el sur hasta la entrada de Lebó Jamat en el norte; toda la región montañosa desde el Líbano hasta Misrefot Mayin, incluyendo toda la tierra de los sidonios.

»Expulsaré a todas estas naciones de Israel para incluir su territorio en la división de la tierra entre las nueve tribus restantes y la media tribu de Manasés de la manera que te he ordenado».

## División de los territorios al oriente del Jordán

8La otra mitad de la tribu de Manasés y las tribus de Rubén y Gad ya habían recibido sus tierras en la ribera oriental del río Jordán, porque Moisés les había asignado esta tierra. 9Su territorio se extendía desde Aroer a orillas del río Arnón, e incluía la ciudad en el valle, y toda la meseta de Medeba hasta Dibón. 10Incluía además las ciudades de Sijón, rey de los amorreos, que reinaba en Hesbón, y se extendía hasta los límites de Amón, 11y hasta Galaad, territorio de los guesureos y de los macateos. Abarcaba todo el monte Hermón, la tierra de Basán con la ciudad de Salcá, 12y todo el territorio de Og, rey de Basán que había reinado en Astarot y Edrey. Fue el último de los refaítas; Moisés lo atacó y lo expulsó de allí. 13Sin embargo, el pueblo de Israel no había expulsado a los guesureos ni a los macateos, quienes viven entre los israelitas hasta este día.

14Asignación de tierras:
Tierra asignada a la tribu de Leví:
Moisés no asignó tierra a la tribu de Leví, ya que los levitas recibían las ofrendas consagradas al Señor.

15Tierra asignada a la tribu de Rubén:

Según el número de habitantes, Moisés asignó a la tribu de Rubén el siguiente territorio:
16Desde Aroer a orillas del río de Arnón, pasando a través de la ciudad de Arnón, hasta la meseta cerca de Medeba. 17Incluía Hesbón y las otras ciudades de la llanura: Dibón, Bamot Baal, Bet Baal Megón, 18Yahaza, Cademot, Mefat, 19Quiriatayin, Sibma, Zaret Sajar en el monte que está frente al valle, 20Bet Peor, Bet Yesimot, y las faldas del monte Pisgá.

21La tierra de Rubén también abarcaba las ciudades de la meseta y el reino de Sijón. Sijón era el rey de Hesbón que Moisés había matado juntamente con los otros jefes de Madián: Eví, Requen, Zur, Jur y Reba. 22El pueblo de Israel también dio muerte a Balán el adivino, hijo de Beor. 23El río Jordán era el límite occidental de la tribu de Rubén.

24-28Tierra asignada a la tribu de Gad:
Moisés también asignó tierras a la tribu de Gad de acuerdo con su población. Este territorio incluía a Jazer, todas las ciudades de Galaad, y la mitad de la tierra de Amón hasta Aroer cerca de Rabá. También se extendía desde Hesbón hasta Ramat Mizpé, y Betonín; desde Majanayin hasta Lodebar. En el valle estaban Bet Aram y Bet Nimrá, Sucot, Zafón y el resto del reino de Sijón de Hesbón. El río Jordán era el límite occidental y llegaba hasta el lago de Quinéret. Luego el límite seguía hacia el este del río Jordán.

29Tierra asignada a la media tribu de Manasés:
Moisés había asignado el siguiente territorio a la media tribu de Manasés conforme a sus necesidades. 30Su territorio se extendía por el norte desde Majanayin, incluyendo todo Basán, el antiguo reino de Og y las sesenta ciudades de Yaír en Basán. 31La mitad de Galaad y las ciudades reales del rey Og de Basán, Astarot y Edrey, fueron entregadas a la mitad del clan de Maquir, quien era hijo de Manasés.

32Así fue como Moisés dividió la tierra al oriente del río Jordán, donde el pueblo estuvo acampado frente a Jericó. 33Pero Moisés no le había dado tierra a la tribu de Leví porque, como ya les había explicado, el Señor era su herencia.

## División de los territorios al occidente del Jordán

**14** 1,2Las tierras conquistadas en Canaán fueron asignadas a las nueve tribus y media restantes en Israel. La decisión en cuanto a la parte que recibiría cada tribu se tomó por sorteo delante del Señor, y él hizo que éstas salieran en la forma por él deseada. Eleazar el sacerdote, Josué y los jefes de las tribus hicieron el sorteo.

3,4Moisés ya había entregado las tierras a las dos tribus y media que estaban al oriente del Jordán. La tribu de José se había dividido en dos: Manasés y Efraín. Los levitas no recibieron tierras, salvo las ciudades en que vivirían y las tierras de pastoreo que las rodeaban para el uso de sus rebaños. 5La distribución de la tierra se realizó estrictamente de acuerdo con las órdenes dadas por el Señor a Moisés.

## Caleb recibe Hebrón

6Tierra asignada a Caleb:
Una delegación de la tribu de Judá dirigida por Caleb, se presentó delante de Josué en Guilgal. «Recuerda lo que el Señor le dijo a Moisés acerca de nosotros

## Conquista de los reinos del norte

**11** Cuando el rey Jabín de Jazor se enteró de lo ocurrido, envió mensajes urgentes a los siguientes reyes:

Jobab rey de Madón;
al rey de Simrón;
al rey de Acsaf;

²a todos los reyes de la región montañosa del norte;
a los reyes del Arabá al sur de Quinéret,
a los de las llanuras,
a los reyes de las zonas montañosas de Nafot Dor en el occidente,
a los reyes de Canaán del oriente y ³del occidente,
a los reyes de los amorreos, de los hititas, de los ferezeos, de los jebuseos en las colinas, y de los heveos en las ciudades del monte Hermón en la tierra de Mizpa.

⁴Todos estos reyes respondieron afirmativamente, movilizando sus ejércitos, y se unieron para aplastar a Israel. Los ejércitos, con sus caballos y carros abarcaban todo lo que se podía ver alrededor de las aguas de Merón. ⁵Allí establecieron su campamento. ⁶El Señor le dijo a Josué: «No les tengas miedo, porque mañana a esta hora habrán muerto todos. Inutilizarás sus caballos y quemarás sus carros».

⁷Josué y sus hombres de guerra llegaron repentinamente a las aguas de Merón y atacaron. ⁸Y el Señor los entregó en manos de los israelitas, quienes los persiguieron hasta Sidón la grande y hasta un lugar llamado Misrefot Mayin (Minas de Sal) y hasta el valle de Mizpa al oriente. Ninguno de los enemigos sobrevivió a la batalla. ⁹Josué y sus hombres hicieron como el Señor había ordenado: inutilizaron los caballos y quemaron todos los carros.

¹⁰En el camino de regreso, Josué tomó a Jazor y mató a su rey —Jazor había sido en su tiempo la capital de la federación de todos estos reinos—. ¹¹Los israelitas dieron muerte a toda persona e incendiaron la ciudad.

¹²Luego atacaron y destruyeron a las demás ciudades con sus reyes. Todos los habitantes fueron muertos de la manera que Moisés había ordenado mucho tiempo antes. ¹³Sin embargo, Josué no quemó las ciudades construidas sobre los montes, salvo Jazor. ¹⁴Todo el botín y el ganado de las ciudades arrasadas lo tomaron los israelitas para sí mismos, pero mataron a toda la gente. ¹⁵Así lo había ordenado el Señor a su siervo Moisés, y Moisés había pasado esta orden a Josué el cual hizo según se le había ordenado. Cuidadosamente obedeció todas las órdenes que el Señor le había dado a Moisés.

## Síntesis de la conquista

¹⁶De modo que Josué conquistó toda la tierra: las montañas, el Néguev, la tierra de Gosén, las llanuras, el Arabá, y las montañas y las llanuras de Israel. ¹⁷El territorio israelita ahora se extendía desde el monte Jalac, cerca de Seír, hasta Baal Gad en el valle del Líbano, al pie del monte Hermón. Josué mató a todos los reyes que vivían en aquellos territorios. ¹⁸Tardó mucho tiempo en llevar a cabo todo esto. ¹⁹Con ninguna de las ciudades hizo un pacto de paz, salvo con los heveos de Gabaón. Todos los demás fueron destruidos. ²⁰El Señor puso en los enemigos el deseo de pelear contra Israel en lugar de pedir la paz. Por eso los mataron sin misericordia, como el Señor se lo había ordenado a Moisés.

²¹Durante este período Josué derrotó a todos los gigantes descendientes de Anac que vivían en las montañas de Hebrón, Debir, Anab, Judá e Israel. Los mató a todos y destruyó completamente sus ciudades. ²²Ninguno quedó en la tierra de Israel, aunque algunos quedaron en Gaza, Gat y Asdod.

²³Josué, pues, tomó posesión de toda la tierra como Dios le había ordenado a Moisés. Se la entregó al pueblo de Israel como herencia, y la dividió entre las tribus. Finalmente la tierra reposó de todas las guerras.

## Reyes derrotados por Moisés

**12** Esta es la lista de los reyes del lado oriental del río Jordán cuyas ciudades fueron destruidas por los israelitas. El área abarca toda la región desde el valle del Arnón hasta el monte Hermón incluyendo las ciudades del desierto oriental.

²Sijón, rey de los amorreos, que vivía en Hesbón. Su reino se extendía desde Aroer sobre la ribera del río Arnón, y desde el centro del valle del Arnón hasta el río Jaboc que es el límite de los amonitas. Esto abarca la mitad del área actual de Galaad que queda al norte del río Jaboc.

³Sijón controlaba también el valle del río Jordán en el norte hasta las costas del lago de Galilea y al sur hasta el Mar Salado y las faldas del monte Pisgá.

⁴Og, rey de Basán, último de los refaítas, que vivía en Astarot y Edrey, ⁵reinaba sobre un territorio que se extendía desde el monte Hermón hasta Salcá, sobre el monte Basán en el oriente, y en el occidente se extendía hasta los límites de los reinos de Guesur y Macá. Su reino también se extendía hacia el sur y abarcaba la mitad norte de Galaad hasta tocar la frontera del reino de Sijón, rey de Hesbón. ⁶Moisés y el pueblo de Israel habían destruido estos pueblos, y Moisés les dio las tierras a las tribus de Rubén y Gad, y a la media tribu de Manasés.

## Reyes derrotados por Josué

⁷Esta es la lista de los reyes destruidos por Josué y los guerreros de Israel en el lado occidental del Jordán. Esta tierra, que queda entre Baal Gad en el valle del Líbano y el monte Jalac al occidente del monte Seír, Josué la repartió a las distintas tribus de Israel. ⁸⁻²⁴Abarcaba las regiones montañosas, los valles, el Arabá, las faldas de las montañas, el desierto de Judea, y el Néguev. Los pueblos que vivían allí eran los hititas, los amorreos, los cananeos, los ferezeos, los heveos y los jebuseos:

El rey de Jericó;
el rey de Hai, cerca de Betel;
el rey de Jerusalén;
el rey de Hebrón;
el rey de Jarmut;
el rey de Laquis;
el rey de Eglón;
el rey de Guézer;
el rey de Debir;
el rey de Guéder;
el rey de Jormá;
el rey de Arad;
el rey de Libná;
el rey de Adulán;

—Como se nos dijo que el Señor su Dios había dado órdenes a su siervo Moisés de conquistar Canaán y destruir a todos sus habitantes, tuvimos temor de perder la vida a la llegada de ustedes. Por eso es que lo hemos hecho. 25Pero ahora estamos en sus manos. Pueden hacer con nosotros lo que quieran.

26Josué no permitió que el pueblo de Israel les diera muerte, 27pero hizo que fueran leñadores y aguadores para el pueblo de Israel y para el altar del Señor dondequiera que fuera construido (porque el Señor aún no les había dado órdenes de edificarlo). Esto está todavía en vigor en el momento en que esto se escribe.

### Ataque de los reyes amorreos

**10** Cuando Adonisédec, rey de Jerusalén, oyó que Josué había capturado y destruido a Hai, y que había dado muerte a su rey de la misma manera que había hecho en Jericó, y supo que con una estratagema Gabaón había hecho paz con Israel y ahora eran aliados, 2tuvo miedo, porque Gabaón era una gran ciudad, tan grande como las ciudades reales y mucho más grande que Hai, y sus hombres eran conocidos como valientes. 3Entonces Adonisédec envió mensajeros a los siguientes reyes: Hohán rey de Hebrón, Pirán rey de Jarmut, Jafía rey de Laquis y Debir rey de Eglón.

Les dijo: 4«Vengan y ayúdenme a destruir a Gabaón, porque ellos han hecho alianza con Josué y el pueblo de Israel».

5Los cinco reyes amorreos unieron sus ejércitos para atacar juntos a Gabaón.

### Derrota de los reyes amorreos

6Al saberlo los hombres de Gabaón enviaron un mensaje urgente a Josué que estaba en Guilgal: «Ven y ayuda a tus siervos. Ven rápidamente y sálvanos. Todos los reyes que viven en las montañas están aquí con sus ejércitos».

7Entonces Josué y la gente de guerra marcharon desde Guilgal en auxilio de Gabaón. 8«No temas delante de ellos —le dijo el Señor a Josué—, porque ya están derrotados. Los he entregado en tus manos para que los destruyas. Ninguno de ellos podrá hacerte frente».

9Viajaron, pues, toda la noche desde Guilgal y atacaron al enemigo por sorpresa. 10El Señor hizo cundir el pánico entre ellos, y los israelitas hicieron una gran matanza en Gabaón y los persiguió hasta Bet Jorón, Azeca y Maquedá, dándoles muerte a lo largo del camino. 11Además, mientras el enemigo huía hacia Bet Jorón, el Señor les lanzó una lluvia de granizo que los siguió hasta Azeca. Murieron más hombres a causa del granizo que por las espadas de los israelitas. 12Mientras los hombres de Israel estaban persiguiendo y arrasando al enemigo, Josué ordenó: «Sol, detente sobre Gabaón y, luna, permanece quieta en el valle de Ayalón».

13Y el sol y la luna no se movieron hasta que los israelitas acabaron de destruir a sus enemigos. Esto está escrito con gran detalle en el libro de Jaser. El sol se detuvo en los cielos y permaneció quieto casi veinticuatro horas. 14Nunca había ocurrido antes ni jamás ha vuelto a ocurrir, que el Señor haya detenido el sol y la luna en respuesta a la voz de un hombre. El Señor estaba peleando por Israel. 15Después Josué y todos los israelitas regresaron a Guilgal.

### Muerte de los reyes amorreos

16Durante la batalla los cinco reyes escaparon y se escondieron en una caverna en Maquedá. 17Cuando le llevaron a Josué la noticia de que habían sido encontrados, 18ordenó que se pusiera una gran piedra contra la entrada de la cueva y que se pusiera guardia para que los reyes no escaparan. 19Luego ordenó al resto de los hombres: «Vayan en persecución del enemigo y atáquenlo por la retaguardia. No permitan que regresen a sus ciudades, porque el Señor nos ayudará a destruirlos completamente».

20Josué y los hombres de Israel siguieron la matanza y exterminaron a los cinco ejércitos, salvo un pequeño grupo que logró llegar a sus ciudades fortificadas.

21Los israelitas regresaron al campamento en Maquedá sin haber perdido un solo hombre. Después de esto, nadie se atrevió a atacar a Israel.

22,23Josué ordenó a sus hombres que quitaran la piedra de la entrada de la cueva y sacaran a los cinco reyes, que eran los de Jerusalén, Hebrón, Jarmut, Laquis, y Eglón. 24Josué les dijo a los capitanes que pusieran sus pies sobre el cuello de los reyes. 25«No teman ni desmayen —dijo Josué a sus hombres—. Sean fuertes y valientes, porque el Señor hará esto con todos nuestros enemigos».

26Dicho esto, clavó su espada en cada uno de los reyes y los mató. Luego los colgó en cinco árboles hasta la tarde.

27Cuando el sol se estaba ocultando, dio órdenes de que bajaran los cuerpos y los arrojaran en la cueva donde habían estado escondidos. Luego pusieron un gran montón de piedras sobre la entrada de la cueva. El montón aún está en ese lugar. 28Aquel mismo día Josué destruyó la ciudad de Maquedá y mató a su rey y a todos los que vivían en ella. Ninguna persona de la ciudad quedó viva. Al igual que en Jericó.

### Conquista de las ciudades del sur

29Luego los israelitas fueron a Libná. 30Allí también el Señor les entregó la ciudad y a su rey. Los mataron a todos, al igual que en Jericó.

31De Libná marcharon hacia Laquis y la atacaron. 32El Señor se la entregó en el segundo día. Allí también mataron a toda la población, de la misma manera que lo habían hecho en Libná.

33Durante el ataque a Laquis, Horán rey de Guézer, llegó con su ejército para tratar de ayudar en la defensa de la ciudad, pero la gente de Josué destruyó a todo su pueblo. 34,35Tomaron la ciudad de Eglón aquel mismo día y, al igual que en Laquis, dieron muerte a todos los que vivían en la ciudad. 36Dejando Eglón, marcharon hacia Hebrón 37y la capturaron con todos los pueblos vecinos, y dieron muerte a toda la población. Ni una sola persona quedó con vida. 38Luego regresaron a Debir, 39a la cual capturaron rápidamente con todos los pueblos cercanos. Y allí también dieron muerte a todos como lo habían hecho en Libná y en Hebrón.

40Josué conquistó toda la tierra: la región montañosa, las tierras bajas, y a todos sus reyes. Los destruyeron a todos como el Señor Dios les había ordenado, 41dándoles muerte desde Cades Barnea a Gaza y desde Gosén a Gabaón. 42Todo esto fue hecho en una sola campaña, porque el Señor Dios de Israel estaba peleando por su pueblo. 43Entonces Josué y todo Israel regresaron a su campamento en Guilgal.

le dijo a Josué: «Levanta tu lanza hacia Hai porque te entregaré la ciudad».

¹⁹Cuando los hombres que estaban ocultos vieron la señal, salieron de su escondite y entraron en la ciudad y la tomaron y sin perder tiempo le prendieron fuego. ²⁰,²¹Los hombres de Hai miraron hacia atrás y vieron que el humo de la ciudad llenaba el cielo, y no supieron qué hacer. Pero cuando Josué y sus soldados vieron el humo, se dieron cuenta que los hombres que habían estado listos para emboscar a Hai habían entrado en la ciudad, de modo que dieron media vuelta y comenzaron a atacar a sus perseguidores. ²²Los israelitas que estaban dentro de la ciudad salieron y comenzaron a atacar a sus enemigos por la retaguardia. Los hombres de Hai cayeron en la trampa y todos murieron. Ninguno sobrevivió ni escapó, ²³salvo el rey de Hai que fue capturado y llevado a la presencia de Josué.

²⁴Cuando Israel terminó la matanza de todos los que estaban fuera de la ciudad, regresaron y acabaron con todos los que quedaban en ella. ²⁵De esta manera todos los habitantes de Hai, doce mil en total, fueron exterminados en ese día. ²⁶Josué había mantenido su lanza señalando hacia Hai hasta que la última persona murió. ²⁷Solamente el ganado y el botín no fueron destruidos, porque los israelitas conservaron estas cosas para sí mismos. El Señor le había dicho a Josué que podían hacerlo. ²⁸Así Hai se convirtió en un desolado montón de ruinas, y así permanece hasta el día de hoy.

²⁹Josué colgó al rey de Hai de un árbol hasta la tarde, pero cuando él sol estaba declinando bajó el cuerpo, lo arrojó frente al portón de la ciudad, y lo cubrió con un montón de piedras que todavía está allí.

### *Lectura de la ley en el monte Ebal*

³⁰Luego Josué construyó un altar al Señor Dios de Israel en el monte Ebal ³¹de la manera que Moisés le había ordenado en el libro de la ley. «Hazme un altar de piedras que no hayan sido labradas ni talladas con hierro», había dicho el Señor. Entonces allí los israelitas ofrecieron holocaustos y ofrendas de paz al Señor.

³²Y mientras el pueblo de Israel observaba, Josué grabó sobre las piedras del altar cada uno de los Diez Mandamientos. ³³Todo el pueblo de Israel, incluidos los ancianos, los oficiales, los jueces, y los extranjeros que vivían entre el pueblo se dividieron en dos grupos, la mitad de ellos al pie del monte Guerizín y la otra mitad al pie del monte Ebal. Entre ellos estaban de pie los sacerdotes con el cofre, listos para pronunciar la bendición. (Todo esto fue hecho de acuerdo con las instrucciones que Moisés había dejado.) ³⁴Josué entonces les leyó todas las bendiciones y maldiciones que Moisés había escrito en el libro de la ley de Dios. ³⁵Cada mandamiento que Moisés les había dado fue leído delante de toda la asamblea, incluyendo a las mujeres, a los niños y a los extranjeros que vivían en medio de Israel.

### *Astucia de los gabaonitas*

**9** Cuando los reyes de los alrededores oyeron lo que le había ocurrido a Jericó, rápidamente se unieron para defender sus vidas de los ataques de Josué y los israelitas. ²Eran los reyes de las naciones que estaban al occidente del río Jordán, a lo largo de las costas del Mediterráneo hasta los montes del Líbano: los hititas, los amorreos, los cananeos, los ferezeos, los heveos y los jebuseos.

³⁻⁵Pero cuando el pueblo de Gabaón oyó lo ocurrido a Jericó y a Hai, decidieron usar una estratagema para salvarse. Enviaron embajadores a Josué vestidos con ropa muy gastada; como si vinieran de un largo viaje, con sandalias muy remendadas, monturas muy gastadas sobre sus burros, odres de vino muy viejos y secos, y pan enmohecido. ⁶Cuando llegaron al campamento de Israel en Guilgal le dijeron a Josué y al pueblo de Israel:

—Hemos venido de una tierra distante a concertar un tratado de paz con ustedes.

⁷Los israelitas les contestaron:

—¿Cómo sabremos que no son de por aquí cerca? Porque si son de las cercanías no podemos hacer ningún tratado con ustedes.

⁸—Seremos sus esclavos —respondieron.

—Pero, ¿quiénes son ustedes? —preguntó Josué—. ¿De dónde vienen?

⁹—Venimos de un país muy distante —le dijeron—. Hemos oído hablar del poder del Señor su Dios y de todo lo que hizo en Egipto ¹⁰y de lo que hicieron a los reyes de los amorreos, a Sijón rey de Hesbón y a Og rey de Basán. ¹¹Por esta razón nuestros ancianos y nuestro pueblo nos ordenaron: «Prepárense para un largo viaje. Vayan al pueblo de Israel y decláranles que nuestra nación les servirá y pidan la paz». ¹²Este pan estaba caliente, recién salido de los hornos, cuando emprendimos el viaje. Ahora, como puedes ver, está seco y enmohecido. ¹³Estos odres para el vino eran nuevos, pero ahora están viejos y quebrajados. La ropa y las zandalias se han gastado a causa de nuestro largo y difícil viaje.

¹⁴,¹⁵Josué y los demás dirigentes finalmente les creyeron. No se preocuparon de consultar al Señor, sino que hicieron un pacto de paz con ellos. Luego los jefes de Israel ratificaron el pacto con un juramento.

¹⁶Tres días después se descubrió la estratagema: eran vecinos. ¹⁷Los hombres de Israel salieron a investigar y llegaron a las ciudades de ellos en tres días. Las ciudades eran Gabaón, Cafira, Berot y Quiriat Yearín. ¹⁸Pero no los mataron y las ciudades no sufrieron daño a causa del juramento que los dirigentes de Israel habían hecho delante del Señor. El pueblo de Israel se enojó con sus dirigentes a causa de este tratado de paz. ¹⁹Pero los dirigentes respondieron:

—Hemos jurado delante del Señor Dios de Israel que no los tocaremos y así lo haremos. ²⁰Debemos dejarlos con vida, porque si quebrantamos nuestro juramento, la ira del Señor se derramará sobre nosotros.

²¹De esta manera ellos se convirtieron en siervos de los israelitas para cortar la leña y acarrear el agua. ²²Josué convocó a los dirigentes de esos pueblos y les preguntó:

—¿Por qué nos han mentido diciendo que vivían en una tierra distante cuando realmente viven casi entre nosotros? ²³Ahora caerá una maldición sobre ustedes. Desde este momento deben proporcionarnos esclavos que corten la leña y acarreen el agua para el servicio de nuestro Dios.

²⁴Ellos respondieron:

hombres para destruirla; no es necesario que vayamos todos nosotros a tomarla».

⁴Mandaron, pues, a unos tres mil soldados a tomarla, y fueron completamente derrotados. ⁵Unos treinta y seis israelitas murieron durante el ataque, y muchos otros murieron mientras huían perseguidos por los hombres de Hai por toda la bajada hasta Sebarim. El pueblo israelita se paralizó de temor ante estos acontecimientos. ⁶Josué y los ancianos de Israel rasgaron su ropa y se postraron delante del cofre del SEÑOR echando polvo sobre sus cabezas. ⁷Josué clamó al SEÑOR:

—Oh SEÑOR, ¿por qué nos hiciste cruzar el río Jordán si ibas a permitir que los amorreos nos dieran muerte? ¿Por qué no nos quedamos en la otra orilla? ⁸Oh SEÑOR, ¿qué voy a hacer ahora que Israel ha huido delante de sus enemigos? ⁹Porque cuando los cananeos y los demás pueblos cercanos lo oigan, nos rodearán, nos atacarán y nos exterminarán. Y cuando esto ocurra, ¿qué habrá de la honra que merece tu gran nombre?

¹⁰Pero el SEÑOR le dijo a Josué:

—Levántate, ¿por qué estás postrado? ¹¹Israel ha pecado y ha desobedecido mis órdenes, y ha tomado botín cuando yo le dije que no lo tomaran. No solamente lo han tomado, sino que han mentido acerca de ello y lo han escondido entre sus pertenencias. ¹²Por esta razón Israel está siendo derrotado, por esta razón tus hombres están huyendo delante de sus enemigos. ¡Están malditos! No permaneceré con ustedes a menos que se libren completamente de este pecado. ¹³Levántate y dile al pueblo: Cada uno de ustedes debe pasar por los ritos de la purificación en preparación para mañana, porque el SEÑOR su Dios dice que alguien ha robado lo que a él le pertenecía y no podremos derrotar a nuestros enemigos hasta que acabemos con este pecado. ¹⁴Mañana por la mañana deben comparecer por tribus y el SEÑOR señalará cuál es la tribu culpable. Luego la tribu se presentará por clanes y el SEÑOR señalará cuál es el clan al que pertenece el hombre culpable. Luego el clan comparecerá por familias y entonces señalará la familia culpable y, por último, cada miembro de esa familia comparecerá por sí solo. ¹⁵El que haya robado lo que pertenece al SEÑOR será quemado junto con todo lo que tiene, porque ha violado el pacto del SEÑOR y ha traído calamidades sobre Israel.

### El castigo de Acán

¹⁶Al día siguiente, siendo muy temprano, Josué presentó las tribus de Israel delante del SEÑOR y fue señalada la tribu de Judá. ¹⁷Entonces se presentaron los clanes de Judá y fue señalado el clan de Zera. Luego se presentaron las familias de aquel clan delante del SEÑOR y fue apartada la familia de Zabdí. ¹⁸Los hombres de la familia de Zabdí se presentaron uno por uno y Acán fue señalado como culpable del pecado. ¹⁹Josué entonces le dijo a Acán:

—Hijo mío, da gloria al Dios de Israel y haz tu confesión. Dime lo que has hecho.

²⁰Acán contestó:

—He pecado contra el SEÑOR, el Dios de Israel. ²¹Vi un hermoso manto importado de Babilonia, casi dos kilos y medio de plata y una barra de oro como de seiscientos gramos. Sentí tanto deseo de poseer todo aquello que lo tomé y lo escondí en la tierra debajo de mi tienda. Allí están, y la plata está debajo de todo.

²²Josué envió a algunos hombres a buscar el botín. Corrieron a la tienda y hallaron las cosas robadas donde Acán había dicho, y la plata estaba debajo de todo. ²³Trajeron todo a Josué y lo dejaron en tierra frente al SEÑOR. ²⁴Josué y todos los israelitas tomaron a Acán, la plata, el manto; el oro, sus hijos, sus hijas, sus bueyes, sus burros, sus ovejas, la tienda y todo lo que él tenía, y lo llevaron al valle de Acor. ²⁵Allí Josué dijo a Acán:

—¿Por qué has traído esta calamidad sobre nosotros? Ahora el SEÑOR traerá calamidad sobre ti.

Los hombres de Israel los apedrearon y luego quemaron sus cuerpos ²⁶e hicieron un gran montón de piedras sobre ellos. Las piedras todavía están allí hasta el día de hoy, y ese lugar aún es conocido como el valle de la Calamidad. Entonces el SEÑOR calmó su ira.

### Obediencia y victoria

**8** El SEÑOR le dijo a Josué: «No temas ni desmayes, toma contigo toda la gente de guerra, y levántate y sube a Hai. La he entregado en tus manos para que la conquistes. He entregado en tus manos al rey de Hai y a todo su pueblo, su ciudad y su tierra. ²Harás con ellos lo mismo que hiciste con Jericó y su rey. Pero esta vez podrán quedarse con el botín y el ganado. Prepara una emboscada detrás de la ciudad».

³,⁴Antes que todos los hombres de guerra emprendieran la marcha hacia Hai, Josué envió treinta mil soldados de entre los más valientes para que emboscaran por detrás a Hai y estuvieran listos para entrar en acción.

⁵«Este es el plan —les explicó—. Cuando ataquemos, los hombres de Hai saldrán a pelear de la manera que lo hicieron antes, entonces, nosotros huiremos. ⁶Dejaremos que nos persigan hasta que todos hayan salido de la ciudad. Dirán: "Los israelitas están huyendo nuevamente". ⁷Entonces ustedes saldrán de su escondite y entrarán en la ciudad, porque el SEÑOR nos la entregó. ⁸Prendan fuego a la ciudad como el SEÑOR lo ha ordenado. Bien, ya saben lo que tienen que hacer».

⁹Se pusieron en marcha aquella noche y tendieron una emboscada entre Betel y el lado occidental de Hai. Pero Josué y el resto de los hombres se quedaron en el campamento de Jericó.

¹⁰A la mañana siguiente, temprano, Josué hizo que sus hombres se levantaran y emprendieron la marcha hacia Hai acompañados por los ancianos de Israel, ¹¹⁻¹³y se detuvieron a la orilla de un valle al norte de la ciudad. Aquella noche Josué envió otros cinco mil hombres a que se unieran a los soldados que estaban emboscados en el lado occidental de la ciudad, y él pasó la noche en el valle.

¹⁴El rey de Hai, al ver a los israelitas al otro lado del valle, salió en la madrugada y los atacó en la llanura del Arabá; pero no sabía que había una emboscada detrás de la ciudad. ¹⁵Josué y todo Israel huyeron a través del desierto como si estuvieran completamente derrotados, ¹⁶y todos los soldados de la ciudad salieron en su persecución. La ciudad quedó indefensa. ¹⁷No quedó un solo soldado en Hai, y las puertas de la ciudad quedaron abiertas de par en par. ¹⁸Entonces el SEÑOR

durante la peregrinación en el desierto habían sido circuncidados, a diferencia de quienes habían salido de Egipto, pero aquellos ya habían muerto. ⁶Porque el pueblo de Israel había peregrinado en el desierto durante cuarenta años hasta que todos los hombres, que al salir de Egipto tenían edad militar, murieron. Éstos no habían obedecido al Señor, y él juró que no los dejaría entrar en la tierra que había prometido a Israel, tierra de la que fluye leche y miel. ⁷Así que Josué hizo circuncidar a los hijos de ellos, los cuales habían crecido para tomar el lugar de sus padres.

⁸,⁹Y el Señor le dijo a Josué: «Hoy he quitado de ustedes la humillación de ser esclavos». Por esta razón el lugar donde se realizó esto se llamó Guilgal, y así se llama todavía. Después de la ceremonia todos descansaron en el campamento hasta que sus heridas sanaron.

### Celebración de la Pascua

¹⁰Mientras estaban acampados en Guilgal, en los llanos de Jericó, celebraron la Pascua durante la tarde del día catorce del mes. ¹¹Al día siguiente, comenzaron a comer de lo que sacaban de los huertos y campos sembrados e hicieron panes sin levadura. ¹²Al otro día ya no hubo maná y jamás volvieron a verlo. Desde entonces comenzaron a vivir de lo que producía la tierra de Canaán.

### El comandante del ejército del Señor

¹³Un día que Josué recorría los alrededores de la ciudad de Jericó apareció un hombre junto a él con una espada desenvainada. Josué se dirigió a él y le preguntó:

— ¿Eres amigo o enemigo?

¹⁴—Yo soy el comandante en jefe del ejército del Señor —respondió.

Josué cayó de rodillas delante de él, lo adoró y le dijo:

—Da tus órdenes a tu siervo, Señor.

¹⁵—Quítate el calzado —le ordenó el comandante—; porque este es terreno santo.

Y Josué obedeció.

### La conquista de Jericó

**6** Los habitantes de Jericó mantenían las puertas de la ciudad bien cerradas porque tenían miedo de los israelitas. Nadie podía salir ni entrar. Entonces el Señor le dijo a Josué: ²«Jericó, su rey, y todos sus guerreros ya están derrotados, porque los he entregado en tus manos. ³Los hombres que puedan pelear caminarán alrededor de la ciudad una vez al día durante seis días. ⁴Lo harán con siete sacerdotes que caminarán delante del cofre, cada uno con una trompeta hecha de cuerno de carnero. En el séptimo día caminarán siete veces alrededor de la ciudad, y los sacerdotes irán tocando sus trompetas. ⁵Entonces, cuando ellos den un trompetazo largo y estridente, todo el pueblo dará un gran grito y las murallas de la ciudad caerán; entonces entrarán en la ciudad desde todas las direcciones».

⁶⁻⁹Josué reunió a los sacerdotes y les dio las instrucciones: «Los hombres armados irán a la cabeza de la procesión, seguidos por los siete sacerdotes que tocarán continuamente sus trompetas. Detrás de ellos irán los sacerdotes que transportan el cofre, seguidos por una retaguardia».

¹⁰Josué entonces ordenó: «¡Que haya completo silencio y no se oiga otra cosa que el sonido de las trompetas! Ninguna otra palabra saldrá de su boca hasta que les ordene gritar; y entonces, ¡griten!»

¹¹El cofre fue transportado alrededor de la ciudad ese día, después de lo cual cada uno regresó al campamento a pasar la noche allí. ¹²⁻¹⁴A la madrugada del día siguiente se levantaron, y marchando en el mismo orden del día anterior, rodearon la ciudad y regresaron nuevamente al campamento. Siguieron haciéndolo así durante seis días. ¹⁵Al amanecer del séptimo día comenzaron nuevamente, pero esta vez dieron siete vueltas alrededor de la ciudad en lugar de una. ¹⁶La séptima vez, mientras los sacerdotes tocaban sus trompetas, Josué ordenó a la gente: «¡Griten! ¡El Señor nos ha entregado la ciudad!»

¹⁷Él les había dicho previamente: «Mátenlos a todos, menos a Rajab la prostituta y a los que estén en su casa, porque ella protegió a nuestros espías. ¹⁸No tomen botín porque todo debe ser destruido. Si no lo hacen, toda la nación de Israel sufrirá un gran desastre. ¹⁹Pero todo el oro, la plata y los utensilios de bronce y de hierro serán consagrados al Señor y serán llevados a su tesorería».

²⁰Cuando el pueblo oyó el sonido de las trompetas, gritaron lo más fuerte que pudieron. Repentinamente las murallas de Jericó se derrumbaron delante de ellos, y el pueblo de Israel entró en la ciudad desde todas direcciones y la capturaron. ²¹Destruyeron cuanto había en ella: hombres, mujeres, ancianos y jóvenes; bueyes, ovejas y burros, en una palabra, todo. ²²Entonces Josué les dijo a los espías: «Cumplan lo prometido. Vayan y rescaten a la prostituta y a todos los que están con ella». ²³Los jóvenes la encontraron y la sacaron, juntamente con su padre, su madre, sus hermanos, posesiones y todos los parientes que estaban con ella, y los instalaron fuera del campamento de Israel. ²⁴Luego quemaron la ciudad y todo lo que había en ella, salvo lo que era de plata, oro, bronce y hierro, que fue guardado para entregarlo en la tesorería del Señor. ²⁵De esta manera Josué salvó a Rajab la prostituta y a los familiares que estaban con ella en su casa. Todavía viven entre los israelitas porque ella escondió a los espías que Josué envió a Jericó.

²⁶Entonces Josué lanzó una terrible maldición sobre cualquiera que reedificara la ciudad de Jericó. Advirtió que cuando fueran puestos los cimientos, el hijo mayor del constructor moriría, y cuando fueran colocadas las puertas moriría el hijo menor.

²⁷El Señor estaba con Josué, y su nombre se hizo famoso en todas partes.

### El pecado de Acán

**7** Hubo un gran pecado entre los israelitas. Alguien desobedeció el mandato de Dios de destruir todo salvo lo que estaba reservado para los tesoros del Señor. Acán, hijo de Carmí, nieto de Zabdí y bisnieto de Zera, de la tribu de Judá, tomó parte del botín para sí, y el Señor se enojó con toda la nación a causa de esto.

### La derrota en Hai

²Poco después de la derrota de Jericó, Josué envió a sus hombres a reconocer la ciudad de Hai que queda al oriente de Betel. ³A su regreso le dijeron a Josué: «Es una ciudad pequeña y bastará con dos o tres mil

## JOSUÉ 3.2

### El cruce del río Jordán

**3** Temprano en la mañana del día siguiente Josué y todo el pueblo de Israel salieron de Sitín y llegaron a las riberas del río Jordán, donde acamparon durante varios días antes de cruzarlo.

²Al tercer día, los oficiales recorrieron el campamento ³dando estas instrucciones: «Cuando vean que los sacerdotes llevan el cofre de Dios síganlos. ⁴Ustedes jamás han estado en el lugar a donde van a entrar ahora, de modo que ellos los guiarán. Sin embargo, permanecerán novecientos metros detrás de ellos dejando esa distancia entre ustedes y el cofre. No se acerquen más de esto».

⁵Josué le dijo al pueblo entonces: «Purifíquense, porque mañana el Señor hará maravillas entre ustedes».

⁶En la mañana, Josué les dijo a los sacerdotes: «Tomen el cofre y guíennos en el cruce del río». Y ellos emprendieron la marcha.

⁷El Señor le dijo a Josué: «Hoy comenzaré a exaltarte para que todo Israel sepa que yo estoy contigo de la misma manera que estuve con Moisés. ⁸Ordena a los sacerdotes que llevan el cofre que se detengan a la orilla del río».

⁹Josué reunió a todo el pueblo y les dijo: «Acérquense y oigan lo que el Señor nuestro Dios ha dicho. ¹⁰Hoy sabrán en forma cierta que el Dios vivo está entre nosotros y que él expulsará a los cananeos, a los hititas, a los heveos, a los ferezeos, a los gergeseos, a los jebuseos y a los amorreos, pueblos que ahora viven en la tierra que ustedes van a ocupar. ¹¹¿Se dan cuenta? El cofre de Dios, Señor de toda la tierra, nos guiará a través del río Jordán. ¹²Ahora elijan doce hombres, uno de cada tribu, para una tarea especial. ¹³Cuando los sacerdotes que transportan el cofre toquen el agua con sus pies, el río cesará de correr, como si fuera retenido por un dique».

¹⁴,¹⁵Era la época de la siega y el Jordán se desbordaba; pero cuando el pueblo comenzó a cruzar el río, en cuanto los pies de los sacerdotes tocaron el agua en la orilla, ¹⁶repentinamente, lejos de allí, en la ciudad de Adán, cerca de Saretán, el agua comenzó a amontonarse como si hubiera un dique. Después de este punto, el agua siguió corriendo hasta el Mar Salado, de modo que el lecho del río quedó seco. Entonces todo el pueblo cruzó el río por la parte que estaba cerca de la ciudad de Jericó, ¹⁷y los sacerdotes que llevaban el cofre se quedaron en tierra seca en medio del Jordán esperando que todo el pueblo cruzara.

### Monumento conmemorativo

**4** Cuando el pueblo terminó de cruzar el río, el Señor le dijo a Josué: ²,³Elijan a doce hombres, uno de cada tribu de Israel y diles: tomen una piedra del lugar donde están parados los sacerdotes, en medio del Jordán, y llévenlas hasta el lugar donde acamparán esta noche.

⁴Josué llamó a los doce hombres ⁵y les dijo: «Vayan al centro del Jordán donde está el cofre. Cada uno de ustedes tomará una piedra y la sacará en hombros, doce en total, una por cada tribu. ⁶Las usaremos para levantar un monumento a fin de que en el futuro, cuando sus hijos pregunten por qué está aquí este monumento, ⁷puedan decirles: "Es para recordar que el río Jordán dejó de correr cuando el cofre de Dios lo cruzó". El monumento será para el pueblo de Israel un recuerdo permanente de este asombroso milagro».

⁸Enseguida los hombres hicieron como Josué les había ordenado. Sacaron doce piedras del río Jordán, una por cada tribu, como el Señor le había ordenado a Josué, y las llevaron al lugar donde iban a acampar durante la noche y levantaron un monumento. ⁹Josué también levantó otro monumento de doce piedras en el centro del río, en el lugar donde estaban de pie los sacerdotes. Y están allí hasta el día de hoy.

¹⁰Los sacerdotes que transportaban el cofre estuvieron en medio del río hasta que se cumplieron todas las órdenes que el Señor le había dado a Josué por medio de Moisés. Mientras tanto, el pueblo había cruzado el río. ¹¹Cuando todos habían pasado, el pueblo observó a los sacerdotes mientras transportaban el cofre y salían del río.

¹²,¹³Los varones de las tribus de Rubén, Gad y la media tribu de Manasés, completamente armados como Moisés había ordenado, formados por cuarenta mil hombres, precedieron a las otras tribus del Señor en su marcha por las llanuras de Jericó.

☆ ¹⁴En ese día el Señor engrandeció a Josué ante los ojos de todo Israel, y ellos lo respetaron todos los días de su vida de la misma manera que habían hecho con Moisés. ¹⁵El Señor le dijo, entonces, a Josué: ¹⁶«Diles a los sacerdotes que salgan del Jordán». ¹⁷Entonces, Josué dio la orden, ¹⁸y en cuanto los sacerdotes salieron del lecho del Jordán el agua comenzó a correr como de costumbre y se desbordaba por las orillas como antes.

☆ ¹⁹Este milagro ocurrió el veinticinco de marzo. Ese día Israel cruzó el río Jordán y acampó en Guilgal al este de la ciudad de Jericó; ²⁰y allí se levantó el monumento con las doce piedras del río Jordán.

²¹Josué explicó nuevamente el propósito de las piedras: «En el futuro, cuando sus descendientes pregunten "por qué están aquí estas piedras, y qué significan", ²²ustedes les dirán que estas piedras están puestas aquí para recordarnos que toda la nación de Israel cruzó el río Jordán sobre tierra seca. ²³Les dirán que nuestro Dios secó el río delante de sus ojos y lo mantuvo seco hasta que todos cruzamos, como lo hizo antes con el Mar Rojo. ²⁴Él hizo esto para que todas las naciones de la tierra comprendan que el Señor es el Dios Todopoderoso. Por lo tanto, debemos adorarlo para siempre».

**5** Cuando las naciones que estaban al oeste del río Jordán (los cananeos y los amorreos que vivían a lo largo de la costa del Mediterráneo) oyeron que el Señor había secado el río Jordán para que el pueblo de Israel pudiera cruzarlo, se les disipó completamente el valor y quedaron paralizados de temor.

### Liberación del oprobio egipcio

²,³El Señor entonces le dijo a Josué que apartara un día para circuncidar a toda la población masculina de Israel. El Señor les dio la orden de hacer cuchillos de piedra con este propósito. El lugar donde se realizó el rito de la circuncisión fue denominado colina de los Prepucios. ⁴,⁵Esta segunda ceremonia de circuncisión se realizó porque ninguno de los varones nacidos

☆4.19-24

# Josué

## Orden del Señor a Josué

**1** Después de la muerte de Moisés, el siervo del Señor, Dios habló al ayudante de Moisés, Josué, hijo de Nun, y le dijo: ²«Ahora que Moisés mi siervo ha muerto, tú conduce a mi pueblo a través del río Jordán y hazlo entrar en la Tierra prometida. ³A ti te digo lo mismo que le dije a Moisés; yo les daré toda la tierra que conquistes para Israel: ⁴desde el desierto de Néguev en el sur hasta las montañas del Líbano en el norte, y desde el mar Mediterráneo en el occidente hasta el río Éufrates en el oriente, incluyendo toda la tierra de los hititas. ⁵Nadie podrá hacerte frente mientras vivas, porque yo estaré contigo como estuve con Moisés; no te abandonaré, ni dejaré de ayudarte. ⁶»Esfuérzate y sé valiente, porque tú dirigirás a este pueblo con éxito y conquistarán toda la tierra que prometí a sus antepasados. ⁷Solamente si te esfuerzas y eres valiente para obedecer al pie de la letra la ley que Moisés te dio triunfarás en todo lo que hagas. ⁸Que no se aparte nunca de tu boca este libro de la ley. Medita en él día y noche y obedécelo al pie de la letra. Solamente así tendrás éxito. ⁹Sí, esfuérzate y sé valiente, no temas ni desmayes, porque el Señor tu Dios estará contigo dondequiera que vayas».

¹⁰Josué dio instrucciones a los jefes de Israel ¹¹para que el pueblo se preparara para cruzar el río Jordán. Les dijo: «Dentro de tres días cruzaremos y conquistaremos la tierra que el Señor nos ha dado y viviremos en ella».

¹²Luego reunió a los jefes de las tribus de Rubén, Gad y de la media tribu de Manasés ¹³y les recordó el acuerdo que habían tomado con Moisés: «El Señor nuestro Dios les ha dado a ustedes esta tierra, en este lado del río Jordán —como les había dicho Moisés—. ¹⁴Ahora dejen aquí a las mujeres, niños y ganado, y marchen bien armados al frente de las demás tribus que cruzarán el Jordán para conquistar el territorio de la otra orilla. ¹⁵Vayan con ellos hasta que se complete la conquista. Solamente entonces podrán establecerse aquí en esta orilla del río Jordán».

¹⁶Ellos estuvieron completamente de acuerdo y se comprometieron a obedecer a Josué como comandante en jefe.

¹⁷,¹⁸«Te obedeceremos de la misma manera que obedecimos a Moisés —le dijeron—, pero cuida que Dios esté contigo como estuvo con Moisés. Si alguno, no importa quién, se rebela contra tus mandatos, morirá. Solamente esfuérzate y sé valiente».

## Rajab y los espías

**2** Josué envió dos espías desde el campamento de Israel en Sitín para que cruzaran el río Jordán y observaran la situación en la otra orilla, especialmente en Jericó. Llegaron a la casa de una mujer llamada Rajab, que era prostituta; ²pero alguien informó al rey de Jericó que dos israelitas habían llegado a la ciudad aquella tarde como espías. ³El rey envió un grupo de soldados a la casa de Rajab para que los entregara. «Son espías israelitas —le explicaron—. Los jefes de Israel los enviaron para averiguar la mejor manera de atacarnos».

⁴Pero ella los había escondido, y le dijo al oficial que comandaba el grupo: «Sí, unos hombres estuvieron aquí temprano, pero no sabía que eran espías. ⁵Dejaron la ciudad al atardecer, cuando las puertas estaban por cerrarse, y no sé hacia dónde fueron. Si se dan prisa quizás los puedan alcanzar».

⁶Ella los había llevado a la azotea y los había escondido bajo unos manojos de lino que se estaban secando allí. ⁷Los soldados fueron hasta el río Jordán buscándolos, y al salir tuvieron el cuidado de dejar las puertas de la ciudad bien cerradas. ⁸Rajab subió a hablar con los espías antes que se durmieran, ⁹y les dijo:

—Sé perfectamente que su Dios les va a entregar mi país, y todos temblamos de miedo, especialmente nuestros gobernantes. Nos aterrorizamos con sólo oír la palabra Israel. ¹⁰Hemos sabido lo que el Señor hizo por ustedes al cruzar el Mar Rojo cuando salieron de Egipto. También sabemos lo que ustedes hicieron a Sijón y a Og, los dos reyes amorreos que habitaban al otro lado del Jordán; sabemos cómo asolaron la tierra de ellos y destruyeron completamente sus pueblos. ¹¹Esta noticia nos ha asustado. Nadie ha quedado con ánimo de pelear contra ustedes después de oír estas cosas, porque su Dios es el Dios supremo del cielo; no un dios ordinario. ¹²,¹³Ahora les ruego que me prometan por el sagrado nombre de su Dios que cuando Jericó sea conquistada respetarán mi vida y la de mi padre, mi madre, mis hermanos y hermanas y la de todas sus familias. ¡Por favor, sálvennos la vida!

¹⁴—Si no nos delatas, prometemos con nuestras vidas, que al tomar esta tierra te trataremos con bondad y fidelidad.

¹⁵Como la casa de ella estaba sobre la muralla de la ciudad, ella los bajó por una ventana con una cuerda.

¹⁶—Huyan a las montañas; escóndanse allí tres días hasta que los hombres que los buscan hayan regresado, y luego podrán continuar su camino —les dijo.

¹⁷Antes de irse los hombres le dijeron:

—No podemos hacernos responsables de lo que ocurra ¹⁸si no dejas esta cuerda colgando en la ventana y si tus parientes, tu padre, tu madre, tus hermanos o cualquier otro no están dentro de la casa. ¹⁹Si salen a la calle, no respondemos por ellos; pero te prometemos que ninguno que esté dentro de la casa será muerto ni sufrirá daño alguno. ²⁰Pero si nos delatas, este juramento ya no nos obligará de ninguna manera.

²¹—Acepto las condiciones —contestó ella, y dejó la cuerda escarlata colgando de la ventana cuando ellos se fueron.

²²Los dos espías subieron a las montañas y permanecieron allí tres días hasta que los hombres que los estaban buscando regresaron a la ciudad después de buscar inútilmente por todo el camino. ²³Entonces los dos espías, descendiendo de la montaña, cruzaron el río Jordán e informaron a Josué todo lo que les había sucedido. ²⁴«El Señor nos dará toda la tierra —dijeron—, porque el pueblo está muerto de miedo a causa de nosotros».

1.8–9   2.12–14

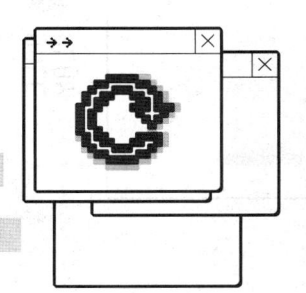

## → → ¿CÓMO SE RELACIONA CONMIGO?

Aunque la mayoría de los cristianos conoce versículos famosos de este libro, son pocos quienes recorren toda la historia de este valiente líder. Josué enfrentó grandes desafíos en los que requirió de valentía y obediencia a pesar de las circunstancias. Josué fue un ejemplo de integridad y liderazgo audaz y el gran mensaje del libro es que la clave de su éxito no radicó en su astucia, sino en su dependencia de Dios y de su Palabra. Este libro te ayudará a tener bien claro que se requiere valentía y obediencia para alcanzar el éxito ya sea en lo espiritual como en las demás facetas de la vida. En la vida y en el llamado de Dios debemos tomar decisiones difíciles y evitar distracciones, sobre todo cuando obedecer es más arriesgado y quizás doloroso. En el camino hacia la voluntad de Dios habrá tentaciones y escucharemos muchas voces que nos querrán detener. Tendremos muchas oportunidades de hacer las cosas en nuestra propia sabiduría, y en cada paso necesitaremos que las palabras de Dios estén presentes en nuestra mente, corazón y boca (Josué 1:8).

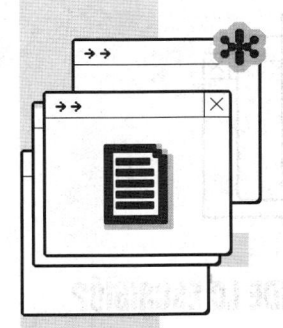

## → → EL GUION

1) Prepárate espiritualmente para recibir las promesas del Señor. 1-5
2) Lucha, conquista y dale la gloria al Señor. 6-12
3) Administra las bendiciones con justicia y sabiduría. 13-22
4) Consejos de un veterano guerrero. 23-24

**JOSUÉ**

# JOSUÉ

## ¿QUIÉN LO ESCRIBIÓ?

Josué es testigo ocular clave de los acontecimientos registrados, y por lo tanto es aceptado como escritor del libro. Josué fue ayudante personal de Moisés, le acompañó al Monte Sinaí (Éxodo 24:13). Fue además uno de los dos espías que trajo un reporte que alentaba al pueblo a conquistar Canaán (Números 13:8,16). Su liderazgo consistió en asentar y gobernar a las 12 tribus, durante unos 25 años. Seguramente alguien más terminó de escribir el libro (24:29-33).

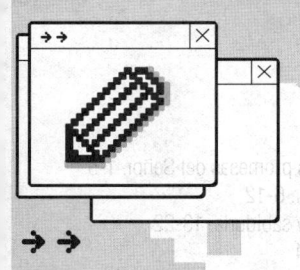

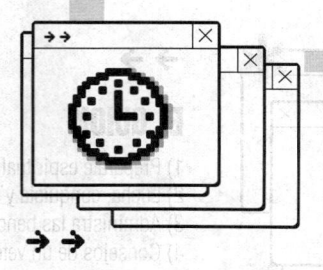

## ¿A QUIÉN LO ESCRIBIÓ?

Los receptores de este libro son la generación de israelitas nacidos después de la conquista.

## ¿CUÁNDO Y DÓNDE LO ESCRIBIÓ?

Se calcula que la fecha de redacción del libro se encuentra entre el 1400 y 1370 a.C.

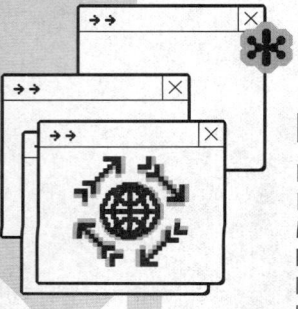

## PANORAMA DEL LIBRO

Este libro fue escrito para describir la manera en la que el Señor dirigió a Israel a la tierra prometida y como fue repartida la tierra conquistada. Narra la historia del cumplimiento de las promesas hechas en el Pentateuco. Es el libro de las promesas alcanzadas, mientras que el Pentateuco es el libro de las promesas hechas. La obra cubre pocas décadas en las que Josué dirigió la conquista.

²⁷El Dios eterno es tu refugio, y abajo están los brazos eternos.
Arroja a tus enemigos delante de ti y grita: "¡Destrúyelos!"
²⁸Por esta razón, Israel habita confiada, prosperando en tierra de grano y de vino, mientras las lluvias suaves descienden de los cielos.
²⁹¡Qué bendiciones tienes, oh Israel!
¿Quién más ha sido salvado por el Señor?
Él es tu escudo y tu ayudador, él es tu espada triunfal.
Tus enemigos se inclinarán delante de ti; y tú pisarás sus espaldas».

## Muerte de Moisés

**34** Entonces Moisés subió desde las llanuras de Moab a la cumbre del Pisgá en el monte Nebo, al otro lado de Jericó. Y el Señor le mostró la tierra entera mientras recorría con la vista todo el territorio de Galaad hasta llegar a alcanzar al de Dan: ²«Allí está Neftalí; y allí están Efraín y Manasés, al otro lado tienes a Judá, que se extiende hasta el mar Mediterráneo; ³allí está el Néguev y el valle del Jordán; y Jericó, la ciudad de las palmeras; y Zoar —le dijo el Señor—. ⁴Es la Tierra prometida. Yo prometí a Abraham, Isaac y Jacob que la daría por heredad a sus descendientes. Te he permitido verla, pero no entrarás en ella».

⁵Entonces Moisés, el siervo del Señor, murió en la tierra de Moab, como el Señor había dicho. ⁶El Señor lo sepultó en un valle, cerca de Bet Peor, en Moab; pero nadie conoce el lugar exacto.

⁷Moisés tenía ciento veinte años cuando murió; sin embargo, su vista era perfecta, y era tan fuerte como un hombre joven. ⁸El pueblo de Israel lo lloró durante treinta días, cumpliendo así el tiempo del luto, en las llanuras del Moab.

⁹Josué (hijo de Nun) estaba lleno del espíritu de sabiduría porque Moisés había impuesto sus manos sobre él; el pueblo de Israel le obedeció y siguió los mandamientos que el Señor le había dado a Moisés.

¹⁰Jamás hubo otro profeta como Moisés, porque el Señor habló con él cara a cara. ¹¹,¹²Y, bajo el mandato de Dios, realizó milagros y prodigios que no han podido ser igualados.

Hizo grandes y terribles prodigios delante del faraón y de toda su corte en Egipto, y delante del pueblo de Israel.

**44,45** Cuando Moisés y Josué terminaron de recitar este cántico delante del pueblo, **46** Moisés hizo estos comentarios:

«Mediten sobre las leyes que les he dado en este día, y háganlas conocer a sus hijos. **47** Estas leyes no son sólo palabras, son tu vida. Si las obedecen podrán vivir una vida larga y próspera en la tierra que entrarán a poseer al otro lado del Jordán».

## Anuncio de la muerte de Moisés

**48** Ese mismo día el Señor le dijo a Moisés: **49** «Sube al monte Nebo en los montes Abarín, en la tierra de Moab a este lado de Jericó. Sube hasta su cumbre, y observa la tierra que está al otro lado del río en Canaán, la tierra que le doy al pueblo de Israel. **50** Después que hayas visto la tierra morirás y te unirás a tus antepasados, de la misma manera que Aarón tu hermano murió en el monte Hor y fue reunido con ellos. **51** Porque tú me deshonraste delante del pueblo de Israel en las aguas de Meriba en Cades en el desierto de Zin. **52** Verás delante de ti extendida toda la tierra que le doy al pueblo de Israel, pero no podrás entrar en ella».

## Moisés bendice las tribus

**33** Esta es la bendición que Moisés, varón de Dios, dio al pueblo de Israel antes de morir:

**2** «El Señor vino a nosotros en el monte Sinaí, apareció desde el monte Seír; resplandeció desde el monte Parán, rodeado por diez millares de ángeles, y con fuego flameante en su mano derecha.
**3** ¡Cuánto ama a su pueblo!
Sus santos están en sus manos.
Ellos siguieron tus pasos, oh Señor;
recibieron sus instrucciones de ti.
**4** Las leyes que les he dado les son posesión muy preciosa.
**5** El Señor es rey en Jesurún, elegido por una congregación de jefes de las tribus.

**6** »¡Que Rubén viva para siempre y sea su tribu numerosa!»

**7** Y Moisés dijo de Judá:

«Oh, Señor, escucha el lamento de Judá y únelo con Israel; pelea en favor de ellos contra sus enemigos».

**8** Y entonces dijo Moisés de Leví:

«Da al piadoso Leví tu urim y tu tumim.
Probaste a Leví en Masá y en Meribá, **9** y él obedeció tus mandamientos y destruyó a muchos pecadores, aun a sus propios hijos, hermanos, padres y madres.
**10** Los levitas enseñarán las leyes de Dios a Israel y trabajarán delante de ti en el altar del incienso, y en el altar del holocausto.
**11** Oh, Señor, haz prosperar a los levitas y acepta la obra que ellos hacen para ti.
Aplasta a los que son sus enemigos; y no dejes que se levanten nuevamente».

**12** Acerca de Benjamín dijo Moisés:

«Es el amado del Señor y vive con seguridad cerca de él.
El Señor lo rodea con sus cuidados de amor y lo preserva de todo mal».

**13** De José, dijo:

«Bendiga el Señor su tierra con los dones más altos del cielo y de la tierra que pisan sus pies.
**14** Sea bendecido con los mejores frutos que maduran al sol; enriquézcase cada mes **15** con las mejores cosechas de las montañas y de las laderas de las colinas.
**16** Sea bendecido con los mejores dones de la tierra y su plenitud, y con el favor de Dios que se le apareció en la zarza ardiente.
Que todas estas bendiciones vengan sobre José, príncipe entre sus hermanos.
**17** Es como un toro joven con toda su fortaleza y esplendor, con los cuernos fuertes de un búfalo para pelear contra las naciones de la tierra.
Esta es mi bendición para las multitudes de Efraín y para los millares de Manasés».

**18** De Zabulón dijo Moisés:

«Regocíjate, oh Zabulón, que amas el aire libre; e Isacar, que amas tus tiendas.
**19** Llamarán al pueblo a que celebre sacrificios con ellos.
Gustarán las riquezas del mar y los tesoros de la arena».

**20** Acerca de la tribu de Gad, Moisés dijo:

«Benditos los que ayudaron a Gad.
Está agazapado como un león; desgarra el brazo, el rostro y la cabeza.
**21** Escogió la mejor de las tierras para sí, porque estaba reservada para un caudillo.
Él condujo al pueblo y ejecutó los mandatos y decretos de Dios para Israel».

**22** De Dan, Moisés dijo:
«Dan es como un cachorro de león que salta desde Basán».

**23** De Neftalí dijo:
«Oh Neftalí, estás satisfecho con todas las bendiciones del Señor.
Las costas del Mediterráneo y el Néguev son tu hogar».

**24** Dijo de Aser:
«Aser es hijo favorito, estimado más que sus hermanos; lava sus pies en aceite de oliva suavizante.
**25** Seas protegido con fuertes cerrojos de hierro y bronce, y tu fortaleza sea como el largo de tus días.

**26** »No hay como el Dios de Jesurún, desciende de los cielos con majestuoso esplendor para ayudarte.

✯33.3  ✯33.27

## DEUTERONOMIO 32.7

**32** «Escuchen, cielos y tierra.
Escuchen lo que tengo que decir.
²Mis palabras caerán sobre ustedes como suave lluvia y rocío, como lluvia sobre el pasto tierno, como lluvia sobre las laderas.
³Yo proclamaré la grandeza del Señor.
¡Cuán glorioso es él!
⁴Dios es la Roca. Perfecta es su obra.
Todo lo que hace es justo y bueno.
Dios es fiel, no practica la injusticia.
⁵Pero Israel se ha corrompido, se ha contaminado con pecado.
Ya no es hijo digno.
Es una generación perversa y depravada.

⁶»¿Así tratas al Señor, oh pueblo insensato y necio?
¿No es Dios tu Padre?
¿No es él tu creador?
¿No es él quien te formó y te dio fortaleza?
⁷Recuerda los días del pasado.
Pregúntale a tu padre y al anciano; ellos te contarán.
⁸Cuando Dios dividió el mundo entre las naciones, según el número de los hijos de Israel.
⁹Pero no designó uno para Israel:
Porque Israel era la posesión especial de Dios.
¹⁰Dios los protegió en la soledad amenazadora como si fuera la niña de sus ojos.
¹¹Extendió sus alas sobre ellos, como un águila protege a sus polluelos, y los lleva sobre sus alas.
¹²»Cuando el Señor solo los conducía, y ellos vivían sin dioses ajenos, ¹³Dios les entregó fértiles colinas, y campos fértiles y productivos, les dio miel de la peña, y aceite de oliva de los pedregales.
¹⁴Les dio leche y carne; carneros de Basán y cabritos, lo mejor del trigo, y el vino por bebida.

¹⁵»Pronto Israel estuvo saciado, engordó y dio coces; entonces, en la abundancia se olvidaron de su Dios y despreciaron a la Roca de su salvación.
¹⁶Israel comenzó a seguir a dioses ajenos, y el Señor se airó; sintió celos por su pueblo.
¹⁷Sacrificaron a dioses paganos, a nuevos dioses que nunca antes habían adorado.
¹⁸Se olvidaron de la Roca que los había hecho, olvidando que era Dios quien les había dado el ser.

¹⁹»Dios vio lo que estaban haciendo, y los aborreció.
Sus hijos e hijas lo insultaban.
²⁰Dijo: "Los abandonaré; veré entonces qué les ocurrirá, porque son una generación perversa e incrédula.
²¹Me han dado celos con sus ídolos, los cuales no son dioses.
Ahora yo haré que sientan celos dando mi amor a las insensatas naciones gentiles que lo rodean.
²²Porque mi ira se ha encendido como un fuego que quema los abismos profundos, consume la tierra y todos sus productos, y enciende las montañas con fuego.

²³»"Yo amontonaré males sobre los israelitas y arrojaré contra ellos mis saetas.
²⁴Los consumiré con hambre, con fiebre y enfermedades fatales.

Yo los devoraré; enviaré contra ellos bestias salvajes, para que los destrocen con sus dientes y serpientes venenosas que se arrastran por el polvo.
²⁵Por fuera los atacará la espada del enemigo; por dentro la plaga mortal aterrorizará a jóvenes y a muchachas por igual, al niño de pecho y al hombre de avanzada edad.
²⁶Había decidido esparcirlos por tierras lejanas, para que la memoria de ellos desapareciera.
²⁷Pero luego pensé: Mis enemigos se jactarán diciendo:
'Israel ha sido destruida por nuestro poder. No fue el Señor quien lo hizo sino nosotros'".

²⁸»Israel es una nación insensata, necia, que no tiene entendimiento.
²⁹¡Oh, si tuvieran sabiduría!
¡Oh, si tuvieran entendimiento!
¡Oh, si supieran el fin que les espera!
³⁰¿Cómo podría un solo enemigo perseguir a mil, y dos poner en fuga a diez mil; a menos que la Roca los haya abandonado, a menos que el Señor los haya destruido?
³¹Pero la roca de otras naciones no es como nuestra Roca.
Aun sus enemigos lo reconocen.
³²Actúan como los hombres de Sodoma y Gomorra.
Sus obras son amargas y venenosas; ³³su vino es veneno de serpientes.
³⁴»"Pero Israel es mi pueblo especial, sellado como joya de mis tesoros.
³⁵Mía es la venganza y la retribución, porque a su tiempo su pie resbalará.
El día de la condenación de sus enemigos está cerca; es segura e inminente".

³⁶»Porque el Señor verá que su pueblo tenga justicia y tendrá compasión de ellos cuando se desvíen.
Verá cuando su fuerza se agote, tanto en el esclavo como en el libre, ³⁷y dirá: "¿Dónde están sus dioses, las rocas que decían les sirvieron de refugio?
³⁸¿Dónde están sus dioses ahora, a quienes ellos sacrificaron su gordura y su vino?
Que se levanten esos dioses y los ayuden.

³⁹»"¿No ven que sólo yo soy Dios?
Yo hago morir y hago vivir.
Yo hago la herida y yo la sano:
nadie se escapa de mi poder.
⁴⁰He levantado mis manos al cielo y he jurado por mi propia existencia, ⁴¹que sacaré filo al rayo de mi espada, y derramaré mi castigo sobre mis enemigos.
⁴²Mis saetas se embriagarán con sangre y mi espada devorará la carne y la sangre de todos los muertos y cautivos.
Las cabezas del enemigo estarán ensangrentadas".

⁴³»Alaben a su pueblo, naciones gentiles, porque él vengará a los suyos; tomará venganza contra sus enemigos y purificará su tierra y su pueblo».

32.10–12

## Elección entre la vida y la muerte

¹¹Estos mandamientos no están fuera de tu alcance ni son superiores a tus fuerzas como para que no los obedezcas; ¹²porque estas leyes no están en los lejanos cielos, tan distantes que no puedas oírlas y obedecerlas y no haya nadie que pueda traerlas a ti en la tierra; ¹³ni están más allá del océano, tan lejos que nadie pueda hacerte oír su mensaje. ¹⁴Están muy cerca de ti, en tu memoria y en tus labios, para que puedas obedecerlas. ¹⁵»Mira, yo he puesto en este día delante de ti la vida y la muerte; todo depende de tu obediencia o de tu desobediencia. ¹⁶Hoy te he dado el mandamiento de que ames al SEÑOR tu Dios y andes en todos sus caminos, y guardes todas sus leyes, para que puedas vivir y llegar a ser una nación grande. Así, el SEÑOR tu Dios te bendecirá a ti y a la tierra que vas a poseer. ¹⁷Pero si tu corazón se aparta y no quieres oír, y te dejas arrastrar a la idolatría, ¹⁸declaro en este día que ciertamente perecerás. No tendrás una vida larga y buena en la tierra que entras a poseer.

¹⁹»Invoco a los cielos y a la tierra por testigos de que he puesto delante de ti la vida o la muerte, la bendición o la maldición. ¡Ojalá optases por la vida para que tú y tus hijos puedan vivir! ²⁰Ama al SEÑOR tu Dios, obedécele y aférrate a él, porque él es vida para ti y prolongación de tus días. Así podrás vivir con seguridad en la tierra que el SEÑOR prometió a tus antepasados Abraham, Isaac y Jacob».

## Josué, sucesor de Moisés

**31** Después que Moisés terminó de decir estas advertencias y consejos al pueblo, ²añadió: «Ahora tengo ciento veinte años. No podré continuar dirigiéndote porque el SEÑOR me ha dicho que no cruzaré el río Jordán. ³Sin embargo, él mismo te guiará y destruirá a las naciones que viven allí, y tú las heredarás. Josué es tu nuevo comandante según las órdenes del SEÑOR. ⁴El SEÑOR destruirá a las naciones que viven en la tierra, así como destruyó a Sijón y a Og, reyes amorreos. ⁵El SEÑOR entregará en tus manos a la nación que vive allí, y tú la destruirás conforme a lo que te he ordenado. ⁶Sé fuerte. Sé valiente. No temas delante de ellos porque el SEÑOR tu Dios estará contigo, no te dejará ni te abandonará».

⁷Luego llamó Moisés a Josué delante de todo Israel y le dijo: «Esfuérzate y ten valor, porque tú guiarás a este pueblo a la tierra que el SEÑOR prometió a sus antepasados, y estarás a cargo de dirigir la conquista. ⁸No tengas miedo porque el SEÑOR irá delante de ti y estará contigo. Él no te desamparará. No temas ni te desanimes».

## La lectura de la ley

⁹Moisés, entonces, escribió las leyes que ya había expresado al pueblo y se las entregó a los sacerdotes, los hijos de Leví. Los que tenían a cargo el transporte del cofre que contenía los Diez Mandamientos del SEÑOR. Moisés también se las dio a los ancianos de Israel. ¹⁰,¹¹El SEÑOR ordenó que estas leyes fueran leídas al pueblo cada siete años, en el año de la remisión, en la fiesta de las Enramadas; cuando todo Israel se reúna delante del SEÑOR en el santuario.

¹²«Harán congregar al pueblo —dijo el SEÑOR—, hombres, mujeres y niños, y extranjeros que viven entre ustedes, para que oigan las leyes de Dios y aprendan a hacer su voluntad, a fin de que reverencien al SEÑOR tu Dios y obedezcan sus leyes. ¹³Hagan esto para que los hijos de ustedes que no conocen estas leyes las oigan y aprendan a temer al SEÑOR su Dios mientras vivan en la Tierra prometida».

## Predicción de la rebeldía de Israel

¹⁴Luego el SEÑOR dijo a Moisés: «Ha llegado el momento en que debes morir. Llama a Josué y entra en el santuario para que pueda darle las instrucciones».

Moisés y Josué entraron y estuvieron de pie delante del SEÑOR. ¹⁵Él se les apareció en la forma de una gran nube a la entrada del santuario, ¹⁶y le dijo a Moisés: «Tú morirás y te reunirás con tus antepasados. Después de tu partida, este pueblo comenzará a adorar dioses extraños en la tierra en la que van a entrar. Ellos se olvidarán de mí y quebrantarán el pacto que he hecho con ellos. ¹⁷Entonces se inflamará mi ira contra ellos y los abandonaré, esconderán mi rostro de ellos, y serán destruidos. Tendrán gran tribulación, de modo que ellos dirán un día: "El SEÑOR ya no está entre nosotros". ¹⁸Me apartaré de ellos porque habrán pecado adorando a otros dioses.

¹⁹»Escribe, pues, las palabras de este cántico y enséñaselo al pueblo de Israel como advertencia mía. ²⁰Cuando yo los haya introducido en la tierra que prometí a sus antepasados, tierra que fluye leche y miel, y cuando ellos se hayan saciado y engordado, y comiencen a adorar a otros dioses y me desprecien y quebranten mi pacto ²¹y caigan sobre ellos grandes calamidades, este cántico les recordará las razones de su dolor. (Porque este cántico vivirá de generación en generación.) Yo los conozco bien ya, aun antes de que entren en la tierra que prometí darles».

²²Ese mismo día Moisés escribió las palabras del cántico y se las enseñó a los israelitas.

²³Luego, el SEÑOR encargó a Josué hijo de Nun que fuera valiente y se esforzara, y le dijo: «Tú harás entrar al pueblo de Israel en la tierra que yo juré que les daría; yo estaré contigo».

²⁴Cuando Moisés hubo terminado de escribir todas las leyes de este libro, ²⁵ordenó a los levitas que conducían el cofre con los Diez Mandamientos ²⁶que pusieran este libro de la ley junto al cofre del pacto como solemne advertencia al pueblo de Israel. ²⁷«Porque sé que ustedes son un pueblo rebelde y obstinado —dijo Moisés—. Si aun hoy, mientras todavía estoy con ustedes, se rebelan contra mí, ¡cuánto más rebeldes serán después de mi muerte! ²⁸Hagan venir ahora a los ancianos y a los jefes de las tribus para que pueda hablarles, y pueda invocar a los cielos y a la tierra como testigos contra ellos. ²⁹Yo sé que después de mi muerte, ustedes se corromperán y se apartarán del SEÑOR y de sus mandamientos, y en los días venideros el mal los aplastará porque harán lo que el SEÑOR dijo que era malo, y la ira del SEÑOR se encenderá».

³⁰Entonces Moisés recitó el siguiente cántico ante todo el pueblo de Israel:

31.3   31.6   31.8   31.13   31.19-21

sino que el SEÑOR pondrá cobardía en tu corazón, y quedarás en tinieblas con el cuerpo gastado por la tristeza y el temor. ⁶⁶Tu vida penderá de un hilo. Vivirás noche y día lleno de temor, y no tendrás motivo para pensar que verás la luz del día siguiente: ⁶⁷En la mañana dirás: "Ojalá pueda vivir hasta la noche". Y en la noche dirás: "Ojalá pueda vivir hasta mañana". Dirás esto porque estarás rodeado de temor, y el miedo se adueñará de tu corazón. ⁶⁸Entonces el SEÑOR te enviará de regreso a Egipto en barcos, viaje que yo prometí que jamás volverías a hacer. Allí te pondrás en venta delante de tus enemigos para ser esclavo de ellos, pero nadie querrá comprarte».

## La renovación del pacto

**29** Fue en las llanuras de Moab donde Moisés confirmó el pacto que el SEÑOR había hecho con el pueblo de Israel en el monte Horeb. ²,³Convocó a todo Israel ante su presencia y les dijo:

«Ustedes vieron con sus propios ojos las grandes plagas y los milagros portentosos que el SEÑOR hizo caer sobre el faraón y su pueblo en Egipto. ⁴Sin embargo, el SEÑOR no les ha dado corazones que entiendan ni ojos que vean ni oídos que oigan. ⁵Durante cuarenta años el SEÑOR los condujo a través del desierto, y sus vestiduras no se envejecieron, ni se les gastó el calzado. ⁶Él no les ha permitido establecerse en ningún lugar ni cultivar la tierra para que les produzca trigo para el pan y uva para el vino, porque desea que comprendan que él es el SEÑOR Dios de ustedes, y que los ha estado cuidando y alimentando.

⁷»Cuando llegamos a este lugar, el rey Sijón de Hesbón y el rey Og de Basán salieron a ofrecernos batalla, y los derrotamos. ⁸Tomamos posesión de sus tierras y se las dimos a las tribus de Rubén, Gad y a la media tribu de Manasés, para que fuera heredad de ellos. ⁹Por lo tanto, obedezcan las condiciones de este pacto para que sean prosperados en todo lo que hagan. ¹⁰Todos ustedes, sus dirigentes, el pueblo, sus jueces y funcionarios administrativos, están hoy delante del SEÑOR su Dios, ¹¹junto con sus pequeños, sus viudas y los exiliados que viven entre ustedes, los que cortan la leña y los aguadores. ¹²Están aquí esperando establecer un pacto con el SEÑOR su Dios, pacto que él hace por ustedes hoy, bajo juramento. ¹³Él desea confirmarlos hoy como su pueblo y confirmar que él es su Dios como prometió a sus antepasados Abraham, Isaac y Jacob. ¹⁴Este pacto no lo hace sólo con ustedes los que están aquí delante de él en este día, ¹⁵sino también con todas las generaciones futuras de Israel.

¹⁶»Ciertamente recuerdan cómo vivimos en la tierra de Egipto y cómo salimos de ella, cómo cruzamos a salvo el territorio de las naciones enemigas. ¹⁷Y ustedes han visto todos sus ídolos paganos hechos de piedra, de madera, de plata y de oro. ¹⁸El día en que cualquiera de ustedes, hombre o mujer, familia o tribu de Israel, comience a apartarse del SEÑOR nuestro Dios y desee adorar los dioses de esas naciones, ese día saldrá de entre ustedes una raíz que producirá fruto amargo y venenoso.

¹⁹»Que ninguno de ustedes, al oír las advertencias de esta maldición, piense livianamente y se diga: "Prosperaré aun cuando me conduzca de acuerdo con mi propio capricho". Porque será la ruina de todos. ²⁰El SEÑOR no lo perdonará. Su ira se encenderá contra aquella persona. Todas las maldiciones escritas en este libro caerán sobre ella y el SEÑOR borrará su nombre de debajo del cielo. ²¹El SEÑOR cortará a ese hombre de entre todas las tribus de Israel y derramará sobre él todas las maldiciones que están escritas en este libro, y que caerán sobre los que rompan este pacto. ²²Y los hijos de ustedes, las generaciones venideras y los extranjeros de tierras distantes que pasen verán la destrucción de la tierra y las enfermedades que el SEÑOR ha enviado sobre ella. ²³Verán que toda la tierra es azufre y sal, desierta y calcinada, sin cultivar, tierra que no produce, ni siquiera hierba, como las de Sodoma y Gomorra, Admá y Zeboyín, que el SEÑOR destruyó en medio de su ira.

²⁴»"¿Por qué el SEÑOR trató así a esta tierra?" preguntarán las naciones. "¿Por qué se encendió de tal modo su ira?"

²⁵»Y se les dirá: "Porque el pueblo de esta tierra quebrantó el pacto que hicieron con el SEÑOR, Dios de sus antepasados, quien los sacó de la tierra de Egipto. ²⁶Ellos adoraron a otros dioses que no conocían ni habían hecho nada por ellos. ²⁷Por esta razón la ira del SEÑOR se encendió contra esta tierra, y todas las maldiciones, escritas en este libro, cayeron sobre ellos. ²⁸Con gran ira el SEÑOR los desarraigó de su tierra y los lanzó a otra tierra, donde viven todavía".

²⁹»Hay secretos que el SEÑOR nuestro Dios no nos ha revelado, pero estas palabras que ha revelado son para que nosotros y nuestros hijos las obedezcamos para siempre.

## Bendición a causa del arrepentimiento

**30** »Cuando te hayan ocurrido todas estas cosas, las bendiciones y las maldiciones que te he enumerado, meditarás acerca de ellas en las naciones a donde el SEÑOR tu Dios te habrá desterrado. ²Si entonces quisieras volverte al SEÑOR tu Dios, y tú y tus hijos comenzaran de todo corazón a obedecer los mandamientos que te he dado en este día, ³el SEÑOR tu Dios te rescatará del cautiverio. Él tendrá misericordia de ti y te recogerá de todas las naciones donde te haya esparcido. ⁴Aun cuando estés en el extremo de la tierra, él irá y te buscará para traerte de regreso ⁵a la tierra de tus antepasados. Poseerás nuevamente la tierra y él te hará bien y te multiplicará aun más que a tus antepasados. ⁶Dios limpiará tu corazón y el de los hijos de tus hijos, para que ames al SEÑOR tu Dios con toda tu mente y con todo tu ser, e Israel vivirá nuevamente.

⁷,⁸»Si te vuelves al SEÑOR y obedeces todos los mandamientos que te he dado hoy, el SEÑOR tu Dios retirará sus maldiciones y las lanzará contra tus enemigos, y contra los que te odian y persiguen. ⁹El SEÑOR tu Dios prosperará todo cuanto emprendas y te dará muchos hijos, mucho ganado, y abundantes cosechas, pues el SEÑOR se gozará nuevamente en ti como lo hizo en tus padres. ¹⁰Él se alegrará con tu obediencia si sigues los mandamientos escritos en este libro de la ley y si te vuelves al SEÑOR tu Dios con toda tu mente y con todo tu ser.

※30.16

## Maldiciones por la desobediencia

**15-19** » Si no escuchas al Señor tu Dios y no obedeces estas leyes que te doy en este día, todas estas maldiciones vendrán sobre ti:

» Maldito sea en la ciudad; maldito sea en el campo.

» Maldiciones en las frutas y en el pan.

» Maldición de matrices estériles.

» Maldición sobre tus cosechas.

» Maldiciones sobre la fertilidad de tus ovejas y vacas.

» Maldiciones cuando entres; maldiciones cuando salgas.

**20** » Porque el Señor mismo enviará su maldición sobre ti. Estarás confuso y fracasarás en todo lo que hagas, hasta que seas destruido por el pecado de haber abandonado a tu Dios. **21** » Te mandará enfermedades hasta que hayas desaparecido de la tierra a la que estás por entrar y poseer. **22** Te enviará enfermedades mortales, fiebres e infecciones. Arruinará tus cosechas con plaga, sequía y con hongos. Y todos sus azotes te perseguirán hasta que mueras. **23** » Los cielos sobre ti serán como bronce, la tierra debajo de ti será como el acero. **24** La tierra estará tan seca por la falta de lluvia que las tormentas de polvo te destruirán. **25** » El Señor hará que seas derrotado por tus enemigos. Marcharás gloriosamente a la batalla, pero huirás delante de tu enemigo en completa confusión y serás causa de espanto entre todas las naciones de la tierra. **26** Tu cadáver servirá de comida a las aves y a los animales salvajes, y nadie estará allí para espantarlos. **27** » El Señor enviará sobre ti las úlceras y las plagas de Egipto: tumores, sarna y tiña para las que no hallarás remedio. **28** Te enviará locura, ceguera, temor y pánico. **29** Andarás a tientas al mediodía, de la manera que un ciego anda en la oscuridad. No prosperarás en nada de lo que hagas, serás oprimido y despojado continuamente, y nada podrá salvarte.

**30** » Tomarás mujer y otro dormirá con ella; edificarás casa y otro la habitará; plantarás viñas y otro comerá su fruto. **31** Tus bueyes serán degollados delante de tus propios ojos, pero no podrás comer un bocado de su carne. Tus burros te serán arrebatados mientras miras y nadie te los devolverá. Tus ovejas serán entregadas a tus enemigos. ¡No habrá quien te proteja! **32** Ante tu vista tus hijos e hijas serán llevados en esclavitud. Tu corazón se quebrantará de angustia al verlos, pero no podrás ayudarlos. **33** Una nación extranjera de la cual ni siquiera has oído se comerá las cosechas que con tanto trabajo cultivaste. Estarás siempre oprimido y explotado. **34** Te volverás loco por toda la tragedia que verás a tu alrededor. **35** El Señor te cubrirá de llagas incurables de la cabeza hasta los pies. **36** » Cautivo te enviará el Señor juntamente con el rey que elegiste, a una nación que ni tú ni tus antepasados tuvieron en cuenta, y mientras estés en el destierro, adorarás dioses de piedra y de madera. **37** Serás motivo de horror y objeto de burla entre todas las naciones, porque el Señor te desechará.

**38** » Sembrarás mucho pero cosecharás poco, porque las langostas se comerán tus cultivos. **39** Plantarás viñedos y los cuidarás, pero no comerás las uvas ni beberás el vino porque el gusano destruirá las viñas. **40** Los olivos crecerán por doquier, pero no habrá suficiente aceite para ungirte, porque los árboles dejarán caer el fruto antes de que haya madurado. **41** Tus hijos e hijas serán raptados para ser vendidos como esclavos. **42** La langosta destruirá tus árboles y tus viñas. **43** Los extranjeros que vivan en medio del pueblo se enriquecerán cada vez más, mientras tú te haces cada vez mas pobre. **44** Ellos te prestarán a ti, y tú no podrás prestarles a ellos ni un centavo. Ellos estarán a la cabeza y tú, en la cola.

**45** » Todas estas maldiciones te perseguirán hasta que seas destruido por haber rechazado la palabra del Señor tu Dios. **46** Todos estos horrores caerán sobre ti y tus descendientes como una advertencia. **47** Serás esclavo de tus enemigos por no haber alabado a Dios con gozo y alegría por todo lo que él ha hecho por ti. **48** El Señor enviará a tus enemigos en tu contra, y tendrás hambre y sed; y estarás desnudo y tendrás necesidad de todas las cosas. Sobre tu cuello será colocado un yugo de hierro, hasta que seas destruido.

**49** » El Señor traerá contra ti una nación distante que vuela con la rapidez del águila y cuyo idioma no entiendes, **50** una nación de hombres fieros e iracundos que no tendrán misericordia de jóvenes ni de viejos. **51** Comerán de lo que haya en tu casa hasta que se hayan agotado el ganado y las cosechas. Desaparecerá el grano, el vino nuevo, los cabritos y los corderos. **52** Esa nación pondrá sitio a tus ciudades y derribará tus murallas altas, en las cuales confiaste creyendo que serían tu protección. **53** Llegarás aun a comer la carne de tus hijos e hijas en los terribles días del sitio que está por delante. **54** Los hombres más sensibles que moran contigo se endurecerán contra sus propios hermanos, contra sus padres, y contra sus esposas y contra los hijos que aún estén vivos. **55** Se negarán a darles parte de la carne que están devorando —carne de sus propios hijos— porque estarán muertos de hambre en medio del sitio de tus ciudades. **56,57** La mujer más tierna y delicada de tu pueblo, que no se habría atrevido a posar su pie desnudo en tierra, no querrá compartir su comida con el esposo que ama, ni con su hijo, ni con su hija. Esconderá de ellos la placenta y el bebé que acaba de nacer a fin de comérselo ella sola. Tan terrible será el hambre que habrá en el sitio y la terrible angustia causada por tus enemigos en tus puertas.

**58** » Si te niegas a obedecer todas las leyes escritas en este libro, rechazando la reverencia y la gloria que merece el nombre del Señor tu Dios. **59** El Señor enviará plagas perpetuas sobre ti y tus hijos. **60** Traerá sobre ti todas las enfermedades de Egipto que tanto temes, y asolarán la tierra, **61** y eso no será todo: El Señor traerá también sobre ti toda enfermedad y plaga existente, aun aquellas que no están mencionadas en este libro, hasta que hayas sido destruido. **62** En lugar de llegar a ser numerosos como las estrellas, quedarán pocos de ustedes. Todo esto ocurrirá si no obedeces al Señor tu Dios.

**63** » Así como el Señor se ha agradado de ti y ha hecho tantas cosas maravillosas por ti y te ha multiplicado, se gozará entonces en destruirte, y desaparecerás de la tierra. **64** Porque el Señor te esparcirá en medio de todas las naciones, de uno a otro extremo de la tierra. Allí adorarás dioses paganos que ni tú ni tus antepasados han conocido, dioses hechos de madera y de piedra. **65** No tendrás reposo entre esas naciones,

nes a los levitas, a los exiliados, a los huérfanos y a las viudas, de la manera que tú me lo ordenaste. No he violado ni olvidado ninguna de tus reglas. ¹⁴No he tocado el diezmo estando yo ceremonialmente impuro (por ejemplo estando de duelo), ni lo he ofrecido a los muertos. He obedecido al Señor mi Dios y he hecho cuanto me has mandado. ¹⁵Mira desde tu santa morada en el cielo y bendice a tu pueblo y la tierra que nos has dado tal como prometiste a nuestros antepasados, una tierra de la que fluye leche y miel".

### Exhortación a seguir los mandamientos del Señor

¹⁶»Obedecerás de todo corazón todos estos mandamientos y ordenanzas que el Señor tu Dios te está dando hoy. ¹⁷Tú has declarado en este día que él es tu Dios y has prometido obedecerle y guardar sus mandamientos y ordenanzas y atender cuanto él te diga que hagas. ¹⁸El Señor ha declarado en este día que tú eres su pueblo de la manera que él lo prometió y que debes obedecer sus leyes, ¹⁹y que si lo haces, él te exaltará sobre todas las demás naciones, haciendo que recibas el honor, el elogio y la fama. Pero para alcanzar ese honor y fama debes ser un pueblo santo consagrado al Señor tu Dios, de la manera que él lo pide».

### El altar sobre el monte Ebal

**27** Entonces Moisés y los ancianos de Israel le dieron al pueblo estas otras instrucciones: ²⁻⁴«Cuando cruces el Jordán y llegues a la tierra que el Señor tu Dios te da, tierra de la que fluye leche y miel, sacarás piedras del fondo del río e inmediatamente harás con ellas un monumento en la otra orilla, junto al monte Ebal. Blanquearás las piedras con cal y luego escribirás en ellas las leyes del Señor. ⁵,⁶Y levantarás allí un altar al Señor tu Dios. Usa piedras que no hayan sido cortadas, y presenta sobre el altar las ofrendas al Señor tu Dios. ⁷También presenta sobre el altar los sacrificios de paz, y alégrate allí, con gran gozo, delante del Señor tu Dios. ⁸Escribe todas estas leyes claramente sobre el monumento».

### Maldiciones sobre el monte Ebal

⁹Entonces Moisés y los levitas se dirigieron a todo el pueblo de Israel diciéndole: «Oye Israel, hoy has llegado a ser el pueblo de Dios, ¹⁰de modo que hoy debes comenzar a obedecer todo estos mandamientos que te he dado».

¹¹Ese mismo día, Moisés dio estos encargos al pueblo:

¹²«Cuando cruces el Jordán, las tribus de Simeón, Leví, Judá, Isacar, José y Benjamín se pondrán en el monte Guerizín a proclamar una bendición, ¹³y las tribus de Rubén, Gad, Aser, Zabulón, Dan y Neftalí estarán sobre el monte Ebal para proclamar una maldición. ¹⁴Entonces los levitas que estarán entre ellos gritarán delante de todo Israel:

¹⁵"Maldito sea cualquiera que adore ídolos, aun si lo hace en secreto; sea de madera tallada o de metal fundido, porque el Señor aborrece estos ídolos hechos por la gente". Y el pueblo responderá: "Amén".

¹⁶"Maldito sea cualquiera que desprecia a su padre o a su madre". Y todo el pueblo responderá: "Amén".

¹⁷"Maldito sea el que mueve las marcas de los límites de su propiedad y la de su vecino". Y todo el pueblo responderá: "Amén".

¹⁸"Maldito sea el que pone tropiezo delante de un ciego". Y todo el pueblo responderá: "Amén".

¹⁹"Maldito sea el que hace injusticia con el exiliado, el huérfano y la viuda". Y todo el pueblo responderá: "Amén".

²⁰"Maldito sea el que comete adulterio con una de las esposas de su padre, porque ella pertenece a su padre". Y todo el pueblo responderá: "Amén".

²¹"Maldito sea el que tiene relación sexual con un animal". Y el pueblo responderá: "Amén".

²²"Maldito sea el que tiene relación sexual con su hermana o medio hermana". Y todo el pueblo responderá: "Amén".

²³"Maldito sea el que tiene relación sexual con su suegra". Y todo el pueblo responderá: "Amén".

²⁴"Maldito sea el que secretamente mata a otro". Y todo el pueblo responderá: "Amén".

²⁵"Maldito sea el que acepta soborno para matar a un inocente". Y todo el pueblo responderá: "Amén".

²⁶"Maldito sea el que no obedece estas leyes". Y todo el pueblo responderá: "Amén".

### Bendiciones por la obediencia

**28** »Si obedeces completamente todas estas ordenanzas del Señor tu Dios, las leyes que te estoy dando en este día, el Señor te convertirá en la nación más grande del mundo. ²⁻⁶Estas son las bendiciones que vendrán sobre ti:

»Bendito serás en la ciudad; bendito serás en el campo.

»Tendrás muchos niños; abundantes cosechas; grandes rebaños de ovejas y vacas.

»Bendiciones de fruta y pan.

»Bendiciones cuando entres; bendiciones cuando salgas.

⁷»El Señor derrotará a tus enemigos. Ellos vendrán juntos en tu contra, pero delante de ti huirán en siete direcciones. ⁸El Señor te bendecirá con grandes cosechas, y te prosperará en todo lo que hagas cuando entres en la tierra que el Señor tu Dios te da. ⁹Él te transformará en un pueblo santo, consagrado a él. Esto es lo que ha prometido hacer contigo si le obedeces y andas en sus caminos. ¹⁰Todas las naciones del mundo verán que perteneces al Señor, y tendrán temor.

¹¹»El Señor te dará abundancia de cosas buenas en la tierra, como lo ha prometido: Muchos hijos, mucho ganado, y cosechas abundantes. ¹²Él te abrirá el maravilloso tesoro de las lluvias de los cielos para que tengas ricas cosechas en cada estación. Él te bendecirá en todo lo que hagas; y tú prestarás a muchas naciones, y no tendrás necesidad de pedir prestado de nadie. ¹³Si escuchas y obedeces los mandamientos del Señor tu Dios que te estoy dando en este día, él hará que tú seas cabeza y no cola, y que estés siempre encima y nunca debajo. ¹⁴Pero cada una de estas bendiciones depende de que no te apartes de ninguna de las leyes que te he dado; y no debes jamás adorar a otros dioses.

※28.1-13

mer marido no podrá tomarla nuevamente porque ella está contaminada. Esto pervertiría la tierra que el Señor tu Dios te da.

⁵»El recién casado no irá a la guerra ni se le ocupará en responsabilidades especiales. Estará libre durante un año para estar en casa gozando con su esposa.

⁶»Es ilegal tomar una piedra de molino como prenda porque es la herramienta con que su propietario se gana la vida. ⁷Si alguien rapta a un israelita y lo trata como esclavo o lo vende, el secuestrador deberá morir a fin de purgar el mal de entre ustedes.

⁸»Observa muy cuidadosamente las instrucciones del sacerdote en caso de lepra, porque yo le he dado las normas y las instrucciones que debes obedecer a la letra. ⁹Recuerda lo que el Señor tu Dios le hizo a Miriam cuando venían de Egipto.

¹⁰»Si le prestas algo a otro hombre, no debes entrar a su casa para tomarle prenda; ¹¹espera afuera a que él mismo te la traiga.

¹²»Si el hombre es pobre y en prenda te da su manto, no debes dormir en él. ¹³Devuélveselo en la tarde para que pueda usarlo en la noche y para que te bendiga. El Señor tu Dios te lo contará por justicia.

¹⁴»No oprimas al pobre asalariado, sea israelita o extranjero que viva en tu pueblo. ¹⁵Págale su salario cada día, antes de la puesta del sol, porque es pobre y lo necesita diariamente. De otro modo él podría clamar al Señor en contra tuya y se te tendrá por pecado.

¹⁶»Los padres no morirán por los pecados de sus hijos, ni los hijos por los pecados de sus padres. Cada persona que merezca la pena de muerte será ejecutada por su propio delito.

¹⁷»Debes juzgar con justicia a los exiliados y a los huérfanos; y jamás tomes como prenda la ropa de una viuda. ¹⁸Recuerda que fuiste esclavo en Egipto y que el Señor tu Dios te rescató. Por esto es que te doy este mandamiento. ¹⁹Cuando cortes el trigo y se te quede en el campo una gavilla; no regreses a buscarla. Déjala para los exiliados, los huérfanos y las viudas. Entonces el Señor tu Dios te bendecirá y prosperará en todo lo que hagas. ²⁰Cuando estés recogiendo las aceitunas de tus olivares, no repases las ramas dos veces recogiendo los restos. Deja las que queden para los exiliados, los huérfanos y las viudas. ²¹Esto mismo te digo acerca de las uvas de tus viñedos. No rebusques las viñas después de la vendimia, deja el resto para los que tienen necesidad. ²²Recuerda que fuiste esclavo en Egipto. Por esta razón te doy este mandamiento.

**25** »Si un hombre es declarado culpable de un delito ²y se le condena a ser azotado, el juez ordenará que se acueste en tierra y sea azotado en su presencia en proporción a la gravedad de su delito. ³Pero no debe dársele más de cuarenta azotes, porque el castigo podría ser demasiado severo y tu hermano podría verse degradado ante ti.

⁴»No le pondrás bozal al buey que trilla.

⁵»Si el hermano de un hombre muere sin tener hijos, la viuda no podrá casarse fuera de la familia. El hermano del marido deberá casarse con ella y darle descendencia. ⁶El primer hijo que ella le dé será considerado hijo del hermano muerto, a fin de que su nombre no sea olvidado. ⁷Pero si el hermano del muerto no quiere cumplir su deber en este asunto y se niega a casarse con la viuda, ella irá a la ciudad donde deliberan los ancianos de la ciudad y les dirá: "Mi cuñado no quiere hacer que continúe el nombre de su hermano. No quiere casarse conmigo". ⁸Los ancianos de la ciudad lo llamarán y tratarán de convencerlo, y si aún se niega, ⁹la viuda se acercará a él en presencia de los ancianos, le sacará la sandalia del pie y le escupirá en el rostro. Entonces ella dirá: "Esto es lo que le ocurre a un hombre que se niega a dejar descendencia a su hermano". ¹⁰De allí en adelante, el nombre de la casa de ese hombre será "casa del descalzo".

¹¹»Si dos hombres riñen y la esposa de uno de ellos interviene para ayudar a su marido y toma al otro por los testículos, ¹²se le cortará la mano a la mujer inmediatamente y sin misericordia:

¹³⁻¹⁵»En todos tus negocios debes usar balanza y medida exactas para que tengas una vida larga y buena en la tierra que el Señor tu Dios te da. ¹⁶Todo aquel que engaña con pesas y medidas injustas es detestable delante del Señor tu Dios.

¹⁷»No debes olvidar lo que el pueblo de Amalec te hizo cuando saliste de Egipto. ¹⁸Recuerda que ellos pelearon contra ti y atacaron a los que estaban agotados y cansados en la retaguardia, sin respeto ni temor del Señor. ¹⁹Por lo tanto, cuando el Señor tu Dios te haya dado reposo de todos tus enemigos en la Tierra prometida, deberás destruir completamente al nombre de Amalec de debajo del cielo. Jamás olvides esto.

## Diezmos y primicias

**26** »Cuando hayas entrado en la tierra que el Señor tu Dios te ha dado, y la hayas conquistado y estés viviendo en ella, ²deberás ofrecer al Señor en su santuario las primicias de cada cosecha. Llévalas en un canasto ³y entrégalas al sacerdote que esté de turno y dile: "Este presente es mi ofrenda de gratitud por cuanto el Señor mi Dios me ha traído a la tierra que él prometió a nuestros antepasados". ⁴El sacerdote tomará el canasto de tu mano y lo pondrá sobre el altar, ⁵y tú dirás delante del Señor tu Dios: "Mis antepasados fueron emigrantes arameos que fueron a Egipto en busca de refugio. Eran pocos en número pero en Egipto se convirtieron en una nación poderosa. ⁶⁻⁷Los egipcios nos maltrataron y nosotros clamamos al Señor Dios de nuestros antepasados. Él nos oyó y vio nuestros trabajos, sufrimientos y opresiones, ⁸y nos sacó de Egipto con milagros poderosos y con su brazo extendido. Hizo milagros grandes y terribles delante de los egipcios, ⁹y nos ha traído a este lugar y nos ha dado esta tierra de la que fluye leche y miel. ¹⁰Y ahora, oh Señor, he traído a tu altar las primicias de la tierra que me has dado". Entonces colocarás las primicias delante del Señor tu Dios y lo adorarás. ¹¹Después anda y festeja con todas las buenas cosas que Dios te ha dado. Celebra juntamente con tu familia y con los levitas y exiliados que vivan en tu comunidad.

¹²»Cada tercer año es un año de diezmos especiales. Ese año darás todo el diezmo y además darás de tus bienes a los levitas, a los exiliados, a las viudas y a los huérfanos, para que todos sean saciados. ¹³Entonces declararás delante del Señor tu Dios: "He dado todos mis diezmos regulares, y además he dado de mis bie-

☼26.7  ☼26.10

¹¹»No uses ropa tejida con dos tipos de hebra (por ejemplo, lana y lino). ¹²»Harás flecos en las cuatro puntas del manto con que te cubras.

## Violación de las reglas matrimoniales

¹³»Si un hombre se casa con una muchacha, y después de haber dormido con ella ¹⁴la acusa de haber tenido antes relaciones con otro hombre, ¹⁵su padre y su madre traerán las pruebas de su virginidad a los jueces de la ciudad.

¹⁶»El padre dirá: "Yo di mi hija a este hombre para que fuera su esposa, y ahora él la repudia ¹⁷y la calumnia diciendo que no era virgen cuando se casó. Pero aquí está la prueba de su virginidad". Entonces extenderá la sábana delante de los jueces, ¹⁸y éstos sentenciarán al hombre a que sea azotado, ¹⁹y lo multarán con cien monedas de plata que serán entregadas al padre de la muchacha. Ha acusado falsamente a una virgen de Israel. Ella seguirá siendo su esposa y él no podrá divorciarse de ella. ²⁰Pero si las acusaciones del hombre son ciertas y ella no era virgen, ²¹los jueces la llevarán hasta la puerta de la casa de sus padres donde los hombres de la ciudad la apedrearán hasta darle muerte. Ha contaminado a Israel con el delito de andar como prostituta mientras vivía en la casa de sus padres; el mal debe ser quitado de en medio de tu pueblo.

²²»Si se sorprende a un hombre cometiendo adulterio con la esposa de otro, él y la mujer deberán morir. De esa manera será purgado el pecado de Israel. ²³Si una muchacha que está comprometida es seducida dentro de las murallas de una ciudad, ²⁴ella y el hombre que la sedujo serán llevados fuera de las puertas y serán apedreados hasta que mueran: la muchacha porque no gritó pidiendo socorro, y el hombre porque ha violado la dignidad de la novia de otro hombre. De esta manera combatirás el delito en tu pueblo. ²⁵Pero si este hecho ocurre en el campo, solamente el hombre morirá. ²⁶La muchacha es tan inocente como la víctima de un asesinato. ²⁷Se da por sentado que ella gritó pero no hubo nadie cerca para oírla y librarla. Si un hombre viola a una muchacha que no está comprometida, y es sorprendido en el acto, ²⁸,²⁹debe pagar una multa de cincuenta monedas de plata y casarse con ella. No podrá divorciarse de ella. ³⁰Un hombre no dormirá con la viuda de su padre, puesto que perteneció a su padre.

## Exclusión de la asamblea

**23** »No entrará en la asamblea del Señor ningún hombre cuyos testículos estén magullados o le haya sido amputado el pene. ²Tampoco formará parte de la asamblea del Señor el bastardo ni ninguno de sus descendientes por diez generaciones.

³»Ni el amonita ni el moabita serán admitidos en la asamblea del Señor, ni aun después de la décima generación. ⁴Esta ley se establece porque estas naciones no te ayudaron con alimento y agua cuando saliste de Egipto. Al contrario, trataron de maldecirte, para lo cual contrataron a Balán el hijo de Beor, de Petor en Mesopotamia. ⁵Pero el Señor tu Dios no oyó a Balán, sino que convirtió en bendición la maldición concebida contra ti porque el Señor tu Dios te ama. ⁶Mientras vivas no debes ayudar jamás al amonita o al moabita de ninguna manera. ⁷Sin embargo, no tendrás en mala estima al edomita ni al egipcio, porque el edomita es tu hermano y entre los egipcios viviste. ⁸Los nietos de los egipcios que vinieron contigo desde Egipto pueden entrar en la asamblea del Señor.

## Higiene en el campamento

⁹»Cuando estés en campaña contra el enemigo, los soldados del campamento deben apartarse de todo mal. ¹⁰Cualquiera que quede ceremonialmente impuro por causa de una emisión seminal nocturna, debe abandonar el campamento ¹¹y permanecer fuera hasta la noche. Después, se bañará y regresará a la puesta de sol.

¹²»Habrá un área fuera del campamento para las necesidades físicas. ¹³Cada hombre debe tener una pala como parte de su equipo. Cada vez que tenga necesidad de evacuar los excrementos, cavará un hoyo con la pala, y después de haber terminado los cubrirá con tierra. ¹⁴El campamento debe mantenerse limpio y santo porque el Señor lo recorre para protegerte y para hacer que tus enemigos caigan delante de ti. No debe haber en él ninguna cosa indecente para que no se aparte el Señor de ti.

## Leyes misceláneas

¹⁵»Si un esclavo huye de su amo, no debes forzarlo a regresar; ¹⁶déjalo vivir entre el resto de la nación, en el pueblo que él escoja, y no lo oprimas.

¹⁷»En Israel no ha de haber prostitución de mujeres ni de hombres. ¹⁸»No debes traer a la casa del Señor ninguna ofrenda procedente de las ganancias de ese tipo de prácticas, porque son detestables delante del Señor tu Dios.

¹⁹»No exigirás interés sobre los préstamos que le hagas a un hermano israelita, ya sea de dinero, alimentos o cualquier otra especie. ²⁰Puedes exigir intereses a un extranjero, pero no a un israelita. Porque si cobras interés a un hermano israelita, el Señor tu Dios no te bendecirá cuando entres en la tierra donde van a vivir.

²¹»Cuando hayas hecho un voto al Señor apresúrate a cumplirlo, cualquiera que sea la cosa que le has prometido, porque el Señor exige que cumplas con prontitud tus votos; es pecado si no lo haces. ²²Pero si evitas hacer un voto, entonces no existe pecado. ²³Una vez que hayas hecho el voto, debes cumplir exactamente lo que hayas dicho porque lo hiciste voluntariamente y te has comprometido con voto delante del Señor tu Dios.

²⁴»Podrás comer uvas hasta saciarte en el viñedo de otro hombre, pero no podrás sacar nada de él en ningún tipo de recipiente. ²⁵Lo mismo te digo acerca de la mies de otra persona. Puedes comer cereales de ella pero no uses en ella la hoz.

**24** »Si un hombre se casa y halla en su esposa algo indecoroso que no le agrada, puede escribir una carta en que declara que se ha divorciado de ella. Le dará a ella la carta y la despedirá. ²En caso de que ella se case otra vez ³y el nuevo marido también se divorcie de ella, o muera, ⁴el pri-

24.1-4

a su casa y cásese, porque podría morir en la batalla y otro podría casarse con su novia. ⁸¿Hay alguno que tiene miedo? Si tiene miedo, que se vaya a su casa, antes que contagie con su miedo al resto del ejército". ⁹Cuando los oficiales hayan terminado de decir esto a sus hombres, anunciarán los nombres de los comandantes de los batallones.

¹⁰»Cuando te acerques a una ciudad para pelear contra ella, primero ofrécele la paz. ¹¹Si acepta las condiciones de paz y te abre sus puertas, todo su pueblo pasará a ser tributario de ustedes. ¹²Pero si rechaza las condiciones de paz, deberás sitiarla. ¹³Cuando el Señor tu Dios te la haya dado, matarás a todo varón de la ciudad, ¹⁴pero conservarás para ti las mujeres, los niños, el ganado y el botín. Y podrás comer del botín de tus enemigos, que el Señor te entregó. ¹⁵Estas instrucciones se aplican sólo a ciudades que están distantes y no pertenecen a las naciones vecinas.

¹⁶»En las ciudades que están dentro de los límites de la tierra que el Señor tu Dios te da, no perdonarás a nadie; destruirás a todo ser viviente. ¹⁷Destruirás completamente a los hititas, a los amorreos, a los cananeos, a los ferezeos, a los heveos, y a los jebuseos. Este es el mandamiento del Señor tu Dios. ¹⁸El propósito de este mandamiento es evitar que el pueblo de la tierra te induzca a adorar sus ídolos y a participar en sus costumbres abominables, haciéndote pecar gravemente contra el Señor tu Dios.

¹⁹»Cuando pongas sitio a una ciudad, no destruirás sus árboles frutales. Podrás comer toda la fruta que quieras, pero no cortes los árboles. Ellos no son enemigos, por lo tanto no hay que cortarlos; ²⁰Pero puedes talar los árboles que no den fruta. Úsalos en el sitio de ciudades enemigas para hacer escaleras, baluartes y arietes.

### Un caso especial de homicidio

**21** »Cuando hayas entrado en el territorio que el Señor tu Dios te da, si se encuentra en el campo un cadáver y no se sabe quién ha sido el homicida, ²los ancianos determinarán cuál es la ciudad que está más cerca del cadáver. ³En seguida los ancianos de aquella ciudad tomarán una ternera que no haya trabajado ⁴y la llevarán a un arroyo en un valle que no haya sido arado ni sembrado, y allí le quebrarán el cuello.

⁵»Entonces vendrán los sacerdotes (porque el Señor tu Dios los ha escogido para que sirvan delante de él, pronuncien su bendición, decidan en los juicios y dicten sentencia) ⁶y los ancianos de la ciudad más cercana se lavarán las manos sobre la ternera ⁷y dirán: "Nuestras manos no han derramado esta sangre ni nuestros ojos lo han visto. ⁸Oh Señor, perdona a tu pueblo Israel, al que has reunido, y no lo culpes de la muerte de un hombre inocente". ⁹Quedarás libre de culpa al seguir las instrucciones del Señor.

### El matrimonio con prisioneras de guerra

¹⁰»Cuando salgas a la guerra, y el Señor tu Dios te entregue a tus enemigos en tus manos, ¹¹y podrás tener los cautivos a una muchacha hermosa a la que deseas por esposa, ¹²llévala a tu casa contigo. Deberá afeitarse la cabeza, cortarse las uñas ¹³y cambiarse de ropa, poniendo a un lado la que estaba usando cuando fue capturada. A continuación permanecerá en tu casa llorando a su padre y a su madre por todo un mes. Hecho esto, podrás casarte con ella. ¹⁴Sin embargo, después de casarte con ella te das cuenta de que no te gusta, deberás dejarla libre. No podrás venderla ni tratarla como esclava, por cuanto la has humillado.

### El derecho del primogénito

¹⁵»Si un hombre tiene dos esposas pero sólo ama a una de ellas, y las dos le han dado hijos, y la madre de su primogénito es la que no ama, ¹⁶no debe darle una herencia mayor al hijo de la esposa que él ama. ¹⁷Debe darle la doble porción acostumbrada al hijo mayor porque es el principio de su vigor, y tiene los derechos de primogenitura aun cuando es el hijo de la esposa que su padre no ama.

### Un hijo rebelde

¹⁸»Si un hombre tiene un hijo soberbio y rebelde que no obedece a su padre ni a su madre aun cuando ellos lo hayan castigado, ¹⁹el padre y la madre lo llevarán delante de los ancianos de la ciudad ²⁰y declararán: "Este hijo nuestro es soberbio y rebelde, y no obedece, es glotón y borracho". ²¹Entonces los hombres de la ciudad lo apedrearán hasta darle muerte. De esta manera desarraigarás el mal de en medio de ti, y todos los jóvenes de Israel oirán lo ocurrido y tendrán temor.

### Diversas leyes

²²»Si un hombre ha cometido un crimen digno de muerte, y se le ejecuta colgándolo de un madero, ²³su cuerpo no pasará la noche en el madero. Deberás sepultarlo el mismo día, porque es una maldición de Dios el que es colgado en un madero. No contaminarás la tierra que el Señor tu Dios te ha dado.

**22** »Si ves un buey o una oveja extraviada, no hagas como que no lo has visto. Tómalo y llévalo a su propietario. ²Si no sabes quién es el propietario, llévalo a tu casa y retenlo allí hasta que venga su propietario preguntando por él, y entrégaselo. ³Lo mismo harás con burros, ropas o cualquier cosa que encuentres. Consérvalo para entregárselo a su propietario.

⁴»Si ves que alguien está tratando de poner en pie a un buey o a un burro que se ha caído debajo de su carga, no mires en otra dirección haciéndote el desentendido, anda y ayuda.

⁵»La mujer no debe usar ropa de hombre, y el hombre no debe usar ropa de mujer. Es abominación delante del Señor tu Dios.

⁶»Si ves un nido en el suelo o en un árbol, y hay polluelos o huevos en el nido, no tomes la madre juntamente con los polluelos. ⁷Déjala ir y toma solamente los polluelos. El Señor te bendecirá por ello, y tendrás una larga vida.

⁸»Cuando edifiques casa nueva, harás una barandilla alrededor de la azotea para evitar que alguien se caiga, y la culpa de su sangre recaiga sobre la casa y sobre el propietario.

⁹»No sembrarás semillas diversas entre las hileras de tu viña. Si lo haces, los sembrados y las viñas deberán entregarse como ofrenda a Dios.

¹⁰»No ararás con un buey y un burro en el mismo yugo.

⁶»Si algún levita desea de todo corazón ir al santuario, y deja su lugar de residencia, no se lo impidan. ⁷Ese levita tiene el derecho de ministrar en el nombre del Señor en esa ciudad, de la misma manera que sus hermanos levitas que trabajan allí regularmente. ⁸Tendrá participación de los sacrificios y ofrendas por derecho propio, no como ayuda en caso de necesidad.

## Costumbres corrompidas

⁹»Cuando hayas entrado en la tierra que el Señor tu Dios te da, tendrás especial cuidado de no dejarte llevar por las costumbres corrompidas de las naciones que ahora viven allí. ¹⁰Nadie debe presentar a su hijo o hija como ofrenda para ser quemada. Tampoco se debe practicar la adivinación, la brujería, la hechicería, ¹¹la magia, el encantamiento, el ser médium espiritista o el consultar los espíritus de los muertos. ¹²Cualquiera que haga estas cosas será abominable delante del Señor, pues es por esta causa que el Señor echa de esta tierra a los pueblos que la habitan. ¹³Deberás comportarte de manera irreprensible delante del Señor tu Dios.

## El profeta

¹⁴Las naciones de cuyo territorio tú te adueñarás practican todas estas maldades; pero el Señor tu Dios no permitirá que tú las practiques también.

¹⁵»El Señor tu Dios hará surgir en medio de todo el pueblo a un profeta como yo; a un hombre a quien deberán oír y obedecer. ¹⁶Esto fue lo que pediste a Dios en el monte Horeb. Allí, al pie de la montaña, le rogaste que no te hiciera oír su voz majestuosa nuevamente ni ver el fuego aterrador que estaba sobre el monte, porque tenías miedo de morir.

¹⁷»"Bien", me dijo el Señor, "haré lo que me han pedido. ¹⁸Levantaré de en medio de ellos un profeta como tú. Yo le diré lo que tiene que decir y él les dirá todo lo que yo ordene. ¹⁹A cualquiera que no escuche los mensajes que él presente de parte mía, yo le pediré cuentas personalmente. ²⁰Pero si un profeta dice traer un mensaje mío sin ser cierto, ese profeta morirá. Y cualquier profeta que afirme tener un mensaje de otros dioses deberá morir". ²¹Quizá te preguntes: "¿Cómo sabré si una profecía es de Dios o no?" ²²Si lo que ese hombre ha profetizado no ocurre, no es el Señor quien ha dado el mensaje. Lo ha fraguado él mismo, no le tendrás temor.

## Las ciudades de refugio

**19** »Cuando el Señor tu Dios haya destruido a las naciones cuya tierra vas a ocupar, y las hayas expulsado; cuando estés viviendo en las ciudades y casas que ellos dejen, ²,³designarás tres ciudades en donde pueda refugiarse cualquiera que haya dado muerte accidentalmente a otra persona. Dividirás el país en tres distritos, y cada distrito contará con una de estas ciudades de refugio. Los caminos de acceso a estas ciudades se conservarán en buen estado.

⁴»Un homicida podrá refugiarse allí, si comprueba que lo hizo sin premeditación y que no había enemistad previa con la otra persona. ⁵Si un hombre va al bosque con un vecino para cortar leña y el hacha se sale del mango y mata al vecino, deberá huir a una de estas ciudades. ⁶,⁷Cualquiera que trate de vengarse de él, no podrá hacerlo. Estas ciudades deberán estar situadas de tal manera que estén razonablemente cerca de todo lugar. De otro modo, el vengador de sangre podría dar alcance al homicida casual, que no debe morir por cuanto no mató deliberadamente.

⁸»Si el Señor tu Dios ensancha tu territorio de la manera que prometió a tus antepasados, y te da toda la tierra que te prometió ⁹(esto depende de la obediencia que demuestres a los mandamientos que te estoy dando en este día de amar al Señor tu Dios y andar en todos sus caminos), designarás tres ciudades de refugio adicionales. ¹⁰De esta manera evitarás que muera gente inocente, y no serás responsable de injustificados derramamientos de sangre.

¹¹»Pero si alguien odia a su vecino y en una emboscada le da muerte, y luego huye a una de las ciudades de refugio, ¹²los ancianos de su pueblo irán a buscarle y lo traerán de regreso para entregarlo en manos del vengador de sangre a fin de que le dé muerte. ¹³No tengas misericordia de él. ¡Eliminarás a todos los asesinos de Israel! Solamente entonces te irá bien en todas las cosas.

¹⁴»Cuando entres en la tierra que el Señor tu Dios te da, no cambies los límites de la propiedad de tu prójimo. Esos límites se establecieron desde hace mucho tiempo.

## Los testigos requeridos

¹⁵»No condenarás a nadie basado en la palabra de un solo testigo. Debe haber por lo menos dos o tres.

¹⁶»Si alguno da falso testimonio, alegando que ha visto a otro hacer un mal no siendo así, ¹⁷ambas personas se presentarán ante los sacerdotes y jueces delante de Señor. ¹⁸Serán interrogados detalladamente, y si se prueba que el testigo está mintiendo, ¹⁹recibirá el castigo que intentaba hacer caer sobre el otro hombre. De esta manera desarraigarás el mal de en medio de tu pueblo. ²⁰Así los que se enteren sentirán temor de decir mentiras cuando están declarando ante una corte. ²¹No tendrás compasión de un testigo falso. Vida por vida, ojo por ojo, diente por diente, mano por mano, pie por pie, será tu regla en tales casos.

## Instrucciones para la guerra

**20** »Cuando salgas a la guerra y veas delante de ti un gran número de caballos y carros, y un ejército mucho mayor que el tuyo, no tengas miedo. El Señor tu Dios, el mismo Dios que te sacó de Egipto, está contigo. ²Antes de comenzar la batalla, el sacerdote se pondrá de pie delante del ejército de Israel y dirá: ³"Oye, Israel, ahora que sales a la batalla no tengas miedo. ⁴El Señor tu Dios va contigo. Él peleará en favor tuyo contra tus enemigos, y te dará la victoria".

⁵»Enseguida los oficiales del ejército se dirigirán a sus hombres de esta manera: "¿Ha edificado alguno una casa nueva y no la ha estrenado? Si hay alguno en esta situación, váyase a su casa, no sea que muera en la batalla y otro la estrene. ⁶¿Acaba alguno de plantar una viña y aún no ha comido de su fruto? Si este es el caso, váyase a su casa, podría morir en la batalla y otro podría disfrutar de lo que no plantó. ⁷¿Se ha comprometido alguien en matrimonio? Bien, váyase

18.10-14  18.15—l·ch 3.22  18.17-19

solemne del pueblo de cada ciudad delante del Señor tu Dios. No hagas en ese día ningún trabajo.

### Fiesta de las Semanas

⁹»Siete semanas después del comienzo de la siega ¹⁰habrá otra fiesta delante del Señor tu Dios, llamada fiesta de las Semanas. Con este motivo le presentarás una ofrenda voluntaria en proporción a la bendición que el Señor tu Dios haya derramado sobre tu cosecha. ¹¹Este es un tiempo de gozo delante del Señor y lo celebrarás con tu familia y toda tu casa. No te olvides de invitar a los levitas que viven en tu ciudad, a los exiliados, a las viudas y a los huérfanos. Invítalos y haz que te acompañen en la celebración en el santuario. ¹²Recuerda que fuiste esclavo en Egipto, así que cumple cuidadosamente con este mandamiento.

### Fiesta de las Enramadas

¹³⁻¹⁵»Al final del tiempo de la cosecha, cuando el grano haya sido trillado, y las uvas hayan sido pisadas en el lagar, celebrarás otra fiesta, la fiesta de las Enramadas. Su celebración durará siete días. Serán días de alegría de los que participarán tu familia y tus siervos. Y no te olvides de invitar a los levitas, a los exiliados, a los huérfanos y a las viudas de tu pueblo.

»La fiesta se celebrará en el santuario, que estará en el lugar que el Señor haya designado. Será tiempo de acción de gracias al Señor por la bendición que te ha dado de una buena cosecha y porque ha bendecido tu trabajo. Será un tiempo de gran gozo.

¹⁶»Todo varón de Israel se presentará delante del Señor tu Dios tres veces al año en el santuario en ocasión de las siguientes fiestas: la fiesta de los Panes sin levadura, la fiesta de las Semanas y la fiesta de las Enramadas. En cada una de estas ocasiones presentarán una ofrenda al Señor. ¹⁷Cada uno dará conforme a su posibilidad, según la bendición que el Señor le haya dado.

### Administración de justicia

¹⁸»Designa jueces y funcionarios administrativos en todas las ciudades que el Señor tu Dios te da. Ellos administrarán la justicia en todo el país. ¹⁹No torcerás las leyes para beneficiar al rico, ni aceptarás soborno. El soborno cierra los ojos de los sabios y corrompe las decisiones de los jueces. ²⁰La justicia debe prevalecer. Esta es la única manera en que serás prosperado en la tierra que el Señor tu Dios te da.

### Contra la idolatría

²¹»No erigirás ninguna imagen de la diosa Aserá junto al altar del Señor tu Dios, ²²y nunca levantarás piedras sagradas, porque el Señor lo aborrece.

**17** »Cuando le ofrezcas sacrificios al Señor tu Dios, no le sacrifiques ovejas o toros con defectos. Son un insulto para Dios tales sacrificios.

²⁻³»Si alguien, hombre o mujer, en cualquier ciudad de la tierra que el Señor tu Dios te da, viola el pacto con Dios y adora a otros dioses, al sol, a la luna o a las estrellas, lo cual le ha prohibido estrictamente, ⁴primero averigua bien si el rumor es cierto. Si lo confirmas, ⁵ese hombre o mujer será llevado fuera de la ciudad y lo apedrearán hasta darle muerte. ⁶Pero no lleves a la muerte a nadie por el testimonio de una sola persona. Es necesario tener por lo menos el testimonio de dos o tres personas. ⁷Los testigos serán los primeros en arrojar las piedras, y luego lo hará el resto del pueblo. De esta manera, se purgará el mal que haya entre ustedes.

### Los tribunales

⁸»Si surge un caso difícil (por ejemplo, si alguno es culpado de asesinato pero no hay suficiente evidencia, o si los derechos de alguno han sido violados), llevarás el caso al santuario del Señor tu Dios, ⁹a los sacerdotes y levitas, y al juez que esté de turno en esos días, para que lleguen a una decisión. ¹⁰La sentencia de ellos será inapelable y deberá seguirse al pie de la letra. ¹¹La sentencia que impongan deberá ser ejecutada. ¹²Si alguien se niega a aceptar la decisión del juez señalado por el Señor para este propósito, su castigo será la muerte. Este tipo de pecadores deberá ser desarraigado de Israel. ¹³Entonces todos oirán lo que ocurrió con el hombre que no quiso aceptar el veredicto de Dios, y tendrán temor y no se atreverán a desafiar otra vez los juicios de la corte.

### El rey

¹⁴»Cuando llegues a la tierra que el Señor tu Dios te da, y la hayas conquistado, y comiences a pensar: "Debiéramos tener un rey como todas las naciones que nos rodean", ¹⁵pondrás por rey al hombre que el Señor tu Dios elegirá. Será un israelita, no un extranjero. ¹⁶No usará el cargo para aumentar sus posesiones de caballos, ni enviará sus hombres a Egipto para aumentar sus caballerizas porque el Señor te ha dicho: "No vuelvas a Egipto otra vez". ¹⁷No deberá tomar para sí muchas esposas porque su corazón podría apartarse del Señor, ni amontonará riquezas excesivas.

¹⁸»Cuando haya sido coronado y se siente en el trono como rey, deberá copiar este libro de la ley que llevan los sacerdotes y levitas. ¹⁹Esa copia de la ley deberá estar continuamente cerca de su mano. Deberá leer ella todos los días de su vida para que aprenda a respetar al Señor su Dios y a guardar sus mandamientos. ²⁰La lectura regular de los mandamientos de Dios impedirá que se sienta superior a sus conciudadanos. También impedirá que se aparte de las leyes de Dios en lo más mínimo y le asegurará un reino bueno y duradero. Y sus hijos heredarán el trono.

### Ofrendas para los sacerdotes levitas

**18** »Los sacerdotes y los miembros de la tribu de los levitas no tendrán propiedad como las demás tribus. Por lo tanto, los sacerdotes y los levitas deberán vivir de los sacrificios que se llevan al altar del Señor y de las demás ofrendas del pueblo. ²Ellos no necesitan tener propiedades porque el Señor es su heredad. Eso es lo que él les ha prometido. ³De cada toro u oveja que se lleve para ser ofrecido en sacrificio se deberá dar a los sacerdotes la espaldilla, las quijadas y los intestinos. ⁴Además, los sacerdotes recibirán las primicias de las cosechas de cereales, de vino, de aceite y de lana. ⁵Porque el Señor tu Dios ha escogido a la tribu de Leví para que le sirva de generación en generación.

16.16–17

¹⁹»No comerás insectos alados porque son inmundos. ²⁰Pero las langostas, saltamontes y grillos sí podrás comer.

²¹»No comerás lo que ha muerto de muerte natural. Sin embargo el extranjero puede hacerlo. Puedes dárselo y vendérselo; pero no comas tú de ello, porque tú eres santo delante del Señor tu Dios.

»No cocerás el cabrito en la leche de su madre.

### Los diezmos

²²»Todos los años deberás apartar la décima parte de todas tus cosechas. ²³En presencia del Señor tu Dios en el lugar que él escogerá como santuario, allí comerás el diezmo de tus cereales, de tu vino, de tu aceite y de las primicias de tus ovejas y vacas. El propósito de los diezmos es que aprendas a poner a Dios siempre en el primer lugar de tu vida. ²⁴Si el lugar que Dios elige como santuario te queda tan lejos que no resulta conveniente llevar los diezmos hasta allí, ²⁵venderás la ración correspondiente al diezmo de tus cosechas y ganados, y llevarás el dinero al santuario del Señor. ²⁶Cuando llegues, compra con el dinero un buey, una oveja, vino, sidra o cualquier cosa que desees, para festejar y para regocijarte con toda tu casa delante del Señor tu Dios.

²⁷»No olvides compartir tus ingresos con los levitas de tu comunidad, porque ellos no tienen propiedades ni cosechas como tú.

²⁸»Cada tercer año usarás todo tu diezmo para necesidades de la comunidad donde vives. ²⁹Entrégaselo a los levitas, que no tienen heredad en medio tuyo, a los exiliados, a las viudas, o a los huérfanos dentro de tu ciudad, a fin de que puedan comer y quedar saciados; entonces el Señor te bendecirá a ti y a tu obra.

### El año del perdón de las deudas

**15** »Al final de cada séptimo año, perdonarán todas las deudas. ²Todo acreedor dará por pagada toda promesa de pago que tenga contra otro israelita, porque el Señor ha liberado a todos de su obligación. ³(Esta prescripción no se aplica a los extranjeros.) ⁴,⁵Nadie empobrecerá a causa de esto, porque si obedeces este mandamiento el Señor te bendecirá grandemente en la tierra que te da. El único requisito para esta bendición es que atiendas cuidadosamente todos los mandamientos del Señor tu Dios que hoy te estoy dando. ⁶Él te bendecirá de la manera que ha prometido. Tú prestarás dinero a muchas naciones, pero jamás necesitarás pedir prestado. Tú gobernarás a muchas naciones, pero ellas jamás te gobernarán a ti.

⁷»Cuando llegues a la tierra que el Señor tu Dios te da, si hay pobres en medio tuyo, no cerrarás tu corazón o tu mano en su contra. ⁸Deberás ser generoso y prestarles cuanto necesitan. ⁹No te niegues a prestarles porque el año de la remisión se encuentre cerca. Si te niegas a hacerle el préstamo y la persona necesitada clama al Señor, te será contado como pecado. ¹⁰Debes prestarle lo que necesita y no ser mezquino en nada; porque a causa de esto el Señor te prosperará en todo lo que haces. ¹¹Siempre habrá pobres en esta tierra, por eso te ordeno que seas muy generoso con los pobres y los necesitados.

### Liberación de los esclavos

¹²»Si alguno de tus hermanos hebreos, hombre o mujer, se vende a ti como esclavo, deberás darle la libertad al final del sexto año de haber estado en tu propiedad ¹³y no deberás despedirlo con las manos vacías. ¹⁴Dale un buen regalo de despedida que consista en parte de tus ganados, aceite y vino. Dale en proporción a lo que el Señor tu Dios te haya bendecido. ¹⁵Recuerda que fuiste esclavo en la tierra de Egipto, y que el Señor tu Dios te rescató; por eso es que te estoy dando este mandamiento.

¹⁶»Pero si tu esclavo no quiere dejarte y dice que te ama y que le gusta estar contigo y que se lleva muy bien contigo, ¹⁷toma una lezna y horádale la oreja contra la puerta, y después de eso será esclavo tuyo para siempre. También harás esto con las esclavas. ¹⁸Cuando le des la libertad a un esclavo, no te pese hacerlo; porque la verdad es que durante seis años él te ha costado menos de la mitad de lo que cuesta un empleado, y el Señor tu Dios te prosperará en todo porque tú le has dado la libertad.

### Los animales primogénitos

¹⁹»Dedicarás al Señor todos los primogénitos machos de tus vacas y de tus ovejas. No usarás los primogénitos de tus vacas para trabajar en los campos, y no trasquilarás a los primogénitos de tus ovejas. ²⁰En vez de hacer eso, tú y tu familia se reunirán cada año a comer estos animales delante del Señor tu Dios, en su santuario. ²¹Sin embargo, si el primogénito tiene algún defecto, si es cojo o ciego, por ejemplo, o tiene cualquiera otra imperfección, no lo sacrificarás. ²²Lo usarás para la alimentación de tu familia en casa. Cualquiera, aun el que esté ceremonialmente impuro en ese tiempo se podrá comer de la misma manera como se come una gacela o un ciervo. ²³Pero no comas la sangre; derrámala en la tierra como si fuera agua.

### Fiesta de la Pascua

**16** ☼ »Acuérdate siempre de celebrar la Pascua en honor del Señor tu Dios en el mes de aviv, porque fue en ese mes que el Señor tu Dios te sacó de Egipto durante la noche. ²El sacrificio pascual lo tomarás de las ovejas o de las vacas, y lo ofrecerás al Señor tu Dios en su santuario. ³Lo comerás con pan sin levadura. Deberás comer pan sin levadura durante siete días, en memoria del pan que comiste cuando escapaste de Egipto. Te acordarás de que saliste de Egipto con tal prisa que no hubo tiempo de leudar el pan. Conmemorarás ese día todo el resto de tu vida. ⁴Durante siete días no habrá levadura en los hogares de ustedes, y ningún resto del cordero pascual será dejado para el día siguiente.

⁵»La Pascua no será comida en ninguna de las ciudades que el Señor tu Dios te da. ⁶La comerán en el lugar que el Señor ha escogido para su santuario. Sacrifícala en la tarde del aniversario, a la puesta del sol, que es la hora en que saliste de Egipto. ⁷Asarás el cordero y lo comerás, y regresarás a tu hogar a la mañana siguiente. ⁸Durante los seis días siguientes no comerás pan leudado. El séptimo día habrá una fiesta

☼ 15.10-11 ☼ 16.11

también pueden comer. ¹⁶La única restricción es que no podrás comer sangre, derrámala sobre la tierra.

¹⁷»Sin embargo, no podrás comer en tu casa las ofrendas ni el diezmo de tus cosechas de grano, de tu vino o de tu aceite, ni las primicias de tus rebaños o de tus vacas, ni ninguna cosa que hayas dedicado al SEÑOR; ni tus ofrendas voluntarias, ni las ofrendas que haya de presentarse al SEÑOR meciéndolas delante de su altar. ¹⁸Todas deberán ser llevadas delante el altar donde tú, tus hijos y los levitas comerán de ellas delante del SEÑOR tu Dios. Él te dirá dónde quedará establecido este altar. Regocíjate delante del SEÑOR tu Dios en todo lo que haces. ¹⁹No te olvides jamás de los levitas; comparte con ellos tu comida.

²⁰⁻²²»Cuando el SEÑOR ensanche tu territorio, si el altar está demasiado lejos de ti, podrás matar tus ovejas y vacas en tu propia tierra, como lo haces actualmente con las gacelas y los ciervos. Aun las personas que estén ceremonialmente impuras podrán comer de ellos. ²³La única restricción es que nunca coman sangre, porque la sangre es la vida, y no comerás la vida con la carne. ²⁴,²⁵Derramarás la sangre sobre la tierra, de este modo, a tus hijos y a ti les irá bien. ²⁶,²⁷Pero lo que hayas consagrado al SEÑOR, las ofrendas que hayas prometido en tus votos y los holocaustos deben ser llevados al altar. Esto sólo puede ser ofrecido sobre el altar del SEÑOR, tu Dios. La sangre será derramada sobre el altar, y comerás la carne.

²⁸»Obedece cuidadosamente todos estos mandamientos. Si haces lo que al SEÑOR tu Dios le agrada, te irá bien a ti y a tus hijos para siempre. ²⁹Cuando Dios destruya las naciones que habitan en la tierra donde tú vivirás, y las hayas expulsado, ³⁰procura no seguir su ejemplo ni adores a sus dioses. Tampoco te dejes llevar por la curiosidad y preguntes cómo adoran a sus dioses estas naciones, para luego ir y adorarlos de la manera que ellos lo hacen. ³¹No debes insultar a tu Dios de esa manera. Estas naciones han hecho cosas abominables que él aborrece, todo en nombre de su religión. Hasta han llegado a quemar a sus hijos y a sus hijas delante de sus dioses. ³²Obedece todos los mandamientos que yo te doy; no les añadas ni les quites nada.

## Advertencia contra la idolatría

**13** »Si hay en medio tuyo un profeta o alguien que asegure ver el futuro por medio de sueños, ²si su predicción se cumple pero dice: "Vamos, adoremos a los dioses de las otras naciones", ³no le escuches. Porque el SEÑOR te está probando para saber si lo amas realmente con toda tu mente y corazón y con todo tu ser. ⁴No debes jamás adorar a dios alguno sino al SEÑOR; obedece sus mandamientos y síguelo a él nada más.

⁵»El profeta que trate de desviarte debe morir, porque ha tratado de fomentar rebelión contra el SEÑOR tu Dios que te sacó de la esclavitud en Egipto. Con su ejecución habrás quitado el mal de en medio de ti. ⁶,⁷Si un pariente cercano, o un amigo muy íntimo, o aun un hermano, hermana, hija o hijo, te sugiere que vayas y adores a dioses extraños, ⁸no consientas ni le escuches, ni tengas misericordia de ellos. No perdonarás a tal persona; no encubrirás su horrible sugerencia. ⁹Deberá morir. Tu propia mano será la primera que se levante en su contra para darle muerte, y luego la mano de todo el resto del pueblo. ¹⁰Será apedreado hasta la muerte porque trató de alejarte del SEÑOR tu Dios que te sacó de la tierra de Egipto, de la tierra de esclavitud. ¹¹Entonces todo Israel oirá de lo ocurrido y sentirá temor de permitir ese tipo de maldad en medio de ti.

¹²⁻¹⁴»Si oyes decir que en alguna ciudad de Israel gente impía ha hecho que tus hermanos se aparten de Dios con la sugerencia de adorar a dioses extraños, primero investiga si el rumor es verdadero. Si lo confirmas y es cierto que algo tan abominable ha ocurrido en una de las ciudades que el SEÑOR te ha dado, ¹⁵deberás declarar la guerra a esa ciudad y destruir completamente a todos sus habitantes, y aun el ganado. ¹⁶Después, juntarás todo el botín en el centro de la plaza y lo quemarás e incendiarás la ciudad completamente como holocausto al SEÑOR tu Dios. Tal ciudad deberá permanecer para siempre como un montón de ruinas y nunca más será reedificada. ¹⁷No conservarás nada del botín. Entonces el SEÑOR aplacará su furor y tendrá misericordia de ti; tendrá compasión de ti y te hará una gran nación, como prometió a tus antepasados. ¹⁸Desde luego, el SEÑOR tu Dios será misericordioso solamente si le has obedecido, si has guardado los mandamientos que hoy te estoy dando, y si has estado haciendo lo que le agrada al SEÑOR.

## Alimentos puros e impuros

**14** »Puesto que ustedes son el pueblo de Dios, no se harán heridas en el cuerpo, ni se raparán las cabezas para asistir a funerales. ²Ustedes pertenecen exclusivamente al SEÑOR su Dios, y él los ha elegido para que sean su posesión única entre las demás naciones de la tierra.

³»No comerás ningún animal que yo haya declarado ceremonialmente inmundo. ⁴,⁵Estos son los animales que puedes comer:

El buey, la oveja, la cabra, el ciervo, la gacela, el corzo, la cabra montés, el íbice, el antílope y el carnero montés.

⁶»Podrás comer cualquier animal que tenga pezuña hendida y que rumie. ⁷Si el animal no cumple con ambos requisitos, no puedes comerlo. Por lo tanto no podrás comer camello, liebre ni conejo. Son rumiantes pero no tienen pezuña hendida. ⁸No podrás comer cerdo porque, aunque tiene pezuña hendida, no es rumiante. No debes comer la carne de ninguno de esos animales ni tocar sus cadáveres.

⁹»Podrás comer solamente los animales marinos que tienen escamas y aletas; ¹⁰todos los demás son ceremonialmente inmundos.

¹¹⁻¹⁸»Podrás comer cualquier ave, salvo las siguientes:

El águila, el quebrantahuesos, el azor, el gallinazo, el milano de cualquier variedad, el cuervo de cualquier especie, el avestruz, la lechuza, la gaviota, y el gavilán de cualquiera de sus especies, el búho, el ibis, el calamón, el pelícano, el buitre, el somormujo, la cigüeña, la garza en cualquiera de sus especies, la abubilla y el murciélago.

✷13.4

## Amor y obediencia al SEÑOR

**11** »Amen al SEÑOR su Dios y obedezcan todos los días cada uno de sus mandamientos. ²No les estoy hablando ahora a los hijos de ustedes, que jamás han experimentado la disciplina del SEÑOR su Dios ni han visto su grandeza ni su glorioso poder, ³ni los milagros y actos portentosos en Egipto contra el faraón y contra su tierra; ⁴ni tampoco han visto lo que el SEÑOR hizo con el ejército egipcio, con sus caballos y sus carros, hundiéndolos en el Mar Rojo y aniquilándolos hasta este mismo día.

⁵»Los hijos de ustedes tampoco vieron cómo el SEÑOR los cuidó a ustedes durante todos los años en que anduvieron por el desierto hasta llegar a este lugar. ⁶Ellos no estaban presentes cuando Datán y Abirán (los hijos de Eliab, descendientes de Rubén) pecaron y la tierra se abrió y los tragó, juntamente con sus familias y tiendas y con todas sus pertenencias, cosa que todo Israel vio. ⁷Tú, en cambio, sí viste esos milagros.

⁸»¡Obedezcan todos los mandamientos que les doy en este día, para que tengan la fuerza de ir y poseer la tierra a la que están por entrar! ⁹Si ustedes obedecen los mandamientos, tendrán una vida larga y buena en la tierra que el SEÑOR les prometió a sus antepasados y a sus descendientes, tierra maravillosa de la que fluye leche y miel. ¹⁰Porque la tierra a la que estás por entrar y poseer no es como la tierra de Egipto, de la cual saliste, donde es necesario el riego. ¹¹Esta es una tierra de colinas y valles con lluvia suficiente. ¹²Una tierra que el SEÑOR tu Dios personalmente cuida. Sus ojos están sobre ella día a día, durante todo el año.

¹³»Si ustedes obedecen cuidadosamente todos los mandamientos que les voy a entregar en este día, y si aman al SEÑOR su Dios con toda su mente y con toda su vida, y lo adoran, ¹⁴él les enviará lluvia que caiga a su tiempo, tanto la de otoño como la de primavera, que haga producir ricas cosechas de grano, de uvas en sus viñedos y de aceite de sus olivares. ¹⁵El SEÑOR les dará hierba verde para su ganado, y tendrán abundante comida, y se saciarán.

¹⁶»Pero no dejen ustedes que su corazón se aparte del SEÑOR para adorar a otros dioses. ¹⁷Porque si lo hacen, la ira del SEÑOR se encenderá en su contra y cerrará los cielos de modo que no haya lluvia ni cosechas, y todos ustedes perecerán en la buena tierra que el SEÑOR les ha dado. ¹⁸Guarden estos mandamientos cuidadosamente en su memoria y en todo su ser. Átenlos en su mano para que se acuerden de obedecerlos, átenlos en su frente entre sus dos ojos. ¹⁹Enséñenselos a sus hijos. Hablen de ellos cuando estén sentados en su casa, cuando estén afuera caminando, a la hora de acostarse, y al levantarse. ²⁰Escríbelos en los postes de la casa y sobre las puertas de la ciudad, ²¹de tal modo que mientras haya cielo sobre la tierra, tú y tus hijos disfruten de la buena vida que te espera en la tierra que SEÑOR te ha prometido.

²²»Si ustedes obedecen cuidadosamente todos los mandamientos que les doy, y aman al SEÑOR su Dios, andan en todos sus caminos, y lo siguen, ²³el SEÑOR echará de delante de ustedes a todas las naciones de esta tierra, no importa cuán grandes y fuertes sean. ²⁴Dondequiera que ustedes vayan, esa porción de tierra es suya. Sus fronteras se extenderán desde el Néguev por el sur hasta el Líbano, y desde el río Éufrates hasta el mar Mediterráneo. ²⁵Nadie podrá hacerles frente porque el SEÑOR su Dios hará que todos les tengan miedo a ustedes cualquiera sea el lugar que pasen, tal como te lo ha prometido.

²⁶»Ahora ustedes deben elegir entre la bendición de Dios y la maldición de Dios. ²⁷Tendrán bendición si obedecen los mandamientos del SEÑOR su Dios que les estoy dando en este día, ²⁸y maldición si lo desobedecen y adoran los dioses de estas otras naciones. ²⁹Cuando el SEÑOR su Dios los introduzca en esa tierra para poseerla, una bendición se proclamará desde el monte Guerizín y una maldición desde el monte Ebal. ³⁰(Guerizín y Ebal son montes que están al occidente del río Jordán, donde viven los cananeos en el desierto Arabá frente a Guilgal, junto a las encinas de Moré.) ³¹Porque ustedes cruzarán el Jordán y vivirán en la tierra que el SEÑOR les da. ³²Pero ustedes deben siempre estar dispuestos en vivir de acuerdo con todas las leyes que hoy les estoy dando.

## El lugar único de adoración

**12** »Estas son las leyes que debes obedecer cuando llegues a la tierra que el SEÑOR, el Dios de tus padres, te ha dado para siempre:

²»Destruirás todos los altares paganos dondequiera que los encuentres: en los montes altos, en los collados o debajo de los árboles frondosos. ³Derribarás los altares, destruirás las estatuas, quemarás las imágenes de Aserá, destruirás los ídolos de metal y no dejarás nada que se le recuerde.

⁴,⁵»No harás sacrificios a tu Dios en cualquier lugar como los paganos lo hacen con sus dioses. Por el contrario, deberás construir un santuario para Dios en un lugar que él mismo te señalará como su morada. ⁶Allí llevarás al SEÑOR tus holocaustos y tus demás sacrificios: los diezmos, las ofrendas presentadas con devoción delante del altar, el pago de tus votos, las ofrendas voluntarias y las primicias de tus rebaños y del ganado. ⁷Tú y tu familia harán fiesta allí delante del SEÑOR tu Dios y te regocijarás en todo lo que él ha hecho por ti.

⁸»Nadie hará lo que bien le pareciere, como hasta ahora. ⁹Porque estas leyes no entran en vigor hasta que no hayas entrado al lugar de gozo que el SEÑOR tu Dios te ha dado. ¹⁰Pero cuando hayas cruzado el río y vivas en la Tierra prometida, y el SEÑOR te dé reposo y te libere de todos tus enemigos, ¹¹llevarás todos tus sacrificios y ofrendas al santuario, al lugar que Dios elegirá como su morada. ¹²Allí te regocijarás delante del SEÑOR con tus hijos e hijas y siervos. Además, recuerda siempre de invitar a los levitas para que hagan fiesta contigo, porque ellos no tienen tierra propia.

¹³»No presentarás tus holocaustos en cualquier lugar; ¹⁴podrás hacerlo solamente en el lugar que el SEÑOR escogerá. Él elegirá un lugar en el territorio designado para una de las tribus. Solamente allí podrás hacer tus sacrificios y llevar tus ofrendas. ¹⁵Sin embargo, la carne que comas podrás obtenerla matando a tus animales en cualquier lugar, de la manera como lo haces ahora con la gacela y el ciervo. Come toda la carne que desees y con la frecuencia que puedas, conforme a la prosperidad que el SEÑOR te haya dado. Los que estén ceremonialmente impuros

11.13-15   11.18-19   11.26-28

8 »Recuerda también que lo hiciste enojar cuando estabas esperando al pie del monte Horeb. El Señor estaba dispuesto a destruirte. 9 Yo estaba en el monte en ese momento recibiendo las tablas de piedra, las tablas de la alianza que el Señor había hecho contigo. Estuve allí cuarenta días y cuarenta noches, y en todo ese tiempo nada comí. Ni siquiera tomé agua. 10,11 Al finalizar esos cuarenta días y cuarenta noches, el Señor me dio las tablas de la alianza en las que Dios mismo había escrito las palabras que promulgó desde la cumbre de la montaña cubierta de fuego mientras el pueblo miraba desde abajo, 12 y me dijo que bajara rápidamente porque el pueblo que había librado de Egipto se había corrompido apartándose de la voluntad del Señor y había hecho un ídolo de metal fundido.

13,14 »El Señor me dijo entonces: "Déjame que destruya a este pueblo terco. Borraré su nombre de debajo del cielo y de ti haré una nación más numerosa y más poderosa de lo que ellos son ahora".

15 »De inmediato descendí de la montaña que ardía en fuego, llevando en mis manos las dos tablas de la alianza. 16 Cuando bajé con horror descubrí que ustedes habían pecado contra el Señor su Dios. ¡Hicieron un ídolo en forma de becerro y lo adoraron! ¡No les tomó nada de tiempo apartarse de la voluntad de Dios! 17 Tomé las dos tablas de piedra y las estrellé contra el piso; ¡frente a ☼ ustedes se hicieron añicos! 18 Tras esto, y durante ☼ otros cuarenta días y cuarenta noches, estuve delante del Señor sin probar un solo bocado ni un trago de agua, porque ustedes habían pecado grandemente ante el Señor, e hicieron que se enojara grandemente. 19 Yo temía por ustedes, porque el Señor estaba dispuesto a destruirlos. Pero en aquella oportunidad, nuevamente respondió positivamente a mi oración. 20 Aarón estaba en gran peligro de perder la vida también, porque el Señor estaba sumamente airado con él. Pero también intercedí por él. 21 Sin perder tiempo, tomé el objeto del pecado de todos ustedes, el ídolo, y lo quemé, lo reduje a polvo y lo lancé al arroyo que descendía de la montaña.

22 »Nuevamente en Taberá, y luego en Masá y en Quibrot Hatavá, ustedes hicieron que se encendiera la ira del Señor. 23 En Cades Barnea, cuando el Señor les dijo que entraran a poseer la tierra que les había dado, se rebelaron y no quisieron creer que Dios los ayudaría; no quisieron obedecerle. 24 Ustedes han sido rebeldes contra el Señor su Dios desde el primer día que los conocí. 25 Cuarenta días y cuarenta noches estuve postrado delante del Señor, porque iba a destruirlos.

26 »Le supliqué al Señor, y le dije: "Señor y Dios mío, no destruyas a tu pueblo. Es tu propia herencia que rescataste de Egipto con tu maravilloso poder y gloriosa fuerza. 27 No tomes en cuenta las rebeliones y la soberbia de este pueblo. Recuerda las promesas que les hiciste a tus siervos Abraham, Isaac y Jacob. No tomes en cuenta la maldad y el pecado de este pueblo, 28 porque la tu destruyes, los egipcios dirán que no pudiste introducirlos en la tierra que les prometiste, o que los destruiste porque los odiabas, que los llevaste al desierto para darles muerte allí. 29 Ellos son tu pueblo, y la herencia que tú trajiste de Egipto con tu gran poder y con tu brazo poderoso".

## Las nuevas tablas de la ley

**10** »En aquel tiempo, el Señor me dijo que preparara dos tablas de piedra como las primeras, y que hiciera un cofre de madera para guardarlas dentro, y que volviera a subir a su presencia en el monte. 2 Dijo que volvería a escribir las mismas palabras que estaban en las tablas que yo destruí, y me ordenó que colocara las nuevas tablas en el cofre. 3 Entonces hice un cofre de madera de acacia y preparé dos piedras lisas como las primeras, y subí con ellas a la montaña. 4 El Señor nuevamente escribió los Diez Mandamientos sobre ellas y me las dio. 5 Cuando descendí, coloqué las tablas en el cofre que había hecho, donde están hasta este día como el Señor me lo ordenó».

## Ministerio de los levitas

6 El pueblo de Israel luego avanzó desde los pozos de Berot Bené Yacán hasta Moserá, donde murió Aarón y fue sepultado. Eleazar, su hijo, fue nombrado sumo sacerdote. 7 De allí partieron hacia Gudgoda y de Gudgoda a Jotbata, tierra donde hay arroyos. 8 Allí fue donde el Señor apartó a la tribu de Leví para que llevara el cofre de la alianza del Señor. Esa tribu debía estar en la presencia del Señor, para estar a su servicio y para bendecir al pueblo en nombre de Dios, hasta el presente. 9 Esa es la razón por la cual la tribu de Leví no tiene reservada ninguna porción de la tierra entre las tribus hermanas. El Señor es su heredad, como el mismo Señor afirmó.

## Las demandas del Señor

10 «Como ocurrió en la primera ocasión, yo permanecí en el monte por espacio de cuarenta días y cuarenta noches. Y en esta ocasión el Señor respondió a mi oración, y no te destruyó.

11 »Y me dijo el Señor: "Levántate y lleva a este pueblo a la tierra que prometí a sus antepasados. Es tiempo de que entren y la posean".

12,13 »Ahora pues, Israel, ¿qué es lo que el Señor tu ☼ Dios quiere de ti sino que escuches cuidadosamente todo lo que te dice y obedezcas por tu bien los mandamientos que te doy en este día, y que lo ames y le sirvas con toda tu mente y todo tu ser? 14 La tierra y los altos cielos pertenecen al Señor tu Dios. 15 Sin embargo, el Señor se agradó de tus padres y los amó tanto que te escogió para ponerte por encima de todas las naciones como es evidente hoy día. 16 Por tanto, limpia tu corazón pecaminoso y deja de lado tu soberbia.

17 »El Señor tu Dios es Dios de dioses y Señor de señores. Él es el grande y poderoso Dios, temible; que no ☼ es parcial y no acepta soborno, 18 que hace justicia a los huérfanos y a las viudas; que ama al exiliado y le da alimento y vestido. 19 Recuerda que debes amar a los exiliados porque fuiste exiliado en Egipto.) 20 Temerás, pues, al Señor tu Dios; y lo servirás, lo seguirás, y jurarás solamente por su nombre. 21 Él es el objeto de tu alabanza, y él es tu Dios, el que ha hecho los milagros grandiosos que has visto. 22 Cuando tus antepasados descendieron a Egipto eran sólo setenta personas; pero ahora tu número ha aumentado hasta ser tan numeroso como las estrellas del cielo.

☼ 10.12-13   ☼ 10.18   ☼ 11.1

del pacto que bajo juramento y con tierno amor hizo con tus antepasados. ¹³Te amará y te bendecirá y te hará una nación muy numerosa. Los hará fértiles a ti, a tu tierra y a tus animales. Así tendrás abundancia de cereales, de vino y de aceite. Además, tus rebaños de vacas, de ovejas y de cabras aumentarán sobremanera cuando entres a la tierra que prometió a tus antepasados que les daría. ¹⁴Serás bendecido más que todas las naciones de la tierra; ninguno de los tuyos, sea hombre o mujer, será estéril; y tampoco lo será tu ganado. ¹⁵Y el Señor quitará de ti toda enfermedad y no dejará que sufras ninguna de las plagas que tú mismo sabes que azotaron a Egipto. En cambio, tus enemigos sí las sufrirán.

¹⁶»Deberás destruir a todas las naciones que el Señor tu Dios entrega en tus manos. No te apiadarás de ellas ni adorarás sus dioses. El día que lo hagas habrás caído en una trampa. ¹⁷Quizás pienses: "¿Cómo podemos vencer a estas naciones que son mucho más poderosas que nosotros?" ¹⁸No les tengas miedo. Recuerda lo que el Señor tu Dios le hizo al faraón y a toda la tierra de Egipto. ¹⁹¿Recuerdas las plagas que el Señor envió sobre ellos (tus padres las vieron con sus propios ojos) y los milagros portentosos, y las maravillas, y el poder y fortaleza que Dios Todopoderoso usó para sacarte de Egipto? Pues el Señor tu Dios usará ese mismo poder contra el pueblo que tú temas. ²⁰Más aún, Dios enviará avispas para destruir a los que queden y se escondan de ti.

²¹»No tengas miedo de esas naciones porque el Señor tu Dios está contigo y es un Dios poderoso y terrible. ²²Él las expulsará en forma paulatina. No lo hará de una vez, porque si lo hiciera, los animales salvajes se multiplicarían con demasiada rapidez y esto sería peligroso. ²³Lo hará gradualmente para que puedas actuar contra ellas y destruirlas. ²⁴Dios entregará los reyes de esas naciones en tus manos, y tú borrarás sus nombres de la faz de la tierra. Ninguno podrá prevalecer en contra tuya.

²⁵»Quema sus ídolos y no toques la plata o el oro con que estén hechos. No los tomes porque te servirán de tropiezo: el Señor los detesta. ²⁶No traigas ídolos a tu casa ni los adores, porque entonces sellarás tu condenación. Aborrécelos porque son malditos.

### Recuerda al Señor tu Dios

**8** »Obedece los mandamientos que te doy en este día. Si así lo haces, no solamente vivirás sino que te multiplicarás y entrarás, y poseerás la tierra que el Señor prometió a tus antepasados. ²¿Recuerdas cómo te condujo el Señor a través del desierto durante estos cuarenta años, humillándote y probándote para saber dónde estaban tus prioridades y si realmente obedecerías o no sus mandamientos? ³Sí, el Señor te humilló dejándote pasar hambre y luego te dio a comer maná, alimento que no conocían tú ni tus antepasados. Él lo hizo para que comprendieras que no sólo de pan vive el ser humano, sino de la Palabra de Dios. ⁴En estos cuarenta años tus vestiduras no se han envejecido ni se te han hinchado los pies. ⁵Así podrás comprender que como un padre disciplina a sus hijos, el Señor te disciplina para ayudarte.

⁶»Obedece los mandamientos del Señor tu Dios, vive de acuerdo con su voluntad y dale la honra que se merece. ⁷Porque el Señor tu Dios te está llevando a una buena tierra, tierra de arroyos, de pozos; de manantiales, de valles y de montes; ⁸tierra de trigo y cebada y viñedos, de higueras y granados, de olivares, de aceite y de miel; ⁹tierra donde el alimento es abundante y nada falta; tierra donde el hierro es tan común como las piedras, y el cobre abunda en las montañas. ¹⁰Tendrás de todo hasta saciarte, y bendecirás al Señor tu Dios por la buena tierra que te ha dado.

¹¹»¡No olvides al Señor tu Dios, y no dejes de obedecer todos sus mandamientos! ¹²Siempre existe el peligro de que cuando te hayas saciado y hayas prosperado, y hayas edificado casas hermosas, ¹³y cuando tu ganado y rebaños se hayan engrandecido y tu oro y tu plata se hayan multiplicado, ¹⁴caigas en el orgullo y te olvides del Señor tu Dios que te sacó de la esclavitud en la tierra de Egipto. Por eso, ten mucho cuidado, ¡no te olvides del Señor tu Dios, ¹⁵pues te condujo a través del desierto grande y terrible habitado por víboras y escorpiones peligrosos, donde todo es árido y seco. No olvides que te dio de beber agua de la roca; ¹⁶que te dio de comer maná en el desierto (una especie de pan que antes te era desconocido). A lo largo del camino te probó y te humilló con el fin de hacerte bien. ¹⁷No pienses jamás que por tu poder y tu fuerza has obtenido esa riqueza. ¹⁸Recuerda siempre que el Señor tu Dios es el que te da el poder para obtener las riquezas, y él lo hace para cumplir la promesa hecha a tus antepasados.

¹⁹»Ten por cierto que si te olvidas del Señor tu Dios y adoras en su lugar a otros dioses, si te desvías por malos caminos, ciertamente perecerás ²⁰como las naciones que el Señor destruyó delante de ti. Tu destino será el mismo si no obedeces al Señor tu Dios.

### El mérito no es de Israel

**9** »Escucha, Israel: hoy mismo vas a cruzar el río Jordán e iniciarás la conquista de las naciones que viven al otro lado del río. ²Estas naciones son más numerosas y poderosas que tú. Sus habitantes viven en ciudades grandes y amuralladas. Entre ellos están los famosos gigantes, descendientes de Anac, a quienes nadie ha podido vencer. ³Pero el Señor tu Dios irá delante de ti como un fuego consumidor para destruirlos de modo que puedas vencerlos con rapidez y expulsarlos de la tierra.

⁴»Cuando el Señor haya realizado todo esto, no te atrevas a decir que todo esto lo hizo por tu rectitud. La realidad es otra. El Señor lo hará por la impiedad de las otras naciones. ⁵El Señor los expulsará de la tierra no por tu bondad o rectitud, sino debido a la impiedad de las otras naciones, y para cumplir la promesa que hizo a tus antepasados Abraham, Isaac y Jacob. ⁶Te lo digo una vez más: El Señor tu Dios no te da esta buena tierra porque tú seas justo, porque no lo eres: Al contrario, eres un pueblo soberbio y rebelde.

### El becerro de oro

⁷»No lo olvides, más bien recuerda las muchas veces que hiciste enojar al Señor tu Dios en el desierto. Esto lo hiciste, una y otra vez, desde el día que te sacó de Egipto hasta ahora. Todo este tiempo te has rebelado continuamente contra Dios.

8.5–14   8.18–19

dos tablas de piedra que me entregó. ²³Pero cuando ustedes oyeron la voz que salía desde la oscuridad, y vieron el fuego terrible en la cumbre del monte, sus jefes vinieron a mí ²⁴y me rogaron: "Hoy nuestro Dios nos ha mostrado su gloria y su grandeza; hemos oído su voz desde el centro del fuego. Ahora sabemos que una persona puede oír a Dios y no morir; ²⁵pero si nos habla nuevamente, de seguro moriremos. ¡Ese fuego terrible nos va a destruir totalmente! ²⁶¿Qué mortal puede oír, como hemos oído nosotros, la voz del Dios vivo, que habla desde el fuego, y vivir? ²⁷Ve tú y escucha todo lo que Dios dice, y luego ven y dínoslo y nosotros oiremos y obedeceremos".

²⁸»El Señor accedió a la petición y me dijo: "He oído lo que el pueblo te ha dicho y estoy de acuerdo. ²⁹Ojalá siempre estuviera dispuesto a obedecer mis mandamientos. Si así fuera, les iría bien en todo a ellos, a sus hijos y a las generaciones futuras. ³⁰Ve y diles que regresen a sus tiendas. ³¹Luego regresa de nuevo a donde estoy. Te daré todos los mandamientos para que se los enseñes al pueblo con el fin de que los pongan en práctica en la tierra que les voy a dar"».

³²Entonces Moisés le dijo al pueblo: «Deben obedecer los mandamientos tal como el Señor su Dios se los ha ordenado. Sigan sus instrucciones al pie de la letra, ³³y manténganse en el derrotero que Dios les trazó. Esa es la única forma en la que tendrán vida larga y próspera en la tierra que pronto entrarán a poseer.

### El amor de Dios

**6** »El Señor su Dios me ha pedido que les dé estos mandamientos, para que los obedezcan en la tierra a la que pronto entrarán y en la cual vivirán. ²El propósito es que ustedes, sus hijos y nietos, obedezcan al Señor su Dios en todo. ¡Esa es la manera en que ustedes lo honrarán! Como resultado, vivirán muchos años llenos de prosperidad. ³Por tanto, oh Israel, escucha atentamente cada mandato y ponlo por obra para que te vaya bien a ti y a tus hijos. Si obedeces estos mandamientos llegarás a ser una gran nación en la tierra gloriosa de la que fluye leche y miel, según la promesa de Dios a tus padres.

⁴»Oye Israel: el Señor nuestro Dios es nuestro único Señor. ⁵Ámalo con toda tu capacidad mental, con todo lo que eres y con todo lo que vales. ⁶Debes pensar constantemente en estos mandamientos que te doy en este día. ⁷Debes enseñarlos a tus hijos y hablar de ellos cuando estás en casa o cuando caminas con ellos; al acostarte y al levantarte. ⁸Átalos en tu mano y llévalos en la frente, ⁹escríbelos en la puerta de tu casa y en los portones de tu ciudad.

¹⁰,¹¹»Cuando el Señor tu Dios te haya introducido en la tierra que les prometió a tus antepasados Abraham, Isaac y Jacob; y cuando te haya dado ciudades grandes y hermosas que no edificaste, repletas de todo tipo de bienes con pozos que no cavaste, viñedos y olivares que no plantaste; y cuando hayas comido hasta saciarte; ¹²no olvides jamás que el Señor te sacó de Egipto, tierra de esclavitud. ¹³Por esa razón solo al Señor debes rendirle toda honra, servirlo y usar su nombre para respaldar tus juramentos y promesas.

¹⁴»No adorarás a los dioses de las naciones que te rodean, ¹⁵porque el Señor tu Dios, que permanece contigo, es un Dios celoso, y su ira puede encenderse en contra tuya y borrarte de la faz de la tierra. ¹⁶No debes provocarlo ni probar su paciencia como lo hiciste cuando te quejaste en su contra en Masá. ¹⁷Debes obedecerle en todo lo que te mande. ¹⁸Sólo entonces estarás haciendo lo que es correcto y bueno de acuerdo con el deseo del Señor. Si le obedeces, todo te irá bien, y podrás entrar y poseer la buena tierra que el Señor prometió a tus antepasados. ¹⁹También podrás expulsar a todos los enemigos que viven en tu tierra, como el Señor te ha dicho.

²⁰»En el futuro, cuando tus hijos te pregunten cuál es el propósito de todos estos mandamientos que el Señor nuestro Dios nos ha dado, ²¹les responderás: "Fuimos esclavos del faraón en Egipto, y el Señor nos sacó de Egipto con gran poder ²²y por medio de milagros portentosos. Envió terribles plagas contra Egipto, contra el faraón y contra toda su gente. Lo vimos con nuestros propios ojos. ²³Nos sacó de Egipto para darnos esta tierra que había prometido a nuestros antepasados. ²⁴Y nos ha mandado que obedezcamos estas leyes y las honremos, para que sigamos con vida como lo ha hecho hasta ahora. ²⁵Porque cuando obedecemos todas estas leyes del Señor nuestro Dios, somos justos".

### Expulsión de las naciones

**7** »Cuando el Señor te haya introducido en la Tierra prometida, como pronto lo hará, destruirá a las siguientes naciones, siete en total, todas naciones numerosas y más poderosas que tú: Los hititas, los gergeseos, los amorreos, los cananeos, los ferezeos, los heveos y los jebuseos.

²»Cuando el Señor tu Dios te las entregue, deberás destruirlas completamente. No hagas con ellas pacto, ni les muestres misericordia. Las destruirás completamente. ³No te casarás con ninguna de las mujeres de esas naciones, ni permitirás que tus hijos e hijas casen a sus hijos e hijas con ellos. ⁴Si eso sucediera, con seguridad, tus descendientes comenzarían a adorar a los dioses de esas naciones y se apartarían del Señor. Entonces la ira del Señor se encendería en contra tuya y te destruiría.

⁵»Debes derribar los altares paganos, quebrar los obeliscos, destruir las imágenes de Aserá y quemar sus ídolos. ⁶Porque eres una nación santa, consagrada al Señor tu Dios. Él te ha elegido de entre todos los pueblos de la tierra para ser su pueblo escogido. ⁷El Señor no te eligió ni te demostró su amor porque fueras una nación más grande que las demás. Al contrario, eras la más insignificante de todas las naciones. ⁸Fue porque él te amó y cumplió la promesa hecha a tus antepasados. Por esta razón te liberó de la esclavitud de Egipto con una gran demostración de poder y milagros maravillosos.

⁹»Entiende, pues, que el Señor tu Dios es el único Dios fiel, que por mil generaciones es fiel a su alianza y muestra su lealtad a los que le aman y obedecen sus mandamientos. ¹⁰Pero los que lo odian, él mismo los castigará y destruirá. ¹¹Por lo tanto, obedece todos estos mandamientos, estatutos y decretos que te doy en este día. ¹²Como resultado de tu obediencia a los mandamientos, el Señor tu Dios mantendrá la parte

5.32-33   6.6-9   7.8-9

Dios. Si se fabrican ídolos, lo estarán quebrantando, porque el Señor, el Dios de ustedes, lo ha prohibido. ²⁴Él es fuego devorador, Dios celoso.

²⁵»En el futuro, cuando los hijos y nietos de ustedes hayan nacido y hayan vivido en la tierra largo tiempo, si se corrompen haciendo ídolos y el Señor su Dios se enoja con ustedes a causa de su pecado, ²⁶el cielo y la tierra son testigos de que pronto serán ustedes destruidos en la tierra. En poco tiempo cruzarán el río Jordán y conquistarán aquella tierra. Pero sus días en ella serán cortos; serán completamente destruidos. ²⁷El Señor los esparcirá entre las naciones y serán muy pocos en número. ²⁸Allí, lejos de su tierra, servirán ídolos de madera y de piedra, hechos por la gente, ídolos que no ven ni oyen, no comen ni huelen.

²⁹»Pero entonces comenzarán a buscar otra vez al Señor su Dios, y lo encontrarán si lo buscan con todo el corazón y toda el alma. ³⁰Cuando esos días amargos vengan sobre ustedes en los últimos tiempos, se volverán al Señor su Dios y oirán lo que les dice. ³¹Porque el Señor su Dios es misericordioso; él no los abandonará ni los destruirá ni olvidará el pacto y las promesas hechas a sus antepasados.

### El Señor es Dios

³²»Analicen la historia desde que Dios creó al ser humano sobre la tierra, y busquen desde un extremo del cielo al otro, para ver si pueden encontrar algo semejante a esto: ³³Que toda una nación oyó la voz de Dios hablándoles desde el fuego, como pasó con ustedes, y vivió. ³⁴¿Dónde se informa de que algún dios hubiera sacado a una nación de la esclavitud por medio de plagas terribles, milagros poderosos, guerra y terror? Sin embargo, eso es exactamente lo que el Señor su Dios hizo por ustedes en Egipto ante sus mismos ojos. ³⁵Él hizo estas cosas para que ustedes comprendan que el Señor es Dios; y que no hay ninguno como él. ³⁶Dios les permitió oír su voz dando órdenes desde el cielo, y les dejó ver la gran columna de fuego sobre la tierra; y oyeron sus palabras desde el centro del fuego.

³⁷»El Señor los sacó a ustedes de Egipto con gran demostración de poder porque amó a sus antepasados y quiso bendecir a sus descendientes. ³⁸El Señor desechó a otras naciones más poderosas y numerosas que ustedes, y la tierra que era de ellos se la dio a ustedes como heredad. ³⁹Piensen en esto hoy y reflexionen: El Señor es Dios en el cielo y en la tierra, y no hay otro Dios sino solo el Señor. ⁴⁰Deben obedecer las leyes que les doy en este día para que ustedes y sus hijos tengan bienestar y puedan vivir para siempre en la tierra que el Señor su Dios les da».

### Ciudades de refugio

⁴¹Entonces Moisés instruyó al pueblo de Israel para que apartaran tres ciudades al oriente del río Jordán ⁴²donde pudiera refugiarse cualquier persona que diera muerte a otra por accidente. ⁴³Estas ciudades eran Béser en la llanura del desierto para la tribu de Rubén; Ramot de Galaad para la tribu de Gad; y Golán de Basán para la de Manasés.

### Introducción de la ley

⁴⁴⁻⁴⁶Éstas son las leyes que Moisés entregó al pueblo de Israel cuando salieron de Egipto y estuvieron acampados al oriente del río Jordán cerca de la ciudad de Bet Peor. (Este había sido parte del territorio de Sijón, rey de los amorreos. Su capital era Hesbón; él y su pueblo fueron destruidos por Moisés y los israelitas. ⁴⁷Israel conquistó su tierra y la del rey Og de Basán. Ellos eran los dos reyes amorreos que estaban al oriente del Jordán. ⁴⁸Israel también conquistó el territorio que se extiende desde Aroer a orillas del río Arnón hasta el monte Sirión o monte Hermón, como se le llama a veces, ⁴⁹y todo el Arabá al oriente del Jordán hasta el Mar Salado, al pie de las laderas del Pisgá.)

### Los Diez Mandamientos

5 ☼ Moisés siguió hablándole al pueblo de Israel y le dijo: «Oigan ahora cuidadosamente estas leyes y normas que Dios les ha dado; apréndanselas, consérvenlas y obedézcanlas.

²,³»El Señor nuestro Dios hizo un pacto con ustedes en el monte Horeb, no con sus antepasados, sino con ustedes que están aquí vivos hoy día. ⁴El Señor habló con ustedes cara a cara desde el centro del fuego en el monte. ⁵Yo estaba como mediador entre ustedes y el Señor porque ustedes tenían miedo del fuego y no se quisieron acercar al monte. Él me habló y yo les di sus leyes. Esto es lo que dijo:

⁶»'Yo soy el Señor tu Dios que te liberó de la esclavitud de Egipto.

⁷»'No tendrás dioses ajenos delante de mí.

⁸»'No te harás ídolos, no adorarás imágenes; sean de hombre o mujer, de aves, de animales o de peces. ⁹,¹⁰No te inclinarás delante de imagen alguna para adorarla de ninguna forma, porque yo, el Señor tu Dios; soy un Dios celoso. Yo castigo la maldad que haga un jefe de clan, incluyendo la tercera y cuarta generación de los que me odian; pero muestro misericordia a muchas generaciones de los que me aman y obedecen mis mandamientos.

¹¹»'No usarás mi nombre en vano. No daré por inocente al que lo haga. Yo el Señor tu Dios.

¹²»'Guarda el día de reposo como un día santo. Este es mi mandamiento. ¹³Trabaja seis días, ¹⁴pero el séptimo le pertenece al Señor tu Dios; en ese día nadie en tu casa debe trabajar: tú, tus hijos e hijas, tus esclavos, tus bueyes, tus burros, ni ninguno de tus animales, ni los extranjeros que se han establecido entre ustedes. Todos deben descansar juntamente contigo, especialmente tus esclavos y tus esclavas. ¹⁵Recuerda que tú mismo fuiste esclavo en Egipto, y el Señor tu Dios te sacó de ese país con gran demostración de poder. Esa es la razón para obedecer este mandamiento.

¹⁶»'Honra a tu padre y a tu madre, tal como el Señor tu Dios te ordenó. Si lo haces, tendrás una vida larga y próspera en la tierra que te da.

¹⁷»'No matarás, ¹⁸ni cometerás adulterio, ¹⁹ni robarás, ²⁰ni acusarás falsamente a tu prójimo. ²¹Tampoco codiciarás la esposa de otro hombre, ni su casa, ni su tierra, ni sus esclavos, ni sus bueyes, ni sus burros ni cosa alguna que él posea.

²²»El Señor les dio estas leyes cuando estaban congregados como asamblea ante el monte. Él les habló desde el fuego, las nubes y las tinieblas que cubrían el monte Sinaí. Estos fueron los únicos mandamientos que el Señor les dio entonces, y los escribió en

☼4.31   ☼5.1

¹¹»A propósito, el rey Og de Basán fue el último de los gigantes. Su cama de hierro se conserva en un museo de Rabá, una de las ciudades de los amonitas, y mide unos cuatro metros de largo por uno ochenta de ancho.

## División de la tierra

¹²»En aquel tiempo entregué la tierra conquistada a las tribus de Rubén y Gad, y a la media tribu de Manasés. A las tribus de Rubén y Gad les di la región que comenzaba en Aroer sobre el río Arnón, más la mitad del monte Galaad; incluyendo sus ciudades. ¹³La media tribu de Manasés recibió el resto de Galaad y todo lo que era el reino de Og en la región de Argob. (Basán es llamada a veces tierra de gigantes.) ¹⁴El clan de Yaír, de la tribu de Manasés, tomó toda la región de Argob (Basán) hasta el límite con Gesur y Maacá. Ellos le pusieron su nombre al país y lo llamaron Javot Yaír (Pueblos de Yaír) como se le llama hasta hoy. ¹⁵Entonces se la di Galaad a Maquir. ¹⁶Las tribus de Rubén y Gad recibieron la región que se extiende desde el río Jaboc en Galaad (que está en el límite con Amón) hasta el centro del valle del río Arnón. ¹⁷También recibieron el Arabá, con el Jordán como límite al occidente, desde Quinéret hasta el pie del monte Pisgá y el Mar Salado (llamado también mar del Arabá).

¹⁸»En aquella oportunidad les dije a las tribus de Rubén, Gad y de Manasés que aunque el Señor les había dado la tierra, no debían establecerse en ella hasta que sus hombres armados ayudaran a las otras tribus a establecerse al otro lado del Jordán.

¹⁹»"Pero sus mujeres y sus niños", les dije, "pueden permanecer en las ciudades que Dios les ha dado, cuidando su gran cantidad de ganado, ²⁰hasta que el Señor haya dado la victoria a las otras tribus. Cuando ellos hayan conquistado las tierras que el Señor les ha dado al otro lado del río Jordán, podrán ustedes regresar a la tierra que les he dado".

## Instrucciones a Josué

²¹»Entonces le dije a Josué: "Tú mismo has sido testigo de lo que el Señor tu Dios ha hecho con estos dos reyes. Ahora tú harás lo mismo con todos los reinos que hay al otro lado del Jordán. ²²No temas a los pueblos que allí viven, porque el Señor tu Dios peleará por ti".

## Dios le prohíbe a Moisés cruzar el Jordán

²³»En aquel tiempo, oré al Señor así: ²⁴,²⁵"Señor, mi Dios, permíteme entrar en la Tierra prometida; la buena tierra que está al otro lado del Jordán con sus montes, y el Líbano. ¡Soy testigo de tu grandeza y de tu poder! Y tengo la certeza de que no hay ningún dios en los cielos o la tierra que puede hacer todo lo que tú has hecho por nosotros".

²⁶»Pero el Señor estaba disgustado conmigo a causa de ustedes y no me dejó cruzar. Al contrario, me calló y me dijo: "No hablemos más de eso. ²⁷Te ordeno que subas a la cumbre del monte Pisgá, desde donde puedes mirar en todas direcciones, y desde allí verás la tierra. Pero no cruzarás el río Jordán. ²⁸Comisiona a Josué para que te reemplace. Aliéntalo, porque él hará que este pueblo entre a conquistar el territorio que tú solo verás desde la cumbre del monte".

²⁹»De modo que permanecimos en el valle cerca de Bet Peor».

## Exhortación a la obediencia

**4** Moisés continuó su discurso y dijo: «Escuchen ahora con atención, israelitas, las leyes que les doy y obedézcanlas, si quieren vivir y entrar a poseer la tierra que les da el Señor, Dios de sus padres. ²No añadan otras leyes ni quiten ninguna de las que ahora les doy. Pónganlas en práctica, porque se las ha dado el Señor su Dios.

³»Ustedes mismos han sido testigos de lo que el Señor hizo en Baal Peor, donde destruyó a los idólatras, ⁴pero dejó con vida a los que de ustedes permanecieron fieles a él.

⁵»Estas son las leyes que ustedes deberán obedecer cuando lleguen a la tierra donde vivirán. Han sido dadas por el Señor mi Dios. ⁶Si las obedecen, obtendrán reputación de sabiduría e inteligencia. Cuando las naciones que los rodeen oigan estas leyes, exclamarán: "¿Qué otra nación es tan sabia y prudente como Israel?" ⁷Porque ¿qué otra nación, grande o pequeña, tiene a Dios entre ellos como el Señor nuestro Dios está entre nosotros siempre que lo invocamos? ⁸¿Qué nación, no importa cuán grande sea, tiene leyes tan justas como las que les estoy dando hoy? ⁹Pero ¡cuidado! No olviden jamás lo que Dios hace por ustedes. Cuenten a sus hijos y a sus nietos los gloriosos milagros que él ha hecho. ¹⁰Cuéntenles especialmente acerca del día en que estuvieron delante del Señor en el monte Horeb, y él me dijo: "Reúne al pueblo delante de mí, y yo les enseñaré, para que aprendan a obedecerme y también para que se las enseñen estas leyes a sus hijos". ¹¹Ustedes se reunieron al pie del monte y el monte ardía con fuego en medio de la oscuridad, ¹²y el Señor les habló desde el fuego. Ustedes oyeron sus palabras y nada más, pero ¡nunca lo vieron! ¹³Esa fue la manera con la que Dios proclamó sus leyes que ustedes deben obedecer. Son los Diez Mandamientos, y los escribió en dos tablas de piedra. ¹⁴En aquel tiempo el Señor me ordenó que les entregara las leyes que deben obedecer tan pronto entren en la Tierra prometida.

## Prohibición de la idolatría

¹⁵»Pero ¡cuidado! Ustedes no vieron la figura de Dios el día en que les habló desde el fuego en el monte Horeb, ¹⁶,¹⁷de modo que no se corrompan tratando de hacer una imagen de Dios, sea en forma de hombre, de mujer, de animal, de ave, ¹⁸de reptil que se arrastre sobre la tierra, o de pez. ¹⁹No levanten la vista a los cielos para adorar al sol, la luna o las estrellas. El Señor le ha tolerado esto a otras naciones, pero no a ustedes. ²⁰El Señor los ha rescatado de Egipto (tan destructor como un horno) para que sean su pueblo escogido, su heredad. Esto es lo que ustedes son hoy. ²¹El Señor se enojó conmigo a causa de ustedes. Juró que yo no cruzaría el río Jordán para entrar a la buena tierra que él les ha dado a ustedes como heredad. ²²Ustedes la poseerán, pero yo moriré aquí, a este lado del río. ²³Cuídense de no quebrantar el pacto del Señor su

# DEUTERONOMIO 2.1

y lloraron delante del Señor, pero no los escuchó. ⁴⁶Tuvieron que permanecer en Cades largo tiempo.

## Peregrinación por el desierto

2 »Luego regresamos al desierto camino del Mar Rojo, como me había ordenado el Señor. Durante muchos años vagamos por los alrededores del monte Seír, ²hasta que al fin el Señor dijo: ³"Ya han permanecido demasiado tiempo en este monte. Vuelvan al norte. ⁴Informa al pueblo que pasarán por el territorio de sus hermanos los edomitas, descendientes de Esaú, que viven en Seír; los edomitas sentirán temor, de modo que ¡cuidado! ⁵No presenten batalla. Yo les he dado a ellos el monte Seír como posesión permanente, y no les daré a ustedes nada que les pertenezca a ellos. ⁶Páguenles el alimento y el agua que consuman. ⁷El Señor, el Dios de ustedes, los ha cuidado y bendecido durante los cuarenta años que han peregrinado en este gran desierto, y nada les ha faltado durante todo este tiempo".

⁸»Así fue que pasamos a través de Edom, territorio de nuestros hermanos los hijos de Esaú, cruzamos el camino del Arabá que va hacia el sur a Elat y Ezión Guéber, y tomamos rumbo al norte, hacia el desierto de Moab. ⁹Entonces el Señor me advirtió: "No ataques ni provoques a los moabitas, porque yo no les daré a ustedes la tierra de ellos, la región de Ar; la he dado a los descendientes de Lot".

¹⁰»(Los emitas habían habitado antes aquella zona. Eran una tribu grande y poderosa, de hombres altos como los gigantes de Anac; ¹¹a los emitas y a los anaceos se les suele llamar refaítas, pero los moabitas los llaman emitas. ¹²Anteriormente los horeos vivían en Seír, pero fueron desplazados por las edomitas, los descendientes de Esaú, tal como Israel desplazará a los pueblos de Canaán, cuya tierra ha sido asignada a Israel por el Señor.) ¹³"Crucen ahora el arroyo de Zéred", dijo el Señor, y así lo hicimos.

¹⁴»Habían pasado treinta y ocho años desde que salimos de Cades hasta que cruzamos por fin el arroyo de Zéred, porque el Señor había decretado que no cruzaríamos el arroyo hasta que hubieran muerto todos los hombres que hacía treinta y ocho años tenían edad suficiente para llevar armas. ¹⁵,¹⁶Sí, la mano del Señor estuvo contra ellos hasta que todos murieron.

¹⁷»Finalmente el Señor me dijo: ¹⁸"Hoy cruzará Israel los límites de Moab en Ar ¹⁹para entrar a la tierra de Amón. Pero no los ataques ni provoques, porque yo no te daré su tierra. La he dado a los descendientes de Lot". ²⁰(Aquella zona también estaba habitada por unos gigantes que los amonitas llamaban zamzumitas. ²¹Eran una tribu grande y poderosa, de hombres tan altos como los anaceos. Pero el Señor los destruyó cuando los amonitas entraron en esa tierra y vivieron allí en su lugar. ²²El Señor igualmente había ayudado a los descendientes de Esaú en el monte Seír destruyendo a los horeos que vivían allí antes que ellos. ²³Una situación similar se produjo cuando el pueblo de Caftor invadió y destruyó la tribu de los aveos que vivían en pueblos esparcidos en toda aquella zona hasta Gaza.)

## Derrota de Sijón, rey de Hesbón

²⁴»Y el Señor dijo: "Pasen el río Arnón y entren en la tierra de Sijón, rey amorreo de Hesbón. Háganle guerra y tomen posesión de su tierra. ²⁵A partir de hoy haré que todos los pueblos de esta tierra tiemblen de temor delante de ustedes y sientan angustia ante su llegada".

²⁶»No obstante; envié mensajeros desde el desierto de Cademot al rey Sijón en Hesbón, con una propuesta de paz. ²⁷"Pasaremos por tu tierra", le dijimos. "Nos mantendremos en el camino real y no entraremos a tus campos a ninguno de los dos lados. ²⁸No robaremos alimento mientras cruzamos, sino que pagaremos por todo lo que comamos y todo lo que bebamos. Lo único que queremos es el permiso para pasar por ella. ²⁹Los edomitas en Seír nos permitieron pasar por su país; lo mismo hicieron los moabitas, cuya capital es Ar. Queremos cruzar el Jordán para entrar en la tierra que el Señor, nuestro Dios, nos ha dado".

³⁰»Pero el rey Sijón se negó, porque el Señor nuestro Dios hizo que se endureciera, para poder destruir a Sijón con las manos de Israel como ahora ya lo ha hecho.

³¹»Y el Señor me dijo: "He comenzado a darles la tierra del rey Sijón. Cuando tomen posesión de ella, pertenecerá para siempre a Israel".

³²El rey Sijón entonces nos declaró la guerra y movilizó sus fuerzas en Yahaza. ³³,³⁴Pero el Señor, nuestro Dios, lo entregó en nuestras manos y conquistamos todas sus ciudades y destruimos completamente todo, incluyendo mujeres y niños. ³⁵Nada dejamos con vida salvo el ganado, el que tomamos como botín, juntamente con lo obtenido del saqueo de las ciudades que habíamos tomado. ³⁶Lo conquistamos todo desde Aroer hasta Galaad, desde la orilla del río Arnón, incluyendo todas las ciudades del valle. Ninguna ciudad tuvo fuerza suficiente para oponérsenos, porque el Señor nuestro Dios las había entregado en nuestras manos. ³⁷Sin embargo, permanecimos alejados de los amonitas, del río Jaboc y de las ciudades del monte, y de todos los lugares a los que el Señor nuestro Dios nos había prohibido entrar.

## Derrota de Og, rey de Basán

3 »Luego seguimos hacia la tierra de Basán. Inmediatamente el rey Og movilizó su ejército y nos atacó en Edrey. ²Pero el Señor me dijo que no tuviera temor de él. "Todo este pueblo y sus tierras son tuyos", me dijo. "Tú harás con él como hiciste con el rey Sijón de los amorreos en Hesbón". ³Entonces el Señor nos guió en la batalla contra el rey Og y su pueblo, y les dimos muerte a todos. ⁴Conquistamos todas sus ciudades, en total sesenta, toda la región de Argob, del reino de Og en Basán. ⁵Estas eran ciudades muy fortificadas, con muros muy altos y puertas con barras. Tomamos también las ciudades no amuralladas. ⁶Destruimos completamente el reino de Basán del mismo modo que lo hicimos con el reino de Sijón en Hesbón, dando muerte a toda la población: hombres, mujeres y niños. ⁷Pero conservamos el ganado y el botín.

⁸»Quedamos en posesión del territorio de los dos reyes amorreos, al oriente del río Jordán: toda la tierra del valle de Arnón hasta y el monte Hermón ⁹(los sidonios lo llaman Sirión y los amorreos lo llaman Senir). ¹⁰Habíamos conquistado las ciudades de la meseta y todo Galaad y Basán hasta las ciudades de Salcá y Edrey.

# Deuteronomio

## Moisés ordena salir de Horeb

**1** Este libro registra las palabras que Moisés dirigió al pueblo de Israel cuando estaba acampado en el valle del Arabá en el desierto de Moab, al oriente del río Jordán. Las ciudades que había en la zona eran Parán, Tofel, Labán, Jazerot y Dizahab. ²-³Las palabras fueron pronunciadas el primer día del mes undécimo; habían pasado cuarenta años desde el momento en que el pueblo de Israel dejó el monte Horeb (aunque el viaje a pie desde el monte Horeb hasta Cades Barnea normalmente solo dura once días, siguiendo la vía del monte Seír). ⁴Sijón, rey de los amorreos, había sido ya derrotado en Hesbón y el rey Og de Basán había sido derrotado en Astarot, cerca de Edrey. ⁵Éstas, pues, son las palabras que Moisés declaró ante el pueblo de Israel:
⁶«Hace cuarenta años, junto al monte Horeb, el Señor, nuestro Dios, nos dijo: "Ya han estado aquí largo tiempo. ⁷Vayan ahora y ocupen la región montañosa de los amorreos, el valle del Arabá, el Néguev, y toda la tierra de Canaán y el Líbano: toda el área desde las costas del mar Mediterráneo hasta el río Éufrates. ⁸Yo se la doy a ustedes. Entren y poséanla, porque es la tierra que el Señor prometió a sus antepasados Abraham, Isaac y Jacob, y a todos sus descendientes".

## Nombramiento de jefes

⁹»En aquel tiempo le dije al pueblo: "Ayúdenme. Ustedes son una gran carga para que yo la lleve solo, ¹⁰porque el Señor nos ha multiplicado como las estrellas. ¹¹Quiera él multiplicarnos mil veces más y bendecirnos como ha prometido. ¹²Pero ¿qué puede hacer un hombre solo para resolver las dificultades, los pleitos y los problemas que hay entre ustedes? ¹³Elijan, pues, hombres de cada tribu que sean sabios, experimentados y entendidos, y yo los pondré como jefes".
¹⁴»Ellos estuvieron de acuerdo con esto. ¹⁵Entonces tomé a los hombres que eligieron, varios de cada tribu, y los señalé como jefes administrativos a cargo de mil, de cien, de cincuenta y de diez para decidir en sus dificultades y ayudarles en todo. ¹⁶Les di órdenes de que fueran perfectamente justos en todo tiempo con sus hermanos y aun con los extranjeros. ¹⁷"Cuando tomen decisiones", les dije; "no favorezcan a un hombre porque sea rico; sean justos con el grande y con el pequeño. No teman si a ellos no les agrada el fallo de ustedes, porque ustedes son jueces en el nombre de Dios. Los casos demasiado difíciles tráiganmelos a mí, y yo los resolveré". ¹⁸Les di además varias otras instrucciones para ustedes.

## Misión de los espías

¹⁹⁻²¹»Luego nos alejamos del monte Horeb y viajamos a través del desierto grande y terrible, y llegamos finalmente a las montañas de los amorreos a las cuales el Señor nuestro Dios nos había dirigido. Estábamos entonces en Cades Barnea (en el límite con la Tierra prometida) y le dije al pueblo: "El Señor, el Dios de nuestros antepasados, nos ha dado esta tierra. Vayan y poséanla como él nos ha dicho. No teman, ni duden".
²²»Pero los israelitas replicaron: "Deja que primero enviemos espías para descubrir el mejor camino de entrada y para decidir qué ciudades debemos capturar en primer lugar".
²³»Esto me pareció bien, por lo que elegí doce espías, uno de cada tribu. ²⁴,²⁵Los espías cruzaron las colinas y llegaron al valle de Escol, y volvieron con muestras de las frutas que allí se producían. Una sola mirada bastó para convencernos de que la tierra que el Señor nos había dado era una tierra buena.

## Rebelión contra el Señor

²⁶»Pero el pueblo no quiso entrar y se rebeló contra el mandamiento del Señor. ²⁷Todos a una sola voz murmuraron y se quejaron en sus tiendas y dijeron: "El Señor debe aborrecernos pues nos ha sacado de Egipto para ser asesinados en el desierto por estos amorreos. ²⁸¿A dónde vamos a entrar? Nuestros hermanos que han visitado la tierra nos han atemorizado con todo lo que nos contaron. Dicen que la gente de esa tierra es alta y fuerte, y que los muros de sus ciudades llegan hasta el cielo. Por si fuera poco, han visto gigantes allí: los descendientes de Anac".
²⁹»Pero yo les dije: "No teman. ³⁰El Señor nuestro Dios irá delante, y peleará por ustedes como lo hizo en Egipto. ³¹Él nos ha cuidado en nuestra peregrinación por el desierto de la manera que un padre cuida a sus hijos". ³²Pero nada de lo que les dije los convenció. No quisieron creer al Señor nuestro Dios, ³³quien los había guiado por el camino y había elegido los mejores lugares para que acamparan, y los había guiado con una columna de fuego por la noche y una columna de nubes durante el día.
³⁴»El Señor oyó la queja de los israelitas y se enojó. ³⁵Juró que nadie de esa generación viviría para ver las bondades de la tierra que había prometido a sus antepasados. ³⁶Sólo Caleb (hijo de Jefone) es el único que, por haber confiado completamente en el Señor, recibirá, para él y sus descendientes, como heredad personal parte de la tierra sobre la cual había andado.
³⁷»Y el Señor también se enojó conmigo por causa del pueblo, y me dijo: "Tampoco tú entrarás en la Tierra prometida. ³⁸Josué (el hijo de Nun), tu ayudante, guiará a tu pueblo hacia ella. Anímale mientras se prepara para tomar el mando. ³⁹La tierra se la entregaré a la nueva generación, a aquellos que según sus padres iban a morir en el desierto y todos los pequeños quienes todavía no saben distinguir entre lo bueno y lo malo. ⁴⁰Por eso se dirigió a los de la antigua generación y les dijo: Ya que así lo desean, ¡regresen al desierto, camino del Mar Rojo!".
⁴¹»Entonces ellos confesaron: "Hemos pecado; entraremos en la tierra y pelearemos por ella como el Señor nuestro Dios nos ha dicho". Se armaron, pues, pensando que sería fácil conquistar la región. ⁴²Pero el Señor me dijo: "Ordénales que no lo hagan, porque no iré con ellos; ¡serán derrotados!".
⁴³»Pero los israelitas no quisieron escuchar. En abierta rebelión contra el mandato del Señor, subieron a los montes a pelear. ⁴⁴Pero los amorreos que vivían allí salieron a presentarles batalla y, como avispas, los persiguieron desde Seír hasta Jormá y mataron a muchos de ellos. ⁴⁵Luego regresaron

⤴1.21-31

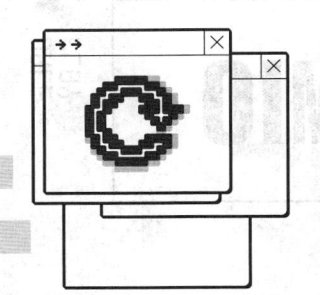

## ¿CÓMO SE RELACIONA CONMIGO?

Deuteronomio es una especie de contrato formal entre Dios y su pueblo. Se podría decir que es el pacto a través del cual Dios pone en claro lo que espera de nosotros para que las bendiciones de ser su pueblo se hagan visibles y claras, aunque quien queda más comprometido es Dios y por eso muchos le llaman un contrato unilateral de gracia al que nosotros podemos abrazar a través de la fe y la obediencia. Es decir, Dios toma muy en serio sus instrucciones y es muy interesante notar que ellas no solo ponen paz entre nosotros y el creador sino que crean paz, armonía y bienestar entre nosotros. Una decisión nuestra el día de hoy, afectará nuestra vida, la de nuestra familia, la de las personas que nos rodean ¡y aun la vida de nuestra descendencia el día que eso llegue! Este planteo central de este libro es un tema ineludible para tu vida el cual también fructificará en tanto esas decisiones sean tomadas tomando en cuenta las leyes de Dios.

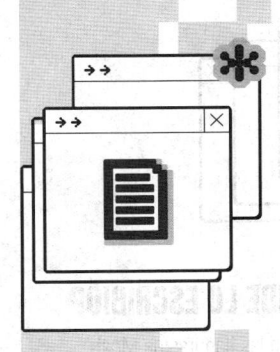

## EL GUION

1) Dios ha sido fiel hasta ahora. Caps. 1-4
2) La Ley de Dios es grandiosa. Caps. 5-11
3) La Ley de Dios tiene propósitos magníficos para la vida cotidiana. Caps. 12-26
4) El éxito o fracaso dependen de la obediencia a la Ley de Dios. Caps. 27-28
5) Dios renueva su compromiso con las nuevas generaciones. Caps. 29-30
6) La renovación del liderazgo asegura la continuidad del compromiso. Caps. 31-34

# DEUTERONOMIO

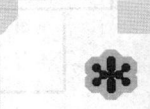

# DEUTERONOMIO

## ¿QUIÉN LO ESCRIBIÓ?

Se atribuye la mayor parte de este libro a Moisés (1:1; 31:24,25). En el Nuevo Testamento, varios pasajes de Deuteronomio son citados como escritos por él (Mateo 19:7,8; Marcos 10:3-5; Hechos 3:22,23; 7:37,38; Romanos 10:19). Alguien más debió escribir pasajes como el capítulo 34.

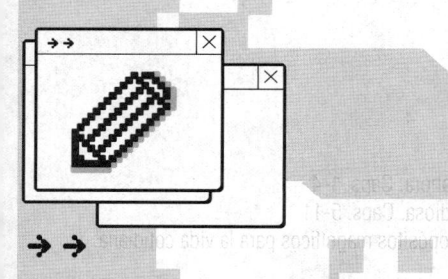

## ¿A QUIÉN LO ESCRIBIÓ?

Los receptores de este libro son la nueva generación de israelitas, próximos a entrar a Canaán. Ellos necesitaban un resumen de la ley. Ésta se repite y explica para que puedan comprenderla, obedecerla y transmitirla.

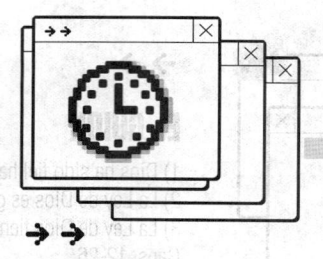

## ¿CUÁNDO Y DÓNDE LO ESCRIBIÓ?

Israel está acampando en las llanuras de Moab, al este del río Jordán. Han pasado 40 años desde la liberación de Egipto y casi 38 desde que el pueblo había salido del Sinaí. Los discursos y los hechos registrados en este libro ocurrieron justo antes de la conquista, alrededor de 1440 y 1400 a.C.

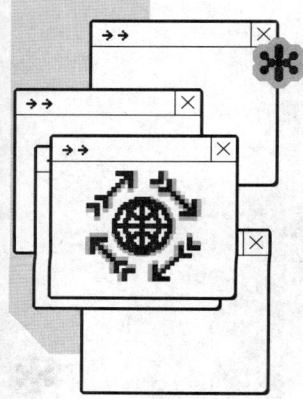

## PANORAMA DEL LIBRO

Después de casi cuarenta años de deambular por el desierto, una nueva generación está casi preparada para, finalmente, tomar posesión de la anhelada tierra prometida. Este libro es un repaso resumido y con algunas aplicaciones de la Ley de Dios dirigido a la nueva generación que entrará a poseer la tierra. Como tal, el propósito del libro es recordar a esta nueva nación el contenido del pacto de Dios con ellos y resaltar la importancia vital de obedecer las leyes y ordenanzas del Señor.

sino hasta que se le haya seguido un juicio justo y se haya establecido su culpa. [13,14]Tres de estas ciudades de refugio estarán en la tierra de Canaán, y tres en el lado oriental del río Jordán. [15]Estas no sólo servirán de protección a los israelitas sino también a los extranjeros y a los viajeros.

[16]»Pero si alguien es golpeado y muerto con un instrumento de hierro, debe presumirse que hubo asesinato, y el homicida deberá ser ejecutado. [17]Si el hombre murió porque lo golpearon con una piedra grande, se trata de un asesinato, y el asesino debe morir. [18]Lo mismo es válido si alguien es muerto con un arma de madera. [19]El vengador de la sangre personalmente dará muerte al asesino cuando lo encuentre. [20]Si alguno da muerte a otro por odio arrojándole algo, poniéndole emboscada o [21]golpeándole con el puño hasta darle muerte; es un asesino. El asesino será ejecutado por el vengador de la sangre cuando lo hallare.

[22,23]»Pero si se trata de un accidente, de un caso en que alguien arroja una piedra y sin querer golpea y mata a quien no era su enemigo, [24]el pueblo juzgará si hay que entregar o no al homicida en manos del vengador de la sangre. [25]Si se llega a conclusión de que la muerte fue accidental, el pueblo protegerá al homicida para que no caiga en manos del vengador de la sangre. El homicida será residente permanente de la ciudad de refugio. Vivirá allí hasta la muerte del sumo sacerdote.

[26]»Si el homicida sale de la ciudad, [27]y el vengador lo encuentra fuera de ella y le da muerte, no es un asesinato, [28]porque el hombre debió haber permanecido dentro de la ciudad hasta la muerte del sumo sacerdote. Pero después de la muerte del sumo sacerdote, el hombre puede volver a su tierra y a su hogar. [29]Estas son leyes permanentes para todo Israel de generación en generación.

[30]»Todos los homicidas serán ejecutados, pero solamente si hay más de un testigo. Ningún hombre podrá ser ejecutado por el testimonio de una sola persona. [31]Cualquiera que sea declarado culpable de asesinato, debe morir, y no se aceptará rescate por él. [32]Tampoco se podrá aceptar que un refugiado en una de estas ciudades pague para que se le permita regresar a su hogar antes de la muerte del sumo sacerdote. [33]Mediante el cumplimiento de estas normas la tierra no se contaminará, porque el asesinato contamina la tierra, y no se puede hacer reparación por la muerte de una persona sino por la ejecución del asesino. [34]No contaminen la tierra donde van a vivir, porque yo, el Señor, viviré allí entre ustedes».

### Herencia de las mujeres

**36** Entonces los dirigentes del subclan de Galaad (el clan de Maquir, de la tribu de Manasés, uno de los hijos de José) vinieron a Moisés ante los jefes de Israel con una petición:

[2]—El Señor dio orden de repartir la tierra por sorteo entre el pueblo de Israel —le recordaron a Moisés—, y que se diera la heredad de nuestro hermano Zelofejad a sus hijas. [3]Pero si ellas se casan en otra tribu, la tierra de ellas pasará a la tribu de su marido. De esta manera nuestra tierra se verá reducida, [4]y no regresará a nosotros en el año del jubileo.

[5]Moisés contestó públicamente, dando estas órdenes de parte del Señor:

—Los hombres de la tribu de José tienen una queja justa. [6]Esto es lo que el Señor ha ordenado acerca de las hijas de Zelofejad: [7]Pueden casarse con quienes quieran, siempre que sea dentro de su tribu. De esta manera, ninguna parte de la tierra de su tribu pasará a otra tribu, ya que la tierra debe pertenecer permanentemente a la tribu a la que fue asignada en el principio. [8]Las jóvenes de las tribus de Israel que pertenezcan a una familia que esté sin heredero varón, deberán casarse dentro de su propia tribu, para que la tierra no salga de la tribu. [9]De este modo, la tierra no pasará de una tribu a otra».

[10]Las hijas de Zelofejad hicieron lo que el Señor le había ordenado a Moisés. [11]Estas eran: Majlá, Tirsá, Joglá, Milca y Noa, y se casaron con hombres de su propia tribu de Manasés (hijo de José). [12]De este modo la tierra de ellas permaneció en la tribu.

[13]Éstos son los mandamientos y las ordenanzas que el Señor le dio al pueblo de Israel por medio de Moisés, mientras estaban acampados en las llanuras de Moab junto al río Jordán, frente a Jericó.

de Ezión Guéber a Cades (en el desierto de Zin); de Cades al monte Hor (junto a la tierra de Edom). ³⁸,³⁹Mientras estaban al pie del monte Hor, Dios le ordenó a Aarón el sacerdote que subiera a la montaña, y allí murió. Esto ocurrió en el año cuarenta después de la salida del pueblo de Israel de Egipto. La fecha de su muerte fue el quince de julio, cuando tenía ciento veintitrés años.

⁴⁰Estando allí, el rey cananeo de Arad, que vivía en el Néguev, en la tierra de Canaán, oyó que el pueblo de Israel se acercaba a su tierra. ⁴¹Luego los israelitas viajaron del monte de Hor hasta Zalmona, ⁴²de allí a Punón, ⁴³de Punón a Obot, ⁴⁴de Obot a Iyé Abarín (en la frontera con Moab), ⁴⁵de Iyé Abarín a Dibón Gad, ⁴⁶y luego acamparon en Almón Diblatayim. ⁴⁷De allí siguieron hasta los montes de Abarín delante del monte Nebo, ⁴⁸y finalmente llegaron a la llanura de Moab junto al río Jordán, frente a Jericó. ⁴⁹Mientras estaban en esta zona acamparon en varios lugares a lo largo del río Jordán desde Bet Yesimot hasta Abel Sitín en las llanuras de Moab.

## Instrucciones acerca de la Tierra prometida

⁵⁰Estando acampados allí, el SEÑOR le pidió a Moisés que dijera al pueblo de Israel: ⁵¹«Cuando hayan pasado el río Jordán, y hayan entrado en la tierra de Canaán, ⁵²expulsarán a todos los pueblos que viven allí y destruirán sus ídolos esculpidos en piedra, sus imágenes fundidas y sus santuarios hechos al aire libre en las colinas. ⁵³Yo les he entregado la tierra. Tómenla y vivan en ella. ⁵⁴Recibirán tierra en proporción al tamaño de cada tribu. Las zonas más grandes de la tierra serán sorteadas entre las tribus mayores, y las zonas menores serán asignadas por suertes a las tribus menores.

⁵⁵»Pero si no expulsan a los pueblos que viven allí; los que queden les molestarán como arena en los ojos y espinas en los costados. ⁵⁶Entonces yo los destruiré a ustedes en vez de destruirlos a ellos».

## Fronteras de Canaán

**34** El SEÑOR le dijo a Moisés: ²«Dile al pueblo de Israel que cuando entre en la tierra de Canaán, que le daré como patria, ³en el extremo sur del país estará el desierto de Zin hasta la frontera de Edom; ese será el límite sur que comenzará en el Mar Muerto, ⁴y continuará hacia el sur hasta la subida de Acrabim (Paso escorpión) y seguirá hasta Zin. El punto más austral será Cades Barnea, desde donde seguirá hasta Jasar Adar, y desde allí hasta Asmón. ⁵Desde Asmón el límite seguirá a lo largo del Wadi el Aris (Torrente de Egipto), hasta el mar Mediterráneo.

⁶»El límite occidental será el mar Mediterráneo.

⁷⁻⁹»La frontera norte comenzará en el mar Mediterráneo y seguirá hacia el oriente hasta el monte de Hor, desde donde seguirá hasta la entrada de Jamat, y de allí a través de Zedad y Zifón hasta Jazar Enán.

¹⁰,¹¹»El límite oriental irá desde Jazar Enán hacia el sur hasta Sefam, y de allí hasta Riblá al lado oriental de Ayín. Desde allí hará un gran semicírculo primero hacia el sur, luego hacia el occidente, hasta tocar el extremo sur del mar de Galilea, ¹²y entonces seguirá a lo largo del río Jordán para terminar en el Mar Muerto. Estos serán los límites de la tierra.

¹³»Éste es el territorio que dividirán entre ustedes; se dividirá entre las nueve tribus y media, ¹⁴,¹⁵porque las tribus de Rubén y Gad y la media tribu de Manasés ya tienen tierra asignada en el lado oriental del río Jordán, frente a Jericó».

¹⁶⁻²⁸Y el SEÑOR le dijo a Moisés:

——Estos son los nombres de los hombres que he elegido para que dirijan la repartición de tierra: el sacerdote Eleazar, Josué (hijo de Nun) y un jefe de cada tribu que serán los siguientes:

| Tribu | Jefe |
|---|---|
| Judá | Caleb (hijo de Jefone) |
| Simeón | Samuel (hijo de Amiud) |
| Benjamín | Elidad (hijo de Quislón) |
| Dan | Buquí (hijo de Joglí) |
| Manasés | Janiel (hijo de Efod) |
| Efraín | Quemuel (hijo de Siftán) |
| Zabulón | Elizafán (hijo de Parnac) |
| Isacar | Paltiel (hijo de Azán) |
| Aser | Ajiud (hijo de Selomí) |
| Neftalí | Pedael (hijo de Amiud) |

²⁹Éstos son los hombres que he designado para que vigilen la repartición de tierra entre las tribus.

## Ciudades levíticas

**35** Mientras Israel estaba acampando junto al Jordán en las llanuras de Moab, frente a Jericó, el SEÑOR le dijo a Moisés:

²«Ordena a todo Israel que dé como herencia a los levitas ciertas ciudades y las tierras de pastoreo que las rodean. ³Estas ciudades son para habitar, y las tierras circundantes son para el ganado, las ovejas y otros animales que puedan poseer. ⁴Las tierras de pastoreo estarán inmediatamente a continuación de los muros de la ciudad y será una franja de cuatrocientos cincuenta metros en torno a la ciudad, ⁵De este modo el diámetro de la ciudad se verá aumentado en novecientos metros.

⁶»Asignarán a los levitas cuarenta y ocho ciudades, seis de las cuales serán ciudades de refugio. En ellas podrá refugiarse cualquier persona que haya dado muerte a otra en forma accidental. ⁷En total serán cuarenta y ocho las ciudades que se darán a los levitas con sus correspondientes tierras de pastoreo. ⁸Estas ciudades estarán distribuidas en diversos lugares de la nación. Las tribus más grandes, que tienen muchas ciudades, darán más ciudades a los levitas, mientras que las tribus más pequeñas les darán menos ciudades».

## Ciudades de refugio

⁹Y el SEÑOR le dijo a Moisés: ¹⁰«Dile al pueblo que cuando entre en la tierra, ¹¹se designarán ciudades de refugio a fin de que se ponga a salvo en ellas cualquiera que haya dado muerte a otro en forma accidental. ¹²Estas ciudades serán lugares de protección donde el homicida accidental pueda protegerse del que quiera vengar al muerto. El homicida no podrá ser ejecutado

## NÚMEROS 32.12

había prometido a Abraham, Isaac y Jacob, porque se habían negado a hacer la voluntad del Señor. ¹²Las únicas excepciones fueron Caleb (hijo de Jefone el cenezeo), y Josué (hijo de Nun), porque de todo corazón siguieron al Señor. ¹³Entonces el Señor hizo que regresáramos y peregrináramos por el desierto durante cuarenta años hasta que toda la generación perversa hubo muerto.

¹⁴»Y ahora ustedes, descendientes de tales pecadores, pretenden hacer lo mismo. De modo que la ira del Señor se encenderá contra Israel con mayor furor esta vez. ¹⁵Si ustedes se apartan de Dios de esta manera, él hará que el pueblo esté más tiempo en el desierto, y ustedes serán los culpables de la destrucción de este pueblo y de haber traído el desastre sobre toda la nación.

¹⁶—De ninguna manera —explicaron ellos—. Queremos construir rediles para nuestros ganados y ciudades para nuestros pequeños, ¹⁷pero nosotros iremos con nuestras armas adelante del resto del pueblo de Israel hasta que hayamos tomado posesión de la herencia que a ellos les corresponde. Pero primero necesitamos construir ciudades amuralladas para nuestras familias, para que ellos estén a salvo de los ataques de los habitantes de los alrededores. ¹⁸No nos estableceremos aquí hasta que el pueblo de Israel haya recibido el total de su heredad. ¹⁹No queremos tierra en la otra orilla del Jordán. Más bien la queremos a este lado, en la ribera oriental.

²⁰Entonces Moisés dijo:

—De acuerdo. Hagan lo que prometen y vayan a hacer la guerra, ²¹y crucen con sus soldados al otro lado del Jordán hasta que el Señor haya expulsado a todos los enemigos, ²²y cuando la tierra finalmente haya sido sometida al Señor, quedarán libres del deber delante del Señor y delante del resto del pueblo de Israel, y la tierra de la orilla oriental será de ustedes ante el Señor. ²³»Pero si no cumplen lo que han prometido, pecarán contra el Señor, y pagarán las consecuencias. ²⁴Vayan y edifiquen ciudades para sus familias y rediles para sus rebaños. Hagan todo lo que han dicho.

²⁵—Seguiremos tus instrucciones al pie de la letra —respondieron los descendientes de Gad y Rubén—. ²⁶Nuestros hijos, nuestras esposas, los rebaños y el ganado quedarán aquí en las ciudades de Galaad. ²⁷Pero todos nosotros nos alistaremos para ir a pelear por el Señor como tú lo has dicho. ²⁸Entonces Moisés les dijo a Eleazar, a Josué y a los jefes de las tribus de Israel:

²⁹—Si todos estos hombres de las tribus de Gad y Rubén que se han alistado para pelear las batallas del Señor van con ustedes al otro lado del Jordán, recibirán la tierra cuando termine la conquista. ³⁰Pero si se niegan a acompañarlos deben aceptar un terreno entre los demás en la tierra de Canaán.

³¹Las tribus de Gad y Rubén dijeron entonces:

—Haremos como el Señor ha ordenado. ³²Seguiremos al Señor armados y entraremos en la tierra de Canaán, pero nuestra tierra estará aquí, en este lado del Jordán.

³³Entonces Moisés asignó el territorio de Sijón rey de los amorreos y del rey Og de Basán, incluso sus ciudades, a las tribus de Gad, Rubén y Manasés (hijo de José).

³⁴⁻³⁶El pueblo de Gad construyó las siguientes ciudades: Dibón, Atarot, Aroer, Atarot Sofán, Jazer, Yogbea, Bet Nimrá y Bet Arán. Todas éstas eran ciudades fortificadas y tenían rediles para las ovejas.

³⁷Los hijos de Rubén edificaron las siguientes ciudades: Hesbón, Elealé, Quiriatayim, ³⁸Nebo, Baal Megón y Sibma. (Los israelitas después cambiaron los nombres de algunas de estas ciudades que habían conquistado y reconstruido.)

³⁹El clan de Maquir de la tribu de Manasés fue a Galaad y la conquistó, y expulsó a los amorreos que vivían allí. ⁴⁰Moisés, entonces, dio Galaad a los maquiritas. ⁴¹Los hombres de Yaír, otro clan de la tribu de Manasés, ocuparon varias de las ciudades de Galaad; y le cambiaron el nombre a la región y le pusieron Javot Yaír. ⁴²Mientras tanto un hombre llamado Noba, fue a tomó a Quenat y sus pueblos, y los ocupó, y la región se llamó Noba.

## Ruta de Israel por el desierto

**33** Este es el itinerario que Israel siguió desde que Moisés y Aarón lo sacaron de Egipto. ²Moisés anotó las etapas del viaje en la forma que el Señor le había ordenado. ³⁻⁴Salieron de la ciudad de Ramsés en Egipto el primero de abril, el día siguiente de la noche de la Pascua. Salieron con orgullo, a instancias de los egipcios que estaban sepultando a los primogénitos que el Señor había matado la noche anterior. El Señor ciertamente había derrotado a todos los dioses de Egipto aquella noche.

⁵,⁶Después de salir de Ramsés, acamparon en Sucot, en Etam (el límite del desierto), y ⁷en Pit Ajirot (cerca de Baal Zefón donde acamparon al pie del monte Migdol). ⁸Desde allí cruzaron en seco el Mar Rojo y durante tres días se internaron en el desierto de Etam, acampando luego en Mara. ⁹Salieron de Mara y acamparon en Elim donde había doce fuentes de agua y setenta palmeras.

¹⁰Saliendo de Elim acamparon junto al Mar Rojo, ¹¹y luego en el desierto de Sin.

¹²De allí llegaron hasta Dofcá, ¹³y luego acamparon en Alús. ¹⁴Siguieron después a Refidín (donde no había agua para que el pueblo bebiera).

¹⁵⁻³⁷Desde Refidín siguieron hasta el desierto de Sinaí;
    desde el desierto de Sinaí a Quibrot Jatavá;
    de Quibrot Jatavá a Jazerot;
    de Jazerot a Ritma;
    de Ritma a Rimón Peres;
    de Rimón Peres a Libná;
    de Libná a Risá;
    de Risá a Celata;
    de Celata al monte de Sefér;
    del monte de Sefér a Jaradá;
    de Jaradá a Maquelot:
    de Maquelot a Tajat;
    de Tajat a Téraj;
    de Téraj a Mitca;
    de Mitca a Jasmoná;
    de Jasmoná a Moserot;
    de Moserot a Bené Yacán;
    de Bené Yacán al monte de Gidgad;
    del monte de Gidgad a Jotbata;
    de Jotbata a Abroná;
    de Abroná a Ezión Guéber;

³Moisés le dijo al pueblo: «Algunos de ustedes deben tomar las armas para hacer caer sobre Madián la venganza del Señor. ⁴Alisten mil hombres de cada tribu».

⁵Así se hizo, y de Israel fueron enviados doce mil hombres a la batalla. ⁶Finés (hijo de Eleazar el sacerdote) los condujo a la batalla acompañado por el cofre del pacto y con sonido de trompetas. ⁷En la batalla murieron todos los hombres de Madián. ⁸Entre los muertos estaban los cinco reyes madianitas: Evi, Requen, Zur, Jur y Reba. También murió en la batalla Balán hijo de Beor.

⁹⁻¹¹El ejército israelita tomó cautivos a las mujeres y a los niños, y se apoderó de las vacas, las ovejas y de un cuantioso botín. Y quemaron todas las ciudades, pueblos y aldeas de Madián. ¹²Los cautivos y los despojos de la guerra fueron llevados ante Moisés, Eleazar el sacerdote y el resto del pueblo de Israel que estaba acampando en la llanura de Moab, junto al río Jordán, frente a Jericó. ¹³Moisés, Eleazar el sacerdote y todos los jefes del pueblo salieron a encontrar al ejército victorioso, ¹⁴pero Moisés se enojó con los oficiales del ejército y los comandantes de batallón.

¹⁵«¿Por qué dejaron con vida a las mujeres? —les preguntó—. ¹⁶Ellas fueron las que siguieron el consejo de Balán y causaron gran daño al pueblo de Israel, haciendo que adorara a Baal Peor, y son la causa de la plaga que nos destruyó. ¹⁷Maten pues a los niños varones y a todas las mujeres que hayan tenido relación sexual. ¹⁸Solamente las muchachas vírgenes podrán vivir. Con ellas pueden quedarse.

## Purificación de combatientes y de prisioneros

¹⁹»Y en cuanto a ustedes, quédense fuera del campamento por siete días todos los que hayan matado a alguien o hayan tocado un cuerpo muerto. Purifíquense ustedes y los cautivos en los días tercero y séptimo. ²⁰Acuérdense también de purificar la ropa que traen puesta y todo lo que esté hecho de piel, de pelo de cabrito o de madera».

²¹Entonces el sacerdote Eleazar dijo a los hombres que habían estado en la batalla:

«Este es el mandamiento que el Señor le ha dado a Moisés: ²²Todo lo que resiste el calor: oro, plata, bronce, hierro, estaño o cuero, ²³será pasado por fuego a fin de que quede ceremonialmente limpio. Luego será purificado con agua. Lo que no resista el calor será purificado solamente con agua. ²⁴En el día séptimo deben lavar la ropa que traen puesta, y después de purificarse pueden regresar al campamento».

## Reparto del botín

²⁵Y el Señor le dijo a Moisés: ²⁶«Tú, el sacerdote Eleazar y los caudillos de las tribus harán una lista del botín, incluyendo las personas y animales. ²⁷Luego lo dividirán en dos partes. La mitad será para los hombres que estuvieron en la batalla, y la otra mitad será distribuida entre el pueblo de Israel. ²⁸Pero antes que nada, darán al Señor su parte de todos los cautivos, bueyes, burros y ovejas que correspondan al ejército. Su parte será uno de cada quinientos. ²⁹Esta parte se la entregarán a Eleazar el sacerdote para que sea ofrecida al Señor meciéndola delante del altar. ³⁰Además, impondrán un tributo del dos por ciento de todos los cautivos, cabezas de ganado y las ovejas que se entregan al pueblo de Israel. Esto lo entregarán a los levitas que están a cargo del santuario, porque es la porción del Señor».

³¹Entonces Moisés y Eleazar el sacerdote hicieron lo que el Señor había ordenado. ³²⁻³⁵El total del botín (además de las joyas, vestidos etc., que los soldados guardaron para sí) fue de 675.000 ovejas; 72.000 vacas, 61.000 burros, y 32.000 muchachas vírgenes.

³⁶⁻⁴⁰La parte entregada al ejército sumó:
337.500 ovejas, (675 fueron entregadas a el Señor), 36.000 bueyes (72 fueron entregados a el Señor); 30.500 burros (61 fueron entregados a el Señor); 16.000 muchachas (32 fueron entregadas al Señor).

⁴¹Todo lo que correspondía a la porción del Señor fue entregado a Eleazar el sacerdote conforme a las instrucciones dadas a Moisés.

⁴²⁻⁴⁶La mitad del botín que le correspondía al resto del pueblo fue de:
337.500 ovejas, 36.000 bueyes, 30.500 burros, y 16.000 muchachas.

⁴⁷En conformidad con las órdenes del Señor, Moisés dio el dos por ciento de todo a los levitas.

## Las ofrendas de los capitanes

⁴⁸Entonces los oficiales y los comandantes de batallones se acercaron a Moisés y le dijeron:

⁴⁹«Hemos pasado lista a los hombres que salieron a la batalla, y ninguno de nosotros falta. ⁵⁰Por lo tanto hemos traído al Señor una ofrenda tomada de nuestro botín para que nos perdone todos nuestros pecados: oro, joyas, brazaletes, anillos, aros y collares».

⁵¹,⁵²Moisés y Eleazar el sacerdote recibieron esta ofrenda especial de los capitanes y comandantes de batallones y encontraron que el valor era de unos doscientos kilos de oro. ⁵³(Los soldados habían reservado el botín que a cada cual correspondía.) ⁵⁴La ofrenda fue llevada al santuario y quedó delante del Señor como memoria del pueblo de Israel.

## Rubén y Gad se establecen en Transjordania

**32** Cuando Israel llegó a la tierra de Jazer y Galaad, las tribus de Rubén y Gad (que tenían grandes rebaños de ovejas) notaron que era un país hermoso para el pastoreo, ²y se presentaron ante Moisés, Eleazar el sacerdote y los demás jefes de las tribus y dijeron:

³—El Señor ha usado a Israel para destruir a los pueblos de todo el país: Atarot, Dibón, Jazer, Nimrá, Hesbón, Elalé, Sebán, Nebo y Beón. ⁴Es una excelente tierra para el pastoreo, ideal para nuestros ganados. ⁵Permítasenos tener esta tierra como porción nuestra en vez de tener parte al otro lado del río Jordán.

⁶—¿Quieren decir que desean establecerse aquí, mientras sus hermanos van al otro lado del Jordán y realizan la conquista? —preguntó Moisés—. ⁷¿Están tratando de desalentar al resto del pueblo para que no pase al otro lado, a la tierra que el Señor les ha dado? ⁸Esto es lo mismo que hicieron sus padres. Los envié desde Cades a explorar la tierra, ⁹pero cuando acabaron la investigación y regresaron del valle de Escol, desalentaron al pueblo, y éste no quiso entrar en la Tierra prometida. ¹⁰Entonces la ira del Señor se encendió en contra de ellos, ¹¹y juró que de los que habían salido de Egipto, ninguno que tuviera más de veinte años entraría en la Tierra que

ofrecerán un holocausto, es decir, una ofrenda quemada al Señor que será muy grato para él. Consistirá de un becerro, un carnero y siete corderos, todos sin defecto, ⁹y de las correspondientes ofrendas vegetales. Con el becerro ofrecerán siete kilos de harina fina mezclada con aceite, cinco litros con el carnero, ¹⁰y dos litros y medio con cada uno de los siete corderos. ¹¹Además presentarán un chivo como ofrenda por el pecado. Esta se presenta aparte además de la ofrenda por el pecado del día de la Expiación (que se ofrecerá cada año en ese día) y aparte de las ofrendas encendidas regulares de cada día y sus correspondientes ofrendas vegetales y libaciones.

### Fiesta de las Enramadas

¹²»Cinco días después habrá otra asamblea de todo el pueblo, y ese día no se hará trabajo alguno. Es el comienzo de una fiesta dedicada al Señor que durará siete días. ¹³La ofrenda especial que presentarán ese día será de olor muy grato delante del Señor y consistirá en trece becerros, dos carneros y catorce corderos de un año, todos sin defecto y quemados en su totalidad. ¹⁴Acompañarán esas ofrendas con las usuales ofrendas vegetales: siete litros de harina fina mezclada con aceite por cada uno de los trece becerros, cinco litros por cada uno de los dos carneros ¹⁵y dos litros y medio por cada uno de los catorce corderos. ¹⁶Además ofrecerán un chivo por el pecado, aparte del sacrificio regular de cada día, y sus correspondientes ofrendas de grano y libaciones.

¹⁷»El segundo día de esta fiesta de los siete días, ofrecerán doce becerros, dos carneros y catorce corderos de un año; todos sin defectos, ¹⁸acompañado cada uno de las respectivas ofrendas vegetales y libaciones. ¹⁹Además de los sacrificios correspondientes a ese día, sacrificarán un chivo, con su respectiva ofrenda vegetal y libación, que será ofrenda por el pecado.

²⁰»En el tercer día de la fiesta, ofrecerán once becerros, dos carneros, catorce chivos, cada uno sin defecto, ²¹y las correspondientes ofrendas y libaciones con cada sacrificio. ²²Además de las ofrendas que se ofrecen totalmente quemadas cada día, sacrificarán un chivo como ofrenda por el pecado, con sus correspondientes ofrendas de granos y libaciones.

²³»En el cuarto día del festival, sacrificarán diez becerros, dos carneros y catorce corderos de un año sin defectos, ²⁴cada uno con sus correspondientes ofrendas de grano y libaciones. ²⁵Además sacrificarán un chivo como ofrenda por el pecado con sus acostumbradas ofrendas de granos y libaciones, aparte de los sacrificios regulares del día.

²⁶,²⁷»En el quinto día de la fiesta, sacrificarán nueve becerros, dos carneros y catorce corderos de un año, cada uno sin defecto, acompañados por las acostumbradas ofrendas vegetales y libaciones. ²⁸Además sacrificarán un chivo con las acostumbradas ofrendas de granos y libaciones como ofrenda especial por el pecado, además de los sacrificios regulares del día.

²⁹»En el sexto día de la fiesta, ofrecerán ocho becerros, dos carneros y catorce corderos de un año, cada uno sin defecto, ³⁰junto con sus acostumbradas ofrendas de granos y libaciones. ³¹Además del sacrificio cotidiano, sacrificarán como ofrenda por el pecado un chivo con la correspondiente ofrenda de granos y libación.

³²»En el séptimo día de la fiesta, sacrificarán siete becerros, dos carneros y catorce corderos de un año, cada uno sin defecto, ³³con sus correspondientes ofrendas vegetales y libaciones. ³⁴Además sacrificarán como ofrenda extraordinaria por el pecado un chivo con las acostumbradas ofrendas vegetales y libaciones, aparte de los sacrificios regulares del día.

³⁵»El octavo día, convocarán al pueblo a otra asamblea solemne. No trabajarán ese día. ³⁶Sacrificarán, como ofrenda agradable al Señor, un becerro, un carnero, y siete corderos de un año, sin defectos. Todos ellos serán sacrificados y quemados totalmente en el altar. ³⁷También ofrecerán las acostumbradas ofrendas de granos y libaciones. ³⁸Además sacrificarán un chivo con su correspondiente ofrenda vegetal y libación como ofrenda por el pecado, además de los sacrificios regulares del día. ³⁹Estas ofrendas son obligatorias con ocasión de las festividades anuales, y se ofrecen además de los sacrificios y ofrendas que presentan ustedes en conexión con votos, o como ofrendas voluntarias, las ofrendas que deben quemarse en su totalidad, ofrendas vegetales, libaciones u ofrendas pacíficas».

⁴⁰Y Moisés dio todas estas instrucciones al pueblo de Israel.

### Votos de las mujeres

**30** Moisés convocó a todos los jefes de las tribus y les dijo:

²«El Señor ha ordenado que cualquiera que le haga una promesa, ya sea de hacer algo o de jabar de hacer algo, deberá cumplirla fielmente. La persona que hace el voto deberá hacer exactamente lo que ha prometido.

³»Mas si una mujer soltera que vive en casa de su padre promete al Señor que hará o no hará algo, ⁴y si padre oye que ha hecho un voto y no dice nada, el voto de ella será válido. ⁵Pero si el padre se niega a darle el permiso para hacer el voto, entonces la promesa quedará automáticamente anulada. Y así el Señor la liberará porque su padre no quiere que ella lo haga.

⁶»Si se casa cuando todavía está ligada por un voto; ⁷y su marido se entera y no le dice nada, el voto será válido. ⁸Pero si al enterarse el marido se niega a aceptarlo, su desacuerdo anula el voto y el Señor la libertará.

⁹»Pero si la mujer es viuda o divorciada, ella deberá cumplir el voto.

¹⁰»Si se ha casado y vive en casa de su marido cuando hace el voto, ¹¹y su marido se entera de él, y nada dice, el voto será válido. ¹²Pero si él se niega a permitirlo en el primer día en que se entera del voto, el voto de ella quedará nulo y el Señor la perdonará. ¹³De modo que el marido podrá confirmar o anular el voto, ¹⁴pero si él no dice nada durante el día significa que lo ha aprobado. ¹⁵Si espera más de un día y luego se niega a reconocer el voto, las obligaciones del voto recaerán sobre él y él será responsable».

¹⁶Éstos pues, son los mandamientos que el Señor dio a Moisés acerca de las relaciones entre un hombre y su esposa, y entre un padre y su hija que vive en su casa.

### Guerra contra Madián

**31** Entonces el Señor le dijo a Moisés: ²«Toma venganza de los madianitas por haber inducido a Israel a la idolatría. Luego morirás».

—Toma a Josué (hijo de Nun), quien tiene el Espíritu, ¹⁹y llévalo ante Eleazar el sacerdote; y en presencia de todo el pueblo, encárgale la responsabilidad de dirigir la nación. ²⁰Entrégale públicamente tu autoridad para que todo el pueblo le obedezca. ²¹Él consultará a Eleazar el sacerdote para recibir mis órdenes. Yo, el Señor, hablaré con Eleazar por medio del urim, y Eleazar le entregará las instrucciones a Josué y al pueblo. De esta manera continuará guiando a Israel. ²²Entonces Moisés hizo como el Señor le había ordenado: tomó a Josué y lo llevó ante Eleazar el sacerdote. En presencia del pueblo, ²³Moisés puso las manos sobre Josué, y lo consagró para el cargo que el Señor le había dado.

## Calendario litúrgico

**28** El Señor le dio a Moisés las siguientes instrucciones para que las entregara al pueblo de Israel: ²«Las ofrendas que se presentan encendidas sobre el altar son para mí como el alimento, y las recibo con gratitud; por lo tanto, deberán presentarlas a su tiempo y tal como lo he mandado.

### Sacrificio diario

³»Cuando presenten ofrendas encendidas, presenten corderos machos sin defectos. Presenten dos cada día como ofrenda regular. ⁴Uno será sacrificado en la mañana, y el otro en la tarde. ⁵Con ellos ofrecerán dos kilos y medio de harina fina amasada con un litro de aceite. ⁶Esta es la ofrenda que fue ordenada en el monte Sinaí, y que debe ofrecerse continuamente como olor grato, ofrenda presentada por fuego al Señor. ⁷Juntamente con ella se ofrecerá una libación consistente en un litro de vino fuerte con cada cordero, que se derramará en el Lugar Santo delante del Señor. ⁸El segundo cordero lo ofrecerán en la tarde con la misma ofrenda de harina fina y libación. Es también una ofrenda de olor fragante delante del Señor, una ofrenda presentada por fuego.

### Ofrenda del día de reposo

⁹,¹⁰»En el día de reposo, sacrificarán dos corderos de un año, sin defectos, además de las ofrendas regulares. Serán acompañados por una ofrenda de cinco kilos de harina mezclada con aceite y la libación acostumbrada.

### Ofrenda mensual

¹¹»Además, el primer día de cada mes, se presentará una ofrenda encendida extraordinaria en que se ofrecerán al Señor dos becerros, un carnero y siete corderos de un año, todos sin defecto. ¹²Los acompañarán con siete kilos de harina fina mezclada con aceite como ofrenda vegetal por cada becerro; cinco litros con cada carnero; ¹³y dos litros y medio con cada cordero. Esta ofrenda será presentada por fuego, y será de olor grato delante del Señor. ¹⁴Con cada sacrificio se ofrecerá también una libación de dos litros de vino por cada becerro, un litro y medio por cada carnero y un litro por cada cordero. Ésta, pues, será la ofrenda encendida que se presentará cada mes a través de todo el año.

¹⁵»Además, el primer día de cada mes, ofrecerán al Señor un chivo como ofrenda por el pecado. Lo ofrecerán además de la ofrenda encendida y la libación de cada día.

### La Pascua

¹⁶»En el día catorce del primer mes de cada año, celebrarán la Pascua. ¹⁷Al día siguiente, comenzará una fiesta de mucha alegría que durará siete días, en los que no se servirá pan leudado. ¹⁸En el primer día de la festividad se convocará a una asamblea santa de todo el pueblo y no se realizará en él trabajo alguno. ¹⁹Ofrecerán como ofrenda especial al Señor dos becerros jóvenes, un carnero y siete corderos de un año, todos sin defecto. ²⁰Con cada becerro se llevará una ofrenda vegetal consistente en siete kilos de harina fina mezclada con aceite; con el carnero se ofrecerán cinco litros ²¹y con cada uno de los siete corderos se ofrecerán dos litros y medio. ²²Además deberán ofrecer un chivo como ofrenda por el pecado para hacer expiación por ustedes. ²³Estas ofrendas se instituyen además de los sacrificios cotidianos. ²⁴El mismo sacrificio se ofrecerá cada uno de los siete días de la fiesta; será muy grato delante del Señor. ²⁵En el séptimo día habrá una asamblea santa y solemne de todo el pueblo, y durante aquel día no podrán hacer obra alguna.

### Fiesta de las Semanas

²⁶»En el día de las Primicias (llamado también fiesta de las Semanas o Pentecostés), habrá una asamblea especial y solemne en la que todo el pueblo se reunirá para celebrar la nueva cosecha. En aquel día presentarán las primicias de la nueva cosecha de grano como una ofrenda vegetal al Señor. Nadie trabajará en aquel día. ²⁷También se ofrecerán como ofrenda especial: dos becerros, un carnero y siete corderos de un año. Se le presentarán al Señor como ofrenda quemada de olor agradable. ²⁸Acompañarán esos sacrificios con una ofrenda vegetal de siete kilos de harina fina mezclada con aceite por cada becerro, cinco litros por el carnero, ²⁹y dos litros y medio por cada uno de los siete corderos. ³⁰Además, ofrecerán un chivo como expiación de sus pecados. ³¹Estas ofrendas especiales se ofrecerán además de las regulares y de las ofrendas vegetales y libaciones de cada día. Los animales que se ofrecerán serán sin defecto alguno.

### Fiesta de las Trompetas

**29** »La fiesta de las Trompetas será celebrada el primer día del séptimo mes de cada año. Habrá una asamblea solemne de todo el pueblo en aquel día, y nadie realizará trabajo alguno. ²Ofrecerán un sacrificio consistente en un becerro, un carnero y siete corderos de un año, todos sin defecto. Estos son sacrificios que el Señor aprecia y en los que se goza. ³Con el becerro presentarán una ofrenda de grano de siete kilos de harina fina mezclada con aceite, cinco kilos de harina con el carnero ⁴y dos kilos y medio con cada uno de los siete corderos. ⁵Además de esto, sacrificarán un chivo como ofrenda de expiación por el pecado. ⁶Estos sacrificios especiales los ofrecerán además de las ofrendas quemadas de cada día y de cada mes. Me los presentarán con sus respectivas ofrendas vegetales y libaciones, en la forma especificada.

### El día del perdón

⁷»Diez días después convocarán nuevamente al pueblo. Ese será un día de humillación delante del Señor, y no se realizará trabajo alguno. ⁸En ese día

Los sutelaítas, descendientes de Sutela (Un subclan de los sutelaítas, los eranitas, eran descendientes de Erán, hijo de Sutela.)
Los bequeritas, descendientes de Béquer.
Los tajanitas, descendientes de Taján.

³⁸⁻⁴¹Tribu de Benjamín: 45.600.
Esta tribu estaba formada por los siguientes clanes, cuyos nombres corresponden a los hijos de Benjamín:
Los belaítas, descendientes de Bela.
Los subclanes de Bela eran dos:
Los arditas, descendientes de Ard, y los naamitas, descendientes de Naamán.
Los asbelitas, descendientes de Asbel.
Los ajiranitas, descendientes de Ajirán.
Los sufanitas, descendientes de Sufán.
Los jufanitas, descendientes de Jufán.

⁴²,⁴³La tribu de Dan: 64.400.
En esta tribu estaba el clan de los sujanitas, descendientes de Suján, hijo de Dan.

⁴⁴⁻⁴⁷Tribu de Aser: 53.400.
Esta tribu estaba formada por los siguientes clanes, cuyos nombres corresponden a los hijos de Aser:
Los imnaítas, descendientes de Imná.
Los isvitas, descendientes de Isví.
Los beriaítas, descendientes de Beriá.
Bería dio origen a los siguientes clanes:
Los jeberitas, descendientes de Jéber.
Los malquielitas, descendientes de Malquiel.
Aser también tuvo una hija llamada Sera.

⁴⁸⁻⁵⁰Tribu de Neftalí: 45.400.
La tribu estaba formada por los siguientes clanes, cuyos nombres corresponden a los hijos de Neftalí:
Los yazelitas, descendientes de Yazel.
Los gunitas, descendientes de Guní.
Los jeseritas, descendientes de Jéser.
Los silenitas, descendientes de Silén.

⁵¹El número total de hombres capaces de salir a la guerra en Israel era de 601.730.

⁵²Entonces el Señor le dijo a Moisés ⁵³que dividiera la tierra entre las tribus, en proporción a la población de cada una, en la forma indicada por el censo: ⁵⁴Las tribus más grandes recibirían más tierras, y las tribus más pequeñas, menos.

⁵⁵,⁵⁶La tierra sería distribuida por sorteo haciendo distinción entre las tribus grandes y las pequeñas.

⁵⁷Estos son los clanes de los levitas contados en el censo:
Los guersonitas, descendientes de Guersón.
Los coatitas, descendientes de Coat.
Los meraritas, descendientes de Merari.

⁵⁸,⁵⁹Las familias de la tribu de Leví son las siguientes:
Los libnitas, los hebronitas, los majlitas, los musitas, y los coreítas.
Cuando Leví estaba en Egipto tuvo una hija a la que llamó Jocabed. Se casó con Amirán hijo de Coat. Ellos fueron padres de Aarón, Moisés y Miriam. ⁶⁰Aarón tuvo los siguientes hijos: Nadab, Abiú, Eleazar e Itamar. ⁶¹Pero Nadab y Abiú murieron cuando ofrecieron fuego diferente al que Dios les había indicado.

⁶²El número total de los levitas en el censo fue de 23.000, contando todos los varones de un mes hacia arriba. Sin embargo, los levitas no fueron incluidos en la cifra total del censo del pueblo de Israel, porque los levitas no iban a recibir tierras cuando éstas se distribuyeran entre las tribus. ⁶³Estas, pues, son las cifras del censo preparado por Moisés y Eleazar el sacerdote, junto al río Jordán, en la ribera opuesta a Jericó. ⁶⁴Ninguna persona de este censo había sido contada en el censo anterior realizado en el desierto de Sinaí. ⁶⁵Todos los contados habían muerto, porque el Señor había dicho de ellos: «Morirán en el desierto». Las únicas excepciones eran Caleb (hijo de Jefone) y Josué (hijo de Nun).

## Las hijas de Zelofejad

**27** Había un hombre llamado Zelofejad hijo de Héfer, nieto de Galaad, y bisnieto de Maquir, de la tribu de Manasés hijo de José. Zelofejad tenía cinco hijas llamadas Majlá, Noa, Joglá, Milca y Tirsá.

²Un día se presentaron en el santuario para hacerle una petición a Moisés, a Eleazar el sacerdote y a los dirigentes tribales que estaban allí.

³—Nuestro padre murió en el desierto —dijeron—, y no fue de los que murieron en la rebelión de Coré contra el Señor. Murió de muerte natural, sin dejar hijos varones. ⁴¿Por qué ha de desaparecer el nombre de nuestro padre por el hecho de no haber tenido ningún hijo? Creemos que debiéramos tener una propiedad al igual que los descendientes de los hermanos de nuestro padre.

⁵Moisés presentó este caso delante del Señor, ⁶,⁷y el Señor le respondió:
—Las hijas de Zelofejad tienen razón: Dales una heredad junto a sus tíos. Dales la propiedad que hubiera correspondido al padre de ellas si hubiera vivido. ⁸Que esta sea ley entre ustedes. Si un hombre muere y no tiene hijos, la herencia pasará a sus hijas. ⁹Y si no tiene ninguna hija, pertenecerá a sus hermanos. ¹⁰Si no tiene hermanos, pasará a sus tíos. ¹¹Y si no tiene tíos, pasará al pariente más cercano.

## Anuncio de la muerte de Moisés

¹²Un día el Señor le dijo a Moisés:
—Sube al monte Abarín y verás al otro lado del río la tierra que he dado al pueblo de Israel. ¹³Después que la hayas visto, morirás como murió Aarón tu hermano, ¹⁴por cuanto te rebelaste contra mis instrucciones en el desierto de Zin. Cuando el pueblo de Israel se rebeló, no me glorificaste delante de ellos siguiendo mis instrucciones a fin de que el agua brotara de la roca.

Se estaba refiriendo al incidente de las aguas de Meribá (Aguas de la rencilla) en Cades, en el desierto de Zin.

## Moisés pide un líder para Israel

¹⁵Entonces Moisés le dijo al Señor:
¹⁶—Oh, Señor, Dios de los espíritus de los humanos, antes que yo sea llevado designa a un nuevo caudillo para el pueblo, ¹⁷un hombre que los guíe en la batalla y cuide de ellos, de manera que el pueblo del Señor no quede como oveja sin pastor.

¹⁸El Señor contestó:

✧26.59

dioses, y pronto aquellos hombres no solamente asistían a las fiestas de ellas, sino que también se postraban ante los ídolos para adorarlos. ³No mucho después Israel entero adoraba a Baal, el dios de Moab, y la ira del Señor se encendió en contra de su pueblo, y los castigó con una plaga.

⁴Entonces el Señor le ordenó a Moisés: «Ejecuta a todos los dirigentes de Israel. Ahórcalos en pleno día delante del Señor para que mi ira se aparte del pueblo».

⁵Moisés, pues, ordenó a los jueces que ejecutaran a todos los que habían adorado a Baal.

⁶Uno de los israelitas insolentemente introdujo a una madianita en el campamento ante la vista de Moisés, mientras éste y todo el pueblo lloraban a la puerta del santuario. ⁷Cuando Finés (hijo de Eleazar y nieto de Aarón el sacerdote) vio esto, ⁸corrió, tomó una espada, y entró en la tienda donde el hombre había llevado a la mujer. Allí tomó la espada y los atravesó a ambos por el vientre. La plaga se detuvo, ⁹pero ya habían muerto veinticuatro mil personas.

¹⁰Entonces el Señor le dijo a Moisés: ¹¹«Finés (hijo de Eleazar el sacerdote y nieto de Aarón el sacerdote) ha aplacado mi ira, porque sintió el mismo ardor que yo respecto de mi honra. Por esto no destruiré a Israel. ¹²,¹³En virtud de lo que ha hecho, en virtud de su celo por su Dios, y por cuanto ha hecho expiación por el pueblo de Israel, prometo que él y sus descendientes tendrán el sacerdocio para siempre».

¹⁴El hombre que fue muerto con la muchacha madianita se llamaba Zimri, hijo de Salu, uno de los jefes de la tribu de Simeón. ¹⁵El nombre de la muchacha era Cozbí, hija de Zur, príncipe madianita.

¹⁶Entonces el Señor dijo a Moisés: ¹⁷«Destruye a los madianitas, ¹⁸porque ellos los están destruyendo a ustedes con sus engaños. Están provocándolos para que adoren a Baal, y los están apartando del camino, como acaban de ver en el caso de Cozbí».

## Segundo censo de las tribus de Israel

**26** Cuando la plaga terminó, el Señor les dijo a Moisés y a Eleazar (hijo de Aarón el sacerdote): ²«Levanten un censo de todos los hombres de Israel mayores de veinte años, para saber cuántos hombres de cada tribu y familia pueden ir a la guerra».

³,⁴Moisés y Eleazar hicieron el censo en la llanura de Moab, junto al Jordán, frente a Jericó, donde el pueblo se había establecido. Estos son los resultados del censo:

⁵⁻¹¹Tribu de Rubén: 43.730

(Rubén era el hijo mayor de Israel.) En esta tribu había los siguientes clanes, nombrados de acuerdo con los nombres de los hijos de Rubén:
Los enoquitas, descendientes de Enoc.
Los faluitas, descendientes de Falú. (En el clan de Eliab, que era uno de los hijos de Falú, estaban las familias de Nemuel, Datán y Abirán. Datán y Abirán son los dos líderes que conspiraron junto a Coré en contra de Moisés y Aarón, y que se rebelaron contra Dios mismo y su autoridad.

Pero la tierra abrió su boca y se los tragó; doscientos cincuenta hombres fueron destruidos por fuego del Señor aquel día, a modo de advertencia para toda la nación.

Pero los hijos de Coré no murieron.)

Los jezronitas, descendientes de Jezrón.
Los carmitas, descendientes de Carmí.

¹²⁻¹⁴Tribu de Simeón: 22.200.
Esta tribu estaba formada por los siguientes clanes fundados por los hijos de Simeón:
Los nemuelitas, descendientes de Nemuel.
Los jaminitas, descendientes de Jamín.
Los jaquinitas, descendientes de Jaquín.
Los zeraítas, descendientes de Zera.
Los saulitas, descendientes de Saúl.

¹⁵⁻¹⁸Tribu de Gad: 40.500.
Esta tribu estaba formada por los siguientes clanes fundados por los hijos de Gad:
Los zefonitas, descendientes de Zefón.
Los jaguitas, descendientes de Jaguí.
Los sunitas, descendientes de Suni.
Los oznitas, descendientes de Ozni.
Los eritas, descendientes de Erí.
Los aroditas, descendientes de Arodí.
Los arelitas, descendientes de Arelí.

¹⁹⁻²²Tribu de Judá: 76.500.
Esta tribu estaba formada por los siguientes clanes, cuyos nombres corresponden a los hijos de Judá. Entre ellos no se incluyen Er ni Onán, que murieron en la tierra de Canaán:
Los selaítas, descendientes de Selá.
Los faresitas, descendientes de Fares.
Los zeraítas, descendientes de Zera.
Este censo además incluyó los subclanes de Fares:
Los jezronitas, descendientes de Jezrón.
Los jamulitas descendientes de Jamul.

²³⁻²⁵Tribu de Isacar: 64.300.
Esta tribu estaba formada por los siguientes clanes, cuyos nombres corresponden a los hijos de Isacar:
Los tolaítas, descendientes de Tola.
Los fuvitas, descendientes de Fuvá.
Los yasubitas, descendientes de Yasub.
Los simronitas, descendientes de Simrón.

²⁶,²⁷Tribu de Zabulón: 60.500.
En esta tribu había los siguientes clanes, cuyos nombres corresponden a los hijos de Zabulón:
Los sereditas, descendientes de Séred.
Los elonitas, descendientes de Elón.
Los yalelitas, descendientes de Yalel.

²⁸⁻³⁷Tribu de José: 32.500 en la media tribu de Efraín, y 52.700 en la media tribu de Manasés.
La media tribu de Manasés estaba formada por el clan de los maquiritas descendientes de Maquir.
El subclan de los maquiritas estaba formado por los galaaditas descendientes de Galaad.
Las familias de los galaaditas eran las siguientes:
Los jezeritas, descendientes de Jezer.
Los jelequitas, descendientes de Jélec.
Los asrielitas, descendientes de Asriel.
Los siquemitas, descendientes de Siquén.
Los semidaítas, descendientes de Semidá.
Los jeferitas, descendientes de Jéfer.
Zelofejad el hijo de Jéfer no tuvo hijos.
Estos son los nombres de sus hijas: Majlá, Noa, Joglá, Milca y Tirsá.
Los 32.500 contados en la media tribu de Efraín eran de los siguientes clanes, cuyos nombres corresponden a los hijos de Efraín:

¹⁸Y la respuesta de Balán fue:
—«Levántate, Balac, y escucha:
Escúchame, tú; hijo de Zipor.
¹⁹Dios no es hombre para que mienta; él no se arrepiente como los hombres.
¿Ha prometido alguna vez sin cumplir lo que ha dicho?
²⁰He recibido orden de bendecirlos, porque Dios los ha bendecido, y esto no puede ser cambiado.
²¹Él no ha visto pecado en Jacob, ni perversidad en Israel.
El Señor su Dios está con ellos.
Él es su rey.
²²Dios los sacó de Egipto.
Israel tiene la fortaleza del búfalo.
²³No se puede maldecir a Jacob, y no hay magia que pueda hacer algo en su contra.
Porque ahora se dirá de Israel:
¡Qué maravillas ha hecho Dios por ellos!
²⁴Esta gente se levanta como un león;
no caerá hasta que haya comido lo capturado y haya bebido la sangre de los degollados».
²⁵—Si no vas a maldecirlos, por lo menos no los bendigas —exclamó el rey Balac.
²⁶Pero Balán contestó:
—¿No te dije que yo tengo que decir lo que el Señor me diga?

### Tercer oráculo de Balán

²⁷—Yo te llevaré a otro lugar —le dijo el rey—. Quizá desde allí el Señor quiera que los maldigas.
²⁸Lo llevó a la cumbre del monte Peor, que domina el desierto. ²⁹Balán nuevamente le dijo al rey que construyera siete altares y preparara siete becerros y siete carneros para el sacrificio. ³⁰El rey lo hizo así, y ofreció un becerro y un carnero en cada altar.

**24** Por fin Balán comprendió que el Señor tenía intenciones de bendecir a Israel, de modo que no fue a encontrarse con el Señor como lo había hecho anteriormente. En cambio, fue y dio una mirada hacia el campamento de Israel ²que estaba ocupando la llanura y ordenado según sus tribus. Entonces el Espíritu del Señor vino sobre Balán, ³quien proclamo la siguiente profecía:

«Balán, el hijo de Beor, ⁴el hombre cuyos ojos están abiertos, dice: He oído la palabra del Señor, y he visto lo que el Dios Altísimo me ha mostrado; mis ojos fueron abiertos:
⁵»¡Ah, qué delicias aguardan a Israel, deleites en las tiendas de Jacob!
⁶Los veo extenderse delante de mí como valles verdes y huertas fructíferas junto al río; como árboles plantados por el Señor mismo; como cedros junto a las aguas.
⁷Serán bendecidos con abundancia de aguas, y vivirán en muchos lugares.
El rey será más grande que Agag; su reino será exaltado.
⁸»Dios los sacó de Egipto.
Israel tiene la fortaleza de un búfalo, y devorará a todas las naciones que se le opongan; les partirá los huesos en pedazos, y los herirá con muchas flechas.
⁹Israel duerme como león, como leona, ¿quién se atreve a hacer que se levante?
Bendito será el que te bendiga, oh Israel, y maldito será el que te maldiga».
¹⁰El rey Balac estaba pálido de ira. Golpeando las manos con furia gritó:
—Yo te llamé para que maldijeras a mis enemigos y en lugar de ello los has bendecido tres veces. ¹¹¡Lárgate de aquí! ¡Vete a tu casa! Yo quería darte un gran honor, pero el Señor te ha despojado de todo bien.
¹²Balán contestó:
—Yo te dije por medio de los mensajeros ¹³que aunque me dieras un palacio lleno de oro y plata, yo no podría contradecir al Señor; te advertí que no podía hablar por mí mismo. Dije que hablaría solamente lo que el Señor me ordenara. ¹⁴En efecto, voy a regresar ahora mismo a mi pueblo, pero déjame primero decirte lo que los israelitas van a hacerle a tu pueblo.

### Cuarto oráculo de Balán

¹⁵Entonces Balán añadió:
«Balán el hijo de Beor, ¹⁶¡es el hombre cuyos ojos están abiertos!
El oye las palabras de Dios y tiene conocimiento del Altísimo; él ve lo que el Dios Todopoderoso le ha mostrado.

†¹⁷»Calló, y sus ojos fueron abiertos y vio.
Vio el futuro de Israel.
¡Vio salir en la distancia, una estrella de Jacob!
Este Gobernador de Israel herirá al pueblo de Moab, y destruirá a los hijos de Set.
¹⁸»Israel poseerá todo Edom y Seír, y vencerá a todos sus enemigos.
¹⁹Jacob se levantará con poder y destruirá muchas ciudades».
²⁰Entonces Balán miró hacia las tiendas del pueblo de Amalec y profetizó:
«Amalec fue la primera de las naciones, pero al fin perecerá para siempre».
²¹A continuación miró hacia los ceneos:
«Sí, están en una situación de fuerza, tienen su nido entre las rocas.
²²Pero los ceneos serán destruidos y el poderoso ejército de Asiria los deportará de esta tierra».
²³Concluyó sus profecías diciendo:
«Ay, ¿quién podrá vivir cuando Dios haga esto?
²⁴Barcos vendrán de las costas de Chipre, y someterán a Éber y a Asiria. También deben ser destruidos».
²⁵Entonces Balán y Balac regresaron cada uno a su lugar.

### Infidelidad de Israel

**25** Mientras Israel estaba establecido en Sitín, algunos de los jóvenes comenzaron a tener relaciones con las muchachas moabitas. ²Ellas los invitaban a asistir a los sacrificios que hacían a sus

---
† 24.17—Lc 3.34

—El rey Balac te ruega que vayas. Promete darte grandes honores y cualquier cantidad de dinero que pidas. Ven de inmediato, y maldice a ese pueblo.

¹⁸Pero Balán replicó:

—Aunque Balac me ofreciera un palacio repleto de oro y plata, yo no podría hacer nada contrario a los mandamientos del Señor mi Dios. ¹⁹Sin embargo, pasen aquí la noche para ver si el Señor añade algo a lo que me dijo antes.

²⁰Aquella noche el Señor le dijo a Balán:

—Levántate y ve con aquellos hombres, pero harás solamente lo que yo te ordene.

²¹Al día siguiente Balán aparejó su burra y salió con los mensajeros del rey. ²²Pero Dios estaba enojado, y envió un ángel para que en el camino le diera muerte. Mientras Balán y los dos siervos cabalgaban juntos, ²³la burra de Balán vio repentinamente al ángel del Señor que estaba en el camino con una espada desenvainada. La burra se apartó del camino y entró en un campo, pero Balán la golpeó hasta que volvió al camino. ²⁴Nuevamente el ángel del Señor se paró en el lugar donde el camino se estrechaba entre dos muros de viñas. ²⁵Cuando la burra lo vio allí se espantó y apretó el pie de Balán contra la pared. Él azotó nuevamente a la burra.

²⁶Entonces el ángel del Señor siguió por el camino y se paró en un lugar tan estrecho que la burra no podía pasar por ningún lado. ²⁷Así que el animal no tuvo más remedio que echarse en el camino. En un arranque de ira, Balán la azotó nuevamente con su vara. ²⁸Entonces el Señor hizo que la burra hablara:

—¿Qué te he hecho; que me has castigado tres veces? —preguntó.

²⁹—Es que tú me has hecho quedar como un necio —gritó Balán—. Si tuviera una espada conmigo te habría dado muerte.

³⁰—¿Te he hecho alguna vez algo semejante en toda mi vida? —le preguntó la burra.

—No —reconoció Balán.

³¹Entonces el Señor abrió los ojos de Balán y pudo ver al ángel parado en el camino con la espada desenvainada. El profeta cayó en tierra delante del ángel.

³²—¿Por qué golpeaste a tu burra tres veces? —le preguntó el ángel—. He venido para detenerte porque vas caminando hacia la destrucción. ³³Tres veces la burra me vio y se apartó de mí. Si no hubiera sido por ella ciertamente ya te habría dado muerte, y ella habría salido con vida.

³⁴—He pecado —confesó Balán—. No me di cuenta que estabas allí. Regresaré a casa si no quieres que siga adelante.

³⁵El ángel le dijo:

—Ve con esos hombres, pero hablarás solamente lo que yo te diga.

Balán, siguió con ellos.

³⁶Cuando el rey Balac oyó que Balán se acercaba, salió de la capital y se dirigió a encontrarlo en el río Arnón, en la frontera de su tierra.

³⁷—¿Por qué te has demorado tanto? —le preguntó—. ¿No creíste cuando yo te dije que te daría grandes honores?

³⁸Balán replicó:

—He venido, pero no tengo poder para decir nada, salvo lo que el Señor me diga. Y eso es lo que haré.

³⁹Balán acompañó al rey hasta Quiriat Jusot, ⁴⁰donde el rey Balac dio animales a Balán y a los embajadores para que ofrecieran sacrificios. ⁴¹A la mañana siguiente Balac llevó a Balán hasta la cumbre del monte de Ramot Baal, desde el cual podía ver a todo el pueblo de Israel esparcido delante de sí.

## Primer oráculo de Balán

**23** Balán le dijo al rey: «Edifica siete altares y prepara siete becerros y siete carneros para el sacrificio».

²Balac hizo lo que Balán le pedía, y sacrificó un becerro y un carnero en cada altar.

³Entonces Balán le dijo al rey: «Quédate junto al altar de los sacrificios y yo iré a ver si el Señor se encuentra conmigo. Entonces te diré lo que él me diga».

Subió luego hacia una cumbre solitaria, ⁴y Dios lo encontró allí.

—He preparado siete altares y he sacrificado un becerro y un carnero en cada uno —dijo Balán al Señor.

⁵Entonces el Señor le dio a Balán un mensaje para el rey Balac. ⁶Cuando Balán regresó, el rey estaba de pie junto a las ofrendas que deben quemarse en forma completa con todos los príncipes de Moab. ⁷Este fue el mensaje de Balán:

«Balac, rey de Moab, me trajo de la tierra de Aram, desde las montañas orientales.

"Ven", me dijo, "maldice a Jacob en favor mío. Deja que tu ira se alce contra Israel".

⁸»Pero, ¿cómo puedo yo maldecir lo que Dios no ha maldecido?

¿Cómo puedo yo amenazar a un pueblo que Dios no ha amenazado?

⁹Los he visto desde las altas cumbres, los he observado desde las colinas.

Viven solos, y prefieren ser distintos a cualquiera otra nación.

¹⁰Son numerosos como el polvo, no se pueden contar.

¡Quién pudiera morir tan feliz como un israelita!

¡Oh, si yo pudiera terminar mi vida como termina la de ellos!»

¹¹—¿Qué me has hecho? —preguntó el rey Balac—. ¡Yo te dije que maldijeras a mis enemigos, pero tú los has bendecido!

¹²—¿Puedo decir algo distinto de lo que el Señor me ha dicho?

## Segundo oráculo de Balán

¹³Entonces Balac le dijo:

—Ven conmigo a otro lugar. Allí sólo verás una parte del pueblo de Israel. Maldice por lo menos a esa parte.

¹⁴El rey Balac tomó a Balán y lo llevó a los campos de Zofín en la cumbre del monte de Pisgá, y edificó allí siete altares y ofreció un becerro y un carnero en cada altar. ¹⁵Entonces Balán le dijo al rey:

—Quédate allí junto a los altares mientras yo voy a encontrarme con el Señor.

¹⁶Y el Señor se encontró con Balán y le dijo lo que tenía que decir. ¹⁷Luego Balán regresó con el rey y sus príncipes que estaban de pie junto a los altares.

—¿Qué te ha dicho el Señor? —le preguntó ansiosamente el rey.

⁶Entonces el SEÑOR los castigó enviando serpientes venenosas, y muchos murieron.

⁷El pueblo acudió a Moisés y llorando le dijo:

—Hemos pecado, al hablar contra el SEÑOR y contra ti. Ora y pídele que eche de aquí estas serpientes.

Moisés entonces oró por el pueblo, y ⁸el SEÑOR le dijo:

—Haz una serpiente de bronce y átala en un asta de bandera. Quienquiera que haya sido mordido vivirá con sólo mirar a la serpiente de bronce.

### En camino a Moab

⁹Moisés hizo la serpiente de bronce y todo el que era mordido y miraba a la serpiente de bronce se salvaba.

¹⁰A continuación Israel viajó a Obot y acampó allí. ¹¹Luego siguieron viaje a Iyé Abarín, en el desierto, a corta distancia de Moab hacia el oriente, ¹²y desde allí siguieron su camino hasta el valle del arroyo de Zéred y allí establecieron el campamento. ¹³Luego se trasladaron al otro lado del río Arnón, cerca de la frontera de los amorreos. (El río Arnón es la línea limítrofe entre los moabitas y los amorreos. ¹⁴Este hecho se menciona en el libro de los guerras del SEÑOR, donde se dice que el valle del río Arnón y la ciudad de Waheb ¹⁵están entre los amorreos y el pueblo de Moab:)

¹⁶Entonces Israel viajó hasta Ber, que significa pozo. Este es el lugar donde el SEÑOR le dijo a Moisés: «Convoca al pueblo y yo les daré agua». ¹⁷Lo que ocurrió lo describe una canción que el pueblo canta:

«Brota, oh manantial; cantémosle al agua. ¹⁸Este manantial los caudillos lo cavaron con sus bastones y sus palas».

Salieron del desierto y pasaron por Matana, ¹⁹Najaliel y Bamot. ²⁰Luego entraron en los valles de la meseta de Moab hasta llegar a la cumbre del monte Pisgá, desde donde se puede ver el desierto.

### Victoria sobre Sijón

²¹Israel envió entonces embajadores al rey Sijón de los amorreos.

²²«Permítanos cruzar por su territorio —le pidieron—. No nos saldremos del camino real hasta que hayamos pasado las fronteras. No nos meteremos en los campos ni en los viñedos, ni beberemos el agua de sus pozos».

²³Pero el rey Sijón se negó. En vez de concederles el permiso, movilizó su ejército, y atacó a Israel en el desierto. Le presentó batalla en Yahaza. ²⁴Pero Israel lo derrotó y ocupó la tierra desde el río Arnón hasta el río Jaboc, es decir, hasta la frontera de los amonitas. Se detuvieron allí porque las ciudades amonitas estaban bien fortificadas.

²⁵De este modo Israel capturó todas las ciudades de los amorreos y vivió en ellas incluyendo la ciudad de Hesbón, ²⁶de la cual había sido rey Sijón, que anteriormente había peleado contra el rey de Moab y había tomado toda la tierra de este hasta Arnón. ²⁷Los poetas de antaño se habían referido a Sijón con este poema:

«Vengan a Hesbón, capital de Sijón.

²⁸Porque de ella ha salido fuego, y ha devorado a la ciudad de Ar en Moab, en las alturas del río Arnón.

²⁹¡Ay de ti, Moab! Pueblo de Quemós, ¡estás acabado!

Los hijos de Moab han huido, y sus hijas han sido capturadas por Sijón, rey de los amorreos.

³⁰Él ha devastado el reino de ellos, y ha perecido Hesbón hasta Dibón, y destruimos hasta Nofa y Medeba».

### Victoria sobre el rey Og

³¹Estando Israel en el país de los amorreos, ³²Moisés envió exploradores a observar el territorio de Jazer; luego capturó sus pueblos, y expulsó a los amorreos. ³³Más tarde se fueron a la ciudad de Basán, pero el rey Og de Basán se enfrentó a ellos en Edrey. ³⁴El SEÑOR le dijo a Moisés que no tuviera temor, que el enemigo ya estaba vencido. «Lo mismo que le ocurrió al rey Sijón en Hesbón le ocurrirá al rey Og», —les dijo el SEÑOR. ³⁵Y así ocurrió: Israel obtuvo la victoria y mató al rey Og, a sus hijos y a sus súbditos, ¡no quedó nadie vivo! Israel tuvo paso libre para tomar posesión de ese territorio.

**22** El pueblo de Israel siguió su viaje hacia las llanuras de Moab y acampó al oriente del río Jordán, frente a Jericó. ²,³Cuando el rey Balac de Moab (hijo de Zipor) se enteró del número de los israelitas, y se enteró de lo que le habían hecho a los amorreos, él y su pueblo tuvieron gran temor. ⁴Rápidamente consultaron a los jefes de Madián.

—Está muchedumbre va a comernos con la misma facilidad con que un buey come pasto —exclamaron los moabitas.

Entonces el rey Balac ⁵,⁶envió mensajeros a Balán (hijo de Beor) quien vivía en su tierra natal de Petor, cerca del río Éufrates. En su mensaje el rey rogaba a Balán que fuera y les ayudara.

—Una multitud ha llegado de Egipto, cubren toda la superficie de nuestro país; y han acampado justo delante de mí —le decía—. Ven y maldícelos en mi nombre para que pueda echarlos de mi tierra. Sé que cuando tú bendices grandes bendiciones caen sobre ellos, y también sé que a quienes tú maldices les va mal en todo.

⁷La comitiva, compuesta de algunos de los príncipes de Moab y de Madián, se presentó ante Balán, dinero en mano, y le refirieron las palabras de Balac.

⁸—Quédense esta noche —dijo Balán—. Les contaré en la mañana lo que el SEÑOR me ordene hacer.

Y así lo hicieron. ⁹Aquella noche el SEÑOR vino y le preguntó a Balán:

—¿Quiénes son estos hombres?

¹⁰—Ellos han venido de parte del rey Balac de Moab —le explicó—. ¹¹El rey dice que un pueblo enorme ha venido de Egipto y ha llegado hasta sus fronteras. Quiere que yo vaya inmediatamente y los maldiga. Tiene la esperanza de que pueda vencerlos en la batalla si yo voy con ellos y maldigo a los invasores.

¹²—No lo hagas —le dijo el SEÑOR—. No debes maldecirlos, porque ellos tienen mi bendición.

¹³Al día siguiente Balán les dijo a los hombres:

—Váyanse, el SEÑOR no me deja ir con ustedes.

¹⁴Los embajadores del rey Balac regresaron e informaron al rey de la negativa de Balán. ¹⁵Pero Balac insistió. Envió un número mayor y más distinguido de embajadores. ¹⁶,¹⁷Estos se presentaron ante Balán y le dieron el siguiente mensaje:

nadas por haber tocado un hueso, o por haber tocado a alguien que ha sido asesinado o que ha muerto de muerte natural, o por haber tocado una tumba. ¹⁹Esto se hará los días tercero y séptimo. Enseguida la persona impura lavará su ropa, se bañará y en la noche quedará libre de su contaminación.

²⁰»Pero si alguien que está impuro no se purifica, será expulsado por cuanto ha contaminado el santuario del Señor. El agua de la purificación no ha sido rociada sobre él. Por lo tanto permanece impuro. ²¹Ésta es una ley permanente.

»El hombre que rocía el agua debe después lavar sus ropas, y cualquiera que toque el agua quedará impuro hasta la noche. ²²Todo lo que una persona contaminada toque, permanecerá contaminado hasta la noche. Y quien toque a una persona contaminada, también quedará contaminado hasta la noche».

## El agua de la roca

**20** El pueblo de Israel entró en el desierto de Zin en abril, y acampó en Cades, donde Miriam murió y fue sepultada. ²Al ver que no había suficiente agua en aquel lugar, el pueblo nuevamente se rebeló contra Moisés y Aarón, ³y se formó un gran tumulto:

«Ojalá hubiésemos muerto junto con los hermanos nuestros que Dios mató ——lloraban ante Moisés——. ⁴Deliberadamente nos trajiste a este desierto para que muramos nosotros, nuestras vacas y ovejas. ⁵¿Por qué nos hiciste salir de Egipto y nos trajiste a este lugar tan malo? ¿Dónde están las tierras fértiles, las cosechas maravillosas, los higos, los viñedos, y el ganado que decías que encontraríamos? Aquí ni siquiera hay agua para beber».

⁶Moisés y Aarón se apartaron y fueron a la entrada del santuario donde se postraron sobre sus rostros delante del Señor; y la gloria del Señor se les apareció. ⁷Y el Señor le dijo a Moisés: ⁸«Toma la vara de Aarón y tú y Aarón convoquen al pueblo. Delante de ellos ordénale a la roca que produzca agua. La roca dará agua suficiente para el pueblo y su ganado».

⁹Moisés hizo lo que se le había ordenado: Tomó la vara del lugar donde era guardada delante del Señor, ¹⁰y él y Aarón convocaron al pueblo y los hicieron reunirse junto a la roca. Luego les dijo:

«Oigan, rebeldes: ¿Hemos de sacar agua de esta roca?»

¹¹Moisés levantó la vara y golpeó la roca dos veces y el agua brotó, y el pueblo y el ganado bebieron.

¹²Pero el Señor dijo a Moisés y a Aarón: «Por cuanto no me creyeron ni me honraron delante del pueblo de Israel, no serán ustedes quienes los conduzcan a la tierra que yo les he prometido».

¹³El lugar fue llamado Meribá (Aguas de la rencillas), porque allí el pueblo de Israel se rebeló contra el Señor, y allí les mostró que era un Dios santo.

## Edom le niega el paso a Israel

¹⁴Cuando llegaron a Cades, Moisés envió el siguiente mensaje al rey de Edom: «Somos los descendientes de tu hermano Israel. Tú sabes nuestra triste historia. ¹⁵Nuestros antepasados tuvieron que emigrar a Egipto y se quedaron allí por mucho tiempo, y luego los egipcios los esclavizaron. ¹⁶Pero cuando clamamos al Señor, él nos oyó y envió un ángel que nos sacó de Egipto, y ahora estamos en Cades acampados en los límites de tu tierra. ¹⁷Permítenos pasar por tu país. Prometemos no pasar por los plantíos ni por los viñedos; ni siquiera beberemos agua de tus pozos. No nos saldremos del camino principal y no lo dejaremos hasta que hayamos cruzado la frontera al otro lado».

¹⁸Pero el rey de Edom le respondió:

«No permitiré que pasen por mi territorio. Si tratan de entrar, yo les haré frente con mi ejército».

¹⁹Los enviados israelitas respondieron:

«Le prometemos que no nos saldremos del camino principal y ni siquiera tomaremos nada del agua que se encuentre en su territorio, y cualquier cosa que necesitemos la pagaremos. Solamente deseamos pasar a través de su país, y nada más».

²⁰Pero el rey de Edom fue cortante:

«Ya se los advertí, ¡no pasen por mi territorio!»

Dicho eso, se dirigió hacia la frontera con un ejército muy fuerte y bien armado.

## Muerte de Aarón

²¹,²²Debido a que Edom le negó el paso a través de su territorio, Israel tuvo que regresar y viajar desde Cades hasta el monte de Hor.

²³Entonces el Señor les dijo a Moisés y a Aarón en la frontera de Edom:

²⁴—Ha llegado el momento en que Aarón debe morir. Él no entrará en la tierra que yo le he dado al pueblo de Israel, porque ustedes dos se rebelaron contra mis instrucciones en las aguas de Meribá. ²⁵Ahora toma a Aarón y a su hijo Eleazar y llévalos al monte Hor. ²⁶Allí le quitarás a Aarón las ropas sacerdotales y se las pondrás a Eleazar su hijo, y Aarón morirá allí.

²⁷Moisés hizo como el Señor le había mandado. Los tres subieron juntos al monte Hor mientras todo el pueblo miraba. ²⁸Cuando llegaron a la cima, Moisés le quitó a Aarón sus ropas sacerdotales y las puso sobre su hijo Eleazar. Y Aarón murió en la cima de la montaña. Moisés y Eleazar descendieron del monte, ²⁹y cuando el pueblo fue informado de la muerte de Aarón, lo lloraron por treinta días.

## Derrota de Arad

**21** Cuando el rey de Arad que estaba en Néguev, oyó que los israelitas se acercaban (porque estaban siguiendo la misma ruta de los espías), movilizó su ejército y atacó a Israel, y tomó prisioneros a algunos de sus hombres. ²Entonces el pueblo de Israel hizo voto al Señor que si él les ayudaba a vencer al rey de Arad y a su pueblo, destruirían completamente las ciudades de aquella región.

³El Señor oyó su petición y derrotaron a los cananeos, y los israelitas destruyeron completamente todas sus ciudades. De ahí en adelante el nombre de la región fue Jormá (Destrucción completa).

## La serpiente de bronce

⁴El pueblo de Israel regresó al monte de Hor, y desde allí continuó hacia el sur por la ruta del Mar Rojo con el fin de dar un rodeo y pasar por el costado de la tierra de Edom. El pueblo estaba muy desalentado. ⁵Comenzaron a murmurar contra el Señor y a quejarse contra Moisés.

—¿Por qué nos trajiste desde Egipto para morir en este desierto? Aquí no hay nada para comer, nada para beber y ya estamos hastiados de este insípido maná.

grano, las ofrendas por el pecado y las ofrendas por la culpa son tuyas, salvo el puñado que se presenta al SEÑOR quemándolo sobre el altar. Estas son ofrendas muy sagradas. [10]Sólo podrán comerse en el santuario, y solamente comerán de ella los varones.

[11]»Todas las otras ofrendas que se me ofrecen mecidas delante del altar son para ti y para tu familia, hijos e hijas por igual. Todos los miembros de tu familia pueden comerlas salvo alguno que esté ceremonialmente impuro en el momento de la comida.

[12]»También son tuyos los primeros frutos de la cosecha que el pueblo trae para ofrecer al SEÑOR: lo mejor del aceite de oliva, del grano [13]y de toda otra cosecha. Tu familia puede comer todas estas ofrendas, menos el que se encuentre ceremonialmente impuro.

[14,15]»Todo lo que haya sido dedicado al SEÑOR será de ustedes, incluyendo a los primogénitos del pueblo de Israel, y el primogénito de sus animales. [16]Sin embargo, no podrás aceptar a los hijos primogénitos, ni los primogénitos de los animales que no se pueden comer. Pero tendrán que redimirlos pagando sesenta gramos de plata por cada hijo primogénito. Esto tiene que ser pagado cuando cumpla un mes de edad.

[17]»Sin embargo, los primogénitos de vacas, ovejas o cabras no podrán ser redimidos porque serán sacrificados al SEÑOR. Su sangre será rociada sobre el altar y se hará arder su grasa sobre el altar como ofrenda encendida de olor muy agradable delante del SEÑOR. [18]La carne de estos animales será tuya, incluyendo el pecho y la pierna derecha, que son presentados meciéndolos delante del altar: [19]Sí, yo te he dado todas estas "ofrendas mecidas" que los israelitas presentan al SEÑOR. Son para que tú y tu familia las coman. Este es un convenio permanente entre el SEÑOR, tú y tus descendientes.

### Privilegios de los levitas

[20]»Los sacerdotes no podrán poseer tierras ni tener otros ingresos, porque el tenerme a mí les será suficiente. [21]En cuanto a los de la tribu de Leví, familiares de ustedes, recibirán pago por el servicio prestado mediante los diezmos de toda la tierra de Israel.

[22]»De ahora en adelante no podrán entrar en el santuario los israelitas que no sean sacerdotes o levitas. Los que lo hagan serán castigados y morirán. [23]Solamente los levitas harán trabajos allí; y si no lo hacen serán considerados culpables y ellos serán responsables de las faltas que cometan. Es ley permanente que los levitas no tengan propiedad en Israel. [24]Porque los diezmos que el pueblo ofrezca al SEÑOR mecidos delante del altar pertenecerán a los levitas. Esta es la heredad de ellos, y por lo tanto no tienen necesidad de propiedades».

### El diezmo de los diezmos

[25]El SEÑOR también le dijo a Moisés: [26]«Dile a los levitas que den al SEÑOR el diezmo de los diezmos que reciban. [27]El SEÑOR lo recibirá como si fuera primicia de grano, vino, productos de la propiedad de ellos. [28,29]Este diezmo de los diezmos será seleccionado de la mejor parte de los diezmos recibidos. Y será la porción del SEÑOR, que entregarán a Aarón el sacerdote.

[30]»Se considerará como si tú lo hubieras obtenido de tu era y de tus lagares. [31]Aarón, sus hijos y sus familias podrán comerlo en sus hogares o dondequiera que ellos deseen hacerlo, porque es la compensación por su servicio en el santuario. [32]Ustedes los levitas no serán tenidos por culpables de aceptar los diezmos del SEÑOR, si luego dan lo mejor de los diezmos a los sacerdotes.

»Pero, cuidado, porque si tratan los presentes sagrados del pueblo de Israel como si fuera algo común y corriente, morirán».

### Purificación de los impuros

**19** El SEÑOR les dijo a Moisés y a Aarón: [2]«Otra de mis leyes: Dile al pueblo de Israel que traiga una ternera alazana sin defecto, que no haya trabajado nunca. [3]Dásela a Eleazar el sacerdote, y alguien la matará en su presencia. [4]Eleazar mojará el dedo en la sangre y rociará siete veces hacia el frente del santuario. [5]Enseguida alguien quemará la ternera en presencia de Eleazar. Quemará la piel, la carne; la sangre y el estiércol. [6]Eleazar entonces tomará madera de cedro, ramas de hisopo e hilo escarlata y los arrojará en la fogata.

[7]»Luego deberá lavar sus vestiduras y bañarse. Después de hecho esto, regresará al campamento y permanecerá ceremonialmente impuro hasta la noche. [8]De igual manera, el que la quemó lavará su ropa y se bañará, y quedará impuro hasta la noche. [9]Y otro hombre limpio reunirá las cenizas de la ternera y las colocará en algún lugar purificado fuera del campamento, donde serán conservadas por el pueblo de Israel para preparar el agua de las ceremonias de purificación para remisión del pecado. [10]El que junta las cenizas de la ternera deberá lavarse las ropas y quedará impuro hasta la noche. Esta es una ley permanente para beneficio del pueblo de Israel y para los extranjeros que viven en medio de ustedes.

### El agua de la purificación

[11]»Cualquiera que toque un cadáver permanecerá impuro siete días. [12]Al tercer y al séptimo días, se purificará con agua, agua que habrá pasado por las cenizas de la ternera alazana, y quedará limpio; pero si no lo hace, continuará estando impuro aun después del séptimo día. [13]Cualquiera que toque un cadáver y no se purifique de la manera especificada, habrá profanado la santidad del santuario del SEÑOR, y será excomulgado de Israel. Por cuanto el agua de la purificación no fue rociada sobre él, continúa en su impureza.

[14]»Éstas son algunas reglas para cuando un hombre muera en una tienda: Cualquiera que entre en la tienda y los que estén en ella en el momento de su muerte, quedarán impuros siete días. [15]Cualquier vasija que haya en la tienda que no esté bien cubierta quedará impura.

[16]»Si alguien en el campo toca el cadáver de uno que ha sido muerto en la batalla, o que ha muerto de alguna otra manera, o si toca el hueso de alguna tumba, quedará impuro siete días. [17]Para purificarlo se tomarán cenizas de la ternera alazana quemada para pago por el pecado y se pondrán en un recipiente y se llenará con aguas de manantial. [18]Entonces una persona que no esté impura tomará de una rama de hisopo, y la mojará en agua y rociará la tienda y todos los muebles que haya en la tienda, y todas las personas que se hayan contaminado por haber estado en la tienda. También rociará a las personas contami-

—Ahora se sabrá si el Señor me ha enviado o no a hacer todas las cosas que he hecho, o si he actuado por mi iniciativa. ²⁹Si estos hombres mueren en forma natural; de algún accidente o enfermedad común, el Señor no me ha enviado. ³⁰Pero si el Señor hace un milagro y la tierra se abre y se los traga juntamente con todo lo que les pertenece, y entran vivos en el Seol entonces se sabrá que estos hombres han despreciado al Señor.

³¹Apenas había acabado de decir estas palabras; cuando la tierra se abrió debajo de los rebeldes, ³²y una gran grieta se los tragó junto con sus tiendas; familias y amigos que estaban con ellos y con todo lo que poseían. ³³De esta manera entraron vivos en el Seol y la tierra se cerró sobre ellas y perecieron.

³⁴Todo el pueblo de Israel huyó gimiendo, temeroso de que la tierra también se los tragara a ellos. ³⁵Enseguida descendió fuego del Señor y quemó a los doscientos cincuenta hombres que estaban ofreciéndole incienso.

### Los incensarios

³⁶Y el Señor le dijo a Moisés: ³⁷—Dile a Eleazar el hijo de Aarón el sacerdote que retire del fuego los incensarios porque son sagrados, dedicados al Señor. Además debes apagar el fuego ³⁸de los incensarios de estos hombres que han pecado y les ha costado la vida. ³⁹Con sus incensarios harán planchas de metal para cubrir el altar, ⁴⁰a fin de que sirva de recordatorio al pueblo de Israel de que ninguna persona no autorizada, esto es, que no sea descendiente de Aarón; puede venir delante del Señor a quemar el incienso; porque le ocurrirá lo mismo que le pasó a Coré y sus aliados.

Estas órdenes del Señor dadas a Moisés fueron cumplidas al pie de la letra.

### Aarón intercede por el pueblo

⁴¹Pero a la mañana siguiente, todo el pueblo comenzó a murmurar contra Moisés y Aarón diciendo:

—Tú has dado muerte al pueblo de el Señor.

⁴²No tardó en formarse un gran tumulto. Pero repentinamente, mientras se dirigían hacia el santuario, la nube se apareció y se vio la gran gloria del Señor. ⁴³Moisés y Aarón se pararon a la entrada del santuario ⁴⁴y el Señor le dijo a Moisés:

⁴⁵—Apártate de este pueblo, para que pueda destruirlo instantáneamente.

Pero Moisés y Aarón se postraron en tierra delante del Señor.

⁴⁶Y Moisés le dijo a Aarón:

—Rápido, toma un incensario y ponle fuego del altar, coloca incienso y llévalo en medio del pueblo y haz el rito de reparación por ellos, porque la ira del Señor se ha encendido en su contra y una plaga ya ha comenzado.

⁴⁷Aarón hizo todo lo que Moisés le había ordenado, y corrió en medio del pueblo, porque la plaga ya había comenzado; y puso incienso en el incensario e hizo la ofrenda de perdón de pecados por ellos. ⁴⁸Y se paró entre los vivos y los muertos y la plaga se detuvo. ⁴⁹Pero alcanzaron a morir catorce mil setecientas personas (además de los que habían muerto el día anterior con Coré). ⁵⁰Entonces Aarón regresó a reunirse con Moisés a la entrada del santuario; de esta manera se detuvo la plaga.

### La vara de Aarón

**17** Entonces el Señor le dijo a Moisés: ²«Dile al pueblo de Israel que cada uno de los jefes de sus tribus debe presentarse delante de ti con una vara de árbol con su nombre escrito en ella. ³El nombre de Aarón estará en la vara de la tribu de Leví.

⁴»Pon estas varas en el Lugar Santísimo del santuario, donde yo me encuentro con ustedes, en frente del cofre. ⁵Yo usaré estas varas para identificar al hombre que he escogido pues la vara del escogido florecerá. Así se acabarán las murmuraciones y quejas en contra tuya».

⁶Entonces Moisés dio estas instrucciones al pueblo, y cada uno de los jefes de las doce tribus (incluyendo a Aarón) le trajo una vara. ⁷Las puso delante del Señor en la sala interior del santuario, ⁸y cuando entró al día siguiente, halló que la vara de Aarón, que representaba a la tribu de Leví, había reverdecido y florecido, y hasta tenía almendras.

⁹Cuando Moisés sacó todas las varas delante del Señor, todos los israelitas las pudieron ver, y cada jefe se llevó su propia vara. ¹⁰Y el Señor le dijo a Moisés:

«Coloca la vara de Aarón dentro del cofre como advertencia a los rebeldes. De esta manera detendrás las protestas de la gente y evitarás que mueran». ¹¹Así lo hizo Moisés, conforme al mandato del Señor.

¹²،¹³Pero el pueblo de Israel volvió a quejarse una vez más:

—¡Estamos perdidos! —se lamentaron—. Cada persona que se acerca al santuario muere. ¿Es que vamos a morir todos?»

### Deberes de sacerdotes y levitas

**18** El Señor le dijo a Aarón: «Tú y tus hijos, y tu familia responderán por cualquier profanación del santuario, y por cualquier conducta impropia durante el servicio sacerdotal. ²،³Tus hermanos, los de la tribu de Leví, son tus ayudantes. Pero solamente tú y tus hijos pueden desarrollar los ritos sagrados en el santuario mismo. Los levitas tendrán mucho cuidado de no tocar los objetos sagrados del altar, pues podría destruirlos a ellos y a ti. ⁴Nadie que no sea miembro de la tribu de Leví puede ayudarte.

⁵»Recuerda, sólo los sacerdotes deben realizar los deberes sagrados dentro del santuario y en el altar. Si sigues estas instrucciones, jamás caerá la ira de Dios sobre el pueblo de Israel por violar sus leyes. ⁶Repito: tus parientes los levitas son tus ayudantes en las tareas del santuario. Ellos son un don de Dios para ti. ⁷Pero tú, y tus hijos, personalmente llevarán a cabo el servicio sagrado incluyendo el del altar y todo lo que está dentro de la cortina, porque el sacerdocio es una tarea especial que Dios ha puesto en tus manos. Cualquier persona que trate de realizar estos deberes sin ser de tus descendientes morirá».

### Privilegios de los sacerdotes

⁸Además el Señor le dio estas órdenes a Aarón: «He cedido a los sacerdotes todos los presentes que se ofrecen al Señor; todas las ofrendas que se presentan al Señor meciéndolas delante del altar te pertenecen a ti y a tus hijos por norma permanente. ⁹Las ofrendas de

## NÚMEROS 15.26

todo el pueblo de Israel y así quedarán libres de culpa. Era un error y lo han corregido con la ofrenda encendida al Señor y con su ofrenda por el pecado. ²⁶Todo el pueblo será perdonado, así como los extranjeros que vivan entre ellos, porque toda la población cayó en el error y será perdonada juntamente.

²⁷»Si el error lo cometió un individuo, ofrecerá una cabra de un año como ofrenda por el pecado, ²⁸y el sacerdote hará la ofrenda por el pecado, en su nombre, delante del Señor y será perdonado. ²⁹Esta misma ley se aplica a los israelitas y a los extranjeros que viven entre ustedes.

³⁰»Pero si alguien deliberadamente comete un pecado, sea israelita o extranjero, está blasfemando contra el Señor y será cortado de en medio de su pueblo. ³¹Ha despreciado el mandamiento del Señor y deliberadamente ha dejado de obedecer su ley. Deberá ser ejecutado a causa de su pecado».

### Quebrantamiento del día de reposo

³²Un día, estando el pueblo de Israel en el desierto, uno de ellos fue sorprendido recogiendo leña en el día de reposo. ³³Fue arrestado y llevado delante de Moisés, Aarón y los demás jueces. ³⁴Lo encerraron hasta que pudiesen saber con respecto a este caso.

³⁵Entonces el Señor le dijo a Moisés:

«Ese hombre debe morir. Todo el pueblo lo apedreará fuera del campamento hasta darle muerte».

³⁶Entonces lo llevaron fuera del campamento y le dieron muerte de la manera que el Señor lo había ordenado.

### Flecos recordatorios

³⁷El Señor le dijo a Moisés: ³⁸«Dile al pueblo de Israel que hagan flecos para ponerlos en los bordes de sus vestiduras (esta es una regla permanente de generación en generación) y que cosan los flecos con un hilo azul. ³⁹El propósito de esta regla es recordarles los mandamientos del Señor cada vez que vean los flecos, y para que obedezcan sus leyes en vez de seguir sus propios deseos y de andar en sus propios caminos como lo hacían cuando servían a otros dioses. ⁴⁰Les recordará que deben ser santos para Dios. ⁴¹Porque yo soy el Señor, que los saqué de la tierra de Egipto. Sí; yo soy el Señor su Dios».

### La rebelión de Coré, Datán y Abirán

**16** Un día Coré (hijo de Izhar, nieto de Coat y descendiente de Leví) conspiró con Datán y Abirán (hijos de Eliab), y con On (hijo de Pélet). La intención de los tres, que por cierto pertenecían a la tribu de Rubén, ²era incitar al pueblo a una rebelión contra Moisés. En dicha rebelión participaron doscientos cincuenta varones, todos miembros principales del consejo y personas de renombre en el pueblo.

³Se presentaron delante de Moisés y Aarón y les dijeron:

—Ya los hemos soportado bastante. Ustedes no son mejores que los demás. Todo israelita es un escogido del Señor, y él está con nosotros: ¿Qué derecho tienen ustedes de ponerse en puestos de mando y de demandar que los obedezcamos, y de actuar como si fueran superiores a los demás israelitas?

⁴Cuando Moisés oyó aquello se postró rostro en tierra, ⁵y dijo a Coré y a los que estaban con él:

—Mañana el Señor mostrará quiénes son los suyos, quién es santo y a quién ha escogido como sacerdote. ⁶Hagan esto: Coré, tú y todos los que están contigo tomen incensarios mañana, ⁷enciéndanlos y pongan incienso en ellos delante del Señor, y así sabremos a quién ha escogido el Señor. Ustedes, hijos de Leví, son los presuntuosos.

⁸Luego Moisés añadió:

⁹—¿Te parece poco, Coré, que el Dios de Israel te haya escogido de entre todo el pueblo de Israel para estar junto a él mientras haces tus trabajos en el santuario del Señor, y que puedas presentarte delante del pueblo para ministrar en su favor? ¹⁰¿Es poco para ti que él haya dado esta tarea exclusivamente a ustedes los levitas? ¿Y ahora quieren también el sacerdocio? ¹¹Esto es lo que realmente están buscando. Por eso es que se rebelan en contra del Señor. ¿Y qué ha hecho Aarón para que estén disconformes con él?

¹²Entonces Moisés llamó a Datán y a Abirán (los hijos de Eliab), pero ellos se negaron a acudir:

¹³—¿Es poco —dijeron burlonamente— que nos hayas sacado de Egipto, tierra que fluye leche y miel, para hacernos morir en este desierto terrible? ¡Y ahora quieres convertirte en nuestro rey! ¹⁴Y por si eso fuera poco, no nos has hecho entrar en el país maravilloso que prometiste, ni nos has dado campos y viñas. ¿A quién estas tratando de engañar? No queremos ir.

¹⁵Entonces Moisés se airó y le dijo al Señor:

—No aceptes sus sacrificios. Ni aun un burro he tomado de ellos, ni les he causado daño alguno.

¹⁶Y Moisés le dijo a Coré:

—Preséntate mañana delante del Señor con todos tus amigos. Aarón también estará aquí. ¹⁷Traigan incensarios con incienso. Un incensario para cada hombre, doscientos cincuenta en total. También Aarón estará aquí con el suyo.

¹⁸Y así lo hicieron. Acudieron con sus incensarios, los encendieron; pusieron incienso en ellos y estuvieron a la entrada del santuario con Moisés y Aarón. ¹⁹Mientras tanto, Coré había incitado a toda la nación contra Moisés y Aarón, y todos se reunieron a observar. Entonces la gloria del Señor apareció ante todo el pueblo, ²⁰y el Señor les dijo a Moisés y a Aarón:

²¹—Apártense de este pueblo, que voy a destruirlo inmediatamente.

²²Pero Moisés y Aarón se postraron en tierra, delante del Señor:

—Oh Dios, Dios de toda la humanidad, ¿has de enojarte con toda el pueblo cuando es un solo hombre el que ha pecado?

²³Y el Señor le dijo a Moisés:

²⁴—Entonces dile al pueblo que se aparte de las tiendas de Coré, Datán y Abirán.

²⁵Moisés corrió a las tiendas de Datán y Abirán seguido muy de cerca por los doscientos cincuenta jefes israelitas.

²⁶—Vamos, rápido —le dijo al pueblo—, apártense de las tiendas de estos hombres inicuos, y no toquen nada que pertenezca a ellos, o serán ustedes incluidos en su pecado y serán destruidos con ellos.

²⁷Entonces todo el pueblo se apartó de las tiendas de Coré, Datán y Abirán. Datán y Abirán salieron y se pusieron a la puerta de sus tiendas con sus esposas, hijos e hijas. ²⁸Y Moisés dijo:

matas a este pueblo, las naciones que habrán oído de tu fama dirán: ¹⁶"El Señor les ha dado muerte porque no tuvo suficiente poder para introducirlos en la tierra que juró que les daría".

¹⁷»Oh Señor, muestra tu gran poder, ¹⁸misericordia y gran paciencia perdonando nuestros pecados. Perdónanos aun cuando dijiste que no dejarías pecado sin castigo, y que castigas las faltas del padre en los hijos hasta la tercera y cuarta generación. ¹⁹Perdona los pecados de este pueblo por tu amor magnífico, así como muchas veces los has perdonado desde que salimos de Egipto".

²⁰—Bien, los perdonaré de la manera que me has pedido —respondió el Señor—. ²¹Pero juro por mi propio nombre que, así como la tierra está llena de mi gloria, ²²ninguno de los hombres que vieron mi gloria y los milagros que hice en Egipto y en el desierto (y diez veces se negaron a confiar en mí y a obedecerme) ²³verá la tierra que les prometí a sus antepasados. ²⁴Pero mi siervo Caleb es diferente: me ha obedecido en todo. Lo haré entrar en la tierra donde ya ha estado, y sus descendientes poseerán una buena parte de ella. ²⁵Pero ahora, puesto que el pueblo de Israel teme a los amalecitas y a los cananeos que viven en los valles, mañana regresarán al desierto en dirección al Mar Rojo.

²⁶Entonces el Señor les dijo a Moisés y a Aarón: ²⁷—¿Hasta cuando se quejará de mí este pueblo perverso? ²⁸Dile: "El Señor promete concederles lo que acaban de pedir. ²⁹Morirán todos en el desierto. Ninguno que tenga más de veinte años y se haya quejado contra mí ³⁰entrará en la Tierra prometida. Sólo Caleb, hijo de Jefone, y Josué, hijo de Nun podrán entrar. ³¹Ustedes dijeron que sus hijos serían esclavos del pueblo de esa tierra. Pues no. Al contrario, los haré vivir tranquilos en la tierra y heredarán lo que ustedes han despreciado. ³²En cuanto a ustedes, sus cadáveres quedarán en el desierto. ³³Hasta que no muera el último de ustedes en el desierto, sus hijos vagarán por el como nómadas durante cuarenta años. De esta manera ustedes pagarán por su falta de fe. ³⁴Por cuanto los espías estuvieron cuarenta días en la tierra, ustedes vagarán en el desierto durante cuarenta años, un año por cada día, llevando la carga de sus pecados. Les enseñaré cada día lo que significa rechazarme". ³⁵Yo el Señor he hablado. Cada uno de ustedes que haya conspirado en mi contra morirá en este desierto.

³⁶⁻³⁸Los diez espías que habían incitado la rebelión contra el Señor y habían llenado de temor los corazones del pueblo fueron los primeros en morir delante del Señor. Josué y Caleb fueron los únicos que quedaron con vida.

## El pueblo intenta conquistar la tierra

³⁹Y hubo llanto en el campamento cuando Moisés les informó lo que el Señor le había dicho.

⁴⁰A la mañana siguiente los israelitas se levantaron muy temprano y comenzaron a avanzar hacia la Tierra prometida.

—Comprendemos que hemos pecado —dijeron—, pero ahora estamos dispuestos a entrar en la tierra que el Señor nos ha prometido.

⁴¹—Es demasiado tarde —les respondió Moisés—. Ahora están desobedeciendo las órdenes del Señor de regresar al desierto.

⁴²No sigan con ese plan o serán derrotados por sus enemigos, porque el Señor no irá con ustedes. ⁴³¿No recuerdan? ¡Allí están los amalecitas y los cananeos! Ustedes se han apartado del Señor y ahora él se apartará de ustedes.

⁴⁴Pero ellos avanzaron hacia las montañas a pesar de que ni el cofre ni Moisés salieron con ellos del campamento. ⁴⁵Entonces los amalecitas y los cananeos que vivían en las montañas cayeron sobre ellos y los atacaron y los persiguieron hasta el pueblo de Jormá donde los derrotaron totalmente.

## Leyes adicionales sobre las ofrendas

**15** El Señor habló con Moisés y le dio las siguientes órdenes para el pueblo de Israel: ²«Cuando los hijos de ustedes estén en la tierra que les voy a dar ³y quieran agradar al Señor con una ofrenda quemada por completo u otro tipo de ofrenda, ofrecerán un animal de sus rebaños de ovejas, cabras o vacas. Cada sacrificio, sea ordinario o para cumplir un voto, sea una ofrenda voluntaria o un sacrificio especial en una de las festividades anuales, será acompañado de una ofrenda de grano. ⁴Si lo que se sacrifica es un cordero, se usarán dos kilos y medio de harina fina mezclada con un litro de aceite, ⁵y acompañada por un litro de vino para la libación.

⁶»Si el sacrificio es un carnero, usará cinco kilos de harina fina mezclada con un litro y tercio de aceite, ⁷y un litro y tercio de vino para la libación. Este será un sacrificio de olor grato delante del Señor.

⁸,⁹»Si el sacrificio es un becerro, la ofrenda de grano que lo acompaña será de siete kilos de harina fina mezclada con dos litros de aceite, ¹⁰más dos litros de vino para la libación. Ésto será presentado como ofrenda encendida de olor grato delante del Señor.

¹¹,¹²»Éstas son las instrucciones sobre lo que debe ir junto a cada sacrificio sea de becerro, cordero o cabrito. ¹³,¹⁴Estas instrucciones deben seguirlas los israelitas nativos y los extranjeros que vivan entre ellos y deseen agradar al Señor con sacrificio u ofrendas encendidas. ¹⁵,¹⁶Esta misma ley rige para todos, israelitas o extranjeros, y tendrá vigencia de generación en generación para siempre. Todos son iguales delante del Señor. La misma ley regirá para todos».

## Ofrenda de las primicias

¹⁷El Señor también dijo a Moisés en este tiempo: ¹⁸«Dile al pueblo de Israel que cuando hayan entrado en la tierra que les voy a dar, ¹⁹⁻²¹deben ofrecer al Señor las primicias de la nueva cosecha presentándole un pan de harina gruesa cada año. Este pan será ofrecido al Señor, anualmente, de generación en generación.

## Ofrendas por pecados inadvertidos

²²,²³»Si por error tú o las generaciones futuras no cumplen con todas las reglas que el Señor les ha dado a través de los años por medio de Moisés, ²⁴el pueblo debe ofrecer un becerro como ofrenda totalmente quemada al comprender el error. Será de olor grato delante del Señor, y será sacrificado con la ofrenda de grano y la libación acostumbradas, y un chivo como ofrenda por el pecado. ²⁵El sacerdote hará esa ofrenda por el perdón de

—Sánala, oh Dios, te lo ruego. ¹⁴Y el Señor le dijo a Moisés:

—Si su padre le hubiera escupido el rostro, ella habría quedado impura durante siete días. Que quede fuera del campamento por siete días, y después podrá regresar.

¹⁵Entonces Miriam fue expulsada del campamento por siete días, y el pueblo esperó hasta que ella regresara antes de continuar el viaje. ¹⁶Después salieron de Jazerot y acamparon en el desierto de Parán.

## Los israelitas exploran Canaán

**13** Un día el Señor le ordenó a Moisés: ²«Envía espías a la tierra de Canaán; la tierra que le voy a dar a Israel. Envía uno de cada tribu».

³⁻¹⁵Moisés hizo lo que el Señor le había ordenado y envió desde el desierto de Parán a las siguientes personas, una por cada tribu:

Samúa, hijo de Zacur, de la tribu de Rubén;
Safat, hijo de Horí, de la tribu de Simeón;
Caleb, hijo de Jefone, de la tribu de Judá;
Igal, hijo de José, de la tribu de Isacar;
Oseas, hijo de Nun, de la tribu de Efraín;
Palti, hijo de Rafú, de la tribu de Benjamín;
Gadiel, hijo de Sodi de la tribu de Zabulón;
Gadí, hijo de Susi, de la tribu de José (realmente era parte de la tribu de Manasés);
Amiel, hijo de Gemalí, de la tribu de Dan;
Setur, hijo de Micael, de la tribu de Aser
Najbi, hijo de Vapsi, de la tribu de Neftalí;
Geuel, hijo de Maquí, de la tribu de Gad.

¹⁶En esta ocasión Moisés le cambió el nombre a Oseas (Salvación) y le puso Josué (el Señor es salvación).

¹⁷Moisés los envió en su misión de exploración diciéndoles:

—Vayan hacia el norte, hacia el Néguev, y suban las montañas; ¹⁸y observen qué tal es la tierra; fíjense, además, cómo es el pueblo que vive allí, si son fuertes o débiles; pocos o muchos; ¹⁹si la tierra es fértil o no, y qué clase de ciudades son, si son pueblos sin muros o si son ciudades fortificadas; ²⁰si la tierra es rica o pobre, y si hay árboles. No teman, y cuando regresen traigan algunas muestras de los frutos que vean. (Era la época en que comenzaba la vendimia.)

²¹Ellos fueron y exploraron la tierra de Canaán desde el desierto de Zin hasta Rejob y Jamat. ²²Yendo hacia el norte, atravesaron el Néguev y llegaron a Hebrón. Allí vieron a los descendientes de Ajimán, de Sesay y de Talmay, descendientes de Anac. (Hebrón era muy antigua, y había sido fundada siete años antes que Zoán, en Egipto.) ²³Luego llegaron a lo que se conoce ahora como valle de Escol donde cortaron un racimo de uvas tan grande que fue necesario transportarlo en un palo cargado por dos hombres. También llevaron algunas muestras de granadas e higos. ²⁴Los israelitas llamaron al valle Escol (Racimo) por el racimo que allí encontraron.

## Informe de los espías

²⁵Cuarenta días después regresaron de su expedición. ²⁶Informaron a Moisés, a Aarón y a todo el pueblo de Israel en el desierto de Parán, en Cades, y les mostraron el fruto de la tierra que habían traído consigo.

²⁷Este fue su informe:

—Llegamos a la tierra que ustedes nos enviaron a explorar, y encontramos que es una tierra excelente de la que realmente fluye leche y miel. Hemos traído estos frutos como muestra. ²⁸Pero el pueblo que vive en ella es poderoso, sus ciudades están fortificadas y son grandes y, lo que es peor, hemos visto gigantes descendientes de Anac en aquellos lugares. ²⁹Los amalecitas viven en el sur, mientras que en los montes hay heteos, jebuseos y amorreos. A lo largo de la costa del Mediterráneo y en el valle del Jordán están los cananeos.

³⁰Sin embargo, Caleb animó al pueblo delante de Moisés.

—Subamos inmediatamente y tomemos posesión de la tierra —dijo— porque podemos conquistarla.

³¹—No podremos luchar contra un pueblo tan poderoso —respondieron los otros espías.

³²De modo que el informe de la mayoría de los exploradores fue negativo:

—La tierra está llena de guerreros, los pueblos que la habitan son poderosos, ³³y vimos gigantes descendientes de Anac. Eran tan grandes que parecíamos langostas al lado de ellos.

## El pueblo se rebela

**14** Entonces el pueblo comenzó a llorar en alta voz y se pasaron la noche llorando. ²Elevaron sus voces como un gran coro de quejas en contra de Moisés y Aarón.

«Preferiríamos haber muerto en Egipto —se quejaban— o aun aquí en el desierto, ³antes que entrar a ese país que tenemos ante nosotros. El Señor permitirá que nos maten allí y nuestras esposas e hijos serán esclavos. Regresemos a Egipto».

⁴La idea corrió por el campamento:

«Elijamos a un caudillo y regresemos a Egipto».

⁵Entonces Moisés y Aarón se postraron en tierra delante del pueblo de Israel; ⁶dos de los espías, Josué hijo de Nun y Caleb, hijo de Jefone, rasgaron su ropa ⁷y le dijeron al pueblo:

—Tenemos un país maravilloso por delante ⁸y el Señor nos ama. Él hará que entremos sanos y salvos en la tierra y nos la entregará. Es una tierra muy fértil, una tierra de la que verdaderamente fluye leche y miel. ⁹No se rebelen contra el Señor y no teman al pueblo que habita en aquella tierra. Los venceremos fácilmente. El Señor está con nosotros y se ha apartado de ellos. No teman.

¹⁰Como respuesta, todo el pueblo se dispuso apedrearlos. Pero la gloria del Señor apareció ante ellos, ¹¹y el Señor le dijo a Moisés:

—¿Hasta cuando me despreciará este pueblo? ¿Es que nunca me creerán aun después de todos los milagros que he hecho entre ellos? ¹²Los desheredaré y los destruiré con una plaga, y de ti haré una nación mucho más poderosa que ellos.

¹³—Pero, ¿qué pensarán los egipcios cuando oigan acerca de esto? —le respondió Moisés al Señor—. Ellos saben bien la demostración de poder que hiciste al rescatar a tu pueblo. ¹⁴Lo han contado a los habitantes de esta tierra, que saben bien que tú estás con Israel y que tú hablas con Israel cara a cara. Ellos ven la columna de nube y fuego que está sobre nosotros, y saben que tú nos diriges y nos proteges día y noche. ¹⁵Si

a Moisés, y cuando éste oró por ellos, el fuego se apagó. ³Desde entonces aquel lugar se conoció con el nombre de Taberá (Incendio), porque el fuego del Señor ardió allí.

## El pueblo añora las cosas de Egipto

⁴,⁵El populacho que iban con ellos empezó a añorar las cosas buenas de Egipto. A esto se sumó el resto de los israelitas que, descontentos, empezaron a llorar diciendo:

«¡Quién nos diera carne! ¡Ah, si tuviéramos un poco del delicioso pescado que comíamos gratis en Egipto, y pepinos, melones, puerros, cebollas y ajos! ⁶Pero aquí estamos perdiendo las fuerzas, y todos los días tenemos que conformarnos con este maná».

⁷Y era el maná del tamaño de una semilla de cilantro, y tenía el aspecto de gotas de resina de árbol. ⁸El pueblo lo recogía del suelo y lo machacaba para convertirlo en harina, lo hervía después y hacía tortas con él. Sabía a tortas fritas con aceite de oliva. ⁹El maná caía con el rocío de la noche.

## Moisés se queja ante Dios

¹⁰Moisés oyó que las familias lloraban de pie delante de sus tiendas, y el furor del Señor se encendió. También Moisés se disgustó mucho, y ¹¹le dijo al Señor: «¿Por qué me has elegido a mí para darme una carga semejante con este pueblo? ¹²¿Acaso son hijos míos? ¿Soy yo su padre para que me impongas el deber de criarlos como si fueran criaturas, hasta que lleguemos a la tierra que prometiste a sus antepasados? ¹³¿De dónde voy a sacar carne para toda esta gente? Porque me están llorando y diciendo: "¡Danos carne!" ¹⁴¡Yo solo no puedo soportar a esta nación! ¡Es demasiada carga! ¹⁵Si me vas a tratar así, mándame la muerte; me harías un favor. ¡Déjame salir de esta situación insoportable!»

## Dios responde a Moisés

¹⁶Entonces el Señor le dijo a Moisés:

—Convócame a setenta dirigentes de Israel y reúnelos en el santuario para que se presenten contigo. ¹⁷Yo descenderé y hablaré contigo allí, y tomaré del Espíritu que hay en ti y lo pondré también en ellos. Ellos te ayudarán a llevar la carga de modo que no tengas que hacer este trabajo solo.

¹⁸»Y dile a la gente que se purifique, porque mañana tendrán carne para comer. Diles: "El Señor ha oído sus lloriqueos por lo que han dejado en Egipto, y les va a dar carne. Comerán carne. ¹⁹no por un día ni dos, ni cinco ni diez ni veinte. ²⁰Durante un mes entero tendrán carne, hasta que la vomiten por las narices; porque han despreciado al Señor que está aquí entre ustedes y han suspirado por Egipto"».

²¹Pero Moisés dijo:

—Sólo los hombres suman seiscientos mil (mujeres y niños aparte); ¡y a pesar de eso les prometes carne durante todo un mes! ²²¡Aunque matáramos todos nuestros rebaños no tendríamos suficiente! ¡Habría que pescar todos los peces del mar para cumplir tu promesa!

²³Entonces el Señor dijo a Moisés:

—¿Cuándo he sido débil? ¡Ahora verás que mi palabra se cumple!

²⁴Y Moisés salió del santuario e informó al pueblo de las palabras del Señor; y reunió a los setenta ancianos y los situó en torno al santuario. ²⁵Y el Señor descendió en la nube y habló con Moisés, y tomó del Espíritu que había en Moisés y lo puso en los setenta ancianos; y cuando el Espíritu estuvo en ellos, profetizaron una sola vez. ²⁶Pero dos de aquellos setenta —Eldad y Medad— se habían quedado en el campamento, y cuando el Espíritu vino a ellos, profetizaron allí. ²⁷Un muchacho fue corriendo y le explicó a Moisés lo que estaba sucediendo, ²⁸y Josué (hijo de Nun), uno de los ayudantes de Moisés, protestó:

—¡Moisés, hazles callar!

²⁹Pero Moisés le respondió:

—¿Tienes celos por mí? ¡Ojalá todo el pueblo de Dios fuera profeta, y el Señor pusiera su Espíritu sobre todos ellos!

³⁰Entonces Moisés regresó al campamento acompañado de los ancianos de Israel.

³¹El Señor envió un viento que arrastró codornices de la ribera del mar, y las dejó caer en el campamento y en todos sus alrededores. Había codornices en todas direcciones, a distancia de un día de camino, y hasta casi un metro de altura. ³²Así pues, el pueblo tomó y mató codornices durante todo el día y la noche, y todo el día siguiente. El que menos recogió, juntó diez montones, y algunos hasta las extendieron en el campo para secarlas. ³³Pero en cuanto empezaron a comer carne, la ira de Dios se levantó contra el pueblo, y mató a gran cantidad de ellos con una plaga. ³⁴Por esta razón aquel lugar fue llamado Quibrot Hatavá (Tumba de los codiciosos), porque allí enterraron a los que habían deseado la carne y el regreso a Egipto. ³⁵Y desde aquel lugar se trasladaron a Jazerot, y se quedaron allí una temporada.

## Miriam y Aarón critican a Moisés

12 Un día Miriam y Aarón se pusieron a criticar a Moisés porque su mujer era una cusita, ²y dijeron:

—¡El Señor no ha hablado sólo por medio de Moisés! ¡También ha hablado por medio de nosotros dos!

Pero el Señor los oyó ³,⁴y no le gustó el comentario de ambos, porque Moisés era el hombre más humilde del mundo, e inmediatamente convocó a Moisés, a Aarón y a Miriam al santuario:

—Vengan aquí los tres —ordenó.

Entonces se presentaron ante el Señor.

⁵De inmediato el Señor descendió en la nube y se situó a la entrada del santuario, y les ordenó a Miriam y Aarón que se acercaran. Y ellos lo hicieron. ⁶El Señor les dijo:

—Hasta con un profeta me comunicaría con visiones y sueños; ⁷pero no es así como me comunico con mi siervo Moisés. ¡Él es completamente fiel en toda mi casa! ⁸¡Con él hablo cara a cara! ¡Y él ve la mismísima apariencia de Dios! ¿Cómo es que se han atrevido a criticarlo?

⁹Entonces la ira del Señor se encendió contra ellos, y Dios se apartó. ¹⁰En el momento en que la nube se alejó de encima del santuario, Miriam quedó de repente blanca por la lepra. Aarón vio lo ocurrido, ¹¹y le dijo a Moisés:

—Señor, no nos castigues por este pecado; hemos sido necios al hacerlo. ¹²Que no quede ella como quien ha muerto desde antes de nacer.

¹³Moisés clamó al Señor diciendo:

## NÚMEROS 9.13

la mañana siguiente, y tampoco debe romper ningún hueso del cordero, y debe seguir todas las instrucciones normales de la Pascua.

¹³»Pero cualquiera que no esté contaminado o no esté de viaje, y no obstante se oponga a celebrar la Pascua en la fecha establecida, será expulsado del pueblo de Israel por rehusar hacer el sacrificio en el momento debido; y responderá por su falta. ¹⁴Y si un extranjero vive con ustedes y quiere celebrar la Pascua al SEÑOR, seguirá las mismas instrucciones. Todos tienen la misma ley».

### La nube cubre el santuario

¹⁵El día en que se erigió el santuario, la nube lo cubrió; y por la noche la nube se transformó en fuego y se mantuvo así durante toda la noche. ¹⁶Siempre sucedía así: la nube que lo cubría de día tomaba de noche aspecto de fuego. ¹⁷Cuando la nube se levantaba, el pueblo de Israel la seguía hasta donde se detenía, y acampaba allí. ¹⁸Por orden del SEÑOR todo el pueblo viajaba y por orden del SEÑOR se detenía y acampaba. ¹⁹Si la nube se detenía por largo tiempo, todos los israelitas se quedaban por largo tiempo. Pero si se detenía tan sólo por unos días, ellos sólo se quedaban esos días, porque así lo había ordenado el SEÑOR. ²⁰,²¹A veces la nube de fuego se detenía tan sólo una noche, y a la mañana siguiente continuaba su marcha. Pero fuera de día o de noche cuando la nube se movía, el pueblo desmontaba el campamento y la seguía. ²²Si la nube permanecía sobre el santuario dos días, un mes o un año, ese era el tiempo que el pueblo de Israel se detenía; pero en cuanto se movía, ellos la seguían. ²³Resultaba así que acampaban o viajaban por orden del SEÑOR; y cualquier cosa que el SEÑOR le ordenaba a Moisés, lo hacían.

### La señal de las trompetas

**10** Luego el SEÑOR le dijo a Moisés: ²«Haz dos trompetas de plata labrada para convocar a las asambleas del pueblo y para indicar el desmontaje del campamento. ³Cuando suenen las dos trompetas, el pueblo entenderá que debe reunirse a la entrada del santuario. ⁴Pero si sólo suena una trompeta, sólo comparecerán ante ti los jefes de las tribus de Israel.

⁵⁻⁷»Usarás distintos toques de trompeta para diferenciar la convocatoria a una asamblea y la orden de desmontar el campamento y emprender la marcha. Cuando suene la señal de partida, las tribus acampadas al este del santuario serán las primeras en salir. Y cuando suene la segunda señal marcharán las que están al sur. ⁸Únicamente los sacerdotes podrán tocar las trompetas. Ésto es una orden permanente que ha de obedecerse por todas las generaciones.

⁹»Cuando lleguen a la Tierra prometida y tengan que luchar contra sus enemigos, Dios los oirá y los salvará de ellos cuando den la alarma con estas trompetas. ¹⁰Usen las trompetas en tiempo de alegría también, haciéndolas sonar en las fiestas anuales y al comienzo de cada mes, para alegrarse en las ofrendas totalmente ofrecidas a Dios y en las ofrendas de paz. Y yo me acordaré de ustedes. Pues yo soy el SEÑOR, su Dios».

### Desde el Sinaí hasta Parán

¹¹La nube se levantó del santuario el día veinte del segundo mes del segundo año después de la salida de Israel de Egipto ¹²y los israelitas salieron del desierto de Sinaí y siguieron la nube hasta que ésta se detuvo en el desierto de Parán. ¹³Este fue su primer viaje después de que Moisés recibió las instrucciones del SEÑOR.

¹⁴Abriendo la marcha iba la tribu de Judá, agrupada detrás de su bandera, y conducida por Naasón, hijo de Aminadab. ¹⁵A continuación iban la tribu de Isacar, conducida por Natanael, hijo de Zuar, ¹⁶y la tribu de Zabulón, conducida por Eliab, hijo de Helón.

¹⁷El santuario fue desmontado y los hombres de Guersón y Merari, grupos de la tribu de Leví, se pusieron a continuación en la línea de marcha, llevando el santuario en los hombros. ¹⁸A continuación iba la bandera del campamento de Rubén, con Elisur hijo de Sedeúr a la cabeza. ¹⁹Le seguían la tribu de Simeón, encabezada por Selumiel hijo de Zurisaday, ²⁰y la tribu de Gad conducida por Eliasaf, hijo de Deuel.

²¹Después seguían los coatitas, llevando los utensilios del Lugar Santísimo. (El santuario estaba ya montado en su nuevo emplazamiento cuando ellos llegaban.) ²²A continuación iba la tribu de Efraín tras su bandera, conducida por Elisama, hijo de Amiud, ²³la tribu de Manasés conducida por Gamaliel hijo de Pedasur ²⁴y la tribu de Benjamín conducida por Abidán hijo de Gedeoni. ²⁵En último lugar marchaban las tribus encabezadas por la bandera de Dan, bajo la dirección de Ajiezer hijo de Amisaday, ²⁶la tribu de Aser dirigida por Paguiel hijo de Ocrán, ²⁷y la tribu de Neftalí conducida por Ajira, hijo de Enán. ²⁸Este era el orden en que marchaban las tribus.

### Moisés invita a Hobab

²⁹Un día Moisés le dijo a su cuñado Hobab, hijo de Reuel, el madianita:

—Por fin estamos camino a la Tierra prometida. Ven con nosotros y te favoreceremos, pues el SEÑOR ha hecho maravillosas promesas a Israel.

³⁰Pero su cuñado le respondió:

—¡Muchas gracias!, pero debo regresar a mi tierra, con mis parientes.

³¹—Quédate con nosotros —le rogó Moisés—, pues tú conoces los caminos del desierto y nos servirás de guía. ³²Si vienes, tendrás una parte de los bienes que Dios nos dará.

### Israel se pone en marcha

³³Tras dejar el monte Sinaí, viajaron tres días con el cofre al frente de la columna, para elegir lugar donde detenerse. ³⁴Cuando salieron era de día, y la nube iba delante de ellos mientras marchaban. ³⁵Cuando el cofre empezaba a moverse, Moisés exclamaba: «Levántate; oh SEÑOR, y esparce a tus enemigos; que huyan delante de ti». ³⁶Y cuando el cofre se detenía, decía: «Vuelve, Oh SEÑOR, a los miles de millares de Israel».

### Fuego del Señor en Taberá

**11** El pueblo empezó pronto a quejarse, y el SEÑOR lo oyó. Su furor se encendió contra ellos a causa de sus quejas, y el fuego del SEÑOR empezó por destruir a los que se encontraban en uno de los extremos del campamento. ²Entonces ellos clamaron

## La ofrenda de Neftalí

78-83 Al duodécimo día se presentó Ajira, hijo de Enán, jefe de la tribu de Neftalí, con sus ofrendas, que eran idénticas a las entregadas por los otros.

## Conclusión

84-86 Así pues, a partir del día en que se ungió el altar, éste fue dedicado con las ofrendas de los jefes de las tribus de Israel. Las ofrendas sumadas fueron:
12 bandejas de plata (de más de un kilo y medio cada una);
12 tazones de plata (de más de ochocientos gramos cada uno, de modo que el peso total de la plata era casi veintinueve kilos);
12 cajitas de oro (cada una de ellas de ciento veinte gramos; de modo que el peso total del oro casi llegaba al kilo y medio).
87 Para las ofrendas que se ofrecen en su totalidad presentaron:
12 becerros, 12 carneros y 12 chivos tiernos (con las ofrendas de grano que les acompañaban).
Para las ofrendas por el pecado presentaron:
12 chivos.
88 Para las ofrendas de paz presentaron:
24 novillos, 60 carneros, 60 chivos, 60 corderos de un año.

## Dios se revela en medio del pueblo

89 Cuando Moisés entraba en el santuario para hablar con Dios, oía la voz que le hablaba desde encima del propiciatorio que estaba sobre el cofre, entre los dos querubines.

## Las lámparas del candelabro

8 El Señor le dijo a Moisés: 2 «Dile a Aarón que cuando encienda las siete lámparas del candelabro, debe hacerlo de forma que la luz se proyecte hacia delante».

3 Y Aarón lo hizo así. 4 El candelabro, incluyendo los adornos florales de la base y las ramas, estaba todo hecho de oro labrado a martillo. Su construcción correspondía al modelo exacto que el Señor le había mostrado a Moisés.

## Consagración de los levitas

5 Entonces el Señor le dijo a Moisés: 6 «Ahora separa a los levitas de las demás tribus de Israel. 7 Esto lo harás rociando sobre ellos el agua de la purificación, y haciendo que se afeiten el cuerpo y se bañen y se laven la ropa. 8 Haz que traigan un becerro y una ofrenda de harina fina mezclada con aceite, junto con otro becerro para la ofrenda por el pecado. 9 Luego haz venir a los levitas a la puerta del santuario, a vista de todo el pueblo. 10 Entonces los jefes de las tribus pondrán las manos sobre ellos, 11 y Aarón, como si estuviera haciendo una ofrenda, los presentará al Señor como un don de toda la nación de Israel. Así, los levitas quedarán consagrados y representarán a todo el pueblo en el servicio del Señor.

12 »A continuación, los jefes levitas pondrán las manos sobre las cabezas de los becerros y los ofrecerán al Señor; uno para la ofrenda por el pecado y el otro para ser quemada en su totalidad, para perdonar las faltas y pecados de los levitas. 13 Los levitas serán presentados a Aarón y sus hijos, de la misma forma en que cualquiera otra ofrenda al Señor es presentada a los sacerdotes. 14 De esta forma dedicarás a los levitas de entre el resto del pueblo de Israel, y los levitas serán míos. 15 Después de que los hayas santificado y presentado de esta forma, podrán entrar y salir del santuario en cumplimiento de sus deberes.

16 »Son míos de entre el pueblo de Israel y yo los he aceptado en sustitución de todos los primogénitos de los israelitas. He tomado a los levitas como sustitutos, 17 pues todos los primogénitos de los hijos de Israel son míos, tanto hombres como animales; yo me los apropié la noche en que maté a todos los primogénitos de los egipcios. 18 Sí, yo he aceptado a los levitas en lugar de los primogénitos de Israel. 19 Y los daré como presente a Aarón y sus hijos. Los levitas desempeñarán los deberes sagrados requeridos al pueblo de Israel en el santuario, y ofrecerán los sacrificios del pueblo para obtener el perdón por él. Así, no habrá plaga alguna en Israel como la habría si personas comunes entraran en el santuario».

20 Moisés y Aarón y todo el pueblo de Israel dedicaron, pues, a los levitas, siguiendo cuidadosamente las instrucciones que el Señor le había dado a Moisés.

21 Los levitas se purificaron y lavaron sus vestiduras, y Aarón los presentó al Señor haciendo un gesto de ofrenda. Luego hizo el rito del perdón sobre ellos para purificarlos. 22 Después de esto entraron en el santuario como ayudantes de Aarón y sus hijos. Todo se hizo como el Señor le había mandado a Moisés.

23 El Señor le dijo también a Moisés: 24 «Los levitas comenzarán a servir en el santuario a la edad de veinticinco años, 25 y se retirarán a los cincuenta. 26 Después de su retiro pueden ayudar en el santuario en las tareas ligeras, pero no tendrán deberes regulares».

## La fecha de la Pascua

9 El Señor le dio estas instrucciones a Moisés cuando él y el resto de Israel estaban en la península de Sinaí, durante el primer mes del segundo año tras la salida de Egipto: 2,3 «El pueblo de Israel debe celebrar la Pascua cada año el día catorce del primer mes empezando al atardecer. Asegúrate de que sigan todas mis instrucciones al celebrarla».

4 Moisés anunció entonces 5 que la celebración de la Pascua comenzaría al atardecer del día catorce, allí mismo; en la península de Sinaí, tal como el Señor había ordenado. 6 Pero sucedió que varios hombres habían asistido a un entierro, 7 y estaban contaminados ceremonialmente por haber tocado el cadáver, de modo que no podían comer el cordero pascual aquella noche. Acudieron a Moisés y a Aarón y les explicaron el problema y se quejaron de que se les prohibiera comer su sacrificio al Señor en el día señalado.

8 Moisés respondió que consultaría al Señor acerca de esta cuestión, 9 y una vez hecho, la respuesta del Señor fue como sigue:

10 «Si cualquier persona del pueblo de Israel, ya sea ahora o en las generaciones venideras, queda contaminada en la época de la Pascua a causa de haber tocado un cuerpo muerto, o si está de viaje y no puede estar presente, debe celebrar también la Pascua, pero un mes más tarde, 11 el día catorce del segundo mes, por la noche. Deberá comer el cordero ese día, con pan sin levadura y hierbas amargas. 12 No debe dejar ninguna sobra para

da quemada, ⁱ⁷luego el carnero de la ofrenda de paz junto con la cesta de pan sin levadura, y por último la ofrenda de grano y la ofrenda de bebidas.

¹⁸»Entonces el nazareo se cortará el cabello que se dejó crecer como señal de su voto de separación. Esto se hará a la entrada del santuario, y a continuación se echará el cabello al fuego, junto con el sacrificio de la ofrenda de paz. ¹⁹Después de afeitar la cabeza del devoto, el sacerdote cogerá la paletilla asada del cordero, uno de los panes (hechos sin levadura) y una de las hojaldres, y lo pondrá en las manos del hombre. ²⁰Luego el sacerdote lo mecerá ante el SEÑOR como se hace con la ofrendas. Todo esto será una porción santa para el sacerdote, así como también la costilla y la paletilla que fueron mecidas ante el SEÑOR. Después de esto el nazareo puede beber otra vez vino, pues ha quedado libre de su voto.

²¹»Ese es el reglamento para el nazareato y para sus sacrificios al terminar el período de la dedicación especial. Además de estos sacrificios debe también traer la ofrenda que prometió cuando hizo el voto de hacerse nazareo».

## Bendición sacerdotal

²²Luego el SEÑOR le dijo a Moisés: ²³«Diles a Aarón y a sus hijos que cuando bendigan al pueblo de Israel lo hagan con esta bendición: ²⁴⁻²⁶"El SEÑOR te bendiga y te guarde; que el rostro del SEÑOR resplandezca sobre ti, que él te sea propicio, te muestre su favor y te dé su paz". ²⁷Así es como Aarón y sus hijos invocarán mis bendiciones sobre el pueblo de Israel; y yo los bendeciré».

## Ofrendas para la consagración del santuario

**7** Moisés ungió y santificó el santuario, incluyendo el altar y los utensilios, el mismo día en que se terminó su montaje. ²Entonces los dirigentes de Israel —los jefes de las tribus que habían organizado el censo— presentaron sus ofrendas. ³Trajeron seis carros cubiertos, tirados cada uno de ellos por dos bueyes —un carro por cada dos jefes y un buey por cada uno— y lo presentaron ante el SEÑOR a la entrada del santuario.

⁴,⁵«Acepta sus ofrendas» —le dijo el SEÑOR a Moisés—, «y utiliza esos carros para el trabajo del santuario. Entrégaselos a los levitas para lo que los necesiten». ⁶Moisés, por lo tanto, hizo entrega de los carros y los bueyes a los levitas. ⁷Al clan de Guersón se le dio, para uso de ellos, dos carros y cuatro bueyes, ⁸y cuatro carros y ocho bueyes fueron entregados al grupo de Merari, que estaba al mando de Itamar, hijo de Aarón. ⁹Al grupo de Coat no se le dio ningún carro ni ninguna yunta, ya que se les había requerido que transportaran en hombros la parte que les correspondía del santuario.

## Ofrendas para la dedicación del altar

¹⁰Los jefes presentaron también unas ofrendas de dedicación el día en que el altar fue ungido, colocándolas sobre el altar.

¹¹El SEÑOR le dijo a Moisés: «Que cada uno traiga, en días diferentes, su ofrenda para la dedicación del altar».

## La ofrenda de Judá

¹²Naasón, hijo de Aminadab, de la tribu de Judá, fue el primero en presentar su ofrenda. ¹³Ésta consistía en una bandeja de plata que pesaba más de un kilo y medio y un tazón de plata de más de ochocientos gramos, llenos los dos con ofrendas de harina y aceite. ¹⁴También presentó una pequeña bandeja de oro llena de incienso, que pesaba unos ciento veinte gramos. ¹⁵Trajo además, como ofrendas para ser quemadas por completo, un becerro, un carnero y un corderillo de un año. ¹⁶También trajo un chivo para la ofrenda por el pecado, ¹⁷y dos bueyes, cinco carneros, cinco chivos y cinco corderillos de un año para la ofrenda de paz.

## La ofrenda de Isacar

¹⁸⁻²³Al día siguiente Natanael, hijo de Zuar, jefe de la tribu de Isacar, presentó sus dones y ofrendas. Eran éstos exactamente iguales que los que había presentado Naasón el día anterior.ᵃ

## La ofrenda de Zabulón

²⁴⁻²⁹Al tercer día, Eliab, hijo de Helón, jefe de la tribu de Zabulón, vino con ofrendas iguales a las que se habían presentado los días anteriores.

## La ofrenda de Rubén

³⁰⁻³⁵Al cuarto día Elisur, hijo de Sedeúr, jefe de la tribu de Rubén, fue a entregar sus ofrendas, que eran iguales que las que se habían presentado con anterioridad.

## La ofrenda de Simeón

³⁶⁻⁴¹Al quinto día fue Selumiel, hijo de Zurisaday, jefe de la tribu de Simeón, con las mismas ofrendas.

## La ofrenda de Gad

⁴²⁻⁴⁷Al día siguiente le correspondió a Eliasaf, hijo de Deuel, jefe de la tribu de Gad. También él presentó las mismas ofrendas y sacrificios.

## La ofrenda de Efraín

⁴⁸⁻⁵³Al séptimo día, Elisama, hijo de Amiud, jefe de la tribu de Efraín, llevó sus ofrendas, igual que las que se habían presentado anteriormente.

## La ofrenda de Manasés

⁵⁴⁻⁵⁹Gamaliel, hijo de Pedasur, jefe de la tribu de Manasés, fue al octavo día con las mismas ofrendas.

## La ofrenda de Benjamín

⁶⁰⁻⁶⁵Al noveno día fue Abidán, hijo de Gedeoni, jefe de la tribu de Benjamín, con ofrendas iguales a las que presentaron los otros.

## La ofrenda de Dan

⁶⁶⁻⁷¹Ajiezer, hijo de Amisaday, llevó sus ofrendas al décimo día. Este era jefe de la tribu de Dan, y sus ofrendas fueron iguales que las de los demás.

## La ofrenda de Aser

⁷²⁻⁷⁷Paguiel, hijo de Ocrán, jefe de la tribu de Aser, llevó sus ofrendas al undécimo día y eran idénticas a las anteriores.

---

*a.* El texto original repite la lista de las ofrendas anotadas en los versículos 13-17.

## Censo del clan de Guersón

38-41 El censo similar del clan de Guersón dio una cifra de dos mil seiscientos treinta. 42-45 Y el del clan de Merari, tres mil doscientos.

## Conclusión

46-48 Así que Moisés, Aarón y los demás dirigentes de Israel vieron que el total de los levitas entre treinta y cincuenta años, aptos para el servicio en el santuario, y para su transporte, era de ocho mil quinientos ochenta. 49 Este censo se hizo en obediencia a las instrucciones que el Señor le dio a Moisés».

## Purificación del campamento

5 Otras instrucciones que el Señor dio a Moisés: 2«Informa al pueblo de Israel que deben sacar a todos los leprosos del campamento y a todos los que padecen flujo, así como a los que se han contaminado tocando a un muerto. 3 Esto es aplicable tanto a hombres como a mujeres. Sáquenlos para que no contaminen el campamento donde yo habito con ustedes».
4 Estas instrucciones se llevaron a cabo.

## Confesión y restitución por daños

5 Entonces el Señor le dijo a Moisés: 6 «Dile al pueblo de Israel que cuando alguien, sea hombre o mujer, sea infiel al Señor por pecar contra su prójimo, 7 debe confesar su pecado y debe restituir a la persona perjudicada completamente el daño, añadiendo el veinte por ciento. 8 Pero si la persona perjudicada ha muerto, y no hay un pariente cercano a quien se pueda hacer el pago, entonces la restitución debe darse al sacerdote, junto con un cordero como restitución. 9,10 Cuando el pueblo de Israel lleve una ofrenda al Señor, la ofrenda quedará como posesión de los sacerdotes».

## Ley sobre los celos

11 Y el Señor le dijo a Moisés: 12 «Dile al pueblo de Israel que si la esposa de un hombre comete adulterio, 13 pero no hay pruebas por falta de testigos, 14 y él tiene sospechas y está celoso, 15 el marido llevará a su mujer ante el sacerdote junto con una ofrenda por ella, consistente en dos kilos y medio de harina de cebada, sin aceite ni incienso —porque es una ofrenda de celos— con el fin de averiguar la verdad en cuanto a si es culpable o no.
16 »El sacerdote presentará a la mujer ante el Señor, 17 y pondrá agua santa en una jarra de barro, mezclándola con polvo del suelo del santuario. 18 La mujer desatará sus cabellos y pondrá en sus manos la ofrenda de los celos para determinar si las sospechas de su marido están o no justificadas. El sacerdote estará de pie delante de ella sosteniendo al jarro con agua amarga que trae la maldición. 19 El sacerdote la pondrá bajo juramento para jurar que es inocente, y a continuación le dirá: "Si ningún hombre se ha acostado contigo, excepto tu marido que quedes libre de los efectos de esta agua amarga que trae maldición. 20 Pero si has cometido adulterio, 21,22 que el Señor te maldiga en medio de tu pueblo, y no puedas tener hijos y tu vientre se hinche". Entonces le pedirá a la mujer que diga: "Sí, así sea". 23 A continuación el sacerdote escribirá las maldiciones en un libro y las lavará con el agua amarga. 24 (Cuando la mujer se beba el agua a instancia del sacerdote, ésta se hará amarga dentro de ella si es culpable.)
25 »Entonces el sacerdote tomará la ofrenda de los celos, la mecerá ante el Señor y la llevará al altar. 26 Tomará un puñado de la ofrenda, lo quemará sobre el altar, y luego ordenará a la mujer que se beba el agua. 27 Si ella se ha contaminado cometiendo adulterio contra su marido, el agua se volverá amarga en su interior, y su vientre se hinchará y sus muslos se secarán, y ella será maldita en su nación. 28 Pero si ella es fiel a su marido y no ha cometido adulterio, no le pasará nada y pronto quedará encinta.
29 »Esta es, pues, la ley en cuanto a la esposa infiel —o en cuanto a las sospechas de un marido respecto a su mujer—. 30 Esta es la ley que se aplicará cuando una esposa sea infiel a su marido, o éste sospeche que lo ha sido, el marido llevará a su mujer ante el sacerdote, y éste actuará como se ha dicho antes. 31 El marido no será juzgado por haberle causado tan terrible enfermedad, pues ella es la responsable».

## Los nazareos

6 El Señor también le dio a Moisés estas instrucciones para el pueblo de Israel: 2«Cuando un hombre o una mujer haga el voto del nazareato, consagrándose al Señor de un modo especial, 3,4 durante todo el período de su consagración al Señor no debe probar bebidas fuertes, ni vino añejo, ni vino recién hecho, ni mosto, ni uvas, ni uvas pasas. No puede comer nada de lo que proviene de la uva, ni siquiera los granillos o el hollejo.
5 »Durante todo ese tiempo nunca se cortará el cabello, pues es santo y consagrado al Señor, y por eso debe dejar que le crezca.
6 »Tampoco podrá acercarse a un cadáver durante el tiempo de su voto, 7 aunque se trate del cuerpo de su padre o de su madre, hermano o hermana, pues su voto de consagración sigue teniendo efecto, 8 y está consagrado al Señor durante todo ese tiempo.
9 »Si se contamina porque alguien cae muerto junto a él, siete días después se afeitará su cabeza contaminada y así quedará limpio de la contaminación por haber estado en presencia de un cadáver. 10 Al día siguiente, el octavo, llevará dos tórtolas o dos palominos al sacerdote, en la entrada del santuario. 11 El sacerdote ofrecerá una de estas aves a modo de ofrenda por el pecado, y la otra como ofrenda totalmente quemada, y así reparará el problema de su contaminación. Ese mismo día deberá renovar sus votos y dejar que el cabello le vuelva a crecer. 12 Los días que cumplió del voto antes de su contaminación no serán válidos. Debe empezar de nuevo con otro voto, y debe presentar un cordero de un año en pago por su culpa.
13 »Al terminar el período de su consagración al Señor, irá a la entrada del santuario 14 y ofrecerá como ofrenda quemada al Señor, un cordero de un año sin ningún defecto. También ofrecerá una cabra de un año sin defecto en pago por sus pecados, un carnero sin defecto como ofrenda de paz, 15 una cesta de panes sin levadura; panes hechos con harina fina y aceite de oliva, hojaldres sin levadura untados con aceite y las correspondientes ofrendas de grano y de bebidas. 16 El sacerdote presentará estas ofrendas ante el Señor: primero la ofrenda por el pecado y la ofren-

no fuera sacerdote ni levita entraba en el santuario, debía ser ejecutado.)

³⁹Así que los levitas, contados por Moisés y Aarón por mandamiento del Señor, sumaban veintidós mil varones de más de un mes de edad.

## Los levitas y los primogénitos

⁴⁰Entonces el Señor le dijo a Moisés: «Ahora haz un censo de todos los primogénitos de Israel de más de un mes de nacidos; e inscríbelos por sus nombres. ⁴¹Los levitas serán míos en sustitución de los primogénitos de Israel; y el ganado de los levitas es mío en sustitución de los primogénitos del ganado de toda la nación. Yo soy el Señor».

⁴²Así, pues, Moisés hizo el censo de todos los primogénitos de Israel, como el Señor había ordenado, ⁴³y vio que el número de primogénitos de más de un mes de nacidos era de veintidós mil doscientos setenta y tres.

⁴⁴Entonces el Señor le dijo a Moisés: ⁴⁵«Dame los levitas a cambio de los primogénitos del pueblo de Israel; y dame el ganado de los levitas a cambio de los primogénitos del ganado del pueblo de Israel; sí, los levitas serán míos. Yo soy el Señor. ⁴⁶Para redimir los doscientos setenta y tres primogénitos que exceden del número de levitas, ⁴⁷,⁴⁸paga sesenta gramos de plata por cada uno a Aarón y sus hijos».

⁴⁹Moisés, pues, recibió dinero para redimir a los primogénitos que sobrepasaban el número de los levitas. (Todos los demás estaban redimidos porque los levitas habían sido entregados al Señor en su lugar.) ⁵⁰El dinero recogido ascendió a un total de más de dieciséis kilos de plata. ⁵¹Y Moisés se lo dio a Aarón y a sus hijos, tal como el Señor había mandado.

## Ministerio de los coatitas

4 Entonces el Señor les dijo a Moisés y a Aarón: ²«Haz el censo del grupo de Coat en la tribu de Leví. ³Este censo debe incluir a todos los hombres entre treinta y cincuenta años capaces de trabajar en el santuario. ⁴Estos serán sus sagrados deberes:

⁵»Cuando el campamento se traslade, Aarón y sus hijos entrarán primero en el santuario, quitarán el velo y cubrirán el cofre con él. ⁶Luego cubrirán el velo con pieles de cabra, y taparán las pieles de cabra con un paño azul, y pondrán en los anillos del cofre las varas para transportarla.

⁷»Luego extenderán un paño azul sobre la mesa donde se exhibe el pan de la Presencia; y pondrán sobre ese paño los platos, cucharas, tazas y el pan. ⁸Extenderán un paño escarlata sobre todo eso, y por último lo taparán todo con una piel de cabra. Después meterán las varas en los anillos de la mesa, para el transporte.

⁹»Luego taparán con un manto azul el candelabro, las lamparillas, las despabiladeras, las bandejas y el depósito del aceite. ¹⁰Todos estos objetos serán envueltos en una piel de cabra, y el paquete se pondrá en unas barras de madera.

¹¹»A continuación taparán el altar de oro con un paño azul, lo cubrirán con pieles de cabra, y meterán las varas para transportarlo. ¹²Todos los demás utensilios del santuario irán envueltos en un paño azul, tapado con pieles de cabra, y colocado sobre unas barras de madera.

¹³»Quitarán las cenizas del altar, y lo cubrirán con un paño púrpura. ¹⁴Todos los utensilios del altar se pondrán en este paño: los ceniceros, los garfios, los braseros y los tazones, y se tapará todo con pieles de cabra. Por último se colocarán las varas para su transporte. ¹⁵Cuando Aarón y sus hijos hayan terminado de empacar el santuario y todos los utensilios, el clan de Coat vendrá y trasladará todos los paquetes al nuevo lugar del campamento; pero no deben tocar los objetos sagrados, para que no mueran. Este es el trabajo sagrado de los hijos de Coat.

¹⁶»Eleazar, el hijo de Aarón, se encargará del aceite para las lámparas, del incienso, del grano para la ofrenda diaria y del aceite de la unción. En otras palabras, la supervisión de todo el santuario y de todo lo que en él hay, será responsabilidad suya».

¹⁷También el Señor les dijo a Moisés y a Aarón: ¹⁸«¡No permitan que las familias de los hijos de Coat se destruyan! ¹⁹Esto es lo que tienen que hacer para que no mueran cuando trasladen las cosas santas: Aarón y sus hijos entrarán con ellos y les indicarán lo que cada uno debe transportar. ²⁰Aparte de esto, nunca deben entrar en el santuario ni por un momento, porque si se atreven a mirar los objetos sagrados, morirán».

## Ministerio de los guersonitas

²¹Y el Señor le dijo a Moisés: ²²«Haz el censo del clan de Guersón de la tribu de Leví: ²³de todos los hombres entre treinta y cincuenta años, aptos para el trabajo sagrado en el santuario. ²⁴Sus funciones serán las siguientes:

²⁵»Transportarán los cortinajes del santuario, el santuario propiamente dicho con sus cubiertas, la cubierta superior de piel de cabra, y la cortina de la entrada del santuario. ²⁶También transportarán las cortinas que tapan la valla del atrio, la cortina de la entrada al atrio que rodea al santuario y al altar. También transportarán el altar, las cuerdas y todos los accesorios. Serán totalmente responsables de estos objetos. ²⁷Aarón o cualquiera de sus hijos pueden encomendar estas tareas a los gersonitas, ²⁸pero éstos serán directamente responsables ante Itamar, el hijo de Aarón.

## Ministerio de los meraritas

²⁹»Luego haz el censo del clan de Merari de la tribu de Leví, ³⁰incluyendo a todos los hombres entre treinta y cincuenta años, aptos para el trabajo en el santuario. ³¹Cuando se traslade el santuario, ellos transportarán la estructura del mismo, las barras, las bases, ³²la estructura de la valla del atrio con sus bases, estacas y cuerdas, y todo lo necesario para su uso y reparación. Consignarás por sus nombres todos los utensilios que ellos tienen que llevar. ³³El clan de Merari también será responsable ante Itamar, el hijo de Aarón».

## Censo del clan de Coat

³⁴Así pues, Moisés, Aarón y los demás jefes hicieron el censo del clan de Coat, ³⁵incluyendo a todos los hombres entre treinta y cincuenta años, aptos para el servicio del santuario, ³⁶y vieron que el número total era de dos mil setecientos cincuenta. ³⁷Todo esto lo hicieron en cumplimiento de las instrucciones que el Señor le dio a Moisés.

## Campamento del oeste

| Tribu | Jefe | Situación | Censo |
|---|---|---|---|
| Efraín | Elisama (hijo de Amiud) | Al oeste del santuario | 40.500 |
| Manasés | Gamaliel (hijo de Pedasur) | Junto a Efraín | 32.200 |
| Benjamín | Abidán (hijo de Gedeoni) | Junto a Manasés | 35.400 |

El total de los que estaban en el campamento junto a Efraín era de ciento ocho mil cien, y eran los terceros en marchar.

## Campamento del norte

| Tribu | Jefe | Situación | Censo |
|---|---|---|---|
| Dan | Ajiezer (hijo de Amisaday) | Al norte del santuario | 62.700 |
| Aser | Paguiel (hijo de Ocrán) | Junto a Dan | 41.500 |
| Neftalí | Ajira (hijo de Enán) | Junto a Aser | 53.400 |

El total de los que estaban en el campamento junto a Dan era de ciento cincuenta y siete mil seiscientos. Estos cerraban la marcha cuando Israel se trasladaba. ³²,³³En resumen, los ejércitos de Israel sumaban seiscientos tres mil quinientos cincuenta (sin incluir a los levitas, que quedaban exentos por el mandamiento que el Señor le había dado a Moisés).

³⁴Así pues, el pueblo de Israel asentó sus campamentos situándose y marchando cada tribu bajo su bandera, en los lugares que el Señor le había indicado a Moisés.

## La tribu de Leví

**3** En la época en que el Señor habló a Moisés en el monte Sinaí, ²los hijos de Aarón eran:

Nadab (el mayor), Abiú, Eleazar e Itamar. ³Todos ellos fueron ungidos para el sacerdocio, y dedicados para el servicio del santuario. ⁴Pero Nadab y Abiú murieron delante del Señor en el desierto del Sinaí, porque utilizaron un fuego diferente al que Dios les había indicado. Y como no tenían hijos, sólo quedaron Eleazar e Itamar para ayudar a su padre Aarón.

## Ministerio de los levitas

⁵Entonces el Señor le dijo a Moisés: ⁶«Convoca a la tribu de Leví y preséntalos a Aarón, para que sean sus ayudantes. ⁷⁻⁹Seguirán sus instrucciones y realizarán los deberes sagrados del santuario en lugar de todo el pueblo de Israel, al cual representan. Se encargarán de todos los suministros del santuario y de su mantenimiento. ¹⁰Pero sólo Aarón y sus hijos están autorizados para desempeñar ese cargo; cualquiera otro que se atreva a hacerlo morirá».

## Elección de los levitas

¹¹Además el Señor le dijo a Moisés: ¹²«He aceptado a los levitas en sustitución de todos los primogénitos del pueblo de Israel. Los levitas me pertenecen ¹³a cambio de todos los primogénitos. Desde el día en que maté a todos los primogénitos de los egipcios, me he reservado para mí a todos los primogénitos de Israel, tanto de hombres como de animales. Son míos: Yo soy el Señor».

## Censo de la tribu de Leví

¹⁴El Señor le habló de nuevo a Moisés en el desierto del Sinaí, diciéndole: ¹⁵«Haz el censo de la tribu de Leví, indicando el clan a que pertenece cada persona; cuenta todos los hombres desde un mes de nacidos en adelante».

¹⁶⁻²⁴Y Moisés lo hizo. Estos fueron los resultados:

| Hijo de Leví | Nietos de Leví (Nombres del clan) | Censo | Jefe | Situación |
|---|---|---|---|---|
| Guersón | Libní Simí | 7.500 | Eliasaf (hijo de Lael) | Al oeste del santuario |

### Responsabilidades

La responsabilidad de estos dos clanes de levitas consistía en cuidar el santuario: sus cubiertas, sus cortinajes de entrada, la cortina que cubría la valla que rodeaba el patio, la cortina de la entrada al patio del santuario, el altar y todas las cuerdas que se usaban para armar el santuario.

| | | | | |
|---|---|---|---|---|
| Coat | Amirán Izar Hebrón Uziel | 8.600 | Elizafán (hijo de Uziel) | Al sur del santuario |

### Responsabilidades

²⁵⁻³⁷Las responsabilidades de estos cuatro clanes de levitas consistían en cuidar el cofre, la mesa, el candelabro, los altares, los diversos utensilios empleados en el santuario, el velo, y todo lo que fuera necesario para sus usos. (Nota: Eleazar, hijo de Aarón, fue el administrador general de los jefes de los levitas, y tuvo la responsabilidad de supervisar el santuario.)

| | | | | |
|---|---|---|---|---|
| Merari | Majlí Musí | 6.200 | Zuriel | Al norte del santuario |

### Responsabilidades:

La responsabilidad de estos dos clanes consistía en cuidar la estructura de la tienda del santuario, los postes, las bases de los postes, y todo lo que fuera necesario para sus usos, los postes que hay en torno al patio, con sus bases, estacas, y cuerdas.

## La tribu de Leví

³⁸La zona este del santuario estaba reservada para las tiendas de Moisés y de Aarón y sus hijos, quienes tenían la responsabilidad máxima sobre el santuario, en representación del pueblo de Israel. (Si alguien que

# Números

## Censo de las tribus de Israel

**1** El primer día del segundo mes del segundo año desde la salida de los israelitas de Egipto, el Señor dio las siguientes instrucciones a Moisés, que se encontraba en el santuario, en el desierto del Sinaí.

2-15 «Haz un censo de todos los hombres, mayores de veinte años, capaces de ir a la guerra. En la lista anota la tribu y familia a la que pertenezcan. Aarón y tú deberán organizar este trabajo, con la ayuda de los siguientes jefes de cada tribu.

| Tribu | Jefe |
|---|---|
| Rubén | Elisur (hijo de Sedeúr); |
| Simeón | Selumiel (hijo de Zurisaday); |
| Judá | Naasón (hijo de Aminadab); |
| Isacar | Natanael (hijo de Zuar); |
| Zabulón | Eliab (hijo de Helón); |
| hijos de José: | |
| Efraín | Elisama (hijo de Amiud); |
| Manasés | Gamaliel (hijo de Pedasur); |
| Benjamín | Abidán (hijo de Gedeoni); |
| Dan | Ajiezer (hijo de Amisaday); |
| Aser | Paguiel (hijo de Ocrán); |
| Gad | Eliasaf (hijo de Deuel); |
| Neftalí | Ajira (hijo de Enán)». |

16 Éstos eran los jefes de tribu seleccionados de entre el pueblo.

17-19 El mismo día, Moisés, Aarón y los jefes de tribu que se acaban de mencionar convocaron a todos los hombres de Israel de más de veinte años, para que se inscribieran, indicando su tribu y familia, como el Señor le había dicho a Moisés. 20-46 La tabla resultante:

| Tribu | Total |
|---|---|
| Rubén (el hijo mayor de Jacob) | 46.500 |
| Simeón | 59.300 |
| Gad | 45.650 |
| Judá | 74.600 |
| Isacar | 54.400 |
| Zabulón | 57.400 |
| José: Efraín (hijo de José) | 40.500 |
| José: Manasés (hijo de José) | 32.200 |
| Benjamín | 35.400 |
| Dan | 62.700 |
| Aser | 41.500 |
| Neftalí | 53.400 |
| TOTAL | 603.550 |

## Los levitas

47-49 Esa cifra no incluía a los levitas, pues el Señor le había dicho a Moisés: «Excluye a toda la tribu de Leví, 50 porque los levitas tienen que hacerse cargo del trabajo del santuario y de su transporte. Tienen que vivir cerca del santuario, 51 y cuando éste deba ser trasladado, los levitas deberán desmontarlo y montarlo. Si cualquiera otra persona lo toca, deberá ser ejecutada. 52 Cada tribu de Israel acampará por separado y tendrá su bandera propia. 53 Las tiendas de campaña de los levitas estarán situadas en torno al santuario para proteger al pueblo de la ira de Dios».

54 Así pues, todas las instrucciones que el Señor dio a Moisés se llevaron a cabo.

## Ubicación de cada tribu

**2** El Señor dio también estas instrucciones a Moisés y Aarón: 2 «Cada tribu tendrá su propio campamento, con un mástil y la bandera de la tribu; y en el centro de estos campamentos estará el santuario».

3-31 La ubicación de las tribus:

### Campamento del este

| Tribu | Jefe | Situación | Censo |
|---|---|---|---|
| Judá | Naasón (hijo de Aminadab) | Al este del santuario | 74.600 |
| Isacar | Natanael (hijo de Zuar) | Junto a Judá | 54.400 |
| Zabulón | Eliab (hijo de Helón) | Junto a Isacar | 57.400 |

El total de los que estaban en el campamento junto a Judá era de ciento ochenta y seis mil cuatrocientos. Estas tribus abrían la marcha siempre que los israelitas tenían que trasladar el campamento.

### Campamento del sur

| Tribu | Jefe | Situación | Censo |
|---|---|---|---|
| Rubén | Elisur (hijo de Sedeúr) | Al sur del santuario | 46.500 |
| Simeón | Selumiel (hijo de Zurisaday) | Junto a Rubén | 59.300 |
| Gad | Eliasaf (hijo de Reuel [o Deuel]) | Junto a Simeón | 45.650 |

Así que el total de los que estaban en el campamento junto a Rubén era de ciento cincuenta y un mil cuatrocientos cincuenta. Estas tres tribus eran las segundas en marchar cuando los israelitas viajaban.

Luego seguía el santuario con los levitas. Durante los viajes, cada tribu se mantenía en torno a su bandera, conservando el lugar, el orden y la distancia que había entre cada una cuando acampaban.

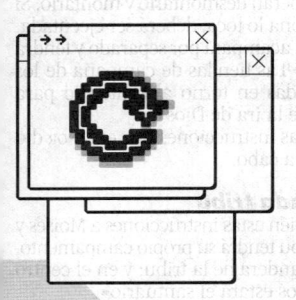

## ¿CÓMO SE RELACIONA CONMIGO?

Nuestra rebeldía afecta nuestra relación con Dios y eso tiene consecuencias que se hacen notables en nuestras vidas, aunque en medio de esta realidad, Dios siempre sigue siendo fiel y el libro de Números te lo deja en claro. Este libro de nombre tan "matemático" te ayuda a reflexionar acerca de la esperanza que tenemos en Dios a pesar de cualquier pasado y de cómo a Dios le importan los pequeños detalles. Este libro te ayudará a ver cómo Dios puede otorgar una nueva oportunidad para ser fieles llegando a ser los hombres y las mujeres que Él espera que seamos cuando le buscamos con un corazón sincero. Por otro lado, este libro de Números también puede ayudarte a conocer más acerca del liderazgo de Moisés ya que debió ser muy cansador lidiar con las quejas y murmuraciones del pueblo durante su escape de la esclavitud de Egipto y es que una actitud de queja aleja a las personas que amamos y nos impide llegar a donde queremos y por eso, además de que retrasa las promesas de Dios, tiene implicaciones sobre otras personas.

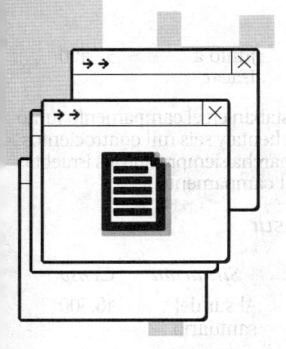

## EL GUION

1) El pueblo de Dios se santifica para recibir la promesa. Caps. 1-6
2) El pueblo de Dios se organiza para recibir la promesa. Caps. 7-10
3) El pueblo de Dios fracasa al no confiar solo en el Señor. Caps. 11-14
4) Dios muestra su favor hacia los fieles y su juicio contra los infieles. Caps. 15-21
5) Dios lucha por su pueblo para bendecirlo, a pesar de la oposición. Caps. 22-25
6) Dios prepara al pueblo para recibir la promesa. Caps. 26-36

# NÚMEROS

# NÚMEROS

## → → ¿QUIÉN LO ESCRIBIÓ?

El libro recalca que Dios le dio instrucciones y leyes a Moisés (1:1; 3:44; 15:1), por ello se le considera como autor principal del libro. Sin embargo, algunos detalles (como 12:3) hacen pensar que el libro fue revisado posteriormente por editores.

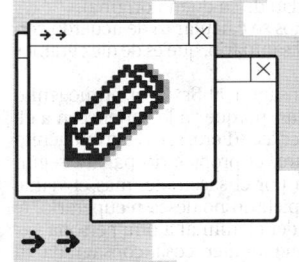

## → → ¿A QUIÉN LO ESCRIBIÓ?

Números fue leído por los sobrevivientes al peregrinaje en el desierto, y por las generaciones siguientes. Así recordaron los pecados y fracasos de Israel, al igual que la fidelidad de Dios para su desobediente pueblo.

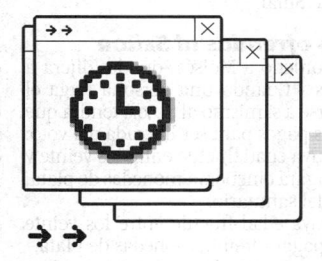

## → → ¿CUÁNDO Y DÓNDE LO ESCRIBIÓ?

El libro cubre un período de más o menos 39 años. Israel estuvo casi 40 años vagando cuando pudieron haber hecho ese recorrido en un par de meses. Si el libro fue escrito después del éxodo, entonces su fecha de redacción se encuentra alrededor de 1440 a 1400 a.C.

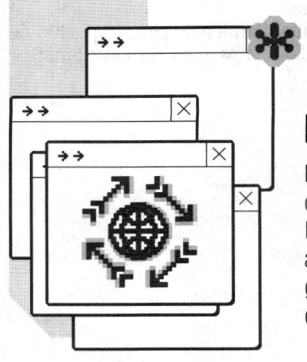

## → → PANORAMA DEL LIBRO

En Números se incluyen tanto relatos como leyes. Se registra el viaje de Israel desde el Monte Sinaí hasta Moab, en la frontera con la tierra prometida, para luego desconfiar en y la guía de Dios y permanecer en el desierto 40 años, un año por cada día que los espías fueron a ver la tierra (14:34), hasta que toda la generación, con excepción de Josué y Caleb, murió. El libro busca mostrar las consecuencias de la desconfianza en la bondad y el poder divino.

cuando nadie los persiga, huirán y tropezarán unos con otros. No tendrán fuerza alguna para hacer frente a sus enemigos. ³⁸Perecerán en medio de las naciones; serán destruidos por sus enemigos. ³⁹Los que queden, morirán y se pudrirán en un país enemigo, debido a sus propios pecados y a los pecados de sus padres.

⁴⁰,⁴¹»Pero si se arrepienten y confiesan sus pecados y los pecados con los que sus padres me traicionaron, y que fueron la causa para que yo los sacara de su tierra y los hiciera ir a un país extraño, ⁴²entonces yo recordaré nuevamente las promesas que les hice a Abraham, a Isaac y a Jacob, y recordaré la tierra y su desolación. ⁴³La tierra gozará de su descanso mientras esté abandonada. Pero tendrán que reconocer que el castigo que recibieron fue debido a que rechazaron mis leyes.

⁴⁴»A pesar de todo lo que hayan hecho, yo no los destruiré totalmente ni desecharé mi pacto con ellos, porque yo soy el Señor su Dios. ⁴⁵Por amor a sus antepasados, yo recordaré las promesas que les hice de ser su Dios. Yo saqué a sus padres de Egipto mientras todas las naciones los contemplaban maravilladas. Yo soy el Señor».

⁴⁶Éstas fueron las leyes, ordenanzas e instrucciones que el Señor le dio al pueblo de Israel por medio de Moisés, en el monte Sinaí.

## Rescate de las ofrendas al Señor

**27** El Señor le ordenó a Moisés ²que les dijera a los israelitas: «Cuando una persona haga el voto especial de darse a sí mismo al Señor, tendrá que hacer los siguientes pagos para ser liberada del voto:

³»Un hombre, cuya edad fluctúe entre los veinte y los sesenta años, pagará cincuenta monedas de plata, según la moneda del santuario.

⁴»Una mujer, cuya edad fluctúe entre los veinte y los sesenta años pagará treinta monedas de plata.

⁵»Un muchacho entre los cinco y los veinte años, pagará veinte monedas de plata, y una mujer de la misma edad pagará diez monedas de plata.

⁶»Por los niños de un mes a cinco años se pagarán cinco monedas de plata, y por las niñas de la misma edad se pagarán tres monedas.

⁷»Un hombre mayor de sesenta años, pagará quince monedas de plata, y por una mujer de la misma edad se pagarán diez monedas.

⁸»Pero si la persona que hizo el voto es demasiado pobre para pagar el precio establecido, será llevada a la presencia del sacerdote, y éste acordará el precio que la persona deberá pagar, de acuerdo con los recursos que tenga.

⁹»Pero si se presenta un animal como ofrenda al Señor, el animal quedará consagrado al Señor. ¹⁰Por eso, no se podrá cambiar por otro animal. Así que un animal bueno no se podrá cambiar por uno malo, ni uno malo se podrá cambiar por uno bueno. Si se hiciera ese cambio, los dos animales pertenecerán al Señor.

¹¹,¹²»Pero si el animal ofrecido al Señor es un animal impuro, el dueño lo presentará al sacerdote para que determine su precio que se deberá pagar a cambio. ¹³Si el dueño quiere recuperar su animal, entonces deberá añadir un veinte por ciento más sobre el valor estipulado por el sacerdote.

¹⁴,¹⁵»Si alguno ofrece su casa al Señor, y luego desea recuperarla, el sacerdote establecerá su valor, y el hombre pagará esa suma más el veinte por ciento, y la casa será suya nuevamente.

¹⁶»Si alguien consagra una parte de su campo al Señor, el sacerdote determinará el precio del terreno de acuerdo con la cantidad de semilla que se pueda sembrar en él. Por cada doscientos veinte kilos de semilla se pagarán cincuenta monedas de plata. ¹⁷Si alguien consagra su campo en el año del jubileo, pagará el total de su valor; ¹⁸pero si lo hace después del año de jubileo, entonces el valor será calculado en proporción al número de años que falten para el próximo jubileo.

¹⁹»Si la persona decide recuperar el campo, pagará el veinte por ciento sobre lo establecido por el sacerdote, y el campo volverá a su poder. ²⁰Pero si decide no recuperarlo o si ha vendido el campo a otra persona y ha dado al Señor sus derechos en el año de jubileo, no le será devuelto. ²¹Cuando el campo sea liberado en el año de jubileo, pertenecerá al Señor, como campo consagrado a él, y será entregado a los sacerdotes.

²²»Si alguien dedica al Señor un campo comprado, que no es parte de su posesión familiar, ²³el sacerdote estimará su valor según lo que falte para el año del jubileo, e inmediatamente el oferente pagará al Señor el valor estimado. ²⁴En el año del jubileo el campo volverá a ser propiedad de su dueño original.

²⁵»Todos los precios se calcularán de acuerdo con la moneda oficial del santuario, que es de diez gramos de plata.

²⁶»No pueden consagrar al Señor el primogénito de sus bueyes u ovejas, porque ya le pertenecen a él, por ser las primeras crías. ²⁷Pero, si es el primogénito de un animal impuro, el propietario pagará según la estimación hecha por el sacerdote, más el veinte por ciento. Si el propietario no desea recuperarlo, el sacerdote puede vender el animal a otra persona.

²⁸»Sin embargo, cualquier cosa consagrada al Señor, ya se trate de personas, animales o tierras, no será vendida ni recuperada, porque es cosa santísima delante del Señor. ²⁹Ninguno que haya sido sentenciado a muerte podrá pagar por su rescate, sino que deberá morir.

³⁰»La décima parte del producto de la tierra, sean cereales o frutas, es del Señor, y es santa. ³¹Si alguien desea rescatar este producto, debe pagar su valor más el veinte por ciento. ³²El diezmo de sus vacas, ovejas y animales domésticos es del Señor. ³³La parte que pertenece al Señor no se podrá cambiar. Así que nadie puede cambiar un animal bueno por uno malo, pues en ese caso los dos animales serán del Señor, y no podrán ser rescatados».

³⁴Éstos son los mandamientos para el pueblo de Israel que Dios le dio a Moisés, en el monte Sinaí.

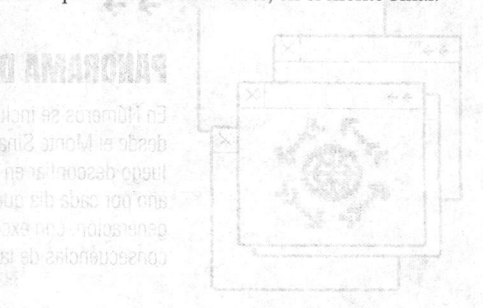

costo cuanto necesita. No traten de hacer ganancia a costa de su pobreza. Porque yo, el SEÑOR su Dios, los saqué de Egipto, para darles la tierra de Canaán, y para ser su Dios.

<sup>39</sup>»Si un israelita empobrece y se vende como esclavo, no deben tratarlo como a un esclavo común, <sup>40</sup>sino como a un servidor a sueldo o como un huésped. Él les servirá solamente hasta el año del jubileo. <sup>41</sup>Entonces, ese año quedará libre junto con sus hijos, y podrá regresar a su familia y a sus posesiones. <sup>42</sup>Yo los saqué de Egipto, y ustedes son mis siervos. Por lo tanto, no podrán venderse como esclavos comunes <sup>43</sup>ni ser tratados duramente. Teman a su Dios.

<sup>44</sup>»Sin embargo, pueden comprar esclavos de las naciones que viven a su alrededor, <sup>45</sup>y pueden comprar los hijos de los extranjeros que vivan en medio de su pueblo, aun cuando hayan nacido en su tierra. <sup>46</sup>Ellos serán esclavos permanentes y serán heredados por sus hijos. Pero sus hermanos, miembros del pueblo de Israel, no serán tratados así.

<sup>47</sup>»Si un extranjero que vive en Israel se enriquece, y un israelita empobrece y se vende como esclavo al extranjero, o a la familia del extranjero, <sup>48</sup>podrá ser redimido por uno de sus hermanos, <sup>49</sup>por su tío, su sobrino, o cualquier pariente cercano. También puede redimirse a sí mismo, si reúne el dinero. <sup>50</sup>El precio de su libertad se acordará en proporción al número de años que falten para el jubileo, es decir, lo que costaría contratar a un sirviente por ese número de años. <sup>51</sup>Si aún faltan muchos años para el jubileo, pagará la cantidad que recibió cuando se vendió. <sup>52</sup>Si los años han pasado y solamente quedan pocos para el jubileo, pagará solamente una pequeña parte de la cantidad que recibió cuando se vendió. <sup>53</sup>Si se vende a un extranjero, el extranjero deberá tratarlo como a un sirviente a sueldo y no como a un esclavo o a una propiedad suya.

<sup>54</sup>»Si al llegar el año del jubileo, el israelita que tuvo que venderse como esclavo no fue rescatado en esta forma, entonces él y sus hijos quedarán libres. <sup>55</sup>Pues ustedes los israelitas son mis siervos, yo los rescaté de la esclavitud de Egipto. Yo soy el SEÑOR su Dios.

## Bendiciones de la obediencia

**26** »No tendrán ídolos. No adorarán imágenes talladas, ni estatuas ni piedras esculpidas, porque yo soy el SEÑOR su Dios.

<sup>2</sup>»Obedecerán mis leyes acerca del día de descanso y tendrán mucha reverencia hacia mi santuario; porque yo soy el SEÑOR.

<sup>3</sup>»Si obedecen todos mis mandamientos, <sup>4,5</sup>yo les daré las lluvias con regularidad, la tierra producirá cosechas abundantes, y los árboles darán frutos por más tiempo que el normal. Aún estarán madurando las uvas cuando llegue el tiempo de la siembra. Comerán hasta saciarse, y vivirán seguros en la tierra, <sup>6</sup>porque yo les daré paz y podrán dormir sin temor. Haré desaparecer los animales peligrosos, <sup>7</sup>y ustedes perseguirán a sus enemigos y los matarán a espada. <sup>8</sup>Cinco de ustedes perseguirán a cien, y cien de ustedes perseguirán a diez mil. Derrotarán a todos sus enemigos.

<sup>9</sup>»Yo los cuidaré, los multiplicaré y cumpliré mi pacto con ustedes. <sup>10</sup>Tendrán cosechas tan abundantes que no sabrán qué hacer con ellas cuando llegue el tiempo de la nueva cosecha. <sup>11</sup>Yo viviré en medio de ustedes, y no los despreciaré. <sup>12</sup>Caminaré en medio de ustedes y seré su Dios, y ustedes serán mi pueblo. <sup>13</sup>Porque yo soy el SEÑOR su Dios que los sacó de Egipto, y no permitiré que sean esclavos nuevamente. He roto sus cadenas, y haré que anden con dignidad.

## Maldiciones de la desobediencia

<sup>14</sup>»Pero si no escuchan lo que les digo y no me obedecen, <sup>15</sup>sino que rechazan mis leyes, <sup>16</sup>esto es lo que les haré: Los castigaré con terrores repentinos, con tuberculosis y otras enfermedades, les arderán los ojos y la vida se les consumirá. Sembrarán en vano, porque sus enemigos se comerán sus cosechas. <sup>17</sup>Me volveré contra ustedes, y huirán delante de sus enemigos. Los que los odian los gobernarán, y ustedes huirán sin que nadie los persiga.

<sup>18</sup>»Si persisten en su desobediencia, los castigaré siete veces más fuerte por su pecado. <sup>19</sup>Quebrantaré su orgulloso poder, y haré que el cielo sea como acero y la tierra como bronce. <sup>20</sup>Gastarán sus fuerzas en vano, porque la tierra no producirá, ni sus árboles darán fruto.

<sup>21</sup>»Si aún después de esto no me obedecen ni oyen mis palabras, recibirán como retribución por su pecado siete veces más plagas. <sup>22</sup>Enviaré animales salvajes que matarán a sus hijos y destruirán su ganado, y reducirán el número de ustedes, de tal modo que sus caminos quedarán desiertos.

<sup>23</sup>»Si después de esto aún no están dispuestos a obedecer, sino que continúan procediendo en contra de mi voluntad, <sup>24</sup>yo, entonces, procederé en contra de sus deseos, y personalmente los castigaré siete veces más fuerte por su pecado. <sup>25</sup>Haré que todo el castigo anunciado en mi ley caiga sobre ustedes. Huirán a las ciudades y enviaré plagas contra ustedes allí. Serán conquistados por sus enemigos. <sup>26</sup>Destruiré sus abastecimientos de alimento, de modo que un horno será suficiente para cocer el pan de diez familias, y tendrán hambre después que les hayan dado su ración.

<sup>27</sup>»Si después de esto no prestan atención ni me obedecen, <sup>28</sup>desataré mi gran ira, y enviaré siete veces más castigos por sus pecados. <sup>29</sup>Se comerán a sus hijos e hijas, <sup>30</sup>y destruiré los altares de los lugares altos donde adoran ídolos, derribaré sus altares de incienso, y dejaré que sus cadáveres se pudran en medio de sus ídolos. Y los aborreceré. <sup>31</sup>Haré que sus ciudades queden desiertas, destruiré los lugares de adoración, y no responderé a sus ofrendas de incienso. <sup>32</sup>Sí, yo desolaré su tierra, y sus enemigos vivirán en ella, y se asombrarán de lo que yo haya hecho. <sup>33</sup>Los esparciré entre las naciones, y los destruiré. Sus tierras serán desoladas y sus ciudades quedarán destruidas. <sup>34,35</sup>Entonces la tierra tendrá el descanso que ustedes le negaron. Porque descansará mientras ustedes estén cautivos en tierras enemigas. Sí, la tierra descansará y gozará de sus descansos. Recibirá el descanso que ustedes no le dieron cada siete años, mientras vivían en ella.

<sup>36</sup>»A los que queden vivos, haré que sean llevados a tierras distantes como prisioneros de guerra y esclavos. Allí vivirán en constante temor. Una hoja que caiga arrastrada por el viento hará que huyan como si fueran perseguidos por un hombre armado con espada. Huirán cuando nadie los persiga. <sup>37</sup>Aun

del Señor acerca de lo que debía hacerse, el joven fue puesto en la cárcel.

¹³,¹⁴Entonces el Señor le dijo a Moisés: «Saca fuera del campamento al que me ofendió, y diles a todos los que lo oyeron que pongan las manos sobre su cabeza; luego toda la comunidad de Israel lo apedreará hasta darle muerte. ¹⁵,¹⁶Y dile al pueblo de Israel que cualquiera que maldiga a Dios sufrirá el mismo castigo. Sí, todo el que pronuncie el nombre del Señor al maldecir a su prójimo debe ser condenado a muerte. Esta ley se aplicará tanto a israelitas como a extranjeros. El que pronuncie el nombre del Señor al maldecir, será muerto a pedradas.

## La ley del talión

¹⁷»Además, todos los asesinos deberán ser ejecutados. ¹⁸El que mate un animal ajeno, lo repondrá. ¹⁹El castigo por haberle causado daño al prójimo será el mismo que el daño causado: ²⁰fractura por fractura, ojo por ojo, diente por diente. El que cause daño a otro recibirá el mismo daño que haya hecho.

²¹»Repito: Cualquiera que mate un animal debe reponerlo; cualquiera que mate a un hombre debe morir. ²²La misma ley rige para el extranjero y para el israelita. Yo soy el Señor su Dios».

²³Entonces llevaron al joven fuera del campamento y lo apedrearon hasta que murió, tal como el Señor le había ordenado a Moisés.

## El año sabático

**25** Mientras Moisés estaba en el monte Sinaí, el Señor le dio estas instrucciones para el pueblo de Israel: ²«Cuando hayan entrado en la tierra que les voy a dar, dejarán que la tierra descanse en el séptimo año, en honor al Señor. ³Durante seis años podrán sembrar los campos, podar las viñas, y recoger lo que ellas produzcan, ⁴pero el séptimo año dejarán que la tierra descanse, en honor al Señor. No sembrarán los campos ni podarán los viñedos en todo el año. ⁵Tampoco cosecharán los brotes de la siembra anterior, ni las uvas de los viñedos no podados. Es un año de descanso para la tierra. ⁶,⁷Todo lo que se produzca naturalmente ese año servirá de alimento para ustedes, para sus siervos, para sus esclavos y para los extranjeros que vivan entre ustedes. Allí también pastarán el ganado y los animales salvajes.

## El año del jubileo

⁸»Cada cincuenta años, ⁹en el día de la expiación, esto es, el día diez del mes séptimo, harán resonar las trompetas por toda la tierra. ¹⁰Porque el año cincuenta será un año santo, y se proclamará libertad en la tierra a todos los deudores esclavizados, perdonarán todas las deudas públicas y privadas. Será un año en que las propiedades de la familia vendidas a otros serán devueltas a sus propietarios originales o a sus herederos.

¹¹»Será un año de gran felicidad. No sembrarán, no cosecharán granos, ni uvas, ¹²porque es el año santo de jubileo para ustedes. Ese año se alimentarán de lo que la tierra produzca espontáneamente. ¹³Durante el año del jubileo cada uno regresará a la posesión original de su familia. Si una propiedad ha sido vendida, le será devuelta a su antiguo dueño. ¹⁴⁻¹⁶Por esta razón, si se vende la tierra durante los cuarenta y nueve años precedentes, se establecerá un precio justo, teniendo en cuenta los años que faltan para el jubileo. Si el jubileo está a muchos años de distancia, el precio será alto. Si faltan pocos años, el precio será bajo. Lo que realmente están haciendo es vender el número de cosechas que habrá hasta el próximo jubileo, cuando la tierra les sea devuelta por el que la compró.

## Consecuencias de la obediencia

¹⁷,¹⁸»Teman a Dios y no le hagan daño a su prójimo, porque yo soy el Señor. Si quieren vivir seguros en la tierra, obedezcan mis leyes. ¹⁹Si me obedecen, la tierra les dará buenas cosechas, y podrán comer hasta saciarse.

²⁰»Pero preguntarán: ¿Qué comeremos el séptimo año, puesto que no se nos permite sembrar, ni cosechar? ²¹,²²La respuesta es: Los bendeciré con cosechas extraordinarias el sexto año, lo que les permitirá vivir hasta que obtengan la cosecha del octavo año.

## Leyes sobre el rescate de propiedades

²³»Recuerden, la tierra es mía, de modo que no pueden venderla definitivamente. Ustedes son solamente arrendatarios y tendrán la tierra a su cargo. ²⁴En todo contrato de venta debe haber una cláusula que diga que la tierra puede ser recuperada en cualquier tiempo por el vendedor.

²⁵»Si alguno se empobrece y vende parte de su tierra, sus parientes más cercanos pueden recuperarla. ²⁶Si no hay quien pueda recuperarla, y él mismo logra ganar suficiente dinero, ²⁷entonces puede comprarla a un precio proporcional al número de cosechas que falten para el jubileo; y el que posee la tierra deberá aceptar el dinero, y devolvérsela a su dueño original. ²⁸Pero, si éste no puede recuperarla antes, pertenecerá al que se la compró hasta el año del jubileo, y ese año la devolverá.

²⁹»Si un hombre vende una casa en la ciudad, tiene un año para recuperarla, con plenos derechos de recuperación durante ese tiempo. ³⁰Pero la casa no recuperada dentro de ese año, pertenecerá definitivamente al nuevo propietario, y no será devuelta a su dueño original en el año del jubileo. ³¹Pero las casas de los pueblos —que se distinguen de las ciudades en que no tienen murallas alrededor— son como la tierra; y se pueden recuperar en cualquier tiempo, y siempre serán devueltas a sus propietarios originales en el año del jubileo.

³²»Hay una sola excepción: Las casas de los levitas, aun cuando estén en ciudades amuralladas, podrán ser recuperadas en cualquier tiempo, ³³y serán devueltas a sus propietarios originales en el año del jubileo. Esto se debe a que los levitas no recibirán tierra agrícola como las otras tribus; solamente recibirán casas en las ciudades y el campo que las rodea. Esa es su única heredad familiar. ³⁴No se permite que los levitas vendan los campos que están alrededor de sus ciudades, porque éstas son posesión permanente de ellos, y no pueden pertenecer a otras personas.

³⁵»Si su hermano empobrece, ustedes tienen la obligación de ayudarlo, tal como harían con un extranjero; de esa forma él podrá seguir viviendo entre ustedes. ³⁶Teman a Dios y dejen que su hermano viva con ustedes. No le cobren interés por el dinero que le presten. ³⁷Recuerden: No le cobren interés. Denle al

# DESAFÍO Z

→ →

Ahora es el momento de ponerte en acción, por lo que te desafío a crear tu propio altar.

→ →

## ¿CÓMO HACERLO?

En la Biblia, cuando Dios hablaba las personas construían un altar para adorarlo y para que sirviera como recordatorio cada vez que pasaran por ese lugar. Por eso te animo a crear un altar que te recuerde las palabras de Jesús: "*Yo tampoco te condeno. Vete y no vuelvas a pecar*".

Tu altar puede tener la forma que tú quieras: una pulsera, una chapa, un anillo, un imán, un dibujo en la puerta de tu armario, un llavero, un fondo de pantalla de tu móvil… el límite es tu imaginación.

Lo más importante es que sea algo que puedas ver habitualmente y te reto a que cada vez que lo veas digas en voz alta: "*Cuando me equivoco, Jesús no me condena, Él me anima a levantarme e intentarlo de nuevo*".

Este reto es algo muy sencillo, pero si lo pones en práctica puede ser transformador porque te ayudará a cambiar tu perspectiva sobre Dios y la manera en la que te relacionas con Él.

→ →

→ →

## CONOCE MÁS A JOSUÉ

Es graduado en trabajo social, escritor y creador de contenido audiovisual. Trabaja junto a su esposa con adolescentes desde 2009 en la isla de Mallorca, España. Desde entonces viaja por los campamentos en España predicando con su particular estilo, combinando el humor, los cómics, las películas y los videojuegos con las enseñanzas de Jesús. Es autor de los libros para adolescentes "*¿PLAY? Si la vida fuera un videojuego… ¿cómo se ganaría?*" y "*REPLAY ¿Quién mató a Jesús?*".

→ →

Escanea este QR con tu smartphone y mira estos videos para seguir pensando juntos.

Comparte tus comentarios en tus redes utilizando #BIBLIAZ

llevado a sentir vergüenza y, sobretodo, miedo ante Dios y la idea de que Él lo sabe todo de nosotros, como si estuviéramos desnudos.

¿Está mal sentir miedo? Yo creo que no. El miedo es una emoción que puede ser muy útil; nos protege porque constituye un mecanismo de supervivencia y de defensa. El problema del miedo es cuando le tememos a Dios, porque nos invita a huir de Él.

¿Por qué? Porque la serpiente nos ha convencido de que Dios es un experto francotirador del Fortnite que está esperando a que asomemos la cabeza para dispararnos sin misericordia por nuestros pecados.

Por eso nos escondemos detrás de las hojas de higuera, lo que pasa es que hoy tienen nombres más sofisticados: amigos, relaciones románticas, logros personales, académicos o deportivos, popularidad, adicciones, etc.

Entiéndeme, algunas de estas cosas son geniales… si están en el lugar correcto. Porque si las estamos usando para tapar nuestra desnudez pronto nos daremos cuenta de que no funcionan.

Dios ya sabía eso, por eso ideó un plan: mandar a su hijo Jesús para cubrir nuestra desnudez. Y ese no fue un plan improvisado: en el mismo Génesis, tan solo 15 versículos después de que el hombre y la mujer comieran del fruto, Dios ya anunció cómo iba a arreglar el problema de la desnudez, la vergüenza y el miedo:

*"Dios el Señor hizo túnicas de pieles de animales, y con ellas vistió al hombre y a su mujer".* (Génesis 3:21)

Dios no es un francotirador que nos busca para ajusticiarnos. Es un padre capaz de hacer cualquier cosa con tal de tapar nuestra desnudez. En Génesis vemos cómo Dios comete el primer asesinato de la Biblia sacrificando a dos animales para poder substituir las hojas de higuera y vestir al ser humano de inocencia.

Este es un plan que perfeccionaría siglos más adelante en la cruz del calvario con el sacrificio de su propio hijo para que tú hoy puedas dejar de cubrir tu desnudez con hojas de higuera y puedas ser vestido con la inocencia del mismo Jesús.

Se me ha acabado el tiempo, así que déjame acabar con unas palabras que Jesús le dijo a una mujer cuyos pecados la iban a condenar a morir apedreada: *"Yo tampoco te condeno. Vete y no vuelvas a pecar"*. (Juan 8:11). Estas palabras son muy importantes para mí porque cada vez que me caigo y siento que Dios me va a apedrear por mis errores me reconforta oír la voz de Jesús que me dice que no me condena, animándome a levantarme e intentarlo de nuevo.

Supongo que tienes muchas preguntas, si te parece te llamo por teléfono y hablamos de ello en persona ¿vale? Tienes mi teléfono en el código QR.

**VERSÍCULOS DE REFUERZO** | 1ª Juan 4:8 | Lucas 19:10
 | Romanos 13:14 | 1ª Juan 2:1-2

# DEJA DE ESCONDERTE

→ →

Soy Josué Enfedaque y quiero hablarte sobre el miedo porque creo que es una de las principales barreras que tenemos para relacionarnos con Dios.

La palabra miedo tan solo tarda 65 versículos en aparecer en la Biblia:

*"El hombre le contestó: Oí que andabas por el jardín y me dio miedo, pues estoy desnudo. Así que me escondí".* (Génesis 3:10)

Pero… ¿qué ha pasado antes? ¿Te interesa que te lo cuente?

Quizás no tienes ganas, ni tiempo, ni curiosidad… así que te propongo una cosa: si te apetece seguir hablando del tema sigue leyendo, pero si no te apetece puedes ir directamente a leer 1ªJuan 4:8, ¿te parece bien?

No te preocupes, te espero.

…

¡Genial! ¡Qué bueno que te hayas quedado! Bueno… quizás no te has quedado… quizás te fuiste y ahora has vuelto… ¡eso también es genial! ¡Yeah! ¡Tengo muchas ganas de contarte esto, para mí fue inspirador descubrirlo!

Ahora necesito darme mucha prisa, tengo poco tiempo así que te reto a leer esta parte lo más rápido posible para que podamos ir directos a hablar del miedo ¿vale? De hecho, te reto a leer los tres siguientes puntos de un tirón y sin respirar… ¿challenge accepted?

Primero: Para mí, el corazón del Génesis son sus primeras 5 palabras: *"En el principio creó Dios"*. ¿Por qué? Muy simple: hubo un principio, hubo una persona y hubo una intención, la de crear.

Segundo: Dios creó un mundo ideal (casi puedo oír la melodía de la famosa película de Disney y a Jazmín y a Aladdín cantando). Y en medio de ese mundo ideal puso al hombre y a la mujer.

Tercero: Pero (¿por qué tiene que haber siempre un "pero"?) decidimos no confiar en Dios. Él nos advirtió que no todos los frutos eran para comer, la serpiente dijo que eso era mentira y el hombre y la mujer se dejaron enredar por ella comiendo la fruta prohibida.

¡Ya puedes respirar! (¿Lo has conseguido?).

¡Ojalá en el Edén hubieran leído Harry Potter para saber que no se debe hablar con los de Slytherin!

Y entonces llegó la vergüenza (que luego daría paso al miedo):

*"Tan pronto lo comieron, se dieron cuenta de que estaban desnudos y sintieron vergüenza. Entonces cosieron hojas de higuera para cubrir su desnudez".* (Génesis 3:7)

Ya sé a qué suena todo esto: huerto, edén, fruta prohibida, Adán, Eva… suena a cuento de niños pequeños, pero describe nuestra realidad de una manera espectacular.

Mira, Dios nos creó, nos regaló la vida y nos dio unas pautas para disfrutarla. Pero (¿ves cómo siempre hay un "pero"?) nosotros no nos fiamos mucho de sus criterios y preferimos tomar nuestras propias decisiones. Y son precisamente esas decisiones las que nos han

# JOSUÉ ENFEDAQUE

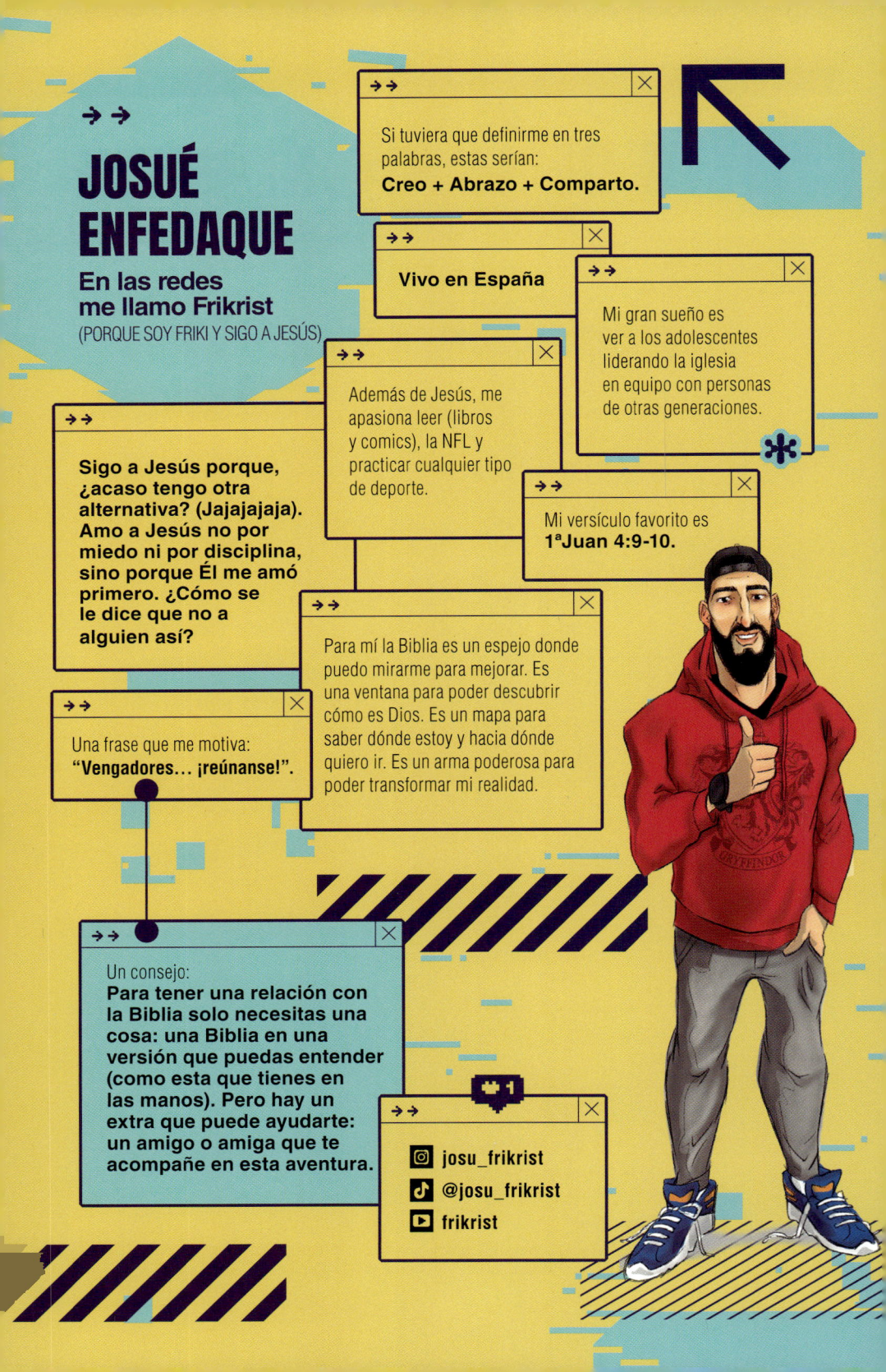

## En las redes me llamo Frikrist
(PORQUE SOY FRIKI Y SIGO A JESÚS)

→→ Si tuviera que definirme en tres palabras, estas serían: **Creo + Abrazo + Comparto.**

→→ **Vivo en España**

→→ Mi gran sueño es ver a los adolescentes liderando la iglesia en equipo con personas de otras generaciones.

→→ Sigo a Jesús porque, ¿acaso tengo otra alternativa? (Jajajajaja). Amo a Jesús no por miedo ni por disciplina, sino porque Él me amó primero. ¿Cómo se le dice que no a alguien así?

→→ Además de Jesús, me apasiona leer (libros y comics), la NFL y practicar cualquier tipo de deporte.

→→ Mi versículo favorito es **1ªJuan 4:9-10.**

→→ Para mí la Biblia es un espejo donde puedo mirarme para mejorar. Es una ventana para poder descubrir cómo es Dios. Es un mapa para saber dónde estoy y hacia dónde quiero ir. Es un arma poderosa para poder transformar mi realidad.

→→ Una frase que me motiva: **"Vengadores… ¡reúnanse!".**

→→ Un consejo: **Para tener una relación con la Biblia solo necesitas una cosa: una Biblia en una versión que puedas entender (como esta que tienes en las manos). Pero hay un extra que puede ayudarte: un amigo o amiga que te acompañe en esta aventura.**

→→
- josu_frikrist
- @josu_frikrist
- frikrist